전후 재일조선인 마이너리티 미디어
해제 및 기사명 색인

▎제2권▎

(1970.1~1989.12)

동의대학교 동아시아연구소 편저

이경규 임상민 소명선 김계자
박희영 엄기권 정영미 이행화 현영미 공저

박문사

머리말

    본 해제집『전후 재일조선인 마이너리티 미디어 해제 및 기사명 색인』제2권은 1970년 1월부터 1989년 12월까지 일본에서 발행된 재일조선인 관련 신문 잡지를 대상으로, 차이와 공존의 방식을 모색해온 재일조선인 사회와 문화의 변천 과정을 살펴보는 것을 목적으로 간행된 것이다. 본 해제집은 동의대학교 동아시아연구소 토대연구지원사업(2016년 선정, 과제명「전후 재일조선인 마이너리티 신문잡지 기사의 조사 수집 해제 및 DB구축」)의 2차년도 성과물이며, 집필진에는 동 사업팀에 소속된 총 9명의 공동연구원이 참여하였다.

    본 해제집 제2권이 조사 대상으로 하고 있는 1970년대와 1980년대의 재일조선인 사회에 대해서 간단하게 살펴보면, 1980년 전후는 재일조선인 2세, 3세의 비율이 전체 인구의 80%를 차지하기 시작했고, 이러한 변화 속에서 재일조선인의 삶의 방식에 대해서 일본인의 두 논문이 단초가 되어 '제3의 길' 논쟁이 일어났다. 먼저, 논쟁의 발단은 당시 법무성 관료였던 사카나카 히데노리(坂中英德, 1945년 조선 청주 출생)의 입국관리국 응모논문에 당선된「금후 출입국 관리 행정의 바람직한 모습에 대해서」(우수논문 선정)라는 논문을 계기로 시작되었는데, 그는 재일조선인의 삶의 방식을 1) 귀국지향, 2) 귀화지향, 3) 한국과 조선 국적인 채 일본에 정주 지향으로 분류하고, 국적을 유지한 채 정주하는 것이 일본의 입장에서는 가장 마이너스라고 하면서, 따라서 재일조선인이 귀화하기 쉬운 환경을 만들어 주는 것이 중요하다고 말하고 있다. 반면, 이이누마 지로(飯沼二郎)는 귀국지향은 조국의 정세가 불안정하기 때문에 기대할 수 없고, 그렇다고 해서 귀화지향은 동화주의로 직결되기 때문에 찬성할 수 없으며, 오히려 사카나카 히데노리가 부정적으로 평가했던 국적을 유지한 채 일본에 정주하는 것이 바르게 평가되어야 할 '제3의 길'이라고 주장하였다. 이후, 두 사람 모두 기본적으로는 '귀국사상'을 부정하는 것이기 때문에, 정신적으로 조국과 일체화되어 있는 재일조선인 1세로부터 많은 비판을 받게 된다.

위의 논쟁에서 알 수 있듯이, 1980년 전후는 재일조선인의 세대교체와 이에 따른 일본인과의 공존의 방식에 대한 고민이 적극적으로 이루어지기 시작한 시기이며, 따라서 이와 같은 변화를 반영한 다양한 잡지가 발행되었다. 예를 들면, 『나무딸기』 『계간 재일동포』 『우리생활』 『우리이름』 『코리아취직정보』 『휴먼레포트:우리들이 갈길』 등의 잡지가 발간되면서, 귀화와 행정차별, 본명과 통명, 재일조선인 아동의 민족 교육, 그리고 본명을 통한 취업 등, 각 잡지에서는 주제적 측면에서 '제3의 논쟁'과 관련된 글들을 게재하면서 재일조선인의 세대교체와 이에 따른 삶의 방식 및 공존의 방식에 대한 다양한 담론을 형성해 나갔다.

이상과 같이, 1970년부터 1980년대 말까지 일본에서 발행된 신문잡지 속의 재일조선인 관련 기사를 수집해서 DB구축 및 재일조선인 관련 기사의 형성·변용 과정을 통시적으로 추적·해제하는 본서는 한반도의 남북 분단의 문제를 포함해서, 재일조선인 사회와 문화가 갖는 차이와 공존의 역학이 한국과 일본을 둘러싼 역동적인 관계망 속에서 어떤 기제로 작동하고 있는지에 대해서도 복합적으로 파악할 수 있게 된다. 그리고 이와 같은 연구 성과는 결과적으로, 언어적인 문제로 접근이 용이하지 못했던 인문·사회과학 등의 한국학 학문분야의 연구자들에게 즉각적으로 활용될 수 있도록 토대자료를 마련함과 동시에, 현재 재일조선인을 둘러싼 한일 간의 정치적 갈등에 대한 대응논리의 구축과 한국 국내의 다문화가정을 둘러싼 복잡한 문제를 해결하기 위한 대처 방안을 구축하게 되며, 전후 일본의 재일조선인 사회를 새롭게 조명하고 한국과 일본을 아우르는 새로운 상호교류적인 대화를 열어가는 길잡이가 될 수 있을 것이라 믿는다.

본 해제집에서는 재일조선인 마이너리티 신문잡지 기사의 동시대성 및 그 특수성을 통시적이고 중층적으로 분석하기 위해서, 일본을 대표하는 3대 신문 『아사히신문』 『요미우리신문』 『마이니치신문』의 재일조선인 관련 기사도 총망라해서 함께 수록했고, 각각의 기사를 정치, 사회, 경제, 문화, 역사, 교육, 문학, 인물 등의 영역으로 세분화해서 데이터를 분류·구축하였다. 그리고 이러한 중앙미디어에 대한 비판적이고 상대적인 관점을 도출시켜내기 위해, 오키나와에서 간행된 『오키나와타임스』 (1948년 7월 창간)의 재일조선인 관련 기사도 함께 DB를 구축하였다. 『오키나와타임스』는 창간 이래 미군기지 및 위안부문제 등에 대해서 반정부적인 보도 자세를 취하고 있다는 점에서, 중앙미디어의 보도 편중을 점검한다는 측면에서 본 연구팀이 전략적으로 추진한 작업이기도 하다(본 해제집 제2권에서는 창간이후부터 1980년대까지의 『오키나와타임스』 신문기사를 총망라해서 수록).

또한, 자료 수집 측면에서는 재일조선인 잡지 미디어의 경우, 최초 연구계획서에서 작성한 2차년도의 수집·해제 및 DB구축 대상 잡지는 해방이후부터 1970년대는 14종, 1980년대는 28종이었다. 본 연구팀은 자료조사를 위해, 학기 중에는 공동연구원 개인 소장 자료는 물론이고, 제주대학교 재일제주인센터를 비롯해서 전국의 재일조선인 관련 연구소를 중심으로 철저하게 자료를 조사·수집했고, 국내에서 수집 불가능한 자료에 대해서는 방학을 이용한 현지조사를 통해서 수집했다. 특히, 도쿄 신주쿠의 조선장학회, 재일한인역사자료관, 문화센터 아리랑 등의 재일조선인 관련 자료관에서 밀착 자료조사를 한 결과, 2차년도 연구계획서에 수록된 잡지 이외에도 총 4종의 잡지를 추가 수집하였다.

마지막으로, 본 해제 작업은 1년이라는 짧은 기간 동안에 1970년 1월부터 1989년 12월 사이에 발행된 방대한 재일조선인 신문잡지 미디어 기사를 수집·DB 구축해야 했고, 잡지 매체의 다변화와 발행 기간의 장기화 등으로 1차년도와 비교하면 1.5배 정도 분량이 많아졌다는 점에서 해제 및 입력 작업에 많은 어려움이 있었다. 그러나 동아시아연구소의 토대연구사업팀 멤버들은 끊임없이 국내외의 방대한 자료들을 조사·수집했고, 정기적인 회의 및 세미나를 통해서 서로의 분담 내용들을 공유·체크하면서 계속적으로 누락된 잡지를 추적 조사했다. 자료가 미비한 상황 속에서도 발품을 팔아가며 자료를 찾고 해제를 해 주신 토대연구사업팀 멤버들에게 이 자리를 빌려 다시 한 번 깊이 감사드린다. 끝으로 이번 해제집 출판에 아낌없는 후원을 해주신 도서출판 박문사에 감사를 드리는 바이다.

2019년 5월
동의대학교 동아시아연구소
소장 이경규

목차

제2부

신 문

범례

1. 본 해제집은 1970.1~1989.12까지 일본에서 발행된 재일조선인 관련 신문 잡지를 대상으로 하였다.

2. 본 해제집은 신문 파트와 잡지 파트로 분류했고, 해제 순서는 가나다순으로 게재하였다.

3. 재일조선인 마이너리티 신문잡지 기사의 동시대성 및 그 특수성을 통시적이고 중층적으로 분석하기 위해서, 일본을 대표하는 3대 신문(아사히신문, 요미우리신문, 마이니치신문)의 재일조선인 관련 기사를 총망라해서 함께 수록하였다.

4. 각 신문 잡지의 목차는 매체명, 발행처, 발행일, 지면정보, 간종별, 필자, 기사제목 순으로 표로 작성했고, 기사제목은 원문으로 표기하였다.

5. 해제의 경우, 창간 및 폐간, 발행인, 편집인, 출판사, 잡지의 제호 변경, 잡지 구성 등의 서지적 정보와 주요 집필진 및 특집호(토픽기사)를 개관하면서 매체의 성격과 동시대성을 설명하였다.

6. 각 매체의 발행 의도에 대한 이해를 돕기 위해 창간사가 있는 경우에는 전문 번역하였고, 창간사가 없는 경우에는 편집후기를 번역하여 대체하였다.

7. 국문으로 된 창간사 및 편집후기는 현행 표기법에 맞지 않는 글자도 많지만, 잡지가 발행된 동시대성을 확인하는 측면에서 원문 그대로 게재하였다.

8. 일본어로 된 목차 및 기사제목 입력 시, 촉음과 요음 등은 현행 표기법에 맞게 고쳐서 입력하였다.

9. 인쇄 상태의 불량 등으로 판독이 불가능한 글자는 ■로 표기하였다.

제1부

잡 지

전후 재일조선인 마이너리티 미디어 해제 및 기사명 색인
▍제2권▍
(1970.1~1989.12)

계간 마당(季刊まだん)

○ ○ ○

1 서지적 정보

『계간 마당』은 1973년 10월부터 1975년 6월까지 도쿄에서 발행된 계간 잡지이며, 부제목에는 〈재일조선·한국인의 광장〉이라고 표기되어 있다. 창간호의 편집후기에 의하면, 잡지 창간의 결정적인 계기는 1972년에 열린 역사적인 남북통일과 관련된 〈7·4공동성명〉이며, 편집은 김주태, 김양기, 김승옥, 오병학이 담당하고 있다(매호 200페이지 전후).

잡지의 내용적인 측면에서 보면, 2호의 원고모집 기사에는 「수기, 수필, 평론, 소설, 르포, 사진, 그림 등, 인쇄 가능한 것이라면 내용·장단편 불문합니다. 필자(또는 편집부)에 대한 질문, 신변 상담. 동인지, 서클지·잡지를 보내 주세요」라고 홍보하고 있듯이, 재일조선인과 관련된 탈영역적인 글을 싣고 있다. 특히, 매호에는 재일조선인과 관련된 동시대적 이슈를 특집호로 기획하고 있는데, 예를 들면 1호 「관동대지진 50주년에 생각한다」, 2호 「재일조선인의 육성」, 3호 「대답해야 하는 재일 청년상」, 4호 「해방의 원점을 찾아서」, 5호 「민족 교육의 내일을 탐색한다」, 6호 「결혼」 등의 특집호를 통해 재일조선인의 동시대적 문제를 논의하고 담론을 만들어내고 있다.

또한, 매호에는 「재일조선·한국인을 둘러싼 시민운동」를 소개하고 있는데, 1호에서는 오무라수용소의 폐지를 위해 창간된 잡지 『조선인』, 2호에서는 김희로 사건을 서포트하는 김희로공판대책위원회, 3호에서는 히타치취업차별 재판을 지원하는 〈김군을 응원하는 모임〉, 4호에서는 원폭피폭자 장진두를 응원하는 모임, 6호에서는 재일조선인의 문화 창조와 문제 해결을 목적으로 결성된 〈7·4회〉(아시아·아프리카·라틴아메리카 연대위원회의 조선부회가 모체) 등, 재일조선인에 의한 활동뿐 아니라 일본인의 다양한 재일조선인 시민운동을 소개하고 있다.

잡지의 운영적인 측면에서 보면, 1호의 정가는 480엔(연간 구독료는 1920엔), 2호는 580엔(연간 구독료 2320엔), 5호는 580엔(연간 구독료는 2960엔) 등으로 소폭 상승하고 있는데, 2호의 편집부 '부탁'에는「계간〈마당〉은 호평을 받고 있습니다만, 아직 간행된 지 얼마 되지 않아 뿌리를 내리지 못하고 있습니다. 각지에서의 독자의 반향도 파악하고, 또한 동포가 껴안고 있는 문제를 잡지에 반영시키고자 합니다만, 자금이 부족합니다. 유지분 중, 이와 같은 일에 협력해 주실 분을 구하고 있습니다. 아무쪼록 연락을 기다리고 있겠습니다」라고 부탁하고 있듯이, 경영적인 측면에서는 넉넉하지 못했다는 사실을 알 수 있다.

다만, 본 잡지는「공통의 광장을 추구하며, 재일조선인 문제의 원점을 탐색한다」라고 하면서 남북 어느 한 쪽으로 치우치지 않는 중립적인 자세에서 잡지를 발행한다고 강조하고 있지만, 재일조선인 작가 김석범은 이와 같은 취지와는 달리 동시대의 김대중 납치 사건 및 김지하 사건 등, 한국의 대통령 긴급조치에 의해 발생한 일련의 '테러 통치'에는 일절 언급하고 있지 않다고 비판한다(「당파 혐오자의 당파적이라는 사실」,『계간 삼천리』 1975년 2월, 창간호). 또한, 동 글 속에서는『마당』과 한국의 펜클럽이 정치적 유착 관계를 문제화하고 있고, 이에 따라『마당』의 편집위원 김양기는 김석범을 명예훼손으로 고소하면서『삼천리』와는 대립적인 관계에 놓이게 된다(김석범과는 1978년에 화해 성립).

2 간행 취의서

조국을 떠난 우리들 재일 동포의 생활환경은 민족적 프라이드를 과시하는 사람을 비롯해서, 민족성 상실, 더욱이 정신적으로 도망치는 사람들까지 복잡다기한 양상을 보이고 있다. 우리들은 정치와 일상생활 등, 다양한 문제를 껴안고 있으면서도 단일 민족이며, 재일 동포라고 하는 공통 항목을 가지고 있다. 모두 각자의 조건은 다르지만, 이러한 공통 의식은 뿌리 깊으며, 또한 민족적 지주를 상실하고 일본으로 귀화한 사람들 속에도 잠재적으로 계속해서 살아가고 있다.

어느덧 1세로부터 시작된 세대는 이미 2세가 중심 세대가 되었고, 3·4세대를 맞이하여, 수십 년에 걸친 재일 동포의 생활은 내용·형식적 측면 모두에서 굴절을 거듭하고 있으며, 그러한 본질을 바로잡는 일은 지극히 어렵다. 이와 같은 특수한 사회 환경 속에서 태어나 자란 재일 동포는 공유의 원점에 서서, 함께 이야기하고, 논의하며, 또한 흥하고자 하는 충동을 주체하지 못하고, 그 욕구는 노도와 같이 퍼져나가 하나의 「광장(마당)」을 뜨겁게 추구한다.

우리들은 이러한 재일 동포의 바람을 이루어 주고, 상호 불신을 제거하는 작업을 통해서, 일본이라는 환경 속에서 살아가는 동포 사회의 현실을 탐색하며, 국제적 시야에 서서 이웃과의 연대를 도모하고, 하루 빨리 조국 통일의 날을 맞이하고 싶다.

우리들은 일절 아무런 구속을 받지 않고, 건설적이고 자유로운 감정의 발로와 사교 교류의 장이 되기를 희구하며, 계간 〈마당〉을 간행한다.

3 목차

발행일	지면정보		필자	제목
	권호	페이지		
1973.10.01	創刊号	34	林啓	同胞ふたりの短時形文学
1973.10.01	創刊号	35	松永伍一	志良宣歌のこと
1973.10.01	創刊号	129	朴寿南	ヒロシマの証言 Ⅰもう一つのヒロシマ Ⅱ呉鳳寿氏の人生
1973.10.01	創刊号	126	上原敏子	ヒロシマと朝鮮人被爆者
1973.10.01	創刊号	125	福嶋菊次郎	見捨てられた老婆
1973.10.01	創刊号	142	村松武司	ライの歌人・金夏日
1973.10.01	創刊号	166	円谷真護	南北朝鮮の小説読後雑感
1973.10.01	創刊号	156	金海成	韓民族語と日本語
1973.10.01	創刊号	152	きむ・やんき	〈韓国民話〉トケビのふしぎなかなぼう
1973.10.01	創刊号	106	成允植	生きる
1973.10.01	創刊号	110	胝健之助	〈コント〉朝鮮の玩具(Ⅰ)
1973.10.01	創刊号	180	朴斗鎮	〈韓国の詩三編〉われらの旗は下げられたわけでない
1973.10.01	創刊号	184	趙炳華	〈韓国の詩三編〉祖国への道
1973.10.01	創刊号	186	李仁石	〈韓国の詩三編〉ひとみ
1973.10.01	創刊号	188	瀬川いち	〈短編小説〉アニョンヒ アボジ
1973.10.01	創刊号	105	金両基	百済の石像
1973.10.01	創刊号	208		編集後記
1974.02.01	第二号	9		季刊〈まだん〉刊行趣意書
1974.02.01	第二号	54	李恢成	〈随想〉楽泉園で感じたこと
1974.02.01	第二号	56	洪炯圭	なぜ朝鮮語を学ぶのか
1974.02.01	第二号	59	金三奎	第二の八・一五を迎えたい
1974.02.01	第二号	61	成允植	このごろ思うこと
1974.02.01	第二号	66	金鶴泳	M君のこと
1974.02.01	第二号	70	徐竜達	「不実」韓国人からの脱却
1974.02.01	第二号	76	田中健五・金両基	〈対談〉韓国人と日本人 その歴史と風土と発想と
1974.02.01	第二号	98	李盛夏	記憶に生きる故里のあじわい
1974.02.01	第二号	113	高橋葉一	「協和会」秘録
1974.02.01	第二号	122	宇治郷毅	抵抗の詩人尹東柱
1974.02.01	第二号	142	内田ゆか	戸籍のない夫婦
1974.02.01	第二号	171	大村益夫	朝鮮語テキスト案内
1974.02.01	第二号	168	上笙一郎・梶村秀樹ほか	とくしょしつ
1974.02.01	第二号			〈特集〉在日朝鮮人の肉声
1974.02.01	第二号	10	金智植・朴貞子・高史明・表重度・金芳植	〈座談会〉世代間の断絶
1974.02.01	第二号	29	金嬉老	獄中から民族へ
1974.02.01	第二号	53	李鎮成	日本の学校に入って苦労したこと

발행일	지면정보		필자	제목
	권호	페이지		
1974.02.01	第二号	88	三橋修	在日朝鮮・韓国人をめぐる市民運動(2)＝金嬉老公判対策委員会
1974.02.01	第二号	152	朴貞子	婚相談室＝ある母の執念
1974.02.01	第二号	34	徐敏秀	ブルガサリ在日一世
1974.02.01	第二号	42	李錦容	小さなひとつの歴史
1974.02.01	第二号	44	宋富子	民族と人間にめざめて
1974.02.01	第二号	90	崔石俊	いまひとたびの三一運動を
1974.02.01	第二号	154	金見南	〈サロンまだん〉私の故郷はどこ
1974.02.01	第二号		エツコ・マル・コグレ	〈サロンまだん〉民族の誇り
1974.02.01	第二号		とよしま・かずみ	〈サロンまだん〉ひとりの日本人読者の立場
1974.02.01	第二号		金永順	〈サロンまだん〉現実からの出発
1974.02.01	第二号		張鮮仁	〈サロンまだん〉まだんの発刊に思う
1974.02.01	第二号		金民秀	〈サロンまだん〉編集部への苦言
1974.02.01	第二号		李定次	〈サロンまだん〉「混血」の結婚
1974.02.01	第二号	5	吉岡攻	口絵写真＝韓国の市場
1974.02.01	第二号	153	金秀卿	風俗・風物漫歩＝江陵市の祭祀ー写真
1974.02.01	第二号	129	吉田靖春	〈ルポ〉帰化人グループ〈成和クラブ〉を訪ねて
1974.02.01	第二号	178	呉林俊	遺稿詩 わかれ夜汽車
1974.02.01	第二号	180	李仁夏	民族的主体の恢復を志向して
1974.02.01	第二号	182	野田裕次	呉林俊さんとの出会い
1974.02.01	第二号	105	朏健之助	朝鮮の玩具〈2〉婚礼と玩具
1974.02.01	第二号	100	きむやんき	〈韓国の民話〉トケビの石橋
1974.02.01	第二号	186	崔明翊	〈朝鮮史話〉奴婢・万績の叛乱
1974.02.01	第二号	194	裵夢亀	〈創作〉無花果
1974.02.01	第二号	73	朴竜来	〈韓国の詩・三編〉耳鳴り
1974.02.01	第二号	74	趙泰一	詩
1974.02.01	第二号	75	李盛夏	臓物
1974.05.01	第三号	9		季刊〈まだん〉刊行趣意書
1974.05.01	第三号	90	旗田巍	〈随想〉朝鮮とのつながり
1974.05.01	第三号	92	宗秋月	その名は京子
1974.05.01	第三号	94	南碩煥	反骨の論理
1974.05.01	第三号	94		〈特集〉問われる在日青年像
1974.05.01	第三号	10	崔勝久・梁正成・金内鎮・鄭月順・高春枝	〈座談会〉くたばれ民族?!
1974.05.01	第三号	30	ヤマグチフミコ	〈青年手記〉わたしは結婚しない

발행일	지면정보		필자	제목
	권호	페이지		
1974.05.01	第三号	34	金幸二	遅れた進学
1974.05.01	第三号	38	青木宏純	日本国籍を持つ朝鮮人として
1974.05.01	第三号	42	島村章子	半朝鮮人と半日本人
1974.05.01	第三号	46		〈特集〉日立就職差別裁判
1974.05.01	第三号	46	朴鐘碩	差別とは人を殺すことだ
1974.05.01	第三号	64	高清一	動かない韓国人・知らない日本人
1974.05.01	第三号	70	金英一	裁判と運動の歩み
1974.05.01	第三号	72	石塚久	弁護士だからーではなく
1974.05.01	第三号	84	姜舜	〈創作詩〉笠をかぶったイカルス
1974.05.01	第三号	128		在日同胞の文化活動紹介(1)東京午後夜間学校作文集
1974.05.01	第三号	80	松本茂	在日朝鮮・韓国人をめぐる市民運動〈3〉＝朴君を囲む会
1974.05.01	第三号	82	朴貞子	結婚相談室＝相性(宮合)について
1974.05.01	第三号	187	西岡・朴容福	東京まだん読書会から
1974.05.01	第三号	98	クリストファー・ドレイク	キムチと太陽
1974.05.01	第三号	104	林誠宏	シベリアを越えて〈第15回世界哲学会議への旅〉
1974.05.01	第三号	130	姜尚暉	言と事〈ものの見方・考え方〉
1974.05.01	第三号		趙栄順	〈サロンまだん〉巣のない鳥へ
1974.05.01	第三号		朴燦午	〈サロンまだん〉二つの春香伝
1974.05.01	第三号		尹俊愛	〈サロンまだん〉祖国を凝視めて
1974.05.01	第三号		武村光信	〈サロンまだん〉静かなる朝の国
1974.05.01	第三号	162	姜民泰	〈サロンまだん〉偏向なき「まだん」を
1974.05.01	第三号		李慶福	〈サロンまだん〉こみあげる喜びを迎えて
1974.05.01	第三号		高和子	〈サロンまだん〉小さな出来事
1974.05.01	第三号		浅野大典	〈サロンまだん〉桃の季の人
1974.05.01	第三号		石田真弓	〈サロンまだん〉「結婚相談室」への質問
1974.05.01	第三号		朴昇哲	〈サロンまだん〉明日の光を求めて
1974.05.01	第三号	146	長璋吉・成允植・梶井陟	とくしょしつ
1974.05.01	第三号	180	木下梁子	ある密入国者
1974.05.01	第三号	108	金一勉	世称「日本軍隊の慰安婦」の構想
1974.05.01	第三号	117	朴石生	もう一人の韓国人
1974.05.01	第三号	188	鶴素直	イスンブと呼んでくれ!
1974.05.01	第三号	153	きむやんき	〈韓国の民話〉トケビとけちけちじいさ
1974.05.01	第三号	138	李亀烈	〈韓国の民話〉持ち去られた文化遺産 高麗磁器受難秘話
1974.05.01	第三号	148	胁健之助	〈韓国の民話〉朝鮮の玩具(3) 福神と方相氏
1974.05.01	第三号	197	崔明翊	〈朝鮮史話〉新羅花郎 臨戦無退
1974.05.01	第三号	158	張英洙	〈韓国詩抄二編〉その女

발행일	지면정보		필자	제목
	권호	페이지		
1974.05.01	第三号	158	呉景南	〈韓国詩抄二編〉麦畑
1974.05.01	第三号	103	金両基	セックトンについて
1974.08.01	第四号	9		季刊〈まだん〉刊行趣意書
1974.08.01	第四号	52	小田実	〈随想〉トヨトミ・ヒデヨシと私
1974.08.01	第四号	54	金鶴泳	"じつはー"の憂欝
1974.08.01	第四号	56	姜鳳秀	雑炊の味
1974.08.01	第四号	58	梶山季之	韓雲史さんのこと
1974.08.01	第四号	63	鈴木武樹	恐るべき《皇国史観》の毒牙
1974.08.01	第四号	80	梶村秀樹	朝鮮との出合い
1974.08.01	第四号	136	高清一	自立就職差別裁判の勝訴判決を得て 朴君は勝ったか?
1974.08.01	第四号	146	花輪光郎	協定永住者の強制送還〈申京煥〉
1974.08.01	第四号	66	佐々木愛・三国一朗・金両基	〈鼎談〉春香伝
1974.08.01	第四号	10		〈特集〉解放の原点を求めて
1974.08.01	第四号	10	高峻石	回想の8・15
1974.08.01	第四号	24	高史明	飢えと笑いと平等
1974.08.01	第四号	30	安承玟	俺の解放
1974.08.01	第四号	40	金鐘伯	歩くことが解放であった
1974.08.01	第四号	46	姜浩徹	世代に架ける橋
1974.08.01	第四号	88		〈連詩〉「地紋」(1)
1974.08.01	第四号	82	李千秋	〈特別寄稿〉獄中記
1974.08.01	第四号	134	朴貞子	結婚相談室〈国際結婚について〉
1974.08.01	第四号	144	中島竜美	在日朝鮮・韓国人をめぐる市民運動紹介(4)〈原爆被爆者、孫振斗さんに"治療"と"在留"を〉
1974.08.01	第四号	152		東京(まだん)読書会(2)から
1974.08.01	第四号	153		名古屋(まだん)読書会から
1974.08.01	第四号	162	宮沢由子	〈サロンまだん〉韓国旅行の残像
1974.08.01	第四号	164	崔葉国	老青年から
1974.08.01	第四号	165	ジョージ・グレゴリー・孫	アメリカ通信
1974.08.01	第四号	167	尾崎治子	まだん朝鮮古陶磁鑑賞会にて
1974.08.01	第四号	169	佐藤健次	黒の舟唄
1974.08.01	第四号	155		どくしょしつ
1974.08.01	第四号	120	金両基	朝靄の中で〈韓国・歴史文化紀行〉
1974.08.01	第四号	94	高峻石	抗日言論史(1)
1974.08.01	第四号	195	金一勉	世称「日本軍隊の慰安婦」の発生
1974.08.01	第四号	173		朝鮮史を学ぶ〈ひろば〉発足にあたって
1974.08.01	第四号	186		在日同胞の文化活動紹介(2)《白友》
1974.08.01	第四号	188		ウリマル講座

발행일	지면정보		필자	제목
	권호	페이지		
1974.08.01	第四号	114		金ハラボジ体験談
1974.08.01	第四号	109	金容大	風刺の鬼才"金笠"
1974.08.01	第四号	189	胡健之助	朝鮮の玩具(4) 将軍標(A)
1974.08.01	第四号	154	姜思海	創作詩 無題
1974.08.01	第四号	174	任展慧	「洪鐘羽」論
1975.03.01	第五号	9		季刊〈まだん〉刊行趣意書
1975.03.01	第五号	86	森崎和江	朝鮮との出会い けだけた胸に
1975.03.01	第五号	134	村松武司	峠の墓碑銘
1975.03.01	第五号	111	朴秀鴻	朝鮮奨学生の苦悩と選択
1975.03.01	第五号	118	松居直・きむやんき・呉炳学	〈座談会〉たのしいものをこどもに
1975.03.01	第五号	100	宋斗会	宋斗会の問うもの
1975.03.01	第五号	80	姜舜	旧帖六首
1975.03.01	第五号	129	蘭外・森崎耕治	漢詩にみる名勝ー江原道鏡浦台ー
1975.03.01	第五号	98	孫春任	短歌 傷める靴
1975.03.01	第五号	165	金海成	わが韓民族と愛国家
1975.03.01	第五号	10	内山一雄	〈特集〉民族教育の明日をさぐる わが子が私をかえた
1975.03.01	第五号	40	編集部	〈ルポ〉小さな足音がきこえる
1975.03.01	第五号	50	宋石柱	子どもたちはゆがめられている
1975.03.01	第五号	21	吉田道昌	発言する生徒たち
1975.03.01	第五号	29	金容海	本名を名のる子ら
1975.03.01	第五号	38	稲富進	本名を呼び名のる運動
1975.03.01	第五号	59	姜尚暉	民族教育の意義
1975.03.01	第五号	68	小沢有	素顔を奪還する教育(上)
1975.03.01	第五号	146	三原令	〈サロン・まだん〉歳月の空しさか密度か
1975.03.01	第五号	148	裵相煥	やらずふったくり私の論
1975.03.01	第五号	149	大久保敏明	NHKに朝鮮語講座を
1975.03.01	第五号	151	金沢俊子	わたしは私
1975.03.01	第五号	153	渡部光子	ある朝鮮女との出会い
1975.03.01	第五号	90	小杉剋次	〈連載〉成錫憲論(上)
1975.03.01	第五号	176	高峻石	〈連載〉抗日言論史(2)
1975.03.01	第五号	187	金両基	〈韓国・歴史文化紀行(2)〉朝霧の中で
1975.03.01	第五号	160	胡健之助	朝鮮の玩具(5) 将軍標(B)
1975.03.01	第五号	140		どくしょうしつ
1975.03.01	第五号	158		はがきで一言
1975.03.01	第五号	132	まだん編集委員会	「季刊三千里」の創刊によせて
1975.03.01	第五号	195	金一勉	日本軍隊の朝鮮人慰安婦

발행일	지면정보		필자	제목
	권호	페이지		
1975.06.01	第六号	9		季刊〈まだん〉刊行趣意書
1975.06.01	第六号	68	高史明·鄭大均·金宙泰	〈座談会〉在日の結婚を考える
1975.06.01	第六号	10	金両基	蒸発した花嫁
1975.06.01	第六号	24	鄭秀嶺	みえる愛とみえない国境
1975.06.01	第六号	57	藤崎庸夫	日本人妻は叫ぶ
1975.06.01	第六号	33	清水千恵子	朝鮮男にもの申す
1975.06.01	第六号	38	朴鐘琴	「女」と「在日」
1975.06.01	第六号	51	朴貞子	不幸な男と女たち
1975.06.01	第六号	43	宗秋月	死者と生者と
1975.06.01	第六号	99	陳昌鉉	ひとすじの道 あるバイオリン作りの半生
1975.06.01	第六号	125	周去来	アジアの子どもたち
1975.06.01	第六号	133	呉徳洙	朝鮮人、お前に負けたら笑われる
1975.06.01	第六号	84	姜舜	〈連詩〉「地紋」(2)
1975.06.01	第六号	156	林承夫	〈サロン・まだん〉朝鮮語を知らない私の朝鮮人語
1975.06.01	第六号	158	三輪実	「宋さん」の実体
1975.06.01	第六号	161	冬木思郎	連帯についていま、考えること
1975.06.01	第六号	163	鞠権	スポーツに"国境"あり
1975.06.01	第六号	109	陳昌鉉	バイオリニスト丁讃宇君のデビュー公演によせて
1975.06.01	第六号	92	許英子	静中動の美
1975.06.01	第六号	112	金容大	風刺の鬼才"金笠"(2)
1975.06.01	第六号	143	李丞玉	〈連載〉朝鮮史譚(1) 清川江ものがたり
1975.06.01	第六号	168	大村益夫	朝鮮の笑話(上)艶笑譚
1975.06.01	第六号	121	蘭外·森崎耕治	漢詩にみる名勝(2)
1975.06.01	第六号	177	朏健之助	朝鮮の玩具(6) 笛
1975.06.01	第六号	198		バックナンバー紹介
1975.06.01	第六号	199		全国常備書店一覧
1975.06.01	第六号	90	編集部	市民運動紹介(5)大阪「7·4会」
1975.06.01	第六号	182	金一勉	「軍隊」慰安婦の変容

계간 재일동포(季刊在日同胞)

○ ● ○

 1 서지적 정보

『계간 재일동포』는 1980년 3월부터 같은 해 12월까지(4호) 도쿄에서 발간된 한국사료연구소의 기관지이며, 발행인은 김정주이고 편집인은 이기우이다(다만, 2호부터는 발행·편집 모두 김정주 담당. 정가 1000엔, 140쪽 내외). 김정주는 종간호 편집후기에서 1년 동안 발행 및 편집 작업을 혼자서 담당해 왔고, 정신적·육체적 피로 탓으로 앞으로 1년간은 휴간한다고 전하고 있다(이후, 속간은 미확인).

잡지의 내용적인 측면에서 보면, 논설, 대담, 2세 군상, 기록, 자료소개, 강연, 본국동향 등으로 구성되어 있고, 매호 동시대의 재일조선인과 밀접한 주제로 특집호를 기획하고 있다. 예를 들면, 「남북대화」(창간호), 「민족교육」(2호), 「행정차별」(3호), 「사할린동포」(4호) 등을 통해서, 재일조선인과 남북관계, 그리고 재일조선인의 행정·교육 등의 현실적인 문제를 시작으로, 나아가 사할린 동포의 문제에 이르기까지 다양한 문제점을 체계적으로 다루고 있다. 특히, 창간사에서 밝히고 있듯이, 학술적인 관점에서 보다 본격적인 재일동포의 실생활과 직접 관계되는 분야를 체계적으로 분석 제시하여 문제점을 해결하고자 하는 성격이 강하게 엿보이는 잡지이다.

그리고 잡지의 정치적인 측면에서 보면, 창간사에서 김정주는 「관련 자료는 남북 쌍방의 것을 가능한 동시에 게재하고, 그 내용에 대한 평가는 독자 자신의 판단에 맡기기」로 했다고 말하고 있지만, 창간호의 편집을 맡은 이기우는 현재 발행되고 있는 월간지의 대부분은 '좌익계열의 것'이며, 민단 계열의 잡지는 전무하다고 창간의 취지를 밝히고 있다. 특히, 본 잡지를 통해서 재일동포와 관련된 다양한 문제를 특집으로 엮어 살펴보고, 「특히 민단 사회의 젊은 세대를 발굴한다는 의미에서 2·3세들의 의견을 가능한 한 수용하려 한다」고 말하고 있듯이, 정치적·사상적 측면에서는 민단 사회에 무게를 두고 잡지를 발간하고 있었다는 사실을 알 수 있다.

２ 창간사

　　재일동포의 제문제는 그 자체가 지닌 역사적 배경과 함께 항상 복잡한 요소를 동반하고 있다. 그것은 과거에 일제통치의 36년간과 전후에 민족해방의 36년간이 재일동포에게 있어서 모두 불행한 상태로 놓여 있음에 아무런 변화가 없었기 때문이다.

　　지금까지 우리들 주변에서 재일동포문제에 관한 체계적인 연구가 거의 이루어지지 않았다고 하더라도 지나친 말은 아니다. 소외된 원인은 문제의 복잡함 때문에 노력에 비례하는 성과가 기대되지 않고 또한 대상의 곤란함 때문에 실행에 옮겨야 할 정책이 나오지 않는―어떤 이유든 간에 이러한 기록이 거의 남겨져 있지 않다는 것은 정말 처참한 현실이다.

　　본 연구소는 지난 20여 년간 주로 한일관계사의 입장에서 고대의 문화교류, 또는 근대의 정치교섭 등을 저술, 편찬해 왔지만, 이번에는 조금 관점을 바꿔서 재일동포 문제를 직접 다뤄 보기로 하였다.

　　보시는 바와 같이, 계간을 통하여 매권 특수한 테마를 집중 논의하고, 이를 통해 특집호 체재를 확립해 나가게 될 것이다. 우선 창간호는 남북대화의 궤적을 다루기로 한다. 관련 자료는 남북 쌍방의 것을 가능한 동시에 게재하고, 그 내용에 대한 평가는 독자 자신의 판단에 맡기기로 하는 무난한 방법을 취하기로 하였다. 널리 동포 각위의 회고 자료로 사용하고 또한 지도자 각위의 입안 자료로 이용된다면 더할 나위 없이 기쁘겠습니다.

　　여러분들의 협력과 성원을 바라는 마음이 절실합니다. 해량과 같은 마음으로 품어 주시길 간절히 기원드립니다.

1980년 3월 15일
동경 한국사연구소장
소장 김정주 백

3 목차

발행일	지면정보		필자	제목
	권호	페이지		
1980.06.15	第2号	35	崔洛久	東京韓国学校の実像
1980.06.15	第2号	39	李彌鍾	白頭学院の実態
1980.06.15	第2号	44	金渙	50時間義務教育と民族教育ー今後の方向ー
1980.06.15	第2号	49	金昌式	〈記録〉在日同胞の民族教育ーその経緯と現況ー
1980.06.15	第2号	81	全富億	朝総連系民族教育論
1980.06.15	第2号	85	権寧福	民族教育体験を通しての所感回顧
1980.06.15	第2号	89	李英煒	民族教育から得た貴重な体験
1980.06.15	第2号	93	徐万基	母国修学生と父兄の悩み
1980.06.15	第2号	99	金尚弘	在日韓国人中央教育委員会発足に際して
1980.06.15	第2号	100	康炳基	"コウさん"と"カンさん"の違い
1980.06.15	第2号	102	金勇光	母国修学生の余韻
1980.06.15	第2号	103	金秀子	二世女性の希望
1980.06.15	第2号	104	金正柱	〈記録〉在日同胞ー分裂と統合への痕跡(2)
1980.06.15	第2号	122	李崇寧	〈付録〉韓国「学園事態」座談ー兵営集体訓練拒否問題を中心にー
1980.06.15	第2号	133		〈本国動向〉代表/新内閣の顔ぶれ
1980.06.15	第2号	138		編集後記
1980.09.15	第3号	3	金正柱	巻頭言
1980.09.15	第3号	6	大韓民国居留民団中央本部	特集・行政差別 権益運動に関する要望書
1980.09.15	第3号	11		〈資料〉在日韓国人の生活擁護のための人権宣言
1980.09.15	第3号	12	田駿	われらの権益運動について
1980.09.15	第3号	15	洪正一	権益運動の過去・現在・未来
1980.09.15	第3号	20		在日韓国人(Koreans in Japan)ー『ザ・レビュー(The Review)』記事ー
1980.09.15	第3号	26		〈対談〉在日同胞の基本的諸問題ー民族意識と現地適応の両論を中心にー
1980.09.15	第3号	29		〈特別資料〉差別実態
1980.09.15	第3号	55	柳根周	丸正冤罪事件の真相
1980.09.15	第3号	59	徐竜達	教育公務員への権益闘争ー国立大学の韓国・朝鮮人教授任用に向けてー
1980.09.15	第3号	65	金敬得君を支援する会	金敬得君が弁護士になる道を閉すなー当選人差別の解消をめざしてー
1980.09.15	第3号	71	安秉元	二世の声
1980.09.15	第3号	73	金正柱	〈講演〉差別撤廃と二世の進路
1980.09.15	第3号	79		〈特別資料〉日本国会で論議された在日韓国人問題
1980.09.15	第3号	141		代表/新内閣の顔ぶれ
1980.09.15	第3号	142		編集後記
1980.12.15	第4号	3	金正柱	巻頭言

발행일	지면정보		필자	제목
	권호	페이지		
1980.12.15	第4号	6	韓国民団中央本部	特集・サハリン同胞 陳情書(1973年9月21日)
1980.12.15	第4号	7	樺太抑留帰還韓国人会	陳情書(1973年9月22日)
1980.12.15	第4号	8	樺太抑留帰還韓国人会	陳情書(1974年12月25日)
1980.12.15	第4号	9	樺太抑留帰還韓国人会	申立書(1975年5月)
1980.12.15	第4号	12	樺太抑留帰還韓国人会に協力する妻の会	太平総理大臣国連事務総長宛陳情書
1980.12.15	第4号	14	樺太抑留帰還韓国人帰還訴訟実行委員会及び全国署名者一同	〈資料〉韓国・ソウル新聞記事
1980.12.15	第4号	15		日本 朝日新聞記事
1980.12.15	第4号	16	金昌郁	〈論説〉サハリン同胞帰還問題
1980.12.15	第4号	18	韓栄相	徴用の悪夢と留守家族
1980.12.15	第4号	27	三原令	弱者の滅私御奉公
1980.12.15	第4号	34	三田英彬	樺太に棄てられた4万3千人
1980.12.15	第4号	42	事務局	〈報告〉樺太裁判大集会 経過報告
1980.12.15	第4号	43	金正柱	〈報告〉樺太裁判大集会 講演要旨
1980.12.15	第4号	44		〈資料〉樺太残留者帰還請求提訴 訴状ー趣意書ー解説 / 声明ーアピールー陳術書
1980.12.15	第4号	52	李斗勲	〈主張〉血筋の呼び声
1980.12.15	第4号	54	張在述	獄門島に棄てられた無辜の同胞
1980.12.15	第4号	60	風戸多紀子	戦後なきサハリン在留朝鮮人
1980.12.15	第4号	70		サハリンからの報告ー『ポセフ』誌記事ー
1980.12.15	第4号	79	松山善三	〈映画〉セミ・ドキュメント「忘却の海峡」あらすじ・監修と監督の声
1980.12.15	第4号	80	韓雲史	〈映画〉セミ・ドキュメント「忘却の海峡」望郷歌
1980.12.15	第4号	81	崔相鉉	〈映画〉セミ・ドキュメント「忘却の海峡」「忘却の海峡」に出演して
1980.12.15	第4号	81	韓雲史	〈アピール〉戦争はまだ終っていない
1980.12.15	第4号	82	張敏求	忘却の歳月 40年
1980.12.15	第4号	84	林三皓	二世の声 子供心と大人心
1980.12.15	第4号	86		〈資料〉Ⅰ血判で帰還を訴えるサハリン残留の韓国同胞
1980.12.15	第4号	88		〈資料〉Ⅱ在サハリン同胞の現況

발행일	지면정보		필자	제목
	권호	페이지		
1980.12.15	第4号	89		〈資料〉Ⅲ1976年ソ連政府よりの出国許可者名単
1980.12.15	第4号	90		〈資料〉Ⅳサハリン同胞引揚げに関する二本政府の態度
1980.12.15	第4号	92		〈資料〉Ⅴサハリン同胞からの頼り
1980.12.15	第4号	94		〈資料〉Ⅵ田淵哲也議員質問書
1980.12.15	第4号	99		〈資料〉Ⅶ日本外務省行政官聞き書き
1980.12.15	第4号	101		〈資料〉Ⅷサハリン残留韓国人の境涯
1980.12.15	第4号	105		「本国」国家保衛立法会議(議員名単)
1980.12.15	第4号	106		編集後記

계간 재일문예 민도(季刊在日文芸民涛)

○ ○ ○

 1 서지적 정보

1987년 11월에 창간되어 1990년 3월에 제10호까지 발행된 계간지(2, 5, 8, 11월 간행)이다. 재일문예 민도사 발행, 가게쇼보(影書房)에서 발매했다. 1-3호의 정가는 980엔으로, 창간호의 편집후기에 "젊은 사람들이 사기 좋은 가격으로 하자"고 하여 책정된 가격임을 밝히고 있다. 분량은 300~500쪽이다. 주필은 이회성이고, 배종진, 이승옥, 양민기, 박중호, 종추월, 김찬정, 강기동, 김창생 등의 재일조선인 2세대를 중심으로 집필이 이루어졌다. 재일조선인 민중문예에 대한 열망과 언어나 전통사상에 얽매이지 않고 재일조선인 사회의 전환기에 대처해가자는 취지로 창간되어 재일 사회의 세대교체를 확인할 수 있다. 『민도』의 이러한 성격은 재일 정주의 장기화와 재일의 세대교체에 따라 '재일성'을 강조하는 미디어가 나오게 된 배경을 보여주고 있다.

잡지의 구성은 특집이나 좌담회나 인터뷰를 넣고, 평론이나 기사, 논문, 문예작품 등을 실었다. 그리고 「자유종(自由鐘)」과 같이 젊은 층을 중심으로 자유로운 의견의 장을 마련하는 등, 호를 거듭할수록 재일조선인 의견개진의 장을 확대하여 민중문예지의 성격을 특징적으로 드러냈다. 그리고 권두언에서 밝혔듯이, 제3세계의 민중과 유대를 깊게 하기 위하여 매호에 중국, 대만, 동남아시아, 사할린, 아프리카, 카자흐스탄, 팔레스타인 등 각국의 상황이나 문학운동 관련 기사를 게재하였다.

2 창간호 권두언 「새로운 파도(新しい波)」

오랫동안 우리는 자유로운 문예지를 갖고 싶다고 바라왔다.

생각해보면 1945년 이후 재일(在日)하는 우리는 한 번도 문예종합지를 가진 적이 없었다. 관제(官製) 문화를 넘어 재일하는 자의 실재(實在)를 전해주는 민중문예지는. 그렇다면 지금이 바로 그때이다. 이제 더 이상은 기다릴 수 없다. 우리는 4, 5년 전부터 이 날을 기약하며 서로 이야기를 해왔다.

자유로운 민중문예지는 어떠한 자기요구를 갖는 것인가? 적어도 언어표현에 금기를 갖지 않는 것이다. 전통적인 유교적 사고야말로 조선인의 백 년의 한(恨)이다. 우리는 스스로의 힘으로 금기를 깨고 상상력의 세계로 여행을 떠나고 싶다. 이제 슬슬 진심을 말해야 하지 않겠는가. 본래의 목소리로 같이 이야기를 나누는 사람이 늘면 누가 손해를 본다고 하겠는가.

세 가지를 제창하고자 한다.
1. 민족의 운명을 같이 짊어지고 가자.
1. 민주주의를 끝까지 추구하자.
1. 국제주의 정신을 사랑하고, 특히 제3세계의 민중과 연대를 깊게 해가자.

재일하는 우리의 이러한 삶의 방식은 우리 자신의 존재를 풍요롭게 할 것이다. 재일하는 자는 다양하다. 재일하는 자는 카오스를 활용한다.

거기에서 출발해 희로애락을, 희망을, 자신의 열린 문화적 아이덴티티를 추구해가고자 한다. 이 민중문예운동이 조선반도와 일본열도 사이에서 독자적으로 이질적인 문화 공간을 어떻게 만들어갈 것인가. 이것은 우리에게 부끄러움 없는 큰 문제제기이고 모험이며 긍지이다.

이 문예지가 이번에 재일하는 자를 더욱 빛나게 하고 세계의 인간 상호간에 이해를 깊게 해가는 하나의 계기가 된다면 우리에게 이보다 큰 기쁨은 없을 것이다.

민중의 물결이여, 일어나라.

3 목차

발행일	지면정보		필자	제목
	권호	페이지		
1987.11.15	創刊号		趙博	〈ほんだな〉異質との共存
1987.11.15	創刊号	186	朴彬	〈ほんだな〉戒厳令下チリ潜入記
1987.11.15	創刊号		岡野幸江	〈ほんだな〉弓
1987.11.15	創刊号		伊藤成彦	〈映画評〉ローザ·ルクセンブルク
1987.11.15	創刊号	200	三村修	〈映画評〉指紋押捺拒否 2
1987.11.15	創刊号		呉順愛	〈映画評〉もうひとつのヒロシマ
1987.11.15	創刊号		前川道博	〈映画評〉深く青き夜
1987.11.15	創刊号	208	黒川創	〈演劇評〉ハヌリ「済州ハルマン」
1987.11.15	創刊号	210	宋秋月	〈小説〉猪飼野のんき眼鏡
1987.11.15	創刊号	244	朴重鎬	回帰 一挙二七〇枚掲載
1987.11.15	創刊号	161	朴実	〈グラビア〉民族文化牌한마당(ハンマダン)
1987.11.15	創刊号	173		原稿応募要領
1987.11.15	創刊号	41		意見広告掲載のご案内
1987.11.15	創刊号	185		スタッフ募集のおしらせ
1987.11.15	創刊号	125		次号予告
1987.11.15	創刊号	144		マンガ応募要領
1987.11.15	創刊号	123		読者の声募集
1987.11.15	創刊号	334		編集後記
1987.02.15	二号	6		巻頭言
1987.02.15	二号	8	李恢成·朴重鎬	特別インタビュー ニム·ウェールズ(中)「アリランの歌」と私の生涯
1987.02.15	二号	48	ジョージ·O·トッテン	〈「アリランの歌」論〉割り引き去れるべき死因
1987.02.15	二号	50	ブルース·カミングス	ある朝鮮人共産主義者の生涯
1987.02.15	二号	114	李起亮	〈韓国文化通信②〉民主化への産みの苦しみ
1987.02.15	二号	70		〈特集〉民衆文化運動の現在
1987.02.15	二号	70	梁民基	いま、なにが起こっているか
1987.02.15	二号	78	沈雨晟	マダンクッとは何か
1987.02.15	二号	86	楠瀬佳子	アフリカ人の民衆演劇運動
1987.02.15	二号	94	人見承門	民衆美術運動のうねり
1987.02.15	二号	96	趙喜珠·仲村優子	在日民族文化牌「ハヌリ」のこと
1987.02.15	二号	100	金迅野	生野民族文化祭ルポ 部署を捨てる
1987.02.15	二号	214	小田実	日本の「宗教文学」
1987.02.15	二号	127	尹健次	〈連載〉ロンドン留学記(2) ヨーロッパとアメリカの同胞社会を訪ねて
1987.02.15	二号	149	李承玉	朝鮮の近代文学(2) 近代文学の萌芽＝開花期の散文
1987.02.15	二号	230	陳映真·李恢成	〈対談〉いま、韓国の若者が輝く理由

발행일	지면정보		필자	제목
	권호	페이지		
1987.02.15	二号	165	趙根在	〈グラビア〉光り翔べ 在日17才一金哲晶君の生き方
1987.02.15	二号	169	鄭雅英	〈ルポ〉光り翔べ 在日17才一金哲晶君の生き方
1987.02.15	二号	60	中野孝次	〈自由鐘〉あるいやな気配が
1987.02.15	二号		中里喜昭	まんがから生い立つ
1987.02.15	二号		李麗仙	愚痴
1987.02.15	二号		金徳煥	ひとつの試み
1987.02.15	二号	156	金宙泰/金炳三/木島始/石川逸子/村松武司/劉光石	追悼 詩人 姜舜
1987.02.15	二号	223	関口功	ボールドウィンの文学
1987.02.15	二号	197	岩城雄次郎	〈世界季評〉タイ 修好百周年とタイの民衆
1987.02.15	二号		梶村太一郎	〈世界季評〉東西ドイツ 分断と統一をめぐる逆説
1987.02.15	二号		菅孝行	〈世界季評〉日本 反天皇論断章
1987.02.15	二号	173		統一教会に狙われるマスコミ人
1987.02.15	二号			大韓航空機のゆくえ 飯の保護
1987.02.15	二号			見棄てられた23万人
1987.02.15	二号	180		山川菊栄奨励金 李順愛氏らに
1987.02.15	二号	138	編集部	インタビュー ナウラット・ボンパイブーン 皇室を侮辱すればの話
1987.02.15	二号	144	趙博	被差別少数者協議会のこと
1987.02.15	二号	241	宗秋月	〈ほんだな〉猪飼野物語
1987.02.15	二号		山根俊郎	韓国歌謡史
1987.02.15	二号		梁澄子	赤瓦の家
1987.02.15	二号		申有人	シネアスト許泳の昭和
1987.02.15	二号	252		〈映画評〉ルシア
1987.02.15	二号			1000年刻みの日時計
1987.02.15	二号			桑の葉
1987.02.15	二号	258		〈特集〉新人短編小説
1987.02.15	二号	258	梁淳祐	追憶とともに
1987.02.15	二号	269	曺圭佑	約束
1987.02.15	二号	272	小村たか子	スンナミさん
1987.02.15	二号	279	金秀吉	プルガサリ
1987.02.15	二号	296	金鐘伯	文字盤のない時計
1987.02.15	二号	102	金賛汀	竹山、アリランを奏でる
1987.02.15	二号	1	裵昭	高橋竹山とアリランの世界
1987.02.15	二号	182	崔頂義	〈長編譚詩〉夢幻泡影
1987.02.15	二号	306		うたの広場
1987.02.15	二号	308		読者の声

발행일	지면정보		필자	제목
	권호	페이지		
1987.02.15	二号	315		高銀·白楽晴講演会のおしらせ
1987.02.15	二号	77		関西「民涛」発刊記念のつどい
1987.02.15	二号	181		原稿応募要領
1987.02.15	二号	213		意見広告掲載のご案内
1987.02.15	二号	311		スタッフ募集
1987.02.15	二号	213		友の会のおしらせ
1987.02.15	二号	316		編集後記
1987.05.15	三号	1		〈グラビア〉一人芝居『火の鳥』と高圭美
1987.05.15	三号	6		〈巻頭言〉ペンと獄中作家
1987.05.15	三号	8	白楽晴·李恢成·梁民基	〈特集〉民族文学の可能性 〈座談会〉民族文学と在日文学をめぐって
1987.05.15	三号	43	白楽晴	〈三·一記念講演〉韓国の民衆文学と民族文学
1987.05.15	三号	54	高銀	最近の私の詩作について
1987.05.15	三号	63	伊藤成彦	〈論評〉民衆·民族と日本文学の現在
1987.05.15	三号	74	桜井大造	〈自由鐘〉(エッセイ)アリラン坂を下る
1987.05.15	三号	76	李順子	春を待つ
1987.05.15	三号	78	池明観	北を考え南を考える
1987.05.15	三号	80	辻元清美	サハリンへ行きませんか
1987.05.15	三号	82	李仁夏	若者たちの自己定立
1987.05.15	三号	86		特集Ⅱ済州島「4·3事件」40周年 インタビュー ききて李承玉
1987.05.15	三号	87	李益雨	4·3事件、その前後の証言
1987.05.15	三号	95	金奉鉉	済州島、隠された血の歴史
1987.05.15	三号	102	イーサナ	長編詩「漢拏山」
1987.05.15	三号	122	高銀	詩人イーサナを擁護する
1987.05.15	三号	127	尹健次	ロンドン留学記
1987.05.15	三号	139	南賢	〈評論〉「鳳仙花」の世界と洪蘭坡
1987.05.15	三号	149	小笠原克	中野重治と朝鮮
1987.05.15	三号	165		オリンピック·ネリンピック
1987.05.15	三号	167		波紋をなげかける申·崔夫妻の手記
1987.05.15	三号	169		奪われた言葉は取り戻せるか
1987.05.15	三号	170		「ハンキョレ新聞」の快挙
1987.05.15	三号	173	編集部	折を空に解き放とうと
1987.05.15	三号	177	李承玉	朝鮮の近代文学(3)1910年代前後の文学状況
1987.05.15	三号	185	李希淑	〈詩〉家族
1987.05.15	三号	188	金潤	〈詩〉故郷
1987.05.15	三号	190	庾妙達	〈詩〉慟哭
1987.05.15	三号	194	李正子	呪文
1987.05.15	三号	195	金夏日	寒鴨

발행일	지면정보		필자	제목
	권호	페이지		
1987.05.15	三号	196	崔竜源	無窮花
1987.05.15	三号	197	申英愛	風樹
1987.05.15	三号	198	朴重鎬	ニム・ウェールズーききて李恢成 朝鮮の中立化と文明論
1987.05.15	三号	223	藤田省三	〈評論〉金山叙事詩序曲について
1987.05.15	三号	230	ニム・ウェールズ	古き北京
1987.05.15	三号	234	砂野幸稔	民族文化と言語
1987.05.15	三号	239	成沢光	長くきびしい道のり
1987.05.15	三号	240	玄順恵	ごく普通の在日韓国人
1987.05.15	三号	242	李淑子	わが魂はネルソンとともに
1987.05.15	三号	244	呉美枝	トラジの詩
1987.05.15	三号	246	深江誠子	イヴの隠れた顔
1987.05.15	三号	247	崔建永	ソビエト文学と東洋思想の出会い
1987.05.15	三号	250	李鳳宇	神々の履歴書
1987.05.15	三号	252	三枝義幸	芙蓉鎮
1987.05.15	三号	254	李康彦	外人球団
1987.05.15	三号	256	金蒼生	〈小説〉赤い実
1987.05.15	三号	278	鄭閏熙	〈小説〉真夏の夢
1987.05.15	三号	300	鄭道相	〈小説〉十五号房にて
1987.05.15	三号	320	朴ノヘ	〈小説〉貸し腹打令
1987.05.15	三号	326		民主
1987.05.15	三号	328		読者の声
1987.05.15	三号	94		価格改定のお願い
1987.05.15	三号	121		原稿募集
1987.05.15	三号	229		スタッフ募集
1987.05.15	三号	332		編集後記
1988.09.15	四号	1		瓢々と喜劇を生きる男
1988.09.15	四号	5		オモニの〈工夫〉は文学修業
1988.09.15	四号	10		〈巻頭言〉ピナリ
1988.09.15	四号	12	小田実・鈴時鐘・桐山襲・中里喜昭・李恢成	〈座談会〉在日文学と日本文学をめぐって
1988.09.15	四号	66	辺真一	いつまで続ける不毛の対立
1988.09.15	四号	68	金学鉉	主人と奴隷
1988.09.15	四号	70	かなまる・よしあき	登別の知里真心保記念館運動
1988.09.15	四号	72	長野節子	混血の子等は…
1988.09.15	四号	74	楊中美	中国人より見た日本人の傲慢
1988.09.15	四号	86		民族文学作家会議声明 南北作家会談の開催を提唱する

발행일	지면정보		필자	제목
	권호	페이지		
1988.09.15	四号	88	松崎晴夫	〈評論〉「路地」・「天皇」・「韓国」
1988.09.15	四号	102	小笠原克	〈評論〉「雨の降る品川駅」をめぐる状況
1988.09.15	四号	119	伊藤成彦	〈評論〉文学における自由とは何か
1988.09.15	四号	62	高良勉	〈詩〉越える
1988.09.15	四号	124	申有人	「仮面劇」のバラード
1988.09.15	四号	130	荒井まり子	もうひとつの植民地
1988.09.15	四号	148	有田芳生	"救世主"の邪悪な野望
1988.09.15	四号	162	新谷のり子	占領地のパレスチナ人はどうなっているのか
1988.09.15	四号	169		国際化とは裏腹のジャパン住宅事情
1988.09.15	四号	171	サムルノリ	自らをおとすな!
1988.09.15	四号	172		在日二・三世の結婚を阻む五つの壁
1988.09.15	四号	174		「奥野発信」に思う
1988.09.15	四号	175		『社会新報』誤報事件以後の変化
1988.09.15	四号	177	林忠赫	東京貧乏物語
1988.09.15	四号	190	畠山繁	無窮男
1988.09.15	四号	192	編集部	思いを日々に
1988.09.15	四号	194	李丞玉	朝鮮の近代文学一(四)
1988.09.15	四号	206	朴仁培·金明仁	転機をむかえた芸術運動
1988.09.15	四号	218	金玉熙·金光敏·金栄·宋和美·畠沢明枝	〈座談会〉女性にとっての在日同胞社会
1988.09.15	四号	240	大村益夫	中国朝鮮族文学の現況(上)
1988.09.15	四号	250	李恢成	リブシェ・モニコーヴァ 二つの文化と言語のはざまで
1988.09.15	四号	268		土地は、大洪水の中の糧
1988.09.15	四号	272	李守	虐げられた言語の復権
1988.09.15	四号	273	朴敏弘	海を渡った朝鮮人海女
1988.09.15	四号	275	沢野勉	朝鮮料理全集
1988.09.15	四号	277	小川晴久	虚学から実学へ
1988.09.15	四号	279	和田春樹	孤立する日本
1988.09.15	四号	282	盧相哲	あなたがたの祝祭
1988.09.15	四号	286	李鳳宇	潤の街
1988.09.15	四号	228	大沢郁夫	光の街・パランセ伝説
1988.09.15	四号	290	辻幸男	夜に群がる星の騎馬隊
1988.09.15	四号	292	尹静慕	ニム
1988.09.15	四号	326	曺圭佑	丘に集う人びと
1988.09.15	四号	330		この世界の半分は私
1988.09.15	四号	77		原稿募集
1988.09.15	四号	263		スタッフ募集
1988.09.15	四号	332		読者の声

발행일	지면정보		필자	제목
	권호	페이지		
1988.09.15	四号	336		編集後記
1988.11.30	五号	1		〈グラビア〉統一を舞う
1988.11.30	五号	6		〈巻頭言〉初心
1988.11.30	五号	8		〈特集〉在日児童文学のいま
1988.11.30	五号	10	高甲淳	〈在日者の児童文学作品〉ひよこ
1988.11.30	五号	13	尹正淑	〈在日者の児童文学作品〉ハラボジのふで
1988.11.30	五号	17	梁裕子	〈在日者の児童文学作品〉ベランダの花畑
1988.11.30	五号	20	朴清子	〈手記〉こどもたちのまわりには、何が必要なんや
1988.11.30	五号	28	趙三奈	〈こどもとおとなの作文集〉私にとっての仲間
1988.11.30	五号	29	新本純子	〈こどもとおとなの作文集〉六年間のこと
1988.11.30	五号	30	崔隆照	〈こどもとおとなの作文集〉中学に入って
1988.11.30	五号	32	李美子	〈こどもとおとなの作文集〉こともの本とわたし
1988.11.30	五号	34	宮里幸雄	〈こどもとおとなの作文集〉新しい発見を求めて
1988.11.30	五号	36	赤峰美鈴	〈こどもとおとなの作文集〉朝鮮学校の四年生とプールで泳いだ
1988.11.30	五号	38		〈一人芝居〉ウリ　ハラボジ
1988.11.30	五号	44	菅野圭昭	〈評論〉アジアの子どもをつなぐ児童文学を
1988.11.30	五号	50	しかたしん	〈評論〉ほろびた国は、ほろび去ったのか
1988.11.30	五号	54	仲村修	〈評論〉朝鮮児童文学事始
1988.11.30	五号	58	山田裕康	〈評論〉アメリカ黒人児童文学の現在
1988.11.30	五号	62	カン・ジョングク	〈南北朝鮮の児童文学作品〉普通生の子(北朝鮮)
1988.11.30	五号	69	クォン・ジョンセン	木綿のチョゴリとオンマ(韓国)
1988.11.30	五号	80	朴慶植	〈自由鐘〉文化活動の連合戦線を
1988.11.30	五号	82	落合恵子	〈自由鐘〉私信・・・女性的なるものと男性的なるものと
1988.11.30	五号	84	秦恒平	〈自由鐘〉天候異変
1988.11.30	五号	86	平野夏子	〈自由鐘〉生命をもった音楽
1988.11.30	五号	88	李順愛	〈自由鐘〉在日論を求めて
1988.11.30	五号	90	任展慧	〈追悼文〉梶井陟先生を悼む
1988.11.30	五号	92	高銀	〈寄稿詩〉野菊
1988.11.30	五号	98	針生一郎	〈評論〉「鏡としての韓国・朝鮮」をめぐって
1988.11.30	五号	108	磯貝治良	〈評論〉在日朝鮮人文学のアイデンティティ
1988.11.30	五号	126	李在賢	〈韓国文化通信〉文芸統一戦線と文芸大衆化を目指して
1988.11.30	五号	133	朴仁培	民族芸術運動の体系の変化
1988.11.30	五号	138	加賀乙彦	ソウル88
1988.11.30	五号	142	李造哲	文学における自由と平和
1988.11.30	五号	148		〈資料〉南北美術交流展　提案書
1988.11.30	五号	149		〈民々涛々〉パスポートのはなし

발행일	지면정보		필자	제목
	권호	페이지		
1988.11.30	五号	151		露呈された日本ペンの無気力
1988.11.30	五号	153		最近の天皇報道について
1988.11.30	五号	154		憂慮される「北」敵視の風潮
1988.11.30	五号	155		傍観的姿勢の日本ペンクラブ
1988.11.30	五号	157	林忠赫	〈劇画〉秋の思い出
1988.11.30	五号	168	梁民基	〈インタビュー〉統一を舞う
1988.11.30	五号	172	大村益夫	〈世界文学の中の朝鮮③〉中国朝鮮族文学の現況(中)
1988.11.30	五号	184	崔建永	〈評論〉在ソ朝鮮人文学とユーリィ・キム
1988.11.30	五号	194	林郁	〈書評〉『発つ時はいま』『時の迷路・海は問いかける』
1988.11.30	五号	196	渡辺嵯峨	緑豆の花
1988.11.30	五号	198	穂高守	架空ドキュメントXデー
1988.11.30	五号	201	いいだもも	アジアチッシェ・イデオロギーと現代
1988.11.30	五号	203	姜尚中	아버지聞かせてあの日のことを
1988.11.30	五号	206	李鳳宇	〈映画評〉明日
1988.11.30	五号	208	金賛汀	〈ルポルタージュ〉同胞老人社会最前線
1988.11.30	五号	228	李恢成	〈紀行〉サハリン再訪
1988.11.30	五号	256	小田実	〈紀行〉わがカザフ
1988.11.30	五号	268	尹静慕	〈小説〉ニム
1988.11.30	五号	79		原稿募集
1988.11.30	五号	310		インフォメーション
1988.11.30	五号	312		読者の声
1988.11.30	五号	316		編集後記
1988.11.30	六号	1		〈グラビア〉はたらき、うたう。
1988.11.30	六号	6		〈巻頭言〉神々にきみの座をゆずるな
1988.11.30	六号	8	玉代■章	〈小説特集〉瑠璃子ちゃんがいなくなって
1988.11.30	六号	22	朴重鎬	〈小説特集〉犬の鑑札
1988.11.30	六号	54	桐山襲	〈小説特集〉リトゥル・ペク
1988.11.30	六号	66	元秀一	〈小説特集〉発病
1988.11.30	六号	80	立松和平	〈小説特集〉かたつむり
1988.11.30	六号	92	金在南	〈小説特集〉暗渠の中から
1988.11.30	六号	162	崔碩義	〈小説特集〉泗川風景
1988.11.30	六号	190	李恢成	〈小説特集〉夾竹桃(連載第一回)
1988.11.30	六号	205	東海林勤	〈自由鐘〉人間であるための闘い
1988.11.30	六号	207	金佑宣	〈自由鐘〉激しい雨が降り出して
1988.11.30	六号	209	大西赤人	〈自由鐘〉「外人」の持つ意味
1988.11.30	六号	211	板垣雄三	〈自由鐘〉人が黙せば石が叫ぶだろう
1988.11.30	六号	214	金炳三編	詩人・姜舜逝去一周年 姜舜詩抄
1988.11.30	六号	220	伊藤悦子	〈評論〉解放前の在日朝鮮人教育運動

발행일	지면정보		필자	제목
	권호	페이지		
1988.11.30	六号	226		〈資料〉韓国民族芸術人総連合創立宣言文
1988.11.30	六号	229		〈グラビア〉高麗美術館開館
1988.11.30	六号	233	嘉岳章子	〈エッセイ〉鄭詔文さんの美術館
1988.11.30	六号	238	高銀·金時鐘·金潤	〈座談会〉統一を志向する民族文学とはなにか
1988.11.30	六号	264		〈高銀氏大阪講演要旨〉韓国では文学は何を意味するか
1988.11.30	六号	268	宮原昭夫	〈ほんだな〉韓国短編小説選
1988.11.30	六号	270	秋定嘉	朝鮮の被差別民衆
1988.11.30	六号	272	新島淳良	祖国へ!
1988.11.30	六号	275	今田裕子	児童文学と朝鮮
1988.11.30	六号	277	竹内泰宏	現代アラブ文学選
1988.11.30	六号	279	釜屋修	相相集
1988.11.30	六号	282	小園弥生	〈グラビアエッセイ〉歌うよりなかった
1988.11.30	六号	284	李順愛	〈インタビュー〉分断時代の韓国女性運動
1988.11.30	六号	288	李鳳宇	〈映画評〉さよなら子供たち
1988.11.30	六号	290	イー·カンオン	紅いコーリャン
1988.11.30	六号	292	金秀吉	昨今身辺映画事情
1988.11.30	六号	294	朴亨柱	サハリンからのレポート 解放以後の在サハリン朝鮮人
1988.11.30	六号	305	大村益夫	世界文学の中の朝鮮④ 中国朝鮮族文学の現況(下)
1988.11.30	六号	314	高史明	〈紀行〉仏跡を訪ねてインドに行く
1988.11.30	六号	322	金賛汀	〈ルポルタージュ〉『アリランの歌』が聴こえてくる
1988.11.30	六号	352		ニムのための行進曲
1988.11.30	六号	65		〈うたのひろば〉原稿募集
1988.11.30	六号	354		インフォメーション
1988.11.30	六号	356		読者の声
1988.11.30	六号	360		編集後記
1989.06.15	七号	1		〈グラビア〉同胞愛を奏でる
1989.06.15	七号	6		〈巻頭言〉黙っていられない
1989.06.15	七号	8		〈特集〉アジア·朝鮮·天皇 〈評論〉東アジアにおける土制の廃絶について
1989.06.15	七号	24		天皇制と文学
1989.06.15	七号	44		〈寄稿詩〉私にとっての天皇とは何か
1989.06.15	七号	44		沖縄·日本·アジアーそして天皇(制)
1989.06.15	七号	48		皇権主義の思想ー「天皇」と「文革」
1989.06.15	七号	50		天皇の死ーオーストラリアからの見解
1989.06.15	七号	53		無責任の象徴としての天皇
1989.06.15	七号	58		戦争責任ー西ドイツの場合
1989.06.15	七号	61		天皇制とアイヌ 私の心から
1989.06.15	七号	63		〈読者アンケート〉若い世代にとっての天皇制

발행일	지면정보		필자	제목
	권호	페이지		
1989.06.15	七号	66	申鴻湜	〈対談〉朝鮮と日本 同時代を生きて
1989.06.15	七号	94	高峻石	〈随想〉日本天皇制下の私の体験
1989.06.15	七号	104	申有人	それでも朝は来る
1989.06.15	七号	108	金賛汀	〈ルポルタージュ〉朕未ダ謝罪セズ
1989.06.15	七号	117	趙博	〈評論〉「同化」に関する一考察
1989.06.15	七号	127	李正子	〈短歌〉胸灯り
1989.06.15	七号	128	井上とし枝	〈短歌〉一人の死
1989.06.15	七号	129	申英愛	〈短歌〉未生の夢
1989.06.15	七号	130	韓基徳	〈手記〉指紋押捺拒否 在日朝鮮人の自由と統一
1989.06.15	七号	138	任軒永	〈韓国文化通信⑤〉天皇はなにを"象徴"しているか
1989.06.15	七号	152	富山妙子	〈追悼〉李応魯先生 その人生と芸術
1989.06.15	七号	156	金時鐘	〈追悼〉白磁の骨壷
1989.06.15	七号	161	金石範	〈紀行〉韓国の旅から
1989.06.15	七号	165		〈民々涛々〉元ＫＣＩＡ長官出席の「人権」シンポ
1989.06.15	七号	166		〈民々涛々〉韓国における最近の出版弾圧
1989.06.15	七号	168		〈民々涛々〉南北文学交流から統一を考える
1989.06.15	七号	170		〈民々涛々〉南で活発な在日文学論
1989.06.15	七号	173		〈インタビュー〉統一への熱気を感じた
1989.06.15	七号	185		〈資料〉朝鮮作家同盟と民族文学作家会議の公開書簡
1989.06.15	七号	188		〈資料〉南と北が民族文学芸術を統一的に発展させるための合意書
1989.06.15	七号	190	井出孫六	〈自由鐘〉コーヒーブレークのある会話
1989.06.15	七号	192	石垣綾子	〈自由鐘〉私を目覚めさせた朝鮮民族の「叫び」
1989.06.15	七号	194	柳在順	〈自由鐘〉まず在日同胞の統一を
1989.06.15	七号	196	牛島のり子	〈自由鐘〉「対等な関係」をつくるために
1989.06.15	七号	197	金元重	〈自由鐘〉獄中闘争の重みを考える
1989.06.15	七号	200	栗原幸夫	〈寄稿〉小田実とロータス賞
1989.06.15	七号	205		〈グラビアインタビュー〉その日が来る
1989.06.15	七号	216	芝生瑞和	〈インタビュー〉演劇は根源的な要求
1989.06.15	七号	222	南賢	〈グラビアエッセイ〉同胞愛を奏でる
1989.06.15	七号	227	朴亨柱	サハリンからのレポート② 先住朝鮮人の生活と教育
1989.06.15	七号	238	中里喜昭	〈ほんだな〉族譜の果て
1989.06.15	七号	240	志賀勝	〈ほんだな〉大河流れゆく
1989.06.15	七号	242	柴田翔	〈ほんだな〉西ベルリンで見たこと 日本で考えたこと
1989.06.15	七号	245	小杉尅次	〈ほんだな〉遥かなる高麗
1989.06.15	七号	248	李鳳宇	〈映画評〉黒い雨
1989.06.15	七号	250	金在南	〈小説〉暗闇の夕顔
1989.06.15	七号	276	曹圭佑	〈小説〉海峡を渡る人びと
1989.06.15	七号	282	李恢成	〈小説〉夾竹桃(連載第二回)

발행일	지면정보		필자	제목
	권호	페이지		
1989.06.15	七号	302	江馬修	〈小説〉血の九月(上)
1989.06.15	七号	346		〈小説〉合評 民涛編集委員会
1989.06.15	七号	360		〈うたのひろば〉奪われた野にも春はくるのか
1989.06.15	七号	23		原稿募集
1989.06.15	七号	362		読者の声
1989.06.15	七号	365		インフォメーション
1989.06.15	七号	368		編集後記
1989.09.05	八号	1		〈グラビア〉働く青年の全国交歓会 てをむすべ
1989.09.05	八号	6		〈巻頭言〉熱狂と現実
1989.09.05	八号	8	趙南斗	〈小説〉遠くにありて、思うもの
1989.09.05	八号	44	滝沢秀樹	〈小説〉かちそり
1989.09.05	八号	82	申明均	〈小説〉金先生と呼ばれた男
1989.09.05	八号	106	高井有一	〈小説〉六角堂海岸
1989.09.05	八号	118	朴聖姫	〈自由鐘〉「在日の文化」の中の歌い手として
1989.09.05	八号	120	加納実紀代	〈自由鐘〉「出会えなかった」ことへの問い
1989.09.05	八号	122	金丙鎮	〈自由鐘〉したたかあろうと願う
1989.09.05	八号	124	岡野幸江	〈自由鐘〉「冬の時代」にどこか似て
1989.09.05	八号	126	金正郁	〈自由鐘〉一つの約束
1989.09.05	八号	128	朱南奎	〈自由鐘〉飯喰って糞してどこ違う?
1989.09.05	八号	132	飯沼二郎	〈手記〉在日朝鮮・韓国人「障害者」と人権
1989.09.05	八号	142	李素玲	〈追悼 梶村秀樹〉持続する志
1989.09.05	八号	148		〈特集〉韓国では「在日文学」をどう読んでいるのか
1989.09.05	八号	148		〈座談会〉現代史を背景にした政治小説について
1989.09.05	八号	168	ソ・ギョンソク	〈評論〉金石範「火山島」故人的倫理と自意識の克服問題
1989.09.05	八号	178	ソン・ジテ	〈評論〉李恢成「禁断の土地」歴史の政治的地平
1989.09.05	八号	184	高圭美	〈図解入門〉仮面づくりと仮面戯
1989.09.05	八号	197		〈民々涛々〉なぜ「恩赦」拒否か
1989.09.05	八号	199		〈民々涛々〉「人民日報」六月四日の二つの記事
1989.09.05	八号	201		〈民々涛々〉南の共感を呼ばない民主人士の訪朝
1989.09.05	八号	202		自衛隊の素材になった「在日韓国人」
1989.09.05	八号	206		〈グラビアレポート〉人としてあたりまえの闘いを!
1989.09.05	八号	208	朴慶植・尹健次・林哲	〈座談会〉歴史認識と在日知識人
1989.09.05	八号	252	金炳三	〈詩〉遠いところを
1989.09.05	八号	254	朴亨柱	サハリンからのレポート③ 在サハリン朝鮮人と分断祖国
1989.09.05	八号	268	具仲書	〈韓国文化通信⑥〉民族文学史復元の課題
1989.09.05	八号	282		〈特集〉生きるための詩
1989.09.05	八号	284		金南柱詩選

발행일	지면정보		필자	제목
	권호	페이지		
1989.09.05	八号	296	梁民基	朴ノへ詩選
1989.09.05	八号	308	文京洙	〈ほんだな〉解放後在日朝鮮人運動史
1989.09.05	八号	310	渡辺広士	武器の影
1989.09.05	八号	314	金蒼生	鎌
1989.09.05	八号	316	浅野勝圀	犬の鑑札
1989.09.05	八号	318	鴻農映二	チョゴリと鎧
1989.09.05	八号	320	田中好子	ユダヤ人の友への手紙
1989.09.05	八号	322		労働解放文学
1989.09.05	八号	323		徐俊植獄中書簡集
1989.09.05	八号	324	今野裕一	〈演劇評〉千年の孤独
1989.09.05	八号	326	康昇峰	〈演劇評〉トドリの冒険
1989.09.05	八号	328	石川逸子	〈演劇評〉夏の約束
1989.09.05	八号	330	江馬修	〈小説〉血の九月(下)
1989.09.05	八号	384		〈うたのひろば〉その日がくる
1989.09.05	八号	43		原稿募集
1989.09.05	八号	390		読者の声
1989.09.05	八号	388		『民涛』読書会レポート
1989.09.05	八号	387		インフォメーション
1989.09.05	八号	396		編集後記

계간 삼천리(季刊三千里)

○ ○ ○

 ## 1 서지적 정보

『계간 삼천리』는 1975년 2월부터 1987년 5월까지(50호) 발간된 재일조선인의 일본어 종합잡지이며, 편집위원은 강재언, 김달수, 김석범, 박경식, 윤학준, 이진희, 이철이다 (종간호 편집위원에는 김석범, 박경식, 윤학준이 빠지고 서채원, 서동호, 사토 노부유키, 위양복이 참여). 창간호의 창간사에 의하면, 동 잡지는 「조선 민족의 염원인 통일에 대한 기본 방향을 제시한 1972년의「7·4공동성명」에 입각하여 「통일된 조선」을 실현시키기 위한 절실한 바람이 담겨져 있다」라고 말하고 있듯이, 남북 〈7·4공동성명〉의 정신을 바탕으로 '통일된 조선' 및 올바른 한일 관계를 위한 '가교' 역할을 목적으로 하고 있다 (동시대의 재일조선인 일본어 잡지 『계간 마당』(1973년 10월 창간) 역시 동 공동성명을 계기로 발간).

잡지의 내용적인 측면에서 보면, 앞서 소개한 편집위원뿐만 아니라 김시종, 안우식, 강상중, 김경득 등 다양한 영역·세대의 재일조선인이 적극적으로 참여하고 있고, 또한 쓰루미 슌스케(鶴見俊輔), 와다 하루키(和田春樹), 다나카 히로시(田中宏), 이소가이 지로(磯貝治郎), 이누마 지로(飯沼二郎), 무라마츠 다케시(村松武司, 경성 출생), 히타카 로쿠로(日高六郎) 등과 같은 역사학자 및 교육학자, 문학가, 시민운동가가 동 잡지와 연대하며 좌담회 및 대담, 그리고 투고논문의 필자로 참여하고 있다.

또한, 창간호의 김지하 특집호를 비롯해서, 매호에서 재일조선인 관련 특집은 물론 김대중 사건, 조선문학, 조선의 예능문화, 한국의 민주화 운동, 3·1운동, 외국인등록법, 조선분단, 한일 고대관계사 등, 시기적으로는 고대부터 현대까지의 조선과 일본의 역사, 문예, 정치, 교육 등의 주제 하에 다양한 글을 엮고 있다. 특히, 동 잡지가 발간된 동시대의 재일조선인은 조선 출생 1세에서 일본 출생 2, 3세로 이행해 가는 시기와 겹치며,

이에 따라 재일조선인의 아이덴티티 구축 및 일본과의 공존의 방식을 모색해 나가기 위한 담론장으로서의 역할을 담당하기도 했다.

다만, 『삼천리』는 정치적으로 남북 어느 한쪽에 치우치지 않는 중립적인 자세를 강조하고 있지만, 창간호부터 종간호까지 동 잡지의 편집위원으로 참가한 김달수와 강재언, 그리고 이진희는 1981년 3월 20일부터 27일까지 전두환 정권 하에서 사형을 선고 받은 재일조선인 사상범에 대한 석방을 부탁하기 위해 극비리에 한국을 방문하게 된다. 그리고 이 사건 이후, 김달수는 작가 김석범과 김시종 등을 비롯한 많은 재일조선인 및 일본인으로부터 비판을 받게 된다는 점을 생각하면, 기호로서의 국적이 한국인 및 재일조선인에게는 정치적인 의미를 띠며 경계를 재확인하는 실존적 경계선으로 작동했다는 사실을 알 수 있다.

2 창간사

조선을 가리켜 「삼천리금수강산」이라고도 한다. 「아름다운 산하의 조선」이라는 의미이다. 잡지 『계간 삼천리』에는 조선 민족의 염원인 통일에 대한 기본 방향을 제시한 1972년의 「7·4공동성명」에 입각하여 「통일된 조선」을 실현시키기 위한 절실한 바람이 담겨져 있다.

일의대수(一衣帶水)의 관계라고 말하지만, 조선과 일본과는 여전히 「가깝고도 먼 나라」의 관계에 있다. 우리들은 조선과 일본 간의 복잡하게 얽힌 실타래를 풀어내어, 서로 간의 이해와 연대를 도모하기 위한 하나의 다리를 놓아가고자 한다.

3 목차

발행일	권호	필자	제목
1975.05.01	2号	原泉	〈特集 朝鮮と『昭和五十年』〉朝鮮人二人
1975.05.01	2号	中野重治	〈特集 朝鮮と『昭和五十年』〉「雨の降る品川駅」とそのころ
1975.05.01	2号	長璋吉	〈韓国文学見てある記二〉崔仁勲の〈小説〉について
1975.05.01	2号	李進熙	〈連載〉通信使の道をゆく
1975.05.01	2号	きむ・たるす	〈日本の朝鮮文化遺跡2〉武蔵(むさし)
1975.05.01	2号	金芝河	〈編集部の解題付き〉苦行…1974
1975.05.01	2号	布施茂芳	〈ソウル報告〉勇気ある人びと
1975.05.01	2号	猪狩章	東亜日報の記者が示唆した未来
1975.05.01	2号	李哲	〈詩〉邂逅
1975.05.01	2号	姜在彦	〈朝鮮近代史話2〉「衛正斥邪」に殉じた義兵将たち
1975.05.01	2号	尹学準	〈「時調」の世界二〉高麗末の懐古歌
1975.05.01	2号	金時鐘	〈第2回〉 長編〈詩〉 猪飼野〈詩〉集
1975.05.01	2号	朴慶植	〈連載〉在日朝鮮人運動史- 一九一〇年代の民族運動
1975.05.01	2号	金石範	〈小説〉驟雨
1975.05.01	2号	尹学準	おんどるばん
1975.05.01	2号	李進熙	編集後記
1975.08.01	3号	霜多正次	〈架橋〉日本文化の伝統と朝鮮
1975.08.01	3号	青地晨	〈架橋〉激するもの
1975.08.01	3号	大江健三郎	〈架橋〉金芝河・サルトル・メイラー
1975.08.01	3号	司馬遼太郎・金達寿	〈対談〉反省の歴史と文化
1975.08.01	3号	上田正昭	「征韓論」とその思想
1975.08.01	3号	旗田巍	朝鮮政策と停滞論
1975.08.01	3号	姜在彦	〈朝鮮近代史話3〉江華島事件前後-日本による「征韓外交」の始末
1975.08.01	3号	中塚明	江華島事件と現代
1975.08.01	3号	尹学準	〈「時調」の世界三〉大平烟月のうた
1975.08.01	3号	金泰生	ある女の生涯
1975.08.01	3号	高崎隆治	文学者にとって朝鮮とは
1975.08.01	3号	黄卓三	〈詩〉まなざし
1975.08.01	3号	金石範	済州島四・三武装蜂起について
1975.08.01	3号	きむ・たるす	〈日本の朝鮮文化遺跡3〉飛鳥(あすか)
1975.08.01	3号	前田康博	〈ソウル報告〉金芝河氏の呼びかけ
1975.08.01	3号	任軒永	〈国保一五二号〉獄中記
1975.08.01	3号	和田春樹	一九七〇年代を歩きはじめて
1975.08.01	3号	無著名	〈サークル紹介〉むくげの会
1975.08.01	3号	長璋吉	〈韓国文学見てある記三〉続・崔仁勲の〈小説〉について
1975.08.01	3号	金允植	暗闇のなかで熟した思想-尹東柱論
1975.08.01	3号	李哲	〈詩〉白夜の八月
1975.08.01	3号	許万元	唯物史観と人間
1975.08.01	3号	李進熙	〈連載〉通信使の道をゆく

발행일	권호	필자	제목
1975.08.01	3号	朴鐘金	私にとっての祖国
1975.08.01	3号	金時鐘	〈第3回〉長編〈詩〉猪飼野〈詩〉集
1975.08.01	3号	朴慶植	〈連載〉在日朝鮮人運動史- 一九二〇年代の民族運動(上)
1975.08.01	3号	高史明	〈小説〉邂逅
1975.08.01	3号	無著名	〈サークル紹介〉神奈川大自主講座朝鮮論
1975.08.01	3号	金石範	『まだん』の質問に答える
1975.08.01	3号	一般読者・尹学準・佐藤信行・朴慶植・姜在彦・李進熙	おんどるばん
1975.11.01	4号	飯沼二郎	〈架橋〉朝鮮人の優しさ
1975.11.01	4号	西野辰吉	〈架橋〉網走で会った人のことなど
1975.11.01	4号	西順蔵	〈架橋〉ぼくの朝鮮経験は
1975.11.01	4号	久野収・金達寿	〈対談〉相互理解のための提案
1975.11.01	4号	小沢有作	日本人の朝鮮観
1975.11.01	4号	松尾尊発	吉野作造と湯浅治郎 - 二、三の資料紹介
1975.11.01	4号	西田勝	田岡嶺雲の朝鮮観
1975.11.01	4号	石牟礼道子	みそぎの渚
1975.11.01	4号	幼方直吉	柳宗悦と朝鮮
1975.11.01	4号	編集委員会	応募作品入選発表(第一回)選評
1975.11.01	4号	姜在彦	〈朝鮮近代史話4〉時代の証言者『大韓毎日申報』
1975.11.01	4号	金石範	金芝河「良心宣言」を読んで
1975.11.01	4号	きむ・たるす	〈日本の朝鮮文化遺跡4〉若狭・越前
1975.11.01	4号	無著名	〈サークル紹介〉神戸学生・青年センター
1975.11.01	4号	前田康博	〈ソウル報告〉深い沈黙と諦観のソウル
1975.11.01	4号	藤井治夫	アメリカの核戦略と日韓軍事関係
1975.11.01	4号	李哲	〈詩〉早奔の母
1975.11.01	4号	尹学準	〈「時調」の世界四〉二君に仕えずの思想
1975.11.01	4号	岩村登志夫	〈研究のおと〉八幡製鉄所ストライキと朝鮮人
1975.11.01	4号	金時鐘	〈第4回〉長編〈詩〉猪飼野〈詩〉集
1975.11.01	4号	李進熙	〈連載〉通信使の道をゆく
1975.11.01	4号	朴慶植	〈連載〉在日朝鮮人運動史—— 一九二〇年代の民族運動(下)
1975.11.01	4号	金泰生	〈小説〉少年
1975.11.01	4号	一般読者・権玲子・尹学準・李哲・李進熙	おんどるばん
1976.02.01	5号	鴨沢巌	〈架橋〉一つの外国語は一つの世界を開くか
1976.02.01	5号	佐多稲子	〈架橋〉その歴史の中に
1976.02.01	5号	金石範	〈架橋〉「哀号」について
1976.02.01	5号	野間宏・金達寿	〈対談〉朝鮮文学の可能性

발행일	권호	필자	제목
1976.02.01	5号	尹学準	七〇年代の作家と作品-都市周辺の現実と文学
1976.02.01	5号	白楽晴	民族文学の現段階(上)
1976.02.01	5号	金学鉉	〈詩〉と衆生と祖国-韓達雲のこと
1976.02.01	5号	梶井陟	日本人にとっての朝鮮文学
1976.02.01	5号	金時鐘	〈第5回〉長編〈詩〉猪飼野〈詩〉集
1976.02.01	5号	高史明	小林勝を思う
1976.02.01	5号	金史良	乞食の墓
1976.02.01	5号	高崎隆治	金史良「乞食の墓」について
1976.02.01	5号	黄晳暎	〈小説〉駱駝の目
1976.02.01	5号	平林久枝	糸を紡いだ女たち
1976.02.01	5号	きむ・たるす	〈日本の朝鮮文化遺跡5〉山城(京都)
1976.02.01	5号	有井智徳	〈研究のおと〉李朝実録の日本関係記事
1976.02.01	5号	姜在彦	〈朝鮮近代史話5〉開花期の国文運動
1976.02.01	5号	矢作勝美	NHKに朝鮮語講座を
1976.02.01	5号	前田康博	〈ソウル報告〉「冬の時代」ソウル
1976.02.01	5号	李哲	〈詩〉垣根
1976.02.01	5号	任展慧	植民者二世の文学-湯浅克衛への疑問
1976.02.01	5号	李進熙	通信使の道をゆく
1976.02.01	5号	朴慶植	〈連載〉在日朝鮮人運動史- 一九三〇年代前半期
1976.02.01	5号	李煜衡	〈応募作品佳作入選〉福沢諭吉の朝鮮政略について
1976.02.01	5号	姜洋子	〈応募作品佳作入選〉わが家の三代
1976.02.01	5号	一般読者・ 李進熙・尹学準	おんどるばん
1976.02.01	5号	尹学準	表紙について
1976.05.01	6号	日野啓三	〈架橋〉魂の正月
1976.05.01	6号	大村益夫	〈架橋〉大学の朝鮮語講座
1976.05.01	6号	井上澄夫	「反公害輸出」運動から
1976.05.01	6号	日高六郎・ 金達寿	体制と市民運動
1976.05.01	6号	尹潽善・金大中 ・咸錫憲・鄭一 亨・金観錫・尹 攀雄・文東煥・ 李文永・安炳茂 ・除南同・李禹 貞・殷明基	民主救国宣言——ソウル明洞大聖堂にて
1976.05.01	6号	金芝河の母	金芝河の母の訴え-全州キリスト教会の祈祷会にて
1976.05.01	6号	隅谷三喜男	韓国経済の命運
1976.05.01	6号	金正洙	朴政権の十五年
1976.05.01	6号	K・I	ソウル——期待と不安と
1976.05.01	6号	武者小路公秀	朝鮮統一問題とわれわれ

발행일	권호	필자	제목
1976.05.01	6号	白楽晴	民族文学の現段階(下)
1976.05.01	6号	尹学準	解説にかえて
1976.05.01	6号	李哲	〈詩〉舫い舟
1976.05.01	6号	姜在彦	〈朝鮮近代史話6(最終回)〉済州島流配期の金允植
1976.05.01	6号	きむ・たるす	〈日本の朝鮮文化遺跡6〉河内(かわち)
1976.05.01	6号	金石範	なぜ裁判か(一)
1976.05.01	6号	NHKに朝鮮語講座の開設を要望する会	NHKに朝鮮語講座の早期開設を要望する
1976.05.01	6号	矢作勝美	署名運動についてお願い
1976.05.01	6号	尾崎彦朔	中央アジアの朝鮮人
1976.05.01	6号	李進熙	〈連載〉通信使の道をゆく
1976.05.01	6号	金時鐘	〈第6回〉長編〈詩〉猪飼野〈詩〉集
1976.05.01	6号	尹学準	〈「時調」の世界五〉党争と青鶴洞
1976.05.01	6号	朴慶植	〈連載〉在日朝鮮人運動史- 一九三〇年代後半期
1976.05.01	6号	無著名	〈サークル紹介〉朝鮮文学を読む会
1976.05.01	6号	鄭承博	〈小説〉ゴミ捨て場
1976.05.01	6号	一般読者・朴慶植・尹学準・李進熙	おんどるばん
1976.05.01	6号	李進熙	表紙について
1976.08.01	7号	後藤明生	〈架橋〉「夢かたり」拾遺
1976.08.01	7号	豊田有恒	〈架橋〉日本人の朝鮮理解
1976.08.01	7号	木下順二	〈架橋〉朝鮮人
1976.08.01	7号	和歌森太郎・金達寿	日朝関係史の見直し
1976.08.01	7号	佐々克明	『古事記』『日本書紀』について-その間隙に秘められた亀裂と相克
1976.08.01	7号	犬丸義一	近代史家のみた古代史論争
1976.08.01	7号	竹富瑞夫	教科書の歴史像と現場
1976.08.01	7号	李進熙	好大王碑と近代史学
1976.08.01	7号	門脇禎二	蘇我氏の形成と朝鮮文化
1976.08.01	7号	奥野健男	古代は日本も朝鮮もなかった-天皇は朝鮮系である
1976.08.01	7号	尹学準	〈「時調」の世界六〉「壬辰」「丙子」の時代
1976.08.01	7号	金石範	なぜ裁判か(二)
1976.08.01	7号	姜在彦	儒教の中の朝鮮女性
1976.08.01	7号	きむ・たるす	〈日本の朝鮮文化遺跡7〉河内(かわち)
1976.08.01	7号	矢作勝美	MHKに朝鮮語講座を
1976.08.01	7号	無著名	編集手帳-『読売新聞』
1976.08.01	7号	井出孫六	語学
1976.08.01	7号	中野好夫	まず言葉から
1976.08.01	7号	無著名	天声人語-『朝日新聞』

발행일	권호	필자	제목
1976.08.01	7号	米山俊直	語学番組
1976.08.01	7号	大久保俊明	語学番組の実態
1976.08.01	7号	K・I	ソウル-期待と退廃と
1976.08.01	7号	真継伸彦	ある韓国人のメッセージ
1976.08.01	7号	梶村秀樹	日韓体制の再検討のために
1976.08.01	7号	長璋吉	〈韓国文学見てある記四〉辛相雄「深夜の鼎談」-〈連載〉時代の見張り兵
1976.08.01	7号	李哲	〈詩〉南柯の夢
1976.08.01	7号	森崎蘭外	朝鮮通信使の漢〈詩〉
1976.08.01	7号	針生一郎	金時鐘
1976.08.01	7号	金時鐘	〈第7回〉長編〈詩〉猪飼野〈詩〉集
1976.08.01	7号	高木英明	〈紹介〉タゴールと朝鮮
1976.08.01	7号	朴慶植	〈連載〉在日朝鮮人運動史- 一九四〇年代前半期
1976.08.01	7号	金源一	〈小説〉暗闇の魂
1976.08.01	7号	無著名	〈サークル紹介〉在日朝鮮人の歴史を考える会
1976.08.01	7号	一般読書・金達寿・佐藤信行・李進熙	おんどるばん
1976.08.01	7号	尹学準	表紙について
1976.11.01	8号	松原新一	〈架橋〉中国と日本、朝鮮と日本
1976.11.01	8号	富山妙子	〈詩〉画集『深夜』について
1976.11.01	8号	金慶植	〈架橋〉マルトックとの出会い
1976.11.01	8号	姜在彦	在日朝鮮人の六五年
1976.11.01	8号	宮田浩人	在日朝鮮人の顔と顔
1976.11.01	8号	李銀子・申英哲・張善浩・金是仁・金礼子・金誠智	〈座談会〉在日二世の生活と意見
1976.11.01	8号	徐竜達	韓国系商工人の現状
1976.11.01	8号	山田昭次	八・一五における朝鮮人と日本人
1976.11.01	8号	稲富進	夜間中学に学ぶオモニたち
1976.11.01	8号	田中宏	不条理な在日朝鮮人政策の出立-「日本国籍喪失」の論理にひそむもの
1976.11.01	8号	無著名	〈サークル紹介〉女の「舎廊房」会
1976.11.01	8号	高史明	言葉と人間のこと-私の読んだ『歎異抄』
1976.11.01	8号	李哲	〈詩〉心の碑にきざむこと
1976.11.01	8号	梶井陟	朝鮮語を考える
1976.11.01	8号	矢作勝美	NHKに朝鮮語講座を-第一次集計を延期し三万人以上の署名をもって交渉へ
1976.11.01	8号	きむ・たるす	〈日本の朝鮮文化遺跡8〉摂津(大阪)
1976.11.01	8号	鄭敬謨	韓国民主化運動の理念
1976.11.01	8号	K・I	戦争と平和-揺れるソウル
1976.11.01	8号	川久保公夫	ソウルの若者たちから

발행일	권호	필자	제목
1976.11.01	8号	吉松繁	在日韓国人「政治犯」の救援を
1976.11.01	8号	在日韓国人政治犯を支援する会全国会議	在日韓国人「政治犯」救援の訴え
1976.11.01	8号	尹学準	〈「時調」の世界七〉王族と妓女のうた
1976.11.01	8号	金石範	なぜ裁判か(三)
1976.11.01	8号	鶴嶋雪嶺	中国延辺地区の朝鮮人
1976.11.01	8号	金時鐘	〈第8回〉長編〈詩〉猪飼野〈詩〉集
1976.11.01	8号	無著名	〈サークル紹介〉ソリ(声)の会
1976.11.01	8号	李進煕	〈連載〉教科書のなかの朝鮮
1976.11.01	8号	一般読者・尹学準・金石範・李進煕	おんどるばん
1977.02.01	9号		特集 近代の朝鮮人群像
1977.02.01	9号	もののべ・ながおき	〈架橋〉ぼくの朝鮮語
1977.02.01	9号	井出孫六	〈架橋〉一幅の書額
1977.02.01	9号	鄭仁	〈架橋〉『ヂンダレ』のころ
1977.02.01	9号	山本リエ	〈架橋〉寸又峡と朝鮮人のこと
1977.02.01	9号	金学鉉	「恨」と抵抗に生きる-申采浩の思想
1977.02.01	9号	旗田巍	崔益鉉と義兵運動
1977.02.01	9号	馬淵貞利	全琫準と農民戦争
1977.02.01	9号	梶村秀樹	申采浩の啓蒙思想
1977.02.01	9号	安宇植	安重根と長谷川梅太郎
1977.02.01	9号	姜徳相	李東輝の思想と行動
1977.02.01	9号	牧瀬暁子	柳寛順と三・一運動
1977.02.01	9号	原田環	金玉均の開化思想
1977.02.01	9号	矢作勝美	NHKに朝鮮語講座を-署名人員三万人を突破、いよいよNHKと交渉へ
1977.02.01	9号	梶井陟	「ヨボ」は朝鮮語か——朝鮮語を考える その(2)
1977.02.01	9号	金石範	なぜ裁判か(四)
1977.02.01	9号	尹学準	〈「時調」の世界八〉鄭澈の行動と文学
1977.02.01	9号	きむ・たるす	〈日本の朝鮮文化遺跡9〉大和(奈良)
1977.02.01	9号	長璋吉	〈韓国文学見てある記五〉李箱の児孩
1977.02.01	9号	K・I	裁く者と裁かれる者
1977.02.01	9号	無著名	〈資料〉民主救国宣言- 一九七六年一二月八日
1977.02.01	9号	金靖純・趙才竜・曹基亨・鄭詔文・白粲玉	〈座談会〉われらの青春時代
1977.02.01	9号	李哲	〈詩〉またあの三月はめぐって
1977.02.01	9号	編集委員会	第二回応募作品選評
1977.02.01	9号	李貞順	〈第二回応募作品入選作〉わが家の三代

발행일	권호	필자	제목
1977.02.01	9号	佐藤利男	P・ローエルと近代朝鮮-ある天文学者の知られざる前歴と業績
1977.02.01	9号	矢沢靖祐	〈研究のおと〉「壬辰倭乱」と朝鮮民衆のたたかい
1977.02.01	9号	姜在彦	姜沆と江戸儒学-『看羊録』にみる藤原惺窩との交友
1977.02.01	9号	李進熙	〈連載〉秀吉の侵略と家康の善隣外交
1977.02.01	9号	金時鐘	〈第9回〉長編〈詩〉猪飼野〈詩〉集
1977.02.01	9号	金達寿	他郷の風
1977.02.01	9号	一般読者・姜在彦・李進熙	おんどるばん
1977.05.01	10号	無著名	〈第1号からの再録〉創刊のことば
1977.05.01	10号	小野十三郎	〈架橋〉風景とは私にとってなにか
1977.05.01	10号	後藤直	〈架橋〉象潟の「金氏」のことなど
1977.05.01	10号	辛基秀	〈架橋〉韓国は日本のハキダメか
1977.05.01	10号	立川雄三	〈架橋〉「朴達の裁判」の再演
1977.05.01	10号	姜在彦	金芝河の思想を考える-それはどこに立っているのか
1977.05.01	10号	中井毬栄	金芝河のこと
1977.05.01	10号	鄭敬謨	新三・一独立運動の背景
1977.05.01	10号	山川暁夫	ロッキード事件と日韓ゆ着
1977.05.01	10号	倉塚平	韓国教会史断章-一九〇七年のリバイバル運動をめぐって
1977.05.01	10号	吉松繁	報告・在日韓国人「政治犯」の救援
1977.05.01	10号	崔然淑	〈資料〉獄中からの手紙
1977.05.01	10号	K・I	格子なき牢獄からの抵抗
1977.05.01	10号	吉留路樹	日本人の役割はなにか
1977.05.01	10号	水野直樹	韓国における治安法体系の形成-国家保安法・反共法・社会安全法を中心に
1977.05.01	10号	田中明	ソウルで聞いた七・四共同声明
1977.05.01	10号	姜在彦・金達寿・金石範・李進熙・李哲	〈座談会〉『朝鮮新報』の批判に答える-付・『朝鮮新報』による批判全文
1977.05.01	10号	きむ・たるす	〈日本の朝鮮文化遺跡10〉和泉
1977.05.01	10号	金学鉉	「恨」と抵抗に生きる その二 空・風・星の〈詩〉人-尹東柱の〈詩〉心とその生涯
1977.05.01	10号	長璋吉	〈韓国文学見てある記六〉行進する馬鹿たち-崔仁浩「恐ろしい複数」
1977.05.01	10号	金石範	創作雑感
1977.05.01	10号	金時鐘	〈第10回〉長編〈詩〉猪飼野〈詩〉集
1977.05.01	10号	矢作勝美	〈NHKに朝鮮語講座を〉NHKとの交渉を終えて
1977.05.01	10号	今田好彦	〈NHKに朝鮮語講座を〉あらたな日朝文化交流
1977.05.01	10号	梶井陟	日本統治下朝鮮の教育と朝鮮語-朝鮮語を考える その(3)
1977.05.01	10号	李哲	〈詩〉石人
1977.05.01	10号	角田豊正	朝鮮通信使と歌舞伎
1977.05.01	10号	阿部桂司	〈資料紹介〉ゆがめられた朝鮮史像

発行日	巻号	筆者	題目
1977.05.01	10号	金達寿	〈連載〉「帰化人」をめぐって
1977.05.01	10号	鄭承博	〈小説〉亀裂のあと
1977.05.01	10号	一般読者・尹学準・金石範・李進熙	おんどるばん
1977.08.01	11号		特集 日本語と朝鮮語
1977.08.01	11号	陳舜臣	〈架橋〉械闘のこと
1977.08.01	11号	小中陽太郎	〈架橋〉皿の話
1977.08.01	11号	中野実	〈架橋〉私における朝鮮
1977.08.01	11号	金達寿	古代日本と朝鮮語
1977.08.01	11号	金思燁	朝鮮民族の文字文化
1977.08.01	11号	李進熙	雨森芳洲の朝鮮語
1977.08.01	11号	梶村秀樹	朝鮮語で語られる世界
1977.08.01	11号	梶井陟	日本統治下の朝鮮語教育-朝鮮語を考える その(4)
1977.08.01	11号	小沢有作・金達寿・久野収・旗田巍	〈座談会〉まず言葉から
1977.08.01	11号	吉野広造	〈私にとっての朝鮮語〉ある朝鮮人との出会い
1977.08.01	11号	志村節	〈私にとっての朝鮮語〉似ているということ
1977.08.01	11号	土器屋泰子	〈私にとっての朝鮮語〉朝鮮語との出会い
1977.08.01	11号	八巻さなえ	〈私にとっての朝鮮語〉自分の眼で朝鮮を見る
1977.08.01	11号	大津和子	〈私にとっての朝鮮語〉私の夢
1977.08.01	11号	藤本敏和	〈私にとっての朝鮮語〉NHKの朝鮮語放送
1977.08.01	11号	木下雅子	〈私にとっての朝鮮語〉「劣等生」の弁
1977.08.01	11号	西岡健治	〈私にとっての朝鮮語〉私の朝鮮語学習
1977.08.01	11号	鶴見俊輔	暗黙の前提一束
1977.08.01	11号	李哲	〈詩〉譜表の行方
1977.08.01	11号	カール・ギュッツラフ	〈春名による解説付き〉アーマスト号の朝鮮偵察- 一八三二年の航海
1977.08.01	11号	辛基秀	〈在日朝鮮人1〉夜間中学のオモニたち
1977.08.01	11号	無著名	〈サークル紹介〉日本と朝鮮を考えていく会
1977.08.01	11号	針生一郎	未完の旅路-金芝河とロータス賞メダルのあいだ
1977.08.01	11号	長璋吉	〈韓国文学見てある記七〉肉体に縛られた人間——孫昌渉「生活的」
1977.08.01	11号	金学鉉	〈「恨」と抵抗に生きる その三〉「「奪われし野」の一篇の〈詩〉-李相和と一九二〇年代
1977.08.01	11号	任展慧	朝鮮時代の内野健児
1977.08.01	11号	大村益夫	〈詩〉人・金竜斉の軌跡
1977.08.01	11号	尹学準	〈「時調」の世界九〉尹善道-闘いと〈詩〉
1977.08.01	11号	宮嶋博史	〈研究のおと〉李朝時代の農書について
1977.08.01	11号	徐元竜	一九二〇年代の民族運動(上)-新幹会を中心に

발행일	권호	필자	제목
1977.08.01	11号	武富瑞夫	〈紹介〉改訂教科書の朝鮮叙述
1977.08.01	11号	姜在彦	〈連載〉近代初期の日本と朝鮮
1977.08.01	11号	金泰生	〈小説〉童話
1977.08.01	11号	一般読者・李進熙	おんどるばん
1977.11.01	12号		特集 在日朝鮮人の現状
1977.11.01	12号	内海愛子	〈架橋〉インドネシア独立英雄となった朝鮮人
1977.11.01	12号	韓哲■	〈架橋〉朝鮮の兄弟・乗松雅休
1977.11.01	12号	小田切秀雄	〈架橋〉『深夜』のこと、『私と朝鮮』のこと
1977.11.01	12号	松井やより	〈架橋〉ある手紙
1977.11.01	12号	姜在彦	祖国・歴史・在日同胞-七・四精神からの出発のために
1977.11.01	12号	河内一郎	在日朝鮮人・その生活と苦悩
1977.11.01	12号	佐藤勝巳	望まれる自立した関係
1977.11.01	12号	吉岡増雄	在日朝鮮人の社会保障
1977.11.01	12号	扇田文雄	本名をなのることの意味-日本の学校に通う朝鮮の子どもたち
1977.11.01	12号	小沢有作	教科書のなかの在日朝鮮人
1977.11.01	12号	飯沼二郎・梶村秀樹・姜在彦・田中宏	〈座談会〉在日朝鮮人を語る
1977.11.01	12号	金石範	「批判」についての批判-明きめくらの説法
1977.11.01	12号	李哲	〈詩〉帰心
1977.11.01	12号	野村増一	戦犯にされた朝鮮人
1977.11.01	12号	菅谷耕次	〈ドキュメンタリー取材メモ〉浮島丸の爆沈
1977.11.01	12号	辛基秀	〈在日朝鮮人2〉魚アラ収集に働く
1977.11.01	12号	大島幸夫	民衆にとっての「日韓」連絡船
1977.11.01	12号	K・I	売国・棄国・愛国そして憂国
1977.11.01	12号	東亜自由言論守護闘争委員会	〈資料〉言論関係者の覚醒を促す
1977.11.01	12号	金学鉉	「恨」と抵抗に生きる その四「ニムの沈黙」の時代-韓竜雲とニム
1977.11.01	12号	金石範	なぜ裁判か(五)
1977.11.01	12号	徐元竜	一九二〇年代の民族運動(下)-新幹会を中心に
1977.11.01	12号	高崎宗司	柳宗悦と朝鮮・覚え書き
1977.11.01	12号	平林久枝	崔承喜と石井漠
1977.11.01	12号	梶井陟	朝鮮語奨励規定-朝鮮語を考える その(5)
1977.11.01	12号	大村益夫	大学における朝鮮語講座の現状
1977.11.01	12号	梶井陟	〈資料〉NHKに朝鮮語講座を 「朝鮮語講座」はなぜ必要か
1977.11.01	12号	旗田巍	〈資料〉NHKに朝鮮語講座を ※新聞などからの転載政治の次元を超えて実現を
1977.11.01	12号	尹学准	〈「時調」の世界十(最終回)〉 残照の〈詩〉人たち
1977.11.01	12号	金達寿	〈連載〉「帰化人」とはなにか

발행일	권호	필자	제목
1977.11.01	12号	編集委員会	第三回応募作品選評
1977.11.01	12号	金英鐘	〈小説〉ある日の事
1977.11.01	12号	一般読者・李進熙・姜在彦	おんどるばん
1978.02.01	13号		特集 朝鮮の友だった日本人
1978.02.01	13号	小松茂夫	〈架橋〉想い出させられること
1978.02.01	13号	黒岩重吾	〈架橋〉古代の交流
1978.02.01	13号	塙作楽	〈架橋〉金達寿と私
1978.02.01	13号	平岡敬	〈架橋〉「仮面」の裏側
1978.02.01	13号	飛鳥井雅道	明治社会主義者と朝鮮そして中国
1978.02.01	13号	飯沼二郎	柏木義円と朝鮮
1978.02.01	13号	秋山清	はるかに金子文子を-「自叙伝」を再読しながら
1978.02.01	13号	李進熙	李朝の美と柳宗悦
1978.02.01	13号	高崎宗司	矢内原忠雄と朝鮮・覚え書き
1978.02.01	13号	中野好夫	徳富蘆花の朝鮮観
1978.02.01	13号	松本良子	〈私にとっての朝鮮・日本〉出会いによせて
1978.02.01	13号	江藤善章	〈私にとっての朝鮮・日本〉沈潜した差別意識
1978.02.01	13号	井本義朗	〈私にとっての朝鮮・日本〉シベリア旅行と朝鮮
1978.02.01	13号	村上芙沙江	〈私にとっての朝鮮・日本〉朝鮮語を習い始めて
1978.02.01	13号	鄭貴文	〈私にとっての朝鮮・日本〉祖父の写真帖
1978.02.01	13号	安秋玲	〈私にとっての朝鮮・日本〉在日朝鮮人として
1978.02.01	13号	鄭庚姫	〈私にとっての朝鮮・日本〉三二年目に思うこと
1978.02.01	13号	日高六郎	私の〈朝鮮体験〉
1978.02.01	13号	上野清士	私のなかの朝鮮人-戦後世代の個人的な認識
1978.02.01	13号	岡崎元哉	〈張斗植の死を悼む〉張斗植の文学と思い出
1978.02.01	13号	尹学準	〈張斗植の死を悼む〉張斗植の死
1978.02.01	13号	橘優	丸正事件-「再審」の厚い壁に向けて
1978.02.01	13号	辛基秀	〈在日朝鮮人3〉民族学級に学ぶ子どもたち
1978.02.01	13号	金一男	〈資料〉本名をなのることの意味 ぼくの本名宣言
1978.02.01	13号	井上純子	〈資料〉本名をなのることの意味 李さんのこと
1978.02.01	13号	金石範	なぜ裁判か(六)
1978.02.01	13号	後藤孝典	へんな裁判
1978.02.01	13号	K・I	マッコリに酔う韓国
1978.02.01	13号	姜在彦	〈読書案内〉梶村秀樹『朝鮮史』
1978.02.01	13号	金石範	〈読書案内〉金泰生『骨片』
1978.02.01	13号	李進熙	〈読書案内〉杉原荘介『日本農耕社会の形成』
1978.02.01	13号	金学鉉	〈「恨」と抵抗に生きる　その五〉一九三〇年代の「ヴ・ナロード」運動-沈熏と「常緑樹」

발행일	권호	필자	제목
1978.02.01	13号	梶井陟	植民地統治下における警察官と朝鮮語-朝鮮語を考える その(6)
1978.02.01	13号	李哲	〈詩〉雲
1978.02.01	13号	佐久間宏	関釜連絡船の今昔
1978.02.01	13号	黒田勝弘	「ぼくの人びと」を求めて-プサン一ヶ月取材余聞
1978.02.01	13号	貫井正之	〈研究のーと〉義兵将・郭再祐-壬辰義兵の評価をめぐって
1978.02.01	13号	平井賢一	明治期の朝鮮人留学生-大韓興学会を中心に
1978.02.01	13号	手嶋和史	〈報告〉古代史をどう教えたか
1978.02.01	13号	姜在彦	〈連載〉「併合」前後期の日本と朝鮮
1978.02.01	13号	金達寿	〈小説〉行基序章
1978.02.01	13号	一般読者・佐藤信行・李進熙	おんどるばん
1978.02.01	13号	(熙)	表紙について
1978.05.01	14号		特集 歴史の中の日本と朝鮮
1978.05.01	14号	宮川寅雄	〈架橋〉朝鮮の友人たち
1978.05.01	14号	水沢耶奈	〈架橋〉古代との重なりの中で
1978.05.01	14号	杉浦明平	〈架橋〉私の周りの朝鮮
1978.05.01	14号	大島幸夫	〈架橋〉虐殺死者との出会いから
1978.05.01	14号	上田正昭	「日鮮同祖論」の系譜
1978.05.01	14号	中西進	『万葉集』における古代朝鮮
1978.05.01	14号	森浩一	歴史上の日本と朝鮮-考古学を考える
1978.05.01	14号	姜在彦	円仁入唐と新羅坊-民衆間交流の一原型として
1978.05.01	14号	姜徳相	義兵将・洪範図の生涯
1978.05.01	14号	中薗英助	私の朝鮮経験-再説・金史良との夜
1978.05.01	14号	森崎一江	ある朝鮮への小道
1978.05.01	14号	藤原彰	日本軍と朝鮮人
1978.05.01	14号	矢作勝美	NHKに朝鮮語講座を
1978.05.01	14号	今田好彦	朝鮮語講座のもつ意味
1978.05.01	14号	大沢真一郎	大学の朝鮮語講座を考える
1978.05.01	14号	皓朴	〈詩〉日本の友へ
1978.05.01	14号	李哲	〈詩〉その道
1978.05.01	14号	金学鉉	〈「恨」と抵抗に生きる その六〉哀しき〈詩〉人・金素月-二〇年代の民族抒情〈詩〉人
1978.05.01	14号	辛基秀	〈在日朝鮮人4〉猪飼野・不況と住宅
1978.05.01	14号	K・I	眠れる獅子を起こすもの
1978.05.01	14号	猪狩章	韓国労働運動の原点-全泰壱君の死をつぐ人々
1978.05.01	14号	藤井治夫	米韓合同演習とその背景
1978.05.01	14号	フランク・ボールドウィン	米国の朝鮮政策の転換-米国の指導者たちが得た朝鮮戦争の「教訓」
1978.05.01	14号	佐藤司郎	金教臣のこと

발행일	권호	필자	제목
1978.05.01	14号	平林久枝	崔承喜と安漠
1978.05.01	14号	梶井陟	警察官の朝鮮語学習——朝鮮語を考える その(7)
1978.05.01	14号	デイヴィッド・ボゲット	朝鮮とアイルランド
1978.05.01	14号	浄土卓也	〈私にとっての朝鮮・日本〉高校生の朝鮮観
1978.05.01	14号	横田徳造	〈私にとっての朝鮮・日本〉私の故地訪問
1978.05.01	14号	篠原圭子	〈私にとっての朝鮮・日本〉朝鮮人生徒・Aさんのこと
1978.05.01	14号	権鐸	〈私にとっての朝鮮・日本〉差別社会の中で
1978.05.01	14号	姜魏堂	〈私にとっての朝鮮・日本〉滅びゆく私のふるさと
1978.05.01	14号	李光江	〈私にとっての朝鮮・日本〉逆説として
1978.05.01	14号	鄭承博	〈私にとっての朝鮮・日本〉僕の担任先生
1978.05.01	14号	姜在彦	〈読書案内〉宮田浩人編著『六五万人——在日朝鮮人』
1978.05.01	14号	李進煕	〈読書案内〉朝鮮文化社編『日本文化と朝鮮』第三集
1978.05.01	14号	尹学準	〈読書案内〉金思燁『韓国・〈詩〉とエッセーの旅』
1978.05.01	14号	小島晋治	教科書の執筆者として
1978.05.01	14号	教科書研究グループ	小学校教科書の朝鮮像
1978.05.01	14号	旗田巍	〈連載〉世界史教科書にみる朝鮮
1978.05.01	14号	金達寿	〈小説〉行基の出家
1978.05.01	14号	無著名	〈資料〉第三回 三千里講座 まず正しい隣国観を/くせ者は「科学的な体裁」
1978.05.01	14号	一般読者・李進煕	おんどるばん
1978.05.01	14号	(煕)	表紙について
1978.08.01	15号		特集 8・15と朝鮮人
1978.08.01	15号	谷川健一	〈架橋〉琉球と朝鮮
1978.08.01	15号	宮原昭夫	〈架橋〉私の行けない国
1978.08.01	15号	横山貞子	〈架橋〉履きものをぬぐ
1978.08.01	15号	大岡信	〈架橋〉銅の活字
1978.08.01	15号	姜在彦	一九二九年の光州抗日学生運動
1978.08.01	15号	水野直樹	日本における新幹会運動-東京支会の活動について
1978.08.01	15号	安宇植	「牢獄のかぎ」を守った人びと-朝鮮語学会事件
1978.08.01	15号	寺尾五郎	一九四五年一〇月に出獄して
1978.08.01	15号	西野辰吉	鉱山での一九四五年
1978.08.01	15号	高峻石	ソウルで迎えた八・一五
1978.08.01	15号	平岡敬	湧き起こる歌声
1978.08.01	15号	安田武	朝鮮人との出会い
1978.08.01	15号	梶井陟	朝鮮人児童の日本語教科書-朝鮮語を考える その(8)
1978.08.01	15号	玉城繁徳	〈朝鮮語を考える〉朝鮮語電話講座について
1978.08.01	15号	大久保敏明	〈朝鮮語を考える〉朝鮮語を独習して

발행일	권호	필자	제목
1978.08.01	15号	阿部桂司	樟脳の製造と鄭宗官
1978.08.01	15号	美藤遼	日本仏教の朝鮮布教
1978.08.01	15号	辛基秀	〈在日朝鮮人5〉対馬に働く朝鮮人海女
1978.08.01	15号	猪狩章	獄中の徐兄弟とわれわれ
1978.08.01	15号	K・I	渇きをいやせる日は
1978.08.01	15号	中井毬栄	金芝河にとっての民衆
1978.08.01	15号	朴炯圭・白楽晴	〈対談〉韓国キリスト教と民族の現実
1978.08.01	15号	上原敏子	広島の朝鮮人被爆者——消えた相生通り
1978.08.01	15号	金石範	夏、雑感
1978.08.01	15号	池田幸一	〈私にとっての朝鮮・日本〉求礼の巫女
1978.08.01	15号	平野泰三	〈私にとっての朝鮮・日本〉三二年の空白
1978.08.01	15号	佐藤喜徳	〈私にとっての朝鮮・日本〉遠くて近い友
1978.08.01	15号	姜鳳秀	〈私にとっての朝鮮・日本〉民族の心
1978.08.01	15号	苗村和正	〈私にとっての朝鮮・日本〉世界史の教師として
1978.08.01	15号	安慶煥	〈私にとっての朝鮮・日本〉父母の墓
1978.08.01	15号	金清蘭	〈私にとっての朝鮮・日本〉私にとって民族とは
1978.08.01	15号	康乙生	〈私にとっての朝鮮・日本〉いま思うこと
1978.08.01	15号	李哲	〈詩〉躑躅
1978.08.01	15号	姜在彦	〈読書案内〉朴趾源『熱河日記』1・2
1978.08.01	15号	金石範	〈読書案内〉金奉鉉『済州島血の歴史』
1978.08.01	15号	李進熙	〈読書案内〉『別冊一億人の昭和史 朝鮮』
1978.08.01	15号	石川昌	中国・吉林の朝鮮人-少数民族政策と日本
1978.08.01	15号	丹藤佳紀	北京から見た朝鮮
1978.08.01	15号	中村守	〈報告〉地理教科書における朝鮮
1978.08.01	15号	李進熙	〈連載〉蒙古襲来と室町時代
1978.08.01	15号	金達寿	〈小説〉法興寺の行基
1978.08.01	15号	一般読者・李進熙	おんどるばん
1978.08.01	15号	(熙)	表紙について
1978.11.01	16号		特集 朝鮮を知るために
1978.11.01	16号	高橋■	〈架橋〉ある遍歴
1978.11.01	16号	竹内康宏	〈架橋〉祖国の中の異郷 異郷の中の祖国
1978.11.01	16号	大江志乃夫	〈架橋〉六等食の仲-熊本のKさん
1978.11.01	16号	李進熙	朝鮮人の美意識
1978.11.01	16号	鄭敬謨	門閥意識と儒教倫理の桎梏-脱出の道はあるか
1978.11.01	16号	金達寿	朝鮮人の発想-日本人との比較で
1978.11.01	16号	平林久枝	民話からみた朝鮮人のこころ
1978.11.01	16号	姜在彦	朝鮮の歳事風俗
1978.11.01	16号	胡健之助	遊びからみた朝鮮の玩具

발행일	권호	필자	제목
1978.11.01	16号	嶋元謙郎·日野啓三·菊池正人	〈座談会〉生活·文化にみる朝鮮と日本
1978.11.01	16号	今村与志雄	丁若鏞と日本の儒者——丁若鏞ノート
1978.11.01	16号	岡本愛彦	忘れ得ぬ人々——心の中の朝鮮人たち
1978.11.01	16号	いいだ·もも	〈私の朝鮮〉が上演されそこなった話
1978.11.01	16号	編集委員会	第四回応募作品選評
1978.11.01	16号	飛田雄一	〈朝鮮語を考える〉むくげの会のことなど
1978.11.01	16号	梶井陟	朝鮮語学習書の変遷-朝鮮語を考える その(9)
1978.11.01	16号	辛基秀	〈在日朝鮮人6〉電電公社に働く在日朝鮮人
1978.11.01	16号	金学鉉	〈「恨」と抵抗に生きる その七〉金洙暎の〈詩〉の世界-運命と使命の谷間で
1978.11.01	16号	K·I	高度成長の果実、深まる窮乏感
1978.11.01	16号	皓朴	〈西ドイツからの手紙〉第二回欧州コリア学会に参加して
1978.11.01	16号	新川明	近代沖縄と朝鮮
1978.11.01	16号	李哲	〈詩〉九月をおもう
1978.11.01	16号	阿部桂司	〈技術史からみた日本と朝鮮〉宗伝の横架式ゼーゲル
1978.11.01	16号	金斗錫	《ルポ》わたしの猪飼野
1978.11.01	16号	姜在彦	〈読書案内〉『永井道雄の教育の流れを変えよう』
1978.11.01	16号	李進熙	〈読書案内〉井上秀雄『朝鮮古代史序説』
1978.11.01	16号	祝部陸大	〈私にとっての朝鮮·日本〉父の血から
1978.11.01	16号	渡辺秀夫	〈私にとっての朝鮮·日本〉高校生の朝鮮史像
1978.11.01	16号	勝部千鶴子	〈私にとっての朝鮮·日本〉第二の故郷
1978.11.01	16号	森田萌	〈私にとっての朝鮮·日本〉現代語学塾のこと
1978.11.01	16号	全德順	〈私にとっての朝鮮·日本〉在日五〇年
1978.11.01	16号	徐竜達	〈私にとっての朝鮮·日本〉集団疎開と恩師のこと
1978.11.01	16号	姜徳相	〈連載〉日本統治下の朝鮮
1978.11.01	16号	金達寿	〈小説〉葛城山の行基
1978.11.01	16号	金石範	〈小説〉結婚式の日
1978.11.01	16号	一般読者·姜在彦·李進熙	おんどるばん
1978.11.01	16号	無著名	表紙について
1979.02.01	17号		特集 三·一運動六十周年
1979.02.01	17号	無著名	〈再録〉創刊のことば
1979.02.01	17号	伊藤成彦	〈架橋〉大逆事件と「日韓併合」-一つの仮説
1979.02.01	17号	ねずまさし	〈架橋〉朝鮮から学んだこと
1979.02.01	17号	中尾美知子	〈架橋〉夜汽車の中で
1979.02.01	17号	寺井美奈子	〈架橋〉はるかなる妣が国
1979.02.01	17号	姜在彦	一九一九年の三·一朝鮮独立運動
1979.02.01	17号	姜徳相	二·八宣言と東京留学生
1979.02.01	17号	原暉之	極東ロシアにおける朝鮮独立運動と日本
1979.02.01	17号	高崎宗司	日本人の三·一運動観

발행일	권호	필자	제목
1979.02.01	17号	梶村秀樹	大韓民国臨時政府をめぐって
1979.02.01	17号	小島晋治	三・一運動と中国の五・四運動
1979.02.01	17号	金学鉉	『国境の夜』の悲哀-「三・一」以後の文学に思う
1979.02.01	17号	鄭錫海	〈資料〉三・一運動の証言　南大門駅頭の独立万歳
1979.02.01	17号	申佶求	〈資料〉三・一運動の証言　朝鮮人高等係刑事は知っていた
1979.02.01	17号	李順愛	黄信徳のこと
1979.02.01	17号	大島孝一	金マリアと日本-三・一独立運動のころの東京留学生
1979.02.01	17号	無著名	〈サークル紹介〉名古屋市民の会
1979.02.01	17号	川瀬俊治	〈私にとっての朝鮮・日本〉ことばとの出会い
1979.02.01	17号	内海愛子	〈私にとっての朝鮮・日本〉「梁七星」その後
1979.02.01	17号	山口精孝	〈私にとっての朝鮮・日本〉韓国の学生とともに
1979.02.01	17号	魏良福	〈私にとっての朝鮮・日本〉小学生に学んだ私
1979.02.01	17号	孝桂昶	〈私にとっての朝鮮・日本〉故郷
1979.02.01	17号	郭大植	〈私にとっての朝鮮・日本〉在日同胞とエスペラント
1979.02.01	17号	辛基秀	〈在日朝鮮人7〉梁君の生活と演劇
1979.02.01	17号	円谷真護	金芝河に関するノオト-『苦行・獄中におけるわが闘い』を読んで
1979.02.01	17号	K・I	消えた民意の電動
1979.02.01	17号	咸錫憲	統一は一つの革命である-五千万同胞の前に涙で訴える言葉
1979.02.01	17号	山川暁夫	朝鮮半島と有事立法-大平政権登場にも関連して
1979.02.01	17号	姜在彦	野原四郎『中国思想と大日本帝国』
1979.02.01	17号	金石範	金時鐘『猪飼野〈詩〉集』
1979.02.01	17号	梶井陟	穂積重遠の「朝鮮遊記」をめぐって-朝鮮語を考える　その(10)
1979.02.01	17号	無著名	〈資料〉NHKに朝鮮語講座を
1979.02.01	17号	藤本治	朝鮮語とわたし
1979.02.01	17号	村松武司	朝鮮人との出会いと別れ-わたしの関東大震災
1979.02.01	17号	李哲	青磁賦
1979.02.01	17号	阿部桂司	更紗と李九山
1979.02.01	17号	原田環	『朝鮮策略』をめぐって-李鴻章と何如璋の朝鮮政策
1979.02.01	17号	西重信	幸徳秋水の朝鮮観-飛鳥井論文について
1979.02.01	17号	金子利三	むくげ
1979.02.01	17号	金達寿	行基の破戒
1979.02.01	17号	一般読者・李進熙	おんどるばん
1979.05.01	18号		特集 在日朝鮮人とは
1979.05.01	18号	尾崎秀樹	国語という名の収奪
1979.05.01	18号	宮田節子	共和国に帰った金さん
1979.05.01	18号	金泰生	李蓮実さんのこと
1979.05.01	18号	金石範	「在日」とはなにか
1979.05.01	18号	宮崎繁樹	国際人権規約と在日朝鮮人

발행일	권호	필자	제목
1979.05.01	18号	有吉克彦	「入管体制」の一断面-不条理な在日韓国・朝鮮人処遇に思う
1979.05.01	18号	姜在彦	在日朝鮮人問題の文献
1979.05.01	18号	杉谷依子	「本名を呼び名のる」教育
1979.05.01	18号	豊永恵三郎	朝鮮語講座を通して
1979.05.01	18号	善本幸夫・尾崎光弘	日本語学級の子どもたち
1979.05.01	18号	後藤孝典	弁護士からみた在日朝鮮人
1979.05.01	18号	永井康平	日本・猪飼野から——在日朝鮮人の青年の考え
1979.05.01	18号	森崎和江	髪を洗う日
1979.05.01	18号	鄭貴文	〈記録〉故国へ帰った人
1979.05.01	18号	平林久枝	〈記録〉ある在日一世の半生
1979.05.01	18号	姜在彦	小島晋治『アジアからみた近代日本』
1979.05.01	18号	李進熙	全相運『韓国科学技術史』
1979.05.01	18号	李哲	祈願
1979.05.01	18号	李貞順	〈記録〉二十五年目の故郷
1979.05.01	18号	朴節子	地上に楽園を作ろう
1979.05.01	18号	辛基秀	不況にあえぐ猪飼野
1979.05.01	18号	金学鉉	四月の〈詩〉人・申東曄
1979.05.01	18号	前田康博	ソウル特派員三年
1979.05.01	18号	無著名	〈サークル紹介〉青丘文庫と研究会活動
1979.05.01	18号	無著名	〈資料〉対話再開のための南北接触(一九七九年一月十九日~二月十七日)
1979.05.01	18号	千寛宇	統一のための私の提言-複合国家方案
1979.05.01	18号	矢作勝美	NHKに朝鮮語講座を
1979.05.01	18号	梶井陟	ある朝鮮語観の軌跡-朝鮮語を考える その(11)
1979.05.01	18号	旗田巍	私の朝鮮体験
1979.05.01	18号	阿部桂司	灰吹法をもたらした宗丹と桂寿-石見銀山の開堀
1979.05.01	18号	高崎宗司	浅川伯教・巧兄弟と朝鮮
1979.05.01	18号	金達寿	行基の放浪
1979.05.01	18号	鄭承博	丸木橋
1979.05.01	18号	一般読者・李進熙	おんどるばん
1979.08.01	19号	黒井千次	「長雨」について
1979.08.01	19号	村上公敏	三人の中国系朝鮮人
1979.08.01	19号	井出和子	この十年
1979.08.01	19号	高史明	ときに思うことの断片
1979.08.01	19号	姜在彦	朝鮮の儒教・日本の儒教
1979.08.01	19号	田村円澄	東大寺大仏と渡来人
1979.08.01	19号	金達寿	神々のふるさと
1979.08.01	19号	上田正昭	雅楽と古代朝鮮
1979.08.01	19号	姜斗興	史読と万葉仮名について

발행일	권호	필자	제목
1979.08.01	19号	河合正朝	室町水墨画と朝鮮画
1979.08.01	19号	李進熙	唐子踊りと朝鮮■
1979.08.01	19号	藤野雅之	私の朝鮮体験
1979.08.01	19号	金子利三	故郷で想ったこと
1979.08.01	19号	畑幸雄	社会教育の中での朝鮮
1979.08.01	19号	山野貞子	朝鮮との出会い
1979.08.01	19号	中村昌枝	アボジ・ナラ
1979.08.01	19号	金斗錫	猪飼野にさえ日の丸は翻える
1979.08.01	19号	金昌寛	俺達のアリラン
1979.08.01	19号	孔順弘	在日五十年の雑感
1979.08.01	19号	無著名	〈サークル紹介〉在日朝鮮人作家を読む会
1979.08.01	19号	李進熙	『浅川巧著作集』
1979.08.01	19号	金石範	朴寿南編『李珍宇全書簡集』
1979.08.01	19号	姜在彦	李承玉編訳『韓国の労働運動』
1979.08.01	19号	李良枝	〈記録〉散調の律動の中へ
1979.08.01	19号	金英鐘	〈記録〉初めての祖国
1979.08.01	19号	辛基秀	メーデーに招待された張錠寿氏
1979.08.01	19号	姜魏堂	最後の墓参
1979.08.01	19号	丹藤佳紀	北京から見た朝鮮(族)
1979.08.01	19号	前田康博	金大中事件六年の軌跡-問われる日本人の人権感覚と対韓認識
1979.08.01	19号	金学鉉	光は獄中から・金芝河の思想
1979.08.01	19号	白楽晴	分断時代の文学思想
1979.08.01	19号	鳥居省吾	自立して歩み始めた子ども会-それを支えるオモニたち
1979.08.01	19号	黒沢義雄	「三の一」の子どもたち-本名を呼び名のる
1979.08.01	19号	稲富進	「二つの報告」と今後にむけて
1979.08.01	19号	栗原純	高校の歴史教育において
1979.08.01	19号	武富瑞夫	中学の歴史教育と教科書
1979.08.01	19号	奈良和夫	中学の朝鮮認識と歴史教育
1979.08.01	19号	山田昭次	大学の歴史教師の立場から
1979.08.01	19号	李哲	胸をくだいた合いことば
1979.08.01	19号	梶井陟	阿倍能成における朝鮮-朝鮮語を考える 最終回
1979.08.01	19号	西重信	大井憲太郎の朝鮮観-「大阪事件」公判の弁論をとおして
1979.08.01	19号	阿部桂司	加賀の火矢所と朝鮮
1979.08.01	19号	チェ・ヨンホ	ハワイの朝鮮人移民
1979.08.01	19号	春名徹	ヨーロッパにおける朝鮮の発見
1979.08.01	19号	一般読者・金達寿・李進熙	おんどるばん
1979.11.01	20号	無著名	創刊のことば
1979.11.01	20号	戴国煇	私の朝鮮体験

발행일	권호	필자	제목
1979.11.01	20号	祝部陸大	アフリカの水
1979.11.01	20号	吉田欣一	三冊の〈詩〉集のこと
1979.11.01	20号	磯貝治良	在日朝鮮人文学の世界-負性を超える文学
1979.11.01	20号	上野清士	在日「外国人」文学の視点から
1979.11.01	20号	安宇植	金史良・「滅ぶものへの哀愁」考
1979.11.01	20号	梶井陟	在日朝鮮人文学の作品年譜
1979.11.01	20号	針生一郎	その批判は正当か-金達寿、金石範の近作をめぐって
1979.11.01	20号	金石範	「民族虚無主義の所産」について
1979.11.01	20号	姜在彦・金達寿・金石範・李進熙・李哲	総連・韓徳鉄議長に問う
1979.11.01	20号	阿部桂司	加賀の細工所と朝鮮
1979.11.01	20号	春名徹	「主観的国際秩序」の中の朝鮮・日本
1979.11.01	20号	辛基秀	京都西陣の朝鮮人
1979.11.01	20号	藤井治夫	日韓米軍事態勢の新段階-山下訪韓と米地上軍撤退凍結をめぐって
1979.11.01	20号	堀田謹吾	金大中事件にみる「安全都市」東京
1979.11.01	20号	前田康博	インフレと不況、高潮する労働運動
1979.11.01	20号	門脇禎二	渡来人の階級性
1979.11.01	20号	井出孫六	久米邦武の筆禍
1979.11.01	20号	井上清	『教科書に書かれた朝鮮』を読んで
1979.11.01	20号	金学鉉	池明観『韓国文化史』
1979.11.01	20号	姜在彦	『朝鮮史叢』第一号
1979.11.01	20号	李進熙	吉田晶他『日本と朝鮮の古代史』
1979.11.01	20号	飛鳥井雅道	再論・幸徳秋水と朝鮮
1979.11.01	20号	宮田節子	朝鮮史研究会の二十年と私
1979.11.01	20号	宮嶋博史	私にとっての朝鮮史
1979.11.01	20号	森川展昭	朝鮮語を考える-朝鮮語学習十五年
1979.11.01	20号	無著名	〈サークル紹介〉名古屋朝鮮史研究会
1979.11.01	20号	石坂浩一	運動の中で
1979.11.01	20号	辻村拓夫	「民族差別をなくすために」を〈連載〉して
1979.11.01	20号	茜史朗	朝鮮との出会い
1979.11.01	20号	君島洋三郎	金さん夫婦と国民年金
1979.11.01	20号	張銀奎	私の青春時代
1979.11.01	20号	姜博	自己を「清算」するということ
1979.11.01	20号	朴英鎬	在日二世として
1979.11.01	20号	貫井正之	壬辰・丁酉戦争と『瑣尾録』
1979.11.01	20号	姜尚暉	対話・主体概念の誕生
1979.11.01	20号	李哲	待春賦
1979.11.01	20号	金達寿	遊行の行基

발행일	권호	필자	제목
1979.11.01	20号	一般読者・李進熙	おんどるばん
1980.02.01	21号		特集 近代日本と朝鮮
1980.02.01	21号	無著名	日本にのこる朝鮮美術
1980.02.01	21号	鈴木道彦	或る指摘回想
1980.02.01	21号	久保田正文	贖罪主義からの解放
1980.02.01	21号	佐々木基一	貴重な体験
1980.02.01	21号	藤野雅之	サマルカンドで会った朝鮮人
1980.02.01	21号	姜在彦	近代日本にとって日本とは
1980.02.01	21号	梶村秀樹	義烈団と金元鳳——その初期の思想
1980.02.01	21号	宮嶋博史	日本人の朝鮮史研究と「停滞論」
1980.02.01	21号	高崎隆治	日本人文学者のとらえた朝鮮
1980.02.01	21号	内海愛子	ジャワの朝鮮人軍属
1980.02.01	21号	村松武司	朝鮮に生きた日本人-わたしの「京城中学」
1980.02.01	21号	山田昭次	朝鮮人強制連行調査の旅から
1980.02.01	21号	李順愛	〈記録〉希望の峯まで
1980.02.01	21号	阿部桂司	七宝と肥後象嵌
1980.02.01	21号	り・じんひ	日本にのこる朝鮮美術
1980.02.01	21号	水野直樹	「雨の降る品川駅」の事実しらべ
1980.02.01	21号	西野辰吉	中野重治と「差別」のこと
1980.02.01	21号	金泰生	『中野重治〈詩〉集』との出会い
1980.02.01	21号	鶴嶋雪嶺	アメリカの移住朝鮮人-リー・チョル・スーの問題と関連して
1980.02.01	21号	辛基秀	牧場に働く梁寿竜君
1980.02.01	21号	前田康博	激動期を迎える韓国-カギを握る軍部の動向
1980.02.01	21号	山川暁夫	いま問われていること-米アジア戦略と日韓関係
1980.02.01	21号	山本剛士	ポスト朴と韓国経済
1980.02.01	21号	李效再	分断時代の社会学
1980.02.01	21号	辛基秀	「江戸時代の朝鮮通信使」の上映運動
1980.02.01	21号	金学鉉	和田春樹・高崎宗司編『分断時代の民族文化』
1980.02.01	21号	姜在彦	李仁夏『居留の民の叫び』
1980.02.01	21号	李哲	除夜
1980.02.01	21号	小松茂夫	対象と視点-「古代および近・現代東アジアにおける日本」の学的考察の基準を求めて
1980.02.01	21号	吉田欣一	〈サークル紹介〉岐阜・朝鮮問題を考える会
1980.02.01	21号	牛見信夫	第二の故郷・江原道
1980.02.01	21号	ねず まさし	横浜の虐殺慰霊碑
1980.02.01	21号	橋本栄一	朝鮮問題の重さ
1980.02.01	21号	朴又連	チョゴリと着物
1980.02.01	21号	尹恵林	一世なんか 大嫌い
1980.02.01	21号	森田萌	〈紹介〉雑誌『赤い酉』と植民地

발행일	권호	필자	제목
1980.02.01	21号	春名徹	漂流民の国際感覚
1980.02.01	21号	梁永厚	柳田国男と朝鮮民俗学
1980.02.01	21号	金達寿	道昭の死
1980.02.01	21号	一般読者・姜在彦・李進熙	おんどるばん
1980.05.01	22号		特集「4・19」20周年と韓国
1980.05.01	22号	無著名	室町渡来の朝鮮鐘
1980.05.01	22号	長谷川四郎	デルスー・ウザーラについて
1980.05.01	22号	菅原克己	二人の朝鮮人の思い出
1980.05.01	22号	室謙二	千円札の中の安重根
1980.05.01	22号	中村輝子	大道芸のこと
1980.05.01	22号	梶村秀樹	歴史としての四・一九
1980.05.01	22号	姜在彦	二十年目の四・一九学生運動
1980.05.01	22号	姜明姫	〈資料〉お兄さんとお姉さんはなぜ銃でうたれたのですか
1980.05.01	22号	金学鉉	分断時代克服への志向――文学作品にみる「分断」
1980.05.01	22号	高崎宗司	四・一九年代の二十年
1980.05.01	22号	近山椒	〈資料〉広場の証言
1980.05.01	22号	猪狩章・丹藤佳紀・鄭敬謨	〈座談会〉四・一九と今日の韓国
1980.05.01	22号	日高六郎	四月革命と安保闘争
1980.05.01	22号	東海林勤	韓国キリスト教者の闘いに学ぶ
1980.05.01	22号		四・一九の証言
1980.05.01	22号	無著名	四・一九宣言文 ソウル大学校
1980.05.01	22号	無著名	四・一九決議文 ※高麗大学校
1980.05.01	22号	無著名	四・一九宣言文 ※延世大学校
1980.05.01	22号	無著名	時局宣言文 ※大学教授団
1980.05.01	22号	無著名	四・一九第二宣言文 ※ソウル大学校
1980.05.01	22号	無著名	「四・一九」はだれも利用できない ※ソウル大学校『大学新聞』
1980.05.01	22号	無著名	合理的経済の樹立のみが民主革命の課業である ※梨花女子大学校『梨大学報』
1980.05.01	22号	陳英淑	遺書
1980.05.01	22号	一人の父	その日 おまえは、どこで なにをしていたのだ
1980.05.01	22号	高良淳	〈詩〉弟の霊前に
1980.05.01	22号	キム・ヒョンビル	市民の目
1980.05.01	22号	千寛宇・吉玄謨	〈対談〉四・一九革命の現代史的評価
1980.05.01	22号	西順蔵	国家・くに・そのまま
1980.05.01	22号	り・じんひ	〈日本にのこる朝鮮美術2〉室町渡来の朝鮮鐘
1980.05.01	22号	辛基秀	〈在日朝鮮人12〉信楽焼の陶工・具興植さん
1980.05.01	22号	無著名	〈サークル紹介〉広島朝鮮史セミナー

발행일	권호	필자	제목
1980.05.01	22号	前田康博	「軍政」下の韓国
1980.05.01	22号	藤井治夫	日韓軍事関係はどうなるか-急転する米極東戦略のもとで
1980.05.01	22号	阿部桂司	〈技術史からみた日本と朝鮮〉瓦師阿米夜・瓦棟梁福田と朝鮮
1980.05.01	22号	泊勝美	七〇年代における古代史像の変化
1980.05.01	22号	春名徹	〈私の東アジア近代史ノート その4〉世界をみる目-幕末安政期
1980.05.01	22号	ウェイン・パターソン	朝鮮人のハワイ移住と日本
1980.05.01	22号	高崎隆治	〈日本人文学者のとらえた朝鮮2〉高浜虚子の『朝鮮』を解剖する-総督は何を読みとったか
1980.05.01	22号	梶井陟	朝鮮文学翻訳の足跡(一)-古典の翻訳刊行
1980.05.01	22号	姜在彦	〈読書案内〉磯谷季次『朝鮮終戦記』
1980.05.01	22号	李進熙	〈読書案内〉村上四男『朝鮮古代史研究』
1980.05.01	22号	南坊義道	日本近代と在日朝鮮人文学-磯貝治良『始源の光』にふれつつ
1980.05.01	22号	金石範	これからどうすればよいか
1980.05.01	22号	李哲	〈詩〉航跡
1980.05.01	22号	金達寿	〈小説〉第二の出発
1980.05.01	22号	一般読者・李進熙	おんどるばん
1980.08.01	23号		特集 朝鮮・2つの36年
1980.08.01	23号	無著名	〈グラビア〉室町水墨画と朝鮮
1980.08.01	23号	須藤宣	〈架橋〉三十六年間の憶い出
1980.08.01	23号	入部皓次郎	〈架橋〉もつを食うこと
1980.08.01	23号	秋山駿	〈架橋〉朝鮮-切れ切れの出会い
1980.08.01	23号	姜在彦	朝鮮の解放と分断
1980.08.01	23号	小栗敬太郎	南北朝鮮の統一と民主主義
1980.08.01	23号	内海愛子	朝鮮統一への軌跡
1980.08.01	23号	藤原彰	二つの軍事関係-日本と朝鮮の七十年
1980.08.01	23号	姜徳相	関東大震災-もう一つの虐殺-習志野騎兵連隊における朝鮮人虐殺
1980.08.01	23号	山本剛士	戦後史の中の朝鮮戦争
1980.08.01	23号	田中宏	在日朝鮮人政策にみる戦後三十六年
1980.08.01	23号	旗田巍	二つの三十六年に想う
1980.08.01	23号	橋本栄一	私の中の朝鮮体験・被爆体験
1980.08.01	23号	森崎和江	まだ見ぬ人びとへの手紙
1980.08.01	23号	備仲臣道	〈私にとっての朝鮮・日本〉永遠のテーマ・朝鮮
1980.08.01	23号	水沢耶奈	〈私にとっての朝鮮・日本〉三十六年の「腐蝕」
1980.08.01	23号	奥村和弘	〈私にとっての朝鮮・日本〉あるルポルタージュを見て
1980.08.01	23号	李丁壬	〈私にとっての朝鮮・日本〉帰国の日まで
1980.08.01	23号	村松英子	〈俳句〉一九七九年冬
1980.08.01	23号	無著名	〈サークル紹介〉現代語学塾・常緑樹の会
1980.08.01	23号	上野清士	切手にみるもう一つの「併合」史-「日韓通信合同」について

발행일	권호	필자	제목
1980.08.01	23号	姜在彦	〈読書案内〉田中宏『日本のなかのアジア-留学生・在日朝鮮人・「難民」』
1980.08.01	23号	佐藤信行	〈読書案内〉吉岡増雄・編著『在日朝鮮人の生活と人権-社会保障と民族差別』
1980.08.01	23号	李進熙	〈読書案内〉榧本杜人『朝鮮の考古学』
1980.08.01	23号	り・じんひ	〈日本にのこる朝鮮美術4〉室町水墨画と朝鮮
1980.08.01	23号	辛基秀	〈在日朝鮮人13〉ハミリ映画の池尚吾さん
1980.08.01	23号	金石範	光州虐殺に思う
1980.08.01	23号	李哲	〈詩〉光州は告発する
1980.08.01	23号	前田康博	流血の光州-新たな三十六年-問われる日本の対韓姿勢
1980.08.01	23号	和田春樹	いま問われていること-光州事件に思う
1980.08.01	23号	崔沃子	韓国女性運動史
1980.08.01	23号	稲富進	在日朝鮮人教育研究第二回全国集会にむけて
1980.08.01	23号	武宮瑞夫	改訂中学校教科書における朝鮮
1980.08.01	23号	阿部桂司	〈技術史からみた日本と朝鮮〉瀬戸・会津の磁器製造と朝鮮
1980.08.01	23号	高崎宗司	浅川伯教と朝鮮の文化
1980.08.01	23号	高崎隆治	〈日本人文学者のとらえた朝鮮3〉俗流「内鮮一体」〈小説〉の擬態-中本たか子「島の挿話」
1980.08.01	23号	梶井陟	朝鮮文学翻訳の足跡(二)——続・古典の翻訳刊行
1980.08.01	23号	金達寿	〈小説〉変容
1980.08.01	23号	一般読者・魏良福・金石範・李進熙	おんどるばん
1980.11.01	24号		特集 いま在日朝鮮人は
1980.11.01	24号	無著名	〈グラビア〉日本にのこる朝鮮美術4 李朝民画と柳宗悦
1980.11.01	24号	山下肇	〈架橋〉朝鮮人とユダヤ人
1980.11.01	24号	橋川文三	〈架橋〉朝鮮と私の悔悟
1980.11.01	24号	李仁夏	〈架橋〉民族差別と闘いながら
1980.11.01	24号	姜在彦	戦後三十六年目の在日朝鮮人
1980.11.01	24号	宮田浩人	「朝鮮にそっぽむかんと」-徐兄弟の母・呉己順さんの死
1980.11.01	24号	林えいだい	筑豊の在日朝鮮人戦後史
1980.11.01	24号	前川恵司	在日の「時の重さ」の中で-様々な人生超えて、もとめるふれあい
1980.11.01	24号	江藤善章	上福岡三中事件を考える-林賢一君の死によって問われる教育現場
1980.11.01	24号	梁永厚	「在日世代」と進路保障
1980.11.01	24号	石田玲子	国籍法改正と在日朝鮮人
1980.11.01	24号	佐藤信行	〈紹介〉帰化行政にみる在日朝鮮人政策
1980.11.01	24号	幼方直吉	定住外国人の法的地位について-在日朝鮮人の場合
1980.11.01	24号	姜在彦	〈読書案内〉桑原茂夫『日韓連帯への道』
1980.11.01	24号	佐藤信行	〈読書案内〉内海愛子・村井吉敬『赤道化の朝鮮人叛乱』
1980.11.01	24号	孫仁一	〈私にとって「在日」とは〉父の顔
1980.11.01	24号	李敬子	〈私にとって「在日」とは〉父の在日・私の在日

발행일	권호	필자	제목
1980.11.01	24号	孫斉賢	〈私にとって「在日」とは〉アボジの遺骨
1980.11.01	24号	庚妙達	〈私にとって「在日」とは〉コルムよ舞え
1980.11.01	24号	崔英愛	〈私にとって「在日」とは〉韓国の教会で
1980.11.01	24号	武宮瑞夫	改訂教科書の日本と朝鮮-古代～近世の日朝関係史の記述
1980.11.01	24号	り・じんひ	〈日本にのこる朝鮮美術4〉李朝民画と柳宗悦
1980.11.01	24号	辛基秀	〈在日朝鮮人14〉本名で卒業して十一年
1980.11.01	24号	前田康博	密室の裁判-金大中死刑判決-全斗煥軍政、政権奪取への九ヶ月
1980.11.01	24号	渋沢重和	金大中事件-七年目の夏
1980.11.01	24号	和田春樹	〈記録〉金大中氏を殺すな・一九八〇年夏
1980.11.01	24号	丹藤佳紀	タシケントで会った朝鮮人
1980.11.01	24号	阿部桂司	〈技術史からみた日本と朝鮮[最終回]〉手漉和紙と朝鮮
1980.11.01	24号	梶井陟	朝鮮文学翻訳の足跡(三)-神話、民話、伝説など
1980.11.01	24号	桑原真人	私の在日朝鮮人研究
1980.11.01	24号	北原道子	朝鮮語を考える
1980.11.01	24号	春名徹	〈私の東アジア近代史ノート その5〉ハンネッコの寅一たちと朝鮮-自由党大阪事件と落合寅一
1980.11.01	24号	高崎隆治	〈日本人文学者のとらえた朝鮮4〉奪われた大地-前田河広一郎「火田」
1980.11.01	24号	山代巴	〈連載〉トラジの歌
1980.11.01	24号	李哲	〈詩〉祖国
1980.11.01	24号	金達寿	〈小説〉行基集団
1980.11.01	24号	一般読者・姜在彦・李進熙	おんどるばん
1981.02.01	25号		特集 朝鮮人観を考える
1981.02.01	25号	無著名	〈グラビア〉日本にのこる朝鮮美術5 朝鮮の木工品と柳宗悦
1981.02.01	25号	清水知久	〈架橋〉三世代が集まって、祈った
1981.02.01	25号	尾崎彦朔	〈架橋〉悔いのみ、多し
1981.02.01	25号	磯谷季次	〈架橋〉民族と恩讐
1981.02.01	25号	桑原重夫	「わたし」を変えた在日朝鮮人- 一冊の本からの出会い
1981.02.01	25号	梶村秀樹	植民地支配者の朝鮮観
1981.02.01	25号	上田正昭・姜在彦	〈対談〉日本人の朝鮮人観を考える
1981.02.01	25号	高崎隆治	文学にみる日本人の朝鮮人像-『朝鮮歌集』の貧困
1981.02.01	25号	金容権	戦後の新聞にみる「朝鮮人」
1981.02.01	25号	中村守	〈報告〉高校生の朝鮮像
1981.02.01	25号	稲宮進	戦後民主教育の中の朝鮮-私の歩んできた道
1981.02.01	25号	大沢真一郎	若い世代の朝鮮観にふれて-日朝混血のMさんへの手紙
1981.02.01	25号	遠藤敬光	〈架け橋をめざして〉朝鮮の会(横浜)
1981.02.01	25号	飛田雄一	〈架け橋をめざして〉神戸朝鮮史セミナー
1981.02.01	25号	浄土卓也	〈架け橋をめざして〉日本と朝鮮をつなぐ会(香川)
1981.02.01	25号	日野恭子	〈架け橋をめざして〉広島朝鮮史セミナー

발행일	권호	필자	제목
1981.02.01	25号	森田萌	〈架け橋をめざして〉現代語学塾(東京)
1981.02.01	25号	鄭承博	〈架け橋をめざして〉淡路の朝鮮文化研究会
1981.02.01	25号	飯沼二郎	雑誌『朝鮮人』を出しつづけて
1981.02.01	25号	趙吉来	在日朝鮮人と年金問題
1981.02.01	25号	無著名	〈サークル紹介〉学林図書室(大阪)
1981.02.01	25号	り・じんひ	〈日本にのこる朝鮮美術5〉朝鮮の木工品と柳宗悦
1981.02.01	25号	辛基秀	〈在日朝鮮人15〉民族文化への旅立ち
1981.02.01	25号	前田康博	冬の時代・ソウル-金大中氏に処刑の危機
1981.02.01	25号	古野喜政	日韓政治決着の再検証-金大中氏を救うために
1981.02.01	25号	和田春樹	〈記録〉金大中氏を殺すな・一九八〇年冬
1981.02.01	25号	金学鉉	民族文学についての覚え書き
1981.02.01	25号	鶴見俊輔	韓国から日本へ
1981.02.01	25号	姜在彦	〈読書案内〉日高六郎・徐竜達編『大学の国際化と外国人教員』
1981.02.01	25号	李進熙	金思燁訳『三国史記』上・下、『三国遺事』
1981.02.01	25号	佐藤信行	呉己順さん追悼文集刊行委員会『朝を見ることなく-徐兄弟の母　呉己順さんの生涯』
1981.02.01	25号	春名徹	〈私の東アジア近代史ノート　その6〉善隣外交の変質-シャーマン号事件前後
1981.02.01	25号	梶井陟	朝鮮文学翻訳の足跡(四)9民謡の翻訳紹介
1981.02.01	25号	金石範	差別、雑感
1981.02.01	25号	山代巴	〈連載〉トラジの歌
1981.02.01	25号	李哲	〈詩〉渇仰の日に
1981.02.01	25号	金達寿	〈小説〉弾圧前後
1981.02.01	25号	一般読者・李進熙	おんどるばん
1981.05.01	26号		特集 朝鮮の統一のために
1981.05.01	26号	無著名	〈グラビア〉日本にのこる朝鮮美術6安宅の李朝陶磁器
1981.05.01	26号	岸野淳子	〈架橋〉芙江を訪れて
1981.05.01	26号	上原淳道	〈架橋〉金さんの涙
1981.05.01	26号	好村富士彦	〈架橋〉影を失くした男
1981.05.01	26号	丹藤佳紀	南北対話-「七・四共同声明」以後
1981.05.01	26号	山本剛士	朝鮮半島の軍拡構造
1981.05.01	26号	前田康博	日米の対韓政策と南北分断
1981.05.01	26号	藤高明	「観楽」はまだあきらめていない
1981.05.01	26号	林邦夫	共和国の民衆生活――点描
1981.05.01	26号	姜在彦・金達寿・金石範・李進熙・李哲	〈座談会〉いま統一問題を考える
1981.05.01	26号	姜在彦	七・四生命は死文化したか
1981.05.01	26号	和田春樹	民主統一の道-韓国民主化運動の統一論

발행일	권호	필자	제목
1981.05.01	26号	宮田浩人	分断を助長するもの
1981.05.01	26号	西重信	「大阪事件」後の大井憲太郎-「満蒙経営私議」を中心として
1981.05.01	26号	角田豊正	私観・歌舞伎の中の朝鮮(その1)-「彦山権現誓助剣」の木曾官と六助
1981.05.01	26号	り・じんひ	〈日本にのこる朝鮮美術6〉安宅の李朝陶磁器
1981.05.01	26号	辛基秀	〈在日朝鮮人16〉ケミカルシューズと朝鮮人
1981.05.01	26号	伊藤成彦	光州から一年
1981.05.01	26号	有吉克彦	出入国管理令の改正問題-はたして在日朝鮮人の「安定化」に貢献できるか
1981.05.01	26号	内海愛子	身世打鈴を越えて-『手記＝在日朝鮮人』を読んで
1981.05.01	26号	姜在彦	〈読書案内〉前川恵司『韓国・韓国人』
1981.05.01	26号	李進熙	〈読書案内〉『柳宗良全集著作篇』第六巻
1981.05.01	26号	朴朝子	〈記録〉夜間学校に通いつづけて
1981.05.01	26号	飯沼二郎	〈私にとっての朝鮮・日本〉織田栖次先生のこと
1981.05.01	26号	佐藤悦三	〈私にとっての朝鮮・日本〉私と朝鮮
1981.05.01	26号	渡辺秀夫	〈私にとっての朝鮮・日本〉煙管
1981.05.01	26号	李智沢	〈私にとっての朝鮮・日本〉はるかなるパンソリ
1981.05.01	26号	鄭潤熙	〈私にとっての朝鮮・日本〉二人の青年との出会い
1981.05.01	26号	鄭早苗	〈私にとっての朝鮮・日本〉恩師
1981.05.01	26号	姜徳相	〈近代の朝鮮人群像その1〉青山里の将軍・金佐鎮
1981.05.01	26号	高崎隆治	〈日本人文学者のとらえた朝鮮5〉八月十五日の演劇人-〈小説〉集『明姫』(村山知義)
1981.05.01	26号	春名徹	〈私の東アジア近代史ノート 最終回〉もう一つの世界帝国
1981.05.01	26号	梶井陟	朝鮮文学翻訳の足跡(五)-古歌の都
1981.05.01	26号	山代巴	〈連載〉トラジの歌
1981.05.01	26号	李進熙	三月の訪韓について
1981.05.01	26号	李哲	〈詩〉絆
1981.05.01	26号	金達寿	〈小説〉俗諦と真諦『行基の時代』その十三
1981.05.01	26号	一般読者・李進熙	おんどるばん
1981.08.01	27号	無著名	〈グラビア〉日本にのこる朝鮮美術7安宅の高麗陶磁
1981.08.01	27号	阿井染徳美	〈架橋〉刈り萱のみちより
1981.08.01	27号	直木孝次郎	〈架橋〉ハバロフスクの女性ガイド
1981.08.01	27号	村松武司	〈架橋〉五月二十七日・東京
1981.08.01	27号	徐竜達	〈架橋〉アジアとの架け橋-ひとつの提案
1981.08.01	27号	姜在彦	朝鮮民族運動史の視点
1981.08.01	27号	大村益夫	朝鮮プロレタリア文学についての叙述
1981.08.01	27号	梶村秀樹	朝鮮共産党-断章
1981.08.01	27号	堀内稔	朝鮮共産党の再建運動 - 一九三〇年代
1981.08.01	27号	金元慶	朝鮮の婦人運動——第一回極東諸国勤労婦人会議での報告

발행일	권호	필자	제목
1981.08.01	27号	森川展昭	朝鮮語文運動の展開
1981.08.01	27号	飛田雄一	植民地下の赤色農民組合運動-定平農民組合の運動
1981.08.01	27号	大塚嘉郎	島山・安昌浩——その生涯と思想
1981.08.01	27号	高崎隆治	〈日本人文学者のとらえた朝鮮6〉徴兵制の布石・映画「望楼の決死隊」
1981.08.01	27号	斎藤道一	料理と歌と
1981.08.01	27号	角田豊正	私観・歌舞伎の中の朝鮮(その2)-「天竺徳兵衛韓噺」と木曾官
1981.08.01	27号	り・じんひ	〈日本にのこる朝鮮美術7〉安宅の高麗陶磁
1981.08.01	27号	辛基秀	〈在日朝鮮人17〉奈良墨づくりの朴ハルモニ
1981.08.01	27号	前田康博	新たな「米日韓体制」
1981.08.01	27号	古野喜政	八年目の夏に考えること-進む金大中事件、第三次決着
1981.08.01	27号	藤野雅之	民衆芸能の民族性——グルジア・沖縄・ソウルへ
1981.08.01	27号	桑名靖治	癒されぬケロイド-朝鮮人被爆者の三十六年間
1981.08.01	27号	内海愛子	朝鮮人BC級戦犯の戦後三十六年
1981.08.01	27号	権チョル・チョソンイル	中国の朝鮮族文学概況
1981.08.01	27号	上野清士	切手にみる植民地支配
1981.08.01	27号	金香	山菜雑記
1981.08.01	27号	梶井陟	朝鮮文学翻訳の足跡(六)-近代〈詩〉の部
1981.08.01	27号	山代巴	〈連載〉トラジの歌
1981.08.01	27号	金達寿	〈小説〉『行基の時代』その十四・終 行基終章
1981.08.01	27号	一般読者・姜在彦・李進煕	おんどるばん
1981.11.01	28号		特集 在日朝鮮人を考える
1981.11.01	28号	無著名	〈グラビア〉日本にのこる朝鮮美術8「井内コレクションの朝鮮瓦」
1981.11.01	28号	田村円澄	〈架橋〉五絃琴のこと
1981.11.01	28号	小島美子	〈架橋〉朝鮮の音楽は騎馬民族系？
1981.11.01	28号	西川宏	〈架橋〉日朝関係史の教材
1981.11.01	28号	李宗良	〈架橋〉丸正事件-李得賢氏の闘い
1981.11.01	28号	金東勲	人権保障の国際化と在日朝鮮人
1981.11.01	28号	前川恵司	「在日」の今日・明日
1981.11.01	28号	田中宏	「教員と国籍」問題の現状と課題
1981.11.01	28号	有吉克彦	高齢化社会と在日朝鮮人の年金権-「年金権」裁判を中心として
1981.11.01	28号	飛田雄一	入管令改正と在日朝鮮人の在留権
1981.11.01	28号	李仁夏	民族差別との闘い-川崎市における一つの流れ
1981.11.01	28号	ヤンソン由美子	スウェーデンにおける外国人の権利
1981.11.01	28号	曹瑛煥・姜在彦	〈対談〉在日・在米朝鮮人を語る
1981.11.01	28号	曹貞姫	継続している植民地主義-在阪朝鮮人一世の生活被保護者、その労働と実情
1981.11.01	28号	梁永厚	日・朝教師の連帯を顧みて

발행일	권호	필자	제목
1981.11.01	28号	玉城繁徳	大学に朝鮮語講座を
1981.11.01	28号	野崎充彦	〈報告〉猪飼野朝鮮図書室と『朝鮮語と日本文化展』
1981.11.01	28号	金香	山菜雑記(その二)
1981.11.01	28号	平林久枝	災害地開墾の先頭に立った朝鮮人- 一九三〇年前後の山梨県旧富士見村のこと
1981.11.01	28号	高崎隆治	〈日本人文学者のとらえた朝鮮7[最終回]〉日本人文学者の見た朝鮮-作品年表
1981.11.01	28号	り・じんひ	〈日本にのこる朝鮮美術8〉井内コレクションの朝鮮瓦
1981.11.01	28号	辛基秀	〈在日朝鮮人18〉朝鮮語タイプライターと金孝哲
1981.11.01	28号	藤井治夫	米日韓軍事態勢の新局面
1981.11.01	28号	前田康博	日韓国交正常化の虚構-対日六〇億ドル借款の背景
1981.11.01	28号	水原肇	ヒロシマ記者と朝鮮人被爆者
1981.11.01	28号	姜在彦・金達寿・李進熙・李哲	〈座談会〉三月の訪韓をめぐって
1981.11.01	28号	李哲	〈詩〉暮色
1981.11.01	28号	落合尚郎	〈私にとっての朝鮮・日本〉悔恨と懐旧の朝鮮
1981.11.01	28号	橋本登志子	〈私にとっての朝鮮・日本〉相模ダムの歴史を記録する
1981.11.01	28号	藤田市郎	〈私にとっての朝鮮・日本〉私と朝鮮
1981.11.01	28号	藤川正志	〈私にとっての朝鮮・日本〉朝鮮史セミナーの五年
1981.11.01	28号	李宗雄	〈私にとっての朝鮮・日本〉私のこだわり
1981.11.01	28号	金俊一	〈私にとっての朝鮮・日本〉四十五歳の追憶
1981.11.01	28号	姜在彦	〈読書案内〉渡辺吉鎔・鈴木孝夫『朝鮮語のすすめ』
1981.11.01	28号	村松武司	〈読書案内〉谺雄二・趙根在『〈詩〉と写真 ライは長い旅だから』
1981.11.01	28号	佐藤信行	〈読書案内〉日本の学校に在籍する朝鮮人児童・生徒の教育を考える会編『復刻版 むくげ』
1981.11.01	28号	李進熙	〈読書案内〉菊竹淳一・吉田宏志編『高麗仏画』
1981.11.01	28号	角田豊正	私観・歌舞伎の中の朝鮮(その3)——石川五右衛門と加藤清正
1981.11.01	28号	松野秀子	与謝野鉄幹と朝鮮
1981.11.01	28号	牛口順二	梶山季之文学の中の朝鮮
1981.11.01	28号	梶井陟	朝鮮文学翻訳の足跡(七)——近代〈詩〉の部(解放後)
1981.11.01	28号	山代巴	〈連載〉トラジの歌
1981.11.01	28号	一般読者・金達寿・李進熙	おんどるばん
1982.02.01	29号		特集 高松塚古墳と朝鮮
1982.02.01	29号	無著名	〈グラビア〉日本にのこる朝鮮美術9 江戸時代の画家の交流
1982.02.01	29号	和田洋一	〈架橋〉大正期の「不逞鮮人」
1982.02.01	29号	中村完	〈架橋〉追想・辞書の季節から
1982.02.01	29号	矢作勝美	〈架橋〉六年ごしの要望
1982.02.01	29号	松下煌	〈架橋〉朝鮮文化と私
1982.02.01	29号	井上秀雄	高松塚古墳発見から一〇年

발행일	권호	필자	제목
1982.02.01	29号	金達寿	「日本の中の朝鮮文化」と共に-常陸の虎塚古墳と湫尾神社
1982.02.01	29号	奥野正男	騎馬民族の渡来と東遷-九州北部の伽耶系文物を中心に
1982.02.01	29号	山尾幸久	古代国家の研究と任那
1982.02.01	29号	大和岩雄	日本古代史上の秦氏-弓月君を中心に
1982.02.01	29号	田村円澄	百済と飛鳥文化
1982.02.01	29号	佐々克明	高松塚一〇年に想う-七世紀までは「日本国以前」
1982.02.01	29号	旗田巍・李進熙	〈対談〉古代史・この一〇年
1982.02.01	29号	鈴木靖明	正倉院の新羅文物
1982.02.01	29号	渡辺三男	天皇家と百済土家
1982.02.01	29号	中村守	〈報告〉改定地理教科書にみる朝鮮
1982.02.01	29号	角田豊正	私観・歌舞伎の中の朝鮮(その4)-「朝鮮」という字句の入った外題
1982.02.01	29号	り・じんひ	日本にのこる朝鮮美術9「江戸時代の画家の交流」
1982.02.01	29号	辛基秀	〈在日朝鮮人19〉ロッジ経営の李兄弟
1982.02.01	29号	前田康博	新たな転機迎える朝鮮半島
1982.02.01	29号	沢田猛・永井大介	奥天竜における朝鮮人強制連行
1982.02.01	29号	横尾正信	中国延辺の断章
1982.02.01	29号	西川宏	中国のなかの朝鮮-東北三省の旅にみる
1982.02.01	29号	金香	山菜雑記(その三)
1982.02.01	29号	山本冬彦	〈私にとっての朝鮮・日本〉朝鮮との二度の出会い
1982.02.01	29号	永戸良一	〈私にとっての朝鮮・日本〉私の朝鮮
1982.02.01	29号	太田哲男	〈私にとっての朝鮮・日本〉朝鮮人と日本の左翼
1982.02.01	29号	井下春子	〈私にとっての朝鮮・日本〉朝鮮語と私
1982.02.01	29号	加藤兼三	沈熏『常緑樹』の翻訳を終えて
1982.02.01	29号	梶井陟	朝鮮文学翻訳の足跡(八)-現代〈小説〉の部(解放前)
1982.02.01	29号	磯貝治良	〈戦後日本文学のなかの朝鮮1〉原風景としての朝鮮-小林勝の前期作品
1982.02.01	29号	高柳俊男	中西伊之助と朝鮮
1982.02.01	29号	姜在彦	〈読書案内〉高峻石監修・文国柱編著『朝鮮社会運動史事典』
1982.02.01	29号	徐竜達	〈読書案内〉馬越徹『現代韓国教育研究』
1982.02.01	29号	李進熙	〈読書案内〉金延鶴『百済と倭国』
1982.02.01	29号	李哲	〈詩〉歳旦
1982.02.01	29号	姜在彦	〈近代朝鮮の歩み1〉大院君執政の一〇年
1982.02.01	29号	一般読者・姜在彦・李進熙	おんどるばん
1982.05.01	30号		特集 朝鮮の芸能文化
1982.05.01	30号	無著名	〈グラビア〉朝鮮の仮面
1982.05.01	30号	円谷真護	〈架橋〉耳と目
1982.05.01	30号	春名徹	斉浦の海
1982.05.01	30号	米田和夫	「シャンゴーリへの道」その後

発行日	権号	筆者	題目
1982.05.01	30号	上野清士	映画「世界の人へ」のこと
1982.05.01	30号	草野妙子・李哲	〈対談〉民衆芸能の魅力
1982.05.01	30号	姜漢永	パンソリとは何か
1982.05.01	30号	藤野雅之	パンソリとわたし-金素姫女史公演について
1982.05.01	30号	金潤洙	新しい美学を求めて
1982.05.01	30号		朝鮮の民俗芸能——概観
1982.05.01	30号	無著名	解説
1982.05.01	30号	康竜権	民俗劇
1982.05.01	30号	李輔亨	民俗音楽
1982.05.01	30号	金千興	民俗舞踊
1982.05.01	30号	平林久枝	朝鮮の民話のなかの男と女
1982.05.01	30号	山根俊郎	植民地下の歌謡曲
1982.05.01	30号	梁永厚	「在日」のシャーマン
1982.05.01	30号	高崎宗司	ある「朝鮮通」の生きた道-細井肇の朝鮮論について
1982.05.01	30号	金香	山菜雑記(その四)
1982.05.01	30号	高嶋雄三郎	崔承喜と私
1982.05.01	30号	辛基秀	〈在日朝鮮人20〉「光州」を描く金石出
1982.05.01	30号	前田康博	全斗煥政権一年-五輪狂想曲と「自由化」
1982.05.01	30号	李進熙	〈歴史紀行〉倭館・倭城を歩く(一)
1982.05.01	30号	梶井陟	朝鮮文学翻訳の足跡(九)-現代〈小説〉の部(解放後 その(1)
1982.05.01	30号	磯貝治良	〈戦後日本文学のなかの朝鮮2〉照射するもの、されるもの-小林勝の後期作品
1982.05.01	30号	李哲	〈詩〉二篇
1982.05.01	30号	姜在彦	〈近代朝鮮の歩み2〉朝鮮の開国と壬午軍乱
1982.05.01	30号	角田豊正	私観・歌舞伎の中の朝鮮(その5)-江戸庶民感覚で描く秀吉
1982.05.01	30号	チェ・ヨンホ	北朝鮮における歴史の再解釈
1982.05.01	30号	金達寿	〈古代遺跡紀行〉日本の中の朝鮮文化(一)-三河・尾張(愛知県)(1)
1982.05.01	30号	無著名	『季刊三千里』総目次 創刊号～30号
1982.05.01	30号	一般読者・李進熙	おんどるばん
1982.08.01	31号		特集 15年戦争下の朝鮮
1982.08.01	31号	大島孝一	〈架橋〉私の韓国体験
1982.08.01	31号	鄭承博	〈架橋〉空襲、そして官憲の目
1982.08.01	31号	山中恒	〈架橋〉〈半島の小国民〉体験について
1982.08.01	31号	後藤均平	〈架橋〉子供を棄てた父
1982.08.01	31号	鶴見俊輔・姜在彦	〈対談〉15年戦争下の日本と朝鮮
1982.08.01	31号	金容権	記録構成 15年戦争下の朝鮮人
1982.08.01	31号	宮田節子	「内鮮一体」・同化と差別の構造

발행일	권호	필자	제목
1982.08.01	31号	高崎宗司	緑旗連盟と「皇民化」運動
1982.08.01	31号	佐野通夫	「皇民化」教育と日本人教員
1982.08.01	31号	内海愛子	「大東亜共栄圏」と朝鮮人軍人・軍属-ある「噂」を追って
1982.08.01	31号	韓晳■	神社参拝強要とキリスト者の抵抗
1982.08.01	31号	梶村秀樹	一九四〇年代中国での抗日闘争
1982.08.01	31号	伊藤勇	〈在朝日本人にとっての一五年戦争〉春窮期
1982.08.01	31号	磯谷季次	〈在朝日本人にとっての一五年戦争〉出獄以後
1982.08.01	31号	長田かな子	〈在朝日本人にとっての一五年戦争〉四五年八月十五日
1982.08.01	31号	茂木又雄	〈在朝日本人にとっての一五年戦争〉敗戦前後
1982.08.01	31号	須藤宣	〈在朝日本人にとっての一五年戦争〉響く声
1982.08.01	31号	村松武司	〈在朝日本人にとっての一五年戦争〉作戦要務令の悪夢
1982.08.01	31号	辛基秀	〈在日朝鮮人21〉学林図書室を支える青年たち
1982.08.01	31号	吉岡攻	忘れられたハルモニ-在韓日本人妻の三七年
1982.08.01	31号	山田昭次	朝鮮人強制連行の研究-その回顧と展望
1982.08.01	31号	前田康博	試練を迎える韓国軍政
1982.08.01	31号	宮嶋博史	〈読書案内〉趙■溶(徐竜達訳)『近代韓国経済史』
1982.08.01	31号	梶井陟	〈読書案内〉表文台(金秉斗訳)『合格者・仮面の裏』
1982.08.01	31号	姜在彦	〈読書案内〉沢正彦『南北朝鮮キリスト教史論』
1982.08.01	31号	李進熙	〈歴史紀行〉倭館・倭城を歩く(二)
1982.08.01	31号	金香	山菜雑記(その五)
1982.08.01	31号	岸野淳子	金子文子と朝鮮
1982.08.01	31号	姜在彦	〈近代朝鮮の歩み3〉甲申政変・その前後
1982.08.01	31号	梶井陟	朝鮮文学翻訳の足跡(十)-現代〈小説〉の部(解放後 その2)
1982.08.01	31号	磯貝治良	〈戦後日本文学のなかの朝鮮3〉歴史への視座-「故郷忘じがたく候」「私の朝鮮」ほか
1982.08.01	31号	李哲	〈詩〉二篇
1982.08.01	31号	金達寿	〈古代遺跡紀行〉日本の中の朝鮮文化(二)-三河・尾張(愛知県)(2)
1982.08.01	31号	一般読者・佐藤信行・李進熙	おんどるばん
1982.11.01	32号		特集 教科書の中の朝鮮
1982.11.01	32号	唐木邦雄	〈架橋〉教科書断想
1982.11.01	32号	旗田巍	〈架橋〉教科書問題で考えたこと
1982.11.01	32号	小島晋治	〈架橋〉私たちの場合
1982.11.01	32号	大沼保昭	若い自己教育の梃子-教科書検定への「国際的」批判と日本社会の反応
1982.11.01	32号	日高六郎	教科書「問題」を民衆のなかに
1982.11.01	32号	上田正昭	華燿の資には成り申さず
1982.11.01	32号	南坊義道	日本の「新国家体制」確率への布石-映画「大日本帝国」と教科書問題
1982.11.01	32号	姜在彦・金達寿・李進熙・李哲	〈座談会〉教科書の朝鮮をめぐって
1982.11.01	32号	高崎宗司	韓国知識人が見た日本の教科書問題

발행일	권호	필자	제목
1982.11.01	32号		教科書問題に対する研究者・執筆者・市民の声明
1982.11.01	32号		朝鮮史研究会「教科書問題に関する声明」
1982.11.01	32号		教科書問題で文部省に抗議する市民のデモ実行委員会「「政府見解」に関する市民の意見」
1982.11.01	32号		社会科教科書執筆者懇談会「当面の教科書問題についての社会科教科書執筆者の声明」
1982.11.01	32号	佐藤信行	〈資料〉朝鮮関係記述における検定の実態
1982.11.01	32号		近現代の日朝関係史「豆事典」
1982.11.01	32号	原田環	江華島事件
1982.11.01	32号	原田環	日韓併合
1982.11.01	32号	河合和男	土地調査事業
1982.11.01	32号	原田環	三・一朝鮮独立運動
1982.11.01	32号	河合和男	産米増殖計画
1982.11.01	32号	山田昭次	関東大震災時の朝鮮人虐殺
1982.11.01	32号	信長正義	神社参拝の強要
1982.11.01	32号	森川展昭	朝鮮語の抹殺
1982.11.01	32号	鹿嶋節子	創氏改名
1982.11.01	32号	山田昭次	朝鮮人強制連行
1982.11.01	32号	内海愛子	南北分断と日本
1982.11.01	32号	内海愛子	在日朝鮮人
1982.11.01	32号	鐘声の会	〈報告〉戦前の歴史教科書にみる朝鮮像
1982.11.01	32号	姜在彦	〈近代朝鮮の歩み4〉甲午農民戦争と東学思想
1982.11.01	32号	大沼久夫	石橋湛山の朝鮮独立論
1982.11.01	32号	熊谷年夫	〈報告〉朝鮮を正しく教えるための教材化-副読本『日本の歴史と朝鮮』づくりへの取り組み」
1982.11.01	32号	佐藤信行	無題
1982.11.01	32号	奈良和夫	〈教育現場から教科書問題を考える〉私の新しい課題
1982.11.01	32号	浄土卓也	〈教育現場から教科書問題を考える〉問題は教科書だけではない
1982.11.01	32号	武富瑞夫	〈教育現場から教科書問題を考える〉自らの責任において
1982.11.01	32号	中村守	〈教育現場から教科書問題を考える〉歴史を共有しアジアに生きる
1982.11.01	32号	正木峰夫	〈教育現場から教科書問題を考える〉「広島」と教科書問題の底
1982.11.01	32号	辛基秀	〈在日朝鮮人22〉ジャスの金成亀
1982.11.01	32号	前田康博	民族意識の変革期迎えた韓国
1982.11.01	32号	金香	山菜雑記(その六)
1982.11.01	32号	風間喜樹	丹東から見た朝鮮-鴨緑江岸の中国都市・丹東を訪れて
1982.11.01	32号	金達寿	〈古代遺跡紀行〉日本の中の朝鮮文化(三)-飛騨・美濃(岐阜県)(1)
1982.11.01	32号	一般読者・佐藤信行・李進煕	おんどるばん
1982.11.01	32号	藤野雅之	〈読書案内〉安宇植編訳『アリラン峠の旅人たち』
1982.11.01	32号	高崎宗司	〈読書案内〉『復刻版 新しき朝鮮』

발행일	권호	필자	제목
1982.11.01	32号	姜在彦	〈読書案内〉毎日新聞社編『教科書検定』・『教科書検定と朝鮮』
1982.11.01	32号	李進熙	〈歴史紀行〉倭館・倭城を歩く(三)
1982.11.01	32号	磯貝治良	〈戦後日本文学のなかの朝鮮4〉植民体験への凝視-『朝鮮植民者』『異族の原基』ほか
1982.11.01	32号	梶井陟	朝鮮文学翻訳の足跡(十一)-文学史・文学論など
1982.11.01	32号	李哲	〈詩〉笛の音
1982.11.01	32号	金廷漢	〈小説〉寺下村
1982.11.01	32号	一般読者・佐藤信行・李進熙	おんどるばん
1983.02.01	33号		特集 東アジアのなかの朝鮮
1983.02.01	33号	無著名	〈グラビア〉韓くに・工人たち(一)
1983.02.01	33号	無著名	〈創刊号より再録〉創刊のことば
1983.02.01	33号	田中宏	〈架橋〉「教科書問題」と「国籍条項」を結ぶもの
1983.02.01	33号	水原肇	〈架橋〉困惑するヒロシマ
1983.02.01	33号	金学鉉	〈架橋〉血染めのチマ
1983.02.01	33号	陳舜臣・司馬遼太郎・金達寿	鼎談 日本・朝鮮・中国
1983.02.01	33号	白石省吾	隣人の冷静な目-李御寧氏の日本論
1983.02.01	33号	高良倉吉	琉球からみた朝鮮・中国-琉球王国の歴史像を考える視点
1983.02.01	33号	春名徹	近代東アジア社会と庶民の視点
1983.02.01	33号	今村与志雄	魯迅、天行、そして『熱河日記』-魯迅の朝鮮観について
1983.02.01	33号	姜在彦	前近代の東アジア世界と朝鮮-朝鮮の「事大」と「交隣」
1983.02.01	33号	内山進	吉野作造の朝鮮観を考える
1983.02.01	33号	趙栄順	〈私にとっての朝鮮・日本〉キムチ
1983.02.01	33号	谷進一郎	〈私にとっての朝鮮・日本〉私と朝鮮の木工
1983.02.01	33号	波多野淑子	〈私にとっての朝鮮・日本〉朝鮮との出会い
1983.02.01	33号	久保田成雄	〈私にとっての朝鮮・日本〉朝鮮語を学んで
1983.02.01	33号	李相鎬	〈指紋押捺拒否の闘い〉指紋押捺を拒否して
1983.02.01	33号	山田貴夫	〈指紋押捺拒否の闘い〉自治体の窓口から
1983.02.01	33号	李哲	〈詩〉帰省
1983.02.01	33号	李進熙	〈歴史紀行〉倭館・倭城を歩く(四)
1983.02.01	33号	藤本巧	韓くに・工人たち(一)
1983.02.01	33号	辛基秀	〈在日朝鮮人23〉老人サークルの金興坤
1983.02.01	33号	吉岡攻	父よ! 兄よ! 祖国よ!(上)-在韓日本人妻たちの里帰り
1983.02.01	33号	藤岡治夫	日本の軍拡と朝鮮半島
1983.02.01	33号	前田康博	八三年・日韓米関係の行方
1983.02.01	33号	佐藤信行	「文部省検定」教科書の朝鮮像
1983.02.01	33号	金早雪	〈読書案内〉内海愛子『朝鮮人BC級戦犯の記録』
1983.02.01	33号	佐野通夫	伊藤勇『教育散歩・私の中の朝鮮』

発行日	巻号	筆者	題目
1983.02.01	33号	李進熙	高崎宗司『朝鮮の土となった日本人』
1983.02.01	33号	金達寿	〈古代遺跡紀行〉日本の中の朝鮮文化(四)-因幡・伯耆(鳥取県)(1)
1983.02.01	33号	中村昌枝	〈記録〉もう一つの国(その1)
1983.02.01	33号	梶井陟	朝鮮文学の翻訳年譜-朝鮮文学翻訳の足跡(十二 最終回)
1983.02.01	33号	磯貝治良	〈戦後日本文学のなかの朝鮮5〉朝鮮への愛着と傾ぎ-梶山季之の〈小説〉
1983.02.01	33号	元秀一	〈小説〉帰郷
1983.02.01	33号	一般読者・梶井陟・李進熙	おんどるばん
1983.05.01	34号		特集 近代日本の思想と朝鮮
1983.05.01	34号	無著名	〈グラビア〉韓くに・工人たち(二)
1983.05.01	34号	山住正己	〈架橋〉教科書問題への責任
1983.05.01	34号	崔成吉	〈架橋〉社会安全法のこと
1983.05.01	34号	林郁	〈架橋〉満州開拓と朝鮮人
1983.05.01	34号	斎藤尚子	〈架橋〉冬の夜の手紙
1983.05.01	34号	水野直樹	弁護士・布施辰治と朝鮮
1983.05.01	34号	光岡玄	福沢諭吉の国権論・アジア論
1983.05.01	34号	沢正彦	上村正久の朝鮮観
1983.05.01	34号	森山浩二	内村鑑三と朝鮮のキリスト者たち
1983.05.01	34号	梁永厚	芦田恵之助と『朝鮮国語読本』
1983.05.01	34号	姜在彦・李進熙	〈対談〉日本における朝鮮研究の系譜
1983.05.01	34号	石坂浩一	日本の社会主義者の朝鮮観
1983.05.01	34号	田中慎一	新渡戸稲造と朝鮮
1983.05.01	34号	高崎宗司	日本人の朝鮮統治批判論-三・一運動後を中心に
1983.05.01	34号	辻稜三	朝鮮地図「竜谷図」の里帰り
1983.05.01	34号	有吉克彦	在日朝鮮人と国籍法改正-「中間試案」に見る国籍法改正の動向
1983.05.01	34号	藤本巧	韓くに・工人たち(二)
1983.05.01	34号	辛基秀	〈在日朝鮮人24〉五〇年ぶりの三姉妹
1983.05.01	34号	吉岡攻	父よ! 兄よ! 祖国よ!(下)-在韓日本人妻たちの里帰り
1983.05.01	34号	前田康博	米戦略下の日韓「連携」
1983.05.01	34号	中村昌枝	〈記録〉もう一つの国(その2)
1983.05.01	34号	李進熙	〈歴史紀行〉倭館・倭城を歩く(五)
1983.05.01	34号	中村完	訓民正音の世界(一)-わたしの朝鮮文化論
1983.05.01	34号	桜本富雄	15年戦争下の朝鮮映画-透明体の中の朝鮮
1983.05.01	34号	姜在彦	〈近代朝鮮の歩み5〉甲午改革・独立協会・活貧党
1983.05.01	34号	佐藤信行	〈読書案内〉内山一雄『在日朝鮮人と教育』
1983.05.01	34号	姜在彦	〈読書案内〉朴宗根『日清戦争と朝鮮』
1983.05.01	34号	高二三	〈読書案内〉金蒼生『わたしの猪飼野』
1983.05.01	34号	李進熙	〈読書案内〉『村山四男博士和歌山大学退官記念 朝鮮史論文集』
1983.05.01	34号	磯貝治良	〈架橋〉を求めて-「トラジの歌」「朝鮮あさがお」ほか

발행일	권호	필자	제목
1983.05.01	34号	大村益夫	〈対訳〉朝鮮近代〈詩〉選(1)
1983.05.01	34号	権煥	早く去れ-民族反逆者・親日分子どもに
1983.05.01	34号	金珖燮	祖国
1983.05.01	34号	尹崑崗	われらの歌
1983.05.01	34号	金起林	われらの八月に帰ろう
1983.05.01	34号	金達寿	〈古代遺跡紀行〉日本の中の朝鮮文化(五)-因幡・伯耆(鳥取県)(2)
1983.05.01	34号	梶井陟	朝鮮文学の翻訳年譜・補遺
1983.05.01	34号	一般読者・佐藤信行・李進熙	おんどるばん
1983.08.01	35号		特集 今日の在日朝鮮人
1983.08.01	35号	無著名	〈グラビア〉韓くに・工人たち(三)
1983.08.01	35号	李良枝	〈架橋〉私の中の于勒
1983.08.01	35号	宇津木秀甫	〈架橋〉あばきたい「タチソ作戦」
1983.08.01	35号	平林久枝	〈架橋〉全生園の在日朝鮮人
1983.08.01	35号	内山一雄	〈架橋〉在日朝鮮人教育と私
1983.08.01	35号	大沼保昭・姜在彦	〈対談〉在日朝鮮人の現在と将来
1983.08.01	35号	田中宏	アジアに対する戦後責任・私の見取図
1983.08.01	35号	小沢有作	在日朝鮮人教育実践の軌跡
1983.08.01	35号	小杉尅次	新しい共同体形成のための一試論
1983.08.01	35号	徐竜達	定住外国人教授への道-国公立大学外国人教員任用法の施行によせて
1983.08.01	35号	飛田雄一	在日朝鮮人と指紋-押なつ制度の導入をめぐって
1983.08.01	35号	李孝子・曺貞姫・朴福美・全和子・魏良福	〈座談会〉いま「在日」を考える
1983.08.01	35号	鄭早苗	「世代」に思う
1983.08.01	35号	鄭琪満	ともに生きる
1983.08.01	35号	金重明	朝鮮語教室をはじめて
1983.08.01	35号	李智恵美	学林図書室を運営しながら
1983.08.01	35号	金秀吉	「在日」ということ
1983.08.01	35号	高二三	朝鮮人として一〇年
1983.08.01	35号	李貞順	「在米」から「在日」を考える
1983.08.01	35号	真壁■	再会-丸正事件被告・李得賢さんの帰郷
1983.08.01	35号	中村昌枝	〈記録〉もう一つの国(その3)
1983.08.01	35号	藤本巧	韓くに・工人たち(三)
1983.08.01	35号	辛基秀	〈在日朝鮮人25〉朴晶子さんと本名宣言
1983.08.01	35号	奈良和夫	学習漫画『日本の歴史』にみる皇国史観
1983.08.01	35号	李進熙	〈歴史紀行〉倭館・倭城を歩く(六)
1983.08.01	35号	元秀一	〈小説〉娘婿とカシオモン
1983.08.01	35号	磯貝治良	〈小説〉のなかの在日朝鮮人像-「日本三文オペラ」「冷え物」ほか

발행일	권호	필자	제목
1983.08.01	35号	高崎隆治	〈読書案内〉新井徹著作刊行委員会編『新井徹の全仕事』
1983.08.01	35号	姜在彦	〈読書案内〉尹健次『朝鮮近代教育の思想と運動』
1983.08.01	35号	李進熙	〈読書案内〉許東華ほか『韓国の古刺繍』
1983.08.01	35号	佐藤信行	〈読書案内〉西川宏『岡山と朝鮮』
1983.08.01	35号	姜在彦	〈近代朝鮮の歩み6〉朝鮮の植民地化と国権回復運動
1983.08.01	35号	藤井賢二	熊平源蔵と朝鮮
1983.08.01	35号	大村益夫	〈対訳〉朝鮮近代〈詩〉選(2)
1983.08.01	35号	朴木月	閏四月
1983.08.01	35号	朴木月	三月
1983.08.01	35号	朴鳳宇	休戦線
1983.08.01	35号	朴寅煥	黒い神よ
1983.08.01	35号	金洙暎	青い空を
1983.08.01	35号	金洙暎	ある日、故宮を出ながら
1983.08.01	35号	中村完	訓民正音の世界(二)-わたしの朝鮮文化論
1983.08.01	35号	金達寿	〈古代遺跡紀行〉日本の中の朝鮮文化(六)-出雲・隠岐・岩見(島根県)(1)
1983.08.01	35号	一般読者・姜在彦・李進熙	おんどるばん
1983.11.01	36号		特集 関東大震災の時代
1983.11.01	36号	無著名	〈グラビア〉韓くに・工人たち(四)
1983.11.01	36号	森崎和江	〈架橋〉地球村のびっくり子ども
1983.11.01	36号	森礼子	〈架橋〉おたあジュリアのこと
1983.11.01	36号	永井大介	〈架橋〉防災訓練と第二の「関東大震災」
1983.11.01	36号	姜徳相	〈架橋〉関東大震災六〇年に思う
1983.11.01	36号	安岡章太郎・金達寿	〈対談〉そのとき人間は
1983.11.01	36号	山田昭次	関東大震災と朝鮮人虐殺-民衆運動と研究の方法論前進のために
1983.11.01	36号	宮川寅雄	関東大震災の殺人
1983.11.01	36号	高崎宗司	関東大震災・朝鮮での反響
1983.11.01	36号	金容権	子どもたちの震災体験-『東京私立小学校児童 震災記念文集』について
1983.11.01	36号	高柳俊男	朝鮮人虐殺についての研究と文献
1983.11.01	36号	井上清	民本主義と帝国主義
1983.11.01	36号	海野峯太郎	「満州」・シベリアの朝鮮人-鉄道の旅で見たこと、考えたこと
1983.11.01	36号	李泳禧	再び日本の『教科書問題』を考える-イデオロギーおよび国際政治的側面
1983.11.01	36号	旗田巍	韓国を訪れて
1983.11.01	36号	小針進	中国の朝鮮族と「日本」
1983.11.01	36号	山本真弓	在日朝鮮人と国家
1983.11.01	36号	金光子	生きることと向き合って
1983.11.01	36号	藤本巧	韓くに・工人たち(四)
1983.11.01	36号	辛基秀	〈在日朝鮮人26〉朝鮮寺と崔竜洛さん

발행일	권호	필자	제목
1983.11.01	36号	中村完	訓民正音の世界(三)-わたしの朝鮮文化論
1983.11.01	36号	李進熙	〈歴史紀行(最終回)〉倭館・倭城を歩く(七)
1983.11.01	36号	中村昌枝	〈記録〉もう一つの国(その4)
1983.11.01	36号	渡辺研治	三河地方における朝鮮人の闘い- 一九三〇年の三信鉄道工事葬儀
1983.11.01	36号	姜在彦	〈近代朝鮮の歩み7〉武断政治と三・一運動
1983.11.01	36号	姜在彦	〈読書案内〉西順蔵『日本と朝鮮の間』
1983.11.01	36号	李進熙	〈読書案内〉田代和生『書き替えられた国書』
1983.11.01	36号	佐藤信行	〈読書案内〉小沢有作編『日本語学級の子どもたち』
1983.11.01	36号	磯貝治良	〈戦後日本文学のなかの朝鮮8〉腐蝕をうつものたち-井上光晴の文学と朝鮮
1983.11.01	36号	林浩治	張赫宙論- 一五年戦争下の朝鮮人作家の軌跡
1983.11.01	36号	大村益夫	〈対訳〉朝鮮近代〈詩〉選(3)
1983.11.01	36号	金顕承	秋の祈り
1983.11.01	36号	金春洙	ブダペストの少女の死
1983.11.01	36号	朴在森	無題
1983.11.01	36号	許英子	思母曲
1983.11.01	36号	申庚林	冬の夜
1983.11.01	36号	金達寿	〈古代遺跡紀行〉日本の中の朝鮮文化(七)-出雲・隠岐・岩見(島根県)(2)
1983.11.01	36号	一般読者・李進熙	おんどるばん
1984.02.01	37号		特集 江戸期の朝鮮通信使
1984.02.01	37号	無著名	〈グラビア〉新・韓くにの風と人(1)
1984.02.01	37号	無著名	創刊のことば
1984.02.01	37号	白石省吾	〈架橋〉サムル[ルは小さい文字]ノリを観る
1984.02.01	37号	安宇植	〈架橋〉誤まれる日韓文化交流論
1984.02.01	37号	藤本敏和	〈架橋〉『ハングル講座』解説に寄せて
1984.02.01	37号	秦正流	〈架橋〉関釜連絡船
1984.02.01	37号	姜在彦	室町・江戸時代の善隣関係
1984.02.01	37号	明石善之助	福岡と朝鮮通信使
1984.02.01	37号	西川宏	鞆・日比・牛窓の交流
1984.02.01	37号	中尾宏	京・近江と朝鮮通信使
1984.02.01	37号	貫井正之	通信使、尾張をゆく
1984.02.01	37号	李元植	通信使の遺墨-日本にのこされた書画
1984.02.01	37号	李進熙	「李朝のなかの日本」を歩いて
1984.02.01	37号	大滝晴子	江戸っ子の見た朝鮮通信使
1984.02.01	37号	西重信	「シベリア出兵」と朝鮮人-日本人の朝鮮人対策を中心として
1984.02.01	37号	中村完	訓民正音の世界(四)-わたしの朝鮮文化論
1984.02.01	37号	藤本巧	新・韓くにの風と人(1)
1984.02.01	37号	辛基秀	〈在日朝鮮人27〉マダン劇の青年たち
1984.02.01	37号	姜在彦・林誠宏	〈対談〉「金日成主義」を問う

発行日	権号	筆者	題目
1984.02.01	37号	宋建鎬	現代史研究と民族史学の課題〈解説付き〉
1984.02.01	37号	姜徳相	青春時代の呂運亨
1984.02.01	37号	倉橋葉子	〈私にとっての朝鮮・日本〉ムルルは小さい文字レの会と私
1984.02.01	37号	伊藤いずみ	〈私にとっての朝鮮・日本〉朝鮮との出会い
1984.02.01	37号	宮下忠子	〈私にとっての朝鮮・日本〉山谷で出会った人びと
1984.02.01	37号	元省鎮	〈私にとっての朝鮮・日本〉「民族的積極論」と在日世代
1984.02.01	37号	梁澄子	〈私にとっての朝鮮・日本〉「海女」の聞き書きを始めて
1984.02.01	37号	石田玲子・尹照子・ヤンソン由美子	国籍法改正をめぐって
1984.02.01	37号	沢田猛	もう一つの「野麦峠」を考える
1984.02.01	37号	磯貝治良	〈戦後日本文学のなかの朝鮮9〉〈彼岸の故郷〉としての朝鮮-日野啓三・後藤明生・古山高麗雄
1984.02.01	37号	金学鉉	朝鮮の民乱―序説-十九世紀の民衆と蜂起
1984.02.01	37号	金学鉉	〈読書案内〉申采浩(矢部敦子訳)『朝鮮上古史』
1984.02.01	37号	佐藤信行	〈読書案内〉神奈川県自治総合研究センター『神奈川の韓国・朝鮮人』
1984.02.01	37号	平林久枝	〈読書案内〉香山末子〈詩〉集『草津アリラン』
1984.02.01	37号	姜在彦	〈読書案内〉岡崎久彦『隣の国で考えたこと』
1984.02.01	37号	李進熙	〈読書案内〉竹田旦『木の雁』
1984.02.01	37号	大村益夫	〈対訳〉朝鮮近代〈詩〉選(4)
1984.02.01	37号	申東曄	ソウル
1984.02.01	37号	キムジハ	ヒマの神風-三島由紀夫に
1984.02.01	37号	趙泰一	水・風・光-国土・十一
1984.02.01	37号	李秋林	風のように
1984.02.01	37号	李河石	粉紅江
1984.02.01	37号	崔夏林	白雪のうた(1)
1984.02.01	37号	李盛夫	稲
1984.02.01	37号	金達寿	〈古代遺跡紀行〉日本の中の朝鮮文化(八)-出雲・隠岐・岩見(島根県)(3)
1984.02.01	37号	一般読者・金達寿・李進熙	おんどるばん
1984.05.01	38号		特集 朝鮮語とはどんなことばか
1984.05.01	38号	無著名	〈グラビア〉新・韓くにの風と人(2)
1984.05.01	38号	草野妙子	〈架橋〉民族の声とシアウィ合奏
1984.05.01	38号	佐藤忠男	〈架橋〉韓国映画「曼陀羅」のこと
1984.05.01	38号	竹下肥潤	〈架橋〉柳宗悦の人類愛
1984.05.01	38号	永井道雄	〈架橋〉NHKのハングル講座
1984.05.01	38号	中村完	朝鮮語という言語-はじめて学ぶ人のために
1984.05.01	38号	渡辺吉鎔	朝鮮語の言いまわし-言いまわしにみる文化の違い
1984.05.01	38号	前谷史子	〈第一部〉私にとっての朝鮮語　朝鮮人との出会いから
1984.05.01	38号	箕浦郁代	〈第一部〉私にとっての朝鮮語　「故郷」への思慕

발행일	권호	필자	제목
1984.05.01	38号	鶴岡英彦	〈第一部〉私にとっての朝鮮語　私の夢
1984.05.01	38号	児島紳一	〈第一部〉私にとっての朝鮮語　日本語との相違
1984.05.01	38号	安岡千絵里	〈第一部〉私にとっての朝鮮語　学ぶのは楽しい
1984.05.01	38号	鈴木次雄	〈第一部〉私にとっての朝鮮語　ハングルに魅せられて
1984.05.01	38号	藤岡ゆり子	〈第一部〉私にとっての朝鮮語　朝鮮語とかかわり続けて
1984.05.01	38号	梁永厚	植民地期『朝鮮語読本』の系譜
1984.05.01	38号	高崎宗司	〈証言構成〉一五年戦争下、朝鮮語の試練
1984.05.01	38号	梶井陟	日本人の朝鮮語学習の歴史——明治から日本の敗戦まで
1984.05.01	38号	矢作勝美	「NHKに朝鮮語講座を」運動の八年
1984.05.01	38号	大村益夫	大学における朝鮮語教育の現状
1984.05.01	38号	高島淑郎	〈第二部〉私にとっての朝鮮語　朝鮮語を学ぶために
1984.05.01	38号	清野賢司	〈第二部〉私にとっての朝鮮語　自主講座として六年
1984.05.01	38号	京三郎	〈第二部〉私にとっての朝鮮語　初級講座の一〇年
1984.05.01	38号	岸田文隆	〈第二部〉私にとっての朝鮮語　猪飼野図書資料室で
1984.05.01	38号	鳥居節子	〈第二部〉私にとっての朝鮮語　朝鮮語市民講座で
1984.05.01	38号	大石凛	〈第二部〉私にとっての朝鮮語　韓国の新聞を読む
1984.05.01	38号	高橋洋	〈第二部〉私にとっての朝鮮語　朝鮮語との出会い
1984.05.01	38号	仲村修	〈第二部〉私にとっての朝鮮語　『季刊メアリ』を創刊して
1984.05.01	38号	村松豊功	〈第二部〉私にとっての朝鮮語　「有情」を翻訳して
1984.05.01	38号	藤本巧	新・韓くにの風と人(2)
1984.05.01	38号	辛基秀	〈在日朝鮮人28〉公認会計士の崔勇二さん
1984.05.01	38号	姜徳相	上海時代の呂運亨
1984.05.01	38号	李進熙・幼方直吉	〈対談〉日本人の朝鮮研究・朝鮮観
1984.05.01	38号	成民燁	八〇年代は〈詩〉の時代か？〈安宇植の解説付き〉
1984.05.01	38号	高橋三枝子	韓国で出会った女たち
1984.05.01	38号	姜在彦	〈近代朝鮮の歩み8〉「文化統治」下の支配と抵抗
1984.05.01	38号	大村益夫	〈対訳〉朝鮮近代〈詩〉選(5)
1984.05.01	38号	白仁俊	その日　おじいさんは——土地改革の日
1984.05.01	38号	閔丙均	故郷
1984.05.01	38号	金舜石	帰郷
1984.05.01	38号	金貴蓮	祖国語-愛するわが言葉　わが文学
1984.05.01	38号	磯貝治良	〈戦後日本文学のなかの朝鮮10〉歴史への視座・再説-『鉄の首枷』『三彩の女』『李土の刺客』『深夜美術館』『消えた国旗』ほか
1984.05.01	38号	春名徹	〈読書案内〉旗田巍『朝鮮と日本人』
1984.05.01	38号	平林久枝	〈読書案内〉平岡敬『無縁の海峡』
1984.05.01	38号	姜在彦	〈読書案内〉姜徳相『朝鮮独立運動の群像』
1984.05.01	38号	魏良福	〈読書案内〉土井たか子編『「国籍」を考える』
1984.05.01	38号	李進熙	〈読書案内〉飯山達雄・堀千枝子『高麗・李朝の陶磁文具』

발행일	권호	필자	제목
1984.05.01	38号	有光教一	私の朝鮮考古学
1984.05.01	38号	金達寿	〈古代遺跡紀行〉日本の中の朝鮮文化(九)-出雲・隠岐・岩見(島根県)(4)
1984.05.01	38号	一般読者・李進熙	おんどるばん
1984.08.01	39号		特集 在日朝鮮人と外国人登録法
1984.08.01	39号	無著名	〈グラビア〉新・韓くにの風と人(3)
1984.08.01	39号	斉藤孝	〈架橋〉小林勝と朝鮮- 一つの思い出
1984.08.01	39号	臼杵敬子	〈架橋〉映画にみる八〇年代の「鯨獲り」
1984.08.01	39号	三橋修	〈架橋〉アトランタのリーさんのこと
1984.08.01	39号	小沢信男	〈架橋〉平壌の看板文学
1984.08.01	39号	田中宏・金達寿・新見隆	鼎談 外国人登録法をめぐって
1984.08.01	39号	梶村秀樹	在日朝鮮人の指紋押捺拒否の歴史
1984.08.01	39号	魏良福	在日世代にとって指紋押捺とは
1984.08.01	39号	金東勲	人種差別撤廃条約と在日朝鮮人
1984.08.01	39号	山本真弓	インド人移民と在日朝鮮人-スリランカと日本
1984.08.01	39号	文京洙	「在日」についての意見-協調への模索
1984.08.01	39号	大沼保昭	在日朝鮮人と出入国管理体制
1984.08.01	39号	李相鎬	〈地域運動の中から「在日」を考える〉共に生きる
1984.08.01	39号	徐万禹	〈地域運動の中から「在日」を考える〉生活の現場から
1984.08.01	39号	鄭炳薫	〈地域運動の中から「在日」を考える〉子供たちと共に
1984.08.01	39号	玄和男	〈地域運動の中から「在日」を考える〉部落解放運動の中から
1984.08.01	39号	金徳煥	〈地域運動の中から「在日」を考える〉場を作ること
1984.08.01	39号	梁泰■	〈地域運動の中から「在日」を考える〉「共生」をめざして
1984.08.01	39号	孫永律	〈地域運動の中から「在日」を考える〉オモニたちと学び合う場
1984.08.01	39号	金聖玉	生活の中から民族文化を
1984.08.01	39号	梁澄子	チャムス(海女)のうた
1984.08.01	39号	藤本巧	新・韓くにの風と人(3)
1984.08.01	39号	辛基秀	〈在日朝鮮人29〉民族学級三十年の黄先生
1984.08.01	39号	西川宏	中国・長春の朝鮮族
1984.08.01	39号	金学鉉	洪景来の蜂起と丁茶山
1984.08.01	39号	岡崎元哉	消えた鉱山
1984.08.01	39号	大村益夫	〈対訳〉朝鮮近代〈詩〉選(6)
1984.08.01	39号	李庸岳	二つの流れを一筋に
1984.08.01	39号	金舜石	子牛
1984.08.01	39号	金サンオ	山-山村スケッチ
1984.08.01	39号	鄭文郷	鉄西区
1984.08.01	39号	蔡光錫	八〇年代民衆文学の可能性──中間決算から新たな転換点へ
1984.08.01	39号	磯貝治良	〈戦後日本文学のなかの朝鮮11〉ふたつの民族の血-立原正秋・飯尾憲士・『余白の春』

발행일	권호	필자	제목
1984.08.01	39号	村松武司	〈読書案内〉『槙村浩全集』
1984.08.01	39号	平林久枝	〈読書案内〉森崎和江『慶州は母の呼び声』
1984.08.01	39号	磯貝治良	〈読書案内〉飯沼二郎編著『〈架橋〉-私にとっての朝鮮』
1984.08.01	39号	姜在彦	〈読書案内〉崔万吉(宮嶋博史訳)『分断時代の歴史認識』
1984.08.01	39号	李進熙	〈読書案内〉藤本巧『韓くに幾山河』
1984.08.01	39号	姜在彦	〈近代朝鮮の歩み9〉一九二〇年代の抗日民族運動
1984.08.01	39号	中村完	訓民正音の世界(五)-わたしの朝鮮文化論
1984.08.01	39号	金達寿	〈古代遺跡紀行〉日本の中の朝鮮文化(十)-阿波・土佐(徳島県・高知県)(1)
1984.08.01	39号	無著名	在日朝鮮人についての文献(『季刊三千里』掲載)
1984.08.01	39号	一般読者・佐藤信行・李進熙	おんどるばん
1984.11.01	40号		特集 朝鮮の近代と甲申政変
1984.11.01	40号	無著名	〈グラビア〉新・韓くにの風と人(4)
1984.11.01	40号	無著名	創刊のことば
1984.11.01	40号	小野誠之	〈架橋〉「登録の指紋ぐらい……」
1984.11.01	40号	海地信	〈架橋〉私と朝鮮
1984.11.01	40号	小山仁示	〈架橋〉空襲下の朝鮮人の動向
1984.11.01	40号	姜在彦	甲申政変百年
1984.11.01	40号	宮嶋博史	開化派研究の今日的意味
1984.11.01	40号	高崎宗司	福沢諭吉の朝鮮論と開化派
1984.11.01	40号	春名徹	甲申政変の周辺——朝鮮、ベトナム、中国、そして日本
1984.11.01	40号	沢正彦	開化思想とキリスト教
1984.11.01	40号	原田環	井上角五郎と『漢城旬報』
1984.11.01	40号	康玲子	甲申政変の評価をめぐって-研究諸説紹介
1984.11.01	40号	今村与志雄	朝鮮実学派の残照-黄■と金沢栄についてのノート
1984.11.01	40号	柳兼子	遺稿 夫・柳宗悦を語る-「彼の朝鮮行き」のころ
1984.11.01	40号	海野峯太郎	ウスリー地方朝鮮人移民史-豆満江を越えた人々
1984.11.01	40号	曺瑛煥・戴国輝・姜在彦	鼎談 在日・在米の朝鮮人・中国人
1984.11.01	40号	指紋押捺拒否予定者会議	〈資料〉指紋押捺拒否予告宣言
1984.11.01	40号	中村完	訓民正音の世界(六)-わたしの朝鮮文化論
1984.11.01	40号	藤本巧	新・韓くにの風と人(4)
1984.11.01	40号	辛基秀	〈在日朝鮮人30〉ガラス工芸の李末竜さん
1984.11.01	40号	大沼久夫	朝鮮解放後史研究の現段階
1984.11.01	40号	姜徳相	上海臨時政府と呂運亨
1984.11.01	40号	高崎宗司	〈読書案内〉小川圭治・池明観編『日韓キリスト教関係資料』
1984.11.01	40号	佐藤信行	〈読書案内〉沢正彦『ソウルからの手紙』
1984.11.01	40号	高二三	〈読書案内〉大村益夫・長璋吉・三枝寿勝編訳『朝鮮短編〈小説〉選』上・下

발행일	권호	필자	제목
1984.11.01	40号	姜在彦	〈読書案内〉宋建鎬(朴燦鎬訳)『日帝支配下の韓国現代史』
1984.11.01	40号	李進熙	〈読書案内〉桑原史成・鄭良謨『陶磁の里——高麗・李朝』
1984.11.01	40号	井上秀雄	山城ところどころ
1984.11.01	40号	大村益夫	〈対訳〉朝鮮近代〈詩〉選(7)
1984.11.01	40号	金朝奎	村の叙情
1984.11.01	40号	朴八陽	娘英雄
1984.11.01	40号	チョン・リョル	航海はけわしい
1984.11.01	40号	ロ・スンモ	転変
1984.11.01	40号	無著名	〈対訳〉朝鮮の民話(一)
1984.11.01	40号	鴻農映二	一九二〇年代「傾向派」〈小説〉の様相-朴英熙の作品を中心に
1984.11.01	40号	磯貝治良	〈戦後日本文学のなかの朝鮮12(最終回)〉植民体験と戦後の意識-「酔いどれ船」「朝鮮終戦記」ほか
1984.11.01	40号	金達寿	〈古代遺跡紀行〉日本の中の朝鮮文化(十一)-阿波・土佐(徳島県・高知県)(2)
1984.11.01	40号	司馬遼太郎	〈『季刊三千里』十年によせて〉概念! この激烈な
1984.11.01	40号	旗田巍	〈『季刊三千里』十年によせて〉『季刊三千里』への期待
1984.11.01	40号	幼方直吉	〈『季刊三千里』十年によせて〉継続は力である
1984.11.01	40号	上原淳道	〈『季刊三千里』十年によせて〉十周年によせて
1984.11.01	40号	飯沼二郎	〈『季刊三千里』十年によせて〉十年たてば山河も変る
1984.11.01	40号	村松武司	〈『季刊三千里』十年によせて〉おまえは誰か
1984.11.01	40号	小島晋治	〈『季刊三千里』十年によせて〉持続する課題、そして成果
1984.11.01	40号	日高六郎	〈『季刊三千里』十年によせて〉きびしさとなごやかさ
1984.11.01	40号	無著名	〈創刊号〜第四十号〉『季刊 三千里 総目次』
1984.11.01	40号	一般読者・李進熙	おんどるばん
1985.02.01	41号		特集 日本の戦後責任とアジア
1985.02.01	41号	無著名	〈グラビア〉新・韓くにの風と人(5)
1985.02.01	41号	長野広生	〈架橋〉断橋
1985.02.01	41号	磯貝治良	〈架橋〉戦後日本文学のなかの朝鮮-〈連載〉を書き終えて
1985.02.01	41号	江藤善章	〈架橋〉歴史の空白を埋める
1985.02.01	41号	戴国輝・姜在彦	〈対談〉植民地下の台湾と朝鮮
1985.02.01	41号	木元茂夫	日本・台湾・朝鮮-同時代年表
1985.02.01	41号	金子文夫	日本の植民政策学の成立と展開
1985.02.01	41号	飯田千穂子	日本統治下の初等教育
1985.02.01	41号	春山明哲	〈日本統治下台湾・朝鮮の比較研究ノート〉植民地における「旧慣」と法
1985.02.01	41号	近藤正己	中国抗日戦争と朝鮮義勇隊
1985.02.01	41号	秋本英男・大沼保昭・鶴見俊輔	鼎談 アジアに対する戦後責任
1985.02.01	41号	井上昭彦	サハリン残留朝鮮人に帰還の道を
1985.02.01	41号	豊永恵三郎	在韓被爆者の現在

발행일	권호	필자	제목
1985.02.01	41号	中島竜美	在韓被爆者が問うもの
1985.02.01	41号	森正孝	日本近代史の「闇」を見すえる視座-映画「侵略」「侵略原史」の上映運動
1985.02.01	41号	千葉正士	個人的戦後責任観
1985.02.01	41号	藤本巧	新・韓くにの風と人(5)
1985.02.01	41号	辛基秀	〈在日朝鮮人31〉郵便屋さんの孫君、李君
1985.02.01	41号	中村尚司	アジア研究と戦後責任
1985.02.01	41号	栗野鳳	戦後責任を考える
1985.02.01	41号	小川雅由	外国人登録業務と自治体労働者
1985.02.01	41号	有光教一	私の朝鮮考古学(承前)
1985.02.01	41号	石川昌	明治期ジャーナリズムと朝鮮-征韓論から甲申事変まで
1985.02.01	41号	杉浦正	明治と新聞
1985.02.01	41号	姜徳相	一九一九年冬、東京での呂運亨
1985.02.01	41号	大村益夫	〈対訳〉朝鮮近代〈詩〉選(8)
1985.02.01	41号	金素月	山つつじ(民謡〈詩〉)
1985.02.01	41号	金素月	招魂
1985.02.01	41号	韓竜雲	ニムの沈黙
1985.02.01	41号	韓竜雲	瞑想
1985.02.01	41号	姜在彦	〈近代朝鮮の歩み10〉十五年戦争下の朝鮮
1985.02.01	41号	中村完	訓民正音の世界(七)-わたしの朝鮮文化論
1985.02.01	41号	ジョン・メリル	済州島叛乱(上)- 一九四八年四・三蜂起
1985.02.01	41号	藤野雅之	〈読書案内〉草野妙子『アリランの歌』
1985.02.01	41号	佐野通夫	〈読書案内〉慎英弘『近代朝鮮社会事業史研究』
1985.02.01	41号	牛口順二	〈読書案内〉磯谷季次『わが青春の朝鮮』
1985.02.01	41号	大沼久夫	〈読書案内〉金学俊(市川正明訳)『朝鮮半島の分断構造』
1985.02.01	41号	金達寿	〈古代遺跡紀行〉日本の中の朝鮮文化(十二)-阿波・土佐(徳島県・高知県)(3)
1985.02.01	41号	一般読者・姜在彦・李進熙	おんどるばん
1985.02.01	41号		特集 在日外国人と指紋押捺
1985.05.01	42号	無著名	〈グラビア〉新・韓くにの風と人(6)
1985.05.01	42号	ヤンソン由美子	〈架橋〉生活の周辺から
1985.05.01	42号	土佐文雄	〈架橋〉「間島パルチザンの歌」の謎
1985.05.01	42号	佐藤文明	〈架橋〉同情を超えた共生
1985.05.01	42号	江橋崇	指紋制度にみる国家意識の暗部
1985.05.01	42号	新美隆	指紋押捺拒否裁判の争点
1985.05.01	42号	田中宏	外国人指紋制度の導入経緯
1985.05.01	42号	金英達	「身元・犯歴」照会システムとしての指紋制度
1985.05.01	42号	外国人登録法研究会	外国人登録法の重罰主義とその運用実態
1985.05.01	42号	魏良福	ルポルタージュ いま在日二世のオモニたちは

발행일	권호	필자	제목
1985.05.01	42号	編集部	ドキュメント 指紋拒否の闘い
1985.05.01	42号	韓基徳	解放のイメージ——K・C君に送る
1985.05.01	42号	チョ・ヨンスン	十六歳の日に
1985.05.01	42号	姜博	拒否運動のめざすもの
1985.05.01	42号	コ・イサム	植民地の子
1985.05.01	42号	李敬宰	共通の目標に向かって
1985.05.01	42号	パク・チョジャ	子どもの指だけは汚したくない
1985.05.01	42号	李相鎬	ねばり強くしなやかに
1985.05.01	42号	パク・イル	〈個としての主体〉を尊重しあう
1985.05.01	42号	李洋秀	国籍
1985.05.01	42号	佐々木志乃	日本人よ共に考えよう
1985.05.01	42号	阿倍勉	自治体労働者として
1985.05.01	42号	伊藤啓子	あたりまえの人間関係が結べる日まで
1985.05.01	42号	岡部一明	多民族社会への流れ-米国、西ヨーロッパ
1985.05.01	42号	姜尚中	「在日」の現在と未来の間
1985.05.01	42号	沈雨晟	韓国の流浪芸人集団-男寺党を中心に
1985.05.01	42号	藤本巧	新・韓くにの風と人(6)
1985.05.01	42号	辛基秀	〈在日朝鮮人32〉本名で教壇に立つ李慶順さん
1985.05.01	42号	西村陽一	〈現地報告〉梁弘子さんの「教諭」採用問題
1985.05.01	42号	司馬遼太郎	日韓断想
1985.05.01	42号	藤島亥治郎	韓(から)文化探究者の追想(一)
1985.05.01	42号	上田正昭・李進熙	〈対談〉好太王碑と近代史学
1985.05.01	42号	ジョン・メリル	済州島叛乱(中)- 一九四八年四・三蜂起
1985.05.01	42号	大村益夫	〈対訳〉朝鮮近代〈詩〉選(9)
1985.05.01	42号	李相和	〈詩〉三篇(一) 朝鮮病
1985.05.01	42号	李相和	奪われた野にも春は来るか
1985.05.01	42号	金東煥	赤星を指さしながら
1985.05.01	42号	中村完	訓民正音の世界(八)-わたしの朝鮮文化論
1985.05.01	42号	金達寿	〈古代遺跡紀行〉日本の中の朝鮮文化(十三)-阿波・土佐(徳島県・高知県)(4)
1985.05.01	42号	有光教一	私の朝鮮考古学(三)
1985.05.01	42号	姜在彦	〈近代朝鮮の歩み11(最終回)〉十五年戦争期の海外抗日運動
1985.05.01	42号	一般読者・姜在彦・佐藤信行・李進熙	おんどるばん
1985.08.01	43号		特集 朝鮮分断の四十年
1985.08.01	43号	無著名	〈グラビア〉新・韓くにの風と人(7)
1985.08.01	43号	金纓	〈架橋〉歴史物語-韓国と日本
1985.08.01	43号	大村益夫	〈詩〉人・尹東柱の墓にもうでて

발행일	권호	필자	제목
1985.08.01	43号	新屋英子	〈架橋〉「身世打鈴」の旅から
1985.08.01	43号	林瑞枝	〈架橋〉いま、ここで
1985.08.01	43号	姜万吉	民族分断の歴史的原因 / 水野直樹「解説 姜万吉の歴史学について」付
1985.08.01	43号		朝鮮の解放と分断〈一九四五～五〇年〉
1985.08.01	43号	大沼久夫	カイロ宣言・ヤルタ会談・ポツダム宣言
1985.08.01	43号	林哲	朝鮮人民共和国
1985.08.01	43号	大沼久夫	米ソの進駐と三八度線
1985.08.01	43号	林哲	信託統治問題
1985.08.01	43号	林哲	朝鮮民主主義民族戦線
1985.08.01	43号	林哲	左右合作運動
1985.08.01	43号	文国柱	十月人民抗争
1985.08.01	43号	梶村秀樹	南北連席会議
1985.08.01	43号	文国柱	四・三済州島蜂起
1985.08.01	43号	文国柱	麗水・順天反乱
1985.08.01	43号	梶村秀樹	国連臨時朝鮮委員会と大韓民国
1985.08.01	43号	梶村秀樹	反民族行為特別調査委員会
1985.08.01	43号	文国柱	朝鮮民主主義人民共和国
1985.08.01	43号	姜在彦	朝鮮共産党・労働党
1985.08.01	43号	梶村秀樹	朝連と民団
1985.08.01	43号	堀内稔	阪神教育闘争
1985.08.01	43号	飛田雄一	外国人登録令
1985.08.01	43号	林和	朝鮮民族文学建設の基本課題/金達寿「解説 第一回朝鮮全国文学者大会と一般報告者・林和について」付
1985.08.01	43号	ジョン・メリル	済州島叛乱(下)- 一九四八年四・三蜂起
1985.08.01	43号	石坂浩一	韓国における解放後史研究
1985.08.01	43号	姜在彦	分断四十年に思う
1985.08.01	43号	徐彩源・李進熙	〈対談〉八・一五と民族分断
1985.08.01	43号	有光教一	私の朝鮮考古学(四)
1985.08.01	43号	藤本巧	新・韓くにの風と人(7)
1985.08.01	43号	辛基秀	〈在日朝鮮人33〉障害者の劇団と金満里さん
1985.08.01	43号	佐野通夫	「草の根」差別主義の中で
1985.08.01	43号	原千代子	「共に生きる」一歩を
1985.08.01	43号	李圭錫	指紋を拒否して
1985.08.01	43号	伊坂重孝	売れないけれど
1985.08.01	43号	辛美沙	「在日」三世として
1985.08.01	43号	林誠宏	ある離別-角圭子さんのこと
1985.08.01	43号	蘇福姫	震災の爪跡を訪ねて
1985.08.01	43号	梁泰■	事実としての「在日」-姜尚中氏への疑問

발행일	권호	필자	제목
1985.08.01	43号	新美隆	指紋「問題」の現在-法務省通達の問題点について
1985.08.01	43号	佐藤信行	記録 指紋拒否の闘い-'85年夏
1985.08.01	43号	高柳俊男	戦後公安の在日朝鮮人への調査活動
1985.08.01	43号	石川昌	明治期ジャーナリズムと朝鮮(中)-東学農民蜂起から閔妃殺害事件まで
1985.08.01	43号	藤島亥治郎	韓(から)文化探究者の追想(二)
1985.08.01	43号	田川律	祖父・黄鉄を尋ねる旅
1985.08.01	43号	辛澄恵	広開土土碑と朝鮮族
1985.08.01	43号	鄭良二	白頭山登頂記-中国朝鮮族出会いの旅
1985.08.01	43号	姜徳相	四二帝国議会と呂運亨
1985.08.01	43号	大村益夫	〈対訳〉朝鮮近代〈詩〉選(10)
1985.08.01	43号	金東煥	松花江舟歌
1985.08.01	43号	林和	雨傘さす横浜埠頭
1985.08.01	43号	金達寿	〈古代遺跡紀行〉日本の中の朝鮮文化(十四)——伊予・讃岐(愛媛県・香川県)(1)
1985.08.01	43号	一般読者・李進熙	おんどるばん
1985.11.01	44号		特集 海外在住朝鮮人の現在
1985.11.01	44号	無著名	〈グラビア〉新・韓くにの風と人(8)
1985.11.01	44号	和田春樹	〈架橋〉ソ連の二人のキム氏
1985.11.01	44号	金成輝	〈架橋〉こだま
1985.11.01	44号	水野直樹	モスクワで見た「朝鮮」
1985.11.01	44号	姜在彦・木村英亮	〈対談〉ソ連中央アジアの朝鮮人
1985.11.01	44号	石朋次	韓国から米国への看護婦移民
1985.11.01	44号	志賀勝	中央アジアへ追われた人びと-スターリニズムと朝鮮人
1985.11.01	44号	山下英愛	中国延辺朝鮮族自治州の成立
1985.11.01	44号	内海愛子	東南アジアのなかの韓国——アジアの旅から
1985.11.01	44号	蔡英昌	アメリカの朝鮮人社会
1985.11.01	44号	李貞順	〈手記／紀行〉在米・在ソ・在中国の朝鮮人在米六年の日々
1985.11.01	44号	ジョン・リー	〈手記／紀行〉在米・在ソ・在中国の朝鮮人「在米」と「在日」
1985.11.01	44号	山口瑞彦	〈手記／紀行〉在米・在ソ・在中国の朝鮮人アルマアタの朝鮮人
1985.11.01	44号	井上昭彦	〈手記／紀行〉在米・在ソ・在中国の朝鮮人サハリンを訪れて
1985.11.01	44号	森川展昭	〈手記／紀行〉在米・在ソ・在中国の朝鮮人中国延辺への旅
1985.11.01	44号	長野広生	〈手記／紀行〉在米・在ソ・在中国の朝鮮人中国東北のある農村で
1985.11.01	44号	崔吉元	ある中国朝鮮族一家の言語生活「解説 朝鮮族の民族語教育について」付
1985.11.01	44号	梶村秀樹・三浦泰一・三橋修・安岡千絵里	〈座談会〉神奈川県外国人実態調査を終えて
1985.11.01	44号	藤本巧	新・韓くにの風と人(8)
1985.11.01	44号	辛基秀	〈在日朝鮮人34〉八・一五文化祭「ワン・コリア」

발행일	권호	필자	제목
1985.11.01	44号	田辺純夫	イギリスの地方自治体における人種政策
1985.11.01	44号	小川雅由	自治体と指紋問題
1985.11.01	44号	岡部一明	〈海外マイノリティー情報1〉米国―自治体の「外国人の保護区」運動
1985.11.01	44号	山本真弓	在日朝鮮人と言語問題
1985.11.01	44号	朴正浩	〈手記〉公立小学校の教師となって
1985.11.01	44号	郭賢鶴	〈手記〉朝鮮人教員としての七年間
1985.11.01	44号	朴元綱	〈手記〉対等に互いに認め合う関係
1985.11.01	44号	金玉熙	〈手記〉育つこと、生きること
1985.11.01	44号	姜尚中	方法としての「在日」-梁泰■氏の反論に答える
1985.11.01	44号	岡部一明	〈海外マイノリティー情報2〉南アフリカの「外国人」登録
1985.11.01	44号	李進熙	好太王碑を現地に訪ねて
1985.11.01	44号	有光教一	私の朝鮮考古学(五)
1985.11.01	44号	大村益夫	〈対訳〉朝鮮近代〈詩〉選(11)
1985.11.01	44号	朴竜喆	船出
1985.11.01	44号	朴竜喆	どこへ
1985.11.01	44号	朴八陽	つつじ
1985.11.01	44号	朴八陽	沈黙
1985.11.01	44号	中村昌枝	〈対訳〉朝鮮の民話(三) ひきがえるの恩返し
1985.11.01	44号	藤島亥治郎	韓(から)文化探究者の追想(三)
1985.11.01	44号	石川昌	明治期ジャーナリズムと朝鮮(下)
1985.11.01	44号	近藤正己	〈読書案内〉宮田節子『朝鮮民衆と「皇民化」政策』
1985.11.01	44号	姜在彦	〈読書案内〉姜東鎮『日本言論界と朝鮮 1910-1945』
1985.11.01	44号	鴻農映二	〈読書案内〉金容雲『韓国人と日本人』
1985.11.01	44号	春名徹	〈読書案内〉西川宏『ラッパ手の最後』
1985.11.01	44号	金達寿	〈古代遺跡紀行〉日本の中の朝鮮文化(十五)-伊予・讃岐(愛媛県・香川県)(2)
1985.11.01	44号	一般読者・佐藤信行・姜在彦・李進熙	おんどるばん
1986.02.01	45号		特集 再び教科書の中の朝鮮
1986.02.01	45号	無著名	〈グラビア〉新・韓くにの風と人(9)
1986.02.01	45号	無著名	創刊のことば
1986.02.01	45号	横山哲夫	〈架橋〉「回想」から「明日」へ
1986.02.01	45号	和田登	〈架橋〉アンネ・フランクと日本人の腹痛
1986.02.01	45号	鶴園裕	〈架橋〉朝鮮語教育雑感
1986.02.01	45号	栗原純	〈架橋〉日本の植民地支配と教科書
1986.02.01	45号	姜徳相・姜在彦・金達寿・李進熙	〈座談会〉歴史教科書の朝鮮を問う
1986.02.01	45号	高崎宗司	教科書問題後の韓国言論

발행일	권호	필자	제목
1986.02.01	45号	高嶋伸欽	東南アジアから見た教科書問題
1986.02.01	45号	杉谷依子	朝鮮を正しく教える教育と副読本『サラム』
1986.02.01	45号	稲富進・小沢有作	〈対談〉戦後教育のなかの朝鮮
1986.02.01	45号	徐正禹	〈紹介 朝鮮と出会う本〉『サラム 生活編』『ハルモニから信浩へ』
1986.02.01	45号	倉橋葉子	〈紹介 朝鮮と出会う本〉『サラム 民話編』『サラム えほん』『戯曲編』
1986.02.01	45号	武富瑞夫	〈紹介 朝鮮と出会う本〉『日本の歴史と朝鮮』『朝鮮民族の歴史と日本』
1986.02.01	45号	川瀬俊治	「同和」教育副読本の中の朝鮮『なかま』の検討を中心にして
1986.02.01	45号	花峯千恵子	朝鮮との出会いを確かなものに
1986.02.01	45号	姜在彦	やはり「近くて遠い国」か-さいきんの朝鮮・朝鮮人観に接して
1986.02.01	45号	佐々木信彰	戦後日本人の朝鮮人観の変遷
1986.02.01	45号	李政文	魯迅と朝鮮人
1986.02.01	45号	藤本巧	新・韓くにの風と人(9)
1986.02.01	45号	辛基秀	〈在日朝鮮人35〉バイオリンづくりの陳昌鉉さん
1986.02.01	45号	金英達	指紋の特性と指紋登録の機能
1986.02.01	45号	魏良福	ルポルタージュ 高校生の拒否者たち
1986.02.01	45号	佐藤信行	記録 指紋拒否の闘い-'85年秋
1986.02.01	45号	梁泰■	共存・共生・共感——姜尚中氏への疑問(2)
1986.02.01	45号	藤島亥治郎	韓(から)文化探究者の追想(四)
1986.02.01	45号	ワーレン・キム	在米朝鮮人運動史〈一九〇五〜四五年〉
1986.02.01	45号	内海愛子	〈読書案内〉大沼保昭『東京裁判から戦後責任の思想へ』
1986.02.01	45号	佐野通夫	〈読書案内〉李淑子『教科書に描かれた朝鮮と日本』
1986.02.01	45号	高柳俊男	〈読書案内〉川瀬俊治『奈良・在日朝鮮人史』、兵庫朝鮮関係研究会編『兵庫と朝鮮人』
1986.02.01	45号	姜在彦	〈読書案内〉飯沼二郎・韓晳■『日本帝国主義下の朝鮮伝道』
1986.02.01	45号	春名徹	上海と朝鮮人
1986.02.01	45号	大村益夫	〈対訳〉朝鮮近代〈詩〉選(12)
1986.02.01	45号	沈薫	朝鮮は酒を飲ませる
1986.02.01	45号	沈薫	その日が来れば
1986.02.01	45号	金永郎	永郎〈詩〉集 四十二
1986.02.01	45号	金永郎	永郎〈詩〉集 四十五
1986.02.01	45号	金東鳴	ウリマル(われらのことば)
1986.02.01	45号	金東鳴	妻をいたむ
1986.02.01	45号	金達寿	〈古代遺跡紀行〉日本の中の朝鮮文化(十六)-伊予・讃岐(愛媛県・香川県)(3)
1986.02.01	45号	一般読者・李進熙	おんどるばん
1986.05.01	46号		特集 '80年代・在日朝鮮人はいま
1986.05.01	46号	無著名	〈グラビア〉新・韓くにの風と人(10)
1986.05.01	46号	鄭承博	〈架橋〉供出・賦役・流浪

발행일	권호	필자	제목
1986.05.01	46号	後藤直	〈架橋〉「チャンスン」のテレビをみて象潟を想う
1986.05.01	46号	小山敦史	〈架橋〉「向かい風」の中で
1986.05.01	46号	田中宏	拝外主義の系譜・単一志向の陥穽
1986.05.01	46号	磯貝治良	「在日」の思想・生き方を読む
1986.05.01	46号	飯沼二郎	日本社会にとって「在日」の意義・その十年
1986.05.01	46号	高道愛・裵重度・文京洙・李喜奉	〈座談会〉在日朝鮮人の現在——神奈川県外国人実態調査から
1986.05.01	46号	鄭閏熙	〈指紋拒否の闘いからいま「在日」を考える〉白き自由を求めて
1986.05.01	46号	朴容福	〈指紋拒否の闘いからいま「在日」を考える〉「在日」の族譜
1986.05.01	46号	李相鎬	〈指紋拒否の闘いからいま「在日」を考える〉日々の生活の中で
1986.05.01	46号	韓基徳	〈指紋拒否の闘いからいま「在日」を考える〉再び、解放のイメージ——K・C君に送る
1986.05.01	46号	李相進	〈指紋拒否の闘いからいま「在日」を考える〉指紋拒否現場に立ち会って
1986.05.01	46号	姜博	〈指紋拒否の闘いからいま「在日」を考える〉実態としての「在日」を生きる
1986.05.01	46号	梁容子	〈指紋拒否の闘いからいま「在日」を考える〉私の「在日」
1986.05.01	46号	山上大	〈在日の風景〉川崎・池上、桜本町
1986.05.01	46号	金容権	〈在日の風景〉倉敷・緑町
1986.05.01	46号	金敬得	日韓法的地位協定「'91年問題」と在日朝鮮人
1986.05.01	46号	藤本巧	新・韓くにの風と人(10)
1986.05.01	46号	辛基秀	〈在日朝鮮人36〉ハングル文字印刷の高仁鳳さん
1986.05.01	46号	山本冬彦	在日外国人社会保障制度の改正- 一九八六年四月一日からの国民健康保険と国民年金の外国人適用
1986.05.01	46号	朱紅星	インタビュー 中国朝鮮族の現状
1986.05.01	46号	岡部一明	「在米」を生きる若い世代
1986.05.01	46号	高木健一	サハリン残留朝鮮人問題-希望を持てるか
1986.05.01	46号	金英達	外登証の携帯強制にみる「危険」管理の思想
1986.05.01	46号	新美隆	指紋押捺拒否と在留権-グドネール神父の在留問題について
1986.05.01	46号	姜在彦	紀州藩の儒者・李海渓/日本朱子学と朝鮮 1
1986.05.01	46号	金大浩	植民地下朝鮮における映画運動/高崎宗司「解説」付
1986.05.01	46号	神谷丹路	〈読書案内〉石花賢『ハングルの花・いちもんめ』、金纓『チマ・チョゴリの日本人』
1986.05.01	46号	姜在彦	志賀勝『アムール 中ソ国境を駆ける』
1986.05.01	46号	姜尚中	滝沢秀樹・安秉直編『韓国現代社会叢書』全五巻
1986.05.01	46号	吉瀬勝	韓くにの寺々-韓国旅行印象記
1986.05.01	46号	奈良和夫	紹介 日本児童文学のなかの朝鮮
1986.05.01	46号	大村益夫	〈対訳〉朝鮮近代〈詩〉選(13)
1986.05.01	46号	李殷相	花かげ-昌慶苑にて
1986.05.01	46号	李殷相	成仏寺の夜

발행일	권호	필자	제목
1986.05.01	46号	李秉岐	梅の花-野梅の古木を数年育てて寒さに凍らせて
1986.05.01	46号	李秉岐	蘭
1986.05.01	46号	沈薫	その日が来れば
1986.05.01	46号	金永郎	永郎〈詩〉集 四十二
1986.05.01	46号	金永郎	永郎〈詩〉集 四十五
1986.05.01	46号	金東鳴	ウリマル(われらのことば)
1986.05.01	46号	金東鳴	妻をいたむ
1986.05.01	46号	中村昌枝	〈対訳〉朝鮮の民話(四)うそ三つ
1986.05.01	46号	金達寿	〈古代遺跡紀行〉日本の中の朝鮮文化(十七)——伊予・讃岐(愛媛県・香川県)(4)
1986.05.01	46号	一般読者・魏良福・李進熙	おんどるばん
1986.08.01	47号		特集 植民地時代の朝鮮
1986.08.01	47号	無著名	〈グラビア〉新・韓くにの風と人(11)
1986.08.01	47号	内海愛子	〈架橋〉ジャカルタの町で
1986.08.01	47号	大坪かず子	〈架橋〉青茨
1986.08.01	47号	村松武司	〈架橋〉夏の蟬
1986.08.01	47号	馬淵貞利	いわゆる「復古調教科書」と朝鮮の総督政治
1986.08.01	47号	水野直樹	日本の朝鮮支配と治安維持法
1986.08.01	47号	宮田節子	植民地朝鮮-徴兵制への道
1986.08.01	47号	和田登	松代「大本営」と強制連行-信州からのレポート
1986.08.01	47号	安宇植	生きている親日派群像-留保された願望
1986.08.01	47号	木村健二	明治期の日本居留民団
1986.08.01	47号	梶村秀樹	「旧朝鮮統治」は何だったのか
1986.08.01	47号	高崎宗司	朝鮮植民地支配への「遺憾」「反省」表明の裏面
1986.08.01	47号	編集部	資料 高校日本史教科書の「植民地」記述
1986.08.01	47号	河田いこひ	一九一〇年の焚書
1986.08.01	47号	西重信	〈研究ノート〉間島協約と「北朝鮮ルート」
1986.08.01	47号	鶴園裕・中尾美知子・姜昌一	〈座談会〉戦後世代のみた日本と韓国
1986.08.01	47号	中島竜美	在韓被爆者へ救済の道を
1986.08.01	47号	藤本巧	新・韓くにの風と人(11)
1986.08.01	47号	辛基秀	〈在日朝鮮人37〉紡績の街の沈ハルモニ
1986.08.01	47号	きむ・たるす	縄文人と弥生・古墳時代人-古代朝鮮と日本文化
1986.08.01	47号	三橋修	これまで出会った朝鮮人たち
1986.08.01	47号	小川雅由	外国人指紋制度の成立過程とその変遷
1986.08.01	47号	佐藤信行	記録 指紋拒否の闘い-'86年夏
1986.08.01	47号	大村益夫	中国延辺生活記(その一)
1986.08.01	47号	林成虎	〈調査レポート〉中国延辺における日本語からの借用語

발행일	권호	필자	제목
1986.08.01	47号	姜在彦	〈読書案内〉大沼保昭『単一民族社会の神話を超えて』
1986.08.01	47号	魏良福	〈読書案内〉広島・長崎の証言の会『イルボンサラムへ-四〇年目の韓国被爆者』
1986.08.01	47号	森川展昭	〈読書案内〉伊藤亜人・大村益夫・梶村秀樹・武田幸男監修『朝鮮を知る事典』
1986.08.01	47号	李進熙	〈読書案内〉上田正昭『古代の日本と朝鮮』
1986.08.01	47号	梶井陟	〈読書案内〉大阪外国語大学朝鮮語研究会編『朝鮮語大辞典』
1986.08.01	47号	姜徳相	呂運亨と極東民族大会
1986.08.01	47号	姜在彦	日本朱子学と姜沆
1986.08.01	47号	金学鉉	弥勒・張吉山・民衆
1986.08.01	47号	中村昌枝	〈対訳〉朝鮮の民話(五) トラと田舎のソンビ
1986.08.01	47号	大村益夫	〈対訳〉朝鮮近代〈詩〉選(14)
1986.08.01	47号	金鐘漢	古井戸のある風景
1986.08.01	47号	金鐘漢	帰り路
1986.08.01	47号	鄭芝溶	春の雪
1986.08.01	47号	盧天命	鹿
1986.08.01	47号	盧天命	市の日
1986.08.01	47号	盧天命	誰も知らずに
1986.08.01	47号	金達寿	〈古代遺跡紀行〉日本の中の朝鮮文化(十八)-九州路を行く(1)
1986.08.01	47号	一般読者・魏良福・李進熙	おんどるばん
1986.11.01	48号		特集 戦後初期の在日朝鮮人
1986.11.01	48号	無著名	〈グラビア〉新・韓くにの風と人(12)
1986.11.01	48号	山代巴	〈架橋〉高暮ダムに思う
1986.11.01	48号	寺尾五郎	〈架橋〉『アメリカ敗れたり』を書いたころ
1986.11.01	48号	前田耕作	〈架橋〉初めての訪韓
1986.11.01	48号	姜在彦・李哲・李進熙	〈座談会〉解放後十年の在日朝鮮人運動
1986.11.01	48号	張錠寿	『在日本朝鮮人連盟』のころ
1986.11.01	48号	梁永厚	解放後、民族教育の形成
1986.11.01	48号	山川暁夫	朝鮮戦争と日本
1986.11.01	48号	平林久枝	神奈川県下朝鮮人の反戦活動
1986.11.01	48号	飛田雄一	GHQ占領下の在日朝鮮人の強制送還
1986.11.01	48号	韓鶴洙	〈資料〉わが学校の記-朝鮮の子らを守って
1986.11.01	48号	無著名	〈資料〉世界の良心に訴える-大村収容所での三年間
1986.11.01	48号	佐藤信行	在日朝鮮人-解放後一九四五〜五三年の軌跡
1986.11.01	48号	金達寿	雑誌『民主朝鮮』のころ
1986.11.01	48号	高柳俊男	『民主朝鮮』から『新しい朝鮮』まで
1986.11.01	48号	大村益夫	中国延辺生活記(その二)

발행일	권호	필자	제목
1986.11.01	48号	エム・ゲ・フヴァン	〈木村英亮「解説」付〉朝鮮人コルホーズの半世紀
1986.11.01	48号	藤本巧	新・韓くにの風と人(12)
1986.11.01	48号	辛基秀	〈在日朝鮮人38〉海で働く権釘吾一家
1986.11.01	48号	岡部一明	中曾根差別発言と多民族社会
1986.11.01	48号	相川俊英	東京高裁「指紋判決」を読む
1986.11.01	48号	臼杵敬子	ジャパゆきさんと入管行政-官民合体のジャパゆき業進出
1986.11.01	48号	姜在彦	「藤尾発言」を考える
1986.11.01	48号	李炫熙	『新編日本史』を告発する
1986.11.01	48号	中村昌枝	〈対訳〉朝鮮の民話(六) 鹿足の母親と七つ子
1986.11.01	48号	大村益夫	〈対訳〉朝鮮近代〈詩〉選(15)
1986.11.01	48号	趙芝薫	古風衣装
1986.11.01	48号	朴斗鎮	道峰
1986.11.01	48号	尹東柱	星かぞえる夜
1986.11.01	48号	尹東柱	序〈詩〉
1986.11.01	48号	李陸史	花
1986.11.01	48号	姜徳相	国民代表会議と呂運亨
1986.11.01	48号	石坂浩一	芝浦の労働運動と李秉宇
1986.11.01	48号	石坂浩一	〈読書案内〉姜万吉(小川晴久訳)『韓国近代史』、(高崎宗司訳)『韓国現代史』
1986.11.01	48号	李進熙	〈読書案内〉金声翰(金容権訳)『日本のなかの朝鮮紀行』
1986.11.01	48号	橋沢裕子	〈読書案内〉渡辺吉鎔『はじめてのハングルレッスン』
1986.11.01	48号	姜在彦	〈読書案内〉白旗史朗『韓国の美』二巻
1986.11.01	48号	金達寿	〈古代遺跡紀行〉日本の中の朝鮮文化(十九)——九州路を行く(2)
1986.11.01	48号	一般読者・李進熙	おんどるばん
1987.02.01	49号		特集「日韓併合」前後
1987.02.01	49号	無著名	〈グラビア〉新・韓くにの風と人(13)
1987.02.01	49号	高崎隆治	〈架橋〉朝鮮飴
1987.02.01	49号	塩塚保	〈架橋〉ソウルの学生街に下宿して
1987.02.01	49号	高嶋伸欣	〈架橋〉『新編日本史』と臨教審
1987.02.01	49号	梶村秀樹	「保護条約」と朝鮮民族
1987.02.01	49号	原田環	閔妃殺害事件
1987.02.01	49号	劉孝鐘	ハーグ密使事件と韓国軍解散
1987.02.01	49号	姜徳相	朝鮮と伊藤博文
1987.02.01	49号	姜在彦	「日韓併合」と一進会
1987.02.01	49号	馬淵貞利	寺内正毅と武断政治
1987.02.01	49号	黒瀬郁二	東洋拓殖会社の植民地経営
1987.02.01	49号	姜尚中	福田徳造の「朝鮮停滞史観」——停滞論の原像

발행일	권호	필자	제목
1987.02.01	49号	飯沼二郎	〈研究ノート〉植民地下朝鮮における小作料の特殊性
1987.02.01	49号	金東和	黄炳吉の生涯と独立運動
1987.02.01	49号	李進熙	ソウルに眠る二人の日本人
1987.02.01	49号	貫井正之	〈紀行〉『瑣尾録』を求めて
1987.02.01	49号	藤本巧	新・韓くにの風と人(13)
1987.02.01	49号	辛基秀	〈在日朝鮮人39〉麦豆教室のハルモニたち
1987.02.01	49号	佐藤信行	〈記録〉指紋拒否の闘い-'86年冬
1987.02.01	49号	新美隆	「外国人登録法改正案骨子」批判「指紋カード」制度への改変
1987.02.01	49号	大村益夫	中国延辺生活記(その三)
1987.02.01	49号	辛美沙	アメリカ社会の朝鮮人
1987.02.01	49号	姜徳相	中国国民革命と呂運亨
1987.02.01	49号	千二斗	朝鮮的「恨」の構造
1987.02.01	49号	高松茂	ソ連・東欧・蒙古の「朝鮮学」-その背景と現況
1987.02.01	49号	磯貝治良	〈追悼―金泰生〉金泰生の作品世界
1987.02.01	49号	林えいだい	地図にないアリラン峠-朝鮮人強制連行の実態
1987.02.01	49号	中村昌枝	〈対訳〉朝鮮の民話(七) 黒い扇 白い扇
1987.02.01	49号	金達寿	〈古代遺跡紀行〉日本の中の朝鮮文化(二十)-九州路を行く(3)
1987.02.01	49号	一般読者・魏良福・李進熙	おんどるばん
1987.05.01	50号		特集 在日朝鮮人の現在
1987.05.01	50号	無著名	〈グラビア〉新・韓くにの風と人(14)
1987.05.01	50号	無著名	創刊のことば
1987.05.01	50号	東平介	〈架橋〉古代朝鮮との出会い
1987.05.01	50号	杉谷依子	〈架橋〉日本国猪飼野
1987.05.01	50号	高崎宗司	〈架橋〉韓国の言論人を想う
1987.05.01	50号	畑史代	〈架橋〉ボジャギのこと
1987.05.01	50号	原暉之	〈架橋〉ウラジオストクの新韓村
1987.05.01	50号	森崎和江	〈架橋〉今、新しい視点のときに
1987.05.01	50号	田中宏	内なる歴史の証人たち-在日朝鮮人が照射するもの
1987.05.01	50号	姜在彦	「在日朝鮮人」であることの意味
1987.05.01	50号	南仁淑・曺瑛煥	在日同胞と在米朝鮮人-その環境、地位、展望の比較
1987.05.01	50号	ノ・グァンヘ	米国のアジア系少数民族の比較調査-日本、中国、朝鮮系移民を中心にして
1987.05.01	50号	金東勲	英国における定住外国人の法的地位-日本の外国人法制と比較して
1987.05.01	50号	岡義昭	公務員採用における国籍条項
1987.05.01	50号	徐正禹	〈「在日」をいかに生きるか〉問われる在日の自立と主体
1987.05.01	50号	文京洙	〈「在日」をいかに生きるか〉躊い、苛立ち、そして希望
1987.05.01	50号	鄭雅英	〈「在日」をいかに生きるか〉指紋拒否運動から
1987.05.01	50号	姜尚中	〈「在日」をいかに生きるか〉「在日」に未来はあるか

발행일	권호	필자	제목
1987.05.01	50号	磯貝治良	新しい世代の在日朝鮮人文学
1987.05.01	50号	李一世	「在日世代」の結婚観-同胞結婚相談所の窓口から
1987.05.01	50号	榛葉梨花	安倍能成の朝鮮観
1987.05.01	50号	大村益夫	中国延辺生活記(その四)
1987.05.01	50号	藤本巧	〈巻頭グラビア参照〉新・韓くにの風と人(14)
1987.05.01	50号	辛基秀	〈在日朝鮮人40〉僻地治療の裵万奎
1987.05.01	50号	有光教一	私の朝鮮考古学(六)
1987.05.01	50号	孫牧人・李哲	〈対談〉植民地時代の歌謡史
1987.05.01	50号	姜徳相	一九三〇年代の呂運亨
1987.05.01	50号	安宇植	送らずじまいの原稿のこと
1987.05.01	50号	栗原純	〈読書案内〉神奈川県高等学校教職員組合「民族差別と人権」問題小委員編『わたしたちと朝鮮』
1987.05.01	50号	姜在彦	〈読書案内〉尹景徹『分断後の韓国政治 一九四五〜一九八六』
1987.05.01	50号	李進熙	〈読書案内〉宋希璟『老松堂日本行録』
1987.05.01	50号	林えいだい	まっくら-朝鮮人強制労働の実態
1987.05.01	50号	李進熙	通信使の道を歩いて十三年
1987.05.01	50号	松本良子	『日本のなかの朝鮮文化』の十三年
1987.05.01	50号	中村昌枝	〈対訳〉朝鮮の民話(八) だまされたトッケビ
1987.05.01	50号	李哲	〈詩〉不忘
1987.05.01	50号	金達寿	〈古代遺跡紀行〉日本の中の朝鮮文化(二十一)- 九州路を行く(4)
1987.05.01	50号	飯沼二郎・鶴見俊輔・李進熙	〈座談会〉『季刊三千里』の十三年
1987.05.01	50号	司馬遼太郎	〈『季刊三千里』終刊によせて〉感想断片
1987.05.01	50号	上田正昭	東西・南北の歯車
1987.05.01	50号	高崎隆治	文学研究という名の
1987.05.01	50号	木下順二	ある感想
1987.05.01	50号	内海愛子	こだわりの旅
1987.05.01	50号	春名徹	石を置く
1987.05.01	50号	梶井陟	私と『季刊三千里』
1987.05.01	50号	竹中恵美子	貴重な証言
1987.05.01	50号	針生一郎	あとに続くものを信ず
1987.05.01	50号	平岡敬	打ち切られた渡日治療
1987.05.01	50号	和田洋一	橋をかけることの大切さ
1987.05.01	50号	村松武司	最後に、ある人のことを
1987.05.01	50号	旗田巍	地道な努力
1987.05.01	50号	徐竜達	「在日」二世・三世の活路
1987.05.01	50号	文玉柱	統一を激する論断を
1987.05.01	50号	金源植	松明をたやすな
1987.05.01	50号	金民柱	復刊を期待しながら

발행일	권호	필자	제목
1987.05.01	50号	編集委員会	終刊のことば
1987.05.01	50号	無著名	〈創刊号～第五十号〉『季刊三千里』総目次
1987.05.01	50号	一般読者·佐藤信行·魏良福·姜在彦	おんどるばん

계간 잔소리(季刊ちゃんそり)

○ ● ○

1 서지적 정보

『계간 잔소리』는 1979년 9월부터 1981년 12월까지(8호) 도쿄에서 간행된 계간 잡지이며, 편집인은 계간 잔소리 편집위원회이고 발행소는 잔소리사이다(정가 500엔, 1호부터 7호까지는 48쪽, 종간호는 56쪽).

잡지의 내용적인 측면에서 보면, 지면은 특집 기사, 요리, 운동사, 영화, 서평, 인터뷰, 대담, 르포, 재일열전, 독자 투고란, 앙케트 등으로 구성되어 있고, 매호 특집호를 엮어 관련 기사를 게재하고 있다. 예를 들면, 「지금 우리들은 세계 속 어디에 존재하는가」(창간호), 「〈집〉 체험과 2세 의식」(3호), 「〈재일〉 잡민考」(4호), 「혼혈」(6호), 「국적」(7호) 등을 통해서, 동시대에 재일조선인이 껴안고 있는 현실적 문제들을 논의하고 해결 방안을 모색하고 있다. 특히, 4호에서는 「왜 「잡민」인가. 이 애매한 명명이 우리들 〈재일〉이라고 하는 공간에 대한 집념의 방식이며, 집착의 몸부림이기도 하다」라고 말하고 있듯이, 재일한국인 및 조선인이라고 하는 정형화된 이분법적 호칭에서 누락된 삶을 살아가는 사람을 '잡민'이라는 용어로 언어화하고 있다. 또한, 박정희 대통령 암살 사건과 관련해서, 「각하의 죽음」(김대식), 「한국의 정변과 〈재일〉 정치에 대해서」(다케다 세이지), 「박대통령 서거와 재일하는 조선민족의 앞날」(이정차) 등의 글을 통해서, 한국 정부가 재일조선인 사회에 미치는 정치적 영향 관계에 대해서 다각적으로 살펴보고 있다.

마지막으로, 본 잡지의 편집인들은 종간호 편집후기를 통해서 잡지가 발간된 3년여 시간을 각자 회상하며, 「편집부 좌담회는 다소 이야기가 관념적이고 구체론이 부족하다」(山), 「1세 세대를 비롯해 재일 사회로부터 받은 가치관을 재조명하는 언뜻 보기에는 우회적 작업」(金), 「본질적으로는 어떠한 시대 체험을 경유해 왔는가 라는 차이 쪽이 크다」(朴)라고 자기 비판적 측면에서 문제점을 제기하고 있지만, 유동적으로 변화하는 재일조선인 사회와 남북의 정치적 상황을 포괄적으로 포착하고, 이러한 중층적인 관계성 속에서 재일조선인 문제를 공적 담론으로 발신하려고 했던 의지는 충분히 엿볼 수 있다.

2 편집후기(창간호)

48페이지의 작은 잡지라고는 하지만, 완성까지 걸리는 시간은 당초의 예상을 훨씬 뛰어넘는 작업량이었다. 멤버 각자의 일이 있고, 서로의 시간이 허락하는 최적의 스케줄을 잡을 수 없었던 것이 원인이었다. 어쨌든 이렇게 창간호를 보내드릴 수 있게 되어, 편집인 모두 안도의 한숨을 내쉬고 있다. ▼특집호의 편집위원 좌담회는 독자들에게는 여러 의견이 있을 수 있지만, 멤버들에게는 하나의 자기훈련이 되었다. 인간관계가 얇기 때문에 서로간 언어의 전제나 배경을 파악하지 못하고 상당히 우여곡절을 겪었다. 시행착오 끝에 3그룹으로 나누어서 테마를 정하지 않고 말하고 싶은 것을 서로 말한 후 편집을 하는 모험을 했기 때문에, 전체적으로는 당초의 의도와는 달리 잘 정리가 되지 않은 조금 어긋난 형태가 되고 말았다.▼7월, 8월에 걸쳐서 D·M을 발송, 또한 여러 집회에도 나갔다. 최근에는 마이니치신문(석간), 아사히신문(조간), 동양경제일보, 통일일보 외의 여러 신문에 소개되었다. 이러한 가운데 취재도 하지 않고 게재하는 신문보도에서는 있을 수 없는 폭거를 자행한 신문도 있었지만, 그것이 동포계열의 신문이었다는 점은 유감이라고 밖에 말할 수 없었다. 그것은 차치하고라도, 각 신문들의 보도는 우리들의 의도와는 조금 달랐다는 점에서 편집부 역시 다소 피로감을 느꼈지만, 반향 자체는 대단히 컸다. ▼그러한 반향은 크게 두 가지로 나뉜다.「이러한 잡지를 기다렸다. 제대로 노력을 해서 지속시키자」라는 것과「이것은 동화, 풍화 촉진의 잡지이다. 오히려 발간되지 않은 편이 좋았다」라는 것이다. 후자의 목소리가 전자를 상회하였다. 재일사회는 어찌됐든 '풍문'이 많은 사회이다. 돌고 돌아 편집부의 귀에 도달하는 '풍문'의 대부분은 호의적은 것은 별로 없었다. D·M을 가지고 관서지구의 2세 서클을 돈 편집위원은「조국통일을 표방하지 않는『잔소리』등에 흥미는 없다」라며 박대를 받고 또한 의심조차 받았다. 각오는 하고 있었지만 편집부 역시 조금 동요하였고, 다시금 재일사회의 차별·분단의 아픈 흔적이 다양하게 나타나고 있는 느낌이 들었다. 아무래도 우리들은 무언가 중요한 것을 잃어버리고 있는 느낌을 받았다. ▼ 이 가운데 특히 인상 깊게 느낀 점은 1세로부터의 전화였다. 그 전화의 대부분은 「자신의 아이들이 무슨 생각을 하고 있는지 모르겠다. 점점 부모로부터 멀리 떨어져가는 느낌이 들어 불안하다」라는 것이었다. 이것은 대단히 심각한 문제가 아닐까. 일본사회 속에서 2,3세가 일본인화되어 가는 것은 피할 수 없는 현실이다. 그 현실을 단지 교조적 민족의식으로 부정할 것인가, 그렇지 않으면 현실을 인정하면서 새로운 전망을 세워나가야 하는 것인가, 논의할 것은 대단히 많다. 하지만 전화의 주인공들은 입을 맞춘 듯 한결같이, 「신문을 읽고 처음으로 아이들이 지금 무엇을 생각하고 있는지 알 것 같은 느낌이 들었다. 젊은이들의 솔직한 목소리를 게재해 주기를 바랍니다」라고 말하고 있다. 편집부는 이러한 목소리에 대답해 나가고 싶다. ▼ 멤버의 평균연령은 31세. 사고방식과 관심분야, 그리고 입장 역시 모두 미묘하게 다르다. 또한 편집 작업에도 익숙하지 않은 사람이 많지만, 모두 하고 싶은 말은 많은 인간들이다. 본 잡지를 발판으로 많은 2,3세의 기탄없는 의견, 비판, 감상을 진심으로 기대하고 있다. 본 잡지는 그러한 것을 적극적으로 게재하고 다양한 토론 속에서 우리들의 전망을 모색해 나가고 싶다.

3 목차

발행일	지면정보		필자	제목
	권호	페이지		
1979.09.20	創刊号	16		〈在日〉の生きがたさをどう表現するか
1979.09.20	創刊号	28		二世から見た一世の世界
1979.09.20	創刊号	29		旅のなかの情景＝西湖
1979.09.20	創刊号	32		からだに刻んだことば＝李銀子
1979.09.20	創刊号	35		コヒャンでも死ねなかった男＝金幸二
1979.09.20	創刊号	21		〈インタビュー〉あんにょんはしむにか 異邦の青春・ひとり旅「ジョニー大倉」「生ききった」とう実感をつかんだら死んでもいい
1979.09.20	創刊号	39		びびんばストリート「金山」か「金」かー兄弟の本名論争＝金晶一
1979.09.20	創刊号	40		ぼくら自信の在日のために＝全世界
1979.09.20	創刊号	42		〈ルポ〉多様化する〈在日〉像 日本人7人が語った在日朝鮮人への直言
1979.12.20	第2号	2		〈特集〉揺れうごく時のはざまを生きて
1979.12.20	第2号	3		〈アンケート〉暮らしのなかで見つめる日本・わたし・祖国
1979.12.20	第2号	11		アンケートを読んで
1979.12.20	第2号	15		〈座談会〉何が共有しうる〈在日〉か
1979.12.20	第2号	26		〈インタビュー〉アンニョンはシムにか 日本に敗けない自分ほしい「金摩里香」耐えることの中で培った強さと優しさ
1979.12.20	第2号	31		〈トケビの眼〉(料理) コチジャンで混ぜあわさないビビンバはビビンパじゃない!!
1979.12.20	第2号	32		〈雑誌〉身の毛がよだつ「笑い」
1979.12.20	第2号	33		〈性〉ホモなんてキライというあなたに
1979.12.20	第2号	34		〈運動〉第5回民闘連大会に参加して
1979.12.20	第2号	22		〈在日列伝 其の2〉鎮魂の海峡
1979.12.20	第2号	35	金栄姫	びびんばストリート「投稿欄」 ジャンボなおばはんから手紙が来ました
1979.12.20	第2号	36	李節子	女性差別
1979.12.20	第2号	37	大久保敏明	「NHKに朝鮮語…」への反論
1979.12.20	第2号	44	鄭大均	「民族」に関する覚え書き
1979.12.20	第2号	38		大統領射殺事件が呼び起こすもの
1979.12.20	第2号	39	金大植	閣下の死
1979.12.20	第2号	40	竹田青嗣	韓国の政変と〈在日〉の政治ということについて
1979.12.20	第2号	42		朴大統領死去と在日する朝鮮民族の今後
1979.12.20	第2号	24		〈新・たひゃんさり・シリーズ〉外国人登録法パート1
1980.04.20	第3号	2		特集・異境の家族たちー〈家〉体験と二世意識
1980.04.20	第3号	3	宗秋月・山口文子	〈対談〉女にとっての家・家族・そして男
1980.04.20	第3号	9	金慶南	〈家〉の原像から 祭祀(ヂェサ)の日のことば
1980.04.20	第3号	10	申雲子	部落の風景

발행일	지면정보		필자	제목
	권호	페이지		
1980.04.20	第3号	11	王志天	母の姿を通して
1980.04.20	第3号	12	張敏	父からの脱出
1980.04.20	第3号	13	李構大	「家庭」と母の闘い
1980.04.20	第3号	14	裵文華	食卓のない家
1980.04.20	第3号	15	姜浪子	語りつぐもの・うけつぐもの もっと強くもっと優しく
1980.04.20	第3号	16	李定次	「共に生きる」ということ
1980.04.20	第3号	17	朴聖圭	親をのりこえること
1980.04.20	第3号	18	金城秋雄	都会の中の孤独
1980.04.20	第3号	19	竹田青嗣	〈家〉に関する自註
1980.04.20	第3号	21	金明観	「戸籍」の思想を解体せよ
1980.04.20	第3号	24		〈在日列伝 其の3〉切ざる架橋
1980.04.20	第3号	26		トケビの眼
1980.04.20	第3号	26		ドイツ発 人間の尊厳とファシズムの本質を問う記録文学
1980.04.20	第3号	27		インドネシア発 一心同体の汚れた二人三脚
1980.04.20	第3号	28		ＴＯＫＩＯ発 省エネ・ファシズムにご用心
1980.04.20	第3号	29		中国発 歓々を殺せ!!
1980.04.20	第3号	30	中北竜太郎	〈新・たひゃんさり・シリーズ〉外国人登録法パート2
1980.04.20	第3号	32		びびんばストリート「投稿欄」
1980.04.20	第3号	35	崔照	ちょうぱんえれじい
1980.04.20	第3号	37		〈インタビュー〉 あんにょんはしむにか「金剛山の虎」が語るミッチンドシ人生
1980.04.20	第3号	42		〈ルポ〉賢一君を死に追いやったものは何か 上福岡三中事件を考える
1980.08.05	第4号	2	金田信徳	銭ゲバの論理ー金ほどおもしろいものはない
1980.08.05	第4号	5	朴容福	偉大なる祖国・アメリカへー金泰完私論
1980.08.05	第4号	10	車英子	人の助けは借りたくない
1980.08.05	第4号	13	李宗良	アウトローの底をつきぬけたものー韓平治の半生と闘いから①
1980.08.05	第4号	18		イノムチャジギ・トケビとモッサルゲッタ・トケビの放屁譚
1980.08.05	第4号	34	鄭大均	在日朝鮮人知識人批判ノート
1980.08.05	第4号	42	金明観・李景	市民権への偏見と国籍神話
1980.08.05	第4号	21		トケビの眼
1980.08.05	第4号	25		ビビンバストリート＝読者欄
1980.08.05	第4号	30		〈在日列伝 其の4〉オモニ
1980.08.05	第4号	32		〈新たひゃんさりシリーズ〉入管体制
1980.08.05	第4号	37	洪宣雄	インタビュー
1980.11.01	第5号	1		〈特集〉これからの〈在日〉どうなるの？
1980.11.01	第5号	2	高橋茂雄	海外居住者考 ブラジルからの報告
1980.11.01	第5号	6	加藤晴子	在日韓国・朝鮮人の法的地位の現状と将来

발행일	지면정보		필자	제목
	권호	페이지		
1980.11.01	第5号	11	三室勇	国際人権規約をめぐって 在日朝鮮人と人権
1980.11.01	第5号	14		アンケート・わたしたちの未来は？トケビの眼
1980.11.01	第5号	18		ちゃんそり１年被虐の旅
1980.11.01	第5号	19		なぜいま「韓国」なのか
1980.11.01	第5号	20		「背善」のすすめ
1980.11.01	第5号	21		〈書評〉磯具治良著「始源の光ー在日朝鮮人文学論」
1980.11.01	第5号	22		ナンセンス・フィクション 21世紀キムチの陰謀
1980.11.01	第5号	26		〈新・たひゃんさり・シリーズ〉
1980.11.01	第5号	28	かわぐち・かいじ	〈在日列伝 其の5〉燃えつきた白球 永川英植
1980.11.01	第5号	30	呉徳寿	インタビューアンニョンはシムニカ 在日の根性を白球に込めて 日本ハム・ファイターズ 宇田東植
1980.11.01	第5号	35		ビビンバ・ストリート「投稿欄」
1980.11.01	第5号	38	李宗良	アウトローの底をつきぬけたもの・後篇
1980.11.01	第5号	43	金幸二	〈ルポ〉長島愛生園を訪ねて
1980.11.01	第5号	48		編集後記
1981.05.10	第6号	1		特集 混血
1981.05.10	第6号	2	飯尾憲士	血
1981.05.10	第6号	6	姜祐治	遅れて来た朝鮮人
1981.05.10	第6号	8	宋喜久子	もうひとつの出会い
1981.05.10	第6号	10	朴容福	混血に関する五つの雑感
1981.05.10	第6号	14		混血者にきく① おおらかな私でありたい
1981.05.10	第6号	17		混血者にきく② 条件をどう生かすかによって私の何であるかが決まる
1981.05.10	第6号	21	高橋茂雄	ブラジルからの報告② トケビの眼
1981.05.10	第6号	25		ウリエ アボジ キム・ジョンイル ウォンスニム…ありィ？
1981.05.10	第6号	26		『朝を見ることなく』の読み方読まれ方
1981.05.10	第6号	27		我是日本人！
1981.05.10	第6号	28		本国なんじゃもんじゃ
1981.05.10	第6号	29	ヤマグチフミコ	本を読む① 「モデル」に捕らわれない女たち
1981.05.10	第6号	31		〈新・たひゃんさり・シリーズ〉
1981.05.10	第6号	34		大きな自分をもって積極的な行き方をしたい
1981.05.10	第6号	38		〈在日列伝 其の6〉かわぐちかいじ
1981.05.10	第6号	40		ビビンバ・ストリート「投稿欄」
1981.05.10	第6号	44	みくも年子	詩集『ふるさとふたつ』から
1981.05.10	第6号	48		編集後記
1981.09.10	第7号	2	田中宏	国籍をどう見、どう考えるか
1981.09.10	第7号	6	入江健二	血統・家族・民族・国民、そして居住

발행일	지면정보		필자	제목
	권호	페이지		
1981.09.10	第7号	6		民族と国籍と…そして自分とロスの街角から
1981.09.10	第7号	10	清水千恵子	夫婦籍を同じうせず
1981.09.10	第7号	12	朴建世	人生なかばで密入国者と名指された私
1981.09.10	第7号	16		〈アンケート〉あなたにとって国籍とは
1981.09.10	第7号	22	編集部	アンケートを読んで
1981.09.10	第7号	25		〈在日〉における国籍の意味
1981.09.10	第7号	25		トケビの眼
1981.09.10	第7号	25		罵詈雑言のすすめ
1981.09.10	第7号	26		朝鮮系日本人!
1981.09.10	第7号	27		在日朝鮮人獄中者教援センター設立について
1981.09.10	第7号	28		三千里御一行様 韓の間へご案内
1981.09.10	第7号	29		ビビンバ・ストリート「投稿欄」
1981.09.10	第7号	32		〈新・たひゃんさり・シリーズ〉
1981.09.10	第7号	34		〈在日列伝 其の7〉かわぐちかいじ
1981.09.10	第7号			撲手のダーティ・ヒーロー 三重の海
1981.09.10	第7号	36	ヤマグチフミコ	本を読む② ライ患者の生きてきた道
1981.09.10	第7号	38		インタビュー・あんにょんはしむにか「いわれのある差別」に抗して生きる
1981.09.10	第7号			イムジン江に集う会 金満里
1981.09.10	第7号	43		〈ルポ〉在日墓物語
1981.09.10	第7号			一世たちの死とその周辺について
1981.09.10	第7号	48		編集後記
1981.12.25	第8号	2		〈特集〉ちゃんそり風〈在日〉試論
1981.12.25	第8号	3		レポート李恢成氏の在日論
1981.12.25	第8号	5		レポート金時鐘氏の在日論
1981.12.25	第8号	6		レポート金東明氏の在日論
1981.12.25	第8号	8		編集委員会座談会
1981.12.25	第8号	21		〈特別インタビュー〉リ・ウンジャさんに聞く 新しい状況は新しい問題を生み出す。若い人が社会の常識に反逆するのは当然だと思います
1981.12.25	第8号	27	金幸二	私の旅・韓国
1981.12.25	第8号	31	崔善恵・マルタ	「指紋押捺拒否」から考えること
1981.12.25	第8号	34		新・たひゃんさり・シリーズ
1981.12.25	第8号	36		〈在日列伝 最終回〉かわぐちかいじ 海峡
1981.12.25	第8号	38	ヤマグチフミコ	本を読む③ 対談書評
1981.12.25	第8号			花柳幻舟著『修羅』
1981.12.25	第8号	40		トケビの眼

발행일	지면정보		필자	제목
	권호	페이지		
1981.12.25	第8号	40		戸籍制度をなくそう
1981.12.25	第8号	41		ナショナルは明るいか
1981.12.25	第8号	42		民闘連へのラヴ・レター
1981.12.25	第8号	43		帰化信号みんなで渡ってもなお恐い
1981.12.25	第8号	44		ビビンバ・ストリート
1981.12.25	第8号	47		インタビュー・あんにょんはしむにか 金秀吉 差別をなくすためのアクセント的立場に立ちたい
1981.12.25	第8号	52		在日朝鮮人の人権問題と民族差別の根源にあるもの
1981.12.25	第8号	56		編集後記

계간 청구(季刊靑丘)

○ ○ ○

 ## 1 서지적 정보

『계간 청구』는 1989년 8월부터 1996년 2월(25호)까지 발행된 재일조선인의 일본어 종합잡지이며, 편집위원에는 강재언, 김달수, 이진희, 위양복, 강상중, 안우식, 문경수가 참여하고 있고, 발행인은 한창우이다. 한창우는 일본의 파칭코 체인점 마루한(マルハン) 의 창업자이자 대표이며(2001년에 일본 국적으로 귀화), 1988년 여름에 역사연구가 이 진희로부터『계간 삼천리』의 뒤를 잇는 잡지를 출판하고 싶다는 의뢰를 받고 사재를 털어서 재정적 지원을 시작했고, 1990년에는 조선과 일본의 역사와 문화 연구를 지원하 는 목적으로 '재단법인 한국문화연구진흥재단'을 설립하였다(1991년부터 2005년까지 논문집 『청구학술논집』 발간).

창간호의 창간사에 의하면, 동 잡지는 「『청구』는 오래 전부터 조선을 가리키는 아호 의 하나이다.『계간 청구』에는 남북 대화와 서로 간의 대화를 통한 통일을 바라는 우리 들의 절실한 마음을 담고 있다」라고 말하고 있듯이, '남북 대화' 및 '통일'에 대한 재일조 선인의 '절실한 마음'을 담고 있고, 한국에 대한 일본인 이해자와 젊은 연구자를 통해 한일 간의 상호불신 제거 및 한국, 일본, 재일조선인을 연결하는 중간자적 매개 역할을 목적으로 하고 있다.

잡지의 내용적인 측면에서 보면, 매호 특집기사와 정담, 대담, 수필, 그라비어, 연구노 트, 소설, 출판계 소식 등으로 구성되어 있고, 집필자는『계간 삼천리』에 참여한 재일조 선인 및 일본인이 다수 글을 싣고 있다. 특히, 동 잡지는 매호 특집 기사를 기획해서 싣고 있는데, 예를 들면 창간호의 「쇼와를 생각하다」를 시작으로, 「중국·소련의 조선족」 (3호), 「국제화와 정주외국인」(4호), 「냉전하의 분단 45년」(5호), 「무로마치·에도시대 와 조선」(8호), 「지금 왜 전후 보상인가」(18호), 「전형기의 재일한국·조선인」(20호), 「조선관의 계보」(25) 등, 시기적으로는 고대부터 현재까지의 한일 관계를 다루고 있고, 또한 단순히 재일조선인 마이너리티뿐만 아니라 동북아의 냉전 구도 속에서 발생한 재외 한인 디아스포라를 다각적으로 살펴보고 있다.

특히, 21호(1995년 2월)부터 24호(1995년 11월)까지는 「「재일」의 50년」이라는 특집 호를 4회 기획하면서, 시기적으로는 패전 후의 점령기 및 고도경제성장기의 재일조선인의 법적, 정치적, 사회적, 교육적 문제, 그리고 국제화 시대에 일본에서 살아가는 마이너리티로서 어떻게 공존할 것인지에 대해서 다각적인 측면에서 재조명·모색하고 있다.

또한, 『청구』의 편집 작업에 적극적으로 참여한 강상중은 「「재일」의 새로운 기축을 찾아서」(13호), 「「재일」 아이덴티티를 찾아서」(15호) 등의 글을 통해서, 기존의 식민과 피식민, 가해자와 피해자라고 하는 이분법적인 구도 속에서 벗어나서 대칭적인 관계 속에서 스스로의 아이덴티티를 구축해야 한다는 필요성을 강조하면서, 재일조선인의 자기 구축을 둘러싼 국제적 시야 확보의 중요성을 강조하고 있다.

2 창간사

「성신(誠信)이란 참된 마음이며, 서로를 속이지도 싸우지도 않으며, 진실된 언어로 교류하는 것이야말로 진정한 성신이다」

이것은 18세기의 외교관·아메노모리 호슈(雨森芳洲)가 이웃나라 조선과의 외교에서 취해야 할 자세를 이야기한 말이다.

해협을 사이에 낀 이웃나라인 만큼, 두 민족 간에는 불행한 관계에 빠진 적도 있지만, 선린우호의 관계를 가진 역사가 훨씬 더 오래되었다. 그러나 금세기에 지배와 피지배라고 하는 불행한 관계가 있었던 탓에, 교과서 문제 등에서 나타나는 것처럼 불모의 편견과 반발이 여러 형태로 모습을 드러내는 것이 현실이다.

상호 불신을 제거하기 위해서는 지금까지의 경험을 비추어 보아 쉬운 일이 아니지만, 이웃나라를 바르게 보고자 하는 사람들과 젊은 연구자는 매년 늘어나고 있다. 우리들은 젊은 세대에게 기대를 걸고, 긴 호흡으로 노력해 나가고자 한다.

「청구」는 오래 전부터 조선을 가리키는 아호의 하나이다. 『계간 청구』에는 남북대화와 대화를 통한 통일을 바라는 우리들의 절실한 마음을 담고 있다. 머나먼 도정이 될지라도 절망하지 않고 한 발 한 발 착실히 걸어가고자 한다.

 ## 3 목차

발행일	권호	필자	제목
1989.08.15	第1号	徐正禹	指紋押捺拒否から保証人権法へ
1989.08.15	第1号	木村悦子	自作を語る『万歳事件を知っていますか』
1989.08.15	第1号	西野秀	安宇植編訳『続・アリラン峠の旅人たち』
1989.08.15	第1号	魏良福	橋沢裕子『朝鮮女性運動と日本』
1989.08.15	第1号	高柳俊男	朴慶植『解放後在日朝鮮人運動史』
1989.08.15	第1号	金和子	太田順一『女たちの猪飼野』
1989.08.15	第1号	大村益夫	対訳 近代朝鮮詩選(1)
1989.08.15	第1号	林和	一杯のぶどう酒を
1989.08.15	第1号	林和	寝てさめれば
1989.08.15	第1号	林和	慟哭
1989.08.15	第1号	大村益夫	解説
1989.08.15	第1号	高嶋淑郎	〈対訳・民話(一)〉たった一度の機会
1989.08.15	第1号	林元春	〈小説〉賞状
1989.08.15	第1号	読者投稿	『季刊青丘』創刊によせて
1989.08.15	第1号	李進熙	門出に際して
1989.08.15	第1号	無著名	表紙の絵
1989.11.15	第2号		特集 吉野ヶ里と藤ノ木
1989.11.15	第2号	無著名	〈グラビア〉マッパラム2
1989.11.15	第2号	祝部陸大	身近な外国人
1989.11.15	第2号	小島晋治	清末中国人の見た朝鮮の風俗
1989.11.15	第2号	安永寿延	ソウルから吉野ヶ里へ
1989.11.15	第2号	泊勝美	新しいであい
1989.11.15	第2号	金達寿・埴原和郎・田名部雄一	鼎談 縄文・弥生人をめぐって-日本人起源へのアプローチ
1989.11.15	第2号	西谷正	初期青銅器の鋳造と古代朝鮮
1989.11.15	第2号	奥野正男	筑紫平野の渡来文化
1989.11.15	第2号	豊田有恒	日本でも「金銀彩色」が出た-藤ノ木古墳に寄せて
1989.11.15	第2号	李進熙	藤ノ木古墳は語る
1989.11.15	第2号	上田正昭	藤ノ木古墳と朝鮮文化
1989.11.15	第2号	山尾幸久	古代東アジアの中での日本文化
1989.11.15	第2号	丹藤佳紀	東アジア この十年-北京からの眺め
1989.11.15	第2号	斎藤美智子	晋州のイルボンティ
1989.11.15	第2号	角田房子・旗田巍	対談 閔妃事件と禹範善
1989.11.15	第2号	海野福寿	沖縄戦で死んだ朝鮮人
1989.11.15	第2号	河合和男	〈研究ノート〉東拓に関する共同研究のための覚書
1989.11.15	第2号	川添修司	韓クニを行く(2)
1989.11.15	第2号	藤本巧	マッパラム-向かい風2

발행일	권호	필자	제목
1989.11.15	第2号	斎藤忠	扶余と私
1989.11.15	第2号	姜在彦	朝鮮と西洋2 マテオ・リッチと徐光啓・李之藻
1989.11.15	第2号	裵重度	朝鮮史家・梶村秀樹氏去る 苦闘する主体の凄涼さ
1989.11.15	第2号	安宇植	文学者の復権-「越北文人」と「解禁作品」
1989.11.15	第2号	中村輝子	季録＝みる・きく・よむ
1989.11.15	第2号	磯貝治良	「自死」を超えて
1989.11.15	第2号	金明美	ルポ・在日を生きる-OCTVキャスター・鄭景子さん
1989.11.15	第2号	金香都子	〈いま在日は〉私と猪飼野と
1989.11.15	第2号	金秀一	〈いま在日は〉ざっくばらんなつき合い
1989.11.15	第2号	金永子	〈いま在日は〉女の視点から
1989.11.15	第2号	洪大杓	〈いま在日は〉自己定立のたたかい
1989.11.15	第2号	鄭早苗	〈いま在日は〉学習センターについて
1989.11.15	第2号	鄭甲寿	〈いま在日は〉もっと寛容に、もっと柔軟に
1989.11.15	第2号	有吉登美子	〈対訳・民話2〉ふしぎなひき臼
1989.11.15	第2号	大村益夫	対訳 近代朝鮮詩選(2)
1989.11.15	第2号	金竜済	悲しい果実
1989.11.15	第2号	金竜済	煙突
1989.11.15	第2号	金竜済	太陽 讚
1989.11.15	第2号	大村益夫	解説
1989.11.15	第2号	川村湊	〈書架〉自著を語る『ソウルの憂愁』
1989.11.15	第2号	藤野雅之	〈書架〉大村益夫編訳『シカゴ福万』
1989.11.15	第2号	村松武司	〈書架〉立教大学山田ゼミ編『生き抜いた証に』
1989.11.15	第2号	中村克哉・宮川久	中村・宮川による解説付き イロンマン・チョロンマル1
1989.11.15	第2号	金学鉄	大村益夫の解説付き こんな女がいた
1989.11.15	第2号	読者投稿	読者の広場
1989.11.15	第2号	李進熙	編集を終えて
1989.11.15	第2号	無著名	表紙の絵
1990.02.15	第3号		特集 中国・ソ連の朝鮮族
1990.02.15	第3号	無著名	〈グラビア〉マッパラム3
1990.02.15	第3号	橋本靖雄	私のハングル体験
1990.02.15	第3号	林郁	ソ連・中国で会った人びと
1990.02.15	第3号	長野広生	年年歳歳 水は相似て
1990.02.15	第3号	木村礎	汽笛ポンポンの歌
1990.02.15	第3号	小野信爾	長正に参加した二人の朝鮮人
1990.02.15	第3号	金学鉄	私の歩んできた道
1990.02.15	第3号	藤井幸之助	延辺朝鮮族の言葉と教育
1990.02.15	第3号	小島敦	ソウル・オリンピック後のソ連
1990.02.15	第3号	高柳俊男	ペレストロイカの中の朝鮮人

발행일	권호	필자	제목
1990.02.15	第3号	申	[女員]子「アルマアタの「高麗サラム」たち
1990.02.15	第3号	饗庭孝典・丹藤佳紀・岡倉徹志	鼎談 東欧の激動と朝鮮半島
1990.02.15	第3号	石朋次	在米韓国人の「成功談」の背景-多民族社会の中の少数民族ビジネス
1990.02.15	第3号	神谷丹路	巨済島入佐村の日本人たち-ある朝鮮漁村への植民史
1990.02.15	第3号	姜在彦	〈朝鮮と西洋3〉鄭斗源とロドリゲス
1990.02.15	第3号	斉藤忠	私の朝鮮考古学研究
1990.02.15	第3号	山根俊郎	〈研究ノート〉八・一五直後の「解放歌謡」
1990.02.15	第3号	川添修司	韓クニを行く(3)
1990.02.15	第3号	藤本巧	マッパラム-向かい風3
1990.02.15	第3号	柳宗理・旗田巍	対談 柳宗悦を語る
1990.02.15	第3号	瀬地山澪子	利休茶屋の淵源を求めて
1990.02.15	第3号	高崎隆治	「昭和」の文学とは
1990.02.15	第3号	南雲智	魯迅・朝鮮人・『魯迅日記』-魯迅と三人の朝鮮人
1990.02.15	第3号	中村輝子	季録=みる・きく・よむ
1990.02.15	第3号	鄭律	〈高柳の解説付き〉解放後の金史良
1990.02.15	第3号	朴君愛	〈いま在日は〉あるテレビ番組に出演して
1990.02.15	第3号	安恭子	〈いま在日は〉母国体験の旅
1990.02.15	第3号	金宣吉	〈いま在日は〉「在日」という言葉
1990.02.15	第3号	沈光子	〈いま在日は〉女子大生と呼んで
1990.02.15	第3号	金容権	ルポ・在日を生きる-中国残留孤児と朴昌権さん
1990.02.15	第3号	鈴木敬夫	〈書架〉自著を語る『朝鮮植民統治法の研究』
1990.02.15	第3号	松井聖一朗	〈書架〉長璋吉『朝鮮 言葉 人間』
1990.02.15	第3号	井上秀雄	〈書架〉上田正昭『古代の道教と朝鮮文化』
1990.02.15	第3号	牛口順二	〈書架〉上垣外憲一『雨森芳洲』
1990.02.15	第3号	無著名	〈対訳〉イロンマル・チョロンマル2
1990.02.15	第3号	大村益夫	対訳 近代朝鮮詩選(3)
1990.02.15	第3号	尹一柱	タンポポの笛
1990.02.15	第3号	尹一柱	昼寝
1990.02.15	第3号	尹一柱	秋の夜
1990.02.15	第3号	尹一柱	命令書
1990.02.15	第3号	尹一柱	惜別
1990.02.15	第3号	尹一柱	ふるさとの歌-満州で歌う
1990.02.15	第3号	尹一柱	弟の印象画
1990.02.15	第3号	尹一柱	春
1990.02.15	第3号	尹一柱	解説
1990.02.15	第3号	無著名	対訳・民話3 割れた鏡
1990.02.15	第3号	禹光勲	〈小説〉運のない男-「運命詠嘆曲」第一篇
1990.02.15	第3号	読者投稿	読者の広場

発行日	권호	필자	제목
1990.02.15	第3号	李進熙	編集を終えて
1990.02.15	第3号	無著名	〈裏表紙に記載〉表紙の絵
1990.05.15	第4号		特集 国際化と定住外国人
1990.05.15	第4号	無著名	〈グラビア〉マッパラム4
1990.05.15	第4号	真尾悦子	薬包の行方
1990.05.15	第4号	狭間直樹	孫文と韓国独立運動
1990.05.15	第4号	西尾昭	「お」茶と先生「ニム」
1990.05.15	第4号	堀田謹吾	北の核
1990.05.15	第4号	李仁夏	多元文化の発想から
1990.05.15	第4号	旗田巍・大沼保昭	対談 日本の戦後責任を考える
1990.05.15	第4号	田中宏	国際化と定住外国人、三つの視点
1990.05.15	第4号	石田玲子	一九八五年国籍法改正と民族姓-崩壊した戸籍の単一「民族神話」
1990.05.15	第4号	新美隆	改正された入管法の諸問題
1990.05.15	第4号	梁泰昊	一九九一年問題と「保障・人権法」
1990.05.15	第4号	佐藤信行	指紋押捺拒否の動き-八〇年代から九〇年へ
1990.05.15	第4号	石朋次	日系アメリカ人強制収容と補償問題
1990.05.15	第4号	大沼保昭他	〈呼びかけ人89名による協同提言〉在日韓国・朝鮮人の処遇改善に関する提言-開かれた日本社会と東アジアの明るい未来を求めて
1990.05.15	第4号	井上秀雄	私と古代朝鮮史-研究をはじめるまで
1990.05.15	第4号	無著名	〈対訳〉イロンマル・チョロンマル3
1990.05.15	第4号	中村克哉	〈研究ノート〉ハングル印字機の歴史と現状
1990.05.15	第4号	川添修司	韓クニを行く(4)
1990.05.15	第4号	藤本巧	マッパラム-向かい風4
1990.05.15	第4号	李明賢・金芝河・崔惠成・金相宗	金容権の解説付き 座談会「ハンサルリム」とは何か
1990.05.15	第4号	姜在彦	〈朝鮮と西洋4〉昭顕世子とアダム・シャール
1990.05.15	第4号	安宇植	パルチザン小説と実録(上)
1990.05.15	第4号	金達寿	和辻・木下・花村
1990.05.15	第4号	磯貝治良	雑誌に見る「在日」の現在
1990.05.15	第4号	中村輝子	季録＝みる・きく・よむ
1990.05.15	第4号	金香都子	ルポ・在日を生きる-「生野民族文化祭」と金君彦さん
1990.05.15	第4号	鄭月順	〈いま在日は〉川崎の保育園から
1990.05.15	第4号	朴裕子	〈いま在日は〉不格好でも真面目に
1990.05.15	第4号	李月仙	〈いま在日は〉思い出をまたひとつ
1990.05.15	第4号	金明徹	〈いま在日は〉ある友人の結婚問題
1990.05.15	第4号	蔡孝	〈いま在日は〉試みの持続・ある民族サークル
1990.05.15	第4号	林えいだい	〈書架〉自著を語る『消された朝鮮人強制連行の記録』
1990.05.15	第4号	藤野雅之	〈書架〉李杜鉉『朝鮮芸能史』
1990.05.15	第4号	木元茂夫	〈書架〉高木健一『サハリンと日本の戦後責任』

발행일	권호	필자	제목
1990.05.15	第4号	石渡延男	〈書架〉越田稜編著『アジアの教科書に書かれた日本の戦争』
1990.05.15	第4号	大村益夫	対訳 近代朝鮮詩選(4)
1990.05.15	第4号	金達鎮	諦念
1990.05.15	第4号	金達鎮	敬虔な情熱
1990.05.15	第4号	金達鎮	竜井
1990.05.15	第4号	金達鎮	郷愁
1990.05.15	第4号	金達鎮	黄昏
1990.05.15	第4号	金達鎮	庭
1990.05.15	第4号	金達鎮	解説
1990.05.15	第4号	無著名	対訳・民話4 仙人の世界
1990.05.15	第4号	文淳太	〈小説〉さびたレール
1990.05.15	第4号	読者投稿	読者の広場
1990.05.15	第4号	李進熙	編集を終えて
1990.05.15	第4号	無著名	〈裏表紙に記載〉表紙の絵
1990.08.15	第5号		特集 冷戦下の分断四十五年
1990.08.15	第5号	無著名	〈グラビア〉マッパラム5
1990.08.15	第5号	無著名	〈再掲載〉創刊のことば
1990.08.15	第5号	藤野雅之	民族と国際性
1990.08.15	第5号	岡山猛	韓国ツアー寸感
1990.08.15	第5号	磯貝ひろ子	高麗カコイの源流
1990.08.15	第5号	阿部英雄	趙甲済さんのこと
1990.08.15	第5号	李景珉	解放直後の朝鮮半島
1990.08.15	第5号	大江志乃夫	世界史のなかの朝鮮戦争
1990.08.15	第5号	姜在彦	朝鮮戦争と中国
1990.08.15	第5号	安宇植	悲劇の「北の詩人」
1990.08.15	第5号	長谷川洋	在韓被爆者の四十五年
1990.08.15	第5号	藤原彰	朝鮮戦争と戦後の日本
1990.08.15	第5号	平林久枝	一世たちの「戦前」・「戦後」
1990.08.15	第5号	金民柱	実録 済州島の少年パルチザン
1990.08.15	第5号	李根成	パルチザン総帥・李鉉相
1990.08.15	第5号	許栄恩・李鐘徹・李圭倍・李正竜・姜在彦	座談会 韓国留学生の見た日本
1990.08.15	第5号	藤本巧	マッパラム-向かい風5
1990.08.15	第5号	川添修司	韓クニを行く(5)
1990.08.15	第5号	佐野通夫	〈研究ノート〉韓国「産業体付設学校」の研究
1990.08.15	第5号	井上秀雄	私の古代朝鮮史(2)-大阪工業大学時代まで
1990.08.15	第5号	李進熙	三人の博物館人
1990.08.15	第5号	堀田謹吾	ソウルに眠る日本美術コレクション
1990.08.15	第5号	村松武司	〈八・一五に想う〉あの日章旗

발행일	권호	필자	제목
1990.08.15	第5号	森崎和江	〈八・一五に想う〉クラスメートのあなたに
1990.08.15	第5号	土師政雄	〈八・一五に想う〉私の〈八・一五〉前後
1990.08.15	第5号	鄭承博	〈八・一五に想う〉解放直後に出会った同胞
1990.08.15	第5号	旗田巍	〈八・一五に想う〉北京で敗戦を迎える
1990.08.15	第5号	高史明	〈八・一五に想う〉静寂の空＝八月十五日に思う
1990.08.15	第5号	内田雅敏	ソウルで考えたこと-独立記念館・ドイツ・花岡
1990.08.15	第5号	旗田巍・飯沼二郎	対談 朝鮮人との出会い
1990.08.15	第5号	無著名	金敬得の解説付き 資料 旧植民地出身者等の法的地位及び待遇改善に関する特別措置法(案)
1990.08.15	第5号	中村輝子	季録＝みる・きく・よむ
1990.08.15	第5号	金容権	ルポ・在日を生きる-■をつらぬく玄于淳さん
1990.08.15	第5号	李福美	〈いま在日は〉韓国留学で得たもの
1990.08.15	第5号	李相鎬	〈いま在日は〉エキサイティング「在日」
1990.08.15	第5号	金義徹	〈いま在日は〉在日三世のための「戦後補償」
1990.08.15	第5号	岡百合子	〈書架〉自著を語る『世界の国ぐにの歴史 朝鮮・韓国』
1990.08.15	第5号	荒木重雄	〈書架〉大沼保昭編『国際化：美しい誤解が生む成果』
1990.08.15	第5号	園部裕之	〈書架〉高崎宗司『「妄言」の原形』
1990.08.15	第5号	大村益夫	対訳 近代朝鮮詩選(5)
1990.08.15	第5号	金朝奎	海岸村の記憶
1990.08.15	第5号	金朝奎	延吉駅へ行く道
1990.08.15	第5号	金朝奎	目と目
1990.08.15	第5号	大村益夫	解説
1990.08.15	第5号	無著名	対訳・民話5 鯉の姫さま
1990.08.15	第5号	読者投稿	読者の広場
1990.08.15	第5号	李進熙	編集を終えて
1990.08.15	第5号	無著名	表紙の絵
1990.11.15	第6号		特集 積み残しの戦後責任
1990.11.15	第6号	無著名	〈グラビア〉マッパラム4
1990.11.15	第6号	本橋克行	叫び声
1990.11.15	第6号	金佑宣	「天国の門」
1990.11.15	第6号	渡辺兼庸	東洋文庫と朝鮮
1990.11.15	第6号	春名徹	梶村秀樹さんの墓
1990.11.15	第6号	旗田巍・林えいだい	対談 日本の戦後責任を問う
1990.11.15	第6号	磯貝治良	強制連行と現在
1990.11.15	第6号	内海愛子	朝鮮人軍人・軍属たちの戦後
1990.11.15	第6号	増子義久	「花岡事件」の意味するもの
1990.11.15	第6号	西野秀	「被爆語り部」と在韓被爆者
1990.11.15	第6号	金敬得	問われる九一年問題

발행일	권호	필자	제목
1990.11.15	第6号	丹藤佳紀	時評 動き始めた朝鮮半島
1990.11.15	第6号	安宇植	パルチザン小説と実録(上)
1990.11.15	第6号	金民柱	実録 済州島の少年パルチザン2
1990.11.15	第6号	山岸嵩	はるかなる「のぞみの地」-中野重治と「朝鮮」
1990.11.15	第6号	藤本巧	マッパラム-向かい風6
1990.11.15	第6号	川添修司	韓クニを行く(6)
1990.11.15	第6号	寺岡洋	〈研究ノート〉『播磨国風土記』にみる渡来集団
1990.11.15	第6号	高橋正之	〈インタビュー〉亜細亜スワニー争議の一六七日
1990.11.15	第6号	柏木宏	日米マイノリティ会議から
1990.11.15	第6号	姜在彦	朝鮮と西洋5 西洋暦法=時憲暦の採用
1990.11.15	第6号	李進熙	五年ぶりの中国集安
1990.11.15	第6号	井上秀雄	私の古代朝鮮史(3)-外国旅行の思い出
1990.11.15	第6号	田中正俊	風化と頽廃と
1990.11.15	第6号	中村輝子	季録=みる・きく・よむ
1990.11.15	第6号	金広美	〈いま在日は〉講座「新しい風」とともに
1990.11.15	第6号	丁聖美	〈いま在日は〉私とウリマル
1990.11.15	第6号	金巴望	〈いま在日は〉美術館の日々に
1990.11.15	第6号	金明美	ルポ・在日を生きる-服部栄養専門学校の慎月順さん
1990.11.15	第6号	宇野淑子	〈書架〉自著を語る『離別の四十五年-戦争とサハリンの朝鮮人』
1990.11.15	第6号	金容権	〈書架〉張錠寿『在日六〇年 自立と抵抗』
1990.11.15	第6号	徐正禹	〈書架〉田中宏『虚妄の国際国家・日本』
1990.11.15	第6号	大村益夫	〈書架〉対訳 近代朝鮮詩選(6)
1990.11.15	第6号	朴世永	俺に答えよ
1990.11.15	第6号	朴世永	故郷を思う
1990.11.15	第6号	大村益夫	解説
1990.11.15	第6号	無著名	対訳・民話6 情の深い兄弟
1990.11.15	第6号	崔■	〈小説〉生け贄にて
1990.11.15	第6号	無著名	『季刊青丘』総目次 創刊号～第五号
1990.11.15	第6号	読者投稿	読者の広場
1990.11.15	第6号	李進熙	編集を終えて
1990.11.15	第6号	無著名	表紙の絵
1991.02.15	第7号		特集 動きだした朝鮮半島
1991.02.15	第7号	無著名	〈グラビア〉マッパラム7
1991.02.15	第7号	陳舜臣	頭かくして
1991.02.15	第7号	白石昌夫	韓国の色
1991.02.15	第7号	平田悦朗	釜山から日本を見る
1991.02.15	第7号	杉田康彦	宮川寅雄のこと
1991.02.15	第7号	大沼保昭・和田春樹・姜在彦	鼎談 冷戦体制崩壊と朝鮮半島

발행일	권호	필자	제목
1991.02.15	第7号	饗庭孝典	ソ連・東欧の変革と東アジア
1991.02.15	第7号	安尾芳典	南北対話の一九九一年
1991.02.15	第7号	山岡邦彦	日・朝交渉の行方
1991.02.15	第7号	丹藤佳紀	北京とソウルの間
1991.02.15	第7号	金京鎬	韓国と中国、ソ連の経済交流
1991.02.15	第7号	飛田雄一	韓国時事漫画紹介
1991.02.15	第7号	桜井浩	韓国経済と多角的貿易交渉
1991.02.15	第7号	安宇植	もう一人の忘れられた思想家-雨森芳洲と李芸
1991.02.15	第7号	桑原史成	井戸茶碗のルーツを追って-周年の陶芸家・朴鐘漢氏
1991.02.15	第7号	旗田巍・鎌田茂雄	対談 東アジアの中の朝鮮仏教
1991.02.15	第7号	川添修司	韓クニを行く(7)
1991.02.15	第7号	藤本巧	マッパラム-向かい風(7)
1991.02.15	第7号	金英達	〈研究ノート〉創氏改名の法制について
1991.02.15	第7号	井上秀雄	私と古代朝鮮史(4)-これからの方向を模索して
1991.02.15	第7号	武者小路穣	慶州の思い出
1991.02.15	第7号	姜在彦	〈朝鮮と西洋6〉西学受容の思想を拓く
1991.02.15	第7号	林えいだい	強制連行記録の旅1-足尾銅山へ
1991.02.15	第7号	海野福寿	強制連行者名簿問題のゆくえ
1991.02.15	第7号	大沼保昭	連帯を、そして持続を-在日韓国・朝鮮人問題の現状と今後の課題
1991.02.15	第7号	佐藤信行	1991年以降の在日韓国・朝鮮人
1991.02.15	第7号	中村輝子	季録＝みる・きく・よむ
1991.02.15	第7号	崔定子	〈いま在日は〉土産話
1991.02.15	第7号	金真須美	〈いま在日は〉卓上のキムチ
1991.02.15	第7号	朴慶南	〈いま在日は〉素直に出会って
1991.02.15	第7号	梁澄子	ルポ・在日を生きる-建築家・宣炳卓さん
1991.02.15	第7号	山根俊郎	〈書架〉『カラスよ屍を見て啼くな』-朝鮮の人民解放歌曲
1991.02.15	第7号	鹿野政直	〈書架〉岡本達明・松崎次夫『聞書 水俣民衆史』全五冊
1991.02.15	第7号	小林忠太郎	〈書架〉都鐘煥編『韓くにのこどもたち』
1991.02.15	第7号	大村益夫	対訳 近代朝鮮詩選(7)
1991.02.15	第7号	白石	白い夜
1991.02.15	第7号	白石	青い柿
1991.02.15	第7号	白石	スイカの種、カボチャの種
1991.02.15	第7号	白石	寂郷
1991.02.15	第7号	大村益夫	解説
1991.02.15	第7号	李美子	〈わが家の記録〉母が出逢った朝鮮
1991.02.15	第7号	読者投稿	読者の広場
1991.02.15	第7号	李進熙	編集を終えて
1991.02.15	第7号	無著名	棒牌形銅器

발행일	권호	필자	제목
1991.05.01	第8号		特集 室町・江戸期と朝鮮
1991.05.01	第8号	無著名	〈グラビア〉マッパラム8
1991.05.01	第8号	角田房子	禹長春の伝記を書き終えて
1991.05.01	第8号	広岡富美	わが歌まくら-現地読みの響き
1991.05.01	第8号	八木晃介	スポーツと「日の丸・君が代」
1991.05.01	第8号	袁重度	「商店街」と「市場」
1991.05.01	第8号	旗田巍・李進熙	対談 善隣友好の歴史を語る
1991.05.01	第8号	仲尾宏	室町時代と朝鮮王朝-もうひとつの善隣友好の時代
1991.05.01	第8号	西谷正	日本出土の李朝陶磁器
1991.05.01	第8号	貫井正之	ルポ 清見寺と朝鮮通信使
1991.05.01	第8号	姜在彦	朝鮮通信使・点描-対馬のお盆・大阪の娼楼
1991.05.01	第8号	辛基秀	蘇える通信使の事跡
1991.05.01	第8号	上田正昭	いまに生きる芳洲だましい
1991.05.01	第8号	丹藤佳紀	南北朝鮮と「両岸」関係
1991.05.01	第8号	高木健一	その後のサハリン残留韓国・朝鮮人問題
1991.05.01	第8号	無著名	インタビュー 架け橋をめざして・韓昌祐氏-財団法人 韓国文化研究振興財団理事長
1991.05.01	第8号	松枝到	ふるさと・有田・唐人町
1991.05.01	第8号	鄭早苗	研究ノート 古代史の脇役たち
1991.05.01	第8号	川添修司	韓クニを行く(8)
1991.05.01	第8号	藤本巧	マッパラム-向かい風(8)
1991.05.01	第8号	林えいだい	強制連行記録の旅2-只島炭鉱閉山
1991.05.01	第8号	神谷丹路	黄土の爪痕-日帝の置き去りもの
1991.05.01	第8号	飛田雄一	韓国時事漫画紹介(2)
1991.05.01	第8号	金民柱	実録 済州島の少年パルチザン(3)
1991.05.01	第8号	鄭尚進	ソ連朝鮮人文壇の変遷
1991.05.01	第8号	植田晃次	解説
1991.05.01	第8号	大村益夫	対訳 近代朝鮮詩選(8)
1991.05.01	第8号	異河潤	同胞よいざ共にあらたな朝を迎えよう
1991.05.01	第8号	異河潤	失せた墓
1991.05.01	第8号	異河潤	嘆きの夜
1991.05.01	第8号	異河潤	野に咲いた菊が好き
1991.05.01	第8号	大村益夫	解説
1991.05.01	第8号	李進熙	歴史家・幼方直吉氏去る 隣人への暖かいまなざし
1991.05.01	第8号	内海愛子	追悼・幼方直吉先生 研究を運動に生かして
1991.05.01	第8号	金重明	〈書架〉自著を語る『幻の大黒手』
1991.05.01	第8号	木村晃三	〈書架〉饗庭孝典・NHK取材班著『朝鮮戦争』
1991.05.01	第8号	藤井幸之助	〈書架〉朴透柱・民涛社編集『サハリンからのレポート』
1991.05.01	第8号	金早雲	〈書架〉角田房子『わが祖国』

발행일	권호	필자	제목
1991.05.01	第8号	金明美	ルポ・在日を生きる-下町につなぐ輪・高福子さん
1991.05.01	第8号	中村輝子	季録＝みる・きく・よむ
1991.05.01	第8号	李清美	〈いま在日は〉オリニドゥル サランヘヨ(子供たち大好きよ)
1991.05.01	第8号	李宗雄	〈いま在日は〉指紋拒否者のたたかいは続く
1991.05.01	第8号	高博	〈いま在日は〉本名で自治体職員に
1991.05.01	第8号	玄吉彦	〈小説〉殻と中身
1991.05.01	第8号	読者投稿	読者の広場
1991.05.01	第8号	編集部	訂正とお詫び
1991.05.01	第8号	李進熙	編集を終えて
1991.05.01	第8号	無著名	表紙の絵
1991.08.15	第9号		特集 隣人愛の日本人
1991.08.15	第9号	無著名	〈グラビア〉マッパラム9
1991.08.15	第9号	祖父江昭二	「八月十五日」とその後-「朝鮮とぼく」の一こま
1991.08.15	第9号	平城好誠	エネルギッシュなり韓国仏教
1991.08.15	第9号	鶴見智佳子	ソウルでの異文化体験
1991.08.15	第9号	白石省吾	慶州の秋
1991.08.15	第9号	安宇植	津田仙と二人の朝鮮人
1991.08.15	第9号	浅田喬二	久間健一の朝鮮地主制論
1991.08.15	第9号	韓哲曦	朝鮮人の使徒を志した織田楢次
1991.08.15	第9号	梁永厚	朝鮮時代の安倍能成
1991.08.15	第9号	飯沼二郎	高橋昇-朝鮮の農民に学んだ農学者
1991.08.15	第9号	川村湊	曾我廼家五郎劇の「朝鮮人」
1991.08.15	第9号	旗田巍・鶴見俊輔	対談 雑誌『朝鮮人』の二十一年
1991.08.15	第9号	丹藤佳紀	南北関係・新たな段階へ-問われる当事者能力
1991.08.15	第9号	飛田雄一	韓国時事漫画紹介(3)
1991.08.15	第9号	■成哲	〈編集部「解説」付〉北朝鮮元作戦局長の証言1
1991.08.15	第9号	松枝到	ふるさと・有明・唐人町2
1991.08.15	第9号	藤本巧	マッパラム-向かい風(9)
1991.08.15	第9号	川添修司	韓クニを行く(9)
1991.08.15	第9号	金早雪	研究ノート 韓国の福祉国家への道
1991.08.15	第9号	李進熙	高句麗紀行 鴨緑江、桓仁を行く
1991.08.15	第9号	姜在彦	〈朝鮮と西洋7〉慎後■の天主教批判
1991.08.15	第9号	林えいだい	強制連行記録の旅3-麻生朝鮮人争議
1991.08.15	第9号	青木清	韓国家族法の改正とその影響
1991.08.15	第9号	磯貝治良	「在日」世代と詩
1991.08.15	第9号	磯貝ひろ子	〈架け橋〉朴鐘漢さんの大井戸
1991.08.15	第9号	水谷幸恵	〈架け橋〉韓国・中国を旅して
1991.08.15	第9号	金仲基	〈架け橋〉本名で生きること

발행일	권호	필자	제목
1991.08.15	第9号	金明夫	〈架け橋〉幼夢無限
1991.08.15	第9号	中村輝子	季録=みる・きく・よむ
1991.08.15	第9号	梁澄子	ルポ・在日を生きる-「在日朝鮮人女一人会」の朴和美さん
1991.08.15	第9号	鎌田茂雄	〈書架〉自著を語る『韓国古寺巡礼-新羅編・百済編』
1991.08.15	第9号	高柳俊男	〈書架〉山田昭次・高崎宗司・鄭章淵・趙景達『近現代史のなかの日本と朝鮮』
1991.08.15	第9号	篠田直彦	〈書架〉田中宏『在日外国人』
1991.08.15	第9号	大村益夫	対訳 近代朝鮮詩選(9)
1991.08.15	第9号	尹崑崗	弁解
1991.08.15	第9号	尹崑崗	サル
1991.08.15	第9号	尹崑崗	夜景
1991.08.15	第9号	尹崑崗	丘
1991.08.15	第9号	尹崑崗	われらの歌
1991.08.15	第9号	大村益夫	解説
1991.08.15	第9号	金重明	〈小説〉算士伝奇
1991.08.15	第9号	読者投稿・編集部	読者の広場
1991.08.15	第9号	李進熙	編集を終えて
1991.08.15	第9号	無著名	表紙の絵
1991.11.15	第10号		特集 太平洋戦争と朝鮮
1991.11.15	第10号	無著名	〈グラビア〉マッパラム10
1991.11.15	第10号	無著名	創刊のことば
1991.11.15	第10号	飯尾憲士	落ちこぼれ草
1991.11.15	第10号	宮迫千鶴	映画に導かれた「朝鮮」
1991.11.15	第10号	小中陽太郎	子が親を教える
1991.11.15	第10号	高井有一	立原正秋と朝鮮
1991.11.15	第10号	姜在彦	朝鮮にとっての太平洋戦争
1991.11.15	第10号	古庄正	朝鮮人強制連行と戦後処理
1991.11.15	第10号	増子義久	「戦後責任」を訪ねる旅へ-開戦五十年
1991.11.15	第10号	高木健一	アジアに対する戦後責任を-戦後補償国際フォーラムを通して
1991.11.15	第10号	田中宏	在日朝鮮人の戦後補償
1991.11.15	第10号	新美隆	戦後補償問題における国家と個人-戦後補償問題をめぐる論点の再構成
1991.11.15	第10号	丹藤佳紀	国連同時加盟、そして
1991.11.15	第10号	小林慶二	国連加盟後の南北会談
1991.11.15	第10号	大和岩雄・金達寿	対談『日本の中の朝鮮文化』の二十一年
1991.11.15	第10号	李光麟	昇仙峡に残る兪吉濬の墨書
1991.11.15	第10号	尹明憲	研究ノート 八〇年代韓国経済の軌跡
1991.11.15	第10号	川添修司	韓クニを行く(10)
1991.11.15	第10号	藤本巧	マッパラム-向かい風(10)

발행일	권호	필자	제목
1991.11.15	第10号	松枝到	ふるさと・有明・唐人町3
1991.11.15	第10号	大村益夫	人参の郷を訪ねて-長白朝鮮族自治県訪問記
1991.11.15	第10号	キム・ゲルマン・編集部	インタビュー 在ソ朝鮮人は今-キム・ゲルマン氏にきく
1991.11.15	第10号	飛田雄一	韓国時事漫画紹介(4)
1991.11.15	第10号	■成哲	北朝鮮元作戦局長の証言2
1991.11.15	第10号	安宇植	朝鮮文壇うらおもて・『故郷』にまつわる二つの話
1991.11.15	第10号	林えいだい	強制連行記録の旅4-地図にないアリラン峠
1991.11.15	第10号	小野誠之	変わりゆく大村収容所-入管体制の原点
1991.11.15	第10号	金富子	明日に向かって-従軍慰安婦問題から広がるネットワーク
1991.11.15	第10号	李美子	ルポ・在日を生きる-鍼灸師・金水善さん
1991.11.15	第10号	小林喜平	〈架け橋〉朝鮮人戦争犠牲者追悼会のこと
1991.11.15	第10号	原千代子	〈架け橋〉共に学び、共に生きる
1991.11.15	第10号	金健埴	〈架け橋〉子供の成長を眺め
1991.11.15	第10号	宋貞智	〈架け橋〉一世に学びながら
1991.11.15	第10号	中村輝子	季録＝みる・きく・よむ
1991.11.15	第10号	樋口雄一	〈書架〉自著を語る『皇軍兵士にされた朝鮮人』
1991.11.15	第10号	磯貝治良	〈書架〉「証言する風景」刊行委員会編『写真集『証言する風景』』 林えいだい『証言・樺太朝鮮人虐殺事件』
1991.11.15	第10号	李進熙	〈書架〉黄■(朴尚得訳)『梅泉野録』
1991.11.15	第10号	読者投稿	読者の広場
1991.11.15	第10号	李進熙	編集を終えて
1991.11.15	第10号	無著名	表紙の絵
1992.02.15	第11号		特集 文禄の役から四百年
1992.02.15	第11号	無著名	〈グラビア〉マッパラム11
1992.02.15	第11号	鄭承博	気まぐれな旅行者
1992.02.15	第11号	猪熊兼勝	渡来人の周辺
1992.02.15	第11号	韓万年	父と師、そして母
1992.02.15	第11号	祝部陸大	無神経
1992.02.15	第11号	上垣外憲一	日本にとっての文禄・慶長の役
1992.02.15	第11号	貫井正之	秀吉の朝鮮侵略と義兵
1992.02.15	第11号	蘇在英	壬辰倭乱と歴史小説
1992.02.15	第11号	金泰俊	日本に渡った朝鮮の書籍
1992.02.15	第11号	村上恒夫	姜沆の足跡をたずねて
1992.02.15	第11号	三橋修	伊万里焼歴史異聞
1992.02.15	第11号	平城好誠	韓国古寺幻視行
1992.02.15	第11号	辛澄恵	江陵端午祭をゆく
1992.02.15	第11号	豊田有恒	文禄・慶長の役を歩く
1992.02.15	第11号	姜在彦	〈朝鮮と西洋8〉キリスト教会の成立
1992.02.15	第11号	飛田雄一	韓国時事漫画紹介(5)

발행일	권호	필자	제목
1992.02.15	第11号	丹藤佳紀	「南北合意」、そして新しい年
1992.02.15	第11号	金英達	研究ノート 朝日国交樹立と在日朝鮮人の国籍
1992.02.15	第11号	川添修司	韓クニを行く(11)
1992.02.15	第11号	藤本巧	マッパラム-向かい風(11)
1992.02.15	第11号	■成哲	北朝鮮元作戦局長の証言3
1992.02.15	第11号	安宇植	朝鮮文壇うらおもて2 料亭『朝鮮楼』の主・李人稙(上)
1992.02.15	第11号	岡奈津子	ルポ 旧ソ連で出会った朝鮮人
1992.02.15	第11号	金達寿	風土と変容ということ
1992.02.15	第11号	針生一郎	帰化者の独自な思想形成と浸透の過程
1992.02.15	第11号	大森淳郎	忘れられた兵士たち-ヒロシマ・朝鮮人救援部隊
1992.02.15	第11号	林えいだい	強制連行記録の旅5-松代大本営工事
1992.02.15	第11号	金敬得	在日二・三世にとっての戦後補償
1992.02.15	第11号	鄭容順	〈架け橋〉「在日」からのメッセージ
1992.02.15	第11号	小川博美	〈架け橋〉次なる世代にむけて
1992.02.15	第11号	文公輝	〈架け橋〉公務員を志望して
1992.02.15	第11号	内田雅敏	言必信、行必果-劉連仁先生への手紙
1992.02.15	第11号	ナオミ・クボタ	日系アメリカ人の強制収容(抄)
1992.02.15	第11号	平林久枝	〈書架〉自著を語る『わたしを呼ぶ朝鮮』
1992.02.15	第11号	安宇植	〈書架〉竹内泰宏『第三世界の文学への招待』
1992.02.15	第11号	神谷丹路	〈書架〉天江喜七郎『息子への手紙』
1992.02.15	第11号	大村益夫	対訳 近代朝鮮詩選(10)
1992.02.15	第11号	李庸岳	黒い雲が群がり寄せる
1992.02.15	第11号	李庸岳	朽ちた家
1992.02.15	第11号	大村益夫	解説
1992.02.15	第11号	読者投稿・編集部	読者の広場
1992.02.15	第11号	姜在彦	編集を終えて
1992.02.15	第11号	無著名	表紙の絵
1992.05.15	第12号		特集 いま朝鮮半島は
1992.05.15	第12号	無著名	〈グラビア〉マッパラム12
1992.05.15	第12号	角圭子	木浦狂詩曲
1992.05.15	第12号	北影一	地球の資源
1992.05.15	第12号	釜井卓三	私の「集安」
1992.05.15	第12号	海野福寿	歴史の買い取りは許されない
1992.05.15	第12号	饗庭孝典	ソ連邦崩壊後の朝鮮半島-国際情勢と南北関係
1992.05.15	第12号	丹藤佳紀	善隣関係構築のために-日朝交渉をめぐって
1992.05.15	第12号	小林慶二	ソウル・東京・ピョンヤン
1992.05.15	第12号	金京鎬	豆満江下流域の経済圏
1992.05.15	第12号	姜英之	日韓経済摩擦の行方

발행일	권호	필자	제목
1992.05.15	第12号	田中宏・内海愛子・水野直樹・姜在彦	座談会 今なぜ戦後補償か
1992.05.15	第12号	梁永厚	詩人尹東柱の同伴者・宋夢奎の足跡
1992.05.15	第12号	川村湊	コリアン・サーカス学事始め
1992.05.15	第12号	安宇植	朝鮮文壇うらおもて3 料亭『朝鮮楼』の主・李人稙(中)
1992.05.15	第12号	外村大	研究ノート 解放前における在日朝鮮人社会試論
1992.05.15	第12号	川添修司	韓クニを行く(12)
1992.05.15	第12号	藤本巧	マッパラム-向かい風(12)
1992.05.15	第12号	平城好誠	終着の岸辺
1992.05.15	第12号	姜在彦	〈朝鮮と西洋9〉安鼎福の天主教批判と珍山事件
1992.05.15	第12号	飛田雄一	韓国時事漫画紹介(6)
1992.05.15	第12号	菅原史剛	強制連行の傷跡を追う-「八歳少年の死」を追って
1992.05.15	第12号	林えいだい	強制連行記録の旅6-極寒のサハリン
1992.05.15	第12号	市川速水	従軍慰安婦問題の「いま」-無知からの出発
1992.05.15	第12号	長井康平	季録=みる・きく・よむ
1992.05.15	第12号	金明美	ルポ・在日を生きる-韓国料理のオピニオンリーダー趙重玉先生
1992.05.15	第12号	徐竜達	公務就任権と地方自治体-京阪神にみる定住外国人の任用動向
1992.05.15	第12号	新美隆	外国人登録法「改正案」の問題点-指紋制度、外登証常時携帯制度を残すことにいかなる意味があるのか
1992.05.15	第12号	小林亜由美	〈書架〉自著を語る『ブブンバ・パラダイス』
1992.05.15	第12号	村松武司	〈書架〉李泰(安宇植訳)『南部軍』
1992.05.15	第12号	安宇植	〈書架〉大村益夫『愛する大陸よ』
1992.05.15	第12号	佐藤信行	〈書架〉宮田節子・金英達・梁泰昊『創氏改名』
1992.05.15	第12号	小塩公子	〈架け橋〉民族差別撤廃運動に参加して
1992.05.15	第12号	吉川毅	〈架け橋〉私にとっての朝鮮
1992.05.15	第12号	車育子	〈架け橋〉一歩一歩ゆるやかに
1992.05.15	第12号	李敬宰	〈架け橋〉「在日」間の統一から
1992.05.15	第12号	鄭昌潤	〈小説〉徳興から来た男
1992.05.15	第12号	大村益夫	解説
1992.05.15	第12号	読者投稿	読者の広場
1992.05.15	第12号	李進熙	編集を終えて
1992.05.15	第12号	無著名	表紙の絵
1992.08.15	第13号		特集 在日韓国・朝鮮人
1992.08.15	第13号	無著名	〈グラビア〉マッパラム13
1992.08.15	第13号	伊藤亜人	巡航船の思い出
1992.08.15	第13号	横山貞子	友達の名前
1992.08.15	第13号	韓哲■	不安のなかで-私にとっての八・一五
1992.08.15	第13号	入江曜子	とんぼ

발행일	권호	필자	제목
1992.08.15	第13号	田中宏	在日外国人のなかの韓国・朝鮮人-今来人(ルビ：ニュー・カマー)に映る古来人(ルビ：オールド・カマー)
1992.08.15	第13号	文京洙	転換期の世界と在日朝鮮人
1992.08.15	第13号	姜尚中	「在日」の新たな基軸を求めて-抵抗と参加のはざまで
1992.08.15	第13号	安宇植	植民地時代の在日朝鮮人文学
1992.08.15	第13号	磯貝治良	「在日」文学の変容と継承
1992.08.15	第13号	金英達・金敬得・金英姫・金明玉	座談会 国籍からみる在日韓国・朝鮮人
1992.08.15	第13号	丹藤佳紀	アメリカで見た朝鮮問題
1992.08.15	第13号	和田春樹	『金日成と満州抗日戦争』前後
1992.08.15	第13号	飛田雄一	韓国時事漫画紹介(7)
1992.08.15	第13号	木原悦子	おたあ・ジュリアの花-むくげの花はなぜ「茶花」なのか
1992.08.15	第13号	三浦泰一	在日韓国・朝鮮人生徒から学んだ一七年間-川崎高校「朝問研」と私
1992.08.15	第13号	川添修司	韓クニを行く(13)
1992.08.15	第13号	藤本巧	マッパラム-向かい風(13)
1992.08.15	第13号	李進熙	高句麗紀行 中国・東北の山城を行く
1992.08.15	第13号	姜在彦	〈朝鮮と西洋10〉北学派の西学観
1992.08.15	第13号	長井康平	季録＝みる・きく・よむ
1992.08.15	第13号	金スノク	〈架け橋〉日本へのまなざし
1992.08.15	第13号	井上由紀	〈架け橋〉出来ることから出来ることまで
1992.08.15	第13号	井田直子	〈架け橋〉自分に誠実に生きるために
1992.08.15	第13号	川村湊	〈追悼〉李良枝小論-作家・李良枝去る
1992.08.15	第13号	李銀子	〈追悼〉ヤンジの「思い出」
1992.08.15	第13号	川村湊	小説の中の「従軍慰安婦」
1992.08.15	第13号	林えいだい	強制連行記録の旅7-オグルハダ(無念だ)
1992.08.15	第13号	梁澄子	ルポ 従軍慰安婦の戦後補償
1992.08.15	第13号	内海愛子	朝鮮人戦犯-その釈放と補償要求の歩み」付・「朝鮮人戦犯釈放と戦後補償の流れ(一九五二年～一九六五年)
1992.08.15	第13号	無著名	〈対訳・童話〉トラと旅人
1992.08.15	第13号	貫井正之	〈書架〉自著を語る『秀吉と戦った朝鮮武将』
1992.08.15	第13号	馬淵貞利	〈書架〉旗田巍対談集『新しい朝鮮史像をもとめて』
1992.08.15	第13号	安宇植	〈書架〉韓雲史(村松豊功訳)『玄海灘は知っている-阿魯雲伝』、李文烈(藤本敏和訳)『われらの歪んだ英雄』
1992.08.15	第13号	無著名	『季刊青丘』総目次創刊号～第一二号
1992.08.15	第13号	読者投稿・編集部	読者の広場
1992.08.15	第13号	姜尚中	編集委員として一言を終えて
1992.08.15	第13号	李進熙	編集を終えて
1992.08.15	第13号	無著名	無題

발행일	권호	필자	제목
1992.11.15	第14号		特集 朝鮮王朝の五百年
1992.11.15	第14号	無著名	〈グラビア〉マッパラム14
1992.11.15	第14号	李正子	水にながせぬ
1992.11.15	第14号	神谷丹路	韓国・楽しさと緊張
1992.11.15	第14号	祝部陸大	ソウルで歩いて
1992.11.15	第14号	後藤均平	漂海録
1992.11.15	第14号	姜在彦	歴史のなかの朝鮮王朝
1992.11.15	第14号	上垣外憲一	朝鮮にとっての豊臣秀吉
1992.11.15	第14号	小野和子	壬辰倭乱と明国
1992.11.15	第14号	安宇植	李朝・女・恨の文化
1992.11.15	第14号	川村湊	二百年の孤独・朴趾源の「実学」
1992.11.15	第14号	仲尾宏	交隣から「征韓」へ
1992.11.15	第14号	小林慶二	七・四共同声明から二十年
1992.11.15	第14号	丹藤佳紀	韓・中は結ばれたが-東アジアの九〇年代末
1992.11.15	第14号	飛田雄一	韓国時事漫画紹介(8)
1992.11.15	第14号	李進熙	歴史紀行 渤海の古都を行く
1992.11.15	第14号	藤本巧	マッパラム-向かい風(14)
1992.11.15	第14号	川添修司	韓クニを行く(14)
1992.11.15	第14号	伊藤亜人	韓国の民族調査紀行(1) 書堂
1992.11.15	第14号	韓永大	大儀の戦いは私の誇り-一九〇七年五月、ハルバートの手紙
1992.11.15	第14号	大沼保昭	インタビュー 資料でみるサハリン棄民(1)
1992.11.15	第14号	泉博子	〈架け橋〉教育の現場で
1992.11.15	第14号	佐藤月美	〈架け橋〉私のために
1992.11.15	第14号	丁由紀子	〈架け橋〉いま、思うこと
1992.11.15	第14号	小林康■	〈架け橋〉私の「広州事件」
1992.11.15	第14号	金宣吉	三世から見た「戦後補償」-大阪から東京への徒歩行進
1992.11.15	第14号	増子義久	ドイツの戦後処理をめぐって-過去の克服のために
1992.11.15	第14号	林えいだい	強制連行記録の旅8-終わりなき旅
1992.11.15	第14号	梁澄子	ルポ・在日を生きる-女優・金久美子さん
1992.11.15	第14号	長井康平	季録＝みる・きく・よむ
1992.11.15	第14号	内海愛子・桜井均	〈資料・趙文相「あと二分」付〉対談 ある朝鮮人戦犯の遺書から
1992.11.15	第14号	李美子	〈対訳・童話〉内緒ばなし
1992.11.15	第14号	村松武司	対馬で-新井徹(内野健児)回想1
1992.11.15	第14号	磯貝治良	〈書架〉自著を語る『戦後日本文学のなかの朝鮮韓国』
1992.11.15	第14号	田端光永	〈書架〉キョンナム『ポッカリ月が出ましたら』
1992.11.15	第14号	鈴木裕子	〈書架〉尹貞玉他『朝鮮人女性がみた「慰安婦問題」』
1992.11.15	第14号	南重行	〈書架〉藤原史朗『生徒がチョゴリを着るとき』

발행일	권호	필자	제목
1992.11.15	第14号	金栄	〈書架〉神奈川県高教祖「民族差別と人権」問題小委員会編『この差別の壁をこえて』
1992.11.15	第14号	読者投稿	読者の広場
1992.11.15	第14号	魏良福	編集部より
1992.11.15	第14号	李進熙	編集を終えて
1992.11.15	第14号	無著名	無題
1993.02.15	第15号		特集 地域に生きる韓国・朝鮮人
1993.02.15	第15号	無著名	〈グラビア〉マッパラム15
1993.02.15	第15号	森崎和江	蔘鶏湯
1993.02.15	第15号	吉田宏志	文禄・慶長の役と朝鮮仏画
1993.02.15	第15号	後藤均平	振天府
1993.02.15	第15号	三橋修	「国際化」とは？
1993.02.15	第15号	姜尚中	「在日」のアイデンティティーを求めて
1993.02.15	第15号	徐正禹	私の体験的地域活動論
1993.02.15	第15号	奈賀悟	「見えにくい」街ナゴヤから
1993.02.15	第15号	梁澄子	東京・三河島「在日」の風景
1993.02.15	第15号	裵重度	共に生きる地域社会をめざして
1993.02.15	第15号	江藤善章	埼玉と朝鮮-暮らしの中から考える
1993.02.15	第15号	丹藤佳紀	中国社会主義再考
1993.02.15	第15号	荒井利明	北京からみた朝鮮半島
1993.02.15	第15号	四方田犬彦	朝鮮民主主義人民共和国の映画
1993.02.15	第15号	伊藤亜人	〈韓国の民族調査紀行(2)〉珍島の民間信仰-家庭の守護神
1993.02.15	第15号	波佐場清	体験的韓国語用語解釈
1993.02.15	第15号	藤本巧	マッパラム-向かい風(15)
1993.02.15	第15号	川添修司	韓クニを行く(15)
1993.02.15	第15号	鈴木裕子	フェミニズムと朝鮮(序)
1993.02.15	第15号	姜在彦	〈朝鮮と西洋11〉正祖時代の西学
1993.02.15	第15号	ニコライ・ブガイ	極東からの朝鮮人強制移住
1993.02.15	第15号	飛田雄一	韓国時事漫画紹介(9)
1993.02.15	第15号	安宇植	朝鮮文壇うらおもて4 料亭『朝鮮楼』の主・李人稙(下)
1993.02.15	第15号	磯貝治良	〈現代日本文学のなかの朝鮮韓国1〉戦後責任を追及する文学-井上光晴と小林勝
1993.02.15	第15号	川村湊	サハリン文学紀行
1993.02.15	第15号	大沼保昭	インタビュー 資料でみるサハリン棄民(2)
1993.02.15	第15号	金栄	ルポ・在日を生きる-在日二世・田沢洋子さん
1993.02.15	第15号	長井康平	季録＝みる・きく・よむ
1993.02.15	第15号	海野福寿	〈書架〉自著を語る『日清・日露戦争』(日本の歴史18)
1993.02.15	第15号	金英姫	〈書架〉金在南『鳳仙花のうた』
1993.02.15	第15号	篠田直彦	〈書架〉朝日新聞社編『イウサラム ウトロ聞き書き』

발행일	권호	필자	제목
1993.02.15	第15号	藤井幸之助	〈書架〉公教育の中の民族教育-大阪高槻の在日朝鮮人地域・学校子ども会
1993.02.15	第15号	後藤周	〈架け橋〉教育の現場にて
1993.02.15	第15号	西巻稔	〈架け橋〉生徒と向き合って
1993.02.15	第15号	笹尾裕一	〈架け橋〉「夏の行進」がくれたもの
1993.02.15	第15号	読者投稿・編集部	読者の広場
1993.02.15	第15号	姜在彦	民主主義の成熟度
1993.02.15	第15号	李進熙	編集を終えて
1993.02.15	第15号	無著名	表紙の絵
1993.05.15	第16号		特集 いま日韓条約を考える
1993.05.15	第16号	無著名	〈グラビア〉マッパラム16
1993.05.15	第16号	小島晋治	陳君・崔君・宋君の思い出
1993.05.15	第16号	佐木隆三	作品のモチーフ
1993.05.15	第16号	杉原達	上方落語「代書」に思う
1993.05.15	第16号	金纓	わたしと日本
1993.05.15	第16号	和田春樹	日韓条約を考える
1993.05.15	第16号	新延明	〈ドキュメント〉条約締結にいたる過程
1993.05.15	第16号	佐藤信行	年表にみる日韓交渉
1993.05.15	第16号	文京洙	世界史の中の日韓条約
1993.05.15	第16号	姜尚中	植民地支配「正当化」発言とその背景
1993.05.15	第16号	新美隆	戦後補償問題と「日韓請求権協定」-「請求権」の法的検討
1993.05.15	第16号	金敬得	九一年日韓覚書後の法的地位の課題
1993.05.15	第16号	小林慶二	北朝鮮みたまま
1993.05.15	第16号	丹藤佳紀	「核問題」と開放志向の行方
1993.05.15	第16号	伊藤亜人	〈韓国の民族調査紀行(3)〉珍島の民間信仰-山をめぐって
1993.05.15	第16号	藤本巧	マッパラム-向かい風(16)
1993.05.15	第16号	川添修司	韓クニを行く(16)
1993.05.15	第16号	鈴木裕子	フェミニズムと朝鮮(2)-山川菊栄を中心に
1993.05.15	第16号	姜在彦	中国からみた朝鮮戦争-停戦四〇周年に思う
1993.05.15	第16号	飛田雄一	韓国時事漫画紹介(10)
1993.05.15	第16号	波佐場清	体験的韓国語用語解釈(2)
1993.05.15	第16号	ラヴレンティー・ソン	旧ソ連邦の朝鮮人は今
1993.05.15	第16号	岡田一男	国際ワークショップ「離散朝鮮民族と他民族強制体の未来像」参加よびかけ
1993.05.15	第16号	古庄正	朝鮮人強制連行問題の企業責任
1993.05.15	第16号	山下英愛	韓国での「慰安婦」問題
1993.05.15	第16号	大沼保昭	インタビュー 資料でみるサハリン棄民(3)
1993.05.15	第16号	安宇植	朝鮮文壇うらおもて5 詩集『凝香』事件をめぐって(上)
1993.05.15	第16号	斎藤正樹	〈架け橋〉ウトロに思う

발행일	권호	필자	제목
1993.05.15	第16号	朴英子	〈架け橋〉解放しあえる場に
1993.05.15	第16号	谷口和憲	〈架け橋〉性差別の克服
1993.05.15	第16号	金富子	〈架け橋〉「慰安婦」問題との出会い
1993.05.15	第16号	中村サカエ	〈架け橋〉少女のころの釜山
1993.05.15	第16号	磯貝ひろ子	〈架け橋〉立原正秋の里
1993.05.15	第16号	中村輝子	季録＝みる・きく・よむ
1993.05.15	第16号	朴慶植	〈書架〉自著を語る『在日朝鮮人・強制連行・民族問題』
1993.05.15	第16号	外村大	〈書架〉山脇啓造『近代日本の外国人労働者問題』
1993.05.15	第16号	磯貝治良	〈現代日本文学のなかの朝鮮韓国2〉路地からアジアへ-中上健次の韓国
1993.05.15	第16号	読者投稿・編集部	読者の広場
1993.05.15	第16号	李進煕	編集を終えて
1993.05.15	第16号	無著名	表紙の絵
1993.08.15	第17号		特集 八・一五解放と分断
1993.08.15	第17号	無著名	〈グラビア〉マッパラム17
1993.08.15	第17号	田村円澄	八・一五に想う
1993.08.15	第17号	岡百合子	円測の塔の前で
1993.08.15	第17号	上原淳道	一人の日本人として何が言えるか
1993.08.15	第17号	戴国煇	五〇年目の八・一五に思う
1993.08.15	第17号	和田春樹	米ソ占領と朝鮮の分断
1993.08.15	第17号	マーク・ゲイン	〈資料〉ソウル・一九四六年一〇月
1993.08.15	第17号	徐仲錫	左右合作と南北協商
1993.08.15	第17号	李景珉	北朝鮮における解放
1993.08.15	第17号	文京洙	解放政局と済州島四・三事件
1993.08.15	第17号	桜井浩	朝鮮労働党の民主基地路線と統一問題
1993.08.15	第17号	姜在彦	今なぜ分断問題か
1993.08.15	第17号	伊藤亜人	〈韓国の民族調査紀行(4)〉珍島の民間信仰-メーギとパンポプ
1993.08.15	第17号	波佐場清	体験的韓国語用語解釈(3)
1993.08.15	第17号	飛田雄一	韓国時事漫画紹介(11)
1993.08.15	第17号	藤本巧	マッパラム-向かい風(17)
1993.08.15	第17号	川添修司	韓クニを行く(17)
1993.08.15	第17号	丹藤佳紀	朝鮮戦争停戦四十周年
1993.08.15	第17号	鈴木裕子	フェミニズムと朝鮮(3)-日本基督教婦人矯風会と朝鮮(上)
1993.08.15	第17号	海野福寿	一九〇五年日韓協約無効論について-条約の形式からみた
1993.08.15	第17号	加藤修宏	中国人強制連行と花岡事件
1993.08.15	第17号	高木健一	戦後補償問題の展開と課題
1993.08.15	第17号	磯貝治良	〈現代日本文学のなかの朝鮮韓国3〉描かれた強制連行・軍隊「慰安婦」
1993.08.15	第17号	金達寿	承前・わが文学と生活-五〇年代から六〇年代へ(1)
1993.08.15	第17号	鄭承博	〈書架〉自著を語る　鄭承博著作集』全五巻

발행일	권호	필자	제목
1993.08.15	第17号	原後山治	〈書架〉幼方直吉『人権のこえ アジアの歌』
1993.08.15	第17号	中村輝子	季録＝みる・きく・よむ
1993.08.15	第17号	梁泰昊	仮構としての在日韓国・朝鮮人
1993.08.15	第17号	草部志のぶ	〈架け橋〉私と朝鮮
1993.08.15	第17号	笹尾庸子	〈架け橋〉過去に目をそらさないで
1993.08.15	第17号	米津篤八	〈架け橋〉現代語学塾の日常
1993.08.15	第17号	李相兌	〈架け橋〉二つの国のはざまで
1993.08.15	第17号	梁石日	〈連作小説〉暗い春
1993.08.15	第17号	読者投稿	読者の広場
1993.08.15	第17号	李進熙	編集を終えて
1993.08.15	第17号	無著名	仏会寺の石長柱
1993.11.15	第18号		特集 いまなぜ戦後補償か
1993.11.15	第18号	無著名	〈グラビア〉マッパラム18
1993.11.15	第18号	西川宏	日朝関係史を実地に学ぶ
1993.11.15	第18号	永留久恵	交隣之碑
1993.11.15	第18号	松沢弘陽	私と韓国・朝鮮
1993.11.15	第18号	堀田謹吾	二〇年目の夏
1993.11.15	第18号	大沼保昭・田中宏・金敬得	鼎談 問われている戦後補償
1993.11.15	第18号	佐藤芳嗣	戦後補償裁判の経過と検討
1993.11.15	第18号	丹羽雅雄	在日韓国・朝鮮人の戦後補償-旧軍人・軍属を中心として
1993.11.15	第18号	高木健一	従軍慰安婦問題の新展開
1993.11.15	第18号	平湯真人	BC旧戦犯裁判が問いかけるもの-戦後補償問題の深まりと広まりのために
1993.11.15	第18号	姜徳相	朝鮮人労務者名簿の分析-労働省保管資料について
1993.11.15	第18号	塩田純	未払い問題を追って
1993.11.15	第18号	佐藤健生	ドイツの戦後補償のあり方
1993.11.15	第18号	小林慶二	朝鮮半島にサダトはいないのか
1993.11.15	第18号	波佐場清	体験的韓国語用語解釈(4)
1993.11.15	第18号	藤本巧	マッパラム-向かい風(18)
1993.11.15	第18号	川添修司	韓クニを行く(18)
1993.11.15	第18号	李哲	〈追悼・村松武司さん〉梨花の空
1993.11.15	第18号	キャサリン・ウェザスビィ・李庭植	対談 ソ連の朝鮮半島政策-解放から六・二五まで
1993.11.15	第18号	大村益夫	韓国の大学入試風景
1993.11.15	第18号	飛田雄一	韓国時事漫画紹介(12)
1993.11.15	第18号	貫井正之	戦争と仏画の略奪-興生寺蔵・唐絵釈迦尊の場合
1993.11.15	第18号	鈴木裕子	フェミニズムと朝鮮(4)-日本基督教婦人矯風会と朝鮮(中)
1993.11.15	第18号	佐野通夫	関東大震災七〇年・日本の朝鮮認識

발행일	권호	필자	제목
1993.11.15	第18号	中村輝子	季録＝みる・きく・よむ
1993.11.15	第18号	金栄	ルポ・在日を生きる-オピニオンリーダーの辛淑玉さん
1993.11.15	第18号	大山美佐子	〈架橋〉もしもラジオに出たならば
1993.11.15	第18号	小久保諭	〈架橋〉日本映画の中の朝鮮人
1993.11.15	第18号	宮本万里子	〈架橋〉異文化によりそって
1993.11.15	第18号	川原裕子	〈架橋〉私と隣の国
1993.11.15	第18号	安宇植	朝鮮文壇うらおもて6　集『凝香』事件をめぐって(下)
1993.11.15	第18号	磯貝治良	〈現代日本文学のなかの朝鮮韓国4〉新しい文学世代と〈在日〉
1993.11.15	第18号	金達寿	承前・わが文学と生活-五〇年代から六〇年代へ(2)
1993.11.15	第18号	読者投稿	読者の広場
1993.11.15	第18号	姜尚中	編集を終えて
1993.11.15	第18号	無著名	高霊の岩刻画
1994.02.15	第19号		特集　在日朝鮮人文学の現在
1994.02.15	第19号	無著名	〈グラビア〉マッパラム19
1994.02.15	第19号	角田房子	『悲しみの島サハリン』を書き終えて
1994.02.15	第19号	針生一郎	ビザなしの韓国旅行
1994.02.15	第19号	服部敬史	石鍋に想う
1994.02.15	第19号	西谷正	名護屋城博物館が開館
1994.02.15	第19号	川村湊	在日朝鮮人文学とは何か
1994.02.15	第19号	磯貝治良	第一世代の文学略図
1994.02.15	第19号	中村輝子	季録＝みる・きく・よむ-関係性の領域で生きる・つかこうへい
1994.02.15	第19号	金重明	〈在日文学を読む〉鄭承博・ものがたりの原点
1994.02.15	第19号	文真弓	〈在日文学を読む〉金鶴泳と在日三世の私と
1994.02.15	第19号	鄭閏熙	〈在日文学を読む〉李恢成文学の今日-『砧をうつ女』から
1994.02.15	第19号	沈光子	〈在日文学を読む〉梁石日の『狂躁曲』を読む
1994.02.15	第19号	元秀一	〈在日文学を読む〉For　Yangji
1994.02.15	第19号	金英姫	〈在日文学を読む〉李良枝のこと
1994.02.15	第19号	李美子	〈在日文学を読む〉在日一世の詩人とわたし
1994.02.15	第19号	沼野充義	ロシア文学の多民族的世界-ロシア文学はロシア人だけのものか
1994.02.15	第19号	丹藤佳紀	いまひとたびの転機―朝鮮
1994.02.15	第19号	小北清人	体験的韓国語用語解釈(5)
1994.02.15	第19号	岡奈津子	旧ソ連の朝鮮人知識人の苦悩
1994.02.15	第19号	高松茂	カザフスタンの高麗人たち
1994.02.15	第19号	川添修司	韓クニを行く(19)
1994.02.15	第19号	藤本巧	マッパラム-向かい風(19)
1994.02.15	第19号	劉孝鐘	旧ソ連中央アジアの朝鮮人社会-カザフスタンでの国際ワークショップから
1994.02.15	第19号	志賀勝	ヴラジヴォストーク瞥見-強制追放された朝鮮人が帰ってきた
1994.02.15	第19号	飛田雄一	韓国時事漫画紹介(13)

発行日	巻号	筆者	題目
1994.02.15	第19号	伊藤亜人	〈韓国の民族調査紀行(5)〉読経師
1994.02.15	第19号	李進熙	「檀君陵」発掘とその後
1994.02.15	第19号	姜在彦	〈朝鮮と西洋12〉辛酉教難と西学の凋落
1994.02.15	第19号	鈴木裕子	フェミニズムと朝鮮(5)-日本基督教婦人矯風会と朝鮮(下の1)
1994.02.15	第19号	小林知子	〈検閲された記事の一覧と社告「愛読者へのお詫び」の写真付〉『民主朝鮮』の検閲状況
1994.02.15	第19号	孫明修	〈架橋〉朝鮮人は美しい？
1994.02.15	第19号	姜恵禎	〈架橋〉在日同胞と出会って
1994.02.15	第19号	三浦和美	〈架橋〉「識字」を生きる力に
1994.02.15	第19号	成美香子	〈架橋〉慰安婦問題と取り組んで
1994.02.15	第19号	荒野泰典	〈書架〉自著を語る『アジアのなかの日本史』全六巻
1994.02.15	第19号	高柳俊男	石坂浩一『近代日本の社会主義と朝鮮』
1994.02.15	第19号	泊勝美	日本にとって朝鮮語は何であったか(上)
1994.02.15	第19号	金達寿	承前・わが文学と生活-五〇年代から六〇年代へ(3)
1994.02.15	第19号	読者投稿	読者の広場
1994.02.15	第19号	李進熙	編集を終えて
1994.02.15	第19号	無著名	天原三台里磨崖仏
1994.05.15	第20号		特集 転形期の在日韓国・朝鮮人
1994.05.15	第20号	無著名	〈グラビア〉マッパラム20
1994.05.15	第20号	無著名	創刊のことば
1994.05.15	第20号	岩橋邦枝	人間づきあい
1994.05.15	第20号	萩原遼	大同江とポトマック河
1994.05.15	第20号	矢野百合子	霞の中で
1994.05.15	第20号	西野辰吉	大阪事件探索
1994.05.15	第20号	姜在彦	転機に立つ在日韓国・朝鮮人
1994.05.15	第20号	姜尚中	転形期の「在日」と参政権-複合的アイデンティティの可能性
1994.05.15	第20号	竹田青嗣	民族・地域・国家
1994.05.15	第20号	鄭早苗	在日の民族教育とその展望
1994.05.15	第20号	金東勲	国際人権基準と民族教育-「子ども権利条約」の批准に思う
1994.05.15	第20号	金達寿・姜在彦・李進熙	鼎談『三千里』と『青丘』の二十年」資料・高橋巌「近くて遠いところ」・「季刊三千里」付
1994.05.15	第20号	小林慶二	経済制裁へのジレンマ
1994.05.15	第20号	波佐場清	体験的韓国語用語解釈(6)
1994.05.15	第20号	飛田雄一	韓国時事漫画紹介(14)
1994.05.15	第20号	伊藤亜人	〈韓国の民族調査紀行(6)〉珍島における土器
1994.05.15	第20号	川添修司	韓クニを行く(20)
1994.05.15	第20号	藤本巧	マッパラム-向かい風(20)
1994.05.15	第20号	柳東浩	中国革命の激流のなかで
1994.05.15	第20号	鈴木裕子	フェミニズムと朝鮮(6)-日本基督教婦人矯風会と朝鮮(下の2)

발행일	권호	필자	제목
1994.05.15	第20号	泊勝美	日本にとって朝鮮語は何であったか(下)
1994.05.15	第20号	大沼保昭	インタビュー 資料からみるサハリン棄民(4)
1994.05.15	第20号	金栄	ルポ・在日を生きる-『身世打鈴』宋富子さん
1994.05.15	第20号	桔川純子	〈架け橋〉朝鮮語に出合って
1994.05.15	第20号	小林英子	〈架け橋〉ひとりの日本人として
1994.05.15	第20号	鈴木公一	〈架け橋〉戸籍の窓口から見た「国際化」
1994.05.15	第20号	千美江	〈架け橋〉法律を学ぶなかで
1994.05.15	第20号	無著名	対訳・童話 御史ごっこ
1994.05.15	第20号	磯貝治良	〈現代日本文学のなかの朝鮮韓国5〉文学にみる秀吉の侵略
1994.05.15	第20号	金達寿	承前・わが文学と生活-五〇年代から六〇年代へ(4)
1994.05.15	第20号	加納実紀代	〈架橋〉自著を語る『越えられなかった海峡』
1994.05.15	第20号	中西昭雄	〈架橋〉古庄正編『強制連行の企業責任』
1994.05.15	第20号	井上薫	〈架橋〉佐野通夫『近代日本の教育と朝鮮』
1994.05.15	第20号	川原栄一	〈架橋〉江橋崇編著『外国人は住民です』
1994.05.15	第20号	無著名	『季刊青丘』総目次 創刊号~第十九号
1994.05.15	第20号	読者投稿・編集部	読者の広場
1994.05.15	第20号	姜尚中	編集を終えて
1994.05.15	第20号	無著名	雲門寺四天王像
1995.02.15	第21号		特集「在日」の50年
1995.02.15	第21号	藤本巧	〈グラビア〉マッパラム21
1995.02.15	第21号	無著名	創刊のことば
1995.02.15	第21号	鈴木裕子	『フェミニズムと朝鮮』を書き終えて
1995.02.15	第21号	奥野弘	三度ビックリ-ノッポもベッピンも韓国語
1995.02.15	第21号	楊威理	韓国一瞥
1995.02.15	第21号	高柳俊男	東京に残る近代日朝関係の史跡を訪ねて
1995.02.15	第21号	和田春樹・姜在彦	対談 戦後五〇年の歩みのなかで
1995.02.15	第21号	金英達	占領軍の在日朝鮮人政策
1995.02.15	第21号	金敬得	戦後補償問題の現状-七・一五判決について
1995.02.15	第21号	金達寿・朴慶植・梁永厚・李進煕	座談会「在日」50年を語る
1995.02.15	第21号	小北清人	体験的韓国語用語解釈(7)
1995.02.15	第21号	伊藤亜人	〈韓国の民族調査紀行(7)〉珍島農村の正月行事
1995.02.15	第21号	谷口ふみ奈	韓国の伝統芸能パンソリ「ソリ論」
1995.02.15	第21号	姜尚中	〈連載1〉アジア観の相克-東洋史学と植民政策学
1995.02.15	第21号	韓万年	〈追悼・旗田巍〉安らかにお休みください
1995.02.15	第21号	李進煕	〈追悼・旗田巍〉旗田巍先生の死を悼む
1995.02.15	第21号	川添修司	韓クニを行く(21)

발행일	권호	필자	제목
1995.02.15	第21号	中村輝子	季録＝みる・きく・よむ
1995.02.15	第21号	姜在彦	〈時評〉「侵略」をめぐる発言
1995.02.15	第21号	丹藤佳紀	「過渡期」のゆくえ
1995.02.15	第21号	石坂浩一	年表・北朝鮮「核疑惑」問題
1995.02.15	第21号	田中水絵	サハリン残留朝鮮人のいま--一九九三～九四年夏
1995.02.15	第21号	安宇植	朝鮮文壇うらおもて6 幻の李泰俊救出作戦(上)
1995.02.15	第21号	磯貝治良	〈現代日本文学のなかの朝鮮韓国6〉ミステリーと朝鮮韓国
1995.02.15	第21号	金英姫	〈私の主張〉従軍慰安婦問題
1995.02.15	第21号	鈴木啓介	〈私の主張〉民族共生教育をめざす
1995.02.15	第21号	斎藤正樹	〈私の主張〉ウトロ裁判
1995.02.15	第21号	崔碩義	放浪詩人 金笠の死と生涯
1995.02.15	第21号	金達寿	承前・わが文学と生活-五〇年代から六〇年代へ(5)
1995.02.15	第21号		シンポジウム 転換期の在日韓国・朝鮮人を語る
1995.02.15	第21号	文京洙	「国民国家」を越えて
1995.02.15	第21号	和田春樹	ディアスポラと分断の中で
1995.02.15	第21号	内海愛子	歴史の清算と文化多元主義の課題
1995.02.15	第21号	金宣吉	「転形期」の課題
1995.02.15	第21号	編集委員会	新たな門出に際して
1995.02.15	第21号	無著名	慶州市・新羅の天馬図
1995.05.15	第22号		特集「在日」の50年—2
1995.05.15	第22号	藤本巧	〈グラビア〉マッパラム22
1995.05.15	第22号	元秀一	ドラマ「この指とまれ」
1995.05.15	第22号	内川千裕	わたしにとっての出会い
1995.05.15	第22号	西川孝雄	二十五年前の留学閑話
1995.05.15	第22号	金在紋	日本語に捕らわれた在日
1995.05.15	第22号	姜在彦・朴慶植・梁永厚	連続座談会2「在日」50年を語る
1995.05.15	第22号	文京洙	高度経済成長化の在日朝鮮人
1995.05.15	第22号	高柳俊男	一九五〇～六〇年代の在日朝鮮人と日本の世論
1995.05.15	第22号	丹羽雅雄	在日韓国・朝鮮人の地方参政権
1995.05.15	第22号	前川恵司	振り返った「あの日」-ソウル報告(1)
1995.05.15	第22号	李進熙	〈時評〉造営と撤去が意味するもの
1995.05.15	第22号	柳本芸	〈姜在彦「訳者まえがき」付〉王都ソウル-『漢京識略』1
1995.05.15	第22号	伊藤亜人	〈韓国の民族調査紀行(8)〉風水地理
1995.05.15	第22号	前田耕作	西アジアからの雑想
1995.05.15	第22号	水藤昌彦	民族教育と朝鮮学校
1995.05.15	第22号	川添修司	韓クニを行く(22)
1995.05.15	第22号	南雲智	胡風と張赫宙(上)-中国の文芸評論家がみた朝鮮人作家
1995.05.15	第22号	劉孝鐘	中国内モンゴル自治区の朝鮮人-阿栄旗新発朝鮮民族郷を訪ねて

발행일	권호	필자	제목
1995.05.15	第22号	鄭承博	〈阪神・淡路大震災〉阪神・淡路大震災の波紋
1995.05.15	第22号	牧田清	〈阪神・淡路大震災〉「長田マダン」で
1995.05.15	第22号	飛田雄一	〈阪神・淡路大震災〉阪神大震災と滞日外国人
1995.05.15	第22号	川村湊	植民地文学から在日文学へ-在日朝鮮人文学論序説(1)
1995.05.15	第22号	中村輝子	季録＝みる・きく・よむ
1995.05.15	第22号	姜尚中	〈連載2〉アジア観の相克-植民地主義者の肖像
1995.05.15	第22号	鄭甲寿	〈私の主張〉統一問題と市民の論理
1995.05.15	第22号	南宮成根	サラダボールのように
1995.05.15	第22号	朴容福	映画「戦後在日五〇年史」
1995.05.15	第22号	篠田直彦	〈書架〉江東・在日朝鮮人の歴史を記録する会編『東京のコリアン・タウン』
1995.05.15	第22号	原千代子	〈書架〉梶村秀樹著・石坂浩一編『朝鮮を知るために』
1995.05.15	第22号	大沼久夫	〈書架〉和田春樹『朝鮮戦争』
1995.05.15	第22号	金達寿	承前・わが文学と生活-五〇年代から六〇年代へ(6)
1995.05.15	第22号	磯貝治良	〈現代日本文学のなかの朝鮮韓国7〉佐木隆三と朝鮮
1995.05.15	第22号	安宇植	朝鮮文壇うらおもて7 幻の李泰俊救出作戦(中)
1995.05.15	第22号	読者投稿	読者の広場
1995.05.15	第22号	李進熙	編集を終えて
1995.05.15	第22号	無著名	黄海道・高句麗壁画の行列図
1995.08.15	第23号		特集 在日」の50年―3
1995.08.15	第23号	藤本巧	〈グラビア〉マッパラム23
1995.08.15	第23号	和田春樹	戦後五〇年-日本保守派の朝鮮観
1995.08.15	第23号	姜在彦	八・一五の五〇周年に思う
1995.08.15	第23号	李庭植	韓国は米国の「反共の砦」ではなかった(上)
1995.08.15	第23号	飯沼二郎	〈私にとっての八・一五 1〉底抜けの青空
1995.08.15	第23号	有光教一	〈私にとっての八・一五 1〉博物館引き継ぎの思い出
1995.08.15	第23号	李仁夏	〈私にとっての八・一五 1〉勤労動員先の軍需工場で
1995.08.15	第23号	大塚初重	〈私にとっての八・一五 1〉漂流して歴史を想う
1995.08.15	第23号	後藤均平	〈私にとっての八・一五 1〉五十年滄浪
1995.08.15	第23号	上田正昭	〈私にとっての八・一五 1〉痛恨の青春譜
1995.08.15	第23号	飯尾憲士	〈私にとっての八・一五 1〉政治家よ、慟哭をご存じか
1995.08.15	第23号	金徳煥・裵重度・文京洙	連続座談会3「在日」50年を語る
1995.08.15	第23号	南雲智	胡風と張赫宙(下)-中国の文芸評論家がみた朝鮮人作家
1995.08.15	第23号	劉孝鐘	「改革・開放」のなかの中国朝鮮族1-国境を越える「跨界民族」
1995.08.15	第23号	高崎宗司	中国朝鮮族の民族教育を訪ねて-延辺朝鮮族自治州の州都・延吉の場合
1995.08.15	第23号	伊藤亜人	〈韓国の民族調査紀行(9)〉契(その1)-村の公共的な契
1995.08.15	第23号	李進熙	李承牧さんの死を悼む
1995.08.15	第23号	川添修司	韓クニを行く(23)
1995.08.15	第23号	内山秀夫	〈私にとっての八・一五 2〉「信」と「疑い」のはざまで

발행일	권호	필자	제목
1995.08.15	第23号	辛基秀	〈私にとっての八・一五 2〉「解放の歌」
1995.08.15	第23号	古庄正	〈私にとっての八・一五 2〉八月十五日を迎えるたびに
1995.08.15	第23号	筑紫哲也	〈私にとっての八・一五 2〉八・一五に思う
1995.08.15	第23号	田中宏	〈私にとっての八・一五 2〉アジアの「光復」
1995.08.15	第23号	三橋修	〈私にとっての八・一五 2〉私の八月一五日
1995.08.15	第23号	大村益夫	〈私にとっての八・一五 2〉私の八・一五
1995.08.15	第23号	内海愛子	〈私にとっての八・一五 2〉アジアの八月一五日
1995.08.15	第23号	鄭早苗	〈私にとっての八・一五 2〉私が思う在日の戦後五〇年
1995.08.15	第23号	丹藤佳紀	半世紀の節目に立って
1995.08.15	第23号	文京洙	〈時評〉韓国の統一地方選挙と住民自治
1995.08.15	第23号	前川恵司	異境の人びと-ソウル報告(2)
1995.08.15	第23号	安宇植	朝鮮文壇うらおもて8 幻の李泰俊救出作戦(下)
1995.08.15	第23号	中村輝子	季録＝みる・きく・よむ
1995.08.15	第23号	金熙秀	インタビュー 在日一世の実業家・金熙秀
1995.08.15	第23号	牧田清	(ひとつになろう)-第六回長田マダン
1995.08.15	第23号	金正美	〈私の主張〉わが港町診療所
1995.08.15	第23号	李哲海	〈私の主張〉在日の新らしい指針を
1995.08.15	第23号	慎民子	〈私の主張〉荒川の河川敷で
1995.08.15	第23号	姜尚中	〈連載3〉アジア観の相克-植民地主義者の肖像(その2)
1995.08.15	第23号	磯貝治良	〈現代日本文学のなかの朝鮮韓国8〉政治の季節の青春と在日
1995.08.15	第23号	川村湊	高麗人からコリアンへ-在日朝鮮人文学論序説(2)
1995.08.15	第23号	読者投稿	読者の広場
1995.08.15	第23号	李進熙	編集を終えて
1995.08.15	第23号	無著名	五■墳四号墓の壁画
1995.11.15	第24号		特集「在日」の50年—4
1995.11.15	第24号	藤本巧	〈グラビア〉マッパラム24
1995.11.15	第24号	久間十義	シンポジウム開催あれこれ
1995.11.15	第24号	高崎隆治	朝鮮で発行された雑誌
1995.11.15	第24号	胡口靖夫	鬼室神社のこと
1995.11.15	第24号	鈴木勁介	「異邦人であること」について
1995.11.15	第24号	田中宏	在日をめぐる戦後五〇年を検証する-変ったこと、変らないこと、残る問題
1995.11.15	第24号	梁永厚	在日の「民族教育」、その五〇年
1995.11.15	第24号	金敬得・梁登子・尹照子・姜尚中	連続座談会4「在日」50年を語る
1995.11.15	第24号	鄭章淵	「パックス・エコノミカ」時代の到来と在日社会
1995.11.15	第24号	藤井幸之助	公教育の中の民族教育
1995.11.15	第24号	針生一郎	光州国際ビエンナーレ展に招かれて
1995.11.15	第24号	中村輝子	人権が基本の北京女性会議
1995.11.15	第24号	李庭植	韓国は米国の「反共の砦」ではなかった(下)

발행일	권호	필자	제목
1995.11.15	第24号	姜尚中	〈連載4〉アジア観の相克-植民地主義者の肖像(その3)
1995.11.15	第24号	柳本芸	王都ソウル-『漢京識略』2
1995.11.15	第24号	川添修司	韓クニを行く(24)
1995.11.15	第24号	南雲智	村松梢風と「朝鮮遊記」(上)
1995.11.15	第24号	劉孝鐘	「改革・開放」のなかの中国朝鮮族2-市場経済のなかの農村経済
1995.11.15	第24号	前川恵司	ネーミングは「地球村」-ソウル報告(3)
1995.11.15	第24号	谷口ふみ奈	お薦め・パンソリCD
1995.11.15	第24号	伊藤亜人	〈韓国の民族調査紀行(10)〉契(その2)-任意参加による契
1995.11.15	第24号	宇野豊	地域コミュニティの位相-京都・東九条四〇番地から
1995.11.15	第24号	姜恵楨	ハルモニたちとの出会い
1995.11.15	第24号	金達寿	承前・わが文学と生活-五〇年代から六〇年代へ(7)
1995.11.15	第24号	磯貝治良	〈現代日本文学のなかの朝鮮韓国9〉朝鮮韓国を描く現在
1995.11.15	第24号	川村湊	純文学から大衆文学へ-在日朝鮮人文学論序説(3)
1995.11.15	第24号	元秀一	〈短編小説〉チェジュの夏
1995.11.15	第24号	読者投稿	読者の広場
1995.11.15	第24号	李進煕	編集を終えて
1995.11.15	第24号	無著名	高句麗の流鏑馬
1996.02.15	第25号		特集 朝鮮観の系譜
1996.02.15	第25号	藤本巧	〈グラビア〉マッパラム25
1996.02.15	第25号	無著名	創刊のことば
1996.02.15	第25号	鶴見俊輔	信長・秀吉・家康
1996.02.15	第25号	西谷正	考古学と植民地史観
1996.02.15	第25号	文京洙	メディアのなかの国
1996.02.15	第25号	饗庭孝典	春の嵐
1996.02.15	第25号	姜在彦	「協約」ではなく「国盗り」-伊藤博文と「保護条約」
1996.02.15	第25号	高崎宗司	妄言の系譜資料と解説]
1996.02.15	第25号	金英達	「創氏」と「改名」-その法的強制と政策的強要について
1996.02.15	第25号	神谷丹路	〈妄言に思う〉百年の歴史のスパンで
1996.02.15	第25号	後藤均平	〈妄言に思う〉百年河清の弁
1996.02.15	第25号	鈴木裕子	〈妄言に思う〉戦争犯罪の徹底的真相究明こそ大切
1996.02.15	第25号	金英姫	〈妄言に思う〉わが家の顛末
1996.02.15	第25号	西川宏	〈妄言に思う〉反省と責任と
1996.02.15	第25号	飯沼二郎	〈妄言に思う〉くりかえされる妄言
1996.02.15	第25号	小林慶二・姜在彦・李進煕	鼎談 今日の朝鮮半島と日本
1996.02.15	第25号	高木健一	歩みを始めた戦後補償
1996.02.15	第25号	中村輝子	季録=みる・きく・よむ
1996.02.15	第25号	福本修	存在を「見る」ことを阻むもの-教育の現場から
1996.02.15	第25号	川添修司	韓クニを行く(25)

발행일	권호	필자	제목
1996.02.15	第25号	金賛会	研究ノート 韓国の本解と日本の本地物語
1996.02.15	第25号	伊藤亜人	〈韓国の民族調査紀行(11)〉セマウル運動と民族文化
1996.02.15	第25号	南雲智	村松梢風と「朝鮮遊記」(下)
1996.02.15	第25号	安宇植	朝鮮文壇うらおもて9 幻の李泰俊救出作戦・補遺
1996.02.15	第25号	劉孝鐘	「改革・開放」のなかの中国朝鮮族3-転機を迎える民族教育
1996.02.15	第25号	姜尚中・文京洙	対談 二十一世紀に向けて
1996.02.15	第25号	金英鐘	きずな
1996.02.15	第25号	磯貝治良	〈現代日本文学のなかの朝鮮韓国10〉小田実の朝鮮・ほか一篇
1996.02.15	第25号	金達寿	承前・わが文学と生活-七〇年代から八〇年代へ
1996.02.15	第25号	金達寿	「わが文学と生活」終刊・中断について
1996.02.15	第25号	川村湊	自由詩から定型詩へ-在日朝鮮人文学論序説(4)
1996.02.15	第25号	無著名	『季刊青丘』総目次 創刊号〜第二十五号
1996.02.15	第25号	編集委員会	終刊のことば
1996.02.15	第25号	姜在彦	〈終刊に思う〉人生の晩年を雑誌と共に
1996.02.15	第25号	安宇植	〈終刊に思う〉さまざまな事象を記録
1996.02.15	第25号	姜尚中	〈終刊に思う〉『季刊 青丘』は生みの親
1996.02.15	第25号	文京洙	〈終刊に思う〉なし得なかったこと
1996.02.15	第25号	魏良福	〈終刊に思う〉編集実務の担当者として
1996.02.15	第25号	無著名	近藤の竜頭宝幢

계간 통일로

○ ○ ○

1 서지적 정보

『계간 통일로』는 1975년 10월부터 1977년 12월 21호까지 발간된 『월간 선구』를 잇는 잡지로, 1978년 봄호(22호)에 '선구를 개제(改題)'한 것이라고 표지에 명시하였다. 앞선 잡지 『선구(先駆, ソング)』를 잇는 후속잡지로 간행되었다. 편집 권용부, 발행 곽원기, 발행소는 한청(韓靑)출판사이다. 한국의 민주주의, 노동운동, 김대중 납치와 구출, 전두환의 음모 등, 70년대 말부터 80년대에 이르는 격동하는 한국의 정세를 지나 1990년대 문민정부의 출현에 이르는 과정을 1978년 봄 22호부터 1993년 5월까지 49호가 발간된 내용이 확인된다. 주요 집필진에 김성호, 김창영, 송건호, 김대상, 김영하 등이 있다.

2 창간사

이번 제22호부터 제명을 『통일로』로 변경했습니다.

잡지명이 바뀌어도 『선구(先駆)』의 역할은 변함이 없습니다. 아니, 그 역할이 명확하고 더욱 커진 기운을 지명에 담았습니다.

재일한국인 청년이 짊어진 운명은 불행히도 조국의 분단이었습니다. 그리고 지금 박정희와 그를 뒤에서 밀고 있는 세력에 의해 그런 상황이 영속화되어 가고 있습니다.

이러한 시대에 우리들의 책무는 조국의 자주적 평화통일을 어떻게 앞당길 것인지 하는 것에 있습니다.

한국의 민주화를 이루어 통일로 가는 길을 열어가는 곳에 재일 청년의 진정한 삶의 보람이 있음을 보여주며 새로운 출발을 기약하고자 합니다.

3 권두언

한민통(韓民統)·한청동(韓靑同)을 중심으로 하는 '유신선거 거부·민주화 쟁취 100일 간 운동'이 광범위하게 재일한국인 사이에서 펼쳐져 지난 5월 22일로 일단락되었다.

박 독재정권이 올해 1978년을 '선거의 해'로 칭하며 일인독재체제를 영구화하려고 꾀하고 있는 것에 대하여 국내외의 한국인 민주세력이 그 야망을 분쇄하고 올해를 '민주주의 승리의 해'로 만들려고 싸운 빛나는 투쟁의 일환이었다.

되돌아보면 78년 벽두부터 현재에 이르기까지 우리나라를 둘러싼 정세는 크게 발전을 이룩했고 그 정세를 펼칠 주체자로서 그 움직임 속에 참여할 수 있었던 것을 매우 자랑스럽게 느끼는 바이다.

박정희가 일인독재를 연장하기 위하여 꾀한 책동은 직접적으로는 지난 5월 18일에 '실시'된 통일주체국민회의 대의원선거 및 앞으로 행해질 '대통령 선거'와 '국회의원 선거'를 가리킨다.

이 선거의 구조는 스스로 자신을 선택하는 형식으로, 그야말로 양식행위이며 따라서 사람들은 이를 선거 '극(劇)', 서투른 연극임을 정확히 지적하고 가슴 가득한 분노를 담아 규탄하였다.

그러나 선거 책동의 보다 본질적인 구조, 즉 그것이 의미하는 것은 바로 한국을 미일 독점의 영구한 신식민지로 바쳐 조국 분단을 고착화시켜 그 대가로 자신의 권좌를 유지하려고 하는 데에 있다.

최근 100일간, 박 독재와 그를 지지하는 미일의 움직임이 이를 실증하고 있다.

우선 박 독재는 어떠했을까. 그들은 이 선거극을 강행하기 위하여 국내에서는 노동자, 농민, 청년 학생이나 민주인사 모두의 반대운동을 압살하기 위하여 경찰, 정보망이 빠짐 없이 증가했다. 국외에서도 해외 동포운동의 영향이 국내로 미치지 못하게 하기 위하여 해외 민주세력의 분열, 이간, 그중에서도 특히 한민통을 파괴하려고 하는 모략책동이 펼쳐졌다. 또한 국제적으로는 특히 일본을 중심으로 소위 한국 경제의 '고도성장'을 선전하기 위하여 맹렬한 대중매체 공작을 전개하였고, 비난의 창끝을 둔화시키려고 책동하였다.

다음으로 미일 양 정부의 태도는 어떠했을까. 우선 분명한 것은 스스로 친박이라고 밝히고 있는 후쿠다(福田) 내각이다. 서울 지하철 의혹은 무시하고 '대륙 일' 관련 법안 성립에 혈안이 되어 있을 뿐만 아니라, 자위대의 한국 파견까지 운운하며 군사적 일체화를 노려 시종일관 박 독재를 옹호하였다.

그러나 문제는 미국의 카터 정권의 태도였다. 지금가지 '인권외교'라든가, '주한미군 철수' 등을 내세워 국내외적으로 환상을 뿌려온 카터정권이 자신의 정체를 폭로해버린 것이다. 그 하나로 '인권교서(人權敎書)'를 발표하여 한국에서 마치 인권 탄압이 완화된 것처럼 사실을 왜곡하였다. 다음으로 팀스피리트 작전을 펼쳐 '철수공약'과는 반대로 군사적으로 박 독재를 지지한 것, 셋째로는 박동선 사건에서는 장본인인 박정희에게 혐의가 가지 않도록 사건을 마무리하려고 한 일이 있다. 이러한 점들에서 볼 수 있듯이 카터 정권은 박 정권의 퇴진을 요구하는 전 한국민주세력에 대하여 스스로 적대시하고 있는 것이고, 남쪽을 대표할 자격도 없고 처음부터 거부될 것을 알고 있으면서도 박 독재를 대화의 당사자로서 인정하려고 하는 '삼자회담'을 한 것은 가장 상징적인 계략이다.

우리들의 투쟁은 이와 같은 상황이 진전되고 있는 가운데 진행된 것이다.

그러나 박 독재와 미일에 의한 책동은 한국민주세력의 내외에서 전진을 저해하는 요소가 되지 못했고, 매우 큰 타격을 받는 결과가 되었다.

한국 국내에서는 1월 19일 윤보선 씨 등에 의한 「민주국민에게 알린다」를 계기로 유신선거극에 반대하는 투쟁이 시작되어, '3·1민주선언', 4·19를 거쳐 결국 5월 8일에 서울 대 궐기, 9일 이화여자대학교, 16일에 한국신학대의 궐기로 고양되어 박 독재를 크게 흔들었다.

또 며칠 전에 노동자와 농민이 극심한 탄압을 떨치고 조직적인 전진을 이루어 내었고, 5월 12일에 '민주청년인권협의회'의 결성에서 보이는 것처럼 청년학생운동의 조직적인 전개를 추진하는 데에 새로운 계기를 만들어냈다.

해외에서도 일본에서도 100일간 운동의 고양을 중심으로 4월 14일, 15일에 개최된 '민주예비역 장군 회의'의 성공은 국군에 큰 영향력을 끼쳤고, 미국 내에 있는 민주세력이 대연합을 이룩해가는 역사적인 계기를 만들었으며, 박 독재가 집요하게 펼쳐온 분열과 이간 책동을 분쇄하였다.

실로 국내외에 한국 민주세력의 투쟁은 그 주체적인 힘을 갖고 역량을 강화하는 투쟁 속에서 박 독재와 그를 지지하는 내외의 분열 세력의 책동을 분쇄하면서 민주화 투쟁의 새로운 지평을 열어왔다.

현재, 박 독재는 유신선거극의 제2, 제3막을 획책하려고 하고 있는데, 우리는 이것이 무효라는 사실을 내외에 분명히 하였다.

금후 뜨거운 여름을 향하여 새롭고 보다 격렬한 투쟁이 펼쳐질 것이다.

우리는 박 독재를 끌어내리고 민주주의의 빛나는 깃발을 세울 때까지 전진을 멈추지 않을 것이다.

4 목차

발행일	지면정보		필자	제목
	권호	페이지		
1978.06.15	第23号	2		巻頭言
1978.06.15	第23号	4	金昌栄	韓国的民主主義の虚講性を衝く
1978.06.15	第23号	16	金時成	韓国労働運動と労働組合
1978.06.15	第23号	30	秦東秀	〈ノート〉韓国経済の理解のために
1978.06.15	第23号	42	白山	米国の極東戦略と韓国
1978.06.15	第23号	50	趙活俊	韓日大陸棚協定に反対する
1978.06.15	第23号	61	編集局	徐俊植氏に「社会安全法」を適用
1978.06.15	第23号	64	金声浩	〈特集〉「冬の共和国」より未発表作品〉梁性佑詩抄
1978.06.15	第23号	76	裁判対策委員会	朴君裁判闘争の発展のために
1978.06.15	第23号	90	日韓錬帝労働者の会	日韓連帯闘争の現場から(5)
1978.06.15	第23号	94		本国の社会欄から-統一主体国民会議選挙-
1978.06.15	第23号	98		わが青春を語る-金容元-
1978.06.15	第23号	104		〈随筆〉筆放
1978.06.15	第23号	70		〈連載〉C将軍に送る手紙(8)
1978.06.15	第23号	80	石正男	〈連載〉ある女工の日記 人間らしく生きたい(2)
1978.06.15	第23号	113		〈連載〉国家保安法・反共法概説(最終回)
1978.06.15	第23号	103	黄清美	〈詩〉伝説
1978.06.15	第23号	112		海外韓国人言論活動の紹介⑤
1978.06.15	第23号	124		〈資料〉資料
1978.11.15	第24号	12	文英一	〈特集〉韓国民主化闘争の新しい段階 「民主主義国民連合」の結成
1978.11.15	第24号	18	金英子	韓半島と「有事立法」
1978.11.15	第24号	129		〈資料〉「民主国民宣言」
1978.11.15	第24号	26		〈インタビュー〉在日韓国人政治犯救援運動のこれまでと今後 在日韓国人政治犯救援家族・僑胞の会 事務局長 金泰明 特別参加政治犯家族 金英姫
1978.11.15	第24号	34		〈レポート〉在日韓国人政治犯救援運動の目指すもの--在日韓国人政治犯救援家族・僑胞の会
1978.11.15	第24号	38	趙栄順	〈詩〉朝鮮の女
1978.11.15	第24号	44		朴君への重刑判決を弾刻する 朴君裁判対策委員会
1978.11.15	第24号	50	朴燦午	〈新連載〉解放後の大衆歌謡(1)
1978.11.15	第24号	108	朴玄埰	解放後韓国労運動の展開過程-史的概念と反省
1978.11.15	第24号	60	石正南	〈連載〉〈本国の社会欄から〉三大スキャンダル・あるバスガイドの死 人間らしく生きたい(最終回)
1978.11.15	第24号	86	黄晢映(作者)金声浩(訳)	小説 客地(7)
1978.11.15	第24号	132		資料
1979.10.25	第25号	10	金英宇	〈特集〉民主化闘争の新たな局面

발행일	지면정보		필자	제목
	권호	페이지		
1979.10.25	第25号	18	編集部	〈ドキュメント〉民主回復に立ち上がって新民党
1979.10.25	第25号	38	編集部	金泳三総裁国会演説(全文)
1979.10.25	第25号	141	新民党	YH事件の全貌を明かす! YH白書(全文)
1979.10.25	第25号	93	秦東秀	高度成長の破綻に喘ぐ韓国経済
1979.10.25	第25号	105	ジェトロ・ソウル事務所調査報告書	〈資料〉不況感の出始めた韓国経済
1979.10.25	第25号	113	金慶愛	〈筆放〉教師二年目のつぶやき
1979.10.25	第25号	115	鄭貴美	〈筆放〉猪飼野から
1979.10.25	第25号	117	金英圭	〈筆放〉身辺雑記
1979.10.25	第25号	130	李史江	〈詩〉死
1979.10.25	第25号	85	洪元徳	韓日一体の深化と在日韓国人への弾圧
1979.10.25	第25号	50	L・K	韓国都氏産業宣教の発展過程と原状
1979.10.25	第25号	56	韓国カトリック正義平和委員会	安東教区カトリック農民事件ひついて
1979.10.25	第25号	133	朴君裁判対策委員会	第一審判血を弾刻し朴君の無罪を勝ちとろう
1979.10.25	第25号	64	朴燦牟	〈連載〉解放後の大衆歌謡(1)
1979.10.25	第25号	74	石正南	〈連載〉ある女工の日記 あふれる涙(新連載)
1979.10.25	第25号	120	梁霊芝	〈連載〉わが青春を語る 大韓婦人会東京本部会長 梁霊芝
1979.10.25	第25号	180	黄晳暎	〈連載〉小説 客地(最終回)
1979.10.25	第25号	190		編集後記
1980.02.05	第26号	10	姜貴喆	朴射殺事件と民主化闘争の新局面
1980.02.05	第26号	77	金学俊	〈特集〉民族統一運動の転換期
1980.02.05	第26号	84	金璟東・姜万吉	〈対談〉歴史発展の転換点に立つ今日
1980.02.05	第26号	90	李明賢	理性の息づく国を
1980.02.05	第26号	104	金大商	八・一五直後の政治現象(上)
1980.02.05	第26号	100		〈資料〉挙国民主内閣構成のための声明書
1980.02.05	第26号	53	韓基禹	〈筆放〉ひとつの言葉から
1980.02.05	第26号	55	金栄子	〈筆放〉祖国と私
1980.02.05	第26号	57	宋時鉉	〈筆放〉「在日」をめぐって
1980.02.05	第26号	20	金虎哲	憲法改正論議に寄せて
1980.02.05	第26号	36	金声浩	〈新春エッセイ〉今をめぐらす錯雑な問題-金載圭英雄視、その風潮を憂う-
1980.02.05	第26号	60	梁性佑	〈詩〉「花摘みそなたの前に」他四編
1980.02.05	第26号	33	李哲洙	韓国の経済破綻とその出路
1980.02.05	第26号	28	編集部	崩れさる「GNP神話」下降一路経済成長率
1980.02.05	第26号	66	李佐永	〈連載〉〈インタビュー〉わが青春を語る

발행일	지면정보		필자	제목
	권호	페이지		
1980.02.05	第26号	42	朴燦午	解放後の大衆歌謡(2)
1980.02.05	第26号	120	石正南	ある女工の日記 あふれる涙 第二回
1980.06.05	第27号	10	裵東湖	〈特集〉〈真の民主化を求めて〉韓国民主化運動の現況と課題
1980.06.05	第27号	18	姜万吉·李五徳·趙香禄·李洪九	〈座談〉我々は今どこに立っているか
1980.06.05	第27号	36	宋建鎬	新時代の言論
1980.06.05	第27号	75	秦裕学	韓国経済の中間決算
1980.06.05	第27号	84	韓東哲	七〇年代韓国勢年学生運動の歩み
1980.06.05	第27号	110	金大商	八·一五直後の政治現象(下)
1980.06.05	第27号	120	ソン·ギウォン	貧しい農夫パク·ウジョンのこの一年
1980.06.05	第27号	51	玄陽子	〈筆放〉ひとつの言葉·ひとつの出会い·ひとつの存在
1980.06.05	第27号	53	李栄仙	〈筆放〉祖国統一を願って
1980.06.05	第27号	55	金英河	〈筆放〉人生のレールを自らひいて
1980.06.05	第27号	94	金泰明	〈在日韓国人政治犯家族国連派遣から〉国連派遣活動でえたもの
1980.06.05	第27号	94	姜菊姫	〈在日韓国人政治犯家族国連派遣から〉「わが民族は不屈なり」を実感
1980.06.05	第27号	94	金英姫	〈在日韓国人政治犯家族国連派遣から〉海外同胞に出会って
1980.06.05	第27号	72	朴鳳宇	〈詩〉ああ！四·一九
1980.06.05	第27号	60	金鍾忠	〈連載〉〈インタビュー〉わが青春を語る
1980.06.05	第27号	40	朴燦午	〈連載〉解放後の大衆歌謡(4)
1980.06.05	第27号	132	石正南	〈連載〉ある女工の日記 あふれる涙 第三回
1980.06.05	第27号	142		編集後記·表紙の言葉

나그네통신(ナグネ通信)/나그네(ナグネ)

○ ○ ○

 1 서지적 정보

『나그네』는 재일조선인 2, 3세를 중심으로 간행된 도쿄의 문학 동인지이고, 현재 1983년 12월에 간행된 창간호와 2호(1985년 1월), 그리고 4호(1987년 1월)가 확인된 상태이며(연 1회 발행), 편집인은 정윤희, 방행인 강두길이다(4호 발행인은 전세훈으로 변경, 500엔).

잡지의 운영적인 측면에서 보면, 나그네모임은 동 동인지가 발행되기 7년 전부터 이미 독서모임으로 출발을 했고, 동인 나그네의 활동에 대해서는 『나그네통신』을 통해서 기록하고 있다. 1981년 3월에 발행된 『나그네통신』(격월 발행, 8페이지 전후, 무료)의 창간호 편집후기에는 「우리들 「나그네모임」은 멤버 개개인의 정치적인 입장이나 신조, 사상의 차이를 일절 묻지 않고, 재일조선인 2세, 3세라는 사실과 문학에 관심을 가지고 있는 것, 이 두 가지만을 최대 조건으로 해서 모였고, 작품의 비평과 독서회를 개최하고 있습니다. 따라서, 모임으로서의 공통된 방향이나 선언은 그 어떤 것도 존재하지 않습니다」라고 말하고 있으며, 정치적인 입장과 사상의 차이에서 발생하는 문제는 단순히 상호 비난에 그치지 않고, 「열린 형태에서 철저한 내부 비판의 자유야 말로 「나그네모임」의 유일한 존재 기반」이 있다고 말하고 있다.

잡지의 내용적인 측면에서 보면, 길잡이(キルチャビ, 수필), 르포, 소설, 논문 등으로 구성되어 있고, 그 외에도 2호에서는 창간호에 실린 정윤희의 소설 『어둠 속에서(闇の中から)』의 합평회 기사와 4호에서는 「〈재일〉의 자화상」의 특집호로 기획되어 있다. 특히, 『나그네통신』 시절부터 김지하 및 광주 사건 등과 관련된 다양한 글을 싣고 있고, 4호 편집후기에서는 「신주쿠의 인권집회에 참가했다. 한국 옥중 정치범의 어머니가 단상에 올라 호소하고 있었다. 자신은 지금까지 너무나 몰랐었다고. 자식이 옥중에 갇히고

나서야 비로써 너무나도 많은 것을 간과하고 있는 현실을 깨달았다고. 악과 대항해서 싸워나가지 않으면 안 된다고. 나는 후자와 함께 살아가고 싶다고 생각한다」(송금부)라고 전하고 있듯이, 나그네모임은 단순히 독서모임에 그치지 않고 동시대 한국의 정치적인 문제에 대해서도 재일조선인의 입장에서 적극적으로 코멘트를 하고 있다.

『나그네』의 4호에는 동 동인지의 비치 서점으로 삼중당, 모색사, 해방서점, 아시아문고, 오데사서방, 서울서림, 히노데서방, (재)고베학생·청년센터 등이 소개되어 있듯이, 동 잡지는 일본의 일반 서점에서는 구입이 불가능했고, 조선 및 재일조선인 관련 서적을 전문적으로 취급하는 서점 및 『무궁화통신』을 발행하고 있는 고베학생·청년센터와 같이, 재일조선인 문제에 적극적으로 참여하고 있는 단체에서 구입이 가능한 소규모 동인지이었다는 사실을 알 수 있다.

2 창간을 맞이하여

나그네란 조선어로 여행자라는 의미이다. 나그네라는 말에는 고향을 쫓겨나 떠나왔다고 하는 부정적인 의미와 또 다시 잃어버린 고향으로 돌아가는 도정이라고 하는 적극적인 의미가 동시에 내포되어 있다. 고향이라는 말은 주체성이라는 말로 바꿔도 좋고, 자유와 또는 단순히 상실한 무언가 등으로 대체해도 좋을 것이다.

우리들 재일조선인 2세, 3세가 문학 동인을 만들고자 모인지 어느덧 6년이 흘렀다. 그동안, 몇 번에 걸쳐 결성과 해산을 반복하면서, 처음에는 이름도 없는 모임이었지만, 3년 전부터 「나그네」라는 명칭을 사용하기 시작했다. 그리고 지금은 문학을 토대로 하면서 다양한 분야의 독서모임을 운영하고 있다.

「나그네」의 멤버는 조선국적, 한국국적, 귀화한 일본국적, 혼혈 등, 다양한 처우에 놓인 사람들로 구성되어 있다. 「나그네」는 정치적인 입장이나 사상·신념의 차이를 뛰어넘고, 재일조선인 2세, 3세라는 점, 그것 이외의 그 어떠한 제약도 가지지 않는 모임이다. 그리고 있는 그대로의 현실을 회피하지 않고, 정직한 마음으로 서로 논쟁하며, 거짓없는 솔직한 관계를 「나그네」의 정신으로 삼고 있다. 「나그네」는 결코 기존의 정치 조직에 휘둘리지 않지만, 그렇다고 해서 그 어떠한 단체에 대해서도 참가를 거부하지는 않는다.

　최근, 재일조선인마저도 "민족"이라는 말을 회피하려 하는 젊은이들이 많다. 그러나,「나그네」는 민족적 주체성을 견지하면서도 미력하나마 조국 통일을 지향해 나가고자 한다.

―1983년 12월―

3　목차

〈나그네통신〉

발행일	지면정보		필자	제목
	권호	페이지		
1982.09.01	第九号	2	高二三	教科書問題に思う
1982.09.01	第九号	3	朴重浩	〈投稿〉投稿に期待する
1982.09.01	第九号	4	鄭潤熙	「春香伝」を読むにあたって
1982.09.01	第九号	6	高二三	仮面劇と民衆意識
1982.09.01	第九号	8		編集後記
1983.07.12	第十四号	1	梁澄子	『わたしの猪飼野』を読む
1983.07.12	第十四号	3	金昌浩	父を思う
1983.07.12	第十四号	5	朴重浩	羽仁五郎『君の心が戦争を起す』を透して
1983.07.12	第十四号	7		同人誌の送還によせて
1983.07.12	第十四号	8	金永徳	〈翻訳〉朝鮮近代の女性と文学(4)
1983.07.12	第十四号	12		編集後記
1984.09.10	第十八号	1	鄭潤熙	雑巾の想いで―梅岡和子さんのこと―
1984.09.10	第十八号	3	文京洙	『同人・ナグネ』創刊号について
1984.09.10	第十八号	6	金永徳	〈翻訳〉朝鮮近代の女性と文学(8)
1984.09.10	第十八号	10	ハン・ソンヒョン	オリンピックと愛国歌
1984.09.10	第十八号	12		編集後記

〈나그네〉

발행일	지면정보		필자	제목
	권호	페이지		
1983.02.20	創刊号	4	高二三	コスモス
1983.02.20	創刊号	6	金志石	不安症候群対処療法
1983.02.20	創刊号	7	朴重賢	天才と其の克服
1983.02.20	創刊号	11		今、個からの出発
1983.02.20	創刊号	13	金昌浩	一族・血・涙
1983.02.20	創刊号	16	梁澄子	和田浦の朝鮮人海女
1983.02.20	創刊号	25	李竜海	ナグネ以前
1983.02.20	創刊号	26	文京洙	「在日」についての意見書
1983.02.20	創刊号	37	梁重成	安井源治先生のこと
1983.02.20	創刊号	38	鄭胃熙	〈小説〉闇の中から
1983.02.20	創刊号	73		『ナグネ通信』について
1983.02.20	創刊号	74		編集後記
1985.01.01	第二号	4	全世勲	ナグネと文学
1985.01.01	第二号	5	張淑子	親不孝
1985.01.01	第二号	7	宋金富	花玉子
1985.01.01	第二号	8	張慧淑	流れ

발행일	지면정보		필자	제목
	권호	페이지		
1985.01.01	第二号	10	許竜進	母国だってこんなものさ
1985.01.01	第二号	12	金昌浩	得たもの・失ったもの
1985.01.01	第二号	14	孫斉賢	タマゴ屋さんのこと
1985.01.01	第二号	16	文節子	表紙のこと
1985.01.01	第二号	17	編集部	〈創刊号〉作品合評
1985.01.01	第二号	20	黄明美	「共存」への選択 金淳一氏への疑問
1985.01.01	第二号	25	文京洙	本名へのこだわり①
1985.01.01	第二号	26	韓聖炫	韓国民衆神学について
1985.01.01	第二号	32	朴重賢	生きたまま、感じたまま
1985.01.01	第二号	41	鄭閏熙	〈小説〉淵に立つ人々
1985.01.01	第二号	76	李洋秀	夢
1985.01.01	第二号	77	山下英愛	朝鮮女性史読書会のこと
1985.01.01	第二号	78		編集後記
1987.01.01	第四号	4	ジェントル・キム	〈キルチャビ〉「国家」雑感
1987.01.01	第四号	8	張淑子	〈キルチャビ〉親孝行
1987.01.01	第四号	11	朴重浩	〈キルチャビ〉朝鮮人近況
1987.01.01	第四号			〈特集〉〈在日〉の自画像
1987.01.01	第四号	15	金志石	〈特集〉ある「在日」の思い
1987.01.01	第四号	22	李洋秀	〈特集〉名古屋駅
1987.01.01	第四号	26	宋金富	〈特集〉出会いの中で
1987.01.01	第四号	30		ナグネ紹介
1987.01.01	第四号	31	文京洙	ディレンマの〈在日〉その(二)
1987.01.01	第四号	37	鄭閏熙	〈小説〉物貰い
1987.01.01	第四号	56		編集後記

나무딸기(木苺)

 1 서지적 정보

『나무딸기』는 1975년에 결성된 '재일조선인 생도의 교육을 생각하는 모임(在日朝鮮人生徒の教育を考える会)'의 기관지이다. 1978년 4월 28일에 창간된 『나무딸기』는 연 5회 발행, 131호(2007.02.01.)로 종간되었다. 창간호부터 운영위원의 손 글씨로 작성된 등사판 인쇄물로, 38호(1988.03.13.)부터 워드프로세스를 이용한 페이지도 간혹 발견되지만, 전반적으로는 손 글씨 중심이다. 이러한 손 글씨는 1990년대까지 이어진다.

1975년 '재일조선인 생도의 교육을 생각하는 모임'으로 출발했지만, 1982년 8월에는 '재일한국·조선인 생도의 교육을 생각하는 모임(在日韓国·朝鮮人生徒の教育を考える会)'으로 개칭, 1997년 8월에는 '≪다문화공생을 지향하는≫재일한국·조선인 생도의 교육을 생각하는 모임(≪多文化共生をめざす≫在日韓国·朝鮮人生徒の教育を考える会)'으로 한차례 더 변경된다. 이 단체는 동일본 지역에서는 최대의 재일조선인 밀집지역인 도쿄 아라카와(荒川) 일대의 교원과 시민으로 구성되어 있고, 재일한국·조선인 학부형과 학생, 그리고 일본인 학부형과 학생들이 함께 교육문제 전반에 관해 고민하고, 문제점을 개선해 나가기 위한 단체이다.

28호에 의하면 1985년 연말에 '재일한국·조선인 생도의 교육을 생각하는 모임'은 도쿄도(東京都) 아라카와구(荒川区)에 사무실을 마련한 사실을 첫 번째 기사로 싣고 있다. "민족차별과의 싸움을 더욱 심화 확대하기 위해 지역에 깊이 뿌리를 내리고, 어머니·아버지와 청년들과의 일상적인 만남을 추구해 가자"[1]는 회원들의 생각으로 전용 공간을 마련하고, 처음으로 개설한 사무실에서의 일지를 작성하여 보고하고 있다. 나무딸기사(木いちご舍)라는 명칭으로 운영되고 있는 사무실에서는 재일한국·조선인의 학부형들

---

1) 「荒川に事務所を開設!」『木苺』(28号, 1986.01.20) p.1

이 방문하여 자녀교육에 대한 상담, 본명을 밝힌 자녀의 학교생활의 고충, 본명을 밝히는 것을 거부하는 자녀와 부모 사이의 갈등 등 다양한 형태로 이루어지고 있음을 알 수 있다. 창간호를 확인하지 못한 상태이기는 하지만, 29호에 게재된 1986년도 사업계획을 보면[2], 이들 모임의 활동 내용을 짐작할 수 있다. 이 모임은 매월 2차례 정기회의를 개최하고 있고, 그 중 1회는 지역의 재일 1세를 초대해서 그들의 이야기를 직접 듣고 있고, 사무실을 공투단체의 회의 장소로도 활용하고 있으며, 중학생의 학력보충 교실로서, 그리고 운영위원들이 직접 교사가 되어 1세 할머니들을 대상으로 일본어 교육을 하는 어머니 학교로 이용하고 있다. 또한 재일한국·조선인 관련 자료, 교재, 서적 등을 정비하고 우호단체의 팸플릿과 서적 판매 등을 하고 있으며, 미카와시마(三河島)의 재일조선인사회 형성사를 정리하는 작업을 하고 있음을 알 수 있다.

1970년대 말부터 아라카와구를 본명을 밝힐 수 있는 지역, 재일외국인에 대한 차별이 없는 지역, 다문화공생 지역으로 만들어가기 위해 주요 현안들과 맞서 싸워왔고, 다양한 활동을 이어온 이 모임이 기관지 발행을 중단하게 된 배경에 대해서는 확인하지 못했다.

재일한국청년회(在日韓国青年会)의 회지 『안녕 (アンニョン)』 창간호(1989.12)에서는 「지역에 밀착한 활동을 이어가는 나무딸기사(地域に密着した活動をつづける木いちご舎)」란 제목으로 이들 모임이 소개되고 있다.

3 목차

발행일	지면정보		필자	제목
	권호	페이지		
1984.07.14	No.22	1	石垣敏夫	国家公務員への道開く!
1984.07.14	No.22	4	伊藤栄一	郵便労働者からの手紙
1984.07.14	No.22		塩崎弘志	朝鮮人生徒との出会い
1984.07.14	No.22	9	泉博子	〈研究会報告〉韓国·朝鮮系日本人?
1984.07.14	No.22	14	鈴木啓介	活動日誌'84.1〜7
1984.07.14	No.22	16	田中勝義	「週刊朝日」差別語事件始末記
1986.01.20	No.28	1	田中勝義	〈荒川に事務所を開設!〉木いちご舎の夜はふけて

---

2) 「86年度木いちご舎事業計画」『木苺』(29号, 1986.04.27) p.20

발행일	지면정보		필자	제목
	권호	페이지		
1986.01.20	No.28	4	呉輪柄	荒川子供会を入峡小で始めて
1986.01.20	No.28	6	泉博子	荒川区教委交渉報告
1986.01.20	No.28	8	江沢初美	都教委交渉報告
1986.01.20	No.28	9	永井栄俊	〈世田谷K小学校問題〉K小学校でおきた差別事件(27号より結ぶ)
1986.01.20	No.28			活動日誌85.8～86.1
1986.01.20	No.28	15	W・F	〈指紋押捺拒否〉一つの発見-習志野市との交渉の中で
1986.01.20	No.28	18	加藤修弘	またもむき出された法務省の牙
1986.01.20	No.28	20	平山ゆき子	「『脅迫状』を読む」を読んで
1986.01.20	No.28	22	石田きょう子	〈シリーズ今学校で③〉上野高校定時制・2年目の中国クラブ
1986.04.27	No.29	1	田中勝義	〈第12回高校生交流会〉飛び立つ者、歩み始める者
1986.04.27	No.29	7	許晶善	〈飛び立つ交流会メンバー〉チマ・チョゴリの卒業式
1986.04.27	No.29	8	山野宏二	大事な友だちに出会えた!
1986.04.27	No.29	9	泯多野成美	もっといろんなことを学びたい
1986.04.27	No.29	6	北原俊雄	始めて交流会に参加して
1986.04.27	No.29	10	石垣敏夫	〈世田谷K小学校問題〉怒りの涙、オモニ区教委を動かす
1986.04.27	No.29	18	塩崎弘志	最近のニュースあれこれ
1986.04.27	No.29	20		'86年度木いちご舎事業計画
1986.04.27	No.29	21	会計担当	会計報告
1986.06.28	No.30	1	泉博子	〈民族差別を許さない教育の確立を求める荒川連絡会〉本名を名のれる荒川を!
1986.06.28	No.30	4	藤田武	しっかりせい! 荒川区!!
1986.06.28	No.30	5		〈資料〉荒川区教委員会への要望書
1986.06.28	No.30	8	塩崎弘志	4/22季節子さん対自治省要請行動同行記
1986.06.28	No.30	9	金恵英	〈在日韓国・朝鮮人高校生交流会から〉原爆の絵
1986.06.28	No.30	10	委奉石	初めての交流会
1986.06.28	No.30	11	鈴木啓介	〈本の紹介〉比企地方の地下軍事施設
1986.06.28	No.30	12	石垣敏夫	〈今学校で〉豊昭学園の巻
1986.06.28	No.30	14	委玉順	〈世田谷K小学校民族差別事件から〉「差別」と闘うスタート台に立つ
1986.06.28	No.30	16	山下正浩	〈佐賀だより〉九州からこんにはわ!
1986.06.28	No.30	18		〈資料〉東京都の学校に在籍する外国籍児童・生徒数
1986.09.23	No.31	1	泉博子	本名、その先がある-鄭暎恵さんの話
1986.09.23	No.31	5	田中勝義	アイヌとして生きて-北原清子さんの話
1986.09.23	No.31	10	加藤修弘	「制裁」という名の敬意
1986.09.23	No.31	12	塩崎弘志	看護専門職の国籍条項、全面撤廃される
1986.09.23	No.31	14	岩科一平	全朝教全国集会に参加して
1986.09.23	No.31	16	泉博子	荒川、対区交渉報告

발행일	지면정보		필자	제목
	권호	페이지		
1986.09.23	No.31	17	鈴木啓介	対都教委交渉報告
1986.09.23	No.31	18	永井栄俊	〈連載・今学校でNO.5〉池袋商業の巻
1986.12.10	No.32	1	田中勝義・平山ゆき子	木いちご舎、この1年
1986.12.10	No.32	6	泉博子	かたつむりの歩みなれどー荒川区教委交渉報告ー
1986.12.10	No.32	8	石田友美恵	「サムルノリ体験」ー「木いちご教室」第1回レクリエーションー
1986.12.10	No.32	10	王慧槿	入管行政の本質を見すえて
1986.12.10	No.32	12	佐藤貴生	気息奄々にてー連載・今学校でNO.6ー
1986.12.10	No.32	13	加藤修弘	本の紹介「笹の墓標」を読んで
1986.12.10	No.32	14	鈴木啓介	活動日誌
1987.03.14	No.33	2		〈外登法改悪と高校生〉声明「外国人登録改正案の骨子」を批判する
1987.03.14	No.33	4	姜賢浩	17歳の証言 日本はどうして指紋にこだわるのですか?
1987.03.14	No.33	7	佐藤貴生	押捺拒否高校生への任意出頭攻撃に抗して
1987.03.14	No.33	10	平野直美	私を力づけてくれた本ー『オレ指紋おしてへんねん』を読んで
1987.03.14	No.33	12	石垣敏夫	〈世田谷での闘い〉世田谷上北沢小民族差別に対する戦いのおわりと新たな始まり
1987.03.14	No.33	18	小綿剛	〈今学校で〉NO.7 西端の学校から(都立多摩高校の巻)
1987.03.14	No.33	20		ニュースあれこれ
1987.05.23	No.34	1	山田久仁子	5・9ドキュメント
1987.05.23	No.34			10代の未来を開け! NO! 指紋トーク・ライブ・コンサート
1987.05.23	No.34			朝日新聞から
1987.05.23	No.34	5	新井精	東京都の学校に在籍する外国籍児童・生徒数
1987.05.23	No.34	6		〈報告〉3.28外登法の改悪に反対する全国総決起集会
1987.05.23	No.34	8	永井栄俊	東京都の公務員採用をめぐってー資料と過程ー
1987.05.23	No.34	14	皆川栄太	シリーズ 今、学校でNO.8 帰国生委員会の取り組み
1987.05.23	No.34	16	加藤幾茂	「君ヶ代」論ー金段えられた学習の場
1987.05.23	No.34	18		最近のニュースあれこれ
1987.07.12	No.35	2	宋和浩	10代の声をもう一度 大学生諸君! マッテロヨ!
1987.07.12	No.35	3		5・9NO指紋コンサートから参加者の声
1987.07.12	No.35	4	石田きよ子	心の中には「北大荒」に大地ー中国帰国生徒の現在ー
1987.07.12	No.35	8	永井栄俊	国籍条項撤廃について対都交渉の結果
1987.07.12	No.35	11	鈴木啓介	広告掲載のこと
1987.07.12	No.35	12	田中一生	シリーズ 今、学校で:号外 今、都立高校で在日韓国・朝鮮人生徒は
1987.07.12	No.35	13		会計報告
1987.07.12	No.35	14		短信

발행일	지면정보		필자	제목
	권호	페이지		
1987.07.12	No.35	15		ミニニュース
1987.07.12	No.35	16		〈資料〉都高校第57回定期大会決議
1987.07.12	No.35	17		民族の文化を学ぼう
1987.10.11	No.36	1	山田久仁子	浪花節と鉄面皮が踊る国会外登法改正案審議を傍聴して
1987.10.11	No.36	4	石垣敏夫	生かさず殺さずの国家権力の正体見たり
1987.10.11	No.36	6	田中勝義	若者の声、オモニの声ー9.23第5回関東交流集会
1987.10.11	No.36	8	泉博子	〈ああヒロシマ〉ー全朝教研究集会報告
1987.10.11	No.36	10	板垣望	丹沢の夜はふけてー「考える会」87夏合宿
1987.10.11	No.36	11		〈木いちご教室〉大磯高麗山ハイキング
1987.10.11	No.36	12	味沢俊治	〈シリーズ今学校でNO.9〉韓国修学旅行を振り返って
1987.10.11	No.36	14	石田きよ子	中国東北一人旅
1987.10.11	No.36	18	石田■弓	〈自著紹介〉あなたの私の「故郷はるかに」
1987.10.11	No.36	20		広告のページ
1987.12.12	No.37	1		「サムルノリinARAKAWA」が創り出したもの
1987.12.12	No.37	2	泉博子	受付の鮮やかなチョゴリ
1987.12.12	No.37	4	アンケート	酔った! 揺れた! 踊った!
1987.12.12	No.37	6	中村晋子	民闘連全国交流岡山集会に参加して
1987.12.12	No.37	8	田中造雅	相模湖[ダム]の歴史を記録する事
1987.12.12	No.37	10	田中勝義	踊り・シンポジウム・展示・製作・演奏ー各校の文化祭の取り組み
1987.12.12	No.37	12	板垣望	〈シリーズ 今、学校でNO.10〉卒業を前にした二人
1987.12.12	No.37	14	石田きよ子	中国東北一人旅・2
1987.12.12	No.37	16		〈資料〉三多摩26市の職員採用に伴う国籍条項調べ
1987.12.12	No.37	17		会計報告
1987.12.12	No.37	18	鈴木啓介	活動日誌
1987.12.12	No.37	20		編集後記
1988.03.13	No.38	1	泉博子	根付き始めた 木いちご舎
1988.03.13	No.38	4	中村なつ	中学生教室この2年
1988.03.13	No.38	6	平山ゆき子	2年目のオモニハッキョ
1988.03.13	No.38	8	田中勝義	怠慢と居直りー区教委の3年間
1988.03.13	No.38	10	加藤保憲	人間としていきたいと思うとき
1988.03.13	No.38	12	塩崎弘志	在日朝鮮人保健婦鄭香均さんに聞く
1988.03.13	No.38	15		〈紹介〉「コリア就職情報」「CRIO」
1988.03.13	No.38	16	石垣敏夫	〈投稿〉差別を受けたことのない日本人にはわからないでしょうね
1988.03.13	No.38		T・I	〈投稿〉大韓航空機事件に思う
1988.10.08	No.41	1	第5分科会	全朝教第9回全国集会報告 まず最初の一歩を踏み出そう
1988.10.08	No.41	8	江沢初美	合宿に参加して
1988.10.08	No.41	9	土大軍	青山碧水に亡き魂を悼む

발행일	지면정보		필자	제목
	권호	페이지		
1988.10.08	No.41	12	小綿剛	公務員採用をめざす多摩地区の集い
1988.10.08	No.41	14	塚本秀男	〈今学校でNO.12〉－5人の在朝生との出会い－
1988.10.08	No.41	16	加藤修弘	インドの旅から
1988.10.08	No.41	18	鈴木啓介	映画「潤の街」－「潤の街」を見て－
1988.12.11	No.42	2	塩崎弘志	私にとっての天皇制 ①過去を克服してきたか？
1988.12.11	No.42	4	泉博子	②女・家・天皇制
1988.12.11	No.42	6	鈴木啓介	③父の勲章
1988.12.11	No.42	8	加藤修弘	④題などつけようもないが、ともかくかかねば
1988.12.11	No.42	10	板垣望	⑤「天皇教」への疑問
1988.12.11	No.42	12	田中勝義	⑥何の象徴？
1988.12.11	No.42	14	新井精	⑦事実たる慣習？
1988.12.11	No.42	15	オモニの会	〈資料〉Ⅰ要請文
1988.12.11	No.42	16	考える会	〈資料〉Ⅱ要請書
1988.12.11	No.42	18	民闘連	〈資料〉Ⅲ在日旧植民地出身者に関する戦後補償および人権保障法(案)
1988.12.11	No.42	21		会計報告
1989.02.24	No.43	2	金康治	天皇裕二氏への手紙
1989.02.24	No.43	4	押捺拒否者	「恩赦」拒否声明
1989.02.24	No.43	6	江沢初美	その日学校で 1.生徒へのささやかなメッセージ
1989.02.24	No.43	10	加藤修弘	2.「平成元年」の始業式
1989.02.24	No.43	12	山田久仁子	3.子どもをどうするのか親の態度が問われて
1989.02.24	No.43	15	野副達司	元号は皮膚感覚の天皇制
1989.02.24	No.43	18	多摩・在日韓国・朝鮮人の教育を考える会	「元号」使用強制に反対するアピール(案)
1989.02.24	No.43	20	田中勝義	本の紹介「植民地下朝鮮のキリスト教」
1989.05.20	No.44	2	田中勝義	木いちご舎事業をふりかえって ・中学生教室スタッフより一歩ずつ前へ
1989.05.20	No.44	4	泉博子	看板のない家
1989.05.20	No.44	6	中村なつ	力まずに一歩踏み出そう
1989.05.20	No.44	8	平山ゆき子	オモニ・ハッキョスタッフより 今までとこれから
1989.05.20	No.44	10	加藤修弘	合宿の議論をふりかえってオモニ・ハッキョによせて
1989.05.20	No.44	11	板垣望	スペースは?負担は?
1989.05.20	No.44	12	島田美佐子	木苺と私
1989.05.20	No.44	13	塩崎弘志	言葉＝生きる力をつける
1989.05.20	No.44	14	高幹明	高さん、都立高校採用に！・教員になるまでの私と現在の私
1989.05.20	No.44	16		資料(「統一日報」'89.4.28付より)
1989.05.20	No.44	17	鈴木啓介	都教委交渉報告

발행일	지면정보		필자	제목
	권호	페이지		
1989.05.20	No.44	18	高太健	〈投稿〉差別と教育一口先だけの友差別はいらない
1989.07.08	No.45	1	加藤修弘	第5回木いちご舎連続講座報告 朝鮮名を名のる思いと教員採用を実現して思うこと
1989.07.08	No.45	4	강흔화	自然に名れる環境づくりを
1989.07.08	No.45	7		1988年度東京都の小中高等学校に在籍する外国籍児童・生徒数
1989.07.08	No.45	8	すずきのりこ	梶村さんのこと
1989.07.08	No.45	10	石川明宏	私と木いちご舎・いまどき珍しい若者と呼ばれる私
1989.07.08	No.45	12	李直茂	アジアのマジョリティの一人として
1989.07.08	No.45	14	鈴木啓介	いま学校で・中国帰国者とともに
1989.10.28	No.46	2	金昌洙	今、在日の高校生は 触発され、励まされて
1989.10.28	No.46	3	朴久代	チャングの音に血が騒ぐ
1989.10.28	No.46	4	李公仙	おれの将来・夢・希望 昔と今
1989.10.28	No.46	5	M・S	誇りを持ってー映画『潤の街』を見てー
1989.10.28	No.46	6	石川明宏	まだ感じたことは
1989.10.28	No.46	8	朴敏寛	青年交流会報告 わこうどのたより
1989.10.28	No.46	10	陳寿美	ユニークな集まりを!
1989.10.28	No.46	12	板垣望	〈寄稿〉実習助手になって
1989.10.28	No.46	14	永井栄俊	今、対日賠償請求を考える
1989.10.28	No.46	16	平山ゆき子	「多摩・考える会」の一年半
1989.10.28	No.46	17		全朝教・福岡集会に参加して
1989.10.28	No.46	18		第15回民戦連全国交流神奈川集会のお知らせ
1989.10.28	No.46	19		木いちご舎連続講座(第6回)のお知らせ
1989.12.10	No.47	1	山田久仁子	第6回木いちご講座特集 楽しくしたたか、むくげ17年の歩み
1989.12.10	No.47	4	朴順里・金早子・李福子	オモニの感想
1989.12.10	No.47	5	大山輝章	李敬幸さんの話を聞いて
1989.12.10	No.47	6	泉博子	今後に向けて
1989.12.10	No.47	7	田中勝義	第3回高校生交流会報告
1989.12.10	No.47	11	島田美佐子	本の紹介「在日韓国・朝鮮人の補償・人権法」
1989.12.10	No.47	12	板垣望	民闘連全国交流神奈川集会報告 川崎での思い出がまた一つ
1989.12.10	No.47	13	新井精	各地の実践とオモニの声に励まされる思い
1989.12.10	No.47	14	多摩・考える会	狛江市、行政交流の報告
1989.12.10	No.47	16	加藤修弘	花岡蜂起・現地合宿団報告
1989.12.10	No.47	19	鈴木啓介	誠信の交りー雨森芳洲の故郷をたずねて
1990.05.26	No.49	1	山田久仁子	今こんなことが起きていますー日の丸・君が代の強要をめぐってー

발행일	지면정보		필자	제목
	권호	페이지		
1990.05.26	No.49	6	大山輝章	「日の丸」・「君が代」アンケート
1990.05.26	No.49	10	野副達司	元号に死の花束を―都立高校元号使用強制事件顛末
1990.05.26	No.49	14	泉博子	あとから来る同胞達のために―第7回木いちご講座報告
1990.05.26	No.49	16	三浦はる子	朝鮮文化とのであい―多摩・考える会2周年記念集会報告
1990.05.26	No.49	20	板垣望	혼잣소리
1990.05.26	No.49	21		会計報告
1990.07.08	No.50	1		「変化」をほんものにするために
1990.07.08	No.50	2	鈴木啓介	問われる教師の歴史認識
1990.07.08	No.50	6	加藤修弘	花岡蜂起生存者・遺族45年目の来日をむかえて
1990.07.08	No.50	9	永井栄俊	高尾の「幻の大本営」を下見調査
1990.07.08	No.50	11	泉博子	自分の中の差別意識荒川区教委交渉報告
1990.07.08	No.50	12	和田義昭	第3回在日外国籍生徒・学生のための就職シンポジウム
1990.07.08	No.50	14	田中勝義	明るく、強く、誇らかに―「あらかわノリマダン90」聞かれる
1990.07.08	No.50	16	山田久仁子	혼잣소리 大人の姿
1990.07.08	No.50	17		〈資料〉1989年度東京都の小中高等学校に在籍する外国籍児童・生徒数
1990.10.28	No.51	1	塩崎弘志	学校の先生はメシ食えるが
1990.10.28	No.51	3	山口八郎	中国帰国生徒をいつまで傷つけるか
1990.10.28	No.51	5	石垣敏夫	民族学校の生徒をいつまで傷つけるのか
1990.10.28	No.51	7	李博盛	在日からの問いかけ
1990.10.28	No.51	9	小綿剛	在日朝鮮人・中国人―強制連行、強制労働を考える全国集会について
1990.10.28	No.51	11	加藤修弘	花岡蜂起生存者・遺族、日本の二週間
1990.10.28	No.51	12	山田邦寿	혼잣(ひとりごと)
1990.10.28	No.51	13	三浦はる子	強制連行、強制労働のツメ痕
1990.10.28	No.51	18	山田一彦	吉見百穴遺跡の地下軍需工場跡を見て
1990.10.28	No.51	20		第70回タウンミーティング速記録
1990.10.28	No.51	22	永井栄俊	国籍条項撤廃に向けて
1995.03.01	No.71	1	金敬得	「民族共生教育をめざす東京連絡会」の結成にあたって
1995.03.01	No.71	7	具本達	「民族共生教育をめざす会」・例会から―一在日韓国人として差別に抗する
1995.03.01	No.71	12	安益溶	在日3世、4世の未来と民族共生教育
1995.03.01	No.71	15	大山輝章	「民族共生教育をめざす東京連絡会」活動日誌
1995.03.01	No.71	17	石川明宏	リコーリース外国人差別事件
1995.03.01	No.71	19	永井栄俊	小沢有作による李喜奉さんへの暴言・差別発信問題
1995.03.01	No.71	23	はん・てよんオモニ	ホンジャソリ
1995.03.01	No.71			目次

발행일	지면정보		필자	제목
	권호	페이지		
2000.01.08	No.105	1	豊島直人	都内で初めての「多言語による高校進学ガイダンス」を実施!
2000.01.08	No.105	4	高幹明	連続講座「民族共生教育を求めて」⑮厚みのある豊か社会を求めて
2000.01.08	No.105	6	朴元綱	東京都にお聞きします
2000.01.08	No.105	8	田中勝義	今、学校で
2000.01.08	No.105	12	大山輝章	10.8「平和のビートで世界を変えよう!」緊急!ライブ&トーク雑感
2000.01.08	No.105	14	高木森美	教科書問題④「教科書採択によせて」
2000.01.08	No.105	15		カラオケ店差別事件「お詫び」文書提出で決着
2000.01.08	No.105	16	鈴木啓介	おもいで話ー私の出会ったひとびと⑬
2000.01.08	No.105	20		目次・広告・編集後記
2002.03.09	No.106	1	金玉熙	今、学校で…そして私は
2002.03.09	No.106	4	若江幾哉	在日コリアン研究と私
2002.03.09	No.106	5	小綿剛	都教委交渉報告
2002.03.09	No.106	6	小綿剛	高麗博物館へ行って来ました
2002.03.09	No.106	7	岡山輝明	野田正彰さんの講演「日の丸・君が代に傷つく教師たち」を聴いて
2002.03.09	No.106	8	鈴木啓介	おもいで話ー私の出会ったひとびと⑭
2002.03.09	No.106	12	大山輝章	森定10年
2002.03.09	No.106	17	新井精	在籍調査
2002.03.09	No.106	18	板垣望	会計報告
2002.03.09	No.106	20		目次・広告・編集後記
2004.05.15	No.117	1	夫徳柱	在日への手紙ー「在日」から「ザイニチ」へ
2004.05.15	No.117	8	渡辺泰子	やっぱりすてきな呉蠟柄さん
2004.05.15	No.117	9	野沢映子	いろんなことについて
2004.05.15	No.117	12	鈴木啓介	拉致被害者家族と出会うとき 下
2004.05.15	No.117	14	田中勝義	第一回木いちご移動教室「朝鮮通信史と日光」の旅
2004.05.15	No.117	15	T.K	日の丸・君が代の強制と学校現場
2004.05.15	No.117	16	岡山輝明	陳述書 東京地方裁判所民事部御中
2004.05.15	No.117	19	新井精	2003年度 東京都の小中高等学校に在籍する外国籍児童・生徒数
2004.05.15	No.117	20	角田仁	横田さんご夫妻をお招きしてー大森高校人権講座
2004.05.15	No.117	22	高幹明	今、学校で感じること
2004.07.11	No.118	1	辛淑玉	新しい暴力、大衆の暴力と向き合う
2004.07.11	No.118	4	尹順子	国籍取得ー私の考え 子供の将来と国籍
2004.07.11	No.118	6	鄭美華	社会的マイノリティとして生きる
2004.07.11	No.118	8	Y.N	親と子はただ服従するしかないのか 親同士の交流の場を
2004.07.11	No.118	11	武井ひさの・金智美・石塚博美	木いちご移動教室に参加して

발행일	지면정보		필자	제목
	권호	페이지		
2004.07.11	No.118	13	水野精之	国籍特例方案を巡って
2004.07.11	No.118	15	角田仁	浅川伯教・巧兄弟資料館で考えたこと
2004.07.11	No.118	18	鈴木啓介	列島ところどころ⑥ 宮崎の「八紘一宇」の塔
2004.07.11	No.118	19	岡山輝明	会計報告
2004.12.05	No.120	1		紅葉の甲斐路に誠信の人を訪ねて(第2回木いちご移動教室)ー浅川巧の故郷・高根町と清里高原へー
2004.12.05	No.120	2		後藤裕美子
2004.12.05	No.120	2		李美貞
2004.12.05	No.120	3		朴保
2004.12.05	No.120	4		滝沢宏美
2004.12.05	No.120	4		洪大杓
2004.12.05	No.120	5		田中鉄也
2004.12.05	No.120	7	寺井律子	国連大学前で 72日間座り込みデモを続けたクルド人難民家族とその支援
2004.12.05	No.120	10	金俊熙	日本国籍取得の経緯ー韓国系日本人として
2004.12.05	No.120	12	佐々木てる	可能性としての「コリア系日本人」
2004.12.05	No.120	16	海田忠幸	在日韓国・朝鮮人について考えること
2004.12.05	No.120	20	渡辺鋭幸	第10回「北朝鮮へのまなざし」を考える連続講座から 石丸次朗さんのお話を伺って
2004.12.05	No.120	22	加藤修弘	教科書問題 どんなことからも、気づかされるおので
2004.12.05	No.120	24	田中造雅	「日の丸」・「君が代」問題 8/2,9服務事故再発防止研修を受けて
2004.12.05	No.120	25	鈴木啓介	2004年秋・備忘録
2004.12.05	No.120	26	鈴木啓介	列島ところどころ⑧ 再び土佐・室戸岬 弟の50回忌
2005.05.22	No.122	1		春爛漫の常陸路・潮風を感じながら(第3回木いちご移動教室)ー内原・満蒙開拓青少年義勇軍資料館とひたち海浜公園ー
2005.05.22	No.122	2	泉田俊英	教育のすばらしさと恐ろしさ
2005.05.22	No.122	2	高崎宗司	私にとって満蒙開拓青少年義勇軍とは
2005.05.22	No.122	3	高柳俊男	満洲を知るための映像から
2005.05.22	No.122	5	李洋秀	「北朝鮮へのまなざし」を考える連続講座⑫ 在日コリアン・日本人脱北難民の実像と私たちの課題
2005.05.22	No.122	9		市民の力で政治を変える新聞『ACT』273号より
2005.05.22	No.122	10		現代のラディカリズムをめざす政治評論・交流紙『曙光』382号より
2005.05.22	No.122	11	元智彗	〈連載〉ある在日の告白(第2回)
2005.05.22	No.122	15	西連寺和彦	映画『パッチギ』を見て「世界は愛で変えられる」
2005.05.22	No.122	17	角田展子	あまりにもマイルドな
2005.05.22	No.122	18	田中勝義	感動と違和感と
2005.05.22	No.122	19	小綿剛	アメリカ教育事情
2005.05.22	No.122	20	小綿剛	都教委交渉報告

발행일	지면정보		필자	제목
	권호	페이지		
2005.05.22	No.122	22	横山由希子	Circle of Heartsと青年の居場所
2005.05.22	No.122	23	鈴木倫子	私の「善光寺参り」
2005.05.22	No.122	27	新井精	2004年度東京都の小中高に在籍する外国籍児童生徒数
2005.10.08	No.124	1	構成原良一	〈北朝鮮へのまなざし〉を考える連続講座 第13回 なぜ、今、脱北帰国者の支援か一私の入管行政・30余年の歩みをふまえて一坂中英徳さんの発言の要旨
2005.10.08	No.124	5	原良一	連続講座に参加して 問い直される日本の根幹
2005.10.08	No.124	12	青柳敦子	在日の日本国籍取得に対して 李洋秀さんへの手紙
2005.10.08	No.124	21	石垣敏夫	日本人が拉致されて韓国・朝鮮人の痛みが初めて理解できた
2005.10.08	No.124	23	元智彗	〈連載〉ある在日の告白(4)
2005.10.08	No.124	27	小綿剛	北関大捷碑返還
2005.10.08	No.124	28	鈴木啓介	列島ところどころ⑪
2005.10.08	No.124	31	角田仁	全外教滋賀大会(都高教新聞から)
2005.10.08	No.124	32	岡山輝明	会計報告
2005.10.08	No.124	33	鈴木啓介	木いちご移動教室(日帰りバスの旅)第4回・案内　那須高原の晩秋一開拓ひとすじに生きる人を訪ねて
2005.12.18	No.125	1	田中勝義	第4回 木いちご移動教室 開拓ひとすじに生きる人を訪ねて
2005.12.18	No.125	2	渡辺泰子	騙したのは誰なんだ 那須千振で3人の方のお話を聞いて
2005.12.18	No.125	4	庄司百合子	那須の秋の思い出
2005.12.18	No.125	5	橋本なほこ	となりの大仏様
2005.12.18	No.125	7	原良一	「北朝鮮へのまなざし」を考える連続講座 第14回「朝鮮学校・朝鮮総連と私」高英起さん講演録
2005.12.18	No.125	14	渡辺泰子	国家、組織の指導層が腐敗すると 高英起さんのお話を聞いて
2005.12.18	No.125	16	松本浩	「北朝鮮へのまなざし」を考える連続講座 第14回「朝鮮学校・朝鮮総連と私」高英起さん講演録 〈感想〉同胞への愛情・圧政に苦しむ民衆解放への情熱が伝わった講演
2005.12.18	No.125	20	朴念仁	「北朝鮮へのまなざし」を考える連続講座 第14回 高英起「朝鮮学校・朝鮮総連と私」に参加して
2005.12.18	No.125	21	李洋秀	「木苺」124号「在日の日本国籍取得に対して」の「青柳敦子さんから私への手紙」に対する返事、まだ反論に入れていませんが
2005.12.18	No.125	26	丸山千恵子	「木苺」124号を読んで
2005.12.18	No.125	27	鈴木倫子	国境の街・延吉で聞いた話
2006.03.18	No.126	1	高柳俊男	「在日コリアンに権利としての日本国籍を」2.5全国集会報告
2006.03.18	No.126	4	青柳敦子	日本国籍は日本の市民権一李洋秀さんへの返信に代えて
2006.03.18	No.126	11	元智彗	〈連載〉ある在日の告白(第5回)
2006.03.18	No.126	15	大沼謙一	丸木美術館での平和学習
2006.03.18	No.126	17	鈴木啓介	山吹高校A君へ
2006.03.18	No.126	19	新井精	2005年度東京都の小中高学校に在籍する外国籍児童・生徒数

발행일	지면정보		필자	제목
	권호	페이지		
2006.05.28	No.127	1	田端克敏	マガダンから
2006.05.28	No.127	4	小綿剛	全外教セミナー・東京集会報告
2006.05.28	No.127	6	小山省悟	第4回「国籍を考えるひろば」に参加して
2006.05.28	No.127	7	李洋秀	『木苺』126号「日本国籍は日本の市民権」青柳敦子さんの文に対する返信
2006.05.28	No.127	20	田中造雅	「日の丸」「君が代」問題 陳術書
2006.05.28	No.127	23	小山省悟	鈴木先生頑張れ!!の思いを込めて
2006.07.09	No.128	1	角田仁	いま学校で 地域のNPOと連携した多文化共生教育
2006.07.09	No.128	8	小綿剛	病む教員・病む学校
2006.07.09	No.128	10	小綿剛	子どもたちから学校・家族を奪わないで
2006.07.09	No.128	11	田中勝義	終わりから始める
2006.07.09	No.128	3	鈴木啓介	ひとりごと 近頃、気になっていること
2006.07.09	No.128	14	李洋秀	〈連載①〉北朝鮮帰国を試みた10歳の追憶 1961年6月30日第65次帰国船 新潟はわれを渡さぬ港
2006.07.09	No.128	26	元智彗	〈連載⑥〉ある在日の告白
2006.07.09	No.128	30	鈴木啓介	〈連載⑫〉列島ところどころ 山びこ学校

나비야(Nabiya)

○ ● ○

1 서지적 정보

『나비야』는 "생활 속의 국제화", "이문화 교류 매거진"이라는 캐치프레이즈를 내걸고 씽크네트(シンクネット)가 1989년 9월에 창간한 잡지이다. 잡지의 성격은 일본인, 재일 외국인, 유학생 등을 대상으로 한 일종의 생활정보지로 분류할 수 있다. 매호 다양한 테마로 특집을 다루고 있고, 영화, 서가, 이벤트 가이드 등의 정보를 싣고 있다.

창간호의 표지는 "꿈을 꿨다. 하늘을 날고 있는 이상한 꿈. 그것은 푸르고 투명한 유리 구슬 같았다. 바라보고 있는 것만으로 왠지 사랑스러워 견딜 수 없게 되어버린다. 조금 손을 뻗으면 닿을 것 같다. 꿈으로 본 지구의 모습은 너무도 아름답고, 신선했다. 거기에 는 지구본 여기저기에 그어져 있는 선은 어디에도 보이지 않았다. 초록으로 둘러싸인 광대한 땅에, 노란 아이가 동그마니 보였다. 검은 아이도, 하얀 아이도 있었다. 도도히 흐르는 강이 있고, 멀리 저편에 하얀 것을 머리에 얹은 산들이 길게 늘어서 있었다. 모두 그들에게 주어진 것이다. 시장이 있고, 광장이 있고, 어른들이 있고, 아이들 세계가 있었다. 거기에는 분명한 삶의 영위가 있었다. 화내고, 슬퍼하고, 기뻐하고, 노래하는, 인간의 미래가 있었다."라는 문구로 장식하고 있다. 이 표지의 문구는 '교류LAND 지구 호 여행으로(ふれあいLAND地球号の旅へ)'라는 창간 특집이 전하고자 하는 메시지라 볼 수 있다. 2호(1989.12)는 '국제화의 전환점(国際化のターニングポイント)', 3호(1990. 03)는 '황금의 나라 지팡구는 어디에(黄金の国·ジパングは何処に)', 4호(1990.06)는 '말 과 이문화 발견(ことばと異文化発見)'을 각각 특집으로 다루고 있다. 재일 한국인뿐 아 니라 다수의 일본인이 집필에 참가하고 있다.

'국제화'와 '이문화'라는 키워드에 부합하는 내용으로 채워져 있고, 다문화사회로 진입 한 일본에서 국적과 인종을 구별하지 않고 모두가 공생할 수 있는 사회를 지향하며 생활자의 시점에서 발신한 『나비야』가 종간된 배경에 대해서는 확인된 것이 없다.

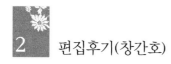

2 편집후기(창간호)

사진기가 발명되어 올해로 150년이 된다. 1839년, 프랑스인인 루이 다게르(Louis Jacques Mandé Daguerre)가 세상에 내놓은 '다게레오타입(Daguerreotype)'이라는 박스 카메라가 사진기의 시작이다. 당시 학자를 포함하여 많은 모험가, 탐험가들은 사진기재를 마차에 싣고, 아직 보지 않은 미지의 세계로 여행을 떠났다. 그들은 "비경"이라 부른 여행지에서 무엇을 목격하고, 무엇을 느낀 것일까? 다양한 의복을 걸친 인종이, 다양한 언어를 가진 민족이, 각각이 가지는 역사와 전통에 뒷받침된 생활을 하고 있는 모습을 목격했음에 틀림없다. 거기에는 유럽의 역사와 가치관으로는 헤아릴 수 없는 "무언가"가 있었다 그것은 실로 이문화, 이문명과의 조우였다. 국제화가 선전되고 있는 오늘날, 새삼 이문화 교류의 의미를 물어보고 싶다.(S)

'오바타리앙('중년여성'을 지칭)'이라는 '요괴'가 일본열도를 배회하고 있다. 그것도 굉장히 밝고 건강한 '요괴'이다. '오사카의 여자를 얕봐서는 안 돼' 어깨에 머리에 띠를 매고 '소비세 반대!'의 슈프레히코르를 연호하는 '오바타리앙'. '뜨거워지기 쉽고, 식기 쉬워'서는 세상은 크게 변하지 않는다. 하지만 이 '요괴'는 기력이 있을뿐만 아니라 인내심도 강하고 집념도 강하다. '이번 선거는 "오바타리앙의 반란"이라고 불리는 여성의 분투가 있었지만, 아직 문은 반쯤 열렸을 뿐'이라고, 화제의 인물, 도이(土井)씨도 의기양양. '부엌에서부터 정치를 바꾼다'는 것은 당리당략의 차원을 넘는다. 보통의 사람, 항간의 사람이 살아가기 쉬운 세상을 만드는 것이라고 생각한다. 나는 '오바타리앙'에게 힘과 지속성을 배우고 싶다.(P)

요전, 고베(神戸)에서 구청 등 외국인등록 창구 표시가 'ALIEN'에서 'FOREIGNERS'로 바뀌었다. 에어리언이라는 말이 일본의 배타성을 상기시킨다는 것이라는데, 이것도 국제화의 여파인가 하고 쓴웃음짓게 한다. 우리들 자신은 그다지 "에어리언"이라도 전혀 상관없는데, 외국인등록증명서를 언제 어느 때건 소지해야 하는, 그 번잡스러움은 어떻게든 해줬음 한다. 그리고 보면 요전날에도 동료 스탭이 신호무시를 경관에게 책잡혀 외국인등록증을 휴대하지 않아서 반나절이나 붙잡혀 있었다. 주머니가 없는 옷을 입고 빈손으로 걷는 일은 꿈같은 얘기다. 그렇기 때문에 『나비야』를 창간하게 된 것은 아니지만, 일본인도 외국인도 더욱 편안하게 살아갈 수 있는 공간을 확대해 가지 않으면——.(T)[3]

---

3) 「編集後記」『ナビヤ』(創刊号, 1989.09) p.126

발행일	지면정보		필자	제목
	권호	페이지		
1989.09.01	創刊号			〈特集〉ふれあいLAND地球号の旅へ
1989.09.01	創刊号	3		巻頭グラビア ちるどれんずアドベンチャー
1989.09.01	創刊号	12	林文子	たろうちゃん、アンニョン!「複眼レンズ」写真ルポZOOM IN!元気な あいさつで桜本保育園の一日が始まった
1989.09.01	創刊号	16	朴聖姫	〈対談〉オープンマインド 違いを楽しむ余裕を持ちたい
1989.09.01	創刊号	24	野村端枝	我が家の十歳記念旅行 野村さんちの家族日誌 おやこでワクワク異文化体験
1989.09.01	創刊号	26	朴慶子	ぶなの木の下で
1989.09.01	創刊号	29	城田幸子	未来を歌え!子供の世界 ニイハオの国で心をもらった/友達と/ビルマの舞踊を通じて/「世界の子供絵画」
1989.09.01	創刊号	43	小田実	異質を生きるI 世界のエスニカン通信
1989.09.01	創刊号	47	趙南燦	国際人権規約とは? マンガ解説/国際人法律セミナーPART I
1989.09.01	創刊号	51	渡辺千穂	ことばは人と人をつなぐ 多言語シグナルパズル
1989.09.01	創刊号	58	富山妙子	忘れ得ぬ朝鮮人の少女 私のアジア交遊記
1989.09.01	創刊号	60	立松和平	金先生と戻らなかった財布 日本発!地球体験紀行
1989.09.01	創刊号	62	李哲鎮	6・4天安門事件の波紋と国際政治 深層海流/マスメディア最大限に利用した「制裁」
1989.09.01	創刊号	68		WORLD CALENDAR 世界からの季節風
1989.09.01	創刊号	75	李鳳宇	アジアの力作を発見できた映画祭
1989.09.01	創刊号	76		BOOK STAND
1989.09.01	創刊号	78		子供の本棚
1989.09.01	創刊号	80	韓丘庸	海を渡ってきたならずの鐘 メルヘン漂流/夢の宝島
1989.09.01	創刊号	84	藤本造之輔	お手玉の祖形 世界遊び図鑑
1989.09.01	創刊号	85	金栄	思いきり悩んで‥WOMAN'S EYE 女から未来へ
1989.09.01	創刊号	86		EVENT GUIDE/CULTURE
1989.09.01	創刊号	88	金満里	感性って変わるから面白い インタビューHUMAN NOW/障害者の文化を
1989.09.01	創刊号	92	崔健三	留学生夫婦の一日 フォトぶらりエスニック横丁STOP DOWN THE LENS
1989.09.01	創刊号	98	梁敏秀	敷金が返ってこない!? PEOPLE'S VOICE ニホンの街角で
1989.09.01	創刊号	99	曺甲連	家庭で楽しむ本場の味 NABIYA COOKING SEMINAR コリア編/TEA ROOM キムチと唐辛子革命
1989.09.01	創刊号	103		留学生のおすすめ美味情報 中華料理店「小洞菜館」/韓国料理店「ママハウス」

발행일	지면정보		필자	제목
	권호	페이지		
1989.09.01	創刊号	105	趙治勲	盤上に「自由な精神」を演出する棋士 FACE OF THE SEASON/四連勝で奪回!七期ぶり、みたび本因坊位へ
1989.09.01	創刊号	108	趙容夏	「国際化」の時代へ TALKING SALON「身近な隣人」と日本
1989.09.01	創刊号	110	金洪才	タクトから民族の情緒を伝えたい 楽壇デビュー10周年、世界へのチャレンジが始まる
1989.09.01	創刊号	112	金久美子	面白い関係を組むのが素敵なんです 新しい発見を楽しみに。初の韓国公演まぢかに迫る
1989.09.01	創刊号	114	尹勇吉	誰かがハードルを 38度線を越えた錦繡文庫ー憩いのオアシスづくりに馳せる夢
1989.09.01	創刊号	118		帰国を夢見つづけて 玄海灘を渡った人たち
1989.09.01	創刊号	126		編集後記
1989.12.01	No2	4	崔蒼永	フォトぶらりエスニック横丁 PARTⅡ 外国人労働者とは
1989.12.01	No2	12	北村節子	〈ルポ〉お隣りは外国人
1989.12.01	No2	20		目で見る難民統計と在留外国人統計
1989.12.01	No2	25	石川好・内海愛子・尹健次ホイン・トリィ・チャイン	MY POINT OF VIEW「私の意見」「共に生きる」ためのケーポイントは何か
1989.12.01	No2	30	神奈川県渉外部国際交流課	活動報告「世界に開かれた地球社会」をめざして
1989.12.01	No2	35		〈対談〉LET'S TALK AND TALK 天野祐吉VS辻本清美 未来を創る私たちの選択
1989.12.01	No2	44	小田実	「ヘンな人」の話から 世界のエスニカン通信第2回
1989.12.01	No2	48	吉田ルイ子	ゆったりしたアメリカの深南部 日本発!地球体験紀行
1989.12.01	No2	50	山本将文	「負の遺産」から真の交流へ 私のアジア交遊記
1989.12.01	No2	53	オスマン・サンコン	FACE OF THE SEASON お茶の間に現れた民間大使
1989.12.01	No2	56	富田さゆり	われら多言語家族 多言語シグナルパズル2
1989.12.01	No2	63	尹晃一	マンガ解説・国際人法律セミナーPARTⅡ 在日韓国・朝鮮人の在留資格
1989.12.01	No2	68		WORLD CALENDAR
1989.12.01	No2	76	李哲鎮	ボート・ピープルと「環日本海経済圏」構想
1989.12.01	No2	81	奥田継夫	第一回ソフィア国際青少年映画祭
1989.12.01	No2	82	伝井かほる	BOOK STAND
1989.12.01	No2	84	内田庶	子供の本棚
1989.12.01	No2	86	金節子	出発の朝 メルヘン漂流
1989.12.01	No2	90	藤本造之輔	石けり 世界遊び図鑑2
1989.12.01	No2	91	林美瑛	〈コラム〉やるっきゃない 女から未来へ
1989.12.01	No2	92		EVENT GUIDE/CULTURE
1989.12.01	No2	94	趙容夏	『名を奪われて』ふれあい講座第2回

발행일	지면정보		필자	제목
	권호	페이지		
1989.12.01	No2	96		留学生のおすすめ美味情報 マレーシア料理店「オンリーマレーシア」
1989.12.01	No2	98	王莉幸	〈コラム〉国籍より意識の変革を ニホンの街角で
1989.12.01	No2	99	曹甲連・金純子	家庭で楽しむ本場の味 NABIYA COOKING SEMINAR コリア編/TEA ROOM 朝鮮の調味料コチュジャン
1989.12.01	No2	108	辛淑玉	次の世代のために環境をかえるのが夢
1989.12.01	No2	110	朴浩一	いつか良質のエンターテインメントを
1989.12.01	No2	112	梁容子	殻を破り自然体で ROMAN AND POWER
1989.12.01	No2	116	朴東満	玄海灘を渡った人たち2 朝鮮人の町ー猪飼野
1989.12.01	No2	122		編集後記
1990.03.01	No3			〈特集〉黄金の国・ジパングは何処に
1990.03.01	No3	3	崔蒼永	不思議な島との"遭遇"
1990.03.01	No3	16	石川文洋	TRAVEL A VOYAGE 海とボートピープルと私たち
1990.03.01	No3	21	近藤玲子	力強く生きる人々
1990.03.01	No3	21	川島京子	幸せって何だっけ
1990.03.01	No3	21	山田徹也	短かすぎた旅
1990.03.01	No3	21	高松雄児	知らない自分との出会い
1990.03.01	No3	30		ズーム・イン!アジア
1990.03.01	No3	35		〈対談〉LET'S TALK AND TALK 豊かに生きる
1990.03.01	No3	44	小田実	世界エスニカン通信第3回「壁の前の二人の女性の横断幕」
1990.03.01	No3	48	今井通子	自然とは楽しく遊ぶのが一番 日本発!地球体験紀行
1990.03.01	No3	50	戸田郁子	アジアは私の元気のモト 私のアジア交遊記
1990.03.01	No3	53		FACE OF THE SEASON 国際化のキーワードはイマジネーション
1990.03.01	No3	56	高岡温	韓国kの御夫婦がわが家にやってきた!多言語シグナルパズル3
1990.03.01	No3	63	尹晃一	マンガ解説・国際人法律セミナーPARTⅢ 外国人登録法
1990.03.01	No3	68		WORLD CALENDAR
1990.03.01	No3	76	李哲鎮	東欧の変革と新デタントに求められているもの
1990.03.01	No3	81	李鳳宇	伝説の映画「アリラン」リメイク版
1990.03.01	No3	82	吉岡峯子、寺田鎮子	BOOK STAND
1990.03.01	No3	84	早船ちよ	子供の本棚
1990.03.01	No3	86	藤本造之輔	凧あげ 世界遊び図鑑3
1990.03.01	No3	87	具善玉	〈コラム〉私の手から世界へ 女から未来へ
1990.03.01	No3	88		EVENT GUIDE/CULTURE
1990.03.01	No3	90	趙容夏	チマ・チョゴリ ふれあい講座第3回
1990.03.01	No3	92		ユーモアタップリ あの国、この国ー世相マンガ
1990.03.01	No3	96		留学背のおすすめ美味情報 タイ料理店「チェンマイ」/インドネシア料理店「インドネシアラヤ新宿店」

발행일	지면정보		필자	제목
	권호	페이지		
1990.03.01	No3	98	王小娟	〈コラム〉漢字は漢字でも ニホンの街角で
1990.03.01	No3	99	曹甲連	家庭で楽しむ本場の味 KOREA編
1990.03.01	No3	107	李尚秀	フォトぶらりエスニック横丁 PARTⅢ「輪廻流転也」
1990.03.01	No3	116	金昌寬	「違い」を超えた「共通なもの」をめざして
1990.03.01	No3	118	尹英子	私自身がドキドキできるコンサートを
1990.03.01	No3	120	金香都子	いつも自分自身を出発点に ROMAN AND POWER
1990.03.01	No3	124	高秀哲	玄海灘を渡った人たち3 強制連行のルーツ－北海道
1990.03.01	No3	130		編集後記
1990.06.01	No4			〈特集〉話せると、いろいろなカオが見えてみた ことばと異文化発見
1990.06.01	No4	3	ヒッポファミリークラブ	ことばを楽しむ「言語と人間」をテーマに新しい国際交流の場
1990.06.01	No4	12		言語習得の筋道は、自然な環境の中に 言語交流研究所顧問・榊原陽氏に聞く
1990.06.01	No4	14	神川邦子	多言語シグナルパズル4 7ヵ国語の言葉の旅
1990.06.01	No4	22		世界の国から「コンニチワ」
1990.06.01	No4	24	牟尼	大物ミキサー、日本の不思議
1990.06.01	No4	26	ベニート・パテェコ	文化がわかれば言葉もわかる
1990.06.01	No4	29	荘司和子	マイペンライ－わたしとタイ語との出会い
1990.06.01	No4	35		〈対談〉「心の壁」が消える日まで
1990.06.01	No4	43	長倉洋海	日本発!地球体験紀行 紛争地での出会い
1990.06.01	No4	50	小田実	世界のエスニカン通信第4回 亡命者Bの話
1990.06.01	No4	55	フランソワーズ・モレシャン	FACE OF THE SEASON 伝統ある日本文化に魅了されて
1990.06.01	No4	58	陸培春	世界の眼 留学生L君の大学受験
1990.06.01	No4	61	呉実	散策・異文化の館[第一回] 京都洛北「高麗美術館」
1990.06.01	No4	68		WORLD CALENDAR
1990.06.01	No4	76		NABIYA INFORMATION MOVIE
1990.06.01	No4	80		BOOK STAND
1990.06.01	No4	84		EVENT GUIDE
1990.06.01	No4	88	藤本造之輔	ぶらんこ 世界遊び図鑑・最終回
1990.06.01	No4	91	尹晃一	マンガ解説・国際人法律セミナー・最終回 外国人労働者
1990.06.01	No4	96		留学生のおすすめ美味情報 ギリシアレストラン「ダブルアックス」/カンボジア料理店「アンコールワット」
1990.06.01	No4	99	曹甲連	家庭で楽しむ本場の味 編
1990.06.01	No4	107	李尚秀	フォトぶらりエスニック横丁 PARTⅣ 跆拳道－1300年の伝統、いま蘇る

발행일	지면정보		필자	제목
	권호	페이지		
1990.06.01	No4	116	趙容夏	隣人と心の交流を ふれあい講座・最終回
1990.06.01	No4	118	鄭義信	人間の本質に迫る作品を ROMAN AND POWER
1990.06.01	No4	122		編集後記

동포와 사회과학(同胞と社会科学)

○ ○ ○

1 서지적 정보

『동포와 사회과학』은 1986년 10월부터 1991년 9월까지(7호) 오사카에서 발간된 재일본조선사회과학자협회의 기관지이며, 발행인은 재일본조선사회과학자협회 서일본본부의 회장 이대희이다(현재, 창간호와 4호만이 확인).

본 잡지는 재일본조선사회과학자협회에서 간행한 『사협서일본본부결성기념집』과 『사협연구논집』에 이어서 출판된 '대중적 교양잡지'이며, 재일동포사회를 둘러싼 여러 문제를 국내적·국제적 관점에서 탐색하고 해결방안을 제시하는 '길동무"생활의 벗'을 표방하고 있다.

잡지의 내용적인 측면에서 보면, 재일조선인의 역사 루트를 둘러싼 문제, 법률문제, 민족교육문제, 여성문제, 청소년문제, 상공인문제, 조선반도를 둘러싼 국제환경의 변화 등, 폭넓은 범위에 걸쳐서 다양한 시각을 통하여 문제들을 제기·분석하고 있다. 그리고 재일본조선사회과학자협회 회원들의 발표의 장으로서의 역할은 물론, 재일동포들의 의견교환의 장소로 활용되고 기능하기를 바라고 있음을 창간사와 편집후기를 통하여 알 수 있다.

잡지의 정치적인 측면에서 보면, 창간사에서 「주체사상, 철학일반, 정치, 경제, 역사, 교육, 문화 등 분야별 연구회를 정기적으로 시행」해 왔다고 설명하고 있고, 또한 「조청(재일본조선청년동맹) 서머스쿨에 참가해서」라는 특집 기사를 싣고 있는 점에서 알 수 있듯이, 본 잡지는 조국과 민족, 재일조선인이 문제제기한 여러 문제들을 조총련의 입장에서 그 문제의 소재를 파악·해결 방안을 모색해 나가고자 했다는 사실을 알 수 있다.

2 창간사

 이번에 우리들은 재일본조선사회과학자협회 서일본본부 결성 1주년을 기념하여 대중적인 교양잡지로서 『동포와 사회과학』을 간행하게 되었다.

 그 동안 본 협회 및 회원들은 재일동포 각위의 진심어린 격려와 지원에 의하여 『사협 논문집』(기간)을 비롯하여 수많은 서적을 출판하였고, 또한 주체사상, 철학일반, 정치, 경제, 역사, 교육, 문화 등 분야별 연구회를 정기적으로 시행하여, 앞으로의 사협 활동을 한층 강화시켜 나가기 위하여 제대로 된 토대를 구축하였다.

 이것은 전적으로 재일동포 여러분의 본 협회에 대한 따뜻한 배려와 지원의 덕분입니다. 저는 본 협회와 모든 회원들을 대표해서, 지면상이지만 깊은 감사의 마음을 전하고자 합니다.

 그런데 오늘날 우리들을 둘러싼 상황은 정신없이 변화하고 있고, 재일동포사회에서도 세대교체가 한층 현저하게 나타나 의식적인 면에서도 다양화 현상과 함께 일상생활의 여러 것들에 대해서 올바른 평가와 해명을 하는 것이 대단히 중요한 초미의 관심사가 되고 있습니다.

 본 잡지는 이와 같은 동포사회의 다종다양한 요구에 응하기 위하여 검토를 거듭하였습니다. 그 내용도 조국과 민족, 조국의 통일과 남조선문제, 조선총련의 제활동과 재일동포사회에서 제기된 인권·생활권·기업권리옹호문제, 민족교육문제, 청소년문제, 조선반도를 둘러싼 국제환경의 제변화 등을 중점적으로 파악하여 보다 쉽게 설명할 목적을 가진 잡지입니다.

 우리들은 본 잡지가 동포 모든 분들의 『길동무』로서 생활의 벗으로 일조하여 활용되기를 희망합니다.

 『동포와 사회과학』의 주인공은 동포 여러분들입니다. 저는 연구자·전문가들과 함께 재일조선인운동의 장래를 이야기하고 실생활에서의 모든 요구를 해명해 나가기 위하여 여러분들의 의견, 투고 등을 기대하고 있습니다. 그리고 충실한 내용과 생생한 지식이 담겨진 진정한 동포들의 발표의 장으로 본 잡지를 발전시켜 나가고 싶습니다.

 『동포와 사회과학』에 대한 선학 및 동포 여러분들의 기탄없는 의견과 물심양면의 성원을 부탁드리며 창간 인사말을 드립니다.

1986년 10월 10일

3 목차

발행일	지면정보		필자	제목
	권호	페이지		
1989.01.10	第4号	11	李智仁	在日朝鮮人、法的権利について
1989.01.10	第4号	17		「世界人権宣言40周年と在日外国人の人権」テーマにシンポジウム開くー報道記事ー
1989.01.10	第4号	18	李大熙	完全に勝利した社会主義を実現するために、力を尽くしてともに進もう
1989.01.10	第4号	24	呂南喆	高句麗文化と京都
1989.01.10	第4号	32	金光哲	祇園祭の山鉾と神功皇后
1989.01.10	第4号	40	朴鐘鳴	「皇国史観」について
1989.01.10	第4号	49	宋南先	ことばの比較
1989.01.10	第4号	53	金肯煥	日本の戦後教育の出発点で欠落していたもの
1989.01.10	第4号	69	朴日楽	朝銀愛知のメインバンク化の歩みと展望(2)
1989.01.10	第4号	84	家正治	〈書評〉「同胞と社会科学」第三号
1989.01.10	第4号	89	文道平	ハワイ大学訪問記
1989.01.10	第4号	93	黄鎮益	〈随筆〉継目
1989.01.10	第4号	95	金希祚	私の提言 「協議会」運動を発展させ われわれの力育てよう
1989.01.10	第4号	99		キムイルソン主席の歴史的報告に対する研究討論が開かれたー要旨紹介
1989.01.10	第4号	100		キムイルソン書記の労作に関する研究討論会が開かれたー要旨紹介
1989.01.10	第4号	102	金松伊	〈随筆〉分会長さんの復帰
1989.01.10	第4号	106	孫和美	同胞たちの体験談の聞き書きで学んだこと
1989.01.10	第4号	108	小沢有作	〈書評〉『4・24阪神教育闘争』
1989.01.10	第4号	111		祖国統一、平和保障四原則
1989.01.10	第4号	114		第13回世界青年学生平壌祝典が開かれる、世界的反響

무궁화(むくげ)

○ ○ ○

1 서지적 정보

『무궁화』는 1971년 11월 17일부터 현재까지 발행되고 있는 〈일본 학교에 재적하는 조선인 아동 학생의 교육을 생각하는 모임〉(이하, 생각하는 모임)의 기관지이며(초기에는 격월 발행, 현재는 계간), 편집 및 동 모임의 대표는 오사카시립조요중학교(大阪私立城陽中学校)의 이나토미 스스무(稲富進)가 맡고 있다.

오사카시의 경우, 재일조선인 아동 및 재일외국인 아동의 교육 문제는 〈생각하는 모임〉의 결성 이전에는 〈오사카동화교육연구협의회〉와 〈오사카시외국인교육연구협의회〉가 담당해 왔지만, 1971년의 오사카시립중학교장 모임에서 이른바 「조선인 민폐론, 민족차별」이라는 문장이 문제가 되어 동 모임이 결성된다. 〈생각하는 모임〉은 운동단체의 성격을 띠며, 일본의 교육 체제에 적응하지 못하는 조선인 학생들을 서포트하기 위해, 식민지지배 교육을 중심으로 한 재일조선인 1, 2세대와는 다른 역사 교육 및 이에 따른 교재 개발 등을 목적으로 하고 있다.

기관지의 내용적인 측면에서 보면, 재일조선인 학생들의 교육 문제 및 취업차별 문제(히타치취업차별 및 공사 취업차별, 공무원 국적 표지 폐지 운동), 교재 개발(『사람』등) 등과 관련된 교사 및 학생들의 다양한 글을 싣고 있다. 또한, 재일조선인의 역사 및 교육과 관련된 심포지엄, 집회, 강좌 등에 대한 공지 및 보고 내용을 담고 있다(「관동대지진과 조선인 학살―50년 9·22 집회」「일조관계사강좌」「본명을 말하는 운동을 어떻게 추진할 것인가―초중고의 연대를 목표로」).

또한, 동 기관지는 단순히 일본 국내의 재일조선인 문제만을 다루고 있는 것은 아니고, 한국의 정치적인 문제, 예를 들면 「『생각하는 모임」은 9월 26·27일 양일, 교하시 등 시내 4곳에서 전단지 배포, 서명 활동을 전개하면서 김대중 씨 구출을 호소했지만,

또 다른 활동이 필요. 직장·지역에서 다양한 노력을 요청!」(5호) 등과 같은 김대중 납치 사건 및 문세광 사건, 그리고 『동아일보』 구독 운동, 김지하의 『고행』 연극 홍보 등, 동시대의 한국 정치 및 모국과의 다양한 관계에 대해서 일본인의 입장에서 적극적으로 코멘트를 하고 있다.

다만, 〈생각하는 모임〉은 1970년대에 재일조선인 아동의 본명 운동(本名を呼び名のる運動)을 적극적으로 전개해 나가는데, 예를 들면 「본명을 부르며 스스로 이름을 말한다고 하는 것—그것은 민족적 자각과 자부심을 위해서는 빼놓을 수 없다고 한다. 하지만 배타와 동화의 벽 앞에서 현실적 실천은 어렵기만 하다. 도대체 본명 실천이란 무엇인가? 재일조선인에게 그리고 일본인에게 그것이 의미하는 바는? 재일조선인 학생 스스로의 삶의 방식에서 배우며, 다시 한 번 서로 생각해 보는 시간을 가집시다」(39호, 1977년 7월 2일)라고 본명 운동을 적극적으로 장려하고 있지만, 이러한 본명 운동이 전국적으로 확대되면 될수록 오사카 지역 외로 진학하는 학생 및 오사카 지역 내에서도 민족교육이 전혀 이루어지고 있지 않는 학교에 진학하는 학생들이 겪는 마찰 및 갈등 등, 본명을 사용하는 학생들에 대한 역차별로 좌절하는 학생들의 심정이 다수 보고되고 있다(40호, 1977년 10월 31일, 「본명으로 살아라—제자들에게 묻다, 제자들의 보고 V」).

2 창간사 및 운영위원회 일지

가. 창간사

무궁화는 조선의 국화이다. 일본은 조선으로부터 주권을 빼앗은 동시에, 도처에서 무궁화 꽃을 잘라버리고 짓밟아 왔다. 무궁화는 화려한 꽃은 아니지만, 피고지고 시들었다가 또 다시 피어나는 꽃이다. 일본과 조선의 역사를 통한 깊은 반성과 끝없이 피어나는 저 꽃과 같이, 뿌리 깊은 운동을 위한 결의를 담아 우리들의 기관지를 무궁화라고 명명합니다.

나. 운영위원회 일지(창간호)

생각하는 모임이 결성되기까지 본회는 개인 자격의 입장에서 금년 3월 19일에 개최되는 「재일조선인 자제의 교육 간담회」의 준비모임을 가지고, 재일조선인 관계자와의 교류회를 수차례 거듭해 왔다. 그리고 교장회 차별 문서 사건을 계기로, 드디어 9월 24일의 연구 집회를 개최할 수 있게 되었다. 본 일지는 연구집회 후의 운영위원회 일지의 개요이다.

일시 ㅣ 10월 12일 오후 6시~9시, 장소 ㅣ 오사카시교육청년센터

의제 ㅣ 연구집회 총괄

① 운영원위회의 중간 총괄

제3분과회에서의 보고자와 참가자 간의 대한민국의 호칭을 둘러싼 논의에 대해서, 운영위원회로서의 코멘트를 첨부하기로 결정

② 연구집회의 연구집록의 발간과 그 준비에 대해서 협의

일시 ㅣ 10월 14일 오후 3시 반~5시 반, 장소 ㅣ 쓰루하시중학교

의제 ㅣ 오사카시외국인문제연구협의회와의 대화

① 시외협의 목적에 대해서 그 문제점을 지적한다.

② 시외협의 조직·운영·활동에 대한 문제 지적

③ 조직 운영을 위한 예산의 문제점

④ 활동과 관련된 모든 부문에 걸친 총 점검의 필요성

⑤ 앞으로도 지속적으로 협의하기로 약속

일시 ㅣ 10월 14일 오후 6시~9시, 장소 ㅣ 오사카시교육청년센터

의제 ㅣ 재일조선인 교육 관계자와의 교류회

출석자 ㅣ 조선장학회 대표, 재일조선인교육자동맹 대표, 한국청년동맹 대표, 그 외 개인 자격으로 참가한 민족학교 교직원

9월 24일 연구집회의 감상과 의견, 생각하는 모임의 활동에 대한 의견 교환, 본 모임으로부터는 민족 교육에 대한 생각, 장학금 문제 등의 상황과 의견을 요구한다. 앞으로, 가능한 한 구체적인 문제에 대해 행정 요구를 전개하기 위해서는 밀접한 의견 교환을 도모해야 한다는 것을 서로가 확인했고, 계속적으로 협력해 나갈 것을 약속했다.

일시 ┃ 10월 16일 오후 2시~4시, 장소 ┃ 나카노시마공회당회의실

의제 ┃ 오사카시교육위원회에 대한 문제 제기

수차례에 걸친 사전 교섭의 결과, 당일의 협의를 가지게 되었다.

① 교장회차별문서사건 이후의 시교위가 취한 재일조선인 자제의 교육에 대한 자세를 묻는 본 모임은 그 구체적인 시책의 내용이 문제라는 점을 날카롭게 지적했다.

② 재일조선인의 요구를 시책에 반영시켜 나갈 것인가. 시교위가 재일조선인 기관과 아무런 접촉을 시도하지 않았다는 경위를 추궁했다. 본 모임에서는 재일조선인 교육 관계자를 포함한 자문 기관을 설치하도록 제안했지만, 즉답은 얻을 수 없었다.

③ 교육 관련 여러 조건에 대해서는 재일조선인 자체 교육의 추진을 도모하기 위해서는 정원 추가 및 예산의 경사 배당의 문제에 대해서 어떻게 생각하고 있는지를 물었다. 그러나, 지금까지의 실정에 부응하는 정원 추가를 추진하고 있다고 했기 때문에, 지금의 증원 추가는 그 목적과 직분의 내용이 명확하지 않다는 사실을 지적하고, 앞으로 추가 정원을 늘려야 한다고 요청했다. 또한, 시외협 예산 등에 대한 증액을 요구했지만, 시교위 지도부 단계에서는 해결할 수 없는 문제이기 때문에, 추후 교육장과의 지속적인 협의를 요청했다. 이번 지도부와의 협의에서는 시교위는 그 어떤 구체적인 시책이 없다는 사실이 밝혀졌고, 앞으로의 교섭을 약속하며 종료했다.

일시 ┃ 11월 6일 오후 6시~9시, 장소 ┃ 오사카시교육청년센처

의제 ┃ 앞으로의 운영 방침에 대해서(운영위원회)

교원의 여러 연구회, 집회 등에 적극적으로 의견을 타진해 나갈 것. 이를 위해서라도 자료 작성과 기관지를 시급히 발행한다. 경비에 대해서는 자금 조달 활동을 앞으로 고려해 나가지 않으면 안 된다.

발행일	지면정보		필자	제목
	권호	페이지		
1971.11.17	第1号	1		〈全体集会〉運営委員会代表稲富進/基調報告市川正昭/司会荒川笑子
1971.11.17	第1号	2		〈分科別討議〉第1分科会校長会差別文書を生みだした教育界の体質を考える(司会安達日出男/問題提起川畑栄)
1971.11.17	第1号	3		〈分科別討議〉第2分科会日本と朝鮮の友好・連帯を考える(司会石西尚一/問題提起佐々木辰夫)
1971.11.17	第1号	3		〈分科別討議〉第3分科会民族差別を克服する教育内容を考える(司会内山一雄/問題提起太田利信)
1971.11.17	第1号	4		〈分科別討議〉第4分科会朝鮮人子弟の進路保障を考える(司会高松寛/問題提起土居充・南善昭)
1971.11.17	第1号	5		〈分科別討議〉第5分科会朝鮮人子第教育教育条件課題を考える(司会蔵楽照彦/問題提起館宗豊)
1971.11.17	第1号	5		〈総括全体集会〉この討議をさらに職場にもちえろう!(司会遠藤幸子・山田光二)
1971.11.17	第1号	6		研究集会アッピール
1971.11.17	第1号	6		第3分科会における問題点について運営委員会のコメント
1971.11.17	第1号	7	金仲培	〈特別寄稿〉在日朝鮮人教育関係者からよせられた本研究集会への感想
1971.11.17	第1号	8		運栄委員会日誌
1971.11.17	第1号	8		編輯後記
1972.04.25	第2号	1		「三・一朝鮮独立運動記念集会」報告
1972.04.25	第2号	1		〈「三・一朝鮮独立運動記念集会」報告〉A分科会 「朝鮮の統一と日本人民」
1972.04.25	第2号	2		〈「三・一朝鮮独立運動記念集会」報告〉B分科会「同化教育政策と教育労動者」
1972.04.25	第2号	3	金善博	〈寄稿〉朝鮮人生徒の側から見た日本人教師
1972.04.25	第2号	5	稲富進	日教朝研集会参加報告
1972.04.25	第2号	6	中塚明	地道な努力を
1972.04.25	第2号	7		編輯後記
1972.04.25	第2号	8		運栄委員会日誌
1972.10.10	第3号	1		「南北の自主的・平和的統一への共同声明」支持と教育労働者の立場
1972.10.10	第3号	2	辛基秀・市川正昭	〈シンポジューム報告要旨〉〈シンポジュームに参加詩、ともに考えよう〉第1回シンポジューム(4・24)4・24阪神教育闘争と公立学教における朝鮮人子弟について
1972.10.10	第3号	3	吉岡増雄	〈シンポジューム報告要旨〉〈シンポジュームに参加詩、ともに考えよう〉第2回シンポジューム(5・11)「出入国法案」

발행일	지면정보		필자	제목
	권호	페이지		
1972.10.10	第3号	4	市川正昭	〈シンポジューム報告要旨〉〈シンポジュームに参加詩、ともに考えよう〉第3回シンポジューム(5·27)在日朝鮮人民族差別-川越論文(現代思想1971·12月号)をめぐって
1972.10.10	第3号	5	佐迫重義·瀬川誠	〈シンポジューム報告要旨〉〈シンポジュームに参加詩、ともに考えよう〉第4回シンポジューム(6·17)本名を呼ぶ運動をどうすすめるか
1972.10.10	第3号	6		運栄委員会日誌
1972.10.10	第3号	6		編輯後記
1972.10.10	第4号	1		〈報告〉阪神教育事件25周年記念研究集会(5·19)-講演とパネル討議
1972.10.10	第4号	3	稲富進·曺基享	〈シンポジューム((6·23)〉本名を呼び名のるとりくみを具体的にどうすすめるか
1972.10.10	第4号	4		「考える会」にせまるいくつかの課題
1972.10.10	第4号	6		編輯後記
1973.10.02	第5号	1		金大中氏救出に関するアピール すべての人に訴える 金大中氏を直に救出せよ
1973.10.02	第5号	2		「関東大震災と朝鮮人虐殺-50年9.22集会」報告
1973.10.02	第5号	3		運栄委員会日誌
1973.11.02	第6号	1		日本人労働者に何が何われているのか-「金大中事件を考える緊急集会10/9」報告
1973.11.02	第6号	2	高松寛	金大中氏強制拉致事件と今日の日韓関係
1973.11.02	第6号	3		編輯後記にかえて
1973.12.02	第7号	1		朝鮮人生徒に対する進路保障の原則とは何か-第4回シンポジウム(11/10)報告
1974.09.15	第8号	1		「狙撃事件」をこう考える 排外主義克服真連帯道切拓こう!
1974.09.15	第8号	3		7·24共斗会議結成今後の課題
1974.09.15	第8号	3		〈報告〉関東大震災記念集会9/3
1974.09.15	第8号	4		「考える会」合宿研究会(8月28·29日於:信貴山)報告
1974.09.15	第8号	5		阪神教育事件記念5·25大集会報告「在日朝鮮人教育と民族排外主義」
1974.09.15	第8号	8		「考える会」活動予定表(9月13日-30日)
1974.10.15	第9号	1		〈在日朝鮮人児童生徒の進路保障をいかにすすめるか その1〉徐さん·朴君の斗いに学ぼう!
1974.10.15	第9号	3		〈9·28シンポジューム報告〉『今日の日韓政勢をどうみるか』
1974.10.15	第9号	3		韓国民主回復統一促進国民会議次長金恩沢氏講演
1974.10.15	第9号	3		「就学保の障斗い」一定の前進を獲ちとる!「日本育英会」国籍条項の徹廃へ
1974.10.15	第9号	5		日韓両政府の分断·弾圧に抗議-7·24共斗会議9·15集会報告-
1974.10.15	第9号	6		「考える会」活動予定表
1974.10.25	第10号	1		日韓ファッショ体制打破のえ斗いを組織しよう!
1974.11.20	第10号	1		大阪市立深江小学校長の朝鮮民族侮蔑発言を糾弾する!

발행일	지면정보		필자	제목
	권호	페이지		
1974.11.20	第10号	3	猪狩章	〈11・2教育労働者集会〉現在の韓国情勢と日本の責任(講演)
1974.11.20	第10号	7		11・2教育労働者集会報告
1974.12.20	第11号	1		在日朝鮮人の市民的生活権利にかかわる行政差別の徹廃のたたかい
1974.12.20	第11号	4		〈投稿〉読者の声
1974.12.20	第11号	7		〈報告東成区小学校校長追及集会〉吉田校長民族侮蔑発言とその責任
1974.12.20	第11号	13		〈紹介〉日韓関係史講座第1期開崔中教科書の批判的検討等をめざして
1975.01.25	第12号	1		「考える会」の事務所開設なる
1975.01.25	第12号	3		在日朝鮮人の市民的権利行政差別徹廃の闘い-大阪府黒田知事との交渉
1975.01.25	第12号	5		「東亜日報」を支援し連帯する区内におけるわれわれの闘いを徹廃しよう!
1975.01.25	第12号	6		〈参考資料〉反権力を貫いてきた民族紙としての東亜日報の闘いの跡
1975.01.25	第12号	7	西野栄利子	教育勤労者として韓文研顧問として
1975.01.25	第12号	10		〈日韓関係史講座〉日本古代における朝鮮系渡来人の役割
1975.02.25	第13号	1		強まる妨害に抗して連帯の運動を!「韓国における人権問題を考える会」大衆集会中止とその背景
1975.02.25	第13号	5		〈報告・対大阪市交渉〉在日朝鮮人市民的権利・行政差別徹廃の闘い
1975.02.25	第13号	9		〈報告〉第2回東成区小学校長追及集会「追及集会」獲ち得たものは何か
1975.02.25	第13号	12		〈資料〉在日外国人(主として韓国人・朝鮮人)児童に対する教育についてにの見解と自己批判
1975.02.25	第13号	16		「東亜日報」購読運動におもう いまいちどの自立的な連帯の視点を
1975.03.25	第14号	1	太田利信	朝鮮人教育実践の原点とは何か アムネスティ主催3・1朝鮮独立記念集会に参加せて
1975.03.25	第14号	5	東大阪市教組朝鮮人教育研究会	日朝友好-実践と運動-
1975.03.25	第14号	10		淀中における教育実践(その1)『ある二人の日記から』-文化祭参加作品より
1975.04.25	第15号	1	稲富進	二つの障害をいかにのり切るか!-75年度のたたかいに向けて-
1975.04.25	第15号	4	三好圭子・林和子	必須「にんげん」クラブ教育実践「ある二人の日記から」を生み出すまで
1975.04.25	第15号	7		1975年度運動方針日本学校在籍朝鮮人児童・生徒教育を考える会
1975.05.25	第16号	1		われわれのなかの帝国主義、温情主義を克服し民族自立の思想を深めよう!-5・17在日朝鮮人教育を考える大集会より

발행일	지면정보		필자	제목
	권호	페이지		
1975.05.25	第16号	6	内山一雄	わが子が私をかえた
1975.05.25	第17号	1		韓敏央さん一家の退去強制を許すな! 自らの持ち場で、たたかいを構築し排外と同化の思想を克服し棄民政策と対決しよう!!-6・14 1975年度第1回考える会シンポジウムより
1975.05.25	第17号	9	三好圭子・林和子	必須「にんげん」クラブ教育実践「ある二人の日記から」を生み出すまで
1975.05.25	第17号	13		「自由である日本」は道義的に自由でありうるか(金石範氏の講演から
1975.07.31	第18号	1		本名とは、同化と排外に立ち向こう武器だ 小中高の連帯を深め質的な進路保障の観点から本名運動をおし進めよう-7・121975年度第2回考える会シンポジウムより-
1975.07.31	第18号	5		本名とは、同化と排外に立ち向こう武器だ 小中高の連帯を深め質的な進路保障の観点から本名運動をおし進めよう-7・121975年度第2回考える会シンポジウムより-
1975.07.31	第18号	13		〈資料コーナ〉日本学校在籍朝鮮人児童生徒教育会資料(編集)
1975.07.31	第18号	13		〈資料Ⅱ〉在日朝鮮人子第教育原点探る
1975.07.31	第18号	14		〈資料Ⅲ〉なぜこんなにたくさんの朝鮮人が日本に住んでいるのだろうか-在日朝鮮人の渡日の歴史(改訂版)
1975.07.31	第18号	14		〈資料Ⅳ〉なぜ日本の学校に多くの朝鮮の子どもたちが学ぶことになったのか
1975.07.31	第18号	14		〈資料Ⅴ〉なぜ「本名を呼び、名のる」とりくみをやらなければならないか-大阪とりくみ中心にして
1975.09.10	第19号	1		関東大震災と朝鮮人大虐殺-教育労働者の課題として-
1975.09.10	第19号	6	稲富進	本名をめぐる朝鮮のオモニと日本人教師
1975.09.30	第20号	1		関東大震災と教材化と実践をいかにすすめるか-考える会第3回シンポジウム報告
1975.09.30	第20号	6		〈参考資料〉高校日本史教科書にみる大震災と虐殺の記述
1975.09.30	第20号	8	久山峯子	吉田校長差別発言から一年-今里小における実践と現状
1975.09.30	第20号	11		朝鮮に関する呼秤について
1975.10.30	第21号	1		あらためて韓さん一家を支援しよう!-11月4日第1回公判結集しよう-
1975.10.30	第21号	3	竹村昭雄	〈資料〉人管行政の一断面-頭をいためる密入国問題
1975.10.30	第21号	7		在日朝鮮人教育実践報告「チョソン友の会」活動-強制連行朝鮮人炭抗実態学習九州へ-
1975.10.30	第21号	9		〈作文〉チョソン友の会員夏期合宿
1975.11.30	第22号	1		現在の朝鮮問題を考える-11月4日大集会報告をかねて
1975.11.30	第22号	2		〈11月4日考える会大集会講演から〉帰国総会における北側支持案採択の意義
1975.11.30	第22号	10		11月4日韓さん裁判第一回公判戦争報告
1975.11.30	第22号	11		〈資料〉韓さん裁判の訴状内容
1975.11.30	第22号	20		読者からの投稿

발행일	지면정보		필자	제목
	권호	페이지		
1975.11.30	戸外	1		民族差別との闘い日立闘争以降の動向について
1975.11.30	戸外	2	崔勝久	〈第一回民闘連全国交流会報告集より〉全体討論集会 日本人と韓国人の共同闘争を摸索しつつ-川崎での体験をとおして-
1976.01.30	第23・24合併号	1		無実の学生・青年を救え!-11・22在日朝鮮人留学生の不当逮捕に抗議する
1976.01.30	第23・24合併号	11		民主・民族統一の旗を高く揚げよう!〈資料〉1975年11月9日ソウルにおける学生決起文
1976.01.30	第23・24合併号	17		電々公社就転差別事件の現状
1976.01.30	第23・24合併号	19		大教組教研「民族教育」分科会報告
1976.01.30	第23・24合併号	24		『苦行 1974』とは...
1976.02.29	第25号	1		民族差別とわれらの戦い-特に、就転問題をめぐって
1976.02.29	第25号	11		祖国への叫び〈樟蔭東高教朝文集から〉
1976.02.29	第26号	1	稲垣有一	「民族差別と闘う11月集会」総括と今後の課題
1976.02.29	第26号	5		日新高校韓文研活動報告 韓文研文集『イムジンNO.3』から
1976.02.29	第26号	10		韓文研のあゆみ
1976.02.29	第26号	14		1975年度後期活動報告
1976.02.29	第27号	1		1976年度運動方針-日本の学校に在籍する朝鮮人児童・生徒の教育を考える会
1976.02.29	第27号	7	三好圭子・林和子	読書クラブ教育実践-『朝鮮と日本のかかわり』(高史明)を読んで
1976.02.29	第27号	12	高史明	解放教育読本「にんげん」新教材(生徒用)
1976.02.29	第27号	20		5.29、11.22在日朝鮮人学生逮捕事件に見る 韓国の人権抑圧と日本の排外主義-教えるが「なぜ」父母の地で殺されねばならないか!
1976.06.31	第28号	1		5.29集会報告韓国人材抑圧と日本の排外主義
1976.06.31	第28号	6		白さんなど韓国で不当逮捕された人々に、さらに強い幅広い救援活動を!
1976.06.31	第28号	13		手記と詩
1976.06.31	第29号	1		〈7.10シンポジウム報告〉本名を名告る取組みをどうすすめるか-在日朝鮮人教育に取組む日本人教師の主体
1976.06.31	第29号	4		加美北小における外国人女教育の取り組み
1976.06.31	第29号	9		現状(51年度)
1976.06.31	第29号	11	島田博	在日外国人生徒の教育
1976.08.31	第30号	1		『南北統一』への在日朝鮮人の運動と連帯への視点
1976.08.31	第30号	4		〈在日朝鮮人教育実践報告〉本名を名告る日まで
1976.08.31	第30号	13		専修学校法(制度)とは何か-9/18「考える会」シンポジウム
1976.09.30	第31号	1		〈1976年度考える会第3回シンポジウム〉在日朝鮮人の進路保障をどのようにすすめるか-専修学校制度を中心として

발행일	지면정보		필자	제목
	권호	페이지		
1976.09.30	第31号	7	鳥居省吾	〈在日朝鮮人教育実践報告〉本名を名告る日まで(NO.2)-子供と教師と親=その闘いの記録
1976.10.30	第32号	1	扇田文雄	朝鮮人教育と民族学級・民族講師の要求を支援しよう
1976.10.30	第32号	4		大阪府・大阪市への要求書
1976.10.30	第32号	8	鳥居省吾	〈在日朝鮮人教育実践報告〉本名を名告る日まで(終)-子供と教師と親=その闘いの記録
1976.12.10	第33号	1	内山一雄	進路保障運動の再構築をめざして=専修学校制度とのたたかいから
1976.12.10	第33号	8	申鴻湜・宋基復	〈資料〉1976年10月30日朝奨学発第1456号要請文-在日朝鮮人学生上取扱
1976.12.10	第33号	11	吉田増雄	日本人学校における在日朝鮮人の教育の再検討(寄稿)
1977.01.06	第34号	1	稲富進	夜間中学に学ぶオモニたち
1977.01.06	第34号	11	吉田増雄	日本における在日朝鮮人の教育の再検討(承前)
1977.01.06	第34号	18		編集後記
1977.01.31	第35号	1	稲富進	在日朝鮮人教育に関する最近の憂慮すべき問題と「考える会」の運動
1977.01.31	第35号	4	田宮美智子	ムグファンの香り-朝文研生徒たちの出会い-(一)国語授業の中から
1977.01.31	第35号	14		編集後記
1977.03.11	第36号	1		最高裁判所が不当な民族差別!-司法試験合格の金敬得君が「弁護士への道奪うな」と訴える-
1977.03.11	第36号	11	田宮美智子	ムグファンの香り-朝文研生徒たちの出会い-(二)生徒対立したクラスの場合
1977.04.04	第37号	1		韓国による日本の教科書干渉に反対する-朝鮮を正しく考えるために
1977.04.04	第37号	8	田宮美智子	ムグファンの香り-朝文研生徒たちの出会い-(三)朝文研の結成とその活動
1977.04.04	第37号	18		考える会会費の納入について
1977.04.04	第37号	18		金敬得氏(韓国籍)に司法修習道/3.27最高裁判官会議で決定
1977.05.04	第38号	1	高松寛	日韓大陸棚協定を考える
1977.05.04	第38号	5	宮野洋一	〈実践報告〉転入生丁(在朝生)のこと
1977.05.04	第38号	18		〈参考〉みんなで考えよう(A君生活ノートより)1972.12.17道徳-ぼくのつらいこと-
1977.07.02	第39号	1		〈2.12考える会座談会〉在日朝鮮人は定着するか-吉田論文(「むくげ」33・34号)をめぐって
1977.08	第40号	1		〈2.12考える会座談会(下)〉在日朝鮮人は定着するか-吉田論文(「むくげ」33・34号)をめぐって
1977.08	第40号	23	吉岡増雄	追記
1977.08	第40号	28		編集後記
1977.09.30	第41号	1		〈シンポジウム〉本名でいきて-教え子に聞く
1977.10.31	第42号	1	稲垣有一	就職差別徹廃の運動電々公社の「国籍条項」削除をめぐって

발행일	지면정보		필자	제목
	권호	페이지		
1977.10.31	第42号	7		〈シンポジウム〉本名でいきて-教え子に聞く 教え子の報告 V(第41号の続き)
1977.12.26	第43·44号	1		電々公社就職差別糾弾闘争と進路保障の課題
1977.12.26	第43·44号	23		〈資料1〉J君の作文
1977.12.26	第43·44号	27	全電通	〈資料2〉在日朝鮮人の就職問題に関するわれわれの態度
1977.12.26	第43·44号	28		〈資料3〉外国人就官能力-在日朝鮮人就官能力について
1977.12.26	第43·44号	32		〈資料4〉在日朝鮮人生徒公務員就耾-当面凍結意味進指研討議
1977.12.26	第43·44号	32		〈資料5〉
1978.01.31	第45号	1	稲富進	新たなる展望に向けて-在日朝鮮人教育の当面する課題
1978.01.31	第45号	8		日新高校朝文研生徒の意見(その1)
1978.02.10	第46号	1		朝鮮語授業·専任教員要求の経過
1978.02.10	第46号	8		今工高分会(定時制)の対応要求に結集を!
1978.03.30	第47号	1		〈2.19シンポジウム報告〉朝鮮語を私たちの手に 高校に朝鮮語の授業と先生を
1978.04.30	第48号	1	稲富進	今宮工高(定)の「外国語としての朝鮮語」の保障要求と今後の運動課題
1978.04.30	第48号	7		日新高校朝文研生徒の意見〈その2〉
1978.05.24	第49号	1		6·3在日朝鮮人教育運動大討論集会アッピール
1978.05.24	第49号	1		教育における民族差別-その実態をえぐる〈テーマ〉-対府·市政闘争にむけて
1978.05.24	第49号	2		集会のめざすもの
1978.05.24	第49号	4	浅田憲正	日本語と朝鮮語の谷間で＝言語認識を高める取り組み、Kの場合
1978.07.31	第50号	1		6.3在日朝鮮人教育運動〈その1 基調報告より〉
1978.07.31	第50号	2		6.3在日朝鮮人教育運動〈その1 基調報告より〉1.教祖運動として在日朝鮮人教育を同捉えていくか
1978.07.31	第50号	10		6.3在日朝鮮人教育運動〈その1 基調報告より〉2.部落解放運動における在日朝鮮人問題の課題を追う
1978.07.31	第50号	10		6.3在日朝鮮人教育運動〈その1 基調報告より〉3.在日朝鮮人教育実践の現状と今後の方向
1978.08.31	第51号	1		大阪府は、在日朝鮮人教育の基本方針を策定せよ-7.12対大阪府教委要求集会
1978.08.31	第51号	6	衫谷依子	〈6·3在日朝鮮人教育運動大討論集会報告(その2)パネラーの発言より》《本名を呼び名のる》を軸に
1978.08.31	第51号	7	稲富進	〈6·3在日朝鮮人教育運動大討論集会報告(その2)パネラーの発言より〉進路保障について
1978.08.31	第51号	8	桑名清	〈6·3在日朝鮮人教育運動大討論集会報告(その2)パネラーの発言より〉在日朝鮮人教育の取組み
1978.08.31	第51号	9	岩井貞雄	〈6·3在日朝鮮人教育運動大討論集会報告(その2)パネラーの発言より〉教祖運動欠落しているもの
1978.08.31	第51号	11	山中多美男	〈6·3在日朝鮮人教育運動大討論集会報告(その2)パネラーの発言より〉在日朝鮮人からの告発を

발행일	지면정보		필자	제목
	권호	페이지		
1978.08.31	第51号	13	李殷直	〈6·3在日朝鮮人教育運動大討論集会報告(その2)パネラーの発言より〉政府·行政に責任追及を
1978.08.31	第51号	17		考える会からお願い
1978.09.30	第52号	1	出雲晋治	〈身近な資料を生かして教える〉戦前における在日朝鮮人児童の本名卒業生変遷表から
1978.09.30	第52号	5		6·3在日朝鮮人教育運動大討論集会報告(その3討論)
1978.10.30	第53号	1	扇田文雄	〈生野オモニハッキョの昨今〉文字を学ぶオモニ(お母さん)たち
1978.10.30	第53号	14		11·18在日朝鮮人教育運動研究集会に結集を!!-教育における民族差別-その克服をめざして
1978.12.20	第54·55号	1	西野栄和	朝文研創作劇上演のあとさき
1978.12.20	第54·55号	3		創作劇「사람(サラム)」(人間)-日新高朝文研
1978.12.20	第54·55号	18	汁雅義	子どもの解放をめざす集団作りの中で朝鮮人児童と日本人児童
1978.12.20	第54·55号	18	青山章代	集中方式における一つの試み岸部一小の実践を受けて
1979.01.31	第56号	1		教材「光化門」をめぐって教科における実践座談会その1(国語)
1979.03.29	第57·58号	1	幸基秀	歴史ドキュメンタリー江戸時代の朝鮮通信使
1979.03.29	第57·58号	9		〈在日朝鮮人国民年金闘争に支援を!〉金鉉釣らの行政争訟をめぐって
1979.06.08	第59号	1		〈座談会〉朝鮮問題をいかに教えるか 高校社会科の実践を軸に
1979.06.08	第59号	13		座談会記事を掲載するにあたって
1979.06.08	第59号	14		〈参考〉教科書のなかの朝鮮像
1979.07.05	第60号	1		〈在日朝鮮人教育研究全国集会〉在日朝鮮人教育実践と運動の確立発展をめざして
1979.07.05	第60号	2		府教委、在日外国人教育についての指針を明確化。さらに現場の実践を進めよう
1979.08.28	第61号	1	徐正禹	〈実践報告〉トッカビ子ども会の活動
1979.08.28	第61号	6	鄭良二	朝鮮語授業実践報告
1979.08.28	第61号	11		朝鮮人として生きる
1979.09.27	第62号	1	印藤和寛	朝鮮史のあけぼの
1979.09.27	第62号	18	印藤和寛	現状報告
1979.10.04	第63号	1	衫谷依子	〈第1回在日朝鮮人教育研究全国集会報告〉深い覚悟を心底にすえて準備を担った一員として
1979.11.26	第64号	1	徐正禹	〈実践報告〉(その2)トッカビ子ども会の活動
1979.11.26	第64号	8	斉藤里美	みんなにわかってほしい、なぜ名前を変えてしまったのか
1980.01.10	第65号	1	稲宮進	国際人権規約の批准と民族教育-実体化への運動にむけて
1980.01.10	第65号	5	徐正禹	「トッカビ子ども会の活動」(本誌NO64)の訂正とおわびを契機に
1980.01.10	第65号	9		八尾市公務員一般事務転·技術転員受験資格における差別国籍条項徹廃闘争

발행일	지면정보		필자	제목
	권호	페이지		
1980.01.10	第65号	15		国籍条項徹廃闘争日誌
1980.01.22	第66号	1	高松寛	在日朝鮮人問題の教育を行なって
1980.01.22	第66号	6		2年生2学期同和授業のために〈資料NO.1〉
1980.01.22	第66号	7		2年生2学期同和授業のために〈資料NO.2〉江戸時代の朝鮮通信使を観て
1980.01.22	第66号	9		2年生2学期同和授業のために〈資料NO.3〉朝鮮人が日本へ移住した状況について
1980.04.25	第67号	1		〈主張〉やはり、教師の感性だ
1980.04.25	第67号	2	信太一郎	〈集会・シンポジウム報告/高校部会発足する〉問題提起-日本人朝鮮人関係はどうあるべきか
1980.04.25	第67号	2		〈集会・シンポジウム報告/高校部会発足する〉
1980.04.25	第67号	4		〈在日朝鮮人法的立場その1〉国籍とその問題点
1980.04.25	第67号	5	稲富進	〈連載〉〈無窮花に学ぶ教師群像〉在日朝鮮人教育にかかわる私の原点(1)
1980.04.25	第67号	9		〈在日朝鮮人法的立場その2〉出入国管理令とその問題点
1980.04.25	第67号	9	印藤和寛	〈連載〉〈歴史と在日朝鮮人教育〉「苦難の歴史」と「栄光の歴史」の間
1980.04.25	第67号	10	田宮美智子	〈連載〉〈文学在日朝鮮人教育〉「みにくいアヒルの子」アンデルセン作-美しい描かれた白鳥へのめざめ
1980.04.25	第67号	14		〈在日朝鮮人法的立場その3〉外国人登録法とその問題点
1980.04.25	第67号	15	作者不詳	〈소리〉民族のほこり
1980.04.25	第67号	16		〈東西南北〉朴秋子問題を考える-在日朝鮮人が本名で動ける保障を!
1980.04.25	第67号	16		〈東西南北〉〈資料1〉アピール文より-一人お人間の名前は一つ在日朝鮮人が本名で動ける職場の保障を!-朴秋子さんへの民族差別問題の正しい解決のために
1980.04.25	第67号	17		〈東西南北〉〈資料2〉「本名は民族の誇り」(朴秋子問題を考える会発行)より-所長発言の差別性-就職面接試験において
1980.04.25	第67号	18		〈東西南北〉〈資料3〉朴秋子さんの手記
1980.04.25	第67号	19		編集後記
1980.06.25	第68号	1		〈主張〉就職の門戸開放の闘いをさらに
1980.06.25	第68号	1		〈集会・シンポジウム報告〉教育実践の場から、帰化・同化の現状を視る-1980年度考える会第1回シンポジウムから-
1980.06.25	第68号	4		秀吉の朝鮮侵略と亀甲船
1980.06.25	第68号	5	稲富進	〈連載〉〈無窮花に学ぶ教師群像〉在日朝鮮人教育にかかわる私の原点(2)
1980.06.25	第68号	10	印藤和寛	〈連載〉〈歴史と在日朝鮮人教育〉朝鮮歴史、一千年来、第一の大事件
1980.06.25	第68号	12	田宮美智子	〈連載〉〈文学在日朝鮮人教育〉「ヴェニスの商人」シュークスピア作- 怒るユダヤ人 シャイロックの賭
1980.06.25	第68号	15	岡野克子	〈特別報告〉わが子と朝鮮人

발행일	지면정보		필자	제목
	권호	페이지		
1980.08.25	第69号	1		肌でふれあう「朝鮮」から第一歩が!-6·28シンポジウム「朝鮮をどう教えるか」集会報告
1980.08.25	第69号	2		〈6.28シンポジウム提案要約〉「ゆとりの時間」を考える
1980.08.25	第69号	3		〈6.28シンポジウム提案要約〉朝鮮を考える―学校ぐるみの取り組み-1979年度の田島小学校での実践
1980.08.25	第69号	5		〈6.28シンポジウム提案要約〉朝鮮民話の指導をとおして
1980.08.25	第69号	8		〈소리〉歌「朝鮮人部落」
1980.08.25	第69号	9		〈資料〉〈大阪市立田島小学校のとりくみ〉在日外国人教育のといくみの年間計画-低学年がらどのように指導をつみ重ねたか
1980.08.25	第69号	16	洪栄雄	〈소리〉歌「オモニ」
1980.08.25	第69号	17	岸野淳子	〈連載〉〈文学在日朝鮮人教育〉金史良作「光の中に」-40年前この作品は、なお….
1980.08.25	第69号	20		編集後記
1980.10.18	第70号	1		帰化条項付教員採用の徹廃を!
1980.10.18	第70号	2		〈集会·シンポジウム報告〉第2回在日朝鮮人教育研究全国集会開く
1980.10.18	第70号	7	稲富進	〈連載〉〈無窮花に学ぶ教師群像〉在日朝鮮人教育にかかわる私の原点(3)
1980.10.18	第70号	12	印藤和寛	〈連載〉〈歴史と在日朝鮮人教育〉朝鮮の歴史の流れに潜むもの
1980.10.18	第70号	15	田宮美智子	〈連載〉〈文学在日朝鮮人教育〉浦はれたものは誰だ、浦えたものは誰だ 中島敦「巡査のいる風景」
1980.10.18	第70号	18	市川正昭	〈東西南北〉ひたすら 行動強化を金大中氏求出へ

무궁화통신(むくげ通信)

○ ● ○

1 서지적 정보

『무궁화통신』은 무궁화모임(むくげの会)이 1971년 1월부터 현재까지 발행을 계속하고 있는 격월간 통신이며, 발행처는 고베학생청년센터이다(2019년 1월 현재, 292호 발행). 본 잡지는 재일조선인이 아닌 일본인에 의해 만들어진 잡지이며, 발행 초기에는 무궁화모임의 장소와 일정을 공지하는 사무적 연락 중심의 잡지이었다.

1987년 1월에 발행된 100호 특집호의 권두어에 의하면, 「1971년 3월, 3·1운동을 기념한 집회를 주최하고, 강재언 선생님께서 강연을 해 주셨는데 그 강연 보고 자체도 단 1장에 요약된 통신이었다. 그것이 4호 내용이다. 지금의 발행 체제, 페이지가 된 것은 14호쯤부터」라고 기술하고 있듯이, 잡지의 체제 및 내용은 잡지가 발행됨에 따라 점차 그 형태가 정비되어 갔다고 볼 수 있다.

또한, 동 잡지를 간행한 무궁화모임은 격주로 주 2회 개최되었고, 누구라도 자유롭게 참가 가능하지만 원칙적으로는 회원제로 운영되었다. 회비는 한 달에 고등학생은 100엔, 대학생 및 근로자는 500엔이며(100호가 발행된 1987년에는 월 회비 5000엔), 창간호에 의하면 최초 교과서는 『기초조선어』(대학서림), 『조선』(이와나미신서)이다. 초창기의 무궁화모임은 산노미야(三宮)의 베평련(ベ平連)·고베 사무소를 함께 사용했는데, 그 이유는 동 모임의 전신은 베평련의 분파 조직으로 결성되었기 때문이다. 베평련은 행동을 위한 조직이었으며, 부락문제나 조선문제 등에 대한 이론적 학습모임인 〈차별·억압 연구회〉를 만들었고, 이것이 후일 무궁화모임으로 발전하게 된다. 이후, 베평련의 쇠퇴와 이에 따른 사무소의 독립성을 확보하기 위해 기금을 모으기 시작했고, 이후 모임 장소 및 잡지 제작은 고베학생청년센터에서 담당하고 있다.

『무궁화통신』의 내용적인 측면에서 보면, 무궁화모임에서 연구·발표한 것을 주로 싣고 있는데, 연구 보고, 한국 기행, 노래, 역사, 자료 소개, 인물조선사 등으로 분류되어 있고, 대부분의 집필자는 히다 유이치(飛田雄一, 고베학생청년센터 관장)를 시작으로 일본인이며, 재일조선인 김영달(역사 연구자, 일본국적 취득) 등도 일부 참여하고 있다. 특히, 무궁화모임의 회원들은 한국의 인천, 목포, 강화도, 수원, 전주, 충주, 서울 종로 등의 지역을 역사 탐방하고 그 합숙 여행기록을 소개하고 있고, 뿐만 아니라 모란봉악단 및 보천보전자악단 등과 같은 북한의 음악 등에 대해서도 다양한 글들이 실려 있듯이, 동 잡지는 정치적으로 한국과 북한의 어느 한 쪽으로 치우치지 않고 객관적인 입장에서 역사적 사실과 개인사적 관계, 그리고 역사 탐방의 기록들을 소개하고 있다.

2 무궁화모임으로의 초대장

무궁화는 6월경부터 9월까지 조선 전 지역에 걸쳐 피어나며, 피고는 지고 또 다시 지고는 피는 모습이 조선의 민족 해방의 투사를 상징하듯이, 조선 민중에게 널리 사랑받는 꽃입니다. 또한, 조선스러운 모든 것을 말살하려고 한 일본의 조선 식민화 시대에 가장 많이 박해를 받은 꽃이기도 합니다. 일본어의 '무쿠게'라는 발음은 조선어인 무궁화가 전와된 것이라고 하는 언어학적인 유래도 있습니다. 이와 같은 의미를 가진 꽃—무궁화를 우리들의 모임 명칭으로 하기로 했습니다.

무궁화모임은 연구 활동의 장으로서의 의미를 가지며, 조선어와 조선의 문화·역사·정치 경제 사정 등을 포괄적으로 연구합니다. 왜 조선어에 대해서 연구를 하는가에 대해 의문을 가지는 사람도 있을지 모르겠습니다. 하지만 이것은 왜 조선 문제를 다루는가라고 하는 질문과 밀접하게 연결되어 있습니다. 이 질문에 대한 대답은 사람에 따라 각기 다르리라 생각합니다만, 근대 일본과 조선 사이의 밀접한 관계 속에서 조선 연구를 통해서 우리들 일본인의 처한 입장을 명확하게 밝히는 것은 최소한 확인 가능하리라 생각합니다. 따라서, 조선을 알기 위해서는 조선어가 첫걸음이며, 반대로 조선어를 모르면 진정한 조선을 이해하기란 불가능하다는 의미에서, 조선어는 학습해야 한다고 생각합니다. 또한, 다른 언어를 배우는 것과는 다른 의미에서의 조선어 학습의 곤란함으로부터, 일본 사회 속의 조선어의 위치에 대해서도 생각해 보려고 합니다.

물론 처음부터 조선어에 정통하지 않으면 안 된다고 부담을 가질 필요는 없습니다. 조선어라는 것이 어떠한 것인지에 대해 알아가는 것을 목표로 운영해 가려 합니다.

 목차

발행일	지면정보		필자	제목
	권호	페이지		
1971.01.01	1号	1		会の場所について(佐藤長さん宅)
1971.01.01	1号	1		進度について(朝鮮語講座)
1971.01.01	1号	1		次の予定(1月)
1971.02.25	3号	1		2月28日集会(「日本と朝鮮」を考える市民の集い)へ!
1971.02.25	3号			〈事務局〉より「朝鮮語講座の日数変更」毎週火曜日→隔週火曜日「日曜日早期朝鮮語講座の開催!」
1971.02.25	3号	1		「今なにをやっいるか」(語学、朝鮮研究)
1971.02.25	3号	1		3月の予定
1971.02.25	3号	1		会計報告
1971.03.30	4号	1		3・1独立運動52周年集会(2月28日開催)講演録 姜在彦「歴史から見た朝鮮と日本」
1971.03.30	4号	2	飛田雄一	4・19「学生革命」の記念集会を!
1971.03.30	4号	2		〈事務局〉より
1971.03.30	4号	2		スケジュール(4月)
1971.04.13	5号	1	飛田雄一	4・19南朝鮮人民蜂起11周年をむかえて「南朝鮮を考える」市民の集いへの呼びかけ 4月18日(日)兵庫私学会館
1971.04.13	5号	2		〈朝鮮研究〉の現在やっていることは…
1971.04.13	5号	2		〈朝鮮語〉
1971.04.13	5号	2		スケジュール(4月・5月)
1971.06.02	6号	1		朝鮮語初級講座再開講(7月～4ケ月)のお知らせ
1971.06.02	6号	2		木曜日の朝鮮研究について
1971.06.02	6号	2		「日韓」会談6周年にあたっての連続集会
1971.06.02	6号	3		スケジュール(6月・7月)
1971.06.02	6号	4		イムジンガン(臨津江)の歌詞(朝鮮語)と説明 指導：佐久間英明
1971.06.02	6号	4		後記
1971.06.17	7号	1		「日韓関係」を考える連続集会 「日韓」会談6周年にあたって
1971.06.17	7号	2		「むくげ通信」について
1971.06.17	7号	2		後記

발행일	지면정보		필자	제목
	권호	페이지		
1971.06.17	7号	3		「朝鮮語初級講座」について
1971.06.17	7号	4		今後のスケジュール(6月・7月)
1971.08.07	8号	1		「日韓条約」締結6周年の集会(第1回・6月26日) -日韓条約成立をめぐる歴史的背景-報告者：佐久間英明
1971.08.07	8号	4	佐久間英明	「日韓条約」締結6周年の集会(第2回・7月3日)-民族統一新聞社の資料の報告-
1971.08.07	8号	5		第2期朝鮮語開講の報告
1971.08.07	8号	5		「むくげの会」8・9月予定
1971.08.07	8号	5	飛田雄一	「日韓条約」締結6周年の集会(第3回・7月10日)-朝鮮人被爆者孫振斗に見る日韓関係-
1971.09.27	9号	1	飛田雄一	10月より新企画の朝鮮研究
1971.09.27	9号	2	田村禎子	「棄民」第2号-合評会に参加して(9月12日)
1971.09.27	9号	3	小川	図書室で
1971.09.27	9号	4	鹿嶋節子	「南北赤十字会談に関する時局講演会」について
1971.09.27	9号	5	鹿嶋節子	詩「山居」韓竜雲(山田明 訳)
1971.09.27	9号	6	飛田雄一	書評 呉林俊著『日本語と朝鮮人』
1971.09.27	9号	7		進行状況及び雑記
1971.09.27	9号	8		10月のスケジュール
1971.09.27	9号	8		パンフレットの紹介「新入管法阻止に向けて」
1971.09.27	9号	8		編集後記
1971.12.20	10号			10月の研究会報告「民族教育」
1971.12.20	10号	1	佐久間英明	①民族教育とは
1971.12.20	10号	4	飛田雄一	②朝鮮における日帝植民地時代の「同化教育」
1971.12.20	10号	7	鹿嶋節子	③解放後の在日朝鮮人民族教育
1971.12.20	10号	11		パンフレットの紹介
1971.12.20	10号			就職差別裁判資料「原告(朴鐘碩)および被告(株式会社日立製作所)の主張」 朝鮮人被爆者「孫さんに治療を!全国市民連合大阪市民の会・通信NO1と NO2」
1971.12.20	10号	12		スケジュール
1971.12.20	10号	13		編集後記
1972.02.20	11号			特集 〈小林勝の作品〉
1972.02.20	11号	1	岡田敦子	①「蹄の割れたもの」-『チョッパリ』より
1972.02.20	11号	2	田村禎子	②『万歳・明治五十二年』(あるいは『朝鮮・明治五十二年』)
1972.02.20	11号	4	鹿嶋節子	③「無名の旗手たち」-『チョッパリ』より
1972.02.20	11号	5	堀内稔	④「架橋」-『チョッパリ』より
1972.02.20	11号	7	不明	⑤「予告の日」雑感
1972.02.20	11号	9	横田佳代子	⑥「目なし頭」-『チョッパリ』より
1972.02.20	11号	10	K・T	随想 ぼくとムクゲとの接点
1972.02.20	11号	11	佐久間英明	随想 なぜ朝鮮語を学習するのか

발행일	지면정보		필자	제목
	권호	페이지		
1972.02.20	11号	13	飛田雄一	新聞記事の若干のコメント
1972.02.20	11号	14		むくげの会活動報告 1972.1/5〜2/9
1972.02.20	11号	16	飛田雄一	朝鮮をめぐるニュース'71.11〜'72.1
1972.02.20	11号	18	鹿嶋節子	書評 金芝河著、渋谷仙太郎訳『長い暗闇の彼方に』
1972.02.20	11号	19		会計報告 1972.1月〜2月
1972.02.20	11号	19	編集者	あとがき
1972.05.30	12号			3・1集会 報告「3・1独立運動53周年 日本と朝鮮を考える集会」
1972.05.30	12号	2		開催の主旨説明
1972.05.30	12号	3		講演録 金石範「日本と朝鮮の新しい地平を求めて」
1972.05.30	12号	7	田村禎子	金石範氏の講演をきいて
1972.05.30	12号	9	佐久間英明	3・1独立運動報告
1972.05.30	12号	2		会計報告 1972.2.19〜5.1
1972.05.30	12号	13	堀内稔	広開土王陵碑をめぐって
1972.05.30	12号	16	佐久間英明	槿域(1) 朝鮮の異名
1972.05.30	12号	16	佐久間英明	朝鮮古謡「カング カングスオルネ」
1972.05.30	12号	17	飛田雄一	むくげの会活動報告 3月、4月
1972.05.30	12号	18	飛田雄一	朝鮮をめぐるニュース'72.2〜'72.4
1972.05.30	12号	18		あとがき
1972.06.14	13号	1	むくげの会	呼びかけ 「日韓会談」についての拡大学習会の開催
1972.06.14	13号	2	むくげの会	「出入国法」に反対する
1972.08.05	14号			特集 〈日韓会談〉
1972.08.05	14号	1	飛田雄一	①「日韓会談」の背景と成立までの過程
1972.08.05	14号	4	鹿嶋節子	②「基本条約」の問題点
1972.08.05	14号	6	堀内稔	③「在日韓国人の法的地位協定」
1972.08.05	14号	10	佐久間英明	④賠償・漁業・竹島・文化財問題
1972.08.05	14号	12	佐久間英明	⑤日本人の日韓会談反対闘争
1972.08.05	14号	14	田村禎子	⑥日本と朝鮮における日韓会談反対闘争
1972.08.05	14号	15	横田佳代子	⑦朝鮮民主主義人民共和国が「日韓会談」をどう論評したか？
1972.08.05	14号	16	堀内稔	⑧日本資本の対韓侵略
1972.08.05	14号	22	山谷佳代子	⑨朝鮮統一への動き
1972.08.05	14号	3		会計報告 1972.5/10〜8/4
1972.08.05	14号	9		最近のむくげの会
1972.08.05	14号	13	佐久間英明	槿域(2) 朝鮮の山河
1972.08.05	14号	26	田村禎子	書評 E・Aマッケンジー著・韓哲曦訳『義兵闘争から三一独立運動へ』
1972.08.05	14号	28	佐久間英明	随想 高松塚壁画古墳発見に思う
1972.08.05	14号	28		編集後記
1972.11.05	15号	1	飛田雄一	はじめに
1972.11.05	15号	2	佐久間英明	随想 南北共同声明と私

발행일	지면정보		필자	제목
	권호	페이지		
1972.11.05	15号	3	佐久間英明	槿域(3) 朝鮮の気候
1972.11.05	15号	4	北原道子	随想 朝鮮語を学びはじめて
1972.11.05	15号	5		随想 朝鮮語を学びはじめて
1972.11.05	15号	6	田村禎子	書評 朴殷植著、姜徳相訳『朝鮮独立運動の血史』
1972.11.05	15号	7		資料紹介・宣伝 姜在彦著『在日朝鮮人渡航史』
1972.11.05	15号	7		会計報告 1972.8/4〜11/4
1972.11.05	15号	8	堀内稔	翻訳『韓国経済史』(1)
1972.11.05	15号	12		編集後記
1973.01.01	16号	1	鹿嶋節子	随想 「韓国史新論」を終わって
1973.01.01	16号	2	飛田雄一	12月の研究会報告「土地調査事業」と「産米増殖計画」について
1973.01.01	16号	4	上田紀子	書評 東京むくげの会編『身世打鈴』
1973.01.01	16号	5	山谷佳代子	槿域(4) 大韓民国の祝祭日
1973.01.01	16号	6	堀内稔	翻訳『韓国経済史』(2)
1973.01.01	16号	13		映画上映案内「激動の南朝鮮」
1973.01.01	16号	13		編集後記
1973.02.18	17号	1	佐久間英明	1月の研究会報告 1942年・朝鮮語学会事件
1973.02.18	17号	4	佐久間英明	寸評 朝鮮図書購入について
1973.02.18	17号	5	飛田雄一	寸評 幼稚園児の唄
1973.02.18	17号	5	山谷佳代子	槿域(5) 朝鮮民主主義人民共和国の祝祭日
1973.02.18	17号	6	堀内稔	翻訳『韓国経済史』(3)
1973.02.18	17号	11	田村禎子	映画会 映画「激動の南朝鮮」(1945〜1965)
1973.02.18	17号	12		会計報告 1972.11月〜73.2月
1973.02.18	17号	12		3・1集会の案内
1973.02.18	17号	12		お知らせ(第2期朝鮮史セミナー)
1973.02.18	17号	13		編集後記
1973.05.06	18号	1		3・1集会 報告 講演録姜在彦「近代朝鮮の思想を考えるにあたって」
1973.05.06	18号	12		活動の報告
1973.05.06	18号	13	鹿嶋節子	槿域(6) 朝鮮将棋
1973.05.06	18号	14	佐久間英明	3月の研究会報告 朝鮮の「白丁」階級解放闘争
1973.05.06	18号	17	飛田雄一	映画批評 映画「花を売る乙女」を観て
1973.05.06	18号	18	堀内稔	翻訳『韓国経済史』(4)
1973.05.06	18号	24	大苑哲史	映画批評 映画「花を売る乙女」の表現技法に想う
1973.05.06	18号	26	堀内稔	時評 出入国法と法律126号
1973.05.06	18号	27		編集後記
1973.07.08	19号	1		講演録 佐藤勝己「出入国法と在日朝鮮人」
1973.07.08	19号	13		編集後記
1973.07.08	19号	14	佐久間英明	研究報告 1929年 光州学生運動(上)

발행일	지면정보		필자	제목
	권호	페이지		
1973.07.08	19号	20	堀内稔	翻訳『韓国経済史』(5)
1973.07.08	19号	26	今西	映画批評 やくざ映画の中の朝鮮人像
1973.07.08	19号	27	佐久間英明	随想 朝鮮アサガオに思う
1973.09.16	20号			特集〈関東大震災と朝鮮人虐殺〉
1973.09.16	20号	1	田村禎子	研究報告 関東大震災と朝鮮人虐殺
1973.09.16	20号	10	堀内稔	翻訳『韓国経済史』(6)
1973.09.16	20号	14	堀野真司	随想 朝鮮語を学びはじめて
1973.09.16	20号	15	佐久間英明	研究報告 1929年 光州学生運動(下)
1973.09.16	20号	17	鹿嶋節子	寸評 図書の分類方法
1973.09.16	20号	18		編集後記
1973.11.18	21号			研究報告 関東大震災と朝鮮人虐殺
1973.11.18	21号	1	飛田雄一	②強制収容
1973.11.18	21号	6	堀野真司	③自警団による虐殺
1973.11.18	21号	8	鹿嶋節子	④事件調査(人民による、国会による)
1973.11.18	21号	5	佐久間英明	權域(7) 妓生(キーセン)
1973.11.18	21号	11	北原道子	書評 金九著、梶村秀樹訳『白凡逸志 ―金九自叙伝』
1973.11.18	21号	12	田村禎子	人物朝鮮史(1) 呂運亨(ヨ ウニョン)
1973.11.18	21号	13	佐久間英明	書評 民族統一新聞社編『朝鮮統一問題資料集』
1973.11.18	21号	14		活動報告
1973.11.18	21号	15		読者からの便り
1973.11.18	21号	16	堀内稔	翻訳『韓国経済史』(7)
1973.11.18	21号	22	堀内稔	時評 「金大中事件」と日韓関係
1974.01.27	22号			研究報告 関東大震災と朝鮮人虐殺
1974.01.27	22号	1	佐久間英明	⑤関東大震災を証言する
1974.01.27	22号	6	北原道子	⑥日本人の対応
1974.01.27	22号	9		講演録 李進熙「近代日本史学と古代朝日関係」
1974.01.27	22号	13	鹿嶋節子	人物朝鮮史(2) 申采浩
1974.01.27	22号	15	田村禎子	書評 朴寿南著『朝鮮・ヒロシマ・半日本人』
1974.01.27	22号	16	堀内稔	翻訳『韓国経済史』(8)
1974.01.27	22号	23		編集後記
1974.03.30	23号			研究報告 関東大震災と朝鮮人虐殺
1974.03.30	23号	1	上田紀子	⑦朝鮮国内の反響
1974.03.30	23号	5	横田佳代子	⑧朝鮮国外の反響
1974.03.30	23号	7		むくげの会・活動報告
1974.03.30	23号	8	佐久間英明	翻訳 「軍国日本の朝鮮経済侵奪史」(1)
1974.03.30	23号	12	飛田雄一	雑誌紹介 季刊「まだん」
1974.03.30	23号	13	佐久間英明	人物朝鮮史(3) 南宮 檍(ナムグン オク)
1974.03.30	23号	14	佐久間英明	權域(8) 済州島(チェジュド)

발행일	지면정보		필자	제목
	권호	페이지		
1974.03.30	23号	16	堀内稔	書評 朝鮮史研究会編『朝鮮の歴史』
1974.03.30	23号	18	堀内稔	翻訳 『韓国経済史』(9)
1974.03.30	23号	25	堀内稔	むくげの会の紹介「むくげの会へどうぞ!」
1974.05.12	24号	1		「血の海」上映会を終えて
1974.05.12	24号	1	大西ひとみ	朝鮮劇映画「血の海」
1974.05.12	24号	2	田村禎子	日本人が朝鮮映画作品を見るということ－「血の海」上映によせて－
1974.05.12	24号	3	小林みえ子	「血の海」を観て(寄稿)
1974.05.12	24号	5		朝鮮劇映画「血の海」アンケートより
1974.05.12	24号	8		朝鮮地図
1974.05.12	24号	9	飛田雄一	人物朝鮮史(4) 崔益鉉(チェ イク ヒョン)
1974.05.12	24号	10	佐久間英明	翻訳 「軍国日本の朝鮮経済侵奪史」(2)
1974.05.12	24号	16	佐久間英明	槿域(9) 朝鮮人参
1974.05.12	24号	18	堀内稔	翻訳 『韓国経済史』(10)
1974.07.14	25号	1	佐久間英明	堀江荘一「回想・大阪日朝友好運動」
1974.07.14	25号	4	佐久間英明	翻訳 「軍国日本の朝鮮経済侵奪史」(3)
1974.07.14	25号	10	堀内稔	書評 『戦後朝・日関係史』
1974.07.14	25号	11		集会案内
1974.07.14	25号	12	堀内稔	翻訳 『韓国経済史』(11)
1974.07.14	25号	19		劇団「ムグンファ」からのメッセージ
1974.07.14	25号	20	北原道子	人物朝鮮史(5) 柳寛順(ユ グァン スン)
1974.07.14	25号	22		南の愛国者の死刑宣告に抗議する!
1974.07.14	25号	23		槿域(10) 朝鮮の分称
1974.07.14	25号	25	佐久間英明	申京煥氏の強制送還を許すな!
1974.07.14	25号	26	飛田雄一	寸評 大阪外大教授阿部発言について
1974.07.14	25号	27		「朝鮮近代史」夏期合宿案内
1974.09.22	26号	1		講演録 梶村秀樹「朝鮮における資本主義萌芽の問題」
1974.09.22	26号	17	北原道子	書評 T・K生『韓国からの通信』
1974.09.22	26号	13	佐久間英明	槿域(11) 朝鮮の声(ラジオ放送)
1974.09.22	26号	15	上田紀子	人物朝鮮史(6) 安重根(アン ジュン グン)
1974.09.22	26号	17	田村禎子	翻訳 「ゴム工場女工たちの罷業」(『週刊朝鮮』)
1974.09.22	26号	21		むくげの会・活動報告
1974.09.22	26号	22	金英達	随想 朝鮮語を学びはじめて
1974.09.22	26号	23	飛田雄一	時評 「狙撃事件」以降の動き
1974.09.22	26号	24	堀内稔	翻訳 『韓国経済史』(12)
1974.11.23	27号	1		講演録 梶村秀樹「解放後の朝鮮 －1945年8～9月を中心に－」
1974.11.23	27号	14		お知らせ(資料、パンフ、セミナー、本)
1974.11.23	27号	15	堀内稔	人物朝鮮史(7) 全琫準(チョン ボン ジュン)

발행일	지면정보		필자	제목
	권호	페이지		
1974.11.23	27号	17	谷口信	書評 ニム・ウェイルズ『アリランの唄』
1974.11.23	27号	19	佐久間英明	権域(12) 朝鮮の地勢
1974.11.23	27号	20	佐久間英明	翻訳『軍国日本の朝鮮経済侵奪史』(4)
1975.01.26	28号	1	堀内稔	研究報告『東亜日報』連載マンガ コバウおじさんと韓国現代の歩み
1975.01.26	28号	11	佐久間英明	権域(13) 朝鮮の名産あれこれ
1975.01.26	28号	12	北原道子	時評 韓国民主回復闘争と東亜日報の闘い
1975.01.26	28号	13		資料「国民のみなさまへの手紙」拘束者家族協議会
1975.01.26	28号	15	大西ひとみ	書評『アリラン峠の女』
1975.01.26	28号	17	佐久間英明	翻訳『軍国日本の朝鮮経済侵奪史』(5)
1975.01.26	28号	22	鹿嶋節子	研究報告 朴炳采「日帝下の国語運動研究」の報告
1975.03.16	29号			特集〈東亜日報〉
1975.03.16	29号	1	堀内稔	①国民投票をめぐる『東亜日報』の報道
1975.03.16	29号	8	飛田雄一	②東亜激励広告一ケ月の分析
1975.03.16	29号	13	鹿嶋節子	③広告解約の中の東亜放送
1975.03.16	29号	14	北原道子	④拘束者の「釈放」
1975.03.16	29号	17	谷口信	書評『金嬉老の法廷陳述』
1975.03.16	29号	19	田村禎子	人物朝鮮史(8) 梁起鐸(ヤン キ ダック)
1975.03.16	29号	21	佐久間英明	研究報告 金潤煥「日帝下の韓国労働運動の展開過程」の報告
1975.03.16	29号	26	佐久間英明	権域(14) 訓民正音
1975.05.25	30号	1	飛田雄一	随想 外人という言葉 ―英語と日本語の場合―
1975.05.25	30号	2	堀内稔	時評 圧倒した安保の声
1975.05.25	30号	6	上田紀子	翻訳『日本の歴史教科書にあらわれた韓国』(1)
1975.05.25	30号	11		随想『ある自衛団員の運命』上映会を終えて
1975.05.25	30号	12	佐久間英明	権域(15) 李朝実録
1975.05.25	30号	14	鹿嶋節子	人物朝鮮史(9) 宋鎮禹(ソン ジ ヌ)
1975.05.25	30号	16	大西ひとみ	書評『生きることの意味』
1975.05.25	30号	18	飛田雄一	時評「外国人登録法」一部改悪について
1975.05.25	30号	22		資料「在留外国人統計」法務省編1974年
1975.07.20	31号	1	飛田雄一	時評 孫振斗さんの勝訴
1975.07.20	31号	2	佐久間英明	翻訳『朝鮮に於ける資本主義の発展』(1)
1975.07.20	31号	12	谷口信	書評『鉄鎖の共和国』
1975.07.20	31号	14	堀内稔	人物朝鮮史(10) 金九(キム グ)
1975.07.20	31号	17	上田紀子	権域(16) キムチ
1975.07.20	31号	19		統計資料「在日朝鮮人の職業」法務省編1974年
1975.07.20	31号	20	鹿嶋節子	時評 戦時体制強化と韓国民衆
1975.07.20	31号	22	上田紀子	翻訳『日本の歴史教科書にあらわれた韓国』(2)
1975.07.20	31号	26		催し物案内

발행일	지면정보		필자	제목
	권호	페이지		
1975.09.28	32号	1	辻健	寄稿 私の1945年夏 －朝鮮生まれの日本人と敗戦－
1975.09.28	32号	6	佐久間英明	翻訳 『朝鮮に於ける資本主義の発展』(2)
1975.09.28	32号	12	上田紀子	翻訳 『日本の歴史教科書にあらわれた韓国』(3)
1975.09.28	32号	17	飛田雄一	書評 『被爆韓国人』
1975.09.28	32号	19	鹿嶋節子	權域(17) 朝鮮の服装
1975.09.28	32号	20	堀内稔	翻訳 『閔妃殺害事件 日本巡査の目撃手記』
1975.09.28	32号	22	大西ひとみ	寸評 朝鮮人子弟にめばえた小さな民族意識
1975.09.28	32号	23	北原道子	人物朝鮮史(11) 金佐鎮(キム ジャ ジン)
1975.09.28	32号	25	八巻貞枝	随想 朝鮮語を習い始めて
1975.09.28	32号	27		お知らせ
1975.11.30	33号	1	飛田雄一	研究報告 「大寿堂鑑定書」と在日朝鮮人の法的地位
1975.11.30	33号	7	堀内稔	時評 在日韓国人留学生の不当逮捕
1975.11.30	33号	9	鄭大均	寄稿 米国にいる韓国人(1)
1975.11.30	33号	13	鹿嶋節子	人物朝鮮史(12) 姜宇奎(カン ウ ギュ)
1975.11.30	33号	15	佐久間英明	翻訳 『朝鮮に於ける資本主義の発展』(3)
1975.11.30	33号	20	北原道子	史片(1) 漢城旬報
1975.11.30	33号	21	八巻貞枝	書評 イムジン江をめざすとき
1975.11.30	33号	23	大西ひとみ	權域(18) 朝鮮の結婚式
1975.11.30	33号	25	上田紀子	翻訳 『日本の歴史教科書にあらわれた韓国』あとがき
1976.01.25	34号			特集 〈むくげの会五年間をふりかえって〉
1976.01.25	34号	1	堀内稔	①むくげの会発足の経過・活動・むくげ通信について
1976.01.25	34号	5	佐久間英明	②むくげの会五年を顧み －私見-
1976.01.25	34号	6	八巻貞枝	③インド旅行で感じたこととむくげの会
1976.01.25	34号	7	山根俊郎	④極私的朝鮮観
1976.01.25	34号	8	大西ひとみ	⑤極私的むくげとの関わり
1976.01.25	34号	9	谷口信	⑥私と「むくげ」と朝鮮
1976.01.25	34号	10	飛田雄一	⑦考えていること
1976.01.25	34号	11	鹿嶋節子	⑧朝鮮語五周年
1976.01.25	34号	12	田村禎子	⑨無題
1976.01.25	34号	13	佐久間英明	書評 受難の青春
1976.01.25	34号	14	北原道子	史片(2) 江華条約
1976.01.25	34号	15	鄭大均	寄稿 米国にいる韓国人(2)
1976.01.25	34号	19	佐久間英明	人物朝鮮史(13) 金策(キム チェク)
1976.01.25	34号	21	谷口信	權域(19) 朝鮮の冠礼
1976.01.25	34号	23	金英達	随想 金鶴泳と私
1976.01.25	34号	18.2		案内
1976.01.25	34号	27		編集後記
1976.03.28	35号	1	佐久間英明	研究報告 朝鮮語学習案内

발행일	지면정보		필자	제목
	권호	페이지		
1976.03.28	35号	6	金英達	随想 私的「山村政明」論
1976.03.28	35号	11	山根俊郎	書評 韓国 －その意識構造－
1976.03.28	35号	13	堀内稔	權域(20) 朝鮮の家屋
1976.03.28	35号	15	北原道子	史片(3) 元山ゼネスト
1976.03.28	35号	16	鄭大均	寄稿 米国にいる韓国人(3)
1976.03.28	35号			〈むくげの会五年間をふりかえって〉
1976.03.28	35号	19	北原道子	⑩むくげでの三年間
1976.03.28	35号	20	上田紀子	⑪ムクゲ子守唄
1976.03.28	35号	21	山根俊郎・金英達	翻訳 李泳禧『日本再登場の背景と現実』(1)
1976.03.28	35号	27	佐久間英明	随想 韓国美術五千年展を観て
1976.03.28	35号	10		案内 朝鮮語講座開講
1976.03.28	35号	26		案内 朝鮮史セミナー
1976.03.28	35号	27		編集後記
1976.05.30	36号	1	金英達	研究報告 在日朝鮮人の歴史(1)-在日朝鮮人渡航史-
1976.05.30	36号	10	八巻貞枝	随想 渡航史を学習して
1976.05.30	36号	13	大西ひとみ	書評 女教師のうた
1976.05.30	36号	15	飛田雄一	人物朝鮮史(14) 孫秉熙(ソン ビョン ヒ)
1976.05.30	36号	17	山根俊郎	權域(21) 風水地理説
1976.05.30	36号	19	堀内稔	ノレ・うた(1) 密陽アリラン
1976.05.30	36号	20	山根俊郎・金英達	翻訳 李泳禧『日本再登場の背景と現実』(2)
1976.05.30	36号	26	谷口信	随想 朝鮮語を習いはじめて
1976.05.30	36号	27		編集後記
1976.07.18	37号	1	飛田雄一	研究報告 在日朝鮮人の歴史(2)-ＧＨＱと在日朝鮮人の法的地位-
1976.07.18	37号	8	山根俊郎	時評 国語(朝鮮語)浄化運動について
1976.07.18	37号	10	北原道子	史片(4) 奎章閣
1976.07.18	37号	11	堀内稔	李東輝(イ ドン フィ)
1976.07.18	37号	13	上田紀子	權域(22) 農楽(ノンアック)
1976.07.18	37号	15	鹿嶋節子	書評 朝鮮の呼び声
1976.07.18	37号	17	田村禎子	随想 アン・イソンのこと
1976.07.18	37号	19	黒田淳治	随想 朝鮮語と私
1976.07.18	37号	20	佐久間英明	ノレ・うた(2) カゴパ(帰りたや)
1976.07.18	37号	21	山根俊郎・金英達	翻訳 李泳禧『日本再登場の背景と現実』(3)
1976.09.26	38号	1	佐久間英明	研究報告 在日朝鮮人の歴史(3)-在日朝鮮人の生活-
1976.09.26	38号	6	北原道子	史片(5) 6・10万才運動
1976.09.26	38号	7	堀内稔	時評 民主救国宣言と有罪判決

발행일	지면정보		필자	제목
	권호	페이지		
1976.09.26	38号	9	黒田淳治	随想 朝鮮とのかかわり －私の父の場合－
1976.09.26	38号	11	飛田雄一	人物朝鮮史(16) 湖岩・文一平
1976.09.26	38号	13	上田紀子	ノレ・うた(3) 鳳仙花
1976.09.26	38号	15	八巻貞枝	書評 何が私をかうさせたのか
1976.09.26	38号	18	佐久間英明	むくげの会近況報告
1976.09.26	38号	19	鹿嶋節子	権域(23) 秋夕(チュソク)
1976.09.26	38号	21	山根俊郎・金英達	翻訳 李泳禧『日本再登場の背景と現実』(4)
1976.11.28	39号	1	堀内稔	研究報告 在日朝鮮人の歴史(4)-在日朝鮮人の帰国-
1976.11.28	39号	6	北原道子	史片(6) 独立新聞
1976.11.28	39号	7	谷口信	書評 朴東宣事件と韓国ロビー
1976.11.28	39号	9	佐久間英明	書評 石枕
1976.11.28	39号	11	飛田雄一	随想 「同化傾向」について考えること
1976.11.28	39号	13	上田紀子	権域(24) ノルティギ(板とび)
1976.11.28	39号	15	山根俊郎	ノレ・うた(4) 黄色いシャツの男
1976.11.28	39号	17	金英達	人物朝鮮史(17) ジュリア・おたあ
1976.11.28	39号	20	山根俊郎・金英達	翻訳 李泳禧『日本再登場の背景と現実』(5)
1977.01.30	40号	1	金英達	研究報告 在日朝鮮人に対する帰化政策について(1)
1977.01.30	40号	8	堀内稔	史片(7) 雅叙園
1977.01.30	40号	9	谷口信	感想 昨年のレポート報告から
1977.01.30	40号	11	佐久間英明	書評 抗日言論闘争史
1977.01.30	40号	13	鹿嶋節子	ノレ・うた(5) 他郷ぐらし
1977.01.30	40号	15	北原道子	権域(25) ユンノリ
1977.01.30	40号	17	佐久間英明	人物朝鮮史(18) 李完用(イ ワ ニョン)
1977.01.30	40号	19	八巻貞枝	随想 葬式
1977.01.30	40号	21	黒田淳治	新聞の切り抜きから
1977.01.30	40号	22	朝鮮語上級班	翻訳 李浩哲作『破裂口』(上)
1977.03.27	41号	1	金英達	研究報告 在日朝鮮人に対する帰化政策について(2)
1977.03.27	41号	10	佐久間英明	史片(8) 事大主義
1977.03.27	41号	11	北原道子	随想 現代語学塾のこと－むくげ東京支店より－
1977.03.27	41号	13	黒田淳治	人物朝鮮史(19) 朴憲永(パク ホ ヨン)
1977.03.27	41号	15	八巻貞枝	感想 柳宗悦の朝鮮美術観批判をとうして
1977.03.27	41号	17	山根俊郎	崔仁浩作『ソウルの華麗な憂欝』
1977.03.27	41号	19	佐々木道雄	随想 告白
1977.03.27	41号	21	飛田雄一	ノレ・うた(6) 私たちの願い(ウリエ ソウォン)
1977.03.27	41号	22	朝鮮語上級班	翻訳 李浩哲作『破裂口』(下)
1977.05.29	42号	1	佐久間英明	日研究報告 本の朝鮮植民地支配清算と賠償問題
1977.05.29	42号	8	黒田淳治	史片(9) 南朝鮮労働党幹部の粛清

발행일	지면정보		필자	제목
	권호	페이지		
1977.05.29	42号	9	山根俊郎	ノレ・うた(7) 涙の豆満江
1977.05.29	42号	11	飛田雄一	書評 申京煥裁判証言集・第1集
1977.05.29	42号	13	上田紀子	権域(26) 綱引き(チュルタリギ)
1977.05.29	42号	15	谷口信	随想 大木金太郎(キム・イル)のこと
1977.05.29	42号	17	鹿嶋節子	人物朝鮮史(20) 李箱(イ サン)
1977.05.29	42号	18	飛田雄一	むくげの会の近況報告
1977.05.29	42号	19	佐久間英明	随想 NHKの朝鮮観
1977.05.29	42号	20	金英達	研究報告 在日朝鮮人に対する帰化政策について(3)
1977.07.17	43号	1	黒田淳治	研究報告 南朝鮮労働党(南労党)について
1977.07.17	43号	13	北原道子	人物朝鮮史(21) 洪蘭坡(ホン ナン パ)
1977.07.17	43号	10	村田由喜子	随想 生野の子供達とむくげの会
1977.07.17	43号	11	鹿嶋節子	書評 風の慟哭
1977.07.17	43号	13	八巻貞枝	書評 南朝鮮学生闘争史
1977.07.17	43号	15	堀内稔	権域(27) 本貫と族譜
1977.07.17	43号	17	佐々木道雄	ノレ・うた(8) 青い空
1977.07.17	43号	19	飛田雄一	飛田雄一 朝鮮語講座の近況報告
1977.07.17	43号	20	金英達	研究報告 在日朝鮮人に対する帰化政策について(4)
1977.09.25	44号	1	山根俊郎	研究報告 朝鮮歌謡曲の歴史(1)－その誕生と歩みはじめ－
1977.09.25	44号	7	堀内稔	訪問記 青丘文庫(神戸にある朝鮮史資料館)
1977.09.25	44号	9	高弘一	寄稿 神戸市長田区における在日同胞健康実態調査について
1977.09.25	44号	11	飛田雄一	小特集 読者の声－アンケートの報告－
1977.09.25	44号	13	佐々木道雄	人物朝鮮史(22) 金奎植(キム ギュ シク)
1977.09.25	44号	16	佐久間英明	紀行 対馬旅行記(前編)
1977.09.25	44号	20	八巻貞枝	史片(10) 打・同(トゥ・ドゥ)
1977.09.25	44号	21	北原道子	書評 『私の大阪地図』&『わがテロル考』
1977.09.25	44号	22	村田由喜子	むくげの会近況報告夏期合宿
1977.09.25	44号	23	金英達	資料 在日朝鮮人および出入国管理に関する『法務研究』・『検察研究』
1977.11.27	45号	1	飛田雄一	研究報告 在日朝鮮人の在留券をめぐって-サンフォランシスコ条約調印～発行-
1977.11.27	45号	9	北原道子	史片(11) 断髪令
1977.11.27	45号	11	黒田淳治	人物朝鮮史(23) 韓竜雲(ハン ヨン ウン)
1977.11.27	45号	13	上田紀子	ぶらんこ(クネティギ)
1977.11.27	45号	15	堀内稔	時事雑感
1977.11.27	45号	16	佐久間英明	紀行 対馬旅行記(後編)
1977.11.27	45号	20	山根俊郎	研究報告 朝鮮歌謡曲の歴史(2)－黄金期に輝いた星たち－
1977.11.27	45号	8	佐久間英明	本の案内 『朝鮮史』梶村秀樹著
1978.01.29	46号	1	上田紀子	研究報告 韓国民法に見る女性の地位
1978.01.29	46号	9	鹿嶋節子	史片(12) 内鮮融和

발행일	지면정보		필자	제목
	권호	페이지		
1978.01.29	46号	11	飛田雄一	時事雑感 朝鮮高校襲撃の歌
1978.01.29	46号	12	佐久間英明	翻訳 朝鮮語の話
1978.01.29	46号	15	村田由喜子	随想 朝鮮語を習い始めて
1978.01.29	46号	17	佐々木道雄	権域 餅の話(1)
1978.01.29	46号	19	堀内稔	人物朝鮮史(24) 高宗(コジョン)・李熙(イヒ)
1978.01.29	46号	22	山根俊郎	研究報告 朝鮮歌謡曲の歴史(3)－楽劇団・受難期・まとめ－
1978.03.25	47号	1	佐久間英明	研究報告 素描雨森芳州
1978.03.25	47号	10	堀内稔	ノレ・うた(9) 学徒歌
1978.03.25	47号	13	村田由喜子	書評 あぶら
1978.03.25	47号	15	黒田淳治	時事雑感
1978.03.25	47号	16	飛田雄一	むくげの会の近況 学芸会のことなど
1978.03.25	47号	17	佐々木道雄	権域 餅の話(2)
1978.03.25	47号	19	北原道子	人物朝鮮史(25) 張志淵(チャン ジ ヨン)
1978.03.25	47号	22	金英達	寄稿「法的地位」について
1978.03.25	47号	26	山根俊郎	史片(13) 亀甲船
1978.05.28	48号	1	鹿嶋節子	研究報告 大邱10・1人民抗争について
1978.05.28	48号	10	佐久間英明	全錫淡・崔潤奎著『朝鮮近代社会経済史』梶村秀樹・むくげの会翻訳 出版案内
1978.05.28	48号	13	村田由喜子	ノレ・うた(10) 故郷の春
1978.05.28	48号	15	上田紀子	書評 恨の文化論
1978.05.28	48号	17	八巻貞枝	人物朝鮮史(26) 崔承喜(チェ スン ヒ)
1978.05.28	48号	19	飛田雄一	紀行 韓国行(1)－日韓UIM交流会に参加して－
1978.05.28	48号	21	北原道子	時事雑感 在日朝鮮人の国民年金
1978.05.28	48号	23	佐々木道雄	権域 餅の話(3)
1978.07.23	49号	1	北原道子	研究報告 朝鮮開化期における女子教育
1978.07.23	49号	11	飛田雄一	紀行 韓国行(2)－日韓UIM交流会に参加して－
1978.07.23	49号	13	堀内稔	史片(14) 独立門
1978.07.23	49号	15	佐々木道雄	書評 韓国人の社会的性格
1978.07.23	49号	19	佐久間英明	ノレ・うた(11) 青い鳥の唄(パランセ謡)
1978.07.23	49号	17	鹿嶋節子	権域(29) トッカビ
1978.07.23	49号	21	山根俊郎	人物朝鮮史(27) 尹心悳(ユン シン ドク)
1978.09.24	50号	1	堀内稔	研究報告 神戸朝鮮人学校事件
1978.09.24	50号	15	飛田雄一	資料「神戸朝鮮人学校事件」関係文献案内
1978.09.24	50号	17	飛田雄一	紀行 韓国行(3)－日韓UIM交流会に参加して－
1978.09.24	50号	19	山根俊郎	書評 沈黙に抗して
1978.09.24	50号	20	黒田淳治	書評 ネギを植えた人
1978.09.24	50号	22	鹿嶋節子	史片(15) 間島
1978.09.24	50号	23	村田由喜子	権域(30) カンガンスルレ

발행일	지면정보		필자	제목
	권호	페이지		
1978.09.24	50号	25	佐々木道雄	ノレ・うた(12) ソウル賛歌
1978.09.24	50号	27	八巻貞枝	随想 呉林俊のこと
1978.09.24	50号	29	上田紀子	翻訳 印明真牧師の逮捕が意味するもの
1978.09.24	50号	32	北原道子	随想「血の交った交流」ということ
1978.09.24	50号	33	佐久間英明	翻訳 朝鮮の笑話・古今笑叢(その1)
1978.11.26	51号	1	佐久間英明	研究報告 周時経の朝鮮語研究学事始
1978.11.26	51号	11	村田由喜子	書評 抗日民族論
1978.11.26	51号	13	黒田淳治	ノレ・うた(13) 金日成将軍の歌
1978.11.26	51号	15	佐々木道雄	随想 故郷
1978.11.26	51号	17	北原道子	史片(16) 花柳会
1978.11.26	51号	19	鹿嶋節子	人物朝鮮史(28) 閔妃(ミンビ)
1978.11.26	51号	21	山根俊郎	槿域(31) 朝鮮の姓
1978.11.26	51号	24	飛田雄一	紀行 韓国行(4)－日韓UIM交流会に参加して－
1979.01.28	52号	1	佐々木道雄	研究報告 韓国の家族と親族の構造(1)－韓国農村の家族の構造－
1979.01.28	52号	12	八巻貞枝	史片(17) 威化島の回軍
1979.01.28	52号	13	堀内稔	ノレ・うた(14) 麦畑
1979.01.28	52号	15	村田由喜子	人物朝鮮史(29) 安昌浩(アン チャン ホ)
1979.01.28	52号	17	佐久間英明	書評 ある抗日運動家の軌跡
1979.01.28	52号	19	飛田雄一	時評 マクリーン判決と入管局
1979.01.28	52号	21	田村禎子	随想 思うこと
1979.01.28	52号	23	北原道子	槿域(32) 唐辛子
1979.01.28	52号	25	黒田淳治	翻訳 朝鮮の笑話・古今笑叢(その2)
1979.03.25	53号	1	黒田淳治	研究報告 朝鮮民主主義人民共和国の経済計画について
1979.03.25	53号	10	堀内稔	書評 新・ありらんの歌
1979.03.25	53号	11	八巻貞枝	人物朝鮮史(30) 崔時亨(チェ シ ヒョン)
1979.03.25	53号	13	北原道子	ノレ・うた(15) 半月(パンダル)
1979.03.25	53号	15	山根俊郎	槿域(33) 朝鮮の山林
1979.03.25	53号	17	鹿嶋節子	史片(18) 新興武官学校
1979.03.25	53号	18	飛田雄一	むくげの会・研究会の記録
1979.03.25	53号	19	佐久間英明	時評 朝鮮の分断と対話
1979.03.25	53号	21	佐々木道雄	韓国の家族と親族の構造(2)－済州島の家族の構造－
1979.05.27	54号	1	飛田雄一	研究報告 朝鮮農民社・覚え書
1979.05.27	54号	12	佐久間英明	史片(19) ハングル運動
1979.05.27	54号	13	八巻貞枝	槿域(34) 鴨緑江の篏入蛇行
1979.05.27	54号	15	山根俊郎	ノレ・うた(16) 帰れ釜山港へ
1979.05.27	54号	17	堀内稔	人物朝鮮史(31) 徐載弼(ソ ジェ ピル)
1979.05.27	54号	19	小林みえ子	紀行 韓国歴史ツアーに参加して(1)

발행일	지면정보		필자	제목
	권호	페이지		
1979.05.27	54号	21	鹿嶋節子	映画批評「江戸時代の朝鮮通信使」を見て
1979.05.27	54号	22	佐々木道雄	韓国の家族と親族の構造(3)－親族と同族集団－
1979.07.22	55号	1	佐久間英明	研究報告 朝鮮語学会のハングル運動について
1979.07.22	55号	10	北原道子	ノレ・うた(17) なぜ呼ぶの(ウェ ブルロ)
1979.07.22	55号	13	山根俊郎	権域(35) 巫俗
1979.07.22	55号	15	八巻貞枝	書評 東学史
1979.07.22	55号	17	鹿嶋節子	人物朝鮮史(32) 金元鳳(キム ウォン ボン)
1979.07.22	55号	19	信長たか子	紀行 韓国歴史ツアーに参加して(2)
1979.07.22	55号	21	堀内稔	史片(20) パゴタ公園
1979.07.22	55号	22	佐々木道雄	韓国の家族と親族の構造(4)－大家族制と直系家族制①－
1979.09.30	56号	1	山根俊郎	研究報告 韓国歌謡曲の歴史(1)－解放と朝鮮戦争の時期－
1979.09.30	56号	11	堀内稔	人物朝鮮史(33) 許憲(ホ ホン)
1979.09.30	56号	13	鹿嶋節子	ノレ・うた(18) ポンダンポンダン
1979.09.30	56号	15	飛田雄一	時評 YH貿易事件の波紋
1979.09.30	56号	19	足立竜枝	紀行 韓国歴史ツアーに参加して(3)
1979.09.30	56号	21	佐々木道雄	韓国の家族と親族の構造(5)－大家族制と直系家族制②－
1979.09.30	56号	26	田村禎子	史片(21) 防穀令
1979.11.25	57号	1	むくげの会	研究報告 朴大統領の死と朝鮮 事件前後の韓国の動き
1979.11.25	57号	12	堀内稔	権域(36) 金剛山(クムガンサン)
1979.11.25	57号	15	飛田雄一	ノレ・うた(19) おお自由
1979.11.25	57号	17	田村禎子	書評 金鈜鈞氏の国民年金裁判
1979.11.25	57号	18	北原道子	時評 金鈜鈞氏の国民年金裁判
1979.11.25	57号	21	山根俊郎	人物朝鮮史(34) 朴正煕(パク チョン ヒ)
1979.11.25	57号	23	佐久間英明	史片(22) 司訳院
1979.11.25	57号	24	佐々木道雄	韓国の家族と親族の構造(6)－まとめにかえて－
1980.01.27	58号	1	八巻貞枝	研究報告 東学 －その思想と運動－
1980.01.27	58号	15	佐々木道雄	書評 在日朝鮮人民族教育の原点
1980.01.27	58号	17	佐久間英明	人物朝鮮史(35) 金枓奉(キム ドゥ ボン)
1980.01.27	58号	19	堀内稔	史片(23) 十二月テーゼ
1980.01.27	58号	20	鹿嶋節子	権域(37)・歌(20) ソル(正月)
1980.01.27	58号	23	山根俊郎	研究報告 韓国歌謡曲の歴史(2)－第二の黄金期 50年代後半－
1980.03.23	59号	1	堀内稔	研究報告 朴憲永と火曜派
1980.03.23	59号	13	飛田雄一	時評 朴射殺後の韓国政局
1980.03.23	59号	15	佐々木道雄	人物朝鮮史(36) 金大中(キム テ ジュン)
1980.03.23	59号	17	佐久間英明	権域(38)『韓』について
1980.03.23	59号	18	八巻貞枝	史片(24) 大同法
1980.03.23	59号	19	鹿嶋節子	むくげの会近況
1980.03.23	59号	21	山根俊郎	研究報告 韓国歌謡曲の歴史(3)－第二の黄金期 50年代後半－

발행일	지면정보		필자	제목
	권호	페이지		
1980.05.31	60号	1	鹿嶋節子	研究報告 金元鳳の活動と義烈団
1980.05.31	60号	13	飛田雄一	時評 光州の民衆蜂起
1980.05.31	60号	15	佐久間英明	権域(39) 朝鮮の煙草
1980.05.31	60号	17	八巻貞枝	人物朝鮮史(37) 朴趾源(パク チ ウォン)
1980.05.31	60号	19	西条八峰	書評 趙世熙小品集
1980.05.31	60号	21	佐々木道雄	史片(25) 従母法の制定
1980.05.31	60号	22	山根俊郎	研究報告 韓国歌謡曲の歴史(4)－革新期 60年代前半－
1980.07.20	61号	1	佐々木道雄	研究報告 李朝社会の一断面 －家族と同族を中心として－
1980.07.20	61号	13	西条八峰	権域(40) 伽耶琴とその仲間
1980.07.20	61号	15	飛田雄一	書評 朝鮮終戦記
1980.07.20	61号	17	堀内稔	人物朝鮮史(38) 李載裕(イ ジェ ユ)
1980.07.20	61号	19	佐久間英明	時事雑感 朝日・夕刊 田中明・鄭敬謨論争を読んで
1980.07.20	61号	21	八巻貞枝	史片(26) 灰吹法 －朝鮮伝来の金銀製錬法－
1980.07.20	61号	22	山根俊郎	研究報告 韓国歌謡曲の歴史(5)－革新期Ⅱ 60年代後半－
1980.09.30	62号	1	佐久間英明	研究報告 ハングル普及略史(1)
1980.09.30	62号	13	西条八峰	権域(41) パンソリの楽しみ
1980.09.30	62号	15	中松早苗	随想 韓国行き
1980.09.30	62号	17	飛田雄一	書評 赤道下の朝鮮人叛乱
1980.09.30	62号	19	鹿嶋節子	人物朝鮮史(39) 金祉燮(キム ジ ソプ)
1980.09.30	62号	21	山根俊郎	研究報告 韓国歌謡曲の歴史(6)－現代発展期 70年代前半－
1980.09.30	62号	26	堀内稔	史片(27) 褓負商(ボブサン)
1980.11.30	63号	1	飛田雄一	研究報告 1930年代赤色農民組合・定平農民組合の活動
1980.11.30	63号	11	佐久間英明	研究報告 ハングル普及略史(2)
1980.11.30	63号	15	中松早苗	書評 流民伝
1980.11.30	63号	17	八巻貞枝	人物朝鮮史(40) 金史良(キム サ リャン)
1980.11.30	63号	19	佐々木道雄	権域(42) 長木生(木へんに生、チャンセン)と鳥竿(ソッテ)
1980.11.30	63号	21	堀内稔	史片(28) ノダジ
1980.11.30	63号	22	山根俊郎	研究報告 韓国歌謡曲の歴史(7)－現代発展期 70年代後半－
1981.01.25	64号	1	堀内稔	研究報告 1930年代朝鮮共産党の再建運動
1981.01.25	64号	14	鹿嶋節子	史片(29) 日章旗抹消事件
1981.01.25	64号	15	渡辺義雄	随想 日本人としての韓国人
1981.01.25	64号	17	康昌和	人物朝鮮史(41) 林和(リム ファ)
1981.01.25	64号	19	八巻貞枝	権域(43) 白頭山
1981.01.25	64号	21	山根俊郎	時評 金大中氏無期懲役になる
1981.01.25	64号	23	西条八峰	ノレ・うた(21) わかれの歌
1981.01.25	64号	25	佐々木道雄	書評 朝鮮と日本のあいだ
1981.03.29	65号	1	八巻貞枝	研究報告 1920年代・30年代における神戸市社会課による朝鮮人生活調査について

발행일	지면정보		필자	제목
	권호	페이지		
1981.03.29	65号	13	飛田雄一	むくげの会近況報告
1981.03.29	65号	14	佐々木道雄	史片(30) 中人身分の成立
1981.03.29	65号	15	佐久間英明	槿域(44) 朝鮮の竜
1981.03.29	65号	17	康昌和	書評 荒野に呼ぶ声
1981.03.29	65号	19	山根俊郎	随想 力道山について
1981.03.29	65号	21	鹿嶋節子	ノレ・うた(22) 碑木
1981.03.29	65号	23	飛田雄一	時評 入管令改正をめぐって－「永住許可」を中心に－
1981.05.31	66号	1	山根俊郎	研究報告 朝鮮の伝統音楽雅楽について
1981.05.31	66号	13	堀内稔	ノレ・うた(23) トラジ(桔梗)打令
1981.05.31	66号	15	康昌和	随想 七四声明と「在日」について
1981.05.31	66号	18	鹿嶋節子	史片(31) 大韓民国臨時政府の成立
1981.05.31	66号	19	飛田雄一	時評 続・入管令改正をめぐって
1981.05.31	66号	21	西条八峰	人物朝鮮史(42) 高銀(コ ウン)
1981.05.31	66号	23	佐久間英明	書評 朝鮮語のすすめ
1981.05.31	66号	25	佐々木道雄	槿域(45) オンドル
1981.07.19	67号	1	鹿嶋節子	研究報告 大韓民国臨時政府略史
1981.07.19	67号	13	若生みすず	ノレ・うた(24) サランガ(愛の歌)
1981.07.19	67号	15	渡辺義雄	随想 韓国の友人に送る手紙
1981.07.19	67号	17	西条八峰	史片(32) ベトナム参戦韓国軍
1981.07.19	67号	18	堀内稔	むくげの会近況報告
1981.07.19	67号	19	佐久間英明	槿域(46) 朝鮮の淡水魚
1981.07.19	67号	21	北原道子	人物朝鮮史(43) 尹奉吉(ユン ボン ギル)
1981.07.19	67号	23	八巻貞枝	書評 祭司なき祭
1981.07.19	67号	25	飛田雄一	時評 続々・入管令改正をめぐって-難民条約と在日朝鮮人 その1－
1981.09.27	68号	1	西条八峰	研究報告 パンソリノート
1981.09.27	68号	13	飛田雄一	時評 入管令改正をめぐって(4)-難民条約と在日朝鮮人 その2－
1981.09.27	68号	15	佐々木道雄	書評 朝鮮の祭り巫俗
1981.09.27	68号	17	若生みすず	随想 堤岩里のこと
1981.09.27	68号	19	康昌和	槿域(47) トンサンレ
1981.09.27	68号	21	堀内稔	ノレ・うた(25) アリラン
1981.09.27	68号	24	佐久間英明	史片(33) 朝鮮の結負法
1981.09.27	68号	25	山根俊郎	人物朝鮮史(44) 李儁(イ ジュン)
1981.11.29	69号	1	若生みすず	研究報告 堤岩里教会虐殺事件について
1981.11.29	69号	13	鹿嶋節子	書評 常緑樹(サン ノクス)
1981.11.29	69号	15	佐久間英明	槿域(48) 開城(ケソン)
1981.11.29	69号	17	佐々木道雄	史片(34) 朝鮮神宮
1981.11.29	69号	18	堀内稔	むくげの会近況報告

발행일	지면정보		필자	제목
	권호	페이지		
1981.11.29	69号	19	山根俊郎	ノレ・うた(26) ノドル江辺(ノドル カンビョン)
1981.11.29	69号	21	八巻貞枝	随想 ソウルアンサンブルを見て
1981.11.29	69号	23	康昌和	人物朝鮮史(45) 姜鏞訖(カン ヨン フル)
1981.11.29	69号	25	飛田雄一	時評「在日朝鮮人の退去強制問題を考えるシンポジウム」に参加して
1981.11.29	69号	27		編集後記
1982.01.30	70号	1	佐々木道雄	研究報告 朝鮮の同族と同族部落
1982.01.30	70号	13	佐久間英明	ノレ・うた(27) 革命歌
1982.01.30	70号	15	佐久間英明	時評 対韓援助を考える
1982.01.30	70号	17	山根俊郎	書評 演歌の海峡
1982.01.30	70号	19	康昌和	権域(49) 正月の遊び たこあげ
1982.01.30	70号	21	飛田雄一	史片(35) 関釜連絡船
1982.01.30	70号	22	堀内稔	人物朝鮮史(46) 許貞淑(ホ ジョン スク)
1982.01.30	70号	25	鹿嶋節子	随想 パンソリにふれて
1982.01.30	70号	27		編集後記
1982.03.28	71号	1	信長正義	研究報告 朝鮮キリスト教会史－草創と抗日－(1)
1982.03.28	71号	15	若生みすず	人物朝鮮史(47) 南慈賢(ナム ジャ ヒョン)
1982.03.28	71号	17	佐久間英明	時評 NHK朝鮮語講座放送の中止について
1982.03.28	71号	19	西条八峰	ノレ・うた(28) 先駆者
1982.03.28	71号	21	堀内稔	権域(50) 朝鮮の鬼(その1)
1982.03.28	71号	23	八巻貞枝	史片(36) 新羅村落文書－正倉院で発見された紙片－
1982.03.28	71号	24	飛田雄一	むくげの会の近況報告
1982.03.28	71号	25	康昌和	随想 近いのに遠い国
1982.03.28	71号	27		編集後記
1982.05.30	72号	1	佐久間英明	研究報告 朝鮮独立同盟について－その成立と活動－
1982.05.30	72号	13	飛田雄一	書評 金慶海・梁永厚・洪祥進『在日朝鮮人の民族教育』
1982.05.30	72号	15	鹿嶋節子	人物朝鮮史(48) 金始顕
1982.05.30	72号	17	堀内稔	権域(51) 朝鮮の鬼(その2)
1982.05.30	72号	19	佐々木道雄	ノレ・うた(29) 朝鮮八景
1982.05.30	72号	21	山根俊郎	史片(37) 三別抄の乱(1270年～1273年)
1982.05.30	72号	22	信長正義	研究報告 朝鮮キリスト教会史－草創と抗日－(2)
1982.07.18	73号	1	飛田雄一	研究報告 戦後の外国人登録制度と指紋制度
1982.07.18	73号	11	山根俊郎	人物朝鮮史(49) 崔南善
1982.07.18	73号	13	鹿嶋節子	権域(52) トラジ(桔梗)
1982.07.18	73号	15	八巻貞枝	ノレ・うた(30) 再会
1982.07.18	73号	17	西条八峰	書評 アリラン峠の旅人たち
1982.07.18	73号	19	佐々木道雄	随想 坂口安吾と日本古代史
1982.07.18	73号	21	堀内稔	史片(38) 東方労働者共産大学

발행일	지면정보		필자	제목
	권호	페이지		
1982.07.18	73号	22	信長正義	研究報告 朝鮮キリスト教会史－草創と抗日－(3)
1982.09.26	74号	1	堀内稔	研究報告 韓国の新聞に見る教科書問題
1982.09.26	74号	11	山根俊郎	ノレ・うた(31) 果樹園の道
1982.09.26	74号	13	八巻貞枝	権域(53) チョウセンイタチ
1982.09.26	74号	15	鹿嶋節子	人物朝鮮史(50) 朴容馬
1982.09.26	74号	17	黒田淳治	書評 北朝鮮王朝成立秘史
1982.09.26	74号	19	北原道子	史片(39) 右翼知識人の教科書「歪曲」論について
1982.09.26	74号	21	佐久間英明	時評 右翼知識人の教科書「歪曲」論について
1982.09.26	74号	22	信長正義	研究報告 朝鮮キリスト教会史－草創と抗日－(4)
1982.09.26	74号	27		編集後記
1982.11.28	75号	1	若生みすず	研究報告 釜山学生事件について
1982.11.28	75号	5	黒田淳治	人物朝鮮史(51) 金サッカ
1982.11.28	75号	7	西条八峰	書評『朝鮮食物誌』『韓国料理のつくり方』
1982.11.28	75号	9	若生みすず	随想 思い出すままに -韓国での三ケ月
1982.11.28	75号	13	鹿嶋節子	権域(54) 朝鮮の酒
1982.11.28	75号	15	佐久間英明	ノレ・うた(32) 陽山道
1982.11.28	75号	17	飛田雄一	むくげの会の近況
1982.11.28	75号	19	山根俊郎	随想 朝鮮語と韓国語
1982.11.28	75号	21	佐久間英明	史片(40) マルム(舎音)
1982.11.28	75号	22	信長正義	研究報告 朝鮮キリスト教会史－草創と抗日－(5)
1982.11.28	75号	27		編集後記
1983.01.30	76号	1	飛田雄一	「共同研究・光州学生運動」を連載するにあたって
1983.01.30	76号	3	鹿嶋節子	①概説・光州学生運動
1983.01.30	76号	9	佐久間英明	②光州学生運動に対する朝鮮民主主義人民共和国歴史学会の評価
1983.01.30	76号	17	黒田淳治	ノレ・うた(33) カムスガン
1983.01.30	76号	19	堀内稔	人物朝鮮史(52) 李舟河(イ ジュ ハ)
1983.01.30	76号	21	田村禎子	書評 朝鮮人女工のうた
1983.01.30	76号	23	山根俊郎	権域(55) 観灯ノリ
1983.01.30	76号	26	佐々木道雄	史片(41) 私立学校令
1983.03.27	77号			共同研究 光州学生運動
1983.03.27	77号	1	堀内稔	③光州学生運動・海外での運動 その1日本
1983.03.27	77号	9	信長正義	④光州学生運動と「新幹会」
1983.03.27	77号	16	飛田雄一	史片(42) 朝鮮農民総同盟
1983.03.27	77号	17	佐々木道雄	書評 オンドル夜話－現代両班考－
1983.03.27	77号	19	若生みすず	ノレ・うた(34) つつじの花(チンダルレ コッ)
1983.03.27	77号	21	北原道子	『常緑樹』の翻訳をふりかえって
1983.03.27	77号	23	黒田淳治	権域(56) 済州島の漢挐山

발행일	지면정보		필자	제목
	권호	페이지		
1983.03.27	77号	25	山根俊郎	人物朝鮮史(53) 金相玉(キム サン オク)
1983.05.29	78号			共同研究 光州学生運動
1983.05.29	78号	1	飛田雄一	⑤咸鏡北道鏡城における光州学生運動の影響
1983.05.29	78号	9	山根俊郎	⑥光州学生運動・大邱における学生運動
1983.05.29	78号	16	若生みすず	三矢協定
1983.05.29	78号	17	佐々木道雄	槿域(57) 壇君神話
1983.05.29	78号	19		書評 成美子著『在日二世作家論』
1983.05.29	78号	19	八巻貞枝	書評 竹田青嗣著『〈在日〉という根拠』
1983.05.29	78号	21	佐久間英明	人物朝鮮史(54) 李紅光
1983.05.29	78号	23	西条八峰	ノレ・うた(35) 月暈(つきのかさ)
1983.05.29	78号	25	鹿嶋節子	随想 「沈雨晟人形劇場」「金明洙・金一玉伝統舞踊」
1983.07.24	79号			共同研究 光州学生運動
1983.07.24	79号	1	佐々木道雄	⑦1920年代の朝鮮植民地教育
1983.07.24	79号	9	若生みすず	⑧光州学生運動と槿友会
1983.07.24	79号	16	鹿嶋節子	史片(44) 民立大学設立運動
1983.07.24	79号	17	堀内稔	ノレ・うた(36) 焼き栗タリョン
1983.07.24	79号	19	信長正義	人物朝鮮史(55) 神社参拝を拒否した朱基徹
1983.07.24	79号	21	西条八峰	書評 わたしの猪飼野原
1983.07.24	79号	23	黒田淳治	槿域(58) 跆拳道-コリアンカラテ-
1983.07.24	79号	25	佐久間英明	随想 朝鮮の読書の自由
1983.09.25	80号			共同研究 光州学生運動
1983.09.25	80号	1	黒田淳治	⑨秘密結社運動からみた光州学生運動
1983.09.25	80号	8	佐久間英明	⑩韓国における光州学生運動の評価
1983.09.25	80号	16	堀内稔	史片(45) 京城学生RS協議会事件
1983.09.25	80号	17	北原道子	書評 『サハリンへの旅』
1983.09.25	80号	19	信長正義	槿域(59) 智異山 華厳寺
1983.09.25	80号	21	鹿嶋節子	人物朝鮮史(56) 李如星(イ ヨ ソン)
1983.09.25	80号	23	山根俊郎	ノレ・うた(37) 私の国
1983.09.25	80号	25	飛田雄一	随想 韓国を訪ねて-仮面劇・光州-
1983.09.25	81号			共同研究 光州学生運動
1983.09.25	81号	1	堀内稔	⑪光州学生運動・海外での反響 その2「満州」他
1983.09.25	81号	9	飛田雄一	⑫第二次光州学生運動(1943年)
1983.09.25	81号	13	鹿嶋節子	共同研究 光州学生運動を終えて
1983.09.25	81号	16	佐々木道雄	史片(46) 同姓同本不婚の成立
1983.09.25	81号	17	八巻貞枝	書評 『韓国社会をみつめて-似て非なるもの-』
1983.09.25	81号	19	信長正義	ノレ・うた(38) 昔の詩人の歌
1983.09.25	81号	21	西条八峰	槿域(60) かゆのこと
1983.09.25	81号	23	山根俊郎	人物朝鮮史(57) 羅雲奎(ナ ウン ギュ)

발행일	지면정보		필자	제목
	권호	페이지		
1983.09.25	81号	25	若生みすず	随想 私にとっての朝鮮
1984.01.24	82号	1	鹿嶋節子	研究報告 民立大学設立運動
1984.01.24	82号	11	北原道子	書評 『いわれなく殺された人々－関東大震災と朝鮮人－』
1984.01.24	82号	13	山根俊郎	随想 「釜山港へ帰れ」のヒットに思う
1984.01.24	82号	15	佐々木道雄	ノレ・うた(39) オラン打令
1984.01.24	82号	17	若生みすず	朝鮮の虎
1984.01.24	82号	19	佐久間英明	人物朝鮮史(58) 呉成崙(オ ソン ニュン)
1984.01.24	82号	21	信長正義	史片(47) 興業倶楽部事件
1984.01.24	82号	22	堀内稔	研究レポート 朝鮮窒素と民衆(1)
1984.03.25	83号	1	佐久間英明	研究報告 間島における朝鮮農民の経済状況
1984.03.25	83号	13	飛田雄一	権域(62) タルチュム(仮面劇)
1984.03.25	83号	15	佐々木道雄	書評 木の雁－韓国の人と家
1984.03.25	83号	17	若生みすず	ノレ・うた(40) 麦笛
1984.03.25	83号	19	寺岡洋	随想 韓国の全方後円墳
1984.03.25	83号	21	山根俊郎	史片(48) 調陽倶楽部
1984.03.25	83号	22	堀内稔	研究レポート 朝鮮窒素と民衆(2)
1984.05.27	84号	1	山根俊郎	研究報告 朝鮮における西洋音楽の導入について
1984.05.27	84号	9	飛田雄一	随想 済州島行
1984.05.27	84号	13	鹿嶋節子	ノレ・うた(41) その家の前(クジパップ)
1984.05.27	84号	15	寺岡洋	人物朝鮮史(59) 武寧王
1984.05.27	84号	17	佐々木道雄	権域(63) 処容舞
1984.05.27	84号	19	信長正義	書評 『ソウルへの道』
1984.05.27	84号	21	佐久間英明	史片(49) 八・一五朝鮮解放
1984.05.27	84号	22	堀内稔	朝鮮窒素と民衆(3)
1984.07.22	85号	1	飛田雄一	研究報告 明川農民組合の活動
1984.07.22	85号	9	佐々木道雄	人物朝鮮史(60) 宋時烈
1984.07.22	85号	11	西条八峰	権域(64) 世界時刻表のなかのKOREA
1984.07.22	85号	13	若生みすず	書評 『想い出のアン』『悲しみの砦』
1984.07.22	85号	15	佐久間英明	ノレ・うた(42) 黒山島アガシ
1984.07.22	85号	17	寺岡洋	史片(50) 高取焼
1984.07.22	85号	18	佐久間英明	随想・紀行 全羅南道康津発
1984.07.22	85号	18	山根俊郎	研究レポート 朝鮮における西洋音楽の導入について
1984.07.22	85号	22	堀内稔	研究レポート 朝鮮窒素と民衆(4)
1984.09.30	86号	1	佐々木道雄	研究報告 高麗時代の相続
1984.09.30	86号	9	北原道子	書評 慶州は母の叫び声
1984.09.30	86号	11	信長正義	人物朝鮮史(61) 李昇薫(イ スン フン)
1984.09.30	86号	13	山根俊郎	ノレ・うた(43) あ!大韓民国
1984.09.30	86号	15	寺岡洋	権域(65) 人形劇・民衆芸能

발행일	지면정보		필자	제목
	권호	페이지		
1984.09.30	86号	17	鹿嶋節子	史片(51) 西独韓国人拉致事件
1984.09.30	86号	18	佐久間英明	随想·紀行 全羅南道康津発
1984.09.30	86号	22	堀内稔	研究レポート 朝鮮窒素と民衆(5)
1984.11.30	87号	1	若生みすず	研究報告 小鹿島更生園小史
1984.11.30	87号	9	山根俊郎	人物朝鮮史(62) 金仁湜(キム イン シク)
1984.11.30	87号	11	信長正義	權域(66) 朝鮮の正月と十二支日
1984.11.30	87号	13	鹿嶋節子	ノレ·うた(44) 勉強しましょう
1984.11.30	87号	15	佐々木道雄	書評 ハングルの世界
1984.11.30	87号	17	寺岡洋	韓国山城紀行
1984.11.30	87号	19	飛田雄一	むくげの会 きのう、きょう、あす
1984.11.30	87号	21	佐久間英明	史片(52) 親日分子の粛清
1984.11.30	87号	22	堀内稔	研究レポート 朝鮮窒素と民衆(6)
1985.01.27	88号	1	寺岡洋	研究報告 朝鮮式山城の紹介-鬼ノ城(吉備)を中心にして
1985.01.27	88号	10	信長正義	史片(53) 日本基督教朝鮮教団
1985.01.27	88号	11	山根俊郎	權域(67) 朝鮮の宗教の状況
1985.01.27	88号	13	佐久間英明	ノレ·うた(45) 朝鮮民主主義人民共和国の愛国歌
1985.01.27	88号	15	八巻貞枝	書評 金鶴泳作『序曲』(「統一日報」連載)
1985.01.27	88号	17	飛田雄一	人物朝鮮史(63) 高景欽(コ ギョン フム)
1985.01.27	88号	19	西条八峰	随想 ひがし西、南と北ーヨーロッパの旅から
1985.01.27	88号	22	堀内稔	研究レポート 朝鮮窒素と民衆(7)
1985.03.24	89号	1	信長正義	研究報告 三·一独立運動前夜のキリスト者
1985.03.24	89号	10	若生みすず	史片(54) 日韓通信合同
1985.03.24	89号	11	佐々木道雄	權域(68) パガジ
1985.03.24	89号	13	山根俊郎	ノレ·うた(46) 大韓民国の愛国歌
1985.03.24	89号	15	佐久間英明	書評 断ち裂かれた山河·鼎談 韓国現代史
1985.03.24	89号	17	鹿嶋節子	人物朝鮮史(64) 李鍾岩(リ·ジョンアム)
1985.03.24	89号	19	飛田雄一	時評 指紋押捺拒否運動
1985.03.24	89号	22	堀内稔	研究レポート 朝鮮窒素と民衆(8)
1985.05.26	90号	1	佐久間英明	研究報告 中国吉林省延辺朝鮮族自治州朝鮮人の生活相
1985.05.26	90号	11	鹿嶋節子	權域(69) 朝鮮式山菜の食べ方
1985.05.26	90号	13	寺岡洋	ノレ·うた(47) パウィコゲ
1985.05.26	90号	15	飛田雄一	時評 正念場を迎えた指紋押捺制度撤廃運動
1985.05.26	90号	17	佐々木道雄	人物朝鮮史(65) 王建とその祖先
1985.05.26	90号	19	山根俊郎	随想『むくげ愛唱歌集』の発行について
1985.05.26	90号	21	八巻貞枝	史片(55) 細形銅剣
1985.05.26	90号	22	堀内稔	朝鮮窒素と民衆(9)
1985.07.28	91号	1	鹿嶋節子	研究レポート 研究報告 日中戦争期の金元鳳
1985.07.28	91号	11	信長正義	ノレ·うた(48) Jエゲ(Jに)

발행일	지면정보		필자	제목
	권호	페이지		
1985.07.28	91号	13	佐久間英明	權域(70) 妙香山
1985.07.28	91号	15	寺岡洋	書評 騎馬民族の来た道
1985.07.28	91号	17	飛田雄一	時評 大量切替期に入った指紋押捺拒否運動
1985.07.28	91号	19	山根俊郎	人物朝鮮史(66) 申一仙(シン イル ソン)
1985.07.28	91号	21	佐々木道雄	史片(56) 三国史記
1985.07.28	91号	22	堀内稔	研究レポート 朝鮮窒素と民衆(10)
1985.09.29	92号			研究報告 GHQ下の在日朝鮮人強制送還
1985.09.29	92号			研究レポート 朝鮮窒素と民衆(11)
1985.09.29	92号			ノレ・うた(49) わたしたちのふるさと
1985.09.29	92号			權域(71) 済州島の溶岩洞窟(1)
1985.09.29	92号			書評 異邦人は君が代丸に乗って
1985.09.29	92号			時評 外登法改正問題・阪神地方における最近の動き
1985.09.29	92号			人物朝鮮史(67) 高句麗・好太王
1985.09.29	92号			紀行 中国吉林省延辺朝鮮族自治州への旅(1)
1985.09.29	93号	1	佐久間英明	紀行 中国吉林省延辺朝鮮族自治州への旅(2)
1985.09.29	93号	9	佐々木道雄	人物朝鮮史(68) 乙支文徳
1985.09.29	93号	11	若生みすず	書評 兵庫と朝鮮人
1985.09.29	93号	13	鹿嶋節子	ノレ・うた(50) 一片の赤き心で
1985.09.29	93号	15	山根俊郎	權域(71-2) 済州島の溶岩洞窟(2)
1985.09.29	93号	17	寺岡洋	紀行 洛東江雑記(1)
1985.09.29	93号	21	信長正義	史片(57) 国民総力連盟と朝鮮青年特別練成
1985.09.29	93号	22	堀内稔	研究レポート 朝鮮窒素と民衆(12)
1986.01.26	94号	1	山根俊郎	研究報告 韓国の「国民歌謡」(健全歌謡)について
1986.01.26	94号	10	飛田雄一	史片(58) 万宝山事件
1986.01.26	94号	11	鹿嶋節子	むくげの会の今日、この頃
1986.01.26	94号	13	堀内稔	權域(72) シルム(すもう)
1986.01.26	94号	15	信長正義	人物朝鮮史(69) 申興雨
1986.01.26	94号	17	佐々木道雄	随想 チャンスン(長木生)
1986.01.26	94号	19	八巻貞枝	書評 在日韓国朝鮮人
1986.01.26	94号	21	佐久間英明	ノレ・うた(51) ああクムガンサン(金剛山)
1986.01.26	94号	23	寺岡洋	紀行 洛東江雑記(2)
1986.03.30	95号	1	堀内稔	研究報告 在日朝鮮人アナキズム労働運動(解放前)朝鮮東興労働同盟会と朝鮮自由労働者組合
1986.03.30	95号	12	佐々木道雄	史片(59) トウガラシの伝来
1986.03.30	95号	13	飛田雄一	ノレ・うた(52) コスモスを歌う
1986.03.30	95号	15	信長正義	權域(73) 道立公園・辺山半島
1986.03.30	95号	17	鹿嶋節子	人物朝鮮史(70) 李青天
1986.03.30	95号	19	北原道子	書評 朝鮮人BC級戦犯の記録
1986.03.30	95号	21	佐久間英明	随想 皇太子明仁の訪韓に想う

발행일	지면정보		필자	제목
	권호	페이지		
1986.03.30	95号	23	寺岡洋	紀行 洛東江雑記(3)
1986.05.25	96号	1	佐々木道雄	研究報告 キムチの歴史
1986.05.25	96号	11	山根俊郎	権域(74) 花闘(ファトゥ)
1986.05.25	96号	13	信長正義	ノレ・うた(53) 風、風、風
1986.05.25	96号	15	飛田雄一	書評 遠藤公男『アリランの青い鳥』
1986.05.25	96号	17	若生みすず	随想 韓国映画私見-安聖基の魅力
1986.05.25	96号	19	寺岡洋	人物朝鮮史(71) 慕夏堂・金忠善
1986.05.25	96号	21	鹿嶋節子	史片(60) 三宅京城帝大教授赤化運動事件
1986.05.25	96号	22	佐久間英明	研究レポート 解放直後の延辺(1)
1986.07.27	97号	1	信長正義	研究報告 南総督の「皇民化」教育
1986.07.27	97号	11	寺岡洋	紀行 ソウルの百済遺跡
1986.07.27	97号	13	堀内稔	ノレ・うた(54) 珍島アリラン
1986.07.27	97号	15	山根俊郎	人物朝鮮史(72) 李美子
1986.07.27	97号	17	鹿嶋節子	書評 茨木のり子『ハングルへの旅』
1986.07.27	97号	19	金英達	書誌探索(1) 朝鮮に関する論文・資料の紹介
1986.07.27	97号	21	飛田雄一	史片(61) 秘密登山結社「白嶺会」
1986.07.27	97号	22	佐久間英明	研究レポート 解放直後の延辺(2)
1986.09.28	98号	1	寺岡洋	研究報告 宮山古墳(播磨)にみる伽耶系文物について
1986.09.28	98号	11	堀内稔	人物朝鮮史(73) 権五高(クォン オ ソル)
1986.09.28	98号	13	飛田雄一	権域(75) 朝鮮の胡麻(黒胡麻・えごま)
1986.09.28	98号	15	佐々木道雄	書評 金素雲『三韓昔がたり』『朝鮮史譚』
1986.09.28	98号	17	金英達	書誌探索(2) 朝鮮に関する論文
1986.09.28	98号	19	山根俊郎	ノレ・うた(55) 焼けつく渇きで
1986.09.28	98号	21	鹿嶋節子	史片(62) 景福宮
1986.09.28	98号	22	佐久間英明	研究レポート 解放直後の延辺(3)
1986.11.30	99号	1	山根俊郎	研究レポート 韓国の抵抗歌謡について
1986.11.30	99号	14	堀内稔	宇垣総督の農村振興運動
1986.11.30	99号	15	金英達	書誌探索(3) 朝鮮に関する論文
1986.11.30	99号	17	鹿嶋節子	ノレ・うた(56) ケジナチンチンナネ
1986.11.30	99号	19	寺岡洋	権域(76) オンドルの遺構
1986.11.30	99号	21	佐々木道雄	人物朝鮮史(74) 瓠公
1986.11.30	99号	23	佐久間英明	時評 わしらも「金日成主席の暗殺説」を考えた
1986.11.30	99号	25	飛田雄一	むくげの会近況報告
1987.01.25	100号	1	むくげの会	巻頭言
1987.01.25	100号	2		原点を見つめて(会員の声)
1987.01.25	100号	3	佐久間英明	①我が朝鮮はいま
1987.01.25	100号	5	堀内稔	②いまだにこんなことを考えています
1987.01.25	100号	7	飛田雄一	③こんなことでいいのかな?

발행일	지면정보		필자	제목
	권호	페이지		
1987.01.25	100号	9	鹿嶋節子	④むくげの会はどこへ行く？？
1987.01.25	100号	11	山根俊郎	⑤原点をみつめ直して
1987.01.25	100号	13	佐々木道雄	⑥十一年目に思うこと
1987.01.25	100号	15	信長正義	⑦「生への問い」として
1987.01.25	100号	17	寺岡洋	⑧我閑居に朝鮮語
1987.01.25	100号	18		「むくげ」と私(準会員の声)
1987.01.25	100号	19	北原道子	①ちょっとひとやすみの間に
1987.01.25	100号	21	八巻貞枝	②私のなかのむくげの会
1987.01.25	100号	23	金英達	③朝鮮映画「血の海」で－むくげの会との出会い－
1987.01.25	100号	25	西条八峰	④七六年の旅をおもいだして
1987.01.25	100号	27	若生みすず	⑤ご無沙汰して申し訳ありません
1987.01.25	100号	28		読者アンケート
1987.01.25	100号	29	宝塚·辻健	これからもがん張ってや
1987.01.25	100号	29	吉尾隆恵	自分なりの方法でやり続ける
1987.01.25	100号	29	川瀬俊治	行政施策の誤りを打つものに
1987.01.25	100号	30	八木宣子	書店の本ユニークさ
1987.01.25	100号	30	清水知久	持続はチエ、オモイヤリ
1987.01.25	100号	30	日朝友好促進京都婦人会議	参考にさせてもらっています
1987.01.25	100号	31	韓晳曦	なお一層のがんばりを
1987.01.25	100号	31	朴燦鎬	手作りの暖かさ
1987.01.25	100号	31	下関·市民社	今の形式のままの発行を
1987.01.25	100号	32	高槻むくげの会	神戸の支部ですか？
1987.01.25	100号	32	野崎克彦	民間学の実践
1987.01.25	100号	32	梶村秀樹	詩/むくげの会へ
1987.01.25	100号	33	森行雄	冒険もいいのでは···
1987.01.25	100号	33	豊永恵三郎	オドロキの一言
1987.01.25	100号	33	岡正治	互いに励ましあって 長崎在日朝鮮人の人権を守る会
1987.01.25	100号	33	鐘声の会	いつの日か、合同の合宿を
1987.01.25	100号	34	西信夫	義務感を払拭
1987.01.25	100号	34	水野直樹	朝鮮についてさまざまな知識を得る
1987.01.25	100号	34	金達寿	是非、活字印刷に
1987.01.25	100号	35	林浩治	根強い活動に勇気
1987.01.25	100号	35	和田春樹	多面的に、自主的に
1987.01.25	100号	35	徐根植	我ら連絡紙のヒントに
1987.01.25	100号	36	坂口勝春	微細の研究迷路に入り込まずアジアセンター21
1987.01.25	100号	36	今井久順	学文無主等痴人

발행일	지면정보		필자	제목
	권호	페이지		
1987.01.25	100号	36	金慶海	南北にむくげの会の友好使節団を
1987.01.25	100号	37	佐野通夫	お邪魔したく楽しみにしています
1987.01.25	100号	37	谷口信	二百号にひとことかけるかな
1987.01.25	100号	38	広島朝鮮史セミナー事務局	合同で合宿をしましょう
1987.01.25	100号	38	武田信太郎	遠くて近い国なのか、近くて遠い国なのか
1987.01.25	100号	38	湯浅利彦	一千号目指して
1987.01.25	100号	38	板垣葉子	素人ぽさと玄人はだしの文が同居しているのが・・・府中
1987.01.25	100号	39	遠藤正承	厳しくも楽天的なむくげの会
1987.01.25	100号	39	滝沢秀樹	山根氏はライバルだ
1987.01.25	100号	39	鈴木啓介	ノレ(歌)のコーナーが印象的
1987.01.25	100号	40	裵重度	むくげの花のごとく・・・
1987.01.25	100号	40	仲村修	「専門家-問題意識派-素人」幅広い読者を
1987.01.25	100号	40	加瀬都貴子	刺激剤となって
1987.01.25	100号	40	梁寿竜	よりごのみして読んでいます
1987.01.25	100号			資料編
1987.01.25	100号	41		①無窮花の会への招待状(1970年12月)
1987.01.25	100号	42		②無窮花の会への招待状(1971年2月〈？〉)
1987.01.25	100号	43		③『むくげ通信』1号(1971年1月)
1987.01.25	100号	43		④『むくげ通信』3号(1971年2月)
1987.01.25	100号	44		⑤『むくげ通信』4号(1971年4月)
1987.01.25	100号	45		⑥『毎日新聞』(1972年2月5日)
1987.01.25	100号	46		⑦「血の海」上映会ちらし(主催/むくげの会)
1987.01.25	100号	47		『むくげ通信』総目次(1号〜99号)
1987.01.25	100号	64		むくげの会・出版物案内
1987.03.22	101号	1	金英達	日朝複合家族の交錯的身分変動について-金鶴泳と郭早苗の作品を題材にして-
1987.03.22	101号	12	信長正義	京城帝国大学の設立
1987.03.22	101号	13	寺岡洋	カウル(秋)
1987.03.22	101号	15	佐々木道雄	ニンニク
1987.03.22	101号	17	郭早苗	『父・KOREA』その後
1987.03.22	101号	19	八巻貞枝	郭早苗著『父・KOREA』(長征社)
1987.03.22	101号	21		(続)『むくげ通信』100号アンケート
1987.03.22	101号		板垣望	①20号から読んでいるようです
1987.03.22	101号		吉井良邦	②かけだしの読者です
1987.03.22	101号		佐脇政孝	③高齢化にめげず
1987.03.22	101号		向井孝	④傍観者的な読者でしたが
1987.03.22	101号		浜政博司	⑤「寄稿欄」があってもいいのでは

발행일	지면정보		필자	제목
	권호	페이지		
1987.03.22	101号	25	金英達	朝鮮に関する論文
1987.03.22	101号			①神戸新聞 1986年12月1日(『父・KOREA』紹介)
1987.03.22	101号			②神戸新聞 1987年1月7日(『『むくげ通信』100号紹介)
1987.05.31	102号	1	飛田雄一	1961年・武庫川河川敷の強制代執行
1987.05.31	102号	12	佐々木道雄	蒙古の侵入と肉食の復活
1987.05.31	102号	13	飛田雄一	情報公開をめぐって
1987.05.31	102号	15	堀内稔	景色もいいけど暮しもいい
1987.05.31	102号	17	鹿嶋節子	珍島
1987.05.31	102号	19	浜政博司	ヒロシのソウル日記(1)
1987.05.31	102号	21	佐久間英明	金学福
1987.05.31	102号	23	西条八峰	Portrait of a Korean giri
1987.05.31	102号	25	金英達	朝鮮に関する論文
1987.07.26	103号	1	鹿嶋節子	金元鳳と金九の合作
1987.07.26	103号	10	佐久間英明	盤石事変
1987.07.26	103号	11	山根俊郎	李康勲『わが抗日独立運動史』
1987.07.26	103号	13	若生みすず	臨津江(イムジンガン)
1987.07.26	103号	15	金英達	朝鮮に関する論文
1987.07.26	103号	17	信長正義	朝鮮の鉄道
1987.07.26	103号	19	佐々木道雄	沖縄のぞき見記
1987.07.26	103号	21	堀内稔	白貞基
1987.07.26	103号	23	寺岡洋	神戸雑記
1987.07.26	103号	25	浜政博司	ヒロシのソウル日記(2)
1987.09.27	104号	1		日帝下、元山・平壤地区におけるアナキズム運動
1987.09.27	104号	9	足立竜枝	朝鮮民主主義人民共和国訪問記
1987.09.27	104号	13	佐々木道雄	船歌(ペンノレ)
1987.09.27	104号	15	飛田雄一	横田佳代子
1987.09.27	104号	16	佐久間英明	再び延辺へ
1987.09.27	104号	25	浜政博司	ヒロシのソウル日記(3)
1987.09.27	104号	23	金英達	朝鮮に関する論文
1987.09.27	104号	25	山根俊郎	韓国芸能事情-禁止曲の一部解除-
1987.11.29	105号	1	山本真弓	ことばとイデオロギー-中学校英語教科書の内容をめぐって-
1987.11.29	105号	11	仲原司	朝鮮庭園の起源と発達
1987.11.29	105号	13	信長正義	となりびとは
1987.11.29	105号	15	佐々木道雄	首露土后・許黄玉
1987.11.29	105号	17	八巻貞枝	鉱山と朝鮮人強制連行
1987.11.29	105号	19	金英達	朝鮮に関する論文
1987.11.29	105号	21	浜政博司	ヒロシのソウル日記(4)
1987.11.29	105号	24	山根俊郎	義士と烈士

발행일	지면정보		필자	제목
	권호	페이지		
1987.11.29	105号	25	寺岡洋	『東亜日報』にみる韓国考古学事情'86版
1988.01.31	106号	1	金英達	「新日本人」のデマを流す人とデマに乗る人-帰化者の戸籍をめぐって-
1988.01.31	106号	10	浜政博司	ヒロシのソウル日記(5)
1988.01.31	106号	13	植田晃次	大村益夫訳『中国の朝鮮族』
1988.01.31	106号	15	堀内稔	私ひとりの愛
1988.01.31	106号	17	飛田雄一	むくげの会の近況報告
1988.01.31	106号	19		①知っていますか「うずもれた涙」を(1987.11.5『朝日新聞』)
1988.01.31	106号	20		②戦中の「地下工場」確認(1987.1.31『朝日新聞』)
1988.01.31	106号	21	金英達	朝鮮に関する論文
1988.01.31	106号	23	佐久間英明	石正
1988.01.31	106号	25	寺岡洋	朝鮮半島南部の前方後円墳論争
1988.01.31	106号	26		編集後記
1988.01.31	106号	27		むくげの会の出版物案内
1988.03.27	107号	1	佐々木道雄	東アジアの味噌、醤油-朝鮮を中心にして-
1988.03.27	107号	11	信長正義	李樹廷
1988.03.27	107号	13	山根俊郎	愛の迷路
1988.03.27	107号	15	佐久間英明	菊池正子『板門店』
1988.03.27	107号	17	鹿嶋節子	冷麺
1988.03.27	107号	19	寺岡洋	播磨国風土記散歩(1)
1988.03.27	107号	21	金英達	朝鮮に関する論文
1988.03.27	107号	23	飛田雄一	錦繍文庫
1988.03.27	107号	24	浜政博司	ヒロシのソウル日記(6)
1988.05.29	108号	1	佐久間英明	延辺朝鮮族学習図書案内
1988.05.29	108号	10	山根俊郎	明月館
1988.05.29	108号	11	堀内稔	李丁奎
1988.05.29	108号	13	飛田雄一	①コラムにはなにをかいてもいいのか
1988.05.29	108号	14	金英達	②唐突な「朝鮮民主主義人民共和国(北朝鮮)国籍」なる表現
1988.05.29	108号	15	若生みすず	戸田郁子『ふだんぎのソウル案内』
1988.05.29	108号	17	信長正義	慶州民俗工芸村
1988.05.29	108号	19	寺岡洋	播磨国風土記散歩(2)
1988.05.29	108号	21	金英達	朝鮮に関する論文
1988.05.29	108号	23	浜政博司	ヒロシのソウル日記(7)
1988.05.29	108号	26	鹿嶋節子	青丘文化ホーム
1988.07.31	109号	1	信長正義	朝鮮YMCAの農業事業
1988.07.31	109号	10	山根俊郎	符籍
1988.07.31	109号	13	堀内稔	カクソリタリョン
1988.07.31	109号	15	西条八峰	音楽の根源にあるもの

발행일	지면정보		필자	제목
	권호	페이지		
1988.07.31	109号	15	西条八峰	民族音楽研究ノート
1988.07.31	109号	17	寺岡洋	播磨国風土記散歩(3)
1988.07.31	109号	19	鹿嶋節子	陳果夫
1988.07.31	109号	21	金英達	朝鮮に関する論文
1988.07.31	109号	23	佐々木道雄	白磁の発展
1988.07.31	109号	24	飛田雄一	延辺朝鮮族自治州への旅(上)
1988.09.25	110号	1	寺岡洋	播磨国風土記にみる渡来集団及び楽浪河内
1988.09.25	110号	11	佐久間英明	ネマウム(わが心)
1988.09.25	110号	13	佐々木道雄	三姓穴
1988.09.25	110号	15	堀内稔	日章旗とマラソン-ベルリンオリンピックの孫基禎-
1988.09.25	110号	17	山根俊郎	ソウルオリンピック公式歌
1988.09.25	110号	19	金英達	朝鮮に関する論文
1988.09.25	110号	21	金英達	RAIK通信
1988.09.25	110号	22	鹿嶋節子	小川みどりさんを悼む
1988.09.25	110号	23	飛田雄一	延辺朝鮮族自治州への旅(下)
1988.11.27	111号	1	山根俊郎	解放直後の左翼歌謡について(上)-1945～46年-
1988.11.27	111号	8	堀内稔	わいわいと高麗美術館をたずねて
1988.11.27	111号	13	飛田雄一	白頭山
1988.11.27	111号	15	寺岡洋	韓国の古代遺跡(1)－新羅編
1988.11.27	111号	17	佐々木道雄	文武王と海中土陵
1988.11.27	111号	19	信長正義	タムダディ
1988.11.27	111号	21	佐久間英明	ＡＶで朝鮮語を学習しよう
1988.11.27	111号	23	鹿嶋節子	光復軍のインド戦線派兵
1988.11.27	111号	24	飛田雄一	サリコ
1988.11.27	111号	25	金英達	朝鮮に関する論文
1989.01.29	112号	1	飛田雄一	天皇の死と朝鮮
1989.01.29	112号	8	堀内稔	「人物朝鮮史」の連載を終わるにあたっての記
1989.01.29	112号	9	寺岡洋	播磨国風土記散歩(4)
1989.01.29	112号	11	鹿嶋節子	鐘声通信
1989.01.29	112号	12	信長正義	福音新報
1989.01.29	112号	13	佐々木道雄	かくれんぼ
1989.01.29	112号	15	若生みすず	児童文学と朝鮮
1989.01.29	112号	17	佐久間英明	朝鮮の声
1989.01.29	112号	19	金英達	朝鮮に関する論文
1989.01.29	112号	21	山根俊郎	解放直後の左翼歌謡について(下)-1947年-
1989.03.31	113号			延辺特集
1989.03.31	113号	1	鹿嶋節子	ある中国・朝鮮族の歩み-柳東浩さんの場合-
1989.03.31	113号	10	佐久間英明	中国朝鮮族関係年表

발행일	지면정보		필자	제목
	권호	페이지		
1989.03.31	113号	11	佐久間英明	延辺の雑誌あれこれ
1989.03.31	113号	13	山根俊郎	独立軍追悼歌
1989.03.31	113号	15	寺岡洋	渤海-延辺朝鮮族自治州を中心にして
1989.03.31	113号	17	八巻貞枝	しかたしん『国境』ⅠⅡⅢ
1989.03.31	113号	19	堀内稔	集団部落
1989.03.31	113号	20	佐々木道雄	延辺と、朝鮮料理と
1989.03.31	113号	21	信長正義	青丘文庫・韓晳曦氏
1989.03.31	113号	23	金英達	朝鮮に関する論文
1989.03.31	113号	25	金英達	在日朝鮮人研究資料としての日本占領関係在米文書の概要
1989.05.28	114号	1	堀内稔	兵庫県朝鮮労働組合について
1989.05.28	114号	11	若生みすず	三一独立運動と堤岩里事件
1989.05.28	114号	13	佐々木道雄	離別歌
1989.05.28	114号	15	寺岡洋	紀伊国散歩 東国山古墳と周辺
1989.05.28	114号	17	西威子	韓国ハンセン病回復者の定着村「忠光農園」を訪ねて
1989.05.28	114号	20	信長正義	延辺僑民会
1989.05.28	114号	21	飛田雄一	入管法改「正」案と在日朝鮮人
1989.05.28	114号	24	山根俊郎	ウリ文化
1989.05.28	114号	25	金英達	朝鮮に関する論文
1989.07.30	115号	1	金英達	戦後在日朝鮮人資料の復刻について－湖北社・自由生活社版を中心に-
1989.07.30	115号	11	佐久間英明	独立記念館
1989.07.30	115号	13	鹿嶋節子	Q
1989.07.30	115号	15	寺岡洋	播磨国風土記散歩(5)
1989.07.30	115号	17	山根俊郎	文化擁護南朝鮮文化芸術家総決起大会
1989.07.30	115号	18	佐々木道雄	ポジャギ
1989.07.30	115号	19	北原道子	金善慶著『うかれがらす』
1989.07.30	115号	21	信長正義	鄭鴻永さん
1989.07.30	115号	23	金英達	朝鮮に関する論文
1989.07.30	115号	25	飛田雄一	追悼 梶村秀樹先生
1989.09.24	116号	1	佐々木道雄	ソナンダン－その形態と歴史-
1989.09.24	116号	10	鹿嶋節子	平和BOOK!
1989.09.24	116号	11	飛田雄一	兪澄子さん
1989.09.24	116号	13	山根俊郎	朝鮮『人民解放歌謡集』の復刻に際して
1989.09.24	116号	15	稲田登	韓国公害レポート(原発から労災まで)
1989.09.24	116号	17	佐藤琢磨	私の韓国体験記
1989.09.24	116号	19	堀内稔	ビビンパ
1989.09.24	116号	21	寺岡洋	播磨国風土記散歩(6)
1989.09.24	116号	23	佐久間英明	ポム チョニョ(春の乙女)

발행일	지면정보		필자	제목
	권호	페이지		
1989.09.24	116号	25	金英達	朝鮮に関する論文
1989.11.30	117号	1	佐久間英明	延辺経済概論
1989.11.30	117号	10	鹿嶋節子	朝鮮民族戦線
1989.11.30	117号	11	金英達	タジョンハン　トンム(親しき友よ)
1989.11.30	117号	13	飛田雄一	うけた話
1989.11.30	117号	15	堀内稔	慎英弘さん
1989.11.30	117号	17	山根俊郎	体験で語る解放後の在日朝鮮人運動
1989.11.30	117号	19	寺岡洋	但馬風土記散歩
1989.11.30	117号	21	森行雄	兵庫県下の在日朝鮮人の足跡を訪ねる旅
1989.11.30	117号	23	信長正義	年間活動報告
1989.11.30	117号	25	金英達	朝鮮に関する論文
1990.01.28	118号	1	信長正義	朝鮮天主教の初期概略史
1990.01.28	118号	10	堀内稔	六三亭事件
1990.01.28	118号	11	山根俊郎	青い心・白い心
1990.01.28	118号	13	寺岡洋	ソウル、益山の遺跡
1990.01.28	118号	15	信長たか子	韓国旅行記
1990.01.28	118号	17	金英達	張錠寿著『在日六〇年・自立と抵抗』
1990.01.28	118号	19	佐々木道雄	ジョッカル(塩辛)
1990.01.28	118号	21	鹿嶋節子	鄭良二さん
1990.01.28	118号	23	佐久間英明	朝鮮に関する論文・記事
1990.01.28	118号	25	飛田雄一	かささぎ通信
1990.03.25	119号	1	山根俊郎	北朝鮮から見た抗日武装闘争時代の「革命歌謡」
1990.03.25	119号	11	飛田雄一	リピートの会・黄光男さん
1990.03.25	119号	13	若生みすず	パダッカエソ(海辺にて)
1990.03.25	119号	15	鹿嶋節子	ウリ・ヒューマンライツ
1990.03.25	119号	17	金英達	頼母子講-在日的"契"-
1990.03.25	119号	19	佐々木道雄	シッケ(朝鮮のなれずし)
1990.03.25	119号	22	寺岡洋	播磨におけるT字形石室について
1990.03.25	119号	25	佐久間英明	朝鮮に関する論文・記事
1990.05.27	120号	1	寺岡洋	宮山古墳にみる渡来系首長墓の検討
1990.05.27	120号	10	信長正義	皇国臣民体操
1990.05.27	120号	11	佐々木道雄	地下鉄にて
1990.05.27	120号	13	住田真理子	さよならといわないで
1990.05.27	120号	15	飛田雄一	「友を訪ねて三千里」韓国の旅(上)
1990.05.27	120号	17	金英達	Jからの手紙ー「ジュリア・おたあ」再考
1990.05.27	120号	20	堀内稔	ソラボル通信
1990.05.27	120号	21	山根俊郎	北朝鮮から見た抗日武装闘争時代の「革命歌謡」(中)
1990.05.27	120号	25	佐久間英明	朝鮮に関する論文・記事

발행일	지면정보		필자	제목
	권호	페이지		
1990.07.29	121号	1	飛田雄一	天皇の「お言葉」問題、その後
1990.07.29	121号	9	金英達	「朝鮮人強制連行」の概念について
1990.07.29	121号	11	住田真理子	これから観れる韓国映画「桑の葉」
1990.07.29	121号	13	佐々木道雄	マッコリ
1990.07.29	121号	15	寺岡洋	大田の里周辺
1990.07.29	121号	17	鹿嶋節子	戦時下広島県高暮ダムにおける朝鮮人強制労働の記録
1990.07.29	121号	19	堀内稔	朝鮮競馬令
1990.07.29	121号	20	佐久間英明	韓国テレビを見ませんか？衛星放送受信の手引き
1990.07.29	121号	21	山根俊郎	北朝鮮から見た抗日武装闘争時代の「革命歌謡」(下)
1990.07.29	121号	25	佐久間英明	朝鮮に関する論文・記事
1990.09.30	122号	1	鹿嶋節子	「朝鮮民族戦線連盟」に関して
1990.09.30	122号	10	山根俊郎	文化工作隊
1990.09.30	122号	11	寺岡洋	多駝の里
1990.09.30	122号	13	住田真理子	韓国映画入門
1990.09.30	122号	15	堀内稔	李景珉さん
1990.09.30	122号	17	飛田雄一	「友を訪ねて三千里」韓国の旅(下)
1990.09.30	122号	21	佐々木道雄	豆腐
1990.09.30	122号	23	信長正義	南北首相会談
1990.09.30	122号	25	佐久間英明	朝鮮に関する論文・記事
1990.11.25	123号	1	金英達	日朝国交樹立後の在日朝鮮人国籍について
1990.11.25	123号	10	むくげの会	『植民地下・朝鮮光州学生運動の研究』の発刊に際して
1990.11.25	123号	11	飛田雄一	「11・11戦争責任を考える集いinマツシロ」に参加して
1990.11.25	123号	13	堀内稔	タオギ(とき)
1990.11.25	123号	15	藤岡羊子	「日朝関係を考える岡山への旅」に同行して
1990.11.25	123号	17	若生みすず	韓くにのこどもたち--韓国の綴り方教室--
1990.11.25	123号	19	佐々木道雄	海藻
1990.11.25	123号	21	寺岡洋	吉備国散歩　朝鮮式山城「鬼の城」
1990.11.25	123号	23	信長正義	鄭早苗さん
1990.11.25	123号	25	佐久間英明	朝鮮に関する論文・記事
1991.01.27	124号	1	むくげの会	むくげの会創立20周年を迎えて
1991.01.27	124号	3	堀内稔	兵庫県における朝鮮人労働運動と全協
1991.01.27	124号	11	八巻貞枝	金重明著『幻の大国手』
1991.01.27	124号	13	森崎和夫	卒業
1991.01.27	124号	15	山根俊郎	金秀吉さん
1991.01.27	124号	17	鹿嶋節子	クルパン－塾報
1991.01.27	124号	18	信長正義	獄中学校
1991.01.27	124号	19	佐々木道雄	タコ(蛸)
1991.01.27	124号	21	金英達	「朝鮮人戦時動員」調査研究の最近の動向について

발행일	지면정보		필자	제목
	권호	페이지		
1991.01.27	124号	23	寺岡洋	賀毛郡玉野の村
1991.01.27	124号	25	佐久間英明	朝鮮に関する論文・記事
1991.03.31	125号	1	佐久間英明	中国における朝鮮族の人口事情について
1991.03.31	125号	9	金英達	元秀一さん
1991.03.31	125号	11	寺岡洋	揖保郡越部(コシベ)の里
1991.03.31	125号	13	北原道子	石巻に布施辰治の生家を訪ねて
1991.03.31	125号	16	鹿嶋節子	朝鮮革命軍事政治幹部学校
1991.03.31	125号	17	飛田雄一	「第2回朝鮮人・中国人強制連行・強制労働を考える 全国交流集会」の準備進む
1991.03.31	125号	19	佐々木道雄	豚
1991.03.31	125号	21	山根俊郎	ファゲチャント(花開市場)
1991.03.31	125号	19	堀内稔	「朝鮮窒素と民衆」をめぐっての雑感
1991.03.31	125号	23	佐久間英明	朝鮮に関する論文・記事
1991.03.31	125号	25	むくげの会	『むくげ通信』124号編集後記の寺岡洋の文章について
1991.05.26	126号	1	佐々木道雄	犬の民俗-朝鮮の暮らしと文化(8)
1991.05.26	126号	10	信長正義	満州獐岩教会虐殺事件
1991.05.26	126号	11	山根俊郎	北朝鮮の芸術名誉称号
1991.05.26	126号	13	金英達	赤いチョゴリの歌
1991.05.26	126号	15	鹿嶋節子	長田マダンの権誠治さん
1991.05.26	126号	17	寺岡洋	「火葬墓」の系譜
1991.05.26	126号	19	堀内稔	「朝鮮窒素と民衆」をめぐっての雑感
1991.05.26	126号	21	佐久間英明	角田房子著『わが祖国』
1991.05.26	126号	23	飛田雄一	「ウリドゥレチップ」を訪ねて
1991.05.26	126号	25	佐久間英明	朝鮮に関する論文・記事
1991.07.21	127号	1	金英達	「朝鮮人強制連行」概念の再構成と統計引用における「フィギア・ロンダリング」について
1991.07.21	127号	10	鹿嶋節子	朝鮮青年特別練成令
1991.07.21	127号	11	佐々木道雄	豚〈その2〉
1991.07.21	127号	13	山根俊郎	臨津江
1991.07.21	127号	15	黄光男	国籍条項撤廃の意味
1991.07.21	127号	17	寺岡洋	「火葬墓」の系譜・続
1991.07.21	127号	19	信長正義	陶芸家・金正郁さん
1991.07.21	127号	21	堀内稔	札幌郷土を掘る会編『かたむいた天秤』
1991.07.21	127号	23	飛田雄一	神戸大学農場に朝鮮人強制連行後を訪ねて―兵庫県加西市・カクノ鶉野飛行場跡―
1991.07.21	127号	25	佐久間英明	朝鮮に関する論文・記事
1991.09.29	128号	1	信長正義	アペンゼラーと培材学堂
1991.09.29	128号	23	金英達	元山・平壌・開城の旅―在日朝鮮人・人権セミナー「朝鮮交流の旅」に参加して―

발행일	지면정보		필자	제목
	권호	페이지		
1991.09.29	128号	13	若生みすず	兄さんを思う
1991.09.29	128号	15	飛田雄一	在ソ朝鮮人歴史学者・金ゲルマンさんを迎えて
1991.09.29	128号	17	鹿嶋節子	泰緬鉄道-ある朝鮮人捕虜監視員の手記
1991.09.29	128号	19	寺岡洋	「火葬墓」の系譜・続々
1991.09.29	128号	21	堀内稔	山梨の在日朝鮮人史研究者・金浩さん
1991.09.29	128号	23	佐々木道雄	慶州から帰って
1991.09.29	128号	25	佐久間英明	朝鮮に関する論文・記事
1991.11.24	129号	1	山根俊郎	解放後北朝鮮の「国立芸術劇場」について
1991.11.24	129号	10	堀内稔	湖西銀行事件
1991.11.24	129号	11	鹿嶋節子	兵庫在日外国人保護者会・李鍾順さん
1991.11.24	129号	13	佐久間英明	オレオレアンジュセヨ
1991.11.24	129号	15	飛田雄一	生活保護の根本を問う
1991.11.24	129号	17	佐々木道雄	蕨
1991.11.24	129号	19	北原道子	金日成パレード
1991.11.24	129号	21	寺岡洋	「秦氏」の墳墓か-焼山古墳群
1991.11.24	129号	23	金英達	ピョンヤンの人民大学習堂を訪ねて
1991.11.24	129号	25	佐久間英明	朝鮮に関する論文・記事
1992.01.26	130号	1	寺岡洋	加古川西岸の渡来系集団
1992.01.26	130号	11	佐々木道雄	明太
1992.01.26	130号	13	金英達	フィッパラム(口笛)
1992.01.26	130号	15	飛田雄一	生活保護の根本を問うその②
1992.01.26	130号	18	信長正義	李光洙の「基督教是非論」
1992.01.26	130号	19	佐久間英明	金京媛さん
1992.01.26	130号	21	鹿嶋節子	鈴木裕子『朝鮮人従軍慰安婦』
1992.01.26	130号	23	堀内稔	むくげの会の近況報告
1992.01.26	130号	25	佐久間英明	朝鮮に関する論文・記事
1992.03.22	131号	1	飛田雄一	在日朝鮮人・滞日外国人と生活保護
1992.03.22	131号	11	佐々木道雄	焼酒(焼酎)
1992.03.22	131号	13	信長正義	あなたが私を愛するなら
1992.03.22	131号	15	寺岡洋	赤穂の原田中遺跡
1992.03.22	131号	17	金英達	白承豪さん
1992.03.22	131号	19	堀内稔	朝鮮飴売り
1992.03.22	131号	20	山根俊郎	私の朝鮮語・職場編
1992.03.22	131号	23	佐久間英明	小川和男・小牧輝夫編『環日本海経済圏』
1992.03.22	131号	25	佐久間英明	朝鮮に関する論文・記事
1992.05.24	132号	1	鹿嶋節子	金元鳳による朝鮮人青年活動家養成(1932-36年)
1992.05.24	132号	9	佐々木道雄	ムック
1992.05.24	132号	11	寺岡洋	高塚山古墳群

발행일	지면정보		필자	제목
	권호	페이지		
1992.05.24	132号	13	佐久間英明	スヤンポドル
1992.05.24	132号	15	堀内稔	徐正敏さん
1992.05.24	132号	17	信長正義	共同翻訳出版参加とその書評について
1992.05.24	132号	19	山根俊郎	韓国カラオケ
1992.05.24	132号	21	金英達	李承晩ライン
1992.05.24	132号	22	飛田雄一	北海道開拓記念館・防衛研究所図書館
1992.05.24	132号	25	佐久間英明	朝鮮に関する論文・記事
1992.07.19	133号	1	佐久間英明	崔庸健(崔石泉)の生涯
1992.07.19	133号	9	寺岡洋	赤根川・金ヶ崎窯跡
1992.07.19	133号	11	金英達	国立国会図書館
1992.07.19	133号	13	山根俊郎	サラウロ(愛で)
1992.07.19	133号	15	堀内稔	石浜みかる『あの戦争のなかにぼくもいた』
1992.07.19	133号	17	北原道子	北海道は刺激的
1992.07.19	133号	19	佐々木道雄	大根(ムウ)
1992.07.19	133号	21	飛田雄一	朴貞愛さん
1992.07.19	133号	23	佐久間英明	朝鮮に関する論文・記事
1992.07.19	133号	25	信長正義	無窮花事件
1992.09.27	134号	1	堀内稔	兵庫県・朝鮮人の初期労働運動
1992.09.27	134号	11	田村禎子	'92 第3回朝鮮人・中国人強制連行・強制労働を考える全国交流集会に参加して
1992.09.27	134号	13	金英達	親愛なる金正日同志の歌
1992.09.27	134号	15	佐々木道雄	河豚
1992.09.27	134号	17	飛田雄一	大宅壮一文庫
1992.09.27	134号	19	寺岡洋	郡家遺跡・住吉宮町遺跡
1992.09.27	134号	22	山根俊郎	韓国プロ野球最初のサヨナラホームラン
1992.09.27	134号	23	鹿嶋節子	『母・従軍慰安婦-かあさんは「朝鮮ピー」と呼ばれた-』原作者尹静慕さんを迎えて
1992.09.27	134号	25	信長正義	イウサラム(隣人)--ウトロ聞き書き
1992.11.29	135号	1	山根俊郎	韓国プロ野球の11年間
1992.11.29	135号	10	佐々木道雄	ニンニク
1992.11.29	135号	13	鹿嶋節子	雨の降る永東橋
1992.11.29	135号	15	信長正義	神戸市立外人墓地
1992.11.29	135号	17	寺岡洋	揖保郡大田里白毛古墳群
1992.11.29	135号	19	堀内稔	人権図書館
1992.11.29	135号	21	飛田雄一	金文学さん/ポリス朴さん/金森襄作・再話、鄭香・画
1992.11.29	135号	23	金英達	おばけのトッケビ
1992.11.29	135号	25	佐久間英明	朝鮮に関する論文・記事
1993.01.31	136号	1	佐々木道雄	朝鮮の暮らしと文化(18) 鶏

발행일	지면정보		필자	제목
	권호	페이지		
1993.01.31	136号	10	堀内稔	誰が金佐鎮を殺したか？
1993.01.31	136号	11	鹿嶋節子	黒部・底方の声－黒三ダムと朝鮮人
1993.01.31	136号	13	山根俊郎	昭陽江の娘
1993.01.31	136号	15	北原道子	芝居の魅力と出会いの素晴らしさと
1993.01.31	136号	17	金英達	国立国会図書館
1993.01.31	136号	19	寺岡洋	播磨国風土記散歩(21)
1993.01.31	136号	21	飛田雄一	むくげの会の近況報告
1993.01.31	136号	23	佐久間英明	北朝鮮を思う
1993.01.31	136号	25	堀内稔	朝鮮に関する論文・記事
1993.03.28	137号	1	信長正義	申興雨と積極信仰
1993.03.28	137号	10	水野直樹	ハーバード大における朝鮮研究
1993.03.28	137号	13	寺岡洋	美嚢郡志深里深村首・伊等尾
1993.03.28	137号	14	鹿嶋節子	朴福美さん
1993.03.28	137号	17	佐々木道雄	ドジョウ
1993.03.28	137号	19	山根俊郎	韓国の還暦の宴会　友人H氏の場合
1993.03.28	137号	21	金英達	1886年イギリス人の白頭山登頂
1993.03.28	137号	22	飛田雄一	李泰昊著・青柳純一訳『鴨緑江の冬』
1993.03.28	137号	25	堀内稔	朝鮮に関する論文・記事
1993.05.30	138号	1	金英達	朝鮮人戦時動員労働者と厚生年金保険
1993.05.30	138号	10	ボリス・D・朴	在ロシア朝鮮人社会の歴史と現状
1993.05.30	138号	14	鹿嶋節子	鹿地亘と朝鮮義勇隊
1993.05.30	138号	15	寺岡洋	餝磨郡韓室里「韓室」とは？
1993.05.30	138号	17	山根俊郎	延辺の元歌手・金京子さん
1993.05.30	138号	19	佐々木道雄	胡麻
1993.05.30	138号	21	佐久間英明	朝鮮民主主義人民共和国で考えた①
1993.05.30	138号	25	堀内稔	朝鮮に関する論文・記事
1993.07.25	139号	1	寺岡洋	渡来系首長墓の検討　カンヌ塚(播磨印南部)
1993.07.25	139号	10	山根俊郎	韓国の音楽学研究会・夏のセミナーに参加して
1993.07.25	139号	13	飛田雄一	ノンフィクションが創るフィクションの世界小林千登勢『お星さまのレール』
1993.07.25	139号	15	信長正義	インド・ワークキャンプに参加した・李鐘和さん
1993.07.25	139号	17	佐久間英明	朝鮮民主主義人民共和国で考えた②
1993.07.25	139号	19	佐々木道雄	チシャ
1993.07.25	139号	23	堀内稔	ある在日朝鮮人の軌跡
1993.07.25	139号	25	堀内稔	朝鮮に関する論文・記事
1993.09.26	140号	1	柳東浩	私の抗日戦争-日本軍の通訳から、八路軍兵士、朝鮮義勇へ
1993.09.26	140号	12	山根俊郎	韓国の音楽研究団体について
1993.09.26	140号	15	寺岡洋	揖保郡桑原里　長尾谷・長尾タイ山

발행일	지면정보		필자	제목
	권호	페이지		
1993.09.26	140号	17	佐々木道雄	鯛
1993.09.26	140号	19	金英達	韓国・朝鮮の年号
1993.09.26	140号	21	鹿嶋節子	在日朝鮮人運動史研究会合宿参加記-黒部に朝鮮人の足跡を訪ねる
1993.09.26	140号	23	原田智子	第4回朝鮮人・中国人強制連行・強制労働を考える 全国交流集会参加記-奈良県屯鶴峯・信貴山に集って
1993.09.26	140号	25	堀内稔	朝鮮に関する論文・記事
1993.11.28	141号	1	鹿嶋節子	日本人民反戦同盟と朝鮮義勇隊
1993.11.28	141号	10	佐々木道雄	トウガラシ
1993.11.28	141号	13	山根俊郎	泉にて
1993.11.28	141号	15	信長正義	宝塚朝鮮初級学校の公開授業
1993.11.28	141号	17	佐久間英明	東北朝鮮人民主連盟
1993.11.28	141号	19	寺岡洋	揖保郡浦上里
1993.11.28	141号	22	金英達	月はどっちに出ている
1993.11.28	141号	25	堀内稔	朝鮮に関する論文・記事
1994.01.30	142号	1	佐久間英明	延辺大学の成立
1994.01.30	142号	10	堀内稔	朝鮮人ハワイ移民と神戸
1994.01.30	142号	11	森本和美・辻本久夫	親と子が見た在日韓国・朝鮮人白書
1994.01.30	142号	13	山根俊郎	愛慕
1994.01.30	142号	15	飛田雄一	作家・鄭承博さん
1994.01.30	142号	17	金英達	四方朝鮮文庫
1994.01.30	142号	19	佐々木道雄	白菜
1994.01.30	142号	21	寺岡洋	酒・カマド形土器
1994.01.30	142号	23	信長正義	むくげの会近況報告
1994.01.30	142号	25	堀内稔	朝鮮に関する論文・記事
1994.03.27	143号	1	堀内稔	在日・朝鮮飴売り考
1994.03.27	143号	10	飛田雄一	「学徒出陣50年」をめぐって
1994.03.27	143号	15	原田智子	『むくげ通信』合本(74年版～93年版)を読んで
1994.03.27	143号	13	信長正義	尾崎新二『もう僕は京城っ子には戻れない』
1994.03.27	143号	15	山根俊郎	崔令監の平壌見物
1994.03.27	143号	17	鹿嶋節子	金慶子さん
1994.03.27	143号	19	金英達	文化センター・アリラン
1994.03.27	143号	21	佐々木道雄	『李朝実録』の中の牛肉食
1994.03.27	143号	23	寺岡洋	野田道遺蹟　オンドル
1994.03.27	143号	25	堀内稔	朝鮮に関する論文・記事
1994.05.29	144号	1	佐々木道雄	牛
1994.05.29	144号	10	金英達	水踰里の4・19墓地
1994.05.29	144号	11	山根俊郎	在日のオペラ歌手・田月仙さん

발행일	지면정보		필자	제목
	권호	페이지		
1994.05.29	144号	13	佐久間英明	「生とは何か」-北朝鮮の哲学的歌謡-
1994.05.29	144号	15	原田智子	「福知山線工事犠牲者追悼の集い」に参加して
1994.05.29	144号			峰相山周辺の漢人集団
1994.05.29	144号	17	寺岡洋	二つの漢部里、枚方里・林田里
1994.05.29	144号	19	飛田雄一	神戸電鉄敷設工事で犠牲になった朝鮮人労働者の遺族を訪ねる韓国への旅
1994.05.29	144号	23	外山大	『むくげ通信』の最新号をよんで-142、143号を中心に
1994.05.29	144号	25	堀内稔	朝鮮に関する論文・記事
1994.05.29	144号	27		みんな
1994.07.29	145号	1	信長正義	キリスト同信会と朝鮮伝道
1994.07.29	145号	10	山根俊郎	金日成主席の追悼歌
1994.07.29	145号	11	佐久間英明	JODK 消えたコールサイン
1994.07.29	145号	13	原田智子	風の丘を越えて-西便制
1994.07.29	145号	15	佐々木道雄	グチ
1994.07.29	145号			峰相山周辺の漢人集団〈続〉
1994.07.29	145号	17	寺岡洋	鴟尾・鬼瓦・塼瓦でつながる古代寺院群
1994.07.29	145号	19	飛田雄一	朝鮮人強制連行と「宗教教師勤労動員令」
1994.07.29	145号	23	鹿嶋節子	大路[タールー]朝鮮人の上海電影皇帝
1994.07.29	145号	25	堀内稔	朝鮮に関する論文・記事
1994.07.29	145号			みんな
1994.09.25	146号	1	金英達	解放直後の在日朝鮮人の人口統計の整理-1945〜47年-
1994.09.25	146号	10	山根俊郎	日本海
1994.09.25	146号	11	寺岡洋	高丘窯(明石郡)出土の鴟尾
1994.09.25	146号	13	佐々木道雄	ナツメ
1994.09.25	146号	15	堀内稔	中国朝鮮族の数学研究者・田　軍さん
1994.09.25	146号	17	佐久間英明	延辺と日本で、金日成の死去を考える
1994.09.25	146号	19	鹿嶋節子	松代大本営の真実－隠された巨大地下壕
1994.09.25	146号	21	宮内陽子	第15回「全国在日朝鮮人教育集会」に参加して
1994.09.25	146号	22	むくげの会	むくげの会・オープン例会のご案内
1994.09.25	146号	23	飛田雄一	第5回「朝鮮人・中国人強制連行・強制労働を考える全国交流集会」に参加して
1994.09.25	146号	25	堀内稔	朝鮮に関する論文・記事 / みんな
1994.11.27	147号	1	寺岡洋	高塚山古墳群-明石海峡を扼した渡来系集団－
1994.11.27	147号	10	信長正義	在主故乗松兄姉記念碑
1994.11.27	147号	15	鹿嶋節子	高槻むくげの会・金博明さん
1994.11.27	147号	13	金英達	不孝者は泣きます
1994.11.27	147号	15	飛田雄一	韓国原州に張壱淳先生の墓地を訪ねて
1994.11.27	147号	19	山根俊郎	北朝鮮で歌われる韓国の歌
1994.11.27	147号	21	佐久間英明	「半日感情」韓国・朝鮮人と日本人

발행일	지면정보		필자	제목
	권호	페이지		
1994.11.27	147호	25	堀内稔	朝鮮に関する論文・記事
1994.11.27	147호	27		みんな
1994.11.27	148·149호	1	むくげの会	ごあいさつ
1994.11.27	148·149호	2	飛田雄一	阪神大震災と外国人－オーバーステイの外国人の治療費・弔慰金をめぐって　PDFファイル
1994.11.27	148·149호	4		〈私の震災体験〉
1994.11.27	148·149호	8	佐々木道雄	激震地帯の真ん中にいた私
1994.11.27	148·149호	9	堀内稔	私の震災の記
1994.11.27	148·149호	10	金英達	地震に遭って伊勢湾台風を思い出す
1994.11.27	148·149호	11	信長正義	会社人間だった
1994.11.27	148·149호	12	山根俊郎	阪神大震災と私
1994.11.27	148·149호	13	寺岡洋	阪神大震災2ヵ月
1994.11.27	148·149호	14	鹿嶋節子	1月17日以来
1994.11.27	148·149호	15	飛田雄一	地中の怪獣が私の足を
1994.11.27	148·149호	16	佐久間英明	後からおしよせる地震の被害
1994.11.27	148·149호	17	佐久間英明	朝鮮と地震　佐久間英明
1994.11.27	148·149호	18		阪神間の朝鮮関係専門図書館の現況
1994.11.27	148·149호	19	金英達	青丘文庫、錦繍文庫、学林図書館
1994.11.27	148·149호	20		摂津国風土記散歩(2)
1994.11.27	148·149호	21	寺岡洋	地震と洪水に襲われた遺跡　西求女塚　郡家遺跡群
1994.11.27	148·149호	23	鹿嶋節子	むくげの会　1994～1995
1994.11.27	148·149호	25	堀内稔	書誌探索(50)　朝鮮に関する論文・記事
1994.11.27	148·149호	27		編集後記　みんな
1995.05.28	150호	1	鹿嶋節子	『朝鮮義勇隊通訊』を読む(その1)、読む前に－
1995.05.28	150호	8	飛田雄一	続・阪神大震災と外国人－災害弔慰金支払い問題を中心に－PDFファイル
1995.05.28	150호	11	信長正義	レポート　漫画で訴える環境問題－漫画家・申英植氏
1995.05.28	150호	13	山根俊郎	歌・ノレ(95)　あなたがいなければ祖国もない
1995.05.28	150호	15	寺岡洋	播磨国風土記散歩(32)　渡来系首長の墳墓か、注目される黍田古墳群・宿禰塚古墳群
1995.05.28	150호	17	金英達	随想　立原正秋の日本国籍取得の〝怪〟
1995.05.28	150호	19	佐々木道雄	朝鮮の暮らしと文化〈番外編〉『朝鮮の食と文化－日本・中国との比較から見えてくるもの』(仮題)の出版に当って
1995.05.28	150호	21	佐久間英明	史片(100)　朝鮮の火山
1995.05.28	150호	23	堀内稔	随想　在日朝鮮人関係記事資料のネットワークについて
1995.05.28	150호	25	堀内稔	書誌探索(51)　朝鮮に関する論文・記事
1995.05.28	150호	27		編集後記　みんな
1995.07.23	151호	1	山根俊郎	研究レポート『追悼歌』の歴史的考察
1995.07.23	151호	10	鹿嶋節子	『朝鮮義勇隊通訊』を読む(その2)、李達の論説

발행일	지면정보		필자	제목
	권호	페이지		
1995.07.23	151号	13	寺岡洋	播磨国風土記散歩(33) 日本最古の石造三尊像－播磨古法華山石仏
1995.07.23	151号	15	金英達	史片(101) 幻の朝鮮での総選挙
1995.07.23	151号	17	飛田雄一	続々・阪神大震災と外国人
1995.07.23	151号	19	佐々木道雄	朝鮮の暮しと文化(30) 里芋(土卵‥‥トラン)
1995.07.23	151号	21	北原道子	子連れ今浦島韓国旅行記
1995.07.23	151号	23	佐久間英明	書評 田麗玉『悲しい日本人』/徐賢燮『日本の底力』
1995.07.23	151号	25	堀内稔	朝鮮に関する論文・記事
1995.07.23	151号	27		編集後記 みんな
1995.09.24	152号	1	佐久間英明	研究レポート 琿春経済
1995.09.24	152号	10	堀内稔	史片(102) 日露戦争に従軍した朝鮮人将校
1995.09.24	152号	13	寺岡洋	播磨国風土記散歩(34) 韓国から来た天日鉾槍命
1995.09.24	152号	15	伊地知紀子	遊学記 済州島へ
1995.09.24	152号	17	信長正義	レポート 栄和農場
1995.09.24	152号	19	鹿嶋節子	『朝鮮義勇隊通訊』を読む(その3) 朝鮮義勇隊の活動に関する記事(1)
1995.09.24	152号	21	佐々木道雄	朝鮮の暮しと文化(31) トラジ
1995.09.24	152号	23	飛田雄一	書評『分断時代の被告たち』『ある弁護士の肖像』
1995.09.24	152号	25	堀内稔	書誌探索(53) 朝鮮に関する論文・記事
1995.09.24	152号	27		編集後記 みんな
1995.11.26	153号	1	堀内稔	研究レポート 新聞記事に見る武庫川改修工事と朝鮮人
1995.11.26	153号	10	金英達	研究ノート 朝鮮の「養子」考
1995.11.26	153号	13	山根俊郎	歌・ノレ(番外編) 韓国歌謡30選
1995.11.26	153号	15	佐々木道雄	朝鮮の暮しと文化(32) フナ
1995.11.26	153号	17	足立竜枝	紀行文「中国平和の旅」に参加して
1995.11.26	153号	19	佐久間英明	随想「日本海」という海
1995.11.26	153号	21	飛田雄一	サラム・サラム(28)作家 金真須美さん
1995.11.26	153号	22		むくげの会例会のおしらせ
1995.11.26	153号	23	寺岡洋	但馬風土記散歩(2) 天日槍伝承をもたらした渡来集団の足跡
1995.11.26	153号	25	堀内稔	書誌探索(54) 朝鮮に関する論文・記事
1995.11.26	153号	27		編集後記 みんな
1996.01.28	154号	1	佐々木道雄	研究レポート 朝鮮の暮しと文化(33) 酒
1996.01.28	154号	10	鹿嶋節子	『朝鮮義勇隊通訊』を読む(その4) 朝鮮義勇隊の活動に関する記事②
1996.01.28	154号	13	枇杷木靖恵	歌・ノレ(96) イ・スンチョル「彷徨」
1996.01.28	154号	15	金英達	研究ノート 創氏改名は族譜を断絶させるか
1996.01.28	154号	17	寺岡洋	播磨国風土記散歩(35) 播磨・城山城と亀の池
1996.01.28	154号	19	佐久間英明	書評『朝鮮民族を読み解く』
1996.01.28	154号	21	若生みすず	紀行文 ハヌリ生協交流記

발행일	지면정보		필자	제목
	권호	페이지		
1996.01.28	154号	23	飛田雄一	むくげの会 95年から96年へ
1996.01.28	154号	25	堀内稔	書誌探索(55) 朝鮮に関する論文・記事
1996.01.28	154号	27		編集後記 みんな
1996.03.	155号	1	寺岡洋	研究レポート 摂津国風土記散歩(2)貴志遺跡群(摂津国有馬郡)と吉士集団
1996.03.	155号	10	堀内稔	史片(103) 竹島
1996.03.	155号	11	山根俊郎	歌・ノレ(97)「独島はわれわれの土地」
1996.03.	155号	14	佐久間英明	随想 独島(竹島)の質問ぜめ
1996.03.	155号	15	佐々木道雄	朝鮮の暮らしと文化(34) 松茸
1996.03.	155号	17	信長正義	ある病院と震災の記録
1996.03.	155号	19	飛田雄一	随想「住民」について考える
1996.03.	155号	21	金英達	随想 力道山の日本国籍取得の謎
1996.03.	155号	23	鹿嶋節子	『朝鮮義勇隊通訊』を読む(その5) 朝鮮義勇隊の活動に関する記事③
1996.03.	155号	25	堀内稔	書誌探索(56) 朝鮮に関する論文・記事
1996.03.	155号	27		編集後記 みんな
1996.05.26	156号	1	信長正義	研究レポート 日帝の「神社参拝」強要事件
1996.05.26	156号	10	金英達	訪問記 韓国国立中央図書館
1996.05.26	156号	11	飛田雄一	サラム・サラム(29) 甲南大学経済学部教授の高竜秀
1996.05.26	156号	13	佐久間英明	ノレ(98) ホメガ
1996.05.26	156号	15	佐々木道雄	朝鮮の暮らしと文化(35) サツマイモ
1996.05.26	156号	17	寺岡洋	摂津国風土記散歩(3) 城山・三条古墳群 竈形土器と葦屋漢人
1996.05.26	156号	19	山根俊郎	時評 韓国国会議員の出身校
1996.05.26	156号	21	鹿嶋節子	『朝鮮義勇隊通訊』を読む(その6) 朝鮮義勇隊の活動に関する記事④
1996.05.26	156号	23	浅田隆正	書評『キリスト教同信会の朝鮮伝道』
1996.05.26	156号	27		編集後記 みんな
1996.07.21	157号	1	金英達	研究レポート 新聞紙上にみる創氏改名ー『毎日新報』を中心にー
1996.07.21	157号	10	志村三津子	韓国・江陵「端午祭」を訪ねて
1996.07.21	157号	13	佐久間英明	ノレ(99) アジュカリのともしび
1996.07.21	157号	15	寺岡洋	播磨国風土記散歩(36) 播磨の来住
1996.07.21	157号	17	山根俊郎	随想 私の朝鮮語・職場編②
1996.07.21	157号	15	佐々木道雄	朝鮮の暮らしと文化(36) ナマコ
1996.07.21	157号	21	堀内稔	サラム・サラム(30) 金明秀さん
1996.07.21	157号	23	鹿嶋節子	『朝鮮義勇隊通訊』を読む(その7) 朝鮮義勇隊の活動に関する記事⑤
1996.07.21	157号	25	堀内稔	書誌探索(58) 朝鮮に関する論文・記事
1996.07.21	157号	27		編集後記 みんな

발행일	지면정보		필자	제목
	권호	페이지		
1996.09.29	158号	1	飛田雄一	研究レポート CD－ROM版・判例データベースと解放後の在日朝鮮人をめぐる裁判
1996.09.29	158号	9	山根俊郎	歌・ノレ(100) 太極旗
1996.09.29	158号	13	金英達	韓国現地調査「薛鎮永の最後の抗日義兵闘争」
1996.09.29	158号	16	堀内稔	史片(104) 灘五郷と朝鮮人
1996.09.29	158号	17	寺岡洋	播磨国風土記散歩(37) 行者塚古墳
1996.09.29	158号	19	佐々木道雄	朝鮮の暮らしと文化(37) 栗
1996.09.29	158号	21	鹿嶋節子	『朝鮮義勇隊通訊』を読む その8朝鮮義勇隊の活動に関する記事⑥
1996.09.29	158号	23	佐久間英明	北随想 朝鮮の食料難
1996.09.29	158号	25	堀内稔	書誌探索(59) 朝鮮に関する論文・記事
1996.09.29	158号	27		編集後記 みんな
1996.11	159号	1	鹿嶋節子	研究レポート 『朝鮮義勇隊通訊』を読む(その9) 朝鮮義勇隊の工作活動－1939年前半までを中心に
1996.11	159号	9	佐々木道雄	朝鮮の暮らしと文化(38) 胡椒
1996.11	159号	12	山根俊郎	史片(105) 国璽
1996.11	159号	13	信長正義	随想「キムチ」も農薬漬か？
1996.11	159号	16	佐久間英明	主張 歴史論文には漢字名の併記を
1996.11	159号	17	寺岡洋	紀行文 韓国山城紀行－忠州(忠清北道)周辺の山城群
1996.11	159号	19	山田良子	寄稿 へだれたれたる悲しみは－尹東柱とはっちゃんの死
1996.11	159号	22	金英達	時評 北朝鮮国籍法の改正
1996.11	159号	25	堀内稔	書誌探索(60) 朝鮮に関する論文・記事
1996.11	159号	27		編集後記 みんな
1997.01.26	160号	1	佐久間英明	研究レポート 朱徳海研究素描－初代中国延辺朝鮮族自治州州長
1997.01.26	160号	9	信長正義	レポート「関東大震災」と「絵巻」発見
1997.01.26	160号	11	飛田雄一	書評 鄭鴻永『歌劇の街のもうひとつの歴史－宝塚と朝鮮人』
1997.01.26	160号	13	山根俊郎	ノレ・歌(101) マンナム(出会い)
1997.01.26	160号	15	佐々木道雄	朝鮮の暮らしと文化(39) イカ
1997.01.26	160号	18	寺岡洋	韓国山城紀行 忠州周辺の山城群
1997.01.26	160号	21	金英達	研究ノート 創氏改名文献案内①－韓国における創氏改名の研究
1997.01.26	160号	23	堀内稔	近況報告むくげの会'96の活動をふまえて
1997.01.26	160号	25	堀内稔	書誌探索(61) 朝鮮に関する論文・記事
1997.01.26	160号	27		編集後記 みんな
1997.03.30	161号	1	堀内稔	研究レポート 灘五郷の製壜業と朝鮮人
1997.03.30	161号	9	信長正義	サラム・サラム(32) 韓正愛さん
1997.03.30	161号	11	佐久間英明	柳東浩さん著作の発行に向けて
1997.03.30	161号	13	山根俊郎	歌・ノレ(102) 七甲山(チルガプサン)

발행일	지면정보		필자	제목
	권호	페이지		
1997.03.30	161号	15	飛田雄一	書評〈未完〉年表・日本と朝鮮のキリスト教100年
1997.03.30	161号	17	寺岡洋	播磨国風土記散歩(38) 寒鳳遺跡と大壁造り建物 寺岡
1997.03.30	161号	20	佐々木道雄	朝鮮の暮らしと文化(40) 柿
1997.03.30	161号	23	金英達	研究ノート「創氏改名」文献案内②－朝鮮総督府の行政資料
1997.03.30	161号	25	堀内稔	書誌探索(62) 朝鮮に関する論文・記事
1997.03.30	161号	27		編集後記 みんな
1997.05.25	162号	1	山根俊郎	研究レポート 韓国のベストセラー商品(長寿商品)
1997.05.25	162号	11	伊地知紀子	済州島便り～春、そして初夏へ 伊地知紀子
1997.05.25	162号	13	飛田雄一	随想 腹立ちの3連発＋1
1997.05.25	162号	15	信長正義	レポート「歩行権条例」制定運動－ソウル－
1997.05.25	162号	17	金英達	研究ノート「創氏改名」文献案内(3)－各種雑誌に見る「創氏改名」記事
1997.05.25	162号	19	寺岡洋	摂津国風土記散歩(4) 摂津国八部郡－JR新長田駅周辺の遺跡
1997.05.25	162号	22	佐々木道雄	朝鮮の暮らしと文化(41) 飴
1997.05.25	162号	25	堀内稔	書誌探索(63) 朝鮮に関する論文・記事
1997.05.25	162号	27		編集後記 みんな
1997.07.20	163号	1	佐々木道雄	研究レポート 朝鮮の暮らしと文化(42) 麺
1997.07.20	163号	10	山根俊郎	書評『北朝鮮・闇からの生還－富士山丸スパイ事件の真相』
1997.07.20	163号	13	佐久間英明	随想 日本の朝鮮植民地支配の賠償責任は？
1997.07.20	163号	15	金英達	研究ノート「創氏改名」文献案内④－朝鮮戸籍簿
1997.07.20	163号	17	寺岡洋	播磨国風土記散歩(39) 明石川西岸を歩く－吉田南・出会・印路遺跡－
1997.07.20	163号	20	堀内稔	研究ノート 尼崎・関西共同火力発電所と朝鮮人
1997.07.20	163号	21	伊地知紀子	済州島便り～長雨、そろそろ夏
1997.07.20	163号	23	飛田雄一	書評『住友別子銅山で〈朴順童〉が死んだ』
1997.07.20	163号	25	堀内稔	書誌探索(64) 朝鮮に関する論文・記事
1997.07.20	163号	27		編集後記 みんな
1997.09.28	164号	1	寺岡洋	研究レポート「中近世倭人伝」倭城・三浦を歩く
1997.09.28	164号	10	佐々木道雄	朝鮮の暮しと文化(43) エイ
1997.09.28	164号	13	山根俊郎	ノレ・歌(103) 草雨
1997.09.28	164号	15	飛田雄一	南京大虐殺の現場を訪ねる旅
1997.09.28	164号	17	信長正義	読書案内『コリアン世界の旅』
1997.09.28	164号	19	金英達	研究ノート「創氏改名」文献案内⑤－創氏誹謗事件二題－
1997.09.28	164号	21	伊地知紀子	済州島便り－草刈り、そして秋タ－
1997.09.28	164号	23	佐久間英明	随想 許 著『金正日書記の人間像』を読んで
1997.09.28	164号	25	堀内稔	書誌探索(65) 朝鮮に関する論文・記事
1997.09.28	164号	27		編集後記 みんな
1997.11	165号	1	信長正義	研究レポート 堤岩里教会事件
1997.11	165号	10	佐久間英明	史片(106) 朝鮮の竹

발행일	지면정보		필자	제목
	권호	페이지		
1997.11	165号	11	伊地知紀子	済州島便り－畑に緑の広がる、晩秋－
1997.11	165号	13	山根俊郎	ノレ・歌(104) 場所
1997.11	165号	15	飛田雄一	阪神教育闘争犠牲者の遺族を韓国に訪ねる
1997.11	165号	17	寺岡洋	「中近世倭人伝」倭城・三浦を歩く－(続)熊川・薺浦・釜山
1997.11	165号	10	佐々木道雄	朝鮮の暮しと文化(44) ジャガイモ
1997.11	165号	19	金英達	研究ノート「創氏改名」文献案内⑥－朝鮮総督府官報－
1997.11	165号	25	堀内稔	書誌探索(66) 朝鮮に関する論文・記事
1997.11	165号	27		編集後記 みんな
1998.01.26	166号	1	金英達	研究レポート 韓国の新国籍法と二重国籍者の国籍選択について
1998.01.26	166号	10	佐久間英明	むくげ食道楽(1) 韓国家庭料理「玉一」
1998.01.26	166号	11	堀内稔	研究ノート 夙川改修工事と朝鮮人
1998.01.26	166号	13	山根俊郎	ノレ・歌(105) 僕の愛 僕のそばに
1998.01.26	166号	15	寺岡洋	「韓国考古散歩」公州・扶余周辺を歩く
1998.01.26	166号	18	佐々木道雄	朝鮮の暮しと文化(45) 梨
1998.01.26	166号	21	信長正義	時評 韓国経済の危機
1998.01.26	166号	23	飛田雄一	新春合宿、フィールドワークのことなど
1998.01.26	166号	25	堀内稔	書誌探索(67) 朝鮮に関する論文・記事
1998.01.26	166号	27		編集後記 みんな
1998.03.29	167号	1	佐久間英明	研究レポート 文化大革命と延辺朝鮮族－文革初期の出来事を中心に
1998.03.29	167号	8	佐々木道雄	朝鮮の暮らしと文化(46) 生姜
1998.03.29	167号	11	金英達	むくげ食道楽(2) 参鶏湯喰太郎
1998.03.29	167号	13	原田智子	訪問記 日韓友好の村・モモカミの里『高麗館』を訪ねて
1998.03.29	167号	15	寺岡洋	「韓国考古散歩扶余」大田周辺を歩く
1998.03.29	167号	19	堀内稔	研究ノート 西宮の製綿業と朝鮮人労働者
1998.03.29	167号	23	飛田雄一	神戸市立外国人墓地に朝鮮ゆかりの宣教師墓地を訪ねる
1998.03.29	167号	25	堀内稔	書誌探索(68)
1998.03.29	167号	27		編集後記 みんな
1998.05.31	168号	1	堀内稔	研究レポート 1930年代なかば以降の兵庫朝鮮人労働運動
1998.05.31	168号	10	飛田雄一	阪神教育闘争犠牲者・朴柱範さんの遺族と解放前の「本庄村」(現神戸市東灘区)を訪ねる
1998.05.31	168号	11	原田智子	訪問記 淡路島・江善寺の「高麗陣打死衆供養碑」
1998.05.31	168号	12	寺岡洋	摂津国風土記散歩(5) 西摂を歩く-宝塚を中心に-猪名川・武庫川流域の遺跡
1998.05.31	168号	15	斎藤洋子	韓国祭ツアー第3弾 韓国海割れの奇跡「珍島霊登祭」
1998.05.31	168号	17	信長正義	図書案内『愛知県下における「朝鮮基督教会」の歩み』
1998.05.31	168号	19	尹英順	寄稿左切奄(ポジャギ、褓)に魅せられて
1998.05.31	168号	21	佐々木道雄	朝鮮の暮らしと文化(47) ニシン

발행일	지면정보		필자	제목
	권호	페이지		
1998.05.31	168号	24	山根俊郎	むくげ食道楽(3) 居酒屋「美男子」
1998.05.31	168号	25	堀内稔	書誌探索(69)
1998.05.31	168号	27		編集後記 みんな
1998.07.26	169号	1	飛田雄一	研究レポート LLヤングと在日朝鮮人キリスト者
1998.07.26	169号	7	寺岡洋	摂津国風土記散歩(6) 西摂を歩く・続
1998.07.26	169号	10	飛田雄一	最高裁判所は要塞だった
1998.07.26	169号	11	金英達	論評 NOと言えなかった「創氏」"自由主義史観"の妄談を斬る
1998.07.26	169号	13	山根俊郎	ノレ・歌(106) 愛のために
1998.07.26	169号	15	佐々木道雄	朝鮮の暮らしと文化(48) 酢(縦段)
1998.07.26	169号	18	佐久間英明	むくげ食道楽〈4〉 点・貞子
1998.07.26	169号	19	原田智子	訪問記 高野山奥の院「高麗陣敵味方供養碑」
1998.07.26	169号	21	後藤聡	図書案内『三・一独立運動と堤岩里教会事件』
1998.07.26	169号	23	信長正義	随想 はじめての翻訳出版
1998.07.26	169号	25	堀内稔	書誌探索(70) 朝鮮に関する論文・記事
1998.07.26	169号	27		編集後記 みんな
1998.07.26	169号			表紙カット 唐辛子
1998.09.27	170号	1	山根俊郎	研究レポート 韓国TVドラマの興味本位的研究
1998.09.27	170号	9	北原道子	第9回朝鮮人・中国人強制連行・強制労働を考える全国交流集会に参加して
1998.09.27	170号	11	原田智子	訪問記ソウルの尹奉吉紀念館・孝昌墓苑
1998.09.27	170号	13	寺岡洋	「韓国考古散歩」倭城を歩く③
1998.09.27	170号	16	信長正義	むくげ食道楽〈5〉 コリアンプルコビ「順虎」
1998.09.27	170号	17	金英達	研究ノート 創氏改名の歴史的後遺症①解放後の日本人財産没収と創氏改名
1998.09.27	170号	19	佐々木道雄	朝鮮の暮らしと文化(49) ヨモギ
1998.09.27	170号	22	堀内稔	研究レポート 関西普通学堂の設立
1998.09.27	170号	25	堀内稔	書誌探索(71) 朝鮮に関する論文・記事
1998.09.27	170号	27		編集後記 みんな
1998.11.29	171号	1	佐々木道雄	研究レポート 餅(怯)－朝鮮の暮らしと文化(50)
1998.11.29.	171号	11	寺岡洋	「韓国考古散歩」倭城を歩く④
1998.11.29	171号	14	飛田雄一	むくげ食道楽〈6〉 紅梅苑
1998.11.29	171号	15	山根俊郎	時評 金剛山観光と歌
1998.11.29	171号	17	金英達	研究ノート 創氏改名余話②在日朝鮮人の日本的通称名(上)
1998.11.29	171号	19	信長正義	随想 「金大統領の日本国会演説」に思う
1998.11.29	171号	21	原田智子	図書案内 奈良美那『風に抱かれた鳥』上下
1998.11.29	171号	23	佐久間英明	随想 今の北朝鮮と旧日本軍
1998.11.29	171号	25	堀内稔	書誌探索(72) 朝鮮に関する論文・記事
1998.11.29	171号	27		編集後記 みんな
1998.11.29	171号		志村三津子	表紙カット 仮面

발행일	지면정보		필자	제목
	권호	페이지		
1999.01.31	172号	1	信長正義	研究レポート 解放前後の朝鮮キリスト教と米国宣教師の影響
1999.01.31	172号	9	山根俊郎	ノレ・歌(107) 麗しの金剛山
1999.01.31	172号	11	佐々木道雄	朝鮮の暮らしと文化(51) 松の実
1999.01.31	172号	14	金英達	むくげ食道楽〈7〉「韓国炉ばた 松一」
1999.01.31	172号	15	寺岡洋	古代山城紀行 大野城・水城・鞠智城を歩く
1999.01.31	172号	18	原田智子	図書案内『子どもたちのユギオ6・25朝鮮戦争』
1999.01.31	172号	19	金英達	研究ノート 創氏改名余話③在日朝鮮人の日本的通称名(中)
1999.01.31	172号	21	飛田雄一	時評 入管法・外登法の改定をめぐって
1999.01.31	172号	23	堀内稔	むくげの会の近況・合宿など
1999.01.31	172号	25	堀内稔	書誌探索(73) 朝鮮に関する論文・記事
1999.01.31	172号	27		編集後記 みんな
1999.03.28	173号		寺岡洋	研究レポート 「韓国考古散歩」韓国山城踏査メモ
1999.03.28	173号		堀内稔	史片(107) 長田の朝鮮人の始まり
1999.03.28	173号		原田智子	訪問記 辰馬考古資料館の「朝鮮鐘」見学
1999.03.28	173号		佐々木道雄	朝鮮の暮らしと文化(52) 太刀魚(哀帖)
1999.03.28	173号		飛田雄一	むくげ食道楽〈7〉 韓味
1999.03.28	173号		山下昌子	図書案内『「徳恵姫」李氏朝鮮最後の王女』
1999.03.28	173号		山根俊郎	随筆 越北作曲家・金順男の一人娘・放送人 金世媛女史(上)山根俊郎
1999.03.28	173号		佐久間英明	本の紹介『李朝に入門』
1999.03.28	173号		金英達	研究ノート 創氏改名余話④ 在日朝鮮人の日本的通称名(下)
1999.03.28	173号		堀内稔	書誌探索(74) 朝鮮に関する論文・記事
1999.03.28	173号			編集後記 みんな
1999.03.28	173号		志村三津子	表紙カット僧舞
1999.05.30	174号		金英達	研究レポート あなたが韓国人になる方法－韓国国籍法の「帰化」と「国籍回復」－
1999.05.30	174号		信長正義	むくげ食道楽〈8〉「海雲台」(ヘウンデ)
1999.05.30	174号		飛田雄一	書評 竹国友康『ある日韓歴史の旅－鎮海と桜』
1999.05.30	174号		山根俊郎	随筆 越北作曲家・金順男の一人娘・放送人 金世媛女史(下)
1999.05.30	174号		佐久間英明	随想 いつ、朝鮮の統一－民衆の自立こそ
1999.05.30	174号		佐々木道雄	朝鮮の暮らしと文化(53) 大豆－起源と神話
1999.05.30	174号		寺岡洋	中国遺跡ツアー 遼寧・吉林省の高句麗・清代遺跡を歩く(上)
1999.05.30	174号		堀内稔	書誌探索(75) 朝鮮に関する論文・記事
1999.05.30	174号			編集後記 みんな
1999.07.25	175号		佐久間英明	研究レポート 1950年代後半期の延辺での民族整風運動について
1999.07.25	175号		堀内稔	研究ノート 神戸・高架下の朝鮮人スラム
1999.07.25	175号		原田智子	むくげ食道楽(9) とんQ
1999.07.25	175号		山根俊郎	ノレ(108) 武器よさらば(ムギヨ・チャリッコラ)

발행일	지면정보		필자	제목
	권호	페이지		
1999.07.25	175号		佐々木道雄	朝鮮の暮らしと文化(54) 大豆(鶴)－食べ方・民俗
1999.07.25	175号		寺岡洋	中国遺跡ツアー 遼寧・吉林省の高句麗・清代遺跡を歩く(下)
1999.07.25	175号		仲原良二	寄稿 公務員採用の国籍条項撤廃 武生市の新しい動き
1999.07.25	175号		金坪成和	神戸学生青年センター韓国「民草」ツアー/第一弾「東学の道」によせて
1999.07.25	175号		堀内稔	書誌探索(76) 朝鮮に関する論文・記事
1999.07.25	175号			編集後記 みんな
1999.09.26	176号		堀内稔	研究レポート 大倉山公園と周辺散歩－大倉喜八郎と朝鮮－
1999.09.26	176号		佐々木道雄	朝鮮の暮らしと文化(55) 葡萄とワイン
1999.09.26	176号		山根俊郎	歌・葛掘(109) 海辺へ行こう
1999.09.26	176号		寺岡洋	摂津国風土記散歩(7) 摂津・百済郡を歩く－百済王氏と細工谷遺跡－
1999.09.26	176号		飛田雄一	むくげ食道楽〈10〉 映ちゃん
1999.09.26	176号		鹿嶋節子	紀行 ドイツ・ブーヘンワルト強制収容所跡を訪ねて
1999.09.26	176号		仲原良二	寄稿 公務員採用の国籍条項撤廃－武生市の新しい動き②－
1999.09.26	176号		信長正義	韓国訪問記 大邱・海印寺
1999.09.26	176号		堀内稔	書誌探索(77) 朝鮮に関する論文・記事
1999.09.26	176号			編集後記 みんな
1999.11.28	177号		飛田雄一	「戦時下神戸港における朝鮮人・中国人強制連行」覚え書き
1999.11.28	177号		寺岡洋	摂津国風土記散歩(8) 摂津・百済郡を歩く(続)－百済郡と百済王氏－
1999.11.28	177号		山根俊郎	歌・ノレ/葛掘(110) 母情の歳月
1999.11.28	177号		佐々木道雄	朝鮮の暮らしと文化(56) 蜂蜜
1999.11.28	177号		金英達	むくげ食道楽〈11〉 平和
1999.11.28	177号		仲原良二	寄稿 通称名による国民年金誤適用問題
1999.11.28	177号		信長正義	レポート 韓国「犬肉」論争
1999.11.28	177号		金英達	研究ノート 「創氏改名」余話⑤ 土公族と創氏改名
1999.11.28	177号		堀内稔	書誌探索(78) 朝鮮に関する論文・記事
1999.11.28	177号			編集後記 みんな
2000.01.30	178号	1	根俊郎	研究レポート 韓国のやくざ(カンペ)の歴史(1)－発生～日帝下
2000.01.30	178号	10	佐々木道雄	朝鮮の暮らしと文化(57) 蜂蜜(蝦)お菓子の歩み
2000.01.30	178号	13	仲原良二	寄稿 永住外国人参政権法案の上程をめぐって
2000.01.30	178号	15	寺岡洋	むくげ食道楽〈12〉 韓国食堂・アリラン
2000.01.30	178号	16	堀内稔	フィールドワーク報告 舞鶴の朝鮮人強制連行を訪ねて
2000.01.30	178号	19	金英達	研究ノート 「創氏改名」余話⑥ 「鉄甚平」と「香山光郎」再考
2000.01.30	178号	21	寺岡洋	新春韓国考古散歩(2) 栄山江流域(全羅南道)を中心に－山城、邑城、博物館、古墳、飯屋を歩く
2000.01.30	178号	24	飛田雄一	鄭鴻永さんの死を悼む
2000.01.30	178号	25	堀内稔	書誌探索(79) 朝鮮に関する論文・記事

발행일	지면정보		필자	제목
	권호	페이지		
2000.01.30	178号	27		編集後記 みんな
2000.03.26	179号	1	佐々木道雄	朝鮮の暮らしと文化(58) 雉の文化史
2000.03.26	179号	10	飛田雄一	むくげ食道楽〈13〉 大衆コリアン酒場「マダン」
2000.03.26	179号	13	信長正義	カレンダー紹介 幼き日々の暮らし―ある韓国女性の追憶
2000.03.26	179号	15	仲原良二	寄稿 入管法改正の施行について
2000.03.26	179号	18	寺岡洋	新春韓国考古散歩(3) 栄山江流域(全羅南道)を中心に―山城、邑城、博物館、古墳を歩く
2000.03.26	179号	23	山根俊郎	研究レポート 韓国のやくざ(カンペ)の歴史(2)―解放～李承晩時代―
2000.03.26	179号	25	佐久間英明	むくげの会の近況報告―城の崎にて―
2000.03.26	179号	27	堀内稔	書誌探索(80) 朝鮮に関する論文・記事
2000.03.26	179号			編集後記 みんな
2000.03.26	180号	1	信長正義	研究レポート 軍事政権下・韓国教会と民主化運動
2000.03.26	180号	10	佐々木道雄	朝鮮の暮らしと文化(59) 緑豆(ノクト)
2000.03.26	180号	13	山根俊郎	研究レポート 韓国のやくざ(カンペ)の歴史(3)
2000.03.26	180号	17	寺岡洋	摂津国風土記散歩(9) 原郡芦屋郷(芦屋市)を歩く
2000.03.26	180号	19	飛田雄一	神戸学生青年センター韓国「民草」ツアー第2弾/済州島「4・3＋ハルラ山」
2000.03.26	180号	21	堀内稔	書誌探索(81) 朝鮮に関する論文・記事
2000.03.26	180号	23		編集後記 みんな
2000.07.30	181号	1	堀内稔	金英達さんの思い出 英達さんとの思いであれこれ
2000.07.30	181号	2	信長正義	朝鮮語講座の同級生
2000.07.30	181号	3	飛田雄一	金英達さんとの出会い
2000.07.30	181号	5	寺岡洋	もうちょっとで一緒に古代史だった
2000.07.30	181号	5	山根俊郎	金英達さんを偲んで
2000.07.30	181号	7	佐々木道雄	「創氏改名」について
2000.07.30	181号	9	佐久間英明	金英達君を想う―哀悼の意を表しつつ
2000.07.30	181号			金英達『むくげ通信』論文目録/単行本目録
2000.07.30	181号	13	金英達	金英達遺稿 偽史朝鮮/王仁の墓地と生誕地―並河誠所と金昌洙
2000.07.30	181号	16	堀内稔	むくげ食道楽〈14〉 炭焼き焼肉・瓜園
2000.07.30	181号	17	寺岡洋	摂津国風土記散歩(10) 行基と猪名野―伊丹台地を歩く―
2000.07.30	181号	25	堀内稔	書誌探索(82) 朝鮮に関する論文・記事
2000.07.30	181号	27		編集後記 みんな
2000.09.24	182号	1	佐久間英明	研究ノート 竜井(延辺)の歴史素描―1945年以前を主として―
2000.09.24	182号	9	山根俊郎	研究レポート 韓国のやくざ(カンペ)の歴史(4)―4.19学生革命～1990年代―
2000.09.24	182号	14	飛田雄一	旅行記 南京再訪、そして731＆安重根のハルビンへ
2000.09.24	182号	17	北原道子	故郷の村(サハリンからの帰国者住宅)を訪ねて

발행일	지면정보 권호	지면정보 페이지	필자	제목
2000.09.24	182号	19	寺岡洋	摂津国風土記散歩(11) 行基と猪名野(続)－西摂平野を歩く－
2000.09.24	182号	21	山下昌子	むくげ食道楽〈15〉 炭火焼肉・韓国料理「まだん」(高槻むくげの会直営店)
2000.09.24	182号	22	佐々木道雄	朝鮮の暮らしと文化(60) 緑豆〈モヤシと国際交流〉
2000.09.24	182号	25	堀内稔	書誌探索(83) 朝鮮に関する論文・記事
2000.09.24	182号	27		編集後記 みんな
2000.11.26	183号	1	堀内稔	研究レポート 赴戦江水電工事と中国人労働者
2000.11.26	183号	10	寺岡洋	韓国考古散歩 嶺南・湖南・ソウルまで－キワ研究会踏査旅行
2000.11.26	183号	13	佐々木道雄	朝鮮の暮らしと文化(61) 鯖(さば)《漁獲と食》
2000.11.26	183号	16	信長正義	むくげ食道楽〈16〉 韓国家庭料理「サランバン」
2000.11.26	183号	17	佐野通夫	2つの海を越えて－高銀さん四国講演記－
2000.11.26	183号	19	佐久間英明	書評『韓国民に告ぐ－在日韓国系中国人兄弟による痛哭の祖国批判』
2000.11.26	183号	21	仲原良二	寄稿 多文化共生をめざす氏名権の新たな取り組み－学校公簿(出席簿)にハングル表記－
2000.11.26	183号	25	堀内稔	書誌探索(84) 朝鮮に関する論文・記事
2000.11.26	183号	27		編集後記 みんな
2001.01	184号	1	むくげの会	むくげの会・30年をむかえて(付年表)
2001.01	184号	5	佐久間英明	我が朝鮮観の変化
2001.01	184号	6	堀内稔	むくげ「裏面史」
2001.01	184号	7	飛田雄一	ああ、むくげ30年
2001.01	184号	16	山根俊郎	むくげの会の今後
2001.01	184号	8	佐々木道雄	新たなスタートラインに立って
2001.01	184号	9	寺岡洋	「むくげの会」30周年記念を迎え、来る40周年を想う
2001.01	184号	10	信長正義	「まだ続ける」と言う
2001.01	184号	11	鹿嶋節子	この先もずっと・・・・
2001.01	184号	12	北原道子	私にとっての「むくげの会」
2001.01	184号	13	若生みすず	祝! むくげの会30周年
2001.01	184号	14	山根俊郎	歌・ノレ(111) 鋼逢柔艦陥(うれしいです)
2001.01	184号	17	佐々木道雄	朝鮮の暮らしと文化(62) 鯖(サバ)－鯖と塩辛
2001.01	184号	20	寺岡洋	古代山城散歩 宮地岳・杷木・唐原・御所ケ谷
2001.01	184号	23	信長正義	1年を振り返って－宮津合宿報告－
2001.01	184号	25	堀内稔	書誌探索(85) 朝鮮に関する論文・記事
2001.01	184号	27		編集後記 みんな
2001.03	185号	1	飛田雄一	「朝鮮人強制連行実数カウントプロジェクト」の提案
2001.03	185号	10	佐々木道雄	朝鮮の暮らしと文化(63) キムチと塩辛
2001.03	185号	13	山根俊郎	ノレ(112) 身土不二(シントブリ)
2001.03	185号	15	寺岡洋	播磨国風土記散歩(40) 峰相山鶏足寺跡を歩く
2001.03	185号	18	寺岡洋	むくげ食道楽〈17〉 漢陽館(ハニャンガン)

발행일	지면정보		필자	제목
	권호	페이지		
2001.03	185号	19	信長正義	韓国キリスト教の現況－1993年度年鑑から
2001.03	185号	21	佐久間英明	随想 朝鮮儒教の本を読んで我が身を振り替える
2001.03	185号	23	堀内稔	楽しい思い出の1ページに むくげの会30周年＆「新コリア百科」
2001.03	185号	25	堀内稔	書誌探索(85) 朝鮮に関する論文・記事
2001.03	185号	27		編集後記 みんな
2001.05	186号	1	山根俊郎	研究レポート 1946年「金日成将軍の歌」
2001.05	186号	9	尹達世	朝鮮女性と柿の本－壬辰倭乱余聞・滋賀県
2001.05	186号	12	佐々木道雄	朝鮮の暮らしと文化(64) キュウリ
2001.05	186号	15	飛田雄一	在日の残された課題「参政権」vs「戦後補償」＝無関係
2001.05	186号	17	信長たか子	韓国「正農生協」訪問記
2001.05	186号	19	佐久間英明	北朝鮮の金正男密入国事件－もっと調査すべきだった
2001.05	186号	21	寺岡洋	河内・摂津歴史散歩 王仁(和邇吉師)について－金英達さん一周忌に
2001.05	186号	24	岡内克江	むくげ食道楽(18) イェット
2001.05	186号	25	堀内稔	書誌探索(87) 朝鮮に関する論文・記事
2001.05	186号	27		編集後記 みんな
2001.05	187号	1	佐々木道雄	研究レポート トウガラシの伝来説を疑う
2001.05	187号	10	佐久間英明	随想「JSA」を見て
2001.05	187号	11	飛田雄一	学生センター・朝鮮民主主義人民共和国ツアー(1)
2001.05	187号	13	北原道子	同(2) 北朝鮮で会った人々
2001.05	187号	15	信長正義	同(3)「静かな」国でした
2001.05	187号	17	山根俊郎	同(4) ブラジャーは「胸の帯」
2001.05	187号	19	尹達世	種子島の被虜人〈壬辰倭乱余聞・種子島〉
2001.05	187号	21	寺岡洋	近江風土記散歩己高山鶏足寺跡を歩く－湖北(伊香郡)の鶏足寺の紹介
2001.05	187号	24	堀内稔	むくげ食道楽(19) 韓国家庭料理の店「みやま」
2001.05	187号	25	堀内稔	書誌探索(88) 朝鮮に関する論文・記事
2001.05	187号	27		編集後記 みんな
2001.09	188号	1	寺岡洋	研究レポート 円仁と在唐新羅人・『入唐求法巡礼行記』の足跡を訪ねる
2001.09	188号	10	尹達世	牛窓の朝鮮場様〈壬辰倭乱余話・岡山県〉
2001.09	188号	13	佐々木道雄	朝鮮の暮しと文化(66) 焼肉(1)その起源と発展
2001.09	188号	16	佐久間英明	むくげ食道楽(20) 韓国居酒屋「用守(ヨンス)」
2001.09	188号	17	北原道子	本の紹介：北朝鮮を知るために ノルベルト・フォラツェン『北朝鮮を知りすぎた医者』 ケネス・キノネス『北朝鮮米国務省担当官の交渉秘録』
2001.09	188号	19	飛田雄一	「南京大虐殺への道」を訪ねて
2001.09	188号	21	山根俊郎	研究ノート 平壌のカラオケの徹底分析(1)
2001.09	188号	25	堀内稔	書誌探索(89) 朝鮮に関する論文・記事
2001.09	188号	27		編集後記 みんな

발행일	지면정보		필자	제목
	권호	페이지		
2001.11	189号		信長正義	研究レポート 『東学農民革命100年』から学ぶ
2001.11	189号		佐久間英明	朝鮮の花(1) 「鳳仙花(ポンスンア)」
2001.11	189号		佐々木道雄	朝鮮の暮しと文化(67) 焼肉(2)朝鮮の焼肉
2001.11	189号		寺岡洋	中国山東半島散歩「円仁と在唐新羅人(続)」
2001.11	189号		尹達世	加賀文化に寄与した朝鮮被虜人たち
2001.11	189号		山根俊郎	平壌のカラオケの徹底分析(2)
2001.11	189号		飛田雄一	山陰線朝鮮人労働者の足跡を訪ねるフィールドワークに参加して
2001.11	189号		信長正義	むくげ食道楽(21) 韓国家庭料理「オトキ」
2001.11	189号		堀内稔	書誌探索(90) 朝鮮に関する論文・記事
2001.11	189号			編集後記 みんな
2002.01	190号	1	佐久間英明	研究レポート 豆満江とともに
2002.01	190号	9	尹達世	壬辰倭乱余聞・石川県② 加賀藩を支えた朝鮮の被虜人
2002.01	190号	11	寺岡洋	古代山城散歩/吉備の古代山城 鬼ノ城、大廻小廻山城をめぐって
2002.01	190号	13	山根俊郎	平壌のカラオケの徹底分析(3)
2002.01	190号	17	飛田雄一	むくげの会の2001年そして新春合宿
2002.01	190号	19	佐々木道雄	朝鮮の暮しと文化(68) 焼肉(3)日本焼肉前史
2002.01	190号	23	信長正義	『東学農民革命100年』から学ぶ(2)
2002.01	190号	25	堀内稔	書誌探索(91) 朝鮮に関する論文・記事
2002.01	190号	27		編集後記 みんな
2002.03	191号	1	尹達世	研究レポート 沙也可トレッキング
2002.03	191号	10	寺岡洋	丹波但馬考古散歩 官衙遺跡と秦氏
2002.03	191号	13	佐久間英明	朝鮮の花(2) つつじ(チンダルレ)
2002.03	191号	14	飛田雄一	むくげ食道楽(22) 韓国家庭料理DURUMI
2002.03	191号	15	佐々木道雄	朝鮮の暮しと文化(69) 焼肉(4)ホルモン料理と焼肉
2002.03	191号	19	信長正義	『東学農民革命100年』から学ぶ(3)
2002.03	191号	21	山根俊郎	平壌のカラオケの徹底分析(4)
2002.03	191号	25	堀内稔	書誌探索(92) 朝鮮に関する論文・記事
2002.03	191号	27		編集後記 みんな
2002.05	192号	1	堀内稔	研究レポート 植民地下朝鮮における中国人労働者(その2)－新聞社説に見る中国人労働者問題
2002.05	192号	11	尹達世	壬辰倭乱余聞 石川県③ 加賀藩に朝鮮砲術を伝えた被虜人
2002.05	192号	13	寺岡洋	摂津国風土記散歩(12) 猪名庄遺跡(尼崎)をめぐって-猪名部の居住地はどこか-
2002.05	192号	16	佐久間英明	朝鮮の花(3) 蓮
2002.05	192号	17	佐々木道雄	朝鮮の暮しと文化(70) 焼肉(5)ホルモンの名の由来
2002.05	192号	20	山根俊郎	研究ノート 平壌のカラオケの徹底分析(5)
2002.05	192号	23	信長正義	『東学農民革命100年』から学ぶ(4)

발행일	지면정보		필자	제목
	권호	페이지		
2002.05	192号	25	堀内稔	書誌探索(93) 朝鮮に関する論文・記事
2002.05	192号	26		編集後記 みんな
2002.07	193号	1	飛田雄一	研究レポート 難民条約発効より20年-改めて日本の難民政策を考える-
2002.07	193号	8	志村連	むくげ食道楽(23) スペシャル版
2002.07	193号	9	寺岡洋	摂津国風土記散歩(13) －猪名川右岸を歩く－
2002.07	193号	13	尹達世	活字の中の降倭・沙也可－沙也可トレッキング②－
2002.07	193号	16	佐久間英明	朝鮮の花(4) むくげ
2002.07	193号	17	信長正義	『東学農民革命100年』から学ぶ(5)
2002.07	193号	17	佐々木道雄	朝鮮の暮らしと文化(71) 焼肉(6)内蔵焼肉の系譜
2002.07	193号	22	山根俊郎	時事雑感 テ～ハンミングクチャンチャ～ンチャンチャン
2002.07	193号	25	堀内稔	書誌探索(94) 朝鮮に関する論文・記事
2002.07	193号	27		編集後記 みんな
2002.09	194号	1	山根俊郎	研究レポート 韓国の拉致被害者486名
2002.09	194号	8	佐久間英明	随想「日朝平壌宣言」に想う
2002.09	194号	9	佐々木道雄	朝鮮の暮らしと文化(72) 焼肉(7) 焼肉とプルコギ
2002.09	194号	13	鹿嶋節子	書評 西木正明著『冬のアゼリア－大正十年・裕仁皇太子拉致暗殺計画』
2002.09	194号	15	尹達世	活字の中の降倭・沙也可－沙也可トレッキング(3)－
2002.09	194号	18	寺岡洋	摂津国風土記散歩(14)－猪名川左岸を歩く－
2002.09	194号	21	信長正義	『東学農民革命100年』から学ぶ(6)
2002.09	194号	23	堀内稔	「強制連行・強制労働フォーラム in 花岡」参加の記
2002.09	194号	25	堀内稔	書誌探索(95) 朝鮮に関する論文・記事
2002.09	194号	27		編集後記 みんな
2002.11	195号	1		研究レポート 朝鮮の暮しと文化〈73〉 焼肉(8) 焼肉の発展と日韓の料理文化
2002.11	195号	10	佐久間英明	朝鮮の花(5) 椿(柊柏・トンベック)
2002.11	195号	11	尹達世	活字の中の降倭・沙也可－沙也可トレッキング（4）－
2002.11	195号	14	寺岡洋	摂津国風土記散歩(15)－猪名川流域を歩く－(補注編)
2002.11	195号	17	飛田雄一	安東国際仮面劇フェスティバル訪問の記
2002.11	195号	19	信長正義	『東学農民革命100年』から学ぶ(7)
2002.11	195号	21	山根俊郎	研究ノート 平壌カラオケの徹底分析(6、最終回)
2002.11	195号	25	堀内稔	書誌探索(96) 朝鮮に関する論文・記事
2002.11	195号	27		編集後記 みんな
2002.11	196号	1	寺岡洋	研究レポート 播磨国風土記散歩(41) 黍田古墳群を歩く
2002.11	196号	10	佐久間英明	朝鮮の花(6) 梅
2002.11	196号	11	飛田雄一	むくげの会新春合宿あれこれ
2002.11	196号	13	山根俊郎	ノレ・歌(113) クレメンタインの歌
2002.11	196号	15	信長正義	東学農民革命と関連官史たち

발행일	지면정보		필자	제목
	권호	페이지		
2002.11	196号	20	尹達世	活字の中の降倭·沙也可－沙也可トレッキング⑤－
2002.11	196号	23	佐々木道雄	朝鮮の暮しと文化〈74〉 焼肉(9)まとめ
2002.11	196号	27		編集後記
2003.03	197号	1	信長正義	研究レポート 東学農民革命と関連官史たち(2)
2003.03	197号	10	飛田雄一	随想 韓国人vs日本人、犬の性格vs猫の性格？
2003.03	197号	11	山田和生	寄稿 延辺朝鮮族自治州を歩いて
2003.03	197号	13	山根俊郎	ノレ·歌(114) 愛は誰もがするのか
2003.03	197号	15	寺岡洋	播磨国風土記散歩(42) 明石川右岸を歩く－出合遺跡の紹介
2003.03	197号	19	佐々木道雄	初めて明らかになる焼肉の歴史·覚書(1) ホルモン料理の商標登録
2003.03	197号	23	中野由貴	書評 チャルモッケッスムニダ －佐々木道雄著『韓国の食文化』
2003.03	197号	25	堀内稔	書誌探索(97) 朝鮮に関する論文·記事
2003.03	197号	27		編集後記
2003.05	198号	1	北原道子	研究レポート 「満州」建国大学における朝鮮人学徒動員(1)
2003.05	198号	9	佐々木道雄	初めて明らかになる焼肉の歴史·覚書(2) 戦前日本の内臓食
2003.05	198号	13	山根俊郎	ノレ·歌(115) チャルランチャルラン
2003.05	198号	16	寺岡洋	韓国山城紀行 韓国 白村江ツアー(1)
2003.05	198号	19	飛田雄一	書評 佐々木雅子著『ひいらぎの垣根をこえて－ハンセン病療養所の女たち－』
2003.05	198号	21	飯島千尋	寄稿 近世日本人の朝鮮漂流－朝鮮における漂流民取り扱い－
2003.05	198号	25	堀内稔	書誌探索(98) 朝鮮に関する論文·記事
2003.05	198号	27		編集後記
2003.07	199号	1	堀内稔	研究レポート 植民地朝鮮における中国人労働者(その3)－中国人労働者と労働争議－
2003.07	199号	9	寺岡洋	韓国山城紀行 韓国·白村江ツアー(続)－百済復興軍の拠点となった山城
2003.07	199号	11	信長たか子	本の紹介『許浚』信長たか子
2003.07	199号	13	山根俊郎	ノレ·歌(116) 荒野の青い松のように
2003.07	199号	15	佐々木道雄	初めて明らかになる焼肉の歴史·覚書(3) モツ料理の普及と発展
2003.07	199号	19	北原道子	「満州」建国大学における朝鮮人学徒動員(2)
2003.07	199号	24	岡内克江	むくげグルメの会「こっちゅ」
2003.07	199号	25	堀内稔	書誌探索(99) 朝鮮に関する論文·記事
2003.07	199号	27		編集後記
2003.09	200号	1	むくげの会	『むくげ通信』200号によせて
2003.09	200号	3		通信と私
2003.09	200号		佐々木道雄	むくげ印刷史
2003.09	200号		堀内稔	「書誌探索」も100回
2003.09	200号		寺岡洋	300号「編集後記」をめざして

발행일	지면정보 권호	지면정보 페이지	필자	제목
2003.09	200号		佐久間英明	『むくげ通信』と日朝35年
2003.09	200号		飛田雄一	発送名簿のことなど
2003.09	200号		山根俊郎	今、凝っていること
2003.09	200号		信長正義	今後は「一読者」で
2003.09	200号		若生みすず	『むくげ通信』200号によせて
2003.09	200号		鹿嶋節子・北原道子	メール対談－アジュンマのチャンソリ
2003.09	200号		志村三津子	祝200号
2003.09	200号	14	金恒勝	むくげ食道楽「焼肉三昧」(尼崎)
2003.09	200号	15	李正熙	日本の市民による韓国研究30年「むくげの会」
2003.09	200号	17		同原本コピー
2003.09	200号	19	佐々木道雄	初めて明らかになる焼肉の歴史・覚書(4) ホルモン料理の系譜
2003.09	200号	23	寺岡洋	摂津国風土記散歩(16) 住吉宮町古墳群(神戸市東灘区)－馬が殉葬された32次調査1号墳
2003.09	200号	25	堀内稔	書誌探索(100) 朝鮮に関する論文・記事
2003.09	200号	27		編集後記
2003.11	201号	1	佐久間英明	報告　朝鮮族の過去・現在-延辺を中心に－
2003.11	201号	9	山根俊郎	ノレ・歌(117) 「平壌のど自慢」の「また会いましょう」
2003.11	201号	13	深田晃二	第1回視覚障害者サッカーアジア大会で日本優勝
2003.11	201号	15	佐々木道雄	初めて明らかになる焼肉の歴史・覚書(5) 内臓の呼称
2003.11	201号	20	飛田雄一	むくげ拡大グルメの会「全州元町店」
2003.11	201号	21	寺岡洋	摂津国風土記散歩(17) 住吉宮町古墳群(続)－馬・牛に関連する遺跡－
2003.11	201号	23		『むくげ通信』200号関連新聞記事
2003.11	201号	25	堀内稔	書誌探索(101) 朝鮮に関する論文・記事
2003.11	201号	27		編集後記
2004.01.25	202号	1	飛田雄一	報告　在日コリアンの国民年金をめぐる障害年金裁判、そして老齢年金裁判
2004.01.25	202号	8	堀内稔	史片(108) 阪神国道と朝鮮人労働者
2004.01.25	202号	9	佐々木道雄	初めて明らかになる焼肉の歴史・覚書(6) ジンギスカン料理と「焼肉」
2004.01.25	202号	14	寺岡洋	摂津国風土記散歩(18) 住吉宮町古墳群(続々)－馬・牛に関連する遺跡－
2004.01.25	202号	17	山根俊郎	随想　韓国の除夜、新正、ソル
2004.01.25	202号	20	山根俊郎	本の紹介『韓国 歌の旅』安準模著、前田真彦訳
2004.01.25	202号	21	住田真理子	尹達世『四百年の長い道-朝鮮出兵の痕跡を訪ねて-』
2004.01.25	202号	23	信長正義	むくげ新春合宿
2004.01.25	202号	25	堀内稔	書誌探索(102) 朝鮮に関する論文・記事
2004.01.25	202号	27		編集後記
2004.03.28	203号	1	山根俊郎	研究レポート 韓国の便宜店(コンビニ)について(1)

발행일	지면정보		필자	제목
	권호	페이지		
2004.03.28	203号	8	佐久間英明	朝鮮の花(6) ケナリ(朝鮮連翹)
2004.03.28	203号	9	寺岡洋	丹波国風土記散歩(1) 篠山(丹波国多紀郡)を歩く
2004.03.28	203号	12	堀内稔	史片(109) 神戸で元山ゼネスト支援のスト？
2004.03.28	203号	13	深田晃二	百五里(1) マラソンを通じての民間交流
2004.03.28	203号	17	佐々木道雄	初めて明らかになる焼肉の歴史・覚書(7) 日本の「焼肉」の歴史－まとめ－
2004.03.28	203号	19	中西智子	寄稿 日本語教師として接した韓国の若者
2004.03.28	203号	21		本の紹介 4冊の地元兵庫に関係する本の書評
2004.03.28	203号		飛田雄一	(1)「近代の朝鮮と兵庫」
2004.03.28	203号		徳富幹生	(2)「アジア・太平洋戦争と神戸港」
2004.03.28	203号		徳富幹生	(3)「神戸港強制連行の記録」
2004.03.28	203号		飛田雄一	(4)「夏は再びやってくる」
2004.03.28	203号	25	堀内稔	書誌探索(103) 朝鮮に関する論文・記事
2004.03.28	203号	27		編集後記
2004.05.30	204号	1	佐々木道雄	研究レポート 日本のキムチ(1) 戦前日本のキムチ
2004.05.30	204号	10	信長正義	時評『靖国神社』問題
2004.05.30	204号	11	山根俊郎	研究レポート 韓国の便宜店(コンビニ)について(2)
2004.05.30	204号	15	深田晃二	百五里(2) マラソンを通じての民間交流
2004.05.30	204号	17	寺岡洋	丹波国風土記散歩(2) 篠山(丹波国多紀郡)を歩く(続)
2004.05.30	204号	20	堀内稔	史片(110) 泗竜親睦会について
2004.05.30	204号	21	足立竜枝	寄稿 韓国国内旅行
2004.05.30	204号	23	佐久間英明	随想「日本首相の再訪朝」に想う
2004.05.30	204号	24	飛田雄一	むくげ食道楽 韓国家庭料理「セント」
2004.05.30	204号	25	堀内稔	書誌探索(104) 朝鮮に関する論文・記事
2004.05.30	204号	27		編集後記
2004.07.25	205号	1	寺岡洋	研究レポート 摂津国風土記散歩(19) 有馬郡播多郷を歩く 宅原遺跡群(神戸)をみる
2004.07.25	205号	10	深田晃二	ノレ(118) 失われた30年
2004.07.25	205号	12	山根俊郎	ノレ(119) 北岳山の歌＝証城寺の狸ばやし
2004.07.25	205号	15	堀内稔	史片(111) 戦前神戸市の教導員制度
2004.07.25	205号	16	佐久間英明	朝鮮の花(8) 百合
2004.07.25	205号	17	佐々木道雄	研究レポート 日本のキムチ(2) 1945年から1960年まで
2004.07.25	205号	21	飛田雄一	訪問記 張壱淳先生の10周年忌の集いに原州を訪問して
2004.07.25	205号	23	信長正義	韓国キリスト教と農村宣教－韓国監理教の「農牧」
2004.07.25	205号	24	岡内克江	むくげ食道楽 焼肉店「珍島」
2004.07.25	205号	25	堀内稔	書誌探索(104) 朝鮮に関する論文・記事
2004.07.25	205号	27		編集後記
2004.09.26	206号	1	信長正義	研究レポート 韓国キリスト教と農村宣教カトリック農民会と「農民主日」

발행일	지면정보		필자	제목
	권호	페이지		
2004.09.26	206号	9	飛田雄一	上海·南京·大連·旅順フィールドワークに参加して
2004.09.26	206号	11	佐々木道雄	「焼肉の文化史」の刊行に思う
2004.09.26	206号	13	山根俊郎	武装で敬おう われらの最高司令官
2004.09.26	206号	15	佐々木道雄	日本のキムチ(3) 1961年から1980年までのキムチ
2004.09.26	206号	19	尹英順	むくげ食道楽 焼肉店「みなみ」
2004.09.26	206号	20	深田晃二	アテネパラリンピック観戦記byWEB-視覚障害者5人制サッカー-
2004.09.26	206号	21	堀内稔	史片(112) 中国人労働者が朝鮮人を駆逐?
2004.09.26	206号	22	寺岡洋	能登国風土記散歩－口能登(羽咋·能登郡)を歩く
2004.09.26	206号	25	堀内稔	書誌探索(106) 朝鮮に関する論文·記事
2004.09.26	206号	27		編集後記
2004.11.28	207号	1	深田晃二	研究レポート 大衆歌謡の楽しみ
2004.11.28	207号	9	佐々木道雄	日本のキムチ(4) 1981年から現在までのキムチ
2004.11.28	207号	13	山根俊郎	ノレ(121) 魔法の城
2004.11.28	207号	15	飛田雄一	韓国障害者グループの日本での抗議活動
2004.11.28	207号	17	橋本菜美	韓国ワークキャンプの体験記
2004.11.28	207号	19	寺岡洋	播磨国風土記散歩(43)－多可郡中町を歩く
2004.11.28	207号	22	飛田雄一	むくげ食道楽 福ちゃん
2004.11.28	207号	23	堀内稔	史片(113) 神戸のマッチ工業と朝鮮人
2004.11.28	207号	24	佐久間英明	朝鮮の花(9) 菊
2004.11.28	207号	25	堀内稔	書誌探索(107) 朝鮮に関する論文·記事
2004.11.28	207号	27		編集後記
2005.01.30	208号	1	佐久間英明	研究レポート 中国歴史界の東北工程概観 －南北朝鮮の反応について
2005.01.30	208号	9	寺岡洋	ソウルから釜山まで(前)-韓国前方後円墳をたずねる旅
2005.01.30	208号	12	堀内稔	史片(114) 協和会体制移行と甲南終美会
2005.01.30	208号	13	山根俊郎	ノレ(122) 愛しているために
2005.01.30	208号	15	佐々木道雄	日本のキムチ(5) キムチブームの分析
2005.01.30	208号	19	信長正義·飛田雄一	「むくげの会」新春合宿の報告2005.1.15～16
2005.01.30	208号	23	大野貞枝	ＮＨＫ番組改ざん問題と2000年女性国際戦犯法廷－そして本の紹介
2005.01.30	208号	25	堀内稔	書誌探索(108) 朝鮮に関する論文·記事
2005.01.30	208号	27		編集後記
2005.03.27	209号	1	堀内稔	研究レポート 植民地朝鮮における中国人労働者(その4)－1934年における中国人労働者の入国制限問題－
2005.03.27	209号	9	深田晃二	開城工業団地の現状と展望
2005.03.27	209号	11	山下昌子	むくげグルメの会「コリアンキッチン六甲道店」
2005.03.27	209号	12	山根俊郎	ノレ(123) 冬のソナタ主題歌「最初から今まで」

발행일	지면정보		필자	제목
	권호	페이지		
2005.03.27	209号	15	佐々木道雄	日本のキムチ(6) キムチブームの分析 〈その2〉
2005.03.27	209号	19	大野貞枝	韓流ブーム後と「慰安婦」を詠んだ歌
2005.03.27	209号	21	寺岡洋	韓国考古学メモ ソウルから釜山まで(続)-韓国前方後円墳をたずねる旅
2005.03.27	209号	25	堀内稔	書誌探索(109) 朝鮮に関する論文・記事
2005.03.27	209号	27		編集後記
2005.05.29	210号	1	飛田雄一	研究レポート 韓国強制動員真相究明法、その後
2005.05.29	210号	7	信長正義	山形県戸沢村訪問記－日韓交流の立役者たち－
2005.05.29	210号	9	佐久間英明	朝鮮の花(10) 蘭
2005.05.29	210号	10	堀内稔	史片(115) 朝日新塾(上)
2005.05.29	210号	11	山根俊郎	ノレ(124) あなたにまたふたたび
2005.05.29	210号	13	佐々木道雄	日本のキムチ(7) キムチの呼称
2005.05.29	210号	18	尹英順	グルメの会 カムジャタン専門店「花庭(ファジョン)」
2005.05.29	210号	19	深田晃二	映画「アリラン」のフィルムは出てくるか
2005.05.29	210号	21	寺岡洋	韓国考古散歩メモ 南漢山城から栢嶺山城まで-韓国の関防遺跡を訪ねる旅
2005.05.29	210号	25	堀内稔	書誌探索(110) 朝鮮に関する論文・記事
2005.05.29	210号	27		編集後記
2005.07.31	211号	1	山根俊郎	研究レポート (歌ノレ125)朝鮮戦争避難民の歌(1) 釜山・40階段「慶尚道むすめ」
2005.07.31	211号	8	佐々木道雄	キムチ余話「日韓キムチ戦争」とその後
2005.07.31	211号	11	信長正義	山形県戸沢村訪問記(2)－日韓交流の立役者たち－
2005.07.31	211号	13	古座優子	私が釜山に行ったワケ
2005.07.31	211号	15	飛田雄一	再論 1946年強制連行「厚生省名簿」
2005.07.31	211号	17	寺岡洋	摂津国風土記散歩(20) 神戸市東部地域の渡来関連遺跡を歩く－芦屋川から住吉川まで
2005.07.31	211号	20	堀内稔	史片(116) 朝日新塾(下)
2005.07.31	211号	21	深田晃二	歌・ノレ(126) サハリン
2005.07.31	211号	24	佐久間英明	朝鮮の花(11) 海棠花(ヘダンファ はまなす)
2005.07.31	211号	25	堀内稔	書誌探索(111) 朝鮮に関する論文・記事
2005.07.31	211号	27		編集後記
2005.09.25	212号	1	佐々木道雄	研究レポート 朝鮮半島のキムチ(1) キムチの歴史
2005.09.25	212号	10	寺岡洋	摂津国風土記散歩(21) 神戸市東部地域の渡来関連遺跡を歩く
2005.09.25	212号	13	山根俊郎	歌ノレ(127) 朝鮮戦争避難民の歌(2) 釜山・影島橋「強く生きて今順よ」
2005.09.25	212号	16	飛田雄一	第2回日韓歴史研究者共同学会in釜山
2005.09.25	212号	17	足立竜枝	釜山の植民地遺跡フィールドワーク
2005.09.25	212号	19	大野貞枝	ｗａｍアクティブ・ミュージアム 女たちの戦争と平和資料館
2005.09.25	212号	21	深田晃二	歌ノレ(128) サハリン アリラン

발행일	지면정보		필자	제목
	권호	페이지		
2005.09.25	212号	23	佐久間英明	朝鮮の花(12) ヘバラギ(ひまわり 向日葵)
2005.09.25	212号	24	尹英順	グルメの会 Taste of Korea「黄雲」
2005.09.25	212号	25	堀内稔	書誌探索(112) 朝鮮に関する論文・記事
2005.09.25	212号	27		編集後記
2005.11.27	213号	1	寺岡洋	研究レポート 摂津国風土記散歩(22) 三田盆地の渡来系遺跡を歩く
2005.11.27	213号	9	飛田雄一	日韓NCC-URM協議会 2005.10.4〜7参加記
2005.11.27	213号	11	北原道子	「高麗博物館」を訪ねる 東京コリアタウン大久保にある市民交流の博物館
2005.11.27	213号	12	堀内稔	史片(117) 1910年代前半の海運界と朝鮮人船員
2005.11.27	213号	13	山根俊郎	歌ノレ(129) 朝鮮戦争避難民の歌(3) 釜山駅「離別の釜山停車場」
2005.11.27	213号	16	山下昌子	むくげ食道楽 韓流食堂「オッパー」
2005.11.27	213号	17	信長正義	東学農民革命参加者等の名誉回復に関する特別法
2005.11.27	213号	19	佐久間英明	朝鮮の花(13) 桔梗(トラジ ききょう)
2005.11.27	213号	20	佐々木道雄	朝鮮半島のキムチ(2) キムジャン考
2005.11.27	213号	25	堀内稔	書誌探索(113) 朝鮮に関する論文・記事
2005.11.27	213号	27		編集後記
2006.01.29	214号	1	信長正義	研究レポート 北大人骨事件東学農民革命参加者の頭蓋骨を中心にして
2006.01.29	214号	9	寺岡洋	摂津国風土記散歩(23) 三田盆地の渡来系遺跡を歩く(続)
2006.01.29	214号	12	堀内稔	史片(118) 神戸港における中国人労働者入国問題
2006.01.29	214号	13	山根俊郎	歌ノレ(130) 竜頭山エレジー
2006.01.29	214号	15	佐々木道雄	朝鮮半島のキムチ(3) 漬物の普及−前編
2006.01.29	214号	19	飛田雄一	むくげの会35周年記念・釜山合宿レポート
2006.01.29	214号	21	堀内稔	書誌探索(114) 朝鮮に関する論文・記事
2006.01.29	214号	27		編集後記
2006.03.26	215号	1	深田晃二	研究レポート 最近の孫基禎と韓国マラソン事情
2006.03.26	215号	9	寺岡洋	摂津国風土記散歩(24) 神戸市域の渡来系遺跡を歩く−生田川から湊川周辺
2006.03.26	215号	13	山根俊郎	歌ノレ(131) さよなら釜山港
2006.03.26	215号	16	尹英順	むくげ食道楽(36) 韓国居酒屋「たんぽぽ」
2006.03.26	215号	17	佐久間英明	韓国の島の旅(1) 白翎島(ペニョンド)
2006.03.26	215号	21	佐々木道雄	朝鮮半島のキムチ(4) 漬物の普及−後編
2006.03.26	215号	25	堀内稔	書誌探索(115) 朝鮮に関する論文・記事
2006.03.26	215号	27		編集後記
2006.05.28	216号	1	佐久間英明	韓国離島の旅(2) 黒山島群島(可居島、大黒山島)
2006.05.28	216号	10	飛田雄一	むくげ食道楽(37) 鉄板焼・家庭料理「蜃(しん)」
2006.05.28	216号	11	祖田律男	韓国推理小説を読む

발행일	지면정보		필자	제목
	권호	페이지		
2006.05.28	216号	13	寺岡洋	韓国考古散歩 山城邑城、倭城－石工の痕跡-韓国の城郭の訪ねる旅-
2006.05.28	216号	16	山根俊郎	雑感 日韓姉妹都市の数
2006.05.28	216号	17	堀内稔	史片(119) 円山川改修工事と朝鮮人労働者
2006.05.28	216号	19	信長正義	東学農民革命と右翼団体「天佑俠」
2006.05.28	216号	21	佐々木道雄	朝鮮半島のキムチ(5) 漬物とキムチの分類
2006.05.28	216号	25	堀内稔	書誌探索(116) 朝鮮に関する論文・記事
2006.05.28	216号	27		編集後記
2006.07.30	217号	1	堀内稔	研究レポート 植民地朝鮮における中国人労働者(その5)鉱山と中国人労働者
2006.07.30	217号	9	佐久間英明	韓国離島の旅(3) 加徳島(カドクト)
2006.07.30	217号	13	山根俊郎	歌・ノレ(132) どうしたの
2006.07.30	217号	15	佐々木道雄	朝鮮半島のキムチ(6) 代表的なキムチの歴史
2006.07.30	217号	19	深田晃二	開城工業団地の現状と展望(2)
2006.07.30	217号	21	寺岡洋	韓国考古散歩 山城邑城、倭城、石工の痕跡(続)-韓国の城郭の訪ねる旅-
2006.07.30	217号	24	信長正義	むくげ食道楽(38) 韓国家庭料理「家族(??)」
2006.07.30	217号	25	堀内稔	書誌探索(117) 朝鮮に関する論文・記事
2006.07.30	217号	27		編集後記
2006.09.24	218号	1	飛田雄一	フィールドワークレポート 2006夏・日本軍の作った軍事施設を訪ねる 済州島フィールドワーク
2006.09.24	218号	9	佐久間英明	韓国離島の旅(4) 紅島(ホンド)
2006.09.24	218号	13	山根俊郎	歌・ノレ(133) お母さんと鯖
2006.09.24	218号	15	堀内稔	史片(120) 但馬の杞柳細工と朝鮮人
2006.09.24	218号	17	佐々木道雄	朝鮮半島のキムチ(7) 各地のキムチ
2006.09.24	218号	21	寺岡洋	摂津国風土記散歩(25) 神戸市域の渡来系遺跡を歩く苅藻川(新湊川)流域周辺
2006.09.24	218号	24	山根俊郎	むくげ食道楽(39) 韓国料理「アリラン亭」
2006.09.24	218号	25	堀内稔	書誌探索(118) 朝鮮に関する論文・記事
2006.09.24	218号	27		編集後記
2006.11.26	219号	1	山根俊郎	研究レポート 申重鉉の音楽人生(1)
2006.11.26	219号	9	信長正義	東学農民革命の終焉
2006.11.26	219号	11	尹英順	むくげ食道楽(40) 韓国居酒屋「まだん」
2006.11.26	219号	12	寺岡洋	播磨国風土記散歩(44) 神戸市域の渡来系遺跡を歩く明石川流域・伊川谷周辺
2006.11.26	219号	15	深田晃二	開城工業団地の現状と展望(3)
2006.11.26	219号	17	鳥生賢二	黄順元短編集『にわか雨』を翻訳出版して
2006.11.26	219号	19	佐久間英明	韓国離島の旅(5) 『朝鮮多島海旅行覚書』とともに全南の島を訪ねる－落月、水島、荏子島(1)
2006.11.26	219号	21	佐々木道雄	江戸時代の朝鮮(1) 本草書の中の朝鮮記事〈1〉『本朝食鑑』

발행일	지면정보		필자	제목
	권호	페이지		
2006.11.26	219号	25	堀内稔	書誌探索(119) 朝鮮に関する論文・記事
2006.11.26	219号	27		編集後記
2007.01.28	220号	1	佐々木道雄	研究レポート 江戸時代の朝鮮(1) 本草書の中の朝鮮〈2〉貝原益軒の『大和本草』
2007.01.28	220号	11	山根俊郎	歌・ノレ(134) 「雨の中の女」
2007.01.28	220号	13	佐久間英明	韓国離島の旅(6) 『朝鮮多島海旅行覚書』とともに全南の島を訪ねる－落月、水島、荏子島(2)、上落月島
2007.01.28	220号	17	大野貞枝	在日女性文学『地に舟をこげ』
2007.01.28	220号	19	飛田雄一	ソウル合宿レポート
2007.01.28	220号	12	寺岡洋	韓国考古散歩 韓国の古代山城を歩く
2007.01.28	220号	24	堀内稔	史片(121) 尼崎協和会の神棚配布
2007.01.28	220号	25	堀内稔	書誌探索(120) 朝鮮に関する論文・記事
2007.01.28	220号	27		編集後記
2007.03.25	221号	1	信長正義	研究レポート 東学農民革命と封建制度改革
2007.03.25	221号	8	飛田雄一	山陰線工事と朝鮮人労働者の足跡を訪ねる旅
2007.03.25	221号	12	山根俊郎	歌・ノレ(136) あなたは遠くに
2007.03.25	221号	15	佐久間英明	韓国離島の旅(7) 『朝鮮多島海旅行覚書』とともに全南の島を訪ねる－落月、水島、荏子島(4)、許沙島
2007.03.25	221号	17	寺岡洋	播磨国風土記散歩(45) 東播磨の渡来系遺跡を歩く 明石川流域
2007.03.25	221号	20	深田晃二	むくげグルメの会 韓国茶屋「Omoni オモニ」
2007.03.25	221号	21	佐々木道雄	江戸時代の朝鮮(1) 本草書の中の朝鮮記事(4)『和漢三才図会』〈後半〉
2007.03.25	221号	25	堀内稔	書誌探索(122) 朝鮮に関する論文・記事
2007.03.25	221号	27		編集後記
2007.05.27	222号	1	信長正義	研究レポート 東学農民革命と封建制度改革
2007.05.27	222号	8	飛田雄一	山陰線工事と朝鮮人労働者の足跡を訪ねる旅
2007.05.27	222号	12	山根俊郎	歌・ノレ(136) あなたは遠くに
2007.05.27	222号	15	佐久間英明	韓国離島の旅(8) 『朝鮮多島海旅行覚書』とともに全南の島を訪ねる－落月、水島、荏子島(4)、許沙島
2007.05.27	222号	17	寺岡洋	播磨国風土記散歩(45) 東播磨の渡来系遺跡を歩く 明石川流域
2007.05.27	222号	20	深田晃二	むくげグルメの会 韓国茶屋「Omoni オモニ」
2007.05.27	222号	21	佐々木道雄	江戸時代の朝鮮(1) 本草書の中の朝鮮記事(4)『和漢三才図会』〈後半〉
2007.05.27	222号	25	堀内稔	書誌探索(122) 朝鮮に関する論文・記事
2007.05.27	222号	27		編集後記
2007.07.29	223号	1	深田晃二	研究レポート サンドイッチ・COREA(1)
2007.07.29	223号	8	寺岡洋	阪神・神戸地域の渡来系遺跡を歩く「むくげ叢書」を目指して 補注篇

발행일	지면정보		필자	제목
	권호	페이지		
2007.07.29	223号	11	佐久間英明	韓国離島の旅(9)『朝鮮多島海旅行覚書』とともに全南の島を訪ねる－落月、水島、荏子島(5)
2007.07.29	223号	15	山根俊郎	歌・ノレ(137) ベトナム帰りの金土士
2007.07.29	223号	19	信長正義	翻訳うらばなし『東学農民革命100年』－革命の野火、その黄土の道の歴史を訪ねて
2007.07.29	223号	21	山下昌子	書評「朝鮮旅行案内記」(復刻版)と鮮満旅行案内書について
2007.07.29	223号	23	高秀美	むくげ食道楽 韓国レストラン「百済(くだら)」
2007.07.29	223号	24	堀内稔	史片(122) 新聞記事に見る朝鮮酒の密造
2007.07.29	223号	25	堀内稔	書誌探索(123) 朝鮮に関する論文・記事
2007.07.29	223号	27		編集後記
2007.09.30	224号	1	佐久間英明	韓国離島の旅(10)『朝鮮多島海旅行覚書』とともに全南の島を訪ねる－落月、水島、荏子島(6)
2007.09.30	224号	5	寺岡洋	淡路国風土記散歩(1) 淡路の渡来関連遺跡を歩く(前)
2007.09.30	224号	8	岡内克江	むくげ食道楽(43)「釜山カルビ」
2007.09.30	224号	9	堀内稔	第3回「在日研」日・韓合同研究会に参加して
2007.09.30	224号	11	山根俊郎	歌・ノレ(138) 美しい山河
2007.09.30	224号	15	深田晃二	サンドイッチ・COREA(2)
2007.09.30	224号	18		新聞記事紹介『東学農民革命100年』を邦訳
2007.09.30	224号	19	飛田雄一	朝鮮人強制連行 神岡・高山フィールドワーク
2007.09.30	224号	21	田恩伊	随想 阪神大震災、そして因陀羅網
2007.09.30	224号	23	山下昌子	ソウル経由オーストラリア旅行
2007.09.30	224号	25	堀内稔	書誌探索(124) 朝鮮に関する論文・記事
2007.09.30	224号	27		編集後記
2007.11.25	225号	1	堀内稔	研究レポート 植民地朝鮮における中国人労働者(6) 石工などの技術系労働と中国人
2007.11.25	225号	9	山根俊郎	申重鉉の音楽人生(7) 歌・ノレ(139) 美人
2007.11.25	225号	13	深田晃二	開城工業団地の現状と展望(4)
2007.11.25	225号	15	田恩伊	時評 混迷する政局 しかし希望は捨てず－韓国の大統領選挙を考える－
2007.11.25	225号	19	足立竜枝	旅行記「常緑樹(サンノクス)」こだわり旅
2007.11.25	225号	21	山下昌子	むくげ食道楽(44) お食事処「しち福」
2007.11.25	225号	22	寺岡洋	淡路国風土記散歩(2) 淡路の渡来関連遺跡を歩く(中)
2007.11.25	225号	25	堀内稔	書誌探索(125) 朝鮮に関する論文・記事
2007.11.25	225号	27		編集後記
2008.01.27	226号	1	飛田雄一	研究レポート 新聞記事にみる「神戸港の強制連行/強制労働」-朝鮮人・中国人・連合国軍捕虜－
2008.01.27	226号	7	山根俊郎	歌・ノレ(140) 猫ネロ
2008.01.27	226号	13	深田晃二	サンドイッチ・COREA(3)
2008.01.27	226号	15	信長正義	甲申政変と韓国プロテスタント

발행일	지면정보		필자	제목
	권호	페이지		
2008.01.27	226号	17	山下昌子	テクノ社会の韓国でシャーマニズム信仰の復活
2008.01.27	226号	20	堀内稔	史片(123) 神戸大学六甲台校舎と朝鮮人
2008.01.27	226号	21	寺岡洋	陸奥国風土記散歩(1) 陸奥と渡来系官人－百済土敬福・坂上田村麻呂を中心に－
2008.01.27	226号	25	堀内稔	書誌探索(126) 朝鮮に関する論文・記事
2008.01.27	226号	27		編集後記
2008.03.30	227号	1	山根俊郎	研究レポート 『朝鮮のわらべうた』を作っています
2008.03.30	227号	9	寺岡洋	陸奥国風土記散歩(2) 陸奥と渡来系官人・続－百済土敬福・坂上田村麻呂を中心に－
2008.03.30	227号	13	山下昌子	崇礼門炎上にみる風水イヤギ
2008.03.30	227号	16	深田晃二	サンドイッチ・COREA(4)
2008.03.30	227号	19	佐野二三雄	安倍首相前首相の「戦後レジーム」脱却論について
2008.03.30	227号	21	島津威雄・飛田雄一	むくげの会・新春合宿 2008・奈良
2008.03.30	227号	24	堀内稔	史片(124) 阪神間の鉄道と朝鮮人労働者
2008.03.30	227号	25	堀内稔	書誌探索(127) 朝鮮に関する論文・記事
2008.03.30	227号	27		編集後記
2008.05.25	228号	1	寺岡洋	研究レポート 播磨国風土記散歩(46)姫路駅周辺の渡来関連遺跡を見る
2008.05.25	228号	9	佐野二三雄	読後感 「ソウルの人民軍」(金聖七著)を読んで
2008.05.25	228号	11	山根俊郎	歌・ノレ(141) セッセッセッ 朝の風
2008.05.25	228号	15	山下昌子	基礎からの風水講座その(1)
2008.05.25	228号	18	信長正義	むくげ食道楽(45) 韓国家庭料理「すっから ちょっから」
2008.05.25	228号	19	深田晃二	サンドイッチ・COREA(5)
2008.05.25	228号	22	堀内稔	史片(125) 朝鮮人の選挙風景(上)兵庫県における普選第1,2回総選挙
2008.05.25	228号	23	飛田雄一	読書案内 康玲子「私には浅田先生がいた」とその時代
2008.05.25	228号	25	堀内稔	書誌探索(128) 朝鮮に関する論文・記事
2008.05.25	228号	27		編集後記
2008.07.27	229号	1	信長正義	研究レポート 医療宣教師・外交官アレンと朝鮮とその時代
2008.07.27	229号	7	飛田雄一	〈神戸港 平和の碑〉が完成しました
2008.07.27	229号	9	寺岡洋	播磨国風土記散歩(47) 揖保川流域の渡来関連遺跡を歩く -竹万遺跡と周辺遺跡-渡来集団の集落跡
2008.07.27	229号	12	山根俊郎	歌・ノレ(142) カン ガンスルレ (강강술래)
2008.07.27	229号	15	堀内稔	史片(126) 朝鮮人の選挙風景(下)兵庫県における普選第1,2回総選挙
2008.07.27	229号	17	佐野二三雄	読後感 ブルースカミングス「朝鮮戦争の起源」を読んで
2008.07.27	229号	19	足立竜枝	ユリ乾板宮殿写真展
2008.07.27	229号	21	山下昌子	基礎からの風水講座その(2)
2008.07.27	229号	24	郭典子	むくげ食道楽(46) 炭火焼焼肉「阪神」

발행일	지면정보		필자	제목
	권호	페이지		
2008.07.27	229号	25	堀内稔	書誌探索(129) 朝鮮に関する論文・記事
2008.07.27	229号	27		編集後記
2008.09.28	230号	1	深田晃二	朝鮮石人像を訪ねて(1)
2008.09.28	230号	8	山根俊郎	歌・ノレ(143) トゥンゲ トゥンゲ トゥンゲヤ(よいこだ よいこだ よいこだ)
2008.09.28	230号	11	山下昌子	朝鮮における建築家 ウィリアム・ヴォーリズの作品
2008.09.28	230号	13	飛田雄一	篠山に在日朝鮮人の足跡を訪ねるフィールドワーク
2008.09.28	230号	15	信長正義	医療宣教師・外交官アレンと朝鮮とその時代(2)
2008.09.28	230号	17	郭典子	「オリニジャンボリー」-初めて行く我が国、祖国訪問
2008.09.28	230号	18	尹英順	むくげ食道楽(47) 韓国食堂「ぱんちゃぱんちゃ」
2008.09.28	230号	19	堀内稔	史片(127) 朝鮮人炭焼きの話
2008.09.28	230号	21	寺岡洋	播磨国風土記散歩(48) 神戸西部地域の渡来関連遺跡を歩く-毘沙門1号墳と舞子・多聞古墳群
2008.09.28	230号	25	堀内稔	書誌探索(130) 朝鮮に関する論文・記事
2008.09.28	230号	27		編集後記
2008.11.30	231号	1	堀内稔	植民地期朝鮮における中国人労働者(その7)－新聞記事にみる万宝山事件の影響－
2008.11.30	231号	8	寺岡洋	播磨国風土記散歩(49) 播磨古代寺院と造寺・知識の集団(1)-『播磨国風土記』を舞台にして-
2008.11.30	231号	11	信長正義	医療宣教師・外交官アレンと朝鮮とその時代(1)
2008.11.30	231号	13	飛田雄一	むくげ食道楽(48) 神戸六甲道・焼肉の「万来」
2008.11.30	231号	14	山根俊郎	歌・ノレ(144) 国楽童謡『防牌鳶』(パンペヨン/방패연)
2008.11.30	231号	17	小西和治	旅行報告・韓国国会内での記者会見-在日外国人教員への差別撤廃にむけて-
2008.11.30	231号	19	山下昌子	ソウル歴史改造計画(1) 清渓川復元の光と影
2008.11.30	231号	21	飛田雄一	済州島・李仲燮美術館がとてもいいです
2008.11.30	231号	23	深田晃二	朝鮮石人像を訪ねて(2)
2008.11.30	231号	25	堀内稔	書誌探索(131) 朝鮮に関する論文・記事
2008.11.30	231号	27		編集後記
2009.01.25	232号	1	飛田雄一	済州島一周サイクリング2008
2009.01.25	232号	10	山根俊郎	歌・ノレ(145) 童謡『島の家の子供』
2009.01.25	232号	13	信長正義	医療宣教師・外交官アレンと朝鮮とその時代(4)
2009.01.25	232号	15	堀内稔	植民地期朝鮮における中国人労働者(その7)－新聞記事に見る万宝山事件の影響(続)
2009.01.25	232号	17	山下昌子	ラジオ体操日韓比較
2009.01.25	232号	19	宮内正義	ソウルの路線バス観察記
2009.01.25	232号	21	寺岡洋	播磨の古代寺院と造寺・知識の集団(2)-『日本霊異記』を舞台にして-
2009.01.25	232号	25	堀内稔	書誌探索(132) 朝鮮に関する論文・記事
2009.01.25	232号	27		編集後記

발행일	지면정보		필자	제목
	권호	페이지		
2009.03.29	233号	1	山根俊郎	歌・ノレ(146)『ピンデトック紳士(シンサ)』
2009.03.29	233号	8	寺岡洋	播磨の古代寺院と造寺・知識集団(3)－智識寺・河内六寺と知識集団
2009.03.29	233号	11	小林洋次	民族受難の聖地・西大門刑務所(1)
2009.03.29	233号	13	深田晃二	朝鮮石人像を訪ねて(3)
2009.03.29	233号	15	信長正義	朝鮮の近代教育と京城帝国大学の設立(1)
2009.03.29	233号	19	堀内稔	史片(128) 神戸で初めての朝鮮人キリスト教会
2009.03.29	233号	21	山下昌子	むくげ食道楽(49) 韓国家庭料理「兄弟食堂」
2009.03.29	233号	22	飛田雄一・高田恵	むくげの会2009新春四国合宿レポート
2009.03.29	233号	25	堀内稔	書誌探索(133) 朝鮮に関する論文・記事
2009.03.29	233号	27		編集後記
2009.05.31	234号	1	寺岡洋	「知識」、知識集団の実態を日本・古代朝鮮にみる
2009.05.31	234号	9	山下昌子	海を渡った削氷機とかき氷
2009.05.31	234号	11	堀内稔	史片(129) 戦前尼崎の朝鮮人集住地区 火災と立ち退き問題(上)
2009.05.31	234号	12	山根俊郎	歌・ノレ(147) 娘船頭(チョニョペッサゴン)
2009.05.31	234号	15	小林洋次	民族受難の聖地・西大門刑務所(2)
2009.05.31	234号	17	飛田雄一	〈サムルノリ〉生みの親－沈雨晟さんと神戸
2009.05.31	234号	19	深田晃二	朝鮮石人像を訪ねて(4)
2009.05.31	234号	21	李裕淑	むくげ食道楽(50) 韓国料理店「杏(あんず)」
2009.05.31	234号	22	信長正義	朝鮮の近代教育と京城帝国大学の設立(2)
2009.05.31	234号	25	堀内稔	書誌探索(134) 朝鮮に関する論文・記事
2009.05.31	234号	27		編集後記
2009.07.26	235号	1	信長正義	朝鮮の近代教育と京城帝国大学の設立(3)
2009.07.26	235号	9	小林洋次	民族受難の聖地・西大門刑務所(3)
2009.07.26	235号	11	堀内稔	史片(130) 戦前尼崎の朝鮮人集住地区 火災と立ち退き問題(下)
2009.07.26	235号	12	山根俊郎	歌・ノレ(148) セクトンチョゴリ
2009.07.26	235号	15	大和泰彦	むくげ食道楽(51) 純豆腐料理「味楽」
2009.07.26	235号	16	寺岡洋	播磨の古代寺院と造寺・知識集団(5) 明石郡－太寺廃寺、高丘窯跡群
2009.07.26	235号	19	足立竜枝	紀行 西帰浦から倭館、そして忘憂里の丘へ(上)
2009.07.26	235号	21	山下昌子	動物園ヘカジャ!
2009.07.26	235号	23	深田晃二	朝鮮石人像を訪ねて(5)
2009.07.26	235号	25	堀内稔	書誌探索(135) 朝鮮に関する論文・記事
2009.07.26	235号	27		編集後記
2009.09.27	236号	1	深田晃二	朝鮮石人像を訪ねて(6)
2009.09.27	236号	8	坪井兵輔	むくげ食道楽(52)「肉屋 串八」

발행일	지면정보		필자	제목
	권호	페이지		
2009.09.27	236号	9	小林洋次	民族受難の聖地・西大門刑務所(4)
2009.09.27	236号	11	堀内稔	史片(131) 関西朝鮮人三・一青年会
2009.09.27	236号	13	山根俊郎	歌・ノレ(149) 黄金の木リンゴを山に植えた
2009.09.27	236号	15	寺岡洋	播磨の古代寺院と造寺・知識集団(6)　既多寺知識経と賀毛の古代寺院
2009.09.27	236号	19	足立竜枝	紀行 西帰浦から倭館、そして忘憂里の丘へ(下)
2009.09.27	236号	21	信長正義	朝鮮の近代教育と京城帝国大学の設立(4)
2009.09.27	236号	23	飛田雄一	済州島・城邑民俗村のアジュモニが最高でした
2009.09.27	236号	25	大和泰彦	北朝鮮ポチョンボ(普天堡)電子楽団研究(1)
2009.09.27	236号	27	山下昌子	悲劇のオルチャン貴公子－李鍝－
2009.09.27	236号	29	堀内稔	書誌探索(136) 朝鮮に関する論文・記事
2009.09.27	236号	31		編集後記
2009.11.29	237号	1	山下昌子	建築家　伊東忠太と南山での出来事
2009.11.29	237号	9	信長正義	朝鮮の近代教育と京城帝国大学の設立(5)
2009.11.29	237号	11	堀内稔	史片(132) 尼崎市の朝鮮人夜学断片
2009.11.29	237号	12	山根俊郎	むくげ食道楽(53) 韓国家庭料理「慶州」
2009.11.29	237号	13	寺岡洋	播磨の古代寺院と造寺・知識集団(7) 賀毛の古代寺院2
2009.11.29	237号	17	飛田雄一	東アジア漢字圏-中国・朝鮮・日本における「表記方法」・「漢字発音」に関する歴史的考察
2009.11.29	237号	19	山根俊郎	歌・ノレ(150) 田舎のバスの女車掌
2009.11.29	237号	21	深田晃二	百五里(3)マラソンを通じての民間交流
2009.11.29	237号	23	大和泰彦	北朝鮮ポチョンボ(普天堡)電子楽団研究(2)
2009.11.29	237号	25	小西和治	旅行報告 目的地は白頭山か、爾霊山か!中国東北ツアー比較、韓国発と日本発
2009.11.29	237号	27	小林洋次	民族受難の聖地・西大門刑務所(5)
2009.11.29	237号	29	堀内稔	書誌探索(137) 朝鮮に関する論文・記事
2009.11.29	237号	31		編集後記
2010.01.31	238号	1	小林洋次	受難の聖地　西大門刑務所(6)
2010.01.31	238号	9	深田晃二	朝鮮石人像を訪ねて(7)
2010.01.31	238号	11	大和泰彦	北朝鮮ポチョンボ(普天堡)電子楽団研究(3)
2010.01.31	238号	13	山根俊郎	歌・ノレ(151) 木櫨酒店(モンノチュジョム)
2010.01.31	238号	15	山下昌子	韓国の虎は消えてしまったのか(前編)
2010.01.31	238号	17	小西和治	海外旅行Q＆A冊子執筆と「三者交流」-在日外国人高校生に寄り添って-
2010.01.31	238号	19	堀内稔	史片(133) 在神朝鮮人の仏教会館設立
2010.01.31	238号	20	飛田雄一	金慶海さん追悼
2010.01.31	238号	21	寺岡洋	播磨の古代寺院と造寺・知識集団(8) 賀毛の古代寺院(3)-加古川中流域の古代寺院を歩く-
2010.01.31	238号	25	堀内稔	書誌探索(138) 朝鮮に関する論文・記事

발행일	지면정보		필자	제목
	권호	페이지		
2010.01.31	238号	27		編集後記
2010.03.28	239号	1	堀内稔	植民地期朝鮮における中国人労働者(その8)新聞記事にみる日中戦争の影響
2010.03.28	239号	8	大和泰彦	北朝鮮ポチョンボ(普天堡)電子楽団研究(4)
2010.03.28	239号	10	山下昌子	韓国の虎は消えてしまったのか(続編の1)
2010.03.28	239号	12	深田晃二	朝鮮石人像を訪ねて(8)
2010.03.28	239号	14	寺岡洋	播磨の古代寺院と造寺・知識集団(9) 賀古・印南郡の古代寺院-加古川下流域の古代寺院を歩く-
2010.03.28	239号	18	信長正義	2010年合宿・済州島を学ぶ
2010.03.28	239号	21	山根俊郎	歌・ノレ(152) ポジャンマチャ(布張馬車)
2010.03.28	239号	25	小林洋次	受難の聖地 西大門刑務所(7)
2010.03.28	239号	27	飛田雄一	浅川伯教・巧兄弟資料館を訪ねて
2010.03.28	239号	29	堀内稔	書誌探索(136) 朝鮮に関する論文・記事
2010.03.28	239号	31		編集後記
2010.05.30	240号	1	飛田雄一	中央アジアのコリアンを訪ねる旅-ウズベキスタン、カザフスタン-
2010.05.30	240号	9	堀内稔	植民地期朝鮮における中国人労働者(その8) 新聞記事にみる日中戦争の影響(続)
2010.05.30	240号	12	信長正義	むくげ食道楽(54) 韓国家庭料理「こさり」
2010.05.30	240号	13	山下昌子	韓国歴史ドラマ『済衆院』の断髪に思う
2010.05.30	240号	15	山根俊郎	歌・ノレ(153) 4.19の歌(サイルグエノレ)
2010.05.30	240号	17	伊地知紀子	扶助考-済州島編-
2010.05.30	240号	19	深田晃二	朝鮮石人像を訪ねて(9)
2010.05.30	240号	21	小林洋次	受難の聖地 西大門刑務所(8)
2010.05.30	240号	23	大和泰彦	北朝鮮ポチョンボ(普天堡)電子楽団研究(5)
2010.05.30	240号	25	寺岡洋	播磨の古代寺院と造寺・知識集団(10) 託賀(多可)郡の古代寺院-加古川上流域の古代寺院を歩く
2010.05.30	240号	29	堀内稔	書誌探索(140) 朝鮮に関する論文・記事
2010.05.30	240号	31		編集後記
2010.07.25	241号	1	信長正義	「東学農民革命」遺跡地を訪ねて
2010.07.25	241号	9	足立竜枝	慶尚北道「浦項(ポハン)」の魅力
2010.07.25	241号	13	大和泰彦	北朝鮮ポチョンボ(普天堡)電子楽団研究(6)
2010.07.25	241号	15	山下昌子	本の紹介 朴宣美著『朝鮮女性の知の回遊』-植民地文化支配と日本留学-
2010.07.25	241号	16	飛田雄一	むくげ食道楽(55) 韓国伝統料理屋「万里城」
2010.07.25	241号	17	深田晃二	朝鮮石人像を訪ねて(10)
2010.07.25	241号	19	山根俊郎	歌・ノレ(154) ホルロアリラン
2010.07.25	241号	23	寺岡洋	播磨の古代寺院と造寺・知識集団(11) 神前郡の古代寺院-市川流域の古代寺院を歩く
2010.07.25	241号	27	堀内稔	史片(134) 神戸・新川スラムの大火

발행일	지면정보		필자	제목
	권호	페이지		
2010.07.25	241号	29	堀内稔	書誌探索(141) 朝鮮に関する論文·記事
2010.07.25	241号	31		編集後記
2010.09.26	242号	1	山根俊郎	研究レポート 朝鮮時代の賭博について(1)
2010.09.26	242号	9	小西和治	取り残されたコリアンを訪ねる旅サハリン残留韓人の証言と関係研究発表を聞いて
2010.09.26	242号	13	山下昌子	ソウル経由ニューヨークの旅
2010.09.26	242号	12	寺岡洋	播磨の古代寺院と造寺·知識集団(12) 飾磨郡の古代寺院
2010.09.26	242号	15	岡内克江	むくげ食道楽(56) 和韓遊食「このみここ」
2010.09.26	242号	19	堀内稔	史片(135) 西宮獅子ケ口の「不法占拠」朝鮮人の立ち退き
2010.09.26	242号	20	大和泰彦	北朝鮮ポチョンボ(普天堡)電子楽団研究(7)
2010.09.26	242号	21	飛田雄一	延吉に尹東柱の生家などを訪ねて
2010.09.26	242号	23	深田晃二	朝鮮石人像を訪ねて(11)
2010.09.26	242号	24	堀内稔	書誌探索(142) 朝鮮に関する論文·記事
2010.09.26	242号	29		編集後記
2010.11.28	243号	1	寺岡洋	播磨の古代寺院と造寺·知識集団(13)－播磨の双塔伽藍からみる「知識」のネットワーク-
2010.11.28	243号	9	足立竜枝	「写真絵はがき」が語る歴史
2010.11.28	243号	11	山下昌子	韓国のピアノとその事情
2010.11.28	243号	13	大和泰彦	北朝鮮ポチョンボ(普天堡)電子楽団研究(8)～外国曲について(1)中国曲～
2010.11.28	243号	15	飛田雄一	韓国LCC(格安航空会社)研究
2010.11.28	243号	17	山根俊郎	朝鮮時代の賭博について(2)
2010.11.28	243号	21	堀内稔	史片(136) 西宮獅子ケ口の「不法占拠」朝鮮人の立ち退き(下)
2010.11.28	243号	22	信長正義	むくげ食道楽(57) 韓国料理 焼肉「みなみ」
2010.11.28	243号	23	深田晃二	朝鮮石人像を訪ねて(12)
2010.11.28	243号	25	堀内稔	書誌探索(142) 朝鮮に関する論文·記事
2010.11.28	243号	27		編集後記
2010.11.30	244号	1	飛田雄一	むくげの会「2回目の成人式」にぎやかに開催しました
2010.11.30	244号	4	深田晃二	朝鮮石人像を訪ねて(13)
2010.11.30	244号	11	堀内稔	史片(137)「併合」前に渡日した朝鮮の妓生
2010.11.30	244号	13	寺岡洋	播磨の古代寺院と造寺·知識集団(14)－播磨の双塔伽藍からみる「知識」のネットワーク-
2010.11.30	244号	17	山根俊郎	歌·ノレ(155)「独立軍歌」(1)
2010.11.30	244号	19	山下昌子	イルボン アジュンマ ホットクに挑戦
2010.11.30	244号	21	信長正義	図書案内『朝鮮王妃殺害と日本人』
2010.11.30	244号	23	大和泰彦	北朝鮮ポチョンボ(普天堡)電子楽団研究(9)～外国曲について(2)ロシア(旧ソ連)曲～
2010.11.30	244号	25	堀内稔	書誌探索(143)朝鮮に関する論文·記事
2010.11.30	244号	27		編集後記

발행일	지면정보		필자	제목
	권호	페이지		
2011.03.27	245号	1	山下昌子	韓屋と日式住宅
2011.03.27	245号	8	堀内稔	史片(138) 神戸港で「固いなまこ採り」-済州島の海女
2011.03.27	245号	9	深田晃二	朝鮮石人像を訪ねて(14)
2011.03.27	245号	11	寺岡洋	摂津風土記(補注版)(26)「むくげ叢書」をめざして補注編-西宮市域の渡来文化と関連遺跡-
2011.03.27	245号	15	山根俊郎	歌・ノレ(156)「独立軍歌」(2)
2011.03.27	245号	19	信長正義	図書案内『写真と絵で見る北朝鮮現代史』
2011.03.27	245号	21	飛田雄一	書評『植民地朝鮮と愛媛の人びと』
2011.03.27	245号	23	大和泰彦	北朝鮮ポチョンボ(普天堡)電子楽団研究(10) ～外国曲について(3)～
2011.03.27	245号	25	堀内稔	書誌探索(144) 朝鮮に関する論文・記事
2011.03.27	245号	27		編集後記
2011.05.29	246号	1	大和泰彦	北朝鮮ポチョンボ(普天堡)電子楽団研究(11)～1991年から2001年までの動き～
2011.05.29	246号	9	寺岡洋	播磨の古代寺院と造寺・知識集団(15) 宍禾郡・揖保郡の古代寺院-揖保川流域の古代寺院を歩く-
2011.05.29	246号	13	深田晃二	朝鮮石人像を訪ねて(15)
2011.05.29	246号	15	山根俊郎	歌・ノレ(157)「赤い夕焼け」楽譜
2011.05.29	246号	18	飛田雄一	むくげ食道楽(58) 韓国家庭料理「釜山」
2011.05.29	246号	19	島津威雄	巨済島駆け足旅行記
2011.05.29	246号	22	山下昌子	韓国のお茶事情
2011.05.29	246号	23	堀内稔	史片(139) 姫路・相坂トンネルと朝鮮人
2011.05.29	246号	25	堀内稔	書誌探索(146) 朝鮮に関する論文・記事
2011.05.29	246号	27		編集後記
2011.07.31	247号	1	飛田雄一	南京・海南島・上海への旅-神戸・南京をむすぶ会フィールドワーク2011夏-
2011.07.31	247号	8	山下昌子	むくげ食道楽(60) 男子厨房に入れ！韓国料理への誘い
2011.07.31	247号	11	堀内稔	「韓日合同学術セミナー」に参加して
2011.07.31	247号	13	寺岡洋	播磨の古代寺院と造寺・知識集団(17)『出雲国風土記』の寺院を訪ねて-斐伊川流域と出雲西部地域-
2011.07.31	247号	17	大和泰彦	中国朝鮮族歌手 金曼の新作「朝鮮歌曲経典」を聴いて
2011.07.31	247号	19	深田晃二	百五里(4) マラソンを通じての民間交流
2011.07.31	247号	21	信長正義	図書案内 朴孟洙『開闢の夢 東アジアを覚ます-東学農民革命と帝国日本』序章より
2011.07.31	247号	23	山根俊郎	歌・ノレ(158) 月打令(タルターリョン)
2011.07.31	247号	25	堀内稔	書誌探索(148) 朝鮮に関する論文・記事
2011.07.31	247号	27		編集後記
2011.11.27	249号	1	山根俊郎	MBC人気歌謡番組「私は歌手だ」
2011.11.27	249号	8	足立竜枝	崔承喜(チェスンヒ)生誕100年

발행일	지면정보		필자	제목
	권호	페이지		
2011.11.27	249号	11	寺岡洋	播磨の古代寺院と造寺・知識集団(18) 『出雲国風土記』の寺院を訪ねて(続)
2011.11.27	249号	15	堀内稔	史片(140) 姫津線・相坂トンネルの事故
2011.11.27	249号	16	飛田雄一	むくげ食道楽(61) 韓国料理「コチュコチュ」
2011.11.27	249号	17	大和泰彦	ポチョンボ(普天堡)電子楽団研究13〜2004年移行の憶測・報道〜
2011.11.27	249号	19	深田晃二	朝鮮石人像をたずねて(17)
2011.11.27	249号	21	山下昌子	韓国の近代建築と中村与資平
2011.11.27	249号	23	信長正義	図書案内 『あの時、ぼくらは13歳だった-誰も知らない日韓友好史-』
2011.11.27	249号	25	堀内稔	書誌探索(149) 朝鮮に関する論文・記事
2011.11.27	249号	27		編集後記
2012.01.29	250号	1	飛田雄一	「むくげ通信」250号を迎えることが出来ました-技術論的ふりかえり-
2012.01.29	250号	2	信長正義	朴孟洙著『開闢の夢』『東アジアを覚ます－東学農民革命と帝国日本』より
2012.01.29	250号	10	佐々木道雄	戦前期・東京の朝鮮料理屋 高級料亭「明月館」の歴史
2012.01.29	250号	13	小西和治	「サハリンへの旅」報告と「むくげ通信」250号のお祝い
2012.01.29	250号	15	足立竜枝	250号おめでとう
2012.01.29	250号	16	あんそら	むくげ食道楽(62) カラオケ居酒屋「ムグンファ」
2012.01.29	250号	17	飛田雄一	済州島4・3遺骨奉安館、江汀マウルそして北村里記念館-多民族共生人権教育センターフィールドワークから-
2012.01.29	250号	20	堀内稔	史片(141) 尼崎・守部の密造酒摘発事件(上)
2012.01.29	250号	21	山下昌子	Picture Bride(写真花嫁) 上
2012.01.29	250号	23	大和泰彦	ポチョンボ(普天堡)電子楽団研究14〜2011年の旺載山芸術団による公演から〜
2012.01.29	250号	25	深田晃二	朝鮮石人像をたずねて(18)
2012.01.29	250号	27	山根俊郎	歌・ノレ(159) れんぎょう娘(ケナリ娘)
2012.01.29	250号	29	山根俊郎	歌・ノレ(160) 涙の延坪島
2012.01.29	250号	31	寺岡洋	播磨の古代寺院と造寺・知識集団(19) 若狭の古代寺院を訪ねて-興道寺廃寺シンポジウムと関連して-
2012.01.29	250号	33	堀内稔	書誌探索(150) 朝鮮に関する論文・記事
2012.01.29	250号	35		編集後記
2012.03.25	251号	1	寺岡洋	播磨の古代寺院と造寺・知識集団(20) 豊前の古代寺院・関連遺跡を訪ねて
2012.03.25	251号	8	堀内稔	史片(142) 尼崎・守部の密造酒摘発事件(下)
2012.03.25	251号	9	信長正義	朴孟洙著『開闢の夢』『東アジアを覚ます－東学農民革命と帝国日本』より(3)
2012.03.25	251号	11	飛田雄一	読書案内 竹内康人編著『戦時朝鮮人強制労働調査資料集(2)-名簿・未払い金・動員数・遺骨・過去清算-』

발행일	지면정보		필자	제목
	권호	페이지		
2012.03.25	251号	13	山根俊郎	歌・ノレ(161) 放浪詩人 金サッカ
2012.03.25	251号	16	信長正義	むくげ食道楽(63) 韓国家庭料理「지태야(ジテヤ)」
2012.03.25	251号	17	山下昌子	Picture Bride(写真花嫁) 中
2012.03.25	251号	19	大和泰彦	ポチョンボ(普天堡)電子楽団研究15～2010年の新作CDを聞いて～
2012.03.25	251号	21	深田晃二	朝鮮石人像をたずねて(19)
2012.03.25	251号	23	堀内稔	書誌探索(151) 朝鮮に関する論文・記事
2012.03.25	251号	25		案内 ドキュメンタリー映画『ロス暴動の真実』
2012.03.25	251号	26		案内 第5回強制動員真相究明全国研究集会
2012.03.25	251号	27		編集後記
2012.05.27	252号	1	深田晃二	朝鮮石人像をたずねて(20)
2012.05.27	252号	9	信長正義	東学農民革命遺跡地めぐり
2012.05.27	252号	12	堀内稔	旅片 私の韓国語の旅
2012.05.27	252号	13	山根俊郎	東学農民革命史跡の旅
2012.05.27	252号	15	小西和治	東学農民革命記念館・博物館を見学して-韓国と日本の博物館施策を考える-
2012.05.27	252号	16	梁千賀子	緑豆将軍がめざしたもの-全州FWに参加して-
2012.05.27	252号	17	赤峰美鈴	チュンジュ合宿参加の後味
2012.05.27	252号	18	玄善允	全州センチメンタル・ジャーニー
2012.05.27	252号	19	寺岡洋	播磨の古代寺院と造寺・知識集団(21) むくげ全州合宿外史-ソウル・全州・扶余・公州-
2012.05.27	252号	21	飛田雄一	ソウル漢江・サイクリング
2012.05.27	252号	23	山下昌子	変貌する文化ソウル
2012.05.27	252号	25	大和泰彦	2012全州合宿～解散後、全州・仁川・ソウルを歩いて～
2012.05.27	252号	27	金千秋	東学農民革命史跡の旅に参加して-仁川・延新内での出会い-
2012.05.27	252号	28	堀内稔	むくげ食道楽(64) 韓国家庭料理「はるちゃん」
2012.05.27	252号	29	堀内稔	書誌探索(152) 朝鮮に関する論文・記事
2012.05.27	252号	31		編集後記
2012.07.29	253号	1	山下昌子	Picture Bride(写真花嫁)〈下〉
2012.07.29	253号	7	飛田雄一	演芸会的大宴会的四冊合同出版記念会、終了賑裏
2012.07.29	253号	8	山根俊郎	書評 高祐二『韓流ブームの源流』
2012.07.29	253号	9	寺岡洋	自著紹介 むくげ叢書⑥『ひょうごの古代朝鮮文化-猪名川流域から明石川流域-』
2012.07.29	253号	11	飛田雄一	書評 徐根植『鉄路に響く鉄道工夫アリラン-山陰線工事と朝鮮人労働者-』
2012.07.29	253号	13	信長正義	書評 徐正敏『韓国キリスト教史概論-その出会いと葛藤-』
2012.07.29	253号	15	寺岡洋	播磨の古代寺院と造寺・知識集団(22) 伯耆・因幡の古代寺院を訪ねて-山陰道の古代寺院シリーズ-
2012.07.29	253号	18	堀内稔	史片(143) 須磨の朝鮮人夜学

발행일	지면정보		필자	제목
	권호	페이지		
2012.07.29	253号	19	深田晃二	朝鮮石人像を訪ねて(21)
2012.07.29	253号	21	山根俊郎	歌・ノレ(162) 崩れた愛の塔
2012.07.29	253号	23	大和泰彦	ポチョンボ電子楽団研究(16)～金正恩の元恋人ヒョン・ソンウォルと現夫人リ・ソルジュ～
2012.07.29	253号	25	堀内稔	書誌探索(153) 朝鮮に関する論文・記事
2012.07.29	253号	27		編集後記
2012.09.30	254号	1	大和泰彦	ワンジェサン(旺戴山)軽音楽団研(1) その概略と人気歌手たち
2012.09.30	254号	9	信長正義	朴孟洙著『開闢の夢』「東アジアを覚ます－東学農民革命と帝国日本」より(4)
2012.09.30	254号	11	深田晃二	朝鮮石人像を訪ねて(22)
2012.09.30	254号	13	山根俊郎	歌・ノレ(163) 離別の仁川港
2012.09.30	254号	15	飛田雄一	梶村秀樹、堀和生論文に見る「竹島＝独島」問題
2012.09.30	254号	18	川那辺康一	むくげ食道楽(65) 韓国料理「福一」
2012.09.30	254号	19	寺岡洋	播磨の古代寺院と造寺・知識集団(23) 紀ノ川流域の古代寺院を訪ねて-南海道の古代寺院シリーズ-
2012.09.30	254号	22	堀内稔	史片(144) 神戸朝鮮人消費組合について
2012.09.30	254号	23	山下昌子	韓国の麦酒について
2012.09.30	254号	25	堀内稔	書誌探索(154) 朝鮮に関する論文・記事
2012.09.30	254号	27		編集後記
2012.11.25	255号	1	堀内稔	北朝鮮開拓と中国人労働者(中)-植民地期朝鮮における中国人労働者(その10)-
2012.11.25	255号	9	信長正義	朴孟洙著『開闢の夢』「東アジアを覚ます－東学農民革命と帝国日本」より(5)
2012.11.25	255号	11	深田晃二	朝鮮石人像を訪ねて(23)
2012.11.25	255号	13	山根俊郎	第7回東学農民軍の歴史を訪ねる旅(上)
2012.11.25	255号	15	寺岡洋	播磨の古代寺院と造寺・知識集団(24)-美作道沿いの古代寺院-揖保郡・讃容郡の古代寺院を歩く-
2012.11.25	255号	18	寺岡洋	むくげ食道楽(66) 韓国料理「新京愛館」
2012.11.25	255号	19	山下昌子	続・韓国の麦酒について
2012.11.25	255号	21	大和泰彦	ワンジェサン(旺戴山)軽音楽団研究(2) 1991年の中国公演
2012.11.25	255号	25	飛田雄一	山辺健太郎、内藤正中論文に見る「竹島＝独島」問題
2012.11.25	255号	25	堀内稔	書誌探索(155) 朝鮮に関する論文・記事
2012.11.25	255号	27		編集後記
2013.01.27	256号	1	飛田雄一	兵庫の在日朝鮮人史研究を再スタートさせましょう
2013.01.27	256号	7	信長正義	朴孟洙著『開闢の夢』「東アジアを覚ます－東学農民革命と帝国日本」より(6)
2013.01.27	256号	9	信長たか子	図書案内『原子力とわたしたちの未来～韓国キリスト教の視点から』
2013.01.27	256号	11	寺岡洋	播磨の古代寺院と造寺・知識集団(25)-美作道沿いの古代寺院-美作から西播磨の古代寺院-

発行日	지면정보		필자	제목
	권호	페이지		
2013.01.27	256号	15	大和泰彦	故郷「延辺」を歌う朝鮮族歌手「任香淑」
2013.01.27	256号	17	山根俊郎	第7回東学農民軍の歴史を訪ねる旅(下)
2013.01.27	256号	19	堀内稔	史片(144) 阪神間の朝鮮人と国防婦人会
2013.01.27	256号	21	山下昌子	韓国ピアノ事始め(1)
2013.01.27	256号	23	深田晃二	朝鮮石人像を訪ねて(24)
2013.01.27	256号	25	堀内稔	書誌探索(156) 朝鮮に関する論文・記事
2013.01.27	256号	27		編集後記
2013.03.24	257号	1	山根俊郎	解放後の韓国大衆歌謡の年表(1)(1945～1949)
2013.03.24	257号	9	山下昌子	韓国ピアノ事始め(2)
2013.03.24	257号	11	堀内稔	史片(145) 純宗の死去と阪神間の朝鮮人
2013.03.24	257号	13	信長正義	朴孟洙著『開闢の夢』「東アジアを覚ます－東学農民革命と帝国日本」より(7)
2013.03.24	257号	15	深田晃二	朝鮮石人像を訪ねて(25)
2013.03.24	257号	17	飛田雄一	「東アジアキリスト教交流史研究会」が始まりました
2013.03.24	257号	19	大和泰彦	ポチョンボ(普天堡)電子楽団研究(17)～チョン・ヘヨンの歌手人生と第2の人生～
2013.03.24	257号	21	寺岡洋	播磨の古代寺院と造寺・知識集団(26) 加古川流域と河内-ジグザグ縄叩きは語る-
2013.03.24	257号	24	川那辺康一	むくげ食道楽(67) サムギョプサル専門店「ウリ」
2013.03.24	257号	25	堀内稔	書誌探索(157) 朝鮮に関する論文・記事
2013.03.24	257号	27		編集後記
2013.05.26	258号	1	信長正義	朴孟洙著『開闢の夢』「東アジアを覚ます－東学農民革命と帝国日本」より(8)
2013.05.26	258号	7	山下昌子	韓国ピアノ事始め(2)
2013.05.26	258号	9	深田晃二	朝鮮石人像を訪ねて(26)
2013.05.26	258号	11	飛田雄一	むくげの会・釜山・慶州合宿レポート 2013.4.19～21
2013.05.26	258号	13	山根俊郎	解放後の韓国大衆歌謡の年表2(1950年)
2013.05.26	258号	16	堀内稔	旅片 通度寺行
2013.05.26	258号	17	川那辺康一	書評『近代朝鮮と日本』趙景達(岩波書店)
2013.05.26	258号	19	寺岡洋	播磨の古代寺院と造寺・知識集団(27)　加古川流域と山背・但馬-「山田寺亜式」軒丸瓦は語る-
2013.05.26	258号	22	宮川守	むくげ食道楽(68) 豚肉専門・炭火焼き・長田のクマさん
2013.05.26	258号	23	大和泰彦	北朝鮮における「アリラン」にちなんだ歌謡曲
2013.05.26	258号	25	堀内稔	書誌探索(158) 朝鮮に関する論文・記事
2013.05.26	258号	27		編集後記
2013.07.28	259号	1	寺岡洋	加古川流域(東播磨地域)の「山田寺亜式」軒丸瓦と顎部(がくぶ)施文軒丸瓦
2013.07.28	259号	8	あんそら	神戸オフ会in長田のクマさん‥with「ソウルパーフェクトBook」出版記念会あんそら(安田良子)8
2013.07.28	259号	9	足立竜枝	清渓川(チョンゲチョン)再生

발행일	지면정보		필자	제목
	권호	페이지		
2013.07.28	259号	12	堀内稔	史片(146) 宝塚・伊孑志の朝鮮人夜学
2013.07.28	259号	13	山根俊郎	解放後の韓国大衆歌謡の年表(3)(1951年)
2013.07.28	259号	15	信長正義	朴孟洙著『開闢の夢』「東アジアを覚ます－東学農民革命と帝国日本」より(9)
2013.07.28	259号	17	飛田雄一	亀戸に関東大震災虐殺事件の現場を訪ねる
2013.07.28	259号	19	大和泰彦	ウナス(銀河水)管弦楽団研究(1)～その成立過程をめぐって～
2013.07.28	259号	21	川那辺康一	関東大震災朝鮮人虐殺フィールドワーク横浜に参加して
2013.07.28	259号	23	深田晃二	朝鮮石人像を訪ねて(27)
2013.07.28	259号	25	堀内稔	書誌探索(159) 朝鮮に関する論文・記事
2013.07.28	259号	27		編集後記
2013.09.29	260号	1	深田晃二	朝鮮石人像を訪ねて(28)
2013.09.29	260号	8	山根俊郎	解放後の韓国大衆歌謡の年表(4) (1952年)
2013.09.29	260号	11	信長正義	朴孟洙著『開闢の夢』「東アジアを覚ます－東学農民革命と帝国日本」より(10)
2013.09.29	260号	15	寺岡洋	全羅道・対馬・壱岐紀行-前方後円墳と「魏志倭人伝」-
2013.09.29	260号	18	堀内稔	史片(147) 西宮の融和団体と夜学
2013.09.29	260号	19	飛田雄一	川崎・桜本を訪ねました
2013.09.29	260号	21	川那辺康一	水原(スウォン)訪問記
2013.09.29	260号	23	大和泰彦	ウナス(銀河水)管弦楽団研究(2)～専属歌手の紹介(1)～
2013.09.29	260号	25	堀内稔	書誌探索(160) 朝鮮に関する論文・記事
2013.09.29	260号	27		編集後記
2013.11.24	261号	1	大和泰彦	「第4回サハリンに残されたコリアンを訪ねる旅」に参加して
2013.11.24	261号	7	飛田雄一	兵庫朝鮮関係研究会・30年を祝いました
2013.11.24	261号	8	山根俊郎	解放後の韓国大衆歌謡の年表(5)(1953年)
2013.11.24	261号	11	堀内稔	史片(148) 宝塚の朝鮮保育園と親向会
2013.11.24	261号	13	寺岡洋	全羅道・対馬・壱岐紀行-「魏志倭人伝」・遣新羅使(736年)-
2013.11.24	261号	16	足立竜枝	国土・側室・そしてネーシの墓
2013.11.24	261号	19	信長正義	朴孟洙著『開闢の夢』「東アジアを覚ます－東学農民革命と帝国日本」より(11)
2013.11.24	261号	21	川那辺康一	聞慶(ムンギョン)訪問記
2013.11.24	261号	23	飛田雄一	66年ぶりにあらわれた建青のポスターin神戸元町高架下
2013.11.24	261号	25	堀内稔	書誌探索(161) 朝鮮に関する論文・記事
2013.11.24	261号	27		編集後記
2014.01.26	262号	1	堀内稔	北朝鮮開拓と中国人労働者(その3)-羅津築港、平元・満浦線鉄道工事-
2014.01.26	262号	9	深田晃二	百五里(5)-マラソンを通じての民間交流
2014.01.26	262号	11	山根俊郎	解放後の韓国大衆歌謡の年表(6)(1953年-2)
2014.01.26	262号	14	深田晃二	むくげ食堂楽(69)「赤坂一竜」

발행일	지면정보		필자	제목
	권호	페이지		
2014.01.26	262号	15	信長正義	朴孟洙著『開闢の夢』「東アジアを覚ます－東学農民革命と帝国日本」より(12)
2014.01.26	262号	17	寺岡洋	播磨の古代寺院と造寺・知識集団(29) 瓦積基壇をもつ古代寺院-播磨編-
2014.01.26	262号	20	山根俊郎	むくげ食堂楽(70) 韓国サムギョプサル専門「コッテジ神戸三宮店」
2014.01.26	262号	21	飛田雄一	読書案内 絵本『長寿湯の仙女さま』
2014.01.26	262号	23	足立竜枝	ソウル歴史散歩 ソウル市内バスの効用
2014.01.26	262号	25	堀内稔	書誌探索(162) 朝鮮に関する論文・記事
2014.01.26	262号	27		編集後記
2014.03.29	263号	1	山根俊郎	解放後の韓国大衆歌謡の年表(7)(1954年)
2014.03.29	263号	9	信長正義	朴孟洙著『開闢の夢』「東アジアを覚ます－東学農民革命と帝国日本」より(13)
2014.03.29	263号	11	寺岡洋	播磨の古代寺院と造寺・知識集団(30) 播磨の駅路・駅家と古代寺院(前)
2014.03.29	263号	15	飛田雄一	第7回強制動員真相究明ネットワーク全国研究集会＆フィールドワーク
2014.03.29	263号	17	深田晃二	朝鮮石人像をたずねて(29)
2014.03.29	263号	19	大和泰彦	2013年秋・改めてソウル・大田を巡る
2014.03.29	263号	21	川那辺康一	書評『戦争の記憶の政治学』伊藤正子(平凡社、2013.10)
2014.03.29	263号	23	堀内稔	史片(149)「北神商業学校事件」
2014.03.29	263号	24	宮川守	グルメ食堂楽(71)「我が家」(鶴橋)
2014.03.29	263号	25	堀内稔	書誌探索(163) 朝鮮に関する論文・記事
2014.03.29	263号	27		編集後記
2014.05.25	264号	1	川那辺康一	むくげの会合宿～木浦フィールドワーク～
2014.05.25	264号	6	小川秀人	木浦合宿に参加して
2014.05.25	264号	7	大和泰彦	歌・ノレ「木浦の涙」
2014.05.25	264号	10	堀内稔	史片(150) 阪神間の電灯料金値下げ運動
2014.05.25	264号	11	飛田雄一	戦後64年後の奇跡のような朝鮮人死亡者名判明-筑豊朝鮮人強制連行フィールドワークより-
2014.05.25	264号	13	山根俊郎	解放後の韓国大衆歌謡の年表8(1954年-2)
2014.05.25	264号	15	信長正義	朴孟洙著『開闢の夢』「東アジアを覚ます－東学農民革命と帝国日本」より(14)
2014.05.25	264号	17	寺岡洋	播磨の古代寺院と造寺・知識集団(31) 播磨の駅路・駅家と古代寺院(続)
2014.05.25	264号	19	深田晃二	朝鮮石人像を訪ねて(30)
2014.05.25	264号	21	北原道子	『北方部隊の朝鮮人兵士－日本陸軍に動員された植民地の青年たち』を刊行して
2014.05.25	264号	23	宮川守	高見恒憲詩集『異境の地で二度殺されたアリランの父よ』を読む
2014.05.25	264号	25	堀内稔	書誌探索(164) 朝鮮に関する論文・記事

발행일	지면정보		필자	제목
	권호	페이지		
2014.05.25	264号	27		編集後記
2014.07.27	265号	1	飛田雄一	「申京煥君を支える会」の記録-協定永住取得者初めての「強制送還」との闘い-
2014.07.27	265号	7	深田晃二	朝鮮石人像を訪ねて(31)
2014.07.27	265号	9	寺岡洋	播磨の古代寺院と造寺・知識集団(32) 近江・滋賀郡の古代寺院-瓦積基壇、輻線文縁軒丸瓦の源流-
2014.07.27	265号	12	高祐二	『在日コリアンの戦後史』を書き終えて
2014.07.27	265号	13	川那辺康一	書評『先進国・韓国の憂欝』
2014.07.27	265号	15	大和泰彦	歌・ノレ(165) 大田(テジョン)ブルース
2014.07.27	265号	17	堀内稔	研究ノート 京都・両洋中学の朝鮮人留学生
2014.07.27	265号	22	宮川守	むくげ食道楽(72) サムギョプサル・やみつきのした
2014.07.27	265号	23	山根俊郎	解放後の韓国大衆歌謡の年表(9)(1955年)
2014.07.27	265号	27	信長正義	朴孟洙著『開闢の夢』「東アジアを覚ます－東学農民革命と帝国日本」より(15)
2014.07.27	265号	29	堀内稔	書誌探索(165) 朝鮮に関する論文・記事
2014.07.27	265号	31		編集後記
2014.09.28	266号	1	信長正義	朴孟洙著『開闢の夢』「東アジアを覚ます－東学農民革命と帝国日本」より(16)
2014.09.28	266号	7	大西秀尚	新刊紹介『殺生の文明からサリムの文明へ』
2014.09.28	266号	9	飛田雄一	尹達世さんを偲ぶ-尹さんとむくげの会
2014.09.28	266号	11	寺岡洋	播磨の古代寺院と造寺・知識集団(34) 近江・湖南・湖東の古代寺院-渡来系寺院が目立つ湖南・湖東-
2014.09.28	266号	14	堀内稔	史片(151) 戦前・神戸の朝鮮人幼稚園
2014.09.28	266号	15	小西和治	「偽慰安婦展」の公共施設使用は認められない-各地の民族差別・ヘイトクライム展示の実態-
2014.09.28	266号	17	川那辺康一	甘川(カムチョン)文化マウルを訪ねて
2014.09.28	266号	19	山根俊郎	解放後の韓国大衆歌謡の年表(10)(1955年-2)
2014.09.28	266号	22	岡内克江	むくげ食道楽(73) 「韓国料理・あんじゅ」
2014.09.28	266号	25	堀内稔	書誌探索(166) 朝鮮に関する論文・記事
2014.09.28	266号	29		編集後記
2014.11.30	267号	1	寺岡洋	播磨の古代寺院と造寺・知識集団(34) 播磨の新羅系及び傍流の軒丸瓦
2014.11.30	267号	9	西村豪	「建青」ポスターの発見について
2014.11.30	267号	11	山根俊郎	「第9回東学農民軍の歴史を訪ねる旅」に参加して
2014.11.30	267号	13	深田晃二	朝鮮石人像を訪ねて(33)
2014.11.30	267号	15	堀内稔	史片(152) 伊藤博文の銅像
2014.11.30	267号	17	川那辺康一	林権沢(イムグォンテク)映画博物館訪問記
2014.11.30	267号	19	足立竜枝	ソウル歴史散歩 チョンノ(鐘路)交差点界隈
2014.11.30	267号	22	大和泰彦	むくげ食道楽(74) 「韓国IZAKAYAアリ」

발행일	지면정보		필자	제목
	권호	페이지		
2014.11.30	267号	23	信長正義	朴孟洙著『開闢の夢』「東アジアを覚ます－東学農民革命と帝国日本」より(17)
2014.11.30	267号	25	山根俊郎	解放後の韓国大衆歌謡の年表(11)(1956年)
2014.11.30	267号	27	堀内稔	書誌探索(167) 朝鮮に関する論文・記事
2014.11.30	267号	31		編集後記
2015.01.25	268号	1	深田晃二	朝鮮石人像を訪ねて(34)
2015.01.25	268号	8	山根俊郎	解放後の韓国大衆歌謡の年表(12)(1656年-2)
2015.01.25	268号	11	信長正義	朴孟洙著『開闢の夢』「東アジアを覚ます－東学農民革命と帝国日本」より(18)
2015.01.25	268号	13	大和泰彦	ポチョンボ(普天堡)電子楽団研究(18) ワンジェサン(旺戴山)軽音楽団研究(3)
2015.01.25	268号	15	堀内稔	史片(153) 豊峰線工事と朝鮮人労働者
2015.01.25	268号	16	寺岡洋	播磨の古代寺院と造寺・知識集団(35)
2015.01.25	268号	19	飛田雄一	また行ってきました、済州島一周サイクリング
2015.01.25	268号	21	川那辺康一	むくげ食道楽(75) コミュニティカフェ「ナドゥリ」
2015.01.25	268号	23	山根俊郎	書評「王陵と駐屯軍」
2015.01.25	268号	25	堀内稔	書誌探索(168) 朝鮮に関する論文・記事
2015.01.25	268号	27		編集後記
2015.03.29	269号	1	大和泰彦	モランボン(牡丹峰)楽団研究(1)～楽団の登場とメンバーのプロフィール～
2015.03.29	269号	8	堀内稔	史片(154) 矢田川改修工事と朝鮮人労働者
2015.03.29	269号	9	飛田雄一	強制動員真相究明ネットワーク宇部研究集会と長生炭鉱フィールドワーク
2015.03.29	269号	11	山根俊郎	解放後の韓国大衆歌謡の年表(13)(1957年)
2015.03.29	269号	15	深田晃二	朝鮮石人像を訪ねて(35)
2015.03.29	269号	17	信長正義	朴孟洙著『開闢の夢』「東アジアを覚ます－東学農民革命と帝国日本」より(19)
2015.03.29	269号	19	寺岡洋	播磨の古代寺院と造寺・知識集団(36) 広渡廃寺軒平瓦の新羅系「包み込み技法」
2015.03.29	269号	22	尹英順	むくげ食道楽(76) 焼肉韓国料理「明(みょん)」
2015.03.29	269号	23	川那辺康一	書評 金時鐘「朝鮮と日本に生きる-済州島から猪飼野へ-」
2015.03.29	269号	25	堀内稔	書誌探索(169) 朝鮮に関する論文・記事
2015.03.29	269号	27		編集後記
2015.05.31	270号	1	川那辺康一	むくげの会、群山合宿レポート
2015.05.31	270号	7	北原道子	江景を歩く
2015.05.31	270号	8	赤峰美鈴	むくげ群山学習合宿に参加して
2015.05.31	270号	9	堀内稔	むくげ合宿「旅片」私の「韓国語辞典」
2015.05.31	270号	10	寺岡洋	「むくげの会韓国合宿2015in群山」江景・群山・益山を歩く -錦江(白江・白村江)と益山(祝慕密)-
2015.05.31	270号	13	飛田雄一	群山合宿の前に麗水・順天を訪ねました

발행일	지면정보		필자	제목
	권호	페이지		
2015.05.31	270号	15	深田晃二	朝鮮石人像を訪ねて(36)
2015.05.31	270号	17	信長正義	朴孟洙『開闢の夢』「東アジアを覚ます－東学農民革命と帝国日本」より(20)
2015.05.31	270号	19	大和泰和	北朝鮮の連続公演「追憶の歌」を観て(1)
2015.05.31	270号	21	山根俊郎	解放後の韓国大衆歌謡の年表14(1957年-2)
2015.05.31	270号	22	渡辺正恵	むくげ食道楽(77) 神戸サムギョプサル
2015.05.31	270号	24	堀内稔	書誌探索(170) 朝鮮に関する論文・記事
2015.05.31	270号	27		編集後記
2015.07.26	271号	1	飛田雄一	黄埔軍官学校と朝鮮人-神戸・南京をむすぶ会第19次訪中レポート-
2015.07.26	271号	6	山根俊郎	解放後の韓国大衆歌謡の年表(16)(1958年-2)
2015.07.26	271号	9	信長正義	朴孟洙著『開闢の夢』「東アジアを覚ます－東学農民革命と帝国日本」より(22)
2015.07.26	271号	11	堀内稔	研究ノート 戦前、兵庫の朝鮮人団体と児童教育(下)
2015.07.26	271号	16	岡内克江	むくげ食道楽(79) 韓流味食「韓館」
2015.07.26	271号	17	寺岡洋	播磨の古代寺院と造寺・知識集団(38) 「氏寺」と「知識寺」西琳寺(河内)にみる古代寺院の実態
2015.07.26	271号	19	深田晃二	朝鮮石人像を訪ねて(38)
2015.07.26	271号	21	大和泰彦	第6回「サハリンに取り残されたコリアンを訪ねる旅」に参加して
2015.07.26	271号	23	川那辺康一	書評 李興章著『アボジがこえた海、在日朝鮮人一世の戦後』
2015.07.26	271号	25	堀内稔	書誌探索(172) 朝鮮に関する論文・記事
2015.07.26	271号	27		編集後記

미래(MILE)

1 서지적 정보

『미래』는 1988년 6월부터 1996년 12월(87호)까지 오사카에서 발행된 월간 조선정보 잡지이며(Korean Information Magazine, 창간호부터 16호까지는 격월간, 정가 400엔, 55쪽 내외), 발행은 KYCC(이후 주식회사 팬 퍼블리시티으로 변경), 편집장은 논픽션 작가로 유명한 고찬유이다. 주식회사 팬 퍼블리시티(사장은 오호일)는 본 잡지의 발간은 물론, 광고 및 디자인, 기획 설계, 인재 파견업을 운영하는 회사이며, 1991년 6월에 발간된 21호에는 동 회사의 도쿄 및 규슈 영업소 개소 소식을 알리면서, 본 잡지를 포함한 다양한 출판물의 판로를 전국적으로 확보하고 구독자 역시 확대할 수 있는 환경을 만들었다고 전하고 있다.

잡지의 운영적인 측면에서 보면, 1996년 종간호의 휴간 안내 기사에는 「『미래』는 1988년에 창간된 이래, 조선 관계의 문화생활 정보잡지로서 월간으로 발행해 왔습니다만, 이번 호를 마지막으로 휴간에 들어가며, 내년 봄부터 인터넷을 통한 새로운 형태의 정보 발신 기지로서 새롭게 태어나게 되었습니다」(87호)라고 안내하고 있듯이, 동 잡지는 재일조선인의 세대교체에 따른 사회적 의식 변화와 급속도로 국제화가 진행되면서 인터넷을 포함한 멀티미디어 시대의 개막에 따라, 보다 적극적으로 정보를 발신하기 위해 잡지를 종간하고 홈페이지를 개설한다고 밝히고 있다(처음에는 일본어 발신, 이후 조선어, 영어로 확대 발신 계획). 다만, 홈페이지 개설과 관련해서는 편집부로부터 정기구독자들에게는 잔여기간을 계산해서 구독료를 환불해 준다고 전하고 있고, 또한 종간호 직전에 발간된 86호에는 「연간구독을 희망하는 분들에게는 본 잡지 1권 400엔×12개월=4800엔+배송료의 가격을, 배송료·세금 포함해서 4000엔의 할인 가격으로 직접 받아보실 수 있도록 보내드리고 있습니다」(1996년 11월, 86호)라는 안내를 보면, 잡지의 종간과 인터넷 홈페이지를 통한 정보 발신의 전환은 오랜 논의를 거쳐 결정되었다고는 보기 힘들다.

그리고 잡지의 내용적인 측면에서 보면, 1991년 12월에 발간된 27호의 투고 정보 모집 광고를 보면, 「MILE(미래)는 문화·생활·취직·결혼 등 조선 청년에게 도움이 되는 정보를 제공하고, 사람과 사람의 교류를 촉진하기 위한 정보잡지입니다. 뉴스, 문학작품, 그림, 각종 정보, 설문조사 등, 편집부로 많이들 보내 주세요」라고 원고를 모집하고 있듯이, 재일조선인 사회와 문화는 물론이고 조국정세 및 세계정세까지도 소개하고 있다. 특히, 1994년 1월에 발간된 50호 기념 특집호에는 「재외 조선민족을 생각하다」라는 기획 기사가 실려 있는 것에서 알 수 있듯이, 본 잡지는 미국의 코리아타운(1992년 1월-3월 연재, 이후 1993년 10월 49호에는 동 연재의 출판기념 파티를 소개), 중국의 조선족, 그리고 사할린의 한인 등, 일본 국내의 재일조선인뿐 아니라 전 세계의 재외 한인의 생활을 소개하고 있다.

또한, 본 잡지는 재일조선인 집필자뿐만 아니라, 동시대에 활약하는 다양한 분야의 유명인사의 인터뷰를 싣고 있다. 예를 들면, 영화 평론가 사토 다다오, 만화가 치바 데츠야, 여배우 구로야나기 데츠코, 영화 감독 야마다 요지 등, 각 분야의 최전선에서 활약하고 있는 유명인의 작업 현장 및 인생철학을 소개하면서 젊은 세대들에게 삶의 방식에 대한 다양한 메시지를 전하고 있다. 특히, 본 잡지는 매호 「PAN How to 취직」 및 「PAN How to Work」 등의 직업 소개란을 통해서, 젊은 세대들에게 동포기업 및 취업 가능한 일본기업, 그리고 사회인이 가져야 할 기본적인 마인드와 자세 등을 다각적인 측면에서 교육시키고 있다.

2 편집후기(1989년 7월, 7호)

이번 호에서는 보도사진가 마키타 기요시(牧田清) 씨의 도움을 받아 최근 갑자기 클로즈업되고 있는 사할린 재주 조선인을 특집호로 엮었습니다.

사할린(구 가라후토)에는 약 3만 5000명의 조선민족이 살고 있습니다만, 그 대부분은 재일조선인과 비슷한 처우 속에서 생활하고 있으며, 일제 강점기에 조국 땅을 떠난 사람들과 그 자녀들입니다.

현재, 그들의 국적은 「조선」과 「소련」, 그리고 무국적의 세 가지로 분리되어 있습니다만, 일본과는 달리 사회적인 차별 구조가 존재하지는 않습니다. 물론 그렇다고는 하지만, 전후 오랜 기간 동안에 민족 교육을 비롯한 민족적 전통을 억압받아 왔다고 합니다.

그러나 페레스트로이카 시대에 접어들면서 소수민족의 민족성이 다시금 보장받을 수 있게 되었습니다. 이것은 세계적 규모에서 국제화가 진행됨에 따라, 재차 민족 고유의 전통이나 문화의 중요성이 재인식되고 있다는 것을 방증하고 있습니다.

해외 동포의 생활과 권리를 알면 알수록, 재일동포가 처한 현재 상황의 이상성은 선명하게 보이기 시작합니다. 이번 특집호가 재일동포 문제를 생각하는 데 있어 조금이나마 도움이 된다면 기쁘게 생각합니다.

3 목차

발행일	지면정보		필자	제목
	권호	페이지		
1988.06.15	創刊号	20		就職情報
1988.06.15	創刊号	28		ブライダル情報
1988.06.15	創刊号	29		海外旅行 KNOW HOW
1988.06.15	創刊号	30		BESTカップル・夢中人発見!
1988.06.15	創刊号	31		デート記念日-ROMANTIC ASTROLOGY
1988.06.15	創刊号	32		〈LEISURE〉ゴルフ編-経済おかしばなし
1988.06.15	創刊号	33		MOVIE太陽の帝国・VCRキューボラのある街
1988.06.15	創刊号	34		GUIDE イベント
1988.06.15	創刊号	36		ECHO・BOOK・RECYCLE・編輯後記
1988.08.15	Vol.2	3		日高在学朝鮮人学生サマースクール日記-オレたちみんな朝鮮人や!
1988.08.15	Vol.2	8		卵で岩を砕いた在日韓国人政治犯たち
1988.08.15	Vol.2	12		アンニュンハイムニカ フェスティバル-広げよう 民族の輪
1988.08.15	Vol.2	14		オーケストラ&ウリ女性たちの合唱-民族を愛する心のハーモニー
1988.08.15	Vol.2	16		8.15フェスティバル-若い力で統一への展望を開く
1988.08.15	Vol.2	17		相つぐ人権侵害-外登法「改正」は見せかけ
1988.08.15	Vol.2	18		〈THE NEWS&NEWS〉難病に苦しむ崔光撤君の命を救おう!・青年商工人フォーラム
1988.08.15	Vol.2	20		講演&ディーナショー
1988.08.15	Vol.2	21		第8回高麗美術展・同胞学生と企業をむすぶ
1988.08.15	Vol.2	22		歌と詩朗読のタベ・かわいい子供のピアノ大会
1988.08.15	Vol.2	23		安江良介氏講演・在日韓国民主女性の会・ボウリング大会
1988.08.15	Vol.2	24		在日朝鮮学生サマーセミナー・大学新入生歓迎会
1988.08.15	Vol.2	25		朝鮮人被爆者写真展・「神々の履歴書」上映
1988.08.15	Vol.2	26		〈INTERVIEW〉金智碩(役者・脚本家)・ウリマルの攻撃性旗印、舞台は奇襲の場
1988.08.15	Vol.2	28		〈INTERVIEW〉太平サブロー・シローさん(漫才師)
1988.08.15	Vol.2	30		KYCCリクルート情報
1988.08.15	Vol.2	37		注目を集める朝鮮文化の情報発信地・錦編文庫
1988.08.15	Vol.2	38		〈ENTER PRISE〉株式会社河万
1988.08.15	Vol.2	39		〈SIGN BOARD〉三平
1988.08.15	Vol.2	40		BESTカップル・夢中人発見!
1988.08.15	Vol.2	41		デート記念日-ROMANTIC ASTROLOGY
1988.08.15	Vol.2	42		〈LEISURE〉AEROBICS編・経済おかしばなし
1988.08.15	Vol.2	43		MOVIEウィロー・VCRわが青春のとき
1988.08.15	Vol.2	44		イベントGUIDE
1988.08.15	Vol.2	46		BOOK・読者アンケート
1988.08.15	Vol.2	47		「MILE」の反響・創刊記念パーティー
1988.08.15	Vol.2	48		ECHO・RECYCLE・編輯後記

발행일	지면정보		필자	제목
	권호	페이지		
1988.10.15	Vol.3	3		〈RUNNING TO THE FUTURE〉不思議の世界のプリンス・安聖友
1988.10.15	Vol.3	6		〈INTERVIEW〉「潤街」は出発点(シナリオライター・金秀吉)
1988.10.15	Vol.3	7		青磁に賭ける(陶芸家・金日根)
1988.10.15	Vol.3	8		〈SEOUL OLYMPIC〉第24回ソウル・オリンピック 私はこう思う
1988.10.15	Vol.3	12		〈KOREAN LISING IN CHINA〉中国朝鮮族青年たち
1988.10.15	Vol.3	14		〈NEWS〉生野民族文化祭
1988.10.15	Vol.3	15		〈NEWS〉同胞日高生の文化公演
1988.10.15	Vol.3	16		〈NEWS〉共和病院で文化公演・朝鮮舞踊発表会・青年学生吹奏楽演奏会
1988.10.15	Vol.3	17		〈NEWS〉李愛珠民族舞牌・38度線連続講座
1988.10.15	Vol.3	18		〈NEWS〉本名で甲子園出場・光撤君。安らかに眠れ…
1988.10.15	Vol.3	19		〈NEWS〉金人吉個展
1988.10.15	Vol.3	20		〈COFFEE BREAK WITH YOU〉「身世打鈴」-人芝居の旅(女優・新屋英子)
1988.10.15	Vol.3	22		〈TREND WATCHING〉在日同胞学生職業選択トレンドは？
1988.10.15	Vol.3	31		〈ENTER PRISE〉亀井建設株式会社
1988.10.15	Vol.3	31		〈SIGN BOARD〉りとるしあたー
1988.10.15	Vol.3	32		〈BRAIDAL〉結婚式までのプロセス
1988.10.15	Vol.3	33		〈CONGRATULATION〉ベスヨカップル
1988.10.15	Vol.3	33		〈ROMANTIC ASTROLOGY〉血液型占い
1988.10.15	Vol.3	34		〈BUSINIESS NONFICTION〉夢中人発見
1988.10.15	Vol.3	34		〈MEMORIAL DAY〉デート記念日
1988.10.15	Vol.3	35		〈LEISURE〉モクラン山の会
1988.10.15	Vol.3	35		〈CARYOON〉経済おかしばなし
1988.10.15	Vol.3	36		〈BOOK〉「白紙」韓国新入漫画家作品集-中国朝鮮族
1988.10.15	Vol.3			〈ENQUETE〉読者アンケート
1988.10.15	Vol.3	37		〈MOVIE〉ディープ・ブルー・ナイト
1988.10.15	Vol.3	38		〈VIDEO〉戦争と人間
1988.10.15	Vol.3	38		〈GUIDE〉イベントガイド
1988.10.15	Vol.3	40		エコー リサイクル 編輯後記
1988.12.15	Vol.4	3		〈RUNNING TO THE FUTURE〉Heart And Dreamを追いかける・呉竜幸
1988.12.15	Vol.4	6		〈INTERVIEW〉プロモデル・鄭文寿
1988.12.15	Vol.4	7		〈INTERVIEW〉京大大学院生・梁宮好
1988.12.15	Vol.4	8		〈INTERVIEW〉コンパニオン派遣業・韓智子
1988.12.15	Vol.4	10		〈ART MUSEUM〉高麗美術館オープン
1988.12.15	Vol.4	12		〈LECTURE〉故全泰壱氏の妹・全順玉さん来日

발행일	지면정보		필자	제목
	권호	페이지		
1988.12.15	Vol.4	16		〈NEWS〉第6回生野民族文化祭
1988.12.15	Vol.4	17		〈NEWS〉大阪朝鮮幼稚班園児たちの歌と踊り
1988.12.15	Vol.4	17		〈NEWS〉朝鮮文化に親しむ東大阪子どもの集い
1988.12.15	Vol.4	18		〈NEWS〉神戸朝高生に奨学金適用
1988.12.15	Vol.4	18		〈NEWS〉錦繍文庫開設1周年記念
1988.12.15	Vol.4	18		〈NEWS〉初芝高校が演劇を上演
1988.12.15	Vol.4	19		〈NEWS〉11.29大阪集会
1988.12.15	Vol.4	19		〈NEWS〉韓学同全国総合文化祭
1988.12.15	Vol.4	19		〈NEWS〉第2回朝鮮人学生コンサート
1988.12.15	Vol.4	20		〈NEWS〉黄土展&むじげ展
1988.12.15	Vol.4	20		〈NEWS〉安聖友リサイタル「ワンダーランド」
1988.12.15	Vol.4	20		〈NEWS〉朝青生野西支部第2回紅白歌合戦
1988.12.15	Vol.4	21		〈NEWS〉在韓被爆者救援する市民の会が署名運動
1988.12.15	Vol.4	21		〈NEWS〉朝鮮地図入りの下数製作販売
1988.12.15	Vol.4	21		〈NEWS〉高級楽器廉価販売「クレスコ」オープン
1988.12.15	Vol.4	22		〈PHOTOGRAPH〉砂漠の朝鮮族を撮る
1988.12.15	Vol.4	26		〈COFFEE BREAK WITH TOU〉新体操·山崎浩子
1988.12.15	Vol.4	28		〈RECRUIT IMFORMATION〉KYCCリクルート情報
1988.12.15	Vol.4	38		〈ENTER PRISE〉ベニスグループ
1988.12.15	Vol.4	39		〈SIGN BOARD〉ハンプティー·ダンプティー
1988.12.15	Vol.4	40		〈BRIDAL〉結婚式までのプロセス
1988.12.15	Vol.4	42		〈CONGRATULATIONS〉ベストカプル
1988.12.15	Vol.4	42		〈ROMATIC ASTROLOGY〉12星座&血液型占い
1988.12.15	Vol.4	43		〈YOUNG KOREAN〉夢中人発見
1988.12.15	Vol.4	43		〈MEMORIAL DAY〉デート記念日
1988.12.15	Vol.4	44		〈LEISURE〉スキー
1988.12.15	Vol.4	44		〈CARTOON〉結婚おかしばなし
1988.12.15	Vol.4	45		〈MOVIE〉ロジャーラビット
1988.12.15	Vol.4	45		〈VIDEO〉にあんちゃん
1988.12.15	Vol.4	46		〈GUIDE〉イベントガイド
1988.12.15	Vol.4	46		〈RECYCLE〉イサイクル
1988.12.15	Vol.4	47		〈ENQUETE〉アンケート
1988.12.15	Vol.4	48		〈MILE PAGE〉フック·エコー·編輯後記
1989.04.15	Vol.6	3		〈RUNNING TO THE FUTURE〉国際舞台に躍るピアニスト·韓伽倻
1989.04.15	Vol.6	6		〈INTERVIEW〉画家·金英淑
1989.04.15	Vol.6	7		〈INTERVIEW〉エレクトーン·張修吉
1989.04.15	Vol.6	8		〈TOPICS〉自立をつらぬく障害者·李義明さんの場合

발행일	지면정보		필자	제목
	권호	페이지		
1989.04.15	Vol.6	12		〈NEWS〉韓伽倻ピアノ・リサイガル
1989.04.15	Vol.6	12		〈NEWS〉日朝友好阪神地区小・中学生の集い
1989.04.15	Vol.6	13		〈NEWS〉金洪才楽壇デビー10周年記念コンサート
1989.04.15	Vol.6	14		〈NEWS〉大阪同胞家族対抗のど自慢大会
1989.04.15	Vol.6	14		〈NEWS〉世界青年学生祭典記念スケートヒェスティバル
1989.04.15	Vol.6	15		〈NEWS〉アパルトヘイト反対3.21ビッグコンサート
1989.04.15	Vol.6	15		〈NEWS〉新屋英子一人芝居「白いチョゴリの被爆者」
1989.04.15	Vol.6	16		〈NEWS〉第13回世界青年学生祭典平壌ツアー募集
1989.04.15	Vol.6	16		〈NEWS〉第9回高麗美術展開催
1989.04.15	Vol.6	17		〈NEWS〉チェサのビデオ映画化進行
1989.04.15	Vol.6	17		〈NEWS〉民族と伝統を伝える陶芸教室
1989.04.15	Vol.6	17		〈NEWS〉連続講座「在日朝鮮人・人権セミナー」
1989.04.15	Vol.6	18		〈COFFEE BREAK WITH YOU〉歌手 上田正樹さん
1989.04.15	Vol.6	20		〈HUMAN LIGHTS〉在日同胞の権利と生活・外国人登録法
1989.04.15	Vol.6	22		〈EMPLOYMENT〉KYCC就職情報センター
1989.04.15	Vol.6	38		〈ENTER PRISE〉明邦化学工業株式会社
1989.04.15	Vol.6	39		〈SIGN BOARD〉たこ焼処・蛸之徹
1989.04.15	Vol.6	40		〈BRIDAL〉婚礼の歴史
1989.04.15	Vol.6	42		〈CONGRATULATIONS〉ベストカップル
1989.04.15	Vol.6	42		〈ROMATIC ASTROLOGY〉四柱推命&手相学
1989.04.15	Vol.6	43		〈YOUNG KOREAN〉夢中人発見
1989.04.15	Vol.6	43		〈MEMORIAL〉デート記念日
1989.04.15	Vol.6	44		〈LEISURE〉健康ランド
1989.04.15	Vol.6	44		〈CARTOON〉経済おかしばなし
1989.04.15	Vol.6	45		〈MOVIE〉レインマンVSミシシッピ・バーニング
1989.04.15	Vol.6	45		〈VIDEO〉絞死刑
1989.04.15	Vol.6	46		〈GUIDE〉イベントガイド
1989.04.15	Vol.6	46		〈VOCE〉読者の声
1989.04.15	Vol.6	46		〈RECYCLE〉リサイクル
1989.04.15	Vol.6	48		〈MILE PAGE〉ブック・エコー・編輯後記
1989.06.15	Vol.7	3		〈RUNNING TO THE FUTURE〉決してわすれない、あなたとの想い出も、この街も「潤の街」
1989.06.15	Vol.7	6		〈INTERVIEW〉目標は全日本選手権大会優勝・呉昌憲さん
1989.06.15	Vol.7	7		〈INTERVIEW〉南北統一チームのコーチが夢・金一波さん
1989.06.15	Vol.7	8		〈TOPICS〉世界170カ国若人が集う・第13回世界青年学生祭典
1989.06.15	Vol.7	10		〈TOPICS〉訪日韓国人100人に聞く-意識調査INよかトピア
1989.06.15	Vol.7	12		〈TOPICS〉祖国よ、その日がくる-元死刑囚・康宗憲氏獄中13年
1989.06.15	Vol.7	14		〈NEWS〉虐殺された朝鮮人労働者「追悼碑を建立する会」結成

발행일	지면정보		필자	제목
	권호	페이지		
1989.06.15	Vol.7	14		〈NEWS〉朝鮮の自主的平和統一促進を・日朝青年連帯集会
1989.06.15	Vol.7	14		〈NEWS〉女たちの猪飼野・太田順-写真展
1989.06.15	Vol.7	15		〈NEWS〉韓国労働運動の実態を訴える・権仁淑さんを囲む会
1989.06.15	Vol.7	16		〈NEWS〉若い同胞美術家作品展示・高麗美術展開催
1989.06.15	Vol.7	16		〈NEWS〉音楽を愛する子供・高麗音楽センター生徒演奏会
1989.06.15	Vol.7	17		〈NEWS〉斬新な演出で観客魅了・「千年の孤独」上演
1989.06.15	Vol.7	17		〈NEWS〉身障者がつくる表現空間劇団態変公演「銀河反乱'89」
1989.06.15	Vol.7	18		〈NEWS〉5月病ぶっとばセミナー・朝文研連絡会
1989.06.15	Vol.7	18		〈NEWS〉華やかに民族舞踊パレード・東大阪市民ふれあい祭り
1989.06.15	Vol.7	18		〈NEWS〉連続講座「在日朝鮮人人権セミナー」
1989.06.15	Vol.7	19		〈NEWS〉カムバック戦でK・O勝ち・千里馬啓徳
1989.06.15	Vol.7	19		〈NEWS〉BOOKプレジント
1989.06.15	Vol.7	20		〈NEWS〉朝鮮学校生徒に対するJR通学定期券割高運賃是正を!
1989.06.15	Vol.7	21		〈NEWS〉東洋画を現代画に昇華させた巨匠 顧庵李応魯展
1989.06.15	Vol.7	22		〈COFFEE BREAK WITH TOU〉朝鮮民族をドキュメントする・フリーカメラマン山本将文さん
1989.06.15	Vol.7	24		〈EMPLOYMENT〉KYCC就職情報センター
1989.06.15	Vol.7	32		〈PHOTOGRAPH〉ペレストロイカと在住朝鮮人・サハリン
1989.06.15	Vol.7	48		〈HUMAN LIGHTS〉在日同胞の生活と権利・外国人登録法
1989.06.15	Vol.7	50		〈ENTER PRISE〉月城製作所
1989.06.15	Vol.7	51		〈SIGN BOARD〉ジュエリー・ヨシカワ
1989.06.15	Vol.7	52		〈BRIDAL〉伝統婚礼式・四礼
1989.06.15	Vol.7	54		〈CONGRATULATIONS〉ベストカップル
1989.06.15	Vol.7	54		〈ROMATIC ASTROLOGY〉四柱推命&手相学
1989.06.15	Vol.7	55		〈YOUNG KOREAN〉夢中人発見
1989.06.15	Vol.7	55		〈MEMORIAL DAY〉デート記念日・淡路愛ランド
1989.06.15	Vol.7	56		〈LEISURE〉ライブハウス
1989.06.15	Vol.7	56		〈CARTOON〉経済おかしばなし
1989.06.15	Vol.7	57		〈MOVIE〉潤の街
1989.06.15	Vol.7	57		〈VIDEO〉三代目襲名
1989.06.15	Vol.7	57		〈BOOK〉人麻呂の暗号
1989.06.15	Vol.7	58		〈GUIDE〉イベントガイド
1989.06.15	Vol.7	58		〈RECYCLE〉リサイクル
1989.06.15	Vol.7	60		〈MILE PAGE〉エコー・読者の声・編輯後記
1989.08.15	Vol.8	3		〈RUNNING TO THE FUTURE〉昇り竜白い竜 ロック歌手白竜
1989.08.15	Vol.8	6		〈INTERVIEW〉ピアノ教室の開講をめざして 金幸代さん
1989.08.15	Vol.8	7		〈INTERVIEW〉同胞のステージを作りたい 呉光雨さん
1989.08.15	Vol.8	8		〈TOPICS〉第13回世界青年学生祭典開催世界五大陸180カ国青年の心結ぶ

발행일	지면정보		필자	제목
	권호	페이지		
1989.08.15	Vol.8	14		〈NEWS〉苛酷鉱山労動実態再現-丹波マンガン記念館
1989.08.15	Vol.8	15		〈NEWS〉大阪ジュニア選手権大会·朝青朝銀文化公演
1989.08.15	Vol.8	16		〈NEWS〉阪神教育闘争精神継承マダンクッ「ウリエソウォン」·在日朝鮮人·人権セミナー
1989.08.15	Vol.8	17		〈NEWS〉母国語の文学作品集を発行(「詩と朗読のタベ」)·「李応魯展」盛況裏に開催
1989.08.15	Vol.8	18		〈NEWS〉朝·日友好学生集·「朝鮮人お断り」を許すな/入居差別問題を提訴
1989.08.15	Vol.8	19		〈NEWS〉金成亀ジャズコンサート·青少年ピアノオーディション·戦う民衆の歌をテープに
1989.08.15	Vol.8	20		〈NEWS〉就職情報誌「ヒム」を発行·同胞企業研究セミナー開催
1989.08.15	Vol.8	21		〈NEWS〉ONE KOREAの展望を「8.15フェスティバル」·牧田清写真展「樺太弁のオモイ」開催
1989.08.15	Vol.8	22		〈COFFEE BREAK WITH YOU〉コミックマジックのインターテイナーゼンジー北京さん
1989.08.15	Vol.8	24		KYCC就職センター·「就業人としてのマナー」
1989.08.15	Vol.8	29		〈PHOTOGRAPH〉山本将文「全国巡回写真保卑展」「四カ国の朝鮮民族を撮る」
1989.08.15	Vol.8	44		〈HUMAN LIGHTS〉在日同胞の生活と権利(4) 在日同胞の国籍問題
1989.08.15	Vol.8	46		〈ENTER PRISE〉共立製作所
1989.08.15	Vol.8	47		〈SIGN BOARD〉レストランバー·クラブD'ya
1989.08.15	Vol.8	48		ブライダル情報　伝統結婚式·四礼
1989.08.15	Vol.8	50		BESTカップル·ROMATIC ASTROLOGY
1989.08.15	Vol.8	51		デート記念日
1989.08.15	Vol.8	52		〈LEISURE〉ウインドサーフィン·経済はなしばなし
1989.08.15	Vol.8	53		〈MOVIE〉インティ·ジョーンズ最後の聖戦
1989.08.15	Vol.8	53		〈VIDEO〉青春の門
1989.08.15	Vol.8	53		〈BOOK〉「樹の部落」
1989.08.15	Vol.8	54		EVENT GUIDE
1989.08.15	Vol.8	56		〈MILE PAGE〉ECHO·読者の声·編集後記
1989.10.15	Vol.9	5		〈RUNNING TO THE FUTURE〉アクリルに描く色と光の世界 崔広子
1989.10.15	Vol.9	8		〈INTERVIEW〉モハメド·アリにあこがれて 白茂雄さん
1989.10.15	Vol.9	9		〈INTERVIEW〉手作りで自分たちの舞台を 梁茂一さん
1989.10.15	Vol.9	10		〈TOPICS〉ゲリラ的なウリマル演劇をめじす「アラン3世」旗場げ公演
1989.10.15	Vol.9	12		〈TOPICS〉こだまするシュプレヒコール「朝鮮人最高!」サマースクール·サマーセミナー
1989.10.15	Vol.9	14		〈TOPICS〉歌手智鈴華さっそうとデビュー

발행일	지면정보		필자	제목
	권호	페이지		
1989.10.15	Vol.9	16		〈NEWS〉オール関西フェスティバルでグランプリを獲得-活躍すッ文芸同舞踊部
1989.10.15	Vol.9	17		〈NEWS〉コッポンオリ画家朝鮮画特別展・同胞囲碁(将棋大会)
1989.10.15	Vol.9	18		〈NEWS〉朝鮮料理店経営セミナー・在日朝鮮人人権セミナー
1989.10.15	Vol.9	19		〈NEWS〉大阪カッカーフェステシバル・NHK全国音楽コンクール
1989.10.15	Vol.9	20		〈NEWS〉金剛山歌劇団連続公演・朝鮮舞踊研究所発表会・ビデオテープ無料貸出し
1989.10.15	Vol.9	21		〈NEWS〉ハングル研究会マダンノリ・生野民族文化祭・環状線一周連鎖デモ
1989.10.15	Vol.9	22		〈NEWS〉富山妙子版画展・山本将文全国巡回写真報告展
1989.10.15	Vol.9	24		〈体験記〉統一はすでに始まった!「国際平和大行進体験記」関西大学4回生申哲文
1989.10.15	Vol.9	26		〈COFFEE BREAK WITH TOU〉お笑い旋風を巻き起こす夫婦漫才 大助・花子
1989.10.15	Vol.9	28		KYCC就職センター・「高校・大学生アンケート」
1989.10.15	Vol.9	40		在日同胞の生活と権利(5) 在日同胞の国籍問題2
1989.10.15	Vol.9	42		〈ENTER PRISE〉(株)三協商事
1989.10.15	Vol.9	43		〈SIGN BOARD〉喫茶「美術館」・お好み焼「伊古奈」
1989.10.15	Vol.9	44		民族の風習・祭祀を映像化ビデオ版「チェサ」を製作
1989.10.15	Vol.9	46		ブライダル情報 伝統結婚式・四礼
1989.10.15	Vol.9	48		BESTカップル・ROMATIC ASTROLOGY
1989.10.15	Vol.9	49		夢中人発見・デート記念日
1989.10.15	Vol.9	50		〈LEISURE〉陶芸教室・経済はなしばなし
1989.10.15	Vol.9	51		〈MOVIE〉利休
1989.10.15	Vol.9	51		〈VIDEO〉戦場のメリークリスマス
1989.10.15	Vol.9	51		〈BOOK〉中国の朝鮮族
1989.10.15	Vol.9	52		EVENT GUIDE
1989.10.15	Vol.9	54		〈MILE PAGE〉ECHO・読者の声・編輯後記
1989.12.15	Vol.10	10		〈Reportage〉雪に埋もれた朝鮮人強制連行-北海道・朱鞠内ダムの遺骨掘りおこし運動
1989.12.15	Vol.10	5		〈Running to the future〉人間らしく自分をみつめて-尹青眠
1989.12.15	Vol.10	8		〈Interview〉道着に赤文字で「高麗」と…-韓承弘
1989.12.15	Vol.10	9		〈Interview〉町の名物仕掛人になりたい・金星光
1989.12.15	Vol.10	14		〈News〉東大阪日朝歴史散歩・東大阪子どもの集い
1989.12.15	Vol.10	15		〈News〉第七回生野民族文化祭・韓学同全国総合文化祭
1989.12.15	Vol.10	16		〈News〉李景朝チャリティ個展・ウリ三人展開催
1989.12.15	Vol.10	17		〈News〉国際学術シンポジウム・在日朝鮮人人権セミナー・梅田明月館ディナージョー
1989.12.15	Vol.10	18		〈News〉11.30大阪集会・「韓国問題研究所」開設

발행일	지면정보		필자	제목
	권호	페이지		
1989.12.15	Vol.10	19		〈News〉共和国産松葉ガニ特価販売・ビデオテープ無料貸出し
1989.12.15	Vol.10	22		〈Coffee break with you〉韓国との出会いが人生を変えた-戸田郁子
1989.12.15	Vol.10	24		今明らかにされる強制連行の記録 兵庫県下の在日朝鮮人の足跡を訪ねる
1989.12.15	Vol.10	26		PAN就職情報センター
1989.12.15	Vol.10	38		チョゴリを引き裂き子どもをいじめる「市民」たち 続発する朝鮮人への暴行・暴言
1989.12.15	Vol.10	40		在日同胞の生活と権利
1989.12.15	Vol.10	42		エンタープライズ・サインボード-ブライダル通信/ベストカップル/ロマンチックアストロジー
1989.12.15	Vol.10	50		(株)パン・パブリシティー発足のお知らせ・PAN企画スキーツアー
1989.12.15	Vol.10	50		イベントガイド・ミレページ
1990.03.15	Vol.11	10		日系企業全は員解雇ＷＰ撤回せよ!-亜細亜スワニー労組の闘い
1990.03.15	Vol.11	36		立ち退きと闘うウトロの在日朝鮮人-脅かされる同胞の生存権
1990.03.15	Vol.11	5		〈Running to the future〉難関を乗り越え道を求める-金昌根
1990.03.15	Vol.11	8		〈Interview〉最後の大会は本名で出ようと-康泰宗
1990.03.15	Vol.11	9		〈Interview〉患者さんに笑顔で接します。-金明仙
1990.03.15	Vol.11	14		〈News〉大阪朝鮮吹奏楽団演奏会
1990.03.15	Vol.11	15		〈News〉日本高校在学生文化公演・ウリ高校奨学生文化祭
1990.03.15	Vol.11	16		〈News〉第20回日・朝友好美術展・大阪府駅伝マラソン大会・各地朝青が白銀の世界へ
1990.03.15	Vol.11	17		〈News〉ネットワーク局を開局・共和国産松葉ガニ特価販売・ビデオテープ無料貸出し
1990.03.15	Vol.11	18		〈News〉在日朝鮮人人権セミナー・民主化と統一のための集い
1990.03.15	Vol.11	19		〈News〉本社設立祝賀パーティ
1990.03.15	Vol.11	22		〈Coffee break with you〉女性の励みになれたらうれしい。-里中満智子さん
1990.03.15	Vol.11	24		PAN就職情報センター
1990.03.15	Vol.11	40		在日同胞の生活と権利
1990.03.15	Vol.11	42		詩と随筆-趙南哲
1990.03.15	Vol.11	43		ECHO&BOOK-朴才映
1990.03.15	Vol.11	46		エンタープライズ・サインボード
1990.03.15	Vol.11	47		ブライダル通信・ベストカップル・ロマンチックストロジー・夢中人発見・デート記念日レジャー・マンガ・ムービー・ビデオ
1990.03.15	Vol.11	48		イベントガイド・ミレページ
1990.05.15	Vol.12	10		〈Topics〉徐勝氏非転向貫釈放!-しっかり抱きあう４兄弟
1990.05.15	Vol.12	25	小山師人	ロスアンジェルスのコリアンタウンレポート-

발행일	지면정보		필자	제목
	권호	페이지		
1990.05.15	Vol.12	5		〈Running to the future〉芸術の世界へいざなうタクト-金洪才
1990.05.15	Vol.12	8		〈Interview〉基礎科学の研究は先駆者-宋秀憲
1990.05.15	Vol.12	9		〈Interview〉体を動かさないとムズムズ-張加子
1990.05.15	Vol.12	16		〈News〉名曲に酔う京響コンサート
1990.05.15	Vol.12	17		〈News〉祭祀を知り民族を語るタベ
1990.05.15	Vol.12	18		〈News〉憂歌団ライブ2.26平壌事件
1990.05.15	Vol.12	19		〈News〉千里馬選手リングを去る
1990.05.15	Vol.12	20		〈News〉亜細亜スワニー労組の闘い
1990.05.15	Vol.12	21		〈News〉全労協支援コンサート
1990.05.15	Vol.12	22		〈News〉日高在学生達の文化公演、日・朝小・中学生の集い
1990.05.15	Vol.12	23		〈News〉在日ミニコミブックフェア・PAN企画スキーツアー
1990.05.15	Vol.12	24		〈News〉政策の是正を国会に要請・朝鮮青年学生署名運動・「ヒム」第4号のお知らせ
1990.05.15	Vol.12	30		〈Coffee break with you〉仕事を通しての成長って大切-井上都さん
1990.05.15	Vol.12	32		PAN就職情報センター
1990.05.15	Vol.12	44		在日同胞の生活と権利
1990.05.15	Vol.12	46		詩と随筆-趙南哲
1990.05.15	Vol.12	47		ECHO&BOOK-朴才映
1990.05.15	Vol.12	50		エンタープライズ・サインボード
1990.05.15	Vol.12	51		ブライダル通信・ベストカップル・ロマンチックストロジー・夢中人発見・デート記念日レジャー・マンガ・ムービー・ビデオ
1990.05.15	Vol.12	52		イベントガイド・ミレページ
1990.07.15	Vol.13	10		〈Topics〉原爆被災に対する謝罪・補償を!-朝鮮人被爆者は訴える
1990.07.15	Vol.13	27		〈Topics〉歴史は清算されるのか-金世哲
1990.07.15	Vol.13	30		〈Topics〉「1991年問題は何か」
1990.07.15	Vol.13	5		〈Running to the future〉コートに炸裂チョソンパワー
1990.07.15	Vol.13	8		〈Interview〉自分自身に挑戦したい-李石
1990.07.15	Vol.13	9		〈Interview〉僕の絵は魂で描いている-李扇鳳
1990.07.15	Vol.13	16		差別と暴力を許すな-ウリ学生に対する暴行事件
1990.07.15	Vol.13	18		〈News〉第10回高麗美術展
1990.07.15	Vol.13	20		〈News〉風山仮面劇公演
1990.07.15	Vol.13	21		〈News〉空手道拳道会大演武会
1990.07.15	Vol.13	22		〈News〉「テレ恨カード」発売
1990.07.15	Vol.13	23		〈News〉徐勝さん 19年ぶりの日本在日政治犯新たに8人釈放
1990.07.15	Vol.13	24		〈News〉金素月の詩による音楽のタベ
1990.07.15	Vol.13	25		〈News〉長田マダン・4.24阪神教育闘争記念集会・ビデオテープ貸し出し

발행일	지면정보		필자	제목
	권호	페이지		
1990.07.15	Vol.13	26		〈News〉丹波マンガン記念館1周年
1990.07.15	Vol.13	34		大阪・兵庫同胞大フェスティバル
1990.07.15	Vol.13	37		〈Coffee break with you〉人間は違いがあるから学び合える-落合恵子
1990.07.15	Vol.13	40		PAN就職情報センター
1990.07.15	Vol.13	51		名古屋のふれあいパーティー
1990.07.15	Vol.13	56		詩と随筆-趙南哲
1990.07.15	Vol.13	57		ECHO-朴才映
1990.07.15	Vol.13	58		エンタープライズ・サインボード
1990.07.15	Vol.13	59		ブライダル通信・ベストカップル・ロマンチックストロジー・夢中人発見・デート記念日レジャー・マンガ・ムービー・ビデオ
1990.07.15	Vol.13	60		イベントガイド・ミレページ
1990.09.15	Vol.14	10	崔蒼永	〈Topics〉ソ連ハバロフスク・自由市場のオモニたち
1990.09.15	Vol.14	28		〈Topics〉スルギの時代の到来を告げる地響き　劇団「アラン三世」-「朝の国に天馬よ天馬よ」公演
1990.09.15	Vol.14	44		〈Topics〉民衆が真の勝利者徐勝氏獄中闘争19年を語る
1990.09.15	Vol.14	49		〈Topics〉45年目の真実・朝鮮人徴用工3人の死-川瀬俊治
1990.09.15	Vol.14	5		〈Running to the future〉キャンバスに表現される民族の色-金石出
1990.09.15	Vol.14	8		〈Interview〉ピアノは一生の友達-朴佳蓮
1990.09.15	Vol.14	9		〈Interview〉祖国を歌い続けて15年-趙世嶺
1990.09.15	Vol.14	18		〈News〉大阪朝高「高体連」へ要請書提出
1990.09.15	Vol.14	20		〈News〉凡民族大会成功に向けて
1990.09.15	Vol.14	21		〈News〉朝銀ヤングクラブ結成
1990.09.15	Vol.14	22		〈News〉朝鮮学国際学術討論会・同胞企業合同研究セミナー
1990.09.15	Vol.14	23		〈News〉大阪朝鮮歌舞団25周年・金剛山歌劇団公演
1990.09.15	Vol.14	24		〈News〉ひとり芝居「夢は果てず」・ヘーゲル哲学の大著を出版
1990.09.15	Vol.14	25		〈News〉アニメ「キムの十字架」・ビデオ「隣国とのふれあい」完成
1990.09.15	Vol.14	26		百済古念仏寺(現統国寺)の謎を解く
1990.09.15	Vol.14	30		「現代韓国の女性運動」を語る-李順愛氏講演
1990.09.15	Vol.14	15		〈Coffee break with you〉一番大事なことは日常生活の中に-黒田清
1990.09.15	Vol.14	34		PAN就職情報センター
1990.09.15	Vol.14	52		歴史は告発する-在日朝鮮人形成史
1990.09.15	Vol.14	56		詩と随筆-趙南哲
1990.09.15	Vol.14	57		ECHO-朴才映
1990.09.15	Vol.14	58		エンタープライズ・サインボード

발행일	지면정보		필자	제목
	권호	페이지		
1990.09.15	Vol.14	59		ブライダル通信・ベストカップル・ロマンチックストロジー・夢中人発見・デート記念日レジャー・マンガ・ムービー・ビデオ
1990.09.15	Vol.14	60		イベントガイド・ミレページ
1990.11.15	Vol.15	10		〈Topics〉凡民族大会に参加して-白頭から漢拏まで祖国はひとるだ-金陸司
1990.11.15	Vol.15	30		〈Topics〉アジア・太平洋地域の戦争犠牲者に　思いを馳せ、心に刻む集会
1990.11.15	Vol.15	46		〈Topics〉強制連行を考える全国集会
1990.11.15	Vol.15	5		〈Running to the future〉「歌」に「民族」を表現する無法者-洪栄雄
1990.11.15	Vol.15	8		〈Interview〉自分なりの音楽をやいたい-高昌師
1990.11.15	Vol.15	9		〈Interview〉もの真似でない民族文化を-金君姫
1990.11.15	Vol.15	16		〈News〉国立平壤芸術団来日公演
1990.11.15	Vol.15	18		〈News〉創作劇「一粒の稲」上演
1990.11.15	Vol.15	20		〈News〉第11回全朝教研究集会
1990.11.15	Vol.15	21		〈News〉第10回朝鮮舞踊研究発表会
1990.11.15	Vol.15	22		〈News〉ヒム・ネジャ大阪朝高サッカー一部
1990.11.15	Vol.15	23		〈News〉サマースクール
1990.11.15	Vol.15	24		〈News〉劇団アラン3世関西組公演
1990.11.15	Vol.15	25		〈News〉寝屋川ハングル講座・「キムの十字架」貸出し・ビデオテープ貸出し
1990.11.15	Vol.15	26		〈News〉「同胞と社会科学」第6号・「韓国月報」創刊・児童文学誌「サリコ」
1990.11.15	Vol.15	27		〈Coffee break with you〉芝居はユートピアへの実験室-木村光一
1990.11.15	Vol.15	34		PAN就職情報センター
1990.11.15	Vol.15	35		アンケート募集
1990.11.15	Vol.15	43	崔蒼永(文) 松本雅春(写真)	アンジェイ・ブジェゾフスキ監督直撃インタビュー
1990.11.15	Vol.15	52		ブライダル通信
1990.11.15	Vol.15	54		サハリンの朝鮮料理店-陣内満
1990.11.15	Vol.15	56		詩と随筆-趙南哲
1990.11.15	Vol.15	57		ECHO-朴才映
1990.11.15	Vol.15	58		サインボード
1990.11.15	Vol.15	59		BOOK・マンガ・ベストカップル・ロマンチックストロジー・夢中人発見・デート記念日レジャー・マンガ・ムービー・ビデオ
1990.11.15	Vol.15	60		イベントガイド・ミレページ
1991.02.01	Vol.17	8		〈平和の砦〉松代大本営跡を行く
1991.02.01	Vol.17	13		〈INTERVIEW〉笑い・風刺で時代を斬る-政治漫画の鬼才・蔡峻

발행일	지면정보		필자	제목
	권호	페이지		
1991.02.01	Vol.17	27		「神々から土俗へ」真実のあぶりだし-前田憲二
1991.02.01	Vol.17	48		埋もれた歴史を掘りおこすために　大阪府朝鮮人強制連行真相調査団発足
1991.02.01	Vol.17	52		私のふるさとに住んだコリアの少年－ジョセプ　ポラック
1991.02.01	Vol.17	3		〈RUNNING TO THE FUTURE〉あこがれをもって夢を追いつづけたアルピニスト-安栄種
1991.02.01	Vol.17	18		〈TOPICS〉朝鮮合作映画「騎馬民族国家高句麗編」上映
1991.02.01	Vol.17	19		〈TOPICS〉全教組カレンダー販売
1991.02.01	Vol.17	20		〈TOPICS〉創作パンソリ「五月光州」上演
1991.02.01	Vol.17	22		〈TOPICS〉朝・日親善ジュニア・ユースサッカー
1991.02.01	Vol.17	23		〈TOPICS〉「サムルノリ」日本公演
1991.02.01	Vol.17	24		〈TOPICS〉人権センター
1991.02.01	Vol.17	25		〈TOPICS〉在日外国人視覚障害者懇談会
1991.02.01	Vol.17	26		〈TOPICS〉文芸同大阪美術展開催・「現代の部落差別」出版
1991.02.01	Vol.17	30		〈COFFEE BREAK WITH YOU〉ちっぽけでも疑問を捨てないことが大切-楠田枝里子さん
1991.02.01	Vol.17	34	若一光司	〈連載〉「在日コリアン・レポート」..その②
1991.02.01	Vol.17	56		〈連載〉〈ANTENNA〉祖国情勢盛南北民間交流計画
1991.02.01	Vol.17	57		〈連載〉〈ANTENNA〉世界情勢 カンボジア紛争の解決は
1991.02.01	Vol.17	58		〈連載〉〈ENTER PRISE〉株式会社遠藤電気設備コンサルタント　朴龍基社長
1991.02.01	Vol.17	62	金徳竜	〈連載〉在日朝鮮人教育小史(1)
1991.02.01	Vol.17	66	朴秀一	〈連載〉〈ブライダル通信〉結婚と相性3
1991.02.01	Vol.17	68	木内道祥	〈連載〉〈同胞の権利〉朝鮮人だからという理由の結約破棄
1991.02.01	Vol.17	72	趙南哲	〈詩〉なくす
1991.02.01	Vol.17	73	朴才暎	〈連載〉ECHO 明日へ未来へ
1991.02.01	Vol.17	60	玉一成	〈連載〉〈夢中人発見〉生きている色を表現したい
1991.02.01	Vol.17	61	洪淑子	〈連載〉〈夢中人発見〉好きなことを最後まで貫く
1991.02.01	Vol.17	38		〈MILE INFORMATION〉PAN就職情報センター
1991.02.01	Vol.17	74		〈MILE INFORMATION〉MOVIE/VIDEO/BOOK
1991.02.01	Vol.17	76		〈MILE INFORMATION〉マンガ/ホットグラフ/ベストカップル/デート記念日
1991.02.01	Vol.17	78		〈MILE INFORMATION〉読者の声
1991.02.01	Vol.17	70		〈MILE INFORMATION〉イベントガイド
1991.02.01	Vol.17	71	尹正淑	〈MILE INFORMATION〉COLUMN夢・夢分析・児童書
1991.05.01	Vol.20	8	塩沢英一	〈初の南北共同応援を見て〉札幌ユニバーシアード冬期大会
1991.05.01	Vol.20	13	藤井幸之助	中国・延辺からの通信(1)
1991.05.01	Vol.20	23	崔蒼永	カザフからニューヨーKYからそして、日本から
1991.05.01	Vol.20	48	別所正則	歌やサッカーで仲良くつどう

발행일	지면정보		필자	제목
	권호	페이지		
1991.05.01	Vol.20	50		10回の友好の花、華やかに咲かせた!
1991.05.01	Vol.20	5		〈RUNNING TO THE FUTURE〉自己主張することが始まり
1991.05.01	Vol.20	20		〈TOPICS〉三・一記念「アリラン」特別上映会
1991.05.01	Vol.20	21		〈TOPICS〉福岡「三・一文化祭」
1991.05.01	Vol.20	22		〈TOPICS〉二人展
1991.05.01	Vol.20	18		〈TOPICS〉イギョラ杯争奪91朝日親善高校サッカーヒェスティバル
1991.05.01	Vol.20	26		〈COFFEE BREAK WITH YOU〉建設的な理想主義者 ジョセプ・ポラックさん
1991.05.01	Vol.20	30	若一光司	〈連載〉「在日コリアン・レポート」..その⑤
1991.05.01	Vol.20	54		〈連載〉〈ANTENNA〉祖国情勢親交深い卓球統一チーム
1991.05.01	Vol.20	55		〈連載〉〈ANTENNA〉世界情勢 和平に逆行するPLO外し
1991.05.01	Vol.20	56		〈連載〉〈ENTER PRISE〉株式会社FONコーポレーション 青圭男社長
1991.05.01	Vol.20	60	金徳竜	〈連載〉在日朝鮮人教育小史(4)
1991.05.01	Vol.20	66		〈連載〉〈ブライダル通信〉二人を結んだラッキー番号
1991.05.01	Vol.20	68	武村二三夫	〈連載〉〈同胞の権利〉見えない檻
1991.05.01	Vol.20	72	趙南哲	〈連載〉〈詩〉敵
1991.05.01	Vol.20	73	朴才暎	〈連載〉〈ECHO〉 春
1991.05.01	Vol.20	58	趙正	〈連載〉〈夢中人発見〉自分を表現することが大切だ
1991.05.01	Vol.20	59	姜守憲	〈夢中人発見〉サックスの魅力は「音」
1991.05.01	Vol.20	34		〈MILE INFORMATION〉PAN就職情報センター
1991.05.01	Vol.20	71		〈MILE INFORMATION〉SIGN BOARD
1991.05.01	Vol.20	74		〈MILE INFORMATION〉MOVIE/VIDEO/BOOK
1991.05.01	Vol.20	76		〈MILE INFORMATION〉マンガ/ホットグラフ/ベストカップル/デート記念日
1991.05.01	Vol.20	78		〈MILE INFORMATION〉読者の声
1991.05.01	Vol.20	80		〈MILE INFORMATION〉イベントガイド
1991.05.01	Vol.20	70	梁東植	〈MILE INFORMATION〉COLUMN「過去を忘れまじ」
1991.06.01	Vol.21	8		神秘なタンパク質の謎に挑む-同胞企業が生命化学研究所を設立
1991.06.01	Vol.21	12	藤井幸之助	中国・延辺からの通信(2)
1991.06.01	Vol.21	17	元恵比年男	マイノリティーとしての自己を雄弁に語る-映画「地下の民」と在日コリアン
1991.06.01	Vol.21	39		朝鮮映画の光と影「朝鮮映画第91」記念シンポジウム
1991.06.01	Vol.21	44		真の教育をめざして 全教組がユンノリを販売
1991.06.01	Vol.21	46	伊藤全彦・平本邦雄	大阪・大池中サッカー部のある試み
1991.06.01	Vol.21	5	金久美子	〈RUNNING TO THE FUTURE〉自分の「存在」をしっかり見つめて

발행일	지면정보		필자	제목
	권호	페이지		
1991.06.01	Vol.21	20		〈TOPICS〉荒川ノリマダン開催
1991.06.01	Vol.21	22		〈TOPICS〉東響特別演奏会・京響コンサート
1991.06.01	Vol.21	23		〈TOPICS〉第2回朝鮮舞踊の夕べ
1991.06.01	Vol.21	24		〈COFFEE BREAK WITH YOU〉憂しくすることよりも、俺は憂し〈TOPICS〉くないんだという自覚を　持つことなんじゃないかなという気がする-山田洋次さん
1991.06.01	Vol.21	28	若一光司	〈連載〉「在日コリアン・レポート」..その⑥
1991.06.01	Vol.21	50		〈連載〉〈ANTENNA〉祖国情勢映画で南北が交流
1991.06.01	Vol.21	51		〈連載〉〈ANTENNA〉世界情勢アルバニアの「東欧」放棄
1991.06.01	Vol.21	52		〈連載〉〈ENTER PRISE〉株式会社FONコーポレーション 曺圭男社長
1991.06.01	Vol.21	56	金徳竜	〈連載〉在日朝鮮人教育小史(4)
1991.06.01	Vol.21	62	梁真姫	〈連載〉〈ブライダル通信〉現代見合い考(その1)
1991.06.01	Vol.21	64	木内道祥	〈連載〉〈同胞の権利〉新しい在留権と在留権の歴史
1991.06.01	Vol.21	68	趙南哲	〈連載〉〈詩〉花
1991.06.01	Vol.21	69	李恵勝	〈連載〉〈ECHO〉言葉と言葉の間で
1991.06.01	Vol.21	54	柳承煥	〈連載〉〈夢中人発見〉有資格者が集まる頭脳集団を
1991.06.01	Vol.21	55	金錫宏	〈連載〉〈夢中人発見〉精神的な空間をつくりたい
1991.06.01	Vol.21	32		〈MILE INFORMATION〉PAN就職情報センター
1991.06.01	Vol.21	67		〈MILE INFORMATION〉SIGN BOARD
1991.06.01	Vol.21	70		〈MILE INFORMATION〉MOVIE/VIDEO/BOOK
1991.06.01	Vol.21	72		〈MILE INFORMATION〉マンガ/ホットグラフ/ベストカップル/デート記念日
1991.06.01	Vol.21	74		〈MILE INFORMATION〉読者の声
1991.06.01	Vol.21	76		〈MILE INFORMATION〉イベントガイド
1991.06.01	Vol.21	66	古林千恵美	〈MILE INFORMATION〉COLUMN映画人李長鎬の叫び
1991.07.01	Vol.22	8	藤井幸之助	中国・延辺からの通信(3)
1991.07.01	Vol.22	12	趙甲順	神奈川朝鮮中高級学校県高校軟式野球大会に初出場
1991.07.01	Vol.22	41		第41回世界卓球選手権大会「コリア」統一チーム女子団体で優勝
1991.07.01	Vol.22	45	今井安栄	民衆を信じ、新しいタイプの人権運動を創ろう
1991.07.01	Vol.22	30		タチソー高槻地下倉庫大阪府朝鮮人強制連行真相調査団レポートPART4
1991.07.01	Vol.22	5	金貞淑	〈RUNNING TO THE FUTURE〉ピアノは人生の目標、希望、喜び
1991.07.01	Vol.22	14		〈TOPICS〉劇団態変野外公演
1991.07.01	Vol.22	16		〈TOPICS〉大阪朝鮮同胞大野遊会
1991.07.01	Vol.22	18		〈TOPICS〉大阪府朝鮮人強制連行真相調査団中間報告の集い
1991.07.01	Vol.22	19		〈TOPICS〉日本のメロディー、朝鮮のメロディー/朴貞子舞踊団公演

발행일	지면정보		필자	제목
	권호	페이지		
1991.07.01	Vol.22	20		〈COFFEE BREAK WITH YOU〉「金の戦争」で描きたかった眺めは差別される側からの視点です-早坂暁さん
1991.07.01	Vol.22	26	若一光司	〈連載〉「在日コリアン・レポート」..その⑦
1991.07.01	Vol.22	48		〈連載〉〈ANTENNA〉祖国情勢姜慶大氏の死に続くデモ
1991.07.01	Vol.22	49		〈連載〉〈ANTENNA〉世界情勢台湾の「内戦終結宣言」
1991.07.01	Vol.22	50		〈連載〉〈ENTER　PRISE〉ピーカムグループ・有限会社英三崔英俊社長
1991.07.01	Vol.22	56	金徳竜	〈連載〉在日朝鮮人教育小史(6)
1991.07.01	Vol.22	62	梁真姫	〈連載〉〈ブライダル通信〉現代見合い考(その2)
1991.07.01	Vol.22	64	森博行	〈連載〉〈同胞の権利〉揺れ動く高体連・中体連
1991.07.01	Vol.22	68	趙南哲	〈連載〉〈詩〉アリラン
1991.07.01	Vol.22	69	李恵勝	〈連載〉〈ECHO〉パンソリ
1991.07.01	Vol.22	54	康峯邦	〈連載〉〈夢中人発見〉ピアノを通じて同胞の輪を
1991.07.01	Vol.22	55	白順任	〈連載〉〈夢中人発見〉朝鮮民謡追求、結ける
1991.07.01	Vol.22	32		〈MILE INFORMATION〉PAN就職情報センター
1991.07.01	Vol.22	67		〈MILE INFORMATION〉SIGN BOARD
1991.07.01	Vol.22	70		〈MILE INFORMATION〉MOVIE/VIDEO/BOOK
1991.07.01	Vol.22	72		〈MILE INFORMATION〉マンガ/ホットグラフ/ベストカップル/デート記念日
1991.07.01	Vol.22	74		〈MILE INFORMATION〉読者の声
1991.07.01	Vol.22	76		〈MILE INFORMATION〉イベントガイド
1991.07.01	Vol.22	66	梁千賀子	〈MILE INFORMATION〉〈COLUMN〉たかが食いもん、されど食いもん 娘のアレルギーから見えたもの
1991.08.01	Vol.23	4	藤田昭彦	〈特集〉北朝鮮を訪ねて
1991.08.01	Vol.23	9	柳球采	〈特集〉朝鮮人浮島丸殉難者追悼歌はまなすの花咲きそめて
1991.08.01	Vol.23	42	康宗憲	〈特集〉ニムのために
1991.08.01	Vol.23	13		〈特集〉「アジアの平和と女性の役割」を語る-朝・韓・日女性によるシンポジウム
1991.08.01	Vol.23	46		〈特集〉ニンニク徹底研究-なぜニンニクは体にいいか
1991.08.01	Vol.23	48	姜聖律	〈特集〉民族教育の輪を拡げよう
1991.08.01	Vol.23	16	石川文洋	〈インタビュー〉〈COFFEE BREAK WITH YOU〉「一生勉強です。私は引退する気持ちになれません」
1991.08.01	Vol.23	39	李赫	〈インタビュー〉〈RUNNING TO THE　FUTURE〉同胞の肖像、作りつづける
1991.08.01	Vol.23	50		〈TOPICS〉障害年金の差別をなくせ
1991.08.01	Vol.23	52		〈TOPICS〉朝鮮人強制連行真相調査団全国交流集会
1991.08.01	Vol.23	53		〈TOPICS〉大阪コリアサッカーヒェスティバル
1991.08.01	Vol.23	22	若一光司	「在日コリアン・レポート」⑧在日者としての普遍的命題を
1991.08.01	Vol.23	54		〈ANTENNA〉祖国情勢進展期待される朝来関係
1991.08.01	Vol.23	55		〈ANTENNA〉世界情勢 新段階迎えたアパルトヘイト

발행일	지면정보		필자	제목
	권호	페이지		
1991.08.01	Vol.23	56	蔡晃植	〈夢中人発見〉光合成の博士号を目指す
1991.08.01	Vol.23	57	林永華	〈夢中人発見〉同胞の中で交流深めたい
1991.08.01	Vol.23	58		〈ENTER PRISE〉(株)国際トレーディング 呂永伯社長
1991.08.01	Vol.23	60	朴秀一	〈ブライダル通信〉急増する国際結婚
1991.08.01	Vol.23	62	鄭康淑	〈COLUMN〉生きるために生まれた娘
1991.08.01	Vol.23	64	趙南哲	〈詩〉いかる
1991.08.01	Vol.23	65	李恵勝	〈ECHO〉おだやかさとがんこさと
1991.08.01	Vol.23	26		〈MILE INFORMATION〉PAN就職情報センター
1991.08.01	Vol.23	63		〈MILE INFORMATION〉SIGN BOARD
1991.08.01	Vol.23	66		〈MILE INFORMATION〉MOVIE/VIDEO
1991.08.01	Vol.23	67		〈MILE INFORMATION〉VIDEO/BOOK
1991.08.01	Vol.23	68		〈MILE INFORMATION〉マンガ・ホットグラフ
1991.08.01	Vol.23	69		〈MILE INFORMATION〉ベストカップル・デート記念日
1991.08.01	Vol.23	70		〈MILE INFORMATION〉読者の声
1991.08.01	Vol.23	72		〈MILE INFORMATION〉イベントガイド
1991.09.01	Vol.24	4		SHOW-YAIN平壌－交流の中心になるのは私たちの世代
1991.09.01	Vol.24	10		在日同胞の海外旅行 Q&A-華の旅行はけっこうカンタン
1991.09.01	Vol.24	15	朴才暎	飛鳥-悠遠のまほらへ
1991.09.01	Vol.24	48	前川昌輝	いのちは平等-一人芝居に生きる
1991.09.01	Vol.24	52	梁澄子	朝鮮人慰安婦の家を訪ねて
1991.09.01	Vol.24	56	全秀仁	動き出した北東アジア経済圏
1991.09.01	Vol.24	20		〈インタビュー〉〈COFFEE BREAK WITH YOU〉「あの壁は、世界的範囲での分析の壁なんだと思う」宮島義勇
1991.09.01	Vol.24	45		〈インタビュー〉〈RUNNING TO THE FUTURE〉「私らしさ」が伝わる作品を-金正郁
1991.09.01	Vol.24	30		〈TOPICS〉琵琶湖・ミシガン船上パーティー
1991.09.01	Vol.24	31		〈TOPICS〉朝・日間で宅配ビジネス使開始
1991.09.01	Vol.24	32		〈TOPICS〉在日朝鮮作家三人展
1991.09.01	Vol.24	26	若一光司	「在日コリアン・レポート」⑨この土地は私らの命や!
1991.09.01	Vol.24	60		〈ANTENNA〉祖国情勢一方的な「北への核査察」/世界情勢 動きだしたカンボジア平和
1991.09.01	Vol.24	62		〈夢中人発見〉「自分自身であれ」をモットーに(尹美淑)/韓国との共同作業が楽しい
1991.09.01	Vol.24	64		〈ENTER PRISE〉金谷興産(株)金相熙専務取締役
1991.09.01	Vol.24	66	朴秀一	〈ブライダル通信〉非常に厳しい同胞子弟の結婚
1991.09.01	Vol.24	68	空野佳仏	〈同胞の権利〉帰化制度にみる植民地思相
1991.09.01	Vol.24	70	呉清江	〈COLUMN〉結婚
1991.09.01	Vol.24	72	趙南哲	〈詩〉鼻毛
1991.09.01	Vol.24	73	李恵勝	〈ECHO〉ボクシング会場の片隅で

발행일	지면정보		필자	제목
	권호	페이지		
1991.09.01	Vol.24	33		〈MILE INFORMATION〉PAN就職情報センター
1991.09.01	Vol.24	71		〈MILE INFORMATION〉サインボード
1991.09.01	Vol.24	74		〈MILE INFORMATION〉MOVIE/VIDEO
1991.09.01	Vol.24	75		〈MILE INFORMATION〉VIDEO/BOOK
1991.09.01	Vol.24	76		〈MILE INFORMATION〉マンガ・ホットグラフ
1991.09.01	Vol.24	77		〈MILE INFORMATION〉ベストカップル・デート記念日
1991.09.01	Vol.24	78		〈MILE INFORMATION〉読者の声
1991.09.01	Vol.24	80		〈MILE INFORMATION〉イベントガイド
1991.10.01	Vol.25	4	高賛侑	〈特集〉LA・コリアタウンを旅して
1991.10.01	Vol.25	10		〈特集〉東京大会に各国から12000人参加　祖国の平和と統一をめざす第2回凡民族大会開催
1991.10.01	Vol.25	28		〈特集〉親善のボールがグラウンドをかけ巡る-第4回大阪コリアサッカーフェスティバル
1991.10.01	Vol.25	50		〈特集〉知ってそうで意外と知らない　朝鮮の酒
1991.10.01	Vol.25	56	平野恵嗣	〈特集〉地床半島の露と消えた八歳の土木工
1991.10.01	Vol.25	59	鏑島浩一	〈特集〉加西市に残る強制連行の証(あかし)
1991.10.01	Vol.25	62		〈特集〉夏を駆けぬけろ!マダン91、サマースクール91
1991.10.01	Vol.25	14		〈インタビュー〉〈COFFEE BREAK WITH YOU〉風刺漫画で大切なものは批判精神価の値基準/橋本勝
1991.10.01	Vol.25	47		〈インタビュー〉〈RUNNING TO THE FUTURE〉人間の息づかいを伝える/裵昭
1991.10.01	Vol.25	24		〈TOPICS〉京都府強制連行真相調査団結成
1991.10.01	Vol.25	26		〈TOPICS〉第2回朝鮮人中国人強制連行強制労働全国交流集会
1991.10.01	Vol.25	27		〈TOPICS〉「響け!広島朝・日友好」開催
1991.10.01	Vol.25	35	李尚秀	仕事場からの報告カメラマンとしての「生き様」
1991.10.01	Vol.25	20	若一光司	「在日コリアアン・レポート」⑩本格宣言を経て、民族へ、世界へ…
1991.10.01	Vol.25	64		〈ANTENNA〉祖国情勢期待される非核地帯化/世界情勢 ソ連の新事態は危機を越えたか
1991.10.01	Vol.25	66		〈夢中人発見〉白衣を憧れて(任貴玲)/創作粘土に魅せられて(金文子)
1991.10.01	Vol.25	68		〈ENTER PRISE〉株式会社愰肉食材流通センター申滈社長
1991.10.01	Vol.25	70	趙文順	〈ブライダル通信〉「私、結婚できるかしら?」
1991.10.01	Vol.25	72	丹羽雅雄	〈同胞の権利〉日本の戦後補償を問う
1991.10.01	Vol.25	74	梁愛齢	〈COLUMN〉一番「悲劇的な悲劇とは」
1991.10.01	Vol.25	76	趙南哲	〈詩〉ながれる
1991.10.01	Vol.25	77	李恵勝	〈ECHO〉チャンドラーに関する二、三の事柄
1991.10.01	Vol.25	32		〈MILE INFORMATION〉PAN就職情報センター
1991.10.01	Vol.25	75		〈MILE INFORMATION〉サインボード
1991.10.01	Vol.25	78		〈MILE INFORMATION〉MOVIE/VIDEO

발행일	지면정보		필자	제목
	권호	페이지		
1991.10.01	Vol.25	79		〈MILE INFORMATION〉VIDEO/BOOK
1991.10.01	Vol.25	80		〈MILE INFORMATION〉ホットグラフ
1991.10.01	Vol.25	81		〈MILE INFORMATION〉ベストカップル・デート記念日
1991.10.01	Vol.25	82		〈MILE INFORMATION〉読者の声
1991.10.01	Vol.25	83		〈MILE INFORMATION〉イベントガイド
1991.11.01	Vol.26	4	高賛侑	〈特集〉LA・コリアタウンを旅してⅡ
1991.11.01	Vol.26	10	植村隆	〈特集〉夏の取材ノートから 改めて日本に突きつけられた朝鮮人従軍慰安婦問題
1991.11.01	Vol.26	14		〈特集〉軽快なポップで観客を魅了ポチョンボ軽音楽団が初来日公演
1991.11.01	Vol.26	44		〈特集〉大阪府朝鮮人強制連行真相調査団レポートpart5 扇を開いた幻の地下壕
1991.11.01	Vol.26	47		〈特集〉演劇を通じた親善交流韓国3劇団が来演。新宿梁山泊も参加「ALICEFESTIVAL'91」
1991.11.01	Vol.26	16		〈インタビュー〉〈COFFEE BREAK WITH YOU〉生きている世界が一番おもしろい/高野孟
1991.11.01	Vol.26	41		〈インタビュー〉〈RUNNING TO THE FUTURE〉映画の可能性を信じ夢を託す/李鳳宇
1991.11.01	Vol.26	22		〈TOPICS〉朝青スポーツフェスティバルin九州
1991.11.01	Vol.26	23		〈TOPICS〉第12回全国在日朝鮮人教育研究集会
1991.11.01	Vol.26	24		〈TOPICS〉アラン3世関西組公演「フェオリ・龍券」
1991.11.01	Vol.26	25		〈TOPICS〉在日朝鮮人作家三人展
1991.11.01	Vol.26	26		〈TOPICS〉日・朝文化フェスティバル開催
1991.11.01	Vol.26	31	朴信好	仕事場からの報告 建築士のつぶやき
1991.11.01	Vol.26	50		〈ANTENNA〉祖国情勢拡大する「アジア外交」/世界情勢 問われる米軍基地の戦略価値
1991.11.01	Vol.26	52		〈夢中人発見〉同胞女性を美しくコーディネイト(鄭英淑)/韓国料理に魅せられて(金日秀)
1991.11.01	Vol.26	54		〈ENTER PRISE〉株式会社徳山興業洪栄基社長
1991.11.01	Vol.26	56	趙文順	〈ブライダル通信〉母親の育て方で決まる現代結婚事情
1991.11.01	Vol.26	58	加島宏	〈同胞の権利〉定住外国人の公務就任権について
1991.11.01	Vol.26	60	辺一昊	〈COLUMN〉結婚
1991.11.01	Vol.26	62	趙南哲	〈詩〉音
1991.11.01	Vol.26	63	李恵勝	〈ECHO〉頭脳警察復活の意味するもの
1991.11.01	Vol.26	28		〈MILE INFORMATION〉PAN就職情報センター
1991.11.01	Vol.26	61		〈MILE INFORMATION〉サインボード
1991.11.01	Vol.26	64		〈MILE INFORMATION〉MOVIE/VIDEO
1991.11.01	Vol.26	65		〈MILE INFORMATION〉VIDEO/BOOK
1991.11.01	Vol.26	66		〈MILE INFORMATION〉マンガ/ホットグラフ
1991.11.01	Vol.26	67		〈MILE INFORMATION〉ベストカップル・デート記念日

발행일	지면정보		필자	제목
	권호	페이지		
1991.11.01	Vol.26	68		〈MILE INFORMATION〉読者の声
1991.11.01	Vol.26	70		〈MILE INFORMATION〉イベントガイド
1991.12.01	Vol.27	1		〈特集〉巻頭カラーグラビア・BIGグループ・ヒットパレート・マリスタ・リッツコーポレーション オリジナルの演出を楽しめる-パーティーはぜったいカラオケボックス
1991.12.01	Vol.27	6	前田憲二	〈特集〉長篇記録映画「土俗乱声」全国ロードショー始まる 祭りに包含される怒りと真実
1991.12.01	Vol.27	12		〈特集〉MILE判 カラオケンボックスを考える
1991.12.01	Vol.27	24	岡奈津子	〈特集〉アルママタで出会った朝鮮人たち
1991.12.01	Vol.27	46	藤田道秀	〈特集〉松代大本営発韓国取材記
1991.12.01	Vol.27	51	殿平善彦	〈特集〉民族の真の和解への道を-北海道朱鞠内に建てられた「願いの像」
1991.12.01	Vol.27	14		〈インタビュー〉〈COFFEE BREAK WITH YOU〉「わたし」と「あなた」はちがうから一緒にどうやっていくか考えたい/豊島美雪
1991.12.01	Vol.27	43		〈インタビュー〉〈RUNNING TO THE FUTURE〉同胞のオペラグループをつくりたいなあ/韓錦玉
1991.12.01	Vol.27	29		〈TOPICS〉第7回ワンコリアフェスティバル
1991.12.01	Vol.27	30		〈TOPICS〉在日・米・中チームサッカー親善試合
1991.12.01	Vol.27	20	若一光司	在日コリアン・レポート⑪「ウリ・ピョンウォンと呼ばれて25年」
1991.12.01	Vol.27	54		〈ANTENNA〉祖国情勢米ソの核軍縮声明と共和国/世界情勢非暴力主義に国際的支援なるか
1991.12.01	Vol.27	56		〈夢中人発見〉ドキュメントリーで人を追いかけたい(金俊之)/負けてもいいから豪快な囲碁を(金乗民)
1991.12.01	Vol.27	58		〈ENTER PRISE〉中山商店 李炳潤社長
1991.12.01	Vol.27	60	朴鉄民	〈ブライダル通信〉バブルの崩壊結婚観幻想
1991.12.01	Vol.27	62	空野佳弘	〈同胞の権利〉外国人登録法の構造
1991.12.01	Vol.27	64	佐藤まき子	〈COLUMN〉名刺と名前と
1991.12.01	Vol.27	66	趙南哲	〈詩〉もっと
1991.12.01	Vol.27	67		〈ECHO〉統一夫婦
1991.12.01	Vol.27	32		〈MILE INFORMATION〉PAN就職情報センター
1991.12.01	Vol.27	65		〈MILE INFORMATION〉サインボード
1991.12.01	Vol.27	68		〈MILE INFORMATION〉MOVIE/VIDEO
1991.12.01	Vol.27	69		〈MILE INFORMATION〉VIDEO/BOOK
1991.12.01	Vol.27	70		〈MILE INFORMATION〉マンガ/ホットグラフ
1991.12.01	Vol.27	71		〈MILE INFORMATION〉ベストカップル・デート記念日
1991.12.01	Vol.27	72		〈MILE INFORMATION〉読者の声
1991.12.01	Vol.27	74		〈MILE INFORMATION〉イベントガイド
1992.01.01	Vol.28	2		〈特集〉≪ミレ≫新春座談会在日同胞文化を語る
1992.01.01	Vol.28	16	衫谷依子	〈特集〉本名を呼びなのる教育20年の歩み

발행일	지면정보		필자	제목
	권호	페이지		
1992.01.01	Vol.28	44	李元美	〈特集〉KOREA学生運動会
1992.01.01	Vol.28	10		〈インタビュー〉〈COFFEE BREAK WITH YOU〉地球山手船を目指す平和船の船頭は、世の中、驚かすのが趣味なんです。·辻元清美
1992.01.01	Vol.28	19		〈インタビュー〉〈RUNNING TO THE FUTURE〉「ハナの想い」を歌う/朴珠里
1992.01.01	Vol.28	66		≪ミレ≫1991年度主要目次(1月号~12月号)
1992.01.01	Vol.28	22		〈TOPICS〉第9回生野民族文化祭
1992.01.01	Vol.28	23		〈TOPICS〉第2回四天王寺ワッソ
1992.01.01	Vol.28	24		〈TOPICS〉朝鮮侵略と強制連行展
1992.01.01	Vol.28	25		〈TOPICS〉第2回国際学術シンポジウム/大阪朝高ボクシング部3階級制聴
1992.01.01	Vol.28	46		KOREA SATELLITE
1992.01.01	Vol.28	48		〈夢中人発見〉同胞サッカー一部員の目標になりたい(朴峯秀)/絵は生きるうえでの表現手段(金昌樹)
1992.01.01	Vol.28	50	朴鉄民	〈ブライダル通信〉バブルの崩壊結婚観幻想(2)
1992.01.01	Vol.28	52	金井塚康弘	〈同胞の権利〉供託された強制労動の対面
1992.01.01	Vol.28	54	趙南哲	〈詩〉台風
1992.01.01	Vol.28	55		〈ECHO〉もう一つの「核」問題
1992.01.01	Vol.28	65	陣内満	〈COLUMN〉サハリンの「抑留」コリアン
1992.01.01	Vol.28	26		〈MILE INFORMATION〉PAN就職情報センター
1992.01.01	Vol.28	56		〈MILE INFORMATION〉MOVIE/VIDEO
1992.01.01	Vol.28	57		〈MILE INFORMATION〉VIDEO/BOOK
1992.01.01	Vol.28	58		〈MILE INFORMATION〉サインボード
1992.01.01	Vol.28	59		〈MILE INFORMATION〉デート記念日
1992.01.01	Vol.28	68		〈MILE INFORMATION〉読者の声
1992.01.01	Vol.28	69		〈MILE INFORMATION〉ポットグラフ/調論
1992.01.01	Vol.28	70		〈MILE INFORMATION〉イベントガイド
1992.02.01	Vol.29	6		〈特集〉〈従軍慰安婦の体験談〉17歳の青春を戻してほしい!
1992.02.01	Vol.29	15	今村嗣夫	〈特集〉〈「上官」の命令を裁く〉元朝鮮人軍属「BC級戦犯者」の訴え
1992.02.01	Vol.29	24		〈特集〉君のパソコンでハングル文字を打ち出そう!
1992.02.01	Vol.29	43		〈特集〉〈インタビュー〉統一は双方の価値観を尊重することから/ウヴェ·フォルクナー
1992.02.01	Vol.29	48		〈特集〉朝鮮おばけ話
1992.02.01	Vol.29	3		〈インタビュー〉〈RUNNING TO THE FUTURE〉タレントを光らせるプロの妙妓/蒋誠一
1992.02.01	Vol.29	10		〈インタビュー〉〈COFFEE BREAK WITH YOU〉どんなテーマでも人が読んで面白いものを書きたい/辺見庸
1992.02.01	Vol.29	20		〈TOPICS〉戦後補償問題を考える集まい

발행일	지면정보		필자	제목
	권호	페이지		
1992.02.01	Vol.29	22		〈TOPICS〉大阪府朝鮮人強制連行真相調査団1周年
1992.02.01	Vol.29	23		〈TOPICS〉第22回日・韓美術展覧会
1992.02.01	Vol.29	47	鄭大成	〈COLUMN〉洪吉童延辺奇譚夏-沈思黙考苦言実行
1992.02.01	Vol.29	52		〈ENTER PRISE〉第一電線工業株式会社/金徳祚社長
1992.02.01	Vol.29	54		KOREA SATELLITE
1992.02.01	Vol.29	56		〈夢中人発見〉目指すはオリンピク(金詳訓)/やるからにはトップをねらいたい(申鐘洛)
1992.02.01	Vol.29	58	趙文順	〈ブライダル通信〉春のふれあいパーティー開催
1992.02.01	Vol.29	60	空野佳弘	〈同胞の権利〉在日朝鮮人処遇の基本についての一考察
1992.02.01	Vol.29	62	趙南哲	〈詩〉笑う
1992.02.01	Vol.29	63		〈ECHO〉人道に対する罪
1992.02.01	Vol.29	30		〈MILE INFORMATION〉PAN就職情報センター
1992.02.01	Vol.29	64		〈MILE INFORMATION〉MOVIE/VIDEO
1992.02.01	Vol.29	65		〈MILE INFORMATION〉VIDEO/BOOK
1992.02.01	Vol.29	66		〈MILE INFORMATION〉サインボード
1992.02.01	Vol.29	67		〈MILE INFORMATION〉デート記念日
1992.02.01	Vol.29	68		〈MILE INFORMATION〉読者の声
1992.02.01	Vol.29	69		〈MILE INFORMATION〉ポットグラフ/調論
1992.02.01	Vol.29	70		〈MILE INFORMATION〉イベントガイド
1992.03.01	Vol.30	1		〈特集〉健康ラント特集春のレジャーに最適-健康ラントは気軽に行ける温泉パークだ
1992.03.01	Vol.30	10	崔蒼永	〈特集〉歩いてみたニューヨークⅠ
1992.03.01	Vol.30	23		〈特集〉1500人の犠牲者に奉げる-タラワに建立された朝鮮人慰霊碑
1992.03.01	Vol.30	39	金伊佐子	〈特集〉元従軍慰安婦 裵奉寄ハルモニが亡くなって
1992.03.01	Vol.30	44	平恵野嗣	〈特集〉少年土工夫の遺産 郷土史家、謝罪の旅へ
1992.03.01	Vol.30	48		〈特集〉龍安寺の襖絵に描かれた金剛山
1992.03.01	Vol.30	7	鄭義信	〈インタビュー〉〈RUNNING TO THE FUTURE〉マダン劇がやいたい!
1992.03.01	Vol.30	16	後藤正治	〈インタビュー〉〈COFFEE BREAK WITH YOU〉「裏方のプロ」の人生を追う作家
1992.03.01	Vol.30	28		〈TOPICS〉ウリ高教奨学生文化祭
1992.03.01	Vol.30	29		〈TOPICS〉兵庫の各大学朝鮮文化研究会が演劇公演・1992年度同胞成人式
1992.03.01	Vol.30	22	南正人	〈COLUMN〉悪い人間
1992.03.01	Vol.30	52		〈ENTER PRISE〉群馬綜合自動車 朴正人社長
1992.03.01	Vol.30	54		KOREA SATELLITE
1992.03.01	Vol.30	56		〈夢中人発見〉事業家マインドをもった人たちと共に(崔永浩)/子供たちの前向きな姿が力強い(金河鈺)

발행일	지면정보		필자	제목
	권호	페이지		
1992.03.01	Vol.30	58	趙文順	〈ブライダル通信〉女性がアタックすると男性は弱い？第10回パーティーで彼を射止めた彼女
1992.03.01	Vol.30	60	森博行	〈同胞の権利〉中体連・高体連問題を考える(続)
1992.03.01	Vol.30	62	趙南哲	〈詩〉にげる
1992.03.01	Vol.30	63		〈MILE INFORMATION〉〈ECHO〉李朝青花白磁
1992.03.01	Vol.30	30		〈MILE INFORMATION〉PAN就職情報センター
1992.03.01	Vol.30	64		〈MILE INFORMATION〉MOVIE/VIDEO
1992.03.01	Vol.30	65		〈MILE INFORMATION〉VIDEO/BOOK
1992.03.01	Vol.30	66		〈MILE INFORMATION〉サインボード
1992.03.01	Vol.30	67		〈MILE INFORMATION〉デート記念日
1992.03.01	Vol.30	68		〈MILE INFORMATION〉読者の声
1992.03.01	Vol.30	69		〈MILE INFORMATION〉ポットグラフ/調論
1992.03.01	Vol.30	70		〈MILE INFORMATION〉イベントガイド
1992.04.01	Vol.31	6	前田康博	〈特集〉統一へ足掛かりをつかんだ朝鮮半島
1992.04.01	Vol.31	10	梁明哲	〈特集〉平和と統一へ、確実な一歩記した南北朝鮮
1992.04.01	Vol.31	14	崔蒼永	〈特集〉歩いてみたニューヨークⅡ
1992.04.01	Vol.31	26		〈特集〉〈大阪府朝鮮人強制連行真相調査団レポートPART6〉
1992.04.01	Vol.31	30		〈特集〉92PANスキーシアー
1992.04.01	Vol.31	41		〈特集〉〈専門学校、各種学校、習いこと特集〉自分を磨く
1992.04.01	Vol.31	48	諫山陽太郎	〈特集〉小鹿田の唐臼
1992.04.01	Vol.31	3		〈インタビュー〉〈RUNNING TO THE FUTURE〉世界身体障害者演劇創造/金満里
1992.04.01	Vol.31	20		〈インタビュー〉〈COFFEE BREAK WITH YOU〉互いに欺かず争わず、真実をもって交わることが国際化の基本
1992.04.01	Vol.31	32		〈TOPICS〉第七回ハンギョレコンサート開催
1992.04.01	Vol.31	47	尾藤祐子	〈COLUMN〉初めてチョゴリを着た日に
1992.04.01	Vol.31	52		〈ENTER PRISE〉(株)安田建築設計事務所　徐光世所長
1992.04.01	Vol.31	54		KOREA SATELLITE
1992.04.01	Vol.31	56		〈夢中人発見〉童詩のいいところは暖かさ(李芳世)/これからは世界が舞台(姜有美)
1992.04.01	Vol.31	58	朴秀一	〈ブライダル通信〉ブラザーズねるどん結婚進行曲序曲――少数派同胞結婚
1992.04.01	Vol.31	60	空野佳弘	〈同胞の権利〉人道に対する罪
1992.04.01	Vol.31	62	趙南哲	〈詩〉球根
1992.04.01	Vol.31	63		〈ECHO〉異国に消えた朝鮮初の飛行士
1992.04.01	Vol.31	34		〈MILE INFORMATION〉PAN就職情報センター
1992.04.01	Vol.31	64		〈MILE INFORMATION〉MOVIE/VIDEO
1992.04.01	Vol.31	65		〈MILE INFORMATION〉VIDEO/BOOK
1992.04.01	Vol.31	66		〈MILE INFORMATION〉サインボード
1992.04.01	Vol.31	67		〈MILE INFORMATION〉デート記念日

발행일	지면정보		필자	제목
	권호	페이지		
1992.04.01	Vol.31	68		〈MILE INFORMATION〉読者の声
1992.04.01	Vol.31	69		〈MILE INFORMATION〉ポットグラフ/調論
1992.04.01	Vol.31	70		〈MILE INFORMATION〉イベントガイド
1992.05.01	Vol.32	7	金武昌	〈特集〉〈1992年冬ベルリン発〉「民協」からの声
1992.05.01	Vol.32	13	八尾浩幸	〈特集〉ベトナムの韓国人二世たち
1992.05.01	Vol.32	42		〈特集〉劈を打ち破って未来へ　福岡(三・一文化祭)
1992.05.01	Vol.32	46	洪順子	〈特集〉〈食のエキスパートを育てるもラン 本調理師専門学校〉日本で唯一朝鮮料理場
1992.05.01	Vol.32	50		〈特集〉バイリンガル劇団波瀾世登場!-近鉄小劇場で初公演〈星空のメアリ〉
1992.05.01	Vol.32	3		〈インタビュー〉〈RUNNING TO THE　FUTURE〉映画づくりに真摯「ごっつう人」/崔洋一
1992.05.01	Vol.32	18		〈インタビュー〉〈COFFEE BREAK WITH　TOU〉本物の新聞をつくりたい/本多勝一
1992.05.01	Vol.32	24		〈TOPICS〉朝鮮人強制連行真相調査団・日本人側全国連絡協議会結成総会
1992.05.01	Vol.32	26		〈TOPICS〉放浪芸人集団・男寺党公演
1992.05.01	Vol.32	28		〈TOPICS〉三・一朝鮮独立運動記念集会
1992.05.01	Vol.32	29		〈TOPICS〉松代大本営と朝鮮を考える講座
1992.05.01	Vol.32	30		〈TOPICS〉劇団態変公演「静天のへきれき」
1992.05.01	Vol.32	31		〈TOPICS〉全日根作品展・韓国良心囚書画展
1992.05.01	Vol.32	17	金錦汝	〈COLUMN〉オモニたちの演劇
1992.05.01	Vol.32	54		KOREA SATELLITE
1992.05.01	Vol.32	56		〈夢中人発見〉法的問題の改善は人権の観点から(李漢彦)/ハートのある踊りをめざす(金幸淑)
1992.05.01	Vol.32	58	朴秀一	〈ブライダル通信〉同胞のふれあいねるとん　ブラザースクラブ会員募集中
1992.05.01	Vol.32	60	小田幸児	〈同胞の権利〉本名外国人登録法違反
1992.05.01	Vol.32	62	趙南哲	〈詩〉咲く
1992.05.01	Vol.32	63		〈ECHO〉妄言
1992.05.01	Vol.32	32		〈MILE INFORMATION〉PAN就職情報センター
1992.05.01	Vol.32	64		〈MILE INFORMATION〉MOVIE/VIDEO
1992.05.01	Vol.32	65		〈MILE INFORMATION〉VIDEO/BOOK
1992.05.01	Vol.32	66		〈MILE INFORMATION〉サインボード
1992.05.01	Vol.32	67		〈MILE INFORMATION〉デート記念日
1992.05.01	Vol.32	68		〈MILE INFORMATION〉読者の声
1992.05.01	Vol.32	69		〈MILE INFORMATION〉ポットグラフ/調論
1992.05.01	Vol.32	70		〈MILE INFORMATION〉イベントガイド
1992.06.01	Vol.33	7	梁東植	〈特集〉〈妻や子供を残し、世界制覇の「夢」を追う元WBA世界バンタム級チャンピオン〉故郷から来たチャレンジャー

발행일	지면정보		필자	제목
	권호	페이지		
1992.06.01	Vol.33	12	本田靖春	〈特集〉〈従軍慰安婦問題への「反論」を斬る〉厚顔無恥上坂冬子「緊急寄稿」
1992.06.01	Vol.33	16	西野留美子	〈特集〉〈筑豊に刻まれる「従軍慰安婦」の歴史〉筑豊からの提言「炭鉱慰安婦」
1992.06.01	Vol.33	28	高賛侑	〈特集〉「0番地」と呼ばれる朝鮮人部落
1992.06.01	Vol.33	40	申哲燮	〈特集〉〈学ぶことから交流が始まる〉同志社大学自主講座
1992.06.01	Vol.33	43	朴容徹	〈特集〉豊臣秀吉の朝鮮侵略　壬辰、丁酉戦争四百周年に際して
1992.06.01	Vol.33	48		〈特集〉アジアを結ぶ情報基地南北朝鮮はもちろんアジア情報満載のケーブルテレビチャンネル
1992.06.01	Vol.33	3		〈インタビュー〉〈RUNNING TO THE　FUTURE〉粋な町並みをつくりたい/林繁
1992.06.01	Vol.33	22		〈インタビュー〉〈COFFEE BREAK WITH YOU〉過去を正確に記録し、清算すべし/林えいだい
1992.06.01	Vol.33	42		〈TOPICS〉障害をもつ岡山朝鮮初中級学校学生が詩集を出版
1992.06.01	Vol.33	21	高正子	〈COLUMN〉故郷への旅
1992.06.01	Vol.33	52		〈ENTER PRISE〉サンエイインターナショナル株式会社文弘宣社長
1992.06.01	Vol.33	54		KOREA SATELLITE
1992.06.01	Vol.33	56		〈夢中人発見〉情景を浮かべることができる歌を(崔貴英)/6月からイタリア研修に(裵明子)
1992.06.01	Vol.33	58	朴鉄民	〈ブライダル通信〉バブルの波を乗り越えたカップル
1992.06.01	Vol.33	60	武村二三夫	〈同胞の権利〉おかしなおかしな判決-張炳珠氏外国人登録法確定/申請義務違反事件第一判決
1992.06.01	Vol.33	62	趙南哲	〈詩〉みえる
1992.06.01	Vol.33	63		〈ECHO〉無防備都市
1992.06.01	Vol.33	35		〈MILE INFORMATION〉PAN就職情報センター
1992.06.01	Vol.33	64		〈MILE INFORMATION〉MOVIE/VIDEO
1992.06.01	Vol.33	65		〈MILE INFORMATION〉VIDEO/BOOK
1992.06.01	Vol.33	66		〈MILE INFORMATION〉サインボード
1992.06.01	Vol.33	67		〈MILE INFORMATION〉デート記念日
1992.06.01	Vol.33	68		〈MILE INFORMATION〉読者の声
1992.06.01	Vol.33	69		〈MILE INFORMATION〉ポットグラフ/調論
1992.06.01	Vol.33	70		〈MILE INFORMATION〉イベントガイド
1992.07.01	Vol.34	28		〈92就職特集(1)求人企業一覧〉株式会社金剛グループ
1992.07.01	Vol.34	30		〈92就職特集(1)求人企業一覧〉朝陽物産株式会社
1992.07.01	Vol.34	31		〈92就職特集(1)求人企業一覧〉朝銀京都
1992.07.01	Vol.34	32		〈92就職特集(1)求人企業一覧〉株式会社コーフク
1992.07.01	Vol.34	33		〈92就職特集(1)求人企業一覧〉株式会社国際トレーディング
1992.07.01	Vol.34	34		〈92就職特集(1)求人企業一覧〉朝銀兵庫

발행일	지면정보		필자	제목
	권호	페이지		
1992.07.01	Vol.34	35		〈92就職特集(1)求人企業一覧〉サンエイインターナショナル株式会社
1992.07.01	Vol.34	36		〈92就職特集(1)求人企業一覧〉株式会社フジタクシーグループ
1992.07.01	Vol.34	37		〈92就職特集(1)求人企業一覧〉株式会社梅田明月館
1992.07.01	Vol.34	38		〈92就職特集(1)求人企業一覧〉辰巳建設(丸万ッグループ)
1992.07.01	Vol.34	39		〈92就職特集(1)求人企業一覧〉株式会社ワールドコーポレーション
1992.07.01	Vol.34	40		〈92就職特集(1)求人企業一覧〉ゴイチ株式会社
1992.07.01	Vol.34	41		〈92就職特集(1)求人企業一覧〉株式会社安田建築株式会社松原興産
1992.07.01	Vol.34	42		〈92就職特集(1)求人企業一覧〉伸和印刷株式会社第一電線工業株式会社
1992.07.01	Vol.34	43		〈92就職特集(1)求人企業一覧〉医療法人同友会共和病院万寿薬局
1992.07.01	Vol.34	20		〈92就職特集(1)求人企業一覧〉やりがいのある仕事をみつけよう!
1992.07.01	Vol.34	44		〈92就職特集(1)求人企業一覧〉〈推薦企業紹介〉広範な市場をターゲットに魅力あふれる事業プロジェクトーサンエイインターナショナル株式会社
1992.07.01	Vol.34	11		ロス暴動の原因は韓黒葛藤か
1992.07.01	Vol.34	2		〈インタビュー〉〈RUNNING TO THE FUTURE〉民族の違いをバネにしたCF界みら鬼才/李泰栄
1992.07.01	Vol.34	14		〈インタビュー〉〈COFFEE BREAK WITH YOU〉何をするんでも一番大切なのはハート/ラモス瑠偉
1992.07.01	Vol.34	6		〈TOPICS〉韓国良心囚による書画展
1992.07.01	Vol.34	8		〈TOPICS〉4・24阪神教育闘争44周年記念集会
1992.07.01	Vol.34	9		〈TOPICS〉第3回長田マダン
1992.07.01	Vol.34	10		〈TOPICS〉陽成太選手の最高殊勲選手受賞祝賀会
1992.07.01	Vol.34	46		〈夢中人発見〉名指しで仕事を依頼されたい(朴東燮)/自分の仕事を広げていきたい(梁美恵)
1992.07.01	Vol.34	48		KOREA SATELLITE
1992.07.01	Vol.34	50	朴鉄民	〈ブライダル通信〉こんな結婚式もある
1992.07.01	Vol.34	52	松本康之	〈同胞の権利〉司法修習生採用における差別
1992.07.01	Vol.34	54	姜智子	〈COLUMN〉生き方の選択
1992.07.01	Vol.34	56		〈ECHO〉けったいな人たちの就職
1992.07.01	Vol.34	26		〈MILE INFORMATION〉PAN就職情報センター
1992.07.01	Vol.34	58		〈MILE INFORMATION〉MOVIE/VIDEO
1992.07.01	Vol.34	59		〈MILE INFORMATION〉VIDEO/BOOK
1992.07.01	Vol.34	60		〈MILE INFORMATION〉読者の声
1992.07.01	Vol.34	61		〈MILE INFORMATION〉ポットグラフ/調論
1992.07.01	Vol.34	62		〈MILE INFORMATION〉イベントガイド

발행일	지면정보		필자	제목
	권호	페이지		
1992.08.01	Vol.35	6	蔡光浩	〈特集〉38日間・10ヵ国・60万円也の旅
1992.08.01	Vol.35	10	郭充良	〈特集〉朝鮮の民族武道・跆挙道
1992.08.01	Vol.35	14	崔蒼永	〈特集〉他人の国に住んできたこの恨み もう何と言っていいかわからない
1992.08.01	Vol.35	30	辺一昊	〈特集〉〈福岡県立修猷館高校「友好会」の取り組み〉海への進化
1992.08.01	Vol.35	32	金仁秀	〈インタビュー〉〈「私的」韓国雑記〉ちょっと斜めから祖国を見たら
1992.08.01	Vol.35	3		〈インタビュー〉〈RUNNING TO THE FUTURE〉天国に近い、そんな世界を醸し出したい/朴久玲
1992.08.01	Vol.35	19		〈TOPICS〉〈COFFEE BREAK WITH YOU〉アジアにこそ学ぶべきものがある/笹倉明
1992.08.01	Vol.35	24		〈TOPICS〉元従軍慰安婦らによる戦後補償裁判始まる
1992.08.01	Vol.35	26		〈TOPICS〉共化国国立交響楽団が初来日
1992.08.01	Vol.35	28		〈TOPICS〉李石さんがチャンプに シュートボクシングシーガル級 三都市中学大会出場へ 京都朝鮮中高級学校サッカー部
1992.08.01	Vol.35	29		コメディで朝鮮映画祭第2弾「わが家の問題」シリーズ上映 従軍慰安婦600人輸送 ホットラインで証言
1992.08.01	Vol.35	39	崔光世	〈COLUMN〉…をイメージできない人よ
1992.08.01	Vol.35	40		KOREA SATELLITE
1992.08.01	Vol.35	43	玄宗哲	〈夢中人発見〉自分を主張できる演奏がしたい
1992.08.01	Vol.35	44	趙文順	〈ブライダル通信〉ふれあいバーディー物語
1992.08.01	Vol.35	46	空野佳弘	〈同胞の権利〉「改正」外登法を論ず(上)
1992.08.01	Vol.35	49		〈ECHO〉42年間の世界最長期囚
1992.08.01	Vol.35	36		〈MILE INFORMATION〉PAN就職情報センター
1992.08.01	Vol.35	50		〈MILE INFORMATION〉MOVIE/VIDEO
1992.08.01	Vol.35	51		〈MILE INFORMATION〉VIDEO/BOOK
1992.08.01	Vol.35	52		〈MILE INFORMATION〉読者の声
1992.08.01	Vol.35	53		〈MILE INFORMATION〉ポットグラフ/調論
1992.08.01	Vol.35	54		〈MILE INFORMATION〉イベントガイド
1992.08.01	Vol.35	56		〈MILE INFORMATION〉ミレページ
1992.09.01	Vol.36	6	小山帥人	〈特集〉忘れられた日本人武将末裔たち
1992.09.01	Vol.36	10	鄭大声	〈特集〉朝鮮の食文化(1)
1992.09.01	Vol.36	20		〈特集〉「朝鮮映画の父」羅雲奎
1992.09.01	Vol.36	28	蔡光浩	〈特集〉38日間・10ヵ国・60万円也の旅(2)
1992.09.01	Vol.36	3		〈インタビュー〉〈RUNNING TO THE FUTURE〉同抱の音楽教育と音楽活動のために/柳在政
1992.09.01	Vol.36	15		〈インタビュー〉〈COFFEE BREAK WITH YOU〉映画で世界を愛する人/佐藤忠男
1992.09.01	Vol.36	24		〈TOPICS〉京都府朝鮮人強制連行真相調査団結成1周年のつどい

발행일	지면정보		필자	제목
	권호	페이지		
1992.09.01	Vol.36	25		〈TOPICS〉リバティ・おおさかで「倭乱-豊臣秀吉侵略400年-」展開催
1992.09.01	Vol.36	26		〈TOPICS〉コリア文化ホール開設　第13回大阪朝鮮吹奏楽団演奏会
1992.09.01	Vol.36	27		〈TOPICS〉歌と詩朗読のタベ　キキョウ(トラジ)バッジを販売
1992.09.01	Vol.36	33	金静媛	〈COLUMN〉外登証からヘソクリ
1992.09.01	Vol.36	36		〈ENTER PRISE〉株式会社まつだコーポーレーション/金圭植社長
1992.09.01	Vol.36	38		KOREA SATELLITE&DAILY MEMO
1992.09.01	Vol.36	40	元貞道	〈夢中人発見〉ボクシングは今しかできない
1992.09.01	Vol.36	42	金栄愛	〈ブライダル通信〉結婚へのパスポート
1992.09.01	Vol.36	44	空野佳弘	〈同胞の権利〉「改正」外登法を論ず(下)
1992.09.01	Vol.36	46		サインボード S・S・G・BOWL
1992.09.01	Vol.36	47		〈ECHO〉夏の思い出
1992.09.01	Vol.36	34		〈MILE INFORMATION〉PAN就職情報センター
1992.09.01	Vol.36	48		〈MILE INFORMATION〉MOVIE/VIDEO
1992.09.01	Vol.36	49		〈MILE INFORMATION〉VIDEO/BOOK
1992.09.01	Vol.36	50		〈MILE INFORMATION〉読者の声
1992.09.01	Vol.36	51		〈MILE INFORMATION〉ポットグラフ/調論
1992.09.01	Vol.36	52		〈MILE INFORMATION〉イベントガイド
1992.09.01	Vol.36	54		〈MILE INFORMATION〉ミレページ
1992.10.01	Vol.37	6		〈特集〉〈20年余にわたるボランティア〉日本の歯科医療奉仕団が韓国のライ病患者たちを治療
1992.10.01	Vol.37	10		〈特集〉在日外国人常勤講師採用と民族教育-大阪の民族学級の取り組みから-
1992.10.01	Vol.37	30	鄭大声	〈特集〉朝鮮の食文化(2)
1992.10.01	Vol.37	33	蔡光浩	〈特集〉38日間・10ヵ国・60万円也の旅(3)
1992.10.01	Vol.37	3		〈インタビュー〉〈RUNNING TO THE FUTURE〉プラス発想で社会活動に挑む-「在日のサンプル」目指す「あきらめない姿勢が能力を伸ばしていく」/辛淑玉
1992.10.01	Vol.37	15		〈インタビュー〉〈COFFEE BREAK WITH YOU〉体を使って「生」を表現するアーティスト/黒田征太郎
1992.10.01	Vol.37	20		〈TOPICS〉第7回アジア・太平洋地域の戦争犠牲者に思いを馳せ、心に刻む集会
1992.10.01	Vol.37	22		〈TOPICS〉祖国の平和と統一のための青年フェスティバル開催
1992.10.01	Vol.37	23		〈TOPICS〉第3回凡民族大会
1992.10.01	Vol.37	24		〈TOPICS〉奈良県野迫川村の朝鮮人強制連行跡
1992.10.01	Vol.37	25		〈TOPICS〉第3回朝鮮人・中国人強制連行・強制労動を考える全国交流集会サマースクール・サマーセミナー・サマーキャンプ
1992.10.01	Vol.37	27	金洪仙	〈COLUMN〉元気印でいこう

발행일	지면정보		필자	제목
	권호	페이지		
1992.10.01	Vol.37	40		KOREA SATELLITE & DAILY MEMO
1992.10.01	Vol.37	43	李政美	〈夢中人発見〉ヨーロッパの街角を油絵に
1992.10.01	Vol.37	44	李秀一	〈ブライダル通信〉ふれあいパーティー大阪ー今、何故パーティなのかー
1992.10.01	Vol.37	46	位田浩	〈同胞の権利〉朝鮮学校への公的補助と子供の権利条約
1992.10.01	Vol.37	48		サインボード　手打ちうどん・そば　かみなり庵
1992.10.01	Vol.37	49		〈ECHO〉文益煥牧師平和賞を
1992.10.01	Vol.37	38		〈MILE INFORMATION〉PAN就職情報センター
1992.10.01	Vol.37	50		〈MILE INFORMATION〉MOVIE/VIDEO
1992.10.01	Vol.37	51		〈MILE INFORMATION〉VIDEO/BOOK
1992.10.01	Vol.37	52		〈MILE INFORMATION〉読者の声
1992.10.01	Vol.37	53		〈MILE INFORMATION〉ポットグラフ/調論
1992.10.01	Vol.37	56		〈MILE INFORMATION〉イベントガイド
1992.10.01	Vol.37	55		〈MILE INFORMATION〉ミレページ
1992.11.01	Vol.38	6	佐藤まき子	〈企画〉中国・延辺朝鮮族自治州創立20周年記念式典に行なってきたゾー
1992.11.01	Vol.38	10	朴康秀	〈企画〉祖国の人人々と共に未来を築くために
1992.11.01	Vol.38	21	金昌五	〈企画〉南・北・海外が一つになった「汎青学連」の結成
1992.11.01	Vol.38	32		〈企画〉コリアンコンビのインド旅行記(上)
1992.11.01	Vol.38	36	鄭大声	〈企画〉朝鮮の食文化(3)
1992.11.01	Vol.38	3		〈インタビュー〉〈RUNNING TO THE FUTURE〉歴史のベールをはがす男/洪祥進
1992.11.01	Vol.38	15		〈インタビュー〉〈COFFEE BREAK WITH TOU〉アジア裏街をうろつくのが好き/中島らも
1992.11.01	Vol.38	24		〈TOPICS〉第1回東アジアホープス交流卓球大会
1992.11.01	Vol.38	25		生野朝鮮初級学校新校舎完成
1992.11.01	Vol.38	26		〈TOPICS〉〈兵庫コリアンフェスティバル〉高麗音楽センター開設10周年、響友会設立記念コンサート
1992.11.01	Vol.38	27		〈TOPICS〉第13回全国朝鮮人教育研究集会・済州島民話集と韓国の児童文学
1992.11.01	Vol.38	28	柳祇京	〈COLUMN〉おばあちゃんの死
1992.11.01	Vol.38	40		KOREA SATELLITE & DAILY MEMO
1992.11.01	Vol.38	43	高宜良	〈夢中人発見〉在日同胞の精神医療を考える
1992.11.01	Vol.38	44	高炳烈	〈ブライダル通信〉「さすらいの結婚仕掛人」奮闘記
1992.11.01	Vol.38	46		〈同胞の権利〉共和国在住元従軍慰安婦が語る恨-強制連行調査団訪朝調査の記録
1992.11.01	Vol.38	48		サインボード　めぐみ楽店
1992.11.01	Vol.38	49		〈ECHO〉名前考-プロ野球編
1992.11.01	Vol.38	38		〈MILE INFORMATION〉PAN就職情報センター
1992.11.01	Vol.38	50		〈MILE INFORMATION〉MOVIE/VIDEO

발행일	지면정보		필자	제목
	권호	페이지		
1992.11.01	Vol.38	54		〈MILE INFORMATION〉VIDEO/BOOK
1992.11.01	Vol.38	52		〈MILE INFORMATION〉読者の声
1992.11.01	Vol.38	53		〈MILE INFORMATION〉調論ポッ/トグラフ
1992.11.01	Vol.38	54		〈MILE INFORMATION〉イベントガイド
1992.11.01	Vol.38	56		〈MILE INFORMATION〉ミレページ
1993.02.01	Vol.41	6	高賛侑	〈特集〉LA・NYコリアタウンを歩く(中)-移民コミュニティーの形成
1993.02.01	Vol.41	18		〈特集〉同胞企業の発展と社会的地位の確立を! 政治の壁を越えた新しい経済ネットワークー-UGビジネスクラブ
1993.02.01	Vol.41	33		〈特集〉大阪朝鮮ラグビ団「千里馬クラブ」クラブチームを頂点に
1993.02.01	Vol.41	3		〈インタビュー〉〈オンドルTALK〉東洋哲学を根源とする現代作曲界の巨星/尹伊桑
1993.02.01	Vol.41	13		〈インタビュー〉〈COFFEE BREAK WITH YOU〉世界の未来像を描く「団塊世代」作家/かわぐちかいじ
1993.02.01	Vol.41	22		〈インタビュー〉在日コリアンフォーラム90sⅡ
1993.02.01	Vol.41	24		〈インタビュー〉「文化センター。アリラン」オープン
1993.02.01	Vol.41	26		〈インタビュー〉朝鮮半島の平和と南北統一に関する国際会議
1993.02.01	Vol.41	28	若一光司(文)太田順一(写真)	〈連載〉〈PRページ〉高松パチンコ物語 第5話「アボジみずから出玉調整を」
1993.02.01	Vol.41	31		〈連載〉〈PAN How to就職〉正しい履歴書を書くための十か条
1993.02.01	Vol.41	36	鄭大声	〈連載〉朝鮮の食文化(6) 食料の文化
1993.02.01	Vol.41	38		〈連載〉〈ECHO〉ハールムで出会った黒人と韓国人
1993.02.01	Vol.41	40		〈連載〉KOREA SATELLITE＆DAILY MEMO
1993.02.01	Vol.41	43	李美暎	〈連載〉〈夢中人発見〉一輪でも個性を活かせるアレンジを
1993.02.01	Vol.41	44	趙文順	〈連載〉〈ブライダル通信〉彼とめぐり逢う日まで
1993.02.01	Vol.41	46	空野佳弘	〈連載〉〈同胞の権利〉在日朝鮮人の相続問題
1993.02.01	Vol.41	50		〈連載〉〈SIGN BOARD〉チャンゴ亭
1993.02.01	Vol.41	30		〈ミレインフォメーション〉PAN就職情報センター
1993.02.01	Vol.41	48		〈ミレインフォメーション〉MOVIE/VIDEO
1993.02.01	Vol.41	49		〈ミレインフォメーション〉VIDEO/BOOK
1993.02.01	Vol.41	51		〈ミレインフォメーション〉クロスワードパズル
1993.02.01	Vol.41	52		〈ミレインフォメーション〉読者の声
1993.02.01	Vol.41	53		〈ミレインフォメーション〉調論/ポットグラフ
1993.02.01	Vol.41	54		〈ミレインフォメーション〉イベントガイド
1993.02.01	Vol.41	56		〈ミレインフォメーション〉ミレページ
1993.03.01	Vol.42	6	高賛侑	〈企画〉LA・NYコリアタウンを歩く(下)-ニューヨークで出会った若者たち
1993.03.01	Vol.42	12		〈企画〉迫る21世紀、朝鮮統一の展望は開けたか

발행일	지면정보		필자	제목
	권호	페이지		
1993.03.01	Vol.42	25		〈企画〉まさざし
1993.03.01	Vol.42	32		「日本の戦後補償に関する国際公聴会」をめぐって
1993.03.01	Vol.42	3	朴鐘鳴	〈インタビュー〉〈オンドルTALK〉思想・信条・所属を越えた錦繍文庫と共に
1993.03.01	Vol.42	19	ちばてつや	〈インタビュー〉〈COFFEE BREAK WITH TOU〉のんびり流れる時間を描いてみたい
1993.03.01	Vol.42	16		〈トピックス〉大阪でFMサラン(愛)開局
1993.03.01	Vol.42	17		〈トピックス〉朝高選抜とガンパ大阪が交流試合・NHKでMILE編輯長が訪米報告
1993.03.01	Vol.42	18		〈トピックス〉全国各地で成人式を開催
1993.03.01	Vol.42	28	若一光司(文)太田順一(写真)	〈連載〉〈PRページ〉高松パチンコ物語　第6話「感激の祖国訪問を果たして」
1993.03.01	Vol.42	31		〈連載〉〈PAN How to 就職〉面接編
1993.03.01	Vol.42	38		〈連載〉〈ECHO〉身近にひそむ歴史
1993.03.01	Vol.42	40		〈連載〉KOREA SATELLITE & DAILY MEMO
1993.03.01	Vol.42	43	李由美	〈連載〉〈夢中人発見〉こころにゆとりと豊かさをもってほしい
1993.03.01	Vol.42	44	金栄愛	〈連載〉〈ブライダル通信〉ある男性の結婚物語
1993.03.01	Vol.42	46	森博行	〈連載〉〈同胞の権利〉朝鮮高級学校の高体連加盟問題　一日弁連「勧告」「要望」の意義
1993.03.01	Vol.42	50		〈連載〉〈SIGN BOARD〉焼酒屋・ちゃんこ代官
1993.03.01	Vol.42	30		〈ミレインフォメーション〉PAN就職情報センター
1993.03.01	Vol.42	48		〈ミレインフォメーション〉MOVIE/VIDEO
1993.03.01	Vol.42	49		〈ミレインフォメーション〉VIDEO/BOOK
1993.03.01	Vol.42	51		〈ミレインフォメーション〉クロスワードパズル
1993.03.01	Vol.42	52		〈ミレインフォメーション〉読者の声
1993.03.01	Vol.42	53		〈ミレインフォメーション〉調論/ポットグラフ
1993.04.01	Vol.43	6	鈴木常勝	〈企画〉上海・朝鮮・物語シャンハイ・コリア・クロスロードいつか見て、忘れた路地裏
1993.04.01	Vol.43	12	崔英子	〈企画〉語学留学の知られざるノウハウ
1993.04.01	Vol.43	34		〈企画〉知ってますか?「改正」外国人登録法
1993.04.01	Vol.43	3	黄進	〈インタビュー〉〈オンドルトーク〉自分の기を知って、できることから一歩一歩、歩んできたら、10年が過ぎていた
1993.04.01	Vol.43	21		〈インタビュー〉〈COFFEE BREAK WITH YOU〉女性の視点で社会をとらえる/松井やより
1993.04.01	Vol.43	16		〈トピックス〉第4回二重言語学日本国際学術会義
1993.04.01	Vol.43	18		〈トピックス〉韓国舞踊「創舞会」公演
1993.04.01	Vol.43	19		〈トピックス〉みのおセッパラム開催
1993.04.01	Vol.43	20		〈トピックス〉「ハングル」能力検定試験実施
1993.04.01	Vol.43	26		〈連載〉〈朝鮮料理入門〉 雑菜(チャプチェ)
1993.04.01	Vol.43	28	若一光司(文)太田順一(写真)	〈連載〉〈PRページ〉高松パチンコ物語　第7話「一本のクギをめぐる闘いへ…」

발행일	지면정보		필자	제목
	권호	페이지		
1993.04.01	Vol.43	31		〈連載〉〈PAN How to 就職〉自己分析をしよう
1993.04.01	Vol.43	38		〈連載〉〈ECHO〉発火地点の色よ音に
1993.04.01	Vol.43	40		〈連載〉KOREA SATELLITE&DAILY MEMO
1993.04.01	Vol.43	43	玄守玉	〈連載〉〈夢中人発見〉好きな仕事だから一生続けて生きたい
1993.04.01	Vol.43	44	朴秀一	〈連載〉〈ブライダル通信〉ブラザース「ふれあいパーティ大阪」に参加しましょう
1993.04.01	Vol.43	46	空野佳弘	〈連載〉〈同胞の権利〉在日朝鮮人の結婚問題
1993.04.01	Vol.43	50		〈連載〉〈SIGN BOARD〉神戸おでん洋風館
1993.04.01	Vol.43	30		〈ミレインフォメーション〉PAN就職情報センター
1993.04.01	Vol.43	48		〈ミレインフォメーション〉MOVIE/VIDEO
1993.04.01	Vol.43	49		〈ミレインフォメーション〉VIDEO/BOOK
1993.04.01	Vol.43	51		〈ミレインフォメーション〉クロスワードパズル
1993.04.01	Vol.43	52		〈ミレインフォメーション〉読者の声
1993.04.01	Vol.43	53		〈ミレインフォメーション〉調論
1993.04.01	Vol.43	54		〈ミレインフォメーション〉イベントガイド
1993.04.01	Vol.43	56		〈ミレインフォメーション〉ミレページ
1993.05.01	Vol.44	7	矢野宏	〈企画〉〈東大阪駐車殺人事件を追う〉洪さんは二度殺されかけた
1993.05.01	Vol.44	21		〈企画〉ひたすら子供たちのために 日本で雄一の在日同胞児童福祉施設「愛神愛隣舎」
1993.05.01	Vol.44	26	高賛侑	〈企画〉『発掘韓国現代史人物』を翻訳せて
1993.05.01	Vol.44	33		〈企画〉〈サッカー座談会〉スポーッこそ相互理解の出発点だ!
1993.05.01	Vol.44	3	玄于亨	〈企画〉〈オンドルTALK〉人間は自然の治癒能力が備わっている。それをどう引き出すかが医者の務めだ。
1993.05.01	Vol.44	13	伊藤孝司	〈企画〉〈COFFEE BREAK WITH YOU〉歴史の真実を撮る
1993.05.01	Vol.44	18		〈企画〉「福岡3・1文化祭」
1993.05.01	Vol.44	19		〈企画〉朝鮮学校の処遇改善を求める京都集会
1993.05.01	Vol.44	20	"	〈企画〉「バード」全国上映中
1993.05.01	Vol.44	28	若一光司(文)太田順一(写真)	〈連載〉〈PRページ〉高松パチンコ物語　第8話「一本のクギをめぐる闘いへ…」
1993.05.01	Vol.44	31		〈連載〉〈PAN How to 就職〉あいさつとおじぎ
1993.05.01	Vol.44	32		〈連載〉〈朝鮮料理入門〉テールスープ
1993.05.01	Vol.44	38		〈連載〉〈ECHO〉オレンジ族
1993.05.01	Vol.44	40		〈連載〉KOREA SATELLITE&DAILY MEMO
1993.05.01	Vol.44	43	金光龍	〈連載〉〈夢中人発見〉在日同胞のシンクタンクを作りたい
1993.05.01	Vol.44	44	高柄烈	〈連載〉〈ブライダル通信〉「ブラザーススキーツアー」信州菅平へ行く
1993.05.01	Vol.44	46	金井塚康弘	〈連載〉〈同胞の権利〉JRの通学定期の割引率に、なぜいつまでも差別があるのか
1993.05.01	Vol.44	50		〈連載〉〈SIGN BOARD〉もつ鍋　まつり

발행일	지면정보		필자	제목
	권호	페이지		
1993.05.01	Vol.44	30		〈ミレインフォメーション〉PAN就職情報センター
1993.05.01	Vol.44	48		〈ミレインフォメーション〉MOVIE/VIDEO
1993.05.01	Vol.44	49		〈ミレインフォメーション〉VIDEO/BOOK
1993.05.01	Vol.44	51		〈ミレインフォメーション〉クロスワードパズル
1993.05.01	Vol.44	52		〈ミレインフォメーション〉読者の声
1993.05.01	Vol.44	53		〈ミレインフォメーション〉ポットグラフ/調論
1993.05.01	Vol.44	54		〈ミレインフォメーション〉イベントガイド
1993.05.01	Vol.44	56		〈ミレインフォメーション〉ミレページ
1993.06.01	Vol.45	6		〈企画〉ドラマティック·カナダー人旅(Ⅰ)
1993.06.01	Vol.45	22	韓丘庸	〈企画〉朝鮮を描く最近の児童文学(上)
1993.06.01	Vol.45	32		〈企画〉真実の歴史を伝えるために
1993.06.01	Vol.45	36		〈企画〉ある朝鮮人軍属の刑死
1993.06.01	Vol.45	3		〈インタビュー〉〈オンドルTALK〉いい時も悪いときも祖国や民族と苦楽を共にいる。それが私の人生観です。/呂成根
1993.06.01	Vol.45	12		〈インタビュー〉〈COFFEE BREAK WITH YOU〉社会の不条理を自分たちで探していく/大谷昭宏
1993.06.01	Vol.45	18		〈トピックス〉第9回ハンギョレコンサート
1993.06.01	Vol.45	19		〈トピックス〉第9回韓日親善高校サッカー
1993.06.01	Vol.45	27		〈連載〉〈朝鮮料理入門〉ビビンパ
1993.06.01	Vol.45	28	若一光司(文)太田順一(写真)	〈連載〉〈PRページ〉高松パチンコ物語　第9話「夫となり、父となることで…」
1993.06.01	Vol.45	31		〈連載〉〈PAN How to 就職〉身だしなると言葉笑い
1993.06.01	Vol.45	39		〈連載〉〈夢中人発見〉大切なのは常に向きで自信を持つこと
1993.06.01	Vol.45	40		〈連載〉〈ECHO〉マルコムXのメッセージ
1993.06.01	Vol.45	42		〈連載〉KOREA SATELLITE＆DAILY MEMO
1993.06.01	Vol.45	44		〈連載〉〈ブライダル通信〉外見やうわべだけの条件で相手を選ぶとなかなか決らない
1993.06.01	Vol.45	46	空野佳弘	〈連載〉〈同胞の権利〉問われる日本の戦争責任の今日的課題(上)
1993.06.01	Vol.45	50		〈連載〉〈SIGN BOARD〉
1993.06.01	Vol.45	30		〈ミレインフォメーション〉PAN就職情報センター
1993.06.01	Vol.45	48		〈ミレインフォメーション〉MOVIE/VIDEO
1993.06.01	Vol.45	49		〈ミレインフォメーション〉VIDEO/BOOK
1993.06.01	Vol.45	51		〈ミレインフォメーション〉クロスワードパズル
1993.06.01	Vol.45	52		〈ミレインフォメーション〉読者の声
1993.06.01	Vol.45	53		〈ミレインフォメーション〉ポットグラフ/調論
1993.06.01	Vol.45	54		〈ミレインフォメーション〉イベントガイド
1993.06.01	Vol.45	56		〈ミレインフォメーション〉ミレページ
1993.07.01	Vol.46	24		〈93'就職特集(1)　求人企業一覧(表2 朝鮮大阪/表4 株式会社アスコ)〉株式会社梅田明月館

발행일	지면정보		필자	제목
	권호	페이지		
1993.07.01	Vol.46	25		〈93'就職特集(1) 求人企業一覧(表2 朝鮮大阪/表4 株式会社アスコ)〉株式会社大阪誠建・カラオケボックスプロデュース
1993.07.01	Vol.46	26		〈93'就職特集(1) 求人企業一覧(表2 朝鮮大阪/表4 株式会社アスコ)〉ゴイチ株式会社
1993.07.01	Vol.46	27		〈93'就職特集(1) 求人企業一覧(表2 朝鮮大阪/表4 株式会社アスコ)〉トーユー工業株式会社
1993.07.01	Vol.46	28		〈93'就職特集(1) 求人企業一覧(表2 朝鮮大阪/表4 株式会社アスコ)〉星野尚事グループ
1993.07.01	Vol.46	29		〈93'就職特集(1) 求人企業一覧(表2 朝鮮大阪/表4 株式会社アスコ)〉朝銀京都
1993.07.01	Vol.46	30		〈93'就職特集(1) 求人企業一覧(表2 朝鮮大阪/表4 株式会社アスコ)〉株式会社金剛
1993.07.01	Vol.46	32		〈93'就職特集(1) 求人企業一覧(表2 朝鮮大阪/表4 株式会社アスコ)〉朝銀兵庫
1993.07.01	Vol.46	33		〈93'就職特集(1) 求人企業一覧(表2 朝鮮大阪/表4 株式会社アスコ)〉有限会社リージェント
1993.07.01	Vol.46	34		〈93'就職特集(1) 求人企業一覧(表2 朝鮮大阪/表4 株式会社アスコ)〉株式会社ワールドコーポレーション
1993.07.01	Vol.46	35		〈93'就職特集(1) 求人企業一覧(表2 朝鮮大阪/表4 株式会社アスコ)〉伸和印刷株式会社　朝陽物産株式会社
1993.07.01	Vol.46	36		〈93'就職特集(1) 求人企業一覧(表2 朝鮮大阪/表4 株式会社アスコ)〉ナカサンプロジェクト 富士工芸社 医療法人同友会 共和病院 飛翔企業株式会社
1993.07.01	Vol.46	58		〈93'就職特集(1) 求人企業一覧(表2 朝鮮大阪/表4 株式会社アスコ)〉大安警備保障株式会社　表3　株式会社国際トレーディング
1993.07.01	Vol.46	10		〈93'就職特集(2)〉今年の就職戦線と在日コリアン企業の雇用環境
1993.07.01	Vol.46	16		〈93'就職特集(2)優良企業紹介〉意慾的事業推進計画で21世紀のエクセレントカンパニーをめざす　株式会社アスコ
1993.07.01	Vol.46	18		〈93'就職特集(2)優良企業紹介〉世界進出という「未来図"」を描く、本格派朝鮮料理の老舗 株式会社梅田明月館
1993.07.01	Vol.46	20		〈93'就職特集(2)優良企業紹介〉人を育てアイデアを生み出す源は「五一ラビット精神」ゴイチ株式会社
1993.07.01	Vol.46	22		〈93'就職特集(2)優良企業紹介〉人間味あふれる社長と共に歩む"技術と信頼"の成長企業 トーユー工業株式会社
1993.07.01	Vol.46	38	韓丘庸	〈企画〉朝鮮を描く最近の児童文学(中)
1993.07.01	Vol.46	42		〈企画〉ドラマティック・カナダー人旅(Ⅱ)
1993.07.01	Vol.46	2	全鎮植	〈インタビュー〉〈オンドルTALK〉人生の残りの時をすべて「朝鮮」にこだわる。
1993.07.01	Vol.46	5	難波利三	〈インタビュー〉〈COFFEE BREAK WITH YOU〉理想の小説とは、どこまで人間の"真実"に泊まり、描き切るかにかかっている。

발행일	지면정보		필자	제목
	권호	페이지		
1993.07.01	Vol.46	46		〈トピックス〉「アジアの平和と女性の役割」大阪集会
1993.07.01	Vol.46	47		〈トピックス〉フェスティバル93大阪同胞大野遊会
	Vol.46	48		〈トピックス〉外登法・入管法を撃つ関西研究交流集会
1993.07.01	Vol.46	49		〈トピックス〉「山河ヨ我ヲ抱ケ」刊行記念講演/『朝鮮人強制連行調査記念・大阪篇』出版・報告会/本多勝一著『貧困なる精神』に本誌記事が転載
1993.07.01	Vol.46	30	若一光司(文) 太田順一(写真)	〈連載〉〈PRページ〉高松パチンコ物語 第10話「社長就任パーティーで」
1993.07.01	Vol.46	37	安蓮玉	〈連載〉〈夢中人発見〉マスコミは進出する満足感
1993.07.01	Vol.46	50	朴鉄民	〈連載〉〈ブライダル通信〉同胞恋しい「地方の青年」カップル
1993.07.01	Vol.46	52	空野佳弘	〈連載〉〈同胞の権利〉問われる日本の戦争責任の今日的課題(中)
1993.07.01	Vol.46	56		〈連載〉〈SIGN BOARD〉MILE
1993.07.01	Vol.46	14		〈ミレインフォメーション〉PAN就職情報センター
1993.07.01	Vol.46	54		〈ミレインフォメーション〉MOVIE/VIDEO
1993.07.01	Vol.46	55		〈ミレインフォメーション〉VIDEO/BOOK
1993.07.01	Vol.46	57		〈ミレインフォメーション〉クロスワードパズル
1993.07.01	Vol.46	58		〈ミレインフォメーション〉イベントガイド
1993.07.01	Vol.46	60		〈ミレインフォメーション〉ミレページ
1993.08.01	Vol.47	12		〈企画〉長期囚を描いたベストセラー作家 キム・ハギ氏が来日講演『完全なる再会』出版記念の集い
1993.08.01	Vol.47	16	李秀	〈企画〉『メリケン渡り鳥』物語序説
1993.08.01	Vol.47	18	趙甲順	〈企画〉朝鮮高級学校、総体参加へ 全国高体連、加盟人めず 各種学校で処理
1993.08.01	Vol.47	30	韓丘庸	〈企画〉朝鮮を描く最近の児童文学(下)
1993.08.01	Vol.47	34		〈企画〉ドラマティック・カナダー人旅(Ⅲ)
1993.08.01	Vol.47	3		〈インタビュー〉〈オンドルTALK〉プロの狭き門を根性と精神で駆け抜けた男/申在範
1993.08.01	Vol.47	7		〈インタビュー〉〈COFFEE BREAK WITH YOU〉自分の言葉でメッセージを送りたい/山口美江
1993.08.01	Vol.47	22		〈トピックス〉日本の戦後責任を問う日韓ハッキリコンサート
1993.08.01	Vol.47	23		〈トピックス〉京都市動物園チョウセントラ登場
1993.08.01	Vol.47	27		〈連載〉〈朝鮮料理入門〉イカフェ
1993.08.01	Vol.47	28	若一光司(文) 太田順一(写真)	〈連載〉〈PRページ〉高松パチンコ物語 第11話「アボジの帰郷、そして死」
1993.08.01	Vol.47	25		〈連載〉〈PANHowto就職〉同胞企業合同研究セミナー開催
1993.08.01	Vol.47	43	李泰文	〈連載〉〈夢中人発見〉人脈を活用し経営のためのトータルサービスを目指す
1993.08.01	Vol.47	38		〈連載〉〈ECHO〉私的キムチ考
1993.08.01	Vol.47	40		〈連載〉KOREA SATELLITE＆DAILY MEMO

발행일	지면정보		필자	제목
	권호	페이지		
1993.08.01	Vol.47	44	趙文順	〈連載〉〈ブライダル通信〉お見合いで結婚できる人、できない人(女性編)
1993.08.01	Vol.47	46	空野佳弘	〈連載〉〈同胞の権利〉問われる日本の戦争責任の今日的課題(下)
1993.08.01	Vol.47	50		〈連載〉〈SIGN BOARD〉鉄板焼・炉端　食彩
1993.08.01	Vol.47	24		〈ミレインフォメーション〉PAN就職情報センター
1993.08.01	Vol.47	48		〈ミレインフォメーション〉MOVIE/VIDEO
1993.08.01	Vol.47	49		〈ミレインフォメーション〉VIDEO/BOOK
1993.08.01	Vol.47	51		〈ミレインフォメーション〉クロスワードパズル
1993.08.01	Vol.47	52		〈ミレインフォメーション〉イベントガイド
1993.08.01	Vol.47	53		〈ミレインフォメーション〉ポットグラフ/調論
1993.08.01	Vol.47	54		〈ミレインフォメーション〉イベントガイド
1993.08.01	Vol.47	56		〈ミレインフォメーション〉ミレページ
1993.09.01	Vol.48	13	嶋村初吉	〈企画〉白村江戦い余話-九州のなかの朝鮮文化考-
1993.09.01	Vol.48	18		〈企画〉韓国にとってベトナム戦争　映画「ホワイト・バッジ」が意味するもの
1993.09.01	Vol.48	31	丹羽雅雄	〈企画〉入居差別裁判の判決意義と課題
1993.09.01	Vol.48	34	金静媛	〈企画〉山口県朝鮮人強制連行真相調査団現地レポート
1993.09.01	Vol.48	24		〈企画〉〈同胞企業紹介〉株式会社アクセス
1993.09.01	Vol.48	3	張年錫	〈インタビュー〉〈オンドルTALK〉先端技術と統一運動のパイオニア
1993.09.01	Vol.48	7	椎明桜子	〈インタビュー〉〈COFFEE BREAK WITH　TOU〉私の存在のものが、私の表現
1993.09.01	Vol.48	30		〈トピックス〉引き揚げを描いたアニメーション映画「お星さまのレール」
1993.09.01	Vol.48	30		〈トピックス〉韓国人権基金国際っセンター結成
1993.09.01	Vol.48	27		〈連載〉〈朝鮮料理入門〉チヂミ
1993.09.01	Vol.48	28	若一光司(文)太田順一(写真)	〈連載〉〈PRページ〉高松パチンコ物語　最終回「生きざまと夢のすべてを」
1993.09.01	Vol.48	23		〈連載〉〈PANHowto就職〉営業マンの行動・時間管理の視点
1993.09.01	Vol.48	43	金明花	〈連載〉〈夢中人発見〉いつも患者の立場にたって
1993.09.01	Vol.48	38		〈連載〉〈ECHO〉「アメリカ・コリアタウン」を出版して
1993.09.01	Vol.48	40		〈連載〉KOREA SATELLITE＆DAILY MEMO
1993.09.01	Vol.48	44	金栄愛	〈連載〉〈ブライダル通信〉結婚に至るまでのプロセス
1993.09.01	Vol.48	46	中川信雄	〈連載〉〈同胞の権利〉日本人学校に通う朝鮮人たち(上)
1993.09.01	Vol.48	50		〈連載〉〈SIGN BOARD〉居酒屋鉄ちゃん
1993.09.01	Vol.48	22		〈ミレインフォメーション〉PAN就職情報センター
1993.09.01	Vol.48	48		〈ミレインフォメーション〉MOVIE/VIDEO
1993.09.01	Vol.48	49		〈ミレインフォメーション〉VIDEO/BOOK
1993.09.01	Vol.48	51		〈ミレインフォメーション〉クロスワードパズル

발행일	지면정보		필자	제목
	권호	페이지		
1993.09.01	Vol.48	52		〈ミレインフォメーション〉読者の声
1993.09.01	Vol.48	53		〈ミレインフォメーション〉ポットグラフ/調論
1993.09.01	Vol.48	54		〈ミレインフォメーション〉イベントガイド
1993.09.01	Vol.48	56		〈ミレインフォメーション〉ミレページ
1993.10.01	Vol.49	12		とどけ民衆の心、ひびけ時代の歌 鄭泰春・朴恩玉初来日コンサート
1993.10.01	Vol.49	18	金静寅	「従軍慰安婦」問題は清算されていない
1993.10.01	Vol.49	33		国際法から日本の朝鮮支配を問い直す 1905年の「韓国保護条約」を歴史的に検証する「国際シンポジウム」
1993.10.01	Vol.49	36		〈関東大震災70周年〉史上類を見ない他民族大量虐殺事件
1993.10.01	Vol.49	3		〈インタビュー〉〈オンドルTALK〉誰でも踊れるようにするのが楽しみ/裵孝子
1993.10.01	Vol.49	7		〈インタビュー〉〈COFFEE BREAK WITH YOU〉俳優になった気持ちで台司を創りだす/戸田奈津子
1993.10.01	Vol.49	22		〈インタビュー〉在日同胞による映画館「第七芸術劇場」
1993.10.01	Vol.49	23		〈インタビュー〉第4回朝鮮人・中国人強制連行・強制労働を考える全国交流集会
1993.10.01	Vol.49	24		〈インタビュー〉民族文化教育センター設立/全国でサマースクール開催
1993.10.01	Vol.49	25		〈インタビュー〉「アメリカコリアタウン」出版記念パーティー
1993.10.01	Vol.49	30		〈連載〉〈朝鮮料理入門〉九折坂
1993.10.01	Vol.49	27		〈連載〉〈PAN How to 就職〉職務別業務マニュアル 総務編
1993.10.01	Vol.49	31	魯政一	〈連載〉〈夢中人発見〉子どもも外国人もみな患者
1993.10.01	Vol.49	40		〈連載〉〈ECHO〉生の声
1993.10.01	Vol.49	42		〈連載〉KOREA SATELLITE＆DAILY MEMO
1993.10.01	Vol.49	44	朴秀一	〈連載〉〈ブライダル通信〉「結婚できない症候群」を克服して、雑談は根気よく
1993.10.01	Vol.49	46	中川信雄	〈連載〉〈同胞の権利〉日本人学校に通う朝鮮人たち(中)
1993.10.01	Vol.49	50		〈連載〉〈SIGN BOARD〉お好み焼き・鉄板焼き もんじゃ もんど
1993.10.01	Vol.49	26		〈ミレインフォメーション〉PAN就職情報センター
1993.10.01	Vol.49	48		〈ミレインフォメーション〉MOVIE/VIDEO
1993.10.01	Vol.49	49		〈ミレインフォメーション〉VIDEO/BOOK
1993.10.01	Vol.49	51		〈ミレインフォメーション〉クロスワードパズル
1993.10.01	Vol.49	52		〈ミレインフォメーション〉読者の声
1993.10.01	Vol.49	53		〈ミレインフォメーション〉ポットグラフ/調論
1993.10.01	Vol.49	54		〈ミレインフォメーション〉イベントガイド
1993.10.01	Vol.49	56		〈ミレインフォメーション〉ミレページ
1993.12.01	Vol.51	12	高賛侑	カザフスタンの「高麗人」たち

발행일	지면정보		필자	제목
	권호	페이지		
1993.12.01	Vol.51	17		南・北・在日の作品が一堂に　初の「コリ統一美術展」開催
1993.12.01	Vol.51	20	嶋村初吉	朝鮮鐘は「訴える」
1993.12.01	Vol.51	33	魚秀玉	朝鮮学校の処遇改善を! 京都で10万人署名運動を展開
1993.12.01	Vol.51	38	林二郎	起ち上がったハルモニたち－東大阪に夜間中学の増設を求めて－
1993.12.01	Vol.51	3		〈インタビュー〉〈オンドルTALK〉食べ物こそ、相互理解と民族的主体性の確立に役立つはずだ/鄭大声
1993.12.01	Vol.51	7		〈インタビュー〉〈COFFEEBREAKWITHYOU〉心地よく酔える「お酒」を書きたい/北方謙三
1993.12.01	Vol.51	36		〈インタビュー〉いこかつくろか東九条マダン/『ミレ』発刊50号記念国際シンポ開催
1993.12.01	Vol.51	37		〈インタビュー〉第9回ワンコリア・フェスティバル/鄭泰春コンサートテープ販売
1993.12.01	Vol.51	31		〈連載〉〈PAN HOW TO WORK〉職種別業務マニュアル　経理編
1993.12.01	Vol.51	29		〈連載〉〈朝鮮料理入門〉饅頭スープ
1993.12.01	Vol.51	24	韓夕晶	〈連載〉〈夢中人発見〉視野を広げ前向きに
1993.12.01	Vol.51	42		〈連載〉〈ECHO〉晩秋独話
1993.12.01	Vol.51	44		〈連載〉KOREA SATELLITE&DAILY MEMO
1993.12.01	Vol.51	40		〈連載〉〈ブライダル通信〉いつもフルオープンな姿勢で
1993.12.01	Vol.51	46	空野佳弘	〈連載〉〈同胞の権利〉日本人の太平洋戦争観
1993.12.01	Vol.51	50		〈連載〉〈SIGN BOARD〉洋風居酒屋バーCANOPY
1993.12.01	Vol.51	30		〈ミレインフォメーション〉PAN就職情報センター
1993.12.01	Vol.51	48		〈ミレインフォメーション〉MOVIE/VIDEO
1993.12.01	Vol.51	49		〈ミレインフォメーション〉VIDEO/BOOK
1993.12.01	Vol.51	51		〈ミレインフォメーション〉クロスワードパズル
1993.12.01	Vol.51	52		〈ミレインフォメーション〉読者の声
1993.12.01	Vol.51	53		〈ミレインフォメーション〉ポットグラフ/調論
1993.12.01	Vol.51	54		〈ミレインフォメーション〉イベントガイド
1993.12.01	Vol.51	56		〈ミレインフォメーション〉ミレページ
1994.01.01	Vol.52	12		〈特集〉在外朝鮮民族を考える『ミレ』発刊50号記念国際シンポ開催
1994.01.01	Vol.52	26		〈企画〉総聯・民団が歴史的な合同行進 京都ワンコリア・パレードが実現
1994.01.01	Vol.52	30	小山師人	花をかざす通信使 朝鮮通信使絵巻、ロンドンで見つかる
1994.01.01	Vol.52	46		93年度MILEバック・ナンバー一覧
1994.01.01	Vol.52	3		〈インタビュー〉〈オンドルTALK〉舞踊に賭けた半生/李美南
1994.01.01	Vol.52	7		〈インタビュー〉〈COFFEE BREAK WITH YOU〉DMZ(非武装地帯)横断、そして新発見/奥田瑛二
1994.01.01	Vol.52	36		〈トピックス〉第11回生野民族文化祭/韓国劇団「ノリペ・ハントゥレ」来日公演

발행일	지면정보		필자	제목
	권호	페이지		
1994.01.01	Vol.52	37		〈トピックス〉大阪朝高ボクシング部が大阪高校総体で優勝
1994.01.01	Vol.52	35		〈連載〉〈PAN HOW TO WORK〉職種別業務マニュアル 宣伝販促編
1994.01.01	Vol.52	33		〈連載〉〈朝鮮料理入門〉太刀魚と大根の煮物
1994.01.01	Vol.52	40		〈連載〉〈ECHO〉シナリオのないドラマ
1994.01.01	Vol.52	42		〈連載〉KOREA SATELLITE＆DAILY MEMO
1994.01.01	Vol.52	24	姜昌賢	〈連載〉〈夢中人発見〉いつまでも心に素朴さを
1994.01.01	Vol.52	38		〈連載〉〈ブライダル通信〉火がついたら止まらない
1994.01.01	Vol.52	44		〈連載〉〈同胞の権利〉JRの差別定期問題を日弁連人権擁護委員会に救済申立
1994.01.01	Vol.52	50		〈連載〉〈SIGN BOARD〉CANDY POT
1994.01.01	Vol.52	34		〈ミレインフォメーション〉PAN就職情報センター
1994.01.01	Vol.52	48		〈ミレインフォメーション〉MOVIE/VIDEO
1994.01.01	Vol.52	49		〈ミレインフォメーション〉VIDEO/BOOK
1994.01.01	Vol.52	51		〈ミレインフォメーション〉クロスワードパズル
1994.01.01	Vol.52	52		〈ミレインフォメーション〉読者の声
1994.01.01	Vol.52	53		〈ミレインフォメーション〉ボットグラフ/調論
1994.01.01	Vol.52	54		〈ミレインフォメーション〉イベントガイド
1994.01.01	Vol.52	56		〈ミレインフォメーション〉ミレページ
1994.02.01	Vol.53	12	矢野宏	〈企画〉防音から置き去りにされた子どもたち 伊丹朝鮮初級学校を襲う飛行機騒音
1994.02.01	Vol.53	17	キム・ビクトル	〈企画〉民族分争の犠牲となった朝鮮人 タジキスタンからの報告
1994.02.01	Vol.53	28		〈企画〉コリアタウン化に向けて リニューアルした朝鮮市場
1994.02.01	Vol.53	33		〈企画〉アジアから拷問をなくそう!
1994.02.01	Vol.53	3		〈インタビュー〉〈オンドルTALK〉今は未来へのビジョンをしめすべきとき/宋桂子
1994.02.01	Vol.53	7		〈インタビュー〉〈COFFEE BREAK WITH YOU〉文化運動の中で人の意識は変わっていく/旭堂小南陵
1994.02.01	Vol.53	22		〈インタビュー〉感動を呼ぶ「統一の舞」在日コリア民族舞踊フェスティバル
1994.02.01	Vol.53	24		〈インタビュー〉第3回国際学術シンポジウム 東アジアの社会と経済
1994.02.01	Vol.53	25		〈インタビュー〉朝鮮半島の平和と統一問題を考えるシンポジウム
1994.02.01	Vol.53	26		〈インタビュー〉朝・日学生友好祭/共和国産カニの販売
1994.02.01	Vol.53	39		〈連載〉〈PAN HOW TO WORK〉職種別業務マニュアル 新製品開発編
1994.02.01	Vol.53	41		〈連載〉〈朝鮮料理入門〉納豆と豆腐のチゲ
1994.02.01	Vol.53	42		〈連載〉〈ECHO〉頑固者

발행일	지면정보		필자	제목
	권호	페이지		
1994.02.01	Vol.53	44		〈連載〉KOREA SATELLITE&DAILY MEMO
1994.02.01	Vol.53	37	尹直子	〈連載〉〈夢中人発見〉この職業の魅力は「人間対人間」の中にある
1994.02.01	Vol.53	40		〈連載〉〈ブライダル通信〉キムチポッカで結ばれた愛
1994.02.01	Vol.53	46	空野佳弘	〈連載〉〈同胞の権利〉国連規約人権委員会対日審査報告書
1994.02.01	Vol.53	50		〈連載〉〈SIGN BOARD〉BAR NUDE
1994.02.01	Vol.53	38		〈ミレインフォメーション〉PAN就職情報センター
1994.02.01	Vol.53	48		〈ミレインフォメーション〉MOVIE/VIDEO
1994.02.01	Vol.53	49		〈ミレインフォメーション〉VIDEO/BOOK
1994.02.01	Vol.53	51		〈ミレインフォメーション〉クロスワードパズル
1994.02.01	Vol.53	52		〈ミレインフォメーション〉読者の声
1994.02.01	Vol.53	53		〈ミレインフォメーション〉ポットグラフ/調論
1994.02.01	Vol.53	54		〈ミレインフォメーション〉イベントガイド
1994.02.01	Vol.53	56		〈ミレインフォメーション〉ミレページ
1994.03.01	Vol.54	13		〈企画〉相互理解を支えるのは人間の知性と創造力 ノーベル化学賞の福井謙一氏が語る朝・日の「共生」
1994.03.01	Vol.54	18	呉秀珍	〈企画〉サイパンに亡き父の足跡を求めて
1994.03.01	Vol.54	23	滝沢秀樹	〈企画〉コメ開放と韓国農村の現実
1994.03.01	Vol.54	28		〈企画〉神戸電鉄を敷設した同胞一世たち
1994.03.01	Vol.54	34		〈企画〉「世界文化遺産」・法隆寺に渡来人の心を偲ぶ
1994.03.01	Vol.54	3		〈インタビュー〉〈オンドルTALK〉在日同胞は本国と日本を結ぶ架け橋/金敬得
1994.03.01	Vol.54	7		〈インタビュー〉〈COFFEE BREAK WITH YOU〉地べたを這うように取材するライター/鎌田慧
1994.03.01	Vol.54	27		〈トピックス〉日・朝友好美術展開催/在外朝鮮民族を考える国際シンポがブックレットに
1994.03.01	Vol.54	39		〈連載〉〈PAN HOW TO WORK〉職種別業務マニュアル 印刷物制作編
1994.03.01	Vol.54	41		〈連載〉〈朝鮮料理入門〉大根と牛バラ肉の煮込み
1994.03.01	Vol.54	42		〈連載〉〈ECHO〉北海道の雪の下で
1994.03.01	Vol.54	44		〈連載〉KOREA SATELLITE&DAILY MEMO
1994.03.01	Vol.54	33	夫彰	〈連載〉〈夢中人発見〉「震え続ける」ことが、自分の表現法
1994.03.01	Vol.54	40		〈連載〉〈ブライダル通信〉101回目(？)のプロポーズ
1994.03.01	Vol.54	46	金井塚康弘	〈連載〉〈同胞の権利〉正義のために戦い－ファンボーベン報告書－
1994.03.01	Vol.54	50		〈連載〉〈SIGN BOARD〉ホルモン鍋・チゲ鍋・焼肉　ホンチャン
1994.03.01	Vol.54	38		〈ミレインフォメーション〉PAN就職情報センター
1994.03.01	Vol.54	48		〈ミレインフォメーション〉MOVIE/VIDEO
1994.03.01	Vol.54	49		〈ミレインフォメーション〉VIDEO/BOOK

발행일	지면정보		필자	제목
	권호	페이지		
1994.03.01	Vol.54	51		〈ミレインフォメーション〉クロスワードパズル
1994.03.01	Vol.54	52		〈ミレインフォメーション〉読者の声
1994.03.01	Vol.54	53		〈ミレインフォメーション〉ポットグラフ/調論
1994.03.01	Vol.54	54		〈ミレインフォメーション〉イベントガイド
1994.03.01	Vol.54	56		〈ミレインフォメーション〉ミレページ
1994.04.01	Vol.55	12	植村隆	〈企画〉〈追悼文益煥牧師〉「歴史を生きるとは」文牧師が残したもの
1994.04.01	Vol.55	16	ロバート・リケット	〈企画〉在日アメリカ人が見た「4・24阪神教育闘争」
1994.04.01	Vol.55	21		〈企画〉国境人種、民族の垣根を越えて コリアボランティア協会発足
1994.04.01	Vol.55	30	全佳姫	〈企画〉訓民正音誕生550年に思う
1994.04.01	Vol.55	33		〈企画〉近い国、近い人ー映画を通じた交流を願い 50本の韓国映画を一挙上映
1994.04.01	Vol.55	3		〈インタビュー〉〈オンドルTALK〉ヘーゲルに生涯をかける孤高の哲学者/姜尚暉
1994.04.01	Vol.55	7		〈インタビュー〉〈COFFEE BREAK WITH YOU〉人間は「みんないっしょだ」という気持ちが大切/黒柳徹子
1994.04.01	Vol.55	29		〈トピックス〉従軍慰安婦の姿を切々と 演劇「地の、十字架たちよ」
1994.04.01	Vol.55	27		〈連載〉〈朝鮮料理入門〉鳥粥
1994.04.01	Vol.55	42		〈連載〉〈ECHO〉学ぶ権利、教える義務
1994.04.01	Vol.55	44		〈連載〉KOREA SATELLITE&DAILY MEMO
1994.04.01	Vol.55	39	李寿燦	〈連載〉〈夢中人発見〉クギ一本一本にかける緻密な手さばき
1994.04.01	Vol.55	40		〈連載〉〈ブライダル通信〉プレゼントは彼女の肖像画
1994.04.01	Vol.55	46	重村達郎	〈連載〉〈同胞の権利〉戦後補償と「日韓条約」
1994.04.01	Vol.55	50		〈連載〉〈SIGN BOARD〉活魚センター大昌総業株式会社
1994.04.01	Vol.55	28		〈ミレインフォメーション〉PAN就職情報センター
1994.04.01	Vol.55	48		〈ミレインフォメーション〉MOVIE/VIDEO
1994.04.01	Vol.55	49		〈ミレインフォメーション〉VIDEO/BOOK
1994.04.01	Vol.55	51		〈ミレインフォメーション〉クロスワードパズル
1994.04.01	Vol.55	52		〈ミレインフォメーション〉読者の声
1994.04.01	Vol.55	53		〈ミレインフォメーション〉ポットグラフ/調論
1994.04.01	Vol.55	54		〈ミレインフォメーション〉イベントガイド
1994.04.01	Vol.55	56		〈ミレインフォメーション〉ミレページ
1994.05.01	Vol.56	12	裵昭	〈企画〉プロレスラー力道山没後三十年三都物語
1994.05.01	Vol.56	18	藤永壮	〈企画〉100周年甲午農民戦争-民乱、東学、全琫準-
1994.05.01	Vol.56	22		〈企画〉JRの通学定期差別を撤廃 韓・日の運動が勝ち取った成果

발행일	지면정보		필자	제목
	권호	페이지		
1994.05.01	Vol.56	28		〈企画〉全長550メートルの地下トンネル発見　真相調査団茨木市公開調査
1994.05.01	Vol.56	33	金隆司	〈企画〉文民政権下初の「スパイ」事件　金三石・銀周兄妹事件-許され倍デッチ上げ事件-
1994.05.01	Vol.56	3		〈インタビュー〉〈オンドルTALK〉同胞医療人だからこそ、民族医療ができる/辺秀俊
1994.05.01	Vol.56	7		〈インタビュー〉〈COFFEE BREAK WITH TOU〉どんな場所でも生き生きと生活している人を撮りたい/牧田清
1994.05.01	Vol.56	26		〈トピックス〉文化交流イベント「みのおセッパラム」開催
1994.05.01	Vol.56	27		〈トピックス〉関西・韓国人権基金国祭センター設立
1994.05.01	Vol.56	39		〈連載〉〈PAN HOW TO WORK〉職種別業務マニュアル 経営企画編その①
1994.05.01	Vol.56	37		〈連載〉〈朝鮮料理入門〉カムジャ チヂミ
1994.05.01	Vol.56	42		〈連載〉〈ECHO〉戌年に犬のことを考える
1994.05.01	Vol.56	44		〈連載〉KOREA SATELLITE＆DAILY MEMO
1994.05.01	Vol.56	41		〈連載〉〈夢中人発見〉魅了された競りの駆け引き
1994.05.01	Vol.56	40		〈連載〉〈ブライダル通信〉君は夜空に輝く星
1994.05.01	Vol.56	46	重村達郎	〈連載〉〈同胞の権利〉在留資格をめぐって-「就学」「留学」
1994.05.01	Vol.56	50		〈連載〉〈SIGN BOARD〉お好焼・一品料理ヤキヤキ
1994.05.01	Vol.56	38		〈ミレインフォメーション〉PAN就職情報センター
1994.05.01	Vol.56	48		〈ミレインフォメーション〉MOVIE/VIDEO
1994.05.01	Vol.56	49		〈ミレインフォメーション〉VIDEO/BOOK
1994.05.01	Vol.56	51		〈ミレインフォメーション〉クロスワードパズル
1994.05.01	Vol.56	52		〈ミレインフォメーション〉読者の声
1994.05.01	Vol.56	53		〈ミレインフォメーション〉ポットグラフ/調論
1994.05.01	Vol.56	54		〈ミレインフォメーション〉イベントガイド
1994.05.01	Vol.56	56		〈ミレインフォメーション〉ミレページ
1994.06.01	Vol.57	13		〈企画〉日本侵略下秘記『失われた朝鮮文化』『韓国文化財秘話』を翻訳して想うこと
1994.06.01	Vol.57	18		〈企画〉『悲しみの島サハリン』を語る-作家・角田房子さんの講演より-
1994.06.01	Vol.57	23		民族権利擁護運動の新たな展開 国民年金と教育助成金差別〈企画〉の是正へ
1994.06.01	Vol.57	34		〈企画〉壬辰・丁酉倭乱の真実を伝える　佐賀県立名護屋城博物館訪問記
1994.06.01	Vol.57	39		〈企画〉自分史、小説、詩-あなたが綴った、あなたにしか書けない1冊の本 MILE版自費出版のススメ
1994.06.01	Vol.57	3		〈インタビュー〉〈オンドルTALK〉専門家として同胞社会に貢献したい/高英毅
1994.06.01	Vol.57	7		〈インタビュー〉〈COFFEE BREAK WITH YOU〉世界を指導していく理念は「共生」の原理/森清範

발행일	지면정보		필자	제목
	권호	페이지		
1994.06.01	Vol.57	27		〈トピックス〉総聯、民団が合同で花見 東大阪南地域コリアン大野遊会
1994.06.01	Vol.57	28		〈トピックス〉韓国・朝鮮文化出会いを 弟4回ふれあい芦屋マダン開催
1994.06.01	Vol.57	29		〈トピックス〉リニューアル記念　コリアタウン・アジア民族祭り開催
1994.06.01	Vol.57	31		〈連載〉〈PAN HOW TO WORK〉職種別業務マニュアル　経営企画編その②
1994.06.01	Vol.57	33		〈連載〉〈朝鮮料理入門〉焼肉(プルコギ)
1994.06.01	Vol.57	37	裵光雄	〈連載〉〈夢中人発見〉38度線に平和大学を
1994.06.01	Vol.57	38		〈連載〉〈ブライダル通信〉引き立て役者はオートバイ
1994.06.01	Vol.57	42		〈連載〉〈ECHO〉京都「40番地」の火事に想う
1994.06.01	Vol.57	44		〈連載〉KOREA SATELLITE＆DAILY MEMO
1994.06.01	Vol.57	46	空野佳弘	〈連載〉〈同胞の権利〉指紋のマイクロフェルム化
1994.06.01	Vol.57	50		〈連載〉〈SIGN BOARD〉和洋折衷 家庭料理くらわんか
1994.06.01	Vol.57	30		〈ミレインフォメーション〉PAN就職情報センター
1994.06.01	Vol.57	48		〈ミレインフォメーション〉MOVIE/VIDEO
1994.06.01	Vol.57	49		〈ミレインフォメーション〉VIDEO/BOOK
1994.06.01	Vol.57	51		〈ミレインフォメーション〉クロスワードパズル
1994.06.01	Vol.57	52		〈ミレインフォメーション〉読者の声
1994.06.01	Vol.57	53		〈ミレインフォメーション〉ポットグラフ/調論
1994.06.01	Vol.57	54		〈ミレインフォメーション〉イベントガイド
1994.06.01	Vol.57	56		〈ミレインフォメーション〉ミレページ
1994.07.01	Vol.58	12	森康行	〈企画〉〈海を渡り未来の架け橋になるために〉自作ドキュメンタリー映画「渡り川」
1994.07.01	Vol.58	16		〈企画〉〈全国に広がる戦争責任追及の声〉朝鮮人強制連行真相調査団第3回全国交流集会
1994.07.01	Vol.58	24		〈企画〉各界有志が関係改善を呼びかけ
1994.07.01	Vol.58	28		〈企画〉大学入試科目に朝鮮語を　府立外教が全国の大学に要望書
1994.07.01	Vol.58	34	酒井達夫	〈企画〉平和な共和国
1994.07.01	Vol.58	39		〈企画〉アスカディア・古墳の森
1994.07.01	Vol.58	3		〈インタビュー〉〈オンドルTALK〉子どもらに語りかける文学を書く/韓丘庸
1994.07.01	Vol.58	7		〈インタビュー〉〈COFFEE BREAK WITH YOU〉映画音楽には人生を決定する力がある/佐藤勝
1994.07.01	Vol.58	20		〈トピックス〉夢のインターハイ出場権を獲得
1994.07.01	Vol.58	21		〈トピックス〉コリアン青年シンポジウム
1994.07.01	Vol.58	22		〈トピックス〉阪神教育闘争記念集会
1994.07.01	Vol.58	23		〈トピックス〉東映が記録映画二編制作

발행일	지면정보		필자	제목
	권호	페이지		
1994.07.01	Vol.58	31		〈連載〉〈PAN HOW TO WORK〉職種別業務マニュアル 財務部編
1994.07.01	Vol.58	32		〈連載〉〈朝鮮料理入門〉冷麺
1994.07.01	Vol.58	33		〈連載〉〈夢中人発見〉38度線に平和大学を
1994.07.01	Vol.58	38		〈連載〉〈ブライダル通信〉引き立て役者はオートバイ
1994.07.01	Vol.58	42		〈連載〉〈ECHO〉京都「40番地」の火事に想う
1994.07.01	Vol.58	44		〈連載〉KOREA SATELLITE＆DAILY MEMO
1994.07.01	Vol.58	46		〈連載〉〈同胞の権利〉指紋のマイクロフェルム化
1994.07.01	Vol.58	50		〈連載〉〈SIGN BOARD〉和洋折衷 家庭料理くらわんか
1994.07.01	Vol.58	30		〈ミレインフォメーション〉PAN就職情報センター
1994.07.01	Vol.58	48		〈ミレインフォメーション〉MOVIE/VIDEO
1994.07.01	Vol.58	49		〈ミレインフォメーション〉VIDEO/BOOK
1994.07.01	Vol.58	51		〈ミレインフォメーション〉クロスワードパズル
1994.07.01	Vol.58	52		〈ミレインフォメーション〉読者の声
1994.07.01	Vol.58	53		〈ミレインフォメーション〉ポットグラフ/調論
1994.07.01	Vol.58	54		〈ミレインフォメーション〉イベントガイド
1994.07.01	Vol.58	56		〈ミレインフォメーション〉ミレページ
1994.08.01	Vol.59	26		〈94就職特集(1)求人企業一覧(表4株式会社アスコ)〉株式会社梅田明月館
1994.08.01	Vol.59	27		〈94就職特集(1)求人企業一覧(表4株式会社アスコ)〉ゴイチ株式会社
1994.08.01	Vol.59	28		〈94就職特集(1)求人企業一覧(表4株式会社アスコ)〉株式会社ワールドコーポレーション
1994.08.01	Vol.59	29		〈94就職特集(1)求人企業一覧(表4株式会社アスコ)〉韓銀京都
1994.08.01	Vol.59	30		〈94就職特集(1)求人企業一覧(表4株式会社アスコ)〉平和尚事株式会社
1994.08.01	Vol.59	31		〈94就職特集(1)求人企業一覧(表4株式会社アスコ)〉金田企画/亀井建設株式会社
1994.08.01	Vol.59	32		〈94就職特集(1)求人企業一覧(表4株式会社アスコ)〉ダイエー観光株式会社
1994.08.01	Vol.59	33		〈94就職特集(1)求人企業一覧(表4株式会社アスコ)〉伸和印刷株式会社/医療法人同友会共和病院/万寿薬局
1994.08.01	Vol.59	34		〈94就職特集(1)求人企業一覧(表4株式会社アスコ)〉朝陽物産株式会社/株式会社アクセス
1994.08.01	Vol.59	15		〈94就職特集(2)〉去年以上の狭き門 だからこそ「就職」についてじっくりと考えてみよう
1994.08.01	Vol.59	20		〈94就職特集(2)〉〈同胞企業ピックアック〉明確なビジョンと積極経営で、高成長を続ける未来開拓企業 アスコグループ
1994.08.01	Vol.59	22		〈94就職特集(2)〉〈同胞企業ピックアック〉キーワードは「生活を愉快に演出する」企業と地域社会をむすぶ創業精神 ゴイチ株式会社

발행일	지면정보		필자	제목
	권호	페이지		
1994.08.01	Vol.59	24		〈94就職特集(2)〉〈同胞企業ピックアック〉積極的な多店鋪展開と人材重視経営で飛躍を期す
1994.08.01	Vol.59	11	李栄汝	〈企画〉流浪の民か時代の悲しみを洗う-パンソリ
1994.08.01	Vol.59	35	高賛侑	〈企画〉〈京都府警〉朝鮮総聯強制捜査の真相
1994.08.01	Vol.59	3		〈インタビュー〉〈オンドルTALK〉生体医療工学研究と会社経営の両立に挑む/玄丞烋
1994.08.01	Vol.59	6		〈インタビュー〉〈COFFEE BREAK WITH YOU〉時空を越え人間ドラマ『浮島丸』を描き出す/山内久
1994.08.01	Vol.59	40		〈トピックス〉平安建都 1200年記念日朝友好清水寺祝祭
1994.08.01	Vol.59	42		〈トピックス〉「植民地支配被害者調査」始まる
1994.08.01	Vol.59	43		〈トピックス〉浮島丸事件を映画化へ
1994.08.01	Vol.59	14		〈連載〉〈朝鮮料理入門〉冷麺
1994.08.01	Vol.59	44		〈連載〉KOREA SATELLITE&DAILY MEMO
1994.08.01	Vol.59	46	佐々木光明	〈連載〉〈同胞の権利〉子どもの権利条約と在日朝鮮人(第2回)
1994.08.01	Vol.59	51	劉鍾鳴	〈連載〉〈夢中人発見〉ニュータイプに対応できる技術を
1994.08.01	Vol.59	18		〈ミレインフォメーション〉PAN就職情報センター
1994.08.01	Vol.59	48		〈ミレインフォメーション〉MOVIE/VIDEO
1994.08.01	Vol.59	49		〈ミレインフォメーション〉VIDEO/BOOK
1994.08.01	Vol.59	50		〈ミレインフォメーション〉クロスワードパズル
1994.08.01	Vol.59	52		〈ミレインフォメーション〉読者の声
1994.08.01	Vol.59	53		〈ミレインフォメーション〉ポットグラフ/調論
1994.08.01	Vol.59	54		〈ミレインフォメーション〉イベントガイド
1994.08.01	Vol.59	56		〈ミレインフォメーション〉ミレページ
1994.09.01	Vol.60	12	金昌寛	〈企画〉祭り祀る心 今祭祀を考える
1994.09.01	Vol.60	16		〈企画〉金日成主席が逝去 歴史の岐路に立つ朝鮮半島
1994.09.01	Vol.60	24	岡村靖	〈企画〉新しい外国人市民施策を摸索する自治体とその周辺 川崎市の『実験』
1994.09.01	Vol.60	32		〈企画〉祖国の解放・統一を夢見し人々『山河ヨ、我ラ抱ケ』上・下巻を翻訳して
1994.09.01	Vol.60	36	木村愛二	〈企画〉「民衆のメディア連絡会」に託す私の夢
1994.09.01	Vol.60	3		〈インタビュー〉〈オンドルTALK〉朝鮮人被爆者の存在を訴え反核の旅を続ける語り部/李実根
1994.09.01	Vol.60	7		〈インタビュー〉〈COFFEE BREAK WITH YOU〉日々のあらゆる場所に音楽は存在する/志鳥栄八郎
1994.09.01	Vol.60	20		〈トピックス〉統一セミナー「朝鮮の統一と日本」
1994.09.01	Vol.60	22		〈トピックス〉UGビジネスクラブ総会開催
1994.09.01	Vol.60	23		〈トピックス〉KYCPパーティー94開催
1994.09.01	Vol.60	29		〈連載〉〈PAN HOW TO WORK〉職種別業務マニュアル　財務部編②
1994.09.01	Vol.60	31		〈連載〉〈朝鮮料理入門〉しし唐辛子とじゃこの炒めもの

발행일	지면정보		필자	제목
	권호	페이지		
1994.09.01	Vol.60	40		〈連載〉〈ブライダル通信〉愛情があるからケンカする
1994.09.01	Vol.60	41	高尚子	〈連載〉〈夢中人発見〉映画は見れば見るほど純度が高い
1994.09.01	Vol.60	42		〈連載〉〈ECHO〉真夏の夜の怪情報
1994.09.01	Vol.60	44		〈連載〉KOREA SATELLITE&DAILY MEMO
1994.09.01	Vol.60	46		〈連載〉〈同胞の権利〉子どもの権利条約と在日朝鮮人（最終回）
1994.09.01	Vol.60	50	佐々木光明	〈連載〉〈SIGN BOARD〉FOOD&BAR「LUCKYZEPYR」
1994.09.01	Vol.60	28		〈ミレインフォメーション〉PAN就職情報センター
1994.09.01	Vol.60	48		〈ミレインフォメーション〉MOVIE/VIDEO
1994.09.01	Vol.60	49		〈ミレインフォメーション〉VIDEO/BOOK
1994.09.01	Vol.60	51		〈ミレインフォメーション〉クロスワードパズル
1994.09.01	Vol.60	52		〈ミレインフォメーション〉読者の声
1994.09.01	Vol.60	53		〈ミレインフォメーション〉ポットグラフ/調論
1994.09.01	Vol.60	54		〈ミレインフォメーション〉イベントガイド
1994.09.01	Vol.60	56		〈ミレインフォメーション〉ミレページ
1994.11.01	Vol.62	12	洪正一	〈企画〉〈参政権問題を考える〉地方自治体参政権問題のすみやかな解決を
		12	金昌宣	〈企画〉〈参政権問題を考える〉安易な参政権の主張は危険
1994.11.01	Vol.62	20	西村秀樹	〈企画〉日の目をみなかったテレビドキュメンタリー徐勝『獄中19年』刊行をきっかけに心をよぎること
1994.11.01	Vol.62	24	高賛侑	〈企画〉国際化時代民族教育(2)　閉ざされた大学の門戸を押し開く
1994.11.01	Vol.62	30	高演義	〈企画〉在日二世「旅人」目(4回連載・第2回)社会主義混迷の中で
1994.11.01	Vol.62	34		〈企画〉きたるべき飢渇の日のために　辺見庸「もう食う人びと」出版記念講演会
1994.11.01	Vol.62	3		〈インタビュー〉〈オンドルTALK〉朝鮮人女流作家の視点で描く文学の世界/成律子
1994.11.01	Vol.62	7		〈インタビュー〉〈COFFEE BREAK WITH YOU〉民族に対する愛情を育んでほしい/鷺沢萠
1994.11.01	Vol.62	28		〈連載〉〈PAN HOW TO WORK〉職種別業務マニュアル　企画編
1994.11.01	Vol.62	39		〈連載〉〈朝鮮料理入門〉牛肉散炙
1994.11.01	Vol.62	40		〈連載〉〈ブライダル通信〉守るものがあるから頑張れる-PART2
1994.11.01	Vol.62	41	李哲秀	〈連載〉〈夢中人発見〉生徒たちの「開拓心」を養いたい
1994.11.01	Vol.62	42		〈連載〉〈ECHO〉甦える朝鮮通信使
1994.11.01	Vol.62	44		〈連載〉KOREA SATELLITE&DAILY MEMO
1994.11.01	Vol.62	46	前田朗	〈連載〉〈同胞の権利〉チマ・チョゴリ襲撃事件への取組み(上)
1994.11.01	Vol.62	50		〈連載〉〈SIGN BOARD〉韓国風鉄板焼「ぽぱいの店」
1994.11.01	Vol.62	28		〈ミレインフォメーション〉PAN就職情報センター
1994.11.01	Vol.62	48		〈ミレインフォメーション〉MOVIE/VIDEO

발행일	지면정보		필자	제목
	권호	페이지		
1994.11.01	Vol.62	49		〈ミレインフォメーション〉VIDEO/BOOK
1994.11.01	Vol.62	51		〈ミレインフォメーション〉クロスワードパズル
1994.11.01	Vol.62	52		〈ミレインフォメーション〉読者の声
1994.11.01	Vol.62	53		〈ミレインフォメーション〉ポットグラフ/調論
1994.11.01	Vol.62	54		〈ミレインフォメーション〉イベントガイド
1994.11.01	Vol.62	56		〈ミレインフォメーション〉ミレページ
1994.12.01	Vol.63	12	藤本文朗	〈企画〉ベトナム·日本·韓国 韓国枯れ葉剤被害者問題を考える
1994.12.01	Vol.63	21		〈企画〉韓国映画界の新しい旗手朴鍾元監督に聞く
1994.12.01	Vol.63	28	鍬本文子	〈企画〉あなたも原告になりませんか？!「指紋を返せ裁判」に向けに
1994.12.01	Vol.63	32	高賛侑	〈企画〉国際化時代民族教育(3)　教育助成金を獲得するために(上)
1994.12.01	Vol.63	36	高演義	〈企画〉在日二世「旅人」目(4回連載·第3回)国家と民族の迷走の中で
1994.12.01	Vol.63	3		〈インタビュー〉〈オンドルTALK〉肉体の生命を民族の命運として生きる/徐勝
1994.12.01	Vol.63	7		〈インタビュー〉〈COFFEE BREAK WITH TOU〉人間が尊いのは誰にもオリジナルな特性があるから/水上勉
1994.12.01	Vol.63	18		〈トピックス〉第10回ワンコリアフェスティバル
1994.12.01	Vol.63	20		〈トピックス〉「堺·行基の会」発足
1994.12.01	Vol.63	25		〈連載〉〈朝鮮料理入門〉椎茸の煎
1994.12.01	Vol.63	27		〈連載〉〈PAN HOW TO WORK〉職種別業務マニュアル 問題解決編
1994.12.01	Vol.63	40		〈連載〉〈ブライダル通信〉ケガの功名
1994.12.01	Vol.63	41	梁淑英	〈連載〉〈夢中人発見〉民族の「味」を伝えたい
1994.12.01	Vol.63	42		〈連載〉〈ECHO〉風水説と朝鮮総督府
1994.12.01	Vol.63	44		〈連載〉KOREA SATELLITE&DAILY MEMO
1994.12.01	Vol.63	46	前田朗	〈連載〉〈同胞の権利〉チマ·チョゴリ襲撃事件への取組み(下)
1994.12.01	Vol.63	50		〈連載〉〈SIGN BOARD〉炭火焼·家庭料理「上六ソウル家」
1994.12.01	Vol.63	26		〈ミレインフォメーション〉PAN就職情報センター
1994.12.01	Vol.63	48		〈ミレインフォメーション〉MOVIE/VIDEO
1994.12.01	Vol.63	49		〈ミレインフォメーション〉VIDEO/BOOK
1994.12.01	Vol.63	51		〈ミレインフォメーション〉クロスワードパズル
1994.12.01	Vol.63	52		〈ミレインフォメーション〉読者の声
1994.12.01	Vol.63	53		〈ミレインフォメーション〉ポットグラフ/調論
1994.12.01	Vol.63	54		〈ミレインフォメーション〉イベントガイド
1994.12.01	Vol.63	56		〈ミレインフォメーション〉ミレページ
1995.01.01	Vol.64	12	康宗憲	〈企画〉朝米合意の意義と今後の展望
1995.01.01	Vol.64	16		〈企画〉「チマ·チョゴリ襲撃事件」をきっかけに「共生日韓市民考える講演会」を開催

발행일	지면정보		필자	제목
	권호	페이지		
1995.01.01	Vol.64	26		〈企画〉94年度MILEバックナンバー一覧
1995.01.01	Vol.64	32	高賛侑	〈企画〉国際化時代民族教育(4) 教育助成金を獲得するために(下)
1995.01.01	Vol.64	36	高演義	在日二世「旅人」目(4回連載・最終回)孤立するニッポンの地で
1995.01.01	Vol.64	3		〈インタビュー〉〈オンドルTALK〉グローバルな視点から「在日」のビジョンを提示する/姜尚中
1995.01.01	Vol.64	7		〈インタビュー〉〈COFFEE BREAK WITH YOU〉思いつきが育って作品になる瞬間がなによりも好き/イッセー尾形
1995.01.01	Vol.64	19		〈トピックス〉第12回生野民族文化祭
		29		〈連載〉〈朝鮮料理入門〉牛肉の煎骨
1995.01.01	Vol.64	31		〈連載〉〈連載〉〈PAN HOW TO WORK〉職種別業務マニュアル 市場調査編
1995.01.01	Vol.64	40		〈連載〉〈ブライダル通信〉愛は体力と忍耐
1995.01.01	Vol.64	41	金呂玉	〈連載〉〈夢中人発見〉思いやりをもって看護に取り組みたい
1995.01.01	Vol.64	42		〈連載〉〈ECHO〉あとを絶たない差別事件
1995.01.01	Vol.64	44		〈連載〉KOREA SATELLITE&DAILY MEMO
1995.01.01	Vol.64	46		〈連載〉〈同胞の権利〉戦後処理問題の中心的課題
1995.01.01	Vol.64	50		〈連載〉〈SIGN BOARD〉焼肉ハウス「ボルガ」
1995.01.01	Vol.64	30		〈ミレインフォメーション〉PAN就職情報センター
1995.01.01	Vol.64	48		〈ミレインフォメーション〉MOVIE/VIDEO
1995.01.01	Vol.64	49		〈ミレインフォメーション〉VIDEO/BOOK
1995.01.01	Vol.64	51		〈ミレインフォメーション〉クロスワードパズル
1995.01.01	Vol.64	52		〈ミレインフォメーション〉読者の声
1995.01.01	Vol.64	53		〈ミレインフォメーション〉ポットグラフ/調論
1995.01.01	Vol.64	54		〈ミレインフォメーション〉イベントガイド
1995.01.01	Vol.64	56		〈ミレインフォメーション〉ミレページ
1995.02.01	Vol.65	12	金哲央	〈企画〉日本史に煌めく渡来人たち(1) 行基
1995.02.01	Vol.65	16	高寛敏	〈企画〉檀君朝鮮の再照明
1995.02.01	Vol.65	22	鄭炳熏	〈企画〉〈企画〉南アフリカを訪ねて
1995.02.01	Vol.65	32	高賛侑	〈企画〉国際化時代民族教育(5) 日本社会へのアプローチ
1995.02.01	Vol.65	36		〈インタビュー〉枯葉剤後遺症に苦しむ元参戦兵士 国際シンポジウム「人間とダイオキシン」
1995.02.01	Vol.65	3		〈オンドルTALK〉生きていく目的はいろんな自分と出会っていくこ〈インタビュー〉と/朴慶南
1995.02.01	Vol.65	7		〈COFFEE BREAK WITH YOU〉個別性突詰めていけばいくほど、インターナショナルになれる/立松和平
1995.02.01	Vol.65	21		甲午農民戦争100周年記念音楽舞劇「セヤセヤ」訪日公演
1995.02.01	Vol.65	29		〈朝鮮料理入門〉ビビム麺
1995.02.01	Vol.65	31		〈PAN HOW TO WORK〉職種別業務マニュアル 会議編
1995.02.01	Vol.65	40		〈ブライダル通信〉羨ましい10カ月

발행일	지면정보		필자	제목
	권호	페이지		
1995.02.01	Vol.65	41	韓哲秀	〈夢中人発見〉創造的な仕事がしたい
1995.02.01	Vol.65	42		〈ECHO〉解体撤去された九州・馬島朝鮮人収容所跡
1995.02.01	Vol.65	44		KOREA SATELLITE&DAILY MEMO
1995.02.01	Vol.65	46		〈同胞の権利〉指紋押捺拒否者に対する違法逮捕を理由に国家賠償請求
1995.02.01	Vol.65	50		〈SIGN BOARD〉炭火焼肉・てっちゃん鍋・冷麺「新羅会館・家族亭駒川店」
1995.02.01	Vol.65	30		PAN就職情報センター
1995.02.01	Vol.65	48		MOVIE/VIDEO
1995.02.01	Vol.65	49		VIDEO/BOOK
1995.02.01	Vol.65	51		クロスワードパズル
1995.02.01	Vol.65	52		読者の声
1995.02.01	Vol.65	53		ポットグラフ/調論
1995.02.01	Vol.65	54		イベントガイド
1995.02.01	Vol.65	56		ミレページ
1995.03.01	Vol.66	12	市場淳子	「韓国女性文学」体験記 小説は人間理解の取っ人
1995.03.01	Vol.66	16		南北経済交流の現況と今後の展望-「夜明け」としての現段階-
1995.03.01	Vol.66	26	李秀	路層層-一世風景(1) 望郷遥かなり
1995.03.01	Vol.66	32	高賛侑	国際化時代民族教育(6) 一条校・建国学校の歩んできた道
1995.03.01	Vol.66	36	金哲央	日本史に煌めく渡来人たち(2) 国中連公麻呂
1995.03.01	Vol.66	3		〈オンドルTALK〉マンガン記念館はわしの墓や/李貞鎬
1995.03.01	Vol.66	7		〈COFFEE BREAK WITH YOU〉人権とは差別を乗り越えて勝ち取る人間解放/武者小路公秀
1995.03.01	Vol.66	22		民促協10周年記念フェーラム
1995.03.01	Vol.66	23		兵庫県南部地震被害者救援の手を!
1995.03.01	Vol.66	24		在日コリア民族舞踊フェスティバル
1995.03.01	Vol.66	29		〈朝鮮料理入門〉干し明太の甘辛焼き
1995.03.01	Vol.66	31		〈PAN HOW TO WORK〉職種別業務マニュアル プリゼンテーション編
1995.03.01	Vol.66	40		〈ブライダル通信〉宴会上での沈黙の一瞬
1995.03.01	Vol.66	41	玄良淑	〈夢中人発見〉小さな手が描き出すたくさん笑顔
1995.03.01	Vol.66	42		〈ECHO〉イントレランスの時代
1995.03.01	Vol.66	44		KOREA SATELLITE&DAILY MEMO
1995.03.01	Vol.66	46	田中政義	〈同胞の権利〉ウトロ訴訟の現在
1995.03.01	Vol.66	50		〈SIGN BOARD〉炭火焼肉・てっちゃん鍋・冷麺「新羅会館・家族亭駒川店」
1995.03.01	Vol.66	30		PAN就職情報センター
1995.03.01	Vol.66	48		MOVIE/VIDEO
1995.03.01	Vol.66	49		VIDEO/BOOK

발행일	지면정보		필자	제목
	권호	페이지		
1995.03.01	Vol.66	51		クロスワードパズル
1995.03.01	Vol.66	52		読者の声
1995.03.01	Vol.66	53		ポットグラフ/調論
1995.03.01	Vol.66	54		イベントガイド
1995.03.01	Vol.66	56		ミレページ
1995.04.01	Vol.67	12	高賛侑	崩壊の街に甦える人間愛　阪神大震災国籍の違いを越えた救援の手
1995.04.01	Vol.67	19	李月順	三重の抑圧にあるアジアの女たち－「女性の人権」をめぐって－
1995.04.01	Vol.67	26	李秀	路層層-一世風景(2) 運命を呑み込む
1995.04.01	Vol.67	32	高賛侑	国際化時代民族教育(7) 在日韓国人子弟だけを対象とする唯一の韓国学校
1995.04.01	Vol.67	36	金哲央	日本史に煌めく渡来人たち(3)山上憶良
1995.04.01	Vol.67	3		〈オンドルTALK〉在日の立場から20世紀のアポリを読む/徐京植
1995.04.01	Vol.67	7		〈COFFEE BREAK WITH YOU〉表現手段が様々にあるから幸せでいられる/和田誠
1995.04.01	Vol.67	25		〈トピックス〉みのおセッパラム開催
1995.04.01	Vol.67	29		〈連載〉〈朝鮮料理入門〉石焼ビビンバブ
1995.04.01	Vol.67	31		〈連載〉〈PAN HOW TO WORK〉職種別業務マニュアル CS編①
1995.04.01	Vol.67	40		〈連載〉〈ブライダル通信〉長距離恋愛カップル
1995.04.01	Vol.67	41	全浩奉	〈連載〉〈夢中人発見〉新進的発想をもった在日ビジネスマン
1995.04.01	Vol.67	42		〈連載〉〈ECHO〉友情
1995.04.01	Vol.67	44		〈連載〉KOREA SATELLITE＆DAILY MEMO
1995.04.01	Vol.67	46	慎英弘	〈連載〉〈同胞の権利〉在日朝鮮人の無年金問題とは何か
1995.04.01	Vol.67	50		〈連載〉〈SIGN BOARD〉居酒屋「まろん」
1995.04.01	Vol.67	30		〈ミレインフォメーション〉PAN就職情報センター
1995.04.01	Vol.67	48		〈ミレインフォメーション〉MOVIE/VIDEO
1995.04.01	Vol.67	49		〈ミレインフォメーション〉VIDEO/BOOK
1995.04.01	Vol.67	51		〈ミレインフォメーション〉クロスワードパズル
1995.04.01	Vol.67	52		〈ミレインフォメーション〉読者の声
1995.04.01	Vol.67	53		〈ミレインフォメーション〉ポットグラフ/調論
1995.04.01	Vol.67	54		〈ミレインフォメーション〉イベントガイド
1995.04.01	Vol.67	56		〈ミレインフォメーション〉ミレページ
1995.05.01	Vol.68	12	朴熙均	〈企画〉解放50周年の年に 同志社大学に建立された尹東柱詩碑
1995.05.01	Vol.68	18	小山師人	〈企画〉ベトナム戦争を逃れて-家で日本に住み続けたい
1995.05.01	Vol.68	28	李秀	〈企画〉路層層-一世風景(3) 運命と渡り合う
1995.05.01	Vol.68	31	高賛侑	〈企画〉国際化時代民族教育(8) 日本学校に通う子らが「民族」に出会う場・民族学級

발행일	지면정보		필자	제목
	권호	페이지		
1995.05.01	Vol.68	36	金哲央	〈企画〉日本史に煌めく渡来人たち(4)おたあジュリア
1995.05.01	Vol.68	3		〈インタビュー〉〈オンドルTALK〉夢の植物成長促進剤を発見した科学者の物語/玄丞培
1995.05.01	Vol.68	7		〈インタビュー〉〈COFFEE BREAK WITH YOU〉「何でも見てやろう」を貫く国際派自由人/小田実
1995.05.01	Vol.68	22		〈トピックス〉コンサート「統一歌声にのせて」
1995.05.01	Vol.68	23		〈トピックス〉韓錦玉ソプラノリサイタル
1995.05.01	Vol.68	25		〈連載〉〈朝鮮料理入門〉トゥブポックム
1995.05.01	Vol.68	27		〈PAN HOW TO WORK〉職種別業務マニュアル　CS編②
1995.05.01	Vol.68	40		〈連載〉〈ブライダル通信〉結婚なんてこんなもの
1995.05.01	Vol.68	41	洪性文	〈連載〉〈夢中人発見〉健康な歯の維持のために手助けを
1995.05.01	Vol.68	42		〈連載〉〈ECHO〉検証「阪神大震災」メディアは何を伝えたか？
1995.05.01	Vol.68	44		〈連載〉KOREA SATELLITE&DAILY MEMO
1995.05.01	Vol.68	46	空夜佳弘	〈連載〉〈同胞の権利〉阪神大震災と在日朝鮮人の人権
1995.05.01	Vol.68	50		〈連載〉〈SIGN BOARD〉街角のペンション「Lee」
1995.05.01	Vol.68	26		〈ミレインフォメーション〉PAN就職情報センター
1995.05.01	Vol.68	48		〈ミレインフォメーション〉MOVIE/VIDEO
1995.05.01	Vol.68	49		〈ミレインフォメーション〉VIDEO/BOOK
1995.05.01	Vol.68	51		〈ミレインフォメーション〉クロスワードパズル
1995.05.01	Vol.68	52		〈ミレインフォメーション〉読者の声
1995.05.01	Vol.68	53		〈ミレインフォメーション〉ポットグラフ/調論
1995.05.01	Vol.68	54		〈ミレインフォメーション〉イベントガイド
1995.05.01	Vol.68	56		〈ミレインフォメーション〉ミレページ
1995.06.01	Vol.69	12	編輯部	〈企画〉参政権問題を考えるPART2　アンケートで考える『参政権』
1995.06.01	Vol.69	17		〈企画〉大統領にも娼婦にもなりそうな女優「ソウル版熱海殺人事件」を再演する金知淑さん
1995.06.01	Vol.69	21		〈企画〉復興のために何が求められているのか-阪神大震災被災地からの報告
1995.06.01	Vol.69	28	李秀	〈企画〉路層層--一世風景(4)　還暦という様式
1995.06.01	Vol.69	32	高賛侑	〈企画〉国際化時代民族教育(9)　大阪府下に広がる民族学級の拠点・民促協
1995.06.01	Vol.69	36	金哲央	〈企画〉日本史に煌めく渡来人たち(5)　東郷茂徳
1995.06.01	Vol.69	3		〈インタビュー〉〈オンドルTALK〉「医・職・充」が発展そた生活遊園地を築く/慎貞吉
1995.06.01	Vol.69	7		〈インタビュー〉〈COFFEE BREAK WITH YOU〉人生の悲喜劇を独自の世界に描き出す直木賞作家/野坂昭如
1995.06.01	Vol.69	31		〈トピックス〉劇団はぐるま座が一人芝居を上演
1995.06.01	Vol.69	6		〈連載〉〈朝鮮料理入門〉たけのこと海老のからし知え

발행일	지면정보		필자	제목
	권호	페이지		
1995.06.01	Vol.69	27		〈連載〉〈PAN HOW TO WORK〉職種別業務マニュアル CS編③
1995.06.01	Vol.69	40		〈連載〉〈ブライダル通信〉スピード結婚
1995.06.01	Vol.69	41	鄭勝秀	〈連載〉〈夢中人発見〉完成させた橋に親しみ誇り
1995.06.01	Vol.69	42		〈連載〉〈ECHO〉帰化者の増加を憂える
1995.06.01	Vol.69	44		〈連載〉KOREA SATELLITE&DAILY MEMO
1995.06.01	Vol.69	46	橋本千尋	〈連載〉〈同胞の権利〉再入国許可制度
1995.06.01	Vol.69	50		〈連載〉〈SIGN BOARD〉CAFE「SILVERS POON」
1995.06.01	Vol.69	26		〈ミレインフォメーション〉PAN就職情報センター
1995.06.01	Vol.69	48		〈ミレインフォメーション〉MOVIE/VIDEO
1995.06.01	Vol.69	49		〈ミレインフォメーション〉VIDEO/BOOK
1995.06.01	Vol.69	51		〈ミレインフォメーション〉クロスワードパズル
1995.06.01	Vol.69	52		〈ミレインフォメーション〉読者の声
1995.06.01	Vol.69	53		〈ミレインフォメーション〉ポットグラフ/調論
1995.06.01	Vol.69	54		〈ミレインフォメーション〉イベントガイド
1995.06.01	Vol.69	56		〈ミレインフォメーション〉ミレページ
1995.07.01	Vol.70	12	田口裕史	〈企画〉おしつぶされた命-韓国・朝鮮人BC級戦犯たちの自殺
1995.07.01	Vol.70	18		〈企画〉平和親善誓15万人のシュプレヒコール平壌国際スポーツ・文化祭典開催
1995.07.01	Vol.70	21		〈企画〉多民族社会の経験から見えるもの 日米加コリアンシンポジウム
1995.07.01	Vol.70	28	李秀	〈企画〉路層層-一世風景(5) 苦難を糧にする
1995.07.01	Vol.70	32	高賛侑	〈企画〉国際化時代民族教育(10) 思想・信条の差を超えた常設ネットワークへ
1995.07.01	Vol.70	36	金哲央	〈企画〉日本史に煌めく渡来人たち(6)沈寿官
1995.07.01	Vol.70	3		〈インタビュー〉〈オンドルTALK〉歌うことが自分の生きざま/朴保
1995.07.01	Vol.70	7		〈インタビュー〉〈COFFEE BREAK WITH YOU〉生身の人間を活写する「全身映画作家」/原一男
1995.07.01	Vol.70	16		〈トピックス〉名唱・曹小女・魂唄公演
1995.07.01	Vol.70	17		〈トピックス〉チャリティーディスコの集い
1995.07.01	Vol.70	27		〈連載〉〈PAN HOW TO WORK〉いま、企業が求めている人材とは
1995.07.01	Vol.70	31		〈連載〉〈朝鮮料理入門〉熟菜のサム
1995.07.01	Vol.70	40		〈連載〉〈ブライダル通信〉「俺の嫁さんどこや?」
1995.07.01	Vol.70	41		〈連載〉〈夢中人発見〉人と出会うことからすべてが始まる
1995.07.01	Vol.70	42		〈連載〉〈ECHO〉「アリラン」のツーツ
1995.07.01	Vol.70	44		〈連載〉KOREA SATELLITE&DAILY MEMO
1995.07.01	Vol.70	46	前田朗	〈連載〉〈同胞の権利〉解決を迫られた従軍慰安婦問題
1995.07.01	Vol.70	50		〈連載〉〈SIGN BOARD〉江戸前にぎり「江戸っ子寿司」

발행일	지면정보		필자	제목
	권호	페이지		
1995.07.01	Vol.70	26		〈ミレインフォメーション〉PAN就職情報センター
1995.07.01	Vol.70	48		〈ミレインフォメーション〉MOVIE/VIDEO
1995.07.01	Vol.70	49		〈ミレインフォメーション〉VIDEO/BOOK
1995.07.01	Vol.70	51		〈ミレインフォメーション〉クロスワードパズル
1995.07.01	Vol.70	52		〈ミレインフォメーション〉読者の声
1995.07.01	Vol.70	53		〈ミレインフォメーション〉ポットグラフ/調論
1995.07.01	Vol.70	54		〈ミレインフォメーション〉イベントガイド
1995.07.01	Vol.70	56		〈ミレインフォメーション〉ミレページ
1995.08.01	Vol.71	30		〈95就職特集(1)求人企業一覧(表3トーユー工業株式会社/表4ワールドグループ)〉株式会社国際トレーディング
1995.08.01	Vol.71	31		〈95就職特集(1)求人企業一覧(表3トーユー工業株式会社/表4ワールドグループ)〉ダイエー観光株式会社
1995.08.01	Vol.71	32		〈95就職特集(1)求人企業一覧(表3トーユー工業株式会社/表4ワールドグループ)〉株式会社都民信用
1995.08.01	Vol.71	33		〈95就職特集(1)求人企業一覧(表3トーユー工業株式会社/表4ワールドグループ)〉二楽商事株式会社
1995.08.01	Vol.71	34		〈95就職特集(1)求人企業一覧(表3トーユー工業株式会社/表4ワールドグループ)〉伸和印刷株式会社　朝陽物産株式会社
1995.08.01	Vol.71	35		〈95就職特集(1)求人企業一覧(表3トーユー工業株式会社/表4ワールドグループ)〉株式会社松原興産
1995.08.01	Vol.71	11		〈95就職特集(2)求人企業一覧〉1995年就職戦線を占う!
1995.08.01	Vol.71	14		〈95就職特集(2)求人企業一覧〉就職活動経験者たちによる座談会-「就職」とは何か？
1995.08.01	Vol.71	18		〈95就職特集(2)求人企業一覧〉不況下で堅調に成長するパチンコ世界　雇用に積極的な17兆円産業の今後
1995.08.01	Vol.71	24		〈95就職特集(2)求人企業一覧〉〈求人企業記事広告〉企画力とマーケティング力を駆使し、誰もに喜ばれるオリジナル商品で勝負する　ゴイチ株式会社
1995.08.01	Vol.71	26		〈95就職特集(2)求人企業一覧〉〈求人企業記事広告〉「球(まるの経営)」理念に据得て、レジャー産業の未来を切り開く　二楽商事株式会社
1995.08.01	Vol.71	28		〈95就職特集(2)求人企業一覧〉若い感覚を機動性に満ちたベンチャー精神で飛躍する、新しいタイプのビジネスグループ　ワールドグループ
1995.08.01	Vol.71	38	李秀	〈企画〉路層層-一世風景(6)「革命」を駆けた少女
1995.08.01	Vol.71	40	高賛侑	〈企画〉国際化時代民族教育(11) 中華教育とインターナショナルクールにおける民族教育
1995.08.01	Vol.71	3	康順益	〈インタビュー〉〈オンドルTALK〉言語と歴史の学習から信頼関係が築かれる
1995.08.01	Vol.71	6	高信太郎	〈インタビュー〉〈COFFEE BREAK WITH TOU〉友と思うからこそ苦言も呈する"おもろい日本人"
1995.08.01	Vol.71	36		〈トピックス〉ウリ教育ネットワークの集い

발행일	지면정보		필자	제목
	권호	페이지		
1995.08.01	Vol.71	37		〈連載〉〈朝鮮料理入門〉なすの冷菜
1995.08.01	Vol.71	44		〈連載〉〈ブライダル通信〉自分と自分の家族を愛してくれる人
1995.08.01	Vol.71	45		〈夢中人発見〉音色にあふれる優しさ
1995.08.01	Vol.71	50		〈連載〉〈SIGN BOARD〉おしゃれの店「文化堂」
1995.08.01	Vol.71	22		〈ミレインフォメーション〉PAN就職情報センター
1995.08.01	Vol.71	46		〈ミレインフォメーション〉KOREA SATELLITE
1995.08.01	Vol.71	48		〈ミレインフォメーション〉MOVIE/VIDEO
1995.08.01	Vol.71	49		〈ミレインフォメーション〉VIDEO/BOOK
1995.08.01	Vol.71	51		〈ミレインフォメーション〉クロスワードパズル
1995.08.01	Vol.71	52		〈ミレインフォメーション〉読者の声
1995.08.01	Vol.71	53		〈ミレインフォメーション〉ポットグラフ/調論
1995.08.01	Vol.71	54		〈ミレインフォメーション〉イベントガイド
1995.08.01	Vol.71	56		〈ミレインフォメーション〉ミレページ
1995.09.01	Vol.72	18		〈戦後50周年企画＞日本の戦争犯罪を国際法に照らして検証国際セミナー「戦時奴隷制-日本軍『慰安婦』強制労動をめぐって」
1995.09.01	Vol.72	22	李一世	〈戦後50周年企画〉私の8・15、その前後
1995.09.01	Vol.72	12	崔仁和	〈企画〉98년ワールドカップに賭けるNo.1プレイヤー　韓国不動のリベロ　洪明甫
1995.09.01	Vol.72	28	李秀	〈企画〉路層層-一世風景(7)「上海より朝鮮を想う」を駆けた少女
1995.09.01	Vol.72	30	韓丘庸	〈企画〉朝鮮歳時の旅-九月巻
1995.09.01	Vol.72	34		〈企画〉ウリ民謡の源泉と出会って
1995.09.01	Vol.72	36	高賛侑	〈企画〉国際化時代民族教育(12)　朝鮮人教育を根づかせてきた日本人教師たち
1995.09.01	Vol.72	3		〈インタビュー〉国籍の違いを超えた共生・共死・同権をめざす/金守良
1995.09.01	Vol.72	6		〈インタビュー〉「エイジアン・ブルー」主役に抜擢された新星/藤本喜久子
1995.09.01	Vol.72	17		〈連載〉〈朝鮮料理入門〉ユッケ
1995.09.01	Vol.72	40		〈連載〉〈ブライダル通信〉結婚したら倹約家
1995.09.01	Vol.72	41		〈連載〉〈夢中人発見〉艶やかな響きをもつバイオリン
1995.09.01	Vol.72	42		〈連載〉〈ECHO〉この国にうまれて
1995.09.01	Vol.72	44		〈連載〉KOREA SATELLITE＆DAILY MEMO
1995.09.01	Vol.72	47		〈連載〉〈PAN HOW TO WORK〉ビジネスマンの冠婚喪祭マナー
1995.09.01	Vol.72	50		〈連載〉〈SIGN BOARD〉フラワー＆ファンシー「COTTON」
1995.09.01	Vol.72	46		〈ミレインフォメーション〉PAN就職情報センター
1995.09.01	Vol.72	48		〈ミレインフォメーション〉MOVIE/VIDEO

발행일	지면정보		필자	제목
	권호	페이지		
1995.09.01	Vol.72	49		〈ミレインフォメーション〉VIDEO/BOOK
1995.09.01	Vol.72	51		ク〈ミレインフォメーション〉ロスワードパズル
1995.09.01	Vol.72	52		〈ミレインフォメーション〉読者の声
1995.09.01	Vol.72	53		〈ミレインフォメーション〉ポットグラフ/調論
1995.09.01	Vol.72	54		〈ミレインフォメーション〉イベントガイド
1995.09.01	Vol.72	56		〈ミレインフォメーション〉ミレページ
1995.10.01	Vol.73	20	高演義	〈前後50周年企画・第2弾〉在日同胞・祖国の軌跡と未来を考えるシンポジウム「朝鮮解放・分断50年」
1995.10.01	Vol.73	24	新星英子	〈前後50周年企画・第2弾〉17歳軍国少女も戦後
1995.10.01	Vol.73	12	李善明	〈企画〉在日同胞の街「長田」は再生するか
1995.10.01	Vol.73	16	編輯部	〈企画〉散策・朝鮮通信使の館-下蒲刈町を訪ねる
1995.10.01	Vol.73	28	李秀	〈企画〉路層層-一世風景(8)「アメ横」を開拓した男
1995.10.01	Vol.73	36	韓丘庸	〈企画〉朝鮮歳時の旅「天高く 成造の神 彩るを」
1995.10.01	Vol.73	30		〈トピックス〉強制連行・強制労動を考える全国交流集会
1995.10.01	Vol.73	32		〈トピックス〉姜恵淑舞踊団「あなたを喚ぶその魂は」
1995.10.01	Vol.73	33		〈トピックス〉全国学生サマースクール・サマーセミナー開催
1995.10.01	Vol.73	34		〈トピックス〉第2回統マダン一生野開催
1995.10.01	Vol.73	3		〈インタビュー〉無限の可能性を秘めたバイオテクノロジーに逃む/蔡晃植
1995.10.01	Vol.73	6		〈インタビュー〉世界平和は河内音頭にのって/河内家菊水丸
1995.10.01	Vol.73	35		〈連載〉〈朝鮮料理入門〉牛肉のクッパ
1995.10.01	Vol.73	41		〈PAN HOW TO WORK〉最悪の失業率と有効求人倍率の低下
1995.10.01	Vol.73	42		〈連載〉〈ブライダル通信〉串カツ屋で惚れた姿
1995.10.01	Vol.73	42		〈連載〉〈夢中人発見〉自分を見つめて前向きに生きる
1995.10.01	Vol.73	44		〈連載〉〈ECHO〉「民族教育」は同胞社会の命綱
1995.10.01	Vol.73	46		〈連載〉KOREA SATELLITE & DAILY MEMO
1995.10.01	Vol.73	50		〈連載〉〈SIGN BOARD〉韓国料理「韓麺館38」
1995.10.01	Vol.73	40		〈ミレインフォメーション〉PAN就職情報センター
1995.10.01	Vol.73	48		〈ミレインフォメーション〉MOVIE/VIDEO
1995.10.01	Vol.73	49		〈ミレインフォメーション〉VIDEO/BOOK
1995.10.01	Vol.73	51		〈ミレインフォメーション〉クロスワードパズル
1995.10.01	Vol.73	52		〈ミレインフォメーション〉読者の声
1995.10.01	Vol.73	53		〈ミレインフォメーション〉ポットグラフ/調論
1995.10.01	Vol.73	54		〈ミレインフォメーション〉イベントガイド
1995.10.01	Vol.73	56		〈ミレインフォメーション〉ミレページ
1995.11.01	Vol.74	12	康宗憲	〈前後50周年企画・第2弾〉1995年8月15日民族統一への喊声
1995.11.01	Vol.74	17	空夜佳弘	〈前後50周年企画・第2弾〉国連における日本の戦争犯罪審理
1995.11.01	Vol.74	22	畑山美佐	〈企画〉在米二世教育事情(上)

발행일	지면정보		필자	제목
	권호	페이지		
1995.11.01	Vol.74	27	矢野宏	〈企画〉「熱い夏」に燃えた朝高選手たち
1995.11.01	Vol.74	34	李秀	〈企画〉路層層--一世風景(9) 喜寿にして志半ばかり
1995.11.01	Vol.74	36	韓丘庸	〈企画〉朝鮮歳時の旅「霜降りて 牛車の上で星数え」
1995.11.01	Vol.74	32		本誌連載「同胞の権利」が本に-『在日朝鮮人の生活と権利』
1995.11.01	Vol.74	3		〈インタビュー〉ドキュメンタリー製作を通して 在日のアイデンティティーを探る/李義則
1995.11.01	Vol.74	6		〈インタビュー〉経済評論を武器に社会国家日本を撃つ/佐高信
1995.11.01	Vol.74	33		〈連載〉〈朝鮮料理入門〉牛肉のクッパ
1995.11.01	Vol.74	41		〈連載〉〈PAN HOW TO WORK〉最悪の失業率と有効求人倍率の低下
1995.11.01	Vol.74	42		〈連載〉〈ブライダル通信〉串カツ屋で惚れた姿
1995.11.01	Vol.74	43		〈連載〉〈夢中人発見〉自分を見つめて前向きに生きる
1995.11.01	Vol.74	46		〈連載〉KOREA SATELLITE & DAILY MEMO
1995.11.01	Vol.74	50		〈連載〉〈SIGN BOARD〉韓国料理「韓麺館38」
1995.11.01	Vol.74	40		〈ミレインフォメーション〉PAN就職情報センター
1995.11.01	Vol.74	48		〈ミレインフォメーション〉MOVIE/VIDEO
1995.11.01	Vol.74	49		〈ミレインフォメーション〉VIDEO/BOOK
1995.11.01	Vol.74	51		〈ミレインフォメーション〉クロスワードパズル
1995.11.01	Vol.74	52		〈ミレインフォメーション〉読者の声
1995.11.01	Vol.74	53		〈ミレインフォメーション〉ポットグラフ/調論
1995.11.01	Vol.74	54		〈ミレインフォメーション〉イベントガイド
1995.11.01	Vol.74	56		〈ミレインフォメーション〉ミレページ
1995.12.01	Vol.75	12	編輯部	〈企画〉きしみはじめた外国人入学差別制度
1995.12.01	Vol.75	18		〈企画〉日朝友好文化フェスティバル
1995.12.01	Vol.75	20	金光敏	〈企画〉私たちの学校をなくさないで!
1995.12.01	Vol.75	22	畑山美佐	〈企画〉在米二世教育事情(下)
1995.12.01	Vol.75	26		〈企画〉95おおさかコリア映画祭
1995.12.01	Vol.75	34	李秀	〈企画〉路層層--一世風景(10) 本物のハルモニ
1995.12.01	Vol.75	36	韓丘庸	〈企画〉朝鮮歳時の旅「灯付け 守歳をにらんで 眠りにつく」
1995.12.01	Vol.75	30		〈トピックス〉新屋英子-人芝居「身世打鈴」が1500回公演
1995.12.01	Vol.75	32		〈トピックス〉第11回ワンコリアフェスティバル
1995.12.01	Vol.75	3		〈インタビュー〉在日同士のためのシンクタンク設立を目指す/姜誠
1995.12.01	Vol.75	6		〈インタビュー〉万物を「芸」として見せる面白さと大切さ/神田紅
1995.12.01	Vol.75	33		〈連載〉〈朝鮮料理入門〉小豆粥
1995.12.01	Vol.75	41		〈連載〉〈PAN HOW TO WORK〉インターネットって何?
1995.12.01	Vol.75	42		〈連載〉〈ブライダル通信〉明るい略奪愛
1995.12.01	Vol.75	43	金基永	〈連載〉〈夢中人発見〉明るさと柔らかさを忘れずに

발행일	지면정보		필자	제목
	권호	페이지		
1995.12.01	Vol.75	44		〈連載〉〈ECHO〉「異」なるものへ
1995.12.01	Vol.75	46		〈連載〉KOREA SATELLITE&DAILY MEMO
1995.12.01	Vol.75	50		〈連載〉〈SIGN BOARD〉キムチ宅配便「コーシン物産」
1995.12.01	Vol.75	40		〈ミレインフォメーション〉PAN就職情報センター
1995.12.01	Vol.75	48		〈ミレインフォメーション〉MOVIE/VIDEO
1995.12.01	Vol.75	49		〈ミレインフォメーション〉VIDEO/BOOK
1995.12.01	Vol.75	51		〈ミレインフォメーション〉クロスワードパズル
1995.12.01	Vol.75	52		〈ミレインフォメーション〉読者の声
1995.12.01	Vol.75	53		〈ミレインフォメーション〉ポットグラフ/調論
1995.12.01	Vol.75	54		〈ミレインフォメーション〉イベントガイド
1995.12.01	Vol.75	56		〈ミレインフォメーション〉ミレページ
1996.01.01	Vol.76	12	崔蒼永	〈企画〉ひびけ長田の空ニ!ドキュメントー1995年11月5日
1996.01.01	Vol.76	18	丹羽雅雄	〈企画〉在日韓国人元軍属の戦後補償
1996.01.01	Vol.76	24	入谷萌苺	〈企画〉西域に生きる(1)-中国・新疆ウイグル自治区の朝専族
1996.01.01	Vol.76	28		〈企画〉95年度『MILE』バック・ナンバー
1996.01.01	Vol.76	36	韓丘庸	〈企画〉朝鮮歳時の旅「新年を祝って 夜光鬼 おっ払い」
1996.01.01	Vol.76	30		〈トピックス〉生野民族文化祭ってむっちゃ楽しいで!
1996.01.01	Vol.76	3		〈インタビュー〉強さの頂点を求めつづける「極真空手」の若き後継者/文章圭
1996.01.01	Vol.76	7		〈インタビュー〉新生南アを優しく見つける/ヴィクター・マトム
1996.01.01	Vol.76	31		〈連載〉〈朝鮮料理入門〉牛骨つき肉の蒸しもの
1996.01.01	Vol.76	41		〈連載〉〈PAN HOW TO WORK〉続・インターネット
1996.01.01	Vol.76	42		〈連載〉〈ブライダル通信〉夫婦間のちっちゃな決め事
1996.01.01	Vol.76	43	車全浩	〈連載〉〈夢中人発見〉いつまでも機械屋でいたい
1996.01.01	Vol.76	44		〈連載〉〈ECHO〉民族としての生存
1996.01.01	Vol.76	46		〈連載〉KOREA SATELLITE&DAILY MEMO
1996.01.01	Vol.76	50		〈連載〉〈SIGN BOARD〉韓国料理「アリラン亭堂島店」
1996.01.01	Vol.76	40		PAN就職情報センター
1996.01.01	Vol.76	48		MOVIE/VIDEO
1996.01.01	Vol.76	49		VIDEO/BOOK
1996.01.01	Vol.76	51		クロスワードパズル
1996.01.01	Vol.76	52		読者の声
1996.01.01	Vol.76	53		〈ミレインフォメーション〉ポットグラフ/調論
1996.01.01	Vol.76	54		〈ミレインフォメーション〉イベントガイド
1996.01.01	Vol.76	56		〈ミレインフォメーション〉ミレページ
1996.02.01	Vol.77	12		〈企画〉グレート、客地に夭折せり-前日本バンタム級チャンピオン、グレート釜山=李東春列伝-

발행일	지면정보		필자	제목
	권호	페이지		
1996.02.01	Vol.77	18	嶋村初吉	〈企画〉国境の島・対馬(上)-善隣外交江戸時代の文化の華朝鮮通信使-
1996.02.01	Vol.77	22		〈企画〉韓国・朝鮮料理を食べに行こう!
1996.02.01	Vol.77	26	入谷萌苺	〈企画〉西域に生きる(2)-中国・新疆ウイグル自治区の朝専族
1996.02.01	Vol.77	36	韓丘庸	〈企画〉朝鮮歳時の旅「風の中　二月の魔女に　願をかけ」
1996.02.01	Vol.77	31		〈トピックス〉朝鮮学生主催による初の国際交流
1996.02.01	Vol.77	32		〈トピックス〉朝鮮人強制連行真相調査第4回全国交流集会
1996.02.01	Vol.77	34		〈トピックス〉大阪・ピョンヤン国際親善演奏会
1996.02.01	Vol.77	3		〈インタビュー〉在日3世としてのアイデンティティを問う新進女流作家/金真須美
1996.02.01	Vol.77	6		〈インタビュー〉海峡をさまよう魂の彷徨を描いた「三たびの海峡」/神山征二郎
1996.02.01	Vol.77	35		〈連載〉〈朝鮮料理入門〉牛骨と納豆のチゲ
1996.02.01	Vol.77	41		〈連載〉〈PAN HOW TO WORK〉本格的な能力開発を
1996.02.01	Vol.77	42		〈連載〉〈ブライダル通信〉面倒くさがりと几帳面屋
1996.02.01	Vol.77	43	梁洙準	〈連載〉〈夢中人発見〉数年間にもう一度会いたい人
1996.02.01	Vol.77	44		〈連載〉〈ECHO〉笹の墓標展示館
1996.02.01	Vol.77	46		〈連載〉KOREA SATELLITE＆DAILY MEMO
1996.02.01	Vol.77	50		〈連載〉〈SIGN BOARD〉韓国宮廷・家庭料理「鳳仙花本店」
1996.02.01	Vol.77	40		〈ミレインフォメーション〉PAN就職情報センター
1996.02.01	Vol.77	48		〈ミレインフォメーション〉MOVIE/VIDEO
1996.02.01	Vol.77	49		〈ミレインフォメーション〉VIDEO/BOOK
1996.02.01	Vol.77	51		〈ミレインフォメーション〉クロスワードパズル
1996.02.01	Vol.77	52		〈ミレインフォメーション〉読者の声
1996.02.01	Vol.77	53		〈ミレインフォメーション〉ポットグラフ/調論
1996.02.01	Vol.77	54		〈ミレインフォメーション〉イベントガイド
1996.02.01	Vol.77	56		〈ミレインフォメーション〉ミレページ
1996.03.01	Vol.78	12	金莉羅	〈企画〉映画「美しい青年全泰壱現象」
1996.03.01	Vol.78	18	朴才暎	〈企画〉「フェミニスト・カウンセリング」の鍵が開く新しい地平
1996.03.01	Vol.78	22	畑山美佐	〈企画〉コリアンニューヨーカーリポート　摩天桜に生きる(1)
1996.03.01	Vol.78	28	嶋村初吉	〈企画〉国境の島・対馬(上)-日韓交流先進地を訪ねて-
1996.03.01	Vol.78	32	入谷萌苺	〈企画〉西域に生きる(3)-中国・新疆ウイグル自治区の朝鮮族
1996.03.01	Vol.78	36	韓丘庸	〈企画〉朝鮮歳時の旅「葦の辺で　鉄橋みている　野鴨かな」
1996.03.01	Vol.78	3		〈インタビュー〉民族和合の場、民族寺院に新たな生を吹き込む/崔無碍
1996.03.01	Vol.78	6		〈インタビュー〉つぎはぎだらけの地球を歩きながら/もんたよしのり
1996.03.01	Vol.78	27		〈連載〉〈朝鮮料理入門〉わかめスープ

발행일	지면정보		필자	제목
	권호	페이지		
1996.03.01	Vol.78	41		〈連載〉〈PAN HOW TO WORK〉「年俸制」と「等級制」
1996.03.01	Vol.78	42		〈連載〉〈ブライダル通信〉家庭の味を作るコツ
1996.03.01	Vol.78	43	裵香子	〈連載〉〈夢中人発見〉「夢はきっと実現する」
1996.03.01	Vol.78	44		〈連載〉〈ECHO〉「われら民主労総」
1996.03.01	Vol.78	46		〈連載〉KOREA SATELLITE&DAILY MEMO
1996.03.01	Vol.78	50		〈連載〉〈SIGN BOARD〉活魚・にぎり「すし田」
1996.03.01	Vol.78	40		〈ミレインフォメーション〉PAN就職情報センター
1996.03.01	Vol.78	48		〈ミレインフォメーション〉MOVIE/VIDEO
1996.03.01	Vol.78	49		〈ミレインフォメーション〉VIDEO/BOOK
1996.03.01	Vol.78	51		〈ミレインフォメーション〉クロスワードパズル
1996.03.01	Vol.78	52		〈ミレインフォメーション〉読者の声
1996.03.01	Vol.78	53		〈ミレインフォメーション〉ポットグラフ
1996.03.01	Vol.78	54		〈ミレインフォメーション〉イベントガイド
1996.03.01	Vol.78	56		〈ミレインフォメーション〉ミレページ
1996.04.01	Vol.79	12	田村太郎	〈企画〉2年目の課題-阪神大震災から教訓
1996.04.01	Vol.79	16		〈企画〉こだまする希望のうた「ヒムネヤ!」
1996.04.01	Vol.79	22	畑山美佐	〈企画〉コリアンニューヨーカーリポート　摩天桜に生きる(2)
1996.04.01	Vol.79	26	趙南哲	〈企画〉メタファーとメッセージの両立-詩集「あたたかい水」を上梓して
1996.04.01	Vol.79	32		〈企画〉めざせJリーグの星-ヴェルディ川崎に入団した玄新哲選手
1996.04.01	Vol.79	36	韓丘庸	〈企画〉朝鮮歳時の旅「葦の辺で　鉄橋みている　野鴨かな」
1996.04.01	Vol.79	21		〈トピックス〉みのおセッパラム開催
1996.04.01	Vol.79	3		〈オンドルトーク〉同じ民族として知りたかった、伝えたかった道山/李淳馹
1996.04.01	Vol.79	6		〈COFFEE BREAK WITH YOU〉社会を鋭く見据えるナイーブな視線/三国連太郎
1996.04.01	Vol.79	27		〈朝鮮料理入門〉キムチチャーハン
1996.04.01	Vol.79	35	金公一	〈連載〉〈夢中人発見〉「蹴り」で道を開く
1996.04.01	Vol.79	41		〈連載〉〈PAN HOW TO WORK〉ビジネスマンのための手帖活用術
1996.04.01	Vol.79	42		〈連載〉在日三世結婚事情あれこれ　コンピューターで出会う
1996.04.01	Vol.79	44		〈連載〉〈ECHO〉ハルモニを抱きしめる
1996.04.01	Vol.79	46		〈連載〉KOREA SATELLITE&DAILY MEMO
1996.04.01	Vol.79	50		〈連載〉〈SIGN BOARD〉韓国居酒屋「マウン」
1996.04.01	Vol.79	40		〈ミレインフォメーション〉PAN就職情報センター
1996.04.01	Vol.79	48		〈ミレインフォメーション〉MOVIE/VIDEO
1996.04.01	Vol.79	49		〈ミレインフォメーション〉VIDEO/BOOK
1996.04.01	Vol.79	51		〈ミレインフォメーション〉クロスワードパズル

발행일	지면정보		필자	제목
	권호	페이지		
1996.04.01	Vol.79	52		〈ミレインフォメーション〉読者の声
1996.04.01	Vol.79	53		〈ミレインフォメーション〉ポットグラフ
1996.04.01	Vol.79	54		〈ミレインフォメーション〉イベントガイド
1996.04.01	Vol.79	56		〈ミレインフォメーション〉ミレページ
1996.05.01	Vol.80	11	編輯部	〈企画〉逆境を越えてたち上がる中央アジアの韓人
1996.05.01	Vol.80	14	編輯部	〈企画〉人々に不安と不幸と怒りと、勇気を-映画『ナヌムの家』ピョン・ヨンジュ監督インタビュー
1996.05.01	Vol.80	18	李秀	〈企画〉路層層-一世風景(11) 一銭五厘の青春
1996.05.01	Vol.80	20	畑山美佐	〈企画〉コリアンニューヨーカーリポート　摩天桜に生きる(3)
1996.05.01	Vol.80	24	桑畑優香	〈企画〉夢に見た祖国でーウズベキスタンからの留学生
1996.05.01	Vol.80	28	編輯部	〈企画〉プロボクシング全日本新人王登場!-期待の新星フライ級・洪昌守選手
1996.05.01	Vol.80	36	韓丘庸	〈企画〉朝鮮歳時の旅『ブランコ　少女もかすむ　艾花』
1996.05.01	Vol.80	31		〈トピックス〉甦れ、東神戸初中級学校-復興バザーに3000人が集う
1996.05.01	Vol.80	32		〈トピックス〉戦後50年目卒業式
1996.05.01	Vol.80	3		〈オンドルトーク〉日々の暮らしを想う心が、家族そして故国を想う心になる/朴才暎
1996.05.01	Vol.80	6		〈COFFEE BREAK WITH　TOU〉女性がつくる21世紀への道/清水澄子
1996.05.01	Vol.80	30		〈連載〉〈朝鮮料理入門〉キャベツのキムチ
1996.05.01	Vol.80	35	呉民児	〈連載〉〈夢中人発見〉『一生懸命』が私の信条
1996.05.01	Vol.80	41		〈連載〉〈PAN HOW TO WORK〉永河期学生たちの就「職」志向
1996.05.01	Vol.80	42		〈連載〉在日三世結婚事情あれこれ 交流パーティーを体験する
1996.05.01	Vol.80	44		〈連載〉〈ECHO〉
1996.05.01	Vol.80	46		〈連載〉KOREA SATELLITE＆DAILY MEMO
1996.05.01	Vol.80	50		〈連載〉〈SIGN BOARD〉ベーカリーレストラン「サニマルク」
1996.05.01	Vol.80	40		〈ミレインフォメーション〉PAN就職情報センター
1996.05.01	Vol.80	48		〈ミレインフォメーション〉MOVIE/VIDEO
1996.05.01	Vol.80	49		〈ミレインフォメーション〉VIDEO/BOOK
1996.05.01	Vol.80	51		〈ミレインフォメーション〉クロスワードパズル
1996.05.01	Vol.80	52		〈ミレインフォメーション〉読者の声
1996.05.01	Vol.80	53		〈ミレインフォメーション〉ポットグラフ
1996.05.01	Vol.80	54		〈ミレインフォメーション〉イベントガイド
1996.05.01	Vol.80	56		〈ミレインフォメーション〉ミレページ
1996.06.01	Vol.81	13		〈企画〉チャンピオンへの道 Part1-3ラウンドTKのプロデビュー

발행일	지면정보		필자	제목
	권호	페이지		
1996.06.01	Vol.81	17	平野恵嗣	〈企画〉北海道朝鮮学校訪問記
1996.06.01	Vol.81	21	畑山美佐	〈企画〉コリアンニューヨーカーリポート 摩天桜に生きる(4)
1996.06.01	Vol.81	26	李秀	〈企画〉路層層-一世風景(12) 哀しみを謳歌する
1996.06.01	Vol.81	28	高賛侑	〈企画〉「国際化時代民族教-子どもたちは虹の橋をかける」を出版して
1996.06.01	Vol.81	30		〈企画〉米国は光州の武力鎮圧を承認していた-極秘文書に生々しい記録
1996.06.01	Vol.81	36	韓丘庸	〈企画〉朝鮮歳時の旅「三伏の暑さにクチナシの香り うれしき」
1996.06.01	Vol.81	33		〈トピックス〉大阪日高在学朝鮮人学生会文化公演
1996.06.01	Vol.81	3		〈オンドルトーク〉日本演劇界の「トルネード」/金守珍
1996.06.01	Vol.81	6		〈COFFEE BREAK WITH YOU〉命の「橋」を架けたい/東ちづる
1996.06.01	Vol.81	34		〈連載〉〈朝鮮料理入門〉薬飯
1996.06.01	Vol.81	35	尹英和	〈連載〉〈夢中人発見〉誰もが機械よくいきられる社会にしたい
1996.06.01	Vol.81	41		〈連載〉〈PAN HOW TO WORK〉組織活性化と人財づくり戦略
1996.06.01	Vol.81	42		〈連載〉在日三世結婚事情あれこれ ブライダル企画「ノアナ」を訪ねて
1996.06.01	Vol.81	44		〈連載〉〈ECHO〉お芝居+歌+踊り＝洪仁順のめざすもの
1996.06.01	Vol.81	46		〈連載〉KOREA SATELLITE＆DAILY MEMO
1996.06.01	Vol.81	50		〈連載〉〈SIGN BOARD〉焼肉・韓国料理「新亭」
1996.06.01	Vol.81	40		〈ミレインフォメーション〉PAN就職情報センター
1996.06.01	Vol.81	48		〈ミレインフォメーション〉MOVIE/VIDEO
1996.06.01	Vol.81	49		〈ミレインフォメーション〉VIDEO/BOOK
1996.06.01	Vol.81	51		〈ミレインフォメーション〉クロスワードパズル
1996.06.01	Vol.81	52		〈ミレインフォメーション〉読者の声
1996.06.01	Vol.81	53		〈ミレインフォメーション〉ポットグラフ
1996.06.01	Vol.81	54		〈ミレインフォメーション〉イベントガイド
1996.06.01	Vol.81	56		〈ミレインフォメーション〉ミレページ
1996.07.01	Vol.82	12		〈企画〉チャンピオンへの道 Part2-優秀選手を多数擁する共和国ボクシング界
1996.07.01	Vol.82	17		〈企画〉『眠る男』を撮った男・小栗康平監督に聞く
1996.07.01	Vol.82	28	畑山美佐	〈企画〉コリアンニューヨーカーリポート 摩天桜に生きる(5)
1996.07.01	Vol.82	26	李秀	〈企画〉路層層-一世風景(13) 毎日をひたむきに生きる
1996.07.01	Vol.82	36	韓丘庸	〈企画〉朝鮮歳時の旅「七夕に 統一の二文字 入れて吊り」
1996.07.01	Vol.82	23		〈トピックス〉民族の魂の集い 長田マダン
1996.07.01	Vol.82	24		〈トピックス〉第1回兵庫県外国人学校交流会開催
1996.07.01	Vol.82	3		〈オンドルトーク〉人と出会い、感動は全て舞踊へと繁かり流れていく/白香珠

발행일	지면정보		필자	제목
	권호	페이지		
1996.07.01	Vol.82	6		〈COFFEE BREAK WITH YOU〉差別され抑圧された人々にエールを/前田憲二
1996.07.01	Vol.82	34		〈連載〉〈朝鮮料理入門〉チュオタン(どじょうスープ)
1996.07.01	Vol.82	35	李和行	〈連載〉〈夢中人発見〉仲直りさせるのが僕の仕事
1996.07.01	Vol.82	41		〈連載〉〈PAN HOW TO WORK〉これからの「賃金制度」
1996.07.01	Vol.82	42		〈連載〉在日三世結婚事情あれこれ　国籍のお話
1996.07.01	Vol.82	44		〈連載〉〈ECHO〉時間軸に彷徨いて
1996.07.01	Vol.82	46		〈連載〉KOREA SATELLITE＆DAILY MEMO
1996.07.01	Vol.82	50		〈連載〉〈SIGN BOARD〉美食酒家「ちゃんと。」
1996.07.01	Vol.82	40		〈ミレインフォメーション〉PAN就職情報センター
1996.07.01	Vol.82	48		〈ミレインフォメーション〉MOVIE/VIDEO
1996.07.01	Vol.82	49		〈ミレインフォメーション〉VIDEO/BOOK
1996.07.01	Vol.82	51		〈ミレインフォメーション〉クロスワードパズル
1996.07.01	Vol.82	52		〈ミレインフォメーション〉読者の声
1996.07.01	Vol.82	53		〈ミレインフォメーション〉ポットグラフ
1996.07.01	Vol.82	54		〈ミレインフォメーション〉イベントガイド
1996.07.01	Vol.82	56		〈ミレインフォメーション〉ミレページ
1996.08.01	Vol.83	12		〈ミレインフォメーション〉映画は一生を賭けるに値する仕事　韓国映画界トップスター安聖基さんに聞く
1996.08.01	Vol.83	17	草薙実	〈企画〉キム叔さん
1996.08.01	Vol.83	21	畑山美佐	〈企画〉コリアンニューヨーカーリポート　摩天楼に生きる(6) 巨大市場ハンシポイント・マーケットの裏で
1996.08.01	Vol.83	26	前田朗	〈企画〉「慰安婦」は軍事的性奴隷-クマラスワミ報告書採択
1996.08.01	Vol.83	30		〈企画〉歴史の真実を碑文に刻む-大阪で強制連行の記念碑設置
1996.08.01	Vol.83	36	韓丘庸	〈企画〉朝鮮歳時の旅(最終回)「カンガンスウォルレ　カンガンスウォルレで秋が行き」
1996.08.01	Vol.83	3		〈オンドルトーク〉コリアと日本を翼にのせて多言語演劇は新しい境地への羽ばたく/金智石
1996.08.01	Vol.83	6		〈COFFEE BREAK WITH YOU〉シャッターを切る瞬間に人生観が凝縮する/大石芳野
1996.08.01	Vol.83	34		〈連載〉〈朝鮮料理入門〉ムルギムチ(水キムチ)
1996.08.01	Vol.83	35	鄭明愛	〈連載〉〈夢中人発見〉在日の子どもたちのために
1996.08.01	Vol.83	41		〈連載〉在日三世結婚事情あれこれ 娘は玉の輿に乗せ、嫁は貧乏人からもらう!?
1996.08.01	Vol.83	43		〈連載〉〈PAN HOW TO WORK〉年俸制基本的考え方と動向
1996.08.01	Vol.83	44		〈連載〉〈ECHO〉W杯韓日共同開催を巡って
1996.08.01	Vol.83	46		〈連載〉KOREA SATELLITE＆DAILY MEMO
1996.08.01	Vol.83	50		〈連載〉〈SIGN BOARD〉べた焼・鉄板焼「たかみ」
1996.08.01	Vol.83	42		〈ミレインフォメーション〉PAN就職情報センター

발행일	지면정보		필자	제목
	권호	페이지		
1996.08.01	Vol.83	48		〈ミレインフォメーション〉MOVIE/VIDEO
1996.08.01	Vol.83	49		〈ミレインフォメーション〉VIDEO/BOOK
1996.08.01	Vol.83	51		〈ミレインフォメーション〉クロスワードパズル
1996.08.01	Vol.83	52		〈ミレインフォメーション〉読者の声
1996.08.01	Vol.83	53		〈ミレインフォメーション〉ポットグラフ
1996.08.01	Vol.83	54		〈ミレインフォメーション〉イベントガイド
1996.08.01	Vol.83	56		〈ミレインフォメーション〉ミレページ
1996.09.01	Vol.84	12		〈96就職特集〉国籍による差別はなくなった-二極分化が進む企業側の採用実績
1996.09.01	Vol.84	21		〈96就職特集〉96元気同胞企業ピックアップ
1996.09.01	Vol.84	30	高秀美	〈96就職特集〉粉にこだわり、たこにこだわる-たこ焼きを全国チェーンにした「京たこ」
1996.09.01	Vol.84	33	畑山美佐	〈企画〉コリアンニューヨーカーリポート 摩天桜に生きる(7)コリアン・ボイスカウトの未来に
1996.09.01	Vol.84	38		〈トピックス〉被災朝鮮学校に717万円を寄贈「おんなたちの会」が人形販売運動
1996.09.01	Vol.84	3	徐清香	〈オンドルトーク〉在日初のNATA公認アステディックトレーナー/尹台莋
1996.09.01	Vol.84	6		〈COFFEE BREAK WITH YOU〉朝鮮人はぼくにとって初めて体験する異文化だった/太田順一
1996.09.01	Vol.84	41		〈連載〉〈夢中人発見〉「人と出会いがいちばんの財産」
1996.09.01	Vol.84	42		〈連載〉在日三世結婚事情あれこれ チョドリのニューウェーブは在日から
1996.09.01	Vol.84	44		〈連載〉〈朝鮮料理入門〉サムゲタン(蔘鶏湯)
1996.09.01	Vol.84	50		〈連載〉〈ECHO〉パコダおじいさんは韓日歴史の語り部
1996.09.01	Vol.84	46		〈連載〉KOREA SATELLITE&DAILY MEMO
1996.09.01	Vol.84	20		〈ミレインフォメーション〉PAN就職情報センター
1996.09.01	Vol.84	48		〈ミレインフォメーション〉MOVIE/VIDEO
1996.09.01	Vol.84	49		〈ミレインフォメーション〉VIDEO/BOOK
1996.09.01	Vol.84	51		〈ミレインフォメーション〉クロスワードパズル
1996.09.01	Vol.84	52		〈ミレインフォメーション〉読者の声
1996.09.01	Vol.84	53		〈ミレインフォメーション〉ポットグラフ
1996.09.01	Vol.84	54		〈ミレインフォメーション〉イベントガイド
1996.09.01	Vol.84	56		〈ミレインフォメーション〉ミレページ
1996.10.01	Vol.85	11		〈企画〉サイバーコリア探検!(上)-インターネットはコリア情報の宝庫
1996.10.01	Vol.85	16	斉藤貞三郎	〈企画〉長島愛生園の歴史が問うもの-差別にまみれたハンセン病患者
1996.10.01	Vol.85	21	畑山美佐	〈企画〉コリアンニューヨーカーリポート摩天桜に生きる(8)眠らない街の眠れない人々

발행일	지면정보		필자	제목
	권호	페이지		
1996.10.01	Vol.85	26	申昌洙	〈企画〉選手村から見たアトランタ五輪-押しかけオランティアと共和国選手団の27日間
1996.10.01	Vol.85	35		〈企画〉世界のコリアンのネットワークをめざす-GKNJ結成大会
1996.10.01	Vol.85	32		〈トピックス〉民族学校出身者みに大学受験資格を
1996.10.01	Vol.85	3	金尚龍	〈オンドルトーク〉夢は南北統一チームでオリンピックに出場すること
1996.10.01	Vol.85	6	船戸与一	〈COFFEE BREAK WITH YOU〉地球規模の冒険小説に世界の葛藤を映し出す
1996.10.01	Vol.85	34		〈連載〉〈朝鮮料理入門〉ソンピョン(松餅)
1996.10.01	Vol.85	39	金希連	〈連載〉〈夢中人発見〉民族音楽の作曲家と演奏家をめざす
1996.10.01	Vol.85	41		〈連載〉〈PAN HOW TO WORK〉業績基盤あ人材の安定化と活性化が鍵
1996.10.01	Vol.85	42		〈連載〉在日三世結婚事情あれこれ 「ジミ婚」
1996.10.01	Vol.85	44		〈連載〉〈ECHO〉寅さんに見る人間風刺
1996.10.01	Vol.85	46		〈連載〉KOREA SATELLITE&DAILY MEMO
1996.10.01	Vol.85	50		〈連載〉〈SIGN BOARD〉韓国家庭料理「KITCHEN伽倻」
1996.10.01	Vol.85	40		〈ミレインフォメーション〉PAN就職情報センター
1996.10.01	Vol.85	48		〈ミレインフォメーション〉MOVIE/VIDEO
1996.10.01	Vol.85	49		〈ミレインフォメーション〉VIDEO/BOOK
1996.10.01	Vol.85	51		〈ミレインフォメーション〉クロスワードパズル
1996.10.01	Vol.85	52		〈ミレインフォメーション〉読者の声
1996.10.01	Vol.85	53		〈ミレインフォメーション〉ポットグラフ
1996.10.01	Vol.85	54		〈ミレインフォメーション〉イベントガイド
1996.10.01	Vol.85	56		〈ミレインフォメーション〉ミレページ
1996.11.01	Vol.86	12		〈企画〉在日一世に楽しい老後を-在日女性クリスチャンの願い・老人ホーム「セットンの家」オープン
1996.11.01	Vol.86	16		〈企画〉共和国の水害被害に救援の手を-現地を視察した吉田康彦教授に聞く
1996.11.01	Vol.86	21	空野佳弘	〈企画〉民族基金で性奴隷問題は解決し得るか-第48回基国連人権小委員会
1996.11.01	Vol.86	25	畑山美佐	〈企画〉コリアンニューヨーカーリポート摩天桜に生きる(9)祖国から海外え 海外から統一へ
1996.11.01	Vol.86	30		〈企画〉サイバーコリア探検!(下)-在米コリアン版インターネット活用術
1996.11.01	Vol.86	36		〈企画〉コリア通は健康通-traditional「食べる」健康法
1996.11.01	Vol.86	3	李相哲	〈オンドルトーク〉在外僑胞の未来を示すカナダからのメッセージ
1996.11.01	Vol.86	6	乃南アサ	〈COFFEE BREAK WITH YOU〉いまは枝葉を広げるとき一自分の中のいろいろな切り口に挑戦したい
1996.11.01	Vol.86	33	李隆吉	〈連載〉〈夢中人発見〉精神的な強さか欲しいから武術

발행일	지면정보		필자	제목
	권호	페이지		
1996.11.01	Vol.86	34		〈連載〉〈朝鮮料理入門〉シレキスープ
1996.11.01	Vol.86	43		〈連載〉〈PAN HOW TO WORK〉人事制度のあり方
1996.11.01	Vol.86	44		〈連載〉〈ECHO〉絵に思い託すハルモニ
1996.11.01	Vol.86	46		〈連載〉KOREA SATELLITE&DAILY MEMO
1996.11.01	Vol.86	50		〈連載〉〈SIGN BOARD〉てっちゃん鍋「てんぐ」
1996.11.01	Vol.86	42		〈ミレインフォメーション〉PAN就職情報センター
1996.11.01	Vol.86	48		〈ミレインフォメーション〉MOVIE/VIDEO
1996.11.01	Vol.86	49		〈ミレインフォメーション〉VIDEO/BOOK
1996.11.01	Vol.86	51		〈ミレインフォメーション〉クロスワードパズル
1996.11.01	Vol.86	52		〈ミレインフォメーション〉読者の声
1996.11.01	Vol.86	53		〈ミレインフォメーション〉ポットグラフ
1996.11.01	Vol.86	54		〈ミレインフォメーション〉イベントガイド
1996.11.01	Vol.86	56		〈ミレインフォメーション〉ミレページ
1996.12.01	Vol.87	12	編輯部	〈企画〉『ミレ』座談会　在日朝鮮人の現状と未来を語る
1996.12.01	Vol.87	21	高賛侑	〈企画〉ロシア極東に生きる朝鮮人
1996.12.01	Vol.87	28	高秀美	〈企画〉「国際化」を進める 川崎市の歩み－在日外国人教育基本方針の見直しを中心に
1996.12.01	Vol.87	33	畑山美佐	〈企画〉コリアンニューヨーカーリポート摩天桜に生きる(10) ニューヨークのコリアン縫製工場
1996.12.01	Vol.87	40		〈企画〉96年発行MILEバックナンバー一覧
1996.12.01	Vol.87	54	姜孝美	〈企画〉All Together
1996.12.01	Vol.87	3	鄭鐘烈	〈オンドルトーク〉鳥がとりもつ人の緑・国際交流
1996.12.01	Vol.87	6	米倉斉加年	〈COFFEE BREAK WITH YOU〉力いっぱい空気を吸つて、大股広げて
1996.12.01	Vol.87	38		〈連載〉〈朝鮮料理入門〉激辛うどん
1996.12.01	Vol.87	39	金淑姫	〈連載〉〈夢中人発見〉朝鮮語が自信につながる
1996.12.01	Vol.87	43		〈連載〉〈PAN HOW TO WORK〉薄日のさし始めた新卒採用試験
1996.12.01	Vol.87	44		〈連載〉〈ECHO〉ヒョンジュとピドゥルギへ
1996.12.01	Vol.87	46		〈連載〉KOREA SATELLITE&DAILY MEMO
1996.12.01	Vol.87	56		〈連載〉※『ミレ』は来春からインターネットマガジンに生まれ変わります。『ミレ』休刊のお知らせ
1996.12.01	Vol.87	42		〈ミレインフォメーション〉PAN就職情報センター
1996.12.01	Vol.87	48		〈ミレインフォメーション〉MOVIE/VIDEO
1996.12.01	Vol.87	49		〈ミレインフォメーション〉VIDEO/BOOK
1996.12.01	Vol.87	50		〈ミレインフォメーション〉読者の声
1996.12.01	Vol.87	51		〈ミレインフォメーション〉ポットグラフ
1996.12.01	Vol.87	52		〈ミレインフォメーション〉イベントガイド

새누리(セヌリ)

1 서지적 정보

　잡지『새누리』는 '만남을 원하는 인간정보지(出会いを求める 人間情報誌)'라는 부제목을 제명 앞에 표시하여 재일 사회의 만남과 결혼에 관련된 정보를 중심으로 내용을 구성한 잡지이다. 표지 디자인도 한복을 입은 여성 사진이 많다. 1989년 11월에 창간되어 2005년 81호까지 발간된 재일코리안 문화정보지이다. 창간 당시에는 계간이었으나, 2000년부터 월간으로 간행하였다. 도쿄 새누리문화정보센터출판국(セヌリ文化情報センター出版局)에서 발행하였고, 가격은 500엔이다. 편집 겸 발행인은 박철민(朴鉄民)이다. 박철민은 1945년 오사카(大阪)에서 태어나, 도에이(東映) 영화배우양성소를 졸업하고 요요기(代々木) 소극장 연극집단인 '변신(変身)'과 재일조선연극단, 금강산가극단을 거쳐, 1984년에 연극·영화기획집단 '마당 기획'을 설립했다. 그리고 1986년에 새누리문화정보센터를 설립하고, 1989년에 재일코리안을 중심으로 한 문화정보지로 창간한 것이 바로『새누리』이다. 박철민은 이 외에도 2003년에 TV J-Korea를 설립하고, 재일코리안의 문화, 지식, 기업인, 시민운동단체나 해외 코리안과 네트워크를 구축하였고, 한일 바이링구얼 연극과 영화에서 배우와 연출가로 활약하였다.

　1990년대에 발행된 재일코리안 잡지는 재일3세를 주축으로 뉴커머(new comer) 층이 일본사회에 등장함으로써 의식주나 취직, 결혼 등의 생활정보 또는 아이덴티티나 모국어 문화의 계승을 주요 테마로 하는 미디어가 나오는 시기이다. 특히, 북한으로의 집단 '귀국사업'이 1984년에 완전히 끝난 후이기 때문에 재일코리안 미디어는 급속히 정치적인 특징을 벗어나 문화적인 색채를 띠며 변모해갔다. 이와 같이 일본에서의 정주 지향이 더욱 뚜렷해진 새로운 재일 세대에『새누리』는 결혼이나 문화 정보지로서 일상의 내용이나 한국의 관광, 또는 생활정보를 담았다. 특히 한국인의 결혼문화에 대하여 소개한 내용이 많은데, 특집으로 혼수(1992.12), 부케(1993.1)나 육아용품, 한국인의 생활용품에 관한 내용이 많다. 이 외에도 한국의 식문화, 민속촌 가이드, 해외 코리안 소개, 원코리아 페스티발, 한신아와지 대지진 이후 재일코리안의 삶, 재일동포의 생활과 교육 문화에 관한 좌담회(1996.9)나 재일동포 역사 포럼(1996.10), 김지하 시인(1999.8), 한국인 강제이주를 테마로 하는 국제심포지움(1999.8), 등을 특집으로 구성하였다. 이 외에 여성 에세이집이나 시 작품, 음악, 가수(김연자 외)를 소개하는 코너를 구성해 교양과 대중적인 오락을 안배하였다.

2 창간사(1989.11)

질리고 피곤해도, 나이 들어도 포기해서는 안 된다.
상처가 아물지 않아도 불신이 사라지지 않아도
원망하고 미워해서는 안 된다.
하물며 자신을 낮춰 보고 망각해서는 더욱 안 된다.

우리는 이 땅에서도 저 땅에서도 새로운 싹을 틔우고 길러
자라나는 작은 생명과 목숨이 작은 힘을 합치고 또 합쳐
같이 사이좋게 생활하는 그 날을 바란다. 그 날을 이 손에

우리가 싫어하는 말, 그것은 '분단', '색깔 나누기'
우리는 너무나 긴 세월을 마비되어
어느새 아픔과 고통, 부자유에
익숙해졌다. 마치 당연한 것처럼
자신이 불구가 되어 있는 것조차 느끼지 못하게 되어 버렸다.

우리가 좋아하는 말, 그것은 자유, 꿈, 사람, 자연
사랑, 그리고 우리(나와 너)

새누리는 우리가 살아가기 위해서

지금 갖고 싶은 것, 바라는 것, 알고 싶은 것

잃어버려서는 안 되는 것을 같이 나누고 마당(장)을 만드는 것이다.

더욱 더 자유롭게 날개를 펴기 위하여 꿈을 꾸고

사람과 자연, 사랑을 꿈꾸며 자신의 존재를 단단히

자신의 뿌리와 서로의 차이를 존중하며

공생공존의 삶의 방식을 서로 이야기하는 것이다.

새누리는 새로운 공간, 새로운 열림, 새로운 만남을 추구한다.

당신과 당신, 나와 너의 생활지

자, 망설이지 말고 이 손을 굳게 붙잡고

새누리와 함께 날개를 펴고 날아가자

4 목차

발행일	지면정보		필자	제목
	권호	페이지		
1992.07.20	No.9 (임시특대호)	23		菅原やすのり(歌手)
1992.07.20	No.9 (임시특대호)	42	金正坤	〈特集2〉韓国・民俗保存村を歩く
1992.07.20	No.9 (임시특대호)	26	白勇一	〈芸術のページ〉(詩)李相和/奪われた野にも春はくるか
1992.07.20	No.9 (임시특대호)	27		〈芸術のページ〉(絵)李佑鉉
1992.07.20	No.9 (임시특대호)	27	姜英之	〈経済SUMMARY〉進む南北朝鮮経済交流
1992.07.20	No.9 (임시특대호)	60	南聖樹	〈漫画〉KOREANLOVESTORIES
1992.07.20	No.9 (임시특대호)	60	安利香	ハンチバン茶目っけたっぷりの明るいお嬢さん
1992.07.20	No.9 (임시특대호)	64		〈まだん〉文化インフォメーション
1992.07.20	No.9 (임시특대호)	65		〈まだん〉これだけ!ウリマル塾
1992.07.20	No.9 (임시특대호)	66		〈まだん〉ブック　ソウル書林
1992.07.20	No.9 (임시특대호)	67		読者の声
1992.07.20	No.9 (임시특대호)	68		一問一答　知りたい-あれもこれも-生まれる赤ちゃんの国籍は？
1992.07.20	No.9 (임시특대호)	70	李麗子	〈ショートストーリー5　友田の家に行った麗子は〉金木犀の香りの中で
1992.07.20	No.9 (임시특대호)	74		セヌリ結婚情報
1992.07.20	No.9 (임시특대호)	76		ステキな彼・彼女
1992.10.20	No.11 (10・11月 併合号)	10	姜徳相	〈特集〉〈海外KOREANの歩み〉近代・在日の始まり(PART1植民地時代)
1992.10.20	No.11 (10・11月 併合号)	16		〈海外KOREANの歩み〉私と朝鮮との関係
1992.10.20	No.11 (10・11月 併合号)	24		〈海外KOREANの歩み〉トピックス-韓・日近代史資料館設立する朴さん
1992.10.20	No.11 (10・11月 併合号)	2		コリア　ツアー　街に北に行ってみたい

발행일	지면정보		필자	제목
	권호	페이지		
1992.10.20	No.11 (10·11月 併合号)	58		〈きらりと輝く〉音楽家は旅芸人という要素をもっている
1992.12.20	No.12	3	朴鉄民	〈連載〉出会い·恋愛·結婚
1992.12.20	No.12	6		〈きらりと輝く〉画家金鍈一
1992.12.20	No.12	8		〈きらりと輝く〉歌手-呂松女
1992.12.20	No.12	10		〈トピックス〉日韓文学者講演会
1992.12.20	No.12	12		2人で歩こうTokyoTown
1992.12.20	No.12	22		セヌリ結婚情報サービス
1992.12.20	No.12	27		ステキな彼·ステキな彼女
1992.12.20	No.12	25		結婚豆知識
1992.12.20	No.12	16	山形ふみこ	〈ルポ〉ロサンゼルスのコリアン
1992.12.20	No.12	20		まだん
1992.12.20	No.12	18	白勇一	〈連作〉今ときの男と女
1992.12.20	No.12	34		読者の声
1993.01.20	No.13	3	朴鉄民	〈連載〉出会い·恋愛·結婚
1993.01.20	No.13	10		〈レポート〉日韓文学シンポジウム
1993.01.20	No.13	12		2人で歩こうOsakaTown
1993.01.20	No.13	26		セヌリ結婚情報サービス
1993.01.20	No.13	27		ステキな彼·ステキな彼女
1993.01.20	No.13	25		結婚豆知識
1993.01.20	No.13	16	山形ふみこ	〈ルポ〉ロサンゼルスのコリアン
1993.01.20	No.13	20		まだん
1993.01.20	No.13	18	白勇一	〈連作〉今ときの男と女
1993.01.20	No.13	34		読者の声
1993.02.20	No.14	3	朴鉄民	〈連載〉出会い·恋愛·結婚
1993.02.20	No.14	8		〈きらりと輝く〉詩人 秋谷豊
1993.02.20	No.14	6	崔達俊	ウリナラおりおりの記
1993.02.20	No.14	7		小岩親睦会
1993.02.20	No.14	10		〈トピックス〉ふれあいパーティ
1993.02.20	No.14	12		2人で歩こうKyotoTown
1993.02.20	No.14	26		セヌリ結婚情報サービス
1993.02.20	No.14	27		ステキな彼·ステキな彼女
1993.02.20	No.14	25		結婚豆知識
1993.02.20	No.14	16		〈レポート〉在日フォーラム
1993.02.20	No.14	20		まだん
1993.02.20	No.14	18	白勇一	〈連作〉今ときの男と女
1993.02.20	No.14	34		読者の声

발행일	지면정보		필자	제목
	권호	페이지		
1993.03.20	No.15 (임시특대호)	10		〈特集1〉〈セヌリ・ヒューマンドキュメンタリー〉人間尹伊桑
1993.03.20	No.15(임 시특대호)	48	姜徳相	〈特集2〉〈海外KOREANの歩み〉近代・在日の始まり(PART2植 民地時代)
1993.03.20	No.15(임 시특대호)	54	宮田節子・ 朴慶植	〈特集2〉〈対談〉近・現代朝鮮史の渦中で
1993.03.20	No.15(임 시특대호)	62		〈きらりと輝く〉梁英姫(女俳優)
1993.03.20	No.15(임 시특대호)	64		今春、高校卒業の在日三世、韓国プロ野球三星ライオンズ に入団-韓明浩(プロ野球選手)
1993.03.20	No.15 (임시특대호)	24		ワンコリアフェステゥバル
1993.03.20	No.15 (임시특대호)	31		〈トピックス〉今年の夏、大田が「燃える」-新しい跳躍への道 「太田エキスポ93」-
1993.03.20	No.15 (임시특대호)	34		大阪与銀ワイルドキャッツ
1993.03.20	No.15 (임시특대호)	36		〈芸術のページ〉(詩)金潤/故郷風と雲と太陽
1993.03.20	No.15 (임시특대호)	37		〈芸術のページ〉(絵)金石出
1993.03.20	No.15 (임시특대호)	6		結納で贈るなら-清楚で上品なパールは花嫁さんにぴったり の贈もの
1993.03.20	No.15 (임시특대호)	38	姜英之	〈経済SUMMARY〉新展開の韓日協力関係
1993.03.20	No.15 (임시특대호)	46		2人で歩こうTokyoTown-新宿ゲーム&ショッピング
1993.03.20	No.15 (임시특대호)	42		ジョンキョンファ先生の朝鮮料理入門「カムジャチヂム」
1993.03.20	No.15 (임시특대호)	28		ハンチバン　金甲根さんの家族
1993.03.20	No.15 (임시특대호)	66		〈まだん〉文化インフェメーション
1993.03.20	No.15 (임시특대호)	67		〈まだん〉これだけウリマル塾
1993.03.20	No.15 (임시특대호)	68		〈まだん〉BOOK
1993.03.20	No.15 (임시특대호)	69		〈まだん〉CINEMA「この空は君のもの」
1993.03.20	No.15 (임시특대호)	70		一問一答 知りたい-あれもこれも-「ハングル」能力検定が受 けられると聞きましたが
1993.03.20	No.15 (임시특대호)	74	金麗子	〈ショートストーリー(最終章/後篇)〉「金木犀の香りの中で」
1993.03.20	No.15 (임시특대호)	77	崔達俊	〈Bridal　Tolk〉ウリナラおりおりの記-草人形-

발행일	지면정보		필자	제목
	권호	페이지		
1993.03.20	No.15 (임시특대호)	78		〈セヌリ結婚情報〉いつまで待っててもこない 幸せは自分でつくるもの
1993.03.20	No.15 (임시특대호)	79		〈セヌリ結婚情報〉ステキな彼・彼女
1993.04.20	No.16	5	崔章子	ソウルの若者たちと韓国の旧正月
1993.04.20	No.16	8	林鴻莉	視る..ひと芽
1993.04.20	No.16	9		〈レポート〉在日コリアんんお母国語教育と二重言語問題
1993.04.20	No.16	12		2人で歩こう TokyoTown
1993.04.20	No.16	16	柳美里	〈きらりと輝く〉「青春五月党」
1993.04.20	No.16	27		ステキな彼・ステキな彼女
1993.04.20	No.16	25	崔達俊	ウリナラおりおりの記
1993.04.20	No.16	20		まだん
1993.04.20	No.16	18	白勇一	〈連作〉今どきの男と女
1993.04.20	No.16	34		読者の声
1993.05.20	No.17	4		夢・見てますか
1993.05.20	No.17	12	李起南	〈特集〉きらりと輝く
1993.05.20	No.17	18		中国朝鮮族リポート 大連の街から
1993.05.20	No.17	10		2人で歩こう TokyoTown
1993.05.20	No.17	14		〈トピックス〉セヌリパーティ
1993.05.20	No.17	26		セヌリ結婚情報サービス
1993.05.20	No.17	27		ステキな彼・ステキな彼女
1993.05.20	No.17	25	崔達俊	ウリナラおりおりの記
1993.05.20	No.17	20	新岡和幸	〈まだん〉スポット
1993.05.20	No.17	34		読者の声
1993.07.20	No.18 (6,7월호)	28	金竜七	〈特集〉〈海外KOREANの歩み〉近代・在日の始まり(PART3解放・分断の時代)
1993.07.20	No.18 (6,7월호)	34		〈特集〉〈海外KOREANの歩み〉座談会解放後、在日の生き方
1993.07.20	No.18 (6,7월호)	14		〈インタビュー〉C・W・ニコル-私はウェールズ系日本人になります。
1993.07.20	No.18 (6,7월호)	10	宮内 勝	〈ルポ〉ソウル・漢江でテント演劇「新宿梁山泊」ソウル公演を見て
1993.07.20	No.18 (6,7월호)	21	金留利	〈レポート〉韓国のグラフィティ
1993.07.20	No.18 (6,7월호)	18		〈Sports〉テコンドー観戦日記
1993.07.20	No.18 (6,7월호)	26		〈芸術のページ〉(詩)金宙泰/絶叫眼
1993.07.20	No.18 (6,7월호)	27		〈芸術のページ〉(彫刻)洪淑子/精寂(しじま)

발행일	지면정보		필자	제목
	권호	페이지		
1993.07.20	No.18 (6,7월호)	2		ジョンキョンファ先生の朝鮮料理入門「ユッケジャンクッパ」
1993.07.20	No.18 (6,7월호)	24	姜英之	〈経済SUMMARY〉早期に望まれる朝・日国交正常化
1993.07.20	No.18 (6,7월호)	56		〈2人で歩こう〉TokyoTown-やっぱり行きたい!東京ディズニーランド-
1993.07.20	No.18 (6,7월호)	65	崔達完	〈Bridal　Tolk⑤〉ウリナラおりおりの記-結婚適齢期-
1993.07.20	No.18 (6,7월호)	58		〈まだん〉文化インフォメーション
1993.07.20	No.18 (6,7월호)	59		〈まだん〉これだけウリマル塾
1993.07.20	No.18 (6,7월호)	60		〈まだん〉BOOK
1993.07.20	No.18 (6,7월호)	61		〈まだん〉CINEMA「鯨とり・コレサニャン」
1993.07.20	No.18 (6,7월호)	62		知りたいあれもこれも「韓国エステ"垢すり"ってどういうもの？」
1993.07.20	No.18 (6,7월호)	66	飯尾憲士	エッセイ・ロマン(第1話)-「抱きつづける幻」
1993.07.20	No.18 (6,7월호)	70		〈セヌリ結婚情報〉いつまで待っててもこない　幸せは自分でつくるもの
1993.07.20	No.18 (6,7월호)	71		〈セヌリ結婚情報〉ステキな彼・彼女
1994.04.10	No.19 (봄호)	6		〈特集〉〈サッカーに夢をたくす〉(座談会)申在範/六川則夫/李祐鉉/李起南/李京順
1994.04.10	No.19 (봄호)	12	李起南	〈特集〉〈サッカーに夢をたくす〉比較論-世界のサッカースタイル
1994.04.10	No.19 (봄호)	16		〈特集〉〈サッカーに夢をたくす〉SPOT-盧廷潤Jリーグで活躍する
1994.04.10	No.19 (봄호)	18		〈特集〉〈サッカーに夢をたくす〉母と子-母の加護
1994.04.10	No.19 (봄호)	20		〈特集〉〈サッカーに夢をたくす〉父と子-父の恩ちょう
1994.04.10	No.19 (봄호)	42		「月はどっちに出ている」-日本の映画賞総ナメ-
1994.04.10	No.19 (봄호)	42		対談-崔洋一(監督)・鄭義信(脚本)・李鳳宇(プロデューサ)
1994.04.10	No.19 (봄호)	58	朴鉄民	在日の結婚問題をつく
1994.04.10	No.19 (봄호)	66	梁真須美	在日の結婚のあり方 PART1-「国際結婚」と「同胞結婚」
1994.04.10	No.19 (봄호)	34		〈きらりと輝く〉李赫(彫刻家)

발행일	지면정보		필자	제목
	권호	페이지		
1994.04.10	No.19 (봄호)	36		〈きらりと輝く〉金日根(陶芸家)
1994.04.10	No.19 (봄호)	50		〈きらりと輝く〉呉炳学(画家)
1994.04.10	No.19 (봄호)	28	金正出	高齢者福祉のあり方
1994.04.10	No.19 (봄호)	32	朴載日	在日文化は日本文化を豊かにする
1994.04.10	No.19 (봄호)	39	新納豊	糞は嘘をつかない　朝鮮庶民生活史研究-事実から歴史を見る1-
1994.04.10	No.19 (봄호)	24	姜英之	〈経済SUMMARY〉「大中華経済圏」形式巨大なインパクト
1994.04.10	No.19 (봄호)	26		〈芸術のページ〉(詩)崔碩義/禁煙狂騒曲
1994.04.10	No.19 (봄호)	65	崔達俊	〈Bridal　Tolk⑥〉ウリナラおりおりの記-祈子俗-
1994.04.10	No.19 (봄호)	54		〈まだん〉文化インフォメーション
1994.04.10	No.19 (봄호)	55		〈まだん〉これだけウリマル塾
1994.04.10	No.19 (봄호)	57		〈まだん〉CINEMA「風の丘を越えて」-西便制
1994.04.10	No.19 (봄호)	48	金碩範	〈エッセイ〉慌ただしかった歳末
1994.04.10	No.19 (봄호)	69		〈セヌリ結婚情報〉いつまで待っててもこない　幸せは自分でつくるもの
1994.04.10	No.19 (봄호)	70		〈セヌリ結婚情報〉ステキな彼・彼女
1994.10.25	No.20	8		〈特集1〉〈輝く、現代の河原乞食たち紫テント・「新宿梁山泊」は疾風する!〉演劇集団新宿梁山泊の「今」
1994.10.25	No.20	12	金久美子	〈特集1〉〈輝く、現代の河原乞食たち紫テント・「新宿梁山泊」は疾風する!〉紫テントに咲く在日の花
1994.10.25	No.20	14		〈特集1〉〈輝く、現代の河原乞食たち紫テント・「新宿梁山泊」は疾風する!〉紫テントを支える面々
1994.10.25	No.20	20		〈特集1〉〈輝く、現代の河原乞食たち紫テント・「新宿梁山泊」は疾風する!〉金守珍・「新宿梁山泊」を語る-梁山泊はいくつもの海峡を越えていく
1994.10.25	No.20	24		〈特集1〉〈輝く、現代の河原乞食たち紫テント・「新宿梁山泊」は疾風する!〉役者たち勢ぞい・パワーの源
1994.10.25	No.20	26	鄭義信・畠山繁	〈特集1〉〈輝く、現代の河原乞食たち紫テント・「新宿梁山泊」は疾風する!〉鄭義信の劇世界を探る
1994.10.25	No.20	30		〈きらりと輝く〉「ウリマル、ウリノレ、ウリサラムが大好きです」李相民、コブッソン会と長田マダン

발행일	지면정보		필자	제목
	권호	페이지		
1994.10.25	No.20	32	李憲彦	「知ってるつもり?!」金メダリスト・孫基禎の取材を終えて
1994.10.25	No.20	34	李祐鉉	〈トピックス〉アジア代表・韓国チームがアメリカワールドカップで得たものは
1994.10.25	No.20	36		ワンコリアトーク・日本とコリア　新しい魅力みつけた-俵万智、金久美子
1994.10.25	No.20	41	李恢成	〈特集2〉〈今、「アリランの歌」がよみがえる〉ドキュメント・「アリランの歌」ニム・ウエールズは今どこに
1994.10.25	No.20	44		〈今、「アリランの歌」がよみがえる〉「アリランの歌」ニム・ウエールズ特別インタビュー
1994.10.25	No.20	50		解説-"釜山"とニム・ウエールズ
1994.10.25	No.20	53	李恢成	〈今、「アリランの歌」がよみがえる〉「水の中の塩になりたくない」釜山について
1994.10.25	No.20	61	鄭煥麒	〈エッセー〉時計にまつわる笑話
1994.10.25	No.20	63	下村憲治	韓国映画の「全貌」をみる
1994.10.25	No.20	65		韓国のパンソリ　西便制と東便制とは-作家貝滋亭に聞く
1994.10.25	No.20	68		〈まだん〉文化インフォメーション
1994.10.25	No.20	69		〈まだん〉これだけウリマル塾
1994.10.25	No.20	70		〈まだん〉BOOK
1994.10.25	No.20	71	崔達俊	〈まだん〉おりおりの記
1994.10.25	No.20	73		〈セヌリ結婚情報〉結婚は、夢と現実のドラマ。ぅべて"出会い"から幕があがる。会ってみたいステキな彼・彼女
1995.08.01	No.22	20	小田実(作家)・朴鉄民(聞き手)	〈特集1〉〈阪神大震災から芽ばえた思想とは〉戦後５０年、今、世の中にあらゆる矛盾が吹き出す
1995.08.01	No.22	34	康秀峰	〈特集1〉〈阪神大震災から芽ばえた思想とは〉愛なくして、共生の道はない
1995.08.01	No.22	28		〈特集1〉〈阪神大震災から芽ばえた思想とは〉復興への道は国の違いを越えて-被災地・長田区の同胞たち
1995.08.01	No.22	32		〈特集1〉〈阪神大震災から芽ばえた思想とは〉ニューカマーにとって阪神大震災-和解の家、李牧師
1995.08.01	No.22	38	トーマス・C・カンサ	〈特集1〉〈阪神大震災から芽ばえた思想とは〉ドリーム・メーカーへの道
1995.08.01	No.22	2		〈特集2〉劇団波瀾世　バイリンガルの夢
1995.08.01	No.22	8		〈特集2〉てい談：金智石、平田オリザ、朴鉄民
1995.08.01	No.22	14		〈特集2〉ウリマルもできて若さ溢れる役者たち
1995.08.01	No.22	6		〈特集2〉金明心、邵哲珍など
1995.08.01	No.22	42	金容雲	迷走する日本を診る
1995.08.01	No.22	45	徐賢燮	「日本はある」を書いた動機
1995.08.01	No.22	48		〈きらりと輝く〉女優・黒田福美
1995.08.01	No.22	52	金栄	〈きらりと輝く〉舞踊家・金順子

발행일	지면정보		필자	제목
	권호	페이지		
1995.08.01	No.22	56	篠藤由里	〈特集3〉〈女から視た男たち　女たちのエッセー集(PART1)〉男、という生きもの
1995.08.01	No.22	59	李美子	〈特集3〉〈女から視た男たち　女たちのエッセー集(PART1)〉木曜日の夜の憂うつ
1995.08.01	No.22	62	沈光子	〈特集3〉〈女から視た男たち　女たちのエッセー集(PART1)〉セピア色の時間
1995.08.01	No.22	68	呉文子	〈特集3〉〈女から視た男たち　女たちのエッセー集(PART1)〉パステルカラーの花束
1995.08.01	No.22	72	金真須美	〈特集3〉贋タイヤを弔う(大阪女性文芸賞受賞)
1995.08.01	No.22	86	申洛水	〈芸術のページ〉黄真伊(時調)その2
1995.08.01	No.22	87	白勇一	これだけウリマル塾
1995.08.01	No.22	90		〈まだん〉『セヌリ』20号突破、21号発行記念パーティ催される(在日同胞の感性と理性がふれあうマダン)
1995.08.01	No.22	88		〈まだん〉文化インフォメーション
1995.08.01	No.22	89		〈まだん〉BOOK
1995.08.01	No.22	93		セヌリ結婚情報-「バブル」の結婚観は終わった。今、香りのある人が求められてる
1995.12.01	No.23	6		〈特集1〉〈セヌリ・ヒューマン・ドキュマンタリー〉人間・韓昌祐(戦後、在日商工人として日本の経済界をリードしてきた、マルハンコーポレーション社長、韓昌祐の横顔を探る
1995.12.01	No.23	2	朴株里　外	音楽の夕べ　50曲の歌でつづる解放50年音楽の夕べ
1995.12.01	No.23	20		映画『エイジアン・ブルー浮島丸サコン』をめぐって-過去の加害責任を日本人自ら問い直す-対談:金賛汀(ノンフィクション作家)・藤本喜久子(女優)
1995.12.01	No.23	28		朝鮮民族は、世界史に何か貢献できるかPART2-作家・小田実聞きて・朴鉄民
1995.12.01	No.23	32		〈きらりと輝く〉ピアニスト・朴久玲
1995.12.01	No.23	36		〈きらりと輝く〉舞踊家・姜輝鮮
1995.12.01	No.23	40		〈特集2〉〈女と男のエッセー集PART2〉新しい家族のこと
1995.12.01	No.23	44		〈女と男のエッセー集PART2〉ストレートに"君はコリアン"と言える関係に
1995.12.01	No.23	48		〈特集2〉〈女と男のエッセー集PART2〉贈り物(贈り物・柱時計)
1995.12.01	No.23	52		〈特集2〉〈女と男のエッセー集PART2〉紀行文-小鹿島にて思う
1995.12.01	No.23	60		〈特集2〉〈女と男のエッセー集PART2〉五十年の点描
1995.12.01	No.23	68		なぜ、民族文化、民衆文化なのか-対談・沈雨晟(ウリ文化研究所長・劇団ソナンダン代表)
1995.12.01	No.23	74		死ぬ日まで空を仰ぎて一点の恥じさなきことを-詩人・尹東柱の詩碑が建つ
1995.12.01	No.23	78	申洛水	〈芸術のページ〉黄真伊(時調)その3
1995.12.01	No.23	79	韓龍茂	これだけウリマル塾
1995.12.01	No.23	80		〈まだん〉文化インフォメーション

발행일	지면정보		필자	제목
	권호	페이지		
1995.12.01	No.23	81		〈まだん〉BOOK
1995.12.01	No.23	85		セヌリ結婚情報-「バブル」の結婚観は終わった。今、香りのある人が求められてる
1996.08.25	No.25	12		〈特集1〉[セヌリ・シネマ・スペシャルpart2]自分の限界と他者が響く「いのち」の場をみつめる。-対談:小栗康平(映画監督)・聞き手:金鉄民
1996.08.25	No.25	22		〈特集2〉〈在日同胞シンポジウム-新しい共同体を求めて〉Ⅲ.在日同胞の暮らしと経済活動
1996.08.25	No.25	30		〈特集2〉〈在日同胞シンポジウム-新しい共同体を求めて〉Ⅳ.在日同胞の民族教育と文化
1996.08.25	No.25	56		〈すべての同胞に民族教育を〉若い・ひと芽/大阪の民族教育を支える民族講師たち1
1996.08.25	No.25	58		〈すべての同胞に民族教育を〉若い・ひと芽/大阪の民族教育を支える民族講師たち2
1996.08.25	No.25	60		〈すべての同胞に民族教育を〉日本学校に通う学生に民族教育の「場」を
1996.08.25	No.25	4		〈きらりと輝く〉洪仁順(女優)
1996.08.25	No.25	8		〈きらりと輝く〉田月仙(オペラ歌手)
1996.08.25	No.25	48		医療は言葉がなくても、意思が通じる世界。－ピョンヤン・金万有病院は、日医療交流の架け橋-座談会:金一宇(西新井病院副院長)・山本勇夫(大教授)・馬渕原吾(東京女子医大助教授)
1996.08.25	No.25	40	韓至彦	二人のトラベルスケッチ
1996.08.25	No.25	66	鄭煥麒	〈エッセー〉忘失
1996.08.25	No.25	68	上野都	〈エッセー〉「牽織悲歌」のこと
1996.08.25	No.25	70	崔碩義	〈エッセー〉朝鮮女性の根の深い身世打鈴
1996.08.25	No.25	78	韓龍茂	〈詩〉金哲『無題』『母の心』
1996.08.25	No.25	79	韓龍茂	これだけウリマル塾
1996.08.25	No.25	80		文化インフォメーション
1996.08.25	No.25	82		BOOK
1996.08.25	No.25	85		セヌリ結婚情報-もうすぐ結婚です。響きあう彼と私。新宿旅行はロンドンに行きます。会ってみたいステキな彼・彼女
1996.12.10	No.26	2		〈特集1〉〈韓民族文学人大会(96.10.2-6)〉解放後、初めてソウルで開催。KOREA民族の近・現代文学の百年を顧み、韓国文学の世界化を探る。海外文学者約１０９人、韓国内４００人が参加。
1996.12.10	No.26	28		〈特集2〉〈セヌリ・ヒューマン・ドキュメントリー〉人間・宋純鐘-事業家として、民族教育文化事業の功労者として半世紀を語る。
1996.12.10	No.26	18		〈セヌリ編集長対談シリーズ第四弾〉中村敦夫-これからの政治は民権を軸に。官僚独裁型の国家主義から、市民主導の民主主義へ。
1996.12.10	No.26	44		〈きらりと輝く〉李珍明(韓国・シニル専門大学校在学)

발행일	지면정보		필자	제목
	권호	페이지		
1996.12.10	No.26	48		〈きらりと輝く〉金成有(脳神経外科クリニック院長)
1996.12.10	No.26	54		〈第1回在日同胞歴史フォーラム〉田英夫(参議院議員)・和田春樹(東大教授)・永六輔(作家)・尹建次(神奈川大教授)・金敬得(弁護士)・金奎一(考える会代表)など
1996.12.10	No.26	52		TOPICS黄聖圭-第11回岩手日報文学賞啄木賞受賞-＊文化センター・アリランにで
1996.12.10	No.26	64	呉賢庭	〈ESSAY〉アボジの東京に来て
1996.12.10	No.26	68	篠藤由里	〈ESSAY〉一泊二日韓国に芝居を観に行くの記
1996.12.10	No.26	72	鄭煥麒	〈ESSAY〉敬老パス
1996.12.10	No.26	74	下村憲治	〈CINEMA〉『愛の黙示録』に描かれたヒューマニズムの根底に流れる「家族愛」
1996.12.10	No.26	76	韓龍茂	〈詩〉許南麒『慶州市』 金波『闘志』金芝河『生命』『鉛筆』『水がめ』
1996.12.10	No.26	79	韓龍茂	これだけウリマル塾
1996.12.10	No.26	80		文化インフォメーション
1996.12.10	No.26	82		BOOK
1996.12.10	No.26	85		セヌリ結婚情報-もうすぐ結婚です。響きあう彼と私。新宿旅行はロンドンに行きます。会ってみたいステキな彼・彼女
1997.05.15	No.27	22		〈特集1〉〈セヌリ・ヒューマン・ドキュメントリー〉人間・河正雄-人は、人に支えられて生きている。祈ることが、人生を豊がにする。
1997.05.15	No.27	52	鬼頭典子	〈特集2〉〈女性のエッセー集〉「奥さん」「おばさん」「おばあちゃん」どれもカンペンしてください
1997.05.15	No.27	54	朴才暎	〈女性のエッセー集〉'95震災から朝鮮の「記憶」へ
1997.05.15	No.27	57	呉文子	〈女性のエッセー集〉夫のふるさとで
1997.05.15	No.27	60	趙栄順	〈女性のエッセー集〉ある結婚
1997.05.15	No.27	62	李美子	もどり路
1997.05.15	No.27	65	沈光子	躾る
1997.05.15	No.27	68	金真須美	デラシネの花咲く町－アメリカコリアタウン－
1997.05.15	No.27	38		知的職域が開かれれば、在日社会の知的水準・地位が高まる。さまざまな差別と闘い、人権擁護運動をした原点とは。-対談:徐龍達、聞き手・朴鉄民
1997.05.15	No.27	2	河正雄	全和凰の真摯な生きざまとその「祈りの芸術」在日同胞元老画家・全和凰の生涯と生活
1997.05.15	No.27	4		〈きらりと輝く〉姜美香(女優)
1997.05.15	No.27	6		〈きらりと輝く〉李光宇(医師・ダイビングショップオーナー)
1997.05.15	No.27	8		〈きらりと輝く〉姜容慈(万葉集研究者)
1997.05.15	No.27	16		西新井病院院長・金万有氏 インタビュー-羅津・先鋒地帯にはばたく夢
1997.05.15	No.27	12		在日の知性と感性から新しい文化の創造を-11年目のセヌリを祝い励ます会-

발행일	지면정보		필자	제목
	권호	페이지		
1997.05.15	No.27	48	鄭煥麒	〈ESSAY〉続お見舞い
1997.05.15	No.27	76	下村憲治	〈CINEMA〉「中央アジア映画祭・最後の上映会」古くて新しい国々からの鮮烈なメッセージ
1997.05.15	No.27	74	韓龍茂	〈詩〉趙龍男『来られる方』黄芝雨『手を洗う』姜舜『哨兵』
1997.05.15	No.27	78		今、何を思う？ 三世たち
1997.05.15	No.27	79	韓龍茂	これだけウリマル塾
1997.05.15	No.27	80		BOOK
1997.05.15	No.27	82		文化インフォメーション
1997.05.15	No.27	85		セヌリ結婚情報-あなたが好きです。響きあう彼と私。新婚旅行は済州島に行きます。
1997.11.15	No.28	18		〈特集1〉〈作家・金達寿追悼特集〉歴史を失ったものにとって祖国は切実なものだ。金達寿さんを偲ぶ会に300名参加　韓国銀冠文化勲章の授与も
1997.11.15	No.28	19	山形ふみこ	〈特集1〉金達寿の作品に触れて...
1997.11.15	No.28	20		〈特集1〉人間・金達寿
1997.11.15	No.28	22	上田正昭	〈特集1〉金達寿さんのこころざし
1997.11.15	No.28	24	金時鐘	〈特集1〉区切られた文学-金達寿先生を悼んで-
1997.11.15	No.28	28		〈特集2〉〈セヌリ・ヒューマン・ドキュメントリー〉人間・崔永五
1997.11.15	No.28	48		〈特集3〉〈KOREA学に明日はあるか〉「第5回朝鮮学国際学術討論会」報告
1997.11.15	No.28	50		〈KOREA学に明日はあるか〉座談会-中韓修交後中国朝鮮族社会
1997.11.15	No.28	54		〈KOREA学に明日はあるか〉インタビュー-金容雲
1997.11.15	No.28	2		〈W杯スペシャル・インタビュー〉韓国の至宝・洪明甫
1997.11.15	No.28	6		〈特別インタビュー〉池東旭(ジャーナリスト)
1997.11.15	No.28	10		〈きらりと輝く〉梁富好(MIT機械工学科・研究助教授)
1997.11.15	No.28	12		〈きらりと輝く〉鄭明子(韓国舞踊家)
1997.11.15	No.28	14		〈きらりと輝く〉金重明(作家)
1997.11.15	No.28	60		〈PEOPLE〉瀬尾文子(歌人)
1997.11.15	No.28	62		〈PEOPLE〉前田龍(坊守)
1997.11.15	No.28	40		〈ESSAY〉スペシャルエッセー-梁石日「人との出会い」
1997.11.15	No.28	42		〈ESSAY〉テーマ別エッセー「旅」-しのとう由里『桃源郷目指して大カラコルム嶺』へ
1997.11.15	No.28	44		〈ESSAY〉テーマ別エッセー「味」-鬼頭典子『弘法さんのどら焼き』
1997.11.15	No.28	58		〈ESSAY〉連載エッセー-鄭煥麒『人教訓』
1997.11.15	No.28	82		〈ESSAY〉セヌリ結婚スペシャルエッセー-李一世『在日社会はハッピー8K』
1997.11.15	No.28	5		≪セヌリ・ネットワークの会≫は、２１世紀を生きる在日同胞の心の拠り所

발행일	지면정보		필자	제목
	권호	페이지		
1997.11.15	No.28	64		〈詩〉李承淳『恋文-いまは亡き人へ-』『鯛の断想』
1997.11.15	No.28	65		〈ART〉金英淑(DANCE)
1997.11.15	No.28	66	林春沢	健康談義「健康で長生いする知恵袋」
1997.11.15	No.28	67	李祐鉉	ドクダー李のメディカルトーク「一日のスタートは朝食から」
1997.11.15	No.28	68		料理慎月順先生の韓国料理教室『餅のいためもの』
1997.11.15	No.28	69	金容権	朝鮮半島豆知識「韓国、朝鮮攷」
1997.11.15	No.28	71	韓龍茂	これだけウリマル塾
1997.11.15	No.28	72		BOOK
1997.11.15	No.28	74		CINEMA
1997.11.15	No.28	76		今、何を思う？ 20代 李美加
1997.11.15	No.28	78		呉正美「台湾でのこと」
1997.11.15	No.28	79		今、何を思う？ 10代 李由里「言葉の大切さ」
1997.11.15	No.28	80		文化インフォメーション
1997.11.15	No.28	85		セヌリ結婚情報-そろそろ結婚かな？と思いはじめたらセヌリへ。会ってみたいステキな彼・彼女
1999.04.01	No.31	2		〈特集1〉〈薩摩焼の400年〉薩摩焼の世界と苗代川の伝統窯元たち
1999.04.01	No.31	6		〈特集1〉〈薩摩焼の400年〉14代沈寿官が語る薩摩焼400年の継続力原点回帰
1999.04.01	No.31	10		〈特集1〉〈薩摩焼の400年〉日用雑器の黒釉の伝統を守る
1999.04.01	No.31	12		〈特集1〉〈薩摩焼の400年〉伝統を越えて芸術性を追及するところに苗代川の未来がある
1999.04.01	No.31	26		〈特集2〉〈律呂思想と新人間主義を唱える詩人〉金池河
1999.04.01	No.31	13		〈特集3〉〈W杯スペシャル・インタビュー第3弾〉日本の若き才能・小野伸二
1999.04.01	No.31	20		〈きらりと輝く〉韓裕((株)マルハンコーポレーション営業本部長)
1999.04.01	No.31	22		〈きらりと輝く〉洪仁順(女優)
1999.04.01	No.31	24		〈きらりと輝く〉洪性翊(画家)
1999.04.01	No.31	36	許南英	〈中国・延近朝鮮族自治州を行くPART2〉写真で見る延近の朝鮮族一世の老人像
1999.04.01	No.31	40	柳燃山	〈中国・延近朝鮮族自治州を行くPART2〉中国朝鮮族の作家が見た小数民族の同化の過程
1999.04.01	No.31	42		在日同胞シンポジウム'98-一在日として生きることの意味を考える
1999.04.01	No.31	45	朴鉄民	在日同胞の結婚情報
1999.04.01	No.31	30	崔碩義	〈歴史紀行〉康津を行く
1999.04.01	No.31	50		〈ESSAY〉スペシャルエッセー-金万有『20世紀を振り返って』
1999.04.01	No.31	52		〈ESSAY〉テーマ別エッセー「旅」-しのとう由里『神々の領域ガンガ一源流』

발행일	지면정보		필자	제목
	권호	페이지		
1999.04.01	No.31	54		〈ESSAY〉連載エッセー-鄭煥麒『教育者の度量』『社会正義』『運と努力』
1999.04.01	No.31	56		사람-ステキなおじさんたち　キム　イルチン(建築家)
1999.04.01	No.31	58		사람-裵学泰(韓国料理店経営&チャンゴ講師)
1999.04.01	No.31	62		TOPICS　韓国家庭料理の日本における第一人者-具日会
1999.04.01	No.31	64	李龍茂	〈詩〉李相珏『故郷』/りスタニスルラブ『静けさ』/李裕憬『ふる里へ』
1999.04.01	No.31	65		〈絵〉洪性翊『サルム』
1999.04.01	No.31	66	林春沢	健康談義『最高の名医は自己自身中国伝統医学の自己健身術』
1999.04.01	No.31	67	李祐鉉	ドクター李のメティカルトーク『茶の成分は抗"生活習慣病"的作用を持つのか？』
1999.04.01	No.31	68	真月順	真月順先生の韓国料理教室『カクトゥギ』
1999.04.01	No.31	69	金竜七	朝鮮半島豆知識『ハングルは仮名である』
1999.04.01	No.31	71	韓龍茂	これだけウリマル塾
1999.04.01	No.31	72		BOOK
1999.04.01	No.31	74		CINEMA
1999.04.01	No.31	76		一世を視つめる-申文吉・英淑夫婦-
1999.04.01	No.31	78		今、何を思う20代-李愛美『誇りに思うハルモニたちの生き方』
1999.04.01	No.31	80		今、何を思う10代-権義文『やさしさの交流』
1999.04.01	No.31	82		文化インフォメーション
1999.04.01	No.31	85		セヌリ結婚情報-結婚の第一歩はセヌリから
1999.04.01	No.31	86		セヌリ結婚情報-会ってみたいステキな彼・彼女
1999.08.01	No.32	4		〈特集1〉〈編集長対談シリーズ第6弾〉金芝河-古代檀君の『弘益人間』と開放的主体『新人間主義』の文化精神運動か、南北を救う
1999.08.01	No.32	24	権養伯	〈特集2〉〈反戦・反核・平和-被爆地・広島から熱いメッセージ〉世界最初の原爆投下地・広島で、『韓国人原爆犠牲者慰霊碑』が希う意味とは
1999.08.01	No.32	28	朱碩	〈特集2〉〈反戦・反核・平和-被爆地・広島から熱いメッセージ〉広島で被爆体験を語る
1999.08.01	No.32	30	郭福順	〈特集2〉〈反戦・反核・平和-被爆地・広島から熱いメッセージ〉広島で被爆体験を語る
1999.08.01	No.32	32	岩崎恵美	〈特集2〉論文・広島の原爆による韓国・朝鮮人の被害
1999.08.01	No.32	36	徐龍達	〈特集2〉ハンチョソン統一碑への願い
1999.08.01	No.32	42	和田春樹	〈特集3〉国際シンポジウム『ロジア・日本の朝鮮人強制』沿海州に戻ってきた中央アジアへの朝鮮人集団定着村で農業を開始-〈報告1〉ロジア沿海州から中央アジアへの朝鮮人強制移住
1999.08.01	No.32	46	李光奎	〈特集3〉国際シンポジウム『ロジア・日本の朝鮮人強制』沿海州に戻ってきた中央アジアへの朝鮮人集団定着村で農業を開始-〈報告2〉中央アジアから沿海州への朝鮮人の再移住

발행일	지면정보		필자	제목
	권호	페이지		
1999.08.01	No.32	47	キム・テルミル	〈特集3〉国際シンポジウム「ロシア・日本の朝鮮人強制」沿海州に戻ってきた中央アジアへの朝鮮人集団定着村で農業を開始-〈報告3〉ロシアの朝鮮人社会の現状
1999.08.01	No.32	12		〈きらりと輝く〉朴架奈(林テレンプ㈱翻訳業務担当)
1999.08.01	No.32	14		〈きらりと輝く〉金九漢(陶彫作家)
1999.08.01	No.32	17		〈きらりと輝く〉金江淑(ファッション・コーディネーター)
1999.08.01	No.32	20		〈きらりと輝く〉金水善(鍼灸師・画家・詩人)
1999.08.01	No.32	38	崔碩義	〈歴史紀行2〉内浦の地を行く
1999.08.01	No.32	52		〈ESSAY〉スペシャルエッセー-ワン　スヨン「"さよなら"残して星になった桜」
1999.08.01	No.32	54		〈ESSAY〉旅-しのとう由里「アトラスを越えると世界が変わる」
1999.08.01	No.32	56		〈ESSAY〉連載エッセー-鄭煥麒「心に残る南漢山城への観光」
1999.08.01	No.32	60	柳商熙	韓国人の美意識を探る-文化財・四君子の黙絵に魅かれて-
1999.08.01	No.32	64		〈詩〉朴南秀『ともしび』/金光燮『こころ』/金顕承『武器の意味Ⅰ』
1999.08.01	No.32	65		〈絵〉福田陽子
1999.08.01	No.32	68	林春沢	健康談義「自然治癒能力を増強する自己健身術」
1999.08.01	No.32	69	李祐鉉	ドクター李のメティカルトーク「運動と長生きの関係」
1999.08.01	No.32	70	真月順	真月順先生の韓国料理教室「青じそのしょう油漬け」
1999.08.01	No.32	72	金竜七	朝鮮半島豆知識「ハングル創製の歴史的背景」
1999.08.01	No.32	76		今、何を思う20代-川口恵子「韓国留学で学んだこと」
1999.08.01	No.32	77		今、何を思う30代-李創鎬「日本精神神経学総会の報告と感想」
1999.08.01	No.32	78		今、何を思う20代-黄蓮熙「東洋仏教美術への想い」
1999.08.01	No.32	80		BOOK
1999.08.01	No.32	81		CINEMA
1999.08.01	No.32	82		文化インフォメーション
1999.08.01	No.32	85		セヌリ結婚情報-結婚の第一歩はセヌリから
1999.08.01	No.32	86		セヌリ結婚情報-会ってみたいステキな彼・彼女
2000.01.25	No.33	4		〈特集1〉キム・ヨンジャ-琴線に響く生命の歌、ヨンジャの歌
2000.01.25	No.33	22		〈特集2〉〈セヌリ・ヒューマンドキュメントリ-〉人間・鄭詔文
2000.01.25	No.33	44		〈特集3〉〈編集長対談シリーズ第7弾〉金敬得-21世紀を生きる在日KOREANのアイデンティティとは
2000.01.25	No.33	12		〈きらりと輝く〉千明善(韓国伝統舞踊家)
2000.01.25	No.33	15		〈きらりと輝く〉マルセ太郎(ポートービリアン)
2000.01.25	No.33	18		〈きらりと輝く〉韓哲(TBSディレクター)
2000.01.25	No.33	8	六川則夫	欲望するサッカー
2000.01.25	No.33	40	崔碩義	〈歴史紀行3〉晋州に遊ぶ
2000.01.25	No.33	52		〈ESSAY〉スペシャルエッセー-鄭完朝「四十年前の遠い昔」
2000.01.25	No.33	54		〈ESSAY〉旅-しのとう由里「ラクダに揺られてタール砂漠へ」
2000.01.25	No.33	56		〈ESSAY〉連載エッセー-鄭煥麒「パレチャ(運命)」

발행일	지면정보		필자	제목
	권호	페이지		
2000.01.25	No.33	60		〈サラム〉黄田ことみ(画廊経営者)
2000.01.25	No.33	62		韓国の漫画事情1
2000.01.25	No.33	66		〈詩〉韓龍雲「不如帰」/咸東鮮「われらは手を握らねばならない」/厳ハンジョン「空の船行く」
2000.01.25	No.33	67		〈絵〉李承徳「先山春雪」
2000.01.25	No.33	70	林春沢	健康談義「中国伝統医学による難病の治療と予防の家」
2000.01.25	No.33	72	金竜七	朝鮮半島豆知識「朝鮮の風水+M2923」
2000.01.25	No.33	74	真月順	真月順先生の韓国料理教室「キムチ」
2000.01.25	No.33	76		今、何を思う20代-金暎淑「朝鮮籍を持つことは私の誇り」
2000.01.25	No.33	77		今、何を思う20代-崔愛蓮「思い出」
2000.01.25	No.33	78		今、何を思う20代-全恵令「来てよかった祖国留学」
2000.01.25	No.33	80		BOOK
2000.01.25	No.33	81		CINEMA
2000.01.25	No.33	82		文化インフォメーション
2000.01.25	No.33	85		セヌリ結婚情報-結婚の第一歩はセヌリから
2000.01.25	No.33	86		セヌリ結婚情報-会ってみたいステキな彼・彼女

서당(書堂)

○ ○ ○

 1 서지적 정보

『서당』은 1981년 7월부터 도쿄의 조선·아시아관계도서센터(KALC)에서 발간된 월간지이며, 편집인은 이토 시게루(伊東茂), 발행인은 신도 마코토(新藤允)이다(정가 200엔, 20쪽 내외, 현재 1983년 8월 발행 24호까지 확인). 본 잡지는 창간 준비호에서 표명하고 있듯이, 조선과 관련된 내용을 기록한 일본에서 간행된 모든 종류의 간행물들을 가능한 범위에서 수집하여 이를 소개, 해설, 비평하고자 하는 목적에서 간행된 월간잡지이다. 수집 자료는 단행본, 주간잡지, 격주잡지, 월간, 격월간, 계간, 부정기·팜플렛 등으로 분류해서 소개하고 있을 뿐 아니라, 신간서평 및 비평, 그리고 한국에서 간행된 잡지의 출판정보에 이르기까지 『서당』의 서적 정보는 광범위하다.

다만, 자료 수집의 측면에서 보면, 조선 관련 자료를 총망라해서 수집한다고는 말하고 있지만, 「전국 각지의 지방 소규모 출판, 연구 서클의 팜플렛, 미니커미, 더욱이 각 대학의 연구지 및 학보」를 포함하면 수집 대상은 광범위하다고 토로하고 있듯이, 본 잡지의 매월 간행 자체만으로도 상당히 지난한 작업임을 알 수 있다. 특히, 본 월보에서 소개하는 서적은 대부분이 서점 및 도서관 등을 통해서 구입하거나 입수하고 있기 때문에, 전국 각지의 조선 관련 서적에 대해서는 자료 제공 및 실물을 보내 주면 본 월보와의 교환도 가능하다고 전하고 있다.

또한, 본 월보는 서적 소개뿐 아니라 공개강좌를 통해서 적극적으로 독자들과의 소통을 도모하고 있는데, 예를 들면 「서당모임에서는 제1회 강좌로 작가 김석범 씨를 초청해서 그 분의 강연을 중심으로 모임을 다음과 같이 개최합니다. 강좌는 일반 시민들에게 널리 공개하고 있기 때문에, 회원 이외의 분도 많은 참가 부탁드립니다.」(15호)라고 전하고 있듯이, 재일조선인 작가의 출판에 맞추어 다양한 이벤트를 개최하고 있다. 또한,

청소년을 대상으로, 「10대의 젊은 친구들에게 조선 및 조선인이란 무엇인가. 고등학생 친구들을 중심으로 해서 그들의 발언 페이지를 만들어 가고 싶습니다. 부디, 문제제기와 협조를 부탁드립니다!」(7호)라는 기획 기사를 통해서, 조선 및 조선인에 대한 일본인의 인식은 어떠했는지를 살펴보는 것뿐 아니라, 한일 양국의 관계 발전을 위해 적극적으로 일본의 젊은이들과 소통해 나가려고 하는 의지를 엿볼 수 있다.

2 창간사

조선과 그 민족이 36년간에 이르는 식민지 지배의 멍에에서 벗어나 「해방」, 「독립」을 쟁취하고 나서도 36년이라는 세월이 흘러가고 있다. 이민족 지배하의 36년, 그리고 남북으로 분열된 이후의 분단 36년. 말할 것도 없이 일본은 이 두 개의 36년에 매순간 관계해 왔다. 조선과 그 민족이 1945년 8월 15일을 기점으로 손에 넣은 해방의 기쁨을 지배국이었던 일본과 그 민족은 견딜 수 없어 했고, 용인하지 않으면 안 되는 것으로밖에 받아들일 수 없었던 사실은, 일본에게 패전의 의미와 그 이후의 전후사가 어떠한 궤적을 거쳤는가를 훌륭하게 제시하고 있다. 분단된 조선과 그 민족이 겪은 격동의 역사, 특히 엄청난 동족의 피를 흘렸던 조선전쟁조차 일본에게 있어서는 패전경제로부터 탈출을 도모하는 「조선특수」의 의미밖에 지니지 않았던 것이다.

각자의 「패전」과 「해방」을 거쳐서 진정으로 새로운 역사를 걸었던 일본과 조선의 전후는 이처럼 시작되었고, 그것은 오늘날의 모습을 냉철할 정도로 예고하고 있었다고 말하지 않을 수 없다.

이 역사를 기초로 조선·아시아관계도서센터는 일본과 조선의 관계를 모색하여, 발행되어 온 수많은 서적, 잡지들에 여러 생각들을 담아 『서당』을 세상에 내놓는다. 『서당』에 부여된 역할은 조선과 그 민족이 일본에서 어떤 식으로 인식되고 기록되어 왔는가를 검증하고, 그것을 통하여 일본과 조선의 역사 변천을 이해하는 것에 있다. 그리고 일본 국내에서 일본어로 기록되고 발행된 조선에 관한 도서자료를 가능한 수집하여 그에 대한 소개, 해설, 비평을 하려고 한다. 그 범위는 월간, 계간잡지, 미니코미지, 재일조선인 조직, 그룹에 의한 간행물에 이르기까지 가능한 광범위하게 한다. 우리들은 이 작업을 통하여 조선에 뜻을 두고 배우려고 하는 사람들의 만남을 확장되기를 희망한다.

3 목차

발행일	지면정보		필자	제목
	권호	페이지		
1981.10.01	11月号	15		「むくげ舎」設立の呼びかけ
1981.10.01	11月号	16		朝鮮に関する今月の書籍・雑誌から
1981.11.01	12月号	2	いいだもも	〈鉱脈〉歴史的再審の第一の現場報告ー『ニッポン日記』
1981.11.01	12月号	8	岡本愛彦	〈新刊批評〉日本ネオ・ファシズムへの予感の書『徐兄弟獄中からの手紙ー徐勝、徐俊植の10年』
1981.11.01	12月号	10	高崎宗司	〈新刊批評〉支店のすえ方に疑問『朝鮮語のすすめー日本語からの視点』
1981.11.01	12月号	12		戦後日本ー朝鮮連帯運動史講座への呼びかけ
1981.11.01	12月号	14		〈鳥瞰虫瞰〉明日をひらく「連帯」の内実を
1981.11.01	12月号	15		〈韓国出版情報〉『今日の新刊』より
1981.11.01	12月号	16		朝鮮に関する今月の書籍・雑誌から
1981.12.01	1月号	2	小川洋一	〈鉱脈〉分断経済の歪みと「近代自立国家」の幻想
1981.12.01	1月号	6	申有人	〈新刊批評〉『朝鮮歳事記』が語りかけるもの
1981.12.01	1月号	8	金里博	〈新刊批評〉日本ほんやく文学史上の大きな足跡『現代韓国詩選』
1981.12.01	1月号	12	編集委員会	年末一時金カンパの訴え
1981.12.01	1月号	13		〈鳥瞰虫瞰〉韓国の新月刊誌『マダン』
1981.12.01	1月号	15		〈韓国出版情報〉『今日の新刊』より
1981.12.01	1月号	16		朝鮮に関する今月の書籍・雑誌から
1982.01.01	2月号	2	佐野通夫	〈鉱脈〉今、改めて日本人の責任は
1982.01.01	2月号	7	坂本竜一	〈音楽〉傷ついた竜を読む
1982.01.01	2月号	9	伊藤成彦	〈新刊批評〉〈文学①〉70年代韓国文学の本籍地を示す韓国文学の記録
1982.01.01	2月号	11	和田春樹	〈新刊批評〉〈文学②〉ヴ、ナロード『常緑樹』の証言
1982.01.01	2月号	13	大島哲	〈鳥瞰虫瞰〉季刊『ちゃんソリ』の提起するもの
1982.01.01	2月号	15		〈韓国出版情報〉『今日の新刊』
1982.01.01	2月号	16		朝鮮に関する今日の書簡雑誌から
1982.01.01	2月号			編集後記
1982.02.01	3月号	2	田中宏	〈鉱脈〉大村収容所の存在を世に問うた嚆矢『脱出ー大村収容所の人々』
1982.02.01	3月号	6	竹田賢一	〈新刊批評〉『水牛楽団のできるまで』音楽にゆきづまると音楽家たちは「政治」をおもいだす？
1982.02.01	3月号	8	小林敏子	〈新刊批評〉しないいのちへの旅立ち『いのちの行方』
1982.02.01	3月号	10	猪狩章	〈新刊批評〉さまざまな示唆を与える書『韓国に自由と正義を!』
1982.02.01	3月号	12	大島哲	〈鳥瞰虫瞰〉① 在日朝鮮人社会のニューウェーブ季刊『ちゃんそり』の提起するもの
1982.02.01	3月号	14		〈鳥瞰虫瞰〉② 弾圧下の韓国出版界のめざすもの
1982.02.01	3月号	16		朝鮮に関する今月の書籍・雑誌から
1982.03.01	4月号	2	上野清士	〈鉱脈〉「日本人のみた在日朝鮮人」
1982.03.01	4月号	6	磯貝治郎	〈新刊批評〉あらたな「在日」の地平

발행일	지면정보		필자	제목
	권호	페이지		
1982.03.01	4月号	10	香村かおり	〈書評〉自己確認への旅
1982.03.01	4月号	12	早川嘉春	〈新刊批評〉『朝鮮語の入門』
1982.03.01	4月号	14		〈鳥瞰虫瞰〉『冬芽』在日朝鮮人政治犯の人間と希望の軌跡
1982.03.01	4月号	15		〈韓国出版情報〉『今日の新刊』より
1982.03.01	4月号	16		朝鮮に関する今月の書籍・雑誌から
1982.04.01	5月号	2	山川暁夫	〈鉱脈〉米日韓同盟への布石の書『朝鮮白書』『コンロン報告』
1982.04.01	5月号	7	川原一之	〈新刊批評〉〈ルポルタージュ〉『強制連行・強制労働—筑豊朝鮮人抗夫の記録』
1982.04.01	5月号	9	宇波彰	〈新刊批評〉〈文学〉『韓国現代文学13人集』
1982.04.01	5月号	11	松岡信夫	〈新刊批評〉〈伝記〉『野口遵伝』
1982.04.01	5月号	13		〈鳥瞰虫瞰〉府中にあがる『希望の声』、韓国の都市と農村の労働現場から
1982.04.01	5月号	15		〈韓国出版情報〉『今日の新刊』より
1982.04.01	5月号	16		朝鮮に関する今月の書籍・雑誌から
1982.05.01	6月号	2	大村益夫	〈鉱脈〉戦後日本に紹介された38度線の文学『よみがえる大地』『大同江』
1982.05.01	6月号	8	鈴木景子	〈新刊批評〉〈文学〉暗い時代の架橋『トラジの歌』
1982.05.01	6月号	10	草野妙子	〈新刊批評〉〈伝記〉特異な独創性を追及した無姫『崔承喜』
1982.05.01	6月号	12	辛英尚	韓国の本から 光州と金準泰とその詩
1982.05.01	6月号	14		〈鳥瞰虫瞰〉韓国地下抵抗歌集・民族の歌をともに/「反核」はこれでいいのか？
1982.05.01	6月号	16		朝鮮に関する今月の書籍・雑誌から
1982.07.01	8月号	2	平岡敬	〈鉱脈〉被爆朝鮮人関係文献リスト
1982.07.01	8月号	11	並木真人	〈新刊批評〉〈歴史・思想〉多岐にわたる論争提起の書
1982.07.01	8月号	13		〈鳥瞰虫瞰〉茨城における朝鮮人強制連行調査
1982.07.01	8月号	15		韓国出版情報
1982.07.01	8月号	16		朝鮮に関する今月の書籍・雑誌から
1982.08.01	9月号	2		再録・創刊の辞
1982.08.01	9月号	4		なぜソダンに固執するのか—この一年をふりかえって
1982.08.01	9月号	6	水野直樹	〈鉱脈〉朝鮮人地震の手になる発の近代通史(上)『朝鮮民族解放闘争史』
1982.08.01	9月号	10	鶴見俊輔	〈新刊批評〉〈文学〉戦時下の日本文学と朝鮮『文学のなかの朝鮮人像』
1982.08.01	9月号	12	久保覚	〈新刊批評〉無告の民の生命感を伝える画期的労作『アリラン峠の旅人たち』
1982.08.01	9月号	15		〈鳥瞰虫瞰〉KOREA MISITARY 日米韓軍事一体化への警鐘/韓国農村のたたかいを知るために
1982.08.01	9月号	16		朝鮮に関する今月の書籍・雑誌から
1982.08.01	9月号	21		ソダン総目次

발행일	지면정보		필자	제목
	권호	페이지		
1982.09.01	10月号	2	水野直樹	〈鉱脈〉朝鮮人自信の手になる初の近代通史(下)『朝鮮民族解放闘争史』
1982.09.01	10月号	6	山本リエ	〈新刊批評〉事実をゆがめた差別作品『私戦』
1982.09.01	10月号	8	愛沢革	〈新刊批評〉人間と民族と文化を見る眼ー浅川巧に学ぶ『朝鮮の土となった日本人ー浅川巧の生涯』
1982.09.01	10月号	10		〈鳥瞰虫瞰〉梁性佑の詩集『青山が叫び呼ぼうと』その他韓国の本から
1982.09.01	10月号	12		訴えー「ソダンの会」に参加を!
1982.09.01	10月号	13		〈韓国出版情報〉『今日の新刊』
1982.09.01	10月号	14		朝鮮に関する今日の書簡雑誌から
1982.09.01	10月号	19		ソダンの会第一回公開講座の御案内
1982.10.01	11月号	2	鶴園裕	〈鉱脈〉戦後日本における朝鮮史研究の出発点『朝鮮史』
1982.10.01	11月号	6	小沢信男	〈新刊批評〉「小松川事件」に新たな照明『無実!李珍宇ー小松川事件と賄婦殺し』
1982.10.01	11月号	8	下島哲郎	〈新刊批評〉自己確認をうながす聞き書きの迫力『朝鮮人女工のうた』
1982.10.01	11月号	10		〈鳥瞰虫瞰〉地域における「朝鮮」への取り組み
1982.10.01	11月号	12		〈韓国出版情報〉『今日の新刊』
1982.10.01	11月号	13		朝鮮に関する今日の書簡雑誌から
1982.11.01	12月号	2	梶井陟	〈鉱脈〉『民族の詩』を、いま考える『民族の詩』
1982.11.01	12月号	8	徳永五郎	〈新刊批評〉朝鮮を見つめるキリスト者の眼『これらの最も小さい者のひとりに』
1982.11.01	12月号	10	武藤一羊	〈新刊批評〉知識人の熱い自画像『韓国からの問いかけ』
1982.11.01	12月号	12	城戸典子	〈新刊批評〉「今じゃそれについてどう考えているの」と問われたら?『お星さまのレール』
1982.11.01	12月号	14	堀江奈緒子	〈鳥瞰虫瞰〉在日と女と「ナビ・タリョン」に思う
1982.11.01	12月号	16		〈韓国出版情報〉朝鮮に関する今月の書籍・雑誌から
1983.01.01	1・2月号	2	大沼久夫	〈鉱脈〉貴重な解放後史研究の書『現代朝鮮の歴史』
1983.01.01	1・2月号	6	小中陽太郎	〈新刊批評〉知性的な文化に昇華した民族性『母(エミ)』
1983.01.01	1・2月号	8	仁科健一	〈新刊批評〉民衆としての解放の道を求めて『韓国民衆文学論』
1983.01.01	1・2月号	10		〈鳥瞰虫瞰〉① 都立中央図書館の朝鮮語資料
1983.01.01	1・2月号	12		〈鳥瞰虫瞰〉② 釜山からの問いかけを読む
1983.01.01	1・2月号	13		「ソダンの会」公開講座ー報告
1983.01.01	1・2月号	14		〈韓国出版情報〉『今日の新刊』
1983.01.01	1・2月号	17		朝鮮に関する今日の書簡雑誌から
1983.02.01	3月号	2	樋口雄一	〈鉱脈〉社会学的にみた在日朝鮮人『在日朝鮮人に関する総合調査研究』
1983.02.01	3月号	7	牧原憲夫	〈新刊批評〉日清戦争を問い直す朝鮮人史家の眼『日清戦争と朝鮮』
1983.02.01	3月号	9	奈良和夫	〈新刊批評〉日本の歴史教育の欠落を埋めるために『日本の歴史と朝鮮』

발행일	지면정보		필자	제목
	권호	페이지		
1983.02.01	3月号	11		〈鳥瞰虫瞰〉① 豊中市教委の小冊子をみて
1983.02.01	3月号	12		〈鳥瞰虫瞰〉② 日本における共産主義運動の出発と朝鮮『コミンテルンと日本』
1983.02.01	3月号	14		〈韓国出版情報〉『今日の新刊』
1983.02.01	3月号	15		朝鮮に関する今日の書簡雑誌から
1983.03.01	4月号	2	三田道子	〈鉱脈〉バイタリティと愛を見すえて『にあんちゃん』
1983.03.01	4月号	6	内海愛子	〈新刊批評〉アジアを見とおす歩み『歩き続けるという流儀』
1983.03.01	4月号	8	志沢小夜子	〈新刊批評〉歩き記録したひとすじの光『金嬉老とオモニ』
1983.03.01	4月号	10	長岡弘芳	〈新刊批評〉放置されてきた被爆朝鮮・韓国人問題『被爆朝鮮・韓国人の証言』
1983.03.01	4月号	12		〈鳥瞰虫瞰〉① 広島朝鮮資料センターの旗上げ
1983.03.01	4月号	13		〈鳥瞰虫瞰〉② 朝鮮人と切り結ぶ視点とは
1983.03.01	4月号	14		〈韓国出版情報〉『今日の新刊』
1983.03.01	4月号	15		朝鮮に関する今日の書簡雑誌から
1983.04.01	5月号	2		お詫びとお願い
1983.04.01	5月号	3	井上学	〈鉱脈〉北朝鮮の息吹き伝えて『38度線の北』
1983.04.01	5月号	7	裵鍾真	〈論点〉同化追認の在日論『在日という根拠』
1983.04.01	5月号	9	水戸巌	〈書評〉朝鮮人虐殺事件への同時代の貴重な発言『地震・憲兵・火事・巡査』
1983.04.01	5月号	11	鎌倉弘行	〈書評〉『歩み』・同和教育副読本
1983.04.01	5月号	13		〈韓国出版情報〉『今日の新刊』
1983.04.01	5月号	14		朝鮮に関する今日の書簡雑誌から
1983.08.01	8月号	2		〈藤本巧特集〉インタビュー＋写真「韓くにの白の色は躍動する太陽のようで」
1983.08.01	8月号	16		朝鮮に関する今日の書簡雑誌から('83.6.15〜7.20)

씨알의 힘(シアレヒム:一粒の力)

1 서지적 정보

『씨알의 힘』은 1947년 미국으로 건너가 에모리대학(Emory University)을 졸업, 한국전쟁이 발발하자 미국방성 직원으로 판문점에서의 휴전회담에 참가하기도 한 정경모(鄭敬謨)가 중심이 되어 1981년 5월에 창간한 잡지이다. 평론가이자 정치활동가인 정경모는 국내에서는 재일통일전문가로 알려져 있고, 『씨알의 힘』은 그러한 정경모가 조국통일이라는 목표를 관철하기 위해 발행한 한국문제 전문잡지로 평가받고 있다. 실제 잡지 표지에 '한국문제전문지'라고 잡지의 정체성을 명확히 밝히고 있다. 창간호에서 정경모 자신 『씨알의 힘』은 격월 간행으로 하여 10호까지만 발간하겠다고 밝히고 있지만,[4] 실제로는 부정기적으로 발행되었고 10호에 이르지 못하고 9호(1987.10)로 중단되었다. 이후 1991년 7월부터 『씨알(粒)』로 개칭하여 42호(2004.08)까지 발간되었다. 발행처는 정경모가 직접 설립한 씨알의 힘사(シアレヒム社)이다.

정경모는 창간호의 「시대의 과제로서의 조선반도─38도선 위에 서는 민족주의자의 견해와 제언(時代の課題としての朝鮮半島─38度線上に立つ民族主義者の見解と提言)」에서 시작하여 매호마다 글을 게재하고 있다. 「비화 '반민특위' 시말기─온갖 도깨비들의 술잔치는 이렇게 시작되었다(秘話「反民特委」始末記─チミモウリョウどもの酒盛りはかく始った)」(2호, 1981.07), 「한국 크리스트교에 있어서의 반미반공사상(韓国キリスト教における新米反共思想)」(5호, 1982.10) 등 한국문제에 관한 글뿐 아니라, 「어떻게 살아가야 하는가─재일조선인 2세·3세에 대한 제언(どういきるべきか─在日朝鮮人二世·三世への提言)」(7호, 1984.08)과 같이 재일조선인문제에 관해서도 언급하고 있다.

---

4) 鄭敬謨「雜誌「シアレヒム(一粒の力)」の発刊について」の発刊について」『シアレヒム』(創刊号, 1981.05) p.3

집필진으로는 역사학자이자 한국문제평론가인 다카사키 소지(高崎宗司), 역사학자 가지무라 히데키(梶村秀樹), 정치평론가 야마카와 아키오(山川暁夫), 철학자 하나자키 고헤(花崎皐平) 등 일본인 학자의 이름도 보인다.

평균 80쪽 분량이던 『씨알의 힘』이 6호(1983.06)에 이르러서는 156쪽으로 지면수가 대폭 증가하고 있다. 그 이유는 정경모가 정월 중순부터 쓰기 시작하여 꼬박 100일 동안 밤낮을 쉬지 않고 썼다고 밝히고 있는,[5] 원고용지 350매가 넘는 「삼선각 운상경륜문답(三先覚雲上経綸問答)」을 게재하고 있기 때문이다. 이 논고는 이듬해인 1984년 가게쇼보(影書房)에서 『찢긴 산하 운상정담·한국현대사(断ち裂かれた山河 雲上鼎談·韓国現代史)』란 제목으로 간행되었다.

'몽양 여운형선생 제39회기 추도 강연회(夢陽呂運亨先生第39回忌追悼講演会)'란 제목의 특집호로 꾸며진 8호(1985.12)에는 시인 김시종(金時鐘)과 강순(姜舜)의 추도시가 게재되어 있고, 종간호인 9호(1987.10)에서도 여운형의 탄생 100주년과 사망 40주년을 기념한 학술강연회 후의 특별기고문들이 게재되어 있다. 8호의 경우, 한국어로 쓴 편집 후기도 병기하고 있는데, 여기서 정경모 자신도 언급하고 있는 것처럼 3호(1981.12), 4호(1982.04), 6호, 8호, 9호에서 여운형을 다루고 있는 셈이 된다.

그밖에 『씨알의 힘』에는 집필진의 논고 외에도 황석영(黄晳英)의 소설 『한씨연대기』(1972)를 5호(1982.10)부터 7호(1984.08)에 걸쳐 연재하고 있다.

2 잡지 「씨알의 힘」 발간에 관해(雑誌「シアレヒム(一粒の力)」の発刊について)

시미즈(清水)의 무대에서 뛰어내릴 심경으로 잡지 「씨알의 힘」(일본어, 격월간) 발간을 단행했습니다.

한국문제를 주제로 하는 새로운 전문지가 필요한 것은 일찍이 분명한 사실이었습니다. 「대화」 「창작과 비평」 「씨알의 소리」 그 외, 모진 제약 속에서 미약하지만 한국의 양심을 토로해 온 많은 간행물이 연이어 폐간에 내몰려 본국의 친구들이 발언의 장을 잃어버렸다는 것도 이유의 하나입니다. 또 이미 오랜 세월 일본에서 발간되어 온 전문지

5) 鄭敬謨「編集後記」『シアレヒム』(6号、1983.06) p.156

가 대부분은 한국의 민주화운동에 적대적인 것이 되어버리고, 한국인이 피투성이의 싸움을 통해 목표하고 있는 것의 민족사적 의의를 왜곡하면서밖에 전달할 수 없다는 것도 이유의 하나로 꼽아도 좋을 것입니다.

하지만 더욱 절박한 이유가 있다고 한다면, 그 사이 "김대중을 돌려 달라" "김대중을 죽이지 말라"는 요구를 주축으로 하여 전개되어온 일본에서의 연대운동이, 하나의 전환점에 접어들었고, 게다가 그 전환점이 새로운 위기를 안고 있다는 것입니다. 이즈음에서 한국문제를 단순한 시사문제로서 정치적 슬로건적으로 추구하는 것이 아니라, 역사적인 원근감각을 갖고, 보다 입체적으로 이것을 이해하고, 한국인의 회환과 희망, 슬픔과 기쁨을 이야기함과 동시에, 그것이 일본의 현재와 미래에 어떠한 관련을 가지는 것인지를 규명하는—적어도 그것을 시도하는— 잡지가 하나 정도 나타나도 당연하지 않은가 하는 생각을 금할 수 없습니다.

잡지 「씨알의 힘」의 간행을 생각하게 된 것은 말하자면 이러한 요구에 응하고 싶다는 염원에서이고, 이런 의미에서는 이 잡지의 간행은 제가 일본에 오고 나서 내놓은 첫 저서 『어느 한국인의 마음(ある韓国人のこころ)』(1972년, 朝日新聞社刊)의 원점에 되돌아간 데서 시작한 일이라고 할 수 있다고 생각합니다.

잡지 「씨알의 힘」의 편집에 있어서는 적어도 저 자신의 발언에 관한 한 두 가지 원칙 위에 서고 싶다고 생각하고 있습니다.

그 하나는, 본국에 있는 특정 인물의 주의를 대변한다든가, 그것에 성원을 보낸다든가 하는 것을 주목적으로 하지 않는다는 것입니다. 환언하자면, 어떤 사람이 무언가를 이야기했기 때문에 나도 말한다, 말하지 않기 때문에 나도 말하지 않는다, 라는 입장을 취하지 않는다는 것입니다. 세상의 평판에 상관없이 발언은 어디까지나 제 개인의 책임에서 하고 싶다고 생각하는 것입니다.

또 하나는, 저는 분석상황이 요구하는 모든 제약을 떠나 오로지 조선민족의 일원으로서 발언한다고 하는 것입니다. 이것은 지금까지 주로 한국에서의 인권이라든가, 정치적 자유라든가, 말하자면 시민적 자유를 추구해온 한국 국민의 '미래의 조국'만을 충성의 대상으로 하면서, 무엇이 민족을 위해 옳은 것이고, 바람직한 것인가를 모색하는 입장에 선다고 하는 것입니다.

저는 잡지 「씨알의 힘」의 수명을 미리 10호로 한정할 생각입니다만, 사실을 이야기하자면 이 잡지가 과연 10호까지 수명을 가질 수 있을지에 관해서조차 그다지 자신은 없습니다. 인쇄소에 대한 제1호분의 지불 준비도 안 된 채, 창간호를 내보냅니다. 38도선 바로 위에 서는 이 잡지가 양쪽 체제로부터 '이방인'으로 지목되어 어떠한 치열한 십자포화를 받게 될지, 상상만으로 위축됩니다. 모두에 시미즈의 무대로부터 뛰어내릴 심경이라고 말씀드린 것도, 이러한 사정 때문입니다.

하지만 누군가가 이러한 십자포화에 몸을 드러내놓는 일 없이는 민족이 대화해를 이룰 혈로가 열릴 거라고는 생각하지 않습니다. 특히 비통한 감정을 강조하고 싶습니다만, 잡지 「씨알의 힘」은 감히 이 십자포화를 받을 역사적인 역할을 짊어지고 싶습니다.

부디 따뜻한 시선으로 잡지 「씨알의 힘」의 탄생과 짧은 생을 지켜봐주십시오.

1981년 4월 19일 「씨알의 힘」 편집인 정경모[6]

3 목차

발행일	지면정보		필자	제목
	권호	페이지		
1981.05.17	創刊号	2		雑誌「シアレヒム(一粒の力)」の発刊について
1981.05.17	創刊号	4	鄭敬謨	時代の課題としての朝鮮半島ー38度線上に立つ一民族主義者の見解と提言ー
1981.05.17	創刊号	42	梶村秀樹	「日帝」との対峙は過去のものであるか?
1981.05.17	創刊号	51	藤本治	咸錫憲翁の「シアル」の思想に学ぶ①
1981.05.17	創刊号	62	西の降厚	従属と自立の論理ーイデオロギーとしての「自立」経済ー
1981.05.17	創刊号	74	吾郷洋子	シアレヒム社との出会い
1981.05.17	創刊号	76	かどのまさむ	シアルのうた
1981.05.17	創刊号	78	三浦昌浩	シアレヒムと父国語
1981.05.17	創刊号	80		編集後記
1981.07.17	2号	2		巻頭言
1981.07.17	2号	4	鄭敬謨	秘話「反民特委」始末記ーチミモウリョウどもの酒盛りはかく始ったー
1981.07.17	2号	24		〈コラム〉嘗糞の徒

---

6) 鄭敬謨「雑誌「シアレヒム(一粒の力)」の発刊について」の発刊について」『シアレヒム』(創刊号, 1981.05) pp.2-3

발행일	지면정보		필자	제목
	권호	페이지		
1981.07.17	2号	26	青山雅夫	韓国民族主義と日本人
1981.07.17	2号	34	藤本治	咸錫憲翁の「シアル」の思想に学ぶ②
1981.07.17	2号	44	高崎宗司	宋基淑について
1981.07.17	2号	48	宋基淑	〈小説〉鬼どもの酒盛り
1981.07.17	2号	74		歌を口ずさむ東一紡績の女性労働者
1981.07.17	2号	76	朴文奉	〈読者の感想〉絶望から希望への架橋
1981.07.17	2号	77	武藤一羊	「統一」に見合う言葉を
1981.07.17	2号	78	呉秉泰	つきつけられた現実の重さ
1981.07.17	2号	80		編集後記
1981.12.17	3号	2		巻頭言
1981.12.17	3号	4	鄭敬謨	朝鮮をくいちぎる二匹の豺狼
1981.12.17	3号	25	中塚明	轍を踏まないために
1981.12.17	3号	36	咸錫憲・徐南同・韓完相・安炳茂	〈座談会〉シアルの意味と民衆運動
1981.12.17	3号	47	山河暁夫	全斗煥体制の今後を占う
1981.12.17	3号	66	大阿久賢	〈読者感想〉日本人が日本を考えるということ
1981.12.17	3号	67	松本厚司	つくりあぐねている「論理」
1981.12.17	3号	68	宋錫重	民族の病巣部の除去手術が必要
1981.12.17	3号	70	小池多米司	みんしゅうを迫害する国家、国家を持てない民衆
1981.12.17	3号	71	遠藤伸夫	暗記したいほどの藤本氏の文章
1981.12.17	3号	72		編集後記
1982.10.25	5号	2		巻頭言
1982.10.25	5号	4	鄭敬謨	韓国キリスト教における新米反共思想
1982.10.25	5号	44	洪東根	アメリカから故国まで
1982.10.25	5号	59	黄皙暎	〈小説〉韓氏年代記
1982.10.25	5号	81	宋錫重	〈読者感想文〉現代史の重要さを痛感
1982.10.25	5号	81	常岡雅雄	「シアレヒム」が日本人に問いかけるもの
1982.10.25	5号	82	高梨孝輔	「シアレヒム」との出会い
1982.10.25	5号	83	黄圭植	第10号以後の構想を
1982.10.25	5号	84	鄭敬謨	折り折りの想い
1982.10.25	5号	86		〈資料〉「外相所見」に対するわれらの意見
1982.10.25	5号	88		編集後記
1983.06.30	6号	2		巻頭言
1983.06.30	6号	4	鄭敬謨	朝鮮民族と日本人を語る「三先覚雲上経綸問答」
1983.06.30	6号	135	黄皙暎	〈小説〉韓氏年代記(2)
1983.06.30	6号	154	京三郎	〈投稿・感想文〉私たちの友「シアレヒム」
1983.06.30	6号	154	潘昊坤	毎号の感動に感謝
1983.06.30	6号	155	橘賢三郎	キリスト教のアバタ

발행일	지면정보		필자	제목
	권호	페이지		
1983.06.30	6号	156		編集後記
1984.08.30	7号	2		「光州」追悼の辞
1984.08.30	7号	4	武藤一羊	金大中事件以後十年をかえりみて① 「国体変革」の要求なしに日韓連帯は可能か
1984.08.30	7号	12	清水智久	金大中事件以後十年をかえりみて② 恥から誇りへの学校
1984.08.30	7号	18	いいだもも	金大中事件以後十年をかえりみて③ 極私的覚え書き
1984.08.30	7号	35	鄭敬謨	どう生きるべきかー在日朝鮮人二世・三世への提言ー
1984.08.30	7号	137	黄晢暎	〈小説〉韓氏年代記(3)
1984.08.30	7号	155	吉本健一	〈投稿・感想文〉鄭さんの「三先覚雲土経綸問答」
1984.08.30	7号	156		編集後記
1985.12.20	8号	2		巻頭言
1985.12.20	8号	4		特集号をお届けするに当たって
1985.12.20	8号	9	鄭敬謨	C兄に送る報告文
1985.12.20	8号	5		資料① 追悼公演会案内状
1985.12.20	8号	8		資料② 追悼公演会式順
1985.12.20	8号	22		資料③ 奉悼 呂運亨先生
1985.12.20	8号	26		資料④ 詩：柩のあとを追いながら
1985.12.20	8号	28		資料⑤ 宣言
1985.12.20	8号	20	金時鐘	〈詩〉夢陽先生追悼会に寄せて
1985.12.20	8号	42	姜舜	〈詩〉夢陽の道で
1985.12.20	8号	45		海外からのメッセージ
1985.12.20	8号	48		呂運亨先生 年譜
1985.12.20	8号	52	鄭敬謨	現代史に蘇える呂運亨
1985.12.20	8号	58	梶村秀樹	呂運亨の生きた時代
1985.12.20	8号	66	鄭敬謨	呂運亨の今日的意義
1987.10.01	9号	67		編集後記

월간 선구(先駆, ソング)

○ ● ○

 서지적 정보

『월간 선구』는 한글 제명으로 표시하고 의미를 설명할 때 한자 선구(先駆)를 병기하였다. 1975년 10월에 재일한국청년동맹 중앙본부 문교부(文教部) 편집, 재일한국청년동맹 중앙본부 상임위원회 발행으로 창간되어, 1977년 12월에 21호까지 발간되었다. 1978년 이후는 『계간 통일로(季刊 統一路)』라는 잡지로 제명을 바꾸어 계승되었다.

『월간 선구』의 창간호 편집후기에 박정희 정권의 반공이데올로기에 맞서고 4·19혁명을 계승하자는 취지로 창간되었음을 밝히고 있다. 특히, 박정희 정권에 대하여 재일동포 기민정책, 민단 어용화 책동, 재일민주세력의 분산 등을 들어 비판하면서, 한청(재일한국청년) 동지가 애국주의와 건국사상으로 무장된 선구성을 갖고 4반(反) 이념(반봉건, 반매판자본, 반외세, 반독재)을 계승해가자고 역설했다. 1975년 12월호에서 제명 '선구'에 대하여 4·19혁명과 5·16 반혁명에 의해 어둠에 묻혀버린 역사적 사실의 극복을 통해 나온 것이라고 하면서, 재일이라고 하는 부(負)의 조건 속에 있지만 본국의 반 파쇼 민주화투쟁과 합세하여 싸워나가자는 취지를 분명히 하였다. 김지하를 비롯한 민주인사의 법적 투쟁, 한일 연대, 한국의 정치문제에 대한 글이 많다. 1976년 10·11월 합병호는 「한국문제 긴급국제회의」라는 특집을 구성하여 한국의 인권문제나 미국의 대 한국 정책, 제3세계의 인권투쟁을 소개하면서 전 세계 민중의 연대를 강조하였다. 1977년 11월호는 한국의 노동운동을 특집으로 구성하여 주요 집필진에 백낙청, 김지하, 김성호, 김대상, 김재화, 박두진, 배동호 등이 있다.

2 창간사

인도차이나의 길고 치열한 투쟁의 종결은 새로운 역사의 시작이다.

인도차이나의 투쟁의 승리는 자유와 민주주의의 승리이며, 매판자본과 외세의 패배였다. 역사의 흐름은 이제 바야흐로 민중을 주체로 한 세력의 확실한 승리를 보증하는 시대로 돌입했다고 할 수 있다.

현재, 우리 조국 한국은 4·19 민주애족혁명세력과 5·16 매판자본 파시스트세력과의 15년에 걸친 치열한 투쟁을 펼쳐 4월 혁명을 혁명적으로 완수함으로써 이제 그야말로 극적인 결론을 내리고 하고 있다.

쓰레기상자에도 민주주의는 이제 존재하지 않는 한국 땅에서 위대한 한국 국민은 불사조처럼 일어서 압제자의 탄압과 강압을 떨쳐내고 민주화와 통일을 쟁취하기 위하여 '좌절하고 죽기보다 일어서서 죽겠다'는 것을 과업으로 하여 성스러운 투쟁에 돌입했다.

일본에 거주하는 우리는 차별과 동화와 싸우면서 4·19 혁명정신을 계승 발전시켜 4월혁명 완수를 위해 본국의 민주세력과 열렬히 합세하여 박 독재정권 타도를 목표로 전진하고 있다.

그야말로 『선구』는 부정과 창조를 위한 시대에 태동한 것이다.

우리 동포 기관지(機関紙) 『청년신문』을 축으로 민주화투쟁을 길러온 활동의 기초는 『선구』의 발전에 의해 비약적으로 강화되어 확대될 것이다.

『선구』는 파쇼독재와 반(反)통일의 반(反)민족정책을 4반(反) 이념(반봉건, 반매판자본, 반외세, 반독재)으로 절개하여 자주·민주·통일의 깃발을 높이 들고 전진하여 '정치 지도조직의 허약성과 전환이론의 빈곤성'을 대담하게 극복하는 이론적 기초를 제공하여 우리 동맹의 선도적 투쟁을 보증할 것이다.

더욱이 『선구』는 우리 동맹의 전국 간부들에게 많은 것을 기대하고 요구하고 있다.

첫째, 동맹이라는 이름 하에 이루어지는 모든 활동, 모든 실천과 함께 동맹 간부는 이 『선구』를 통해 투쟁의 주체 스스로를 문화적·정치적·사상적으로 또 조직적으로도 철저하게 단련해야 한다. 둘째, 『선구』라고 하는 시대를 펼쳐갈 무기를 들고 동맹의 대열을 확실히 정리하여 운동의 전진에 가속도를 붙여 4월 혁명의 완수를 향해 매진해야 한다.

무엇보다 우선 『선구』는 국내외를 막론하고 민족 해방투쟁의 이론적 성과를 철두철미하게 이어갈 작업부터 시작해야 한다. 우리는 계승하고 자신의 것으로 하여 창조적으로 발전시킴으로써 동맹 이론을 완성시키고 운동을 발전시켜 강력한 동맹을 건설하자.

우리는 강력한 동맹을 건설하고 반 독재민주 민주권리 투쟁을 관철시켜 승리를 쟁취하자.

우리의 양 어깨에 조국과 민족의 장래가 걸려 있다.

3 목차

발행일	지면정보		필자	제목
	권호	페이지		
1975.11.05	第2号	59		〈資料〉金芝河釈放の声
1975.12.05	新年号 第3号	2		1975年同盟運動総括
1975.12.05	新年号 第3号	9		祖国統一と国連
1975.12.05	新年号 第3号	16		日帝残滓勢力の浄化問題
1975.12.05	新年号 第3号	24		フィナーレのない悲劇
1975.12.05	新年号 第3号	30		〈本国波動〉在日韓国人母国留学生事件
1975.12.05	新年号 第3号	36		〈本国論調〉民族文学の現段階(中)
1975.12.05	新年号 第3号	44		〈本国論調〉韓青同の地位闘争と申京煥問題
1975.12.05	新年号 第3号	55		〈資料〉民主・民族・統一の旗を高くかかげよう!(11・19ソウル 大決起宣言文)
1975.12.05	新年号 第3号	59		〈資料〉在日韓国人母国留学生事件に対する声明
1976.02.05	第4号	4		韓民統第三回中央委員会 当面した情勢と方針
1976.02.05	第4号	11	金載華	自由・正義の旗を高く掲げ 民主・統一を成し遂げよう
1976.02.05	第4号	14	裵東湖	愛国の道(Ⅰ)
1976.02.05	第4号	24		〈本国波動〉厳冬に天幕村撤去
1976.02.05	第4号	26	白楽晴	民族文学の現段階〈下Ⅰ〉
1976.02.05	第4号	38	金声浩	金芝河全集編集を終えて 光輝く夜明けに向けて進む活力
1976.02.05	第4号	41	金大商	日帝残滓勢力の浄化問題(中)
1976.02.05	第4号	53		東亜闘争委員会ニュース
1976.02.05	第4号	62		新東亜12月号 京の脈博 秋穀収価決定の問題点
1976.02.05	第4号	65		〈資料〉権末子さんの手記
1976.04.05	第5号	18		四月革命の精神を受けつぎ民主民族革命の完遂を
1976.04.05	第5号	69		〈詩〉われらの旗をおろしたわけではない
1976.04.05	第5号	73		韓国民主化闘争資料集60〜76
1976.04.05	第5号	2	金載華	民主救国宣言を実現し、朴独裁を打倒しよう
1976.04.05	第5号	31		米国の大韓世論
1976.04.05	第5号	36		神奈川ー40日間の闘争
1976.04.05	第5号	41		〈本国波動〉民主救国宣言の波紋
1976.04.05	第5号	60		〈書評〉韓国民衆と日本
1976.04.05	第5号	43	裵東湖	〈連載〉愛国の道(Ⅱ)
1976.04.05	第5号	53	金大商	日帝残滓勢力の浄化問題(下)
1976.04.05	第5号	62	白楽晴	民族文学の現段階〈下Ⅱ〉

발행일	지면정보		필자	제목
	권호	페이지		
1976.06.10	第6号	2		4·8フレイザー証言
1976.06.10	第6号	5	裵東湖	韓国の統一は安全の基礎
1976.06.10	第6号	9		フレイザー議員に送る手紙
1976.06.10	第6号	14		民主救国宣言発表以後の情勢
1976.06.10	第6号	18		〈本国波動〉新民党の内紛
1976.06.10	第6号	23		民主回復を要求する法廷闘争
1976.06.10	第6号	28		民主化とチャン・イスタムの世界　金芝河の法廷闘争
1976.06.10	第6号	31		十章の歴史研究
1976.06.10	第6号	32		〈紹介〉韓国の労働者
1976.06.10	第6号	43		〈書評〉激動するアジアと朝鮮
1976.06.10	第6号	46	金康寿	民主救国宣言を実現しよう
1976.06.10	第6号	50	裵東湖	〈連載〉愛国の道(Ⅲ)
1976.06.10	第6号	57		〈資料〉断食闘争宣言等
1976.07.10	第7号	2	中央本部	3·1民主救国宣言を熱烈に支持し、全政治犯の釈放を要求する百万人署名運動を貫徹せよ！
1976.07.10	第7号	8	韓清博	「国語浄化運動」批判
1976.07.10	第7号	14		「韓国問題」緊急国際会議の訴え
1976.07.10	第7号	18		〈本国波動〉民主化を要求する法廷闘争
1976.07.10	第7号	25	姜思海	〈映画批評〉風とライオン
1976.07.10	第7号	28		愛国心(岩波新書)
1976.07.10	第7号	30	裵東湖	〈連載〉愛国の道(Ⅳ)
1976.07.10	第7号	38		〈ルポ〉低賃金地帯(1)
1976.07.10	第7号	53		〈資料〉在日韓国人「政治犯」を支援する全国会議
1976.07.10	第7号	56		日韓連帯神奈川民衆会議(仮)
1976.07.10	第7号	57		日韓連低愛知県民の会
1976.07.10	第7号	63		在日韓国・朝鮮人学生調査依頼策動
1976.09.10	第8号	9	朴実	〈特集〉韓国民主化闘争と第三世界
1976.09.10	第8号	13	チョン・イルス	〈特集〉第三世界からみた韓国統一
1976.09.10	第8号	19	金相熙	〈特集〉第三世界の基本的認識
1976.09.10	第8号	2	百万人署名運動推進本部	3·1民主救国宣言を熱烈に支持し、全政治犯の釈放を要求する百万人署名運動を貫徹せよ！
1976.09.10	第8号	29		韓民統日本本部結成3週年に際して(民族時報8月11日号・主張)
1976.09.10	第8号	32		〈本国波動〉民主回復を要求する法廷闘争
1976.09.10	第8号	40	裵東湖	〈7·4共同声明記念統一シンポジウム基調報告〉韓国の民主化と祖国の平和統一
1976.09.10	第8号	57	青地 晨・和田春樹	対韓政策の転換は急務であり南北統一への敵対は許されない
1976.09.10	第8号	68		〈声明〉金大中先生拉致3周年に際して

발행일	지면정보		필자	제목
	권호	페이지		
1976.09.10	第8号	70	裵東湖	〈連載〉愛国の道(V)
1976.09.10	第8号	75		〈ルポ〉低賃金地帯(2)
1976.11.10	第9号	2	編集局	反朴国際戦線の構築に向けて
1976.11.10	第9号	4		各界各層からの祝辞とメッセージ
1976.11.10	第9号	12	青地 晨	全世界民衆の連帯を必要とする緊急な課題としての韓国問題
1976.11.10	第9号	16	小田実	韓国民主化闘争への連帯に向けて
1976.11.10	第9号	23	裵東湖	韓国における抑圧と抵抗運動
1976.11.10	第9号	38	鄭敬謨	われわれが念願する統一
1976.11.10	第9号	41	金君夫	積極的民族主義と在日韓国人青年
1976.11.10	第9号	45	尹伊桑	どうか我々の代に我々の話を世界にしてほしい
1976.11.10	第9号	50	和田春樹	日韓民衆の連帯を
1976.11.10	第9号	55	武藤一羊	日本型多国籍企業と朴政権
1976.11.10	第9号	58	タニア・フォナリン	韓国民衆の敵はわれわれの敵
1976.11.10	第9号	59	ギバン・マコーミック	アメリカの対韓政策の忠実な支持者
1976.11.10	第9号	62	チャンドラ・グラセ・ケラ	われわれが心から願うもの
1976.11.10	第9号	64	ギュンター・フレンデンバーク	私の信じる正義と
1976.11.10	第9号	67	グギ・シオンゴ	第三世界のなかで苦闘する韓国の人々
1976.11.10	第9号	72	ジュリエット・チン	シンガポールの闘いと韓国の闘いは同じ
1976.11.10	第9号	74	ジョージ・ウォールド	人権問題は世界の問題
1976.11.10	第9号	76	M・L・サイヒ	われわれの真の友とは
1976.11.10	第9号	78	モヒデン	民族解放闘争は歴史のすう勢
1976.11.10	第9号	79	ロバート・キャンブリア	韓国問題はアメリカ自身の問題
1976.11.10	第9号	81	ビクター・レーバン	かれらは必ず勝利するであろう
1976.11.10	第9号	85	マリアンヌ・ショーブ	朴独裁に原子炉を売るフランス
1976.11.10	第9号	87		朝鮮問題に関する決議
1976.11.10	第9号	97	ロバート・キャンブリア	米・朴の黒い陰謀　板門店事件の意味するもの
1976.12.15	第10号	2		11・23日韓共同大集会基調報告　11・23集会実行委員会
1976.12.15	第10号	11	百万人署名運動推進本部	百万人署名運動報告

발행일	지면정보		필자	제목
	권호	페이지		
1976.12.15	第10号	9		11·23共同大集会来賓あいさつ
1976.12.15	第10号	16	原次郎	百万人署名活動個別訪問紀
1976.12.15	第10号	17		11·23決議文
1976.12.15	第10号	19		11·19韓日連帯神奈川大集会決議文
1976.12.15	第10号	21		11·20日韓連帯千葉県民集会宣言文
1976.12.15	第10号	23	中央本部	百万人署名の成果をふまえ民主回復·統一促進に　新たな飛躍を
1976.12.15	第10号	26		〈本国波動〉民主救国宣言事件控訴審開かる
1976.12.15	第10号	27		みだれる軍紀-脱営事件
1976.12.15	第10号	29	金芝河	〈特集〉カトリックラジカルと革命
1976.12.15	第10号	51	洪元徳	〈特集〉金芝河における戦いの神学
1976.12.15	第10号	64	安炳茂	〈特集〉民放·民衆·教会
1976.12.15	第10号	70		〈特集〉セミナーキリスト教と共産主義の対話
1976.12.15	第10号	76		〈書評〉悪に就いて(フロム著　紀伊国屋書店)
1976.12.15	第10号	78		〈連載ルポ〉低賃金地帯(3)　(終)
1977.02.10	第11号	39		本国民主勢力との合勢に向けて　大阪生野南支部
1977.02.10	第11号	45	青地晨	百万人署名が米国に与えた反響
1977.02.10	第11号	52		玄海灘に日韓民衆の加橋を百万人署名函館実行委
1977.02.10	第11号	76		日本政府に対する要請文
1977.02.10	第11号	78		百万人署名の海外における拡がろがり　英国
1977.02.10	第11号	2	金芝河	わが民族史の当面課題は南北統一
1977.02.10	第11号	6	金芝河	カトリック·ラジカルと革命(下)
1977.02.10	第11号	23	梁一東	暗やみの鉄鎖を解き放ち、自由の朝を迎えよう
1977.02.10	第11号	27		〈今日の鼓動〉Ⅰクーデターになやむ朴政権
1977.02.10	第11号	28		〈今日の鼓動〉Ⅱ在韓米軍撤退と金大中氏事件
1977.02.10	第11号	29		〈今日の鼓動〉Ⅲカーター登場と朴政権
1977.02.10	第11号	30		ピドゥルギ·ハト·ビジョン　冬の時代
1977.02.10	第11号	32	金盛珉	駐韓米軍撤退は時代の要求
1977.02.10	第11号	82		〈書評〉統韓国からの通信
1977.02.10	第11号	84	榊原剛	毒の香りー金冠のイエス上演を通じて
1977.02.10	第11号	88	新東亜	〈連載〉漁民は見捨てられているか(上)
1977.02.10	第11号	95		〈資料〉在日韓国人政治犯を支援する全国会議活動報告
1977.02.10	第11号	98		総目次ー創刊号〜第10号
1977.03.10	第12号	2	編集局	3·1精神を正しく継承し、反朴救国闘争に立ちあがろう
1977.03.10	第12号	9		2·8独立宣言文(1919·2·8)
1977.03.10	第12号	9		独立宣言文(19193·1)
1977.03.10	第12号	13	金興済	〈詩〉3月1日
1977.03.10	第12号	14		当面する情勢とわれわれの課題　韓民統第4回中央委報告

발행일	지면정보		필자	제목
	권호	페이지		
1977.03.10	第12号	28		〈今日の鼓動〉Ⅰ 首都移転の衝撃派
1977.03.10	第12号	29		〈今日の鼓動〉Ⅱ「韓日議員連盟」開かる
1977.03.10	第12号	30		〈今日の鼓動〉Ⅲ動きだす米外交
1977.03.10	第12号	32		〈特集〉現代の韓国経済 「韓日大陸棚協定」のかくされた黒いねらい
1977.03.10	第12号	40		〈特集〉現代の韓国経済 KIDCの原状と問題点 日韓連帯連絡会議
1977.03.10	第12号	46	趙東弼	〈特集〉現代の韓国経済 借款百億ドルの決算書
1977.03.10	第12号	58		ピドゥルギ・ハト・ビジョン 永遠の血戦
1977.03.10	第12号	60	円谷真護	日韓連帯神奈川民衆会議の歩み
1977.03.10	第12号	64		民主運動の再整備-海外韓民報77・2・1号社説-
1977.03.10	第12号	66	尹潽善	反朴国民連合戦線の結成を-上告理由書-
1977.03.10	第12号	72		〈書評〉ソウルの華麗なる憂欝
1977.03.10	第12号	74		〈連載〉漁民は見捨てられているか(下) 新東亜1月号
1977.03.10	第12号	83		〈資料〉金大中氏の救出ならびに金大中事件の捜査と外交交渉促進についての要望書
1977.03.10	第12号	86		李哲氏「上告理由書」
1977.04.10	第13号	2		民主救国憲章
1977.04.10	第13号	4	金純南	4・19と韓国文学
1977.04.10	第13号	14	李綱鉉	馬山事件を私は見た
1977.04.10	第13号	20		〈手記〉その時お前はどこで何をしていたのだ
1977.04.10	第13号	22		四月革命日誌
1977.04.10	第13号	25	山本撤	日本の対韓侵略と在日韓国人抑圧と闘う 3・6全国交流集会報告
1977.04.10	第13号	29		在日韓国人青年の輝しい未来は韓国の民主化と祖国統一の中に韓国人側基調
1977.04.10	第13号	37		一切の侵略と抑圧に抗し、共同闘争の発展で真の日韓連帯をかちとろう日本人側基調
1977.04.10	第13号	41		ピドゥルギ・ハト・ビジョン 抵抗は新しい生を創造する
1977.04.10	第13号	43	岸本芳朗	KCIAに加担した酪農学園大学当局を糾弾 酪大日韓問題を考える会
1977.04.10	第13号	49		〈今日の鼓動〉Ⅰ新た細菌戦の準備か 腎臓輸出が意味するもの
1977.04.10	第13号	50		〈今日の鼓動〉Ⅱ司法差別の全面撤廃を！金敬得君の修習生採用に接して
1977.04.10	第13号	51		〈今日の鼓動〉Ⅲ新・新韓国条項
1977.04.10	第13号	52	広能昌三	韓国民衆の抵抗歌と民族文化
1977.04.10	第13号	63		〈書評〉「恨」の克服から明日へ
1977.04.10	第13号	65	申周日	朴政権の77年度予算批判と民主財政の方向
1977.04.10	第13号	75		サランバン

발행일	지면정보		필자	제목
	권호	페이지		
1977.04.10	第13号	77		〈資料〉朴正熙は勇退せよ！-第2民主九国宣言-
1977.04.10	第13号	81		労働者人権宣言
1977.04.10	第13号	83		許せぬ朴政権の上告棄却を糾弾声明
1977.04.10	第13号	85		バックナンバー
1977.05.10	第14号	2	編集局	〈特集〉韓米問題国際会議　韓米問題国際会議の成果とその意義
1977.05.10	第14号	4	金容元	米国は5千万を対象に　新しい政策を樹立しなければならない
1977.05.10	第14号	10	ジョージ・ウォールド	朴政権に対する援助を即刻中止せよ！
1977.05.10	第14号	14	青地　晨	朴政権を支える米日の対韓政策に韓米日民衆の鉄槌を
1977.05.10	第14号	19	林昌栄	韓国の民主化、独立、統一に向けて
1977.05.10	第14号	24	山本幸一	韓国問題は世界人類共通の緊急問題
1977.05.10	第14号	27	海外同胞代表	国内外同胞は反朴国民連合戦線に総結集せよ！
1977.05.10	第14号	30		米国の新たな対韓政策を促す韓米問題国際会議での決議文
1977.05.10	第14号	32		ピドゥルギ・ハト・ビジョン　鳳仙花の咲く頃
1977.05.10	第14号	34		〈今日の鼓動〉Ⅰ反朴民主国民連合の結成
1977.05.10	第14号	35		〈今日の鼓動〉Ⅱ「韓日大陸ダナ協定」に反対する
1977.05.10	第14号	36		〈今日の鼓動〉Ⅲ韓米問題国際会議開かる
1977.05.10	第14号	37	新谷のり子	韓国の抵抗フォークをうたう
1977.05.10	第14号	38		日韓民衆の未来に春を　練馬の会
1977.05.10	第14号	42		韓青同緊急抗議声明　韓日両権力の謀略策動を撤抵的に糾弾
1977.05.10	第14号	45	高遠	〈詩〉笑っている金芝河
1977.05.10	第14号	46	安炳茂	〈翻訳〉良心と権力
1977.05.10	第14号	56		サランバン
1977.05.10	第14号	58	広能昌三	〈特別寄稿〉韓国民衆の抵抗歌と民族文化(下)
1977.05.10	第14号	72	池学淳	〈資料〉Ⅰ韓国労働運動の現状
1977.05.10	第14号	78		〈資料〉Ⅱ社会の底辺で呻吟する女性労働者たちの叫び
1977.05.10	第14号	83		〈資料〉Ⅲ四反理念の完遂にむけて　韓青同4・19集会基調報告
1977.06.10	第15号	82	民水	ピドゥルギ・ハト・ビジョン　真理の奴隷
1977.06.10	第15号	53	関寛治	〈統・韓米問題国際会議の報告〉日本の政治構造は米国の新しい対韓政策に障害
1977.06.10	第15号	57	飯沼二労	韓国経済は破産状態
1977.06.10	第15号	61	井上一成	平和と人権を守る国際的な連帯を求めて
1977.06.10	第15号	66	張錫允	民衆の理想に背反する朴政権に大きな打撃
1977.06.10	第15号	63	吉松繁	在米韓国人代表者たちの熱意ある発言に感銘
1977.06.10	第15号	70		〈今日の鼓動〉Ⅰ「ソウルへの道」は韓日連帯の道
1977.06.10	第15号	71		〈今日の鼓動〉Ⅱ先進国首脳会議開かる
1977.06.10	第15号	72	民衆プロ・韓青同	「ソウルへの道」は全民衆の解放をめざす
1977.06.10	第15号	76	尹基泰	〈評論〉民衆の共同作品としての歌謡

발행일	지면정보		필자	제목
	권호	페이지		
1977.06.10	第15号	50	在日韓国人「政治犯」を支持する会全国会議	日韓連帯闘争の現場から(2)獄中で闘う人々の真実に答える
1977.06.10	第15号	2	金光男	〈特集〉朴政権と「政治犯」のねつ造
1977.06.10	第15号	14	在日韓国人政治犯家族協議会	在日韓国人政治犯事件の原状
1977.06.10	第15号	28	宮崎繁樹	韓国の刑務所は政治犯で一杯
1977.06.10	第15号	34	孫順伊・陳承喜・李柏麟・金英姫	縛られた手を解き放せ！
1977.06.10	第15号	40	康宗憲	獄中からの手紙-輝ける夜明けを迎えよう
1977.06.10	第15号	42	在日韓国人政治犯を支援する家族・僑胞連絡会	〈記録劇〉獄中から
1977.06.10	第15号	49	洪元徳	〈詩〉夜明け
1977.06.10	第15号	84	元一	〈詩〉二十一の華麗な母音
1977.06.10	第15号	116	韓国良心家族協議会	①人間の良心を弾圧する圧制を追放
1977.06.10	第15号	114		②在日韓国人政治犯一覧表
1977.06.10	第15号	86	張錫允	C将軍に送る手紙
1977.06.10	第15号	92		〈新連載〉社会安全法講解
1977.06.10	第15号	122		サランバン
1977.06.10	第15号	33		「在日韓国人政治犯を救援する家族・僑胞の会」結成のよびかけ
1977.06.10	第15号	121		朴君支援・裁判闘争勝利に向けて
1977.07.10	第16号	62	民水	ビドウルギ・ハト・ピジョン 動物的人間
1977.07.10	第16号	2		すべての海外同胞は民主救国憲章名に立ち上がろう民主救国憲章署名海外同胞推進委員会
1977.07.10	第16号	7	林昌栄	統一自主的精神で
1977.07.10	第16号	112		〈資料〉民主救国憲章の道(全文)
1977.07.10	第16号	119		〈資料〉愚しい尹孝同事件を糾弾する
1977.07.10	第16号	124		四月宣言(全文)、他
1977.07.10	第16号	72	東村山朝鮮問題研究会	シリーズ韓日連帯闘争の現場から(3) 真の関連帯を築くために
1977.07.10	第16号	78	梁性佑	〈評論〉純粋な言語と切実な言語
1977.07.10	第16号	14	金学鉉	〈特集〉「恨」の世界 「恨」と抵抗の詩
1977.07.10	第16号	25	円谷真護	〈特集〉「恨」の世界 金芝河における「恨」と「愛」
1977.07.10	第16号	30	金慶植	〈スライド構成〉金芝河と「恨」の世界
1977.07.10	第16号	50	金君夫	「ソウル」への道フェスティバルの意義

발행일	지면정보		필자	제목
	권호	페이지		
1977.07.10	第16号	55	朴燦午	韓国の大衆歌謡は『演歌』か
1977.07.10	第16号	64	岩村俊明	玄海灘を越えて吹く風
1977.07.10	第16号	76	康一明	〈書評〉張俊河著「石枕」
1977.07.10	第16号	87	張錫允	〈連載〉C将軍に送る手紙(2)
1977.07.10	第16号	96	李珍雨	〈連載〉社会安全法講解(2)
1977.07.10	第16号	130		サランバン
1977.08.10	第17号	2	民水	ピドウルギ・ハト・ピジョン　星をうたう心もて
1977.08.10	第17号	4	鄭在俊	韓日両政府の「政治決着」を白紙撤回し金大中先生の原状回復をはかれ
1977.08.10	第17号	10	朴耕成君裁判対策委員会	朴耕成君への不当弾圧を粉砕し裁判闘争を勝利へ
1977.08.10	第17号	14	金学鉉	「恨」と抵抗の詩(下)
1977.08.10	第17号	22	元秀一	暗闇を見つめた詩人
1977.08.10	第17号	44	「ただの市民が戦車を止める」会	日韓両民衆の解放をめざして
1977.08.10	第17号	48	金承万	〈特集〉八・一五解放への課題愛国と統一問題
1977.08.10	第17号	60	白楽晴	分断時代における文学の課題
1977.08.10	第17号	66	金君夫	在日韓国青年の解放への道
1977.08.10	第17号	27	徐南同	〈評論〉政治的経済抑圧からの人間解放
1977.08.10	第17号	40	李宗郁	〈詩〉貧乏は俺たちの武器
1977.08.10	第17号	41	趙英順	〈詩〉祖国へ
1977.08.10	第17号	76	黄晢暎	〈新連載小説〉客地(1)
1977.08.10	第17号	86	張錫允	〈連載〉C将軍に送る手紙(3)
1977.08.10	第17号	92	李珍雨	〈連載〉社会安全法講解(3)
1977.08.10	第17号	109		〈資料〉①尹潽善氏の書簡
1977.08.10	第17号	116		〈資料〉②金炯旭氏の冒頭声明
1977.08.10	第17号	131		〈資料〉③金大中事件告発人団の要望書
1977.08.10	第17号	74		書評
1977.09.10	第18号	18	金載華	〈特集〉海外韓国人民主運動代表者会議　会議時
1977.09.10	第18号	6		各界各層からのメッセージと祝辞
1977.09.10	第18号	2	編集局	民主政権樹立に向けて
1977.09.10	第18号	22	裵東湖	〈基調報告〉民主連合政府樹立の強力な推進力
1977.09.10	第18号	35	林昌栄	〈基調報告〉韓国民族史に新たな記録を刻む
1977.09.10	第18号	43	尹伊桑	〈基調報告〉反朴国民連合戦線に総結集氏、新しい民主国家を樹立しよう
1977.09.10	第18号	47	李竜雲	〈メッセージ〉民族の権限と祖国統一を外勢に売る朴独裁政権を打倒しよう
1977.09.10	第18号	51		創立宣言綱領

발행일	지면정보		필자	제목
	권호	페이지		
1977.09.10	第18号	55	海外韓国人民主運動代表者会議	国内外胞へのアピール
1977.09.10	第18号	60		会議文
1977.09.10	第18号	17		会議日誌
1977.09.10	第18号	61	金容稜	一九二〇年代の民族抵抗詩人－韓竜雲論
1977.09.10	第18号	72		〈ルポ〉「教科書検認定」不正事件
1977.09.10	第18号	90	黄晳暎	〈連載〉 客地(2)
1977.09.10	第18号	84	張錫允	〈連載〉C将軍に送る手紙(4)
1977.09.10	第18号	98	李珍雨	〈連載〉社会安全法講解(43)
1977.09.10	第18号	108		〈資料〉①韓国民主救国憲章名本部ミッセージ
1977.09.10	第18号	110		〈資料〉②海外韓国人民主運動代表者会議の声明
1977.10.10	第19号	2		〈特別寄稿〉チケット一枚の戦場へ「ソウルへの道」フェスティバル函館実行委員会
1977.10.10	第19号	36		〈資料〉アンケートにみる公演と活動の調査、分析 函館実行委員会・帯広実行委員会
1977.10.10	第19号	48	広能昌三	チケット一枚の戦場で拾い集めたエピソード
1977.10.10	第19号	52	アジアの女たちの会	民族解放・女性解放をめざして
1977.10.10	第19号	58	咸世雄	人間の尊厳と抑圧からの解放をめざす
1977.10.10	第19号	78	白基玩	人間・張俊河(上)
1977.10.10	第19号	88		釜山地区労働者実態調査報告
1977.10.10	第19号	77		海外韓国人の言論活動紹介①「海外韓民報」
1977.10.10	第19号	87	李時英	〈詩〉名
1977.10.10	第19号	112	黄晳暎	〈連載小説〉 客地(3)
1977.10.10	第19号	120		〈資料(声名文、見会文)〉①襲撃の元凶はKCIA＝趙一済だ！
1977.10.10	第19号	125		〈資料(声名文、見会文)〉②朴独裁に忠誠を尽すKCIA走狗どもを糾弾！
1977.10.10	第19号	128		〈資料(声名文、見会文)〉③韓日閣僚会議を断固糾弾！
1977.10.10	第19号	130		〈資料(声名文、見会文)〉④日本新植民地主義の韓国支配粉砕！
1977.10.10	第19号	111		サランバン
1977.11.10	第20号	2	編集局	〈特集〉韓国労働運動 韓国における労働運動の現段階
1977.11.10	第20号	4	ソン・ジョンイム	労働者の生存権を保障せよ！
1977.11.10	第20号	8	全泰壱	〈手記〉われわれは断じて機械ではない
1977.11.10	第20号	19	平和市場労働者一同	生き残るために死を賭して闘おう！
1977.11.10	第20号	22	ソウル市内各大学学生会一同	人間らしい生活を奪還する日まで-故全泰壱氏への追悼辞-
1977.11.10	第20号	26	張堪杓	故全泰壱氏の遺志を受け継ぎ闘おう！

발행일	지면정보		필자	제목
	권호	페이지		
1977.11.10	第20号	30	ソウル大社会法学会	釜山地区労働者実態調査報告書
1977.11.10	第20号	40	都市産業宣教協議会	虐待されている六百万労働者
1977.11.10	第20号	42	白基玩	人間・張俊河(下)
1977.11.10	第20号	52	千寛宇	韓国史における抵抗
1977.11.10	第20号	58	朴燦午	ウリマルと私
1977.11.10	第20号	65	高銀	〈詩〉月尾島にて
1977.11.10	第20号	66	張錫允	〈連載〉C将軍に送る手紙(5)
1977.11.10	第20号	70	黄晢暎	〈連載小説〉客地(4)
1977.11.10	第20号	80	韓沃申	〈連載〉国家保安法・反共法概説(4)
1977.11.10	第20号	92		〈資料〉人間の良心を弾圧する圧制を追放
1977.11.10	第20号	69		海外韓国人の言論活動紹介②
1977.12.10	第21号	2		〈特集〉続・韓国労働運動　全泰壱氏の生涯と闘争
1977.12.10	第21号	6		韓国労働者のオモニ、李小仙女史の闘い
1977.12.10	第21号	12		韓国労働者の最近の状態
1977.12.10	第21号	19	黄晢暎	九老工団の労働実態
1977.12.10	第21号	34	李仁鐸	労使協調
1977.12.10	第21号	45	金恩沢	韓国労働者の実態
1977.12.10	第21号	56	金炳傑	詩人の絶叫
1977.12.10	第21号	71	趙泰一	〈詩〉痛器
1977.12.10	第21号	60	黄晢暎	〈連載小説〉客地(4)
1977.12.10	第21号	72	韓沃申	〈連載〉国家保安法・反共法概説(5)
1977.12.10	第21号	84		〈資料〉①崔徳新氏の亡命声明
1977.12.10	第21号	89		〈資料〉②労働者の人権を弾圧する悪法
1977.12.10	第21号	94		〈資料〉③労働運動に連帯する民主人士声明
1977.12.10	第21号	54		在日韓国人政治犯救援日誌
1977.12.10	第21号	83		海外韓国人の言論活動の紹介
1977.12.10	第21号	34	李仁鐸	労使協調
1977.12.10	第21号	45	金恩沢	韓国労働者の実態
1977.12.10	第21号	56	金炳傑	詩人の絶叫
1977.12.10	第21号	71	趙泰一	〈詩〉痛器
1977.12.10	第21号	60	黄晢暎	〈連載小説〉客地(4)
1977.12.10	第21号	72	韓沃申	〈連載〉国家保安法・反共法概説(5)
1977.12.10	第21号	84		〈資料〉①崔徳新氏の亡命声明
1977.12.10	第21号	89		〈資料〉②労働者の人権を弾圧する悪法
1977.12.10	第21号	94		〈資料〉③労働運動に連帯する民主人士声明
1977.12.10	第21号	54		在日韓国人政治犯救援日誌
1977.12.10	第21号	83		海外韓国人の言論活動の紹介

아주까리(アジュッカリ)

○ ● ○

1 서지적 정보

『아주까리』는 재일한국청년동맹(在日韓国青年同盟, 약칭:한청 혹은 한청동)의 이쿠노북지부(生野北支部)의 기관지이다. 현재 창간호는 미확인 상태이나 1975년경에 창간되어 연 2회 발행된 것으로 추정된다. 4호(34쪽)는 1977년 2월, 6호(40쪽)는 1978년 1월에 발행되었다.

한청은 1960년 10월에 결성된 민단 산하의 청년단체로, 1945년 11월에 결성된 조선건국촉진청년동맹이 그 전신이다. 한청의 주요 활동은 조국의 민주화를 위해 본국의 민주화운동 세력과 연대하여 민주민족운동을 전개하고, 재일의 권익옹호를 위해 투쟁하는 것이다. 한청은 도쿄에 중앙본부가 있고, 각 지방본부와 지부가 설치되어 있다.

『아주까리』가 발행되던 1970년대에는 1965년 한일협약으로 인한 재일한국인의 법적지위요구 관철운동, 입국관리법 개악반대운동, 남북공동성명 지지운동, 반유신체제운동 등이 전개되었다. 한청은 재일한국학생동맹(在日韓国学生同盟, 약칭:한학동)과 함께 1972년 7월에 민단으로부터 산하단체로서의 자격을 박탈당한다.

6호는 '우리들에게 있어 여성해방이란(われらにとって女性解放とは)'이라는 제목의 특집호로 발행하고 있고, 그 외 시 작품 2편과 재일에게 있어서 민주민족운동에 대해 고찰한 글, 이카이노(猪飼野)지역에 대한 글로 구성되어 있다. 이 여성해방 특집호에 재일작가 원수일(元秀一)이 「이조의 망령을 쫓아가 발견한 것(李朝の亡霊を追っかけて見つけたもの)」이란 글을 발표하고 있다.

6호의 「권두언」은 1977년 9월 서울의 평화시장 노동자들에 의한 결사선언문 중 일부를 발췌한 내용으로 대신하고 있다.

2 권두언(6호)

결사선언(발췌)

아아 슬프다, 통탄스럽다. 우리들을 혹사하고 착취하는 이 암담한 현실이. 청계천 일대의 우리들 2만여 노동자의 권리는 쏟아지는 경찰봉에 무참하게 깨지고 있다. 아니 전국 6백만 노동자의 권리와 인권이 잔인한 군화에 짓밟혀지고 있는 것이다. 보라, 권력자들의 이 만행을.

평화시장 2만 노동자 제군! 전국 6백만 노동자 제군! 우리들은 이 이상 참고 견딜 수는 없다. 이 이상 짓밟히고 있을 수 없다. 이 이상 죽음의 길로 내몰릴 수는 없다. 우리들 노동자가 살아남을 길은 죽음을 걸고 투쟁하고, 그리고 우리들의 권리에 대한 보장을 쟁취하고 '노동교실'을 탈회하여, 우리들의 마음의 어머니를 철창 속에서 구출하는 것이다. 우리들의 어머니와 우리들의 '교실'을 빼앗기는 것은, 곧, 우리들의 권리와 희망이 빼앗기는 것이고, 권리와 희망을 빼앗긴 노동자는 죽음 이외에 길은 없다. 타협은 있을 수 없다. 살아남기 위해 죽음을 걸고 싸우자. 그들은 제2의 전태일(全泰壱)을 요구하고 있다.

7년 전 평화시장 가두에서 일치단결한 우리들의 투쟁을 요구하면서 젊은 생명을 화염 속에서 불사른 전태일선생의 위대한 정신을 이어받아, 우리들은 단호하게 일어서서 우리들의 어머니와 '노동교실'을 되찾아야 하지 않겠는가.

우리들은 지금 노동자의 권리가 보장될 때까지 한걸음도 후퇴하는 일 없이 한사람이 쓰러지면 다음이 그 시신을 뛰어넘어 나아갈 결사 투쟁을 선언한다.

들어라! 7년 전의 전태일선생의 저 외침이 들려오지 않는가! 전태일선생의 영혼은 우리들을 지켜준다. 전선생의 마음의 고향이란, 우리들의 마음속이다. 누가 우리들의 대열을 방해할 수 있는가. 누가. 앞으로 나아가자, 싸우자, 승리를 쟁취하자.

결의

하나, 우리들의 어머니 이소선(李小仙)여사를 즉각 이곳에 데리고 돌아오자.

하나, 노동교실을 무조건, 즉시 우리들에게 되돌려주고, 건물주에게 가하고 있는 압력을 중지하고 사죄하라.

하나, 지금까지 청계천 피복(被服) 지부가 받은 탄압에 의한 피해를 보상하라.

하나, 폭력을 휘두른 경찰관을 처벌하라.

하나, 노동운동의 탄압을 중지하고, 노동3권을 보장하라.

이상의 요구가 관철되지 않는 한, 어떠한 타협도 대화도 이것을 거부한다.

1977년 9월 9일 평화시장 노동자 일동

3 목차

안녕!(アンニョン)

○ ● ○

1 서지적 정보

『안녕!』은 재일한국청년회의 회보지로 1989년 12월에 창간되어 연2회 발행되고 있다. 창간호의 발행인은 안형균(安亨均)이고, 재일한국청년회중앙본부선전부의 편집으로 재일본대한민국청년회중앙본부에서 발행되고 있다.

1970년대 초, 민단 산하의 청년조직으로 활동하던 재일한국청년동맹(약칭:한청 혹은 한청동)과 재일한국학생동맹(약칭:한학 혹은 한학동)에 대해 1972년 7월 7일 민단 제20회 중앙위원회는 두 조직을 민단 산하에서 제명 처분을 내린다. 이후에 청년회 활동은 공백기를 거쳐 1977년 2월 27일, 민단중앙회관에서 결성대회를 개최하면서 탄생한 조직이 재일한국청년회이다. 정식 명칭은 재일본대한민국청년회로, 한국에 뿌리를 둔 18세에서 35세까지의 청년에게 회원자격이 주어진다. 홈 페이지(https://www.seinenkai.org)에서 소개하고 있는 재일한국청년회의 주요활동 내용은 권익옹호운동, 문화서클, 한국어 강좌 실시, 모국방문 사업 등이다. 청년회 회원을 위한 정보지로 출발한 『안녕!』은 재일의 생활에 관한 정보와 한국의 정치에서 유행에 이르기까지 다양한 정보를 발신하고 있다. 8호(1994.07)부터는 회원정보지에서 '21세기를 향해 재일코리언과 아시아를 연결하는 정보지'를 표방하면서 잡지 체제 또한 새롭게 단장하고 있다. 17호(1999.07)부터 '재일코리언과 아시아를 연결하는 정보지'로 '21세기를 향해'라는 문구를 삭제하고 있고, 38호(2010.10)부터는 다시금 재일을 위한 정보지로 리뉴얼하면서 재미있고 유익한 정보, 엔터테인먼트 정보까지도 소개하는 잡지로 변모하고 있다.

창간호는 "한일법적지위협정 재협의를 생각하다(韓日法的地位協定再協議を考える)"라는 제목의 특집호로 꾸며져 있고, 지면수는 90쪽이다. '여자 페이지(女子のページ)'라는 코너를 마련하고 첫 주제로 결혼문제를 다루고 있다. 6호(1993.06)에서도 결혼이란

무엇인가라는 주제를 다루고 있고, 7호(1994.01)에서 '여성 페이지(女性ページ)'로 코너 명이 바뀌지만, 8호(1994.01)부터는 코너 자체가 사라지고 있다. 특집으로 다루고 있는 내용을 살펴보면, 5호(1992.09)에서는 '외국인등록법의 일부를 개정하는 법률안(外国人 登録法の一部を改正する法律案)' 시행을 앞두고, 외국인을 '치안의 대상'으로 취급하는 법안에 대해 발본적 개정을 요구한 4·14집회를 특집하고 있고, 그밖에 지방참정권(11 호, 17호, 20호), 주일한국기업(12호), 한국유학 실태(13호), 한국의 IMF (15호), 역사교 과서문제(21호), FIFA월드컵(22호) 등을 다루고 있다. 그리고 거의 매호마다 일본에서 활약하는 인물을 인터뷰한 기사가 게재되어 있는데, 예를 들면 재일뮤지션 조박(趙博), 재일 축구선수 출신의 감독 이국수(李国秀), 가수 사와 도모에(沢知恵), 프로레슬러 쵸슈 리키(長州力), 작가 사기사와 메구무(鷺沢萌), 여성 풍수가 리노이에 유치쿠(李家幽竹), 라쿠고가 쇼후쿠테 긴페(笑福亭銀瓶), 여성 레게가수 부심(PUSHIM), 작가 쓰카 고헤이 (つかこうへい) 외에도 가수 강수지, 아이돌 그룹 SES 등 한국인의 이름도 보인다.

1990년대 재일한국인뿐 아니라 재일외국인을 위한 다양한 정보지가 출간되기 시작한 가운데, 『안녕!』은 비교적 오랫동안 발간을 지속해 온 잡지라 할 수 있다.

2 편집후기(창간호)

준비호와 마찬가지로 대폭 발간 예정일로부터 늦어진 것을 사죄드려야 하는 것은 대단히 괴롭지만, 전호의 배 이상으로 늘어난 페이지라는 점으로 양해 부탁드립니다. 그런데 창간호에서는 현재 재일동포와 관련된 중요한 문제인 "한일법적지위협정 재협 의문제"를 특집해 보았습니다. 이 문제에 관해서는 청년회에서도 일찍부터 다뤄왔습니 다만, 각 지방에서 서명활동을 하는 가운데서도 목소리가 나온 것처럼 아직 당사자인 재일의 의식은 충분하지 않고, 깊이 인식되기에 이르지 않은 것이 현재 상태입니다.

『안녕!』에서는 금후에도 우리들을 둘러싼 다양한 문제·정보를 더욱 많이 다루어가고 자 합니다.

3 목차

발행일	지면정보		필자	제목
	권호	페이지		
1993.06.25	第6号	70		〈안녕インタビュー〉金愛蘭さん
1993.06.25	第6号	79	匿名投稿	自分らしく生きてみるために
1993.06.25	第6号	81		エピローグ
1993.06.25	第6号	83		〈投稿〉リーサル・ウェポン「東京本部」
1994.01.24	第7号	1		〈巻頭インタビュー〉予備校講師・ミュージヤン・評論家の趙博さん「僕らは生まれながらにして民際人だと思ってます」
1994.01.24	第7号	22		〈エッセイ〉アマゾングリーンの友に「東京/金大元」
1994.01.24	第7号	24		〈投稿〉在日韓国青年に
1994.01.24	第7号	27		〈学習資料〉公務員アンケートの調査結果から
1994.01.24	第7号	34		〈マンガ〉外国人登録法は変わってなかった
1994.01.24	第7号	37		〈地方だより〉がんばっています「神奈川/愛知/京都/大阪/兵庫/広島/岡山」
1994.01.24	第7号	47		ウェディング情報「滋賀」
1994.01.24	第7号	48		ベビー情報「大阪」
1994.01.24	第7号	49		会員のお店紹介「大阪/西東京」
1994.01.24	第7号	51		〈母国修学生便り〉ひと夏の思いで[韓国外国語大学/蒋海蓮]
1994.01.24	第7号	53		〈女のページ〉「日本の企業で働いて」안녕インタビュー[三井物産株式会社/白善美さん]
1994.07.01	第8号	1		〈カラーグラビア〉写真で見る『コリア庭園』-横浜に新たな日韓交流の絆が生まれた-
1994.07.01	第8号	4		〈新企画〉ウリトンネ-私たちの街・横浜編-
1994.07.01	第8号	8		〈スペシャルレポート〉「在日」という時代を生きる恋人たち
1994.07.01	第8号	15		〈フォーカス〉第3次在日韓国人青年2・3世意識調査を通じて 1. 在日韓国人青年の現住所
1994.07.01	第8号	19		2. 金明秀さん －インタビュー－
1994.07.01	第8号	24		〈特集〉「ひろげよう!ウリマル・コミュニケーション」 ①東京「ウリ講」リポート ②激論!「ウリ講」討論会
1994.07.01	第8号	32	金花郎	〈エッセー〉朝の通勤列車に見る「国民性」－韓国と日本－
1994.07.01	第8号	34		〈サマー情報〉青年キャンプ情報/オリニキャンプ情報/まつり/文化/連続講座/スポーツ/発刊物/文芸
1994.07.01	第8号	43		素敵な花嫁をめざして ●青年の息吹ふたたび ●青年の息吹ふたたび ●古代ロマンが食い気に負けた ●この花の名前
1994.07.01	第8号	51	タゴール	〈詩〉東方の燭台
1994.07.01	第8号	52		〈料理〉なすの冷菜
1995.06.20	第10号	2		〈開催直前情報〉第3回全国在日コリア青年祝祭
1995.06.20	第10号	6		〈解放50周年特別企画①〉年表で見る在日同胞50年の歴史
1995.06.20	第10号	10		〈座談会〉就職、恋愛、結婚、そして国籍…新社会人が語る21世紀を睨む在日青年たち
1995.06.20	第10号	18		青年会へのいざない アンニョンハセヨ!在日韓国青年会です

발행일	지면정보		필자	제목
	권호	페이지		
1995.06.20	第10号	20		〈解放50周年特別企画②〉敗戦に打ちひしがれた日本と在日同胞の心を支えた男 力道山
1995.06.20	第10号	22		〈おすすめ情報〉オシャレで安い韓国語講座 今、大人気の「ウリコー」
1995.06.20	第10号	26		〈スペシャルレポート〉東京犬肉ツアー
1995.06.20	第10号	29		〈韓国シネマ情報〉「西便制」－風の丘を越えて－
1995.06.20	第10号	30		〈地方だより〉神奈川幹部・活動者研究会 ●静岡本部再建に向け ●ボーリング大会 ●ペンブレンド募集
1995.06.20	第10号	31		ズッキーニのミソチゲ
1995.06.20	第10号	32		編集後記
1995.12.05	第11号	2		〈特集〉地方参政権ってなんだろう？地方選挙権を知るための入門 ①地方参政権と選挙権ってどう違うの ②在日韓国人が地方参政権を求める根拠 ③地方参政権が私たちの生活に与える影響
1995.12.05	第11号	12		〈連載〉「ウリトンネ－私たちの街・東京ＢＡＹ－」変貌する国際都市・千葉
1995.12.05	第11号	16		あの夏よ再び 第3回在日コリア青年祝祭
1995.12.05	第11号	20		知っトク情報 間違いだらけの韓国語スクールえらび ５Ｗ２Ｈで選ぶのがコツ
1995.12.05	第11号	25		韓国料理 スンドゥブチゲ(豆腐チゲ)
1995.12.05	第11号	26		地方味紀行 静岡編
1995.12.05	第11号	28		ウインター情報 クリスマスパーティー
1995.12.05	第11号	30		地方だより
1995.12.05	第11号	32		編集後記
1996.07.12	第12号	2		〈巻頭特集〉躍進する駐日韓国企業 韓国企業で働く在日青年インタビュー
1996.07.12	第12号	8		〈連載〉「ウリトンネ－私たちの街・埼玉編－」高麗文化の息づく街 ①高麗神社 ②聖天院 ③西武線高麗駅
1996.07.12	第12号	11		〈インタビュー〉李国秀 桐蔭学園高校サッカー部監督
1996.07.12	第12号	19		〈特別対談〉韓国語をメジャーな語学に 東西韓国語講師がきたんなく語り合う
1996.07.12	第12号	24		貴方と私のの出逢いのコミュニティー《ふれあい体育広場》運動
1996.07.12	第12号	28		〈地方だより〉テッコンドー教室開設 ●京都・滋賀がスポーツ大会 ●準備万端、愛知のサマーフェスティバル
1996.07.12	第12号	30		〈韓国料理〉ミヨンネンクッ(ワカメの冷やし汁) ソンピョン(松片・松餅)
1996.07.12	第12号	32		編集後記
1996.12.15	第13号	2		〈インタビュー〉テレビニュースキャスター、ジャーナリストとして活躍の桜井よし子さん
1996.12.15	第13号	8		〈連載〉「ウリトンネ－私たちの街・京都編－」＝浪漫と歴史の香る街＝

발행일	지면정보		필자	제목
	권호	페이지		
1996.12.15	第13号	14		〈特集〉大人気!今あこがれのソウルの留学 現在留中の学生に聞いた韓国留学の楽しい実態
1996.12.15	第13号	19	崔喜燮	〈私論〉在日組織への提言「原点に戻ろう」
1996.12.15	第13号	26		地方参政権に関するQ&A
1996.12.15	第13号	24		あの人に会いたい…ゼロゼロワンダブルの美人モデルキム・ヒジョンさん
1996.12.15	第13号	34		ふれあい体育広場 大活躍!在日同胞選手団 第77回韓国国体に126人の選手団が出場
1996.12.15	第13号	38		学生の広場 今時の勢い大学生たち
1996.12.15	第13号	40		今大人気のウリ講に通う 韓国語を学ぶ美人モデルたち
1996.12.15	第13号	44		Winter情報 クリスマスパーティー、スキー研修、他
1996.12.15	第13号	47		〈韓国料理〉ネジャンチェソチョンゴル(モツ鍋)
1996.12.15	第13号	48		編集後記
1998.07.31	第15号	1		〈インタビュー〉日本でもブレーク寸前、韓国のスーパーアイドル日本上陸!SES
1998.07.31	第15号	10		特集〈IMF時代〉ソウル市民に直撃インタビュー「IMF生の声」
1998.07.31	第15号	15		韓国の人気ラジオ番組「女性時代」プロデューサーに聞く「IMF生の声」
1998.07.31	第15号	20		〈座談会〉本音激白-30代サラリーマンの「IMF時代」-
1998.07.31	第15号			2002年W杯韓日共催の成功を!ー韓日の架け橋事業
1998.07.31	第15号	31		青年会が自主応援歌製作
1998.07.31	第15号	35		特別インタビュー「金誠国さん」
1998.07.31	第15号	38		体育会だより 集れスポーツマン! 第79回韓国国体への誘い
1998.07.31	第15号	42		地方だより(大阪本部/愛知県本部)
1998.07.31	第15号	50		学生の広場
1998.07.31	第15号	表2		編集後記
1998.12.06	第16号	1		〈インタビュー〉在日青年への熱いメッセージ スージー・カンさん
1998.12.06	第16号	8		〈特集〉〈地方参政権〉日本のみなさんに聞きました「在日韓国人に地方参政権は必要か」
1998.12.06	第16号	15		地方参政権の法制化を求める11.30在日韓国人青年街頭アピール活動
1998.12.06	第16号	18		今後の展望
1998.12.06	第16号	23		多様な文化を活かす共生の街-神奈川県川崎編-
1998.12.06	第16号	28		お邪魔します! -民団支部訪問-
1998.12.06	第16号	30		青年会川崎支部紹介
1998.12.06	第16号	38		〈体育会だより〉大活躍!在日同胞選手団 第79回韓国国体で3年ぶりに海外同胞の部総合優勝
1998.12.06	第16号	40		2002年W杯韓日共催インフォメーション

발행일	지면정보		필자	제목
	권호	페이지		
1998.12.06	第16号	31		'98在日同胞企業合同説明会、全国4会場で開催
1998.12.06	第16号	41	林永起	〈寄稿〉統一院研修会に参加して一本国青年とのふれあいー
1998.12.06	第16号	20		青年だより〈全国クリスマス・パーティー・成人式案内〉
1998.12.06	第16号	44		編集後記
1999.07.10	第17号	2		〈特集①〉どうなる地方参政権
1999.07.10	第17号	7		〈インタビュー〉黒田福美さん
1999.07.10	第17号	11		〈在日豆知識〉国籍条項の問題ってなんだ?
1999.07.10	第17号	12		〈トピックス〉2000festa
1999.07.10	第17号	13		〈新連載〉ガンバレ! 2002W杯
1999.07.10	第17号	14		アガシの部屋
1999.07.10	第17号	16		〈特集②〉保存版全国韓国料理店
1999.07.10	第17号	20		韓国文化を知ろう一風物と舞踊ー
1999.07.10	第17号	22		韓国語の正しい学び方
1999.07.10	第17号	23		読者の마당まだん
1999.07.10	第17号	26		地方だより
1999.07.10	第17号	28		編集後記
2000.07.01	第19号	2		〈アンニョン!インタビュー〉歌手 沢知恵
2000.07.01	第19号	10		〈特別企画〉働く在日青年
2000.07.01	第19号	12		〈学習資料〉「在日」と現代史
2000.07.01	第19号	15		〈地方だより〉特集 広島・埼玉
2000.07.01	第19号	5		〈連載〉韓国文化を知ろう一ケンガリー
2000.07.01	第19号	6		〈連載〉韓国文化を知ろう一ハングルー
2000.07.01	第19号	8		〈連載〉アガシの部屋「肌孝行な美容法」
2000.07.01	第19号	14		〈在日豆知識〉韓国でついに「同姓同本」の禁婚廃止!
2000.07.01	第19号	20		〈連載〉ガンバレ! 2002W杯
2000.07.01	第19号	21		読者の마당まだん
2000.07.01	第19号	24		編集後記
2000.12.01	第20号	2		〈特集〉緊急!地方参政権
2000.12.01	第20号	8		〈アンニョン!インタビュー〉長州力
2000.12.01	第20号	12		〈20号特別企画〉「안녕!」の歴史
2000.12.01	第20号	22		〈部活報告〉サマーキャンプ
2000.12.01	第20号	24		歴史を伝える運動
2000.12.01	第20号	28		〈地方だより〉特集 神奈川・大阪
2000.12.01	第20号	7		〈在日豆知識〉帰化制度ホントのところ
2000.12.01	第20号	14		〈連載〉アガシの部屋
2000.12.01	第20号	16		〈連載〉韓国文化を知ろう一楽器・舞踊ー
2000.12.01	第20号	18		あんにょんシネマ
2000.12.01	第20号	20		〈学習資料〉歴史用語解説

발행일	지면정보		필자	제목
	권호	페이지		
2000.12.01	第20号	26		〈連載〉ガンバレ！2002W杯
2000.12.01	第20号	27		〈コラム〉いまどきのキョッポ
2000.12.01	第20号	37		読者の마당まだん
2000.12.01	第20号	38		体育会だより
2000.12.01	第20号	42		本名キャンペーンアンケート
2000.12.01	第20号	44		編集後記
2001.07.15	第21号	2		〈特集〉歴史教科書問題
2001.07.15	第21号	6		〈アンニョン！インタビュー〉鷺沢萠
2001.07.15	第21号	14		〈活動報告〉世界卓球大会
2001.07.15	第21인	18		参政権獲得運動
2001.07.15	第21号	22		歴史を伝える運動
2001.07.15	第21号	33		青年会ホームページ徹底解剖
2001.07.15	第21号	10		〈連載〉アガシの部屋
2001.07.15	第21号	16		〈連載〉ガンバレ！2002W杯
2001.07.15	第21号	17		〈連載〉韓国文化を知ろうー楽器・チンー
2001.07.15	第21号	20		〈連載〉あんにょんシネマ
2001.07.15	第21号	24		〈学習資料〉歴史用語解説
2001.07.15	第21号	26		地方だより
2001.07.15	第21号	34		コリアンイベント情報
2001.07.15	第21号	35		読者の마당まだん
2001.07.15	第21号	36		編集後記
2001.12.01	第22号	2		〈特集①〉W杯特集　ワールド・マトゥリ
2001.12.01	第22号	8		〈特集②〉国籍について考える　このままでいいの?私たちの国籍
2001.12.01	第22号	14		〈活動報告〉歴史を伝える運動ー自分探しの旅ー
2001.12.01	第22号	16		〈アンニョン！インタビュー〉矢島志敏(avex株式会社洋楽事業部国際部長)
2001.12.01	第22号	7		〈新連載〉まんが豆知識ーテェサー
2001.12.01	第22号	23		あんにょんBook
2001.12.01	第22号	20		〈連載〉アガシの部屋
2001.12.01	第22号	24		〈連載〉あんにょんシネマ
2001.12.01	第22号	26		〈学習資料〉歴史用語解説
2001.12.01	第22号	30		地方だより
2001.12.01	第22号	36		体育会便り
2001.12.01	第22号	40		読者の마당まだん
2001.12.01	第22号	40		編集後記
2002.07.22	第23号	2		〈アンニョン！インタビュー〉金守珍(俳優・新宿梁山泊座長)
2002.07.22	第23号	7		〈特集〉国籍条項(前編)外国人よ公務員になろう！

발행일	지면정보		필자	제목
	권호	페이지		
2002.07.22	第23号	13		〈活動報告〉韓日架け橋事業 対談：詩に夢のせて/ルポ：赤と青の共演
2002.07.22	第23号	24		〈特別企画〉ウリフェジャン
2002.07.22	第23号	11		〈連載〉あんにょんシネマ
2002.07.22	第23号	18		〈連載〉まんが豆知識
2002.07.22	第23号	19		〈連載〉アガシの部屋
2002.07.22	第23号	22		〈学習資料〉有事法制
2002.07.22	第23号	27		〈連載〉あんにょんBook
2002.07.22	第23号	28		〈新連載〉韓国詩紹介
2002.07.22	第23号	29		地方だより
2002.07.22	第23号	36		編集後記
2003.12.20	第26号	2		〈アンニョン!インタビュー〉ラップグループKP
2003.12.20	第26号	6		〈特集〉石原都知事にもの申す！ 抗議活動記録/教科書があぶない
2003.12.20	第26号	12		〈活動報告〉歴史を伝える運動ーお宝写真を求めて三千里ー
2003.12.20	第26号	11		〈連載〉あんにょんBook
2003.12.20	第26号	18		〈連載〉アガシの部屋
2003.12.20	第26号	20		〈連載〉学習資料
2003.12.20	第26号	23		〈連載〉まんが豆知識
2003.12.20	第26号	24		地方だより
2003.12.20	第26号	28		チャンソリマルゴ
2003.12.20	第26号	28		編集後記
2004.12.01	第28号	2		〈特集①〉活動報告　KOREAN YOUTH TRABEL
2004.12.01	第28号	8		〈アンニョン!インタビュー〉チョン　ジヒョン
2004.12.01	第28号	16		〈特集②〉今、教育現場が危ない!?ー学校の中は・・・編ー
2004.12.01	第28号	14		27・28号限定企画　今ドキ　ソウル!
2004.12.01	第28号	15		〈連載〉梁くんの世界紀行
2004.12.01	第28号	24		〈連載〉あんにょんシネマ　特別編　在日青年が選ぶ「韓国映画アカデミー笑」
2004.12.01	第28号	26		〈連載〉学習資料
2004.12.01	第28号	28		〈連載〉まんが豆知識
2004.12.01	第28号	29		〈連載〉あんにょんBook
2004.12.01	第28号	30		〈青年紹介〉青年紹介番外編「あの頃君は若かった」ー全国会長団今昔物語ー
2004.12.01	第28号	34		地方だより
2004.12.01	第28号	38		行事案内
2004.12.01	第28号	40		編集後記
2005.07.01	第29号	6		〈特集①〉愛・地球博 密着リポート! 5月11日『コリアデー』他
2005.07.01	第29号	14		〈特集②〉韓日友情年ー進もう未来へ、一緒に世界へー

발행일	지면정보		필자	제목
	권호	페이지		
2005.07.01	第29号	2		〈アンニョン!インタビュー〉WAX
2005.07.01	第29号	12		〈新連載〉あなたの職業はなぁ～に?
2005.07.01	第29号	13		29・30号限定企画 リクエストにお応えして!!ファッションのツボ
2005.07.01	第29号	20		〈連載〉梁君世界紀行
2005.07.01	第29号	22		〈連載〉アガシの部屋
2005.07.01	第29号	28		活動報告
2005.07.01	第29号	30		地方だより
2005.07.01	第29号	37		青年紹介
2005.07.01	第29号	38		行事案内
2005.12.01	第30号	2		〈アンニョン!インタビュー〉李家幽竹
2005.12.01	第30号	77		ZERO
2005.12.01	第30号	5		〈特集①〉おめでとう!30号記念!!『안녕!の全て』
2005.12.01	第30号	14		〈特集②〉ウトロ地区
2005.12.01	第30号	26		青年意識調査
2005.12.01	第30号	34		〈特別企画〉お店紹介
2005.12.01	第30号	36		座談会
2005.12.01	第30号	46		29・30号限定企画 リクエストにお応えして!!ファッションのツボ
2005.12.01	第30号	68		親バカさんオソオセヨ!
2005.12.01	第30号	52		〈連載〉アガシの部屋
2005.12.01	第30号	67		〈連載〉양くんの世界紀行
2005.12.01	第30号	70		〈連載〉まんが豆知識
2005.12.01	第30号	74		〈連載〉あなたの職業はなぁ～に?
2005.12.01	第30号	17		活動報告
2005.12.01	第30号	56		学習資料
2005.12.01	第30号	58		青年紹介スペシャル
2005.12.01	第30号	60		地方だより
2005.12.01	第30号	72		行事案内
2006.08.01	第31号	2		〈特集①〉子どもの名前ど～しますか? 未婚・既婚青年たちによる座談会
2006.08.01	第31号	12		〈特集②〉韓日環境レポート 対馬島緊急上陸レポート
2006.08.01	第31号	6		〈アンニョン!インタビュー〉リュウ・ヒジュン
2006.08.01	第31号	18		〈特別企画〉ウリ会長
2006.08.01	第31号	16		〈新連載〉わたしの友達紹介します!(내친구를소개합니다!)
2006.08.01	第31号	20		〈新連載〉あんにょんCOOKING
2006.08.01	第31号	22		〈連載〉アガシの部屋
2006.08.01	第31号	24		〈連載〉あんにょんシネマ
2006.08.01	第31号	28		〈連載〉양くんの世界紀行

발행일	지면정보		필자	제목
	권호	페이지		
2006.08.01	第31号	29		〈連載〉あんにょんBook
2006.08.01	第31号	10		活動報告　号別訪問体験記
2006.08.01	第31号	31		地方だより
2006.08.01	第31号	38		行事案内
2006.02.22	第32号	2		〈アンニョン!インタビュー〉つかこうへい
2006.02.22	第32号	4		〈アンニョン!インタビュー〉RYU
2006.02.22	第32号	8		〈特集①〉民族学校って、どんなところ!?　韓国学校Q＆A
2006.02.22	第32号	12		〈特集②〉韓国留学を考えているあなたへ　ベスト(?)な留学先を探せるフローチャート付
2006.02.22	第32号	14		韓国の伝統儀礼
2006.02.22	第32号	17		〈連載〉양くんの世界紀行
2006.02.22	第32号	18		〈連載〉あんにょんシネマ
2006.02.22	第32号	20		〈連載〉アガシの部屋
2006.02.22	第32号	26		〈連載〉(わたしの友達紹介します!)
2006.02.22	第32号	28		〈連載〉あんにょんBook
2006.02.22	第32号	29		〈連載〉あんにょんCOOKING
2006.02.22	第32号	30		〈連載〉あなたの職業はなぁ～に?
2006.02.22	第32号	22		学習資料　在日学徒義勇軍の歴史・地方参政権
2006.02.22	第32号	32		地方だより
2006.02.22	第32号	38		行事案内
2007.12.20	第33号	2		〈キャラバン奮闘記〉　●2007青年ジャンボリー　●青年会結成30周年の節目に　●在日韓国青年会ＯＢ会が発足!
2007.12.20	第33号	16		〈新連載〉在日とともに生きた人たち
2007.12.20	第33号	17		〈新連載〉私のコリア街・東京編
2007.12.20	第33号	22		〈新連載〉民族学校って、どんなところ!?
2007.12.20	第33号	27		〈新連載〉웰빙～wellbeing～
2007.12.20	第33号	18		〈連載〉양くんの世界紀行
2007.12.20	第33号	19		〈連載〉あんにょんCOOKING
2007.12.20	第33号	20		〈連載〉あんにょんシネマ
2007.12.20	第33号	28		〈連載〉アガシの部屋
2007.12.20	第33号	30		学習資料　二・八独立宣言運動
2007.12.20	第33号	32		活動報告　統一院研修
2007.12.20	第33号	33		地方だより
2007.12.20	第33号	46		行事案内
2008.08.01	第34号	2		〈アンニョン!インタビュー〉笑福亭銀瓶
2008.08.01	第34号	16		〈特集〉在日文学のススメ
2008.08.01	第34号	34		〈特別企画〉留学体験記
2008.08.01	第34号	8		〈連載〉民族学校って、どんなところ!?
2008.08.01	第34号	12		〈連載〉アガシの部屋

발행일	지면정보		필자	제목
	권호	페이지		
2008.08.01	第34号	15		〈連載〉양くんの世界紀行
2008.08.01	第34号	33		〈連載〉私のコリア街・大阪編
2008.08.01	第34号	37		〈連載〉あんにょんCOOKING
2008.08.01	第34号	20		学習資料　韓服の歴史
2008.08.01	第34号	28		学習資料　地方参政権
2008.08.01	第34号	39		地方だより
2008.08.01	第34号	46		行事案内
2009.01.30	第35号	2		〈アンニョン!インタビュー〉朴泰桓
2009.01.30	第35号	10		〈特集〉アンニョン特別座談会　家族
2009.01.30	第35号	18		〈連載〉民族学校って、どんなところ!?
2009.01.30	第35号	22		〈連載〉あんにょんシネマ
2009.01.30	第35号	24		〈連載〉あんにょんBook
2009.01.30	第35号	33		〈連載〉양くんの世界紀行
2009.01.30	第35号	35		〈連載〉あんにょんCOOKING
2009.01.30	第35号	36		〈連載〉アガシの部屋
2009.01.30	第35号	62		〈連載〉青年紹介
2009.01.30	第35号	30		学習資料　どうなる?在外国民の参政権!!
2009.01.30	第35号	40		〈活動報告〉2008在日同胞オリニジャンボリー　●2008年全国会長団研修会　●第21回 Korean Youth Academy　●多国籍住民と日本の議員でつくる多文化フェスタ
2009.01.30	第35号	42		地方だより
2009.01.30	第35号	57		行事案内/アンニョン掲示板「普段言えない家族へのメッセージ」
2009.07.10	第36号	2		〈アンニョン!インタビュー〉梁石日
2009.07.10	第36号	10		〈部活報告〉5.31集会
2009.07.10	第36号	11		〈特集〉自分史、在日図鑑
2009.07.10	第36号	18		〈連載〉アガシの部屋
2009.07.10	第36号	20		〈新連載〉양くんの世界紀行
2009.07.10	第36号	21		〈連載〉あんにょんシネマ
2009.07.10	第36号	22		〈連載〉あんにょんBook
2009.07.10	第36号	24		〈連載〉あんにょんCOOKING
2009.07.10	第36号	29		〈特別企画〉韓国にゆかりのある地域紹介
2009.07.10	第36号	32		学習資料　入管法改正
2009.07.10	第36号	36		地方だより
2009.07.10	第36号	50		行事案内
2009.12.25	第37号	2		白真勲参議院議員
2009.12.25	第37号	8		生活に関わる行政手続き～在日韓国人のためのマニュアル～
2009.12.25	第37号	13		自分史、在日図鑑

발행일	지면정보		필자	제목
	권호	페이지		
2009.12.25	第37号	17		양くんの世界紀行
2009.12.25	第37号	18		アンニョンボーイ
2009.12.25	第37号	23		あんにょんシネマ
2009.12.25	第37号	24		アガシの部屋
2009.12.25	第37号	26		あんにょんBook
2009.12.25	第37号	28		あんにょんCOOKING
2009.12.25	第37号	29		学習資料　多文化共生
2009.12.25	第37号	37		〈特別企画〉韓国の足跡
2009.12.25	第37号	40		地方だより
2009.12.25	第37号	54		行事案内
2010.10.31	第38号	2		人サラム　日本の皇族出身で勧告障害児の母「李方子」
2010.10.31	第38号	30		〈女性特集号特別企画〉ちょんいんの在日女子ブライダルパーティ体験記
2010.10.31	第38号	8		青年会って?
2010.10.31	第38号	38		青年イベント告知
2010.10.31	第38号	5		ハングル月暦紹介&申込書
2010.10.31	第38号	4		〈ニュース〉在日関連ニュース
2010.10.31	第38号	6		本国関連ニュース
2010.10.31	第38号	10		〈アンニョン！インタビュー〉女性トップレゲエ歌手PUSHIMさん　独店インタビュー
2010.10.31	第38号	32		在日韓国青年会　朴善貴会長　インタビュー
2010.10.31	第38号	28		輝く在日女性　ガラス作家　李慶子さん
2010.10.31	第38号	34		在日Ⅹ経済人　ＯＫＷａｖｅ社長　兼元謙任さん
2010.10.31	第38号	17		地方だより
2010.10.31	第38号	39		〈特集〉Korea Youth Travel 2010 写真集
2010.10.31	第38号	44		エンターテインメント
2011.01.31	第39号	2		人サラム・韓日架け橋雨林芳洲
2011.01.31	第39号	4		延坪島砲撃/韓国が存在感
2011.01.31	第39号	5		在外同胞に初の国政選挙権/李忠成日本代表入り
2011.01.31	第39号	6		青年会って?
2011.01.31	第39号	8		韓日友好のシンボル　女優笛木優子/ユミン
2011.01.31	第39号	16		日本記者から見た「日韓在日架け橋フェスタ2010」
2011.01.31	第39号	20		写真で振り返る日韓在日架け橋フェスタ
2011.01.31	第39号	22		架け橋団代&活動ピックアップ
2011.01.31	第39号	24		歴史/これまでの百年　いま振り返る韓・日・在日の百年史
2011.01.31	第39号	29		高麗神社紹介
2011.01.31	第39号	32		松江哲明監督インタビュー
2011.01.31	第39号	36		在日Ⅹ経済人　OKWave社長　兼元謙任さん

발행일	지면정보		필자	제목
	권호	페이지		
2011.01.31	第39号	41		〈地方だより〉埼玉
2011.01.31	第39号	42		〈地方だより〉東京
2011.01.31	第39号	43		〈地方だより〉神奈川
2011.01.31	第39号	44		〈地方だより〉山梨
2011.01.31	第39号	45		〈地方だより〉愛知
2011.01.31	第39号	46		〈地方だより〉京都
2011.01.31	第39号	47		〈地方だより〉大阪
2011.01.31	第39号	48		〈地方だより〉兵庫
2011.01.31	第39号	49		〈地方だより〉広島
2011.01.31	第39号	50		Close-up 大統領談話
2011.01.31	第39号	52		LOVESONG 特集 K-POP
2011.01.31	第39号	53		韓国と日本の英雄特集 シネマ
2011.01.31	第39号	54		話題のブック
2011.01.31	第39号	55		annyong-recipe 覆面料理人「鄭・リカルド3世」のこれでも食べやぁ
2011.01.31	第39号	56		韓国トレンド最前線 韓国のパワースポット
2011.01.31	第39号	57		へちょこ通信 母国への旅
2011.01.31	第39号	58		わたしを青年会に連れてって
2011.01.31	第39号	60		Photo 今号の青年
2012.06.18	第41号	4		人サラム 辛格浩(重光武雄)
2012.06.18	第41号	8		職業の枠にとらわれない映画人～杉野希妃
2012.06.18	第41号	15		母国研修会写真集
2012.06.18	第41号	24		自分史在日図鑑
2012.06.18	第41号	28		内定者が語る!
2012.06.18	第41号	32		宮城
2012.06.18	第41号	33		埼玉
2012.06.18	第41号	34		神奈川
2012.06.18	第41号	35		山梨
2012.06.18	第41号	36		京都
2012.06.18	第41号	37		大阪
2012.06.18	第41号	38		兵庫
2012.06.18	第41号	39		滋賀
2012.06.18	第41号	40		岡山
2012.06.18	第41号	41		広島
2012.06.18	第41号	42		学習資料 在日学徒義勇軍
2012.06.18	第41号	46		K-POP大物スター特集
2012.06.18	第41号	47		シネマおすすめ映画紹介
2012.06.18	第41号	48		ブック在日必読本

발행일	지면정보		필자	제목
	권호	페이지		
2012.06.18	第41号	49		韓国ビジネスプチ情報
2012.06.18	第41号	50		へちょこ通信「ポジャギ」
2012.06.18	第41号	51		あんにょんレシピ「タッカルビ」
2012.06.18	第41号	52		留学生通信～釜山だより～

우리생활(ウリ生活)

○ ○ ○

1 서지적 정보

『우리생활』은 1987년 11월부터 1995년 8월까지(12호) 도쿄의 「재일동포의 생활을 생각하는 모임」에서 발행한 생활정보잡지이며, 편집은 『우리생활』 편집위원회에서 담당하고 있다. 본 잡지는 최초 연 2회 또는 3회를 목표로 발간되었지만, 1990년 11월에 발간된 7호까지는 연 2회, 그리고 1991년 5월에 발간된 8회부터는 연 1회로 횟수가 축소되어 발행되었다. 또한, 동시대에 발행되고 있는 『민도』『계간 청구』『호르몬문화』 등의 잡지가 짧은 기간에 많은 호수를 발간하고 있다는 사실을 언급하면서, 「사상을 담당하는 잡지는 사상을 담당하고, 문예를 담당하는 잡지라면 문예를 담당하며, 생활을 짊어져야 하는 잡지이면 생활을 담당하는 것, 항상 초심을 잊지 않는 것이 중요하다고 생각한다」(10호)라고 말하고 있듯이, 동시대의 무개성적으로 발행되는 재일조선인 관련 잡지에 대한 비판과 '생활'에 방점을 찍은 본지의 발간 취지를 강조하고 있다.

잡지의 내용적인 측면에서 보면, 지면은 좌담회, 창작, 역사탐방, 영화비평, 칼럼, 동포교포, 독자소식 등으로 구성되어 있고, 매호 동시대에 이슈화되고 있는 주제를 특집으로 엮고 있다. 예를 들면, 「결혼문제를 생각하다」(창간호), 「재일동포 문화의 창조를 목표로」(2호), 「귀화동포는 말한다」(5호), 「1995년 해방 50주년의 여름」(12호) 등, 재일동포가 지니고 있는 다양한 현실적인 생활의 고민과 문제들을 함께 공유하며 해결해 나가기 위한 본격적인 재일동포의 생활종합지 성격을 띠고 있다. 특히, 본 생활정보잡지의 기사 구성은 「『우리생활』은 문예지도 아니며 사상지도 아니다. 그렇다고 해서, 창작이나 논문을 배제하는 것 역시 아니다. 다만, 모임의 성격상, 지금의 이국땅에서 생활해 나가기 위해 필요한 극히 일반적인 지식과 정보는 서로 교환할 수 있는 생활 정보지를 목표로 하고 있다」(창간호, 편집후기)라고 말하고 있듯이, 특정 장르의 기사에 한정하지 않고 다양한 원고를 모집하고 있다.

또한, 정치적인 측면에서 보면, 「종래의 남북으로 분리된 재일 조직의 어느 쪽에도 속해 있지 않기 때문에, 재일조선인 사람들과의 접촉의 장도 그다지 가지지 못하고 생활하고 있는 사람들이 의외로 많으며, 더욱이 그 숫자 역시 증가하고 있습니다. 「우리생활」이 그러한 사람들의 목소리까지도 귀 기울여 의견과 정보 교환의 마당으로 성장해 나갔으면 하는 바램입니다」(5호)라고 말하고 있듯이, 민단과 조총련의 두 조직 사이에서 분열된 주체를 살아가고 있는 사람들을 언어화하는 것을 목적으로 하고 있다. 특히, 「애당초 민족을 사용언어(만)로 파악하려고 하면 재일은 이미 훨씬 이전에 소멸했다. 그렇다고 해서 국적만으로도 정의할 수 없다. 그렇다면, 무엇일까―. 이와 같이 딱 잘라 말할 수 없는 모든 것을 포함한 존재, 그것이 재일인 것이다」(10호)라고 재일조선인을 재규정하고 있듯이, 민단과 조총련이라는 고정적이고 경직된 구조에서 배제된 사람들을 언어화해서, 재일조선인의 새로운 시대정신을 반영한 공감의 장소와 담론의 장으로 만들어가고자 했다.

2 창간사

창간준비위원회

우리들을 나무로 비유하자면 탄탄한 뼈대를 가지고 성장한 어린 나무라 할 수 있다. 미래를 향한 재일동포의 커다란 기대를 가슴에 품으며, 「재일동포의 생활을 생각하는 모임」이라는 작은 묘목은 4년이 지나 지금에 이르렀다. 하늘을 뒤덮는 푸르른 큰 나무는 아니지만, 작지만 자양분이 가득한 과실을 몇 개인가 가지에 매달고 있다. 이 광경은 우리들에게 일종의 감격을 선사해 준다. 시작했을 때는 매우 적은 사람들이었지만 지금은 다르다. 우리들은 재일동포사회에서 재일동포의 요구에 가장 정확하게 대응하기 위해서 노력해 왔기 때문에 미약하지만 얻어낸 결과이다. 우리들은 최근 4년간 조직력과 관리성이라고 하는 수경법만으로 묘목을 길러 온 것은 아니다. 그 방법이라고 하면, 이른바 수작업이다. 자연의 힘을 활용해 왔다. 비가 내리는 날이 있으면 맑은 날도 있었다. 적지만 눈보라도 있었고 폭풍우도 있었다. 여러 경험을 통해서 우리들은 맨몸과 마음으로 재일동포 한명 한명과 만나, 서로 재일동포의 근원적인 문제를 생활 방면·사회활동 방면, 경제적 방면 등 다방면에 걸쳐 진지하게 토론하고, 가능한 범위에서 실천해 왔다. 우리들이 앞으로도 지금까지의 방식을 겸허하게 성실히 실천, 노력해 간다면 우리들의 어린 나무는 결국엔 재일동포의 수많은 가족이 모두 즐길 수 있는 나무 그늘과 실익을 가져다주는 큰 나무가 될 것을 확신한다.

현재, 「재일동포의 생활을 생각하는 모임」에 모이는 사람들은 늘어나고 있다. 따라서 재일동포의 기대와 수요는 한층 높아졌고, 질적으로도 보다 본질적인 활동과 대응을 하지 않으면 안 되는 것이 현실이다. 우리들은 이러한 격동적인 현실에 굴하지 않고 열심히 노력하며 담담히 극복해 나가고 싶다. 그 제1탄이 바로 『우리생활』이다.

『우리생활』은 한권의 정보수첩이고 우리들의 집이며 하나의 학교이다. 재일동포의 현실은 힘들다. 우리들은 항상 일본의 여러 배타성의 부정과 편견 속에서 자신을 확립하기 위하여 투쟁하며 살아왔다. 그 투쟁하는 삶은 간단하지 않았다. 항상 동화와 귀화의 유혹과 협박이 있었다. 현재도 그러한 상황이 불식되었다고는 할 수 없다. 현실의 본질을 직시하면 할수록 우리들의 주변에는 투쟁하며 되찾지 않으면 안 되는 것이 많이 있다. 「민족적으로 자립 발전한다」는 것은 이러한 부당한 상황에서 도망치거나 배신행위를 하는 자에게는 불쾌한 울림으로 다가올 것이다. 하지만 인간이 인간으로서 살아가는 기본조건은 정말 자신을 표현하는 것에 있어서 자유의 획득과 보장인 것이다. 그것이 우리들이 자립시키고 발전시키려고 하는 「민족」인 것이다. 우리들의 「민족」은 재일 속의 「민족」을 말하며, 물론 재일동포의 역사의 영향을 고스란히 받고 있다. 상처를 입고 방황하며, 내분을 반복하면서도 단결하지 못하는 분단 그대로의 「민족」이다. 우리들은 이 사태를 개선하고 싶다. 「열린 민족」을 창조하고 싶다. 우리들 재일동포는 각자 일상이 서로 다르다. 그 고민과 문제를 마음을 서로 터놓고 공동의 벽에 맞서 함께 싸우고 우정을 나눈 적은 좀처럼 없었다. 모두가 고독하여 각자가 노력하는 것 외엔 방법이 없었다. 남북의 공적기관은 있지만, 현재는 그것에 우리들 재일동포의 운명을 전적으로 맡길 상황은 아니다. 우리들은 이 「닫힌 민족」의 상황을 열어젖히고 싶다. 그러기 위해서는 먼저, 재일동포 스스로가 현재 무엇을 고민하고, 무엇을 문제화하며, 무엇을 필요로 하고 있는가를 솔직하게 묻는 것부터 시작하고 싶다. 『우리생활』은 그래서 재일동포의 정보수첩이다. 여기에는 어려운 전문적인 말보다도 알기 쉽고 간결한 말을 사용하고 싶다. 여러

계층, 1세대부터 젊고 어린 재일동포세대까지의 소리를 폭넓게 반영하고 싶다.

우리들은 지금까지 「생각하는 모임」통신, 기관지 『온돌방』의 발행으로 우리들과 우리들에게 보내온 수많은 목소리를 재일동포에게 발신해 왔다. 목소리를 서로 공유한다는 것은 인간이 서로를 이해하기 위한 가장 중요한 조건이다. 이들 하나하나, 한 장 한 장, 한 페이지 한 페이지는 동시대의 재일동포의 분명한 마음의 숨결이었다. 생활현장에서의 생생한 목소리는 재일동포 서로간의 귀중한 마음의 교류가 되고, 가식 없는 연대감을 형성하였다. 『우리생활』은 그러한 목소리를 보다 풍부하게 만들어가려는 것이다. 그것이 실현되어 오랫동안 지속된다면, 재일동포가 마음 편히 쉴 수 있는 미래에의 활력이 되는 나의 집이 될 것이다.

이곳은 또한 재일동포의 역사와 현실에 비추어 우리들이 힘차게 살아가기 위하여, 다양한 교훈과 실천방법을 스스로 구하고 배우는 곳이다. 우리들의 선배들이 쌓아온 것을 계승하고 더욱 발전시켜, 재일동포에게 오늘날과 내일에 대한 희망의 씨앗을 하나라도 많이 뿌리고 싶다. 진실이라는 씨앗과 진지한 노력만이 재일동포의 행복을 진정으로 실현한다고 생각하기 때문이다. 우리들의 학교는 인간의 학교이고 민족의 학교이며, 공존을 목표로 하는 철학의 학교이다.

재일동포사회에서 문화교양지적인 것이 발행된 것은 이것이 처음은 아니다. 하지만 오랜 기간 재일동포의 기대를 짊어지고, 더욱이 정열을 불태우며 언제까지나 응답해 가는 최초의 것으로 만들고 싶다. 재일동포 부재와 실천활동 부재의 그럴듯하게 포장된 내실이 빈약한 것으로 하고 싶지는 않다. 나날이 새롭고 활기차며, 즐기면서 최선을 다하고 싶다. 10년 후에 자신의 발자취를 자랑스러워할 수 있도록, 단 한 번의 단 하나의 목숨을 후회 없이 불태우며 오늘을 살고 싶다.

회원 여러분, 재일동포 여러분, 『우리생활』은 우리들 모두의 힘으로 창조하고 만들어가지 않으면 안 됩니다. 『우리생활』을 만드는 것은 당신입니다. 당신이 필자이고, 열정적인 독자이며, 좋은 비평가입니다. 더욱이 『우리생활』의 믿음직한 배달원이고 수금인입니다. 그리고 동시에 최대의 수익자로 있지 않으면 안 됩니다. 『우리생활』은 당신과 함께 희망이 있는 미래로 향할 것입니다.

3 목차

발행일	지면정보		필자	제목
	권호	페이지		
1988.05.10	第2号	28	金敬得	M博士への手紙
1988.05.10	第2号	36	鄭閏熙	「帰化」を論じるものとして
1988.05.10	第2号	46	宮本万里子·尹陽子·金協一·金仙女·李志津·張怜姫	〈追跡〉結婚問題その後
1988.05.10	第2号	68	沈光子	〈追悼〉在日の孤帆
1988.05.10	第2号	70	金潤	別れ
1988.05.10	第2号	108	朴慶植	在日同胞の解放の歩み(二)
1988.05.10	第2号	166	金奎一	体験的在日同胞論
1988.05.10	第2号	130	兪暁久·李圭熙·梁賢承·呉省三·呉和美·申順子·安籐由布樹	〈特集〉在日同胞文化の創造をめざして
1988.05.10	第2号	76	沈人煥	〈わが青春の思い出〉路(みち)のべに
1988.05.10	第2号	80	尹春江	〈ふるさと絶景〉白頭山の思い出
1988.05.10	第2号	84	呉敬進	〈ふるさと絶景〉済州島を訪ねて
1988.05.10	第2号	92	朴用華	〈歴史探訪〉涙の立待岬
1988.05.10	第2号	96	金桂昊	〈緑豆辞典〉わが民族の長所
1988.05.10	第2号	100	姜尚中	〈コラム〉「異郷と故郷」で思うこと
1988.05.10	第2号	104	洪忠熹	高層建築の話題ふたつ
1988.05.10	第2号	158	金省鎮	〈サランバン〉裸足の芸術家
1988.05.10	第2号	114	金東元	〈同胞僑胞〉中国、祖国、そして日本
1988.05.10	第2号	120	倉橋葉子·原田信一·関野真一·林美恵子	開かれた窓
1988.05.10	第2号	217		読者からの手紙
1988.05.10	第2号	220		編集後記
1988.11.30	第3号	2	申恵丰	同時代を生きる人々へ
1988.11.30	第3号	8	金明美	この目が黒いうちは-黄オモニの半生
1988.11.30	第3号	14	金敬植	独断·苦信·妄言　子育て論
1988.11.30	第3号	20	李徹·張貞姫·安炳鎬·尹春江·鄭載元	〈特集Ⅰ民族差別を語る〉〈座談会〉今なぜ「差別」なのか/日本社会から消えぬ差別　差別は見えにくくなっている/何を求めてゆくべきか
1988.11.30	第3号	40	金勲淑	〈特集Ⅱ民族差別への提言〉自立の道
1988.11.30	第3号	50	慎潤一	差別を言う前に
1988.11.30	第3号	60	金英男	定住外国人の論理
1988.11.30	第3号	66	崔正美	感覚の蘇生の中で
1988.11.30	第3号	72	李一凡	内なるものより
1988.11.30	第3号	84	編集部	〈特集Ⅲアンケート調査報告〉在日同胞お意識調査に関する報告

발행일	지면정보		필자	제목
	권호	페이지		
1988.11.30	第3号	108	申順子	アンケート調査に携わって
1988.11.30	第3号	110	朴相五	〈映画批評〉恋の可能性を示す 在日の青春映画「潤の街」
1988.11.30	第3号	116	金佑宣	〈映画批評〉「潤の街」への歩み
1988.11.30	第3号	120	左藤朋子	〈映画批評〉「神々の履歴書」を観て
1988.11.30	第3号	123	前田憲二	〈映画批評〉先組への系譜
1988.11.30	第3号	126	朴慶植	在日同胞の解放後の歩み(三)
1988.11.30	第3号	224	金奎一	虚無の世代と混迷の時代(上)
1988.11.30	第3号	134	朴秉稷	〈わが青春の思い出〉人生の回顧
1988.11.30	第3号	140	成允植	〈コラム〉狂った天皇賛歌
1988.11.30	第3号	142	尹嘉子	〈コラム〉歴史をくり返してはならない
1988.11.30	第3号	144	趙景達	〈歴史探訪〉李朝社会と現在
1988.11.30	第3号	152	高良順	〈緑豆辞典〉ウリナラの冠婚葬祭について
1988.11.30	第3号	162	呉省三	マイホームパパと恵比寿で呑めば
1988.11.30	第3号	174	李竜·孫明淑·郭大植	〈同胞僑胞〉ヨーロッパに住んでみて
1988.11.30	第3号	182	高柳俊男	〈開かれた窓〉「在日」と「在中」と
1988.11.30	第3号	186	李学仁	〈随筆〉在日同胞正整策
1988.11.30	第3号	198	鄭閏熙	〈小説〉路(みち)のべに
1988.11.30	第3号	259		読者からの手紙
1988.11.30	第3号	567		編集後記
1989.05.10	第4号	2	沈光子	〈マダン〉翔びたつ君に
1989.05.10	第4号	6	崔純子	〈マダン〉ひとりごと
1989.05.10	第4号	10	崔昇竜	〈マダン〉当世古本屋事情
1989.05.10	第4号	52	姜尚中	〈連載〉「われわれにとって日本とはなにか」(一)「昭和」の終焉とわれわれ
1989.05.10	第4号	44	鄭星熙	差別を「読む」視点-慎潤一氏の疑問
1989.05.10	第4号	56	鄭閏熙	「天皇制」が秘めているもの
1989.05.10	第4号	64	金宮雄	愛すること―存在という差別
1989.05.10	第4号	76	朴相五	ウリマルの響き―ウノメ・タカノメ放談会-
1989.05.10	第4号	86	朴燦鎬	「演歌」の源流を探る
1989.05.10	第4号	174	金奎一	虚無の世代と混迷の時代(中)―在日は病膏の極み
1989.05.10	第4号	16		〈座談会〉女性たちの視点から再び差別を語る/「在日」でしかありえない自分/日本人との違いをアッピールすべき
1989.05.10	第4号	98	金潤	〈詩〉あなたよ
1989.05.10	第4号	100	李直茂	〈詩〉声
1989.05.10	第4号	112	宗万烈	わが青春の想い出「半生をふりかえる」
1989.05.10	第4号	108	文京洙	〈コラム〉生活から考える
1989.05.10	第4号	124	張貞姫	〈歴史探訪〉すぱいとして処刑された金寿任-韓国版マタハリ事件

발행일	지면정보		필자	제목
	권호	페이지		
1989.05.10	第4号	130	安炳鎬	〈緑豆辞典〉「キムチ」と食文化
1989.05.10	第4号	146	高良順	〈サランバン〉迷えるオモニたちよ集まれ
1989.05.10	第4号	154	権和枝	〈同胞僑胞〉「ロス」で考えたこと
1989.05.10	第4号	154	李徹	〈同胞僑胞〉「北京」で思ったこと
1989.05.10	第4号	140	林浩治	〈開かれた窓〉天皇制と金泰生
1989.05.10	第4号	143	片桐未佳	〈開かれた窓〉平成に考えること、なすべきこと
1989.05.10	第4号	212		読者だより
1989.05.10	第4号	129		編集部だより
1989.05.10	第4号	214		編集後記
1989.11.01	第5号	2	金潤	〈マダン〉歴史の中で
1989.11.01	第5号	4	申正九	〈マダン〉しんがり一世のつぶやき
1989.11.01	第5号	7	高初輔	〈マダン〉在日同胞社会の「町弁」として
1989.11.01	第5号	10	柳基善	動きだした東アジア情勢　民主手議の観点から
1989.11.01	第5号	22	姜聖信	〈論壇〉在日青年の企業生活と民族問題
1989.11.01	第5号	30	小山育美・柳麗子・高沼劑・朴相五	〈座談会〉対等な関係を求めて-若き日本からのメッセージ-
1989.11.01	第5号	80	金勲淑	日本人の視点を超えること
1989.11.01	第5号	70	沈光子	轍の跡に－ある一世の追憶-
1989.11.01	第5号	198	金奎一	虚無の世代と混迷の時代(下)-日本を語るのは在日を知るため
1989.11.01	第5号	94	鄭康徳・泰明司・編集部・申恵丰	〈座談会〉帰化同胞は語る/帰化者増加の激流の中で日本国籍でも朝鮮人
1989.11.01	第5号	106	崔碩義	〈詩〉禁煙狂騒曲
1989.11.01	第5号	112	鄭閏熙	〈小説〉白き自由を求めて
1989.11.01	第5号	88	玄璣沢	異論・異説「体験的在日同胞論」を考える
1989.11.01	第5号	160	李一世	わが青春の想い出　私の盗み修業記-六十歳の文学校生になって
1989.11.01	第5号	92	尹健次	〈コラム〉分断時代を生きた梶村秀樹氏
1989.11.01	第5号	168	李学仁	〈ふるさと絶景〉「三夢仏」韓国取材旅行記
1989.11.01	第5号	186	安炯鎬	〈歴史探訪〉安重根と日帝侵略小史
1989.11.01	第5号	180	郭大植	〈緑豆辞典〉高麗人参について
1989.11.01	第5号	136	金弘茂	〈サランバン〉それは一冊の本との出合いから始まった
1989.11.01	第5号	152	文徳栄	〈同胞僑胞〉「キョッポとう国」から来た外人
1989.11.01	第5号	128	西尾　斉	〈開かれた窓〉私の朝鮮体験
1989.11.01	第5号	132	百瀬まなみ	〈開かれた窓〉歌は友達
1989.11.01	第5号	238		読者だより
1989.11.01	第5号	29		編集部だより
1989.11.01	第5号	240		編集後記
1990.05.20	第6号	2	宋金宮	〈マダン〉私の語学留学記

발행일	지면정보		필자	제목
	권호	페이지		
1990.05.20	第6号	6	朴仁淑	〈マダン〉考える会とともに
1990.05.20	第6号	8	金明美	〈マダン〉透明人間ノーリターン
1990.05.20	第6号	11	呉省三	〈マダン〉「ウリマル教室」奮闘記
1990.05.20	第6号	26	金海坤	韓国の経済と産業技術の発展
1990.05.20	第6号	16	高秉沢	私にとって祖国とはなにか
1990.05.20	第6号	206	鄭閏熙	〈小説〉虫のように
1990.05.20	第6号	42		〈特集〉ウリマルが消える
1990.05.20	第6号	76	柳亜子・朴順子・呉義考・朴相五	〈座談会〉イマドキの大学生 在日の若者が考えていること
1990.05.20	第6号	102	李志津子・任上彦・徐昌済・鄭淑永	〈座談会〉日本語・英語・そしてウリマル
1990.05.20	第6号	138	柳基善	李承玉先生の思い出
1990.05.20	第6号	244	金奎一	虚無の世代と混迷の時代(終)-いくつかの否定的因子について-
1990.05.20	第6号	118	姜聖信	ウリマルの思い出
1990.05.20	第6号	128	安炳鎬	ウリマル酔い
1990.05.20	第6号	160	徐光雄	〈サランバン〉若きコックさん宇夢を語る
1990.05.20	第6号	142	沈光子	わが青春の思い出ー(鄭秉春) 五臓六腑に身世打鈴の鈴が鳴る
1990.05.20	第6号	176	李一世	〈詩〉顔の流れ
1990.05.20	第6号	184	梨花美代子	〈短歌〉拒否者のわが影
1990.05.20	第6号	192	崔碩義	〈詩小説〉黄魁夢遊録
1990.05.20	第6号	224	成允植	〈緑豆辞典〉両班とサンノム
1990.05.20	第6号	232	趙景達	〈歴史探訪〉甲午農民戦争への道
1990.05.20	第6号	168	各務 滋	〈開かれた窓〉自分の名前に誇りを持つために
1990.05.20	第6号	172	岡 奈津子	〈開かれた窓〉「韓国人」と「朝鮮人」
1990.05.20	第6号	282		読者だより
1990.05.20	第6号	243		編集部だより
1990.05.20	第6号	284		編集後記
1990.11.20	第7号	2	李博盛	〈マダン〉混迷からの出口を探して
1990.11.20	第7号	5	宋寛	〈マダン〉区政モニターを体験して
1990.11.20	第7号	9	田代正雄	〈マダン〉私自身にまつわる日朝問題
1990.11.20	第7号	24	朴魯浩	民族教育の虚像
1990.11.20	第7号	34	金敬得	〈対話〉「九一年問題」で何が問われているのか(聞き手 柳基善)
1990.11.20	第7号	34	金敬得	〈資料〉在日韓国・朝鮮人の処遇改善に関する提言
1990.11.20	第7号	18	申恵丰	国籍、そして参政権について
1990.11.20	第7号	12	鄭載元	在日同胞・歴史の落し物
1990.11.20	第7号	64	金敬植・金万石・呉省三・編集部	〈座談会〉在日二・三世の笑顔を洗う-私たちは虚無の世代なのか-
1990.11.20	第7号	120	朴相五	〈随想〉ホームシックネス(故郷病)-旅の点景

발행일	지면정보		필자	제목
	권호	페이지		
1990.11.20	第7号	112	梁賢承	〈コラム〉小人閑居をして
1990.11.20	第7号	50	李博盛·姜聖信·崔純子·申恵丰·大沼保昭·ピーターバラカン	〈座談会〉TBSラジオスペシャル　私たちの日韓新時代
1990.11.20	第7号	162	野川義秋	〈開かれ窓〉川口自主夜間中学と在日外国人生徒たち
1990.11.20	第7号	92	金一勉	わが青春の思い出　私が渡日した頃-一九三〇年代の朝鮮-
1990.11.20	第7号	102	金順子	〈サランバン〉民族舞踊は私の人生
1990.11.20	第7号	132	梨花美代子	〈短歌〉昭和の終わりに
1990.11.20	第7号	138	金基星	〈創作〉影の夢
1990.11.20	第7号	144	鄭閏熙	〈小説〉スニヤンの赤い靴
1990.11.20	第7号	180	金奎一	〈新連載〉明日への模索-新しい価値観の創造を目指して
1990.11.20	第7号	168	趙景達	民衆反乱トユートピア-甲午農民戦争における民衆-
1990.11.20	第7号	126	朴雄基	〈異論·異説〉何故朝鮮人学校の存在を無視するのか
1990.11.20	第7号	129	李定美	〈異論·異説〉"ウリマルが消える"だけ？
1990.11.20	第7号	222		読者だより
1990.11.20	第7号	125		編集部だより
1990.11.20	第7号	224		編集後記
1991.05.20	第8号	2	柳昌夏	〈マダン〉今時の大学生は
1991.05.20	第8号	5	呉正美	〈マダン〉何も知らない在日韓国人として
1991.05.20	第8号	7	呉義孝	〈マダン〉世代をこえた在日観
1991.05.20	第8号	12	許東郁	国際化へのメッセージ-歴史に生きる在日は-
1991.05.20	第8号	32	裵重度	民族差別とたたかう実践のなかで(聞き手 柳基善)
1991.05.20	第8号	24	呉敬進	気がかりな出来事
1991.05.20	第8号	46	泰明司	「新·韓国人」誕生の記
1991.05.20	第8号	54	尹春江	ソウルの笑顔にふれた日々-夏·大学路-
1991.05.20	第8号	58	李学仁	高麗大学小留学記 その一 カッチの小路
1991.05.20	第8号	74	崔碩義	〈寧越紀行〉金サッカの墓を訪ねて-
1991.05.20	第8号	66	殷武巖	わが青春の思い出 志(こころざい)つねに高く
1991.05.20	第8号	88	梨花美代子	〈短歌〉昭和の終わりに(了)
1991.05.20	第8号	92	崔竜源	〈小説〉ぶらんこ
1991.05.20	第8号	110	鄭閏熙	文学から見た戦争の悲劇(連載一)「鴉の死」(金石範著)を通して
1991.05.20	第8号	116	文京洙	韓国文学散歩 尹興吉(ユンフンギル)の文学
1991.05.20	第8号	126	金潤	〈緑豆辞典〉外からの差別と内なる偏見
1991.05.20	第8号	132	金奎一	いまなぜ「考える会」なのか⑧ 明日への模索-新しい価値観の創造を目指して(二)-
1991.05.20	第8号	40	金英達	〈異論·異説〉帰化した者の想い-「新日本人」の言葉をめぐって-

발행일	지면정보		필자	제목
	권호	페이지		
1991.05.20	第8号	180	斉田　剛	〈読者だより〉一人一人のつながりの中から
1991.05.20	第8号	57		編集部だより
1991.05.20	第8号	87		原稿募集
1991.05.20	第8号	182		編集後記
1992.04.20	第9号	2	朴魯浩	〈マダン〉在日七〇万同胞は民族的に団結しよう
1992.04.20	第9号	4	李樹現	〈マダン〉日本社会の閉鎖性と民族差別
1992.04.20	第9号	7	成七竜	〈マダン〉民族意識と名前と国籍
1992.04.20	第9号	10	申恵善	〈マダン〉今私たちがしなければいけないこと
1992.04.20	第9号	14	張学錬	在日は消滅するか~新たな民族観の模索
1992.04.20	第9号	54	尹春江	ソウルの笑顔にふれた日々-秋・韓国外国語大学通訳大学院-
1992.04.20	第9号	68	成允植	〈随想〉旅で想い
1992.04.20	第9号	48	朴相五	遥かな境にて
1992.04.20	第9号	34	具末謨	彷徨する魂-獄中十年の断章
1992.04.20	第9号	28	尹健次	自分の生きざまをぶつける(聞き手 柳基善)-「在日」と社会科学-
1992.04.20	第9号	76	山下末子	わが青春の思い出在日韓国人に嫁いで
1992.04.20	第9号	92	鄭閏熙	文学から見た戦争の悲劇(二)井上光晴著「手の家」より
1992.04.20	第9号	82	金性鶴	〈手記〉父の沈黙
1992.04.20	第9号	106	李春穆	解放後在日同胞文学発掘シリーズ①つつじ
1992.04.20	第9号	116	崔碩義	〈短篇小説〉奥日光
1992.04.20	第9号	100	崔竜源	〈詩〉父と友とわたしのための組曲
1992.04.20	第9号	160	金奎一	いまなぜ「考える会」なのか⑨ 明日への模索-新しい価値観の創造を目指して(三)-
1992.04.20	第9号	58	李学仁	新反里朴人夢枕勝手 その一　青白き時代の終篇に
1992.04.20	第9号	148	趙慶済	〈緑豆辞典〉在日韓国・朝鮮人家族法の一断面
1992.04.20	第9号	138	辛基秀	〈歴史探訪〉朝鮮通信使の来日
1992.04.20	第9号	62	姜春星	〈異論・異説〉民族教育について考えたこと
1992.04.20	第9号	53		編集部だより
1992.04.20	第9号	47		原稿募集
1992.04.20	第9号	206		編集後記
1993.05.10	第10号	2	金英女	〈マダン〉「母」と「オモニ」の合い間で
1993.05.10	第10号	4	宮下育子	〈マダン〉私の想うこと
1993.05.10	第10号	6	金基星	〈マダン〉光あるうち光の中を歩め
1993.05.10	第10号	8	崔麻里	〈マダン〉私の結婚敵齢期
1993.05.10	第10号	12	李哲海	〈提言〉在日のビジョンを考えるために
1993.05.10	第10号	86	金順子	在日同胞社会における韓国文化-韓国舞踊研究者の立場から
1993.05.10	第10号	36	鄭載元	ロス暴動が浮き彫りにするアメリカ
1993.05.10	第10号	152	成允植	解放後在日同胞文学発掘シリーズ②ライターの灯
1993.05.10	第10号	54	孔順姫	〈特集 私たちはこう考える〉社会と障碍者と在日と

발행일	지면정보		필자	제목
	권호	페이지		
1993.05.10	第10号	58	金良淑	〈特集 私たちはこう考える〉在日の権利···特に選挙権について思うこと
1993.05.10	第10号	63	玄昶日	〈特集 私たちはこう考える〉新しい同胞学生サークルの提唱
1993.05.10	第10号	68	朴在哲	〈特集 私たちはこう考える〉在日のアイデンティティーを求めて
1993.05.10	第10号	72	鄭孝俊	〈特集 私たちはこう考える〉在日学生の就職問題
1993.05.10	第10号	60	丁美善	〈特集 私たちはこう考える〉「在日」である私
1993.05.10	第10号	80	文京洙	「地域社会」からの構想(聞き手 柳基善)-「在日」と韓国
1993.05.10	第10号	128	鄭閏熙	文学から見た戦争の悲劇(三)「駱駝の目」黄哲暎著(田中明訳)
1993.05.10	第10号	102	成七竜	〈サランバン〉在日朝鮮人という快楽
1993.05.10	第10号	138	崔碩義	金笠 詩 鑑賞(一)
1993.05.10	第10号	124	李家美代子	〈短歌〉死化粧の女たち
1993.05.10	第10号	118	崔竜源	〈詩〉我が愛する神のうた
1993.05.10	第10号	110	前田有紀子	〈開かれた窓 在日コリアンにふれて〉何が変わった
1993.05.10	第10号	112	大関康子	〈開かれた窓 在日コリアンにふれて〉在日コリアン問題を研究して
1993.05.10	第10号	113	荒木貫子	〈開かれた窓 在日コリアンにふれて〉在日コリアンにふれて思ったこと
1993.05.10	第10号	114	河原千賀子	〈開かれた窓 在日コリアンにふれて〉ハードル
1993.05.10	第10号	115	吉田智佳子	〈開かれた窓 在日コリアンにふれて〉在日問題を学んで
1993.05.10	第10号	184	金奎一	いまなぜ「考える会」なのか⑩ 明日への模索-新しい路線への提言-
1993.05.10	第10号	176	韓永大	〈緑豆辞典〉朝鮮文様と富本憲吉
1993.05.10	第10号	92	洪起華	わが青春の思い出 歴史の節目で
1993.05.10	第10号	240		オンドルバン通信
1993.05.10	第10号	9		原稿募集
1993.05.10	第10号	246		編集後記
1994.08	第11号	2	李哲海	在日同胞政策構想研究会 駐韓報告
1994.08	第11号	106	文京洙	韓国文学散歩Ⅱ 都市の憂欝
1994.08	第11号	94	成允植	権力者と諫言
1994.08	第11号	52	金性鶴	〈手記〉わが母を語る
1994.08	第11号	38	金和男	〈加橋〉青い空は二つにできない
1994.08	第11号	86	朴鉄民/編集部	在日の結婚問題をつく
1994.08	第11号	168	李学仁	〈劇作〉まだ テスがいる
1994.08	第11号	26	金泰生	〈童話〉解放後在日文学掘シリーズ③
1994.08	第11号	82	金怜仙	〈結婚考査〉在日の「赤い糸」
1994.08	第11号	98	鄭閏熙	文学から見た戦争の悲劇(四)アンネの日記 ナンネ·フランク著
1994.08	第11号	64	趙活俊	ある出会い金大中事件秘話
1994.08	第11号	12	呉義孝·成七竜·金弘樹	世界韓民族青年大会に参加して

발행일	지면정보		필자	제목
	권호	페이지		
1994.08	第11号	134	金膺竜	〈歴史探訪〉誰が閔妃を殺害したか
1994.08	第11号	212	金奎一	いまなぜ「考える会」なのか⑪ 在日同胞の途 生活綱領と新しい団体の結成
1994.08	第11号	118	崔碩義	金笠 詩 鑑賞(二)
1994.08	第11号	131		〈原稿募集〉「ウリ生活」詩'では原稿を募集しています。ジャンルは問いません。
1994.08	第11号	115		編集部だより
1994.08	第11号	281		広告目次
1994.08	第11号	133		交流誌紹介
1994.08	第11号	282	編集部	編集後記
1995.08	第12号	2	申恵丰	創り出すものとしての平和-個人の行動と責任
1995.08	第12号	34	呉省三	解放五十周年と在日のコミュニティー
1995.08	第12号	244	金奎一	五十年を想い、五十年を考える
1995.08	第12号	138	鄭承博	新世界のおばさん-一九四語五年晩秋
1995.08	第12号	12	朴相五	解放されない在日たち、名前たち
1995.08	第12号	90	都相太	五十年の点描
1995.08	第12号	28	李哲海	在日運動への多角的綜合的アプローチ
1995.08	第12号	202	金薫子	私が見た「慰安婦」問題の五十間
1995.08	第12号	120	林浩治	「金ボタンの朴」と戦後在日朝鮮人文学の終焉
1995.08	第12号	60	崔碩義	「紀行文」小鹿島にて思う
1995.08	第12号	110	成恵永	寂寞一時-吾が家の遺伝子-
1995.08	第12号	126	朴燦鎬	南北分断のはざまで-"越北作家"趙鳴岩のこと
1995.08	第12号	190	野川義秋	夜間中学とオモニやアボジたち
1995.08	第12号	222	金英達	南北朝鮮二重承認と在日コリアン
1995.08	第12号	166	元省鎮	私たちの民族性にとって「同化」とは何か
1995.08	第12号	176	鄭閏熙	在日朝鮮人にとって アイデンティテイの確立とは何か
1995.08	第12号	130	磯貝治良	在日朝鮮人文学略年譜
1995.08	第12号	24	金英男	在日の展望について思うこと
1995.08	第12号	48	宋恵媛	現実と思慮深く向き合ってこそ
1995.08	第12号	186	山崎光夫	川崎コリアタウン構想 新段階への第一歩踏み出す
1995.08	第12号	146	崔竜源	誌二題 うた 信ぜしめよ
1995.08	第12号	72	成允植	随想三題
1995.08	第12号	102	金滝沢	慙愧と憤怒の歳月
1995.08	第12号	52	金一勉	〈日帝・解放・朝鮮戦争〉世代の弁
1995.08	第12号	158	文京洙	市民、地域、エスニシティ
1995.08	第12号	40	韓宗碩	われわれ在日同胞は外国から来た外国人ではない
1995.08	第12号	152	高柳俊男	在日朝鮮人の自己認識と参政権、そして日本社会
1995.08	第12号	228	李洋秀	国籍の呪縛からの解放を願って(上)
1995.08	第12号	82	金礼坤	三十八度線をロマンの地にしたい

발행일	지면정보		필자	제목
	권호	페이지		
1995.08	第12号	210	朴容福	私の指紋押捺拒否闘争
1995.08	第12号	78	金竜鐘	オモニの導きとアボジの隠徳
1995.08	第12号	165		編集部だより
1995.08	第12号	264		編集後記

우리이름(ウリイルム)

○ ○ ○

 1 서지적 정보

『우리이름』은 1986년 2월부터 1994년 9월(35호)까지 발행된 〈민족명을 되찾는 모임〉의 회보이며(오사카, 사무처장 정양이, 회보는 3개월에 1회 발행), 일본 국적의 재일조선인이 발행한 유일한 잡지이다. 동 모임은 일본 국적의 재일조선인 문제를 널리 알리기 위해 1985년 12월에 결성되었고, 일본 국적 재일조선인의 이름을 일본 국적법 10조(부득이 한 경우 통명 변경 가능)에 기초하여, 회원들의 이름을 민족명으로 바꾸기 위한 법적 투쟁의 기록을 담고 있다. 특히, 1994년의 종간호에 의하면, 1987년의 첫 재판부터 1993년까지 모든 회원의 이름이 일본 국적을 유지한 채 민족명으로 변경되었고(승률 100%), 이것은 한국 국적과 조선인 국적의 재일조선인에게 커다란 의미를 제공했을 뿐 아니라, 민족과 국적이 다르다는 것을 제시한 사건이라고 전하고 있다.

회보의 내용적인 측면에서 보면, 민족명을 둘러싼 법리적 해석 및 귀화의 문제점, 법정 진술서, 호적법 및 국적법 관련 자료 소개, 일본 국적 재일조선인과 혼혈의 교육문제, 그리고 일본의 신문기사뿐 아니라 한국의 언론 보도를 소개하고 있고, 재일조선인 모임 〈도깨비어린이회〉(오사카)와 공동 개최한 공부모임의 소개 등, 민족명을 되찾기까지의 회원들의 다양한 일상의 투쟁 기록을 소개하고 있다(20페이지 전후).

또한, 본 회보에는 단순히 일본 국적의 재일조선인의 법적 투쟁 및 민족명을 되찾기까지의 기록뿐 아니라, 일본인 학자 및 변호사에 의한 학술적・법리적 투고 논문 및 집회 등에 대해서 소개하고 있다. 예를 들면, 1986년 8월에 발행된 3호에는 「민족명을 되찾는 교토 집회 안내, 박실 씨를 격려합시다!」라는 제목으로 다나카 히로시(田中宏, 당시 아이치현립대학 교수)가 강연자로 이름을 올리고 있고, 조언자에는 1969년부터 1991년까지 잡지 『조선인—오무라수용소를 폐지하기 위하여』를 편집/간행한 이누마

지로(飯沼二郞)의 이름이 소개되어 있다.

특히, 동 모임 및 회보는 단순히 일본인에게 일본 국적 재일조선인의 문제를 알리는 것에 그치지 않고, 재일조선인 내부에 존재하는 귀화 재일조선인에 대한 또 다른 차별과 멸시에 대한 투쟁을 기록하고 있다는 점에서 의미가 크다고 볼 수 있다.

2 「민족명을 되찾는 모임」 회칙(창간호)

◆ **목적**

본 모임은 「귀화」와 「혼혈」 등에 따라 일본국적의 조선인을 둘러싼 문제를 재일조선인 스스로의 동시대적 문제로 받아들이고, 먼저 각자의 이름을 법적으로 「민족명」으로 바꾸는 노력을 기울인다.

◆ **자격**

본 모임의 주지에 찬동하며, 정해진 회비를 납부하는 자는 누구라도 회원이 될 수 있다.

◆ **활동**

하나, 당사자의 재판 진행 과정을 널리 세상에 알리기 위한 정보 전달 활동을 한다.

둘, 재판을 지원해 줄 사람을 모으고, 회원 확대에 노력한다.

셋, 학습모임 등을 개최하여, 회원에게 「회보」를 발행한다.

◆ **재정**

본 모임은 회비·모금 운동을 통해 운영한다.

하나, 회비는 월 300엔(연, 3600엔)

회원이 되어 주세요!

3 목차

발행일	지면정보		필자	제목
	권호	페이지		
1986.11.01	第4号	6	田中宏	民族名をとりもどす意味
1986.11.01	第4号	9	加島宏	民族名をとりもどすこと、それは人間をとりもどすこと
1986.11.01	第4号	12		現代の「創氏改名」
1986.11.01	第4号	16	佐藤文明	投稿 戸籍が縛っている氏名
1986.11.01	第4号	18	鄭良二	なぜ「帰化」しないのか! ー多くの質問に答えるー
1986.11.01	第4号	20		新聞記事ー「人間としての叫び」「映像80我が名は朴実」毎日新聞
1987.02.01	第5号	1		「わが名は朴実」決意も新た、再び申し立て
1987.02.01	第5号	2	小野誠之	資料 氏の変更許可申立書(抜粋)
1987.02.01	第5号	7		陳術書-朴清子
1987.02.01	第5号	8		新聞記事「民族名を返してー在日韓国人3人、裁判で訴え」朝日新聞
1987.02.01	第5号	10		「結婚、帰化···日本名を強制」毎日新聞
1987.02.01	第5号	11	佐藤文明	投稿 戸籍が縛っている氏名(続)
1987.02.01	第5号	13		資料「増える韓国·朝鮮系日本人」朝日新聞
1987.02.01	第5号	14	加島宏	氏改正の法律上の要件 その(3)
1987.02.01	第5号	17	尹照子	ある「混血」者の思い
1987.05.01	第6号	1	朴実・鄭良二・朴時夫・加島宏	対談 いま、国籍取得を考える
1987.05.01	第6号	6	朴実	その後の経過報告 ー氏名の永年使用をめぐってー
1987.05.01	第6号	8	小林章良	映像80「我が名は朴実」取材記
1987.05.01	第6号	10	加島宏	氏改正の法律上の要件 その(4)
1987.05.01	第6号	14	宋喜久子	「混血」者に民族名を!
1987.05.01	第6号	18	佐藤文明	投稿 戸籍が縛っている氏名(3)
1987.08.01	第7号	1		「本名」奪還! 日本籍朝鮮人は後に続こう!!
1987.08.01	第7号	2	朴実・鄭良二・朴清子・小野	勝利報告集会に百名!
1987.08.01	第7号	5	朴実	皆さん、ありがとう
1987.08.01	第7号	6	飯沼二郎	6·28勝利報告集会メッセージーお祝いの言葉
1987.08.01	第7号	7	加島宏	さらなる前進を
1987.08.01	第7号	8	田中宏	朴実さんの思い出
1987.08.01	第7号	9		資料 ＜朴実＞京都家裁審判文(抜粋)
1987.08.01	第7号	11	佐藤文明	投稿 戸籍が縛っている氏名(4)
1987.08.01	第7号	13	朴実・鄭良二・朴時夫・加島宏	座談会 いま、国籍取得を考える(続)
1987.11.01	第8号	1		鄭氏も朴氏に続き、本名を奪還
1987.11.01	第8号	2	鄭良二	民俗·国家をＴＭらぬく思想

발행일	지면정보		필자	제목
	권호	페이지		
1987.11.01	第8号	4		熱気に満ちた9・27集会
1987.11.01	第8号	7	中村広明	鄭さんのこだわり
1987.11.01	第8号	8	田中宏	講演 民族名をとりもどすことの意味(要約)
1987.11.01	第8号	9		「＜鄭良二＞氏変更許可申立書」の要約
1987.11.01	第8号	13	鄭良二	申立人本人による申立事情補充書
1987.11.01	第8号	16		資料 ＜鄭良二＞大阪家裁審判文(抜粋)
1987.11.01	第8号	17	朴実	改「氏」後の現状報告
1987.11.01	第8号	18	小野誠之	「朴」姓の復権-氏変更許可の審判の意味
1987.11.01	第8号	20		新聞記事「帰化前の本名勝取る」統一日報
1988.02.01	第9号	1	鄭良二	「帰化者」の本名を考える! -Aさんの手紙に答えて-
1988.02.01	第9号	6	朴実	適切な日本籍の叫び －第13回民闘連集会に参加して-
1988.02.01	第9号	8	岩崎英真	投稿 地方の時代映像祭に参加して
1988.02.01	第9号	9	山本冬彦	投稿 在日朝鮮人の日本国籍取得について
1988.02.01	第9号	12	田村孝	投稿 日本籍朝鮮人生徒と向きあって
1988.02.01	第9号	14	編集部	11・1勝利集会の報告
1988.02.01	第9号	15	松本邦彦	会員からのお便り
1988.02.01	第9号	16	梅山光法	鄭氏の裁判で思うこと
1988.02.01	第9号	18	鄭良二	「氏奪還」てん末記
1988.05.01	第10号	1		朴・鄭氏に続こう! -2・7関東集会に多数結集-
1988.05.01	第10号	3		新聞記事「民族名取り戻し堂々と生きたい」神奈川新聞
1988.05.01	第10号	4	田中宏	講演 新国籍法と在日朝鮮人(要約)
1988.05.01	第10号	6		「金平雄さんを励ます集い」開かれる
1988.05.01	第10号	7	金平雄	民族名が回復した生活をめざして
1988.05.01	第10号	11	福島	会員からのお便り
1988.05.01	第10号	12	李周鎬	なぜ再び朝鮮人に戻ったか
1988.05.01	第10号	15	リングホーフザー・マンフレッド	連載 民族固有の姓名使用に関する一研究(1)
1988.05.01	第10号	18	徐正禹	「1991年問題」と民族名回復の闘い
1988.08.01	第11号	1		尹照子、氏変更の申立てをする 支援の仲間と共に横浜家裁へ
1988.08.01	第11号	2	尹照子	改姓の再申立てにあたって
1988.08.01	第11号	4	金平雄	民族名が回復した生活をめざして(続)
1988.08.01	第11号	6	金英達	朝鮮の「姓」について(1)
1988.08.01	第11号	9	加島宏	氏名権は憲法上の権利 -催昌華さんに対する最高裁判決い寄せて-
1988.08.01	第11号	13		新聞記事「氏名の人格権認める」毎日新聞
1988.08.01	第11号	14	山本冬彦	「帰化」シンポジウム印象記
1988.08.01	第11号	16	リングホーフザー・マンフレッド	連載 民族固有の姓名使用に関する一研究(2)

발행일	지면정보		필자	제목
	권호	페이지		
1988.11.01	第12号	1		広がる民族名奪還の運動 -在日中国人も民族名をとりもどす-
1988.11.01	第12号	2		資料〈劉〉氏の変更許可審判申立書・名の変更許可審判申立書(抜粋)
1988.11.01	第12号	6		<劉>氏の変更許可審判申立書・名の変更許可審判文(抜粋)
1988.11.01	第12号	8		鄭良二の突撃インタビュー ゲスト-金武士
1988.11.01	第12号	11	金平雄	率直な人々! ソウルの街で
1988.11.01	第12号	12	朴時夫	奪われてきたものをとり返す「本名宣言」を!
1988.11.01	第12号	15	金英達	朝鮮の「姓」について(2) -日本統治下の「創氏改名」-
1988.11.01	第12号	18	リングホーフザー・マンフレッド	連載 民族固有の姓名使用に関する一研究(3)
1988.11.01	第12号	20	尹照子	尹照子氏、審判待ち
1988.11.01	第12号	21		資料 <尹照子>氏の変更許可申立書(抜粋)
1989.02.01	第13号	1		日本籍朝鮮人の民族的権利を考える -1・29シンポに結集しよう-
1989.02.01	第13号	2		鄭良二の突撃インタビュー ゲスト-盧佳世
1989.02.01	第13号	7	朴実	民族名を勝ちとってから-後日談(上)
1989.02.01	第13号	8	金平雄	今度こそ抜本改善を!
1989.02.01	第13号	10	山本冬彦	再び在日朝鮮人の日本国籍取得について考える(1)
1989.02.01	第13号	13	金英達	朝鮮の「姓」について(3・完) -韓国・共和国の法制-
1989.02.01	第13号	16	リングホーフザー・マンフレッド	連載 民族固有の姓名使用に関する一研究(4・完)
1989.02.01	第13号	20		尹照子さんからのお便り
1989.05.01	第14号	1		尹照子氏、民族名をとりもどす「混血」朝鮮人では、初めて
1989.05.01	第14号	2	尹照子	果たせなかった父の思いを生きて -民族名をとりもどすために-
1989.05.01	第14号	5	山根俊彦	陳述書
1989.05.01	第14号	6		資料 <尹照子>氏の変更許可申立審判文(抜粋)
1989.05.01	第14号	7	金平雄	民族名を使う朝鮮人として
1989.05.01	第14号	8	金平雄	資料「民族名の使用拡大の要請について」
1989.05.01	第14号	10	朴実	民族名を勝ちとってから-後日談(下)
1989.05.01	第14号	12	山本冬彦	再び在日朝鮮人の日本国籍取得について考える(2)
1989.05.01	第14号	15		新聞記事「日本は外国人住民に閉鎖的」毎日新聞
1989.05.01	第14号	16	鄭良二・盧佳世・徐正禹・田中宏	日本籍朝鮮人の民族的権利を考える -1・29シンポジウム開催される-
1989.08.01	第15号	1		金平雄氏も氏変更を申立て -尹照子さんの勝利に続こう-
1989.08.01	第15号	3		新聞記事「就職差別悩んで金本姓 民族名に戻りたい」朝鮮新聞
1989.08.01	第15号	10	毎日放送 小林章良	日本人のアイデンティティ

발행일	지면정보		필자	제목
	권호	페이지		
1989.08.01	第15号	12	朴奈美	私は朝鮮人
1989.08.01	第15号	14		尹照子さん、おめでとう!
1989.08.01	第15号	16		新聞記事「民族姓求めた日本籍女性に韓国姓への変更認める」神奈川新聞
1989.08.01	第15号	17	山本冬彦	再び在日朝鮮人の日本国籍取得について考える(3)
1989.11.01	第16号	1		金平雄氏も民族名とりもどす -永年使用の壁を突破-
1989.11.01	第16号	2		祝賀会に寄せられたメッセージ
1989.11.01	第16号	3	F	金さんへの手紙 -闘病時代の友人より-
1989.11.01	第16号	4		資料 <金平雄>氏の変更許可申立書(抜粋)
1989.11.01	第16号	6		<金平雄>氏の変更許可申立審判文(抜粋)
1989.11.01	第16号	8	中村広明	金さんの審判を読む
1989.11.01	第16号	10	金平雄	朝鮮人生徒の教育実践をめぐって
1989.11.01	第16号	11	山本冬彦	再び在日朝鮮人の日本国籍取得について考える(4)
1989.11.01	第16号	15	鄭良二	韓・日をまたに架けて
1989.11.01	第16号	16		新聞記事「わが子の本名認めて」統一日報
1989.11.01	第16号	17		「本名復権 民族の心」朝日新聞
1989.11.01	第16号	18	笹隈みさ子	尹照子さんの氏変更許可について
1989.11.01	第16号	20		新聞記事「帰化した元在日韓国人 民族名へ変更認める」京都新聞
1990.02.01	第17号	1	鄭良二	日本籍朝鮮人をとりまく状況
1990.02.01	第17号	7	山本冬彦	再び在日朝鮮人の日本国籍取得について考える(5)
1990.02.01	第17号	10	金平雄	同化からUターン、民族とともに -民族名回復その後-
1990.02.01	第17号	12	朴実	京都府立S高校講演会
1990.02.01	第17号	14	岡田真利子	朴清子さん・尹照子さんを迎えて
1990.02.01	第17号	16		新聞記事「公選法は違憲提訴 定住外国人に選挙権を」朝日新聞
1990.02.01	第17号	17		鄭良二の突撃インタビュー(3) ゲスト-金信幸
1990.05.01	第18号	1	鄭・赤峰・大村・藤原・加島	座談会「教育現場から見た日本籍朝鮮人児童生徒」
1990.05.01	第18号	7	山本冬彦	再び在日朝鮮人の日本国籍取得について考える(完)
1990.05.01	第18号	12	渡辺	会員・読者のページ「真の国際化へ」
1990.05.01	第18号	13	太田	会員・読者のページ「帰化と戸籍」
1990.05.01	第18号	14	中島智子	民族意識と国籍 -在日の親の教育意識調査から考える-
1990.05.01	第18号	17	山根俊彦	レッテルばりより未来への展望を
1990.08.01	第19号	1		金武士氏の民名をとりもどそう! -7月13日激励集会開催される-
1990.08.01	第19号	4	金武士	民族名への改氏を求める理由
1990.08.01	第19号	12	朴実	7月13日集会に寄せられたメッセージ
1990.08.01	第19号	13		資料 <金武士>氏の変更許可申立書(抜粋)
1990.08.01	第19号	16	松本透	会員・読者のページ「まず事実から」

발행일	지면정보		필자	제목
	권호	페이지		
1990.08.01	第19号	17	藤本隆	会員・読者のページ-「私の思い出」
1990.08.01	第19号	18		新聞記事「記者の目 在日韓国・朝鮮人に日本籍取得の道明け」毎日新聞
1990.08.01	第19号	20		出た! お待たせぇ～!
1990.11.01	第20号	1		もう一つの指紋問題
1990.11.01	第20号	2		新聞記事「指紋採取、保管は違憲 帰化外国人ら提訴へ」毎日新聞
1990.11.01	第20号	3		資料 ＜十指紋裁判＞訴状(案)
1990.11.01	第20号	7	門田路子	書評「民族名をとりもどした日本籍朝鮮人」
1990.11.01	第20号	9		新聞記事-「民族名こうして回復 日本籍朝鮮人の活動出版」毎日新聞
1990.11.01	第20号	10	朴時夫	出版記念パーティー(9月30日)
1990.11.01	第20号	11	田中・李・尹・中村・石田・金	当日寄せられたメッセージ
1990.11.01	第20号	13	金武士	民族名回復の申立て、許可の朗報を待ちつつ思うと
1990.11.01	第20号	14		鄭良二の突撃インタビュー(4) ゲスト-孫春美
1990.11.01	第20号	21	趙博	「日本国籍取得」についての苦言(1)
1990.11.01	第20号	24		新聞記事-「外登法、抜本改正を」毎日新聞
1991.02.01	第21号	1		金武士氏も民族名をとりもどす -この流れをさらに大きなものにしよう-
1991.02.01	第21号	3		資料 ＜金武士＞審判文
1991.02.01	第21号	4	金武士	申立ては、自分の良心の問題です
1991.02.01	第21号	6	洪さんの子供の名前をとりもどす会	えっ! 自分の子どもなのに
1991.02.01	第21号	8		鄭良二の突撃インタビュー(4) ゲスト-洪大杓・長田真理子
1991.02.01	第21号	16	趙博	日本籍取得についての批判(続)
1991.02.01	第21号	18		新聞記事-「この国 21歳・・・国籍持てぬまま」朝日新聞
1991.02.01	第21号	19		新聞記事-「定住難民のいま 第4部 帰化」毎日新聞
1991.05.01	第22号	1		宋喜久子も「氏変更申立て」を決意-地域で学習会が開催される
1991.05.01	第22号	2		学習 海の報告
1991.05.01	第22号	3	宋喜久子	「混血」者である私の生き方
1991.05.01	第22号	8		朴実のニコニコインタビュー ゲスト-金昌子
1991.05.01	第22号	14		新聞記事-「先生は名前が2つ チマ・チョゴリで1年生お出迎え」毎日新聞
1991.05.01	第22号	15	麓昌子	「ウリイスム」に寄せて
1991.05.01	第22号	16	山根俊彦	国際結婚の子供たちが朝鮮人として生きる道
1991.08.01	第23号	1	鄭良二	十指指紋押捺原紙を返還せよ! －日本の非国際的『国籍制度』を問う-

발행일	지면정보		필자	제목
	권호	페이지		
1991.08.01	第23号	7	朴実・金平雄・A	資料 <十指指紋裁判>原告団陳述書(抜粋)
1991.08.01	第23号	11	山本冬彦	趙博氏の批判に対するコメント
1991.08.01	第23号	14	伊地知紀子	日本の異民族政策における同化主義
1991.08.01	第23号	18	西浦小夜子	国籍の選択って何
1991.11.01	第24号	1		「混血」者の新たな生き方を考える
1991.11.01	第24号	3	尹照子	メッセージ
1991.11.01	第24号	4	高橋敏道	宋さんと仲間と歩みたい
1991.11.01	第24号	6		新聞記事-「91在日コリアン 父はなぜ帰化したか」毎日新聞
1991.11.01	第24号	7	趙信子	本名のおもしろさ
1991.11.01	第24号	8	梅山光法	十指指紋原紙返還訴訟経過報告
1991.11.01	第24号	9		新聞記事-「国が東京へ移送申し立て 帰化指紋採取京都地裁訴訟」毎日新聞
1991.11.01	第24号	10	編輯部・徐正禹	「91年問題」を考える
1992.02.01	第25号	1	鄭良二	十指指紋裁判いよいよ開始『公判ウオッチング第1回』
1992.02.01	第25号	2	神谷誠人	「帰化」時指紋押捺原紙返還請求訴訟・第1回公判報告
1992.02.01	第25号	47		資料 <十指指紋裁判>訴状
1992.02.01	第25号	7		資料 <十指指紋裁判>被告国側 第2準備書面(抜粋)
1992.02.01	第25号	10		資料 <十指指紋裁判>原告側 求釈明の申立て書
1992.02.01	第25号	13		朴実のニコニコインタビュー(2) ゲスト-梁正明
1992.02.01	第25号	18		「日本の『帰化』制度を問う」12・8京都集会の報告
1992.02.01	第25号	20		新聞記事-「原告ら違憲主張 指紋押捺原紙返還訴訟」京都新聞
1992.05.01	第26号	1	鄭良二	宋喜久子氏 民族名をとりもどす! -勝った勝った、また勝った-
1992.05.01	第26号	2	神谷誠人	宋喜久子さん「氏変更許可申立て許可」の意義
1992.05.01	第26号	4		新聞記事-「宋さん民族名に 異例のスピード」統一日報
1992.05.01	第26号	5	鄭良二	十指指紋原紙返還訴訟『公判ウオッチング第2回』
1992.05.01	第26号	6		資料 <十指指紋裁判>第4準備書面
1992.05.01	第26号	6		資料 <十指指紋裁判>-在日朝鮮人・中国人が日本籍を喪失した経過について
1992.05.01	第26号	11		朴実のニコニコインタビュー(3) ゲスト-鄭琪満
1992.05.01	第26号	16		日本籍朝鮮人の共和国国籍-朝鮮民主義人民共和国への質問-
1992.05.01	第26号	18		鄭琪満氏も「氏名の変更許可」申立てにふみきる!
1992.05.01	第26号	19	高橋香苗	陳述書
1992.08.01	第27号	1		鄭琪満氏も、民族名をとりもどす!-審判文で「氏名の人格権」を認めさせる
1992.08.01	第27号	2		「鄭琪満裁判勝利集会」の報告
1992.08.01	第27号	3	李幸玄	メッセージ

발행일	지면정보		필자	제목
	권호	페이지		
1992.08.01	第27号	4	鄭琪満	陳述書-氏名の変更許可を求めて-
1992.08.01	第27号	14		資料＜鄭琪満＞氏の変更申立事件・名の変更許可申立審判文(抜粋)
1992.08.01	第27号	18	鄭良二	十指指紋原紙返還訴訟『公判ウオッチング第3回』
1992.08.01	第27号	18		資料＜十指指紋裁判＞第5準備書面-帰化手続きの実態についてその1
1992.11.01	第28号	1		朴実のニコニコインタビュー(3)　ゲスト-ツルネン・マルティ
1992.11.01	第28号	10		鄭琪満氏、戸籍の氏に朝鮮語の読みを求めて、福岡家裁に申し立て
1992.11.01	第28号	10	山崎吉男	今回の裁判に対するコメント
1992.11.01	第28号	11	鄭琪満	陳述書 -戸籍の氏に「振り仮名」を求めて-
1992.11.01	第28号	14	金武士	民族名の読み方と表記をめぐって
1992.11.01	第28号	16	朴実	「結婚における民族差別裁判」勝利報告集会に参加して
1992.11.01	第28号	20	鄭良二	十指指紋原紙返還訴訟『公判ウオッチング第4回』
1993.02.01	第29号	1	梅山光法	十指指紋原紙返還訴訟の現状報告
1993.02.01	第29号	6		資料＜十指指紋裁判＞第6準備書面-帰化申請時の指紋採取の違憲性について
1993.02.01	第29号	11	朴実	三重の李在一氏、津市長を相手に提訴する
1993.02.01	第29号	12		夫の「李」へ氏を変更-日本人妻の申立許可
1993.02.01	第29号	12	石井敏彦	九州民族名を取り戻す会からのお便り
1993.02.01	第29号	13	李洋子	陳述書
1993.02.01	第29号	20	鄭良二	十指指紋原紙返還訴訟『公判ウオッチング第5回』
1993.05.01	第30号	1	鄭良二	「帰化」申請時、指紋押捺原紙返還裁判勝利!?『公判ウオッチング第6回』
1993.05.01	第30号	3	加島宏	山椒は小粒でもピリリと辛い!
1993.05.01	第30号	6		資料＜十指指紋裁判＞第9準備書面-十指指紋採取・保管の自由権規約7条違反の主張-(抜粋)
1993.05.01	第30号	10	佐野通夫	韓国に留学する李君のパスポートに本名併記
1993.05.01	第30号	12		福岡家裁、鄭琪満氏の戸籍訂正許可申立事件審判文(抜粋)
1993.05.01	第30号	20		新聞記事-「日本国籍申請の外国人　指紋押捺を廃止」毎日新聞
1993.08.01	第31号	1	神谷誠人	貴下許可申請時十指指紋押捺返還訴訟の報告
1993.08.01	第31号	3	柚岡ゆかり	裁判を傍聴して
1993.08.01	第31号	4	尹照子	さわやかにチマ・チョゴリの風を
1993.08.01	第31号	6	在日韓国・朝鮮生徒の教育を考える会	事実経過ー校長の発言
1993.08.01	第31号	10	朴実	21世紀に向けた日本籍者の展望
1993.08.01	第31号	13		鄭琪満氏、戸籍の「氏」に振り仮名記載を求め福岡高裁に即時抗告を行う
1993.08.01	第31号	14		資料　＜鄭琪満＞即時抗告理由書(抜粋)

발행일	지면정보		필자	제목
	권호	페이지		
1993.08.01	第31号	18	鄭良二	十指指紋原紙返還訴訟『公判ウオッチング第7回』
1993.08.01	第31号	19		新聞記事-「外国人政策に風穴　指紋原紙廃棄」毎日新聞
1993.11.01	第32号	1	朴実	「日本籍朝鮮人全国交流会」開催される
1993.11.01	第32号	3	金章桂	自己の民族心の尊厳をとりもどすために
1993.11.01	第32号	6		在日同胞フォーラムに参加を
1993.11.01	第32号	7	鄭良二	十指指紋原紙返還訴訟『公判ウオッチング第8回』
1993.11.01	第32号	8	鄭良二	日本籍朝鮮人教育を学校現場で
1993.11.01	第32号	9		資料「日本籍朝鮮人」について(「シヂャク　在日韓国・朝鮮人教育のために」より抜粋
1993.11.01	第32号	12		朴実のニコニコインタビュー(4)　ゲスト-陳太一
1994.02.01	第33号	1	岸本達司	梁正明氏、民族名をとりもどす!梁さんの氏変更申立についての報告
1994.02.01	第33号	3		新聞記事-「国籍越えた民族の誇り模索(朴一)」朝日新聞
1994.02.01	第33号	4	林時夫	報告-在日同胞フォーラム(11月27日大阪)
1994.02.01	第33号	6	原尻英樹	在日朝鮮系人とは？
1994.02.01	第33号	8		鄭良二の突撃インタビュー(6)　ゲスト-土理恵
1994.02.01	第33号	13	鄭良二	十指指紋原紙返還訴訟『公判ウオッチング第9回』
1994.02.01	第33号	14	朴実	十指指紋原紙返還訴訟「和解調停の報告」
1994.02.01	第33号	15	梅山光法	十指指紋原紙返還訴訟の現状報告
1994.05.01	第34号	1	加島宏	被告国、指紋原紙の早期廃棄約束!指紋原紙返還訴訟、実質的勝訴で終了
1994.05.01	第34号	3	鄭良二	十指指紋原紙返還訴訟『公判ウオッチング第10回』
1994.05.01	第34号	4		新聞記事-「22万人の勝利感無量　差別撤廃まで闘う」読売新聞
1994.05.01	第34号	5		弁護団の声明
1994.05.01	第34号	6	朴実	人間としての尊厳をとりもどす闘い
1994.05.01	第34号	8	金平雄	屈辱からの解放へ、やっと!‥
1994.05.01	第34号	9	山本冬彦	「冬彦さん」という流行語をめぐって
1994.05.01	第34号	12		新聞記事-「憲法はまだこれからだ」朝日新聞社説　(抜粋)
1994.08.01	第35号	1	鄭良二	会を解散するにあたって
1994.08.01	第35号	4	尹照子	「日本籍マイノリティの児童生徒の教育について」韓等での集会の報告
1994.08.01	第35号	8	林時夫	「十指指紋原紙返還訴訟勝利報告集会」開かれる
1994.08.01	第35号	10	加島宏	国連が審議した在日朝鮮人の人権　「少数民族」としての人権保障
1994.08.01	第35号	11	金平雄	人生の転機をもたらせてくれた民族名の奪還
1994.08.01	第35号	12	梁正明・朴実	ウリイルム終刊に寄せて
1994.08.01	第35号	14	金武士	アメリカに留学して思うこと
1994.08.01	第35号	15	尹照子	これからが本番「日本籍朝鮮人の運動は不滅です」
1994.08.01	第35号	17		尹照子のさわやかインタビュー　ゲスト-金久高

에밀레

○ ○ ○

1 서지적 정보

1971년 9월 15일, 재일한국학생동맹(약칭:한학동)이 각 대학에 지부를 결성하기 위한 준비연합회인 각 대학한학동지부결성준비연합회(各大学韓学同支部結成準備連合会)가 발족되어, 전국한학동맹원에게 지부 결성을 호소한 기관지가 『에밀레』이다. 한학동은 한반도가 남북으로 대치된 상황에서 남쪽을 지지하는 학생들에 의해 1950년에 결성된 단체로, 이후 한국의 정세변화에 민감하게 반응하면서 활동을 이어왔는데, 1970년대에는 유신독재정권에 반대하는 운동을 전개하여, 1972년에 민단 산하 단체에서 정식으로 제명처리 된다. 현재 3호까지 확인된 『에밀레』는 제명된 후 대학에서의 활동을 통해 한국의 민주화지원투쟁, 조국의 자주적이고 민주적인 통일을 위해 활동을 이어간 것으로 보인다. 등사판 인쇄물로 창간호(1971.12)는 52쪽으로 출발, 2호(1972.12)는 107쪽으로 지면이 대폭 늘어났으나, 3호(1974.05)발간이 늦어지면서 지면수도 41쪽으로 줄어들었다. 지부연합회의 최고책임자(간사장)도 김명식에서 오경일(吳璟一)로, 다시 정장희(鄭章喜)로 매년 교체되고 있다.

내용면을 보면, 창간호의 경우 지부연합의 소개와 각 대학의 동맹원이 기고한 자유로운 형식의 문장, 3개월간의 활동 내용, 그리고 본국의 한학동 동맹원의 보고서 등을 소개하고 있다. 2호에서는 기관지 창간에 대한 축사, 한국의 정세와 경제, 남북적십자회담, 민단의 민주화투쟁을 주요 내용으로 다루고 있고, 일반투고로 각 대학 동맹위원의 글과 활동일지가 소개되고 있다. 3호도 2호의 내용과 유사하며 한반도 정세와 한국의 학생투쟁의 역사, 일본경제에 예속화되어가는 한국경제의 문제점을 논의한 글이 소개되고 있다. 3호 이후의 계속 발행은 확인되지 않은 상태이다.

2 권두언(창간호)

간사장 김명식(金明植)

"민족"인가 "비민족"인가 하는 양자택일이 요구된 것이 올해였다.

즉, 민족에 의거하여, 특히 60만 대중의 이해상황에 스스로를 위치지우고, 진정으로 민족권익을 쟁취하는 방향으로, 법적 지위를 중심으로 하는 제문제에 주체적으로 어퍼로치해 가는 민족민주세력에 함께 하는 것인가. 혹은 민족권익을 일본정부, 한국정부의 자의적 판단에 맡기는 것으로 60만 대중의 참된 요구와 배반하는 친일사대도배와 함께 하는가. 라는 격렬한 대립관계가 표면화한 것이 올해였다.

우리들은 물론 전자를 택했다. 당연한 일이면서 후자에 있어서는 대중 부재의 독재, 공포의 전제가 지배하는 칠흑의 어둠밖에 기다리지 않기 때문이다. 실제 그러한 권력에 위세를 빌린 강권발동에 우리들은 직면했다.

작년 3월 15일, 민단중앙위원회 석상에서 김재권(金在權)공사(公使)의 발언에서 시작된 소위 '녹음문제' 이후, '동본(東本)직할', '제명', '정권(停權)', '고베 영사의 한청맹원 구타사건', '한청오사카본부 직할' 등등으로 대표되는 재일민족민주세력에 대한 총탄압이 그것이었다. 그것은 대사관 권력, 본국 세력과 일체화한 민단중앙에 의한, 민단을 본국 정부의 뜻대로 움직이는 본국 정부의 말단 기구로 만들려고 하는 '민단 어용화 개편 책동에서 필연적으로 초래된 것이었다.

그러나 65년 법적 지위 요구 관철투쟁 이후 외학법(外学法) 반대투쟁, 팔관법(八管法) 반대투쟁, 삼선개헌 반대투쟁 등등으로 일관되게 민단 내의 친일분자를 규탄하는 것으로, 민단 내 민주화를 지고(志考)하는 가운데서, 우리들의 상태를 근본적으로 규정하고 있는 본국 구조 모순—기민화정책에 날카롭게 도전해 간 우리들은 여기에서도 "민족민주"의 최선봉으로 민단의 자주성을 옹호하고, 민주적 기반을 확보 및 보호하는 투쟁을 과감히 전개해 갔다.

우리 지부연합은 실로 그러한 투쟁 속에서 여자부, 문화서클 한문연준(韓文研準) 회원 등의 진지한 목소리로 조직화를 요청받고, 작년 9월 15일, 때마침 조국에서는 '남북적십자회담'이라는 통일로의 태동의 시기에 한학동(韓学同)운동의 전체적 발전을 짊어질 일익으로 발족했다.

그리고 작년 9월 9일, '남북적십자회담 촉진 한학동전국집회'에서, 성명문을 발표하는 가운데, 전국한학동맹원에 연대의 인사를 보냈다. 이후 한학동운동에 적극적이고 주체적으로 참여하는 한편, 대내적으로는 녹음문제, 동본문제, 통일문제 등의 학습을 철저화하는 속에서 작년 10월 16~7일에는 내부역량 충실화, 조직 확대 하에 '추계합숙'을 가졌다. 여기에서는 '재일한국인의 역사적 형성과정', '일제치하의 재일한국인의 민족운동', '적십자회담의 배경과 본질' 등의 리포트와, 지부연합과 자신과의 관련을 토론하는 장으로 '프리토킹'을 행하고, 주로 재일한국인의 원■7)적 파악을 일의적인 것으로 했다.

최근에 이르러서는 "민단 내 복귀"의 기회를 호시탐탐 노리고 있는 "한민자청(韓民自青)변질일파"의 학동, 한청으로의 침투공작, 분열에 대응하기 위해 학동의 역사를 되돌아보면서 그들의 65년 이후의 흐름을 이론면, 실천면에 걸쳐 전반적으로 비판, 그 범죄성을 폭로해 갔다. 그리고 현재는 법적 지위문제, 특히 영주권에 관한 학습회가 조직되어 있다. 게다가 12월 8관법 국회상정을 앞두고 정선부(情宣部)를 중심으로 정선학습을 행하는 가운데 정세에 대한 즉응(即応) 의식의 양성에 노력하고 있다.

그리고 지금 여기에 전국한학동맹원에 지부연의 기관지 『에미래』8)로 다시 한 번 연대의 인사를 보내는 바이다.

발족되어 3개월 남짓이지만, 타조직과 마찬가지로 적극적이고 주체적으로 학동을 맡으려고 하는 우리들 지부연합은 금후에도 더 한층 권익옹호투쟁을 주축으로 하여 본국 민주화지원투쟁을 추진하는 속에서 조국의 자주, 민주통일을 위한 주체세력이고자 함을 분명히 하는 바이다.9)

---

7) 원문에서 글자가 삭제되어 있음.
8) 잡지 『에밀레』를 지칭하는 것으로, 권두언 원문에는 '에미래'로 한글 표기되어 있다.
9) 金明植 「卷頭言」『에밀레』(創刊号, 1971.12) pp.3-4

3 목차

발행일	지면정보		필자	제목
	권호	페이지		
1972.12	第2号	93	李純子	真に韓国人として生きるためにー青山女子短大ー
1972.12	第2号	94	兪曉久	「詩」海を下さいー明治学院大ー
1972.12	第2号	94	権愛純	夏から冬へー東京農大ー
1972.12	第2号	96	金光寿	徒然ー日本大学ー
1972.12	第2号	96	陳聖姫	卒業にあたってー東京家政学院大ー
1972.12	第2号	98	辺竜雄	身近な生活の中からー富士短期大学ー
1972.12	第2号	100	河準奎	河人日記
1972.12	第2号	102	権英姫	「詩」無題ー女子美術大学ー
1972.12	第2号	105		活動日誌
1972.12	第2号	107		編集後記
1974.05	第3号	1		〈特集〉韓半島をめぐる諸情勢
1974.05	第3号	1		極東戦略を再編・強化する米国
1974.05	第3号	2		韓国への新植民地主義的進出を進める日本
1974.05	第3号	3		深刻な矛盾下にある韓国
1974.05	第3号	4		本国愛族学生闘争史
1974.05	第3号	4		60年代学生史
1974.05	第3号	11		70年代学生(10・2を抉る)
1974.05	第3号	18		畸型的韓国経済と対日従属化
1974.05	第3号	18		植民地統治下における韓国経済の編成過程
1974.05	第3号	20		近代化の破綻と構造矛盾の激出
1974.05	第3号	23		日本経済への従属化
1974.05	第3号	26		重化学工業計画の問題点と日本経済への「編入」
1974.05	第3号	35		〈資料〉支部連合声明文
1974.05	第3号		鄭宗佳	〈一般原稿〉僕のことは忘れて欲しい
1974.05	第3号		鄭慶喜	〈一般原稿〉思い出
1974.05	第3号			編集後記

월간 아시아(月刊アジア)

1 서지적 정보

편집 및 발행은 일본인명 스기모토 사부로(杉本三郞)로 되어 있고, 아시아비즈니스사(アジアビジネス社)에서 발행되고 있다. 정확한 잡지명은 『한국·NIES의 세계 Asia』로 '한국·NIES의 세계'를 핵심적으로 다루게 될 것임을 표방하고 있는 『아시아』는 1989년 5월 1일에 창간되었으며, 매월 1일에 발간되는 경제전문 월간지이다. 현재 89호(1998.01)까지 확인된 상태이며, 이후 발행은 중단된 것으로 추정된다. 창간호의 뒷면 표지를 한국의 증권회사 광고로, 그 안쪽 면도 한국 기업의 광고가 한 페이지를 장식하고 있다.

창간사에서 밝히고 있듯, 『아시아』는 한국과 대만 등 경제적으로 급부상하고 있는 아시아NIES(신흥공업경제지역)에 대한 관심을 독려하며, 이들 지역에 대한 다양한 정보를 제공함으로써 일본이 아시아·태평양지역과 더욱 활발한 교류와 상호발전의 계기를 마련하기 위해 발간한 잡지이다. 한국과 관련된 주된 내용은 한국의 산업 동향, 한국주식시장, 한국 재벌 기업 분석, 한일무역관계 분석과 전망 등이다. 한국사회 내부를 깊숙이 들여다보는 '코리아 워칭(Korea Watching)'이라는 코너가 창간호에서 21호(1991.04)까지 이어지고 있고, '한국경제단신(韓国経済短信)'이라는 코너가 3호(1989.07)부터 55호(1994.8)에 이르기까지 고정적으로 운영되고 있다. 그리고 고고학자 야마기시 료지(山岸良二)가 창간호에서부터 동아시아에서 일본문화의 원류를 찾는 글을 8회에 걸쳐 연재하고 있다. 특히 창간호의 경우, 우에노(上野)의 코리언 로드(コリアン·ロード)와 인스턴트 라면이 소개되고 있는데, 이후에도 일본의 에스닉 거리와 다양한 한국제품이 소개되고 있다.

한국의 경제 현황을 중심으로 다루면서 그 외에 중국, 대만, 북한, 베트남, 티베트,

인도네시아, 말레이시아, 필리핀 등 아시아 각국의 경제와 문화에 대한 정보를 싣고 있다.

2 창간의 말

지금 전 세계 중 가장 주목받고 있는 지역이 아시아라는 사실에 이론을 제기할 사람은 없을 것이다. 특히 한국, 대만을 비롯하여 아시아NIES(신흥공업경제지역)가 세계경제의 기관차적인 역할을 다하고 있는 사실은 경탄할만한 하나의 현대사적 드라마라고 할 수 있다.

아시아·태평양지역의 성장과 번영은 세계의 새로운 조류이고, 21세기에는 틀림없이 '아시아·태평양의 시대'가 도래할 것이라고 여겨진다.

그런데 일본에서는 아시아 각국, 각 지역에 대한 관심은 총체적으로 낮고, 정보도 부족하다.

본지는 보다 깊게 아시아를 알고 싶다는 요구에 응답할 수 있도록, 스탭은 물론이고 현지 통신원, 르포라이터, 학식자를 풀 동원하여, 아시아NIES를 중심으로 핫(hot)하고 적확한 정보를 제공할 결의이다. 본지가 한국, 일본, 그리고 모든 아시아·태평양지역의 더 많은 교류와 제국민의 우호·상호발전의 일조가 되었으면 한다.

본지에 대한 여러분의 지원과 협력을 부탁드리는 바이다.10)

---

10)「創刊の辞」『月刊アジア』創刊号(1989.05) p.54

3 목차

발행일	지면정보		필자	제목
	권호	페이지		
1989.07.01	NO.3	3	吉田敏浩	ビルマ最北部カチン州民族解放区を歩く
1989.07.01	NO.3	30		韓国経済短信
1989.07.01	NO.3	34		中国経済最新情報
1989.07.01	NO.3	36		コリア・ウォッチング
1989.07.01	NO.3	52		韓国証券市場動向
1989.07.01	NO.3	56		ズームアップ・アジア ヤミ族の東京音頭
1989.07.01	NO.3	60		東京アジアマップ 横浜博・国際交流館にに漂うアジアの香り
1989.07.01	NO.3	62		メイド・イン・NIES スポーツシューズ
1989.07.01	NO.3	38		韓国財閥最前線 企業再編を断行する《組織の三星グループ》
1989.07.01	NO.3	46	田中利治	NIES産業徹底分析 新たな飛躍をめざす韓国自動車産業
1989.07.01	NO.3	44	山岸良二	東アジアにさぐる日本文化の源流ー半島渡米の飾履は一人歩き始めた
1989.08.01	NO.4	10	田村紀之	特集・新時代の韓国経済 韓国民主化と産業構造調整のゆくえ
1989.08.01	NO.4	22	隅谷三喜男	先進国経済になるための条件は何か
1989.08.01	NO.4	27	今枝弘一	世界を震撼させた天安門'血の日曜日'
1989.08.01	NO.4	36		韓国経済短信
1989.08.01	NO.4	40		コリア・ウォッチング
1989.08.01	NO.4	55		アジア・ブック・レビュー
1989.08.01	NO.4	56		韓国証券市場動向
1989.08.01	NO.4	32	野崎修	ズームアップ・アジア ソウルの新名所 ロッテワールド
1989.08.01	NO.4	34		東京エスニック ベトナム料理の店 フォン・ベト
1989.08.01	NO.4	42		韓国財閥最前線 奇跡を可能にした《合理の大字グループ》
1989.08.01	NO.4	52		スペシャルレポート その時、上海・成都だは何がおきたのか
1989.08.01	NO.4	48		メッセージナウ 文化プロデューサー・梁順喜
1989.08.01	NO.4	50		東アジアにさぐる日本文化の源流ー中国製か、日本製か、景初四年鏡の謎
1989.09.01	NO.5	10		特集・ニュー台湾の可能性 天安門事件後の政治経済の新たな胎動
1989.09.01	NO.5	17	劉進慶	日本型か香港型か、岐路に立つ台湾経済
1989.09.01	NO.5	31		統計数字から見た台湾経済の動向と展望
1989.09.01	NO.5	36		韓国経済短信
1989.09.01	NO.5	38		コリア・ウォッチング
1989.09.01	NO.5	28	黒田康夫	ズームアップ・アジア 山裾に広がる、古都、雲南省・大理
1989.09.01	NO.5	30		東京エスニック 本格的マニアの味・ナミン
1989.09.01	NO.5	40		韓国財閥最前線 新天地を切り開く双竜グループ
1989.09.01	NO.5	23		知られざるカンボジアの素顔
1989.09.01	NO.5	46		メッセージナウ 「祭祀」のビデオ製作者・金昌寛

발행일	지면정보		필자	제목
	권호	페이지		
1989.09.01	NO.5	48	山岸良二	東アジアにさぐる日本文化の源流ー遥かペルシャと結ばれたガラスの道
1989.10.01	NO.6	10	岡田充	「血の弾圧」で激しく揺れ動く香港社会
1989.10.01	NO.6	16	小林煕直	九七年を控え、新局面を迎えた香港経済
1989.10.01	NO.6	27	小林正典 結城明	経済の失策が生み出したベトナムの大量難民
1989.10.01	NO.6	23		韓国経済短信
1989.10.01	NO.6	42		コリア・ウォッチング
1989.10.01	NO.6	55		アジア・ブック・レビュー
1989.10.01	NO.6	56		韓国証券市場動向
1989.10.01	NO.6	32	黒田康夫	ズームアップ・アジア 雪岳山、信仰と観光の霊山
1989.10.01	NO.6	34		東京エスニック カンボジア料理、アンコール・トム
1989.10.01	NO.6	36		韓国財閥最前線 SKMS戦略で前進する鮮京グループ
1989.10.01	NO.6	50		アジア・ホット・ライン『六・四天安門事件』と中国民主化運動のゆくえ(上)
1989.10.01	NO.6	44		韓国貿易とセンター 東京館長・李殷稙
1989.10.01	NO.6	46		メッセージナウ オペラ歌手・田月仙
1989.10.01	NO.6	48		東アジアにさぐる日本文化の源流ー西はローマ、東は日本へ運ばれた古代の絹
1989.11.01	NO.7	10	陸培春	特集・ミニ国家・シンガポールはいま 新たな経済目標に挑戦するシンガポール
1989.11.01	NO.7	16	根津清	豹変著しいシンガポールの人と社会
1989.11.01	NO.7	27	高世仁 樫田秀樹	ボルネオ島にみる森林資源破壊の現状
1989.11.01	NO.7	22		韓国経済短信
1989.11.01	NO.7	40		コリア・ウォッチング
1989.11.01	NO.7	52		韓国証券市場動向
1989.11.01	NO.7	37	乾鉄之	スペシャルレポート 土着化したサハリン残留朝鮮人の生活
1989.11.01	NO.7	32		韓国財閥最前線 先端技術分野への参入を狙うロッテ・グループ
1989.11.01	NO.7	46	加々美光行	アジア・ホット・ライン『六・四天安門事件』と中国民主化運動のゆくえ(下)
1989.11.01	NO.7	31		コンベンション・トピックスー東京モーターショー・韓国発参加
1989.11.01	NO.7	42		メッセージナウ イベントプランナー・辛淑玉
1989.11.01	NO.7	44		東アジアにさぐる日本文化の源流ー韓半島と日本列島とを結ぶもう一つの道
1989.12.01	NO.8	12	小牧輝夫	開放化を迫られる北朝鮮経済の苦悩
1989.12.01	NO.8	18	宮塚利雄	紆余曲折をたどる日朝貿易の歴史と現状
1989.12.01	NO.8	27	黒田康夫	ダライ・ラマのいないチベット
1989.12.01	NO.8	46		韓国経済短信

발행일	지면정보		필자	제목
	권호	페이지		
1989.12.01	NO.8	40		コリア・ウォッチング
1989.12.01	NO.8	51		アジア・ブック・レビュー
1989.12.01	NO.8	52		韓国証券市場動向
1989.12.01	NO.8	37		スペシャルレポート 躍動する在米韓国パワー
1989.12.01	NO.8	32		韓国財閥最前線 アジアに誇れる国民的企業をめざす錦湖グループ
1989.12.01	NO.8	42		メッセージナウ 青年実業家・朴誠二
1989.12.01	NO.8	44	山岸良二	東アジアにさぐる日本文化の源流ー日本文化の基層＝稲作の伝わった道
1990.01.01	NO.9	12	谷浦孝雄	特集・90年代のアジア経済と日本 日本に対するアジアNIESの挑戦
1990.01.01	NO.9	18	青木健	「太平洋成長のトライアングル」のゆくえ
1990.01.01	NO.9	40	谷野作太郎	朝鮮半島の平和と安定に貢献
1990.01.01	NO.9	54		韓国経済短信
1990.01.01	NO.9	58		コリア・ウォッチング
1990.01.01	NO.9	53		アジア・ブック・レビュー
1990.01.01	NO.9	64		韓国証券市場動向
1990.01.01	NO.9	31	野中章弘	グラビア・ラオス版ペレストロイカの実態
1990.01.01	NO.9	36	酒井敦	アジア万華鏡・「火の国」に見た母のふろしき
1990.01.01	NO.9	46	A・ボロンツオフ	特別寄稿 ソ連・韓国関係の発展と展望
1990.01.01	NO.9	26	許英燾	新春インタビュー 世界一流の企業をめざす
1990.01.01	NO.9	60		メッセージナウ プロジェクト・コーディネーター・キムテレサ
1990.03.01	NO.10	10	原田泰	特集・第5のNIESめざすタイ 輸出志向工業化への転換に成功したタイ経済
1990.03.01	NO.10	16	恒川潤	急激な近代化で著しく豹変したタイ社会
1990.03.01	NO.10	27	根津清	消えゆく新加坡(シンガポール)の華人街
1990.03.01	NO.10	22		韓国経済短信
1990.03.01	NO.10	42		コリア・ウォッチング
1990.03.01	NO.10	44		NIES経済論評
1990.03.01	NO.10	53		アジア・ブック・レビュー
1990.03.01	NO.10	38	松本正樹	スペシャルレポート 華麗なる追走 韓国ハイ・ファッション業界の最前線をゆく
1990.03.01	NO.10	32		韓国財閥最前線 ハイテク部門などへ多角化戦略をとる暁星グループ
1990.03.01	NO.10	46	朴楨三	インタビュー 最も信頼される証券会社に
1990.03.01	NO.10	48	双竜投資証券国際部	韓国証券市場特別レポート 韓国資本自由化の現状と展望
1990.04.01	NO.11	12	青木健	特集・マレーシアはいま・・・ 自立的発展をめざし前進するマレーシア経済

발행일	지면정보		필자	제목
	권호	페이지		
1990.04.01	NO.11	18	高橋弘紀	民族の集合体として成り立つマレーシア社会
1990.04.01	NO.11	27	松本逸也	中継貿易基地・香港 天安門事件「以後」の姿
1990.04.01	NO.11	44		韓国経済短信
1990.04.01	NO.11	42		コリア・ウォッチング
1990.04.01	NO.11	52		韓国証券市場動向
1990.04.01	NO.11	37		アジア・ブック・レビュー
1990.04.01	NO.11	32		韓国財閥最前線 一大コングロリマットをめざすコーロン・グループ
1990.04.01	NO.11	38	岸田綾子	スペシャルレポート アジアに押し寄せるエイズの波
1990.05.01	NO.12	12	笠井信幸	特集・国際化時代の日韓関係 依存・自立そして協調への構造
1990.05.01	NO.12	18	安尾芳典	盧大統領訪問で「過去」は決着されるか
1990.05.01	NO.12	27	酒井敦	アジア音楽祭に見た民族の宇宙観
1990.05.01	NO.12	38		韓国経済短信
1990.05.01	NO.12	24		コリア・ウォッチング
1990.05.01	NO.12	48		『Asia』年間総目次
1990.05.01	NO.12	54		アジア・アクション・レポート
1990.05.01	NO.12	32	中山真哉	NIES断面 韓国労使紛争の現況と展望
1990.05.01	NO.12	42	崔健三	スペシャルレポート 中国最大の経済特別区・海南省を行く
1990.06.01	NO.13	10	山下繁樹	特集・「軍人国家」から脱皮するインドネシア 政治的安定を背景にNIES目ざしてばく進中
1990.06.01	NO.13	16	服家洋介	下層社会には「近代化・開発」のしわよせが
1990.06.01	NO.13	27	崔健三	戦火の中の楽園・カンボジア
1990.06.01	NO.13	44		韓国経済短信
1990.06.01	NO.13	22		コリア・ウォッチング
1990.06.01	NO.13	52		東アジアにみる食文化① グルメの本流はいま
1990.06.01	NO.13	24		アジア・ブック・レビュー
1990.06.01	NO.13	54		表紙の顔は語る
1990.06.01	NO.13	32		韓国財閥最前線総編集 九〇年代・韓国財閥戦争の覇者は誰か
1990.06.01	NO.13	48		スペシャルレポート 韓国の土地対策の実効性をさぐる
1990.06.01	NO.13	38	安尾芳典	焦点 正念場を迎えた盧泰愚政権
1990.07.01	NO.14	10	服部民夫	特集・韓国経済・先進国化へのハードル 求められるハードソフト両面の技術開発
1990.07.01	NO.14	17	方旼俊	輸出不振をもたらした原因は何か
1990.07.01	NO.14	27	諏訪昌彦	ミャンマー・NOW 軍政二年目・人々の暮らしと街の表情
1990.07.01	NO.14	40		韓国経済短信
1990.07.01	NO.14	38		コリア・ウォッチング
1990.07.01	NO.14	52	中野謙二	東アジアにみる食文化② 朝食はおなかいっぱいに
1990.07.01	NO.14	51		アジア・ブック・レビュー
1990.07.01	NO.14	54		表紙の顔は語る

발행일	지면정보		필자	제목
	권호	페이지		
1990.07.01	NO.14	50		コンベンション・トピックスーフィリピン・フィエスタ
1990.07.01	NO.14	32	深川由起子	韓国産業最前線・第一回 構造変革に向かう韓国産業
1990.07.01	NO.14	44	五十嵐勉	スペシャルレポート 豹変するベトナムの庶民生活
1990.07.01	NO.14	22	双竜投資証券国際部	韓国証券市場の現況と見通し
1990.08.01	NO.15	10	小林慶二	特集・動き出した朝鮮半島 冷戦構造の崩壊で統一に向かうか
1990.08.01	NO.15	16	姜英之	韓ソ経済交流の現況と展望
1990.08.01	NO.15	27	松本逸也	素朴な歌に恋心をこめてーアジア民族芸能祭
1990.08.01	NO.15	46		韓国経済短信
1990.08.01	NO.15	24		コリア・ウォッチング
1990.08.01	NO.15	52	中野謙二	東アジアにみる食文化③ 羊頭を懸げて狗肉を売る
1990.08.01	NO.15	51		アジア・ブック・レビュー
1990.08.01	NO.15	54		表紙の顔は語る
1990.08.01	NO.15	50		コンベンション・トピックスー「日航財団」設立
1990.08.01	NO.15	34	深川由起子	韓国産業最前線・第二回 鉄鋼業・成熟基幹産業の新たな挑戦
1990.08.01	NO.15	42	石川梵	スペシャルレポート インドネシアの秘境・トラジャを行く
1990.08.01	NO.15	22		焦点・光復節四十五周年 南北の対話と交流が進展
1990.10.01	NO.16	10	山本一巳	特集・前途多難な新生フィリピン ピープル・パワーの再現を狙うアキノ政権
1990.10.01	NO.16	16	青木秀男	悪戦苦闘するスモーキー・マウンテンの人々
1990.10.01	NO.16	27	根津清	「最後の楽園」バリはいま
1990.10.01	NO.16	22		韓国経済短信
1990.10.01	NO.16	46		コリア・ウォッチング
1990.10.01	NO.16	52	中野謙二	東アジアにみる食文化④ 国際化と多様さなかで
1990.10.01	NO.16	54		表紙の顔は語る
1990.10.01	NO.16	32	深川由起子	韓国産業最前線・第三回 再飛躍を図る自動車産業
1990.10.01	NO.16	42	金尚列	特別インタビュー 内憂外患の韓国経済についてー全経連理事に聞く
1990.10.01	NO.16	48	崔運烈	韓国証券市場緊急レポート 韓国的バブル現象の是正が緊要
1990.11.01	NO.17	10	石原享一	特集・中国経済発展への摸策 改革・開放の成果と矛盾は何か
1990.11.01	NO.17	16	金京鎬	進展する韓・中間の貿易と・投資の現状
1990.11.01	NO.17	22		韓国経済短信
1990.11.01	NO.17	46		コリア・ウォッチング
1990.11.01	NO.17	52	中野謙二	東アジアにみる食文化⑤ ゆとりとくつろぎを求めて
1990.11.01	NO.17	51		アジア・ブック・レビュー
1990.11.01	NO.17	54		表紙の顔は語る
1990.11.01	NO.17	32	深川由起子	韓国産業最前線・第四回 総合産業化する電子・電気産業
1990.11.01	NO.17	42	桑原史成	スペシャルレポート 韓国と対比して見た北朝鮮の生活
1990.11.01	NO.17	27	岸田綾子	メコンに生きる人びと

발행일	지면정보		필자	제목
	권호	페이지		
1990.12.01	NO.18	10	三尾忠志	特集・インドシナ三国の未来像 活性化し始めたベトナム経済
1990.12.01	NO.18	16	荒巻裕	「協調と発展の新時代」を模索
1990.12.01	NO.18	22		韓国経済短信
1990.12.01	NO.18	46		コリア・ウォッチング
1990.12.01	NO.18	52	中野謙二	東アジアにみる食文化⑥ 手造りも世につれ
1990.12.01	NO.18	51		アジア・ブック・レビュー
1990.12.01	NO.18	54		表紙の顔は語る
1990.12.01	NO.18	32	深川由起子	韓国産業最前線・第五回 産業調整を図る繊維産業
1990.12.01	NO.18	42		スペシャルレポート 問題山積みの韓国タクシー事情
1990.12.01	NO.18	27		自然とともに生きるシルクロードの民
1991.01.01	NO.19	10	伊豆見元	特集・日・韓関係改善の波紋　解けはじめたお互いの誤解
1991.01.01	NO.19	16	趙成勲	韓・日貿易・経済関係の発展は可能か
1991.01.01	NO.19	22		韓国経済短信
1991.01.01	NO.19	46		コリア・ウォッチング
1991.01.01	NO.19	52	中野謙二	東アジアにみる食文化⑦ 酒は飲んでも飲まれるな
1991.01.01	NO.19	51		アジア・ブック・レビュー
1991.01.01	NO.19	54		表紙の顔は語る
1991.01.01	NO.19	32	深川由起子	韓国産業最前線・第六回 財閥間の競争続く石油化学産業
1991.01.01	NO.19	40	崔健三	スペシャルレポート ハバロフスク在住朝鮮人はいま
1991.01.01	NO.19	27	内田道雄	火の国・韓国と水の国・日本との出会い

제주도(済州島)

1 서지적 정보

『제주도』는 1985년 제주도 출신자들이 중심이 되어 도쿄에서 결성된 탐라연구회에 의해 1989년 4월에 창간된 잡지이다. 연2회 간행을 목표로 출발했으나 1989년에만 2회 발행되었고, 3호(1990.06)부터 7호(1994.12)까지는 연1회씩 간행되다가, 8호(1996.05) 부터 마지막 10호(2006.03)까지는 부정기적으로 간행되었다. 편집 및 발행은 탐라연구회이고, 신칸샤(新幹社)에서 발매하고 있다.

창간호의 편집위원은 김민주(金民柱), 양성종(梁聖宗), 고이삼(高二三), 송창빈(宋昌彬) 4명으로 출발했으나, 총 10권을 발행하는 동안, 편집위원의 교체는 비교적 빈번하게 발생하고 있고, 고이삼과 양성종은 10호 발행까지 편집위원으로 계속 활동하고 있다. 10호를 발행하면서 계속 발행의 의지를 밝히고 있지만, 결국 종간호가 되고 말았다.

탐라연구회는 연구회 결성 후 격월로 회지 『탐라연구통신(耽羅研究通信)』을 발행해 왔으나, 『제주도』 창간 배경에는 보다 본격적으로 제주도의 역사와 문화를 탐구하고 결과물을 공유하기 위해서 종합잡지의 면모를 갖춘 잡지를 발간하기에 이른 것으로 추정된다. 제주도에 관한 연구 논문과 좌담회, 제주도 관련 문헌 연구 및 소개 등이 중심을 이루고 있고, 제주도의 옛날이야기, 제주도의 마을 소개, 재일제주인의 친목회 소개를 연재하고 있다. 그리고 에세이와 시, 소설 등 문학작품도 게재하고 있는데, 소설의 경우 원수일(元秀一)의 「금목서(キンモクセイ)」(창간호)와 김길호(金吉浩)의 「결혼행진곡(結婚行進曲)」(5호, 1992.05) 외에 제주작가 김관후(金官厚)의 「두 노인」(10호, 2006.03)이 번역 소개되어 있다. 또한 소설가 김중명(金重明)은 「결혼식(結婚式)」(6호:1993.10), 「자리(チャリ)」(7호:1994.12), 「벌초(伐草)」(8호), 「오름(オルム)」(9호:2004.10)이란 제목의 기행문을 4차례에 걸쳐 연재하고 있다. 10호에는 「제주도는 소설을 쓰는 힘(済州島は 小説を書く力)」이라는 제목의 김석범(金石範)에 대한 인터뷰 기사가 실려있다. 이와 같이 집필진의 중심은 재일제주인이지만, 그 외 일본인과 제주도내 연구자도 참여하 고 있다.

2011년 12월에 발간된 오사카제주도연구회(大阪済州島研究会)의 『제주도연구(済州 島研究)』를 보면, 2009년에 탐라연구회로부터 『제주도』의 11호 이후를 공동으로 발행 하자는 요청이 있었다고 한다.11) 그러나 탐라연구회 측 사정으로 『제주도』 11호 공동발 행 계획은 무산되었고, 이로써 『제주도』는 10호가 최종호가 되는 셈이다.

2   창간의 말

옛날부터 역사는 어느 시대든 지배하는 자에 의해 기록되어 왔다. 제주도의 역사와 문화도 그러한 예로, 항상 주변에 내몰리고, 이유 없는 차별과 편견을 강요당해 왔다.

원래 역사는 그 지역에서 살아온 사람들의 진짜 모습을 반영한 향토사를 기축으로 기록되어야 한다. 그렇게 해야만 자랑할 수 있는 향토를 자각하게 되고, 또 역사를 보다 풍부하게 발전시키게 된다고 믿는다.

물론 우리들은 미력하다. 재일하는 제주도인의 역사와 생활을 배경으로 내외의 연구 성과를 발판으로 하여 제주도의 역사와 문화를 추구해 가고자 한다. 이 잡지를 그것을 위한 '광장'으로 삼고 싶다.

---

11) 梁永厚 「はじめに」 『済州島研究』 (大阪済州島研究会, 2011.12) p.9 오사카제주도연구회는 탐라연구회 로부터의 공동발행 요청에 맞추어 원고를 준비했으나, 계획이 무산되자 단독으로 발행한 책자가 『제주 도연구』이다.

3 목차

발행일	지면정보		필자	제목
	권호	페이지		
1990.06.01	第3号	67	編集部	在日島民の親睦会めぐり③ 在東京咸徳人親睦会
1990.06.01	第3号	72	金徳煥	新・猪飼野事情③ 猪飼野を支えたオモニたち
1990.06.01	第3号	79	キムクァンヨル	〈詩〉済州島
1990.06.01	第3号	82	高銀	連載『済州島』草原の中世
1991.03.01	第4号	4	山口晶子	「浮き」と筏船のこと
1991.03.01	第4号	7	堤　啓介	「追跡・謎の倭寇集団」取材後期
1991.03.01	第4号	10	金重明	チャンギ考
1991.03.01	第4号	13	朴美貞	機会、勇気そして未来である留学生活
1991.03.01	第4号	16	梁永厚	門祭とコルミョン
1991.03.01	第4号	24	曺奎通	生駒・宝塚の韓寺を歩く(後)
1991.03.01	第4号	40	高橋公明	済州島出身の官僚高得宗について
1991.03.01	第4号	59	安栄植	〈グラビア〉日本の中の済州島④ 西新井
1991.03.01	第4号	63	玄吉彦	済州四・三事件と周辺性の問題
1991.03.01	第4号	69	金順伊	〈詩〉城山の陽光
1991.03.01	第4号	72	高光敏	済州島のマウル紹介③旧左邑
1991.03.01	第4号	79	編集部	済州島民の親睦会めぐり④在日本高内里親睦会
1991.03.01	第4号	83	金昺吾	済州島の昔話(4)
1991.03.01	第4号	86	高銀	連載「済州島」流刑地の四季
1992.05.25	第5号	4	松本誠一	〈トル・ハルバン〉オンドル談義
1992.05.25	第5号	7	川原洋子	祖父が語った三姓穴説話
1992.05.25	第5号	11	高鮮徽	済州島出身のアンケート調査
1992.05.25	第5号	21	梁聖宗	日本における済州島研究の現況〈付録〉日本における済州島研究文研目録
1992.05.25	第5号	41	金栄敦 申幸澈 姜栄峯	解放後の済州研究概観ー語文学・民俗ー
1992.05.25	第5号	61	金鍾旻	「済州島学」はどこまで来たか
1992.05.25	第5号	13	神谷丹路	済州島の日本軍の痕跡を歩く
1992.05.25	第5号	67	安栄植	〈グラビア〉済州観光の夕べ
1992.05.25	第5号	71	金順斗	済州島のマウル紹介④牛島面
1992.05.25	第5号	77		済州島「四・三事件」四四周年
1992.05.25	第5号	81	金徳煥	新・猪飼野事情④　生野民族文化祭　その一
1992.05.25	第5号	89	金吉浩	〈小説〉結婚行進曲
1993.09.25	第6号	4	呉満	〈トル・ハルバン〉先祖・呉察訪伝説
1993.09.25	第6号	7	神谷丹路	『写真集　済州島』の出版にたずさわって
1993.09.25	第6号	10	金民柱	「四・三事件」と米軍政
1993.09.25	第6号	13	文京洙	済州島「四・三事件」前史の研究(前)ー1947年3・1節事件を中心にー

발행일	지면정보		필자	제목
	권호	페이지		
1993.09.25	第6号	29	高昌錫	「夢遊桃源図」に対する高得宗の讃詩
1993.09.25	第6号	38	李起旭	済州島蛇神崇拝の再考
1993.09.25	第6号	52		トル・ハルバンは済州島に返すべきである
1993.09.25	第6号	53	安栄植	〈グラビア〉済州の文字を訪ねて
1993.09.25	第6号	57	高大卿	済州のマウル紹介⑤ 城山邑
1993.09.25	第6号	64	高鮮徽	済州島民の親睦会めぐり⑤在日大阪済法建親会
1993.09.25	第6号	70	金順伊	〈詩〉済州夜行
1993.09.25	第6号	74	崔碩義	放浪詩人 金笠と済州島
1993.09.25	第6号	86	金重明	済州島紀行① 結婚式
1994.12.05	第7号	4	藤本英夫	〈トル・ハルバン〉「泉靖一」伝を脱稿して
1994.12.05	第7号	7	金平允	法華寺址の民族的意義
1994.12.05	第7号	12	森 公草	わたくしの古代耽羅史研究
1994.12.05	第7号	14	文純実	光化門について
1994.12.05	第7号	17	文京洙	済州島「四・三事件」前史の研究(後)－1947年3・1節事件を中心に－
1994.12.05	第7号	40	原尻英樹	大阪生野在住日系人の人権意識
1994.12.05	第7号	49	金貞吉	〈グラビア〉大阪・猪飼野
1994.12.05	第7号	53	金時仙	韓国済州島内博物館
1994.12.05	第7号	61	編集部	済州のマウル紹介⑤ 表善面
1994.12.05	第7号	66	金炳五	済州島の昔話(5)
1994.12.05	第7号	69	李健	資料紹介「済州風土記」
1994.12.05	第7号	78	姜栄峯	耽羅語(済州島方言)と古代日本語の比較
1994.12.05	第7号	92	金重明	済州島紀行② チャリ
1996.05.31	第8号	4	洪淳晩	済州島人の試練と未来
1996.05.31	第8号	10	高野史男	耽羅研究会10周年の夕べ・祝辞
1996.05.31	第8号	11		東アジアのかなめ・済州島
1996.05.31	第8号	11	姜在彦	強い絆から生まれた在日二世たち
1996.05.31	第8号	12	藤本英夫	済州島を通してみつめなおす
1996.05.31	第8号	13	玄光洙	頑張り続けてほしい
1996.05.31	第8号	14	金徳洲	自らの出発点を振り返る
1996.05.31	第8号	16	安栄植	〈グラビア〉耽羅研究会10周年の夕べ
1996.05.31	第8号	22	梁永厚	日帝統治期・済州島の抗日群像(上)
1996.05.31	第8号	32	桝田淑郎	済州島と父・桝田一二
1996.05.31	第8号	43	金ヤンハク	済州四・三はこんなに風に
1996.05.31	第8号	47	梁聖宗	資料紹介②『朝鮮の賓庫済州島案内』
1996.05.31	第8号	63		追悼・文玉柱先生
1996.05.31	第8号	63	李哲	〈詩〉호드기
1996.05.31	第8号	71	崔碩義	鎮魂の記ー文玉柱先生を悼む

발행일	지면정보		필자	제목
	권호	페이지		
1996.05.31	第8号	76	金日	文玉柱先生を偲ぶ
1996.05.31	第8号	79	編集部	済州島のマウル紹介⑦　南元邑
1996.05.31	第8号	85	金炳五	済州島の昔話(6)
1996.05.31	第8号	89	金重明	済州島紀行③伐草
2004.10.15	第9号	4	洪性穆	〈トル・ハルバン〉済州島と日本ー昨日・今日・明日
2004.10.15	第9号	9	佐々木史郎	雑誌『朝鮮と建築』を手にして
2004.10.15	第9号	12	戸川昭夫	日本人から見た四・三事件
2004.10.15	第9号	15	安栄植	歴史への視点ー四・三事件五十周年を迎えて思うこと
2004.10.15	第9号	20	大村益夫	済州文学を考える
2004.10.15	第9号	31	金永和	済州文学の特性
2004.10.15	第9号	35	崔碩義	済州島乞食の歌ー申光洙『耽羅録』から
2004.10.15	第9号	43	編集部	済州島の昔話(7)
2004.10.15	第9号	47		クリスチャン実業家・白昌鎬
2004.10.15	第9号	50	姜京希	済州・加波島における社会変化と宗教に関する一考察
2004.10.15	第9号	69	大葉昇一	元代耽羅の物産
2004.10.15	第9号	80	梁聖宗	鳥居竜蔵の済州島調査 日本における済州島研究の系譜〈1〉
2004.10.15	第9号	91	安栄植	金炳五氏を追悼する
2004.10.15	第9号	93	編集部	マウル紹介⑧ 西帰浦市
2004.10.15	第9号	98	金徳煥	猪飼野と朝鮮人　新猪飼野事情⑤
2004.10.15	第9号	107	金重明	済州島紀行④オルム
2006.03.25	第10号	4	川原洋子	〈トル・ハルバン〉三姓穴まで
2006.03.25	第10号	7	石井 寛	私と済州島
2006.03.25	第10号	10	辛在卿	「在日」をめぐるセミナーを済州島で開いて
2006.03.25	第10号	12	高昌■	潜女が新しい平和の夢をみるとき
2006.03.25	第10号			第2回・済州島研究国際学術シンポジウム/2004
2006.03.25	第10号	20	高橋公明	地図に刻まれた済州人の世界観
2006.03.25	第10号	25	河原典史	植民地期の済州島における水産加工業と日本人の移動
2006.03.25	第10号	34	朴贊殖	済州島抗日運動と「四・三」の連関性ー1947年「3・1事件」を中心にー
2006.03.25	第10号	51	伊地知紀子	済州島と日本における済州人の生活ー旧左邑杏源里と大阪市生野区でのフィールドワークからー
2006.03.25	第10号	71	姜在彦	〈記念講演〉済州島抗日運動のいくつかの特徴について
2006.03.25	第10号	75	金石範	〈インタビュー〉済州島は小説を書く力ー作家・金石範
2006.03.25	第10号	81	金良淑	映画「HARUKO」と「海女のリャンさん」
2006.03.25	第10号	87	金明美	フィールドワークで見えてくる済州島ー「異文化」としての故郷ー
2006.03.25	第10号	94	宮田浩人	西帰浦・垣間見(2003年8月)
2006.03.25	第10号	108	金官厚	〈小説〉二人の老人

조선사총(朝鮮史叢)

1 서지적 정보

1979년 6월에 창간되어 1983년 6월에 7호까지 연 2회 발간된 학술지이다. 정가는 1300엔. 매 호 조선사에 관련된 3편 이상의 논문이 실렸다. 조선사총 편집위원회는 강재언, 한철의, 박경식의 재일조선인과 미즈노 나오키(水野直樹), 미야지마 히로시(宮嶋博史)와 같은 일본인으로 구성되어 있다. 『조선사총』을 잇는 후속잡지로 조선민족운동사연구회에서 펴낸 『조선민족운동사연구(朝鮮民族運動史研究)』(청구문고, 1984-1994)가 있다. 창간호 편집후기에, 조선사를 전문적으로 연구하려는 사람들이 착실하게 증가하고 있는 상황과 다양한 입장에서 조선을 배우려는 사람들에 대하여 언급하면서, 조선사 연구의 심화를 목표로 하여 잡지가 창간된 취지를 설명하였다. 이러한 창간 취지에 적합한 3인의 글을 창간호에 실었다고 적고 있다. 창간호에 글을 실은 사람은 미즈노 나오키, 다카사키 소지(高崎宗司), 그리고 오타키 하루코(大滝晴子) 이다. 주요 집필진에 조선사총 편집위원 외에, 조경달, 김경해, 하야시 가즈오(林和男) 등이 있다.

2 창간사

여기에 청구문고의 기요(紀要)로서 『조선사총』을 간행합니다.

일본의 대학 및 연구제도 중에는 일본사학이나 동양사학이 있습니다만, 동양이라고 하는 것은 대부분의 경우에 중국을 가리키고, 조선이 결락되어 있는 것은 주지하는 대로입니다. 따라서 조선사학에 관한 뛰어난 연구가 있어도 이를 대학교육이나 연구기관

중에서 살려가는 것은 매우 곤란한 일입니다. 미력이나마 『조선사총』을 발간하게 되어 묻혀 있던 연구를 객관화하고 학문 발전에 조금이라도 기여하고 싶은 바람입니다.

돌이켜보면 청구문고를 발족해 조선사에 관한 문헌을 수집하기 시작해서 이미 10여 년이 경과했습니다. 말할 것도 없이 사료나 문헌을 계통적으로 모으는 것은 하루아침에 이루어지는 일이 아닙니다. 또한 경제적으로도 개인이 해내는 데는 한계가 있습니다. 그러나 청구문고도 10여년이 지나 아직 충분하지는 않습니다만 대략 형태를 갖출 수 있게 되어 조선사 연구를 하고 싶어하는 대학생이나 대학원생, 그 외에 연구자, 시민이 소중히 여기게 되었습니다. 또 문고 내에 문제별 연구회를 만들어 그 성과를 이 『조선사 총』에 반영해갈 생각입니다.

청구문고는 조선사에 관한 문헌 수집과 연구회의 운영 및 기요의 발행, 이들을 세 기둥으로 하여 일본에서 학문 발전을 위하여 나아가 일본과 조선의 양국 간 및 개인 민간의 이해와 우호를 깊게 하기 위해 얼마간 힘을 다할 수 있다면 이보다 더한 기쁨은 없습니다. 여러분의 지도와 지원을 간절히 바라는 바입니다.

1979년 4월

청구문고 대표 한철의

3 목차

발행일	지면정보		필자	제목
	권호	페이지		
1979.06.20	1号	1		創刊のことば
1979.06.20	1号	3	水野直樹	新幹会東京支会の活動について
1979.06.20	1号	65	高崎宗司	柳宗悦と朝鮮ー1920年代を中心にー
1979.06.20	1号	109	大滝晴子	日光と朝鮮通信史ー寛永13年の通信史
1979.06.20	1号	159		〈資料〉李如星・金世鎔共著『数字朝鮮研究』第一輯(訳・宮嶋博史)
1979.06.20	1号			青丘文庫の案内
1979.06.20	1号			編集後記
1979.12.20	2号	3	河合和男	朝鮮「産米増殖計画」と植民地農業の展開
1979.12.20	2号	5	鶴園裕	平安道農民戦争における参加層
1979.12.20	2号	107	大滝晴子	朝鮮通信史による日光山致祭

발행일	지면정보		필자	제목
	권호	페이지		
1979.12.20	2号	141		〈資料〉李如星・金世鎔共著『数字朝鮮研究』第二輯(訳・宮嶋博史)
1979.12.20	2号			青丘文庫の案内
1979.12.20	2号			編集後記
1980.06.20	3号	3	宮嶋博史	朝鮮農業史上における15世紀
1980.06.20	3号	85	金静美	朝鮮農村女性に対する日帝の政策
1980.06.20	3号	131	金森襄作	朝鮮労働共済会について
1980.06.20	3号	159	大滝晴子	明暦の朝鮮通信史
1980.06.20	3号			青丘文庫の案内
1980.06.20	3号			編集後記
1980.12.20	4号	3	林和男	李朝農業技術の展開
1980.12.20	4号	67	李順愛	韓国女性運動の現況・序章
1980.12.20	4号	95	原田環	朴珪寿起草の洋擾奏文・咨文について
1980.12.20	4号	113		〈資料〉李如星・金世鎔共著『数字朝鮮研究』第三輯
1980.12.20	4号			青丘文庫の案内
1980.12.20	4号			編集後記
1982.01.20	5・6号	5	姜在彦	思想史からみた3・1運動
1982.01.20	5・6号	57	小野信爾	三一運動と五四運動
1982.01.20	5・6号	91	飯沼二郎	日程下朝鮮における農業革命
1982.01.20	5・6号	151	宮嶋博史	植民地下朝鮮人大地主の存在形態に関する試論
1982.01.20	5・6号	195	堀和生	朝鮮における植民地財政の展開ー1910～30年代初頭にかけてー
1982.01.20	5・6号	237	羽鳥敬彦	戦時下(1937～45年)朝鮮における通貨とインフレーション
1982.01.20	5・6号	283	金森襄作	朝鮮農民組合史ー1920年代の晋州・順天を中心にしてー
1982.01.20	5・6号	317	飛田雄一	定平農民組合の展開ー1930年代の赤色農民組合の一事例ー
1982.01.20	5・6号	351	韓晳曦	戦時下朝鮮の神社参拝強要とキリスト者の抵抗
1982.01.20	5・6号			青丘文庫の案内
1982.01.20	5・6号			編集後記
1983.06.20	7号	3		「満洲」における中朝共産党の合同と間島5・30蜂起について
1983.06.20	7号	41		甲午農民戦争指導者＝全琫準の研究
1983.06.20	7号	85		朝鮮「産米増殖計画」の立案についてー日本の食糧・米価問題との関連からー
1983.06.20	7号	143		〈資料〉[秘]謀殺及兇徒聚衆被告事件始末大要　附、証憑ノ概略
1983.06.20	7号	172		極秘『不逞鮮人ニ関スル情報』
1983.06.20	7号			青丘文庫の案内
1983.06.20	7号			編集後記

청학

○ ○ ○

1 서지적 정보

『청학』은 재일한국·조선인문제학습센터가 1988년에 창간한 기요(紀要)이다. 1985년 3월에 설립된 재일한국·조선인문제학습센터의 여러 연구부회의 연구성과를 정리한 연구지로 도중에 정간되었다가, 2013년부터 재발행되었다. 연 1회 연말에 발행하고 있고 가격은 1000엔이다. 1993년 12월 발행된 제6호부터는 편집 및 발행처의 이름이 KMJ연구센터(재일코리안·마이너리티 연구센터)로 개칭됨을 볼 수 있다. 제6호의 지면에는 KMJ연구센터에 대해 일본사회에서 살아가고 있는 재일한국·조선인문제를 중심으로 조사·연구·계발활동을 펼치고 있다고 소개하고 있다. 또한 1994년 1월에 한층 진행 중인 지역사회의 국제화를 맞이하여 센터의 이름을 KMJ연구센터로 개칭하여, 앞으로도 일본인과 재일한국·조선인을 비롯한 마이너리티와의 '공생'을 목표로 사업활동을 펼치겠다고 포부를 밝히고 있다.

KMJ연구센터의 주된 사업활동으로는 1.계발리더의 육성, 시민을 위한 세미나 개최, 2.학자와 연구자 등에 의한 연구회, 심포지엄 개최, 3.연구, 계발책자, 통신의 발행, 계발비디오, 4.기업, 행정 등 연수, 강연회에 강사파견, 5.기업, 행정 등의 계발사업의 위탁, 상담, 6.관련자료 수집, 정리, 제공, 7.한국을 비롯한 해외와의 교류, 8.민족교재, 인권교육교재의 기획, 소개 등을 들 수 있다(「KMJ연구센터 안내」 제6호, 1993.12). 계발책자 발행 사업의 일환으로서 창간된 『청학』은 1988년 7월 창간호부터 2014년 9월 제16호까지 발행된 것을 확인할 수 있다.

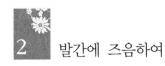

발간에 즈음하여

어떠한 일을 시작한다는 것은 기대와 예상, 그리고 책임과 불안을 수반하기에 상당히 힘든 일이라고 생각합니다. 하지만 재일한국·조선인문제학습 센터의 일은 민족차별철폐운동 등으로 단련된 젊은이들의 활발한 활동으로 적어도 "불안"은 불식되었습니다.

행동할 것, 시간을 엄수할 것, 연락은 신중을 기할 것, 대응은 예를 갖출 것과 같은 사항들을 살려온 결과, 점차 인정받고 있다고 생각합니다. 이『기요』의 발간은 약간 늦었습니다만, 문자 그대로 갖가지 일들을 사무국의 젊은이들은 떠맡으며 그럼에도 시기적으로 어그러지는 일없이 목표에 도달하였다고 생각합니다. 제반 사정을 헤아려 주시어 발간이 늦어진 것을 너그러이 용서해 주십시오.

전후 일본에서는 아시아에서 일본을 고립시켜서는 안 된다고 각계각층의 양식이 있는 사람들이 강하게 주장하여 왔습니다. 하지만 일본경제가 안정되어 감에 따라 그 외침은 그것을 그다지 바라지 않는 사람들, 혹은 별로 관심을 나타내지 않는 사람들에 의해서 억제되어 온 면이 컸다고 생각됩니다. 그러나 아시아의 일원으로서 일본을 보려는 사람들이 다른 면에서는 사려 깊이 계속적으로 행동하여, 지금은 그것이 두터운 층을 형성하고 있습니다. 그 층의 한 면에서 저희 학습센터가 일본 사람들의 많은 협력을 얻어 재일한국·조선인과 함께 존속하고 있다고 생각합니다.

한국·조선은 여러 의미에서 일본인에게 있어서 가까운 존재가 되었습니다만, 거기에 '재일'이 붙는 재일한국·조선인의 문제에서는 아시는 바와 같이 순조롭지 않습니다. 저희 학습센터의 발전을 위해 많은 질정과 조언을 부탁드립니다.

재일한국·조선인문제학습 센터
대표 정조묘

3 목차

발행일	지면정보		필자	제목
	권호	페이지		
1988.07.01	創刊号	73	山本冬彦	入管法とは?
1988.07.01	創刊号			外国人登録法とは?
1988.07.01	創刊号			入管法の構造的矛盾
1988.07.01	創刊号			一方的な日本国籍の剥奪
1988.07.01	創刊号			歪んだ帰化制度
1988.07.01	創刊号			帰化者に対する差別
1988.07.01	創刊号			在日朝鮮人と日本社会とのつながり
1988.07.01	創刊号			国際結婚と日本国籍者の増加
1988.07.01	創刊号			1991年問題
1988.07.01	創刊号			〈質疑応答〉
1988.07.01	創刊号	94		編集後記
1989.07.01	第2号	4		刊行にあたって
1989.07.01	第2号	5		〈寄稿①〉「補償人権法」(案)の意義と課題
1989.07.01	第2号			はじめに―問題の所在
1989.07.01	第2号			(一)はしがき
1989.07.01	第2号			(二)法案の概要と特徴
1989.07.01	第2号			(三)本稿の課題
1989.07.01	第2号			一、植民地政策と朝鮮人の法的処遇
1989.07.01	第2号			(一)同化政策と治安対策
1989.07.01	第2号			(二)「15年戦争」への動員と戦時補償
1989.07.01	第2号			(三)植民地体制下における法的地位
1989.07.01	第2号			二、戦後分断政策と法的処遇
1989.07.01	第2号			(一)占領下在日朝鮮人の法的地位
1989.07.01	第2号			(二)「民族内冷戦」と反共治安体制
1989.07.01	第2号			(三)在日朝鮮人の法的地位の形成
1989.07.01	第2号			三、戦後責任と旧植民地問題
1989.07.01	第2号			(一)「日韓条約」と協定永住制度
1989.07.01	第2号			(二)「82年」体制と在日朝鮮人の法的地位
1989.07.01	第2号			(三)戦争責任・戦後責任と戦後補償の法理
1989.07.01	第2号			おわりに―残された課題
1989.07.01	第2号	31	武村二三夫	〈寄稿②〉弁護士会　在日外国人の人権
1989.07.01	第2号			一、はじめに…弁護士会の活動について
1989.07.01	第2号			1. 弁護士会と人権擁護活動
1989.07.01	第2号			2. 人権擁護委員会
1989.07.01	第2号			二、国際人権部会の活動
1989.07.01	第2号			三、在日韓国・朝鮮人問題への取り組みと国際人権規約の批准
1989.07.01	第2号			1. 国際人権規約批准後の流れ
1989.07.01	第2号			2. 国際人権規約が果たして日本で生かされているか

발행일	지면정보		필자	제목
	권호	페이지		
1989.07.01	第2号			四、日本弁護士会の国際人権シンポジウム
1989.07.01	第2号			1. 長期在住外国人
1989.07.01	第2号			2. 定住外国人論と歴史的経過責任
1989.07.01	第2号	31	武村二三夫	3. 国際人権規約をどう生かすか
1989.07.01	第2号			4. 外国人出稼労働者
1989.07.01	第2号			5. 外国人労働者の受入拡大
1989.07.01	第2号			五、今後の活動
1989.07.01	第2号	41	姜在彦	〈記念講演①〉在日朝鮮人問題とはなにか
1990.07.01	第3号	1	岡崎勝彦	〈寄稿〉公務員への外国人採用ー「制約基準」(任用基準)の形成と展開に即してー
1990.07.01	第3号	63	山本冬彦	〈寄稿〉在日朝鮮人の日本国籍取得について考える
1990.07.01	第3号	83	金英達	〈資料紹介〉在日朝鮮人に関するアメリカ占領軍側の資料について
1990.07.01	第3号	90	岡本愛彦	〈書評〉『在日韓国・朝鮮人の補償・人権法』
1991.07.01	第4号	1	慎英弘	〈論文〉在日外国人と社会保障ー障害年金を中心にー
1991.07.01	第4号	23	趙博	〈論文〉民族教育再考ー91年問題以降の〈今〉ー
1991.07.01	第4号	38	梁泰昊	〈論文〉皮相的日本国籍取得論を憂う
1991.07.01	第4号	54	宮田節子	〈論文〉「創氏改名」について
1991.07.01	第4号	90	小林洋一郎	〈書評〉矢部武著『日本企業は差別する』
1991.07.01	第4号	93	朴一	〈書評〉田中宏著『虚妄の国際国家・日本ーアジアの視点から』
1992.12.01	第5号	1	朝倉隆司	〈寄稿〉在日一世高齢者の生活と健康に関する実態調査をまとめて
1992.12.01	第5号	13	慎英弘	「在日外国人と社会保障」ー基礎年金に替わる自治体の救済制度を中心にー
1992.12.01	第5号	36	金英達	1946年の「朝鮮人労務者に関する調査」について
1992.12.01	第5号	50	石川遼子	東京外国語学校朝鮮語学科の廃止をめぐる二、三のこと
1993.12.01	第6号	3	北川知子	〈論文〉朝鮮民話教材化に関する一試論
1993.12.01	第6号	24	姜徳相	関東大震災と朝鮮人虐殺事件ー三大テロ事件　史観の誤りについてー
1993.12.01	第6号	38	谷富夫	在日韓国・朝鮮人社会の宗教的構成
1993.12.01	第6号	54	ハンナムス	「からす」と「うぐいす」はどこにいるか?ー朝鮮語の辞書をひく前にー
1993.12.01	第6号	64		青鶴総目次(一号～五号)
1994.12.01	第7号	3	八尾勝	〈論文〉こどもの権利条約と在日外国人問題
1994.12.01	第7号	27	崔孝先	〈論文〉金達寿ー海峡に立つ人ー
1994.12.01	第7号	45	富野暉一郎	〈講演録〉自治体外交と内なる国際化
1994.12.01	第7号	58		在日韓国・朝鮮人問題夏期セミナー(1～8回)開催記録
1994.12.01	第7号	64		在日韓国・朝鮮人問題啓発講座(1990年～94年)開催記録
1996.03.01	第8号	2	田中宏	〈論文〉いまなぜ、アジアから戦後補償要求か

발행일	지면정보		필자	제목
	권호	페이지		
1996.03.01	第8号	21	水野直樹	在日朝鮮人・台湾人の参政権を「停止」した2つの文書
1996.03.01	第8号	42	申恵手	人権差別撤廃条約と日本～特に在日外国人の観点から～
1996.03.01	第8号	64	山本冬彦	〈レポート〉アメリカ多文化教育視察旅行レポート
1997.04.01	第9号	2	仲原良二	〈論文〉公務員任用の国籍条項ー経緯と問題点ー
1997.04.01	第9号	29	山本冬彦	在日韓国・朝鮮人の「処遇」の経過と内なる国際化
1997.04.01	第9号	55	八尾勝	在日朝鮮人の自尊感情について
1997.04.01	第9号	80	井上剛	在日韓国人・朝鮮人の民族アイデンティティー世代間比較を通してー
1998.07.07	第10・11号	3	石川遼子	〈論文〉素描　明治前期朝鮮語教育六年の場と群像
1998.07.07	第10・11号	35	崔孝先	〈研究資料〉金達寿ー自筆年譜稿ー
1998.07.07	第10・11号	73		〈特集〉関西の在日コリアンと教育現場
1998.07.07	第10・11号	73	奈良県外国人教育研究会	奈良発・高校現場における外国人教育の現状
1998.07.07	第10・11号	99	大阪府立学校在日韓国人教育研究会進路保障部会	大阪の高校から見た在日外国人生徒の進路
1998.07.07	第10・11号	121	辻本久夫	在日韓国朝鮮人に対する兵庫の子ども意識調査報告国際的環境における生徒の意識調査ー在日韓国朝鮮人生徒との関係を中心にー
2000.02.21	第12号	3	八尾勝	〈論文〉国際理解と国際人権教育
2000.02.21	第12号	27	伊藤靖幸	子どもの権利条約の国内実施と在日朝鮮人教育
2000.02.21	第12号	43	宮本正明	〈資料紹介〉植民地支配にかかわる教科書の字句修正～1910年朝鮮総読府内務部学務局文書～
2000.09.20	第13号	3	胡口靖夫	〈論文〉鬼室神社の史的研究～日朝関係史の一断面～
2000.09.20	第13号	31	金在紋	祖国統一に備えての在日同胞学校教育に関する提言
2000.09.20	第13号	67	在日コリアン教育研究会	本名について考える〈在日コリアン教育の再検討〉～原点から現状を問い直す～

한국문예(韓国文芸)

 1 서지적 정보

계간지. 1975년 10월 겨울호 창간을 시작으로 1985년 2월 봄호까지 발행이 확인된다. 발행겸 편집인은 전옥숙, 편집위원 후루야마 고마오(古山高麗雄), 발행소는 소설문예사이다. 분량은 200쪽 내외이고, 가격은 600엔이다. 창간호 편집후기에, 해방된 지 30년이 지난 시점에서 한국문학의 특색을 외국의 독자에게 알릴 수 있는 작품을 고려하여 편집한 사실과 충실한 번역을 위하여 노력한 것을 밝혔다. 김동리, 김문수, 김원일, 김승옥, 최인호, 윤흥길, 이청준, 박경리, 이문열, 조세희와 같은 작가들의 작품이 소개되었고, 평론은 이어령, 김병익, 임종국, 김윤식 등의 글이 실렸다. 1980년에는 봄호에 1920년대 특집을 기획하고, 여름호에 1930년대 특집을 기획하여 일제강점기의 한국문학에 대하여 개관하기도 하였다. 마지막 발간이 확인된 1985년 봄호의 편집후기에, 1970년대의 한국문학이 사회의식이 강한 측면을 반영하여 소설이 융성했는데, 1980년대로 들어서면서 소설이 침체하고 시문학이 발달하는 듯 보이지만, 잡지에는 단편 위주로 소개되었기 때문에 장편소설의 존재를 생각하면 한국문학의 소설은 전혀 침체되지 않았다며 한국문학을 전망하고 있다.

『한국문예』는 발행주체를 일제강점기 이래 일본에 한국의 문학을 소개해온 일본어 잡지의 연장선상에서 생각해볼 필요가 있다. 1920년대에 발행 겸 편집자인 오야마 도키오(大山時雄)가 펴낸 『조선시론(朝鮮時論)』(朝鮮時論社, 1926.6~1927.10)은 동시대의 식민지 조선의 문학을 일본어로 번역하여 소개하였고, 전후 일본에 북한문학을 중심으로 한국의 문학을 소개한 김달수의 『민주조선(民主朝鮮)』(1946~1950), 한국문학을 중심으로 소개한 오무라 마스오(大村益夫) 주축의 '조선문학의 회'에서 펴낸 잡지 『조선문학-소개와 연구』(1970.12~1974.8)의 뒤를 『한국문예』가 잇고 있다고 할 수 있다.

2 창간사

후루야마 고마오(古山高麗雄)「『한국문예』에 대한 기대」

전옥숙 씨가 주재하는 서울 소설문예사에서 『한국문예』가 창간되었다.

이 잡지는 한국의 현대문학을 일본어로 번역하여 일본에 있는 독자를 대상으로 하는 계간 문예잡지이다.

『한국문예』가 재일한국인이 갈망하던 잡지일 뿐만 아니라 우리 일본인에게도 필수의 잡지라고 새삼 생각이 들었다.

일본이 이웃나라에 대한 침략에서 퇴거한 것은 정상으로의 복귀이다. 이를 만들어내기 위하여 전쟁을 거칠 수밖에 없었지만, 일본의 침략이 응징을 받아 다행이다.

그러나 형태는 일본이 정상으로 돌아왔지만, 이웃나라와의 교류를 풍요롭게 키워 왔는지의 여부는 반성하게 된다.

『한국문예』가 30년간이나 지나서 창간된 것은 (물론, 몇 년째에 나왔든 창간된 것은 기쁜 일이지만) 상당히 늦었다고 하지 않을 수 없다. 일본의 출판계가 점차 활기를 띠는 가운데 현재까지 『한국문예』가 추구하는 장르의 것이 결여되어 있었다는 사실을 생각해보았다. 일본의 문화인이라고 불리는 사람들의 경향을 이야기해주고, 거기에 무엇이 결락되어 있었는지 보여줄 것이다.

종래 한국의 현대문학이 전혀 일본에 소개되지 않은 것은 아니다. 『현대한국문학선집』(冬樹社 간행)이나 『현대조선문학선집』(創土社 간행) 등으로 한국 현대문학의 일부가 일본어로 번역되어 간행되었다. 학계의 연구 그룹에 의해 소책자로 간행되어 한국 현대문학의 일부가 일본어로 번역 소개되었다.

그러나 예를 들면, 경제 교류에 비하여 예술 교류는 너무 적고 지엽적인 것이 아닐까. 사건이 북적이며 센세이셔널하게 화제가 되는 것에 비해, 문학 교류는 너무 적었던 것이 아닐까.

사람이 배우려고 하는 것에 트집을 잡고 싶지는 않다. 그리고 많은 일본인이 실제로 이른바 서구숭배의 심정에서 벗어나지 못하고 있다고 해서 이를 일본의 후진의식이라고 비난하는 것은 의미가 없다. 여기에는 그렇게 된 원인이 있다고 생각한다. 그것은 그대로 괜찮다. 다만, 이와 동시에 많은 일본인이 한국인 한 사람 한 사람의 마음에 조용히 귀를 기울여 듣고, 한국인도 또한 많은 사람들이 일본인 한 사람 한 사람의 마음을 순수하게 받아들일 상태가 병행되어야 한다고 생각한다. 생각한다기보다 갈망한다. 예술 또는 문학의 교류는 이러한 이야기의 장을 만드는 것이다. 그리고『한국문예』의 역할도 마찬가지이다.

전옥숙 씨는 바로 그런 역할을 다하려고 행동하고 있다. 일본의 현대문학을 한국어로 번역한 잡지를 간행한 것에 이어, 한국의 현대문학을 일본어로 번역한 잡지의 간행을 실현했다. 양쪽 바퀴를 갖추어서 대화의 장을 만들어 왔다. 우리에게 더할 나위 없는 중요한 일을 전옥숙 씨는 이상으로 내걸고 매우 소박하고 절실한 마음의 외침으로 구체화하였다.

한국의 전승민화나 민요, 동요 외에 이번 달, 오늘 한국에서 씌어 읽히고 있는 작품을 제시하는 것이 한국인의 마음을 이야기하는 것이라고 생각하고 있는 것이 틀림없다. 맞는 생각이다.

이를 친밀하게 받아들여 솔직한 말로 돌려주는 것, 거기에서 사람들의 교류가 시작된다고 생각한다. 문학을 접하는 것은 명분이나 저널리즘의 발상에서 발언하는 대표나 대변자의 목소리를 듣는 것이 아니다. 개인의 마음과 교류하는 것이다. 한 사람이라도 많은 일본인과 한 사람이라도 많은 한국인이 순수하게 개인끼리 교류하는 것이다. 나는 상대방이 같은 나라 사람이든지 외국인이든지 상관없이 그러한 교류가 중요하다고 생각한다. 그런 식으로 문학에도 관여하고 있는 부분이 있다. 이러한 나의 생각에 대하여 다른 생각을 하고 있는 사람은 어쩌면 이견을 이야기할지도 모르지만, 지금까지 우리가 이러한 점을 기본적으로 생각해왔다면 좋았을 것이라고 생각한다. 이런 부분에 부족한 점이 있었다고 생각한다. 이러한 나의 마음이 전옥숙 씨가 만들어준 두꺼운 파이프를 통해서 흘러나갈 것 같은 기대와 예감이 든다.

이러한 기대와 예감을 갖게 해준 전옥숙 씨에게 감사를 드린다. 나는 물론 내가 할 수 있는 일이 있으면 벗으로서 미력이나마 힘을 보태고자 한다.

3 목차

발행일	지면정보		필자	제목
	권호	페이지		
1976.02.01	春号	150	吉田信美	〈随筆〉原点主義の貴とさ
1976.02.01	春号	153	金炳翼	〈評論〉体験と覚醒
1976.02.01	春号	175	李圭泰	〈評論〉韓国人自虐の構造
1976.02.01	春号	161	金允植	〈評論〉我々にとって日本とは何か
1976.02.01	春号	180	李逸	〈文化レビュー〉美術　国展で一貫した美術界
1976.02.01	春号	185	安炳燮	映画　晩秋の問題作
1976.02.01	春号	175	崔済愚	〈古典文学シリーズ②〉竜潭遺詞
1976.02.01	春号	179	林鍾国	解説
1976.05.01	夏号	10	黄順元	〈小説〉鶴
1976.05.01	夏号	16	康信哉	〈小説〉イブ変身
1976.05.01	夏号	40	徐基源	〈小説〉馬鹿列伝
1976.05.01	夏号	62	崔一男	〈小説〉点順
1976.05.01	夏号	72	徐廷仁	〈小説〉旅人宿
1976.05.01	夏号	86	李清俊	〈小説〉仮面の夢
1976.05.01	夏号	98	李炳柱	〈小説〉魔術師
1976.05.01	夏号	152	徐廷柱	〈詩〉冬天　外三篇
1976.05.01	夏号	156	李気鎮	〈随筆〉本能の優越性
1976.05.01	夏号	161	峯島正行	雑誌出版界の図式
1976.05.01	夏号	158	柴田穂	友情と「友好」
1976.05.01	夏号	163	朴大仁	柿と冬と韓国人
1976.05.01	夏号	160	李範宣	とかげの愛
1976.05.01	夏号	164	金英根	〈大学生発言〉生と真実
1976.05.01	夏号	165	安鍾旭	自虐と自省
1976.05.01	夏号	166	谷泰子	イメージというもの
1976.05.01	夏号	170	李寧熙	〈エッセイ〉愛の誕生
1976.05.01	夏号	177	金炳翼	〈評論〉矛盾と葛藤　収録作品解説
1976.05.01	夏号	182	林鍾国	日帝下抗日文学
1976.05.01	夏号	192	李宗碩	〈文化レビュー〉「韓国美術5千年展」その背景と意味
1976.05.01	夏号	198		読者の便り
1976.08.01	秋号	16	柳周鉉	〈小説〉南漢山城(中篇)
1976.08.01	秋号	72	朴常隆	〈小説〉詩人一家の冬
1976.08.01	秋号	94	趙善作	〈小説〉城壁
1976.08.01	秋号	116	呉貞姫	〈小説〉寂寥
1976.08.01	秋号	132	趙海一	〈小説〉林ゴクジョン
1976.08.01	秋号	144	尹興吉	〈小説〉窮地
1976.08.01	秋号	166	全鳳健	〈詩〉夢の中の骨　外三篇
1976.08.01	秋号	173	孫東鎮	〈随筆〉詩何が宿怨であるのか?
1976.08.01	秋号	176	崔基哲	〈随筆〉場というもの

발행일	지면정보		필자	제목
	권호	페이지		
1976.08.01	秋号	174	権逸松	〈随筆〉同伴者、その永遠の渇き
1976.08.01	秋号	178	金泰坤	〈随筆〉犬の葬式
1976.08.01	秋号	179	大島渚	〈随筆〉我がサルビアよ大韓空港でパリへ行く
1976.08.01	秋号	12		〈画報〉わらぶき家の叙情
1976.08.01	秋号	193	金文洙	執筆3分前　三つの癖
1976.08.01	秋号	193	韓文影	出征する新兵
1976.08.01	秋号	182	キムヒョン	〈評論〉走馬看山〈収録作品評論〉
1976.08.01	秋号	186	金鍾哲	〈評論〉陸史の詩〈その意味と限界〉
1976.08.01	秋号	194	金乙漢	〈文化レビュー〉消え去ったソウル生まれたソウル
1976.08.01	秋号	143		50万円懸賞小説募集
1976.11.01	冬号	16	崔貞熙	〈小説〉海
1976.11.01	冬号	34	李浩哲	〈小説〉大きい山
1976.11.01	冬号	45	白道基	〈小説〉銀の十字架
1976.11.01	冬号	58	金周栄	〈小説〉馬君寓話
1976.11.01	冬号	75	朴泰洵	〈小説〉劇場崩壊
1976.11.01	冬号	92	洪盛原	〈小説〉150枚全載　武人と楽人
1976.11.01	冬号	154	金炳翼	〈小説〉収録作品解説　個人の苦痛と全体の苦痛
1976.11.01	冬号	169	李炳注	〈随筆〉ヒバリの季節
1976.11.01	冬号	172	下条正己	故郷は玄海灘の
1976.11.01	冬号	174		〈今日の韓国小説界に於けるもっとも人気ある30代作家群の寸鉄殺人的コント集〉
1976.11.01	冬号	174	宋栄	再会
1976.11.01	冬号	178	金承鈺	愛の再会場所
1976.11.01	冬号	182	崔仁浩	妻の髪
1976.11.01	冬号	186	朴婉緒	女の子が良い
1976.11.01	冬号	190	趙善作	ある夫婦
1976.11.01	冬号	195	趙海一	権力論
1976.11.01	冬号	198	李祭夏	熊の国
1976.11.01	冬号	200	李石奉	老夫婦
1976.11.01	冬号	206	李清俊	花の村の合唱
1976.11.01	冬号	160	家田純	〈文化レビュー〉韓国文化を見つめて
1976.11.01	冬号	11	朱明徳	〈画報〉ジャンスン
1977.02.01	春号	16	鮮于輝	〈小説〉背面
1977.02.01	春号	70	鄭乙炳	〈小説〉帝王と川魚
1977.02.01	春号	90	李清俊	〈小説〉くちなしの花
1977.02.01	春号	122	朴婉緒	〈小説〉カメラとウォーカー
1977.02.01	春号	104	崔翔圭	〈小説〉空港のかなた
1977.02.01	春号	144	崔仁浩	〈小説〉酒飲み

발행일	지면정보		필자	제목
	권호	페이지		
1977.02.01	春号	158	金承鈺	〈小説〉ソウル1964年冬
1977.02.01	春号	178	任軒永	〈収録作品解説〉政治的アリバイの季節
1977.02.01	春号	188	韓雲史	〈随筆〉JALと共生園
1977.02.01	春号	193	韓相喆	〈文化レビュー〉韓国演劇界のレパトリ選定
1977.02.01	春号	199	車凡錫	〈文化レビュー〉創作劇がなぜないというのか
1977.02.01	春号	184	鄭玄宗	〈詩〉苦痛の祝祭2 鉛の中の希望
1977.02.01	春号	184	朱明徳	〈画報〉韓国の古代石塔
1977.02.01	春号	121		〈社告〉五捨万円懸賞小説募集締め切り
1977.05.01	夏号	16	尹興吉	〈小説〉梅雨 150枚全載
1977.05.01	夏号	150	全商国	〈小説〉私刑
1977.05.01	夏号	74	全光鏞	〈小説〉カピタン李
1977.05.01	夏号	116	崔一男	〈小説〉奪われた席
1977.05.01	夏号	136	全文洙	〈小説〉ある夕陽
1977.05.01	夏号	100	徐廷仁	〈小説〉江
1977.05.01	夏号	165	任軒永	収録作品解説 試練と受難の証言
1977.05.01	夏号	73	鎌田光登	訳者の弁
1977.05.01	夏号	171	黄明杰	〈詩〉選詩二篇
1977.05.01	夏号	175	姜禹植	〈詩〉近作詩四篇
1977.05.01	夏号	177	李炳注	古い手帖から① 川端康成の死
1977.05.01	夏号	179	徐廷範	〈随筆〉ほのお
1977.05.01	夏号	180	許槿旭	夢のある都市
1977.05.01	夏号	181	羅運栄	四季の秩序
1977.05.01	夏号	182	辺海明	月見草
1977.05.01	夏号	184	李圭泰	韓国人の意識構造① 体面意識
1977.05.01	夏号	185	金秀男	〈画報〉韓国の巫俗
1977.08.01	秋号	16	崔仁浩	〈小説〉釣瓶を上げろ
1977.08.01	秋号	58	李炳注	〈小説〉目撃者
1977.08.01	秋号	88	徐基源	〈小説〉暗射地図
1977.08.01	秋号	112	金義貞	〈小説〉構図A
1977.08.01	秋号	136	呉鐸藩	〈小説〉処刑の土地
1977.08.01	秋号	150	金廷漢	〈小説〉砂原物語
1977.08.01	秋号	176	金允植	〈小説〉収録作品解説 韓国小説の流れ
1977.08.01	秋号	182	鎌田光登	〈詩〉尹常奎詩抄
1977.08.01	秋号	187	李炳注	古い手帖から① 三島由紀夫の自殺
1977.08.01	秋号	189	洪昭子	〈随筆〉不均衡の弁
1977.08.01	秋号		河吉鍾	ナルナリ笛の音
1977.08.01	秋号		金相華	情
1977.08.01	秋号		李一東	誰の罪か

발행일	지면정보		필자	제목
	권호	페이지		
1977.08.01	秋号	194	李圭泰	韓国人の意識構造② 禁欲意識
1977.08.01	秋号	195	呉世潤	〈画報〉韓国の風物
1977.08.01	秋号	206	柳周鉉 古山高麗雄	懸賞小説審査有感
1977.08.01	秋号	207		社告 50万円懸賞小説再募集
1977.11.01	冬号	16	金文洙	〈小説〉猫を蒸す(承前)
1977.11.01	冬号	52	李揆姫	〈小説〉恍惚として夏に消える
1977.11.01	冬号	72	金承鈺	〈小説〉夜行
1977.11.01	冬号	88	朴常隆	〈小説〉2月30日
1977.11.01	冬号	106	金菜原	〈小説〉自転車に乗って
1977.11.01	冬号	126	宋基元	〈小説〉月夜の別れ
1977.11.01	冬号	140	朴泰洵	〈小説〉忘却の山岳人
1977.11.01	冬号	150	張文平	〈小説〉収録作品解説 苦悩する韓国文学
1977.11.01	冬号	155	朴利道	〈詩〉詩四篇
1977.11.01	冬号	172	朴基媛	〈新作コント・リレー〉恍惚の夢
1977.11.01	冬号	174	許槿旭	にわか地位
1977.11.01	冬号	176	李東熙	不正行為
1977.11.01	冬号	178	文淳太	尊妻家クラブ
1977.11.01	冬号	180	朴範信	試行錯誤
1977.11.01	冬号	182	辛錫詳	初雪
1977.11.01	冬号	184	金異然	罪人でございます
1977.11.01	冬号	187	趙健相	女の客
1977.11.01	冬号	189	金相烈	根っ子と陽光
1977.11.01	冬号	191	金楠	ろくでなしの春宵
1977.11.01	冬号	160	李炳注	古い手帖から③ 自殺できない理由
1977.11.01	冬号	164	韓雲史	〈随筆〉日本の良心松山善三
1977.11.01	冬号	165	鄭木日	ひばり
1977.11.01	冬号	167	ハンジョンホ	名誉慾
1977.11.01	冬号	168	朴演求	憂鬱な話
1977.11.01	冬号	169	イジョンコン	黄昏の中で
1977.11.01	冬号	170	崔永宗	世態
1977.11.01	冬号	194	李圭泰	韓国人の意識構造③ 集団意識
1977.11.01	冬号	195	呉世潤	〈画報〉韓国近代の髪型
1977.11.01	冬号	163		〈社告〉50万円懸賞小説再募集
1978.02.01	春号	16	李清俊	〈小説〉予言者
1978.02.01	春号	76	柳周鉉	〈小説〉神のまなざし
1978.02.01	春号	98	李炳注	〈小説〉第四幕
1978.02.01	春号	112	朴景利	〈小説〉双頭児

발행일	지면정보		필자	제목
	권호	페이지		
1978.02.01	春号	142	金東里	〈小説〉岩
1978.02.01	春号	150	趙善作	〈小説〉美術大会
1978.02.01	春号	170	鄭然喜	〈小説〉監禁された自由
1978.02.01	春号	186	趙世熙	〈小説〉メビウスの帯
1978.02.01	春号	198	安寿吉	〈小説〉牧畜記
1978.02.01	春号	212	尹興吉	〈小説〉蒼白な中年
1978.02.01	春号	226	張文平	〈小説〉収録作品解説　暗くて長い夜の声
1978.02.01	春号	227	国立博物館	〈画報〉新安海岸の元代遺物
1978.05.01	夏号	16	尹興吉	〈小説〉九足の靴を残した男
1978.05.01	夏号	56	呉尚源	〈小説〉侮蔑
1978.05.01	夏号	100	鄭乙炳	〈小説〉火田民とソウル男
1978.05.01	夏号	72	金廷漢	〈小説〉暗闇の中で
1978.05.01	夏号	122	鄭漢淑	〈小説〉日本村人画伯
1978.05.01	夏号	141	李祭夏	〈小説〉敬弔
1978.05.01	夏号	165	張文平	〈小説〉収録作品解説　我等が時代の証言的記録
1978.05.01	夏号	166		〈画報〉江華島文化財　文化財管理局　提供
1978.11.01	冬号	12	柳周鉉	〈小説〉死が見える眼鏡
1978.11.01	冬号	76	金玟熟	〈小説〉失踪
1978.11.01	冬号	90	郭鶴松	〈小説〉独木橋
1978.11.01	冬号	100	文淳太	〈小説〉さなぎの夢
1978.11.01	冬号	119	崔一男	〈小説〉アラビアンナイト
1978.11.01	冬号	135	朴起東	〈小説〉父の海に銀の魚
1978.11.01	冬号	169	張文平	〈小説〉憂欝な雰囲気の小説
1978.11.01	冬号	154	韓何雲	〈詩〉続・韓何雲詩集より
1978.11.01	冬号	161	朴柱逸	〈詩〉癩病みよ
1979.02.01	春号	12	李炳注	〈小説〉季節はそのとき終わった
1979.02.01	春号	57	金周栄	〈小説〉赤い夕焼け
1979.02.01	春号	74	尹興吉	〈小説〉黄昏の家
1979.02.01	春号	92	朴起東	〈小説〉陽が昇り落ちる家
1979.02.01	春号	104	朴統緒	〈小説〉空港で会った人
1979.02.01	春号	126	柳在用	〈小説〉ある生涯
1979.02.01	春号	146	張文平	〈小説〉収録作品解説　悲劇の連続の中から
1979.02.01	春号	152	鄭浩承	〈詩〉街頭で吟うための五篇の詩
1979.02.01	春号	158	金光圭	あがり列車
1979.02.01	春号	161	李相哲	佳作〈懸賞小説〉三十年の後で
1979.02.01	春号	203	古山高麗雄	審査を終えて
1979.05.10	夏号	12	尹興吉	〈小説〉霧提
1979.05.10	夏号	50	金源一	〈小説〉宵待草

발행일	지면정보		필자	제목
	권호	페이지		
1979.05.10	夏号	68	朴泰洵	〈小説〉失禁
1979.05.10	夏号	84	金文洙	〈小説〉聖痕
1979.05.10	夏号	107	黄晳暎	〈小説〉モルケウォルの鳥
1979.05.10	夏号	121	金容誠	〈小説〉密航
1979.05.10	夏号	139	全商国	〈小説〉脈
1979.05.10	夏号	158	張文平	〈小説〉収録作品解説　現実と歴史上の諸問題
1979.05.10	夏号	168	朴竜来	〈詩〉曲四篇
1980.02.10	春号	12	李光洙	〈小説〉愛か
1980.02.10	春号	20	羅稲香	〈小説〉水車
1980.02.10	春号	36	廉想渉	〈小説〉輪転機
1980.02.10	春号	52	金東仁	〈小説〉いも
1980.02.10	春号	61	李文烈	〈小説〉孟春仲夏
1980.02.10	春号	76	康信哉	〈小説〉光と影
1980.02.10	春号	93	金周栄	〈小説〉家に帰っていらっしゃい
1980.02.10	春号	112	朴婉緒	〈小説〉追跡者
1980.02.10	春号	130	李清俊	〈小説〉空部屋
1980.02.10	春号	174	孫宝順	〈詩〉つばさ　二篇
1980.05.10	夏号	12	桂鎔黙	〈小説〉白痴アダダ
1980.05.10	夏号	28	李箱	〈小説〉終生記
1980.05.10	夏号	46	李孝石	〈小説〉そばの花咲く頃
1980.05.10	夏号	56	金裕貞	〈小説〉金を掘る豆畠
1980.05.10	夏号	70	尹慶南	〈小説〉気狂い女
1980.05.10	夏号	98	鄭漢淑	〈小説〉願
1980.05.10	夏号	112	李均永	〈小説〉遥かなる坂道
1980.05.10	夏号	128	金知原	〈小説〉風が囁く屋敷
1980.05.10	夏号	140	全商国	〈小説〉外灯
1980.05.10	夏号	172	閔暎	〈詩〉灰になるため
1980.08.10	秋号	12	崔仁旭	〈小説〉れんぎょう
1980.08.10	秋号	26	崔泰応	〈小説〉りんご
1980.08.10	秋号	36	朴啓周	〈小説〉流民
1980.08.10	秋号	50	許允碩	〈小説〉流頭節
1980.08.10	秋号	55	金光洲	〈小説〉揚子江沿革
1980.08.10	秋号	62	尹興吉	〈小説〉タイムレコーダ
1980.08.10	秋号	80	鄭然喜	〈小説〉外套とおやつ
1980.08.10	秋号	95	キム・チンジャ	〈小説〉仮劇場
1980.08.10	秋号	112	趙世熙	〈小説〉クライン氏の瓶
1980.08.10	秋号	134	朴斗鎮	〈詩〉星の歌　外二篇
1980.08.10	秋号	140	宋英	〈小説〉太鼓の音

발행일	지면정보		필자	제목
	권호	페이지		
1982.11.10	冬号	12	柳宗鉉	〈小説〉張氏一家
1982.11.10	冬号	34	黄順元	〈小説〉雄の退化論
1982.11.10	冬号	54	朴範信	〈小説〉窄
1982.11.10	冬号	68	金源一	〈小説〉闇の魂
1982.11.10	冬号	90	李浩哲	〈小説〉ある理髪店にて
1982.11.10	冬号	104	李炳注	〈小説〉扇子の話
1982.11.10	冬号	160	黄皙暎	〈小説〉駱駝の目玉
1982.11.10	冬号	156	文炳蘭	〈詩〉地の恋歌
1983.05.10	夏号	12	李清俊	〈小説〉綱
1983.05.10	夏号	36	金商国	〈小説〉かくれんぼう
1983.05.10	夏号	56	金文洙	〈小説〉風葬
1983.05.10	夏号	74	朴景利	〈小説〉不信時代
1983.05.10	夏号	98	金容誠	〈小説〉ウソつき
1983.05.10	夏号	116	金源一	〈小説〉未忘
1983.05.10	夏号	138	朴斗鎮	〈詩〉夏の夜の月　外三篇
1983.05.10	夏号	146	金承鈺	〈詩〉幻想手貼
1983.08.10	秋号	12	南延賢	〈小説〉お前は何だ
1983.08.10	秋号	70	李箱	〈小説〉失花
1983.08.10	秋号	84	朴範信	〈小説〉彼らはそのように忘れた
1983.08.10	秋号	112	朴順女	〈小説〉間違って来た青年
1983.08.10	秋号	128	金泰月	〈詩〉あの頃気づいていたら　外三篇
1983.08.10	秋号	134	徐延仁	〈詩〉迷路
1983.08.10	秋号	156	金承鈺	〈詩〉幻想手貼(下)
1983.11.10	冬号	12	朴容淑	〈小説〉ミカン二つ
1983.11.10	冬号	46	廉想渉	〈小説〉二つの破産
1983.11.10	冬号	60	李清俊	〈小説〉木の上で寝る
1983.11.10	冬号	72	方基煥	〈小説〉処容の敵
1983.11.10	冬号	86	金利錫	〈小説〉再会
1983.11.10	冬号	106	金采原	〈小説〉正午の風景画
1983.11.10	冬号	48	朴英姫	〈詩〉通い路　外三篇
1983.11.10	冬号	122	徐延仁	〈詩〉円舞
1984.02.10	春号	12	朴婉緒	〈小説〉恥ずかしさを教えます
1984.02.10	春号	32	白始宗	〈小説〉鳩
1984.02.10	春号	46	李清俊	〈小説〉的
1984.02.10	春号	72	宋相玉	〈小説〉喪家
1984.02.10	春号	86	金文洙	〈小説〉囚
1984.02.10	春号	106	金南祚	〈詩〉花　外二篇
1984.02.10	春号	110	呉永寿	〈詩〉明暗

발행일	지면정보 권호	지면정보 페이지	필자	제목
1984.05.10	春号	12	鮮干輝	〈小説〉黙示
1984.05.10	春号	38	李炳注	〈小説〉判子
1984.05.10	春号	60	安寿吉	〈小説〉序章
1984.05.10	春号	66	康信哉	〈小説〉事変その後
1984.05.10	春号	86	金義貞	〈小説〉星と砂の夢
1984.05.10	春号	102	李外秀	〈小説〉隙間
1984.05.10	春号	120	鄭漢淑	〈小説〉ある少年の追憶
1984.08.10	秋号	12	金承鈺	〈小説〉奴と俺
1984.08.10	秋号	22	ホ・ヨンソン	〈小説〉小さな巨人
1984.08.10	秋号	34	呉尚源	〈小説〉猶予
1984.08.10	秋号	46	鄭乙炳	〈小説〉愚かな農夫人生を盗まれる
1984.08.10	秋号	62	金容誠	〈小説〉エイ凧
1984.08.10	秋号	72	李貞浩	〈小説〉幻影を探す女
1984.08.10	秋号	82	李御寧	〈小説〉幻覚の脚
1984.08.10	秋号	148	趙炳華	〈詩〉業 外二篇
1984.08.10	秋号	154	尹興吉	〈詩〉今日の運勢
1984.11.10	冬号	12	鮮干輝	〈小説〉釣り銭
1984.11.10	冬号	24	呉貞姫	〈小説〉中国人街
1984.11.10	冬号	50	金周栄	〈小説〉泥棒見習
1984.11.10	冬号	72	趙善作	〈小説〉志士塚
1984.11.10	冬号	94	尹興吉	〈小説〉焚きもの
1984.11.10	冬号	110	崔昌学	〈小説〉刑
1984.11.10	冬号	140	李基班	〈詩〉山越に黄昏が
1984.11.10	冬号	144	林哲佑	〈詩〉操り運動会
1985.02.10	春号	12	李清俊	〈小説〉仮眠
1985.02.10	春号	54	林哲佑	彼らの暁
1985.02.10	春号	70	柳在用	関係
1985.02.10	春号	82	崔仁浩	他人の部屋
1985.02.10	春号	96	李炳注	小説「アレキサンドリア」

해협(海峽)

1 서지적 정보

1974년 12월에 창간되어 연 2회 발간되었다. 1980년대 말에 3년 정도 휴지기도 있었지만, 2017년 28호까지 발행된 것으로 확인된다. 편집은 조선문제연구회, 발행소는 사회평론사(도쿄東京 분쿄구文京区)이다. 주요 집필진은 임전혜, 박경식, 이준, 이승옥, 이준, 이철악, 히구치 유이치(樋口雄一), 이노우에 마나부(井上学), 윤건차 등이 있다. 특히, 임전혜는 창간호부터 일관되게 일제강점기에 일본인 문학자가 갖고 있던 조선관이나 일본에 유학한 조선인의 문학 등에 대하여 집필하였다.

일제강점기 하에 행해진 조선의 문학이나 식민지 교육 문제를 비롯하여, 동시대의 한국문학, 일본교과서 문제, 재일조선인과 전후일본사회의 문제, 종군위안부 문제를 비롯하여 전후 일본의 보상문제 등의 내용을 폭넓게 다루었다.

1992년 12월 16호에는 '종군위안부' 문제나 전후 보상 문제가 부상한 점을 언급하며, 일본의 전후는 끝난 것이 아니라 아직 끝나지 않은 전후문제에 대하여 논의해야 한다고 이야기했다. 2002년 8월 22호에 재일조선인 1세대에 대하여 "식민지시대를 살고 그 시대를 증언할 수 있는 세대"라고 하면서, 이와 같은 시간축에 있는 일본의 세대는 전쟁을 체험한 세대로 각각 체험과 기억을 남겨야 한다고 강조하며 23호의 내용을 예고했다. 23호는 '재일조선인과 전후 일본사회' 특집으로 구성하여 사할린 잔류 조선인 가족의 수기, 일제강점기에 조선인을 압박하고 통제하던 '협화회'가 전후 일본에서 변모한 모습 등에 대하여 기술하고 있다.

2 창간사

창간호 「후기」에 다음과 같이 적고 있다.

조선문제연구회의 「해협」 창간호가 나왔습니다. 우리 연구회는 근대·현대 조선의 정치·사회·문화 등의 제문제를 자유롭게 연구해가고자 합니다.

우리 회원은 모두 회사원이나 공무원, 주부 등입니다만, 이래저래 10년 이상 전부터 조선문제를 통해 교류가 있었습니다. 그런 가운데 자주적·자립적인 공동연구의 장을 가지려는 움직임이 있어 1973년 봄에 찻집에서 준비모임을 가졌던 것이 사실상의 발족이었습니다.

우리 모임의 특징은 회원이 일본인으로서, 또한 조선인으로서 각각의 주체성을 가지면서 근대·현대 조선 연구라는 공통의 테마를 심화시키는 데에 있습니다.

또한 회지 이름 '해협'은 일본과 조선의 진정한 교우와 연대, 그리고 조선의 통일을 바라는 전 회원의 마음으로 명명한 것입니다. 우리들은 이 작은 연구를 통해 일본과 조선 사이에 넓게 펼쳐진 해협에 평화와 친선의 다리를 놓는 것을 염원하고 있습니다. 이를 저해하고 있는 흐름을 직시하며 우리 연구를 착실히 해가려고 생각합니다.

3 목차

발행일	지면정보		필자	제목
	권호	페이지		
1974.12.25	1号	34	樋口雄一	在日朝鮮人「危険視」の系譜
1974.12.25	1号	36	任展慧	植民地下朝鮮の文化・文字関係規制年表(1937～1945年)
1974.12.25	1号	53	李鉄岳	〈資料〉元山ゼネラル・ストライキの経験(一)
1974.12.25	1号	64		会の記録
1974.12.25	1号	68		編集後記
1975.07.30	2号	3	樋口雄一	協和会前史　在日朝鮮人抑圧・統制団体成立過程
1975.07.30	2号	22	井上学	松代行　戦時下の松代大本営工事と朝鮮人
1975.07.30	2号	34	李準	ポスト・インドシナと朝鮮半島
1975.07.30	2号	45	任展慧	金史良「山の神々」完成までのプロセス
1975.07.30	2号	50	李承玉	韓国文学瞥見　言論弾圧下の文学状況断片
1975.07.30	2号	59	小沢有作	ある差別思想　大阪深江小学校長の朝鮮差別発言をめぐって
1975.07.30	2号	66	欄木寿男	戦後における朝鮮植民地教育擁護論の一典型『日本人の海外活動に関する歴史的調査』を読んで
1975.07.30	2号	71	朴慶植	〈随想〉ぷらすまいなす
1975.07.30	2号	83	李鉄岳	〈資料〉元山ゼネラル・ストライキの経験(二)
1975.07.30	2号	95		会の記録
1975.07.30	2号	96		編集後記
1975.12.25	3号	3	李準	国連での朝鮮問題討議に一大転機
1975.12.25	3号	13	李承玉	韓国文学瞥見Ⅱ
1975.12.25	3号	21	小林英夫	「会社令」研究ノート
1975.12.25	3号	37	樋口雄一	朝鮮人の日本への渡航と帰国
1975.12.25	3号	46	井上学	戦争反対同盟の結成について
1975.12.25	3号	52	朴慶植	〈随想〉ぷらすまいなす(二)
1975.12.25	3号	61	任展慧	朝鮮時代の田中英光
1975.12.25	3号	73	任展慧	〈資料〉田中英光「朝鮮を去る日に」
1975.12.25	3号	79		会の記録
1975.12.25	3号	80		編集後記
1976.07.25	4号	3	井上学	戦争反対同盟の結成について(2)
1976.07.25	4号	17	李承玉	韓国文学瞥見Ⅲ　金延漢が描く農村を主題にした小説
1976.07.25	4号	27	欄木寿男	朝鮮総督府の神社政策
1976.07.25	4号	39	小沢有作	「大正自由教育」の朝鮮観ー沢柳政太郎の同化教育論の紹介ー
1976.07.25	4号	55	秋明淑	研究ノート済州島人民の「四・三武装闘争」
1976.07.25	4号	67	樋口雄一	麗水・順天における軍隊蜂起と民衆
1976.07.25	4号	76	李準	「朴政権」の対日マスコミ工作
1976.07.25	4号	84	任展慧	『韓国女性運動史』の割愛部分について
1976.07.25	4号	95	李承玉	〈書評〉高崎隆治『戦争文学通信』を読む
1976.07.25	4号	98		〈資料〉金斗鎔著『在日本朝鮮労働運動は如何に展開すべきか?』(1)

발행일	지면정보		필자	제목
	권호	페이지		
1976.07.25	4号	103		会の記録
1976.07.25	4号	104		編集後記
1977.01.17	5号	2	小林英夫	汎太平洋労働組合会議とアジア労働組合会議の活動
1977.01.17	5号	26	樋口雄一	多摩川砂利採取労働者の闘い
1977.01.17	5号	37	井上学	戦争反対同盟について(3)
1977.01.17	5号	46	欄木寿男	朝鮮総督府の神社政策(2)
1977.01.17	5号	54	任展慧	川上喜久子と朝鮮
1977.01.17	5号	64	李丞玉	韓国文学瞥見(4)
1977.01.17	5号	69	朴慶植	〈随想〉ぷらすまいなす(3)
1977.01.17	5号	86		〈資料〉金斗鎔著『在日本朝鮮労働運動は如何に展開すべきか?』(2)
1977.01.17	5号	95		会の記録
1977.01.17	5号	96		編集後記
1977.07.31	6号	2	樋口雄一	協和会と朝鮮人の世界ー戦時下在日朝鮮人の抵抗についてー
1977.07.31	6号	14	李準	在韓米軍撤退公約の周辺
1977.07.31	6号	21	小林英夫	「軍需工業動員法」研究ノート
1977.07.31	6号	26	小沢有作	アジア・アフリカの旅
1977.07.31	6号	41	欄木寿男	韓国からの日本教科書批判ー「日本社会教科書検討意見書」ー
1977.07.31	6号	50	李丞玉	北朝鮮での南朝鮮文学批判
1977.07.31	6号	64	朴慶植	〈随想〉ぷらすまいなす(4)
1977.07.31	6号	82		〈資料〉金斗鎔著『在日本朝鮮労働運動は如何に展開すべきか?』(3)
1977.07.31	6号	90	朴慶植	解説
1977.07.31	6号	91		会の記録
1977.07.31	6号	92		編集後記
1978.03.15	7号	2	樋口雄一	大阪における矯風会活動ー在日朝鮮人抑圧組織の原形
1978.03.15	7号	10	欄木寿男	戦時下朝鮮の物資統制について
1978.03.15	7号	20	井上学	趙泳祐反帝葬
1978.03.15	7号	34	任展慧	内野健児年譜
1978.03.15	7号	45	小林英夫	「北鮮開拓事業」について
1978.03.15	7号	65	李丞玉	韓国労働運動の一断面
1978.03.15	7号	68	小沢有作	「協和教育」の時代ー『国民学校に於ける協和教育』の紹介
1978.03.15	7号	77	朴慶植	在日朝鮮労総の活動ービラ、機関紙、大会報告等を読んで
1978.03.15	7号	85		〈資料〉朝鮮革命の特質と労働者階級前衛の当面の任務
1978.03.15	7号	95		会の記録
1978.03.15	7号	96		編集後記
1978.12.15	8号	2	朴慶植	思想団体 北星会、一月会について
1978.12.15	8号	25	小沢有作	戦前における在日朝鮮人の生活状態の一断面ー官公庁調査報告書をとおしてー

발행일	지면정보		필자	제목
	권호	페이지		
1978.12.15	8号	36	樋口雄一	日清戦争下　朝鮮における日本人の活動ー新聞資料からのメモー
1978.12.15	8号	44	任展慧	女流飛行士　朴敬元のこと
1978.12.15	8号	49		〈資料〉『朴敬元嬢追悼録』より(二編)
1978.12.15	8号	54	小林英夫	開港後の埠頭労働者組織について
1978.12.15	8号	59	井上学	日本反帝同盟執行委員　小林多喜二ー多喜二と朝鮮ー
1978.12.15	8号	68	欄木寿男	「朝鮮の事典」のゆめ
1978.12.15	8号	72	李準	韓国民主化運動・学生運動ー1976～78年九月間の資料紹介ー
1978.12.15	8号	89		〈資料〉李鉄岳「朝鮮革命の特質と労働者階級前衛の当面の任務」(2)
1978.12.15	8号	95		会の記録
1978.12.15	8号	96		編集後記
1979.11.25	9号	2	小沢有作	在日朝鮮人教育ーその歴史と課題ー
1979.11.25	9号	32	井上学	「反帝新聞」記事(見出し)一覧
1979.11.25	9号	55	任展慧	朝鮮人留学生雑誌にみる女たちの発言(1905-1910)
1979.11.25	9号	62	樋口雄一	特別高等警察内鮮人問題
1979.11.25	9号	70	小林英夫	繊維製品の逆輸入問題
1979.11.25	9号	78	欄木寿男	身辺主義・雑惑
1979.11.25	9号	81	李準	1980年代の展望に立ってみた朝鮮統一問題
1979.11.25	9号	95		会の記録
1979.11.25	9号	96		編集後記
1981.05.15	10号	2	朴慶植	在日本朝鮮人連盟の解散についてー1949.9.8ー
1981.05.15	10号	17	樋口雄一	戦時下の在日朝鮮人統制ー協和会指導員会を中心にー
1981.05.15	10号	29	小沢有作	在日朝鮮人教育実践史(その１)ー日教組・全国教研集会の報告を中心にー
1981.05.15	10号	35	任展慧	朝鮮に翻訳・紹介された日本文学について(1907-1945)
1981.05.15	10号	53	欄木寿男	山田花袋と小林秀雄の朝鮮紀行文
1981.05.15	10号	58	井上学	開かれなかった汎太平洋反帝国主義民族代表者会議
1981.05.15	10号	72	小林英夫	『回顧と展望』を読んで
1981.05.15	10号	73	李準	朝鮮労働党第六回大会と新しい統一方案の提示
1981.05.15	10号	86	李承玉	崔載瑞論のための覚え書きー15年戦争下の朝鮮における「国民文学」ー
1981.05.15	10号	99		会の記録・編集後記
1982.11.30	11号	1	小沢有作	教科書問題を考える
1982.11.30	11号	5	高秀美	教科書問題にみる朝鮮と日本
1982.11.30	11号	13	前田幸子	伊藤博文暗殺事件をめぐってー教科書の記述と新聞報道ー
1982.11.30	11号	33	佐野通夫	本名を呼び名のる中で教育の本質にー「第三回在日朝鮮人教育研究全国集会」に参加して

발행일	지면정보		필자	제목
	권호	페이지		
1982.11.30	11号	42	尹健次	日本資本主義の先進基地としての京城学堂ー日本のアジア進出の軌跡をふまえてー
1982.11.30	11号	67	井上学	日本反帝同盟の創立
1982.11.30	11号	81	牛口順二	『朝鮮時論』の一年
1982.11.30	11号	96	任展慧	佐藤清と朝鮮
1984.03.16	12号	1	佐野通夫	〈特集〉植民地下朝鮮における「歴史」教育
1984.03.16	12号	11	任展慧	朝鮮側からみた日本文壇の「朝鮮ブーム」ー1939~1940年
1984.03.16	12号	21	牛口順二	間島5・30蜂起に関するスケッチ
1984.03.16	12号	27	樋口雄一	在日朝鮮人社会史研究試論ー1917年を中心に
1984.03.16	12号	40	前田幸子	安重根を学ぶ
1984.03.16	12号	51	井上学	日本反帝同盟第一回全国大会
1984.03.16	12号	60		〈資料〉昭和7年12月刊行　名古屋協和会の事業計画概要
1984.03.16	12号	71	尹健次	都立大学抗議雑感
1984.03.16	12号	79	小沢有作	日本と朝鮮をむすぶ夕べ
1984.03.16	12号	92	李丞玉	朝鮮金大文学史を考える(1)
1985.04.30	13号	3	牛口順二	間島5・30蜂起後の組織再建運動
1985.04.30	13号	9	樋口雄一	初期在日朝鮮人の闘い
1985.04.30	13号	21		〈資料〉福岡県における在日朝鮮人の状況
1985.04.30	13号	26	任展慧	後藤郁子と朝鮮
1985.04.30	13号	43	任展慧	後藤郁子作品年譜
1985.04.30	13号	51	高秀美	一つの名前で生きる
1985.04.30	13号	67	小沢有作	中国への旅
1985.04.30	13号	77	前田幸子	映画「帰らざる密使」を観て
1985.04.30	13号	83	井上学	市川正一『日本共産党闘争小史』について
1985.04.30	13号	89	内野健児	〈資料紹〉介ある学生へ
1985.04.30	13号	93		会の記録
1985.04.30	13号	94		『海峡』既刊号案内
1985.04.30	13号	96		編集後記
1987.07.07	14号	2	小沢有作	〈特集〉差別の想像力から共存の想像力へ
1987.07.07	14号	11	高秀美	"ハルメのお話をしようね"
1987.07.07	14号	26	樋口雄一	在日朝鮮人社会史研究(3) 在日朝鮮人ー社会集団として　1935年以前を中心に
1987.07.07	14号	41	鮎沢譲	「朝連」期朝鮮人学校における国語教科書
1987.07.07	14号	58	佐野通夫	「外国人」と「人間の壁」
1987.07.07	14号	63	井上学	〈書評〉樋口雄一著『協和会ー朝鮮人統制組織の研究』
1987.07.07	14号	68	牛口順二	延辺朝鮮族自治州における民族教育の展望(上)
1987.07.07	14号	76	金値	東明神話
1987.07.07	14号	88	任展慧	〈補遺〉新井徹作品年譜
1987.07.07	14号	90	新井徹	〈紹介〉人々の流れの中で

발행일	지면정보		필자	제목
	권호	페이지		
1987.07.07	14号	90	内野健児	朝鮮を愛する人々
1987.07.07	14号	90	内野健児	朝鮮に於ける時の仕事について
1987.07.07	14号	103		会の記録
1990.12.30	15号	1	小沢有作・高秀美	追悼
1990.12.30	15号	10		李承玉　略歴
1990.12.30	15号	12	高秀美	踊りの場(1)
1990.12.30	15号	33	佐野通夫	あれこれ서울(ソウル)便り
1990.12.30	15号	41	井上学	津賀俊氏聴き描き　在日朝鮮人とともに―日本反帝同盟での活動
1990.12.30	15号	54	樋口雄一	在日朝鮮人と震災後の地域社会―神奈川県を中心―
1990.12.30	15号	64	宗田千絵	神奈川県における協和事業と在日朝鮮人生活史
1990.12.30	15号	78	盧舜洪	「不逞鮮人」と『日鮮同祖論』
1990.12.30	15号	97	長沢秀	〈資料〉第八十六回(昭和19年12月)帝国議会説明資料朝鮮総督府鉱工局関係(抜すい)
1990.12.30	15号	109		会の記録・編集後記
1992.12.20	16号	3	小沢有作	国家は人びとと分け、民族は人びとを結ぶ―第4回朝鮮学国際学術討論会に参加して
1992.12.20	16号	9	山口明子	「従軍慰安婦」問題をめぐる日本での対応
1992.12.20	16号	16	樋口雄一	朝鮮料理店女性と「産業慰安婦」
1992.12.20	16号	31	長沢秀	山口県・長生炭鉱(株)と朝鮮人強制連行―会社側聞書を中心に
1992.12.20	16号	47	井上学	「対支非干渉同盟」の創立とその活動(一)
1992.12.20	16号	64	佐野通夫	「外国人」と「就学の壁」
1992.12.20	16号	70	高秀美	踊りの場(2)
1992.12.20	16号	81	宗田千絵	神奈川県における協和事業と在日朝鮮人生活史(その二)
1992.12.20	16号	96	任展慧	〈補遺2〉新井徹作品年譜
1992.12.20	16号	111		会の記録・編集後記
1995.02.20	17号	2		朝鮮人生徒に対する暴行事件を考える
1995.02.20	17号	20	佐野通夫	ジンバブエの教育覚書
1995.02.20	17号	26	佐野通夫	消えた「巻頭言」
1995.02.20	17号	29	山口明子	神社参拝と朝鮮のキリスト者女性(覚え書き1)
1995.02.20	17号	40	樋口雄一	戦時下在日朝鮮人女性の非同調行動
1995.02.20	17号	50	長沢秀	住友・新歌志内砿の朝鮮人寮日誌『半島砿員就業日報』を読む
1995.02.20	17号	62	井上学	「在華日本人民反戦同盟」資料中の朝鮮人関係資料について
1995.02.20	17号	70	宗田千絵	神奈川県における協和事業と在日朝鮮人生活史(3)
1995.02.20	17号	86	高秀美	踊りの場(3)
1995.02.20	17号	101	金値	『論衡』吉験篇中に見える橐離国について
1995.02.20	17号	115		会の記録・編集後記

발행일	지면정보		필자	제목
	권호	페이지		
2000.01.30	19号	3	小沢有作	外国人学校卒業者の国立大学入学資格にかんする文部省の政策
2000.01.30	19号	18	佐野通夫	「外国人」と「司法の壁」ー法廷通訳人駆け出し記ー
2000.01.30	19号	28	樋口雄一	朝鮮における徴兵制の実施過程(1)ー戸籍・寄留制度を中心にー
2000.01.30	19号	39	山口明子	日本の教会の戦後はどのように始まったかー朝鮮教会との関わりにおいてー
2000.01.30	19号	47	任展慧	〈資料〉掌篇「蛇」金史良
2000.01.30	19号	52	井上学	「対支非干渉同盟」の創立とその活動(三)
2000.01.30	19号	70	長沢秀	〈資料〉貝島炭砿会社文書『重役会議事録(1)(2)』(抜粋)
2000.01.30	19号	86	高秀美	踊りの場(5)
2000.01.30	19号	86		会の記録・編集後記
2002.03.30	20号	2	小沢有作	在日朝鮮人教育75年の歴史を振り返る
2002.03.30	20号	24		追悼　小沢有作先生
2002.03.30	20号		樋口雄一	「海挟」と小沢先生
2002.03.30	20号		井上学	小沢さんのやさしさ
2002.03.30	20号		任展慧	心強い後ろ盾
2002.03.30	20号		長沢秀	最後の言葉
2002.03.30	20号		山口明子	ある日の「海挟」
2002.03.30	20号		佐野通夫	未完の仕事
2002.03.30	20号	32	高秀美	小沢先生と『耳学問の会』のこと
2002.03.30	20号	46	佐野通夫	支配と解放の20世紀から共生の21世紀へ
2002.03.30	20号	53	山口明子	日本軍性奴隷制度をめぐる韓国と日本の女性たちの運動ー私のみた10年間の歩みー
2002.03.30	20号	60	樋口雄一	川崎市おおひん地区朝鮮人の生活状況ー1955年前後を中心にー
2002.03.30	20号	82	井上学	尾崎秀美と「東亜新秩序」
2002.03.30	20号	99	長沢秀	旧樺太庁警察部・豊原警察署関係文書目録
2002.03.30	20号	115		「海挟」定例研究会記録/編集後記
2005.01.31	21号	1	高秀美	『小沢有作文庫』のできるまで
2005.01.31	21号	6	山口明子	在日朝鮮人が日本で老いるときーある独り身のハルモにとの対話からー
2005.01.31	21号	16	高秀美	見失った言葉の記憶ー「在日朝鮮人」の表現をめぐって(上)
2005.01.31	21号	35	桑ヶ谷森男	『星の国』を読む
2005.01.31	21号	43	佐野通夫	朝鮮解放直後の教育政策ー南朝鮮における植民地教育の払拭ー
2005.01.31	21号	53	長沢秀	ロシア・サハリン州の朝鮮人離散家族についてー石炭産業を中心にー
2005.01.31	21号	60	井上学	「対支非干渉同盟」の創立とその活動(四)
2005.01.31	21号	79	樋口雄一	朝鮮人「戦死」者たちの「歌と菓子」

발행일	지면정보		필자	제목
	권호	페이지		
2005.01.31	21号	132		会の記録
2005.01.31	21号	133		編集後記
2007.08.15	22号	3	山口明子	「国民基金」の解散に当たって思うこと
2007.08.15	22号	6	井上学	国際反帝同盟諸大会と朝鮮代表
2007.08.15	22号	28	佐野通夫	朝鮮植民地末期における教育政策
2007.08.15	22号	44	樋口雄一	在日朝鮮人団体と協和会への組織化過程ー三重県と千葉県での事例を中心に
2007.08.15	22号	60	長沢秀	サハリン残留朝鮮人離散家族の手記
2007.08.15	22号	76	桑ヶ谷森男	「星の国」を読む(2)
2007.08.15	22号	105	高秀美	踊りの場(7)
2007.08.15	22号	119		会の記録
2007.08.15	22号	120		編集後記
2009.07.15	23号	4	佐野通夫	四・二四を繰り返す京都市ー大阪地裁H一八(ワ)第1883号損害賠償請求事件をめぐってー
2009.07.15	23号	27	井上学	史料紹介 軍事委員会「罪条書」(1948年5月11日)
2009.07.15	23号	60	笹本征男	朝鮮有事日米密約文の発見をめぐってー「国連軍」地位協定との関係を考えるー
2009.07.15	23号	81	長沢秀	サハリン残留朝鮮人離散家族の手記(続)
2009.07.15	23号	95	樋口雄一	協和会から興生会体制への転換と敗戦後への移行
2009.07.15	23号	111	桑ヶ谷森男	宋影の児童文学作品「星の国」を読む
2009.07.15	23号	148	山口明子	小林英夫「吉兵衛物語」を読む
2009.07.15	23号	156	高秀美	踊りの場(8)
2009.07.15	23号	170	任展慧	資料紹介 書評「建設への意欲・島木健作氏著・満洲紀行」金史良
2009.07.15	23号	198		木元賢輔氏「略年譜」
2009.07.15	23号	199		会の記録
2009.07.15	23号	199		編集後記
2011.06.25	24号	4	樋口雄一	戦前期の朝鮮人親睦・融和・同郷団体ー協和会移行期を中心に
2011.06.25	24号	15	長沢秀	サハリン残留朝鮮人離散家族の手記(三)
2011.06.25	24号	31	佐野通夫	日本国政府の朝鮮人処遇
2011.06.25	24号	53	井上学	戦後日本共産党の在日朝鮮人運動に関する「指令」をめぐってー指令71号と140号、金斗鎔の帰国ー
2011.06.25	24号	70	曺貞烈	[読後メモ]「聖書的立場でみた朝鮮歴史」と『意味からみた韓国歴史』
2011.06.25	24号	100	山口明子	随想〜時は取り戻せない〜中国に取り残された「慰安婦」被害者のその後
2011.06.25	24号	106	高秀美	踊りの場(9)〈3・11と9・1ー2つの大震災に思うこと〉
2011.06.25	24号	113	桑ヶ谷森男	権煥ほかカップの児童文学作品「星の国」を読む
2011.06.25	24号	144	山口明子	野の研究者 笹本征男さん
2011.06.25	24号	146		会の記録
2011.06.25	24号	147		編集後記

발행일	지면정보		필자	제목
	권호	페이지		
2013.05.10	25号	4	佐野通夫	朝鮮民主主義人民共和国の全般的12年制義務教育
2013.05.10	25号	22	高秀美	踊りの場(10)
2013.05.10	25号	34	山口明子	日本の教会と韓国・朝鮮の教会との出会い
2013.05.10	25号	44	曺貞烈	咸錫憲 著作の周辺
2013.05.10	25号	59	桑ヶ谷森男	鄭青山ほか四作家の児童文学作品「星の国」を読む
2013.05.10	25号	99	樋口雄一	朝鮮における食をめぐる解放前一年誌ー朝鮮民衆と総督府の乖離を中心に
2013.05.10	25号	115	長沢秀	サハリン残留朝鮮人離散家族の手記(四)
2013.05.10	25号	126	井上学	炭労委員長田中章と「国籍問題」
2013.05.10	25号	157	井上学	資料紹介　高允京「強制退去」関係資料(二点)
2013.05.10	25号	166		『海峡』総目次　創刊号(1974年)－25号(2013年)
2013.05.10	25号	176		会の記録
2013.05.10	25号	176		編集後記
2015.07.25	26号	4	樋口雄一	朝鮮における解放前後地方力の移行と労働動員ー江原道を事例としての試論
2015.07.25	26号	26	佐野通夫	韓国国会における朝鮮学校を支援する討論会
2015.07.25	26号	45	桑ヶ谷森男	『オリニ』ー黎明期の朝鮮児童文学を探る
2015.07.25	26号	56	長沢秀	サハリン残留朝鮮人離散家族の手記(5)
2015.07.25	26号	77	岸谷和	金台郁という在に移t朝鮮人活動家について
2015.07.25	26号	89	井上学	日本共産党第4回・第5回党大会決定「行動綱領」「党規約」における朝鮮問題
2015.07.25	26号	117	曺貞烈	『祖父六堂崔南善ー近代の磯を築き道を切り拓く』
2015.07.25	26号	131	桑ヶ谷森男	[ブックレビュー]井上勝生『明治日本の植民地支配 北海道から朝鮮へ』を読む
2015.07.25	26号	142		会の記録
2015.07.25	26号	143		編集後記
2016.12.10	27号	4	桑ヶ谷森男	新渡戸稲造と柏木義円の朝鮮認識を問う
2016.12.10	27号	24	樋口雄一	1930年代の江原道医療状況と朝鮮農民
2016.12.10	27号	40	長沢秀	サハリン残留朝鮮人の韓国永住帰国について
2016.12.10	27号	54	高秀美	踊りの場(11)
2016.12.10	27号	64	井上学	戦後革命期社会運動と朝鮮問題ー1946年4月～5月
2016.12.10	27号	96	山口明子	私の見た日本軍「慰安婦」問題25年
2016.12.10	27号	106	佐野通夫	[資料集]朝鮮航行無償化排除と3・29文科大臣通知
2016.12.10	27号	143	岸谷和	佐野文夫の日記『生きることにも心せき』についての考察
2016.12.10	27号	159		会の記録
2016.12.10	27号	160		編集後記

휴먼레포트(ヒューマンレポート)

○ ○ ○

 1 서지적 정보

『휴먼레포트』는 서해석(徐海錫)이 중심이 되어 재일사회의 세대교체라는 과도기를 앞두고 재일동포를 둘러싼 제반문제를 전문적으로 조사하고 연구하여 금후의 방향성을 제시하고자 1984년 1월에 창간한 잡지이다. 편집발행인은 창간호에서부터 서해석이 맡고 있고, 나고야(名古屋)를 거점으로 발행되고 있다. 계간잡지로 출발하였으나 7호(1986.11)부터 연1회 발행으로 바뀌고 있고, 18호(1998.05) 발행 이후 휴간되었다가, 2010년 9월에 '2010년 특별호'를 간행한 이후 계속 발행 여부는 확인되지 않고 있다. 창간호부터 2010년 특별호까지 잡지의 판매가격은 줄곧 1000엔을 유지하고 있다.

창간호에서부터 잡지의 체제는 대체로 유지되고 있다. '뉴 포커스'에서는 당시의 현안 문제를 다루고 있고, 법률상담 코너, 강연 및 논단, 그리고 문화면에서는 창간호에서 13호(1992.12)까지 13회에 걸쳐 '일본에 온 한국문화를 둘러보고(日本へ来た韓国文化を巡って)'를 연재하고 있다. 그밖에 독자로부터의 목소리를 담은 '광장' 코너도 운영되고 있다.

『휴먼레포트』가 중심적으로 다루고 있는 사안은 특집 내용을 살펴보면 잘 드러나는데, 일본의 국적법개정과 신국적법 시행을 비롯하여 재일동포의 법적지위문제, 재중동포문제, 재일 3세의 교육문제, 지문날인문제와 인권운동, 일본의 전후보상문제, 재일동포의 결혼과 귀화문제 등이다. 그 외 결혼에 대한 생각, 일본에서 여러 분야의 전문가가 되기 위한 길, 재일동포의 직종별·직업별 조사, 재일동포와 스포츠 등 재일사회와 관련된 각종 데이터 자료, 설문조사, 법률 자료 등 구체적인 자료를 통한 보고가 특징적인 잡지라 할 수 있다.

12년간 휴간되었던 잡지를 복간하면서 서해석은 『휴먼레포트』에 대해 "세상의 본질과 우리들이 나아가야 할 길을 확인하면서, 재일이 일본사회에서 살아가는 데에 있어 소중한 정보를 제공하고, 공유하고, 발전시켜갈 커뮤니케이션지, 말하자면 '재일의 생활 편리첩' 역할"[12]을 다하고자 하는 뜻을 밝히고 있다.

현재 『휴먼레포트』는 국립국회도서관 디지털자료로 열람이 가능하다.

2 창간에 즈음하여

재일동포사회는 지금, 세대교체라는 새로운 시대의 도래를 앞두고, 어떠한 역사적 일보를 내딛어야 할지를 둘러싸고, 중대한 기로에 서 있다고 해도 과언이 아닙니다. 우리들을 둘러싼 상황을 올바르게 응시하고, 금후 나아가야 할 방향을 제시해 가는 것은 지금까지보다 더욱 시급해졌다고 여겨집니다.

이러한 인식 하에 이번에 재일동포사회의 새로운 발전을 기하기 위한 잡지 『휴먼레포트』를 창간하게 되었습니다. 본지는 생활·문화·사회·경제 등 재일동포를 둘러싼 모든 문제를 전문적으로 조사, 연구하여 발표함과 동시에 널리 내외 각계의 의견을 구하고 독자로부터의 편지 등을 적극적으로 받아들이는 것으로, 글자 그대로 재일동포와 함께 고민하고, 생각하고, 살아가는 "광장"으로서의 역할을 다해 갈 생각입니다. 이 광장에 한사람이라도 많은 동포가 모이고, 기쁨과 슬픔을 함께 나누면서, 새로운 시대의 이정표를 추구해고자 합니다.

따라서 무엇보다도 동포 여러분의 진심에 힘입으면서, 본지는 키워지고 성장해 가는 것이라 믿습니다. 부디 독자 여러분의 지원과 협력을 진심으로 부탁드리며, 창간의 말을 대신하고 싶습니다.

휴먼레포트사 대표 서해석[13]

---

12) 徐海錫「編集後記」『ヒューマンレポート』(2010特別号, 2010.09)
13) 徐海錫「創刊に際して」『ヒューマンレポート』(創刊号、1984.01) p.2

목차

발행일	지면정보		필자	제목
	권호	페이지		
1984.06.15	第2号	76		〈資料〉韓国民法(相続編)
1984.06.15	第2号	92		ヒューマンジャーニー 第二回 インドの旅
1984.06.15	第2号	47		スポットライト 徐景都の新しき伝説
1984.11.15	第3号	2		〈ニュースフォーカス〉指紋押捺拒否前面へー婦人会・青年会先頭に立つ
1984.11.15	第3号	5		母と子を引き裂くことは人道に反するー梁さんの在留を認めよ
1984.11.15	第3号	9		マダン劇「ソウル・マルトゥギ」が好評
1984.11.15	第3号	10		特集・三世教育の鼓動
1984.11.15	第3号	10	金涣	民族教育の活性化図る 在日韓国人教育者大会から
1984.11.15	第3号	14		民族教育の現状と今後のあり方
1984.11.15	第3号	23		京都韓学の新校舎が完成!ー民族教育飛躍へのステップ
1984.11.15	第3号	30		本名で韓国人を名乗るー岐阜のアンケート調査より
1984.11.15	第3号	33	朴得鎮	『わが子をどこへ』自分版
1984.11.15	第3号	40	黒沢義夫	子どもが生き生きとする時
1984.11.15	第3号	48		愛知県岡崎の光学級ーのびのびとした授業風景
1984.11.15	第3号	50		〈特別寄稿〉相続税のポイントー西島総太、朴主化、加藤貞子
1984.11.15	第3号	57		〈連載〉日本へ来た韓国文化を巡って③桓武天皇にまみえん
1984.11.15	第3号	63	編集部	在日同胞の離婚問題を考える
1984.11.15	第3号	70	山田弘	親子関係の法律相談
1984.11.15	第3号	75		〈ヒューマンジャーニー〉第3回インドの旅ー北東部篇ー
1985.03.01	第4号	2		〈ヒューマンジャーニー〉人権侵害を糾弾する声高まる 梁弘子さんの教員採用取り消し
1985.03.01	第4号	5		在日韓国・朝鮮人児童生徒に民族教育の保障を求めるシンポジウム
1985.03.01	第4号	12		特集・指紋押捺制度と人権運動
1985.03.01	第4号	12	田中宏	外国人指紋制度の歩みと廃止の視点
1985.03.01	第4号	18	安商道	最高裁判決まで二年間指紋を拒否した!
1985.03.01	第4号	29	片岡信恒	指紋押捺制度の運用と実態について
1985.03.01	第4号	37	鄭柄斗	外国人登録法改正を訴える!
1985.03.01	第4号	42		映画「指紋押なつ拒否」外国人登録法改正に向けて
1985.03.01	第4号	43	草川昭三	〈特別寄稿〉里帰り・帰国を実現させるためにーサハリン残留外国人問題
1985.03.01	第4号	50	崔勇二	在日韓国職業会計人協会の設立趣旨と今後の展望ー在日同胞一世後世代の役割と展望
1985.03.01	第4号	60		〈連載〉日本へ来た韓国文化を巡って④ 出雲文化とのふれあい
1985.03.01	第4号	66	小沢幹雄	〈法律相談〉借地・借家の法律相談
1985.03.01	第4号	74	編修部	〈ヒューマンジャーニー〉ネパールの旅
1985.03.01	第4号	83		〈広場〉 読者からの投書

발행일	지면정보		필자	제목
	권호	페이지		
1985.03.01	第4号	96		編集後記
1985.08.15	第5号	2		〈ニュースフォーカス〉'85 外登法改正をめざす熱き闘い
1985.08.15	第5号	20		特集・在日同胞の業種別・職業別調査
1985.08.15	第5号	21		圧倒的な縫製加工業
1985.08.15	第5号	25		第三次産業が伸びる
1985.08.15	第5号	29		過半数をしめる飲食関係
1985.08.15	第5号	32		山地に多い土木・建築
1985.08.15	第5号	36		1985年在日韓国・朝鮮人採用実態調査結果ー日本の会社153社に聞く
1985.08.15	第5号	56	萩野芳夫	職業上の権利と定住外国人
1985.08.15	第5号	62		〈連載〉日本へ来た韓国文化を巡って⑤ 脈々たる高麗の伝統
1985.08.15	第5号	66	李秉哲	〈寄稿〉二世のための冠婚葬祭入門
1985.08.15	第5号	72		〈法律相談〉在留資格に関する法律相談
1985.08.15	第5号	88		〈広場〉読者からの投書
1985.08.15	第5号	98		編集後記
1986.11.22	第7号	2	編集部	在日同胞会社の現状と展望ー1990年代を目前にして
1986.11.22	第7号	30	編集部	「JOKX こちらは在日同胞放送局です」ー映像メディア開局への序章
1986.11.22	第7号	39		〈法律相談〉不動産登記の基礎知識
1986.11.22	第7号	45		〈連載〉日本へ来た韓国文化を巡って⑦ 玄海灘に吹く風(福岡県)
1986.11.22	第7号	51		〈グラビア〉写真でみる中国朝鮮族
1986.11.22	第7号			〈広場〉藤尾発言と日本社会
1986.11.22	第7号	65		外登カード化は新たな管理
1986.11.22	第7号			帰化韓国人代議士当選に思う
1986.11.22	第7号	69		編集後記
1988.12.17	第9号	4		特集・在日同胞とスポーツ
1988.12.17	第9号	4	オモニバレー	若き幹部が育つ
1988.12.17	第9号	7	在日本跆拳道教会	全国的に拡大へ
1988.12.17	第9号	12	ワイルド・キャッツ	女子のアメリカンフットボール
1988.12.17	第9号	16	ハチマル会	同胞有志のソフトボール
1988.12.17	第9号	20		〈アンケート調査〉日本のゴルフ場の会員資格
1988.12.17	第9号	37	編集部	〈社会情勢〉在日同胞はこのままでいいか!!何か新しい動きが…
1988.12.17	第9号	47	趙慶済	〈法律〉ある司法士の呟き
1988.12.17	第9号	42		〈連載〉日本へ来た韓国文化を巡って⑨ 武田信玄の祖先は渡来係か(山梨県)
1988.12.17	第9号	51	朴八竜	〈論壇〉技法が憲法を蹂越した奇怪な話

발행일	지면정보		필자	제목
	권호	페이지		
1988.12.17	第9号	55		〈広場〉天皇報道に関する緊急アピール 在日大韓基督教会青年会全国協議会
1988.12.17	第9号	70		編集後記
1989.12.17	第10号	2	編集部	'91年問題の本質と今後の方向性ー安定した法的地位確立のためにー
1989.12.17	第10号	9	田中宏	日本の戦後補償を考える
1989.12.17	第10号	16	民闘連	〈資料〉在日旧植民地出身者に関する戦後補償および人権保障法(案)
1989.12.17	第10号	20	在日本大韓民国居留民団	在日韓国人の戦後補償問題提起に関して
1989.12.17	第10号	30	編集部	在日同胞の人口・婚姻・帰化問題を考えるー現実をどう受けとめるかー
1989.12.17	第10号	46	青木清	在日韓国人の離婚
1989.12.17	第10号	55	朴麻優子	〈寄稿〉言語廃法士となった私について
1989.12.17	第10号	58		〈連載〉日本へ来た韓国文化を巡って⑩ 稲爪神社・田能遺跡の周辺〈兵庫県〉
1989.12.17	第10号	62		〈スポーツ〉ゴルフ会員権の国籍条項撤廃を
1989.12.17	第10号	64	梁愛美	世界で一番
1989.12.17	第10号	66	S.O.	中国系難民に非情な手錠
1989.12.17	第10号	82		編集後記
1990.12.17	第11号	6	編集部	「91年問題」以後を展望する
1990.12.17	第11号	19	徐海錫	在日同胞の国籍と法的地位
1990.12.17	第11号	30	青木清	韓国家族法の改正
1990.12.17	第11号	36	崔泰治	法例改正と在日韓国・朝鮮人の家族法
1990.12.17	第11号	45	編集部	朝鮮人共生連行を考える 名簿さがし・遺骨収集・戦争責任
1990.12.17	第11号	56		写真で見る 地下軍需工場をゆく
1990.12.17	第11号	60		〈連載〉日本へ来た韓国文化を巡って⑪ 沖の島に渡る(福岡県)
1990.12.17	第11号	69		〈広場〉忘れられえた海・強制連行に迫った高校生
1990.12.17	第11号	70		洪さんの子どもの名前をとりもどす会
1990.12.17	第11号	71		アリラン涙の大合唱
1990.12.17	第11号	80		編集後記
1991.11.20	第12号	8	徐海錫	特集1 今後の在日同胞の法的地位について
1991.11.20	第12号	8		1. 91年問題を総括する 2. 入管特例法の内容と問題点
1991.11.20	第12号	17		〈資料〉日韓覚書
1991.11.20	第12号	20		〈資料〉海部首相メッセージ
1991.11.20	第12号	21		〈資料〉佐藤法務大新所感
1991.11.20	第12号	22		〈資料〉文部省通達
1991.11.20	第12号	27		〈資料〉民団中央声明書
1991.11.20	第12号	28		〈資料〉入管特例法案要旨

발행일	지면정보		필자	제목
	권호	페이지		
1991.11.20	第12号	30		〈資料〉入管特例法案条文
1991.11.20	第12号	37		〈資料〉在留資格統計
1991.11.20	第12号	37		〈資料〉「在日」の人口変遷
1991.11.20	第12号	38		〈資料〉外国人登録者数
1991.11.20	第12号	39		〈資料〉都道府県別在留資格統計
1991.11.20	第12号	41		〈資料〉特別永住対象外国人の年齢別分布
1991.11.20	第12号	42		〈資料〉協定永住1世・2世別統計
1991.11.20	第12号	42		〈資料〉年別国籍・出身地別特例永住許可件数
1991.11.20	第12号	43		〈資料〉年別協定永住許可件数
1991.11.20	第12号	44	細井土夫	相続に関する法律相談ー韓国民法の改正ー
1991.11.20	第12号	63	編集部	〈特集2〉高齢化社会を生きる
1991.11.20	第12号	70		〈資料〉在日同胞の老年人口比率と老年人口指数
1991.11.20	第12号	71		在日同胞の死亡者数(1955～1989)
1991.11.20	第12号	72		在日同胞の出生者数・割合(%)の年次推移
1991.11.20	第12号	73		全国外国人保護状況
1991.11.20	第12号	74		被保護外国人世帯の状況
1991.11.20	第12号	74		老人ホームの種類と内容
1991.11.20	第12号	75		特別養護老人ホーム「永生苑」を訪ねて「在日」キリスト教名古屋公開の社会福祉法人
1991.11.20	第12号	82		〈ヒューマンインタビュー〉「故郷の家」尹基理事長に聞く
1991.11.20	第12号	83		オンドル部屋にキムチ、そしてハングル
1991.11.20	第12号	93		〈資料〉「故郷の家」현황보고 1991年9月1日現在
1991.11.20	第12号	96		〈連載〉日本へ来た韓国文化を巡って⑫ 新羅文化はリマン海流に乗って
1991.11.20	第12号	106		いま韓国映画がまぶしい
1991.11.20	第12号	115		〈券末資料〉第120回国会 衆議院法務委員会会議録(要旨)
1991.11.20	第12号	134	法務省民事局第5課	〈資料〉韓国・朝鮮人の帰化者数
1991.11.20	第12号	135	朴八竜	〈広場〉国籍とは何なの？
1991.11.20	第12号	136	尹大辰	韓国語短期留学を終えて
2010.09.15	特別号	1	細井土夫	相続に関する法律相談ー韓国相続法の概要
2010.09.15	特別号	16	蔡駿二	遺言書の作成にあたって
2010.09.15	特別号	21	徐禧源	相続税のポイント
2010.09.15	特別号	28	鄭煥麒	〈ヒューマントーク〉在日を生きるー次世代に伝えたいこと
2010.09.15	特別号	35		新しい韓国の家族関係登録制度
2010.09.15	特別号	45		行政手続ガイドー在日韓国人と日本の法律
2010.09.15	特別号	50		福祉のガイドブックー子育て・障害者・高齢者
2010.09.15	特別号	61		生活保護レポート

코리아연구(コリア研究)

○ ○ ○

1 서지적 정보

『코리아연구』는 1984년 3월부터 1988년 8월까지(11호) 도쿄의 코리아연구소에서 발간된 잡지이며, 편집 및 발행인은 현광수이다(정가 500엔, 100쪽 내외). 본 잡지는 최초 1월과 8월 연 2회 발행을 목표로 했지만, 6호부터는 계간으로 변경, 이후 11호의 편집후기에는 「이번 호 발간 이후, 정세의 변화를 예측할 수 없는 우리들은 지금까지의 「계간」 형식을 폐하고, 부정기 간행으로 변경하기로 결정했습니다」라고 말하고는 있지만, 종간 이후에는 부정기적으로 간행된 흔적은 찾아볼 수 없다.

잡지의 내용적인 측면에서 보면, 지면은 특집 기사, 재일논평, 그라비어, 북한소식, 남한소식, 해외동포, 자료소개 등으로 구성되어 있고, 매호 다양한 특집 기사를 싣고 있다. 예를 들면 「광복 40주년」(3호), 「민주화」(9호), 「재일동포의 귀화를 생각하다」(11호) 등을 통해서, 조국 통일과 민족의 주체성 확립에 대한 다양한 전문가의 글을 특집호로 엮고 있다. 특히, 매호 자료소개 코너인 「깨알사전」을 통해서, 한국의 종교 및 일본입국자수, 저축률, 원자력발전, 대졸자의 취업률, 범죄 통계, 노동쟁의 등을 소개하고 있고, 또한 「북한소식」 코너에서는 북한의 정치 및 경제에서 생활 전반에 이르는 다양한 정보를 소개하고 있다.

그리고 본 잡지에서는 「해외동포의 실정」 코너를 통해서, 사할린과 미국, 중국, 그리고 소련 등에서 생활하고 있는 재외 한인의 다양한 소식을 전하면서, 일본 국내에서 생활하고 있는 재일조선인의 특수성과 보편성에 대한 국제적 시좌를 확보하려 노력하고 있다.

마지막으로, 본 잡지의 특기할 점은 조국의 자주성 확보를 위해서도 다양한 제언을 하고 있는데, 예를 들면 「조국 한반도가 처해 있는 역사적 현실을 흔들림 없는 냉철한 정신으로 직시했을 때, 조국 한반도를 주변·유관 국가들의 전략적 이익으로부터 해방시키는 유일한 길은 한반도를 군사적으로 중립화시켜서, 한반도가 결코 타국의 위협의 대상이 되지 않는다는 것을 보장하는 것 이외에는 달리 방법이 없다고 우리들은 생각한다.」(6호)라고 제언하고 있듯이, 조국의 주체적이고 능동적인 중립화 정책을 통해, 한반도를 평화지대, 안전지대, 완충지대로 만들어가는 것이 주변국의 지정학적, 전략적 위치에 의한 이해관계에서 자유로워지는 길이며, 이것이 곧 조국의 자주성 확보로 이어질 수 있는 유일한 방법이라고 강조하고 있다.

 ## 2 · 창간사

(1)

조국의 남북분단이 이어지고 일본거주가 장기화되는 가운데, 우리들 재일한국인은 다양한 문제에 직면하고 있고 많은 것들이 요구되고 있다.

8.15 민족해방의 기쁨도 잠시, 우리 국토와 민족은 자의가 아니라 타의에 의하여 나뉘고, 지금도 여전히 대립과 단절이 계속되고 있다. 그 때문에 민족은 남과 북, 해외로 분열되어 6천만 동포의 지혜와 역량은 하나로 발휘되지 못하고, 여러 가지 민족적 고통과 제약이 수반되고 있다.

그 사이 여러 번 남북접촉과 대화가 이루어졌고, 민족화해와 통일에 대한 계기가 될 것이 기대되면서도, 복잡화되고 다양화하는 국제정세와 함께 관련되어 어느 것도 결실을 맺지 못하고 여전히 반목이 지속되고 있다. 그것만이 아니다. 미·소를 중심으로 한 동서간의 이해관계가 복잡하게 얽혀있는 한반도는 지금 그 정치적, 군사적 대립의 접점으로서, 긴장이 격화하고 언제 몇 시에 핵전쟁을 포함한 군사충돌이 일어날지 모르는 위험한 사태가 지속되고 있다.

조국의 분단과 대립의 상황은 그대로 해외에도 반영되는 것은 물론, 우리들 재일동포의 일본거주장기화에도 연결되어 동포간의 소원, 대립까지 일어나고 있다. 재일한국인에 대한 일본당국의 민족적 차별정책과 사회적 편견도 아직 끈질기게 남아 있다.

시간의 경과와 더불어 세대교체도 진행되고 있다. 8.15 해방으로부터 어느새 40년,

당시 아직 청춘의 기개로 불타고 있었던 동포들의 머리에는 흰 머리가 늘어나고, 일본에서 태어나 자란 2, 3세들이 사회에 진출하기 시작하였다.

그와 동시에 동포들의 의식에도 변화가 일어났다. 희미해져가는 민족의식 대신에 거주지 의식과 정착화 경향이 강해졌고, 귀화나 국제결혼이 증가하고 있다.

조국 및 재일동포사회의 이와 같은 냉엄한 현실은 우리들에게 많을 것을 생각하게 하고 물음을 던지고 있다.

이와 같은 중대한 역사적 시기에 70만 동포는 어떻게 살아가고, 어떻게 대처해야 하는 것인가? 민족의 화해와 재통일에 우리들이 참여할 수 있는 길은 무엇인가? 재일동포의 권익옹호에서 중요한 문제는 무엇인가? 자신들의 자제들을 포함하여 젊은 세대들의 희미해져가는 민족관, 민족의식을 지니고 민족성을 유지하며 살아가기 위해서는 어찌해야 하는가? 우리들은 또한 이러한 문제에 대하여 지금까지 어떠한 방식으로 대응해왔으며, 또한 얼마나 그 해결을 위해 공헌했는가?

재일동포는 누구나가 적든 많든 이와 같은 공통된 심정으로 불안과 고민을 안으면서 그 날의 생활에 쫓기고 있는 것이 현실일 것이다.

그래서 재일동포가 직면하고 있는 이러한 문제점에 대해서 함께 생각하고 논의하고 중지를 모아 호소함으로써, 그 전진적 해결을 위하여 작으나마 공헌할 수 있는 것은 아닐까라고 생각하고 있다. 이것이 본지 발간에 이르게 된 이유이다.

(2)

본지에서는 주로 다음과 같은 문제에 대해서 논의를 심화시켜 가고 싶다.

우선 민족통일에 보탬이 되는 내용이었으면 한다. 우리들은 같은 조상의 핏줄을 물려받은 민족의 일원으로서, 조국통일이라는 민족최대의 과제를 등한시 할 수 없는 입장이다. 이것은 국내, 국외 상관없이 공통된 심정일 것이다. 조국을 떠나 이국에 있는 재일동포의 경우, 오히려 그런 생각이 한층 절실하다.

따라서, 크게 의미 있는 것을 발언하고 논의해야만 한다. 하지만 그것은 어디까지나 조국통일에 기여한다는 전진적인 내용이었으면 한다.

간간히 동포 중에서는 국내외의 냉엄한 현실과 지금까지의 경과로부터 민족통일의 전도에 의문을 갖거나 포기의 감정을 품고 있는 사람도 있다. 또한 일부에서는 민족의 운명, 따라서 재일동포의 장래에 크게 관계하고 있는 통일문제를 제3자의 입장에서 생각하거나 발언하는 경향도 있지만, 이러한 행동은 삼가했으면 한다.

지금 현재, 참으로 가슴 아픈 현실이지만, 조국의 분단 상황은 여전히 계속되고 있다. 하지만 이것은 민족의 오천년 역사에서 보면 어디까지나 일시적인 것이고 재통일을 바라는 민족 지향이 있는 한, 조국의 통일은 멀지 않고 반드시 성취될 것이다. 그와 같은 지향과 확신 하에 전진적인 발언, 논의를 기대한다.

다음으로 민족의 주체성 확보의 긴요성에 대해서이다. 해방 후 40년, 우리들이 노력을 기울여 온 민족권익·민족교육옹호운동의 근저에는 어떻게 민족의 주체성을 확립하고, 그리고 그것을 유지·강화해 가는가라는 문제가 놓여져 있다.

지금 일본으로의 영주, 동화경향이 진행되는 가운데, 일부에서는 「귀화하더라도 민족의 피는 바뀌지 않는다」, 「국적은 관계없다」, 「일본에 살고 있기 때문에 일본어 쪽이 중요하다」라는 목소리도 있다. 하지만 이것은 언어나 문화, 관습에 의하여 배양된 민족성의 근원과 관계되는 문제이다.

또한, 단일민족관·국적주의를 내세우는 일본정부가 타민족의 존재를 허용하지 않고 민족성의 말살을 전제로 한 동화, 귀화 정책을 취하고 있는 현실에 비추어서 실효적인 대응책이 절실하게 요구되고 있다.

따라서 우리들의 논의도 어떻게 민족의 주체성, 자주성을 유지해 가는가가 중요한 내용이 되지 않으면 안 된다.

(3)

이와 같이 우리들이 논의하는 내용은 중대하고 복잡, 곤란하며 많은 문제점을 포함하고 있다. 그만큼 발언이나 논의는 테마의 선택에서 분석, 평가, 논리의 전개에 이르기까지 어디까지나 사실에 기초한 냉정하고 과학적인 자세가 요구된다. 그래야만 직면한 제문제의 해결에 도움이 될 수 있을 것이다.

일반적으로 자신의 입장이나 주장만을 일방적으로 강압하는 독선적인 자세는 삼가야 하겠지만, 동포 서로 간에 이야기하는 경우에는 당연히 그 나름대로의 절도 있는 자세가 요구된다.

이상과 같은 취지하에 많은 동포가 참가해서 발언하고 논의하는 광장으로서 본지를 제공하고 싶다. 그곳에는 젊은 세대도 참가해 주었으면 하고, 그것을 일본 모든 이들에게도 반영시켜 이해를 심화시켜 나가고 싶다. 본지의 용어를 국어(한국어)가 아닌 일본어로 한 이유 중의 하나도 거기에 있다.

많은 분들의 집필, 투고와 솔직한 의견, 지적을 기대하면서 발간 인사말에 대신하고
자 한다.

1984년 3월 1일

3.1 독립운동 65주년을 맞이하여 애국선인의 위업을 기리며

코리아연구소 대표

3 목차

발행일	지면정보		필자	제목
	권호	페이지		
1984.08.01	第2号	12		以北学校の同窓会
1984.08.01	第2号	39		〈資料〉韓国、国連外交を強化
1984.08.01	第2号	47		〈資料〉帝国主義的大国主義論理の所産
1984.08.01	第2号	84		読者の声
1984.08.01	第2号	86		〈豆知識〉数字で見る韓国の現状
1985.01.01	第3号	2	玄光洙	〈特集 光復40周年〉傍観者ではなく、民族史の創造者として
1985.01.01	第3号	10		〈南北間の多面的交流実現へ〉36年ぶり、境界線越えて北の水害救援物資届く
1985.01.01	第3号	17		次官級経済会談開く
1985.01.01	第3号	28		離散家族の再会談開く
1985.01.01	第3号	33		統一チームぐくりへ、体育会談も間近?
1985.01.01	第3号	37		周辺諸国家の動きにも変化
1985.01.01	第3号	39	白雲丘	春の訪れを願う
1985.01.01	第3号	45	大貫康雄	オリンピックに思うこと
1985.01.01	第3号	50		全斗煥大統領の訪日
1985.01.01	第3号	56	朴宗民	何が変わったか
1985.01.01	第3号	58	前田康博	南北和解への道は開けるか
1985.01.01	第3号	66		〈大きく動き出す韓国政局〉三党代表の国会演説
1985.01.01	第3号	69		国会での与野党攻防戦
1985.01.01	第3号	79	辺真一	80年代後半の韓国政局を左右する国会選挙
1985.01.01	第3号	83		風靡する日本風
1985.01.01	第3号	91	中川文男	わがハングル講座
1985.01.01	第3号	95	南成洙	内外の注目浴びる公営奉(北韓事情)
1985.01.01	第3号	100		依然続く就職難
1985.01.01	第3号	102	金一勉	漢字文化の害毒性
1985.01.01	第3号	115	韓永大	『朝鮮美術史』にこめられたあるドイツ人の心
1985.01.01	第3号	124		海外同胞の実情(中国)
1985.01.01	第3号	127		数字で見る韓国の現状
1985.08.15	第4号	2		8・15民族解放40周年を迎えて
1985.08.15	第4号	5	高済淑	指紋押捺問題に思う
1985.08.15	第4号	13	柳愛理	在日の立場から見た韓日修交20年
1985.08.15	第4号	16	李明圭	新札の顔・福沢諭吉をめぐる論議
1985.08.15	第4号	24	金容権	朴ハルモニの帰らざる「戦後」
1985.08.15	第4号	32	朴宗民	南北対話の進展(今年1月~6月)
1985.08.15	第4号	35	金泳洙	総選以後の韓国政局
1985.08.15	第4号	40	韓成竜	韓国・分断文学の現状
1985.08.15	第4号	46	法頂	分断40年、目覚めよ
1985.08.15	第4号	49	金一勉	贈収賄・腐敗政治は国家を滅ぼす

발행일	지면정보		필자	제목
	권호	페이지		
1985.08.15	第4号	66	韓永大	石窟庵－失われし大理石五重塔
1985.08.15	第4号	79	金成達	民団の役員選挙を見て
1985.08.15	第4号	82		北韓消息
1985.08.15	第4号	84		海外同胞の実情(ソ連)
1985.08.15	第4号	87		数字で見る韓国の現状
1986.01.01	第5号	2		〈巻頭言〉離散家族の再会とその歴史的意義
1986.01.01	第5号	7	朴宗民	南北対話・交流の新たな展開
1986.01.01	第5号	26		民主化と祖国統一のために－金泳三・民推協共同議長語る
1986.01.01	第5号	29	朴殷柞	金泳三先生のこと
1986.01.01	第5号	31	猪狩章	問われる民族的力量
1986.01.01	第5号	36	岡田充	南北対話の進展と40周年の隔たり
1986.01.01	第5号	42	金竜沢	私の「祖国統一論」
1986.01.01	第5号	48	文重烈	まず、平和を
1986.01.01	第5号	51	金敬得	在日同胞の強制送還問題について
1986.01.01	第5号	56	曹貞姫	張本選手のオモニ
1986.01.01	第5号	59	朴美波	私の中の祖国とジャーナリズムの朝鮮観
1986.01.01	第5号	62	金一勉	李王宮の迷信と国連
1986.01.01	第5号	73	韓永大	敬天寺石塔が戻るまで
1986.01.01	第5号	87		韓国軍の現況
1986.01.01	第5号	91		海外同胞の実情⑤
1986.01.01	第5号	94		北韓消息
1986.01.01	第5号	96		数字で見る韓国の現状
1986.08.15	第6号	4		〈巻頭言〉ひとつの提言
1986.08.15	第6号	7		〈在日論壇〉指紋押捺拒否－逮捕・退去強制・帰化誘導
1986.08.15	第6号	9		まだまだ厚い国籍差別の壁－今春の在日同胞就職状況－
1986.08.15	第6号	11		南北の対話継続を切に願う
1986.08.15	第6号	13		「在日」の現実を直視する－「選挙権」と「内政干渉」論議に触れて－
1986.08.15	第6号	21		ウリ文化人たちの汚辱の歴史
1986.08.15	第6号	25		消えぬ記憶
1986.08.15	第6号	31		現韓国政局の分析と展望
1986.08.15	第6号	43		改憲問題の行方を展望する
1986.08.15	第6号	52		民主の実践のみが歴史と和合する道
1986.08.15	第6号	55		解放・原点－写真・歌・宣言－　カイロ宣言
1986.08.15	第6号	56,57		独立の朝
1986.08.15	第6号	58		ポツダム宣言
1986.08.15	第6号	60		南北対話の現況と今後
1986.08.15	第6号	65		再燃した歴史教科書問題－なぜ今、このような教科書が－

발행일	지면정보		필자	제목
	권호	페이지		
1986.08.15	第6号	66		①韓国紙の論評
1986.08.15	第6号	67		②北韓紙の論評
1986.08.15	第6号	68		③中国紙の論評
1986.08.15	第6号	69		④韓国関係歪曲13項目
1986.08.15	第6号	69		⑤根本問題は日本側の姿勢にある
1986.08.15	第6号	72		〈豆辞典〉 数字で見る韓国の現状
1986.08.15	第6号	74		北韓消息
1986.08.15	第6号	76		〈参考資料〉 民統聯の「反米·反核」論理
1986.08.15	第6号	79		東学農民戦争と民族的運命
1986.08.15	第6号	93		黒田辰秋と李朝の美
1986.08.15	第6号	104		アフリカ日記
1986.08.15	第6号	108		編集室
1987.01.01	第7号	4		
1987.01.01	第7号	6	金竜沢	〈在日論壇〉民衆的土壌が育む真の民族主義ーヨプチョン再考ー
1987.01.01	第7号	12	文重烈	朝鮮語·ハングルについての私見
1987.01.01	第7号	17	李時英	肯·否両面を冷静にみつめようーソウル·アジア競技大会が教えるものー
1987.01.01	第7号	23	金一勉	在日韓国·朝鮮人の故国喪失
1987.01.01	第7号	38		在日同胞二、三世青年の意識調査結果ー在日韓国青年会中央本部で実施ー
1987.01.01	第7号	43		在日同胞数ー六八万七、一三五人ー日本法務省統計ー
1987.01.01	第7号	45	朴宗民	「反響国是否定発言」とその後の激動
1987.01.01	第7号	52	金重培	「国是」とは何か
1987.01.01	第7号	61	福島新吾	軍備競争の政治経済的効果ー朝鮮民主主義人民共和国の場合ー
1987.01.01	第7号	68	今川瑛一	日本の対共産圏外交の推移と朝鮮半島問題
1987.01.01	第7号	78	宇野淑子	流れた非情な月日ーサハリン残留韓国人問題は日本人の問題ー
1987.01.01	第7号	83	韓永大	ウォーナーと柳宗悦
1987.01.01	第7号	95	朴喬夫	アフリカ日記②
1987.01.01	第7号	74		豆辞典ー数字で見る韓国の現状
1987.01.01	第7号	76		北韓消息
1987.01.01	第7号	55		グラビアー全日本空手道チャンピオン文章圭さんー
1987.01.01	第7号	99		本誌後援会が発足ー発刊三周年記念の集いー
1987.01.01	第7号	100	曹林煥	よりよき明日のためにー本誌後援会結成総会でのあいさつー
1987.01.01	第7号	102		編集室
1987.04.01	第8号	4		〈巻頭言〉自我の視点

발행일	지면정보		필자	제목
	권호	페이지		
1987.04.01	第8号	7		〈論談〉日本は「第二の祖国」か
1987.04.01	第8号	14		民族として生きたいという願い―「帰化」と「人権」に触れて―
1987.04.01	第8号	20		みんな同じ人間、みんなちがう人間
1987.04.01	第8号	25		背筋の寒い『新編日本史』―民間が突き上げ、官側が応えるかつての図式そのまま―
1987.04.01	第8号	32		在韓アメリカ軍存在の意味
1987.04.01	第8号			〈特集①〉 韓国報道を通じてみた韓米関係の現状と表裏
1987.04.01	第8号			① 貿易・政治問題で神経戦
1987.04.01	第8号			② シグール米次官補演説の意味(現況に対する深刻な憂慮)
1987.04.01	第8号			③ 合意改憲でこそ国民が支持
1987.04.01	第8号			④ 金泳三氏と駐韓米大使の意見交換
1987.04.01	第8号	34	本誌編集部	⑤ 全大統領のシュルツ国務長官への要請
1987.04.01	第8号			⑥ シュルツ長官の離韓会見
1987.04.01	第8号			⑦ 米紙の報道
1987.04.01	第8号			⑧⑨『朝鮮日報』社説
1987.04.01	第8号			⑩ 『朝鮮日報』記者手帳
1987.04.01	第8号	52		〈特集②〉「世界の火薬庫」資料に見る韓半島の厳しい現実
1987.04.01	第8号	66	権順華	民族的偏見に基いた指紋押捺
1987.04.01	第8号	66	塩塚朋子	① 在日韓国人女性の闘いの記録
1987.04.01	第8号	70	韓永大	② 一高校生の学習レポート
1987.04.01	第8号	74	朴喬夫	李朝辰砂と河井寛次朗
1987.04.01	第8号	87	韓竜茂	アフリカ日記
1987.04.01	第8号	92	金一勉	詩潮
1987.04.01	第8号	93		李朝の女俗
1987.04.01	第8号	109		豆辞典―数字で見る韓国の現状
1987.04.01	第8号			北韓消息
1987.04.01	第8号	113		編集室
1987.08.01	第9号	6		〈巻頭言〉民意と歴史の転換
1987.08.01	第9号	16		すべてを民主化実現のために　統一民主党総裁・金泳三氏の記者会見(全文)
1987.08.01	第9号			〈民主化特集①〉 六月デモの特徴と意義
1987.08.01	第9号			6・10ドキュメント
1987.08.01	第9号	27	朴宗民	6・26ドキュメント
1987.08.01	第9号			韓国改憲・政局の動き
1987.08.01	第9号			韓国与野党の改憲案要綱比較
1987.08.01	第9号	45		〈民主化特集②〉民族統一、オリンピックの理念と民意
1987.08.01	第9号	45		a 与野党間の問題点
1987.08.01	第9号	47		b 統一民主党政綱政策試案(骨子)

발행일	지면정보 권호	지면정보 페이지	필자	제목
1987.08.01	第9号	49		c 金泳三氏の統一民主党総裁就任辞「問題部門(全文)
1987.08.01	第9号	52		d 金永三総裁就任辞に対する民政党四項目公開質疑の全文
1987.08.01	第9号	53		e 7・4南北共同声明
1987.08.01	第9号	54		f 民族和合民主統一法案(全斗煥大統領の国勢演説)
1987.08.01	第9号	54		g 国家保安法(主要条文)
1987.08.01	第9号	56		h 刑法(関連条項の抜粋)
1987.08.01	第9号	58		I 国家安全企画部法(関連条項の抜粋)
1987.08.01	第9号	59		〈民主化特集③〉民主化実現への姿勢
1987.08.01	第9号	59		a 統一民主党・金永三総裁の記者会見
1987.08.01	第9号	61		b 民正党・盧泰愚代表委員の特別宣言
1987.08.01	第9号	65		c 民統連議長団の共同記者会見
1987.08.01	第9号	67		d 民主憲法争取国民運動本部の声明
1987.08.01	第9号	69		〈民主化特集④〉 世論に見る民心の動向
1987.08.01	第9号	69		a 当面の感心事は「貧富の差」-(『東亜日報』)
1987.08.01	第9号	71		b 指導者の資格は「民主的思考」ー(『中央日報』)
1987.08.01	第9号	71		c 76%が南北対話に期待ー(『朝鮮日報』)
1987.08.01	第9号	73		d 75%が現政治に不満ー(『京郷新聞』)
1987.08.01	第9号	74		e 戦争の可能性が減少ー(西江大の調査)
1987.08.01	第9号	75		f 92%が大統領直線制を支持ー(『朝日新聞』)
1987.08.01	第9号	75		g 「分断の責任は強大国」が1位ー(ソウルの国民大学校)
1987.08.01	第9号	76		h 97%が「対米隷属」と認識ー(ソウル大『大学新聞社』)
1987.08.01	第9号	77		I 「南北会談に学生代表を」ー(漢陽大『漢大新聞』)
1987.08.01	第9号	78		j 「民主化阻害の要因は執権者の意識」ー(中央大『中大新聞』)
1988.08.15	第11号	4		〈巻頭言〉民族の祝典を祝う
1988.08.15	第11号	5		盧泰愚大統領の7・7特別宣言(全文)
1988.08.15	第11号	8		海外同胞の自由な韓国訪問を保障ー韓国外務長官が言明
1988.08.15	第11号	9		北朝鮮の大韓民国国会に送る書簡(全文)
1988.08.15	第11号	13		北南不可侵に関する共同宣言(草案)
1988.08.15	第11号	14		〈資料〉7・4南北共同声明(全文)1972.7.4
1988.08.15	第11号	16		〈資料〉海外同胞の南北自由往来の門戸解放(『韓国日報』解説)
1988.08.15	第11号	19		〈資料〉南北関係日誌(7・4共同声明以後)
1988.08.15	第11号	20		〈特集〉在日同胞の「帰化」を考える
1988.08.15	第11号	21		①在日朝鮮人の「帰化」を考えるシンポジウムの開催趣意書
1988.08.15	第11号	22		②「91年問題」と「帰化」
1988.08.15	第11号	22	梁玉順	③なぜ今「帰化」問題を考えるのか
1988.08.15	第11号	24	梁玉順	④「帰化」の実態と問題点
1988.08.15	第11号	25		〈資料〉在日朝鮮人の帰化実態調査

발행일	지면정보		필자	제목
	권호	페이지		
1988.08.15	第11号	30	朴炳閏	⑤韓国の戦後対日政策及び1991年問題について
1988.08.15	第11号	38		〈資料〉在日韓国人の法的地位協定文
1988.08.15	第11号	41		〈資料〉在日韓国・朝鮮人の年齢別人口
1988.08.15	第11号	42		〈資料〉在日韓国人の在留資格及び在留期間一覧表
1988.08.15	第11号	43		〈資料〉1971年1月17日以後の在日韓国人の結婚と2,3世の在留資格
1988.08.15	第11号	44		〈資料〉在日韓国・朝鮮人の婚姻
1988.08.15	第11号	45		〈資料〉在日韓国・朝鮮人の帰化者数
1988.08.15	第11号	46	佐々木隆爾	⑥戦後日本の朝鮮政策の背景について
1988.08.15	第11号	52		〈資料〉合意議事録
1988.08.15	第11号	54		〈資料〉討議の記録
1988.08.15	第11号	55		〈資料〉日本国法務大臣声明
1988.08.15	第11号	56	金竜沢	〈論壇〉統一は譲れぬ民族の理念
1988.08.15	第11号	64	奥山好男	戦争と差別と私
1988.08.15	第11号	75	北野　彩	金子文子の生一性
1988.08.15	第11号	82	文重烈	「在日」の未来を考える
1988.08.15	第11号	85	韓永大	ハルバートと石塔事件
1988.08.15	第11号	98	田村光博	アメリカ便り
1988.08.15	第11号	106	朴太鉉	〈在日同胞詩〉白鴎啼く殿下島
1988.08.15	第11号	107	文京洙	「4・3事件」と在日二世ー「済州島4・3事件40周年追悼記念講演会」によせてー
1988.08.15	第11号	111	任斗洪	私が経験した事件実記　4・3暴動
1988.08.15	第11号	125	金秉斗	〈小説〉狂い船
1988.08.15	第11号	148		〈豆辞典〉数字で見る韓国の現状
1988.08.15	第11号	150		北朝鮮消息
1988.08.15	第11号	152		編集後記

코리아취직정보(コリア就職情報)

○ ○ ○

1 서지적 정보

『코리아취직정보』는 코리아패밀리서클이 1986년 9월부터 오사카에서 발행한 취업 계간 잡지이며, 편집·발행인은 강성개, 현재 1993년 5월에 발행된 21호까지 확인된 상태 이다. 21호 편집후기에는 「일본에서 태어난 외국인 학생 제군은 부디 자신의 「국적」 이 마이너스로 작용하는 것은 아닐까 라고 하는 소극적인 의식을 가지지 말고, 정정당 당히 취직 활동을 도전해 가길 바란다. 참고로, 본 잡지의 소재지는 목차에서 공지한 바와 같이 변경됩니다. 앞으로도 잘 부탁드립니다」라고 기술하고 있듯이, 이후에도 지 속적으로 발간되었을 것으로 추정된다. 다만, 1992년 1월에 발행된 19호가 '104페이지' 이었던 반면(1991년 5월에 발행된 17호는 '140페이지'), 21호는 '48페이지'로 대폭 축소 되어 발간되었다.

잡지의 내용적인 측면에서 보면, 구인광고, 재일조선인 및 외국인이 근무하는 일본기 업 소개, 외국계 기업에 대한 설문조사, 자격증 관련 직업 소개, 한일기업 교류 등과 같은 취업 관련 정보를 중심으로 기사가 소개되어 있다. 특히, 대학교의 취업 부서 및 취업 상담 일지, 그리고 재일조선인은 물론 일본에 거주하고 있는 재일외국인의 취업관 등을 소개하면서, 일본에서 외국인으로서 취업하는 의미에 대해서 다양한 사람들을 통 해서 전하고 있다(이후, 1988년 7월에 발행된 6호부터는 취업정보, 비즈니스, 역사와 문화, 소설과 논고, 여행, 인터뷰 등으로 대분류되어 발행).

또한, 매호에서는 특집호를 기획해서 발행하고 있는데, 예를 들면 「재일외국인에게 물어 보았습니다」(창간호), 「재일코리안을 위한 해외여행 매뉴얼」(2호), 「새로운 문화 를 창조하는 아티스트」(3호) 등을 기획하고 있고, 특집호가 없는 호에는 좌담회 및 대담 (「신춘대담 최양일VS강진화」4호), 인터뷰 기사를 싣고 있다(1988년 1월 4호부터 1988

년 10월 7호까지 재일조선인 작가 원수일의 연재소설 『다리(橋)』가 게재).

본 잡지의 정치적인 입장은 2호의 편집후기에서도 「조은신용조합(朝銀)과 상은신용조합(商銀)의 구인광고가 나란히 실리는 것이 나의 꿈」이라고 말하고 있듯이, 조총련을 지지하는 재일조선인과 민단 지지자가 대립하고 있고, 따라서 동 취업 정보지 역시 모든 재일조선인을 대상으로 하고 있다고는 볼 수 없다. 특히, 본 잡지에는 〈한일기업 교류〉 등의 기사 및 한일 고대문화 교류를 살펴보기 위한 한국의 지역 문화 탐방 등, 한국과의 다양한 교류가 소개되어 있다.

2 편집부로부터(2호, 1987년 3월)

창간호는 기대 이상의 평가를 해 주셔서 감사했습니다. 일본 사회의 국제화가 진행됨에 따라 우리들의 존재 가치도 클로즈업되고, 취직을 하는 지역도 확대되고 있습니다. 모국어를 취득해서 1급 국제인으로서 가슴을 펴고 살아가고 싶습니다.(康)

코리안 기업은 코리아취업정보를 보면 알 수 있다! 라고 인식할 수 있도록 하루빨리 그렇게 되었으면 합니다. 조은신용조합(朝銀)과 상은신용조합(商銀)의 구인광고가 나란히 실리는 것이 나의 꿈. 이를 위해 매월, 적금(?)도 들고 있습니다…….(桂)

1세, 2세, 젊은이, 어른. 살아가는 방식도 여러 가지. "취직"뿐만 아니라, 다양한 정보, 흡수해 주세요. 우리나라의 문화를 사랑하는 재일코리안을 만날 수 있어서 저도 모르게 감격의 눈물!의 나날.(ぱむ)

작년의 일이었습니다. 「왜 민족 교육을 시켜 주지 않았어!」라고 감성적인 동생이 울부짖었다. 「나는 고등학교 졸업하면 본명으로 살아갈 테야!」라는 말을 남기고 방문을 거세게 쾅. 방관했던 나, 나도 모르게 방긋. 부모님은 쓴 웃음.(일)

글을 쓰는 것은 좋아하지만……. 왜일까, 원고용지를 앞에 두면 전혀 글을 쓰지 못하는 나. 하나를 완성하는 데 왜 이렇게나 오랜 시간이 걸릴까. 「월요일까지」라는 마감

소리를 들으면, 울음이 터질 것 같다.(경)

  익숙하지 않은 취재였지만, 재일의 파워에 새삼 감격했습니다. 음……. 나도 힘을 내자.(광)

  취직을 못하는 것이 아니라, 취직하려고 하지 않는 것은 아닐까……? 그렇기에 조금 더 발로 뛰며 취업활동을 하자! 나도 힘내자!(金太郎)

  천천히, 초조해 하지 말고, 마이페이스, 즐겁게 하고 있습니다. 조금이라도 당신의 도움이 될 수 있다면…….(桐)

3 목차

발행일	지면정보		필자	제목
	권호	페이지		
1986.09.30	創刊号	116		本のページ
1986.09.30	創刊号	118		〈はんぐる・ふりーく①〉文化もいい、歴史もいい、でも私は韓国人の人肌の感触を伝えたい
1986.09.30	創刊号	120		編集部より&次号のおしらせ
1986.09.30	創刊号	24		公務員・教員作用データ
1986.09.30	創刊号	62		企業情報
1986.09.30	創刊号	73		外資系企業アンケート
1986.09.30	創刊号	80		韓日企業交流この一年
1986.09.30	創刊号	109		書架より
1986.09.30	創刊号	93		セミナーのお知らせ
1986.09.30	創刊号	84		おねがい
1987.03.31	第2号	1		〈グラビア〉私の우리나라
1987.03.31	第2号	2		僕はいったん乗った船はドロ船でも沈むまでは降りない
1987.03.31	第2号	5		〈フレッシュマン座談会〉お父さんとお母さんの苗字はなぜ違うのって面接官にきかれて
1987.03.31	第2号	13		社会人アンケート
1987.03.31	第2号	18		にんげんカタログ　通名が金達弘なんです
1987.03.31	第2号	23		韓在愚氏に聞く　帰化したからって一塁やったのが二塁に出れるんか
1987.03.31	第2号	30		異文化の中で　この会社に入るまでは、焼肉が韓国料理って知らなかった
1987.03.31	第2号	34		就職オールガイド
1987.03.31	第2号	40		一流企業人
1987.03.31	第2号	78		資格職
1987.03.31	第2号	82		就職課訪問
1987.03.31	第2号	86		サムルノリ
1987.03.31	第2号	89		素顔インタビュー　韓国語もしゃべれないで韓国人ですって言える？
1987.03.31	第2号	96		経済リポート
1987.03.31	第2号	99		海外旅行マニュアル
1987.03.31	第2号	108		民族教育は今　在日に関わるのを辞める時は教師を辞める時
1987.03.31	第2号	118		在日コリアン集団紹介シリーズ②〈高麗学士倶楽部の巻〉
1987.03.31	第2号	128		はんぐる・ふりーく②　一人の男性を通して韓国を知り、文化を知り、自分の世界が広がっていく
1987.03.31	第2号	43		情報
1987.03.31	第2号	64		企業情報
1987.03.31	第2号	75		韓日交流
1987.03.31	第2号	105		書架より
1987.03.31	第2号	120		コアラランド
1987.03.31	第2号	122		資料編(公務員・大阪府)

발행일	지면정보		필자	제목
	권호	페이지		
1987.03.31	第2号	130		次号のお知らせ＆編集部より
1987.08.31	第3号	1		グラビア
1987.08.31	第3号	2		Brilliant Mind
1987.08.31	第3号	5		〈座談会〉外資系で働く　おんな三人よれば
1987.08.31	第3号	12		高校生アンケート
1987.08.31	第3号	16		にんげんカタログ　イカイノ行進曲、いいでしょう
1987.08.31	第3号	20		在日の軌跡 朴実さんに聞く 日本籍だからとて民族差別はなくならない。「新井」から「朴」へ
1987.08.31	第3号	24		オピニオン 在日コリアンの就職と日本の国際化について
1987.08.31	第3号	27		就職課訪問
1987.08.31	第3号	30		特集　新しい文化を創造するアーティスト
1987.08.31	第3号	38	大沼保昭	「内なる国際化」
1987.08.31	第3号	40		在日コリアンのための法律セミナー
1987.08.31	第3号	44	鄭早苗	うりならの先輩たち
1987.08.31	第3号	47		書架より 私の好きな本
1987.08.31	第3号	50		資格職のページ
1987.08.31	第3号	56		情報　求人広告
1987.08.31	第3号	73		最新企業情報 在日外国人が働く日本企業
1987.08.31	第3号	85		韓日企業交流
1987.08.31	第3号	88		うりなら IN OUR HEART
1987.08.31	第3号	92		すがおのいんたびゅう「変わった名前だね、どこの国のひと？」
1987.08.31	第3号	97		〈座談会〉大学で働くコリアンたち
1987.08.31	第3号	103		経済リポート
1987.08.31	第3号	106		就職の周辺
1987.08.31	第3号	110		在日コリアン集団紹介シリーズ③〈韓国ＹＭＣＡ巻〉
1987.08.31	第3号	112		コアラランド
1987.08.31	第3号	114		資料編 公務員国籍条項
1987.08.31	第3号	118	夏桂子	はんぐるふりーく③
1988.01.25	第4号	2		Brilliant Mind 6年目を迎える生野民族文化祭
1988.01.25	第4号	5		〈新春対談〉崔洋一VS康珍化
1988.01.25	第4号	11		〈グラビア〉インド紀行
1988.01.25	第4号	16		にんげんカタログ「なかでも酒屋の許可が一番しんどかった」
1988.01.25	第4号	20	鄭早苗	うりならの先輩たちSERIES No.2〈李退渓〉
1988.01.25	第4号	24		就職奮戦記　訪問・面接27社
1988.01.25	第4号	30		就職の周辺 富士ゼロックス・マックス・いす 自動車　直撃インタビュー
1988.01.25	第4号	34		Weしゃべる입니다〈僕の大学生活〉
1988.01.25	第4号	35		就職課訪問 関西学院大学・桃山学院大学・本所工業高等学校・浪花女子高等学校

발행일	지면정보		필자	제목
	권호	페이지		
1988.01.25	第4号	39		就職相談日記
1988.01.25	第4号	40		〈Occupation〉私の就職観
1988.01.25	第4号	44		資格職のページ
1988.01.25	第4号	48		すがおのいんたびゅう「外国籍がどうのこうので採用しない会社は伸びません」
1988.01.25	第4号	57		新春求人特集
1988.01.25	第4号	72		最新企業情報 在日外国人が働く日本企業415社・外資系企業
1988.01.25	第4号	87	中丸薫	太陽を追って 世界のトップインタビュー
1988.01.25	第4号	92	朴一	How to be in rich 在日コリアン企業人に学ぶ蓄財法
1988.01.25	第4号	94		団体探訪 京都地域労働センタ
1988.01.25	第4号	95		自治体アンケート
1988.01.25	第4号	99		〈座談会〉奇男咆談
1988.01.25	第4号	106		在日の軌跡 慎英弘さんに聞く 同胞が同胞の障害者に対して誤った認識を持っている
1988.01.25	第4号	110	李節子	いま職場にて 助産婦
1988.01.25	第4号	112		書架より 〈大学生が選ぶ私の好きな本〉
1988.01.25	第4号	115	金斗福	法律セミナー 韓国家族法の特色
1988.01.25	第4号	119	元秀一	〈連載小説〉橋
1988.01.25	第4号	124		在日コリアン集団紹介シリーズ④〈朝鮮女性史読書会の巻〉
1988.01.25	第4号	128		〈資料編〉韓日企業交流・公務員国籍条項
1988.01.25	第4号	134	徳永恵規	はんぐるふりーく④
1988.05.31	第5号	2	朴浩美・石光仁	Brilliant Mind 〈飛び出せ在日コリアン若人〉
1988.05.31	第5号	5		〈対談〉徐竜達VS金東勲〈安住外国人の生きる道〉
1988.05.31	第5号	10		中国からの便り "長白山"の恋
1988.05.31	第5号	13		新シリーズ「コリアと世界」 新羅・西域と正倉院 東潮
1988.05.31	第5号	18		就職の周辺 西友・日本エアシステム・安田生命
1988.05.31	第5号	24	鄭早苗	우리나라の先輩たちSERIES No.3 〈妙清〉
1988.05.31	第5号	33		就職ガイド特集
1988.05.31	第5号	44		最新企業情報 在日外国人が働く日本・外資系企業
1988.05.31	第5号	67	元秀一	〈連載小説〉橋
1988.05.31	第5号	72	裴富吉	〈論稿〉外国人労働者問題
1988.05.31	第5号	84		資格職ガイド
1988.05.31	第5号	98		コアラランド
1988.05.31	第5号	100		〈資料〉公務員国籍条項
1988.05.31	第5号	102		〈話題〉'88ソウルオリンピック・メッセージソング「コリア」誕生
1988.05.31	第5号	104		編集後記
1988.07.30	第6号	2	鄭甲寿	Brilliant Mind
1988.07.30	第6号	5		ドキュメンタリー映画・「神々の履歴書」完成す

발행일	지면정보		필자	제목
	권호	페이지		
1988.07.30	第6号	12		シリーズ「コリアと世界」新羅における壁画墳の成立、東潮
1988.07.30	第6号	17	鄭早苗	우리나라の先輩たちSERIES No.4〈景文王〉
1988.07.30	第6号	21		求人特集
1988.07.30	第6号	36		最新企業情報 在日外国人が働く日本・外資系企業
1988.07.30	第6号	60		就職の周辺 大和証券/日本アイ・ビー・エム/ローヌ・プーラン・ジャパン
1988.07.30	第6号	66	元秀一	〈連載小説〉橋
1988.07.30	第6号	71	裵富吉	〈論稿〉外国人労働者問題2
1988.07.30	第6号	78	金時文	経済レポート ソウル五輪後の韓国経済
1988.07.30	第6号	81		ビジネス・韓国への外国人直接投資概要
1988.07.30	第6号	88		旅・プロガイドが語る韓国の見どころ、エチケットとマナー
1988.07.30	第6号	92	朴炳閏	旅・中国紀行 延辺朝鮮族自治州訪問記
1988.07.30	第6号	100		コアラランド
1988.07.30	第6号	102		主な国際友好団体一覧(地域別・国別)
1988.07.30	第6号	105		資料・資格職 公務員国籍条項
1988.07.30	第6号	122	黒田福美	こりあ・ふりーく
1988.07.30	第6号	124		編集後記
1988.10.31	第7号	2	李美善	Brilliant Mind
1988.10.31	第7号	5		高麗美術館開館
1988.10.31	第7号	8	東潮	シリーズ「コリアと世界」 放壇式塔をめぐってー新羅仏教と奈良仏教
1988.10.31	第7号	11	鄭早苗	우리나라の先輩たちSERIES No.5〈高句麗候・騊〉
1988.10.31	第7号	16	康米那	在日二世が編訳した族譜物語 康氏一族(上)
1988.10.31	第7号	26	金時文	経済レポート ソウル五輪後の韓国経済(下)
1988.10.31	第7号	29		求人特集
1988.10.31	第7号	43		在日外国人が働く日本・外資系企業428社
1988.10.31	第7号	68	三洋電機	就職の周辺 サッポロビール
1988.10.31	第7号	71		ドキュメント 就職摩擦・東京証券
1988.10.31	第7号	76	奈良毅	〈講話〉地球の原理と私達の生き方(上)
1988.10.31	第7号	84		コリアン留学生・イスラエルからの便り
1988.10.31	第7号	90	元秀一	〈連載小説〉橋
1988.10.31	第7号	95		ビジネス・韓国への外国人直接投資の手続
1988.10.31	第7号	101		在日コリアンビジネスマンの企業戦略
1988.10.31	第7号	108		行事と催し
1988.10.31	第7号	114		コアラランド
1988.10.31	第7号	116		気になるコーナー
1988.10.31	第7号	117		〈資料〉資格職・公務員国籍条項
1988.10.31	第7号	135		〈話題〉映画「潤の街」来春ロードショー公開
1988.10.31	第7号	136		編集後記

발행일	지면정보		필자	제목
	권호	페이지		
1989.01.31	第8号	2	金守珍	Brilliant Mind
1989.01.31	第8号	5	東潮	シリーズ「コリアと世界」藤ノ木古墳の冠帽の系譜をめぐって
1989.01.31	第8号	11	鄭早苗	우리나라の先輩たちSERIES No.6 〈高野新笠〉
1989.01.31	第8号	16	康米那	在日二世が編訳した族譜物語　康氏一族(下)
1989.01.31	第8号	22	鈴木常勝	子連れ留学記ー中国「延辺自治州」
1989.01.31	第8号	29		新春求人特集
1989.01.31	第8号	45		最新企業情報　在日外国人が働く日本・外資系企業443社
1989.01.31	第8号	71		就職の周辺　江崎グリコ/日本電気/中央スバル自動車
1989.01.31	第8号	74	李銀沢	〈エッセイ〉何も良酒をという訳ではないけれど
1989.01.31	第8号	78		〈講話〉地球の原理と私達の生き方(下)
1989.01.31	第8号	86		〈シンポジウム〉国際人権と在日韓国・朝鮮人(主催・国際韓朝研)、在日外国人の人権問題(主催・日本弁護士連合会)
1989.01.31	第8号	100	金時文	〈経済レポート〉南北経済交流への期待
1989.01.31	第8号	103		ビジネス・韓国での事業
1989.01.31	第8号	111		在日コリアンビジネスマンの企業戦略
1989.01.31	第8号	116		行事と催し
1989.01.31	第8号	122		コアラランド
1989.01.31	第8号	125		〈資料〉資格職・公務員国籍条項
1989.01.31	第8号	142		作曲募集
1989.01.31	第8号	144		編集後記
1989.04.30	第9号	2	金敬得	Brilliant Mind
1989.04.30	第9号	5	東潮	シリーズ「コリアと世界」日韓の古代文化交流を考える旅から―伽耶の遺跡を訪ねてー
1989.04.30	第9号	9	鄭早苗	우리나라の先輩たちSERIES No.7 〈金庾信〉
1989.04.30	第9号	15	康米那	在日二世が翻訳した　金海金氏・許氏族譜物語
1989.04.30	第9号	26		就職の周辺　近畿銀行/日本タイプライター/丸紅
1989.04.30	第9号	29		就職ガイド特集
1989.04.30	第9号	50		最新企業情報　在日外国人が働く日本・外資系企業452社
1989.04.30	第9号	76		〈特集〉民族と国籍を考える
1989.04.30	第9号	103	朴炳閏	在日韓国人の法的地位ー91年問題をどう考えるかー
1989.04.30	第9号	120	奈良　毅	〈講話〉アジアに於ける教育と開発
1989.04.30	第9号	128	金時文	〈経済レポート〉社会正義と経済政策「民主化」時代の韓国に試されるもの
1989.04.30	第9号	131		在日コリアンビジネスマンの企業戦略
1989.04.30	第9号	135		行事と催し
1989.04.30	第9号	139		〈資料〉資格職・公務員国籍条項
1989.04.30	第9号	156		編集後記
1989.07.31	第10号	1	李応魯	グラビア
1989.07.31	第10号	2	尹照子	Brilliant Mind

발행일	지면정보		필자	제목
	권호	페이지		
1989.07.31	第10号	2		民族名をとりもどす
1989.07.31	第10号	5	東潮	シリーズ「コリアと世界」日韓の古代文化交流を考える旅から一伽耶の遺跡を訪ねてPART2一
1989.07.31	第10号	9	鄭早苗	우리나라의 先輩たちSERIES No.8〈善信尻〉
1989.07.31	第10号	13	康米那	在日二世が翻訳した 金海金氏・許氏族譜物語(中)
1989.07.31	第10号	24		康珍化作詞 パリロフェスティバル テーマソング
1989.07.31	第10号	26		カヌーで韓国で〜日本3海峡連続漕波!!
1989.07.31	第10号	28		ヨット界にニューフェイス誕生
1989.07.31	第10号	29		就職ガイド特集
1989.07.31	第10号	50		最新企業情報 在日外国人が働く日本・外資系企業460社
1989.07.31	第10号	76		就職の周辺・直撃インタビューサンスターグループ/山一証券
1989.07.31	第10号	78	鄭良二	〈エッセイ〉国と国との架け橋に
1989.07.31	第10号	80	奈良 毅	「帰化者」の本名を考える一Aさんの手紙に答えて
1989.07.31	第10号	86	朴炳閏	〈講話〉風土と人と信仰
1989.07.31	第10号	95	金時文	在日韓国人の法的地位一民族学校の教育現況と問題点一
1989.07.31	第10号	104	康誠凱	〈経済レポート〉「科学韓国」担う研究者群像
1989.07.31	第10号	108		〈論孝〉在日コリアンの就職と日本社会の環境の変化
1989.07.31	第10号	118		行事と催し
1989.07.31	第10号	123		〈資料〉資格職・公務員国籍条項
1989.07.31	第10号	139		『コリア就職情報『バックナンバー紹介
1989.07.31	第10号	140		編集後記
1991.03.01	第16号	1		定住外国人の就職と日本の国際化を考える 定住外国人就職セミナー
1991.03.01	第16号	3		就職ガイド(コリア系・日本系・外資系企業)
1991.03.01	第16号	22		最新企業情報 在日外国人が働く日本・外資系企業504社
1991.03.01	第16号	30		民族教育を語る座談会「民族学校と民族学級で・・・」
1991.03.01	第16号	46		KOREAN SPOTLIGHT 山一証券・李昭典/東海大学・金相煥/早稲田大学・曺貴裁
1991.03.01	第16号	52		岩が泣いていた 長野市松代大本営跡
1991.03.01	第16号	62		朝鮮むかし話 カッチェインイ
1991.03.01	第16号	64	陳伊佐	八尾市・トッカビ子供会
1991.03.01	第16号	67	玄幸子	ソウルのためいき〜イルボニ クロッケ チョア?〜
1991.03.01	第16号	74	姜恵子	サンフランシスコからの便り
1991.03.01	第16号	78	鄭早苗	우리나라의 先輩たちSERIES No.14〈処容〉
1991.03.01	第16号	83	東潮	シリーズ「コリアと世界」古代の済州島(三)
1991.03.01	第16号	87	鈴木常勝	北京はソウルを待っている
1991.03.01	第16号	92	鄭義信	僕の映画日誌一二日酔いにきく映画一
1991.03.01	第16号	98		〈ナヌムト〉にて
1991.03.01	第16号	103		行事と催し

발행일	지면정보		필자	제목
	권호	페이지		
1991.03.01	第16号	108		コアラランド
1991.03.01	第16号	110	金時文	〈経済レポート〉今年の韓国経済展望
1991.03.01	第16号	114	豊田滋	下関における韓半島の文化
1991.03.01	第16号	128		編集後記
1991.05.15	第17号	1		就職ガイド(コリア系・日本系・外資系企業)
1991.05.15	第17号	33		最新企業情報　在日外国人が働く日本・外資系企業525社
1991.05.15	第17号	40		定住外国人の就職セミナー　出演者紹介
1991.05.15	第17号	44		Finding a position 就職インタビュー
1991.05.15	第17号	54		Foreign Students　人事担当者に訊く　人事課インタビュー
1991.05.15	第17号	61		趙泓九〈韓国〉
1991.05.15	第17号	62		アラバト・ジョシ・フランシス〈インド〉
1991.05.15	第17号	63		高体連加盟へキック・オフ〈イギョラ杯〉東京朝鮮高級学校にて
1991.05.15	第17号	65		BI-MONTHLY NEWS 生駒トンネルと朝鮮人労働者
1991.05.15	第17号	66		戦後補償を求め提訴
1991.05.15	第17号	67		映画「アリランのうた -オキナワからの証言」
1991.05.15	第17号	68		伽耶子をとおして見た日本人の素顔
1991.05.15	第17号	69		アメリカ見聞記　水不足と戦争
1991.05.15	第17号	72	姜恵子	バークレー「한반도 평화통일 한마당」聞かれる
1991.05.15	第17号	74	東潮	シリーズ「コリアと世界」古代の済州島(四)
1991.05.15	第17号	78	宋連玉	めんどり鳴いて〈近代史に生きた女性たち〉第一回 金マリア
1991.05.15	第17号	83	鄭早苗	우리나라の先達たちSERIESNO.15〈乙支文徳〉
1991.05.15	第17号	88		朝鮮童話「ひきがえる」
1991.05.15	第17号	90		三・一独立精神を今ふたたび 映画「アリラン」上映会/大阪
1991.05.15	第17号	92		三・一文化祭/福岡
1991.05.15	第17号	95		안녕하세요 우리문화연구소
1991.05.15	第17号	96		民族文化研究所
1991.05.15	第17号	98	玄幸子	ソウルのためいき
1991.05.15	第17号	103		韓国の新聞より ひろいよみ　이것저것
1991.05.15	第17号	108	鄭義信	僕の映画日誌ー春はなんだかやるせないー
1991.05.15	第17号	112	吉良幸介	金焔外伝 朝鮮人の上海史
1991.05.15	第17号	119		映画紹介
1991.05.15	第17号	120		BOOKS
1991.05.15	第17号	120		コアラランド
1991.05.15	第17号	128		〈経済レポート〉韓国財閥改編の方向
1991.05.15	第17号	131		就職差別の歴史と現状〈1〉
1991.05.15	第17号	140		編集後記
1992.05.15	第19号	1		就職ガイド

발행일	지면정보		필자	제목
	권호	페이지		
1992.05.15	第19号	22		最新企業 在日外国人が働く日本・外資系企業550社
1992.05.15	第19号	29		BOOKS
1992.05.15	第19号	30		就職活動アンケート
1992.05.15	第19号	38		NHKのTV取材を逆取材「アンニョンハシムニカ
1992.05.15	第19号	40	姜信珠	パリからの手紙
1992.05.15	第19号	51	裴富吉	問われる在日韓国・朝鮮人－佐藤勝巳「在日韓国・朝鮮人に問う」を読んで－
1992.05.15	第19号	59	梁泰昊	就職差別の歴史と現状〈3〉
1992.05.15	第19号	68	朴炳閏	南北の国連同時加盟と「在日」の役割
1992.05.15	第19号	77		コアラランド
1992.05.15	第19号	78	鄭早苗	うりならの先輩たちSERIES No.17 〈金正浩〉
1992.05.15	第19号	82	宋連玉	めんどりが鳴けば・・・〈近代史に生きた女性たち〉〈第3回〉論介の末裔たちの一九一九年
1992.05.15	第19号	87	鄭義信	僕の映画日誌「風邪にもかかわらず飲んでます」
1992.05.15	第19号	90	金時文	経済レポート「韓国クルマ事情」
1992.05.15	第19号	94		第1回定住外国人就職セミナーのお礼
1992.05.15	第19号	96		在日外国人のためのデータファイル
1992.05.15	第19号	104		編集後記
1993.05.10	第21号	1		就職ガイド
1993.05.10	第21号	10		最新企業 在日外国人が働く日本・外資系企業1107社
1993.05.10	第21号	24		留学生の就職活動から在留資格の変更まで
1993.05.10	第21号	25	裴富吉	〈論稿〉「在日」と再入国許可の《虚構》性
1993.05.10	第21号	33		在日外国人就職セミナーの変遷を辿る
1993.05.10	第21号	48		編集後記

KOREA TODAY(今日の韓国)

1 서지적 정보

월간 포토 저널(Monthly Photo Journal). 1976년에 창간되어 2019년 현재 계속 간행되고 있는 통권 500호를 넘긴 장수 잡지이다. 편집 김정호, 발행인은 마학조(馬学祚)이고, 발행소는 아시아뉴스센터이다. 중간에 편집 겸 발행인이 나가오 히로시(長尾裕)로 바뀌었다. 도쿄에서 발행되었으나, 오사카, 서울, LA에 지사를 두고 잡지가 발매되었다. 한반도의 정세와 문화를 사진과 함께 소개하는 내용이 많다. 창간 당시에는 제명이 '오늘의 한국(今日の韓国)'이었던 것이 1988년 5월호부터 제명이 알파벳 표기로 바뀌었는데, 88서울올림픽을 앞두고 변화의 분위기에 맞춰가려는 취지로 보인다. 1988년 5월호의 편집후기에 한국의 경이로운 경제성장을 이야기하며 정확한 정보와 흥미로운 내용을 소개해 시대에 부응하겠다는 취지를 밝혔다. 표지에 한국 여성이나 스포츠선수, 한국의 발전모습 등을 담았다. 전체적으로 동시대의 한국의 전통문화를 비롯하여 대중음악, 현대문화, 관광정보, 정치·사회·경제 뉴스 등의 내용이 많고, 남북고위급회담이나 한일 정상의 만남을 자주 소개하여 조국통일문제, 한일 교류를 강조하였다. 한편으로 재일조선인의 생활을 사진과 함께 소개하였다. 특히, 1995년 한신아와지 대지진이 일어났을 때는 특집을 구성하여 재일동포의 재난 극복 이야기를 보여주기도 하였다. 동시대의 정치사회적인 뉴스부터 일상의 생활에서 느껴지는 한국의 모습, 그리고 재일동포의 삶, 나아가 한일 교류의 발자취가 잡지 발간이 40년을 넘게 이어지고 있는 만큼 생생하게 전달되는 잡지이다.

2 편집후기

1988년 5월호에 제명이 'KOREA TODAY'로 바뀌었을 때 편집후기에 다음과 같이 쓰고 있다.

다시 태어난 이번 호를 보신 느낌이 어떠셨습니까.

이번 호부터 잡지명이 『KOREA TODAY』로 가로쓰기로 되었고, 잡지 크기도 달라져 페이지 수도 조금 늘었습니다. 내용적으로도 서울올림픽과 한국프로야구 특집의 두 축을 기획하여 지금까지의 지면과는 다라졌습니다.

각각의 기획의 충실감에 대하여 말씀드리면, 당초의 방침대로 지면이 만들어졌다고 할 수는 없습니다만, 편집부의 열의만은 느끼실 수 있었을 것으로 생각됩니다.

조국 한국은 현재 경이로운 경제성장을 이룩하여 착실하게 민주화의 밝은 길을 걷고 있습니다.

이러한 시대이기 때문에 더욱 『KOREA TODAY』는 보다 열린 잡지로서 지면 구성이 요구되고 있습니다. 본 잡지는 시대의 요구에 적극적으로 대응해가려고 합니다.

또한 현대 잡지는 정확한 정보와 함께 재미를 강하게 요구받고 있습니다. 이러한 점 때문에 본 잡지는 더욱 재미를 추구해갈 생각이고, 지면 인쇄의 큰 목적의 하나를 여기에 두고 있습니다.

이러한 기본방침에 따라 본 잡지는 앞으로도 특집을 2가지 스타일로 계속해가려고 합니다. 어떤 특집을 구성해주면 좋겠는지, 어떤 테마로 상세한 정보가 필요한지, 희망하는 기획이 있으시면 편집부로 주저하지 말고 엽서를 보내주십시오. 그리고 이번 호를 보신 감상도 엽서로 알려주시면 감사하겠습니다.

나아가 본 잡지는 앞으로도 독자 여러분이 참가하실 수 있는 페이지를 늘려갈 예정이므로 재미있는 화제나 평소 관심이 있는 일 등의 의견을 편지로 보내주십시오.

- 편집부

3 목차

발행일	지면정보		필자	제목
	권호	페이지		
1976.06.15	第1巻第4号	62		ゴルフの楽園
1976.06.15	第1巻第4号	66		月間〈トピックス〉
1976.06.15	第1巻第4号	70		北韓レポート
1976.06.15	第1巻第4号	74		韓国の女性と書道
1976.06.15	第1巻第4号	76		韓国の伝統美と民芸
1976.06.15	第1巻第4号	79		韓国近代美術秀作
1976.06.15	第1巻第4号	88		編輯後記
1976.07.15	第1巻第5号	2		韓国動乱26周年在日韓国民決起大会
1976.07.15	第1巻第5号	19		〈八道江山を訪ねて〉全羅南道編
1976.07.15	第1巻第5号	33		月間〈トピックス〉
1976.07.15	第1巻第5号	37		北韓レポート
1976.07.15	第1巻第5号	41		子供大公園
1976.07.15	第1巻第5号	49		〈韓国の民芸〉木漆工芸
1976.07.15	第1巻第5号	60		〈大学めぐり〉〈中央大学校編〉
1976.07.15	第1巻第5号	69		〈韓国の産業〉鉄鋼工業
1976.07.15	第1巻第5号	78		霊楽·高麗人蔘
1976.07.15	第1巻第5号	88		編輯後記
1976.08.15	第1巻第6号	2		韓国のたばこ
1976.08.15	第1巻第6号	14		ソウルの日本人学校
1976.08.15	第1巻第6号	19		〈大学めぐり〉〈建国大学校編〉
1976.08.15	第1巻第6号	29		夏のスタミナ料理、韓国料理の作り方
1976.08.15	第1巻第6号	33		月間〈トピックス〉
1976.08.15	第1巻第6号	37		北韓レポート
1976.08.15	第1巻第6号	41		〈韓国の産業〉電力
1976.08.15	第1巻第6号	49		韓半島における危機の本質と平和の展望
1976.08.15	第1巻第6号	51		伝統民芸·懐刀
1976.08.15	第1巻第6号	60		交通機関
1976.08.15	第1巻第6号	67		全国の海水浴場
1976.08.15	第1巻第6号	74		〈八道江山を訪ねて〉全羅北道編
1976.08.15	第1巻第6号	88		編輯後記
1976.09.15	第1巻第7号	2		〈韓国の産業〉繊維工業
1976.09.15	第1巻第7号	12		〈大学めぐり〉高麗大学校編
1976.09.15	第1巻第7号	23		社会福祉事業と李方子女史
1976.09.15	第1巻第7号	33		朴大統領の光復節慶祝辞
1976.09.15	第1巻第7号	35		北韓の挑発相
1976.09.15	第1巻第7号	41		東京の韓国新婦学園
1976.09.15	第1巻第7号	47		韓国料理の作り方
1976.09.15	第1巻第7号	49		月間〈トピックス〉

발행일	지면정보		필자	제목
	권호	페이지		
1976.09.15	第1巻第7号	55		北韓レポート
1976.09.15	第1巻第7号	57		在日韓国人学生の母国夏季学教
1976.09.15	第1巻第7号	61		韓国のイスラム仏教
1976.09.15	第1巻第7号	65		ソウル日本人尚工会
1976.09.15	第1巻第7号	69		韓国の伝統楽器
1976.09.15	第1巻第7号	77		〈八道江山を訪ねて〉忠清南道編
1976.09.15	第1巻第7号	88		編輯後記
1976.10.15	第1巻第8号	2		美術の秋を飾る韓国国展
1976.10.15	第1巻第8号	10		〈大学めぐり〉東国大学校編
1976.10.15	第1巻第8号	19		韓国の伝統楽器(中)
1976.10.15	第1巻第8号	23		第57回韓国国体
1976.10.15	第1巻第8号	29		韓国の宗教·儒教
1976.10.15	第1巻第8号	33		月間〈トピックス〉
1976.10.15	第1巻第8号	39		北韓レポート
1976.10.15	第1巻第8号	41		韓国料理の作り方
1976.10.15	第1巻第8号	44		花郎道
1976.10.15	第1巻第8号	46		開天節と檀君
1976.10.15	第1巻第8号	49		ハングルと世宗大王
1976.10.15	第1巻第8号	52		北韓権力変動と体制的意味
1976.10.15	第1巻第8号	55		伝説·檀君神話
1976.10.15	第1巻第8号	58		〈八道江山を訪ねて〉忠清北道
1976.10.15	第1巻第8号	68		大阪に高麗現代美術館
1976.10.15	第1巻第8号	71		在韓日本人会(秋の野遊会)
1976.10.15	第1巻第8号	76		韓国の産業·繊維(下)
1976.10.15	第1巻第8号	83		韓国の版画
1976.10.15	第1巻第8号	88		編輯後記·読者の声
1976.11.15	第1巻第9号	2		第17回民俗芸術競演大会
1976.11.15	第1巻第9号	16		〈大学めぐり〉成均館大学校
1976.11.15	第1巻第9号	27		〈韓国の産業〉製薬
1976.11.15	第1巻第9号	33		月間〈トピックス〉
1976.11.15	第1巻第9号	38		北韓レポート
1976.11.15	第1巻第9号	41		北送日本人家族韓国訪問
1976.11.15	第1巻第9号	46		韓国料理の作り方
1976.11.15	第1巻第9号	49		民話·つばめの恩返し
1976.11.15	第1巻第9号	52		社会不安要因と三大革命小組
1976.11.15	第1巻第9号	55		セマウル運動と大学の役割
1976.11.15	第1巻第9号	58		民団創団30周年記念体育大会
1976.11.15	第1巻第9号	70		〈望郷の丘〉合同慰霊祭

발행일	지면정보		필자	제목
	권호	페이지		
1976.11.15	第1巻第9号	76		〈八道江山を訪ねて〉江原道
1976.11.15	第1巻第9号	84		韓国の伝統楽器(下)
1976.11.15	第1巻第9号	88		編輯後記・読者の声
1977.02.15	第2巻第2号(通巻第11号)	2		大統領新年辞
1977.02.15	第2巻第2号(通巻第11号)	4		〈韓国の教育〉正修織業訓練院
1977.02.15	第2巻第2号(通巻第11号)	15		韓国の仏教美術
1977.02.15	第2巻第2号(通巻第11号)	24		教育功労者を表彰
1977.02.15	第2巻第2号(通巻第11号)	26		韓国料理の作り方(6)
1977.02.15	第2巻第2号(通巻第11号)	29		月間〈トピックス〉
1977.02.15	第2巻第2号(通巻第11号)	35		〈民話〉兎のキモ
1977.02.15	第2巻第2号(通巻第11号)	38		北鮮レポート
1977.02.15	第2巻第2号(通巻第11号)	42		釜山日本人学校
1977.02.15	第2巻第2号(通巻第11号)	48		有楽町に韓国の正月風景
1977.02.15	第2巻第2号(通巻第11号)	49		これが今日の北鮮だ!
1977.02.15	第2巻第2号(通巻第11号)	54		〈韓国の産業〉マスコミ
1977.02.15	第2巻第2号(通巻第11号)	60		ニューモアと韓国人
1977.02.15	第2巻第2号(通巻第11号)	61		冷麺と大根の汁清け「トンチミ」
1977.02.15	第2巻第2号(通巻第11号)	65		ソウルの名物・東大門市場
1977.02.15	第2巻第2号(通巻第11号)	76		〈八道江山を訪ねて〉京畿道
1977.02.15	第2巻第2号(通巻第11号)	88		読者の声・編輯後記
1977.03.15	第2巻第3号(通巻第12号)	2		新安沖海底宝物・宋元代文化財
1977.03.15	第2巻第3号(通巻第12号)	19		韓国のセメント産業
1977.03.15	第2巻第3号(通巻第12号)	29		演歌のふるさとは韓国
1977.03.15	第2巻第3号(通巻第12号)	29		月間〈トピックス〉
1977.03.15	第2巻第3号(通巻第12号)	35		北鮮レポート
1977.03.15	第2巻第3号(通巻第12号)	37		北韓「革命輸出」の底意と様相
1977.03.15	第2巻第3号(通巻第12号)	41		韓国料理の作り方(7)
1977.03.15	第2巻第3号(通巻第12号)	44		ソウル市民の憩いの場,パゴダ公園
1977.03.15	第2巻第3号(通巻第12号)	49		〈民話〉兎の機智
1977.03.15	第2巻第3号(通巻第12号)	52		日本各地で成人式
1977.03.15	第2巻第3号(通巻第12号)	53		風水地理学と大人の童話
1977.03.15	第2巻第3号(通巻第12号)	54		社会福祉法人・木浦共生園
1977.03.15	第2巻第3号(通巻第12号)	61		韓国議員連盟第6回総会
1977.03.15	第2巻第3号(通巻第12号)	68		ラジオ韓国、KBS日本語放送
1977.03.15	第2巻第3号(通巻第12号)	73		大阪民団で班長会議
1977.03.15	第2巻第3号(通巻第12号)	74		韓国の人間国宝、鳳山仮面舞劇
1977.03.15	第2巻第3号(通巻第12号)	78		ホテルと娯楽のウォーカーヒル
1977.03.15	第2巻第3号(通巻第12号)	88		読者の声・編輯後記

발행일	지면정보		필자	제목
	권호	페이지		
1977.04.15	第2巻第4号(通巻第13号)	2		鎮海のサクラ祭
1977.04.15	第2巻第4号(通巻第13号)	9		〈韓国の教育〉檀国大学校
1977.04.15	第2巻第4号(通巻第13号)	14		製紙・パルプ産業
1977.04.15	第2巻第4号(通巻第13号)	23		日本の中の韓国〈神奈川県〉
1977.04.15	第2巻第4号(通巻第13号)	33		月間〈トピックス〉
1977.04.15	第2巻第4号(通巻第13号)	39		科挙と試験制度
1977.04.15	第2巻第4号(通巻第13号)	41		韓国仏教美術・幀画(曼陀羅)
1977.04.15	第2巻第4号(通巻第13号)	49		独島、新羅時代から韓国領と明示
1977.04.15	第2巻第4号(通巻第13号)	54		〈民話〉話の袋
1977.04.15	第2巻第4号(通巻第13号)	56		北鮮レポート
1977.04.15	第2巻第4号(通巻第13号)	57		テレビドラマ「情火」
1977.04.15	第2巻第4号(通巻第13号)	60		タレント・鄭少女
1977.04.15	第2巻第4号(通巻第13号)	62		文化交流に活躍する韓国研究院
1977.04.15	第2巻第4号(通巻第13号)	68		韓国料理の作り方(8)
1977.04.15	第2巻第4号(通巻第13号)	72		韓国の古典服飾
1977.04.15	第2巻第4号(通巻第13号)	77		東京商銀「二世会」が発足
1977.04.15	第2巻第4号(通巻第13号)	78		韓国の武術
1977.04.15	第2巻第4号(通巻第13号)	84		吉原氏が韓国風景画展
1977.04.15	第2巻第4号(通巻第13号)	85		南寛画伯の作品世界
1977.04.15	第2巻第4号(通巻第13号)	88		読者の声・編輯後記
1977.05.15	第2巻第5号(通巻第14号)	2		ソウルで韓国貿易展
1977.05.15	第2巻第5号(通巻第14号)	8		子ども公園と会館
1977.05.15	第2巻第5号(通巻第14号)	13		薩摩焼と沈寿官
1977.05.15	第2巻第5号(通巻第14号)	18		〈トピックス〉
1977.05.15	第2巻第5号(通巻第14号)	24		韓国の教育〈恩石国民学校〉
1977.05.15	第2巻第5号(通巻第14号)	28		釈迦誕と生献澄
1977.05.15	第2巻第5号(通巻第14号)	30		韓国料理の作り方(9)
1977.05.15	第2巻第5号(通巻第14号)	33		大自然の中のゴルフ楽園
1977.05.15	第2巻第5号(通巻第14号)	40		製菓産業の今日
1977.05.15	第2巻第5号(通巻第14号)	44		読物(柳の葉の因縁)
1977.05.15	第2巻第5号(通巻第14号)	45		銅鏡
1977.05.15	第2巻第5号(通巻第14号)	50		民俗舞踊「鳳山仮面劇」
1977.05.15	第2巻第5号(通巻第14号)	53		国連従軍記者の追慕塔
1977.05.15	第2巻第5号(通巻第14号)	58		慶南道々民会が「故郷の道」
1977.05.15	第2巻第5号(通巻第14号)	62		未来画家朴淳女史
1977.05.15	第2巻第5号(通巻第14号)	64		編輯後記・読者の声
1977.06.15	第2巻第6号(通巻第15号)	2		創業50周年和信産業
1977.06.15	第2巻第6号(通巻第15号)	12		韓国の教育〈リラ幼稚園〉

발행일	지면정보 권호	페이지	필자	제목
1977.06.15	第2巻第6号(通巻第15号)	17		〈トピックス〉
1977.06.15	第2巻第6号(通巻第15号)	24		民話シリーズ(2)徐花潭の神通力
1977.06.15	第2巻第6号(通巻第15号)	25		〈画家〉李大源
1977.06.15	第2巻第6号(通巻第15号)	29		神津島ジュリア祭
1977.06.15	第2巻第6号(通巻第15号)	33		重要無形文化財·宗廟大祭
1977.06.15	第2巻第6号(通巻第15号)	36		韓国の漢方と韓医学
1977.06.15	第2巻第6号(通巻第15号)	41		韓国の別銭
1977.06.15	第2巻第6号(通巻第15号)	45		テレビドラマ「大東別曲」
1977.06.15	第2巻第6号(通巻第15号)	48		歌謡曲"妻に捧げる歌"
1977.06.15	第2巻第6号(通巻第15号)	50		ミスコイアに金星希さん
1977.06.15	第2巻第6号(通巻第15号)	52		韓国料理の作り方(10)
1977.06.15	第2巻第6号(通巻第15号)	54		福祉で結ぶ日本と韓国
1977.06.15	第2巻第6号(通巻第15号)	56		民族教育のモデル校·東京韓国学校
1977.06.15	第2巻第6号(通巻第15号)	58		日韓親善協会が全国総会
1977.06.15	第2巻第6号(通巻第15号)	59		38度線以北観光地(束草)
1977.06.15	第2巻第6号(通巻第15号)	62		現代東洋画の開拓者、金基昶画伯
1977.06.15	第2巻第6号(通巻第15号)	64		読者の声·編輯後記
1977.07.15	第2巻第7号(通巻第16号)	2		ソウルで韓国機械展
1977.07.15	第2巻第7号(通巻第16号)	8		ソウル市民の端午節競演
1977.07.15	第2巻第7号(通巻第16号)	12		スーパーマーケット
1977.07.15	第2巻第7号(通巻第16号)	17		〈トピックス〉
1977.07.15	第2巻第7号(通巻第16号)	23		世界で最も興味深く注目に直する国
1977.07.15	第2巻第7号(通巻第16号)	25		私学の伝各門校「養正高校」
1977.07.15	第2巻第7号(通巻第16号)	32		6·25動乱27周年記念大集会
1977.07.15	第2巻第7号(通巻第16号)	38		座談会アメリカはアジアを見捨てるか
1977.07.15	第2巻第7号(通巻第16号)	45		韓国の映画「執念」
1977.07.15	第2巻第7号(通巻第16号)	4		歌謡曲「小指」
1977.07.15	第2巻第7号(通巻第16号)	50		韓国料理の作り方(11)
1977.07.15	第2巻第7号(通巻第16号)	52		ミスインターナショナル
1977.07.15	第2巻第7号(通巻第16号)	54		横浜に百四歳の長寿おばあさん
1977.07.15	第2巻第7号(通巻第16号)	56		38度線以北観光地「雪岳山」
1977.07.15	第2巻第7号(通巻第16号)	67		斉藤清画伯の韓国スケッチ展
1977.07.15	第2巻第7号(通巻第16号)	62		東京でアジア美術展
1977.07.15	第2巻第7号(通巻第16号)	64		読者の声·編輯後記
1977.08.15	第2巻第8号(通巻第17号)	2		李万奉和尚から丹青
1977.08.15	第2巻第8号(通巻第17号)	6		消えゆく扇子
1977.08.15	第2巻第8号(通巻第17号)	8		在韓日本婦人会〈芙蓉会〉
1977.08.15	第2巻第8号(通巻第17号)	13		韓国の産業〈タイヤ工業〉

발행일	지면정보		필자	제목
	권호	페이지		
1977.08.15	第2巻第8号(通巻第17号)	19		〈トピックス〉
1977.08.15	第2巻第8号(通巻第17号)	25		陸英修女史の残した慈愛と奉仕の精神
1977.08.15	第2巻第8号(通巻第17号)	34		崔栄林画伯と作品
1977.08.15	第2巻第8号(通巻第17号)	38		〈韓国の古宮〉景福宮①
1977.08.15	第2巻第8号(通巻第17号)	41		韓国半島東北アの戦略的要衝
1977.08.15	第2巻第8号(通巻第17号)	43		東亜写真コンテスト
1977.08.15	第2巻第8号(通巻第17号)	46		彼女の海底宝船は元の貿易船
1977.08.15	第2巻第8号(通巻第17号)	48		東京で光復節記念祭典
1977.08.15	第2巻第8号(通巻第17号)	50		韓国料理の作り方(12)
1977.08.15	第2巻第8号(通巻第17号)	52		ゴルフと温泉のレジャータウン〈道高〉
1977.08.15	第2巻第8号(通巻第17号)	54		孫宇良ちゃんの作品展
1977.08.15	第2巻第8号(通巻第17号)	55		〈韓国の教育〉淑明女子大学校
1977.08.15	第2巻第8号(通巻第17号)	60		寿石(園)
1977.08.15	第2巻第8号(通巻第17号)	64		読者の声・編輯後記
1977.09.15	第2巻第9号(通巻第18号)	2		第5回韓国ジャンボリー
1977.09.15	第2巻第9号(通巻第18号)	8		胸背
1977.09.15	第2巻第9号(通巻第18号)	12		韓国の産業〈製靴工業〉
1977.09.15	第2巻第9号(通巻第18号)	17		〈トピックス〉
1977.09.15	第2巻第9号(通巻第18号)	22		疾走する韓国経済(鈴木幸夫)
1977.09.15	第2巻第9号(通巻第18号)	25		ソウルで在日韓国学生夏季学校
1977.09.15	第2巻第9号(通巻第18号)	31		75万聖徒参加・民族福音化聖会
1977.09.15	第2巻第9号(通巻第18号)	34		韓国モデル撮影会
1977.09.15	第2巻第9号(通巻第18号)	35		韓日定期閣僚会議
1977.09.15	第2巻第9号(通巻第18号)	36		韓国の教育〈ソウル芸術高校〉
1977.09.15	第2巻第9号(通巻第18号)	41		東京で韓国現代美術館
1977.09.15	第2巻第9号(通巻第18号)	43		在日同胞青年のサマージャンボリー
1977.09.15	第2巻第9号(通巻第18号)	46		東亜写真コンテスト
1977.09.15	第2巻第9号(通巻第18号)	48		歌謡曲シリーズ〈彼女よ〉
1977.09.15	第2巻第9号(通巻第18号)	50		韓国料理の作り方(13)
1977.09.15	第2巻第9号(通巻第18号)	52		太陽は友達、韓国の歌・日本の歌
1977.09.15	第2巻第9号(通巻第18号)	54		韓国の演芸、テレビ歌謡ショー
1977.09.15	第2巻第9号(通巻第18号)	55		故金洛雲氏に国民勲章
1977.09.15	第2巻第9号(通巻第18号)	56		〈韓国の古宮〉 景福宮②
1977.09.15	第2巻第9号(通巻第18号)	59		画家と作品・呉之湖画伯
1977.09.15	第2巻第9号(通巻第18号)	64		読者の声・編輯後記
1977.10.15	第2巻第10号(通巻第19号)	2		建軍29周年を迎えた「国軍の日」
1977.10.15	第2巻第10号(通巻第19号)	12		光州で全国国体開く
1977.10.15	第2巻第10号(通巻第19号)	17		〈トピックス〉

발행일	지면정보		필자	제목
	권호	페이지		
1977.10.15	第2巻第10号(通巻第19号)	24		韓国の思い出(紫原雪)
1977.10.15	第2巻第10号(通巻第19号)	25		大学生の農村奉仕活動
1977.10.15	第2巻第10号(通巻第19号)	28		〈韓国の研究機関〉アジア政策研究院
1977.10.15	第2巻第10号(通巻第19号)	34		ソウルで韓日協力委員会
1977.10.15	第2巻第10号(通巻第19号)	36		〈韓国の教育〉大田青蘭女子高校
1977.10.15	第2巻第10号(通巻第19号)	40		〈伝統工具〉墨壷
1977.10.15	第2巻第10号(通巻第19号)	46		テレビドラマ(他国)
1977.10.15	第2巻第10号(通巻第19号)	50		韓国料理の作り方(14)
1977.10.15	第2巻第10号(通巻第19号)	52		秋夕風景・忘憂里
1977.10.15	第2巻第10号(通巻第19号)	54		大阪で韓国人敬老会
1977.10.15	第2巻第10号(通巻第19号)	57		李成愛・各地でリサイタル
1977.10.15	第2巻第10号(通巻第19号)	58		ソウルで民団班長会議
1977.10.15	第2巻第10号(通巻第19号)	59		望郷の丘で慰霊祭
1977.10.15	第2巻第10号(通巻第19号)	60		東京国際玩具見本市
1977.10.15	第2巻第10号(通巻第19号)	61		秋の国展
1977.10.15	第2巻第10号(通巻第19号)	64		読者の声・編輯後記
1977.11.15	第2巻第11号(通巻第20号)	2		第3回アジア太平洋地域-農村開発のためのセミナー
1977.11.15	第2巻第11号(通巻第20号)	8		ソウルで第2回大韓民国音楽会
1977.11.15	第2巻第11号(通巻第20号)	12		秋のソウル交易展
1977.11.15	第2巻第11号(通巻第20号)	17		〈トピックス〉
1977.11.15	第2巻第11号(通巻第20号)	22		韓国の地図文化
1977.11.15	第2巻第11号(通巻第20号)	25		〈韓国の教育〉円光大学校
1977.11.15	第2巻第11号(通巻第20号)	30		登山者で賑う雪岳山
1977.11.15	第2巻第11号(通巻第20号)	32		ソウルで韓日美術交流展
1977.11.15	第2巻第11号(通巻第20号)	34		善政に贈った万人傘
1977.11.15	第2巻第11号(通巻第20号)	37		ハングルの日・世宗大王崇慕祭典
1977.11.15	第2巻第11号(通巻第20号)	40		最古最大の塔「弥勒寺址石塔」
1977.11.15	第2巻第11号(通巻第20号)	43		シンポジウム・なにが問題なのか
1977.11.15	第2巻第11号(通巻第20号)	48		李成愛「離別」売出す
1977.11.15	第2巻第11号(通巻第20号)	50		韓国料理の作り方(15)
1977.11.15	第2巻第11号(通巻第20号)	52		主婦詩文競作大会(白日場)
1977.11.15	第2巻第11号(通巻第20号)	56		土俗的な芸術品「灯器」
1977.11.15	第2巻第11号(通巻第20号)	60		画家と作品・張利錫画伯
1977.11.15	第2巻第11号(通巻第20号)	64		読者の声・編輯後記
1977.12.15	第2巻第12号(通巻第21号)	2		韓国輸出産業公団
1977.12.15	第2巻第12号(通巻第21号)	8		大邱のリンゴ祭り
1977.12.15	第2巻第12号(通巻第21号)	13		身障児施設・三育再活院
1977.12.15	第2巻第12号(通巻第21号)	17		〈トピックス〉

발행일	지면정보		필자	제목
	권호	페이지		
1977.12.15	第2巻第12号(通巻第21号)	22		〈座談会〉国際的視野から見た南北統一問題
1977.12.15	第2巻第12号(通巻第21号)	24		中進国韓国と共栄を(高坂正尭)
1977.12.15	第2巻第12号(通巻第21号)	25		全国柔道大会
1977.12.15	第2巻第12号(通巻第21号)	28		湯島聖堂で釈奠楽奉奏
1977.12.15	第2巻第12号(通巻第21号)	30		〈韓国の教育〉全州高校
1977.12.15	第2巻第12号(通巻第21号)	35		古典夜具と枕袖
1977.12.15	第2巻第12号(通巻第21号)	40		パガジ彫刻展
1977.12.15	第2巻第12号(通巻第21号)	45		世界の中の韓国地図
1977.12.15	第2巻第12号(通巻第21号)	49		東京で世界歌謡祭
1977.12.15	第2巻第12号(通巻第21号)	50		韓国料理の作り方(16)
1977.12.15	第2巻第12号(通巻第21号)	52		韓国在住外国人の競演大会
1977.12.15	第2巻第12号(通巻第21号)	54		国際キリスト教大学学園祭
1977.12.15	第2巻第12号(通巻第21号)	55		ソウルでモーターショー
1977.12.15	第2巻第12号(通巻第21号)	59		東海の孤島・欝陵島
1977.12.15	第2巻第12号(通巻第21号)	64		読者の声・編輯後記
1978.01.15	第3巻第1号(通巻第22号)	4		〈正月の風俗〉東国歳時記
1978.01.15	第3巻第1号(通巻第22号)	10		庶民の生活と風習を描く風俗画
1978.01.15	第3巻第1号(通巻第22号)	17		無形文化財・弓匠(金章煥氏)
1978.01.15	第3巻第1号(通巻第22号)	20		各界で活躍する韓国女性
1978.01.15	第3巻第1号(通巻第22号)	25		1977年の10大ニュース
1978.01.15	第3巻第1号(通巻第22号)	30		〈トピックス〉
1978.01.15	第3巻第1号(通巻第22号)	34		〈韓国の教育〉大邱啓成高校
1978.01.15	第3巻第1号(通巻第22号)	40		バレーボール・ワールドカップ
1978.01.15	第3巻第1号(通巻第22号)	43		〈生活の遺産〉 紙ダコ
1978.01.15	第3巻第1号(通巻第22号)	48		全国楽師決起大会
1978.01.15	第3巻第1号(通巻第22号)	51		〈読物〉韓国人と馬
1978.01.15	第3巻第1号(通巻第22号)	52		「漢江の奇跡」を果たした秩序ある自由の国
1978.01.15	第3巻第1号(通巻第22号)	55		〈農民芸術〉菱花板
1978.01.15	第3巻第1号(通巻第22号)	56		韓国の歌「私の心を知らないでしょう」
1978.01.15	第3巻第1号(通巻第22号)	60		韓国料理の作り方「正月番組」
1978.01.15	第3巻第1号(通巻第22号)	64		韓国の中のある日本人
1978.01.15	第3巻第1号(通巻第22号)	66		ソウルで韓日合同親善大会
1978.01.15	第3巻第1号(通巻第22号)	72		〈文化遺産〉宗廟祭器
1978.01.15	第3巻第1号(通巻第22号)	77		日韓書道文化協会が発足
1978.01.15	第3巻第1号(通巻第22号)	78		読者の声・編輯後記
1978.02.15	第3巻第2号(通巻第23号)	2		100億ドル輸出日記念式
1978.02.15	第3巻第2号(通巻第23号)	6		裸里市民、愛郷運動で復旧へ
1978.02.15	第3巻第2号(通巻第23号)	12		〈伝統民芸〉「華角張」(上)

발행일	지면정보		필자	제목
	권호	페이지		
1978.02.15	第3巻第2号(通巻第23号)	17		朴大統領の年頭記者会見
1978.02.15	第3巻第2号(通巻第23号)	20		伝統民芸
1978.02.15	第3巻第2号(通巻第23号)	25		〈韓国の教育〉明知大学
1978.02.15	第3巻第2号(通巻第23号)	30		庶民の生活と風習を描く風俗画(下)
1978.02.15	第3巻第2号(通巻第23号)	36		モニカベ・コレクション
1978.02.15	第3巻第2号(通巻第23号)	37		韓国の中のある日本人(森田夫人)
1978.02.15	第3巻第2号(通巻第23号)	38		ソウルで韓日議連総会
1978.02.15	第3巻第2号(通巻第23号)	41		韓国の茶道の歴史
1978.02.15	第3巻第2号(通巻第23号)	46		民団中央本部新年会
1978.02.15	第3巻第2号(通巻第23号)	47		望郷の丘に八重桜奇贈
1978.02.15	第3巻第2号(通巻第23号)	48		〈民団の歌謡〉金蓮子
1978.02.15	第3巻第2号(通巻第23号)	50		韓国料理の作り方(18)
1978.02.15	第3巻第2号(通巻第23号)	52		ソウル繁華街に新盛民俗館
1978.02.15	第3巻第2号(通巻第23号)	58		道高・温湯温泉
1978.02.15	第3巻第2号(通巻第23号)	60		民族伝統芸術「仮面」
1978.02.15	第3巻第2号(通巻第23号)	63		〈書評〉『朝鮮半島のすべて』
1978.02.15	第3巻第2号(通巻第23号)	64		読者の声・編輯後記
1978.03.15	第3巻第3号(通巻第24号)	2		平和統一の象徴、北南対話会談場
1978.03.15	第3巻第3号(通巻第24号)	8		国際親善と文化交流センター国際文化協会
1978.03.15	第3巻第3号(通巻第24号)	14		概念美術の金丘林画伯
1978.03.15	第3巻第3号(通巻第24号)	17		〈トピックス〉
1978.03.15	第3巻第3号(通巻第24号)	23		国際交流のラボの会
1978.03.15	第3巻第3号(通巻第24号)	25		〈韓国の教育〉城東機械工業高校
1978.03.15	第3巻第3号(通巻第24号)	30		金剛山の春夏秋冬
1978.03.15	第3巻第3号(通巻第24号)	34		韓国の化粧品、パリゼンヌの歩み
1978.03.15	第3巻第3号(通巻第24号)	38		大阪婦人会30年の歩み
1978.03.15	第3巻第3号(通巻第24号)	42		餅の型板と茶食板
1978.03.15	第3巻第3号(通巻第24号)	44		号牌
1978.03.15	第3巻第3号(通巻第24号)	45		季節の小説、翼を劇化
1978.03.15	第3巻第3号(通巻第24号)	48		ソウル日本人学校教師・鈴木玲子さん
1978.03.15	第3巻第3号(通巻第24号)	50		韓国料理の作り方
1978.03.15	第3巻第3号(通巻第24号)	52		ハワイ移民75周年
1978.03.15	第3巻第3号(通巻第24号)	56		韓国の伝統民芸「華角張」(下)
1978.03.15	第3巻第3号(通巻第24号)	61		朴外務部長官訪日
1978.03.15	第3巻第3号(通巻第24号)	62		〈教育文化〉愛郷運動都市、全州
1978.03.15	第3巻第3号(通巻第24号)	64		読者の声・編輯後記
1978.04.15	第3巻第4号(通巻第25号)	2		平和と繁栄で結ぶ広島・韓国「平和は韓日共通の国民的使命」

발행일	지면정보		필자	제목
	권호	페이지		
1978.04.15	第3巻第4号(通巻第25号)	10		民団広島県地方本部。広島商銀
1978.04.15	第3巻第4号(通巻第25号)	12		平和統一促進代表者会議(民団)
1978.04.15	第3巻第4号(通巻第25号)	14		萩焼と毛利藩と韓国人
1978.04.15	第3巻第4号(通巻第25号)	17		〈トピックス〉
1978.04.15	第3巻第4号(通巻第25号)	23		各地で3・1節記念式典(民団)
1978.04.15	第3巻第4号(通巻第25号)	24		日韓観光協会が発足、韓日民間経済委開く
1978.04.15	第3巻第4号(通巻第25号)	25		ソウルの古宮「昌慶苑」
1978.04.15	第3巻第4号(通巻第25号)	30		古美術品の街、仁寺洞
1978.04.15	第3巻第4号(通巻第25号)	34		正月の月見と地神踏み
1978.04.15	第3巻第4号(通巻第25号)	38		韓国貿易協会日本支部拡張移転(東京)
1978.04.15	第3巻第4号(通巻第25号)	41		安重根義士の人と思想
1978.04.15	第3巻第4号(通巻第25号)	46		民話「蛇姫様と林道令」
1978.04.15	第3巻第4号(通巻第25号)	48		韓国のヤマツツジ
1978.04.15	第3巻第4号(通巻第25号)	49		趙中玉さん(料理研究家)
1978.04.15	第3巻第4号(通巻第25号)	50		韓国料理の作り方
1978.04.15	第3巻第4号(通巻第25号)	52		ソウルの「日本そば」
1978.04.15	第3巻第4号(通巻第25号)	54		女性忠孝揮毫大会
1978.04.15	第3巻第4号(通巻第25号)	57		韓国の中の日本人(前田真壬子さん)
1978.04.15	第3巻第4号(通巻第25号)	58		〈伝統民芸〉「凧場げ」
1978.04.15	第3巻第4号(通巻第25号)	60		民俗画家金万凞氏
1978.04.15	第3巻第4号(通巻第25号)	64		読者の声・編輯後記
1978.05.15	第3巻第5号(通巻第26号)	2		ソウル・トレードフェアー
1978.05.15	第3巻第5号(通巻第26号)	6		復旧進む裸理市
1978.05.15	第3巻第5号(通巻第26号)	8		青磁池順鐸氏
1978.05.15	第3巻第5号(通巻第26号)	14		子供公園と子供会館
1978.05.15	第3巻第5号(通巻第26号)	17		〈トピックス〉
1978.05.15	第3巻第5号(通巻第26号)	23		全北愛郷運動慰問公演
1978.05.15	第3巻第5号(通巻第26号)	24		新安沖文化で講演会
1978.05.15	第3巻第5号(通巻第26号)	25		〈韓国の教育〉ソウル青坡国民学校
1978.05.15	第3巻第5号(通巻第26号)	30		鎮海の桜祭りとある日本人
1978.05.15	第3巻第5号(通巻第26号)	34		蘭の展示会
1978.05.15	第3巻第5号(通巻第26号)	37		〈ソウルの街角〉安国洞(仏具店)
1978.05.15	第3巻第5号(通巻第26号)	41		青年を呼び戻す老人大学
1978.05.15	第3巻第5号(通巻第26号)	44		韓国親善ビリヤード大会
1978.05.15	第3巻第5号(通巻第26号)	46		伝説を訪ねて三千里(虎願寺の由来)
1978.05.15	第3巻第5号(通巻第26号)	48		東亜美術賞入賞作品展
1978.05.15	第3巻第5号(通巻第26号)	49		李瑞之氏の風俗画
1978.05.15	第3巻第5号(通巻第26号)	50		韓国料理の作り方(21)

발행일	지면정보		필자	제목
	권호	페이지		
1978.05.15	第3巻第5号(通巻第26号)	52		韓国に嫁ぐ日本人女性
1978.05.15	第3巻第5号(通巻第26号)	54		静かな朝の国・韓国(吉原氏画展)
1978.05.15	第3巻第5号(通巻第26号)	56		〈ソウルの古宮〉徳寿宮
1978.05.15	第3巻第5号(通巻第26号)	60		国際版画交流展
1978.05.15	第3巻第5号(通巻第26号)	64		読者の声・編輯後記
1978.06.15	第3巻第6号(通巻第27号)	1		セマウム国民運動を展開
1978.06.15	第3巻第6号(通巻第27号)	5		芸術の殿堂・世宗文化会館
1978.06.15	第3巻第6号(通巻第27号)	9		〈韓国の教育〉ソウル中央高校
1978.06.15	第3巻第6号(通巻第27号)	14		人間文化財・金広胃氏
1978.06.15	第3巻第6号(通巻第27号)	17		栄光のミスコリア選抜大会
1978.06.15	第3巻第6号(通巻第27号)	20		韓国東京青年商工会議所設立
1978.06.15	第3巻第6号(通巻第27号)	24		東京で「陸英修女史」出版記念会
1978.06.15	第3巻第6号(通巻第27号)	26		韓国料理の作り方(22)
1978.06.15	第3巻第6号(通巻第27号)	28		世界の料理展
1978.06.15	第3巻第6号(通巻第27号)	31		偉大な遺産は平和(6・25)
1978.06.15	第3巻第6号(通巻第27号)	34		〈トピックス〉
1978.06.15	第3巻第6号(通巻第27号)	38		韓日書芸交流展
1978.06.15	第3巻第6号(通巻第27号)	41		李瑞之氏の風俗画(端午節)
1978.06.15	第3巻第6号(通巻第27号)	42		大阪興銀で総代会と講演会
1978.06.15	第3巻第6号(通巻第27号)	43		日本で活躍する金セレナ
1978.06.15	第3巻第6号(通巻第27号)	44		現代工芸創作会展
1978.06.15	第3巻第6号(通巻第27号)	48		読者の声
1978.07.15	第3巻第7号(通巻第28号)	1		在日韓国人戦争反対決起大会
1978.07.15	第3巻第7号(通巻第28号)	6		ソウルで韓日親善美容ショー
1978.07.15	第3巻第7号(通巻第28号)	9		韓国科学技術界の総本山"科技総"
1978.07.15	第3巻第7号(通巻第28号)	11		〈トピックス〉
1978.07.15	第3巻第7号(通巻第28号)	15		日韓関係の理解と誤解(内田健三)
1978.07.15	第3巻第7号(通巻第28号)	17		李瑞之氏の風俗画(洗濯する女人)
1978.07.15	第3巻第7号(通巻第28号)	18		異色風俗画を描く李瑞之氏
1978.07.15	第3巻第7号(通巻第28号)	20		〈韓国の教育〉京畿女子高校
1978.07.15	第3巻第7号(通巻第28号)	24		韓信協総会開く
1978.07.15	第3巻第7号(通巻第28号)	26		韓国の染織工芸
1978.07.15	第3巻第7号(通巻第28号)	28		韓国料理の作り方(23)
1978.07.15	第3巻第7号(通巻第28号)	30		韓日カルチャーセンターの韓国語講座
1978.07.15	第3巻第7号(通巻第28号)	32		李成愛サヨナラ公演
1978.07.15	第3巻第7号(通巻第28号)	33		〈ソウルの街角〉漢方薬房
1978.07.15	第3巻第7号(通巻第28号)	36		在日韓国人の誠金で陳中図書館
1978.07.15	第3巻第7号(通巻第28号)	38		東北アジアの危機と南北対決(金在球)

발행일	지면정보		필자	제목
	권호	페이지		
1978.07.15	第3巻第7号(通巻第28号)	40		第1回中央美術大展
1978.07.15	第3巻第7号(通巻第28号)	44		在日韓国人浄財で故郷に寺院
1978.07.15	第3巻第7号(通巻第28号)	48		読者の声・編輯後記
1978.08.15	第3巻第8号(通巻第29号)	1		作曲家、古賀正男さん逝く
1978.08.15	第3巻第8号(通巻第29号)	5		古里原子力発電所竣工稼動
1978.08.15	第3巻第8号(通巻第29号)	8		アメリカから友情の使節団
1978.08.15	第3巻第8号(通巻第29号)	12		東京で叙勲記念宴
1978.08.15	第3巻第8号(通巻第29号)	14		琴で結ぶ韓日親善
1978.08.15	第3巻第8号(通巻第29号)	25		韓国で学ぶ日本人留学生
1978.08.15	第3巻第8号(通巻第29号)	32		ソウルで全国武術大会
1978.08.15	第3巻第8号(通巻第29号)	38		朴文教長官、福田総理と会見
1978.08.15	第3巻第8号(通巻第29号)	40		在日韓国人青年が友好ジャンボリ
1978.08.15	第3巻第8号(通巻第29号)	43		東京で韓日委開く
1978.08.15	第3巻第8号(通巻第29号)	44		〈トピックス〉
1978.08.15	第3巻第8号(通巻第29号)	49		李瑞之氏の風俗画シリーズ
1978.08.15	第3巻第8号(通巻第29号)	50		韓国料理の作り方(24)
1978.08.15	第3巻第8号(通巻第29号)	52		宮廷料理の豊林閣
1978.08.15	第3巻第8号(通巻第29号)	55		創立25周年を迎えた大阪商銀
1978.08.15	第3巻第8号(通巻第29号)	56		ソウル国際歌謡祭
1978.08.15	第3巻第8号(通巻第29号)	61		金奉竜さんの螺鈿漆画展(上)
1978.08.15	第3巻第8号(通巻第29号)	64		編輯後記・表紙の言葉
1978.09.15	第3巻第9号(通巻第30号)	1		韓国精神文化研究院
1978.09.15	第3巻第9号(通巻第30号)	5		〈韓国の教育〉ソウル体育高校
1978.09.15	第3巻第9号(通巻第30号)	10		〈トピックス〉
1978.09.15	第3巻第9号(通巻第30号)	14		東京で光復節記念式典
1978.09.15	第3巻第9号(通巻第30号)	18		東京で対日輸出非常対策会議
1978.09.15	第3巻第9号(通巻第30号)	20		金佐謙国際観光公社社長に聞く
1978.09.15	第3巻第9号(通巻第30号)	22		ラボッ子300人が訪韓
1978.09.15	第3巻第9号(通巻第30号)	26		韓国料理の作り方(25)
1978.09.15	第3巻第9号(通巻第30号)	32		李瑞之氏の風俗画(9月)
1978.09.15	第3巻第9号(通巻第30号)	33		韓国の書芸
1978.09.15	第3巻第9号(通巻第30号)	36		新刊紹介『韓国間の相互理解』
1978.09.15	第3巻第9号(通巻第30号)	37		在日韓国人学生、母国で夏季学校
1978.09.15	第3巻第9号(通巻第30号)	41		韓国少年、高取焼に弟子入り
1978.09.15	第3巻第9号(通巻第30号)	44		螺鈿漆画展
1978.09.15	第3巻第9号(通巻第30号)	48		編輯後記
1978.10.15	第3巻第10号(通巻第31号)	1		技能五輪で韓国総合優勝
1978.10.15	第3巻第10号(通巻第31号)	6		国際人蔘シンポジウム開く

발행일	지면정보		필자	제목
	권호	페이지		
1978.10.15	第3巻第10号(通巻第31号)	10		〈トピックス〉
1978.10.15	第3巻第10号(通巻第31号)	14		韓日貿易逆調是正(朴忠勲氏)
1978.10.15	第3巻第10号(通巻第31号)	16		自然保護を全国民運動に
1978.10.15	第3巻第10号(通巻第31号)	18		ソウルで第10回韓日閣僚海技
1978.10.15	第3巻第10号(通巻第31号)	20		駐日韓国大使館の新庁舎竣工
1978.10.15	第3巻第10号(通巻第31号)	22		新安沖の海底宝物公開
1978.10.15	第3巻第10号(通巻第31号)	26		ソウルで韓日茶道交流会
1978.10.15	第3巻第10号(通巻第31号)	30		大阪興銀の預金高1千億円突破
1978.10.15	第3巻第10号(通巻第31号)	36		在日韓国人も各地で敬老会
1978.10.15	第3巻第10号(通巻第31号)	38		東京で韓国彫刻家2人展
1978.10.15	第3巻第10号(通巻第31号)	40		書評
1978.10.15	第3巻第10号(通巻第31号)	41		在韓外国人韓国芸能競演
1978.10.15	第3巻第10号(通巻第31号)	44		李瑞之氏の風俗画(10月)
1978.10.15	第3巻第10号(通巻第31号)	45		螺鈿漆画展(下)
1978.10.15	第3巻第10号(通巻第31号)	48		編輯後記
1978.11.15	第3巻第11号(通巻第32号)	1		ソウルでの世界射撃選手権大会
1978.11.15	第3巻第11号(通巻第32号)	8		第3回大韓民国音楽祭
1978.11.15	第3巻第11号(通巻第32号)	13		ソウル日本人会の運動会
1978.11.15	第3巻第11号(通巻第32号)	17		〈トピックス〉
1978.11.15	第3巻第11号(通巻第32号)	21		国際大学生が日本語劇
1978.11.15	第3巻第11号(通巻第32号)	24		〈韓国料理〉味の紀行
1978.11.15	第3巻第11号(通巻第32号)	25		李瑞之氏の風俗画(酒幕)
1978.11.15	第3巻第11号(通巻第32号)	26		〈韓国の教育〉梨花女子高校
1978.11.15	第3巻第11号(通巻第32号)	32		人間文化財工芸展(上)
1978.11.15	第3巻第11号(通巻第32号)	36		理解と友情で結ぶ韓日親善の集い
1978.11.15	第3巻第11号(通巻第32号)	40		韓国モデル撮影会
1978.11.15	第3巻第11号(通巻第32号)	41		大韓民国平和政策努力
1978.11.15	第3巻第11号(通巻第32号)	49		韓国料理の作り方
1978.11.15	第3巻第11号(通巻第32号)	50		仁川第59回国体開く
1978.11.15	第3巻第11号(通巻第32号)	54		国軍建軍30周年記念式典
1978.11.15	第3巻第11号(通巻第32号)	58		世界女性記者・作家大会
1978.11.15	第3巻第11号(通巻第32号)	60		秋の国展入選作品展
1978.11.15	第3巻第11号(通巻第32号)	64		編輯後記
1978.12.15	第3巻第12号(通巻第33号)	1		〈韓国の産業〉特装車工業
1978.12.15	第3巻第12号(通巻第33号)	6		民俗芸術競演大会
1978.12.15	第3巻第12号(通巻第33号)	10		晩秋の古宮で菊花展
1978.12.15	第3巻第12号(通巻第33号)	13		観光産業向上の各種行事
1978.12.15	第3巻第12号(通巻第33号)	17		〈トピックス〉

발행일	지면정보		필자	제목
	권호	페이지		
1978.12.15	第3巻第12号(通巻第33号)	21		韓国料理の作り方
1978.12.15	第3巻第12号(通巻第33号)	22		韓国風に描くキリストの生涯
1978.12.15	第3巻第12号(通巻第33号)	26		村の守護神チャンスン
1978.12.15	第3巻第12号(通巻第33号)	28		李瑞之氏の風俗画(舎廊房)
1978.12.15	第3巻第12号(通巻第33号)	29		〈歳末風俗〉韓国の冬至と除夕
1978.12.15	第3巻第12号(通巻第33号)	30		日韓学者共同で仏教史研究
1978.12.15	第3巻第12号(通巻第33号)	32		創立25周年を迎えた大阪商銀
1978.12.15	第3巻第12号(通巻第33号)	42		ソウルで日韓女性親善の集い
1978.12.15	第3巻第12号(通巻第33号)	44		人間文化財工芸展(中)
1978.12.15	第3巻第12号(通巻第33号)	48		編輯後記
1979.01.15	第4巻第1号(通巻第34号)	1		正月の風俗・新年歳時記
1979.01.15	第4巻第1号(通巻第34号)	7		ユーモラスな民俗人形(上)
1979.01.15	第4巻第1号(通巻第34号)	12		世界最大高麗人蔘廠
1979.01.15	第4巻第1号(通巻第34号)	17		10大ニュース
1979.01.15	第4巻第1号(通巻第34号)	22		平野杏子の磨崖仏讃
1979.01.15	第4巻第1号(通巻第34号)	24		韓国・研修と友情の旅
1979.01.15	第4巻第1号(通巻第34号)	25		石蘭会の生花展示会
1979.01.15	第4巻第1号(通巻第34号)	30		人気あつまる韓国の寿石
1979.01.15	第4巻第1号(通巻第34号)	36		〈韓国の教育〉普成高校
1979.01.15	第4巻第1号(通巻第34号)	41		〈トピックス〉
1979.01.15	第4巻第1号(通巻第34号)	45		日韓書道展示会
1979.01.15	第4巻第1号(通巻第34号)	48		日本で売出す歌手たち
1979.01.15	第4巻第1号(通巻第34号)	49		大阪興銀とレインボー運動
1979.01.15	第4巻第1号(通巻第34号)	50		韓国料理の作り方(28)
1979.01.15	第4巻第1号(通巻第34号)	52		〈韓国の料亭〉羅一区
1979.01.15	第4巻第1号(通巻第34号)	55		金聖洙木工芸展(上)
1979.01.15	第4巻第1号(通巻第34号)	58		ソウルで電子展
1979.01.15	第4巻第1号(通巻第34号)	61		人間文化財工芸展(下)
1979.01.15	第4巻第1号(通巻第34号)	64		編輯後記
1979.01.15	第4巻第2号(通巻第35号)	1		50億ドル輸出挑戦(輸出の日)
1979.01.15	第4巻第2号(通巻第35号)	4		在韓外国人、国際親善の夕
1979.01.15	第4巻第2号(通巻第35号)	8		韓国料理の作り方(29)
1979.01.15	第4巻第2号(通巻第35号)	9		〈トピックス〉
1979.01.15	第4巻第2号(通巻第35号)	13		韓国の一市民から日本のマスコミへ
1979.01.15	第4巻第2号(通巻第35号)	16		民団・商銀新年会
1979.01.15	第4巻第2号(通巻第35号)	17		〈韓国の教育〉韓国外国語大学
1979.01.15	第4巻第2号(通巻第35号)	22		金永喜女史の民俗人形展
1979.01.15	第4巻第2号(通巻第35号)	26		在韓日本人子供会がクリスマスパーティー

발행일	지면정보		필자	제목
	권호	페이지		
1979.01.15	第4巻第2号(通巻第35号)	30		キム・ヨンジャ東京で初のリサイタル
1979.01.15	第4巻第2号(通巻第35号)	32		韓国の現代陶芸展
1979.01.15	第4第2号(通巻第35号)	36		斗南書揮毫宝鑑
1979.02.15	第4巻第2号(通巻第35号)	38		大浦共生園をドラマ化「鳳仙花の咲く丘」
1979.02.15	第4巻第2号(通巻第35号)	41		香山氏、須之部大使を訪問
1979.02.15	第4巻第2号(通巻第35号)	44		金聖洙木工芸展(中)
1979.02.15	第4巻第2号(通巻第35号)	48		読者の声・編輯後記
1979.03.15	第4巻第3号(通巻第36号)	1		護国先賢の遺跡・統一殿
1979.03.15	第4巻第3(通巻第36号)	6		韓国の住宅の展望
1979.03.15	第4巻第3号(通巻第36号)	8		東京で韓国語スピーチ・コンテスト
1979.03.15	第4巻第3号(通巻第36号)	10		〈トピックス〉
1979.03.15	第4巻第3号(通巻第36号)	14		鬼面美術の芸術性
1979.03.15	第4巻第3号(通巻第36号)	17		朝総連同胞の帰郷墓参の行列
1979.03.15	第4巻第3号(通巻第36号)	24		金正濂氏、駐日大使に就任
1979.03.15	第4巻第3号(通巻第36号)	25		〈韓国の教育〉世宗大学
1979.03.15	第4巻第3号(通巻第36号)	30		韓国料理の作り方(30)
1979.03.15	第4巻第3号(通巻第36号)	31		韓国の花「長寿連翹」
1979.03.15	第4巻第3号(通巻第36号)	32		人間文化財・金鼎燮
1979.03.15	第4巻第3号(通巻第36号)	36		全谷里で30万年前の石器発見
1979.03.15	第4巻第3号(通巻第36号)	41		韓国の洞窟
1979.03.15	第4巻第3号(通巻第36号)	44		金聖洙木工芸展(下)
1979.03.15	第4巻第3号(通巻第36号)	48		編輯後記
1979.04.15	第4巻第4号(通巻第37号)	1		ソウルでAA法律諮問委総会
1979.04.15	第4巻第4号(通巻第37号)	5		護国先賢の遺跡・顕忠祠
1979.04.15	第4巻第4号(通巻第37号)	9		〈トピックス〉
1979.04.15	第4巻第4号(通巻第37号)	14		韓国の福寿思想
1979.04.15	第4巻第4号(通巻第37号)	17		〈韓国の教育〉培材高校
1979.04.15	第4巻第4号(通巻第37号)	22		民団中央団長に張聡明氏選出
1979.04.15	第4巻第4号(通巻第37号)	23		韓国の花
1979.04.15	第4巻第4号(通巻第37号)	24		東京で韓国伝承文化展
1979.04.15	第4巻第4号(通巻第37号)	28		韓国料理の作り方(31)
1979.04.15	第4巻第4号(通巻第37号)	30		観光シーズン迎えホテル森羅開館
1979.04.15	第4巻第4号(通巻第37号)	32		東医宝鑑を著述した医聖・許浚先生
1979.04.15	第4巻第4号(通巻第37号)	36		韓国で日本創作舞踊集団公演
1979.04.15	第4巻第4号(通巻第37号)	37		韓国の印度文化
1979.04.15	第4巻第4号(通巻第37号)	41		人間文化財・崔銀順さん
1979.04.15	第4巻第4号(通巻第37号)	44		船橋に青山外科内科医院
1979.04.15	第4巻第4号(通巻第37号)	45		山で自然を表象・劉永国の作品から

발행일	지면정보		필자	제목
	권호	페이지		
1979.04.15	第4巻第4号(通巻第37号)	48		読者の声・編輯後記
1979.05.01	第4巻第5号(通巻第38号)	1		護国先賢の遺跡・落星垈
1979.05.01	第4巻第5号(通巻第38号)	6		韓国の花・山躑躅
1979.05.01	第4巻第5号(通巻第38号)	6		関西の民族校新築起工
1979.05.01	第4巻第5号(通巻第38号)	8		船田中・日韓議員連盟会長が死去
1979.05.01	第4巻第5号(通巻第38号)	9		〈トピックス〉
1979.05.01	第4巻第5号(通巻第38号)	13		李朝の巫画
1979.05.01	第4巻第5号(通巻第38号)	16		韓国の名菜をたずねて(全羅道)
1979.05.01	第4巻第5号(通巻第38号)	17		東京商銀創立25周年記念祝典
1979.05.01	第4巻第5号(通巻第38号)	23		徳山カントリークラス
1979.05.01	第4巻第5号(通巻第38号)	24		日本経済界が金大中歓迎会
1979.05.01	第4巻第5号(通巻第38号)	25		東京国際見本市に韓国も参加
1979.05.01	第4巻第5号(通巻第38号)	28		韓日親善少年サッカー
1979.05.01	第4巻第5号(通巻第38号)	33		〈韓国の教育〉ソウル斉洞国民学校
1979.05.01	第4巻第5号(通巻第38号)	37		ソウル少年職業訓練院入学式
1979.05.01	第4巻第5号(通巻第38号)	40		金梅子のLP盤本国で発売
1979.05.01	第4巻第5号(通巻第38号)	41		〈韓国の名勝古跡〉双渓寺
1979.05.01	第4巻第5号(通巻第38号)	45		東洋画の成在烋氏
1979.05.01	第4巻第5号(通巻第38号)	48		編輯後記
1979.06.01	第4巻第6号(通巻第39号)	1		ソウルで第28回PATA総会
1979.06.01	第4巻第6号(通巻第39号)	4		慶州普門湖畔に豪華なリゾート
1979.06.01	第4巻第6号(通巻第39号)	6		朴基錫道路公社社長に聴く
1979.06.01	第4巻第6号(通巻第39号)	8		アジアフェスティバル
1979.06.01	第4巻第6号(通巻第39号)	9		〈トピックス〉
1979.06.01	第4巻第6号(通巻第39号)	13		サンシャインに韓国文化院
1979.06.01	第4巻第6号(通巻第39号)	16		米国で韓国美術五千年展
1979.06.01	第4巻第6号(通巻第39号)	20		〈護国先賢の遺跡〉天馬塚
1979.06.01	第4巻第6号(通巻第39号)	24		〈韓国の産業〉食品工業
1979.06.01	第4巻第6号(通巻第39号)	29		望郷の丘と母国訪問団
1979.06.01	第4巻第6号(通巻第39号)	34		第8回韓日議員連盟総会
1979.06.01	第4巻第6号(通巻第39号)	36		韓国外換銀行レセプション
1979.06.01	第4巻第6号(通巻第39号)	37		張勲選手を映画化
1979.06.01	第4巻第6号(通巻第39号)	38		第28回春の国展
1979.06.01	第4巻第6号(通巻第39号)	40		韓日女性親善協会設立2周年
1979.06.01	第4巻第6号(通巻第39号)	41		韓国・ゴルフの楽園
1979.06.01	第4巻第6号(通巻第39号)	44		子供の天国・竜仁自然農園
1979.06.01	第4巻第6号(通巻第39号)	48		編輯後記
1979.07.01	第4巻第7号(通巻第40号)	1		ソウルで世界女子バスケット大会

발행일	지면정보		필자	제목
	권호	페이지		
1979.07.01	第4巻第7号(通巻第40号)	5		朴鐘圭体育会長訪日
1979.07.01	第4巻第7号(通巻第40号)	6		〈護国先賢の遺跡〉李太祖陵
1979.07.01	第4巻第7号(通巻第40号)	9		〈トピックス〉
1979.07.01	第4巻第7号(通巻第40号)	13		南北対話促進1千万人署名
1979.07.01	第4巻第7号(通巻第40号)	17		釈迦誕生記念行事
1979.07.01	第4巻第7号(通巻第40号)	20		今年のミスコリア徐載和さん
1979.07.01	第4巻第7号(通巻第40号)	22		〈伝統工芸〉紙工芸品
1979.07.01	第4巻第7号(通巻第40号)	26		世界児童年とこどもの日
1979.07.01	第4巻第7号(通巻第40号)	30		韓国料理の作り方
1979.07.01	第4巻第7号(通巻第40号)	31		母国訪問相談所開設
1979.07.01	第4巻第7号(通巻第40号)	32		権逸博士出版記念会
1979.07.01	第4巻第7号(通巻第40号)	34		韓国の名菜をたずねて(3)
1979.07.01	第4巻第7号(通巻第40号)	36		韓半島周辺情勢韓日安保協力(金永光議員)
1979.07.01	第4巻第7号(通巻第40号)	38		韓日親善芸展(ソウル)
1979.07.01	第4巻第7号(通巻第40号)	41		漢陽大学校創立40周年記念式典
1979.07.01	第4巻第7号(通巻第40号)	45		韓日与党議員交歓会
1979.07.01	第4巻第7号(通巻第40号)	46		第11回申師任堂推戴式
1979.07.01	第4巻第7号(通巻第40号)	48		編輯後記
1979.08.01	第4巻第8号(通巻第41号)	1		歓迎熱風の中をカーター訪問
1979.08.01	第4巻第8号(通巻第41号)	6		福田前相歓迎した友好増進を協議
1979.08.01	第4巻第8号(通巻第41号)	12		〈護国先賢の遺跡〉 金谷陵
1979.08.01	第4巻第8号(通巻第41号)	17		全国各大学祭の競演大会
1979.08.01	第4巻第8号(通巻第41号)	21		〈トピックス〉
1979.08.01	第4巻第8号(通巻第41号)	26		韓日間の相互理解と知識人の役割
1979.08.01	第4巻第8号(通巻第41号)	31		清く澄んだ韓国の海水浴場
1979.08.01	第4巻第8号(通巻第41号)	36		李朝時代の宮中衣裳
1979.08.01	第4巻第8号(通巻第41号)	40		大阪興銀が本国で研修
1979.08.01	第4巻第8号(通巻第41号)	43		清州で少年体育大会
1979.08.01	第4巻第8号(通巻第41号)	60		〈伝統工芸〉紙工芸(下)
1979.08.01	第4巻第8号(通巻第41号)	66		和歌山韓信協総会開く
1979.08.01	第4巻第8号(通巻第41号)	67		オルビー、韓国を訪れ公演
1979.08.01	第4巻第8号(通巻第41号)	68		李瑞之風俗画の世界(上)
1979.08.01	第4巻第8号(通巻第41号)	74		東京で亜細亜現代美術展
1979.08.01	第4巻第8号(通巻第41号)	76		読者の声・編輯後記
1979.09.01	第4巻第9号(通巻第42号)	1		東洋最大・韓国総合展示場
1979.09.01	第4巻第9号(通巻第42号)	6		ソウルで世界詩人大会
1979.09.01	第4巻第9号(通巻第42号)	10		〈トピックス〉
1979.09.01	第4巻第9号(通巻第42号)	14		三当局会談支持促求大会

발행일	지면정보		필자	제목
	권호	페이지		
1979.09.01	第4巻第9号(通巻第42号)	16		新刊紹介『シマウムの道』
1979.09.01	第4巻第9号(通巻第42号)	17		ソウル日本人学校球技大会
1979.09.01	第4巻第9号(通巻第42号)	20		海外同胞と母国訪問
1979.09.01	第4巻第9号(通巻第42号)	25		韓国住宅の美「窓戸」
1979.09.01	第4巻第9号(通巻第42号)	29		釜山愛隣ユース・ホステル
1979.09.01	第4巻第9号(通巻第42号)	34		〈韓国の教育〉大新中学校
1979.09.01	第4巻第9号(通巻第42号)	38		〈護国先賢の遺跡〉英陵
1979.09.01	第4巻第9号(通巻第42号)	41		〈韓国の伝統工芸〉靴匠
1979.09.01	第4巻第9号(通巻第42号)	44		河在鳩専売庁長を訪ね
1979.09.01	第4巻第9号(通巻第42号)	46		李瑞之氏風俗画
1979.09.01	第4巻第9号(通巻第42号)	48		編輯後記
1979.10.01	第4巻第10号(通巻第43号)	1		ソウルで世界空気銃射撃大会
1979.10.01	第4巻第10号(通巻第43号)	5		セマウル指導者研修院
1979.10.01	第4巻第10号(通巻第43号)	9		〈トピックス〉
1979.10.01	第4巻第10号(通巻第43号)	12		在日韓国人政治犯釈放
1979.10.01	第4巻第10号(通巻第43号)	14		ソウルで教職者世界大会
1979.10.01	第4巻第10号(通巻第43号)	16		韓国の名菜をたずねて
1979.10.01	第4巻第10号(通巻第43号)	17		韓国国際総合機械展
1979.10.01	第4巻第10号(通巻第43号)	21		李瑞之氏風俗画
1979.10.01	第4巻第10号(通巻第43号)	24		在日韓国人高校生・母国夏季学校
1979.10.01	第4巻第10号(通巻第43号)	26		日本のラボっ子訪韓
1979.10.01	第4巻第10号(通巻第43号)	29		大阪尚友連合会が誕生
1979.10.01	第4巻第10号(通巻第43号)	30		熱海で180日運動推進合同会議
1979.10.01	第4巻第10号(通巻第43号)	32		大阪納税経友会連合会が発足
1979.10.01	第4巻第10号(通巻第43号)	33		世宗大王とカングル創製
1979.10.01	第4巻第10号(通巻第43号)	37		在日韓国青年会サマー・ジャンボリー
1979.10.01	第4巻第10号(通巻第43号)	41		韓国住宅の美「窓戸」(下)
1979.10.01	第4巻第10号(通巻第43号)	44		美術団体招待展
1979.11.01	第4巻第10号(通巻第43号)	48		編輯後記
1979.11.01	第4巻第10号(通巻第43号)	1		大統領杯国際サッカー大会
1979.11.01	第4巻第10号(通巻第43号)	6		〈護国先賢の遺跡〉 南漢山城
1979.11.01	第4巻第10号(通巻第43号)	9		〈トピックス〉
1979.11.01	第4巻第10号(通巻第43号)	13		韓国の一市民より日本の皆様へ
1979.11.01	第4巻第10号(通巻第43号)	16		韓国文化院で韓国語講座
1979.11.01	第4巻第10号(通巻第43号)	17		ソウルで国際ロータリー・アジア大会
1979.11.01	第4巻第10号(通巻第43号)	21		ソウルで老人マラソン大会
1979.11.01	第4巻第10号(通巻第43号)	24		全国を結ぶ高速道路
1979.11.01	第4巻第10号(通巻第43号)	26		〈韓国の教育〉善隣中・商高校

발행일	지면정보		필자	제목
	권호	페이지		
1979.11.01	第4巻第10号(通巻第43号)	30		在日韓国人商工会、定期総会
1979.11.01	第4巻第10号(通巻第43号)	33		韓国の陶磁文様
1979.11.01	第4巻第10号(通巻第43号)	36		英ロイヤルオペラ韓国公園
1979.11.01	第4巻第10号(通巻第43号)	38		アジア民族の霊魂観
1979.11.01	第4巻第10号(通巻第43号)	40		初の韓日演劇交流
1979.11.01	第4巻第10号(通巻第43号)	41		韓国の博物館シリーズ(1)
1979.11.01	第4巻第10号(通巻第43号)	44		大阪商銀むつみ会ゴルフ大会
1979.11.01	第4巻第10号(通巻第43号)	46		韓国、技能オリンポック3連覇
1979.11.01	第4巻第10(通巻第43号)	48		編輯後記
1979.12.01	第4巻第12号(通巻第45号)	1		しめやかに故朴大統領国葬
1979.12.01	第4巻第12号(通巻第45号)	6		〈護国先賢の遺跡〉水原城
1979.12.01	第4巻第12号(通巻第45号)	9		〈トピックス〉
1979.12.01	第4巻第12号(通巻第45号)	13		〈博物館シリーズ〉先史時代美術
1979.12.01	第4巻第12号(通巻第45号)	17		高麗人蔘学術的研究進む
1979.12.01	第4巻第12号(通巻第45号)	22		自動車工業先駆者・東亜自動車
1979.12.01	第4巻第12号(通巻第45号)	24		秋夕に母国を訪れた海外同胞
1979.12.01	第4巻第12号(通巻第45号)	29		全国体育大会開会式
1979.12.01	第4巻第12号(通巻第45号)	32		〈韓国民謡特集〉アリランの世界
1979.12.01	第4巻第12号(通巻第45号)	34		韓国の陶磁文様
1979.12.01	第4巻第12号(通巻第45号)	38		韓国の旅から(升本順子)
1979.12.01	第4巻第12号(通巻第45号)	41		龍平スキー場とレジャーランド
1979.12.01	第4巻第12号(通巻第45号)	46		第28回秋の国展
1979.12.01	第4巻第12号(通巻第45号)	48		編輯後記
1980.01.01	第5巻第1号(通巻第46号)	1		正月風景と民俗行事
1980.01.01	第5巻第1号(通巻第46号)	4		12支と12支神像
1980.01.01	第5巻第1号(通巻第46号)	10		〈韓国産業〉韓国酪農乳業
1980.01.01	第5巻第1号(通巻第46号)	14		在日学徒義勇軍記念碑除幕
1980.01.01	第5巻第1号(通巻第46号)	16		〈伝統工芸〉韓国の太鼓
1980.01.01	第5巻第1号(通巻第46号)	18		古宮の雪景色
1980.01.01	第5巻第1号(通巻第46号)	21		〈トピックス〉
1980.01.01	第5巻第1号(通巻第46号)	25		〈博物館シリーズ〉先史時代美術(下)
1980.01.01	第5巻第1号(通巻第46号)	29		〈韓国固有茶菓〉韓菓
1980.01.01	第5巻第1号(通巻第46号)	32		韓国の歴史と生花
1980.01.01	第5巻第1号(通巻第46号)	36		25周年を迎えた愛知商銀
1980.01.01	第5巻第1号(通巻第46号)	42		東京で李朝民画展
1980.01.01	第5巻第1号(通巻第46号)	44		日本人による韓国語スピーチコンテスト
1980.01.01	第5巻第1号(通巻第46号)	46		大統領賞映画「旗のない旗手」
1980.01.01	第5巻第1号(通巻第46号)	50		ソウルで韓日仏教交流協議会

발행일	지면정보		필자	제목
	권호	페이지		
1980.01.01	第5巻第1号(通巻第46号)	53		ソウル日本人野遊会
1980.01.01	第5巻第1号(通巻第46号)	58		初の韓日演劇交流実現
1980.01.01	第5巻第1号(通巻第46号)	62		〈韓国民族衣裳〉韓服
1980.01.01	第5巻第1号(通巻第46号)	68		ソウルでアジア作曲家連盟大会
1980.01.01	第5巻第1号(通巻第46号)	70		金静子の作品世界
1980.01.01	第5巻第1号(通巻第46号)	72		編輯後記
1980.02.01	第5巻第2号(通巻第47号)	1		崔圭夏大統領就任式
1980.02.01	第5巻第2号(通巻第47号)	5		先賢の遺跡「秘苑」
1980.02.01	第5巻第2号(通巻第47号)	9		〈トピックス〉
1980.02.01	第5巻第2号(通巻第47号)	13		東京商銀新年会
1980.02.01	第5巻第2号(通巻第47号)	14		〈韓国紋様〉菱花板
1980.02.01	第5巻第2号(通巻第47号)	17		福祉施設に贈物を続ける-在日韓国人
1980.02.01	第5巻第2号(通巻第47号)	18		東京で韓日協力委開く
1980.02.01	第5巻第2号(通巻第47号)	20		ソウル日本人子ども会パーティー
1980.02.01	第5巻第2号(通巻第47号)	22		人間文化財工芸作品展
1980.02.01	第5巻第2号(通巻第47号)	26		贖罪の鐘を日本人が寄贈
1980.02.01	第5巻第2号(通巻第47号)	30		〈博物館シリーズ〉古墳美術
1980.02.01	第5巻第2号(通巻第47号)	35		韓国の囲碁
1980.02.01	第5巻第2号(通巻第47号)	38		ソウル世界歌謡祭
1980.02.01	第5巻第2号(通巻第47号)	40		韓国近代東洋画の秀作
1980.02.01	第5巻第2号(通巻第47号)	41		たばことキセル
1980.02.01	第5巻第2号(通巻第47号)	44		韓国お菓子の作り方
1980.02.01	第5巻第2号(通巻第47号)	45		朴成煥画伯の作品
1980.02.01	第5巻第2号(通巻第47号)	48		編輯後記
1980.03.01	第5巻第3号(通巻第48号)	1		東京で韓国機械展
1980.03.01	第5巻第3号(通巻第48号)	9		〈トピックス〉
1980.03.01	第5巻第3号(通巻第48号)	13		日韓親善協会の新年互礼会
1980.03.01	第5巻第3号(通巻第48号)	14		転換期の国際情勢と韓国安保
1980.03.01	第5巻第3号(通巻第48号)	16		韓国の名菜をたずねて「キムチ」
1980.03.01	第5巻第3号(通巻第48号)	17		民俗人形劇「コクドガクシ」
1980.03.01	第5巻第3号(通巻第48号)	21		〈韓国の教育〉延世大学韓国語学堂
1980.03.01	第5巻第3号(通巻第48号)	24		日本各地旧正月墓参団
1980.03.01	第5巻第3号(通巻第48号)	30		国の旅ガイド
1980.03.01	第5巻第3号(通巻第48号)	32		李炳三油彩個展
1980.03.01	第5巻第3(通巻第48号)	33		〈韓国建築美〉垣根
1980.03.01	第5巻第3号(通巻第48号)	36		韓日児童絵と作文交流展
1980.03.01	第5巻第3号(通巻第48号)	38		東京でパンソリ芸術の夕べ
1980.03.01	第5巻第3号(通巻第48号)	40		ユネスコ・アジア写真展

발행일	지면정보		필자	제목
	권호	페이지		
1980.03.01	第5巻第3号(通巻第48号)	41		韓国の産業・合板工場
1980.03.01	第5巻第3号(通巻第48号)	44		大学入試風景
1980.03.01	第5巻第3号(通巻第48号)	46		漢江の冬の風物
1980.03.01	第5巻第3号(通巻第48号)	48		編輯後記
1980.04.01	第5巻第4号(通巻第49号)	1		慶州普門湖観光リゾート
1980.04.01	第5巻第4号(通巻第49号)	8		ゴルフの楽園・韓国
1980.04.01	第5巻第4号(通巻第49号)	11		〈トピックス〉
1980.04.01	第5巻第4号(通巻第49号)	15		ハワイ大学に韓国研究所
1980.04.01	第5巻第4号(通巻第49号)	16		海外僑胞問題研究所
1980.04.01	第5巻第4号(通巻第49号)	20		韓国住宅公社の現況
1980.04.01	第5巻第4号(通巻第49号)	22		日本で韓国の民話出版
1980.04.01	第5巻第4号(通巻第49号)	23		韓国のセメント工業・双龍洋灰
1980.04.01	第5巻第4号(通巻第49号)	28		韓国の切手
1980.04.01	第5巻第4号(通巻第49号)	29		大阪興銀の総合オンライン・スタート
1980.04.01	第5巻第4号(通巻第49号)	30		東京で韓日民間合同経済委会議
1980.04.01	第5巻第4号(通巻第49号)	33		〈博物館シリーズ〉高麗青磁
1980.04.01	第5巻第4号(通巻第49号)	37		先賢遺蹟「秘苑大造殿」
1980.04.01	第5巻第4号(通巻第49号)	41		東京で韓国人書芸展
1980.04.01	第5巻第4号(通巻第49号)	42		ソウルで平野杏子展
1980.04.01	第5巻第4号(通巻第49号)	43		亀甲船を再現し進水
1980.04.01	第5巻第4号(通巻第49号)	44		〈韓国の教育〉裕信高校
1980.04.01	第5巻第4号(通巻第49号)	48		韓国の鉄道とセマウル号
1980.04.01	第5巻第4号(通巻第49号)	52		編輯後記
1980.05.01	第5巻第5号(通巻第50号)	1		慶州で韓日共同古代史シンポジウム
1980.05.01	第5巻第5号(通巻第50号)	6		東京で韓国商品展(電子・電気)
1980.05.01	第5巻第5号(通巻第50号)	9		〈トピックス〉
1980.05.01	第5巻第5号(通巻第50号)	13		東国大学に日本学研究所
1980.05.01	第5巻第5号(通巻第50号)	15		ソウルで世界女子マラソン大会
1980.05.01	第5巻第5号(通巻第50号)	17		大阪商友連合会・母国で研修
1980.05.01	第5巻第5号(通巻第50号)	21		東京青年商工会で金田正一講演
1980.05.01	第5巻第5号(通巻第50号)	22		独立門を移転・光化門碑閣は補修
1980.05.01	第5巻第5号(通巻第50号)	23		韓奉造氏に内閣総理大臣賞
1980.05.01	第5巻第5号(通巻第50号)	24		韓国の切手(1945〜1959)
1980.05.01	第5巻第5号(通巻第50号)	25		梵鐘づくりの聖鐘社
1980.05.01	第5巻第5号(通巻第50号)	28		釈迦降誕日を祝う
1980.05.01	第5巻第5号(通巻第50号)	30		〈望郷の丘〉時計塔除幕
1980.05.01	第5巻第5号(通巻第50号)	32		〈博物館シリーズ〉朝鮮朝の陶磁器
1980.05.01	第5巻第5号(通巻第50号)	37		秘苑・宙合楼

발행일	지면정보		필자	제목
	권호	페이지		
1980.05.01	第5巻第5号(通巻第50号)	41		大阪興銀が本国で女性セミナー
1980.05.01	第5巻第5号(通巻第50号)	44		〈韓国の教育〉鉄道高校
1980.05.01	第5巻第5号(通巻第50号)	48		編輯後記
1980.06.01	第5巻第6号(通巻第51号)	1		5年目を迎えた海外同胞ｓの母国訪問
1980.06.01	第5巻第6号(通巻第51号)	6		ソウルで韓日議員安保協議会
1980.06.01	第5巻第6号(通巻第51号)	9		〈トピックス〉
1980.06.01	第5巻第6号(通巻第51号)	13		東京で韓日外相会談
1980.06.01	第5巻第6号(通巻第51号)	14		韓日女性親善協会総会
1980.06.01	第5巻第6号(通巻第51号)	15		東京青商会議所会長を改選
1980.06.01	第5巻第6号(通巻第51号)	16		大阪で韓国舞踊発表会
1980.06.01	第5巻第6号(通巻第51号)	17		顕忠日と国立墓地
1980.06.01	第5巻第6号(通巻第51号)	20		日本高校生韓国修学旅行
1980.06.01	第5巻第6号(通巻第51号)	24		東京で韓国商品展
1980.06.01	第5巻第6号(通巻第51号)	26		アジア重量挙選手権大会
1980.06.01	第5巻第6号(通巻第51号)	28		〈博物館シリーズ〉仏教美術
1980.06.01	第5巻第6号(通巻第51号)	32		〈韓国の切手〉用紙と印刷
1980.06.01	第5巻第6号(通巻第51号)	33		〈先賢遺蹟〉秘苑愛蓮亭
1980.06.01	第5巻第6号(通巻第51号)	36		統一念願民族書画展
1980.06.01	第5巻第6号(通巻第51号)	38		韓国の貨幣
1980.06.01	第5巻第6号(通巻第51号)	41		〈韓国の教育〉国楽高校
1980.06.01	第5巻第6号(通巻第51号)	46		工芸家・李順石作品世界
1980.06.01	第5巻第6号(通巻第51号)	48		編輯後記
1980.07.01	第5巻第7号(通巻第52号)	1		無形文化財・宗廟大祭
1980.07.01	第5巻第7号(通巻第52号)	5		〈韓国産業〉農漁村開発公社
1980.07.01	第5巻第7号(通巻第52号)	9		〈トピックス〉
1980.07.01	第5巻第7号(通巻第52号)	13		韓国議員安保協議会の基調演説
1980.07.01	第5巻第7号(通巻第52号)	17		〈博物館シリーズ〉金属工芸
1980.07.01	第5巻第7号(通巻第52号)	21		韓国の郵便局
1980.07.01	第5巻第7号(通巻第52号)	22		80年度ミスコリア選抜
1980.07.01	第5巻第7号(通巻第52号)	24		全国優良児コンテスト
1980.07.01	第5巻第7号(通巻第52号)	25		子どもの日、各地で盛大な行事
1980.07.01	第5巻第7号(通巻第52号)	26		韓日児童・生徒美術交流展
1980.07.01	第5巻第7号(通巻第52号)	27		古代ロマン求めて文化交流展
1980.07.01	第5巻第7号(通巻第52号)	28		〈民俗芸術〉康翎仮面戯
1980.07.01	第5巻第7号(通巻第52号)	32		韓国の硯
1980.07.01	第5巻第7号(通巻第52号)	36		智弁高校生の訪韓記
1980.07.01	第5巻第7号(通巻第52号)	37		東京都・日韓議員連盟が訪韓
1980.07.01	第5巻第7号(通巻第52号)	38		韓国の貨幣

발행일	지면정보		필자	제목
	권호	페이지		
1980.07.01	第5巻第7号(通巻第52号)	40		春の国展·写真部門
1980.07.01	第5巻第7号(通巻第52号)	41		韓国の古刺繍
1980.07.01	第5巻第7号(通巻第52号)	44		東京韓国伝統民俗衣裳展
1980.07.01	第5巻第7号(通巻第52号)	46		西海景勝地·紅島
1980.07.01	第5巻第7号(通巻第52号)	48		編輯後記
1980.08.01	第5巻第8号(通巻第53号)	3		美の祭典·ミスユニバース
1980.08.01	第5巻第8号(通巻第53号)	9		〈観光特集〉ソウル特別市
1980.08.01	第5巻第8号(通巻第53号)	16		韓国お菓子の作り方
1980.08.01	第5巻第8号(通巻第53号)	18		李舜臣将軍·海戦の図
1980.08.01	第5巻第8号(通巻第53号)	21		〈トピックス〉
1980.08.01	第5巻第8号(通巻第53号)	25		外国人投資規則を緩和
1980.08.01	第5巻第8号(通巻第53号)	26		南北対話の現況と展望
1980.08.01	第5巻第8号(通巻第53号)	29		創立10周年を迎えた韓国物産
1980.08.01	第5巻第8号(通巻第53号)	30		ソウル日本人学校、新校舎に移転
1980.08.01	第5巻第8号(通巻第53号)	36		日本購買使節団訪韓
1980.08.01	第5巻第8号(通巻第53号)	38		〈民俗芸術〉鳳山タルチュム
1980.08.01	第5巻第8号(通巻第53号)	43		〈博物館シリーズ〉絵画
1980.08.01	第5巻第8号(通巻第53号)	47		韓国の貨幣
1980.08.01	第5巻第8号(通巻第53号)	50		日本の中の韓国美
1980.08.01	第5巻第8号(通巻第53号)	52		東京で白景原作品展
1980.08.01	第5巻第8号(通巻第53号)	53		春川で全国少年大典
1980.08.01	第5巻第8号(通巻第53号)	57		ソウルで国際親善子供民俗競演
1980.08.01	第5巻第8号(通巻第53号)	61		民団の平和集会
1980.08.01	第5巻第8号(通巻第53号)	66		サッカーの車範根
1980.08.01	第5巻第8号(通巻第53号)	68		許楗画伯の作品
1980.08.01	第5巻第8号(通巻第53号)	72		編輯後記
1980.09.01	第5巻第9号(通巻第54号)	1		マナスル登頂に成功
1980.09.01	第5巻第9号(通巻第54号)	6		韓国の郵便切手
1980.09.01	第5巻第9号(通巻第54号)	7		韓国のユースホステル
1980.09.01	第5巻第9号(通巻第54号)	10		〈トピックス〉
1980.09.01	第5巻第9号(通巻第54号)	14		新安沖の海底遺物
1980.09.01	第5巻第9号(通巻第54号)	17		〈護国先賢の遺跡〉幸州山城
1980.09.01	第5巻第9号(通巻第54号)	20		海外同胞と母国訪問
1980.09.01	第5巻第9号(通巻第54号)	26		〈民俗芸術〉北青獅子舞
1980.09.01	第5巻第9号(通巻第54号)	30		〈博物館シリーズ〉絵画
1980.09.01	第5巻第9号(通巻第54号)	34		高速道路開通10周年
1980.09.01	第5巻第9号(通巻第54号)	36		東京で韓国語スピーチコンテスト
1980.09.01	第5巻第9号(通巻第54号)	38		朝鮮朝時代末期の貨幣

발행일	지면정보		필자	제목
	권호	페이지		
1980.09.01	第5巻第9号(通巻第54号)	41		美州地域学生の夏季学校
1980.09.01	第5巻第9号(通巻第54号)	45		人間文化財の作品展示
1980.09.01	第5巻第9号(通巻第54号)	48		編輯後記
1980.10.01	第5第第10号(通巻第55号)	1		新しい時代の指導者・全大統領就任
1980.10.01	第5巻第10号(通巻第55号)	8		ソウル・オープン国際卓球大会
1980.10.01	第5巻第10号(通巻第55号)	13		〈トピックス〉
1980.10.01	第5巻第10号(通巻第55号)	17		在日韓国青年商工人全国連合が発足
1980.10.01	第5巻第10号(通巻第55号)	18		大阪のチピッコ野球が本国遠征
1980.10.01	第5巻第10号(通巻第55号)	21		金浦国際空港の新庁舎竣工
1980.10.01	第5巻第10号(通巻第55号)	26		観光特集・雪岳山
1980.10.01	第5巻第10号(通巻第55号)	32		奈良コマカントリー・オープン
1980.10.01	第5巻第10号(通巻第55号)	36		〈博物館シリーズ〉慶州博物館
1980.10.01	第5巻第10号(通巻第55号)	40		韓国の貨幣
1980.10.01	第5巻第10号(通巻第55号)	42		韓国の演劇
1980.10.01	第5巻第10号(通巻第55号)	46		大阪商工人親善ゴルフ
1980.10.01	第5巻第10号(通巻第55号)	48		ソウルで世界福音化大聖会
1980.10.01	第5巻第10号(通巻第55号)	50		ソウルで人蔘シンポジウム
1980.10.01	第5巻第10号(通巻第55号)	54		伝承工芸展開く
1980.10.01	第5巻第10号(通巻第55号)	56		編輯後記
1980.11.01	第5巻第11号(通巻第56号)	1		全州第61回全国体育大会
1980.11.01	第5巻第11号(通巻第56号)	6		〈護国先賢の遺跡〉江華島
1980.11.01	第5巻第11号(通巻第56号)	9		〈トピックス〉
1980.11.01	第5巻第11号(通巻第56号)	13		韓国で学ぶ外国人研修会
1980.11.01	第5巻第11(通巻第56号)	17		ソウルの古宮で韓日撮影会
1980.11.01	第5巻第11号(通巻第56号)	20		崔慶禄駐日大使、信任狀奉呈
1980.11.01	第5巻第11号(通巻第56号)	21		福田元総理、ソウルで日本人学校訪問
1980.11.01	第5巻第11号(通巻第56号)	22		祖国の繁栄奉仕第一投資金融
1980.11.01	第5巻第11号(通巻第56号)	24		韓国東京青商工会議所が母国訪問
1980.11.01	第5巻第11号(通巻第56号)	28		韓国の切手
1980.11.01	第5巻第11号(通巻第56号)	29		韓国伽倻琴演奏家・池成子
1980.11.01	第5巻第11号(通巻第56号)	30		芸術の秋を飾る「秋の国展」
1980.11.01	第5巻第11号(通巻第56号)	32		〈博物館シリーズ〉慶州博物館(下)
1980.11.01	第5巻第11号(通巻第56号)	36		呉相淳の文学と思想
1980.11.01	第5巻第11号(通巻第56号)	38		解放以後の韓国貨幣
1980.11.01	第5巻第11号(通巻第56号)	41		ソウルでアジア競馬会議
1980.11.01	第5巻第11号(通巻第56号)	44		韓国の民画
1980.11.01	第5巻第11号(通巻第56号)	48		編輯後記
1980.12.01	第5巻第1号(通巻第57号)	1		ソウルで第11回韓国電子展

발행일	지면정보		필자	제목
	권호	페이지		
1980.12.01	第5巻第1号(通巻第57号)	6		アジア・ユースバレーボール選手権大会
1980.12.01	第5巻第1号(通巻第57号)	9		〈トピックス〉
1980.12.01	第5巻第1号(通巻第57号)	13		大韓航空主催でOAA社長団会議
1980.12.01	第5巻第1号(通巻第57号)	14		跆拳道師範・李俊九氏
1980.12.01	第5巻第1号(通巻第57号)	16		韓国の素顔を訪ねて
1980.12.01	第5巻第1号(通巻第57号)	17		〈護国先賢の遺跡〉江華島
1980.12.01	第5巻第1号(通巻第57号)	20		海外同胞と母国訪問
1980.12.01	第5巻第1号(通巻第57号)	25		金龍煥画・虎
1980.12.01	第5巻第1号(通巻第57号)	26		紙工芸・虎
1980.12.01	第5巻第1号(通巻第57号)	28		山本資生堂社長太平洋化学を訪問
1980.12.01	第5巻第1号(通巻第57号)	30		東京で韓国物産展
1980.12.01	第5巻第1号(通巻第57号)	32		博物館シリーズ・扶余博物館
1980.12.01	第5巻第1号(通巻第57号)	36		現行の韓国銀行券
1980.12.01	第5巻第1号(通巻第57号)	38		ソウル外国人学校
1980.12.01	第5巻第1号(通巻第57号)	41		ソウル日本人会
1980.12.01	第5巻第1号(通巻第57号)	44		ソウルの名物、南山タワー
1980.12.01	第5巻第1号(通巻第57号)	46		韓国在住外国人の国楽競演
1980.12.01	第5巻第1号(通巻第57号)	48		編輯後記
1981.01.01	第6巻第1号(通巻第58号)	1		日本民間経済使節団訪韓
1981.01.01	第6巻第1号(通巻第58号)	4		全斗煥大統領、NHK会見
1981.01.01	第6巻第1号(通巻第58号)	6		正月風景と歳時
1981.01.01	第6巻第1号(通巻第58号)	8		〈伝統技法〉金箔
1981.01.01	第6巻第1号(通巻第58号)	10		朝鮮朝の韓服・宮中衣裳
1981.01.01	第6巻第1号(通巻第58号)	12		韓国の昔の履物
1981.01.01	第6巻第1号(通巻第58号)	17		トピックス
1981.01.01	第6巻第1号(通巻第58号)	21		ソウルで韓日女性親善協会総会
1981.01.01	第6巻第1号(通巻第58号)	22		東京で李朝家具展
1981.01.01	第6巻第1号(通巻第58号)	23		日韓経済協会20周年記念
1981.01.01	第6巻第1号(通巻第58号)	24		〈民話〉鶏鳴暁を告げる
1981.01.01	第6巻第1号(通巻第58号)	25		博物館シリーズ・扶余博物館
1981.01.01	第6巻第1号(通巻第58号)	30		ソウルで在日韓国人組織対策会議
1981.01.01	第6巻第1号(通巻第58号)	31		ソウルでアジア親善民族祭典
1981.01.01	第6巻第1号(通巻第58号)	32		正月茶礼祝賀用餅
1981.01.01	第6巻第1号(通巻第58号)	36		大阪青年商工人、本国視察
1981.01.01	第6巻第1号(通巻第58号)	38		大阪興銀、創業25周年を記念
1981.01.01	第6巻第1号(通巻第58号)	39		大阪KJC「韓国の夕べ」
1981.01.01	第6巻第1号(通巻第58号)	42		大阪民団で崔大使歓迎会
1981.01.01	第6巻第1号(通巻第58号)	43		郭仁植・李又南両氏が個展

발행일	지면정보		필자	제목
	권호	페이지		
1981.01.01	第6巻第1号(通巻第58号)	44		高麗現代美術館創立10周年
1981.01.01	第6巻第1号(通巻第58号)	45		山人蔘と奇談
1981.01.01	第6巻第1号(通巻第58号)	48		韓国の古医薬器
1981.01.01	第6巻第1号(通巻第58号)	52		韓国の素顔を訪ねて(2)
1981.01.01	第6巻第1号(通巻第58号)	53		〈韓国の教育〉泳薫学院
1981.01.01	第6巻第1号(通巻第58号)	58		創業30周年・松本祐尚事
1981.01.01	第6巻第1号(通巻第58号)	60		庭園美縮図・盆栽
1981.01.01	第6巻第1号(通巻第58号)	66		民俗競演大会
1981.01.01	第6巻第1号(通巻第58号)	68		〈観光特集〉済州島
1981.01.01	第6巻第1号(通巻第58号)	72		編輯後記
1981.02.01	第6巻第2号(通巻第59号)	1		全斗煥大統領国政演説(全文)
1981.02.01	第6巻第2号(通巻第59号)	4		韓国の産業・鮮京グループ
1981.02.01	第6巻第2号(通巻第59号)	9		トピックス
1981.02.01	第6巻第2号(通巻第59号)	13		韓日弁護士協議会、大阪で設立総会
1981.02.01	第6巻第2号(通巻第59号)	14		日本各地で新年会
1981.02.01	第6巻第2号(通巻第59号)	16		古代彫刻の美・韓国の拓本
1981.02.01	第6巻第2号(通巻第59号)	18		明日を守る東方火災海上保険
1981.02.01	第6巻第2号(通巻第59号)	20		朝鮮朝の韓服・賤民と芸人
1981.02.01	第6巻第2号(通巻第59号)	22		韓国の民画(2)
1981.02.01	第6巻第2号(通巻第59号)	24		旧正月の月見と地神踏み
1981.02.01	第6巻第2号(通巻第59号)	26		ソウル日本人子ども会パーティー
1981.02.01	第6巻第2号(通巻第59号)	28		恵まれない子どもを慰問するある企業家
1981.02.01	第6巻第2号(通巻第59号)	29		南大門とソウルの城郭
1981.02.01	第6巻第2号(通巻第59号)	33		〈韓国民俗博物館〉生業室編
1981.02.01	第6巻第2号(通巻第59号)	36		〈韓国の古医薬器〉薬湯器
1981.02.01	第6巻第2号(通巻第59号)	38		日本人の韓国語スピーチ・コンテスト
1981.02.01	第6巻第2号(通巻第59号)	40		ユースホステラーの夕べ
1981.02.01	第6巻第2号(通巻第59号)	41		〈韓国の無形文化財〉股栗タルチュム
1981.02.01	第6巻第2号(通巻第59号)	44		金基昶画伯の回顧展
1981.02.01	第6巻第2号(通巻第59号)	48		編輯後記
1981.03.01	第6巻第3号(通巻第60号)	1		全斗煥大統領訪米で信頼と友好増進
1981.03.01	第6巻第3号(通巻第60号)	9		トピックス
1981.03.01	第6巻第3号(通巻第60号)	13		〈遺物の宝庫〉慶州雁鴨池
1981.03.01	第6巻第3号(通巻第60号)	17		〈韓国の産業〉電子工業
1981.03.01	第6巻第3号(通巻第60号)	22		〈国宝シリーズ〉円覚寺十層石塔
1981.03.01	第6巻第3号(通巻第60号)	25		ニューヨークで韓国美術五千年展
1981.03.01	第6巻第3号(通巻第60号)	32		海外同胞の母国訪問
1981.03.01	第6巻第3号(通巻第60号)	37		大韓航空・新鋭機を中東路線へ

발행일	지면정보		필자	제목
	권호	페이지		
1981.03.01	第6巻第3号(通巻第60号)	38		民俗博物館(工芸室編)
1981.03.01	第6巻第3号(通巻第60号)	40		オウル昌慶苑の玉川橋
1981.03.01	第6巻第3号(通巻第60号)	42		〈古医薬器〉薬盛注器
1981.03.01	第6巻第3号(通巻第60号)	45		仮面戯・楊州別山台ノリ
1981.03.01	第6巻第3号(通巻第60号)	46		福田元総理、太鼓を寄贈
1981.03.01	第6巻第3号(通巻第60号)	47		〈韓国の教育〉入学式のシーズン
1981.03.01	第6巻第3号(通巻第60号)	48		朝鮮朝の韓服
1981.03.01	第6巻第3号(通巻第60号)	50		忠武公・李舜臣将軍
1981.03.01	第6巻第3号(通巻第60号)	52		編輯後記
1981.04.01	第6巻第4号(通巻第61号)	1		全斗煥12代大統領就任
1981.04.01	第6巻第4号(通巻第61号)	6		オーシャン・エバー号命名式
1981.04.01	第6巻第4号(通巻第61号)	9		トピックス
1981.04.01	第6巻第4号(通巻第61号)	13		〈国宝シリーズ〉真興王巡守碑
1981.04.01	第6巻第4号(通巻第61号)	14		金佐謙光産業開発院長と対談
1981.04.01	第6巻第4号(通巻第61号)	16		〈古医薬器〉薬犠器
1981.04.01	第6巻第4号(通巻第61号)	18		〈韓国産業〉浦項製鉄
1981.04.01	第6巻第4号(通巻第61号)	23		世界最長の済州島万丈窟
1981.04.01	第6巻第4号(通巻第61号)	28		女子大生の研修と友情の旅
1981.04.01	第6巻第4号(通巻第61号)	32		東亜国際写真サロン作品展
1981.04.01	第6巻第4号(通巻第61号)	36		〈民俗博物館〉食生活室
1981.04.01	第6巻第4号(通巻第61号)	38		湖南線複線化に着工
1981.04.01	第6巻第4号(通巻第61号)	41		ソウル南大門の花市場
1981.04.01	第6巻第4号(通巻第61号)	42		南朝鮮人形シリーズ
1981.04.01	第6巻第4号(通巻第61号)	44		仮面戯・古城五広大
1981.04.01	第6巻第4号(通巻第61号)	48		編輯後記
1981.05.01	第6巻第5号(通巻第62号)	1		ソウル交易展
1981.05.01	第6巻第5号(通巻第62号)	6		ソウル名物「韓国の家」
1981.05.01	第6巻第5号(通巻第62号)	9		トピックス
1981.05.01	第6巻第5号(通巻第62号)	14		「海軍の日」記念式
1981.05.01	第6巻第5号(通巻第62号)	16		ソウルで第三世界演劇祭
1981.05.01	第6巻第5号(通巻第62号)	21		藤沢少年サッカーチーム訪韓
1981.05.01	第6巻第5号(通巻第62号)	24		〈国宝シリーズ〉高達寺
1981.05.01	第6巻第5号(通巻第62号)	25		韓国の少女が国際児童画展で大賞
1981.05.01	第6巻第5号(通巻第62号)	28		ヨーロッパ選手団訪韓
1981.05.01	第6巻第5号(通巻第62号)	30		仮面戯・東莱野遊
1981.05.01	第6巻第5号(通巻第62号)	32		韓国の茶道
1981.05.01	第6巻第5号(通巻第62号)	35		民俗博物館(住居室編)
1981.05.01	第6巻第5号(通巻第62号)	38		僑民代表座談会

발행일	지면정보		필자	제목
	권호	페이지		
1981.05.01	第6巻第5号(通巻第62号)	40		古医薬器(医療器)
1981.05.01	第6巻第5号(通巻第62号)	42		韓国の民画
1981.05.01	第6巻第5号(通巻第62号)	44		〈名勝古跡〉浮石寺
1981.05.01	第6巻第5号(通巻第62号)	48		編輯後記
1981.06.01	第6巻第6号(通巻第63号)	1		ソウルで韓国人内科学技術者大会
1981.06.01	第6巻第6号(通巻第63号)	4		第11代国会開院
1981.06.01	第6巻第6号(通巻第63号)	6		全大統領、顕忠祠を参拝
1981.06.01	第6巻第6号(通巻第63号)	8		世界卓球選手権大会で準優勝
1981.06.01	第6巻第6号(通巻第63号)	9		トピックス
1981.06.01	第6巻第6号(通巻第63号)	13		悲劇の6・25動乱記録
1981.06.01	第6巻第6号(通巻第63号)	18		〈韓国の産業〉海軍業
1981.06.01	第6巻第6号(通巻第63号)	22		新築した東京韓国YMCA
1981.06.01	第6巻第6号(通巻第63号)	24		盛大に「こどもの日」祝う
1981.06.01	第6巻第6号(通巻第63号)	26		韓国の無形文化財「宗廟大祭」
1981.06.01	第6巻第6号(通巻第63号)	28		国宝5号・双獅子石塔
1981.06.01	第6巻第6号(通巻第63号)	29		在日朝総連系寒食墓参団
1981.06.01	第6巻第6号(通巻第63号)	36		マザー・テレサ訪韓
1981.06.01	第6巻第6号(通巻第63号)	40		全国一周・東亜自転車競走
1981.06.01	第6巻第6号(通巻第63号)	41		東京青商会長に鄭幸男氏
1981.06.01	第6巻第6号(通巻第63号)	42		細田女子高校、韓国姉妹結縁
1981.06.01	第6巻第6号(通巻第63号)	44		ソウルの南大門市場
1981.06.01	第6巻第6号(通巻第63号)	48		編輯後記
1981.07.01	第6巻第7号(通巻第64号)	1		平和統一─談問会議初会議開く
1981.07.01	第6巻第7号(通巻第64号)	4		伝統芸術の宴「国風'81」
1981.07.01	第6巻第7号(通巻第64号)	8		トピックス
1981.07.01	第6巻第7号(通巻第64号)	13		刻字に人生をがけ再起
1981.07.01	第6巻第7号(通巻第64号)	16		「日本の中の韓国文化」特別講座
1981.07.01	第6巻第7号(通巻第64号)	17		アメリカから友情の使節団
1981.07.01	第6巻第7号(通巻第64号)	20		光州で少年体育大会
1981.07.01	第6巻第7号(通巻第64号)	23		女性で親善・アジアフェスティバル
1981.07.01	第6巻第7号(通巻第64号)	24		〈韓国の産業〉薬品工業
1981.07.01	第6巻第7号(通巻第64号)	28		韓国の伝統儀式"回婚式"
1981.07.01	第6巻第7号(通巻第64号)	30		ミスコリアい李恩定さん
1981.07.01	第6巻第7号(通巻第64号)	33		茶道文化の伝統を展示
1981.07.01	第6巻第7号(通巻第64号)	36		奈良で韓国古代拓本殿
1981.07.01	第6巻第7号(通巻第64号)	38		春の国展
1981.07.01	第6巻第7号(通巻第64号)	40		大韓商工会総会
1981.07.01	第6巻第7号(通巻第64号)	41		ソウル国際歌謡祭

발행일	지면정보		필자	제목
	권호	페이지		
1981.07.01	第6巻第7号(通巻第64号)	42		京都韓国JC代表訪韓
1981.07.01	第6巻第7号(通巻第64号)	44		東京しい韓国撮影会
1981.07.01	第6巻第7号(通巻第64号)	46		ソウル近郊に文化野外美術館
1981.07.01	第6巻第7号(通巻第64号)	48		編輯後記
1981.08.01	第6巻第8号(通巻第65号)	1		全大統領、ASEANを訪韓
1981.08.01	第6巻第8号(通巻第65号)	8		ソウルで韓日民間経済委会議
1981.08.01	第6巻第8号(通巻第65号)	10		安倍政調会長訪韓
1981.08.01	第6巻第8号(通巻第65号)	11		インドネシア開発と技術協力
1981.08.01	第6巻第8号(通巻第65号)	15		トピックス
1981.08.01	第6巻第8号(通巻第65号)	19		大統領杯サッカー決勝
1981.08.01	第6巻第8号(通巻第65号)	22		東京で韓日議員連刊事会開く
1981.08.01	第6巻第8号(通巻第65号)	23		日韓親善協会5周年記念総会
1981.08.01	第6巻第8号(通巻第65号)	24		許弼奭韓信協会長に聞く
1981.08.01	第6巻第8号(通巻第65号)	26		ソウルの地下鉄建設
1981.08.01	第6巻第8号(通巻第65号)	31		ソウルで反共決起大会
1981.08.01	第6巻第8号(通巻第65号)	32		民団が各地で平和大会
1981.08.01	第6巻第8号(通巻第65号)	34		国際技能オリンピック4連覇
1981.08.01	第6巻第8号(通巻第65号)	40		ソウルで韓日弁護士協議会総会
1981.08.01	第6巻第8号(通巻第65号)	43		東洋屈指の珊瑚大洞窟
1981.08.01	第6巻第8号(通巻第65号)	46		韓日科学史セミナー開く
1981.08.01	第6巻第8号(通巻第65号)	50		ポートピア・韓国ナショナルデー
1981.08.01	第6巻第8号(通巻第65号)	52		解放前に米国で太極旗記念切手
1981.08.01	第6巻第8号(通巻第65号)	54		忠孝をテーマに学生雄弁大会
1981.08.01	第6巻第8号(通巻第65号)	57		韓国の海釣り
1981.08.01	第6巻第8号(通巻第65号)	60		編輯後記
1981.09.01	第6巻第9号(通巻第66号)	1		東京で韓日外相会談
1981.09.01	第6巻第9号(通巻第66号)	6		釜馬高速道路4車線に
1981.09.01	第6巻第9号(通巻第66号)	9		トピックス
1981.09.01	第6巻第9号(通巻第66号)	13		民族統一中央協議会議長の声名
1981.09.01	第6巻第9号(通巻第66号)	14		韓・独統一問題国際会議
1981.09.01	第6巻第9号(通巻第66号)	16		金韓赤総裁、南北会議提議
1981.09.01	第6巻第9号(通巻第66号)	17		海外同胞と母国訪文
1981.09.01	第6巻第9号(通巻第66号)	22		韓国の仮面展
1981.09.01	第6巻第9号(通巻第66号)	24		江崎食道園社長は語る
1981.09.01	第6巻第9号(通巻第66号)	26		東京で8・15解放記念式
1981.09.01	第6巻第9号(通巻第66号)	28		日韓友情の少女像除幕
1981.09.01	第6巻第9号(通巻第66号)	29		世界最長の済州溶岩洞窟
1981.09.01	第6巻第9号(通巻第66号)	33		東垣古美術を一般公開

발행일	지면정보		필자	제목
	권호	페이지		
1981.09.01	第6巻第9号(通巻第66号)	36		ソウルでアスパック映画祭
1981.09.01	第6巻第9号(通巻第66号)	38		佐賀で韓日デザイン展
1981.09.01	第6巻第9号(通巻第66号)	40		発明賞を受賞した女性
1981.09.01	第6巻第9号(通巻第66号)	41		民俗芸術の巫俗を発堀保存
1981.09.01	第6巻第9号(通巻第66号)	45		京都で韓日少年サッカー戦
1981.09.01	第6巻第9号(通巻第66号)	46		石宙善民俗博物館
1981.09.01	第6巻第9号(通巻第66号)	48		編輯後記
1981.10.01	第6巻第10号(通巻第67号)	1		ソウルで韓日閣僚会議
1981.10.01	第6巻第10号(通巻第67号)	5		韓日議員連盟ソウル総会
1981.10.01	第6巻第10号(通巻第67号)	9		トピックス
1981.10.01	第6巻第10号(通巻第67号)	13		玉峰尼の四君子展
1981.10.01	第6巻第10号(通巻第67号)	16		ソウル国際ジュニア陸上競技
1981.10.01	第6巻第10号(通巻第67号)	17		大韓民国音楽会
1981.10.01	第6巻第10号(通巻第67号)	21		韓国機械展
1981.10.01	第6巻第10号(通巻第67号)	25		金在寛画伯らの展示会
1981.10.01	第6巻第10号(通巻第67号)	26		国内最大の石仏開眼
1981.10.01	第6巻第10号(通巻第67号)	28		韓国文化院だより
1981.10.01	第6巻第10号(通巻第67号)	30		日本各地で敬老会、ほか5編
1981.10.01	第6巻第10号(通巻第67号)	32		在日韓国青商連結成
1981.10.01	第6巻第10号(通巻第67号)	33		百済の日本文化
1981.10.01	第6巻第10号(通巻第67号)	36		伝統工芸大展
1981.10.01	第6巻第10号(通巻第67号)	38		学術・芸術院長を選出
1981.10.01	第6巻第10号(通第67号)	39		趙治勲名人、家族と一時帰国
1981.10.01	第6巻第10号(通巻第67号)	40		南部地方に台風被害
1981.10.01	第6巻第10号(通巻第67号)	41		国際民俗音楽祭
1981.10.01	第6巻第10号(通巻第67号)	44		ソウルの散歩道、ロッテションピング
1981.10.01	第6巻第10号(通巻第67号)	48		編輯後記
1981.11.01	第6巻第11号(通巻第68号)	1		「国軍の日」記念パレード
1981.11.01	第6巻第11号(通巻第68号)	7		トルドー加首相訪韓
1981.11.01	第6巻第11号(通巻第68号)	8		国際ロータリー会長夫妻訪韓
1981.11.01	第6巻第11号(通巻第68号)	9		トピックス
1981.11.01	第6巻第11号(通巻第68号)	13		檀君の国家創建を記念
1981.11.01	第6巻第11号(通巻第68号)	14		第5回大韓民国演劇祭
1981.11.01	第6巻第11号(通巻第68号)	16		韓国現代美展(彫刻部門)
1981.11.01	第6巻第11号(通巻第68号)	18		韓国・ASEN経済会議
1981.11.01	第6巻第11号(通巻第68号)	19		WHO・ソウル会議
1981.11.01	第6巻第11号(通巻第68号)	20		88ソウル・オリンピック決定
1981.11.01	第6巻第11号(通巻第68号)	23		第62回全国体典ソウル大会

발행일	지면정보		필자	제목
	권호	페이지		
1981.11.01	第6巻第11号(通巻第68号)	27		釜山で八角会施賞
1981.11.01	第6巻第11号(通巻第68号)	28		東京で開天節パーティー(ほか3編)
1981.11.01	第6巻第11号(通巻第68号)	30		生活向上で家具も高級化
1981.11.01	第6巻第11号(通巻第68号)	32		秋冬ファッションショー
1981.11.01	第6巻第11号(通巻第68号)	33		12万年前の旧人の化石骨発堀
1981.11.01	第6巻第11号(通巻第68号)	36		新安遺物に日本の下駄も
1981.11.01	第6巻第11号(通巻第68号)	38		昔の科挙制を再現
1981.11.01	第6巻第11号(通巻第68号)	40		世界制覇に向け全国技能大会
1981.11.01	第6巻第11号(通巻第68号)	41		ソウルで韓日撮影大会
1981.11.01	第6巻第11号(通巻第68号)	42		地方色ゆたかな観光民芸品
1981.11.01	第6巻第11号(通巻第68号)	44		大阪商友会本国研修
1981.11.01	第6巻第11号(通巻第68号)	46		秋の国展入賞作品展
1981.11.01	第6巻第1号(通巻第68号)	48		編輯後記
1981.12.01	6巻第12号(通巻第69号)	1		120万トン級の大宇造船所竣工
1981.12.01	第6巻第12号(通巻第69号)	6		コスタリカ大統領訪韓
1981.12.01	第6巻第12号(通巻第69号)	7		プレム・タイ首相訪韓
1981.12.01	第6巻第12号(通巻第69号)	8		ソウルでAA農村機構会議
1981.12.01	第6巻第12号(通巻第69号)	9		トピックス
1981.12.01	第6巻第12号(通巻第69号)	13		松下幸之助氏、ソウルで講演
1981.12.01	第6巻第12号(通巻第69号)	14		鉄道記念館開館
1981.12.01	第6巻第12号(通巻第69号)	16		ソウルで韓日女性親善大会
1981.12.01	第6巻第12号(通巻第69号)	17		秋夕墓参団と合同慰霊祭
1981.12.01	第6巻第12号(通巻第69号)	22		ソウルで韓日合同親善大会
1981.12.01	第6巻第12号(通巻第69号)	24		伝承工芸展
1981.12.01	第6巻第12号(通巻第69号)	25		第12回韓国電子展覧会
1981.12.01	第6巻第12号(通巻第69号)	28		工芸品・懐刀
1981.12.01	第6巻第12号(通巻第69号)	31		カトリック150年記念集会
1981.12.01	第6巻第12号(通巻第69号)	33		切頭山殉教記念館
1981.12.01	第6巻第12号(通巻第69号)	36		最高映画作品に大鍾賞
1981.12.01	第6巻第12号(通巻第69号)	38		高速バスターミナル完成
1981.12.01	第6巻第12号(通巻第69号)	39		ソウルでプロテニス大会
1981.12.01	第6巻第12号(通巻第69号)	40		除夜の鐘
1981.12.01	第6巻第12号(通巻第69号)	41		民俗芸術競演大会
1981.12.01	第6巻第12号(通巻第69号)	44		千葉商銀、ソウルでコンペ
1981.12.01	第6巻第12号(通巻第69号)	46		現代美展(西洋化部門)
1981.12.01	第6巻第12号(通巻第69号)	48		編輯後記
1982.01.01	第7巻第1号(通巻第70号)	1		新年風景と成年の話題
1982.01.01	第7巻第1号(通巻第70号)	4		李文公部長官、南北文化交流提案

발행일	지면정보		필자	제목
	권호	페이지		
1982.01.01	第7巻第1号(通巻第70号)	6		韓国美術五千年帰国展
1982.01.01	第7巻第1号(通巻第70号)	12		〈世界の中の韓国人〉三煥企業
1982.01.01	第7巻第1号(通巻第70号)	17		トピックス
1982.01.01	第7巻第1号(通巻第70号)	21		ソウルオリンピック組織委構成
1982.01.01	第7巻第1号(通巻第70号)	22		統一問題国際研究討論会
1982.01.01	第7巻第1号(通巻第70号)	24		京釜駅伝・慶北が優勝
1982.01.01	第7巻第1号(通巻第70号)	25		首都ソウルの今昔
1982.01.01	第7巻第1号(通巻第70号)	34		寿石展
1982.01.01	第7巻第1号(通巻第70号)	36		韓国の勲章
1982.01.01	第7巻第1号(通巻第70号)	41		元尭大橋開通
1982.01.01	第7巻第1号(通巻第70号)	42		大韓民国舞踊祭
1982.01.01	第7巻第1号(通巻第70号)	44		韓国最古の庭園跡
1982.01.01	第7巻第1号(通巻第70号)	46		日本劇団が春香伝公演
1982.01.01	第7巻第1号(通巻第70号)	48		李方子女史、陶書芸展
1982.01.01	第7巻第1号(通巻第70号)	9		在韓日本人会ゴルフ会
1982.01.01	第7巻第1号(通巻第70号)	52		無形文化財"処容舞"
1982.01.01	第7巻第1号(通巻第70号)	55		伝統工芸「輦」
1982.01.01	第7巻第1号(通巻第70号)	56		全セマウル事務総長訪日・ほか5編
1982.01.01	第7巻第1号(通巻第70号)	60		KBS国際歌謡祭
1982.01.01	第7巻第1号(通巻第70号)	63		アンナプルナ南峰を登頂
1982.01.01	第7巻第1号(通巻第70号)	64		編輯後記
1982.02.01	第7巻第2号(通巻第71号)	2		全大統領、統一案を提案
1982.02.01	第7巻第2号(通巻第71号)	4		大邱でセマウル指導者大会
1982.02.01	第7巻第2号(通巻第71号)	5		韓国、世界第3位の遠洋漁業国に
1982.02.01	第7巻第2号(通巻第71号)	9		トピックス
1982.02.01	第7巻第2号(通巻第71号)	13		第4回発明奨励大会
1982.02.01	第7巻第2号(通巻第71号)	14		輸出の日記念式
1982.02.01	第7巻第2号(通巻第71号)	16		ジュネーブ発明大会で受賞
1982.02.01	第7巻第2号(通巻第71号)	17		〈世界の中の韓国人〉東山土建
1982.02.01	第7巻第2号(通巻第71号)	21		ソウルの今昔
1982.02.01	第7巻第2号(通巻第71号)	22		東洋最大級の栄山湖完工
1982.02.01	第7巻第2号(通巻第71号)	24		韓国の伝統刺繍
1982.02.01	第7巻第2号(通巻第71号)	26		ソウル日本人会クリスマスパーティー
1982.02.01	第7巻第2号(通巻第71号)	27		〈韓国の宗教〉キリスト教
1982.02.01	第7巻第2号(通巻第71号)	30		民団新年会ほか5編
1982.02.01	第7巻第2号(通巻第71号)	33		社会福祉5カ年計画
1982.02.01	第7巻第2号(通巻第71号)	36		99間の民家を復元し民俗館に
1982.02.01	第7巻第2号(通巻第71号)	38		統一女性安保会の活動

발행일	지면정보		필자	제목
	권호	페이지		
1982.02.01	第7巻第2号(通巻第71号)	41		〈在日同胞の人と顔〉孫瑢権
1982.02.01	第7巻第2号(通巻第71号)	42		唱劇パク打令を現代化
1982.02.01	第7巻第2号(通巻第71号)	44		大阪韓国人ライオンズクラブ
1982.02.01	第7巻第2号(通巻第71号)	46		現代美術大展(東洋画)
1982.02.01	第7巻第2号(通巻第71号)	48		編輯後記
1982.03.01	第7巻第3号(通巻第72号)	1		曺相鎬体育会長とオリンピック
1982.03.01	第7巻第3号(通巻第72号)	4		2・8独立宣言記念碑除幕
1982.03.01	第7巻第3号(通巻第72号)	5		中東進出の有元建設
1982.03.01	第7巻第3号(通巻第72号)	9		トピックス
1982.03.01	第7巻第3号(通巻第72号)	13		統一協議会発足1周年
1982.03.01	第7巻第3号(通巻第72号)	14		韓国プロ野球団結団
1982.03.01	第7巻第3号(通巻第72号)	16		産業経済技術研究院開院
1982.03.01	第7巻第3号(通巻第72号)	17		〈韓国の教育〉延世大学
1982.03.01	第7巻第3号(通巻第72号)	20		崔慶禄駐日大使との対談
1982.03.01	第7巻第3号(通巻第72号)	22		韓国の中のアラブ文化
1982.03.01	第7巻第3号(通巻第72号)	25		〈地方巡礼〉釜山の今昔
1982.03.01	第7巻第3号(通巻第72号)	30		3・1節特集・堤岩理教会
1982.03.01	第7巻第3号(通巻第72号)	32		日本における韓国語教育セミナー
1982.03.01	第7巻第3号(通巻第72号)	33		海外同胞と母国訪問
1982.03.01	第7巻第3号(通巻第72号)	36		李海善の写真作品
1982.03.01	第7巻第3号(通巻第72号)	38		申相浩の陶芸
1982.03.01	第7巻第3号(通巻第72号)	40		在日済州経済人協会20周年
1982.03.01	第7巻第3号(通巻第72号)	41		〈韓国の旅と宿〉ホテルソッテ
1982.03.01	第7巻第3号(通巻第72号)	44		韓国青年会議所
1982.03.01	第7巻第3号(通巻第72号)	46		組み紐と金喜鎮さん
1982.03.01	第7巻第3号(通巻第72号)	48		編輯後記
1982.04.01	第7巻第4号(通巻第73号)	1		韓日協力委・・東京合同会議
1982.04.01	第7巻第4号(通巻第73号)	4		李元淳氏、文化を財献納
1982.04.01	第7巻第4号(通巻第73号)	5		海外で活躍する(株)漢陽
1982.04.01	第7巻第4号(通巻第73号)	9		トピックス
1982.04.01	第7巻第4号(通巻第73号)	13		南北高位会談を北韓に提案
1982.04.01	第7巻第4号(通巻第73号)	14		呉世重観光協会長と対談
1982.04.01	第7巻第4号(通巻第73号)	16		「名前と人権」10万人署名運動
1982.04.01	第7巻第4号(通巻第73号)	17		〈韓国の教育〉高麗大学校
1982.04.01	第7巻第4号(通巻第73号)	20		〈地方巡礼〉釜山(下)
1982.04.01	第7巻第4号(通巻第73号)	24		カプシル・ベッド大流行
1982.04.01	第7巻第4号(通巻第73号)	26		韓国民俗衣裳発表会
1982.04.01	第7巻第4号(通巻第73号)	27		横浜商銀20周年を祝う

발행일	지면정보		필자	제목
	권호	페이지		
1982.04.01	第7巻第4号(通巻第73号)	32		釣り愛好家ふえる
1982.04.01	第7巻第4号(通巻第73号)	33		清渓川古美術街
1982.04.01	第7巻第4号(通巻第73号)	36		女性の郵便配達
1982.04.01	第7巻第4号(通巻第73号)	38		初中校の教科書改編
1982.04.01	第7巻第4号(通巻第73号)	41		シェラトン・ウェーカーヒル
1982.04.01	第7巻第4号(通巻第73号)	44		大阪に韓国式の結婚式場
1982.04.01	第7巻第4号(通巻第73号)	46		韓国のゴルフ場
1982.04.01	第7巻第4号(通巻第73号)	48		編輯後記
1982.05.01	第7巻第5号(通巻第74号)	1		プロ野球時代を迎える
1982.05.01	第7巻第5号(通巻第74号)	4		国際文化芸術の夕
1982.05.01	第7巻第5号(通巻第74号)	5		海外で活躍する現代建設
1982.05.01	第7巻第5号(通巻第74号)	9		トピックス
1982.05.01	第7巻第5号(通巻第74号)	13		ソウルで韓光安保会議
1982.05.01	第7巻第5号(通巻第74号)	14		韓米修交百年を記念
1982.05.01	第7巻第5号(通巻第74号)	17		〈地方巡礼〉大邱市(上)
1982.05.01	第7巻第5号(通巻第74号)	20		東京で韓日民間経済委
1982.05.01	第7巻第5号(通巻第74号)	22		朴貞子韓日女性親善協会長
1982.05.01	第7巻第5号(通巻第74号)	23		ソウル国際マラソン
1982.05.01	第7巻第5号(通巻第74号)	24		韓国の仏教・釈迦聖誕を祝う
1982.05.01	第7巻第5号(通巻第74号)	26		僧舞と韓英淑さん
1982.05.01	第7巻第5号(通巻第74号)	27		儒教の春季釈奠祭
1982.05.01	第7巻第5号(通巻第74号)	28		〈韓国の教育〉漢陽大学
1982.05.01	第7巻第5号(通巻第74号)	32		東亜国際写真サロン
1982.05.01	第7巻第5号(通巻第74号)	34		北韓強制収容所の全貌
1982.05.01	第7巻第5号(通巻第74号)	36		国際アマチュア陶芸展
1982.05.01	第7巻第5号(通巻第74号)	38		中央庁が民俗博物館に
1982.05.01	第7巻第5号(通巻第74号)	40		東京で韓国語講座
1982.05.01	第7巻第5号(通巻第74号)	41		人(大阪の壺山建設社長)
1982.05.01	第7巻第5号(通巻第74号)	42		韓国料理の作り方(黄慧성さん)
1982.05.01	第7巻第5号(通巻第74号)	44		神奈川県の韓国人運動会
1982.05.01	第7巻第5号(通巻第74号)	45		〈韓国の旅と宿〉新羅ホテル
1982.05.01	第7巻第5号(通巻第74号)	48		編輯後記
1982.06.01	第7巻第6号(通巻第75号)	1		ブッツュ米副統領訪韓
1982.06.01	第7巻第6号(通巻第75号)	4		アジア州監査院長会議
1982.06.01	第7巻第6号(通巻第75号)	5		〈海外建設〉大林産業
1982.06.01	第7巻第6号(通巻第75号)	9		トピックス
1982.06.01	第7巻第6号(通巻第75号)	13		ベトナム難民、第3国へ
1982.06.01	第7巻第6号(通巻第75号)	14		画で見る懐かしき南韓の山河

발행일	지면정보		필자	제목
	권호	페이지		
1982.06.01	第7巻第6号(通巻第75号)	16		東亜サイクリング大会
1982.06.01	第7巻第6号(通巻第75号)	17		〈地方巡礼〉大邱(下)
1982.06.01	第7巻第6号(通巻第75号)	21		〈韓国の教育〉東国大学
1982.06.01	第7巻第6号(通巻第75号)	24		韓日親善・埼玉県特集
1982.06.01	第7巻第6号(通巻第75号)	28		韓国料理の作り方
1982.06.01	第7巻第6号(通巻第75号)	30		寒食母国訪問団
1982.06.01	第7巻第6号(通巻第75号)	33		民族固有の酒
1982.06.01	第7巻第6号(通巻第75号)	34		細田学院の韓国修学旅行
1982.06.01	第7巻第6号(通巻第75号)	36		〈風物三千里〉ソウルの鍛冶屋
1982.06.01	第7巻第6号(通巻第75号)	38		田和凰画伯ソウル展ほか4編
1982.06.01	第7巻第6号(通巻第75号)	40		国楽大公演
1982.06.01	第7巻第6号(通巻第75号)	41		人(大阪の康忠男氏)
1982.06.01	第7巻第6号(通巻第75号)	42		セマウル運動の成果
1982.06.01	第7巻第6号(通巻第75号)	44		日韓親善協会総会
1982.06.01	第7巻第6号(通巻第75号)	48		編輯後記
1982.07.01	第7巻第7号(通巻第76号)	1		大田で少年体育大会開く
1982.07.01	第7巻第7号(通巻第76号)	4		リベリア元首が訪韓
1982.07.01	第7巻第7号(通巻第76号)	5		豪首相訪韓、共同関心事を協議
1982.07.01	第7巻第7号(通巻第76号)	6		民間主導のセマウル運動に'発展
1982.07.01	第7巻第7号(通巻第76号)	8		女子登山隊、ライジュンヒマル登頂
1982.07.01	第7巻第7号(通巻第76号)	9		トピックス
1982.07.01	第7巻第7号(通巻第76号)	13		第1回美術大展
1982.07.01	第7巻第7号(通巻第76号)	14		「日本の中の韓国文化」特別講座
1982.07.01	第7巻第7号(通巻第76号)	16		高麗青銅器を再現する具在守氏
1982.07.01	第7巻第7号(通巻第76号)	18		韓米修交100周年記念行事
1982.07.01	第7巻第7号(通巻第76号)	20		ミスコリア真に朴仙嬉さん
1982.07.01	第7巻第7号(通巻第76号)	22		東京で韓日親善撮影会
1982.07.01	第7巻第7号(通巻第76号)	23		〈韓日親善〉神奈県特集
1982.07.01	第7巻第7号(通巻第76号)	29		〈韓日親善〉千葉県特集
1982.07.01	第7巻第7号(通巻第76号)	33		リトルスター東京公演ほか2編
1982.07.01	第7巻第7号(通巻第76号)	34		ソウル新内洞の素焼き村
1982.07.01	第7巻第7号(通巻第76号)	36		〈韓国の教育〉淑明女子大
1982.07.01	第7巻第7号(通巻第76号)	38		金井民俗博物館
1982.07.01	第7巻第7号(通巻第76号)	40		韓国のヨット産業
1982.07.01	第7巻第7号(通巻第76号)	41		東京・横浜・千葉商銀ゴルフ
1982.07.01	第7巻第7号(通巻第76号)	42		李健氏出版記念会ほか2編
1982.07.01	第7巻第7号(通巻第76号)	43		民団、全国団長会議
1982.07.01	第7巻第7号(通巻第76号)	44		申師任堂の日

발행일	지면정보		필자	제목
	권호	페이지		
1982.07.01	第7巻第7号(通巻第76号)	46		湖巌美術館開館
1982.07.01	第7巻第7号(通巻第76号)	48		編輯後記
1982.08.01	第7巻第8号(通巻第77号)	1		李外務部長官、東京で外相会談
1982.08.01	第7巻第8号(通巻第77号)	5		ザイール大統領訪韓
1982.08.01	第7巻第8号(通巻第77号)	6		民団・民主統一促進大会
1982.08.01	第7巻第8号(通巻第77号)	13		トピックス
1982.08.01	第7巻第8号(通巻第77号)	17		大韓民国写真展
1982.08.01	第7巻第8号(通巻第77号)	18		韓日米・保安セミナー
1982.08.01	第7巻第8号(通巻第77号)	20		国立劇場4団体公演
1982.08.01	第7巻第8号(通巻第77号)	21		〈韓日親善〉静岡県特集
1982.08.01	第7巻第8号(通巻第77号)	27		日韓肢体不自由児父母の会
1982.08.01	第7巻第8号(通巻第77号)	30		新韓銀行開店
1982.08.01	第7巻第8号(通巻第77号)	34		広島で韓信協総会
1982.08.01	第7巻第8号(通巻第77号)	36		韓国料理の作り方
1982.08.01	第7巻第8号(通巻第77号)	39		〈地方巡礼〉仁川市
1982.08.01	第7巻第8号(通巻第77号)	47		〈韓日親善〉福岡県特集
1982.08.01	第7巻第8号(通巻第77号)	56		韓日中の東洋画3人展
1982.08.01	第7巻第8号(通巻第77号)	58		〈風物三千里〉塩田
1982.08.01	第7巻第8号(通巻第77号)	60		無形文化財「大木匠」
1982.08.01	第7巻第8号(通巻第77号)	62		論介の墓碑を建てた日本人
1982.08.01	第7巻第8号(通巻第77号)	64		大韓民国国楽祭
1982.08.01	第7巻第8号(通巻第77号)	65		韓国外換銀行が講演会
1982.08.01	第7巻第8号(通巻第77号)	66		ソウルで国際機械展
1982.08.01	第7巻第8号(通巻第77号)	70		農村セマウル運動の発展
1982.08.01	第7巻第8号(通巻第77号)	72		蚕室野球場竣工
1982.08.01	第7巻第8号(通巻第77号)	74		ホテル・ソウルオリンピア
1982.08.01	第7巻第8号(通巻第77号)	76		編輯後記
1982.09.01	第7巻第9号(通巻第78号)	1		全大統領アフリカなど5国歴訪
1982.09.01	第7巻第9号(通巻第78号)	4		玄敬大議院、がぼん大使と意見交換
1982.09.01	第7巻第9号(通巻第78号)	5		ワイズマン国際大会
1982.09.01	第7巻第9号(通巻第78号)	6		ボーイスカウト・ジャンボリー
1982.09.01	第7巻第9号(通巻第78号)	8		崔大使、日本の海難球助に感謝
1982.09.01	第7巻第9号(通巻第78号)	9		〈韓日親善〉東京台東区
1982.09.01	第7巻第9号(通巻第78号)	13		トピックス
1982.09.01	第7巻第9号(通巻第78号)	16		全大統領の光復節慶祝辞全文
1982.09.01	第7巻第9号(通巻第78号)	18		写真で見る光復の意志
1982.09.01	第7巻第9号(通巻第78号)	20		〈韓国初の油絵〉高宗御真
1982.09.01	第7巻第9号(通巻第78号)	21		〈韓日親善〉広島県

발행일	지면정보		필자	제목
	권호	페이지		
1982.09.01	第7巻第9号(通巻第78号)	29		「慶州ナザレ園」の著者·上坂冬子さん
1982.09.01	第7巻第9号(通巻第78号)	32		〈観光特集〉南海
1982.09.01	第7巻第9号(通巻第78号)	36		プロゴルファー·青木基正
1982.09.01	第7巻第9号(通巻第78号)	37		サマーズ·ゴルフのマナー賞
1982.09.01	第7巻第9号(通巻第78号)	38		母国訪問と中共から里帰り
1982.09.01	第7巻第9号(通巻第78号)	41		水産韓国を学ぶ外国人
1982.09.01	第7巻第9号(通巻第78号)	42		都市セマウル運動
1982.09.01	第7巻第9号(通巻第78号)	44		在外国民2世の夏季学校
1982.09.01	第7巻第9号(通巻第78号)	46		高取焼八山
1982.09.01	第7巻第9号(通巻第78号)	48		巫俗芸術発表会
1982.09.01	第7巻第9号(通巻第78号)	49		〈韓日親善〉山口県
1982.09.01	第7巻第9号(通巻第78号)	55		〈韓国の教育〉仁荷大学校
1982.09.01	第7巻第9号(通巻第78号)	58		金基昶画伯の人と作品
1982.09.01	第7巻第9号(通巻第78号)	60		編輯後記
1982.10.01	第7巻第10号(通巻第79号)	1		全大統領、アフリカ歴訪し帰国
1982.10.01	第7巻第10号(通巻第79号)	6		世界アマ野球選手権大会
1982.10.01	第7巻第10号(通巻第79号)	8		韓国商業銀行東京支店開店
1982.10.01	第7巻第10号(通巻第79号)	9		トピックス
1982.10.01	第7巻第10号(通巻第79号)	13		大韓航空·日本航空便り
1982.10.01	第7巻第10号(通巻第79号)	14		ソウルで国際オープン卓球大会
1982.10.01	第7巻第10号(通巻第79号)	16		大韓民国演劇祭
1982.10.01	第7巻第10号(通巻第79号)	17		韓国で聖書大百科事典出版
1982.10.01	第7巻第10号(通巻第79号)	18		国宝·新世洞7層塼塔
1982.10.01	第7巻第10号(通巻第79号)	19		YMCAで韓国生花展
1982.10.01	第7巻第10号(通巻第79号)	20		〈韓国の教育〉韓国外国語大学
1982.10.01	第7巻第10号(通巻第79号)	22		灘川中学校テニス来日
1982.10.01	第7巻第10号(通巻第79号)	24		在日韓国人囲碁協会発足
1982.10.01	第7巻第10号(通巻第79号)	25		東京商銀·敬老の日
1982.10.01	第7巻第10号(通巻第79号)	26		'82ソウル国際貿易博覧会
1982.10.01	第7巻第10号(通巻第79号)	30		美の親善使節·美姫
1982.10.01	第7巻第10号(通巻第79号)	33		日韓親善交流視察団
1982.10.01	第7巻第10号(通巻第79号)	34		巫俗神図展
1982.10.01	第7巻第10号(通巻第79号)	36		浦虜と日本キリシタンの歴史
1982.10.01	第7巻第10号(通巻第79号)	38		東京で韓国仮面展
1982.10.01	第7巻第10号(通巻第79号)	41		〈韓日親善特集〉品川区編
1982.10.01	第7巻第10号(通巻第79号)	45		〈風物三千里〉道人村
1982.10.01	第7巻第10号(通巻第79号)	48		編輯後記
1982.11.01	第7巻第11号(通巻第80号)	1		スハルト大統領訪韓

발행일	지면정보		필자	제목
	권호	페이지		
1982.11.01	第7巻第11号(通巻第80号)	4		「国軍の日」ソウル市内パレード
1982.11.01	第7巻第11号(通巻第80号)	6		F5F国産戦闘機完成
1982.11.01	第7巻第11号(通巻第80号)	8		トピックス
1982.11.01	第7巻第11号(通巻第80号)	13		崔大使、東京韓国語講座で講演
1982.11.01	第7巻第11号(通巻第80号)	14		秋の美術展
1982.11.01	第7巻第11号(通巻第80号)	16		新安海底宝物
1982.11.01	第7巻第11号(通巻第80号)	17		慶南第63回全国体育大会
1982.11.01	第7巻第11号(通巻第80号)	20		〈地方巡礼〉慶尚南道(上)
1982.11.01	第7巻第11号(通巻第80号)	23		福祉施設を慰問する桜会
1982.11.01	第7巻第11号(通巻第80号)	24		釜山「市民の日」記念行事
1982.11.01	第7巻第11号(通巻第80号)	26		カラートピックス
1982.11.01	第7巻第11号(通巻第80号)	29		東京新宿区特集
1982.11.01	第7巻第11号(通巻第80号)	33		大韓航空・日本航空ニュース
1982.11.01	第7巻第11号(通巻第80号)	34		〈風物三千里〉河東
1982.11.01	第7巻第11号(通巻第80号)	36		品川日韓親善協会設立
1982.11.01	第7巻第11号(通巻第80号)	38		工場セマウル運動
1982.11.01	第7巻第11号(通巻第80号)	40		伝統工芸展
1982.11.01	第7巻第11号(通巻第80号)	42		大分農村婦人訪韓団
1982.11.01	第7巻第11号(通巻第80号)	44		〈観光地〉河東
1982.11.01	第7巻第11号(通巻第80号)	47		品川日韓親善協会設立
1982.11.01	第7巻第11号(通巻第80号)	48		編輯後記
1982.12.01	第7巻第12号(通巻第81号)	1		光州で全国民俗芸術競演大会
1982.12.01	第7巻第12号(通巻第81号)	4		82韓国電子展覧会
1982.12.01	第7巻第12号(通巻第81号)	6		伝統礼法の礼智院
1982.12.01	第7巻第12号(通巻第81号)	8		柳宗悦を語る講演
1982.12.01	第7巻第12号(通巻第81号)	9		トピックス
1982.12.01	第7巻第12号(通巻第81号)	13		〈韓国の教育〉円光大学校
1982.12.01	第7巻第12号(通巻第81号)	16		〈国宝〉華厳寺石灯
1982.12.01	第7巻第12号(通巻第81号)	17		崎阜県特集
1982.12.01	第7巻第12号(通巻第81号)	23		秋夕墓参団と合同慰霊祭
1982.12.01	第7巻第12号(通巻第81号)	28		6,000組の合同結婚式
1982.12.01	第7巻第12号(通巻第81号)	32		商業銀行東京支店開設
1982.12.01	第7巻第12号(通巻第81号)	33		発展する裡里市
1982.12.01	第7巻第12号(通巻第81号)	36		〈風物三千里〉全州韓紙
1982.12.01	第7巻第12号(通巻第81号)	38		国際化するセマウル運動
1982.12.01	第7巻第12号(通巻第81号)	40		東京で申英植個展
1982.12.01	第7巻第12号(通巻第81号)	41		新潟県特集
1982.12.01	第7巻第12号(通巻第81号)	47		大阪興銀臨時総代会

발행일	지면정보		필자	제목
	권호	페이지		
1982.12.01	第7巻第12号(通巻第81号)	48		編輯後記
1983.01.01	第8巻第1号(通巻第82号)	1		ソウルでJCI世界大会
1983.01.01	第8巻第1号(通巻第82号)	4		アジア競技大会韓国3位
1983.01.01	第8巻第1号(通巻第82号)	6		動物吉兆「古代人と豚」
1983.01.01	第8巻第1号(通巻第82号)	11		群馬県特集
1983.01.01	第8巻第1号(通巻第82号)	17		トピックス
1983.01.01	第8巻第1号(通巻第82号)	21		大韓航空ニュース
1983.01.01	第8巻第1号(通巻第82号)	22		〈風物三千里〉全州郷校
1983.01.01	第8巻第1号(通巻第82号)	24		各地で韓日親善協・姉妹結縁
1983.01.01	第8巻第1号(通巻第82号)	28		東京でアジア婦人会のコリアデー
1983.01.01	第8巻第1号(通巻第82号)	34		崔大使と許韓信協会長の新年辞
1983.01.01	第8巻第1号(通巻第82号)	36		高知韓国会館竣工
1983.01.01	第8巻第1号(通巻第82号)	40		崔大使、新潟訪問ほか5編
1983.01.01	第8巻第1号(通巻第82号)	44		東京で伝承工芸展
1983.01.01	第8巻第1号(通巻第82号)	46		海外同胞に送る新年辞、趙一済議員
1983.01.01	第8巻第1号(通巻第82号)	47		〈地方都市〉全北高敞
1983.01.01	第8巻第1号(通巻第82号)	50		新羅写経
1983.01.01	第8巻第1号(通巻第82号)	52		第19回輸出の日記念式
1983.01.01	第8巻第1号(通巻第82号)	54		民団刊部、本国研修
1983.01.01	第8巻第1号(通巻第82号)	56		文化財を愛する李承魯氏
1983.01.01	第8巻第1号(通巻第82号)	57		宮城県特集
1983.01.01	第8巻第1号(通巻第82号)	66		女性愛好家の盆栽展
1983.01.01	第8巻第1号(通巻第82号)	68		編輯後記
1983.02.01	第8巻第2号(通巻第83号)	1		中曾根首相訪韓新時代開幕
1983.02.01	第8巻第2号(通巻第83号)	5		東京で韓日議連総会
1983.02.01	第8巻第2号(通巻第83号)	8		民団新年会ほか2編
1983.02.01	第8巻第2号(通巻第83号)	9		全大統領、国会で施政演説
1983.02.01	第8巻第2号(通巻第83号)	12		トピックス
1983.02.01	第8巻第2号(通巻第83号)	15		故朴順天女史社会葬
1983.02.01	第8巻第2号(通巻第83号)	16		独立記念館、天原木川に確定
1983.02.01	第8巻第2号(通巻第83号)	17		横浜商銀役職員が誠金送る
1983.02.01	第8巻第2号(通巻第83号)	18		湖南の雄都・全州市
1983.02.01	第8巻第2号(通巻第83号)	20		ゴルフの青木プロ結婚ほか5編
1983.02.01	第8巻第2号(通巻第83号)	22		アジア重石の施設拡張
1983.02.01	第8巻第2号(通巻第83号)	23		韓独合弁「アジア・ヘルテル」
1983.02.01	第8巻第2号(通巻第83号)	24		糸の芸術・刺繍
1983.02.01	第8巻第2号(通巻第83号)	26		東南アの僑民と朴珍喜氏
1983.02.01	第8巻第2号(通巻第83号)	28		大阪成和クラブ新年会

발행일	지면정보		필자	제목
	권호	페이지		
1983.02.01	第8巻第2号(通巻第83号)	30		〈医学教育〉順天郷大学
1983.02.01	第8巻第2号(通巻第83号)	33		韓国女流彫刻家展
1983.02.01	第8巻第2号(通巻第83号)	36		弘法国師の実相塔
1983.02.01	第8巻第2号(通巻第83号)	38		朗月禅師の書画展
1983.02.01	第8巻第2号(通巻第83号)	40		婦人会、法相に請願書ほか2編
1983.02.01	第8巻第2号(通巻第83号)	41		成楽享京都商銀理事長を訪ね
1983.02.01	第8巻第2号(通巻第83号)	42		原始信仰としての符籍(呪符)
1983.02.01	第8巻第2号(通巻第83号)	44		大韓仏教女性会と康清子総裁
1983.02.01	第8巻第2号(通巻第83号)	46		〈韓国の旅と宿〉ホテル・リバーサイド
1983.02.01	第8巻第2号(通巻第83号)	48		編輯後記
1983.03.01	第8巻第3号(通巻第84号)	1		オリンピック施設と準備状況
1983.03.01	第8巻第3号(通巻第84号)	4		李源京体育部長官は語る
1983.03.01	第8巻第3号(通巻第84号)	6		ソウル近郊の竜仁と天摩山にスキー場
1983.03.01	第8巻第3号(通巻第84号)	8		中曽根首相、ナザレ園に感謝
1983.03.01	第8巻第3号(通巻第84号)	9		安保認識と韓日協力(康仁徳)
1983.03.01	第8巻第3号(通巻第84号)	10		韓国精神文化研究院
1983.03.01	第8巻第3号(通巻第84号)	12		84周年迎えた商業銀行
1983.03.01	第8巻第3号(通巻第84号)	14		〈風物三千里〉高敞邑城
1983.03.01	第8巻第3号(通巻第84号)	16		干拓に成功した金文平さん
1983.03.01	第8巻第3号(通巻第84号)	17		〈真顔横顔〉金熙秀氏
1983.03.01	第8巻第3号(通巻第84号)	18		京都特集と韓米文化
1983.03.01	第8巻第3号(通巻第84号)	28		京都韓国学校の新築進む
1983.03.01	第8巻第3号(通巻第84号)	30		ソウル日本人商工会の会員社
1983.03.01	第8巻第3号(通巻第84号)	32		民俗遊戯の凧(タコ)
1983.03.01	第8巻第3号(通巻第84号)	34		セマウル礼節学校
1983.03.01	第8巻第3号(通巻第84号)	36		東京で現代陶芸と李朝家具展
1983.03.01	第8巻第3号(通巻第84号)	38		高麗朝500年主陵
1983.03.01	第8巻第3号(通巻第84号)	41		東京三多摩特集
1983.03.01	第8巻第3号(通巻第84号)	46		釜山に韓国茶道館
1983.03.01	第8巻第3号(通巻第84号)	48		編輯後記
1983.04.01	第8巻第4号(通巻第85号)	1		東京で韓日合同親善大会
1983.04.01	第8巻第4号(通巻第85号)	4		スーダン大統領訪韓
1983.04.01	第8巻第4号(通巻第85号)	6		ミス在日同胞選抜大会
1983.04.01	第8巻第4号(通巻第85号)	8		北韓からミグ19機で亡命
1983.04.01	第8巻第4号(通巻第85号)	10		トピックス
1983.04.01	第8巻第4号(通巻第85号)	12		高宗の国葬
1983.04.01	第8巻第4号(通巻第85号)	14		〈韓国金融機関〉国民銀行
1983.04.01	第8巻第4号(通巻第85号)	16		オリンピック宝くじ発売

발행일	지면정보		필자	제목
	권호	페이지		
1983.04.01	第8巻第4号(通巻第85号)	17		愛知県特集と韓米文化
1983.04.01	第8巻第4号(通巻第85号)	27		韓国の切手シリーズ
1983.04.01	第8巻第4号(通巻第85号)	28		〈伝統工芸〉螺鈿漆器
1983.04.01	第8巻第4号(通巻第85号)	30		〈民俗保護村〉良洞
1983.04.01	第8巻第4号(通巻第85号)	32		韓国から病床の恩師見舞う
1983.04.01	第8巻第4号(通巻第85号)	33		近くて近い隣人(後宮虎郎)
1983.04.01	第8巻第4号(通巻第85号)	34		土俗的民芸品・紙函
1983.04.01	第8巻第4号(通巻第85号)	36		天台宗教仁寺
1983.04.01	第8巻第4号(通巻第85号)	38		韓国の鉄道の旅
1983.04.01	第8巻第4号(通巻第85号)	41		〈真顔横顔〉安秉根さん
1983.04.01	第8巻第4号(通巻第85号)	43		光州忠壮祠
1983.04.01	第8巻第4号(通巻第85号)	47		東京世田谷区日韓親善協会
1983.04.01	第8巻第4号(通巻第85号)	48		陶磁を伝承する広州窯
1983.04.01	第8巻第4号(通巻第85号)	49		編輯後記
1983.05.01	第8巻第5号(通巻第86号)	1		マレーシア国土訪韓
1983.05.01	第8巻第5号(通巻第86号)	3		ソロモン・スリランカ首相訪韓
1983.05.01	第8巻第5号(通巻第86号)	4		李北韓大尉歓迎大会
1983.05.01	第8巻第5号(通巻第86号)	6		天地総子、童謡の旅
1983.05.01	第8巻第5号(通巻第86号)	8		韓日民間合同経済委開く
1983.05.01	第8巻第5号(通巻第86号)	8		天下壮士シルム大会
1983.05.01	第8巻第5号(通巻第86号)	9		トピックス
1983.05.01	第8巻第5号(通巻第86号)	12		崔逓信部長官は語る
1983.05.01	第8巻第5号(通巻第86号)	14		〈韓国の金融機関〉朝興銀行
1983.05.01	第8巻第5号(通巻第86号)	16		韓国伝統芸術団訪日公演
1983.05.01	第8巻第5号(通巻第86号)	17		曾野綾子さんへダミアン神父賞
1983.05.01	第8巻第5号(通巻第86号)	18		〈企業と人〉金奉任さん
1983.05.01	第8巻第5号(通巻第86号)	20		世宗大王と英陵
1983.05.01	第8巻第5号(通巻第86号)	22		〈韓日親善〉練馬区特集
1983.05.01	第8巻第5号(通巻第86号)	26		伝統婚礼
1983.05.01	第8巻第5号(通巻第86号)	28		此花高校柔道部訪韓
1983.05.01	第8巻第5号(通巻第86号)	30		財団法人・韓国神奈川教育院
1983.05.01	第8巻第5号(通巻第86号)	32		京都韓国学校起工式
1983.05.01	第8巻第5号(通巻第86号)	33		東京韓国語講座開講
1983.05.01	第8巻第5号(通巻第86号)	34		韓国の農機具工業
1983.05.01	第8巻第5号(通巻第86号)	36		〈韓国の宗教〉天道教
1983.05.01	第8巻第5号(通巻第86号)	38		〈風物三千里〉打出し鍮器
1983.05.01	第8巻第5号(通巻第86号)	40		〈伝統工芸〉華角
1983.05.01	第8巻第5号(通巻第86号)	42		千葉商銀20周年を迎う

발행일	지면정보		필자	제목
	권호	페이지		
1983.05.01	第8巻第5号(通巻第86号)	44		海印寺と八万大蔵経
1983.05.01	第8巻第5号(通巻第86号)	46		肥料・飼料宝化砿産業
1983.05.01	第8巻第5号(通巻第86号)	48		編輯後記
1983.06.01	第8巻第6号(通巻第87号)	1		中国民航機ハイジャック事件
1983.06.01	第8巻第6号(通巻第87号)	6		子どもの日と端午節
1983.06.01	第8巻第6号(通巻第87号)	8		李載瀅会長に日本政府が授勲
1983.06.01	第8巻第6号(通巻第87号)	9		受勲を祝う岩動・戸塚両議員
1983.06.01	第8巻第6号(通巻第87号)	10		トピックス
1983.06.01	第8巻第6号(通巻第87号)	12		ソウルで韓日仏教韓国大会
1983.06.01	第8巻第6号(通巻第87号)	14		在日韓国人問題シンポジウム
1983.06.01	第8巻第6号(通巻第87号)	16		林道参議員、高知古代史繙く
1983.06.01	第8巻第6号(通巻第87号)	17		夢のリゾート済州島
1983.06.01	第8巻第6号(通巻第87号)	22		横浜国際仮装行列
1983.06.01	第8巻第6号(通巻第87号)	23		神戸まつり「国際パレート」
1983.06.01	第8巻第6号(通巻第87号)	24		ソウル国際マラソン大会
1983.06.01	第8巻第6号(通巻第87号)	26		カラートピックス
1983.06.01	第8巻第6号(通巻第87号)	28		ミスコリア林美淑さん
1983.06.01	第8巻第6号(通巻第87号)	30		武寧王陵と副葬品
1983.06.01	第8巻第6号(通巻第87号)	34		春の美術大展
1983.06.01	第8巻第6号(通巻第87号)	36		国際商事勉学支援
1983.06.01	第8巻第6号(通巻第87号)	38		傑作民画展
1983.06.01	第8巻第6号(通巻第87号)	40		日韓女性親善協代表団訪韓
1983.06.01	第8巻第6号(通巻第87号)	41		観光公社「魅力の韓国文化会」
1983.06.01	第8巻第6号(通巻第87号)	42		釈迦誕生日を祝う仏教信者
1983.06.01	第8巻第6号(通巻第87号)	44		全南都長城郡の白羊寺
1983.06.01	第8巻第6号(通巻第87号)	46		陶磁のふる里・韓国
1983.06.01	第8巻第6号(通巻第87号)	48		編輯後記
1983.07.01	第8巻第7号(通巻第88号)	1		平和統一政策諮問会議開く
1983.07.01	第8巻第7号(通巻第88号)	4		韓信協、京都で総会
1983.07.01	第8巻第7号(通巻第88号)	6		第12回少年体育大会
1983.07.01	第8巻第7号(通巻第88号)	8		東京で韓国現代美術展
1983.07.01	第8巻第7号(通巻第88号)	10		トピックス
1983.07.01	第8巻第7号(通巻第88号)	12		60余年前に独立公債発行
1983.07.01	第8巻第7号(通巻第88号)	13		統一の広場を求めて(金三奎)
1983.07.01	第8巻第7号(通巻第88号)	14		在日韓国人の現状と将来(和田耕作)
1983.07.01	第8巻第7号(通巻第88号)	17		83ソウル国際歌謡祭
1983.07.01	第8巻第7号(通巻第88号)	18		総合商事「国際商事」
1983.07.01	第8巻第7号(通巻第88号)	22		文武大王の海中陵

발행일	지면정보		필자	제목
	권호	페이지		
1983.07.01	第8巻第7号(通巻第88号)	24		韓国動乱参戦国記念碑
1983.07.01	第8巻第7号(通巻第88号)	28		千葉商銀20周年記念式典
1983.07.01	第8巻第7号(通巻第88号)	30		国立光州博物館
1983.07.01	第8巻第7号(通巻第88号)	34		徐京保師の禅書画
1983.07.01	第8巻第7号(通巻第88号)	36		〈韓国宗教〉大倧教
1983.07.01	第8巻第7号(通巻第88号)	38		朝鮮時代の座鏡
1983.07.01	第8巻第7号(通巻第88号)	40		日本民芸館で「李朝の美」展
1983.07.01	第8巻第7号(通巻第88号)	42		権逸氏国民勲章無窮花章ほか5編
1983.07.01	第8巻第7号(通巻第88号)	44		栃木県同胞大望韓国会館完成
1983.07.01	第8巻第7号(通巻第88号)	48		編輯後記
1983.08.01	第8巻第8号(通巻第89号)	1		涙と感動呼ぶ離散家族捜し
1983.08.01	第8巻第8号(通巻第89号)	10		民団が家族化合民主統一大会
1983.08.01	第8巻第8号(通巻第89号)	16		東京で韓日議連幹事会
1983.08.01	第8巻第8号(通巻第89号)	16		トピックス
1983.08.01	第8巻第8号(通巻第89号)	20		大韓民国写真展覧会
1983.08.01	第8巻第8号(通巻第89号)	22		民族和合民主統一への道(姜光植)
1983.08.01	第8巻第8号(通巻第89号)	28		韓国経済をリードする三星グループ
1983.08.01	第8巻第8号(通巻第89号)	34		木浦共生園に寄付した金煕秀さん
1983.08.01	第8巻第8号(通巻第89号)	35		日航がアジアの学生を招請
1983.08.01	第8巻第8号(通巻第89号)	40		国立扶余博物館と百済文化
1983.08.01	第8巻第8号(通巻第89号)	44		〈韓国宗教〉儒教
1983.08.01	第8巻第8号(通巻第89号)	48		埼玉県私立中高協の訪韓記
1983.08.01	第8巻第8号(通巻第89号)	50		無形文化財"晋州剣舞"
1983.08.01	第8巻第8号(通巻第89号)	56		ソウル恩平と東京品川が姉妹結縁
1983.08.01	第8巻第8号(通巻第89号)	57		観光・関東八景と東海岸
1983.08.01	第8巻第8号(通巻第89号)	64		韓国の切手
1983.08.01	第8巻第8号(通巻第89号)	64		編輯後記
1983.09.01	第8巻第9号(通巻第90号)	1		東京で韓国古代文化展
1983.09.01	第8巻第9号(通巻第90号)	8		中共ミグ機亡命ほか2編
1983.09.01	第8巻第9号(通巻第90号)	9		トピックス
1983.09.01	第8巻第9号(通巻第90号)	12		趙正源・学生卓球会長と対談
1983.09.01	第8巻第9号(通巻第90号)	14		民族化合民主統一への道(下)
1983.09.01	第8巻第9号(通巻第90号)	17		独立記念館起工
1983.09.01	第8巻第9号(通巻第90号)	18		〈韓国産業〉鮮京グループ
1983.09.01	第8巻第9号(通巻第90号)	22		趙治勲激励会ほか5編
1983.09.01	第8巻第9号(通巻第90号)	24		大阪商銀30周年を記念
1983.09.01	第8巻第9号(通巻第90号)	26		〈韓国の観光〉雪岳山
1983.09.01	第8巻第9号(通巻第90号)	32		国際版画ビエンナーレ

발행일	지면정보		필자	제목
	권호	페이지		
1983.09.01	第8巻第9号(通巻第90号)	34		仏教芸術大賞展
1983.09.01	第8巻第9号(通巻第90号)	36		女子高校生の訪韓紀行文
1983.09.01	第8巻第9号(通巻第90号)	38		韓日現代絵画彫刻展
1983.09.01	第8巻第9号(通巻第90号)	39		国際青少年野営大会
1983.09.01	第8巻第9号(通巻第90号)	40		韓国古典舞踊写真展
1983.09.01	第8巻第9号(通巻第90号)	41		青年会全国サマージャンボリー
1983.09.01	第8巻第9号(通巻第90号)	44		千葉民国会館落成
1983.09.01	第8巻第9号(通巻第90号)	46		全州大私習ノリ全国大会
1983.09.01	第8巻第9号(通巻第90号)	48		韓国の切手
1983.09.01	第8巻第9号(通巻第90号)	48		編輯後記
1983.10.01	第8第10号(通巻第91号)	1		東京で韓日閣僚会談
1983.10.01	第8巻第10号(通巻第91号)	4		ソ連の大韓航空撃墜を糾弾
1983.10.01	第8第10号(通巻第91号)	10		トピックス
1983.10.01	第8巻第10号(通巻第91号)	12		第2回美術大展
1983.10.01	第8巻第10号(通巻第91号)	14		孫在植統一院長官と対談
1983.10.01	第8巻第10号(通巻第91号)	17		フセイン国王訪韓
1983.10.01	第8巻第10号(通巻第91号)	17		韓国、技能五輪5連覇
1983.10.01	第8巻第10号(通巻第91号)	18		ソウルで韓日議連総会
1983.10.01	第8巻第10号(通巻第91号)	19		安井・春日議員受勲祝宴
1983.10.01	第8巻第10号(通巻第91号)	20		東京などで敬老の日祝う
1983.10.01	第8巻第10号(通巻第91号)	21		金喜鎮メドゥブ展ほか2編
1983.10.01	第8巻第10号(通巻第91号)	22		〈韓国の産業〉 双龍グループ
1983.10.01	第8巻第10号(通巻第91号)	26		在日朝総連系同胞秋夕墓参団
1983.10.01	第8巻第10号(通巻第91号)	28		ウォーカヒルで秋夕宴
1983.10.01	第8巻第10号(通巻第91号)	30		ミス・ヤング・インターナショナル
1983.10.01	第8巻第10号(通巻第91号)	32		社会奉仕する桜会グループ
1983.10.01	第8巻第10号(通巻第91号)	33		釜山に茶道博物館
1983.10.01	第8巻第10号(通巻第91号)	34		道峰区・練馬区姉妹結縁
1983.10.01	第8巻第10号(通巻第91号)	35		横浜商銀一日営業部長
1983.10.01	第8巻第10号(通巻第91号)	36		韓日書道交流展
1983.10.01	第8巻第10号(通巻第91号)	38		〈韓国の観光〉法住寺
1983.10.01	第8巻第10号(通巻第91号)	41		韓医学に情熱注ぐ崔光守さん
1983.10.01	第8巻第10号(通巻第91号)	44		ソウル地下鉄2号線開通
1983.10.01	第8巻第10号(通巻第91号)	46		埼玉商銀20年の歩み
1983.10.01	第8巻第10号(通巻第91号)	48		切手シリーズ
1983.10.01	第8巻第10号(通巻第91号)	48		編輯後記
1983.11.01	第8巻第11号(通巻第92号)	1		100万ソウル市民が北韓の蛮行糾弾
1983.11.01	第8巻第11号(通巻第92号)	6		IPUソウル総会

발행일	지면정보		필자	제목
	권호	페이지		
1983.11.01	第8巻第11号(通巻第92号)	9		以北5道民望郷祭
1983.11.01	第8巻第11号(通巻第92号)	10		トピックス
1983.11.01	第8巻第11号(通巻第92号)	12		福岡と山口の無縁仏、望郷の丘へ
1983.11.01	第8巻第11号 (通巻92号)	14		高麗写経展示会
1983.11.01	第8巻第11号(通巻第92号)	16		第2回天下壮士シルム大会
1983.11.01	第8巻第11号(通巻第92号)	17		仁川全国体典でソウル優勝
1983.11.01	第8巻第11号(通巻第92号)	20		ASTAソウル総会
1983.11.01	第8巻第11号(通巻第92号)	24		〈韓国の産業〉ラッキーグループ
1983.11.01	第8巻第11号(通巻第92号)	28		趙澔衍氏の叙勲と自伝出版祝賀会
1983.11.01	第8巻第11号(通巻第92号)	30		ソウル信託銀行、東京に支店
1983.11.01	第8巻第11号(通巻第92号)	30		三星グッドデザイン展
1983.11.01	第8巻第11号(通巻第92号)	31		在日韓国科学技協が発足
1983.11.01	第8巻第11号(通巻第92号)	33		〈韓国の観光〉夫余と公州
1983.11.01	第8巻第11号(通巻第92号)	36		伝統工芸展
1983.11.01	第8巻第11号(通巻第92号)	38		〈紀行文〉私の中の韓国
1983.11.01	第8巻第11号(通巻第92号)	40		指紋反対自転車デモはか2編
1983.11.01	第8巻第11号(通巻第92号)	42		外国人のソンピョンつくり
1983.11.01	第8巻第11号(通巻第92号)	43		バインタブラックⅡ峰登頂
1983.11.01	第8巻第11号(通巻第92号)	44		黄竜水氏独立有功表彰
1983.11.01	第8巻第11号(通巻第92号)	45		埼玉商銀20周年記念
1983.11.01	第8巻第11号(通巻第92号)	46		黄海道豊漁祭
1983.11.01	第8巻第11号(通巻第92号)	48		韓国の切手
1983.11.01	第8巻第11号(通巻第92号)	48		編輯後記
1983.12.01	第8巻第12号(通巻第93号)	1		レーガン米大統領訪韓
1983.12.01	第8巻第12号(通巻第93号)	9		トピックス
1983.12.01	第8巻第12号(通巻第93号)	12		ビルマ暴弾テロ事件と北韓の蛮行
1983.12.01	第8巻第12号(通巻第93号)	14		大韓民国舞踊祭
1983.12.01	第8巻第12号(通巻第93号)	16		独立記念館設計公幕作
1983.12.01	第8巻第12号(通巻第93号)	17		清州でセマウル指導者大会
1983.12.01	第8巻第12号(通巻第93号)	21		〈韓国の観光〉顕忠祠
1983.12.01	第8巻第12号(通巻第93号)	24		〈韓国の産業〉大韓船洲
1983.12.01	第8巻第1号(通巻第93号)	28		サハリン残留韓国人帰還問題
1983.12.01	8巻第12号(通巻第93号)	30		朴南会氏、セマウル運動に寄金(ほか2編)
1983.12.01	第8巻第12(通巻第93号)	31		韓国文化交流基金発足
1983.12.01	第第12号(通巻第93号)	33		東部地域行政機構ソウル総会
1983.12.01	第8巻第12号(通巻第93号)	34		〈韓国の民画〉鵲虎図
1983.12.01	第8巻第12号(通巻第93号)	36		五輪初参加当時崔竜振監督
1983.12.01	第8巻第12号(通巻第93号)	40		三星グッドデザイン展

발행일	지면정보 권호	페이지	필자	제목
1983.12.01	第8巻第12号(通巻第93号)	40		日韓女性親善協総会
1983.12.01	第8巻第12号(通巻第93号)	41		韓国電子展
1983.12.01	第8巻第12号(通巻第93号)	42		東京部内の日韓協、相次ぎ訪韓
1983.12.01	第8巻第12号(通巻第93号)	44		石峰陶芸(ソウル窯)の世界
1983.12.01	第8巻第12号(通巻第93号)	46		民俗芸術競演と"義城かご争い"
1983.12.01	第8巻第12号(通巻第93号)	48		韓国の切手
1983.12.01	第8巻第12号(通巻第93号)	48		編輯後記
1984.01.01	第9巻第1号(通巻第94号)	1		輸出の日記念式典で有功者表彰
1984.01.01	第9巻第1号(通巻第94号)	3		岸元首相ら訪韓、韓日合同会議
1984.01.01	第9巻第1号(通巻第94号)	4		名古屋で民団組織強化会議
1984.01.01	第9巻第1号(通巻第94号)	6		無形文化財伝授会館開館
1984.01.01	第9巻第1号(通巻第94号)	11		〈韓国の産業〉現代グループ
1984.01.01	第9巻第1号(通巻第94号)	16		オリンピック・マスコット決定
1984.01.01	第9巻第1号(通巻第94号)	17		トピックス
1984.01.01	第9巻第1号(通巻第94号)	20		統一・広場・趙永植委員長と離散家族
1984.01.01	第9巻第1号(通巻第94号)	22		高僧・大家書画展
1984.01.01	第9巻第1号(通巻第94号)	24		韓医学の科学化(崔光守博士)
1984.01.01	第9巻第1号(通巻第94号)	28		在日大韓婦人会37年の歩み
1984.01.01	第9巻第1号(通巻第94号)	34		香川農協ママさん大学訪韓
1984.01.01	第9巻第1号(通巻第94号)	35		釜山で韓日茶道講演会
1984.01.01	第9巻第1号(通巻第94号)	40		権逸氏叙勲祝賀会ほか5編
1984.01.01	第9巻第1号(通巻第94号)	44		尹美蘭の版画展
1984.01.01	第9巻第1号(通巻第94号)	45		〈韓国の観光〉民俗村
1984.01.01	第9巻第1号(通巻第94号)	48		韓国工芸デザイナー協会会員展
1984.01.01	第9巻第1号(通巻第94号)	50		韓日創作舞踊公演
1984.01.01	第9巻第1号(通巻第94号)	52		ソウルに子ども交通公園
1984.01.01	第9巻第1号(通巻第94号)	56		仙台日韓親善協20周年記念
1984.01.01	第9巻第1号(通巻第94号)	60		カラートピックス
1984.01.01	第9巻第1号(通巻第94号)	61		家具メーカー・上一産業
1984.01.01	第9巻第1号(通巻第94号)	66		〈民俗芸術〉錦山農楽
1984.01.01	第9巻第1号(通巻第94号)	68		韓国の切手
1984.01.01	第9巻第1号(通巻第94号)	68		編輯後記
1984.02.01	第9巻第2号(通巻第95号)	1		全大統領、国会で国政演説
1984.02.01	第9巻第2号(通巻第95号)	4		韓日協力委員会代表が訪日
1984.02.01	第9巻第2号(通巻第95号)	6		新安忠最後の遺物公開
1984.02.01	第9巻第2号(通巻第95号)	8		北韓スパイの記者会見と散策
1984.02.01	第9巻第2号(通巻第95号)	12		トピックス
1984.02.01	第9巻第2号(通巻第95号)	14		故尹達鏞氏の民団葬

발행일	지면정보		필자	제목
	권호	페이지		
1984.02.01	第9巻第2号(通巻第95号)	15		横浜商銀のオンラインスタート
1984.02.01	第9巻第2号(通巻第95号)	16		恐竜の足跡化石発見
1984.02.01	第9巻第2号(通巻第95号)	17		古城李氏始祖碑と李承魯氏
1984.02.01	第9巻第2号(通巻第95号)	18		体育行政を語る李永鎬長官
1984.02.01	第9巻第2号(通巻第95号)	22		韓国の産業・暁星グループ
1984.02.01	第9巻第2号(通巻第95号)	26		カラートピックス
1984.02.01	第9巻第2号(通巻第95号)	28		国立海上公園"閑麗水道"
1984.02.01	第9巻第2号(通巻第95号)	32		味の散歩道・ソウルお石亭
1984.02.01	第9巻第2号(通巻第95号)	33		ソウルの国際インパクト展
1984.02.01	第9巻第2号(通巻第95号)	36		南怡将軍堂祭
1984.02.01	第9巻第2号(通巻第95号)	38		細田学院への短期留学で親善深める
1984.02.01	第9巻第2号(通巻第95号)	40		日本高校生の韓国修学旅行
1984.02.01	第9巻第2号(通巻第95号)	42		豊年祭と農産物品評会
1984.02.01	第9巻第2号(通巻第95号)	46		螺鈿漆器と一考工芸
1984.02.01	第9巻第2号(通巻第95号)	48		韓国の切手
1984.02.01	第9巻第2号(通巻第95号)	48		編輯後記
1984.03.01	第9巻第3号(通巻第96号)	1		豪首相、南北直接対話を支持
1984.03.01	第9巻第3号(通巻第96号)	4		旧正月15夜と地神踏み
1984.03.01	第9巻第3号(通巻第96号)	6		創立15周年の大韓空港
1984.03.01	第9巻第3号(通巻第96号)	9		陳総理、統一問題で北韓に返書
1984.03.01	第9巻第3号(通巻第96号)	10		統一の広場(漢陽弘氏)
1984.03.01	第9巻第3号(通巻第96号)	12		トピックス
1984.03.01	第9巻第3号(通巻第96号)	14		韓国の映画
1984.03.01	第9巻第3号(通巻第96号)	16		韓国の銅像・柳寛順
1984.03.01	第9巻第3号(通巻第96号)	17		原田代議士に国民勲章
1984.03.01	第9巻第3号(通巻第96号)	18		韓国の産業・斗山グループ
1984.03.01	第9巻第3号(通巻第96号)	22		海割れがみられる珍島
1984.03.01	第9巻第3号(通巻第96号)	24		珍島シッキムクッ
1984.03.01	第9巻第3号(通巻第96号)	26		茶道と茶陶・広州窯
1984.03.01	第9巻第3号(通巻第96号)	30		カラートピックス
1984.03.01	第9巻第3号(通巻第96号)	32		五色剪紙工芸
1984.03.01	第9巻第3号(通巻第96号)	33		東京で韓国木工芸展
1984.03.01	第9巻第3号(通巻第96号)	36		大阪成和会と新年会
1984.03.01	第9巻第3号(通巻第96号)	38		韓国の古寺探訪
1984.03.01	第9巻第3号(通巻第96号)	40		日本人が望郷の丘に謝罪碑
1984.03.01	第9巻第3号(通巻第96号)	41		韓国の教育・大韓柔道学校
1984.03.01	第9巻第3号(通巻第96号)	44		韓国から石碑を輸入する清水物産
1984.03.01	第9巻第3号(通巻第96号)	46		日本古典芸能団訪韓

발행일	지면정보		필자	제목
	권호	페이지		
1984.03.01	第9巻第3号(通巻第96号)	48		韓国の切手
1984.03.01	第9巻第3号(通巻第96号)	48		編輯後記
1984.04.01	第9巻第4号(通巻第97号)	1		ロンドンで韓国美術五千年展
1984.04.01	第9巻第4号(通巻第97号)	4		全大統領、ガボン副首相と会見
1984.04.01	第9巻第4号(通巻第97号)	5		韓日議連代表団訪日
1984.04.01	第9巻第4号(通巻第97号)	6		創立30周年を迎えた東京商銀と許理事長
1984.04.01	第9巻第4号(通巻第97号)	9		陣総理、南北直接対話を促す
1984.04.01	第9巻第4号(通巻第97号)	10		トピックス
1984.04.01	第9巻第4号(通巻第97号)	12		一鵬(徐京保)文学賞施賞
1984.04.01	第9巻第4号(通巻第97号)	13		われわれが志向する統一祖国(梁興模)
1984.04.01	第9巻第4号(通巻第97号)	16		韓国の銅像・李退渓
1984.04.01	第9巻第4号(通巻第97号)	17		韓国の産業・コーロングループ
1984.04.01	第9巻第4号(通巻第97号)	20		東京で3・1節記念式ほか4編
1984.04.01	第9巻第4号(通巻第97号)	22		横浜商銀ニコニコ会がゴルフ大会
1984.04.01	第9巻第4号(通巻第97号)	26		国際商事、西豪州でガスパイプライン完工
1984.04.01	第9巻第4号(通巻第97号)	28		韓国の観光・板門店
1984.04.01	第9巻第4号(通巻第97号)	32		味の散歩道・新羅ホテルの有明
1984.04.01	第9巻第4号(通巻第97号)	33		重要民俗資料・河回マウル
1984.04.01	第9巻第4号(通巻第97号)	36		呉玉刻文展
1984.04.01	第9巻第4号(通巻第97号)	38		韓国の教育・放送通信大学
1984.04.01	第9巻第4号(通巻第97号)	41		郷土民族芸能・カチネノリ柩輿
1984.04.01	第9巻第4号(通巻第97号)	42		外換銀行チャンミ会ゴルフ
1984.04.01	第9巻第4号(通巻第97号)	44		在日韓国人大学生の母国春季学校
1984.04.01	第9巻第4号(通巻第97号)	45		在日芸術人の集い
1984.04.01	第9巻第4号(通巻第97号)	46		東京商銀一日支店長運動
1984.04.01	第9巻第4号(通巻第97号)	48		韓国の切手
1984.04.01	第9巻第4号(通巻第97号)	48		編輯後記
1984.05.01	第9巻第5号(通巻第98号)	1		ブルネイ国王訪韓
1984.05.01	第9巻第5号(通巻第98号)	4		韓国天主教200年と金大建神父
1984.05.01	第9巻第5号(通巻第98号)	9		トピックス
1984.05.01	第9巻第5号(通巻第98号)	10		女優の崔銀姫と申相玉監督を北韓がら致
1984.05.01	第9巻第5号(通巻第98号)	12		決裂した南北スポーツ会談(方二同)
1984.05.01	第9巻第5号(通巻第98号)	14		韓国の映画「招待された聖雄たち」
1984.05.01	第9巻第5号(通巻第98号)	16		韓国の銅「金大建神父」
1984.05.01	第9巻第5号(通巻第98号)	17		朝総連系の寒食
1984.05.01	第9巻第5号(通巻第98号)	21		アジアJバスケットボール大会
1984.05.01	第9巻第5号(通巻第98号)	24		韓国のゴルフ場
1984.05.01	第9巻第5号(通巻第98号)	28		伝統巫俗・東海岸エキィクッ

발행일	지면정보		필자	제목
	권호	페이지		
1984.05.01	第9巻第5号(通巻第98号)	30		裵順姫在日大韓婦人会長は語る
1984.05.01	第9巻第5号(通巻第98号)	33		民団中央委開く(ほか2編)
1984.05.01	第9巻第5号(通巻第98号)	34		韓国の古寺探訪・通度寺
1984.05.01	第9巻第5号(通巻第98号)	36		金基昇書道展
1984.05.01	第9巻第5号(通巻第98号)	38		韓国の教育・カトリック大学医学部
1984.05.01	第9巻第5号(通巻第98号)	41		味の散歩道・弁慶
1984.05.01	第9巻第5号(通巻第98号)	42		肥・飼料の宝化砿産業
1984.05.01	第9巻第5号(通巻第98号)	44		東船橋病院の申秀雄医師
1984.05.01	第9巻第5号(通巻第98号)	46		韓国の観光・紅島
1984.05.01	第9巻第5号(通巻第98号)	48		韓国の切手
1984.05.01	第9巻第5号(通巻第98号)	48		編輯後記
1984.06.01	第9巻第6号(通巻第99号)	1		ローマ法王の歴史的な訪韓
1984.06.01	第9巻第6号(通巻第99号)	8		東京韓国文化院5周年
1984.06.01	第9巻第6号(通巻第99号)	9		統一の広場
1984.06.01	第9巻第6号(通巻第99号)	10		トピックス
1984.06.01	第9巻第6号(通巻第99号)	11		高木日航社長、孤児院寄付
1984.06.01	第9巻第6号(通巻第99号)	12		在口韓国人商工会総会ほか2編
1984.06.01	第9巻第6号(通巻第99号)	13		韓国演劇映画賞
1984.06.01	第9巻第6号(通巻第99号)	14		映画紹介・比丘尼
1984.06.01	第9巻第6号(通巻第99号)	16		韓国の銅像・申師任堂
1984.06.01	第9巻第6号(通巻第99号)	17		李承魯氏、三育再活院に寄金
1984.06.01	第9巻第6号(通巻第99号)	17		ローマ会、ボランティア訪韓
1984.06.01	第9巻第6号(通巻第99号)	18		ソウルでアジア水泳大会
1984.06.01	第9巻第6号(通巻第99号)	18		東京で崔維玟刺繍展
1984.06.01	第9巻第6号(通巻第99号)	19		東京で聖学院高校生が親善訪韓
1984.06.01	第9巻第6号(通巻第99号)	20		日本経済界代表が韓国視察
1984.06.01	第9巻第6号(通巻第99号)	22		釈迦誕生2528年を祝う
1984.06.01	第9巻第6号(通巻第99号)	24		ソウル大公園開園
1984.06.01	第9巻第6号(通巻第99号)	27		兪在根・三経グループ会長
1984.06.01	第9巻第6号(通巻第99号)	28		在日韓国人に春の叙勲
1984.06.01	第9巻第6号(通巻第99号)	30		華公会と遠州流の生け花交流
1984.06.01	第9巻第6号(通巻第99号)	33		韓国人体彫刻展
1984.06.01	第9巻第6号(通巻第99号)	36		韓国の古寺探訪・龍淵寺
1984.06.01	第9巻第6号(通巻第99号)	38		韓国の教育・ソウル芸術専門大学
1984.06.01	第9巻第6号(通巻第99号)	41		東京商銀ゴルフ会ほか2編
1984.06.01	第9巻第6号(通巻第99号)	44		細田学園理事長に釜山名誉市民章ほか2編
1984.06.01	第9巻第6号(通巻第99号)	45		こどもの日を祝う
1984.06.01	第9巻第6号(通巻第99号)	46		李鍾大横浜商銀理事長の出版記念会

발행일	지면정보		필자	제목
	권호	페이지		
1984.06.01	第9巻第6号(通巻第99号)	48		韓国の切手
1984.06.01	第9巻第6号(通巻第99号)	48		編輯後記
1984.07.01	第9巻第7号(通巻第100号)	1		ソウル五輪在日後援会幹部会議
1984.07.01	第9巻第7号(通巻第100号)	4		ソウル地下鉄2号線開通
1984.07.01	第9巻第7号(通巻第100号)	6		済州で全国少年体育大会
1984.07.01	第9巻第7号(通巻第100号)	9		トピックス
1984.07.01	第9巻第7号(通第100号)	10		統一広場(鄭宗植聯合通信社長)
1984.07.01	第9巻第7号(通巻第100号)	11		東京で平和統一諮問会議
1984.07.01	第9巻第7号(通巻第100号)	12		春の美術大展
1984.07.01	第9巻第7号(通巻第100号)	14		韓国の映画(積木くずし)
1984.07.01	第9巻第7号(通巻第100号)	16		民正党・自民党交流親善の集い
1984.07.01	第9巻第7号(通巻第100号)	17		国楽大公演
1984.07.01	第9巻第7号(通巻第100号)	20		韓国の教育・外洋大学
1984.07.01	第9巻第7号(通巻第100号)	23		東京で韓日撮影会
1984.07.01	第9巻第7号(通巻第100号)	24		仙台で韓信協総会
1984.07.01	第9巻第7号(通巻第100号)	27		鄭東淳出版記念会
1984.07.01	第9巻第7号(通巻第100号)	28		ミスこちア選抜大会
1984.07.01	第9巻第7号(通巻第100号)	30		ソウル国際歌謡祭
1984.07.01	第9巻第7号(通巻第100号)	32		対談、吉屋潤・なかにし礼
1984.07.01	第9巻第7号(通巻第100号)	35		日本手工芸作家協会、被爆者支援
1984.07.01	第9巻第7号(通巻第100号)	36		韓国の古寺探訪
1984.07.01	第9巻第7号(通巻第100号)	38		口で絵を描く画家・金準浩
1984.07.01	第9巻第7号(通巻第100号)	40		在日母国修学生の田植え奉仕
1984.07.01	第9巻第7号(通巻第100号)	44		東京商銀30周年ほか5編
1984.07.01	第9巻第7号(通巻第100号)	46		韓国の旅と宿・世宗ホテル
1984.07.01	第9巻第7号(通巻第100号)	48		韓国の切手
1984.07.01	第9巻第7号(通巻第100号)	48		編輯後記
1984.08.01	第9巻第8号(通巻第101号)	1		88オリンピック高速道路開通
1984.08.01	第9巻第8号(通巻第101号)	5		過去を超越し、未来への協力に互いの英知を-安倍外相訪韓
1984.08.01	第9巻第8号(通巻第101号)	6		〈対談〉ソウル・オリンピックは世界の平和と繁栄の絶好の機会-盧泰愚(韓国五輪組織委員長)
1984.08.01	第9巻第8号(通巻第101号)	10		平和統一旬間6.25〜7.4、各地で
1984.08.01	第9巻第8号(通巻第101号)	12		韓国の銅像⑥文武に長じた愛国者　安重根義士
1984.08.01	第9巻第8号(通巻第101号)	14		映写室 鯨とり 若者たちの彷徨と苦悶
1984.08.01	第9巻第8号(通巻第101号)	16		ニュース&レポート
1984.08.01	第9巻第8号(通巻第101号)	18		〈教育〉航空科学技術の殿堂 韓国航空大学
1984.08.01	第9巻第8号(通巻第101号)	23		第3回駐韓外国人特技大会 なつかしい金剛山-日本人主婦の熱唱

발행일	지면정보		필자	제목
	권호	페이지		
1984.08.01	第9巻第8号(通巻第101号)	26		金基昶作品展示会 新しい表現にチャレンジ
1984.08.01	第9巻第8号(通巻第101号)	28		伝統工芸① 風を呼ぶ 風を迎える 扇
1984.08.01	第9巻第8号(通巻第101号)	30		現実と幻想の交差 幻想のダリ宝石彫刻展
1984.08.01	第9巻第8号(通巻第101号)	34		韓国トラベルガイド－韓国の海水浴場 透明な海、きらめく白浜、踊る若さ
1984.08.01	第9巻第8号(通巻第101号)	38		趙容弼 東京の夜空に舞う歌と夢
1984.08.01	第9巻第8号(通巻第101号)	42		海雲台コンドミニアム-オープン!
1984.08.01	第9巻第8号(通巻第101号)	49		"韓国の宅急便"誕生!
1984.08.01	第9巻第8号(通巻第101号)	50		古寺探訪⑤直指寺(チクチサ)
1984.08.01	第9巻第8号(通巻第101号)	52		銃を筆にかえて 丈石・具書七先生の作品世界
1984.08.01	第9巻第8号(通巻第101号)	58		福祉への愛は、行動と共同精神 ホテル福祉会
1984.08.01	第9巻第8号(通巻第101号)	60		TOPICS
1984.08.01	第9巻第8号(通巻第101号)	62		第11回JALスカラシャップ歓迎パーティー
1984.08.01	第9巻第8号(通巻第101号)	64		韓国の切手/編集後記/表紙のことば
1984.09.01	第9巻第9号(通巻第102号)	1		歓迎・全大統領・初訪日
1984.09.01	第9巻第9号(通巻第102号)	2		〈ロス五輪〉ロスからソウルへ
1984.09.01	第9巻第9号(通巻第102号)	6		大統領訪日歓迎の新時代ムード－韓日・日韓議連第12回合同総会
1984.09.01	第9巻第9号(通巻第102号)	7		大統領訪日成功、韓日新時代発展で合意－韓日・日韓協力委第22会合同会議
1984.09.01	第9巻第9号(通巻第102号)	8		'84組織強化対策会議開かれる 第39回「光複節」式典、日本各地で
1984.09.01	第9巻第9号(通巻第102号)	10		韓国市民の見た日本-李永俊
1984.09.01	第9巻第9号(通巻第102号)	14		KBS交響楽団 '84夏の音楽祭開催
1984.09.01	第9巻第9号(通巻第102号)	16		ニュース&レポート
1984.09.01	第9巻第9号(通巻第102号)	17		〈特集・KYOTO〉京都韓学校舎が竣工
1984.09.01	第9巻第9号(通巻第102号)	25		鳳山仮面劇圧倒的な迫力と抜群の面白さ
1984.09.01	第9巻第9号(通巻第102号)	30		〈教育〉国楽高等学校
1984.09.01	第9巻第9号(通巻第102号)	32		偏見すてて相互信頼関係を-須之部量三
1984.09.01	第9巻第9号(通巻第102号)	34		MUSICfromKOREAトキトキ・ボーカル。今、上陸 関海景
1984.09.01	第9巻第9号(通巻第102号)	36		英・写・室 南と北
1984.09.01	第9巻第9号(通巻第102号)	40		〈男のロマン・申基植〉韓国にはく製の野生動物博物館を
1984.09.01	第9巻第9号(通巻第102号)	44		愛隣園 愛とはすべてを信じ、耐え、望むこと。
1984.09.01	第9巻第9号(通巻第102号)	46		TOPICS
1984.09.01	第9巻第9号(通巻第102号)	48		韓国の切手/編集後記/表紙のことば
1984.10.01	第9巻第10号(通巻第103号)	1		全斗煥大統領初の日本公式訪問 天皇陛下と会見
1984.10.01	第9巻第10号(通巻第103号)	10		世界最古の木版本、金属活字本・初公開 韓国古印刷文化展開幕
1984.10.01	第9巻第10号(通巻第103号)	14		韓国からの ニュース・レポート

발행일	지면정보		필자	제목
	권호	페이지		
1984.10.01	第9巻第10号(通巻第103号)	16		「韓国の銅像⑦」高句麗の名将・乙支文徳将軍
1984.10.01	第9巻第10号(通巻第103号)	18		重化学工業の基礎を固める-韓国輸出入銀行
1984.10.01	第9巻第10号(通巻第103号)	22		民俗舞踊を通じてみた民俗衣裳発表会
1984.10.01	第9巻第10号(通巻第103号)	24		東京・世田谷区スポーツ少年団が結団　ソウル遠征　韓国親善「少年体育大会」開く
1984.10.01	第9巻第10号(通巻第103号)	26		韓国人無縁仏の慰霊塔つくりたい!地域レベルの親善に意欲示す　清水彰治社長
1984.10.01	第9巻第10号(通巻第103号)	28		在日朝総連系同胞が母国訪問　各地から秋夕墓参団に参加
1984.10.01	第9巻第10号(通巻第103号)	30		高麗青磁千年の神秘を剥き出した　高麗窯池順鐸先生
1984.10.01	第9巻第10号(通巻第103号)	32		京都商銀信用組合　創立30周年記念式典
1984.10.01	第9巻第10号(通巻第103号)	33		大韓航空民営15周年謝恩囲碁大会
1984.10.01	第9巻第10号(通巻第103号)	34		世界一のマルチビジョンが、礼幌に誕生　ニューメディア時代へ、本格的に突入!
1984.10.01	第9巻第10号(通巻第103号)	38		科学万博つくば '85参観者のためのカプセル・ホテルファースト・イン筑波
1984.10.01	第9巻第10号(通巻第103号)	42		「統一の広場」日本の韓半島政策-林建彦(東海大学教授)
1984.10.01	第9巻第10号(通巻第103号)	46		1984年度 在日韓国人柔道選手権大会
1984.10.01	第9巻第10号(通巻第103号)	50		韓国の観光シリーズ 韓国随一の山嶽美/ソラク(雪嶽)山
1984.10.01	第9巻第10号(通巻第103号)	54		〈日本での話題〉カラー・トピックス
1984.10.01	第9巻第10号(通巻第103号)	56		韓国の切手/編集後記/オピニエン
1984.11.01	第9巻第11号(通巻第104号)	1		全世界のスポーツ選手を歓迎!ソウル五輪メーンスタジアム開場式挙行
1984.11.01	第9巻第11号(通巻第104号)	6		健軍第36周年「国軍の日」盛大に　全斗煥大統領、自由国方と国民の団結強調
1984.11.01	第9巻第11号(通巻第104号)	10		埼玉県私立中学・高校協会柔道選抜選手団(団長・細田早苗・細田学園校長)の「訪韓印象記」
1984.11.01	第9巻第11号(通巻第104号)	14		〈韓国からのニュース・レポート〉開天節、日本輸入促進団来韓、盧泰愚大韓体育会長新任、他
1984.11.01	第9巻第11号(通巻第104号)	16		〈韓国の銅像⑧〉韓国一の士様・世宗大王
1984.11.01	第9巻第11号(通巻第104号)	17		産業人の国際視野を広げ、参加国間の相互理解を増進 第2回ソウル国際貿易博覧会開幕
1984.11.01	第9巻第11号(通巻第104号)	22		建築美を鮮かに、優雅で繊細な丹青重要文化財第48号丹青技能保有者 李万奉師
1984.11.01	第9巻第11号(通巻第104号)	24		朴鍾三選手、槍投げで韓国新記録　'84ソウル国際ジュニアオープン陸上競技大会
1984.11.01	第9巻第11号(通巻第104号)	26		サムルノリ(四物遊撃)芝増上寺で活躍と興奮 民間の鑑賞のため、初の招待公演
1984.11.01	第9巻第11号(通巻第104号)	29		指紋押なつ制度、常時携帯義務を廃止せよ!
1984.11.01	第9巻第11号(通巻第104号)	30		〈韓国芸能の秋〉「第9回伝承工芸展」

발행일	지면정보		필자	제목
	권호	페이지		
1984.11.01	第9巻第11号(通巻第104号)	38		「世界青少年の年」に向け結束 利川青年院で「第19回ユネスコ国際青年キャンプ」
1984.11.01	第9巻第11号(通巻第104号)	34		国際民間外交の勇士たちに真の触れ合いの場 米国在郷軍人会の「サファリポスト」オープン
1984.11.01	第9巻第11号(通巻第104号)	38		礼智院で外国人女性ソンピョン(松片餅)つくり大会、日本人主婦大活躍
1984.11.01	第9巻第11号(通巻第104号)	41		9回目の「朝鮮使節絵巻」堺の辛基秀氏発見 大阪の青丘文化ホールで公開
1984.11.01	第9巻第11号(通巻第104号)	42	山田修	韓国の古寺探訪(6) 仏国寺(ブルクックサ)
1984.11.01	第9巻第11号(通巻第104号)	44		南北韓の仏教徒再会合など主唱 第14回世界仏教大会で徐京宝韓国代表団長
1984.11.01	第9巻第11号(通巻第104号)	45		韓国の健康法ためしてびっくり!ソウルの万物商・李宇権氏が紹介
1984.11.01	第9巻第11号(通巻第104号)	46		日本の第8回「全国学生書写書道展覧会」で清海市立霞台中の韓恵順さんが文部大臣奨励奨励賞
1984.11.01	第9巻第11号(通巻第104号)	47		ハスキー・ボーカル羅美・NAMI 新曲「絆き・ず・な」で日本デビュー
1984.11.01	第9巻第11号(通巻第104号)	48		北韓の水害救援物資引きとりで、南北対のムード好転/「書評」・柴田穂、森浩一両氏
1984.11.01	第9巻第11号(通巻第104号)	50		豊漁を祈願し、望郷の念を慰める 大同クッ「第2回海西地方豊漁祭」
1984.11.01	第9巻第11号(通巻第104号)	52		河淑貞「韓国伝統料理」講座① 家庭の手料理随一のキムチ鍋
1984.11.01	第9巻第11号(通巻第104号)	54		日本での話題 カラー・トピックス
1984.11.01	第9巻第11号(通巻第104号)	56		韓国の切手・編集後記・オピニエン
1984.12.01	第9巻第12号(通巻第105号)	1		国際化新時代に素朴な「第25回全国民族芸術競演外界〈忠州〉」
1984.12.01	第9巻第12号(通巻第105号)	5		新記録、まさに豊作の秋 第65回大邱全国体育大会
1984.12.01	第9巻第12号(通巻第105号)	9		目次
1984.12.01	第9巻第12号(通巻第105号)	10		韓国独立の揺籃で、新時代の友好考える 韓国外換銀 在日韓国青年商工人セミナー
1984.12.01	第9巻第12号(通巻第105号)	12		歴史の起伏に人の苦悩、葛藤 韓国の映画 時代劇 賜楽
1984.12.01	第9巻第12号(通巻第105号)	14		「韓国の夕べ'84」東京初め全国で!評論家李健氏 韓国同伴新時代の友好説く
1984.12.01	第9巻第12号(通巻第105号)	16		韓国からのニュースレポート/モルジブ大統領訪韓「珍島大橋」開通
1984.12.01	第9巻第12号(通巻第105号)	18		国際人・語学専門衆「大一人」を養成 聖韓学園「大一外国語学校」
1984.12.01	第9巻第12号(通巻第105号)	20		〈美術の秋〉彩りの世界・鄭桂晶作品展
1984.12.01	第9巻第12号(通巻第105号)	21		〈美術の秋〉現代宗教展/全和凰個展
1984.12.01	第9巻第12号(通巻第105号)	22		権益擁護に新たな決意 日韓親善ムード 民団「創団38周年記念式」

발행일	지면정보		필자	제목
	권호	페이지		
1984.12.01	第9巻第12号(通巻第105号)	23		女性ならではの力を両国親善に中曾根首相夫人迎え　第7回日・韓女性協同総会
1984.12.01	第9巻第12号(通巻第105号)	24～26		〈特集OSAKA〉「御堂節パレード」でムグンファ花車　アイドルに　日本文化創祖「王仁まつり」
1984.12.01	第9巻第12号(通巻第105号)	27		新しい親善、肌で体験　自民党議員夫人訪韓団、大統領夫妻と会見
1984.12.01	第9巻第12号(通巻第105号)	28		市民交流の輪、さらに拡大　第3回ロウル・東京親善協合大会
1984.12.01	第9巻第12号(通巻第105号)	30		大統領来日後初、16番目の姉妹結縁　10月30日　中区、新宿区調印式
1984.12.01	第9巻第12号(通巻第105号)	32		ミス・インターナショナル世界大会　美の親善使節・ミスコリア金京利嬢
1984.12.01	第9巻第12号(通巻第105号)	33		「切手オリンピック」切手文化発展に尽くす　ソウル国際切手展
1984.12.01	第9巻第12号(通巻第105号)	34		肉体と精神力養成に新たな刺激　初の「第20回アジア・ボディビル大会」
1984.12.01	第9巻第12号(通巻第105号)	36		世界最大100面マルチビジョン12月2日放映開始
1984.12.01	第9巻第12号(通巻第105号)	38		金南会民団川崎団長ら「花娘会」1000万ウェン五輪奇金　母校小学校には遊具寄贈
1984.12.01	第9巻第12号(通巻第105号)	40		韓国ニュートップ女優　兪知仁来日
1984.12.01	第9巻第12号(通巻第105号)	41		「現代韓国映画」をかんがえる討論会　両国の映画交流拡大の糸口さぐる
1984.12.01	第9巻第12号(通巻第105号)	42		写真で見るリアルタイム　文化院で「韓国写真史50年展」
1984.12.01	第9巻第12号(通巻第105号)	44	山田修	韓国の古寺探訪(7)　海印寺(ヘインサ)
1984.12.01	第9巻第12号(通巻第105号)	46		〈第3回美術大展〉史爽源、朴一用、丁大鉉三氏が大賞の栄誉
1984.12.01	第9巻第12号(通巻第105号)	48		エホバの神に導かれ、和解のしもべとして来日・・・朴永昌師
1984.12.01	第9巻第12号(通巻第105号)	49		国際客に人気にスキー場、総合レジャーランドに発展　韓国の観光tラベルガイド
1984.12.01	第9巻第12号(通巻第105号)	52		韓国の伝統料理　平壌冷麺と魚腹金-東洋大学東洋学研究所・東洋飲食風俗史家研究家　槙浩史
1984.12.01	第9巻第12号(通巻第105号)	54		日本での話題・カラートピックス「金蓮子コンサート」「東京青商チャリティゴルフ」「和田元代公両受勲感謝の夕」
1984.12.01	第9巻第12号(通巻第105号)	56		韓国の切手・編集後記・オピニエン
1985.01.01	第10巻第1号(通巻第106号)	1		豊年をまたらす神聖な動物　今年は半の年　乙丑年
1985.01.01	第10巻第1号(通巻第106号)	2		お正月の風景　見聞録
1985.01.01	第10巻第1号(通巻第106号)	4		目標270億ドル突破「第21回輸出の日」山本行一顧問はじめ　日本社会党重鎮一行、韓国初訪問
1985.01.01	第10巻第1号(通巻第106号)	6		瓢箪で仮面つくって、伝統の劇踊る　重要無形文化財「揚州別山台踊り」の柳敬成先生

발행일	지면정보		필자	제목
	권호	페이지		
1985.01.01	第10巻第1号(通巻第106号)	9		目次・新年号
1985.01.01	第10巻第1号(通巻第106号)	10		韓国からのニュースレポート　初の南北経済会談/大学入試学力試験/新しい「アリラン」タバコ/「芸術の殿堂」「銅雀大橋」
1985.01.01	第10巻第1号(通巻第106号)	12	朴逆	88年オリンピック目指し、韓国は大きく飛躍「韓国訪問記」
1985.01.01	第10巻第1号(通巻第106号)	14		最優秀選手発表・韓国女流画家会12周年東京展・マルチタレント金秀姫(キムスヒ)・レコードテビュー(CBSソニー)
1985.01.01	第10巻第1号(通巻第106号)	16		〈韓国の銅像⑨〉鄭夢周(1337-1392)高麗朝の忠臣丹心歌でしられる名儒
1985.01.01	第10巻第1号(通巻第106号)	18		韓・中・日礼服および生活服発表会　三国の伝統服装の研究発表
1985.01.01	第10巻第1号(通巻第106号)	22		〈特集〉「キムチ」この初春、おいしいキムチをお宅で作って、みませんか
1985.01.01	第10巻第1号(通巻第106号)	27		本場かめ入りキムチお宅までとどける
1985.01.01	第10巻第1号(通巻第106号)	30	柳珍	生動感満ちあふれる現代韓国の傑作　現代作家デビュー「珍花廊」
1985.01.01	第10巻第1号(通巻第106号)	34		21世紀につなごう親善の集い日韓新時代を祝う音楽芸能の夕べ
1985.01.01	第10巻第1号(通巻第106号)	38		韓国の平和祈る40万人の署名集まる　西園寺昌美さんに全大統領が感謝の新書
1985.01.01	第10巻第1号(通巻第106号)	42		世界最大の100面マルチビジョン　礼幌市民の目クギづけた
1985.01.01	第10巻第1号(通巻第106号)	46		韓国人の生活と情緒をユーモラスに描く　中壁ホープ-李満益画伯
1985.01.01	第10巻第1号(通巻第106号)	50		身を投げ出し組織守り、地域社会発展に尽くす金己哲顧問を表彰「渋谷民団会館県立5周年記念祝賀会」
1985.01.01	第10巻第1号(通巻第106号)	53		東京・港区では相互理解の話し合い　外国人登録法改称改正闘争委・関東ブロック発足式
1985.01.01	第10巻第1号(通巻第106号)	54		50年代のスター朴福男　ナツメロ「望郷の唄」「新派劇場」で歌手デビュー
1985.01.01	第10巻第1号(通巻第106号)	55		KALジャンボ機上結婚式/韓・日ロッテ両救団・スター選手サイン会
1985.01.01	第10巻第1号(通巻第106号)	56		女性より柔らかい優しさ・新しい韓国舞踊の真髄示す　興に酔う幻術力 蔡相黙
1985.01.01	第10巻第1号(通巻第106号)	58		書字の造形美に詩情をふきこむ篆書の新境地開く、詩客・崔冨鷺氏
1985.01.01	第10巻第1号(通巻第106号)	62		韓国のアカデミー賞・「第23回大鐘賞映画祭受賞式」李朝女性の悲劇「恣女木」など大鐘賞
1985.01.01	第10巻第1号(通巻第106号)	64		〈初春彩る〉韓国の伝統料理・河淑貞料理教室「海老と烏賊の煎り物」

발행일	지면정보		필자	제목
	권호	페이지		
1985.01.01	第10巻第1号(通巻第106号)	66		〈日本での話題・カラートピックス〉新御巫、旧前田駐韓大使歓送迎会、金容太在日韓国貿易人協会長に銅塔産業勲章他
1985.01.01	第10巻第1号(通巻第106号)	68		韓国の年賀切手・編集後記・オピニエン
1985.02.01	第10巻第2号(通巻第107号)	1		南北韓当局最高責任者会談を再提議 全斗煥大統領、新年国政延説
1985.02.01	第10巻第2号(通巻第107号)	2		囲碁ファンを前に堅い親善の握手 棋聖戦初の海外対局・第1局で趙棋聖1勝
1985.02.01	第10巻第2号(通巻第107号)	4		韓国家庭生活の「真味」あじわう 文教部長官招請「日本青少年団」訪韓
1985.02.01	第10巻第2号(通巻第107号)	10		韓国の金永光議員が中野亜大教授著「安重根」を翻訳出版 東京韓国研究院長 崔書勉
1985.02.01	第10巻第2号(通巻第107号)	12		李相時弁護士・標準東洋三国興亡図を刊行 檀君朝鮮の王と歴史、一目瞭然
1985.02.01	第10巻第2号(通巻第107号)	13		林権沢映画監督を囲んで韓国映画座談会 韓国文化院大国末津子
1985.02.01	第10巻第2号(通巻第107号)	14		〈韓国からのニュースレポート〉漢江凍りつく/KALエアバス導人/張ボクシングチャピオン防衛戦 他
1985.02.01	第10巻第2号(通巻第107号)	16		〈韓国の銅像⑩〉救国の英雄 忠武公・李舜臣将軍(1545-1598)
1985.02.01	第10巻第2号(通巻第107号)	18		〈ソウルのニュースライフ〉大型ショッピングプラザ「東邦プラザ」登場
1985.02.01	第10巻第2号(通巻第107号)	22		興に酔いつつ楽しみんがら、興を深める密陽新地秋のクッ
1985.02.01	第10巻第2号(通巻第107号)	25		在日韓国貿易人協会金容太会長の母国工場「韓国マーベル」社を全斗煥大統領夫妻視察 貿易人協会新年交歓会
1985.02.01	第10巻第2号(通巻第107号)	26		韓国KBS放送で大好評! 京都MKタクシー会長 兪奉植
1985.02.01	第10巻第2号(通巻第107号)	28		白頭山との出会い・元国土統一院次官 董勲氏
1985.02.01	第10巻第2号(通巻第107号)	30		山岳写真家・文順和/韓国の山と花①
1985.02.01	第10巻第2号(通巻第107号)	32		お互いの技を学び合おう・レスリング親善試合・東京日韓協連合会常任理事 古家保二
1985.02.01	第10巻第2号(通巻第107号)	34		〈EXPO'85〉つくばの郷ファースト・イン筑波完成!!
1985.02.01	第10巻第2号(通巻第107号)	36		農業の将来想い交流促進 FFK(韓国・営農学生連合会)、都立農芸高訪問
1985.02.01	第10巻第2号(通巻第107号)	38		〈韓国の観光・トラベルガイド〉「海印寺(ヘインサ)」
1985.02.01	第10巻第2号(通巻第107号)	41		「愛読者のためのやさしい韓国語の勉強①」もしもし!こんにちは。
1985.02.01	第10巻第2号(通巻第107号)	42	山田修	韓国古寺探訪(8) 法住寺(ポプチュサ) 忠清北道報恩郡内俗離面
1985.02.01	第10巻第2号(通巻第107号)	44		独創的な舞踊芸術を通じ愛好家の友情深める「韓日現代舞踊祭」ソウル公演

발행일	지면정보		필자	제목
	권호	페이지		
1985.02.01	第10巻第2号(通巻第107号)	46		韓国の伝統料理伝統が生きている木浦の味　楨造史
1985.02.01	第10巻第2号(通巻第107号)	48		「韓国人の見た日本」/ラジオたんば第1回アジア賞
1985.02.01	第10巻第2号(通巻第107号)	49		御巫新大使も出席、在韓日本人会「'84送年会」
1985.02.01	第10巻第2号(通巻第107号)	50		新しい時代の若い力を育てる!9周年の「神奈川韓国総合教育院」
1985.02.01	第10巻第2号(通巻第107号)	52		新しい時代をみつめ、新しい韓国の版画をつくる中堅女流画家　黄新然初の日本展
1985.02.01	第10巻第2号(通巻第107号)	54		〈カラートピックス〉日本での話題　新年会風景、朴南会川崎民団支団長が横浜商銀1日支店長、日韓親和の集い、大韓生命ビル照明テスト 他
1985.02.01	第10巻第2号(通巻第107号)	56		韓国の船舶切手シリーズ・編集後記・オピニエン
1985.03.01	第10巻第3号(通巻第108号)	1		〈筑波化学博〉'85Expo韓国館OPEN!
1985.03.01	第10巻第3号(通巻第108号)	4		緑と光の大地つくばの饗　ファースト・イン・筑波・完成!
1985.03.01	第10巻第3号(通巻第108号)	5		さっぽろ雪まつりの感動「白い使節南大門」札幌・ソウル韓光協会姉妹結縁
1985.03.01	第10巻第3号(通巻第108号)	10		韓国第12代国会議員総選挙
1985.03.01	第10巻第3号(通巻第108号)	12		民団中央本部団長選挙に　朴炳憲・朴成準両氏が立候補
1985.03.01	第10巻第3号(通巻第108号)	13		〈特別寄稿〉明るい日韓関係の構築に尽くす　駐大韓民国日本大使　御巫清尚
1985.03.01	第10巻第3号(通巻第108号)	14		〈ニュースレポート〉東湖大路開通、ベストセラー「孫子兵法」西尾昭訳・編「韓国法学論文選」牛場元国務相葬儀
1985.03.01	第10巻第3号(通巻第108号)	16		〈韓国の銅像⑪〉三国統一の基礎を固めた新羅の名将金庾信(595〜673)
1985.03.01	第10巻第3号(通巻第108号)	17		NHK ビデオkorea ロスからソウルへ
1985.03.01	第10巻第3号(通巻第108号)	18		体育教育の殿堂/最優秀選手・指導者を養成する　国立韓国体育大学
1985.03.01	第10巻第3号(通巻第108号)	22		〈指先で編む〉花と蝶 組紐匠 崔銀順女史
1985.03.01	第10巻第3号(通巻第108号)	26		韓・国・の・風・俗 鳶飛ばし(凧上げ)
1985.03.01	第10巻第3号(通巻第108号)	28		ソウル冠岳女子商高コーラスさわやかな調べ-岸信会会長 元気にあいさつ-/日韓協力委韓日協力委 合同幹部会
1985.03.01	第10巻第3号(通巻第108号)	30		現代人の悩み糖尿病は治せる　大邱の薬寺院漢方病院「糖尿教室」
1985.03.01	第10巻第3号(通巻第108号)	32		85KOREA TEXTILE&APPAREL EXHIBITION 韓国のファッションショー
1985.03.01	第10巻第3号(通巻第108号)	34		韓国の山と花エレジー/山岳写真家文順和氏紀行
1985.03.01	第10巻第3号(通巻第108号)	36		〈韓国国宝かたちと色の魅力〉時空を超え、燦然と輝く韓国7000年の文化遺産
1985.03.01	第10巻第3号(通巻第108号)	41		〈愛読者のための韓国語講座②〉母音の発音ア!ヤ!オ!ヨ

발행일	지면정보		필자	제목
	권호	페이지		
1985.03.01	第10巻第3号(通巻第108号)	42	山田修	〈韓国古寺探訪(9)〉曹渓寺と奉恩寺
1985.03.01	第10巻第3号(通巻第108号)	44		独創的で気侭な造形 現代陶芸美術家高声鐘先生
1985.03.01	第10巻第3号(通巻第108号)	47		指紋押なつ拒否! 在日韓国青年会東海道を行く
1985.03.01	第10巻第3号(通巻第108号)	48		東京韓国青商 主催のパンソリ公演
1985.03.01	第10巻第3号(通巻第108号)	49		児童の親善交流に貢献・朴南会＝民団川崎団長に市長、母校より感謝状＝川崎市桜本小学校開校50周年・韓国資料館開く＝
1985.03.01	第10巻第3号(通巻第108号)	50		〈韓国の映画〉士大夫の名誉と体裁に生命ささげる '84年大鐘賞の「姿女木」
1985.03.01	第10巻第3号(通巻第108号)	52		〈韓国の伝統料理〉河淑貞料理教室③神仙戸
1985.03.01	第10巻第3号(通巻第108号)	54		〈カラートピック〉曹ピアノ・トリオ日本公演/金炳恵染織展/「Jに」の大ヒットで跳びだしたニューホープ イーソンヒ
1985.03.01	第10巻第3号(通巻第108号)	56		韓国の切手・編集後記・オピニエン
1985.04.01	第10巻第4号(通巻第109号)	1		21世紀の未来都市TUKUBAで親善の握手 科学万博EXPO'85韓国館オープン
1985.04.01	第10巻第4号(通巻第109号)	10		外登法指紋押なつ常時携帯制度撤廃「3・1節記念全国決起大会」
1985.04.01	第10巻第4号(通巻第109号)	12		「民団中央大会」新活動方針承認 朴炳憲団長ら中央新体制決まる
1985.04.01	第10巻第4号(通巻第109号)	14		〈ニュースレポート〉盧信永新国務総理・内閣改造/花嫁オルカ来日/「汎民族オリンピック推進協議会」創立/水野浩二に日韓功労賞/突山連陸橋開通
1985.04.01	第10巻第4号(通巻第109号)	16		〈韓国の銅像⑬〉義兵率い、勇名轟かす李朝時代に紅衣将軍・郭再祐(1552～1617)
1985.04.01	第10巻第4号(通巻第109号)	17		大阪特集 OSAKA 大阪府概説
1985.04.01	第10巻第4号(通巻第109号)	18		展望 お・お・さ・か
1985.04.01	第10巻第4号(通巻第109号)	23		全国一のマンモス民団・大阪地方本部/御堂筋パレード/大阪の民族学校 白頭学院・金剛学院/歴史に輝く民族美術・高麗現代美術館
1985.04.01	第10巻第4号(通巻第109号)	25		関西の僑胞ゴルフ場 コマカントリークラブ/北六甲ゴルフ具楽部／有馬ロイヤルゴルフクラブ
1985.04.01	第10巻第4号(通巻第109号)	27		つるはしはかわる/コリアニュータウン計画
1985.04.01	第10巻第4号(通巻第109号)	29		大阪の韓米文化 大陸文化を直輸入、日本発達を支援した渡来韓国人
1985.04.01	第10巻第4号(通巻第109号)	31		作家 金達寿氏語る「生野区の百済川」
1985.04.01	第10巻第4号(通巻第109号)	33		そろいの角帽・ガウンの学生、希望の新社会に巣立つ! ソウルの大学卒業式
1985.04.01	第10巻第4号(通巻第109号)	34		崔華国氏、詩集「猫談義」に外国人初の「H氏賞」
1985.04.01	第10巻第4号(通巻第109号)	36		韓国国宝 絵画編 韓国をベースとした日本絵画研究・料理法研究
1985.04.01	第10巻第4号(通巻第109号)	40		NHKビデオKOREA ロスカラソウルへ

발행일	지면정보		필자	제목
	권호	페이지		
1985.04.01	第10巻第4号(通巻第109号)	41		〈愛読者のための韓国語講座②〉子音のメロディー カナタラマバサア
1985.04.01	第10巻第4号(通巻第109号)	42	山田修	〈韓国古寺探訪⑩〉水原城と水原遺跡
1985.04.01	第10巻第4号(通巻第109号)	44		新しい発見の旅·「'84韓国修学旅行感想文コンクール」
1985.04.01	第10巻第4号(通巻第109号)	48		新時代を展望、韓日経済協力を拡大「韓国投資セミナー」
1985.04.01	第10巻第4号(通巻第109号)	49		グローバルな作品展 韓国のイラストレーター·1
1985.04.01	第10巻第4号(通巻第109号)	50		〈山岳写真作家·文順和氏紀行〉韓国の山と花 トンイナムル(東の葉)
1985.04.01	第10巻第4号(通巻第109号)	52		〈韓国の伝統料理〉河淑貞料理教室④15日の菜、楽食、五穀ご飯
1985.04.01	第10巻第4号(通巻第109号)	54		山中料理の味覚楽しむ…格調高いふん囲気の仁寺洞「山村」
1985.04.01	第10巻第4号(通巻第109号)	56		FLOWER PLAYS JAEEUN CHOI崔在銀①
1985.05.01	第10巻第5号(通巻第110号)	1		朝総連系同胞 夢に描いた願いかない母国の土を踏む 10周年の寒食省墓参団
1985.05.01	第10巻第5号(通巻第110号)	4		真珠の輝き、円熟の微笑浮かぶ 螺鈿漆器匠·沈富吉翁(重要無形文化財54号)
1985.05.01	第10巻第5号(通巻第110号)	6		先人たちの篝火 伝統の灯器の歴史
1985.05.01	第10巻第5号(通巻第110号)	10		〈ニュースレポート〉韓仏首脳会談/ナフナ日本公演/李東元元外務部長官故矢次一夫氏墓参他
1985.05.01	第10巻第5号(通巻第110号)	14		民団新時代に権益擁護運動さらに推進 東京、大阪役員改選ニューリーダー登場
1985.05.01	第10巻第5号(通巻第110号)	15		韓国女子プロゴルフの星具玉姫連続優勝
1985.05.01	第10巻第5号(通巻第110号)	16		〈韓国の銅像⑬〉少年運動の創唱者子供の日に愛される方定煥先生(1899~1931)
1985.05.01	第10巻第5号(通巻第110号)	17		世界はソウルに ソウルは世界に オリンピック標語決まる·ホドリの形態展開
1985.05.01	第10巻第5号(通巻第110号)	20		韓日文化交流に大がかりな日本学者訪韓団 嶺南大韓日比較文化研究所設立発起人会開く
1985.05.01	第10巻第5号(通巻第110号)	22		福祉活動一筋の12年、「桜会」解散 鄭幸男初代会長12年の歩み振り返る
1985.05.01	第10巻第5号(通巻第110号)	24		〈神奈川県特集〉韓国の山と花「済州島·漢拏山とトゥンクルレ」神奈川県日韓協連合会·済州島韓日協姉妹結縁/横浜商銀親善ゴルフ会
1985.05.01	第10巻第5号(通巻第110号)	27		岡宏とクリアトーンズ·オーケストラ ソウルに韓日音楽交流の旋風巻き起こす
1985.05.01	第10巻第5号(通巻第110号)	28		日本の写真作家がとらえた韓国人の顔 栗田格氏ソウル作品展
1985.05.01	第10巻第5号(通巻第110号)	30		韓国の香り·潤い·味を伝える 伝統的韓国食堂「三元ガーデン」
1985.05.01	第10巻第5号(通巻第110号)	32		お互いに健全なう狩猟道精神の養成 忠清北道報恩郡で第1回韓日親善狩猟大会

발행일	지면정보		필자	제목
	권호	페이지		
1985.05.01	第10巻第5号(通巻第110号)	34		第6回天下将士シルム(韓国すもう)大会李万基が圧勝
1985.05.01	第10巻第5号(通巻第110号)	36		新しい発見の旅「'84韓国修学旅行感想文コンクール」韓国韓光公社、ソウルで入賞者表彰式
1985.05.01	第10巻第5号(通巻第110号)	38		韓国国宝 いまこそ未来へ伝えたい 感動の美
1985.05.01	第10巻第5号(通巻第110号)	40		「韓国の切手」国宝・陶磁器シリーズ/太極文様、農楽のホドリ…88ソウル・オリンピック切手発行開始
1985.05.01	第10巻第5号(通巻第110号)	41		愛読者のための韓国語講座④ 身のまわりのことを覚えましょう
1985.05.01	第10巻第5号(通巻第110号)	42		自然主義の表現美追求40年 韓国雄一の鉛筆画家 元錫淵作品展
1985.05.01	第10巻第5号(通巻第110号)	44		日本の「熊狩り」韓国の「嫁入りの日」純粋なファンのための「第13回ASPAC映画祭」
1985.05.01	第10巻第5号(通巻第110号)	46	山田修	韓国古寺探訪⑪ 神勒寺
1985.05.01	第10巻第5号(通巻第110号)	48		〈著書紹介〉韓訳万葉集(金思燁訳・成甲書房)文化交流に献身する林英樹社長 京都大学奥野弘著「ソウル日記」
1985.05.01	第10巻第5号(通巻第110号)	49		イラスト展「鎮魂曲」ソウルイラストレーター会会長 梁浩一
1985.05.01	第10巻第5号(通巻第110号)	50		〈韓国の映画〉30年代の国民の悲劇描く「灼熱」
1985.05.01	第10巻第5号(通巻第110号)	52		〈韓国の伝統料理〉河淑貞料理教室⑤韓食弁当、五味子、梨花債
1985.05.01	第10巻第5号(通巻第110号)	54		地域レベルの交流さらに活発に!ソウル韓日協、愛知日韓協姉妹結縁2週年祝賀会
1985.05.01	第10巻第5号(通巻第110号)	55		預金高2000億円目指す 全店一斉に東京商銀三回目の「一日本支店長」運動
1985.05.01	第10巻第5号(通巻第110号)	56		FLOWER PLAYS JAEEUN CHOI 編輯後記 韓国文化院情報/「フレッショ・ギャル」芳美
1985.06.01	第10巻第6号(通巻第111号)	1		全斗煥大統領訪米 レーガン大統領と3回目の頂上会談
1985.06.01	第10巻第6号(通巻第111号)	6		岸元首相訪韓、新時代の親善に意欲 日韓・韓日協力委合同総会開く
1985.06.01	第10巻第6号(通巻第111号)	9		目次・6月号
1985.06.01	第10巻第6号(通巻第111号)	10		「ニュース・レポート」皇太子殿下・東京国際見本市韓国館訪問 東京商銀総合オンライン・スタート 他
1985.06.01	第10巻第6号(通巻第111号)	14		〈韓国の映画〉話題の海外のロケ「深く青い海」
1985.06.01	第10巻第6号(通巻第111号)	16		〈韓国の銅像⑭〉祖国統一の悲願貫いた独立運動家「44年臨時政府主席」金九先生(1876～1949)
1985.06.01	第10巻第6号(通巻第111号)	17		科学先進国韓国を創造 TSUKABAEXPO'85韓国週間 李元洪文化広報部長官迎え、盛大な「韓国の日」記念式曲
1985.06.01	第10巻第6号(通巻第111号)	20		常陸野にあふれる魅力 茨城県

발행일	지면정보		필자	제목
	권호	페이지		
1985.06.01	第10巻第6号(通巻第111号)	22		国境と理念を超越、人類共存共栄と世界恒久平和建設 高応喆(高世一成)WUM総本部総裁国際ユニオン大学理事長を総裁に第4回平和統一文化祭、第19回亜世亜平和芸術祭開幕
1985.06.01	第10巻第6号(通巻第111号)	26		玉工芸の極致・20余年の作品1堂に張周元氏、国際民間外交協会ソウル展
1985.06.01	第10巻第6号(通巻第111号)	29		大統領アメリカ訪問記念・「近代美術シリーズ」第1集「韓国の切手」韓国の鳥シリーズ
1985.06.01	第10巻第6号(通巻第111号)	30		民族の悲願白頭山・豆満江に!延吉市再訪-成和クラブ連合会第2回中国在留同胞交流旅行
1985.06.01	第10巻第6号(通巻第111号)	32		朴炳憲団長「指紋・撤廃」で政府の支援を要請、民団中央新役員訪韓、盧国務総理ら要人歴訪
1985.06.01	第10巻第6号(通巻第111号)	34		張本勲、趙治勲 ゴルフで初顔合せ尹海炳東京三友物産社長健闘と飛躍を期待
1985.06.01	第10巻第6号(通巻第111号)	35		〈BOOKREVIEW〉日本一の「MKタクシーを育てた」兪奉植の企業家魂「MKの奇跡」加藤勝美著
1985.06.01	第10巻第6号(通巻第111号)	36		韓国国宝(仏像編)
1985.06.01	第10巻第6号(通巻第111号)	40		古い優れた文化の香り伝える美術大系「国宝」細田早苗「細田学園」女子高校長・理事長
1985.06.01	第10巻第6号(通巻第111号)	41		愛読者のための韓国語の勉強⑤ 夕方の御招待 楽しい食事、おいしい韓国料理
1985.06.01	第10巻第6号(通巻第111号)	42	山田修	〈韓国の寺探訪⑫〉月精寺と上院寺
1985.06.01	第10巻第6号(通巻第111号)	44		和気あいあいの対話、経済交流さらに促進資本自由化進む韓国「投資環境調査団」
1985.06.01	第10巻第6号(通巻第111号)	46		〈神奈川レポート〉横浜商銀一日理事長運動で、民団に寄金/李鐘大理事長市に義援金/神奈川教育院役員決まる
1985.06.01	第10巻第6号(通巻第111号)	47		横浜港祭り
1985.06.01	第10巻第6号(通巻第111号)	48		〈リン・リン・ダイヤル〉飛鳥の源流たずねるJALPAK新旅行コース登場
1985.06.01	第10巻第6号(通巻第111号)	49		韓国のイラストレータ③
1985.06.01	第10巻第6号(通巻第111号)	50		新シリーズ「ミニュージャック・フロム・コリア」韓国芸能・音楽・テレビ・ビデオ・コンサート情報
1985.06.01	第10巻第6号(通巻第111号)	52		〈韓国の伝統料理〉河淑貞料理教室⑥花煎(ファージョン)
1985.06.01	第10巻第6号(通巻第111号)	54		国際化時代にふさわしい、結婚の相手選びを!「東京ダイアモンドセンター」李斗元氏 ご夫妻
1985.06.01	第10巻第6号(通巻第111号)	55		青年のブライド忘れず一から人生の基礎築く金時鐘韓国青年商工人連合会長「金田総業グループ」会長
1985.06.01	第10巻第6号(通巻第111号)	56		FLOWERPLAYSJAEEUNCHOI/・編輯後記・「閔海景」
1985.07.01	第10巻第7号(通巻第112号)	1		光複40周年・平和統一政策諮問会議 南北首脳回帰、体育会談促す
1985.07.01	第10巻第7号(通巻第112号)	3		南北赤十字会談 南北経済海談 対話協力実る

발행일	지면정보		필자	제목
	권호	페이지		
1985.07.01	第10巻第7号(通巻第112号)	6		殉国烈士の英霊しのぶ第30回顕忠日
1985.07.01	第10巻第7号(通巻第112号)	10		「ニュース・レポート」第12代国会開幕、コルタリカ、パキスタン両大統領訪韓、ソウルグランプリマスターズ卓球大会、咸南道展歌謡大使・水野浩二
1985.07.01	第10巻第7号(通巻第112号)	15		朴炳憲中央団長、全斗煥大統領と会談/指紋押なつ廃止へ協力/関東地方協議大会/'85全国地方団長・中央さん下団体長会議
1985.07.01	第10巻第7号(通巻第112号)	16		愛読者からのだ・よ・り「韓国は兄の国」(畠山勝司)
1985.07.01	第10巻第7号(通巻第112号)	17		ス/ポ/ー/ツ/の/ペ/ー/ジ・第14回全国少年体育大会・アジア青少年体操大会・ワールドカップサッカー1次予選・檀国大・専大ラグビー親善交流! ソウル・オリンピック公式ポスター1号
1985.07.01	第10巻第7号(通巻第112号)	22		〈教育・仁徳工専大〉芸術的創造と実際の応用能力を養う デザイナーのための仁徳工専大
1985.07.01	第10巻第7号(通巻第112号)	26		韓国初の「曼荼羅大展」韓国仏画、チベット壁画人気呼ぶ
1985.07.01	第10巻第7号(通巻第112号)	30		護国信仰の揺籃海印寺と高麗八カ大蔵経
1985.07.01	第10巻第7号(通巻第112号)	34		洗練された健康美あふれる '85ミスコリア選抜大会
1985.07.01	第10巻第7号(通巻第112号)	37		1億円をグランド建設に寄金の韓昌祐・京都韓国人商工会長　地元峰山市から善行表彰
1985.07.01	第10巻第7号(通巻第112号)	38		第17回申師任堂推戴式/金貞淑弘益大名誉教授に栄誉
1985.07.01	第10巻第7号(通巻第112号)	40		第4回大韓民国写真展(韓国写真作家協会主催)大賞に「修理」金弘斗氏
1985.07.01	第10巻第7号(通巻第112号)	41		愛読者のための韓国語講座⑥ 名前をたずねる「月刊基礎ハングル創刊2号」より
1985.07.01	第10巻第7号(通巻第112号)	42	山田修	〈韓国の銅像⑬〉江陵と江陵遺跡(江原道江陵市)
1985.07.01	第10巻第7号(通巻第112号)	44		比較文明・比較文化···学問発展の県け橋に! 日本学者訪韓団、3学者印象記
1985.07.01	第10巻第7号(通巻第112号)	46		第二に国民病肝炎 その実態と対策 京都・西京病院院長 金在河博士
1985.07.01	第10巻第7号(通巻第112号)	48		釈伽聖誕日記念法要式・韓国全国で
1985.07.01	第10巻第7号(通巻第112号)	49		韓国のイラストレータ④
1985.07.01	第10巻第7号(通巻第112号)	50		The 30th Asia PaciFi Festival「濃紺の夜」最優秀映画、脚本賞
1985.07.01	第10巻第7号(通巻第112号)	53		ミュージック・フロム・コリア　韓国芸能・音楽テレビ・ビデオ・コンサート情報
1985.07.01	第10巻第7号(通巻第112号)	55		やさしい韓国料理① 金淑凰
1985.07.01	第10巻第7号(通巻第112号)	56		FLOWER PLAYSJAEEUNCHOI　編輯後記
1985.08.01	第10巻第8号(通巻第113号)	1		「日韓十大歌手・夢の競宴」韓日国交常化20周年記念
1985.08.01	第10巻第8号(通巻第113号)	9		8月号/目次

발행일	지면정보		필자	제목
	권호	페이지		
1985.08.01	第10巻第8号(通巻第113号)	10		「ニュース・レポート」金熙秀・東京「金井企業」社長、「第8回退渓学国際会議」を支援/対日輸出促進で朴竜学大濃会長、中曾根首相より表彰状/コリア・フェアー始まる、日本の唄に兆戦する１ーヨンヒ 他
1985.08.01	第10巻第8号(通巻第113号)	14		〈韓国古寺探訪(14)〉洛山寺ナクサンサ(江原道襄陽郡降峴面)
1985.08.01	第10巻第8号(通巻第113号)	16		〈韓国の銅像⑮〉高麗名将・尹瓘将軍
1985.08.01	第10巻第8号(通巻第113号)	17		韓・日議連合同幹事会、指紋・貿易など　焦点に、相互に納得のいく解決を!
1985.08.01	第10巻第8号(通巻第113号)	20		逞(たくま)しく、心豊かな世界の子供に「ソウル日本人学校」
1985.08.01	第10巻第8号(通巻第113号)	26		預金目標１兆1400億円達成へ　韓信協、第32回通常総会/許弼奭会長、全斗煥大統領と会見
1985.08.01	第10巻第8号(通巻第113号)	28		全国に根下ろし、パワーある組織作りを/兪在根会長ら新役員選出/在日韓国青年商工人連合会再5期定期総会
1985.08.01	第10巻第8号(通巻第113号)	32		鮮やかな緑の世界!スリル溢れるドラマ　韓国ゴルフの成長願う「漢城カントリークラブ」姜炳凌社長
1985.08.01	第10巻第8号(通巻第113号)	36		必要な時に、必要な場所で、すぐ楽しめる「キャン・コミュニケーションズ」の「移動型アストロビジョン」
1985.08.01	第10巻第8号(通巻第113号)	40		韓国の切手　魚シリーズ1集　ソウル・オリンピック 他
1985.08.01	第10巻第8号(通巻第113号)	41		イラスト「幻想」
1985.08.01	第10巻第8号(通巻第113号)	44		〈住まい人〉国際感覚溢れた、まさに格調の城　京都　韓国商工会長・韓昌祐西原産業代表取締役
1985.08.01	第10巻第8号(通巻第113号)	50		日本の名刹、蘇る聖地。韓日両国人の心のふるさと宗教法人・千鳥寺「南山やすらぎ霊園」
1985.08.01	第10巻第8号(通巻第113号)	52		先人の優雅な情趣、余裕と風流「刺繍団扇」
1985.08.01	第10巻第8号(通巻第113号)	56		将来を担う若者たちの交流、国際親善に発展　第12回JALスカラシップ韓国らか5学生
1985.08.01	第10巻第8号(通巻第113号)	57		慶尚北道特集　新羅千年の文化を伝え、交流の基礎をつくる/新しい躍進の時代、親善に意欲　慶尚北道知事　金相熙
1985.08.01	第10巻第8号(通巻第113号)	58		韓国の雄道健在、新しい飛躍の慶尚北道
1985.08.01	第10巻第8号(通巻第113号)	60		新羅文化受け継ぐ古都「慶州」　奈良市と姉妹結縁15周年
1985.08.01	第10巻第8号(通巻第113号)	61		名儒李彦迪の古里 月城・良洞
1985.08.01	第10巻第8号(通巻第113号)	62		最新先端技術発展の部隊・東洋一の亀尾電子工業団地
1985.08.01	第10巻第8号(通巻第113号)	63		民族の中興・祖国近代化の旗手　善山の故朴正熙大統領・生家
1985.08.01	第10巻第8号(通巻第113号)	64		委朝儒教の本山　名賢巨儒の古里「安東郡」
1985.08.01	第10巻第8号(通巻第113号)	65		救国の名宰相　西厓・柳成龍の古里「河回洞」

발행일	지면정보		필자	제목
	권호	페이지		
1985.08.01	第10巻第8号(通巻第113号)	66		嶺南大学校 天馬の気性を受け継ぎ、民族中興の"新しい"棟梁を養成 嶺南大柳駿総長と対話して
1985.08.01	第10巻第8号(通巻第113号)	69		漢江以南で最高の診療技術陣、最新の施設、最大の規模を誇る 嶺南大学校医科大学附属病院
1985.08.01	第10巻第8号(通巻第113号)	70		誠実、協同、奉仕の学訓 嶺南工業専門大学
1985.08.01	第10巻第8号(通巻第113号)	71		新羅武士「花郎」の精神で、祖国と、韓日親善にかける慶南会民団川崎前団長
1985.08.01	第10巻第8号(通巻第113号)	73		愛読者のための韓国語講座⑦ ホテルのロビーで
1985.08.01	第10巻第8号(通巻第113号)	74		韓国、経済先進国に突入確実 相互経済協力で、日本は今何をなすべきか
1985.08.01	第10巻第8号(通巻第113号)	78		トインビーに、親善・交流の精神を学ぶ 日本学者親善訪韓団 学者印象記(その2)
1985.08.01	第10巻第8号(通巻第113号)	82		「韓国国宝」堂々、ここに完ル! 訳者のことば 孔泰瑢亜世亜文化研究所長
1985.08.01	第10巻第8号(通巻第113号)	84		新しい若者の街の「ヘルシーリジゾート」韓国地域人の協力で生まれた社交場「レク・ワールド岡崎」Hotel & Sauna
1985.08.01	第10巻第8号(通巻第113号)	86		やさしい韓国料理② 金淑凰
1985.08.01	第10巻第8号(通巻第113号)	88		FLOWERPLAYSJAEEUNCHOI 編輯後記
1985.09.01	第10巻第9号(通巻第114号)	1		6000万民族の念願、「統一」への祈り「第40周年光復節記念式典」
1985.09.01	第10巻第9号(通巻第114号)	2		故郷の歌なつかしむ‥在日同胞のための光復40年日本大公演
1985.09.01	第10巻第9号(通巻第114号)	4		我が国固有文化と伝統を尋ねる「百年前の韓国」写真展で今昔対照
1985.09.01	第10巻第9号(通巻第114号)	10		〈ニュース&・レポート〉全大統領・竹入公明党委員長と会談/金禄永・韓国国会副議長死去/朴南会「花郎会」会長、川崎市に奇金、他
1985.09.01	第10巻第9号(通巻第114号)	14		必ず来る豊かな社会ー日本一流エコノミストが「韓国経済」を診断
1985.09.01	第10巻第9号(通巻第114号)	16		〈韓国の同像⑮〉韓民族の指導者、天道教の教主 義菴・孫秉熙先生
1985.09.01	第10巻第9号(通巻第114号)	17		中曾根首相、ソウル韓日協の中学、高校生を激励
1985.09.01	第10巻第9号(通巻第114号)	18		韓国文化の伝統を守る 人間文化財・方字鑰器匠李鳳周氏
1985.09.01	第10巻第9号(通巻第114号)	22		裸身力士像、色彩やかに 三国時代の慶北古墳壁画
1985.09.01	第10巻第9号(通巻第114号)	24		未来に向かって、若者たちの心は一つに、利川青年院で、第20回ユネスコ・国際青年野営大会
1985.09.01	第10巻第9号(通巻第114号)	26		京都・亀岡カントリー・クラブ訪韓団 漢陽ソウル・カントリーで韓日親善ゴルフ大会
1985.09.01	第10巻第9号(通巻第114号)	28		大阪興銀創立30周年、総預金3000億円に向かって「さんううさん計画・チャレンジ30」李勝載常務理事リーダーに「富士山登頂」

발행일	지면정보		필자	제목
	권호	페이지		
1985.09.01	第10巻第9号(通巻第114号)	32		日航、国際線で2年連続世界の王座に 新中期計画(86～9年度)発表/JALPAK韓国
1985.09.01	第10巻第9号(通巻第114号)	34		南北平和統一と世界平和達成を先導 徐京保会長「第4回韓日。日韓仏教大会」で勉強
1985.09.01	第10巻第9号(通巻第114号)	36		先人の清らかな知恵うかがう 韓国の靴の発・達・史
1985.09.01	第10巻第9号(通巻第114号)	40		自撃漏(水時計)など科学文化財を国宝指定 韓国の切手・近代美術シリーズ第2集 他
1985.09.01	第10巻第9号(通巻第114号)	41		愛読者のための韓国語講座⑧「ヨボセヨ!」電話をする
1985.09.01	第10巻第9号(通巻第114号)	42	山田修	韓国の古寺探訪⑮ 雪岳山と神興寺
1985.09.01	第10巻第9号(通巻第114号)	44		平和の主導権は韓日両国の手に!秀村欣二東大名誉教授、作家金達寿氏講演(トインビー市民の会 公開講座)
1985.09.01	第10巻第9号(通巻第114号)	48		秋の色彩どり・コリアフェアーOPEN!韓国文化院情報
1985.09.01	第10巻第9号(通巻第114号)	49		韓国のイラストレーター⑥
1985.09.01	第10巻第9号(通巻第114号)	50		韓国洞穴の神秘 石東一洞穴写真展 映像で明らかに
1985.09.01	第10巻第9号(通巻第114号)	52		BONVOYAGE!'85「青年の船」遥かな故郷と未来に向かって 主催 在日韓国青年会
1985.09.01	第10巻第9号(通巻第114号)	54		やさしい韓国料理③ ソンピョン 金淑凰
1985.09.01	第10巻第9号(通巻第114号)	56		FLOWERPLAYSJAEEUNCHOI/編輯後記
1985.10.01	第10巻第10号(通巻第115号)	1		科学技術で実質協力 第13次韓日定期閣僚会議
1985.10.01	第10巻第10号(通巻第115号)	2		韓国で、盛大な第40周年光複節の祝い
1985.10.01	第10巻第10号(通巻第115号)	3		平和と友好の精神のもとに集う '85ユニバーシアード神戸大会
1985.10.01	第10巻第10号(通巻第115号)	6		ソウルオリンピックの成功を祈って
1985.10.01	第10巻第10号(通巻第115号)	10		日本オリンピック委員会 安斎寛常任委員
1985.10.01	第10巻第10号(通巻第115号)	14		「ニュース・レポート」日本地域・平和統一諮問会議に、金事務総長来日・出席、韓信協・4組合、オンライン始動在日韓国青年商工人連合会第1回理事会
1985.10.01	第10巻第10号(通巻第115号)	16		〈好評〉「檀君王倹像、開天聖祖桓雄像」韓国伝統美術会会長 石影・崔光守
1985.10.01	第10巻第10号(通巻第115号)	17		画家チェー・クァンジャ・パーフォーマンス
1985.10.01	第10巻第10号(通巻第115号)	18		伝統の美を世界に! 李利子女史の韓服研究
1985.10.01	第10巻第10号(通巻第115号)	22		「韓国国宝」東京王仁ライオンズクラブ 寄贈第一弾 日韓新時代のアクティビティー!
1985.10.01	第10巻第10号(通巻第115号)	24		大阪興銀創立30周年記念・さんさん計画アイデンティティ30 王仁リレー
1985.10.01	第10巻第10号(通巻第115号)	28		サンクス30ありかとさん30パーティー
1985.10.01	第10巻第10号(通巻第115号)	29		大阪敬老会
1985.10.01	第10巻第10号(通巻第115号)	30		「幻想の映像」アストロビジョン 韓国初登場

발행일	지면정보		필자	제목
	권호	페이지		
1985.10.01	第10巻第10号(通巻第115号)	32		大韓航空　第2回会社対囲碁大会
1985.10.01	第10巻第10号(通巻第115号)	33		李在弘ソウル・オリンピック広報局長来日、韓国文化院で講演
1985.10.01	第10巻第10号(通巻第115号)	34		日本の証券アナリスト、韓国経済を診断
1985.10.01	第10巻第10号(通巻第115号)	36		世界の中の李退渓学、多彩極めた研究発表　第8回退渓学国際学術会議
1985.10.01	第10巻第10号(通巻第115号)	38		肝炎退治・軌道修正　京都・西京病院　金在河博士
1985.10.01	第10巻第10号(通巻第115号)	40		韓国語講座⑨　買い物
1985.10.01	第10巻第10号(通巻第115号)	41		韓国のイラストレーター⑦
1985.10.01	第10巻第10号(通巻第115号)	42		秋のKOREAフェアーOPEN!韓国文化院情報
1985.10.01	第10巻第10号(通巻第115号)	43		チャングに音に踊る! 東京、横浜の敬老会
1985.10.01	第10巻第10号(通巻第115号)	44		'88ソウル　オリンピック・スポーツ写真展
1985.10.01	第10巻第10号(通巻第115号)	46		やさしい韓国料理④　金淑凰
1985.10.01	第10巻第10号(通巻第115号)	48		生け花「土」編集後記 表紙の言葉
1985.11.01	第10巻第11号(通巻第116号)	2		断絶された血筋連ねて、はや10年　母国訪問省墓団10周年
1985.11.01	第10巻第11号(通巻第116号)	5		統一聖業への基礎事業発展　母訪10周年記念式典
1985.11.01	第10巻第11号(通巻第116号)	6		先進・統一は開国理念　開天節慶祝式
1985.11.01	第10巻第11号(通巻第116号)	9		11月号　目次
1985.11.01	第10巻第11号(通巻第116号)	10		「ニュース・レポート」加籐・練馬日韓協会長受勲、静岡・神奈川監察機関研修会、文化院情報
1985.11.01	第10巻第11号(通巻第116号)	14		韓国地域経済開発視察と投資環境調査団派遣
1985.11.01	第10巻第11号(通巻第116号)	16		銅像(18)忠正公閔泳煥
1985.11.01	第10巻第11号(通巻第116号)	17		コリア・フェアー、新潟、千葉ジャスコで
1985.11.01	第10巻第11号(通巻第116号)	18		蚕室主競技開場記念第2回国際陸上、ソウル国際マラソン
1985.11.01	第10巻第11号(通巻第116号)	20		伝承工芸展
1985.11.01	第10巻第11号(通巻第116号)	21		秋の美術大展
1985.11.01	第10巻第11号(通巻第116号)	22		李利子女史・韓服研究シリーズⅡ「秋夕の装い」
1985.11.01	第10巻第11号(通巻第116号)	26		大統領賞、全北の「裡里農楽」第26回全国民俗芸術競演大会
1985.11.01	第10巻第11号(通巻第116号)	28		京都韓国人商工会、ハワイ商工会と姉妹結縁　科学技術者協会に援助寄金
1985.11.01	第10巻第11号(通巻第116号)	30		大阪特集 興銀30周年、王仁リレー日本上陸 民団、御堂筋パレードで国際賞
1985.11.01	第10巻第11号(通巻第116号)	32		韓国観光公社福岡支社　　長崎で「韓国の夕べ」アンケート調査で好評
1985.11.01	第10巻第11号(通巻第116号)	33		韓国語講座⑩
1985.11.01	第10巻第11号(通巻第116号)	34		信州の韓来文化
1985.11.01	第10巻第11号(通巻第116号)	36		40年の念願、南・北故郷訪問団、相互訪問実現

발행일	지면정보		필자	제목
	권호	페이지		
1985.11.01	第10巻第11号(通巻第116号)	38		韓国映画「於宇同」
1985.11.01	第10巻第11号(通巻第116号)	40		オリンピック記念品展、伝統陶芸のホープ李明培展
1985.11.01	第10巻第11号(通巻第116号)	41		韓国のイラストレーター⑧
1985.11.01	第10巻第11号(通巻第116号)	42		ソウルアジア大会公式記念メダル 日本全国・一斉予約発表
1985.11.01	第10巻第11号(通巻第116号)	43		韓国切手、たばこ・チャンミ(バラ)日本初登場
1985.11.01	第10巻第11号(通巻第116号)	44		TV・MUSIC・RECORD・PEOPLE
1985.11.01	第10巻第11号(通巻第116号)	46		やさしい韓国料理⑤ かゆ 料理研究室・金淑凰
1985.11.01	第10巻第11号(通巻第116号)	48		「晩秋」FLOWERPLAYSJAEEUNCHOI 編輯後記
1985.12.01	第10巻第12号(通巻第117号)	1		善隣友好の古き良き時代伝える 国交正常化20周年記念 朝鮮通信使展
1985.12.01	第10巻第12号(通巻第117号)	4		ソウル地下鉄全面開通
1985.12.01	第10巻第12号(通巻第117号)	9		12月号 目次
1985.12.01	第10巻第12号(通巻第117号)	10		「ニュース・アンド・レポート」李奎浩新駐日大使に信任状、韓商連研修団、大統領と会見、貯蓄の日記念年式典
1985.12.01	第10巻第12号(通巻第117号)	14		ソウルで第40次IMF・IBRD(国際通貨基金・世界銀行)年次総会
1985.12.01	第10巻第12号(通巻第117号)	16		銅像(19) 姜邯賛将軍
1985.12.01	第10巻第12号(通巻第117号)	17		在阪韓国人会館建設 地鎮祭
1985.12.01	第10巻第12号(通巻第117号)	18		風光明媚な江原道で第66回全国体育大会
1985.12.01	第10巻第12号(通巻第117号)	20		韓日スポーツ「夢の饗宴」ワールドカップサッカー最終予選
1985.12.01	第10巻第12号(通巻第117号)	22		〈大阪興銀創立30周年記念〉さんさん計画アイデンティー30壬仁リレー大阪到着
1985.12.01	第10巻第12号(通巻第117号)	24		プレ・イベント「We are International」
1985.12.01	第10巻第12号(通巻第117号)	26		大阪興銀創立30周年記念式典 3000億円預金目標達成を祝う
1985.12.01	第10巻第12号(通巻第117号)	28		韓国手探りの旅(2) 細田早苗細田学園女子高理事長・校長
1985.12.01	第10巻第12号(通巻第117号)	30		〈京都訪ねる〉京都韓国学園・同胞の血と汗と涙の結晶 輝きを増す! 崔永五理事長紹介
1985.12.01	第10巻第12号(通巻第117号)	33		京都民団本部・支部、白浜で研修会
1985.12.01	第10巻第12号(通巻第117号)	34		生産性、品質向上などで熱心な話し合い 第1回在日韓国科学技術者協会、母国訪問
1985.12.01	第10巻第12号(通巻第117号)	36		特集・長野県
1985.12.01	第10巻第12号(通巻第117号)	39		西東京慶尚北道道民会、11月2日立川で創立総会
1985.12.01	第10巻第12号(通巻第117号)	40		〈特別寄稿〉ソウル・オリンピックの鼓動 東京新聞・伊藤修運動部長
1985.12.01	第10巻第12号(通巻第117号)	42		アジア国際サイクルロードレース '85 Tour d'Asie
1985.12.01	第10巻第12号(通巻第117号)	44		ジャーリスト・ジャーナリズム 金相万名誉会長と韓国一の東亜日報社

발행일	지면정보		필자	제목
	권호	페이지		
1985.12.01	第10巻第12号(通巻第117号)	45		韓国語講座⑪ (「基礎ハングル」7号より)
1985.12.01	第10巻第12号(通巻第117号)	46		韓国経済情報(「韓国産業経済動向」より)
1985.12.01	第10巻第12号(通巻第117号)	48		国交回復20周年記念・第8回 日・韓女性親善協会合同総会 講演「日韓交流の歴史」明大・李進熙講師
1985.12.01	第10巻第12号(通巻第117号)	50		朴鍾圭IOC委員も参席、第7回世界跆拳道選手権、韓国7連覇
1985.12.01	第10巻第12号(通巻第117号)	52		国際オリンピック応援団長山田直稔氏が発表 ホドリのソウル・オリンピックの歌
1985.12.01	第10巻第12号(通巻第117号)	53		淡路グループ、秋のボランティア活動 今年も相模湖ピクニックランドで「母と子の集い」
1985.12.01	第10巻第12号(通巻第117号)	54		ニューリーダーの道を求めて! 大阪商友連合会、第4回母国研修団ソウル訪問
1985.12.01	第10巻第12号(通巻第117号)	58		やさしい韓国料理⑥ 錦水主人金淑凰
1985.12.01	第10巻第12号(通巻第117号)	60		「師走」FLOWERPLAYSJAEEUNCHOI 編輯後記
1986.01.01	第11巻第1号(通巻第118号)	1		今年は寅年
1986.01.01	第11巻第1号(通巻第118号)	3		李利子韓服 正月の晴れの着
1986.01.01	第11巻第1号(通巻第118号)	6		手を取り合い、友情を分かち合って4周年 東京日韓協連合会第4回合同親善大会
1986.01.01	第11巻第1号(通巻第118号)	9		新年号 目次
1986.01.01	第11巻第1号(通巻第118号)	10		〈ニュース・アンド・レポート〉鈴木前首相に修交勲章光化章、オリンピック大橋起工式 文化院伝統工芸展・他
1986.01.01	第11巻第1号(通巻第118号)	14		民族の矜持と希望を与えよう!第2回『北に送る』手紙書き大会
1986.01.01	第11巻第1号(通巻第118号)	16		よろしくお願いします 李奎浩新大使歓迎会
1986.01.01	第11巻第1号(通巻第118号)	20		国際化時代を生きる 成田浩志「成和グラブ」連合会長
1986.01.01	第11巻第1号(通巻第118号)	22		先端技術の競演 世界に跳躍する「韓国電子展覧会」
1986.01.01	第11巻第1号(通巻第118号)	26		韓国手探り旅(3) 紅島 埼玉県細田学園女子高校 校長・理事長 細田早苗
1986.01.01	第11巻第1号(通巻第118号)	30		ここに韓国人あり 朴漢植 大阪商銀理事長
1986.01.01	第11巻第1号(通巻第118号)	36		'86今年はアジアゲームの年 スポーツ・文化熱上昇
1986.01.01	第11巻第1号(通巻第118号)	42		山田直稔国際オリンピック応援団長 ソウルでオリンピックの歌発表!「心の旅」訪韓団
1986.01.01	第11巻第1号(通巻第118号)	46		パチンコに夢とロマンを求めて=大阪「大遊青」がパチンコデザイン・コンテスト
1986.01.01	第11巻第1号(通巻第118号)	50		李奎浩駐日大使、在日有功101氏に国民勲章
1986.01.01	第11巻第1号(通巻第118号)	54		民団中央本部顧問 名古屋韓学理事長 鄭煥麒氏自伝「在日を生きる」出版会
1986.01.01	第11巻第1号(通巻第118号)	56		オリンピック会場に日本の手芸で作った むくげを飾ろう! 東西文化交流協会 '85韓日文化使節団
1986.01.01	第11巻第1号(通巻第118号)	57		水彩画展・韓国の切手

발행일	지면정보		필자	제목
	권호	페이지		
1986.01.01	第11巻第1号(通巻第118号)	58		加藤源蔵・東京練馬日韓友情協会長・韓国国民勲章冬柏章授章祝賀会
1986.01.01	第11巻第1号(通巻第118号)	59		論壇「科学技術に目を向けよう」朴権煕在日韓国科学技術者協会長
1986.01.01	第11巻第1号(通巻第118号)	60		韓国経済の跳躍に期待!大使館主催「外国人投資認可新指針説明会」
1986.01.01	第11巻第1号(通巻第118号)	61		〈新春特別寄稿〉清秀(せい・ひいず)日興リサーチ専務取締役
1986.01.01	第11巻第1号(通巻第118号)	62		"ミュージック・カルチャー"フロム・コリア
1986.01.01	第11巻第1号(通巻第118号)	64		韓国語講座⑫(「基礎ハングル」8号より)
1986.01.01	第11巻第1号(通巻第118号)	65		韓国のイラストレーター⑨「踊・金教満」
1986.01.01	第11巻第1号(通巻第118号)	66		創作水準、目立って向上! 韓国観光公社主催「第13回観光写真とポスター・コンテスト」
1986.01.01	第11巻第1号(通巻第118号)	68		未来をみつめる連帯の輪 沖縄で 青年会主催「青年の船」
1986.01.01	第11巻第1号(通巻第118号)	70		やさしい韓国料理⑦ 錦水主人 金淑凰
1986.01.01	第11巻第1号(通巻第118号)	72		「睦月」FLOWERPLAYSJAEEUNCHOI 編集後記
1986.02.01	第11巻第2号(通巻第119号)	1		全大統領 新年辞 人類愛をもって 平和と協力の時代に前進
1986.02.01	第11巻第2号(通巻第119号)	2		今年はアジアゲームの年、準備着々と進む
1986.02.01	第11巻第2号(通巻第119号)	6		李奎浩 新大使 ようこそ日本へ 国際化時代に新しい活躍を期待
1986.02.01	第11巻第2号(通巻第119号)	9		2月号 目次
1986.02.01	第11巻第2号(通巻第119号)	10		〈ニュース・アンド・レポート〉大統領年賀あいさつ、内閣改造、張聡明前民団中央団長受勲 他
1986.02.01	第11巻第2号(通巻第119号)	14		韓国の税制-法人税を中心として-三和銀行総合研究所
1986.02.01	第11巻第2号(通巻第119号)	16		大統領 新年国政演設
1986.02.01	第11巻第2号(通巻第119号)	17		宇石金泰煕 螺鈿漆工芸作品展 伝統を現代に生かす
1986.02.01	第11巻第2号(通巻第119号)	20		韓国の民俗クッ(巫女の厄払い)シリーズ① 京畿道都堂くっ
1986.02.01	第11巻第2号(通巻第119号)	22		韓国の教育 民衆の杖、未来引導の主役を育てる警察大学
1986.02.01	第11巻第2号(通巻第119号)	25		帰化してもルーツは韓国 成和会の、新大使歓迎会、冬栢章受勲伝達式、新年会
1986.02.01	第11巻第2号(通巻第119号)	26		京都では・・・商工人、ハワイ副知事歓迎、KBS響演奏会、新年会、成人式
1986.02.01	第11巻第2号(通巻第119号)	28		大阪では・・・大使歓迎会、新年会
1986.02.01	第11巻第2号(通巻第119号)	30		韓国の宗教シリーズ① 円仏教物質が開闢、精神を開闢
1986.02.01	第11巻第2号(通巻第119号)	32		東京では・・・民団中央、東京商銀で新年会、横浜商銀で、神奈川同胞、新年を祝う会

발행일	지면정보		필자	제목
	권호	페이지		
1986.02.01	第11巻第2号(通巻第119号)	34		金属とともに一筋生きる　重要無形文化財技能保有者 金鼎燮翁
1986.02.01	第11巻第2号(通巻第119号)	38		金琪？陶展 京都・河原町ギャラリー・マロニエで
1986.02.01	第11巻第2号(通巻第119号)	40		第1回韓・日ゲートボール大会/第8回韓日友好親善撮影会
1986.02.01	第11巻第2号(通巻第119号)	41		成人の日・第21回キューピット・セレモニー
1986.02.01	第11巻第2号(通巻第119号)	42		肝炎退治5カ年計画 政府、「軌道修正」決定 内外学者の意見集束 京都西京病院、金在河医学博士
1986.02.01	第11巻第2号(通巻第119号)	44		ソウルで第10回南北赤十字本会談
1986.02.01	第11巻第2号(通巻第119号)	46		韓日書芸文化交流展/日本現代書ソウル展
1986.02.01	第11巻第2号(通巻第119号)	48		ハングルで話そう①（「基礎ハングル2月号」より）
1986.02.01	第11巻第2号(通巻第119号)	49		朴鐘圭先生を偲び 二科会会員・洋画家斉藤三郎
1986.02.01	第11巻第2号(通巻第119号)	50		崔広子(チェ・クァンジャ)パリ洋画展
1986.02.01	第11巻第2号(通巻第119号)	52		第24回　大鐘賞映画祭 喜びの顔、顔 安聖基、金芝美・男、女主演俳優賞獲得
1986.02.01	第11巻第2号(通巻第119号)	54		やさしい韓国料理⑧ 錦水主人
1986.02.01	第11巻第2号(通巻第119号)	56		「睦月」FLOWERPLAYSJAEEUNCHOI　編集後記
1986.03.01	第11巻第3号(通巻第120号)	1		盧泰愚ソウルオリンピック組織委員長激励!オリンピック商品総合展示会
1986.03.01	第11巻第3号(通巻第120号)	9		3月号 目次
1986.03.01	第11巻第3号(通巻第120号)	10		李圭浩大使、日本人の会合で初講演
1986.03.01	第11巻第3号(通巻第120号)	12		ニュース・アンド・レポート
1986.03.01	第11巻第3号(通巻第120号)	16		平和統一政策諮問会議・日本地域協議会「評価会」開く
1986.03.01	第11巻第3号(通巻第120号)	17		組織創造の立役者 李裕天元民団中央団長・民団葬
1986.03.01	第11巻第3号(通巻第120号)	18		李利子女史の韓服「縫い韓服」
1986.03.01	第11巻第3号(通巻第120号)	22		博物館シリーズ・温陽民俗博物館
1986.03.01	第11巻第3号(通巻第120号)	25		むくげ創作の東西文化交流協会使節団2陣訪韓
1986.03.01	第11巻第3号(通巻第120号)	26		教育・科学・英才教育の「京畿科学交」
1986.03.01	第11巻第3号(通巻第120号)	29		千の顔もつ魂の音 太鼓づくり・朴均錫翁
1986.03.01	第11巻第3号(通巻第120号)	32		「町」の心意気に親善見出す 第4回「京都素人顔見世」
1986.03.01	第11巻第3号(通巻第120号)	35		大阪商銀 朴漢植前理事長葬
1986.03.01	第11巻第3号(通巻第120号)	36		ここに韓国人あり　CAR&GALLERYKIMGAの金秀用社長
1986.03.01	第11巻第3号(通巻第120号)	40		KBS響の楽譜京都蜂ヶ岡中に、「会話の中から影響し合っています。」呉敬福・河京希御夫婦
1986.03.01	第11巻第3号(通巻第120号)	41		ハングルで話そう②
1986.03.01	第11巻第3号(通巻第120号)	42		金大原画展
1986.03.01	第11巻第3号(通巻第120号)	43		ソウル輪中(ユンジュン)・中、東京・港区立赤坂中初交流

발행일	지면정보		필자	제목
	권호	페이지		
1986.03.01	第11巻第3号(通巻第120号)	44		崔唐渉氏自主制作記録映画「'84基督教大韓監理会」
1986.03.01	第11巻第3号(通巻第120号)	46		〈韓・日経済〉再飛躍を狙う韓国 日興証券 奴間 稔 専務取締役
1986.03.01	第11巻第3号(通巻第120号)	48		日本国際観光振興会ソウル事務所開く
1986.03.01	第11巻第3号(通巻第120号)	49		YOUNG-HEE YOU(柳英熙) EXHIBITION(個展)
1986.03.01	第11巻第3号(通巻第120号)	50		おじき選抜大会、絵ときガイド・韓国
1986.03.01	第11巻第3号(通巻第120号)	52		ハングルは難しくない! (インタビュー対談)共同通信・黒田勝弘外信部次長
1986.03.01	第11巻第3号(通巻第120号)	54		やさしい韓国料理・最終回・⑨ 錦水主人　金淑凰
1986.03.01	第11巻第3号(通巻第120号)	56		「弥生」FLOWERPLAYSJAEEUNCHOI　編集後記
1986.05.01	第11巻第5号(通巻第122号)	1		新たな感動 釜山～大阪フェリー通信使船 京大客教授 李元植
1986.05.01	第11巻第5号(通巻第122号)	4		夢に描いた故国、来てよかった! '86寒食墓参団大挙訪問
1986.05.01	第11巻第5号(通巻第122号)	9		5月号 目次
1986.05.01	第11巻第5号(通巻第122号)	10		〈ニュース・アンド・レポート〉韓国キリスト教100周年塔、「千葉ユニサイクルスポーツ協会」教育交流、英スポーツカー・韓国初登場
1986.05.01	第11巻第5号(通巻第122号)	14		86-88体典案内ピクトグラム(絵文字)70種(施設・サービス標示)確定
1986.05.01	第11巻第5号(通巻第122号)	16		第18回韓日・日韓民間合同経済委員会会議
1986.05.01	第11巻第5号(通巻第122号)	17		新韓銀行海外初の大阪支店 安井謙日韓連会長葬儀
1986.05.01	第11巻第5号(通巻第122号)	18		親善を語り合う文化のサロン 大阪「韓国民族史料館」来春オープン
1986.05.01	第11巻第5号(通巻第122号)	20		世界初のオリンピック歴史「絵巻」記念品「ティースプーン」セット「正元綜合産業」
1986.05.01	第11巻第5号(通巻第122号)	24		李利子館服シリーズ⑥ 宴会・パーティー用
1986.05.01	第11巻第5号(通巻第122号)	26		美術文化5000年の息吹き伝える　博物館シリーズⅡ 湖厳美術館
1986.05.01	第11巻第5号(通巻第122号)	28		李宣旼ピアノ・リサイタル　李春子女史来日、第2回 KATA東京招待展
1986.05.01	第11巻第5号(通巻第122号)	29		神奈川民団「本国姉妹セマウル訪問団」
1986.05.01	第11巻第5号(通巻第122号)	30		伝統文化と現代技術目で確かめる'86在外僑胞学生春季学校開く
1986.05.01	第11巻第5号(通巻第122号)	32		〈特集〉東洋平和論の先唱者安重根義士・記念室
1986.05.01	第11巻第5号(通巻第122号)	36		京都の景観保護に張り切るナウなホテル 許敬豪・大森興産社長
1986.05.01	第11巻第5号(通巻第122号)	38		7～800億預金達成へ結束!横浜商銀　ニコニコ会　グレース会　ゴルフ大会
1986.05.01	第11巻第5号(通巻第122号)	39		〈神奈川福祉事業協会〉広瀬会長、三田理事長ら李圭浩大使と会見

발행일	지면정보		필자	제목
	권호	페이지		
1986.05.01	第11巻第5号(通巻第122号)	40		桜吹雪に京都同胞の心意気「京都韓国人商工会」ゴルフN会
1986.05.01	第11巻第5号(通巻第122号)	41		ハングルで話そう④「月刊基礎ハングル」(4月号)より
1986.05.01	第11巻第5号(通巻第122号)	42		〈歴史読物〉昔、戦乱に散った花、百世に香る‥‥義妓・論介
1986.05.01	第11巻第5号(通巻第122号)	44		戦後初、日本優良中堅企業代表が大挙訪韓　中小企業提携本格化スタート〈韓・日経済〉
1986.05.01	第11巻第5号(通巻第122号)	46		新鮮な発見と感動 韓国 観光公社'85韓国修学旅行感想文コンクール
1986.05.01	第11巻第5号(通巻第122号)	50		パリ帰りの美人画家　鄭美朝ソウル展
1986.05.01	第11巻第5号(通巻第122号)	51		ソ・アイリン嬢にアジア特別賞　第15回東京音楽祭世界大会
1986.05.01	第11巻第5号(通巻第122号)	52		華麗な施賞式「韓国演劇・映画・テレビ芸術賞改め」「韓国『百想』芸術大賞」
1986.05.01	第11巻第5号(通巻第122号)	54		ソウルで「第5次韓・日合同親善大会」「親善と友情の樹」育てる
1986.05.01	第11巻第5号(通巻第122号)	56		SPRINGDREAM金永浩・作編集後記・表紙のことば
1986.06.01	第11巻第6号(通巻第123号)	1		修交2世紀、協力を約束 大統領 欧州4国公式訪問
1986.06.01	第11巻第6号(通巻第123号)	6		第5次世界オリンピック連合会ソウル総会　'88ソウル!支援促進!
1986.06.01	第11巻第6号(通巻第123号)	9		6月号 目次
1986.06.01	第11巻第6号(通巻第123号)	10		ニュース・アンド・レポート　サッチャー首相訪韓、交通部オリンピック観光コース確定　韓国プロ野球日程 etc.,
1986.06.01	第11巻第6号(通巻第123号)	14		〈韓・日経済〉追うものの戦略 山一証券経済研究所外国企業調査部長　木村二郎
1986.06.01	第11巻第6号(通巻第123号)	16		第15回体典　夢の苗木競う!ソウル4連覇
1986.06.01	第11巻第6号(通巻第123号)	17		5月5日韓国子供の日、子供万歳
1986.06.01	第11巻第6号(通巻第123号)	18		'86アジアゲーム、'88ソウルオリンピックを展望 朴世直体育部長官(ソウルオリンピック組織委員長)〈特別対談〉
1986.06.01	第11巻第6号(通巻第123号)	22		李利子女史の韓服シリーズ⑦ 韓服2000年 過去と未来
1986.06.01	第11巻第6号(通巻第123号)	28		世界に先駆ける化粧品博物館 博物館シリーズⅢ「太平洋博物館」
1986.06.01	第11巻第6号(通巻第123号)	32		田舎の味 興趣に酔う 第5回セマウル(新しい村造り)郷土椰夜市
1986.06.01	第11巻第6号(通巻第123号)	36		社会システムとしてのセキュリティ SECOM「韓国安全システム(株)」
1986.06.01	第11巻第6号(通巻第123号)	38		大阪韓国人会館、歴史的な上棟式　宿願達成へ一致 t =結束!
1986.06.01	第11巻第6号(通巻第123号)	40		韓仏、日仏友好に尽くした梁元錫(柳川魏志)「韓日親善友愛　会」名誉会長、仏ベルサイユ市から栄誉の金メダル受ける

발행일	지면정보		필자	제목
	권호	페이지		
1986.06.01	第11巻第6号(通巻第123号)	41		ハングルで話そう⑤「月刊基礎ハングル」(5月号)より＝それは傘です。＝
1986.06.01	第11巻第6号(通巻第123号)	42		あなたのルーツをさがす・・・。族譜　チョクボ(化)
1986.06.01	第11巻第6号(通巻第123号)	44		相互理解と交流のチャンス ソウルで「亜細亜舞踊祭」
1986.06.01	第11巻第6号(通巻第123号)	46		夢に見た祖国の土踏む19人の在韓日本人妻　民団、創団40週年記念事業で招待
1986.06.01	第11巻第6号(通巻第123号)	47		「誌と随筆」徐廷柱氏と鴻農映二氏
1986.06.01	第11巻第6号(通巻第123号)	48		福祉向上の新紀元開く
1986.06.01	第11巻第6号(通巻第123号)	49		受賞の喜び再び!練馬日韓協!! 国民勲章受勲に輝く民団東京練馬、李聖三、金鍾台、黄丁連功労の３氏
1986.06.01	第11巻第6号(通巻第123号)	50		日本の「韓国歌謡界の女王」李成愛　全国縦断リサイタルで若さと実力発揮
1986.06.01	第11巻第6号(通巻第123号)	51		日本民芸館創立50周年記念「委朝の民芸」展　韓国刺繍博物館、裸子器(ボジャギ・ふろしき)を日本初公開
1986.06.01	第11巻第6号(通巻第123号)	52		千古の昔から・親交のよすが　韓国文化院開院7周年記念
1986.06.01	第11巻第6号(通巻第123号)	54		小河原日韓協力委理事ら「木浦共生園」慰問「韓国の切手」
1986.06.01	第11巻第6号(通巻第123号)	55		横浜みなと祭「第33回国際仮装行列」民団神奈川連続10回出場皆勤賞　「博多どんたく」に韓国隊初参加
1986.06.01	第11巻第6号(通巻第123号)	56		珍島、奇蹟再び 編集後記 表紙のことば
1986.07.01	第11巻第7号(通巻第124号)	1		86ミスコリア真・金智恩嬢・韓国美と西洋美調和
1986.07.01	第11巻第7号(通巻第124号)	4		亜細亜民族同盟「第7回日韓親善訪韓団」
1986.07.01	第11巻第7号(通巻第124号)	9		7月号目次
1986.07.01	第11巻第7号(通巻第124号)	10		〈ニュース・アンド・レポート〉韓国産業デザイン展、大統領田植機操作・視察、コリア情報センター今秋発刊、他
1986.07.01	第11巻第7号(通巻第124号)	14		86, 88両体典支援強化・箱根で86民団全国地方団長会議
1986.07.01	第11巻第7号(通巻第124号)	15		預金目標1兆2千億円　韓信協、大分、別府　第33回通常総会
1986.07.01	第11巻第7号(通巻第124号)	17		人類の平和と福祉に寄与する　第8回韓・日女性親善協会合同総会　金相万東亜日報名誉会長、東京韓国研究院前に長丞(村の親善里程標)/尹「韓国安重根義士崇慕会」理事長、安藤農禄氏と交流
1986.07.01	第11巻第7号(通巻第124号)	18		大阪韓国人会館建設 宿願達成に一致結束 15年ぶりに来日・赴任柳来馨駐大阪総領事
1986.07.01	第11巻第7号(通巻第124号)	20		〈韓日経済〉日本債券信用銀行、韓国技術開発・株の優良中小企業視察ミッションを歓迎
1986.07.01	第11巻第7号(通巻第124号)	22		全和鳳画伯、弥靭菩薩画に新境地
1986.07.01	第11巻第7号(通巻第124号)	23		京都・宮津「正音寺多宝塔」の3周年大法要

발행일	지면정보		필자	제목
	권호	페이지		
1986.07.01	第11巻第7号(通巻第124号)	24		在日科学技術者協会第3回定期総会 組織拡充の功労で、金在河京都西京病院長・表彰
1986.07.01	第11巻第7号(通巻第124号)	25		同胞商工人の視野拡大ー韓昌祐会長訴える 京都韓国人商工人会第16期定期総会
1986.07.01	第11巻第7号(通巻第124号)	26		入賞商品は韓国のすばらしい物産・親善を推進 浜松WATのDSファントム杯ロングラン・ゴルフコンペ
1986.07.01	第11巻第7号(通巻第124号)	27		白万変WAT社長(本誌編集委員)33年目母校早大バレーボール部優勝を激励
1986.07.01	第11巻第7号(通巻第124号)	30		試練の風に可憐なコスモスの根強く 婦人会兵庫県本部・権炳佑会長自伝出版会
1986.07.01	第11巻第7号(通巻第124号)	32		細田学園理事長・校長 細田早苗氏の「韓国于探り旅」(4)大邱あたり
1986.07.01	第11巻第7号(通巻第124号)	34		若さあふれる同胞商工人たち 埼玉韓国青年商工会新たにスタート
1986.07.01	第11巻第7号(通巻第124号)	36		お釈迦様の誕生を祝う「仏誕日・奉祝大法会」
1986.07.01	第11巻第7号(通巻第124号)	38		金時鐘「金田綜合グループ」会長主催 にしきのあきら芸能生活15周年記念チャリティーゴルフ大会
1986.07.01	第11巻第7号(通巻第124号)	40		カメラ・ノート「オルゴル」栗田格写真シリーズ①
1986.07.01	第11巻第7号(通巻第124号)	41		ハングルで話そう⑤ 「月刊基礎ハングル」(6月号)より
1986.07.01	第11巻第7号(通巻第124号)	42		韓国観光公社「修学旅行・セミナー」 細田早苗・細田学園港校長・理事長、「信頼と尊敬」-親善の心をアピール
1986.07.01	第11巻第7号(通巻第124号)	47		日航-わかりやすいニュアル・世界の「ベスト・カンパニー」を出版
1986.07.01	第11巻第7号(通巻第124号)	48		横浜商銀「二世会」創立記念ゴルフ会 金時鐘「金田綜合グループ」会長の令嬢・金知巳さん、芸能界の夢ふくらむ
1986.07.01	第11巻第7号(通巻第124号)	49		釜山・大阪国際フェリー「オリンピア88」船上で水野浩二「日韓歌謡大使」が親善交流
1986.07.01	第11巻第7号(通巻第124号)	51		6000人訪れ大盛況の民団神奈川「韓国物産展」
1986.07.01	第11巻第7号(通巻第124号)	52		観光公社福岡支社韓国の夕べ/文化院で第9回日韓親善撮影会、李明福韓国写真作家協会理事長来日
1986.07.01	第11巻第7号(通巻第124号)	53		小島元東京弁護士会長訪韓、弁護士同士の交流を!朴珍喜・東京港日韓協理事が活躍
1986.07.01	第11巻第7号(通巻第124号)	54		ソウル・東京の宝石ファン魅了!JADE徐女史・文化院装身具展
1986.07.01	第11巻第7号(通巻第124号)	56		ソウルの初夏 編集後記 表紙のことば
1986.08.01	第11巻第8号(通巻第125号)	1		率直な意見の交換で新時代の協力!「韓日・日韓協力委員会24回合同会議」
1986.08.01	第11巻第8号(通巻第125号)	4		韓国と日本の兼任大使夫婦招いて 李奎浩駐日大使が「国際交流会」
1986.08.01	第11巻第8号(通巻第125号)	6		86アジアゲームのリハーサル「第67回全国体育大会」
1986.08.01	第11巻第8号(通巻第125号)	9		8月号目次

발행일	지면정보		필자	제목
	권호	페이지		
1986.08.01	第11巻第8号(通巻第125号)	10		〈ニュース・アンド・レポート〉アジア大会迫る、シンガポール大統領訪韓、ソウル大遊園地開園・他
1986.08.01	第11巻第8号(通巻第125号)	14		民団、朝総連にアジア大会参観呼びかける
1986.08.01	第11巻第8号(通巻第125号)	15		第5回在日韓国人医師会医学セミナー　第1次大韓医学協会・在日韓国人医師会合同学術大会
1986.08.01	第11巻第8号(通巻第125号)	16		「南北韓最高責任者会談促求組織整備強化大会」全国で
1986.08.01	第11巻第8号(通巻第125号)	18		李奎浩大使夫人・黄水南女史来日半年の感想語る「母の心で新時代の親善」インタビュー
1986.08.01	第11巻第8号(通巻第125号)	20		民族和合、民主統一方案の支持基盤強める　平和統一政策諮問会議第2次日本地域会議
1986.08.01	第11巻第8号(通巻第125号)	24		報国英霊の御魂に黙祷「第31回 顕忠日」
1986.08.01	第11巻第8号(通巻第125号)	28		李利子女史の韓服シリーズ⑧ 夏の外出着
1986.08.01	第11巻第8号(通巻第125号)	34		細田学園理事長・校長 細田早苗氏の「韓国于探り旅」(5)南原あたり
1986.08.01	第11巻第8号(通巻第125号)	38		韓国海洋界のパイオニア　丁奎成・韓国コスモス・グループ会長
1986.08.01	第11巻第8号(通巻第125号)	44		さらに足腰を強め、青商の輪を広めよう! 在日韓国青年商工人連合会、広島で第6期定期総会
1986.08.01	第11巻第8号(通巻第125号)	48		七つの湯、おいしさ・楽しさ一杯やすらぎの里 京都健康村の李権鎬代表取締役
1986.08.01	第11巻第8号(通巻第125号)	52		韓国との商売は真心で「大選魚」川口正夫社長
1986.08.01	第11巻第8号(通巻第125号)	54		東亜大学(釜山)鄭樹鳳総長一行来阪、韓日悠久の交流を探る
1986.08.01	第11巻第8号(通巻第125号)	58		李方子女史に熱い心伝える! 埼玉共同住宅の高見社長夫人/許韓信協会会長・記者会見
1986.08.01	第11巻第8号(通巻第125号)	59		第18回申師任堂推戴式・亀鑑に方貞福女史
1986.08.01	第11巻第8号(通巻第125号)	60		〈韓日経済〉地方銀行代表初の大幅交流「韓国産業経済調査団」
1986.08.01	第11巻第8号(通巻第125号)	62		涼!「雪と氷」の彫刻競演大会
1986.08.01	第11巻第8号(通巻第125号)	64		栗田格写真シリーズ② カメラノート
1986.08.01	第11巻第8号(通巻第125号)	65		ハングルで話そう⑥「月刊基礎ハングル」(7月号)より
1986.08.01	第11巻第8号(通巻第125号)	66		在日韓国老人ホームを日本人の手で　小さい火は大きな五輪の火に
1986.08.01	第11巻第8号(通巻第125号)	68		李鳳杰の「天下」第10回壮士シルム大会・「第2回大学ボティービル選抜」
1986.08.01	第11巻第8号(通巻第125号)	69		「重要無形文化祭」宗廟大祭　悠久な民族の歴史を今に伝える
1986.08.01	第11巻第8号(通巻第125号)	70		李生剛(イ・センガン)氏の大筌散調今秋日本公演
1986.08.01	第11巻第8号(通巻第125号)	71		学術的な相互理解目指す 東京韓国研究院の季刊「韓」復刊
1986.08.01	第11巻第8号(通巻第125号)	72		成美子著「同胞たちの風景」書評

발행일	지면정보 권호	페이지	필자	제목
1986.08.01	第11巻第8号(通巻第125号)	74		〈企業と人〉浜松市の「龍光会館」蒋日英社長「日本社会に溶け込んだ新企業目指す!」
1986.08.01	第11巻第8号(通巻第125号)	76		86・88体典控え韓国から親善学生使節第13回「JALスカラシオップ」交流会
1986.08.01	第11巻第8号(通巻第125号)	77		李相培新知事と会見、新時代の親善協議　在日東京慶尚北道道民会　故郷訪問
1986.08.01	第11巻第8号(通巻第125号)	78		〈映画〉「今韓国を代表する2人の監督!」撮影現場訪れて
1986.08.01	第11巻第8号(通巻第125号)	80		86アジア大会に熱い注目を-韓国虎吼えれる! 編集後記　表紙ことば
1986.10.01	第11巻第10号(通巻第127号) ※9/10月併合本	1		アジア大会前に協力確認!第14回韓日・日韓議連合同総会
1986.10.01	第11巻第1号(通巻第127号) ※910月併合本	4		アジア大会成功の大予行演習　成功確約大会
1986.10.01	第11巻第10号(通巻第127号) ※9/10月併合本	8		世界第2のK2峰、韓国隊登頂成功!
1986.10.01	第11巻第10号(通巻第127号) ※9/10月併合本	9		9・10月号目次
1986.10.01	第11巻第10号(通巻第127号) ※9/10月併合本	10		〈ニュース・アンド・レポート〉韓国内閣改造、日高輝・現日韓経済協会長に勲章、東亜国内航空チャーター1便ソウル・他
1986.10.01	第11巻第10号(通巻第127号) ※9/10月併合本	14		在日韓国人意識調査
1986.10.01	第11巻第10号(通巻第127号) ※9/10月併合本	16		京都日韓文化交流会40周年総会
1986.10.01	第11巻第10号(通巻第127号) ※9/10月併合本	17		オリンピック韓日友好広告塔・〈大阪・有恒ビル〉
1986.10.01	第11巻第10号(通巻第127号) ※9/10月併合本	18		李奎浩大使、自民党ニューリーダーを親善歴訪
1986.10.01	第11巻第10号(通巻第127号) ※9/10月併合本	19		韓日外相初協議/青商連合会代表・大使と会見
1986.10.01	第11巻第10号(通巻第127号) ※9/10月併合本	20		'86アジアゲーム文化大祝典スタート!体育と文化アピール!!
1986.10.01	第11巻第10号(通巻第127号) ※9/10月併合本	26		在日同胞と韓国との強い絆　在日同胞の「第一スポーツセンター」
1986.10.01	第11巻第10号(通巻第127号) ※9/10月併合本	30		〈領事館だより〉アジア大会の韓国へ!パスポート・ガイド
1986.10.01	第11巻第10号(通巻第127号) ※9/10月併合本	32		アジア大会・警備は万全!ソウル市警察局外事課
1986.10.01	第11巻第10号(通巻第127号) ※9/10月併合本	36		第3回オリンピック記念品展示会　第16回全国工芸品競進大会
1986.10.01	第11巻第10号(通巻第127号) ※9/10月併合本	38		浪越指圧協会長、山田オリンピック応援団長と訪韓
1986.10.01	第11巻第10号(通巻第127号) ※9/10月併合本	39		韓国の切手

발행일	지면정보		필자	제목
	권호	페이지		
1986.10.01	第11巻第10号(通巻第127号) ※9/10月併合本	40		シェラオネ前大統領の息子スチーブンス博士訪韓、訪日親善深める
1986.10.01	第11巻第10号(通巻第127号) ※9/10月併合本	44		緑内障に強力 ホルモンバランス調整剤 元東大研究院の朴応秀医師
1986.10.01	第11巻第10号(通巻第127号) ※9/10月併合本	46		民族史と共に歩んだ一世紀 梨花女大
1986.10.01	第11巻第10号(通巻第127号) ※9/10月併合本	50		兵庫県青年洋上大学名誉同窓会長　坂井時忠兵庫県知事が親善訪韓
1986.10.01	第11巻第10号(通巻第127号) ※9/10月併合本	54		慶州・月城韓日親善協、山陰(米子・安来・松江・出雲)日韓協・姉妹結縁・親善交流
1986.10.01	第11巻第10号(通巻第127号) ※9/10月併合本	56		李朝工芸・大阪展
1986.10.01	第11巻第10号(通巻第127号) ※9/10月併合本	58		護国三千仏 奉仏点眼太古宗大法会
1986.10.01	第11巻第10号(通巻第127号) ※9/10月併合本	60		86アジア、'88ソウル・オリンピック成功祈願! 梁元錫「日韓親善友愛会」名誉会長滋賀の韓国寺「清明寺」に納経
1986.10.01	第11巻第10号(通巻第127号) ※9/10月併合本	62		先人の風流と気概　韓国の笠
1986.10.01	第11巻第10号(通巻第127号) ※9/10月併合本	66		韓国強力「信州キムチ」両国生産所設立で地域に貢献 鄭寿得「友星」社長
1986.10.01	第11巻第10号(通巻第127号) ※9/10月併合本	70		孔玉振と四物散調
1986.10.01	第11巻第10号(通巻第127号) ※9/10月併合本	71		韓日親善撮影会表彰式・李春子個展
1986.10.01	第11巻第10号(通巻第127号) ※9/10月併合本	72		彩色土俑初発掘(慶州で)
1986.10.01	第11巻第10号(通巻第127号) ※9/10月併合本	73		李利子韓服シリーズ⑨
1986.10.01	第11巻第10号(通巻第127号) ※9/10月併合本	78		光複14周年式典、柳寛順烈士・影幀奉安式・10月21日記念式典
1986.10.01	第11巻第10号(通巻第127号) ※9/10月併合本	80		21世紀の国際人育成・大阪「白頭学院」創立40周年
1986.10.01	第11巻第10号(通巻第127号) ※9/10月併合本	82		韓国手探りの旅(6)埼玉・細田学園女子高・理事長・校長・細田早苗
1986.10.01	第11巻第10号(通巻第127号) ※9/10月併合本	84		讃・女性-韓国で
1986.10.01	第11巻第10号(通巻第127号) ※9/10月併合本	85		高麗神社サムルノリ公演 10月26日
1986.10.01	第11巻第10号(通巻第127号) ※9/10月併合本	86		〈韓・日経済〉東京・綜合教育企画・「対韓投資、技術提携契約」セミナー
1986.10.01	第11巻第10号(通巻第127号) ※9/10月併合本	88		書評「謎の北朝鮮」、「韓国歌謡全集」

발행일	지면정보		필자	제목
	권호	페이지		
1986.10.01	第11巻第10号(通巻第127号) ※9/10月併合本	89		「オリンピックの本」体協・伊藤公氏/京都陶磁器展
1986.10.01	第11巻第10号(通巻第127号) ※9/10月併合本	90		日本短歌で交流
1986.10.01	第11巻第10号(通巻第127号) ※9/10月併合本	91		李美子・芳美日本で公演
1986.10.01	第11巻第10号(通巻第127号) ※9/10月併合本	92		ハングルではなそう⑦「月刊ハングル」(8月号)より
1986.10.01	第11巻第10号(通巻第127号) ※9/10月併合本	93		栗田格写真シリーズ③ カメラノート
1986.10.01	第11巻第10号(通巻第127号) ※9/10月併合本	94		歌舞伎舞踊、初の韓国公演
1986.10.01	第11巻第10号(通巻第127号) ※9/10月併合本	96		'86ソウル国際歌謡祭
1986.10.01	第11巻第10号(通巻第127号) ※9/10月併合本	98		ヤング女性演歌歌手ユン・スーミ、藤山一郎が応援
1986.10.01	第11巻第10号(通巻第127号) ※9/10月併合本	99		韓国観光公社東京支社/読者ファミリー・サークル共催「趙重玉・料理教室」
1986.10.01	第11巻第10号(通巻第127号) ※9/10月併合本	100		李承垠人形シリーズ 編集後記 表紙のことば
1986.11.01	第11巻第11号(通巻第128号)	1〜8		「限りなき前進」アジア30億平和の祭典『第10回アジア競技大会』① 全斗煥大統領開会宣言「88・ソウル、90・北京でまた会いましょう」 アジアの仲間手をつなぎ 閉会式
1986.11.01	第11巻第11号(通巻第128号)	9		11月号 目次
1986.11.01	第11巻第11号(通巻第128号)	10		〈ニュース・アンド・レポート〉大統領 福田議連会長と会見、奈良で李俊培画展、KAL会社対抗囲碁大会、他
1986.11.01	第11巻第11号(通巻第128号)	14		〈韓・日経済〉地方銀行幹部の「韓国産業経済調査団」西村保夫・岡三経済研究所社長、神宮司高志・静岡銀行国際部長「印象記」
1986.11.01	第11巻第11号(通巻第128号)	16		在外僑胞誌・編集セミナー・文化院「金昌熙彫刻展」
1986.11.01	第11巻第11号(通巻第128号)	17〜30		「第10回アジア競技大会」② 韓国、空前の成果、大勝利「なせばなる」の自信「競技特集」
1986.11.01	第11巻第11号(通巻第128号)	32〜40		美の親善使節来阪 大阪国際フェリーに乗って!ミスコリア10人の美女大阪御堂筋パレートに出場 民団大阪チーム、今年は「国際賞」40周年の白頭学院を訪問、許栄中・フェリー社主ともども、学童と給食・親睦深める/東京では、中曾根首根と会見 親善外交の大役果たす
1986.11.01	第11巻第11号(通巻第128号)	41		「いつまでもお元気で!」在日同胞敬老会(東京・横浜)
1986.11.01	第11巻第11号(通巻第128号)	42		「第31回アジア太平洋映画祭」に参加して 映画ジャーナリスト 菅沼正子

발행일	지면정보		필자	제목
	권호	페이지		
1986.11.01	第11巻第11号(通巻第128号)	44		〈書評〉麗羅「五道行殺人事件」を読んで　文芸評論家　鴻農映二
1986.11.01	第11巻第11号(通巻第128号)	45		「韓国人の発想」共同通信・外信部・黒田勝弘次長
1986.11.01	第11巻第11号(通巻第128号)	46		韓日議連合総会に出席した染慶子・民正党前女性局長に聞く　「86アジア大会は、躍進韓国を世界にアピール」〈聞き手・本誌・中村和子〉
1986.11.01	第11巻第11号(通巻第128号)	47		陶匠宇堂・朝明成氏「陶芸展」半世紀、土、ろくろ、窯を友に生きる
1986.11.01	第11巻第11号(通巻第128号)	48		「ハングルで話そう⑨」「月刊ハングル」(9,10月より)
1986.11.01	第11巻第11号(通巻第128号)	49		栗田格写真シリーズ④　カメラノート
1986.11.01	第11巻第11号(通巻第128号)	55〜55		悠久歴史と伝統、新しい時代に輝く!国立中央博物館新装オープン「躍進韓国」86アジア大会、88ソウルオリンピックを機に、文化芸術祝典を見守る!
1986.11.01	第11巻第11号(通巻第128号)	56		李承垠人形シリーズ②　柿もぎ　編集後記　表紙のことば
1986.12.01	第11巻第12号(通巻第129号)	1		新時代の幕開け!　漢江綜合開発竣工
1986.12.01	第11巻第12号(通巻第129号)	4		新芸術の空間　国立現代美術館オープン
1986.12.01	第11巻第12号(通巻第129号)	8		86年　ゆく年　くる年　87年
1986.12.01	第11巻第12号(通巻第129号)	9		12月号　目次
1986.12.01	第11巻第12号(通巻第129号)	10		ニュース・レポート　86年国民勲章伝授式、科学展覧会、KAL・VIPルーム　他
1986.12.01	第11巻第12号(通巻第129号)	14		〈韓日経済〉新たな競争よ協調の時代　山之内製薬　松井昭三・常務
1986.12.01	第11巻第12号(通巻第129号)	16		修学旅行　日本・教師　視察団アンゲート・「影」「しらかば」親善・劇公演
1986.12.01	第11巻第12号(通巻第129号)	17		〈切手〉'86ソウルアジア大会成功記念
1986.12.01	第11巻第12号(通巻第129号)	18		21世紀に向かって新しい飛躍　民団創団40周年中央記念式典
1986.12.01	第11巻第12号(通巻第129号)	22		大阪同胞20万の夢　現実に新大阪韓国人会館竣工式
1986.12.01	第11巻第12号(通巻第129号)	26		大阪総領事館ギャラリー・オープン「韓日友好書陶展」
1986.12.01	第11巻第12号(通巻第129号)	28		大阪白頭学院創立40周年記念式典　民族教育の灯Bを守る　金容載理事長
1986.12.01	第11巻第12号(通巻第129号)	30		大阪21世紀計画　韓国週間　児童美術展
1986.12.01	第11巻第12号(通巻第129号)	32		光る健康美、洗練された知性　名古屋で「ミス在日同胞選抜大会」
1986.12.01	第11巻第12号(通巻第129号)	34		韓国観光公社主催「第41回観光写真とポスター・コンテスト」
1986.12.01	第11巻第12号(通巻第129号)	36		梁元錫日韓親善友愛会名誉会長親善に全力!　仏教交流めざす請明寺(近江八幡市)落慶法要
1986.12.01	第11巻第12号(通巻第129号)	38		〈身近な韓国料理教室〉料理研究家・金海順女史にインタビュー中村和子・本誌編集委員本物のキムチを作ってませんか?
1986.12.01	第11巻第12号(通巻第129号)	40		栗田格・カメラノート⑤

발행일	지면정보		필자	제목
	권호	페이지		
1986.12.01	第11巻第12号(通巻第129号)	41		「ハングルで話そう⑩」「月刊基礎ハングル」(11月号より)
1986.12.01	第11巻第12号(通巻第129号)	42		韓国映画リポート安聖基 菅沼正子
1986.12.01	第11巻第12号(通巻第129号)	43		韓国映画祭・東京で
1986.12.01	第11巻第12号(通巻第129号)	44		読者の窓「韓国の自己批判」
1986.12.01	第11巻第12号(通巻第129号)	45		〈BOOKS〉サラム・遊び編 こどもとくらし
1986.12.01	第11巻第12号(通巻第129号)	46		李奎浩大使も出席!イギョラ! 東京韓国学校秋の運動会
1986.12.01	第11巻第12号(通巻第129号)	47		車載型 世界最大画面のアストロビジョン車!「キャン・コミュミケーションズ」
1986.12.01	第11巻第12号(通巻第129号)	48		第21回国際青年野営大会
1986.12.01	第11巻第12号(通巻第129号)	49		〈歌謡〉スーパースター パティー・キム 再びソウルでブーム!
1986.12.01	第11巻第12号(通巻第129号)	50		李利子女史の韓服シリーズ⑩ 年末年始パーティー韓服
1986.12.01	第11巻第12号(通巻第129号)	54		韓国手探りの旅(7) 埼玉県細田学園女子高 校長・理事長 細田早苗
1986.12.01	第11巻第12号(通巻第129号)	56		大阪国際フェリー「オリンピア88号」李承垠人形シリーズ③ 石投げあそび 編集後記 表紙のことば
1987.01.01	第12巻第1号(通巻第130号)	1		今年は丁卯年
1987.01.01	第12巻第1号(通巻第130号)	4		李利子女史正月の韓服
1987.01.01	第12巻第1号(通巻第130号)	9		目次
1987.01.01	第12巻第1号(通巻第130号)	10		ニュース・アンド・レポート
1987.01.01	第12巻第1号(通巻第130号)	14		京都西京病院 金在河博士「B型肝炎対策」で受勲
1987.01.01	第12巻第1号(通巻第130号)	16		汎世界韓国人会議・東京大会
1987.01.01	第12巻第1号(通巻第130号)	18		第14回日韓閣僚会議
1987.01.01	第12巻第1号(通巻第130号)	20		アジア大会成功の祖国に感動 秋夕墓参団
1987.01.01	第12巻第1号(通巻第130号)	24		新時代とは何か？ ʼ87新春文化座談会
1987.01.01	第12巻第1号(通巻第130号)	30		伝承工芸展
1987.01.01	第12巻第1号(通巻第130号)	34		国際フラワーデザイン交流大会
1987.01.01	第12巻第1号(通巻第130号)	38		初春の昌慶宮
1987.01.01	第12巻第1号(通巻第130号)	46		韓国手探りの旅(8) 細田早苗
1987.01.01	第12巻第1号(通巻第130号)	50		埼玉・高麗神社でサムルノリ
1987.01.01	第12巻第1号(通巻第130号)	52		ソウル→東京 Image Photo
1987.01.01	第12巻第1号(通巻第130号)	54		国際派ピアニスト 金亨圭リサイタル
1987.01.01	第12巻第1号(通巻第130号)	55		正月の切手
1987.01.01	第12巻第1号(通巻第130号)	57		ハングルで話そう⑩
1987.01.01	第12巻第1号(通巻第130号)	58		うさぎ年はやさしく、愛らしく 飛躍! 跳躍! ʼ87経済座談会
1987.01.01	第12巻第1号(通巻第130号)	62		金剛山ダムは深刻な問題

발행일	지면정보		필자	제목
	권호	페이지		
1987.01.01	第12巻第1号(通巻第130号)	64		読者の窓
1987.01.01	第12巻第1号(通巻第130号)	66		千葉キムチ展・「友星」鄭寿得社長 大阪フェリー講習会
1987.01.01	第12巻第1号(通巻第130号)	68		李恒星韓紙シリーズ①
1987.01.01	第12巻第1号(通巻第130号)	69		映画レポート 菅沼正子
1987.01.01	第12巻第1号(通巻第130号)	70		ソウルの正月 歳時風俗
1987.01.01	第12巻第1号(通巻第130号)	72		李承垠人形シリーズ④ 農楽 編集後記 表紙のことば
1987.02.01	第12巻第2号(通巻第131号)	1		大統領新年縁説
1987.02.01	第12巻第2号(通巻第131号)	6		韓国の墻 伝統が息づく
1987.02.01	第12巻第2号(通巻第131号)	9		2月号 目次
1987.02.01	第12巻第2号(通巻第131号)	10		ニュース・アンド・レポート
1987.02.01	第12巻第2号(通巻第131号)	12		映画レポート「自立する女性」菅沼正子
1987.02.01	第12巻第2号(通巻第131号)	14		新年会
1987.02.01	第12巻第2号(通巻第131号)	15		読者の窓 福祉への努力
1987.02.01	第12巻第2号(通巻第131号)	16		ゴルフ金洪秀,金基変両氏は語る!
1987.02.01	第12巻第2号(通巻第131号)	18		日本に5インチ・テレビ〈コスモス電子〉
1987.02.01	第12巻第2号(通巻第131号)	22		穂
1987.02.01	第12巻第2号(通巻第131号)	24		ソウル・キムチ博物館
1987.02.01	第12巻第2号(通巻第131号)	26		李利子女史・韓服「結婚式」
1987.02.01	第12巻第2号(通巻第131号)	30		大韓民国美術大展
1987.02.01	第12巻第2号(通巻第131号)	32		細田早苗氏の「韓国手探りの旅」(9) ウルルン島
1987.02.01	第12巻第2号(通巻第131号)	34		日韓歌謡大使水浩二「オリンピア88」号熱演 柴田穂サンケイ新聞取締役論説委員長 迎春同行記
1987.02.01	第12巻第2号(通巻第131号)	36		江原道・韓紙の伝統 影潭尼
1987.02.01	第12巻第2号(通巻第131号)	39		李恒星韓紙シリーズ②
1987.02.01	第12巻第2号(通巻第131号)	40		東京→ソウル Image Photo
1987.02.01	第12巻第2号(通巻第131号)	41		ハングルで話そう⑫
1987.02.01	第12巻第2号(通巻第131号)	42		スペインの韓国人
1987.02.01	第12巻第2号(通巻第131号)	44		大韓民国工芸大展
1987.02.01	第12巻第2号(通巻第131号)	45		ソウル国際版画ビエンナーレ展
1987.02.01	第12巻第2号(通巻第131号)	46		〈書評〉韓国人の心の構造/韓国物産・教育寄金
1987.02.01	第12巻第2号(通巻第131号)	47		珍記録大会
1987.02.01	第12巻第2号(通巻第131号)	48		〈福岡の美術家〉李芙淵博士・堂芸の世界 土自然命
1987.02.01	第12巻第2号(通巻第131号)	49		金嶋昭夫「金嶋総業」社長
1987.02.01	第12巻第2号(通巻第131号)	51		〈地方・韓国〉蘇莱浦口 エビ・カニを愛する!
1987.02.01	第12巻第2号(通巻第131号)	56		李承垠人形シリーズ⑤ シルム(すもう) 編集後記 表紙のことば
1987.03.01	第12巻第3号(通巻第132号)	1		季節の詩・桜

발행일	지면정보		필자	제목
	권호	페이지		
1987.03.01	第12巻第3号(通巻第132号)	2		北韓船亡命 平和の国に
1987.03.01	第12巻第3号(通巻第132号)	4		金剛山ダムには 平和ダムで対応〈特集〉
1987.03.01	第12巻第3号(通巻第132号)	10		ニュース・アンド・レポート
1987.03.01	第12巻第3号(通巻第132号)	12		トインビー思想と韓国・嶺南大 李洋基
1987.03.01	第12巻第3号(通巻第132号)	14		民団・ソウル大会
1987.03.01	第12巻第3号(通巻第132号)	16		在日ゴルフ大会 金山元大使の韓国語講座
1987.03.01	第12巻第3号(通巻第132号)	17		韓国偉人シリーズ① 広開土大王
1987.03.01	第12巻第3号(通巻第132号)	18		建築② 伝統の空間を彩る 宮殿の門
1987.03.01	第12巻第3号(通巻第132号)	22		〈韓服シリーズ〉初登場! 新しいセンス 李英姫女史
1987.03.01	第12巻第3号(通巻第132号)	26		大阪興銀・支店預金高、信組中全国1
1987.03.01	第12巻第3号(通巻第132号)	27		在日経済人シリーズ② 努力の人 三池電設・島田春彦社長
1987.03.01	第12巻第3号(通巻第132号)	28		骨董品市場をたずねて、
1987.03.01	第12巻第3号(通巻第132号)	30		〈美術ソウル〉金昆含女史・ソウル洋画展　新しい色彩・光る
1987.03.01	第12巻第3号(通巻第132号)	32		〈美術東京〉黒···余韻の世界 伊丹潤墨画展
1987.03.01	第12巻第3号(通巻第132号)	36		亜細亜民族同盟 佐野一郎会長〈手記〉韓国 穂国勲章「受勲に寄せて···!」大鐘賞・授賞式
1987.03.01	第12巻第3号(通巻第132号)	37		在日芸術家・朴貞子日本舞台に!
1987.03.01	第12巻第3号(通巻第132号)	38		李恒星・韓紙③
1987.03.01	第12巻第3号(通巻第132号)	39		釜山・東亜大学校医科大学付属病院起工式
1987.03.01	第12巻第3号(通巻第132号)	40		大使館つうじ韓国へ　狩野秀信屏風不言堂社主坂本五郎氏寄贈
1987.03.01	第12巻第3号(通巻第132号)	41		ハングルで話そう③
1987.03.01	第12巻第3号(通巻第132号)	42		コリア語・上智大・柳尚黒
1987.03.01	第12巻第3号(通巻第132号)	44		〈音楽〉南北統一 心こめて サロメ 日韓公演の 田 月仙女史
1987.03.01	第12巻第3号(通巻第132号)	46		〈10年後の韓国···〉鳥羽欽一郎・著解説・時事通信・元文化・社会部長・木屋隆安
1987.03.01	第12巻第3号(通巻第132号)	48		生野にソウル直通電話/WATが新ゴルフＢオール輸入
1987.03.01	第12巻第3号(通巻第132号)	49		色盲が治った!　韓国の子供たち、日本の「和銅ドクターズ」で治療
1987.03.01	第12巻第3号(通巻第132号)	50		細田早苗「韓国手探りの旅」ウルルン島(2)
1987.03.01	第12巻第3号(通巻第132号)	52		地方特産物② 東海のいか、海の幸日本···! 世界···へ!
1987.03.01	第12巻第3号(通巻第132号)	56		李承垠人形シリーズ⑥ 編輯後記 表紙のことば
1987.04.01	第12巻第4号(通巻第133号)	1		季節の詩 ケナリ
1987.04.01	第12巻第4号(通巻第133号)	2		李英黑・韓服シリーズ 春の外出着
1987.04.01	第12巻第4号(通巻第133号)	6		金万鉄さん一家 韓国であたたかい生活

발행일	지면정보		필자	제목
	권호	페이지		
1987.04.01	第12巻第4号(通巻第133号)	9		4月号・目次
1987.04.01	第12巻第4号(通巻第133号)	10		ニュース・レポート
1987.04.01	第12巻第4号(通巻第133号)	12		日本観光振興会「韓・日友好親善懸賞論文」万葉集と韓日古代交流 筑波大 中西進
1987.04.01	第12巻第4号(通巻第133号)	14		88オリンピック・スポーツ韓国語
1987.04.01	第12巻第4号(通巻第133号)	17		金海の花園
1987.04.01	第12巻第4号(通巻第133号)	18		〈日本経済人〉韓国とうがらしブームの草分け 第一物産 黄南龍社長
1987.04.01	第12巻第4号(通巻第133号)	20		兵庫県日韓親善協会、韓日親善協会ソウル市連合会 姉妹結縁証印式
1987.04.01	第12巻第4号(通巻第133号)	22		KOTRA・ジャパンクラブ設立記念講演
1987.04.01	第12巻第4号(通巻第133号)	24		全国体典 冬季大会
1987.04.01	第12巻第4号(通巻第133号)	25		ソウル・イメージフォト 智異山
1987.04.01	第12巻第4号(通巻第133号)	26		建築② 心の安らぎ 寺刹の大門
1987.04.01	第12巻第4号(通巻第133号)	31		李恒星韓紙④
1987.04.01	第12巻第4号(通巻第133号)	32		伝統の技、生命息づく 箭筒 金同鶴氏
1987.04.01	第12巻第4号(通巻第133号)	34		崔允喜選手もゲスト出演 桂由美87ブライダル・コレクション
1987.04.01	第12巻第4号(通巻第133号)	38		マイクロ・パックJ/K プラビス日韓自動翻訳システム
1987.04.01	第12巻第4号(通巻第133号)	40		韓国観光公社 趙重玉料理講座
1987.04.01	第12巻第4号(通巻第133号)	41		大阪市立工芸高校山田修先生感謝牌 韓国のHOPE具本昌写真展
1987.04.01	第12巻第4号(通巻第133号)	募		〈韓日経済〉証券自由化をうらなう
1987.04.01	第12巻第4号(通巻第133号)	44		愛知・聖英学園創立20周年記念誌 慶煕幼稚園との姉妹提携交流ふり返る
1987.04.01	第12巻第4号(通巻第133号)	46		読者の窓 ズ・ダン号亡命と本誌発行の意義、木屋隆安
1987.04.01	第12巻第4号(通巻第133号)	48		ハングルで話そう④
1987.04.01	第12巻第4号(通巻第133号)	49		東京・イメージフェア 式根島
1987.04.01	第12巻第4号(通巻第133号)	50		細田早苗「韓国手探りの旅」済州島
1987.04.01	第12巻第4号(通巻第133号)	52		韓国平和ダム募金/コリアフェアー埼玉
1987.04.01	第12巻第4号(通巻第133号)	53		88ソウルオリンピック神奈川後援会(会長・李鍾大横浜商銀理事長)発足
1987.04.01	第12巻第4号(通巻第133号)	54		地方特産物③ 金海、ハナの団地
1987.04.01	第12巻第4号(通巻第133号)	56		李承垠人形シリーズ⑦ 編輯後記 表紙のことば
1987.05.01	第12巻第5号(通巻第134号)	1		季節の誌 チンダルレ
1987.05.01	第12巻第5号(通巻第134号)	2		祖国の発展 躍動 実感 8寒食墓参団大学訪韓
1987.05.01	第12巻第5号(通巻第134号)	6		初の'87ソウル東京 MODE SHOW
1987.05.01	第12巻第5号(通巻第134号)	8		安重根義士77周忌記念式
1987.05.01	第12巻第5号(通巻第134号)	9		5月号 目次

발행일	지면정보		필자	제목
	권호	페이지		
1987.05.01	第12巻第5号(通巻第134号)	10		ニュース・レポート
1987.05.01	第12巻第5号(通巻第134号)	12		「アジアNICS(新興工業国)シンポジウム」日本能率協会主催
1987.05.01	第12巻第5号(通巻第134号)	13		〈講演〉韓国経済 過去、現在と未来 駐日大使館 権五庠 購買官
1987.05.01	第12巻第5号(通巻第134号)	15		金山元駐韓大使の韓国語講座
1987.05.01	第12巻第5号(通巻第134号)	16		SPORTS TODAY 書評「私の釜山」
1987.05.01	第12巻第5号(通巻第134号)	17		常陸宮殿下ご訪問 日本の新旧大使交代式
1987.05.01	第12巻第5号(通巻第134号)	18		〈経済インタビュウ〉韓国経済発展に驚き!松尾泰一郎購買使節団長語る
1987.05.01	第12巻第5号(通巻第134号)	23		伝統建築シリーズⅡ 大門③ 一般住宅の大門
1987.05.01	第12巻第5号(通巻第134号)	25		金秀姫金蓮子歌謡ショー
1987.05.01	第12巻第5号(通巻第134号)	26～37		〈FLASHカラートピックス 韓・日情報パック〉神奈川福祉事業協会歌謡ショー、横浜商銀ニコニコ会、関東ゴルフ協会・ゴルフ大会、88オリンピック広告塔点灯式、金光八尾高吹奏楽部訪韓、亜細亜民俗同盟祝賀会、サンケイ柴田穂論説委員長出版記念会、民団兵庫・ヨボセヨ便利帖、張哲旭大阪洋画展、韓国百想芸術大賞
1987.05.01	第12巻第5号(通巻第134号)	38		箱根に、朝鮮通信使の足跡を訪ねて
1987.05.01	第12巻第5号(通巻第134号)	40		文化院安英一画展、韓国の切手
1987.05.01	第12巻第5号(通巻第134号)	41		金亨圭・手塚幸紀 ピアノとオーケストラ
1987.05.01	第12巻第5号(通巻第134号)	42		'88ソウル芸術団 創団記念公演
1987.05.01	第12巻第5号(通巻第134号)	44		〈読者の窓〉ソウルオリンピック 北韓の対応
1987.05.01	第12巻第5号(通巻第134号)	46		〈書評〉暮らしの経済「アメリカと韓国・日本」
1987.05.01	第12巻第5号(通巻第134号)	47		ソウル日本人慰霊牌 除幕式
1987.05.01	第12巻第5号(通巻第134号)	49		青山学院国際法研究会訪韓
1987.05.01	第12巻第5号(通巻第134号)	50		趙重玉家庭料理講座「たけのこご飯」・「焼きなす」
1987.05.01	第12巻第5号(通巻第134号)	52		李英姫女史の韓服modernシリーズ 釈迦誕生日を迎えて
1987.05.01	第12巻第5号(通巻第134号)	56		李承垠人形シリーズ⑧ 夢のお山 編輯後記 表紙のことば
1987.06.01	第12巻第6号(通巻第135号)	1		季節の詩 チンダルレ
1987.06.01	第12巻第6号(通巻第135号)	2		歴史の現場を訪ねて 6.25韓国動乱 旧鉄源邑
1987.06.01	第12巻第6号(通巻第135号)	4		美の女士たちの祭典 '87ミス・コリア選抜大会
1987.06.01	第12巻第6号(通巻第135号)	8		在日学徒義勇軍人に国家有功記章
1987.06.01	第12巻第6号(通巻第135号)	9		6月号 目次
1987.06.01	第12巻第6号(通巻第135号)	10		ニュース・アンド・レポート
1987.06.01	第12巻第6号(通巻第135号)	12		スポーツ・ファッション
1987.06.01	第12巻第6号(通巻第135号)	13		細田学園・細田理事長・校長に感謝牌
1987.06.01	第12巻第6号(通巻第135号)	14		韓国商品 輝く!第17回東京国見本市

발행일	지면정보		필자	제목
	권호	페이지		
1987.06.01	第12巻第6号(通巻第135号)	15		李奎浩大使 内外記者と会見
1987.06.01	第12巻第6号(通巻第135号)	16		金両基氏、静岡県立大教授に/在日青年会が鳳山仮面舞
1987.06.01	第12巻第6号(通巻第135号)	17		韓国の子供の日
1987.06.01	第12巻第6号(通巻第135号)	18		李利子女史の韓服・子供服の歴史
1987.06.01	第12巻第6号(通巻第135号)	22～26		〈FLASHカラートピックス　韓・日情報パック〉徐永昊・民団大阪団長叙勲・共立新横浜ビル・躍進のシンボル!日韓珍味キムチ会社製造開始、不動産ローンセンター本社ビル・オープン!日韓青少年育成協議会・ソウル青少年指導者育成会と姉妹結縁、婦人会中央大会で権炳佑新会長選出!第一スポーツセンターで韓信協ゴルフ大会 静岡伊熱丹で韓国物産展
1987.06.01	第12巻第6号(通巻第135号)	28		釜山・東亜大で「第15回春の全国大学団体柔道大会」
1987.06.01	第12巻第6号(通巻第135号)	30		世界の絵本展
1987.06.01	第12巻第6号(通巻第135号)	31		韓国の切手
1987.06.01	第12巻第6号(通巻第135号)	32		成年の日・成年式 男子の冠礼と女子の筓礼
1987.06.01	第12巻第6号(通巻第135号)	34		仏様の慈悲 われらに!仏紀2531年 釈迦誕生日
1987.06.01	第12巻第6号(通巻第135号)	38		細田早苗氏の「韓国手探りの旅」(12) 独立記念館
1987.06.01	第12巻第6号(通巻第135号)	41		東京音楽祭(新)アジア大会に韓国代表5人
1987.06.01	第12巻第6号(通巻第135号)	42		東に西に韓国代表人気集める 横浜みなと祭「第35回国際仮装行列」
1987.06.01	第12巻第6号(通巻第135号)	43		博多どんたく「ホドリ友情の使節団」
1987.06.01	第12巻第6号(通巻第135号)	44		韓・日女性親善協会ソウル合同総会
1987.06.01	第12巻第6号(通巻第135号)	45		「第3回韓日ゲートボール大会」東亜国内航空チャーター第4便
1987.06.01	第12巻第6号(通巻第135号)	46		「韓国映画」来日した李長鎬監督に聞く
1987.06.01	第12巻第6号(通巻第135号)	48		〈書評〉韓国現代詩
1987.06.01	第12巻第6号(通巻第135号)	49		李恒星韓紙⑤
1987.06.01	第12巻第6号(通巻第135号)	50		趙重玉・家庭料理 講座② 夏キムチ お好み焼き
1987.06.01	第12巻第6号(通巻第135号)	52		伝統建築シリーズⅡ 大門その④ 地方の人情 たずねて 特殊な門
1987.06.01	第12巻第6号(通巻第135号)	56		李承垠人形シリーズ⑨ にわか雨 編輯後記 表紙のことば
1987.07.01	第12巻第7号(通巻第136号)	1		季節の詩
1987.07.01	第12巻第7号(通巻第136号)	2		南北韓当局最高責任者会談呼びかける!平和統一政策諮問会議第4回全体会議
1987.07.01	第12巻第7号(通巻第136号)	5		「観光特集」夏を呼ぶ 南国の島 済州島
1987.07.01	第12巻第7号(通巻第136号)	10		7月号 目次
1987.07.01	第12巻第7号(通巻第136号)	12		ニュース・レポート
1987.07.01	第12巻第7号(通巻第136号)	14		ソウル・トピック・こぼれ話
1987.07.01	第12巻第7号(通巻第136号)	16		〈韓日経済〉ラッキー7のソウル訪問 第一証券 竹中一雄社長

발행일	지면정보		필자	제목
	권호	페이지		
1987.07.01	第12巻第7号(通巻第136号)	17		民正党次期大統領候補に盧泰愚氏
1987.07.01	第12巻第7号(通巻第136号)	18		地方を訪ねて＝全羅南道谷城麻トルシル織
1987.07.01	第12巻第7号(通巻第136号)	22		李英姫女史の韓服modernシリーズ③ 田園の平和 静かな麻の装い
1987.07.01	第12巻第7号(通巻第136号)	26		第16回東京音楽祭アジア大会　人類の、音楽の、調和よ進歩を求めて!
1987.07.01	第12巻第7号(通巻第136号)	28		〈FLASHカラートピックス 韓・日情報パック〉岡宏とクリアトーンズ「リサイタル5」/第5回韓国現代作家展/TDA初の出雲→釜山チャーター便/韓国キムチを楽しむ会
1987.07.01	第12巻第7号(通巻第136号)	30		〈経済インタビュー〉ホテル・ニューワールド・朴子今社長　韓国初の女性ホテル経営者
1987.07.01	第12巻第7号(通巻第136号)	31		FreshGirl　千三栄子さん　総領事館だより
1987.07.01	第12巻第7号(通巻第136号)	32		「輸出産業」三養食品　ラーメンの国日本にラーメン文化逆輸出
1987.07.01	第12巻第7号(通巻第136号)	36		〈伝統工芸〉毛筆制作25年 若き巨匠　金鎮泰氏
1987.07.01	第12巻第7号(通巻第136号)	41		〈サラム〉舞踊家　金寿岳さん来日
1987.07.01	第12巻第7号(通巻第136号)	42		〈釜山 ニコニコ対談〉川村亜子vs黒田勝弘「隣の国の女たち」
1987.07.01	第12巻第7号(通巻第136号)	44		舞台芸術の粋集めた唱劇「春香伝」日本初公演　成功
1987.07.01	第12巻第7号(通巻第136号)	46		〈韓国レコード情報〉フォークの宋昌植、梁姫銀、趙東振3氏
1987.07.01	第12巻第7号(通巻第136号)	47		〈書評〉『歌で覚える韓国語』柳尚熙著
1987.07.01	第12巻第7号(通巻第136号)	48		宮津市正音寺多宝塔落慶4周年法要/愛知県・聖英学園・今秋親善演奏旅行
1987.07.01	第12巻第7号(通巻第136号)	50		趙重玉・家庭料理 講座③ ねぎの煎 冷麺
1987.07.01	第12巻第7号(通巻第136号)	52		「NHKみんなの歌」のさし絵画家 中島潔「ひといろの風」展から
1987.07.01	第12巻第7号(通巻第136号)	54		花紋結晶釉創出した　農川崔学天氏の陶芸展
1987.07.01	第12巻第7号(通巻第136号)	56		李承垠人形シリーズ⑩ 鳳仙花染め編輯後記表紙のことば
1987.08.01	第12巻第8号(通巻第137号)	1		季節の詩
1987.08.01	第12巻第8号(通巻第137号)	2		愛国魂と民族の殿堂 民族独立記念館
1987.08.01	第12巻第8号(通巻第137号)	4		最初のミス国際フェリー 李智妍さんと会って─ソウル支社 厳慶玉
1987.08.01	第12巻第8号(通巻第137号)	6		韓国のハイ・ファッション① 西洋と東洋
1987.08.01	第12巻第8号(通巻第137号)	9		8月号 目次
1987.08.01	第12巻第8号(通巻第137号)	10		ニュース・レポート
1987.08.01	第12巻第8号(通巻第137号)	12		朴南会・元民団川崎支部団長東亜日報に"民主愛国"の意見広告
1987.08.01	第12巻第8号(通巻第137号)	14		日報親善会中央会87年度総会

발행일	지면정보		필자	제목
	권호	페이지		
1987.08.01	第12巻第8号(通巻第137号)	16		李基東氏著『朱子学の地域的展開 書評』
1987.08.01	第12巻第8号(通巻第137号)	18		皇太子に夫妻をお迎えて 世界絵本原画展
1987.08.01	第12巻第8号(通巻第137号)	20		偉人シリーズ 異次頓
1987.08.01	第12巻第8号(通巻第137号)	22		第14回JALスカラシツプ 韓国代表5人来日
1987.08.01	第12巻第8号(通巻第137号)	24		J至成コスモスグループ 会長と国交正常化 元嶋山一郎首相秘書 石橋義夫 元河野一郎代議士秘書
1987.08.01	第12巻第8号(通巻第137号)	30		涼を呼ぶ夏の民芸品 伝統団扇 琴福鉉氏
1987.08.01	第12巻第8号(通巻第137号)	34		李英姫女史modern韓服③ 韓国衣裳展 中間色の色童
1987.08.01	第12巻第8号(通巻第137号)	40		預金1兆4100億円目指す 伊香保で韓信協 第34回通常総会
1987.08.01	第12巻第8号(通巻第137号)	44		国際化時代に生きる 南大門市場
1987.08.01	第12巻第8号(通巻第137号)	48		蓬蒜韓医院、哲宗大王真影復元
1987.08.01	第12巻第8号(通巻第137号)	52		青鶴洞書堂学生 新しいスウル初訪問
1987.08.01	第12巻第8号(通巻第137号)	54		ピアノのニュースター・徐周希さん 初来リサイタル
1987.08.01	第12巻第8号(通巻第137号)	55		韓国の切手
1987.08.01	第12巻第8号(通巻第137号)	57		〈サラム〉沈雨晟・韓国民俗劇研究所長
1987.08.01	第12巻第8号(通巻第137号)	58		韓定食 伝統飲食モデルサンプル 東洋大学東洋学研究所 鎮皐史
1987.08.01	第12巻第8号(通巻第137号)	61		「随想」ソウル・ファンタジー ぶんげい評論家 鴻農映二
1987.08.01	第12巻第8号(通巻第137号)	62		〈書評〉悪夢の北朝鮮・韓国の笑顔 探訪韓国の古寺古塔
1987.08.01	第12巻第8号(通巻第137号)	63		創立70周年 旧大田中学同総会に日本側80名参加 一鵬禅宗国上奉崇会・昊宮園建立書画展示会
1987.08.01	第12巻第8号(通巻第137号)	64		韓国音楽情報
1987.08.01	第12巻第8号(通巻第137号)	65		歌手ユン・スーミ、レコード印税奨学金に ビデオ「韓国グルメ・パスポード」
1987.08.01	第12巻第8号(通巻第137号)	66		趙重玉・家庭料理講座④ わかめ冷しスープ 豚のあばら焼き 牛焼肉
1987.08.01	第12巻第8号(通巻第137号)	68		星州すいかを訪ねて 慶尚北道星州郡東岩洞〈地方特産物〉
1987.08.01	第12巻第8号(通巻第137号)	70		若者達の街 大学路
1987.08.01	第12巻第8号(通巻第137号)	72		李承垠人形シリーズ⑪ 川の一本橋編輯後記表紙のことば
1987.09.01	第12巻第9号(通巻第138号)	1		独立記念館で開館式
1987.09.01	第12巻第9号(通巻第138号)	2		21世紀に新たな飛躍を! 第42週年光復節東京・大阪・全国で記念式典
1987.09.01	第12巻第9号(通巻第138号)	4		おお水害被災民に愛の手!救援活動と復旧作業進む
1987.09.01	第12巻第9号(通巻第138号)	9		9月号 目次
1987.09.01	第12巻第9号(通巻第138号)	10		ニュース・レポート
1987.09.01	第12巻第9号(通巻第138号)	12		アジアの平和に貢献、若い力の協力 韓・日協力委員会合同総会

발행일	지면정보		필자	제목
	권호	페이지		
1987.09.01	第12巻第9号(通巻第138号)	14		「浅田新」株式会社『韓国物産展』/書評『韓国の故事にとわざ事典』
1987.09.01	第12巻第9号(通巻第138号)	15		大阪日韓協総会 KAL囲碁大会
1987.09.01	第12巻第9号(通巻第138号)	16		韓国の劇団「未来」今秋日本公演
1987.09.01	第12巻第9号(通巻第138号)	17		季節の詩「ムグンファ」
1987.09.01	第12巻第9号(通巻第138号)	18		和静茶会、高麗時代の抹茶法再演
1987.09.01	第12巻第9号(通巻第138号)	22		韓国の輸出産業…世界を駆け抜ける「現代自動車」
1987.09.01	第12巻第9号(通巻第138号)	26		在日韓国成年商工人連合会 ソウル総会 国務総理、国会議長表敬訪問
1987.09.01	第12巻第9号(通巻第138号)	28		〈特集〉まつり北九州 韓国隊パレード初参加!トップで行進 祭り喜ぶ・鶴本貢氏
1987.09.01	第12巻第9号(通巻第138号)	32		韓国のハイアッション② 金昌淑
1987.09.01	第12巻第9号(通巻第138号)	34		朴貞子舞踊団「チョラニ」国立劇場公演
1987.09.01	第12巻第9号(通巻第138号)	36		東京韓国研究院長 両国史の研究家 崔書勉氏 滞日30年の歩み
1987.09.01	第12巻第9号(通巻第138号)	41		パジチョゴリのシンガーソングライター川西杏
1987.09.01	第12巻第9号(通巻第138号)	42		世界最大の弥勒菩薩 半跏思惟像点眠式
1987.09.01	第12巻第9号(通巻第138号)	44		〈書評〉伊丹潤「建築作品集」
1987.09.01	第12巻第9号(通巻第138号)	46		映画・林権沢監督特集
1987.09.01	第12巻第9号(通巻第138号)	47		韓国教育財団奨学金授与式/コリア・プラザ　KOBE OPEN!
1987.09.01	第12巻第9号(通巻第138号)	48		音楽情報『韓国フェーク事情』
1987.09.01	第12巻第9号(通巻第138号)	49		偉人シリーズ③ 乙支文徳将軍
1987.09.01	第12巻第9号(通巻第138号)	50		趙重玉・家庭料理講座⑤ 蔘鶏湯、ちしゃ巻きランチ、煮漁
1987.09.01	第12巻第9号(通巻第138号)	52		〈伝統工芸〉灯光甕品全羅南道朴羅燮翁
1987.09.01	第12巻第9号(通巻第138号)	56		李承垠人形シリーズ⑫ 四物ノリ 編輯後記表紙のことば
1987.10.01	第12巻第10号(通巻第139号)	1		季節の詩
1987.10.01	第12巻第10号(通巻第139号)	2～8		盧民正党総裁、米日訪問。民主化宣言・世界に紹介 88オリンピックへあと1年結束・協調!韓・日議連ソウル総会
1987.10.01	第12巻第10号(通巻第139号)	9		10月号 目次
1987.10.01	第12巻第10号(通巻第139号)	10		ニュース・レポート
1987.10.01	第12巻第10号(通巻第139号)	12		故岸信介日韓協力委員会会長をしのぶ　小河原史郎理事
1987.10.01	第12巻第10号(通巻第139号)	14		探訪・古寺古塔(1) 通度寺 徐万基
1987.10.01	第12巻第10号(通巻第139号)	16		練馬日韓協青少年訪韓団交流 印象記
1987.10.01	第12巻第10号(通巻第139号)	18		パックス ムジカ'87 ソウル公演
1987.10.01	第12巻第10号(通巻第139号)	20		第12回「伝承工芸展」
1987.10.01	第12巻第10号(通巻第139号)	23		慶州民俗工芸村に行こう!

발행일	지면정보		필자	제목
	권호	페이지		
1987.10.01	第12巻第10号(通巻第139号)	26		金在河博士叙勲記念 亀岡カントリーで祝賀ゴルフ
1987.10.01	第12巻第10号(通巻第139号)	28		偉人シリーズ④ ドンサート 朴智恵女史ピアノトリオ
1987.10.01	第12巻第10号(通巻第139号)	29		金万寿選手プロ3年目初優勝・ミヤギテレビ杯女子オープン・ゴルフ
1987.10.01	第12巻第10号(通巻第139号)	30		金在河博士叙勲記念 亀岡カントリーで祝賀ゴルフ
1987.10.01	第12巻第10号(通巻第139号)	31		大阪で日本初のシルム(韓国すもう)天下壮士大会と技!
1987.10.01	第12巻第10号(通巻第139号)	36		ファッショウン・シリーズ③　結婚式　晴れの服の数々
1987.10.01	第12巻第10号(通巻第139号)	38		細田学園・細田理事長・校長　細田早苗韓国于探り旅(13)白翎島
1987.10.01	第12巻第10号(通巻第139号)	40		老人ホーム・チャリティゴルフ大会・浜松豊岡国際カントリー 白万燮
1987.10.01	第12巻第10号(通巻第139号)	41		日韓高校連絡協議会発足
1987.10.01	第12巻第10号(通巻第139号)	42		国立現代美術館・所蔵絵画展 文化院で
1987.10.01	第12巻第10号(通巻第139号)	44		映画・林権沢監督に聞く
1987.10.01	第12巻第10号(通巻第139号)	45		韓国中央大学理事長に金熙秀・金井グループ社長
1987.10.01	第12巻第10号(通巻第139号)	46		韓国音楽情報
1987.10.01	第12巻第10号(通巻第139号)	47		ソウルこぼれ話
1987.10.01	第12巻第10号(通巻第139号)	48		日本での韓国歌のNews
1987.10.01	第12巻第10号(通巻第139号)	49		ミス・インタナショナル世界大会にミス・コリア丁花善嬢人気!
1987.10.01	第12巻第10号(通巻第139号)	50		韓国　読書の季節
1987.10.01	第12巻第10号(通巻第139号)	52		〈日本で初〉第3回国際「結び」文化展
1987.10.01	第12巻第10号(通巻第139号)	54		趙重玉・家庭料理講座⑥
1987.10.01	第12巻第10号(通巻第139号)	56		銅工芸シリーズ① 編集後記 表紙のことば
1987.11.01	第12巻第11号(通巻第140号)	1		季節の詩
1987.11.01	第12巻第11号(通巻第140号)	2		韓国「国軍の日」
1987.11.01	第12巻第11号(通巻第140号)	6		ソウルオリンピックあと1年 多彩な祝賀行事
1987.11.01	第12巻第11号(通巻第140号)	9		11月号 目次
1987.11.01	第12巻第11号(通巻第140号)	10		ニュース・レポート
1987.11.01	第12巻第11号(通巻第140号)	12		「韓・日経済」日韓投資技術協力懇談会
1987.11.01	第12巻第11号(通巻第140号)	14		探訪・古寺古塔(2) 梵魚寺 徐万基
1987.11.01	第12巻第11号(通巻第140号)	16		〈書評〉漫画 韓国の歴史・民団中央本部 偉人シリーズ⑤　金庚信
1987.11.01	第12巻第11号(通巻第140号)	17		開天節東京祝賀会
1987.11.01	第12巻第11号(通巻第140号)	18		ミスコリア・国際フェリー 李智妍さん聖火台から笑顔・人気!
1987.11.01	第12巻第11号(通巻第140号)	22		ソウルオリンピックの跳躍台! 第48回全国体育大会
1987.11.01	第12巻第11号(通巻第140号)	26		ユニバーサルバレエ日本公演 創作バレエ「沈情」

발행일	지면정보		필자	제목
	권호	페이지		
1987.11.01	第12巻第11号(通巻第140号)	28		秋夕母国訪問墓参団 大挙訪問
1987.11.01	第12巻第11号(通巻第140号)	32		細田学園女子高校理事長・校長 細田早苗韓国于探りの旅(14) 青鶴洞
1987.11.01	第12巻第11号(通巻第140号)	34		ファッショウン・ウェッチング ソウルの街かどで
1987.11.01	第12巻第11号(通巻第140号)	36		韓国青年会議所副会長に、崔鐘太氏がトップ当選
1987.11.01	第12巻第11号(通巻第140号)	38		〈運動会〉走る!跳ぶ!秋空に 東京韓国学校在日留学生連合会
1987.11.01	第12巻第11号(通巻第140号)	40		淡路総業ボランティア旅行「母と子の集い」
1987.11.01	第12巻第11号(通巻第140号)	41		〈スポーツと音楽〉群馬県青年商工会 チャリティゴルフ・他
1987.11.01	第12巻第11号(通巻第140号)	42		小坂泰子 韓国石仏写真展
1987.11.01	第12巻第11号(通巻第140号)	44		韓国音楽情報
1987.11.01	第12巻第11号(通巻第140号)	45		ソウルこぼれ話
1987.11.01	第12巻第11号(通巻第140号)	46		韓国からベースのオ・ヤング氏 JAL ORCHESTRA
1987.11.01	第12巻第11号(通巻第140号)	47		アリランの歌 民音コンサート
1987.11.01	第12巻第11号(通巻第140号)	48		「旅人は休まない」に批評家賞 東京国際映画祭
1987.11.01	第12巻第11号(通巻第140号)	49		韓国103位殉教聖人大祝日 第2回「民族和解一致 祈願ミサ」
1987.11.01	第12巻第11号(通巻第140号)	50		88オリンピック公園で ソウル現代美術館
1987.11.01	第12巻第11号(通巻第140号)	52		日本作家の組み紐 ヤング・ミセス 鈴木千香枝さん
1987.11.01	第12巻第11号(通巻第140号)	53		東海クラックゴルフ具玉喜選手V4勝 オリンピック友情の使節尹喜禎
1987.11.01	第12巻第11号(通巻第140号)	54		趙重玉・家庭料理講座⑦ キムチと「牛肉・梨いため鍋」
1987.11.01	第12巻第11号(通巻第140号)	56		銅工芸シリーズ② 鶴の美 編集後記 表紙のことば
1987.12.01	第12巻第12号(通巻第141号)	1		季節の詩情「主よ、いまはそこに」
1987.12.01	第12巻第12号(通巻第141号)	2		韓日・日韓協力委 懇談会 劉彰順元総理・代表団 竹下首相表敬訪問
1987.12.01	第12巻第12号(通巻第141号)	6		世界31カ国代表、初めて一堂に集う!「海外韓民族代表者会議」
1987.12.01	第12巻第12号(通巻第141号)	9		12月号 目次
1987.12.01	第12巻第12号(通巻第141号)	10		ニュース・アンド・レポート
1987.12.01	第12巻第12号(通巻第141号)	12		ソウルこぼれ話
1987.12.01	第12巻第12号(通巻第141号)	13		〈書評〉佐藤早苗「燃える韓国」etc.
1987.12.01	第12巻第12号(通巻第141号)	14		探訪・古寺 古塔(3) 海印寺 徐万基
1987.12.01	第12巻第12号(通巻第141号)	16		ソウルオリンピック通信
1987.12.01	第12巻第12号(通巻第141号)	17		朴泰俊・大統領特使 竹下新首相訪問
1987.12.01	第12巻第12号(通巻第141号)	18		第28回全国ん民族芸術競演大会
1987.12.01	第12巻第12号(通巻第141号)	22		韓国繊維展と'87ファッションショー
1987.12.01	第12巻第12号(通巻第141号)	24		韓国手探り旅(15) 全北を行く 細田学園・細田理事長・校長 細田早苗

발행일	지면정보		필자	제목
	권호	페이지		
1987.12.01	第12巻第12号(通巻第141号)	26		三菱電機現代グループと親善試合 '87コリアンリーグ・バスケットボール
1987.12.01	第12巻第12号(通巻第141号)	28		東京慶尚北道民会設立総会 会長に千永命氏選出!
1987.12.01	第12巻第12号(通巻第141号)	30		金熙秀・金井企業社長、韓国中央大学 理事長就任式/亀戸駅前に外語専門学校設立
1987.12.01	第12巻第12号(通巻第141号)	32		朴允貞 刻書展
1987.12.01	第12巻第12号(通巻第141号)	34		「権逸回顧録」出版会 在日同胞史に貴重な著述業績
1987.12.01	第12巻第12号(通巻第141号)	36		〈ソウルの街角〉東洋と西洋の出会う街 梨泰院(イテウォン)
1987.12.01	第12巻第12号(通巻第141号)	38		ハイ・ファッション ストーリーある装い! 朴恒治
1987.12.01	第12巻第12号(通巻第141号)	40		韓国観光公社「韓国の夕」/霧島音楽祭
1987.12.01	第12巻第12号(通巻第141号)	41		東映・映画ビデオ「カッコーの・・・」他
1987.12.01	第12巻第12号(通巻第141号)	42		〈書評〉「金嬉老とオモニ」鴻農映二
1987.12.01	第12巻第12号(通巻第141号)	44		韓国音楽情報
1987.12.01	第12巻第12号(通巻第141号)	45		我愛亜細亜歌謡 川上英雄著
1987.12.01	第12巻第12号(通巻第141号)	46		'87日・韓書芸交流展 上野の森美術館
1987.12.01	第12巻第12号(通巻第141号)	48		第4回「博士土仁まつり」
1987.12.01	第12巻第12号(通巻第141号)	49		ゆく年 くる年
1987.12.01	第12巻第12号(通巻第141号)	50		明るい画風 朴成煥展
1987.12.01	第12巻第12号(通巻第141号)	52		オリンピック在日韓国神奈川県後援会3億円寄金
1987.12.01	第12巻第12号(通巻第141号)	53		自然医学祭・長寿食パーティで韓・日交流
1987.12.01	第12巻第12号(通巻第141号)	54		趙重玉・家庭料理講座⑧
1987.12.01	第12巻第12号(通巻第141号)	56		銅工芸③ 祝福 編集後記 表紙のことば
1988.01.01	第13巻第1号(通巻第142号)	1		季節の詩情
1988.01.01	第13巻第1号(通巻第142号)	2		新大統領に盧泰愚氏
1988.01.01	第13巻第1号(通巻第142号)	6		88オリンピックを待つ市道(1) ソウルの躍動
1988.01.01	第13巻第1号(通巻第142号)	9		1月号 目次
1988.01.01	第13巻第1号(通巻第142号)	10		ニュース・アンド・レポート
1988.01.01	第13巻第1号(通巻第142号)	12		ソウルオリンピック通信②
1988.01.01	第13巻第1号(通巻第142号)	13		泰陵選手村を訪ねて・スポッツコーチ・サミット'88 ビデオetc.
1988.01.01	第13巻第1号(通巻第142号)	16		〈書評〉徐龍達「韓国人の現状と将来」/サラム民話編③
1988.01.01	第13巻第1号(通巻第142号)	18		韓国の切手
1988.01.01	第13巻第1号(通巻第142号)	20		今年は辰年 正月の風景
1988.01.01	第13巻第1号(通巻第142号)	26		韓国青少年連盟祝祭
1988.01.01	第13巻第1号(通巻第142号)	34		'88ソウルオリンピック大会後援誠 300億ウォン伝達・事業推進幹部会議
1988.01.01	第13巻第1号(通巻第142号)	48		京都日韓親善協会定期総会 親善の情熱 日本側一気に上昇!

발행일	지면정보		필자	제목
	권호	페이지		
1988.01.01	第13巻第1号(通巻第142号)	54		Let's集! 京都・焼肉天壇
1988.01.01	第13巻第1号(通巻第142号)	56		成和クラブ　成田浩志連合会長に国民勲章無窮花章 李奎浩大使より役員各氏栄誉の受勲
1988.01.01	第13巻第1号(通巻第142号)	62		韓国手探り旅(16) 閑麗水道・細田早苗
1988.01.01	第13巻第1号(通巻第142号)	66		愛知・聖英学園、慶熙幼稚園にKALチャーター便
1988.01.01	第13巻第1号(通巻第142号)	74		韓国歌謡現在形
1988.01.01	第13巻第1号(通巻第142号)	77		キム・ヨンジャ愛のおくりもの
1988.01.01	第13巻第1号(通巻第142号)	78		〈映画〉機和とユーモアの「続ピョンガンセ」ソウル で大人気
1988.01.01	第13巻第1号(通巻第142号)	79		青森・松風塾高校マンドリン演奏旅行
1988.01.01	第13巻第1号(通巻第142号)	80		探訪古寺 古塔(4) 双磎寺 徐万基
1988.01.01	第13巻第1号(通巻第142号)	82		韓国音楽情報
1988.01.01	第13巻第1号(通巻第142号)	83		ソウルこぼれ話
1988.01.01	第13巻第1号(通巻第142号)	84		ソウルの若者たちは今! 新春の喜び
1988.01.01	第13巻第1号(通巻第142号)	86		偉人シリーズ⑥ 文武王
1988.01.01	第13巻第1号(通巻第142号)	87		88に新しい女性の経営!ホテル・ニューワールド　朴 子今社長
1988.01.01	第13巻第1号(通巻第142号)	88		韓繍芸術祭　韓国刺繍文化協議会文化院展
1988.01.01	第13巻第1号(通巻第142号)	90		趙重玉・正月家庭料理講座⑨
1988.01.01	第13巻第1号(通巻第142号)	92		銅工芸④ 希望 編集後記 表紙のことば
1988.02.01	第13巻第2号(通巻第143号)	1		季節の詩情
1988.02.01	第13巻第2号(通巻第143号)	2		盧泰愚氏に、新時代創造の心伝達 全斗煥大統領新 年のあいさつ
1988.02.01	第13巻第2号(通巻第143号)	4		権翊鉉韓日議員連盟会長、竹下首相を表敬訪問、盧 泰愚氏のメッセージ
1988.02.01	第13巻第2号(通巻第143号)	6		中部高速道路開通! 首都～中部圏、南北を結ぶ
1988.02.01	第13巻第2号(通巻第143号)	9		2月号 目次
1988.02.01	第13巻第2号(通巻第143号)	10		ニュース・レポート
1988.02.01	第13巻第2号(通巻第143号)	11		KAL旅客機事件 発表
1988.02.01	第13巻第2号(通巻第143号)	12		昇竜の年 新年会風景
1988.02.01	第13巻第2号(通巻第143号)	14		探訪古寺 古塔(5) 桃季寺 徐万基
1988.02.01	第13巻第2号(通巻第143号)	16		日韓親和の集い
1988.02.01	第13巻第2号(通巻第143号)	17		千水命慶北道民会長、李相培知事を訪問
1988.02.01	第13巻第2号(通巻第143号)	18		88競技場 紹介シリーズ ソウルオリンピックメーン スタジアム
1988.02.01	第13巻第2号(通巻第143号)	20		有名スキー場を訪ねて白銀の世界も国際化一色!
1988.02.01	第13巻第2号(通巻第143号)	22		〈建築シリーズ〉③ 安定感が見どころ伝統の「基壇」
1988.02.01	第13巻第2号(通巻第143号)	26		〈伝統工芸〉陶工の話 土岩・徐他元氏
1988.02.01	第13巻第2号(通巻第143号)	30		高麗大学校民族文化研究所で文化を学ぼう〈韓国語 文化研修部〉

발행일	지면정보		필자	제목
	권호	페이지		
1988.02.01	第13巻第2号(通巻第143号)	32		〈誌上美術館〉丹青の現代化 李端之さん 雲庵陶磁器展〈駐大阪総領事館ギャラリー〉
1988.02.01	第13巻第2号(通巻第143号)	34		東京商銀創立35周年記念事業推進連席会議
1988.02.01	第13巻第2号(通巻第143号)	36		第26回大鐘賞に出席して 菅沼正子
1988.02.01	第13巻第2号(通巻第143号)	38		写真でみる「中国の朝鮮族」早大教授 大村益夫訳
1988.02.01	第13巻第2号(通巻第143号)	40		名古屋の権東鉉、鄭興圭両氏2,000万円寄付 韓国教育財団に
1988.02.01	第13巻第2号(通巻第143号)	41		日本最初の韓国法講義・西尾昭同志社大教授
1988.02.01	第13巻第2号(通巻第143号)	42		韓国音楽情報
1988.02.01	第13巻第2号(通巻第143号)	43		若者の街角 楽器街
1988.02.01	第13巻第2号(通巻第143号)	44		ソウル こぼれ話
1988.02.01	第13巻第2号(通巻第143号)	45		ソウルオリンピック通信③
1988.02.01	第13巻第2号(通巻第143号)	46		「随想」ソウルファンタジー② 文芸評論家 鴻農映二
1988.02.01	第13巻第2号(通巻第143号)	48		慶州ナザレ園と金龍成理事長 ドキュウメンタリー映画「ナザレの愛」
1988.02.01	第13巻第2号(通巻第143号)	50		〈美術のホープ〉朴定徳、劉光相の世界
1988.02.01	第13巻第2号(通巻第143号)	52		在日大韓ゴルフ協会中北本部で第1回選手権大会 白万燮
1988.02.01	第13巻第2号(通巻第143号)	53		〈経済インタービュー〉故郷済州道で敬老会 三池電設 島田春彦社長
1988.02.01	第13巻第2号(通巻第143号)	54		趙重玉家庭料理講座⑩「五穀飯」etc.
1988.02.01	第13巻第2号(通巻第143号)	56		銅工芸⑤ 安住 編集後記 表紙の言葉
1988.03.01	第13巻第3号(通巻第144号)	1		盧泰愚第13代大統領就任 〈特集〉新大統領就任式、人と家族 成熟した韓日関係を展望!竹下首相と早速首脳会談
1988.03.01	第13巻第3号(通巻第144号)	9		3月号 目次
1988.03.01	第13巻第3号(通巻第144号)	10		大統領就任演説
1988.03.01	第13巻第3号(通巻第144号)	12		ニュース&レポート
1988.03.01	第13巻第3号(通巻第144号)	14		ソウルオリンピック通信④
1988.03.01	第13巻第3号(通巻第144号)	15		ソウル こぼれ話
1988.03.01	第13巻第3号(通巻第144号)	16		書評「普通の在日韓国人」
1988.03.01	第13巻第3号(通巻第144号)	17		偉人シリーズ⑦ 元暁大師
1988.03.01	第13巻第3号(通巻第144号)	18		新しい韓国人会館起工式 民団愛知県本部
1988.03.01	第13巻第3号(通巻第144号)	26		〈寄稿〉元アジア射撃選手権保持者 朴栄周「故朴鐘圭氏と88ソウルオリンピック」
1988.03.01	第13巻第3号(通巻第144号)	28		韓国商業銀行 旅行用小切手利用者激増!
1988.03.01	第13巻第3号(通巻第144号)	29		'88歌謡大使金蓮子チャリティ・ディナーショー
1988.03.01	第13巻第3号(通巻第144号)	30		神奈川福祉事業協会 創立3周年 オリンピック寄金1000万円
1988.03.01	第13巻第3号(通巻第144号)	32		民団大阪・徐永昊団長時代の受勲者栄誉の22名・国民勲章祝賀会

발행일	지면정보		필자	제목
	권호	페이지		
1988.03.01	第13巻第3号(通巻第144号)	34		郷土愛 結束! 東京慶尚南道道民会 新年の集い
1988.03.01	第13巻第3号(通巻第144号)	38		韓国手探りの旅(17) 太白まで 埼玉県・細田学園女子高・理事長・校長 細田早苗
1988.03.01	第13巻第3号(通巻第144号)	40		韓日高校生の交流
1988.03.01	第13巻第3号(通巻第144号)	41		〈文化情報〉凧名人・韓国文化院展・他
1988.03.01	第13巻第3号(通巻第144号)	42		文芸評論家麗羅氏の作品について 鴻農映二
1988.03.01	第13巻第3号(通巻第144号)	44		児童文学者・田坂常和氏と韓国
1988.03.01	第13巻第3号(通巻第144号)	46		探訪 小寺 古塔(6) 直指寺 徐万基
1988.03.01	第13巻第3号(通巻第144号)	48		〈映画〉燕山日記(林権沢監督)
1988.03.01	第13巻第3号(通巻第144号)	49		李奎浩 駐日大使に国民勲章無窮花章
1988.03.01	第13巻第3号(通巻第144号)	50		88ソウルオリンピックに活躍! 丁卯南潤飛虎展
1988.03.01	第13巻第3号(通巻第144号)	52		キャン・コミュニケーションズ「ソウルオリンピック公認記念メダル」企画発表会
1988.03.01	第13巻第3号(通巻第144号)	54		趙重玉家庭料理講座⑪ 宮廷料理etc.
1988.03.01	第13巻第3号(通巻第144号)	56		銅工芸⑥ 春に向かって 編集後記 表紙の言葉
1988.04.01	第13巻第4号(通巻第145号)	1		季節の情報
1988.04.01	第13巻第4号(通巻第145号)	2		韓国のルーツ チャンスン(村の守り)
1988.04.01	第13巻第4号(通巻第145号)	6		エベレスト山頂に二度目の太極旗許永浩隊員
1988.04.01	第13巻第4号(通巻第145号)	8		偉人シリーズ(8) 于勒
1988.04.01	第13巻第4号(通巻第145号)	9		4月号・目次
1988.04.01	第13巻第4号(通巻第145号)	10		ニュース・レポート
1988.04.01	第13巻第4号(通巻第145号)	11		民団中央大会、新役員決る
1988.04.01	第13巻第4号(通巻第145号)	12		探訪 古寺・古塔(7) 鳳停寺
1988.04.01	第13巻第4号(通巻第145号)	14		日韓企業協力投資懇談会
1988.04.01	第13巻第4号(通巻第145号)	16		新作映画「じゃがいも」
1988.04.01	第13巻第4号(通巻第145号)	17		切手・金允鎮愛知商銀理事長、郷里に功徳碑
1988.04.01	第13巻第4号(通巻第145号)	18		白頭山天池に太極旗 金永光前子国会議員
1988.04.01	第13巻第4号(通巻第145号)	20		米国で初の韓国人ゴルフ場オーナー 李官玉氏
1988.04.01	第13巻第4号(通巻第145号)	21		〈随想〉誇りを持って民族教育を!韓国教育財団 鄭煥麒理事
1988.04.01	第13巻第4号(通巻第145号)	22		教育の理想をめざす一光新学園
1988.04.01	第13巻第4号(通巻第145号)	26		韓国手探りの旅(8) 五大山・五色薬水 細田早苗
1988.04.01	第13巻第4号(通巻第145号)	28		伝統建築 壁面
1988.04.01	第13巻第4号(通巻第145号)	32		国際フェリー主催 張哲旭展
1988.04.01	第13巻第4号(通巻第145号)	36		京都婦人会結成40周年・記念史出版祝賀会
1988.04.01	第13巻第4号(通巻第145号)	38		映画「外人球団」日本ロードショー
1988.04.01	第13巻第4号(通巻第145号)	39		演劇 日本人による韓国劇「光の都」上演
1988.04.01	第13巻第4号(通巻第145号)	40		韓国のラミベル化粧品、日本で新発売
1988.04.01	第13巻第4号(通巻第145号)	41		東方学院で「韓国文化」初講義 中村元院長に開く

발행일	지면정보		필자	제목
	권호	페이지		
1988.04.01	第13巻第4号(通巻第145号)	42		やさしい韓国語会話② 　'88国際ビジネス・トラベル・ショー
1988.04.01	第13巻第4号(通巻第145号)	43		オリンピック通信
1988.04.01	第13巻第4号(通巻第145号)	44		光陵樹木園・開場１周年
1988.04.01	第13巻第4号(通巻第145号)	46		「人間＝自分改造法」セミナー
1988.04.01	第13巻第4号(通巻第145号)	47		ソウルこぼれ話
1988.04.01	第13巻第4号(通巻第145号)	48		〈書評〉鄭淳日訳「普通の人々の時代」・他
1988.04.01	第13巻第4号(通巻第145号)	49		関西新聞雑誌協会訪韓　日・韓武術交流展
1988.04.01	第13巻第4号(通巻第145号)	50		ハイファッション「朴潤洙」
1988.04.01	第13巻第4号(通巻第145号)	52		「花の画家」盧淑子個人展
1988.04.01	第13巻第4号(通巻第145号)	53		高麗青磁、李鐘成作品展
1988.04.01	第13巻第4号(通巻第145号)	54		趙重玉家庭料理講座⑫ 春の漬けもの etc.
1988.04.01	第13巻第4号(通巻第145号)	56		編集後記・表紙の言葉
1988.05.01	第13巻第5号(通巻第146号)	1		ソウルオリンピックプレ特集
1988.05.01	第13巻第5号(通巻第146号)	2		写真で見る韓国オリンピック史
1988.05.01	第13巻第5号(通巻第146号)	8		本番を待つ34の競技場　全紹介
1988.05.01	第13巻第5号(通巻第146号)	14		オリンピック国際演劇祭に歌舞伎
1988.05.01	第13巻第5号(通巻第146号)	18		民団大阪新団長に崔漢柄氏
1988.05.01	第13巻第5号(通巻第146号)	18		東京商銀に三重の喜び
1988.05.01	第13巻第5号(通巻第146号)	19		宇野外相は趙容弼ファン
1988.05.01	第13巻第5号(通巻第146号)	19		世界囲碁選手権で韓国勢惜敗
1988.05.01	第13巻第5号(通巻第146号)	20		「雪のじゅうたん」の韓日親善
1988.05.01	第13巻第5号(通巻第146号)	20		韓国賢人会議の座長決定
1988.05.01	第13巻第5号(通巻第146号)	20		韓日の経済交流さらに緊密化
1988.05.01	第13巻第5号(通巻第146号)	21		川崎市「ふれあい館」スタート
1988.05.01	第13巻第5号(通巻第146号)	22		李奎浩・前駐日大使に勲一等
1988.05.01	第13巻第5号(通巻第146号)	23		李源京・新駐日大使が着任
1988.05.01	第13巻第5号(通巻第146号)	24		韓国総選挙で野党が急伸
1988.05.01	第13巻第5号(通巻第146号)	25		スターインタビュー(大場久美子)
1988.05.01	第13巻第5号(通巻第146号)	26		〈企業ルポ〉韓文化を支える大韓教育保険のすべて
1988.05.01	第13巻第5号(通巻第146号)	30		〈伝統工芸〉伽倻琴をつくる
1988.05.01	第13巻第5号(通巻第146号)	34		街角ズームイン・ソウルの若者たち
1988.05.01	第13巻第5号(通巻第146号)	36		尹仁述氏に国民勲章・無窮花章
1988.05.01	第13巻第5号(通巻第146号)	38		韓国手さぐりの旅・旧鉄原(その1)
1988.05.01	第13巻第5号(通巻第146号)	41		インフォメーション(本・舞踊・映画・音楽・演劇)
1988.05.01	第13巻第5号(通巻第146号)	44		〈ドキュメント〉水踰市場の金容子さん
1988.05.01	第13巻第5号(通巻第146号)	32		韓国国宝(浮石寺無量寿殿)
1988.05.01	第13巻第5号(通巻第146号)	46		古寺・古塔(仏国寺・石窟庵)

발행일	지면정보		필자	제목
	권호	페이지		
1988.05.01	第13巻第5号(通巻第146号)	48		韓国偉人シリーズ① 広開土大王
1988.05.01	第13巻第5号(通巻第146号)	49		韓国プロ野球はここが見どころだ
1988.05.01	第13巻第5号(通巻第146号)	58		現代の巨匠：李六録(美術)
1988.05.01	第13巻第5号(通巻第146号)	62		趙重玉先生のおすすめ韓国料理
1988.05.01	第13巻第5号(通巻第146号)	64		銅工芸/創作人形/編集後記
1988.06.01	第13巻第6号(通巻第147号)	1		〈特集〉いま韓国の音楽が熱い!
1988.06.01	第13巻第6号(通巻第147号)	2		人気上昇中のヤングスターたち
1988.06.01	第13巻第6号(通巻第147号)	5		大ウケのディスコ・ミュージック
1988.06.01	第13巻第6号(通巻第147号)	6		新しい自由の新風をロックが運ぶ
1988.06.01	第13巻第6号(通巻第147号)	8		歌謡・ポップスの新旧スターたち
1988.06.01	第13巻第6号(通巻第147号)	12		マイルドな叙情の韓国フォーク
1988.06.01	第13巻第6号(通巻第147号)	12		ロックに押され気味の韓国ジャズ
1988.06.01	第13巻第6号(通巻第147号)	14		オリンピック年の美の女王がきまる
1988.06.01	第13巻第6号(通巻第147号)	16		'88準ミス・ユニバースに張允貞嬢
1988.06.01	第13巻第6号(通巻第147号)	18		〈韓国を聞く〉新時代の韓国テレビ事情(MBCプロヂューサー・趙鎌浩氏)
1988.06.01	第13巻第6号(通巻第147号)	20		民団中央本部の新しい役員がきまる
1988.06.01	第13巻第6号(通巻第147号)	20		韓日親善三団体が李源京・新大使歓迎会
1988.06.01	第13巻第6号(通巻第147号)	21		「韓日の橋渡し」韓国文化が九周年
1988.06.01	第13巻第6号(通巻第147号)	21		韓日友好の日本人貢献に感謝の楯
1988.06.01	第13巻第6号(通巻第147号)	21		韓日のゴルフ仲間が「友情」祝賀会
1988.06.01	第13巻第6号(通巻第147号)	21		アジア太平洋友好協会が京都で発足
1988.06.01	第13巻第6号(通巻第147号)	22		アジア卓球で韓国は三種目に優勝
1988.06.01	第13巻第6号(通巻第147号)	22		世界アマ囲碁で金哲中選手が入賞
1988.06.01	第13巻第6号(通巻第147号)	22		韓日の写真家が始めての交流展
1988.06.01	第13巻第6号(通巻第147号)	22		日本人教師が韓国正装で結婚式
1988.06.01	第13巻第6号(通巻第147号)	23		横浜でもソウル五輪ムード高潮
1988.06.01	第13巻第6号(通巻第147号)	23		オリンピック積金でソウル切符
1988.06.01	第13巻第6号(通巻第147号)	24		李南会氏が韓南大学で文化講演
1988.06.01	第13巻第6号(通巻第147号)	25		〈企業レポート〉創立 50周年を迎えた三星グループ
1988.06.01	第13巻第6号(通巻第147号)	30		現代の巨匠・洪永杓(美術)
1988.06.01	第13巻第6号(通巻第147号)	32		黒田福美オソオセヨ対談/ゲスト・許弼奭氏　国家と民族、地域のために少しでも役に立ちたいんだ
1988.06.01	第13巻第6号(通巻第147号)	36		在日大韓婦人会が創立40周年記念式典
1988.06.01	第13巻第6号(通巻第147号)	38		韓国手さぐりの旅・旧鉄原(その2)
1988.06.01	第13巻第6号(通巻第147号)	44		〈シリーズ・韓国の女性ルポライター〉宋友恵の仕事
1988.06.01	第13巻第6号(通巻第147号)	49		オリンピック・プレ特集＝第2弾
1988.06.01	第13巻第6号(通巻第147号)	41		映画・音楽・本・モード
1988.06.01	第13巻第6号(通巻第147号)	46		古寺・古塔(華厳寺)

발행일	지면정보		필자	제목
	권호	페이지		
1988.06.01	第13巻第6号(通巻第147号)	48		コリア・ピア(今月の催し)
1988.06.01	第13巻第6号(通巻第147号)	48		韓国偉人シリーズ・崔致遠
1988.06.01	第13巻第6号(通巻第147号)	58		スターインタビュー(李甫姫)
1988.06.01	第13巻第6号(通巻第147号)	60		韓国三池科学新工場を落成
1988.06.01	第13巻第6号(通巻第147号)	62		趙重玉先生のおすすめ韓国料理
1988.06.01	第13巻第6号(通巻第147号)	64		銅工芸/創作人形/編集後記
1988.07.15	第13巻第7号(通巻第148号)	1		(オリンピック・プレ特集＝第3弾) ソウルを食べる
1988.07.15	第13巻第7号(通巻第148号)	8		〈Season in the Sun!〉済州&海
1988.07.15	第13巻第7号(通巻第148号)	22		〈韓国を聞く〉新時代の韓国国際事情(オックスフォード・朴振氏)
1988.07.15	第13巻第7号(通巻第148号)	18		〈News &Topics〉盧泰愚大統領が7・7特別宣言
1988.07.15	第13巻第7号(通巻第148号)	19		〈News &Topics〉初の与野党トップ会談が開かれる
1988.07.15	第13巻第7号(通巻第148号)	19		〈News &Topics〉民団が35億円の誠金を組織委に伝達
1988.07.15	第13巻第7号(通巻第148号)	20		〈News &Topics〉ミス・オリンピックが決る
1988.07.15	第13巻第7号(通巻第148号)	20		〈News &Topics〉ドライ戦争の日本市場に韓国ビール
1988.07.15	第13巻第7号(通巻第148号)	21		〈News &Topics〉韓国中央図書館がソウルに完成
1988.07.15	第13巻第7号(通巻第148号)	21		〈News &Topics〉在日貿易人協会が定期総会
1988.07.15	第13巻第7号(通巻第148号)	21		〈News &Topics〉大韓ゴルフ関東選手優勝
1988.07.15	第13巻第7号(通巻第148号)	24		国際服装学院(ソウル)が創立50周年
1988.07.15	第13巻第7号(通巻第148号)	25		〈企業リポート〉急成長を遂げる
1988.07.15	第13巻第7号(通巻第148号)	30		現代の巨匠・洪永杓(美術)
1988.07.15	第13巻第7号(通巻第148号)	32		黒田福美オソオセヨ対談/ゲスト・崔漢柄氏　教育や青年活動を応援していくには民団もお金儲けをせんならんのです
1988.07.15	第13巻第7号(通巻第148号)	36		〈ニュース・フラッシュ〉韓信協が札幌で通常総会を開く
1988.07.15	第13巻第7号(通巻第148号)	38		韓国兵庫青年会議所が15周年式典
1988.07.15	第13巻第7号(通巻第148号)	44		〈シリーズ・韓国の女性〉服飾デザイナー・呉敬和の優雅な日々
1988.07.15	第13巻第7号(通巻第148号)	49		〈特集〉韓国ゴルフへの招待
1988.07.15	第13巻第7号(通巻第148号)	41		〈コラム〉映画・音楽・本・モード
1988.07.15	第13巻第7号(通巻第148号)	46		〈コラム〉古寺・古塔(松広寺)
1988.07.15	第13巻第7号(通巻第148号)	48		〈コラム〉コリア・ピア(今月の催し)
1988.07.15	第13巻第7号(通巻第148号)	60		スターインタビュー(尹秀一)
1988.07.15	第13巻第7号(通巻第148号)	62		川崎ふれあい館にビッグプレゼント
1988.07.15	第13巻第7号(通巻第148号)	64		銅工芸/創作人形/編集後記
1988.08.15	第13巻第8号(通巻第149号)	1		韓国シネマ・グラフィティ
1988.08.15	第13巻第8号(通巻第149号)	2		韓国映画は80年代に開花した
1988.08.15	第13巻第8号(通巻第149号)	7		大鐘賞主演賞に輝いたスターたち

발행일	지면정보		필자	제목
	권호	페이지		
1988.08.15	第13巻第8号(通巻第149号)	8		見逃せません！88年の話題作
1988.08.15	第13巻第8号(通巻第149号)	12		韓国ニューウェーブの主人公たち
1988.08.15	第13巻第8号(通巻第149号)	14		60年代・70年代は韓国映画の冬の時代
1988.08.15	第13巻第8号(通巻第149号)	22		韓国映画の揺籃期を支えたこの映画、この人
1988.08.15	第13巻第8号(通巻第149号)	18		「直前ムード」盛り上がるホドリ大作戦
1988.08.15	第13巻第8号(通巻第149号)	18		兪在根会長から朴安淳新会長にバトンタッチ
1988.08.15	第13巻第8号(通巻第149号)	19		同胞青年男女のすばらしい出会いを演出
1988.08.15	第13巻第8号(通巻第149号)	19		南大門市場でオリンピック前の祝祭
1988.08.15	第13巻第8号(通巻第149号)	20		民主平和統一諮問会議で南北交流の実りある論議
1988.08.15	第13巻第8号(通巻第149号)	21		朝鮮半島統一問題に関する国際学術シンポジウム開催
1988.08.15	第13巻第8号(通巻第149号)	21		東京慶尚南道道民会定期総会開かる
1988.08.15	第13巻第8号(通巻第149号)	21		韓国の貨幣の歴史ひと目で-大田貨幣博物館
1988.08.15	第13巻第8号(通巻第149号)	25		〈企業レポート〉技術のパイオニアラッキー金星グループ
1988.08.15	第13巻第8号(通巻第149号)	32		〈話題ズーム・イン〉すっかり利用しやすくなった韓国大使館領事部
1988.08.15	第13巻第8号(通巻第149号)	38		黒田福美オソオセヨ対談/ゲスト・兪在根氏　在日韓国人としての新しい意識と文化を持ちたい
1988.08.15	第13巻第8号(通巻第149号)	60		〈シリーズ・韓国の女性〉雑誌記者・金明任の新婚生活
1988.08.15	第13巻第8号(通巻第149号)	65		〈特集〉韓国ゴルフへの招待(PARTⅡ)
1988.08.15	第13巻第8号(通巻第149号)	72		古きよき妓生と両班の典雅な風流
1988.08.15	第13巻第8号(通巻第149号)	57		〈コラム〉映画・音楽・本・舞踊
1988.08.15	第13巻第8号(通巻第149号)	62		〈コラム〉古寺・古塔(大興寺)
1988.08.15	第13巻第8号(通巻第149号)	64		〈コラム〉コリア・ピア(今月の催し)
1988.08.15	第13巻第8号(通巻第149号)	78		スターインタビュー(少女隊)
1988.08.15	第13巻第8号(通巻第149号)	80		銅工芸/創作人形/編集後記
1988.09.15	第13巻第9号(通巻第150号)	1		〈特集〉ソウル　ショッピング天国
1988.09.15	第13巻第9号(通巻第150号)	12		聖なる火、韓国を走る！
1988.09.15	第13巻第9号(通巻第150号)	18		〈News&Topics〉金永三・統一民主党総裁が川崎ふれあい館を訪問
1988.09.15	第13巻第9号(通巻第150号)	18		〈News&Topics〉尹吉重・民正党代表委員一行が来日
1988.09.15	第13巻第9号(通巻第150号)	19		〈News&Topics〉第43周年光復節記念式が開かれる
1988.09.15	第13巻第9号(通巻第150号)	19		〈News&Topics〉50周年前の黄布ほかけ船が漢江に復元
1988.09.15	第13巻第9号(通巻第150号)	20		〈News&Topics〉第１回国際都市交流フォーラム開催
1988.09.15	第13巻第9号(通巻第150号)	20		〈News&Topics〉日韓・韓日友好親善幼児絵画展開催
1988.09.15	第13巻第9号(通巻第150号)	20		〈News&Topics〉姜宅佑氏の功績碑が慶北に建つ

발행일	지면정보		필자	제목
	권호	페이지		
1988.09.15	第13巻第9号(通巻第150号)	21		〈News&Topics〉世界初の私設美術図書館
1988.09.15	第13巻第9号(通巻第150号)	21		〈News&Topics〉三越本店で韓国展
1988.09.15	第13巻第9号(通巻第150号)	21		〈News&Topics〉北海道「世界・食の祭典」の韓国館が人気
1988.09.15	第13巻第9号(通巻第150号)	22		ソウルオリンピックTV観戦ガイド
1988.09.15	第13巻第9号(通巻第150号)	24		オリンピック競技日程表
1988.09.15	第13巻第9号(通巻第150号)	25		〈中継録写〉日本→韓国縦断ホドリ大作戦!
1988.09.15	第13巻第9号(通巻第150号)	32		〈伝統工芸〉木仏彫刻師・朴賛守氏 木の息づかいを込めて仏の魂を彫る
1988.09.15	第13巻第9号(通巻第150号)	38		国際的ハンター・申基植氏 韓国に剥製の野生動物館をつくりたい
1988.09.15	第13巻第9号(通巻第150号)	44		〈シリーズ・韓国の女性〉大学講師・金玟延平凡と非凡のあいだに
1988.09.15	第13巻第9号(通巻第150号)	30		〈話題ズームイン〉済州島にゴージャスな新ホテルが誕生
1988.09.15	第13巻第9号(通巻第150号)	54		〈話題ズームイン〉北海道・長万部に名ゴルフコース誕生
1988.09.15	第13巻第9号(通巻第150号)	60		〈話題ズームイン〉尼崎駅前に総合テナントビル太陽ビル
1988.09.15	第13巻第9号(通巻第150号)	49		〈企業レポート〉世界を走るポニー現代グループ
1988.09.15	第13巻第9号(通巻第150号)	41		〈コラム〉映画・音楽・演劇・本
1988.09.15	第13巻第9号(通巻第150号)	46		〈コラム〉古寺・古塔(釜山寺)
1988.09.15	第13巻第9号(通巻第150号)	48		〈コラム〉コリア・ピア(今月の催し)
1988.09.15	第13巻第9号(通巻第150号)	56		新しい韓国の若き実力者たち
1988.09.15	第13巻第9号(通巻第150号)	62		スターインタビュー(朴聖姫)
1988.09.15	第13巻第9号(通巻第150号)	64		銅工芸/創作人形/編集後記
1988.11.01	第13巻第11号(通巻第151号)10・11合併特大号	1		世界を魅了したスーパースターたち
1988.11.01	第13巻第11号(通巻第151号)10・11合併特大号	31		「和合と前進」を謳う感動に開会式
1988.11.01	第13巻第11号(通巻第151号)10・11合併特大号	45		開会式ー光と音のページェント
1988.11.01	第13巻第11号(通巻第151号)10・11合併特大号	50		〈News&Topics〉盧泰愚大統領が国連で韓半島の恒久平和を提案
1988.11.01	第13巻第11号(通巻第151号)10・11合併特大号	54		〈News&Topics〉韓米首脳会談で両国の協力を確認
1988.11.01	第13巻第11号(通巻第151号)10・11合併特大号	50		〈News&Topics〉「88」以後の平和外交と国内民主化
1988.11.01	第13巻第11号(通巻第151号)10・11合併特大号	52		〈News&Topics〉社会主義国の初出品でソウル貿易博大入り
1988.11.01	第13巻第11号(通巻第151号)10・11合併特大号	52		〈News&Topics〉ソウル五輪成功で「開天節」最高潮

발행일	지면정보 권호	지면정보 페이지	필자	제목
1988.11.01	第13巻第11号(通巻第151号) 10・11合併特大号	52		〈News&Topics〉韓商連が在日経済人団体で初の訪中
1988.11.01	第13巻第11号(通巻第151号) 10・11合併特大号	53		〈New&Topics〉トップモードの韓国繊維フェア開催
1988.11.01	第13巻第11号(通巻第151号) 10・11合併特大号	53		〈News&Topics〉東京で「国軍の日」記念パーティ
1988.11.01	第13巻第11号(通巻第151号) 10・11合併特大号	54		〈News&Topics〉第3回ポイントワン善意の1/10運動
1988.11.01	第13巻第11号(通巻第151号) 10・11合併特大号	54		〈News&Topics〉ソウルオリンピック記念「韓国美術 交流会」
1988.11.01	第13巻第11号(通巻第151号) 10・11合併特大号	55		〈News&Topics〉崔栗美さん初ピアノ・リサイタル
1988.11.01	第13巻第11号(通巻第151号) 10・11合併特大号	55		〈News&Topics〉故・金己哲氏の民団東京本部追悼式
1988.11.01	第13巻第11号(通巻第151号) 10・11合併特大号	56		〈News&Topics〉ソウル・オリンピック開かれる
1988.11.01	第13巻第11号(通巻第151号) 10・11合併特大号	58		ソウルオリンピック・トピックス
1988.11.01	第13巻第11号(通巻第151号) 10・11合併特大号	60		ソウルオリンピック全記録
1988.11.01	第13巻第11号(通巻第151号) 10・11合併特大号	65		民族の誇りと期待をにない大活躍した韓国選手
1988.11.01	第13巻第11号(通巻第151号) 10・11合併特大号	90		オリンピック成功の慶祝パレード
1988.11.01	第13巻第11号(通巻第151号) 10・11合併特大号	92		世界中の人びとがソウルに集まった
1988.11.01	第13巻第11号(通巻第151号) 10・11合併特大号	64		Message from Reader
1988.11.01	第13巻第11号(通巻第151号) 10・11合併特大号	96		創作人形・編集後記
1989.01.05	第14巻第1号(通巻第152号)	1		新春スペシャル 美しくすばらしき 韓国(慶州/扶余/ 公州/閑麗水道/釜山/江陵/江華島)
1989.01.05	第14巻第1号(通巻第152号)	18		〈News&Topics〉盧泰愚体制へ新たなスタート
1989.01.05	第14巻第1号(通巻第152号)	18		〈News&Topics〉全斗煥大統領が国民に謝罪
1989.01.05	第14巻第1号(通巻第152号)	20		〈News&Topics〉韓国と共産圏諸国の交流が活発化
1989.01.05	第14巻第1号(通巻第152号)	20		〈News&Topics〉在日同胞の政治犯は釈放される か!?
1989.01.05	第14巻第1号(通巻第152号)	21		〈News&Topics〉大活況の韓国証券市場
1989.01.05	第14巻第1号(通巻第152号)	22		〈News&Topics〉韓日のJC出身国会議員が初会合
1989.01.05	第14巻第1号(通巻第152号)	22		〈News&Topics〉母国訪問墓参団が感激の祖国訪問
1989.01.05	第14巻第1号(通巻第152号)	23		〈News&Topics〉李美子が30周年のイサイタル
1989.01.05	第14巻第1号(通巻第152号)	24		〈韓日のひと〉佐野隆治・神田外語大学理事長

발행일	지면정보 권호	페이지	필자	제목
1989.01.05	第14巻第1号(通巻第152号)	25		〈企業レポート〉石油産業一貫化で大きく成長鮮京グループ
1989.01.05	第14巻第1号(通巻第152号)	30		〈今年の抱負〉金村義明(近鉄バッファローズ)
1989.01.05	第14巻第1号(通巻第152号)	31		ベネチア主演女優賞 姜受延の魅力
1989.01.05	第14巻第1号(通巻第152号)	36		〈現代の巨匠〉女流ヌード画家・金鈴
1989.01.05	第14巻第1号(通巻第152号)	40		礼智院-お嬢さまのカルチャー・センター
1989.01.05	第14巻第1号(通巻第152号)	46		新しい韓国の若き実力者たち・梁俊鴻
1989.01.05	第14巻第1号(通巻第152号)	52		〈韓国の女性〉オリンピック通訳の女子大生・李恩廷
1989.01.05	第14巻第1号(通巻第152号)	64		スターインタビュー 西城秀樹
1989.01.05	第14巻第1号(通巻第152号)	38		〈コラム〉映画・音楽・演劇・本
1989.01.05	第14巻第1号(通巻第152号)	54		〈コラム〉東西ぐるめ・めぐり
1989.01.05	第14巻第1号(通巻第152号)	56		〈コラム〉コリア・ピア(今月の催し)
1989.01.05	第14巻第1号(通巻第152号)	66		西川治のビバ! 韓国料理
1989.01.05	第14巻第1号(通巻第152号)	72		韓国国宝/創作人形/編集後記
1989.02.05	第14巻第2号(通巻第153号)	1		〈巻頭特集〉神秘の島ー欝陵島めぐり
1989.02.05	第14巻第2号(通巻第153号)	12		〈韓日プロ野球スーパー対談〉金義明(近鉄)vs李万洙(三星)
1989.02.05	第14巻第2号(通巻第153号)	16		〈韓国のルーツ〉① 氏素性がすぐわかる-族譜
1989.02.05	第14巻第2号(通巻第153号)	22		〈News&Topics〉盧泰愚大統領が新年会見
1989.02.05	第14巻第2号(通巻第153号)	22		〈News&Topics〉南北首脳会談に向けて大きく前進
1989.02.05	第14巻第2号(通巻第153号)	23		〈News&Topics〉南・北韓が合併で金剛山の観光会発
1989.02.05	第14巻第2号(通巻第153号)	23		〈News&Topics〉韓国とハンガリー正式国交を樹立
1989.02.05	第14巻第2号(通巻第153号)	24		〈News&Topics〉アジア太平洋地域の経済協議会を設立
1989.02.05	第14巻第2号(通巻第153号)	24		〈News&Topics〉韓国の空に複数民航時代の幕開く
1989.02.05	第14巻第2号(通巻第153号)	25		〈News&Topics〉李良枝さんの「由熙」が芥川賞
1989.02.05	第14巻第2号(通巻第153号)	25		〈News&Topics〉大陸棚で有望な天然ガス発見
1989.02.05	第14巻第2号(通巻第153号)	25		〈News&Topics〉北の貨幣が初めて韓国にお目見え
1989.02.05	第14巻第2号(通巻第153号)	26		〈News&Topics〉盧泰愚大統領の国政運営に関する所感
1989.02.05	第14巻第2号(通巻第153号)	28		〈News&Topics〉金永三民主党総裁が本社を訪問
1989.02.05	第14巻第2号(通巻第153号)	28		申奉文氏の葬儀がしめやかに行なわれる
1989.02.05	第14巻第2号(通巻第153号)	29		〈韓国の輸出品〉① 世界ブランドの太陽キムチ
1989.02.05	第14巻第2号(通巻第153号)	34		〈現代の巨匠〉玉工芸師-張周元
1989.02.05	第14巻第2号(通巻第153号)	40		韓国随一の楽水温泉 釜谷ハワイ
1989.02.05	第14巻第2号(通巻第153号)	44		〈話題スペシャル〉大阪-釜山「よみがえる古代船計画」/仁川市と北九州市が姉妹都市に
1989.02.05	第14巻第2号(通巻第153号)	53		〈企業リポート〉陸・海・空の運輸の盟主韓進グループ
1989.02.05	第14巻第2号(通巻第153号)	48		韓日ビジネスマン最前線

발행일	지면정보		필자	제목
	권호	페이지		
1989.02.05	第14巻第2号(通巻第153号)	63		新しい韓国の若き実力者
1989.02.05	第14巻第2号(通巻第153号)	39		〈コラム〉グルメTODAY
1989.02.05	第14巻第2号(通巻第153号)	45		〈コラム〉音楽・舞踊・美術・本
1989.02.05	第14巻第2号(通巻第153号)	50		〈コラム〉古寺・古塔(洛山寺)
1989.02.05	第14巻第2号(通巻第153号)	52		〈コラム〉コリア・ピア(今月の催し)
1989.02.05	第14巻第2号(通巻第153号)	66		智異山雪景
1989.02.05	第14巻第2号(通巻第153号)	70		西川治のビバ! 韓国料理
1989.02.05	第14巻第2号(通巻第153号)	72		韓国国宝/表紙のひと/編集後記
1989.03.05	第14巻第3号(通巻第154号)	1		世界の目を集める平和と統一への舞台 板門店
1989.03.05	第14巻第3号(通巻第154号)	12		〈韓国の心のルーツ〉② シャーマニズムの儀式巫俗クッ
1989.03.05	第14巻第3号(通巻第154号)	18		大韓映画の祭典-大鐘賞映画祭
1989.03.05	第14巻第3号(通巻第154号)	22, 26		ショッピング天国(ソウル免税店)
1989.03.05	第14巻第3号(通巻第154号)	28		〈話題スペシャル〉釜山の羅勲児ショーに16,000観客
1989.03.05	第14巻第3号(通巻第154号)	30		〈話題スペシャル〉最新潜水艇で済州島の海底探検
1989.03.05	第14巻第3号(通巻第154号)	34		〈KOREA NEWS〉盧泰愚大統領が5月下旬に訪日
1989.03.05	第14巻第3号(通巻第154号)	34		〈KOREA NEWS〉韓米首脳会談が開かれる
1989.03.05	第14巻第3号(通巻第154号)	35		〈KOREA NEWS〉中間評価は4月中旬
1989.03.05	第14巻第3号(通巻第154号)	36		〈KOREA NEWS〉南北統一チームの団歌は「アリラン」
1989.03.05	第14巻第3号(通巻第154号)	36		〈KOREA NEWS〉姜英勲総理と竹下首相が会談
1989.03.05	第14巻第3号(通巻第154号)	36		〈KOREA NEWS〉第2回南北予備会談開かれる
1989.03.05	第14巻第3号(通巻第154号)	37		〈KOREA NEWS〉韓国とユーゴ間で直接交易が推進
1989.03.05	第14巻第3号(通巻第154号)	37		〈KOREA NEWS〉ソ連から使節団が相次いで訪韓
1989.03.05	第14巻第3号(通巻第154号)	38		〈KOREA NEWS〉釜山に海上都市を建設
1989.03.05	第14巻第3号(通巻第154号)	38		〈KOREA NEWS〉米国で韓国自動車の販売増加率鈍る
1989.03.05	第14巻第3号(通巻第154号)	39		〈KOREA NEWS〉土地寡占化が進む
1989.03.05	第14巻第3号(通巻第154号)	39		〈KOREA NEWS〉88年の売上げ1位は三星物産
1989.03.05	第14巻第3号(通巻第154号)	42		〈KOREA TOPICS〉安重根の真筆揮毫が80年ぶりに故国へ
1989.03.05	第14巻第3号(通巻第154号)	42		〈KOREA TOPICS〉「北」の留学生2人が韓国に亡命
1989.03.05	第14巻第3号(通巻第154号)	42		〈KOREA TOPICS〉ソウル東丘女子商が初の訪日修学旅行
1989.03.05	第14巻第3号(通巻第154号)	43		〈KOREA TOPICS〉名節が失郷民が望郷際
1989.03.05	第14巻第3号(通巻第154号)	43		〈KOREA TOPICS〉海外旅行自由化でビザ申請ラッシュ
1989.03.05	第14巻第3号(通巻第154号)	40		〈インタビュー〉柔道金メダルの金載燁&李璟根
1989.03.05	第14巻第3号(通巻第154号)	44		韓日ビジネスマン最前線
1989.03.05	第14巻第3号(通巻第154号)	49		〈企業リポート〉アジアナ航空就航で雄飛する錦湖グルーウ

발행일	지면정보		필자	제목
	권호	페이지		
1989.03.05	第14巻第3号(通巻第154号)	54		〈現代の巨匠〉世界の画家・李応魯氏死す
1989.03.05	第14巻第3号(通巻第154号)	58		朝総連系の画家・洪性翊氏がソウルで個展
1989.03.05	第14巻第3号(通巻第154号)	66		愛知韓国人会館が完成
1989.03.05	第14巻第3号(通巻第154号)	66		北九州市一行が仁川市を訪問
1989.03.05	第14巻第3号(通巻第154号)	66		大阪韓国青年商工会設立へ
1989.03.05	第14巻第3号(通巻第154号)	67		青商連合会が全国商工人の実態調査
1989.03.05	第14巻第3号(通巻第154号)	67		東京商銀が35周年記念のための連席会議
1989.03.05	第14巻第3号(通巻第154号)	67		大阪商銀が東成支店を開設
1989.03.05	第14巻第3号(通巻第154号)	68		大韓航空が創立20周年パーティー
1989.03.05	第14巻第3号(通巻第154号)	68		日本公立校の民族教育を民団が支援
1989.03.05	第14巻第3号(通巻第154号)	68		「北」からチョウセンオオカミの贈り物
1989.03.05	第14巻第3号(通巻第154号)	69		本国冬季大会で在日同胞が活躍
1989.03.05	第14巻第3号(通巻第154号)	69		紙でつくった衣服の展覧会
1989.03.05	第14巻第3号(通巻第154号)	69		日航ニュース
1989.03.05	第14巻第3号(通巻第154号)	70		びるぷす
1989.03.05	第14巻第3号(通巻第154号)	74		〈フォト・ポエム〉群舞
1989.03.05	第14巻第3号(通巻第154号)	78		西川治のビバ! 韓国料理
1989.03.05	第14巻第3号(通巻第154号)	46		〈コラム〉音楽・舞踊・美術・本
1989.03.05	第14巻第3号(通巻第154号)	65		〈コラム〉コリア・ピア(今月の催し)
1989.03.05	第14巻第3号(通巻第154号)	73		〈コラム〉グルメTODAY
1989.03.05	第14巻第3号(通巻第154号)	80		韓国国宝/表紙のひと/編集後記
1989.04.05	第14巻第4号(通巻第155号)	1		ソウル最先端の町-狎鴎亭洞を歩く
1989.04.05	第14巻第4号(通巻第155号)	12		〈人間文化財〉民俗酒"山梨酒"をつくる李景燦氏
1989.04.05	第14巻第4号(通巻第155号)	16		水ぬるむ漢江の遊覧船
1989.04.05	第14巻第4号(通巻第155号)	20		〈スターインタビュー〉大鐘賞新人女優賞カン・リナの魅力
1989.04.05	第14巻第4号(通巻第155号)	24		〈街角ルポ〉昔情趣を残す五日市-牧丹市場
1989.04.05	第14巻第4号(通巻第155号)	30		〈芸能特番〉韓国の人気No.1グループ"消防車(ソバンチャ)
1989.04.05	第14巻第4号(通巻第155号)	34		〈KOREA NEWS〉盧泰愚大統領が中間評価延期を発表
1989.04.05	第14巻第4号(通巻第155号)	35		〈KOREA NEWS〉文益煥牧師の突然の訪北に非難集中
1989.04.05	第14巻第4号(通巻第155号)	36		〈KOREA NEWS〉ソウルで「在日同胞の現況と将来」に関する学術会議
1989.04.05	第14巻第4号(通巻第155号)	36		〈KOREA NEWS〉第2次南北スポーツ会談で2項目の一致
1989.04.05	第14巻第4号(通巻第155号)	37		〈KOREA NEWS〉現代重工・ソウル地下鉄の大スト終結
1989.04.05	第14巻第4号(通巻第155号)	37		〈KOREA NEWS〉「91貿易博」の組織委が発足
1989.04.05	第14巻第4号(通巻第155号)	38		〈KOREA NEWS〉総合株価指数が9年間に10倍に成長

발행일	지면정보		필자	제목
	권호	페이지		
1989.04.05	第14巻第4号(通巻第155号)	38		〈KOREA NEWS〉KAL機が中国便の不定期運航
1989.04.05	第14巻第4号(通巻第155号)	39		〈KOREA NEWS〉新国際空港建設は永宗島が有力候補
1989.04.05	第14巻第4号(通巻第155号)	39		〈KOREA NEWS〉現代自動車が1500cc「エクセル」を新発売
1989.04.05	第14巻第4号(通巻第155号)	40		〈KOREA TOPICS〉韓国で初めての海外旅行博覧会
1989.04.05	第14巻第4号(通巻第155号)	40		〈KOREA TOPICS〉金賢姫の第2回公判開かる
1989.04.05	第14巻第4号(通巻第155号)	41		〈KOREA TOPICS〉韓国4人目の世界チャンピオンが誕生
1989.04.05	第14巻第4号(通巻第155号)	41		〈KOREA TOPICS〉世界で初めての新型人心臓開発
1989.04.05	第14巻第4号(通巻第155号)	41		〈KOREA TOPICS〉在日朝総連系同胞1300人が寒食墓参で韓国訪問
1989.04.05	第14巻第4号(通巻第155号)	41		〈KOREA TOPICS〉ブルガリアの平壌食堂に南北のタバコ
1989.04.05	第14巻第4号(通巻第155号)	42		韓日ビジネス最前線
1989.04.05	第14巻第4号(通巻第155号)	44		〈芸術トピクス〉パンソリの人間国宝・金素姫女史
1989.04.05	第14巻第4号(通巻第155号)	49		〈企業リポート〉小型車プライドで世界進出起亜産業
1989.04.05	第14巻第4号(通巻第155号)	54		新しき韓国の若き実力者(許桐氏)
1989.04.05	第14巻第4号(通巻第155号)	56		〈ホテル・シリーズ①〉韓国が誇る世界のホテル－ホテルロッテ
1989.04.05	第14巻第4号(通巻第155号)	65		〈在日トピックス〉大阪韓国青年商工会が堂々の船出
1989.04.05	第14巻第4号(通巻第155号)	70		ぴるぷす
1989.04.05	第14巻第4号(通巻第155号)	74		〈フォト・イメージ〉出発
1989.04.05	第14巻第4号(通巻第155号)	78		西川治のビバ! 韓国料理
1989.04.05	第14巻第4号(通巻第155号)	46		〈コラム〉音楽・映画・演劇
1989.04.05	第14巻第4号(通巻第155号)	48		〈コラム〉コリア・ピア(今月の催し)
1989.04.05	第14巻第4号(通巻第155号)	73		〈コラム〉グルメTODAY
1989.04.05	第14巻第4号(通巻第155号)	80		韓国国宝/表紙のひと/編集後記
1989.05.05	第14巻第5号(通巻第156号)	1		〈特集〉韓国の婚礼-伝統と現代
1989.05.05	第14巻第5号(通巻第156号)	12		〈韓国の名所〉珍島沖に「モーゼの奇跡」
1989.05.05	第14巻第5号(通巻第156号)	16		ソウル駅が楽しく生まれ変った
1989.05.05	第14巻第5号(通巻第156号)	20		桜と人出の鎮海軍港祭
1989.05.05	第14巻第5号(通巻第156号)	22		〈人変文化財〉高麗仏画を再現する女流丹青匠　朴亭子氏
1989.05.05	第14巻第5号(通巻第156号)	26		〈ホテル・シリーズ②〉ハイアット・リージェンシー釜山
1989.05.05	第14巻第5号(通巻第156号)	30		〈スター・インタビュー〉周炫美「人気よりも愛する人を!」
1989.05.05	第14巻第5号(通巻第156号)	34		〈KOREA NEWS〉盧大統領の訪日がまたも延期される
1989.05.05	第14巻第5号(通巻第156号)	34		〈KOREA NEWS〉労使争議の生産損失額2兆3千億ウォンに

발행일	지면정보		필자	제목
	권호	페이지		
1989.05.05	第14巻第5号(通巻第156号)	35		〈KOREA NEWS〉悲運の皇太子妃・李方子女史亡くなる
1989.05.05	第14巻第5号(通巻第156号)	36		〈KOREA NEWS〉韓日イコール・パートナー時代に
1989.05.05	第14巻第5号(通巻第156号)	38		〈KOREA NEWS〉高温超伝導体の原理解明に新理論
1989.05.05	第14巻第5号(通巻第156号)	38		〈KOREA NEWS〉ソウルのアパート相場が異常急騰
1989.05.05	第14巻第5号(通巻第156号)	39		〈KOREA NEWS〉ソウルで国際道路連盟世界総会
1989.05.05	第14巻第5号(通巻第156号)	39		〈KOREA NEWS〉ソウル駅と東京駅が姉妹縁組
1989.05.05	第14巻第5号(通巻第156号)	39		〈KOREA NEWS〉賃上げ率、生産性ともNIESトップ
1989.05.05	第14巻第5号(通巻第156号)	40		〈K-T ANNGLE〉西側外交官、記者が見た「北」の現在
1989.05.05	第14巻第5号(通巻第156号)	42		韓日ビジネス最前線
1989.05.05	第14巻第5号(通巻第156号)	44		KOREA TODAY誌上舞台
1989.05.05	第14巻第5号(通巻第156号)	49		〈企業リポート〉民族酒造から総合企業へ真露グループ
1989.05.05	第14巻第5号(通巻第156号)	54		生命の根源を造形芸術に昇華する 彫刻家・崔起源
1989.05.05	第14巻第5号(通巻第156号)	66		〈IN JAPAN〉民団各地本部で新役員誕生
1989.05.05	第14巻第5号(通巻第156号)	66		〈IN JAPAN〉韓信協の預金高が2兆円
1989.05.05	第14巻第5号(通巻第156号)	67		〈IN JAPAN〉新潟韓国青年商工会が発足
1989.05.05	第14巻第5号(通巻第156号)	67		〈IN JAPAN〉京都韓国人商工会が定期総会
1989.05.05	第14巻第5号(通巻第156号)	67		〈IN JAPAN〉同胞学生に就職シンポジウム
1989.05.05	第14巻第5号(通巻第156号)	68		〈IN JAPAN〉国立大学に在日同胞の教授
1989.05.05	第14巻第5号(通巻第156号)	68		〈IN JAPAN〉民間賃貸マンショウン入居巨否に提訴
1989.05.05	第14巻第5号(通巻第156号)	69		〈IN JAPAN〉民団「青少年故郷訪問団」が年2回に
1989.05.05	第14巻第5号(通巻第156号)	69		〈IN JAPAN〉消防車と李智娟がア・太平洋音楽に参加
1989.05.05	第14巻第5号(通巻第156号)	58		〈大阪↔釜山〉豪華フェリー「檀皇」が就航
1989.05.05	第14巻第5号(通巻第156号)	74		アジア太平洋博ー福岡'89
1989.05.05	第14巻第5号(通巻第156号)	76		新しき韓国の若き実力者/卓美善さん
1989.05.05	第14巻第5号(通巻第156号)	78		西川治のビバ! 韓国料理
1989.05.05	第14巻第5号(通巻第156号)	46		〈コラム〉音楽・映画・演劇
1989.05.05	第14巻第5号(通巻第156号)	65		〈コラム〉コリア・ピア(今月の催し)
1989.05.05	第14巻第5号(通巻第156号)	70		〈コラム〉ぴるぷす
1989.05.05	第14巻第5号(通巻第156号)	73		〈コラム〉グルメTODAY
1989.05.05	第14巻第5号(通巻第156号)	80		韓国国宝/表紙のひと/編集後記
1989.06.05	第14巻第6号(通巻第157号)	1		社会風刺と諧謔の仮面踊り タルチュム
1989.06.05	第14巻第6号(通巻第157号)	12		夢!愛!感動!のリゾート釜山・海雲台
1989.06.05	第14巻第6号(通巻第157号)	28		〈現代の巨匠〉現代感覚の写実山水画 素玄・李仁実女史
1989.06.05	第14巻第6号(通巻第157号)	30		〈スターインダビュー〉ジャニー尹「韓国に新しい笑いを」
1989.06.05	第14巻第6号(通巻第157号)	34		〈KOREA NEWS〉金永三ー民主党総裁訪ソでソ連との交流が再び活発化

발행일	지면정보		필자	제목
	권호	페이지		
1989.06.05	第14巻第6号(通巻第157号)	34		〈KOREA NEWS〉29年ぶりに地方自治制が全面復活
1989.06.05	第14巻第6号(通巻第157号)	35		〈KOREA NEWS〉国家発展のビジョン定立へ21世紀委発足
1989.06.05	第14巻第6号(通巻第157号)	36		〈KOREA NEWS〉5・18継承の「光州集会」に10万人
1989.06.05	第14巻第6号(通巻第157号)	36		〈KOREA NEWS〉当局の阻止に反し 全教祖の結成強行
1989.06.05	第14巻第6号(通巻第157号)	37		〈KOREA NEWS〉「北」の大学生2人がまたも韓国に亡命
1989.06.05	第14巻第6号(通巻第157号)	38		〈KOREA NEWS〉1～4月の経常収支黒字幅が激減
1989.06.05	第14巻第6号(通巻第157号)	38		〈KOREA NEWS〉第1・4半期の実質成長率5.7パーセントに
1989.06.05	第14巻第6号(通巻第157号)	39		〈KOREA NEWS〉三美グループがカナダ最大の鉄鋼会社を買収
1989.06.05	第14巻第6号(通巻第157号)	39		〈KOREA NEWS〉航空機3社が国産へり生産の基盤づくり
1989.06.05	第14巻第6号(通巻第157号)	40		〈KOREA TOPICS〉申相玉・崔銀姫夫婦が11年ぶりに帰国
1989.06.05	第14巻第6号(通巻第157号)	40		〈KOREA TOPICS〉全前大統領夫妻が百日祈祷を満了
1989.06.05	第14巻第6号(通巻第157号)	41		〈KOREA TOPICS〉世界中の看護婦さんがソウルに大集合
1989.06.05	第14巻第6号(通巻第157号)	41		〈KOREA TOPICS〉漢江運河工事を来年に繰り上げ着工
1989.06.05	第14巻第6号(通巻第157号)	41		〈KOREA TOPICS〉金信夫(太平洋)が本国女性と婚約
1989.06.05	第14巻第6号(通巻第157号)	42		韓日ビジネス最前線
1989.06.05	第14巻第6号(通巻第157号)	44		KOREA TODAY誌上舞台
1989.06.05	第14巻第6号(通巻第157号)	49		韓国経済のシンボル総合貿易センター
1989.06.05	第14巻第6号(通巻第157号)	56		ミス・コリア〈真〉に呉賢慶さん!
1989.06.05	第14巻第6号(通巻第157号)	58		〈伝統工芸〉韓国結びで五色の綾を織る 程鳳燮女史
1989.06.05	第14巻第6号(通巻第157号)	62		悲運王妃・李方子女史の宮中葬が行なわれる
1989.06.05	第14巻第6号(通巻第157号)	66		民団が91年問題で大衆運動を展開
1989.06.05	第14巻第6号(通巻第157号)	66		〈IN JAPAN〉地方公務員に在日同胞が382人
1989.06.05	第14巻第6号(通巻第157号)	67		〈IN JAPAN〉大阪商銀が35周年と本店新築の祝典
1989.06.05	第14巻第6号(通巻第157号)	67		〈IN JAPAN〉千葉青商会長に李永智氏、群馬青商会長に李秀盛氏
1989.06.05	第14巻第6号(通巻第157号)	68		〈IN JAPAN〉大韓航空がソウル-札幌便を初就航
1989.06.05	第14巻第6号(通巻第157号)	68		〈IN JAPAN〉在日同胞のソウル五輪後援事業終結
1989.06.05	第14巻第6号(通巻第157号)	68		〈IN JAPAN〉白頭学院の新校舎が落成
1989.06.05	第14巻第6号(通巻第157号)	69		〈IN JAPAN〉ソウル五輪の写真展開かる
1989.06.05	第14巻第6号(通巻第157号)	69		〈IN JAPAN〉大阪～釜山間実験航海の古代船完成
1989.06.05	第14巻第6号(通巻第157号)	69		〈IN JAPAN〉「潤の街」の公開上映スタート
1989.06.05	第14巻第6号(通巻第157号)	70		インタビュー/コシノミチコ
1989.06.05	第14巻第6号(通巻第157号)	74		新しき韓国の若き実力者/盧忠良氏

발행일	지면정보		필자	제목
	권호	페이지		
1989.06.05	第14巻第6号(通巻第157号)	78		西川治のビバ! 韓国料理
1989.06.05	第14巻第6号(通巻第157号)	46		〈コラム〉音楽・映画・演劇
1989.06.05	第14巻第6号(通巻第157号)	65		〈コラム〉コリア・ビア(今月の催し)
1989.06.05	第14巻第6号(通巻第157号)	71		〈コラム〉ぴるぷす
1989.06.05	第14巻第6号(通巻第157号)	73		〈コラム〉グルメTODAY
1989.06.05	第14巻第6号(通巻第157号)	48		Message from Reader
1989.06.05	第14巻第6号(通巻第157号)	80		韓国国宝/表紙のひと/編集後記
1989.07.05	第14巻第7号(通巻第158号)	1		〈巻頭特集〉韓国の最新テレビ事情
1989.07.05	第14巻第7号(通巻第158号)	14		〈伝統文化〉韓国の茶道
1989.07.05	第14巻第7号(通巻第158号)	22		〈韓国の新名所〉秋葉原をしのぐ規模-竜山電山商街
1989.07.05	第14巻第7号(通巻第158号)	28		〈伝統工芸〉韓国の夏を風雅に彩る合竹扇
1989.07.05	第14巻第7号(通巻第158号)	34		〈KOREA NEWS〉金泳三総裁が「北」の許鋕氏と会談
1989.07.05	第14巻第7号(通巻第158号)	35		〈KOREA NEWS〉盧泰愚大統領と金泳三総裁が北方で合意
1989.07.05	第14巻第7号(通巻第158号)	36		〈KOREA NEWS〉盧大統領が南北頂上会談実現を強調
1989.07.05	第14巻第7号(通巻第158号)	37		〈KOREA NEWS〉6.25動乱は金日成の挑発だった!
1989.07.05	第14巻第7号(通巻第158号)	38		〈KOREA NEWS〉極秘入北の徐敬元議員を拘束
1989.07.05	第14巻第7号(通巻第158号)	39		〈KOREA NEWS〉南北国会予備会談が無期延期に
1989.07.05	第14巻第7号(通巻第158号)	39		〈KOREA NEWS〉全大協代表女子学生が平壌入り
1989.07.05	第14巻第7号(通巻第158号)	40		〈KOREA NEWS〉ワシントンで海外韓民族代表者会議
1989.07.05	第14巻第7号(通巻第158号)	41		〈KOREA NEWS〉アジア途上国間の産業協力ワークショップ
1989.07.05	第14巻第7号(通巻第158号)	41		〈KOREA NEWS〉9月26日がら「世界韓民族体育大会」
1989.07.05	第14巻第7号(通巻第158号)	42		〈ECONOMIC NEWS〉韓国のハイテク産業の水準は!?
1989.07.05	第14巻第7号(通巻第158号)	42		〈ECONOMIC NEWS〉外車の売れ行きが絶好調
1989.07.05	第14巻第7号(通巻第158号)	43		〈ECONOMIC NEWS〉ホクホクお男性スーツ業界
1989.07.05	第14巻第7号(通巻第158号)	43		〈ECONOMIC NEWS〉株式市場続落で年間最低値を記録
1989.07.05	第14巻第7号(通巻第158号)	44		韓日ビジネス最前線
1989.07.05	第14巻第7号(通巻第158号)	46		KOREA TODAY 文化サロン
1989.07.05	第14巻第7号(通巻第158号)	49		〈企業リポート〉土木建設の雄東亜グループ
1989.07.05	第14巻第7号(通巻第158号)	54		〈現代の巨匠〉貴金属に光と生命を宿らせる 卞健豪氏
1989.07.05	第14巻第7号(通巻第158号)	58		〈KOREA TODAY EVENT GALLERY〉ウールペインティング(李起順氏)・扮装芸術ショー(孫瑨淑氏)
1989.07.05	第14巻第7号(通巻第158号)	62		〈今月のひと〉韓国映画界の旗手
1989.07.05	第14巻第7号(通巻第158号)	64		〈話題ズームイン〉ロッテワールドがいよいよ完成
1989.07.05	第14巻第7号(通巻第158号)	66		〈IN JAPAN〉福岡県が定住外国人の施策機構を設置
1989.07.05	第14巻第7号(通巻第158号)	66		〈IN JAPAN〉横浜市も在日韓国・朝鮮人人権教育を開始

발행일	지면정보 권호	지면정보 페이지	필자	제목
1989.07.05	第14巻第7号(通巻第158号)	67		〈IN JAPAN〉教員·公務員の国籍裁判が相次いで始まる
1989.07.05	第14巻第7号(通巻第158号)	68		〈IN JAPAN〉青商連合会の商工アンケートまとまる
1989.07.05	第14巻第7号(通巻第158号)	68		〈IN JAPAN〉在日大韓野球協会が再発足
1989.07.05	第14巻第7号(通巻第158号)	68		〈IN JAPAN〉アジアレスリングで韓国代表が大活躍
1989.07.05	第14巻第7号(通巻第158号)	69		〈IN JAPAN〉オリニ·キャンプがますます活発に
1989.07.05	第14巻第7号(通巻第158号)	74		新しき韓国の若き実力者/盧忠良氏
1989.07.05	第14巻第7号(通巻第158号)	76		〈ソウル新名所〉漢江にユニークな船着場が出現
1989.07.05	第14巻第7号(通巻第158号)	48		〈コラム〉音楽·映画·本
1989.07.05	第14巻第7号(通巻第158号)	65		〈コラム〉コリア·ピア(今月の催し)
1989.07.05	第14巻第7号(通巻第158号)	70		〈コラム〉ぴるぷす
1989.07.05	第14巻第7号(通巻第158号)	73		〈コラム〉グルメTODAY
1989.07.05	第14巻第7号(通巻第158号)	71		Message from Reader
1989.07.05	第14巻第7号(通巻第158号)	80		韓国国宝/表紙のひと/編集後記
1989.08.05	第14巻第8号(通巻第159号)	1		〈巻頭スペシャル〉冒険と神秘の新世界ロッテワールドがオープン
1989.08.05	第14巻第8号(通巻第159号)	13		特集：韓国の陶磁器
1989.08.05	第14巻第8号(通巻第159号)	24		済州、発見の旅
1989.08.05	第14巻第8号(通巻第159号)	36		〈現代の巨匠〉韓国画の画聖·金基昶画伯
1989.08.05	第14巻第8号(通巻第159号)	42		〈企業ルポ〉毛皮とコンテナーで飛躍進道
1989.08.05	第14巻第8号(通巻第159号)	50		〈KOREA NEWS〉盧大統領、内閣改造を行う
1989.08.05	第14巻第8号(通巻第159号)	50		〈KOREA NEWS〉駐韓米軍は撤収せず
1989.08.05	第14巻第8号(通巻第159号)	51		〈KOREA NEWS〉韓·ソ経済人が初の合同会議
1989.08.05	第14巻第8号(通巻第159号)	51		〈KOREA NEWS〉全羅南道が大水害に
1989.08.05	第14巻第8号(通巻第159号)	52		〈KOREA NEWS〉リビアで大韓航空機が墜落
1989.08.05	第14巻第8号(通巻第159号)	52		〈KOREA NEWS〉姜受延さんがモスクワ映画祭で最優秀女優賞
1989.08.05	第14巻第8号(通巻第159号)	52		〈KOREA NEWS〉韓国最古の農具が出土
1989.08.05	第14巻第8号(通巻第159号)	53		韓国プロ野球リポート
1989.08.05	第14巻第8号(通巻第159号)	54		〈フォト·ドキュメント〉韓国と独立運動の歴史
1989.08.05	第14巻第8号(通巻第159号)	58		韓日ビジネス最前線
1989.08.05	第14巻第8号(通巻第159号)	60		K·T誌上文化サロン
1989.08.05	第14巻第8号(通巻第159号)	62		情報イン·ジャパン
1989.08.05	第14巻第8号(通巻第159号)	64		〈コラム〉ぴるぷす
1989.08.05	第14巻第8号(通巻第159号)	69		〈コラム〉グルメTODAY
1989.08.05	第14巻第8号(通巻第159号)	65		〈伝統工芸〉志操と貞節の象徴-銀粧刀
1989.08.05	第14巻第8号(通巻第159号)	72		〈人物〉ネオ·コリアナの創作舞踊家·文一枝さん
1989.08.05	第14巻第8号(通巻第159号)	74		ビックリ! 世界珍記録に挑戦
1989.08.05	第14巻第8号(通巻第159号)	80		新しき韓国の若き実力者/邊昌順さん

발행일	지면정보		필자	제목
	권호	페이지		
1989.08.05	第14卷第8号(通巻第159号)	86		西川治のビバ! 韓国料理
1989.08.05	第14卷第8号(通巻第159号)	82		ファト・ポエム
1989.08.05	第14卷第8号(通巻第159号)	88		韓国国宝/表紙のひと/編集後記
1989.09.05	第14卷第9号(通巻第160号)	3		〈韓国の伝統美〉自然と一体化する韓屋の美
1989.09.05	第14卷第9号(通巻第160号)	16		〈韓国新百景〉湖水とロマンの春川を歩く
1989.09.05	第14卷第9号(通巻第160号)	26		〈SPECIAL〉甘く香ばしい韓国のお菓子
1989.09.05	第14卷第9号(通巻第160号)	33		〈KOREA NEWS〉盧泰愚大統領が新たな統一方策を呼びかけ
1989.09.05	第14卷第9号(通巻第160号)	38	李万才	〈SUPER ESSAY〉韓国固有文化への回帰
1989.09.05	第14卷第9号(通巻第160号)	41		〈マーケティング・リサーチ〉人参の加工製造で独走
1989.09.05	第14卷第9号(通巻第160号)	46		〈EVENT〉韓国初の本格的モーターレース開催
1989.09.05	第14卷第9号(通巻第160号)	48		〈韓国女性パワー〉大活躍するキャリア・ウーマンたち
1989.09.05	第14卷第9号(通巻第160号)	52		〈MUSIC TOPICS〉いま韓国のヘビメタがめちゃノリだ
1989.09.05	第14卷第9号(通巻第160号)	54		〈忙・中・閑〉国際的ピアニスト白建宇さんの音楽世界
1989.09.05	第14卷第9号(通巻第160号)	57		〈STAGE NOW〉この秋、東海が舞台になりそうだ!!
1989.09.05	第14卷第9号(通巻第160号)	60		〈HOTEL INFORMATION〉若者・観光客に人気のホテル・ディスコ
1989.09.05	第14卷第9号(通巻第160号)	62		〈名手・名人〉伽倻琴で人生と民族を奏でる李勝烈氏
1989.09.05	第14卷第9号(通巻第160号)	66		〈NEWS IN JAPAN〉民団が91年問題の積極的働きがけ
1989.09.05	第14卷第9号(通巻第160号)	70		〈美味!!発見〉江原道の山里の味覚が楽しめる『三里』
1989.09.05	第14卷第9号(通巻第160号)	71		〈HELLO INTERVIEW〉清純な美しさで人気急上昇の李桂京さん
1989.09.05	第14卷第9号(通巻第160号)	74		〈FASHION〉朴閏洙のジョセフィン・モード
1989.09.05	第14卷第9号(通巻第160号)	76		〈西川治のビバ〉サンチュサムとクジョルバン
1989.11.05	第14卷第11号(通巻第162号)	3		〈巻頭スペシャル〉高い精神性をもつ韓国武道
1989.11.05	第14卷第11号(通巻第162号)	16		〈韓国新百景〉慶州-古代が息づく民族の故郷
1989.11.05	第14卷第11号(通巻第162号)	26		〈マーケティング・リサーチ〉紫水晶の世界市場進出にかける「紫一企業」
1989.11.05	第14卷第11号(通巻第162号)	30		〈I LOVE KOREA〉米8軍のかわいいお嬢さん兵士、チェリルさん
1989.11.05	第14卷第11号(通巻第162号)	38		〈SUPER ESSAY〉韓国人の「根生」についての一考察
1989.11.05	第14卷第11号(通巻第162号)	41		〈発見の旅〉忠清道の名湯・秘湯めぐり
1989.11.05	第14卷第11号(通巻第162号)	48		〈HOTEL INFORMATION〉一流ホテル自慢の名品・インテリア
1989.11.05	第14卷第11号(通巻第162号)	50		〈名手・名人〉韓国最後の名筆とうたれる如初・金膺顕
1989.11.05	第14卷第11号(通巻第162号)	54		〈STAR INTERVIEW〉届宅のない美人の学生タレント・夏希羅さん
1989.11.05	第14卷第11号(通巻第162号)	57		〈MUSIC TOPICS〉韓日ジャムセッション/スウジン(守と珍)の世界

발행일	지면정보		필자	제목
	권호	페이지		
1989.11.05	第14巻第11号(通巻第162号)	60		〈WALKING WOMAN〉世界のトップモデル金東洙さんのプロ意識
1989.11.05	第14巻第11号(通巻第162号)	62		〈EVENT①〉世界の教会代表が集まり盛大に聖体大会
1989.11.05	第14巻第11号(通巻第162号)	68		〈忙・中・閑〉作家・金洪信さん、話題作『人間市場』を語る
1989.11.05	第14巻第11号(通巻第162号)	70		〈特別リレー寄稿〉在日同胞の法的地位について(韓勝憲)
1989.11.05	第14巻第11号(通巻第162号)	73		〈美味!!発見〉元味「麻浦海物湯」/「VOTRE」
1989.11.05	第14巻第11号(通巻第162号)	74		〈EVENT②〉韓民族の血脈を確認しあった海外同胞芸術団公演
1989.11.05	第14巻第11号(通巻第162号)	76		〈FASHION〉SUBINAのSOUL OF ORIENT
1989.11.05	第14巻第11号(通巻第162号)	78		〈韓民族の原風景〉悲しいときに笑う韓国人の笑い
1989.12.05	第14巻第12号(通巻第163号)	3		〈巻頭スペシャル〉民族の情緒を奏でる伝統楽器
1989.12.05	第14巻第12号(通巻第163号)	17		〈韓日若者座談会〉過去にこだわるよりこれからを!
1989.12.05	第14巻第12号(通巻第163号)	22		〈TOPICS NOW〉アシアナ航空がいよいよ日本就航
1989.12.05	第14巻第12号(通巻第163号)	26		〈マーケティング・リサーチ〉新時代のシレクロードをつくる「中原商事」
1989.12.05	第14巻第12号(通巻第163号)	30		〈STAR INTERVIEW〉歌以外にも流行を生み出す人気歌手・閔海景
1989.12.05	第14巻第12号(通巻第163号)	33		〈KOREA NEWS〉盧泰愚大統領がヨーロッパ各国を歴訪ほか
1989.12.05	第14巻第12号(通巻第163号)	38	金洪信	〈SUPER ESSAY〉韓国人の「おまけ」と「かけ値」
1989.12.05	第14巻第12号(通巻第163号)	41		〈韓国新百景〉千年のロマンを持つ古都・全州
1989.12.05	第14巻第12号(通巻第163号)	50		〈名手・名人〉すべての情熱を踊りにそそぐ振付師・金白峰
1989.12.05	第14巻第12号(通巻第163号)	54		〈WALKING WOMAN〉商業デザインの新分野を開く若きテ₩ザイナー
1989.12.05	第14巻第12号(通巻第163号)	56		〈コリア流行通信〉パラグライディングが韓国でもブームに
1989.12.05	第14巻第12号(通巻第163号)	58		〈I LOVE KOREA〉水彩画の個展を開いた駐韓英国代理大使夫人
1989.12.05	第14巻第12号(通巻第163号)	60		〈EVENT〉新宿梁山泊・韓国公演/洪信子舞踊公演
1989.12.05	第14巻第12号(通巻第163号)	70		〈特別リレー寄稿〉在日韓国人の将来と法的地位(金東勲)
1989.12.05	第14巻第12号(通巻第163号)	73		〈美味!!発見〉なつかしいオモニの味/レストラン「プリパ」
1989.12.05	第14巻第12号(通巻第163号)	74		〈フォト歳時記〉韓国のクリスマル・イブ(明洞大聖堂)
1989.12.05	第14巻第12号(通巻第163号)	76		〈FASHION〉DolienHanの「ベネチアの女」
1989.12.05	第14巻第12号(通巻第163号)	78		〈韓民族の原風景〉キムチ瓶とオモニ
1990.01.05	第15巻第1号(通巻第164号)	2		〈GRAPH NEW YEAR〉1990年 出発!···平和の夜明け

발행일	지면정보		필자	제목
	권호	페이지		
1990.01.05	第15巻第1号(通巻第164号)	7		〈BIG SPECIAL〉グラフ-韓服のうつりかわり
1990.01.05	第15巻第1号(通巻第164号)	20		〈韓国新風景〉韓国最高のスキーリゾート・龍平
1990.01.05	第15巻第1号(通巻第164号)	30		〈INTERVIEW〉S聖ラザロ村と曾野綾子さんの14年
1990.01.05	第15巻第1号(通巻第164号)	43		〈話題ZOOM-IN〉韓・中の国境を越えたピンポン・ラリーの愛
1990.01.05	第15巻第1号(通巻第164号)	49		〈新年特別企業〉1990年代を背負う若き主役たち
1990.01.05	第15巻第1号(通巻第164号)	54		〈マーケティング・リサーチ〉無煙ロースターのトップメーカー「シンポ」
1990.01.05	第15巻第1号(通巻第164号)	58		〈I LOVE KOREA〉「人間味ある韓国が好き」米軍・ミラー氏一家
1990.01.05	第15巻第1号(通巻第164号)	60		〈名手・名人〉微書刻を極めたジャズ・ドラマ-、金大煥
1990.01.05	第15巻第1号(通巻第164号)	66		〈人物CLOSE-UP〉平和を願い仏像を描きつづける全和鳳画伯
1990.01.05	第15巻第1号(通巻第164号)	68		〈HOTEL INFORMATION〉一流ホテルのレジャー・スポーツ
1990.01.05	第15巻第1号(通巻第164号)	70		〈THE STAR〉'89ミス・コリア呉賢慶さんが演技開眼
1990.01.05	第15巻第1号(通巻第164号)	73		〈短期集中連載企画〉義挙80周年-安重根をもつ一度考える
1990.01.05	第15巻第1号(通巻第164号)	74	金東吉	〈SUPER ESSAY〉韓国人の新年と子供のあそび
1990.01.05	第15巻第1号(通巻第164号)	89		〈美味!!発見〉元祖・雪濃湯の店「モレネソルロンタン」
1990.01.05	第15巻第1号(通巻第164号)	94		〈WALKING WOMAN〉国際ホテルの広報前線で活躍する朴貴蘭さん
1990.01.05	第15巻第1号(通巻第164号)	96		〈ART FOCUS〉童画作家・康禹鉉と「ママの絵本運動」
1990.01.05	第15巻第1号(通巻第164号)	100		〈LE-PORTS KOREA〉解禁!江原道のハンティング
1990.02.05	第15巻第2号(通巻第165号)	3		〈巻頭スペシャル〉韓国民衆の生活を描いた民画
1990.02.05	第15巻第2号(通巻第165号)	20		〈韓国新百景〉「若者天国」大学路めぐり
1990.02.05	第15巻第2号(通巻第165号)	30		〈THE STAR〉90年代のニュー・スター梁秀敬
1990.02.05	第15巻第2号(通巻第165号)	33		〈KOREA NEWS〉民正、民主、共和の与野3党が合体!
1990.02.05	第15巻第2号(通巻第165号)	36	金容雲	〈SUPER ESSAY〉日本文化の特性ー村的文化と日本人
1990.02.05	第15巻第2号(通巻第165号)	38	崔書勉	〈短期集中連載企画〉安重根義挙をもう一度考える
1990.02.05	第15巻第2号(通巻第165号)	41		〈特別企画〉北京アジア大会で金メダルを!
1990.02.05	第15巻第2号(通巻第165号)	46		〈WALKING WOMAN〉韓国初の女性テレビカメラ記者、李香珍さん
1990.02.05	第15巻第2号(通巻第165号)	48		〈HOTEL INFORMATION〉一流ホテルの名物ビュフェ
1990.02.05	第15巻第2号(通巻第165号)	50		〈人物CLOSE-UP〉女流刻書家・朴允貞さんが表現する世界
1990.02.05	第15巻第2号(通巻第165号)	52		〈マーケティング・リサーチ〉無電機で世界第2のシェア「メクスン電子」
1990.02.05	第15巻第2号(通巻第165号)	58		〈NEWS IN JAPAN〉「91年問題」の国際シンポを開く

발행일	지면정보		필자	제목
	권호	페이지		
1990.02.05	第15巻第2号(通巻第165号)	60		〈民団&青商〉青商が4月に「91年問題」に日本政府が歩み寄りの姿勢
1990.02.05	第15巻第2号(通巻第165号)	62		〈特別寄稿〉在日同胞の現実と政策課題(朴炳閏)
1990.02.05	第15巻第2号(通巻第165号)	65		〈美味!!発見〉「三清洞スゼビ屋」(ソウル)/「蘭香」(大阪)
1990.02.05	第15巻第2号(通巻第165号)	66		〈I LOVE KOREA〉「韓国の伝統文化を世界に」シュマホさん(西独)
1990.02.05	第15巻第2号(通巻第165号)	68		〈FASHION〉都会。男。感性。(デザイナー・張光孝)
1990.02.05	第15巻第2号(通巻第165号)	70		〈韓民族の原風景〉線(LINE)
1990.03.05	第15巻第3号(通巻第166号)	3		〈巻頭スペシャル〉日本のプルコギ名店108店
1990.03.05	第15巻第3号(通巻第166号)	21		〈韓国新百景〉東洋一! 63ビルディング
1990.03.05	第15巻第3号(通巻第166号)	30		〈スポーツ・スター〉連続防衛記録に賭ける
1990.03.05	第15巻第3号(通巻第166号)	33		〈KOREA NEWS〉東欧進出は韓米共同で行うことを確認
1990.03.05	第15巻第3号(通巻第166号)	36	金容九	〈SUPER ESSAY〉ふるさと・土・旅
1990.03.05	第15巻第3号(通巻第166号)	38		〈短期集中連載企画〉安重根義挙をもつ一度考える(金裕赫)
1990.03.05	第15巻第3号(通巻第166号)	40		〈論壇〉母胎創命-韓国、韓国人よ!(朴泰祐)
1990.03.05	第15巻第3号(通巻第166号)	41		〈特別企画〉韓国貨幣のすべて
1990.03.05	第15巻第3号(通巻第166号)	50		〈WALKING WOMAN〉世界的女流アルピニスト・南蘭姫さん
1990.03.05	第15巻第3号(通巻第166号)	52		〈マーケティング・リサーチ〉世界のブランド「ボルネオ家具」
1990.03.05	第15巻第3号(通巻第166号)	56		〈人物CLOSE UP〉男寺党ノリの人間文化財・朴季順さん
1990.03.05	第15巻第3号(通巻第166号)	59		〈歴史ドキュメンドリ〉韓国のジャンヌ・ダルク-柳寛順
1990.03.05	第15巻第3号(通巻第166号)	65		〈NEWS IN JAPAN〉91年度要求支援本国署名運動がスタート
1990.03.05	第15巻第3号(通巻第166号)	68		〈民団&青商〉人気の韓来文化史跡めぐりを3月に実施
1990.03.05	第15巻第3号(通巻第166号)	70		〈SHORT INTERVIEW〉社会派カメラマン・趙文浩の仕事
1990.03.05	第15巻第3号(通巻第166号)	73		〈美味!!発見〉あんこうチムの「灯台」/「MARIE」
1990.03.05	第15巻第3号(通巻第166号)	74		〈文化マダン〉劇団アベル公演「虚空にぶら下げられた男」
1990.03.05	第15巻第3号(通巻第166号)	78		〈HOTEL INFORMATION〉一流ホテルのイヤルスウィート
1990.04.05	第15巻第4号(通巻第167号)	3		〈巻頭スペシャル〉休戦ラインでの「北」の大欺瞞
1990.04.05	第15巻第4号(通巻第167号)	11		〈特別企画〉帰順6留学生、大いに語る
1990.04.05	第15巻第4号(通巻第167号)	17		〈韓国新百景〉国際都市として脚光を浴びる仁川
1990.04.05	第15巻第4号(通巻第167号)	26		〈マーケティング・リサーチ〉韓国アパレル業界に旋風「イー・ランド」

발행일	지면정보		필자	제목
	권호	페이지		
1990.04.05	第15巻第4号(通巻第167号)	30		〈WALKING WOMAN〉鉄板に銀の模様を描く入糸匠・李敬子さん
1990.04.05	第15巻第4号(通巻第167号)	33		〈スポーツ・スター〉新人王を狙うゴールデン・ルーキー7人衆
1990.04.05	第15巻第4号(通巻第167号)	36		〈SPORTS INTERVIEW〉15歳で囲碁高位の座についた李昌鎬4段
1990.04.05	第15巻第4号(通巻第167号)	38		〈NEWS IN JAPAN〉「定住外国人にも選挙権を」
1990.04.05	第15巻第4号(通巻第167号)	41		〈伝統工芸〉実用性に秘めた生活哲学ー韓国の木工家具
1990.04.05	第15巻第4号(通巻第167号)	54		〈人物CLOSE UP〉ベストセラー「南部軍」の著者・李泰氏
1990.04.05	第15巻第4号(通巻第167号)	58		〈HOTEL INFORMATION〉一流ホテルのいちごフェウティバル
1990.04.05	第15巻第4号(通巻第167号)	60		〈文化マダン〉映画「雨の日の水彩画」/舞踊「郷気という名を持つ茶碗」
1990.04.05	第15巻第4号(通巻第167号)	66		〈民団＆青商〉大阪からは150人の母国訪問団が出発
1990.04.05	第15巻第4号(通巻第167号)	70		〈短期集中連載企画〉日本人の観た安重根(中野泰雄)
1990.04.05	第15巻第4号(通巻第167号)	72		〈論壇〉人間はすべからく平等!!朴泰祐
1990.04.05	第15巻第4号(通巻第167号)	73		〈美味!!発見〉胖腸料理専門店「キワジップ」(ソウル)
1990.04.05	第15巻第4号(通巻第167号)	74		〈韓国の根〉韓国の土俗信仰⑮-巫俗と巫現
1990.04.05	第15巻第4号(通巻第167号)	79		〈EVENT〉花博開幕
1990.05.05	第15巻第5号(通巻第168号)	3		〈巻頭スペシャル〉盧泰愚大統領訪日1!
1990.05.05	第15巻第5号(通巻第168号)	13		〈伝統美〉韓国女性の美徳!!「刺繍＆化粧」
1990.05.05	第15巻第5号(通巻第168号)	21		〈韓国新百景〉山と湖が調和した東海岸「束草」
1990.05.05	第15巻第5号(通巻第168号)	33		〈論壇〉「世界一家」「地球家族」の理想世界が到来!!
1990.05.05	第15巻第5号(通巻第168号)	34		〈KOREA NEWS〉済州道に理想郷「薬泉寺」建立
1990.05.05	第15巻第5号(通巻第168号)	36		〈SUPER ESSAY〉酒呑みの妻は寂しい・・・(金芝娟さん)
1990.05.05	第15巻第5号(通巻第168号)	38		〈スポーツ・スター〉世界最強の座にスマッシュ!! 劉南奎・玄静和選手
1990.05.05	第15巻第5号(通巻第168号)	41		〈歴史ドキュメント〉韓国ミステリー(エミルレーの鐘!!)
1990.05.05	第15巻第5号(通巻第168号)	47		〈韓国の根(プリ)〉当る八卦。韓国「占卜＆符作」
1990.05.05	第15巻第5号(通巻第168号)	52		〈マーケティング・リサーチ〉即席麺業界をリードする「三養食品工業」
1990.05.05	第15巻第5号(通巻第168号)	56		〈STAR MEATING〉大鐘賞新人女優賞-崔有羅さん
1990.05.05	第15巻第5号(通巻第168号)	58		〈人物CLOSE UP〉酒脱の自由人!!-千祥柄氏
1990.05.05	第15巻第5号(通巻第168号)	62		〈WALKING WOMAN〉洋毛製品を輸入、販売「テンデイル・コリア」康銀姫さん
1990.05.05	第15巻第5号(通巻第168号)	65		〈民団＆青商〉韓来文化跡探訪
1990.05.05	第15巻第5号(通巻第168号)	70		〈短期連載企画〉日本人の観た安重根義士(下)-中野泰雄
1990.05.05	第15巻第5号(通巻第168号)	73		〈美味!!発見〉本格派中華料理「聚英桜」

발행일	지면정보		필자	제목
	권호	페이지		
1990.05.05	第15巻第5号(通巻第168号)	74		〈文化マダン〉韓国舞踊「創舞会」のオリジナル公演
1990.05.05	第15巻第5号(通巻第168号)	78		〈HOTEL INFORMATION〉一流ホテルの「グッドモーニング」
1990.06.05	第15第6・7号(通巻第169号)6・7合併号	3		〈巻頭スペシャル〉盧泰愚大統領訪日特集
1990.06.05	第15巻第6・7号(通巻第169号)6・7合併号	20		〈韓国新百景〉風がさそう新緑の芸術村「長興」
1990.06.05	第15巻第6・7号(通巻第169号)6・7合併号	30		〈EVENT〉花博韓国ナョナルデー
1990.06.05	第15巻第6・7号(通巻第169号)6・7合併号	34		〈緊急レポート〉ニューヨークで韓国人と黒人、対立
1990.06.05	第15巻第6・7号(通巻第169号)6・7合併号	36		〈SUPER ESSAY〉すぐ側にいる蝶-金勝熙さん
1990.06.05	第15巻第6・7号(通巻第169号)6・7合併号	38		〈STAR　MEATING〉笑いを誘う天賦の面相-沈洞来氏
1990.06.05	第15巻第6・7号(通巻第169号)6・7合併号	41		〈歴史ドキュメント〉韓国ミステリー!?「雲住寺」
1990.06.05	第15巻第6・7号(通巻第169号)6・7合併号	46		〈EVENT Ⅱ〉世界最大青銅弥勒大仏「法住寺」
1990.06.05	第15巻第6・7号(通巻第169号)6・7合併号	54		〈マーケティング・リサーチ〉韓国最大のタイヤメーカー「金湖」
1990.06.05	第15巻第6・7号(通巻第169号)6・7合併号	58		〈WALKIN　GWOMAN〉韓国・モンゴル一七百年ぶりの出会い-金熙淑さん
1990.06.05	第15巻第6・7号(通巻第169号)6・7合併号	60		〈人物CLOSE UP〉韓国の「エジソン」-申錫均氏
1990.06.05	第15巻第6・7号(通巻第169号)6・7合併号	65		〈論壇〉天楽声を聞こう。そして踊ろう。白衣民族よ!!
1990.06.05	第15巻第6・7号(通巻第169号)6・7合併号	69		〈民団&青商〉各支部新年度役員人事
1990.06.05	第15巻第6・7号(通巻第169号)6・7合併号	70		〈SHORT INTERVIEW〉朴元大統領。「そっくりさん」-李辰洙氏
1990.06.05	第15巻第6・7号(通巻第169号)6・7合併号	73		〈伝統美〉一家族だった韓国の動物
1990.06.05	第15巻第6・7号(通巻第169号)6・7合併号	85		〈スペシャル〉四天王寺ワッソ特集
1990.06.05	第15巻第6・7号(通巻第169号)6・7合併号	89		〈人物CLOSE UPⅡ〉不毛地帯を生活化-劉元相氏
1990.06.05	第15巻第6・7号(通巻第169号)6・7合併号	92		〈人物CLOSE UpⅢ〉女性初の螺鈿漆器作家-吉正本さん
1990.06.05	第15巻第6・7号(通巻第169号)6・7合併号	94		〈スポーツ・スター〉サッカー男の未来の芽を育む-車範根さん
1990.06.05	第15巻第6・7号(通巻第169号)6・7合併号	96		〈美味!!発見〉こくのある味・チャンアチ定食「宗家屋」

발행일	지면정보		필자	제목
	권호	페이지		
1990.06.05	第15巻第6·7号(通巻第169号) 6·7合併号	97		〈文化マダン〉正統メロドラマ旋風「独り立ちの日まで」
1990.06.05	第15巻第6·7号(通巻第169号) 6·7合併号	100		〈HOTEL INFORMATION〉一流ホテルの"日本料理店"
1990.08.05	第15巻第8号(通巻第170号)	3		〈巻頭スペシャル〉「金日成独裁打倒」の叫び!!
1990.08.05	第15巻第8号(通巻第170号)	9		〈伝統美〉天地の気運で動く「宮中舞踊」
1990.08.05	第15巻第8号(通巻第170号)	22		〈マーケティング·リサーチⅠ〉食品装材技術のトップメーカー「クリーンラップ」
1990.08.05	第15巻第8号(通巻第170号)	25		〈歴史ドキュメント〉神秘と伝説の岩「馬耳山」
1990.08.05	第15巻第8号(通巻第170号)	34		〈SHORT INTERVIEW〉朴元大統領の長女-朴槿恵さん
1990.08.05	第15巻第8号(通巻第170号)	38		〈SUPER ESSAY〉わが天弧-孫章純さん
1990.08.05	第15巻第8号(通巻第170号)	40		〈STAR MEETING〉子供好きで物静かな女優-金美淑さん
1990.08.05	第15巻第8号(通巻第170号)	42		〈WALKING WOMAN〉女性バス運転手ソウル街をゆく-裵文順さん
1990.08.05	第15巻第8号(通巻第170号)	44		〈話題ZOOM-IN〉四天王寺ワック間服デザイナー-李英姫さん
1990.08.05	第15巻第8号(通巻第170号)	49		〈韓国新百景〉最後の処女地済州の弧島「牛島」
1990.08.05	第15巻第8号(通巻第170号)	56		〈マーケティング·リサーチⅡ〉霊楽中の霊楽、高麗人参「韓国たばこ人参公社」
1990.08.05	第15巻第8号(通巻第170号)	60		〈人物CLOSE UPⅠ〉「リュクサックに世界を詰めて」-韓賛淑さん
1990.08.05	第15巻第8号(通巻第170号)	64		〈人物CLOSE UPⅡ〉ジャズに人生を「有名な無名歌手」-朴星妍さん
1990.08.05	第15巻第8号(通巻第170号)	66		〈ART FOCUS〉韓国女流画家たちはいま····
1990.08.05	第15巻第8号(通巻第170号)	82		〈密着取材〉在ソ韓国人18名訪韓
1990.08.05	第15巻第8号(通巻第170号)	89		〈美味!!発見〉韓食バイキング「チャンチチャンチ」
1990.08.05	第15巻第8号(通巻第170号)	90		〈文化マダン〉世界映画祭度巻を狙う「南部軍」
1990.08.05	第15巻第8号(通巻第170号)	94		〈HOTEL INFORMATION〉一流ホテルの「真夏の韓定食」
1990.10.05	第15巻第10号(通巻第172号)	3		〈巻頭スペシャル〉「南北首相会議」
1990.10.05	第15巻第10号(通巻第172号)	8		〈ONE KOREA TODAY〉21世紀をめざす韓国ビジョン-李洪九氏
1990.10.05	第15巻第10号(通巻第172号)	11		〈スクープ〉「徴用の手引き書」一挙初公園!!
1990.10.05	第15巻第10号(通巻第172号)	30		〈TOPICSⅠ〉建設業の日本進出活躍化
1990.10.05	第15巻第10号(通巻第172号)	33		〈海外レポート〉在中同胞人事業で「万元戸」増加
1990.10.05	第15巻第10号(通巻第172号)	36		〈韓国最古·最高〉天安名物　胡桃菓子
1990.10.05	第15巻第10号(通巻第172号)	38		〈EVENT〉ソウル·ジャズ·トレイン'90
1990.10.05	第15巻第10号(通巻第172号)	41		〈マーケティング·リサーチ〉繊維業界のトップメーカー(株)西光
1990.10.05	第15巻第10号(通巻第172号)	46		〈WALKING　WOMAN〉女性を創るメイク·アーティスト-金清京さん

발행일	지면정보		필자	제목
	권호	페이지		
1990.10.05	第15巻第10号(通巻第172号)	48		〈SHORT INTERVIEW〉松やに歯痛薬を発明-崔栄子さん
1990.10.05	第15巻第10号(通巻第172号)	50		〈SPORTS STAR〉「最年少ホームラン王に挑戦」-張鍾熏選手
1990.10.05	第15巻第10号(通巻第172号)	52		〈人物CLOSE UPⅠ〉国後島たった一人のコリアン
1990.10.05	第15巻第10号(通巻第172号)	54		〈人物CLOSE UPⅡ〉「黒い手の抒情」靴麻き詩人-鄭鎬敦氏
1990.10.05	第15巻第10号(通巻第172号)	59		〈人物CLOSE UPⅢ〉トリオで奏でる世界的ーモニハー-鄭三姉弟
1990.10.05	第15巻第10号(通巻第172号)	62		〈人物CLOSEUP Ⅳ〉17歳の「天才画家」申世円くん-
1990.10.05	第15巻第10号(通巻第172号)	65		〈論壇〉一正陰正陽ーそれは無銀なるエネルギー
1990.10.05	第15巻第10号(通巻第172号)	73		〈美味!!発見〉五色薬水釜飯専門店「東村」
1990.10.05	第15巻第10号(通巻第172号)	78		〈HOTEL INFORMATION〉一流ホテルの「秋の特選料理」
1990.11.05	第15巻第11号(通巻第173号)	3		〈巻頭スペシャル〉「現代」の野望
1990.11.05	第15巻第11号(通巻第173号)	13		〈人・シリーズ〉私的組織をバックに勢力を伸ばす-朴哲彦氏
1990.11.05	第15巻第11号(通巻第173号)	17		〈緊急報告〉参政権獲得への道
1990.11.05	第15巻第11号(通巻第173号)	31		〈ドキュメント〉金日成はなんと匪賊の首相だった？
1990.11.05	第15巻第11号(通巻第173号)	41		〈歴史ドキュメント〉神秘と伝説の岩「「馬耳山」将軍の愛にまつわる」温達山城
1990.11.05	第15巻第11号(通巻第173号)	48		〈スクープ〉極秘資料第2弾「諺文新聞統制案」
1990.11.05	第15巻第11号(通巻第173号)	56		〈海外レポート〉第17回コリアン・パレート
1990.11.05	第15巻第11号(通巻第173号)	58		〈人物CLOSE UPⅠ〉消えた地名を追いかえて…李泰禧さん
1990.11.05	第15巻第11号(通巻第173号)	60		〈人物CLOSE UPⅡ〉神秘の霊薬「蔘」を発見!!…李聖璋氏
1990.11.05	第15巻第11号(通巻第173号)	62		〈STAR MEETING〉茶の間の話題は「その女」にあり…崔明吉さん
1990.11.05	第15巻第11号(通巻第173号)	65		〈論壇〉光ある明るい、そして香りのある自己象性を作ろう
1990.11.05	第15巻第11号(通巻第173号)	70		〈青商コーナー〉第6代李永智新会長の決意を抱負
1990.11.05	第15巻第11号(通巻第173号)	74		〈文化マダン〉「雪どけ結婚」李祭夏長編小説
1990.11.05	第15巻第11号(通巻第173号)	78		〈HOTEL INFORMATION〉甘美に誘う味な「ケーキの館」
1990.12.05	第15巻第12号(通巻第174号)	3		〈巻頭スペシャル〉'90韓国10大ニュース
1990.12.05	第15巻第12号(通巻第174号)	20		〈人・シリーズ〉党内三派の総まとめ役-金潤煥氏
1990.12.05	第15巻第12号(通巻第174号)	27		〈スクープ〉「サハリン強制連行」
1990.12.05	第15巻第12号(通巻第174号)	34		〈TOPICSⅠ〉民族差別語を考えるシンポジウム

발행일	지면정보		필자	제목
	권호	페이지		
1990.12.05	第15巻第12号(通巻第174号)	36		〈TOPICSⅡ〉在日韓国人全国代表者会議
1990.12.05	第15巻第12号(通巻第174号)	38		〈TOPICSⅢ〉大阪興銀創立35周年記念式典
1990.12.05	第15巻第12号(通巻第174号)	46		〈青商コーナー〉「青商への期待」－衆議院議員　草川昭三氏
1990.12.05	第15巻第12号(通巻第174号)	50		〈人物CLOSE UP〉パフォーマンス・イン・ソウル-白南準氏
1990.12.05	第15巻第12号(通巻第174号)	54		〈映画レポート〉韓国映画雑記-兪澄子さん(アジア映画社)
1990.12.05	第15巻第12号(通巻第174号)	60		〈文化マダン〉「任那日本府」を覆す古墳群の発見
1991.01.05	第16巻第1号(通巻第175号)	5		じ〈巻頭スペシャル〉次世代に夢ひらくソウル首都新空港
1991.01.05	第16巻第1号(通巻第175号)	12		〈人・シリーズ〉「90年代の政治リーダー」-李鍾賛氏
1991.01.05	第16巻第1号(通巻第175号)	25		〈人物CLOSE UP〉金属棒が私を神秘の力-張師武氏
1991.01.05	第16巻第1号(通巻第175号)	30		〈TOPICSⅠ〉第3回南北首相会談
1991.01.05	第16巻第1号(通巻第175号)	32		〈TOPICSⅡ〉盧泰愚大統領初の公式訪ソ
1991.01.05	第16巻第1号(通巻第175号)	36		〈TOPICSⅢ〉分断史上、初めて南北合同音楽会
1991.01.05	第16巻第1号(通巻第175号)	54		〈NEWS TOPICS〉内閣大幅改造!!
1991.01.05	第16巻第1号(通巻第175号)	56		〈SPORTS〉初夢エッセイ-金村義明選手
1991.01.05	第16巻第1号(通巻第175号)	57		〈新春スペシャル〉「わが故郷」
1991.01.05	第16巻第1号(通巻第175号)	66		〈シンポジウム〉日本の戦後補償を考える
1991.01.05	第16巻第1号(通巻第175号)	71		〈美味!!発見〉五色薬水釜飯専門店「東村」韓風新料理「SHIN・JUNG」
1991.02.05	第16巻第2号(通巻第176号)	3		〈グラビア〉時の人
1991.02.05	第16巻第2号(通巻第176号)	9		〈特別企画〉日本人のルーツ
1991.02.05	第16巻第2号(通巻第176号)	22		〈SPECIAL〉海部首相訪韓
1991.02.05	第16巻第2号(通巻第176号)	27		〈人・シリーズ〉「行動する良心」-朴燦鍾氏
1991.02.05	第16巻第2号(通巻第176号)	31		〈TOPICSⅠ〉妓生文章
1991.02.05	第16巻第2号(通巻第176号)	36		〈TOPICSⅡ〉決死のソマリア脱出記
1991.02.05	第16巻第2号(通巻第176号)	38		〈特別奇稿〉「90年問題」の総括と在日同胞の将来(上)
1991.02.05	第16巻第2号(通巻第176号)	54		〈青商コーナー〉全国4都市で日韓チャリティーショー
1991.02.05	第16巻第2号(通巻第176号)	58		〈SPORTSⅠ〉韓国ラクビー選手大活躍
1991.02.05	第16巻第2号(通巻第176号)	60		〈SPORTSⅡ〉プロ野球新球団　サンパンウル・レイダーズ
1991.02.05	第16巻第2号(通巻第176号)	70		〈美味!!発見〉豊かな自然に囲まれたガーデンレストラン「ぬるぼむ公園」
1991.03.05	第16巻第3号(通巻第177号)	3		〈グラビア〉時の人
1991.03.05	第16巻第3号(通巻第177号)	8		〈特別座談会〉外国人特派員座談会
1991.03.05	第16巻第3号(通巻第177号)	22		〈SPECIALⅠ〉盧泰愚大統領の功績・実績
1991.03.05	第16巻第3号(通巻第177号)	28		〈SPECIALⅡ〉中国と韓国をむすぶカーフェリーのロマンチック船派

발행일	지면정보		필자	제목
	권호	페이지		
1991.03.05	第16巻第3号(通巻第177号)	31		〈対談〉在日について思いっきり対談
1991.03.05	第16巻第3号(通巻第177号)	46		〈特別奇稿Ⅰ〉「90年問題」の総括と在日同胞の将来（下）
1991.03.05	第16巻第3号(通巻第177号)	49		〈EVENT〉久々の熱唱-趙容弼
1991.03.05	第16巻第3号(通巻第177号)	50		〈TOPICSⅠ〉巻き起こる"虎"旋風「現代ホランイ」
1991.03.05	第16巻第3号(通巻第177号)	53		〈TOPICSⅡ〉ソウル名物「漢江橋づくし」
1991.03.05	第16巻第3号(通巻第177号)	56		〈特別奇稿Ⅱ〉3・1運動をめぐる韓日認識の差
1991.03.05	第16巻第3号(通巻第177号)	60		〈美味!!発見〉炭火焼きカルビ専門店「レバンガーデン」
1991.04.05	第16巻第4号(通巻第178号)	3		〈グラビア〉時の人
1991.04.05	第16巻第4号(通巻第178号)	9		〈SPECIAL〉革命4.19を考える
1991.04.05	第16巻第4号(通巻第178号)	22		〈人・シリーズ〉「政界汚濁のなかで急浮上した清廉の人」-盧武鉉氏
1991.04.05	第16巻第4号(通巻第178号)	27		〈人物CLOSE UPⅠ〉韓国伝統刺繍に生きる-黄順姫さん
1991.04.05	第16巻第4号(通巻第178号)	32		〈人物CLOSE UPⅡ〉狎鴎亭洞の水泳教室-趙五連氏
1991.04.05	第16巻第4号(通巻第178号)	34		〈EVENTⅠ〉第29回大鐘賞映画祭
1991.04.05	第16巻第4号(通巻第178号)	38		〈EVENTⅡ〉人気劇画を舞台化 劇団「シンファ」
1991.04.05	第16巻第4号(通巻第178号)	50		〈連載Ⅰ〉娘に祖国を語るとき
1991.04.05	第16巻第4号(通巻第178号)	52		〈TOPICSⅠ〉ムンベ酒技術保有者-李景燦氏
1991.04.05	第16巻第4号(通巻第178号)	58		〈TOPICSⅡ〉4月5日は全国植樹デー
1991.04.05	第16巻第4号(通巻第178号)	60		〈TOPICSⅢ〉春のアラカルト
1991.04.05	第16巻第4号(通巻第178号)	67		〈美味!!発見〉食事をしながら歌が歌える「タレント・レスオラン」
1991.05.05	第16巻第5号(通巻第179号)	3		〈グラビア〉時の人
1991.05.05	第16巻第5号(通巻第179号)	8		〈SPECIAL〉望郷の思い、統一への叫び
1991.05.05	第16巻第5号(通巻第179号)	20		〈韓国の根〉神と人間をとりもつ
1991.05.05	第16巻第5号(通巻第179号)	26		〈緊急レポート〉このままえいいのか旅行業界
1991.05.05	第16巻第5号(通巻第179号)	33		〈緊急レポート〉5.16クーデターの背景と意味
1991.05.05	第16巻第5号(通巻第179号)	36		〈TOPICSⅠ〉新種24時間スーパーCVS
1991.05.05	第16巻第5号(通巻第179号)	38		韓国街角百景
1991.05.05	第16巻第5号(通巻第179号)	52		〈TOPICSⅡ〉ビートルⅡ就航
1991.05.05	第16巻第5号(通巻第179号)	57		〈美味!!発見〉ソウルハウス
1991.06.05	第16巻第6号(通巻第180号)	3		〈グラビア〉時の人
1991.06.05	第16巻第6号(通巻第180号)	8		〈グラビア特集〉第41回 世界卓球選手権
1991.06.05	第16巻第6号(通巻第180号)	16		〈EVENTⅠ〉'91ミス・コリア選抜大会
1991.06.05	第16巻第6号(通巻第180号)	23,49		ホテル座談会
1991.06.05	第16巻第6号(通巻第180号)	26		〈SPECIAL〉このままでいいのか旅行業界
1991.06.05	第16巻第6号(通巻第180号)	31		〈話題〉お釈迦様誕生日

발행일	지면정보		필자	제목
	권호	페이지		
1991.06.05	第16卷第6号(通卷第180号)	36		〈EVENTⅡ〉百想芸術大賞
1991.06.05	第16卷第6号(通卷第180号)	42		〈特別奇稿〉顕忠日を迎える感懐と省察
1991.06.05	第16卷第6号(通卷第180号)	54		〈TOPICSⅠ〉騎馬警察と婦人警官
1991.06.05	第16卷第6号(通卷第180号)	56		〈TOPICSⅡ〉最新型フェリー・カメリア号
1991.06.05	第16卷第6号(通卷第180号)	58		ホテル・インフォメーション
1991.06.05	第16卷第6号(通卷第180号)	61		〈美味!!発見〉カムジャパウ
1991.07.05	第16卷第7号(通卷第181号)	3		〈グラビア〉時の人
1991.07.05	第16卷第7号(通卷第181号)	5		〈巻頭スペャル〉大田エキスボ'93
1991.07.05	第16卷第7号(通卷第181号)	11		〈総力特集〉金日成のパレート
1991.07.05	第16卷第7号(通卷第181号)	18		〈夏のリゾート地特集〉わくわくビーチめぐり
1991.07.05	第16卷第7号(通卷第181号)	23		〈話題〉第43回 制憲節を迎えて
1991.07.05	第16卷第7号(通卷第181号)	27		〈大いに語る〉朴定洙団長・IPU総会報告
1991.07.05	第16卷第7号(通卷第181号)	33		〈CLOSE UP〉YMCA会館再建キャンペーン
1991.07.05	第16卷第7号(通卷第181号)	36		〈メーカー探訪〉三千里自転車
1991.07.05	第16卷第7号(通卷第181号)	38		〈EVENT〉第3回 海外旅行博覧会
1991.07.05	第16卷第7号(通卷第181号)	42		〈ルポ〉環境汚染
1991.07.05	第16卷第7号(通卷第181号)	54		〈SEA遊〉麗水・福岡を結ぶ/ゴールデン・オキナワ丸
1991.07.05	第16卷第7号(通卷第181号)	61		〈美味!!発見〉優味ホェジプ
1991.08.05	第16卷第8号(通卷第182号)	4		〈グラビア〉時の人
1991.08.05	第16卷第8号(通卷第182号)	11		〈巻頭スペャル〉盧泰愚大統領の訪米・訪加
1991.08.05	第16卷第8号(通卷第182号)	24		〈夏の遊人まっぷ〉わくわくビーチめぐり2
1991.08.05	第16卷第8号(通卷第182号)	30		〈EVENT〉第31回国際技能オリンピック大会
1991.08.05	第16卷第8号(通卷第182号)	44		〈シリーズ・架け橋〉時事日本語学院
1991.08.05	第16卷第8号(通卷第182号)	50		〈Soul to Seoul〉在ソ同胞大学生の母国研修
1991.08.05	第16卷第8号(通卷第182号)	56		〈韓国の風物シリーズ〉ソウルの瓦家
1991.08.05	第16卷第8号(通卷第182号)	60		〈メーカー探訪〉SCK-鮮京化学
1991.08.05	第16卷第8号(通卷第182号)	66		〈CLOSE UP①〉金賢姫の自伝的告白手記
1991.08.05	第16卷第8号(通卷第182号)	76		〈CLOSE UP②〉映画「金日成のパレード」とその反響
1991.08.05	第16卷第8号(通卷第182号)	87		〈歴史の現場②〉圜丘壇と皇穹宇
1991.08.05	第16卷第8号(通卷第182号)	93		〈美味発見〉韓国村/ホドリハウス
1991.09.05	第16卷第9号(通卷第183号)	2		〈グラビア〉時の人
1991.09.05	第16卷第9号(通卷第183号)	9		〈巻頭スペャル〉南北韓の国連加盟、ついた現実
1991.09.05	第16卷第9号(通卷第183号)	12		〈特別奇稿・金学俊〉国連加盟と統一の展望
1991.09.05	第16卷第9号(通卷第183号)	14		〈フェスティバル〉第46回光複慶祝大阪民団フェスティバル
1991.09.05	第16卷第9号(通卷第183号)	16		〈イベント〉第17回世界ジャンボリー大会
1991.09.05	第16卷第9号(通卷第183号)	21		〈秋夕スペシャル〉ふるさとの風物詩
1991.09.05	第16卷第9号(通卷第183号)	26		〈スペシャル探訪〉慶州ナザレ園

발행일	지면정보		필자	제목
	권호	페이지		
1991.09.05	第16巻第9号(通巻第183号)	29		〈ソウルの風物シリーズ②〉世宗路の紀念碑殿
1991.09.05	第16巻第9号(通巻第183号)	32		〈学術会議〉韓国と日本ー過去と未来
1991.09.05	第16巻第9号(通巻第183号)	36		〈韓中学術シンポジウム〉黄海圏経済協体制構想
1991.09.05	第16巻第9号(通巻第183号)	40		〈レクイエム〉大韓航空007機犠牲者追悼祭
1991.09.05	第16巻第9号(通巻第183号)	47		〈ソウル論壇・劉承三〉私たちはアリかキリギリスか
1991.09.05	第16巻第9号(通巻第183号)	49		〈ステージ・クローズアシプ〉中央ディディム舞踊団のモスクワ公演
1991.09.05	第16巻第9号(通巻第183号)	53		〈歴史の現場シリーズ②〉景福宮玉壺楼と奨忠壇
1991.09.05	第16巻第9号(通巻第183号)	59		〈韓日企業交流〉「韓国・大阪経済クラブ」出版
1991.09.05	第16巻第9号(通巻第183号)	62		〈一衣帯水の架け橋めぐり②〉世宗大学校言語研究教育院
1991.09.05	第16巻第9号(通巻第183号)	67		〈Sea遊〉朝鮮通信使の線路を辿る国際フェリー
1991.09.05	第16巻第9号(通巻第183号)	70		〈企業探訪〉Q-フード
1991.10.05	第16巻第10号(通巻第184号)	3		〈グラビア〉時の人
1991.10.05	第16巻第10号(通巻第184号)	10		〈巻頭スペャル〉南北韓、国連正会員国に
1991.10.05	第16巻第10号(通巻第184号)	14		〈巻頭スペャル〉盧泰愚大統領の国連総会演説
1991.10.05	第16巻第10号(通巻第184号)	16		〈総力特集〉①第二回世界韓民族体展
1991.10.05	第16巻第10号(通巻第184号)	24		〈総力特集〉②海外同胞の声
1991.10.05	第16巻第10号(通巻第184号)	26		〈総力特集〉③'91韓民族統一問題大討論会
1991.10.05	第16巻第10号(通巻第184号)	30		〈総力特集〉④延辺同胞写真展・白頭から松花まで
1991.10.05	第16巻第10号(通巻第184号)	48		〈総力特集〉⑤44年ぶりの再会と再婚
1991.10.05	第16巻第10号(通巻第184号)	35		〈ヒューマン・ストーリー〉ソウル・モスクワ、44年ぶりの報恩
1991.10.05	第16巻第10号(通巻第184号)	43		〈ソウル論壇・柳壮煕〉日米間の経済戦争
1991.10.05	第16巻第10号(通巻第184号)	44		〈マスコミ社説コーナー〉朝鮮日報・東亜日報・京畿日報
1991.10.05	第16巻第10号(通巻第184号)	50		〈イベント〉韓日協会創立20周年祝賀パーティー
1991.10.05	第16巻第10号(通巻第184号)	52		〈ホーム・カミング〉在日同胞秋夕母国訪問団
1991.10.05	第16巻第10号(通巻第184号)	58		〈フェスティバル〉明洞フェスティバル
1991.10.05	第16巻第10号(通巻第184号)	62		〈一衣帯水の架け橋めぐり③〉韓日文化交流基金
1991.10.05	第16巻第10号(通巻第184号)	66		〈読者コラム〉一言多言
1991.10.05	第16巻第10号(通巻第184号)	68		〈歴史の現場シリーズ③〉切頭山殉教記念館
1991.10.05	第16巻第10号(通巻第184号)	72		〈企業探訪〉小さな巨人、新興機械
1991.11.05	第16巻第11号(通巻第185号)	3		〈グラビア〉時の人
1991.11.05	第16巻第11号(通巻第185号)	6		〈巻頭スペャル〉統一をめざす歩み寄り
1991.11.05	第16巻第11号(通巻第185号)	8		〈巻頭スペャル〉第四回平壌南北韓高位級会談
1991.11.05	第16巻第11号(通巻第185号)	14		〈企業企画〉朝鮮総督部
1991.11.05	第16巻第11号(通巻第185号)	20		〈フェスティバル・イベント〉御道筋パレード・金子まつり

발행일	지면정보		필자	제목
	권호	페이지		
1991.11.05	第16巻第11号(通巻第185号)	22		〈イベント〉在日学徒義勇軍韓国戦争参戦記念式
1991.11.05	第16巻第11号(通巻第185号)	26		〈百済文化祭特集〉①百済文化祭
1991.11.05	第16巻第11号(通巻第185号)	30		〈百済文化祭特集〉②武寧王陵発掘20周年記念国際学術会議
1991.11.05	第16巻第11号(通巻第185号)	36		〈マスコミ社説コーナー〉ソウル新聞・東亜日報・中央日報・韓国日報
1991.11.05	第16巻第11号(通巻第185号)	38		〈ソウル論壇・河英善〉21世紀における「日本対策」
1991.11.05	第16巻第11号(通巻第185号)	44		〈北海道ワイド特集〉①北海道の在日韓国人(卞東連)
1991.11.05	第16巻第11号(通巻第185号)	50		〈北海道ワイド特集〉②新しい韓日関係を築く北海道(姜信武総領事)
1991.11.05	第16巻第11号(通巻第185号)	51		〈北海道ワイド特集〉③「北海道ライフスタイルの確立めざす」(横路知事)
1991.11.05	第16巻第11号(通巻第185号)	52		〈北海道ワイド特集〉④鳴呼!浅茅野! ⑤座談会 ⑥イラスト
1991.11.05	第16巻第11号(通巻第185号)	60		〈学術会議〉北韓経済国際学術会議
1991.11.05	第16巻第11号(通巻第185号)	66		〈韓国の風物シリーズ③〉ソウルの射亭・黄鶴亭
1991.11.05	第16巻第11号(通巻第185号)	70		〈歴史の現場シリーズ④〉死六臣墓園の義節祠
1991.11.05	第16巻第11号(通巻第185号)	74		〈ギャラリー・コーナー〉延辺画家・田成煥展
1991.12.05	第16巻第12号(通巻第186号)	4		大阪空港到着セレモニー 前夜際
1991.12.05	第16巻第12号(通巻第186号)	16		〈巻頭スペャル〉①平和へのシグナル 盧泰愚大統領の韓半島の非核化宣言
1991.12.05	第16巻第12号(通巻第186号)	19		〈巻頭スペャル〉②「ソウル宣言」初彩択 第三回 ア太経済協力閣僚会議
1991.12.05	第16巻第12号(通巻第186号)	22		芸術をこよなく愛する韓民族の発祥を祝いことほぐ 第41回 開天芸術祭
1991.12.05	第16巻第12号(通巻第186号)	26		〈トピックス〉韓日スーパー野球 韓国 二勝に自信つく
1991.12.05	第16巻第12号(通巻第186号)	28		〈国際学術セミナー〉世界秩序の再編と韓半島 韓国自由総連盟の国際学術セミナー
1991.12.05	第16巻第12号(通巻第186号)	36		〈ソウル・ア・ラ・カルト〉路地裏グルメ探検 西日本新聞ソウル支局長 中村純隆
1991.12.05	第16巻第12号(通巻第186号)	41		〈ソウル論壇〉危機に瀕しての韓国と日本 宋丙洛(ソウル大学教授・経済学)
1991.12.05	第16巻第12号(通巻第186号)	43		〈マスコミ社説コーナ〉国防白書に対する日本の抗議/それほど勤勉だった韓国人が今は
1991.12.05	第16巻第12号(通巻第186号)	44		〈マスコミ社説コーナ〉大股歩みだした韓半島の非核化/「2+4」は韓半島では駄目だ
1991.12.05	第16巻第12号(通巻第186号)	47		〈詩の人〉民族戯写真集上梓の韓日経協・周永奭副会長
1991.12.05	第16巻第12号(通巻第186号)	48		〈詩の人〉学徒兵手記三万冊を軍に寄贈した鄭亨渉社長
1991.12.05	第16巻第12号(通巻第186号)	49		〈詩の人〉痛恨33年を綴る『三日の約束』の鄭東奎博士
1991.12.05	第16巻第12号(通巻第186号)	52		世界に羽ばたくKOREANAIRのスマイル・クイーン金佑栄さん

발행일	지면정보		필자	제목
	권호	페이지		
1991.12.05	第16巻第12号(通巻第186号)	53		〈詩の人〉写真集《済州島四季彩》出刊・徳山謙二朗さん
1991.12.05	第16巻第12号(通巻第186号)	54		〈イベント〉韓日文化交流の原点を究める礼智院・西日本新聞文化サークルの姉妹結縁式
1991.12.05	第16巻第12号(通巻第186号)	58		〈研究院めぐり〉韓国の伝統的精神文化に基づく　智徳体錬の道場　徳山研究院
1991.12.05	第16巻第12号(通巻第186号)	62		千余年の伝統連綿と受け継ぎ　先塋で行う時享
1991.12.05	第16巻第12号(通巻第186号)	66		〈歴史の現場シリーズ⑤〉西小門聖地の殉教者を弔う薬峴聖堂百年祭
1991.12.05	第16巻第12号(通巻第186号)	70		潤松30周年追慕特別展開く　潤松美術館
1992.01.05	第17巻第1号(通巻第187号)	3		〈謹賀新年〉韓国の初日の出
1992.01.05	第17巻第1号(通巻第187号)	11		〈新春対談〉韓国の新しい顔・朴茗苑・兪涼
1992.01.05	第17巻第1号(通巻第187号)	18		〈巻頭スペシャル〉南北和解不可侵・交流協力成る
1992.01.05	第17巻第1号(通巻第187号)	22		〈巻頭スペシャル〉盧大統領の核不在宣言
1992.01.05	第17巻第1号(通巻第187号)	24		〈トピックス〉アジアの平和と女性の役割・討論会
1992.01.05	第17巻第1号(通巻第187号)	26		〈韓国のお正月〉伝統ノリあれこれ
1992.01.05	第17巻第1号(通巻第187号)	31		〈新年のご挨拶〉金泳三・金大中・朴泰俊・李載瀅・金相廈・呉在黒・丁海竜
1992.01.05	第17巻第1号(通巻第187号)	35		〈ソウル論壇〉「真珠湾」以降五十年
1992.01.05	第17巻第1号(通巻第187号)	36		〈マスコミ社説コーナ〉京畿新聞・中央新聞・韓国経済・東亜日報
1992.01.05	第17巻第1号(通巻第187号)	40		〈スポーツ〉バルセロナめざす92年のニュースター
1992.01.05	第17巻第1号(通巻第187号)	48		〈一衣帯水の架け橋④〉韓日経済協会
1992.01.05	第17巻第1号(通巻第187号)	67		〈特集・韓民族のルーツ・コメ〉コメ開放圧力とUR戦略
1992.01.05	第17巻第1号(通巻第187号)	70		〈特集・韓民族のルーツ・コメ〉韓民族のアイデンティティー・コメ
1992.01.05	第17巻第1号(通巻第187号)	78		〈特集・韓民族のルーツ・コメ〉東夷族の酒
1992.01.05	第17巻第1号(通巻第187号)	82		〈特集・韓民族のルーツ・コメ〉餅と韓菓
1992.01.05	第17巻第1号(通巻第187号)	86		〈研修院めぐり〉カナン農軍学校
1992.01.05	第17巻第1号(通巻第187号)	90		〈ギャラリー・コーナー〉郭德俊の作品世界と概念性
1992.02.05	第17巻第2号(通巻第188号)	3		〈グラビア〉時の人
1992.02.05	第17巻第2号(通巻第188号)	10		〈巻頭スペシャル〉盧大統領の年頭記者会見
1992.02.05	第17巻第2号(通巻第188号)	13		〈頂上会談〉ブッショ米大統領訪韓
1992.02.05	第17巻第2号(通巻第188号)	16		〈頂上会談〉宮沢日本総理訪韓
1992.02.05	第17巻第2号(通巻第188号)	21		〈ソルとデボルム〉隣同士がいとことなる「ソル」・沈雨晟
1992.02.05	第17巻第2号(通巻第188号)	22		〈ソルとデボルム〉お正月のお節料理トックッ・韓晶恵
1992.02.05	第17巻第2号(通巻第188号)	26		〈ソルとデボルム〉上元の歳時風俗
1992.02.05	第17巻第2号(通巻第188号)	32		〈ヒューマン・ストーリ〉朴憲泳の息女・朴ビバ・アンナさん

발행일	지면정보		필자	제목
	권호	페이지		
1992.02.05	第17巻第2号(通巻第188号)	36		〈ソウル・ア・ラ・カルト〉韓国語が危ない・喜多義憲
1992.02.05	第17巻第2号(通巻第188号)	38		〈マスコミ社説コーナ〉韓国日報・ソウル新聞・朝鮮新聞・京畿新聞
1992.02.05	第17巻第2号(通巻第188号)	40		〈ソウル論壇・金世源〉新北東アジア経済秩序と韓日関係
1992.02.05	第17巻第2号(通巻第188号)	46		〈スペシャル・レポート〉最高品質のコメ三種を開発した農村振興庁
1992.02.05	第17巻第2号(通巻第188号)	50		〈フェスティバル〉青竜映画祭
1992.02.05	第17巻第2号(通巻第188号)	56		〈シネマ・ロードショー〉金の戦争
1992.02.05	第17巻第2号(通巻第188号)	58		〈一衣帯水の架け橋⑤〉韓日女性親善協会
1992.02.05	第17巻第2号(通巻第188号)	62		〈研修院めぐり③〉韓国工業標準協会・品質管理研修院
1992.02.05	第17巻第2号(通巻第188号)	68		〈韓国の風物⑤〉陽川郷校と亀岩公園
1992.02.05	第17巻第2号(通巻第188号)	74		〈ギャラリー・コーナー〉湖巖ギャラリー・韓国近代美術名品展
1992.03.05	第17巻第3号(通巻第189号)	12		〈巻頭スペャル〉盧大統領の談話と金主席の声明
1992.03.05	第17巻第3号(通巻第189号)	14		〈巻頭スペャル〉第六回北高位級会談と共同発表文
1992.03.05	第17巻第3号(通巻第189号)	18		〈巻頭スペャル〉47年めの訪北スケッチ・韓永鐸
1992.03.05	第17巻第3号(通巻第189号)	20		〈三一節73周年記念〉見直されるべき三一独立宣言書 独立宣言書(全文)
1992.03.05	第17巻第3号(通巻第189号)	26		〈ヒューマン・ストーリ〉ズダン号の金万鉄さん一家
1992.03.05	第17巻第3号(通巻第189号)	32		〈データ〉統一院の南北韓社会・文化指標
1992.03.05	第17巻第3号(通巻第189号)	36		〈マスコミ社説コーナ〉ソウル新聞・世界新聞・韓国日報・朝鮮日報
1992.03.05	第17巻第3号(通巻第189号)	38		〈トピックス〉弥勒浄土の実現めざす天地正教
1992.03.05	第17巻第3号(通巻第189号)	40		〈トピックス〉南北平和統一祈願霊山芸術祭
1992.03.05	第17巻第3号(通巻第189号)	42		〈ソウル論壇・李相禹〉真重を期すべき南首脳会談
1992.03.05	第17巻第3号(通巻第189号)	43		〈ソウル・ア・ラ・カルト〉「礼節の国」の虚実・吉川和輝
1992.03.05	第17巻第3号(通巻第189号)	44		〈ウェディング・マーチ〉ソウルで結婚した桂銀淑さん
1992.03.05	第17巻第3号(通巻第189号)	46		〈イベント〉第26回百想盃全国民族凧上げ大会
1992.03.05	第17巻第3号(通巻第189号)	50		〈伝統リバイバル〉李退渓の「活人心方」に基づく新民族体操
1992.03.05	第17巻第3号(通巻第189号)	58		〈そる成る母国訪問墓参団〉懐かしのふるさと帰り
1992.03.05	第17巻第3号(通巻第189号)	66		〈シネマ・ロード・ショー〉ミョンジャ・明子・ソーニャ
1992.03.05	第17巻第3号(通巻第189号)	70		〈韓国の風物⑥〉第31回昌寧霊山三一民俗文化祭
1992.03.05	第17巻第3号(通巻第189号)	74		〈ギャラリー・コーナー〉素朴画の風雅・河麟回個展
1992.04.05	第17巻第4号(通巻第190号)	1		3.24総選挙「与小野大」への逆戻り
1992.04.05	第17巻第4号(通巻第190号)	5		時の人

발행일	지면정보		필자	제목
	권호	페이지		
1992.04.05	第17巻第4号(通巻第190号)	8		平和統一を祈願「霊山芸術祭」
1992.04.05	第17巻第4号(通巻第190号)	13		春園・李光洙生誕100周年
1992.04.05	第17巻第4号(通巻第190号)	18		ソウル論壇・呉鎮龍
1992.04.05	第17巻第4号(通巻第190号)	19		〈マスコミ社説コーナ〉
1992.04.05	第17巻第4号(通巻第190号)	21		〈ビジネスコーナー〉
1992.04.05	第17巻第4号(通巻第190号)	28		〈特別寄稿・梁海永〉
1992.04.05	第17巻第4号(通巻第190号)	30		朝鮮民主統一救国前線
1992.04.05	第17巻第4号(通巻第190号)	32		酒道と爆弾酒の話・河田卓司
1992.04.05	第17巻第4号(通巻第190号)	34		日航、アジアの企業育成を支援
1992.04.05	第17巻第4号(通巻第190号)	36		トピックス
1992.04.05	第17巻第4号(通巻第190号)	44		韓国の国宝・弥勒の郷
1992.04.05	第17巻第4号(通巻第190号)	48		対極期の由来と精神
1992.04.05	第17巻第4号(通巻第190号)	52		韓国日本学会
1992.04.05	第17巻第4号(通巻第190号)	56		壬辰倭乱400周年特集
1992.04.05	第17巻第4号(通巻第190号)	64		韓国育種学の父・禹長春博士
1992.04.05	第17巻第4号(通巻第190号)	69		上坂冬子さんの主張に答える・鄭鎮星
1992.04.05	第17巻第4号(通巻第190号)	74		時の人
1992.05.05	第17巻第5号(通巻第191号)	2		〈巻頭スペャル〉北朝鮮訪問記
1992.05.05	第17巻第5号(通巻第191号)	6		時の人
1992.05.05	第17巻第5号(通巻第191号)	9		〈一衣帯水の架け橋⑦〉
1992.05.05	第17巻第5号(通巻第191号)	14		壬辰倭乱400周年特集
1992.05.05	第17巻第5号(通巻第191号)	28		今月の人物・申師任堂
1992.05.05	第17巻第5号(通巻第191号)	34		大鐘賞映画祭
1992.05.05	第17巻第5号(通巻第191号)	38		時の人
1992.05.05	第17巻第5号(通巻第191号)	43		トピックス
1992.05.05	第17巻第5号(通巻第191号)	49		ソウル・ア・ラ・カルト
1992.05.05	第17巻第5号(通巻第191号)	50		ヒューマン・ストーリ
1992.05.05	第17巻第5号(通巻第191号)	54		特別寄稿 弥勒めぐり
1992.05.05	第17巻第5号(通巻第191号)	60		マスコミ社説コーナー
1992.05.05	第17巻第5号(通巻第191号)	62		ビジネスコーナー
1992.05.05	第17巻第5号(通巻第191号)	66		クローズ・アップ
1992.05.05	第17巻第5号(通巻第191号)	68		母国投資企業
1992.05.05	第17巻第5号(通巻第191号)	72		ソウル論壇・呉鎮龍
1992.06.05	第17巻第6号(通巻第192号)	2		〈巻頭スペャル〉南北高位級会談
1992.06.05	第17巻第6号(通巻第192号)	5		時の人
1992.06.05	第17巻第6号(通巻第192号)	9		〈時評〉少数民族 迫害の歴史
1992.06.05	第17巻第6号(通巻第192号)	13		ヒューマン・ストーリ
1992.06.05	第17巻第6号(通巻第192号)	16		李忠武公

발행일	지면정보		필자	제목
	권호	페이지		
1992.06.05	第17巻第6号(通巻第192号)	20		梅軒追慕祭
1992.06.05	第17巻第6号(通巻第192号)	24		マスコミ社説
1992.06.05	第17巻第6号(通巻第192号)	26		仏生会
1992.06.05	第17巻第6号(通巻第192号)	30		異色ストリート展
1992.06.05	第17巻第6号(通巻第192号)	32		ソウル論壇
1992.06.05	第17巻第6号(通巻第192号)	34		キャンパス・フェステ
1992.06.05	第17巻第6(通巻第192号)	38		美の祭典
1992.06.05	第17巻第6号(通巻第192号)	42		時の人
1992.06.05	第17巻第6号(通巻第192号)	46		イベント
1992.06.05	第17巻第6号(通巻第192号)	50		ステージ
1992.06.05	第17巻第6号(通巻第192号)	54		特別寄稿(下)
1992.06.05	第17巻第6号(通巻第192号)	57		ソウル・ア・ラ・カルト
1992.06.05	第17巻第6号(通巻第192号)	58		労組最前線
1992.06.05	第17巻第6号(通巻第192号)	60		〈特集〉共生を考える
1992.06.05	第17巻第6号(通巻第192号)	68		学術セミナー
1992.06.05	第17巻第6号(通巻第192号)	70		春香祭
1992.06.05	第17巻第6号(通巻第192号)	76		美味発見
1992.07.05	第17巻第7号(通巻第193号)	2		時の人
1992.07.05	第17巻第7号(通巻第193号)	9		〈巻頭スペャル〉特別講演会
1992.07.05	第17巻第7号(通巻第193号)	12		迫るバロセロナ五輪
1992.07.05	第17巻第7号(通巻第193号)	17		豆満江流域開発計画
1992.07.05	第17巻第7号(通巻第193号)	24		トラベル・セミナー
1992.07.05	第17巻第7号(通巻第193号)	26		トピックス
1992.07.05	第17巻第7号(通巻第193号)	30		マスコミ社説
1992.07.05	第17巻第7号(通巻第193号)	32		ソウル論壇
1992.07.05	第17巻第7号(通巻第193号)	34		大田エキスポ便り
1992.07.05	第17巻第7号(通巻第193号)	38		ギャラリー
1992.07.05	第17巻第7号(通巻第193号)	40		麦畑の叙情詩
1992.07.05	第17巻第7号(通巻第193号)	44		トピックス
1992.07.05	第17巻第7号(通巻第193号)	50		フェスティバル・先農祭
1992.07.05	第17巻第7号(通巻第193号)	54		検証・住宅200万戸達成
1992.07.05	第17巻第7号(通巻第193号)	58		トピックス
1992.07.05	第17巻第7号(通巻第193号)	62		ビジネスコーナー
1992.07.05	第17巻第7号(通巻第193号)	64		ソウル・ア・ラ・カルト
1992.07.05	第17巻第7号(通巻第193号)	66		散椿還る
1992.07.05	第17巻第7号(通巻第193号)	70		北韓美術展
1992.07.05	第17巻第7号(通巻第193号)	73		牛眠ドウレと農産物展
1992.07.05	第17巻第7号(通巻第193号)	76		美味発見

발행일	지면정보		필자	제목
	권호	페이지		
1992.08.05	第17卷第8号(通巻第194号)	2		巻頭スペィル
1992.08.05	第17卷第8号(通巻第194号)	6		ヒューマン・ストーリ
1992.08.05	第17卷第8号(通巻第194号)	11		大田エキスポ '93
1992.08.05	第17卷第8号(通巻第194号)	14		映画「桑の葉3」
1992.08.05	第17卷第8号(通巻第194号)	18		韓日特別セミナー
1992.08.05	第17卷第8号(通巻第194号)	24		西厓・柳成龍特集
1992.08.05	第17卷第8号(通巻第194号)	37		時の人
1992.08.05	第17卷第8号(通巻第194号)	44		トピックス
1992.08.05	第17卷第8号(通巻第194号)	54		青磁器芸
1992.08.05	第17卷第8号(通巻第194号)	58		国花・無窮花
1992.08.05	第17卷第8号(通巻第194号)	62		ギャラリー
1992.08.05	第17卷第8号(通巻第194号)	65		特別インタビュ
1992.08.05	第17卷第8号(通巻第194号)	68		セミナー「21世紀への憧憬」
1992.08.05	第17卷第8号(通巻第194号)	82		文化通信使
1992.08.05	第17卷第8号(通巻第194号)	88		倭乱展
1992.08.05	第17卷第8号(通巻第194号)	92		美味発見
1992.09.05	第17卷第9号(通巻第195号)	2		バルセロナの栄光
1992.09.05	第17卷第9号(通巻第195号)	9		巻頭スペィル
1992.09.05	第17卷第9号(通巻第195号)	14		ズーム・アップ
1992.09.05	第17卷第9号(通巻第195号)	17		ソウル論壇
1992.09.05	第17卷第9号(通巻第195号)	18		証言「強制連行」
1992.09.05	第17卷第9号(通巻第195号)	22		夏期セミナー(宝塚)
1992.09.05	第17卷第9号(通巻第195号)	26		トピックス
1992.09.05	第17卷第9号(通巻第195号)	32		ソウル・ア・ラ・カルト
1992.09.05	第17卷第9号(通巻第195号)	33		観光民俗村ルポ
1992.09.05	第17卷第9号(通巻第195号)	38		特別インタビュー(Ⅰ)
1992.09.05	第17卷第9号(通巻第195号)	42		イベント
1992.09.05	第17卷第9号(通巻第195号)	48		今月の観光ニュース
1992.09.05	第17卷第9号(通巻第195号)	49		歴史の現場を訪ねて 6.25韓国動乱 旧鉄源邑
1992.09.05	第17卷第9号(通巻第195号)	52		特別インタビュー(Ⅱ)
1992.09.05	第17卷第9号(通巻第195号)	55		韓国の風物
1992.09.05	第17卷第9号(通巻第195号)	58		マスコミ社説
1992.09.05	第17卷第9号(通巻第195号)	60		時の人
1992.09.05	第17卷第9号(通巻第195号)	62		〈企業〉テント王
1992.09.05	第17卷第9号(通巻第195号)	66		ビデオアート30年
1992.09.05	第17卷第9号(通巻第195号)	70		ギャラリー
1992.09.05	第17卷第9号(通巻第195号)	74		美味発見
1992.10.05	第17卷第10号(通巻第196号)	2		〈巻頭スペィル〉韓中国交樹立

발행일	지면정보		필자	제목
	권호	페이지		
1992.10.05	第17巻第10号(通巻第196号)	18		婦人平和隊討論会(平壌)
1992.10.05	第17巻第10号(通巻第196号)	22		統一芸術祭
1992.10.05	第17巻第10号(通巻第196号)	28		韓国の国歌
1992.10.05	第17巻第10号(通巻第196号)	34		アジア映画祭
1992.10.05	第17巻第10号(通巻第196号)	49		〈特別インタビュー〉共生に向けて
1992.10.05	第17巻第10号(通巻第196号)	52		大阪ーソウル、ビジネスパートナー都市提携
1992.10.05	第17巻第10号(通巻第196号)	54		伽倻展
1992.10.05	第17巻第10号(通巻第196号)	56		安重根義士追悼法世要(宮城)
1992.10.05	第17巻第10号(通巻第196号)	61		秋夕タスケッチ
1992.11.05	第17巻第11号(通巻第197号)	2		〈巻頭スペャル〉盧大統領中国訪問
1992.11.05	第17巻第11号(通巻第197号)	14		南北高位級会談
1992.11.05	第17巻第11号(通巻第197号)	36		全国民俗競演大会
1992.11.05	第17巻第11号(通巻第197号)	44		四物ノリ・ハンマダン
1992.11.05	第17巻第11号(通巻第197号)	50		〈特集〉架け橋(香川)
1992.11.05	第17巻第11号(通巻第197号)	56		学術セミナー
1992.11.05	第17巻第11号(通巻第197号)	60		民族教育を考える(京都)
1992.11.05	第17巻第11号(通巻第197号)	66		韓国の結婚風景
1992.12.05	第17巻第12号(通巻第198号)	2		〈巻頭スペャル〉盧大統領訪日首脳会談
1992.12.05	第17巻第12号(通巻第198号)	10		四天王寺ワッソ
1992.12.05	第17巻第12号(通巻第198号)	17		大統領選統一政策
1992.12.05	第17巻第12号(通巻第198号)	30		サハリン同胞帰国
1992.12.05	第17巻第12号(通巻第198号)	34		全国体典 冬季大会
1992.12.05	第17巻第12号(通巻第198号)	40		ENKA・心の架け橋
1992.12.05	第17巻第12号(通巻第198号)	42		アジア仏教指導者平和会議
1992.12.05	第17巻第12号(通巻第198号)	50		「全国焼肉店経営者協会」発足
1992.12.05	第17巻第12号(通巻第198号)	54		摩尼山天祭
1992.12.05	第17巻第12号(通巻第198号)	66		アイヌ民俗芸術団訪韓公演
1993.01.05	第18巻第1号(通巻第199号)	2		〈巻頭スペャル〉統一大仏
1993.01.05	第18巻第1号(通巻第199号)	8		ドキュメント
1993.01.05	第18巻第1号(通巻第199号)	12		六共パノラマ
1993.01.05	第18巻第1号(通巻第199号)	28		今年の人
1993.01.05	第18巻第1号(通巻第199号)	34		鼻塚英霊還国
1993.01.05	第18巻第1号(通巻第199号)	50		国際シンポジウム
1993.01.05	第18巻第1号(通巻第199号)	62		秀吉の朝鮮侵略検証(大阪)
1993.01.05	第18巻第1号(通巻第199号)	68		高麗博物館をつくる会(東京)
1993.01.05	第18巻第1号(通巻第199号)	77		懸賞論文(金賞)
1993.01.05	第18巻第1号(通巻第199号)	82		ヒューマン・ストーリー
1993.02.05	第18巻第2号(通巻第200号)	2		〈特集〉大田エキスポ '93

발행일	지면정보		필자	제목
	권호	페이지		
1993.02.05	第18巻第2号(通巻第200号)	10		特別インタビュー
1993.02.05	第18巻第2号(通巻第200号)	12		巻頭スペャル
1993.02.05	第18巻第2号(通巻第200号)	34		時の人
1993.02.05	第18巻第2号(通巻第200号)	40		韓国の風物(統一祈願凧揚げ大会)
1993.02.05	第18巻第2号(通巻第200号)	44		ズームアップ(済州島の創作民話)
1993.02.05	第18巻第2号(通巻第200号)	46		王朝遺物館
1993.02.05	第18巻第2号(通巻第200号)	54		トピックス
1993.02.05	第18巻第2号(通巻第200号)	65		ドキュメント
1993.02.05	第18巻第2号(通巻第200号)	70		ヒューマンストーリー
1993.03.05	第18巻第3号(通巻第201号)	2		〈巻頭スペャル〉大統領就任式
1993.03.05	第18巻第3号(通巻第201号)	8		時の人
1993.03.05	第18巻第3号(通巻第201号)	18		民族大学
1993.03.05	第18巻第3号(通巻第201号)	34		〈特集〉大田エキスポ'93
1993.03.05	第18巻第3号(通巻第201号)	40		ドキュメント
1993.03.05	第18巻第3号(通巻第201号)	44		青年祝祭
1993.03.05	第18巻第3号(通巻第201号)	54		スポーツ
1993.03.05	第18巻第3号(通巻第201号)	58		トピックス
1993.03.05	第18巻第3号(通巻第201号)	66		民族博物館
1993.03.05	第18巻第3号(通巻第201号)	72		芸術の殿堂
1993.04.05	第18巻第4号(通巻第202号)	2		時の人
1993.04.05	第18巻第4号(通巻第202号)	8		就任祝賀公演
1993.04.05	第18巻第4号(通巻第202号)	17		新しい国づくりインタビュー
1993.04.05	第18巻第4号(通巻第202号)	28		ズームアップ
1993.04.05	第18巻第4号(通巻第202号)	34		〈特集〉大田エキスポ'93
1993.04.05	第18巻第4号(通巻第202号)	44		木芽仏教博物館
1993.04.05	第18巻第4号(通巻第202号)	50		誇らしい韓国人
1993.04.05	第18巻第4号(通巻第202号)	58		トピックス
1993.04.05	第18巻第4号(通巻第202号)	66		ファッション '93
1993.04.05	第18巻第4号(通巻第202号)	70		セッパラム
1993.06.05	第18巻第6号(通巻第204号)	1		巻頭スペャル
1993.06.05	第18巻第6号(通巻第204号)	10		特別インタビュー
1993.06.05	第18巻第6号(通巻第204号)	17		海外韓民族代表大会
1993.06.05	第18巻第6号(通巻第204号)	26		〈特別企画〉以北五道民会探訪
1993.06.05	第18巻第6号(通巻第204号)	38		白頭山カメラ紀行
1993.06.05	第18巻第6号(通巻第204号)	42		模型艦船ショー
1993.06.05	第18巻第6号(通巻第204号)	46		現代の匠
1993.06.05	第18巻第6号(通巻第204号)	50		シネマ式写室
1993.06.05	第18巻第6号(通巻第204号)	54		5月の文化人物

발행일	지면정보		필자	제목
	권호	페이지		
1993.06.05	第18巻第6号(通巻第204号)	68		〈シリーズ〉韓国の松
1993.07.05	第18巻第7号(通巻第205号)	2		巻頭スペシャル
1993.07.05	第18巻第7号(通巻第205号)	10		特別インタビュー
1993.07.05	第18巻第7号(通巻第205号)	14		大阪韓国商工会議所40周年
1993.07.05	第18巻第7号(通巻第205号)	24		4柱ふるさとに帰る
1993.07.05	第18巻第7号(通巻第205号)	34		ソウル定都600年
1993.07.05	第18巻第7号(通巻第205号)	38		ドキュメント「独島」
1993.07.05	第18巻第7号(通巻第205号)	42		飛鳥のふるさと「百済」めぐり
1993.07.05	第18巻第7号(通巻第205号)	46		企業スペシャル
1993.07.05	第18巻第7号(通巻第205号)	54		新宿梁山泊韓国公演
1993.07.05	第18巻第7号(通巻第205号)	66		韓国の松シリーズ②
1993.08.05	第18巻第8号(通巻第206号)	2		巻頭スペシャル
1993.08.05	第18巻第8号(通巻第206号)	6		時の人
1993.08.05	第18巻第8号(通巻第206号)	18		定住外国人の地方参政権判決
1993.08.05	第18巻第8号(通巻第206号)	68		特別インタビュー
1993.08.05	第18巻第8号(通巻第206号)	82		石寺洞先史遺跡
1993.09.05	第18巻第9号(通巻第207号)	6		大田エキスポ開幕
1993.09.05	第18巻第9号(通巻第207号)	23		以北五道民会
1993.09.05	第18巻第9号(通巻第207号)	28		殉国先烈五位還国
1993.09.05	第18巻第9号(通巻第207号)	44		韓国の松シリーズ
1993.09.05	第18巻第9号(通巻第207号)	66		ウエティンクドレス
1993.10.05	第18巻第10号(通巻第208号)	2		巻頭スペシャル(地方参政権)
1993.10.05	第18巻第10号(通巻第208号)	12		DMZ解釈展
1993.10.05	第18巻第10号(通巻第208号)	17		北漢山都堂祭
1993.10.05	第18巻第10号(通巻第208号)	20		生活史博物館
1993.10.05	第18巻第10号(通巻第208号)	24		ズームアップ(花文字)
1993.10.05	第18巻第10号(通巻第208号)	36		韓国の美展
1993.10.05	第18巻第10号(通巻第208号)	40		史跡探訪ツアー
1993.10.05	第18巻第10号(通巻第208号)	46		大田エキスポ
1993.10.05	第18巻第10号(通巻第208号)	56		姉妹都市
1993.10.05	第18巻第10号(通巻第208号)	70		企業探訪
1993.11.05	第18巻第11号(通巻第209号)	2		巻頭スペシャル
1993.11.05	第18巻第11号(通巻第209号)	12		時の人
1993.11.05	第18巻第11号(通巻第209号)	18		ハングル記念日
1993.11.05	第18巻第11号(通巻第209号)	22		ウリを考える会
1993.11.05	第18巻第11号(通巻第209号)	33		黄海道義口大沢グッ
1993.11.05	第18巻第11号(通巻第209号)	38		伝承工芸大典
1993.11.05	第18巻第11号(通巻第209号)	42		江華島紀行

발행일	지면정보		필자	제목
	권호	페이지		
1993.11.05	第18巻第11号(通巻第209号)	68		史跡探訪ツアー
1993.11.05	第18巻第11号(通巻第209号)	58		トピックス
1993.11.05	第18巻第11号(通巻第209号)	65		韓国の絵
1993.12.05	第18巻第12号(通巻第210号)	2		巻頭スペシャル「韓国首脳会談」
1993.12.05	第18巻第12号(通巻第210号)	6		大田エキスポ決算
1993.12.05	第18巻第12号(通巻第210号)	12		統一パレート(京都)
1993.12.05	第18巻第12号(通巻第210号)	18		証言集会(東京、大阪)
1993.12.05	第18巻第12号(通巻第210号)	22		韓日学生交流10周年
1993.12.05	第18巻第12号(通巻第210号)	33		W杯サッカー、韓国本選進出
1993.12.05	第18巻第12号(通巻第210号)	38		四天王寺ワッソに40万人
1993.12.05	第18巻第12号(通巻第210号)	44		百済大祭
1993.12.05	第18巻第12号(通巻第210号)	52		性徹宗正茶毘
1993.12.05	第18巻第12号(通巻第210号)	72		韓日親善プロ野球
1994.01.05	第19巻第1号(通巻第211号)	4		巻頭スペシャル「ソウル定都600年」
1994.01.05	第19巻第1号(通巻第211号)	12		映像ドキュメンタリー「大韓国人」
1994.01.05	第19巻第1号(通巻第211号)	17		〈新企画〉大韓民国建国の歩み
1994.01.05	第19巻第1号(通巻第211号)	34		集安高句麗古墳壁画展
1994.01.05	第19巻第1号(通巻第211号)	42		中原文化探訪
1994.01.05	第19巻第1号(通巻第211号)	52		金大統領訪米の成果
1994.01.05	第19巻第1号(通巻第211号)	56		〈新企画〉いま北では〜北朝鮮の現時
1994.01.05	第19巻第1号(通巻第211号)	58		ソウル·ジャズ·オレイン '93
1994.01.05	第19巻第1号(通巻第211号)	60		在日同胞の生活権シンポジウム
1994.01.05	第19巻第1号(通巻第211号)	82		鼻塚
1994.02.05	第19巻第2号(通巻第212号)	1		巻頭スペシャル'94年韓国訪問の年
1994.02.05	第19巻第2号(通巻第212号)	6		南極点 徒渉で到達の決挙
1994.02.05	第19巻第2号(通巻第212号)	12		〈特集〉ソウル定都600年
1994.02.05	第19巻第2号(通巻第212号)	24		転換期迎える「在日」問題
1994.02.05	第19巻第2号(通巻第212号)	33		3人グランブル·スター
1994.02.05	第19巻第2号(通巻第212号)	38		硯のふるさと
1994.02.05	第19巻第2号(通巻第212号)	46		日本人学生の韓国卒業旅行
1994.02.05	第19巻第2号(通巻第212号)	58		共和国シリーズ②
1994.02.05	第19巻第2号(通巻第212号)	70		弥勒寺地ツアー
1994.02.05	第19巻第2号(通巻第212号)	74		統一の夢
1994.03.05	第19巻第3号(通巻第213号)	2		在日コリア青年祝祭
1994.03.05	第19巻第3号(通巻第213号)	12		94国楽の年
1994.03.05	第19巻第3号(通巻第213号)	17		創価学会·池田名誉会長「SGIの日」記念提言
1994.03.05	第19巻第3号(通巻第213号)	22		黄喜宰相
1994.03.05	第19巻第3号(通巻第213号)	34		北朝鮮ワンポイント紹介

발행일	지면정보		필자	제목
	권호	페이지		
1994.03.05	第19巻第3号(通巻第213号)	38		韓国、2002年W杯サッカー誘致
1994.03.05	第19巻第3号(通巻第213号)	42		山経表
1994.03.05	第19巻第3号(通巻第213号)	56		韓国現代写真の流れ展
1994.03.05	第19巻第3号(通巻第213号)	66		わがふる里
1994.03.05	第19巻第3号(通巻第213号)	76		伽倻遺物と香炉
1994.04.05	第19巻第4号(通巻第214号)	1		巻頭スペャル 金泳三大統領就任1周年
1994.04.05	第19巻第4号(通巻第214号)	6-21 33-48		済州島・漢拏山特集
1994.04.05	第19巻第4号(通巻第214号)	26		朝鮮通信使船復元
1994.04.05	第19巻第4号(通巻第214号)	28		東学農民戦争100周年記念民俗展
1994.04.05	第19巻第4号(通巻第214号)	50		共和国シリーズ②
1994.04.05	第19巻第4号(通巻第214号)	60		メキシコ移民韓人の3・1運動
1994.04.05	第19巻第4号(通巻第214号)	64		いま、北では・・・大成山革命烈士陵
1994.04.05	第19巻第4号(通巻第214号)	72		韓日古典文化比較
1994.05.05	第19巻第5号(通巻第215号)	2		巻頭スペャル 大統領訪日・訪中特集
1994.05.05	第19巻第5号(通巻第215号)	6		在日の風景 大阪・御幸通商店街
1994.05.05	第19巻第5号(通巻第215号)	17		大荒れ!! RENK集会
1994.05.05	第19巻第5号(通巻第215号)	24		特別インタビュー 創価学会・西口浩副会長
1994.05.05	第19巻第5号(通巻第215号)	33		オソオセヨ国立公園「周土山」
1994.05.05	第19巻第5号(通巻第215号)	46		ソウル定都600年
1994.05.05	第19巻第5号(通巻第215号)	50		徐載弼博士遺骨奉還
1994.05.05	第19巻第5号(通巻第215号)	62		上海臨時政府75周年式典
1994.05.05	第19巻第5号(通巻第215号)	66		神戸・釜山両市議会親善交流
1994.05.05	第19巻第5号(通巻第215号)	72		韓日文化比較
1994.06.05	第19巻第6号(通巻第216号)	1		〈特集〉慶州市&出石町
1994.06.05	第19巻第6号(通巻第216号)	12		潅仏会
1994.06.05	第19巻第6号(通巻第216号)	33		オソオセヨ国立公園「慶州」
1994.06.05	第19巻第6号(通巻第216号)	50		共和国シリーズ⑥
1994.06.05	第19巻第6号(通巻第216号)	60		大阪にATC誕生
1994.06.05	第19巻第6号(通巻第216号)	65		釜山・神戸市議会 親善交流本調印
1994.06.05	第19巻第6号(通巻第216号)	70		本国・在日オモニ合同芸術祭
1994.06.05	第19巻第6号(通巻第216号)	72		ソウル定都600周年記念イベント
1994.07.05	第19巻第7号(通巻第217号)	1		韓国関係に「新紀行」
1994.07.05	第19巻第7号(通巻第217号)	6		オソオセヨ国立公園「伽倻」
1994.07.05	第19巻第7号(通巻第217号)	17		特別インタビュー 民団中央本部・辛容祥団長
1994.07.05	第19巻第7号(通巻第217号)	33		ソウル定都600周年記念イベント
1994.07.05	第19巻第7号(通巻第217号)	44		わがふる里
1994.07.05	第19巻第7号(通巻第217号)	58		今秋、延暦寺で日韓朝宗教者比叡山会議

발행일	지면정보		필자	제목
	권호	페이지		
1994.07.05	第19巻第7号(通巻第217号)	66		デイサービスセンター解説(大阪・故郷の家)
1994.07.05	第19巻第7号(通巻第217号)	70		日朝友好清水寺祝祭
1994.08.05	第19巻第8号(通巻第218号)	2		村山総理来韓、首脳会談
1994.08.05	第19巻第8号(通巻第218号)	4		金日成主席逝く
1994.08.05	第19巻第8号(通巻第218号)	10		「ハンナラ号」大阪寄港
1994.08.05	第19巻第8号(通巻第218号)	14		韓日の農協が友好提携
1994.08.05	第19巻第8号(通巻第218号)	18		在日風景
1994.08.05	第19巻第8号(通巻第218号)	34		オソオセヨ国立公園「雪嶽山」
1994.08.05	第19巻第8号(通巻第218号)	50		韓日セミナー
1994.08.05	第19巻第8号(通巻第218号)	60		講演「激動する朝鮮半島」
1994.09.05	第19巻第9号(通巻第219号)	1		金泳三大統領慶祝辞
1994.09.05	第19巻第9号(通巻第219号)	8		アシアナ航空　関空に就航
1994.09.05	第19巻第9号(通巻第219号)	12		広島原爆韓国人犠牲者慰霊祭
1994.09.05	第19巻第9号(通巻第219号)	15		貴唐使ルートカヌー漕破隊
1994.09.05	第19巻第9号(通巻第219号)	18		ワンコリア大阪囲碁大会
1994.09.05	第19巻第9号(通巻第219号)	22		韓日交流
1994.09.05	第19巻第9号(通巻第219号)	33		オソオセヨ国立公園
1994.09.05	第19巻第9号(通巻第219号)	66		在日の風景　大阪・御幸通商店街
1994.10.05	第19巻第10号(通巻第220号)	1		世界韓人商工人大会
1994.10.05	第19巻第10号(通巻第220号)	6		感動呼ぶ「渡り川」
1994.10.05	第19巻第10号(通巻第220号)	12		女史大生の韓国歴史文化セミナー
1994.10.05	第19巻第10号(通巻第220号)	20		アジアスポーツ＆カーニバル
1994.10.05	第19巻第10号(通巻第220号)	33		オソオセヨ国立公園「智異山」
1994.10.05	第19巻第10号(通巻第220号)	50		ソウルの留学生会館を訪ねて
1994.10.05	第19巻第10号(通巻第220号)	66		撮影進む「愛の黙示録」
1994.10.05	第19巻第10号(通巻第220号)	76		紀行「沙也可」村
1994.11.05	第19巻第11号(通巻第221号)	1		ワンコリア　フェスティバル
1994.11.05	第19巻第11号(通巻第221号)	6		東京商銀創立40周年記念祝賀
1994.11.05	第19巻第11号(通巻第221号)	14		縄文のシンフェニー
1994.11.05	第19巻第11号(通巻第221号)	20		「定住外国人の地方参政権」訴訟で福井地裁の判決
1994.11.05	第19巻第11号(通巻第221号)	33		オソオセヨ国立公園
1994.11.05	第19巻第11号(通巻第221号)	66		「韓国庭園」野遊会
1994.11.05	第19巻第11号(通巻第221号)	70		お態甲祭
1994.11.05	第19巻第11号(通巻第221号)	76		御堂筋パレード
1994.12.05	第19巻第12号(通巻第222号)	2		APEC首脳会議
1994.12.05	第19巻第12号(通巻第222号)	6		韓中首脳会談
1994.12.05	第19巻第12号(通巻第222号)	8		日韓朝宗教者比叡山会議
1994.12.05	第19巻第12号(通巻第222号)	12		ワンコリアパレート

발행일	지면정보		필자	제목
	권호	페이지		
1994.12.05	第19巻第12号(通巻第222号)	17		さきがけ島根が法改正案提示
1994.12.05	第19巻第12号(通巻第222号)	22		大阪市が外国籍住民施策有義者会議
1994.12.05	第19巻第12号(通巻第222号)	34		「四天王寺ワッソ」特集
1994.12.05	第19巻第12号(通巻第222号)	66		映画「愛の黙示録」クランクアップ
1994.12.05	第19巻第12号(通巻第222号)	70		唐津に国際交流広場
1994.12.05	第19巻第12号(通巻第222号)	72		オソオセヨ国立公園「北漢山」
1995.01.05	第20巻第1号(通巻第223号)	2		ソウル定都600周年記念イベント
1995.01.05	第20巻第1号(通巻第223号)	8		日韓音楽交流前夜祭
1995.01.05	第20巻第1号(通巻第223号)	10		クイーンボウル
1995.01.05	第20巻第1号(通巻第223号)	14		ブライダルパーティー
1995.01.05	第20巻第1号(通巻第223号)	18		新年特別寄稿
1995.01.05	第20巻第1号(通巻第223号)	28		地方参政権獲得大会
1995.01.05	第20巻第1号(通巻第223号)	34		「故郷の家」5周年
1995.01.05	第20巻第1号(通巻第223号)	40		延辺朝鮮族を訪ねて
1995.01.05	第20巻第1号(通巻第223号)	49		「在日党」訴訟判決
1995.01.05	第20巻第1号(通巻第223号)	62		大阪市民劇場「かけはし座」旗揚げ公演
1995.01.05	第20巻第1号(通巻第223号)	66		アジア・太平洋人権情報センター
1995.01.05	第20巻第1号(通巻第223号)	82		ソウル日帰りバスの旅
1995.02.05	第20巻第2号(通巻第224号)	2		兵庫県南部地震
1995.02.05	第20巻第2号(通巻第224号)	10		金泳三大統領年頭記者会見
1995.02.05	第20巻第2号(通巻第224号)	12		大阪商銀、オーロラグループ新年会
1995.02.05	第20巻第2号(通巻第224号)	17		特別寄稿「帰化は甘いか若〜いか」
1995.02.05	第20巻第2号(通巻第224号)	32		中学教師の韓国体感ゼミナールツアー
1995.02.05	第20巻第2号(通巻第224号)	42		成人式
1995.02.05	第20巻第2号(通巻第224号)	48		ソウル1日バスツアー
1995.02.05	第20巻第2号(通巻第224号)	60		韓日文化の比較
1995.02.05	第20巻第2号(通巻第224号)	66		延辺朝鮮族を訪ねて
1995.02.05	第20巻第2号(通巻第224号)	76		済州島国際市民マラソン
1995.03.05	第20巻第3号(通巻第225号)	2		金泳三大統領訪欧
1995.03.05	第20巻第3号(通巻第225号)	4、76		阪神大震災
1995.03.05	第20巻第3号(通巻第225号)	22		フェトドキュメント「街が消えた」
1995.03.05	第20巻第3号(通巻第225号)	36		世界平和ミュージアム交流展〜韓国・朝鮮編
1995.03.05	第20巻第3号(通巻第225号)	44		民俗の日記念行事
1995.03.05	第20巻第3号(通巻第225号)	48		「在日」という名の漂流船
1995.03.05	第20巻第3号(通巻第225号)	65		尹東柱詩碑建立
1995.03.05	第20巻第3号(通巻第225号)	70		'95みのおセッパラム
1995.04.05	第20巻第4号(通巻第226号)	2		金泳三大統領欧州歴訪
1995.04.05	第20巻第4号(通巻第226号)	8		全国各地で3.1節

발행일	지면정보		필자	제목
	권호	페이지		
1995.04.05	第20巻第4号(通巻第226号)	16		やまなし文学賞
1995.04.05	第20巻第4号(通巻第226号)	18		定住外国人の地方参政権訴訟で最高裁判決
1995.04.05	第20巻第4号(通巻第226号)	33		韓国物産の展示販売場オープン
1995.04.05	第20巻第4号(通巻第226号)	38		再現「朝鮮通信使」
1995.04.05	第20巻第4号(通巻第226号)	52		「在日」という名の漂流船(中)
1995.04.05	第20巻第4号(通巻第226号)	60		阪神大震災フェトレポート
1995.04.05	第20巻第4号(通巻第226号)	65		井戸茶碗のルーツ
1995.04.05	第20巻第4号(通巻第226号)	70		韓日女子高生の交流
1995.05.05	第20巻第5号(通巻第227号)	6		徴用犠牲者慰霊碑
1995.05.05	第20巻第5号(通巻第227号)	10		韓国観光公社、修旅生の積極誘致
1995.05.05	第20巻第5号(通巻第227号)	20		地方参政権　集団訴訟
1995.05.05	第20巻第5号(通巻第227号)	32		螺鈿漆器の名匠
1995.05.05	第20巻第5号(通巻第227号)	46		木彫三尊仏龕再現
1995.05.05	第20巻第5号(通巻第227号)	58		ヒューマンストーリー
1995.05.05	第20巻第5号(通巻第227号)	66		'95はならんまん「韓国庭園」
1995.05.05	第20巻第5号(通巻第227号)	70		大学生の春季学校体験談
1995.06.05	第20巻第6号(通巻第228号)	4		復興の長田マダン
1995.06.05	第20巻第6号(通巻第228号)	12		北朝鮮カメラルポ
1995.06.05	第20巻第6号(通巻第228号)	18		参政権シンポジウム
1995.06.05	第20巻第6号(通巻第228号)	33		金太智大使迎え　花らんまん
1995.06.05	第20巻第6号(通巻第228号)	40		朝鮮通信使の足跡をたずねて
1995.06.05	第20巻第6号(通巻第228号)	72		国際モーターショー
1995.07.05	第20巻第7号(通巻第229号)	4		青瓦台で音楽会
1995.07.05	第20巻第7号(通巻第229号)	8		金泳三 大統領、恩師の息子一家を招待
1995.07.05	第20巻第7号(通巻第229号)	12		安淑善ハンソルの夕べ
1995.07.05	第20巻第7号(通巻第229号)	18		地方参政権原告団、民団中央本部に要望
1995.07.05	第20巻第7号(通巻第229号)	33		韓・日茶磁器合同展
1995.07.05	第20巻第7号(通巻第229号)	40		清風明月・忠清北道
1995.07.05	第20巻第7号(通巻第229号)	50		ヒューマンストーリー　身世打鈴の宋富子さん
1995.07.05	第20巻第7号(通巻第229号)	70		誌上フォト展「隣の国に魅せられて」
1995.08.05	第20巻第8号(通巻第230号)	6		北朝鮮亡命2青年、日本で証言
1995.08.05	第20巻第8号(通巻第230号)	12		映画「エイジアンブルー 浮島丸サコン」
1995.08.05	第20巻第8号(通巻第230号)	18		6・30地方参政権シンポ
1995.08.05	第20巻第8号(通巻第230号)	22		韓日学術・国際シンポ
1995.08.05	第20巻第8号(通巻第230号)	28		韓日協定締結30周年
1995.08.05	第20巻第8号(通巻第230号)	30		懸賞論文入選作発表
1995.08.05	第20巻第8号(通巻第230号)	34		とよなか「日韓市民交流プログラム」
1995.08.05	第20巻第8号(通巻第230号)	42		清風明月(下)

발행일	지면정보		필자	제목
	권호	페이지		
1995.08.05	第20巻第8号(通巻第230号)	70		写真で綴る「光復50年の軌跡」
1995.08.05	第20巻第8号(通巻第230号)	88		ソウル留学１年記
1995.09.05	第20巻第9号(通巻第231号)	10		日韓共生の旅
1995.09.05	第20巻第9号(通巻第231号)	28		民団青年会と朝青が共同事業
1995.09.05	第20巻第9号(通巻第231号)	34		映画「三たびの海峡」撮影快調
1995.09.05	第20巻第9号(通巻第231号)	38		青年祝祭
1995.09.05	第20巻第9号(通巻第231号)	44		京都の同胞母娘がコンテでタブル受賞
1995.09.05	第20巻第9号(通巻第231号)	58		新企画　韓国の歴史教科書
1995.09.05	第20巻第9号(通巻第231号)	74		韓国文物伝来話
1995.09.05	第20巻第9号(通巻第231号)	78		智異山スナップ
1995.10.05	第20巻第10号(通巻第232号)	2		映画「三たびの海峡」特集
1995.10.05	第20巻第10号(通巻第232号)	16		国連女性世界会議
1995.10.05	第20巻第10号(通巻第232号)	20		母国訪問20周年
1995.10.05	第20巻第10号(通巻第232号)	26		FMCO・CO・LO 10月16日開局
1995.10.05	第20巻第10号(通巻第232号)	30		全朝研・兵庫大会
1995.10.05	第20巻第10号(通巻第232号)	34		アンニュンハセヨの集い
1995.10.05	第20巻第10号(通巻第232号)	38		舞踊詩劇「アリラン」
1995.10.05	第20巻第10号(通巻第232号)	64		2002年ワールドカップ決定まで10カ月
1995.11.05	第20巻第11号(通巻第233号)	2		金泳三大統領の国連演説
1995.11.05	第20巻第11号(通巻第233号)	6		映画「三たびの海峡」試写会
1995.11.05	第20巻第11号(通巻第233号)	18		北朝鮮の亡命上佐が会見
1995.11.05	第20巻第11号(通巻第233号)	28		第7期民主平和統一諮問会議
1995.11.05	第20巻第11号(通巻第233号)	44		韓服
1995.11.05	第20巻第11号(通巻第233号)	70		御堂筋パレード
1995.12.05	第20巻第12号(通巻第234号)	12		韓国、安保理非常常任理事国入り
1995.12.05	第20巻第12号(通巻第234号)	22		縁仏の慰霊碑完成(相主)
1995.12.05	第20巻第12号(通巻第234号)	34		武装スパイ顛末記
1995.12.05	第20巻第12号(通巻第234号)	44		異文化交流
1995.12.05	第20巻第12号(通巻第234号)	46		ワンコリアパレート
1995.12.05	第20巻第12号(通巻第234号)	60		韓国留学生の体育大会
1995.12.05	第20巻第12号(通巻第234号)	66		四天王寺ワッソ
1995.12.05	第20巻第12号(通巻第234号)	78		史跡探訪ツアー
1996.01.05	第21巻第1号(通巻第235号)	2		世界文化遺産指定
1996.01.05	第21巻第1号(通巻第235号)	6		海外同胞昨日・明日
1996.01.05	第21巻第1号(通巻第235号)	10		山形・戸沢村に「高麗村」建設
1996.01.05	第21巻第1号(通巻第235号)	32		日本語学校「赤門会」
1996.01.05	第21巻第1号(通巻第235号)	36		「姜沆顕彰碑」旅巡り
1996.01.05	第21巻第1号(通巻第235号)	64		新井英一「清河への道」

발행일	지면정보		필자	제목
	권호	페이지		
1996.02.05	第21巻第2号(通巻第236号)	2		先進国の仲間入り
1996.02.05	第21巻第2号(通巻第236号)	8		日本の自治体の成人式で在日韓国人二世が初の「警い詞」
1996.02.05	第21巻第2号(通巻第236号)	14		阪神大震災から1年
1996.02.05	第21巻第2号(通巻第236号)	24		外交文書を公開
1996.02.05	第21巻第2号(通巻第236号)	34		北関大捷碑
1996.02.05	第21巻第2号(通巻第236号)	38		韓国フェトアラカルト
1996.02.05	第21巻第2号(通巻第236号)	50		韓国の歴史教科書
1996.02.05	第21巻第2号(通巻第236号)	66		文化遺跡を訪ねて
1996.03.05	第21巻第3号(通巻第237号)	2		ロシア大使館(北朝鮮)で副う
1996.03.05	第21巻第3号(通巻第237号)	4		「独島」特集
1996.03.05	第21巻第3号(通巻第237号)	12		地方参政権で10万署名
1996.03.05	第21巻第3号(通巻第237号)	14		亡命相次ぐ「北朝鮮」特集
1996.03.05	第21巻第3号(通巻第237号)	34		ケアハウス「セットンの家」7月1日会所
1996.03.05	第21巻第3号(通巻第237号)	42		朝鮮の鐘(京都編)
1996.03.05	第21巻第3号(通巻第237号)	60		慶州の小学生が奈良を親善訪問
1996.03.05	第21巻第3号(通巻第237号)	66		みのおセッパラム
1996.04.05	第21巻第4号(通巻第238号)	1		ASEM
1996.04.05	第21巻第4号(通巻第238号)	8		3・1節
1996.04.05	第21巻第4号(通巻第238号)	18		文民政府出帆3年
1996.04.05	第21巻第4号(通巻第238号)	34		死刑囚の息子救った母心
1996.04.05	第21巻第4号(通巻第238号)	38		高麗鐘
1996.04.05	第21巻第4号(通巻第238号)	58		韓国同胞愛の奇跡
1996.04.05	第21巻第4号(通巻第238号)	67		韓国への修学旅行記
1996.04.05	第21巻第4号(通巻第238号)	74		企業探訪・新韓銀行
1996.05.05	第21巻第5号(通巻第239号)	1		韓米首脳会談
1996.05.05	第21巻第5号(通巻第239号)	8		韓国総選挙結果
1996.05.05	第21巻第5号(通巻第239号)	12		国境の国・対馬-1-
1996.05.05	第21巻第5号(通巻第239号)	20		北朝鮮は今②
1996.05.05	第21巻第5号(通巻第239号)	34		「故郷の家」増築竣工
1996.05.05	第21巻第5号(通巻第239号)	52		韓国の歴史教科書を読む〈9〉
1996.06.05	第21巻第6号(通巻第240号)	4		宮崎・南郷村に「西の正倉院」完成
1996.06.05	第21巻第6号(通巻第240号)	8		国境の国・対馬-2-
1996.06.05	第21巻第6号(通巻第240号)	12		大阪青商第8期定期総会
1996.06.05	第21巻第6号(通巻第240号)	16		川崎市が「国籍条項」徹廃
1996.06.05	第21巻第6号(通巻第240号)	27		沈壽官氏記念講演
1996.06.05	第21巻第6号(通巻第240号)	34		朝鮮古墳(三重県編)
1996.06.05	第21巻第6号(通巻第240号)	42		女流画家の遺作展

발행일	지면정보		필자	제목
	권호	페이지		
1996.06.05	第21巻第6号(通巻第240号)	60		韓国の自治体めぐり
1996.08.05	第21巻第8号(通巻第242号)	4		北朝鮮からの亡命者
1996.08.05	第21巻第8号(通巻第242号)	8		アトランタ五輪フラッシュ
1996.08.05	第21巻第8号(通巻第242号)	12		韓国婦人会が大研修会
1996.08.05	第21巻第8号(通巻第242号)	22		対馬-4
1996.08.05	第21巻第8号(通巻第242号)	34		セットンの家完成
1996.08.05	第21巻第8号(通巻第242号)	62		韓国の名門大学
1996.09.05	第21巻第9号(通巻第243号)	6		8・15光複節
1996.09.05	第21巻第9号(通巻第243号)	10		亡命者証言
1996.09.05	第21巻第9号(通巻第243号)	18		対馬・アリラン祭り
1996.09.05	第21巻第9号(通巻第243号)	34		朝鮮古墳
1996.09.05	第21巻第9号(通巻第243号)	46		愛光芸術団日本公演
1996.09.05	第21巻第9号(通巻第243号)	66		企業探訪
1996.11.05	第21巻第11号(通巻第245号)	2		韓国、OECD加盟
1996.11.05	第21巻第11号(通巻第245号)	4		北朝鮮兵士亡命
1996.11.05	第21巻第11号(通巻第245号)	6		安保理、対北議長声明を採択
1996.11.05	第21巻第11号(通巻第245号)	8		御堂筋パレート
1996.11.05	第21巻第11号(通巻第245号)	14		故徐永昊氏の民団葬
1996.11.05	第21巻第11号(通巻第245号)	18		民団創団50周年
1996.11.05	第21巻第11号(通巻第245号)	30		ワンコリア フェスティバル
1996.11.05	第21巻第11号(通巻第245号)	34		アメリカンドリ-ム
1996.11.05	第21巻第11号(通巻第245号)	60		韓国文学の旅
1996.11.05	第21巻第11号(通巻第245号)	68		企業探訪
1996.12.05	第21巻第12号(通巻第246号)	1		APEC
1996.12.05	第21巻第12号(通巻第246号)	6		亡命の会見と北送・亡命夫妻の証言
1996.12.05	第21巻第12号(通巻第246号)	12		大阪青商がサハリンスク市訪問
1996.12.05	第21巻第12号(通巻第246号)	17		W杯韓日共催
1996.12.05	第21巻第12号(通巻第246号)	22		同志社大が特別学位記
1996.12.05	第21巻第12号(通巻第246号)	26		飛鳥寺に五重宝塔
1996.12.05	第21巻第12号(通巻第246号)	28		歴史を歩く・安重根義士
1996.12.05	第21巻第12号(通巻第246号)	34		南大門市場でオリンピック前の祝祭
1996.12.05	第21巻第12号(通巻第246号)	40		四天王寺ワッソ
1996.12.05	第21巻第12号(通巻第246号)	66		第1回東大坂フェスタ
1997.01.05	第22巻第1号(通巻第247号)	4		17人の亡命家族
1997.01.05	第22巻第1号(通巻第247号)	12		「オーケストラ　アジア」日本公演
1997.01.05	第22巻第1号(通巻第247号)	20		玄海人クラブ
1997.01.05	第22巻第1号(通巻第247号)	26		韓国の歴史教科書
1997.01.05	第22巻第1号(通巻第247号)	34		歴史を歩く(済州島)

발행일	지면정보		필자	제목
	권호	페이지		
1997.01.05	第22巻第1号(通巻第247号)	38		韓日教育者懇親会
1997.01.05	第22巻第1号(通巻第247号)	42		伝統人形展
1997.01.05	第22巻第1号(通巻第247号)	44		特別展「90年代の韓国美術から」
1997.01.05	第22巻第1号(通巻第247号)	52		慶州市友好代表団
1997.01.05	第22巻第1号(通巻第247号)	66		オモニ14人、恩師訪ねて韓国の旅
1997.01.05	第22巻第1号(通巻第247号)	70		高麗手拍(伝統武術)
1997.01.05	第22巻第1号(通巻第247号)	74		韓国歌謡
1997.02.05	第22巻第2号(通巻第248号)	2		韓日首脳会談(大分県別府)
1997.02.05	第22巻第2号(通巻第248号)	8		金泳三大統領　年頭記者会見
1997.02.05	第22巻第2号(通巻第248号)	10		民団　各地で新年会
1997.02.05	第22巻第2号(通巻第248号)	12		北朝鮮2家族8名が亡命
1997.02.05	第22巻第2号(通巻第248号)	14		脱北一家の証言
1997.02.05	第22巻第2号(通巻第248号)	18		大阪商銀「オーロラグループ」新春祝賀会
1997.02.05	第22巻第2号(通巻第248号)	22		大人災2周忌、鎮魂のピアノリサイタル
1997.02.05	第22巻第2号(通巻第248号)	24	田駿	特別寄稿
1997.02.05	第22巻第2号(通巻第248号)	26		仁寺洞
1997.02.05	第22巻第2号(通巻第248号)	30		オモニたちの書道展
1997.02.05	第22巻第2号(通巻第248号)	33		「時の人」柳美里さん
1997.02.05	第22巻第2号(通巻第248号)	34		茶道裏千家の初釜式
1997.02.05	第22巻第2号(通巻第248号)	38		冬季ユニバーシアード
1997.02.05	第22巻第2号(通巻第248号)	44		「百済シンフォニックバンド」京都で親善演奏会
1997.02.05	第22巻第2号(通巻第248号)	50		韓国の歴史教科書
1997.02.05	第22巻第2号(通巻第248号)	58		韓日の新しい架け橋「地海」
1997.02.05	第22巻第2号(通巻第248号)	60		観光農園
1997.02.05	第22巻第2号(通巻第248号)	68		成人式
1997.02.05	第22巻第2号(通巻第248号)	72		Jリーグ「大阪セレッソ」高正伝選手
1997.02.05	第22巻第2号(通巻第248号)	74		市民公園オープン
1997.02.05	第22巻第2号(通巻第248号)	76		ギャラリー趙漢烈の世界
1997.02.05	第22巻第2号(通巻第248号)	80		日本の歴史探訪
1997.03.05	第22巻第3号(通巻第249号)	2		北朝鮮・黄長燁書記、韓国に亡命
1997.03.05	第22巻第3号(通巻第249号)	10		中国・鄧小平氏死去
1997.03.05	第22巻第3号(通巻第249号)	12		民団、北の核廃棄物搬入で緊急決議
1997.03.05	第22巻第3号(通巻第249号)	14		RENKが京都と東京で抗議行動
1997.03.05	第22巻第3号(通巻第249号)	18		「参政権」シンポジウム
1997.03.05	第22巻第3号(通巻第249号)	20		婦人会大阪が「参政権」で陳情
1997.03.05	第22巻第3号(通巻第249号)	22		独立宣言78周年式典
1997.03.05	第22巻第3号(通巻第249号)	24		梵鐘を探して(慶州編)
1997.03.05	第22巻第3号(通巻第249号)	30		「星うたう詩人 尹東柱の詩と研究」出版

발행일	지면정보		필자	제목
	권호	페이지		
1997.03.05	第22巻第3号(通巻第249号)	34		大学路 90年代の若者
1997.03.05	第22巻第3号(通巻第249号)	38		ソウル　あんなこと、こんなこと
1997.03.05	第22巻第3号(通巻第249号)	40		池明観氏講演「2002年W杯は壁を越えられるか」
1997.03.05	第22巻第3号(通巻第249号)	46		宝塚土仁LC、15周年式典
1997.03.05	第22巻第3号(通巻第249号)	50	田駿	特別寄稿「リーダーなき革命の始動」
1997.03.05	第22巻第3号(通巻第249号)	52		韓国の歴史教科書
1997.03.05	第22巻第3号(通巻第249号)	58		在日教育の研修講演会
1997.03.05	第22巻第3号(通巻第249号)	60		地下鉄に乗れば文化に合える
1997.03.05	第22巻第3号(通巻第249号)	66		金剛学園で「民俗の日」
1997.03.05	第22巻第3号(通巻第249号)	70		なみはや国体、スポーツは国境を越えられか
1997.03.05	第22巻第3号(通巻第249号)	71		時の人・金剛学園小学校、益田治氏
1997.03.05	第22巻第3号(通巻第249号)	72		高麗大が孫貞禎氏に卒業証書
1997.03.05	第22巻第3号(通巻第249号)	73		在日2世写真展
1997.04.05	第22巻第4号(通巻第250号)	2		亡命、黄長燁書記　フィリピンへ
1997.04.05	第22巻第4号(通巻第250号)	6		78周年3・1節
1997.04.05	第22巻第4号(通巻第250号)	10		世宗病院、心臓手術1万件突破
1997.04.05	第22巻第4号(通巻第250号)	13		ふれあい大行進
1997.04.05	第22巻第4号(通巻第250号)	16		如初師の大学創設基金展
1997.04.05	第22巻第4号(通巻第250号)	20		韓国民謡・童謡の夕べ
1997.04.05	第22巻第4号(通巻第250号)	24		マグダレーナ公演「沈黙の声を」
1997.04.05	第22巻第4号(通巻第250号)	28		チョアヨ!コリアタウン祭り
1997.04.05	第22巻第4号(通巻第250号)	32		梵鐘を探して(西宮編)
1997.04.05	第22巻第4号(通巻第250号)	34		柳美里インタビュー
1997.04.05	第22巻第4号(通巻第250号)	36		サイパン慰安婦慰霊祭
1997.04.05	第22巻第4号(通巻第250号)	38		花道に沿って春とデート
1997.04.05	第22巻第4号(通巻第250号)	42		イキサイティング　ソウル横町
1997.04.05	第22巻第4号(通巻第250号)	50	田駿	特別寄稿「慰安婦に」
1997.04.05	第22巻第4号(通巻第250号)	52		韓国の歴史教科書
1997.04.05	第22巻第4号(通巻第250号)	58		大阪青商「参政権」勉強会
1997.04.05	第22巻第4号(通巻第250号)	62		今月のベストセラー
1997.04.05	第22巻第4号(通巻第250号)	66		智光僧呂 霊山斉
1997.04.05	第22巻第4号(通巻第250号)	63		97韓国競輪開幕
1997.04.05	第22巻第4号(通巻第250号)	72		企業探訪「京仁製薬」
1997.04.05	第22巻第4号(通巻第250号)	76		申明銀ブードレ展
1997.05.05	第22巻第5号(通巻第251号)	2		亡命　黄長燁元書記、韓国入り
1997.05.05	第22巻第5号(通巻第251号)	7		オモニと弟妹脱北に成功
1997.05.05	第22巻第5号(通巻第251号)	10		万景峰号にRENKが海上デモ
1997.05.05	第22巻第5号(通巻第251号)	14		民団中央・辛容祥団長インタビュー

발행일	지면정보		필자	제목
	권호	페이지		
1997.05.05	第22巻第5号(通巻第251号)	18		尹潽善と弟2共和国展
1997.05.05	第22巻第5号(通巻第251号)	20		韓国街角アルバム
1997.05.05	第22巻第5号(通巻第251号)	24		梵鐘を探して
1997.05.05	第22巻第5号(通巻第251号)	28		高校教師、韓国研修旅行(上)
1997.05.05	第22巻第5号(通巻第251号)	36		LEXKOREA
1997.05.05	第22巻第5号(通巻第251号)	38		渡来人の足跡をたずねて
1997.05.05	第22巻第5号(通巻第251号)	42		ソウル横町
1997.05.05	第22巻第5号(通巻第251号)	46		ZOOM UP「在米牧師・李東植氏」
1997.05.05	第22巻第5号(通巻第251号)	50	田駿	特別寄稿「軍国主義まみれ」
1997.05.05	第22巻第5号(通巻第251号)	52		韓国の歴史教科書
1997.05.05	第22巻第5号(通巻第251号)	56		近代史の曲がり角
1997.05.05	第22巻第5号(通巻第251号)	58		エッセイ「私、日本語・韓国語勉強してます」
1997.05.05	第22巻第5号(通巻第251号)	60		韓国SL旅
1997.05.05	第22巻第5号(通巻第251号)	65		大阪・生野区にインターネットカフェがオープン
1997.05.05	第22巻第5号(通巻第251号)	66		インターネット情報(韓国)
1997.05.05	第22巻第5号(通巻第251号)	68		徳寿宮の守門将交代式
1997.05.05	第22巻第5号(通巻第251号)	70		コリアン平和美術展
1997.05.05	第22巻第5号(通巻第251号)	72		企業探訪「シェラトンウェーカーヒルホテル」
1997.06.05	第22巻第6号(通巻第252号)	2		北朝鮮の2家族14名、海上亡命
1997.06.05	第22巻第6号(通巻第252号)	10		弟1回日韓青少年交流ネットワークフェーラム
1997.06.05	第22巻第6号(通巻第252号)	14		東アジア競技大会(釜山)
1997.06.05	第22巻第6号(通巻第252号)	18		97ミスコリア
1997.06.05	第22巻第6号(通巻第252号)	22		好評連載・韓国の街角アルバム
1997.06.05	第22巻第6号(通巻第252号)	28		梵鐘を探して(広島編)
1997.06.05	第22巻第6号(通巻第252号)	34		「なみはや国体」予選で在日選手が宣誓
1997.06.05	第22巻第6号(通巻第252号)	36		渡来人の足跡をたずねて
1997.06.05	第22巻第6号(通巻第252号)	40		京都韓国学園50周年
1997.06.05	第22巻第6号(通巻第252号)	42		韓国教育事情研修旅行(中)
1997.06.05	第22巻第6号(通巻第252号)	50	田駿	特別寄稿「固定観打破」
1997.06.05	第22巻第6号(通巻第252号)	52		韓国の歴史教科書
1997.06.05	第22巻第6号(通巻第252号)	58		韓国のお父さん賞
1997.06.05	第22巻第6号(通巻第252号)	60		本の話「改めて書く韓日古代史」「楽園の夢破れて」
1997.06.05	第22巻第6号(通巻第252号)	66		韓国の不思議
1997.06.05	第22巻第6号(通巻第252号)	68		公務員受験セミナー
1997.06.05	第22巻第6号(通巻第252号)	72		企業探訪「斗山グループ斗山飲料(株)」
1997.06.05	第22巻第6号(通巻第252号)	76		スクリーン
1997.07.05	第22巻第7号(通巻第253号)	2		金泳三大統領 国連環境特別総会で演説
1997.07.05	第22巻第7号(通巻第253号)	4		海洋水産部「海の日」特集 韓国海洋時代の幕開く

발행일	지면정보		필자	제목
	권호	페이지		
1997.07.05	第22巻第7号(通巻第253号)	8		北朝鮮・中国国境地域ルポ 断崖に立つ北朝鮮
1997.07.05	第22巻第7号(通巻第253号)	13		亡命者 亡命一家、徳寿宮散策
1997.07.05	第22巻第7号(通巻第253号)	14		世界で活躍する韓国スポーツスター 名古屋の太陽は沈まず、コリアン特急は光速行進 宣銅烈・朴賛浩
1997.07.05	第22巻第7号(通巻第253号)	16		同志社大、韓国人卒業生ら4人に名誉学位
1997.07.05	第22巻第7号(通巻第253号)	18		ZOOM UP 韓国人間開発研究院 張万基院長
1997.07.05	第22巻第7号(通巻第253号)	20		人気急上昇 張銀淑さん
1997.07.05	第22巻第7号(通巻第253号)	30		W杯サッカー写真展
1997.07.05	第22巻第7号(通巻第253号)	36		日韓共催ファッションショー
1997.07.05	第22巻第7号(通巻第253号)	40		韓国教育事情研修旅行
1997.07.05	第22巻第7号(通巻第253号)	45		アジュモニのほろ酔いばなし
1997.07.05	第22巻第7号(通巻第253号)	48		韓信協、兵庫韓商、大阪青商総会
1997.07.05	第22巻第7号(通巻第253号)	58		大阪市職員採用試験
1997.07.05	第22巻第7号(通巻第253号)	59		ウリマル雄弁大会
1997.07.05	第22巻第7号(通巻第253号)	60		鄭点教作陶展
1997.07.05	第22巻第7号(通巻第253号)	62		エッセイ「私たち、日本語・韓国語を勉強しています」
1997.07.05	第22巻第7号(通巻第253号)	64		本の話「神の杖」
1997.07.05	第22巻第7号(通巻第253号)	65		時の人「神の杖」を翻訳した根本理恵さん
1997.07.05	第22巻第7号(通巻第253号)	68		韓服ファッションョー(in Korea)
1997.07.05	第22巻第7号(通巻第253号)	76		国立現代美術館企画展
1997.07.05	第22巻第7号(通巻第253号)	22		〈好評連載〉渡来人の足跡をたずねて 唐古池から百済野へ
1997.07.05	第22巻第7号(通巻第253号)	26		〈好評連載〉梵鐘を探して 大余編
1997.07.05	第22巻第7号(通巻第253号)	32		〈好評連載〉韓国の街角アルバム 村に地下鉄がやってきた!
1997.07.05	第22巻第7号(通巻第253号)	46		〈好評連載〉韓国の不思議② 千年経っても錆びない鉄釜
1997.07.05	第22巻第7号(通巻第253号)	50		〈好評連載〉「読みたい人に読んでもらいます」 皇国史観～これからの解放はできないのか～
1997.07.05	第22巻第7号(通巻第253号)	52		〈好評連載〉韓国の歴史教科書を読む〈22〉民俗の独立運動～経済・社会的抵抗運動～
1997.07.05	第22巻第7号(通巻第253号)	57		〈好評連載〉半井桃水と韓国 「亀浦事件」
1997.07.05	第22巻第7号(通巻第253号)	66		〈好評連載〉韓国のベンチャー企業 世界的イントラネット構築専門会社を目指す ウェブ・インターナショナル
1997.07.05	第22巻第7号(通巻第253号)	72		〈好評連載〉企業探訪 21世紀海上運送のパイオニア大韓海運グループ
1997.08.05	第22巻第8号(通巻第254号)	2		北朝鮮 黄長燁元書記 貴社会見
1997.08.05	第22巻第8号(通巻第254号)	6		金達寿追討特集 金達寿～日本の中のアイラン～(グラビア) 姜在彦、李進熙対談 金達寿の歩んだ道 金達寿とふれあった人々

발행일	지면정보		필자	제목
	권호	페이지		
1997.08.05	第22巻第8号(通巻第254号)	16		山陰・夢みなと博覧会
1997.08.05	第22巻第8号(通巻第254号)	19		日韓陶磁文化交流展
1997.08.05	第22巻第8号(通巻第254号)	22		ZOOM UP 金光石氏
1997.08.05	第22巻第8号(通巻第254号)	24		民団地協、参政権獲得120日間運動
1997.08.05	第22巻第8号(通巻第254号)	48		ウリマルイヤギ大会
1997.08.05	第22巻第8号(通巻第254号)	56		反北団体「民主無窮花」結成
1997.08.05	第22巻第8号(通巻第254号)	58		RENK、北朝鮮の民主化求めビラ配布
1997.08.05	第22巻第8号(通巻第254号)	60		韓国映画祭(大阪・名古屋)
1997.08.05	第22巻第8号(通巻第254号)	69		韓国に初の賃貸ワンルーム登場
1997.08.05	第22巻第8号(通巻第254号)	70		ケアハウス「セットンの家」参観記
1997.08.05	第22巻第8号(通巻第254号)	72		竹の袋で黄海を黄断した尹明喆氏
1997.08.05	第22巻第8号(通巻第254号)	74		統一に備え南北統合教室(中央大)
1997.08.05	第22巻第8号(通巻第254号)	76		競輪場で音楽祭
1997.08.05	第22巻第8号(通巻第254号)	34		〈好評連載〉渡来人の足跡をたずねて　班鳩の里・法隆寺
1997.08.05	第22巻第8号(通巻第254号)	38		〈好評連載〉梵鐘を探して 山口編
1997.08.05	第22巻第8号(通巻第254号)	42		〈好評連載〉韓国の不思議③　顔だけ苔が生えない弥勒仏
1997.08.05	第22巻第8号(通巻第254号)	44		〈好評連載〉韓国の街角アルバム 高層階の日常
1997.08.05	第22巻第8号(通巻第254号)	49		〈好評連載〉半井桃水と韓国　桃水の日韓国交楽観論
1997.08.05	第22巻第8号(通巻第254号)	50		〈好評連載〉「読みたい人に読んでもらいます」「日本病」～洗い直しが新しい道～
1997.08.05	第22巻第8号(通巻第254号)	52		〈好評連載〉韓国の歴史教科書を読む 民族の独立運動
1997.08.05	第22巻第8号(通巻第254号)	64		〈好評連載〉アジュモニのほろ酔いばなし　李承晩さん＆南海順さん
1997.08.05	第22巻第8号(通巻第254号)	65		〈好評連載〉時の人「親韓親日派宣言」著者 朴仙容氏
1997.08.05	第22巻第8号(通巻第254号)	66		〈好評連載〉本の話 「親韓親日派宣言」「日本を歩く」「小憎らしくもうらやましい国」
1997.09.05	第22巻第9号(通巻第255号)	2		北朝鮮 軽水炉起工式
1997.09.05	第22巻第9号(通巻第255号)	4		国連人権小委 対北朝鮮人権決議文を採択
1997.09.05	第22巻第9号(通巻第255号)	6		ソウル 世界政治学会ソウル大会
1997.09.05	第22巻第9号(通巻第255号)	7		52周年光複節
1997.09.05	第22巻第9号(通巻第255号)	12		祖国と儒教に殉じた薛鎮永と柳健永
1997.09.05	第22巻第9号(通巻第255号)	20		zoom up 金賛鎮氏
1997.09.05	第22巻第9号(通巻第255号)	26		韓国の青年、ヨットで世界一周
1997.09.05	第22巻第9号(通巻第255号)	32		欝陵島
1997.09.05	第22巻第9号(通巻第255号)	38		高山勝雄画伯「雪嶽山 秋の風景」完成
1997.09.05	第22巻第9号(通巻第255号)	48		韓留連がホームページ開設
1997.09.05	第22巻第9号(通巻第255号)	66		出会いの広場 in CHEJU

발행일	지면정보		필자	제목
	권호	페이지		
1997.09.05	第22巻第9号(通巻第255号)	74		インターネットで韓国を見る
1997.09.05	第22巻第9号(通巻第255号)	76		人間開発経営者研究会1000回突破
1997.09.05	第22巻第9号(通巻第255号)	16		渡来人の足跡をたずねて 飛鳥をゆく
1997.09.05	第22巻第9号(通巻第255号)	22		韓国の街角アルバム 高層階の日常〈後編〉
1997.09.05	第22巻第9号(通巻第255号)	30		韓国の民俗文化財(民家編) 江陵・船橋荘
1997.09.05	第22巻第9号(通巻第255号)	42		梵鐘を探して 京都編〈2〉
1997.09.05	第22巻第9号(通巻第255号)	46		韓国の不思議④ 不気味な泣き声をあげる神秘の木
1997.09.05	第22巻第9号(通巻第255号)	50		本の話「君はこの国をすきか」
1997.09.05	第22巻第9号(通巻第255号)	51		著者にインタビュー「君はこの国を好きか」著者 鷲沢萠さん
1997.09.05	第22巻第9号(通巻第255号)	52		「読みたい人に読んでもらいます」「ハングル語講座」～なぜ、韓国語講座ではないか～
1997.09.05	第22巻第9号(通巻第255号)	54		韓国の歴史教科書を読む 現代社会の展開～民主政治の発展～
1997.09.05	第22巻第9号(通巻第255号)	60		エッセイ「私は韓国語を勉強しています」「韓国と私、チャンゴと私」「世界の中の私」
1997.09.05	第22巻第9号(通巻第255号)	65		アジュモニのほろ酔いばなし 金龍九くん＆金潤中くん＆金ホンフンくん
1997.09.05	第22巻第9号(通巻第255号)	70		韓国のべんちゃー企業 (株)BITコンピュータ
1997.10.05	第22巻第10号(通巻第256号)	2		ソウル 世界韓民族祝典
1997.10.05	第22巻第10号(通巻第256号)	4		北朝鮮 黄長燁元書記、「主体年号」使用を批判
1997.10.05	第22巻第10号(通巻第256号)	6		亡命者記者会見
1997.10.05	第22巻第10号(通巻第256号)	8		ソウル 福宮興礼門複元
1997.10.05	第22巻第10号(通巻第256号)	10		APEC人材長官会議
1997.10.05	第22巻第10号(通巻第256号)	12		なみはや国体炬火リレーに同胞13人参加
1997.10.05	第22巻第10号(通巻第256号)	16		公務員採用試験で在日コリアン6人号格
1997.10.05	第22巻第10号(通巻第256号)	18		弟3回国際学術討論会
1997.10.05	第22巻第10号(通巻第256号)	20		ZOOM UP 産業デザイン振興院 盧荘愚院長
1997.10.05	第22巻第10号(通巻第256号)	26		道徳運動基金造成書画展
1997.10.05	第22巻第10号(通巻第256号)	40		全日本テコンド選手権大会
1997.10.05	第22巻第10号(通巻第256号)	42		韓国のサイバーシスターズ
1997.10.05	第22巻第10号(通巻第256号)	46		第1回韓日陶芸展
1997.10.05	第22巻第10号(通巻第256号)	48		興銀東淀川支店チャティーバザー
1997.10.05	第22巻第10号(通巻第256号)	50		大阪青商勉強会崔書勉氏講演
1997.10.05	第22巻第10号(通巻第256号)	72		カンボジアに実った韓国の愛
1997.10.05	第22巻第10号(通巻第256号)	74		秋夕
1997.10.05	第22巻第10号(通巻第256号)	77		婦人会・若人の集い
1997.10.05	第22巻第10号(通巻第256号)	22		〈好評連載〉渡来人の足跡をたずねて 京都山城・広隆寺

発行日	지면정보		필자	제목
	권호	페이지		
1997.10.05	第22巻第10号(通巻第256号)	30		〈好評連載〉韓国の街角アルバム(6) ちょっと気になる文字事情
1997.10.05	第22巻第10号(通巻第256号)	34		〈好評連載〉韓国の民俗文化財(民家編)-2- 月城・孫東満氏家屋
1997.10.05	第22巻第10号(通巻第256号)	36		〈好評連載〉梵鐘をさがして 大分&佐賀編
1997.10.05	第22巻第10号(通巻第256号)	52		〈好評連載〉田駿特別寄稿 独島のはなし
1997.10.05	第22巻第10号(通巻第256号)	54		〈好評連載〉韓国の歴史教科書お読む 現代社会の展開～民主政治の発展～
1997.10.05	第22巻第10号(通巻第256号)	58		〈好評連載〉半井桃水と韓国 壬午軍乱と半井桃水
1997.10.05	第22巻第10号(通巻第256号)	60		〈好評連載〉「私たち韓国語を勉強してます」教室訪問 アジア学生協会「コリア語講座」
1997.10.05	第22巻第10号(通巻第256号)	64		〈好評連載〉本の話 「これアン・ドライバーはパリで眠らない」
1997.10.05	第22巻第10号(通巻第256号)	65		〈好評連載〉アジュモニのほろ酔いばなし(4) 趙健辛さん
1997.10.05	第22巻第10号(通巻第256号)	66		〈好評連載〉インターネットで見る韓国(2) 秋の旅行準備に便利なホームページ紹介
1997.10.05	第22巻第10号(通巻第256号)	68		〈好評連載〉企業探訪 ハンソルPCS
1997.11.05	第22巻第11号(通巻第257号)	2	黄長燁	元書記寄稿
1997.11.05	第22巻第11号(通巻第257号)	5		亡命者記者会見
1997.11.05	第22巻第11号(通巻第257号)	10		訓民正音・朝鮮王朝実録が世界記録遺産に登載
1997.11.05	第22巻第11号(通巻第257号)	28		第1回安東国際仮面フェスティバル
1997.11.05	第22巻第11号(通巻第257号)	6		亡命者証言集会(大阪)
1997.11.05	第22巻第11号(通巻第257号)	8		RENK緊急アピール
1997.11.05	第22巻第11号(通巻第257号)	11		四天王寺ワッソ阿加留比売決定
1997.11.05	第22巻第11号(通巻第257号)	12		なみはや国体フォトグラフ
1997.11.05	第22巻第11号(通巻第257号)	17		山形・戸沢に「高麗村フェア」
1997.11.05	第22巻第11号(通巻第257号)	22		ZOOM UP 浦港製鉄鉄技術本部長 洪相福祉社長
1997.11.05	第22巻第11号(通巻第257号)	44		韓国コンピュータ世界への誘い～入力編
1997.11.05	第22巻第11号(通巻第257号)	46		ファッションペインティング韓日親善交流展示会
1997.11.05	第22巻第11号(通巻第257号)	56		統一救国戦線集会(東京)
1997.11.05	第22巻第11号(通巻第257号)	66		御堂筋パレード
1997.11.05	第22巻第11号(通巻第257号)	68		大阪 秋の祭り
1997.11.05	第22巻第11号(通巻第257号)	74		釜山・慈悲寺と福岡・南蔵院が姉妹提携
1997.11.05	第22巻第11号(通巻第257号)	24		〈好評連載〉梵鐘を探して 福井&佐渡編
1997.11.05	第22巻第11号(通巻第257号)	38		〈好評連載〉韓国の街角アルバム(7) リッチにお茶でものみますか
1997.11.05	第22巻第11号(通巻第257号)	42		〈好評連載〉韓国の民俗文化財(民家編)-3- 義城・金東周氏家屋
1997.11.05	第22巻第11号(通巻第257号)	48		〈好評連載〉アジュモニのほろ酔いばなし(5) キム・ボンスさん

발행일	지면정보		필자	제목
	권호	페이지		
1997.11.05	第22巻第11号(通巻第257号)	49		〈好評連載〉本の話「いま、あなたの子どもが揺れている」「13の揺れる想い」
1997.11.05	第22巻第11号(通巻第257号)	50	田駿	〈好評連載〉特別寄稿 有事法制
1997.11.05	第22巻第11号(通巻第257号)	52		〈好評連載〉韓国の歴史教科書を読む 現代社会の展開～民主政治の発展～
1997.11.05	第22巻第11号(通巻第257号)	58		〈好評連載〉「私たち韓国語を勉強してます」教室本門訪問 韓国語学校カナタラ
1997.11.05	第22巻第11号(通巻第257号)	62		〈好評連載〉インターエットで見る韓国(3) サイバー文学に挑戦!
1997.11.05	第22巻第11号(通巻第257号)	70		〈好評連載〉企業探訪 コリアナ化粧品
1997.12.05	第22巻第12号(通巻第258号)	2		大統領 APEC(バンクーバー)
1997.12.05	第22巻第12号(通巻第258号)	4		北朝鮮 ソウル大教授らスパイ容疑で検挙
1997.12.05	第22巻第12号(通巻第258号)	34		第1回安東国際仮面劇フェウティバル(続)
1997.12.05	第22巻第12号(通巻第258号)	6		RENK緊急行動
1997.12.05	第22巻第12号(通巻第258号)	8		韓日の子孫対話シンポ
1997.12.05	第22巻第12号(通巻第258号)	10		日韓陶磁文化交流400年展
1997.12.05	第22巻第12号(通巻第258号)	12		民団120日間運動成果
1997.12.05	第22巻第12号(通巻第258号)	13		第8回 四天王寺ワッソ
1997.12.05	第22巻第12号(通巻第258号)	18		サイバー空間に再現された朝鮮通信使
1997.12.05	第22巻第12号(通巻第258号)	22		ZOOM UP 大裕通商株式会社 李鍾勲副社長
1997.12.05	第22巻第12号(通巻第258号)	24		韓国プロバスケットリーグ開幕
1997.12.05	第22巻第12号(通巻第258号)	28		韓朝研10周年記念シンポ
1997.12.05	第22巻第12号(通巻第258号)	48		日本初の韓国音楽専門雑誌 「KOREAN MUSIC」創刊
1997.12.05	第22巻第12号(通巻第258号)	49		儒教、族譜、祭祀、お墓を学ぶ(婦人会大阪)
1997.12.05	第22巻第12号(通巻第258号)	66		コンピュータ世界への誘い～学習編～
1997.12.05	第22巻第12号(通巻第258号)	70		ソウル綜合撮影オープン(ソウル)
1997.12.05	第22巻第12号(通巻第258号)	74		南大門市場の名所 高麗眼鏡御売センター
1997.12.05	第22巻第12号(通巻第258号)	76		コリアサロンの集い
1997.12.05	第22巻第12号(通巻第258号)	30		〈好評連載〉梵鐘を探して 日光編
1997.12.05	第22巻第12号(通巻第258号)	44		〈好評連載〉韓国の街角アルバム(8) ビルの谷間に時計は戻る
1997.12.05	第22巻第12号(通巻第258号)	50	田駿	〈好評連載〉特別寄稿 国籍のこと～帰化には本名使用が基本～
1997.12.05	第22巻第12号(通巻第258号)	52		〈好評連載〉韓国の歴史教科書を読む(完) 現代文化の動向
1997.12.05	第22巻第12号(通巻第258号)	56		〈好評連載〉半井桃水と韓国 壬午軍乱、その後の報道
1997.12.05	第22巻第12号(通巻第258号)	58		〈好評連載〉「私たち韓国語を勉強してます」教室訪問 在日本韓国YMCA韓国語講座
1997.12.05	第22巻第12号(通巻第258号)	60		〈好評連載〉本の話 「ハングルへの道」「恨の海峡」

발행일	지면정보 권호	페이지	필자	제목
1997.12.05	第22巻第12号(通巻第258号)	61		〈好評連載〉アジュモニのほろ酔いばなし(6) 夫総司さん
1997.12.05	第22巻第12号(通巻第258号)	62		〈好評連載〉インターネットで見る韓国(4) インターネットで年賀状
1997.12.05	第22巻第12号(通巻第258号)	68		〈好評連載〉韓国の民俗文化財(民家編)-4- 井邑・金東洙氏家屋
1998.01.05	第23巻第1号(通巻第259号)	2		金大中氏、第15代大統領に当選
1998.01.05	第23巻第1号(通巻第259号)	8		韓日友好親善懇親の集い
1998.01.05	第23巻第1号(通巻第259号)	10		98フランス杯 16強進出に向け始動
1998.01.05	第23巻第1号(通巻第259号)	15		昌徳宮、水源華城が世界文化遺産登録
1998.01.05	第23巻第1号(通巻第259号)	18		ZOOM UP 在外同胞財団 金泰圭理事長
1998.01.05	第23巻第1号(通巻第259号)	20		韓国プロ野球の李鍾範、中日入団
1998.01.05	第23巻第1号(通巻第259号)	26		東海の日の出旅行～巨尊港から甘浦まで～
1998.01.05	第23巻第1号(通巻第259号)	52		浅川巧、韓日合同追慕祭
1998.01.05	第23巻第1号(通巻第259号)	58		江村～そこへ行けば、冬のロマンが待っている～
1998.01.05	第23巻第1(通巻第259号)	66		コンピュータ世界への誘い～通信編～
1998.01.05	第23巻第1号(通巻第259号)	70		朝鮮漆で日本に名を馳せた全龍福氏
1998.01.05	第23巻第1号(通巻第259号)	16		〈好評連載〉韓国の民俗文化財(民家編)-5- 慶州・崔植氏家屋
1998.01.05	第23巻第1号(通巻第259号)	22		〈好評連載〉渡来人の足跡をたずねて(7) 当尾・加茂
1998.01.05	第23巻第1号(通巻第259号)	30		〈好評連載〉韓国の街角アルバム(9) 見知らぬ旅館に泊まってみれば
1998.01.05	第23巻第1号(通巻第259号)	34		〈好評連載〉梵鐘を探して 沖縄編
1998.01.05	第23巻第1号(通巻第259号)	50	田駿	〈好評連載〉特別寄稿 あなたもか!?～皇国史観の根は深い～
1998.01.05	第23巻第1号(通巻第259号)	56		〈好評連載〉韓国語教室訪問 いかいの韓国塾(大阪)
1998.01.05	第23巻第1号(通巻第259号)	62		〈好評連載〉本の話「歴史紀行 高句麗・渤海を行く」
1998.01.05	第23巻第1号(通巻第259号)	63		〈好評連載〉アジュモニのほろ酔いばなし(7) 金英峰さん
1998.01.05	第23巻第1号(通巻第259号)	68		〈好評連載〉青柳の雅(新連載) 宮中舞踊「春鶯舞」
1998.01.05	第23巻第1号(通巻第259号)	74		〈好評連載〉企業探訪 株式会社韓日マンパワー
1998.02.05	第23巻第2号(通巻第260号)	2		〈好評連載〉北朝鮮亡命者、47年ぶり肉親と再会
1998.02.05	第23巻第2号(通巻第260号)	4		〈好評連載〉民団新年会、金鍾泌氏参席
1998.02.05	第23巻第2号(通巻第260号)	8		〈好評連載〉成人式
1998.02.05	第23巻第2号(通巻第260号)	12		ZOOM UP 韓国写真界の生き証人 林応植氏
1998.02.05	第23巻第2号(通巻第260号)	14		春川～春川へ行けば楽しい冬が待っている～
1998.02.05	第23巻第2号(通巻第260号)	24		大阪商銀オーロラグループ新年会 ジェームス三木講演
1998.02.05	第23巻第2号(通巻第260号)	34		大阪成和クラブ創立30周年記念式典 金田正一講演
1998.02.05	第23巻第2号(通巻第260号)	44		ZOOMUP 俳優兼プロデューサー明桂男氏

발행일	지면정보		필자	제목
	권호	페이지		
1998.02.05	第23巻第2号(通巻第260号)	46		瑞山～先人の知恵が漂う安らぎと殉教の地～
1998.02.05	第23巻第2号(通巻第260号)	52		ソウル市在住外国人アンケート調査　　人情はいいが、交通渋滞はかなわん!
1998.02.05	第23巻第2号(通巻第260号)	64		韓国人気ダンスグループクローン初ライフ
1998.02.05	第23巻第2号(通巻第260号)	66		韓日の架け橋～中央大学日本語研究院～
1998.02.05	第23巻第2号(通巻第260号)	70		韓国上半期封切り映画一挙7作紹介
1998.02.05	第23巻第2号(通巻第260号)	18		〈好評連載〉渡来人の足跡をたずねて(8)　加茂・恭仁京
1998.02.05	第23巻第2号(通巻第260号)	28		〈好評連載〉梵鐘を探して　福岡編(1)
1998.02.05	第23巻第2号(通巻第260号)	32		〈好評連載〉韓国の民俗文化財(民家編)－6－　三陟・新里のこけら葺き家と民俗遺物
1998.02.05	第23巻第2号(通巻第260号)	38		〈好評連載〉韓国の街角アルバム(10)　連載10回記念こきげんソウルそぞろ歩き注目スポット一挙紹介
1998.02.05	第23巻第2号(通巻第260号)	50	田駿	〈好評連載〉特別寄稿差別の系図～その源流は皇国史観～
1998.02.05	第23巻第2号(通巻第260号)	58		〈好評連載〉韓国語教室訪問　浜松韓国語学習会(静岡)
1998.02.05	第23巻第2号(通巻第260号)	60		〈好評連載〉本の話「人生七転八起」「韓国風俗産業の政治経済学」
1998.02.05	第23巻第2号(通巻第260号)	61		〈好評連載〉アジュモニのほろ酔いばなし(8)　塚本勲先生
1998.02.05	第23巻第2号(通巻第260号)	65		〈好評連載〉青柳の雅「立舞」「青柳」
1998.02.05	第23巻第2号(通巻第260号)	71		企業探訪　株式会社インクテック
1998.03.05	第23巻第3号(通巻第261号)	2		大統領　大韓民国第15代　金大中大統領就任式
1998.03.05	第23巻第3号(通巻第261号)	12		亡命者　北朝鮮外交官一家亡命
1998.03.05	第23巻第3号(通巻第261号)	15		黄長燁氏、亡命1年
1998.03.05	第23巻第3号(通巻第261号)	16		韓国　大韓民国独立宣言79周年　三均主義の思想継承で経済危機克服を誓う(三均学会)
1998.03.05	第23巻第3号(通巻第261号)	20		RENK　中国・延辺　朝鮮自治州の脱北者
1998.03.05	第23巻第3号(通巻第261号)	22		展覧会　申玄哲陶芸展～庶民の味と香り漂う～
1998.03.05	第23巻第3号(通巻第261号)	30		オリンピック　長野冬季オリンピック韓国金メダル3個獲得
1998.03.05	第23巻第3号(通巻第261号)	38		トラベル　忠南公州・東鶴寺～雪道を楽しみながら訪ねる～
1998.03.05	第23巻第3号(通巻第261号)	49		韓国　ソウルの大家族「不便?とんでもない。生きる楽しみがあります」
1998.03.05	第23巻第3号(通巻第261号)	50		北朝鮮　朝鮮民族統一救国戦線・朴甲東常任議長が断末魔の北朝鮮を分析「粛清の波、ついに足元で」
1998.03.05	第23巻第3号(通巻第261号)	53		講演会　第8回開高健記念アジア作家講演会(国民交流基金アジアセンター)
1998.03.05	第23巻第3号(通巻第261号)	58		コリアサロン(奈良)が発足
1998.03.05	第23巻第3号(通巻第261号)	66		在日企業「ダンドルボード」に日立金属が資本参加
1998.03.05	第23巻第3号(通巻第261号)	68		トラベル　済州島はもう春の気配

발행일	지면정보		필자	제목
	권호	페이지		
1998.03.05	第23巻第3号(通巻第261号)	71		韓国文化と観光の夕べ 沈寿官氏が特別講演
1998.03.05	第23巻第3号(通巻第261号)	78		韓国 韓国政府が円建国債300億円発行
1998.03.05	第23巻第3号(通巻第261号)	24		〈好評連載〉渡来人の足跡をたずねて(9) 河内・丹南
1998.03.05	第23巻第3号(通巻第261号)	32		〈好評連載〉梵鐘を探して 福岡編(2)
1998.03.05	第23巻第3号(通巻第261号)	36		〈好評連載〉韓国の民俗文化財(民家編)－7-慶州・塔洞の金憲瑢旧家屋
1998.03.05	第23巻第3号(通巻第261号)	40		〈好評連載〉韓国の街角アルバム(11) 夢運ぶ都市の「足」
1998.03.05	第23巻第3号(通巻第261号)	48		〈好評連載〉青柳の雅 「立舞」「柳」
1998.03.05	第23巻第3号(通巻第261号)	56	田駿	〈好評連載〉特別寄稿 選挙権だけ～世界の常識を無視すると恥をかく～
1998.03.05	第23巻第3号(通巻第261号)	60		〈好評連載〉韓国語教室訪問(6)ファンティン外語学院(埼玉県)
1998.03.05	第23巻第3号(通巻第261号)	62		〈好評連載〉本の話「北朝鮮最期の選択」「金日成神話の歴史的検証」
1998.03.05	第23巻第3号(通巻第261号)	63		〈好評連載〉アジュモニのほろ酔いばなし(9) 金善植牧師夫妻
1998.03.05	第23巻第3号(通巻第261号)	65		〈好評連載〉時の人 ダンドルボード取締役技術総括 洪起華氏
1998.03.05	第23巻第3号(通巻第261号)	74		〈好評連載〉企業探訪 山扶ファイサンス
1998.05.05	第23巻第5号(通巻第263号)	2		大統領 ASEM首脳外交 金大中大統領就任後、初の外国訪問
1998.05.05	第23巻第5号(通巻第263号)	6		南北会談 南北次官級会談、決裂
1998.05.05	第23巻第5号(通巻第263号)	9		亡命1年 黄長燁氏、韓国生活1周年 大統領選挙で民主主義を実感
1998.05.05	第23巻第5号(通巻第263号)	10		亡命 6・25韓国軍捕虜、北朝鮮に50～60名生存
1998.05.05	第23巻第5号(通巻第263号)	16	金奉奎	特別寄稿 在外同胞財団理事長 金奉奎「世界韓民族生活圏における在日同胞の位置と在外同胞財団の役割」
1998.05.05	第23巻第5号(通巻第263号)	18		交流 京都高校ブラスバンド部 韓国親善演奏旅行
1998.05.05	第23巻第5号(通巻第263号)	26		トラベル 梅の香りが風に舞う(全南・光陽市蟾津村)
1998.05.05	第23巻第5号(通巻第263号)	30		RENK 中朝国境訪問-里親の支援金・手紙、春物衣料を携えて-
1998.05.05	第23巻第5号(通巻第263号)	36		在日 関西駐在韓国企業連合会「祖国経済危機克服決議大会」民団大阪府地方本部「第50回定期地方大会」参加 婦人会大阪本部「ナラサラン外資募金運動」
1998.05.05	第23巻第5号(通巻第263号)	38		韓国 週末農場が人気!
1998.05.05	第23巻第5号(通巻第263号)	40		韓国の映画&音楽最近情報
1998.05.05	第23巻第5号(通巻第263号)	49		音楽 韓国のスーパーサキソフォニスト 李廷植スペシャルライブ日本公演
1998.05.05	第23巻第5号(通巻第263号)	50		韓国語学習CD-ROM 韓国語学習CD-ROMの決定版「裕太の韓国語紀行」で自宅留学しよう!
1998.05.05	第23巻第5号(通巻第263号)	57		コリア・パノラマ 鬱陵島・独島シアー登場、円建て国債15億円販売

발행일	지면정보		필자	제목
	권호	페이지		
1998.05.05	第23巻第5号(通巻第263号)	58		ファッション 韓国ファッション最近速報
1998.05.05	第23巻第5号(通巻第263号)	12		渡来人の足跡をたずねて(11) 〈続〉渡来の故郷・百済
1998.05.05	第23巻第5号(通巻第263号)	22		梵鐘を探して 東京編(1)
1998.05.05	第23巻第5号(通巻第263号)	34	田駿	特別寄稿 日韓漁業交渉～獲るよりも育てる話し合いを～
1998.05.05	第23巻第5号(通巻第263号)	43		アジュモニのほろ酔いばなし 李恩玉さん
1998.05.05	第23巻第5号(通巻第263号)	44		のーまのトゥルソリ日記(2) 結婚式に出かけて之巻
1998.05.05	第23巻第5号(通巻第263号)	46		韓国語教室訪問(7) かんたん韓国語講座(島根県松江市国際交流協会)
1998.05.05	第23巻第5号(通巻第263号)	48		本の話「韓国女性文学研究Ⅰ」「日韓音楽ノート」
1998.05.05	第23巻第5号(通巻第263号)	52		企業探訪 コリアナ化粧品
1998.05.05	第23巻第5号(通巻第263号)	56		読者プレゼント「耽羅紀行」韓国語版、コリアナ男女化粧品「ムッシュクローデル」・ジェフェ多機能健康歯ブラシ
1998.05.05	第23巻第5号(通巻第263号)	60		韓国の街角アルバム(13) もはや街だ! 今どき遊園地事情
1998.06.05	第23巻第6号(通巻第264号)	2		スポーツ 朴セリ、「夢の頂点」に立つ LPGAチャンピオンシップを史上最年少・大会最低打で優勝
1998.06.05	第23巻第6号(通巻第264号)	4		韓日交流 伝王仁墓、大阪府史跡指定60周年記念式典(大阪・枚方市)
1998.06.05	第23巻第6号(通巻第264号)	8		在日青商 青商VISION21「'98ともに語る在日同胞の21世紀シンポジウム in OSAKA」開催
1998.06.05	第23巻第6号(通巻第264号)	18		トラベル 雪の上の極楽浄土・安国寺(茂州・赤裳山)
1998.06.05	第23巻第6号(通巻第264号)	20		韓国ポップス Korean Pop Carnival 開催(大阪)
1998.06.05	第23巻第6号(通巻第264号)	22		サムルノリ 女性だけのサムツノリチーム「柳」誕生記念公演
1998.06.05	第23巻第6号(通巻第264号)	24・26		情報 KOREA PIA
1998.06.05	第23巻第6号(通巻第264号)	25		時の人 朴垠姫さん(女性だけのサムルノリチーム「柳」メンバー)
1998.06.05	第23巻第6号(通巻第264号)	32		展覧会 韓日文化交流2人展
1998.06.05	第23巻第6号(通巻第264号)	34		韓国ドラマ 韓国歴史ドラマ「竜の涙」、最高視聴率45.5%を記録し終了
1998.06.05	第23巻第6号(通巻第264号)	44		供養祭「八百津地区強制連行犠牲者」安昇供養祭
1998.06.05	第23巻第6号(通巻第264号)	50		映画 第51回カンヌ映画祭「韓国的映像」に人気
1998.06.05	第23巻第6号(通巻第264号)	57		韓国旅行 外国人バックパック旅行者のためのインターネットカフェとゲストハウスを経営する旅行専門家朴宗祐氏
1998.06.05	第23巻第6号(通巻第264号)	58		トラベル 周王山のツツジ祭(慶北・青松)
1998.06.05	第23巻第6号(通巻第264号)	60		レジャー シャインビル・リゾート・コンドミニアム
1998.06.05	第23巻第6号(通巻第264号)	12	田駿	〈好評連載〉特別寄稿 非情の霧～入管行政を見直すべき～

발행일	지면정보		필자	제목
	권호	페이지		
1998.06.05	第23巻第6号(通巻第264号)	14		〈好評連載〉梵鐘を探して 東京編(2)
1998.06.05	第23巻第6号(通巻第264号)	26		〈好評連載〉渡来人の足跡をたずねて(12) 奈良時代の都 平城宮・難破宮・紫香楽宮
1998.06.05	第23巻第6号(通巻第264号)	36		〈好評連載〉韓国の街角アルバム(14) 今も昔も都市の華!
1998.06.05	第23巻第6号(通巻第264号)	40		〈好評連載〉青柳の雅 春鶯転、牧丹舞
1998.06.05	第23巻第6号(通巻第264号)	41		〈好評連載〉アジュモニのほろ酔いばなし 吉田友紀彦君
1998.06.05	第23巻第6号(通巻第264号)	42		〈好評連載〉韓国語教室訪問(8) インター語学塾(京都市)
1998.06.05	第23巻第6号(通巻第264号)	48		〈好評連載〉のーまのトゥルソリ日記(3) キム・ドクスに会う之巻
1998.06.05	第23巻第6号(通巻第264号)	54		〈好評連載〉韓国の民俗文化財 城邑・趙一訓家屋
1998.07.05	第23巻第7号(通巻第265号)	2		北朝鮮 北朝鮮潜水班韓国領海侵犯 艇内に9人の銃殺死体
1998.07.05	第23巻第7号(通巻第265号)	4		鄭周永現代グループ名誉会長 "銃一牛"率いて訪北
1998.07.05	第23巻第7号(通巻第265号)	6		トラベル 98済州世界「島」文化祝祭
1998.07.05	第23巻第7号(通巻第265号)	8		シンポジウム 現代アジア芸術文化交流についてのシンポジウム 芸術文化祭の隔年開催を提案
1998.07.05	第23巻第7号(通巻第265号)	14		「在日コリア芸術文化交流についてのシンポジウム」 TBSブロードキャスター民族差別報道
1998.07.05	第23巻第7号(通巻第265号)	18		弁論大会 韓国語弁論大会'98 22人が「私と韓国語」でチャレンジ
1998.07.05	第23巻第7号(通巻第265号)	20		韓国社会 サイバー空間の味道楽たち
1998.07.05	第23巻第7号(通巻第265号)	22		韓国漫画 韓国漫画界に地殻変動～アンダーグラウンドで活躍する女性漫画家たち～
1998.07.05	第23巻第7号(通巻第265号)	24		文化 史上初!韓国の大学で長唄教室を開催(光州・全南大学)
1998.07.05	第23巻第7号(通巻第265号)	36		ファッション 韓国流ファッションが世界をリードする
1998.07.05	第23巻第7号(通巻第265号)	42		在日 関西興銀第43期通常総大会
1998.07.05	第23巻第7号(通巻第265号)	43		大阪府、全職種で「国籍条項」撤廃/大阪商銀第45期通常総代会
1998.07.05	第23巻第7号(通巻第265号)	46		伝統文化 民俗ワークショップin巨済島
1998.07.05	第23巻第7号(通巻第265号)	53		韓国映画 30代監督が巻き起こす韓国映画ルネサンス
1998.07.05	第23巻第7号(通巻第265号)	56		猪飼野朝鮮図書資料室を大阪外大学生有志が一般公開
1998.07.05	第23巻第7号(通巻第265号)	57		韓国競馬 競馬場が破裂する!
1998.07.05	第23巻第7号(通巻第265号)	58		歌謡 大衆の前に帰ってきた国民歌手 趙容弼、デビュー30周年記念コンサート
1998.07.05	第23巻第7号(通巻第265号)	10		〈好評連載〉渡来人の足跡をたずねて(13) 河内国分(上)

발행일	지면정보		필자	제목
	권호	페이지		
1998.07.05	第23巻第7号(通巻第265号)	26		〈好評連載〉韓国の街角アルバム(15)　そういえば仏教圏だった
1998.07.05	第23巻第7号(通巻第265号)	30		〈好評連載〉梵鐘を探して　失われた新羅名鐘
1998.07.05	第23巻第7号(通巻第265号)	40	田駿	〈好評連載〉特別寄稿「東条英機」～「戦い末だ終わらず」という～
1998.07.05	第23巻第7号(通巻第265号)	44		〈好評連載〉のーまのトウルソリ日記(4)　動!タルチプテウグ(月の家焼き＝韓国式キャンプファイヤー)之巻
1998.07.05	第23巻第7号(通巻第265号)	47		〈好評連載〉アジュモニのほろ酔いばなし　関美晴さん
1998.07.05	第23巻第7号(通巻第265号)	50		〈好評連載〉韓国の民俗文化財(9)　城邑・高平五家屋
1998.07.05	第23巻第7号(通巻第265号)	52		〈好評連載〉本の話　「竜秘御天歌」(村だ喜代子著)
1998.07.05	第23巻第7号(通巻第265号)	60		〈好評連載〉企業探訪　農林開発(株)
1998.08.05	第23巻第8号(通巻第266号)	2		特集　98韓国不動産博覧会-不動産市場が外国人に開放/-世界中が韓国不動産に注目!
1998.08.05	第23巻第8号(通巻第266号)	14		陶芸　「400年ぶりの帰郷展」(ソウル)日本で花咲いた沈寿官の陶芸が400年ぶりに帰郷
1998.08.05	第23巻第8号(通巻第266号)	16		RENK　朝鮮総連、李英和氏の立候補を"門前払い"
1998.08.05	第23巻第8号(通巻第266号)	32		在日　在日2世・金世一さんが西日本書道展で大阪府知事賞受賞
1998.08.05	第23巻第8号(通巻第266号)	38		交流　平壌公演記念「共生の集い」(大阪)
1998.08.05	第23巻第8号(通巻第266号)	44		投稿　日韓友好親善の架け橋　金山政英氏の軌跡と業績
1998.08.05	第23巻第8号(通巻第266号)	54		韓国漫画　変わりゆく日本像～韓国漫画の中の二本～
1998.08.05	第23巻第8号(通巻第266号)	58		文化交流　親政府の日本文化開放後、初　近松劇団が韓国立中央劇場で「息子」公演
1998.08.05	第23巻第8号(通巻第266号)	20		〈好評連載〉渡来人の足跡をたずねて(14)　河内国分(中)
1998.08.05	第23巻第8号(通巻第266号)	34		〈好評連載〉梵鐘を探して　愛知&山梨編
1998.08.05	第23巻第8号(通巻第266号)	42	田駿	〈好評連載〉特別寄稿　戦後補償～日本は避けては通れない～
1998.08.05	第23巻第8号(通巻第266号)	46		〈好評連載〉のーまのトウルソリ日記(5)　おもろい韓国語之巻
1998.08.05	第23巻第8号(通巻第266号)	48		〈好評連載〉韓国教室訪問(9)(財)神戸学生・青年センター(神戸)
1998.08.05	第23巻第8号(通巻第266号)	50		〈好評連載〉韓国の民俗文化財(10)　城邑・李英淑家屋
1998.08.05	第23巻第8号(通巻第266号)	52		〈好評連載〉本の話　「ちょっと待って!韓国」「偉大なウリ文化」
1998.08.05	第23巻第8号(通巻第266号)	53		〈好評連載〉アジュモニのほろ酔いばなし　靑奎通さん
1998.08.05	第23巻第8号(通巻第266号)	57		〈好評連載〉青柳の雅　剣舞
1998.08.05	第23巻第8号(通巻第266号)	60		〈好評連載〉韓国の街角アルバム(16)　今、市場は時代を担う

발행일	지면정보		필자	제목
	권호	페이지		
1998.09.05	第23巻第9号(通巻第267号)	2		韓国 金剛山の道 9月25日、金剛山韓国船初出航(現代グループ)金剛山日帰り観光(統一グループ)
1998.09.05	第23巻第9号(通巻第267号)	6		展覧会 「大韓民国-われらの物語展-」(ソウル)大韓民国政府樹立50年史を振り返り、第2の建国への足掛かり
1998.09.05	第23巻第9号(通巻第267号)	10		光複節 韓国政府樹立50周年光複節慶祝大会「第2の建国」提唱、対北関係「特使を平壌に派遣する用意」
1998.09.05	第23巻第9号(通巻第267号)	14		旅 アジアの聖地・白頭山を訪ねる旅
1998.09.05	第23巻第9号(通巻第267号)	24		交流 韓日協会と北海度との交流 ラベンダー農園と裂織技術を参観
1998.09.05	第23巻第9号(通巻第267号)	32		映画 第3回釜山国際映画祭
1998.09.05	第23巻第9号(通巻第267号)	38		交流 韓国親善大使で児童を引率して(宮崎)
1998.09.05	第23巻第9号(通巻第267号)	41		韓国 在外同胞の権益大へ
1998.09.05	第23巻第9号(通巻第267号)	44		教育 第35回在日本韓国人教育研究大会 民族学校をめぐる諸問題について協議
1998.09.05	第23巻第9号(通巻第267号)	46		教師向け「実践事例集」発行(大阪府教委)
1998.09.05	第23巻第9号(通巻第267号)	48		全国民団で初のケース 街かどデイハウス「ムグンファハウス」開設(大阪府泉北支部)
1998.09.05	第23巻第9号(通巻第267号)	55		韓国漫画 韓国漫画10選～これを読めば韓国がわかる？～
1998.09.05	第23巻第9号(通巻第267号)	58		トピック 神秘の国・韓国へいらっしゃい! 金大中大統領が精妙灯竜持って韓国広報CM出演/98慶州世界文化EXPO開催(9月11日～11月10日)
1998.09.05	第23巻第9号(通巻第267号)	18		〈好評連載〉渡来人の足跡をたずねて(15) 河内国分(下)
1998.09.05	第23巻第9号(通巻第267号)	28		〈好評連載〉梵鐘を探して 岡山&盛岡編
1998.09.05	第23巻第9号(通巻第267号)	34		〈好評連載〉韓国の街角アルバム(17)「ポニー」の走った頃は今・・・
1998.09.05	第23巻第9号(通巻第267号)	42	田駿	〈好評連載〉特別寄稿 信義の国～ウソをつかない国をつくろう～
1998.09.05	第23巻第9号(通巻第267号)	50		〈好評連載〉のーまのトウルソリ日記(6) 君はまんじゅうを見たか之巻
1998.09.05	第23巻第9号(通巻第267号)	52		〈好評連載〉韓国の民俗文化財(11) 城邑・韓奉一家屋
1998.09.05	第23巻第9号(通巻第267号)	56		アジュモニのほろ酔いばなし 仕田源猛・順子夫妻〈好評連載〉
1998.09.05	第23巻第9号(通巻第267号)	60		〈好評連載〉企業探訪 盛業公社
1998.10.05	第23巻第10号(通巻第268号)	2		特集 渡来人の足跡お訪ねて 400年前の渡来人-薩摩陶工の渡来-
1998.10.05	第23巻第10号(通巻第268号)	12		薩摩焼400年祭事業イベント情報(鹿児島)
1998.10.05	第23巻第10号(通巻第268号)	14		音楽 神野美伽、日韓合作CD発売
1998.10.05	第23巻第10号(通巻第268号)	15		映画 日本大衆文化規制に挑戦状!韓国人監督が「家族シネマ」映画化

발행일	지면정보		필자	제목
	권호	페이지		
1998.10.05	第23巻第10号(通巻第268号)	18		韓国 金剛山観光延期
1998.10.05	第23巻第10号(通巻第268号)	20		イベント 新羅千年の微笑が笑いかける '98慶州世界文化EXPO盛況
1998.10.05	第23巻第10号(通巻第268号)	22		交流 裏千家・千宗室家元、慶州・仏国寺で献茶会
1998.10.05	第23巻第10号(通巻第268号)	24		在日 民主無窮花など8団体が共同声明
1998.10.05	第23巻第10号(通巻第268号)	26		老人福祉 米国に見る老人福祉施設
1998.10.05	第23巻第10号(通巻第268号)	30		伝統芸術 韓国・伝統芸術の至宝
1998.10.05	第23巻第10号(通巻第268号)	38		韓国 ミネラルウォーター「済州三多水」
1998.10.05	第23巻第10号(通巻第268号)	40		スポーツ 第3回アジアAAA野球選手権大会 日本(高校選抜)が2度目の優秀、韓国は健闘及ばず3位
1998.10.05	第23巻第10号(通巻第268号)	41		映画 '98大阪韓国映画祭作品紹介
1998.10.05	第23巻第10号(通巻第268号)	44		在日 大阪市「行政職」に京都の在日3世・孫美穂子さんが合格
1998.10.05	第23巻第10号(通巻第268号)	46		亡命者 亡命の挑鮮人帰国者夫妻が講演
1998.10.05	第23巻第10号(通巻第268号)	48		W杯 第3回「2002年ワールドカップ日韓共同開催を成功させよう」
1998.10.05	第23巻第10号(通巻第268号)	52		在日 ふれあい体育大会(京都韓国学園)
1998.10.05	第23巻第10号(通巻第268号)	62		ホテル ニュークラウンホテル
1998.10.05	第23巻第10号(通巻第268号)	32		〈好評連載〉梵鐘を探して 鎌倉&高知編
1998.10.05	第23巻第10号(通巻第268号)	42	田駿	〈好評連載〉特別寄稿 補償の実施~新日本の基点は補償の実施から~
1998.10.05	第23巻第10号(通巻第268号)	50		〈好評連載〉のーまのトゥルソリ日記(7) キョーフの初運転之巻
1998.10.05	第23巻第10号(通巻第268号)	56		〈好評連載〉アジュモニのほろ酔いばなし 佐々木守さん
1998.10.05	第23巻第10号(通巻第268号)	57		〈好評連載〉青柳の雅 春鶯舞
1998.10.05	第23巻第10号(通巻第268号)	58		〈好評連載〉韓国の街角アルバム(17) 秋の汽車旅は楽し!(特急列車編)
1998.11.05	第23巻第11号(通巻第269号)	2		金大中大統領訪日
1998.11.05	第23巻第11号(通巻第269号)	14		南北 金剛山観光
1998.11.05	第23巻第11号(通巻第269号)	16		韓国 第4回ソウル平和賞決定
1998.11.05	第23巻第11号(通巻第269号)	18		在日 婦人会50周年(東京・大阪)
1998.11.05	第23巻第11号(通巻第269号)	22		イベント 薩摩焼400年祭、故郷・南原で採火
1998.11.05	第23巻第11号(通巻第269号)	30		日韓 東京・ソウル姉妹都市提携10周年記念、韓国観光パネル展(東京)
1998.11.05	第23巻第11号(通巻第269号)	32		慰霊 浄火折願祭
1998.11.05	第23巻第11号(通巻第269号)	34		在日 平沢大学校創立記念式
1998.11.05	第23巻第11号(通巻第269号)	40		W杯 「目黒SUNまつり」に在日韓国青年会が参加
1998.11.05	第23巻第11号(通巻第269号)	42		北朝鮮 北朝鮮帰国者家族の集い
1998.11.05	第23巻第11号(通巻第269号)	46		シンポジウム 在日同胞シンポジウム

발행일	지면정보		필자	제목
	권호	페이지		
1998.11.05	第23巻第11号(通巻第269号)	50		韓国旅行 もう一つの韓国旅行「韓国スタディーツアー」
1998.11.05	第23巻第11号(通巻第269号)	52		在来同胞 家族の肖像「在来橋胞社会の教育者たち」
1998.11.05	第23巻第11号(通巻第269号)	58		韓国競輪 韓日競輪友情セースで韓国勢が優勝(小倉)
1998.11.05	第23巻第11号(通巻第269号)	24		〈好評連載〉渡来人の足跡を訪ねて 薩摩陶工はどこから来たのか
1998.11.05	第23巻第11号(通巻第269号)	36		〈好評連載〉梵鐘を探して 高麗鐘の模倣編
1998.11.05	第23巻第11号(通巻第269号)	48	田駿	〈好評連載〉特別寄稿 大砲筒のはなし ～騒ぐより備える努力を～
1998.11.05	第23巻第11号(通巻第269号)	54		〈好評連載〉のーまのトゥルソリ日記(8) 踊りとは？伝統とは？之巻
1998.11.05	第23巻第11号(通巻第269号)	56		〈好評連載〉アジュモニのほろ酔いばなし 安井郁也さん
1998.11.05	第23巻第11号(通巻第269号)	57		〈好評連載〉青柳の雅 剣舞
1998.11.05	第23巻第11号(通巻第269号)	60		〈好評連載〉韓国の街角アルバム(18) 秋の汽車旅は楽し!(普通列車編)
1998.12.05	第23巻第12号(通巻第270号)	2		人統領 韓中・韓米首脳会談、APEC参加
1998.12.05	第23巻第12号(通巻第270号)	4		南北 現代、金剛山観光スタート
1998.12.05	第23巻第12号(通巻第270号)	10		献茶会 慶州・水谷寺で表千家が献茶会
1998.12.05	第23巻第12号(通巻第270号)	12		交流 薩摩焼400年祭に祭に天ケ城サムルノリ＆ジュニア出演
1998.12.05	第23巻第12号(通巻第270号)	14		慶州道民会 慶州エキスポ参観
1998.12.05	第23巻第12号(通巻第270号)	22		祭 第9回四天王寺ワッソ(大阪)
1998.12.05	第23巻第12号(通巻第270号)	26		美術館 日韓美術交流展
1998.12.05	第23巻第12号(通巻第270号)	28		在日 こころの家族、創立10周年
1998.12.05	第23巻第12号(通巻第270号)	32		婦人会 若人の集い
1998.12.05	第23巻第12号(通巻第270号)	33		公演 ユニバーサルバレエ団「沈清」公演
1998.12.05	第23巻第12号(通巻第270号)	41		講演会 大阪日韓人協会8周年 金両基氏講演
1998.12.05	第23巻第12号(通巻第270号)	44		民団 民団宮城創団50周年式典
1998.12.05	第23巻第12号(通巻第270号)	45		青年会 青年会中央本部、参政権ビラ配布
1998.12.05	第23巻第12号(通巻第270号)	46		フェスティバル 横浜フェスティバル東アジア特集
1998.12.05	第23巻第12号(通巻第270号)	48		同胞 在外同胞財団設立1周年
1998.12.05	第23巻第12号(通巻第270号)	52		公演 佐藤しのぶ＆スミ・ジョー日韓オペラ公演
1998.12.05	第23巻第12号(通巻第270号)	54		人物 鄭明子さん
1998.12.05	第23巻第12号(通巻第270号)	57		個展 権大燮個展「白磁」
1998.12.05	第23巻第12号(通巻第270号)	16		〈好評連載〉渡来人の足跡を訪ねて 神道は日本固有のものか？
1998.12.05	第23巻第12号(通巻第270号)	30		〈好評連載〉人物探訪 崔ワンス館長
1998.12.05	第23巻第12号(通巻第270号)	34		〈好評連載〉時の人 多摩美術大学教授 平松礼二氏 映画「美しい時代」監督 李光模氏

발행일	지면정보		필자	제목
	권호	페이지		
1998.12.05	第23巻第12号(通巻第270号)	36		〈好評連載〉梵鐘を探して 亡失及び所在未詳鐘
1998.12.05	第23巻第12号(通巻第270号)	42	田駿	〈好評連載〉特別寄稿 共同宣言～これから民間による各論を～
1998.12.05	第23巻第12号(通巻第270号)	55		〈好評連載〉アジュモニのほろ酔いばなし 新実 誠さん
1998.12.05	第23巻第12号(通巻第270号)	58		〈好評連載〉韓国の街角アルバム(20) 潮風の届く港町・釜山を思い切りアクティブに遊ぼう
1999.01.05	第24巻第1号(通巻第271号)	2		韓国 世界韓民族フォーラム創立
1999.01.05	第24巻第1号(通巻第271号)	4		北朝鮮 北朝鮮難民が潜入ビデオ撮影(RENK)
1999.01.05	第24巻第1号(通巻第271号)	6		南北統一 鉄原統一&南北鉄道つなぎ行事
1999.01.05	第24巻第1号(通巻第271号)	8		交流 新韓日漁業協定
1999.01.05	第24巻第1号(通巻第271号)	10		金嬉老、獄中で歌う思母曲
1999.01.05	第24巻第1号(通巻第271号)	18		在外同胞特例法 就業、金融取引などで内国人と同等
1999.01.05	第24巻第1号(通巻第271号)	19		学術会議 「壬辰倭乱当時の韓中日三国関係ー戦争から講和までー」
1999.01.05	第24巻第1号(通巻第271号)	20		シンポジウム「ロジア・日本の韓朝鮮人強制移住と国際人権」
1999.01.05	第24巻第1号(通巻第271号)	28		韓国伝統舞踊 僧舞
1999.01.05	第24巻第1号(通巻第271号)	30		投稿 韓国の伝統武道「円和道」
1999.01.05	第24巻第1号(通巻第271号)	33		書画展 児童書画展'98〈21世紀の夢〉
1999.01.05	第24巻第1号(通巻第271号)	34		供養 松代大本営の犠牲者を供養(天地正教)
1999.01.05	第24巻第1号(通巻第271号)	36		トピック 早漏治療薬、韓国で爆発的人気(第一製糖)
1999.01.05	第24巻第1号(通巻第271号)	38		在日 第3回コリア平和囲碁大会(東京)
1999.01.05	第24巻第1号(通巻第271号)	46		講演会 初来日の金芝河、「生命と宇宙」で公演
1999.01.05	第24巻第1号(通巻第271号)	50		展覧会 韓国・朝鮮人元BC級戦犯展(東京)
1999.01.05	第24巻第1号(通巻第271号)	51		学術会議 第11回在日韓国科学技術者協会学術会議(東京)
1999.01.05	第24巻第1号(通巻第271号)	52		コンサート 新井英一、「清河への道」48番完昌
1999.01.05	第24巻第1号(通巻第271号)	58		展示会 華麗さの極致～北朝鮮伝統婚礼衣裳展～(ソウル)
1999.01.05	第24巻第1号(通巻第271号)	12		〈好評連載〉渡来人の足跡を訪ねて 神道は日本固有のものか？伊勢の信仰を訪ねて(上)
1999.01.05	第24巻第1号(通巻第271号)	22		〈好評連載〉梵鐘を探して 世界の鐘
1999.01.05	第24巻第1号(通巻第271号)	26		〈好評連載〉時の人 韓国人、韓民族のソウル展示会を行なった 山本将文氏
1999.01.05	第24巻第1号(通巻第271号)	48	田駿	〈好評連載〉特別寄稿 日中会談～江沢民さんのイライラ～
1999.01.05	第24巻第1号(通巻第271号)	54		〈好評連載〉のーまのトゥスソリ日記(9) 「スクリーン・クォーター制度廃止反対の集い」に参加して之巻
1999.01.05	第24巻第1号(通巻第271号)	56		〈好評連載〉アジュモニのほろ酔いばなし 鄭憲南さん
1999.01.05	第24巻第1号(通巻第271号)	57		〈好評連載〉本の話 李姫鎬「明日のための祈祷-獄中の夫に送った切ない思夫歌-」

발행일	지면정보		필자	제목
	권호	페이지		
1999.01.05	第24巻第1号(通巻第271号)	60		〈好評連載〉韓国の街角アルバム(21)　商街は地域と時代の鐘
1999.02.05	第24巻第2号(通巻第272号)	2		交流「韓日の正月風景展」(ソウル)
1999.02.05	第24巻第2号(通巻第272号)	6		大統領新年辞 経済再成長の自信
1999.02.05	第24巻第2号(通巻第272号)	8		民団新年会 里程標を築く年に!
1999.02.05	第24巻第2号(通巻第272号)	10		在日 李秉昌さん、韓国陶磁45億円相当寄贈
1999.02.05	第24巻第2号(通巻第272号)	14		韓国文化院開設 文化交流、情報発信の拠点に3月開設(駐大阪韓国領事館内)
1999.02.05	第24巻第2号(通巻第272号)	24		韓国不動産　成業公社公売、新たな投資先として浮上
1999.02.05	第24巻第2号(通巻第272号)	26		成人式 各地で同胞新成人を祝う式典
1999.02.05	第24巻第2号(通巻第272号)	33		音楽交流 第7回日韓親善合同演奏会(京都)
1999.02.05	第24巻第2号(通巻第272号)	36		スポーツ交流 日韓親善少年スアッカー(東京)
1999.02.05	第24巻第2号(通巻第272号)	38		シンポジウム「元気の素」が社会を変える
1999.02.05	第24巻第2号(通巻第272号)	40		イベント 韓国初の民間イアショー安山エアショー99、5月開催
1999.02.05	第24巻第2号(通巻第272号)	41		講演会　大阪商銀オーロラグループ新年祝賀会 梁石日「映画『家族シネマ』ができるまで」
1999.02.05	第24巻第2号(通巻第272号)	44	鄭夢準	ソウル論壇 課題残した漁業協定(国会儀員・統一外交通商委員)
1999.02.05	第24巻第2号(通巻第272号)	48		大衆文化 韓国アニメよ、どこへ行く?
1999.02.05	第24巻第2号(通巻第272号)	54		投稿 柳美里「ゴールドラッシュ」読後感想文
1999.02.05	第24巻第2号(通巻第272号)	57		ゴルフ 済州PINXゴルフ場オープン
1999.02.05	第24巻第2号(通巻第272号)	58		〈好評連載〉展示会 韓紙を使った作品展2題(東京・銀座)
1999.02.05	第24巻第2号(通巻第272号)	16		〈好評連載〉渡来人の足跡を訪ねて　神道は日本固有のもか? 伊勢の信仰を訪ねて(中)
1999.02.05	第24巻第2号(通巻第272号)	22		〈好評連載〉人物探訪 世宗大日本学科教授 町田貴氏
1999.02.05	第24巻第2号(通巻第272号)	28		梵鐘を探して 上院寺〈好評連載〉
1999.02.05	第24巻第2号(通巻第272号)	32		〈好評連載〉時の人 日本映画界進出韓国人女優第1号 李ナヨンさん
1999.02.05	第24巻第2号(通巻第272号)	46		〈好評連載〉のーまのトウルソリ日記(10)トゥRソリ 晋州事務所、ひっこしする之巻
1999.02.05	第24巻第2号(通巻第272号)	50		〈好評連載〉韓国の民俗文化財(12) 城邑・高相股家屋
1999.02.05	第24巻第2号(通巻第272号)	52		〈好評連載〉本の話 孔枝泳「サイの角のようにひとりで行け」
1999.02.05	第24巻第2号(通巻第272号)	53		〈好評連載〉アジュモニのほろ酔いばなし 州和 達功さん
1999.02.05	第24巻第2号(通巻第272号)	60		〈好評連載〉韓国の街角アルバム(22) よみがえる魅惑の迷宮

발행일	지면정보		필자	제목
	권호	페이지		
1999.03.05	第24巻第3号(通巻第273号)	2		大統領 金大中大統領、就任1周年記者会見&国民との対話
1999.03.05	第24巻第3号(通巻第273号)	4		同胞フォーラム 世界化韓民族アイデンティティーを論議「在外同胞法」の問題点と今後の運動方向
1999.03.05	第24巻第3号(通巻第273号)	8		三均学会 大韓独立宣言宣布80周年記念式&学術会議(ソウル)
1999.03.05	第24巻第3号(通巻第273号)	12		神雲精舎 金嬉老氏の母親百日祭と福祉センター建設推進(済州)
1999.03.05	第24巻第3号(通巻第273号)	15		ソウル論壇 金正日総書記へ(対外経済政策研究院研究委員・前金日成大学教授 趙明哲
1999.03.05	第24巻第3号(通巻第273号)	16		青年会・学生会 地方参政権付与を求めキャンペーン(大阪)
1999.03.05	第24巻第3号(通巻第273号)	26		茶文化 韓国茶人聯合会創立20周年記念式典(ソウル)
1999.03.05	第24巻第3号(通巻第273号)	32		世界文化体育大典'99 国際会議と国際合同祝福結婚式(ソウル)
1999.03.05	第24巻第3号(通巻第273号)	34		大会 真の家庭世界化前進大会
1999.03.05	第24巻第3号(通巻第273号)	36		美術展 第22回国美芸術展、韓国からの公幕作21点が特選(東京)
1999.03.05	第24巻第3号(通巻第273号)	38		映画 南北の諜報合戦を描いた大スペクタクル・アクション映画「スウィリ」が観客動員数新記録樹立
1999.03.05	第24巻第3号(通巻第273号)	44		北朝鮮 萩原遼「北朝鮮に消えた友と私の物語」「黄長燁回顧録」
1999.03.05	第24巻第3号(通巻第273号)	46		緊急出稿 漢字併用復活を応援する!
1999.03.05	第24巻第3号(通巻第273号)	50		漫画 韓国少女漫画の変遷
1999.03.05	第24巻第3号(通巻第273号)	58		カジノ 済州・ラコンダガジノ
1999.03.05	第24巻第3号(通巻第273号)	18		〈好評連載〉人物探訪 京畿大統一安保大学院政治学博士朴明緒氏
1999.03.05	第24巻第3号(通巻第273号)	20		〈好評連載〉渡来人の足跡を訪ねて 神道は日本固有のもか？ 伊勢の信仰を訪ねて(下)
1999.03.05	第24巻第3号(通巻第273号)	28		〈好評連載〉梵鐘を探して 金鼓(1)
1999.03.05	第24巻第3号(通巻第273号)	41		〈好評連載〉アジュモニのほろ酔いばなし 金明子さん
1999.03.05	第24巻第3号(通巻第273号)	42	田駿	〈好評連載〉特別寄稿 人権規約～在日韓国人に「人権」はあったか～
1999.03.05	第24巻第3号(通巻第273号)	48		〈好評連載〉本の話&著者インタビュー 謝雅梅「台湾人と日本人ー日本人に知ってほしいことー」
1999.03.05	第24巻第3号(通巻第273号)	52		〈好評連載〉のーまのトゥルソリ日記(11) テックとキョンチョル之巻
1999.03.05	第24巻第3号(通巻第273号)	54		〈好評連載〉韓国の民俗文化財(13) 良洞・楽善堂
1999.03.05	第24巻第3号(通巻第273号)	60		〈好評連載〉韓国の街角アルバム(23) ふと、都会の空の上

발행일	지면정보		필자	제목
	권호	페이지		
1999.04.05	第24巻第4号(通巻第274号)	2		日韓首脳会談　対北包容政策支持を確認、対北協調など9項目合意
1999.04.05	第24巻第4号(通巻第274号)	4		文化交流　交流の拠点、情報発信基地「関西韓国文化院」オープン
1999.04.05	第24巻第4号(通巻第274号)	8		3・1節　3・1節80周年記念式典、金大中大統領から記念辞
1999.04.05	第24巻第4号(通巻第274号)	12		地方参政権　大阪府議会が「参政権」意見書採択
1999.04.05	第24巻第4号(通巻第274号)	14		展覧会　李秉昌コレクション韓国陶磁展(大阪・東洋陶磁美術館)
1999.04.05	第24巻第4号(通巻第274号)	16		行事　徳寿宮守門将交代儀式再現(ソウル)
1999.04.05	第24巻第4号(通巻第274号)	26		シンポジウム　世紀末アジアの危機と朝鮮半島の統一問題(大阪)
1999.04.05	第24巻第4号(通巻第274号)	30		フェスティバル「'99韓国伝統酒と餅の祝祭」(慶州)
1999.04.05	第24巻第4号(通巻第274号)	33		イベント「安山エショー'99」5月1～9日開催(韓国・安山)
1999.04.05	第24巻第4号(通巻第274号)	34		アニメ　福川国際大学アニメーションフェスティバル
1999.04.05	第24巻第4号(通巻第274号)	36		作品展　金忠植陶芸作品展示会(民団神奈川県地方本部)
1999.04.05	第24巻第4号(通巻第274号)	38		韓国企業　三扶ファイナンス、映画業界にも積極投資
1999.04.05	第24巻第4号(通巻第274号)	40		交流　韓日慈善音楽会「地球船」で北朝鮮救済「1億円基金」呼びかけ
1999.04.05	第24巻第4号(通巻第274号)	41	鄭夢準	ソウル論壇　日本からの10億ドル借款は必要か(国会議員、統一外交通商委員)
1999.04.05	第24巻第4号(通巻第274号)	48		在日韓国青年会　地方参政権の法制化も止めるリレーキャンペーン開始
1999.04.05	第24巻第4号(通巻第274号)	49		民団大阪　同胞老人ホーム「故郷の家」「セットンの家」を慰問
1999.04.05	第24巻第4号(通巻第274号)	52	朴性錫	大阪日韓人協会　「日韓パートナーシップ新時代を迎えて」(慶尚大学)
1999.04.05	第24巻第4号(通巻第274号)	18		〈好評連載〉渡来人の足跡を訪ねて　神道は日本固有のものか？　出雲の信仰を訪ねて(上)
1999.04.05	第24巻第4号(通巻第274号)	24		〈好評連載〉人物探訪　大韓出版文化協会会長　羅春浩氏
1999.04.05	第24巻第4号(通巻第274号)	42	田駿	〈好評連載〉特別寄稿　人権規約～在日韓国人に「人権」はあったか～
1999.04.05	第24巻第4号(通巻第274号)	44		〈好評連載〉梵鐘を探して　金鼓(2)
1999.04.05	第24巻第4号(通巻第274号)	50		〈好評連載〉のーまのトゥルソリ日記(12)　恐怖のオッターク(漆鶏)之巻
1999.04.05	第24巻第4号(通巻第274号)	53		〈好評連載〉アジュモニのほろ酔いばなし　光本二三四さん
1999.04.05	第24巻第4号(通巻第274号)	54		〈好評連載〉韓国の民俗文化財(14)　良洞・李源鳳家屋
1999.04.05	第24巻第4号(通巻第274号)	60		〈好評連載〉韓国の街角アルバム(24)　時代を映すみち

발행일	지면정보		필자	제목
	권호	페이지		
1999.05.05	第24巻第5号(通巻第275号)	2		韓国外交 エリザベス英国女王2世訪韓
1999.05.05	第24巻第5号(通巻第275号)	4		文化開放 「文化の世紀」に向け日本文化産業博覧会開催(ソウル)
1999.05.05	第24巻第5号(通巻第275号)	8		郷土愛 慶南道民会、百日紅4050本植樹(昌原)
1999.05.05	第24巻第5号(通巻第275号)	10		植樹の日 ボランティアグループ「けやきの会」公州・扶余で記念植樹
1999.05.05	第24巻第5号(通巻第275号)	18		三均学会 生々しい趙素昻の記録(大韓民国臨時政府80周年資料展)
1999.05.05	第24巻第5号(通巻第275号)	20		天地正教 安重根供養祭(岡山)
1999.05.05	第24巻第5号(通巻第275号)	22		祝祭 「王仁廟春享大祭」「99王仁文化祝祭」開催(全南・霊岩郡)
1999.05.05	第24巻第5号(通巻第275号)	32		天道祭 金嬉老氏亡母朴得淑さん天道祭開催(掛川)
1999.05.05	第24巻第5号(通巻第275号)	34		マダン 全国マダン会議開催(大阪・みのおセッパラム)
1999.05.05	第24巻第5号(通巻第275号)	38		交流 友情染めた韓日サッカー少年(大邱)
1999.05.05	第24巻第5号(通巻第275号)	40		婦人会 第13回「若人の出会い」で過去最多20組誕生(大阪)
1999.05.05	第24巻第5号(通巻第275号)	41		大阪市教委 在日コリアンの共通教材「チュモニ」製作
1999.05.05	第24巻第5号(通巻第275号)	58		〈好評連載〉文化開放 つかこうへい氏が故国の舞台で特別公演(ソウル)
1999.05.05	第24巻第5号(通巻第275号)	12		〈好評連載〉渡来人の足跡を訪ねて 神道は日本固有のものか？ 出雲の信仰を訪ねて(中)
1999.05.05	第24巻第5号(通巻第275号)	30		〈好評連載〉人物探訪 コリアナ化粧品社長 兪相玉氏
1999.05.05	第24巻第5号(通巻第275号)	42	田駿	〈好評連載〉特別寄稿 日の丸～誤認の無理押しを止めよう
1999.05.05	第24巻第5号(通巻第275号)	44		〈好評連載〉梵鐘を探して 大興寺
1999.05.05	第24巻第5号(通巻第275号)	54		〈好評連載〉韓国の民俗文化財(15) 良洞・李源鎌家屋
1999.05.05	第24巻第5号(通巻第275号)	50		〈好評連載〉のーまのトゥルソリ日記(13) 巨済之巻
1999.05.05	第24巻第5号(通巻第275号)	54		〈好評連載〉本の話「梵鐘を訪ねて-新羅・高麗・李朝の鐘」「私が韓国へ行った理由」「妻をめとらば韓国人？」
1999.05.05	第24巻第5号(通巻第275号)	57		〈好評連載〉アジュモニのほろ酔いばなし 田中春実さん
1999.05.05	第24巻第5号(通巻第275号)	60		〈好評連載〉韓国の街角アルバム(25) 川の向こうは別世界(前編)
1999.06.05	第24巻第6号(通巻第276号)	2		金大統領「朴正熙記念館」建設へ
1999.06.05	第24巻第6号(通巻第276号)	4		民団 地方参政権の早期立法化で陳情行動
1999.06.05	第24巻第6号(通巻第276号)	7		交流 るり渓フラワーガーデンに無窮花の苗木70本寄贈(京都・園部町)
1999.06.05	第24巻第6号(通巻第276号)	10		北朝鮮 北朝鮮脱出者の救援活動と延吉現地調査の報告(北朝鮮帰国者の生命と人権を守る会)

발행일	지면정보		필자	제목
	권호	페이지		
1999.06.05	第24巻第6号(通巻第276号)	12		韓国政府 大韓民国政府記録写真集発刊(政府広報処)
1999.06.05		16		韓国投資 今月17日、2000億ウォン分不動産公売(正業公社)
1999.06.05	第24巻第6号(通巻第276号)	17		在外同胞 「世界韓民族ネットワーク」開設(在外同胞財団) 第1回在外同胞文学賞作品募集
1999.06.05	第24巻第6号(通巻第276号)	26		婦人会 夫順末新会長に聞く(婦人会中央本部)
1999.06.05	第24巻第6号(通巻第276号)	28		文化際 第10回舒川苧麻文化祭(舒川郡)
1999.06.05	第24巻第6号(通巻第276号)	32		WFWP インターナショナル・フェスティバル(大阪)
1999.06.05	第24巻第6号(通巻第276号)	34		懇談会 日本経済人士招請懇談会(忠清北道・李元鐘知事主催)
1999.06.05	第24巻第6号(通巻第276号)	36		大阪韓商 新会長に朴小秉氏選出、柳在乾・国民会議副総裁が講演
1999.06.05	第24巻第6号(通巻第276号)	39		民団大阪 韓国監査院 韓勝憲院長が民団大阪を訪問
1999.06.05	第24巻第6号(通巻第276号)	48		映画 韓国新世代映画祭 '99(大阪、6月12~18日)
1999.06.05	第24巻第6号(通巻第276号)	57		イベント 国M8160:M8170内初の民間主催第1回安山エアショー開催(ソウル)
1999.06.05	第24巻第6号(通巻第276号)	58		美術 ロダンギャラリー開館記念展示会(ソウル)
1999.06.05	第24巻第6号(通巻第276号)	6		〈好評連載〉時の人 大宇開発会長 鄭禧子氏
1999.06.05	第24巻第6号(通巻第276号)	18		〈好評連載〉渡来人の足跡を訪ねて 神道は日本固有のものか? 出雲の信仰を訪ねて(下)
1999.06.05	第24巻第6号(通巻第276号)	38		〈好評連載〉〈新連載〉在日の職人 金沢雅昭氏(染色業)
1999.06.05	第24巻第6号(通巻第276号)	42	田駿	〈好評連載〉特別寄稿 被選挙権~被選挙権のない選挙権は無意味だ~
1999.06.05	第24巻第6号(通巻第276号)	44		〈好評連載〉梵鐘を探して 海印寺
1999.06.05	第24巻第6号(通巻第276号)	50		〈好評連載〉のーまのトゥルソリ日記(14) 冶鉄祭之巻
1999.06.05	第24巻第6号(通巻第276号)	52		〈好評連載〉韓国の民俗文化財(16) 良洞・李東埼家屋
1999.06.05	第24巻第6号(通巻第276号)	54		〈好評連載〉本の話「快楽と救済梁石日／高村薫」「千年の冬を渡ってきた女」
1999.06.05	第24巻第6号(通巻第276号)	56		〈好評連載〉アジュモニのほろ酔いばなし 金衡甲さん
1999.06.05	第24巻第6号(通巻第276号)	60		〈好評連載〉韓国の街角アルバム(26) 川の向こうは別世界(後編)
1999.07.05	第24巻第7号(通巻第277号)	2		在日青商 韓国青商記念式典に朝鮮青商が来賓出席(大阪)
1999.07.05	第24巻第7号(通巻第277号)	6		総領事館 駐大阪韓国総領事が共生の街
1999.07.05	第24巻第7号(通巻第277号)	8		在外同胞財団 在外同胞の「歴史の生き証人」22人が母国訪問
1999.07.05	第24巻第7号(通巻第277号)	10		特別3者会談 塩野七生・鄭夢準・金学俊
1999.07.05	第24巻第7号(通巻第277号)	12		ツアー 民衆の視点でたどる「文禄・慶長の役」(JR九州崔)
1999.07.05	第24巻第7号(通巻第277号)	18		交流 裏千家「今日庵」でお茶を通じて日韓交流(京都)
1999.07.05	第24巻第7号(通巻第277号)	26		福岡・釜山広域市行政交流都市締結10周年記念「韓日文化交流の祭典」(釜山)

발행일	지면정보		필자	제목
	권호	페이지		
1999.07.05	第24巻第7号(通巻第277号)	28		投稿 北朝鮮に食糧支援を続ける「SOS-111ボランティア運動」
1999.07.05	第24巻第7号(通巻第277号)	30		ミートフェア 韓国産和牛「こりゃええ和!」初の試食・即売会(大阪)
1999.07.05	第24巻第7号(通巻第277号)	32		茶会 宗貞茶礼院第43期修了式・行茶礼示範(大邱)
1999.07.05	第24巻第7号(通巻第277号)	34		刺繍展 南北韓の合同企画展ジャスコレ作品300点に人気(東京)
1999.07.05	第24巻第7号(通巻第277号)	40		サッカーW杯 2001コンフェデレーションカップ開催推進
1999.07.05	第24巻第7号(通巻第277号)	41		講演 「金大中政府の対北和解政策」(亜太平和財団・呉淇坪事務総長)
1999.07.05	第24巻第7号(通巻第277号)	44		関西興銀 関西興銀第44期通常総代会
1999.07.05	第24巻第7号(通巻第277号)	45		婦人会 大阪本部第22期定期地方大会
1999.07.05	第24巻第7号(通巻第277号)	46		講演 大阪韓国青商記念講演「『在日』の進路－アイデンティティとその将来」(金栄作教授)
1999.07.05	第24巻第7号(通巻第277号)	50		体験講座 ハングルで習字を書こう!(大阪)
1999.07.05	第24巻第7号(通巻第277号)	54		関西韓国文化院 文化プロジェクト特別講演会、映写会、短簫講座など多彩
1999.07.05	第24巻第7号(通巻第277号)	58		韓国話題 幻の韓国在来犬サプサル犬を育成(ソウル)
1999.07.05	第24巻第7号(通巻第277号)	20		〈好評連載〉渡来人の足跡を訪ねて 渡来人の故郷 伽倻の国を訪ねて(上)
1999.07.05	第24巻第7号(通巻第277号)	31		〈好評連載〉在日の職人 李政根氏(塗装業)
1999.07.05	第24巻第7号(通巻第277号)	36		〈好評連載〉梵鐘を探して ソウル国立中央博物館
1999.07.05	第24巻第7号(通巻第277号)	42	田駿	〈好評連載〉特別寄稿 日韓親善～庶民の往来に任せなさい～
1999.07.05	第24巻第7号(通巻第277号)	51		〈好評連載〉本の話「写真で見る三国遺事」「宮闕ものがたり」「諧謔と道化の仮面」
1999.07.05	第24巻第7号(通巻第277号)	52		〈好評連載〉アジュモニのほろ酔いばなし 金水静さん
1999.07.05	第24巻第7号(通巻第277号)	60		〈好評連載〉韓国の街角アルバム(27) 韓屋はどこへ行った
1999.08.05	第24巻第8号(通巻第278号)	2		母国研修 海兵隊体験入隊、板門店見学、黄長燁氏特別講演(大阪青商・青友会)
1999.08.05	第24巻第8号(通巻第278号)	6		シンポジウム 在日同胞の本国内法的地位に関するシンポジウム(在日韓国人本国会)
1999.08.05	第24巻第8号(通巻第278号)	8		韓国伝統音楽演奏会 ソウルに響き渡った外交官らの愛の歌(駐韓国日本大使館)
1999.08.05	第24巻第8号(通巻第278号)	10		RENK厳しさ増す北朝鮮難民(大阪)
1999.08.05	第24巻第8号(通巻第278号)	12		年次総会 「地方参政権」早期立法化を決議(日韓親善協会中央会)
1999.08.05	第24巻第8号(通巻第278号)	14		婦人会中央本部 「参政権」の総力結集を誓う(全国婦人会研修会)
1999.08.05	第24巻第8号(通巻第278号)	22		教育 善隣情報産業高校創学100周年(ソウル)

발행일	지면정보		필자	제목
	권호	페이지		
1999.08.05	第24巻第8号(通巻第278号)	24	中西又夫	特別寄稿 天日槍のふるさと探訪(日韓教育文化研究会代表/ひぼこホール前官長)
1999.08.05	第24巻第8号(通巻第278号)	40		帰国運動40周年 藤森克美弁護士講演「帰国運動の法的責任を問う」(北朝鮮帰国者の生命と人権を守る会)
1999.08.05	第24巻第8号(通巻第278号)	42		関西韓国文化院特別講演会 「韓国の前方後円墳」「アジアの女性とファッション」「宮中飲食の周辺」
1999.08.05	第24巻第8号(通巻第278号)	48		韓国歌謡 日本で韓国歌謡を歌おう1～自宅で楽しむ編～
1999.08.05	第24巻第8号(通巻第278号)	50		講演(下)大阪韓国青商記念講演「『在日』の進路-アイデンティティとその将来」(金栄作教授)
1999.08.05	第24巻第8号(通巻第278号)	57		トピック 韓国小型車「マティス」、いよいよ日本上陸!
1999.08.05	第24巻第8号(通巻第278号)	58		イベント・交流 篠原遼さんの受賞を祝う会、第27回韓国語弁論大会
1999.08.05	第24巻第8号(通巻第278号)	16		〈好評連載〉渡来人の足跡を訪ねて 渡来人の故郷 伽倻の国を訪ねて(中)
1999.08.05	第24巻第8号(通巻第278号)	36		〈好評連載〉梵鐘を探して 釜山編
1999.08.05	第24巻第8号(通巻第278号)	41	田駿	〈好評連載〉特別寄稿 警鐘～軍靴の足音が聞こえ始めた～
1999.08.05	第24巻第8号(通巻第278号)	44		〈好評連載〉王公族～日帝下の李王家一族 第一話「さまざまな人間模様」
1999.08.05	第24巻第8号(通巻第278号)	55		〈好評連載〉アジュモニのほろ酔いばなし 康正夫さん
1999.08.05	第24巻第8号(通巻第278号)	60		〈好評連載〉韓国の街角アルバム(28) 仁寺洞パワーアップ計画？
1999.09.05	第24巻第9号(通巻第279号)	2		DMZ生態調査 国内最大エーデルワイス群生地発見(韓国山林庁)
1999.09.05	第24巻第9号(通巻第279号)	4		光複節 地方参政権の早期立法化に総力結集(全国各地民団)
1999.09.05	第24巻第9号(通巻第279号)	9		快挙達成 W杯韓日共同開催成功訴え、韓国の大学生日本縦断
1999.09.05	第24巻第9号(通巻第279号)	10		「在外同胞の出入国と法的地位に関する法律」制定
1999.09.05	第24巻第9号(通巻第279号)	18		親善交流 高校生17人が訪韓、韓国高校生と「歴史認識」(日韓親善協会中央会)
1999.09.05	第24巻第9号(通巻第279号)	22		原爆慰霊祭 第30回韓国人原爆犠牲者慰霊祭(広島)
1999.09.05	第24巻第9号(通巻第279号)	24		オリニ事業 韓国の福祉施設から子供6人を招待(東京青商)
1999.09.05	第24巻第9号(通巻第279号)	26		国美芸術展 韓・中・日の公募作226点を展覧(東京)
1999.09.05	第24巻第9号(通巻第279号)	28		落語 史上初! 韓国語落語にソウル市民が笑った!(ソウル)
1999.09.05	第24巻第9号(通巻第279号)	30		マリンスポーツ交流 第1回韓日ジェットボート大会(ソウル)
1999.09.05	第24巻第9号(通巻第279号)	33		誌上講演会 「2002年日韓共催W杯について」(日本サッカー協会副会長釜本邦茂)

발행일	지면정보		필자	제목
	권호	페이지		
1999.09.05	第24巻第9号(通巻第279号)	34		観光 '99江原道国際観光EXPO他
1999.09.05	第24巻第9号(通巻第279号)	36		ソウルに最も近い温泉保養地 温泉観光ホテル雪峯(京畿道利川市)
1999.09.05	第24巻第9号(通巻第279号)	38		招待展 光複54周年記念韓日文化交流玉田 陳末淑招待展(浜松、東京)
1999.09.05	第24巻第9号(通巻第279号)	40		ツアー 第6回心情文化学校「韓国歴史文化経験ツアー」
1999.09.05	第24巻第9号(通巻第279号)	42	李宗勲	ソウル論壇 「『在日同胞』から除外された同胞たち」(国会研究官・政治学博士)
1999.09.05	第24巻第9号(通巻第279号)	52	朴昌憲	寄稿 「日本政府は在日特別永住者に対して『二つの戦後処理』を急ぐべきだ!」(飛鳥評論社代表)
1999.09.05	第24巻第9号(通巻第279号)	57		公演 韓国少女民族舞踊団 リトルエンジェルス、日本の9都市で公演
1999.09.05	第24巻第9号(通巻第279号)	58		企業探訪金嶋観観光グループ、歌舞伎町に「747超高速駐車場」オープン
1999.09.05	第24巻第9号(通巻第279号)	12		〈好評連載〉渡来人の足跡を訪ねて 渡来人の故郷 伽倻の国を訪ねて(下)
1999.09.05	第24巻第9号(通巻第279号)	20		〈好評連載〉日韓の架け橋 自転車に乗せて走った韓日友情の1500里
1999.09.05	第24巻第9号(通巻第279号)	32		〈好評連載〉在日の職人 森田泰也氏(パチンコ玉・建築資材製造業)
1999.09.05	第24巻第9号(通巻第279号)	41		〈好評連載〉アジュモニのほろ酔いばなし 足代健二郎さん
1999.09.05	第24巻第9号(通巻第279号)	43	田駿	〈好評連載〉特別寄稿 国歌の法制化～それは軍国主義の裏道でもある～
1999.09.05	第24巻第9号(通巻第279号)	44		〈好評連載〉王公族～日帝下の李王家一族 第二話「韓国併合と王公族制度の成立」
1999.09.05	第24巻第9号(通巻第279号)	48		〈好評連載〉本の話「突破口の三国志」「韓国を知らない韓国人日本を知らない日本人」他
1999.09.05	第24巻第9号(通巻第279号)	50		〈好評連載〉韓国の民俗文化財(17) 良洞・李熙太家屋
1999.09.05	第24巻第9号(通巻第279号)	60		〈好評連載〉韓国の街角アルバム(29) ヘアサロンの新しい風
1999.10.05	第24巻第10号(通巻第280号)	2		特集 金嬉老氏仮釈放
1999.10.05	第24巻第10号(通巻第280号)	13		出版記念会 建国学校初代校長 李慶泰氏の足跡「分断と対立を超えて」出版記念祝賀会(大阪)
1999.10.05	第24巻第10号(通巻第280号)	14		韓日首脳会談 金種泌総理が公賓訪日
1999.10.05	第24巻第10号(通巻第280号)	17		展示会 李聖子特別招待展
1999.10.05	第24巻第10号(通巻第280号)	18		韓国観光 朝鮮王朝伝統儀式再現(ソウル)
1999.10.05	第24巻第10号(通巻第280号)	22		北朝鮮 食糧難に苦しむ北朝鮮最新映像公開(RENK)
1999.10.05	第24巻第10号(通巻第280号)	30		日韓共同学習「漢江の水は大丈夫?」
1999.10.05	第24巻第10号(通巻第280号)	34		韓国フェア慶尚南道特産品フェア＆商談会(東京)
1999.10.05	第24巻第10号(通巻第280号)	36		関西興銀「年輪の日」感謝イベント、趣向凝らし多彩に開催

발행일	지면정보 권호	페이지	필자	제목
1999.10.05	第24巻第10号(通巻第280号)	38		展示会「追憶の世紀から夢の世紀へ」(ソウル・国立民俗博物館)
1999.10.05	第24巻第10号(通巻第280号)	40		アンニョン 韓国新聞を当日配達「漫画王国」(大阪)
1999.10.05	第24巻第10号(通巻第280号)	41		誌上講演会「江戸儒学と姜沆」(花園大学教授・姜在彦氏)
1999.10.05	第24巻第10号(通巻第280号)	42		トピック 第22回八尾河内音頭まつり(大阪)/OAFがソフトボール大会/金
1999.10.05	第24巻第10号(通巻第280号)	45		音楽 日韓音楽交流、続々!
1999.10.05	第24巻第10号(通巻第280号)	46	朴昌憲	寄稿「韓日両国首脳の過去の『歴史総括』と『未来志向』に思う」(飛鳥評論社代表)
1999.10.05	第24巻第10号(通巻第280号)	52		本 韓国のベストセラーを読もう!
1999.10.05	第24巻第10号(通巻第280号)	57		民団東京 76周年関東大震災殉難追念式
1999.10.05	第24巻第10号(通巻第280号)	58		公演 韓国伝統舞踊「柳会」東京公演「青柳の雅」
1999.10.05	第24巻第10号(通巻第280号)	24		〈好評連載〉渡来人の足跡を訪ねて 東京国立博物館 小倉コレクジョン・法隆寺宝物館
1999.10.05	第24巻第10号(通巻第280号)	44	田駿	〈好評連載〉特別寄稿 靖国祭祀～敗戦と同時に取るべき措置だった～
1999.10.05	第24巻第10号(通巻第280号)	48		〈好評連載〉土公族～日帝下の李王家一家 第三話「土公族の範囲」
1999.10.05	第24巻第10号(通巻第280号)	53		〈好評連載〉本の話「プライド～それでも人は生きていくなり～」(徐相禄著)
1999.10.05	第24巻第10号(通巻第280号)	56		〈好評連載〉アジュモニのほろ酔いばなし 崔無碍夫妻
1999.10.05	第24巻第10号(通巻第280号)	60		〈好評連載〉韓国の街角アルバム(30) 素敵な首都圏サイドトリップ
1999.11.05	第24巻第11号(通巻第281号)	2		北朝鮮 金剛山観光、外国人に開放
1999.11.05	第24巻第11号(通巻第281号)	4		現代グループ 北朝鮮経済力事業、具体化
1999.11.05	第24巻第11号(通巻第281号)	6		金大中大統領 シンガポールリー・クァンユー前総理と会談(ソウル)
1999.11.05	第24巻第11号(通巻第281号)	7		第2回日韓閣僚会議 2002年を「日韓訪問の年」指定(済州島)
1999.11.05	第24巻第11号(通巻第281号)	8		在外同胞財団 創立2周年 特別座談会(ソウル)
1999.11.05	第24巻第11号(通巻第281号)	10		民族慰霊 白衣民族慰霊塔入魂式(埼玉・高麗郷)
1999.11.05	第24巻第11号(通巻第281号)	12		絵画展 須田剋太「街道をゆく/韓のくに紀行・耽羅紀行」挿絵原画展(大阪)
1999.11.05	第24巻第11号(通巻第281号)	14		茶文化「蓮花茶」試演発表会(韓国)
1999.11.05	第24巻第11号(通巻第281号)	16		異文化交流 韓国「慶州・ソウル」3泊4日の旅(韓日茶道研究会)
1999.11.05	第24巻第11号(通巻第281号)	18		ツアー さきたま風土記歴史探訪ツアー
1999.11.05	第24巻第11号(通巻第281号)	26		美術展 コリアン平和美術展(東京)
1999.11.05	第24巻第11号(通巻第281号)	28		北朝鮮訪問 韓国画家が見た朝鮮訪問(コリアンアートフェア実行委員会)

발행일	지면정보		필자	제목
	권호	페이지		
1999.11.05	第24巻第11号(通巻第281号)	30		人物探訪 ロジア国立オーケストラ初の外国人首席指揮者 朴泰永氏
1999.11.05	第24巻第11号(通巻第281号)	32		釈放から1ヵ月 権禧老氏、祖国でボランティア活動に専心
1999.11.05	第24巻第11号(通巻第281号)	34		訪韓 国会議事堂訪問、板門店第3トンネル視察など(西東京日韓人協会)
1999.11.05	第24巻第11号(通巻第281号)	36		韓国競輪 韓国競輪開場5周年記念99韓日親善競輪開催(ソウル)
1999.11.05	第24巻第11号(通巻第281号)	38		在日韓国人本国会 第5回慈善ゴルフ大会(ソウル)
1999.11.05	第24巻第11号(通巻第281号)	39		訪韓研修 講演、板門店見学、国務総理と午餐会など(在日韓国武人会)
1999.11.05	第24巻第11号(通巻第281号)	42		誌上講演会 「21世紀の女性の役割」(金大中大統領風婦人・李姫鎬女史)
1999.11.05	第24巻第11号(通巻第281号)	44		出版 韓国最大の話題作「太白山脈」出版記念講演会(東京・大阪)
1999.11.05	第24巻第11号(通巻第281号)	46		インタビュー 韓国人の心を揺さぶる「恨」の歌声 上田正樹＆李千可夫妻
1999.11.05	第24巻第11号(通巻第281号)	48	朴昌憲	寄稿 韓日両国首脳と政府が在日「特別永住者の戦後処理」を勝手に決着することは許されない!(飛鳥評論社)
1999.11.05	第24巻第11号(通巻第281号)	50		日韓合作映画 サッカーストーリー3部作製作発表＆公募
1999.11.05	第24巻第11号(通巻第281号)	56		総会 日韓・韓日弁護士協議会「個人の尊厳と人権のための司法改革を」(東京)
1999.11.05	第24巻第11号(通巻第281号)	57		イベント 2000フェスタ・コリアンデイズ・イン・フクオカ(在日韓国青年会・福岡市)
1999.11.05	第24巻第11号(通巻第281号)	58		ギャラリー 関西韓国文化院開院記念 崔英勲・孫妍子2人展(大阪)
1999.11.05	第24巻第11号(通巻第281号)	64		NGO 第5回ソウルGO国際大会SOS-111ボランティア運動が参加
1999.11.05	第24巻第11号(通巻第281号)	20		〈好評連載〉渡来人の足跡を訪ねて ソウル 百済展・百済の城・先史遺跡
1999.11.05	第24巻第11号(通巻第281号)	40		〈好評連載〉在日の職人 金属切削加工業 金山富軌さん
1999.11.05	第24巻第11号(通巻第281号)	41	田駿	〈好評連載〉特別寄稿 差別気流～「金嬉老」とテポドンは同根～
1999.11.05	第24巻第11号(通巻第281号)	52		〈好評連載〉本の話「東京コリアン純情日記」「チマ・チョゴリの国から」
1999.11.05	第24巻第11号(通巻第281号)	53		〈好評連載〉アジュモニのほろ酔いばなし 朴善卿さん
1999.11.05	第24巻第11号(通巻第281号)	60		〈好評連載〉韓国の街角アルバム(31) 緑の環境はどうなっている?
1999.12.05	第24巻第12号(通巻第282号)	2		観光漢拏山で「雪花祭り」開催(済州島)
1999.12.05	第24巻第12号(通巻第282号)	4		美術展 陳昌植さんの秘蔵コレクション初公開(姫路)

발행일	지면정보		필자	제목
	권호	페이지		
1999.12.05	第24巻第12号(通巻第282号)	6		四天王寺ワッソ 優雅に古代の国際交流を再現(大阪)
1999.12.05	第24巻第12号(通巻第282号)	10		北朝鮮 金剛山観光1周年
1999.12.05	第24巻第12号(通巻第282号)	12		トピック w杯南北合同チーム結成で合意 日本語ロック第1号にハウンドドッグ(ソウル)
1999.12.05	第24巻第12号(通巻第282号)	14		15周年特別企画 ワンコリアフェスティバル in いくのコリアタウン
1999.12.05	第24巻第12号(通巻第282号)	16		姉妹校交流20周年 桃山学院(日)・啓明大(韓)、韓日国際学術セミナー記念式(大邱)
1999.12.05	第24巻第12号(通巻第282号)	24		婦人会 台風被害の韓国弧寺院弧児院「木浦共生園」に支援金100万円(大阪)
1999.12.05	第24巻第12号(通巻第282号)	26		姉妹提携10周年 慶尚南道・島根県、相互訪問でパートナーシップ構築を誓う
1999.12.05	第24巻第12号(通巻第282号)	28		在日を生きる 地域に値差した医療で、気負わず自然に共生を(医療法人キム医院/金世栄さん)
1999.12.05	第24巻第12号(通巻第282号)	30		留学生 服部栄養専門学校留学生が学園祭キムチ手作り販売(東京)
1999.12.05	第24巻第12号(通巻第282号)	32		関西興銀 スーパーレディフェスティバル(大阪)
1999.12.05	第24巻第12号(通巻第282号)	33		トピック 統一夫婦誕生!(ソウル)
1999.12.05	第24巻第12号(通巻第282号)	34		コンサート 韓国を代表するアカペラグループ「人工偉声」初来日
1999.12.05	第24巻第12号(通巻第282号)	36		朝鮮の鐘 梵鐘〜2口の太極紋鐘〜
1999.12.05	第24巻第12号(通巻第282号)	40		時の人 日韓の違いを声一つで表現北村嘉一郎さん
1999.12.05	第24巻第12号(通巻第282号)	42		脱北亡命者 李順玉さん、崔東哲さん親子が女子刑務所の実態などを証言(東京・大阪)
1999.12.05	第24巻第12号(通巻第282号)	48	朴昌憲	寄稿 在日定住外国人(全世界)の地方参政権「選挙権」法制化の公明・民主案が「流産」した(飛鳥評論社)
1999.12.05	第24巻第12号(通巻第282号)	50		誌上講演会「21世紀の日韓交流に向けて」(外務省大阪室・中本教大夫人・中本麻知子さん)「陶質土器から
1999.12.05	第24巻第12号(通巻第282号)	56		ギャラリー 韓日書家二人展(大阪)
1999.12.05	第24巻第12号(通巻第282号)	57		イベント 「若人の出会い」(婦人会大阪本部)、「ブライダルパーティー」(大阪韓国青商)開催
1999.12.05	第24巻第12号(通巻第282号)	18		〈好評連載〉渡来人の足跡を訪ねて 渡来人の故郷 高句麗を訪ねて〜遼東半島・瀋陽〜
1999.12.05	第24巻第12号(通巻第282号)	41	田駿	〈好評連載〉特別寄稿 差別の克服〜先に皇国史観を失くすこと〜
1999.12.05	第24巻第12号(通巻第282号)	44		〈好評連載〉王公族〜日帝下の李王家一家 第四話「日本政府の王公族政策」
1999.12.05	第24巻第12号(通巻第282号)	47		〈好評連載〉本の話「洪思翊中将の処刑」「旧韓国の教育と日本人」「世紀末韓国を読み解く」
1999.12.05	第24巻第12号(通巻第282号)	52		〈好評連載〉韓国の民族文化財(18) 良洞・守拙堂
1999.12.05	第24巻第12号(通巻第282号)	54		〈好評連載〉アジュモニのほろ酔いばなし 巽重雄さん

발행일	지면정보		필자	제목
	권호	페이지		
1999.12.05	第24巻第12号(通巻第282号)	58		〈好評連載〉韓国の街角アルバム(最終回) 明日かもしれないその日
2000.01.05	第25巻第1号(通巻第283号)	2		南北交流 南北統一バスケットボール試合開催(ソウル)
2000.01.05	第25巻第1号(通巻第283号)	6		学術会議&献茶 四溟堂とその時代(密陽)
2000.01.05	第25巻第1号(通巻第283号)	8		共生 大阪府議会日韓友好親善議員連盟が民団大阪で総会と懇親会(大阪)
2000.01.05	第25巻第1号(通巻第283号)	16		特集 民族史千年の反省「16大事件の教訓」
2000.01.05	第25巻第1号(通巻第283号)	34		在日同胞 第1回国内外海外同胞問題専門家大討論会(ソウル)
2000.01.05	第25巻第1号(通巻第283号)	36		美術展 人物で見る韓国美術(ソウル)
2000.01.05	第25巻第1号(通巻第283号)	38		在日を生きる 草の根の韓日交流で池田市市政功労者表彰(民団農能支部顧問/朴龍伊さん)
2000.01.05	第25巻第1号(通巻第283号)	48		音楽情報 上田正樹アンプラグドライブwith金ジョハン、韓国ミレニアム企画CD大好評
2000.01.05	第25巻第1号(通巻第283号)	50		月刊朝鮮アンケート 大韓民国の今世紀最高人物「第1位 朴正熙元大統領」
2000.01.05	第25巻第1号(通巻第283号)	54		民主平和統一諮問会議 統一問題国際セミナー開催(東京)
2000.01.05	第25巻第1号(通巻第283号)	56		北東亜アジアシンポジウム 「21世紀 朝鮮半島の平和と統一」(東京)
2000.01.05	第25巻第1号(通巻第283号)	57		誌上講演会 「韓半島の壁画古墳」(竜谷大学国際文化学部教授・徐光輝さん)
2000.01.05	第25巻第1号(通巻第283号)	58	朴昌憲	寄稿 在日特別永住者の「被選挙権」を含めた地方参政権法制化を(飛鳥評論社)
2000.01.05	第25巻第1号(通巻第283号)	60		北朝鮮「今振り返ろう40年前を!!」映画と講演会(大阪)
2000.01.05	第25巻第1号(通巻第283号)	62		北送事業40周年 黄山めぐみさんの両親がアピール(東京)
2000.01.05	第25巻第1号(通巻第283号)	65		シンポジウム 邪馬台国史佐説国際シンポジウム(高知)
2000.01.05	第25巻第1号(通巻第283号)	68		姉妹校交流 韓国啓明大学に「島山学院枝大学文庫」(大邱)
2000.01.05	第25巻第1号(通巻第283号)	70		民団東京城南地区合同事業 わが伝統美の夕べ(東京)
2000.01.05	第25巻第1号(通巻第283号)	72		ピアノリサイタル 世界で活躍する在日3世 崔智春さん
2000.01.05	第25巻第1号(通巻第283号)	73		親韓学会 金正年ソウル大学名誉教授迎え定例研究会
2000.01.05	第25巻第1号(通巻第283号)	74		茶道 韓国伝統茶道 宗貞茶礼院第44期修了式(大邱)
2000.01.05	第25巻第1号(通巻第283号)	76		アトリエ訪問 日本華道界で活躍する草月流 李絹子さん
2000.01.05	第25巻第1号(通巻第283号)	77		モーターショー 韓国車が街にやってきた!
2000.01.05	第25巻第1号(通巻第283号)	10		渡来人の足跡を訪ねて 渡来人の故郷 高句麗を訪ねて~瀋陽・大連・旅順~

발행일	지면정보		필자	제목
	권호	페이지		
2000.01.05	第25巻第1号(通巻第283号)	32	田駿	特別寄稿 謝罪と補償～戦後の時点からやり直すこと～
2000.01.05	第25巻第1号(通巻第283号)	63		アジュモニのほろ酔いばなし 金松美さん
2000.01.05	第25巻第1号(通巻第283号)	64		本の話「生まれたらそこがふるさと」「愛することは待つことよ」「〈在日〉という生き方」
2000.02.05	第25巻第2号(通巻第284号)	2		国楽 国楽の神童 柳太洋(ソウル)
2000.02.05	第25巻第2号(通巻第284号)	10		脱北同胞問題 脱北同胞の人権保障を求め、中国大使館に申し入れ(民団)
2000.02.05	第25巻第2号(通巻第284号)	12		トピック 特別養護老人ホーム「故郷の家・神戸」起工式/在日2世玄月さんが第122回芥川賞受賞
2000.02.05	第25巻第2号(通巻第284号)	13		新年会(各地民団・婦人会・全羅南道道民会)/大統領新年メッセージ
2000.02.05	第25巻第2号(通巻第284号)	16		成人式(東京・大阪)
2000.02.05	第25巻第2号(通巻第284号)	17		ギャラリー 今日の現代絵画と工芸3人展(大阪)
2000.02.05	第25巻第2号(通巻第284号)	18		音楽 上田正樹＆金ジョハン 恨の競演(大阪)
2000.02.05	第25巻第2号(通巻第284号)	20		研究 家畜(牛・豚・鶏)の一部を在来種に改良成功(嶺南大学教授 呂政秀氏)
2000.02.05	第25巻第2号(通巻第284号)	24		月刊朝鮮アンケート 金大中政権は民主的か「民主的でない 72.21％、民主的である 27.9％」
2000.02.05	第25巻第2号(通巻第284号)	32		特別インタビュー 前大統領秘書室長金重権氏「金大中大統領政権2年の秘史」(月刊朝鮮)
2000.02.05	第25巻第2号(通巻第284号)	50		日韓歴史物語 昔雨太師と李朝仏画(姜健栄氏)
2000.02.05	第25巻第2号(通巻第284号)	56		韓国ドラマ 君はもう韓国ドラマを見たか？(遠森慶氏)
2000.02.05	第25巻第2号(通巻第284号)	60		韓国研修旅行 京都西高校韓国語講座の受講が韓国研修旅行(木村吉孝教論)
2000.02.05	第25巻第2号(通巻第284号)	23	田駿	〈好評連載〉特別寄稿 教育～戦前世代の姿勢を正すこと～
2000.02.05	第25巻第2号(通巻第284号)	26		〈好評連載〉渡来人の足跡を訪ねて 百済の七支刀・石上神宮
2000.02.05	第25巻第2号(通巻第284号)	44		〈好評連載〉韓国の民俗文化財(19) 良洞・李香亭
2000.02.05	第25巻第2号(通巻第284号)	46		〈好評連載〉アジュモニのほろ酔いばなし 吉山明雄・賀津子夫妻
2000.02.05	第25巻第2号(通巻第284号)	47		〈好評連載〉本の話「われ生きたり-金嬉老独占手記-」「韓国のおばちゃんはえらい」「ソウルはもう、お隣り気分」「ああ!私は半島の胡虜息子だった」
2000.03.05	第25巻第3号(通巻第285号)	2		在日同胞 サハリン永住帰国者に安住の地(ソウル)
2000.03.05	第25巻第3号(通巻第285号)	6		柳太平洋公演 パンソリ～韓国民衆の哀歓と人生を芸術に昇華～
2000.03.05	第25巻第3号(通巻第285号)	8		柳太平洋公演 多文化共生社会の実現に向けて(柳太平洋チャリティー公演実行委員会名簿)
2000.03.05	第25巻第3号(通巻第285号)	9		民団 大阪府知事 太田房江さんが投・開票前に民団大阪を表敬訪問(大阪)

발행일	지면정보		필자	제목
	권호	페이지		
2000.03.05	第25巻第3号(通巻第285号)	16		トピック 田村遺跡で人面動物形陶器出土(高知県南国市)
2000.03.05	第25巻第3号(通巻第285号)	18		月刊朝鮮 外国人による「韓国・韓国人」本の歴史(韓国出版マーケティング研究所 韓淇皓所長)
2000.03.05	第25巻第3号(通巻第285号)	24		紀念式・学術会議 大韓独立宣言宣布81周年(ソウル)
2000.03.05	第25巻第3号(通巻第285号)	28	朴昌憲	寄稿 韓半島南両政権は「非武将永世中立」宣言を(1)(飛鳥評論社代表、歴史時事評論家)
2000.03.05	第25巻第3号(通巻第285号)	30		月刊朝鮮対談 韓日国家主義者の対面(許文道vs黒田勝弘)
2000.03.05	第25巻第3号(通巻第285号)	42		現代韓国 トラムは小都市の救世主となるか(遠森慶)
2000.03.05	第25巻第3号(通巻第285号)	49		ギャラリー 第11回 韓国扇面展(韓国扇面芸術家協会)
2000.03.05	第25巻第3号(通巻第285号)	50		全国婦人会研修会 21世紀に向け何をやり、継承していくか(東京)
2000.03.05	第25巻第3号(通巻第285号)	52		光州ビエンナーレ 「人＋間」をテーマにアジアのアイデンティティーを主張
2000.03.05	第25巻第3号(通巻第285号)	54		韓国美芸術展 韓国の招待作家品など153点展覧(東京都美術館)
2000.03.05	第25巻第3号(通巻第285号)	56		紀行 韓国の山々と私(柏堂久子)
2000.03.05	第25巻第3号(通巻第285号)	58		世界文化体育大典「世界は一家庭、南北の統一は真の愛で!!」(ソウル)
2000.03.05	第25巻第3号(通巻第285号)	10		〈好評連載〉渡来人の足跡を訪ねて 奈良県の村 天河神社～玉置神社
2000.03.05	第25巻第3号(通巻第285号)	38	田駿	〈好評連載〉特別寄稿 被選挙権～「選挙権」という表現に幻惑されるな～
2000.03.05	第25巻第3号(通巻第285号)	40		〈好評連載〉パイザの韓国まるごと食べまくり紀行 新林洞〈スンデ〉
2000.03.05	第25巻第3号(通巻第285号)	46		〈好評連載〉韓国の民俗文化財(20) 良洞・水雲亭
2000.03.05	第25巻第3号(通巻第285号)	48		〈好評連載〉アジュモニのほろ酔いばなし 姜在彦先生
2000.03.05	第25巻第3号(通巻第285号)	60		〈好評連載〉本の話 「危機こそ好機なり」「日韓・歴史克服への道」「日本は韓国に追い越されるのか」「ソウルに刻まれた日本」「韓国歳時記」「百万人の身世打鈴」
2000.04.05	第25巻第4号(通巻第286号)	2		民団中央本部3機関長選挙 団長に金宰淑氏、議長に姜永祐氏、監察委員長に洪性仁氏(東京)
2000.04.05	第25巻第4号(通巻第286号)	10		第5回名士招請文化講演会 伝統と文化に裏打ちされた社会建設を(ソウル)
2000.04.05	第25巻第4号(通巻第286号)	14		歴史 日本の中の李朝仏画-広島-(姜健栄)
2000.04.05	第25巻第4号(通巻第286号)	18		日韓に吹く新しい風 世代交代の頼もしい力(毎日新聞 外信部記者・前ソウル支局長 前島哲夫)

발행일	지면정보		필자	제목
	권호	페이지		
2000.04.05	第25巻第4号(通巻第286号)	24		TOPICS 3・1節81周年/婦人会中央本部「介護保険制度」セミナー/第25回「FOODEXJAPAN2000」/「第6回在日コリアン&マイノリティー就職教育セミナー/強制連行殉職者追悼大法会」/テニスで韓日交流/調理師科卒業記念料理作家品展示会で韓国留学生6人が上位入賞/「韓国歴史文化講座」開講/オペラ「春香」、52年ぶり再演
2000.04.05	第25巻第4号(通巻第286号)	38	朴昌憲	寄稿 韓半島南両政権は「非武将永世中立」宣言を(2)(飛鳥評論社代表、歴史時事評論家)
2000.04.05	第25巻第4号(通巻第286号)	40		尹奉吉義士殉国紀念碑探訪ツアー 在日のアイデンティティーを求めて(青年会大阪本部・北摂地協青年)
2000.04.05	第25巻第4号(通巻第286号)	42		劇団現代座・花かご公演 身近な暮らしに愛を!笑いの中にしあわせを!(東京)
2000.04.05	第25巻第4号(通巻第286号)	49		青年団「ソウル市民」初の全国公演 とりとめのない会話に潜む無意識の差別にギクリ
2000.04.05	第25巻第4号(通巻第286号)	50		韓日閣僚会談〈文竜鱗・韓国教育部長官&中曾根弘文・文部大臣〉センター試験の第2外国語に韓国語/東京・ソウルに留学生寄宿舎建設
2000.04.05	第25巻第4号(通巻第286号)	51		韓日閣僚会談〈朴智元・韓国文化観光部長官&二階俊博・運輸大臣、中曾根弘文・文部大臣〉韓日W杯を共同広報/6月、日本大衆文化全面開放
2000.04.05	第25巻第4号(通巻第286号)	52		韓国競輪 2000年競輪、華やかに開幕(ソウル)
2000.04.05	第25巻第4号(通巻第286号)	54		柳太平洋チャリティー公演(大阪)神童降臨-7歳児がエネルギッシュに国楽の至芸を熱演、在日コリアン、日本人2400人が絶賛-
2000.04.05	第25巻第4号(通巻第286号)	4		新年会(各地民団・婦人会・全羅南道道民会)/大統領新年メッセージ
2000.04.05	第25巻第4号(通巻第286号)	17	田駿	特別寄稿 過去の真実～若者にウソの荷物を背負わすな～
2000.04.05	第25巻第4号(通巻第286号)	33		本の話「南のひと北のひと」「鏡の中の日本と韓国」「なぜ韓国人はむぐケンカ腰になるのか」「ぐるっとソウル」
2000.04.05	第25巻第4号(通巻第286号)	34		韓国歴史文化講座 韓国と日本の古くて長い緑
2000.04.05	第25巻第4号(通巻第286号)	46		パイザの韓国まるごと食べまくり紀行 新堂洞〈トッポキ〉
2000.04.05	第25巻第4号(通巻第286号)	48		アジュモニのほろ酔いばなし 朴性興ハラボジ
2000.05.05	第25巻第5号(通巻第287号)	2		21世紀最初の平和のメッセージに 南北首脳会談に向け準備着々
2000.05.05	第25巻第5号(通巻第287号)	4		光州ビエンサーレ アジア芸術の新しいエネルギーを発見(光州)
2000.05.05	第25巻第5号(通巻第287号)	8		安重根義士逝去90年追慕祭 殉国の現場、中国・旅順の監獄で法要
2000.05.05	第25巻第5号(通巻第287号)	10		安重根の内面世界にスペクタクル要素を加えた感動と躍動の大作 安重根義士、韓国で映画化

발행일	지면정보		필자	제목
	권호	페이지		
2000.05.05	第25巻第5号(通巻第287号)	18		韓国荅園文化財団 献茶儀式と仏教美術展(京都)
2000.05.05	第25巻第5号(通巻第287号)	22		TOPICS 少年ソフトボール大会 in 大阪ドーム/「日・韓・朝子ども絵画展」/崔相竜・駐日大使歓迎パーティー/「大阪・農能地域ワンコリア春季野遊会」/「民団大阪3機関長選挙」/2000ミスコリア日本代表選抜大会
2000.05.05	第25巻第5号(通巻第287号)	28		歴史探訪、文化交流で貴重な体験「母国と心の出会い」(第4回学生・オモニ母国訪問交流会)
2000.05.05	第25巻第5号(通巻第287号)	30		在日慶尚南道民植樹行事 故郷の大地に育つ祖国愛(馬山)
2000.05.05	第25巻第5号(通巻第287号)	32		文化エキスポ連携慶尚北道知事杯ゴルフ大会 文化が息づく慶尚北道で旅行とゴルフを満喫(慶州)
2000.05.05	第25巻第5号(通巻第287号)	33		石原都知事「三国人」発言に対する韓国の社説 「石原という病原菌」「石原の錯覚」(中央日報)
2000.05.05	第25巻第5号(通巻第287号)	34	朴昌憲	寄稿 韓半島南北両政権は「非武装永世中立」宣言を(3)(飛鳥評論社代表・歴史時事評論家)
2000.05.05	第25巻第5号(通巻第287号)	49		第7回ケヤキ会記念植樹 在日白衣民族聖地、一般公開へ(埼玉・高麗郷)
2000.05.05	第25巻第5号(通巻第287号)	50		目指すは「2002年の韓国ライブ」 韓国ポップスで朝まで踊ろう!(東京)
2000.05.05	第25巻第5号(通巻第287号)	52	姜健栄	歴史 日本の中の李朝仏画-高知編-
2000.05.05	第25巻第5号(通巻第287号)	56		韓国気まぐれ散策 夢うつつの夢うつつの路地をぬけて・・・ソウル竜山区 葛月洞・厚岩洞かいわい(遠森慶)
2000.05.05	第25巻第5号(通巻第287号)	58		京都西高校吹奏楽部 韓国親善演奏旅行
2000.05.05	第25巻第5号(通巻第287号)	12		〈好評連載〉渡来人の足跡を訪ねて 百済複興戦の遺跡(中) 任存城・避城～全羅道
2000.05.05	第25巻第5号(通巻第287号)	26		〈好評連載〉こりあ民俗資料館 윷놀이《ユンノリ》
2000.05.05	第25巻第5号(通巻第287号)	36		〈好評連載〉韓国歴史文化講座(2) 韓国史の曙と古代日本
2000.05.05	第25巻第5号(通巻第287号)	40	田駿	〈好評連載〉特別寄稿 外国人～「市民」として受け入れる心～
2000.05.05	第25巻第5号(通巻第287号)	41		〈好評連載〉本の話「韓国映画の精神」「コリアンタウンの民族誌」
2000.05.05	第25巻第5号(通巻第287号)	42		〈好評連載〉バイザの韓国まるごと食べまくり紀行 海産物鍋を食う
2000.05.05	第25巻第5号(通巻第287号)	44		〈好評連載〉韓国の民俗文化財(21) 良洞・心水亭
2000.05.05	第25巻第5号(通巻第287号)	48		〈好評連載〉アジュモニのほろ酔いばなし 尹圭相さん
2000.06.05	第25巻第6号(通巻第288号)	2		南北首脳会談事務手続き合意書採択 漢民族の歴史に
2000.06.05	第25巻第6号(通巻第288号)	4		統一の前奏曲 北朝鮮「平壌学生少年芸術団」ソウルで公演
2000.06.05	第25巻第6号(通巻第288号)	6		ヒューマンストーリー 無実の死刑囚、20ぶりに仮釈放(忠北・天安市)

발행일	지면정보 권호	페이지	필자	제목
2000.06.05	第25巻第6号(通巻第288号)	16		TOPIC 崔相竜駐日大使歓迎会/「南北頂上会談」成功のための促進大会/民団全国地方団長会議/婦人会大阪本部第12回定期地方委員会/勧告個別売却資産の投資説明/新韓学会、新会長に文聖漢氏選出/美智子皇后が「韓国絵本原画展」を鑑賞/台湾大人災の複興へ義援金/民団大阪本部３機関長ら幹部、知事らと相次いで懇談
2000.06.05	第25巻第6号(通巻第288号)	22		ZOOMUP 初の民間選出国立劇場長 金明坤氏
2000.06.05	第25巻第6号(通巻第288号)	24		文化交流 北国の茶人、南国で交流茶会
2000.06.05	第25巻第6号(通巻第288号)	26		KOREA-TODAY INTERVIEW 在日外国人初の管理職昇進 孫敏男さん(兵庫県川西市役所)
2000.06.05	第25巻第6号(通巻第288号)	28	姜健栄	歴史 日本の中の李朝仏画-三重編
2000.06.05	第25巻第6号(通巻第288号)	33		文化交流 ファンが作った大阪発「韓国映画上映会」
2000.06.05	第25巻第6号(通巻第288号)	35		「月刊朝鮮」翻訳転載 金正日と会見した唯一の人物 金東権氏インタビュー
2000.06.05	第25巻第6号(通巻第288号)	44	金昌憲	紀行 韓半島南北両政権は「非武装永世中立」宣言(4)(飛鳥評論社代表・歴史時事評論家)
2000.06.05	第25巻第6号(通巻第288号)	49		CONTACT 2000 in Japan 韓国ロックが日本インディーズシーンを疾走(大阪)
2000.06.05	第25巻第6号(通巻第288号)	52		歴史継承 李方子妃11周忌追悼祭(東京)
2000.06.05	第25巻第6号(通巻第288号)	60		韓国版「ロミオとジュリエット」春香伝
2000.06.05	第25巻第6号(通巻第288号)	62		韓国気まぐれ散策 李朝の学生街は今も・・・ソウル竜山区東岸洞・明倫洞あたり(遠森慶)
2000.06.05	第25巻第6号(通巻第288号)	10		渡来人の足跡と訪ねて 百済複興戦の遺跡(下)洪城郡に周留城
2000.06.05	第25巻第6号(通巻第288号)	32	田駿	特別寄稿 石原寸劇～これは複古軍国主義への第一幕だ～
2000.06.05	第25巻第6号(通巻第288号)	46		韓国の民俗文化財(22) 良洞・安楽亭
2000.06.05	第25巻第6号(通巻第288号)	48		アジュモニのほろ酔いばなし 洪爽杓さん
2000.06.05	第25巻第6号(通巻第288号)	54		本の話 「日本人になりたい在日韓国人」他
2000.06.05	第25巻第6号(通巻第288号)	55		音楽の話 「民族の生・志・声」「朴保＆厳仁浩/時は流れる」
2000.06.05	第25巻第6号(通巻第288号)	56		パイザの韓国まるごと食べまくり紀行 広安里さしみセンター
2000.06.05	第25巻第6号(通巻第288号)	26		こいあ民俗資料館 民族服
2000.07.05	第25巻第7号(通巻第289号)	2		〈特集 南北首脳会談〉南北首脳会談フォト 世界平和の新しいメッセージ
2000.07.05	第25巻第7号(通巻第289号)	10		インタービュー 「統一はもう始まっている」民主平和統一諮問会議首席副議長 金玟河氏
2000.07.05	第25巻第7号(通巻第289号)	12		民団と総連の反応 和合と統一に向け、民団・総連が声明
2000.07.05	第25巻第7号(通巻第289号)	16		評論家 田駿が読む 南北会談合意の裏側

발행일	지면정보		필자	제목
	권호	페이지		
2000.07.05	第25巻第7号(通巻第289号)	18		南北の商工人による初の親睦ゴルフコンペ　6·13首脳会談の成功を祈願
2000.07.05	第25巻第7号(通巻第289号)	20		南北朝鮮の平和と統一願う　コリアンニュースフェスティバル(東京)
2000.07.05	第25巻第7号(通巻第289号)	22		南北首脳会談を歓迎　ワンコリアフェスティバル in 東京
2000.07.05	第25巻第7号(通巻第289号)	24		渋谷区長招請「花菖蒲を観る交流会」東京·渋谷の民団、総連代表が握手
2000.07.05	第25巻第7号(通巻第289号)	25		15年目の熱き想いを　丁讃宇＆金洪才　ユニティコンサート(東京)
2000.07.05	第25巻第7号(通巻第289号)	32		大阪青商第12期定期総会　新会長に鄭喜雄氏選出(大阪)
2000.07.05	第25巻第7号(通巻第289号)	33		TOPIC崔相竜駐日大使歓迎会/東京日韓親善協会連合会2000年定期総会/韓日中小企業産業協力セミナー/韓国民画展/第45回顕忠日追悼式/第27回韓国語弁論大会/2000年ワンコリア囲碁大会INTOKYO/大阪韓国商工会議所第47期定期総会/関西興銀第45期通常総代会/韓信協　李熙健会長講演/婦人会大阪「ホームヘルパー2級養成講座」
2000.07.05	第25巻第7号(通巻第289号)	44	柏堂久子	寄稿　韓国の山々と私
2000.07.05	第25巻第7号(通巻第289号)	49		韓日文化交流協会　寄稿　日本と韓国の伝統芸能を披露(ソウル)
2000.07.05	第25巻第7号(通巻第289号)	50		南北首脳会談成功記念企画「仮想とラベルエッセイ」念願の南北直通特急「平和」に乗って行こう!(遠森慶)
2000.07.05	第25巻第7号(通巻第289号)	54	姜健栄	歴史　日本の中の李朝仏画-愛知編-
2000.07.05	第25巻第7号(通巻第289号)	58	三好一雄	寄稿　私の珍島見聞録
2000.07.05	第25巻第7号(通巻第289号)	62		ソウルの夜遊びスポット一挙紹介! 眠らない街、ソウル(川崎朋子)
2000.07.05	第25巻第7号(通巻第289号)	26		〈好評連載〉渡来人の足跡を訪ねて　百済遺民の国　近江京
2000.07.05	第25巻第7号(通巻第289号)	40	田駿	〈好評連載〉特別寄稿　森ヤリジナル～復古軍国主義の第2幕である～
2000.07.05	第25巻第7号(通巻第289号)	42		〈好評連載〉本の話「韓国両斑騒動記」他
2000.07.05	第25巻第7号(通巻第289号)	43		〈好評連載〉当世留学生事件　大阪大学大学院　音声学·音声教育学専攻　司空煥さん
2000.07.05	第25巻第7号(通巻第289号)	46		〈好評連載〉韓国の民俗文化財(23)　良洞·講学堂
2000.07.05	第25巻第7号(通巻第289号)	48		〈好評連載〉アジュモニのほろ酔いばなし　玄英子さん
2000.07.05	第25巻第7号(通巻第289号)	52		〈好評連載〉こりあ民俗資料館　民俗儀礼のおはなし
2000.08.05	第25巻第8号(通巻第290号)	2		第1次南北閣僚級会談　朝鮮総連系在日同胞の韓国訪問を提案
2000.08.05	第25巻第8号(通巻第290号)	4		南北仏教会が合同法要　「祖国統一」を祈願(大阪·統国寺)

발행일	지면정보		필자	제목
	권호	페이지		
2000.08.05	第25巻第8号(通巻第290号)	7		「韓国人生活情報」創刊10周年記念イベント「韓国の音」が新宿で開催
2000.08.05	第25巻第8号(通巻第290号)	8		ZOOM UP カメラで押し出した中国の中の韓国 柳銀珪氏
2000.08.05	第25巻第8号(通巻第290号)	10		韓国伝統文化の総合韓国施設 「韓国の家」で韓国伝統文化の神髄を体験(ソウル)
2000.08.05	第25巻第8号(通巻第290号)	12		「KOREA TODAY」インタビュー 「伝統文化は現代文化創造の指針書」河震奎氏(韓国文化財団理事長)
2000.08.05	第25巻第8号(通巻第290号)	14		韓日伝統文化交流協会、福岡文化連盟 第2回韓日文化交流大祝祭(大邱)
2000.08.05	第25巻第8号(通巻第290号)	15		日韓文化交流ウィーク 韓日文化交流、新時代を迎える(福岡)
2000.08.05	第25巻第8号(通巻第290号)	16		「KOREA TODAY」インタビュー 「韓半島の統一、それが日本人の幸せ」土屋品子氏(衆議院議員)
2000.08.05	第25巻第8号(通巻第290号)	35		南北統一対するアンケート調査 在日は民団・朝総連の交流推進を
2000.08.05	第25巻第8号(通巻第290号)	36		第47回韓信協通常総会 新銀行設立を決議(大阪)
2000.08.05	第25巻第8号(通巻第290号)	37		TOPIC セミナー「南北首脳会談後の在外同胞の役割と離散家族」/統一県賞論文に朴炳閏氏が入選/民団東日本・西日本地域全国支団長会議/跆拳道の昇段級調査/国際教育シンポジウム「21世紀 日本の教育をどう再建するか」/第6回在日韓国人学生ウリマルイヤギ大会
2000.08.05	第25巻第8号(通巻第290号)	46	朴昌憲	寄稿 韓半島南北両政権は「非武装永世中立」宣言を(5)(飛鳥評論社代表・歴史時事評論家)
2000.08.05	第25巻第8号(通巻第290号)	49		南北首脳会談成功に寄せて 「ドイツ」東西平和統一に我々の南北平和統合は何を学ぶか
2000.08.05	第25巻第8号(通巻第290号)	54		歴史 日本の中の李朝仏画-兵庫-(姜健栄)
2000.08.05	第25巻第8号(通巻第290号)	60		韓国若者文化事情 その1 日本文化解禁でどう変わる？(川崎朋子)
2000.08.05	第25巻第8号(通巻第290号)	62		南北首脳会談成功記念企画「仮想とラベルエッセイ」念願の南北直通特急「平和」に乗って行こう!(遠森慶)
2000.08.05	第25巻第8号(通巻第290号)	17		〈好評連載〉当世留学生事件 辻調理技術研究所日本料理課程 宣東周さん
2000.08.05	第25巻第8号(通巻第290号)	18		〈好評連載〉渡来人の足跡を訪ねて 近江に残る新羅 近江路
2000.08.05	第25巻第8号(通巻第290号)	34	田駿	〈好評連載〉特別寄稿 離散家族～急ぐな統一～
2000.08.05	第25巻第8号(通巻第290号)	40		〈好評連載〉韓国歴史文化講座(3) 古代東アジア世界と辺境の民
2000.08.05	第25巻第8号(通巻第290号)	44		本の話「生きる力 宮崎学/梁石日」他〈好評連載〉
2000.08.05	第25巻第8号(通巻第290号)	45		〈好評連載〉アジュモニのほろ酔いばなし 韓誠さん
2000.08.05	第25巻第8号(通巻第290号)	58		〈好評連載〉韓国の民俗文化財(24) 河回・北村宅

발행일	지면정보		필자	제목
	권호	페이지		
2000.09.05	第25巻第9号(通巻第291号)	2		慶州EXPO2000 9月1日開幕 慶州で世界文化の真髄を味わってください!
2000.09.05	第25巻第9号(通巻第291号)	8		南北離散家族再会　再会の喜びもるかの間、別れの悲しみは一層大きく
2000.09.05	第25巻第9号(通巻第291号)	10		KOREA VIEW 非転向長期囚、条件なしで北送
2000.09.05	第25巻第9号(通巻第291号)	12		55周年光複節記念式典 朝鮮総連との交流・和合を推進し、在日同胞社会の統一を(全国各地民団)
2000.09.05	第25巻第9号(通巻第291号)	14		JAPAN KOREA 高校親善サッカー2000 民団、総連のサポーター、「統一旗」振りエール(大阪)
2000.09.05	第25巻第9号(通巻第291号)	22		月刊朝鮮主催インターネット調査　韓国最高の美人を選べ!
2000.09.05	第25巻第9号(通巻第291号)	24		TOPIC　建国中女子バレー、近畿総体で初優勝の快挙/2000年ワンコリア囲碁大会INTOKYO/在日同胞統一祝祭/第23回八尾河内音頭まつり/リトルエンジェレス東京特別記念公演
2000.09.05	第25巻第9号(通巻第291号)	26		東京韓国青年商工会オリニ事業　真のボランティア活動を学ぼう(東京)
2000.09.05	第25巻第9号(通巻第291号)	27		婦人会大阪本部ホームヘルパー養成講座　受講者30人全員がホームヘルパー「2級」の資格取得(大阪)
2000.09.05	第25巻第9号(通巻第291号)	28		ビビットでゲンキな韓国が次々紹介 雑誌にみる「イマドキの韓国事情」
2000.09.05	第25巻第9号(通巻第291号)	29		関西興銀西淀川支店10周年企画 マナーフェスタ2000 in 西淀川(大阪)
2000.09.05	第25巻第9号(通巻第291号)	30		日韓実力派アーティストの饗宴 CONTACT 2000 IN 赤坂BLITS(東京)
2000.09.05	第25巻第9号(通巻第291号)	33		「月刊朝鮮」特集 南北首脳会談、陪席者の証言
2000.09.05	第25巻第9号(通巻第291号)	40		朝鮮史上最初の統一大王 新羅文武王
2000.09.05	第25巻第9号(通巻第291号)	46	朴韓鮮	寄稿　観半島南北両政権は「非武装永世中立」宣言を(6)(飛鳥評論代表・歴史時事評論家)
2000.09.05	第25巻第9号(通巻第291号)	49		南北首脳会談成功に寄せて「ドイツ」東西平和統一に我々の南北平和統合は何を学ぶか
2000.09.05	第25巻第9号(通巻第291号)	54		歴史 日本の中の李朝仏画-兵庫編(二)-(康健栄)
2000.09.05	第25巻第9号(通巻第291号)	16		〈好評連載〉渡来人の足跡を訪ねて 百済遺民 鬼室集斯と太安万侶
2000.09.05	第25巻第9号(通巻第291号)	38	田駿	〈好評連載〉特別寄稿 ナショナリズム～オリエンタル始祖の理念に従って～
2000.09.05	第25巻第9号(通巻第291号)	39		〈好評連載〉韓国の民俗文化財(25) 河洄・遠志精舎
2000.09.05	第25巻第9号(通巻第291号)	45		〈好評連載〉アジュモニのほろ酔いばなし 趙栄来さん
2000.09.05	第25巻第9号(通巻第291号)	58		〈好評連載〉BOOK「論争で見る韓国社会100年」他
2000.09.05	第25巻第9号(通巻第291号)	57		Television ドラマ「土建」〈好評連載〉
2000.09.05	第25巻第9号(通巻第291号)	60		〈好評連載〉MOVIE分断を正面から扱った話題作「共同警備区域JSA」

발행일	지면정보		필자	제목
	권호	페이지		
2000.09.05	第25巻第9号(通巻第291号)	62		〈好評連載〉Shopping江南に誕生した「巨大地下都市」COEX Mall
2000.10.05	第25巻第10号(通巻第292号)	2		KOREA VIEW 朝鮮総連が初の公式故郷訪問
2000.10.05	第25巻第10号(通巻第292号)	6		活発化する南北交流 南北をつなぐ「京義線」復元
2000.10.05	第25巻第10号(通巻第292号)	8		慶州世界文化エキスポ 文化の祝典が韓日関係をリード
2000.10.05	第25巻第10号(通巻第292号)	16		大阪の歴史愛好家が戦跡巡り 百済復興運動戦跡を訪ねて
2000.10.05	第25巻第10号(通巻第292号)	18		KOREA TODAY INTERVIEW「交流を繰り返した先に統一」郭台煥氏(統一研究院長)
2000.10.05	第25巻第10号(通巻第292号)	20		KOREA TODAY INTERVIEW「地方参政権はわが党も賛成」土井たか子氏(社民党党首)
2000.10.05	第25巻第10号(通巻第292号)	21		定住外国人の地方賛成建を求める緊急シンポジウム われわれはなぜ、参政権を求めるのか(大阪)
2000.10.05	第25巻第10号(通巻第292号)	22	朴韓鮮	寄稿 今、観半島南北「平和統合」の時、「民祭」平和市民交流の船ピースボートに乗り北朝鮮に向かう(飛鳥評論家代表、歴史時事評論家)
2000.10.05	第25巻第10号(通巻第292号)	32		第9回「2000韓日海峡沿岸市道県知事交流会議」 21世紀韓日交流協力の新しい道を開く(済州島)
2000.10.05	第25巻第10号(通巻第292号)	33		誌上講演会 日韓修交はミサイルと欠く問題解決が先行(寺田輝介・駐韓日本大使)
2000.10.05	第25巻第10号(通巻第292号)	34		対談「南北首脳会談と在日のその後」どうなる？総連と民団の和合
2000.10.05	第25巻第10号(通巻第292号)	38		TOPIC ブライダルのため初のファッションショー/「小松南とらじ祭」/金洪才さんがKBS交響楽団のタクト/日韓子供親善テコンドー大会/第5回東京長寿会/第77回関東大震災殉難同胞追慕/第3次日本人妻里帰り/大阪、神戸で2002年W杯共催をPR/世界初のスーパーオイルフィルター(株)TRASKOの「トラスコ」/「ハンソリ会」発会式
2000.10.05	第25巻第10号(通巻第292号)	49		大阪国際会議場(9月21日) 南北頂上会談を祝う大阪大会(大阪)
2000.10.05	第25巻第10号(通巻第292号)	50	姜健栄	歴史 日本の中の李朝仏画-奈良編-
2000.10.05	第25巻第10号(通巻第292号)	54		韓国点描 漢江今昔(遠森慶)
2000.10.05	第25巻第10号(通巻第292号)	56		第5回ソウル平和賞 緒方貞子 国連難民高等弁務官に決定
2000.10.05	第25巻第10号(通巻第292号)	57		コリアンポップスのダンスイベント大阪上陸! 踊る! KOREA MANIA 2nd(大阪)
2000.10.05	第25巻第10号(通巻第292号)	10		渡来人の足跡を訪ねて 層をなす渡来人～湖北巡り～
2000.10.05	第25巻第10号(通巻第292号)	42		韓国歴史文化講座(4) 韓半島の統一国家・高麗社会の性格
2000.10.05	第25巻第10号(通巻第292号)	47		アジュモニのほろ酔いばなし 尹栄燦さん

발행일	지면정보		필자	제목
	권호	페이지		
2000.10.05	第25巻第10号(通巻第292号)	48	田駿	特別寄稿 参政権～在日韓国人をどうする気か～
2000.10.05	第25巻第10号(通巻第292号)	58		Music ソテジ、カムバック
2000.10.05	第25巻第10号(通巻第292号)	59		Trend 韓国は今、「同窓会ブーム」
2000.10.05	第25巻第10号(通巻第292号)	60		MOVIE 「シュリ」の女戦士 金ユンジンが日本映画「スイッチ」に主演他
2000.10.05	第25巻第10号(通巻第292号)	62		Event この秋、ソウルが巨大な芸術展示館になる！
2000.11.05	第25巻第11号(通巻第293号)	2		KOREA VIEW 響け、ソウルの空に！平和音楽会で世界平和を祈願
2000.11.05	第25巻第11号(通巻第293号)	4		統一への道 京義線復元に向け南北眼界線地雷除去順調に進行
2000.11.05	第25巻第11号(通巻第293号)	5		Human Story 「北に残してきた息子に」と貯めた2000万ウォンを寄贈
2000.11.05	第25巻第11号(通巻第293号)	6		民主化、人権運動、観半島和解の業績が評価 金大中大統領ノーベル平和賞受賞
2000.11.05	第25巻第11号(通巻第293号)	8		ASEM首脳会議 アジア・ヨーロッパの緊密な協力関係構築
2000.11.05	第25巻第11号(通巻第293号)	10		KOREA TODAY INTERVIEW 「韓国ならではの"情"で文化観光大国に」都 英心氏(「2001年韓国訪問の年」推進委員会委員長)
2000.11.05	第25巻第11号(通巻第293号)	12		大阪・生野の民団、総連 生野まつりで「統一旗」を手に初の合同パレード(大阪)
2000.11.05	第25巻第11号(通巻第293号)	14		大阪韓国商工会議所 韓国IT産業視察 日本の一歩先を行く韓国ベンチャー企業への投資と協力を研究(ソウル)
2000.11.05	第25巻第11号(通巻第293号)	22		忠節と教育の都市・晋州 開天節(建国記念日) 記念故郷訪問(東京晋州郷友会)
2000.11.05	第25巻第11号(通巻第293号)	24		第7回ベセト演劇祭 歌舞伎役者が演じる「春香伝」(ソウル)
2000.11.05	第25巻第11号(通巻第293号)	26		第3回日韓親善競輪大会 銀麟に韓日の友情を乗せて走る(福岡)
2000.11.05	第25巻第11号(通巻第293号)	32		KOREA TODAY INTERVIEW 「北朝鮮との正常化交渉は最優先問題」中山正暉氏(日韓議員連盟会長・自民党)
2000.11.05	第25巻第11号(通巻第293号)	34	朴韓鮮	特別寄稿 韓半島南北両政権は「非武装永世中立」宣言を－韓半島平和統一の路(七)－(飛鳥評論者代表・歴史時事評論家)
2000.11.05	第25巻第11号(通巻第293号)	38		TOPIC 韓国旅行体験談ジコンテイスト、大賞に民族講師の姜智子さん/「アジア平和美術展2000」/南北在日留学生 学生祝典2000/ワンコリア10月マダン/在日本大韓跆拳道協会、新会長に権甲植氏を選出/鶴見橋ワンコリア・フェスティバル/慶南道民会2000年度秋大野遊会/日韓親善協会2000年年次総会/第16回「若人お出会い」/国際文化作品展示会

발행일	지면정보		필자	제목
	권호	페이지		
2000.11.05	第25巻第11号(通巻第293号)	52		SUPER STAR from SEOUL キム・ゴンモ、日本コンサートツアー
2000.11.05	第25巻第11号(通巻第293号)	54		歴史 日本の中の李朝仏画-大阪編-(姜健栄)
2000.11.05	第25巻第11号(通巻第293号)	16		渡来事案の足跡を訪ねて 近江先住百済人
2000.11.05	第25巻第11号(通巻第293号)	43	田駿	特別寄稿 被選挙権～被選挙権にこの問題の体質～
2000.11.05	第25巻第11号(通巻第293号)	58		アジュモニのほろ酔いばな海部和子さん
2000.11.05	第25巻第11号(通巻第293号)	59		Performance パンソリ、舞踊、伝統武芸を融合、総体劇「ウル王」
2000.11.05	第25巻第11号(通巻第293号)	60		Book 「韓国人は知日家になるとき」ほか
2000.11.05	第25巻第11号(通巻第293号)	61		Event ソウルドラマフェスティバル2000
2000.11.05	第25巻第11号(通巻第293号)	62		Internet 韓国ネット族、世論形成を主導
2000.11.05	第25巻第11号(通巻第293号)	63		Movie「ダン・ジョク・ビ・ヨン・ス」
2000.12.05	第25巻第12号(通巻第294号)	2		KOREA VIEW 韓国最長、西海大橋11月10日開通
2000.12.05	第25巻第12号(通巻第294号)	4		統一への道 第2次離散家族再会
2000.12.05	第25巻第12号(通巻第294号)	6		Human Story 武寧王は日本生まれだった!？
2000.12.05	第25巻第12号(通巻第294号)	8		朝鮮奨学会創立 100周年記念祝賀会 互いに手を取り合って、民団、総連の代表が握手(東京)
2000.12.05	第25巻第12号(通巻第294号)	12		2001年韓国訪問の年 歴史と伝統が息づく韓国へ来て下さい
2000.12.05	第25巻第12号(通巻第294号)	18		在日韓国婦人会 永住外国人の地方参政権の法案成立を求め衆参両院全議員に陳情
2000.12.05	第25巻第12号(通巻第294号)	19		東京慶北道民会 W杯共催の成功を祈願、大邱に桜植樹、慶州に郷歌碑を寄贈
2000.12.05	第25巻第12号(通巻第294号)	26		優雅で豊かな国際交流を再現(大阪)
2000.12.05	第25巻第12号(通巻第294号)	32		祭典 漢拏山「雪の花祭り」(済州)
2000.12.05	第25巻第12号(通巻第294号)	34		News in News
2000.12.05	第25巻第12号(通巻第294号)	38		TOPICS 2000三年ブライダルパーティー/永住外国人の地方選挙権実現に向けて大阪実行委結成「ハンプリ連絡協議会」(仮称) 発足/婦人会大阪本部が「千字文教室」/民団大阪が祝賀会、写真展/ワンコリアゴRフでM相互交流/民団千葉県本部10月マダン/関西興銀45周年記念「スーパーレディフェスティバル」/2000年度韓国語教育シンポジウム/東京の全羅南道道民会が祝賀会
2000.12.05	第25巻第12号(通巻第294号)	44		12月文化カレンダー
2000.12.05	第25巻第12号(通巻第294号)	46		絶対大韓ディスコ特別企画「HIPHOP」という万国共通語で酔虎たちが唸る!踊る!
2000.12.05	第25巻第12号(通巻第294号)	49		映画「あんにょんキムチ」上映＆松江哲明トークショー 祖父の生き方を通して「自分」を知る
2000.12.05	第25巻第12号(通巻第294号)	50		Gallary 韓国情緒を浮き彫りにする画家/李満益氏
2000.12.05	第25巻第12号(通巻第294号)	54	姜健栄	歴史 日本の中の李朝仏画-香川編

발행일	지면정보 권호	페이지	필자	제목
2000.12.05	第25巻第12号(通巻第294号)	58		韓国気まぐれ散策「異国情緒」の丘の上-釜山市中区中央洞あたり－(遠森慶)
2000.12.05	第25巻第12号(通巻第294号)	20		〈好評連載〉渡来人の足跡を訪ねて　南山城、木津川右岸
2000.12.05	第25巻第12号(通巻第294号)	33		〈好評連載〉当世留学生事情　大阪大学大学院考古学分野博士課程 鄭桂玉さん
2000.12.05	第25巻第12号(通巻第294号)	37	田駿	〈好評連載〉特別寄稿 宿便～宿便は現代医学では治せない～
2000.12.05	第25巻第12号(通巻第294号)	43		〈好評連載〉アジュモニのほろ酔いばなし 鄭炳熏・久保麗子夫妻
2000.12.05	第25巻第12号(通巻第294号)	60		〈好評連載〉Book「在日魂」ほか
2000.12.05	第25巻第12号(通巻第294号)	61		〈好評連載〉Performance 葬式会場で繰り広げられる人間ドラマ「オグ」
2000.12.05	第25巻第12号(通巻第294号)	62		〈好評連載〉Television 民族資本 親日資本の「黄金」ストーリー「黄金時代」
2000.12.05	第25巻第12号(通巻第294号)	63		〈好評連載〉Movie「純愛譜」
2001.01.05	第26巻第1号(通巻第295号)	2		KOREA VIEW 金大中大統領、ノーベル平和賞受賞
2001.01.05	第26巻第1号(通巻第295号)	4		統一への道 第4次南北閣僚級会談
2001.01.05	第26巻第1号(通巻第295号)	6		関西興銀・東京商銀、金融再生委が破綻認定 急がれる新銀行の設立
2001.01.05	第26巻第1号(通巻第295号)	10		「統一祖国の花を咲かせよう!」金剛山歌劇団ソウル初公演
2001.01.05	第26巻第1号(通巻第295号)	14		茶道裏千家家元　千宗室氏に翰林大学が名誉医学士学位授与
2001.01.05	第26巻第1号(通巻第295号)	22		「来世は天国で平穏な生活を送ってください…」朴三中僧侶がハンセン病患者を慰問
2001.01.05	第26巻第1号(通巻第295号)	32		競輪 昌原に全天候型ドームオープン
2001.01.05	第26巻第1号(通巻第295号)	35		KOREA TODAY Interview 参政権は「雨だれ石を穿つ」努力で(民団東京本部副団長・金昭夫さん)
2001.01.05	第26巻第1号(通巻第295号)	37		TOPICS 尹総領事が特別講演/大阪韓商が募金を民族学校などに寄付/INKE2000ソウル総会に日本から代表が参加/東京韓商が送年会八尾の民団・総連が民族和合送年会/金大統領ノーベル平和賞受賞祝賀会/日本の大学で韓国人総学生会長が誕生
2001.01.05	第26巻第1号(通巻第295号)	40		News in News
2001.01.05	第26巻第1号(通巻第295号)	42		一月文化カレンダー(韓国)
2001.01.05	第26巻第1号(通巻第295号)	49		3月の「大統領杯」でデビュー「在日大韓蹴球団」結成(東京)
2001.01.05	第26巻第1号(通巻第295号)	50		企業探訪 携帯電話ローミングサービス先頭企業「KTT」
2001.01.05	第26巻第1号(通巻第295号)	52		韓日茶道研究会・申雅子代表 日本の小学校低学年を対象に授業(京都)

발행일	지면정보		필자	제목
	권호	페이지		
2001.01.05	第26巻第1号(通巻第295号)	54		〈好評連載〉歴史 日本の中の高麗仏画-分散した釈迦三尊像-(姜健栄)
2001.01.05	第26巻第1号(通巻第295号)	16		〈好評連載〉渡来人の足跡をたずねて 南山城・木津川右岸～左岸
2001.01.05	第26巻第1号(通巻第295号)	34	田駿	〈好評連載〉特別寄稿 国粋主義～国粋主義は愛国主義ではない～
2001.01.05	第26巻第1号(通巻第295号)	36		韓国の民俗文化財(26) 河回・賓淵精舎〈好評連載〉
2001.01.05	第26巻第1号(通巻第295号)	44		〈好評連載〉韓国歴史文化講座(5) 韓国中世の転機 高麗から朝鮮へ
2001.01.05	第26巻第1号(通巻第295号)	47		〈好評連載〉アジュモニのほろ酔いばなし 夫総可さん
2001.01.05	第26巻第1号(通巻第295号)	58		〈好評連載〉Book「建て前を越えて日本人の中へ」ほか
2001.01.05	第26巻第1号(通巻第295号)	59		Performance 子供唱劇「フンブ歌」より「つばねの恩返し」
2001.01.05	第26巻第1号(通巻第295号)	60		Travel テーマ観光列車
2001.01.05	第26巻第1号(通巻第295号)	61		Trend もう黒髪なんてダサイ!
2001.01.05	第26巻第1号(通巻第295号)	62		Gallery 李承銀、許憲善夫妻の人形展
2001.01.05	第26巻第1号(通巻第295号)	63		Hotel 一流ホテル冬季割引パッケージ勢揃い
2001.02.05	第26巻第2号(通巻第296号)	2		KOREA VIEW 仁川国際空港、3月29日テイクオフ!
2001.02.05	第26巻第2号(通巻第296号)	4		仁川国際空港開港特集 アジアのハブ空港、国際物流基地として期待
2001.02.05	第26巻第2号(通巻第296号)	8		統一への道 金大中大統領、北朝鮮開放対応を指示
2001.02.05	第26巻第2号(通巻第296号)	10		命がけの行動が韓日間の架け橋に 韓国人留学生の国境を越えた愛と勇気
2001.02.05	第26巻第2号(通巻第296号)	12		在日コリアンと大阪府民・市民友好親善の集い 大阪ドーム、大阪ハンマトゥリ
2001.02.05	第26巻第2号(通巻第296号)	14		ZOOM UP「また来たくなる国楽院に!」(国立国楽院・尹美容院長)
2001.02.05	第26巻第2号(通巻第296号)	22		韓国親善ジュニア跆拳道大会 韓国キッズと大阪・京都の小学生が交流
2001.02.05	第26巻第2号(通巻第296号)	24	朴韓鮮	特別寄稿 半島南北両政権は「非武装永世中立」宣言を-韓半島平和統一の路-(八)(飛鳥評論社代表/歴史時事評論家)
2001.02.05	第26巻第2号(通巻第296号)	30		金剛学院「民俗の日」 暦の正月にいなみ韓国の伝統行事学ぶ
2001.02.05	第26巻第2号(通巻第296号)	32		ZOOM UP 韓ロ間文化芸術交流の中枢の役割果たす」(ユニバーサル・バレエ団 文薫淑団長
2001.02.05	第26巻第2号(通巻第296号)	33		講座 コリアン&マイノリティ啓発講座(聖学院大・柴田武男助教授
2001.02.05	第26巻第2号(通巻第296号)	34		2001年度金大中大統領新年辞 大指標の実践に全力
2001.02.05	第26巻第2号(通巻第296号)	35		各地民団2001年新年会 平和・人権・共生の21世紀に!
2001.02.05	第26巻第2号(通巻第296号)	36		TOPICS サッカーW杯の成功願って寄付/韓国政府に200～300億円の出資要請/在日全南道民会新年会/新年賀詞交歓会/各地民団で成人式

발행일	지면정보		필자	제목
	권호	페이지		
2001.02.05	第26巻第2号(通巻第296号)	42		News in News
2001.02.05	第26巻第2号(通巻第296号)	44		2月文化カレンダー(韓国)
2001.02.05	第26巻第2号(通巻第296号)	48		2002年韓日W杯 カウンドダウン500日!
2001.02.05	第26巻第2号(通巻第296号)	50		京都西高校第2回韓国語受講生韓国研修旅行 日韓の歴史を理解し、国際感覚を磨く
2001.02.05	第26巻第2号(通巻第296号)	54		歴史 日本の中の高麗仏画-楊柳観音像-(姜健栄)
2001.02.05	第26巻第2号(通巻第296号)	58		第18回世界言論人会議 新世紀におけるメディア、その統一的方向性
2001.02.05	第26巻第2号(通巻第296号)	16		〈好評連載〉渡来人の足跡をたずねて 南山城・木津川左岸を歩く
2001.02.05	第26巻第2号(通巻第296号)	39		〈好評連載〉当世留学生事情 大阪芸術大学大学院舞台製作研究科碩士課程 金真姫さん
2001.02.05	第26巻第2号(通巻第296号)	40	田駿	〈好評連載〉特別寄稿 21世紀の日本～古い議員を落とし新人に入れる
2001.02.05	第26巻第2号(通巻第296号)	46		〈好評連載〉韓国の民俗文化財(27) 河回・柳時柱家屋
2001.02.05	第26巻第2号(通巻第296号)	47		〈好評連載〉アジュモニのほろ酔いばなし 張禎淑さん
2001.02.05	第26巻第2号(通巻第296号)	59		〈好評連載〉Gallary「太陽と月、木と張旭鎮」展
2001.02.05	第26巻第2号(通巻第296号)	60		〈好評連載〉Book「ナグネ・旅の途中」ほか
2001.02.05	第26巻第2号(通巻第296号)	61		〈好評連載〉Performance「名成皇后」
2001.02.05	第26巻第2号(通巻第296号)	62		〈好評連載〉Travel「温泉旅行」
2001.02.05	第26巻第2号(通巻第296号)	63		〈好評連載〉Movie「私も妻がいたらいいのに」
2001.03.05	第26巻第3号(通巻第297号)	2		KOREA VIEW 卒業の喜び、社会進出の不安
2001.03.05	第26巻第3号(通巻第297号)	4		第3回南北離散家族再会 短い出会い、長い別れ
2001.03.05	第26巻第3号(通巻第297号)	6		在日コリアンと大阪府民・市民友好親善交流フェスティバル 大阪ハナ・マトゥリ
2001.03.05	第26巻第3号(通巻第297号)	8		韓日銀行設立委 緊急決起大会と署名運動(東京・大阪)
2001.03.05	第26巻第3号(通巻第297号)	10		2・1大韓独立宣言宣布82周年記念式・学術シンポジウム 独立運動精神と三均主義思想で民族的和合と祖国統一を完成しよう
2001.03.05	第26巻第3号(通巻第297号)	14		日帝の蛮行謝罪した芝居「ああ! 堤岩里よ」
2001.03.05	第26巻第3号(通巻第297号)	22		ZOOM UP「為に生きる」留学生の支援、自律促進に奔走(清家三代治さん)
2001.03.05	第26巻第3号(通巻第297号)	23		第1回韓国語スピーチフェスティバル ハングルに愛を込めて(金沢)
2001.03.05	第26巻第3号(通巻第297号)	24		日韓親善記念 金順玉絵画展 永遠なる敬天愛人精神とその作品世界
2001.03.05	第26巻第3号(通巻第297号)	26		2000年韓国の最高ヒット商品発表! 第1位「アイ・ラブ・スクール」
2001.03.05	第26巻第3号(通巻第297号)	32		「従軍慰安婦」24年前に慰霊碑 同胞ら100人が参加し顕彰するつどい(大阪)
2001.03.05	第26巻第3号(通巻第297号)	33		金泳三の覚悟発言生中継 金大中大統領に真っ向勝負を挑む金泳三前大統領

발행일	지면정보		필자	제목
	권호	페이지		
2001.03.05	第26巻第3号(通巻第297号)	42	朴韓鮮	特別寄稿 韓半島南北両政権は「非武装永世中立」宣言を-韓半島平和統一の路-(九)(飛鳥評論社代表/歴史時事評論家)
2001.03.05	第26巻第3号(通巻第297号)	49		韓国歌謡ダンスナイト 踊る KOREA MANIA3rdさらに白熱!(大阪)
2001.03.05	第26巻第3号(通巻第297号)	50		企業探訪-日用雑貨流通業界の韓国NO.1企業-
2001.03.05	第26巻第3号(通巻第297号)	54		歴史 日本の中の李朝仏画-仏涅槃図(一)-(姜健栄)
2001.03.05	第26巻第3号(通巻第297号)	58		TOPICS 外国籍住民の地方参政権共同キャンペーン2001スタート/日韓文化交流協会が役員・世話人会/金泳三元大統領夫妻が訪日/2・8独立宣言82周年記念式/ケヤキ会新年懇親会/在日慶尚北道道民会第13回定期総会及び新年会/2月の芸術のタベ/在日千葉県慶尚南道道民会2001年総会・新年会/東京慶尚南道道民会2001年新年会・第27回定期総会/婦人会大阪本部「第2回ームヘルパー2級養成講座」
2001.03.05	第26巻第3号(通巻第297号)	16		〈好評連載〉渡来人の足跡をたずねて 木津川左岸 同志社大学・京都田辺キャンパス
2001.03.05	第26巻第3号(通巻第297号)	46	田駿	〈好評連載〉特別寄稿 仁~純粋な心のある人~
2001.03.05	第26巻第3号(通巻第297号)	47		〈好評連載〉アジュモニのほろ酔いばなし 玄善允さん
2001.03.05	第26巻第3号(通巻第297号)	62		〈好評連載〉Gallery 河鐘賢弘益大教授退官記念回顧展
2001.03.05	第26巻第3号(通巻第297号)	63		〈好評連載〉Performance 梁邦彦バンド
2001.04.05	第26巻第4号(通巻第298号)	2		KOREA VIEW 柳太平洋が「出会い」のシーンを熱演(大阪)
2001.04.05	第26巻第4号(通巻第298号)	4		東北アジアのハブ空港めざし羽ばたく
2001.04.05	第26巻第4号(通巻第298号)	8		在日コリアンと大阪府民・市民3万人が集う親善交流フェスティバル 大阪ハナ・マトゥリ
2001.04.05	第26巻第4号(通巻第298号)	12		ZOOM UP 世界テコンドーポータルサイト構築に取り組む(eTDK.com会長・金政勲さん)
2001.04.05	第26巻第4号(通巻第298号)	14		韓国現代史の巨星堕つ 鄭周永現代グループ名誉会長死去
2001.04.05	第26巻第4号(通巻第298号)	22		岡山1850世帯の大団結 岡山韓国会館(アジア国際センター)竣工
2001.04.05	第26巻第4号(通巻第298号)	24		第24回韓国美術展 韓国からの公募作品25点展覧(東京)
2001.04.05	第26巻第4号(通巻第298号)	26	朴韓鮮	特別寄稿 韓半島南北両政権は「非武装永世中立」宣言を-韓半島平和統一の路-(十)(飛鳥時事評論社代表/歴史時事評論家)
2001.04.05	第26巻第4号(通巻第298号)	32		ZOOM UP 音楽を通して限りあい愛を伝える(バイオリニスト・丁讃宇さん)
2001.04.05	第26巻第4号(通巻第298号)	34		大阪商銀基本合意書を締結 京都シティ信組に事業譲渡
2001.04.05	第26巻第4号(通巻第298号)	36		在日韓国新聞協会時局シンポジウム 21世紀のコリアと日本~経済発展と在日の役割~(東京)

발행일	지면정보		필자	제목
	권호	페이지		
2001.04.05	第26巻第4号(通巻第298号)	42		TOPICS 関西韓国文化院が2周年/82周年「3・1節」/大阪韓商がインターネット講習会開催/韓国の"キムタク"初来日/「李朝の美-仏画と梵鐘-」出版会/田月仙さん6月に日/本コリア音楽祭開催/初の北朝鮮専門店ソウルにオープン/ソウル地下鉄が巨大な映画館に!/第6回海外韓民族代表者大会/故金三奎さん13回忌/JAPAN-KOREA親善囲碁大会
2001.04.05	第26巻第4号(通巻第298号)	50		KOREAI NTERVIEW 死ぬのが怖くない魅せられる何かやり続けたい(朴茗苑)
2001.04.05	第26巻第4号(通巻第298号)	54	姜健栄	歴史 日本の中の李朝仏画-仏涅槃図(二)
2001.04.05	第26巻第4号(通巻第298号)	56		韓国気まぐれ散歩 お屋敷街を歩いてみれば-ソウル瑞草区方背洞あたり-(遠森慶)
2001.04.05	第26巻第4号(通巻第298号)	56		耽羅通信 2001年済州世界島文化祭り、第6回済州マラソン祝祭
2001.04.05	第26巻第4号(通巻第298号)	16		〈好評連載〉渡来人の足跡をたずねて 韓国の前方後円墳 木津川左岸と継体天皇
2001.04.05	第26巻第4号(通巻第298号)	33	田駿	〈好評連載〉特別寄稿 權より初めよ～原点に返ってやり直せ～
2001.04.05	第26巻第4号(通巻第298号)	38		〈好評連載〉韓国歴史文化講座(6) 儒教の国 朝鮮(＝李朝)両班社会
2001.04.05	第26巻第4号(通巻第298号)	47		〈好評連載〉アジュモニのほろ酔いばなし 朴泰弘さん
2001.04.05	第26巻第4号(通巻第298号)	49		〈好評連載〉猫にオンドル 大はば様/長男の嫁
2001.04.05	第26巻第4号(通巻第298号)	60		〈好評連載〉Movie 高倉健主演「ホタル」、韓国・大邱でクランクアップ
2001.04.05	第26巻第4号(通巻第298号)	62		〈好評連載〉Tour エバーランドというソウル人気スポットのバックツアー登場
2001.04.05	第26巻第4号(通巻第298号)	63		〈好評連載〉Performance 張サイクさん
2001.05.05	第26巻第5号(通巻第299号)	2		KOREA VIEW「苦痛と涙に明け暮れた歳月を、彼らに消させることができない」
2001.05.05	第26巻第5号(通巻第299号)	4		2001食博覧会・大阪 在日の南北商工団体が分断後初の共同出展(大阪)
2001.05.05	第26巻第5号(通巻第299号)	6		第46回世界卓球選手権大会 統一旗振り「イギョラコリア」の大声援(大阪)
2001.05.05	第26巻第5号(通巻第299号)	8		JR新大久保駅転落事故で犠牲になった韓国人留学生義人 李秀賢、永眠する
2001.05.05	第26巻第5号(通巻第299号)	10		ZOOM UP 反省ない日本が私の断食座り込みを誘導した(金泳鎮議員)
2001.05.05	第26巻第5号(通巻第299号)	14		東洋のジャンヌダルク 柳寛順精神10周年記念大会(東京)
2001.05.05	第26巻第5号(通巻第299号)	24		韓国民から敬愛されるただ一人のにほんじん浅川巧先生第70周忌追慕祭(ソウル)
2001.05.05	第26巻第5号(通巻第299号)	28	朴韓鮮	特別寄稿 韓半島南北両政権は「非武装永世中立」宣言を-韓半島平和統一の路-(11) (飛鳥評論社代表/歴史時事評論家)

발행일	지면정보		필자	제목
	권호	페이지		
2001.05.05	第26巻第5号(通巻第299号)	32		滑りだし上々USJ(大阪)
2001.05.05	第26巻第5号(通巻第299号)	38		TOPICS　第17回「若人の出会い」/第5回チャリティーコンペ/京都商銀が破綻/韓商第39期定期総会/韓・朝・日の美術展/大阪青商総会/2001ミスコリア日本選抜大会/徳山昌守選手を励ます会
2001.05.05	第26巻第5号(通巻第299号)	42		晋州で植樹会と交流会(在日慶南道民会)
2001.05.05	第26巻第5号(通巻第299号)	43		第37期定期総会(在日慶南晋州郷友会)
2001.05.05	第26巻第5号(通巻第299号)	50	姜健栄	歴史　日本の中の高麗仏画-阿弥陀如来像(1)
2001.05.05	第26巻第5号(通巻第299号)	54		ZOOM UP　民団・総連の双方に故郷訪問の機会を(方永泰さん)
2001.05.05	第26巻第5号(通巻第299号)	55		桜を愛でながら京都で韓国茶会(韓日茶道研究会)
2001.05.05	第26巻第5号(通巻第299号)	56		アジア映画の新たなる幕明け　全州国際映画祭
2001.05.05	第26巻第5号(通巻第299号)	58		ムクゲ公園を永遠に美しく残そう!
2001.05.05	第26巻第5号(通巻第299号)	59		ソウル鍾路にOPEN!　日韓交流ハウス「まるみそ」
2001.05.05	第26巻第5号(通巻第299号)	16		〈好評連載〉渡来人の足跡をたずねて　木津川左岸・京田辺市
2001.05.05	第26巻第5号(通巻第299号)	33	田駿	〈好評連載〉特別寄稿　地方参政権賛成にならないのは皇国史観の重みから
2001.05.05	第26巻第5号(通巻第299号)	34		〈好評連載〉韓国歴史文化講座(7)　朝鮮事大の対外関係と壬辰倭乱
2001.05.05	第26巻第5号(通巻第299号)	44		〈好評連載〉韓国の民俗文化財(28)　河回・玉淵精舎
2001.05.05	第26巻第5号(通巻第299号)	45		〈好評連載〉アジュモニのほろ酔いばなし　松井寛子さん
2001.05.05	第26巻第5号(通巻第299号)	46		〈好評連載〉統計でみる韓国と日本〈初紺年齢〉
2001.05.05	第26巻第5号(通巻第299号)	47		〈好評連載〉猫にオンドル ふたりの孫/大きいのが好き
2001.05.05	第26巻第5号(通巻第299号)	60		〈好評連載〉Metro高建ソウル市長「2001世界清廉人賞」受賞
2001.05.05	第26巻第5号(通巻第299号)	61		〈好評連載〉Spot　南山韓式家屋村
2001.05.05	第26巻第5号(通巻第299号)	62		〈好評連載〉Gallary　麦畑と官能、原初的生命を描き出す(李淑子さん)
2001.05.05	第26巻第5号(通巻第299号)	63		〈好評連載〉Performance　「踊りで南北を一ついまとめ、世界舞台に立つ」(白香珠山)
2001.06.05	第26巻第6号(通巻第300号)	2		KOREA VIEW 6・25参戦少年志願兵 戦死者870株を国立顕忠院の奉安
2001.06.05	第26巻第6号(通巻第300号)	4		第3回東アジア競技大会2001OSAKA 健闘の韓国は綜合3位
2001.06.05	第26巻第6号(通巻第300号)	6		「2001年韓国訪問の年」キャンペーン　観光広報使節の柳太洋君が熱演(東京、大阪)
2001.06.05	第26巻第6号(通巻第300号)	8		金大中大統領 金正日総書記に答礼訪問を公式要求
2001.06.05	第26巻第6号(通巻第300号)	9		追慕祭 李方子妃殿下の13回忌追慕祭
2001.06.05	第26巻第6号(通巻第300号)	10		企業探訪-世界で最も美しい済州W杯サッカー場建設 農林産業

발행일	지면정보		필자	제목
	권호	페이지		
2001.06.05	第26巻第6号(通巻第300号)	14		ZOOM UP ソウルシステム(株)張天敏 社長
2001.06.05	第26巻第6号(通巻第300号)	22	朴韓鮮	特別寄稿 韓半島南北両政権は「非武装永世中立」宣言を－韓半島平和統一の路-(12) (飛鳥評論社代表/歴史時事評論家)
2001.06.05	第26巻第6号(通巻第300号)	28		第3回J・Y通常総会及び経営者・店長研修会 外食産業30兆円の大黒柱、焼肉産業はW杯に向けますます拡大
2001.06.05	第26巻第6号(通巻第300号)	34		特集 ソウルオリンピック以来、日本に韓国ブーム到来!
2001.06.05	第26巻第6号(通巻第300号)	48		TOPICS 俞炳宇・駐大阪韓国総領事着任/38人が新たにホームヘルパー「2級」の資格取得(婦人会大阪本部)
2001.06.05	第26巻第6号(通巻第300号)	49		伝統婚礼式を再現「韓国の家」
2001.06.05	第26巻第6号(通巻第300号)	50		大阪商銀の事業譲リ受け 近畿産業信組が営業スタート
2001.06.05	第26巻第6号(通巻第300号)	54		韓国語版出版記念会 南蔵院(福岡)で開催「君がいるだけで私は幸せ」
2001.06.05	第26巻第6号(通巻第300号)	56		歴史 日本の中の高麗仏画-阿弥陀如来像(2)-(姜健栄)
2001.06.05	第26巻第6号(通巻第300号)	60		再発見 韓国民俗村(前編)－(園森慶)
2001.06.05	第26巻第6号(通巻第300号)	16		〈好評連載〉渡来人の足跡をたずねて 京田辺市郷土史家の皆さんと歩く隼人の里 京田辺・大住
2001.06.05	第26巻第6号(通巻第300号)	44	田駿	〈好評連載〉特別寄稿 次世代の為に～真面目に教えてもらいたい～
2001.06.05	第26巻第6号(通巻第300号)	45		〈好評連載〉アジュモニのほろ酔いばなし 趙博さん
2001.06.05	第26巻第6号(通巻第300号)	46		〈好評連載〉猫にオンドル 結婚に行った/カトリック式/披露パーティー/美人系とそのでない系
2001.06.05	第26巻第6号(通巻第300号)	52		〈好評連載〉韓国の民俗文化財(29) 河回・謙菴精舎
2001.07.05	第26巻第7号(通巻第301号)	2		KOREA VIEW 日本教科書歪曲第2ラウンド 全世界71ヵ国でリレー抗議集会
2001.07.05	第26巻第7号(通巻第301号)	4		歴史教科諸問題 アジア7ヵ国・地域市民が連帯「人間の鎖」でアピール(東京)
2001.07.05	第26巻第7号(通巻第301号)	6		「つくる会」教科書の不採択を!在日韓国人研究者が声明(東京、大阪)
2001.07.05	第26巻第7号(通巻第301号)	7		全国婦人会大研修会 女性の創意的能力を発揮し、在日韓国女性の未来像構築を
2001.07.05	第26巻第7号(通巻第301号)	8		〈特集〉2002W杯開催地を行くソウル編 伝統とハイテク技術の融合、アジア最大のサッカー専用競技場
2001.07.05	第26巻第7号(通巻第301号)	14		驪州 世界陶磁器エキスポ2001京畿道
2001.07.05	第26巻第7号(通巻第301号)	24	朴韓鮮	特別寄稿 韓半島南北両政権は「非武装永世中立」宣言を-韓半島平和統一の路-(14) (飛鳥評論社代表/歴史時事評論家)
2001.07.05	第26巻第7号(通巻第301号)	30		フォーラム 定住外国人の被選挙権への展望(桃山学院大学教授 徐竜達)
2001.07.05	第26巻第7号(通巻第301号)	34		在日 民団主導「平和銀行」の設立委発足

발행일	지면정보 권호	지면정보 페이지	필자	제목
2001.07.05	第26巻第7号(通巻第301号)	35		大阪ハナ・マトゥリ感謝の夕べ 民団、総連の関係者ら150人が成功を祝う
2001.07.05	第26巻第7号(通巻第301号)	36		TOPICS 大阪韓商第48期定期総会/第29回韓国語弁論大会(韓国大阪JC・ソウルJC)/「東大門OSAKA」鶴橋(大阪)にオープン/神奈川青商第20期定期総会/東アジア綜合研究所創立10周年/韓国車 米国で順調、日本で苦戦/元中日の李鍾範、ヘテに復帰/ユン・ソナが深キョンと競演
2001.07.05	第26巻第7号(通巻第301号)	40		ムービー 映画「チング」と釜山っ子たちの熱き想い
2001.07.05	第26巻第7号(通巻第301号)	48		釜山市立国楽管弦楽団特別公演を観て 隣国のレベルの高い文化に驚く(作家 つかだみちこ)
2001.07.05	第26巻第7号(通巻第301号)	50		韓国民団 永住外国人に地方参政権を(6・5全国決起大会、東京)
2001.07.05	第26巻第7号(通巻第301号)	52	姜健栄	歴史 日本の中の高麗仏画-阿弥陀如来像(3)
2001.07.05	第26巻第7号(通巻第301号)	56		再発見 韓国民俗村(後編)-(園森慶)
2001.07.05	第26巻第7号(通巻第301号)	18		〈好評連載〉渡来人の足跡をたずねて《山城》木津川右岸 井手町
2001.07.05	第26巻第7号(通巻第301号)	33	田駿	〈好評連載〉特別寄稿 国際知性~国会議員は今こそ真面目になってもらいたい~
2001.07.05	第26巻第7号(通巻第301号)	44		〈好評連載〉猫にオンドル 観光バスで行こう/本物のポンチャクとは/テグへ/天にまします
2001.07.05	第26巻第7号(通巻第301号)	46		〈好評連載〉統計でみる韓国と日本 信仰する宗教がありますか?
2001.07.05	第26巻第7号(通巻第301号)	47		〈好評連載〉アジュモニのほろ酔いばなし 申泰股さん
2001.07.05	第26巻第7号(通巻第301号)	60		〈好評連載〉Book「朝鮮をどう教えるか」「李朝の美-仏画と梵鐘-」「韓国人権運動の証言」「根雪とけて···春」ほか
2001.07.05	第26巻第7号(通巻第301号)	61		〈好評連載〉Gallary 金圭泰画伯、詩人金相沃
2001.07.05	第26巻第7号(通巻第301号)	63		〈好評連載〉Performance「還生」
2001.08.05	第26巻第8号(通巻第302号)	2		KOREA VIEW 日本教科書歪曲第2ラウンド 全世界71ヵ国でリレー抗議集会
2001.08.05	第26巻第8号(通巻第302号)	4		真実、そして反省と和解のための特別展 日帝侵略歴史歪曲展(ソウル)
2001.08.05	第26巻第8号(通巻第302号)	6		インタビュー 50億ウォンつぎ込んで731部隊を映画化 金昌権さん
2001.08.05	第26巻第8号(通巻第302号)	8		子供時代を探す運動 孤児たちの思い出づくりをお手伝い
2001.08.05	第26巻第8号(通巻第302号)	20		在日コリアンと日本人の友情ふれあいイベント 岡山ゆめの花広場
2001.08.05	第26巻第8号(通巻第302号)	30		ZOOM UP 大和言葉語源辞典を出した言語学者 朴炳植さん
2001.08.05	第26巻第8号(通巻第302号)	32		個展 孫雅由で高麗茶道(福岡)

발행일	지면정보		필자	제목
	권호	페이지		
2001.08.05	第26巻第8号(通巻第302号)	34		TOPICS 民団大阪が兪炳宇総領事の歓迎会/婦人会大阪本部オモニコーラス部が「故郷の家」を慰問
2001.08.05	第26巻第8号(通巻第302号)	36		脱北した北送日同胞の妻の手記 北送日同胞はこうして消えていった
2001.08.05	第26巻第8号(通巻第302号)	50	朴韓鮮	特別寄稿 韓半島南北両政権は「非武装永世中立」宣言を-韓半島平和統一の路-(14) (飛鳥評論社代表/歴史時事評論家)
2001.08.05	第26巻第8号(通巻第302号)	58	姜健栄	歴史 日本の中の高麗仏画-地蔵菩薩像-
2001.08.05	第26巻第8号(通巻第302号)	62		世界講演ツアー2001「Service for Peace」文顕進YFWP会長が講演
2001.08.05	第26巻第8号(通巻第302号)	10		国宝紀行① 国宝第1号「崇礼門」
2001.08.05	第26巻第8号(通巻第302号)	14		渡来人の足跡をたずねて 《山城》城陽市 渡来豪族栗隈氏
2001.08.05	第26巻第8号(通巻第302号)	33	田駿	特別寄稿 意識改革～構造改革の始まりは皇国史観から～
2001.08.05	第26巻第8号(通巻第302号)	35		韓国の民俗文化財(29) 河回・南村宅
2001.08.05	第26巻第8号(通巻第302号)	46		統計で見る韓国と日本 あなたが信じる宗教は？
2001.08.05	第26巻第8号(通巻第302号)	47		アジュモニのほろ酔いばなし 孫遠植さん
2001.08.05	第26巻第8号(通巻第302号)	63		「中田英寿・洪明ボ甫 TOGETHER」「北朝鮮を知りすぎた医者」
2001.09.05	第26巻第9号(通巻第303号)	2		世界陶磁器えくすぽ2001京畿道 利川、驪州、広州で盛況
2001.09.05	第26巻第9号(通巻第303号)	4		交流 湖南大学生がこいや祭りに参加(大阪)
2001.09.05	第26巻第9号(通巻第303号)	6		在日 青商連が設立20周年記念大開(大阪)
2001.09.05	第26巻第9号(通巻第303号)	10		民団 56周年光複節記念式典(全国各地)
2001.09.05	第26巻第9号(通巻第303号)	12		光複節 金大中大統領慶祝辞(要旨)
2001.09.05	第26巻第9号(通巻第303号)	24	朴韓鮮	特別寄稿 韓半島南北両政権は「非武装永世中立」宣言を-韓半島平和統一の路-(15) (飛鳥評論社代表/歴史時事評論家)
2001.09.05	第26巻第9号(通巻第303号)	32		在日「ドラゴン銀行」設立発起人会(東京)
2001.09.05	第26巻第9号(通巻第303号)	40		韓国型武士道の深層 李舜臣の刀は、ただ刀でしかなかった(金薫)
2001.09.05	第26巻第9号(通巻第303号)	49		インタビュー 訴訟記録を日本語で出版。弁護士・池益杓さん
2001.09.05	第26巻第9号(通巻第303号)	50		座談会 ルーツをたどればひとつになれる～21世紀の在日宗親会の在り方を語る～
2001.09.05	第26巻第9号(通巻第303号)	53		在日 ワンコリア囲碁大会(東京)
2001.09.05	第26巻第9号(通巻第303号)	56	姜健栄	歴史 演福寺鐘と居庸関に見る尊勝陀羅尼
2001.09.05	第26巻第9号(通巻第303号)	61		公演 名唱朴初月追慕公演(東京)
2001.09.05	第26巻第9号(通巻第303号)	62		オープン 東大門市場ATCオープン(大阪)
2001.09.05	第26巻第9号(通巻第303号)	14		〈好評連載〉国宝紀行② 国宝2号「十重の塔」

발행일	지면정보		필자	제목
	권호	페이지		
2001.09.05	第26巻第9号(通巻第303号)	16		〈好評連載〉渡来人の足跡をたずねて《山東半島》新羅人の助けを受けた遺唐使 円仁の足跡
2001.09.05	第26巻第9号(通巻第303号)	33	田駿	〈好評連載〉特別寄稿 国家主義者～衣の下から鎧がちらりちらり～
2001.09.05	第26巻第9号(通巻第303号)	34		〈好評連載〉韓国歴史文化講座 朝鮮王朝実録 その生成と活用
2001.09.05	第26巻第9号(通巻第303号)	39		〈好評連載〉統計で見る韓国と日本日本人と韓国人、働き蜂はどっち？
2001.09.05	第26巻第9号(通巻第303号)	45		〈好評連載〉暗黒の民俗文化財(30) 河洞 主一斉
2001.09.05	第26巻第9号(通巻第303号)	48		〈好評連載〉アジュモニのほろ酔いばなし 李寧熙さん
2001.10.05	第26巻第10号(通巻第304号)	2		巻頭インタビュー 兪奉植氏(近畿産業信組代表理事、「エムケイ」オーナー「一世だからできることです」
2001.10.05	第26巻第10号(通巻第304号)	10		KOREAVIEW 南北をつなぐ京義線、韓国側完工 南北長官旧会談再開
2001.10.05	第26巻第10号(通巻第304号)	12		韓日文化交流「日本の美」 きもの展示会(羽織と晴れ着)
2001.10.05	第26巻第10号(通巻第304号)	22	朴韓鮮	特別寄稿 韓半島南北両政権は「非武装永世中立」宣言を-韓半島平和統一の路-(16) (飛鳥評論社代表/歴史時事評論家)
2001.10.05	第26巻第10号(通巻第304号)	30		記念集会 ロンドンで幸福節記念集会(徐竜達)
2001.10.05	第26巻第10号(通巻第304号)	34		インタビュー 「強さが在日婦人の財産」(在日韓国婦人会中央本部 夫順末会長)
2001.10.05	第26巻第10号(通巻第304号)	38		歴史教科書問題 日本歴史教科書問題と韓国の対応
2001.10.05	第26巻第10号(通巻第304号)	42		講演&慰霊碑参拝 地方参政権と原爆慰霊碑の広島(桃山学院大学大学院教授 徐竜達)
2001.10.05	第26巻第10号(通巻第304号)	45		TOPICS 韓国、高齢社会に突入/朴セリ、テロ被害者に3万ドルの救援金/「2001採用博覧会」開催/韓国「TOTO」試験発売/韓国人気女優・沈銀河、婚約解消で復帰争奪戦
2001.10.05	第26巻第10号(通巻第304号)	46		慰霊祭 関東大震災犠牲同胞の冥福を祈る(関東地区)
2001.10.05	第26巻第10号(通巻第304号)	47		敬老会 お年寄りを招待し、手料理や民謡、踊りでもてなし(東京)
2001.10.05	第26巻第10号(通巻第304号)	50		2001韓国光州キムチフェア 本場の光州キムチに長蛇の列(大阪)
2001.10.05	第26巻第10号(通巻第304号)	52		食探訪 赤坂「韓国館」
2001.10.05	第26巻第10号(通巻第304号)	56	姜健栄	歴使 日本の中高齢仏画～弥勒下生経変相図と類型変相図～
2001.10.05	第26巻第10号(通巻第304号)	16		〈好評連載〉渡来人の足跡をたずねて 近江路再び・・・地元歴使愛好家と行く蒲生野
2001.10.05	第26巻第10号(通巻第304号)	36	田駿	〈好評連載〉特別寄稿 戦犯参拝～戦犯参拝劇のお粗末～
2001.10.05	第26巻第10号(通巻第304号)	37		〈好評連載〉韓国の民俗文化財(32) 楽安城 朴義俊家屋

발행일	지면정보 권호	지면정보 페이지	필자	제목
2001.10.05	第26巻第10号(通巻第304号)	41		〈好評連載〉アジュモニのほろ酔いばなし 河廷竜さん
2001.10.05	第26巻第10号(通巻第304号)	54		〈好評連載〉国宝紀行③ 北漢山新羅真興王「巡狩碑」
2001.11.05	第26巻第11号(通巻第305号)	2		巻頭スペシャル 岐路に立つ在日の社交場「KOMAカントリークラブ」12月12日に再生計画案の議決
2001.11.05	第26巻第11号(通巻第305号)	8		KOREA VIEW 漢江に世界最高の噴水建設
2001.11.05	第26巻第11号(通巻第305号)	10		大韓民国無形文化財 伝統工芸の巨匠たち 作品展(大阪ビジネスパークツイン21)
2001.11.05	第26巻第11号(通巻第305号)	14		太田房江・大阪府知事が金大中大統領と会談 韓国企業との連帯通じて大阪経済の活性化を
2001.11.05	第26巻第11号(通巻第305号)	15		絵会 在日本跆拳道協会が再建総会(大阪)
2001.11.05	第26巻第11号(通巻第305号)	24	朴韓鮮	特別寄稿 韓半島南北両政権は「非武装永世中立」宣言を-韓半島平和統一の路-(17) (飛鳥評論社代表/歴史時事評論家)
2001.11.05	第26巻第11号(通巻第305号)	34		米国同時多発テロ KAL機爆発事件遺族たちの憤り
2001.11.05	第26巻第11号(通巻第305号)	36		おもしろデータ 勧告人が最も多く食べた水産物は？
2001.11.05	第26巻第11号(通巻第305号)	38		講演 MKグループオーナー青木定雄氏が経営者セミナーで講演(大阪)
2001.11.05	第26巻第11号(通巻第305号)	39		第18回若人の出会い 恋の季節、出会いを大切に、自分で幸せを掴んで(大阪)
2001.11.05	第26巻第11号(通巻第305号)	40		TOPICS
2001.11.05	第26巻第11号(通巻第305号)	42		韓国ドラマ 朝鮮を血で染めた権力に化身「文定王后」
2001.11.05	第26巻第11号(通巻第305号)	49		顕彰のづとい 「従軍慰安婦」異例之碑を顕彰するづとい(大阪・大東市野崎)
2001.11.05	第26巻第11号(通巻第305号)	50		人物 ニベルト・フォロチェン氏/鄭楊さん
2001.11.05	第26巻第11号(通巻第305号)	52		第28回生野まつり 民団・総連が「統一旗」手に合同パレード
2001.11.05	第26巻第11号(通巻第305号)	56	姜健栄	歴史 六口の大極紋鐘
2001.11.05	第26巻第11号(通巻第305号)	16		〈好評連載〉国宝紀行④ 高達山跡浮屠
2001.11.05	第26巻第11号(通巻第305号)	18		〈好評連載〉渡来人の足跡をたずねて 古代ロマンのウルルン島
2001.11.05	第26巻第11号(通巻第305号)	45		〈好評連載〉韓国の民俗文化財(33) 楽安城 梁圭喆家屋
2001.11.05	第26巻第11号(通巻第305号)	46		〈好評連載〉統計で見る韓国と日本 日本と韓国は、本当に学歴社会か？
2001.11.05	第26巻第11号(通巻第305号)	47		〈好評連載〉アジュモニのほろ酔いばなし 蔡永国さん
2001.11.05	第26巻第11号(通巻第305号)	48	田駿	〈好評連載〉特別寄稿 国籍～親が付けてくれた名前で～
2001.11.05	第26巻第11号(通巻第305号)	61		〈好評連載〉Book「韓国美人事情」「太陽が暗闇になっては、闇を照らすことはできない」「千葉のなかの朝鮮」

발행일	지면정보		필자	제목
	권호	페이지		
2001.11.05	第26巻第11号(通巻第305号)	62		〈好評連載〉Performance「地下鉄1号線」
2001.11.05	第26巻第11号(通巻第305号)	63		〈好評連載〉Movie「純愛譜」
2001.12.05	第26巻第12号(通巻第306号)	2		巻頭スペシャル 藍綬褒章を受章した河炳旭さん(京都保護育成会理事長)
2001.12.05	第26巻第12号(通巻第306号)	6		韓日交流祭 KOREA SUPER EXPO2001(大阪)
2001.12.05	第26巻第12号(通巻第306号)	10		韓日の伝統芸能交流 日本初演「春風別曲」
2001.12.05	第26巻第12号(通巻第306号)	14		第6回釜山国際映画祭 映画はエンターテインメントである!
2001.12.05	第26巻第12号(通巻第306号)	29		大阪韓商チャリティーゴルフ 日本肓導犬協会に支援金寄贈
2001.12.05	第26巻第12号(通巻第306号)	32		第18回博士王仁まつり 王仁博士の偉業偲ぶ
2001.12.05	第26巻第12号(通巻第306号)	33		第3回王仁博士記念「韓日文化交流」作文コンクール
2001.12.05	第26巻第12号(通巻第306号)	36		TOPICS
2001.12.05	第26巻第12号(通巻第306号)	40		関西興銀「受け皿」問題「近産」強力サポーター
2001.12.05	第26巻第12号(通巻第306号)	46		「四天王寺ワッソ」記念シンピジウム 生きた歴史教科書の復活を!
2001.12.05	第26巻第12号(通巻第306号)	49		天宙平和統一国日本大会 民族・宗教・人種を超越し世界平和を求めて
2001.12.05	第26巻第12号(通巻第306号)	50	朴韓鮮	特別寄稿 韓半島南北両政権は「非武装永世中立」宣言を－観半島平和統一の路(18)－(飛鳥評論者代表・歴史時事評論家)
2001.12.05	第26巻第12号(通巻第306号)	58		交流 裏千家茶道と高麗茶道による茶文化交流会
2001.12.05	第26巻第12号(通巻第306号)	60		すきやねん御幸通 チョアヨ!コリアタウン2001年統一まつり
2001.12.05	第26巻第12号(通巻第306号)	22		渡来人の足跡をたずねて 大阪の中の百済
2001.12.05	第26巻第12号(通巻第306号)	30		国宝紀行⑤ 法住寺 双獅子石灯
2001.12.05	第26巻第12号(通巻第306号)	43		韓国の民俗文化財(37) 楽安城 委漢皓家屋
2001.12.05	第26巻第12号(通巻第306号)	44	田駿	特別寄稿 小泉外交 ～それは、うわずったものである～
2001.12.05	第26巻第12号(通巻第306号)	45		アジュモニのほろ酔いばなし 任常必さん
2001.12.05	第26巻第12号(通巻第306号)	62		Travel 韓国のスキー場、一挙初紹介
2001.12.05	第26巻第12号(通巻第306号)	63		Book「日本の歴史教科書への批判提言」「刀と詩」「韓国の息子と父」
2002.01.05	第27巻第1号(通巻第307号)	2		天皇陛下誕生日会見 韓国とのゆかりを感じています
2002.01.05	第27巻第1号(通巻第307号)	6		新春誌上インタビュー 太田房江・大阪府知事に聞く
2002.01.05	第27巻第1号(通巻第307号)	9		民族金融機関 破綻4信組の譲渡先決定へ
2002.01.05	第27巻第1号(通巻第307号)	10		KOMAカントリークラブ 再生計画案を可決
2002.01.05	第27巻第1号(通巻第307号)	12		寺田輝介・駐韓大使が講演「日韓友好ハイウェーの舗装を」
2002.01.05	第27巻第1号(通巻第307号)	13		在阪韓国人経済4団体、太田知事と懇談

발행일	지면정보		필자	제목
	권호	페이지		
2002.01.05	第27巻第1号(通巻第307号)	14	曺奎通	寄稿 永世不忘碑の保存を願って(韓寺を巡る会主宰)
2002.01.05	第27巻第1号(通巻第307号)	38		北朝鮮に拉致された魚民 陳正八氏 34年ぶりの帰還が実現するまで
2002.01.05	第27巻第1号(通巻第307号)	46		TOPICS
2002.01.05	第27巻第1号(通巻第307号)	52	朴韓鮮	特別寄稿 韓半島南北両政権は「非武装永世中立」宣言を－観半島平和統一の路(19)－(飛鳥評論者代表・歴史時事評論家)
2002.01.05	第27巻第1号(通巻第307号)	57		日韓文化交流 九州で伝統文化交流、盛況
2002.01.05	第27巻第1号(通巻第307号)	60		演劇「島・isle」の演出家、金相秀さん 礼儀とはすなわち、相手を配慮し、思う気持ち
2002.01.05	第27巻第1号(通巻第307号)	18		〈好評連載〉渡来人の足跡をたずねて 大阪の中の百済
2002.01.05	第27巻第1号(通巻第307号)	32	田駿	〈好評連載〉特別寄稿 ミサイル～日本軍国主義の根元を阻止するために～
2002.01.05	第27巻第1号(通巻第307号)	34		〈好評連載〉韓国歴史文化講座 教科書問題と韓日両国近代国家の形成
2002.01.05	第27巻第1号(通巻第307号)	45		〈好評連載〉アジュモニのほろ酔いばなし 崔正勲・日領兄弟
2002.01.05	第27巻第1号(通巻第307号)	50		〈好評連載〉国宝紀行⑥ 法住寺 捌相殿
2002.01.05	第27巻第1号(通巻第307号)	61		〈好評連載〉Book「韓日戦争勃発!?」「日本人に伝えたい」「朝鮮韓国近代史書展」
2002.01.05	第27巻第1号(通巻第307号)	62		〈好評連載〉スピッチ、2度目の韓国公演
2002.02.05	第27巻第2号(通巻第308号)(2月・3月合本)	2		金大中大統領年頭記者会見
2002.02.05	第27巻第2号(通巻第308号)(2月・3月合本)	4		天皇訪韓は、日本が決定すれば最大限尊重する
2002.02.05	第27巻第2号(通巻第308号)(2月・3月合本)	6		JR新大久保駅救助の死から1年 東京で日韓合同慰霊祭
2002.02.05	第27巻第2号(通巻第308号)(2月・3月合本)	8		関西興銀と京都商銀の事業譲渡先 近畿産業信組・兪奉植会長「正攻法が勝つ」受け皿「入札」に絡む事実が今、明らかに!!
2002.02.05	第27巻第2号(通巻第308号)(2月・3月合本)	14		関西興銀不正融資事件 「在日のドン」逮捕で同胞社会に衝撃走る
2002.02.05	第27巻第2号(通巻第308号)(2月・3月合本)	16		2002年平和の行進 今夏、朝鮮通信使再現
2002.02.05	第27巻第2号(通巻第308号)(2月・3月合本)	18		2002年韓日国民交流年 紀香とユンジンにおまかせ!
2002.02.05	第27巻第2号(通巻第308号)(2月・3月合本)	20	曺奎通	寄稿 永世不忘碑の保存を願って(韓寺を巡る会主宰)
2002.02.05	第27巻第2号(通巻第308号)(2月・3月合本)	24		尹奉吉義士埋葬地で韓日合同追慕祭
2002.02.05	第27巻第2号(通巻第308号)(2月・3月合本)	32		TOPICS

발행일	지면정보		필자	제목
	권호	페이지		
2002.02.05	第27巻第2号(通巻第308号) (2月・3月合本)	36		北朝鮮に拉致された魚民 陳正八氏の証言 北朝鮮飢餓地獄 生存の眼界への挑戦
2002.02.05	第27巻第2号(通巻第308号) (2月・3月合本)	44		中国と東南アジアで韓国旋風 文化に乗って輸出が行く
2002.02.05	第27巻第2号(通巻第308号) (2月・3月合本)	50		誌上講演会 講師：朴三中僧侶 安重根義士の「為国献身軍人本分」
2002.02.05	第27巻第2号(通巻第308号) (2月・3月合本)	56		新年会 各地民団、婦人会で新年会 金大中大統領新年辞
2002.02.05	第27巻第2号(通巻第308号) (2月・3月合本)	59		同胞成人式
2002.02.05	第27巻第2号(通巻第308号) (2月・3月合本)	26		〈好評連載〉渡来人の足跡をたずねて 大阪の中の百済
2002.02.05	第27巻第2号(通巻第308号) (2月・3月合本)	41		〈好評連載〉韓国の民俗文化財(35) 楽安城 金大子家屋
2002.02.05	第27巻第2号(通巻第308号) (2月・3月合本)	42	田駿	〈好評連載〉特別寄稿 親旧日本人～日本はすでに新しい方向に向かっている～
2002.02.05	第27巻第2号(通巻第308号) (2月・3月合本)	43		〈好評連載〉アジュモニにほろ酔いばなし 李 永勲殿
2002.02.05	第27巻第2号(通巻第308号) (2月・3月合本)	49		〈好評連載〉新連載 在日の詩(1) 望郷
2002.02.05	第27巻第2号(通巻第308号) (2月・3月合本)	52		〈好評連載〉国宝紀行⑦ 金山寺 弥勒殿
2002.02.05	第27巻第2号(通巻第308号) (2月・3月合本)	60		〈好評連載〉韓国の人物 元ビョンオ博士
2002.02.05	第27巻第2号(通巻第308号) (2月・3月合本)	61		〈好評連載〉韓国の美人 金ユナ
2002.02.05	第27巻第2号(通巻第308号) (2月・3月合本)	62		Live 韓国ダンスパワー炸裂!〈好評連載〉
2002.02.05	第27巻第2号(通巻第308号) (2月・3月合本)	63		〈好評連載〉Book 「ソウルの風景」「Lee's Words」「日韓大変」
2002.04.05	第27巻第4号(通巻第309号)	2		小泉総理訪韓「韓国は温かい国でした」
2002.04.05	第27巻第4号(通巻第309号)	4		W杯開催間近! ソウル・水原両市長インタビュー
2002.04.05	第27巻第4号(通巻第309号)	14		慰問公演 X-JAPANのヨシキさん、韓国少年院で「Forever」熱唱
2002.04.05	第27巻第4号(通巻第309号)	16		コリアタウン百済祭・青年フェスタ 共生のシンボル「百済門」の除幕式
2002.04.05	第27巻第4号(通巻第309号)	17		脱北者25人、3月18日韓国到着「自由を求めてやってきました」
2002.04.05	第27巻第4号(通巻第309号)	18		国際シンポ(名護屋城学物館)百済武寧土の生誕地を巡る国際シンポジウム
2002.04.05	第27巻第4号(通巻第309号)	26		大韓独立宣言宣布第83周年紀念
2002.04.05	第27巻第4号(通巻第309号)	28		第83周年3・1記念式、4項目を決議(民団)

발행일	지면정보		필자	제목
	권호	페이지		
2002.04.05	第27巻第4号(通巻第309号)	29		崔相竜氏歓送会　韓日交流の発展に尽力「一致協力して信組を盛り上げて」(大阪)
2002.04.05	第27巻第4号(通巻第309号)	30	朴韓鮮	特別寄稿　韓半島南北両政権は「非武装永世中立」宣言を－韓半島平和統一の路-(20) (飛鳥評論社代表/歴史時事評論家)
2002.04.05	第27巻第4号(通巻第309号)	36		近畿産業信組臨時総代会　関西興銀、京都商銀の譲受を承認
2002.04.05	第27巻第4号(通巻第309号)	37		韓国料理教室　地域共生、交流事業の一環(大東市文化協会、民団大東支部)
2002.04.05	第27巻第4号(通巻第309号)	38		TOPICS
2002.04.05	第27巻第4号(通巻第309号)	41		文化韓国部長官表彰　札幌の着物蒐集家　平野耕治翁
2002.04.05	第27巻第4号(通巻第309号)	42		ZOOM UP　チョンウ北韓山開発代表理事　李正燮さん
2002.04.05	第27巻第4号(通巻第309号)	46		日韓文化交流協会　文化交流による平和の創造を
2002.04.05	第27巻第4号(通巻第309号)	49		金時顕氏「無窮花章」受勲祝賀会(大阪)
2002.04.05	第27巻第4号(通巻第309号)	50		柳美里さん、2002東亜マラソン完走　「人生に整理がついた」
2002.04.05	第27巻第4号(通巻第309号)	51		ソウルをMTBで走ったKBS社長　高仁鳳さん
2002.04.05	第27巻第4号(通巻第309号)	52		韓国人留学生が韓国映画祭を企画　「キムチだいけじゃない、等身大の韓国を知ってほしい」(大阪)
2002.04.05	第27巻第4号(通巻第309号)	58		第25回国美芸術展　参加6ヵ国・地域の350点を展示
2002.04.05	第27巻第4号(通巻第309号)	20		〈好評連載〉渡来人の足跡をたずねて　大阪の中の百済
2002.04.05	第27巻第4号(通巻第309号)	35	田駿	〈好評連載〉特別寄稿　NGO～活動をもっと国民的運動に～
2002.04.05	第27巻第4号(通巻第309号)	44		〈好評連載〉国宝紀行⑧　金山寺　弥勒殿
2002.04.05	第27巻第4号(通巻第309号)	47		〈好評連載〉アジュモニのほろ酔いばなし　大角晃さん
2002.04.05	第27巻第4号(通巻第309号)	53		〈好評連載〉在日の詩(2)　コリアタウン
2002.04.05	第27巻第4号(通巻第309号)	54		〈好評連載〉韓国の博物館(1)　三省出版博物館
2002.04.05	第27巻第4号(通巻第309号)	60		〈好評連載〉韓国情報　「どうしてアナタは韓国に来たんですか？」五味洋治さんインタビュー、柳太洋「ドリーム21、声の海」他
2002.05.05	第27巻第5号(通巻第310号)	2		W杯開催間近！全州市長インタビュー
2002.05.05	第27巻第5号(通巻第310号)	8		国際交流　桃山学院大学が申一黙啓明大学校総長に名誉博士号授与
2002.05.05	第27巻第5号(通巻第310号)	16	朴韓鮮	特別寄稿　韓半島南北両政権は「非武装永世中立」宣言を－韓半島平和統一の路-(21) (飛鳥評論社代表/歴史時事評論家)
2002.05.05	第27巻第5号(通巻第310号)	19		民族金融機関「あすか信組」出帆
2002.05.05	第27巻第5号(通巻第310号)	20		異色対談　革命児　兪奉植氏＆徳田虎雄氏
2002.05.05	第27巻第5号(通巻第310号)	24		総合レジャーランド　四季折々の祝祭と楽しみがいっぱい「エバーランド」
2002.05.05	第27巻第5号(通巻第310号)	26		ZOOM UP　白凡　金九の孫　金振氏

발행일	지면정보		필자	제목
	권호	페이지		
2002.05.05	第27巻第5号(通巻第310号)	28		民団近畿地協 趙世衡大使歓迎会
2002.05.05	第27巻第5号(通巻第310号)	29		新会長選出 韓商・金建治氏、婦人会・金定子氏
2002.05.05	第27巻第5号(通巻第310号)	30		そばにある日韓交流 「在日同胞ハラボジ、ハルモニを支援する会」水尻福子代表
2002.05.05	第27巻第5号(通巻第310号)	33		講演会・交流会 「食」を通して善隣友好の輪(丸亀市)
2002.05.05	第27巻第5号(通巻第310号)	34		日韓交流の礎 李方子妃を偲んで
2002.05.05	第27巻第5号(通巻第310号)	36		民団大阪府地方本部定期地方委員会 「近畿産業信組を積極支援」
2002.05.05	第27巻第5号(通巻第310号)	37		在日 婦人会大阪本部が民族学校支援のチャリティーゴルフコンペ、大阪青商の会長に金伸吉氏再選
2002.05.05	第27巻第5号(通巻第310号)	40		TOPICS
2002.05.05	第27巻第5号(通巻第310号)	46		婦人会大阪、大阪青商 第19回「若人の集い」
2002.05.05	第27巻第5号(通巻第310号)	50		大韓民国展(京王百貨店) 日韓のキャリアウーマンががっちりスクラム
2002.05.05	第27巻第5号(通巻第310号)	52		日韓交流 茶道裏千家・千宗室家元が献茶と講演
2002.05.05	第27巻第5号(通巻第310号)	56		大阪・釜山フェリー 「ぱんすたードリーム号」就航
2002.05.05	第27巻第5号(通巻第310号)	58		文化的体験記 高麗寺と霊山斉
2002.05.05	第27巻第5号(通巻第310号)	12		〈好評連載〉渡来人の足跡をたずねて 韓国の前方後円墳
2002.05.05	第27巻第5号(通巻第310号)	32	田駿	〈好評連載〉特別寄稿 歴史共同研究～今はその時機ではない～
2002.05.05	第27巻第5号(通巻第310号)	38		〈好評連載〉韓国の民俗文化財(36) 楽安城 朱斗烈家屋
2002.05.05	第27巻第5号(通巻第310号)	39		〈好評連載〉新連載 医食同源 鰹
2002.05.05	第27巻第5号(通巻第310号)	44		〈好評連載〉国宝紀行⑨ 弥勒寺址石塔
2002.05.05	第27巻第5号(通巻第310号)	49		〈好評連載〉在日の詩(3) 分断
2002.05.05	第27巻第5号(通巻第310号)	60		〈好評連載〉Book 「日本には絶対負けるな」「恨の半島」「北朝鮮生活」/Movie 金大中拉致事件を書く「KT」/Performance 「趙容弼2002飛上」「韓日宮中音楽交流演奏会」「ウル王」
2002.05.05	第27巻第5号(通巻第310号)	64		〈好評連載〉〈新連載〉 韓国食堂めぐり 「民俗村」(大阪・ミナミ)
2002.06.05	第27巻第6号(通巻第311号)	2		〈好評連載〉〈地球村の大祭展〉 W杯コリア・ジャパン、ソウルで開幕
2002.06.05	第27巻第6号(通巻第311号)	4		〈地球村の大祭展〉「GO KOREA!」16強を越ええ8強へ
2002.06.05	第27巻第6号(通巻第311号)	6		〈地球村の大祭展〉W杯文化公演も共に楽しめば面白さは2倍
2002.06.05	第27巻第6号(通巻第311号)	12		〈W杯開催都市・西帰浦〉観光・スポーツ・休養のメッカ
2002.06.05	第27巻第6号(通巻第311号)	15		〈W杯開催都市・西帰浦〉西帰浦観光-楽泉寺、如美地、ロッテホテル済州
2002.06.05	第27巻第6号(通巻第311号)	20		〈W杯開催都市・西帰浦〉済州道民253人がチャーター機で北朝鮮訪問

발행일	지면정보		필자	제목
	권호	페이지		
2002.06.05	第27巻第6号(通巻第311号)	22		「在日の社交場」KOMAカントリー 第70回日本プロゴルフ選手権、グレードアップに貢献
2002.06.05	第27巻第6号(通巻第311号)	30		異文化芸術交流フェスティバル 和敬清寂の精神が世界の心をむすぶ
2002.06.05	第27巻第6号(通巻第311号)	32	朴韓鮮	特別寄稿 韓半島南北両政権は「非武装永世中立」宣言を－韓半島平和統一の路-(22) (飛鳥評論社代表/歴史時事評論家)
2002.06.05	第27巻第6号(通巻第311号)	36		異絶対談(下) 革命児 兪奉植氏&徳田虎雄
2002.06.05	第27巻第6号(通巻第311号)	40		近畿産業信組 京都商銀を正式譲受
2002.06.05	第27巻第6号(通巻第311号)	41		定期総会、新会長選出 京都韓商・兪昌根氏、兵庫韓商・者得竜氏
2002.06.05	第27巻第6号(通巻第311号)	43		総会と韓国映画鑑賞会 婦人会大阪本部会長に李貞烈氏/民団大東支部で「手紙」上映
2002.06.05	第27巻第6号(通巻第311号)	44		TOPICS
2002.06.05	第27巻第6号(通巻第311号)	50		経済人 帰ってきた朴泰俊浦項製鉄名誉会長
2002.06.05	第27巻第6号(通巻第311号)	51		真多人形でサッカー再現　鈴木真寿寛氏(大分)
2002.06.05	第27巻第6号(通巻第311号)	52		池田大作写真展、韓国で初の展示会「自然との対話」(ソウル)
2002.06.05	第27巻第6号(通巻第311号)	54		神戸まつり 民団、総連が合同で朝鮮通信使行列
2002.06.05	第27巻第6号(通巻第311号)	55		韓日国民交流の年記念　姜鳳奎氏「韓国人の故郷写真展」
2002.06.05	第27巻第6号(通巻第311号)	56		ソウル地下鉄 W杯を地下鉄で見よう
2002.06.05	第27巻第6号(通巻第311号)	58		ZOOMUP 映画「空色の故郷」監督　金素栄さん
2002.06.05	第27巻第6号(通巻第311号)	59		テニスだ初のインターハイ出場 京都韓国高校3年 許愛希さん
2002.06.05	第27巻第6号(通巻第311号)	64		韓国観光公社 安東観光説明会
2002.06.05	第27巻第6号(通巻第311号)	26		〈好評連載〉渡来人の足跡をたずねて 大伽倻再訪
2002.06.05	第27巻第6号(通巻第311号)	35		〈好評連載〉医食同源 苺、鯵
2002.06.05	第27巻第6号(通巻第311号)	42	田駿	〈好評連載〉特別寄稿 方向を正しく～間違った方向は無駄～
2002.06.05	第27巻第6号(通巻第311号)	60		〈好評連載〉韓国の博物館(2) 刺繍博物館
2002.06.05	第27巻第6号(通巻第311号)	47		〈好評連載〉アジュモニのほろ酔いばなし 金道允さん
2002.06.05	第27巻第6号(通巻第311号)	49		〈好評連載〉在日の詩(4) ベルリンの壁
2002.06.05	第27巻第6号(通巻第311号)	62		Book「韓国クール★ワンダーランド」「イルボンは好きですか？」「早わかり韓国」「日韓『異文化交流』ウォッチング」
2002.06.05	第27巻第6号(通巻第311号)	63		Performance 日韓宮中音楽交流演奏会
2002.07.05	第27巻第7号(通巻第312号)	2		KOREA VIEW 韓民族 一つに、統一に
2002.07.05	第27巻第7号(通巻第312号)	4		KOREA VIEW 夢と希望を与えてくれた赤い戦士たち
2002.07.05	第27巻第7号(通巻第312号)	6		韓日首脳会談「W杯の成功は日韓関係の資産」
2002.07.05	第27巻第7号(通巻第312号)	7		皇族として初 高円宮殿下御夫妻、韓国を訪問

발행일	지면정보		필자	제목
	권호	페이지		
2002.07.05	第27巻第7号(通巻第312号)	8		W杯サイド・ストーリー　日韓共同応援団「KJクラブ」篏島一成さん　「COREA」に込められた韓国人の「恨」通決？不潔？安ジョンファンのオノ・セレモニー韓国は日本を応援したのか
2002.07.05	第27巻第7号(通巻第312号)	11		〈外国メディアが伝えたW杯〉「2002サッカーW杯の主役は韓国人だった」
2002.07.05	第27巻第7号(通巻第312号)	12		〈外国メディアが伝えたW杯〉W杯街角スナップ
2002.07.05	第27巻第7号(通巻第312号)	14		韓国選手にドーピング疑惑！？強靭な体力の秘訣は「五加皮」にあった
2002.07.05	第27巻第7号(通巻第312号)	16		W杯の経験を活かして韓日の明るい未来を　文化観光部副長官　南宮鎮氏
2002.07.05	第27巻第7号(通巻第312号)	18		韓日W杯記念行事　アクアリウムで「日韓水族館交流」
2002.07.05	第27巻第7号(通巻第312号)	20		韓日W杯記念行事　華麗、盛大に宮中茶礼儀式「茗園野点茶会」
2002.07.05	第27巻第7号(通巻第312号)	22		環境と人間が調和したソウル設計の主役　ソウル市元副市長　姜洪彬氏
2002.07.05	第27巻第7号(通巻第312号)	24		すべての北脱出者を収容するのが韓国政府の原則　統一部統一政策室長　李鳳朝氏
2002.07.05	第27巻第7号(通巻第312号)	26		テコンドーW杯2002 IN JAPAN　韓日ナショナルチームが合同強化合宿(徳之島)
2002.07.05	第27巻第7号(通巻第312号)	30		近畿産業信組　関西興銀を正式譲受
2002.07.05	第27巻第7号(通巻第312号)	32		近畿産業信組　総代会で長谷川理事長を再選
2002.07.05	第27巻第7号(通巻第312号)	34		インタビュー　あすか信用組合　鄭圭泰理事長「地方カラーを大事に、その地区に密着した特殊性を生かした経営」
2002.07.05	第27巻第7号(通巻第312号)	38		大阪韓商定期総会　新会長に金副男氏を選出
2002.07.05	第27巻第7号(通巻第312号)	42		TOPICS
2002.07.05	第27巻第7号(通巻第312号)	54		ZOOMUP　初の韓国出身関取　春日王克昌　関
2002.07.05	第27巻第7号(通巻第312号)	55		総会、弁護大会　在日本大韓テコンドー協会　新会長に金正圭氏を選出　韓国語弁論大会(大阪)　最優秀賞は木下誉元さん
2002.07.05	第27巻第7号(通巻第312号)	56		南北共同宣言2周年記念　ワンコリアフォーラム2002・在外同胞統一問題セミナー
2002.07.05	第27巻第7号(通巻第312号)	57		南北共同宣言2周年記念　姜万吉尚志大総長が記念講演
2002.07.05	第27巻第7号(通巻第312号)	58		ハンマダン 2002in岡山　アフガニスタン復興支援チャリティ・フェスタ
2002.07.05	第27巻第7号(通巻第312号)	60		美味発見「ダンモリ」ソウルで楽しむ済州島天然の刺身
2002.07.05	第27巻第7号(通巻第312号)	33		〈好評連載〉医食同源 アサリ、梅
2002.07.05	第27巻第7号(通巻第312号)	46	田駿	〈好評連載〉特別寄稿 熱狂〜熱狂の国民性は政治に利用されやすい〜
2002.07.05	第27巻第7号(通巻第312号)	48		〈好評連載〉アジュモニのほろ酔いばなし 金 炫栄さん

발행일	지면정보		필자	제목
	권호	페이지		
2002.07.05	第27巻第7号(通巻第312号)	49		〈好評連載〉在日の詩(5) 侵略
2002.07.05	第27巻第7号(通巻第312号)	50		〈好評連載〉渡来人の足跡をたずねて 越の国伝説～その1～
2002.07.05	第27巻第7号(通巻第312号)	62		〈好評連載〉drama「ロマンス」
2002.07.05	第27巻第7号(通巻第312号)	63		〈好評連載〉Performance「ウル王」
2002.08.05	第27巻第8号(通巻第313号)	2		INTERVIEW 北済州郡守 申喆宙氏
2002.08.05	第27巻第8号(通巻第313号)	5		済州伝統地酒「コヲリ酒」
2002.08.05	第27巻第8号(通巻第313号)	6		済州の人間常緑樹、翰林公園会長 宋奉奎氏
2002.08.05	第27巻第8号(通巻第313号)	10		済州で体験するガリバー世界の名所探検 「小人の国ミニワールド」
2002.08.05	第27巻第8号(通巻第313号)	12		開場12周年を迎える 済州競馬場
2002.08.05	第27巻第8号(通巻第313号)	13		宿泊、サウナが一緒になったペンション休養タウン「海味安」
2002.08.05	第27巻第8号(通巻第313号)	14		天恵の島にある我が家のような別荘 漢撃リゾート
2002.08.05	第27巻第8号(通巻第313号)	16		ライオンズクラブ世界大会 盛大にコリアンナイト(大阪)
2002.08.05	第27巻第8号(通巻第313号)	17		韓信協総会 新会長に鄭圭泰氏を選出
2002.08.05	第27巻第8号(通巻第313号)	18		「交通」、そして「金融」の革命児 人間 青木定雄(兪奉植)考
2002.08.05	第27巻第8号(通巻第313号)	22		歴史の肖像 伊藤博文を暗殺した安重根の虚像と実像
2002.08.05	第27巻第8号(通巻第313号)	26		文学評 五木文学に見る韓国・朝鮮
2002.08.05	第27巻第8号(通巻第313号)	30		大阪韓商 一つの大阪「近畿産業信用組合」達成記念ゴルフコンペ、情報部会経済セミナー
2002.08.05	第27巻第8号(通巻第313号)	31		大会、記念式典 婦人会兵庫・会長に李甲出氏を再選、韓国JC認准31周年記念式典
2002.08.05	第27巻第8号(通巻第313号)	32		特別講演会 崔柱院 東西文化交流協会事務総長「南北平和統一と在日同胞の使命」
2002.08.05	第27巻第8号(通巻第313号)	33		ZOOMUP 「韓国文化のしられざる・・・」を出版 白德鉉 韓日文化協会理事
2002.08.05	第27巻第8号(通巻第313号)	34		「在日コリアン弁護士協会」設立紀念式典
2002.08.05	第27巻第8号(通巻第313号)	36		韓国W杯サッカーパワーの秘密「サピョン丸」
2002.08.05	第27巻第8号(通巻第313号)	42		大阪ハナ・マトゥリ児童絵画展 「花」の絵画6000点展示
2002.08.05	第27巻第8号(通巻第313号)	43		兵庫コリアンニュースフェスタ 「和合と交流の推進」アピール文を採択
2002.08.05	第27巻第8号(通巻第313号)	56		TOPICS
2002.08.05	第27巻第8号(通巻第313号)	66		もうひとつのW杯 テコンドーワールドカップ 2002 IN JAPAN
2002.08.05	第27巻第8号(通巻第313号)	70		特別寄稿-韓半島平和統一の路(二十三)- 韓半島南北両政権は「非武装永世町立」宣言を(飛鳥評論代表/歴史時事評論家・朴韓鮮
2002.08.05	第27巻第8号(通巻第313号)	80		美味発見 「恵林亭」具たっぷりの海戦鍋、蒸し豚がお薦め

발행일	지면정보		필자	제목
	권호	페이지		
2002.08.05	第27巻第8号(通巻第313号)	38		〈好評連載〉渡来人の足跡をたずねて 越の国伝説～その2～
2002.08.05	第27巻第8号(通巻第313号)	44		〈好評連載〉韓国の博物館(3) 南辰博物館
2002.08.05	第27巻第8号(通巻第313号)	46	田駿	〈好評連載〉特別寄稿 「神」と「儒」～それは別のようで似ている～
2002.08.05	第27巻第8号(通巻第313号)	61		〈好評連載〉医食同源 トマト、鱸
2002.08.05	第27巻第8号(通巻第313号)	64		〈好評連載〉アジュモニのほろ酔いばなし
2002.08.05	第27巻第8号(通巻第313号)	65		〈好評連載〉在日の詩(6) 朱い地図
2002.08.05	第27巻第8号(通巻第313号)	77		〈好評連載〉Book 「世界を揺さぶる韓国パワー」「高麗仏画」「朝鮮義僧将・松雲大師と徳川家康」
2002.08.05	第27巻第8号(通巻第313号)	78		〈好評連載〉Performance チャン・サイク公演「我が大韓民国」
2002.08.05	第27巻第8号(通巻第313号)	79		〈好評連載〉Movie 「酔画仙」
2002.09.05	第27巻第9号(通巻第314号)	2		KOREAVIEW 大規模ボートピープルの始まりか
2002.09.05	第27巻第9号(通巻第314号)	4		統一の道 第7次南北長官級会談
2002.09.05	第27巻第9号(通巻第314号)	6		Kリーグ、台風前夜以上の熱気 韓国サッカーのルネサンス時代を開く
2002.09.05	第27巻第9号(通巻第314号)	8		ZOOM UP W杯韓国組織委 印炳沢広報局長
2002.09.05	第27巻第9号(通巻第314号)	10		平成「誠信の交わり」 韓国の大学生150人による「21世紀の朝鮮通信使」
2002.09.05	第27巻第9号(通巻第314号)	16		この秋は釜山へGO! 釜山アジア競技大会(9月29日～10月14日)
2002.09.05	第27巻第9号(通巻第314号)	18		緊急インタビュー 兪奉植氏(近畿産業信組代理事会長、「エムケイ」オーナー)
2002.09.05	第27巻第9号(通巻第314号)	23		朝銀近畿を譲受 「ミレ」「ひまわり」「京滋」の3信組が日本人理事長で営業開始
2002.09.05	第27巻第9号(通巻第314号)	26		韓日の架け橋 林覚乗・朴三中僧侶、韓国軍部隊を訪問
2002.09.05	第27巻第9号(通巻第314号)	28		話題の企業 (株)韓国医科学研究所
2002.09.05	第27巻第9号(通巻第314号)	30		インタビュー 京都パープルサンガ朴智星選手
2002.09.05	第27巻第9号(通巻第314号)	32		6.29西海交戦 韓国与野党真相調査団責任者に聞く
2002.09.05	第27巻第9号(通巻第314号)	34		57周年光複節慶祝典 総連大阪の委員長から祝賀メッセージ
2002.09.05	第27巻第9号(通巻第314号)	40		北朝鮮のW杯放映 「6.29北朝鮮西海軍事挑発」は韓国への幻想を断ち切るため
2002.09.05	第27巻第9号(通巻第314号)	42		TOPICS
2002.09.05	第27巻第9号(通巻第314号)	50	朴韓鮮	特別寄稿-韓半島平和統一の路(二十四)- 韓半島南北両政権は「非武装永世町立」宣言を(飛鳥評論代表/歴史時事評論家)
2002.09.05	第27巻第9号(通巻第314号)	12		〈好評連載〉渡来人の足跡をたずねて 円仁と住吉大社
2002.09.05	第27巻第9号(通巻第314号)	24		〈好評連載〉国宝紀行 土宮里 五重の石灯

발행일	지면정보		필자	제목
	권호	페이지		
2002.09.05	第27巻第9号(通巻第314号)	37		〈好評連載〉韓国の民俗文化財 民家編(37) 楽安城 崔昌羽家屋
2002.09.05	第27巻第9号(通巻第314号)	38	田駿	〈好評連載〉特別寄稿 平成維新～「薩·長」からやり直すこと～
2002.09.05	第27巻第9号(通巻第314号)	39		〈好評連載〉医食同源 茄子、胡爪、桃
2002.09.05	第27巻第9号(通巻第314号)	47		〈好評連載〉アジュモニのほろ酔いばなし 朴正人さん
2002.09.05	第27巻第9号(通巻第314号)	49		〈好評連載〉在日の詩(7) 民族まつり
2002.09.05	第27巻第9号(通巻第314号)	58		〈好評連載〉Book「日本の死体の大韓民国の屍体」「ソウルフザイター」、「脱北者」
2002.09.05	第27巻第9号(通巻第314号)	59		〈好評連載〉Movie「死んでもいい」
2002.09.05	第27巻第9号(通巻第314号)	60		〈好評連載〉Performance 柳太平洋、東京で「守宮歌」完唱に挑む 統一の妖精 石芸彬ちゃん
2002.09.05	第27巻第9号(通巻第314号)	62		〈好評連載〉Gallery 晴渓 梁泰奭
2002.10.05	第27巻第10号(通巻第315号)	2		特集 日韓首脳会談
2002.10.05	第27巻第10号(通巻第315号)	10		KOREA VIEW 京義·東海線の連結工事、南北同時着工式
2002.10.05	第27巻第10号(通巻第315号)	12		ZOOM UP 南北交流の糸口を開いた 金宝愛NS21会長
2002.10.05	第27巻第10号(通巻第315号)	20		「近畿遊技業協同組合」説明会 「大手企業の侵食に対して団結を」
2002.10.05	第27巻第10号(通巻第315号)	22		「交通」、そして「金融」の革命児 人間 青木定雄(兪奉植)考(近畿産業信組代表理事会長、「エムケイ」オーナー
2002.10.05	第27巻第10号(通巻第315号)	24		KOREA VIEW 第14回釜山アジア大会
2002.10.05	第27巻第10号(通巻第315号)	30		日韓交流 韓国茗園文化財団の夏季茶道修了式
2002.10.05	第27巻第10号(通巻第315号)	32		インタビュー プロサッカー連盟事務総長鄭建一さん
2002.10.05	第27巻第10号(通巻第315号)	34	朴韓鮮	特別寄稿-韓半島平和統一の路(二十五)- 韓半島南北両政権は「非武装永世町立」宣言を(飛鳥評論代表/歴史時事評論家)
2002.10.05	第27巻第10号(通巻第315号)	40		TOPICS
2002.10.05	第27巻第10号(通巻第315号)	50		日韓交流 大阪と釜山の高齢者、釜山で文化交流
2002.10.05	第27巻第10号(通巻第315号)	56		中国東北地方延辺地域の旅 白頭山(長白山)紀行
2002.10.05	第27巻第10号(通巻第315号)	16		〈好評連載〉渡来人の足跡をたずねて 円仁と足跡探訪
2002.10.05	第27巻第10号(通巻第315号)	27		〈好評連載〉国宝紀行(11) 国宝25号 太宗武烈王陵碑
2002.10.05	第27巻第10号(通巻第315号)	38	田駿	〈好評連載〉特別寄稿 堆肥を作れ～食糧再生の道は堆肥を作ることにある～
2002.10.05	第27巻第10号(通巻第315号)	39		〈好評連載〉医食同源 高脂血症の食卓
2002.10.05	第27巻第10号(通巻第315号)	44		〈好評連載〉韓国の民俗文化財 民家編(38) 楽安寺 崔善準家屋
2002.10.05	第27巻第10号(通巻第315号)	45		〈好評連載〉アジュモニのほろ酔いばなし 伊ヶ崎淑彦さん

발행일	지면정보		필자	제목
	권호	페이지		
2002.10.05	第27巻第10号(通巻第315号)	46		〈好評連載〉たえこ劇場-1-「はじめまして!」
2002.10.05	第27巻第10号(通巻第315号)	49		〈好評連載〉在日の詩(8) 帰化
2002.10.05	第27巻第10号(通巻第315号)	60		〈好評連載〉Gallery ギャラリ-NAW(大阪・心斎橋)
2002.10.05	第27巻第10号(通巻第315号)	61		〈好評連載〉Book「魔岩伝説」「魔岩伝説」「どうなる南北統一Q&A」「韓国と日本、二つの祖国を生きる」
2002.10.05	第27巻第10号(通巻第315号)	62		〈好評連載〉「オアシス」「白神渡海」
2002.11.05	第27巻第11号(通巻第316号)	2		KOREA VIEW ソウルフェスティバル開催
2002.11.05	第27巻第11号(通巻第316号)	4		INTER VIEW 成功したサラリーマン神話の主人公 李明博そうる市長
2002.11.05	第27巻第11号(通巻第316号)	8		INTERVIEW 駐韓米商工会議会長 ジェフリー・ジョーンズ氏
2002.11.05	第27巻第11号(通巻第316号)	10		南済州特集 南済州郡守が語る南済州自慢
2002.11.05	第27巻第11号(通巻第316号)	16		南済州特集 日の出ランド
2002.11.05	第27巻第11号(通巻第316号)	24		近畿産業信用組合統合記念ゴルフコンペ 力を合わせて盛り立てていくことが大切
2002.11.05	第27巻第11号(通巻第316号)	26		「交通」、そして「金融」革命児 人間 青木定雄考(近畿産業信組代表理事会長、「エムケイ」オーナー)
2002.11.05	第27巻第11号(通巻第316号)	30		韓国「善隣インターネット高等学校」と姉妹校 「関西大倉学園」創立100周年
2002.11.05	第27巻第11号(通巻第316号)	33		在日 大阪韓商会長団、大阪府知事を表敬訪問「従軍慰安婦」慰霊之碑顕彰のつどい
2002.11.05	第27巻第11号(通巻第316号)	34		日朝交渉 北朝鮮拉致被害者5人、24年ぶりび帰国
2002.11.05	第27巻第11号(通巻第316号)	38		TOPICS
2002.11.05	第27巻第11号(通巻第316号)	50		近畿産業納税級と近畿納税経友会が合併 「近畿経友会納税連合会」発足
2002.11.05	第27巻第11号(通巻第316号)	51		「大阪コリアブライダルセンター」設立 同胞青年の結婚をきめ細かに支援
2002.11.05	第27巻第11号(通巻第316号)	52		第14回釜山アジア大会 場外MVP「北朝鮮応援団」
2002.11.05	第27巻第11号(通巻第316号)	54		大会公式音楽「Frontier」作曲 梁邦彦さん
2002.11.05	第27巻第11号(通巻第316号)	56		柔道男子81kg級金メダリスト 秋山成勲さん
2002.11.05	第27巻第11号(通巻第316号)	58		姫路市・馬山市姉妹都市提携2周年 記念合同コンサート
2002.11.05	第27巻第11号(通巻第316号)	60		「焼肉の大昌園」上津店を訪ねて「継承と相続」
2002.11.05	第27巻第11号(通巻第316号)	18		〈好評連載〉渡来人の足跡をたずねて 渡来の神様・能登中島町 お熊甲祭
2002.11.05	第27巻第11号(通巻第316号)	36	田駿	〈好評連載〉特別寄稿 拉致～人命を軽視する政策は成功しない～
2002.11.05	第27巻第11号(通巻第316号)	37		〈好評連載〉医食同源 梨/木耳
2002.11.05	第27巻第11号(通巻第316号)	42		〈好評連載〉国宝紀行(12) 国宝199号 断石山神仙寺磨崖仏像群
2002.11.05	第27巻第11号(通巻第316号)	45		〈好評連載〉韓国の民俗文化財 民家編(39) 楽安城 金小児家屋

발행일	지면정보		필자	제목
	권호	페이지		
2002.11.05	第27巻第11号(通巻第316号)	46		〈好評連載〉たえこ劇場-2- 変身願望
2002.11.05	第27巻第11号(通巻第316号)	47		〈好評連載〉アジュモニのほろ酔いばなし 東潮さん
2002.11.05	第27巻第11号(通巻第316号)	49		〈好評連載〉在日の詩(9) 祖国訪う
2002.11.05	第27巻第11号(通巻第316号)	62		〈好評連載〉Shop 生活韓服「TAMOA」(京都・伏見)
2002.11.05	第27巻第11号(通巻第316号)	63		〈好評連載〉Book 「〈歴史認識〉論争」「李朝残影 梶山李之朝鮮小説集」
2002.12.05	第27巻第12号(通巻第317号)	2		KOREA VIEW マラソンの英雄 孫基禎さん逝く
2002.12.05	第27巻第12号(通巻第317号)	4		韓国大統領選 民主党・盧武鉉氏VSハンナラ党・李会昌氏
2002.12.05	第27巻第12号(通巻第317号)	8		仁川国際空港 最先端のショッピングモール「エアージョイ」
2002.12.05	第27巻第12号(通巻第317号)	9		財界ニュース 韓進グループ趙重勲会長が他界
2002.12.05	第27巻第12号(通巻第317号)	10		韓日の和合と友情をリード 韓日知事会議、韓国で開催
2002.12.05	第27巻第12号(通巻第317号)	12		MUSIC オーケストラアジア創立者 朴範薫氏
2002.12.05	第27巻第12号(通巻第317号)	14		姉妹都市交流 高岡町(宮崎)一行、報恩郡を表敬訪問
2002.12.05	第27巻第12号(通巻第317号)	22		茗園文化財団 千宗室・金宗圭両氏に茶文化大賞授与
2002.12.05	第27巻第12号(通巻第317号)	26		第7回釜山国際映画祭 李相日監督「まずは日本のことを描きたい」洪享淑監督「彼がスパイかどうかはどうでもよかった」
2002.12.05	第27巻第12号(通巻第317号)	30		社会問題から人間の内面に入り込む
2002.12.05	第27巻第12号(通巻第317号)	33		イベント 韓国旅行体験談コンテスト2002 第7回東大阪国際交流フェスティアル
2002.12.05	第27巻第12号(通巻第317号)	36		第19回博士土仁まつり 日本の小学校でサムルノリ公演
2002.12.05	第27巻第12号(通巻第317号)	38		TOPICS
2002.12.05	第27巻第12号(通巻第317号)	50		交流 第18回ワンコリアフェスティバル
2002.12.05	第27巻第12号(通巻第317号)	51		INTERVIEW 大阪韓商第22代会長 金福男氏
2002.12.05	第27巻第12号(通巻第317号)	54		INTERVIEW 近畿産業信用組合代表理事 青木秀雄氏
2002.12.05	第27巻第12号(通巻第317号)	56		「交通」、そして「金融」の革命児 人間 青木定雄 考(近畿産業信組代表理事会長、「エムケイ」オーナー
2002.12.05	第27巻第12号(通巻第317号)	58		時事FOCUS 日蓮正宗「韓国信徒の大石寺参拝」韓国で社会問題化
2002.12.05	第27巻第12号(通巻第317号)	60		シンポ＆交流 「四天王寺ワッソ」シンポジウム 第13回コリアンディ(故郷の家)
2002.12.05	第27巻第12号(通巻第317号)	16		渡来人の足跡をたずねて 福田林の百済人たち
2002.12.05	第27巻第12号(通巻第317号)	34	田駿	特別寄稿 帰同胞(キッポ)～祖国のためにと胸を張った帰同胞達よ 今、何処にいるのか～
2002.12.05	第27巻第12号(通巻第317号)	35		医食同源 茸/シメジ
2002.12.05	第27巻第12号(通巻第317号)	37		韓国の民俗文化財 民家編(40) 楽安寺 郭炳斗家屋
2002.12.05	第27巻第12号(通巻第317号)	42		国宝紀行(13) 国宝112号 感恩寺址三重の石塔

발행일	지면정보		필자	제목
	권호	페이지		
2002.12.05	第27巻第12号(通巻第317号)	46		たえこ劇場-3- 愛の試練
2002.12.05	第27巻第12号(通巻第317号)	47		アジュモニのほろ酔いばなし 滝沢徹・節子夫妻
2002.12.05	第27巻第12号(通巻第317号)	49		在日の詩(10) 歳月の色
2002.12.05	第27巻第12号(通巻第317号)	61		Movie 「夜を賭けて」
2002.12.05	第27巻第12号(通巻第317号)	62		Gallery 「日本近代美術特別展」「ああ!東海・・・その名を訪ねて」特別展
2003.01.05	第28巻第1号(通巻第318号)	2		韓国民は変化と改革を選択した! 盧武鉉氏、第16代韓国大統領当選
2003.01.05	第28巻第1号(通巻第318号)	8		禹瑾敏・済州道知事に聞く 2003年を済州国際自由都市元年に
2003.01.05	第28巻第1号(通巻第318号)	13		People 熊津食品社長 趙雲浩さん/蒙古食品会長 金万植さん/青緑学院院長 金昌浩さん/POSCO渉外室長 朴勝大さん/翻訳家・文筆家 金チャギョンさん
2003.01.05	第28巻第1号(通巻第318号)	22		INTERVIEW 近畿経友納税連合会初代会長・近畿産業信用組合顧問 高山圭市氏
2003.01.05	第28巻第1号(通巻第318号)	25		11信組が足並み揃え韓信協統一預金キャンペーン 「ベストイレブン」
2003.01.05	第28巻第1号(通巻第318号)	26		「交通」、そして「金融」の革命児 人間 青木定雄 考(近畿産業信組代表理事会長、「エムケイ」オーナー)
2003.01.05	第28巻第1号(通巻第318号)	38		論壇 交渉、私はこう考える
2003.01.05	第28巻第1号(通巻第318号)	50		出来事 大阪韓商・金福男会長ら、中国・上海の産業を視察「博士王仁と日本文化」を全国民団に寄贈 九州-釜山結ぶ「日韓トンネル」について考える「李秀賢・関根史郎さんに学ぶ会」
2003.01.05	第28巻第1号(通巻第318号)	52	朴韓鮮	特別寄稿-韓半島平和統一の路(二十六)- 韓半島南北両政権は「非武装永世町立」宣言を(飛鳥評論代表/歴史時事評論家)
2003.01.05	第28巻第1号(通巻第318号)	54		TOPICS
2003.01.05	第28巻第1号(通巻第318号)	60		交流 茶文化を通じてより一層の交流を
2003.01.05	第28巻第1号(通巻第318号)	61		追悼 辛基秀さんを偲ぶ会
2003.01.05	第28巻第1号(通巻第318号)	62		音楽 金徳洙教授の音楽、世界へ
2003.01.05	第28巻第1号(通巻第318号)	18		〈好評連載〉渡来人の足跡をたずねて 河内馬飼いの星(1) 四条畷
2003.01.05	第28巻第1号(通巻第318号)	29	田駿	〈好評連載〉特別寄稿 NHKの呼称〜NHKは北朝鮮の呼称を間違えている〜
2003.01.05	第28巻第1号(通巻第318号)	45		〈好評連載〉韓国の民俗文化財 民家編(41) 妙洞 朴煋家屋
2003.01.05	第28巻第1号(通巻第318号)	46		〈好評連載〉たえこ劇場-4- 挑戦! 通信使
2003.01.05	第28巻第1号(通巻第318号)	47		〈好評連載〉アジュモニのほろ酔いばなし 掘井優・元子夫妻
2003.01.05	第28巻第1号(通巻第318号)	49		〈好評連載〉在日の詩(11) 渡日
2003.01.05	第28巻第1号(通巻第318号)	58		〈好評連載〉国宝紀行(14) 国宝224号 景福宮 慶会桜

발행일	지면정보		필자	제목
	권호	페이지		
2003.02.05	第28巻第2号(通巻第319号)	2		盧武鉉大統領をつくった人々　民主党最高委員　金太郎氏
2003.02.05	第28巻第2号(通巻第319号)	4		INTERVIEW　ソウル市政務副市長　鄭斗彦氏
2003.02.05	第28巻第2号(通巻第319号)	6		金爀珪・慶尚南道知事に聞く　文化芸術・観光・体育を戦略産業として育成
2003.02.05	第28巻第2号(通巻第319号)	17		マスコミ　韓国特派員が見た日本の拉致報道
2003.02.05	第28巻第2号(通巻第319号)	20		〈総力取材〉2002大統領選挙　我が家の選挙戦　世代間攻防の結果は？若き右翼戦闘的インターネット「独立新聞」奮闘記
2003.02.05	第28巻第2号(通巻第319号)	25		数学から見える韓国　北朝鮮の核開発は韓国以外の国を狙ったもの
2003.02.05	第28巻第2号(通巻第319号)	26		長谷川昌三理事長が「構造改革」5ポイント　近畿産業信組が経営の体質改善に乗り出す
2003.02.05	第28巻第2号(通巻第319号)	28		「交通」、そして「金融」の革命児　人間　青木定雄　考(近畿産業信組代表理事会長、「エムケイ」オーナー)
2003.02.05	第28巻第2号(通巻第319号)	30		EVENT　民団中央2003年度新年会/駐大阪韓国総領事館で新年互礼会/在大阪韓国人新春年賀交歓会/在大阪韓国人「成人の日記念のつどい」/光州広域市投資説明会
2003.02.05	第28巻第2号(通巻第319号)	33		地域社会に貢献　近畿産業信組が「きんさん子供壁」開設
2003.02.05	第28巻第2号(通巻第319号)	38		TOPICS
2003.02.05	第28巻第2号(通巻第319号)	48	朴韓鮮	特別寄稿-韓半島平和統一の路(二十七)-　韓半島南北両政権は「非武装永世町立」宣言を(飛鳥評論代表/歴史時事評論家)
2003.02.05	第28巻第2号(通巻第319号)	52		慈悲寺(韓国)・南蔵院(日本)　韓日合同の新年大法会
2003.02.05	第28巻第2号(通巻第319号)	53		People　映画「刑務所の中」崔　洋一監督 /3月末で桃山学院大学を退職する　徐龍達教授/ドイツ・ドレスデンバレエ団ファーウトソリスト　康和恵さん
2003.02.05	第28巻第2号(通巻第319号)	58		国家個人のあり方を問い掛ける　わらび座「つばめ」、全国公演へ
2003.02.05	第28巻第2号(通巻第319号)	12		〈好評連載〉渡来人の足跡をたずねて　河内馬飼いの星(2)　寝屋川
2003.02.05	第28巻第2号(通巻第319号)	34	田駿	〈好評連載〉特別寄稿　主体思想～その帆柱は折れた
2003.02.05	第28巻第2号(通巻第319号)	35		〈好評連載〉国宝紀行(15)　国宝147号　川前里刻石
2003.02.05	第28巻第2号(通巻第319号)	43		〈好評連載〉在日の詩(12)　父母
2003.02.05	第28巻第2号(通巻第319号)	45		〈好評連載〉韓国の民俗文化財　民家編(42)　海平　崔相鶴家屋
2003.02.05	第28巻第2号(通巻第319号)	46		〈好評連載〉たえこ劇場-5-　これが私お生きる道
2003.02.05	第28巻第2号(通巻第319号)	47		〈好評連載〉アジュモニのほろ酔いばなし　師岡劻・百合子夫妻
2003.03.05	第28巻第3号(通巻第320号)	2		第16代韓国大統領　大統領就任式
2003.03.05	第28巻第3号(通巻第320号)	8		2.1大韓独立宣言布84周年　記念行事と学術会議

発행일	지면정보		필자	제목
	권호	페이지		
2003.03.05	第28巻第3号(通巻第320号)	10		アメリカ移民100年祭 韓国茶礼試演
2003.03.05	第28巻第3号(通巻第320号)	17		北朝鮮による韓国人拉致者の実態 6.25戦争北朝鮮拉致者名簿の分析
2003.03.05	第28巻第3号(通巻第320号)	20		北朝鮮を考える 韓国の若者が考える金正日像
2003.03.05	第28巻第3号(通巻第320号)	28		北朝鮮を考える 韓国の北朝鮮援助の現状
2003.03.05	第28巻第3号(通巻第320号)	32		「交通」、そして「金融」の革命児 人間 青木定雄 考(近畿産業信組代表理事会長、「エムケイ」オーナー)
2003.03.05	第28巻第3号(通巻第320号)	38		EVENT 近畿産業信組理事長八田富夫氏/近畿経友納税連合会が税務研修会/民団大阪の要望に対し 大阪府・市教委が回答
2003.03.05	第28巻第3号(通巻第320号)	39		記者会見 在日コリアン脱北者11人が体験とお願い訴える
2003.03.05	第28巻第3号(通巻第320号)	40		TOPICS
2003.03.05	第28巻第3号(通巻第320号)	49		Book 「北朝鮮本をどう読むか」「韓国の釣り」「北のサラムたち」
2003.03.05	第28巻第3号(通巻第320号)	50	朴韓鮮	特別寄稿-韓半島平和統一の路(二十八)- 韓半島南北両政権は「非武装永世町立」宣言を(飛鳥評論代表/歴史時事評論家)
2003.03.05	第28巻第3号(通巻第320号)	54		話題の企業 「梅名家唐辛子みそ」の松光雪中梅
2003.03.05	第28巻第3号(通巻第320号)	60		People ヴィッセル神戸MF 朴 唐造選手/雄善クリニック 石英煥/西日本新聞社ソウル支局 田大俊一郎支局長
2003.03.05	第28巻第3号(通巻第320号)	12		〈好評連載〉渡来人の足跡をたずねて 河内七墓めぐり(1) 東大阪市
2003.03.05	第28巻第3号(通巻第320号)	44	田駿	〈好評連載〉特別寄稿 テポドン～テポドンを突きつけられて眠りをさませ～
2003.03.05	第28巻第3号(通巻第320号)	46		〈好評連載〉たえこ劇場-6- 世界の国からこんにちは
2003.03.05	第28巻第3号(通巻第320号)	47		〈好評連載〉アジュモニのほろ酔いばなし 奥谷勝さん
2003.03.05	第28巻第3号(通巻第320号)	48		〈好評連載〉在日の詩(13) 明野飛行場残影(1)
2003.03.05	第28巻第3号(通巻第320号)	56		〈好評連載〉国宝紀行(16) 新羅再考 慶州皇南洞155号墳 天馬塚
2003.04.05	第28巻第4号(通巻第321号)	2		KOREA VIEW 統営国際音楽祭
2003.04.05	第28巻第4号(通巻第321号)	4		済州の新しいランドマーク 「済州国際コンベンションセンター」開館
2003.04.05	第28巻第4号(通巻第321号)	6		韓日仏教史の新たな里程標 南蔵院(福岡)か慈悲寺(釜山)に釈迦真身舎利など
2003.04.05	第28巻第4号(通巻第321号)	14		「海と日傘」日韓ウロジェクト 勧告人が日本人を演じてみたら‥
2003.04.05	第28巻第4号(通巻第321号)	20		インタユー 八田富夫 近畿産業信用組合理事長
2003.04.05	第28巻第4号(通巻第321号)	23		民団中央本部役員改選 団長に金宰淑氏を再選

발행일	지면정보		필자	제목
	권호	페이지		
2003.04.05	第28巻第4号(通巻第321号)	24		「交通」、そして「金融」の革命児 人間 青木定雄 考(近畿産業信組代表理事会長、「エムケイ」オーナー)
2003.04.05	第28巻第4号(通巻第321号)	30		韓国とイラク戦争 盧武鉉大統領、米国支持を表明 韓国3大紙、社説で論表
2003.04.05	第28巻第4号(通巻第321号)	34		TOPICS
2003.04.05	第28巻第4号(通巻第321号)	38		北朝鮮情報 御断者は二男·金正哲氏?
2003.04.05	第28巻第4号(通巻第321号)	46	朴韓鮮	特別寄稿-韓半島平和統一の路(二十九)- 韓半島南北両政権は「非武装永世町立」宣言を(飛鳥評論代表/歴史時事評論家)
2003.04.05	第28巻第4号(通巻第321号)	50		日韓親善高校サッカー大会「イギョラ杯」に韓国から錦湖高が初参加
2003.04.05	第28巻第4号(通巻第321号)	52		韓国伝統仮面劇 固城五広大が大阪にやって来る!
2003.04.05	第28巻第4号(通巻第321号)	54		People 演劇「マディソン郡の橋」で主役を演じる女優 孫淑媛さん/韓国創作民話の作者 高貞子さん/「通じる!使える!楽しくなる!2泊3日の韓国語会話」著者 朴洪実さん/福井県立大学経済学部専任講師 尹淑鉉さん/ハンクネット 竹本昇さん
2003.04.05	第28巻第4号(通巻第321号)	8		渡来人の足跡をたずねて 河内七墓めぐり(2) 八尾市
2003.04.05	第28巻第4号(通巻第321号)	19		たえこ劇場-7- 少年よ、大志を抱け
2003.04.05	第28巻第4号(通巻第321号)	22	田駿	特別寄稿 家庭教育~家庭教育なしで育っている~
2003.04.05	第28巻第4号(通巻第321号)	42		在日の詩(14) 明野飛行場残影(2)
2003.04.05	第28巻第4号(通巻第321号)	43		アジュモニのほろ酔いばなし 岸野令子さん
2003.04.05	第28巻第4号(通巻第321号)	44		国宝紀行(17) 国宝30号 芬皇寺石塔
2003.04.05	第28巻第4号(通巻第321号)	60		Performance「走れメロス」
2003.04.05	第28巻第4号(通巻第321号)	62		Book 「北朝鮮を続く男」「彼らが押し寄せる」「激震!朝鮮総連の内幕」
2003.04.05	第28巻第4号(通巻第321号)	63		Movie「Tibet Tibet」
2003.05.05	第28巻第5号(通巻第322号)	2		KOREA VIEW 高楊世界花博覧会
2003.05.05	第28巻第5号(通巻第322号)	4		民団大阪本部3機関長選挙 団長選 現職の金昌植氏が大接戦を制し再選
2003.05.05	第28巻第5号(通巻第322号)	6		3.1独立運動記念事業会 盛大に記念式典、音楽会などを挙行
2003.05.05	第28巻第5号(通巻第322号)	8		韓国レーシング外で活躍 INDIGOレーシングチーム所属 阪口良平さん
2003.05.05	第28巻第5号(通巻第322号)	18		創立総会 有限責任中間法人「近畿遊技産業同開発」
2003.05.05	第28巻第5号(通巻第322号)	20		「交通」、そして「金融」の革命児 人間 青木定雄 考(近畿産業信組代表理事会長、「エムケイ」オーナー) 父を語る エムケイ社長 青木信明氏
2003.05.05	第28巻第5号(通巻第322号)	22		徹底解剖(盧武鉉の青瓦台) 権力府から参加の舞台に変身
2003.05.05	第28巻第5号(通巻第322号)	28		7.1措置以後の北朝鮮 北朝鮮に訪れた変化がインフレと生活苦だけ

발행일	지면정보		필자	제목
	권호	페이지		
2003.05.05	第28巻第5号(通巻第322号)	30		SBSドラマ「オールイン」の主人公インタビュー 世界最高のギャンブラー車敏しゅ
2003.05.05	第28巻第5号(通巻第322号)	34		TOPICS
2003.05.05	第28巻第5号(通巻第322号)	38		理事会、定期総会 近畿経友納税連合第3回理事会 大阪青商の新会長に趙祥来氏
2003.05.05	第28巻第5号(通巻第322号)	40		韓国三面鏡 「明るい整形」の落とし穴
2003.05.05	第28巻第5号(通巻第322号)	41		数学で見る韓国「脱北者を歓迎するか?」
2003.05.05	第28巻第5号(通巻第322号)	50		People 外国人として初めて北朝鮮の高句麗古墳発掘調査に参加した 永島 暉臣慎さん/韓国舞踊教師 崔栄仁さん
2003.05.05	第28巻第5号(通巻第322号)	53		慶尚南道道民会 咸安で郷土植樹行事開催
2003.05.05	第28巻第5号(通巻第322号)	54		韓国人・日本人・在日コリアンの交流の場 進化する「韓晩」
2003.05.05	第28巻第5号(通巻第322号)	58		創価学会 韓国本部SGIビル竣工
2003.05.05	第28巻第5号(通巻第322号)	12		〈好評連載〉渡来人の足跡をたずねて 藤原一族と談山神社
2003.05.05	第28巻第5号(通巻第322号)	39		〈好評連載〉韓国の民俗文化財 民家編(43) 清道 雲岡故宅
2003.05.05	第28巻第5号(通巻第322号)	42	田駿	〈好評連載〉特別寄稿 錯倒した世論～平和の基軸が歪んだ～
2003.05.05	第28巻第5号(通巻第322号)	43		〈好評連載〉アジュモニのほろ酔いばなし 平川 治郎さん
2003.05.05	第28巻第5号(通巻第322号)	44		〈好評連載〉国宝紀行(18) 慶州 仏国寺
2003.05.05	第28巻第5号(通巻第322号)	48		〈好評連載〉たえこ劇場-8- なさけない話
2003.05.05	第28巻第5号(通巻第322号)	49		〈好評連載〉在日の詩(15) 明野飛行場残影(三)
2003.05.05	第28巻第5号(通巻第322号)	60		〈好評連載〉Performance 「潤の街」から「黄金の羊」へ
2003.05.05	第28巻第5号(通巻第322号)	62		〈好評連載〉Movie 「殺人の追憶」「金ボンドゥ先生」「童僧」
2003.05.05	第28巻第5号(通巻第322号)	63		〈好評連載〉VIDEO 「春香伝」「常禄樹」「沈清伝」
2003.06.05	第28巻第6号(通巻第323号)	2		KOREA VIEW Hi Seoul Festival
2003.06.05	第28巻第6号(通巻第323号)	4		一般公開(東京・船の科学館)これが北朝鮮の工作船だ!!
2003.06.05	第28巻第6号(通巻第323号)	6		地球村若者たちの祭典 2003大邱ユニバーシアード
2003.06.05	第28巻第6号(通巻第323号)	8		展示会(ソウル) 現代中国を代表する董本義画伯
2003.06.05	第28巻第6号(通巻第323号)	10		独立記念館に建つ 趙素昂先生の語録碑
2003.06.05	第28巻第6号(通巻第323号)	17		民団 大阪本部「和合おタベ」 大東支部「第3回韓国伝統芸能と映画の夕べ」
2003.06.05	第28巻第6号(通巻第323号)	18		「交通」、そして「金融」の革命児 人間 青木定雄 考(近畿産業信組代表理事会長、「エムケイ」オーナー) 叔父を語る 大阪エムケイ社長 結城博氏
2003.06.05	第28巻第6号(通巻第323号)	22		40年ぶりに復元工事が始まる 蘇る清渓川

발행일	지면정보		필자	제목
	권호	페이지		
2003.06.05	第28巻第6号(通巻第323号)	26		韓国の成功事例研究 ベンチャー専門大学 湖西大学校
2003.06.05	第28巻第6号(通巻第323号)	32		TOPICS
2003.06.05	第28巻第6号(通巻第323号)	37		韓国三面鏡 女子バスケ界のホープ 河恩珠選手が日本帰化
2003.06.05	第28巻第6号(通巻第323号)	47		全国焼肉協会(J·Y)通常総会 新会長に「叙々苑」の新井泰道氏
2003.06.05	第28巻第6号(通巻第323号)	50	朴韓鮮	特別寄稿-韓半島平和統一の路(三十)- 韓半島南北両政権は「非武装永世町立」宣言を(飛鳥評論代表/歴史時事評論家)
2003.06.05	第28巻第6号(通巻第323号)	54		交流茶会 裏千家札幌支部茶人一行、韓国「茶の記念日」式典に招待
2003.06.05	第28巻第6号(通巻第323号)	56		People 樺太帰還在日韓国人会 李義八会長/洋画家·二紀会同人 李景朝さん
2003.06.05	第28巻第6号(通巻第323号)	12		渡来人の足跡をたずねて 熊本の装飾古墳(上)
2003.06.05	第28巻第6号(通巻第323号)	36		韓国の民俗文化財 民家編(44) 永川 鄭容俊家屋
2003.06.05	第28巻第6号(通巻第323号)	38		そんじん日記~5月編~ 新連載 そんじんはなまり大好き
2003.06.05	第28巻第6号(通巻第323号)	40	田駿	特別寄稿 意識の変質~韓国民の意識の変質は北朝鮮の工作によるものである~
2003.06.05	第28巻第6号(通巻第323号)	41		アジュモニのほろ酔いばなし 鄭清子さん
2003.06.05	第28巻第6号(通巻第323号)	42		国宝紀行(19) 国宝24号 石窟庵
2003.06.05	第28巻第6号(通巻第323号)	48		たえこ激情-9- 大いなる怒り
2003.06.05	第28巻第6号(通巻第323号)	49		在日の詩(16) 時を紡ぐ
2003.06.05	第28巻第6号(通巻第323号)	59		CD 韓国ヒットフォーク集「MANA-ZASHI」
2003.06.05	第28巻第6号(通巻第323号)	60		Gallery 高麗仏画の再現に挑戦する姜鹿史画伯
2003.06.05	第28巻第6号(通巻第323号)	62		DVD 「風林高」(韓国題：新羅の月夜)
2003.06.05	第28巻第6号(通巻第323号)	63		Book 「21世紀韓朝鮮人の共生ビジョン」「アジアが見たイラク戦争」「多国籍ジパングの主役たち」「許浚(ホジュン)」上·下
2003.07.05	第28巻第7号(通巻第324号)	2		在日コリアンと大阪府民·市民親善フェスティバル 2003大阪ハナ·マトゥリ3万人が交流
2003.07.05	第28巻第7号(通巻第324号)	6		グローバル教育の産室 国際教育振興
2003.07.05	第28巻第7号(通巻第324号)	8		INTERVIEW 国際教育振興院院長 呉聖三氏
2003.07.05	第28巻第7号(通巻第324号)	15		2003異文化芸術「心の時代フェスティバル」茶文化通じて共生社会の実現を
2003.07.05	第28巻第7号(通巻第324号)	16		「韓国に向かい合う2人 小坂泰子·宋光式」韓日文化交流展 高円宮妃、皇室として初めて韓国文化院を訪問
2003.07.05	第28巻第7号(通巻第324号)	17		民団中央本部「脱北者支援民団センター」設立
2003.07.05	第28巻第7号(通巻第324号)	8		各種会合 近畿産業信用組合第50期通常総代会
2003.07.05	第28巻第7号(通巻第324号)	19		各種会合 金剛学園支援チャリティーコンサート

발행일	지면정보 권호	지면정보 페이지	필자	제목
2003.07.05	第28巻第7号(通巻第324号)	20		各種会合　大阪韓商第50期定期総会・創立50周年記念式典
2003.07.05	第28巻第7号(通巻第324号)	21		各種会合　日韓親善協会中央会懇親会
2003.07.05	第28巻第7号(通巻第324号)	22		各種会合　東京韓商第42期定期総会/第31回韓国語弁論大会
2003.07.05	第28巻第7号(通巻第324号)	24		INTERVIEW　大阪初の女性支団長　金順英さん(民団東大阪南支部)
2003.07.05	第28巻第7号(通巻第324号)	30		「これが記事か？」から「これこそが記事だ」まで　イラク戦従軍・朝鮮日報ワシントン特派員　姜仁仙記者
2003.07.05	第28巻第7号(通巻第324号)	34		TOPICS
2003.07.05	第28巻第7号(通巻第324号)	46	朴韓鮮	特別寄稿-韓半島平和統一の路(三十一)-　韓半島南北両政権は「非武装永世町立」宣言を
2003.07.05	第28巻第7号(通巻第324号)	49		鬼城繁太郎氏永世不忘碑　やっと安住の地、統国寺へ
2003.07.05	第28巻第7号(通巻第324号)	50		韓日戦に韓国応援団2000人!
2003.07.05	第28巻第7号(通巻第324号)	51		韓国を代表する人形作家がサッカーで共演
2003.07.05	第28巻第7号(通巻第324号)	52		People　祖国統一へ奇跡のステージ実現　ユン・ドヒョンバンド/韓国ヒットフォークセレクションを日韓同時発表　細坪基佳さん/7度目防衛達成! 徳山昌守さん
2003.07.05	第28巻第7号(通巻第324号)	57		第1回「きんさん京都まつり」　青木定雄会長夫人の文子さんが記念公演
2003.07.05	第28巻第7号(通巻第324号)	58		梵鐘を訪ねて　蔚山から来た高麗鐘
2003.07.05	第28巻第7号(通巻第324号)	10		〈好評連載〉渡来人の足跡をたずねて　熊本の装飾古墳(下)
2003.07.05	第28巻第7号(通巻第324号)	23		〈好評連載〉在日の詩(17)　韓　寺
2003.07.05	第28巻第7号(通巻第324号)	28	田駿	〈好評連載〉特別寄稿　新しい日韓関係～それは市民運動によって始まる～
2003.07.05	第28巻第7号(通巻第324号)	29		〈好評連載〉韓国の民俗文化財　民家編(45)英陽　瑞石池
2003.07.05	第28巻第7号(通巻第324号)	38		そんじん日記～6月編～　やっぱ東京は違う～〈好評連載〉
2003.07.05	第28巻第7号(通巻第324号)	40		〈好評連載〉韓国三面鏡(3)　兵役逃れで国籍放棄のスターを「入国拒否」
2003.07.05	第28巻第7号(通巻第324号)	41		〈好評連載〉アジュモニのほろ酔いばなし　木下豊二郎さん
2003.07.05	第28巻第7号(通巻第324号)	42		〈好評連載〉国宝紀行(20)　国宝47号　貞鑑禅師大空塔碑(智異山)
2003.07.05	第28巻第7号(通巻第324号)	45		〈好評連載〉たえこ劇場 -10-馬子にも衣装
2003.07.05	第28巻第7号(通巻第324号)	63		〈好評連載〉BOOK・CD　「朝鮮の歴史がわかる100章」「現代史に学ぶ」「コリアンカルチャー」「鳳山花～韓国古謡集」
2003.08.05	第28巻第8号(通巻第325号)	2		慶州文化エキスポ2003(8月13日～10月23日)天馬に乗って慶州へ!

발행일	지면정보		필자	제목
	권호	페이지		
2003.08.05	第28巻第8号(通巻第325号)	4		全国高校野球京都大会 京都の空に響いた日韓両国語の選手宣誓
2003.08.05	第28巻第8号(通巻第325号)	6		伝達式 趙万済氏に「勲三等瑞宝章」
2003.08.05	第28巻第8号(通巻第325号)	7		フォーラム 第1回韓日ベンチャー経済人フォーラム
2003.08.05	第28巻第8号(通巻第325号)	8		韓国の模範少年院生が日本の文化体験 尹東柱殉教地で感涙
2003.08.05	第28巻第8号(通巻第325号)	10		2003ピースガップコリア 世界の強豪クラブ8チームが熱戦
2003.08.05	第28巻第8号(通巻第325号)	12		国史編纂委員会 正しい歴史建て直しの大本営
2003.08.05	第28巻第8号(通巻第325号)	14		INTERVIEW 国史編纂委員会 李万烈 委員長
2003.08.05	第28巻第8号(通巻第325号)	16		INTERVIEW 韓国大学教育協議会 李鉉清 事務総長
2003.08.05	第28巻第8号(通巻第325号)	23		ENENT 韓信協第50回通常総会、KSK特別研究修
2003.08.05	第28巻第8号(通巻第325号)	24		ENENT 大阪民団、6.15ハナ・マトゥリ収益金の一部を民族学校に贈呈 KCRC発足説明会
2003.08.05	第28巻第8号(通巻第325号)	25		チャリティーライブ「for your future」チャンナラ＆ソンシキョン ジョイントコンサート
2003.08.05	第28巻第8号(通巻第325号)	26	朴韓鮮	特別寄稿-韓半島平和統一の路(三十二)- 韓半島南北両政権は「非武装永世町立」宣言を
2003.08.05	第28巻第8号(通巻第325号)	40		TOPICS
2003.08.05	第28巻第8号(通巻第325号)	44		在米の風景 米国の素敵な結婚式
2003.08.05	第28巻第8号(通巻第325号)	49		サッカー人形展示会 日韓を代表うる人形作家が「サッカー」で共演
2003.08.05	第28巻第8号(通巻第325号)	50		韓国伝統食品の新名家「松光雪中梅」徐明善代表
2003.08.05	第28巻第8号(通巻第325号)	52		People 良心による兵役拒否宣言を行った 鉉雨(ヒョヌ)さん/韓国ユニバーサルバレエ団団長 文薫淑さん/6000冊の蔵書を韓国木浦大学に寄贈 木下豊二郎さん/児童劇「ILOVEDMZ」作家・演出家 呉泰錫さん
2003.08.05	第28巻第8号(通巻第325号)	18		渡来人の足跡をたずねて 森と湖の春川
2003.08.05	第28巻第8号(通巻第325号)	29		在日の詩(18) 百済人
2003.08.05	第28巻第8号(通巻第325号)	38		たえこ劇場 -11- 巷に雨の降るごとく
2003.08.05	第28巻第8号(通巻第325号)	39		そんじん日記～7月編～ 韓国で軍隊ってなんなん？
2003.08.05	第28巻第8号(通巻第325号)	45		アジュモニのほろ酔いばなし 橋本一郎さん
2003.08.05	第28巻第8号(通巻第325号)	46	田駿	特別寄稿 反米～反米の道程は流浪の民の始まりである～
2003.08.05	第28巻第8号(通巻第325号)	47		韓国の民俗文化財 民家編(46) 芭長洞 李秉元家屋
2003.08.05	第28巻第8号(通巻第325号)	62		Book 「金正日の料理人」「韓国歴史万歩」「滋賀のなかの朝鮮」「愛国心」/Performance 「ながさぎん ぐらふぃてい」/Movie 「チャンピオン」
2003.09.05	第28巻第9号(通巻第326号)	2		薦祷祭 朝鮮陶工薦祷祭＆若園文化財団の夏季修練会
2003.09.05	第28巻第9号(通巻第326号)	4		知識創出の揺籃＆インタビュー 韓国学術振興財団(朱子文理事長)

발행일	지면정보		필자	제목
	권호	페이지		
2003.09.05	第28巻第9号(通巻第326号)	8		訪問インタビュー 法務部少年第1課 丁海竜課長
2003.09.05	第28巻第9号(通巻第326号)	15		婦人会中央本部 老人ホーム建設に向けて全力疾走!
2003.09.05	第28巻第9号(通巻第326号)	16		58周年光複節記念式典 北朝鮮に核開発の即時中止を求める決議
2003.09.05	第28巻第9号(通巻第326号)	18		58周年光複節記念式典 盧武鉉大統領慶祝辞
2003.09.05	第28巻第9号(通巻第326号)	19		韓日女性の絆 故 朴貞子氏の一周忌追悼会
2003.09.05	第28巻第9号(通巻第326号)	20		第5回国際理解夏季研修 木浦で日本の学生・教育関係者が研修
2003.09.05	第28巻第9号(通巻第326号)	21		国際総会、原子力囲碁大会 PBEC第36回ソウル総会「在日同胞囲碁会」が初出場で優勝
2003.09.05	第28巻第9号(通巻第326号)	22		交流・情報発信の拠点(鳥取・赤碕町) 日韓友好交流公園「風の丘」完成
2003.09.05	第28巻第9号(通巻第326号)	24		スペシャル サムルノリ創始者 金徳洙
2003.09.05	第28巻第9号(通巻第326号)	34		韓国の成功事例 三一教会 田炳旭牧師
2003.09.05	第28巻第9号(通巻第326号)	38		TOPICS
2003.09.05	第28巻第9号(通巻第326号)	52		インタビュー 映画「偶然にも最悪な少年」グ・スーヨン監督
2003.09.05	第28巻第9号(通巻第326号)	56		PeopleM9405:M9417 韓国の本格派シンガー ソムン・タクさん/在日コリアンに対する差別・偏見をテーマとする漫画を自費出版した 松田妙子さん
2003.09.05	第28巻第9号(通巻第326号)	60		対談 坂本順治監督VS鄭在恩監督
2003.09.05	第28巻第9号(通巻第326号)	10		〈好評連載〉渡来人の足跡をたずねて 下野の国(上)
2003.09.05	第28巻第9号(通巻第326号)	23		〈好評連載〉在日の詩(19) 比率
2003.09.05	第28巻第9号(通巻第326号)	28		〈好評連載〉韓国の博物館 月谷歴史博物館(大邱)
2003.09.05	第28巻第9号(通巻第326号)	32	田駿	〈好評連載〉特別寄稿 会議辞退~勧告は会議への参加を辞退した方がよい~
2003.09.05	第28巻第9号(通巻第326号)	33		〈好評連載〉韓国三面鏡(4) 「KOREA」を「COREA」に変更 国会議員が法案提出
2003.09.05	第28巻第9号(通巻第326号)	42		〈好評連載〉国宝紀行(21) 国宝47号 真鑑禅師大空塔碑
2003.09.05	第28巻第9号(通巻第326号)	44		〈好評連載〉そんじん日記~8月編~ 出会いはいつも偶然の嵐の中
2003.09.05	第28巻第9号(通巻第326号)	46		〈好評連載〉たえこ劇場-12- 痛ましき日々
2003.09.05	第28巻第9号(通巻第326号)	47		〈好評連載〉アジュモニのほろ酔いばなし 白柄淑さん
2003.09.05	第28巻第9号(通巻第326号)	49		〈好評連載〉Information これが噂の「韓国通」
2003.09.05	第28巻第9号(通巻第326号)	50		〈好評連載〉Gallery 「姜亨九のカリカチュア(戯画)で文式する顔展」
2003.10.05	第28巻第10号(通巻第327号)	2		KOREA VIEW 韓統連が30年ぶりに祖国訪問
2003.10.05	第28巻第10号(通巻第327号)	6		第18回はびきの歴史シンポジウム 河内飛鳥と武寧王
2003.10.05	第28巻第10号(通巻第327号)	9		特集 関東大震災80周年 朝鮮人虐殺犠牲者追悼式/荒川河川敷朝鮮人虐殺現場殉難者追悼式/目で見る朝鮮人虐殺の実態

발행일	지면정보		필자	제목
	권호	페이지		
2003.10.05	第28巻第10号(通巻第327号)	12		労働問題先進化の主役&インタビュー 韓国労働研究院(李源徳院長)
2003.10.05	第28巻第10号(通巻第327号)	16		韓国体育のメッカ&インタビュー 韓国体育大学(李廷武総長)
2003.10.05	第28巻第10号(通巻第327号)	24		勲三等瑞宝章 趙万済先生 叙勲記念祝賀会
2003.10.05	第28巻第10号(通巻第327号)	26		話題の企業 ピーエスジェイ・アイエヌシー
2003.10.05	第28巻第10号(通巻第327号)	30	朴韓鮮	特別寄稿-韓半島平和統一の路(三十三)- 韓半島南北両政権は「非武装永世町立」宣言を
2003.10.05	第28巻第10号(通巻第327号)	32		預金5000億円めざし翔べ! 500周年!!
2003.10.05	第28巻第10号(通巻第327号)	33		定期総会&会員大会 近畿経友納税連合会 JC海外地区青年会議所
2003.10.05	第28巻第10号(通巻第327号)	34		李秀賢さんの遺志を継いで 「命と音チャリティーコンサート」
2003.10.05	第28巻第10号(通巻第327号)	36		有識者懇談会&ツアー 日韓文化交流協会 阪神タイガース優勝記念ツアー「六甲おろし大合唱in済州道」
2003.10.05	第28巻第10号(通巻第327号)	40		TOPICS
2003.10.05	第28巻第10号(通巻第327号)	44		在日の風景 民団東大阪南支部「敬老会」
2003.10.05	第28巻第10号(通巻第327号)	50		インタビュー 韓舞「白い道成寺」を公演する 金利恵さん
2003.10.05	第28巻第10号(通巻第327号)	54		2003世界柔道選手権大会 日本最大のライバル 韓国柔道が復活
2003.10.05	第28巻第10号(通巻第327号)	20		渡来人の足跡をたずねて 下野の国(下)
2003.10.05	第28巻第10号(通巻第327号)	37		わが輩はたまである-その1- オッサン主役で見たかった(映画「偶然にも最悪な少年」
2003.10.05	第28巻第10号(通巻第327号)	38		たえこ劇場-13- 思いこんだら試練の道を
2003.10.05	第28巻第10号(通巻第327号)	39		韓国の民俗文化財 民家編(47) 華城 鄭用采家屋
2003.10.05	第28巻第10号(通巻第327号)	45		アジュモニのほろ酔いばなし 渡邊正明・尚子夫妻
2003.10.05	第28巻第10号(通巻第327号)	46	田駿	特別寄稿 海鼠の存在～6ヵ国協議で日本と韓国は海鼠である～
2003.10.05	第28巻第10号(通巻第327号)	47		在日の詩(20) 在日思考
2003.10.05	第28巻第10号(通巻第327号)	59		Book 「希望 私はあきらめない!」「なぜだか韓国でいちばん有名な日本人」
2003.10.05	第28巻第10号(通巻第327号)	60		Hotel 「ハイヤットリージェンシー仁川」オープン
2003.10.05	第28巻第10号(通巻第327号)	62		Event 2003朝鮮日報 春川国際マラソン大会
2003.12.05	第28巻第12号(通巻第329号)	2		KOREA VIEW 景福宮勤政殿竣工 大阪朝高ラグビー部、民族学校初の全国大会へ 食の体験パビリオン「洪家食工房」オープン
2003.12.05	第28巻第12号(通巻第329号)	6		インタビュー 高麗大学校企画予算処長 廉載鎬教授
2003.12.05	第28巻第12号(通巻第329号)	10		チャリティー「民団近畿地方協議会・近畿産業信用組合」親善チャリティーゴルフコンペ
2003.12.05	第28巻第12号(通巻第329号)	14		出版祝賀会 徐竜達先生古希出版祝賀会

발행일	지면정보		필자	제목
	권호	페이지		
2003.12.05	第28巻第12号(通巻第329号)	16		インタビュー 韓国租税研究所 宋大熙院長
2003.12.05	第28巻第12号(通巻第329号)	24		時局フォーラム「ロシア沿海州・サハリンの韓朝鮮人はいま～日本との関係を検証する～」
2003.12.05	第28巻第12号(通巻第329号)	26		イベント 高麗茶道 四天王寺で初の献茶式/趙建植 韓国統一部次官が特別講演/全国支団長交流会/第20回「博士王仁まつり」/石原東京都知事の妄言に抗議行動/近畿遊技産業協同開発(KSK)主催セミナー/「社会福祉法人」に向け大きく前進(民団大阪)/婦人会中央本部創立55周年記念し式典
2003.12.05	第28巻第12号(通巻第329号)	32		在日コリアン弁護士協会が提起 日本国国籍取得という選択肢
2003.12.05	第28巻第12号(通巻第329号)	38		医療レポート 数値からみる韓国・北朝鮮の医療事情
2003.12.05	第28巻第12号(通巻第329号)	40		TOPICS
2003.12.05	第28巻第12号(通巻第329号)	51		韓国家庭料理講座(シリーズ2) 正月料理
2003.12.05	第28巻第12号(通巻第329号)	57		PEOPLE 食の体験パビリオン「洪家食工房」オーナー 洪呂杓さん
2003.12.05	第28巻第12号(通巻第329号)	60		紀行 ソウルのクラシック建築を観る
2003.12.05	第28巻第12号(通巻第329号)	18		〈好評連載〉渡来人の足跡をたずねて 西海岸お島々(下)
2003.12.05	第28巻第12号(通巻第329号)	44		〈好評連載〉たえこ劇場 -14- 迷える子羊
2003.12.05	第28巻第12号(通巻第329号)	45		〈好評連載〉韓国の民俗文化財 民家編(48) 華城 朴熙錫家屋
2003.12.05	第28巻第12号(通巻第329号)	46		〈好評連載〉韓国三面鏡 韓国大リーガー・金炳賢が記者への暴行で訴えられる
2003.12.05	第28巻第12号(通巻第329号)	47		〈好評連載〉わが輩はたまである-その2- 姜尚中の「顔」『拉致』異論」「在日からの手紙」
2003.12.05	第28巻第12号(通巻第329号)	48	田駿	〈好評連載〉特別寄稿 金正日の核～核はすでに無用の長物となった～
2003.12.05	第28巻第12号(通巻第329号)	49		〈好評連載〉在日の詩(22) 劣るもの
2003.12.05	第28巻第12号(通巻第329号)	50		〈好評連載〉アジュモニほろ酔いばなし 広岡富美さん
2004.01.05	第29巻第1号(通巻第330号)	2		KOREA VIEW 武寧王陵以来の大発見/国軍捕虜 全竜日氏、50年5ヵ月ぶりの帰国/韓国の李スンヨブ選手、メジャー挫折で涙の日本進出/アイ(ai)ミュージカル「ミレ」
2004.01.05	第29巻第1号(通巻第330号)	9		イベント 李秀賢氏3回忌、1月26日に東京で韓日合同追幕祭/金潤煥元議員が死去/第5回日韓・韓日産業貿易会議/MKチャリティーシニアオープン/近畿産業信組「50周年レディースの集い」/2003関西韓国芸術人 韓日親善の夕べ
2004.01.05	第29巻第1号(通巻第330号)	12		インタビュー 民主平和統一諮問会議首席副議長 辛相佑氏
2004.01.05	第29巻第1号(通巻第330号)	21		私の人生 花も嵐もふみ越えて 延田グループ会長・近畿産業信組副会長 延田清一氏

발행일	지면정보		필자	제목
	권호	페이지		
2004.01.05	第29巻第1号(通巻第330号)	40		TOPICS
2004.01.05	第29巻第1号(通巻第330号)	46		あんたは賛成？反対？「日本国籍取得の提案」(LAZAK)弁護士 金竜介氏
2004.01.05	第29巻第1号(通巻第330号)	49		韓国家庭料理講座(シリーズ3) テッチャン鍋(牛モツ鍋) 他
2004.01.05	第29巻第1号(通巻第330号)	55	朴韓鮮	特別寄稿-韓半島平和統一の路(三十五)- 韓半島南北両政権は「非武装永世町立」宣言を
2004.01.05	第29巻第1号(通巻第330号)	58	姜健栄	特別寄稿 姫路で発見された朴泳孝の遺墨
2004.01.05	第29巻第1号(通巻第330号)	60		PEOPLE 韓紙造形作家 金 ヨンヒさん/ハンガラム歴史文化研究所長 李徳一氏/オペラ歌手 田月仙さん/全国焼肉会専務理事 シンポ(株)代表取締役社長 山田武司氏
2004.01.05	第29巻第1号(通巻第330号)	6		〈好評連載〉韓国の博物館 コリアナ化粧博物館「SpaceC」
2004.01.05	第29巻第1号(通巻第330号)	14		〈好評連載〉渡来人の足跡をたずねて 上毛野国を訪ねて(上)
2004.01.05	第29巻第1号(通巻第330号)	31		〈好評連載〉在日の詩(23) 猪飼野
2004.01.05	第29巻第1号(通巻第330号)	44		〈好評連載〉たえこ劇場-15- 名もなく貧しく美しく
2004.01.05	第29巻第1号(通巻第330号)	45		〈好評連載〉アジュモニのほろ酔いばなし 張恩品さん
2004.01.05	第29巻第1号(通巻第330号)	48	田駿	〈好評連載〉特別寄稿 大義ひつく～アメリカ側が大儀である～
2004.02.05	第29巻第2号(通巻第331号)	2		KOREAVIEW 李秀賢氏を偲ぶ会(東京/ハンセン病の語り部 千竜夫さん逝去
2004.02.05	第29巻第2号(通巻第331号)	4		受勲 2003年度韓国政府褒章、全国で40人が受賞
2004.02.05	第29巻第2号(通巻第331号)	6	兪奉植	特別寄稿 無窮花賞 近畿産業信組 兪奉植会長「受勲への想いを語る」
2004.02.05	第29巻第2号(通巻第331号)	8		特集「大徳バレーのベンチャー博士たち」福成海氏、兪益東博士、沈チャンソプ氏
2004.02.05	第29巻第2号(通巻第331号)	14		イベント 民団各地で2004新年会/成人式/近畿産業信組50周年記念 田渕幸一氏が特別講演/関西初の「KSK「パチンコカレッジ」開校
2004.02.05	第29巻第2号(通巻第331号)	18		話題の企業 (株)照林総合建築会社
2004.02.05	第29巻第2号(通巻第331号)	22		特別寄稿-韓半島平和統一の路(三十六)- 韓半島南北両政権は「非武装永世町立」宣言を(朴韓鮮)
2004.02.05	第29巻第2号(通巻第331号)	26		PEOPLE WBC世界スーパーフライ級チャンピオン 洪昌守さん/「いつか38度線上で試合をしたい」
2004.02.05	第29巻第2号(通巻第331号)	34		追悼 ハンセン病の語り部 千竜夫さん「朝鮮人でも日本人でもない。俺はハンセンや」
2004.02.05	第29巻第2号(通巻第331号)	36		あなたは賛成？反対？「日本国籍取得の提案」(LAZAK)民族教育文化センター事務局長・教育コーディネーター 金光敏氏
2004.02.05	第29巻第2号(通巻第331号)	40		TOPICS
2004.02.05	第29巻第2号(通巻第331号)	49		韓国家庭料理講座(シリーズ4) 寒ブリと大根の煮つけ 他

발행일	지면정보		필자	제목
	권호	페이지		
2004.02.05	第29巻第2号(通巻第331号)	56		INGERVIEW 美術世界(株)社長 松浦輝幸氏
2004.02.05	第29巻第2号(通巻第331号)	60	姜健栄	特別寄稿 朴泳孝と開花論者たち(姜健栄)
2004.02.05	第29巻第2号(通巻第331号)	63		Performance 新しい韓国打楽器パフォ＝マンス「TAO」
2004.02.05	第29巻第2号(通巻第331号)	28		〈好評連載〉渡来人の足跡をたずねて 上毛野国を訪ねて(下)
2004.02.05	第29巻第2号(通巻第331号)	33		〈好評連載〉韓国の民俗文化財 民家編(49) 驪州 金泳亀家屋
2004.02.05	第29巻第2号(通巻第331号)	46		〈好評連載〉たえこ劇場-16- 君の名は・・・「年のはじめのためしとて」
2004.02.05	第29巻第2号(通巻第331号)	47		〈好評連載〉アジュモニのほろ酔いばなし 閔美知子さん
2004.02.05	第29巻第2号(通巻第331号)	48	田駿	〈好評連載〉特別寄稿 政権の終焉〜日本の核所有を誘引している〜
2004.02.05	第29巻第2号(通巻第331号)	55		〈好評連載〉在日の詩(24) 朝鮮市場
2004.03.05	第29巻第3号(通巻第332号)	2		KOREA VIEW 光複後、初の大相撲韓国巡業/サッカー「黄金」の韓国が日本に完敗/民団布施支部にテコンドー道場「連真館」開講
2004.03.05	第29巻第3号(通巻第332号)	6		紀念式展並びに学術会議 大韓独立宣言宣布第85周年
2004.03.05	第29巻第3号(通巻第332号)	8	朴永祥	時論 「マスコミも骨身を削るような自省を」(漢陽大新聞放送学教授)
2004.03.05	第29巻第3号(通巻第332号)	10		創業者を語る 武士の心を持つ「侍」 (株)大川商事会長・近畿産業信用組合副会長 大川清氏〜(株)大川商事社長・大川展功氏〜
2004.03.05	第29巻第3号(通巻第332号)	14		イベント 近畿経友納税連合会が税務研修会/「KSKパチンコカレッジ」第1期生の研修始まる/民団大阪本部2003年度「要望書」で大阪府・市教委が回答/宗教団体が従軍慰安婦慰霊之碑を参拝/モーニングカム日本支部結成/第2回「話してみよう韓国語」大阪大会/金福男・大阪韓商会長が和歌山大学で講義/第27回国美芸術展/日韓女性親善協会が新年講演会と第34期冬期セミナー
2004.03.05	第29巻第3号(通巻第332号)	24		INTERVIEW 映画「自転車でいこう」監督 杉本信昭さん
2004.03.05	第29巻第3号(通巻第332号)	28		心痛い歴史の商業化に国民憤怒 李承涓「従軍慰安婦」テーマのヌード写真
2004.03.05	第29巻第3号(通巻第332号)	30	姜健栄	特別寄稿 朴泳孝の生涯〜第1回目の日本亡命〜
2004.03.05	第29巻第3号(通巻第332号)	32		北朝鮮「新年共同社説」分析 金正日の後継者確定を意味するのか？
2004.03.05	第29巻第3号(通巻第332号)	36		あなたは賛成？反対？「日本国籍取得の提案」(LAZAK)朝鮮日報日本支社長 白真勲氏
2004.03.05	第29巻第3号(通巻第332号)	40		TOPICS
2004.03.05	第29巻第3号(通巻第332号)	49		韓国家庭料理講座(シリーズ5) 鯛とワカメのスープ 他

발행일	지면정보 권호	페이지	필자	제목
2004.03.05	第29巻第3号(通巻第332号)	57		PEOPLE （社)日本七宝焼作家協会海外会員·韓国七宝焼作家協会会員 朴 美香さん/リーガル·チャイン会長 河本 善鎬氏/韓国川崎病研究所所長·2003年度木蓮章を受賞 曺自然博士/(有)ビッグマウンテン代表取締役 夫一哲氏
2004.03.05	第29巻第3号(通巻第332号)	63		CINEMA 「オアシス」「自転車でいこう」
2004.03.05	第29巻第3号(通巻第332号)	20		〈好評連載〉渡来人の足跡をたずねて 淀川流城(上)継体大王と北摂
2004.03.05	第29巻第3号(通巻第332号)	45		〈好評連載〉わが輩は球である-4 帰化者の生の声(「在日外国人と帰化制度」)
2004.03.05	第29巻第3号(通巻第332号)	46		〈好評連載〉たえこ劇場-17- 歌って踊れる漫画家
2004.03.05	第29巻第3号(通巻第332号)	47		〈好評連載〉韓国の民俗文化財 民家編(50) 魚在淵将軍生家
2004.03.05	第29巻第3号(通巻第332号)	48	田駿	〈好評連載〉特別寄稿 統一基金～集金の積立を全民族が始めよう～
2004.03.05	第29巻第3号(通巻第332号)	55		〈好評連載〉アジュモニのほろ酔いばなし 山田正さん
2004.03.05	第29巻第3号(通巻第332号)	56		〈好評連載〉在日の詩(25) 朝鮮部落(1)
2004.04.05	第29巻第4号(通巻第333号)	2		KOREA VIEW 韓国政府樹立以来、初の大統領弾劾案司決 従軍慰安婦水曜デモ600回迎える
2004.04.05	第29巻第4号(通巻第333号)	6		特集 4月1日、韓国高速鉄道開通～世界5番目の高速鉄道国へ～
2004.04.05	第29巻第4号(通巻第333号)	10		特集 大韓航空35周年
2004.04.05	第29巻第4号(通巻第333号)	16		民団大阪府地方本部 社会福祉法人設立の承認で「福祉センター」設立 具体化へ
2004.04.05	第29巻第4号(通巻第333号)	22		INTERVIEW 森山真弓 日韓女性親善協会会長
2004.04.05	第29巻第4号(通巻第333号)	24		対談 趙武済 慶尚大学校総長 vs 朴井吉 近畿慶尚南道道民会会長
2004.04.05	第29巻第4号(通巻第333号)	28		韓国の博物館 ハンビッ博物館
2004.04.05	第29巻第4号(通巻第333号)	32		住目の1冊「在日朝鮮人はなぜ帰国したのか」 東北アジア問題研究所理事長 金定三氏
2004.04.05	第29巻第4号(通巻第333号)	34	姜健栄	特別寄稿 朴泳孝の生涯～2回目の日本亡命と済州道配流～
2004.04.05	第29巻第4号(通巻第333号)	36		TOPICS
2004.04.05	第29巻第4号(通巻第333号)	42		教育·人権·統一の3団体が統合「コリアNGOセンター」設立
2004.04.05	第29巻第4号(通巻第333号)	45		イベント 「きんさん継栄壁」開講/大阪コリアブライダルセンター「春カップリングパーティー」/韓商「第2回全国会長団会議/3.1節記念式典/第3回「商工の日」式典·晩餐祭/兪奉植氏が兵庫韓商の特別セミナーで講演/文化交流懇談会で片井振武氏が講演/韓昌祐氏にマーシャル諸島共和国から勲章/「KSKパチンコカレッジ」第1期生修了式/叙々苑「新宿中央東口店」開店記念パーティー/民団東京本部の許孟道団長が退任会見

발행일	지면정보		필자	제목
	권호	페이지		
2004.04.05	第29巻第4号(通巻第333号)	49		韓国課程料理講座(シリーズ6) いわしの刺し身 他
2004.04.05	第29巻第4号(通巻第333号)	58		PEOPLE ラップグループ「L2D」李栄洙君
2004.04.05	第29巻第4号(通巻第333号)	60		自然と文化と人間の調和が作りだした平和な島-南怡島「冬のソナタ」を訪ねて
2004.04.05	第29巻第4号(通巻第333号)	18		〈好評連載〉渡来人の足跡をたずねて 淀川流域(中)百済王氏と枚方市
2004.04.05	第29巻第4号(通巻第333号)	40		〈好評連載〉たいこ劇場-18- 涙のバレンタイン
2004.04.05	第29巻第4号(通巻第333号)	44	田駿	〈好評連載〉特別寄稿 6ヵ国協議は仕切り直しをすべてある
2004.04.05	第29巻第4号(通巻第333号)	56		〈好評連載〉アジュモニのほろ酔いばなし 寺岡 洋さん
2004.04.05	第29巻第4号(通巻第333号)	57		〈好評連載〉在日の詩(26) 朝鮮部落(2)
2004.05.05	第29巻第5号(通巻第334号)	2		KOREAVIEW 北朝鮮「竜川駅列車爆発事故」に各界から支援の手/第17代韓国国会議員総選挙 国民は改革を望んだ
2004.05.05	第29巻第5号(通巻第334号)	4		朴三中僧侶 ベトナム・タナンで初の薦度祭挙行
2004.05.05	第29巻第5号(通巻第334号)	6		兪泰植氏「無窮花章」受勲 京都・大阪で盛大に祝賀会
2004.05.05	第29巻第5号(通巻第334号)	12	朴韓鮮	特別寄稿-韓半島平和統一の路(三十七) 韓半島南北両政権は「非武装永世中立」宣言を
2004.05.05	第29巻第5号(通巻第334号)	18		会議&決算 第36回日韓・韓日経済人会議/近畿産業信組、平成15年度決算
2004.05.05	第29巻第5号(通巻第334号)	24		韓国の成功事例研究 韓国芸術総合学校
2004.05.05	第29巻第5号(通巻第334号)	30	姜健栄	特別寄稿 金玉均と朴泳孝の書
2004.05.05	第29巻第5号(通巻第334号)	32		反論・返答 「書評」の最低条件···「読む」といくこと(浅川晃弘) 浅川氏への返答(玉)
2004.05.05	第29巻第5号(通巻第334号)	34	塚田一峰	寄稿 初めての韓国旅行
2004.05.05	第29巻第5号(通巻第334号)	36		あなたは賛成？ 反対？「日本国籍取得の提案」(LAZAK) 作家 玄月氏
2004.05.05	第29巻第5号(通巻第334号)	40		TOPICS
2004.05.05	第29巻第5号(通巻第334号)	49		韓国家庭料理講座(シリーズ7) 本格焼き肉 他
2004.05.05	第29巻第5号(通巻第334号)	54		Amusement&Shoppin 延田グループ「CiTY! WAKAYAMA」グランドオープン
2004.05.05	第29巻第5号(通巻第334号)	56		(株)アイビー0クラブ全 応植常務/跆拳道「練真館」師範代 ハイダー・K・アリ氏(イラク)/珠玉の青春映画「子猫をお願い」監督 チョン・ジェウンさん
2004.05.05	第29巻第5号(通巻第334号)	8		〈好評連載〉渡来人の足跡をたずねて 淀川流域(下)卑弥呼と鎌足の北摂
2004.05.05	第29巻第5号(通巻第334号)	20		〈好評連載〉国宝紀行 「乱中日記」の現場を行く～その1～
2004.05.05	第29巻第5号(通巻第334号)	44		〈好評連載〉たえこ劇場-19- 大学は出たれれど
2004.05.05	第29巻第5号(通巻第334号)	45		〈好評連載〉在日の詩(27) 帰国残像(1)
2004.05.05	第29巻第5号(通巻第334号)	46		〈好評連載〉アジュモニのほろ酔いばなし 尹千代子さん

발행일	지면정보		필자	제목
	권호	페이지		
2004.05.05	第29巻第5号(通巻第334号)	48	田駿	〈好評連載〉特別寄稿 日本の大義～日本の大義に国民の結束が必要～
2004.05.05	第29巻第5号(通巻第334号)	61		〈好評連載〉Cinema　在日1世・春子の壮絶な人生の記録「HARUKO」/ペ・ヨンジュン初主演映画「スキャンダル」
2004.06.05	第29巻第6号(通巻第335号)	2		KOREAVIEW 盧武鉉大統領弾劾棄却/「ペ・ヨンジュン/優雅であぶない世界店」「ヨン様扇子」に32万円!
2004.06.05	第29巻第6号(通巻第335号)	4		ハイ!ソウル・フェスティバル 世界よ、ソルルに来たれ!
2004.06.05	第29巻第6号(通巻第335号)	6	朴韓鮮	特別寄稿　21世紀を「在日特別永住者が〈生きる〉路」日本国家に「戦後処理」に一環として「地方参政権法制化」を!
2004.06.05	第29巻第6号(通巻第335号)	16		(株)マルハン会長 韓昌祐氏が「Financial Times」で紹介「ギャンブル業界で成功を勝ち得た男」
2004.06.05	第29巻第6号(通巻第335号)	18		日朝首脳再会談　動く、厚かった北朝鮮の二つ目の「扉」
2004.06.05	第29巻第6号(通巻第335号)	21		イベント　民団大阪本部が朝鮮総連府本部に500万円の緊急支援金/北朝鮮帰国者の生命と人権を守る会関西支部学習会/KSKが第1期総会/「大学教員懇」が新体制で再スタート/大阪韓国青商、青友会が定期総会/建国学校の児童・生徒会が義援金11万5000円/マルハンが32期決算概要発表/あすか信組、新理事長に李永植氏を選任
2004.06.05	第29巻第6号(通巻第335号)	26	姜健栄	特別寄稿 朴泳孝の生涯～その家族と墓地移転～
2004.06.05	第29巻第6号(通巻第335号)	28		第8回世界女性仏教者大会 世界に広がる和合のメッセージ
2004.06.05	第29巻第6号(通巻第335号)	40		TOPICS
2004.06.05	第29巻第6号(通巻第335号)	49		韓国家庭料理講座(シリーズ8) 参鶏湯(サンゲタン) 他
2004.06.05	第29巻第6号(通巻第335号)	54		韓国舞踊 苗芸彬と金美来母娘
2004.06.05	第29巻第6号(通巻第335号)	56		プリペサムルノリ 最も伝統的で、最も近代的
2004.06.05	第29巻第6号(通巻第335号)	60		PEOPLE 裵基善 議員/朴弘援 議員
2004.06.05	第29巻第6号(通巻第335号)	12		〈好評連載〉渡来人の足跡をたずねて 全羅南道・霊岩へ
2004.06.05	第29巻第6号(通巻第335号)	32		〈好評連載〉国宝紀行　「乱中日記」の現場を行く～その2～
2004.06.05	第29巻第6号(通巻第335号)	35		〈好評連載〉わが輩は玉である-その5- 癒しの姜尚中-『在日』[講談社]-
2004.06.05	第29巻第6号(通巻第335号)	36		〈好評連載〉Cinema 歴史の闇に封じ込められた「真実」に迫る「シレミド～実尾島～」/戦争と人間を問う大作「ブラザーフッド」
2004.06.05	第29巻第6号(通巻第335号)	45		アジュモニのほろ酔いばなし 辛在卿さん
2004.06.05	第29巻第6号(通巻第335号)	46		〈好評連載〉たえこ劇場-20- グローバルな私
2004.06.05	第29巻第6号(通巻第335号)	47		〈好評連載〉在日の詩(28) 帰国残像(2)
2004.06.05	第29巻第6号(通巻第335号)	48	田駿	特別寄稿 参政権運動始末記～参政権問題はこれからの推移が決定する～

발행일	지면정보		필자	제목
	권호	페이지		
2004.07.05	第29巻第7号(通巻第336号)	2		KOREA VIEW 金鮮一さん殺害、晴れない疑惑/「ウリ民族大会」開催/在日主役のTVドラマ「東京湾景」スタート/日本人篤志家が李秀賢さんの胸像を建設
2004.07.05	第29巻第7号(通巻第336号)	6		ICOM (国際博物館協会) アジアで初の「2004ソウル世界博物館大会」(10月2~8日、ソウル)
2004.07.05	第29巻第7号(通巻第336号)	8		北国の茶人、北国で茶会 第2回韓日親善茶道試演会(済州島耽羅布政司)
2004.07.05	第29巻第7号(通巻第336号)	10		韓日茶文化 食文化交流 第20回民族芸術学会記念大会
2004.07.05	第29巻第7号(通巻第336号)	13		企業フォーカス 大韓航空、日本航空とコードシェア協定
2004.07.05	第29巻第7号(通巻第336号)	14		対談 広岡富美 vs 曺奎通
2004.07.05	第29巻第7号(通巻第336号)	18		公演 金玉星氏「伝統舞踊と生きざまの香り」
2004.07.05	第29巻第7号(通巻第336号)	20		リニューアルオープン 世宗文化会館
2004.07.05	第29巻第7号(通巻第336号)	26		第27回日韓女性親善協会合同総会 「韓国と私」(森山真弓会長)
2004.07.05	第29巻第7号(通巻第336号)	28		イベント 金剛学園の児童 生徒会が15万5000円の義援金伝達/社会福祉法人「ハナ集いの家」正式認可/JYの第6回通常総会経営者 店長研修会/第32回韓国語弁論大会/あすか信組第38記通常総代会/マルハンが(株)イチケンの筆頭株主に/近畿産業信組第51期通常総代会/統一マダン生野2004
2004.07.05	第29巻第7号(通巻第336号)	33		脱北者証言集会 「金正日に欺されている」
2004.07.05	第29巻第7号(通巻第336号)	34		エイズ波紋 日本人韓国客が韓国で自殺未遂
2004.07.05	第29巻第7号(通巻第336号)	36		あなたは賛成？反対？「日本国籍取得の提案」(LAZAK) 新幹社 高二三氏
2004.07.05	第29巻第7号(通巻第336号)	40		TOPICS
2004.07.05	第29巻第7号(通巻第336号)	49		韓国家庭料理講座(シリーズ9) ユッケジャンスープ 他
2004.07.05	第29巻第7号(通巻第336号)	54	姜健栄	特別寄稿 開化派 徐載弼の業績
2004.07.05	第29巻第7号(通巻第336号)	57		ZOOM UP 文東厚2002W杯韓国組織委前事務総長
2004.07.05	第29巻第7号(通巻第336号)	58		韓国の博物館 韓国仏教美術博物館
2004.07.05	第29巻第7号(通巻第336号)	22		〈好評連載〉渡来人の足跡をたずねて 済州島(上) 高麗時代まで
2004.07.05	第29巻第7号(通巻第336号)	35		〈好評連載〉韓国の民俗文化財 民家編(51) 楊州 白寿鉱家屋
2004.07.05	第29巻第7号(通巻第336号)	44		〈好評連載〉たえこ劇場-21- 心洗われる話
2004.07.05	第29巻第7号(通巻第336号)	45		〈好評連載〉在日の詩(29) 統一
2004.07.05	第29巻第7号(通巻第336号)	46		〈好評連載〉アジュモニのほろ酔いばなし 堀田啓一さん
2004.07.05	第29巻第7号(通巻第336号)	48	田駿	〈好評連載〉特別寄稿 自爆テロの衰退～テロの衰退は自然の理である～
2004.07.05	第29巻第7号(通巻第336号)	62		〈好評連載〉Cinema 純愛ラブストーリーの極北「永遠の片想い」/究極の号泣ホラー「箪笥」

발행일	지면정보		필자	제목
	권호	페이지		
2004.09.05	第29巻第9号(通巻第338号)	2		KOREA VIEW 国立中央博物館今年10月、70年の景福宮時代に幕
2004.09.05	第29巻第9号(通巻第338号)	3		民族教育フォーラム2004 在日外国人の民族教育権を求めて(ノンフィクジョン作家 高賛侑)
2004.09.05	第29巻第9号(通巻第338号)	6		Special Interview 文喜相 韓日議員連盟会長
2004.09.05	第29巻第9号(通巻第338号)	10		オリンピック南北韓の同時入場の意義と南北交流(金賢俊・統一研究院基調室長)/アートフラワーで交流を(香川)
2004.09.05	第29巻第9号(通巻第338号)	16	朴韓鮮	特別寄稿-韓半島平和統一の路(三十八)- 韓半島南北両政権は「非武装永世中立」宣言を
2004.09.05	第29巻第9号(通巻第338号)	20		高級プライベートビジネスオフィス「ポゼス」ソウルに誕生
2004.09.05	第29巻第9号(通巻第338号)	22		〈仏陀ピア〉蔚山 無相寺 宗派、国籍を超え永代供養
2004.09.05	第29巻第9号(通巻第338号)	28		イベント 59周年光複節(東京・大阪)/近山「5000億円ありがとうキャンペーン」/兪炳宇総領事の歓送会/「平和統一連合」大阪府結成大会/国際韓朝研 2004年度総会
2004.09.05	第29巻第9号(通巻第338号)	32		PEOPLE 「DAY BOYS」でヒロインに抜擢 チョン・ユミさん
2004.09.05	第29巻第9号(通巻第338号)	34	姜健栄	特別寄稿 武臣 禹範善の亡命生活
2004.09.05	第29巻第9号(通巻第338号)	36		基本構想「韓国の平和繁栄政策」(下)
2004.09.05	第29巻第9号(通巻第338号)	39		コリアン系日本人国会議員 白しんくんの永田町日記
2004.09.05	第29巻第9号(通巻第338号)	40		あなたは賛成？反対？「日本国籍取得の提案」(LAZAK)東京入国管理局長 坂中英徳さん
2004.09.05	第29巻第9号(通巻第338号)	49		韓国家庭料理講座(シリーズ11) イカとキムチ、肉の詰めもの 他
2004.09.05	第29巻第9号(通巻第338号)	54		金剛山物語① 金剛山プロジェクトX-その1- 長安寺ホテル物語
2004.09.05	第29巻第9号(通巻第338号)	12		〈好評連載〉渡来人の足跡をたずねて 北海道(上) 弥生文化は来なかった
2004.09.05	第29巻第9号(通巻第338号)	33		〈好評連載〉わが輩はたまである その6「火花 鮮于輝作品集」ストイックな美しさ
2004.09.05	第29巻第9号(通巻第338号)	44		〈好評連載〉たえこ劇場-23- 幽麗の正体見たり枯尾花
2004.09.05	第29巻第9号(通巻第338号)	45		〈好評連載〉在日の詩(31) 郷里
2004.09.05	第29巻第9号(通巻第338号)	46		〈好評連載〉アジュモニのほろ酔いばなし 原田松三郎さん
2004.09.05	第29巻第9号(通巻第338号)	48	田駿	〈好評連載〉特別寄稿「在日」の地殻変動～その位置の厳しさを認識しよう～
2004.09.05	第29巻第9号(通巻第338号)	60		〈好評連載〉Cinema 韓国現代史の悲劇を総括する「三清教育隊」/異能の監督が描き上げる人間の罪、痛み、美。「春夏秋冬そして春」
2004.10.05	第29巻第10号(通巻第339号)	2		KOREA VIEW 盧武鉉大統領、積極外交を本格始動

발행일	지면정보		필자	제목
	권호	페이지		
2004.10.05	第29巻第10号(通巻第339号)	4		KOREA VIEW アジア初!「Wソウルウォーカーヒル」オープン
2004.10.05	第29巻第10号(通巻第339号)	6		PEOPLE 「オールドボーイ」でカンヌ映画祭グランプリ授賞パク・チャヌク監督
		7		PEOPLE 「空き家」でベネチア映画祭監督賞授賞 キム・ギトク監督
2004.10.05	第29巻第10号(通巻第339号)	8		FOCUS論乱 行政首都移転
2004.10.05	第29巻第10号(通巻第339号)	12		民族金融機関 近産の韓信協からの脱会が確定
2004.10.05	第29巻第10号(通巻第339号)	18		山寺体験の揺籃 金提 金山寺
2004.10.05	第29巻第10号(通巻第339号)	22		イベント 大阪韓商新会長に金友三氏/近畿経友納税連合会 高山圭し市会長を再選/鄭華泰・駐大阪韓国総領事が着任/大阪府「長寿社会をみんなで考える作品」募集で建国小の3児童が入賞/大韓跆拳道協会日本総本部が合同練習会/関西韓国芸術協会が創立記念式
2004.10.05	第29巻第10号(通巻第339号)	26		PEOPLE 大阪韓商第23代会長 金友三氏
2004.10.05	第29巻第10号(通巻第339号)	28	孔錫亀	特別寄稿 なぜ、中国は高句麗史を歪曲するのか(ハンバッ大学教授)
2004.10.05	第29巻第10号(通巻第339号)	30	姜健栄	特別寄稿 朴泳孝と9人亡命志士たち
2004.10.05	第29巻第10号(通巻第339号)	36		話題の大学 韓国型ロースクール第1号 霊山大学校
2004.10.05	第29巻第10号(通巻第339号)	38		あなたは賛成？反対？(LAZAK) 近江渡来人倶楽部代表幹事・コリア渡来人協会発起人代表 河炳俊さん
2004.10.05	第29巻第10号(通巻第339号)	42		TOPICS
2004.10.05	第29巻第10号(通巻第339号)	50		第3回 燃える7時間 日韓映画バトル! 金イム・スルレ監督Xフンシク監督
2004.10.05	第29巻第10号(通巻第339号)	14		〈好評連載〉渡来人の足跡をたずねて 北海道(下) 謎の渡来文化
2004.10.05	第29巻第10号(通巻第339号)	35		〈好評連載〉在日の詩(32) 平野運河・コリアタウン
2004.10.05	第29巻第10号(通巻第339号)	46		〈好評連載〉たえこの劇場-24- 他人の顔
2004.10.05	第29巻第10号(通巻第339号)	48	田駿	〈好評連載〉特別寄稿 帰化～感情を抑え、理性的に帰化を正しく理解しよう～
2004.10.05	第29巻第10号(通巻第339号)	49		〈好評連載〉アジュモニのほろ酔いばなし 吉岡 睦郎さん
2004.10.05	第29巻第10号(通巻第339号)	54		〈好評連載〉金剛山イヤギ 金剛山プロジェクトX-2-金剛山電気鉄道
2004.10.05	第29巻第10号(通巻第339号)	60		〈好評連載〉Cinema 誰が、なぜ監禁したのか。そして、なぜ解放したのか-/パク・ヘイルの楽しみ方「菊花の香り」
2004.10.05	第29巻第10号(通巻第339号)	62		Gallery 金善心 2度目の個展
2004.11.05	第29巻第11号(通巻第340号)	2		KOREA VIEW 布施辰治、日本人初の韓国愛国志士の称号授賞/規約改正めぐり4地協で第2次公聴会(民団中央本部)/近産副会長・郭裕之氏に/映画「力道山」に世界中からラブコール
2004.11.05	第29巻第11号(通巻第340号)	6		INTERVIEW 在外同胞財団 李光奎 理事長

발행일	지면정보		필자	제목
	권호	페이지		
2004.11.05	第29巻第11号(通巻第340号)	8		姉妹提携20周年 善隣と関西大倉～韓日友好親善に大きな足跡～
2004.11.05	第29巻第11号(通巻第340号)	10		People 映画「海女のリャンさん」で文化記録映画大賞受賞 原村政樹 監督
2004.11.05	第29巻第11号(通巻第340号)	12		ジャージャー麺で施しの美学 世界最大中華料理店「賀琳閣」南相海会長
2004.11.05	第29巻第11号(通巻第340号)	20		韓国初の山猪バーベキュー専門ＴＹェーン店「CUBU村」
2004.11.05	第29巻第11号(通巻第340号)	23		イベント 金東洙教授が「韓国の平和繁栄政策」で講演(民団大阪)/李富栄・ヨルリンウリ党議長が韓国産「参鶏湯」をPR(大阪)/近産が16年度仮決算概況を発表/御堂筋パレードで朝鮮通信使行列を再現/婦人会中央本部が本国産業視察
2004.11.05	第29巻第11号(通巻第340号)	28		特集 日本人初の韓国「建国勲章」受賞 生涯貫いた民衆の視線 弁護士 布施辰治
2004.11.05	第29巻第11号(通巻第340号)	36		韓国の社説 新行政首都建設特別法は違憲
2004.11.05	第29巻第11号(通巻第340号)	38		あなたは賛成？反対？(LAZAK) 自由民主党行政改革推進本部顧問 太田誠一さん
2004.11.05	第29巻第11号(通巻第340号)	42		TOPICS
2004.11.05	第29巻第11号(通巻第340号)	45	金賢俊	論壇 「大統領インド・ベトナム訪問の成果」(統一・研究基調室長)
2004.11.05	第29巻第11号(通巻第340号)	49	姜健栄	特別寄稿 朴泳孝の生涯～晩年の活動～
2004.11.05	第29巻第11号(通巻第340号)	52		PEOPLE 無形文化財57号履修者 姜ギュファさん
2004.11.05	第29巻第11号(通巻第340号)	16		〈好評連載〉渡来人の足跡をたずねて 鴨緑江を遡り集安へ好王太碑を訪ねて
2004.11.05	第29巻第11号(通巻第340号)	26		〈好評連載〉在日の詩(33) 孫雅由(ソン・アユ)氏を悼む
2004.11.05	第29巻第11号(通巻第340号)	27		〈好評連載〉アジュモニのほろ酔いばなし 平坂山道さん
2004.11.05	第29巻第11号(通巻第340号)	46		〈好評連載〉たえこ劇場-25- 忙中閑あり
2004.11.05	第29巻第11号(通巻第340号)	48	田駿	〈好評連載〉特別寄稿 檀君ギョレ～檀君ギョレの流れは東アジア民族の主流である～
2004.11.05	第29巻第11号(通巻第340号)	54		〈好評連載〉金剛山イヤギ 金剛山観光の発展と温井里
2004.11.05	第29巻第11号(通巻第340号)	60		〈好評連載〉Book 「韓洪九の『韓国現代史』韓国とはどういう国か」他
2004.11.05	第29巻第11号(通巻第340号)	61		〈好評連載〉Performance コリア民俗芸音集団「風花」公演「新しい追憶」
2004.11.05	第29巻第11号(通巻第340号)	62		〈好評連載〉Cinema 「血と骨」「海女のりゃんさん」
2004.12.05	第29巻第12号(通巻第341号)	2		KOREA VIEW TVJ-Korea、12月1日、ついに開局!/韓流＆阪流 四天王寺ワッソinなにわの宮/浄慧(中国)、任東権(韓国)両氏に茗園茶文化大賞
2004.12.05	第29巻第12号(通巻第341号)	8		PEOPLE ソウル・ユナイテッドFC代表 金ウイル氏/在日コリアン青年連合共同代表 宋勝哉さん/(株)いい出会い鮮于 李雄鎮代表

발행일	지면정보		필자	제목
	권호	페이지		
2004.12.05	第29巻第12号(通巻第341号)	11	徐龍達	翰林大学校日本学研究所開設 10周年記念 講演とシンポジウム 在日韓朝鮮人１世学者の主張(桃山学院大学名誉教授 徐龍達)
2004.12.05	第29巻第12号(通巻第341号)	14		岸和田市-永登浦区姉妹提携2周年記念 「韓日を越えて-姜ギュファの国楽の夜 "還生"
2004.12.05	第29巻第12号(通巻第341号)	20		イベント 近畿地協、民団京都が羅鍾一大使の歓迎会/「ハナ集いの家」第2回理事・評議委員会/第21回「博士王仁まつり」/「メドゥプー韓国人間国宝 飾り結びの技と美」/第6回日韓・韓日産業貿易会議/飛鳥歴史の祭典2004に高麗茶道
2004.12.05	第29巻第12号(通巻第341号)	24		地方参政権 第2ラウンド突入! 在日コリアンの政治参加を求めて(第2回在日コリアンフォーラム)/日・韓・東アジアの「平和」と「共生」定住外国人の地方参政権
2004.12.05	第29巻第12号(通巻第341号)	37	洪淳直	論壇 「金剛山観光6周年の意味と韓半島の平和」(現代経済研究委員)
2004.12.05	第29巻第12号(通巻第341号)	38		あなたは賛成？反対？(LAZAK) 徳島大学教員 樋口直人さん
2004.12.05	第29巻第12号(通巻第341号)	42		TOPICS
2004.12.05	第29巻第12号(通巻第341号)	50	姜健栄	〈特別寄稿〉開化派 徐載弼の遺墨と渡来理由
2004.12.05	第29巻第12号(通巻第341号)	60	粉川大義	〈特別寄稿〉速くて着実な社会に～韓国の変化、旅で実感～(ジャーナリスト)
2004.12.05	第29巻第12号(通巻第341号)	16		〈好評連載〉渡来人の足跡をたずねて 日本に根を下ろした元暁思想① 京都・円山公園界隈は元暁だらけ
2004.12.05	第29巻第12号(通巻第341号)	23		〈好評連載〉アジュモニのほろ酔いばなし 金 隆明君
2004.12.05	第29巻第12号(通巻第341号)	46		〈好評連載〉たえこ劇場-26- 人の世の重き荷物
2004.12.05	第29巻第12号(通巻第341号)	48	田駿	〈好評連載〉特別寄稿 冬のソナタ～この韓流ブームを絶つまいぞ～
2004.12.05	第29巻第12号(通巻第341号)	49		〈好評連載〉在にの詩(34) ラグビー
2004.12.05	第29巻第12号(通巻第341号)	54		〈好評連載〉金剛山イヤギ 戦時下から北朝鮮代へ
2004.12.05	第29巻第12号(通巻第341号)	62		〈好評連載〉Cinema 「酔画仙」
2004.12.05	第29巻第12号(通巻第341号)	63		〈好評連載〉Topic 南蔵院(福岡) 林賞乗住職が孤児院義援金を寄託
2005.01.05	第30巻第1号(通巻第342号)	2		KOREA VIEW日韓首脳会談、北朝鮮問題で連携確認/開城工業団地で初製品出荷/江原道に初の「秋城パンソリ修練院」オープン
2005.01.05	第30巻第1号(通巻第342号)	6		井戸茶碗の脈を継ぐ 河東 井戸郷窯 女流陶工 張今貞
2005.01.05	第30巻第1号(通巻第342号)	10		KOREA TODAYI NTERVIEW 文化庁文化部長 寺脇研氏 韓国の日本文化前面開放が「韓流ブーム」の火付け人
2005.01.05	第30巻第1号(通巻第342号)	18		日韓企業探訪 日本 ピュアジャパンX韓国 天友アクア 命を生かす奇跡の水誕生!

발행일	지면정보		필자	제목
	권호	페이지		
2005.01.05	第30巻第1号(通巻第342号)	20		イベント「定住外国人の地方参政権」シンポジウム/新潟中越地震・台風23号被災者にと、建国・金剛の児童・生徒会が義援金寄託/「きんさん経営学フォーラム」/在日本大韓ゴルフ協会爽快/マルハンが33期中間決算概要を発表/佐野中(大阪)で跆拳道の実技指導/全国初の試み、近産がテレビ会議システムを導入/近産「5000億円達成ありがとうキャンペーン」大抽選会
2005.01.05	第30巻第1号(通巻第342号)	24		〈PEOPLE〉「イムジン河」からうまれた映画「パッチギ!」　井筒和幸監督「恋デモケンカでも、両岸から渡り合う物語をつくりたかった」
2005.01.05	第30巻第1号(通巻第342号)	26		〈PEOPLE〉TVJ-Korea 代表取締役 朴鉄民氏「コリアンだけを対象にして成り立つ時代は終わった」
2005.01.05	第30巻第1号(通巻第342号)	28		〈PEOPLE〉国政広報処海外広報院長 兪載雄氏「政府は百年の大計国家基盤構築プロジェクト推進中」
2005.01.05	第30巻第1号(通巻第342号)	30		〈PEOPLE〉「大統領の理髪師」で母親役を演じる ムン・ロチさん「辛い時代を記憶している人に観てほしい」
2005.01.05	第30巻第1号(通巻第342号)	58		〈PEOPLE〉新刊「異邦人の夜」出版 梁石日氏「マリアというアジア的身体に映し出される日本を描いた」
2005.01.05	第30巻第1号(通巻第342号)	59		〈PEOPLE〉世界ボランティアの日に大統領表彰受賞 東釜山建設 孫昌玉代表「百の言葉より一つの実践が重要」
2005.01.05	第30巻第1号(通巻第342号)	60		〈PEOPLE〉JKアーティスト最終合格者に選抜 理恵さん「応募をきっかけに初めて本名を名乗った」
2005.01.05	第30巻第1号(通巻第342号)	38		TOPICS
2005.01.05	第30巻第1号(通巻第342号)	42		韓国政治の動向 アジア平和協力を固めた盧武鉉大統領の首脳外交活動
2005.01.05	第30巻第1号(通巻第342号)	43		韓国の社説 開城工業団地で初製品生産
2005.01.05	第30巻第1号(通巻第342号)	46	姜健栄	徐載弼の生涯と記念館
2005.01.05	第30巻第1号(通巻第342号)	14		〈好評連載〉渡来人の足跡をたずねて(90)日本に根を下ろした元暁思想② 京都 元暁絵図の梅尾山高山寺
2005.01.05	第30巻第1号(通巻第342号)	31		〈好評連載〉在日の詩(35) 冬のソナタ
2005.01.05	第30巻第1号(通巻第342号)	44	田駿	〈好評連載〉特別寄稿 ブッシュの大義～ブッシュの「大義」とシラクの「小義」～
2005.01.05	第30巻第1号(通巻第342号)	50		〈好評連載〉妙子劇場(27) 骨身にしみる夜
2005.01.05	第30巻第1号(通巻第342号)	51		〈好評連載〉アジュミニのほろ酔いばなし 第八十九話 石川郁子さん
2005.01.05	第30巻第1号(通巻第342号)	52		〈好評連載〉金剛山イヤギ 金剛山観光と現代グループ 再び始まった金剛山観光
2005.01.05	第30巻第1号(通巻第342号)	61		〈好評連載〉BOOK 「日韓ワールドカップの覚書」『人が働く』MKタクシー青木定雄の成功哲学」
2005.01.05	第30巻第1号(通巻第342号)	62		〈好評連載〉CINEMA　映像の生命力を示す珠玉の6短編「もし、あなたなら」そのとき若さが境界を突き破る!「パッチギ!」

발행일	지면정보		필자	제목
	권호	페이지		
2005.02.05	第30巻第2号(通巻第343号)	2		韓国国交正常化40周年記念 2005年大阪国際アートフェスティバル
2005.02.05	第30巻第2号(通巻第343号)	8		4月1日ペイオフ前面解禁 近畿産業信用組合は「終結宣言」
2005.02.05	第30巻第2号(通巻第343号)	10		〈論壇〉激変の南北関係の展望(南成旭・高麗大北韓学科教授)
2005.02.05	第30巻第2号(通巻第343号)	11		〈論壇〉盧武鉉大統領の新年挨拶「同伴成長」で共に発展の年に
2005.02.05	第30巻第2号(通巻第343号)	12		〈TOPIC〉新年会 全国各地の民団/日韓親善協会中央会
2005.02.05	第30巻第2号(通巻第343号)	16		〈TOPIC〉2004年度韓国政府褒章 牧丹章の李鍾燮、朴熙沢氏ら28名が授章
2005.02.05	第30巻第2号(通巻第343号)	17		〈TOPIC〉2005年度定期総会 韓国大阪青年会議所・韓国大阪JC特友会が同時開催
2005.02.05	第30巻第2号(通巻第343号)	18		〈TOPIC〉阪神・淡路大震災から10年「震災10年、追悼の共生・共栄の集い」
2005.02.05	第30巻第2号(通巻第343号)	26	姜健栄	〈特別寄稿〉朝鮮通信使の文化交流 呉下蒲刈と岡山日比
2005.02.05	第30巻第2号(通巻第343号)	32	朴炳閏	〈特別奇稿〉南・北・日と在日コリアの法的地位-分断克服する新協定が急務
2005.02.05	第30巻第2号(通巻第343号)	34		〈資料公開〉朴正熙元大統領の狙撃犯、文世光の最期の陳述「私がバカでした」座談会
2005.02.05	第30巻第2号(通巻第343号)	40		〈新連載〉大河歴史小説「林巨正」
2005.02.05	第30巻第2号(通巻第343号)	50		〈KOREA TODAY INTERVIEW〉全国焼肉協会常任理事「高麗飯店」オーナー 金日麗さん
2005.02.05	第30巻第2号(通巻第343号)	54	朴韓鮮	〈特別寄稿〉～韓半島平和統一の路(39)～韓半島南北両政権は「非武装永世中立」宣言を
2005.02.05	第30巻第2号(通巻第343号)	60		〈EVENT〉各地で同胞の成人式
2005.02.05	第30巻第2号(通巻第343号)	62		〈EVENT〉日韓ユーモア漫画家交流 年賀はがき展交流2005
2005.02.05	第30巻第2号(通巻第343号)	22		渡来人の足跡をたずねて(91)日本に根を下ろした元暁思想③ 京都-鈴虫寺・永観堂-
2005.02.05	第30巻第2号(通巻第343号)	43		たえこ劇場(28) 私は負けない
2005.02.05	第30巻第2号(通巻第343号)	44		韓国の民族文化財 民家編(52) 榛接 呂卿九家屋
2005.02.05	第30巻第2号(通巻第343号)	45		アジュモニのほろ酔い(第89話) 李順子さん
2005.02.05	第30巻第2号(通巻第343号)	48	田駿	特別寄稿 韓国民団～その創団と活動、そして今～
2005.02.05	第30巻第2号(通巻第343号)	49		在日の詩(36)心象風景
2005.03.05	第30巻第3号(通巻第344号)	2		三均学会創立30周年 村山富市首相が特別講演
2005.03.05	第30巻第3号(通巻第344号)	8		三均学会・光複会 大韓独立宣言書宣布 第86周年紀念式典
2005.03.05	第30巻第3号(通巻第344号)	9		三均学会学術シンポジウム
2005.03.05	第30巻第3号(通巻第344号)	10		第48回臨時中央大会(民団) 規約改正を決議

발행일	지면정보		필자	제목
	권호	페이지		
2005.03.05	第30巻第3号(通巻第344号)	12		〈INTERVIEW〉近畿産業信用組合「市民球団」設立でプロ野球参入を提唱 兪奉植会長にインタビュー
2005.03.05	第30巻第3号(通巻第344号)	16		3.1節 全国で独立万歳(韓国)
2005.03.05	第30巻第3号(通巻第344号)	24	朴韓鮮	〈特別寄稿〉第48回臨時中央大会(民団)で地方参政権の早期実現を決議 大阪韓商が「産業推進委」発足 /特別寄稿 21世紀を「在日特別永住者が〈生きる〉路」に 日本国家に「戦後処理」の一環して「地方参政権法制化」を!(2)
2005.03.05	第30巻第3号(通巻第344号)	28		民団大阪の要望に 大阪府・市教委が回答
2005.03.05	第30巻第3号(通巻第344号)	29		近畿経友納税連合会が税務研修
2005.03.05	第30巻第3号(通巻第344号)	30	姜健栄	金玉均と杏雲堂医院
2005.03.05	第30巻第3号(通巻第344号)	34	朴鍾	〈特別寄稿〉六者協議早期開催の必要性と準備(統一研究院南北関係研究室長)
2005.03.05	第30巻第3号(通巻第344号)	50		〈論壇〉李秀賢氏4周忌 故郷の釜山で初の追悼式
2005.03.05	第30巻第3号(通巻第344号)	52		パチンコ経営フォーラム「生き残りをかけたホール経営」
2005.03.05	第30巻第3号(通巻第344号)	54		独島VS竹島
2005.03.05	第30巻第3号(通巻第344号)	56		脚光浴びる「冬のソナタ」の撮影地「竜平リゾート」
2005.03.05	第30巻第3号(通巻第344号)	58		サッカーW杯アジア最終予選 2試合を同時TV観戦(大阪・生野のコリアタウン)
2005.03.05	第30巻第3号(通巻第344号)	62		〈GALLERY〉絵の限界を超えた超自我的な世界 兪琴姫画伯
2005.03.05	第30巻第3号(通巻第344号)	18		〈好評連載〉渡来人の足跡をたずねて(92) 沖縄(上) 古代 縄文・弥文化との交流
2005.03.05	第30巻第3号(通巻第344号)	36	田駿	〈好評連載〉特別寄稿 朝鮮総連〜日本社会との融和もなく日本を離れ〜
2005.03.05	第30巻第3号(通巻第344号)	38		〈好評連載〉大河歴史小説「林巨正」
2005.03.05	第30巻第3号(通巻第344号)	44		〈好評連載〉在日の詩(37) 祖国
2005.03.05	第30巻第3号(通巻第344号)	45		〈好評連載〉たえこ劇場(29) おくゆかしい私
2005.03.05	第30巻第3号(通巻第344号)	47		〈好評連載〉アジュモニのほろ酔いばなし(第91話) 李光杓さん
2005.03.05	第30巻第3号(通巻第344号)	48		〈好評連載〉韓国の民俗文化財 民家編(53) 大家
2005.04.05	第30巻第4号(通巻第345号)	2		愛知万博「愛・地球博」が開幕 韓国は最大規模で参加5色のコーナー展示で、テーマは「生命の光」
2005.04.05	第30巻第4号(通巻第345号)	8		盧武鉉大統領の国民向け談話 最近の韓日関係と関連して国民の皆様に申し上げる文
2005.04.05	第30巻第4号(通巻第345号)	12		国民の社説
2005.04.05	第30巻第4号(通巻第345号)	14	李御寧	〈論壇〉「日本人に贈る 一技の白梅」梅の花の痛みを知って、友になります
2005.04.05	第30巻第4号(通巻第345号)	16		京畿の名唱大家、人間文化財 黒ケウォルのパンソリ人生80年

발행일	지면정보		필자	제목
	권호	페이지		
2005.04.05	第30巻第4号(通巻第345号)	24		2005韓日国交正常化40周年記念公演 難波津の歌～聖徳太子と博士王仁を回顧して～(四天王寺伽藍、大阪国際交流センター)
2005.04.05	第30巻第4号(通巻第345号)	26	朴韓鮮	〈特別寄稿〉21世紀を「在日特別永住者が〈生きる〉路」に 日本国家に「戦後処理」の一環して「地方参政権法制化」を!(3)
2005.04.05	第30巻第4号(通巻第345号)	30	姜健栄	〈特別寄稿〉金玉均の韓国内墓地～兪末亡人と妹、金均の遭難記～
2005.04.05	第30巻第4号(通巻第345号)	36		KOREA TOPICS
2005.04.05	第30巻第4号(通巻第345号)	52		民団大阪本部 第51回定期地方委員会
2005.04.05	第30巻第4号(通巻第345号)	53		青年会大阪本部第27回定期地方大会
2005.04.05	第30巻第4号(通巻第345号)	56		ちきゅうじんコンサート in アジア
2005.04.05	第30巻第4号(通巻第345号)	60		関西アジア人協会 第4回チャリティー「アジア歌謡祭」
2005.04.05	第30巻第4号(通巻第345号)	62		〈GALLERY〉井戸焼のセミコル窯 張今貞氏
2005.04.05	第30巻第4号(通巻第345号)	18		〈好評連載〉渡来人の足跡をたずねて(93) 沖縄(下) グスク時代
2005.04.05	第30巻第4号(通巻第345号)	40		〈好評連載〉たえこ劇場(30) 釜山港へ架ける橋
2005.04.05	第30巻第4号(通巻第345号)	41		〈好評連載〉韓国の民俗文化財 民家編(54) 高城 魚命驥家屋
2005.04.05	第30巻第4号(通巻第345号)	42		〈好評連載〉大河歴史小説「林巨正」
2005.04.05	第30巻第4号(通巻第345号)	48		〈好評連載〉PIA
2005.04.05	第30巻第4号(通巻第345号)	50	田駿	〈好評連載〉特別寄稿 渡来人国～真の尊敬を得る道～
2005.04.05	第30巻第4号(通巻第345号)	54		〈好評連載〉在日の詩(38) 隠語
2005.04.05	第30巻第4号(通巻第345号)	55		〈好評連載〉アジュモニのほろ酔いばなし(第92話) 関美晴さん
2005.04.05	第30巻第4号(通巻第345号)	64		〈好評連載〉KT美術館
2005.05.05	第30巻第5号(通巻第346号)	2		ゴルフダイジェストが選ぶ「世界100大ゴルフ場」PINIX GOLF CLUBが72位 韓国では初、韓・日でも4位
2005.05.05	第30巻第5号(通巻第346号)	8		韓日国交正常化40周年記念公演「難波津の歌～聖徳太子と博士王仁～」
2005.05.05	第30巻第5号(通巻第346号)	12		在日韓国商工会議所第43期定期総会 新会長に崔鍾太氏を選出
2005.05.05	第30巻第5号(通巻第346号)	13		在日韓国婦人会中央本部第22期 定期中央大会 会長に夫順末氏が返り咲き
2005.05.05	第30巻第5号(通巻第346号)	14		韓信協組合 韓国政府が支援金156億円
2005.05.05	第30巻第5号(通巻第346号)	15		あすか信組、平成16年度決算
2005.05.05	第30巻第5号(通巻第346号)	16		大阪青商第17期定期総会 新会長に朴哲朗氏を選出
2005.05.05	第30巻第5号(通巻第346号)	17		近畿産業信組、平成16年度決算
2005.05.05	第30巻第5号(通巻第346号)	24	朴韓鮮	〈特別寄稿〉21世紀を「「在日特別永住者が〈生きる〉路」に 日本国家に「戦後処理」の一環して「地方参政権法制化」を!(4)

발행일	지면정보		필자	제목
	권호	페이지		
2005.05.05	第30巻第5号(通巻第346号)	28	姜健栄	〈特別寄稿〉金玉均の韓国内墓地～兪末亡人と妹、金均の遭難記～
2005.05.05	第30巻第5号(通巻第346号)	34	李元徳	〈論壇〉独島領有権による摩擦と韓日関係(李元徳・国民大教授)
2005.05.05	第30巻第5号(通巻第346号)	38		KOREA TOPICS
2005.05.05	第30巻第5号(通巻第346号)	50		〈PHOTOGRAPH〉愛知万博「愛・地球博」韓流ブームに乗って大人気の韓国館
2005.05.05	第30巻第5号(通巻第346号)	52		'05食博覧会・大阪 人気集めた2005人ビビンバ試食とNANTAパフォーマンス
2005.05.05	第30巻第5号(通巻第346号)	54		(株)マルハン 入社式
2005.05.05	第30巻第5号(通巻第346号)	55		近畿産業信組入行式
2005.05.05	第30巻第5号(通巻第346号)	58		日韓友情のタベ・チャリティーコンサート
2005.05.05	第30巻第5号(通巻第346号)	60		Korean Wave 2005 韓流スター、パク・ヨンハさんがライブ(京都)
2005.05.05	第30巻第5号(通巻第346号)	62		〈GALLERY〉延世煐・Day dream展
2005.05.05	第30巻第5号(通巻第346号)	18		〈好評連載〉渡来人の足跡をたずねて(94) 縄文・弥生・古墳時代の北部長野
2005.05.05	第30巻第5号(通巻第346号)	36	田駿	〈好評連載〉特別寄稿 韓国のデモ～スローガンの焦点を、もっと絞れば～
2005.05.05	第30巻第5号(通巻第346号)	42		〈好評連載〉大河歴史小説「林巨正」
2005.05.05	第30巻第5号(通巻第346号)	48		〈好評連載〉たえこ劇場(31) チャイナ・シンドローム
2005.05.05	第30巻第5号(通巻第346号)	49		〈好評連載〉在日の詩(39) 帰化申請(1)
2005.05.05	第30巻第5号(通巻第346号)	56		〈好評連載〉PIA
2005.05.05	第30巻第5号(通巻第346号)	57		〈好評連載〉アジュモニのほろ酔いばなし(第93話) 樽井順さん
2005.05.05	第30巻第5号(通巻第346号)	61		〈好評連載〉KT美術館
2005.06.05	第30巻第6号(通巻第347号)	2		特集 愛知万博「愛・地球博」盛大に韓国ナショナルデー/前夜祭/日韓親善協会中央会総会/建国の児童・生徒、柳会、 大阪ワッソ文化交流協会が市民パビリオンに出演
2005.06.05	第30巻第6号(通巻第347号)	14	朴韓鮮	〈特別寄稿〉21世紀を「在日特別永住者が〈生きる〉路」に 日本国家に「戦後処理」の一環して「地方参政権法制化」を!(5)
2005.06.05	第30巻第6号(通巻第347号)	24		婦人大会大阪本部第24期定期大会 新会長に金浜子氏を選出
2005.06.05	第30巻第6号(通巻第347号)	25		婦人会大阪本部が福祉団体に車椅子5台寄贈
2005.06.05	第30巻第6号(通巻第347号)	26		近畿産業信用組合 04年度下期業績評価大会
2005.06.05	第30巻第6号(通巻第347号)	27		近畿遊技産業協同開発 第2期総会
2005.06.05	第30巻第6号(通巻第347号)	28	姜健栄	〈特別寄稿〉朴泳孝の書と書翰
2005.06.05	第30巻第6号(通巻第347号)	32		(株)マルハンが会社説明会 業界で初、売上高1兆円を突破
2005.06.05	第30巻第6号(通巻第347号)	34	朴英鎬	〈論壇〉北朝鮮核問題の多元方程式を解く

발행일	지면정보 권호	페이지	필자	제목
2005.06.05	第30巻第6号(通巻第347号)	36		KOREA TOPICS
2005.06.05	第30巻第6号(通巻第347号)	52	白井茂	〈特別寄稿〉韓流(白井茂・名古屋日韓親善協会員)
2005.06.05	第30巻第6号(通巻第347号)	58		第35回神戸まつり「ワンコリア統一行進団」がパレード
2005.06.05	第30巻第6号(通巻第347号)	62		〈GALLERY〉新文人画3人展
2005.06.05	第30巻第6号(通巻第347号)	18	塩川慶子	〈好評連載〉渡来人の足跡をたずねて(95) 他国の支配を拒否した尹奉吉 韓国編
2005.06.05	第30巻第6号(通巻第347号)	33		〈好評連載〉PIA
2005.06.05	第30巻第6号(通巻第347号)	40		〈好評連載〉大河歴史小説「林巨正」
2005.06.05	第30巻第6号(通巻第347号)	46	曺奎通	〈好評連載〉在日の詩(40) 帰化申請(2)
2005.06.05	第30巻第6号(通巻第347号)	47		〈好評連載〉韓国の民俗文化財 民家編(55) 永同 宋在文家屋
2005.06.05	第30巻第6号(通巻第347号)	48		〈好評連載〉たえこ劇場(32) わが存在価値
2005.06.05	第30巻第6号(通巻第347号)	49		〈好評連載〉アジュモニのほろ酔いばなし(第94話) 茶谷十六さん
2005.06.05	第30巻第6号(通巻第347号)	50	田駿	〈好評連載〉特別寄稿 自民党の隠蔽政策～これは、経済倫理の腐敗、社会腐敗を生んだ～
2005.06.05	第30巻第6号(通巻第347号)	64		〈好評連載〉KT美術館
2005.07.05	第30巻第7号(通巻第348号)	2		定住外国人の地方参政権を実現させる 日・韓・在日ネットワーク 日韓首脳に要請書
2005.07.05	第30巻第7号(通巻第348号)	5		解放60年 韓日協定40年に望む 韓日協定と在日同胞国会討論会
2005.07.05	第30巻第7号(通巻第348号)	8	朴韓鮮	韓半島平和統一の路(40) ～韓半島南北両政権は「非武装永世中立」宣言を～
2005.07.05	第30巻第7号(通巻第348号)	12		公開セミナー(民団大阪本部)「教科書問題」とは何か～子どもたちのために「教科書問題」を考えよう!
2005.07.05	第30巻第7号(通巻第348号)	13		青年会大阪本部 姜富中さん招いて「公開セミナー」
2005.07.05	第30巻第7号(通巻第348号)	14		大使・民団本部団長・韓商連会長・韓信協会長 初の4者会談を開催 大阪韓商情報部会 経済セミナー「在日経済は蘇生できるか」
2005.07.05	第30巻第7号(通巻第348号)	16		平和統一連合東京支部結成大会
2005.07.05	第30巻第7号(通巻第348号)	17		近畿産業信組、第52期通常総代会
2005.07.05	第30巻第7号(通巻第348号)	24		〈論壇〉6.15宣言の履行と平和定着の課題
2005.07.05	第30巻第7号(通巻第348号)	28	姜健栄	〈特別寄稿〉徐載弼と李承晩 ～その政見相異～
2005.07.05	第30巻第7号(通巻第348号)	32	白井茂	「韓流」四方山話(白井茂・名古屋日韓親善協会員)
2005.07.05	第30巻第7号(通巻第348号)	36		KOREA TOPICS
2005.07.05	第30巻第7号(通巻第348号)	50		無相寺で入魂式
2005.07.05	第30巻第7号(通巻第348号)	54		京都韓商、京都納税経友会が定期総会
2005.07.05	第30巻第7号(通巻第348号)	55		大阪韓商第52期定期総会
2005.07.05	第30巻第7号(通巻第348号)	56		第33回韓国語弁論大会「大賞」は金剛小6年、韓佑樹さん
2005.07.05	第30巻第7号(通巻第348号)	57		〈BOOK〉在日韓国奨学会、伝達式と講演/BOOK新版「在日韓国・朝鮮人と人権」

발행일	지면정보		필자	제목
	권호	페이지		
2005.07.05	第30巻第7号(通巻第348号)	58		(株)マルハン 1兆円達成記念式典・大祝宴
2005.07.05	第30巻第7号(通巻第348号)	62		韓日国交正常化40周年記念行事「韓国の踊りと声の世界」大阪公演
2005.07.05	第30巻第7号(通巻第348号)	18	塩川慶子	〈好評連載〉渡来人の足跡をたずねて 他国の支配を拒否した尹奉吉 金沢編
2005.07.05	第30巻第7号(通巻第348号)	26	田駿	〈好評連載〉特別寄稿 皇国史観～日本の基本問題解決が先決～
2005.07.05	第30巻第7号(通巻第348号)	40		〈好評連載〉大河歴史小説「林巨正」
2005.07.05	第30巻第7号(通巻第348号)	46		〈好評連載〉たえこ劇場(33) 闇を照らす光
2005.07.05	第30巻第7号(通巻第348号)	47		〈好評連載〉PIA
2005.07.05	第30巻第7号(通巻第348号)	48	曺奎通	〈好評連載〉在日の詩(41) 約束の地
2005.07.05	第30巻第7号(通巻第348号)	49		〈好評連載〉アジュモニのほろ酔いばなし(第95話) 萩原照生さん
2005.07.05	第30巻第7号(通巻第348号)	53		〈好評連載〉韓国の民俗文化財 民家編(56) 報恩 宣炳国家屋
2005.07.05	第30巻第7号(通巻第348号)	64		KT美術館
2005.08.05	第30巻第8号(通巻第349号)	2		韓国 永住外国人に地方自治体選挙権を付与
2005.08.05	第30巻第8号(通巻第349号)	4		永訣式 朝鮮王朝最後の皇世孫李玖氏 歴史の影に逝く
2005.08.05	第30巻第8号(通巻第349号)	7		20年間、韓国人留学生らを支援 小島鐐次郎氏に「修交勲章・粛康章」
2005.08.05	第30巻第8号(通巻第349号)	8		第8期修了式 金慶憲シルバーアカデミー
2005.08.05	第30巻第8号(通巻第349号)	10	朴韓鮮	〈特別寄稿〉韓半島南北両政権は「非武装永世中立」宣言を～韓半島平和統一の路(41)～(朴韓鮮)/第12期民主和統一諮問会議 日本地域会議に参加して
2005.08.05	第30巻第8号(通巻第349号)	15		第2回総心情同族圏平和統一大会 民団・総連系、各1100名が参加
2005.08.05	第30巻第8号(通巻第349号)	16		〈特別寄稿〉「キムチネット」が正式に発足
2005.08.05	第30巻第8号(通巻第349号)	24	朴炳閏	〈特別寄稿〉在日同胞の視点で 65年法的地位協定の問題点は何か(上)～
2005.08.05	第30巻第8号(通巻第349号)	29		亡き長男の「ぼくのゆめ」叶えた 韓昌祐氏の顕彰碑除幕式
2005.08.05	第30巻第8号(通巻第349号)	38	朴鐘喆	〈論壇〉6ヵ国協議再開の意味と韓国の役割(朴鐘喆・統一研究院南北関係研究室長)
2005.08.05	第30巻第8号(通巻第349号)	49		日韓関係の過去と未来をつなぐために 戦後60年、日韓条約40周年記念大阪集会
2005.08.05	第30巻第8号(通巻第349号)	50	姜健栄	〈特別寄稿〉金玉均の書～作品の数々～
2005.08.05	第30巻第8号(通巻第349号)	56		在日韓国商工会議所 第44期第1回全国会長団会議
2005.08.05	第30巻第8号(通巻第349号)	57		韓信協 第54回通常総会
2005.08.05	第30巻第8号(通巻第349号)	58		KOREA TOPICS
2005.08.05	第30巻第8号(通巻第349号)	62		K-1 韓国の大居人、崔洪万が野獣ボブ・サップと対戦
2005.08.05	第30巻第8号(通巻第349号)	63		WBCスーパーフライ級タイトルマッチ 徳山昌守選手が王座奪還

발행일	지면정보		필자	제목
	권호	페이지		
2005.08.05	第30巻第8号(通巻第349号)	18	塩川慶子	〈好評連載〉渡来人の足跡をたずねて(97) 派涛を越えて…石川県へ
2005.08.05	第30巻第8号(通巻第349号)	38		〈好評連載〉PIA
2005.08.05	第30巻第8号(通巻第349号)	40	田駿	〈好評連載〉特別寄稿 小泉純一郎～それは真実味のない反省だった～
2005.08.05	第30巻第8号(通巻第349号)	42		〈好評連載〉大河歴史小説「林巨正」
2005.08.05	第30巻第8号(通巻第349号)	48		〈好評連載〉たえこ劇場(34) 夏が来れば思い出す
2005.08.05	第30巻第8号(通巻第349号)	48	曺奎通	〈好評連載〉在日の詩(42) 故郷忘じ難しく候
2005.08.05	第30巻第8号(通巻第349号)	49		〈好評連載〉アジュモニのほろ酔いばなし(第96話) 金一福・貞淑夫妻
2005.08.05	第30巻第8号(通巻第349号)	64		〈好評連載〉KT美術館
2005.09.05	第30巻第9号(通巻第350号)	2		祝祭 在日コリアンと大阪府民・市民親善交流フェスティバル盛大に「大阪ハナ・マトゥリ」
2005.09.05	第30巻第9号(通巻第350号)	8	朴韓鮮	〈特別寄稿〉韓半島南北両政権は「非武装永世中立」宣言を～韓半島平和統一の路(42)～(朴韓鮮)/第12期民主和統一諮問会議 日本地域会議に参加して
2005.09.05	第30巻第9号(通巻第350号)	11		東京(中央)、神奈川、大阪 第60周年「光復節」記念式典
2005.09.05	第30巻第9号(通巻第350号)	16		近畿産業信用組合 きんさんメーカーフォーラム
2005.09.05	第30巻第9号(通巻第350号)	24	朴炳閏	〈特別寄稿〉在日同胞の視点で 65年法的地位協定の問題点は何か(中)～
2005.09.05	第30巻第9号(通巻第350号)	28		KOREA TOPICS
2005.09.05	第30巻第9号(通巻第350号)	32	白井茂	中国東北地方の旅(1)(白井茂・名古屋日韓親善協会会員)
2005.09.05	第30巻第9号(通巻第350号)	36	梁茂進	〈論壇〉第4回6か国協議1次会期の評価と今後の韓国の役割(慶南大北朝鮮大学院教授)
2005.09.05	第30巻第9号(通巻第350号)	50		〈特別寄稿〉開化派主役たちの書と朴裕宏の堕涙碑(姜健栄)
2005.09.05	第30巻第9号(通巻第350号)	55		ルーツを訪ねて 平山中氏編
2005.09.05	第30巻第9号(通巻第350号)	56		Kinsan News 近畿の信金・信組中 純利益で近産が2位
2005.09.05	第30巻第9号(通巻第350号)	57		近畿産業信用組合「ありがとうキャンペーン第2弾」wチャンス第1回抽選会
2005.09.05	第30巻第9号(通巻第350号)	58		梁斗京氏逝去 純金になるために突き進んだ人生
2005.09.05	第30巻第9号(通巻第350号)	60		〈交流〉東京・世田谷文学館の「韓国文化週間」
2005.09.05	第30巻第9号(通巻第350号)	62		「無情の38度線」今沢雅一さん
2005.09.05	第30巻第9号(通巻第350号)	63		BOOK 韓流の原点を求めて 辛基秀と朝鮮通信使の時代
2005.09.05	第30巻第9号(通巻第350号)	18	塩川慶子	〈好評連載〉渡来人の足跡をたずねて(98) 能登と朝鮮半島北部の交流〈渤海通信使〉
2005.09.05	第30巻第9号(通巻第350号)	38	田駿	〈好評連載〉特別寄稿 自民党憲法改正草案～その道はいつか来た道～
2005.09.05	第30巻第9号(通巻第350号)	40		〈好評連載〉大河歴史小説「林巨正」

발행일	지면정보		필자	제목
	권호	페이지		
2005.09.05	第30巻第9号(通巻第350号)	46		〈好評連載〉PIA
2005.09.05	第30巻第9号(通巻第350号)	47		〈好評連載〉韓国の民俗文化財 民家編(57)中原 尹民栗家屋
2005.09.05	第30巻第9号(通巻第350号)	48		〈好評連載〉たえこ劇場(35) 見せびらがす私
2005.09.05	第30巻第9号(通巻第350号)	49		〈好評連載〉アジュモニのほろ酔いばなし(第97話) 安藤玉子さん
2005.09.05	第30巻第9号(通巻第350号)	54	曺奎通	〈好評連載〉在日の詩(43) 心象風景
2005.09.05	第30巻第9号(通巻第350号)	64		〈好評連載〉KT美術館
2005.10.05	第30巻第10号(通巻第351号)	2	陳昌洙	〈特別インタビュー〉世宗研究所日本研究センター長 6カ国協議協同声明
2005.10.05	第30巻第10号(通巻第351号)	6		在日コリアン100年史記念シンポジウム 過去から学び、現在を分析し、そして未来を展望する
2005.10.05	第30巻第10号(通巻第351号)	9		6カ国協議協同声明 韓国の社説
2005.10.05	第30巻第10号(通巻第351号)	12	朴韓鮮	〈特別寄稿〉韓半島南北両政権は「非武装永世中立」宣言を～韓半島平和統一の路(43)～
2005.10.05	第30巻第10号(通巻第351号)	16		韓奨「公開文化講演会」李元植・元近畿大学教授が講演「朝鮮通信使と耳塚」
2005.10.05	第30巻第10号(通巻第351号)	24		KOREA TOPICS
2005.10.05	第30巻第10号(通巻第351号)	28	朴韓鮮	関東大震災朝鮮人犠牲者追悼供養 韓国と日本の「歴史共通認識」と未来のための「歴史共有」とは/(財)成均館儒道会大阪本部総会
2005.10.05	第30巻第10号(通巻第351号)	30		駐横浜韓国総領事館、アーガルチェーン(株) 日本女子オープン参戦の韓国6プロ選手を激励「歓迎パーティー」
2005.10.05	第30巻第10号(通巻第351号)	31		世界遺産 高句麗壁画古墳展 朝鮮学校の生徒が見学
2005.10.05	第30巻第10号(通巻第351号)	32		南北閣僚級会談と6カ国協議の成果と話題(洪鉉翼・世宗研究所首席研究委員)/参与政府前半期の対朝政策評価と今後の課題(鄭成長・世宗研究所研究委員)
2005.10.05	第30巻第10号(通巻第351号)	36	白井茂	〈特別寄稿〉中国東北地方の旅(1) (白井茂・名古屋日韓親善協会会員)
2005.10.05	第30巻第10号(通巻第351号)	51		近畿経友納税連合会第4回定期総会 高山昌照会長「常に知恵を出し合って改革を」
2005.10.05	第30巻第10号(通巻第351号)	52		KOREA TOPICS
2005.10.05	第30巻第10号(通巻第351号)	56	姜健栄	〈特別寄稿〉開代派兪吉濬と僧李東仁
2005.10.05	第30巻第10号(通巻第351号)	60		〈公演〉大阪・国立文楽劇場 韓国伝統芸術舞台「貞洞劇場」
2005.10.05	第30巻第10号(通巻第351号)	62		〈公演〉日本の9都市 韓国少女民族舞踊団「リトルエンジェルス」
2005.10.05	第30巻第10号(通巻第351号)	63		〈BOOK〉韓国の中学校歴史教科書
2005.10.05	第30巻第10号(通巻第351号)	18	塩川慶子	〈好評連載〉渡来人の足跡をたずねて(99) 島根県隠岐(上) 島後〈隠岐島〉
2005.10.05	第30巻第10号(通巻第351号)	27		〈好評連載〉韓国の民俗文化財 民家編(58) 槐山 金璣応家屋

발행일	지면정보		필자	제목
	권호	페이지		
2005.10.05	第30巻第10号(通巻第351号)	34	田駿	〈好評連載〉特別寄稿 日韓の争点～両国は争点を散っちゃい範囲に絞うこと～
2005.10.05	第30巻第10号(通巻第351号)	40		〈好評連載〉大河歴史小説「林巨正」
2005.10.05	第30巻第10号(通巻第351号)	46		〈好評連載〉PIA
2005.10.05	第30巻第10号(通巻第351号)	48		〈好評連載〉たえこ劇場(36) 人生回り舞台
2005.10.05	第30巻第10号(通巻第351号)	49		アジュモニのほろ酔いばなし(第98話) 姜信英さん
2005.10.05	第30巻第10号(通巻第351号)	50	曺奎通	在日の詩(44) 闇米
2005.10.05	第30巻第10号(通巻第351号)	64		KT美術館
2005.11.05	第30巻第11号(通巻第351号)	2		〈特別インタビュー〉「JAPAN KOREA ASIAN BEAT 2005」(大阪) 裵鍾信・文化韓国部次官が友好のメッセージ
2005.11.05	第30巻第11号(通巻第351号)	4		世界をつなごう!「御堂筋パレード2005」韓流スターキム・ジェウォンさんに大歓声
2005.11.05	第30巻第11号(通巻第351号)	8		「KOREA WEEK IN KYOUTO」韓流ブームに乗って多彩なイベント
2005.11.05	第30巻第11号(通巻第351号)	10		春川玉鉱「冬ソナ」のロケ地、春川を他訪れる 日本人韓国客に玉体験が大人気
2005.11.05	第30巻第11号(通巻第351号)	14	朴韓鮮	〈特別寄稿〉今こそ北東アジアの「平和共存共栄の協同体」の構築を始めよう! 韓国・北朝鮮・中国・日本が主軸となり、アメリカとの「不戦共生」の路を(1)～
2005.11.05	第30巻第11号(通巻第351号)	24	朴韓鮮	日韓親善協会中央会〈朴韓鮮〉「孫戸妍ドキュメントリー」試写会と女史を「偲ぶ会」
2005.11.05	第30巻第11号(通巻第351号)	27		総会、研究会 第28回韓日女性親善協会合同総会
2005.11.05	第30巻第11号(通巻第351号)	28	白井茂	〈特別寄稿〉中国東北地方の旅(3)
2005.11.05	第30巻第11号(通巻第351号)	32	鄭煥麒	〈特別寄稿〉民団・朝総連との記念行事の協同開催の是非
2005.11.05	第30巻第11号(通巻第351号)	36	朴炳閏	〈韓日40周年特別寄稿〉在日同胞の視点で 65年法的地位協定の問題点は何か(下)
2005.11.05	第30巻第11号(通巻第351号)	48		KOREA TOPICS
2005.11.05	第30巻第11号(通巻第351号)	51		天宙平和統一国日本大会 韓鶴子総裁が基調講演
2005.11.05	第30巻第11号(通巻第351号)	52	姜健栄	〈特別寄稿〉金玉均の政治遍歴
2005.11.05	第30巻第11号(通巻第351号)	54		マスターズGCディース P・クリーマー(米)がプレーオフ制しV
2005.11.05	第30巻第11号(通巻第351号)	58		近畿産業信用組合 信組運動優秀信組表彰3部門で授賞、上期業績評価大学、9月期 仮決算、韓国旅行
2005.11.05	第30巻第11号(通巻第351号)	60		第32回堺まつり大パレード
2005.11.05	第30巻第11号(通巻第351号)	62		MUSIC 奇跡のピアニスト李喜芽、日本で本格デビュー
2005.11.05	第30巻第11号(通巻第351号)	63		BOOK 韓国の歴史と安東権氏
2005.11.05	第30巻第11号(通巻第351号)	64		東京・両国国技館 韓国のプロ・シルム大会
2005.11.05	第30巻第11号(通巻第351号)	18	塩川慶子	〈好評連載〉渡来人の足跡をたずねて(100) 島根県隠岐(中) 島前、中ノ島、西ノ島

발행일	지면정보		필자	제목
	권호	페이지		
2005.11.05	第30巻第11号(通巻第351号)	34	田駿	〈好評連載〉特別寄稿 植民地館～日韓交渉を清算する方法～
2005.11.05	第30巻第11号(通巻第351号)	40		〈好評連載〉大河歴史小説「林巨正」
2005.11.05	第30巻第11号(通巻第351号)	46		〈好評連載〉PIA
2005.11.05	第30巻第11号(通巻第351号)	49		〈好評連載〉アジュモニのほろ酔いばなし(第99話) 李美代子さん
2005.11.05	第30巻第11号(通巻第351号)	50	曺奎通	〈好評連載〉在日の詩(45) 韓国語
2005.12.05	第30巻第12号(通巻第352号)	2		News in News 釜山APEC、麻生外相が李秀賢追慕碑を参拝、黄禹錫博士/李義根・慶尚南道知事インタビュー
2005.12.05	第30巻第12号(通巻第352号)	8		2005韓日友情記念イベント　21世紀の韓日こども通信使～海がつなぐ未来への絆～
2005.12.05	第30巻第12号(通巻第352号)	14		第7回日韓・韓日産業貿易会議(京都全日空ホテル)
2005.12.05	第30巻第12号(通巻第352号)	15		近畿産業信用組合　未来6月目処に長崎商銀と合併/新商品「親孝行定期預金」発売
2005.12.05	第30巻第12号(通巻第352号)	16		在日世界韓人商工人連合会が発足
2005.12.05	第30巻第12号(通巻第352号)	17		大阪韓商第52期定例理事会
2005.12.05	第30巻第12号(通巻第352号)	24	朴韓鮮	〈特別寄稿〉韓半島南北両政権は「非武装永世中立」宣言を～韓半島平和統一の路(44)～
2005.12.05	第30巻第12号(通巻第352号)	28	白井茂	〈特別寄稿〉中国東北地方の旅(4)
2005.12.05	第30巻第12号(通巻第352号)	32		マルハン会社説明会
2005.12.05	第30巻第12号(通巻第352号)	34		〈論壇〉今後の6ヵ国協議
2005.12.05	第30巻第12号(通巻第352号)	36		〈特別寄稿〉金玉均の日本滞在～須永元の交際～
2005.12.05	第30巻第12号(通巻第352号)	52		日韓友情の年　千玄室・茶道裏千家15代家元迎え市民茶会(ソウル・新羅ホテル)
2005.12.05	第30巻第12号(通巻第352号)	54		KOREA TOPICS
2005.12.05	第30巻第12号(通巻第352号)	56		茗園文化財団 趙万済氏に茗園茶文化大賞
2005.12.05	第30巻第12号(通巻第352号)	58		民団大阪本部　アンニュンハセヨ!「韓日友情」作文コンクール表彰式/「百婆」公演
2005.12.05	第30巻第12号(通巻第352号)	60		2005大阪食品博覧会「韓国館」で韓流食文化をアピール
2005.12.05	第30巻第12号(通巻第352号)	62		映画
2005.12.05	第30巻第12号(通巻第352号)	63		「韓国の歴史と安東権氏」出版記念パーティー
2005.12.05	第30巻第12号(通巻第352号)	18	塩川慶子	〈好評連載〉渡来人の足跡をたずねて(101)〈塩川慶子)島根県隠岐(下)島根、西の島(続き)・知夫里島
2005.12.05	第30巻第12号(通巻第352号)	33		〈好評連載〉PIA
2005.12.05	第30巻第12号(通巻第352号)	40		〈好評連載〉大河歴史小説「林巨正」
2005.12.05	第30巻第12号(通巻第352号)	46	田駿	〈好評連載〉特別寄稿 地味になれ～軽佻浮薄は国を滅ぼす～
2005.12.05	第30巻第12号(通巻第352号)	48	まつだたえこ	〈好評連載〉たえこ劇場(37) 哀愁の植木市
2005.12.05	第30巻第12号(通巻第352号)	49		〈好評連載〉アジュモニのほろ酔いばなし(第100話・終)田中俊明さん

발행일	지면정보		필자	제목
	권호	페이지		
2005.12.05	第30巻第12号(通巻第352号)	50	曺奎通	〈好評連載〉在日の詩(46) 地下壕(1)
2005.12.05	第30巻第12号(通巻第352号)	51		〈好評連載〉韓国の民俗文化財 民家編(59) 提原 朴道秀家屋
2005.12.05	第30巻第12号(通巻第352号)	64		〈好評連載〉KT美術館「東惺禅師の円くて明るい光禅画 日本巡回展」
2006.01.05	第31巻第1号(通巻第353号)	2		地方参政権〈朴韓鮮〉在日韓国人の「特別永住者」及びその子孫と第2次世界大戦後来日した「一般永住者」の地方参政権(被選挙権及び選権一対)の法制化促進協議会が発足
2006.01.05	第31巻第1号(通巻第353号)	8		韓国で「外国人の地方参政権」成立　日本でも早期実現を!「日・韓・在日シンポジウムin大阪」
2006.01.05	第31巻第1号(通巻第353号)	10		平和日本地域近畿協議会「平和統一フォーラム」開催
2006.01.05	第31巻第1号(通巻第353号)	14		同志社大学キャンパス 鄭芝溶の詩碑建立・除幕式
2006.01.05	第31巻第1号(通巻第353号)	16		在日同胞の歴史の殿堂 在日韓人歴史資料館
2006.01.05	第31巻第1号(通巻第353号)	24	白井茂	〈特別寄稿〉中国東北地方の旅(5)
2006.01.05	第31巻第1号(通巻第353号)	28	朴炳閨	〈特別寄稿〉中国東北地方の旅(5) 在日同胞の未来像
2006.01.05	第31巻第1号(通巻第353号)	40	鄭炳麒	〈特別寄稿〉韓国 盧政権に漂う愁雲　指揮権発動
2006.01.05	第31巻第1号(通巻第353号)	50	金温吉	私の韓国!～在日写真家がとらえた祖国の映像～
2006.01.05	第31巻第1号(通巻第353号)	54	姜健栄	〈特別寄稿〉金玉均のクーデター失敗(その1)
2006.01.05	第31巻第1号(通巻第353号)	58		近畿産業信用組合 中山裕之副会長の米寿を祝う会
2006.01.05	第31巻第1号(通巻第353号)	59		相談役会開催
2006.01.05	第31巻第1号(通巻第353号)	60		パンスタードリーム号 クレーズフェリー事業開始
2006.01.05	第31巻第1号(通巻第353号)	62		近畿産業信用組合「ありがとうキャンペーン」大抽選会
2006.01.05	第31巻第1号(通巻第353号)	18	塩川慶子	〈好評連載〉渡来人の足跡をたずねて(102) 廃仏毀釈と十津川
2006.01.05	第31巻第1号(通巻第353号)	39		〈好評連載〉PIA
2006.01.05	第31巻第1号(通巻第353号)	42		〈好評連載〉大河歴史小説「林巨正」
2006.01.05	第31巻第1号(通巻第353号)	48		〈好評連載〉たえこ劇場(38) 〈まつだたえこ〉師走に走る
2006.01.05	第31巻第1号(通巻第353号)	49	曺奎通	〈好評連載〉在日の詩(46)　地下壕(2)
2006.01.05	第31巻第1号(通巻第353号)	63		〈好評連載〉BOOK検証　日韓関係60年史
2006.01.05	第31巻第1号(通巻第353号)	64		〈好評連載〉KT美術館〈安藤秀栄〉
2006.02.05	第31巻第2号(通巻第354号)	2	朴韓鮮	地方参政権 在日韓国人の「特別永住者」及びその子孫と第2次世界大戦後来日した「一般永住者」の地方参政権(被選挙権及び選権一対)の法制化促進協議会が始動
2006.02.05	第31巻第2号(通巻第354号)	8		民団 全国各地で新年会
2006.02.05	第31巻第2号(通巻第354号)	12		魂の極楽往生、子孫祈願の吉祥の地 八公山 道林寺
2006.02.05	第31巻第2号(通巻第354号)	24		第9期修了式 慶憲シルパーアカデミー
2006.02.05	第31巻第2号(通巻第354号)	26		釜山大学校 韓昌祐氏に「名誉経営学博士」の学位授与
2006.02.05	第31巻第2号(通巻第354号)	28	朴炳閨	〈特別寄稿〉韓国人弁護士第1号 金敬得の功績を讃る
2006.02.05	第31巻第2号(通巻第354号)	30	鄭炳麒	〈特別寄稿〉四季彩々

발행일	지면정보		필자	제목
	권호	페이지		
2006.02.05	第31巻第2号(通巻第354号)	32	白井茂	〈特別寄稿〉中国東北地方の旅(6)
2006.02.05	第31巻第2号(通巻第354号)	36		〈論壇〉2006年度の南北関係の展望(パク・ジョンチョン世宗研究所長)/盧武鉉大統領の新年演説について(シン・グァンヨン韓国中央大学教授)
2006.02.05	第31巻第2号(通巻第354号)	40		民団中央本部役員改選 3機関長の立候補者出揃う
2006.02.05	第31巻第2号(通巻第354号)	50		2005年度定期政府褒章
2006.02.05	第31巻第2号(通巻第354号)	51		近畿産業信用組合臨時総代会 長崎商銀との合併を可決・承認
2006.02.05	第31巻第2号(通巻第354号)	52		朴三中僧侶(慈悲寺)極楽往生願って49日祈願祭
2006.02.05	第31巻第2号(通巻第354号)	54	姜健栄	〈特別寄稿〉金玉均のクーデター失敗(その2)
2006.02.05	第31巻第2号(通巻第354号)	58		故李秀賢君を偲ぶ会 日韓合作映画「あなたを忘れない」
2006.02.05	第31巻第2号(通巻第354号)	60		成人式 趣向凝らし全国各地の民団で
2006.02.05	第31巻第2号(通巻第354号)	18	塩川慶子	〈好評連載〉渡来人の足跡をたずねて(103) 猪飼野を懐かしむ
2006.02.05	第31巻第2号(通巻第354号)	41		〈好評連載〉PIA
2006.02.05	第31巻第2号(通巻第354号)	42		〈好評連載〉大河歴史小説「林巨正」
2006.02.05	第31巻第2号(通巻第354号)	48	まつだたえこ	〈好評連載〉たえこ劇場(39) A HARD DAYS NIGHT
2006.02.05	第31巻第2号(通巻第354号)	49	曹奎通	〈好評連載〉在日の詩(48) 地下壕(3)
2006.02.05	第31巻第2号(通巻第354号)	57		〈好評連載〉KOREA TOPICS
2006.02.05	第31巻第2号(通巻第354号)	62		〈好評連載〉BOOK開化派リーダーたちの日本亡命～金玉均・朴泳孝・徐載弼の足跡を辿る～
2006.02.05	第31巻第2号(通巻第354号)	64		〈好評連載〉KT美術館
2006.03.05	第31巻第3号(通巻第355号)	2		民団中央本部第49回定期大会 河内鈺団長、金広昇議長、金昌植・監察委員長
2006.03.05	第31巻第3号(通巻第355号)	6		全国の各地民団 第87周年3.1節記念式典
2006.03.05	第31巻第3号(通巻第355号)	8		大韓独立宣言宣布第87周年・三均学会創立第31周年紀念式典・学術シンポジウム
2006.03.05	第31巻第3号(通巻第355号)	14		〈KOREA TODAY INTERVIEW〉韓国・地方自治体の現場を行く(2)陳宗根・全羅南道高興郡主
2006.03.05	第31巻第3号(通巻第355号)	24		小林芙蓉&キム・シン 書と音のコラボレーション
2006.03.05	第31巻第3号(通巻第355号)	26		KOREA TOPICS
2006.03.05	第31巻第3号(通巻第355号)	30		近畿経友納税連合会 税務研修会
2006.03.05	第31巻第3号(通巻第355号)	31		高山昌照・近畿経友納税連合会会長 大阪国税局長表彰
2006.03.05	第31巻第3号(通巻第355号)	32	鄭炳麒	〈特別寄稿〉人の教訓
2006.03.05	第31巻第3号(通巻第355号)	34		金正日国防委員長の訪中評価(崔春欽・統一研究院首席研究委員)/南北軍事当局者会談の意義(高有煥・東国大教授)/東南アジア歴訪外交の成果(董竜昇・三星経済研究院経済安保チーム長)/第17回南北閣僚級会談の成果と展望(李教悳・統一研究院基調室長)/

발행일	지면정보		필자	제목
	권호	페이지		
2006.03.05	第31巻第3号(通巻第355号)	50		「在日コリアンに権利としての日本国籍を―永住外国人から主権者へ」25全国集会/韓昌祐・マルハン会長にソウル女子大学が名誉文学博士を授与
2006.03.05	第31巻第3号(通巻第355号)	53		民団大阪本部の要望 大阪府教委が公式回答
2006.03.05	第31巻第3号(通巻第355号)	54		〈特別寄稿〉金玉均の評価
2006.03.05	第31巻第3号(通巻第355号)	60		追悼 東京 金敬得さんをしのぶ会
2006.03.05	第31巻第3号(通巻第355号)	62		WBCスーパーフライ級タイトルマッチ 徳山昌守選手、9度目の防衛
2006.03.05	第31巻第3号(通巻第355号)	18	塩川慶子	〈好評連載〉渡来人の足跡をたずねて(104) 岡山吉備の桃太郎伝説1
2006.03.05	第31巻第3号(通巻第355号)	42		〈好評連載〉大河歴史小説「林巨正」
2006.03.05	第31巻第3号(通巻第355号)	48	まつだたえこ	〈好評連載〉たえこ劇場(40) 広い心・拾い心
2006.03.05	第31巻第3号(通巻第355号)	49	曺奎通	〈好評連載〉在日の詩(49) 飽食
2006.03.05	第31巻第3号(通巻第355号)	52		〈好評連載〉PIA
2006.03.05	第31巻第3号(通巻第355号)	59		〈好評連載〉韓国の民俗文化財 民家編(60) 清原 柳桂和家屋
2006.03.05	第31巻第3号(通巻第355号)	63		〈好評連載〉BOOK 韓国高校生の歴史レポート～ハラバジ・アルモニへのインタビューを日韓交流～
2006.03.05	第31巻第3号(通巻第355号)	64		〈好評連載〉KT美術館
2006.04.05	第31巻第4号(通巻第356号)	2		民団大阪本部第53回定期地方大会 金漢翊団長、李竜権議長、金温吉・監察委員長
2006.04.05	第31巻第4号(通巻第356号)	6		民団中央本部 河内鈺団長が「改革民団号」の談話発表
2006.04.05	第31巻第4号(通巻第356号)	8		朴槿恵・ハンナラ党代表崔最高委員 東京・大阪の民団で交流深める
2006.04.05	第31巻第4号(通巻第356号)	12		韓国初の女性総理 韓明淑議員が指名
2006.04.05	第31巻第4号(通巻第356号)	13		ヒューマンストーリー 故 正楽合・ソウル中区区長
2006.04.05	第31巻第4号(通巻第356号)	14		韓国の話題 有機畜産の革命
2006.04.05	第31巻第4号(通巻第356号)	16		NGO法人国際美術協会 第29回国美芸術展
2006.04.05	第31巻第4号(通巻第356号)	24	朴韓鮮	〈特別寄稿〉韓半島南北両政権は「非武装永世中立」宣玄を～韓半島平和統一の路(45)～
2006.04.05	第31巻第4号(通巻第356号)	28		〈論壇〉盧武鉉大統領のアフリカ歴訪の成果(長炳玉・韓国外国語大学教授)参与政府3周年対朝政策の成果(金庚万・韓国国防研究院責任研究委員)
2006.04.05	第31巻第4号(通巻第356号)	32	鄭炳麒	〈特別寄稿〉〈鄭炳麒〉韓国の愛国歌と日本の君が代
2006.04.05	第31巻第4号(通巻第356号)	34		〈学術シンポジウム〉世界歌時代、趙素昴の三均主義を再考する(金容浩・仁荷大学政治外交科教授)/大韓民国臨時政府の建国綱領(韓詩俊・壇国大学校歴史学科教授)
2006.04.05	第31巻第4号(通巻第356号)	40		KOREA TOPICS
2006.04.05	第31巻第4号(通巻第356号)	50	姜健栄	〈特別寄稿〉金玉均に対する評価と民権論

발행일	지면정보		필자	제목
	권호	페이지		
2006.04.05	第31巻第4号(通巻第356号)	55		民団大阪本部　大使・総領事表彰の伝達式
2006.04.05	第31巻第4号(通巻第356号)	56		大阪市教委が公式回答「教科書の調査員に韓国語教員の採用例あり」
2006.04.05	第31巻第4号(通巻第356号)	57		韓奨「公開文化講演会」姜英之教授「東北アジア経済共同体と在日同胞」
2006.04.05	第31巻第4号(通巻第356号)	58		原救晁さん拉致事件　朝総連傘下団体など強制捜査(警視庁)
2006.04.05	第31巻第4号(通巻第356号)	60		関西アジア人協会　第5回チャリティー「アジア歌謡祭」
2006.04.05	第31巻第4号(通巻第356号)	18	塩川慶子	〈好評連載〉渡来人の足跡をたずねて(105)　岡山　吉備の桃太郎伝説2
2006.04.05	第31巻第4号(通巻第356号)	43		〈好評連載〉PIA
2006.04.05	第31巻第4号(通巻第356号)	44		〈好評連載〉大河歴史小説　林巨正(黄丹編　完)
2006.04.05	第31巻第4号(通巻第356号)	48	まつだたえこ	〈好評連載〉たえこ劇場(41)　男役はつらいよ
2006.04.05	第31巻第4号(通巻第356号)	49	曺奎通	〈好評連載〉在日の詩(50)　生き様
2006.04.05	第31巻第4号(通巻第356号)	62		〈好評連載〉BOOK 歴史教科書 在日コリアンの歴史/正義なき国、「当然の法理」を問いつづけて～都庁国籍任用差別裁判の記録～/在日コリアンに権利としての日本国籍を
2006.04.05	第31巻第4号(通巻第356号)	64		〈好評連載〉KT美術館
2006.05.05	第31巻第5号(通巻第357号)	2		特別コンサート&交流の集い　韓国が生んだ奇跡のピアニスト　李喜芽さん
2006.05.05	第31巻第5号(通巻第357号)	4		高麗大学総長主催晩餐会　郭裕之・兪奉植両氏が「日本学研究センター」設立基金に20億ウォン寄付
2006.05.05	第31巻第5号(通巻第357号)	8		民団中央本部　全国地方団長・中央傘下団体長会議、中央執行委員会、河内鈺団長会見
2006.05.05	第31巻第5号(通巻第357号)	9		近畿産業信組05年度決算
2006.05.05	第31巻第5号(通巻第357号)	10		第44期定期総会　韓国商工会議所
2006.05.05	第31巻第5号(通巻第357号)	12		交流展〈田中典子〉第3回国際親善美術交流展
2006.05.05	第31巻第5号(通巻第357号)	24		懇親会　近畿2府4県の民団地方本部団長・韓商会長
2006.05.05	第31巻第5号(通巻第357号)	25		第18期定期総会　大阪韓国青商、新会長に金一嘉氏
2006.05.05	第31巻第5号(通巻第357号)	26		テコンドー「李裕鎮選手を育てる後援会」発足
2006.05.05	第31巻第5号(通巻第357号)	28		新入職員入行式　近畿産業信組69人
2006.05.05	第31巻第5号(通巻第357号)	29		第28回定期地方大会　青年会大阪本部、新会長に金哲弘氏
2006.05.05	第31巻第5号(通巻第357号)	30		故郷の家　平尾昌晃氏が車椅子3台寄贈、ミニコンサート
2006.05.05	第31巻第5号(通巻第357号)	32	鄭炳麒	〈特別寄稿〉心のチャンネル
2006.05.05	第31巻第5号(通巻第357号)	34	中律	〈論壇〉参与政府の対朝人道的問題解決努力
2006.05.05	第31巻第5号(通巻第357号)	38		KOREA TOPICS

발행일	지면정보		필자	제목
	권호	페이지		
2006.05.05	第31巻第5号(通巻第357号)	50	姜健栄	〈特別寄稿〉日本の現状を憂う
2006.05.05	第31巻第5号(通巻第357号)	54		イルリョの美と健康の源 韓国料理〈金日麗〉たんぽぽの葉のコッチョリ(チョレギ)/たんぽぽ入り春野菜のサラダ
2006.05.05	第31巻第5号(通巻第357号)	58		新卒入社式(株) マルハン356人
2006.05.05	第31巻第5号(通巻第357号)	59		スケッチ 観桜 野遊会
2006.05.05	第31巻第5号(通巻第357号)	18	塩川慶子	〈好評連載〉渡来人の足跡をたずねて(106) 岡山③ 古代吉備王国
2006.05.05	第31巻第5号(通巻第357号)	42		〈好評連載〉大河歴史小説 世宗大王・訓民正音
2006.05.05	第31巻第5号(通巻第357号)	48	まつだたえこ	〈好評連載〉たえこ劇場(42) オペラ座の恋人
2006.05.05	第31巻第5号(通巻第357号)	49	曺奎通	〈好評連載〉在日の詩(51) 言葉
2006.05.05	第31巻第5号(通巻第357号)	60		〈好評連載〉PIA
2006.05.05	第31巻第5号(通巻第357号)	62		〈好評連載〉韓国の民俗文化財 民家編(61) 報恩 崔台夏家屋
2006.05.05	第31巻第5号(通巻第357号)	62		〈好評連載〉BOOK 〈天草優里〉未来への記憶
2006.06.05	第31巻第6号(通巻第358号)	2		民団・総連が「和解」の共同声明「対立」から「和合」に 挙団的総意が鍵
2006.06.05	第31巻第6号(通巻第358号)	10		ユネスコ共同学校アジア・太平洋地域・5カ国教員交流会 韓国から上党高校が参加
2006.06.05	第31巻第6号(通巻第358号)	12		記念式典 学校法人白頭学園創立60周年
2006.06.05	第31巻第6号(通巻第358号)	14	田中典子	開館セレモニー 吉星陶芸美術館
2006.06.05	第31巻第6号(通巻第358号)	24		総会 第29回日韓女性親善協会合同総会 J・Y第8回通常総会及び経営者・店長研修会
2006.06.05	第31巻第6号(通巻第358号)	26		受章 金英宰氏「青竜章」受章
2006.06.05	第31巻第6号(通巻第358号)	28		「故郷の家・神戸」5周年記念 朴正米・水仙花合唱チャリティコンサート
2006.06.05	第31巻第6号(通巻第358号)	30		表敬訪問 金漢翊・民団大阪本部団長ら3機関長、太田知事・関市長と懇談
2006.06.05	第31巻第6号(通巻第358号)	31		総会 大阪韓国青商青友会第7期定期総会
2006.06.05	第31巻第6号(通巻第358号)	32	鄭炳麒	〈特別寄稿〉「時の流れ」「孤独ならず必ず隣りあり」「貧乏神」
2006.06.05	第31巻第6号(通巻第358号)	34	辛宗漢・陳昌洙・金錬鉄・諸成鎬	〈論壇〉盧武鉉大統領の韓日関係特別談話の意味(陳昌洙・世宗研究所日本研究センター長)/「原則ある対朝譲歩」と「南北首脳会談」(金錬鉄・高麗大学アジア問題研究所研究教授)/東辛宗漢方の光「コリア」(辛宗漢・壇国大学教授)/列車テスト運行と北朝鮮の誤った選択(諸成鎬・中央大学教授)
2006.06.05	第31巻第6号(通巻第358号)	50		交流展 日韓工芸文化交流展
2006.06.05	第31巻第6号(通巻第358号)	54		韓国フォア チャングムの誓い展
2006.06.05	第31巻第6号(通巻第358号)	56	姜健栄	〈特別寄稿〉石綿公害などの随想録〜ニューオリンズで生活(1)〜

발행일	지면정보		필자	제목
	권호	페이지		
2006.06.05	第31巻第6号(通巻第358号)	60		イルリョの美と健康の源　韓国料理〈金日麗〉ミョルチフェ(いわしのさしみ)ミョルチスククク(いわしのよもぎスープ)
2006.06.05	第31巻第6号(通巻第358号)	18	塩川慶子	〈好評連載〉渡来人の足跡をたずねて(107)　韓国古寺・忠清南道編
2006.06.05	第31巻第6号(通巻第358号)	40		〈好評連載〉PIA
2006.06.05	第31巻第6号(通巻第358号)	42		〈好評連載〉大河歴史小説　世宗大王・訓民正音
2006.06.05	第31巻第6号(通巻第358号)	48	まつだたえこ	〈好評連載〉たえこ劇場(48)　ただいま疲労中
2006.06.05	第31巻第6号(通巻第358号)	49	曺奎通	〈好評連載〉在日の詩(51)　脱北宣言
2006.06.05	第31巻第6号(通巻第358号)	54		〈好評連載〉KT美術館
2006.07.05	第31巻第7号(通巻第359号)	2		「5.17和解」めぐり混迷の度増す民団　河内鈺団長「白紙に戻したような状態」
2006.07.05	第31巻第7号(通巻第359号)	4		北朝鮮拉致事件　金英男さん親子が再会。記者会見で拉致を否定
2006.07.05	第31巻第7号(通巻第359号)	6		感動の嵐(大阪)　李喜芽三コンサート
2006.07.05	第31巻第7号(通巻第359号)	7		韓信協　日本の拉致被害者家族会に義援500万円贈る
2006.07.05	第31巻第7号(通巻第359号)	8		NPO法人大阪ワッソ文化交流協会　四天王寺ワッソゆかりの地をたずねて歴史探訪〈日帰りバスツアー〉
2006.07.05	第31巻第7号(通巻第359号)	14	田中典子	東アジアの玄関口・PUSAN　釜山国際映画祭開幕迫る
2006.07.05	第31巻第7号(通巻第359号)	24		定期総会　大阪・兵庫・京都韓商
2006.07.05	第31巻第7号(通巻第359号)	26		近畿産業信用組合　長崎商銀と合併、総代会
2006.07.05	第31巻第7号(通巻第359号)	28		新韓銀行大阪支店　盛大に開設20周年記念式典・講演会
2006.07.05	第31巻第7号(通巻第359号)	29		総代会　あすか信用組合
2006.07.05	第31巻第7号(通巻第359号)	30		第34回韓国語弁論大会　「大賞」は金剛中1年・尹華卿さん
2006.07.05	第31巻第7号(通巻第359号)	31		追悼式(株) 高電社社長・故高基秀氏
2006.07.05	第31巻第7号(通巻第359号)	32	鄭炳麒	〈特別寄稿〉春香伝
2006.07.05	第31巻第7号(通巻第359号)	35	逢阪一哉	ニートの部屋 No.1 これは地理問題だ
2006.07.05	第31巻第7号(通巻第359号)	36		地球人シンポジウム 21世紀、地求人への提言
2006.07.05	第31巻第7号(通巻第359号)	38		KOREA TOPICS
2006.07.05	第31巻第7号(通巻第359号)	50	姜健栄	〈特別寄稿〉石綿公害などの随想録　カトリック医科大学と日本の石綿による癌発生(2)
2006.07.05	第31巻第7号(通巻第359号)	54		梁山市態上老人大学　地元で話題の「純ちゃん先生」李純子さん
2006.07.05	第31巻第7号(通巻第359号)	55		チェルノブイリ原爆事故から20年〈山本京子〉キム・シンさんベラルーシ共和国で演奏
2006.07.05	第31巻第7号(通巻第359号)	56		サッカーW杯ドイチ大会　韓日の若者がパブリックビューイング

발행일	지면정보		필자	제목
	권호	페이지		
2006.07.05	第31巻第7号(通巻第359号)	58		イルリョの美と健康の源　韓国料理〈金日麗〉豚スペアリフのカルビチム/豚ロースのキムチ和え
2006.07.05	第31巻第7号(通巻第359号)	18	塩川慶子	〈好評連載〉渡来人の足跡をたずねて(108)　韓国古寺・全羅道編
2006.07.05	第31巻第7号(通巻第359号)	37		〈好評連載〉PIA
2006.07.05	第31巻第7号(通巻第359号)	42		〈好評連載〉大河歴史小説　世宗大王・訓民正音
2006.07.05	第31巻第7号(通巻第359号)	48	まつだたえこ	〈好評連載〉たえこ劇場(44)　ふしぎなハングル
2006.07.05	第31巻第7号(通巻第359号)	49	曺奎通	〈好評連載〉在日の詩(53)　移民
2006.07.05	第31巻第7号(通巻第359号)	62		〈好評連載〉BOOK　「心が目覚める生き方問答」「コリアン部落～幻の韓国被差別民・白丁探して～」「よりよいサービス・よりよい介護をめざして」
2006.08.05	第31巻第8号(通巻第360号)	2		民団中央本部　10月24日に団長選の臨時大会開崔　河内鈺執行部9月15日で総辞職
2006.08.05	第31巻第8号(通巻第360号)	7		民団大阪本部　第1回監察機関研修会
2006.08.05	第31巻第8号(通巻第360号)	8		韓国の報道
2006.08.05	第31巻第8号(通巻第360号)	10		韓信協　第55回通常総代会
2006.08.05	第31巻第8号(通巻第360号)	11		合併契約調印　横浜商銀と北陸商銀　来年7月に対策合併
2006.08.05	第31巻第8号(通巻第360号)	12	田中典子	〈特別寄稿〉韓国・南部現代有名美術人協会　韓国ユネスコinソウル
2006.08.05	第31巻第8号(通巻第360号)	31		近畿産業信用組合　普通預金の金利改定
2006.08.05	第31巻第8号(通巻第360号)	32	鄭炳麒	〈特別寄稿〉私の故郷は大韓民国
2006.08.05	第31巻第8号(通巻第360号)	34	逢阪一哉	ニートの部屋　No.2　ミサイル発射問題と「鉄のカーテン」
2006.08.05	第31巻第8号(通巻第360号)	35		韓国の民俗文化財〈民家編〉62　永同　宋在徽家屋
2006.08.05	第31巻第8号(通巻第360号)	36		KOREA TOPICS
2006.08.05	第31巻第8号(通巻第360号)	50	姜健栄	〈特別寄稿〉続・ニューオリンズ紀行(1)と在米橋胞2世たちの結婚式
2006.08.05	第31巻第8号(通巻第360号)	54		民団大阪堺支部　堺市長を表敬訪問
2006.08.05	第31巻第8号(通巻第360号)	55		大阪韓国綜合教育院　第2回関西地域韓国語教師研修会
2006.08.05	第31巻第8号(通巻第360号)	56		体育会関西本部　総会、会長に宋武夫氏を選出
2006.08.05	第31巻第8号(通巻第360号)	57		JCIKOREA-韓国大阪　認准35周年紀念式典・講演
2006.08.05	第31巻第8号(通巻第360号)	58		イルリョの美と健康の源　韓国料理Vol.4〈金日麗〉水冷麺(ムルレンミョン)/ビビン冷麺(ビビンネンミョン)/韓国風そうめん
2006.08.05	第31巻第8号(通巻第360号)	18	塩川慶子	〈好評連載〉渡来人の足跡をたずねて(109)　韓国古寺・忠清北道編　趙万済話(1)
2006.08.05	第31巻第8号(通巻第360号)	42		〈好評連載〉大河歴史小説　世宗大王・訓民正音
2006.08.05	第31巻第8号(通巻第360号)	48	まつだたえこ	〈好評連載〉たえこ劇場(45)　人はオガズの生くるにあらず

발행일	지면정보		필자	제목
	권호	페이지		
2006.08.05	第31巻第8号(通巻第360号)	49	曺奎通	〈好評連載〉在日の詩(54) 静かに
2006.08.05	第31巻第8号(通巻第360号)	62		〈好評連載〉PIA
2006.08.05	第31巻第8号(通巻第360号)	63		〈好評連載〉DVD&BOOK 「あいさつが変えた!」青木定雄〜破綻から利益日本一の信組にした男〜「脱北帰国者」
2006.09.05	第31巻第9号(通巻第361号)	2		民団中央本部 9月21日に団長選の臨時大会開催 河内鈺執行部8月22日付で総辞職、「再出馬せず」団長選は5氏が立候補、大混戦に
2006.09.05	第31巻第9号(通巻第361号)	4		第61周年光複節紀念式典 中央紀念式典(東京)
2006.09.05	第31巻第9号(通巻第361号)	6		民団大阪本部
2006.09.05	第31巻第9号(通巻第361号)	10		NPO法人大阪ワッソ文化交流協会 四天王寺ワッソinオーサカキング(大阪城公園広場)
2006.09.05	第31巻第9号(通巻第361号)	14	田中典子	〈特別寄稿〉第4回日韓国際親善美術交流展
2006.09.05	第31巻第9号(通巻第361号)	24		叙勲祝賀会 「青竜章」金英宰氏、「水蓮章」金性玉氏
2006.09.05	第31巻第9号(通巻第361号)	26		〈新企画〉行基さん〜その49院を訪ねて(1)〜 大修恵院
2006.09.05	第31巻第9号(通巻第361号)	31		近畿産業信用組合 神戸支店に「EXCUTIVESALON」開設
2006.09.05	第31巻第9号(通巻第361号)	32	鄭炳麒	〈特別寄稿〉国際試合
2006.09.05	第31巻第9号(通巻第361号)	34	逢阪一哉	ニートの部屋 No.3 「経熱」は本当に喜ばしいのか
2006.09.05	第31巻第9号(通巻第361号)	35		〈論壇〉海外旅行時の国際麻薬犯罪に関する注意喚起(韓国国際犯罪情報センター)/スポーツで一つになるコリア(李勝国・韓国体育大学校総長
2006.09.05	第31巻第9号(通巻第361号)	38		KOREA TOPICS
2006.09.05	第31巻第9号(通巻第361号)	50	姜健栄	〈特別寄稿〉続・ニューオリンズ紀行(2) 千鏡子の絵画
2006.09.05	第31巻第9号(通巻第361号)	56		21世紀の日韓こども通信使2006 海がつなぐ未来への絆
2006.09.05	第31巻第9号(通巻第361号)	18	塩川慶子	〈好評連載〉渡来人の足跡をたずねて(110) 韓国古寺・忠清北道編 趙万済話(2)
2006.09.05	第31巻第9号(通巻第361号)	42		〈好評連載〉大河歴史小説 世宗大王・訓民正音
2006.09.05	第31巻第9号(通巻第361号)	48	まつだたえこ	〈好評連載〉たえこ劇場(45) 心はいつも少年
2006.09.05	第31巻第9号(通巻第361号)	49	曺奎通	〈好評連載〉在日の詩(55) なべて哀しき
2006.09.05	第31巻第9号(通巻第361号)	54		〈好評連載〉PIA
2006.09.05	第31巻第9号(通巻第361号)	64		〈好評連載〉KT美術館
2006.10.05	第31巻第10号(通巻第362号)	2		民団中央本部第50回臨時中央大会 「出直し」団長選挙は鄭進氏が圧勝
2006.10.05	第31巻第10号(通巻第362号)	6		褒章(韓国政府)原昇・前岸和田市長に「修交勲章」
2006.10.05	第31巻第10号(通巻第362号)	7		近畿経友納税連合会第5回定期総会 高山昌照会長を再任
2006.10.05	第31巻第10号(通巻第362号)	8		台湾亜洲国際美術協会 創立 20周年国際美術展
2006.10.05	第31巻第10号(通巻第362号)	10		記念式典 在日韓国奨学会創立50周年の記念式典・講演

발행일	지면정보		필자	제목
	권호	페이지		
2006.10.05	第31巻第10号(通巻第362号)	11		在外同胞財団 大阪府外教など3団体に民俗楽器を寄贈
2006.10.05	第31巻第10号(通巻第362号)	12		地球人 尾崎行雄先生没後50周年記念シンポジウム
2006.10.05	第31巻第10号(通巻第362号)	14	田中典子	東アジアの玄関口・PUSAN 釜山国際観光展 釜山ビエンナーレ2006
2006.10.05	第31巻第10号(通巻第362号)	24		日韓美術交友会 第14回「日韓美術交流展」
2006.10.05	第31巻第10号(通巻第362号)	30	李鍾垣	〈論壇〉盧武鉉大統領欧州及び米国歴訪の意義(李鍾垣・水原大経営学部教授兼韓国ヨーロッパ学会理事長)
2006.10.05	第31巻第10号(通巻第362号)	32	鄭炳麒	〈特別寄稿〉帰ってきた黄狗(犬)
2006.10.05	第31巻第10号(通巻第362号)	34	逢阪一哉	ニートの部屋No.4 東アジアの情報戦争
2006.10.05	第31巻第10号(通巻第362号)	35		KOREA TOPICS
2006.10.05	第31巻第10号(通巻第362号)	38	白井茂	〈特別寄稿〉税制改正と医療制度改革がなり、高齢者世帯に負担ずしり(上)
2006.10.05	第31巻第10号(通巻第362号)	50	姜健栄	〈特別寄稿〉雲甫金基昶画伯と岡本太郎の韓国訪問
2006.10.05	第31巻第10号(通巻第362号)	60		コンサート ソウルからの韓流匠アンサンブルコンサート
2006.10.05	第31巻第10号(通巻第362号)	61		韓国観光公社 韓国では「あなたが主人公」キャンペーン
2006.10.05	第31巻第10号(通巻第362号)	18	塩川慶子	〈好評連載〉渡来人の足跡をたずねて(111) 日本に渡った高麗大蔵経・趙万済話(3)
2006.10.05	第31巻第10号(通巻第362号)	26		平成京遷都1300年(2010年)キャンペーン 行基さん～その49院を訪ねて(2)～恩光寺
2006.10.05	第31巻第10号(通巻第362号)	42		〈好評連載〉大河歴史小説 世宗大王・訓民正音
2006.10.05	第31巻第10号(通巻第362号)	48	まつだたえこ	〈好評連載〉たえこ劇場(47) なあでベトナム？
2006.10.05	第31巻第10号(通巻第362号)	49	曺奎通	〈好評連載〉在日の詩(56) 身世打鈴
2006.10.05	第31巻第10号(通巻第362号)	56	金日麗	〈好評連載〉牛肉ときのこのチョンゴル/あじの韓国風煮付け/さんまの薬味焼き
2006.10.05	第31巻第10号(通巻第362号)	62		〈好評連載〉PIA
2006.10.05	第31巻第10号(通巻第362号)	64		〈好評連載〉KT美術館
2006.11.05	第31巻第11号(通巻第363号)	2	朴韓鮮	〈特別寄稿〉中国と日本の「首脳会談」の復活
2006.11.05	第31巻第11号(通巻第363号)	6		北朝鮮の「地下核実験」李元徳・国民大学校副教授に聞く
2006.11.05	第31巻第11号(通巻第363号)	10		民団中央本部「核実験」で朝鮮総連に抗議 鄭進団長、在日メディアと懇談
2006.11.05	第31巻第11号(通巻第363号)	14		大阪府史跡「伝王仁墓」百済門が完成
2006.11.05	第31巻第11号(通巻第363号)	24		大阪韓国文化院 韓国伝統工芸と絵画の「粋」展/日韓5人作家招待展/「わたしが出会った絵」
2006.11.05	第31巻第11号(通巻第363号)	26		フォト・グラフ 晋州南江流灯祭り
2006.11.05	第31巻第11号(通巻第363号)	32	鄭炳麒	〈特別寄稿〉明堂
2006.11.05	第31巻第11号(通巻第363号)	34	逢阪一哉	ニートの部屋 No.5 左右という軸へ還元主義

발행일	지면정보		필자	제목
	권호	페이지		
2006.11.05	第31巻第11号(通巻第363号)	36		〈論壇〉韓国の国連事務総長：その意味と課題(キム・ジョンス明知大学校国際政治学教授)/北朝鮮発の核爆風、北朝鮮為政者に返すべき(白承周・国防研究員北朝鮮室長)
2006.11.05	第31巻第11号(通巻第363号)	38	白井茂	〈特別寄稿〉税制改正と医療制度改革がなり、高齢者世帯に負担ずしり(下)
2006.11.05	第31巻第11号(通巻第363号)	50	姜健栄	〈特別寄稿〉画家 雨郷朴峡賢と江口敬四郎先生
2006.11.05	第31巻第11号(通巻第363号)	54		近畿専業信用組合 地域密着型モデル店舗・豊中支店リニューアルオープン/「公的年金推進優良組合」受賞/飲酒運動STOP!キャンペーン/平成18年度仮決算
2006.11.05	第31巻第11号(通巻第363号)	56	田中典子	東アジアの玄関口・BUSAN③ チャガルチ文化観光Festivalオイソ!ホイソ!サイソ!
2006.11.05	第31巻第11号(通巻第363号)	18	塩川慶子	〈好評連載〉渡来人の足跡をたずねて(112) 愛知・尾張1 趙万済話(4)
2006.11.05	第31巻第11号(通巻第363号)	35		〈好評連載〉PIA
2006.11.05	第31巻第11号(通巻第363号)	42		〈好評連載〉大河歴史小説 世宗大王・訓民正音
2006.11.05	第31巻第11号(通巻第363号)	48	まつだたえこ	〈好評連載〉たえこ劇場(48) 貧乏ひまなし
2006.11.05	第31巻第11号(通巻第363号)	49	曹奎通	〈好評連載〉在日の詩(57) 屯鶴峯
2006.11.05	第31巻第11号(通巻第363号)	60		〈好評連載〉BOOK「チャングムの旅する54話」「日本の国籍制度とコリア系日本人」
2006.11.05	第31巻第11号(通巻第363号)	61	金日麗	〈好評連載〉イルリョの美と健康の源 韓国料理Vol.6「蟹」イルリョのモジャン/渡り蟹のチゲ
2006.11.05	第31巻第11号(通巻第363号)	64		〈好評連載〉KT美術館
2006.12.05	第31巻第12号(通巻第364号)	2		〈KOREA VIEW〉四天王寺ワッソinなにわの宮 華麗に歴史交流絵巻を再現
2006.12.05	第31巻第12号(通巻第364号)	10		北朝鮮の核兵器廃棄を求め在日コリアンの人権を守る会「北朝鮮の核兵器は在日にとって何を意味すふか」大阪集会 康仁徳・元統一部長官が講演
2006.12.05	第31巻第12号(通巻第364号)	12		第7回申師任堂美術大展2006国際招待展 中国・荊州市、東京、韓国から招待作家品38点を展覧
2006.12.05	第31巻第12号(通巻第364号)	14	田中典子	領南地域の観光拠点都市・大邱(1) ファッション・マジック in DAEGU!
2006.12.05	第31巻第12号(通巻第364号)	24		韓商近畿地区協議会 太珍児チャリティーディナーショー
2006.12.05	第31巻第12号(通巻第364号)	26		地域と共に歩む「故郷の家」韓流文化に触れる「第17回コリアンディ」
2006.12.05	第31巻第12号(通巻第364号)	29		大阪日韓親善協会 第23回「王仁まつり」申雅子・高麗茶道代表が献茶
2006.12.05	第31巻第12号(通巻第364号)	30		韓国農水産物流通公社大坂Atセンター 第5回韓国産キムチ&パプリカ創作料理コンテスト
2006.12.05	第31巻第12号(通巻第364号)	31		民団京都府本部 第7回韓国語弁論大会

발행일	지면정보		필자	제목
	권호	페이지		
2006.12.05	第31巻第12号(通巻第364号)	32	鄭炳麒	〈特別寄稿〉年賀状
2006.12.05	第31巻第12号(通巻第364号)	34	逢阪一哉	ニートの部屋No.6 我らの内なる「アメリカ」
2006.12.05	第31巻第12号(通巻第364号)	36	董竜昇	〈論壇〉盧武鉉大統領のAFEC・カンボジア歴訪の意義 (董竜昇・三星経済研究経済)安保ちーム長)
2006.12.05	第31巻第12号(通巻第364号)	38		韓国の社説
2006.12.05	第31巻第12号(通巻第364号)	40		KOREA TOPICS
2006.12.05	第31巻第12号(通巻第364号)	50	姜健栄	〈特別寄稿〉画家　李仲変の苦難の生涯－日本にいる家族の墓参-
2006.12.05	第31巻第12号(通巻第364号)	54		チョギハッキョ(秋季学校)「在日」と日本の児童・生徒が韓国・朝鮮文化に触れ交流
2006.12.05	第31巻第12号(通巻第364号)	56		NPO法人大阪ワッソ文化交流協会　四天王寺ワッソゆかりの地をたずねて歴史探訪〈日帰りバスツアー〉兵庫・出石町
2006.12.05	第31巻第12号(通巻第364号)	60	金日麗	7イルリョの美と健康の源 韓国料理 Vol.7〈金日麗〉カキのチジミ　カキキムチ
2006.12.05	第31巻第12号(通巻第364号)	18	塩川慶子	〈好評連載〉渡来人の足跡をたずねて(113) 愛知・尾張2 趙万済話(5)
2006.12.05	第31巻第12号(通巻第364号)	35		〈好評連載〉PIA
2006.12.05	第31巻第12号(通巻第364号)	42		〈好評連載〉大河歴史小説 世宗大王・訓民正音
2006.12.05	第31巻第12号(通巻第364号)	48	まつだたえこ	〈好評連載〉たえこ劇場(49) いつか王子さまが
2006.12.05	第31巻第12号(通巻第364号)	49	曺奎通	〈好評連載〉在日の詩(58) 靖国神社
2006.12.05	第31巻第12号(通巻第364号)	64		〈好評連載〉KT美術館
2007.01.05	第32巻第1号(通巻第365号)	2		済州国際コンベンションセンター 韓流EXPO in ASIA
2007.01.05	第32巻第1号(通巻第365号)	8		韓国の社説
2007.01.05	第32巻第1号(通巻第365号)	10		無窮花章、5.16民族賞 権炳佑女史の功績を称え祝賀会
2007.01.05	第32巻第1号(通巻第365号)	12		独立記念館 2006韓・中・日・対北作家、国際交流展
2007.01.05	第32巻第1号(通巻第365号)	14	田中典子	領南地域の観光拠点都市・大邱(2)　日韓・親善友好の懸け橋　鹿洞書院/義侠心あふれる男
2007.01.05	第32巻第1号(通巻第365号)	24		NPO法人大阪ワッソ文化交流協会　四天王寺ワッソ感謝の集い写真コンテスト
2007.01.05	第32巻第1号(通巻第365号)	26	鄭炳麒	〈特別寄稿〉運命のリュックサック
2007.01.05	第32巻第1号(通巻第365号)	28	逢阪一哉	ニートの部屋No.7 ロシア「帝国」の影
2007.01.05	第32巻第1号(通巻第365号)	30		〈論壇〉スポーツ強国・コリア(盧成圭・江原大学校スポーツ科学部教授)
2007.01.05	第32巻第1号(通巻第365号)	40		KOREA TOPICS
2007.01.05	第32巻第1号(通巻第365号)	50	姜健栄	〈特別寄稿〉岡本太郎画伯の韓国再訪及び光州市立美術館「光2006」展
2007.01.05	第32巻第1号(通巻第365号)	54		熱狂的歓迎 韓流スター、ソン・スンホン初来日
2007.01.05	第32巻第1号(通巻第365号)	55		参鶏湯の試食会(民団中央本部) 韓国産鶏肉は大丈夫です!

발행일	지면정보		필자	제목
	권호	페이지		
2007.01.05	第32巻第1号(通巻第365号)	56		大韓仏教不二宗日本百済寺 第12周年追慕記念「阪神・淡路大震災惨事御魂追慕大祭」
2007.01.05	第32巻第1号(通巻第365号)	57		全関西在日外国人教育ネットワーク 2006年度第11回「りがうことこそすばらしい!子ども作文コンクール」入賞作品発表会
2007.01.05	第32巻第1号(通巻第365号)	58	金日麗	〈好評連載〉イルリョの美と健康の源 韓国料理Vol.8 トックク韓国風茹で豚のポサム白菜の白(ペック)キムチ
2007.01.05	第32巻第1号(通巻第365号)	62		CINEMA 「あなたを忘れない」1月27日、全国ロードショー
2007.01.05	第32巻第1号(通巻第365号)	18	塩川慶子	〈好評連載〉渡来人の足跡をたずねて(114) 愛知・三河3 趙万済話(6)
2007.01.05	第32巻第1号(通巻第365号)	39		〈好評連載〉PIA
2007.01.05	第32巻第1号(通巻第365号)	42		〈好評連載〉大河歴史小説 世宗大王・訓民正音
2007.01.05	第32巻第1号(通巻第365号)	48	まつだたえこ	〈好評連載〉たえこ劇場(50) いつか王子さまが
2007.01.05	第32巻第1号(通巻第365号)	49	曺奎通	〈好評連載〉在日の詩(59) 介護センター情景
2007.01.05	第32巻第1号(通巻第365号)	63		〈好評連載〉BOOK アスベスト公害と癌発生/韓国の高校歴史教科書
2007.01.05	第32巻第1号(通巻第365号)	64		〈好評連載〉KT美術館
2007.02.05	第32巻第2号(通巻第366号)	2		ⅠⅤⅠチャリティーコンサート「世界の子供たちにワクチンを」韓流フェスタ2007inOSAKA
2007.02.05	第32巻第2号(通巻第366号)	6		民団中央本部・東京本部が合同新年会 組織基盤を固め新たな飛躍の年に
2007.02.05	第32巻第2号(通巻第366号)	9		2006年度定期政府褒章 無窮花章に故金敬得氏
2007.02.05	第32巻第2号(通巻第366号)	10		民団大阪本部 在大阪韓国人新春年賀交歓会
2007.02.05	第32巻第2号(通巻第366号)	12		大韓仏教不二宗日本100済寺、宗教法人平和の礎 第12周年「阪神・淡路大震災惨事御魂追慕大祭」
2007.02.05	第32巻第2号(通巻第366号)	14	田中典子	YOKOSO! JAPAN WEEKS 2007 ユニバーサル・スタジオ・ジャパンでオープニングセレモニー
2007.02.05	第32巻第2号(通巻第366号)	28		セミナー 在外同胞の未来像
2007.02.05	第32巻第2号(通巻第366号)	32	鄭炳麒	〈特別寄稿〉運命のリュックサック
2007.02.05	第32巻第2号(通巻第366号)	34	逢阪一哉	ニートの部屋 No.8 二つの問題の比重
2007.02.05	第32巻第2号(通巻第366号)	36		〈論壇〉第5回 6カ国協議2段階会議評価と韓国政府の役割(洪鉉翼・世宗研究所首席研究委員)/2007年度対北政策推進の方途(キム・ヨンビョク東国大学北韓学科教授)
2007.02.05	第32巻第2号(通巻第366号)	38		韓国の社説
2007.02.05	第32巻第2号(通巻第366号)	40		KOREA TOPICS
2007.02.05	第32巻第2号(通巻第366号)	50	姜健栄	〈特別寄稿〉近代日本の画家たち、朝鮮を描写(1)～土田麦僊～
2007.02.05	第32巻第2号(通巻第366号)	54		民団大阪本部 趣向凝らし同胞成人式

발행일	지면정보 권호	지면정보 페이지	필자	제목
2007.02.05	第32巻第2号(通巻第366号)	56		韓国国楽コンクール 金一志韓国伝統芸術院長に長官賞
2007.02.05	第32巻第2号(通巻第366号)	58		CINEMA「あなたを忘れない」
2007.02.05	第32巻第2号(通巻第366号)	60	金日麗	イルリョの美と健康の源 韓国料理Vol.9 牛肉おさしみ/冬大根と牛すじ肉のうま爾/鶏肉の辛味スープ タッケジャン
2007.02.05	第32巻第2号(通巻第366号)	18	塩川慶子	〈好評連載〉渡来人の足跡をたずねて(115)　番外編・イジプト(上) 趙万済話(7)
2007.02.05	第32巻第2号(通巻第366号)	24	鄭炳麒	〈好評連載〉在日を生きる(増補版)
2007.02.05	第32巻第2号(通巻第366号)	35		〈好評連載〉PIA
2007.02.05	第32巻第2号(通巻第366号)	42		〈好評連載〉大河歴史小説 世宗大王・訓民正音
2007.02.05	第32巻第2号(通巻第366号)	48	まつだたえこ	〈好評連載〉たえこ劇場(50) いつか王子さまが
2007.02.05	第32巻第2号(通巻第366号)	49	曺奎通	〈好評連載〉在日の詩(60) 祖母(1)
2007.02.05	第32巻第2号(通巻第366号)	64		〈好評連載〉KT美術館
2007.03.05	第32巻第3号(通巻第367号)	2		全国各地民団 第88周年3.1節記念行事
2007.03.05	第32巻第3号(通巻第367号)	4		民団近畿地区協議会 羅鍾一大使歓送会 新任大使は柳明桓氏
2007.03.05	第32巻第3号(通巻第367号)	6		民団第61回定期中央委員会/韓国の社説
2007.03.05	第32巻第3号(通巻第367号)	8		INTERVIEW(ソウル支社) 李孝子・国立特殊教育院長
2007.03.05	第32巻第3号(通巻第367号)	12		NPO法人国際美術協会 第31回国際芸術展
2007.03.05	第32巻第3号(通巻第367号)	14	田中典子	アジア融合時代の映像ビジネス(1) 釜山国際芸術展
2007.03.05	第32巻第3号(通巻第367号)	29		在日韓国人医師会 新会長に曺(石川)自然氏が就任
2007.03.05	第32巻第3号(通巻第367号)	30		民団大阪本部 大阪市立大学が2次試験で「韓国語」を採用 大阪府教委と懇談、全市町村で「本名」原則が明示
2007.03.05	第32巻第3号(通巻第367号)	32	鄭炳麒	〈特別寄稿〉嘘も方便
2007.03.05	第32巻第3号(通巻第367号)	36	逢阪一哉	ニートの部屋No.9 今「ここ」にはない危機
2007.03.05	第32巻第3号(通巻第367号)	37	保坂祐二	〈特別寄稿〉日本政府は歴史的事実を直視するべきである
2007.03.05	第32巻第3号(通巻第367号)	38	ヤン・ムジン・董竜昇	〈論壇〉第5回 6カ国協議3段階会議評価(ヤン・ムジン 慶南大学北韓大学院教授)/南北経済協力が国家信用評価に与える影響(董竜昇・サムスン経済研究所経済安保チーム長)
2007.03.05	第32巻第3号(通巻第367号)	40		KOREA TOPICS
2007.03.05	第32巻第3号(通巻第367号)	50	姜健栄	〈特別寄稿〉近代日本の画家たち、朝鮮を描写(2)～土田麦僊～
2007.03.05	第32巻第3号(通巻第367号)	54		第5回韓国語スピーチコンテスト 「話してみよう韓国語」大阪大会
2007.03.05	第32巻第3号(通巻第367号)	57		近畿経友納税連合会 確定申告期を迎え税務研修会
2007.03.05	第32巻第3号(通巻第367号)	58		イルリョの美と健康の源Vol.10 韓国料理 メンテ編〈金日麗〉プゴクック(干しメンテスープ)/干しメンテとワケギの和え物/いかのキムチ

발행일	지면정보		필자	제목
	권호	페이지		
2007.03.05	第32巻第3号(通巻第367号)	18	塩川慶子	〈好評連載〉渡来人の足跡をたずねて(116) 番外編・イジプト(下)
2007.03.05	第32巻第3号(通巻第367号)	24	鄭炳麒	〈好評連載〉在日を生きる(増補版)
2007.03.05	第32巻第3号(通巻第367号)	35		〈好評連載〉PIA
2007.03.05	第32巻第3号(通巻第367号)	42		〈好評連載〉大河歴史小説 世宗大王・訓民正音
2007.03.05	第32巻第3号(通巻第367号)	48	まつだたえこ	〈好評連載〉たえこ劇場(52) 骨折り損のめいわく話
2007.03.05	第32巻第3号(通巻第367号)	49	曺奎通	〈好評連載〉在日の詩(61) 祖母(2)
2007.03.05	第32巻第3号(通巻第367号)	62		〈好評連載〉BOOK〈日韓歴史共通教材〉日韓交流の歴史/明治三十八年 竹島編入
2007.04.05	第32巻第4号(通巻第368号)	2		平野神社(京都)の魁桜
2007.04.05	第32巻第4号(通巻第368号)	4		韓国の社説
2007.04.05	第32巻第4号(通巻第368号)	6		民団大阪本部 第53回定期地方委員会 大阪市教委が公式回答
2007.04.05	第32巻第4号(通巻第368号)	8		金港アートオークション(株) 第1回オークション(横浜)
2007.04.05	第32巻第4号(通巻第368号)	10		大阪韓国文化院 日韓交流イベント 韓国語落語と韓国民話のおもしろ競演
2007.04.05	第32巻第4号(通巻第368号)	11		宝塚王仁ライオンズクラブ 金剛学園移転建設資金に50万円寄付
2007.04.05	第32巻第4号(通巻第368号)	12		近江渡来倶楽部 第7回ヒューマニティフォーラム21(大津)
2007.04.05	第32巻第4号(通巻第368号)	13		兵庫韓国商工会議所 第6期韓商経営塾
2007.04.05	第32巻第4号(通巻第368号)	14	田中典子	アジア融合時代の映像ビジネス(2) 大阪アジアン映画祭
2007.04.05	第32巻第4号(通巻第368号)	28		名古屋韓国学校 第9回「韓国語弁論大会」
2007.04.05	第32巻第4号(通巻第368号)	30		近畿産業信用組合「地域のコミュニティバンク」長田支店が新築移転オープン
2007.04.05	第32巻第4号(通巻第368号)	32	鄭炳麒	〈特別寄稿〉大原の里
2007.04.05	第32巻第4号(通巻第368号)	36	逢阪一哉	ニートの部屋No.10 拉致問題のその先
2007.04.05	第32巻第4号(通巻第368号)	37	ホ・ムニョン	〈論壇〉第20回南北閣僚級会談の意味と評価
2007.04.05	第32巻第4号(通巻第368号)	38		KOREA TOPICS
2007.04.05	第32巻第4号(通巻第368号)	50	姜健栄	〈特別寄稿〉近代日本の画家たち、朝鮮を描写(3)〜速水御舟〜
2007.04.05	第32巻第4号(通巻第368号)	54		(財)韓哲文化財団 助成金授与式
2007.04.05	第32巻第4号(通巻第368号)	55		大阪韓国文化院 第2回日韓友情ポジャギ展 in大阪
2007.04.05	第32巻第4号(通巻第368号)	56		関西アジア人協会 第6回チャリティ「アジア歌謡祭」
2007.04.05	第32巻第4号(通巻第368号)	58		イルリョの美と健康の源Vol.11 韓国料理 春〈金日麗〉春野菜彩りビビンバップ/春バージョン牛すじ肉のチム/生ワカメと明石ダコの酢の物
2007.04.05	第32巻第4号(通巻第368号)	18	塩川慶子	〈好評連載〉渡来人の足跡をたずねて(117) 高句麗ブームに便乗して

발행일	지면정보		필자	제목
	권호	페이지		
2007.04.05	第32巻第4号(通巻第368号)	24	鄭炳麒	〈好評連載〉在日を生きる(増補版)
2007.04.05	第32巻第4号(通巻第368号)	40		〈好評連載〉PIA(1)
2007.04.05	第32巻第4号(通巻第368号)	41		〈好評連載〉韓国の民俗文化財〈民家編〉陰城・金周泰家屋
2007.04.05	第32巻第4号(通巻第368号)	42		〈好評連載〉大型歴史小説 世宗大王・訓民正音
2007.04.05	第32巻第4号(通巻第368号)	48	まつだたえこ	〈好評連載〉たえこ劇場(53) うれしはずかし民族衣装
2007.04.05	第32巻第4号(通巻第368号)	49	曺奎通	〈好評連載〉在日の詩(62) イムジンガン
2007.04.05	第32巻第4号(通巻第368号)	62		〈好評連載〉PIA(2) 高麗美術館
2007.04.05	第32巻第4号(通巻第368号)	63		〈好評連載〉BOOK 弁護士・金敬得追悼文集/現代朝鮮の悲劇の指導者たち
2007.04.05	第32巻第4号(通巻第368号)	64		〈好評連載〉KT美術館
2007.05.05	第32巻第5号(通巻第369号)	2		NPO法人大阪ワッソ文化交流協会 韓国・飛鳥遺跡の源流を訪ねる旅3日間
2007.05.05	第32巻第5号(通巻第369号)	8		民団中央本部、韓商連 柳明桓大使歓迎会/全国地方団長・中央傘下団体長会議/韓商連創立45周年記念式典
2007.05.05	第32巻第5号(通巻第369号)	10		近畿慶尚南道道民会 慶南道民の郷土植樹と南海「望郷の碑」の除幕
2007.05.05	第32巻第5号(通巻第369号)	14	田中典子	Park・Yong&Choi・heja個展 心象風景の賛歌 色彩・時間・空間の総和による芸術表現
2007.05.05	第32巻第5号(通巻第369号)	29		日韓女性親善協会の総会 田月仙氏が講演「海峡を越えた歌姫が見た韓半島」
2007.05.05	第32巻第5号(通巻第369号)	30		大阪青商、田月仙氏 定期総会で朴正浩会長を選出/田月仙氏ニューアルバム「山河を越えて・高麗山河わが愛」4月30日発売
2007.05.05	第32巻第5号(通巻第369号)	31		民団大阪本部、青年会大阪本部 韓国語講座・コリアマダン開講式
2007.05.05	第32巻第5号(通巻第369号)	32	鄭炳麒	〈特別寄稿〉閻魔大王の窓
2007.05.05	第32巻第5号(通巻第369号)	36	逢阪一哉	ニートの部屋No.11 氷が溶けたあと
2007.05.05	第32巻第5号(通巻第369号)	37	チェ・チョリョン	〈論壇〉韓米FTAと盧武鉉大統領のリーダーシップ
2007.05.05	第32巻第5号(通巻第369号)	38		韓国の社説
2007.05.05	第32巻第5号(通巻第369号)	40		KOREA TOPICS
2007.05.05	第32巻第5号(通巻第369号)	50	姜健栄	〈特別寄稿〉近代日本の画家たち、朝鮮を描写(4)〜山口蓬春〜
2007.05.05	第32巻第5号(通巻第369号)	54		「韓流に遊ぶ」(黒郷の方庫) 韓国人3世陶芸家・金理有さんの作品展
2007.05.05	第32巻第5号(通巻第369号)	56		民団京都本部 洛東支部新会館完成、盛大に落成式/創団60週年本部・支部合同野遊会
2007.05.05	第32巻第5号(通巻第369号)	58	金日麗	イルリョの美と健康の源Vol.12 スルメイカ〈金日麗〉スルメイカと野菜のフェ/イカとゲソの豚肉のキムチ炒め 生ワカメと大豆モヤシのナアムル

발행일	지면정보		필자	제목
	권호	페이지		
2007.05.05	第32巻第5号(通巻第369号)	62		大阪~釜山クルージングフェリー　新たに「パンスターサニー号」が就航　連日の運航に
2007.05.05	第32巻第5号(通巻第369号)	18	塩川慶子	〈好評連載〉渡来人の足跡をたずねて(118)「韓国の中の高句麗を訪ねて」(その1)漢江以北の高句麗遺跡　趙万済話(8)
2007.05.05	第32巻第5号(通巻第369号)	24	鄭炳麒	〈好評連載〉在日を生きる(増補版)(4)
2007.05.05	第32巻第5号(通巻第369号)	35		〈好評連載〉PIA
2007.05.05	第32巻第5号(通巻第369号)	42		〈好評連載〉大型歴史小説　世宗大王・訓民正音
2007.05.05	第32巻第5号(通巻第369号)	48	まつだたえこ	〈好評連載〉たえこ劇場(54)　それでもプロだ
2007.05.05	第32巻第5号(通巻第369号)	49	曺奎通	〈好評連載〉在日の詩(63)　デイサービス
2007.05.05	第32巻第5号(通巻第369号)	64		〈好評連載〉KT美術館
2007.06.05	第32巻第6号(通巻第370号)	2	田中典子	設立発起人・賛同人の集い、記者会見　中高一貫教育「コリア国際学園」(KIS)
2007.06.05	第32巻第6号(通巻第370号)	6		「9条に集う♥山科」〈佐竹紀美子〉徐竜達教授の憲法9条講演
2007.06.05	第32巻第6号(通巻第370号)	10		民団京都府舞鶴支部　まいづる細川幽斎・田辺城まつり
2007.06.05	第32巻第6号(通巻第370号)	12		韓国の社説
2007.06.05	第32巻第6号(通巻第370号)	13		民団大阪本部、婦人会大阪本部　第53期第2回各支部三機関長・傘下団体長連席会議、第19回提定期地方委員会
2007.06.05	第32巻第6号(通巻第370号)	14	田中典子	国際高麗学会日本支部　第11回学術大会
2007.06.05	第32巻第6号(通巻第370号)	24		第7回枚方・百済フェスティバル　百済と古代枚方
2007.06.05	第32巻第6号(通巻第370号)	26		友情は1400年の彼方から。いま、歴史がよみがえる　六反長原古代市
2007.06.05	第32巻第6号(通巻第370号)	30		民団京都本部、婦人会京都本部　NPO法人民団京都国際交流センター第2回理事会・06年度総会、第1回拡大会議、3団体合同チャリティーゴルブ大会、第1回定期地ｊび委員会
2007.06.05	第32巻第6号(通巻第370号)	32	鄭炳麒	〈特別寄稿〉敬老精神
2007.06.05	第32巻第6号(通巻第370号)	34	逢阪一哉	ニートの部屋〈逢阪一哉〉No.12　固有名詞ではない地名
2007.06.05	第32巻第6号(通巻第370号)	35		〈論壇〉「5.17南北列車試験運行」の民族史的な意義(イ・テソブ仁済大学統一学部教授)
2007.06.05	第32巻第6号(通巻第370号)	50	姜健栄	〈特別寄稿〉〈姜健栄〉近代日本の画家たち、朝鮮を描写(5)　~リリアン・メイ・ミラーとイリザベス・キース~
2007.06.05	第32巻第6号(通巻第370号)	55		大韓テコンド協会日本総本部、大阪韓国清商青友会　新会長に李富雄氏、李政根氏を選出
2007.06.05	第32巻第6号(通巻第370号)	56		全国焼肉協会(J.Y)第9回通常総会及び買い映写・店長研修会
2007.06.05	第32巻第6号(通巻第370号)	57		第4回日韓交流会　張今貞氏が「井戸茶碗」で講演

발행일	지면정보		필자	제목
	권호	페이지		
2007.06.05	第32巻第6号(通巻第370号)	58	金日麗	イルリョの美と健康の源Vol.13　ミッパンチャン(常備菜)〈金日麗〉韓国風いかの塩辛/千切り干し大根とチャンジャのキムチ/さきいかの味付/パレムチム(岩のりの味付け)/えごまの葉漬け/にんにくの芽のコチュジャン漬け
2007.06.05	第32巻第6号(通巻第370号)	62		大阪韓商情報部会の経済セミナー佐藤元相講演「何かの分野で一位になれば儲かる!」
2007.06.05	第32巻第6号(通巻第370号)	18	塩川慶子	〈好評連載〉渡来人の足跡をたずねて(119)〈塩川慶子〉「韓国の中の高句麗を訪ねて」(その2)漢江以北の高句麗遺跡
2007.06.05	第32巻第6号(通巻第370号)	36	鄭炳麒	〈好評連載〉〈鄭炳麒〉在日を生きる(増補版)(5)
2007.06.05	第32巻第6号(通巻第370号)	41		〈好評連載〉PIA
2007.06.05	第32巻第6号(通巻第370号)	42		〈好評連載〉大型歴史小説 世宗大王・訓民正音
2007.06.05	第32巻第6号(通巻第370号)	48	まつだたえこ	〈好評連載〉たえこ劇場(55)　真夜中のセィナー
2007.06.05	第32巻第6号(通巻第370号)	49	曺奎通	〈好評連載〉在日の詩(64)　舞う
2007.06.05	第32巻第6号(通巻第370号)	63		〈好評連載〉BOOK、所感 韓流の古代史 博士王仁の実像/民族学校の校医所感
2007.07.05	第32巻第7号(通巻第371号)	2		民団大阪本部・支部、傘下団体　組織幹部研修会・戸別訪問出発式
2007.07.05	第32巻第7号(通巻第371号)	6		忠清南道シンポジウム　百済と飛鳥～古代から未来を考える～
2007.07.05	第32巻第7号(通巻第371号)	10		〈講演〉金祥根・民主平和統一諮問会議首席副議長「韓半島の平和統一と私たちの姿勢」
2007.07.05	第32巻第7号(通巻第371号)	11		NPO法人大阪ワッソ文化交流協会
2007.07.05	第32巻第7号(通巻第371号)	12		通常総会　近畿産業信組第54期通常総大会KSK(有限責任中間法人 近畿遊技産業協同開発)
2007.07.05	第32巻第7号(通巻第371号)	14	田中典子	KOTFA 2007 第20回韓国国際観光展
2007.07.05	第32巻第7号(通巻第371号)	24		韓国オペラ公演ソヒャンの結婚～天生縁分
2007.07.05	第32巻第7号(通巻第371号)	25		NPO法人国際美術協会 国際美術文化交流展
2007.07.05	第32巻第7号(通巻第371号)	26		第35回韓国語弁論大会 「大賞」は俊徳中教諭・梁安子さん
2007.07.05	第32巻第7号(通巻第371号)	27		民団京都本部　顧問・三機関懇親会/崔洪淵・洛東支部支団長、京都市が表彰/佐京支部が高野川クリーン作戦
2007.07.05	第32巻第7号(通巻第371号)	28		定期総会 大阪韓商・京都韓商
2007.07.05	第32巻第7号(通巻第371号)	30	鄭炳麒	〈特別寄稿〉蛇の思い出
2007.07.05	第32巻第7号(通巻第371号)	34		韓国の社説
2007.07.05	第32巻第7号(通巻第371号)	35	逢阪一哉	ニートの部屋 No.13 商標権という名の暴力
2007.07.05	第32巻第7号(通巻第371号)	40		KOREA TOPICS
2007.07.05	第32巻第7号(通巻第371号)	50	姜健栄	〈特別寄稿〉近代日本の画家たち、朝鮮を描写(6)～リポール・ジャクレー～

발행일	지면정보		필자	제목
	권호	페이지		
2007.07.05	第32巻第7号(通巻第371号)	54		井戸茶碗と河東野生茶の出会い 吉星 高麗茶碗の源流再現展
2007.07.05	第32巻第7号(通巻第371号)	58	金日麗	イルリョの美と健康の源Vol.14　アンジュ(酒の肴) 海鮮パジョン/緑豆(ノットウ)ピンデトッ/コルベン イムチム(つぶ貝のコチュジャン和え)
2007.07.05	第32巻第7号(通巻第371号)	18	塩川慶子	〈好評連載〉渡来人の足跡をたずねて(120)〈塩川慶子〉「韓国の中の高句麗を訪ねて」(その3)漢江以北の高句麗遺跡 趙万済話(10)
2007.07.05	第32巻第7号(通巻第371号)	33		〈好評連載〉PIA
2007.07.05	第32巻第7号(通巻第371号)	36	鄭炳麒	〈好評連載〉在日を生きる(増補版)(6)
2007.07.05	第32巻第7号(通巻第371号)	42		〈好評連載〉大型歴史小説 世宗大王・訓民正音
2007.07.05	第32巻第7号(通巻第371号)	48	まつだたえこ	〈好評連載〉たえこ劇場(56) 写ルンです!
2007.07.05	第32巻第7号(通巻第371号)	49	曺奎通	〈好評連載〉在日の詩(65) 舞う
2007.07.05	第32巻第7号(通巻第371号)	63		〈好評連載〉BOOK「決定版　昭和史」に歴史を学ぶ
2007.08.05	第32巻第8号(通巻第373号)	2		朝鮮通信使400周年記念シンポジウム　韓流400年-21世紀の日韓交流を考える
2007.08.05	第32巻第8号(通巻第373号)	6		韓商連、韓信協 創立45周年記念政府褒章施章式 第56回通常総会
2007.08.05	第32巻第8号(通巻第373号)	8		大阪南海親睦会 3・4世に呼びかけ「墓参・ルーツ探しに南海へ」
2007.08.05	第32巻第8号(通巻第373号)	10		夏期公開セミナー くらべてみよう! 日韓民俗文化
2007.08.05	第32巻第8号(通巻第373号)	11		「ドーンセンター」&「ソウル女性プラザ」交流事業 日韓高齢女性の現在
2007.08.05	第32巻第8号(通巻第373号)	12		故郷の家 感謝祈祷会と講演会
2007.08.05	第32巻第8号(通巻第373号)	14	田中典子	美術交流 第5回日韓国際親善美術交流展
2007.08.05	第32巻第8号(通巻第373号)	24	鄭炳麒	〈特別寄稿〉ソウル小咄(8話)
2007.08.05	第32巻第8号(通巻第373号)	27		張今貞さん、金ケ江三兵衛さん 韓日陶工二人展
2007.08.05	第32巻第8号(通巻第373号)	40	逢阪一哉	ニートの部屋No.14 被害経験の閉鎖性
2007.08.05	第32巻第8号(通巻第373号)	41		〈論壇〉「6者協議」を通した北核の最新動向(イ・ジョンソン大学教授)
2007.08.05	第32巻第8号(通巻第373号)	46		KOREA TOPICS
2007.08.05	第32巻第8号(通巻第373号)	50	姜健栄	〈特別寄稿〉 近代日本の画家たち、朝鮮を描写(7)～浅井忠、小林古径、平福百穂～
2007.08.05	第32巻第8号(通巻第373号)	54		大阪韓国文化祭 千年翡色康津青磁日本巡回展 in OSAKA
2007.08.05	第32巻第8号(通巻第373号)	56		NPO法人大阪ワッソ文化交流協会　歴史探訪「枚方・百済寺跡」を訪ねて
2007.08.05	第32巻第8号(通巻第373号)	57		第13回在日韓国人学生ウリマルイヤギ大会 「大賞」は金剛学園小6年、金主恵さん
2007.08.05	第32巻第8号(通巻第373号)	58		韓商連 全国ホール経営者戦略セミナー
2007.08.05	第32巻第8号(通巻第373号)	59		コリアンサロン「めあり」コリアンフード講習会

발행일	지면정보		페이지	필자	제목
	권호	페이지			
2007.08.05	第32巻第8号(通巻第373号)	60		金日麗	イルリョの美と健康の源Vol.15 参鶏湯(サムゲタン)〈金日麗〉参鶏湯 サムゲタン/なすの蒸し物/かえりちりめんとナッツのピリ辛炒
2007.08.05	第32巻第8号(通巻第373号)	18		塩川慶子	〈好評連載〉渡来人の足跡をたずねて(121) 淡路と阿波路の旅(上) 趙万済話(11)
2007.08.05	第32巻第8号(通巻第373号)	28		鄭炳麒	〈好評連載〉在日を生きる(増補版)(7)
2007.08.05	第32巻第8号(通巻第373号)	39			〈好評連載〉PIA
2007.08.05	第32巻第8号(通巻第373号)	42			〈好評連載〉大型歴史小説 世宗大王・訓民正音
2007.08.05	第32巻第8号(通巻第373号)	48		まつだたえこ	〈好評連載〉たえこ劇場(57) 見上げてごらんプロの星を
2007.08.05	第32巻第8号(通巻第373号)	49		曺奎通	〈好評連載〉在日の詩(66) 列車越ゆ
2007.09.05	第32巻第9号(通巻第374号)	2			大選候補者選定政党大会 ハンラ党、大統領候補に李明博氏
2007.09.05	第32巻第9号(通巻第374号)	4			第62周年光複節記念式典 中央式典(東京)/民団大阪本部/民団京都本部
2007.09.05	第32巻第9号(通巻第374号)	10			航空宇宙未来型産業都市「泗川」探訪
2007.09.05	第32巻第9号(通巻第374号)	14		田中典子	ASIA INVITATION ART EXHIBITION IN SEOUL亜世亜美術招待展
2007.09.05	第32巻第9号(通巻第374号)	24			KOREA TODAY INTERVIEW 韓国放送通信大学・張矢遠大学長
2007.09.05	第32巻第9号(通巻第374号)	28			朴三中僧 3軍司令部で「為国献身軍人本分」講演「耳塚」歴史遺跡地
2007.09.05	第32巻第9号(通巻第374号)	30			追悼集会(舞鶴) 浮島丸殉難62周年追悼集会
2007.09.05	第32巻第9号(通巻第374号)	31			民団大阪本部が大阪入管局に要望書 再入国許可制度の適用免除を
2007.09.05	第32巻第9号(通巻第374号)	32		鄭炳麒	〈特別寄稿〉五〇年目の花束と愛知民団創団六〇周年の思い出/政権末期の南北首脳会談の意義
2007.09.05	第32巻第9号(通巻第374号)	41		逢阪一哉	ニートの部屋〈逢阪一哉〉No.15「アジアー」の呪縛
2007.09.05	第32巻第9号(通巻第374号)	42			〈論壇〉「第2回南北首脳会談」開催の意義と展望(グ・カップウ北韓大学教授)/米国下院の「従軍慰安婦」決議案採択の意味と話題(ユン・ミヒャン韓国挺身隊対策協議会常任代表)
2007.09.05	第32巻第9号(通巻第374号)	50		姜健栄	〈特別寄稿〉近代日本の画家たち、朝鮮を描写(8)～藤島武二～
2007.09.05	第32巻第9号(通巻第374号)	54			京都韓国商工会議所閑珠房で韓国式お茶会
2007.09.05	第32巻第9号(通巻第374号)	55			金剛学園 新校舎落成記念式
2007.09.05	第32巻第9号(通巻第374号)	56			近畿産業信用組合 36番目、高槻支店がオープン
2007.09.05	第32巻第9号(通巻第374号)	57			京都民団左京支部「大文字送り火」鑑賞会
2007.09.05	第32巻第9号(通巻第374号)	58			KTおすすめ新商品 健康用具「RUBRAX」
2007.09.05	第32巻第9号(通巻第374号)	60		金日麗	イルリョの美と健康の源Vol.16 粥(チュッ) アワビの粥/アサリの粥/コーンの粥
2007.09.05	第32巻第9号(通巻第374号)	18		塩川慶子	〈好評連載〉渡来人の足跡をたずねて(122) 淡路と阿波路の旅(下) 趙万済話(12)

발행일	지면정보		필자	제목
	권호	페이지		
2007.09.05	第32巻第9号(通巻第374号)	36	鄭炳麒	〈好評連載〉在日を生きる(増補版)(8)
2007.09.05	第32巻第9号(通巻第374号)	44		〈好評連載〉大型歴史小説 世宗大王・訓民正音
2007.09.05	第32巻第9号(通巻第374号)	48	まつだたえこ	〈好評連載〉たえこ劇場(58) 熱闘の夏
2007.09.05	第32巻第9号(通巻第374号)	49	曺奎通	〈好評連載〉在日の詩(67) 韓国へ
2007.10.05	第32巻第10号(通巻第375号)	2		盧武鉉大統領、軍事境界線徒歩で越え訪朝 南北首脳会談
2007.10.05	第32巻第10号(通巻第375号)	8		国際シンポジウム 松雲大師の渡日と戦後処理・平和外交
2007.10.05	第32巻第10号(通巻第375号)	10	田中典子	第9回世界華商大会 地球規模のうねり 世界経済との融合!
2007.10.05	第32巻第10号(通巻第375号)	14		Korea Trade Show in Osaka 2007韓国商品展示商談会・大阪
2007.10.05	第32巻第10号(通巻第375号)	16		2007韓・日・中現代作家 東京交流展
2007.10.05	第32巻第10号(通巻第375号)	24		定期総会 近畿経友納税連合会
2007.10.05	第32巻第10号(通巻第375号)	25		民団大阪本部 第2回監察期間研修会
2007.10.05	第32巻第10号(通巻第375号)	26		民団京都本部創団60周年記念合同本国研修会
2007.10.05	第32巻第10号(通巻第375号)	27		民団大阪本部、民団京都本部 支団長・傘下団体長会議、拡大会議
2007.10.05	第32巻第10号(通巻第375号)	28		民団京都支部 オリニ土曜学校開校式
2007.10.05	第32巻第10号(通巻第375号)	29		民団京都南支部 敬老会
2007.10.05	第32巻第10号(通巻第375号)	30		海峡のアリア 田月仙さん、半生を伝えるリサイタル
2007.10.05	第32巻第10号(通巻第375号)	32		民団愛知創団60周年記念事業 鄭煥麒顧問が記念講演
2007.10.05	第32巻第10号(通巻第375号)	33		晋州教大新聞「社説」 鄭煥麒先生と玄界灘を行きかう母国愛
2007.10.05	第32巻第10号(通巻第375号)	34	鄭炳麒	〈特別寄稿〉カルチャーショック(南北文化の差)
2007.10.05	第32巻第10号(通巻第375号)	40		韓国の社説
2007.10.05	第32巻第10号(通巻第375号)	42		KOREA TOPICS
2007.10.05	第32巻第10号(通巻第375号)	50	姜健栄	〈特別寄稿〉近代日本の画家たち、朝鮮を描写(9) ～西郷孤月、川崎小虎、中沢弘光～
2007.10.05	第32巻第10号(通巻第375号)	54		慶尚北道中小企業のブランド シルラリアン小白山ヨモギ豚
2007.10.05	第32巻第10号(通巻第375号)	56		話題の企業 (株)FOOD泉(Sam)
2007.10.05	第32巻第10号(通巻第375号)	58	金日麗	イルリョの美と健康の源Vol.17 チゲ・チョンゴル 豆腐チゲ/海鮮チョンゴル/千切り大根とスルメイカのキムチ
2007.10.05	第32巻第10号(通巻第375号)	62		MOVIE 大阪アジアン映画祭2007
2007.10.05	第32巻第10号(通巻第375号)	18	塩川慶子	〈好評連載〉渡来人の足跡をたずねて(123) 百済文化祭 公州・扶余が合同開催 趙万済話(13)
2007.10.05	第32巻第10号(通巻第375号)	31		〈好評連載〉PIA
2007.10.05	第32巻第10号(通巻第375号)	36	鄭炳麒	〈好評連載〉在日を生きる(増補版)(9)

발행일	지면정보 권호	페이지	필자	제목
2007.10.05	第32巻第10号(通巻第375号)	44		〈好評連載〉大型歴史小説 世宗大王·訓民正音
2007.10.05	第32巻第10号(通巻第375号)	48	まつだたえこ	〈好評連載〉たえこ劇場(59) 踊り明かそう
2007.10.05	第32巻第10号(通巻第375号)	49	曺奎通	〈好評連載〉在日の詩(68) 儒教の国ゆく
2007.10.05	第32巻第10号(通巻第375号)	64		KT美術館
2007.11.05	第32巻第11号(通巻第376号)	2		INTERVIEW 裵鐘河·青瓦台経済政策主席室農魚村秘書官
2007.11.05	第32巻第11号(通巻第376号)	4		国立韓京大学校·崔一信総長 「韓京ハム」ベンチャー創業でハム·ソーセージのマエストロ
2007.11.05	第32巻第11号(通巻第376号)	6		「チャムサリL&F」姜煥求代表 100％親環境京畿米のチャムサリ濁酒
2007.11.05	第32巻第11号(通巻第376号)	8		韓日(日韓)仏教福祉協会·朴三中和尚と柿沼洗心和尚 還国耳塚、永遠の安息地、朝明軍塚に
2007.11.05	第32巻第11号(通巻第376号)	10		大阪韓国文化院 移転記念特別展 韓国伝統工芸と絵画の「粋」展
2007.11.05	第32巻第11号(通巻第376号)	12		NPO法人大阪ワッソ文化交流協会御堂筋パレードに参加
2007.11.05	第32巻第11号(通巻第376号)	14	田中典子	アジア·コンテンツ·マーケット 光彩を放つ! 韓国の創造産業
2007.11.05	第32巻第11号(通巻第376号)	24		2007年日本地方自治研究学会大会 地方参政権で徐竜達教授に学会賞
2007.11.05	第32巻第11号(通巻第376号)	26		姉妹都市提携50周年記念事業 食の彩·文化-大阪とサンフランシスコ 「コリアン·キュジィーヌ」
2007.11.05	第32巻第11号(通巻第376号)	28		創立30周年記念 第30回韓日·日韓女性親善協会合同総会·研修会
2007.11.05	第32巻第11号(通巻第376号)	29		大阪韓国青商友会第9期勉強会 裵薫弁護士「国籍取得の問題について」
2007.11.05	第32巻第11号(通巻第376号)	30	河井智子	講義&体験談、指導 第4回天孝国際気研究会セミナー
2007.11.05	第32巻第11号(通巻第376号)	31		民団京都洛東支部 耳塚慰霊法要
2007.11.05	第32巻第11号(通巻第376号)	32	鄭炳麒	〈特別寄稿〉八字(運命)
2007.11.05	第32巻第11号(通巻第376号)	38	逢阪一哉	ニートの部屋No.16 日韓の共犯関係
2007.11.05	第32巻第11号(通巻第376号)	40		〈特集〉論壇「南北首脳会談」南北共同繁栄のための「西海平和共力特別地帯に対する期待」(イ·ムソン明知大学教授)/南北関係の発展と平和繁栄の道しるべ「2007南北首脳会談」の特徴と意味(イ·ギョドク統一研究院研究委員)/平和繁栄宣言、今や実践である(蠟茂進·北朝鮮大学院大教授)/分断と冷戦の線を越え、平和と繁栄の道に向かった(ユン·ファン鮮文大学教授)/韓半島の平和と民族繁栄の道を開いた2007南北首脳会談(クウォ·ンヨギョンン統一教育院教授)/2007年南北首脳会談：Win-Win成果(キム·スアム統一研究院研究委員)/2007南北首脳会談の成果と意義：平和繁栄と終戦先宣告

발행일	지면정보		필자	제목
	권호	페이지		
2007.11.05	第32巻第11号(通巻第376号)	50	姜健栄	〈特別寄稿〉近代日本の画家たち、朝鮮を描写(10)〜加藤松林人(前編)〜
2007.11.05	第32巻第11号(通巻第376号)	55		BOOK 夢と絆への旅〜エッセー63篇〜(姜健栄) 時調四四三首選(瀬尾文子)
2007.11.05	第32巻第11号(通巻第376号)	58		京都民団創団60周年記念 体育祭
2007.11.05	第32巻第11号(通巻第376号)	59		民団京都本部・立命館大学コリア研究センター 韓国映画フェスティバル
2007.11.05	第32巻第11号(通巻第376号)	60	金日麗	イルリョの美と健康の源Vol.18 秋編 秋野菜彩りピビンパップ/わかめのあさり入りスープ/スルメイカとワケギの和え物
2007.11.05	第32巻第11号(通巻第376号)	18	塩川慶子	〈好評連載〉渡来人の足跡をたずねて(124) 江華山の祭り①摩尼山塹城壇の開天節 趙万洛話(14)
2007.11.05	第32巻第11号(通巻第376号)	34	鄭炳麒	〈好評連載〉在日を生きる(増補版)(10)
2007.11.05	第32巻第11号(通巻第376号)	39		〈好評連載〉PIA
2007.11.05	第32巻第11号(通巻第376号)	48	まつだたえこ	〈好評連載〉たえこ劇場(60) 無名戦士
2007.11.05	第32巻第11号(通巻第376号)	49	曺奎通	〈好評連載〉在日の詩(69) 儒教の国ゆく
2007.11.05	第32巻第11号(通巻第376号)	64		KT美術館
2007.12.05	第32巻第12号(通巻第377号)	2		民団、11.7全国決起大会 永住外国人地方参政権の早期立法化を!
2007.12.05	第32巻第12号(通巻第377号)	6		韓国大統領選挙に12名が立候補
2007.12.05	第32巻第12号(通巻第377号)	7		〈論壇①〉 第一次南北総理会談の意味と評価 キム・ヨンチョル(高麗大亜細亜問題研究所教授)
2007.12.05	第32巻第12号(通巻第377号)	8		韓国茶道宗家・茗園文化財団 第12回茗園国際茶文化大賞施賞式 韓国茶道の聖典「東茶頌碑」除幕
2007.12.05	第32巻第12号(通巻第377号)	10		夢舞 四天王寺ワッソinなにわの宮
2007.12.05	第32巻第12号(通巻第377号)	24		民団京都府本部、コリアサロン「めあり」朝鮮通信使来日400周年記念京都再現行列 耳塚(鼻塚)共同慰霊の集いシンポジウム「朝鮮通信使に学ぶ」
2007.12.05	第32巻第12号(通巻第377号)	28	田中典子	Asia・Metropolis・Summit アジア主要都市サミットソウル・グローバル化推進計画
2007.12.05	第32巻第12号(通巻第377号)	31		高麗茶道創立15周年記念式 異文化交流平和祭典
2007.12.05	第32巻第12号(通巻第377号)	32	鄭炳麒	〈特別寄稿〉時間の感覚
2007.12.05	第32巻第12号(通巻第377号)	39		〈論壇②〉南北総理会談の成果と課題 ヤン・ムンス(慶南大北朝鮮大学院大学校教授)
2007.12.05	第32巻第12号(通巻第377号)	40	姜健栄	〈特別寄稿〉近代日本の画家たち、朝鮮を描写(11)〜加藤松林人(後編)〜
2007.12.05	第32巻第12号(通巻第377号)	50		KOREA TODAY INTERVIEW 李求弘・在外同胞財団理事長 第6回世界韓商大会 崔鐘太大会長
2007.12.05	第32巻第12号(通巻第377号)	55		近畿産業信用組合 投資信託研修 平成19年度 仮決算
2007.12.05	第32巻第12号(通巻第377号)	56		大阪韓国文化院 開院式 第1回「韓国の光」交流展
2007.12.05	第32巻第12号(通巻第377号)	58		民団大阪本部 同胞交流マダン・民団まつり

발행일	지면정보		필자	제목
	권호	페이지		
2007.12.05	第32巻第12号(通巻第377号)	59		民団京都本部 第8回韓国語弁論大会
2007.12.05	第32巻第12号(通巻第377号)	60	金日麗	イルリョの美と健康の源Vol.19 ソウルぶらいひとり旅編/海鮮チョンゴル
2007.12.05	第32巻第12号(通巻第377号)	18	塩川慶子	〈好評連載〉渡来人の足跡をたずねて(125) 江華山の祭り②江華山城壇と伝灯寺 趙万済話(15)
2007.12.05	第32巻第12号(通巻第377号)	34	鄭炳麒	〈好評連載〉在日を生きる(増補版)(11)
2007.12.05	第32巻第12号(通巻第377号)	44		〈好評連載〉大型歴史小説 世宗大王・訓民正音
2007.12.05	第32巻第12号(通巻第377号)	48	まつだたえこ	〈好評連載〉たえこ劇場(61) せまいながらもさもしいわが家
2007.12.05	第32巻第12号(通巻第377号)	49	曺奎通	〈好評連載〉在日の詩(70) 木浦にて
2007.12.05	第32巻第12号(通巻第377号)	64		〈好評連載〉KT美術館
2008.01.05	第33巻第1号(通巻第378号)	2		第17代韓国大統領選挙 李明博が圧勝
2008.01.05	第33巻第1号(通巻第378号)	6		海外同胞問題研究所 2007海外同胞政策フォーラム
2008.01.05	第33巻第1号(通巻第378号)	8		KOREA TODAY INTERVIEW 横田めぐみさんの拉致事件から30年/横田滋・早紀江さん夫妻に現在の心境を聞く
2008.01.05	第33巻第1号(通巻第378号)	10		大阪韓国文化院開院記念行事「ハンスタイルの夕べ」コリアンディナー(晩餐)と韓服ファッションショー
2008.01.05	第33巻第1号(通巻第378号)	14		「横浜」と「北陸」が合併 中央商銀信用組合がスタート
2008.01.05	第33巻第1号(通巻第378号)	15	田中典子	〈イスラエル〉日韓・東アジアを重要視 イスラエルの研究開発力＆日韓のコンテンツ製品化力
2008.01.05	第33巻第1号(通巻第378号)	16	田中典子	クリーンライフビジョン21 2007年大阪大会BN 日韓の技術をアメリカからヨーロッパへクリーニング技術で日韓交流
2008.01.05	第33巻第1号(通巻第378号)	24		民団大阪府地方本部 韓国伝統文化マダン
2008.01.05	第33巻第1号(通巻第378号)	26	逢阪一哉	ニートの部屋No.17 アイスクリーム売りの論理と世論/韓国政府 京都・宇治市のウトロ地区買い上げて30億ウォン支援
2008.01.05	第33巻第1号(通巻第378号)	28	田中典子	東アジア経営塾 ヒューマンネットワーク構築による「情報化投資」
2008.01.05	第33巻第1号(通巻第378号)	30	鄭炳麒	東アジア経営塾 子は親を真似る名優(子供の正直)
2008.01.05	第33巻第1号(通巻第378号)	50	姜健栄	〈特別寄稿〉 近代日本の画家たち、朝鮮を描写(12)～梶原緋佐子と中村貞似～
2008.01.05	第33巻第1号(通巻第378号)	54		民団大阪府本部・大阪韓国綜合教育院 第1回「韓国語を楽しもう!」高校生大会
2008.01.05	第33巻第1号(通巻第378号)	56		シンポジウム グローバル化時代を生き抜くヒューマンライツ～国際化時代における医療と人権～
2008.01.05	第33巻第1号(通巻第378号)	57		民団京都府地方本部 第5回「民族社会教育講演会」/金真須美女史が講演「私が見た在来コリアン」/本部・支部執行機関、監察機関が合同研修会/送年会、組織表彰伝達/コリアンサロン「めあり」主催 絵画展/第11期オリニ土曜学校修了式

발행일	지면정보		필자	제목
	권호	페이지		
2008.01.05	第33巻第1号(通巻第378号)	61		民団大阪府地方本部 楽しみながら韓国語を学ぶ「ハングルカルタ」制作
2008.01.05	第33巻第1号(通巻第378号)	62	金日麗	イルリョの美と健康の源Vol.20 旅立ち・出発編/薬飯(ヤッパプ)
2008.01.05	第33巻第1号(通巻第378号)	18	塩川慶子	〈好評連載〉渡来人の足跡をたずねて(126)　韓国南部の旅① 南原～「ハン」は恨みではない～趙万斉話(16)
2008.01.05	第33巻第1号(通巻第378号)	39		〈好評連載〉KOREA PIA
2008.01.05	第33巻第1号(通巻第378号)	40	鄭炳麒	〈好評連載〉在日を生きる(増補版)(12)
2008.01.05	第33巻第1号(通巻第378号)	44		〈好評連載〉大型歴史小説 世宗大王・訓民正音
2008.01.05	第33巻第1号(通巻第378号)	48	まつだたえこ	〈好評連載〉たえこ劇場(62)　末は博士か大臣か
2008.01.05	第33巻第1号(通巻第378号)	49	曺奎通	〈好評連載〉在日の詩(71)　事件
2008.01.05	第33巻第1号(通巻第378号)	64		〈好評連載〉KT美術館
2008.02.05	第33巻第2号(通巻第379号)	2		新年会(民団中央・東京本部)(駐大阪韓国総領事館)韓日共生の新時代を築こう/同胞の生活と夢を大切に、民団は前進します/李明博・第17代大統領当選人から特別メッセージ
2008.02.05	第33巻第2号(通巻第379号)	5		大統領当選人の特使一行が訪日
2008.02.05	第33巻第2号(通巻第379号)	6		新年会 民団大阪本部・大阪韓商、民団京都本部
2008.02.05	第33巻第2号(通巻第379号)	8		KT招待席 許准榮・前警察庁長官
2008.02.05	第33巻第2号(通巻第379号)	10		故李秀賢さんを偲ぶ会7周忌 「義人李秀賢財団」韓日合同設立に弾み(ソウル)/朗読劇「李秀賢頌歌」を上演(東京)
2008.02.05	第33巻第2号(通巻第379号)	13		「レジャー産業建全化推進協会」の設立総会　初代会長に崔鐘太・韓商連会長「倒産・廃産に歯止め、イメージ刷新を
2008.02.05	第33巻第2号(通巻第379号)	14		洋画家 白満祐〈田中典子〉「不変の美」を求めて/美の集大成『美術館』開館を目指す
2008.02.05	第33巻第2号(通巻第379号)	24	清水信昭	関西大倉同窓会の韓国親善訪問記 善隣インターネット高との友好増進へ
2008.02.05	第33巻第2号(通巻第379号)	28		民団　MINDAN文化賞授与式(中央本部)/在外同胞財団が楽器、宮廷衣装を贈呈(大阪)/本部・支部議決機関合同研修会(京都)/組織活性化への研修会(奈良)
2008.02.05	第33巻第2号(通巻第379号)	32	鄭炳麒	〈特別寄稿〉地球温暖化で男が危ない
2008.02.05	第33巻第2号(通巻第379号)	35		〈論壇〉李明博当選者の人生の道のりと統治ビジョン(ガン・ギュヒョン明知大学教授)/李明博大統領当選者に対する韓国国民の期待(イ・サンファン韓国外国語大学教授)/新政府出発による南北関係の展望(董鍬昇・三星経済研究所経済安保チーム長)
2008.02.05	第33巻第2号(通巻第379号)	43	逢阪一哉	ニートの部屋No.18 物憂げな地球儀
2008.02.05	第33巻第2号(通巻第379号)	50	姜健栄	〈特別寄稿〉近代日本の画家たち、朝鮮を描写(13)～川瀬巴水～
2008.02.05	第33巻第2号(通巻第379号)	54		民団大阪、京都 趣向凝し 士成人式

발행일	지면정보 권호	페이지	필자	제목
2008.02.05	第33巻第2号(通巻第379号)	56		大阪韓国文化院 金正俊作品展
2008.02.05	第33巻第2号(通巻第379号)	57		神戸韓国綜合教育院　第7回兵庫県高校生韓国語スピーチ大会
2008.02.05	第33巻第2号(通巻第379号)	58		ヒューマンストーリー 朴三中和尚と在中同胞・全在千元死刑囚
2008.02.05	第33巻第2号(通巻第379号)	59		釜山・慈悲寺、福岡・南蔵院 姉妹結縁10周年記念韓日親善法会
2008.02.05	第33巻第2号(通巻第379号)	60	姜良重	世界の台所 80年代アメリカのコリアンレストラン
2008.02.05	第33巻第2号(通巻第379号)	62		BOOK　金融システムを考える～ひとつの行政現場から～ 日経ベンチャー2008.1月号
2008.02.05	第33巻第2号(通巻第379号)	18	塩川慶子	〈好評連載〉渡来人の足跡をたずねて(127)　韓国南部の旅② 蟾津江は日本に通じる 趙万済話(17)
2008.02.05	第33巻第2号(通巻第379号)	38	鄭炳麒	〈好評連載〉在日を生きる(増補版)(13)
2008.02.05	第33巻第2号(通巻第379号)	44		〈好評連載〉大型歴史小説 世宗大王・訓民正音
2008.02.05	第33巻第2号(通巻第379号)	48	まつだたえこ	〈好評連載〉たえこ劇場(63)　こいつぁ春から縁起がいいわぇ
2008.02.05	第33巻第2号(通巻第379号)	49	曺奎通	〈好評連載〉在日の詩(72) 万丈窟
2008.02.05	第33巻第2号(通巻第379号)	64		〈好評連載〉KT美術館
2008.03.05	第33巻第3号(通巻第380号)	2		李明博第17代大統領就任式 福田総理と首脳会談
2008.03.05	第33巻第3号(通巻第380号)	6		「槿友会」日本支部　大統領就任式に参席、開城観光ツアー
2008.03.05	第33巻第3号(通巻第380号)	7		徐竜達・桃山学院大学名誉教授　柳名桓・駐日大使と会見 民主党「参政権推進議連」勉強会で講演
2008.03.05	第33巻第3号(通巻第380号)	8		民団中央本部「地方参政権の」早期立法化で国会陳情
2008.03.05	第33巻第3号(通巻第380号)	10		記念式典 大韓独立宣言宣布第89周年 三均学会創立第33周年
2008.03.05	第33巻第3号(通巻第380号)	12		第89周年3.1節記念式典(全国民団) 「地方参政権」の早期獲得に総力
2008.03.05	第33巻第3号(通巻第380号)	14		ZOOMUP　創業コンパニオン・サイト「こんにちは創業」韓国に登場
2008.03.05	第33巻第3号(通巻第380号)	16		駐大阪韓国総領事館、近畿経済産業局「第1回韓国関西経済フォーラム」
2008.03.05	第33巻第3号(通巻第380号)	17		大阪韓国商工会議所「情報部会」医聖・許浚を語る
2008.03.05	第33巻第3号(通巻第380号)	24	田中典子	投資セミナー フ・リュツセル首都圏投資セミナー
2008.03.05	第33巻第3号(通巻第380号)	26	田中典子	中国洛陽博物館招待展 国際芸術院会員が招待出品
2008.03.05	第33巻第3号(通巻第380号)	27		08年度第1回役員会 京都慶尚南道民会
2008.03.05	第33巻第3号(通巻第380号)	28		近畿経友納税連合会が研修会 岩嵜・大阪国税局課税第1部次長が講演
2008.03.05	第33巻第3号(通巻第380号)	29		民団大阪本部三機関長、婦人会会長 平松邦夫・大阪市長を表敬訪問
2008.03.05	第33巻第3号(通巻第380号)	30		大阪府教委/民団大阪本部 07年度要望で公式回答

발행일	지면정보		필자	제목
	권호	페이지		
2008.03.05	第33巻第3号(通巻第380号)	31		駐大阪韓国副総領事、民団京都府本部団長 「故郷の家・京都」建設現場を視察
2008.03.05	第33巻第3号(通巻第380号)	32	鄭炳麒	〈特別寄稿〉朝鮮半島の技能・芸能の今昔
2008.03.05	第33巻第3号(通巻第380号)	34	ソ・ジェジン	〈論壇〉新政府の対北政策
2008.03.05	第33巻第3号(通巻第380号)	35	逢阪一哉	ニートの部屋No.19 ギョウザ・ショック
2008.03.05	第33巻第3号(通巻第380号)	40		KOREA TOPICS
2008.03.05	第33巻第3号(通巻第380号)	50	姜健栄	〈特別寄稿〉近代日本の画家たち、朝鮮を描写(14)～森守明、野田九浦、湯浅一郎～
2008.03.05	第33巻第3号(通巻第380号)	53		大阪韓国文化院 「話してみよう韓国語」大阪大会
2008.03.05	第33巻第3号(通巻第380号)	54		ちょう第20回人権シンポジウム「ふれあいトーク」石川(晴)自然医学博士が講演
2008.03.05	第33巻第3号(通巻第380号)	55		日韓仏教福祉協会設立20周年 柿沼会長「天空きらめく夢の架け橋」出版記念会
2008.03.05	第33巻第3号(通巻第380号)	56		民団大阪本部、大阪韓国綜合教育院 第2回「オリニウリマル イヤギ・カルタ大会」
2008.03.05	第33巻第3号(通巻第380号)	58		GOLFまめ知識 砂山武則(株)ターフ・コントラクト専務取締役
2008.03.05	第33巻第3号(通巻第380号)	60	姜良重	世界の台所(2) フランスの朝市(マルシェ)ネンヌ編①
2008.03.05	第33巻第3号(通巻第380号)	63		BOOK(民団京都本部) みんなで学ぼう「京都と韓国の交流の歴史」(1)
2008.03.05	第33巻第3号(通巻第380号)	18	塩川慶子	〈好評連載〉渡来人の足跡をたずねて(128) 韓国南部の旅③南海、橋めぐり 趙万済話(18)
2008.03.05	第33巻第3号(通巻第380号)	36	鄭炳麒	〈好評連載〉在日を生きる(増補版)(14)
2008.03.05	第33巻第3号(通巻第380号)	43		〈好評連載〉KOREA PIA
2008.03.05	第33巻第3号(通巻第380号)	44		〈好評連載〉大型歴史小説 世宗大王・訓民正音
2008.03.05	第33巻第3号(通巻第380号)	48	まつだたえこ	〈好評連載〉たえこ劇場(64) 華やかなる招待
2008.03.05	第33巻第3号(通巻第380号)	49	曺奎通	〈好評連載〉在日の詩(73) 済州残影
2008.03.05	第33巻第3号(通巻第380号)	64		〈好評連載〉KT美術館
2008.04.05	第33巻第4号(通巻第381号)	2	田中典子	芸術家を魅了する済州の自然力に触れる旅① 韓国発・ユネスコ世界自然遺産「天恵資源」の宝庫【済州道】
2008.04.05	第33巻第4号(通巻第381号)	8	鄭充子	観光ツアー 開城工業団地とバギョン滝
2008.04.05	第33巻第4号(通巻第381号)	10		思想・信条・所属を問わない 「在日コリア協議会」結成祝賀会
2008.04.05	第33巻第4号(通巻第381号)	11		近畿産業信用組合 大阪韓国文化院に 影印本「朝鮮後期地方地図」全16冊を寄贈
2008.04.05	第33巻第4号(通巻第381号)	12		定期地方委員会 民団大阪本部、地方参政権獲得など3大運動を展開/民団京都本部、3機関長の選挙制度改革案を採択
2008.04.05	第33巻第4号(通巻第381号)	14	鄭充子	チャリティーコンサート 命と音チャリティーコンサートVol.3

발행일	지면정보 권호	지면정보 페이지	필자	제목
2008.04.05	第33巻第4号(通巻第381号)	17		韓商近畿地区協議会
2008.04.05	第33巻第4号(通巻第381号)	24		橋下撤・大阪府知事　呉栄煥・駐大阪韓国総領事を表敬訪問
2008.04.05	第33巻第4号(通巻第381号)	25		民団大阪本部の要望　大阪府教委が回答書を伝達
2008.04.05	第33巻第4号(通巻第381号)	26	朴炳閏	韓民族問題研究所　第17代李明博大統領宛提出建議案[在日編]10.4南北共同宣言第8項の推進に関して～在日同胞を中心に～
2008.04.05	第33巻第4号(通巻第381号)	29		婦人会京都本部が研修会「女性のための健康科学」
2008.04.05	第33巻第4号(通巻第381号)	30		大阪韓国文化院　心安らぐセミクラシックの夕べ「小掘英郎～初めの愛に～」
2008.04.05	第33巻第4号(通巻第381号)	32	鄭炳麒	〈特別寄稿〉大統領の涙と韓国の近代化
2008.04.05	第33巻第4号(通巻第381号)	36	逢阪一哉	ニートの部屋No.20「私」の「公」化
2008.04.05	第33巻第4号(通巻第381号)	42		韓国の社説
2008.04.05	第33巻第4号(通巻第381号)	50	姜健栄	〈特別寄稿〉近代日本の画家たち、朝鮮を描写(15)～小磯良平、桑野博利、関晴風～
2008.04.05	第33巻第4号(通巻第381号)	54		民団大阪本部・青年会大阪本部　07年度「韓国語講座」「コリアマダン」合同修了式・発表会
2008.04.05	第33巻第4号(通巻第381号)	56	姜良重	世界の台所(3) フランスの朝市(マルジェ)レンヌ編②
2008.04.05	第33巻第4号(通巻第381号)	59		大阪韓国文化院　第3期「歌曲」講座受講生による発表会/書道講座受講生による「ハングル書道」作品
2008.04.05	第33巻第4号(通巻第381号)	61		関西アジア人協会　きれいな水を子どもたちに! 第7回チャリティ「アジア歌謡祭」～アジアの友好と平和を願って～
2008.04.05	第33巻第4号(通巻第381号)	18	塩川慶子	〈好評連載〉渡来人の足跡をたずねて(129)　韓国南部の旅④　南海、勒島を訪ねる　趙万済話(19)
2008.04.05	第33巻第4号(通巻第381号)	37		〈好評連載〉KOREA PIA
2008.04.05	第33巻第4号(通巻第381号)	38	鄭炳麒	〈好評連載〉在日を生きる(増補版)(15)
2008.04.05	第33巻第4号(通巻第381号)	44		〈好評連載〉大型歴史小説　世宗大王・訓民正音
2008.04.05	第33巻第4号(通巻第381号)	48	まつだたえこ	〈好評連載〉たえこ劇場(65)　愛と平和の腹立ち
2008.04.05	第33巻第4号(通巻第381号)	49	曺奎通	〈好評連載〉在日の詩(74)　沙也可
2008.04.05	第33巻第4号(通巻第381号)	64		〈好評連載〉KT美術館　永家 由氏作「像」(写真)
2008.05.05	第33巻第5号(通巻第382号)	2		李明博大統領、米日歴訪・首脳会談　韓日外交の新時代の幕開け(ユン・ドクミン外交安保研究教授)/キャンプデービッドにおける実用外交の成果と課題(ユン・ヨンミ統一部政諮問委員)
2008.05.05	第33巻第5号(通巻第382号)	6		ZOOM UP尹雄燮・前ソウル警察庁長
2008.05.05	第33巻第5号(通巻第382号)	8		在日韓国商工会議所第46期総会　崔鐘太会長を再選
2008.05.05	第33巻第5号(通巻第382号)	10		大阪集会アピール採択　4.4永住外国人の地方参政権の実験を!大阪集会
2008.05.05	第33巻第5号(通巻第382号)	12		修交勲章「崇礼章」中川和雄元大阪府知事が受勲

발행일	지면정보		필자	제목
	권호	페이지		
2008.05.05	第33巻第5号(通巻第382号)	13		再生保護法人「京都保護育成会」 河炳旭理事長が退任、新理事長に金有作・民団京都本部団長
2008.05.05	第33巻第5号(通巻第382号)	14		ZOOM UP 朴鍾久氏に早稲田大学名誉博士学位
2008.05.05	第33巻第5号(通巻第382号)	17		コリア国際学園(KIS)「越境人」目指して初の入学式
2008.05.05	第33巻第5号(通巻第382号)	18		婦人会中央本部第23回定期中央大会 余玉善副会長に選出
2008.05.05	第33巻第5号(通巻第382号)	24	朴炳閏	韓民族問題研究所 第17代李明博大統領宛提出建議案[在日編](下)10,4南北共同宣言第8項の推進に関して～在日同胞を中心に～
2008.05.05	第33巻第5号(通巻第382号)	27		大阪韓国青年商工会第20期定期総会 新会長に金誠一氏を選出
2008.05.05	第33巻第5号(通巻第382号)	28	田中典子	芸術家を魅了する済州の自然力に触れる旅② 韓国初・ユネスコ世界自然遺産【済州道】光と記憶と発見/済州の色彩を刻み込む芸術家たち
2008.05.05	第33巻第5号(通巻第382号)	32	鄭炳麒	〈特別寄稿〉生き物の生存欲
2008.05.05	第33巻第5号(通巻第382号)	34	チョン・インソク	〈論壇〉私たちの子孫へ伝える韓国の宇宙世界
2008.05.05	第33巻第5号(通巻第382号)	35		韓国の社説 駐日韓大使・権哲賢氏が着任
2008.05.05	第33巻第5号(通巻第382号)	42	逢阪一哉	ニートの部屋 No.21 新自由主義と政見問題
2008.05.05	第33巻第5号(通巻第382号)	50	姜健栄	〈特別寄稿〉近代日本の画家たち、朝鮮を描写(16)～都路華香(その1)～
2008.05.05	第33巻第5号(通巻第382号)	54		世界に通用する現代企業家を育てる 第1期東アジア経営塾修了式
2008.05.05	第33巻第5号(通巻第382号)	55		民団京都府地方本部 門川大作・京都市長を表敬訪問
2008.05.05	第33巻第5号(通巻第382号)	56		兵庫韓国学園韓国語受講生 修学旅行「全羅南道の旅」
2008.05.05	第33巻第5号(通巻第382号)	58		大阪ソウル会創立7周年記念行事 呉栄煥・駐大阪総領事が記念講演「新しい韓日関係の構築」
2008.05.05	第33巻第5号(通巻第382号)	59		近畿産業信用組合 2008年度入行式、79人が入組
2008.05.05	第33巻第5号(通巻第382号)	60	姜良重	世界の台所(4) シンガポールの市場 ウェットマーケット
2008.05.05	第33巻第5号(通巻第382号)	63		映画上演と講演会 青年劇場「族譜」
2008.05.05	第33巻第5号(通巻第382号)	18	塩川慶子	〈好評連載〉渡来人の足跡をたずねて(130) 淀川と神崎川に挟まれた地域(1) 淀川区 趙万済話(20)
2008.05.05	第33巻第5号(通巻第382号)	38	鄭炳麒	〈好評連載〉在日を生きる(増補版)(16)
2008.05.05	第33巻第5号(通巻第382号)	43		〈好評連載〉KOREA PIA
2008.05.05	第33巻第5号(通巻第382号)	44		〈好評連載〉大型歴史小説 世宗大王・訓民正音
2008.05.05	第33巻第5号(通巻第382号)	48	まつだたえこ	〈好評連載〉たえこ劇場(66) 郵便配達は二度バカを見る
2008.05.05	第33巻第5号(通巻第382号)	49	吉奎通	〈好評連載〉在日の詩(75) 歴史
2008.05.05	第33巻第5号(通巻第382号)	64		〈好評連載〉KT美術館 杉山英子氏「冬の夕暮れ」
2008.06.05	第33巻第6号(通巻第383号)	2		民団大阪府地方本部 永住外国人に地方参政権を!韓日親善交流マダン

발행일	지면정보		필자	제목
	권호	페이지		
2008.06.05	第33巻第6号(通巻第383号)	8		創立30周年記念 日・韓女性親善協会合同総会
2008.06.05	第33巻第6号(通巻第383号)	9		延暦寺名宗祖報恩会 高麗茶道苑の申雅子院長が献茶
2008.06.05	第33巻第6号(通巻第383号)	10		食・遊・住の祭典「モンスター・ビバ!2008」 韓国観光公社が大規模プロモーション
2008.06.05	第33巻第6号(通巻第383号)	11		全国焼肉協会(J・Y) 第10回通常総会及び経営者・店長研修会
2008.06.05	第33巻第6号(通巻第383号)	12		婦人会大阪本部 第20回定期地方委員会、第25定期地方大会
2008.06.05	第33巻第6号(通巻第383号)	13		婦人会大阪本部 第20回定期地方委員会
2008.06.05	第33巻第6号(通巻第383号)	14		在日本大韓基督教会「京都協会」 地域社会で福音を発信できる文化交流の場
2008.06.05	第33巻第6号(通巻第383号)	16		ZOOM UP 日韓の「橋」になりたい 世宗大学教授(日本語)村上賢一氏
2008.06.05	第33巻第6号(通巻第383号)	24		民団京都府地方本部 2008年度第1拡大会議 高桑三男・京都市教育長を表敬訪問/NPO法人民団京都国際交流センター 理事会及び総会
2008.06.05	第33巻第6号(通巻第383号)	26	田中典子	芸術家を魅了する済州の自然力に触れる旅③ 韓国初・ユネスコ世界自然遺産【済州道】政界最大の盆栽公演『盆栽芸術苑』
2008.06.05	第33巻第6号(通巻第383号)	30	鄭炳麒	〈特別寄稿〉スポーツマン・シップ
2008.06.05	第33巻第6号(通巻第383号)	32		〈特別講演会〉(近畿産業信用組合) 余煥宇・駐大阪韓国元総領事 「在日と本国関係」
2008.06.05	第33巻第6号(通巻第383号)	39		BOOK 橋は架からず～明治日本と李朝の志士たち～(上野慎一郎著)
2008.06.05	第33巻第6号(通巻第383号)	40		韓国の社説
2008.06.05	第33巻第6号(通巻第383号)	42		大阪韓国文化院 定期講演会とミニコンサート 金水静さん「K-POPで学ぶ韓国人の表現」金真須美さんが尹東柱の名作を朗読/大阪韓国勢年商工会青友会 第10定期総会
2008.06.05	第33巻第6号(通巻第383号)	50	姜健栄	〈特別寄稿〉近代日本の画家たち、朝鮮を描写(17)～都路華香と金剛山深勝(その2)～
2008.06.05	第33巻第6号(通巻第383号)	54		〈特別記念講演会〉(民団大阪府住吉住の江支部) 武藤将巨氏 日韓文化の比較から「なぜ、今 韓流なのか?」
2008.06.05	第33巻第6号(通巻第383号)	56		社会福祉法人シャローム〈金祥高〉 呉栄煥・駐大阪韓国総領事 セットンの家を初訪問
2008.06.05	第33巻第6号(通巻第383号)	58	姜良重	世界の台所(5) ミャンマー(旧ビルマ)の市場～その1～
2008.06.05	第33巻第6号(通巻第383号)	62		民団京都・京都韓商 2008年度合同コルフコンペ
2008.06.05	第33巻第6号(通巻第383号)	63		韓商近畿地区協議会 韓商連崔鐘太会長再選祝賀会
2008.06.05	第33巻第6号(通巻第383号)	64		〈好評連載〉KT美術館「微妙な三角関係」
2008.06.05	第33巻第6号(通巻第383号)	18	塩川慶子	〈好評連載〉渡来人の足跡をたずねて(131) 淀川と神崎川に挟まれた地域(2) 西淀川区

발행일	지면정보		필자	제목
	권호	페이지		
2008.06.05	第33巻第6号(通巻第383号)	33		〈好評連載〉KOREA PIA
2008.06.05	第33巻第6号(通巻第383号)	34	鄭炳麒	〈好評連載〉在日を生きる(増補版)(17)
2008.06.05	第33巻第6号(通巻第383号)	44		〈好評連載〉大型歴史小説 世宗大王・訓民正音
2008.06.05	第33巻第6号(通巻第383号)	48	まつだたえこ	〈好評連載〉たえこ劇場(67) ちょっとズレてる私
2008.06.05	第33巻第6号(通巻第383号)	49	靑奎通	〈好評連載〉在日の詩(76) この国を訴えたき程
2008.07.05	第33巻第7号(通巻第384号)	2		「Lenda Hand」～共に手を携え、手を貸し合って～ 京都日韓親善協会の設立総会/会長に千玄室・裏千家大宗匠
2008.07.05	第33巻第7号(通巻第384号)	6		民団大阪府此花支部がデモ行進「永住外国人に地方参政権の付与を」「北朝鮮はすべての拉致被害者を帰国させよ」
2008.07.05	第33巻第7号(通巻第384号)	8		民団京都府本部・京都韓商 開城訪問
2008.07.05	第33巻第7号(通巻第384号)	10		法人大阪ワッソ文化交流協会 歴史探訪・京都太奉～秦氏ゆかりの地を歩く～
2008.07.05	第33巻第7号(通巻第384号)	14		定期総会・総代会 大阪韓商・京都韓商、近畿産業信組、KSK
2008.07.05	第33巻第7号(通巻第384号)	24		東京・大阪・京都で歓迎会 金泳三元大統領が民団訪問
2008.07.05	第33巻第7号(通巻第384号)	26	田中典子	韓国初・世界自然遺産の島【済州島】東洋最大の寺『薬泉寺』
2008.07.05	第33巻第7号(通巻第384号)	30		京都モアネット・地域ネットワーク講演会「地域のふれあい、たすけあい～共生社会のネットワーク～」
2008.07.05	第33巻第7号(通巻第384号)	31		韓国大阪青年会議所・ソウル青年会議所 第36回韓国語弁論大会
2008.07.05	第33巻第7号(通巻第384号)	32	鄭炳麒	〈特別寄稿〉蒔かぬ種は生えぬ
2008.07.05	第33巻第7号(通巻第384号)	34	チュ・ジェウ	〈論壇〉相互戦略的価値を確認した中国歴訪
2008.07.05	第33巻第7号(通巻第384号)	36		韓国の社説
2008.07.05	第33巻第7号(通巻第384号)	43	逢阪一哉	ニートの部屋〈逢阪一哉〉No.22 フランスの経験
2008.07.05	第33巻第7号(通巻第384号)	50	姜健栄	〈特別寄稿〉近代日本の画家たち、朝鮮を描写(18)～都路華香と金剛山深勝(続編)～
2008.07.05	第33巻第7号(通巻第384号)	55		コリアンサロン「めあり」設立5周年 コリアンフード講習会
2008.07.05	第33巻第7号(通巻第384号)	56		大阪韓国文化院 定期公演会&ミニコンサート 寺脇研・京都造形芸術大学教授 フルート/園城三花さん ピアニスト/呉多美さん
2008.07.05	第33巻第7号(通巻第384号)	58	姜良重	世界の台所(6) ミヤンマー(旧ビルマ)の市場～その2～
2008.07.05	第33巻第7号(通巻第384号)	18	塩川慶子	〈好評連載〉渡来人の足跡をたずねて(132) 淀川と神崎川に挟まれた地域(3) 西淀川区
2008.07.05	第33巻第7号(通巻第384号)	38	鄭炳麒	〈好評連載〉在日を生きる(増補版)(18)
2008.07.05	第33巻第7号(通巻第384号)	44		〈好評連載〉大型歴史小説 世宗大王・訓民正音
2008.07.05	第33巻第7号(通巻第384号)	48	まつだたえこ	〈好評連載〉たえこ劇場(68) 初心忘れるｒｙべからず

발행일	지면정보		필자	제목
	권호	페이지		
2008.07.05	第33巻第7号(通巻第384号)	49	曺奎通	〈好評連載〉在日の詩(77) 逆境
2008.07.05	第33巻第7号(通巻第384号)	63		〈好評連載〉KOREA PIA
2008.07.05	第33巻第7号(通巻第384号)	64		〈好評連載〉KT美術館
2008.08.05	第33巻第8号(通巻第385号)	2		民団近畿地協が08年度第一回会議 大韓民国建国60周年記念韓日・日韓親善ゴルフ大会開催「地方参政権」法案提出に向け「民主党」に絞り集中要望活動
2008.08.05	第33巻第8号(通巻第385号)	4		京畿民謡 人間国宝 李春義特別公演(大阪)〈写真右〉
2008.08.05	第33巻第8号(通巻第385号)	5		国際韓民族財団 第9回世界韓民族フォーラム(東京)
2008.08.05	第33巻第8号(通巻第385号)	6		在日韓国人信用組合協会 第57回通常総会
2008.08.05	第33巻第8号(通巻第385号)	7		ソウル特別市 2008「ソウル観光商談会」「ソウル観光説明会」
2008.08.05	第33巻第8号(通巻第385号)	8	姜健栄	〈特別寄稿〉晋州「蓮池寺鐘」復元学術大会
2008.08.05	第33巻第8号(通巻第385号)	10		耳塚韓国奉還18年の縁 朴三中和尚、1400年の古寺・善光寺招請訪問/日・韓仏教文化交流
2008.08.05	第33巻第8号(通巻第385号)	12		法人国際美術協会 第33回国美芸術展覧会
2008.08.05	第33巻第8号(通巻第385号)	14		京都韓国教育院 第5回京都・滋賀韓国語教師研修会
2008.08.05	第33巻第8号(通巻第385号)	15		在日世界韓人商工人連合会 第3期定期総会
2008.08.05	第33巻第8号(通巻第385号)	16		民団大阪・東京本部で説明会 李明博政府の対北政策/婦人会大阪府地方本部 定例支部会長会議
2008.08.05	第33巻第8号(通巻第385号)	24	鄭炳麒	〈特別寄稿〉紅花(韓紅・唐紅)
2008.08.05	第33巻第8号(通巻第385号)	26	田中典子	韓国初・世界自然遺産の島【済州島】北東アジア経済の要所 国際自由都市「済州特別自治道」
2008.08.05	第33巻第8号(通巻第385号)	36	ベ・ビョンヒュ	〈論壇〉G8サミットの教訓と「グローバルコリア」(ホン・ギュドク 淑明女子大学校社会科学大学長)/政権交代の民心の憤り 国宝秩序を厳重に守れ～市場経済の敵と妥協することはできない～
2008.08.05	第33巻第8号(通巻第385号)	43	逢阪一哉	ニートの部屋〈逢阪一哉〉No.23 ナショナリズムの不思議
2008.08.05	第33巻第8号(通巻第385号)	50	姜健栄	〈特別寄稿〉近代西欧の紀行家-朝鮮を探勝(19)～イザベラ・バードの金剛山紀行～
2008.08.05	第33巻第8号(通巻第385号)	55		平和統一聯合創設4周年大会(東京) 世界平和と南北統一を願う在日同胞指導者大会
2008.08.05	第33巻第8号(通巻第385号)	56		大阪韓国文化祭 日・韓現代作家展 ミニコンサート 韓流ドラマOST 写真公幕展
2008.08.05	第33巻第8号(通巻第385号)	60	姜良重	世界の台所(7) タイ・バンコク オートーコー市場
2008.08.05	第33巻第8号(通巻第385号)	18	塩川慶子	〈好評連載〉渡来人の足跡をたずねて(133) 渡来の玄関、大阪湾のことなら「なにわの海の時空館」
2008.08.05	第33巻第8号(通巻第385号)	38	鄭炳麒	〈好評連載〉在日を生きる(増補版)(19)
2008.08.05	第33巻第8号(通巻第385号)	44		〈好評連載〉大型歴史小説 世宗大王・訓民正音
2008.08.05	第33巻第8号(通巻第385号)	48	まつだたえこ	〈好評連載〉たえこ劇場(69) 熱中しよう
2008.08.05	第33巻第8号(通巻第385号)	49	曺奎通	〈好評連載〉在日の詩(78) 留学生

발행일	지면정보		필자	제목
	권호	페이지		
2008.08.05	第33巻第8号(通巻第385号)	64		〈好評連載〉KT美術館
2008.09.05	第33巻第9号(通巻第386号)	2		「大韓民国建国」論争 大韓民国の「歴史」は「60年」か、「89年」なのか？ 論争は憲法訴願にまでエスカレート
2008.09.05	第33巻第9号(通巻第386号)	6		KOREA TODAY INTERVIEW 趙万済·三均学会理事長建国実録証言
2008.09.05	第33巻第9号(通巻第386号)	8		大韓民国建国60周年 第63周年光複節 韓国民団中央記念式典 大阪府地方本部 京都府地方本部
2008.09.05	第33巻第9号(通巻第386号)	14		重要無形文化財第50号「霊山斎」芸術公演
2008.09.05	第33巻第9号(通巻第386号)	20		多文化共生時代の在外同胞教育を求めて 2008在外同胞教育国際学術大会
2008.09.05	第33巻第9号(通巻第386号)	22		民団中央本部 2008在日同胞オリニジャンボリー
2008.09.05	第33巻第9号(通巻第386号)	24		大阪韓国文化院 夏季韓国文化教師研修
2008.09.05	第33巻第9号(通巻第386号)	30	鄭炳麒	〈特別寄稿〉ホテルの柱時計 ハイビスカス 独島
2008.09.05	第33巻第9号(通巻第386号)	34	キム·ビョンロ	〈論壇〉韓米首脳が憂慮を示した北韓人権の実情
2008.09.05	第33巻第9号(通巻第386号)	36		韓国の社説(1)
2008.09.05	第33巻第9号(通巻第386号)	38	姜健栄	〈特別寄稿〉近代西欧の紀行家-朝鮮を探勝(20)～イザベラ·バードが見た李朝王宮～
2008.09.05	第33巻第9号(通巻第386号)	43		韓国の社説(2) 為装脱北の北朝鮮女スパイ
2008.09.05	第33巻第9号(通巻第386号)	44		大型歴史小説 世宗大王·訓民正音
2008.09.05	第33巻第9号(通巻第386号)	48	まつだたえこ	たえこ劇場(70) 忘れおうる
2008.09.05	第33巻第9号(通巻第386号)	49	曺奎通	在日の詩(79) 落書き
2008.09.05	第33巻第9号(通巻第386号)	50	鄭炳麒	〈新連載〉在日を生きる(増補版)(20)
2008.09.05	第33巻第9号(通巻第386号)	54		大阪韓国文化院 第11回「蓮の花と竜を通して見た水と風そして生命展」 からむし工房 2008年「福ボジャギ展」
2008.09.05	第33巻第9号(通巻第386号)	56		舞鶴市·浮島丸殉難の碑公園 浮島丸殉難63周年 追悼集会
2008.09.05	第33巻第9号(通巻第386号)	58	田中典子	韓国初·ユネスコ世界自然遺産の島【済州島】韓国現代画壇の父 国民的画家·李仲燮「魂を封じ込めた」動的透明感
2008.09.05	第33巻第9号(通巻第386号)	62		韓国·国立国際教育院 2008在外同胞学生母国訪問
2008.09.05	第33巻第9号(通巻第386号)	63		KOREA PIA
2008.09.05	第33巻第9号(通巻第386号)	64		KT美術館 李愛理作「また異なった自然」
2008.10.05	第33巻第10号(通巻第387号)	2		民団近畿地協 権哲賢·駐日韓国特命全権大使歓迎会
2008.10.05	第33巻第10号(通巻第387号)	8		在日韓人歴史資料館開設3周年記念 在日100年の歴史を後世へ「大阪特別展」
2008.10.05	第33巻第10号(通巻第387号)	12		民団東京台東支部 創団60周年記念式典
2008.10.05	第33巻第10号(通巻第387号)	13		第7回定期総会 近畿経友納税連合会 高山昌照会長を再任

발행일	지면정보 권호	페이지	필자	제목
2008.10.05	第33巻第10号(通巻第387号)	14	田中典子	第5回東アジア学国際学術シンポジウム 21世紀の東アジア-平和・安定・共生-
2008.10.05	第33巻第10号(通巻第387号)	18		京滋全羅親睦会 湖南平野と海を巡る旅
2008.10.05	第33巻第10号(通巻第387号)	24		61回創造展 クリア絵画研究所から7氏が出展
2008.10.05	第33巻第10号(通巻第387号)	26		韓国芸術文化団体総連合会関西支部創立記念公演 中秋風流
2008.10.05	第33巻第10号(通巻第387号)	28		和同開珎の里「秩父」を彩るムクゲ自然公園
2008.10.05	第33巻第10号(通巻第387号)	30		コリアサロン「めあり」設立5周年記念事業 初の南北合作アニメ映画「シムチョン」上映
2008.10.05	第33巻第10号(通巻第387号)	31		京都日韓親善協会・京都王仁ライオンズクラブ「かもあわクリーン作戦」
2008.10.05	第33巻第10号(通巻第387号)	32	鄭炳麒	〈特別寄稿〉無窮花 プラス思考
2008.10.05	第33巻第10号(通巻第387号)	34	姜健栄	〈特別寄稿〉近代朝鮮、近代化の立ち遅れ(21)～王妃閔妃と大君の実権争い～
2008.10.05	第33巻第10号(通巻第387号)	39	逢阪一哉	ニートの部屋No.24 外国人参政権問題・再考
2008.10.05	第33巻第10号(通巻第387号)	40		〈論壇〉北京で高めたスポーツ・コリア・ブランドと韓国人のDNA(イ・テユン：スポーツフォーラム代表、KOC委員)/北韓人権改善は時代精神である(ジェ・ソンホ中央大学法学大学教授)
2008.10.05	第33巻第10号(通巻第387号)	42		大型歴史小説 世宗大王・訓民正音
2008.10.05	第33巻第10号(通巻第387号)	47		民団京都府本部 第2回拡大会議、行事予定
2008.10.05	第33巻第10号(通巻第387号)	48	まつだたえこ	たえこ劇場(71) 社交界にて
2008.10.05	第33巻第10号(通巻第387号)	49	曺奎通	在日の詩(80) 民族主義
2008.10.05	第33巻第10号(通巻第387号)	50	鄭炳麒	〈連載〉在日を生きる(増補版)(21)
2008.10.05	第33巻第10号(通巻第387号)	54		大阪・東京公演 ドラマ オリジナル サウンズ コリア 2008
2008.10.05	第33巻第10号(通巻第387号)	56		婦人会京都府本部 故郷の家・京都に建設寄付金伝達
2008.10.05	第33巻第10号(通巻第387号)	57		民団京都府本部 第一回支団長交流会「故郷の家・京都」を見学
2008.10.05	第33巻第10号(通巻第387号)	58		在日コリア協議会国会議事堂・韓国企業を訪問
2008.10.05	第33巻第10号(通巻第387号)	60		大阪韓国文化院 「発酵キムチ」セミナーと体験&発表会
2008.10.05	第33巻第10号(通巻第387号)	62		京都国際学園 第12期オリニ土曜学校開校式
2008.10.05	第33巻第10号(通巻第387号)	63		KOREA PIA
2008.10.05	第33巻第10号(通巻第387号)	64		KT美術館 香港 陳其施作「水黒苛花」
2008.11.05	第33巻第11号(通巻第388号)	2		韓流&阪流 四天王寺ワッソinなにわの宮
2008.11.05	第33巻第11号(通巻第388号)	8		コリアサロン「めあり」設立5周年記念事業 「朝鮮通信使」ゆかりの地6カ所にの説明立札「駒札」設置
2008.11.05	第33巻第11号(通巻第388号)	9		近畿産業信用組合 新理事長に大本崇博氏
2008.11.05	第33巻第11号(通巻第388号)	10		大韓民国建国60周年記念 韓日・日韓親善ゴルフ関西大会

발행일	지면정보		필자	제목
	권호	페이지		
2008.11.05	第33巻第11号(通巻第388号)	12		駐大阪韓国総領事、日韓女性親善協会関西支部 韓日女性親善協会理事 李清子さんが大阪個展
2008.11.05	第33巻第11号(通巻第388号)	14		韓日伝統文化交流協会、こくさい芸術文化交流協会「千年の黒香」展
2008.11.05	第33巻第11号(通巻第388号)	16	田中典子	韓国貿易協会 2008韓国商品展示商談会-大阪
2008.11.05	第33巻第11号(通巻第388号)	18	塩川慶子	〈特別寄稿〉漢字をなくした二つの国 韓国とベトナム
2008.11.05	第33巻第11号(通巻第388号)	24		民団京都府本部洛東支部 2008年 耳塚慰霊法要
2008.11.05	第33巻第11号(通巻第388号)	26		韓商連、民団中央本部 在日世総は「分派組織」と認定「NPOむくげファミリーの会計処理は適切」
2008.11.05	第33巻第11号(通巻第388号)	27		10.4宣言発表1周年記念討論会 平和・繁栄・統一のための「我が民族の進路」
2008.11.05	第33巻第11号(通巻第388号)	28		元チャンプ、徳山昌守さんの両新 ハーレーダビットソンで米ルート66を突っ走る夢は「漢撃山から白頭山まで」
2008.11.05	第33巻第11号(通巻第388号)	29		京都主にライオンズクラブ、京都保護育成会「故郷の家・京都」に車椅子・寄付金
2008.11.05	第33巻第11号(通巻第388号)	30	逢阪一哉	ニートの部屋No.25 フラッシュバック
2008.11.05	第33巻第11号(通巻第388号)	31		KOREA PIA
2008.11.05	第33巻第11号(通巻第388号)	32	鄭炳麒	〈特別寄稿〉車椅子 蕎麦
2008.11.05	第33巻第11号(通巻第388号)	35		BOOK 柳宗悦と朝鮮 自由と芸術への献身
2008.11.05	第33巻第11号(通巻第388号)	36	ユン・ヨンミ	〈論壇〉共生の未来 韓・露戦略的協力パートナー関係
2008.11.05	第33巻第11号(通巻第388号)	38	鄭炳麒	〈連載〉在日を生きる(増補版)(22)
2008.11.05	第33巻第11号(通巻第388号)	44		大型歴史小説 世宗大王・訓民正音
2008.11.05	第33巻第11号(通巻第388号)	48	まつだたえこ	たえこ劇場(72) 隣りは何をする人ぞ
2008.11.05	第33巻第11号(通巻第388号)	49	曺奎通	在日の詩(80) 日本人
2008.11.05	第33巻第11号(通巻第388号)	50	姜健栄	〈特別寄稿〉近代日本の陶芸家、朝鮮を描写(22)～新井謹也～
2008.11.05	第33巻第11号(通巻第388号)	54		第24回ワンコアフェスティバル2008 HANAX東アジアの未来
2008.11.05	第33巻第11号(通巻第388号)	58		Zoom up 在日こりあん・ゴスペルシンガー ユキ・リーさん
2008.11.05	第33巻第11号(通巻第388号)	59		民族工房/アジアンソル公演 叙事音楽詩劇「東風～もう一つのシルクロード」
2008.11.05	第33巻第11号(通巻第388号)	60		大阪韓国文化院「八木早希のチョアヨ!韓国」「千年の色、藍と紅花」展
2008.11.05	第33巻第11号(通巻第388号)	62		10月のマダン 民団京都府本部・支部 休育祭・野遊会
2008.11.05	第33巻第11号(通巻第388号)	64		KT美術館 清漂李在諄氏作「森羅万象-2」
2008.12.05	第33巻第12号(通巻第389号)	2		日韓女性親善協会創立30周年 30年の歩み 守山真弓会長インタビュー
2008.12.05	第33巻第12号(通巻第389号)	10		高句麗古墳壁画特別展(大阪) 高句麗古墳壁画と韓国の色

발행일	지면정보		필자	제목
	권호	페이지		
2008.12.05	第33巻第12号(通巻第389号)	14		大阪韓商創立55周年記念式典 歴史・感謝、そして未来へ「アクション55」掲げ、新たなスタート
2008.12.05	第33巻第12号(通巻第389号)	16		国際美術交流展(ソウル) 韓・日・中現代ソウル招待展
2008.12.05	第33巻第12号(通巻第389号)	18		京都市、コリアサロン「めあり」 朝鮮通信使ゆかりの地を訪ねるバスツアーと見学会
2008.12.05	第33巻第12号(通巻第389号)	24		UNESCO ASPnet アジア/北欧７カ国高校生国際会議～持続可能な社会への提案～
2008.12.05	第33巻第12号(通巻第389号)	28		大阪日韓親善協会 第25回「博士王仁まつり」
2008.12.05	第33巻第12号(通巻第389号)	30	鄭炳麒	〈特別寄稿〉「ハレ」と「ケ」の考現学
2008.12.05	第33巻第12号(通巻第389号)	33	逢阪一哉	ニートの部屋No.26 失われたもの
2008.12.05	第33巻第12号(通巻第389号)	34	ヒョン・オソク	〈論壇〉過去を教訓とする韓国経済
2008.12.05	第33巻第12号(通巻第389号)	36		韓国の社説
2008.12.05	第33巻第12号(通巻第389号)	37		BOOK「心に刺さったガラスの破片」「星と話す少年」「チャリンコ・ヒコーキ・ジャージャー麺」
2008.12.05	第33巻第12号(通巻第389号)	38	姜健栄	〈特別寄稿〉近代日本の陶芸家、朝鮮を描写(23)～鈴木実のスケッチと柳宗悦思想～
2008.12.05	第33巻第12号(通巻第389号)	42	鄭炳麒	〈連載〉在日を生きる(増補版)(23)
2008.12.05	第33巻第12号(通巻第389号)	47		金剛学園 第1回オープンテコンドー選手権大会
2008.12.05	第33巻第12号(通巻第389号)	48	まつだたえこ	たえこ劇場(73) シネマでおじゃま
2008.12.05	第33巻第12号(通巻第389号)	49	曺奎通	在日の詩(82) 選手権(1)
2008.12.05	第33巻第12号(通巻第389号)	50		展覧会 特別養護老人ホーム「故郷の家・京都」
2008.12.05	第33巻第12号(通巻第389号)	52		京都市国際交流協会 コリアサロン「めあり」ミニハングル講座
2008.12.05	第33巻第12号(通巻第389号)	53		近畿産業信用組合、KSK 遊技業セミナー
2008.12.05	第33巻第12号(通巻第389号)	54		忠清南道企業21社が出展 ベンチャーテクノ商談会
2008.12.05	第33巻第12号(通巻第389号)	55		民団近畿地協 第1回地方本部監察委員会「懇親の夕べ」
2008.12.05	第33巻第12号(通巻第389号)	56		国際会議 グローバル・ピース・フェスティバル・ジャパン2008
2008.12.05	第33巻第12号(通巻第389号)	57		在日コリア協議会 第1回在日コリアシンポジウム～世界的変革の時代、在日次世代の進む方向は・・・～
2008.12.05	第33巻第12号(通巻第389号)	58		民俗(伝統・古典)芸能フェスティバル 印度・韓国・日本「祈りの道」
2008.12.05	第33巻第12号(通巻第389号)	60		結成4周年記念大会 平和統一連合第6連合会
2008.12.05	第33巻第12号(通巻第389号)	62		民団京都本部・京都韓国教育院 第9回韓国語弁論大会
2008.12.05	第33巻第12号(通巻第389号)	63		KOREA PIA
2008.12.05	第33巻第12号(通巻第389号)	64		KT美術館 神農有美さん作「猫」(洋画)
2009.01.05	第34巻第1号(通巻第390号)	2		李秀賢義人文化財団設立委員会 村山富市元総理ら韓日両国の元老が「韓国フォーラム」「李秀賢義人文化財団」設立へ

발행일	지면정보		필자	제목
	권호	페이지		
2009.01.05	第34巻第1号(通巻第390号)	6		日本地域3協議会・4開場で講演 李基沢・民主平和統一諮問会議首席副議長「韓半島の平和統一と在日同胞の役割」
2009.01.05	第34巻第1号(通巻第390号)	8		特別企業画展示会 大韓民国60周年写真映像展 美しいハングル(韓国語) デザイン・文化商品展
2009.01.05	第34巻第1号(通巻第390号)	10		韓国伝統刺繍復元の名匠 劉喜順氏
2009.01.05	第34巻第1号(通巻第390号)	14		Zoom up 大阪で観照を会得した詩人、木原進氏
2009.01.05	第34巻第1号(通巻第390号)	16		咲かそう、さくらとむくげ 日韓親善京都「さくらとむくげの会」懇親会
2009.01.05	第34巻第1号(通巻第390号)	18		高句麗寺で現版式 日韓文化交流と世代間の架け橋を目指して開院
2009.01.05	第34巻第1号(通巻第390号)	20		海外同胞政策フォーラム「在日同胞社会の昨日と今日、そして今後の課題」
2009.01.05	第34巻第1号(通巻第390号)	22		駐大阪韓国総領事館、近畿経済産業局 第2回「韓国・関西経済フォーラム」
2009.01.05	第34巻第1号(通巻第390号)	23		2008年歳末懇親会 京都日韓親善協会
2009.01.05	第34巻第1号(通巻第390号)	24		2008年総会 京都慶尚北道道民会
2009.01.05	第34巻第1号(通巻第390号)	25		第6回社会民俗教育講演会 SKワイバーンズ金星根監督が講演「わが野球人生」
2009.01.05	第34巻第1号(通巻第390号)	26		栃木県日韓女性親善協会 日常生活の中での親善交流 青木和子会長インタビュー
2009.01.05	第34巻第1号(通巻第390号)	30	鄭炳麒	〈特別寄稿〉知識と無限の知恵 梅と高麗うぐいす
2009.01.05	第34巻第1号(通巻第390号)	38	ド・ヒュン	〈論壇〉世界人権宣言60周年大会を終えて
2009.01.05	第34巻第1号(通巻第390号)	39	逢阪一哉	ニートの部屋No.27 人種主義の穴
2009.01.05	第34巻第1号(通巻第390号)	40		Zoom up 映画「URINARA」河真鮮監督
2009.01.05	第34巻第1号(通巻第390号)	41		第2回MINDAN文化賞授与式 4部門で59人が授賞
2009.01.05	第34巻第1号(通巻第390号)	42		第6回韓国語講師研修会 仲尾宏教授が講演「韓国と京都の歴史」
2009.01.05	第34巻第1号(通巻第390号)	43		市民公開講座 朴実・東九条マダン実行委員長が講演「共に生きる～東九条マダンに託す思い」
2009.01.05	第34巻第1号(通巻第390号)	44	鄭炳麒	〈連載〉在日を生きる(増補版)(24)
2009.01.05	第34巻第1号(通巻第390号)	48	まつだたえこ	たえこ劇場(74) 労働マップ
2009.01.05	第34巻第1号(通巻第390号)	49	曺奎通	在日の詩(83) 選手権(2)
2009.01.05	第34巻第1号(通巻第390号)	50	姜健栄	〈特別寄稿〉近代朝鮮を描いた画家たち 加藤松林人(3)～済州島紀行～
2009.01.05	第34巻第1号(通巻第390号)	54		第2回韓国伝統文化マダン 大阪在住の芸術家12団体・97人が華麗に共演
2009.01.05	第34巻第1号(通巻第390号)	56		IK日韓サロン 女流陶芸・茶道家「張今貞展」
2009.01.05	第34巻第1号(通巻第390号)	57		民団京都府本部 2008年度功労者表彰・送年会
2009.01.05	第34巻第1号(通巻第390号)	58		釜山・慶州・公州・ソウル縦断2泊3日の旅

발행일	지면정보		필자	제목
	권호	페이지		
2009.01.05	第34巻第1号(通巻第390号)	62		民団大阪府本部・大阪韓国綜合教育院 第2回「韓国語を楽しもう!」高校生大会
2009.01.05	第34巻第1号(通巻第390号)	63		民団京都府本部・京都韓国教育院 第12期オリニ土曜学校修了式
2009.01.05	第34巻第1号(通巻第390号)	64		KT美術館 日堂 金泰伸(太田雪村)さん作「不動明王」
2009.02.05	第34巻第2号(通巻第391号)	2		「地方参政権」獲得、韓日親善の増進と共生社会の実現を 民団中央・東京本部合同新年会
2009.02.05	第34巻第2号(通巻第391号)	6		民団大阪府本部・大阪韓国商工会議所 在大阪韓国人新春年賀交歓会
2009.02.05	第34巻第2号(通巻第391号)	8		民団京都府本部 2009年新春年賀交歓会
2009.02.05	第34巻第2号(通巻第391号)	10		韓日韓国商工会議所 2009年新年会 新春経済セミナー 衆議院議員 岩国哲人氏が講演「どうなる?今年の日本経済」
2009.02.05	第34巻第2号(通巻第391号)	11		第2回音楽朗読劇〈ミューズの里〉李秀賢頌歌~忘れないよ いつまでも~
2009.02.05	第34巻第2号(通巻第391号)	12		近畿産業信用組合「特別講演会」前金融庁長官・五味広文氏「昨今の金融情勢と中小企業金融」
2009.02.05	第34巻第2号(通巻第391号)	14	田中典子	大阪大学世界言語研究センター グルジアの現在と文化を知るセミナー
2009.02.05	第34巻第2号(通巻第391号)	15		在日本忠清道民会 創立20周年記念式典・総会
2009.02.05	第34巻第2号(通巻第391号)	16		高麗茶道16周年記念 韓日親睦交流会
2009.02.05	第34巻第2号(通巻第391号)	18		民団京都府本部執行委員会 本部・支部執行機関合同研修会
2009.02.05	第34巻第2号(通巻第391号)	19		婦人会大阪府本部 定例支部会長会議、李明博大統領から新年辞
2009.02.05	第34巻第2号(通巻第391号)	20		民団舞鶴支部(京都) 2009年新年会
2009.02.05	第34巻第2号(通巻第391号)	21		第20期大阪韓国青商・青友会合同勉強会 新年会 呉真由美・脳開コンサルタント協会副会長が講演「速読法で能力アップ!」
2009.02.05	第34巻第2号(通巻第391号)	22		育英事業52年の在日韓国奨学会 徐柳達名誉会長に特別功労碑
2009.02.05	第34巻第2号(通巻第391号)	24		日韓女性親善協会30年の歩み(3) 茨城県日韓親善・日韓女性協会、民団茨城県本部「日韓親善合同新年会」富山洋子・茨城県日韓女性親善協会会長インタビュー
2009.02.05	第34巻第2号(通巻第391号)	30	逢阪一哉	ニートの部屋No.28 可視化
2009.02.05	第34巻第2号(通巻第391号)	31		KOREA PIA
2009.02.05	第34巻第2号(通巻第391号)	32	鄭炳麒	〈特別寄稿〉節分の豆まき新郎・新婦
2009.02.05	第34巻第2号(通巻第391号)	34		〈論壇〉「オバマ政権スタートと21世紀韓米戦略同盟の強化」(ユン・ヨンミ平沢大学外交安保専攻教授、統一部政策諮問委員)「北韓は李明博大統領に対する非難を慎むべきである」(キム・グンシキ慶南大学政治学教授)

발행일	지면정보		필자	제목
	권호	페이지		
2009.02.05	第34卷第2号(通卷第391号)	38		韓国の社説
2009.02.05	第34卷第2号(通卷第391号)	40		神戸韓国綜合教育院　第8回兵庫県高校生韓国語スピーチ大会
2009.02.05	第34卷第2号(通卷第391号)	42	姜健栄	〈特別寄稿〉重要の認知病に驚き悲しむ
2009.02.05	第34卷第2号(通卷第391号)	44	鄭炳麒	〈連載〉在日を生きる(増補版)(25)
2009.02.05	第34卷第2号(通卷第391号)	48	まつだたえこ	たえこ劇場(75)　アクロバットな日々
2009.02.05	第34卷第2号(通卷第391号)	49	曺奎通	在日の詩(84)　震災記念日
2009.02.05	第34卷第2号(通卷第391号)	50	姜健栄	〈特別寄稿〉近代日本の画家たち-朝鮮を描写(25)～安藤信哉、伊藤草白、新見虚舟～
2009.02.05	第34卷第2号(通卷第391号)	53		ニッポン＆テハンミング〈千葉紀芳〉日系「韓国人」
2009.02.05	第34卷第2号(通卷第391号)	54		民団大阪府本部、民団京都府本部　趣向凝らし全国各地で成人式
2009.02.05	第34卷第2号(通卷第391号)	56		大阪韓国文化院 韓国の旧正月に合わせて新年会
2009.02.05	第34卷第2号(通卷第391号)	60	田中典子	画業50周年記念 李景朝洋画展
2009.02.05	第34卷第2号(通卷第391号)	62		BOOK 写真で見る在日コリアンの100年～在日韓人歴史資料館図録～みんなで学ぼう　京都と韓国の交流の歴史
2009.02.05	第34卷第2号(通卷第391号)	64		KT美術館　余善洙氏作「冬の余所行き」
2009.03.05	第34卷第3号(通卷第392号)	2		IK日韓サロン　茶話談義「茶陶の美と日韓交流」井戸茶碗の張今貞さん＆四天王寺管長夫人・出口あき香さん
2009.03.05	第34卷第3号(通卷第392号)	6		民団中央本部第51回定期中央大会　鄭進団長、黄迎満議長、金昌植監察委員長を無投票で選出
2009.03.05	第34卷第3号(通卷第392号)	8		第90周年3.1節記念式 民団大阪府本部・民団京都府本部
2009.03.05	第34卷第3号(通卷第392号)	11		瓜生山学園京都造形芸術大学 尹東柱命日追悼会
2009.03.05	第34卷第3号(通卷第392号)	12		民団大阪府本部 08年度要望で大阪府教委と懇談会
2009.03.05	第34卷第3号(通卷第392号)	13		近畿経友納税連合会が税務研修会　金光静夫・大阪国税局課税第1部次長が講演「税アラカルト」
2009.03.05	第34卷第3号(通卷第392号)	14		韓国マスコミの論評 中川財務・金融担当相が辞任 苦境に追い込まれた麻生首相「死ぬ覚悟」韓日の違い
2009.03.05	第34卷第3号(通卷第392号)	16		ギャラリー 東洋画家、金圭泰画伯の個展
2009.03.05	第34卷第3号(通卷第392号)	17		東京新宿コリアンタウン 韓日歌謡友好会発足
2009.03.05	第34卷第3号(通卷第392号)	18		全羅南道道民会定期総会、新年会　会長に具末謨氏を選出
2009.03.05	第34卷第3号(通卷第392号)	20		設立パーティー (株)DALI Consulting Group 日韓企業の架け橋として挑戦を妨げる壁はない!
2009.03.05	第34卷第3号(通卷第392号)	22		韓国文化院 第7回韓国語スピーチコンテスト「話してみよう韓国語」大阪大会
2009.03.05	第34卷第3号(通卷第392号)	24		日韓女性親善協会30年の歩み(4) 西端春枝・関西支部会長インタビュー

발행일	지면정보		필자	제목
	권호	페이지		
2009.03.05	第34巻第3号(通巻第392号)	30		民団大阪府本部・大阪韓国綜合教育院　3回「オリニウリマル　イヤギ・カルタ大会」
2009.03.05	第34巻第3号(通巻第392号)	32	鄭炳麒	〈特別寄稿〉桜の季節の想う　見舞い、続お見舞い、続々お見舞い
2009.03.05	第34巻第3号(通巻第392号)	38		韓国の社説
2009.03.05	第34巻第3号(通巻第392号)	42	姜健栄	〈特別寄稿〉認知病を考える(2)
2009.03.05	第34巻第3号(通巻第392号)	44	鄭炳麒	〈連載〉在日を生きる(増補版)(26)
2009.03.05	第34巻第3号(通巻第392号)	48	まつだたえこ	たえこ劇場(76)　え夢〜眠
2009.03.05	第34巻第3号(通巻第392号)	49	曺奎通	在日の詩(84)　震災記念日
2009.03.05	第34巻第3号(通巻第392号)	50	姜健栄	〈特別寄稿〉韓国の女流画家〜羅蕙錫
2009.03.05	第34巻第3号(通巻第392号)	54		東京日韓親善協会連合会・台東区日韓親善協会　2009年賀詞交歓会
2009.03.05	第34巻第3号(通巻第392号)	55		全羅北道道民会新年会(東京)総会・新年会　高円宮久子妃殿下がご臨席
2009.03.05	第34巻第3号(通巻第392号)	56		民団京都府本部　2008年度本・支部議決機関合同研修会 本・支部監察機関合同研修会 富士山支部が新年会
2009.03.05	第34巻第3号(通巻第392号)	59		KOREA PIA
2009.03.05	第34巻第3号(通巻第392号)	60		大阪韓国文化院　第3回大阪成蹊大学・ソウル中央大学交流展
2009.03.05	第34巻第3号(通巻第392号)	64		KT美術館　今村市久氏作「バリー」
2009.04.05	第34巻第4号(通巻第393号)	2		韓国文化体育観光部　柳仁村長官　歓迎レセプション「2009韓国文化観光の夕べ」民団大阪本部・韓国文化院を訪問 コリアタウンを視察
2009.04.05	第34巻第4号(通巻第393号)	6		民団大阪本部第54回定期地方大会　団長選・金漢翊氏が再選　議長は鄭鉉権氏、観察委員長は劉茂宣氏
2009.04.05	第34巻第4号(通巻第393号)	8		民団京都本部第39回定期地方大会　団長は土清一氏、議長は金晃氏 観察委員長は河竜海氏
2009.04.05	第34巻第4号(通巻第393号)	10		韓日を越えて　日堂　金泰仲僧の米寿展
2009.04.05	第34巻第4号(通巻第393号)	15		Newsinnews 済州航空が大阪、北九州へ初就航 WBC野球は幸せを、フィギュアのキム・ヨナは楽しみをくれた3月　キム・ヨナの優勝、世界メディアも絶賛
2009.04.05	第34巻第4号(通巻第393号)	16		大阪韓商情報部会公開経済セミナー　宮本又郎・関西学院大学教授が講演「大阪-その歴史と企業家精神」
2009.04.05	第34巻第4号(通巻第393号)	17		橋下知事、呉栄煥総領事、金漢翊団長がエール 大阪府議会日韓友好親善議員連盟の懇談会
2009.04.05	第34巻第4号(通巻第393号)	18		婦人会京都府本部　2009年「沖縄研修旅行」
2009.04.05	第34巻第4号(通巻第393号)	20		NPO法人国際友好促進会　第3回「国際友好芸能講演」〜歌と踊りのフェスティバル〜
2009.04.05	第34巻第4号(通巻第393号)	22		日韓女性親善協会30年の歩み(5) 西端春枝・関西支部会長インタビュー(下)

발행일	지면정보		필자	제목
	권호	페이지		
2009.04.05	第34巻第4号(通巻第393号)	28		関西アジア人協会　第8回チャリティ「アジア歌謡祭」〜アジアの友好と平和を願って〜
2009.04.05	第34巻第4号(通巻第393号)	32	鄭炳麒	〈特別寄稿〉タンポポと菜の花　女性は強し
2009.04.05	第34巻第4号(通巻第393号)	35	逢阪一哉	ニートの部屋No.29　自省旅行
2009.04.05	第34巻第4号(通巻第393号)	36	裵秉然	〈論壇〉国が困難である時の愛国、危機が経済を守る
2009.04.05	第34巻第4号(通巻第393号)	38		民団京都府本部　京都府に国籍条項撤廃を求める要望書
2009.04.05	第34巻第4号(通巻第393号)	39		民団大阪府本部　大阪市教委と懇談会
2009.04.05	第34巻第4号(通巻第393号)	40		金剛学園　テコンドー道場「金剛修錬館」開館
2009.04.05	第34巻第4号(通巻第393号)	42		韓国の社説
2009.04.05	第34巻第4号(通巻第393号)	44	鄭炳麒	〈連載〉在日を生きる(増補版)(27)
2009.04.05	第34巻第4号(通巻第393号)	48	まつだたえこ	たえこ劇場(76)　住めば都
2009.04.05	第34巻第4号(通巻第393号)	49	曺奎通	在日の詩(84)　パギやん
2009.04.05	第34巻第4号(通巻第393号)	50	姜健栄	〈特別寄稿〉韓国の女流画家-千鏡子〜ニューオリンズ紀行〜
2009.04.05	第34巻第4号(通巻第393号)	54	綾野怜	〈特別寄稿〉聖山・白頭山を拝す(紀行文)
2009.04.05	第34巻第4号(通巻第393号)	60		民団中央本部　チョン・ダヨンさんが「モムチャンダイエットのエクササイズ」を披露
2009.04.05	第34巻第4号(通巻第393号)	61		韓国文化院ミニコンサートVol.1Zeroトーク＆ミニライブ
2009.04.05	第34巻第4号(通巻第393号)	62		KOREA PIA
2009.04.05	第34巻第4号(通巻第393号)	63		BOOK　朝鮮近現代史を歩く〜京都からソルルへ〜韓国人気童話シリーズ(全10巻)韓国スター誕生物語(全3巻)
2009.04.05	第34巻第4号(通巻第393号)	64		KT美術館　朴智恩氏作「復活誼　香気Ⅰ/壮紙＋彩色」
2009.05.05	第34巻第5号(通巻第394号)	2		大阪韓国青年商工会　設立20周年紀念式典＆第21期定期総会
2009.05.05	第34巻第5号(通巻第394号)	6		韓商連　第47期定期総会・経済セミナー金子勝・慶大教授が講演「日本経済再生への道」
2009.05.05	第34巻第5号(通巻第394号)	8		日韓女性親善協会　21年度定期総会　小野清子副会長が講演「私と韓国-いままで・これから」
2009.05.05	第34巻第5号(通巻第394号)	9		婦人会大阪本部　第21回定例地方委員会
2009.05.05	第34巻第5号(通巻第394号)	10		婦人会京都本部　第21回定期地方委員会・第38期定期地方大会　新会長に河久子前副会長を選出
2009.05.05	第34巻第5号(通巻第394号)	12	田中典子	渡来人は海峡を越える【佐賀県武雄市】伝説ゆかりの地[武雄]古唐津焼の源流
2009.05.05	第34巻第5号(通巻第394号)	16		平和統一聯合近畿連合会、東北アジア平和研究所鄭時東・平和統一聯合中央本部会長が講演「安重根義士の東洋平和論と世界平和への道」
2009.05.05	第34巻第5号(通巻第394号)	18		温儒会　第14回総会・記念講演会　加地伸行・大阪大学名誉教授が講演「儒教あれこれ」

발행일	지면정보 권호	지면정보 페이지	필자	제목
2009.05.05	第34巻第5号(通巻第394号)	19		京都韓国商工会議所 春季経済講演会 高竜秀·中南大学教授が講演「世界金融危機が日本·韓国に与えている影響」
2009.05.05	第34巻第5号(通巻第394号)	20		民団中央本部·民団東京本部「国際世論を無視し、ミサイル発射の北朝鮮の暴挙を許さず」
2009.05.05	第34巻第5号(通巻第394号)	22		日韓女性親善協会30年の歩み(6) 西高辻典子·福岡支部会長インタビュー(上)
2009.05.05	第34巻第5号(通巻第394号)	28		宋一国来日 「風の国」スペシャル上映会&韓流アファン感謝祭
2009.05.05	第34巻第5号(通巻第394号)	30	鄭炳麒	〈特別寄稿〉健康と寄付金 コリヤナギ
2009.05.05	第34巻第5号(通巻第394号)	33		民団大阪本部·青年会大阪本部 09年度「韓国語講座」「コリアマダン」開講式
2009.05.05	第34巻第5号(通巻第394号)	34	姜健栄	〈特別寄稿〉信州の蓮池寺鐘(2)
2009.05.05	第34巻第5号(通巻第394号)	36		〈論壇〉「人工衛星の発射」(鄭煥麒·愛知韓国学園名誉理事長)「北朝鮮の米国女性記者の身柄拘束は『計画的な拉致工作』である」
2009.05.05	第34巻第5号(通巻第394号)	38		韓国の社説
2009.05.05	第34巻第5号(通巻第394号)	40	鄭炳麒	〈連載〉在日を生きる(増補版)(28)
2009.05.05	第34巻第5号(通巻第394号)	45		韓国文化院 韓·日アニメ監督によるトークショーと交流会
2009.05.05	第34巻第5号(通巻第394号)	46		BOOK 脱北者～命懸けの脱出と今を追う～近代朝鮮の絵画～日·韓·欧米の画家による～
2009.05.05	第34巻第5号(通巻第394号)	48	まつだたえこ	たえこ劇場(78) 科学的ダイエット
2009.05.05	第34巻第5号(通巻第394号)	49	曺奎通	在日の詩(87) かえりみる渡日
2009.05.05	第34巻第5号(通巻第394号)	50	姜健栄	〈特別寄稿〉中国の文豪·鄭沫若と朝鮮問題～金剛山小説「牧羊哀話」～
2009.05.05	第34巻第5号(通巻第394号)	54		民団大阪本部·青年会大阪本部 08年度「韓国語講座」「コリアマダン」修了式
2009.05.05	第34巻第5号(通巻第394号)	56		K·Tgallery招待席 禅画の最高境地にある梵舟僧侶
2009.05.05	第34巻第5号(通巻第394号)	60		韓国文化院ミニコンサート 韓国の歌·日本の歌「春の風に乗って」
2009.05.05	第34巻第5号(通巻第394号)	61		日韓トンネル推進福岡大会 許文道·元統一部長官が講演
2009.05.05	第34巻第5号(通巻第394号)	62		韓国文化院 韓国のお菓子、韓菓試食会
2009.05.05	第34巻第5号(通巻第394号)	64		KT美術館 秀栄作「花車」
2009.06.05	第34巻第6号(通巻第395号)	2		忠清南道·忠義祠 梅軒 尹奉吉義士 上海義挙77周年記念式典
2009.06.05	第34巻第6号(通巻第395号)	6		国立晋州教育大学校【佳亭学術研究財団】『佳亭鄭煥麒博士記念館』開館&奨学金授与式
2009.06.05	第34巻第6号(通巻第395号)	8		四天王寺五智光院 第26回殉難者慰霊大祭&講演会
2009.06.05	第34巻第6号(通巻第395号)	14		京都日韓協会09年度総会 千玄室会長が講演「日韓交流について」

발행일	지면정보		필자	제목
	권호	페이지		
2009.06.05	第34巻第6号(通巻第395号)	16		駐大阪韓国総領事館 上田正昭・京大名誉教授に修交勲章「崇礼章」伝授式
2009.06.05	第34巻第6号(通巻第395号)	17		食を知り、食を楽しむ 09食博覧会・大阪『コリアンダウン』
2009.06.05	第34巻第6号(通巻第395号)	18		日韓女性親善協会30年の歩み(7) 西高辻典子・福岡支部会長インタビュー(下)
2009.06.05	第34巻第6号(通巻第395号)	22		大韓医師協会・在日韓国人医師会総会 慶晩浩会長就任祝賀会
2009.06.05	第34巻第6号(通巻第395号)	23		李方子妃崇徳会 李方子妃21回忌を偲ぶ会
2009.06.05	第34巻第6号(通巻第395号)	24		東京日韓親善協会連合会2009年度定期総会 「無窮花章」の陳昌絃氏が講演
2009.06.05	第34巻第6号(通巻第395号)	25		J・Y第11回通常総会及び経営者・店長研修会 鄭大声・滋賀県立大名誉教授が講演「焼肉料理の原点」
2009.06.05	第34巻第6号(通巻第395号)	26		記念式典・講演、アトラクション 平和統一聯合第11連合会 創設5周年記念大会
2009.06.05	第34巻第6号(通巻第395号)	30	鄭炳麒	〈特別寄稿〉百合、スポーツのマナー
2009.06.05	第34巻第6号(通巻第395号)	33		大阪韓国青年商工会青友会 第11期定期総会、新会長に朴健司氏を選出
2009.06.05	第34巻第6号(通巻第395号)	34		韓国の社説
2009.06.05	第34巻第6号(通巻第395号)	35		〈論壇〉「国際アムネスティはの苦信」都希侖(拉致脱北人権連帯代表、乙支大学兼任教授)
2009.06.05	第34巻第6号(通巻第395号)	36		民団大阪本部三機関長 大阪府知事、大阪市長を表敬訪問
2009.06.05	第34巻第6号(通巻第395号)	37		民団京都本部三機関長 京都府知事、京都市長を表敬訪問
2009.06.05	第34巻第6号(通巻第395号)	38	鄭炳麒	〈連載〉在日を生きる(増補版)(29)
2009.06.05	第34巻第6号(通巻第395号)	44		民団大阪本部 第54期第1回各支部三機関長・本部傘下団体長連席会議「地方参政権」で幹部研修
2009.06.05	第34巻第6号(通巻第395号)	45		京都国際学園 第1回理事会・評議員会、理事長離就任式 新理事長に宋基泰氏を選出
2009.06.05	第34巻第6号(通巻第395号)	46		コリアンサロン「めあり」ハングル塾
2009.06.05	第34巻第6号(通巻第395号)	47		青年会京都府本部「法事、祭祀について」
2009.06.05	第34巻第6号(通巻第395号)	48	まつだたえこ	たえこ劇場(79) 王様の耳はパンのミミ
2009.06.05	第34巻第6号(通巻第395号)	49	曺奎通	在日の詩(88) 台覧碑
2009.06.05	第34巻第6号(通巻第395号)	50	姜健栄	〈特別寄稿〉中国の文豪・鄭沫若と朝鮮問題～詩「狼群中一隻白羊」～
2009.06.05	第34巻第6号(通巻第395号)	53		HSBCアジア5ヵ国対航ラグビー2009 韓日戦、健闘称え交流会
2009.06.05	第34巻第6号(通巻第395号)	54		集会&平和行進 「永住外国人地方参政権を!5,31集会」「北朝鮮の核兵器破棄を求める緊急集会」と平和行進

발행일	지면정보		필자	제목
	권호	페이지		
2009.06.05	第34巻第6号(通巻第395号)	56		手をつないでひとつの祖国を 在日2世、李栄宝さん「在日の心」コンサート
2009.06.05	第34巻第6号(通巻第395号)	58		駐大阪韓国文化院 語学堂の受講生がソウル研修旅行
2009.06.05	第34巻第6号(通巻第395号)	64		KT美術館
2009.07.05	第34巻第7号(通巻第396号)	2		日韓女性親善協会30年の歩み(8) 李尭植・韓日女性親善協会会長インタビュー
2009.07.05	第34巻第7号(通巻第396号)	10		開院30周年&新庁舎開館紀念式 駐日韓国文化院、新庁舎オープン
2009.07.05	第34巻第7号(通巻第396号)	12		民団京都府本部 権哲賢・駐日韓国特命全権大使歓迎午餐会「耳塚」参拝
2009.07.05	第34巻第7号(通巻第396号)	14		総代会、総会、例会 近畿産業信用組合 神奈川県央日韓親善協会 大阪韓商、京都韓商 京都土仁ライオンズクラブCN5周年記念
2009.07.05	第34巻第7号(通巻第396号)	20		東アジアフォーラム、ワンコリアフォーラム 安重根義士義挙百周年シンポジウム「東アジアの平和共栄と安重根義士の精神」
2009.07.05	第34巻第7号(通巻第396号)	22		第7回大韓民国環境文化大賞 林覚乗・南蔵院住職に国際部門賞、朴三中住職に宗教部門賞
2009.07.05	第34巻第7号(通巻第396号)	24	鄭炳麒	〈特別寄稿〉大統領の汚職と金庫番、荏胡麻
2009.07.05	第34巻第7号(通巻第396号)	27		民団大阪府本部 民族学級、民族講師会に教材寄贈
2009.07.05	第34巻第7号(通巻第396号)	28		ミスコリア日本代表選抜大会 「真」権利世、「善」李野々花、「美」趙失実
2009.07.05	第34巻第7号(通巻第396号)	30	白井茂	〈特別寄稿〉日光東照宮と「三猿」
2009.07.05	第34巻第7号(通巻第396号)	32		青年会京都府本部 韓日環境運動2009「琴引浜清掃活動」
2009.07.05	第34巻第7号(通巻第396号)	33		民団京都府本部 2009年度幹部研修会
2009.07.05	第34巻第7号(通巻第396号)	34		〈論壇〉「6.15、10.4宣言」の問題点と李明博政権の対北政策の方向 金瑛鎬(誠信女子大学政治外交科教授、国際政治学専攻)
2009.07.05	第34巻第7号(通巻第396号)	36		韓国の社説
2009.07.05	第34巻第7号(通巻第396号)	37		東久迩宮記念賞受賞、佐藤敬一氏インタビュー 経済・財政再建への「第二次安定化政策」の緊急提言
2009.07.05	第34巻第7号(通巻第396号)	38	姜健栄	認知病について(3) 特養老人ホーム
2009.07.05	第34巻第7号(通巻第396号)	40	鄭炳麒	〈連載〉在日を生きる(増補版)(30)
2009.07.05	第34巻第7号(通巻第396号)	45		民団京都左京支部 「麗容会」お年寄りの集い
2009.07.05	第34巻第7号(通巻第396号)	46	千葉紀芳	〈特別寄稿〉「ジジ物語」「人の行く裏に道あり花の山」
2009.07.05	第34巻第7号(通巻第396号)	48	まつだたえこ	たえこ劇場(80) ジギャク ギャク
2009.07.05	第34巻第7号(通巻第396号)	49	曺奎通	在日の詩(89) 梁石日
2009.07.05	第34巻第7号(通巻第396号)	50	姜健栄	〈特別寄稿〉朝鮮八道を描いた加藤松林人(1)
2009.07.05	第34巻第7号(通巻第396号)	53		東京韓国学校 大韓医師協会が派遣 李光植内科医が検診

발행일	지면정보		필자	제목
	권호	페이지		
2009.07.05	第34巻第7号(通巻第396号)	54		第2回ソウル江南4ヶ区医師会学術大会 石川自然・在日勧告人医師会会長が発表
2009.07.05	第34巻第7号(通巻第396号)	56	徐竜達	丹波マンガン記念館の歩み 消える韓朝鮮人労働者のお城
2009.07.05	第34巻第7号(通巻第396号)	60		コリアンサロン「めあり」コリアンフード講習会
2009.07.05	第34巻第7号(通巻第396号)	61		キムチネット協議会総会 「韓食ネット協議会」として新出発
2009.07.05	第34巻第7号(通巻第396号)	62		駐大阪韓国文化院 第20回記念「韓国扇面展」
2009.07.05	第34巻第7号(通巻第396号)	64		KT美術館
2009.08.05	第34巻第8号(通巻第397号)	2		橋下徹・大阪府知事訪韓 金漢翊・民団大阪本部団長が同行 李明博大統領と会談 ソウル特別市と「観光交流促進に関する協議書」を締結
2009.08.05	第34巻第8号(通巻第397号)	4		陳末淑氏・小林宮米子氏「韓日風流の風が起こった」2人展(ソウル世宗文化会館ギャラリー)
2009.08.05	第34巻第8号(通巻第397号)	6		「リトル 崔承喜」称える芸彬ちゃん 文化芸能で世界と疎通する家族
2009.08.05	第34巻第8号(通巻第397号)	8		在日韓国人信用組合協会 第58回通常総会
		9		第14期民主平和統一諮問委員 委嘱章伝授式&時局講演会
2009.08.05	第34巻第8号(通巻第397号)	10		脱北者の姜哲煥氏・高政美さん 時局講演会「北韓の人権実態」総連大阪本部前で抗議行動
2009.08.05	第34巻第8号(通巻第397号)	14		在日韓国人学校連合会 2009年度定期総会 会長に金基周氏を再選
2009.08.05	第34巻第8号(通巻第397号)	15		兵庫韓国商工会議所 第45期定期総会&創立45周年記念式典
2009.08.05	第34巻第8号(通巻第397号)	16		KOREA TODAY INTERVIEW 申日和・大阪韓国青年商工会会長
2009.08.05	第34巻第8号(通巻第397号)	18	仕田原猛	【新連載】歴史の接点をたずねて(1) 玄界灘沿岸、北部九州を歩く(1)
2009.08.05	第34巻第8号(通巻第397号)	22		NPO法人国際美術協会 第34回国美芸術展覧会
2009.08.05	第34巻第8号(通巻第397号)	24		クリア絵画研究所の2氏が入選 第75回記念旺玄会大阪展 第57回関西旺玄会展
2009.08.05	第34巻第8号(通巻第397号)	26		民団大阪本部 第54期第1回支団長・傘下団体長会議
2009.08.05	第34巻第8号(通巻第397号)	27		民団大阪本部 第1回監察機関研修会
2009.08.05	第34巻第8号(通巻第397号)	28	鄭炳麒	〈特別寄稿〉君主の愛憎 自己診断 桑の木と蚕
2009.08.05	第34巻第8号(通巻第397号)	31		東久迩宮記念賞受賞、佐藤敬一氏インタビュー 経済・財政再建への「第二次安定化政策」の緊急提言
2009.08.05	第34巻第8号(通巻第397号)	38		韓国の社説
2009.08.05	第34巻第8号(通巻第397号)	41	洪永一	校長の独り言 知的な学生 感情伝染するものだ 鞭中毒になった子
2009.08.05	第34巻第8号(通巻第397号)	42	鄭炳麒	〈連載〉在日を生きる(増補版)(31)
2009.08.05	第34巻第8号(通巻第397号)	48	まつだたえこ	たえこ劇場(81) 知的で優雅な1日

발행일	지면정보		필자	제목
	권호	페이지		
2009.08.05	第34巻第8号(通巻第397号)	49	曺奎通	在日の詩(90) 望郷の丘
2009.08.05	第34巻第8号(通巻第397号)	50	姜健栄	〈特別寄稿〉朝鮮八道を描いた加藤松林人(2) 加藤松林人画伯の屏風画を済州道民族自然史博物館に寄贈
2009.08.05	第34巻第8号(通巻第397号)	54		近畿産業信用組合統合7周年記念「お客様との「絆」交流会」
2009.08.05	第34巻第8号(通巻第397号)	58		婦人会京都本部 京都国際学園の野菜作り「グリーンサポーター」
2009.08.05	第34巻第8号(通巻第397号)	60		トークイベント(駐大阪韓国文化院) 作家・後藤裕子さん講演「コミュニケーションを信じる国、韓国に惹かれて」
2009.08.05	第34巻第8号(通巻第397号)	61	姜信英	〈新連載〉シニョンの土仁俳句
2009.08.05	第34巻第8号(通巻第397号)	62		(社)済州文化フォーラム 神話の記憶を辿る「済州・日本神話交流展」
2009.08.05	第34巻第8号(通巻第397号)	64		KT美術館 姜東均氏作「夢を見る我：ハンラクンイ」姜富彦氏作「生命の光、神々の饗宴」
2009.09.05	第34巻第9号(通巻第398号)	2		北朝鮮から弔問団 韓国「民主化」の金大中元大統領逝く
2009.09.05	第34巻第9号(通巻第398号)	4		民団中央本部・大阪・京都 第64周年光複節記念式典
2009.09.05	第34巻第9号(通巻第398号)	10		食材料世界化、最初のモデル地域「関西」 関西韓国食品文化協会結成式
2009.09.05	第34巻第9号(通巻第398号)	12		10万本むくげの花の咲く「むくげ自然公園」コリア・日本・国際友好親善「むくげ祭り」
2009.09.05	第34巻第9号(通巻第398号)	14		上田正昭・京都大学名誉教授 「修交勲章崇礼章」叙勲祝賀会
2009.09.05	第34巻第9号(通巻第398号)	16		東京韓国学校 初等部校舎起工式
2009.09.05	第34巻第9号(通巻第398号)	17		京都・舞鶴「殉難64周年追悼集会」
2009.09.05	第34巻第9号(通巻第398号)	18	仕田原猛	〈連載〉歴史の接点をたずねて(2) 玄界灘沿岸、北部九州を歩く(2)
2009.09.05	第34巻第9号(通巻第398号)	23		日韓トンネル推進東京大会「太平洋新文明時代と日韓海底トンネル構想」
2009.09.05	第34巻第9号(通巻第398号)	24		記念式典、講演、アトラクション 平和統一聯合関西連合会 結成5周年記念大会
2009.09.05	第34巻第9号(通巻第398号)	28		キョレォル生かし国民運動本部、民団大阪・東京・婦人会 キョレォルサルリギ京都朝鮮人耳・崇塚慰霊祭
2009.09.05	第34巻第9号(通巻第398号)	30	鄭炳麒	〈特別寄稿〉情報化時代の三ざる 人の絆 百日紅
2009.09.05	第34巻第9号(通巻第398号)	33	洪永一	校長の呟き 平凡なのが良い ノート整理が勉強だ
2009.09.05	第34巻第9号(通巻第398号)	34	姜健栄	〈特別寄稿〉北国の地図を探して
2009.09.05	第34巻第9号(通巻第398号)	36		韓国の社説
2009.09.05	第34巻第9号(通巻第398号)	42	鄭炳麒	〈連載〉在日を生きる(増補版)(32)
2009.09.05	第34巻第9号(通巻第398号)	47		被拉脱北人権連帯(韓国)が公開 北朝鮮、地下教会の信者を公開処刑
2009.09.05	第34巻第9号(通巻第398号)	48	まつだたえこ	たえこ劇場(82) 禁じられたい遊び

발행일	지면정보		필자	제목
	권호	페이지		
2009.09.05	第34巻第9号(通巻第398号)	49	曺奎通	在日の詩(91) コリアタウン案内
2009.09.05	第34巻第9号(通巻第398号)	50	姜健栄	〈特別寄稿〉朝鮮八道を歩き描写した加藤松林人浅川巧と高橋昇(その1)
2009.09.05	第34巻第9号(通巻第398号)	52		民族金融機関預金増強運動推進の集い 一日理事長・支店長支援決起大会
2009.09.05	第34巻第9号(通巻第398号)	56		駐大阪韓国文化院 第2回「教職員韓国文化研修」
2009.09.05	第34巻第9号(通巻第398号)	62		東久迩宮記念賞受賞、佐藤敬一氏インタビュー 経済・財政再建への「第二次安定化政策」の緊急提言
2009.09.05	第34巻第9号(通巻第398号)	63	姜信英	〈連載〉シニョンい王仁俳句[ハングル建碑]
2009.10.05	第34巻第10号(通巻第399号)	2		日韓友好親善の新時代を拓く「日韓交流おまつり2009inTokyo」～つなげようソウルと東京!つなげよう未来へ!～
2009.10.05	第34巻第10号(通巻第399号)	8		Zoom up 新しい風(シンパラム) 新「誠心の交わり」の実践者たち(其の1) 日韓新時代への胎動 小松昭夫・(財)人間自然科学研究所理事長 書道家・小林芙蓉氏
2009.10.05	第34巻第10号(通巻第399号)	12		2009大阪ソウル観光説明会
2009.10.05	第34巻第10号(通巻第399号)	14		第8期定期総会
2009.10.05	第34巻第10号(通巻第399号)	15		新韓銀行 日本現地法人「SBJ銀行」 9月14日、東京・大阪・福岡で開業
2009.10.05	第34巻第10号(通巻第399号)	16		近畿産業信用組合 一日理事長・支店長
2009.10.05	第34巻第10号(通巻第399号)	18	仕田原猛	〈連載〉歴史の接点をたずねて(3)玄界灘沿岸、北部九州を歩く(3)
2009.10.05	第34巻第10号(通巻第399号)	23		Korea-Japan(J-K会) 第7回日韓友好囲碁大会
2009.10.05	第34巻第10号(通巻第399号)	24		第60回創造展(大阪市立美術館) クリア絵画研究所の6氏が入選、展覧
2009.10.05	第34巻第10号(通巻第399号)	26		民団大阪府本部 第54期第2回支団長・傘下団体長会議
2009.10.05	第34巻第10号(通巻第399号)	27		京都日韓親善教会、京都王仁ライオンズクラブ「かも川クリーンキャンペーン」
2009.10.05	第34巻第10号(通巻第399号)	28		韓国国立国楽院in大阪 「千年の響き」
2009.10.05	第34巻第10号(通巻第399号)	30	鄭炳麒	〈特別寄稿〉日韓両国の喫煙文化の違い 合歓木
2009.10.05	第34巻第10号(通巻第399号)	33		〈論壇〉北韓お現代版の奴隷公演、アリラン朴アリ(脱北者、元朝鮮作家同盟詩人)/北韓による「臨津江挑発」と対南二重戦略 洪宜喜(高麗大学北韓学科教授、国防研究院招聘研究委員)
2009.10.05	第34巻第10号(通巻第399号)	36	白井茂	〈特別寄稿〉リーマン・ショックから一年～復調の韓国、雇用は不振～
2009.10.05	第34巻第10号(通巻第399号)	39	洪永一	校長の呟き 休日ウィルス 自分で作った会話テープ ピグマリオン効果
2009.10.05	第34巻第10号(通巻第399号)	40		韓国の社説①
2009.10.05	第34巻第10号(通巻第399号)	42	鄭炳麒	〈連載〉在日を生きる(増補版)(完)
2009.10.05	第34巻第10号(通巻第399号)	47		韓国の社説②

발행일	지면정보		필자	제목
	권호	페이지		
2009.10.05	第34巻第10号(通巻第399号)	48	まつだたえこ	たえこ劇場(83) 今夜はアフリカン
2009.10.05	第34巻第10号(通巻第399号)	49	曺奎通	在日の詩(92) 南大門
2009.10.05	第34巻第10号(通巻第399号)	50	姜健栄	〈特別寄稿〉朝鮮八道を歩き描写した加藤松林人～浅川巧と高橋昇(その2)
2009.10.05	第34巻第10号(通巻第399号)	53		東久迩宮記念賞受賞、佐藤敬一氏座談会「モラトイアム法案」の代案として、中小企業支援の金融政策
2009.10.05	第34巻第10号(通巻第399号)	54		民団大阪府旭支部 韓日親善 JUST「韓流ふれあいコンサート」
2009.10.05	第34巻第10号(通巻第399号)	56		民団大阪・京都府本部韓国教育財団09年度奨学金支給式
2009.10.05	第34巻第10号(通巻第399号)	58		京都韓国教育院 09年韓国語講師研修
2009.10.05	第34巻第10号(通巻第399号)	59		駐大阪韓国文化院 韓国料理講座
2009.10.05	第34巻第10号(通巻第399号)	60		京都国際学園 第13期オリニ土曜学校開校式
2009.10.05	第34巻第10号(通巻第399号)	61	宋基泰	大阪代表が優勝 民団中央団長杯「第3回オリニフットサル全国大会」
2009.10.05	第34巻第10号(通巻第399号)	62		駐大阪韓国文化院「旅トーク」安田良子(あんそら)さんが講演「GO!ソウルの穴場巡り」
2009.10.05	第34巻第10号(通巻第399号)	63	姜信英	〈連載〉シニョンい王仁俳句[長瀬川]
2009.10.05	第34巻第10号(通巻第399号)	64		KT美術館 今村市久氏、石原和代氏、森本康弘氏
2009.11.05	第34巻第11号(通巻第400号)	2		民団大阪府本部「地方参政権」早期立法化実現に向けて 政策・祝賀懇親会 民主党衆・参国会議員17氏が出席
2009.11.05	第34巻第11号(通巻第400号)	6		婦人会中央本部 創立60周年記念祝賀会
2009.11.05	第34巻第11号(通巻第400号)	10		今は春べと咲くやこの花 万葉仮名・和文・ハングル歌碑 王仁博士「難波津の歌」歌碑建立、除幕式
2009.11.05	第34巻第11号(通巻第400号)	12		NPO法人大阪ワッソ文化交流協会 四天王寺ワッソアガデミー発表会
2009.11.05	第34巻第11号(通巻第400号)	14		「第3回世界韓人の日」在外同胞有功者表彰 元宝塚トップスター「安蘭ケイ」に大統領表彰
2009.11.05	第34巻第11号(通巻第400号)	15		民団京都府本部・洛東支部 09年度耳塚供養慰霊祭
2009.11.05	第34巻第11号(通巻第400号)	16		ノウル舞踊芸術団 日韓親善文化交流公演「沈清伝」～シムチョンジョン～
2009.11.05	第34巻第11号(通巻第400号)	18	仕田原猛	〈連載〉歴史の接点をたずねて(4) 玄界灘沿岸、北部九州を歩く(4)
2009.11.05	第34巻第11号(通巻第400号)	23		民団京都府左京支部 江戸時代の朝鮮通信使 絵巻展
2009.11.05	第34巻第11号(通巻第400号)	24		駐大阪韓国文化院 柳淑子招待展「関係と蘇生又平和」
2009.11.05	第34巻第11号(通巻第400号)	26		韓国優良企業75社が出展 2009韓国商品展示商談会-大阪
2009.11.05	第34巻第11号(通巻第400号)	28	鄭炳麒	〈特別寄稿〉続・パルチャ(運命) 柿の名は韓国語
2009.11.05	第34巻第11号(通巻第400号)	32		東久迩宮記念賞受賞、佐藤敬一氏座談会 経済・財政再建への「第二次安定政策」の緊急提言

발행일	지면정보		필자	제목
	권호	페이지		
2009.11.05	第34巻第11号(通巻第400号)	33	洪永一	校長の呟き 未来の自叙伝 ある幼稚園の先生の告白 インディアン保護政策
2009.11.05	第34巻第11号(通巻第400号)	34		民団京都府本部 京都コリアン民族文化大学開講
2009.11.05	第34巻第11号(通巻第400号)	35		民団大阪府本部・大阪府教委「定期協議」「在日韓国。朝鮮人の民族教育、国際理解教育の推進を求める」要望
2009.11.05	第34巻第11号(通巻第400号)	36	尹英美	〈論壇〉韓国及び韓中首脳会談の成果と意義
2009.11.05	第34巻第11号(通巻第400号)	38		京都近畿経友納税会 第21回定期総会、4議案を承認
2009.11.05	第34巻第11号(通巻第400号)	39		民団大阪府本部 李明博政府の統一政策座談会
2009.11.05	第34巻第11号(通巻第400号)	40		韓国の社説
2009.11.05	第34巻第11号(通巻第400号)	41		近畿産業信用組合 平成21年度仮決算
2009.11.05	第34巻第11号(通巻第400号)	42		婦人会京都府本・支部 京都国際学園グリーンサポーター
2009.11.05	第34巻第11号(通巻第400号)	43		韓流リーダー日下部紘子さん 韓国文化院図書室にK・T寄贈
2009.11.05	第34巻第11号(通巻第400号)	44		第25回ワンコリアフェスティバル2009 25周年の節目に「財団法人」設立へ
2009.11.05	第34巻第11号(通巻第400号)	45		駐大阪韓国文化院 「ハンガンネット」発足記念大阪フォーラム
2009.11.05	第34巻第11号(通巻第400号)	46	姜健栄	〈特別寄稿〉米国の戦争花嫁たちの連合会
2009.11.05	第34巻第11号(通巻第400号)	48	まつだたえこ	たえこ劇場(84) 恥を知る人
2009.11.05	第34巻第11号(通巻第400号)	49	曺奎通	在日の詩(93) 生家
2009.11.05	第34巻第11号(通巻第400号)	50	姜健栄	〈特別寄稿〉陶祖 李参平公の功績(1)－①～韓・日両国の碑文～
2009.11.05	第34巻第11号(通巻第400号)	54		PHOTO GRAPHIC ワンコリアフェスティバル2009
2009.11.05	第34巻第11号(通巻第400号)	56		民団京都府本部 10月マダン(体育祭・野遊会)
2009.11.05	第34巻第11号(通巻第400号)	58		名古屋・東京・広島・大阪 文鮮明先生自叙伝出版記念 在日同胞大会
2009.11.05	第34巻第11号(通巻第400号)	64		京都国際学園 趙東済・三和映材社代表 中型バス2台を寄贈
2009.12.05	第34巻第12号(通巻第401号)	2		三均学会 円丘壇 開天祭天儀式
2009.12.05	第34巻第12号(通巻第401号)	4		金宜正・茗園文化財団理事長 第14回金宜正茶文化大賞受賞式、宮中茶礼実演
2009.12.05	第34巻第12号(通巻第401号)	6		友好都市調印 神奈川県大和市・京畿道光明市
2009.12.05	第34巻第12号(通巻第401号)	7		教育支援と人材育成に功績 鄭煥麒・琥珀グループ会長に「晋州市民賞」
2009.12.05	第34巻第12号(通巻第401号)	8		～まるごと韓流 遊んで!食べて!つながろう!～生野コリアタウン共生まつり2009
2009.12.05	第34巻第12号(通巻第401号)	14		第8回世界韓商大会 日米の同胞商工会議所が姉妹結縁

발행일	지면정보		필자	제목
	권호	페이지		
2009.12.05	第34巻第12号(通巻第401号)	15		大不況時のビジネス革新 第3期「東アジア経営塾」開講式
2009.12.05	第34巻第12号(通巻第401号)	16		駐大阪韓国総領事館・近畿経済産業局 第3回韓国・関西経済フォーラム
2009.12.05	第34巻第12号(通巻第401号)	17		申雅子・高麗茶道代表 国際交流広場「集斯亭」(滋賀)、「博士王仁まつり」(大阪)で献茶
2009.12.05	第34巻第12号(通巻第401号)	18	仕田原猛	〈連載〉歴史の接点をたずねて(5) 玄界灘沿岸、北部九州を歩く(5)
2009.12.05	第34巻第12号(通巻第401号)	22		日本NGOのパイオニア 相馬雪香さん 一周忌の集い
2009.12.05	第34巻第12号(通巻第401号)	24		黄七福(雅号/八福)先生 九旬祝賀・回顧録出版記念晩餐会
2009.12.05	第34巻第12号(通巻第401号)	28		韓国をこよなく愛した画家 加藤松林人展
2009.12.05	第34巻第12号(通巻第401号)	30	鄭炳麒	〈特別寄稿〉パレートの法則 私の新発見
2009.12.05	第34巻第12号(通巻第401号)	33		民団京都府本部 第一期 京都コリアン民族文化大学〈第2回〉
2009.12.05	第34巻第12号(通巻第401号)	34	洪永一	校長の呟き 真心を尽くす姿勢、適材適所地
2009.12.05	第34巻第12号(通巻第401号)	36	白井茂	〈特別寄稿〉韓流
2009.12.05	第34巻第12号(通巻第401号)	41		北朝鮮帰国事業訴訟〈大阪地裁〉脱北者・高政美さんの訴え棄却
2009.12.05	第34巻第12号(通巻第401号)	42		〈論壇〉「G8から20へと移っていく世界秩序と韓国の役割」董竜昇(サムスン経済研究所研究専門委員)/「北韓による挑発が意図するもの」白承周(国研究院安保戦略研究センター長)/「韓米首脳会談の成果と意義」チョン・ジンヨン(慶熙大学国際部教授)
2009.12.05	第34巻第12号(通巻第401号)	45		金剛学園 「第2回金剛学園オープンテコンドー選手権大会」
2009.12.05	第34巻第12号(通巻第401号)	46		民団京都府本部 第10回韓国語弁論大会「韓国と私」
2009.12.05	第34巻第12号(通巻第401号)	48	まつだたえこ	たえこ劇場(85) 夢芝居
2009.12.05	第34巻第12号(通巻第401号)	49	曹奎通	在日の詩(94) 在日史
2009.12.05	第34巻第12号(通巻第401号)	50	姜健栄	〈特別寄稿〉陶祖 李参平公の功績(2)-②~韓・日両国の碑文~
2009.12.05	第34巻第12号(通巻第401号)	53		京都韓国教育院 婦人会京都府本部 京都国際交流会館オープンデイ2009
2009.12.05	第34巻第12号(通巻第401号)	54		Zoom up (有)GOLIP 勝山昭代表取締役 常に「本気度」全開の在日3世
2009.12.05	第34巻第12号(通巻第401号)	56		佐藤敬一氏、東久迩宮文化簿賞受賞 日韓友好の「第二の明治維新」目指す
2009.12.05	第34巻第12号(通巻第401号)	57		KSK(一般社団法人 近畿遊技産業協同開発) 新会員との意見交換会
2009.12.05	第34巻第12号(通巻第401号)	58		総会・懇親会、忘年会 京都慶尚北道・南道道民会
2009.12.05	第34巻第12号(通巻第401号)	60		青年会京都府本部 「行っとこ!見との!味わお!」母国木門ツアー

발행일	지면정보		필자	제목
	권호	페이지		
2009.12.05	第34巻第12号(通巻第401号)	62		駐大阪韓国文化院 2009韓国語教師研修
2009.12.05	第34巻第12号(通巻第401号)	63	姜信英	〈連載〉シニョンい 王仁俳句[家原寺の行基像]
2009.12.05	第34巻第12号(通巻第401号)	64		KT美術館「加藤松林人展」より
2010.02.05	第35巻第2号(通巻第403号)	2		2010年新春年賀交歓会 民団中央・東京本部合同主催 李明博大統領から「一労永逸」のメッセージ 民団大阪府本部・大阪韓国商工会議所 民団京都府本部
2010.02.05	第35巻第2号(通巻第403号)	8		在日韓国商工会議所 第48期新春経済セミナー・新年会 舛添要一氏が講演「これからの日本経済」
2010.02.05	第35巻第2号(通巻第403号)	10		全竜福漆芸展 「万年の輝」 特別講演「漆と共に歩んだ私の人生」
2010.02.05	第35巻第2号(通巻第403号)	16		韓国大阪青年会議所・J・C特友会 合同懇親会 新しい風、いざ 新たな挑戦!
2010.02.05	第35巻第2号(通巻第403号)	18	仕田原猛	〈連載〉歴史の接点をたずねて(7) 玄界灘沿岸、北部九州を歩く(7)
2010.02.05	第35巻第2号(通巻第403号)	24		高麗茶道17周年記念韓日親睦交流会 高麗・裏千家、韓日のお点前を披露
2010.02.05	第35巻第2号(通巻第403号)	26		神戸韓国綜合教育院 第9回兵庫県高校生韓国語スピーチ大会
2010.02.05	第35巻第2号(通巻第403号)	28		追悼「故李秀賢君を偲ぶ会」9周忌
2010.02.05	第35巻第2号(通巻第403号)	29		脱北を描いた衝撃作・韓国映画「クロッシング」キム・テギュン監督らが記者会見
2010.02.05	第35巻第2号(通巻第403号)	30		新年会 在日関東市区忠清道民会
2010.02.05	第35巻第2号(通巻第403号)	31		いかいのソダン(猪飼野書堂)
2010.02.05	第35巻第2号(通巻第403号)	32	鄭炳麒	〈特別寄稿〉靴屋の損害、祖母のジョーク、東アジアの韓流とベトナム
2010.02.05	第35巻第2号(通巻第403号)	35		邊禹亮教授の人生コラム『道を尋ねる旅人に』 人の生き方を知っている人
2010.02.05	第35巻第2号(通巻第403号)	36	洪永一	校長の呟き 何不自由のないかてい、真の母
2010.02.05	第35巻第2号(通巻第403号)	37		満望の「話の玉手箱」新孝行
2010.02.05	第35巻第2号(通巻第403号)	38	姜健栄	〈特別寄稿〉ブラジルの韓国系移民
2010.02.05	第35巻第2号(通巻第403号)	40		〈論壇〉「グローバル気候対応への中心的な役割に向かって」ド・グォンウ(サムスン経済研究所首席研究員)/「国家百年大計を考慮すべき『世宗市』の発展方案」チェ チャンギュ(明知大学経済学科教授)
2010.02.05	第35巻第2号(通巻第403号)	42		韓国の社説 中央商銀信用組合の新理事長に宋寅模氏
2010.02.05	第35巻第2号(通巻第403号)	48	まつだたえこ	たえこ劇場(8) ネタもしかけもありません
2010.02.05	第35巻第2号(通巻第403号)	49	曺奎通	在日の詩(96) 旅の釜山
2010.02.05	第35巻第2号(通巻第403号)	50	姜健栄	三川内焼と熊川茶碗(4)～平戸の高麗碑と木槿～
2010.02.05	第35巻第2号(通巻第403号)	54		小林芙蓉さん/玉田 陳末淑さん 女流作家交流「日韓二人展」
2010.02.05	第35巻第2号(通巻第403号)	58		全国各地で成人式 民団大阪本部、民団京都府本部

발행일	지면정보		필자	제목
	권호	페이지		
2010.02.05	第35巻第2号(通巻第403号)	6	姜信英	〈連載〉シニョンい土仁俳句[土に博士由縁ハングル歌碑]
2010.02.05	第35巻第2号(通巻第403号)	61		KOREA PIA
2010.02.05	第35巻第2号(通巻第403号)	62		BOOK 北政権のスパイ工作「拉致と朝鮮総連」
2010.02.05	第35巻第2号(通巻第403号)	64		KT美術館 全竜福氏作品
2010.03.05	第35巻第3号(通巻第404号)	2		バンクーバー冬季五輪 躍進の韓国選手団 金6、銀6、銅2。メダル獲得数は5位タイ
2010.03.05	第35巻第3号(通巻第404号)	3		民団中央本部「新たな100年を展望」第6回定期中央委員会「地方参政権の今国会での成立を目指して」
2010.03.05	第35巻第3号(通巻第404号)	4		Nお三均学会・光複会 大韓独立宣言書宣布第91周年紀念式&学術会議 趙素昂の「東遊略抄」日本語訳出版
2010.03.05	第35巻第3号(通巻第404号)	8		民団大阪・京都府本部 第91周年三・一節記念式～地方参政権容認最高再判断15周年記念集会～
2010.03.05	第35巻第3号(通巻第404号)	12		韓国訪問の年委員会 大阪で説明会、盛大にプロモーション
2010.03.05	第35巻第3号(通巻第404号)	14		新年会 全羅南道・北道道民会
2010.03.05	第35巻第3号(通巻第404号)	18	仕田原猛	〈連載〉歴史の接点をたずねて(8) 信濃路を歩く(1)
2010.03.05	第35巻第3号(通巻第404号)	23		近畿経友納税連合会 確定申告期を迎え税務研修会
2010.03.05	第35巻第3号(通巻第404号)	24		駐大阪韓国文化院 第8回韓国語スピーチコンテスト「話して見よう韓国語」大阪大会
2010.03.05	第35巻第3号(通巻第404号)	26		天野のコリアタウンに魅惑の歌声[ザ・ライン]沢 知恵さん凱施公演
2010.03.05	第35巻第3号(通巻第404号)	27		婦人会大阪府本部オモニコ〇ラス部 大阪・堺の「故郷の家」2月誕生会を慰問
2010.03.05	第35巻第3号(通巻第404号)	28		民団京都府本部 南京都支部会館リフォーム披露会
2010.03.05	第35巻第3号(通巻第404号)	30		民団大阪府本部、大阪韓国綜合教育院 第4回「オリニ ウリマル イヤギ・カルタ大会」
2010.03.05	第35巻第3号(通巻第404号)	32	鄭炳麒	〈特別寄稿〉私の闘い ストレス/新春コント3話/新春小咄2話
2010.03.05	第35巻第3号(通巻第404号)	36		〈論壇〉「国連と国際刑事裁判所(ICC)が積極的に介入すべきである北韓の人権災難」都希侖(反人道犯罪調査委員会事務総長)/「ダボス会議における李明博大統領の特別演説の意義と成果」尹英美(平沢大学外交安保学術教授)/「金正日の秘密資金と北韓の飢餓」趙明哲(対外経済政策研究員)
2010.03.05	第35巻第3号(通巻第404号)	39		邊禹亮教授の人生コラム『道を尋ねる旅人に』② 男の魅力はどこにあるか
2010.03.05	第35巻第3号(通巻第404号)	40	佐藤昇	満望の「話の玉手箱」新孝行 火鉢は日本を救う？
2010.03.05	第35巻第3号(通巻第404号)	41		民団大阪府本部 第一期京都コリアン民族文化講演会(第4回)
2010.03.05	第35巻第3号(通巻第404号)	42		韓国の社説
2010.03.05	第35巻第3号(通巻第404号)	47		BOOK 世界歴史叢書「韓国近現代史」～1905年から現代まで～東アジアの歴史その構築

발행일	지면정보		필자	제목
	권호	페이지		
2010.03.05	第35巻第3号(通巻第404号)	48	まつだたえこ	たえこ劇場(88) 不可能を可能にする人
2010.03.05	第35巻第3号(通巻第404号)	49	曺奎通	在日の詩(97) 韓国歌謡
2010.03.05	第35巻第3号(通巻第404号)	50	姜健栄	〈特別寄稿〉萩焼の歴史(5)~陶工 李勺光兄弟~慶州ナザレ園を訪ねて
2010.03.05	第35巻第3号(通巻第404号)	58	綾野怜	〈特別寄稿〉釈迦 生·悟·説法·涅槃·仏 仏陀~生から涅槃まで~(上)
2010.03.05	第35巻第3号(通巻第404号)	63	姜信英	〈連載〉シニョンの王仁俳句
2010.03.05	第35巻第3号(通巻第404号)	64		KT美術館「駐大阪韓国文化院所蔵展」より
2010.04.05	第35巻第4号(通巻第405号)	2		2010年第5回SON夏季ナショナルゲーム·大阪　婦人会大阪府本部がサポート
2010.04.05	第35巻第4号(通巻第405号)	8		民団東京地方本部第48期定期地方大会 三機関長選挙 金竜浩団長、金秀吉議長、李寿源監察委員長を選出
2010.04.05	第35巻第4号(通巻第405号)	10		定期地方委員会 民団大阪府地方本部、民団京都府地方本部
2010.04.05	第35巻第4号(通巻第405号)	12		朝鮮高校の授業料無償化「RENK」が未公開資料を展示 「税金投入に反対する専門家の会」が橋下哲·大阪府知事に要請文
2010.04.05	第35巻第4号(通巻第405号)	14		統一日報社「日韓併合100年」特別講演会
2010.04.05	第35巻第4号(通巻第405号)	16		国際朝鮮研と在日韓国奨学会が共催　新入管体制を問う第36回研究集会
2010.04.05	第35巻第4号(通巻第405号)	17		総会と懇談会 大阪府議会日韓友好親善議員連盟
2010.04.05	第35巻第4号(通巻第405号)	18	仕田原猛	〈連載〉歴史の接点をたずねて(9) 信濃路を歩く(1) 信濃路を歩く(2)
2010.04.05	第35巻第4号(通巻第405号)	22		在日本韓民族仏教徒総連合会 百済文物日本伝来報恩感謝 王仁博士 花礼式
2010.04.05	第35巻第4号(通巻第405号)	24		「韓日の真の心の交流を」「現代の真のソンビ」李鎬澈·駐日韓国大使館財政経済官が古展
2010.04.05	第35巻第4号(通巻第405号)	25		京都国際学園 第3回理事会·評議員会 新理事長に金晃氏を選出
2010.04.05	第35巻第4号(通巻第405号)	26		日本民謡郡山美和会＆呂英華韓国伝統芸術院　日韓芸能文化交流会公演in郡山
2010.04.05	第35巻第4号(通巻第405号)	28		青年会京都府本部第32回定期地方大会　新会長に千義雄氏を選出
2010.04.05	第35巻第4号(通巻第405号)	30		NPO韓日平和増進連帯 韓日友好の「決意文」採択
2010.04.05	第35巻第4号(通巻第405号)	31		KOREA PIA
2010.04.05	第35巻第4号(通巻第405号)	32	鄭炳麒	〈特別寄稿〉交換した高級腕時計 最近·韓国の話題あれこれ
2010.04.05	第35巻第4号(通巻第405号)	36		〈論増〉「発足2周年を迎えた李明博政府の外交成果と課題」チョ·ユンヨン(中央大学国際政治学教授)「嘆かわしい北韓人権の現状」ユン·ヨサン(北韓人権情報センター所長)

발행일	지면정보		필자	제목
	권호	페이지		
2010.04.05	第35巻第4号(通巻第405号)	38		邊禹亮教授の人生コラム『道を尋ねる旅人に』③　女性の魅力はどこにあるのか
2010.04.05	第35巻第4号(通巻第405号)	39		〈主張〉地方参政権付与に関する「主張」
2010.04.05	第35巻第4号(通巻第405号)	40		〈寄稿〉人生をどう生きるか
2010.04.05	第35巻第4号(通巻第405号)	41	姜信英	〈寄稿〉テグ交響楽団のコンサート　一期一会の感激にむせぶ
2010.04.05	第35巻第4号(通巻第405号)	42	佐藤昇	満望の「話の玉手箱」見ざるがごとく見る…
2010.04.05	第35巻第4号(通巻第405号)	43		NPO法人　大阪ワッソ文化交流協会　第19回拡大理事会　今年の「四天王寺ワッソ」は11月7日開催
2010.04.05	第35巻第4号(通巻第405号)	44		韓国の社説　大阪朝高「韓国籍生徒62％は、家族ぐるみで変更」駐大阪韓国総領事館が説明文を送付
2010.04.05	第35巻第4号(通巻第405号)	46		韓商近畿地区協議会　第3期東アジア経営塾修了式
2010.04.05	第35巻第4号(通巻第405号)	47		民団京都府本部　第一期京都コリアン民族文化大学(第5回)
2010.04.05	第35巻第4号(通巻第405号)	48	まつだたえこ	たえこ劇場(89)　カネ食う虫も好きずき
2010.04.05	第35巻第4号(通巻第405号)	49	曺奎通	在日の詩(98)　在日の困り
2010.04.05	第35巻第4号(通巻第405号)	50	姜健栄	〈特別寄稿〉高麗茶碗(6)　~侘びと美の世界~
2010.04.05	第35巻第4号(通巻第405号)	53		釜山の老人ホーム
2010.04.05	第35巻第4号(通巻第405号)	54	綾野怜	〈特別寄稿〉釈迦　生・悟・説法・涅槃・仏　仏陀~生から涅槃まで~(下)
2010.04.05	第35巻第4号(通巻第405号)	58		新築移転オープンセレモニー近畿産業信用組合生野支店
2010.04.05	第35巻第4号(通巻第405号)	60		卒業式　京都国際中学校・高等学校
2010.04.05	第35巻第4号(通巻第405号)	62		京都日韓親善協会　韓国料理教室
2010.04.05	第35巻第4号(通巻第405号)	63	姜信英	〈連載〉シニョンの土仁俳句「高石神社」
2010.04.05	第35巻第4号(通巻第405号)	64		KT美術館　鄭義富氏作「蟾津江　春の訪れ」(油彩画)
2010.05.05	第35巻第5号(通巻第406号)	2		韓国文化院新庁舎オープン1周年記念　茶(香)・器(陶器)展
2010.05.05	第35巻第5号(通巻第406号)	4		総89回柳寛順烈士の精神を称える　第1回巨済大会
2010.05.05	第35巻第5号(通巻第406号)	6		在日韓国商工会義所　第48期定期総会懇親会＆姉妹結緑調印式
2010.05.05	第35巻第5号(通巻第406号)	8		定期地方委員会　婦人会大阪府地方本部/不人会京都府地方本部
2010.05.05	第35巻第5号(通巻第406号)	10		多民族共生文化の時代 国際化精神/文化交流 中雅孔・高麗茶道苑院長　大阪曾根崎ロータリークラブで講演
2010.05.05	第35巻第5号(通巻第406号)	11		民団大阪府本部・民主平和統一諮問会議近畿協議会　時局講演会＆「クロッシング」試写会
2010.05.05	第35巻第5号(通巻第406号)	12		脱北者が総連大阪本部で抗議行動　金正日委員長は「退陳」、朝鮮総連は「転向」を!
2010.05.05	第35巻第5号(通巻第406号)	14		大阪韓国商工会議所経済セミナー2010　呉栄煥総領事が講演「韓国・日本・大阪-2010」

발행일	지면정보		필자	제목
	권호	페이지		
2010.05.05	第35巻第5号(通巻第406号)	16		特別養護老人ホーム「故郷の家・京都」感謝の集い
2010.05.05	第35巻第5号(通巻第406号)	18	仕田原猛	〈連載〉歴史の接点をたずねて(10) 信濃路を歩く(3)
2010.05.05	第35巻第5号(通巻第406号)	22		駐大阪韓国文化院 2010年春季韓国修学旅行3泊4日ツアー～浦項・慶州・陝川海印寺・安城・ソウル～
2010.05.05	第35巻第5号(通巻第406号)	24		NPO法人 大阪ワッソ文化交流協会 歴史探訪日帰りバスツアー～渡来人の足跡を訪ねて～
2010.05.05	第35巻第5号(通巻第406号)	28		入学式 京都国際中学高等学校
2010.05.05	第35巻第5号(通巻第406号)	29		民団大阪本部・青年会大阪本部 2010年度「韓国語講座」「コリアマダン」開講式
2010.05.05	第35巻第5号(通巻第406号)	30		関西アジア人協会 第9回チャリティ「アジア歌謡祭」～音楽で、安全な水を世界の子どもたちに!キャンペーン支援～
2010.05.05	第35巻第5号(通巻第406号)	32	鄭炳麒	〈特別寄稿〉続・私の闘い(2) 青春とは
2010.05.05	第35巻第5号(通巻第406号)	34	洪永一	校長の呟き 成績を上げる方法、PRの要領···事実をありのままに他
2010.05.05	第35巻第5号(通巻第406号)	37		邊禹亮教授の人生コラム『道を尋ねる旅人に』④ 友情の鑑「管鮑の交」
2010.05.05	第35巻第5号(通巻第406号)	38		〈論壇〉「核安保首脳会議の成果と課題」キム・テウ(韓国国防研究院責任研究委員)/「北韓の三代後継世襲と人民生活の疲弊」韓基弘(北韓民主化ネットワーク代表)
2010.05.05	第35巻第5号(通巻第406号)	40	佐籐昇	満望の「話の玉手箱」宝くじ
2010.05.05	第35巻第5号(通巻第406号)	41		BOOK 韓国情報誌「マンナム」
2010.05.05	第35巻第5号(通巻第406号)	42		韓国の社説
2010.05.05	第35巻第5号(通巻第406号)	44	姜信英	〈寄稿〉有田焼陶祖の李参平は「渡来」?
2010.05.05	第35巻第5号(通巻第406号)	45		民団京都府本部舞鶴支部第65回定期総会 丹後支部の吸収合併を承認
2010.05.05	第35巻第5号(通巻第406号)	46	姜健栄	〈特別寄稿〉済州道の老人・児童福祉施設
2010.05.05	第35巻第5号(通巻第406号)	48	まつだた えこ	たえこ劇場(90) 苦難の道のり
2010.05.05	第35巻第5号(通巻第406号)	49	曺奎通	在日の詩(99) ムーダン
2010.05.05	第35巻第5号(通巻第406号)	50	姜健栄	〈特別寄稿〉李朝白磁の美(1)～韓国国立博物館所蔵(7)～
2010.05.05	第35巻第5号(通巻第406号)	54	綾野怜	〈特別寄稿〉珠穆朗馬峰 チベット仏教寺院を行く
2010.05.05	第35巻第5号(通巻第406号)	62		民団大阪本部・青年会大阪本部 09年度「韓国語講座」「コリアマダン」修了式
2010.05.05	第35巻第5号(通巻第406号)	63	姜信英	〈連載〉シニョンの王仁俳句「桜の花の下」
2010.05.05	第35巻第5号(通巻第406号)	64		KT美術館 東竹作品(駐大阪韓国文化院所蔵)
2010.06.05	第35巻第6号(通巻第407号)	2		民団中央本部「天安艦」爆沈で総連本部に抗議 北韓の軍事的蛮行を断固糾弾する/韓国の社説 対北責任追及とともに安保管理能力を示せ
2010.06.05	第35巻第6号(通巻第407号)	6		NPO法人ニッポンコリア友好平和協議会 定住外国人の人権擁護と地方参政権を考える集い

발행일	지면정보		필자	제목
	권호	페이지		
2010.06.05	第35巻第6号(通巻第407号)	10		民団大阪府本部　第54期第3回各支部三機韓朝・本部傘下団体長連石会議
2010.06.05	第35巻第6号(通巻第407号)	11		民団京都府本部 2010年度本部顧問三機関懇親会
2010.06.05	第35巻第6号(通巻第407号)	12		2010年度総会 京都日韓親善協会
2010.06.05	第35巻第6号(通巻第407号)	14	田中典子	GO!GO!INTEX 2010 ツアーエキスポ2010
2010.06.05	第35巻第6号(通巻第407号)	16		近畿産業信用組合 高麗大学校日本研究センター「青山・MK文化会館」を訪問・見学
2010.06.05	第35巻第6号(通巻第407号)	18	仕田原猛	〈連載〉歴史の接点をたずねて(11) 信濃路を歩く(4)
2010.06.05	第35巻第6号(通巻第407号)	22		高浜韓国文化交流センター「保寧の家」開設記念　韓国伝統芸術の夕べ
2010.06.05	第35巻第6号(通巻第407号)	24		駐名古屋韓国総領事館 尹大辰・前名古屋韓国学校長に大統領表彰
2010.06.05	第35巻第6号(通巻第407号)	25		民団京都府本部 韓国統一部統一政策説明会
2010.06.05	第35巻第6号(通巻第407号)	26		許文道・元国土統一院長官が講演 日韓トンネル推進関西大会
2010.06.05	第35巻第6号(通巻第407号)	28		6.25戦争の60周年特集　軍番のない勇士・KLO記念事業会　イトルエンジェルス特別公演
2010.06.05	第35巻第6号(通巻第407号)	30		民団京都府本部　映画「クロッシング」試写会及び脱北者講演会
2010.06.05	第35巻第6号(通巻第407号)	31		釜山国際物流(株) アムウェイのアジア地域物流センター誘致
2010.06.05	第35巻第6号(通巻第407号)	32	鄭炳麒	〈特別寄稿〉特別な階属 忘れ物 コント5話 21世紀は女性上位の時代か
2010.06.05	第35巻第6号(通巻第407号)	36		〈論壇〉「天安艦事件で現れた北韓の隠れた意図」孫光柱(「デイリーNK」編集局長)/「金正日訪中と北朝鮮の限界」チョ・ミョンチョル(対外経済政策研究員)/「6.15南北共同宣言10周年と従北勢力の盲目性」韓基弘(北韓民主化ネットワーク代表)
2010.06.05	第35巻第6号(通巻第407号)	39		邊禹亮教授の人生コラム『道を尋ねる旅人に』⑤　何より先ず人間であれ
2010.06.05	第35巻第6号(通巻第407号)	40	白井茂	〈特別寄稿〉世界に雄飛する韓国企業
2010.06.05	第35巻第6号(通巻第407号)	44		韓国の社説
2010.06.05	第35巻第6号(通巻第407号)	47	佐藤昇	満望の「話の玉手箱」編集長N氏の苦悩
2010.06.05	第35巻第6号(通巻第407号)	48	まつだたえこ	たえこ劇場(91) 健康で文化的な生活
2010.06.05	第35巻第6号(通巻第407号)	49	曺奎通	在日の詩(100) 拉致と離散家族に思う
2010.06.05	第35巻第6号(通巻第407号)	50	姜健栄	〈特別寄稿〉白磁壺の造形美(2)
2010.06.05	第35巻第6号(通巻第407号)	54		培材学堂の教え
2010.06.05	第35巻第6号(通巻第407号)	56	姜信英	MBCテレビ局「王仁特番」取材同行記〈姜信英〉千字文講義、和歌山県田郡有田川町、御幸森天神宮、東高津宮、高津宮、八瀬家、家原寺、飛鳥戸神社、西琳寺、上田正昭先生、井上満郎先生

발행일	지면정보		필자	제목
	권호	페이지		
2010.06.05	第35巻第6号(通巻第407号)	62		コリアンサロン「めあり」ハングル塾開講
2010.06.05	第35巻第6号(通巻第407号)	63		NPO法人民団京都国際交流センター　研修会及び理事会
2010.06.05	第35巻第6号(通巻第407号)	64		KT美術館　鄭義富氏作「紅島の全景」
2010.07.05	第35巻第7号(通巻第408号)	2		第14期民主平和統一諮問会議海外地域会議　撃沈された哨戒艦「天安」視察
2010.07.05	第35巻第7号(通巻第408号)	4		在日本大韓民国民団近畿地方協議会/民主平和統一諮問会議近畿協議会 6.25 60周年記念「北韓の軍事的蛮行を糾弾する決起集会」
2010.07.05	第35巻第7号(通巻第408号)	6		高麗大学校日本研究センター「現代日本叢書」第6巻 徐竜達・桃山学院大学名誉教授著「多文化共生志向の在日韓朝鮮人」(ハングル版)出版記念会
2010.07.05	第35巻第7号(通巻第408号)	8		駐大阪韓国等領事館/近畿経済専業局/大阪韓商　第4回韓国・関西経済フォーラム
2010.07.05	第35巻第7号(通巻第408号)	9		近畿産業信用組合第57期通常総代会「チャレンジ7000億」超過達成
2010.07.05	第35巻第7号(通巻第408号)	10		定期総会　大阪韓商、新会長に高英寛氏　京都韓商
2010.07.05	第35巻第7号(通巻第408号)	12		民団大阪府堺支部/統一日報社　特別 講演会「古代遺跡と日韓韓国交流」
2010.07.05	第35巻第7号(通巻第408号)	14		玄界灘の津屋崎浜に平和友好親善のモニュメント「相島」は「朝鮮通信使」の島
2010.07.05	第35巻第7号(通巻第408号)	16		コリアNGOセンター/コリアン人権生活協会 統合記念シンポジウム
2010.07.05	第35巻第7号(通巻第408号)	18	仕田原猛	〈連載〉歴史の接点をたずねて(12) 信濃路を歩く(5)
2010.07.05	第35巻第7号(通巻第408号)	22		理事会・評議員会 更生保護法人京都保護育成会
2010.07.05	第35巻第7号(通巻第408号)	24		在日韓国奨学会で大学生がを育成推進 「シャロームセットンの家」奨学金が発足
2010.07.05	第35巻第7号(通巻第408号)	26		広島県日韓親善協会総会で初公開　安重根の遺墨「独立」
2010.07.05	第35巻第7号(通巻第408号)	27		第2期京都コリアン民族文化大学(第1回)　上田正昭・京都大学名誉教授「古代京都と韓国文化」
2010.07.05	第35巻第7号(通巻第408号)	28		韓国国際美術協会/NPO法人国際美術協会　韓・日作品交流展
2010.07.05	第35巻第7号(通巻第408号)	30		NPO法人国際友好促進会 第4回国際友好芸能公演
2010.07.05	第35巻第7号(通巻第408号)	32	鄭炳麒	〈特別寄稿〉在日韓国人の地方参政権
2010.07.05	第35巻第7号(通巻第408号)	35		梁万基氏の百歳のお祝いも 在日本宗親会梁氏宗親会
2010.07.05	第35巻第7号(通巻第408号)	36		〈論壇〉「私は韓国の国家代表である」奇誠庸(ワールドカップ韓国代表チーム選手)/「ヨッシャ～!ワールドカップ!ウワ～16強!」キム・フングク(2022ワールドカップ誘致広報大使)
2010.07.05	第35巻第7号(通巻第408号)	38	佐藤昇	満望の「話の玉手箱」ハイシャ
2010.07.05	第35巻第7号(通巻第408号)	40,58		日韓新たなる100年に向けて 魂のふれあいコンサート チャン・サイクinOSAKA

발행일	지면정보		필자	제목
	권호	페이지		
2010.07.05	第35巻第7号(通巻第408号)	42		韓国の社説
2010.07.05	第35巻第7号(通巻第408号)	46	姜健栄	〈特別寄稿〉釜山南教会と東亜大学病院
2010.07.05	第35巻第7号(通巻第408号)	48	まつだたえこ	たえこ劇場(92) 冷静かつ論理的
2010.07.05	第35巻第7号(通巻第408号)	49	曺奎通	在日の詩(101) 権力の蜜
2010.07.05	第35巻第7号(通巻第408号)	50	姜健栄	〈特別寄稿〉香雪美術館展示の高麗茶碗
2010.07.05	第35巻第7号(通巻第408号)	53		韓国大阪青年会議所/ソウル青年会議所 第38回韓国語弁論大会
2010.07.05	第35巻第7号(通巻第408号)	54		青年会京都本部/民団京都府本部体育振興委員会 OB会結成式 親善ソフトボール大会
2010.07.05	第35巻第7号(通巻第408号)	56		青年会大阪本部 サッカーW杯でパブリック・ビューイング
2010.07.05	第35巻第7号(通巻第408号)	60		青年会京都本部/民団京都府本部 琴引浜清掃活動、高野川クリーン作戦
2010.07.05	第35巻第7号(通巻第408号)	62		オリ安サロン「めあり」コリアンフード講習会
2010.07.05	第35巻第7号(通巻第408号)	63	姜信英	〈連載〉シニョンの土仁俳句 向井神社標石柱(方違神社境内)
2010.07.05	第35巻第7号(通巻第408号)	64		KT美術館 金栄大画伯作「人生一路」
2010.08.05	第35巻第8号(通巻第409号)	2		太子山向原寺(奈良・明日香村)「伎楽伝来の地」記念碑除幕式特別公演「百済伎楽」
2010.08.05	第35巻第8号(通巻第409号)	8		伝授式(駐大阪韓国総領事館) 韓禄春氏に大統領「功労牌」 井植敏氏に修交勲章「崇礼章」
2010.08.05	第35巻第8号(通巻第409号)	12		第3回日韓社会文化シンポジウム 日韓関係100年~省察と課題~
2010.08.05	第35巻第8号(通巻第409号)	13		日韓交流フォーラム(大阪大学中之島センター) 新しい日韓交流の展望~日韓併合条約から100年の節目に寄せて~
2010.08.05	第35巻第8号(通巻第409号)	14		在日本韓民統仏教徒総連合会 中元施餓鬼法要(黄檗山万福寺)
2010.08.05	第35巻第8号(通巻第409号)	16		旺玄会大阪展/関西旺玄会展 クリア絵画研究所の4氏が入選、展覧
2010.08.05	第35巻第8号(通巻第409号)	18	仕田原猛	〈連載〉歴史の接点をたずねて(13) 信濃路を歩く(6)
2010.08.05	第35巻第8号(通巻第409号)	22		韓信協第59回通常総会 新会長に権東鉉・愛知商銀理事長を選出
2010.08.05	第35巻第8号(通巻第409号)	24		第2期京都コリアン民族文化大学(第2回)/民団京都府本部 余江勝彦・浮島丸殉難者を追悼する会会長
2010.08.05	第35巻第8号(通巻第409号)	26	鄭炳麒	〈特別寄稿〉民団の創立当時と三機関制度について考える
2010.08.05	第35巻第8号(通巻第409号)	29		民団大阪府本部/大阪韓国綜合教育院 第16回在日韓国人学生ウリマルイヤギ大会
2010.08.05	第35巻第8号(通巻第409号)	30		アートオフィスセルジェ 第10回韓・日美術交流展

발행일	지면정보		필자	제목
	권호	페이지		
2010.08.05	第35巻第8号(通巻第409号)	40		〈論壇〉「「ノドゥトゥル」等左派団体の同胞青少年意識化教育」ホン・ジンピョ(時代精神理事)/「戦時作戦統制権の転換の延期における当為性と後続措置」キム・ヒョンウク(外交通商部外交安保研究院教授)/「朝鮮学校」は金父子の「忠実な戦士」を養成する訓練場～朝鮮高校への授業料無償化を適用すべきではない～申相一·元朝鮮高級学校(高校)教師
2010.08.05	第35巻第8号(通巻第409号)	44		邊禹亮教授の人生コラム『道を尋ねる旅人に』⑥ 旅行ほど楽しいものは無い
2010.08.05	第35巻第8号(通巻第409号)	45	佐籐昇	満望の「話の玉手箱」我輩はB型である
2010.08.05	第35巻第8号(通巻第409号)	46		韓国の社説　中央商銀信用組合/新理事長に日高明次氏
2010.08.05	第35巻第8号(通巻第409号)	48	まつだたえこ	たえこ劇場(93) モアイのイモ
2010.08.05	第35巻第8号(通巻第409号)	49	曺奎通	在日の詩(102) カササギ神社
2010.08.05	第35巻第8号(通巻第409号)	50	姜健栄	〈特別寄稿〉李朝時代の粉青沙器
2010.08.05	第35巻第8号(通巻第409号)	53	姜信英	〈連載〉シニョンの王仁俳句[津堂城山古墳]
2010.08.05	第35巻第8号(通巻第409号)	54	田中典子	Multi Cultural オーウトラリア 多文化を体現する視覚芸術家 リン・デリックさん
2010.08.05	第35巻第8号(通巻第409号)	56		韓国京都青年会議所　第27回韓日親善少年サッカー大会
2010.08.05	第35巻第8号(通巻第409号)	58		Zoom up 「JIJAK.S.W」代表 デザイナー金智子さん
2010.08.05	第35巻第8号(通巻第409号)	60		柳舞踊団 朝鮮通信史403周年記念公演 韓国伝統舞踊「祝祭Ⅱ」
2010.08.05	第35巻第8号(通巻第409号)	62		コンサート〈駐大阪韓国文化院〉　日韓そよ風の友情コンサート
2010.08.05	第35巻第8号(通巻第409号)	64		KT美術館　キム・ウィウン氏作「6月がくれば」(油彩) 韓·日美術交流展より
2010.09.05	第35巻第9号(通巻第410号)	2	姜信英	潘基文国連事務総長、被爆地「広島」を訪問　韓国人原爆犠牲者慰霊碑に献花
2010.09.05	第35巻第9号(通巻第410号)	6		民団中央本部·東京·大阪·京都 第65周年光複節記念式典
2010.09.05	第35巻第9号(通巻第410号)	11	姜信英	韓国ガールスカウト 大阪·生野にホームステイ、交流
2010.09.05	第35巻第9号(通巻第410号)	15		舞鶴「殉難の碑公園」(京都) 浮島丸殉難65周年追悼集会
2010.09.05	第35巻第9号(通巻第410号)	16		韓国政府教育科学武将官褒章　民族教育の金甲石氏(京都)
2010.09.05	第35巻第9号(通巻第410号)	18	仕田原猛	〈連載〉歴史の接点をたずねて(14) 信濃路を歩く(7)
2010.09.05	第35巻第9号(通巻第410号)	22		韓国キョレオルサルリギ韓国運動本部、民団大阪·京都 京都「耳塚」慰霊祭
2010.09.05	第35巻第9号(通巻第410号)	24		記念式典、シンポジウム 平和統一聯合大阪(近畿)連合会 結成6周年記念大会

발행일	지면정보		필자	제목
	권호	페이지		
2010.09.05	第35巻第9号(通巻第410号)	28		NPO法人国際美術協会　第35回国美芸術展覧会
2010.09.05	第35巻第9号(通巻第410号)	30		高麗茶道、韓国伝統芸能(国立京都国際会館)　日韓「乾杯の夕べ2010」
2010.09.05	第35巻第9号(通巻第410号)	32	鄭炳麒	〈特別寄稿〉続・私の闘い(3)、花壇と藤の棚
2010.09.05	第35巻第9号(通巻第410号)	35		〈論壇〉「北韓の人権に対する韓信が切実である」諸成鎬(中央大学教授)/「アリラン公演、芸術を装った人権蹂躙の場」金哲雄(脱北ピアニスト)/「韓相烈類の従北勢力、耐え難い存在の卑劣さ」都希侖(反人道犯罪調査委員会事務総長)
2010.09.05	第35巻第9号(通巻第410号)	38	徐竜達	旧三商大写真展創立75周年記念展　徐竜達が回想する誌上写真展
2010.09.05	第35巻第9号(通巻第410号)	41		京都韓国教育院　2010年韓国講師研修会
2010.09.05	第35巻第9号(通巻第410号)	42		邊禹亮教授の人生コラム『道を尋ねる旅人に』⑦　競争社会の倫理
2010.09.05	第35巻第9号(通巻第410号)	43	佐藤昇	満望の「話の玉手箱」我輩はB型である
2010.09.05	第35巻第9号(通巻第410号)	44		南東京平和大使協議会準備世話人会　日韓トンネル建設推進南東京大会
2010.09.05	第35巻第9号(通巻第410号)	46		韓国の社説
2010.09.05	第35巻第9号(通巻第410号)	48	まつだたえこ	たえこ劇場(94)　夏のやつあたり
2010.09.05	第35巻第9号(通巻第410号)	49	曺奎通	在日の詩(103)　法事
2010.09.05	第35巻第9号(通巻第410号)	50	姜健栄	〈特別寄稿〉朝鮮の役後の九州・沖縄の陶工史
2010.09.05	第35巻第9号(通巻第410号)	53		神奈川県大和市　日韓サッカー親善大会
2010.09.05	第35巻第9号(通巻第410号)	54	姜健栄	東京展示会　画家　加藤松林人
2010.09.05	第35巻第9号(通巻第410号)	56		駐大阪韓国文化院　第3回教職員韓国文化研修
2010.09.05	第35巻第9号(通巻第410号)	60		大阪ブライダルセンター　8.8コリアブライイダルパーティー
2010.09.05	第35巻第9号(通巻第410号)	62		釜山市の医療観光名誉広報大使に委嘱 (株)グローバルビューティー・玉置祥子社長
2010.09.05	第35巻第9号(通巻第410号)	63	姜信英	〈連載〉シニョンの土仁俳句　七夕祭り
2010.09.05	第35巻第9号(通巻第410号)	64		KT美術館　徐竜達氏作品　PHOTO
2010.10.05	第35巻第10号(通巻第411号)	2		2010国際学術大会　現代韓国茶道の先駆者「茗園金美熙」
2010.10.05	第35巻第10号(通巻第411号)	4		10周年記念会議　KOWIN2010世界韓民族女性ネットワーク
2010.10.05	第35巻第10号(通巻第411号)	8		2010年通商総会　大阪日韓親善協会　顧問に井植敏氏
2010.10.05	第35巻第10号(通巻第411号)	10		呂英華韓国伝統芸術院　社会福祉法人シャローム特別養護老人ホーム建設推進支援チャリティー公演
2010.10.05	第35巻第10号(通巻第411号)	14		定期総会　近畿経友納税連合会　高山昌照会長を選任
2010.10.05	第35巻第10号(通巻第411号)	15		民団京都府本部　第2期京都コリアン民族文化大学講演会(第3回)
2010.10.05	第35巻第10号(通巻第411号)	16		北朝鮮帰国者の生命と人権を守る会 理論誌「光射せ!」第5号発行記念大阪講演会

발행일	지면정보		필자	제목
	권호	페이지		
2010.10.05	第35巻第10号(通巻第411号)	17		ソウル市・ソウル観光公社 2010ソウル観光説明会
2010.10.05	第35巻第10号(通巻第411号)	18	仕田原猛	〈連載〉歴史の接点をたずねて(15) 信濃路を歩く(8)
2010.10.05	第35巻第10号(通巻第411号)	22		第63回創造展 クリア絵画研究所の5氏が入選、展覧
2010.10.05	第35巻第10号(通巻第411号)	24		韓流フルートアンサンブル公演 サンミョンLa Fontana(ラフォンターナ)
2010.10.05	第35巻第10号(通巻第411号)	26		あすか信用組合 呉永錫・民団東京新宿支団長が「一日本店長」
2010.10.05	第35巻第10号(通巻第411号)	27		民団京都府本部第2回拡大会議 「在外選挙模擬投票について」緊急説明会
2010.10.05	第35巻第10号(通巻第411号)	28		安芸高田(広島) あきたかた国際夏祭り2010
2010.10.05	第35巻第10号(通巻第411号)	32	鄭炳麒	〈特別寄稿〉続・私の闘い(4)
2010.10.05	第35巻第10号(通巻第411号)	34		〈論壇〉「北側の権力継承と中国の後見を誰が評価するだろうか?」ベク・スンジュ(国防研究安保戦略研究センター長)/「ヤロスラブリ世界祭策フォーラムと相生の韓露関係お模索」尹映美(平沢大学外交安保専攻教授)
2010.10.05	第35巻第10号(通巻第411号)	36	姜信英	小論〈姜信英〉日韓併合100年に際しての再照明(1)姜沆と藤原惺窩の交友
2010.10.05	第35巻第10号(通巻第411号)	39		中日文化センター尹大辰・元名古屋韓国学校校長を講師に歴史文化講座
2010.10.05	第35巻第10号(通巻第411号)	40	朴美貞	OnceUponaTimeinAsia〈朴美貞〉～アジアの風景～①釜山港桟橋
2010.10.05	第35巻第10号(通巻第411号)	44		韓国の社説
2010.10.05	第35巻第10号(通巻第411号)	47	佐藤昇	満望の「話の玉手箱」編集者・N嬢の苦悩(1)
2010.10.05	第35巻第10号(通巻第411号)	48	まつだたえこ	たえこ劇場(95) やせても枯れても
2010.10.05	第35巻第10号(通巻第411号)	49	曺奎通	在日の詩(104) 不安抱きつつ
2010.10.05	第35巻第10号(通巻第411号)	50	姜健栄	〈特別寄稿〉青山二郎の蒐集眼力
2010.10.05	第35巻第10号(通巻第411号)	53		第3回「ハンセミ」韓国語市民講座交流会
2010.10.05	第35巻第10号(通巻第411号)	54	姜健栄	〈特別寄稿〉「懐かしの金剛山」について
2010.10.05	第35巻第10号(通巻第411号)	56		駐大阪韓国文化院 日韓創作人形交流展
2010.10.05	第35巻第10号(通巻第411号)	60		民団京都府本部・京都韓国教育院・民団京都国際交流センター 第14期オリニ土曜学校開校式
2010.10.05	第35巻第10号(通巻第411号)	62		全羅南道民会故郷訪問ツアー木浦夜景、5.18国立墓地参拝、霊岩王仁博士遺跡、2012麗水エキスポ
2010.10.05	第35巻第10号(通巻第411号)	63	姜信英	〈連載〉シニョンの王仁俳句 東高津宮
2010.10.05	第35巻第10号(通巻第411号)	64		KT美術館 森本康弘氏作「夏樹陽子の藤の精」
2010.11.05	第35巻第11号(通巻第412号)	2		開天節(10月3日) 2010円丘 壇祭礼
2010.11.05	第35巻第11号(通巻第412号)	4		民団大阪府本部北韓情勢講演会 脱北・帰国事業被害者らが総連大阪に抗議
2010.11.05	第35巻第11号(通巻第412号)	6		2010年度政府褒章伝授式 「無窮花章」洪性仁・民団大阪本部常任顧問

발행일	지면정보		필자	제목
	권호	페이지		
2010.11.05	第35巻第11号(通巻第412号)	8		平城京跡まほろばステージ　平城遷都1300年記念事業「コリアンフェスティバル」
2010.11.05	第35巻第11号(通巻第412号)	10		在日韓国婦人会 本国研修会、女性家族部長官表彰式
2010.11.05	第35巻第11号(通巻第412号)	11		「韓国併合」100年・在日韓人歴史資料館開設5周年記念 大阪シンポジウム「在日コリアンの未来予想図」
2010.11.05	第35巻第11号(通巻第412号)	12		～ピースコリア!ピーアジア!～第26回ワンコリアフェスティバル2010
2010.11.05	第35巻第11号(通巻第412号)	13		駐大阪韓国文化院 韓国の鍵と錠展
2010.11.05	第35巻第11号(通巻第412号)	14		WFWP女子留学生日本語弁論大会実行委員会　2010年女子留学生日本語弁論大会～大阪大会～
2010.11.05	第35巻第11号(通巻第412号)	16		コリアンサロン「めあり」7周年記念講演　小倉紀蔵・京都大学大学院准教授「ハングルの不思議」
2010.11.05	第35巻第11号(通巻第412号)	18	仕田原猛	〈連載〉歴史の接点をたずねて(16)　越路を歩く(1)
2010.11.05	第35巻第11号(通巻第412号)	22		民団京都府本部・洛東支部 2010年度耳塚供養慰霊祭
2010.11.05	第35巻第11号(通巻第412号)	24		兵庫韓商　大連勧告人商会と「姉妹結縁」「協力議定」大邱・慶北中小企業庁貿易人会と「親善合意」
2010.11.05	第35巻第11号(通巻第412号)	25		農林水産食品部長官感謝状授与式「キムチのほし山」李連順さんら45氏
2010.11.05	第35巻第11号(通巻第412号)	26		大阪コリアブライダルセンター　「10.24コリアブライダルパーティー」
2010.11.05	第35巻第11号(通巻第412号)	28		民団大阪府本部堺支部 第37回堺まつり
2010.11.05	第35巻第11号(通巻第412号)	30		民団京都府本部 10月マダン(体育祭・野遊会)
2010.11.05	第35巻第11号(通巻第412号)	32	鄭炳麒	〈特別寄稿〉病は気から、精神安定剤
2010.11.05	第35巻第11号(通巻第412号)	34	金泰振	〈論壇〉金正恩時代の暗影
2010.11.05	第35巻第11号(通巻第412号)	35		民団大阪府本部　第54期第4回各支部三機関長・本部傘下団体長会議
2010.11.05	第35巻第11号(通巻第412号)	36		邊禹亮教授の人生コラム『道を尋ねる旅人に』⑧ 人は葛藤と共に生きる
2010.11.05	第35巻第11号(通巻第412号)	37	佐藤昇	満望の「話の玉手箱」編集者・N嬢の苦悩(2)
2010.11.05	第35巻第11号(通巻第412号)	38	姜信英	〈小論〉日韓併合100年に際しての再照明(2) 姜沆と藤原惺窩の交友
2010.11.05	第35巻第11号(通巻第412号)	42		韓国の社説
2010.11.05	第35巻第11号(通巻第412号)	44	朴美貞	Once Upon a Time in Asia〈朴美貞〉～アジアの風景～②
2010.11.05	第35巻第11号(通巻第412号)	48	まつだたえこ	たえこ劇場(96) ポジャギで無邪気
2010.11.05	第35巻第11号(通巻第412号)	49	曺奎通	在日の詩(105) 違う生日
2010.11.05	第35巻第11号(通巻第412号)	50	姜健栄	〈特別寄稿〉広州分院里の陶磁史
2010.11.05	第35巻第11号(通巻第412号)	53		更生保護法人京都保護育成会 大村入国管理センター訪問研修旅行
2010.11.05	第35巻第11号(通巻第412号)	54		「祭り」日韓交流おまつり2010inTokyo 成田豊実行委員長インタビュー

발행일	지면정보 권호	페이지	필자	제목
2010.11.05	第35巻第11号(通巻第412号)	62		駐大阪韓国文化院　韓国伝統芸術公演及び黒田福美特別講演会
2010.11.05	第35巻第11号(通巻第412号)	63	姜信英	〈連載〉シニョンの王仁俳句 たつの市 八瀬家
2010.11.05	第35巻第11号(通巻第412号)	64		KT美術館 安藤秀子氏作「猫」(油彩)
2010.12.05	第35巻第12号(通巻第413号)	2		北朝鮮が延坪島に無差別砲撃「北韓をテロ支援国家に再指定すべきである」(柳東烈/治安政策研究所安保対策室先任研究員)在日本大韓民国民団が朝鮮総連に抗議文
2010.12.05	第35巻第12号(通巻第413号)	4		APEC JAPAN 2010(横浜)緊密で安全な共同体目指す「横浜宣言」を採択
2010.12.05	第35巻第12号(通巻第413号)	6		韓民族宗教協議会　第7回民族宗教国際学術大会
2010.12.05	第35巻第12号(通巻第413号)	8		古代の人達が伝えたもの 四天王寺ワッソ in なにわの宮
2010.12.05	第35巻第12号(通巻第413号)	16		駐大阪韓国総領事館、堺市　韓日歴史文化遺跡地探訪
2010.12.05	第35巻第12号(通巻第413号)	18	仕田原猛	〈連載〉歴史の接点をたずねて(17) 越路を歩く(2)
2010.12.05	第35巻第12号(通巻第413号)	22		大阪のメーンストリート御堂筋に中小企業の支援拠点 近畿産業信用組合難波四天新築移転オープン
2010.12.05	第35巻第12号(通巻第413号)	24	姜健栄	〈特別寄稿〉大阪正祐寺鐘、復元される
2010.12.05	第35巻第12号(通巻第413号)	27		潭園金昌培展「韓国茶礼三昧」
2010.12.05	第35巻第12号(通巻第413号)	28		NPO法人ニッポンコリア友好平和協議会　第27回殉難者慰霊大祭 世界平和祈願大祭
2010.12.05	第35巻第12号(通巻第413号)	30		名古屋韓国学校 第48周年開校記念文化祭
2010.12.05	第35巻第12号(通巻第413号)	32	鄭炳麒	〈特別寄稿〉信仰 信念 私利私欲
2010.12.05	第35巻第12号(通巻第413号)	34	グ・ボンハク	〈論壇〉G20ソウル会議開催の成功とコリア・プレミアム時代の幕開け
2010.12.05	第35巻第12号(通巻第413号)	35	佐藤昇	満望の「話の玉手箱」先生って誰に教わるの？
2010.12.05	第35巻第12号(通巻第413号)	36		第2期第4回京都コリアン民族文化大学　駐大阪韓国総領事館・崔徳燦教育官「韓国の歴史と教育」
2010.12.05	第35巻第12号(通巻第413号)	37		民団大阪府本部・大阪府教委定期協議　「10年度在日韓国・朝鮮人の民族教育、国際理解教育の推進を求める」要望
2010.12.05	第35巻第12号(通巻第413号)	38		大阪韓国商工会議所/講演会　権哲賢・駐日韓国特命全大使「韓国・日本・在日-2010～高まった我々の位相の中での在日韓商工人の役割と課題～」
2010.12.05	第35巻第12号(通巻第413号)	39		民主平和統一諮問会議日本地域近畿協議会　相生と共栄の対北政策後援会 李基沢・首席副議長「統一準備と在日同胞の役割」
2010.12.05	第35巻第12号(通巻第413号)	40		婦人会京都府南支部 清掃ボランティア活動
2010.12.05	第35巻第12号(通巻第413号)	41		民団京都府本部 2010年度親睦ゴルフコンペ
2010.12.05	第35巻第12号(通巻第413号)	42		第11回韓国語マルハギ大会
2010.12.05	第35巻第12号(通巻第413号)	43		京都慶尚北道道民会 2010年度「総会・送年会」

발행일	지면정보		필자	제목
	권호	페이지		
2010.12.05	第35巻第12号(通巻第413号)	44	朴美貞	Once Upon a Time in Asia〈朴美貞〉~アジアの風景~③
2010.12.05	第35巻第12号(通巻第413号)	48	まつだたえこ	たえこ劇場(97) 2010年宇宙の恥
2010.12.05	第35巻第12号(通巻第413号)	49	曺奎通	在日の詩(106) 洪呂杓氏逝く
2010.12.05	第35巻第12号(通巻第413号)	50	姜健栄	〈特別寄稿〉金海地方の茶碗と閔泳翊作品
2010.12.05	第35巻第12号(通巻第413号)	53		大阪日韓親善協会 第27回「博士王仁まつり」
2010.12.05	第35巻第12号(通巻第413号)	54		国民勲章受勲祝賀会 洪性仁氏「無窮花章」金有作氏「冬栢章」
2010.12.05	第35巻第12号(通巻第413号)	56		御幸通東・中央・西商店街 生野コリアタウン共生まつり
2010.12.05	第35巻第12号(通巻第413号)	58		AFCアジアチャンピオンズリーグ 韓国・城南一和が優勝
2010.12.05	第35巻第12号(通巻第413号)	59		婦人会京都府本部 百済の歴史探訪の旅
2010.12.05	第35巻第12号(通巻第413号)	60		ユニバーサルバレエ団 「沈清」日本講演 首席ダンサーにインタビュー
2010.12.05	第35巻第12号(通巻第413号)	61		駐大阪韓国文化院 務安粉青展~韓民族固有の純粋な趣と情緒を表現した陶芸の世界~
2010.12.05	第35巻第12号(通巻第413号)	62		BOOK 随筆 鄭煥麒の「四季彩々」
2010.12.05	第35巻第12号(通巻第413号)	63	姜信英	〈連載〉シニョンの王仁俳句 和珥坂下伝称地
2010.12.05	第35巻第12号(通巻第413号)	64		KT美術館(『韓国画近代6大家展』より) 故深香朴勝武氏作「山寺」「雪景」
2011.01.05	第36巻第1号(通巻第414号)	2	鄭煥麒	〈特別寄稿〉2011巻頭言 北朝鮮、韓国の島を砲撃
2011.01.05	第36巻第1号(通巻第414号)	5	アン・トウッキ	〈論壇〉人倫に背く金正日に立ち向かい、祖国の自由と平和を守ろうとする覚悟が必要
2011.01.05	第36巻第1号(通巻第414号)	6		KOREA VIEW 金正日-金正恩世襲、李明博政府の「吸収統一」標榜
2011.01.05	第36巻第1号(通巻第414号)	8		朴三中僧侶 果たした3つの約束
2011.01.05	第36巻第1号(通巻第414号)	10		駐大阪韓国総領事館 在関西同胞青年の夕べ
2011.01.05	第36巻第1号(通巻第414号)	12		民団大阪府本部 第4回韓国伝統文化マダン
2011.01.05	第36巻第1号(通巻第414号)	16		新春インタビュー 鄭時東・平和統一聯合中央本部会長「祖国・南北コリア平和統一へ向けて」
2011.01.05	第36巻第1号(通巻第414号)	18	仕田原猛	〈連載〉歴史の接点をたずねて(18) 越路を歩く(3)
2011.01.05	第36巻第1号(通巻第414号)	22		駐大阪韓国総領事館「第2回歴史講演会」 洪潤基教授「韓国と日本の古代交流」/仲尾宏教授「東アジアの中の日本と韓国」
2011.01.05	第36巻第1号(通巻第414号)	23		朝鮮学校への補助金支出に「反対」 李英和RENK代表が新資料を開示、問題点を指摘
2011.01.05	第36巻第1号(通巻第414号)	24		民団京都府本部 第2期京都コリアン民族文化大学
2011.01.05	第36巻第1号(通巻第414号)	25		第14期オリニ土曜学校修了式
2011.01.05	第36巻第1号(通巻第414号)	26		民団大阪本部・大阪韓国教育院 第4回「韓国語を楽しもう!」高校生大会

발행일	지면정보		필자	제목
	권호	페이지		
2011.01.05	第36巻第1号(通巻第414号)	28		制作発表会 ペ・ヨンジュンXパク・チニョン『ドリーム・ハイ』
2011.01.05	第36巻第1号(通巻第414号)	29		公開収録にアジアのトップスター勢揃い DATVチャリティー番組「Message! to Asia」
2011.01.05	第36巻第1号(通巻第414号)	30		第2回「大韓民国韓流産業大賞」受賞式 金希姃。ワンコリアフェスティバル副委員長、女優・黒田福美さんに特別賞
2011.01.05	第36巻第1号(通巻第414号)	31		KOREA PIA
2011.01.05	第36巻第1号(通巻第414号)	40	姜信英	〈小論〉日韓併合100年に際しての再照明(3) 姜沆と藤原惺窩の交友
2011.01.05	第36巻第1号(通巻第414号)	43	佐藤昇	満望の「話の玉手箱」我が「iPhone」奮戦記
2011.01.05	第36巻第1号(通巻第414号)	44	朴美貞	Once Upona Time In Asia～アジアの風景～④ 釜山観光ガイド物語
2011.01.05	第36巻第1号(通巻第414号)	48	まつだたえこ	たえこ劇場(98) コンビニがサンタクロース
2011.01.05	第36巻第1号(通巻第414号)	49	曺奎通	在日の詩(107) 喧々ごうごう
2011.01.05	第36巻第1号(通巻第414号)	50	姜健栄	〈特別寄稿〉李朝時代の陶工(7)
2011.01.05	第36巻第1号(通巻第414号)	53		新羅鵲森宮について
2011.01.05	第36巻第1号(通巻第414号)	54		婦人会大阪府地方本部 文化部「発表会」
2011.01.05	第36巻第1号(通巻第414号)	56		民団京都府本部 2010年度送年会・表彰式
2011.01.05	第36巻第1号(通巻第414号)	57		大阪コリアブライダルセンター10・12・19コリアブライダルパーティー
2011.01.05	第36巻第1号(通巻第414号)	58		仁寺伝統文化保存会 韓国画近代6大家展～穏やかで素朴な韓民族特有の趣と風景を表現した近代韓国画の世界～
2011.01.05	第36巻第1号(通巻第414号)	59		民団京都府本部 「京都と韓国の交流の歴史」第4集発刊
2011.01.05	第36巻第1号(通巻第414号)	60		民団大阪府八尾支部 大餅つき大会
2011.01.05	第36巻第1号(通巻第414号)	62		高麗茶道18周年記念 韓日親善民衆文化交流会
2011.01.05	第36巻第1号(通巻第414号)	63	姜信英	〈連載〉シニョンの王仁俳句 洪潤基先生講演会
2011.01.05	第36巻第1号(通巻第414号)	64		KT美術館(『韓国画近代6大家展』より) 故以堂金殷鎬氏作「鴛鴦」「新仙園」「新仙園」
2011.02.05	第36巻第2号(通巻第415号)	2		2011年新春年賀交歓会 民団中央・東京本部合同新年会 李明博大統領・新年国政演説 民団大阪府本部・大阪韓国商工会議所 民団京都府本部
2011.02.05	第36巻第2号(通巻第415号)	14		韓国式祭祀の正月賀礼 飛鳥戸神社(大阪・羽曳野市)
2011.02.05	第36巻第2号(通巻第415号)	48	仕田原猛	〈連載〉歴史の接点をたずねて(19) 越路を歩く(4)
2011.02.05	第36巻第2号(通巻第415号)	22		堺市博物館(大坂) 特別企画展「百舌鳥古墳群」～その出土品からさぐる～
2011.02.05	第36巻第2号(通巻第415号)	24		神戸韓国教育院 第10回兵庫県高校生韓国語スピーチ大会
2011.02.05	第36巻第2号(通巻第415号)	26	姜健栄	〈特別寄稿〉瑞巌寺の紅白梅

발행일	지면정보		필자	제목
	권호	페이지		
2011.02.05	第36巻第2号(通巻第415号)	28	尹禅弘	〈特別寄稿〉日本精神料理実態調査と寺刹飲食の展望
2011.02.05	第36巻第2号(通巻第415号)	30	鳥居本幸代	〈特別寄稿〉日本における精神料理の展開
2011.02.05	第36巻第2号(通巻第415号)	34		〈論壇〉「27歳で大将になった金正恩の運命」金英秀(西江大学政治学教授)/「北韓による相次ぐ対話攻勢の真意」柳東烈(治安政策研究所安保対策室先任研究官)/「まともなG2としての役割を中国に望む」董竜昇(サムスン経済研究所研究専門委員)
2011.02.05	第36巻第2号(通巻第415号)	37		韓国の社説
2011.02.05	第36巻第2号(通巻第415号)	40	白井茂	〈特別紀行〉北朝鮮の新体制
2011.02.05	第36巻第2号(通巻第415号)	43	佐藤昇	満望の「話の玉手箱」 読者の皆様へ
2011.02.05	第36巻第2号(通巻第415号)	44	朴美貞	OnceUponaTimeinAsia ～アジアの風景～⑤「元山」
2011.02.05	第36巻第2号(通巻第415号)	48	まつだたえこ	たえこ劇場(99) 冬来たりなば夏遠かりし
2011.02.05	第36巻第2号(通巻第415号)	49	曺奎通	在日の詩(108) 一本のペン
2011.02.05	第36巻第2号(通巻第415号)	50	姜健栄	〈特別寄稿〉高麗茶碗の名碗(1)
2011.02.05	第36巻第2号(通巻第415号)	53		KOREA PIA
2011.02.05	第36巻第2号(通巻第415号)	54	姜健栄	〈特別寄稿〉蔚山から来た椿と梵鐘
2011.02.05	第36巻第2号(通巻第415号)	57		福井韓国商工会議所設立総会 初代会長に金鎮熙氏を選出
2011.02.05	第36巻第2号(通巻第415号)	58		駐大阪韓国女化院日韓女流現代絵画作家交流展
2011.02.05	第36巻第2号(通巻第415号)	60		全国各地で成人式〈無限の可能性に挑戦!〉 民団大阪府本部、民団京都府本部
2011.02.05	第36巻第2号(通巻第415号)	62		在日脱北者人権連合 北朝鮮帰国者の生命と人権を守る会「朝鮮学校への支援に反対」ビラ配布
2011.02.05	第36巻第2号(通巻第415号)	63	姜信英	〈連載〉シニョンの王仁俳句 さくやこの花(三島鴨神社)
2011.02.05	第36巻第2号(通巻第415号)	64		KT美術館(『韓国画近代6大家展』より) イン・スンオク氏作品「森Ⅱ(森のささやき」「耳花Ⅷ-2」
2011.03.05	第36巻第3号(通巻第416号)	2		三均学会 第92回大韓独立宣言書宣布紀念式&学術会議 広開土大王(好太王)碑文の正しい解釈
2011.03.05	第36巻第3号(通巻第416号)	4		民団中央本部 新統合「コリアの挑戦」モデル提示へ 第65回定期中央委員会
2011.03.05	第36巻第3号(通巻第416号)	6		民団大阪府本部・民団京都府本部 第92周年3.1記念式典
2011.03.05	第36巻第3号(通巻第416号)	10		在日脱北者人権連合 北朝鮮帰国者の生命と人権を守る会「朝鮮学校への支援に反対」ビラ配布
2011.03.05	第36巻第3号(通巻第416号)	12		学校法人瓜生山学園京都造形芸術大学 「尹東柱」命日追悼会
2011.03.05	第36巻第3号(通巻第416号)	14		民団多さK府本部 第54期第5回各支部三機関長・本部傘下団体長会議 創団65周年記念「2011韓国文化ハンマダン・大阪」
2011.03.05	第36巻第3号(通巻第416号)	15		近畿経友納税連合会 確定申告期を迎え税務研修会 大上宮士男次長が講演「資産課税の現代等」について

발행일	지면정보		필자	제목
	권호	페이지		
2011.03.05	第36巻第3号(通巻第416号)	16		京都慶尚南道道民会 結成30周年記念式典
2011.03.05	第36巻第3号(通巻第416号)	18	仕田原猛	〈連載〉歴史の接点をたずねて(20) 越路を歩く(5)
2011.03.05	第36巻第3号(通巻第416号)	22	姜信英	洪潤基先生に同行して 出石神社と中嶋神社に参拝
2011.03.05	第36巻第3号(通巻第416号)	26		民団大阪本部、大阪韓国教育院 第5回「オリニ ウリマル イヤギ・カルタ大会」日頃の学習の成果を存分に発揮、熱戦を展開
2011.03.05	第36巻第3号(通巻第416号)	30		大阪コリアブライダルセンター 「2.13コリアブライダルパーティー」
2011.03.05	第36巻第3号(通巻第416号)	31		演奏会(東京) 韓国の伝統音楽と日本雅楽が共演
2011.03.05	第36巻第3号(通巻第416号)	32		駐大阪韓国文化 祥明ピアノテュオコンサート
2011.03.05	第36巻第3号(通巻第416号)	33		BOOK「ニッポン猪飼野ものがたり」
2011.03.05	第36巻第3号(通巻第416号)	34		〈論壇〉「エジプトを見ながら、北韓の民主化蜂起を夢見る」金泰振(北韓政治犯収容所解体本部代表)/「次は、金正日独裁政権の番だ」金英秀(西江大学教授)
2011.03.05	第36巻第3号(通巻第416号)	36		韓国の社説
2011.03.05	第36巻第3号(通巻第416号)	40	姜信英	〈小論〉日韓併合100年に際しての再照明(4) 姜沆と藤原惺窩の交友
2011.03.05	第36巻第3号(通巻第416号)	43	佐藤昇	満望の「話の玉手箱」ファンレター(1)
2011.03.05	第36巻第3号(通巻第416号)	44	朴美貞	Once Upon a Time in Asia〈朴美貞〉～アジアの風景～⑥
2011.03.05	第36巻第3号(通巻第416号)	48	まつだたえこ	たえこ劇場(100) キムチな気持ち
2011.03.05	第36巻第3号(通巻第416号)	49	曺奎通	在日の詩(109) ホルモン文化
2011.03.05	第36巻第3号(通巻第416号)	50	姜健栄	〈特別寄稿〉高麗茶碗の名碗(2)
2011.03.05	第36巻第3号(通巻第416号)	53		KOREA PIA
2011.03.05	第36巻第3号(通巻第416号)	54	綾野怜	〈特別寄稿〉『利川米』育ての親『三井栄長』
2011.03.05	第36巻第3号(通巻第416号)	62		大阪・北鶴橋小学校 「民族学級」開設60周年を祝う紀念式典 中庭に保護者寄贈のチャンスン、児童が除幕
2011.03.05	第36巻第3号(通巻第416号)	63	姜信英	〈連載〉シニョンの土仁俳句 竹林寺
2011.03.05	第36巻第3号(通巻第416号)	64		KT美術館 鄭義富氏作「白牧丹の産」
2011.04.05	第36巻第4号(通巻第417号)	2		2011.3.11.東日本大震災 死者・行方不明者2万7900人超 韓国の社説
2011.04.05	第36巻第4号(通巻第417号)	5		第16回KBS海外同胞施賞式 徐竜達・桃山学院大学名誉教授に「特別賞」
2011.04.05	第36巻第4号(通巻第417号)	8		第37回「国際韓朝研」研究集会 「韓国併合」100年を過ぎて～残された課題と展望～
2011.04.05	第36巻第4号(通巻第417号)	10		2011大邱世界陸上競技選手権大会 名古屋・東京・大阪・広島で広報説明会
2011.04.05	第36巻第4号(通巻第417号)	12		定期地方委員会 民団大阪・京都府地方本部
2011.04.05	第36巻第4号(通巻第417号)	14		大阪韓国教育院 2011関西地域高等学校韓国語教師研修会

발행일	지면정보		필자	제목
	권호	페이지		
2011.04.05	第36巻第4号(通巻第417号)	15		大阪韓国商工会議所 講演会 野球人・金村義明氏が語る「在日魂」
2011.04.05	第36巻第4号(通巻第417号)	16		第33回定期地方大会 青年会京都府本部
2011.04.05	第36巻第4号(通巻第417号)	17		名古屋韓国学校 第13回韓国語スピーチ大会
2011.04.05	第36巻第4号(通巻第417号)	18	仕田原猛	〈連載〉歴史の接点をたずねて(21) 越路を歩く(6)
2011.04.05	第36巻第4号(通巻第417号)	22	姜信英	〈特別寄稿〉間人皇女の物語
2011.04.05	第36巻第4号(通巻第417号)	24		在日本韓民族仏教徒総連合会 大恩人王仁博士花礼式 東アジア大震災の復興義援募金活動
2011.04.05	第36巻第4号(通巻第417号)	28	朴美貞	近代コリアン画家物語 李仲燮①～時代に翻弄された偉大な芸術家～
2011.04.05	第36巻第4号(通巻第417号)	32		KOREA PIA
2011.04.05	第36巻第4号(通巻第417号)	34		〈論壇〉「中国が、北韓の真正な同盟国であるならば・・・董竜昇(サムスン経済研究所研究専門委員)/天安艦46勇士のご冥福をお祈りしながら・・・金泰宇(韓国国防研究院責任研究員)
2011.04.05	第36巻第4号(通巻第417号)	38	尹大辰	〈特別寄稿〉言語習得の楽しさと心得
2011.04.05	第36巻第4号(通巻第417号)	39	李範均	〈特別寄稿〉私の気治寮体験談～死の間際でUターンした私の人生～
2011.04.05	第36巻第4号(通巻第417号)	40	姜信英	〈小論〉日韓併合100年に際しての再照明(5) 姜沆と藤原惺窩の交友
2011.04.05	第36巻第4号(通巻第417号)	43	佐藤昇	満望の「話の玉手箱」ファンレター(2)
2011.04.05	第36巻第4号(通巻第417号)	44	朴美貞	Once Upon a Time in Asia〈朴美貞〉～アジアの風景～⑦ 元山
2011.04.05	第36巻第4号(通巻第417号)	48	まつだたえこ	たえこ劇場(101) ほぼろしのドロナワ国
2011.04.05	第36巻第4号(通巻第417号)	49	曺奎通	在日の詩(110) 反日論者
2011.04.05	第36巻第4号(通巻第417号)	50	姜健栄	〈特別寄稿〉李朝陶磁の評価と陶工の処遇(7)
2011.04.05	第36巻第4号(通巻第417号)	54		「天安艦」撃沈から1年 在日脱北者人権連合・「守る」が総連に抗議/民団中央本部が声明
2011.04.05	第36巻第4号(通巻第417号)	56		NPO法人国際友好促進会 第5回「国際友好芸能公演」
2011.04.05	第36巻第4号(通巻第417号)	58		出版記念会 金容海ソンセンニムの半生を記した「金ソンセンニム」
2011.04.05	第36巻第4号(通巻第417号)	60		お韓日茶陶文化研究院 「松画」と「高齢茶碗」名匠展
2011.04.05	第36巻第4号(通巻第417号)	62		京都国際学園 中学高等学校卒業式
2011.04.05	第36巻第4号(通巻第417号)	63	姜信英	〈連載〉シニョンの土仁俳句 土塔
2011.04.05	第36巻第4号(通巻第417号)	64		KT美術館 唐山 林基万画伯「松画」
2011.05.05	第36巻第5号(通巻第418号)	2	鄭炳麒	〈特別寄稿〉東日本大震災
2011.05.05	第36巻第5号(通巻第418号)	6		東日本大震災被災者支援 あすか信組/義援金5000万円、災害復旧支援融資 近畿産業信組/被災者雇用企業に支援金と家賃支援
2011.05.05	第36巻第5号(通巻第418号)	7		韓国仏教弥勒宗第5世宗正 画僧・日堂金泰伸氏

발행일	지면정보		필자	제목
	권호	페이지		
2011.05.05	第36巻第5号(通巻第418号)	8		九州国立博物館開館5周年記念行事 「日韓交流茶会」同時開催
2011.05.05	第36巻第5号(通巻第418号)	10		新韓金融グループ 古李熙健名誉会長を偲ぶ会
2011.05.05	第36巻第5号(通巻第418号)	11		婦人会大阪本部地方委員会・定期大会 新会長に賓春花氏を選出
2011.05.05	第36巻第5号(通巻第418号)	12		大阪青商定期総会 新会長に林健一氏を選出
2011.05.05	第36巻第5号(通巻第418号)	14		駐大阪韓国文化院 芝山李鍾能陶芸展 土痕旅立ち展～土と炎の出会い～
2011.05.05	第36巻第5号(通巻第418号)	18	仕田原猛	〈連載〉歴史の接点をたずねて(22) 越路を歩く(7)
2011.05.05	第36巻第5号(通巻第418号)	22	姜信英	〈特別寄稿〉日羅塚にお参りして夜桜見物
2011.05.05	第36巻第5号(通巻第418号)	23		KOREA PIA
2011.05.05	第36巻第5号(通巻第418号)	24		「オリックスVS西武」KOREAN=DAY 金�基・駐大阪韓国総領事が始球式
2011.05.05	第36巻第5号(通巻第418号)	25		業務協定調印式 東日本大震災支援チャリティーハンマダン・大阪
2011.05.05	第36巻第5号(通巻第418号)	26		近代コリアン画家物語 李仲燮②
2011.05.05	第36巻第5号(通巻第418号)	30		NPO法人関西アジア人協会 第10回チャリティー「アジア歌謡祭」
2011.05.05	第36巻第5号(通巻第418号)	32	姜健栄	〈特別寄稿〉郷愁の画家シャガール(1)～故郷とその生い立ち
2011.05.05	第36巻第5号(通巻第418号)	36		〈論壇〉「前人夫踏の道へと進む韓国の挑戦」ソン・ギホ(在郷軍人安保研究委員)/「無条件的な対北食糧支援は特権層だけの腹を満たすだけ」韓基洪(社団法人・北韓民主化ネットワーク代表)/「主体100年」を迎える北韓の実情」金英秀(西江大学政治外交科教授)
2011.05.05	第36巻第5号(通巻第418号)	42	佐藤昇	満望の「話の玉手箱」「人はなぜ社会貢献をするのか？」
2011.05.05	第36巻第5号(通巻第418号)	43		韓国の社説
2011.05.05	第36巻第5号(通巻第418号)	44	朴美貞	Once Upon a Time in Asia～アジアの風景～⑧ 元山：名所と名物
2011.05.05	第36巻第5号(通巻第418号)	48	まつだたえこ	たえこ劇場(102) アンパンマンを目指して
2011.05.05	第36巻第5号(通巻第418号)	49	曺奎通	在日の詩(111) 東日本大震災
2011.05.05	第36巻第5号(通巻第418号)	50	姜健栄	〈特別寄稿〉上野・高取焼の陶工たち(11)
2011.05.05	第36巻第5号(通巻第418号)	53		民団大坂本部・青年会大坂本部 10年度「韓国語講座」「コリアマダン」修了式
2011.05.05	第36巻第5号(通巻第418号)	54		2011年度総会 韓国京都青年会OB会
2011.05.05	第36巻第5号(通巻第418号)	55		在日脱北者人権連合・「守る会」 朝鮮総連大阪に抗議とビラ配布
2011.05.05	第36巻第5号(通巻第418号)	56		民団大阪本部/駐大阪韓国文化院 東アジア大震災義援金チャリティー公演「名唱 趙珠仙によるパンソリの旅」

발행일	지면정보 권호	지면정보 페이지	필자	제목
2011.05.05	第36巻第5号(通巻第418号)	58		〈ルポ〉「KBS海外同胞賞」受賞者一行　世界自然遺産の済州島文化探訪
2011.05.05	第36巻第5号(通巻第418号)	60		京都国際学園　2011学年度京都国際中学校高等学校入学式
2011.05.05	第36巻第5号(通巻第418号)	62		大坂・堺市立大浜体育館　第9回ジャパンW.A.T.A.オープンテコンドー選手権大会
2011.05.05	第36巻第5号(通巻第418号)	63	姜信英	〈連載〉シニョンの王仁俳句　八尾神社
2011.05.05	第36巻第5号(通巻第418号)	64		KT美術館　鄭義富氏作「海辺の黄昏」
2011.06.05	第36巻第6号(通巻第419号)	2		〈論壇〉「李明博大統領のヨーロッパ3カ国訪問の成果に住目」董竜昇(三星経済研究所研究専門委員)/「北韓は誠意を持って対話に出るべきである」金泰宇(韓国国防研究員責任研究員)　韓国の社説
2011.06.05	第36巻第6号(通巻第419号)	6	青木定雄	〈特別寄稿〉東日本大震災の被災者支援に関する私の想い
2011.06.05	第36巻第6号(通巻第419号)	9		民団中央本部　前半期全国地方団長・中央傘下団体長会議
2011.06.05	第36巻第6号(通巻第419号)	10		東日本大震災支援　チャリティーハンマダン・大阪「がんばろう!日本」
2011.06.05	第36巻第6号(通巻第419号)	14		在日韓国商工会議所　第49期定期総会　新社長に朴忠弘氏を選出
2011.06.05	第36巻第6号(通巻第419号)	16		2011年度総会　京都日韓親善会
2011.06.05	第36巻第6号(通巻第419号)	17		第23回定期地方委員会　婦人会京都府本部
2011.06.05	第36巻第6号(通巻第419号)	18	仕田原猛	〈連載〉歴史の接点をたずねて(23)　越路を歩く(8)
2011.06.05	第36巻第6号(通巻第419号)	22		韓国・中央選挙管理委員会　「在外国民も投票できます」6月30日に模擬在外選挙
2011.06.05	第36巻第6号(通巻第419号)	23		民団京都府本部　金碩期総領事歓迎会
2011.06.05	第36巻第6号(通巻第419号)	24		千年の物語-愛、光、そして自然　8月12日に開幕「2011慶州世界文化エキスポ」
2011.06.05	第36巻第6号(通巻第419号)	26	朴美貞	近代コリアン画家物語 李仲燮③
2011.06.05	第36巻第6号(通巻第419号)	30		在日本韓民族仏教徒総連合会　東日本津波大震災犠牲者を慰霊
2011.06.05	第36巻第6号(通巻第419号)	32	姜健栄	〈特別寄稿〉郷愁の画家シャガール(2)～亡命とフランス国籍～
2011.06.05	第36巻第6号(通巻第419号)	36		〈論壇〉「北韓による強盛大国論の虚構性と危険性」柳東烈(治安制作研究所先任研究官)/「南ベトナムの敗亡の教訓と従北勢力の危険性」洪官憙(高麗人学北韓学科教授)
2011.06.05	第36巻第6号(通巻第419号)	40	白井茂	〈特別寄稿〉清長の続く韓国経済
2011.06.05	第36巻第6号(通巻第419号)	44	朴美貞	Once Upon a Time in Asia〈朴美貞〉～アジアの風景～⑨
2011.06.05	第36巻第6号(通巻第419号)	48	まつだたえこ	たえこ劇場(103)　踊るアホウに見るアホウ
2011.06.05	第36巻第6号(通巻第419号)	49	曺奎通	在日の詩(112)　大震災・ソウルよりの電話

발행일	지면정보		필자	제목
	권호	페이지		
2011.06.05	第36巻第6号(通巻第419号)	50	姜健榮	〈特別寄稿〉白磁と粉青沙器(12)
2011.06.05	第36巻第6号(通巻第419号)	54	尹禅弘	〈特別寄稿〉韓国の仏誕祭奉祝行事と燃灯会大灯籠提灯行列
2011.06.05	第36巻第6号(通巻第419号)	56		民団京都府本部 2011年度顧問・三機関懇親会
2011.06.05	第36巻第6号(通巻第419号)	57		韓国・アトミ株式会社日本法人 「アトミジャパン合同会社」6月オープン
2011.06.05	第36巻第6号(通巻第419号)	58		駐大阪韓国文化院 姜尚中特別講演会「身の丈の相互理解に向けて」
2011.06.05	第36巻第6号(通巻第419号)	59		定期総会 在日本大韓体育関西本阪 大坂韓国青年商工会青友会
2011.06.05	第36巻第6号(通巻第419号)	60		高麗茶道苑、(財)京都市国際交流協会 東日本大震災高麗茶道チャリティー茶会
2011.06.05	第36巻第6号(通巻第419号)	61		コリアンサロン「めあり」 ハングル塾(入門・初・中級)開講
2011.06.05	第36巻第6号(通巻第419号)	62		ソウル亡憂里墓所 浅川巧80周忌
2011.06.05	第36巻第6号(通巻第419号)	63	姜信英	〈連載〉シニョンの王仁俳句 行基菩薩立像
2011.06.05	第36巻第6号(通巻第419号)	64		KT美術館 GlassArt 故徐竜太氏〈凡風連〉水上の夢
2011.07.05	第36巻第7号(通巻第420号)	2		民団大阪府本部・民主平和統一諮問会議近畿協議会 2012年5総選挙・大統領選挙を前に「時局講演会」韓半島情勢及び南北関係展望
2011.07.05	第36巻第7号(通巻第420号)	4		〈論壇〉「大韓民国の五大安保戦線を考えてみる」柳東烈(治安政策研究所安保対策室先任研究官)/「700万在外同胞に送る言葉」～米国ロサンゼルスで最も恐ろしいギャングはベトナム出身である～金ソンウク(韓国自由連合代表)
2011.07.05	第36巻第7号(通巻第420号)	8		大阪韓国商工会議所 第58期定期総会
2011.07.05	第36巻第7号(通巻第420号)	9		京都韓国商工会議所 第41期定期総会 新会長に朴義淳氏を選出
2011.07.05	第36巻第7号(通巻第420号)	10		在日韓国青年商工人連合会 第31期定期総会 新会長に朴哲朗氏を選出
2011.07.05	第36巻第7号(通巻第420号)	11		あすか信用組合 第45期通常総代会 震災復興に向け、質の高い金融サービス提供を
2011.07.05	第36巻第7号(通巻第420号)	12		近畿産業信用組合 第58期通常総代会 1兆円態勢構築で「普銀」転換へ
2011.07.05	第36巻第7号(通巻第420号)	13		民団京都府本部 第3期京都コリアン民族文化大学(第1回)
2011.07.05	第36巻第7号(通巻第420号)	14		統一日報社「図録・評伝安重根」出版記念講演会
2011.07.05	第36巻第7号(通巻第420号)	16		民団中央本部 故朴炳憲常任顧問自伝「私の歩んだ道」出版記念会
2011.07.05	第36巻第7号(通巻第420号)	17	鄭炳麒	〈特別寄稿〉研修旅行
2011.07.05	第36巻第7号(通巻第420号)	18	仕田原猛	〈連載〉歴史の接点をたずねて(24) 越路を歩く(9)
2011.07.05	第36巻第7号(通巻第420号)	22		兵庫韓商・兵庫青商の協同プロジェクト 東日本大震災被災地へ支援物資を搬送・伝達

발행일	지면정보 권호	지면정보 페이지	필자	제목
2011.07.05	第36巻第7号(通巻第420号)	24		在日本韓民族仏教徒総連合会　東日本津波大震災犠牲者を慰霊　百日大法要を厳修
2011.07.05	第36巻第7号(通巻第420号)	26		民団大阪府本部　第54期第7回各支部三機関長・本部傘下団体長連席会議
2011.07.05	第36巻第7号(通巻第420号)	27		民団京都府本部　第1回支団長協議会
2011.07.05	第36巻第7号(通巻第420号)	28		韓国繊維美術家会　「韓・日繊維芸術交流展」
2011.07.05	第36巻第7号(通巻第420号)	30		韓国大阪青年会議所・ソウル青年会議所　第39回韓国語弁論大会
2011.07.05	第36巻第7号(通巻第420号)	32	姜健栄	〈特別寄稿〉郷愁の画家シャガール(3)〜家族愛と恋人たち〜
2011.07.05	第36巻第7号(通巻第420号)	36	白井茂	〈特別寄稿〉3カ国首脳会談
2011.07.05	第36巻第7号(通巻第420号)	39		〈論壇〉「金正日の中国訪問と政治パフォーマンス」柳東烈(治安政策研究所安保対策室先任研究官)
2011.07.05	第36巻第7号(通巻第420号)	40	姜信英	〈小論〉日韓併合100年に際しての再照明6)姜沆と藤原惺窩の交友
2011.07.05	第36巻第7号(通巻第420号)	43	佐藤昇	満望の「話の玉手箱」我輩は満望教の教祖である。
2011.07.05	第36巻第7号(通巻第420号)	44		韓国の社説
2011.07.05	第36巻第7号(通巻第420号)	48	まつだたえこ	たえこ劇場(104)　かけぬける青春
2011.07.05	第36巻第7号(通巻第420号)	49	曺奎通	在日の詩(113)　焼肉の街
2011.07.05	第36巻第7号(通巻第420号)	50	姜健栄	〈特別寄稿〉李朝時代の陶磁名品
2011.07.05	第36巻第7号(通巻第420号)	54	尹和諍	〈特別寄稿〉第3回韓中日仏教文化交流祭と比叡山張保皐大使碑
2011.07.05	第36巻第7号(通巻第420号)	58	金佳恩	青年会京都府本部　韓日環境運動　琴引浜清掃活動2011
2011.07.05	第36巻第7号(通巻第420号)	59		コリアンサロン「めあり」コリアンフード講習会
2011.07.05	第36巻第7号(通巻第420号)	60		駐大阪韓国文化院　特別試写会　日韓合作ドキュメンタリー映画「海峡をつなぐ光」〜玉虫と少女と日韓歴史ロマン〜
2011.07.05	第36巻第7号(通巻第420号)	62		在日脱北者人権連合　金日成の韓国侵略の糾弾及び金氏王朝三代世襲決死反対!
2011.07.05	第36巻第7号(通巻第420号)	63	姜信英	〈連載〉シニョンの土仁俳句　難波道頓掘
2011.07.05	第36巻第7号(通巻第420号)	64		KT美術館　楠田稠子氏作/「朝の光」(京都・伊根湾)
2011.08.05	第36巻第8号(通巻第421号)	2		〈論壇〉「オリンピック精神を実現する場となる平昌」柳東烈(治安政策研究所安保対策室先任研究官)/「韓国・欧州連合(EU)間FTA発効とその意義」鄭璯永(慶熙大学国際大学院長)
2011.08.05	第36巻第8号(通巻第421号)	6		民団中央本部・大阪本部・京都府本部　申珏秀・駐日韓国特命全権大使歓迎会
2011.08.05	第36巻第8号(通巻第421号)	9		兵庫韓国商工会議所　在日韓国商工会議所第8代崔鐘太会長慰労会
2011.08.05	第36巻第8号(通巻第421号)	10		京都キョレオルサルリギ国民運動本部　韓国人「耳・鼻塚」慰霊祭＆国際学術会議

발행일	지면정보		필자	제목
	권호	페이지		
2011.08.05	第36巻第8号(通巻第421号)	12	田中典子	日中韓産業界の「大動脈」として　チャイニーズドラゴン新聞創刊18周年(財)日中韓経済貿易促進協会関西本部設立大会
2011.08.05	第36巻第8号(通巻第421号)	14		婦人会大阪府本部「オモニ卓球部」創設　オープニングセレモニー
2011.08.05	第36巻第8号(通巻第421号)	16		WFWP　第14回「女子留学生日本語弁論大会」〜中央大阪大会〜
2011.08.05	第36巻第8号(通巻第421号)	18	仕田原猛	〈連載〉歴史の接点をたずねて(25)　古代伽倻の地を歩く(1)
2011.08.05	第36巻第8号(通巻第421号)	22	尹禅弘	〈特別寄稿〉中元を国際法要で厳修
2011.08.05	第36巻第8号(通巻第421号)	24		高麗伝統茶苑　高麗伝統茶作法による謹点
2011.08.05	第36巻第8号(通巻第421号)	25	姜健栄	〈特別寄稿〉郷愁の画家シャガール(4)〜批判と称賛そしてイスラエル〜
2011.08.05	第36巻第8号(通巻第421号)	28	鄭炳麒	〈特別寄稿〉続・私の闘い(5)
2011.08.05	第36巻第8号(通巻第421号)	39		韓国後援会　第1回湾コリアフェスティバル後援の夕べ
2011.08.05	第36巻第8号(通巻第421号)	40	白承周	〈論壇〉「白米ご飯に肉のスープ」という金日成の遺訓は、いまだに権力承継の里程標である
2011.08.05	第36巻第8号(通巻第421号)	42	田中典子	吹田事件研究会、自由ッジャーナリストクラブ　朝鮮戦争勃発60年、吹田事件59年記念講演会　朝鮮と中東とのつながりを考える
2011.08.05	第36巻第8号(通巻第421号)	44		民団京都府本部　左京支部「麗蓉会」
2011.08.05	第36巻第8号(通巻第421号)	45		青年会京都府本部　夏季大衆事業「Summer Korea Action 2011」
2011.08.05	第36巻第8号(通巻第421号)	46		F1コリアグランプリ・2012麗水世界博覧会「全羅南道観光説明会」
2011.08.05	第36巻第8号(通巻第421号)	47	佐藤昇	満望の「話の玉手箱」我輩は満望教の教祖である。(2)
2011.08.05	第36巻第8号(通巻第421号)	48	まつだたえこ	たえこ劇場(105)　味気ない人生
2011.08.05	第36巻第8号(通巻第421号)	49	曺奎通	在日の詩(114)　鶴橋の露地
2011.08.05	第36巻第8号(通巻第421号)	50	姜健栄	〈特別寄稿〉山内愚僊の油彩画「朝鮮魚港」と「麻浦の渡し」
2011.08.05	第36巻第8号(通巻第421号)	53		(株)シルクジャパン　東北地方被災地「炭火焼肉炊き出しボランティア」に支援金伝達
2011.08.05	第36巻第8号(通巻第421号)	54	尹和靜	在日本韓民族仏教徒総連合会　韓日天台宗社会福祉研修交流会
2011.08.05	第36巻第8号(通巻第421号)	56		京都日韓親善協会　千玄室会長と茶道体験
2011.08.05	第36巻第8号(通巻第421号)	57		黒田福美さん&朴三中和尚　受刑者から「東日本大震災復旧」寄付金100万ウォン寄託
2011.08.05	第36巻第8号(通巻第421号)	58		韓国京都青年会議所　第28回韓日親善少年サッカー大会
2011.08.05	第36巻第8号(通巻第421号)	60		民団奈良県本部　南鉉城先生歓送会

발행일	지면정보		필자	제목
	권호	페이지		
2011.08.05	第36巻第8号(通巻第421号)	62	姜信英	〈連載〉シニョンの土仁俳句「七夕伝説」
2011.08.05	第36巻第8号(通巻第421号)	64		KT美術館　大阪・天神祭。崔太鼓の氏子による大阪締め
2011.09.05	第36巻第9号(通巻第422号)	2		KOREAVIEW　風の服独島を抱く　TOP韓服デザイナー李英姫さんの韓服ファッションショー
2011.09.05	第36巻第9号(通巻第422号)	4		文化遺産国民信託　国内外で消感の危機にある文化遺産の保存　韓陵島日本式家屋/宗宅永久保存
2011.09.05	第36巻第9号(通巻第422号)	8		INTERVIEW　李培鎔・国家brannd委員会委員長
2011.09.05	第36巻第9号(通巻第422号)	10		民団中央本部・東京、大阪、京都　第66周年光復節記念式典
2011.09.05	第36巻第9号(通巻第422号)	16		舞鶴市「殉難の碑公園」(京都) 浮島丸殉難66周年追悼集会
2011.09.05	第36巻第9号(通巻第422号)	17	田中典子	大阪韓商・京都韓商・兵庫韓商　東アジア李経営塾第4期クロージングセミナー＆修了式
2011.09.05	第36巻第9号(通巻第422号)	18	仕田原猛	〈連載〉歴史の接点をたずねて(26)　古代伽倻の地を歩く(2)
2011.09.05	第36巻第9号(通巻第422号)	22	尹性典	〈特別寄稿〉東日本津波大震災　被災地を巡り被災者慰問と初盆の物故者を慰霊
2011.09.05	第36巻第9号(通巻第422号)	26		IFA国際美術協会　2011IFA展
2011.09.05	第36巻第9号(通巻第422号)	28	姜健栄	〈特別寄稿〉哲学と誌情の画家シャガール(5)～愛と希望と信念～
2011.09.05	第36巻第9号(通巻第422号)	32		第66周年光復節　李明博大統領慶祝辞
2011.09.05	第36巻第9号(通巻第422号)	36		平和統一諮問会議　日本地域近畿協議会　第15期出帆会議＆委嘱状授与式
2011.09.05	第36巻第9号(通巻第422号)	38		〈論壇〉「金正日が執権を取って以来、北韓経済は14％縮小」ヤン・ウンチョル(世宗研究所　首席研究委員)/「国際社会による対北食糧支援は必要か」金興光(「NK知識人連帯」代表)
2011.09.05	第36巻第9号(通巻第422号)	42		在日脱北者人権連合/北朝鮮帰国者の生命と人権を守る会　大阪府庁前でビラ配布「朝鮮高級学校への授業無償化に反対」
2011.09.05	第36巻第9号(通巻第422号)	43		民団京都府本部　第2回支団長協議会
2011.09.05	第36巻第9号(通巻第422号)	44		韓国の社説
2011.09.05	第36巻第9号(通巻第422号)	46		2011オリニフットサル全国大会　優勝は三重選抜、京都選抜が準優勝
2011.09.05	第36巻第9号(通巻第422号)	47	佐籐昇	満望の「話の玉手箱」我輩は満望教の教祖である。(3)
2011.09.05	第36巻第9号(通巻第422号)	48	まつだたえこ	たえこ劇場(106)　真夏の夜の悪夢
2011.09.05	第36巻第9号(通巻第422号)	49	曺奎通	在日の詩(114)　鶴橋の露地
2011.09.05	第36巻第9号(通巻第422号)	50	姜健栄	〈特別寄稿〉三輪晁勢の「街」(N1939年)
2011.09.05	第36巻第9号(通巻第422号)	52		(株)シルクジャパン　日本の養蚕技術＋韓国の皮膚美容技術で「シルクルネッサンス」

발행일	지면정보		필자	제목
	권호	페이지		
2011.09.05	第36巻第9号(通巻第422号)	54		駐大阪韓国文化院 第4回「教職員韓国文化研修会」
2011.09.05	第36巻第9号(通巻第422号)	56		ビアパーティー 民団大阪八尾支部
2011.09.05	第36巻第9号(通巻第422号)	57		古代ロマン熟「韓日王仁学会関西研究所」設立 記念講演会
2011.09.05	第36巻第9号(通巻第422号)	58	姜信英	駐大阪大韓民国総領事館 関西地域韓国業界懇談会
2011.09.05	第36巻第9号(通巻第422号)	60		TOUR 〈孫炯来・河合智子・李允京〉ひとっ飛び「ソウル」そして心の旅
2011.09.05	第36巻第9号(通巻第422号)	62		BOOK 洪潤基氏著『日本文化史新論』
2011.09.05	第36巻第9号(通巻第422号)	63	姜信英	〈連載〉シニョンの王仁俳句「由義宮」
2011.09.05	第36巻第9号(通巻第422号)	64		KT美術館 鄭義富氏作「夕立ち後の蟾津江」(全羅北道)
2011.10.05	第36巻第10号(通巻第423号)	2		〈論壇〉「李明博大統領の中央アジア訪問外交の成果」鄭瑾永(慶熙大学教授/慶熙大学国際大学院長)
2011.10.05	第36巻第10号(通巻第423号)	4		異文化交流平和祭典実行委員会・高麗伝統茶苑 日韓露親善民衆文化交流会
2011.10.05	第36巻第10号(通巻第423号)	6		民団大阪府八尾市武/統一日報社 特別講演会「八尾地域の歴史遺産と日韓観光交流」
2011.10.05	第36巻第10号(通巻第423号)	8	川瀬陽子	日韓美術交友会 第19回日韓美術交流展
2011.10.05	第36巻第10号(通巻第423号)	10	田中典子	(社)大阪国際見本市委員会 第3回 LINING&DESIGN
2011.10.05	第36巻第10号(通巻第423号)	12		駐大阪韓国総領事館 金聖大・白頭学院理事長に「木浦章」
2011.10.05	第36巻第10号(通巻第423号)	13		第1期定期総会 在日本関西韓国人連合会
2011.10.05	第36巻第10号(通巻第423号)	14		第10回定期総会 近畿経友納税連合会
2011.10.05	第36巻第10号(通巻第423号)	15	田中典子	(社)大阪国際見本市委員会 フードテック2011
2011.10.05	第36巻第10号(通巻第423号)	16		慶州市/駐大阪韓国総領事館 慶州市青少年チェンバーオーケストラ 大阪公演〜秋、なつかしい故郷〜
2011.10.05	第36巻第10号(通巻第423号)	18	仕田原猛	〈連載〉歴史の接点をたずねて(27) 古代伽倻の地を歩く(3)
2011.10.05	第36巻第10号(通巻第423号)	22		近畿産業信用組合 第4回「合同企業説明会」
2011.10.05	第36巻第10号(通巻第423号)	24		創造美術協会 第64回「創造展」絵画・彫刻
2011.10.05	第36巻第10号(通巻第423号)	26	姜信英	INTERVIEW (株)メリック日本語学校・土生雅俊理事長
2011.10.05	第36巻第10号(通巻第423号)	27		セミナー(大阪) 日韓トンネル推進大阪有識者セミナー
2011.10.05	第36巻第10号(通巻第423号)	28		平和統一聯合近畿連合会 結成7周年記念大会
2011.10.05	第36巻第10号(通巻第423号)	30	鄭炳麒	〈特別寄稿〉エゴイスト
2011.10.05	第36巻第10号(通巻第423号)	32	姜健栄	〈特別寄稿〉哲学と誌情の画家シャガール(6)〜エルサレムの12面ステンドグラス〜〜
2011.10.05	第36巻第10号(通巻第423号)	36	コ・ヨンファン	〈論壇〉端から間違っていた北韓政権
2011.10.05	第36巻第10号(通巻第423号)	38		民団京都府本部 第3期京都コリアン民族文化大学
2011.10.05	第36巻第10号(通巻第423号)	39		記者会見 韓信協・権東鉉会長

발행일	지면정보		필자	제목
	권호	페이지		
2011.10.05	第36巻第10号(通巻第423号)	40		韓国の社説
2011.10.05	第36巻第10号(通巻第423号)	42	姜信英	〈小論〉日韓併合100年に際しての再照明(7) 姜沆と藤原惺窩の交友
2011.10.05	第36巻第10号(通巻第423号)	46		民団京都府本部 第15期オリニ土曜学校開校式
2011.10.05	第36巻第10号(通巻第423号)	47	佐籐昇	満望の「話の玉手箱」我輩は満望教の教祖である。(4)
2011.10.05	第36巻第10号(通巻第423号)	48	まつだたえこ	たえこ劇場(107) コリアン・ビューティの秘密？
2011.10.05	第36巻第10号(通巻第423号)	49	靑奎通	在日の詩(116) 血と骨の舞台(1)
2011.10.05	第36巻第10号(通巻第423号)	50	姜健栄	〈特別寄稿〉ソ連画家 辺月竜について
2011.10.05	第36巻第10号(通巻第423号)	54		歓迎会 ブルネイ王国初代首相ペンギラン・ユソフ殿下
2011.10.05	第36巻第10号(通巻第423号)	56		済州特別自治道 耽羅文化祭第50回記念特別祝典～海外に訪れる耽羅(済州)文化祭～
2011.10.05	第36巻第10号(通巻第423号)	62		韓国版「夫婦善哉」の家庭料理「キムチの大盛屋」
2011.10.05	第36巻第10号(通巻第423号)	63	姜信英	〈連載〉シニョンの王仁俳句「王仁学会設立」
2011.10.05	第36巻第10号(通巻第423号)	64		KT美術館 森本康弘氏作「文楽それぞれの心情」
2011.11.05	第36巻第11号(通巻第424号)	2		KOREA VIEW 韓民族歴史紀元「開天大祭」(10月3日、円丘壇で祭礼)
2011.11.05	第36巻第11号(通巻第424号)	4	ソ・ジンジョ	〈論壇〉李明博大統領の訪米成果とその意義
2011.11.05	第36巻第11号(通巻第424号)	6		受勲祝賀会 朴東鉉・民団京都府本部常任顧問に「牡丹章」
2011.11.05	第36巻第11号(通巻第424号)	8		韓国貿易協会)第5回韓国商品展示商談会
2011.11.05	第36巻第11号(通巻第424号)	10		東京韓国商工会議所 創立50周年記念式及び祝賀会
2011.11.05	第36巻第11号(通巻第424号)	11		全国焼肉協会 焼肉料理コンクール、「赤いとうがらし」に感謝状
2011.11.05	第36巻第11号(通巻第424号)	12		駐大阪韓国文化院/駐大阪世宗学堂 韓国文化体験「江原道4日間LOHASツアー」
2011.11.05	第36巻第11号(通巻第424号)	16	尹禅弘	〈特別寄稿〉在日本韓民族仏教徒総連合会 黄檗山万福寺隠元禅師開創350年 慶讃国際大法要厳修
2011.11.05	第36巻第11号(通巻第424号)	18	仕田原猛	〈連載〉歴史の接点をたずねて(28)古代伽倻の地を歩く(4)
2011.11.05	第36巻第11号(通巻第424号)	22		駐大阪韓国総領事館 2011年度政府褒章伝授式
2011.11.05	第36巻第11号(通巻第424号)	23		韓日文化親善協会 「百済門」建立5周年紀念式典
2011.11.05	第36巻第11号(通巻第424号)	24		WFWP(大阪) 第15回女子留学生日本語弁論大会
2011.11.05	第36巻第11号(通巻第424号)	26		民団大阪府堺支部〈姜信英〉第38回堺まつり
2011.11.05	第36巻第11号(通巻第424号)	28	姜健栄	〈特別寄稿〉沖縄と済州島の郷土愛(1)
2011.11.05	第36巻第11号(通巻第424号)	31		KOREA PIA
2011.11.05	第36巻第11号(通巻第424号)	32	鄭炳麒	〈特別寄稿〉友は得がたく失い易い/言い訳
2011.11.05	第36巻第11号(通巻第424号)	34		〈論壇〉「カダフィ没落の教訓と北韓」柳東烈(治安政策研究所先任研究官)
2011.11.05	第36巻第11号(通巻第424号)	36		民団大阪府本部/民主平和統一諮問会議近畿協議会「北韓を正しく知る安保講演会」

발행일	지면정보		필자	제목
	권호	페이지		
2011.11.05	第36巻第11号(通巻第424号)	38		民団京都府本部 在外選挙に関する説明会
2011.11.05	第36巻第11号(通巻第424号)	39		京都韓国教育院/民団京都府本部 第4次韓国語講師ワークショップ
2011.11.05	第36巻第11号(通巻第424号)	40		韓国の社説
2011.11.05	第36巻第11号(通巻第424号)	42		海でつながる東アジアの未来　第27回ワンコリアフェスティバル2011
2011.11.05	第36巻第11号(通巻第424号)	44		神奈川韓国綜合教育院 洪潤基·韓日王仁学会会長が講演「百済と日本王室」(上)
2011.11.05	第36巻第11号(通巻第424号)	46	姜信英	古代ロマン塾 木村和弘·コリアジャパンセンター代表が講演「コリアタウンの古代からの歴史～コリアタウンガイドと異文化体験」
2011.11.05	第36巻第11号(通巻第424号)	47	佐藤昇	満望の「話の玉手箱」我輩は満望教の教祖である。(5)
2011.11.05	第36巻第11号(通巻第424号)	48		日韓交流おまつり2011 in Tokyo 大統領祝賀メッセージ、歓迎挨拶、開会宣言
2011.11.05	第36巻第11号(通巻第424号)	49	曺奎通	在日の詩(117)「血と骨の舞台」(2)
2011.11.05	第36巻第11号(通巻第424号)	50	姜健栄	〈特別寄稿〉開化派朴泳孝の書軸
2011.11.05	第36巻第11号(通巻第424号)	53		BOOK 金希姫「あなたに愛を問う」
2011.11.05	第36巻第11号(通巻第424号)	54	茂松性典	〈特別寄稿〉第1回「韓国天台福祉学術セミナー」
2011.11.05	第36巻第11号(通巻第424号)	56		「祭り」日韓交流おまつり2011 in Tokyo
2011.11.05	第36巻第11号(通巻第424号)	58		民団京都府本部 10月マダン
2011.11.05	第36巻第11号(通巻第424号)	60		TOUR〈河合智子·金学基·李允京〉いろいろなソウルそして心の旅
2011.11.05	第36巻第11号(通巻第424号)	62		婦人会奈良県本部 敬老会
2011.11.05	第36巻第11号(通巻第424号)	63	姜信英	〈連載〉シニョンの王仁俳句「素夢子古茶家」
2011.11.05	第36巻第11号(通巻第424号)	64		KT美術館/PHOTO 平昌/月精寺
2011.12.05	第36巻第12号(通巻第425号)	2		追慕会　日韓を越えて「浅川巧」
2011.12.05	第36巻第12号(通巻第425号)	4	ソ·ジンギョ	〈論壇〉李明博大統領のロシア及びフランス訪問の成果と意味
2011.12.05	第36巻第12号(通巻第425号)	5		第33回三均学会学術会議 韓国光復軍(独立軍)総司令官·池青天研究
2011.12.05	第36巻第12号(通巻第425号)	6		在日本大韓民国民団 創団65周年紀念式典「夢を次世代へ」
2011.12.05	第36巻第12号(通巻第425号)	8		第26回国民文化祭·京都2011 日韓友好祭「コリアンフェスティバル」
2011.12.05	第36巻第12号(通巻第425号)	10		大阪日韓親善協会 第28回「博士王仁まつり」
2011.12.05	第36巻第12号(通巻第425号)	11		在日が生んだオペラ歌手 李千恵ディナー独唱会
2011.12.05	第36巻第12号(通巻第425号)	12		在日韓国奨学会 創立55周年紀念式典＆祝賀会
2011.12.05	第36巻第12号(通巻第425号)	14		NPO法人大阪ワッソ文化交流協会　四天王寺ワッソアカデミー発表会
2011.12.05	第36巻第12号(通巻第425号)	18		英親王·李方子妃の遺品 特別展「河正雄奇贈展」～純宗皇帝の西北巡行と英親王·王妃の一生～

발행일	지면정보		필자	제목
	권호	페이지		
2011.12.05	第36巻第12号(通巻第425号)	22		漢陽クッ芸術研保存会、呂英華韓国伝統芸術院　万神～シャーマニズムの真実～「굿」
2011.12.05	第36巻第12号(通巻第425号)	24	茂松性典	〈特別寄稿〉第4回鎮守の杜・仁徳文化サロン「講談で聞く土仁博士」
2011.12.05	第36巻第12号(通巻第425号)	26	姜健栄	〈特別寄稿〉沖縄と済州陶の郷土愛(2)
2011.12.05	第36巻第12号(通巻第425号)	28		結成大会　正修会日本本部
2011.12.05	第36巻第12号(通巻第425号)	32		からむし工房/駐大阪韓国文化院　韓日閨房展
		33		在日韓国人本国参政権連絡会議　セミナー「2012韓国国政選挙へ1票を!」
2011.12.05	第36巻第12号(通巻第425号)	34		民団京都府本部、京都韓国教育院、京都韓国青年会議所　第12回韓国語マルハギ大会
2011.12.05	第36巻第12号(通巻第425号)	36		駐大阪韓国総領事館/金剛・建国・京都国際学園　「延坪島武力攻撃」など関連写真33点を展示
2011.12.05	第36巻第12号(通巻第425号)	37		駐大阪韓国総領事館　民族学級関係者との懇親会及び文化用品(教具)寄贈
2011.12.05	第36巻第12号(通巻第425号)	38		民団京都府本部　第3期京都コリアン民族文化大学　尹健次・神奈川大教授が講演
2011.12.05	第36巻第12号(通巻第425号)	39		名古屋韓国学校　第49周年開校記念文化祭
2011.12.05	第36巻第12号(通巻第425号)	40		大阪韓国青年商工会　小花幼児再活院チャリティ親睦ゴルフコンペ
2011.12.05	第36巻第12号(通巻第425号)	41		兵庫韓国商工会議所「東日本大震災復興支援」第2次支援物資伝達活動
2011.12.05	第36巻第12号(通巻第425号)	42		民団京都府本部　2011年チャリティーゴルフコンペ
2011.12.05	第36巻第12号(通巻第425号)	43		京都日韓親善協会　黒田福美講演会
2011.12.05	第36巻第12号(通巻第425号)	44		神奈川韓国総合教育院　韓日土仁学会・洪潤基会長が講演「百済と日本土室」(下)
2011.12.05	第36巻第12号(通巻第425号)	46	姜信英	古代ロマン塾11月例会　李花子・温儒会会長が講演
2011.12.05	第36巻第12号(通巻第425号)	47	佐藤昇	満望の「話の玉手箱」　我輩は満望教の教祖である。(6)
2011.12.05	第36巻第12号(通巻第425号)	48	まつだたえこ	たえこ劇場(108)　たたえのエコ劇場
2011.12.05	第36巻第12号(通巻第425号)	49	青奎通	在日の詩(118)　かの日の景色
2011.12.05	第36巻第12号(通巻第425号)	50	姜健栄	〈特別寄稿〉現在の麻浦風景
2011.12.05	第36巻第12号(通巻第425号)	53		更生保護法人・京都保護育成会　島根朝日社会復帰促進センター訪問研修旅行
2011.12.05	第36巻第12号(通巻第425号)	54	尹禅弘	〈特別寄稿〉第28回殉難者慰霊大祭/高麗寺・平和の塔広場
2011.12.05	第36巻第12号(通巻第425号)	56		駐大阪韓国総領事館、民団大阪府本部、大阪韓商　金碩基総領事離任レセプション
2011.12.05	第36巻第12号(通巻第425号)	58		生野コリアタウン　コリアタウン共生まつり2011
2011.12.05	第36巻第12号(通巻第425号)	60		Zoomup　スイーツカフェ＆イタリアン「オステリアトツ」

발행일	지면정보		필자	제목
	권호	페이지		
2011.12.05	第36巻第12号(通巻第425号)	62		イ・ヨンボ/桂福団治コラボ 音楽と上方落語の会
2011.12.05	第36巻第12号(通巻第425号)	63	姜信英	〈連載〉シニョンの王仁俳句「韓流」
2011.12.05	第36巻第12号(通巻第425号)	64		KT美術館 大韓帝国最後の皇太子妃 李方子特別展
2012.01.05	第37巻第1号(通巻第426号)	2		誇らしい大韓民国、成長する同胞社会 李明博大統領の日本(大阪)訪問歓迎会
2012.01.05	第37巻第1号(通巻第426号)	5		日本軍「慰安婦」問題・関西ネットワーク 韓国水曜デモ1000回連帯アクションin関西
2012.01.05	第37巻第1号(通巻第426号)	6	柳東烈	〈論壇〉「金正日死亡に対する正しい理解」韓国の社説
2012.01.05	第37巻第1号(通巻第426号)	8	池異山	〈特別寄稿〉〈海東仏教会会長 池異山〉利川五重石塔 タットリ慰霊祭で日韓和合を祈願
2012.01.05	第37巻第1号(通巻第426号)	10		民主平和統一諮問会議 2011平和統一韓日専門家フォーラム「北日関係の懸案と向後の展望」
2012.01.05	第37巻第1号(通巻第426号)	12		同志社大学神学部・神学研究科公開講演会 ボンヘッテュァーの平和思想と東アジアの平和
2012.01.05	第37巻第1号(通巻第426号)	14		民団大阪府本部 第5回韓国伝統文化マダン 心をひとつに「絆」
2012.01.05	第37巻第1号(通巻第426号)	17		民団京都府本部 「京都と韓国の交流の歴史」第5集発刊
2012.01.05	第37巻第1号(通巻第426号)	18	仕田原猛	〈連載〉歴史の接点をたずねて(29) 古代伽倻の地を歩く(5)
2012.01.05	第37巻第1号(通巻第426号)	22		駐大阪韓国総領事館・国土交通省近畿運輸局 韓国・関西フォーラム2011～ コリアタウンの街づくりを通した大阪観光・経済活性化～
2012.01.05	第37巻第1号(通巻第426号)	24		李華真氏・金圭範氏「東洋画と草木染」展示会
2012.01.05	第37巻第1号(通巻第426号)	26		2012年麗水世界博覧会 具末謨・河正雄両氏が広報大使に
2012.01.05	第37巻第1号(通巻第426号)	27		(株)シルクジャパンが開拓 「テラハルツ波」が世界を変える
2012.01.05	第37巻第1号(通巻第426号)	28	姜健栄	〈特別寄稿〉沖縄の焼き物～朝鮮陶工の技法伝来～
2012.01.05	第37巻第1号(通巻第426号)	31		出版を祝う会 あんそら著「大阪コリアタウンまるわかりガイド」
2012.01.05	第37巻第1号(通巻第426号)	39		大阪総領事館在外選挙管理委員会 韓統連大阪部代表宛に「公選法遵守」要請文書
2012.01.05	第37巻第1号(通巻第426号)	40		韓国の社説
2012.01.05	第37巻第1号(通巻第426号)	44	姜信英	姜信英・古代ロマン塾代表 久米邦武教授の「神道は祭天の古俗」を読んで
2012.01.05	第37巻第1号(通巻第426号)	46	姜信英	古代ロマン塾12月例会 小川治海氏「東成区の歴史」～猪飼野からコリアタウンへ～
2012.01.05	第37巻第1号(通巻第426号)	47	佐藤昇	満望の「話の玉手箱」我輩は満望教の教祖である(7)
2012.01.05	第37巻第1号(通巻第426号)	48	まつだたえこ	たえこ劇場(109) 109個目の煩悩
2012.01.05	第37巻第1号(通巻第426号)	49	曺奎通	在日の詩(119) 留学終ゆるとも

발행일	지면정보		필자	제목
	권호	페이지		
2012.01.05	第37巻第1号(通巻第426号)	50	姜健栄	〈特別寄稿〉済州島南の波浪
2012.01.05	第37巻第1号(通巻第426号)	52	茂松性典	〈特別寄稿〉上月円覚大祖師誕辰百周年房奉祝　日中韓三国天台宗大法要
2012.01.05	第37巻第1号(通巻第426号)	54		民団京都府本部　第3期京都コリアン民族文化大学
2012.01.05	第37巻第1号(通巻第426号)	55		民団京都本部、京都韓国教育院　第15期オリニ土曜学校修了式
2012.01.05	第37巻第1号(通巻第426号)	56		民団兵庫・兵庫韓商・兵庫青商　チャリティーゴルフ大会
2012.01.05	第37巻第1号(通巻第426号)	58		民団大阪府本部、大阪韓国教育院　第5回「韓国語を楽しもう!」高校生大会
2012.01.05	第37巻第1号(通巻第426号)	60		駐大阪韓国文化院　韓国文化講座発表会
2012.01.05	第37巻第1号(通巻第426号)	62		民団大阪八尾支部　大餅つき大会
2012.01.05	第37巻第1号(通巻第426号)	63	姜信英	〈連載〉シニョンの土仁俳句「ワニ」変わる
2012.01.05	第37巻第1号(通巻第426号)	64		BOOK 金洪信著・金希妊訳「人生使用説明書」
2012.02.05	第37巻第3号(通巻第427号)	2		2012年賀交歓会 民団中央・東京合同新年会 民団大阪府本部・大阪韓国商工会議所　民団京都府本部
2012.02.05	第37巻第3号(通巻第427号)	10		駐大阪韓国文化院 洪潤基・韓日王仁学会会長 特別講演会「王仁博士と古代日本」
2012.02.05	第37巻第3号(通巻第427号)	12	茂松性典	〈特別寄稿〉洪潤基教授と歩く近江古代風土探訪
2012.02.05	第37巻第3号(通巻第427号)	16		株式会社シルクジャパン　心身のバランスを回復する「中庸の波動」を開発「電波と光波の時代」から「光電波お時代」へ
2012.02.05	第37巻第3号(通巻第427号)	18	仕田原猛	〈連載〉歴史の接点をたずねて(30) 古代伽倻の地を歩く(6)
2012.02.05	第37巻第3号(通巻第427号)	21		近畿経友納税連合会 確定申告期を迎え税務研修会
2012.02.05	第37巻第3号(通巻第427号)	22		韓国大阪青年会議所・韓国大阪JC特友会　2012年度定期総会・合同懇親会
2012.02.05	第37巻第3号(通巻第427号)	24		駐大阪韓国文化院「法古創新～韓国の色と線～」展
2012.02.05	第37巻第3号(通巻第427号)	26	朴栄子	在日韓国奨学会「セットンの家」で研修会
2012.02.05	第37巻第3号(通巻第427号)	28		Zoomup NPO法人在日韓国人選挙公報会 朴哲賢氏
2012.02.05	第37巻第3号(通巻第427号)	29		民団京都府本部 本部・支部議決・監察機関合同研修会
2012.02.05	第37巻第3号(通巻第427号)	30		在日脱北者人権連合 大阪・鶴橋で抗議のビラ配布
2012.02.05	第37巻第3号(通巻第427号)	31		韓国の社説
2012.02.05	第37巻第3号(通巻第427号)	32	姜健栄	〈特別寄稿〉英国艦船の朝鮮航海記(1)～1816年9月大青郡島～
2012.02.05	第37巻第3号(通巻第427号)	36	尹禅弘	〈特別寄稿〉利川五重高麗石還収運動とその展開
2012.02.05	第37巻第3号(通巻第427号)	44	姜信英	〈特別寄稿〉韓民族の淵源を記いた書「符都誌」
2012.02.05	第37巻第3号(通巻第427号)	47	佐藤昇	満望、世間に説教
2012.02.05	第37巻第3号(通巻第427号)	48	まつだたえこ	たえこ劇場(110) 節分？節電
2012.02.05	第37巻第3号(通巻第427号)	49	青奎通	在日の詩(120) 日韓併合史

발행일	지면정보 권호	페이지	필자	제목
2012.02.05	第37巻第3号(通巻第427号)	50	姜健栄	〈特別寄稿〉釜山五倫山農場と広安大橋
2012.02.05	第37巻第3号(通巻第427号)	52	姜健栄	〈特別寄稿〉高麗青磁と白磁鉢
2012.02.05	第37巻第3号(通巻第427号)	56		神戸韓国教育院　第11回兵庫県高校生韓国語スピーチ大会
2012.02.05	第37巻第3号(通巻第427号)	58		全国各地で成人式 民団大阪府本部・民団京都府本部
2012.02.05	第37巻第3号(通巻第427号)	60		KOREA PIA
2012.02.05	第37巻第3号(通巻第427号)	62		BOOK 金希姃著「詩で学ぶ韓国語」
2012.02.05	第37巻第3号(通巻第427号)	63	姜信英	〈連載〉シニョンの王仁俳句「和爾下神社」
2012.02.05	第37巻第3号(通巻第427号)	64		KT美術館 鮫皮珎瑁螺鈿双竜文二層籠(高麗美術館コレクション 名品展より)
2012.03.05	第37巻第3号(通巻第428号)	2		民団中央本部　第52回定期中央大会〈中央三機関長選挙〉団長/呉公太氏、議長/金漢翊氏、監察委員長/韓在銀氏を選出
2012.03.05	第37巻第3号(通巻第428号)	6		北朝鮮帰国者の生命の人権を守る会　緊急集会/どうみる、どうなる金正恩体制〜拉致家族・脱北者と朝鮮専門家のシンポジウム〜
2012.03.05	第37巻第3号(通巻第428号)	8		民団大阪府本部・京都府本部　第93周年3.1節記念式典
2012.03.05	第37巻第3号(通巻第428号)	10	田中典子	(財)日中韓経済貿易促進協会 企業経済フォーラム&経営者懇親会
2012.03.05	第37巻第3号(通巻第428号)	12		大阪府議会日韓友好親善議員連盟　総会と懇親会、李賢主総領事が講演
2012.03.05	第37巻第3号(通巻第428号)	13		近畿産業信用組合 32番目の店舗「西陣支店」オープン
2012.03.05	第37巻第3号(通巻第428号)	14		京都造形芸術大学　尹東柱命日追悼会
2012.03.05	第37巻第3号(通巻第428号)	16		(株)シルクジャパン海外市場開拓　「アジア友情スペシャルプロジェクト」実施
2012.03.05	第37巻第3号(通巻第428号)	18	仕田原猛	〈連載〉歴史の接点をたずねて(31)　古代伽倻の地を歩く(7)
2012.03.05	第37巻第3号(通巻第428号)	22	茂松性典	〈特別寄稿〉浪速の高津宮で王仁博士献梅祭
2012.03.05	第37巻第3号(通巻第428号)	24		民団大阪府本部/大阪韓国教育院　第一回中学生ウリマル　イヤギ・クイズ大会
2012.03.05	第37巻第3号(通巻第428号)	26		韓国文化を肌で感じ、味わえる場　第8回「アリランまつり」
2012.03.05	第37巻第3号(通巻第428号)	28	姜健栄	〈特別寄稿〉柳宗悦と声楽家柳兼子
2012.03.05	第37巻第3号(通巻第428号)	32	鄭炳麒	〈特別寄稿〉昨年12月 貿易1兆ドル達成
2012.03.05	第37巻第3号(通巻第428号)	34	姜健栄	〈特別寄稿〉英国艦船の朝鮮航海記(2)〜1816年9月 庇仁湾〜
2012.03.05	第37巻第3号(通巻第428号)	37		日韓トンネル推進大阪有織者セミナー「リニアモーターカーの開発の経緯と今後の展望」「日韓トンネル構想について」
2012.03.05	第37巻第3号(通巻第428号)	38	高英煥	〈論壇〉亡者のための国
2012.03.05	第37巻第3号(通巻第428号)	40		在日脱北者人権連合/北朝鮮帰国者の生命と人権を守る会 朝鮮総連大阪府本部に抗議「金正恩三代世襲決死反対!」

발행일	지면정보		필자	제목
	권호	페이지		
2012.03.05	第37巻第3号(通巻第428号)	41		青年会大阪府本部 脱北男性を講師に学習会
2012.03.05	第37巻第3号(通巻第428号)	42		民団京都府本部 京都韓国教育院 新・旧院長歓送迎会
2012.03.05	第37巻第3号(通巻第428号)	43		韓国の社説
2012.03.05	第37巻第3号(通巻第428号)	44	姜信英	古代ロマン塾 難波古図を追っかけて
2012.03.05	第37巻第3号(通巻第428号)	47	佐藤昇	満望、世間に説教
2012.03.05	第37巻第3号(通巻第428号)	48	まつだたえこ	たえこ劇場(111) 韓国語の挑戦
2012.03.05	第37巻第3号(通巻第428号)	49	曺奎通	在日の詩(121) 還流グッズ
2012.03.05	第37巻第3号(通巻第428号)	50	姜健栄	〈特別寄稿〉魯迅について～仙台の記念碑～(1)
2012.03.05	第37巻第3号(通巻第428号)	53		民団宮城県本部/大阪青商 被災地で炊き出し、義援金100万円伝達
2012.03.05	第37巻第3号(通巻第428号)	54	田中典子	木の人形＆伝統刺繍「韓国の伝統工芸と日韓友愛展」
2012.03.05	第37巻第3号(通巻第428号)	56		日韓友好京都ネット 第4回総会〈新春の集い〉
2012.03.05	第37巻第3号(通巻第428号)	58		駐大阪韓国文化院 「話してみよう韓国語」第10回大阪大会
2012.03.05	第37巻第3号(通巻第428号)	59		「在日本梁氏宗親会」新年会 梁万基顧問(102歳)「在日同胞の和合と南北平和統一貢献を」
2012.03.05	第37巻第3号(通巻第428号)	60		民団大阪本部/大阪韓国教育院 第6回「オリニ ウリマル イヤギ・カルタ大会」
2012.03.05	第37巻第3号(通巻第428号)	62		BOOK 曺奎通著「在日の歌 知らざる故国 何ぞ恋しき」
2012.03.05	第37巻第3号(通巻第428号)	63	姜信英	〈連載〉新・シニョンの土仁俳句 チョゴリと神社「御幸森天神宮」
2012.03.05	第37巻第3号(通巻第428号)	64		KT美術館 鄭義宮氏作「立葵の微笑」
2012.04.05	第37巻第4号(通巻第429号)	2		三均学会 大韓独立宣言宣布記念式典＆学術シンポジウム広開土大王碑文の理解
2012.04.05	第37巻第4号(通巻第429号)	4		生きている海、息づく沿岸"早めに行こう"2012年麗水世界博覧会
2012.04.05	第37巻第4号(通巻第429号)	8		民団大阪府本部/第55回定期地方愛会 団長/鄭鉉権氏、議長/梁信浩氏、監察委員長/金清正氏
2012.04.05	第37巻第4号(通巻第429号)	10		民団京都府本部/第40回定期地方大会 団長/土清一氏、議長/강在文氏、新監察委員長/河竜海氏
2012.04.05	第37巻第4号(通巻第429号)	12	ソ・ジンジョ	〈論壇〉韓米FTA発効の意義と残された課題
2012.04.05	第37巻第4号(通巻第429号)	13		韓国総選挙(4月11日) 初の在外投票(3月28日～4月2日)
2012.04.05	第37巻第4号(通巻第429号)	14		高麗写経学会「黄金の神秘展」高麗金写経＆黄金吉祥図
2012.04.05	第37巻第4号(通巻第429号)	18	仕田原猛	〈連載〉歴史の接点をたずねて(32) 大和路を歩く(1)
2012.04.05	第37巻第4号(通巻第429号)	22	尹禅弘	在日本韓民族仏教徒総連合会 東日本津波大震災一周忌法要
2012.04.05	第37巻第4号(通巻第429号)	24		民団中央本部・関東地協・傘下団体代表 脱北者強制送還で、中国大使館に抗議

발행일	지면정보 권호	페이지	필자	제목
2012.04.05	第37巻第4号(通巻第429号)	25		北朝鮮帰国者の生命と人権を守る会/在日脱北者人権連合 ビラ配布、中国政府に緊急要請(駐大阪中国総領事館)
2012.04.05	第37巻第4号(通巻第429号)	26		駐大阪韓国総領事館 2011学年度民族学級支援事業/事例発表および激励晩餐会
2012.04.05	第37巻第4号(通巻第429号)	27		詩朗読・テグム・民謡 詩と音楽で楽しむ韓国文化
2012.04.05	第37巻第4号(通巻第429号)	28	茂松性典	〈特別寄稿〉大邱MBC文化放送局「略奪文化財特番」取材協力記
2012.04.05	第37巻第4号(通巻第429号)	30	尹禅弘	〈特別寄稿〉利川五重高麗石還収運動のための宗会役員理事会
2012.04.05	第37巻第4号(通巻第429号)	32		KOREA PIA
2012.04.05	第37巻第4号(通巻第429号)	34	姜健栄	〈特別寄稿〉英国艦船の琉球航海記(1)～1816年朝鮮との比較～
2012.04.05	第37巻第4号(通巻第429号)	37		韓国の社説
2012.04.05	第37巻第4号(通巻第429号)	38		〈論壇〉『北韓の弾道ミサイルによる脅威の意義と対応』キム・Gァンドン(ナラ政策研究院長)
2012.04.05	第37巻第4号(通巻第429号)	40	姜信英	大阪・泉大津ロータリークラブ 信英・古代ロマン塾代表が講演「古代史の魅力と日韓親善」INTERVIEW/榎木善夫会長
2012.04.05	第37巻第4号(通巻第429号)	44		民団中央/民団兵庫/韓国の社説/民団大阪 52期役員人事、団長選/車得竜氏が再選「選挙人制度導入案」を採択
2012.04.05	第37巻第4号(通巻第429号)	46		青年会京都府本部/第34回定期地方大会千義雄会長が再選
2012.04.05	第37巻第4号(通巻第429号)	47	佐藤昇	満望、世間に説教
2012.04.05	第37巻第4号(通巻第429号)	48	まつだたえこ	たえこ劇場(112) 時計じかけのチャレンジ
2012.04.05	第37巻第4号(通巻第429号)	49	曺奎通	在日の詩(122) キムチ
2012.04.05	第37巻第4号(通巻第429号)	50	姜健栄	〈特別寄稿〉魯迅について～その文芸作品～(2)
2012.04.05	第37巻第4号(通巻第429号)	53		2012年度オリックス・バファローズ激励パーティー 期待大きい李大浩、白蹉承
2012.04.05	第37巻第4号(通巻第429号)	54		青年会大阪府本部/第34回定期地方大会 女性初、第19代会長に金奈緒美氏
2012.04.05	第37巻第4号(通巻第429号)	55		ブリッジ・コリアヤパン/「囲碁ピースカップ星野杯」囲碁を通じて在日和合と南北平和統一を!
2012.04.05	第37巻第4号(通巻第429号)	56		NPO法人国際友好促進会 第6回「国際友好芸能公演」
2012.04.05	第37巻第4号(通巻第429号)	60		神戸韓国教育院 兵庫県韓国文化体験団
2012.04.05	第37巻第4号(通巻第429号)	62		BOOK 萩原遼著「北朝鮮 金王朝の真実」
2012.04.05	第37巻第4号(通巻第429号)	63	姜信英	〈連載〉〈姜信英〉新・シニョンの王仁俳句「お茶 行基菩薩」
2012.04.05	第37巻第4号(通巻第429号)	64		KT美術館 二星潤子氏作 陶器「静かな楽しみ」(壺)
2012.05.05	第37巻第5号(通巻第430号)	2		民団中央本部 2012年度前半期「全国地方団長・中央傘下団体長会議」

발행일	지면정보		필자	제목
	권호	페이지		
2012.05.05	第37巻第5号(通巻第430号)	4		民団中央本部/民団大阪府本部 「北韓のミサイル発射」で朝鮮航連に抗議
2012.05.05	第37巻第5号(通巻第430号)	6		民団愛知県本部/民主平統中部協議会 総連に直接抗議/平和統一講演会
2012.05.05	第37巻第5号(通巻第430号)	8		駐大阪韓国総領事館「韓半島情勢フォーラム」
2012.05.05	第37巻第5号(通巻第430号)	10		韓商連/第50期定期総会 一般社団法人「在日韓商」発足記念パーティー
2012.05.05	第37巻第5号(通巻第430号)	12	尹禅弘	〈特別寄稿〉慶尚北道お韓国略奪文化財捜索調査と還収運動
2012.05.05	第37巻第5号(通巻第430号)	18	仕出原猛	〈連載〉歴史の接点をたずねて(33) 大和路を歩く(2)
2012.05.05	第37巻第5号(通巻第430号)	22	田中典子	〈特別寄稿〉韓国光陽湾圏経済自由区域庁　日韓ビジネス交流
2012.05.05	第37巻第5号(通巻第430号)	24		李卓卿博士·来日初講演　糖尿·高血圧·うつ·花粉症を克服
2012.05.05	第37巻第5号(通巻第430号)	26		NPO法人関西アジア人協会 第11回チャリティー「アジア歌謡祭」
2012.05.05	第37巻第5号(通巻第430号)	30	鄭炳麒	〈特別寄稿〉親に借用書、コント(8話)
2012.05.05	第37巻第5号(通巻第430号)	34		〈論壇〉『北韓の長距離ミサイルは、豚に真珠』全星勲(統一研究院先任研究委員)/『強聖大国が作った文明破壊と民族蹂躙』金グァンドン(ナラ政策研究院長)
2012.05.05	第37巻第5号(通巻第430号)	38	姜健栄	〈特別寄稿〉英国艦船の琉球航海記(2)～1816年朝出航禁止令～
2012.05.05	第37巻第5号(通巻第430号)	40		民族学校で入学式　金剛学園、教徒国際学園
2012.05.05	第37巻第5号(通巻第430号)	44		定期地方委員会·大会/定期地方委員会　婦人会教徒府本部/婦人会大阪府本部
2012.05.05	第37巻第5号(通巻第430号)	46	佐籐昇	満望、世間に説教
2012.05.05	第37巻第5号(通巻第430号)	48	まつだたえこ	たえこ劇場(113) みんなでお茶を
2012.05.05	第37巻第5号(通巻第430号)	49	曺奎通	在日の詩(122) 墓参
2012.05.05	第37巻第5号(通巻第430号)	50	姜健栄	〈特別寄稿〉安重根の遺影を辿る(1)
2012.05.05	第37巻第5号(通巻第430号)	54	茂松性典	日韓交友京都ネット　京都で日朝友好記念の祝賀会を開催
2012.05.05	第37巻第5号(通巻第430号)	56		金忠錫·麗水市長来日「2012麗水世界博覧会in東京」
2012.05.05	第37巻第5号(通巻第430号)	57		奈良国際ゴルフ倶楽部 日韓中学·高校生ゴルフ大会
2012.05.05	第37巻第5号(通巻第430号)	58		大阪青商/第24期定期総会 新会長に鄭貞央氏を選出
2012.05.05	第37巻第5号(通巻第430号)	60		駐大阪韓国文化院/特別講演会　大沢文護氏「元ソウル特派員が見た韓国/記者はなぜ踊ったのか」
2012.05.05	第37巻第5号(通巻第430号)	61		呂英華韓国伝統芸術院長 「韓国伝統芸能鑑賞と日韓おもしろ話」
2012.05.05	第37巻第5号(通巻第430号)	62		民団大阪府八尾支部 桜満開「花見会」
2012.05.05	第37巻第5号(通巻第430号)	63	姜信英	〈連載〉新·シニョンの土仁俳句「チョゴリと着物」

발행일	지면정보		필자	제목
	권호	페이지		
2012.05.05	第37巻第5号(通巻第430号)	64		KT美術館 韓国閨房工芸交流展「チュモニとポジャギ」
2012.06.05	第37巻第6号(通巻第431号)	2		求められる目的観を持った観覧「21世紀・海洋時代」の幕開けを告げる 2012麗水世界博覧会(EXPO)開幕
2012.06.05	第37巻第6号(通巻第431号)	6		〈論壇〉『2世紀の海洋ルネッサンスの震源地、麗水国際博覧会』ソ・ジンギョ(対外経済政策研究院先任研究員)
2012.06.05	第37巻第6号(通巻第431号)	8		(社)日韓経済協会/(社)韓日経済協会 第44回日韓経済人会議
2012.06.05	第37巻第6号(通巻第431号)	10		大阪韓商/韓国貿易協会 韓悳洙韓国貿易協会会長招聘経済講演会
2012.06.05	第37巻第6号(通巻第431号)	11		京都日韓親善協会2012年度総会 千玄室会長が講演
2012.06.05	第37巻第6号(通巻第431号)	12		韓商連/第50期定期総会 新会長に洪采植元韓商会長を選出 民団中央/朴忠弘前韓商連会長を除名処分に
2012.06.05	第37巻第6号(通巻第431号)	14	尹禅弘	〈特別寄稿〉大韓仏教一道慈悲院の新寺開院と薦度斎《先祖祭祀》
2012.06.05	第37巻第6号(通巻第431号)	16		韓日閨房工芸交流展 チュモニ(巾着)とポジャギ(風呂敷)
2012.06.05	第37巻第6号(通巻第431号)	17	鄭炳麒	〈特別寄稿〉知人の逸話
2012.06.05	第37巻第6号(通巻第431号)	18	仕田原猛	〈連載〉歴史の接点をたずねて(34) 大和路を歩く(3)
2012.06.05	第37巻第6号(通巻第431号)	22		IFA国際美術協会 2012IFA春季展
2012.06.05	第37巻第6号(通巻第431号)	24		韓国茶道協会京都支部 雨森芳洲に「感謝」に献茶と高麗茶碗寄贈式
2012.06.05	第37巻第6号(通巻第431号)	26	田中典子	〈特別寄稿〉第8回「関空旅博」
2012.06.05	第37巻第6号(通巻第431号)	28	鄭炳麒	〈特別寄稿〉グローバル化時代の信用と国籍、コント(4話)、小咄四話
2012.06.05	第37巻第6号(通巻第431号)	31		鄭甲寿ワンコリアフェスティバル実行委員長「地球村分かち合いハンマダン」に参加して
2012.06.05	第37巻第6号(通巻第431号)	32	白井茂	〈特別寄稿〉〈白井茂〉独裁体制を続ける北朝鮮
2012.06.05	第37巻第6号(通巻第431号)	34		〈論壇〉「済州複合美港建設が、重要かつ切実である理由」ソン・グンホ(韓国海洋戦略研究所長)/「北韓の「鉄砲式」南脅迫」「統営の娘」申淑子氏家族の悲劇的な人生 全星勲(統一研究院先任研究員)
2012.06.05	第37巻第6号(通巻第431号)	40		民団大阪府本部 第55期第1回各支部三機関長・本部傘下団体長連席会議
2012.06.05	第37巻第6号(通巻第431号)	41		民団京都府本部 幹部研修会
2012.06.05	第37巻第6号(通巻第431号)	42		公開手紙 金鉉奬氏が康宗憲氏に送る手紙
2012.06.05	第37巻第6号(通巻第431号)	43		コリアサロン「めあり」ハングル塾開講
2012.06.05	第37巻第6号(通巻第431号)	44		駐大阪韓国文化院/特別講演会 寺脇研・京都造形芸術大学教授「韓国映画をもっと楽しむために!」
2012.06.05	第37巻第6号(通巻第431号)	45		PIA
2012.06.05	第37巻第6号(通巻第431号)	46	佐藤昇	満望、世間に説教される
2012.06.05	第37巻第6号(通巻第431号)	48	まつだたえこ	たえこ劇場(114) ソウルは晴れ

発行日	지면정보		필자	제목
	권호	페이지		
2012.06.05	第37巻第6号(通巻第431号)	49	曺奎通	在日の詩(124) ヘップサンダル小史Ⅰ
2012.06.05	第37巻第6号(通巻第431号)	50	姜健栄	〈特別寄稿〉安重根の遺影を辿る(2)
2012.06.05	第37巻第6号(通巻第431号)	53		楽しもう! 韓日文化 2012ハンマダン in 大阪
2012.06.05	第37巻第6号(通巻第431号)	56		御堂筋にぎわい空間づくり実行委員会 第10回「御堂筋フェスタ2012」テコンドー模範演技団が公演
2012.06.05	第37巻第6号(通巻第431号)	58	茂松性典	〈特別寄稿〉韓国仏教の仏誕祭奉祝と大提灯行列燃灯会
2012.06.05	第37巻第6号(通巻第431号)	60		平成京天平祭 ヒュージョン国楽チーム/伽倻琴＆B－Boyダンス公演
2012.06.05	第37巻第6号(通巻第431号)	62		BOOK 広島市立大学国際学部叢書・第4巻「日中韓の伝統的価値観の位相-『孝』とその周辺
2012.06.05	第37巻第6号(通巻第431号)	63	姜信英	〈連載〉新・シニョンの土仁俳句「チョゴリと着物」(2)
2012.06.05	第37巻第6号(通巻第431号)	64		KT美術館 鄭義富氏作「桜満開の大阪城」
2012.07.05	第37巻第7号(通巻第432号)	2	鄭炳麒	〈特別寄稿〉韓国経済発展の原動力～世界一の高学歴社会～
2012.07.05	第37巻第7号(通巻第432号)	6		初の合同追慕祭 「肉弾10勇士」「多富洞戦闘救国の勇士」
2012.07.05	第37巻第7号(通巻第432号)	8		大阪韓商　第59期定期総会/民団中央・大阪本部は中途退室 済州商工会議所と姉妹結縁
2012.07.05	第37巻第7号(通巻第432号)	10		「一兆円達成は近産の新しい歴史の始まり」　近畿産業信用組合第59期通常総代会 KSK第9期定期総会
2012.07.05	第37巻第7号(通巻第432号)	12		兵庫韓商 第48期定期総会
2012.07.05	第37巻第7号(通巻第432号)	13		「豊かな地域、同胞社会の発展に貢献する」 あすか信用組合第46期通常総大会
2012.07.05	第37巻第7号(通巻第432号)	14	姜健栄	〈特別寄稿〉大阪正祐寺鐘の復元と帰郷
2012.07.05	第37巻第7号(通巻第432号)	17		6.25参戦少年兵2万9603人、国が認定　第15回6.25参戦殉国少年兵慰霊祭
2012.07.05	第37巻第7号(通巻第432号)	18	仕田原猛	〈連載〉歴史の接点をたずねて(35) 大和路を歩く(4)
2012.07.05	第37巻第7号(通巻第432号)	22		出版記念会祝賀講演会　姜信英/「土仁博士追っかけ吟行ガイド」上田正昭・京都大学名誉教授が講演「土仁博士の遺産」
2012.07.05	第37巻第7号(通巻第432号)	24	尹禅弘	〈特別寄稿〉第2回塔巡タットリ文化祭と利川五重高麗石塔の還収祈願
2012.07.05	第37巻第7号(通巻第432号)	26		長野/宗教法人金剛寺 お釈迦様誕生日記念法会
2012.07.05	第37巻第7号(通巻第432号)	27		休育会関西本部 定期総会/権五雄新会長を選出
2012.07.05	第37巻第7号(通巻第432号)	28		韓国大阪JC・ソウルJC 第40回記念館国語弁論大会
2012.07.05	第37巻第7号(通巻第432号)	30	徐竜達	在日韓国奨学会公開講演会　大韓民国の成立記念日はいつなのか？
2012.07.05	第37巻第7号(通巻第432号)	34		6.25韓国戦争/講演 南新一・在日脱北者人権連合会長「南北統一と我々の姿勢」
2012.07.05	第37巻第7号(通巻第432号)	37	太田雅隆	〈特別寄稿〉韓国留学の可能性
2012.07.05	第37巻第7号(通巻第432号)	38	ソ・ジンギョ	〈論壇〉李明博大統領の中南米四カ国訪問の意味

발행일	지면정보		필자	제목
	권호	페이지		
2012.07.05	第37巻第7号(通巻第432号)	40		韓国の社説
2012.07.05	第37巻第7号(通巻第432号)	42		民団大阪府本部 第55期第一回支団長会議
2012.07.05	第37巻第7号(通巻第432号)	43		民団京都府本部 2012年度顧問·三機関懇親会
2012.07.05	第37巻第7号(通巻第432号)	44		講演要旨「王仁博士追っかけ吟行ガイド」
2012.07.05	第37巻第7号(通巻第432号)	46	佐藤昇	満望、世間に説教される
2012.07.05	第37巻第7号(通巻第432号)	48	まつだたえこ	たえこ劇場(115) ほめられたいの
2012.07.05	第37巻第7号(通巻第432号)	49	靑奎通	在日の詩(125) ヘップサンダル小史Ⅱ
2012.07.05	第37巻第7号(通巻第432号)	50	姜健栄	〈特別寄稿〉鴨緑江と瀋陽への旅
2012.07.05	第37巻第7号(通巻第432号)	53		高麗写経学会/韓国文化院 黄金の神秘展～高麗金写経＆黄金吉祥図～
2012.07.05	第37巻第7号(通巻第432号)	54	池異山	〈特別寄稿〉米国博物館協会年次総会/利川五重高麗石塔還収運動
2012.07.05	第37巻第7号(通巻第432号)	55	成慧光	利川五重高麗石塔還収運動のための韓仏連会議
2012.07.05	第37巻第7号(通巻第432号)	56		韓国茶道協会京都支部 設立8周年記念茶会
2012.07.05	第37巻第7号(通巻第432号)	58		「在日コリアン和合と南北コリア平和統一を祈る」ワンコリア·シンポジウム＆サッカ
2012.07.05	第37巻第7号(通巻第432号)	60		文化交流センター「京都画廊」新設記念 日韓美術交流展
2012.07.05	第37巻第7号(通巻第432号)	62		駐大阪韓国総領事館 関西青年ハンマウム行事
2012.07.05	第37巻第7号(通巻第432号)	63	姜信英	〈連載〉新·シニョンの王仁俳句「菅原東小学校」
2012.07.05	第37巻第7号(通巻第432号)	64		KT美術館 鄭義富氏作「かよわい白バラ微笑」「むらさきのバラ園」
2012.08.05	第37巻第8号(通巻第433号)	2		映画「道～白磁の人～」公開記念「浅川巧シンポジウム」～日韓の芸術交流と浅川巧の業績～
2012.08.05	第37巻第8号(通巻第433号)	4		在外選挙人登録申請·国外不在者申告 民団/大統領選挙参写全国決起集会
2012.08.05	第37巻第8号(通巻第433号)	6	朴ソクスン	〈論壇〉干ばつや洪水で検証された「四大江」効果
2012.08.05	第37巻第8号(通巻第433号)	8		韓国学校発展のためのシンポジウム グローバル時代における韓国学校の発展方向
2012.08.05	第37巻第8号(通巻第433号)	11		第61回通常総会 在日韓国人信用組合協会
2012.08.05	第37巻第8号(通巻第433号)	12		民主平和統一諮問会議近畿協議会 統一研修会「金正恩体制韓半島の未来」
2012.08.05	第37巻第8号(通巻第433号)	13		統一部 統一政策研修会
2012.08.05	第37巻第8号(通巻第433号)	14	茂松性典	〈特別寄稿〉慶尚北道文化財課と鶴林寺が文化祭懇話会を開催
2012.08.05	第37巻第8号(通巻第433号)	16		韓国茶道協会京都支部 黄檗宗大本山「万福寺」で献茶式 第3回京都吉田山大茶会
2012.08.05	第37巻第8号(通巻第433号)	18	仕田原猛	〈連載〉歴史の接点をたずねて(36) 大和路を歩く(5)
2012.08.05	第37巻第8号(通巻第433号)	22		NPO法人関西アジア人協会 第36回国美芸術展 国際公募選抜展

발행일	지면정보		필자	제목
	권호	페이지		
2012.08.05	第37巻第8号(通巻第433号)	24		多文化多民族共生 KoreanPower 多民族フェスティバル2012/アイハウス夏祭り「The賑」
2012.08.05	第37巻第8号(通巻第433号)	26		駐大阪韓国文化院 特別講演会＆ミニ公演 古家正亨氏「なぜ今K-POPなのか」
2012.08.05	第37巻第8号(通巻第433号)	28		社会福祉法人シャローム「堺市特別功績団体」表彰
2012.08.05	第37巻第8号(通巻第433号)	29		近畿産業信用組合 人材採用・育成支援プラン 第5回「合同企業説明会」
2012.08.05	第37巻第8号(通巻第433号)	31		更生保護法人 京都保護育成会「薬物乱用防止」講演会
2012.08.05	第37巻第8号(通巻第433号)	38	趙永哲・Kim Euntae・朴珍烈	「信仰によって生きること」「涙が出るほど愛する我が息子テウへ」「ダグラス・マッカーサー/息子の為の祈り」
2012.08.05	第37巻第8号(通巻第433号)	42	朴サンヒョン	〈論壇〉北韓に密入国することが統一運動なのか
2012.08.05	第37巻第8号(通巻第433号)	44		中央選挙管理委員会 韓統連を大検察庁に告発
2012.08.05	第37巻第8号(通巻第433号)	45		ワンコリアフェスティバル分かち合いコンサート 内閣府から「公益財団法人」認定通報
2012.08.05	第37巻第8号(通巻第433号)	46	佐藤昇	満望後悔記
2012.08.05	第37巻第8号(通巻第433号)	48	まつだたえこ	たえこ劇場(116) 克服
2012.08.05	第37巻第8号(通巻第433号)	49	曺奎通	在日の詩(126) ヘップサンダル小史Ⅲ
2012.08.05	第37巻第8号(通巻第433号)	50	姜健栄	〈特別寄稿〉サハリン福祉会館を訪ねて
2012.08.05	第37巻第8号(通巻第433号)	54	茂松性典	〈特別寄稿〉天台宗人権啓発講師養成基礎講座
2012.08.05	第37巻第8号(通巻第433号)	56		WFWP中央大阪 女子留学生日本語弁論大会
2012.08.05	第37巻第8号(通巻第433号)	57		民団大阪府八尾支部 納涼ビアパーティー
2012.08.05	第37巻第8号(通巻第433号)	58		創立総会＆シンポジウム 世界韓人医師会
2012.08.05	第37巻第8号(通巻第433号)	60		駐大阪韓国文化院 キムチ達人セミナー2012～夏にピッタリ!オイソバギキムチ～
2012.08.05	第37巻第8号(通巻第433号)	61		コリアンサロン「めあり」コリアンフード講習会
2012.08.05	第37巻第8号(通巻第433号)	62		出版記念パーティー 曺奎通「在日の歌・知らざる故国何ぞ恋しき」
2012.08.05	第37巻第8号(通巻第433号)	63	姜信英	〈連載〉新・シニョンの土仁俳句「和田寺」
2012.08.05	第37巻第8号(通巻第433号)	64		KT美術館 青磁象嵌雲鶴文碗(高麗美術館コレクション名品展「高麗青磁の精華」より)
2012.09.05	第37巻第9号(通巻第434号)	2		韓国の対立が激化 8.10李明博大統領が独島を訪問
2012.09.05	第37巻第9号(通巻第434号)	4		麗水世界博覧会(EXPO) 「麗水宣言」を採択して開幕 東日本大震災被災地の中学2人が訪問
2012.09.05	第37巻第9号(通巻第434号)	8		民団中央(東京・大阪・京都本部 第67周年光複節記念式典
2012.09.05	第37巻第9号(通巻第434号)	14		大阪支店オープン KB国民銀行大阪支店
2012.09.05	第37巻第9号(通巻第434号)	16	尹禅弘	〈特別寄稿〉利川五重石塔還収委員会と韓国・朝鮮文化財返還問題連絡会議が提携
2012.09.05	第37巻第9号(通巻第434号)	18	仕田原猛	〈連載〉歴史の接点をたずねて(37) 大和路を歩く(6)

발행일	지면정보		필자	제목
	권호	페이지		
2012.09.05	第37巻第9号(通巻第434号)	24		フェリー試験運航 浦項港～舞鶴港 2年後には定期航路に
2012.09.05	第37巻第9号(通巻第434号)	26		舞鶴・浮島丸殉難67周年追悼集会
2012.09.05	第37巻第9号(通巻第434号)	28		平和統一聯合近畿合会 結成8周年記念大会
2012.09.05	第37巻第9号(通巻第434号)	30		同胞招請晩餐会(民団大阪本部) 201特色創意的体験活動「ソンサン虹学校」
2012.09.05	第37巻第9号(通巻第434号)	32	鄭炳麒	〈特別寄稿〉独島
2012.09.05	第37巻第9号(通巻第434号)	34		李明博大統領 第67周年光複節演説全文
2012.09.05	第37巻第9号(通巻第434号)	38		北朝鮮ウォッチャー/経済事情分析 北を追い出された中国企業、悪夢の記録をブログに北朝鮮の疑わしい水害被害？
2012.09.05	第37巻第9号(通巻第434号)	40	趙永哲	〈特別寄稿〉信仰者の競走
2012.09.05	第37巻第9号(通巻第434号)	42	姜健栄	〈特別寄稿〉一指・李承憲先生の「平和学」に対する一考察
2012.09.05	第37巻第9号(通巻第434号)	46		韓国の社説
2012.09.05	第37巻第9号(通巻第434号)	47	佐藤昇	満望後悔記
2012.09.05	第37巻第9号(通巻第434号)	48	まつだたえこ	たえこ劇場(117) まな板の上のコイ
2012.09.05	第37巻第9号(通巻第434号)	49	青奎通	在日の詩(127) ヘップサンダル小史Ⅳ
2012.09.05	第37巻第9号(通巻第434号)	50	姜健栄	〈特別寄稿〉延変社会福利院を訪ねて
2012.09.05	第37巻第9号(通巻第434号)	53		京都韓国教育院 2012年京都韓国語講師研修会
2012.09.05	第37巻第9号(通巻第434号)	54		駐大阪韓国文化院 第5回「教職員韓国文化研修」
2012.09.05	第37巻第9号(通巻第434号)	56	尹禅弘	〈特別寄稿〉慶尚北道「我が文化財を取り戻す運動」の日本現状調査 大邱MBC文化放送局「失いしわが魂」文化財特番取材協力記
2012.09.05	第37巻第9号(通巻第434号)	60		韓国茶道協会京都支部 第2回「韓国の文化講座」
2012.09.05	第37巻第9号(通巻第434号)	62		駐大阪韓国文化院 K-POPSHOWCASE Vol.1「NewUs」
2012.09.05	第37巻第9号(通巻第434号)	63	姜信英	〈連載〉新・シニョンの王仁俳句「行基創建の常光寺」
2012.09.05	第37巻第9号(通巻第434号)	64		KT美術館 鄭義富氏作「青山流水」
2012.10.05	第37巻第10号(通巻第435号)	2		日韓交流まつり2012inTokyo 東日本大震災復興祈願「飛翔」～飛翔のよろこびを、ともに～
2012.10.05	第37巻第10号(通巻第435号)	4		時局講演会 「従北勢力の実態」金鉉奨・国民綜合2012議長が講演
2012.10.05	第37巻第10号(通巻第435号)	6		駐大阪韓国総領事館 「御堂筋に太極旗を」庁舎建立記念感謝会
2012.10.05	第37巻第10号(通巻第435号)	8		自主性を前面に、独自の経済団体「韓国京都経済会議所」創立総会 初代会長に朴義淳氏を選出
2012.10.05	第37巻第10号(通巻第435号)	10	姜健栄	〈特別寄稿〉「ある物語」への思い
2012.10.05	第37巻第10号(通巻第435号)	13		近畿経友納税連合会 第11回定期総会 高山昌照会長を再選
2012.10.05	第37巻第10号(通巻第435号)	14		駐大阪韓国文化院 韓日伝統芸能の神髄「南海の楽舞」

발행일	지면정보 권호	지면정보 페이지	필자	제목
2012.10.05	第37巻第10号(通巻第435号)	16		在日韓国奨学会 老人福祉施設「セットンの家」で研修会
2012.10.05	第37巻第10号(通巻第435号)	18	仕田原猛	〈連載〉歴史の接点をたずねて(38) 大和路を歩く(7)
2012.10.05	第37巻第10号(通巻第435号)	22	尹禅弘	〈特別寄稿〉大韓仏教代日山観音寺の重創落成と千体観音の入仏
2012.10.05	第37巻第10号(通巻第435号)	24		〈特集〉統一教会創始者・文鮮明師が聖和(逝去)「文鮮明天地人真の父母天宙聖和式」世界から4万人が最後の別れ
2012.10.05	第37巻第10号(通巻第435号)	32		第一回中国国際弦楽器大会 奈良出身の在日3世/朴聞寧君 バイオリン児童部で「金賞」
2012.10.05	第37巻第10号(通巻第435号)	33		「韓国京都経済会議所」創立総会 主清一・民団京都府本部団長 来賓祝辞(要旨)
2012.10.05	第37巻第10号(通巻第435号)	34		韓国の社説
2012.10.05	第37巻第10号(通巻第435号)	38	洪潤基	〈特別寄稿〉日本の中、私たちの古代史
2012.10.05	第37巻第10号(通巻第435号)	44	姜信英	〈特別寄稿〉仙道(国学)の理解
2012.10.05	第37巻第10号(通巻第435号)	46		BOOK〈鈴木崇巨〉「韓国はなぜキリスト教国になったか」
2012.10.05	第37巻第10号(通巻第435号)	47	佐籐昇	満望後悔記
2012.10.05	第37巻第10号(通巻第435号)	49	曺奎通	在日の詩(127) 族譜
2012.10.05	第37巻第10号(通巻第435号)	50	姜健栄	〈特別寄稿〉白頭山への旅～天池と民族村～
2012.10.05	第37巻第10号(通巻第435号)	53		創立50周年/岡山商銀 福祉施設に車椅子100台寄贈
2012.10.05	第37巻第10号(通巻第435号)	54	尹禅弘	〈特別寄稿〉「日本所在新羅仏教典籍の研究状況」訪日調査
2012.10.05	第37巻第10号(通巻第435号)	56		宗教法人 金剛寺(長野) 益の日 薦度仏供法会 申雅孔・韓国伝統茶碗院長が高麗茶奉献
2012.10.05	第37巻第10号(通巻第435号)	58		チャリティー公演 「呂英華韓国伝統芸術院」発表会
2012.10.05	第37巻第10号(通巻第435号)	62		韓国茶道協会京都支部 尹道心・韓国茶道協会京都支部長「秋の便り/菊茶の作り方紹介」
2012.10.05	第37巻第10号(通巻第435号)	63	姜信英	〈連載〉新・シニョンの土仁俳句「韓の古俗」
2012.10.05	第37巻第10号(通巻第435号)	64		KT美術館/駐大阪韓国文化院 韓国の秋夕(お盆)
2012.11.05	第37巻第11号(通巻第436号)	2		友情は1400年の彼方から 四天王寺ワッソinなにわの宮
2012.11.05	第37巻第11号(通巻第436号)	6		駐大阪韓国総領事館 韓国・大阪友好週間 韓国「国慶日」レセプション及び文化祭
2012.11.05	第37巻第11号(通巻第436号)	8		金埇総裁が来日 2012年IMF世界銀行総会
		9		第6回「世界韓人の日」記念/褒章伝授式「無窮花章」/兪在銀・民団中央本部常任顧問
2012.11.05	第37巻第11号(通巻第436号)	10		駐大阪韓国文化院・韓国文化院/草essay繊維・キルト博物館 韓国・大阪友好週間特別企業展「朝鮮王朝の宮中衣装」
2012.11.05	第37巻第11号(通巻第436号)	12		1600年の堺遺産に出会うまつり 第39回「堺まつり」
2012.11.05	第37巻第11号(通巻第436号)	14		婦人会大阪府本部 大盛況/10月マダン

발행일	지면정보		필자	제목
	권호	페이지		
2012.11.05	第37巻第11号(通巻第436号)	18	仕田原猛	〈連載〉歴史の接点をたずねて(39) 大和路を歩く(8)
2012.11.05	第37巻第11号(通巻第436号)	22		2012年WFWP 第16回「女子留学生日本語弁論大会」
2012.11.05	第37巻第11号(通巻第436号)	24		田尻歴史館交流会 日韓アート交流展
2012.11.05	第37巻第11号(通巻第436号)	26	道子異山	〈特別寄稿〉不動院聖地巡礼会 韓国江華島と板門店 非武装地帯で平和を祈念する聖地巡礼
2012.11.05	第37巻第11号(通巻第436号)	28		NPO法人国際美術協会 第36回国美芸術展国際公募選抜展 東京都知事賞、外務大臣賞
2012.11.05	第37巻第11号(通巻第436号)	30		名古屋韓国学校 開校50周年記念式典 記念講演/鄭煥麒名誉管理事長
2012.11.05	第37巻第11号(通巻第436号)	32	鄭煥麒	〈特別寄稿〉開校50年、グローバル時代を先取る名古屋韓国学校
2012.11.05	第37巻第11号(通巻第436号)	36		NPO法人「トイレ教育から国づくり人づくりの会」トイレ掃除は心磨き～正しいトイレ清掃の教育訓練と実践～
2012.11.05	第37巻第11号(通巻第436号)	37		京都日韓親善協会 第5回「鴨川クリーンキャンペーン」
2012.11.05	第37巻第11号(通巻第436号)	38		〈論壇〉国格向上を意味するグリーン気候基金(GCF)事務局の誘致 ガン・ソンジン(高麗大学経済学科教授)
2012.11.05	第37巻第11号(通巻第436号)	40		韓国の社説
2012.11.05	第37巻第11号(通巻第436号)	44		「四天王寺ワッソinなにわの宮」10周年記念行事 四天王寺ワッソシンポジウム 姜尚中・東京大学大学院教授が基調講演「日韓の未来の望む」
2012.11.05	第37巻第11号(通巻第436号)	45		駐大阪韓国文化院世宗学堂/10月9日ハングルの日 特別記念講演「ハングルの誕生」-〈知〉の革命-
2012.11.05	第37巻第11号(通巻第436号)	46		BOOK〈砂川幸雄著〉「大倉喜八郎の豪快生涯」
2012.11.05	第37巻第11号(通巻第436号)	47	佐藤昇	満望後悔記「Yのボヤキ」
2012.11.05	第37巻第11号(通巻第436号)	48	まつだたえこ	たえこ劇場(118) どうでもいいけどチャップ
2012.11.05	第37巻第11号(通巻第436号)	49	曺奎通	在日の詩(129) 戦後の闇市
2012.11.05	第37巻第11号(通巻第436号)	50	姜健栄	〈特別寄稿〉延辺への旅～豆満江の防川～
2012.11.05	第37巻第11号(通巻第436号)	53		日韓医療親善会 在日韓国人医師会/コンゴ共和国医学書・医療器具を贈呈
2012.11.05	第37巻第11号(通巻第436号)	54		民団京都府本部 コリア文化を発信する場を目指して「京都コリアフェスティバル」
2012.11.05	第37巻第11号(通巻第436号)	58	綾野怜	〈特別寄稿〉キリスト「生からの復活昇天まで」(上)
2012.11.05	第37巻第11号(通巻第436号)	62		北朝鮮帰国者の生命と人権を守る会 パンウ2000部発行「朝鮮学校の秘められた目的・知られざる実態」
2012.11.05	第37巻第11号(通巻第436号)	63	姜信英	〈連載〉新・シニョンの王仁俳句「飛鳥めぐり」
2012.11.05	第37巻第11号(通巻第436号)	64		KT美術館/第36回国美芸術展国際公募選抜展 歌手・晶山みどりさん作の「書」
2012.12.05	第37巻第12号(通巻第437号)	2		民主平統諮問会議近畿協議会 統一講演会/南成旭事務処長が講演「北韓 金正恩体制の展望」

발행일	지면정보		필자	제목
	권호	페이지		
2012.12.05	第37巻第12号(通巻第437号)	4		統一日報社/時局講演会　21世紀の大韓民国の夢とは何か「先進と自由統一」朴世逸・(社)韓半島先進化財団理事長が講演
2012.12.05	第37巻第12号(通巻第437号)	6		法務部矯正作品展文芸部門「大賞」を受賞　死刑囚/李ギョサン氏の洋画「日常」東日本大震災義援金100万ウォンを寄付
2012.12.05	第37巻第12号(通巻第437号)	8		朴正熙大統領・陸英修令夫人讃揚「正修会日本本部」創立1周年記念式典
2012.12.05	第37巻第12号(通巻第437号)	10		雅茶碗/講演会＆高麗茶道茶会　主清一・民団京都府本部団長が講演「倍達国・倍達時代と天符経」
2012.12.05	第37巻第12号(通巻第437号)	11		2012韓国文学翻訳院　東京・大阪フォーラム
2012.12.05	第37巻第12号(通巻第437号)	12	尹禅弘	〈特別寄稿〉韓仏連/日韓友好「飛鳥創都祭」で平和祈願
2012.12.05	第37巻第12号(通巻第437号)	14		堺市在日外国人教育研究会・堺市教委/民団堺支部第24回「チョギハッキョ」(秋季学校)
2012.12.05	第37巻第12号(通巻第437号)	16		駐大阪韓国文化院世宗学堂　第11回「話してみよう韓国語」大阪大会
2012.12.05	第37巻第12号(通巻第437号)	18	仕田原猛	〈連載〉歴史の接点をたずねて(40)　出雲路を歩く(1)
2012.12.05	第37巻第12号(通巻第437号)	22		民団京都府本部・韓国京都教育院・京都韓国青年会議所　第13回「韓国語말하기(マルハギ)大会
2012.12.05	第37巻第12号(通巻第437号)	24		御幸通東・中央・西3商店街　生野コリアタウンまつり2012～すきやねん御幸通　遊んで!食べて!つながろう!～
2012.12.05	第37巻第12号(通巻第437号)	26		韓国茶道協会京都支部　韓国茶室公開
2012.12.05	第37巻第12号(通巻第437号)	27		更生保護法人「郷都保護育成会」　木浦共生園・韓国研修旅行
2012.12.05	第37巻第12号(通巻第437号)	28		感謝の集い　京都慶尚南道道民会
2012.12.05	第37巻第12号(通巻第437号)	30		大阪・兵庫青商/チャリティーゴルフコンペ　復興支援、韓国弧児院・兵庫県下社会福祉施設へ支援
2012.12.05	第37巻第12号(通巻第437号)	32	鄭煥麒	〈特別寄稿〉李明博大統領の「独島」上陸の波紋
2012.12.05	第37巻第12号(通巻第437号)	34		大阪韓国商工会議所/経済講演会　大林剛郎・関西経在同友会代表幹事が講演　技術を磨いて「夢をかたちづくる」
2012.12.05	第37巻第12号(通巻第437号)	35		(一社)在日韓国商工会議所兵庫/2012年秋期経在セミナー　石井淳蔵・流通科学大学学長が講演「ビジネス・インサイト」
2012.12.05	第37巻第12号(通巻第437号)	36		韓国の社説
2012.12.05	第37巻第12号(通巻第437号)	40	洪潤基	〈特別寄稿〉壇君信仰が根付いた日本歴史の現場お探して」(上
2012.12.05	第37巻第12号(通巻第437号)	46		婦人会京都府本部・支部「ガリーンサポーター」が京都国際学園で清掃・畑仕事
2012.12.05	第37巻第12号(通巻第437号)	47	佐藤昇	満望後悔記「自民党の員簿陰謀・・・解説編」
2012.12.05	第37巻第12号(通巻第437号)	48	まつだたえこ	たえこ劇場(119)　暗くなるまで待って

발행일	지면정보 권호	페이지	필자	제목
2012.12.05	第37巻第12号(通巻第437号)	49	吉奎通	在日の詩(130) 韓流グッズ
2012.12.05	第37巻第12号(通巻第437号)	50	姜健栄	〈特別寄稿〉延辺への旅～延吉と竜井～
2012.12.05	第37巻第12号(通巻第437号)	53		駐大阪韓国文化院/韓日交流ミニコンサートDannyK＆喜一郎「同じ空で驚く歌」
2012.12.05	第37巻第12号(通巻第437号)	54	尹禅弘	〈特別寄稿〉東海仏教一道七福寺の落成と入仏開眠式
2012.12.05	第37巻第12号(通巻第437号)	56		金剛学園 第5回「金剛学園オープン跆拳道手権大会」
2012.12.05	第37巻第12号(通巻第437号)	58	綾野怜	〈特別寄稿〉キリスト「生からの復活昇天まで」(下)
2012.12.05	第37巻第12号(通巻第437号)	63	姜信英	〈連載〉新・シニョンの王仁俳句「四天王寺ワッソ」
2012.12.05	第37巻第12号(通巻第437号)	64		KT美術館 鄭義富氏作「麟陵島鶴浦の追憶」
2013.01.05	第38巻第1号(通巻第438号)	2		第18代韓国大統領選挙初の女性大統領 セヌリ党・朴槿恵氏が当選 在外投票者数は15万8235人、投票率は71.2％。日本地域は2万5312人、67.8％
2013.01.05	第38巻第1号(通巻第438号)	5		民団中央本部/東京地方本部 北韓お長距離弾道ミサイル発射で朝鮮総連中央本部に抗議行動
2013.01.05	第38巻第1号(通巻第438号)	6		「北韓お長距離弾道ミサイル発射で朝鮮総連」に抗議「ミサイル発射断乎糾弾」
2013.01.05	第38巻第1号(通巻第438号)	8		民団大阪府本部 第6回韓国伝統文化マダン「情」建国中・高等学校、金剛学園小学校を表彰
2013.01.05	第38巻第1号(通巻第438号)	12		(社)海外僑胞問題研究所 僑胞祭策フォーラム「在外同胞の当面課題とうなる在日韓商連の和解問題」
2013.01.05	第38巻第1号(通巻第438号)	14		高麗茶道20周年記念 平和祭典 親善祝賀交流会～異文化交流東アジア友好の絆～
2013.01.05	第38巻第1号(通巻第438号)	16	尹禅弘	〈特別寄稿〉民衆仏教観音寺文化会館と生野薬師如来奉安開眠法要
2013.01.05	第38巻第1号(通巻第438号)	18	仕田原猛	〈連載〉歴史の接点をたずねて(41) 出雲路を歩く(2)
2013.01.05	第38巻第1号(通巻第438号)	22		民団大阪府本部/大阪韓国教育院 第6回「韓国語を楽しもう」高校生大会 韓国公立忠南芸術高校学校が公演
2013.01.05	第38巻第1号(通巻第438号)	26		京都日韓親善協会 井上満郎・京都市歴史資料館長と行く 古代丹後の古墳遺跡見学とカニ料理堪能の旅
2013.01.05	第38巻第1号(通巻第438号)	28	鄭煥麒	〈特別寄稿〉統・私の闘い(5)
2013.01.05	第38巻第1号(通巻第438号)	30		新春インタビュー/浦昌進・(株)シルクジャパン代表 ゴッドライン・グローバルパートナーシップ
2013.01.05	第38巻第1号(通巻第438号)	38		韓国の社説
2013.01.05	第38巻第1号(通巻第438号)	40	洪潤基	〈特別寄稿〉「壇君信仰が根付いた日本歴史の現場お探して」(下)
2013.01.05	第38巻第1号(通巻第438号)	46	金谷鎬二	〈特別寄稿〉「日本の魂」
2013.01.05	第38巻第1号(通巻第438号)	47	佐藤昇	満望後悔記「自民党の員簿陰謀・・・フィクション編(1)」
2013.01.05	第38巻第1号(通巻第438号)	48	まつだたえこ	たえこ劇場(120) 待てど暮らせど
2013.01.05	第38巻第1号(通巻第438号)	49	吉奎通	在日の詩(131) 千年の時

발행일	지면정보		필자	제목
	권호	페이지		
2013.01.05	第38巻第1号(通巻第438号)	50	姜健栄	〈特別寄稿〉延吉社会福祉院(2)～三院と四院～
2013.01.05	第38巻第1号(通巻第438号)	53		駐大阪韓国文化院 AllenKibum★ X'mas ミニライヴ
2013.01.05	第38巻第1号(通巻第438号)	54	田中典子	『THE-OTOUR』社長 Mr.ダイブー・マスター オー・スンス物語「決してあきらめない 生き続けることは、未来を選ぶこと」
2013.01.05	第38巻第1号(通巻第438号)	58		発足会(京都) ウリ伝統文化協会
2013.01.05	第38巻第1号(通巻第438号)	59		韓国茶道協会京都支部 第4回「韓国文化講座」～大衆茶と健康、冬至の慣わしについて～
2013.01.05	第38巻第1号(通巻第438号)	60		近畿産業信用組合　新生「和歌山支店」移転オープン "和歌山のウォール街"きんさん初の「メガバンク隣接型」店舗
2013.01.05	第38巻第1号(通巻第438号)	61		民団大阪府八尾支部 大餅つき大会
2013.01.05	第38巻第1号(通巻第438号)	62		BOOK 姜健栄著「李朝陶磁陶工たち」
2013.01.05	第38巻第1号(通巻第438号)	63	姜信英	〈連載〉新・シニョンの王仁俳句 「王仁ライオンズクラブ」
2013.01.05	第38巻第1号(通巻第438号)	64		KT美術館 森本康弘氏作「静御前andオバマ大統領」
2013.02.05	第38巻第2号(通巻第439号)	2		第18代韓国大統領 朴槿恵次期大統領 2月25日、汝矣島国会議事堂広場で就任式
2013.02.05	第38巻第2号(通巻第439号)	4		ノブレスオブリージュ　小さな巨人/在日金煕秀さん、ソウルで1集期追悼式
2013.02.05	第38巻第2号(通巻第439号)	6		民団/新春年賀交歓会　中央本部・東京本部、大阪府本部・大阪韓商、京都府本部・京都経済会議所・近畿産業信組「未来に架けよう韓日の絆」
2013.02.05	第38巻第2号(通巻第439号)	12		2012年国民勲章・民主平統議長表彰　「冬柏章」李竜権・近畿協議会会長　議長表彰/李成平・北河内支団長、金順英・東大阪南支部議長
2013.02.05	第38巻第2号(通巻第439号)	14		韓国学校として「越境人」育成 コリア国際学園(KIS)の学び舎に「太極旗」
2013.02.05	第38巻第2号(通巻第439号)	15		民族学校発展推進委員会 民族学校発展のための夕べ
2013.02.05	第38巻第2号(通巻第439号)	16	茂松性典	〈特別寄稿〉世界遺産聖地/五台山文殊菩薩霊陽紀行
2013.02.05	第38巻第2号(通巻第439号)	18	仕田原猛	〈連載〉歴史の接点を訪ねて(42) 出雲路を歩く(3)
2013.02.05	第38巻第2号(通巻第439号)	22		韓国の博物館① 大韓民国歴史博物館
2013.02.05	第38巻第2号(通巻第439号)	26		在日韓国奨学会/公開講演会　金文京・京都大学人文研究所教授「朝鮮通信史と大阪ー1764年使節の筆談『萍遇録』」について
2013.02.05	第38巻第2号(通巻第439号)	28		日韓文化交流新時代のスタート　和泉流狂言、韓国で公演へ
2013.02.05	第38巻第2号(通巻第439号)	30		関西経済州特別自治道民協会　創立20周年記念式/新年会
2013.02.05	第38巻第2号(通巻第439号)	32		兵庫慶南道民会 総会と新年会
2013.02.05	第38巻第2号(通巻第439号)	33		大阪朝鮮学園 授業料無償化の指定/義務付け求め、国を提訴

발행일	지면정보		필자	제목
	권호	페이지		
2013.02.05	第38巻第2号(通巻第439号)	34		神戸韓国教育院　第12回兵庫高校生韓国語スピーチ大会
2013.02.05	第38巻第2号(通巻第439号)	36		韓国の社説
2013.02.05	第38巻第2号(通巻第439号)	39		洪容喜教授が講演「韓国詩の原型想像と韓流の可能性-金素月の詩世界を中心に」
2013.02.05	第38巻第2号(通巻第439号)	40	洪潤基	〈特別寄稿〉「松尾大社」「広隆寺」
2013.02.05	第38巻第2号(通巻第439号)	46	佐藤昇	満望後悔記「自民党の貪簿陰謀···フィクション編(2)」
2013.02.05	第38巻第2号(通巻第439号)	48	まつだたえこ	たえこ劇場(121)　夢は夜開く
2013.02.05	第38巻第2号(通巻第439号)	49	曺奎通	在日の詩(132)　日本
2013.02.05	第38巻第2号(通巻第439号)	50	姜健栄	〈特別寄稿〉延辺への旅～延吉協会と安重根義士～
2013.02.05	第38巻第2号(通巻第439号)	53		ウリ伝統文化協会·韓国茶道協会京都支部　韓国の初釜と正月
2013.02.05	第38巻第2号(通巻第439号)	54	田中典子	パラオの象徴【ロックアイランド】ミルキーウェイで天然泥パック
2013.02.05	第38巻第2号(通巻第439号)	58		民団大阪·京都府本部　全国各地で成人式
2013.02.05	第38巻第2号(通巻第439号)	60		文化交流、友好親善/神戸韓国教育院　蔚山中区庁女性団体長ら訪日
2013.02.05	第38巻第2号(通巻第439号)	61		韓国京都青年会議所 2013年度定期総会
2013.02.05	第38巻第2号(通巻第439号)	62		BOOK　第2回仏教大学·東国大学校共同研究「植民地朝鮮の日常を問う」
2013.02.05	第38巻第2号(通巻第439号)	63	姜信英	〈連載〉新·シニョンの王仁俳句「旧王仁小学校」
2013.02.05	第38巻第2号(通巻第439号)	64		KT美術館　李和鮮·ウッヒャン代表/Calligraphy
2013.03.05	第38巻第3号(通巻第440号)	2		18代大韓民国朴槿恵政府発足「経済復興」と「国民幸福」、「文化隆盛」/第2の漢江の奇跡を!
2013.03.05	第38巻第3号(通巻第440号)	4		インタビュー/申鳳吉·事務総長 北東アジア協会　ニューパラダイム〈韓日中3カ国協力事務局〉
2013.03.05	第38巻第3号(通巻第440号)	6		三均学会　大韓独立宣言布94周年記念式典&学術シンポジウム
2013.03.05	第38巻第3号(通巻第440号)	8		ノブレスオブリージュ精神を実現した偉大ナコレクター　河正雄氏、コレクションを韓国に寄贈
2013.03.05	第38巻第3号(通巻第440号)	10		槿友会·和泉流宗家/日韓文化交流新時代を開闢「狂言」和泉流宗家を招聘、公演を実現
2013.03.05	第38巻第3号(通巻第440号)	11		「北韓の核実験強行」で朝鮮総連に講義 民団中央·東京民団、大阪府本部、愛知県本部
2013.03.05	第38巻第3号(通巻第440号)	14		高知県が参加、「庭園」出展　2013順天湾国際庭園博覧会(4月20日～10月20日)
2013.03.05	第38巻第3号(通巻第440号)	16		近畿経友納税連合会　確定申告期を迎え税務研修会
2013.03.05	第38巻第3号(通巻第440号)	17		京都造形芸術大学　尹東柱命日追悼会
2013.03.05	第38巻第3号(通巻第440号)	18	仕田原猛	〈連載〉歴史の接点をたずねて(43)　出雲路を歩く(4)
2013.03.05	第38巻第3号(通巻第440号)	22		白頭学院建国学校　新校舎起工式

발행일	지면정보		필자	제목
	권호	페이지		
2013.03.05	第38巻第3号(通巻第440号)	24		民団京都府南京都支部 デイサービス/コスモス苑併設、会館俊工式
2013.03.05	第38巻第3号(通巻第440号)	26		民団大阪本部/大阪韓国教育院 第7回「オリニ ウリマル イヤギ・カルタ」大会
2013.03.05	第38巻第3号(通巻第440号)	28		KBS公式/変わらぬ愛 「冬のソナタ」10周年記念プレミアムイベント
2013.03.05	第38巻第3号(通巻第440号)	30・31・34・35		駐大阪韓国文化院 韓国を愛する巧写真展～70-80過ぎ去った韓国の日常～
2013.03.05	第38巻第3号(通巻第440号)	32		大阪青商・兵庫青商 東日本大震災被災地復興支援 大槌町に支援物資を伝達
2013.03.05	第38巻第3号(通巻第440号)	33		民団大阪府本部/大阪府教委 12年度「在日韓国人の民族教育、国際理解教育の推進を求める要望書」で交渉
2013.03.05	第38巻第3号(通巻第440号)	36		民団京都府本部・支部 議決・監察機関合同研修会
2013.03.05	第38巻第3号(通巻第440号)	37		韓国の社説
2013.03.05	第38巻第3号(通巻第440号)	38	姜信英	〈特別寄稿〉韓国の朴堤上と日本の毛麻利
2013.03.05	第38巻第3号(通巻第440号)	45	尹道心	〈特別寄稿〉韓服の美しい正しい着付け(1)
2013.03.05	第38巻第3号(通巻第440号)	46	佐藤昇	滴望後悔記 「自民党の員薄陰謀···フィクション編(3)」/NPO法人ワールド・トンポー・ネットワークシンポ「在日の市民権と地政学的見地から朝鮮半島問題を考える」
2013.03.05	第38巻第3号(通巻第440号)	48	まつだたえこ	たえこ劇場(122) 冬来たりなば春遠からじ
2013.03.05	第38巻第3号(通巻第440号)	49	曺奎通	在日の詩(133) ホルモン談義(1)
2013.03.05	第38巻第3号(通巻第440号)	50	姜健栄	〈特別寄稿〉中国朝鮮族の歴史と民俗園(1)～中国朝鮮族民俗園～
2013.03.05	第38巻第3号(通巻第440号)	53		世界平和家庭連合 「基元節」
2013.03.05	第38巻第3号(通巻第440号)	54		世界平和頂上会議2013 14カ国頂上級指導者600名が参加
2013.03.05	第38巻第3号(通巻第440号)	56		「円母平愛財団」出帆式745名に40億ウォン奨学金授与
2013.03.05	第38巻第3号(通巻第440号)	57		ウリ伝統韓国文化院/韓国茶道協会京都支部 韓国茶史と基本礼法
2013.03.05	第38巻第3号(通巻第440号)	58		駐大阪韓国文化院/五輪メダリスト特別講演会 岡本依子さん「テコンドーを楽しもう!」
2013.03.05	第38巻第3号(通巻第440号)	59		兵庫韓商・兵庫青商 2013年冬期経営セミナー
2013.03.05	第38巻第3号(通巻第440号)	60		民団大阪府本部/大阪韓国教育院 第2回「中学生ウリマル イヤギ・クイズ」大会
2013.03.05	第38巻第3号(通巻第440号)	62		駐大阪韓国文化院15周年記念特別企画 韓日交流コンサート「韓日友情のメロディー」
2013.03.05	第38巻第3号(通巻第440号)	63	姜信英	〈連載〉新・シニョンの王仁俳句「越の国」
2013.03.05	第38巻第3号(通巻第440号)	64		KT美術館(PHOTO) 歴史と環境都市への挑戦「清渓川写真・図面展覧会」

발행일	지면정보		필자	제목
	권호	페이지		
2013.04.05	第38巻第4号(通巻第441号)	2		民団東京地方本部/第49回定期地方大会　三機関長選挙　金秀吉団長、南照男議長、李寿源監察委員長
2013.04.05	第38巻第4号(通巻第441号)	4		民団大阪府地方本部　第59回定期地方委員会「北韓の戦争挑発を糾弾する決議」を採択
2013.04.05	第38巻第4号(通巻第441号)	6		民団京都府地方本部　第61回定期地方委員会
2013.04.05	第38巻第4号(通巻第441号)	7		民団大阪府八尾支部　通所介護事業所オープン　社会福祉法人ハナ集い家「ムグンファ」
2013.04.05	第38巻第4号(通巻第441号)	8		2013順天湾国際庭園博覧会(4月20日～10月20日)　見逃がせない5つの観覧ポイント　東京・小杉造園が出展
2013.04.05	第38巻第4号(通巻第441号)	10		慶州北道・慶州市　イスタンブール～慶州世界文化エキスポ2013(8月31日～9月22日)
2013.04.05	第38巻第4号(通巻第441号)	14	尹禅弘	〈特別寄稿〉慶尚北道尚州焼窯元/スローシティー登録
2013.04.05	第38巻第4号(通巻第441号)	16		利川徐氏大宗会/徐万揆文川公門会長　祭需・墓参用の「徐竜達路」開通
2013.04.05	第38巻第4号(通巻第441号)	18	仕田原猛	〈連載〉歴史の接点をたずねて(44)　出雲路を歩く(5)
2013.04.05	第38巻第4号(通巻第441号)	22		民団大阪府本部/民団京都府本部　第94周年3.1節記念式典
2013.04.05	第38巻第4号(通巻第441号)	24		大阪・鶴橋/情宣活動実行委員会　日本・コリア友情のキャンペーン
2013.04.05	第38巻第4号(通巻第441号)	26		駐大阪韓国文化院開院15周年記念　韓日交流コンサート「LOVE」
2013.04.05	第38巻第4号(通巻第441号)	27		京都国際学園　2012学年度中学高等学校卒業式
2013.04.05	第38巻第4号(通巻第441号)	28		朝鮮学校への「高校無償化」適用、自治体補助金の再開・復活を求める
2013.04.05	第38巻第4号(通巻第441号)	30		駐大阪韓国文化院　歴史と環境都市への挑戦「清渓川写真・図面展覧会」朴賛弼工学博士が講演「ソウル清渓川再生」
2013.04.05	第38巻第4号(通巻第441号)	31		煎茶道・高麗茶道苑　韓登・統一日報大阪支社長が講演「お茶の伝来お東大寺のお話」
2013.04.05	第38巻第4号(通巻第441号)	32		ワンコリアフェスティバル　芸園芸大総長賞を受ける在日同胞/金希姃さん
2013.04.05	第38巻第4号(通巻第441号)	33		BOOK　金修琳著「耳の聞こえない私が4カ国語でしゃべれる理由」
2013.04.05	第38巻第4号(通巻第441号)	34		手記〈金チョルジン〉前北朝鮮高位幹部が明かす「天安艦爆沈事件」の真相
2013.04.05	第38巻第4号(通巻第441号)	36	白井茂	〈特別寄稿〉靖国神社をめぐる諸問題
2013.04.05	第38巻第4号(通巻第441号)	41		韓国の社説
2013.04.05	第38巻第4号(通巻第441号)	42	姜信英	〈特別寄稿〉渡来文化の観光化
2013.04.05	第38巻第4号(通巻第441号)	45	尹道心	〈特別寄稿〉韓服の美しい正しい着付け(2)
2013.04.05	第38巻第4号(通巻第441号)	46	佐藤昇	満望後悔記　「自民党の員簿陰謀・・・フィクション編(4)」/「国際女性デーのつどい・関西」

発行日	지면정보		필자	제목
	권호	페이지		
2013.04.05	第38巻第4号(通巻第441号)	48	まつだたえこ	たえこ劇場(123) ラヂオの時間
2013.04.05	第38巻第4号(通巻第441号)	49	曺奎通	在日の詩(134)〈「ホルモン談義」(2)
2013.04.05	第38巻第4号(通巻第441号)	50	姜健栄	〈特別寄稿〉中国朝鮮族の歴史と民俗園(2)～帽児山国家山林公園～
2013.04.05	第38巻第4号(通巻第441号)	52	田中典子	〈特別寄稿〉パラオ随一【ガラスマオの大滝】ジャングル・トレッキング
2013.04.05	第38巻第4号(通巻第441号)	56		文化・学術・市民交流を促進する日朝友好京都ネット朝鮮半島北部の日本人遺骨を慰霊する《全国清津会》の活動
2013.04.05	第38巻第4号(通巻第441号)	58		ウリ伝統文化協会・韓国茶道協会京都支部 第5回「韓国文化講座」
2013.04.05	第38巻第4号(通巻第441号)	59		駐大阪韓国文化院/世宗学堂〈韓国語〉特別講演会 金修琳さん「私が韓国語など4カ国語しゃべれる理由」
2013.04.05	第38巻第4号(通巻第441号)	60		白頭学院建国中高等学校 伝統芸術部が第一回定期公演
2013.04.05	第38巻第4号(通巻第441号)	61		白頭学院建国中学校で卒業式
2013.04.05	第38巻第4号(通巻第441号)	62		民団大阪府本部/青年会大阪府本部 2012年度大阪韓国学院/韓国語講座・コリアマダン修了式
2013.04.05	第38巻第4号(通巻第441号)	63	姜信英	〈連載〉〈姜信英〉新・シニョンの土仁俳句「和歌は韓の古俗」
2013.04.05	第38巻第4号(通巻第441号)	64		KT美術館 鄭義富氏作「カサブランカの願い」
2013.05.05	第38巻第5号(通巻第442号)	2		中国新聞政経講演会(広島) 朴在圭・慶南大学総長(元統一部長官)が講演「統北アジアの平和と繁栄のための韓・日・中の役割」
2013.05.05	第38巻第5号(通巻第442号)	6		在日韓国商工会議所 第51期定期総会 決議「在日商工人のより円滑な経済活動をサポートする環境整備を入れて」
2013.05.05	第38巻第5号(通巻第442号)	8	茂松性典	〈特別寄稿〉霊巌土仁博士遺跡地と土仁文化大祭遺跡地/文化大祭/学術シンポジウム
2013.05.05	第38巻第5号(通巻第442号)	14		神戸韓国教育院 2013兵庫県韓国文化体験団 晋州、順天、淳昌
2013.05.05	第38巻第5号(通巻第442号)	16		ウリ伝統文化協会 特別企画「韓国伝統婚礼と通過儀礼韓服・高麗茶文化紹介」
2013.05.05	第38巻第5号(通巻第442号)	18	仕田原猛	〈連載〉歴史の接点をたずねて(45) 出雲路を歩く(6)
2013.05.05	第38巻第5号(通巻第442号)	22		婦人会大阪府本部/婦人会京都府本部 第25回定期地方委員会
2013.05.05	第38巻第5号(通巻第442号)	24		大阪青商 第25期定期総会 新会長に金康誠氏を選出
2013.05.05	第38巻第5号(通巻第442号)	26	尹禅弘	〈特別寄稿〉釜山・大韓仏教元暁宗総本山金水寺 元暁宗宗正慧隠堂法弘大宗師円寂10周年追悼祭
2013.05.05	第38巻第5号(通巻第442号)	28		駐大阪韓国文化院開院15周年記念 韓食特別講演会「韓国料理の味と趣」尹淑子・韓国伝統飲食研究所長が講演と実演

발행일	지면정보		필자	제목
	권호	페이지		
2013.05.05	第38巻第5号(通巻第442号)	30		近畿産業信用組合 信用組合「日本一」達成 平成24年度下期業績評価大会
2013.05.05	第38巻第5号(通巻第442号)	31		歌手/内山安之さん 東日本大震災チャリティー 自殺者撲滅キャンペーン「あなたの命は·皆さんなの命」新曲発表ディナー·パーティー
2013.05.05	第38巻第5号(通巻第442号)	33		徐史晃·青年会中央本部会長 排外主義者たちによる人種差別扇動に対する抗議声明～私たちも地域住民です「人種差別にNO!」～
2013.05.05	第38巻第5号(通巻第442号)	34	茂松性典	〈特別寄稿〉東日本被災地·宮城の復興支援活動
2013.05.05	第38巻第5号(通巻第442号)	36		韓国の社説
2013.05.05	第38巻第5号(通巻第442号)	40		シンポジウム 東北アジア情勢と南北統一シンポジウム
2013.05.05	第38巻第5号(通巻第442号)	41		BOOK 松田利彦·陳姃湲編「地域社会から見る帝国日本と植民地」～朝鮮·台湾·満洲～
2013.05.05	第38巻第5号(通巻第442号)	42	佐藤昇	満望後悔記「ボクの名前はきむ·じょんうん(1)」駐大阪韓国総領事館と京都日韓親善協会「懇親会」
2013.05.05	第38巻第5号(通巻第442号)	44	尹道心	〈特別寄稿〉韓服の美しい正しい着付け(3)
2013.05.05	第38巻第5号(通巻第442号)	46		MOVIE ソ·ジソブ主演「ある会社員」
2013.05.05	第38巻第5号(通巻第442号)	48	まつだたえこ	たえこ劇場(124) だれも知らない
2013.05.05	第38巻第5号(通巻第442号)	49	曺奎通	在日の詩(135) ホルモン談義(3)
2013.05.05	第38巻第5号(通巻第442号)	50	姜健栄	〈特別寄稿〉ソ連高麗人の強制移住と現況～鄭判竜教授の報告～
2013.05.05	第38巻第5号(通巻第442号)	53		京都国際学園 2013額年度京都国際中学高等学校入学式
2013.05.05	第38巻第5号(通巻第442号)	54	綾野怜	〈特別寄稿〉ベトナム～やさしい心と美しい花をたずねて～
2013.05.05	第38巻第5号(通巻第442号)	62		MOVIE 今だからこそ見てほしい!「ハナ～奇跡の46日間～」
2013.05.05	第38巻第5号(通巻第442号)	63	姜信英	〈連載〉新·シニョンの土仁俳句 由義宮(由義神社)
2013.05.05	第38巻第5号(通巻第442号)	64		KT美術館/PHOTO 韓食特別講演会「韓国料理の味と趣」～「韓服フォドゾーン」より～
2013.06.05	第38巻第6号(通巻第443号)	2		韓米首脳会談と韓半島「韓米同盟60周年記念協同宣言」採択 オバマ大統領が「韓半島信頼プロセス」を支持 中国/北朝鮮の金正恩特使に「6者会談の開催」と「韓半島も非核化」を
2013.06.05	第38巻第6号(通巻第443号)	4		「崇礼門」は韓国人の誇り、歴史の生き証人 ソウルの守門将/崇礼門(南大門)が甦った焼失後1911日目の5月4日、国民に開放
2013.06.05	第38巻第6号(通巻第443号)	6		インタビュー 安行淳/ニュー現代建設会長、文化遺産国民信託忠南支部長弥勒の顔に施しの精神が宿る
2013.06.05	第38巻第6号(通巻第443号)	8		主催/関西大学経済学部、後援/駐大阪韓国総領事館「第4回韓半島情勢フォーラム」～第3次核実験以後、北朝鮮の国内事情と外交政策～李賢主総領事が講演 三村光弘·李相哲両氏が主題発表

발행일	지면정보		필자	제목
	권호	페이지		
2013.06.05	第38巻第6号(通巻第443号)	14		近畿産業信用組合定例理事会　青木定雄会長ら3人を解職「世襲による組合の私物化を図った」
2013.06.05	第38巻第6号(通巻第443号)	15		元従軍慰安婦2人のハルモニ　橋下徹・大阪市長との面会を拒否「発言撤回がないなら会う意味がない」
2013.06.05	第38巻第6号(通巻第443号)	16		元従軍慰安婦による証言集会　再び戦争への道を歩まないために「何度でも語る歴史の事実はこれです」
2013.06.05	第38巻第6号(通巻第443号)	18	仕田原猛	〈連載〉歴史の接点をたずねて(46)　出雲路を歩く(7)
2013.06.05	第38巻第6号(通巻第443号)	22	姜健栄	〈特別寄稿〉朝鮮陶工による日本の窯業歴史
2013.06.05	第38巻第6号(通巻第443号)	25		京都日韓親善協会 2013年度総会　李賢主・駐大阪韓国総領事が講演「最近の北韓問題」
2013.06.05	第38巻第6号(通巻第443号)	26	鳥居本幸代	〈特別寄稿〉日本における精進料理の存在
2013.06.05	第38巻第6号(通巻第443号)	30	茂松性典	〈特別寄稿〉韓国仏教文化事業団の日本の精進料理視察
2013.06.05	第38巻第6号(通巻第443号)	32		韓国協主導「中央商銀信用組合」と「あすなろ信用組合」が合併協議
2013.06.05	第38巻第6号(通巻第443号)	34	姜健栄	〈特別寄稿〉魯迅と藤野先生
2013.06.05	第38巻第6号(通巻第443号)	37		民団中央本部・呉公太団長「西村真悟議員の辞職を求める」
2013.06.05	第38巻第6号(通巻第443号)	38		韓国の社説
2013.06.05	第38巻第6号(通巻第443号)	40		民団大阪府本部　第55期第5回各支部三機関長・本部傘下団体長連席会議
2013.06.05	第38巻第6号(通巻第443号)	41		民団京都府本部 2013年度顧問・三機関懇親会
2013.06.05	第38巻第6号(通巻第443号)	42	姜信英	〈特別寄稿〉「日本書紀」に見える壇君神話
2013.06.05	第38巻第6号(通巻第443号)	46	佐藤昇	満望後悔記「ボクの名前はきむ・じょんうん(2)」
2013.06.05	第38巻第6号(通巻第443号)	47		BOOK「朝鮮独立運動と東アジア」(1910〜1925)
2013.06.05	第38巻第6号(通巻第443号)	48	まつだたえこ	たえこ劇場(125)　チェサだってサ
2013.06.05	第38巻第6号(通巻第443号)	49	青圭通	在日の詩(136)　ホルモン談義(4)
2013.06.05	第38巻第6号(通巻第443号)	50	姜健栄	〈特別寄稿〉鄭判竜-中国延辺大学教授(1)〜経歴と仙台紀行〜
2013.06.05	第38巻第6号(通巻第443号)	53		一社「在日韓商」第51期定期総会　コンプライアンス(法令遵守)を強調
2013.06.05	第38巻第6号(通巻第443号)	54		UPF・中東平和イイシアチブ(MEPI)　エルサレム宣言10周年記念
2013.06.05	第38巻第6号(通巻第443号)	56		NPO法人関西アジア人協会　第12回チャリティ「アジア歌謡祭」〜音楽で守ろう世界の子どもの命と未来〜
2013.06.05	第38巻第6号(通巻第443号)	60	尹禅弘	〈特別寄稿〉生野観音寺の敬老慰安まつりボランティア
2013.06.05	第38巻第6号(通巻第443号)	62		NPO法人国際青少年連合　京都オリニナルクンチャンチ(子供祭り)
2013.06.05	第38巻第6号(通巻第443号)	64		KT美術館　鄭義富氏作「カチアオイの香り」

발행일	지면정보		필자	제목
	권호	페이지		
2013.07.05	第38巻第7号(通巻第444号)	2		朴槿恵大統領－習近平国家主席 韓中修交21年「韓末来ビジョン声明」
2013.07.05	第38巻第7号(通巻第444号)	5		在日韓国婦人会 関東地協全国大研修会 拉致被害者/蓮池薫氏らが講演
2013.07.05	第38巻第7号(通巻第444号)	6		世界平和奉仕団、民族会議 「韓民族統一準備大会」韓民族統一運動にキリスト教界が合流
2013.07.05	第38巻第7号(通巻第444号)	8		重要無形文化財第124号「宮中綵華技能保有者」宮中綵華花匠/黄水路博士
2013.07.05	第38巻第7号(通巻第444号)	12		韓・日・中の青年が集う友好・心見修練の場 第10回「清里銀河塾」(河正雄塾長)開催
2013.07.05	第38巻第7号(通巻第444号)	15		韓国心美会・韓国心美術院、日本文化振興会・新日本美術院 第35回国際H・M・A芸術祭
2013.07.05	第38巻第7号(通巻第444号)	16		大阪韓国商工会議所 第60期定期総会、創立60周年記念式典・パーティー第26代会長に高英寛会長を再任
2013.07.05	第38巻第7号(通巻第444号)	18	仕田原猛	〈連載〉歴史の接点をたずねて(47) 出雲路を歩く(8)
2013.07.05	第38巻第7号(通巻第444号)	22	姜健栄	〈特別寄稿〉唐津焼と中里紀元～望郷の丘T墓碑～
2013.07.05	第38巻第7号(通巻第444号)	24	尹紳弘	〈特別寄稿〉申雅孔・高麗伝統茶苑院長 京都耳塚(鼻塚)史跡に高麗茶を奉献
2013.07.05	第38巻第7号(通巻第444号)	26		WFWP大阪市大会実行委 女子留学生日本語弁論大会「大阪市大会」陳麗亜さん(中国)が地域大会へ
2013.07.05	第38巻第7号(通巻第444号)	27	姜健栄	大阪/正祐寺 正祐寺高麗鐘返還される
2013.07.05	第38巻第7号(通巻第444号)	28		韓国大阪青年会議所、ソウル青年会議著「第41回韓国語弁論大会」最優秀賞は建国小6年の姜済燕さん
2013.07.05	第38巻第7号(通巻第444号)	29	尹道心	国際ソロプチミスト南京都 チャリティー「韓国伝統茶会と舞踊」～異文化に触れてみましょう～
2013.07.05	第38巻第7号(通巻第444号)	30		駐大阪韓国文化院 韓食特別講演会「発酵食品の秘密」(社)韓国伝統飲食研究所・尹淑子所長
2013.07.05	第38巻第7号(通巻第444号)	32	鄭煥麒	〈特別寄稿〉靖国神社
2013.07.05	第38巻第7号(通巻第444号)	35		在日同胞6.25動乱想起委員会 「6.25動乱63年想起北朝鮮蛮行糾弾大会」
2013.07.05	第38巻第7号(通巻第444号)	36	姜健栄	〈特別寄稿〉鄭判竜教授と魯迅(2)～仙台訪問と碑～
2013.07.05	第38巻第7号(通巻第444号)	39		大阪日韓親善協会 2013年通常総会
2013.07.05	第38巻第7号(通巻第444号)	40		あすか信用組合 第14期通常総代会「同胞社会・地域社会に貢献」
2013.07.05	第38巻第7号(通巻第444号)	41		近畿産業信用組合 第60期通常総代会「新体制で臨む歴史的な一年」
2013.07.05	第38巻第7号(通巻第444号)	42		韓国の社説
2013.07.05	第38巻第7号(通巻第444号)	44	洪潤基	〈特別寄稿〉大阪「住吉大社」の主神は新羅海神(上)
2013.07.05	第38巻第7号(通巻第444号)	46		UPF・中東平和イイシアチブ(MEPI) エルサレム宣言10周年記念式 川上与志夫・帝塚山学院大学名誉教授が特別講演
2013.07.05	第38巻第7号(通巻第444号)	47	佐藤昇	満望後悔記「ボクの名前はきむ・じょんうん(3)」

발행일	지면정보		필자	제목
	권호	페이지		
2013.07.05	第38巻第7号(通巻第444号)	48	まつだたえこ	たえこ劇場(126) 男の花道
2013.07.05	第38巻第7号(通巻第444号)	49	曺奎通	在日の詩(137) 四面楚歌きく(4)
2013.07.05	第38巻第7号(通巻第444号)	50		栃木県鹿沼市 順天庭園博覧会に「さつき」出展
2013.07.05	第38巻第7号(通巻第444号)	54		民団大阪府本部「統一ハンアリ(壷)募金運動」チャリティーゴルフコンペ
2013.07.05	第38巻第7号(通巻第444号)	56	茂松性典	〈特別寄稿〉朴光淳所長チーム/百済王仁博士関連の遺跡を探訪調査
2013.07.05	第38巻第7号(通巻第444号)	58		第68回体育祭(大阪) 白頭学院/金剛学園
2013.07.05	第38巻第7号(通巻第444号)	60		Topics ニューヨークに「金正恩モデル」ウォッカ広告
2013.07.05	第38巻第7号(通巻第444号)	61		駐大阪韓国文化院/開院15週年記念特別企画 韓日交流定期コンサート「5tion K-POP Live in OSAKA」
2013.07.05	第38巻第7号(通巻第444号)	62		BOOK 姜信英著「王仁博士追っかけ吟行ガイド」
2013.07.05	第38巻第7号(通巻第444号)	63	姜信英	〈連載〉新・シニョンの王仁俳句「王仁俳句」
2013.07.05	第38巻第7号(通巻第444号)	64		KT美術館 鄭義富氏作「静物」
2013.08.05	第38巻第8号(通巻第445号)	2		6.25勃発63周年、韓国戦争停戦60周年 戦争記念館で記念式典UN参戦国交響楽団平和音楽会
2013.08.05	第38巻第8号(通巻第445号)	6		民主平和統一諮問会議/日本地域会議近畿協議会 第16期〈民主平和統一諮問会議近畿協議会〉出帆会議
2013.08.05	第38巻第8号(通巻第445号)	8		民団大阪府本部 統一部 対北政策説明会 金南中・統一教育院教授部長が講演「韓半島信頼プロセス」
2013.08.05	第38巻第8号(通巻第445号)	9		在日韓国人信用組合協会 第62回通常総会 中央商銀信組とあすなろ信組お合併協議を推進
2013.08.05	第38巻第8号(通巻第445号)	10		仲良くしようぜいパレードin大阪 Osaka Against Racism! ヘイトスピーチはアカン!
2013.08.05	第38巻第8号(通巻第445号)	12	川瀬陽子	〈特別寄稿〉第21回「日韓美術交流展」
2013.08.05	第38巻第8号(通巻第445号)	15		近畿産業信用組合 人材採用・育成支援プラン 第6回「合同企業説明会」
2013.08.05	第38巻第8号(通巻第445号)	16	姜健栄	〈特別寄稿〉唐津焼(2)～中里太郎右衛門と洋々閣～
2013.08.05	第38巻第8号(通巻第445号)	18	仕田原猛	〈連載〉歴史の接点をたずねて(48) 出雲路を歩く(9)
2013.08.05	第38巻第8号(通巻第445号)	22		神戸韓国教育院、民団兵庫県本部 第19回在日韓国人ウリマルイヤギ大会
2013.08.05	第38巻第8号(通巻第445号)	24		NPO法人国美芸術家協会 第37回公募選抜展覧会「国美芸術展」
2013.08.05	第38巻第8号(通巻第445号)	26		WFWP女子留学生日本語弁論大会「大阪大会」優勝者5名出揃う
2013.08.05	第38巻第8号(通巻第445号)	28	鄭煥麒	〈特別寄稿〉独島/竹島
2013.08.05	第38巻第8号(通巻第445号)	31		駐大阪韓国文化院/世宗学堂、大阪韓国教育院 2013年西日本地域韓国語講師研修会
2013.08.05	第38巻第8号(通巻第445号)	38		一般社団法人 在日韓国商工会議所・朴忠弘会長 第68回光複節メッセージ
2013.08.05	第38巻第8号(通巻第445号)	39		BOOK 曺奎通著/在日の歌「知らざる故国 何ぞ恋しき」

발행일	지면정보		필자	제목
	권호	페이지		
2013.08.05	第38巻第8号(通巻第445号)	40		韓国の社説
2013.08.05	第38巻第8号(通巻第445号)	42	洪潤基	〈特別寄稿〉大阪「住吉大社」の主神は新羅海神(中)
2013.08.05	第38巻第8号(通巻第445号)	46	佐藤昇	満望後悔記 ボクの名前はきむ・じょんうん(4)
2013.08.05	第38巻第8号(通巻第445号)	48	まつだた えこ	たえこ劇場(127) 印象的なモノ
2013.08.05	第38巻第8号(通巻第445号)	49	曺奎通	在日の詩(138) 韓国の大統領
2013.08.05	第38巻第8号(通巻第445号)	50	姜健栄	〈特別寄稿〉金学鉄-波瀾万丈の人生(1)～「激情時代」～
2013.08.05	第38巻第8号(通巻第445号)	53		第95回全国高校野球選手権記念京都府大会　京都国際学園、1回戦で北嵯峨高に惜敗
2013.08.05	第38巻第8号(通巻第445号)	54	茂松性典	〈特別寄稿〉竜谷大学シンポジウム「アジア仏教の現在V」《日本仏教に未来はあるか》
2013.08.05	第38巻第8号(通巻第445号)	56		亜細亜新美術交流会 2013年生命展
2013.08.05	第38巻第8号(通巻第445号)	58		京都韓国語教育院　京都・滋賀地域の韓国語講師研修会
2013.08.05	第38巻第8号(通巻第445号)	59		ウリ伝統文化協会 第6回「韓国文化講座」
2013.08.05	第38巻第8号(通巻第445号)	60		駐大阪韓国文化院　大桃美代子さんが講演「釜・蔚・慶」の魅力と韓国のパワースポット/開院15周年記念特別企画　韓日空流コンサート/KoNと阿部篤志～2人が奏でる感性溢れるHARMONYの世界～
2013.08.05	第38巻第8号(通巻第445号)	62		順天湾国際庭園博覧会　栃木県鹿沼市・日光市/日本の伝統文化を披露　自殺撲滅キャンペーン/日韓友情コンサート
2013.08.05	第38巻第8号(通巻第445号)	64		KT美術館(「生命展」より) 前野萃周氏作 墨書①ふたたび(復)、②たちあがる(興)
2013.09.05	第38巻第9号(通巻第446号)	2		民団中央　東京・大阪・京都本部　第68周年光複節記念式典
2013.09.05	第38巻第9号(通巻第446号)	8		舞鶴市/殉難の碑公園 浮島丸殉難68周年追悼集会
2013.09.05	第38巻第9号(通巻第446号)	10		民団愛知県本部　政界勇退を惜しむ「草川昭三氏を囲む会」
2013.09.05	第38巻第9号(通巻第446号)	11		「ポントンイ」掲載(大学生体験記者団/金高子)　韓流の新しい流れ、世宗学堂/京都韓国教育院
2013.09.05	第38巻第9号(通巻第446号)	12	姜健栄	〈特別寄稿〉尹東柱詩碑と延世大学
2013.09.05	第38巻第9号(通巻第446号)	14		大阪府こども会育成連合会　大阪府国際こども交流会 韓国からのこども20名と交流
2013.09.05	第38巻第9号(通巻第446号)	16	茂松性典	〈特別寄稿〉人権啓発「同宗連」部落開放　基礎講座関西研修会
2013.09.05	第38巻第9号(通巻第446号)	18	仕田原猛	〈連載〉歴史の接点をたずねて(49) 出雲路を歩く(10)
2013.09.05	第38巻第9号(通巻第446号)	24		駐大阪韓国文化院/開院15周年記念行事　大阪工芸協会、利花繊維造形会 韓日工芸交流展「美との出会い」
2013.09.05	第38巻第9号(通巻第446号)	26		文鮮明天地人真の父母天宙聖和1周年追慕式
2013.09.05	第38巻第9号(通巻第446号)	32		BOOK KBS「東医宝鑑」(上・下巻)

발행일	지면정보 권호	페이지	필자	제목
2013.09.05	第38巻第9号(通巻第446号)	34	徐竜達	〈特別寄稿〉長崎原爆慰霊碑文「韓朝鮮」への要望
2013.09.05	第38巻第9号(通巻第446号)	36		第68周年光復節 朴槿恵大統領慶祝辞
2013.09.05	第38巻第9号(通巻第446号)	38		韓国の社説
2013.09.05	第38巻第9号(通巻第446号)	42	洪潤基	〈特別寄稿〉大阪「住吉大社」の主神は新羅海神(下)
2013.09.05	第38巻第9号(通巻第446号)	46	佐藤昇	満望後悔記「ボクの名前はきむ・じょんうん(5)」
2013.09.05	第38巻第9号(通巻第446号)	48	まつだたえこ	たえこ劇場(127) 近くて遠い国
2013.09.05	第38巻第9号(通巻第446号)	49	曺奎通	在日の詩(139) 領土(一)
2013.09.05	第38巻第9号(通巻第446号)	50	姜健栄	〈特別寄稿〉図們の華厳寺と彫刻公園
2013.09.05	第38巻第9号(通巻第446号)	52	尹禅弘	〈特別寄稿〉観音文化大学の仏教文化講座開校式
2013.09.05	第38巻第9号(通巻第446号)	54		崔鐘太/(一社)在日韓商名誉会長(Yamazenグループ会長) 大山GC理事長就任パーティー＆プロ・アマチャリティーゴルフコンペ
2013.09.05	第38巻第9号(通巻第446号)	58		「歌に生き愛に生き」田月仙30周年記念リサイトル
2013.09.05	第38巻第9号(通巻第446号)	60		兵庫慶南道民がエール 南海島と淡路島の少年サッカー交流5周年記念大会
2013.09.05	第38巻第9号(通巻第446号)	61		民団大阪府八尾支部 納涼ビアパーティー
2013.09.05	第38巻第9号(通巻第446号)	62		BOOK 洪潤基・国際脳教育大学院国学科碩座教授「京都・大阪の韓国渡来文化」(日本語版)
2013.09.05	第38巻第9号(通巻第446号)	63	姜信英	〈連載〉新・シニョンの土仁俳句 上田正昭著「渡来の古代史」
2013.09.05	第38巻第9号(通巻第446号)	64		KT美術館(韓日工芸交流展「美との出会い」より)李美淑氏作　表情Ⅲ/染色
2013.10.05	第38巻第10号(通巻第447号)	2		駐大阪韓国総領事館、大阪韓国文化院 建国記念日行事＆韓服ファッションショー
2013.10.05	第38巻第10号(通巻第447号)	4		民団大阪府本部　李内琪・駐日韓国特命全権大使歓迎会
2013.10.05	第38巻第10号(通巻第447号)	5		駐大阪韓国総領事館 「創造経済及び対韓国投資説明会」李旼和・ベンチャー企業協会名誉会長が講演
2013.10.05	第38巻第10号(通巻第447号)	6		21世紀の旅を共に 日韓交流おまつり2013 in Tokyo
2013.10.05	第38巻第10号(通巻第447号)	8		大阪韓国教育院、民団大阪府本部 2013在日同胞「オリニ　ウリナラ キャンプ」に211人が参加
2013.10.05	第38巻第10号(通巻第447号)	10	姜健栄	〈特別寄稿〉延辺博物館を訪ねて
2013.10.05	第38巻第10号(通巻第447号)	13		在日韓国奨学会 老人福祉施設「セットンの家」で研修会
2013.10.05	第38巻第10号(通巻第447号)	14		近畿経友納税連合会 第12回定期総会 新年度活動方針・収支予算を可決・承認
2013.10.05	第38巻第10号(通巻第447号)	15		近畿産業信用組合　京都支店が全面リニューアルオープン「こころなごむおもてなし」
2013.10.05	第38巻第10号(通巻第447号)	16	慈悲と愛をひろめる会	〈特別寄稿〉《李恵順・東洋画と金恩賢・瞑想像》共同展
2013.10.05	第38巻第10号(通巻第447号)	18	仕田原猛	〈連載〉歴史の接点をたずねて(50) アメノヒボコの足跡を辿る(1)

발행일	지면정보		필자	제목
	권호	페이지		
2013.10.05	第38巻第10号(通巻第447号)	22		講演会　朴普熙·韓国文化財団理事長/ワシントンタイムズ元社長「文鮮明総裁の生涯と新しい日韓関係」
2013.10.05	第38巻第10号(通巻第447号)	23		大阪城公園　第29回ワンコリアフェスティバル
2013.10.05	第38巻第10号(通巻第447号)	24		設立発足会「兵庫県慶尚北道道民会」会長に金鍾億氏が就任
2013.10.05	第38巻第10号(通巻第447号)	26		民団大阪/西淀川·港·福島·大正の4支部　「西南地区合同敬老会」
2013.10.05	第38巻第10号(通巻第447号)	28		創造美術協会　第66回「創造展」
2013.10.05	第38巻第10号(通巻第447号)	30	尹禪弘	〈特別寄稿〉代日山観音寺の盂蘭盆会と仏事
2013.10.05	第38巻第10号(通巻第447号)	32		民団京都府本部、京都韓国教育院、京都国際学園　第17期オリニ土曜学校開校式
2013.10.05	第38巻第10号(通巻第447号)	33		一指　李承憲　国際脳教育大学の「週45分瞑想·丹田呼吸」
2013.10.05	第38巻第10号(通巻第447号)	34		民団全国地方団長·中央傘下団体長会議　「地下組織綱の壊滅、従北勢力の摘発·根絶を」決議
2013.10.05	第38巻第10号(通巻第447号)	35		民団中央本部団長　2020夏季五輪·パラインパック東京開催決定で「歓迎」談話
2013.10.05	第38巻第10号(通巻第447号)	36		韓国の社説
2013.10.05	第38巻第10号(通巻第447号)	40	姜信英	〈特別寄稿〉壇君国学と国際平和
2013.10.05	第38巻第10号(通巻第447号)	46	佐藤昇	満望後悔記「ボクの名前はきむ·じょんうん(6)」
2013.10.05	第38巻第10号(通巻第447号)	48	まつだたえこ	たえこ劇場(129)　なのにあなたは京都へ行くの
2013.10.05	第38巻第10号(通巻第447号)	49	唐奎通	在日の詩(140)　領土(2)
2013.10.05	第38巻第10号(通巻第447号)	50	姜健栄	〈特別寄稿〉尹東柱詩碑と偲ぶ会～京都の2大学と立教大学～
2013.10.05	第38巻第10号(通巻第447号)	52		〈特集〉韓国/愛敬油化の製品を世界一に愛敬油化(株)元代表理事副社長　綾野怜(工学博士·技術士)
2013.10.05	第38巻第10号(通巻第447号)	62		宝塚の表玄関/グルメ館に人気の韓国家庭料理　モダンに食の「韓流」でおもてなし
2013.10.05	第38巻第10号(通巻第447号)	63	姜信英	〈連載〉〈姜信英〉新·シニョンの王仁俳句　王仁子孫「栗栖」
2013.10.05	第38巻第10号(通巻第447号)	64		KT美術館(第66回「創造展」より)　武田欣也氏作「旧信越本線碓永峠橋梁」
2013.11.05	第38巻第11号(通巻第448号)	2		古代アジアの国際交流を雅やかに再現　四天王寺ワッソinなにわの宮
2013.11.05	第38巻第11号(通巻第448号)	5		外交部/第7回「世界韓人の日」記念　政府褒章伝授式(駐大阪韓国総領事館)
2013.11.05	第38巻第11号(通巻第448号)	6		(社)南北社会統合研究院/統一部　対北政策説明会
2013.11.05	第38巻第11号(通巻第448号)	7		駐大阪韓国総領事館/近畿経済産業局　第5回韓国·関西経済フォーラム
2013.11.05	第38巻第11号(通巻第448号)	8	具末謨	〈特別寄稿〉2013順天湾国際庭園博覧会(EXPO)記念によせて

발행일	지면정보		필자	제목
	권호	페이지		
2013.11.05	第38巻第11号(通巻第448号)	10		10月9日～10日、ブルネイ王国 東アジア首脳会議
2013.11.05	第38巻第11号(通巻第448号)	11		エルエスエイチアジア奨学会　2013年度奨学金授与式 韓日両首脳からメッセージ
2013.11.05	第38巻第11号(通巻第448号)	12		国際芸術院(海雲台セントムゲルロリ)　第4回海雲台国際美術デザイン展
2013.11.05	第38巻第11号(通巻第448号)	14		京都日韓親善協会/京都王仁ライオンズクラブ　日韓文化講演会　上田正昭・京都大学名誉教授が講演「桓式朝廷と渡来氏族」
2013.11.05	第38巻第11号(通巻第448号)	15		設立10周年記念講演会 コリアンサロン「めあり」
2013.11.05	第38巻第11号(通巻第448号)	16	姜健栄	〈特別寄稿〉延辺大学について
2013.11.05	第38巻第11号(通巻第448号)	18	仕田原猛	〈連載〉歴史の接点をたずねて(51)　アメノヒボコの足跡を辿る(2)
2013.11.05	第38巻第11号(通巻第448号)	22		高麗茶道21周年記念 バイオリン・プロジェクト異文化交流平和祭典
2013.11.05	第38巻第11号(通巻第448号)	24		駐大阪韓国文化院開院15周年記念 イ・ソユン韓服展～優雅な韓服の世界～
2013.11.05	第38巻第11号(通巻第448号)	26		駐大阪韓国文化院/Korea Month 2013「ハングルの日」記念 海東書芸学会「吟斉 金鍾泰」展
2013.11.05	第38巻第11号(通巻第448号)	28		駐大阪韓国文化院/Korea Month 2013 チェ・ソンボン韓国語特別講演会「とにかく生きろ！たった一度の人生だから」希望の歌声「韓日クロスオーバー交流コンサート」
2013.11.05	第38巻第11号(通巻第448号)	30	田中典子	第7回韓国商品展示商談会
2013.11.05	第38巻第11号(通巻第448号)	31		命と音チャリティーコンサートVol.4「地球から『自殺』という言葉がなくなる日まで」
2013.11.05	第38巻第11号(通巻第448号)	32		京都国際高等学校/婦人会京都本部　曾根海成選手、育成枠で「ソフトバンク」ニドラフト指名 国際学園・グリーンサポーター
2013.11.05	第38巻第11号(通巻第448号)	33		金剛がくえん MOU大邱教育大学と教育・文化交流
2013.11.05	第38巻第11号(通巻第448号)	34		韓国の社説
2013.11.05	第38巻第11号(通巻第448号)	36	姜信英	〈特別寄稿/論文〉日本国学の危険性
2013.11.05	第38巻第11号(通巻第448号)	46	佐藤昇	満望後悔記「ボクの名前はきむ・じょんうん(7)」
2013.11.05	第38巻第11号(通巻第448号)	48	まつだたえこ	たえこ劇場(130) なんだ坂こんな坂
2013.11.05	第38巻第11号(通巻第448号)	49	曺奎通	在日の詩(141) ゴム練り工具
2013.11.05	第38巻第11号(通巻第448号)	50	姜健栄	〈特別寄稿〉モンゴル国での医療奉仕(1)～首都ウランバートル～
2013.11.05	第38巻第11号(通巻第448号)	52		民団大阪府本部 2013ハンマダンin 大阪～心をひとつに楽しもう！～
2013.11.05	第38巻第11号(通巻第448号)	58		駐大阪韓国文化院/KoreaMonth2013「ハングルの日」記念/アートハングルアカデミー
2013.11.05	第38巻第11号(通巻第448号)	59		韓日友情クラシックミニコンサート

발행일	지면정보		필자	제목
	권호	페이지		
2013.11.05	第38巻第11号(通巻第448号)	60		韓鶴子·世界平和統一家庭連合総裁が来日 「日本宣教55周年及び教会創立54周年記念大会」開催
2013.11.05	第38巻第11号(通巻第448号)	62		民団大阪八尾支部 大芋堀大会in八尾
2013.11.05	第38巻第11号(通巻第448号)	63	姜信英	〈連載〉新·シニョンの王仁俳句 河内(大阪府)の王仁遺跡
2013.11.05	第38巻第11号(通巻第448号)	64		KT美術館/海東書芸学会「昑斉金鍾泰」展より 金鍾泰会長作の「書芸」作品
2013.12.05	第38巻第12号(通巻第449号)	2		京都日韓親善教会 日韓親善文化交流フェスティバル～民族衣装競演＆撮影会～
2013.12.05	第38巻第12号(通巻第449号)	5		梨本宮記念財団、李方子妃崇徳会 李方子妃誕生113周年記念宗廟参拝
2013.12.05	第38巻第12号(通巻第449号)	6		今こそ日韓文化交流を活発に 朝鮮王朝宮中衣装展示会 韓日カップル青瓦台で結婚式 韓日文化交流20周年記念イベント
2013.12.05	第38巻第12号(通巻第449号)	8		民団中央本部 近畿·中北地区支団長ワークショップ「財政」「後継者」「次世代」の当面課題で討議
2013.12.05	第38巻第12号(通巻第449号)	10		大阪韓商 創立60周年記念講演会 朴一·大阪市大教授「在日経済の現状と課題」
2013.12.05	第38巻第12号(通巻第449号)	11		兵庫韓商 創立50周年記念チャリティーGC
2013.12.05	第38巻第12号(通巻第449号)	12	姜健栄	〈特別寄稿〉モンゴル国の歴史と国民(2)
2013.12.05	第38巻第12号(通巻第449号)	14	茂松性典	〈特別寄稿〉東日本被災地殉難霊の鎮魂慰霊巡礼行
2013.12.05	第38巻第12号(通巻第449号)	16		慶尚北道ウリ文化財探索運動本部 大阪·京都で美術館観覧、有識者と懇談
2013.12.05	第38巻第12号(通巻第449号)	18	仕田原猛	〈連載〉歴史の接点をたずねて(52) アメノヒボコの足跡を辿る(3)
2013.12.05	第38巻第12号(通巻第449号)	22		駐大阪韓国文化院 淑明カヤグム演奏団withB-BOY スペシャル·コンサート
2013.12.05	第38巻第12号(通巻第449号)	23		民団布施·東大阪南·枚岡支部/総連/東大阪市 第18回東大阪国際交流フェスティバル
2013.12.05	第38巻第12号(通巻第449号)	24		ASAイベント実行委員会 チャリティーASA絵画展
2013.12.05	第38巻第12号(通巻第449号)	26		駐大阪韓国文化院 第7回全州韓紙文化祭inOSAKA～祝賀公演、韓紙ファッションショー、韓紙工芸作品展示、韓紙ワークショップ～
2013.12.05	第38巻第12号(通巻第449号)	30		民団京都府本部、京都韓国教育院、NPO法人 民団京都国際交流センター、韓国京都青年会議所 第14回韓国語(マルハギ)大会
2013.12.05	第38巻第12号(通巻第449号)	31		白頭学院建国高校 17期生同窓会
2013.12.05	第38巻第12号(通巻第449号)	32		金剛学園 第6回オープンテコンドー選手権大会
2013.12.05	第38巻第12号(通巻第449号)	33		国務総理所属6.25戦争拉致北真相糾明委員会 「6.25戦争拉北被害申告をご案内いたします」
2013.12.05	第38巻第12号(通巻第449号)	34		韓国の社説
2013.12.05	第38巻第12号(通巻第449号)	36	姜信英	〈特別寄稿〉日本の中の韓国文化「八尾地区の古代遺跡」

발행일	지면정보 권호	지면정보 페이지	필자	제목
2013.12.05	第38巻第12号(通巻第449号)	46	権愛英	スパイ大合戦～オバマの密書(1)～No Dear Mr. Jong-unKim～ちっとも親愛じゃない「きむ・じょんうん君」へ
2013.12.05	第38巻第12号(通巻第449号)	48		近畿・中北地区支団長ワークジョブ参加者一同「北韓の延坪島武力挑発を糾弾する決議」を採択
2013.12.05	第38巻第12号(通巻第449号)	49	曺奎通	在日の詩(142) 塩化ビニール工員
2013.12.05	第38巻第12号(通巻第449号)	50	姜健栄	〈特別寄稿〉ロシア極東ウラジオストク紀行(1)～国際学校と高麗人教授～
2013.12.05	第38巻第12号(通巻第449号)	53		京都保護育成会 広島刑務所メリィハンス西風新都へ研修旅行
2013.12.05	第38巻第12号(通巻第449号)	54		駐大阪韓国文化院 2013クリンもだん美術・日韓障がい者美術展実行委員会 ともに手をたずさえて2013「日韓障がい者美術展」
2013.12.05	第38巻第12号(通巻第449号)	56		民団京都韓国文化院 食と文化祭展「京都コリアフェスティバル」
2013.12.05	第38巻第12号(通巻第449号)	60		駐大阪韓国文化院 「滅りテージアンサンブルクラシックコンサート」
2013.12.05	第38巻第12号(通巻第449号)	61		金剛学園 クラシック&K-POP特別コンサート
2013.12.05	第38巻第12号(通巻第449号)	62		BOOK パリの異邦人Ⅰ～青春の墓標～(著者/李秀男・愛知学院大学名誉教授)
2013.12.05	第38巻第12号(通巻第449号)	63	姜信英	〈連載〉新・シニョンの土仁俳句 「朝鮮石人像」
2013.12.05	第38巻第12号(通巻第449号)	64		KT美術館/「慎泉会展」より 三星潤子氏作 陶芸/「秋の日」(壺2点)
2014.01.05	第39巻第1号(通巻第450号)	2		民団大阪府地方本部 第7回韓国伝統文化マダン「和」
2014.01.05	第39巻第1号(通巻第450号)	6		駐大阪韓国文化院 2013年「大統領賞」受賞 白松 李貞姫 刺繍展
2014.01.05	第39巻第1号(通巻第450号)	8		自叙伝出版記念会
2014.01.05	第39巻第1号(通巻第450号)	10		駐日韓国大使館が仲裁 民団と(一社)在日韓商が「基本合意書」締結
2014.01.05	第39巻第1号(通巻第450号)	11		世界平和統一家庭連合 フィリピンに愛の寄付「希望失わないでください」台風被害地域に100万ドルの救援物資伝達
2014.01.05	第39巻第1号(通巻第450号)	12		韓国文化財の現状把握 高霊郡文化財視察団が来日
2014.01.05	第39巻第1号(通巻第450号)	14		堺市社会福祉協議会 韓国伝統芸術院院長・呂英華氏に「感謝状」
2014.01.05	第39巻第1号(通巻第450号)	16	茂松性典	〈特別寄稿〉飯能の高麗文化1300年ロマン 高麗の道・渡来センター
2014.01.05	第39巻第1号(通巻第450号)	18	仕田原猛	〈連載〉歴史の接点をたずねて(53) アメノヒボコの足跡を辿る(4)
2014.01.05	第39巻第1号(通巻第450号)	22		民団大阪府本部/大阪韓国教育院 第7回「韓国公立忠南芸術高等学校が音楽と舞踊を披露」
2014.01.05	第39巻第1号(通巻第450号)	25		民団大阪府本部/大阪府教委 13年度「在日韓国人の民族教育、国際理解教育の推進を求める要望書」で交渉

발행일	지면정보		필자	제목
	권호	페이지		
2014.01.05	第39巻第1号(通巻第450号)	26		国際芸術院 国際公募2013年「日本釜山友好協会展」
2014.01.05	第39巻第1号(通巻第450号)	28		交流会 都内の留学生が集い「民際」交流会
2014.01.05	第39巻第1号(通巻第450号)	29		民団鶴見支部 ハングル教室の受講生が年末交流会
2014.01.05	第39巻第1号(通巻第450号)	30		婦人会大阪府本部 盛大に2013年度忘年会
2014.01.05	第39巻第1号(通巻第450号)	38		韓国の社説
2014.01.05	第39巻第1号(通巻第450号)	44		韓流連・民主女性会・韓青・学生協 「独裁政治を復活させた朴槿恵政権を糾弾する!」ビラ配布・街宣
2014.01.05	第39巻第1号(通巻第450号)	45		BOOK 石田徹著「近代移行期の日朝関係」~国交刷新をめぐる日朝双方の論理~
2014.01.05	第39巻第1号(通巻第450号)	46	権愛英	スパイ大合戦~オバマの密書(2)~No Dear Mr. Jong-un Kim~ちっとも親愛じゃない「きむ・じょんうん君」へ
2014.01.05	第39巻第1号(通巻第450号)	48	まつだたえこ	たえこ劇場(131) 嫉妬の嵐
2014.01.05	第39巻第1号(通巻第450号)	49	青奎通	在日の詩(142) 在日の産業史
2014.01.05	第39巻第1号(通巻第450号)	50	姜健栄	〈特別寄稿〉ウズベキスタン紀行(1)~地理、人文、経済、高麗人の移住史~/ウズベキスタン紀行(1)~高麗人農場と墓地~
2014.01.05	第39巻第1号(通巻第450号)	54	尹禅弘	〈特別寄稿〉元暁宗宗正能仁堂徳大宗師円寂追悼祭
2014.01.05	第39巻第1号(通巻第450号)	56		兵庫韓商 創立50周年記念ディナーショー
2014.01.05	第39巻第1号(通巻第450号)	57		兵庫韓国青年商工会 第5回チャリティーゴルフコンペ
2014.01.05	第39巻第1号(通巻第450号)	58		駐大阪韓国文化院 韓国文化K講座発表会
2014.01.05	第39巻第1号(通巻第450号)	60		民団大阪八尾支部 第7回大餅つき大会
2014.01.05	第39巻第1号(通巻第450号)	62		民団京都府本部/京都韓国教育院/京都国際学園 第17期オリニ土曜学校修了式クリスマスパーティー
2014.01.05	第39巻第1号(通巻第450号)	64		KT美術館「白松 李貞姫刺繍展より」
2014.02.05	第39巻第2号(通巻第451号)	2		新春年賀交歓会 民団中央本部・東京本部、大阪府本部、京都府本部、駐大阪韓国総領事館
2014.02.05	第39巻第2号(通巻第451号)	9		韓国放送人フォーラム・韓国新聞連合会 舞踊家・金一志氏「2013誇れる韓国人会外同胞大賞」
2014.02.05	第39巻第2号(通巻第451号)	10		「世界を照らす小さなロウソクたれ!」 秀林文化財団設立者/故東喬金熙秀 2回忌追悼式
2014.02.05	第39巻第2号(通巻第451号)	14		法務大臣から「感謝状」表彰 宗教教誨師/南尚浩牧師(在日大韓基督教会・愛隣教会)
2014.02.05	第39巻第2号(通巻第451号)	16	茂松性典	〈特別寄稿〉高麗王若光の祠堂/高麗神社と王廟/聖天院勝楽寺
2014.02.05	第39巻第2号(通巻第451号)	18	仕田原猛	〈連載〉歴史の接点をたずねて(54) アメノヒボコの足跡を辿る(5)
2014.02.05	第39巻第2号(通巻第451号)	22		国際交流基金関西国際センター 李秀賢氏記念韓国青少年訪日研修 韓国の高校生30名が来日、駐大阪韓国文化院を訪問

발행일	지면정보		필자	제목
	권호	페이지		
2014.02.05	第39巻第2号(通巻第451号)	25		韓日友好教育交流促進協議会　李方子妃殿下に韓日友好を誓う
2014.02.05	第39巻第2号(通巻第451号)	26		国祭芸術院展/明蔵滋ギャラリー(愛知)　日韓の絵画を中心に150点を展覧
2014.02.05	第39巻第2号(通巻第451号)	28		神戸韓国教育院　第13回兵庫県高校生韓国語スピーチ大会
2014.02.05	第39巻第2号(通巻第451号)	30		宝塚韓国小学校 閉校あら半世紀、初の同窓会開催
2014.02.05	第39巻第2号(通巻第451号)	34		2014新年会 朴權恵大統領新年辞(要旨) 来賓祝辞/額賀福志郎・日韓議連会長、黄祐呂・韓日議連会長、太田昭宏・国土交通相(公明党)
2014.02.05	第39巻第2号(通巻第451号)	36		アジア平和連合　第2回アジアイリーダーズ(指導者)大賞　CEO大賞授与式
2014.02.05	第39巻第2号(通巻第451号)	38		韓国の社説
2014.02.05	第39巻第2号(通巻第451号)	40		3月10日、中央商銀信用組合とあすなろ信用組合が合併「横浜中央信用組合」に
2014.02.05	第39巻第2号(通巻第451号)	41		在外同胞財団/2013大学(院)生の論文コンペティションおよび学位論文賞　金希姫さんが「奨励賞」を受賞
2014.02.05	第39巻第2号(通巻第451号)	42	金希姫	〈特別寄稿〉「祝祭を通じての在日コリアンの統合的文化運動に関する研究OneKoreaFestival」
2014.02.05	第39巻第2号(通巻第451号)	46	権愛英	スパイ大合戦～オバマの密書(3)～No Dear M.Jong-unKim～まったくもってちっとも親愛じゃない「きむ・じょんうん君」へ
2014.02.05	第39巻第2号(通巻第451号)	48	まつだたえこ	たえこ劇場(132) 韓国語実践会話入門
2014.02.05	第39巻第2号(通巻第451号)	49	曺奎通	在日の詩(144) 秋夕
2014.02.05	第39巻第2号(通巻第451号)	50	姜健栄	〈特別寄稿〉ウズベキスタン紀行(3)～タシケントの高麗人文化施設～/ウズベキスタン紀行(4)～文化人ウラジミル・キム氏～
2014.02.05	第39巻第2号(通巻第451号)	54		民団大阪府泉州支部実行委員 韓日文化交流会inSENSHU
2014.02.05	第39巻第2号(通巻第451号)	56		民団大阪府本部/大阪韓国教育院 第8回「オリニ ウリマル イヤギ・カルタ大会」
2014.02.05	第39巻第2号(通巻第451号)	58		東北ヨハンボランティア連合　新年祝賀関西イバイバル＆東北復興支援CONCERT
2014.02.05	第39巻第2号(通巻第451号)	59		在日本関西韓国人連合会 敬老会＆送年会
2014.02.05	第39巻第2号(通巻第451号)	60		経営者としての自記研鑽と友情の輪 「コグマ会」が送年懇親会
2014.02.05	第39巻第2号(通巻第451号)	61		第2回定期公演 白頭学院建国中・高等学校伝統芸術部
2014.02.05	第39巻第2号(通巻第451号)	62		全国各地で成人式 民団大阪府本部・民団京都府本部
2014.02.05	第39巻第2号(通巻第451号)	64		KT美術館 韓国のソルラル(旧正月)/駐大阪韓国文化院ミリネギャラリー

발행일	지면정보		필자	제목
	권호	페이지		
2014.03.05	第39巻第3号(通巻第452号)	2		2.8独立宣言第95周年記念式 2.8独立宣言から平和統一宣言へ決意
2014.03.05	第39巻第3号(通巻第452号)	4		統一未来フォーラム&南北統一運動国民連合 2014統一祈願韓民族平和統一大会
2014.03.05	第39巻第3号(通巻第452号)	6		受刑者と死刑囚代父/朴三中僧侶 安重根義士の遺骨発掘、韓国返葬の願い
2014.03.05	第39巻第3号(通巻第452号)	7		漫画家/朴在東氏 「元従軍慰安婦の本質を多くの大衆に伝達したい」
2014.03.05	第39巻第3号(通巻第452号)	8		第4回「竹島の日」を考え直す集い 韓日不和の根本は「竹島の日」制定にある
2014.03.05	第39巻第3号(通巻第452号)	9		北朝鮮帰国者の生命と人権を守る会 結成20周年記念講演&(帰国事業)写真展
2014.03.05	第39巻第3号(通巻第452号)	10		民団布施支部・東大阪国際交流フェスティバル実行委員会 呉竜浩・民団大阪府地方本部顧問 国民勲章「冬柏章」受勲祝賀会
2014.03.05	第39巻第3号(通巻第452号)	14		大阪韓商「経済講演会」 加藤貞男・関西経済同友会代表幹事「日本生命が大切にしてきたこと」～『原点』と『多様性』～
2014.03.05	第39巻第3号(通巻第452号)	15		近畿経友納税連合会/税務研修会 関一也・大阪国税局課税第1部次長「相続税の現状と今後」
2014.03.05	第39巻第3号(通巻第452号)	22		駐大阪韓国文化院 「話してみよう韓国語」第12回大阪大会
2014.03.05	第39巻第3号(通巻第452号)	24		曼谷中国書院 当代中国書画名家宝鑑作品展
2014.03.05	第39巻第3号(通巻第452号)	26		韓紙-HANJI-灯りと彩実行委員会 韓紙工芸交流展「灯りと彩」
2014.03.05	第39巻第3号(通巻第452号)	27		高麗茶道&煎茶道 茶文化交流/釜山・伽倻寺
2014.03.05	第39巻第3号(通巻第452号)	28		京都造形芸術大学 尹東柱命日追悼会&交流会
2014.03.05	第39巻第3号(通巻第452号)	29		「基元節」1周年記念式典 祝福結婚式に2万組が参加
2014.03.05	第39巻第3号(通巻第452号)	30		記憶を記録する実行委員会 宝塚韓国小学校に再照明、再評価へ
2014.03.05	第39巻第3号(通巻第452号)	36		韓国の社説
2014.03.05	第39巻第3号(通巻第452号)	38		金玟河・元中央大学総長/追悼文 ノブレス・オブリージュ精神の愛国者、金熙秀!
2014.03.05	第39巻第3号(通巻第452号)	62		39人が学舎を巣立つ 白頭学院建国高校卒業式
2014.03.05	第39巻第3号(通巻第452号)	64		KT美術館 国際芸術院/河合晴明画伯「黄金竜」「新生日本 リニア」「日本の原風景」
2014.03.05	第39巻第3号(通巻第452号)	16		全南道民会/韓日関係改善と同胞和合・南北統一を民間の力で開く年に
2014.03.05	第39巻第3号(通巻第452号)	17		全羅道道民会/民間交流を通じて韓日関係の克服を
2014.03.05	第39巻第3号(通巻第452号)	56		兵庫県慶南道民会、大阪慶北道民会、京都慶南道民会、立命館大学ウリ同窓会、民団京都府左京支部/ボウリング交流の会

발행일	지면정보		필자	제목
	권호	페이지		
2014.03.05	第39巻第3号(通巻第452号)	18	仕田原猛	〈連載〉歴史の接点をたずねて(55)　アメノヒボコの足跡を辿る(6)
2014.03.05	第39巻第3号(通巻第452号)	40	金希姫	〈特別寄稿〉祝祭を通じての在日コリアンの統合的文化運動に関する研究One Korea Festival
2014.03.05	第39巻第3号(通巻第452号)	46	佐藤昇	満望後悔記 張成沢のメッセージ(1)
2014.03.05	第39巻第3号(通巻第452号)	48	まつだたえこ	たえこ劇場(133) 雪と氷の祭典
2014.03.05	第39巻第3号(通巻第452号)	49	靑奎通	在日の詩(145) 在日の墓
2014.03.05	第39巻第3号(通巻第452号)	50	姜健栄	〈特別寄稿〉ウズベキスタン紀行(5)～画家アン・ウラジミル氏～
2014.03.05	第39巻第3号(通巻第452号)	53		BOOK「中国、中央アジア、ロジア極東への旅」～民族共同体意識～
2014.03.05	第39巻第3号(通巻第452号)	54		ウズベキスタン紀行(6)～写真家アン・ビクトル氏～
2014.03.05	第39巻第3号(通巻第452号)	60	尹神弘	〈特別寄稿〉大阪コリアタウン観音寺の在日韓民族葬祭展(前)
2014.03.05	第39巻第3号(通巻第452号)	63	姜信英	〈連載〉新・シニョンの土仁俳句「和歌の源流」
2014.04.05	第39巻第4号(通巻第453号)	2		オバマ大統領の仲介 韓日首脳が最初の出会い
2014.04.05	第39巻第4号(通巻第453号)	4		白翎島海兵隊黒竜部隊/申兌秀兵長　「今は分断された祖国を守るが、将来、統一された祖国を守る旗手になります」
2014.04.05	第39巻第4号(通巻第453号)	6		駐大阪韓国文化院/大阪国際フォーラム 沈寿官特別講演会「薩摩焼と朝鮮陶工の命脈」
2014.04.05	第39巻第4号(通巻第453号)	9		民主平和統一諮問会議近畿協議会 統一講演会「倒木アジア情勢の変化と韓半島統一」
2014.04.05	第39巻第4号(通巻第453号)	10		韓国放送人フォーラム・韓国新聞連合会　「2013誇らしい韓国人海外同胞大賞」金有作氏(民団京都府本部常任顧問、京都保護育成会理事長)
2014.04.05	第39巻第4号(通巻第453号)	12		韓日の『信頼の絆が拓く未来モデル』を双肩に「横浜中央信用組合」が新たなスタート
2014.04.05	第39巻第4号(通巻第453号)	13		近畿産業信用組合「西院支店」新規オープン
2014.04.05	第39巻第4号(通巻第453号)	22		在日韓国奨学会/在日韓朝鮮大学人協会　「時局公開講演会」独島(竹島)の領有権問題で講演
2014.04.05	第39巻第4号(通巻第453号)	24		来秋、7年ぶりに開催 第12回「寿江女会」
2014.04.05	第39巻第4号(通巻第453号)	26		3.15朝鮮通信使シンポジウム　文化友好シンポジウム「朝鮮通信使と日韓の未来思考」
2014.04.05	第39巻第4号(通巻第453号)	30		日韓友好親善は長野/善光寺から　5月11日、李方子妃・李晋殿下の法要
2014.04.05	第39巻第4号(通巻第453号)	32		民団大阪府八尾市部　ハナ集いの家「ムグンファ」が開所1周年
	第39巻第4号(通巻第453号)	33		韓国民団「天安艦被激事件4周忌決意文」
2014.04.05	第39巻第4号(通巻第453号)	34		「韓奨」時局公開講演会講演要旨 徐竜達氏「新しい韓・日関係のあり方」久保井 規夫氏「大韓帝国勅令(1900年)の意味するもの」

발행일	지면정보		필자	제목
	권호	페이지		
2014.04.05	第39巻第4号(通巻第453号)	36		〈論壇〉(社)北韓の伝統食文化研究院・李愛蘭院長「独裁者金正恩と共倒れの岐路に立たされた朝鮮総連」/北韓民主化ネットワーク代表 ハン・ギホン 大韓民国の敵、「RO」の実体を正しく知る
2014.04.05	第39巻第4号(通巻第453号)	42		韓国の社説
2014.04.05	第39巻第4号(通巻第453号)	53		韓国インディペンデント・アニメーション協会/駐大阪韓国文化院 イ・ソンガン監督の時間「花開くコリア・アニメーション2014」スペシャルトーク
2014.04.05	第39巻第4号(通巻第453号)	56		金恵静・慶熙大学恵静博物館館長 「東海」/2000年を越える韓民族の魂が込められた名秤 ソウル「芸術の殿堂」で古地図展示、講演会
2014.04.05	第39巻第4号(通巻第453号)	59		はがき一枚が証言 真の「東洋平和論」安重根義士
2014.04.05	第39巻第4号(通巻第453号)	62		2013学年度卒業式 京都国際中学高等学校
2014.04.05	第39巻第4号(通巻第453号)	28		定期地方委員会 第60回大阪府地方本部、第62回京都府地方本部
2014.04.05	第39巻第4号(通巻第453号)	40		青年会定期地方大会 新会長を選出 大阪/金琳泰氏、京都/権純吉氏
2014.04.05	第39巻第4号(通巻第453号)	54		第95周年3.1節記念式典 民団大阪府本部/民団京都府本部
2014.04.05	第39巻第4号(通巻第453号)	14	尹禅弘	韓国仏教名刹巡礼(1)釜山 大韓仏教元暁宗総本山/金水寺
2014.04.05	第39巻第4号(通巻第453号)	16	姜健栄	〈特別寄稿〉ロシア極東ウスリースク紀行(2)～高麗人文化会館と記念碑～
2014.04.05	第39巻第4号(通巻第453号)	18	仕田原猛	〈連載〉歴史の接点をたずねて(56) アメノヒボコの足跡を辿る(7)
2014.04.05	第39巻第4号(通巻第453号)	45	姜信英	〈特別寄稿〉倍達国と紅山文化について
2014.04.05	第39巻第4号(通巻第453号)	46	佐藤昇	満望後悔記 張成沢のメッセージ(2)
2014.04.05	第39巻第4号(通巻第453号)	48	まつだたえこ	たえこ劇場(134) 英語でええ語？
2014.04.05	第39巻第4号(通巻第453号)	49	曺奎通	在日の詩(146) 知覧訪いたき
2014.04.05	第39巻第4号(通巻第453号)	50	姜健栄	〈特別寄稿〉 ウズベキスタン紀行(7)～画家シン・スンナム氏について～
2014.04.05	第39巻第4号(通巻第453号)	60	尹禅弘	〈特別寄稿〉大阪コリアタウン観音寺の在日韓民族葬祭展(後)
2014.04.05	第39巻第4号(通巻第453号)	63	姜信英	〈連載〉新・シニョンの王仁俳句「和歌は辰韓の言辞」
2014.04.05	第39巻第4号(通巻第453号)	64		KT美術館 デジタルアート展/MEDIA間 キム・ヘギョンさん/キム・スミンさん
2014.05.05	第39巻第5号(通巻第454号)	2		韓国/旅客船沈没惨事 在日同胞・日本社会にも沈痛が広がる 韓国中央会館に献花台 民団、募金活動を推進
2014.05.05	第39巻第5号(通巻第454号)	3		ソウル忘憂里の墓地 浅川巧81周忌追悼式
2014.05.05	第39巻第5号(通巻第454号)	4		旅客船沈没惨事 韓国の社説

발행일	지면정보		필자	제목
	권호	페이지		
2014.05.05	第39巻第5号(通巻第454号)	6		民団中央本部、あすか信組　2014年前半期全国地方団長・中央傘下団体長会議 あすか信組合入組式
2014.05.05	第39巻第5号(通巻第454号)	8		婦人会大阪府本部/定期地方委員会・大会　無投票、金秋江副会長に選出
2014.05.05	第39巻第5号(通巻第454号)	9		婦人会京都府本部/定期地方委員会　2014年度活動方針・年度案などを可決・承認
2014.05.05	第39巻第5号(通巻第454号)	10		申兌秀海兵隊員が除隊、復学 海兵隊6旅団旅団長(准将)表彰
2014.05.05	第39巻第5号(通巻第454号)	11		(一社)在日韓国商工会議所兵庫 創立50周年記念セミナー(一財)日本綜合研究所・寺島実郎理事長が講演
2014.05.05	第39巻第5号(通巻第454号)	12		駐大阪韓国総領事、白頭学院理事長 仲田順和・醍醐寺座主に感謝状
2014.05.05	第39巻第5号(通巻第454号)	13		韓国茶道協会京都支部 10周年を祝い記念茶会
2014.05.05	第39巻第5号(通巻第454号)	14		一般社団法人/訓民正音グローバル協会 韓国語教師の養成講座、韓国語検定試験を実施
2014.05.05	第39巻第5号(通巻第454号)	16		大阪青商/定期総会・創立25周年記念式典　新会長に梁克嘉氏を選出
2014.05.05	第39巻第5号(通巻第454号)	18	仕田原猛	〈連載〉歴史の接点をたずねて(57) アメノヒボコの足跡を辿る(8)
2014.05.05	第39巻第5号(通巻第454号)	22	尹禪弘	〈特別寄稿〉韓国仏教名刹巡礼(2) 順天 韓国仏教太古宗総本山 仙岩寺(前)
2014.05.05	第39巻第5号(通巻第454号)	24		国際芸能院/全国の「一ノ宮」詣で　橿原神宮、紀州/熊野古道の6社寺絵画を奉納
2014.05.05	第39巻第5号(通巻第454号)	26		駐大阪韓国文化院 滋賀県高島市・江原道江陵市工芸交流展
2014.05.05	第39巻第5号(通巻第454号)	28		大阪韓国商工会議所　渡来文化の里・明日香村を再探訪
2014.05.05	第39巻第5号(通巻第454号)	29		ワンコリアフェスティバル30周年記念大会　映画上映会と玄静和トークショー
2014.05.05	第39巻第5号(通巻第454号)	30	日韓友好京都ネット	〈特別寄稿〉北朝鮮における日本人遺骨埋葬地現況調査報告
2014.05.05	第39巻第5号(通巻第454号)	32	河正雄	〈特別寄稿〉田沢湖祈りの美術館
2014.05.05	第39巻第5号(通巻第454号)	36		韓国の社説
2014.05.05	第39巻第5号(通巻第454号)	40	姜健栄	〈特別寄稿〉ロシア極東ウスリースク紀行(3)〜初期移住と白衣民族〜
2014.05.05	第39巻第5号(通巻第454号)	42	姜信英	〈特別寄稿〉韓国史概論「日本の渡った文化的人材を通じてのわが国文化の様相」
2014.05.05	第39巻第5号(通巻第454号)	46	佐籐昇	満望後悔記 張成沢のメッセージ(3)
2014.05.05	第39巻第5号(通巻第454号)	48	まつだたえこ	たえこ劇場(135) 英語でええ語？
2014.05.05	第39巻第5号(通巻第454号)	49	曺奎通	在日の詩(147) 侵略の定義
2014.05.05	第39巻第5号(通巻第454号)	50	姜健栄	〈特別寄稿〉中国東北にハルビン紀行(1)〜民族農村と文化施設〜

발행일	지면정보		필자	제목
	권호	페이지		
2014.05.05	第39巻第5号(通巻第454号)	54		NPO法人大阪ワッソ文化交流協会　歴史探訪帰りバスツアーin滋賀～天日槍ゆかりの史跡めぐりと春爛漫の近江の旅～
2014.05.05	第39巻第5号(通巻第454号)	56		大阪/白頭学院　K-POPカムルチが公演
2014.05.05	第39巻第5号(通巻第454号)	57		京都国際学園　2014年度京都国際中学高等学校入学式
2014.05.05	第39巻第5号(通巻第454号)	58		民団京都府本部　2014京都春季在日同胞次世代育成交流・懇談会
2014.05.05	第39巻第5号(通巻第454号)	62		民団大阪府八尾市部　生憎の雨、室内で花見会 満開の笑顔と歓声
2014.05.05	第39巻第5号(通巻第454号)	63	姜信英	〈連載〉新・シニョンの土仁俳句「元興寺」/KT美術館
2014.05.05	第39巻第5号(通巻第454号)	64		滋賀県高島市・江原道江陵市工芸交流展　カン・ユリム氏作「他人の視線」
2014.06.05	第39巻第6号(通巻第455号)	2		第46回韓日経済人会議「21世紀をアジアの世紀に」韓日経済界が両国「政治」の補いを懸けて
2014.06.05	第39巻第6号(通巻第455号)	6		喪われし尊き命を偲ぶ会/善光寺大本願　セウォル号沈没の犠牲者を追悼法要
2014.06.05	第39巻第6号(通巻第455号)	8		韓国の社説
2014.06.05	第39巻第6号(通巻第455号)	9	金フングァン	〈論壇〉北朝鮮観光には行ってはならない理由
2014.06.05	第39巻第6号(通巻第455号)	10		韓日善隣/散り椿 京都「椿寺」から蔚山に返り咲き 和解の象徴「蔚山椿」育つ
2014.06.05	第39巻第6号(通巻第455号)	12		駐日韓文化院・駐大阪韓国院、コリアナ化粧博物館 自然が奏でる美 韓国の化粧文化
2014.06.05	第39巻第6号(通巻第455号)	14	姜健栄	〈特別寄稿〉中国東北にハルビン紀行(2)～安重根義士と音楽家鄭律成～
2014.06.05	第39巻第6号(通巻第455号)	18	仕田原猛	〈連載〉歴史の接点をたずねて(58) 竹島(独島)を考える(1)
2014.06.05	第39巻第6号(通巻第455号)	22	尹禅弘	〈特別寄稿〉韓国仏教名刹巡礼(2) 順天 韓国仏教太古宗総本山 仙岩寺(後)
2014.06.05	第39巻第6号(通巻第455号)	24		国際芸術院が絵画奉納(MI記) 曹渓寺分住職/円鏡和尚
2014.06.05	第39巻第6号(通巻第455号)	26		駐大阪韓国文化院、IKサロン 「張今貞井戸茶碗展」(大阪韓国文化院展)
2014.06.05	第39巻第6号(通巻第455号)	29		KTGallery崔雅喜/日常の生活をオブジェにする 夢のポップアーティスト
2014.06.05	第39巻第6号(通巻第455号)	30		NPO法人大阪ワッソ文化交流協会 第13回チャリティ「アジア歌謡祭」～音楽で守ろう世界の子どもの命と未来～
2014.06.05	第39巻第6号(通巻第455号)	33		北東アジアの平和のための第4次ウラジオストク国際会議
2014.06.05	第39巻第6号(通巻第455号)	34	姜健栄	〈特別寄稿〉ロシア沿海州の高麗人(4)～ソビエト民族政策と強制移住～
2014.06.05	第39巻第6号(通巻第455号)	38		韓国の社説

발행일	지면정보		필자	제목
	권호	페이지		
2014.06.05	第39巻第6号(通巻第455号)	42	姜信英	〈特別寄稿〉韓国人が発掘した雨森芳洲と日本人によって知られた王仁博士
2014.06.05	第39巻第6号(通巻第455号)	45		民団京都府本部 2014年度顧問・三機関懇親会
2014.06.05	第39巻第6号(通巻第455号)	46	佐籐昇	満望後悔記 張成沢のメッセージ(4)
2014.06.05	第39巻第6号(通巻第455号)	48	まつだたえこ	たえこ劇場(136) 素晴らしき韓国料理
2014.06.05	第39巻第6号(通巻第455号)	49	冑奎通	在日の詩(148) 濁酒
2014.06.05	第39巻第6号(通巻第455号)	50	河正雄	〈特別寄稿〉金熙秀先生を偲ぶ
2014.06.05	第39巻第6号(通巻第455号)	54		(一社)在日韓国商工会議所兵庫 創立50周年記念式典・パーティー
2014.06.05	第39巻第6号(通巻第455号)	56		金剛学園・京都国際学園・白頭学院、大阪韓国教育院 韓国の名門9大学が参加「大学進学合同説明会」
2014.06.05	第39巻第6号(通巻第455号)	57		釜山商工会議所会長及び歴代会長団来日歓迎会「日韓関係を民間レベルから回復させ、もっと深い交流と協力の場に」
2014.06.05	第39巻第6号(通巻第455号)	58		在日本大韓体育会関西本部 2014年度定期総会 活動方針・予算案などを可決・承認
2014.06.05	第39巻第6号(通巻第455号)	59		2014年度総会 京都日韓親善協会
2014.06.05	第39巻第6号(通巻第455号)	60		民団京都府左京支部 活性化の一環/農園開墾
2014.06.05	第39巻第6号(通巻第455号)	61		民団京都府八尾支部「いちご狩り」で一体感
2014.06.05	第39巻第6号(通巻第455号)	62		京都韓国教育院「オリニ韓国語教室開講」
2014.06.05	第39巻第6号(通巻第455号)	63	姜信英	〈連載〉新・シニョンの王仁俳句 「王仁博士と藤原惺窩」
2014.06.05	第39巻第6号(通巻第455号)	64		KT美術館 張今貞作家「井戸茶碗」
2014.07.05	第39巻第7号(通巻第456号)	2		クムホアシアナ文化財団、国際交流基金、中央日報 音楽親善大使/NHK交響楽団ソウル公演 国境越え日韓のハーモニー奏でる
2014.07.05	第39巻第7号(通巻第456号)	4		「竹島の日」を考え直す会 久保井規夫著「図説 竹島=独島問題の解決」出版記念パーティ
2014.07.05	第39巻第7号(通巻第456号)	6		韓国/太古宗、日本/長野県・善光寺 セウォル号沈没事故49日追悼法要
2014.07.05	第39巻第7号(通巻第456号)	8		民主平統諮問会議近畿協議会 6.25第64周年「時局講演会」「北朝鮮の拉致・奴隷労働、人権弾圧の過去と現在」
2014.07.05	第39巻第7号(通巻第456号)	10		在日コリアンと韓国留学生との交流会 韓国青年ハンマウム
2014.07.05	第39巻第7号(通巻第456号)	12		京都王仁ライオンズクラブ 創立10周年記念例会/ソウルニュー冠岳LCと国際姉妹クラブ締結式 ソウルニュー冠岳LC創立34周年記念/京都王仁LC姉妹結縁式
2014.07.05	第39巻第7号(通巻第456号)	15		チョン・ウォルソン(田月仙)プロテュース)「歌劇"沈青伝"より/世界名曲集」
2014.07.05	第39巻第7号(通巻第456号)	16		栃木県鹿沼市・宇都宮市・日光市「鹿沼さつき会大韓民国支部」を歓迎 さつき「花外交」で深まる日韓友好

발행일	지면정보		필자	제목
	권호	페이지		
2014.07.05	第39巻第7号(通巻第456号)	18	仕田原猛	〈連載〉歴史の接点をたずねて(59) 竹島(独島)を考える(2)
2014.07.05	第39巻第7号(通巻第456号)	22		神戸韓国教育院　ラオンチュムト3周年韓国舞踊公演～愛に華咲く～
2014.07.05	第39巻第7号(通巻第456号)	24		国際芸術院　当代芸術名家/金喜倫画伯(香港)
2014.07.05	第39巻第7号(通巻第456号)	26		近畿産業信用組合/第61期通常総代会　事業計画・収支予算案など5議案を承認・可決　青木定雄氏ら非常勤理事7名が退任
2014.07.05	第39巻第7号(通巻第456号)	27		京都近畿経友納税会　京都/上京・右京・左京税務署から感謝状
2014.07.05	第39巻第7号(通巻第456号)	28		民団中央本部　MINDAN就職フエア2014
2014.07.05	第39巻第7号(通巻第456号)	29		平和統一連合埼玉・栃木県連合会　日韓友好促進の為びシンポジウム「朝鮮通信使と日韓交流」
2014.07.05	第39巻第7号(通巻第456号)	30		韓国大阪青年会議所　第42回韓国語弁論大会「感謝ノココロ」
2014.07.05	第39巻第7号(通巻第456号)	32		駐大阪韓国文化院韓日現代アート交流展「LOS Tor FOUND +one」(喪失あるいは発見)
2014.07.05	第39巻第7号(通巻第456号)	33	室伏繁	〈特別寄稿〉6月1日N響ソウル公演によせて
2014.07.05	第39巻第7号(通巻第456号)	34		論壇/高ヨンファン(国家安保戦略研究所首席研究委員)　非正常的な統治を行う金正恩政権の末路
2014.07.05	第39巻第7号(通巻第456号)	35		論壇/金グァンジン(国家安保戦略研究所首席研究委員)　金正恩の白頭血統は偽物
2014.07.05	第39巻第7号(通巻第456号)	36		民団大阪府本部　第55期第一回三機関任員・本部傘下団体長連席会議
2014.07.05	第39巻第7号(通巻第456号)	37		大阪韓国商工会議所　第61期定期総会
2014.07.05	第39巻第7号(通巻第456号)	38		(一社)在日韓国商工会議所　第52期定期総会
2014.07.05	第39巻第7号(通巻第456号)	39		民団八尾支部　李賢主・駐大阪韓国総領事が田中誠太・八尾市長を表敬訪問
2014.07.05	第39巻第7号(通巻第456号)	40		韓国京都経済会議所2013年度定期総会
2014.07.05	第39巻第7号(通巻第456号)	42		韓国の社説
2014.07.05	第39巻第7号(通巻第456号)	45		〈投稿〉文昌克氏に対する批判を考える
2014.07.05	第39巻第7号(通巻第456号)	46	佐藤昇	満望後悔記 張成沢のメッセージ(5)
2014.07.05	第39巻第7号(通巻第456号)	48	まつだたえこ	たえこ劇場(137) 虫なんか無視したい
2014.07.05	第39巻第7号(通巻第456号)	49	曺奎通	在日の詩(149) 中傷
2014.07.05	第39巻第7号(通巻第456号)	50	姜健栄	〈特別寄稿〉ロシア沿海州の高麗人(5)～移住史と民族独立運動～
2014.07.05	第39巻第7号(通巻第456号)	53		婦人会京都府本部　京都国際学園・クリンサポーター
2014.07.05	第39巻第7号(通巻第456号)	54		民団八尾支部　2014年度役員本国研修会
2014.07.05	第39巻第7号(通巻第456号)	56	NPO法人観音ボランティア協会	〈特別寄稿〉生野観音寺の「敬老慰安・春まつり」

발행일	지면정보		필자	제목
	권호	페이지		
2014.07.05	第39巻第7号(通巻第456号)	58		社団福祉法人「深高会」「第12回深谷子ども国際祭り」 韓国アカデミー少年少女合唱団・韓国シニア合唱団が出演
2014.07.05	第39巻第7号(通巻第456号)	60		コリアサロン「めあり」コリアフード講習会
2014.07.05	第39巻第7号(通巻第456号)	61		白頭学院建国学校　建国幼稚園・小学校で運動会
2014.07.05	第39巻第7号(通巻第456号)	62	姜信英	〈連載〉新・シニョンの土仁俳句「日韓交流の窓口/対馬」
2014.07.05	第39巻第7号(通巻第456号)	63		KT美術館　国際芸術院/河合晴明氏作「山里の駅」
2014.08.05	第39巻第8号(通巻第457号)	2		INTERVIEW アントニオ猪木参議院議員 拉致問題解決への糸口を開く!
2014.08.05	第39巻第8号(通巻第457号)	4		提言 NPO法人日韓トンネル研究会代表 野沢太三元法相/必要なのは「心のトンネル」
2014.08.05	第39巻第8号(通巻第457号)	5		平和統一連合創立10周年記念大会 朝鮮通信使を世界遺産に! 日韓平和外交時代の再現を誓う
2014.08.05	第39巻第8号(通巻第457号)	6		在日世界韓人商工人連合会 第9期定期総会/金和男会長を再任「目は世界に、心は祖国に」
2014.08.05	第39巻第8号(通巻第457号)	7		ウリ伝統文化協会 第12回「韓国文化講座」&第一回総会
2014.08.05	第39巻第8号(通巻第457号)	8		ヘイトスピーチはアカン OSAKA AGAIN STRACISM 仲良くしようぜパレード2014
2014.08.05	第39巻第8号(通巻第457号)	11		近畿産業信用組合 きんさん「人材採用・育成支援」第7回「合同企業説明会」
2014.08.05	第39巻第8号(通巻第457号)	12		一心書道会、海東書芸学会 2014日韓書道交流展
2014.08.05	第39巻第8号(通巻第457号)	15		国際芸術院総裁/伊藤三春交友録 国楽(韓国伝統音楽家)朴正旭氏
2014.08.05	第39巻第8号(通巻第457号)	16		NPO法人国美芸術家協会 第38回公募選抜展覧会「国美芸術展」
2014.08.05	第39巻第8号(通巻第457号)	18	仕田原猛	【連載】歴史の接点をたずねて(60) 竹島(独島)を考える(3)
2014.08.05	第39巻第8号(通巻第457号)	22		京都韓国教育院/民団京都府本部 2014年度京都韓国語講師研修会
2014.08.05	第39巻第8号(通巻第457号)	24		国際芸術院　伊藤　二見浦/二見興玉神社を正式参拝 伊藤総裁ら5氏が絵画、書など3点を奉納
2014.08.05	第39巻第8号(通巻第457号)	26		NPO法人国際友好促進会 第8回「国際友好芸能公演」
2014.08.05	第39巻第8号(通巻第457号)	29		民団大阪八尾支部 地域交流脳涼まつり
2014.08.05	第39巻第8号(通巻第457号)	30		「大阪大会」優勝者5名が決定、近畿地区予選会へ 第18回「WFWP女子留学生日本語弁論大会」
2014.08.05	第39巻第8号(通巻第457号)	39		韓国の社説
2014.08.05	第39巻第8号(通巻第457号)	40	姜健栄	〈特別寄稿〉ロシア沿海州の高麗人(6)～武装闘争と再移住～
2014.08.05	第39巻第8号(通巻第457号)	43		大阪、福岡 2014年西日本地域韓国語講師研修会
2014.08.05	第39巻第8号(通巻第457号)	44		2014日韓書道交流展 日韓作家25名が50点を展覧

발행일	지면정보		필자	제목
	권호	페이지		
2014.08.05	第39巻第8号(通巻第457号)	46		論壇/朴インフィ(梨花女子大学国際学教授)「河野談話検証」、歴史は取引の代価ではない
2014.08.05	第39巻第8号(通巻第457号)	47		論壇/高英煥(国家安保戦略研究所首席研究委員)「北朝鮮のミサイル発射は自分に戻って来るブーメランになる」
2014.08.05	第39巻第8号(通巻第457号)	48	まつだたえこ	たえこ劇場(138) イさんの呪い?
2014.08.05	第39巻第8号(通巻第457号)	49	曺奎通	在日の詩(150) 騒乱
2014.08.05	第39巻第8号(通巻第457号)	50	姜健栄	〈特別寄稿〉中国東北への旅(1)～チチハル市と長春市～
2014.08.05	第39巻第8号(通巻第457号)	54	尹禅弘	〈特別寄稿〉『在日華燭の典』著者辛栄浩先生の葬祭とその民族教育人生
2014.08.05	第39巻第8号(通巻第457号)	58		民団大阪府高槻支部 歴史探訪～韓国文化に触れる飛鳥いにしえの旅～
2014.08.05	第39巻第8号(通巻第457号)	60		あすか信用組合 第48期通常総代会
2014.08.05	第39巻第8号(通巻第457号)	62		世界基督教統一神霊協会大阪教会 2014天地人真の父母天宙祝福式
2014.08.05	第39巻第8号(通巻第457号)	64		KT美術館「日韓書道交流展」より
2014.09.05	第39巻第9号(通巻第458号)	2		民団中央・東京、大阪・京都府本部 第69周年光復節記念式典
2014.09.05	第39巻第9号(通巻第458号)	8		日韓青少年友好交流音楽祭実行委員会 韓国旅客船セウォル号沈没事故犠牲者追悼 日韓青少年友好交流音楽祭
2014.09.05	第39巻第9号(通巻第458号)	12		舞鶴市/殉難の碑公園 浮島丸殉難68周年追悼集会
2014.09.05	第39巻第9号(通巻第458号)	14		韓国民団中央本部 2014(第8回)在日同胞オリニジャンボリー
2014.09.05	第39巻第9号(通巻第458号)	16		第29回日韓学生会議 東京で「夏季交流会」(夏大会)を開催 テーマ「対話を通して作り出す 国境を越えた友好関係」
2014.09.05	第39巻第9号(通巻第458号)	18	仕田原猛	〈連載〉歴史の接点をたずねて(61) 竹島(独島)を考える(4)
2014.09.05	第39巻第9号(通巻第458号)	24		国際芸術院/伊藤三春総裁、河合晴明氏 全国「一の宮」詣での出発点 愛知・一宮/真清田神社
2014.09.05	第39巻第9号(通巻第458号)	26		駐大阪韓国文化院 第7回「教職員韓国文化研修会」
2014.09.05	第39巻第9号(通巻第458号)	28		PAEACE BIKE 2014 2014韓民族平和統一シンポジウム「韓半島平和統一とDMZ世界平和公園の実現課題」「PAEACE BIKE 2014」世界14カ国・6000km走破
2014.09.05	第39巻第9号(通巻第458号)	33		論壇/金フングァン(NK知識人連帯代表) 「中国の脱北民の強制北送、これ以上許してはいけない」
2014.09.05	第39巻第9号(通巻第458号)	34		朴槿恵大統領 第69周年光復節慶祝辞
2014.09.05	第39巻第9号(通巻第458号)	37		韓国の社説
2014.09.05	第39巻第9号(通巻第458号)	44		ヘイトスピーチと表現の自由を考える堺市民の会/いま9条と私たち、非戦の市民講座 市民シンポジウム「ヘイト・スピーチ(人種差別扇動)に表現の自由はあるか

발행일	지면정보		필자	제목
	권호	페이지		
2014.09.05	第39巻第9号(通巻第458号)	46	佐藤昇	満望後悔記 張成沢のメッセージ(6)
2014.09.05	第39巻第9号(通巻第458号)	48	まつだたえこ	たえこ劇場(139) 新聞気分
2014.09.05	第39巻第9号(通巻第458号)	49	曺奎通	在日の詩(151) 日本の兵とし(1)
2014.09.05	第39巻第9号(通巻第458号)	50	姜健栄	〈特別寄稿〉中国東北ハルビン紀行(2)～ハルビンのオリーブ山と朝鮮民族病院～
2014.09.05	第39巻第9号(通巻第458号)	52	文化・学術・市民交流を促進する日韓友好京都ネット	〈特別寄稿〉日韓友好親善における市民の「チカラ」訪朝報告会
2014.09.05	第39巻第9号(通巻第458号)	54		国際芸術院総裁 日本画家/伊藤三春交友録 スリランカ芸術交流展
2014.09.05	第39巻第9号(通巻第458号)	56		BOOK/田中伸尚著 行動する預言者 崔昌華～ある在日韓国人牧師の生涯～
2014.09.05	第39巻第9号(通巻第458号)	57		近畿経友納税村会 第13回定期総会 新会長に野村喜広・総務福会長を選出
2014.09.05	第39巻第9号(通巻第458号)	58		民団大阪府本部、大阪韓国教育院 2014在日同胞中学生ウリナラキャンプ
2014.09.05	第39巻第9号(通巻第458号)	60		民団大阪府八尾支部 慶熙大学校医学部＆大阪市立大学医学部 学術交流会と親善サッカー試合で友好深める
2014.09.05	第39巻第9号(通巻第458号)	62		韓国京都青年会議所 第一回韓日親善少年野球大会
2014.09.05	第39巻第9号(通巻第458号)	63		韓国京都府左京支部 第2回新世代韓日交流の夕べ/「ウルタリ」(垣根)
2014.09.05	第39巻第9号(通巻第458号)	64		KT 美術館 鄭義富氏作「白い牧丹の微笑」
2014.10.05	第39巻第10号(通巻第459号)	2		かけがえのない隣人/心がひとつになる二日間/「祭りがつなぐ心と心」日韓交流おまつり2014i n Tokyo(9月27、28日/東京・日比谷公園)
2014.10.05	第39巻第10号(通巻第459号)	6		国際ハイウエイ財団 日韓トンネル調査斜坑口オープン!
2014.10.05	第39巻第10号(通巻第459号)	8		アジアの日本の平和と繁栄をめざす「日韓トンネル推進神奈川県民会議一周年記念大会」
2014.10.05	第39巻第10号(通巻第459号)	10		世界韓人商工人総連合会 代表40名が参加し、開城工業地区を訪問
2014.10.05	第39巻第10号(通巻第459号)	12		近畿産業信用組合 梅田支店が御堂筋沿いにニューアルオープン
2014.10.05	第39巻第10号(通巻第459号)	14		創造美術協会 第67回「創造展」
2014.10.05	第39巻第10号(通巻第459号)	16		パンソリ師弟公演 韓国名唱/南海星さん、在日唱者/安聖民さん「水宮歌」
2014.10.05	第39巻第10号(通巻第459号)	18	仕田原猛	〈連載〉歴史の接点をたずねて(62) 竹島(独島)を考える(5)
2014.10.05	第39巻第10号(通巻第459号)	22		民俗伝統・古典芸能フェスティバル 印度‥韓国‥日本「祈りへの道」

발행일	지면정보 권호	페이지	필자	제목
2014.10.05	第39巻第10号(通巻第459号)	26		駐大阪韓国文化院 世宗学堂/NPO法人日韓文化交流会「MR.MRと歌う☆K-popで学ぶ韓国語」
2014.10.05	第39巻第10号(通巻第459号)	28		国際芸術院総裁 日本画家/伊藤三春交友録 国際親善美術交流展(香港)
2014.10.05	第39巻第10号(通巻第459号)	30		Yamazenグループ 鳥取の名門/大山ゴルフクラブで「大山カップ」開催
2014.10.05	第39巻第10号(通巻第459号)	32		民団京都本部、京都韓国教育院、京都国際学園 第18回オリニ土曜学校開校式/京都日韓親善協会、京都土仁ライオンズクラブ 第6回「鴨川クリーンキャンペーン」
2014.10.05	第39巻第10号(通巻第459号)	33		論壇/金ヨンス(西江大学政治外交学科教授)「韓半島統一はただではない」
2014.10.05	第39巻第10号(通巻第459号)	34		大阪韓国文化院「Korea Month 2014」～友情と希望～
2014.10.05	第39巻第10号(通巻第459号)	36		民団大阪本部、大阪韓商 経済講演会/「外国人技能実習生制度」の活用に関する説明会
2014.10.05	第39巻第10号(通巻第459号)	37		日韓トンネル推進福岡有識者懇談会 天江喜七郎氏が語る「茶室で和の心をもって一つに・・・」
2014.10.05	第39巻第10号(通巻第459号)	38	李希真	在日韓国奨学生老人福祉施設「セットンの家」で研修会
2014.10.05	第39巻第10号(通巻第459号)	40		京都鼻塚(耳塚)を考える会 京都鼻塚(耳塚)慰霊・供養・追悼の集い
2014.10.05	第39巻第10号(通巻第459号)	42		韓国の社説
2014.10.05	第39巻第10号(通巻第459号)	46	権愛英	満望後悔記 大統領ひとりぼっち クネさんのつぶやき(1)
2014.10.05	第39巻第10号(通巻第459号)	48	まつだたえこ	たえこ劇場(140) マダンはまだ？
2014.10.05	第39巻第10号(通巻第459号)	49	曺奎通	在日の詩(152) 日本の兵とし(2)
2014.10.05	第39巻第10号(通巻第459号)	50	姜健栄	〈特別寄稿〉中国東北ハルビン紀行(3)～安重根義士記念館と鄭律成音楽記念館～
2014.10.05	第39巻第10号(通巻第459号)	53		国際芸術院/伊藤三春総裁、河合晴明氏 全国「一宮」詣で、絵画を奉納 讃岐国一宮/田村神社(香川・高松市)
2014.10.05	第39巻第10号(通巻第459号)	54	尹禅弘	〈特別寄稿〉韓国仏教名刹巡礼③ ソウル/大韓仏教曹渓宗総本山曹渓寺
2014.10.05	第39巻第10号(通巻第459号)	56		婦人会大阪本部/オモニレポート 民主平統第16期海外地域会議 第51回在日本韓国人教育研究大会 「セットンの家」「故郷の家」慰問 敬老会/同胞長寿セミナーへの参加・支援
2014.10.05	第39巻第10号(通巻第459号)	60		第2回ウリ伝統文化協会 アジア文化交流の夕べ「仲秋茶会」
2014.10.05	第39巻第10号(通巻第459号)	62		民団京都府丹波渋民団「夢」農園収穫祭
2014.10.05	第39巻第10号(通巻第459号)	64		ＫＴ美術館 安藤秀子氏作「フォルテシモIX」(第67回「創造展」より)

발행일	지면정보		필자	제목
	권호	페이지		
2014.11.05	第39巻第11号(通巻第460号)	2		駐大阪韓国総領事館・大阪かんっく文化院 韓国文化綜合祝祭/KoreaMonth2014『友情と希望』韓国国慶日レセプション及び文化祭
2014.11.05	第39巻第11号(通巻第460号)	4		K-Festival/「K-Tigers」のテコンドー・パフォーマンス&K-POPステージ
2014.11.05	第39巻第11号(通巻第460号)	6		浜村淳氏・玉岡かおる氏・猪態兼勝氏 韓日交流の原点をさぐるトークイベント「友情と希望1400年の彼方より」
2014.11.05	第39巻第11号(通巻第460号)	8		第6回韓半島情勢フォーラム 「日本人拉致問題の課題と展望」
2014.11.05	第39巻第11号(通巻第460号)	10		「Korea Day」～韓国の魅力～会場と一体となり「アリラン」の大合唱
2014.11.05	第39巻第11号(通巻第460号)	13		韓日時代美術2人の断面 ～キム・ジントゥ 中村孝平展～
2014.11.05	第39巻第11号(通巻第460号)	14		韓日伝統芸術～絆～イ・チョヒ舞踊団/片岡リサ&大阪音楽大学邦楽アンサンブル
2014.11.05	第39巻第11号(通巻第460号)	16		韓国伝統衣装・韓服ファッションショー～イ・ソユン韓服～
2014.11.05	第39巻第11号(通巻第460号)	18	仕田原猛	〈連載〉歴史の接点をたずねて(63) 竹島(独島)を考える(6)
2014.11.05	第39巻第11号(通巻第460号)	22		NPO法人大阪ワッソ文化交流協会 展内版『2014四天王寺ワッソ
2014.11.05	第39巻第11号(通巻第460号)	24	尹禅弘	〈特別寄稿〉宝塚不動院慰霊祭と金彩玉花主の愛国民団人生
2014.11.05	第39巻第11号(通巻第460号)	26		伊藤三春・国際芸術院総裁 全国「一宮」詣で、正式参拝で絵画奉納 安芸国一宮/厳島神社(広島)
2014.11.05	第39巻第11号(通巻第460号)	28		堺観光コンベンション協会/民団大阪府堺支部 第41回「堺まつり」～1600年の「堺遺産」に出会うまつり～「未来へつなぐ堺のままれ」
2014.11.05	第39巻第11号(通巻第460号)	32		(社)ワンコリア イムジン閣平和公園で「2014DMZワンコリア オンヌリ フェスティバル」
2014.11.05	第39巻第11号(通巻第460号)	33		論壇/金ヨルス(誠信女子大学教授)『統一はなぜ、大当たりなのか』
2014.11.05	第39巻第11号(通巻第460号)	34	姜信英	〈特別寄稿〉「誠信の交わり」こそが日韓親善の扉～朝鮮通信使に尊敬された雨森芳洲を再認識するために～
2014.11.05	第39巻第11号(通巻第460号)	37		民団中央本部/生野南支部 101歳の李万亭ハルモニ敬労金伝達
2014.11.05	第39巻第11号(通巻第460号)	38	姜信英	〈特別寄稿〉わらび座/ミュージカル「ジュリアおたあ」
2014.11.05	第39巻第11号(通巻第460号)	40		韓国の社説
2014.11.05	第39巻第11号(通巻第460号)	42		韓日が深く理解し合うために 第20回「聖書」
2014.11.05	第39巻第11号(通巻第460号)	44		日韓学生会議 第29回東京夏季交流大会の報告会

발행일	지면정보		필자	제목
	권호	페이지		
2014.11.05	第39巻第11号(通巻第460号)	45		チョン・ウォルソンプロテュース公演 日韓露歌曲集/opera「カヴァレリア・ルスティカーナ」
2014.11.05	第39巻第11号(通巻第460号)	46	権愛英	寄稿 大統領ひとりぼっち クネさんのつぶやき(2)
2014.11.05	第39巻第11号(通巻第460号)	48	まつだた えこ	たえこ劇場(141) 夢で逢いましょう
2014.11.05	第39巻第11号(通巻第460号)	49	曹奎通	在日の詩(153) アスリート消ゆ
2014.11.05	第39巻第11号(通巻第460号)	50	姜健栄	〈特別寄稿〉アンダーウッド宣教師の布教活動(1)
2014.11.05	第39巻第11号(通巻第460号)	53		南北統一を願う日本人会 第14回殉国先烈精神宣揚大会及び韓日合同慰霊祭～西大門刑務所で獄死した独立運動家の追幕供養を続けて14年～
2014.11.05	第39巻第11号(通巻第460号)	54	金礼堺さんの傘寿を祝う会	〈特別寄稿〉『日韓辞典』著者/金礼堺さんの傘寿と在日貢献人生
2014.11.05	第39巻第11号(通巻第460号)	58		忠清道民会 第60回「百済文化祭」参加/3泊4日の旅
2014.11.05	第39巻第11号(通巻第460号)	59		民団八尾支部 収穫の秋「芋掘り大会」
2014.11.05	第39巻第11号(通巻第460号)	60		民団京都府本部 2014京都コリアフェスティバル
2014.11.05	第39巻第11号(通巻第460号)	64		KT美術館 キム・ジンドゥ氏作品(「韓日現代美術2人の断面～キム・ジンドゥ 中村孝平展～」より)
2014.12.05	第39巻第12号(通巻第461号)	2		民団大阪府泉州支部 「分かち合う」というのは…「手を伸ばせば届くほどに近い国、日本と韓国。より良い日韓関係を築く事を願いながら、両国がともに作り上げていく交流会」 第2回「韓日文化交流会inSENSYU」～「飛翔」「和み」「鮮」
2014.12.05	第39巻第12号(通巻第461号)	4	朴美貞	〈特別寄稿〉済州大学海洋科学研究所 国際シンポジウム「Technology and Valueof Brand/ブランドの技術と価値」東アジアの動向-学術1
2014.12.05	第39巻第12号(通巻第461号)	8		京都日韓親善協会/(公財)京都青年会議所、韓国京都青年会議所 京都日韓学生모임(モイム)2014
2014.12.05	第39巻第12号(通巻第461号)	10		「第8回世界韓人の日」記念/政府褒章伝授式 金昌植・民団中央本部常任顧問に国民勲章「無窮花章」
2014.12.05	第39巻第12号(通巻第461号)	12		韓国民団近畿地方協議会 2014民団近畿合同ブライダルパーティー 12組のカップルが誕生
2014.12.05	第39巻第12号(通巻第461号)	14	笠松性典	莞島郡・申宇徹郡守が比叡山清海鎮大使張保皐碑を正式参拝
2014.12.05	第39巻第12号(通巻第461号)	17		民団大阪府泉北支部/平和統一聯合近畿連合会 光明池韓国労働者慰霊祭
2014.12.05	第39巻第12号(通巻第461号)	18	仕田原猛	〈連載〉歴史の接点をたずねて(64) 竹島(独島)を考える(7)
2014.12.05	第39巻第12号(通巻第461号)	24		民団京都府本部、京都韓国教育院、NPO法人民団京都国際交流センター、韓国京都青年会議所 第15回韓国語말하기(マルハギ)大会
2014.12.05	第39巻第12号(通巻第461号)	26		伊藤三春・国際芸術院総裁 全国「一宮」詣で、正式参拝で絵画奉納 長門一之宮/住吉神社(山口)
2014.12.05	第39巻第12号(通巻第461号)	28		学校法人金剛学園 第7回金剛学園オープンテコンドー選手権大会

발행일	지면정보		필자	제목
	권호	페이지		
2014.12.05	第39巻第12号(通巻第461号)	30		大阪韓国文化院「Korea Month 2014 友情と K-CINEMA WEEK 2014 in OSAKA
2014.12.05	第39巻第12号(通巻第461号)	32		MOVIE/アジア映画社 初公開「北朝鮮·素顔の人々」同時上映/崩壊は現実か幻想か「金日成のパレード」～東欧の見た「赤い王朝」
2014.12.05	第39巻第12号(通巻第461号)	38		韓国の社説
2014.12.05	第39巻第12号(通巻第461号)	40		民団中央本部 西日本地域議決 監察機関研修会
2014.12.05	第39巻第12号(通巻第461号)	41		民団大阪本部 団員サービス業務を拡充「みんだん生活相談センター大阪」開設式
2014.12.05	第39巻第12号(通巻第461号)	42		大阪韓国商工会議所 企業訪問/(株)エクセディ本社 清水春生社長が講演「強い中堅企業を作る4つの条件」
2014.12.05	第39巻第12号(通巻第461号)	43		アポロサービスグループ 白頭学院伝統芸術部優秀生徒10名に奨学金「奨学事業に対する意向書」に調印
2014.12.05	第39巻第12号(通巻第461号)	44		民団大阪府中央支部 歴史講座/姜信英氏が講演「誠信の交わりこそが日韓親善の扉」
2014.12.05	第39巻第12号(通巻第461号)	45		民団京都本部 本部·支部議決·監察機関合同研修会
2014.12.05	第39巻第12号(通巻第461号)	46	権愛英	寄稿 大統領ひとりぼっち クネさんのつぶやき(3)
2014.12.05	第39巻第12号(通巻第461号)	48	まつだたえこ	たえこ劇場(142) 品格を書く(欠く)
2014.12.05	第39巻第12号(通巻第461号)	19	曺奎通	在日の詩(154) 満足感腹に満たせて
2014.12.05	第39巻第12号(通巻第461号)	50	姜健栄	〈特別寄稿〉韓国のキリスト教伝道史(1)～プロテスタント教会～
2014.12.05	第39巻第12号(通巻第461号)	53		MOVIE/アジア映画社 ドキュメンタリー映画「ふたつの祖国、ひとつの愛」～イ·ジュンソプの妻～
2014.12.05	第39巻第12号(通巻第461号)	54		ウリ伝統文化協会/韓国茶道協会京都支部 「韓国工芸·ボザギ展示会」「菊茶と韓紙工芸」「明倫茶会」/韓国の茶文化と韓国芸能を楽しむ会
2014.12.05	第39巻第12号(通巻第461号)	56	尹禪弘	〈特別寄稿〉日韓合同慰霊祭で三界万霊供養と世界平和祈願を厳修
2014.12.05	第39巻第12号(通巻第461号)	58		第10回復活! 唐人揃い-「朝鮮通信使」-三越から世界へ「信(よしみ)」を通わす「多文化共生·国際交流パレート」三越唐人揃い
2014.12.05	第39巻第12号(通巻第461号)	60		白頭学院伝統芸術部 全国高等学校総合文化祭10年連続出場記念
2014.12.05	第39巻第12号(通巻第461号)	61		民団京都府左京支部 桂ちょうばさん迎え初の「落語会」
2014.12.05	第39巻第12号(通巻第461号)	62		NPO法人トッカビ/民団大阪府八尾支部 第24回八尾国際交流野遊祭
2014.12.05	第39巻第12号(通巻第461号)	63		新·シニョンの朝鮮通信使現代紀行 生涯学習の先駆者/雨森芳洲
2014.12.05	第39巻第12号(通巻第461号)	64		KT美術館/CINEMA「パパロッティ」
2015.01.05	第40巻第1号(通巻第462号)	2		韓国(社)海外僑胞問題研究所 創立50周年記念 僑胞政策フォーラム

발행일	지면정보		필자	제목
	권호	페이지		
2015.01.05	第40巻第1号(通巻第462号)	5		常陸山生誕140周年記念行事実行委員会　第19代横綱常陸山谷右衛門の銅像　横綱白鵬が「入魂」の土俵入り
2015.01.05	第40巻第1号(通巻第462号)	6		韓国民団大阪本部　韓日友好親善おタベ　第8回韓国伝統文化マダン「信」
2015.01.05	第40巻第1号(通巻第462号)	9		韓国民団大阪本部＆大阪府教委　14年度「在日韓国人の民族教育、国際理解教育の推進を求める要望書」で交渉
2015.01.05	第40巻第1号(通巻第462号)	10	尹神弘	〈特別寄稿〉竜仁大学校　柔道　73kg級安昌林選手の柔道一本人生
2015.01.05	第40巻第1号(通巻第462号)	12		韓国プロゴルファー後援交流会「第一回韓日間年末感謝ゴルフコンペ」
2015.01.05	第40巻第1号(通巻第462号)	14	朴美貞	〈特別寄稿〉東アジアの未来を模索する「東アジア日本語教育・日本文化研究学会」
2015.01.05	第40巻第1号(通巻第462号)	18	仕田原猛	〈連載〉歴史の接点をたずねて(65)　竹島(独島)を考える(8)
2015.01.05	第40巻第1号(通巻第462号)	23		懇親会　日韓親善京都市議会議員連盟7韓国民団京都本部
2015.01.05	第40巻第1号(通巻第462号)	24		韓国民団大阪本部、大阪韓国教育院　第8回「韓国語をたのしもう!」高校生大会
2015.01.05	第40巻第1号(通巻第462号)	26		婦人会大阪府地方本部　2014年度忘年会
2015.01.05	第40巻第1号(通巻第462号)	28		伊藤三春・国際芸術院総裁松平氏の菩提寺/松平郷高月院(愛知)　清式参拝で絵画奉納
2015.01.05	第40巻第1号(通巻第462号)	30		韓国民団大阪府生野南支部　組織研修会　姜信英・ロマン塾代表が歴史講座
2015.01.05	第40巻第1号(通巻第462号)	31		コグマ会　総会＆忘年懇親会　真会長
2015.01.05	第40巻第1号(通巻第462号)	38		韓国の社説
2015.01.05	第40巻第1号(通巻第462号)	41		KSK一般社団法人近畿遊技産業共同開発　法律・会計等の専門家を顧問団に迎える～中小ホール事業者へのサポート拡充を目指して～
2015.01.05	第40巻第1号(通巻第462号)	42		韓国民団大阪府生野中央支部　介護保険講習会＆年末懇親会
2015.01.05	第40巻第1号(通巻第462号)	43		韓国民団京都本部　京都府、京都市に要望書　ヘイトスピーチ「禁止法」早期制定を
2015.01.05	第40巻第1号(通巻第462号)	46	権愛英	寄稿　大統領ひとりぼっち　クネさんのつぼやき(4)
2015.01.05	第40巻第1号(通巻第462号)	48	まつだたえこ	たえこ劇場(143)　湯ざめ興ざめ
2015.01.05	第40巻第1号(通巻第462号)	49	曺奎通	在日の詩(155)　韓寺に思う
2015.01.05	第40巻第1号(通巻第462号)	50	姜健栄	〈特別寄稿〉中国東北のハルビン紀行(3)～オリーブ山再訪と招恩養老院～
2015.01.05	第40巻第1号(通巻第462号)	54		国際芸術院総裁　二本画/伊藤三春画伯交友録2014年度国際親善美術交流展で愛知県議会議長賞受賞「芽吹」代表/美容師　住田三千代女史

발행일	지면정보		필자	제목
	권호	페이지		
2015.01.05	第40巻第1号(通巻第462号)	56		高麗茶道伝統茶碗・2014異文化交流平和祭典実行委員会　高麗茶道結成22周年記念〈茶文化国際交流　東アジア友好の絆〉
2015.01.05	第40巻第1号(通巻第462号)	58		駐大阪韓国文化院　2014年K-CULTUREアカデミー発表会
2015.01.05	第40巻第1号(通巻第462号)	60		韓国民団大阪府八尾支部 第8回「大餅つき大会in八尾」街かどデイハウス・通所介護事業所ムグンファ、八尾オリニバン/クリスマス会
2015.01.05	第40巻第1号(通巻第462号)	63		新・シニョンの朝鮮通信使現代紀行 生涯学習の先駆者/雨森芳洲 タチバナ、タジマモリ、キノクニヤ
2015.01.05	第40巻第1号(通巻第462号)	64		KT美術館/PHOTO　住田三千代女史/空港(韓国)免税店での人形のショット
2015.02.05	第40巻第2号(通巻第463号)	2		「暗闇を照らす灯りになりなさい」金熙秀・中央大学名誉理事長3周忌追悼式
2015.02.05	第40巻第2号(通巻第463号)	4		新春年賀交歓会 韓国民団大阪本部・大阪韓国商工会議所 韓国民団京都本部/在外同胞財団、韓国京都経済会議所・近畿産業信用組合
2015.02.05	第40巻第2号(通巻第463号)	8	朴美貞	〈特別寄稿〉ベルリンオリンピック二重国籍のマラソンランナー　孫基禎のマイウェイ
2015.02.05	第40巻第2号(通巻第463号)	12	徐竜達	〈特別寄稿〉善隣インターネット高と関西大倉の交流30周年
2015.02.05	第40巻第2号(通巻第463号)	17		2015新年交流会 駐大阪韓国総領事館
2015.02.05	第40巻第2号(通巻第463号)	18	仕田原猛	〈連載〉歴史の接点をたずねて(66) 河内平野を歩く(1)
2015.02.05	第40巻第2号(通巻第463号)	24		実行委員会・正修会二本本部 正修会日本本部前会長 故黄七福先生追悼式
2015.02.05	第40巻第2号(通巻第463号)	26		韓国民団大阪府堺支部　ソウル新華初等学校修学旅行団 堺市・竹山修身市長を表敬訪問、熊野業学校児童と交流
2015.02.05	第40巻第2号(通巻第463号)	32		三好良社代表・小見寺孝子女史 韓国との民間交流に尽力 日本の伝統と「民間信仰である七福神」を紹介
2015.02.05	第40巻第2号(通巻第463号)	33		NPO法人レインボー協会 鴨川清掃＆送年懇親会
2015.02.05	第40巻第2号(通巻第463号)	34		論壇 高英煥(国家安保戦略研究院首席研究委員)「金正恩は3年間何をしたのか」/金烈洙(誠信女子大学国際政治学教授)「人権を自分のトレード・マークとして残そうとするならば」
2015.02.05	第40巻第2号(通巻第463号)	36	朴炳閏	〈特別寄稿〉在日同胞の法的地位(1)　韓・日両国の50年を照明する～望ましい法的地位の模索～
2015.02.05	第40巻第2号(通巻第463号)	40		韓国の社説
2015.02.05	第40巻第2号(通巻第463号)	43	李浩康	BOOK 金粉任著 祖国の統一を願った「オモニたちの一生」
2015.02.05	第40巻第2号(通巻第463号)	44		国際交流基金/エルエスエイチアジア奨学会 日韓国交正常化50周年記念講演会 李秀賢さんの両親が14周忌に高校生20名と来日～平成26年度李秀賢氏記念韓国青少年訪日研修～

발행일	지면정보		필자	제목
	권호	페이지		
2015.02.05	第40巻第2号(通巻第463号)	46	権愛英	寄稿 大統領ひとりぼっち クネさんのつぶやき(5)
2015.02.05	第40巻第2号(通巻第463号)	48	まつだたえこ	たえこ劇場(144) オンドル恋しい夜
2015.02.05	第40巻第2号(通巻第463号)	49	曺奎通	在日の詩(156) 葛藤
2015.02.05	第40巻第2号(通巻第463号)	50	姜健栄	〈特別寄稿〉韓国のカトリック伝道史(1)～プロテスタントとの比較～
2015.02.05	第40巻第2号(通巻第463号)	54		国際芸術院総裁 日本画/伊藤三春画伯交友録 多芸多才の釣り師/前野武司・前野業務店代表
2015.02.05	第40巻第2号(通巻第463号)	56		全国各地民団で成人式 韓国民団大阪本部・京都本部
2015.02.05	第40巻第2号(通巻第463号)	58	尹禅弘	〈特別寄稿〉尚州焼窯元鄭大熙陶匠の高麗茶碗京都画廊展
2015.02.05	第40巻第2号(通巻第463号)	60	姜健栄	〈特別寄稿〉通度寺大雄殿と加藤画伯～戦前の名刹画～
2015.02.05	第40巻第2号(通巻第463号)	63		新・シニョンの朝鮮通信使現代紀行 生涯学習の先駆者/雨森芳洲 通信使が問う徐福将来の書籍
2015.02.05	第40巻第2号(通巻第463号)	64		KT美術館 伊藤三春・国際芸術院総裁「鵬」(日本画)
2015.03.05	第40巻第3号(通巻第464号)	2		国民勲章「無窮花章」受勲祝賀会 韓国民団中央・大阪本部常任顧問 金昌植氏 43年間に亘り民団組織活動に参与 祖国発展及び在日同胞社会の繁栄と和合、韓日親善に多大の功績
2015.03.05	第40巻第3号(通巻第464号)	7		「竹島の日」を考え直す会 第7回「竹島の日」・歪んだ領土教育をやめる要請を決議 安倍総理、溝口・島根県知事に送付
2015.03.05	第40巻第3号(通巻第464号)	8		OWF実行委員会 第22回「ワン・ワールド・フェスティバル」映画「北朝鮮強制収容所に生まれて」を観て、北朝鮮の人権侵害を考える
2015.03.05	第40巻第3号(通巻第464号)	10		韓国民団中央本部 第53回定中央大会 団長に呉公太氏、議長に呂健二氏、監察委員長は韓在銀氏を選出
2015.03.05	第40巻第3号(通巻第464号)	12		韓国民団兵庫本部・(一社)在日韓国商工会議所兵庫「2015年度兵庫県韓国人合同新年会」
2015.03.05	第40巻第3号(通巻第464号)	14		国際芸術院 伊藤三春総裁(日本画) 味鏡山天永寺護国院本堂の襖絵「桜花」を制作
2015.03.05	第40巻第3号(通巻第464号)	16		駐大阪韓国文化院・世宗学堂 第13回「話してみよう韓国語」大阪大会
2015.03.05	第40巻第3号(通巻第464号)	18	仕田原猛	〈連載〉歴史の接点をたずねて(67) 河内平野を歩く(2)
2015.03.05	第40巻第3号(通巻第464号)	22		韓国民団大阪本部、大阪韓国教育院 第9回「オリニウリマル イヤギ・カルタ大会」
2015.03.05	第40巻第3号(通巻第464号)	24	姜健栄	〈特別寄稿〉金剛山の襖絵～竜安寺と皐月画伯～
2015.03.05	第40巻第3号(通巻第464号)	27	朴美貞	〈特別寄稿〉孫基禎のマイウェイ～孫基禎と在日魂～
2015.03.05	第40巻第3号(通巻第464号)	30		〈特別寄稿〉光州広域市ヨンボンドン 光州ビエンナーレ
2015.03.05	第40巻第3号(通巻第464号)	31		新年会 全羅道道民会(大阪)

발행일	지면정보		필자	제목
	권호	페이지		
2015.03.05	第40巻第3号(通巻第464号)	32	朴炳閏	〈特別寄稿〉在日同胞の法的地位(2)　韓・日両国の50年を照明する～望ましい法的地位の模索～
2015.03.05	第40巻第3号(通巻第464号)	37		近畿経友納税連合会　丸山澄高・大阪国税局課税第一部次長が講演「税務行政の現状と課題」について
2015.03.05	第40巻第3号(通巻第464号)	38		大阪韓国商工会議所/経済講演会　村尾和俊NTT西日本代表取締役社長「出会いが人生を変える」
2015.03.05	第40巻第3号(通巻第464号)	39		韓国の社説
2015.03.05	第40巻第3号(通巻第464号)	42	姜健栄	〈特別寄稿〉松本卓夫の異国での献身(1)、松本卓夫の異国での献身(2)～教育活動と布教～
2015.03.05	第40巻第3号(通巻第464号)	46	権愛英	寄稿　大統領ひとりぼっち クネさんのつぶやき(6)
2015.03.05	第40巻第3号(通巻第464号)	48	まつだたえこ	たえこ劇場(145)　栗色ロマン
2015.03.05	第40巻第3号(通巻第464号)	49	吉奎通	在日の詩(157)　キムチに詰まる世界史
2015.03.05	第40巻第3号(通巻第464号)	50		国際芸術院　伊藤三春総裁(日本画)　全国「一宮」詣で、正式参拝で絵画奉納 但馬国一宮 栗鹿神社
2015.03.05	第40巻第3号(通巻第464号)	52		神戸韓国教育院　第14回兵庫県高校生韓国語スピーチ大会
2015.03.05	第40巻第3号(通巻第464号)	54		〈特別寄稿〉〈韓国茶道協会関西支部 呼応麗茶道絵伝統茶碗〉韓国茶碗協会関西支部の鶴橋支部オープン
2015.03.05	第40巻第3号(通巻第464号)	56		新年会　全羅道道民会(東京)
2015.03.05	第40巻第3号(通巻第464号)	58		建国高等学校　卒業式　32人が巣立つ
2015.03.05	第40巻第3号(通巻第464号)	59		定期総会　韓国大阪青年会議所と特友会　新会長に高山義信氏(JC)と康熙満氏(特友会)
2015.03.05	第40巻第3号(通巻第464号)	60		金剛学園高等学校　卒業式　22人が巣立つ 崔有香さん(2年)が教育部長官賞を受賞
2015.03.05	第40巻第3号(通巻第464号)	62		韓国民団八尾支部　招福!節分イベント
2015.03.05	第40巻第3号(通巻第464号)	63		新・シニョンの朝鮮通信使現代紀行　生涯学習の先駆者/雨森芳洲 富士山と金剛山
2015.03.05	第40巻第3号(通巻第464号)	64		KT美術館　大阪韓国文化院　韓国の旧正月(ソルラル)の風習を実演
2015.04.05	第40巻第4号(通巻第465号)	2		王清一・韓国民団京都本部団長 第18回KBS「在外同胞賞」受賞祝賀会 講演会＆李賢主大阪総領事送別会
2015.04.05	第40巻第4号(通巻第465号)	6		大阪韓国文化院　韓日国交正常化50周年記念 トークイベント『古代史から見た韓日友好』
2015.04.05	第40巻第4号(通巻第465号)	8		定期地方委員会＆定期大会　韓国民団大阪本部/韓国民団京都本部
2015.04.05	第40巻第4号(通巻第465号)	10		尹道心(ウリ伝統文化協会会長、韓国茶道協会京都支部長)『韓国伝統茶礼宝鑑』出版記念祝賀会
2015.04.05	第40巻第4号(通巻第465号)	12		ワシントンタイムズ、韓国世界日報 ソウルで世界メディア会議開催　テーマ「北東アジアでの平和の展望」韓半島の統一と言論の責任・使命で集中討論
2015.04.05	第40巻第4号(通巻第465号)	15		韓国文化院、(社)韓国女子消費者連合 仲師任堂像受賞者・墨香会招待作家特別展

발행일	지면정보 권호	지면정보 페이지	필자	제목
2015.04.05	第40巻第4号(通巻第465号)	16	尹禅弘	〈特別寄稿〉韓国仏教名刹巡礼④ 慶州 大韓仏教曹渓宗世界文化遺産吐含山仏国寺
2015.04.05	第40巻第4号(通巻第465号)	18	仕田原猛	〈連載〉歴史の接点をたずねて(68) 河内平野を歩く(3)
2015.04.05	第40巻第4号(通巻第465号)	24		伊藤三春・国際芸術院総裁 正式参拝で絵画奉納 趙中国一の宮/高瀬神社
2015.04.05	第40巻第4号(通巻第465号)	26	姜信英	日帰り歴史ツアーに参加して 第12回ヨルベ～堺に眠る王仁博士と行基上人～
2015.04.05	第40巻第4号(通巻第465号)	30		大阪慶尚北道/定期総会＆新年会 韓国民団八尾支部/「八尾市の先生達を囲む会」
2015.04.05	第40巻第4号(通巻第465号)	32		韓国民団大阪本部 李賢主・駐大阪韓国総領事歓送式
2015.04.05	第40巻第4号(通巻第465号)	34		韓国民団大阪本部・京都本部 第96周年3.1節記念式典
2015.04.05	第40巻第4号(通巻第465号)	36	朴炳閏	〈特別寄稿〉在日同胞の法的地位(3) 韓日両国の50年を照明する～望ましい法的地位の模索～
2015.04.05	第40巻第4号(通巻第465号)	43		韓国の社説
2015.04.05	第40巻第4号(通巻第465号)	46	権愛英	寄稿 大統領ひとりぼっち クネさんのつぶやき(7)
2015.04.05	第40巻第4号(通巻第465号)	48	まつだたえこ	たえこ劇場(146) ある寒い日のはなし
2015.04.05	第40巻第4号(通巻第465号)	49	曺奎通	在日の詩(158) 宇井純氏を偲ぶ
2015.04.05	第40巻第4号(通巻第465号)	50	姜健栄	〈特別寄稿〉松本卓夫の日韓交流活動の限界(3)
2015.04.05	第40巻第4号(通巻第465号)	52		大阪韓国文化院 韓日国交正常化50周年記念 「It's美～もうひとつの視線～」ペ・スヨンと鶴田一郎による「韓日交流展」
2015.04.05	第40巻第4号(通巻第465号)	56		「古希の春 学窓巣立つ イモに祝」74歳で布施高定時制を卒業した李美代子イモに乾杯/第6回IPC・IPU杯高校生英語スピーチコンテスト 金剛学園高2年宋有真さんが優秀賞
2015.04.05	第40巻第4号(通巻第465号)	58		2014学年度卒業式 京都国際中学校/20人が巣立つ
2015.04.05	第40巻第4号(通巻第465号)	59		韓国民団八尾支部 李賢主総領事歓送会
2015.04.05	第40巻第4号(通巻第465号)	60		K-POP 初来日AlphaBAT/ファンミーティング、サイン会、ライブ
2015.04.05	第40巻第4号(通巻第465号)	62		新風サロン「誠信の交わり」姜信英・古代ロマン塾代表が講演 雨森芳洲の「誠信の交わり」こそが日韓親善の扉をひらく
2015.04.05	第40巻第4号(通巻第465号)	63		新・シニョンの朝鮮通信使現代紀行 生涯学習の先駆者/雨森芳洲「藤原惺窩と徳川家康」
2015.04.05	第40巻第4号(通巻第465号)	64		KT美術館 鶴田一郎氏の「美人画」韓日交流展「It's美～もうひとつの視線～」(大阪韓国文化院ミリネギャラリー)より
2015.05.05	第40巻第5号(通巻第466号)	2		駐大阪韓国文化院 韓日国交正常化50周年記念特別イベント「海外名誉伝承者」による韓国伝統芸術公演 金品先・元京愛・金鍾喆
2015.05.05	第40巻第5号(通巻第466号)	4		駐大阪韓国文化院 「K-POP&K-POPカバーダンスコンテスト2015」関西大会 河奉允総領事が初の外部行事で挨拶

발행일	지면정보		필자	제목
	권호	페이지		
2015.05.05	第40巻第5号(通巻第466号)	6		駐大阪韓国総領事館韓国文化院　韓日国交正常化50周年記念「民画で見る韓国の伝統美」安鉉善・趙明子展示会&民画ワークショップ
2015.05.05	第40巻第5号(通巻第466号)	10		駐神戸韓国総領事館、兵庫県日韓親善協会/韓国民団兵庫本部　韓日国交正常化50周年記念　特別講演会権哲賢元駐日大使が講演「韓日関係、新しい50年の展望」
2015.05.05	第40巻第5号(通巻第466号)	12		韓国民団大阪本部　河奉允・駐大阪韓国総領事歓迎会
2015.05.05	第40巻第5号(通巻第466号)	16		社会福祉法人シャローム・セットンの家　韓国芸術院趙炳華会長の愛の詩「この世の荷物を減らしながら」残す愛一つ
2015.05.05	第40巻第5号(通巻第466号)	18	仕田原猛	〈連載〉歴史の接点をたずねて(69) 河内平野を歩く(4)
2015.05.05	第40巻第5号(通巻第466号)	22		大阪韓国青年商工会　第27期定期総会/金学会長を選出「ビジネスマンとしての資質向上を目指す」
2015.05.05	第40巻第5号(通巻第466号)	24		婦人会大阪本部　第27回定期地方委員会
2015.05.05	第40巻第5号(通巻第466号)	25		婦人会京都本部　第27回定期地方委員会・第40期定期地方大会　新会長に郭敬糸副会長を選出
2015.05.05	第40巻第5号(通巻第466号)	26		李春義・重要無形文化財第57号京畿民謡保有者　オモニ「伴奏チャング」金野昌子さんに「功労賞」
2015.05.05	第40巻第5号(通巻第466号)	28		KT美術館　国際芸術院代表作家誌上展　伊藤三春、小見寺孝子、林辰徳、張平、野口富士子
2015.05.05	第40巻第5号(通巻第466号)	32		BOOK姜健栄著「中国、中央アジア、極東ロジア紀行」(ハングル版)
2015.05.05	第40巻第5号(通巻第466号)	33		論壇　金ヨンス(西江大学政治外交学科教授)『北朝鮮軍人として生きること』
2015.05.05	第40巻第5号(通巻第466号)	34	朴炳閏	〈特別寄稿〉在日同胞の法的地位(4)　韓日両国の50年を照明する～望ましい法的地位の模索～
2015.05.05	第40巻第5号(通巻第466号)	40		白頭学院建国小・中・高入学式　5月9日に再建築校舎竣工式
2015.05.05	第40巻第5号(通巻第466号)	41		新入生/中学校11名、高等学校45名　2015年度国際中学校高等学校入学式
2015.05.05	第40巻第5号(通巻第466号)	42		金剛学園&韓国大田教育研修院　教育、文化交流のための業務協定締結
2015.05.05	第40巻第5号(通巻第466号)	43		韓国民団八尾支部　第67回定期総会&サプライズのバーベキュー会
2015.05.05	第40巻第5号(通巻第466号)	44		韓国の社説
2015.05.05	第40巻第5号(通巻第466号)	48	まつだたえこ	たえこ劇場(147) 図書館の星
2015.05.05	第40巻第5号(通巻第466号)	49	曺奎通	在日の詩(159) 特別企画・折り句50音〈ポツダム宣言受諾70周年・日韓条約50周年記念〉「あ・い・う・え・お」
2015.05.05	第40巻第5号(通巻第466号)	50	姜健栄	〈特別寄稿〉朝鮮古書画総覧と李英介いついて～李朝絵画(1)～

발행일	지면정보 권호	페이지	필자	제목
2015.05.05	第40巻第5号(通巻第466号)	54	NPO法人観音ボランティア会	〈特別寄稿〉NPO法人観音ボランティア会の「春まつり敬老慰安歌謡ショー」
2015.05.05	第40巻第5号(通巻第466号)	56		韓国婦人会大阪天阿支部　有馬温泉研修の旅/新陸及び研修会
2015.05.05	第40巻第5号(通巻第466号)	58		大阪韓国商工会議所　渡来文化の里・明日香村を再探訪
2015.05.05	第40巻第5号(通巻第466号)	59		韓国民団京都府左京支部　春まつり盛況/韓国伝統楽器演奏と花見宴会のコラボ
2015.05.05	第40巻第5号(通巻第466号)	60		韓国民団八尾支部 160名が参加し同胞交流野遊祭　田中誠太八尾市長、応援2市議の当選祝い
2015.05.05	第40巻第5号(通巻第466号)	62	姜信英	INTERVIEW, 李成権・駐神戸韓国総領事　新刊書『人災共和国を克服して』を出版　「人災を起こさないように」と願い/外交『心』
2015.05.05	第40巻第5号(通巻第466号)	64		KT美術館 FLASHY「K-POP&K-POPカバーダンステスト2015」関西大会
2015.06.05	第40巻第6号(通巻第467号)	2		駐大阪大韓民国総領事館韓国文化院　韓日国交正常化50周年記念 KOREA MUSIC FESUTIVAL「サタデーチャンゴフィーバー」(サタチャン)
2015.06.05	第40巻第6号(通巻第467号)	6		国指定特別史跡「百済寺跡」を顕彰「第15回枚方・百済フェスティバル」
2015.06.05	第40巻第6号(通巻第467号)	8		学校法人金剛学園、韓国国立国際教育院「留学、もう一つの選択肢」留学説明会2015in大阪
2015.06.05	第40巻第6号(通巻第467号)	10		駐大阪大韓民国総領事館韓国文化院　韓日国交正常化50周年　韓・日美術交流展2015「HEART&HEART」
2015.06.05	第40巻第6号(通巻第467号)	14		婦人会大阪府本部　役員会、日帰りバスツアー研修「高野山真言宗総本山金剛峯寺・奥之院拝観」
2015.06.05	第40巻第6号(通巻第467号)	16	尹禅弘	〈特別寄稿〉日本曹渓宗普賢寺満中陰法要と金用珍女史の布施行五十年人生
2015.06.05	第40巻第6号(通巻第467号)	18	仕田原猛	〈連載〉歴史の接点をたずねて(70) 河内平野を歩く(5)
2015.06.05	第40巻第6号(通巻第467号)	24		NPO法人大阪ワッソ文化交流協会　奈良の飛鳥地方を舞台に恒例の歴史探訪
2015.06.05	第40巻第6号(通巻第467号)	26		国祭芸術院/伊藤三春総裁(日本画)　全国「一宮」詣で、正式参拝で絵画奉納富士山本宮浅間大社
2015.06.05	第40巻第6号(通巻第467号)	28	姜健栄	〈特別寄稿〉日本の梵鐘-高麗鐘の影響と模倣
2015.06.05	第40巻第6号(通巻第467号)	32		韓国民団大阪府本部　第56期第1回各支部三機関長・本部傘下団体長会議 韓日国交50周年「韓日交流の夕べ」、交流訪韓団「韓日親善友好の集い in Seoul」
2015.06.05	第40巻第6号(通巻第467号)	33		論壇 金ヨルス(誠信女子大学国際政治学教授)『北朝鮮SLBMに対した政策方向と軍事的対策』
2015.06.05	第40巻第6号(通巻第467号)	34		民主平和統一諮問会議近畿協議会 統一講演会 金英秀・西江大学政治外交学教授「南北関係の懸案と統一準備のための課題」高鶴燦・「芸術の殿堂」社長「芸術と疏通、そして統一

발행일	지면정보		필자	제목
	권호	페이지		
2015.06.05	第40巻第6号(通巻第467号)	40		韓国の社説
2015.06.05	第40巻第6号(通巻第467号)	44	姜健栄	〈特別寄稿〉『朝鮮古書画総覧』にある松雲大師と金玉均の書
2015.06.05	第40巻第6号(通巻第467号)	47		韓国民団八尾支部　歴史に意識を正しくする為の勉強会&誕生日&母のお祝い会
2015.06.05	第40巻第6号(通巻第467号)	48	まつだたえこ	たえこ劇場(148)　お疲れさまの一日
2015.06.05	第40巻第6号(通巻第467号)	49	曺奎通	在日の詩(160)　特別企画・折り句50音〈ポツダム宣言受諾70周年・日韓条約50周年記念〉「か・き・く・け・こ」
2015.06.05	第40巻第6号(通巻第467号)	50		徳川家康公没後400年　日韓・韓日国交正常化50周年記念「朝鮮通信使シンポジウムin岡崎」
2015.06.05	第40巻第6号(通巻第467号)	54		NPO法人関西アジア人協会「第14回チャリティアジア歌謡祭」
2015.06.05	第40巻第6号(通巻第467号)	57		在日本大韓体育関西本部「2015年度定期総会」権五雄会長を再任　活動方針・予算案を承認
2015.06.05	第40巻第6号(通巻第467号)	58		韓国民団京都府本部　野遊会(同胞社会現況把握及び交流増進事業)
2015.06.05	第40巻第6号(通巻第467号)	60		韓国民団京都府本部　童心に返り「いちご狩り」
2015.06.05	第40巻第6号(通巻第467号)	62		第1回「チョアチョア　フェステバル」呂英華韓国伝統芸術院、合唱団「リンテンコール」江州音頭「桜川唯行会」、LIKE up Dance Studio
2015.06.05	第40巻第6号(通巻第467号)	63		新・シニョンの朝鮮通信使現代紀行　生涯学習の先駆者/雨森芳洲「日本儒学の知の系譜」
2015.06.05	第40巻第6号(通巻第467号)	64		KT美術館　ソン・ユンヒ作家(韓国)/油彩画　2015韓・中・代表作家展(5月12日〜16日、大阪韓国文化院ミリネギャラリー)より
2015.07.05	第40巻第7号(通巻第468号)	4		大韓民国外交部、駐大阪大韓民国そうりょうじ館韓国文化院、国立劇場国立舞踊団　韓日国交正常化50周年特別企画　韓国国立舞踊団公演「墨香(ムッキャン)」
2015.07.05	第40巻第7号(通巻第468号)	9		駐大阪大韓民国総領事館韓国文化院　韓日国交正常化50周年記念　韓日代表書家交流展「東江趙守鎬・井茂圭洞二人展」
2015.07.05	第40巻第7号(通巻第468号)	10		「韓日サンマリノ共和国親善交流」訪問団30名　ヨーロッパで最古の独立国サンマリノ共和国を訪問!
2015.07.05	第40巻第7号(通巻第468号)	14		近畿産業信用組合　第62期通常総代会&懇親会
2015.07.05	第40巻第7号(通巻第468号)	16		在日脱北者人権連合会、北朝鮮帰国者の生命と人権を守る会　6.15共同宣言15周年記念「統一講演会」で抗議行動「殺人犯罪者、反人権犯罪者の手先シンウミ」直ちに平壌に帰れ!
2015.07.05	第40巻第7号(通巻第468号)	18	仕田原猛	〈連載〉歴史の接点をたずねて(71) 河内平野を歩く(6)
2015.07.05	第40巻第7号(通巻第468号)	22		京都日韓親善協会　2015年度総会　事業計画/講演会「桓武天皇と渡来人」、朝鮮通信使再現行列、京都日韓学生交流会

발행일	지면정보		필자	제목
	권호	페이지		
2015.07.05	第40巻第7号(通巻第468号)	24		JCI韓国大阪青年会議所、ソウル青年会議所　第43回韓国語弁論大会「最優秀賞」は建国高等学校2年、呉翔大君
2015.07.05	第40巻第7号(通巻第468号)	26	尹禅弘	〈特別寄稿〉韓国仏教名刹巡礼⑤釜山　大韓仏教峨眉山金井清舎とヨンゴン和尚の教化人生
2015.07.05	第40巻第7号(通巻第468号)	28		全国「一の宮」巡拝/伊藤三春・国際芸術院総裁(日本画) 世界遺産 日光二荒山神社
2015.07.05	第40巻第7号(通巻第468号)	32		INTERVIEW　日韓国交正常化５０周年「オクタサバル」特別企画 日韓友情に貢献する企業(株)麗紫・金田正司社長
2015.07.05	第40巻第7号(通巻第468号)	34		論壇 金ヨルス(誠信女子大学国際政治学教授)『3世代ソイヤル・ファミリーノ遊戯遊び』　パク・シンフィ(梨花女子大学国際部教授)『北朝鮮人権事務所の開所と朝鮮韓半島平和』
2015.07.05	第40巻第7号(通巻第468号)	36		「竹島の日」を考え直す会 第8回「竹島の日」がある限り日韓に真の親善はない～竹島(独島)問題の解決に向けて‥和解の為に正しい歴史認識を
2015.07.05	第40巻第7号(通巻第468号)	38		大阪韓国商工会議所 第62期(2015年度)定期総会
2015.07.05	第40巻第7号(通巻第468号)	40		一般社団法人在日韓国商工会議所兵庫(兵庫韓商) 第51期定期総会
2015.07.05	第40巻第7号(通巻第468号)	42		韓国京都経済会議所 2014年度定期総会 名称「京都韓国商工会議所」に改称(復活)
2015.07.05	第40巻第7号(通巻第468号)	43		韓国民団京都府本部 2015年度顧問・三機関懇親会
2015.07.05	第40巻第7号(通巻第468号)	44		韓国の社説
2015.07.05	第40巻第7号(通巻第468号)	47		海道善隣交流の会(金温吉世話人)「同志よ、あなたの参加を待っています!」
2015.07.05	第40巻第7号(通巻第468号)	48	まつだたえこ	たえこ劇場(149) バスの中で出来事
2015.07.05	第40巻第7号(通巻第468号)	49	青奎通	在日の詩(161)　特別企画・折り句50音〈ポツダム宣言受諾70周年・日韓条約50周年記念〉「さ・し・す・せ・そ」
2015.07.05	第40巻第7号(通巻第468号)	50	姜健栄	〈特別寄稿〉汝矣島純福音教会について
2015.07.05	第40巻第7号(通巻第468号)	53		BOOK/慶応義塾大学出版会 韓国知識人との対話 Ⅰ、Ⅱ 若宮啓文著「日韓の未来をつくる」添谷芳秀著「米中の狭間を生きる」
2015.07.05	第40巻第7号(通巻第468号)	54	姜健栄	〈特別寄稿〉ソウルにある外国人墓地とセムナン教会
2015.07.05	第40巻第7号(通巻第468号)	56		NPO法人国際友好促進会 第9回「国際友好芸能公演」
2015.07.05	第40巻第7号(通巻第468号)	59		金剛学園舞踊部員 医療法人趙洲会「ほほえみハウス」を慰問
2015.07.05	第40巻第7号(通巻第468号)	60		韓国民団農島支部　交流会/金田見立海岸狩り、袖ヶ浦エッグファーム、木更津温泉
2015.07.05	第40巻第7号(通巻第468号)	62		駐大阪大韓民国総領事館韓国文化院　韓日国交正常化50周年記念　韓日代表書家交流展「東江趙守鎬・井茂圭洞二人展」展示作品の紹介

발행일	지면정보		필자	제목
	권호	페이지		
2015.07.05	第40巻第7号(通巻第468号)	64		KT美術館「東江趙守鎬・井茂圭洞二人展」展示会場(6月27日〜7月18日、大阪韓国文化院ミリギャラリー)
2015.08.05	第40巻第8号(通巻第469号)	2		大韓民国外交部、駐大阪大韓民国総領事館韓国文化院 韓日国交正常化50周年記念コンサート 韓日合同フルートオーケストラが奏でる友情のハーモニー「ハーモニー・ミュージック」
2015.08.05	第40巻第8号(通巻第469号)	4	金福順	感動の連続 河正雄路ツアー
2015.08.05	第40巻第8号(通巻第469号)	6	蘆治煥	ひびきあう心-第12回清里銀河塾 浅川巧を超え、人間・金煕秀を論じる
2015.08.05	第40巻第8号(通巻第469号)	8		社会福祉法人シャローム/セットンの家 設立20周年記念式典、感謝礼拝・祝賀会
2015.08.05	第40巻第8号(通巻第469号)	14		在日韓国奨学会、国際在日韓国・朝鮮人研究会 時局公開講演会 徐竜達・桃山学院大学名誉教授「韓日新時代の開拓へ〜交流の礎に新『エリゼ条約』を〜」
2015.08.05	第40巻第8号(通巻第469号)	17		あすか信用組合 第49期通常大会
2015.08.05	第40巻第8号(通巻第469号)	18	仕田原猛	〈連載〉歴史の接点をたずねて(72) 河内平野を歩く(7)
2015.08.05	第40巻第8号(通巻第469号)	24		民主平和統一諮問会議 日本地域会議近畿協議会 第17期出帆会議
2015.08.05	第40巻第8号(通巻第469号)	26		2015年「WFWP女子留学生日本語弁論大会」5会場で大阪大会
2015.08.05	第40巻第8号(通巻第469号)	28		NPO法人国美芸術家協会 第39回国美芸術展特別選抜
2015.08.05	第40巻第8号(通巻第469号)	30	姜健栄	〈特別寄稿〉法隆寺の百済観音(1)〜観音像の様式と名称由来〜
2015.08.05	第40巻第8号(通巻第469号)	38		在日世界韓国商工人連合会 光復70周年・韓日国交正常化50周年 第10期定期総会
2015.08.05	第40巻第8号(通巻第469号)	40		論壇 金ヨルス(誠信女子大学国際政治学教授)「北朝鮮の未来のための金正恩の選択」
2015.08.05	第40巻第8号(通巻第469号)	41		INTERVIEW 佐藤敬一氏(元東京信用保証協会錦糸町千住支店長)に聞く「新たな50年に向けた日韓技術金融交流」
2015.08.05	第40巻第8号(通巻第469号)	42		ペジョン奨学会 金剛学園の生徒20人に奨学金支給
2015.08.05	第40巻第8号(通巻第469号)	43		KSK、近畿産業信組「労使トラブル対策セミナー」
2015.08.05	第40巻第8号(通巻第469号)	44		韓国の社説
2015.08.05	第40巻第8号(通巻第469号)	48	まつだたえこ	たえこ劇場(150) 引っ越し極意
2015.08.05	第40巻第8号(通巻第469号)	49	曺奎通	在日の詩(162) 特別企画・折り句50音〈ポツダム宣言受諾70周年・日韓条約50周年記念〉「た・ち・つ・て・と」
2015.08.05	第40巻第8号(通巻第469号)	50	姜健栄	〈特別寄稿〉米国、カナダや西欧からの宣教医師と主教
2015.08.05	第40巻第8号(通巻第469号)	54		大阪韓国文化院 韓日国交正常化50周年記念 講演会&料理試演・試食会「韓食を料理する」
2015.08.05	第40巻第8号(通巻第469号)	56		ウリ伝統文化協会/第3回総会 韓国茶道協会京都支部/源氏の湯コリアフェアでお手前披露 韓国民団南京都支部/城陽市に要望書提出

발행일	지면정보		필자	제목
	권호	페이지		
2015.08.05	第40巻第8号(通巻第469号)	58		韓国民団八尾支部 地域交流涼まつり(ビアパ＝ティー)
2015.08.05	第40巻第8号(通巻第469号)	60	笠松性典	〈特別寄稿〉大韓交流天台宗総本山救仁寺 開山70周年記念大法要
2015.08.05	第40巻第8号(通巻第469号)	64		KT美術館/PHOTO 天神祭(宵教) 天五町会若中/天五子供太鼓
2015.09.05	第40巻第9号(通巻第470号)	2		在日大韓民国民団大阪府地方本部 韓日・日韓親善交流夕べ「KOJACON」(KOREA JAPAN CONDERT)
2015.09.05	第40巻第9号(通巻第470号)	6		駐大阪韓国総領事館文化院、昆支王国際ネットワーク、武寧王国際ネットワーク 韓日国交正常化50周年記念トークイベント 百済昆支王の世界～古代韓日交流の原点～
2015.09.05	第40巻第9号(通巻第470号)	8		8.15光複70周年/2015東アジア平和国際会議 李洪九元国務総理と鳩山由紀夫元首相「東アジア平和宣言」発表
2015.09.05	第40巻第9号(通巻第470号)	11		在日韓国人信用組合協会 第64回通常総会/全組合が黒字計上
2015.09.05	第40巻第9号(通巻第470号)	12		在日韓国婦人会中央本部〈S・H生〉2015年度在日韓国婦人会全国大研修会「ヘイトスピーチ根絶への法制化要求」を決議
2015.09.05	第40巻第9号(通巻第470号)	14	姜健栄	〈特別寄稿〉法隆寺の百済観音(2)～百済観音に関する評価と梵鐘～
2015.09.05	第40巻第9号(通巻第470号)	17		韓国の社説
2015.09.05	第40巻第9号(通巻第470号)	18	仕田原猛	〈連載〉歴史の接点をたずねて(73) 河内平野を歩く(8)
2015.09.05	第40巻第9号(通巻第470号)	24	姜信英	学校法人白頭学院 新校舎竣工記念式典＆理事長離・就任式 曹圭訓・初代理事長、李慶泰・初代学校長、金聖大理事長3氏の銅像除幕式
2015.09.05	第40巻第9号(通巻第470号)	28		Peace Road 2015 in Japan 120カ国で平和を繋ぐ「PEACE ROAD 2015」プロジェクト 日韓国交正常化50周年を記念に日韓を縦走
2015.09.05	第40巻第9号(通巻第470号)	32	金金山	INTERVIEW 佐藤敬一氏(元東京信用保証協会綿糸町千住支店長)に開く 2020年東京オリンピックに向けて/東京を魅力ある世界一の都市に「中小細企業の生活化」こそ「税収UP近道」
2015.09.05	第40巻第9号(通巻第470号)	34		戦後70年安倍晋三首相談話(全文)
2015.09.05	第40巻第9号(通巻第470号)	36		韓国民団中央・東京本部、民団大阪本部、民団京都本部 第70周年光複節記念式典
2015.09.05	第40巻第9号(通巻第470号)	42		朴槿恵大統領 第70周年光複節慶祝辞(全文)
2015.09.05	第40巻第9号(通巻第470号)	45		論壇「軍事冒険主義」路線の末路 チョン・ジュジン(21世紀戦略研究院企画室長・仁川大学兼任教授)
2015.09.05	第40巻第9号(通巻第470号)	46		駐大阪韓国総領事館大阪韓国文化院 「第8回教職員韓国文化研修会」
2015.09.05	第40巻第9号(通巻第470号)	48	まつだたえこ	たえこ劇場(151) 踊るアホウに見るアホウ

발행일	지면정보		필자	제목
	권호	페이지		
2015.09.05	第40巻第9号(通巻第470号)	49	曺奎通	在日の詩(163) 特別企画・折り句50音〈ポツダム宣言受諾70周年・日韓条約50周年記念〉「な・に・ぬ・ね・の」
2015.09.05	第40巻第9号(通巻第470号)	50	姜健栄	〈特別寄稿〉韓国にキリスト教と西洋文化を普及
2015.09.05	第40巻第9号(通巻第470号)	54	茂松性典	〈特別寄稿〉韓国救仁寺開山70周年記念日中韓天台仏教学術大会
2015.09.05	第40巻第9号(通巻第470号)	56		Yamazen Group 〈JGJA加藤裕幸〉第2回「Daisen Cup」/優秀は10アンダーの星野英正プロ
2015.09.05	第40巻第9号(通巻第470号)	59		韓国京都青年会議所 第30回韓日親善少年スポーツ大会 培材中学校野球選手団 韓国京都民団本部を表敬訪問
2015.09.05	第40巻第9号(通巻第470号)	60		浮島丸殉難者を追悼する会 浮島丸殉難70周年追悼集会
2015.09.05	第40巻第9号(通巻第470号)	62		アジア新美術交流会 生命展シリーズ/2015年「水と風展」~21人の個人展~
2015.09.05	第40巻第9号(通巻第470号)	64		KT美術館 朴完用氏作「生(LIFE)15-1」
2015.10.05	第40巻第10号(通巻第471号)	2		駐大阪大韓民国総領事館 韓日国交正常化50周年2015年度大韓民国国慶日記念レセプション
2015.10.05	第40巻第10号(通巻第471号)	4		公益財団法人国際文化フォーラム 秀林外語専門学校 国交正常化50周年記念ダンス交流会 日韓友好の草の根交流「ダンスダンスダンス」
2015.10.05	第40巻第10号(通巻第471号)	6		駐大阪大韓民国総領事館韓国文化院 2015年度世界文化遺産登録記念 「百済歴史遺跡地区」特別写真展
2015.10.05	第40巻第10号(通巻第471号)	10		「竹島の日を考え直す会」 「独島」現地踏査、(財)独島財団と姉妹結縁締結 韓日独島(竹島)フォーラム、独島写真展
2015.10.05	第40巻第10号(通巻第471号)	14		2015年春の褒章受章 教誨師・南尚浩牧師に藍綬褒章 「公共に尽くし、矯正教育で功績」
2015.10.05	第40巻第10号(通巻第471号)	18	仕田原猛	〈連載〉歴史の接点をたずねて(74) 河内平野を歩く(9)
2015.10.05	第40巻第10号(通巻第471号)	24		創造美術協会 第68回「創造展」/クリア絵画研究所の4氏が入選、展覧
2015.10.05	第40巻第10号(通巻第471号)	26	姜信英	Zoom up 白頭学院理事長・金聖大さん 韓国/建陽大学校が名誉経営学博士を授与
2015.10.05	第40巻第10号(通巻第471号)	28	金建植	未来の為の平和賞 第一回「鮮鶴平和賞」受賞式 文鮮明・天地人の父母天宙聖和3周年記念式
2015.10.05	第40巻第10号(通巻第471号)	30		韓国民団大阪府八尾支部 長寿セミナー&敬老慰労会
2015.10.05	第40巻第10号(通巻第471号)	32		INTERVIEW 〈金金山〉シン・ボンウ(株)ゴールデンビア社長 次世代エネルギーを求めて韓日技術交流 原子力発電に代わる太陽光発電システム効率向上技術
2015.10.05	第40巻第10号(通巻第471号)	34		韓国の社説
2015.10.05	第40巻第10号(通巻第471号)	36		近畿経友納税連合会 第14回定期総会&懇親会
2015.10.05	第40巻第10号(通巻第471号)	38		韓国の社説
2015.10.05	第40巻第10号(通巻第471号)	41		論壇 金烈洙(誠信女子大学国際政治学専攻教授)「8.25共同合意文」の成果と意味~北朝鮮の謝罪と再発防止~

발행일	지면정보		필자	제목
	권호	페이지		
2015.10.05	第40巻第10号(通巻第471号)	42	姜健栄	〈特別寄稿〉孤児の滋父、曾田嘉伊智について
2015.10.05	第40巻第10号(通巻第471号)	44		韓国の社説
2015.10.05	第40巻第10号(通巻第471号)	47		論壇 チョン・ジュジン(21世紀戦略研究院企画室長・仁川大学兼任教授)「これから我が民族が歩むべき道」
2015.10.05	第40巻第10号(通巻第471号)	48	まつだたえこ	たえこ劇場(152) 段ボールより愛をこめて
2015.10.05	第40巻第10号(通巻第471号)	49	曺奎通	在日の詩(164) 特別企画・折り句50音〈ポツダム宣言受諾70周年・日韓条約50周年記念〉「は・ひ・ふ・へ・ほ」
2015.10.05	第40巻第10号(通巻第471号)	50	姜健栄	〈特別寄稿〉メキシコ移民110周年に際して(1)〜中南米への移民〜
2015.10.05	第40巻第10号(通巻第471号)	53		京都日韓親善協会 日韓国交樹立50周年 特別記念講演会 井上満郎・京都市歴史資料館館長「桓武天皇と渡来人」〜なぜ渡来人は重視されたのか〜
2015.10.05	第40巻第10号(通巻第471号)	54	尹禅弘	〈特別寄稿〉慶尚北道尚州窯 慶尚北道無形文化財第25号技能保有者 尚州窯蓮華茶碗鄭大熈陶匠と甕器製陶人生
2015.10.05	第40巻第10号(通巻第471号)	56	姜信英	Zoom up 日韓の「美」の魅力を伝える「日韓人」韓方美容家 梁有香さん 「漢江」からエネルギーとメッセージ受ける
2015.10.05	第40巻第10号(通巻第471号)	59		近畿産業信用組合 きんさん「人材採用・育成支援」プラン 第8回「合同企業説明会」
2015.10.05	第40巻第10号(通巻第471号)	60		大韓民国外交部、駐大阪大韓民国総領事館韓国文化院・韓国国立国楽院 韓日国交正常化50周年記念行事 韓国国立国楽院大阪公演〜心で伝える パンソリと伝統音楽の世界〜
2015.10.05	第40巻第10号(通巻第471号)	64		KT美術館 創造美術協会・石原和代氏作「交錯-2015(A)」(第68回「創造展」より)
2015.11.05	第40巻第11号(通巻第472号)	2		韓日・日韓親善協会、韓国民団中央本部 「韓日親善友好の集いInSeoul」〜共に開こう新たな未来を〜
2015.11.05	第40巻第11号(通巻第472号)	4		駐大阪大韓民国総領事館 交流会 2015「REMEMBER YOU〜いつもあなたのことを想っている〜」「両輪で走る新朝鮮通信使」を歓迎
2015.11.05	第40巻第11号(通巻第472号)	6		韓国婦人会大阪本部 オモニコーラス創立25周年記念演奏会
2015.11.05	第40巻第11号(通巻第472号)	8		「竹島の日を考え直す会」2015韓日・日韓シンポジウムに参加 独島財団・ラウンドテーブル一行ウエルカムパーティー
2015.11.05	第40巻第11号(通巻第472号)	10		駐大阪大韓民国総領事館韓国文化院 韓日国交正常化50周年記念「韓国伝統の木彫り工芸品、コクドウ展」
2015.11.05	第40巻第11号(通巻第472号)	12		日韓国交正常化50周年記念特別企画 オペラ「ザ・ラストクィーン〜朝鮮王朝最後の皇太子妃〜」
2015.11.05	第40巻第11号(通巻第472号)	14		海道善隣交流の会 島根県訪れ、意見交換
2015.11.05	第40巻第11号(通巻第472号)	15		韓国修交50周年・光複70周年 平和と和合 南北統一祈願 第15回「殉国先烈精神宣揚大会及び韓日合同慰霊祭」

발행일	지면정보		필자	제목
	권호	페이지		
2015.12.05	第40巻第12号(通巻第473号)	4		NPO法人大阪国際共生ネットワーク 東大阪国際交流フェスティバル実行委 ちがいを豊かさに! 他民族共生のまちづくりは東大阪から第20回「東大阪国際交流フェスティバル」
2015.12.05	第40巻第12号(通巻第473号)	8		韓国民団大阪府泉州支部 日韓国交正常化50周年記念事業 第3回「韓日文化交流会 in SENNSYU」〜「響」「飛翔・和み・絆」〜
2015.12.05	第40巻第12号(通巻第473号)	10		駐大阪大韓民国総領事館韓国文化院 韓日国交正常化50周年記念「右松 金京仁展」
2015.12.05	第40巻第12号(通巻第473号)	13		駐大阪大韓民国総領事館韓国文化院 韓日国交正常化50周年 第1回「大阪韓国映画祭」
2015.12.05	第40巻第12号(通巻第473号)	14		2015年度「世界韓人の日」記念 有功在外同胞褒章伝授式(関西地区)
2015.12.05	第40巻第12号(通巻第473号)	16		平和統一聯合 日韓国交正常化50周年記念「サムルノリ」演奏競演大会(東京)
2015.12.05	第40巻第12号(通巻第473号)	18		大阪韓国商工会議所/時局講演会 金慶珠・東海大学准教授が講演 韓日国交正常化50年「次世代への提言」
2015.12.05	第40巻第12号(通巻第473号)	20		(一社)在日韓国商工会議所 兵庫、兵庫韓国青年商工会 朱哲完・駐神戸大韓民国総領事「歓迎会」
2015.12.05	第40巻第12号(通巻第473号)	21		(一社)在日韓国商工会議所 兵庫、兵庫韓商専門家委員会セミナー「マイナスバー制度と外国人労働者問題」
2015.12.05	第40巻第12号(通巻第473号)	22		韓国民団近畿地方議会/合同パーティー実行委 2015民団近畿合同ブライダルパーティー 8組のカップルが誕生
2015.12.05	第40巻第12号(通巻第473号)	23		近畿産業信用組合「とらきち」 ゆるキャラグランプリ2015 総合14位/関西No.1 企業・その他部門3位/金融機関No.1
2015.12.05	第40巻第12号(通巻第473号)	24		御幸通中央商店会、御幸通商店街、御幸通東商店街振興組合 生野コリアタウンまつり2015〜すきやねん御幸通 遊んで! 食べて! つながろう!〜
2015.12.05	第40巻第12号(通巻第473号)	25		韓国のリトルエンジェルス 転落事故の救助犠牲を追悼、献花(東京/JR新大久保駅)
2015.12.05	第40巻第12号(通巻第473号)	26	尹禪弘	〈特別寄稿〉光複70周年・韓日国交正常化50周年記念 第2回「韓日合和地域振興祈願先亡万霊慰霊大祭」
2015.12.05	第40巻第12号(通巻第473号)	30		KT誌上個展 国際芸術院会員/洋画家 金子玲子
2015.12.05	第40巻第12号(通巻第473号)	32	仕田原猛	新シリーズ『韓国語で解いた植物和名の語源』(1)
2015.12.05	第40巻第12号(通巻第473号)	36		第3回「韓日文化交流会 in SENSYU」韓日弁論「分かち合うというのは」 日本語弁論/ファン・シンスさん、韓国語弁論/南仁子さん
2015.12.05	第40巻第12号(通巻第473号)	38		在日脱北者人権連合、北朝鮮帰国者の生命と人権を守る会 朝鮮学校の実態PR行動/報告会＆ビラ配布「民族教育に立ち返れ! 朝鮮学校〜在日青少年に健全な民族意識を〜」

발행일	지면정보		필자	제목
	권호	페이지		
2015.12.05	第40巻第12号(通巻第473号)	40	川崎栄子	特別レポート パネル討論会「拉致を含む北朝鮮全般の人権問題」に参加して
2015.12.05	第40巻第12号(通巻第473号)	44	金金山	INTERVIEW 自分と家族の命を懸けて 在日脱北者・川崎栄子さん(モドゥモイジャ代表)「北朝鮮は『普通の国』になって貰いたい」
2015.12.05	第40巻第12号(通巻第473号)	46		論壇 ジ・ソンホNAUH代表「北朝鮮障碍者の人権改善…国際的関心と参加を…」
2015.12.05	第40巻第12号(通巻第473号)	47		韓国の社説
2015.12.05	第40巻第12号(通巻第473号)	48	まつだたえこ	たえこ劇場(154) おフランスざんす
2015.12.05	第40巻第12号(通巻第473号)	49	曺奎通	在日の詩(166) 特別企画・折り句50音〈ポツダム宣言受諾70周年・日韓条約50周年記念〉「や・ゆ・よ・わ・お」
2015.12.05	第40巻第12号(通巻第473号)	50	姜健栄	〈特別寄稿〉メキスコ移民史～メリダ韓人移民博物館とゲニー館長～ メキスコ移民史～移民100周年記念塔と韓人社会～
2015.12.05	第40巻第12号(通巻第473号)	56		金剛学園 第70回金剛祭 第8回金剛学園オープンテコンドー選手権大会
2015.12.05	第40巻第12号(通巻第473号)	58		NPO法人大阪ワッソ文化交流協会、四天王寺ワッソ実行委員会 友情は1400年の彼方から 2015「四天王寺ワッソ」～つなぐ～
2015.12.05	第40巻第12号(通巻第473号)	64		KT美術館 金石出作家「KIM SOK CHUL EXHIBITION」より「回想記」「蘇ルジャンヌダルク」
2016.01.05	第41巻第1号(通巻第474号)	2		韓日外相会談 慰安婦問題「最終的かつ不可逆的に解決」の合意 安倍晋三首相「おわびと反省」を表明 韓国設立する支援財団に日本政府が10億円拠出
2016.01.05	第41巻第1号(通巻第474号)	4		民主平和統一諮問会議/日本近畿協議会 日本地域で初開催 2015女性カンファレンス「女性が準備する幸福な平和統一」
2016.01.05	第41巻第1号(通巻第474号)	8		大阪韓国勢年商工会・青友会 30人が参加、合同母国研修 大阪青商会員18人が海兵隊訓練を体験
2016.01.05	第41巻第1号(通巻第474号)	10		在日本大韓体育会関西本部/在日本大韓ボウリング協会 ふれあい体育広場 第36回関西韓国人体育大会「在日関西韓国人ゴオウリングX'mas大会」
2016.01.05	第41巻第1号(通巻第474号)	13		駐大阪大韓民国総領事館韓国文化院/毎日新聞旅行 韓日国交正常化50周年記念特別講演会 仲尾宏教授「朝鮮通信使が関西に残したもの」
2016.01.05	第41巻第1号(通巻第474号)	14	姜健栄	〈特別寄稿〉メキスコ移民史・メリダのマナ世界大博物館と巨大隕石落下村
2016.01.05	第41巻第1号(通巻第474号)	17		大阪韓国文化院 韓日国交正常化50周年記念特別公演 世界が認めた天上の歌声「ポップオペラ」テノール イム・ヒョンジュコンサートin大阪
2016.01.05	第41巻第1号(通巻第474号)	18		社団法人・海外僑胞問題研究所/外務部在外同胞財団 韓日国交正常化50周年記念 公開シンポジウム「望ましい韓日関係と在日同胞社会埋没か蘇生か～歴史光複への道～」

발행일	지면정보		필자	제목
	권호	페이지		
2016.01.05	第41巻第1号(通巻第474号)	20		韓国民団大阪本部/在外同胞財団　韓日国交正常化50周年記念　公開シンポジウム「望ましい韓日関係と在日同胞社会の未来像」
2016.01.05	第41巻第1号(通巻第474号)	22		韓国民団大阪本部　韓日国交正常化50周年記念　第9回韓国伝統文化マダン「絆」
2016.01.05	第41巻第1号(通巻第474号)	24		韓国民団大阪本部/大阪韓国教育院　第9回「韓国語を楽しもう!」高校生大会
2016.01.05	第41巻第1号(通巻第474号)	26		国際芸術院/伊藤三春総裁　正式参拝で絵画奉納　犬山成田山/大本山成田山名古屋別院大聖寺
2016.01.05	第41巻第1号(通巻第474号)	28		金剛学園理事長離就任式　趙栄吉新理事長「勉強すれば夢が必ず見つかります」
2016.01.05	第41巻第1号(通巻第474号)	29		交渉/韓国民団大阪本部・大阪府教委　2015年度「在日韓国人の民族教育、国際理解教育の推進を求める要望書」
2016.01.05	第41巻第1号(通巻第474号)	30	大塚正尚	〈特別寄稿〉日韓トンネルの夢
2016.01.05	第41巻第1号(通巻第474号)	38		論壇　チョン・ジュジン(21世紀戦略研究院企画室長、仁川大学兼任教授)「失われた4年」
2016.01.05	第41巻第1号(通巻第474号)	39		韓国民団京都本部　講演会　権清志・民団中央本部企画調整室長「ヘイトスピーチ～その根絶に向けて～」
2016.01.05	第41巻第1号(通巻第474号)	40		駐神戸韓国総領事館、(一社)兵庫韓商　シンポジウム「成熟経済におけるケミカルシューズ業界の挑戦」
2016.01.05	第41巻第1号(通巻第474号)	42		韓国の社説
2016.01.05	第41巻第1号(通巻第474号)	44	仕田原猛	新シリーズ『韓国語で解いた植物和名の語源』(2)
2016.01.05	第41巻第1号(通巻第474号)	48	まつだたえこ	たえこ劇場(155)「中国人ウソつかない?」
2016.01.05	第41巻第1号(通巻第474号)	49	曺奎通	在日の詩(167)　特別企画・折り句50音・ポツダム宣言受諾70周年・日韓条約50周年記念)「ら・り・る・れ・ろ」
2016.01.05	第41巻第1号(通巻第474号)	50	姜健栄	〈特別寄稿〉メキシコ移民(3)～メキシコシティの韓人社会～
2016.01.05	第41巻第1号(通巻第474号)	54	尹禅弘	〈特別寄稿〉宗教法人日本曹渓宗高麗寺臨時信徒総会ならびに総代会
2016.01.05	第41巻第1号(通巻第474号)	56		韓国民団京都府八尾支部　八尾オリニバン　クリスマス会
	第41巻第1号(通巻第474号)	57		韓国民団京都府左京支部　左京支部まつり/第2回「桂ちょうば落語会」
2016.01.05	第41巻第1号(通巻第474号)	58		神戸韓国教育院　第15回「兵庫県高校生韓国語スピーチ大会」
2016.01.05	第41巻第1号(通巻第474号)	59		ZOOM UP　シャンデリア・アーティストのキム・ソンヘさん「KIM SON GHE EXHIBITION 2015」
2016.01.05	第41巻第1号(通巻第474号)	60		韓国民団大阪府八尾支部　第9回「大餅つき大会in八尾」
2016.01.05	第41巻第1号(通巻第474号)	62		韓国婦人会大阪本部　2015年度忘年会
2016.01.05	第41巻第1号(通巻第474号)	64		KT美術館　鄭義富氏作「昇る朝日」

발행일	지면정보		필자	제목
	권호	페이지		
2016.02.05	第41巻第2号(通巻第475号)	2		〈受勲祝賀会〉韓国民団中央・大阪本部常任顧問 金漢翊氏 国民勲章「無窮花章」受勲祝賀会
2016.02.05	第41巻第2号(通巻第475号)	6		〈新春年賀交歓会〉韓国民団中央本部・東京本部
2016.02.05	第41巻第2号(通巻第475号)	10		〈新春年賀交歓会〉民団大阪本部・大阪韓国商工会議所
2016.02.05	第41巻第2号(通巻第475号)	14		〈新春年賀交歓会〉民団京都本部/在外同胞財団・駐大阪韓国総領事館、京都韓国匠商工会議所・近畿産業信用組合
2016.02.05	第41巻第2号(通巻第475号)	13		共同通信社 韓流ファン感謝イベント 2016 in 大阪
2016.02.05	第41巻第2号(通巻第475号)	16		更正保護事業の功績　京都保護育成会に御沙汰書と御下賜金
2016.02.05	第41巻第2号(通巻第475号)	18		高麗茶道結成23周年記念 「異文化交流·平和祭典」/お点前披露、講演会
2016.02.05	第41巻第2号(通巻第475号)	20		在日大韓テコンドー協会/国技院、駐大阪韓国総領事館韓国文化院、在日大韓体育関西本部 「韓・日親善交流青少年テコンドー発表会」
2016.02.05	第41巻第2号(通巻第475号)	24		近畿産業信用組合 大阪府と「もずとも協定」締結「とらきち」が大阪府の情報発言をお手伝い
2016.02.05	第41巻第2号(通巻第475号)	25		ウリ伝統文化協会、韓国茶道協会京都支部 3席のお茶席、新春恒例の初金
2016.02.05	第41巻第2号(通巻第475号)	26		在日脱北者人権連合/北朝鮮帰国者の生命と人権を守る会、アジアン・リポーターズ
2016.02.05	第41巻第2号(通巻第475号)	28	姜健栄	〈特別寄稿〉独立運動家/安昌浩
2016.02.05	第41巻第2号(通巻第475号)	30	大塚正尚	〈特別寄稿〉日韓トンネルの夢(2)
2016.02.05	第41巻第2号(通巻第475号)	32		「異文化交流·平和祭典」で講演 土清一・東国大学校日本学研究所理事長(民団京都本部常任顧問)「桓壇古記とハングル文字」
2016.02.05	第41巻第2号(通巻第475号)	34		論壇 姜哲煥(北朝鮮戦略センター代表)「北朝鮮による4回目の核実験と金正恩の運命」チョン・ジュジン(仁川大学兼任教授、21世紀戦略研究院企画室長)「離散家族、その断腸のような痛み」
2016.02.05	第41巻第2号(通巻第475号)	36		韓国の社説
2016.02.05	第41巻第2号(通巻第475号)	40		韓日国交50周年記念フォーラム/基調講演 朴炳閏・ハン民族問題研究所所長 在日100年を振り返り(1)「同胞社会埋没か蘇生か〜歴史光複への道〜」
2016.02.05	第41巻第2号(通巻第475号)	46	福田之保	〈特別寄稿〉産経新聞ソウル支局長無罪判決「韓国がやっと良識ある判断を示した」
2016.02.05	第41巻第2号(通巻第475号)	47		〈特別寄稿〉朝鮮・日本民族の源流(序)
2016.02.05	第41巻第2号(通巻第475号)	48	まつだたえこ	たえこ劇場(156) 人間万事塞翁が馬
2016.02.05	第41巻第2号(通巻第475号)	49	曺奎通	在日の詩(168) 〈50音で詠む平和祈念カルタ〉「あ行」
2016.02.05	第41巻第2号(通巻第475号)	50	姜健栄	〈特別寄稿〉メキシコ移民(4)〜メリダのエネケン農場〜

발행일	지면정보		필자	제목
	권호	페이지		
2016.02.05	第41巻第2号(通巻第475号)	54	尹禅弘	〈特別寄稿〉朝鮮半島流出文化財返還運動と慧門像任の文化財愛国人生
2016.02.05	第41巻第2号(通巻第475号)	56		大阪市「イベントピーチ抑止条例」成立
2016.02.05	第41巻第2号(通巻第475号)	58		現代自然絵画展作家会 現代自然絵画展
2016.02.05	第41巻第2号(通巻第475号)	60		全国観光物産見本市 済州島の健康酒「オヨプチョ」も
2016.02.05	第41巻第2号(通巻第475号)	61		韓国民団大阪府八尾支部 2016年同胞交流新春年賀会&カミニツアー
2016.02.05	第41巻第2号(通巻第475号)	62		成人式 韓国民団大阪本部/青年会大阪本部・学生会大阪本部 韓国民団京都本部/青年会京都本部
2016.02.05	第41巻第2号(通巻第475号)	64		KT美術館「現代自然絵画展」より チョン・ジョンヒ作家「春の訪れ」 ムン・ウンシク作家「雲と風と共に生きる」
2016.03.05	第41巻第3号(通巻第475号)	2		釜山文化財団、NPO法人朝鮮通信使現地連絡協議会「朝鮮通信使」を世界遺産に韓日共同申請の調印式(対馬)
2016.03.05	第41巻第3号(通巻第475号)	4		駐大阪韓国文化院、大阪歴史博物館 韓日交流トークイベント こころをつなぐ朝鮮通信使～交流の遺産を未来へ～仲尾宏・京都造形芸術大学客員教授 大沢研一・大阪歴史博物館企画広報課長(学芸員) 片山真理子・元高麗美術館研究員
2016.03.05	第41巻第3号(通巻第475号)	8		大阪歴史博物館、駐大阪韓国文化院 特集展示「辛基秀コレクション 朝鮮通信使と李朝の絵画」
2016.03.05	第41巻第3号(通巻第475号)	11		学校法人瓜生山学園京都造形芸術大学 尹東柱命日追悼会献花式と交流会
2016.03.05	第41巻第3号(通巻第475号)	12		駐大阪大韓民国総領事館 講演会「韓半島情勢と韓日関係」～新たな50年を出発する韓日関係ついて考える～ 崔書勉・国際韓国研究院長、金徳柱・韓国国立外交院教授
2016.03.05	第41巻第3号(通巻第475号)	14		「竹島の日」を考え直す会 第10回「竹島の日」を考え直す集い 講演テーマ「日韓首脳会談後に問われている歴史認識」「竹島の日」がある限り日韓に真の親善はない
2016.03.05	第41巻第3号(通巻第475号)	18		韓国民団大阪本部、大阪韓国教育院 第10回「オリニウリマル イヤギ・カルタ大会」
2016.03.05	第41巻第3号(通巻第475号)	22		駐大阪韓国文化院/世宗学堂 第14回「話してみよう韓国語」大阪大会
2016.03.05	第41巻第3号(通巻第475号)	24		「子供達の心に青い夢を植えたい」詩人・児童文学家の権代子さん 大邱道洞「詩碑の園」建立、「安重根」追悼碑も
2016.03.05	第41巻第3号(通巻第475号)	26		文化遺産国民信託、文化財庁 スペシャル展示会「寄贈遺産物展」(徳寿宮重明殿)
2016.03.05	第41巻第3号(通巻第475号)	28		転地人真の父母様聖誕記念式「神と人類の夢を成す唯一の統一運動」
2016.03.05	第41巻第3号(通巻第475号)	30	大塚正尚	〈特別寄稿〉日韓トンネルの夢(3) 青函、英仏海峡そして日韓トンネルへ

발행일	지면정보		필자	제목
	권호	페이지		
2016.03.05	第41巻第3号(通巻第475号)	32		全南道民会新年会 金容斗会長「統一された祖国を見たいだけです」
2016.03.05	第41巻第3号(通巻第475号)	33		論壇 キム・ヨルス(誠信女子大学国際政治学教授)「金正恩の運命を催促する核ミサイルの挑戦」
2016.03.05	第41巻第3号(通巻第475号)	34		決議文 第10回「竹島の日」を考え直す集い/「竹島の日」撤廃と領土教育是正の要請、軍「慰安婦」問題の真摯な解決の要請
2016.03.05	第41巻第3号(通巻第475号)	36		韓日国交50周年記念フォーラム/基調講演 朴柄閏・ハン民族問題研究所所長 在日100年を振り返り(2)同胞社会埋没か蘇生か～歴史光複への道～
2016.03.05	第41巻第3号(通巻第475号)	42		韓国の社説
2016.03.05	第41巻第3号(通巻第475号)	46	福田之保	〈特別寄稿〉韓国の共産化と従北左派勢力の浸食を憂慮する意見が多くの記事に
2016.03.05	第41巻第3号(通巻第475号)	47	清水自朗	〈特別寄稿〉朝鮮・日本民族の源流(序)
2016.03.05	第41巻第3号(通巻第475号)	48	まつだたえこ	たえこ劇場(157) カゼひいてまんねん
2016.03.05	第41巻第3号(通巻第475号)	49	曹奎通	在日の詩(169) 〈50音で詠む平和祈念カルタ〉「か行」
2016.03.05	第41巻第3号(通巻第475号)	50	姜健栄	〈特別寄稿〉ハワイ移民の歴史(1) ハワイ移民(2)～ハワイより米州への移住とコリアタウン～
2016.03.05	第41巻第3号(通巻第475号)	54		〈特別寄稿〉宗教法人仏国山宝清寺 重創落成法要ならびに五尊点眼入仏式
2016.03.05	第41巻第3号(通巻第475号)	56		大阪韓商(化工・建設不動産・情報)合同部会 経済講演会/金明弘(株)成学社代表取締役「在日コリアンの経済活動の歴史と株式上場の意義」～大阪韓国商工会議所とJCIの歩みに寄せて～
2016.03.05	第41巻第3号(通巻第475号)	58		近畿経友納税連合会 税務研修会/大阪国税局課税第1部・坂宣利次長「大阪国税局における確定申告の今後の方向性について」
2016.03.05	第41巻第3号(通巻第475号)	59		金剛学園高等学校 第54回卒業式
2016.03.05	第41巻第3号(通巻第475号)	60		韓国民団大阪府八尾支部 「鬼は外、福は内」1年の厄払いと招福節分イベント
2016.03.05	第41巻第3号(通巻第475号)	61		八尾オリニバン/ハナ集いの家ムグンファ 旧正月セベインサ
2016.03.05	第41巻第3号(通巻第475号)	62		ウリ伝統文化協会 タブルム満月茶会
2016.03.05	第41巻第3号(通巻第475号)	64		KT美術館 「現代自然絵画展」より イ・インキョン作家「蕎麦の花薫る」
2016.04.05	第41巻第4号(通巻第476号)	2		巻頭言 本誌主筆 李東植「春がきました!」
2016.04.05	第41巻第4号(通巻第476号)	4	申鳳吉	巻頭スペシャル 北韓核と韓半島〈北韓の長距離ミサイル発射に対する大韓民国政府声明〉
2016.04.05	第41巻第4号(通巻第476号)	6		Specil Interview 720万在外同胞を統括する 在外同胞財団 曺圭宝理事長 韓日善隣の牽引車/創団70周年の「民団」に大きな期待(72回関西水彩画展公募展/劉光相・水墨画家が一般部門最高賞「サクラクレヨン賞」を受章)

발행일	지면정보		필자	제목
	권호	페이지		
2016.04.05	第41巻第4号(通巻第476号)	10		故金熙秀氏4周忌追悼式　竣工控えた「秀林アートセンター」安全祈願祭
2016.04.05	第41巻第4号(通巻第476号)	12		韓国・啓明大学校　在日韓国奨学会・徐竜達名誉会長に名誉法学博士号授与「定住外国人のほうテク地位向上に貢献」
2016.04.05	第41巻第4号(通巻第476号)	15		秋田・仙北市/姫観音像前、田沢寺本堂　水力発電所工事で犠牲　張先人無縁仏を供養
2016.04.05	第41巻第4号(通巻第476号)	16		青年会大阪府本部　第38回定期地方大会/結成40周年記念祝祭　第21代会長に玄英由副会長(第18代会長)先任
2016.04.05	第41巻第4号(通巻第476号)	18		韓国民団大阪本部、大阪韓国教育院　「第5回中学生ウリマル　イヤギ・クイズ大会」
2016.04.05	第41巻第4号(通巻第476号)	22		Topic　人口知能が人間を超えたグーグル「アルファX ゴ囲碁」vs「創意囲碁高段者/李セドル」1：4で人間が完敗
2016.04.05	第41巻第4号(通巻第476号)	24		MOVIE　在日文芸倶楽部「アリラン友の会」伝説の名画「アリラン」のリメーク版　「アリラン2003」を全国各地で上映
2016.04.05	第41巻第4号(通巻第476号)	28		3.8国際女性デー・世界女性平和グループ(IWPG)　平和キャンペーン「平和の花が咲きました」
2016.04.05	第41巻第4号(通巻第476号)	29		(社)天の文化世界平和光複(HWPL)ね、HWPL国際法制定平和委員会「地球村戦争終息平和宣言文」公表式
2016.04.05	第41巻第4号(通巻第476号)	30	大塚正尚	〈特別寄稿〉『日韓トンネル夢』(4)新幹線の夢の実現から日韓トンネルへ
2016.04.05	第41巻第4号(通巻第476号)	32	仕田原猛	新シリーズ『韓国語で解いた植物和名の語源』(3)
2016.04.05	第41巻第4号(通巻第476号)	36		論壇　朴仁輝(梨花女子大国際学部教授)　北朝鮮の平和協定攻勢の実体と非核化の重要性
2016.04.05	第41巻第4号(通巻第476号)	37	清水白朗	〈特別寄稿〉朝鮮・日本民族の源流No.3
2016.04.05	第41巻第4号(通巻第476号)	38	福田之保	〈特別寄稿〉韓国は日本にとって最も大切な国との信念で40年の風雪を歩んだ血と汗と涙の草の根運動
2016.04.05	第41巻第4号(通巻第476号)	40		韓日国交50周年記念フォーラム基調講演/朴炳閏・ハン民族問題研究所所長　在日100年を振り返り(3)　同胞社会埋没か蘇生か〜歴史光複への道〜
2016.04.05	第41巻第4号(通巻第476号)	44		韓国民団京都本部「第97周年3.1節記念式典」
2016.04.05	第41巻第4号(通巻第476号)	46	姜健栄	〈特別寄稿〉写真花嫁(2)〜米州への移民〜
2016.04.05	第41巻第4号(通巻第476号)	48	まつだたえこ	たえこ劇場(158)　文化と芸術の花開く
2016.04.05	第41巻第4号(通巻第476号)	49	曺奎通	在日の詩(170)　〈50音で詠む平和祈念カルタ〉「さ行」
2016.04.05	第41巻第4号(通巻第476号)	50	姜健栄	〈特別寄稿〉写真花嫁(2)〜ハワイでの移民生活〜
2016.04.05	第41巻第4号(通巻第476号)	54	茂松性典	〈特別寄稿〉文化・学術・市民交流を促進する日朝友好京都ネット第8回総会・新春の集い「日本軍『慰安婦』問題の虚実」講演会

발행일	지면정보		필자	제목
	권호	페이지		
2016.04.05	第41巻第4号(通巻第476号)	56		韓国民団大阪本部　第62回定期地方委員会
2016.04.05	第41巻第4号(通巻第476号)	57		韓国民団京都本部　第65回定期地方委員会
2016.04.05	第41巻第4号(通巻第476号)	58		公益財団法人韓昌祐・哲文化財団　2015年度助成証書授与式
2016.04.05	第41巻第4号(通巻第476号)	59		卒業式　金剛学園小・中学校
2016.04.05	第41巻第4号(通巻第476号)	60		ドラマ　視聴率30％台を記録 KBS開局特集16部作「太陽の後裔」「軍服を着た軍人もセクシーなら、ガウンを着た女医もまたセクシーだ」
2016.04.05	第41巻第4号(通巻第476号)	62	城川泰子　金忠炫	韓国の景勝(Ⅰ)　束草の観光スポット/雪嶽山、束草海水浴場、アバイマウル
2016.04.05	第41巻第4号(通巻第476号)	64		KT美術館　PHOTO/鹿山路(済州道西帰浦市)
2016.05.05	第41巻第5号(通巻第477号)	2	李東植	巻頭言「改めて書く手紙」
2016.05.05	第41巻第5号(通巻第477号)	4		世宗研究所・韓国国際交流財団　2016年関西地域日韓関係シンポジウム「北朝鮮情勢と日韓関係の展望」
2016.05.05	第41巻第5号(通巻第477号)	10		INTERVIEW　初代統一部長官　康仁徳・北韓大学院教授「北核と韓半島」
2016.05.05	第41巻第5号(通巻第477号)	12		ZOOM UP　国際韓国研究院　崔書勉院長「相互理解、歩み寄り、寛容こそが韓日問題の解決への鍵」
2016.05.05	第41巻第5号(通巻第477号)	14		民主平統諮問会議　日本地域会議近畿協議会「統一講演会」柳浩烈首席副議長「韓半島の非核化と統一時代、在日同胞の力で!」
2016.05.05	第41巻第5号(通巻第477号)	15		大阪韓国商工会議所　歴史探訪「渡来人の第二のふるさと」河内飛鳥　南河内/一須賀古墳群(近つ飛鳥風土記の丘
2016.05.05	第41巻第5号(通巻第477号)	16		日本軍「慰安婦」問題・関西ネットワーク、日本軍「慰安婦」問題解決行動/集会　被害者不在の日韓「合意」は解決ではない～日本政府は国連勧告を受け入れ、被害者の人権回復を!～
2016.05.05	第41巻第5号(通巻第477号)	18		金剛学園　2016年度小・中・高等学校入学式
2016.05.05	第41巻第5号(通巻第477号)	20		被害甚大「熊本地震」　玄界灘越え韓国から「友情」の誠金・支援物資が被災地へ続々
2016.05.05	第41巻第5号(通巻第477号)	21		BOOK　韓国・朝鮮文化財の被害状況に関する貴重な資料集「韓国の失われた文化財」～増補　日帝期文化財被害状況～
2016.05.05	第41巻第5号(通巻第477号)	22		婦人会大阪本部　第28回定期地方委員会/2016年度活動方針・収支予算案を承認・可決
2016.05.05	第41巻第5号(通巻第477号)	23		婦人会京都本部　第28回定期地方委員会・第41期臨時地方大会　新会長に金和子副会長を選出
2016.05.05	第41巻第5号(通巻第477号)	24		大阪韓国青年商工会　第28期定期総会　新会長に金洋平氏(常務副会長)を選出
2016.05.05	第41巻第5号(通巻第477号)	26		韓国書芸新聞　日本大阪展「韓国画、仏画」
2016.05.05	第41巻第5号(通巻第477号)	30	大塚正尚	〈特別寄稿〉『日韓トンネル夢』(5)「夢のリニア新幹線と日韓トンネル」

발행일	지면정보		필자	제목
	권호	페이지		
2016.05.05	第41巻第5号(通巻第477号)	32	仕田原猛	新シリーズ『韓国語で解いた植物和名の語源』(4)
2016.05.05	第41巻第5号(通巻第477号)	36	キム・ヨルス	論壇　金　三代世襲の末路
2016.05.05	第41巻第5号(通巻第477号)	37	清水白朗	〈特別寄稿〉朝鮮・日本民族の源流No.4
2016.05.05	第41巻第5号(通巻第477号)	38		韓日国交50周年記念フォーラム　基調講演/朴炳閏・ハン民族問題研究所所長　在日100年を振り返り(4)同胞社会埋没か蘇生か~歴史光複への道~
2016.05.05	第41巻第5号(通巻第477号)	42	福田之保	〈特別寄稿〉緊急提言(講演録)『日韓両国の今後の行くべき道・一考察』
2016.05.05	第41巻第5号(通巻第477号)	44	姜健栄	〈特別寄稿〉ハワイ移民史(3)~サトウキビ畑から洗濯屋・大工・修理屋へ~
2016.05.05	第41巻第5号(通巻第477号)	47		日本軍「慰安婦」問題・関西ネットワーク、日本軍「慰安婦」問題解決行動/集会-被害者不在の日韓「合意」は解決ではない-日本政府は国連勧告を受け入れ、被害者の人権回復を!~
2016.05.05	第41巻第5号(通巻第477号)	48	まつだたえこ	たえこ劇場(159)　今回はシリアスです
2016.05.05	第41巻第5号(通巻第477号)	49	曺奎通	在日の詩(171)　〈50音で詠む平和祈念カルタ〉「た行」
2016.05.05	第41巻第5号(通巻第477号)	50	姜健栄	〈特別寄稿〉ハワイ移民史(2)~2世たちの教育問題と教育熱~
2016.05.05	第41巻第5号(通巻第477号)	53		金剛学園　2016年「第3回金剛フォーチューンプロジェクト」広井孝仏・小惑星探査機はやぶさ科学チーム研究員が講演
2016.05.05	第41巻第5号(通巻第477号)	54	尹禅弘	〈特別寄稿〉大韓仏教元暁宗総本山金水寺護国道場茶礼大祭
2016.05.05	第41巻第5号(通巻第477号)	56		韓国民団大阪府八尾支部　同胞、地域住民が参加し同胞・地域交流野遊祭
2016.05.05	第41巻第5号(通巻第477号)	58		大阪韓国文化院/韓国観光公社・済州特別自治道 JEJU 済州~空と海が愛した島~写真展
2016.05.05	第41巻第5号(通巻第477号)	62	城川泰子金忠炫	韓国の景勝(2)　襄陽の韓国スポット/夢を叶える洛山寺
2016.05.05	第41巻第5号(通巻第477号)	64		KT美術館　ヤン・ジョンファン氏作「韓国の松」(日本大阪展「韓国画、仏画」より)
2016.06.05	第41巻第6号(通巻第478号)	2		韓国国立中央博物館/東京国立博物館　1400年の歳月、国境を越えて向かい合う真実、韓日友好の象徴日韓国宝「半跏思惟像」展示会　韓国国宝78号「新羅半跏思惟像」と「中宮寺門跡　半跏思惟像」の出会い
2016.06.05	第41巻第6号(通巻第478号)	4		在日韓国民団/在日同胞財団　創立70周年　母国巡回写真展「在日同胞110年と民団創立70年の歩み」
2016.06.05	第41巻第6号(通巻第478号)	6		秀林文化財団　教育文化強国の殿堂「金熙秀記念秀林アートセンター」ソウル洪陵に開館
2016.06.05	第41巻第6号(通巻第478号)	12		INTERVIEW　柳明桓・元外交通商部長官に聞く「一衣帯水」の韓日関係、相互理解の牽引力となるのは何か、暗礁に乗り上げた船の航路宗正するものを探せ。

발행일	지면정보		필자	제목
	권호	페이지		
2016.06.05	第41巻第6号(通巻第478号)	14		韓国民団大阪府八尾支部 2016年度「韓日和合の研修会」慶尚北道、ソウル
2016.06.05	第41巻第6号(通巻第478号)	16		韓国仏教文化芸術人協会/駐大阪韓国文化院 韓・日国交正常化51周年記念 2016「円く明るい光--一沙門東惺禅墨画展」
2016.06.05	第41巻第6号(通巻第478号)	18		民団・親族会・済州道民会から300人参加 金容海ソンセンニンを偲ぶ会
2016.06.05	第41巻第6号(通巻第478号)	19		浅の博司さん・内田節子さんを偲ぶつどい 呂英華韓国伝統芸術院/「氏銭舞」「一面太鼓」を披露、追悼し弔う
2016.06.05	第41巻第6号(通巻第478号)	20	姜健栄	〈特別寄稿〉敬天寺十層石塔と園覚寺十層石塔
2016.06.05	第41巻第6号(通巻第478号)	23		「京都・世界のお茶と文化を奏でる」実行委員会 「お茶がつなぐ和」日中韓文化交流茶会
2016.06.05	第41巻第6号(通巻第478号)	24		学校法人金剛学園 創立70周年記念式典
2016.06.05	第41巻第6号(通巻第478号)	26		2016年年次総会 京都日韓親善協会/草の根日韓交流の推進を
2016.06.05	第41巻第6号(通巻第478号)	28		跆拳道 ブルース・リーが編み出した格闘の哲学
2016.06.05	第41巻第6号(通巻第478号)	30	大塚正尚	〈特別寄稿〉『日韓トンネル夢』(6)「リニア新新幹線大阪開業と日韓トンネル」
2016.06.05	第41巻第6号(通巻第478号)	32	仕田原猛	新シリーズ『韓国語で解いた植物和名の語源』(5)
2016.06.05	第41巻第6号(通巻第478号)	36	金東植	新木権憲作(1) 瀬越憲作が懐かしい理由
2016.06.05	第41巻第6号(通巻第478号)	38		論壇 キム・ヨルス(誠信吉大学国際政治学教授) 北朝鮮党大会、あっけなく終わった華麗な設計図 チョン・ジュジン(仁川大学兼任教授21世紀戦略研究院・企画室長) 離散家族は普遍的人権の問題だ
2016.06.05	第41巻第6号(通巻第478号)	40		韓日国交50周年記念フォーラム 基調講演/朴炳閏・ハン民族問題研究所所長 在日100年を振り返り(5) 同胞社会埋没か蘇生か～歴史光複への道～
2016.06.05	第41巻第6号(通巻第478号)	44		2016年度定期・臨時総会 在日本大韓体育会関西本部 在日本大韓テコンド協会
2016.06.05	第41巻第6号(通巻第478号)	46		韓国民団八尾支部 朴清団長ら新役員、八尾市長を表敬訪問し懇談
2016.06.05	第41巻第6号(通巻第478号)	47		「ヘイト対策法案」が成立 呉公太・民団中央本部団長が談話
2016.06.05	第41巻第6号(通巻第478号)	48	まつだたえこ	たえこ劇場(160) マゴにゴマする
2016.06.05	第41巻第6号(通巻第478号)	49	曹奎通	在日の詩(172) 〈50音で詠む平和祈念カルタ〉「な行」
2016.06.05	第41巻第6号(通巻第478号)	50		どんとん掘クロッキー研究所、韓国国際ヌードドローイングアートフェア 日韓美術交流展2016
2016.06.05	第41巻第6号(通巻第478号)	52		大阪平野区/赤留比売命神社～平野商店街一帯 「あかる姫まつり」パレード
2016.06.05	第41巻第6号(通巻第478号)	53		枚方・百済フェステ実行委/大阪ワッソ文化交流協会 枚方・百済フェスティバル

발행일	지면정보		필자	제목
	권호	페이지		
2016.06.05	第41巻第6号(通巻第478号)	54	盧治煥	在日慶南道道民会 郷土植樹の会
2016.06.05	第41巻第6号(通巻第478号)	60		NPO法人関西アジア人協会 第15回チャリティアジア歌謡祭～音楽で守ろう世界の子どもの命と未来!～
2016.06.05	第41巻第6号(通巻第478号)	62	城川泰子 金忠炫	韓国の景勝(3) 麗水の観光スポット/向日庵と海上ケーブルカー
2016.06.05	第41巻第6号(通巻第478号)	64		KT美術館 日伊修好通商条約締結150周年記念 イタリア最高芸術勲章受章 安藤秀子リンドホルム氏作「フォルテシモⅡ」
2016.07.05	第41巻第7号(通巻第479号)	2		統合韓商連 「統合一般社団法人韓日韓国商工会議所出帆総会」金光一代理事会長、朴義淳代理事の共同代表制でスタート
2016.07.05	第41巻第7号(通巻第479号)	4		駐大阪韓国文化院/大阪府立峡山池博物館 トークイベント 水がつなぐ韓日文化交流 大阪の峡山池と百済の碧骨堤～その歴史と食文化～
2016.07.05	第41巻第7号(通巻第479号)	6		「竹島の日」を考え直す会/慶尚南道独島財団 第11回「竹島の日」を考え直す集い 講演テーマ「独島=竹島の領有権に関する確かな歴史に意識」
2016.07.05	第41巻第7号(通巻第479号)	8		実行委員会/駐大阪韓国総領事館韓国文化院、国外所在文化財団/秀林文化財団 朝鮮半島由来の文化祭を考える関西国際ワークショップ～関西にある朝鮮半島由来の文化財を知る・学ぶ～
2016.07.05	第41巻第7号(通巻第479号)	14	尹禅弘	〈特別寄稿〉熊本地震犠牲者四十九日慰霊祭ならびに復興祈願法要
2016.07.05	第41巻第7号(通巻第479号)	16		あすか信用組合 第50期通常総代会/7議案を原案通り議決
2016.07.05	第41巻第7号(通巻第479号)	17		「母」の偉大さ偲ぶ張聖悟さんが公表 朝鮮王朝時代の軍旗6振り、350年間保管し寄贈
2016.07.05	第41巻第7号(通巻第479号)	18		学校法人白頭学院 建国学校 創立70周年記念式典&祝賀会
2016.07.05	第41巻第7号(通巻第479号)	20		近畿専業信用組合 第63期通常総代会 実質業務純益、当期純利益とも過去最高益を更新
2016.07.05	第41巻第7号(通巻第479号)	22		(社)大韓民国公共時術協会/駐大阪大韓民国総領事館韓国文化院 2016韓・日新術交流展「新たなる50年い向けて」
2016.07.05	第41巻第7号(通巻第479号)	24		JCI韓国大阪青年会議所、ソウル青年会議所 第44回韓国語弁論大会/弁論テーマ「LOVE&PEACE」3部門で18人が熱弁
2016.07.05	第41巻第7号(通巻第479号)	26		韓国民団大阪本部 伝統ノリアンマデン「民団大阪ユンノリ大会」
2016.07.05	第41巻第7号(通巻第479号)	28		NPO法人国際友好促進会 第10回「国際友好芸能公演」～国際色豊かに舞踊や歌のパレード～
2016.07.05	第41巻第7号(通巻第479号)	30	大塚正尚	〈特別寄稿〉『日韓トンネル夢』(7)「リニア新幹線の九州への延伸-山陰ルート案」

発行日	지면정보 권호	페이지	필자	제목
2016.07.05	第41巻第7号(通巻第479号)	32	仕田原猛	新シリーズ『韓国語で解いた植物和名の語源』(6)
2016.07.05	第41巻第7号(通巻第479号)	36		大阪韓国商工会議所　第63期(2016年度)定期総会/新会長に洪致原筆頭副会長を選任
2016.07.05	第41巻第7号(通巻第479号)	38		一般社団本陣在日韓国商工会議所　兵庫　第52期定期総会/新会長に幸輝浩副会長を選出
2016.07.05	第41巻第7号(通巻第479号)	40	福田之保	〈特別寄稿〉歴史的名講演　駐日大韓民国特命全権大使　金永善閣下演頭「日韓のあるべき姿」
2016.07.05	第41巻第7号(通巻第479号)	46		大阪韓国青商青友会　第18期総会・懇親会/新会長に李永浩副会長を選任
2016.07.05	第41巻第7号(通巻第479号)	47		論壇 キム・ヨルス(誠信女子大学国際政治学教授)「北朝鮮がテロ支援国家に再指定されなければならない理由」
2016.07.05	第41巻第7号(通巻第479号)	48	まつだたえこ	たえこ劇場(161) 6月のマフラー
2016.07.05	第41巻第7号(通巻第479号)	49	曺奎通	在日の詩(173) 〈50音で詠む平和祈念カルタ〉「は行」
2016.07.05	第41巻第7号(通巻第479号)	50	姜健栄	〈特別寄稿〉ハワイ移民史(10)/インタビューとハワ移民物語
2016.07.05	第41巻第7号(通巻第479号)	53		NPO法人もみじ 「世界の料理教室」申雅子・高麗茶道苑院長が「韓国料理～キムチ作り～」伝授
2016.07.05	第41巻第7号(通巻第479号)	54	尹禅弘	〈特別寄稿〉第13回NPO法人観音ボランティア会「敬老慰安・春まつり歌謡ショー」
2016.07.05	第41巻第7号(通巻第479号)	56		韓国民団京都本部/在外同胞財団/駐大阪大韓民国総領事館　同胞交流ハンマダン
2016.07.05	第41巻第7号(通巻第479号)	59		「具滋妍ソプラノ・リサイタル」薫風、爽やか涼風、時には情熱的に癒しのソプラノ
2016.07.05	第41巻第7号(通巻第479号)	60		韓国農林畜産食品部/韓国外交部/全羅北道/韓国放送公社(KBS)/駐大阪韓国文化院　韓国料理コンテスト「グローバル韓国の味」日本予選
2016.07.05	第41巻第7号(通巻第479号)	62	城川泰子金忠炫	韓国の景勝(4) 麗水の観光スポット/コバルトブルーの海にそびえ立つ伝説の島々「魔法の城」白島
2016.07.05	第41巻第7号(通巻第479号)	64		KT美術館　2016韓・日新美術交流展「新たなる50年に向けて」(6月10日～25日、　大阪韓国文化院ミリネギャラリー)張安淳氏作「因録」
2016.08.05	第41巻第8号(通巻第480号)	2		「独立運動家・趙素昻先生の記念館」開館 韓国三均学会海外理事　徐竜達・桃山学院大学名誉教授「趙素昻が創案した『三均主義』の現代的意義」
2016.08.05	第41巻第8号(通巻第480号)	8		駐大阪大韓民国総領事館/国家報勲処　6.25参戦有功者「護国英雄記章」伝授式
2016.08.05	第41巻第8号(通巻第480号)	10		在日本大韓民国婦人会中央本部 在日女性位置向上セミナー　2016年度全国婦人会大研修会 女性統一講演会～民主平和統一諮問会議 日本女性分科委員会～
2016.08.05	第41巻第8号(通巻第480号)	12		韓国民団大阪府豊能支部　支部活性化事業の一環 雨森芳洲ゆかりの地を訪ねる日帰りバルツアー

발행일	지면정보		필자	제목
	권호	페이지		
2016.08.05	第41巻第8号(通巻第480号)	14		駐大阪大韓民国総領事館・韓国民団大阪府地方本部 在外同胞社会とのパートナーシップ行事～在日同胞 社会の未来構想～金容雲・漢陽大学校名誉教授が講 演「韓日の文化と在日の可能性」
2016.08.05	第41巻第8号(通巻第480号)	16	姜健栄	〈特別寄稿〉京都大徳寺の朝鮮半島由来文化財と正祐 寺鐘
2016.08.05	第41巻第8号(通巻第480号)	20		WFWP大阪 2016年女子留学生日本語弁論大会「大阪 大会」優勝者5名が近畿地区予選会に出場
2016.08.05	第41巻第8号(通巻第480号)	22		駐大阪韓国文化院・韓国芸術綜合学校 観客参加型コ ミュケーションの場〈天然堂 写真館〉アートプロ ジェクト大阪展
2016.08.05	第41巻第8号(通巻第480号)	26		在日韓国奨学会(KSA)公開講演会 徐竜達・桃山学院 大学名誉教授(「韓奨」名誉会長)が講演「在日韓国奨 学会の歴史と韓日関係の史的考察」
2016.08.05	第41巻第8号(通巻第480号)	27		在日韓国人信用組合協会/第65回通常総会・創立60周 年祝賀会 極限状況でのサバイバル マイナス金り政 策への対応を図る
2016.08.05	第41巻第8号(通巻第480号)	28		NPO法人国美術家協会 第40回国美芸術展特別選抜
2016.08.05	第41巻第8号(通巻第480号)	30	大塚正尚	〈特別寄稿〉『日韓トンネル夢』(8)「リニア新幹線の九 州への延伸―山陰ルート案」
2016.08.05	第41巻第8号(通巻第480号)	38		論壇 キム・ゴンジン(国家安保戦略研究員千人研究 員)「絶望的な金正恩体制から逃れる方法」
2016.08.05	第41巻第8号(通巻第480号)	40	仕田原猛	新シリーズ『韓国語で解いた植物和名の語源』(7)
2016.08.05	第41巻第8号(通巻第480号)	44		韓国の社説
2016.08.05	第41巻第8号(通巻第480号)	46	清水自朗	〈特別寄稿〉朝鮮・日本民族の源流No.5
2016.08.05	第41巻第8号(通巻第480号)	47		BOOK 北朝鮮在住の作家が命がけで書いた金王朝の 欺瞞と庶民の悲哀「告発」(バンジ著、萩原遼訳)
2016.08.05	第41巻第8号(通巻第480号)	48	まつだた えこ	たえこ劇場(161) 落し物はなんですか
2016.08.05	第41巻第8号(通巻第480号)	49	曺奎通	在日の詩(173) 〈50音で詠む平和祈念カルタ〉「ま行」
2016.08.05	第41巻第8号(通巻第480号)	50	姜健栄	〈特別寄稿〉ハワイのキリスト教会と韓人移民史
2016.08.05	第41巻第8号(通巻第480号)	54	尹禅弘	〈特別寄稿〉韓国仏教名刹巡礼6 釜山・金井山 大韓仏 教曹渓宗金井山梵魚寺
2016.08.05	第41巻第8号(通巻第480号)	58	尹道心	〈特別寄稿〉進茶儀礼と四頭茶会の比較
2016.08.05	第41巻第8号(通巻第480号)	60		韓国民団大阪八尾支部 地域交流納涼祭り(ビアパー ティー)
2016.08.05	第41巻第8号(通巻第480号)	62	城川泰子	レポート/マーシャル 共和国 太平洋諸島の光と影 その1、消えた慰霊碑
2016.08.05	第41巻第8号(通巻第480号)	64		KT美術館/PHOTO 天神祭ギャルみこし巡行(7月23 日、天神橋筋商店街)

RAIK통신

1 서지적 정보

『RAIK통신』은 재일대한기독교회(KCCJ)의 재일한국인문제연구소(Research-Action Institute for the Koreans in Japan)에서 격월로 발행한 재일한국·조선인문제를 다룬 연구서이자 정보지이다. 재일한국인문제연구소(RAIK)는 재일대한기독교회의 부속 연구소로 1974년 2월에 설립되었다. 재일한국인문제연구소 창설 40주년을 맞이한『RAIK통신』140호 는「RAIK창립 40년」특집호로 꾸며졌는데, 특집호에서 사토 노부유키(佐藤信行, 현 RAIK 소장)는 연구소의 창립 배경을 다음과 같이 소개하고 있다.「조국 분단의 장기화, 재일 코리안 사회에서 1세에서 2세로의 세대교체, 그리고 전후 수십 년이 지나도 일본의 역 사책임은 불문인 상태이고, 재일코리안에 대한 제도적·사회적 차별도 조금도 시정되지 않는 상황」속에서「이러한 폐색(閉塞)한 상황을 타파하기 위해, 박종석(朴鐘碩)의 취직 차별에 대한 철폐운동을 효시로 하여, 재일2세 청년들을 중심으로 하는 지역운동, 민족 차별 철폐운동이 각지에서」일어났다고 한다. 그런데 이러한 운동은 지금까지 재일코리 안이 조직한 정치운동과는 다른 새로운 스타일과 새로운 질의 사회운동이자 문화운동 이며 이러한 배경 속에서 재일한국인문제연구소가 설립되었다는 것이다(「재일한국인 문제연구소(RAIK)창설로부터 40년」140호, 2014.2).

이와 같이 설립된 재일한국인문제연구소의 주된 활동으로는 1.자료센터로서의 활동, 2.출판센터로서의 활동, 3.운동센터로서의 활동, 4.외국인 피해자를 위한 지원활동 등이 었다. 그 중에서 두 번째 출판센터로서의 활동의 일환으로 재일코리안과 이주노동자, 이주자, 난민의 인권에 관한 최신 정보와 논문을 정리한『RAIK통신』을 발행하였다. 1988년 7월에 창간호를 발행하여 현재까지 이어지고 있는『RAIK통신』은 일본 국내뿐 만 아니라 해외의 교회나 인권NGO로도 발송되어, 재일코리안이 직면한 여러 문제들을

호소하고 있다.

주요 집필진을 살펴보면 KCCJ가와사키교회 목사 김성제(金性済, 현 재일한국인문제연구소의 이사이자 KCCJ나고야교회 목사), 민족차별과 싸우는 가나가와 협력의회 김수일(金秀一), 주식회사 고가샤(香科舍) 대표 신숙옥(辛淑玉), 후쿠오카현립대학 교원이자 RAIK국제인권부회 오카모토 마사타카(岡本雅享), 재일코리안 인권협회·효고 소속 나카하라 료지(仲原良二)를 볼 수 있다. 이와 같은 집필진에 의해『RAIK통신』은 주로 재일코리안의 지문날인, 재류권, 교육문제, 취업문제 등에 관한 내용으로 채워져 왔는데, 2002년 4월 발행된 72호부터는 작가 이소가이 지로(磯貝治良)가 재일코리안 문학에 관한 글을 투고하고 있는 점도 특기할만하다. 또한 동일본대지진 발생 직후 발행된 124호(2011.4)는 「2011년, 가혹한 현실」특집으로 재해지역의 외국 국적 주민들에 대한 지원을 촉구하는 내용으로 채워져 있는데, 이와 같은 외국 국적의 주민들에 대한 관심은 이후에도『RAIK통신』을 통해 계속해서 발신된다. 앞서 언급한 「재일한국인문제연구소(RAIK)창설로부터 40년」에서 사토 노부유키는 앞으로 RAIK는 재일코리안의 인권을 포함해 이주노동자·국제결혼 이주자 등 다른 마이너리티와의 교류를 통해「일본과 아시아의 마이너리티」연구소로의 전환이 필요하다고 역설하고 있는데, 이 때 그 전환의 중요한 매체로서『RAIK통신』의 중요성은 더욱 높아지고 있다고 볼 수 있다.

2 목차

발행일	지면정보		필자	제목
	권호	페이지		
1986.09.30	創刊号	1	李節子	「看護とは共に泣き、共に喜ぶ行為」
1998.07.01	55号	2		規約国際人権〈自由権〉日本政府報告書に異議あり!
1998.07.01	55号	4		〈在日韓国朝鮮人のカウンターセポート〉日本における韓国朝鮮人
1998.07.01	55号	8		〈在日韓国朝鮮人のカウンターセポート〉規約と国内法の関係
1998.07.01	55号	9		〈在日韓国朝鮮人のカウンターセポート〉人権擁護機関の機能
1998.07.01	55号	11		〈在日韓国朝鮮人のカウンターセポート〉日本における外国人の権利
1998.07.01	55号	14		〈在日韓国朝鮮人のカウンターセポート〉在日韓朝鮮人の戦後補償

발행일	지면정보		필자	제목
	권호	페이지		
1998.07.01	55号	15		〈在日韓国朝鮮人のカウンターセポート〉外国人登録法
1998.07.01	55号	17		〈在日韓国朝鮮人のカウンターセポート〉地方公務員採用
1998.07.01	55号	19		〈在日韓国朝鮮人のカウンターセポート〉高齢年金・障害者年金
1998.07.01	55号	20		〈在日韓国朝鮮人のカウンターセポート〉日本へ帰る権利
1998.07.01	55号	22		〈在日韓国朝鮮人のカウンターセポート〉外国人排斥扇動への対処
1998.07.01	55号	23		〈在日韓国朝鮮人のカウンターセポート〉民族的少数者の権利
1999.01.15	57号	2	岡本雅享	〈特集〉外登法も入管法も自由権規約違反!規約人権委員会の建国を読む −自由規約に抵触する在日韓国・朝鮮人に関する国内法・施策-
1999.01.15	57号	3		日本政府第3回報告書審議後の規約人権委員会による《意見》
1999.01.15	57号	4		日本政府第4回報告書審議後の規約人権委員会による《最終見解》
1999.01.15	57号	20		1999年1・15集会宣言「共生社会からの招き」
1999.01.15	57号	22	犬養光博	「キムガキムとして」を読んで
1999.03.15	58号	2		〈特集〉外登法「改定案」に異議あり! 外登法「改定案」を批判する
1999.03.15	58号	10		92年国会決議と98年国連規約人権委会勧告を無視した外登法「改定案」に反対する在日外国人と日本人の共同声明
1999.03.15	58号	12		永住-「資格」から「権利」へ 1999年外国人登録法改正に際して訴える!
1999.03.15	58号	14		〈資料〉1992年外登法「改定」に対する国会附帯決議
1999.03.15	58号	15		ドキュメント 自由権規約と外登法
1999.07.01	59号	2		〈特集〉在日外国人の権利保障を確立せよ
1999.07.01	59号	3		〈特集〉外登法「改定案」参議院可決に対する抗議声明
1999.07.01	59号	4		外国法は抜本的に改訂されなければならない 外当方に異議在り! 緊急行動
1999.07.01	59号	5		質問案と解説
1999.07.01	59号	17		問題だらけの入管法改定-参議院の審議で明らかになったこと-移住労働者と連帯する全国ネットワーク
1999.07.01	59号	23		国際カップルによる入管法改定案声明「人管法&外登法改定案に異議あり! 院内集会」(1999年6月21日)参加 国際家族一同
1999.08.15	60号	2		〈特集〉「共生」を阻むもの 外登法「改定案」の可決・成立に対する共同声明
1999.08.15	60号	4		いま、「自由主義史観」批判(第4回梶村秀樹記念講座から)
1999.08.15	60号	4	新納豊	序ー梶村史学から現代を問う
1999.08.15	60号	6	藤永壮	日本型歴史修正主義の論理とその歴史的脈略
1999.08.15	60号	10	円谷洋介	教育現場ではー
1999.08.15	60号	14	大石文雄	地域ではー、そして地域から

발행일	지면정보		필자	제목
	권호	페이지		
1999.08.15	60号	19	梁澄子	「慰安婦」被害者から学んだこと
1999.10.15	61号	2	崔善愛	〈特集〉99年外登法:「在日」からの証言 参議院法務委員会(1999年4月20日)参考人証言 私にとって「自分の国」とは
1999.10.15	61号	7	朴容福	参議院法務委員会(1999年4月20日)参考人証言 在日四世・五世の子どもたちのために
1999.10.15	61号	11	辛淑玉	参議院法務委員会(1999年4月20日)参考人証言 民族名ー国籍ー民族差別から
1999.10.15	61号	17		「99年外登法」国会ロビイングの記録
2000.02.15	62号	2		〈特集〉「在日」2000年の課題 在日大韓基督教会の社会的責任に関する態度表明・1999
2000.02.15	62号	4	岡本雅享	国際人権法と永住権者の居住国に帰る権利 -自由権規約第12条4項の解釈について-
2000.02.15	62号	17	仲原良二	永住権外国人参政権法案の上程をめぐって
2000.02.15	62号	19		「朝鮮籍排除」「選挙権のみ」の与党案にNO!
2000.05.15	63号	2		〈特集〉「排斥」か「共生」か 石原慎太郎・東京都知事の民族差別発言に抗議して辞職を求める共同声明
2000.05.15	63号	3		「石原差別発言」とは何か
2000.05.15	63号	10		定住外国人の完全なる地方参政権を求める在日同胞共同声明
2000.05.15	63号	12		在日韓国・朝鮮人をはじめ外国籍住民の地方参政権を求める日本人共同声明
2000.05.15	63号	14	鄭香均	〈在日からの発言〉義務としての参政権
2000.05.15	63号	15	金静伊	南と北の両方が「朝鮮」
2000.05.15	63号	16	黄光男	日本とコリアの両方が
2000.05.15	63号	18		改定外登法と自治体 -全国166自治体に対する実態調査から-
2000.05.15	63号	27		〈書評〉国際人権NGOネットワーク・編『ウォッチ! 規約人権委員会-どこがずれてる? 人権の国際規準と日本の状況』
2000.11.01	65号	2	金性済	〈特集〉国家主義・排外主義批判 ネオ・ナショナリズムの高揚と民族的少数者
2000.11.01	65号	7		9・3「東京都防災訓練」に名を借りた治安出動訓練に反対する日本基督教団・在日大韓基督教会共同声明
2000.11.01	65号	8	田中宏	日朝修交と在日コリアン問題
2000.11.01	65号	17		外国人地方参政権の現在
2000.11.01	65号	17		地方参政権法案をめぐる二転、三転
2000.11.01	65号	18	洪貴義	「言葉」からの新生
2001.02.01	66号	2		〈特集〉人種差別撤廃条約と「在日」〈人種差別撤廃条約〉在日コリアンNGOレポート
2001.02.01	66号	2		1.はじめに -歴史的経緯と現状
2001.02.01	66号	5		2.朝鮮学校生徒への暴行事件
2001.02.01	66号	7		3.日本式氏名への変更圧力
2001.02.01	66号	11		4.民族教育を妨げず、促進する義務

발행일	지면정보		필자	제목
	권호	페이지		
2001.02.01	66号	15		5.就職をめぐる民族差別
2001.02.01	66号	17		6.民族差別に基づく社会保障からの排除
2001.02.01	66号	18		7.住民投票における外国籍住民の排除
2001.02.01	66号	20		8.石原都知事の民族差別発言
2001.04.01	67号	2		〈特集〉 人種差別撤廃委員会の勧告「石原発言は国際人権条約違反」とした人種差別撤廃委員会「最終所見」に関する緊急声明
2001.04.01	67号	4		日本に対する人種差別撤廃委員会の最終見解
2001.04.01	67号	8	岡本雅享	国連·人種差別撤廃委員会で問われた「在日」の人権
2001.04.01	67号	11	李根秀	祖国統一と在日教会 -祖国平和統一と宣教に関するキリスト者東京会議における在日大韓基督教会の役割-
2001.04.01	67号	16		祖国統一と宣教に関するキリスト者·福岡会議 決議文
2001.04.01	67号	17	岡崎勝彦	外国人参政権 -21世紀の共生社会のために-
2001.04.01	67号	18		「外国人地方参政権」法案の現在
2001.08.20	68号	2		声外国人登録原票の不当な開示に抗議する緊急声明
2001.08.20	68号	3	佐藤信行 辛淑玉	石原発言と人種差別撤廃条約第4条
2001.08.20	68号	6		日本の歴史教科書歪曲に対する抗議文
2001.08.20	68号	7		歴史歪曲教科書を許さない! アジア連帯緊急会議
2001.08.20	68号	9		過去を変えるなら、未来を変えよう
2001.08.20	68号	10		御嵩町「住民投票」差別事件の現在
2001.08.20	68号	17	丹羽雅雄	問題あり! 国籍取得緩和特例法案 まず「過去の清算」を
2001.08.20	68号	18		在日韓国·朝鮮人の現在と21世紀共生社会の課題 「フォーラム:在日2001」への参加の呼びかけ
2001.10.20	69号	2	金性済	〈特集〉「戦争とテロ」の時代にグローバルテロリズムと多文化共生の人権
2001.10.20	69号	6	裵重度	〈KCCJ人権シンポジウム〉 参政権と国籍
2001.10.20	69号	11	李清一	マッキントッシュ牧師に聞く「在日宣教40年」
2001.10.20	69号	18	徐貞順	〈KCCJ人権シンポジウム〉 聖書研究 神と人とのパートナーシップ
2001.12.01	70号	3		〈特集〉 在日·2001〈フォーラム：報告①〉《課題別報告》在日人権獲得闘争の到着点とこれから
2001.12.01	70号	3	小椋千鶴子	在日戦争後補償運動
2001.12.01	70号	4	飛田雄一	強制連行調査
2001.12.01	70号	5	中村利也	指紋拒否·外登法改正運動
2001.12.01	70号	9	金光敏	民族学級の制度保障運動
2001.12.01	70号	11	金秀一	老齢年金·障害者年金運動
2001.12.01	70号	12	仲原良二	「公務員採用」国籍条項撤廃運動
2001.12.01	70号	15	林三鎬	地方参政権運動
2001.12.01	70号	17	山田貴夫	地方自治体の多文化共生政策

발행일	지면정보		필자	제목
	권호	페이지		
2001.12.01	70号	19	チョン・ヤンイ	日本籍コリアン運動
2001.12.01	70号	23	岡本雅享	国際人権活動
2001.12.01	70号	26		「国籍特例法案」に対する在日NGOアピール
2002.02.01	71号	2		〈特集〉在日コリアン権利宣言 在日NGO提言・2001(草案)
2002.02.01	71号	3		「在日基本法」の制定
2002.02.01	71号	4		権利としての国籍取得
2002.02.01	71号	5		「特別永住」を資格から権利へ
2002.02.01	71号	5		戦後補償の実現
2002.02.01	71号	6		外登法の廃止と「住民登録」
2002.02.01	71号	9		地方参政権
2002.02.01	71号	10		マイノリティの地位と権利
2002.02.01	71号	13		民族教育の権利
2002.02.01	71号	15		多文化教育と歴史教育
2002.02.01	71号	16		雇用および労働
2002.02.01	71号	12		社会保障
2002.02.01	71号	21		経済活動
2002.02.01	71号	21		国および地方自治体の審議・実施機関
2002.02.01	71号	23		人権救済機関と差別禁止法
2002.04.01	72号	2		〈特集〉「多民族共生」を阻む壁 WCC・CCA声明 難民申請者の拘禁
2002.04.01	72号	4	岡本雅享	「旅券不携帯」への巧妙な転換
2002.04.01	72号	13	佐々木雅子	〈在日〉を読む『私の歩んだ道』
2002.04.01	72号	14	磯貝治良	〈在日〉文学はいま① 玄月
2002.04.01	72号	16		「在日・2002」 在日・日誌1～2月
2002.06.01	73号	2	磯貝治良	〈特集〉排外主義の抗して〈在日〉文学はいま② 国境の越え方
2002.06.01	73号	4	古屋哲	「人権擁護法案」は外国人を救済するか？
2002.06.01	73号	15		国際人権機関の懸念と勧告
2002.06.01	73号	21		「在日ＮＧＯ提言」の実現を
2002.06.01	73号	25		「在日・2002」 在日・日誌3～4月
2002.08.01	74号	2	近藤敦	〈特集〉地域から「共生」と「平和」を 多民族国家・日本の法制度
2002.08.01	74号	12		在日・2002「住民自治・地方自治参画」の進展
2002.08.01	74号	14		在日・日誌5月～6月
2002.08.01	74号	17	磯貝治良	〈在日〉文学はいま③ボーダーレスの彼方へ
2002.08.01	74号	19		平和統一と宣教に関するキリスト者東京会議 決議文
2002.10.10	75号	2	田中宏	〈特集〉日・韓・在日 ―いま私たちは日朝会談と拉致問題の解決
2002.10.10	75号	3	洪貴義	「苦難の共有」は可能か？
2002.10.10	75号	5	佐藤信行	「在日」の対する迫害
2002.10.10	75号	10	岡本雅享	「緊急集会」へのメッセージ 人種・民族差別禁止法を

발행일	지면정보		필자	제목
	권호	페이지		
2002.10.10	75号	11	金光敏	憎しみの連鎖を断とう
2002.10.10	75号	11	辛淑玉	「被害者」を貶める行為
2002.10.10	75号	12	金 栄	朝鮮学校の父母の思い
2002.10.10	75号	14	磯貝治良	〈在日〉文学はいま④「国籍」をめぐる論争
2002.10.10	75号	16		〈書評〉90周年から「宣教百周年」へ
2004.02.01	83号	2		〈特集〉日本の歴史責任：2004年全国キリスト者集会宣言・「和解と共生」の福音に生きる
2004.02.01	83号	5	金信煥	「在韓被爆者の渡日治療」の19年
2004.02.01	83号	16	弁護士有志の会	「民族学校の大学入学資格」問題の現在
2004.02.01	83号	22	磯貝治良	書誌を読む① ハンセン病者の魂の軌跡
2004.04.01	84号	2		〈特集〉反転する世界、そして日本市民共同声明 日朝の「和解」と「平和」を
2004.04.01	84号	6	山本俊正	北朝鮮人道支援と日朝関係
2004.04.01	84号	11		「密告社会」の到来 入管局の密告受付ＨＰ
2004.04.01	84号			「入管局通報メールの中止を求める」人権救済申告書
2004.04.01	84号	18	慎蒼宇	「9・17」からの現在(いま)
2004.04.01	84号	22	磯貝治良	書誌を読む② 在日関西人
2004.06.01	85号			〈特集〉「在日」の歴史からドキュメンタリー映画「花はんめ」
2004.06.01	85号	3	田中宏	民族学校が直面する問題
2004.06.01	85号	12		民族学校「日本問題」日誌
2004.06.01	85号	16		再び、日朝の「和解」と「平和」を
2004.06.01	85号	18	磯貝治良	書誌を読む③ 客人(ソンニム)
2004.08.01	86号	2	樋口雄一	〈特集〉59年目の8・15「強制連行はなかった」論と戦時下に朝鮮
2004.08.01	86号	11		在日・日誌2004年1月～6月 問われる「歴史責任」/進展する「住民投票」
2004.08.01	86号	14		〈資料〉東京・枝川からのアピール
2004.08.01	86号	16		「多国籍・多民族社会」日本の現実
2004.08.01	86号	18	磯貝治良	書誌を読む④ 平和通りと名付けられた街を歩いて
2004.10.01	87号	2	韓聖炫	〈特集〉定住外国人の地方参政権(1)〈メッセージ〉「ただ無償」の仕事
2004.10.01	87号	4		〈呼びかけ〉「地方参政権を実現させる日・韓・在日ネットワーク」
2004.10.01	87号	5	金敬得	韓国-実現した「住民投票法」
2004.10.01	87号	7	徐元喆	日本-進展する外国人の「住民投票」
2004.10.01	87号	11	テッサ・モーリス・スズキ	「北朝鮮帰還」における日本政府と日本赤十字社の隠れた役割
2004.10.01	87号	14		「帰国問題」を考える① 1950年代の在日コリアン
2004.10.01	87号	18	磯貝治良	戦後〈在日〉文学の6冊① 金達寿『玄海灘』

발행일	지면정보		필자	제목
	권호	페이지		
2004.12.01	88号	2	金聖考	〈特集〉定住外国人の地方参政権(2)〈メッセージ〉知る力と見抜く力
2004.12.01	88号	5		〈資料〉人権基本法の制定を求める宣言(日弁連)
2004.12.01	88号	6		〈資料〉定住外国人の地方参政権を求める東京宣言
2004.12.01	88号	8	田中宏	日本における外国人参政権
2004.12.01	88号	11	鄭印燮	韓国における外国人選挙権
2004.12.01	88号	15	李錫兌	韓国の民主化と外国人の人権
2004.12.01	88号	18	磯貝治良	戦後〈在日〉文学の6冊② 金石範『火山島』
2005.02.01	89号	2		〈特集〉定住外国人の地方参政権(3)「戦後」60年を迎えて―全国キリスト者集会宣言
2005.02.01	89号	4		「13:2＝最高裁判決」を読む―
2005.02.01	89号	9	金敬得	在日にとって国籍と地方参政権
2005.02.01	89号	14	樋口直人	地方市民権-国民国家をどう超えるか
2005.02.01	89号	18	磯貝治良	戦後〈在日〉文学の6冊③ 李恢成『見果てぬ夢』
2005.04.15	90号	2	許伯基	〈特集〉「戦後」60年目の光景(1)〈メッセージ〉受け入れて豊かに
2005.04.15	90号	5	佐々木雅子	海を渡ったハンセン病隔離政策
2005.04.15	90号	9		定住外国人の地方参政権:2005
2005.04.15	90号	13		監視を強め、偏見や差別を助長させるもの
2005.04.15	90号			2005年-日韓条約から40年
2005.04.15	90号	18	磯貝治良	戦後〈在日〉文学の6冊④ 梁石日『夜を賭けて』
2005.06.25	91号	2	鄭守煥	〈特集〉「戦後」60年目の光景(2)〈メッセージ〉恵みを返す
2005.06.25	91号	5	金昌禄	韓日条約の法的位置づけ
2005.06.25	91号	16	香山洋人	正義と誠実さを課題として
2005.06.25	91号	24		〈日・韓・在日教会共同宣言〉21世紀東アジアの和解と共生
2005.06.25	91号	26	磯貝治良	戦後〈在日〉文学の6冊④ 金時鐘『原野の詩』
2005.08.25	92号	2	古賀清隆	〈特集〉「戦後」60年目の光景(3)なぜ、「外国人が暮らしやすい社会は日本人にも暮らしやすい」か
2005.08.25	92号	6		アジア初! 韓国で外国人に地方選挙権
2005.08.25	92号	11	金景南	韓日両国の新しい未来に向けて
2005.08.25	92号	18	磯貝治良	戦後〈在日〉文学の6冊⑥ 柳美里『8月の果て』
2005.10.25	93号			〈特集〉マイノリティの「民族教育権」
2005.10.25	93号	2	師岡康子	外国人・民族的少数者の教育権
2005.10.25	93号	6		「多民族共生教育フォーラム・2005」宣言〈2005年9月25日〉
2005.10.25	93号	9		地域から「多民族・多文化共生」を構想する〈包括的提言の一章〉
2005.10.25	93号	16		「外国人人権包連絡会」への呼びかけ〈2005年12月8日〉
2005.10.25	93号	19	井上薫	日・韓・在日の歴史の共有
2009.01.15	111号	2		〈特集〉見えなくされる人びと 外国籍住民の緊急雇用対策および諸支援に関する意見書

발행일	지면정보		필자	제목
	권호	페이지		
2009.01.15	111号	3		「管理」ではなく「共生」のための制度を! NGO共同声明·2009
2009.01.15	111号	8	大石文雄	強制送還された子どもたちは今
2009.01.15	111号	12	小田切督剛	連帯の可能性を探る韓国多文化スタディツアイー
2009.03.15	112号	2		〈特集〉入管法改悪に反対 痛みを分かち合うこと -「外国人住民基本法」の制定を求める全国キリスト者1·31集会宣言-
2009.03.15	112号	5		子どもたちの未来を奪ってはならない-金九支援のお願い
2009.03.15	112号	7		悪意に満ちた入管法改定－入管法·入管特例法·住基台帳法"改定案"を検証する
2009.03.15	112号	16		〈資料1〉新たな在留管理制度の構築および外国人台帳制度の整備に対する意見書
2009.03.15	112号	17		〈資料2〉《入管法》改定案
2009.05.25	113号	2		〈特集〉外国人いじめ法案にNO入管法の改定案に反対するキリスト教会共同声明
2009.05.25	113号	4	鳥井一平	〈特集〉外国人いじめ法案にNO管理ではなく共生のための法改正を-2009年5月8日、衆議院法務委員会「参考人意見」
2009.05.25	113号	8		〈特集〉外国人いじめ法案にNO入管法改悪案の廃棄を求める5·24アピール
2009.05.25	113号	10	小島様美	在日ブラジル人の子どもたちは今 -岐阜からの報告-
2009.05.25	113号	13	師岡康子	「教育への権利」についての国連マイノリティ·フゾーラム
2009.05.25	113号	17		〈国連文書番号 A/HRC/10/11/Add.1 2009年3月5日〉マイノリティ問題に関する独立専門家報告書 マイノリティ問題に関するフォーラムの勧告
2009.07.25	114号	2	朴景煥	〈特集〉分断と境界を超えて 多文化主義と少数者運動の超－境界的連帯
2009.07.25	114号	16		いま日·韓·在日教会の共同問題は《第14回外登法問題国際シンポジウム共同声明》
2009.07.25	114号	19	山田貴夫	「公正な管理」から「住民サービル基本台帳」に
2009.07.25	114号	22		これでは「民主主義」とは言えない《「改定」入管法·入管特例法·住基法の成立に対する抗議声明》
2009.09.25	115号	2	古屋哲	〈特集〉「新入管法」批判(1) 入管法改定と「新たな在留管理制度」-ヒトの分類と世界の分割を超えるために-
2009.09.25	115号	11	李英	韓国における移住民の現在所
2009.09.25	115号	15	金耿昊	「多文化·他民族共生青年の旅·2009」報告
2009.11.25	116号	2	渡辺美奈	〈特集〉「新入管法」批判(2)「慰安婦」問題と歴史責任
2009.11.25	116号	4	李健	在日韓国·朝鮮人と移住民の現在
2009.11.25	116号	9		2009年改定入管法の諸問題
2009.11.25	116号	18		《外国人住民への施策に関する共同要請書》外国人政策の転換を
2010.02.01	117号	2		〈特集〉他民族社会の現実「韓国併合」100年の歴史的地点にあって〈全国キリスト者集会宣言〉
2010.02.01	117号	5	大石文雄	神奈川県下の外国籍住民と自治体の施策

발행일	지면정보		필자	제목
	권호	페이지		
2010.02.01	117号	13		国籍取得と名前の変更　一多民族社会にそぐわない戸籍上の創氏と人種差別撤廃委員会からの勧告-
2010.04.01	118号	2	磯貝治良	〈特集〉「韓国併合」から100年 連載① 「韓国併合」100年：戦後の日本文学を読む
2010.04.01	118号	6	李恩子	在日コリアンの現状と展望
2010.04.01	118号	15		〈NGOと市民の共同要請〉子どもの教育権を差別してはならない
2010.04.01	118号	17	小田切督剛	勧告多文化共生スタディツアー地域の動きと政策を知り、連帯の可能性を探る
2010.04.01	118号	23		〈連続講座 移住民のリアリティ第Ⅲ期〉レイシズムを考える
2010.06.01	119号	2	磯貝治良	「韓国併合」100年：戦後の日本文学を読む② 植民者二世の良心と戦後意識
2010.06.01	119号	6	金必順	北朝鮮へ「愛の練炭」を届ける
2010.06.01	119号	8	飛田雄一	朝鮮学校排除に違和感-授業料無償化の対象にせよ
2010.06.01	119号	9	阿部造己	今こそ人権政策への転換を
2010.06.01	119号	14		《報告》連続講座「移住者のリアリティ-レイシズムを考える」
2010.06.01	119号	16		《報告》連続講座　cut'n'Mix 第3期「韓国併合」100年 「在日」100年を越えて
2010.06.01	119号	18		外国人参政権「問題」で問われていることは
2010.08.01	120号	2		〈特集〉「韓国併合」から100年(3)《日・韓・在日キリスト者共同宣言》真実・記憶・未来への協働
2010.08.01	120号	5		日・韓・在日教会シンポジウム〈基調報告〉「韓国併合」100年「在日」100年を記憶し 未来への協働を考える
2010.08.01	120号	18	磯貝治良	「韓国併合」100年：戦後の日本文学を読む③ 植民者二世作家たちと井上光晴
2010.08.01	120号	22	高柳俊哉	「韓国併合」100年一自治体議会の意見書
2010.10.01	121号	2		〈特集〉「韓国併合」から100年(4)《ポスト「併合100年」に関する在日大韓基督教会の宣教声明》荒れ野の記憶と約束
2010.10.01	121号	4	磯貝治良	「韓国併合」100年：戦後の日本文学を読む④ 8・15以後がどのように描かれてきたか
2010.10.01	121号	8	許伯基	2010年 9・1関東大震災小年礼拝 恐れるべきお方を恐れなさい《マタイ10：26～31》
2010.10.01	121号	10		再び、切れてつながる試みへ 連続講座 cut'n'Mix 第3期 報告「勧告併合」100年/「在日」100年を越えて
2010.10.01	121号	11	金貴粉	《在日セミナー》第3回 2010年6月4日「解放後における在日朝鮮人ハンセン病患者と出入国管理体制」
2010.10.01	121号	13	五十嵐泰正	《在日セミナー》《移住者セミナー》合同フィールドワーク 2010年6月5日「上野フィールドワーク-上野の山と街を歩く」
2010.10.01	121号	16	鄭光桓	《在日セミナー》第4回　2010年7月17日「われらの記憶、もしくは空白～語りえぬ記憶の接続法～」
2010.10.01	121号	18	磯貝治良	《在日セミナー》第7回 2010年7月24日「李箱 誕生100年」
2010.12.01	122号	2		〈特集〉 「韓国併合」から100年(5)《KCCJ人権シンポジウム声明》尊厳を剥奪された人びとのために

발행일	지면정보		필자	제목
	권호	페이지		
2010.12.01	122号	4	磯貝治良	「韓国併合」100年：戦後の日本文学を読む⑤ 8・15以後がどのように描かれてきたか(2)
2010.12.01	122号	9	小治善	「青年の旅・2010」報告
2010.12.01	122号	14		〈連続講座〉第3期 移住者のリアリティ～レイシズムを考える～《移住者セミナー》第2回 2010年5月29日「ヨーロッパの極右・排外主義を日本から考える」
2010.12.01	122号	16		〈連続講座〉 第3期 移住者のリアリティーレイシズムを考える 第3回「ナショナリズムとレイシズム」
2010.12.01	122号	18		〈資料〉朝鮮学校への「高校無償化」の即時適用を求める要請書
2011.02.01	123号	2		〈特集〉「先進国」日本の人種主義《2011年/第25回 全国キリスト者集会宣言》他民族・多文化社会の「協働」の営み
2011.02.01	123号	5	師岡康子	人種差別撤廃委員会の勧告
2011.02.01	123号	7		〈ドキュメント〉「外国人の人権」を問う国連・人種差別撤廃委員会
2011.04.01	124号	2		〈特集〉2011年、過酷な現実 東北・関東大地震 外国籍住民への金九支援要請
2011.04.01	124号	3		被災地の外国人数
2011.04.01	124号	4	小田切督剛	韓国と日本－外国人政策の比較
2011.04.01	124号	8		2012年実施の「外国人いじめ法」Q&A
2011.06.01	125号	2	許伯基	〈特集〉東日本第震災と外国人 被災者支援から思うこと
2011.06.01	125号	4	佐藤信行	被災地の外国人は今
2011.06.01	125号	11	古賀清敬	「韓国強制合併」と日本のキリスト教－旧日本基督教会を中心に-
2011.10.10	126号	2		〈特集〉東日本第震災と外国人(2) 第15回外登法問題国際シンポ共同宣言 外国人被災人への支援を
2011.10.10	126号	5	香山洋人	日本における宣教課題と記念の神学～「ヤコブの記念碑」小考～
2011.10.10	126号	10	李海学	〈聖書研究〉遠融治癒の課題《マルコ7：24～30》
2011.10.10	126号	13	有川憲治	被災地での外国人～フィリピン人被災者への支援～
2011.10.10	126号	16		大学入試センターの作問に見る「在日韓国・朝鮮人観」
2011.10.10	127号	2		〈特集〉国際人権基準との乖離「外国人被災者支援プロジェクト」に参加と協力を
2011.10.10	127号	3	李明忠	憐れに思う心《ルカによる福音書10章25節～37節》
2011.10.10	127号	5		国連特別報告者の懸念と勧告「移住者の人権に関する特別報告者」ホルヘ・ブスタマンテによる報告：訪日調査(2011年3月21日、国連人権理事会に提出)
2011.12.10	128号	2		〈特集〉東日本第震災と外国人(3)東北の外国人被災者は今
2011.12.10	128号	5	中家盾	〈報告〉「外国人被災者は今」11・8シンポジウムin仙台
2011.12.10	128号	7	池住圭	「いっしょに歩こう!」外国人被災者支援の取り組みから
2011.12.10	128号	10	飛田雄一	阪神淡路大震災と外国人
2011.12.10	128号	12		2012年7月実施される「改定入管法」

발행일	지면정보		필자	제목
	권호	페이지		
2011.12.10	128号	14		外キ協の到達点と「今後の新たな展開」にむけて
2012.02.10	129号	2	鈴木江理子	〈特集〉東日本大震災から1年 東日本大震災から考える多文化社会・日本
2012.02.10	129号	7	リリアン・テルミ・ハタノ	金融危機・震災後のブラジル学校
2012.02.10	129号	10	李省展	植民地主義とキリスト教-宣教という視点を踏まえて「韓国併合」100年の記憶をたどる
2012.04.20	130号	2		〈特集〉「改定入管法」と外国人住民「ともに生きる」1万人宣言
2012.04.20	130号	4		改定法と自治体 -「住基法改定に関する100自治体アンケート」の集計結果-
2012.04.20	130号	10	川瀬俊治	金稔万さん「本名(イルム)」裁判-当たり前に朝鮮名が名乗れる社会を
2012.04.20	130号	12	師岡康子	「教育への権利」を否定されている外国籍の子どもたち-社会権規約委員会の事前審査に向けたNGOレポート
2012.06.20	131号	2		〈特集〉外国人被災者の現在所 被災した外国人の「現住所」
2012.06.20	131号	6	大嶋果織	〈シンポジウム〉東日本大震災から1年
2012.06.20	131号	7	古富志津代	〈シンポジウム〉記録 被災者がだれも排除されないために-経験はどのように活かされるのか
2012.06.20	131号	11	松岡洋子	〈シンポジウム〉 記録「差異」を認める社会を支える言語教育の可能性
2012.06.20	131号	15	李善姫	〈シンポジウム〉記録 東日本大震災における媒介力と外国人女性のエンパワーメント
2012.08.20	132号	2	郭基煥	〈特集〉震災から1年半 被災地における多文化共生の未来と課題-石巻市に在住する外国人へのアンケート調査から
2012.08.20	132号	8	佐藤信行	石巻市調査から見える外国人被災者の「現状」と「思い」
2012.08.20	132号	13		外国人被害者支援プロジェクト 中間報告&活動日誌：2012年
2012.10.20	133号	2	鄭暎惠	〈特集〉改定法の実施から3カ月 日本国法務大臣への手紙
2012.10.20	133号	9	金迅野	越境する魂へのレクイエム 9・1メッセージ
2012.10.20	133号	12	松浦悟郎	増加する移民族と協会の課題
2012.10.20	133号	17	樋口直人	国勢調査にみる在日コリアンの職業の変遷
2012.12.10	134号	2	金海性	〈特集〉日・韓の移住者は今 韓国における移住民への支援活動の現状と課題
2012.12.10	134号	15	中家盾	外国人被災者に見る日本の移住者の現状
2012.12.10	134号	19		共生のための社会的・文化的・制度の土台を-韓日の移住民政策と人権に関する第16回国際シンポジウム共同声明文
2012.12.10	134号	22		2012年12月から「外国人被災者支援プロジェクト」第二期を開始します
2013.02.10	135号	2		〈特集〉東日本大震災から2年 全国キリスト者集会アピール 東北の被災地で「多民族・多文化共生」を祈る
2013.02.10	135号	3	楊佩琦	渡日、そして震災の中から
2013.02.10	135号	7	佐藤信行	東北の外国人被災者は今一石巻市調査から

발행일	지면정보		필자	제목
	권호	페이지		
2013.02.10	135号	16	金耿昊	在日韓国・朝鮮人の生活保護受給「問題」の現在と過去
2013.04.10	136号	2		〈特集〉少数者であること ドイツと日本の協会が直面する課題 -第6回「日独教会協議会」共同宣言-
2013.04.10	136号	4	許伯基	変化する日本社会と宗教的ミアイノリティであるキリスト者の役割
2013.04.10	136号	12	金成元	在日韓国人として生きてきて-日本の共生社会と韓国の民主を求めて
2013.04.10	136号	18		2012年に起きた外国人の人権/人種差別関連の出来事(新聞報道より)
2013.06.30	137号	2		〈特集〉 社会を自壊させる差別扇動 ヘイト・スピーチ対策に関する国際への提言
2013.06.30	137号	3	Yeonghae JUNG	「在日朝鮮人」としての怒りと悲しみ
2013.06.30	137号	9	佐藤信行	被災地からの発言(2013年3月)外国人被災者と共に
2013.06.30	137号	10	郭基煥	被災地からの発言(2013年4月)私たちは未来行きのバスを見送り続ける
2013.06.30	137号	12	李善姫	被災地からの発言(2013年5月)「支援する」を考える
2013.06.30	137号	13	許伯基	被災地からの発言(2013年6月)外国人に対する眠差し
2013.06.30	137号	14		外国人被災者支援活動の現在 第2期 前半期(2012年12月～2013年5月)中間報告
2013.09.30	138号	2	土田久美子	〈特集〉震災から30カ月 気仙沼市は外国人被災者の現在
2013.09.30	138号	11		気仙沼市の外国人住民の面接/支援衣類者とその相談・要望内容
2013.09.30	138号	14		〈声明〉人種的・民族的な差別と憎悪を煽る言動に対して反対します
2013.09.30	138号	15		〈声明〉 チャーター機を用いたフィリピン人75名の強制送還にかんする共同声明
2013.09.30	138号	16		国連・社会権規約委員会は韓国する
2013.09.30	138号	19		「とうほく井住者フォーラム：2013」への賛同のお願い
2013.12.01	139号	2		〈特集〉 とうほく移住者フォーラム 在日大韓基督教会 社会的態度表明
2013.12.01	139号	4	金在源	「とうほく移住者フォーラム：2013」開催される
2013.12.01	139号	5	郭基煥	東日本大震災と外国人・日本人住民間の関係－語り継がれるべきものは何か、変えられるべきものは何か-
2013.12.01	139号	11		被災地の井住民グループの自己紹介
2013.12.01	139号	18		「とうほく移住民フォーラム：2013」宣言
2013.12.01	139号	19		「外国人被災者支援活動」第3期を開始
2014.02.01	140号	2	金性済	〈特集〉 RAKE創立40年 「神のゲール(寄留者)」としてのコリアン・ディアスポラ教会
2014.02.01	140号	6		在日韓国人問題研究所(RAKE)創設から40年
2014.02.01	140号	10		一人一人の命の自由と尊敬 第28回「外国人住民基本法」の制定を求める全国キリスト者集会宣言

발행일	지면정보		필자	제목
	권호	페이지		
2014.02.01	140号	12		震災後3年の現実が問うことは？「外国人被災者支援プロジェクト第二期(2012年12月～2013年11月)報告書」
2014.06.01	142号	2		〈特集〉「改定」入管法から2年 われわれは反日でも反韓でもないむしろ多様性を誇りとする
2014.06.01	142号	3	金朋央	旅行から2年-「改定」入管法・住基法の問題点
2014.06.01	142号	9		人種差別撤廃条約に関するNGOセポート 改定入管法の人種プロファイリング
2014.06.01	142号	11		自由権規約に関するNGOレポート 永住者の再入国権を認めない改定入管法
2014.06.01	142号	13		外国人被災者の苦難と希望
2014.06.01	142号	18		移民コミュミティの中の協会ネットワーク
2014.08.15	143号	2		〈特集〉ジェノサイドの記憶〈教会共同声明〉7月6日に早稲田で行なわれた人種的差別と憎悪を煽動する行為(ヘイト・スピーチ)に強く抗議します
2014.08.15	143号	3		国連自由権規約委員会の総括所見(2014年7月23日)
2014.08.15	143号	4		第7~9回日本政府報告書の審査(2014年8月20~21日)向けて 人種差別撤廃委員会に提出したNGOレポート 第4条(a)項(b)項の留保と蔓延するヘイト・スピーチ
2014.08.15	143号	11		「ジェノサイドにつながる組織的で大規模な人種差別の指標」による日本の現状
2014.08.15	143号	17	朴相増	KCCJ教役者・長老研修会(2014年7月13～15日) 講演録 在日大韓基督教会とエキュメニカル運動
2014.10.01	144号	2	金性済	〈特集〉ヘイト・スピーチの荒いの中で シャロームの約束を生きる神の寄留者として -KCCJ教団組織成立80年を覚えて-
2014.10.01	144号	15		人種的差別を根絶すべし 人種差別撤廃委員会 日本の第7~9回合同報告書に関する総括所見
2014.10.01	145号	2		〈特集〉日本型排外主義 第17回韓国・日本・在日教会国際シンポジウム共同声明文 私たちは声を上げなければならない
2014.10.01	145号	4	樋口直人	韓国・日本・在日教会シンポジウム 日本型排外主義と在日韓国・朝鮮人
2014.10.01	145号	16	禹三悦	〈公開集会〉韓国・日本・在日キリスト者対話集会 人種差別撤廃のための韓日キリスト者の課題
2014.10.01	145号	19	金成元	日本社会・韓国社会への提言
2014.12.01	146号	2	佐藤信行	〈特集〉反ヘイト・スピーチ「包括的差別禁止法」の実現に向けて
2014.12.01	146号	4		「人種差別撤廃基本法」モデル案(2015年2月) 「外国人権法連絡会」運営委員会
2014.12.01	146号	7	高柳俊哉	自治体議会のヘイト・スピーチ対策
2014.12.01	146号	10		「第3回マイノリティ問題と宣教国際会議」への呼びかけ
2014.12.01	146号	12	金迅野	〈連載〉「ザイニチ」の神学に向けて(第1回)KCCJの宣教理念と「寄留の民」「ゲール」
2015.04.01	147号	2	美穂・キム・リー	〈特集〉排外主義とたたかう 歴史歪曲団体のアメリカ上陸を迎えて

발행일	지면정보		필자	제목
	권호	페이지		
2015.04.01	147号	9	佐藤信行	「法違反者」を作りだす入管法
2015.04.01	147号	14	金迅野	〈連載〉「ザイニチ」の神学に向けて(第2回)KCCJに注がれる「内」と「外」からの眠差し
2015.06.01	148号	2	佐々木雅子	〈特集〉反ヘイト・スピーチ(2) ヘイト・スピーチとジェノサイド
2015.06.01	148号	7	岡本雅享	人種的差別撤廃条約の批准20周年とヘイト・スピーチ
2015.06.01	148号	16	金迅野	〈連載〉「ザイニチ」の神学に向けて(第2回)「ザイニチ」という表現の表出-「在日」から「ザイニチ」へ-

제2부

신 문

전후 재일조선인 마이너리티 미디어 해제 및 기사명 색인
┃제2권┃
(1970.1~1989.12)

마이니치신문

1 서지적 정보

　『마이니치신문』에서 재일조선인 문제를 다룬 사설은 1970년 11월 14일자 「뒤틀린 재일조선인국적」과 1974년 8월 19일자 「재일조선인의 존재를 파고 들다」를 볼 수 있는 정도이다. 「뒤틀린 재일조선인 국적」에서는 재일조선인의 국적변경을 둘러싼 정부와 지방자치단체와의 소송을 지적하면서, 국적을 「조선」에서 「한국」으로 변경하는 것은 허용하지만 「한국」에서 「조선」으로 변경하는 것은 인정하지 않는 정부의 방침에 대하여 보다 유연한 자세를 촉구하고 있다. 그리고 「재일조선인의 존재를 파고 들다」는 며칠 전에 한국에서 발생한 문세광의 육영수 여사 저격 사건을 거론하며, 문세광이 일본인이 아니었다는 것에는 안심하지만 재일조선인이라는 점에서 일본의 '원죄'에 대하여 생각해 보아야 한다고 주장하고 있다.

　또한 신문 첫 페이지에서 최신 이슈를 다루는 짧은 여록(余錄)코너에서도 1975년 9월 24일자 「재일한국, 조선인 귀성」과 1982년 9월 2일자 「관동대지진의 조선인학살」이라는 제목으로 재일조선인 문제를 다루고 있다. 그 중 「재일한국, 조선인 귀성」에서는 한국 정부가 처음으로 올해 추석에 「조선」 국적 재일조선인들에게도 고향 방문 허가로 인해 귀성한 사람들의 한국에 대한 놀라움을 보도하면서, 일본에서 유통되고 있는 한국에 대한 정보의 편협함과 위험성을 지적하고 있다. 이와 같은 「조선」국적 재일조선인들의 출입국 문제는 전날인 1975년 9월 23일자 지면의 학예란의 「작가·이회성 씨와 재일조선인의 재입국문제」에서도 볼 수 있다. 태국에 대학 강연을 갔다 온 이회성을 인터뷰하며 표면상으로는 재입국에 대한 제한은 없다고 하면서 그 출국 배경을 조사하여 재입국을 불허하는 정부의 태도를 비난하는 있다. 이처럼 1970년대의 마이니치신문은 재일조선인들의 국적 문제에 대해서 지속적인 관심을 갖고 재일조선인들에 대해 우호적인 경향의 보도를 하고 있다.

그 외에 특기할 만한 코너는 화재의 인물을 소개하는 「사람」코너로, 1988년 6월 21일 「정의행씨=재일조선인 3세의 간 이식을 원조」, 1988년 8월 7일 「이우정 씨=한국인 피폭자 구제를 호소하다」, 1989년 1월 19일 「최창화 씨=일반사면을 '거부'하는 재일조선인목사」, 1989년 4월 7일 「김홍재 씨=통일을 향해 지휘봉을 휘두르는 재일조선인 지휘자」, 1989년 9월 12일 「강문희 씨=재한피폭자의 배상요구를 원조」 등 1988년부터 재일조선인 문제와 관련된 인물들을 적극적으로 소개하고 있다.

2 목차

발행일	지면정보	간종별	목 차
1970.01.12	02頁09段	朝刊	十三万八千人が取得－在日韓国人の永住権
1970.02.09	02頁08段	朝刊	北朝鮮：在日朝鮮人子弟の教育費に三億余円を送金
1970.03.08	01頁02段	朝刊	共産圏渡航緩和問題：共産圏渡航を緩和－在日朝鮮人の往来も柔軟性持たせる
1970.03.10	02頁04段	夕刊	在日朝鮮人の北朝鮮往来に抗議－韓国が覚書
1970.03.10	17頁06段	朝刊	日本万国博覧会 催物："ボンタ祭り"やめよ－朝鮮総連が熊本市の参加に抗議
1970.03.11	01頁08段	夕刊	在日朝鮮人の北朝鮮往来に抗議－韓国大使、外相に抗議
1970.04.05	02頁10段	朝刊	日航機乗っ取り事件 北朝鮮へ出発：山村次官と三乗員、機体とともに送還－朝鮮総連が談話
1970.05.21	20頁08段	朝刊	トラブルの予防措置－朝鮮学校長らが申入れ
1970.06.06	01頁10段	夕刊	北朝鮮：在日朝鮮人への暴行を非難－北朝鮮外務省が発表
1970.06.10	18頁07段	朝刊	北朝鮮：在日朝鮮人への暴行を非難－参院法務委で質疑
1970.06.17	16頁08段	朝刊	北朝鮮：在日朝鮮人への暴行を非難－"暴行続発"と日朝協会が声明書
1970.06.25	10頁05段	夕刊	北朝鮮 朝鮮戦争二十周年記念：在日朝鮮人ら集会
1970.07.20	01頁10段	朝刊	在日韓国人の法的地位協定の延長で打診－韓国政府が日本側に
1970.08.19	18頁07段	朝刊	韓国："孤児の母"、永松さんに六万円－在日居留民団
1970.08.19	18頁07段	朝刊	永松さんに在日居留民団が六万円贈る
1970.09.08	02頁02段	朝刊	鮮籍書換え問題：朝鮮籍の書換えを元に戻せ－田川市に再通達
1970.09.08	01頁10段	夕刊	朝鮮籍書換え問題：訂正命令きかねば裁判も－小林法相が語る

発行日	地面情報	刊種別	目　次
1970.09.27	02頁10段	朝刊	朝鮮籍書換え問題：朝鮮籍に改める運動を推進－総連議長語る
1970.09.28	02頁07段	夕刊	朝鮮籍書換え問題：朝鮮籍に改める運動を推進－北海道の八市で懇談会が書換え受付け開始
1970.10.02	02頁10段	朝刊	朝鮮籍書換え問題：大阪府の四市一町が書換え認める
1970.10.05	02頁10段	夕刊	朝鮮籍書換え問題：高槻で書換え認める
1970.10.08	02頁09段	朝刊	朝鮮籍書換え問題：田川市長への職務執行命令を県に再通達
1970.10.08	11頁06段	夕刊	朝鮮籍書換え問題：東大阪市で学生が騒ぐ
1970.10.14	04頁07段	朝刊	朝鮮籍書換え問題：京都府城陽町でも書換え
1970.10.20	04頁01段	夕刊	朝鮮籍書換え問題：国籍書換えの問題－上野英信
1970.10.22	01頁01段	夕刊	朝鮮籍書換え問題：国籍選択の自由認めよ－美濃部都知事が表明
1970.10.22	01頁03段	夕刊	朝鮮籍書換え問題：全国で二十一市町が書換えを実施
1970.10.23	16頁01段	朝刊	朝鮮籍書換え問題：書換え認め、早く解決を－法相に申入れ
1970.10.24	02頁05段	朝刊	朝鮮籍書換え問題：国の行政訴訟に共闘を－革新市長会が打出す
1970.10.27	02頁10段	朝刊	朝鮮籍書換え問題：京都の学者・文化人がアピール
1970.10.29	02頁08段	朝刊	朝鮮籍書換え問題：習志野市が来月4日から実施へ
1970.10.30	02頁07段	朝刊	朝鮮籍書換え問題：横浜市も30日実施へ
1970.11.03	02頁09段	朝刊	朝鮮籍書換え問題の動きの動き：仙台市、今月中に書換え実施へ
1970.11.03	02頁08段	朝刊	朝鮮籍書換え問題の動きの動き：法務省の許可得て書換え－福岡県宇美町
1970.11.04	03頁01段	夕刊	朝鮮籍書換え問題の動きの動き：三多摩五市の書換え始まる(カメラゆうかん)
1970.11.07	02頁04段	朝刊	朝鮮籍書換え問題の動きの動き：川崎市が書換え実施
1970.11.13	02頁08段	夕刊	朝鮮籍書換え問題の動き　法廷闘争へ：職務執行命令を郵送
1970.11.13	02頁03段	朝刊	朝鮮籍書換え問題の動き　法廷闘争へ：福岡県が田川市へ職務執行命令を出す決定
1970.11.14	02頁09段	朝刊	朝鮮籍書換え問題の動き：書換えは法令違反ではない－京都の学者グループが見解発表
1970.11.15	02頁10段	朝刊	朝鮮籍書換え問題の動き　法廷闘争へ：田川市議会が坂田市長の判断を支持
1970.11.15	02頁09段	朝刊	朝鮮籍書換え問題の動きの動き：新居浜市の書換え書類を県が送り返す
1970.11.18	02頁07段	朝刊	朝鮮籍書換え問題の動きの動き：京都市、書換えへ
1970.11.23	02頁01段	朝刊	千五百人の朝鮮籍書換えを承認－千四百人は拒否
1970.11.24	04頁01段	朝刊	朝鮮籍書換え問題の動き　法廷闘争へ：国籍書換え問題、ついに法廷へ(解説)
1970.11.25	01頁11段	朝刊	朝鮮籍書換え問題の動き　異議の申立て：「法務省に伺い立てる」通達に異議－東京・大田区が上申書提出へ
1970.11.25	01頁07段	朝刊	朝鮮籍書換え問題の動き　法廷闘争へ：坂田市長、国の訂正命令拒否－福岡県が行政訴訟へ

발행일	지면정보	간종별	목 차
1972.07.12	04頁09段	朝刊	北朝鮮関係：対朝鮮政策の改善を－朝鮮総連が要望
1972.07.12	04頁09段	朝刊	北朝鮮：日本政府の対朝鮮政策改善を要望－朝鮮総連
1972.07.14	02頁09段	朝刊	北朝鮮関係 交流問題 日本入国の許可：一層の交流を－朝鮮総連が談話
1972.07.14	02頁09段	朝刊	北朝鮮：許可歓迎で談話－朝鮮総連
1972.07.15	04頁10段	朝刊	アジア 南・北朝鮮統一に動く 韓国のスパイ処刑と統一問題：朝鮮総連が抗議声明
1972.07.21	04頁08段	朝刊	アジア 南・北朝鮮統一に動く 南北朝鮮赤十字予備会談：会談取材に記者派遣申請－朝鮮総連議長談
1972.07.24	02頁06段	朝刊	アジア 南・北朝鮮統一に動く：総連・民団が合同大会－南北朝鮮統一を初めて支持
1972.07.25	04頁07段	朝刊	北朝鮮関係 交流問題 日本入国の許可：朝鮮総連金副議長の再入国許可を法相に要望－日朝議連
1972.07.25	04頁07段	朝刊	アジア 南・北朝鮮統一に動く 南北朝鮮赤十字予備会談：赤十字本会談の北朝鮮側諮問委員の再入国許可を要望－朝鮮総連
1972.07.26	08頁01段	夕刊	青少年：夏休みは祖国の仲間と－在日朝鮮人の子ら北朝鮮へ出発
1972.07.26	08頁01段	夕刊	北朝鮮：念願の北朝鮮へ出発－在日朝鮮人の子ら
1972.07.27	04頁06段	朝刊	北朝鮮関係 交流問題 社会訪朝団など：蜷川、黒田両知事の訪朝あっせん－朝鮮総連議長語る
1972.07.29	21頁04段	朝刊	北朝鮮：在日朝鮮学校チームが平壌に到着
1972.08.02	02頁06段	朝刊	北朝鮮：「代理出席もしない」－朝鮮総連が原水禁大会の入国拒否に反発
1972.08.02	02頁06段	朝刊	原爆記念日：「代理出席もしない」－原水禁大会の入国拒否で朝鮮総連が反発
1972.08.04	18頁06段	朝刊	南・北朝鮮統一問題：朝鮮総連、民団系仲よく交流－共同声明支持大会ひらく
1972.08.08	04頁01段	朝刊	南・北朝鮮統一問題：在日朝鮮人、共同声明支持大会ひらく－東京
1972.08.13	17頁01段	朝刊	終戦記念日：朝鮮人戦没者15柱－数少なく厚生省送還渋る
1972.08.16	18頁08段	朝刊	南・北朝鮮統一問題：南北共同声明を支持する会－在日朝鮮人、一万人集う
1972.08.16	17頁01段	朝刊	終戦記念日：日本兵による朝鮮人虐殺－沖縄で追跡調査
1972.08.18	15頁01段	朝刊	首都圏 千葉県：富津コンビナート－市民団体が矛盾つく
1972.08.19	04頁10段	朝刊	南・北朝鮮統一問題：京都府でも－在日朝鮮人学生ら
1972.08.30	05頁10段	夕刊	南・北朝鮮統一問題 南・北朝鮮赤十字会議 南北朝鮮の動き：朝鮮総連、喜びの談話
1972.09.04	05頁06段	夕刊	南北朝鮮赤十字会談：平壌で在日朝鮮人記者団の歓迎会
1972.09.05	18頁02段	朝刊	大戦中、沖縄へ連行の朝鮮人は大半が死ぬ－日弁連など調査
1972.09.20	22頁08段	朝刊	韓国、読売記者を追放－民団、大阪読売へデモ
1972.10.27	07頁07段	朝刊	ラウンジ＝どうぞ朝鮮人参を食べに

발행일	지면정보	간종별	목 차
1973.08.09	23頁07段	朝刊	韓国金大中事件　金事件の渦紋：在日朝鮮人、複雑な波紋
1973.08.09	03頁08段	朝刊	韓国金大中事件　金事件の渦紋　韓国：南北統一押しつぶす蛮行－民団東京本部声明
1973.08.14	19頁07段	朝刊	韓国金大中事件　金大中氏の生存帰国：「陰謀だ」と民団東京本部
1973.08.14	02頁09段	朝刊	韓国金大中事件　金事件の渦紋　北朝鮮：祖国統一中央大会開く－朝鮮総連
1973.08.15	01頁12段	夕刊	韓国金大中事件　金事件の渦紋　韓国：在日韓国人両派が集会
1973.08.18	03頁04段	朝刊	韓国金大中事件　金事件捜査関係：韓国情報部局長名で在日韓国人に"警告書"
1973.08.21	03頁09段	朝刊	韓国金大中事件　金事件の渦紋　韓国：在日韓国人統一協が連れ戻し推進で集会
1973.08.22	01頁12段	夕刊	韓国金大中事件　金事件の渦紋　北朝鮮：金氏"ら致"糾弾大会－朝鮮総連
1973.08.23	03頁06段	朝刊	韓国金大中事件：在日韓国人らの不審な逮捕－6年間に8件も
1973.08.23	03頁06段	朝刊	在日韓国人らの不当な逮捕、六年間に八件も－党調査特別委調べ
1973.08.23	02頁07段	朝刊	在日朝鮮人科学者六人の再入国を認める
1973.08.23	02頁07段	朝刊	在日朝鮮人科学者6人の再入国認可－法務省
1973.08.25	23頁06段	朝刊	韓国金大中事件　金事件捜査関係　日本側の捜査：持主は在日韓国人の車
1973.08.28	22頁01段	朝刊	震災対策・関東大震災関係：震災後の朝鮮人虐殺、記録集出したい－日朝協会、街頭カンパへ
1973.08.29	08頁02段	夕刊	韓国金大中事件　金事件捜査関係　韓国側の捜査　捜査資料の公表問題：金氏再来日が先快－民団東京本部救出委
1973.08.29	22頁01段	朝刊	韓国金大中事件　金事件の渦紋　韓国：在日韓国人、息子が暴行うけ反朴運動中止と訴える
1973.08.31	02頁07段	朝刊	在日朝鮮人科学者6人の再入国認可－10在日朝鮮人も
1973.08.31	02頁07段	朝刊	鄭団長ら十人の在日朝鮮人の再入国を許可
1973.09.03	03頁10段	朝刊	韓国・金大中事件　韓国の報道陣：金事件の糾弾集会－在日韓国学生同盟
1973.09.05	23頁10段	朝刊	国士館関係：朝鮮総連が抗議
1973.09.06	03頁09段	朝刊	韓国・金大中事件　各国の反応　北朝鮮：KCIAの謀略を露呈－朝鮮総連
1973.09.06	03頁10段	朝刊	韓国・金大中事件　韓国の報道陣：日本政府は毅然たる態度を－民団の救出委
1973.09.21	03頁05段	朝刊	金大中事件関係：在日韓国人への召喚状が事実なら主権侵害－法相答弁
1973.09.25	02頁04段	夕刊	金大中事件関係：事件捜査"主権侵害"にしぼる－在日韓国人への召喚状問題で追及
1973.10.05	05頁01段	朝刊	<社説>韓国学生デモの示唆するもの

발행일	지면정보	간종별	목 차
1973.10.05	21頁08段	朝刊	金大中事件　韓国側の動き　ソウル大生らの抗議デモ：在日韓国人学生が抗議
1973.10.14	21頁03段	朝刊	金大中事件　韓国側の動き　ソウル大生らの抗議デモ：在日韓国人が大会－金大中氏を救えと
1973.10.21	02頁01段	朝刊	ソ連　サハリンの朝鮮人問題：ソ連、検討を約束－韓国の対日批判も考慮
1973.10.21	02頁01段	朝刊	ソ連　サハリンの朝鮮人問題：日本政府、戦後処理の決着急ぐ
1973.10.21	02頁05段	朝刊	ソ連　サハリンの朝鮮人問題：邦人希望者リストは手渡しずみ
1973.10.21	02頁01段	朝刊	対ソ関係：戦後処理の決着急ぐ－サハリン強制徴用の朝鮮人問題
1973.10.25	02頁03段	朝刊	朝鮮総連が五人の国連渡航を申請
1973.10.29	02頁08段	夕刊	金大中事件　韓国側の動き　北朝鮮：金大中氏の軟禁解除は真相のごまかし－朝鮮総連が声明
1973.11.02	03頁05段	朝刊	国際連合　第28回国連総会　日本関係：朝鮮総連の国連派遣団、再入国申請拒む－法務省
1973.11.02	03頁05段	朝刊	再入国申請拒む－朝鮮総連の国連渡航
1973.11.03	03頁07段	朝刊	金大中事件問題　韓国政府の態度　金大中事件・解決：朝鮮総連が“政治解決”を非難
1973.11.05	03頁10段	朝刊	韓国　反朴政権の動き：ソウル大生ら釈放要望の在日韓国学生同盟
1973.11.06	04頁07段	朝刊	韓国　反朴政権の動き：韓国・知識人が反朴宣言－在日韓国人が支持表明
1973.11.07	03頁09段	朝刊	韓国　反朴政権の動き：反朴闘争を支援－朝鮮総連が声明
1973.11.08	03頁10段	朝刊	韓国　反朴政権の動き：韓国・知識人が反朴宣言－在日韓国学生同盟も支持表明
1973.11.13	02頁05段	夕刊	韓国　反朴政権の動き：反朴運動支持大会－朝鮮総連
1973.11.15	22頁01段	朝刊	朝鮮人参“密造エキス”を飲み過ぎ農薬中毒に
1973.12.08	02頁10段	朝刊	韓国　野党の動き　反体制運動拡大　抗議デモ・集会：祖国の民主化へ－在日韓国人キリスト教会
1973.12.13	02頁01段	朝刊	韓国　野党の動き　日韓閣僚会議関係　韓国側：在日韓国人学生、中止要求しハンスト
1973.12.13	02頁01段	朝刊	日韓閣僚会議開催への動き：中止求め在日韓国人学生がハンスト
1974.01.09	02頁07段	夕刊	韓国　反政府運動の動き　反日の動き：朝鮮総連なども抗議
1974.02.23	01頁09段	夕刊	北朝鮮：在日朝鮮総連の全体大会ひらく
1974.02.23	03頁01段	夕刊	十字路＝在日朝鮮人総連合会中央常任委員会議長の韓徳銖氏
1974.03.14	03頁10段	朝刊	韓国：家族救済など活動強める－在日韓国人政治犯救援委員会
1974.03.17	03頁05段	朝刊	争議　国民春闘の動き　集会やデモなど：「くらしを奪い返せ、3・30運動」を－文化人や市民団体が団結
1974.03.18	01頁04段	夕刊	密入国助けた在日朝鮮人の強制退去取り消せ－札幌地裁判決
1974.03.23	05頁01段	夕刊	海外の日本人学校と国内の民族学校－荻田セキ子
1974.04.04	02頁08段	夕刊	韓国　緊急措置第4号発令　デモなど：在日韓国学生同盟が抗議声明

발행일	지면정보	간종별	목 차
1974.04.05	04頁08段	朝刊	韓国 緊急措置第4号発令 デモなど：在日朝鮮総連など抗議声明発表
1974.04.08	03頁10段	朝刊	韓国 緊急措置第4号発令 デモなど：
1974.04.25	03頁06段	朝刊	韓国：主犯と名指しの在日韓国人が実情？訴える
1974.04.25	01頁10段	夕刊	韓国 日本人学生逮捕事件 日本政府：朝鮮総連の李議長の話
1974.04.26	03頁10段	朝刊	韓国 日本人学生逮捕事件 日本政府：在日韓国学生同盟が弾圧糾弾声明
1974.05.12	03頁09段	朝刊	韓国 政治・外交 北朝鮮スパイ事件：朝鮮総連が外務省に警告－韓国旅行の自粛
1974.05.12	03頁09段	朝刊	韓国旅行は慎重に－朝鮮総連が反論
1974.05.28	03頁10段	朝刊	韓国 日韓関係 日本人学生逮捕事件 2学生送検と日本側：国際世論への挑戦－朝鮮総連が声明
1974.06.03	03頁10段	朝刊	韓国 日韓関係 金大中関係 日本側の動き：在日韓国人団が抗議声明
1974.06.20	10頁01段	夕刊	帰還請求を却下－旧カラフト抑留朝鮮人問題
1974.06.24	01頁01段	夕刊	韓国 日韓関係 日本人学生逮捕事件 韓国側の"主権侵害"問題：元韓国籍の日本人から在日韓国大使館が事情聴取
1974.06.28	01頁07段	夕刊	韓国 政治の外交 大統領特別措置法関係：在日韓国人の留学生、反共法で起訴
1974.06.28	11頁 10段	夕刊	死去：徐成万氏－元在日朝鮮人商工会理事長
1974.07.05	03頁10段	朝刊	アジア関係 南北朝鮮問題：朝鮮総連が集会
1974.07.10	01頁12段	夕刊	韓国 政治裁判関係 韓国非常普通軍法会議 抗議の救出の動き：朝鮮総連が抗議声明
1974.07.11	03頁08段	朝刊	韓国 政治裁判関係 韓国非常普通軍法会議 金芝河氏関係：在日韓国人青年ら救出訴える
1974.07.14	03頁08段	朝刊	韓国 政治裁判関係 韓国非常普通軍法会議 抗議の救出の動き：在日韓国人、2学生救う会など抗議
1974.07.17	18頁05段	朝刊	韓国 政治裁判関係 韓国非常普通軍法会議 抗議の救出の動き：民団東京本部も抗議
1974.07.17	18頁07段	朝刊	韓国 政治裁判関係 韓国非常普通軍法会議 抗議の救出の動き：在日韓国人の祖国統一知識人談話会が支援訴える声明を発表
1974.07.31	17頁05段	朝刊	首都圏 神奈川県：川崎市も児童手当や市営入居認める－在日韓国人ら
1974.08.08	03頁10段	朝刊	韓国 金大中事件 関連記事：金大中事件1周年で共産党が談話発表－朝鮮総連も声明
1974.08.09	04頁09段	朝刊	韓国 韓国軍法会議関係＝抗議など：在日韓国人、8団体がデモ
1974.08.16	07頁02段	夕刊	韓国 朴大統領狙撃事件 犯人・文世光と背景：民団中央本部、半旗かかげる
1974.08.16	03頁05段	朝刊	韓国 朴大統領狙撃事件 犯人・文世光と背景：在日韓国人に危機感－玉城素

発行日	紙面情報	刊種別	目　次
1974.08.16	18頁06段	朝刊	韓国　朴大統領狙撃事件　犯人・文世光と背景：在日韓国人集会、驚きとどよめき
1974.08.16	01頁01段	朝刊	韓国　朴大統領狙撃事件　犯人・文世光と背景　犯行の経過：犯人・在日韓国人と判明－大阪在住の「文世光」
1974.08.18	01頁01段	朝刊	韓国　朴大統領狙撃事件　犯人・文世光と背景　狙撃事件と北朝鮮：朝鮮総連は無関係－談話を発表
1974.08.19	05頁05段	朝刊	＜社説＞在日朝鮮人の存在を掘り下げる
1974.08.21	03頁10段	朝刊	韓国　朴大統領狙撃事件　犯人・文世光と背景：民団中央本部、狙撃は朝鮮総連の指示明白と声明
1974.08.22	01頁02段	夕刊	韓国　朴大統領狙撃事件　犯人・文世光と背景　日本側の動き：在日朝鮮人取調べ困難－法務省当局示唆
1974.08.22	01頁02段	夕刊	国会　両院委員会の動き「閉会中審議」から　韓国との問題：在日朝鮮人の取調べ難しい－参院法務委で法務当局示唆
1974.08.22	01頁02段	夕刊	韓国　朴大統領狙撃事件　犯人・文世光と背景　日本側の動き：在日朝鮮人取調べ困難－法務省当局示唆
1974.08.23	03頁08段	朝刊	韓国　朴大統領狙撃事件　犯人・文世光と背景　狙撃事件と北朝鮮：金浩竜氏の人定事項通報に抗議－朝鮮総連
1974.08.24	01頁09段	朝刊	韓国　韓国軍法会議関係　韓国・緊急措置を一部解除：独裁体質変わらぬ－朝鮮総連と韓学同声明
1974.08.30	01頁09段	朝刊	韓国　朴大統領狙撃事件　犯人・文世光と背景　「文世光」の自供など：韓国、朝鮮総連の金浩竜氏引渡しを正式要求の方針固める
1974.09.01	01頁12段	朝刊	韓国　朴大統領狙撃事件　韓国側の動き　北朝鮮側の動き：朝鮮総連など韓国に抗議
1974.09.03	02頁08段	夕刊	韓国　朴大統領狙撃事件：韓国民団が朴大統領夫人追悼集会
1974.09.03	01頁01段	朝刊	韓国　朴大統領狙撃事件　韓国側の動き：韓国、朝鮮総連取締りを公式に申入れ
1974.09.04	01頁09段	朝刊	韓国　朴大統領狙撃事件　韓国側の動き　北朝鮮側の動き：朝鮮総連、韓国を非難－国際常識わきまえぬ策動
1974.09.04	01頁09段	夕刊	韓国　朴大統領狙撃事件　木村外相の発言問題　日本側の動き：社党、朝鮮総連などの権利制限反対で申入れ
1974.09.04	01頁09段	夕刊	日韓問題と各党：朝鮮総連などの権利制限するな－社党が外相に要請
1974.09.05	02頁09段	朝刊	韓国　朴大統領狙撃事件　韓国側の動き　北朝鮮側の動き：朝鮮総連弾圧で北朝鮮外務省が声明
1974.09.05	01頁10段	夕刊	韓国　朴大統領狙撃事件　木村外相の発言問題　韓国に北の脅威なし：朝鮮総連、破防法の対象がない－政府見解と発表
1974.09.05	01頁10段	夕刊	国会　「閉会中審議」から　韓国との問題：朝鮮総連は破防法の対象でない－衆院外務委で外相確認
1974.09.07	02頁06段	朝刊	韓国　朴大統領狙撃事件　韓国側の動き　北朝鮮側の動き：朝鮮総連に手出し許さぬ－北朝鮮副首相強調

발행일	지면정보	간종별	목 차
1974.09.08	19頁12段	朝刊	韓国 朴大統領狙撃事件 韓国側の動き 北朝鮮側の動き：朝鮮総連の大阪事務所襲われる
1974.09.08	19頁11段	朝刊	朝鮮総連の事務所襲われる－大阪・生野支部が発表
1974.09.10	02頁05段	朝刊	アジア 北朝鮮：朝鮮総連が祝賀宴
1974.09.13	03頁10段	朝刊	韓国 朴大統領狙撃事件 韓国側の動き 北朝鮮側の動き：朝鮮総連、日本政府は正当な権利保障で声明
1974.09.18	03頁10段	朝刊	韓国 朴大統領狙撃事件 阻止の動き：朝鮮総連も"中止"要請
1974.09.19	06頁04段	朝刊	韓国：在日韓国人の企業「阪本紡績」が倒産
1974.09.20	02頁04段	朝刊	韓国 朴大統領狙撃事件 韓国側の動き 北朝鮮側の動き：朝鮮総連破壊の企て許さぬ－北朝鮮が非難
1974.09.20	02頁05段	朝刊	韓国 朴大統領狙撃事件 木村外相の発言問題 日本側の動き：社、共、公・市民団体が集会
1974.09.21	02頁07段	朝刊	韓国 朴大統領狙撃事件 椎名特使訪韓の反応：朝鮮総連、椎名・朴会談に抗議声明
1974.09.21	01頁11段	朝刊	韓国 朴大統領狙撃事件 椎名特使訪韓の反応：反韓国団体は朝鮮総連と椎名特使の口頭説明を発表
1974.09.27	02頁04段	夕刊	アジア関係 南北朝鮮問題：金日成主席、南朝鮮人民への闘争支持は内政干渉でないと語る
1974.10.08	03頁05段	朝刊	韓国 政治犯取締り 朴大統領狙撃事件関係："文"、朝鮮総連からの資金入手、断定せず
1974.10.10	15頁06段	朝刊	プロ野球 公式戦：張本、日本に帰化したい
1974.10.12	03頁10段	朝刊	韓国 政治犯取締り 抗議、救出運動 学園の動き：韓国学生闘争支援大会ひらく－在日朝鮮青年同盟
1974.10.20	02頁09段	朝刊	韓国 日韓関係：在サハリン朝鮮人帰国の交渉促進要請－韓国
1974.10.20	02頁09段	朝刊	対ソ関係：在サハリン朝鮮人帰国で交渉促進を指示
1974.11.05	01頁07段	夕刊	韓国 政治犯取締り スパイ容疑関係：「在日居留民団東京本部陳副団長ら18人のスパイ網摘発」と発表
1974.11.17	18頁03段	朝刊	韓国 米大統領の訪韓：在日韓国人の8団体がフォード訪韓反対声明
1974.11.18	06頁01段	朝刊	＜出版 読書特集＞書評＝真相調査団編「朝鮮人強制連行強制労働の記録」深川宗俊著「鎮魂の海峡」井上靖著「桃李記」
1974.12.18	06頁07段	夕刊	韓国 政治犯取締り 朴大統領狙撃事件関連 日本側の動き：美喜子、初公判で犯意を否認－民団、傍聴のため徹夜の行列
1974.12.21	05頁05段	夕刊	戯曲「鎮悪鬼」に取り組む－在日韓国人2世
1974.12.23	07頁08段	朝刊	出版 読書特集：出版街＝朝鮮人学者の朝鮮史研究論文集
1974.12.27	03頁10段	朝刊	韓国 政治犯取締り 朴大統領狙撃事件関連 日本側の動き：「文世光事件と無関係」－朝鮮総連が声明
1974.12.27	03頁10段	朝刊	文世光事件、国内捜査終結：朝鮮総連「文世光事件と無関係」と声明－日本側捜査終了で
1975.01.08	06頁01段	夕刊	国際地下銀行を摘発：帰化宣教師ら暗躍
1975.01.08	06頁01段	夕刊	香港拠点に帰化宣教師らが国際地下銀行－警視庁が摘発

발행일	지면정보	간종별	목 차
1975.01.08	06頁04段	夕刊	香港拠点に帰化宣教師らが国際地下銀行ー東京駐在員のホセ、戦後スペインから来日
1975.01.12	02頁09段	朝刊	北朝鮮政策後退の三木内閣ー朝鮮総連議長談
1975.01.21	04頁10段	朝刊	韓国 政府批判と弾圧 抗議、支援運動 日本から：在日韓国人が東亜日報支援に500余部新規購読
1975.03.12	17頁01段	朝刊	韓国 社会：韓国で死刑の判決ー旅行中逮捕の在日韓国人
1975.03.12	17頁01段	朝刊	韓国で死刑の判決「夫を助けて」ー在日韓国人の妻
1975.03.20	04頁01段	朝刊	韓国：在日韓国人にも影響
1975.03.20	02頁03段	朝刊	韓国：在日韓国人の人権守るー宮沢外相が表明
1975.03.20	02頁03段	朝刊	国会 委員会審議 質疑、答弁：在日韓国人の人権守るー外相表明
1975.04.01	01頁07段	夕刊	韓国 スパイ事件：ソウル地裁、陳前副団長(民団東京本部)に死刑判決
1975.04.01	01頁08段	夕刊	韓国 スパイ事件：民団長野青年会元役員ら8人も逮捕
1975.04.26	07頁05段	夕刊	韓国 スパイ事件：スパイ団、8人検挙ー日本帰化の韓国人ら
1975.05.07	01頁05段	朝刊	インドシナ ベトナム問題 米国関係 関係国の動き：朝鮮総連、革命政府代表2人の入国、日本に申請
1975.05.07	01頁05段	朝刊	南ベトナム革命政府関係：朝鮮総連、革命政府2代表の入国を申請
1975.05.10	04頁07段	朝刊	韓国 反体制問題：韓国学生、総力安保支持を決議ー「インドシナの次」の危機感
1975.05.10	04頁05段	朝刊	韓国 反体制問題：韓国学生、総力安保支持を決議ー反体制運動手控える
1975.05.15	02頁04段	朝刊	韓国 政治・外交：朝鮮総連が非難
1975.05.21	01頁09段	朝刊	内閣 法務省：朝鮮総連記念行事に外国代表の入国を拒否
1975.05.24	02頁03段	朝刊	北朝鮮：創立20年迎えた朝鮮総連ー韓徳銖議長に聞く
1975.05.26	02頁09段	朝刊	北朝鮮：創立20年迎えた朝鮮総連ー朝鮮総連大会
1975.05.27	17頁08段	朝刊	北朝鮮：創立20年迎えた朝鮮総連ー創立20年パーティー
1975.05.27	17頁08段	朝刊	朝鮮総連、創立20年パーティー
1975.06.25	02頁08段	夕刊	南北朝鮮問題 朝鮮戦争25周年：朝鮮戦争ぼっ発25周年ー韓国居留民団も
1975.07.01	17頁01段	朝刊	首都圏：生き方百科＝日本人で韓国籍・母と前夫との関係
1975.07.04	02頁08段	夕刊	アジア関係 南北朝鮮問題：朝鮮総連が集会
1975.07.05	04頁10段	朝刊	北朝鮮：朝鮮総連の加入者が韓国へ墓参りー総連、「ペテン」と反論
1975.07.05	04頁09段	朝刊	北朝鮮：朝鮮総連の加入者が韓国へ墓参りーすでに184人と民団が発表
1975.07.11	02頁02段	朝刊	政党 民社党：朝鮮総連議長が共同声明に非友好的と表明
1975.07.17	05頁01段	夕刊	状況からの証言＝在日朝鮮人2世の作った映画「異邦人の河」
1975.07.22	18頁08段	朝刊	韓国 社会：ソウル地検、在日韓国人の金さんに死刑求刑
1975.08.01	07頁06段	夕刊	韓国 日韓関係：在日朝鮮人、強制連行に賠償をー日本籍確認と併せ訴え

발행일	지면정보	간종별	목 차
1975.08.10	02頁08段	朝刊	米国 日米関係 三木首相の訪米 各国の反響日米合同声明：北朝鮮 党紙、日米会談、朝鮮人民への敵対と論評
1975.08.10	02頁08段	朝刊	日米首脳会談 各国の反響：北朝鮮紙、朝鮮人民への敵対と会談を 論評
1975.08.11	06頁04段	夕刊	在日朝鮮人強制連行に賠償を－日本国籍確認と併せ訴え
1975.08.15	04頁10段	朝刊	アジア関係 南北朝鮮問題：朝鮮総連議長、「南北統一」で8・15声明
1975.08.15	04頁10段	朝刊	朝鮮総連議長「南北統一」と8・15声明を発表
1975.09.01	06頁06段	夕刊	韓国 スパイ裁判：金達夫被告(民団長野県本部)に死刑判決
1975.09.03	06頁06段	夕刊	北朝鮮 松生丸銃撃事件 日本政府：右翼男、朝鮮総連本部へ押し かける、逮捕
1975.09.04	02頁06段	夕刊	北朝鮮：朝鮮総連議長の再入国－総連が歓迎談話
1975.09.04	02頁06段	夕刊	北朝鮮：朝鮮総連議長の再入国－法務省、認める
1975.09.04	02頁05段	夕刊	朝鮮総連歓迎談話要旨
1975.09.04	02頁05段	夕刊	朝鮮総連議長の再入国を初めて認める
1975.09.06	17頁05段	朝刊	本名代議士に「3千万円払え」－手形不渡り
1975.09.06	01頁10段	朝刊	北朝鮮：朝鮮総連議長の再入国－韓国、日本に抗議
1975.09.06	02頁06段	朝刊	北朝鮮 松生丸銃撃事件 日本政府：稲葉法相、朝鮮総連議長に松生 丸事件の真相究明要請
1975.09.08	02頁05段	朝刊	朝鮮総連議長ら平壌へ
1975.09.09	02頁07段	夕刊	北朝鮮：朝鮮総連議長の再入国－金主席と会見
1975.09.09	02頁07段	夕刊	朝鮮総連代表、金首席と会見
1975.09.10	02頁10段	朝刊	北朝鮮：朝鮮総連が建国27周年祝賀宴
1975.09.15	06頁01段	朝刊	出版 詩書特集：書評＝追悼実行委編「関東大震災と朝鮮人虐殺」 ヘイカル著「アラブの戦い」山辺知行監「日本の染織」
1975.09.19	21頁02段	朝刊	韓国 スパイ裁判：陳元民団副団長らの控訴を棄却－ソウル高裁
1975.09.23	05頁01段	夕刊	作家・李恢成氏と在日朝鮮人の再入国問題
1975.09.23	05頁02段	夕刊	北朝鮮：朝鮮総連議長の再入国－在日朝鮮人再入国問題
1975.09.23	05頁01段	夕刊	作家・李恢成氏と在日朝鮮人の再入国問題
1975.09.24	01頁12段	朝刊	余録：在日韓国、朝鮮人里帰り
1975.09.27	02頁07段	夕刊	北朝鮮：金主席、朝鮮総連代表団と会見
1975.10.04	02頁01段	朝刊	北朝鮮 松生丸関係：10月中に、負傷の乗組員帰国できそう－朝鮮 総連議長ら帰国談
1975.10.04	18頁06段	朝刊	韓国 政治・外交 日韓関係：在日韓国人牧師が、名前の読み方で「1 円」支払えと訴訟
1975.10.04	18頁06段	朝刊	名前の読み方で1円払え－在日韓国人牧師
1975.10.08	15頁03段	朝刊	プロ野球：韓国籍選手訪韓、韓国チームと試合を了承
1975.10.23	05頁01段	夕刊	状況からの証言＝在日朝鮮人の「日本国籍確認訴訟」－崔牧師に聞く
1975.10.23	05頁01段	夕刊	在日朝鮮人の「日本国籍確認訴訟」崔牧師に聞く

発行日	지면정보	간종별	목 차
1975.11.12	19頁01段	朝刊	韓国 社会：ソウルで在日韓国人子弟留学生の連行相次ぐ
1975.11.16	22頁01段	朝刊	北朝鮮 松生丸事件関係　北朝鮮側の反応：朝鮮総連が声明
1975.11.20	05頁01段	夕刊	韓国 社会：ソウルで在日韓国人子弟留学生の連行相次ぐ
1975.12.16	18頁01段	朝刊	在日韓国人の事故補償、国賠法を適用(豊橋)
1976.01.14	02頁01段	朝刊	日ソ外相会談　各国との関係：韓徳銖朝鮮総連議長、日本は南北均等策をと語る
1976.01.14	02頁01段	朝刊	北朝鮮：朝鮮総連議長、日本は南北均等策をと語る
1976.01.23	02頁01段	朝刊	韓国 政治・外交 日韓関係：サハリンの旧日本籍朝鮮人引揚げ、帰還条件とせぬ－法相が答弁
1976.01.26	01頁07段	夕刊	在日韓国人、尹氏、スウューデン亡命を要請
1976.01.27	07頁03段	朝刊	日ソ外相会談　各国との関係：韓国帰省の在日朝鮮人
1976.01.27	07頁03段	朝刊	海外文化 視点 アンテナ：韓国帰国の在日朝鮮人－離散家族との再会夢見て
1976.01.28	18頁08段	朝刊	日ソ外相会談　各国との関係：朝鮮総連、韓国訪問団報道で申入れ
1976.01.28	18頁08段	朝刊	アジア関係 朝鮮関係：朝鮮総連が"訪韓報道"で申入れ
1976.01.29	08頁05段	夕刊	在日韓国人、尹氏、スウューデン亡命を要請
1976.02.02	06頁03段	夕刊	出版：「金芝河全集」－在日韓国人が出版
1976.02.06	22頁01段	朝刊	韓国 日・韓関係：韓国でスパイ容疑、帰化日本人に死刑判決
1976.02.13	06頁03段	夕刊	海外文化：ソ連ウズベク共和国に朝鮮人コルホーズを訪ねて…尾崎彦朔
1976.02.13	06頁03段	夕刊	ウズベク共和国に「朝鮮人コルホーズ」を訪ねて－尾崎彦朔
1976.03.05	19頁05段	朝刊	横浜の韓国居留民団神奈川県本部で乱闘
1976.03.09	02頁08段	朝刊	韓国「民主救国宣言」事件 韓国野党・民主団体の動き 反体制派：在日韓国人8団体が抗議声明
1976.03.28	02頁07段	朝刊	韓国「民主救国宣言」事件　国連：朝鮮総連が抗議声明
1976.04.01	02頁05段	朝刊	韓国：在日韓国居留民団団長に曹寧柱氏
1976.04.14	19頁04段	朝刊	韓国 民主救国宣言事件 スパイ事件裁判：ソウル地裁、在日韓国人留学生2人に死刑求刑
1976.04.26	08頁05段	夕刊	韓国 民主救国宣言事件 スパイ事件裁判：「学園浸透スパイ団事件」で在日韓国人ら白玉光さんの無実、三木首相に訴える
1976.05.02	18頁06段	朝刊	韓国 大統領緊急措置9号関係 スパイ事件：ソウル地裁、金被告にも死刑求刑－在日韓国人留学生スパイ事件
1976.05.02	18頁08段	朝刊	韓国 大統領緊急措置9号関係 スパイ事件：在日韓国学生同盟が「判決糾弾集会」ひらく
1976.05.03	18頁01段	朝刊	韓国 民主救国宣言関係：在日韓国人ら金大中氏らの釈放求めハンスト
1976.05.25	01頁12段	夕刊	アジア関係 朝鮮関係：朝鮮総連が中央大会開く
1976.06.21	02頁06段	朝刊	韓国 大統領緊急措置関係 反共法裁判：在日韓国人、"政治犯"守る全国会議を結成

발행일	지면정보	간종별	목 차
1976.06.23	08頁07段	夕刊	韓国 スパイ事件裁判：また在日韓国人青年に死刑求刑
1976.07.28	23頁01段	朝刊	ロッキード事件 田中前首相の逮捕：次は日韓、保革逆転と市民団体
1976.08.05	02頁09段	朝刊	韓国 救国宣言事件裁判：朝鮮総連ら抗議
1976.08.06	22頁05段	朝刊	韓国 救国宣言事件裁判 スパイ事件：在日韓国人留学生グループの金五子さん、26日に判決
1976.08.15	02頁05段	朝刊	アジア関係 朝鮮問題：朝鮮人民主化連盟、釜山～新義州徒歩行進の実現促進訴える
1976.08.21	18頁08段	朝刊	韓国 救国宣言事件裁判：金大中氏ら救済で署名呼びかけ－在日韓国人
1976.08.28	06頁05段	夕刊	韓国 救国宣言事件裁判：在日韓国人七団体が声明－全世界の世論に対する挑戦
1976.08.29	22頁06段	朝刊	韓国 救国宣言事件裁判：朝鮮総連が声明
1976.09.05	04頁05段	朝刊	北朝鮮：朝鮮総連が建国記念祝賀会を中止
1976.09.13	09頁04段	朝刊	出版 読書特集：窓＝シモンセンほか著「新しいブラジル経済」朴慶植著「天皇制国家と在日朝鮮人」大槻玄沢ほか著「環海異聞」
1976.09.20	23頁04段	朝刊	アジア 朝鮮関係：朝鮮総連の中央委員、一時連れ去られる？
1976.09.20	23頁04段	朝刊	朝鮮総連の中央委員「連行された」で緊張
1976.10.15	22頁08段	朝刊	韓国 救国宣言事件裁判 在日韓国人スパイ事件：李哲裁判2審の初公判－2人の証人を採択
1976.10.28	04頁01段	朝刊	韓国 朴政権の米高官買収事件：朴東善氏の本名は朴東宣、ワシントンの韓国人実業家
1976.10.29	22頁07段	朝刊	韓国 救国宣言事件裁判 在日韓国人スパイ事件：李哲裁判2審の初公判－死刑求刑
1976.10.29	12頁01段	朝刊	婦人・子供 家庭と教育：在日朝鮮人学生の就職
1976.11.13	02頁08段	朝刊	アジア関係 朝鮮関係：朝鮮総連、二つの朝鮮固定化やめよと三木首相発言を非難
1976.12.01	21頁01段	朝刊	韓国籍でも司法修習生に「最高裁要項」は不当－日弁連が見解
1976.12.02	20頁04段	朝刊	韓国籍でも司法修習生に「最高裁要項」は不当－15日の最高裁定例会議で審議
1976.12.03	12頁01段	朝刊	在日朝鮮人「民族学級」の現状
1976.12.03	12頁01段	朝刊	在日朝鮮人「民族学級」の問題
1976.12.09	04頁01段	朝刊	韓国 民主救国宣言事件裁判 キリスト教系学生集会：ソウル大で反政府集会－韓国学生、沈黙破って抑圧、退廃を非難
1976.12.15	18頁08段	朝刊	韓国 民主救国宣言事件裁判 在日韓国人スパイ事件：韓国大法院、白玉光氏の死刑確定
1976.12.15	03頁01段	朝刊	韓国籍でも司法修習生に「最高裁要項」は不当－15日の最高裁定例会議で審議
1976.12.18	13頁01段	朝刊	張本選手、大阪の在日朝鮮人学童を訪問
1976.12.29	16頁03段	朝刊	韓国 民主救国宣言事件裁判 在日韓国人スパイ事件：金哲顕さんも死刑確定

발행일	지면정보	간종별	목 차
1977.01.04	02頁10段	朝刊	北朝鮮：金主席が朝鮮総連に年賀の祝電
1977.01.30	02頁09段	朝刊	アジア関係 朝鮮問題：朝鮮総連が「南北政治協商会議」支持大会
1977.02.24	01頁01段	朝刊	北朝鮮：北朝鮮主席後継者に金日成氏の二男正一氏ー「党政治委が推挙」と朝鮮総連が伝える
1977.02.24	02頁06段	夕刊	北朝鮮：金正一氏後継体制で朝鮮総連が「敵の妨害」警戒の呼びかけ
1977.02.24	04頁01段	朝刊	北朝鮮：「金正一同志は未来の太陽」ー朝鮮総連中央本部特別幹部への報告要旨
1977.03.07	18頁08段	朝刊	韓国 日・韓関係 在日韓国人"スパイ"事件：在日韓国人政治犯、李哲さんの支援団体が「死刑阻止」でハンスト
1977.03.09	18頁01段	朝刊	韓国 日・韓関係 在日韓国人"スパイ"事件：李哲さんの死刑確定
1977.03.16	22頁06段	朝刊	韓国 日・韓関係 在日韓国人"スパイ"事件：康宗憲さんも死刑が確定
1977.03.19	22頁04段	朝刊	在日韓国人政治犯を支援する会、日本政府の取組みを批判
1977.03.19	22頁04段	朝刊	韓国 日・韓関係 在日韓国人"スパイ"事件：支援する会、日本政府の甘い取組み方批判
1977.03.24	01頁03段	朝刊	韓国 日・韓関係：在日韓国人の金氏に司法修習生の門戸開くー外国人に初めて
1977.03.24	23頁01段	朝刊	最高裁、司法試験に合格の在日韓国人に司法修習生の道開く
1977.03.24	23頁01段	朝刊	韓国 日・韓関係：在日韓国人の金氏に司法修習生の門戸開くー金氏の不屈の挑戦が最高裁の壁を動かす
1977.03.25	22頁01段	朝刊	韓国 日・韓関係 在日韓国人"スパイ"事件：在日韓国人10人をKCIAが送検ー「本国投資装いスパイ」と
1977.04.18	02頁08段	夕刊	北朝鮮：金主席、朝鮮総連代表と会見
1977.04.24	02頁10段	朝刊	日韓大陸ダナ協定：朝鮮総連、大陸ダナ協定の廃棄要求声明
1977.05.03	18頁02段	朝刊	韓国 韓国の反体制運動：服役中の在日韓国人2世実母が面会
1977.05.18	08頁01段	夕刊	"朝鮮学校締出し"騒ぎー東京・下谷医師会准看護婦学校
1977.05.20	22頁04段	朝刊	"朝鮮学校締出し"騒ぎー都が行政指導を撤回
1977.05.26	22頁05段	朝刊	"朝鮮学校締出し"騒ぎー黄奈美さん晴れて追試
1977.06.15	03頁07段	朝刊	福祉・厚生：外国人にも国民年金をー在日韓国人が申立て
1977.06.21	06頁01段	夕刊	「夜霧の」チアリ、日本人になりたいー市長らが"帰化運動"(西宮)
1977.06.25	20頁04段	朝刊	韓国 日韓関係：スパイ容疑の在日韓国人姜さんに死刑判決
1977.07.07	02頁09段	朝刊	反朴派在日韓国人、首相発言に抗議
1977.07.08	02頁10段	朝刊	韓国 韓国の反体制運動：韓国居留民団、青地氏らの活動を非難
1977.07.08	02頁10段	朝刊	朴政権へのテコ入れやめよー韓国居留民団、青地氏らの活動非難
1977.07.19	01頁09段	夕刊	韓国 日・韓関係：日本警察、KCIAに「朝鮮総連」情報流す
1977.07.23	04頁01段	朝刊	韓国 日・韓関係：法務省、米議会で証言希望の在日韓国人の出国、再入国を拒否
1977.07.23	01頁04段	夕刊	米議会で証言希望の在日韓国人、出国・再入国を拒否ー法務省が決める

발행일	지면정보	간종별	목 차
1977.07.23	04頁01段	朝刊	米議会で証言希望の在日韓国人、出国・再入国を拒否－法務省方針
1977.07.26	02頁04段	夕刊	韓国 日・韓関係：米下院小委、証言希望の在日韓国人歓迎
1977.07.26	02頁04段	夕刊	米国 議会 下院：下院小委、KCIA事件証言希望の在日韓国人の歓迎表明
1977.07.26	01頁010段	夕刊	原水禁運動：朝鮮総連は反発
1977.07.27	03頁03段	朝刊	韓国 日・韓関係：園田官房長官、在日韓国人招待のフレーザー私電を認める
1977.07.28	03頁10段	朝刊	韓国 日・韓関係：下院フレーザー委、在日韓国人の聴取実現措置とる
1977.07.28	03頁10段	朝刊	日韓関係：フレーザー委、3在日韓国人の聴取へ実現措置
1977.07.29	20頁05段	朝刊	パリに行き強盗－韓国籍の不動産業者逮捕
1977.08.05	18頁04段	朝刊	韓国：大法院が在日韓国人留学生白被告の再審請求を却下
1977.08.11	01頁10段	夕刊	日韓関係 日韓ゆ着問題：米、在日韓国人証言希望者出国を正式要請へ
1977.08.15	03頁09段	朝刊	韓国 日韓関係：乱入事件で民団と警察に抗議声明
1977.08.15	03頁09段	朝刊	デモ・集会：反朴派集会場でもみ合い－民団、談話を発表
1977.08.15	03頁09段	朝刊	デモ・集会：反朴派集会場でもみ合い－乱入事件で民団と警察に抗議声明
1977.09.05	06頁05段	夕刊	韓国 日韓関係：日韓閣僚会議反対、外務省に押しかける、在日韓国学生
1977.09.05	06頁05段	夕刊	日韓関係：在日韓国人学生ら外務省に押しかける
1977.09.07	02頁10段	朝刊	韓国 日韓関係：「朝・日両国民に対する露骨な挑戦」日韓閣僚会議で朝鮮総連声明
1977.09.07	02頁10段	朝刊	日韓関係：朝鮮総連、「朝・日両国民への挑戦」と声明
1977.09.08	02頁10段	朝刊	日朝議連訪朝団：民団、共同声明を非難
1977.09.09	08頁04段	夕刊	韓国 社会：逮捕者はさらに4人。在日韓国人政治犯
1977.09.20	18頁04段	朝刊	韓国 日韓関係：反共法でまた４人、母国留学の在日韓国人
1977.09.20	18頁05段	朝刊	韓国 日韓関係：「スパイ容疑の在日韓国人救援を」アムネスティで日本案採択
1977.09.22	02頁09段	朝刊	韓国 米議員買収事件：フレーザー委、近く渡米要求か－金大中事件証人在日韓国人3人
1977.09.22	02頁09段	朝刊	日韓関係 日韓ゆ着問題：証言希望の在日韓国人渡米、フレーザー委が近く要詰か
1977.10.09	02頁07段	朝刊	韓国 金大中氏事件：米下院委が極秘聴取、在日韓国人3人から－米側の事情聴取主権侵害でない、官房長官語る
1977.10.09	02頁09段	朝刊	韓国 金大中氏事件：米下院委が極秘聴取、在日韓国人3人から－文鮮明氏のことなども聴取、フレーザー委
1977.10.10	16頁05段	朝刊	司法試験合格者発表－韓国籍も2人合格

발행일	지면정보	간종별	목차
1979.01.25	04頁01段	朝刊	南北朝鮮問題：朝鮮総連が歓迎声明
1979.04.18	04頁07段	朝刊	韓国 対日関係：在日韓国人カメラマン、取材途中に釜山で連行
1979.07.21	20頁02段	朝刊	福祉・厚生：11年間払った国民年金の「受給資格認めよ」－在日韓国人が訴訟
1979.08.15	02頁05段	夕刊	韓国 政治：在日韓国人8人も釈放
1979.08.18	02頁05段	朝刊	釈放の在日韓国人、再入国認める方針－外務省筋が明かす
1979.10.14	02頁10段	朝刊	韓国 金泳三議員除名　各国の反応：在日韓国人団体などが金氏支援対策委
1979.10.20	22頁05段	朝刊	韓国：在日韓国人・朝鮮人代表団、人権擁護訴え訪米
1979.11.08	02頁06段	夕刊	韓国　朴大統領射殺事件＝政府の対応：民団事業を支援－崔代行語る
1979.12.11	22頁03段	朝刊	韓国：釈放の在日韓国人、日本に戻る
1980.01.08	20頁02段	朝刊	韓国：在日韓国人家族代表団、政治犯救済求め国連へ出発
1980.04.15	07頁10段	朝刊	北朝鮮：朝鮮総連に教育基金を送金
1980.05.20	07頁10段	朝刊	韓国　反政府暴動激化　光州事件：見て来た光州－在日韓国人青年語る
1980.05.22	18頁 07段	朝刊	東京ゼミの斎藤、本名元代議士に「金返せ」
1980.07.05	01頁12段	夕刊	韓国 金大中氏、軍法会議に 日本の対応：朝鮮総連が非難会見
1980.07.27	03頁01段	朝刊	デモ・集会：在日朝鮮人被爆者らが近く初の全国集会
1980.08.02	02頁08段	朝刊	韓国　金大中氏軍法会議裁判　日本の対応：虐殺を許すな－市民団体が声明
1980.08.08	03頁05段	朝刊	韓国：死刑確定の3在日韓国人の妻が執行停止を伊東外相に訴える
1980.08.14	11頁05段	夕刊	韓国　金大中氏軍法会議裁判　日本の対応：表情硬く街頭署名－市民団体
1980.08.27	09頁07段	夕刊	韓国 全斗煥将軍が大統領に就任：民団は歓迎声明
1980.09.02	21頁10段	朝刊	デモ・集会：在日韓国人・朝鮮人らが「人権闘争」で集会
1980.09.15	15頁01段	朝刊	学術：科学面＝フロンガス、国際朝鮮人参シンポジウム、日本化学会の広報活動強化
1980.09.15	15頁05段	朝刊	海外文化：韓国で国際朝鮮人参シンポジウム開く
1980.09.24	08頁01段	夕刊	芸術・芸能 音楽 歌謡曲・ポピュラー：「光州シティー」に人気－在日朝鮮人2世が全国縦断コンサート
1980.09.24	08頁01段	夕刊	韓国：在日朝鮮人の歌う「光州シティー」が日本で人気
1980.10.29	08頁01段	夕刊	帰化後の障害年金支給拒否は違憲でない－在日韓国人の請求棄却
1980.10.29	08頁01段	夕刊	帰化後の障害年金支給拒否は違憲でない－社会保障政策に反省迫る（解説）
1980.10.28	01頁09段	夕刊	韓国 金大中氏軍法会議裁判 各国の対応 日本関係：市民団体、同盟会長発言に抗議
1980.12.05	03頁01段	朝刊	韓国　金大中氏軍法会議裁判　各国の対応　日本関係：金大中氏救出、各地で訴え－在日韓国人らハンスト

발행일	지면정보	간종별	목 차
1981.01.20	07頁08段	朝刊	南北朝鮮問題：韓国、在日韓国人ら15人をスパイ容疑で逮捕
1981.02.27	19頁01段	朝刊	プロ野球：李投手、早く帰化を
1981.03.06	03頁10段	朝刊	国際機構 国際連合：国連人権委討議、在日韓国人問題で日本も対象に
1981.03.13	01頁01段	夕刊	条約・協定：「難民条約・議定書」締結承認へ－在日朝鮮人など処遇改善、国民年金法の国籍要件削除も
1981.03.13	03頁01段	朝刊	防衛 自衛隊 在日米軍：米韓軍事演習に関連し横田に核攻撃機が米本土から直接飛来？－市民団体確認
1981.03.31	03頁01段	朝刊	父系優先の国籍法は合憲－「簡易帰化で補完」と訴えを退ける
1981.03.31	03頁06段	朝刊	父系優先の国籍法は合憲－簡易帰化制度
1981.03.21	07頁09段	朝刊	韓国 対日関係：在日韓国人作家・金達寿氏らソウル入り
1981.04.09	03頁01段	朝刊	韓国 対日関係：金大中氏の"犯罪事実"、日本での活動含む－市民団体が判決文入手と発表
1981.04.10	21頁03段	朝刊	在日朝鮮人教師誕生－都内公立校で教壇に
1981.04.10	21頁03段	朝刊	東京都 教育：在日朝鮮人2人初めて教壇に－都内公立校で
1981.05.11	03頁06段	朝刊	福祉・厚生：被爆朝鮮人弔慰金支給で遺族が厚相に直訴へ
1981.05.25	09頁01段	朝刊	出版 読書：新刊の窓＝前川恵司著「韓国・朝鮮人－在日を生きる」
1981.05.27	09頁10段	夕刊	尹相哲氏－在日朝鮮人総連合会副会長
1981.05.28	07頁01段	韓国	韓国：在日韓国学生同盟が声明
1981.05.30	22頁01段	朝刊	内閣：森下発言に反発し市民団体が緊急集会
1981.07.01	23頁11段	朝刊	雑記帳＝朝鮮人被爆者の記録映画
1981.07.11	05頁01段	夕刊	教員採用試験の国籍制限－在日朝鮮人、愛知県で初提訴
1981.07.11	06頁01段	夕刊	教員採用試験「国籍制限」で初の提訴－在日韓国・朝鮮籍の2青年
1981.08.06	22頁01段	朝刊	米軍の被爆フィルムで記録映画－市民団体が1万5千メートル入手
1981.08.13	03頁01段	朝刊	韓国：光復節に服役囚の釈放も－在日韓国人政治犯、15日に7人釈放か
1981.08.14	01頁10段	夕刊	韓国：光復節に服役囚の釈放も－在日韓国人7人釈放、4人減刑
1981.08.15	03頁08段	朝刊	韓国：光復節に服役囚の釈放も－在日韓国人釈放は8人
1981.09.17	20頁03段	朝刊	第36回国体（びわこ）：東京都水球チームで、韓国籍の木村選手活躍
1981.09.17	22頁04段	朝刊	出版：横山やすし"自叙伝"で朝鮮人差別表現
1981.10.08	02頁09段	朝刊	日弁連、サハリン残留朝鮮人帰還問題で申し入れ
1981.10.13	06頁04段	夕刊	韓国：在日韓国人留学生ら5人をスパイ容疑で逮捕
1981.11.05	22頁04段	朝刊	映画：映画評・紹介＝朝鮮人被爆者の記録映画「世界の人へ」
1981.11.06	08頁03段	夕刊	韓国：スパイ容疑で在日韓国人9人検挙
1981.11.17	07頁05段	夕刊	ソウル地裁で在日韓国人に死刑判決
1981.11.21	07頁05段	朝刊	アンテナ：韓国学生も隠語好き
1981.12.20	18頁01段	朝刊	韓国：在日韓国人政治犯の家族がハンスト

발행일	지면정보	간종별	목 차
1981.12.23	06頁05段	夕刊	韓国：日本の国会議員有志が在日韓国人死刑囚2人の入院を要望
1982.01.18	09頁04段	朝刊	出版 読書：著書の周辺＝林えいだい「強制連行・強制労働－筑豊朝鮮人坑夫の記録」
1982.02.15	08頁03段	夕刊	外国人登録証の指紋拒否問題で在日韓国人が正式裁判申し立て
1982.02.17	08頁01段	夕刊	ソウル地裁で在日韓国人に死刑判決－スパイ容疑で
1982.03.01	07頁06段	夕刊	日韓関係：獄中で重体の在日韓国人死刑囚2人、韓国政府に治療の要請を－救援団体が外務省に申し入れ
1982.03.02	01頁01段	夕刊	アジア　韓国：金大中氏、懲役20年に減刑－元民団役員ら345人恩赦へ
1982.03.10	22頁05段	朝刊	旧樺太の朝鮮人帰国問題今後もソ連と交渉－鈴木首相語る
1982.03.13	03頁08段	朝刊	学術：市民団体、遺伝子組み替えで学術会議に公開質問状
1982.03.19	02頁10段	朝刊	日韓関係：張聡明・民団団長ら再選
1982.04.13	18頁06段	朝刊	韓国：在日韓国人留学生に無期懲役の判決
1982.04.18	03頁10段	朝刊	韓国：政治犯釈放求め新聞に意見広告－在日韓国人がカンパ呼び掛け
1982.06.18	03頁10段	朝刊	韓国：在日韓国人政治犯釈放を－国連人権委に17万人署名提出
1982.06.25	22頁01段	朝刊	「在日韓国人・徐さんの拘禁延長無効」と訴え
1982.07.18	23頁01段	朝刊	大震災時虐殺された朝鮮人の慰霊を－小学校教師らが運動
1982.07.19	22頁01段	朝刊	大震災時虐殺された朝鮮人の慰霊を－「発掘の会」準備会結成
1982.07.29	11頁10段	夕刊	中国・韓国の教科書検定批判：民団、文部省に是正申し入れ
1982.07.31	22頁07段	朝刊	中国・韓国の教科書検定批判：教科書問題で市民団体が首相に要望書
1982.08.13	03頁06段	朝刊	教科書検定問題：在日朝鮮人科学者協会、文相に再訂正要請
1982.08.16	08頁01段	朝刊	マスコミ 出版 読書：書評＝内海愛子著「朝鮮人BC級戦犯の記録」
1982.08.17	03頁06段	朝刊	教科書検定問題：21日に市民団体が文部省へデモ
1982.08.18	06頁01段	夕刊	デモ・集会：在日韓国人の母たちが文部省に抗議デモ－教科書問題
1982.08.18	06頁04段	夕刊	教科書検定問題：在日韓国人の母たちがデモ－文部省などに抗議
1982.08.27	03頁10段	朝刊	教科書検定問題：朝鮮総連が遺憾の声明
1982.09.01	07頁06段	朝刊	アジア インドシナ情勢 韓国 対日関係：関東大震災での朝鮮人虐殺追悼集会
1982.09.02	01頁12段	朝刊	余録：関東大震災の朝鮮人虐殺
1982.09.02	03頁07段	朝刊	小・中・高校　教科書検定問題：「教科書」わい曲の是正求め在日韓国学生が集会
1982.09.02	10頁05段	夕刊	アジア インドシナ情勢 韓国 対日関係：東京で虐殺朝鮮人の遺骨発掘始まる
1982.09.02	22頁01段	朝刊	デモ・集会：荒川河川敷で虐殺朝鮮人の追悼集会
1982.09.23	22頁01段	朝刊	話題：国民年金支給に"国籍の壁"－東京地裁、「韓国籍」2人の訴えを棄却

発行日	지면정보	간종별	목 차
1984.04.09	09頁01段	朝刊	出版　読書：新刊の窓＝神奈川の韓国・朝鮮人－神奈川県自治総合研究センター編
1984.04.20	03頁01段	夕刊	いぶにんぐフィーチャー＝在日朝鮮人とは何か
1984.04.21	07頁07段	朝刊	韓国：様変わり韓国学生運動
1984.05.27	22頁01段	朝刊	条約・協定　日韓関係：在日韓国人の徐俊植さん政治犯の刑期終えたがまた保安監護処分
1984.05.29	03頁10段	朝刊	条約・協定　日韓関係：在日韓国人問題で6月1日から東京で日韓実務者会議
1984.06.09	04頁04段	朝刊	編集者への手紙＝祖国統一は朝鮮人の悲願
1984.06.09	06頁07段	夕刊	在日韓国人婦人ら「指紋」で国連に請願へ
1984.06.12	22頁04段	朝刊	朝鮮総連襲撃の2人に殺人未遂認め実刑判決
1984.06.14	21頁06段	朝刊	東京都　区議会・市議会：立川基地に飛行障害物27カ所－市民団体「C1訓練」に反発強める
1984.07.18	19頁07段	朝刊	大阪興銀人質事件：在日韓国人の不安定な法的地位
1984.07.18	19頁11段	朝刊	大阪興銀人質事件：在日韓国人に衝撃
1984.07.20	01頁07段	夕刊	日韓関係：在日韓国人政治犯で人道的配慮に"留意"
1984.07.20	08頁05段	夕刊	北朝鮮籍の妻の離婚訴訟に夫の籍の韓国民法を適用
1984.08.01	02頁07段	朝刊	日韓関係：在日韓国人の法的地位見直しを－協力委合同会議閉幕
1984.08.11	02頁02段	朝刊	全大統領訪日：在日韓国人の思想犯を大統領訪日前に特赦－外務省首脳見通し
1984.08.30	01頁01段	朝刊	全大統領訪日：在日韓国人の地位向上や貿易、技術で日本の誠意表明を期待－全大統領語る
1984.08.30	03頁01段	朝刊	指紋押なつ拒否の在日韓国人に有罪判決
1984.08.30	03頁01段	朝刊	東京地裁、指紋押なつ拒否の在日朝鮮人に有罪判決
1984.09.02	20頁08段	朝刊	在日韓国・朝鮮人高校生が指紋押捺撤廃訴え
1984.09.03	01頁01段	朝刊	日韓関係　全大統領訪日：在日韓国人の待遇でぎりぎりの詰め
1984.09.06	03頁01段	朝刊	日韓関係　全大統領訪日：北朝鮮関係は不変、在日韓国人の待遇では協議継続－政府方針
1984.09.06	01頁07段	夕刊	日韓関係　全大統領訪日：「在日韓国人の待遇改善を要請する」と出国声明
1984.09.06	12頁01段	夕刊	日韓関係　全大統領訪日：「新時代だ」「時期早い」熱い目に胸中は複雑－在日韓国・朝鮮人
1984.09.06	12頁05段	夕刊	日韓関係　全大統領訪日：朝鮮総連はソッポ、都内で体育大会開く
1984.09.07	01頁01段	夕刊	日韓関係　全大統領訪日：官邸で午さん会－在日韓国人の待遇、指紋押捺を含め改善に努力－首相表明
1984.09.08	22頁01段	朝刊	日韓関係　全大統領訪日：「機は熟している」と在日韓国人たち
1984.09.08	22頁03段	朝刊	祝祭・行事：韓国大統領が在日韓国人代表と懇談
1984.09.08	22頁03段	朝刊	日韓関係　全大統領訪日：迎賓館で在日韓国人代表と懇談

발행일	지면정보	간종별	목 차
1984.09.09	02頁08段	朝刊	日韓関係　全大統領訪日：「お言葉は物足りぬ」－民団朴淵長語る
1984.09.09	02頁09段	朝刊	日韓関係　全大統領訪日：朝鮮総連は非難声明
1984.09.11	02頁06段	夕刊	日韓関係：首相、在日韓国人の法的地位など改善努力を閣議で指示
1984.09.26	22頁01段	朝刊	外国人登録法で行き過ぎ捜索と告訴－在日韓国人青年
1984.09.28	10頁05段	夕刊	国籍確認訴訟で在日朝鮮人敗訴－福岡地裁
1984.09.28	10頁05段	夕刊	在日朝鮮人の日本国籍確認要求認められず
1984.09.30	22頁01段	朝刊	在日韓国・朝鮮人34人が「指紋拒否予告宣言」
1984.10.02	03頁06段	朝刊	「押捺廃止を」在日韓国人2人がハンスト
1984.10.13	06頁05段	夕刊	日韓関係：在日韓国人留学生４人を含む10人をスパイ容疑で逮捕－韓国
1984.11.10	20頁03段	朝刊	東京都　豊島区：在日韓国人女性が耳の不自由な200人を招待して7回目のリサイタル
1984.11.28	18頁04段	夕刊	金田さん帰化申請
1984.12.20	22頁08段	朝刊	帰化女性の障害年金訴訟で控訴棄却
1984.12.21	22頁07段	朝刊	在日韓国人刺殺の差し戻し審は懲役12年判決
1984.11.26	09頁01段	朝刊	マスコミ　出版　読書：新刊の窓＝韓国・朝鮮人名仮名表記字典－金東熱監修
1984.12.29	02頁04段	朝刊	＜社説＞長野県の在日韓国人教員採用見送り－外国人にも教員の門を開け
1984.12.30	14頁05段	朝刊	大使・公使・総領事　韓国関係：恩赦で釈放の在日韓国人2人が帰国
1985.01.23	03頁03段	朝刊	韓国関係：スパイ容疑の在日韓国人死刑確定－韓国大法院が上告棄却
1985.01.23	03頁05段	朝刊	韓国関係：スパイ容疑の在日韓国人死刑確定－救う会が抗議声明
1985.02.28	02頁09段	朝刊	国会：日韓議員連盟、在日韓国人特別委員長に長谷川氏
1985.03.02	03頁09段	朝刊	各省庁　法務省：在日外国人の指紋押なつ61市区が告発留保－民団、中央大会で「拒否辞さぬ」と決議
1985.04.01	06頁01段	夕刊	朝鮮人特攻隊員のノンフィクション「開聞岳」近く発表
1985.04.02	07頁08段	夕刊	韓国関係：在日韓国人に懲役7年を求刑－スパイ容疑
1985.04.04	23頁09段	朝刊	在日韓国人の訴え「家宅捜索は正当」と不起訴処分に
1985.04.28	18頁04段	朝刊	各省庁　郵政省：在日韓国・朝鮮人の民族の垣根とり除こう－近畿郵政局が啓発の冊子作る
1985.05.10	10頁06段	夕刊	指紋押なつ問題：韓国居留民団、警察庁に釈放を要請
1985.05.14	07頁01段	夕刊	指紋押なつ問題：在日韓国人「管理強化」
1985.05.15	08頁05段	夕刊	在日韓国人の他殺体で2邦人捜査依頼－韓国
1985.05.19	02頁01段	朝刊	指紋押なつ問題：改善なければ集団拒否も－丁海竜・韓国居留民団事務総長にきく
1985.05.19	02頁07段	朝刊	指紋押なつ問題：継続して拒否者を募る－民団青年会が方針

発行日	지면정보	간종별	목 차
1985.05.21	03頁010段	朝刊	指紋押なつ問題：民団青年会、地方入管局長らに質問状
1985.05.22	02頁04段	朝刊	指紋押捺関係：韓国帰化の"日本人"女性が押捺拒否を決意
1985.05.22	03頁04段	朝刊	指紋押なつ問題：韓国人と結婚、帰化の女性が拒否へ－"日本人"で初のケース
1985.05.23	10頁05段	夕刊	指紋押なつ問題：韓国人と結婚、帰化の女性が拒否へ－的場さんが押なつ拒否
1985.05.25	03頁10段	朝刊	デモ・集会：朝鮮総連30周年大会
1985.05.28	05頁04段	朝刊	アジア 韓国 光州事件5周年：韓国学生の提起した問題点(社説)
1985.05.30	03頁01段	朝刊	指紋押なつ問題：夏の登録切り替え時に押なつを3カ月留保－民団本部が方針
1985.05.30	03頁01段	朝刊	指紋押捺関係：指紋登録切り替え時に3カ月押捺留保－民団本部が方針
1985.06.01	02頁06段	朝刊	選挙：「帰化した人の被選挙権不適格のケースも」－自民総務会の石原発言に渡辺氏反論
1985.06.14	21頁06段	朝刊	指紋押なつ問題：朝鮮人学校生徒が町田市長に"お礼"
1985.06.17	03頁09段	朝刊	指紋押なつ問題：在日韓国人女性の代表、廃止訴えに訪欧
1985.06.20	22頁07段	朝刊	慶州に帰化日本人の墓？
1985.06.21	18頁08段	朝刊	水上：在日韓国人選手に奨学金
1985.06.23	22頁08段	朝刊	ゴルフクラブ入会拒否で在日朝鮮人の病院長が仮処分申請
1985.07.02	03頁08段	朝刊	指紋押なつ問題：民団役員139人が押なつ留保を通知
1985.07.10	18頁08段	朝刊	東京都 千代田区：在日韓国人歌手・白玉仙さんのチャリティーリサイタル
1985.08.07	03頁10段	朝刊	デモ・集会：韓国の朝鮮人被爆者に初めて謝罪－首相
1985.08.07	03頁10段	朝刊	広島・長崎被爆40年：首相、初めて韓国、朝鮮人被爆者に謝罪
1985.08.11	18頁07段	朝刊	祝祭・行事：在日韓国・朝鮮人が独立40周年合同芸術公演
1985.08.19	03頁10段	朝刊	デモ・集会：在日朝鮮人への差別解消で研究集会
1985.08.23	03頁10段	朝刊	各省庁 法務省：外登法改善求め朝鮮総連が国連人権センターに署名提出
1985.09.09	03頁01段	朝刊	各省庁 法務省：指紋押なつ制、代案は難しい－在日韓国居留民団、押なつ留保運動収拾へ
1985.10.12	03頁06段	朝刊	指紋押なつ問題：民団の"留保"運動終結へ
1985.11.05	04頁01段	朝刊	指紋押なつ問題が転機に－民団終結、青年は拒否続行(ニュースきょうあす)
1985.12.16	06頁01段	朝刊	国際リポート－焦点と背景＝反米強める韓国学生運動
1985.12.25	08頁06段	夕刊	拒否の在日韓国人を逮捕－千葉で初めて
1985.12.28	06頁01段	夕刊	韓国関係：在日韓国人ら含む11人をスパイ容疑で逮捕
1986.02.16	22頁06段	朝刊	災害・事故：朝鮮人学校で35人食中毒
1986.02.25	07頁08段	夕刊	「指紋押捺は合憲」と在日韓国人二世に有罪

발행일	지면정보	간종별	목 차
1986.03.11	04頁01段	朝刊	韓国関係：在日韓国人の三世問題やっと論議－法務省が実態調査を開始(ニュースきょうあす)
1986.04.18	22頁06段	朝刊	押なつ拒否で在日韓国・朝鮮人2人書類送検
1986.04.24	07頁06段	朝刊	早大留学中の韓国学生が北朝鮮に亡命
1986.05.11	22頁05段	朝刊	デモ・集会：文化人・在日韓国人ら14氏が黄氏連行に抗議
1986.05.21	08頁07段	夕刊	過激派の動き ジャカルタのテロ 右翼関係：右翼の高橋議長を米移民帰化局が強制収容
1986.05.24	08頁01段	夕刊	押なつ拒否で川崎の在日韓国人会社員に逮捕状用意
1986.06.02	08頁01段	朝刊	マスコミ 出版 読書：在日韓国・朝鮮人問題の出版物
1986.07.03	19頁05段	朝刊	ソウル五輪：総連と民団が共同声明
1986.07.06	18頁09段	朝刊	第10回アジア大会：韓国代表に在日韓国人から3人
1986.07.20	23頁11段	朝刊	死去 外国人：文性守氏－朝鮮総連国際局副局長
1986.08.13	08頁02段	夕刊	祝祭・行事：韓国人・朝鮮人元戦犯の5遺体を故国に仮埋葬働きかけ
1986.09.06	02頁01段	朝刊	在日韓国人の意識調査－「生活は日本で」92%「帰化はイヤ」41%
1986.09.06	02頁01段	朝刊	在日韓国人の意識調査－3人に1人が母国語わからず
1986.09.06	02頁06段	朝刊	在日韓国人の法的地位協定
1986.09.08	10頁04段	夕刊	在日韓国人団体幹部を押なつ拒否で逮捕
1986.09.08	11頁04段	夕刊	指紋押なつ問題：在日韓国人団体の幹部を押なつ拒否で逮捕
1986.09.22	03頁10段	朝刊	首相訪韓：民団、朝鮮総連、指紋完全撤廃へ運動継続
1986.09.26	10頁09段	夕刊	デモ・集会：朝鮮総連全体大会
1986.10.03	10頁01段	夕刊	在日朝鮮人女性作家が同胞の苦闘を映画に
1986.11.06	22頁08段	朝刊	祝祭・行事：民団の創団40周年記念式
1986.11.18	23頁05段	朝刊	北朝鮮関係：朝鮮総連「デマだ」
1986.11.19	02頁09段	朝刊	北朝鮮関係：「予定通り受け入れ」－朝鮮総連が伝達
1986.11.13	13頁03段	夕刊	「金具を使って指紋押なつを強制」－在日韓国人が「拷問だ」と慰謝料請求へ
1986.11.21	22頁04段	朝刊	「拡充機放送なかった」と朝鮮総連が分析
1986.11.29	04頁01段	朝刊	韓国関係：在日韓国人政治犯に広がる救援運動(ニュースきょうあす)
1986.12.10	04頁01段	夕刊	寄稿：沖縄戦の朝鮮人犠牲者たち－海野福寿
1986.12.19	02頁10段	朝刊	在日朝鮮人の在留更新期間を延長－省令改正
1986.12.26	06頁11段	朝刊	北朝鮮関係：朝鮮総連議長の北朝鮮訪問後再入国認める－「親族訪問」名目で
1986.12.30	14頁09段	朝刊	在日朝鮮人の在留更新期間を延長－更新手数料免除を延長
1987.01.21	03頁	朝刊	法務省が指紋押なつ制度改善の外国人登録法改正案の骨子発表。
1987.01.22	23頁	朝刊	ビートたけし取材でテレビ朝日課長を東京スポーツが告訴
1987.01.23	20頁	朝刊	ビートたけし取材のフィルム抜き取りでテレビ朝日が謝罪
1987.02.09	01頁	夕刊	ズダン号事件で朝鮮総連が抗議声明

발행일	지면정보	간종별	목 차
1987.03.06	23頁	朝刊	金載華氏死去
1987.03.07	02頁	夕刊	北朝鮮兵士が韓国に亡命
1987.03.10	09頁	夕刊	指紋押なつ拒否の主婦を逮捕
1987.03.11	22頁	朝刊	指紋押なつ拒否で逮捕の主婦釈放
1987.03.12	26頁	朝刊	第9回舞台芸術創作賞決まる
1987.03.13	10頁	夕刊	入国管理法違反のポーランド人二人を国外退去処分
1987.05.04	01頁	朝刊	朝日新聞阪神支局に銃持つ男が乱入、記者一人死に一人重傷
1987.05.05	22頁	朝刊	フランスの歌手ダリダさん自殺
1987.05.10	03頁	朝刊	社団法人自由人権協会がエイズ予防に関する法律案に反対の声明
1987.05.10	22頁	朝刊	つぶせ!国家秘密法 いこう!国会へ中5・9大集会開く。
1987.05.11	23頁	朝刊	田中勇吉氏死去
1987.05.12	23頁	朝刊	皆川月華氏死去＝染色工芸界の長老
1987.05.13	23頁	朝刊	望月太左衛門氏死去
1987.05.14	03頁	朝刊	在日朝鮮人総連合が外国人にも精神衛生鑑定医認めよと要請書
1987.05.14	12頁	夕刊	五月みどりさん離婚
1987.05.15	10頁	夕刊	フィリピン人プロボクサー、強盗で逮捕
1987.05.15	27頁	朝刊	福山すすむ氏死去
1987.05.15	26頁	朝刊	朝日新聞阪神支局襲撃で市民団体が表現の自由を守るための集会
1987.05.21	02頁	夕刊	金日成主席が訪中
1987.06.18	26頁	朝刊	結婚で帰化の在日韓国人二世の民族姓復姓を京都地裁が認める
1987.07.09	26頁	朝刊	在日韓国人政治犯の釈放を家族が訴え
1987.07.13	01頁	夕刊	韓国の金泳三統一民主党総裁、政治犯の釈放を強く求める
1987.07.22	10頁	夕刊	在日韓国人政治犯の家族、早期釈放を金大中氏らに要請
1987.07.22	03頁	朝刊	在日外国人の一般行政職採用を神奈川県が検討
1987.07.24	01頁	朝刊	北朝鮮が韓国に対し、1992年までに兵力10万に削減する提案。
1987.07.25	26頁	朝刊	朝鮮友好親善の船の九家族、平壌で離散の家族と涙の対面
1987.08.05	23頁	朝刊	「NHK青年の主張」優秀賞の金君、押捺拒否で副賞の旅行待った
1987.08.05	03頁	朝刊	朝鮮総連は外登法改正案反対の要請書を首相、衆参議長らに渡す
1987.08.05	23頁	朝刊	「NHK青年の主張」優秀賞の金君、押捺拒否で副賞の旅行待った
1987.08.05	03頁	朝刊	外登法改正に反対の在日韓国人牧師らが韓国政界に協力要請
1987.08.07	22頁	朝刊	指紋拒否の金哲晶君、法務省陳情も物別れてカナダ旅行断念へ
1987.08.11	03頁	朝刊	指紋押なつ強制は旧満州国時代から、と調査団が発表
1987.08.13	07頁	朝刊	盧・民正党総裁が会見で「労使対話で争議解決」と見通し
1987.08.14	08頁	夕刊	足尾の強制労働、今なお残る朝鮮人一遺体
1987.09.09	27頁	朝刊	遭難漁船員、北朝鮮で沈黙の24年「日本人と判ると殺される」と
1987.09.10	03頁	朝刊	太平洋地域での核兵器事故への対応策を記した米軍文書を入手

발행일	지면정보	간종별	목 차
1988.02.03	22頁	朝刊	横浜港での北朝鮮貨客船乗組員の上陸拒否に朝鮮総連が抗議声明
1988.02.05	02頁	夕刊	朝鮮総連が在日朝鮮人の人権尊重を要請
1988.02.05	27頁	朝刊	朝鮮総連が「金賢姫に関する韓国側発表はわい曲」と調査結果発表
1988.02.08	09頁	夕刊	日朝議連の久野忠治会長、訪朝の際、日本人の通訳いたと語る
1988.02.08	01頁	朝刊	韓国国家安全企画部は金賢姫の教育係「恩恵」を2児の母と発表
1988.02.08	03頁	朝刊	金賢姫事情聴取の韓国側捜査結果発表の全容
1988.02.08	27頁	朝刊	賢姫教育係の恩恵は快活、ハスキー、洋食好きの黒髪の30歳女性
1988.02.08	01頁	夕刊	大韓機事件の金賢姫の日本側の事情聴取の模様が明らかに
1988.02.09	23頁	朝刊	朝鮮総連、金賢姫の自供に物的証拠なしと反論
1988.02.12	02頁	夕刊	中曾根前首相韓国での講演で「米日韓」三国の緊密化の重要性強調
1988.02.14	23頁	朝刊	金賢姫の教育係「恩恵」の身元割り出しへ警察庁が調査対象を拡大
1988.02.25	01頁	朝刊	韓国大統領就任式のため竹下首相ソウル入り
1988.02.25	03頁	朝刊	日韓交流の一環で延世大に百万ドルを寄付　語学教育施設を改築
1988.02.25	14頁	夕刊	盧大統領を教えた日本人教師
1988.02.25	01頁	朝刊	金賢姫の再聴取で李恩恵は東京に父母兄姉がいることが判明
1988.02.26	01頁	夕刊	韓国、大量特赦など実施へ
1988.02.26	01頁	朝刊	竹下首相と韓国の盧大統領が初の首脳会談
1988.02.26	02頁	朝刊	盧韓国大統領就任野党各党談話
1988.02.26	02頁	朝刊	日韓首脳会談の内容要旨
1988.02.26	27頁	朝刊	17年余も国民年金保険料納めた在日韓国人、裁判でも受給認めず
1988.02.27	02頁	朝刊	首相、日韓定期閣僚会議の早期開催に意欲を示す
1988.02.27	01頁	朝刊	韓国政府7234人の赦免、減刑、復権を決め２７日に実施
1988.03.04	11頁	夕刊	指紋押捺拒否に有罪　横浜地裁
1988.03.10	02頁	朝刊	社党山口書記長は「北の犯行」発言で井上国際局長から事情聴取
1988.03.12	10頁	夕刊	中国残留孤児の第2回補充調査団、帰国
1988.03.16	10頁	夕刊	指紋押なつ拒否の在日韓国人二世に名古屋高裁が減軽判決
1988.03.16	26頁	朝刊	朝鮮総連が共産党誌の「金賢姫らしい少女」の写真は別人と発表
1988.03.17	26頁	朝刊	指紋押なつ拒否の韓基徳被告が上告
1988.03.20	04頁	朝刊	「全敬煥氏が大阪で1泊」確認
1988.04.02	08頁	朝刊	住友信託が韓国人をソウル事務所長に
1988.04.02	03頁	朝刊	朝鮮総連議長らの再入国申請不許可を法務省が通告
1988.04.02	23頁	朝刊	朝鮮総連重ねて「写真の少女は鄭姫善」と主張
1988.04.02	02頁	朝刊	社党朝鮮問題特別委は、対韓政策転換に前向きの方針
1988.04.02	23頁	朝刊	朝鮮総連重ねて「写真の少女は鄭姫善」と主張
1988.04.05	02頁	朝刊	「韓国を"近くて近い"国に」と李新駐日大使
1988.04.11	11頁	夕刊	指紋押捺で合憲判断、金被告に罰金１万円

発行日	지면정보	간종별	목 차
1988.06.21	07頁	朝刊	[ひと] 鄭義幸さん＝在日韓国人三世の肝臓移植を援助
1988.06.28	10頁	夕刊	韓国の女子留学生？自宅で殺される－－市川
1988.06.28	10頁	夕刊	米留学した崔善愛さん成田着　押なつ拒否で再入国不許可のまま
1988.06.28	07頁	朝刊	韓国が近く政治犯釈放　在日韓国人含む－－夕刊紙報道
1988.06.28	01頁	朝刊	北方領土問題で「線引きによる国境変更」ソ連側から新に提起
1988.06.29	26頁	夕刊	韓国で30日に政治犯40数人を仮釈放　韓国法務省高官語る
1988.06.29	26頁	朝刊	指紋押なつ拒否の崔さんに特別在留許可
1988.06.29	26頁	朝刊	市川の留学生殺しで友人の大学院生を逮捕
1988.06.30	01頁	夕刊	韓国が在日韓国人政治犯6人を含む499人を仮釈放
1988.07.01	18頁	夕刊	国籍差別に負けるな　早大で初の「外国籍学生のための就職講座」
1988.07.01	03頁	朝刊	来春使用の教科書検定で社会科に厳しいチェック＝表付き
1988.07.03	26頁	朝刊	祖国で花開け美津穂－－在日三世のシンクロ韓国代表＝ソウル五輪
1988.07.04	26頁	朝刊	北朝鮮墓参すませサムジョン号が北九州市太刀浦港に入港
1988.07.04	26頁	朝刊	望郷つのる在韓日本人妻　梅雨明けに40人が里帰り＝ソウル五輪
1988.07.06	27頁	朝刊	北朝鮮の大物工作員？逮捕　日本人を送り込む在日貿易商を逮捕
1988.07.06	26頁	朝刊	サムジョン号、墓参団乗せ北朝鮮へ出港
1988.07.07	01頁	夕刊	韓国の盧大統領が南北和解へ「特別宣言」交易の門戸を開放
1988.07.10	23頁	朝刊	外登法違反容疑の在日朝鮮人貿易商を処分保留で釈放
1988.07.11	01頁	朝刊	サハリン在住韓国・朝鮮人の東京での再会制度を拡充＝外務省方針
1988.07.18	26頁	朝刊	外国人労働者の合法化求め市民グループが横浜で集会
1988.08.04	02頁	朝刊	「南北学生会談」参加で在日韓国・朝鮮人学生が再入国許可申請
1988.08.07	03頁	朝刊	[ひと] 李愚貞さん＝韓国人被爆者救済を訴える
1988.08.12	22頁	朝刊	旅券不正取得で韓国人ら3人を逮捕－警視庁公安部
1988.08.13	03頁	朝刊	韓国、政治犯ら1409人あす仮釈放－在日韓国人も4人
1988.08.15	01頁	夕刊	韓国学生3千人が「南北学生会談」へ決起大会－機動隊と衝突
1988.08.15	03頁	朝刊	法務省が外国人対象に人権相談所開設
1988.08.15	01頁	朝刊	韓国政府が在日韓国人4人含む政治犯36人釈放－建国40周年
1988.08.15	01頁	朝刊	「対韓戦後処理」決着図る
1988.08.15	08頁	夕刊	中蘇離散家族会の定期総会に社会党議員ら出席－韓国・大邱市
1988.08.15	01頁	朝刊	社党・五十嵐氏が中執メンバーで初の訪韓－離散家族総会出席
1988.08.15	22頁	朝刊	五輪契機に再会の期待高まる「北」・中・ソ領内の韓国人離散家族
1988.08.17	03頁	朝刊	サハリン残留韓国・朝鮮人問題で社会党が韓国に活動を報告
1988.08.18	07頁	朝刊	南北国会予備会談は難航か－「本会議」議題、メンバーで対立も
1988.08.20	03頁	朝刊	金大中事件真相調査委が死刑判決文を公表－「政治決着に違反」
1988.08.21	23頁	朝刊	桐竹亀松氏　死去＝人形浄瑠璃文楽座人形遣い
1988.08.21	02頁	朝刊	「土井訪韓現状では認められぬ」－韓国民正党代表委員が表明

발행일	지면정보	간종별	목 차
1989.07.20	03頁	朝刊	在日韓国人「三世」で日韓協議
1989.08.03	02頁	夕刊	金大中氏、事情聴取終える 政府側を「不当弾圧」と追及の構え
1989.08.09	03頁	朝刊	非核平和訴え長崎で集会－原水禁と原水協
1989.08.17	01頁	夕刊	韓国与党がサハリン残留韓国人と在韓被爆者への賠償を日本に要求
1989.09.02	02頁	朝刊	日韓議連が合同総会でソウルに代表団
1989.09.08	26頁	朝刊	指紋押なつ拒否で最高裁が免訴判決
1989.09.12	03頁	朝刊	[ひと] 姜文煕さん＝在韓被爆者の賠償要求を支援
1989.09.12	27頁	朝刊	裴東湖氏　死去＝民主民族統一韓国人連合委員長
1989.09.14	01頁	朝刊	「韓国大統領側近が7月に極秘訪朝」　総連関係者ら認める
1989.09.21	02頁	朝刊	朝鮮総連大会で土井社会党委員長があいさつ
1989.09.23	03頁	朝刊	朝鮮総連大会が閉幕
1989.09.29	01頁	夕刊	再入国不許可処分取り消し訴訟、福岡地裁が崔さんの訴え却下
1989.09.30	02頁	朝刊	社党書記長が「朝鮮総連からの献金」記事を否定
1989.10.12	26頁	朝刊	崔善愛さん控訴－再入国不許可取り消し訴訟
1989.10.13	15頁	夕刊	3億9千万円預手を韓国に持ち出す－在日韓国人パチンコ店主
1989.10.13	02頁	夕刊	長野の朝鮮総連、民団が社、自、民の4氏に献金 61年同日選中
1989.10.14	26頁	朝刊	朝鮮総連、民団からの寄付 自、社など10人へ
1989.10.14	26頁	朝刊	朝鮮総連、民団からの寄付 自、社など10人へ
1989.10.14	27頁	朝刊	億円持ち出しのパチンコ店主、金大中氏に献金
1989.10.18	01頁	朝刊	朝鮮総連が「中傷」と反論
1989.10.20	01頁	夕刊	「朝鮮総連は危険な団体」の認識不適当－後藤法相表明
1989.10.20	02頁	朝刊	串原義員への献金、朝鮮総連からでない－社党県本部が報告
1989.10.20	01頁	夕刊	「朝鮮総連は危険な団体」の認識不適当－後藤法相表明
1989.10.24	03頁	朝刊	パチンコ疑惑で「日本当局」を非難－在日朝鮮人商工連合会
1989.10.25	02頁	夕刊	パチンコ疑惑で参考人招致を要求－社会、共産両党
1989.10.26	26頁	朝刊	朝鮮総連が声明 後藤法相のパチンコ疑惑問題発言で
1989.11.01	02頁	朝刊	「中傷ひぼうの合唱」－パチンコ献金問題で朝鮮総連が談話
1989.11.01	01頁	朝刊	自民が社党書記長の喚問を要求 パチンコ集中審議で強硬姿勢
1989.11.01	02頁	朝刊	自社過熱のパチンコ集中審議 解散にらみ非難合戦[TODAY]
1989.11.03	03頁	朝刊	パチンコ献金、政府の朝鮮総連答弁で学者らが声明
1989.11.03	03頁	朝刊	浜田発言許せぬ 在日朝鮮人団体が声明
1989.11.04	02頁	夕刊	パチンコ疑惑の政府答弁に抗議　朝鮮総連が大会
1989.11.06	02頁	朝刊	北朝鮮関係、目立つ政府の手詰まり状態＝TODAY
1989.11.09	02頁	朝刊	公安調査庁は出所言及拒む 「朝鮮総連献金資料」
1989.11.10	02頁	朝刊	パチンコ資料問題で朝鮮総連が抗議談話
1989.11.10	02頁	朝刊	日朝議連の北訪問延期で抗議文 社会党が海部首相に

발행일	지면정보	간종별	목 차
1989.11.11	26頁	朝刊	暴行事件多発に善処申し入れ－在日本朝鮮人商工会
1989.11.12	03頁	朝刊	[ひと] 桂小文枝さん＝上方落語を韓国で初公演
1989.11.18	02頁	朝刊	訪朝の意向示す親書を田辺氏に託す 金丸氏
1989.11.19	01頁	朝刊	北朝鮮敵政策を厳しく批判－田辺氏と会談した北朝鮮要人
1989.11.20	02頁	朝刊	北朝鮮は日朝議連受け入れ姿勢 中国から帰国の田辺氏会見
1989.11.20	10頁	夕刊	入管法改正に抗議ハンスト－在日朝鮮人ら
1989.11.20	02頁	朝刊	北朝鮮は日朝議連受け入れ姿勢 中国から帰国の田辺氏会見
1989.11.22	07頁	朝刊	全国に「人民の鎖」を 「新フォーラム」が呼びかけ－東独
1989.11.22	01頁	夕刊	「関係省庁に対処を」在日朝鮮人児童へのいじめ－官房副長官
1989.11.22	02頁	朝刊	いじめ一般の問題として対応－朝鮮総連申し入れで首相
1989.11.26	26頁	朝刊	「朝鮮学校生への暴行やめて」 母親の会が要請書
1989.11.30	02頁	朝刊	「暴行続発の根本要因は日本政府に」－朝鮮総連副議長
1989.12.08	03頁	朝刊	[ひと] 芦部信喜さん＝発足した国際人権法学会の理事長
1989.12.20	02頁	朝刊	在日三世問題で永住権付与など要求 きょう日韓局長級会議
1989.12.21	01頁	朝刊	三世問題の進展が大統領訪日の条件－韓国局長
1989.12.22	30頁	朝刊	在日韓国人がスパイ容疑で獄中19年 徐勝さん、近く釈放か
1989.12.23	27頁	朝刊	徐勝さん含まれず－韓国・思想犯仮釈放
1989.12.23	02頁	朝刊	社会党訪韓団、関係修復なお時間　相次いだ与党の会談中止
1989.12.23	02頁	朝刊	社会党韓国訪問代表団、金国会議長とは土壇場で会談へ
1989.12.28	01頁	夕刊	在日韓国人三世問題解決へ努力－海部首相、韓国の放送に語る
1989.12.28	02頁	朝刊	社会党の山口書記長が首相に訪韓報告

아사히신문

○ ● ○

1 서지적 정보

『아사히신문』은 1970, 80년대에도 사설, 논단과 같은 코너를 통해 적극적으로 재일조선인과 남북한 문제에 대해서 다루어 왔다. 1970년 8월 7일자 사설「북조선과의 인적교류의 창을 열어라」는 최근 정부가 상업을 목적으로 북조선에 도항하는 무역 관계자에게 여권을 발급해 준 것을 계기로 앞으로 북조선과의 인적교류가 더 활발해 지기를 바라는 기대의 목소리를 높이고 있다. 하지만 이 때 1965년에 맺어진 한일협정을 둘러싸고 한국과 일본 측의 해석문제가 발생한다. 한국 측은 한일협정으로 인해 한반도에서 한국만이 유일한 합법적 국가라는 것을 확인했기 때문에, 일본정부에 상업 목적의 도항이라도 여권 발급을 해서는 안 된다는 것이었다. 사설은 이러한 상황일수록 일본정부는 한국정부에게 잘 이해를 구하고 한일협정이 남북 분열의 고착화가 아니라, 일본민족과 조선민족과의 정상적인 관계 실현을 위한 하나의 단계임을 다시 한번 한일 양국의 정부에 요망하고 있다.

같은 해 11월 15일자 사설「국적갱신신청에 탄력적 자세를」에서도 한일협정의 영향이 국적문제에까지 영향을 미치고 있는 것을 볼 수 있다. 한일협정으로 인해 전후 재일조선인들은「조선」또는「한국」이라는, 일본정부의 설명에 따르면 단순한「용어」내지는「부호」였던 것이, 한일협정으로 인해 한국은「국적」, 조선은「용어」로 정부의 견해가 바뀐 것이다. 그로 인해 최근에「한국」에서「조선」으로 국적을 변경하는 것에 대해 중앙정부와 지방자치단체가 소송을 벌이고 있는 것에 대해, 사설은 일본 정부(법무성)가 좀 더 국적 변경 신청자들의 목소리에 세심하게 귀를 기울일 것을 촉구하고 있다.

이외에도 아사히신문은 1977년 11월 17일자 논단「재일조선인에게도 주택융자를」, 1980년 10월 2일자 논단「뿌리 깊은 교육현장의 민족차별」, 1981년 4월 23일자 논단

「잘못된 재일조선인동화론」, 1983년 8월 18일자 사설 「남겨진 전후처리를 서둘러라」, 1986년 6월 13일자 논단 「재일한국·조선인에게 선거권을」, 7월 3일자 논단 「재일조선인의 참정권은 신중하게」, 1987년 1월 30일자 논단 「사할린 잔류 조선인의 귀국」, 1989년 3월 21일자 논단 「사할린 잔류 조선인에게 이해를」, 그리고 같은 해 11월 15일자 논단 「당략질의에서 조선인 학생에게 피해」, 11월 28일자 사설 「재일(在日)이지메를 하지 않는 나에게」 등 꾸준히 재일조선인들의 차별, 참정권 문제에 대해서 의견을 피력해 왔다.

또한, 1976년 2월에는 「65만명-재일한국·조선인」특집시리즈를 기획하여 2월 27일부터 4월 25일까지 총 50회에 걸쳐서 조선인들의 과거와 현재의 여러 문제들에 대한 칼럼을 연재하였다. 주로 재일조선인들의 실생활에 관련된 내용이 주를 이루고 있지만 연재되는 기간 동안 재일조선인들과 남북한의 정치적 상황을 다룬 기사들도 자주 볼 수 있다.

2 목차

발행일	지면정보	간종별	목차
1970.01.30	01頁09段	朝刊	(解説)奨励金だけ上がり米作減産ぼやける　きいた農民団体の圧力
1970.02.28	10頁08段	夕刊	「入管法案は在日朝鮮人への弾圧」朝鮮人総連合が声明-法令·法案
1970.02.21	13頁09段	朝刊	N·吉村が帰化へ-サッカー
1970.02.25	13頁04段	朝刊	バスケットの黄選手も帰化?-バスケット
1970.03.09	01頁11段	夕刊	韓国が抗議声明を発表　北朝鮮へ往来許可方針-北朝鮮里帰り問題
1970.03.16	02頁07段	夕刊	里帰り問題など協議か　駐日韓国大使が帰国-大·公使
1970.03.20	02頁01段	朝刊	北朝鮮帰国　六人の再入国許可　法務省　韓国側の反対押切る
1970.03.22	02頁01段	朝刊	韓国「報復はせぬ」北朝鮮への里帰り-北朝鮮里帰り問題
1970.03.30	14頁05段	朝刊	在日朝鮮人　六人が墓参で里帰り-北朝鮮里帰り問題
1970.03.31	01頁12段	夕刊	関係を否定　朝鮮総連-日航機乗っ取り
1970.03.31	03頁04段	朝刊	統一革命党が再建　在日朝鮮人筋-韓国
1970.04.05	02頁09段	朝刊	日本国民へ友情の現れ　朝鮮総連が談話-「よど」平壌着
1970.04.06	02頁05段	朝刊	平壌で歓迎受ける　墓参の在日朝鮮人-日朝関係
1970.04.06	14頁10段	朝刊	朝鮮総連も帰還を喜ぶ-三乗員と山村次官帰る
1970.04.23	21頁04段	朝刊	中薗英助著「在日朝鮮人」　知里真志保評伝「天才アイヌ人学者の生涯」
1970.05.01	14頁08段	朝刊	ソ連から今浦島太郎　帰化の日本兵、25年ぶり-来日·離日·帰日
1970.05.09	14頁01段	朝刊	朝鮮人いじめをやめて　「人権を守る会」が調査報告　高校生らの被害続出

발행일	지면정보	간종별	목차
1970.05.12	11頁07段	夕刊	法務省が退去令取消し 訴訟の在日朝鮮人-裁判
1970.05.21	23頁08段	朝刊	朝鮮人生徒への乱暴に対策を 総連、警視庁に要請-朝鮮人問題
1970.05.27	23頁08段	朝刊	朝鮮高校生への暴行やめさせよ 朝鮮総連が抗議声明
1970.05.29	22頁08段	朝刊	朝鮮人高校生と間違え暴行 国士舘生徒12人取調べ
1970.06.06	10頁08段	夕刊	在日学生への暴行を非難 北朝鮮外務省-朝鮮人高校生への暴力事件
1970.06.07	22頁11段	朝刊	朝高生問題で抗議 社共両党代表ら-朝鮮人高校生への暴力事件
1970.06.13	01頁09段	夕刊	北朝鮮支持の在日青年に韓国から徴兵命令-在日朝鮮人への徴兵令
1970.06.14	03頁10段	朝刊	在日と"北"支持者には徴兵令は無効 韓国総領事館が見解
1970.06.15	03頁10段	朝刊	樺さん追悼 きょう集会 日比谷公園に一万人-樺美智子さん追悼集会
1970.06.17	23頁07段	朝刊	民団側が否定談話 在日朝鮮人への徴兵令-在日朝鮮人への徴兵令
1970.06.19	10頁08段	夕刊	また朝鮮人高校生への暴力事件-朝鮮人高校生への暴力事件
1970.06.20	22頁11段	朝刊	新宿でまたけんか騒ぎ 日本・朝鮮学生-朝鮮人高校生への暴力事件
1970.06.27	21頁11段	朝刊	韓一銀行入りか 元ユニチカの岩木英子-バスケットボール
1970.07.20	02頁01段	朝刊	韓国が日本に延長打診 在日韓国人の地位協定-第四回日韓定期閣僚会議
1970.07.22	01頁06段	朝刊	永住権取得 申請期間の延長を 崔外務部長官発言-第四回日韓定期閣僚会議
1970.07.24	01頁04段	朝刊	北朝鮮帰国 日赤 交渉再開呼掛け 入国手続きで譲歩用意-日朝関係
1970.07.28	07頁10段	夕刊	各層の教科書観を市民団体が調査へ-教科書裁判
1970.07.28	22頁11段	朝刊	ソウルで二千万円盗難 在日韓国人学生旅行団-韓国
1970.07.31	03頁05段	朝刊	サッカー試合もダメ 北朝鮮系生徒の帰国-日朝関係
1970.08.05	02頁05段	朝刊	民団と総連の対立激化 在日朝鮮人の地位-在日朝鮮人の地位問題
1970.08.05	02頁05段	朝刊	永住権 申請促進に協力 外相、駐日大使に表明-在日朝鮮人の地位問題
1970.08.05	02頁07段	朝刊	国籍表示を「朝鮮」に 全国で変更申請相次ぐ-在日朝鮮人の地位問題
1970.08.06	01頁10段	朝刊	首相も協力を約束 永住権問題や経済協力-日韓協力委
1970.08.07	05頁01段	朝刊	北朝鮮との人的交流の窓を開け-社説
1970.08.10	19頁01段	朝刊	長崎の被爆死者の遺骨 同胞でうばい合い 韓国系と北朝鮮系-長崎
1970.08.15	02頁01段	夕刊	朝鮮籍への変更受理 田川市で韓国籍の14人 法務省、通達違反と反発
1970.08.20	03頁09段	朝刊	韓国籍に戻せと指示 国籍書換え受理問題 田川市に法務省
1970.08.25	23頁08段	朝刊	「少年サンデー」の発売停止を 在日外国人の人権を守る会が抗議-出版
1970.08.27	05頁05段	朝刊	坂田九十百(在日朝鮮人の"朝鮮籍"への変更を認めた田川市長)
1970.08.31	02頁04段	朝刊	両朝鮮へ代表派遣 在日青年 統一めざし決議-在日外国人
1970.08.31	02頁08段	朝刊	田川市が正式に承認を申請 朝鮮籍への登録書換え-在日朝鮮人の地位問題
1970.09.02	02頁09段	朝刊	革新市長会きょう協議-在日朝鮮人の国籍書換え問題
1970.09.02	02頁10段	朝刊	北朝鮮が糾弾声明-在日朝鮮人の国籍書換え問題
1970.09.03	02頁04段	朝刊	朝鮮籍への変更申請 さらに五市認める 革新市長会が扱い協議
1970.09.04	04頁09段	朝刊	戦時中炭鉱で散った朝鮮人労働者の遺骨 筑豊5市4郡での調査から
1970.09.08	02頁01段	朝刊	田川市の「朝鮮籍」書換え措置 訂正命令に踏切る 法務省、福岡県に指示
1970.09.12	01頁06段	夕刊	国籍変更-今日の問題

발행일	지면정보	간종별	목차
1970.09.15	02頁06段	朝刊	酒田市も書換え 朝鮮国籍申請の16人-在日朝鮮人の国籍書換え問題
1970.09.15	02頁10段	朝刊	永住権の取消しを要求 北九州市の39人-在日朝鮮人の国籍書換え問題
1970.09.15	02頁10段	朝刊	取消し認めぬ 法務省が見解-在日朝鮮人の国籍書換え問題
1970.09.19	02頁08段	朝刊	合理的な理由なしに認めぬ 永住権返上で法務省
1970.09.19	02頁09段	夕刊	八市が一斉に朝鮮籍書換え 北海道革新市長申合せ
1970.09.21	13頁03段	朝刊	在日朝鮮人の文学-読書ニュース
1970.09.25	02頁09段	朝刊	塩尻市も書換え 「朝鮮籍」へ-在日朝鮮人の国籍書換え問題
1970.09.25	04頁01段	朝刊	「韓国」か「朝鮮」か こじれる国籍書換え問題 影おとす日韓条約
1970.09.26	23頁04段	朝刊	公害攻めに沈黙 川崎市・臨海工業地帯の朝鮮人居住区「騒げば孤立するだけ」-大気汚染
1970.09.28	02頁09段	夕刊	帯広など五市で書換え実施 朝鮮籍へ変更-在日朝鮮人の国籍書換え問題
1970.09.28	04頁02段	朝刊	朝鮮人の国籍変更 酒田市長 小山孫次郎氏-ひじかけいす
1970.09.29	02頁01段	朝刊	朝鮮人の国籍書換え 打開に苦しむ法務省 "造反"市側は強気
1970.10.05	24頁08段	朝刊	歩道橋反対でデモ 国立市の市民団体-国立市歩道橋問題
1970.10.07	06頁07段	朝刊	朝鮮労働党大会へ祝賀団-国際短信
1970.10.08	02頁05段	朝刊	田川市の朝鮮籍書換え訂正に 期限付き執行命令を 法務省、福岡県知事に通達
1970.10.08	22頁01段	朝刊	ニセの北朝鮮機関紙横行 中身は巧妙な反共文 総連会員に郵送-在日外国人
1970.10.10	02頁07段	朝刊	法務省の認可通達で 朝鮮籍に15人書換え 三重県上野市
1970.10.12	01頁10段	夕刊	法務省の通達届く 田川市の国籍書換え-在日朝鮮人国籍書換え問題
1970.10.12	02頁09段	夕刊	宮崎氏らと会見 周首相-親善訪中
1970.10.14	02頁06段	朝刊	宇治市も独自に書換え 朝鮮籍へ20人-在日朝鮮人国籍書換え問題
1970.10.16	02頁01段	朝刊	国・革新自治体の対立深まる 朝鮮籍問題 裁判で争う方針 革新市長会 23日に声明
1970.10.24	02頁03段	朝刊	在日朝鮮人の国籍書換え 通達撤回を要求 革新市長会 法務省へ挑戦状
1970.10.28	02頁08段	朝刊	武蔵野など8革新市も 朝鮮籍へ書換え-在日朝鮮人国籍書換え問題
1970.10.28	02頁09段	朝刊	在日韓国人永住権で日韓実務者会議-日韓関係
1970.10.29	02頁01段	朝刊	韓国人の永住権取得者 家族優遇で合意 日本、国籍書換えの協議断る
1970.10.29	02頁10段	夕刊	来月四日以降 書換えを実施 習志野市-在日朝鮮人国籍書換え問題
1970.10.30	03頁05段	朝刊	横浜・横須賀も受付け きょうから在日朝鮮人の国籍書換え
1970.10.31	02頁08段	朝刊	二三八人を朝鮮籍に書換え 横浜・横須賀-在日朝鮮人国籍書換え問題
1970.10.31	02頁10段	朝刊	秋田市も踏切る-在日朝鮮人国籍書換え問題
1970.11.02	02頁10段	夕刊	福岡県で五十人認められる 朝鮮籍書換え-在日朝鮮人国籍書換え問題
1970.11.03	24頁11段	朝刊	あすから一斉受付け 武蔵野など革新五市 朝鮮籍への書換え
1970.11.04	02頁08段	夕刊	習志野で十人朝鮮籍へ書換え-在日朝鮮人国籍書換え問題
1970.11.05	02頁10段	朝刊	都下の五市も実施 朝鮮籍へ書換え-在日朝鮮人国籍書換え問題
1970.11.07	04頁10段	朝刊	川崎も書換え 在日朝鮮人-在日朝鮮人国籍書換え問題
1970.11.09	04頁01段	朝刊	故国の土も踏めず…厚生省に眠る朝鮮人戦没者二千体 南北分裂がカベに
1970.11.09	07頁01段	夕刊	在日朝鮮人の人権を守る会(福岡市)-住民運動のなかから

발행일	지면정보	간종별	목차
1971.01.13	09頁05段	夕刊	"就職差別"裁判ひらく-朝鮮人就職差別問題
1971.01.13	22頁01段	朝刊	在日朝鮮人青年の訴訟きょう口頭弁論 われら就職差別を背負って
1971.01.13	22頁01段	朝刊	「ボクは新井か朴か」日立製作所相手に訴え 人並みに扱って
1971.01.13	22頁05段	朝刊	75％が無職か失業状態-朝鮮人就職差別問題
1971.01.14	02頁10段	朝刊	非公開の登録名簿が外部に 朝鮮総連が抗議-渉外
1971.01.15	02頁08段	朝刊	韓国が善後策を要望 永住権申請期限切れで-在日朝鮮人永住権申請問題
1971.01.15	02頁10段	朝刊	喜多方市が書換え 朝鮮籍へ七人-在日朝鮮人国籍書換え問題
1971.01.15	02頁10段	朝刊	飯山市でも二人-在日朝鮮人国籍書換え問題
1971.01.16	01頁01段	朝刊	半数の30万越すか 永住申請、きょう締切り-在日朝鮮人永住権申請問題
1971.01.16	01頁06段	朝刊	(解説)法的な立場に区別-在日朝鮮人永住権申請問題
1971.01.16	01頁08段	朝刊	妨害行為に警告 韓国政府-在日朝鮮人永住権申請問題
1971.01.16	03頁04段	朝刊	日韓協定粉砕を叫んで集会 永住権申請期限切れを前に
1971.01.16	09頁01段	夕刊	在日朝鮮人 南と北に分断永住権の申請最終日 大きな混乱はなし
1971.01.16	09頁05段	夕刊	故郷の親に会いたくて 大阪の申請者-在日朝鮮人永住権申請問題
1971.01.17	03頁07段	朝刊	申請を締切る 在日韓国人の永住権-在日朝鮮人永住権申請問題
1971.01.19	18頁06段	朝刊	10人分は本人未確認 東京・大田区 韓国人の永住権申請
1971.01.20	02頁07段	朝刊	在日朝鮮人 永住権協定延長は困難 法相語る-在日朝鮮人永住権申請問題
1971.01.20	02頁08段	朝刊	申請あった分は全部許可を 韓国の代表、首相に要望
1971.01.26	03頁06段	朝刊	容疑者帰化 異例ずくめ 前科一犯、いったんは不許可 西郷法相(当時)が"逆転OK" 日建グループ不正
1971.01.28	22頁01段	朝刊	「選手歓迎、民団と共同で」朝鮮総連が申入れ プレ五輪
1971.01.28	09頁08段	夕刊	民団側は難色 プレ五輪選手の共同応援
1971.01.29	01頁07段	夕刊	韓国籍へ四人戻す 田川市が法務省に連絡 訴訟は一応回避へ
1971.01.29	01頁11段	夕刊	気の毒だが 坂田・田川市長の話-在日朝鮮人国籍書換え問題
1971.01.29	01頁11段	夕刊	(解説)国への抵抗 やはり限界-在日朝鮮人国籍書換え問題
1971.01.29	02頁01段	朝刊	提訴見合す方向 田川の国籍書換え問題 福岡県知事
1971.01.29	02頁10段	夕刊	四年ぶりに大会 在日朝鮮人総連合会-渉外
1971.01.31	02頁06段	朝刊	革新市長会は既定方針貫く 在日朝鮮人国籍書換え
1971.02.01	02頁10段	朝刊	朝鮮総連大会終る-渉外
1971.02.01	02頁01段	夕刊	職務執行命令撤回、法務省は約束しない 朝鮮籍書換えで福岡副知事語る
1971.02.02	15頁01段	朝刊	差別克服の闘い 解放教育副読本「にんげん」に見る 試練に耐える子ら 真の人間的美しさ示す-教育
1971.02.03	03頁06段	朝刊	西郷問題追及へ 国会 きょう手形乱発など-西郷議員問題
1971.02.03	02頁08段	夕刊	国籍書戻し手続き終る 田川市が法務省に連絡-在日朝鮮人国籍書換え問題
1971.02.03	09頁01段	夕刊	西郷議員問題を追及 参院議運委「帰化」疑惑深まる 西郷氏は欠席
1971.02.04	02頁09段	朝刊	再度朝鮮籍へ書換えを申請 李さん一家で田川市-在日朝鮮人国籍書換え問題
1971.02.06	23頁04段	朝刊	3年ぶりに故国が‥‥「夢じゃないんだね」帰還再開に在日朝鮮人

발행일	지면정보	간종별	목차
1971.02.07	02頁10段	朝刊	日本へ抗議覚書 韓国、北朝鮮帰還で-北朝鮮帰還問題
1971.02.10	22頁09段	朝刊	「デッチあげ」と声明 在日朝鮮総連-北朝鮮ハン選手兄妹に"南北の壁"
1971.02.15	02頁01段	朝刊	35万人は確実 在日朝鮮人永住権申請 法務省調べ-在日朝鮮人永住権申請
1971.02.20	03頁01段	朝刊	対面時間切れ目前 ハン選手 韓国側が来日の兄を"保護"
1971.02.20	03頁06段	朝刊	民団が対面に条件-北朝鮮ハン選手兄妹に"南北の壁"
1971.02.21	03頁10段	朝刊	新たに七人 田川市の国籍書換え-在日朝鮮人国籍書換え問題
1971.02.28	02頁01段	朝刊	韓国→朝鮮 市町村の国籍書換え 法務省が認める
1971.02.28	02頁05段	朝刊	(解説)"政治的な妥協"市町村長の権限 事実上認める
1971.02.28	03頁01段	朝刊	フェルナンデル氏-訃報
1971.03.06	21頁10段	朝刊	英人コーチ説否定 在日朝鮮人体育連-サッカー
1971.03.11	02頁05段	朝刊	入管法案を強化修正 自民部会-出入国管理法案
1971.03.17	02頁07段	朝刊	問題含む自民修正 入管法「中止命令制度」の適用拡大 野党追及へ 「特定の在日外国人の活動規制」
1971.04.01	03頁05段	朝刊	退去処分は無効 在日朝鮮人が勝訴 広島地裁-裁判
1971.04.08	22頁01段	朝刊	(話題)"南北の壁"越えて 対面北朝鮮卓球選手と在日韓国人の義姉
1971.04.11	07頁08段	朝刊	政府側の出方を待つ 韓国学生デモ一時中止-大統領選へ学生デモ
1971.04.13	22頁01段	朝刊	美濃部さんへの手紙 〈小川昌子〉弱い者の利益優先を 対話の回路さらに広く 〈内田元亨〉大地震は待ったなし 都民参加の東京改造を
1971.04.15	07頁05段	朝刊	朴大統領の車へ投石 韓国学生、続々連行される-大統領選へ学生デモ
1971.04.17	06頁01段	朝刊	制圧と抵抗 韓国学生デモ 教練必修化に反発 高い学費・言論弾圧も批判 デモの背景
1971.04.18	02頁05段	朝刊	永住権問題 国内法で救済検討へ 韓国 期間延長引込める
1971.04.18	22頁01段	朝刊	主婦二人も巻添え 朝鮮高校生への暴力 新学期でまた激化
1971.04.20	02頁08段	夕刊	学生ら51人をスパイ容疑で逮捕、韓国陸軍発表-韓国
1971.04.21	22頁11段	朝刊	朝鮮高校生を公平に扱え 朝鮮人教育会が警視庁に申入れ-在日朝鮮人暴行事件
1971.04.27	23頁04段	朝刊	帰化-コラム
1971.05.11	09頁01段	夕刊	さようなら東京 北朝鮮帰還 59人上野を出発 遺骨抱いた高校生も-北朝鮮帰還事業
1971.05.25	03頁07段	朝刊	平塚らいてうさんが死去-らいてう女史死去
1971.05.25	07頁08段	朝刊	選挙後まで"休戦"か 韓国学生デモ-学生デモ
1971.06.02	07頁10段	朝刊	ソウル大生初公判 不正選挙反対デモ-韓国
1971.06.13	08頁06段	夕刊	再入国許可を申請 朝鮮学校の二サークル-日朝関係
1971.06.16	22頁08段	朝刊	在日韓国人に召喚状 中央情報部 「反国家的言動とった」-韓国人召喚問題
1971.06.17	22頁11段	朝刊	「事実と相違」と大使館反論 在日韓国人の召喚状-韓国人召喚問題
1971.06.21	02頁01段	朝刊	在日朝鮮人の永住権申請、過半数越す35万人 法務省まとめ-在日外国人
1971.06.26	02頁10段	朝刊	首相訪韓に反対しデモ 韓国学生-大統領就任式
1971.07.29	03頁06段	朝刊	市民団体 新しい反対運動を-佐藤・武見会談で収拾へ
1971.07.29	04頁09段	朝刊	市民団体が声明 人間への愛情なし-佐藤・武見会談で収拾へ

발행일	지면정보	간종별	목차
1971.08.03	18頁08段	朝刊	韓国民団本部と都本部乱闘 建物の管理権で対立-在日朝鮮人
1971.08.11	01頁09段	夕刊	海外朝鮮人の南北統一会議北朝鮮が提唱-南北朝鮮赤十字会談
1971.08.13	19頁01段	朝刊	「私は日本人だ」逮捕覚悟で"在日朝鮮人"は訴える 虐殺し切捨てるのか 戦後26年、問われる責任-在日朝鮮人
1971.08.14	01頁06段	夕刊	統一一会議、日本開催望む朝総連議長-在日朝鮮人の動き
1971.08.14	09頁01段	夕刊	喜びにわく在日朝鮮人 肉親と再会できる日も 南北抗争のミゾ埋めて
1971.08.15	01頁03段	朝刊	一足早く南北対話 初めて民団と総連 本社で-在日朝鮮人の動き
1971.08.15	03頁01段	朝刊	38度線のカベに穴 民団・総連の幹部会談「望外の同席ですね」
1971.08.15	07頁01段	朝刊	"民族はひとつ"を原点に民団・総連両代表の座談会
1971.08.16	19頁06段	朝刊	なぜ？どこへ？消えた朝鮮人 大本営地下ごう工事の数百人 長野・松代
1971.08.18	02頁05段	朝刊	同胞の大会を共同で 朝鮮総連が民団に提案-在日朝鮮人の動き
1971.08.19	02頁06段	朝刊	新潟へ初めて北朝鮮船-北朝鮮帰還再開
1971.08.20	02頁09段	朝刊	南北集会に民団は慎重「経過みて」と回答へ-在日朝鮮人の動き
1971.08.21	02頁05段	朝刊	朝鮮籍書換え 革新市長は強気 行政指導黙殺の方針-在日朝鮮人
1971.08.21	03頁05段	朝刊	期待を胸に出港 帰還船、北朝鮮へ 板門店で対話の日-北朝鮮帰還再開
1971.08.23	02頁02段	夕刊	北朝鮮への里帰り許可10月までに実現も 官房長官が総連に表明
1971.08.24	03頁01段	朝刊	教科書と手引書 比較例-教育
1971.08.24	03頁08段	朝刊	地教委を通じて指導-教育
1971.08.24	03頁09段	朝刊	指導要領否定は困る-教育
1971.08.28	10頁06段	朝刊	土氏、朝鮮総連訪問-土国権氏(中日友好協会副会長)の来日
1971.08.29	02頁08段	朝刊	共同大会を再提案 朝鮮総連が民団に-在日朝鮮人の動き
1971.09.08	22頁09段	朝刊	民団と総連のスポーツ交流ご破算に-在日朝鮮人
1971.09.11	24頁01段	朝刊	「太陽を奪わないで‥」目黒区内の三住民団体 高層マンション建設反対
1971.09.19	04頁01段	朝刊	(54)時間切れ-政治との距離
1971.09.19	23頁08段	朝刊	南北赤十字会談支援大会ひらく 総連系、全国で九万人-南北朝鮮赤十字会談
1971.09.23	17頁01段	朝刊	赤十字会談見守る在日朝鮮人 肉親おもい成果祈る-家庭
1971.09.29	20頁01段	朝刊	若林弟(アイスホッケー)が帰化 札幌五輪 日本代表で出場
1971.10.01	07頁01段	朝刊	韓国学生デモ 二大学に拡大 軍事教練反対
1971.10.04	02頁10段	朝刊	在日朝鮮人に教育費など送金 北朝鮮赤十字会-在日朝鮮人
1971.10.09	09頁10段	朝刊	関西財界人の訪朝歓迎 朝鮮総連議長-関西財界人の訪朝
1971.10.12	03頁08段	朝刊	徐君ら三人 死刑を求刑 韓国の学園スパイ ソウル地裁-学園スパイ事件
1971.10.12	03頁10段	朝刊	恩師や同窓生ら、ため息-学園スパイ事件
1971.10.12	22頁01段	朝刊	警察でウッカリもらした本名 被害者が見て訴え-暴力・おどし
1971.10.13	08頁01段	夕刊	このカベを破ろう 60万人の在日朝鮮人 南北交流の芽生え-在日朝鮮人
1971.10.14	10頁05段	夕刊	「市民との触れ合いを大事に」美濃部さん、朝鮮総連に訪問のあいさつ
1971.10.18	10頁01段	夕刊	"片道切符"の日本→北朝鮮 朝鮮民主女性同盟大会に出席の８人 再入国できず立往生 祖国での感激もフイに
1971.10.23	03頁05段	朝刊	学園スパイ事件の徐君 嘆願空し、死刑判決 ソウル地裁-学園スパイ事件

발행일	지면정보	간종별	목차
1971.10.23	22頁04段	朝刊	恩師らにショック 徐君の死刑判決「裁判方法にも疑問」-学園スパイ事件
1971.10.23	22頁08段	朝刊	助命運動を決議 在日韓国人学生ら-学園スパイ事件
1971.10.24	02頁10段	朝刊	徐君のスパイ容疑はでっち上げ 総連議長談-学園スパイ事件
1971.10.26	22頁10段	朝刊	徐君に寛大な措置を 東教大恩師らがアピール-学園スパイ事件
1971.10.28	22頁08段	朝刊	徐兄弟が控訴-学園スパイ事件
1971.10.29	23頁06段	朝刊	国際恩赦協も動く「徐兄弟を救う会」に連絡-学園スパイ事件
1971.11.08	08頁01段	夕刊	(対談)ゴミ戦争 西も東も悩みは深刻 処理は"ゴミ税"で 市民団体が地元を説得 ニューヨーク 柴田徳衛 ジェローム・クレッチマー
1971.11.18	19頁01段	朝刊	(9)集団妄想の主役 デマ信じて暴走 権威に弱い善良な人間-心のプリズム(異常心理学への招待)
1971.11.25	02頁10段	朝刊	中国の国連参加で朝鮮問題にも変化 総連副議長講演-在日朝鮮人
1971.11.26	11頁10段	夕刊	徐君を助けて 韓国大使館に嘆願署名簿-北朝鮮スパイ事件
1971.12.13	04頁01段	朝刊	朝鮮人学校に規制の動き 国への移管ねらう 文部省 民族の教育権守れ 支持派 注目される外国人学校法案-日本レポート(こみゅにてぃ)
1971.12.27	01頁12段	朝刊	在日韓国人の死亡者-ホテル大然閣の火事
1972.01.08	02頁10段	朝刊	北朝鮮側が受入れきめる 日朝議連代表団-日朝議連訪朝団
1972.01.14	04頁09段	朝刊	被爆者救援へ二つの運動 市民団体が全国募金 韓国の1万5千人対象に医療と生活の手助けへ
1972.01.15	18頁08段	朝刊	山手線内でけんか 大学生と朝鮮人高校生 ダイヤ混乱-傷害
1972.01.18	08頁05段	夕刊	徐君兄弟の控訴審始る 韓国学園スパイ事件-韓国学園スパイ事件
1972.01.31	02頁10段	朝刊	在日朝鮮人援助で送金-渉外
1972.01.31	23頁08段	朝刊	在日韓国人二世救援に立上がる 「スパイ」の徐兄弟事件
1972.02.01	18頁07段	朝刊	徐君弟にまた死刑求刑 スパイ事件控訴審-学園スパイ事件
1972.02.09	22頁05段	朝刊	不当広告摘発しよう 都内では市民団体結束 マンション建設-土地・住宅
1972.02.10	02頁06段	朝刊	「北朝鮮」には消極意向 時期尚早と法相 金首相誕生祝賀団申請-日朝親善
1972.02.11	03頁01段	朝刊	徐君兄弟救済 国会議員が超党派運動-学園スパイ事件
1972.02.15	03頁04段	朝刊	懲役七年に減刑 学園スパイ事件の徐俊植君 ソウル高裁「北」行き、あくまで違法-学園スパイ事件
1972.02.15	03頁08段	朝刊	「救う会」など多数が傍聴-学園スパイ事件
1972.02.20	09頁01段	朝刊	朝鮮総連 日朝貿易で商社設立 実質的な「代表部」 来月から営業開始
1972.02.22	19頁09段	朝刊	徐俊植君 上告-学園スパイ事件
1972.02.23	02頁09段	夕刊	北朝鮮人民の支援強調 ソ連外相-北朝鮮外相、ソ連・ユーゴ訪問
1972.03.04	04頁01段	朝刊	(解説)"片道切符"の祖国・北朝鮮 「自由往来」へ要求高まる-在日朝鮮人再入国問題
1972.03.05	05頁01段	朝刊	在日朝鮮人の再入国を認めよう-社説
1972.03.07	18頁01段	朝刊	まだ見ぬ祖国へ出発 日本生れの朝鮮青年 戻れぬことは覚悟 新潟から清津港へ オートバイで60人-在日朝鮮人再入国問題
1972.03.07	01頁05段	夕刊	46万人の署名 最高裁に提出 司法の独立守る市民団体-司法の独立問題
1972.03.13	01頁06段	朝刊	トヨタなど自動車3社 北朝鮮と取引希望 総連首脳語る "立場"では差別せぬ

발행일	지면정보	간종별	목차
1972.03.17	01頁10段	夕刊	在日朝鮮人の里帰り 春秋二回許可も 法相示唆-在日朝鮮人再入国問題
1972.03.18	01頁01段	夕刊	金日成祝賀団 政府、再入国認める 十三人のうち六人 李団長ら総連幹部 親族訪問の名目-在日朝鮮人再入国問題 人事交流へ突破口
1972.03.18	01頁05段	夕刊	一部だけの許可に抗議 朝鮮総連-在日朝鮮人再入国問題
1972.03.18	01頁06段	夕刊	政府追及実る 野党が評価-在日朝鮮人再入国問題
1972.03.21	02頁06段	夕刊	「あくまで人道上」前尾法相強硬発言 北朝鮮への里帰り
1972.03.22	02頁09段	朝刊	韓国が抗議決める 金日成祝賀団の許可-在日朝鮮人再入国問題
1972.03.27	02頁10段	朝刊	金日成祝賀団が出発-在日朝鮮人再入国問題
1972.04.11	02頁05段	夕刊	政府は消極的 朝鮮総連議長らの再入国申請-在日朝鮮人再入国問題
1972.04.11	02頁08段	朝刊	再入国許可を申請 朝鮮総連 議長ら幹部六人-在日朝鮮人再入国問題
1972.04.12	02頁07段	朝刊	朝総連幹部を招く 国策研の講演会-日朝親善
1972.04.13	02頁04段	夕刊	総連幹部の再入国正式に拒否 法務省-在日朝鮮人再入国問題
1972.04.13	02頁09段	朝刊	再入国認めない 北朝鮮人民会議出席 朝鮮総連に法相表明
1972.04.16	01頁12段	朝刊	天声人語
1972.04.17	11頁01段	朝刊	高峻石著「朝鮮人・私の記録」-読書特集
1972.04.21	22頁04段	朝刊	私にも苦い思い出 在日朝鮮人作家李恢成さんの話
1972.04.22	22頁01段	朝刊	「世林君(在日韓国人二世)らを助けて」親類ら 韓国大使館に嘆願
1972.04.24	05頁01段	夕刊	在日朝鮮人の就職 差別・排除の厚い壁-寄稿
1972.04.25	22頁02段	朝刊	具さんにも死刑求刑 ソウル地検 スパイ容疑で-スパイ学生事件
1972.05.24	22頁04段	朝刊	懲役七年が確定 徐俊植君の上告棄却 韓国-学生スパイ容疑事件
1972.06.03	02頁05段	朝刊	第三国からも再入国を許可 在日朝鮮人に法務省-日朝関係
1972.06.15	22頁05段	朝刊	内紛で乱暴？ 在日韓国居留民団の事務所捜索、一人逮捕-暴力・おどし
1972.06.27	02頁06段	夕刊	在日朝鮮人高校サッカー再入国認めない 法相-日朝関係
1972.06.28	24頁06段	朝刊	現行法で区民の意志を 品川 区長選任で住民団体が要望書
1972.07.04	08頁01段	夕刊	「統一へ前進」と評価 南北朝鮮のホットライン設置 総連大喜び、民団は冷静
1972.07.05	04頁02段	朝刊	南北朝鮮の共同声明 在日朝鮮人はこう見る まず民族統一回復 在日同胞の団結も必要 在日本大韓民国居留民団中央本部事務総長 朴性鎮氏-在日朝鮮人
1972.07.05	04頁02段	朝刊	〈南北朝鮮の共同声明 在日朝鮮人はこう見る〉武力の縮小が課題 統一実現へ日本も協力を 在日朝鮮人総連合会中央常任委員会第一副議長 金炳植氏-在日朝鮮人
1972.07.06	02頁10段	朝刊	共同で大会を 朝鮮総連が民団に提案-在日朝鮮人
1972.07.07	02頁09段	夕刊	北朝鮮が同胞に三億余円を送金-在日朝鮮人
1972.07.07	02頁10段	朝刊	南北統一支持大会に五千人 東京で朝鮮総連主催-在日朝鮮人
1972.07.09	07頁10段	朝刊	無人外国船は北朝鮮籍 フィリピン陸軍言明-フィリピン
1972.07.10	01頁10段	夕刊	田中首相と会談の希望 朝鮮総連議長が表明-日朝関係
1972.07.12	02頁09段	朝刊	朝鮮政策を改めよ 総連、官房長官に要請-日朝関係
1972.07.13	01頁09段	夕刊	再入国を許可 法務省 朝鮮人2グループ-在日朝鮮人
1972.07.14	08頁08段	夕刊	居留民団から除名 "反政府"と韓国通信社長-在日外国人
1972.07.15	20頁09段	朝刊	「金氏処刑は犯罪」総連が抗議声明-北朝鮮スパイ事件

발행일	지면정보	간종별	목차
1972.07.18	05頁01段	夕刊	朝鮮人被爆者を扱う新しい「原爆の図」ほか-メモらんだむ
1972.07.20	05頁07段	夕刊	二つの「差別」-標的
1972.07.21	02頁10段	朝刊	民団に再び合同大会申入れ 朝鮮総連-在日朝鮮人参加
1972.07.22	02頁03段	夕刊	民団・総連が合同大会 南北朝鮮声明支持 大田支部あす開催-在日朝鮮人
1972.07.24	02頁05段	朝刊	祖国より一足早く 交流と対話拡大 在日朝鮮人 初の合同会議で決議
1972.07.24	02頁13段	夕刊	来月の南北朝鮮赤十字会談 総連幹部が参加申請-在日朝鮮人参加
1972.07.25	01頁01段	朝刊	金朝鮮総連副議長の再入国 政府、申請認める構え 南北赤十字会談に参加
1972.07.25	01頁01段	朝刊	総連の実力者の一人 金炳植-在日朝鮮人参加
1972.07.26	08頁05段	夕刊	北朝鮮へ出発 在日朝鮮人生徒ら-在日朝鮮人
1972.07.27	01頁06段	朝刊	財界の訪朝を望む 朝鮮総連副議長が演説-財界経済使節団の国際交流
1972.07.29	02頁06段	朝刊	予備会談合意まち 金氏の再入国許可 法務省・外務省-在日朝鮮人参加
1972.07.29	05頁06段	夕刊	丸木位里・俊「原爆の図・朝鮮人被爆者」-美術評
1972.07.30	02頁10段	朝刊	在日朝鮮人青年も 7日に共同で大会 南北共同声明を支持-在日朝鮮人
1972.07.30	19頁06段	朝刊	内なる差別-人間コラム
1972.08.02	01頁06段	朝刊	北朝鮮、出席せず 二つの原水禁大会とも-原水禁大会
1972.08.06	01頁07段	朝刊	ウォン・円決済の可能性も 朝鮮総連議長語る-日朝貿易
1972.08.07	05頁06段	夕刊	日本語で書く朝鮮人-標的
1972.08.08	02頁03段	朝刊	南北協調、青年らが口火 在日朝鮮人 和気あいあいの共同大会-在日朝鮮人
1972.08.08	02頁07段	朝刊	東京の両本部も 15日に共同大会-在日朝鮮人
1972.08.10	22頁01段	朝刊	元学徒兵台湾人の帰化申請 ちょっぴり開いた門戸 「門前払い」破棄 東京高裁 やり直しを命令-裁判
1972.08.12	02頁10段	朝刊	金氏らが再入国申請-在日朝鮮人代表
1972.08.15	08頁08段	夕刊	祖国の平和統一支持 総連と民団、共同で集会-終戦記念日
1972.08.16	07頁10段	朝刊	在日朝鮮人記者を平壤に招待-南北朝鮮赤十字会談
1972.08.16	18頁03段	朝刊	再び戦争を繰返すまい 市民団体が8・15集会-終戦記念日
1972.08.17	02頁06段	朝刊	朝鮮総連が日共批判-日本
1972.08.18	02頁07段	朝刊	「南北会談」出席の金氏ら再入国を認める 法務省-在日朝鮮人代表
1972.08.18	09頁01段	朝刊	日朝経済交流の今後を語る 金朝鮮総連第一副議長 財界訪朝団の受入れ 年内にも実現期す 借款・援助受けぬ
1972.08.21	02頁10段	朝刊	朝鮮統一実現求めて協議会 韓国系在日人が結成-韓国
1972.08.22	05頁05段	朝刊	南北朝鮮赤十字本会談に参加する 金炳植-ひと
1972.08.26	07頁10段	朝刊	金炳植氏ら平壤着-在日朝鮮人代表
1972.08.28	02頁08段	夕刊	金炳植氏ら金首相と懇談-在日朝鮮人代表
1972.08.29	03頁06段	夕刊	キムチとヌカミソ-標的
1972.08.30	01頁01段	夕刊	南北の壁に突破口 朝鮮赤十字会談始る 自主統一を強調 両代表演説
1972.08.30	02頁01段	夕刊	ほほ笑み浮べ入場 南北赤十字会談 韓国、平壤から歴史的実況放送
1972.08.30	08頁05段	夕刊	「必す成功させて‥」南北赤十字会談 在日朝鮮人も交流-在日朝鮮人
1972.09.13	22頁06段	朝刊	林君の無期懲役が確定 韓国大法院が上告棄却-裁判

발행일	지면정보	간종별	목차
1972.09.14	03頁10段	朝刊	別冊週刊読売を回収 読売新聞社-週刊読売事件
1972.09.15	02頁10段	朝刊	北朝鮮へ45人の里帰り許可 法務省-入国許可
1972.09.22	02頁10段	夕刊	赤十字会談出席の金副議長が帰日-第二回会談(ソウル)
1972.10.02	07頁09段	朝刊	日中国交正常化は極東の緊張を緩和 北朝鮮総参謀長が演説-日中復交
1972.10.07	09頁01段	朝刊	成行き微妙 財界訪朝 金氏と接触途絶える 具体化メド立たず
1972.10.13	02頁07段	朝刊	金炳植氏と記者三人の再入国を許可-南北朝鮮赤十字会談
1972.10.18	07頁06段	夕刊	差別の壁-標的
1972.10.24	02頁02段	朝刊	金朝鮮総連副議長の"窓口役"を否定-北朝鮮経済代表団との交流
1972.11.02	23頁03段	朝刊	きょう控訴審 徐勝君-徐勝君スパイ事件公判
1972.11.02	23頁03段	朝刊	救う会代表、韓国へ-徐勝君スパイ事件公判
1972.11.03	03頁10段	朝刊	徐君、一年ぶり出廷 スパイ事件でソウル高裁-徐勝君スパイ事件公判
1972.11.10	07頁10段	朝刊	ソウル市内に「民団事務所」朝鮮総連に対抗-韓国
1972.11.22	09頁08段	朝刊	金炳植(朝鮮総連第一副議長)失脚か 赤十字会談へ欠席通告-日朝関係
1972.11.24	03頁07段	朝刊	徐君に再び死刑求刑 来月七日に高裁判決-徐勝君スパイ事件公判
1972.11.24	03頁07段	朝刊	「この雪解け時代に‥」助命運動の恩師ら衝撃-徐勝君スパイ事件公判
1972.12.05	07頁08段	朝刊	金朝鮮総連第一副議長 失脚はほぼ決定的?-日朝関係
1972.12.05	22頁03段	朝刊	東京本部側の言い分認める 民団の内紛で東京地裁-裁判
1972.12.06	02頁09段	朝刊	金副議長失脚を認める発言 朝鮮総連-日朝関係
1972.12.06	03頁05段	朝刊	あす控訴審判決 韓国・スパイ事件の徐君-徐君スパイ事件判決
1972.12.07	11頁06段	朝刊	協亜物産"空中分解"か 金氏失脚のあおり食う-気流
1972.12.07	11頁01段	夕刊	徐君、無期懲役に ソウル高裁 一審の死刑を破棄-徐君スパイ事件判決
1972.12.13	02頁09段	夕刊	候補者全員が賛成100%当選 北朝鮮人民会議選挙-北朝鮮
1972.12.14	22頁09段	朝刊	徐勝君、最高裁に上告-徐君スパイ事件判決
1972.12.17	02頁07段	朝刊	金副議長解任を公表 朝鮮総連-日朝関係
1972.12.20	09頁05段	夕刊	「死文だった日本憲法」定職さえなく二十年余 在日朝鮮人ゆえにも差別され
1972.12.26	07頁10段	朝刊	新憲法制定へ 北朝鮮人民会議開く-社会主義憲法採択(最高人民会議)
1972.12.26	19頁01段	朝刊	「強行」に地元緊迫 市民団体が動員体制-移駐反対抗議行動
1972.12.28	04頁01段	朝刊	(対談) 日朝関係の今後 江幡朝日新聞論説主幹 韓朝鮮総連議長-日朝関係
1972.12.29	09頁01段	朝刊	「財界訪朝団」白紙に 金氏の解任などが影響-経済団体の国際交流
1973.01.04	10頁05段	夕刊	修習生志願の台湾青年 帰化・採用へ見通し 首相訪中が微妙に動く?
1973.01.18	01頁10段	朝刊	韓国と経済交流を 北朝鮮が3項目提案 資源開発や漁業 総連議長語る
1973.02.12	09頁05段	夕刊	高砂族の花嫁 飛降り自殺?帰化申請中だった-自殺
1973.02.16	11頁01段	夕刊	本名で就職、同僚気づく 少女殺しの容疑者「侵入し騒がれる」
1973.03.05	09頁04段	夕刊	「硫黄島」衝撃的な朝鮮人投降シーン-映画評
1973.03.13	02頁06段	朝刊	(解説)改善されたが成立は困難か「在日朝鮮人」なお問題-法令・法案
1973.03.14	22頁10段	朝刊	徐勝君の無期懲役確定 北朝鮮スパイ事件-スパイ事件
1973.03.15	02頁09段	朝刊	朴副議長(総連)の再入国認める 法務省-南北朝鮮赤十字会談
1973.03.17	02頁10段	朝刊	敵視政策のあらわれ 朝鮮総連が反発-法令・法案

발행일	지면정보	간종별	목차
1973.04.09	04頁07段	朝刊	朝鮮の青年たち・広島-郷土通信
1973.04.16	22頁04段	朝刊	「日本国籍を認めて」"終戦棄民"の悲願訴え 在日朝鮮人らが集会
1973.04.20	06頁01段	朝刊	春は名のみ…韓国学生運動弾圧下 重い沈黙「革命記念日」にも動きなし
1973.05.01	07頁09段	夕刊	強制連行された朝鮮人-研究ノート
1973.05.18	01頁06段	朝刊	敵視政策は再びとるな 朝鮮総連議長語る-北朝鮮加盟
1973.05.22	02頁10段	朝刊	民団本部との話し合い提案へ 朝鮮総連議長語る-日朝関係
1973.05.26	02頁08段	朝刊	朝鮮人教職員同盟代表 再入国を許可 法務省-日朝関係
1973.06.03	02頁04段	朝刊	南北朝鮮共同声明一周年 共同集会開こう 総連が民団に提案
1973.06.03	02頁09段	朝刊	関西財界代表の訪朝歓迎を示唆 朝鮮総連議長
1973.06.15	11頁03段	夕刊	民団も抗議-朝鮮高生と乱闘
1973.06.15	20頁07段	朝刊	真相と背景 徹底糾明を 朝鮮総連が抗議声明-朝鮮高生と乱闘
1973.06.20	01頁06段	朝刊	朝鮮総連一行の再入国許可-入国査証問題
1973.06.22	07頁07段	夕刊	朝鮮差別政策こそ元凶 偶然とは言えぬ暴行事件の続発-寄稿
1973.07.04	03頁04段	朝刊	朝鮮人問題に不十分な記述 新高校教科書、日教組が"告発"-教科書
1973.07.12	10頁08段	夕刊	出入国法反対で集会-在日朝鮮人
1973.07.17	11頁05段	夕刊	外人登録証焼く 在日朝鮮人「私は日本人だ」法務省前-在日朝鮮人
1973.07.20	02頁05段	朝刊	151人の再入国を許可 在日朝鮮人の対北朝鮮、東独 学術・スポーツ交流
1973.07.25	23頁08段	朝刊	被告に無期の判決 スパイ容疑 日本に帰化の元韓国人-スパイ容疑事件
1973.07.27	21頁05段	朝刊	関東大震災の朝鮮人犠牲者追悼 碑建設の計画進む-関東大震災記念
1973.07.30	21頁05段	朝刊	新幹線反対 北区の住民団結 埼玉代表も加わりデモ-難航の新幹線
1973.08.07	08頁06段	夕刊	「私は北朝鮮スパイだった」民団千葉県本部団長が自供-在日韓国人
1973.08.08	05頁05段	夕刊	朝鮮人虐殺の記録-標的
1973.08.09	01頁10段	朝刊	「朴独裁政権の許せぬ行動」民団東京本部など声明-金大中氏誘かい事件
1973.08.09	09頁10段	夕刊	在日韓国人が救出対策本部を発足-支援運動
1973.08.10	03頁01段	朝刊	裏に何がある？ 在日韓国人、三つの推理-金大中氏誘かい事件
1973.08.10	03頁09段	朝刊	救出要請にからむ対立 分裂の民団系組織-支援運動
1973.08.13	05頁01段	夕刊	日本と韓国「国籍」のはざまで「内鮮結婚」「強制徴用」問われる人道的責任-寄稿
1973.08.14	03頁11段	夕刊	反政府派の発言は宣伝 居留民団長-金大中氏誘かい事件
1973.08.14	09頁07段	夕刊	神戸拠点の一味 在日組と特派組連携 在日韓国人らのうわさ-捜査
1973.08.16	03頁10段	朝刊	金氏を返せとデモ 東京で在日韓国人-支援運動
1973.08.16	05頁05段	朝刊	関東大震災と朝鮮人虐殺の記録づくりをする 小松みゆき-ひと
1973.08.18	02頁08段	朝刊	宇都宮氏に抗議 在日韓国居留民団-各党の動き
1973.08.18	22頁01段	朝刊	朝鮮人虐殺 私は見た 証言集「民族のとげ」近く出版 日朝協会豊島支部 大震災50周年控えて
1973.08.20	03頁05段	朝刊	「金大中氏を救おう」署名運動始まる 在日韓国人-支援運動
1973.08.22	01頁10段	夕刊	朝鮮総連が集会-支援運動
1973.08.23	22頁04段	朝刊	父が残した大震災記録 直後の惨状、毛筆で"朝鮮人迫害"に鋭い批判
1973.08.27	13頁01段	朝刊	「関東大震災」をまとめた 吉村昭さん-語る
1973.08.29	01頁06段	朝刊	日本政府は一層努力を 在日韓国人の対策委談話-支援運動

발행일	지면정보	간종별	목차
1973.11.14	03頁10段	朝刊	"朴政権打倒"大会に五千人 在日朝鮮人ら-救援運動
1973.11.17	07頁01段	朝刊	根を張る韓国学生運動 参加ついに14大学 柔軟作戦、長期化の構え
1973.11.19	10頁05段	夕刊	国連同時加盟反対で集会 東京で朝鮮総連-朝鮮問題
1973.12.04	03頁01段	朝刊	コンビナート増設 住民団体から批判 危機下「石油依存なぜ拡大」
1973.12.13	18頁08段	朝刊	日韓閣僚会議に反対し断食 在日韓国学生の代表-日韓閣僚会議反対
1973.12.18	18頁09段	朝刊	日韓閣僚会議に反対し ハンスト 在日大韓キリスト教青年会全国協議会
1973.12.23	02頁10段	朝刊	朝鮮総連も抗議声明-日韓閣僚会議反対
1974.01.09	01頁11段	夕刊	反独裁運動盛り上げる 在日韓国人団体が声明-反響
1974.01.09	03頁04段	朝刊	在日学生が抗議声明-反響
1974.01.14	03頁04段	朝刊	大統領緊急措置に反対訴え 在日韓国学生同盟-反響
1974.01.18	18頁07段	朝刊	スパイ容疑の崔・朴両氏 相ついで「救う会」を結成-スパイ事件
1974.01.25	07頁01段	夕刊	日本人同士の信頼確立が先 康米那さん(在日韓国人・早大大学院・印度哲学)-ひとこと
1974.01.27	02頁08段	朝刊	教育めぐる首相答弁 朝鮮総連が抗議-本会議
1974.01.27	19頁10段	朝刊	国士館高校生と朝鮮学校生乱闘 小田急線新宿駅ホーム-暴力・おどし
1974.02.06	19頁01段	朝刊	お粗末 国際捜査 容疑者、本名で滞在届 大使館見逃す オーストリア
1974.02.23	08頁06段	夕刊	平和統一へ努力強調 朝鮮総連 十全大会を開催-朝鮮総連十全大会
1974.02.23	08頁07段	夕刊	(寄稿)日本国民と友好促進-朝鮮総連十全大会
1974.02.26	18頁09段	朝刊	金日成主義うたう 朝鮮総連十全大会-朝鮮総連十全大会
1974.03.08	18頁09段	朝刊	朝鮮人の就職差別裁判 結審 横浜地裁-裁判
1974.03.18	10頁01段	夕刊	「国外退去は裁量権の乱用」 在日朝鮮人の密入国ほう助事件 札幌地裁、処分取り消しの判決
1974.03.18	10頁01段	夕刊	出入国管理令 適用は認める
1974.03.18	10頁06段	夕刊	(解説)"南北"差別への告発訴訟
1974.03.23	02頁08段	夕刊	昨年の工業生産は1.6倍(70年比) 北朝鮮人民会議で報告
1974.03.25	18頁08段	朝刊	アピールを採択 在日韓国青年同盟-在日韓国人
1974.03.25	18頁08段	朝刊	新団長に尹氏選出 韓国居留民団定期大会-在日韓国人
1974.03.31	18頁09段	朝刊	「平和協定」提案の支持で集会 総連-対米平和協定呼びかけ
1974.04.02	19頁05段	朝刊	在日朝鮮人男性の在留決まる 法務省は控訴せず
1974.04.04	07頁01段	朝刊	韓国学生 活動再燃 革命記念日控え決起 政府「北」対策からめ弾圧
1974.04.05	18頁08段	朝刊	韓国の学生弾圧に抗議 民団東京本部など-民主化運動
1974.04.05	18頁08段	朝刊	朝鮮総連も抗議-民主化運動
1974.04.07	04頁08段	朝刊	前面に反独裁 韓国学生運動-学生運動(革命記念日)
1974.04.11	07頁05段	朝刊	朴独裁、鋭く批判 韓国学生の決起宣言文 経済自立へ腐敗層糾弾 日本のキリスト教関係者が発-民青学連
1974.04.12	04頁06段	朝刊	地方大学含め幅広く？ 韓国学生総連盟の構成-民青学連
1974.04.19	19頁01段	朝刊	スパイ容疑 韓国で逮捕 昨秋以来9人も 重苦しい在日留学生
1974.04.22	18頁09段	朝刊	在日韓国人が集会 四・一九革命記念-学生運動(革命記念日)
1974.04.25	01頁12段	夕刊	「逮捕者とは無関係」 朝鮮総連副議長語る-日本人2'学生逮捕事件
1974.04.25	18頁04段	朝刊	スパイ事件はウソ 在日韓国人2人が訴え KCIAがこわい

발행일	지면정보	간종별	목차
1974.04.28	18頁01段	朝刊	「韓国への姿勢正せ」公害の輸出阻止を 市民団体デモ-日韓関係
1974.05.12	05頁05段	朝刊	徐俊植君のこと 韓国の獄房での拷問を訴える-論壇
1974.05.15	18頁09段	朝刊	非道な侵害非難を 在日韓国人団体が訴え
1974.05.18	03頁01段	朝刊	「本質は変わらぬ」日立製品不買運動へ 在日韓国人団体が発表
1974.05.24	03頁07段	朝刊	徐君への拷問、やめよ 超党派議員ら抗議-スパイ容疑事件
1974.05.28	03頁09段	朝刊	朝鮮総連が非難-非常軍法会議へ起訴
1974.06.15	03頁01段	朝刊	韓国学生と接触した太刀川さん 取材原稿みつかる 「反証材料」と期待 関係者 写しをソウルに送付
1974.06.19	11頁01段	夕刊	日立が敗訴 横浜地裁判決 在日朝鮮人の日本名使用 解雇理由にはならぬ 労働契約 採用通知で成立
1974.06.28	11頁06段	夕刊	事実無根と発表 在日朝鮮人総連-反共法違反事件
1974.06.28	11頁06段	夕刊	立命館大生を起訴 在日韓国人 反共法違反の疑い ソウル地検
1974.07.15	18頁08段	朝刊	金芝河氏らの死刑判決に抗議のビラ 在日韓国人グループ-金芝河氏
1974.07.16	03頁05段	朝刊	機動隊ともみ合い 在日韓国学生ら抗議デモ-金芝河氏
1974.07.20	18頁07段	朝刊	「破壊活動すぐやめよ」と抗議 総連が公安調査庁などに-日朝関係
1974.07.26	18頁04段	朝刊	3百人超すカンパも支え 在日朝鮮人の3青年 67時間ハンスト終了
1974.07.26	19頁06段	朝刊	面白うて、やがて悲しき… がんで死去-花菱アチャコさん
1974.07.28	03頁06段	朝刊	鶴見俊輔氏ら参加 ハンストまた四人 金芝河氏釈放要求-金芝河氏
1974.08.05	03頁01段	夕刊	もう一つの広島・長崎 朝鮮人被爆者を忘れた"平和"
1974.08.15	22頁02段	朝刊	「かとう哲也に反省なし」執行猶予の取り消し求める 東京地検-裁判
1974.08.15	01頁01段	夕刊	朴大統領、狙撃さる 犯人は日本人(韓国から帰化)説 演説中襲う 大統領は無事 ソウルの国立劇場
1974.08.15	01頁07段	夕刊	出国を禁止 訪韓の在日韓国人-朴大統領そ撃事件
1974.08.16	01頁01段	朝刊	朴大統領狙撃事件 犯人は在日韓国人、負傷の大統領夫人死ぬ 日本大使館に抗議デモ 韓国 日本人の出国禁止
1974.08.16	01頁07段	朝刊	韓国が背後関係追及-朴大統領そ撃事件
1974.08.16	02頁06段	朝刊	朴大統領狙撃事件 在日韓国人の規制など 日本政府に迫る構え 韓国-日韓捜査協力問題
1974.08.16	02頁07段	朝刊	在日韓国人の法的地位-日韓捜査協力問題
1974.08.16	03頁05段	朝刊	観光ビザでは出国禁止-日本人・在日韓国人の出国禁止
1974.08.16	19頁07段	朝刊	厳戒の韓国大使館-在日韓国人
1974.08.16	19頁08段	朝刊	民団本部、騒然 犯人への憎しみ隠さず-在日韓国人
1974.08.16	01頁08段	夕刊	出国禁止なお続く「長引けば緊急措置」外相語る
1974.08.16	08頁01段	夕刊	韓国への団体旅行 取りやめを要請 運輸省-日本人・在日韓国人の出国禁止
1974.08.16	08頁05段	夕刊	日本人の下船ゼロ 下関釜フェリー-日本人・在日韓国人の出国禁止
1974.08.16	09頁07段	夕刊	対立激化しそう 在日の韓国諸団体-在日韓国人
1974.08.17	01頁07段	朝刊	韓国、足止め解く 日本人観光客 在日韓国人はまだ
1974.08.17	01頁12段	朝刊	天声人語
1974.08.17	03頁07段	朝刊	日本人旅行客 まず144人が帰国 緊張とけ 夜の羽田へ

956 제2부 | 신문

발행일	지면정보	간종별	목차
1974.09.13	01頁06段	夕刊	官房長官の声明も用意 政府-総連規制要求日韓折衝
1974.09.13	01頁08段	夕刊	なお静観態度 木村外相が語る-総連規制要求日韓折衝
1974.09.14	01頁01段	朝刊	日韓打開 糸口つかめず 重大発表なし 米の圧力説が流れる 駐韓大使 きょう急ぎ赴任-総連規制要求日韓折衝
1974.09.14	01頁06段	朝刊	ねばり強く折衝の方針 政府-総連規制要求日韓折衝
1974.09.14	02頁01段	朝刊	かいま見た北朝鮮 統一への悲願脈々と 「等距離外交」の必要を思う
1974.09.14	03頁05段	朝刊	韓国の要求は拒否せよ AA研が政府に要望書-総連規制要求日韓折衝
1974.09.15	01頁01段	朝刊	日韓、一応の決着へ動く 特使派遣 今週中にメド 韓国側、歩み寄りか 金・後宮会談-田中親書・椎名特使訪韓
1974.09.16	01頁09段	朝刊	「総連規制」とそ撃責任 別の文書で解決 ソウル放送が報道
1974.09.16	02頁01段	朝刊	日韓また不透明な妥協 密室で和解の言葉 総連問題 文書化きらった日本-田中親書・椎名特使訪韓
1974.09.17	01頁01段	朝刊	補足説明も原則合意 日韓きょうにも発表 法犯せば厳正に対処 対総連 韓国の感情理解 説明内容 椎名氏訪韓 19日の可能性も
1974.09.17	02頁08段	朝刊	金外相発言要旨-総連規制要求日韓折衝
1974.09.17	01頁06段	夕刊	対韓密約排せ 朝鮮総連大会で決議-総連規制抗議
1974.09.17	02頁03段	夕刊	金外相発言は遺憾 韓国外務次官表明-総連規制要求日韓折衝
1974.09.18	01頁08段	朝刊	口頭で懸念解消に努力 外務省方針-田中親書・椎名特使訪韓
1974.09.18	01頁09段	朝刊	「発言報道は事実と違う」 金外相が釈明-総連規制要求日韓折衝
1974.09.18	02頁01段	朝刊	異例ずくめの日韓折衝 日本、終始受け身 韓国の政情混乱恐れる 総連規制の要求 最後の抵抗線ひく 米国も積極的に動く
1974.09.18	02頁06段	夕刊	ソウル大、久々に動き 署名とビラ 一人つかまる-政治犯釈放要求
1974.09.19	01頁01段	朝刊	日韓、一応の和解へ 椎名氏、きょう訪韓 金外相、歓迎を表明 他国政府転覆行為は 国内法ワク内で規制 田中親書に見解盛る
1974.09.19	01頁11段	朝刊	総連問題など筋は通した 日本大使館筋語る-田中親書・椎名特使訪韓
1974.09.19	02頁01段	朝刊	埋めりれぬ日韓のミゾ 折衝決着 南北和解にもブレーキ 韓国、国際世論に背 椎名訪問 建設的な討議を期待
1974.09.19	02頁07段	朝刊	野党各党も問題視 特使派遣や規制問題 政府追及のかまえ
1974.09.19	02頁10段	朝刊	日韓問題で意見交換 きょう自民総務会-総連規制要求日韓折衝
1974.09.19	01頁01段	夕刊	椎名特使が訪韓 「田中親書」を携行 大統領らと会談へ 総連問題で説明
1974.09.20	01頁01段	朝刊	日韓協調へ努力 椎名・朴会談で確認 「補足メモ」も渡す 田中親書と同時に 陳謝の意を表明 総連の名をあげる 椎名特使-田中親書・椎名特使訪韓
1974.09.20	01頁05段	朝刊	(解説)日本、大きく譲歩 総連規制 約束と取られる恐れ
1974.09.20	05頁01段	朝刊	日韓関係の折り目を正すには-社説
1974.09.21	01頁01段	朝刊	日韓是正、長い目で 椎名特使が帰国し強調 「総連問題、放置できぬ」
1974.09.21	01頁01段	朝刊	補足メモ 後宮大使がサイン-田中親書・椎名特使訪韓
1974.09.21	01頁09段	朝刊	「取り締まる約束」 総連問題で金首相演説-田中親書・椎名特使訪韓
1974.09.21	22頁08段	朝刊	朝鮮総連が抗議声明 韓国への椎名特使派遣-総連規制抗議
1974.09.23	02頁01段	朝刊	「総連問題で屈服」 北朝鮮紙 日本政府を批判-田中親書・椎名特使訪韓
1974.09.24	10頁06段	夕刊	露骨に総連弾圧策動 北朝鮮、日本非難の声明-総連規制抗議

발행일	지면정보	간종별	목차
1974.09.26	03頁01段	朝刊	在日朝鮮人・通信制生徒「差別条項」撤廃へ 就学援助型に体質改善 育英会奨学金
1974.09.27	02頁08段	夕刊	総連弾圧粉砕せよ 金日成主席が訪朝団に指示-北朝鮮
1974.10.01	10頁01段	朝刊	国立競技場 体協優遇やめます 市民団体には値下げ-国内
1974.10.01	23頁11段	朝刊	「北朝鮮代表団に右翼が乱暴」朝鮮総連、捜査申し入れ
1974.10.02	03頁09段	朝刊	在日朝鮮人らにも奨学金を、と訴える前田伸一郎-ひと
1974.10.02	23頁11段	朝刊	一番大きい筒 爆竹の千本分 襲撃事件の爆弾-民団襲撃事件
1974.10.06	03頁05段	朝刊	総連も東亜日報に反論-背後関係
1974.10.06	20頁01段	朝刊	保釈中、韓国へ往来 韓青襲撃で手配の余 社党追及へ-民団襲撃事件
1974.10.08	09頁01段	夕刊	民団乱入の余 襲撃者のリスト残す 韓青幹部ら十数人の名-民団襲撃事件
1974.10.09	20頁04段	朝刊	韓青事件の鉄パイプ爆弾に殺傷能力 神奈川県警実験-民団襲撃事件
1974.10.11	03頁08段	朝刊	金助教授に懲役13年-スパイ容疑事件
1974.10.13	20頁07段	朝刊	51年規制の実施貫け 環7排ガス 住民団体、要請はがき運動開始
1974.10.15	02頁10段	朝刊	「野末陳平」を本名に-参議院
1974.10.18	07頁07段	朝刊	韓国学生デモ依然やまず-韓国民主化要求運動(学生デモ)
1974.10.18	20頁05段	朝刊	川崎市の男性が出頭 韓青同襲撃事件-民団襲撃事件
1974.10.19	02頁09段	朝刊	岸元首相、民団の換地問題で疑惑 田氏が追及-外務委
1974.10.19	22頁05段	朝刊	"反朴"に反省求める 三月から計画 自供-民団襲撃事件
1974.10.20	03頁01段	朝刊	韓国学生 根を張る反政府運動 休校32校に
1974.10.22	03頁08段	朝刊	市民団体も独自の動き-10.21国際反戦デー
1974.10.26	08頁07段	夕刊	警視庁に抗議 朝鮮総連-背後関係
1974.10.29	07頁01段	朝刊	韓国学生運動 休校明けで盛り上がり ソウルで次々に集会 政府は対話路線で時間かせぎ
1974.11.05	03頁07段	朝刊	ソウル大留学の在日韓国人に懲役 スパイ容疑で-政治犯裁判
1974.11.05	01頁07段	夕刊	民団東京本部副団長ら18人を韓国が逮捕-民団幹部逮捕事件
1974.11.05	01頁12段	夕刊	ソウル訪問後ナゾ多い動き 陳斗鉉氏周辺-民団幹部逮捕事件
1974.11.06	03頁05段	朝刊	容疑の日は日本に？ 逮捕の陳氏 民団の会議に出席 機関紙に記事
1974.11.06	03頁06段	朝刊	李前議員は帰宅-民団幹部逮捕事件
1974.11.07	22頁01段	朝刊	「72年12月4日」に証言 逮捕の陳氏、重要会議で日本に 民団幹部が新たに明かす
1974.11.17	22頁01段	朝刊	韓国に連行される！ 東弁に保護依頼 陳氏の妻朴さん-民団幹部逮捕事件
1974.11.23	22頁09段	朝刊	「日本人妻自由往来運動」は反共謀略 朝鮮総連が非難談話-戦争関係
1974.11.25	10頁01段	朝刊	朝鮮人強制連行真相調査団編『朝鮮人強制連行・強制労働の記録』-書評
1974.12.14	03頁08段	朝刊	祖国往来の自由を 北朝鮮帰還15周年で総連声明-北朝鮮帰還
1975.01.07	10頁01段	朝刊	「被爆30年…核を考え直そう」東京の市民団体 来月から連続セミナー
1975.01.10	19頁09段	朝刊	「石油汚染に重い罰金を」インドネシア漁民団体-祥和丸座礁
1975.01.21	03頁08段	朝刊	550部購読申し込む 在日韓国人-東亜日報広告解約問題
1975.01.21	04頁06段	朝刊	(14)在日僑胞 関係複雑化の要因に-日本と韓国
1975.02.10	03頁09段	朝刊	投票糾弾する集会 在日韓国学生同盟開く-国民投票公告(ボイコット闘争)

발행일	지면정보	간종별	목차
1975.02.13	08頁06段	夕刊	在日韓国人の評価分かれる-開票(大統領信任確定)
1975.02.15	23頁10段	朝刊	オーグル牧師の講演会混乱 民団側が騒ぐ-追放の米牧師来日
1975.02.21	02頁10段	朝刊	市長選に住民団体から立候補-横浜市長選
1975.03.12	22頁04段	朝刊	韓国で夫に死刑の判決「事件当時アリバイ」在日韓国人 妻と子ら訴え
1975.03.15	03頁07段	朝刊	市民団体が革新都政守る会 市川さんらが音頭-美濃部都知事再出馬表明
1975.03.19	01頁09段	夕刊	在日韓国人 保護される 韓国刑法改正で外相-刑法改正
1975.04.01	08頁01段	夕刊	陳斗鉉氏ら死刑判決 ソウル地裁-北朝鮮スパイ容疑事件
1975.04.01	08頁05段	夕刊	在日韓国人ら検挙「反政府組織作る」中央情報部-北朝鮮スパイ容疑事件
1975.04.01	22頁06段	朝刊	死刑求刑の陳氏 起訴状入手を外務省に要請 東京弁護士会
1975.04.02	10頁06段	朝刊	「控訴し無実明かして」陳さんの妻-北朝鮮スパイ容疑事件
1975.04.08	03頁04段	朝刊	「慈善者づらの救援」介入中止を求める 日本の市民団体が声明
1975.04.09	07頁10段	朝刊	高被告も控訴棄却-緊急措置違反事件
1975.04.10	20頁09段	朝刊	区長選候補者に公開質問状出す 杉並区の住民団体-区長選
1975.04.26	01頁10段	夕刊	帰化日本人ら八人 スパイ容疑で送検-北朝鮮スパイ容疑事件
1975.04.26	22頁06段	朝刊	東京瓦斯幹部を殺人罪で告発「燃料転換で事故」と-ガス中毒
1975.04.26	22頁07段	朝刊	転換が原因と思えぬ-ガス中毒
1975.05.07	03頁06段	朝刊	「南」解放戦線代表の入国 朝鮮総連が要請 前向きに対処の構え 政府
1975.05.07	08頁08段	夕刊	金首相訪日に反対 在日韓国人団体がビラ-金首相来日
1975.05.09	03頁01段	朝刊	「韓国不実企業の実態」 外務省の内部資料 日韓連帯会議が公表-日韓関係
1975.05.12	03頁01段	朝刊	相次ぐ逮捕に衝撃 在日韓国人に高まる危機感 地下組織支援団体も誕生
1975.05.12	05頁01段	夕刊	本格活動に入った在日朝鮮人歌劇団「金剛山のうた」全国公演-芸能
1975.05.16	03頁05段	朝刊	合同で「反原発」闘争へ 住民運動の各種団体 来月の環境月間に
1975.05.18	08頁05段	朝刊	朝鮮人の強制連行-メモ
1975.05.20	05頁01段	夕刊	在日韓国人の監督で劇映画 撮影進む独立プロ作品「異邦人の河」-映画
1975.05.21	01頁07段	朝刊	南ベトナム解放戦線の両氏 法務省、入国認めず「朝鮮総連招待」問題に
1975.05.21	02頁08段	朝刊	解放戦線代表の入国拒否 朝鮮総連、強く非難「敵視政策強めたもの」
1975.05.22	09頁07段	夕刊	妻や子六人がハンスト入り 死刑判決の崔さん-松戸の崔さん
1975.05.23	22頁08段	朝刊	崔さんにアリバイ 東弁が報告書-松戸の崔さん
1975.05.24	22頁04段	朝刊	在日韓国人政治犯の救援 家族が「連絡会」結成-松戸の崔さん
1975.05.25	04頁01段	朝刊	(解説)結成20周年の朝鮮総連議長に聞く まず自由往来実現
1975.05.25	04頁01段	朝刊	総連の現状 駐日代表部的役割も 自民党は警戒とかず-朝鮮総連20周年
1975.05.26	03頁01段	朝刊	朝鮮総連大会「不参加」署名とりつけで軟禁や強制退去 法務省が強硬措置
1975.05.26	03頁06段	朝刊	方針通りやっただけ-朝鮮総連20周年
1975.05.26	21頁01段	朝刊	インドネシア帰化の元日本兵 36年ぶり肉親と再会 ひっそり里帰り
1975.05.27	02頁05段	朝刊	四十カ国の千七百人が参加 朝鮮総連20周年祝賀宴-朝鮮総連20周年
1975.05.28	03頁01段	朝刊	崔さん、死刑確定 大法院が上告棄却「アリバイ」実らず-松戸の崔さん
1975.05.28	03頁03段	朝刊	絶対無実です 泣き伏す夫人 処刑警戒、怒る支援者-松戸の崔さん
1975.06.05	22頁08段	朝刊	崔さん死刑判決に抗議集会-北朝鮮スパイ容疑事件

발행일	지면정보	간종별	목차
1975.09.29	10頁01段	朝刊	関東大震災五十周年朝鮮人犠牲者追悼行事実行委員会編『関東大震災と朝鮮人虐殺』
1975.10.05	01頁12段	朝刊	天声人語
1975.10.17	08頁06段	夕刊	在日韓国人政治犯追って 怒りと悲しみの映画「告発」岡本愛彦監督の手で近く完成-映画
1975.10.29	22頁08段	朝刊	代議士歳費凍結解除へ 本名氏、和解なる-裁判
1975.11.14	10頁08段	夕刊	違法な事前運動 忘れずに監視を 市民団体が報告会
1975.11.16	02頁10段	朝刊	朝鮮総連が非難-松生丸事件
1975.11.02	22頁05段	朝刊	在日韓国人に無罪 反共法違反の控訴審 ソウル-スパイ容疑事件
1975.11.22	11頁01段	夕刊	在日韓国人学生ら21人 スパイ容疑・逮捕 KCIA
1975.11.22	11頁03段	夕刊	わが子がまさか… 驚く家族-在日韓国人“スパイ狩り”
1975.11.22	11頁05段	夕刊	現場採用の職員 蒋さん-在日韓国人“スパイ狩り”
1975.11.23	22頁01段	朝刊	不信呼ぶ“スパイ狩り” 衝撃の在日韓国人社会 口極め、非難の応酬
1975.12.15	07頁05段	夕刊	国家賠償法を適用 遺族へ174万円を 名古屋地裁豊橋支部判決
1975.12.26	07頁10段	夕刊	本名代議士らに支払い命令 三百万円手形不渡り-裁判
1975.12.27	10頁05段	朝刊	検察・弁護側とも控訴せず-新星企業事件
1976.01.08	10頁01段	朝刊	向こう一年被爆者招いて治療 山口県の在日韓国人「悲惨な同胞救いたい」
1976.01.10	06頁06段	夕刊	「スパイ」の在日韓国人 控訴を棄却 ソウル-裁判
1976.01.14	02頁10段	朝刊	朝鮮総連議長が政府に訴え-日朝関係
1976.01.23	02頁04段	朝刊	サハリンの朝鮮人 日本側が受け入れ 稲葉法相が答弁-決算委
1976.01.25	03頁07段	朝刊	対立超え墓参 一行、韓国入り 総連系在日朝鮮人
1976.01.26	03頁10段	朝刊	第二陣 ソウル入り-総連系在日朝鮮人の韓国墓参
1976.01.26	22頁06段	朝刊	韓国進出に反対デモ 日本化工へ 市民団体-六価クロム禍
1976.01.27	03頁09段	朝刊	総連系朝鮮人訪韓報道で総連が反論-総連系在日朝鮮人の韓国墓参
1976.02.01	03頁08段	朝刊	死刑寸前の在日韓国人救え 衆院委で論議-予算委
1976.02.04	20頁08段	朝刊	「日本語読みは慣用」 朝鮮人の人名現地語読み訴訟 NHKが答弁書出す
1976.02.07	03頁09段	朝刊	日本に帰化して創作活動を続けるハンガリー出身の彫刻家 和久奈南都留
1976.02.09	10頁01段	朝刊	姜徳相著「関東大震災」-書評
1976.02.11	10頁05段	朝刊	陳斗鉉氏ら死刑確定 韓国大法院-裁判
1976.02.27	01頁11段	朝刊	「65万人－在日韓国・朝鮮人」 きょうから解説面に-紙面企画
1976.02.27	04頁08段	朝刊	(1) 6ケタの背番号-65万人 在日韓国・朝鮮人
1976.02.27	04頁08段	朝刊	(解説)統計からみた「65万人」社会 登録外国人の86%祖国分断を反映し複雑な顔
1976.02.28	04頁01段	朝刊	(2) 切れぬ縁の入管-65万人 在日韓国・朝鮮人
1976.02.29	04頁03段	朝刊	(3) ある夜の訪問者-65万人 在日韓国・朝鮮人
1976.03.01	08頁09段	夕刊	居留民団で内紛 横浜で事務所一時占拠-大韓民団
1976.03.02	07頁03段	朝刊	(4) 二重の“刑罰”-65万人 在日韓国・朝鮮人
1976.03.02	02頁01段	夕刊	在日朝鮮人学生グループ ソウル地裁で初公判 被告側、起訴事実認める-裁判

발행일	지면정보	간종별	목차
1976.03.03	04頁03段	朝刊	(5) 鉄格子の中から-65万人 在日韓国・朝鮮人
1976.03.04	04頁01段	朝刊	(6) チューインガム王-65万人 在日韓国・朝鮮人
1976.03.05	04頁01段	朝刊	(7) 花形産業を支えて-65万人 在日韓国・朝鮮人
1976.03.05	23頁11段	朝刊	小ぜり合いだけが 横浜の民団事務所-在日韓国人・朝鮮人
1976.03.06	04頁01段	朝刊	(8) 「祝開店」の陰で-65万人 在日韓国・朝鮮人
1976.03.07	04頁03段	朝刊	(9) 消えた三輪車隊-65万人 在日韓国・朝鮮人
1976.03.09	03頁05段	朝刊	「朴政権の本質示す」救出委など 釈放要求し緊急声明-在日韓国人・朝鮮人
1976.03.09	04頁04段	朝刊	(10) 異国での倒産-65万人 在日韓国・朝鮮人
1976.03.09	20頁07段	朝刊	横浜の民団事務所 親朴派に退去命令 県警が慎重論 強制執行見送り
1976.03.10	04頁01段	朝刊	(11) 納税のみかえり-65万人 在日韓国・朝鮮人
1976.03.10	23頁11段	朝刊	強制執行また見送り 民団事務所のろう城-大韓民団
1976.03.12	04頁03段	朝刊	(12) 一片の通達で-65万人 在日韓国・朝鮮人
1976.03.12	07頁10段	朝刊	朝鮮総連も非難声明-在日韓国人・朝鮮人
1976.03.13	04頁08段	朝刊	(13) 子宝の重さ-65万人 在日韓国・朝鮮人
1976.03.14	06頁03段	朝刊	(14) いやされぬ傷跡-65万人 在日韓国・朝鮮人
1976.03.16	22頁08段	朝刊	朴政権援助中止を 日韓連などで決議-在日韓国人・朝鮮人
1976.03.17	04頁01段	朝刊	(16) 一つの訂正記事-65万人 在日韓国・朝鮮人
1976.03.18	04頁01段	朝刊	(17) 空白同窓会名簿-65万人 在日韓国・朝鮮人
1976.03.19	04頁03段	朝刊	(18) 医者になれば-65万人 在日韓国・朝鮮人
1976.03.19	22頁06段	朝刊	金大中氏ら逮捕に抗議デモ 韓民統など八団体-在日韓国人・朝鮮人
1976.03.20	04頁01段	朝刊	(19) 頼らず頼られず-65万人 在日韓国・朝鮮人
1976.03.21	04頁03段	朝刊	(20) 偽装する人びと-65万人 在日韓国・朝鮮人
1976.03.23	04頁01段	朝刊	(21) 理由なき暴行-65万人 在日韓国・朝鮮人
1976.03.24	04頁01段	朝刊	(22) 創氏改名いまも-65万人 在日韓国・朝鮮人
1976.03.25	04頁01段	朝刊	(23) 栄光の背番号10-65万人 在日韓国・朝鮮人
1976.03.26	04頁03段	朝刊	(24) 遠のく民族衣装-65万人 在日韓国・朝鮮人
1976.03.26	22頁01段	朝刊	在日韓国人の母国留学生 スパイ容疑連行続く 救援組織の調べ 外務省も事実調査へ
1976.03.27	04頁01段	朝刊	(25) 一世たちの嘆き-65万人 在日韓国・朝鮮人
1976.03.28	04頁01段	朝刊	(26) 食卓の断絶-65万人 在日韓国・朝鮮人
1976.03.30	04頁01段	朝刊	(27) ふるさとはどこ-65万人 在日韓国・朝鮮人
1976.03.31	04頁03段	朝刊	(28) 求む良縁-65万人 在日韓国・朝鮮人
1976.04.01	02頁10段	朝刊	民団団長にソウ氏-大韓民国
1976.04.01	04頁01段	朝刊	(29) 二つの血の間で-65万人 在日韓国・朝鮮人
1976.04.02	04頁01段	朝刊	(30) 日本国民として-65万人 在日韓国・朝鮮人
1976.04.03	04頁01段	朝刊	(31) 成和クラブで-65万人 在日韓国・朝鮮人
1976.04.04	04頁03段	朝刊	(32) 民族結婚式場-65万人 在日韓国・朝鮮人
1976.04.04	19頁10段	朝刊	在日韓国女性の会 KCIA糾弾へ結成
1976.04.05	02頁01段	朝刊	不法残留や資格外活動に 裁判所の甘さ指摘 法務省が入管白書 在日韓国・朝鮮人 地位安定は必要-入管白書

발행일	지면정보	간종별	목차
1976.04.06	04頁01段	朝刊	(33) 少年院で目ざめ-65万人 在日韓国・朝鮮人
1976.04.07	04頁02段	朝刊	(34) ウリマルの響き-65万人 在日韓国・朝鮮人
1976.04.07	07頁10段	朝刊	李君に懲役十五年求刑-学園浸透スパイ団(在日韓国人学生)
1976.04.07	22頁09段	朝刊	親朴派グループなどを書類送検 横浜の民団対立事件-大韓民団
1976.04.08	06頁01段	朝刊	(35) ロバのように-65万人 在日韓国・朝鮮人
1976.04.09	04頁01段	朝刊	(36) 金日成の子ら-65万人 在日韓国・朝鮮人
1976.04.09	04頁01段	朝刊	(解説)ふえる密入国の実態 組織化され巧妙 暗躍する両国ブローカー
1976.04.10	04頁01段	朝刊	(37) 反共民主に徹し-65万人 在日韓国・朝鮮人
1976.04.11	04頁03段	朝刊	(38) 統一の広場を-65万人 在日韓国・朝鮮人
1976.04.13	04頁01段	朝刊	(39) 日本の学校で-65万人 在日韓国・朝鮮人
1976.04.14	03頁05段	朝刊	在日韓国人スパイ事件 白氏らに死刑求刑 ソウル地裁
1976.04.14	04頁02段	朝刊	(40) 本名でいくねん-65万人 在日韓国・朝鮮人
1976.04.15	04頁01段	朝刊	(41) 32年目の手帳-65万人 在日韓国・朝鮮人
1976.04.16	04頁01段	朝刊	(42) ある死をめぐって-65万人 在日韓国・朝鮮人
1976.04.17	04頁01段	朝刊	(43) 対立の谷間で-65万人 在日韓国・朝鮮人
1976.04.17	04頁01段	朝刊	(解説)揺れ動く在日朝鮮人社会 「救国宣言」事件めぐり 南北の対立再び激化
1976.04.18	04頁03段	朝刊	(44) ある日突然に-65万人 在日韓国・朝鮮人
1976.04.18	10頁09段	朝刊	「崔・陳両氏 処刑の危険」救援の緊急集会開く-裁判
1976.04.19	21頁05段	朝刊	板橋高速5号線公害 住民団体など対策協を決定-道路公害
1976.04.20	04頁01段	朝刊	(45) 南か、北か-65万人 在日韓国・朝鮮人
1976.04.21	03頁08段	朝刊	在日韓国人留学生の判決を27日に延期 韓国
1976.04.21	04頁03段	朝刊	(46) 港に居ついて-65万人 在日韓国・朝鮮人
1976.04.22	02頁05段	朝刊	"南北結ぶ行進"提唱「朝民連」が記者会見-在日外国人
1976.04.22	04頁01段	朝刊	(47) 「敵陣」の中で-65万人 在日韓国・朝鮮人
1976.04.22	10頁07段	夕刊	息子東大合格の写真に大喜び 捕らわれの陳氏-裁判
1976.04.23	04頁03段	朝刊	(48) 忠誠と抵抗と-65万人 在日韓国・朝鮮人
1976.04.24	04頁06段	朝刊	(49) 異郷への航空便-65万人 在日韓国・朝鮮人
1976.04.25	04頁01段	朝刊	(50) 境界を越えて-65万人 在日韓国・朝鮮人
1976.04.25	04頁01段	朝刊	(記者座談会)差別の根深さ まざまざ 65万人」取材を終えて 歴史への理解足りず 分断の波紋、日本人にも
1976.04.26	22頁09段	朝刊	数寄屋橋公園で五十人ハンスト 在日韓国人政治犯救援
1976.04.28	22頁05段	朝刊	金達男被告死刑が確定 在日韓国人スパイ事件-裁判
1976.04.30	01頁06段	夕刊	死刑の判決 在日留学生事件でソウル地裁
1976.05.01	10頁05段	朝刊	白被告にも死刑 在日韓国人留学生事件-在日韓国人母国留学生スパイ事件
1976.05.01	10頁08段	朝刊	判決に抗議 救援活動の三団体-在日韓国人母国留学生スパイ事件
1976.05.02	10頁09段	朝刊	また死刑求刑 在日韓国留学生スパイ事件-在日韓国人母国留学生スパイ事件
1976.05.03	03頁10段	朝刊	在日韓国人がハンスト入り 金大中氏らの釈放要求-金大中氏
1976.05.07	21頁01段	朝刊	中央競馬会に質問状 千葉県の住民団体 迷惑料など四項目-競馬・競輪

발행일	지면정보	간종별	목차
1976.09.22	22頁07段	朝刊	訪韓申請は本人の意志 魚塘事件で朝民連が反論-朝鮮総連
1976.09.26	22頁01段	朝刊	背後にKCIAの手？ 魚塘氏事件 事前に韓国で話題に-朝鮮総連
1976.09.29	22頁06段	朝刊	李東石被告に懲役十年求刑 国の国家保安法違反-在日韓国人スパイ事件
1976.09.30	22頁05段	朝刊	助命嘆願書を没収(李哲氏)-在日韓国人スパイ事件
1976.10.09	10頁08段	夕刊	魚塘氏の保護を 韓国外相が申し入れ-朝鮮総連
1976.10.13	22頁09段	朝刊	一審判決破棄し懲役五年に 李被告にソウル高裁-裁判
1976.11.09	22頁09段	朝刊	康君に再び死刑を求刑 ソウル高裁で検察側-在日韓国人スパイ容疑事件
1976.11.10	22頁08段	朝刊	李哲氏釈放要求の声明「支援する会」全国会議-救援活動
1976.11.11	10頁06段	夕刊	李哲氏の判決 十八日に延期-在日韓国人スパイ容疑事件
1976.11.12	22頁09段	朝刊	釈放要求署名簿を外務省に 重刑判決の在日韓国人留学生らを救援する会
1976.11.13	2頁10段	朝刊	駐韓米軍の存続要求非難 朝鮮総連議長-韓国・北朝鮮
1976.11.13	2頁10段	朝刊	総選挙へ市民団体が声明-明るい選挙運動
1976.11.13	08頁01段	夕刊	編む手に連帯感 韓国政治犯へ"勝利ショール" 日本女性も協力-救援活動
1976.11.14	20頁05段	朝刊	汚職と腐敗の政治は追放を 総選挙へ市民団体が訴え-明るい選挙運動
1976.11.15	2頁105段	夕刊	厳しい監視を有権者に期待 市民団体が情報センター-明るい選挙運動
1976.11.17	22頁08段	朝刊	在日韓国人の康被告に死刑、ソウル刑事高裁-在日韓国人スパイ容疑事件
1976.11.18	11頁07段	夕刊	李哲氏の控訴棄却 一審通り死刑判決 ソウル高裁
1976.11.19	22頁06段	朝刊	李氏の死刑判決に抗議 アムネスティ日本支部-救援活動
1976.11.24	03頁07段	朝刊	韓国政治犯の釈放を求める 東京で二つの集会-救援活動
1976.11.27	11頁01段	夕刊	民団が推薦候補 日韓親善派支援うたう-総選挙
1976.11.30	22頁06段	朝刊	釈放訴えハンスト(在日韓国人政治犯救援会)-救援活動
1976.12.15	03頁04段	朝刊	白被告の死刑確定 在日韓国人留学生スパイ事件-裁判
1976.12.27	01頁05段	朝刊	無期懲役の帰化三邦人、韓国、きょう異例の釈放 対日改善企図か
1976.12.27	01頁06段	夕刊	韓国、三邦人を釈放 理由は明かさず 今夕、空路帰国へ-帰化邦人釈放
1976.12.28	01頁04段	朝刊	家族と感激の対面 釈放三邦人、羽田に到着-帰化邦人釈放
1976.12.28	01頁11段	朝刊	釈放を歓迎 外務省筋表明-帰化邦人釈放
1976.12.28	03頁01段	朝刊	人道的措置というが… 韓国の帰化三邦人釈放 陰に政治的計算も-帰化邦人釈放
1976.12.28	03頁04段	朝刊	「疑惑残るが心から歓迎」社党特別委-帰化邦人釈放
1976.12.28	10頁01段	朝刊	韓国釈放の帰化 三邦人 白髪、孫かき抱く 容疑事実は言葉にごす-帰化邦人釈放
1977.01.16	03頁06段	朝刊	朝鮮総連の韓議長語る 在韓米軍撤退に注目 文化・人事の往来活発化に
1977.01.30	03頁05段	朝刊	民団と共同集会を 救国提案の実現へ 朝鮮総連アピール-南北対話呼びかけ
1977.01.31	10頁05段	朝刊	朝鮮人参は未来の葉？-ぷりずむ
1977.02.01	03頁09段	朝刊	朝鮮総連の共同集会アピール拒否 民団-南北政治協商会議(北朝鮮提案)
1977.02.05	06頁05段	夕刊	"差別的な発言"と厚生省局長に抗議 朝鮮総連-原爆被災

발행일	지면정보	간종별	목차
1977.07.12	10頁05段	朝刊	「民族音読み」敗訴 福岡地裁 崔牧師の訴え退ける-訴訟
1977.07.17	03頁07段	朝刊	在日韓国人政治犯救済訴えデモ行進 支援する会-在日外国人
1977.07.23	22頁01段	朝刊	在日韓国人が出席希望 金大中事件調査の米フレーザー委 政府、再入国認めぬ方針
1977.07.23	08頁05段	夕刊	政府、出국·再入国とも認めぬ方針決定-在日韓国人の米議会証言
1977.07.24	02頁06段	朝刊	出入国拒否へ韓民統"抗議" 在日韓国人の米議会証言
1977.07.27	01頁01段	夕刊	米下院委の「在日韓国人」聴取 日本へ係官派遣も 招請に便宜求める-在日韓国人の米議会証言
1977.07.27	02頁07段	朝刊	非公式の要請 拒否変わらず 証言韓国人の再入国-在日韓国人の米議会証言
1977.07.28	03頁08段	朝刊	招請に応じると伝達 証言問題で趙事務総長-在日韓国人の米議会証言
1977.08.07	03頁10段	朝刊	特別委の設置を 市民団体呼びかけへ-金大中ら致事件
1977.08.13	03頁10段	朝刊	民団中央本部も声明-海外韓国人民主運動代表者会議
1977.08.13	09頁07段	夕刊	韓国人会議で乱闘 民団系が押しかけ 十数人けが76人逮捕
1977.08.19	20頁01段	朝刊	在日朝鮮人就職に門戸開け 全電通方針 電電公社に要求-在日外国人
1977.08.31	21頁01段	朝刊	大震災から54年 朝鮮人虐殺の調査 今も 船橋市職員·教職員ら
1977.09.02	22頁05段	朝刊	民団青年会の幹部四人を起訴 乱入事件-民主化運動
1977.09.05	22頁08段	朝刊	日韓閣僚会議反対してデモ 東京で市民団体-日韓定期閣僚会議
1977.09.06	22頁07段	朝刊	韓学同 日韓会議へ抗議-日韓定期閣僚会議
1977.09.07	02頁09段	朝刊	朝鮮総連が非難声明 日韓閣僚会議-日韓定期閣僚会議
1977.09.09	01頁08段	朝刊	外交ルートで要請へ 在日韓国人渡米の便宜 フレーザー委員会決定
1977.09.09	03頁10段	朝刊	在日韓国人の四人 スパイ容疑で捕まる 政治犯支援全国会議が発表
1977.09.14	10頁06段	夕刊	在日朝鮮人などの職員採用 電電公社も踏み切る-在日外国人
1977.09.17	22頁06段	朝刊	反共法違反容疑で逮捕 横浜の帰化日本人-民主化運動
1977.09.22	02頁01段	朝刊	金大中事件証言へ 数日中に米が招請 在日韓国人-訪米団
1977.09.23	02頁09段	朝刊	総連大会へ参加 北朝鮮五人の入国を認めず 法務省決定-出入国査証
1977.09.27	02頁03段	朝刊	朝鮮総連が十一全大会-朝鮮総連
1977.09.29	22頁10段	朝刊	新副議長三人 朝鮮総連大会で選出-朝鮮総連
1977.10.23	20頁07段	朝刊	柳被告に死刑を求刑 ソウル地裁-在日韓国人留学生スパイ事件
1977.10.25	02頁03段	朝刊	「暴力団員が韓国で訓練」 政府に善処を要望 朝鮮総連-朝鮮総連
1977.10.27	03頁09段	朝刊	"決起支持"を声明 在日韓国人八団体-延世大
1977.10.27	07頁09段	朝刊	総連代表も代議員候補に-北朝鮮
1977.11.06	03頁03段	朝刊	在日韓国·朝鮮人にも 国民年金認めよ 求める会発足-年金·恩給
1977.11.10	02頁07段	朝刊	北朝鮮最高人民会議選 在日候補の再入国拒否-出入国査証
1977.11.11	07頁08段	朝刊	朴政権批判し 高麗人でビラ-韓国学生の反政府運動
1977.11.12	01頁02段	朝刊	大規模な「反朴」集会 ソウル大-韓国学生の反政府運動
1977.11.12	07頁01段	朝刊	学生運動高まる兆し ソウル大、新たな闘争 反政府運動 厳戒下、陣地戦で対抗
1977.11.12	07頁03段	朝刊	宣言文の内容 陰謀と非理、直視を-韓国学生の反政府運動
1977.11.12	10頁01段	夕刊	石原長官辞任求めビラまき 環境庁前で住民団体-石原長官発言問題

발행일	지면정보	간종별	목차
1977.11.13	07頁01段	朝刊	西江大でも学生がデモ リーダー数人連行-韓国学生の反政府運動
1977.11.17	05頁05段	朝刊	在日朝鮮人にも住宅融資を 納税の義務だけでは片手落ち-論壇
1977.11.25	02頁09段	朝刊	総連議長らの再入国、法務省が拒否-出入国査証
1977.12.09	07頁01段	夕刊	江戸時代の日朝関係 盛んだった文化交流 経済・技術の発展促す-寄稿
1977.12.26	06頁01段	夕刊	中国旅券持ち、40年ぶり帰国 生きてた戸籍まっ消 「祖国は冷たい」と訴訟-証言台
1978.01.07	08頁08段	夕刊	北朝鮮が教育援助(在日朝鮮人に)-北朝鮮
1978.03.03	02頁01段	夕刊	帰還望む樺太の朝鮮人 受け入れ態勢整備 外相らが努力約束-戦争関係
1978.04.30	20頁01段	朝刊	下山事件、29年目の波紋 「犯人は一人、朝鮮人」 ダレス特使に 故吉田首相語る-1951年米外交文書
1978.05.20	22頁01段	朝刊	「政治目的」では初許可 原水禁運動在日朝鮮人の再入国-出入国
1978.06.05	05頁01段	夕刊	靖国合祀と朝鮮人 うずく侵略の傷跡-寄稿
1978.07.05	03頁01段	夕刊	根おろす在日朝鮮人の本名を名乗る運動(インタビュー) 大阪市外国人教育研究協議会事務局長 扇田文雄氏-にゅーす・らうんじ
1978.07.15	22頁01段	朝刊	朝鮮人青年の訴え実らず 名古屋地裁 退去取り消し申請を却下-訴訟
1978.08.04	22頁01段	朝刊	戦犯として刑死した朝鮮人 せめて遺骨を故国に 戦友ら厚生省に陳情
1978.11.06	20頁07段	朝刊	朝鮮人学校焼ける‥大宮-火事
1978.11.14	07頁01段	朝刊	朝鮮人コルホーズ ソ連少数民族の共同体を見る-少数民族
1978.11.25	10頁01段	夕刊	朝鮮人学校の建設不許可 小平の初中級校 住民の反対考慮 都の審査会
1978.12.04	02頁07段	朝刊	外国人教員採用の特別法案 不平等固定の恐れ 在日韓国・朝鮮人大学教員懇-法令・法案
1978.12.12	10頁01段	朝刊	在日朝鮮人-若者の風景
1978.02.17	07頁09段	朝刊	「金正一氏暗殺未遂」など否定-金正一氏(金日成主席の子息)
1978.02.17	09頁08段	夕刊	夫刺殺、無理心中図る 目黒 帰化申請中の若妻-心中
1978.02.21	22頁07段	朝刊	すでに釈放されていた金達男氏 韓国のスパイ事件-韓国
1978.03.01	20頁01段	朝刊	次期都知事選は行政手腕を重視 公明 市民団体に表明-東京都知事選
1978.03.03	02頁01段	夕刊	帰還望む樺太の朝鮮人 受け入れ態勢整備 外相らが努力約束-戦争関係
1978.03.08	08頁01段	夕刊	「日本人になりたいのに…」 国籍法が帰化の壁 チアリさん、法相に直訴
1978.04.07	10頁06段	夕刊	在日韓国人救援で緊急行動 アムネスティ
1978.04.16	02頁10段	朝刊	金日成主席の誕生祝賀会-朝鮮総連
1978.04.21	03頁01段	朝刊	韓国、刑期満了の徐弟に「社会安全法」適用か スパイ容疑事件-裁判
1978.04.30	20頁01段	朝刊	下山事件、29年目の波紋 「犯人は一人、朝鮮人」 ダレス特使に 故吉田首相語る-1951年米外交文書
1978.05.20	22頁01段	朝刊	「政治目的」では初許可 原水禁運動在日朝鮮人の再入国-出入国
1978.05.26	03頁10段	朝刊	転向覚書を提出し釈放 在日韓国人の金さん語る-在日外国人
1978.05.27	03頁08段	朝刊	社党の横路氏 韓国入りを認められず-徐俊植さん再収容
1978.05.27	10頁01段	夕刊	刑期満了の徐俊植さん また刑務所へ収容 「保安監護」処分を適用-徐俊植さん再収容
1978.05.27	10頁07段	夕刊	外務省、確認急ぐ-徐俊植さん再収容
1978.05.28	03頁05段	朝刊	「自由と人権の侵害」徐さんの再収容 救援団体が抗議行動

発行日	지면정보	간종별	목차
1978.05.28	03頁05段	朝刊	「母さん心配せずに」移送後 徐さん、悲しい再会-徐俊植さん再収容
1978.05.28	07頁01段	朝刊	「思想」が裁かれる韓国 転向の有無が決め手 徐氏の再収容
1978.05.29	03頁08段	朝刊	徐さんの釈放要求 朴大統領に打電へ アムネスティ日本支部
1978.07.15	22頁01段	朝刊	朝鮮人青年の訴え実らず 名古屋地裁 退去取り消し申請を却下-訴訟
1978.10.14	04頁01段	朝刊	「統一」に日本は中立を 北朝鮮訪問から帰った韓朝鮮総連議長に聞く
1978.10.18	07頁09段	朝刊	韓国学生の予告デモは不発-反政府運動
1978.11.06	20頁07段	朝刊	朝鮮人学校焼ける‥大宮-火事
1978.11.14	07頁01段	朝刊	朝鮮人コルホーズ ソ連少数民族の共同体を見る-少数民族
1978.11.21	02頁10段	朝刊	在日韓国人政治犯救済へ-在日外国人
1978.11.25	10頁01段	夕刊	朝鮮人学校の建設不許可 小平の初中級校 住民の反対考慮 都の審査会
1978.12.04	02頁07段	朝刊	外国人教員採用の特別法案 不平等固定の恐れ 在日韓国・朝鮮人大学教員懇-法令・法案
1978.12.12	02頁09段	朝刊	母国で投獄の在日韓国人問題 人権保護に積極姿勢 外相が救済団体に表明
1978.12.12	10頁01段	朝刊	在日朝鮮人-若者の風景
1978.12.22	07頁01段	朝刊	韓国学生運動の"元闘士" 大統領任命議員に-国会
1979.01.24	07頁05段	朝刊	朝鮮総連が歓迎声明-韓国・北朝鮮対話問題
1979.01.27	04頁01段	朝刊	(解説)"外人教授採用法"に論議 "頭脳流入"は歓迎だが 不平等固定化を警戒-外人教授採用法
1979.02.10	20頁09段	朝刊	朝鮮学校移転問題で声明 三多摩学者文化人の会-教育
1979.03.03	09頁04段	夕刊	「帰化人」史観の見直しに力 40号迎えた「日本のなかの朝鮮文化」-学芸
1979.03.26	02頁08段	夕刊	在日朝鮮人祝賀団、平壌入り-北朝鮮
1979.03.29	02頁10段	朝刊	民団の新団長に張聡明氏-在日外国人
1979.04.24	10頁08段	夕刊	民団青年会の四人に猶予刑 池之端文化センター事件-裁判
1979.04.26	21頁01段	朝刊	朝鮮人学校建設問題 計画変えて再申請-教育
1979.06.02	22頁01段	朝刊	12年間保険料払ったのに…国民年金支払えぬ 在日韓国人の請求認めず
1979.06.09	22頁06段	朝刊	クレジット拒否 民族差別を認めて謝罪-在日外国人
1979.06.23	05頁05段	朝刊	韓国民団幹部に答える-論壇
1979.06.26	08頁03段	夕刊	生涯の夢を追う帰化彫刻家-自由席
1979.07.27	05頁04段	夕刊	在日朝鮮人教育で八月末に研究集会-メモらんだむ
1979.08.15	02頁01段	夕刊	韓国が政治犯釈放第二弾 左翼関係も初めて 在日韓国人8人含む-政治犯
1979.08.18	22頁07段	朝刊	特赦の在日韓国人 八人の帰国認める 韓国政府-政治犯
1979.09.12	22頁01段	朝刊	国際会議出席できぬ 反朴系在日韓国人訴え 入管の証明出して 法務省「韓国旅券取得が先」-在日外国人
1979.09.12	22頁08段	朝刊	理解に苦しむ措置-在日外国人
1979.09.24	03頁01段	朝刊	在日朝鮮人教育研究 全国協議会結成準備会代表 稲富進-ひと
1979.10.27	11頁09段	夕刊	国葬まで喪に服す 民団-朴大統領射殺事件
1979.10.29	02頁09段	夕刊	独裁者の末路示す 朝鮮総連が声明-北朝鮮

発行日	지면정보	간종별	목차
1979.11.20	22頁05段	朝刊	朝鮮人被爆者調査を-原爆被災
1979.12.04	03頁09段	朝刊	在日韓国人政治犯 日本への出国当局が認める-在日韓国人政治犯
1979.12.11	22頁01段	朝刊	韓国で釈放の六人、成田着 肉親と涙の再会 スパイ容疑の金兄弟ら
1979.12.15	02頁04段	朝刊	旅券なしでも再入国 在日韓国人政治犯家族 法務省が特別許可
1979.12.16	11頁06段	朝刊	「河野六郎著作集1 朝鮮学校論文集」-えつらん室
1979.12.22	05頁09段	夕刊	在日朝鮮人の民族教育回復への証言-点描
1979.12.23	07頁07段	朝刊	韓国学生の服装 校長裁量に一任 女性文相が進步的方針-教育
1979.12.24	10頁01段	朝刊	渡韓60回、嘆く母 徐兄弟に鉄鎖なお固く 特赦の対象外-特赦
1980.01.16	09頁07段	夕刊	国連内に驚きと怒り 韓国の「政治犯迫害」在日家族らが訴え
1980.01.20	22頁07段	朝刊	政治犯の処遇で韓国へ調査団も 在日家族に赤十字が意向-在日韓国人政治犯
1980.01.27	22頁07段	朝刊	帰化した祖父捜して-一般
1980.02.18	03頁01段	朝刊	35年前 邦人も難民暮らし 当時の写真を収集 タイへ帰化のカメラマン 関係者訪ね歩き
1980.02.20	03頁01段	夕刊	この母にとっての祖国 息子二人、韓国に捕らわれて「それでも同胞が好き」病床で待つ南北雪どけの訪れ-検証
1980.02.27	22頁06段	朝刊	スパイ道具持つ密入男-出入国査証
1980.03.03	05頁01段	夕刊	在日朝鮮人作家 きわ立つ異質性と独自性-文学の現況
1980.03.08	22頁01段	朝刊	"金もうけの神様"が帰化(邱永漢氏)-人事
1980.03.28	2頁10段	朝刊	在日朝鮮人祝賀団平壤入り-在日外国人
1980.03.31	11頁09段	夕刊	留置場で首つり 万引きの在日韓国人-自殺
1980.04.07	22頁07段	朝刊	韓国大統領に嘆願書(徐兄弟の早期釈放)-在日外国人
1980.04.15	07頁01段	朝刊	韓国学生の民主化運動 大統領、自制促す-教育
1980.04.16	20頁05段	朝刊	サハリンから弟妹帰して 戦争の傷いえぬ在日韓国人 37年間、再会を願い続けて-証言台
1980.05.08	02頁08段	夕刊	133人連行さる 韓国学生デモ-高まる学生運動
1980.05.10	04頁07段	朝刊	(92)ある政治史〈24〉大震災と虐殺-20世紀の軌跡
1980.05.13	04頁05段	朝刊	(解説)再燃した韓国学生デモ 民主化足踏みに疑念-高まる学生運動
1980.05.12	03頁07段	夕刊	俊植さんの満期、27日を注目-触角
1980.05.14	03頁10段	朝刊	在日韓国人政治犯の釈放を陳情 韓国法務省に家族ら-在日韓国人政治犯
1980.05.20	11頁06段	夕刊	息子よソウルの春はまだか 徐兄弟の母死去「北のスパイ」無実信じて
1980.05.22	01頁12段	朝刊	天声人語
1980.05.27	03頁07段	朝刊	徐氏の釈放を求めアピール 愛知大教授ら25人-在日韓国人政治犯
1980.05.27	11頁10段	夕刊	徐俊植さん釈放されず さらに二年獄中に-在日韓国人政治犯
1980.05.28	22頁09段	朝刊	徐さん断食 出所延期に抗議-在日韓国人政治犯
1980.06.01	05頁05段	朝刊	徐兄弟の母の死によせて-論壇
1980.06.04	22頁04段	朝刊	ボク日本人、渡辺大五郎デス 高見山が帰化、「親方」への道-大相撲
1980.06.10	02頁10段	朝刊	在日韓国人がインタ出席へ-在日外国人
1980.06.26	22頁08段	朝刊	在日朝鮮人デモ 朝鮮戦争 30周年-在日外国人
1980.07.24	03頁01段	朝刊	被爆者援護法制定へ要請書-戦争関係

발행일	지면정보	간종별	목차
1980.07.27	10頁01段	朝刊	いじめられっこが死を選ぶまで 記念サイン帳に「死ね」民族差別の深い傷あと-家庭面
1980.08.01	03頁01段	夕刊	金大中氏の"容疑"は事実か 朝鮮総連から出た金受けた 戒厳司令部の「捜査結果」「北」が操縦なんて 韓民統 金を贈った事ない 宇都宮氏-にゅうす・らうんじ
1980.08.02	22頁04段	朝刊	幼友達、切々と訴え 金氏救出求めハンスト 在日韓国人-在外韓国人
1980.08.05	10頁01段	朝刊	内海愛子、村井吉敬著 赤道下の朝鮮人叛乱-書評
1980.08.06	03頁01段	朝刊	在日朝鮮人被爆者 連絡協を結成-ヒロシマと原爆
1980.08.08	03頁09段	朝刊	「五人の政治犯の死刑執行停止を」在日韓国人被告の家族要望-在日外国人
1980.08.11	04頁01段	朝刊	北朝鮮スパイは本当にスパイか せいぜいが密出入国-月曜ルポ
1980.08.13	09頁05段	夕刊	金大中裁判めぐり 対決姿勢高まる 在日韓国人の団体-在外韓国人
1980.08.16	02頁07段	夕刊	急ピッチに驚き 在日韓国居留民団
1980.08.17	04頁01段	朝刊	崔前駐日韓国公使の発言詳報 金大中氏ら致事件 一番くだらぬ行為-KCIA(韓国中央情報部)
1980.08.19	22頁03段	朝刊	在日韓国人政治犯三人の死刑が確定-裁判
1980.08.21	10頁03段	夕刊	夫人と共に西独に帰化 ソ連バイオリニスト-亡命
1980.08.27	10頁04段	夕刊	居留民団が歓迎 韓民統は反対声明
1980.09.12	03頁05段	朝刊	市民団体など抗議ハンスト-日本
1980.09.17	03頁09段	朝刊	密封用封筒の要求運動推進 国勢調査で市民団体-国勢調査
1980.09.22	03頁01段	夕刊	ムダにしないでわが子の死 すべての差別追放を 他人事ではすまされぬ いじめられて自殺した在日朝鮮人三世・賢一君の両親 林東八郎・邦枝
1980.10.02	05頁05段	朝刊	根深い教育現場の民族差別 在日朝鮮人子弟に正しい理解を-論壇
1980.10.08	02頁08段	夕刊	朝鮮総連紙に金正一氏の写真-主席後継者・金正一(金正日)氏
1980.10.13	03頁05段	朝刊	外国人の「就業」6割強が認める 総理府の意識調査 帰化OK8割超す
1980.10.13	03頁07段	夕刊	在日朝鮮人問題と差別意識-触角
1980.10.18	02頁10段	朝刊	朝鮮総連議長の再入国許可方針-在日外国人
1980.10.18	04頁01段	朝刊	(解説)北朝鮮の金正日氏 浮上した社会主義国の権力世襲 総連には既定の事実だが下部に強い違和感も
1980.10.19	22頁01段	朝刊	朝を見ることなく母は死んでいった 徐兄弟の母追悼文集刊行-出版
1980.10.29	02頁07段	夕刊	在日韓国人が検察側証人に「韓民統と北の関係」証言-控訴審
1980.10.29	10頁01段	夕刊	帰化10年…国籍の壁厚く 年金不払い合憲 大阪地裁 失明女性の訴え棄却-訴訟
1980.11.07	03頁10段	朝刊	厚相、前向きの対応を約束 在日朝鮮人の国民年金-在日外国人
1980.11.18	04頁08段	朝刊	在日朝鮮人中学生の自殺(韓国・中央日報紙から)-世界の声
1980.12.22	10頁01段	朝刊	金時鐘著 クレメンタインの歌-書評
1980.12.22	23頁05段	朝刊	「金大中氏助命」一段と熱 国際緊急行動デー-日本
1980.12.27	18頁01段	朝刊	金大中裁判にナゾの男 在日韓国人証言する-NEWS三面鏡
1981.01.20	07頁04段	朝刊	在日韓国人ら十五人を検挙 韓国、スパイ容疑-韓国
1981.01.30	15頁01段	朝刊	オモニ 望郷をうたう 統一への願い、子の世代に-家庭面
1981.02.02	10頁08段	夕刊	韓米首脳会談に反対 在日韓国学生同盟が気勢-米韓首脳会議

발행일	지면정보	간종별	목차
1982.02.16	03頁01段	朝刊	金正日氏の誕生40周年 きょう大衆祝賀会 朝鮮総連内部に限定
1982.02.17	22頁07段	朝刊	スパイ容疑の在日韓国人に死刑判決 ソウル地裁-韓国
1982.02.20	10頁01段	夕刊	残留孤児 あてにならぬ自称の日本名-自由席
1982.02.25	22頁01段	朝刊	早く私に気付いて 穆さん日本名も覚えている 住所の記憶も合うのに
1982.03.02	01頁07段	朝刊	中国孤児日本永住に道 国籍取得を容易に 肉親不明でも帰化承認
1982.03.02	03頁01段	朝刊	在日韓国人政治犯の死刑囚五人 韓国、恩赦で減刑か 在日大使館筋
1982.03.03	23頁01段	朝刊	在日韓国人の五人 死刑から無期へ-金大中氏ら恩赦
1982.03.10	03頁01段	朝刊	対ソ交渉粘り強く カラフト残留朝鮮人の帰国 首相が約束-戦争関係
1982.04.15	02頁09段	朝刊	「後継者は金正日氏」朝鮮総連副議長表明-在日外国人
1982.04.23	15頁01段	朝刊	祖国統一願いオモニは歌う 在日韓国人白玉仙さん東京でリサイタル-家庭面
1982.05.27	22頁09段	朝刊	監護さらに二年延長 韓国で拘束の徐俊植氏-韓国人政治犯問題
1982.06.10	13頁04段	夕刊	徐兄弟の母劇化 民芸の記録劇「朝を見ることなく」演出・出演兼ねる米倉
1982.06.17	05頁05段	朝刊	ハンスト入りした徐勝氏-論壇
1982.06.25	03頁09段	朝刊	保安監護処分無効を提訴 韓国で獄中の徐俊植氏-韓国人政治犯問題
1982.07.21	07頁01段	朝刊	無効求めて裁判 徐俊植氏身柄拘束 ソウル高裁で開始-裁判
1982.07.21	07頁07段	朝刊	徐兄弟事件-裁判
1982.07.26	05頁01段	夕刊	戦争の傷痕 苛酷極めた朝鮮人軍夫の労役-寄稿
1982.07.29	01頁04段	夕刊	六点の是正要求 在日韓国居留民団-韓国の動き
1982.08.15	04頁01段	朝刊	(解説)サハリン残留朝鮮人問題 戦争責任問う樺太訴訟-訴訟
1982.08.20	03頁08段	朝刊	関東大震災に虐殺の二万人 韓国全土で追悼式 九月一日-韓国
1982.08.20	23頁01段	朝刊	"痛み"忘れた？郷土誌足尾 「戦後、中国・朝鮮人がゆすり」の記述 学校では教材資料
1982.08.20	23頁07段	朝刊	(注)多数の強制連行者-戦争関係
1982.08.20	23頁09段	朝刊	不適切だとは思わなかった-戦争関係
1982.08.21	22頁08段	朝刊	「ゆすり」記述 足尾町が削除-戦争関係
1982.08.22	03頁06段	朝刊	朝鮮人戦犯問題を追跡する 内海愛子-ひと
1982.08.22	04頁05段	朝刊	絶対拒否の姿勢貫く 日本名指しは避けたが-放射性廃棄物の処理
1982.08.22	16頁07段	朝刊	在日韓国人選抜チームが準優勝 韓国の高校野球-野球
1982.08.27	03頁10段	朝刊	朝鮮総連も非難声明(政府見解)-北朝鮮
1982.08.29	01頁12段	朝刊	天声人語
1982.09.01	14頁01段	夕刊	関東大震災時の朝鮮人虐殺事件 韓国で初の慰霊祭
1982.09.02	23頁01段	朝刊	「朝鮮人虐殺」鎮魂の発掘 荒川河川敷、大震災から59年ぶり
1982.09.02	18頁05段	夕刊	朝鮮人虐殺発掘始まる-関東大震災 59年後
1982.09.06	13頁01段	朝刊	金賛汀著 朝鮮人女工のうた-書評
1982.09.08	03頁07段	朝刊	関東大震災時に虐殺された朝鮮人の遺骨を捜す 絹田幸恵-ひと
1982.09.23	03頁01段	朝刊	在日韓国人の国民年金誤適用訴訟 「受給」請求を棄却 東京地裁判決 「加入自体が違法」行政側の手落ち触れず-訴訟
1982.10.01	22頁01段	朝刊	朝鮮人こうして連行「樺太裁判」で体験を証言「壮年男子根こそぎ 集落包囲、殴りつけ」 元徴用隊幹部＝続報注意(2014年12月23日朝刊)(おことわり)吉田清治氏の証言に信用性はなく、虚偽だと考えられます

발행일	지면정보	간종별	목차
1983.07.18	02頁01段	朝刊	社党再生へ問われる課題 県本部の書記長座談会 路線より魅力的政策 高橋氏 陽気なイメージ作れ 古江氏 市民団体と連携強化 鬼頭氏-全国書記長会議
1983.08.11	04頁06段	朝刊	サハリン残留朝鮮人 公明党・国民会議代議士 草川昭三氏-インタビュー。
1983.08.15	02頁05段	夕刊	サハリン残留韓国人 東京で家族と年内にも再会 草川代議士が表明
1983.08.16	03頁10段	朝刊	日本政府に賠償請求検討中 サハリン強制連行韓国人
1983.08.18	05頁05段	朝刊	残された戦後処理を急げ-社説
1983.08.20	03頁09段	朝刊	サハリン残留朝鮮人 日本訪問実現へ対ソ要請を訓令
1983.08.20	20頁01段	朝刊	真実求め記録映画「関東大震災と朝鮮人虐殺」両国の若者が共同で-映画
1983.08.22	03頁01段	夕刊	サハリンの朝鮮人問題 日ソ協会北海道連合会理事・北海道立有朋高校教諭 田中了さん 自由往来の実現図れ 事実に即した論議必要-わたしの言い分
1983.08.22	14頁01段	夕刊	関東大震災時の朝鮮人虐殺 市民団体が調べ出版 生々しい証言集め 千葉
1983.08.31	03頁10段	朝刊	法務省に指紋押捺廃止要望 市民団体-外国人登録の指紋押捺問題
1983.09.02	03頁10段	朝刊	指紋押なつ廃止へ署名運動 在日韓国居留民団-外国人登録の指紋押捺問題
1983.09.02	19頁10段	夕刊	在日韓国人が抗議-韓国の動き
1983.09.03	10頁07段	夕刊	在日韓国人がソ連側に抗議-韓国の動き
1983.09.05	15頁01段	夕刊	国籍超え平和祈る 在日韓国人一家、息子の散った海に-韓国の動き
1983.09.08	23頁08段	朝刊	在日韓国人2000人が抗議 ソ連大使館へデモ-韓国の動き
1983.09.09	02頁04段	朝刊	在日朝鮮人の帰還船 今年は派遣中止 北朝鮮-在日外国人
1983.09.15	21頁05段	朝刊	都議会も改正決議を 外国人登録 朝鮮総連が要請
1983.09.21	03頁10段	朝刊	韓国政治犯の支援も提唱-在日外国人
1983.09.21	07頁05段	朝刊	民主政府樹立へ行動 野党・市民団体が「宣言」 フィリピン-反政府運動
1983.10.11	03頁01段	夕刊	広がる指紋拒否運動「百万人署名」で抗議 在日韓国人団体-にゅうす・らうんじ
1983.10.19	14頁01段	夕刊	スパイ12人を逮捕 韓国 在日韓国人含む4組織-国防・軍事
1983.11.03	03頁01段	朝刊	金さんにやっと年金 在日韓国人の受給訴訟 社保庁が上告断念-訴訟
1983.11.03	03頁06段	朝刊	金鉉釣さんの話-訴訟
1983.11.05	03頁01段	朝刊	ビルマの北朝鮮断交 国内にも衝撃波「伝達ない」と朝鮮総連-日本
1983.11.09.	22頁07段	朝刊	訪韓抗議しハンスト(レーガン訪韓)-韓国の動き
1983.11.19	23頁01段	朝刊	朝鮮総連で銃乱射 ラングーン事件に関連? 2人押しかけ10発-殺人未遂
1983.11.22	22頁06段	朝刊	週刊朝日の記事で朝日新聞社を訴え 神戸の在日朝鮮人-出版
1983.11.22	23頁04段	朝刊	出頭の組員二人を逮捕 朝鮮総連への発砲-殺人未遂
1983.12.02	18頁05段	夕刊	在日韓国人の上告を棄却 外国人登録証焼却-裁判
1983.12.07	02頁10段	朝刊	指紋押捺反対署名150万超す-外国人登録の指紋押捺問題
1983.12.16	23頁01段	朝刊	外人登録証の不携帯で指紋採られ身体検査 在日朝鮮人、警官を告訴
1984.01.06	23頁01段	朝刊	300年後の恩返し 中国へ医学協力 二億円の器材贈る 帰化医の子孫 研修もお手伝い 桂林の病院
1984.01.07	01頁05段	夕刊	帰化取り消し 規定新設は見送り 国籍法改正 法制審部会が方針

발행일	지면정보	간종별	목차
1984.02.04	09頁01段	夕刊	平和願った蔡君、僕たちが受け継ぐ 大韓機事件犠牲 元級友ら追悼文集 手作り、誕生日に完成
1984.02.09	07頁09段	朝刊	韓国学生活動家48人釈放-政治
1984.02.17	22頁03段	朝刊	国立大学で第一号 在日朝鮮人の助教授が誕生-在日外国人
1984.02.22	05頁01段	夕刊	国籍法改正の問題点 沖縄の現状にみる 経過措置に20歳の壁 成人こそ帰化簡素化を 金城清子
1984.03.08	02頁10段	朝刊	在日韓国人問題で改善要請-在日外国人
1984.04.08	07頁09段	朝刊	韓国学生運動が一部過激化-学生運動
1984.04.19	07頁09段	朝刊	韓国学生が街頭デモ 1500人が機動隊と衝突-学生運動
1984.05.26	14頁05段	夕刊	拘束さらに2年 反共法違反の徐俊植さん-韓国人政治犯問題
1984.05.28	02頁04段	朝刊	指紋押捺反対に渦まく思惑-ペリスコープ
1984.06.09	12頁07段	夕刊	指紋押なつ制廃止 日本政府に勧告を 国連に在日韓国人団体-在日外国人
1984.06.12	23頁08段	朝刊	二人に実刑判決 朝鮮総連乱射事件-刑事裁判
1984.06.13	03頁01段	朝刊	在日朝鮮人・韓国人の差別問題、高校教科書から削除 文部省検定
1984.06.14	14頁04段	夕刊	平和大行進団体旗騒動 分裂回避を願う市民団体 原水禁世界大会に波及心配
1984.06.15	23頁09段	朝刊	「核を積める」が問題 市民団体など指摘-トマホーク艦入港
1984.07.02	02頁01段	夕刊	在日韓国人指紋なつ印拒否へ 韓国キリスト教会 100万人署名運動 大統領訪日にも影響か
1984.07.06	03頁10段	朝刊	在日朝鮮人作家ら検定批判-教科書検定、強まる「国定色」
1984.07.21	03頁06段	朝刊	安倍外相「韓国の措置期待」 在日韓国人政治犯問題-決算委
1984.07.26	07頁09段	朝刊	朝鮮総連議長、平壌到着-外交・国交
1984.07.30	07頁10段	朝刊	金主席、朝鮮総連議長と会見-外交・国交
1984.08.12	23頁07段	朝刊	他人の名で30年 密入国の韓国人逮捕-出入国査証
1984.08.13	01頁07段	夕刊	千七百人に恩赦 在日韓国人も減刑・釈放-光復節で恩赦など
1984.08.14	01頁07段	夕刊	全大統領 在日韓国人とも会見-全大統領、来月来日
1984.08.16	03頁01段	朝刊	全大統領訪日反対 韓国学生千人がデモ-各界の反応
1984.08.17	02頁10段	朝刊	朝鮮総連が反対声明 全大統領の来日-各界の反応
1984.08.17	22頁05段	朝刊	不正に外登証 偽名で32年間 在日韓国人を逮捕-在日外国人
1984.08.20	03頁05段	朝刊	進路保障など求め三項目のアピール 在日朝鮮人教研集会-在日外国人
1984.08.24	16頁07段	朝刊	初優勝へあと一歩 在日韓国人チーム 韓国高校野球大会-野球
1984.08.30	23頁01段	朝刊	指紋押捺拒否に有罪 在日韓国人に初の判決「不正防止に不可欠」-刑事裁判
1984.08.30	23頁05段	朝刊	(解説)合理的理由になお疑問-刑事裁判
1984.08.31	22頁09段	朝刊	被告が控訴 指紋押捺拒否事件-刑事裁判
1984.09.01	03頁08段	朝刊	韓国学生、警官と衝突 集会で日の丸焼く 大統領の訪日反対-日韓の反響
1984.09.06	02頁08段	朝刊	日朝議連の訪朝「10月なら歓迎」北朝鮮から回答-日朝議連
1984.09.06	05頁06段	朝刊	「反省」いうなら差別撤廃を-論壇
1984.09.07	22頁07段	朝刊	在日韓国人の待遇 改善に「誠意」首相きょう表明へ-全斗煥大統領来日

발행일	지면정보	간종별	목차
1984.09.08	22頁01段	朝刊	「重い過去」それぞれに 在日韓国人、全大統領と会見 暗やみにやっと光 張本さん 差別のない世の中に 池さん-全斗煥大統領来日
1984.09.09	03頁07段	朝刊	「処遇」めぐり民団強い不満-日韓の反響
1984.09.09	03頁10段	朝刊	「禍根の再生」朝鮮総連声明-日韓の反響
1984.09.09	03頁10段	朝刊	朝鮮総連が創建36年祝賀会-朝鮮総連
1984.09.11	23頁08段	朝刊	韓国大統領来日前「逮捕は予防拘束」在日韓国人活動家が抗議-警備態勢
1984.09.16	03頁01段	朝刊	朝鮮総連、李氏体制に 韓議長 平壌で休養 金日成主席指示で移行
1984.09.18	14頁01段	夕刊	犯罪者扱いゴメン 川崎の在日韓国人家族 指紋押捺拒否へ
1984.09.26	22頁06段	朝刊	居住地の変更登録違反「家宅捜索は不当」在日朝鮮人が告訴 川口
1984.09.30	22頁01段	朝刊	指紋押捺を集団拒否 在日韓国人 2団体が実力行使へ-指紋押捺拒否問題
1984.10.08	22頁06段	朝刊	スパイ容疑死刑判決、家族が救援訴え 在日韓国人の金氏-在日外国人
1984.10.06	22頁01段	朝刊	「全国で指紋押捺拒否」民団2団体集会で訴え-指紋押捺拒否問題
1984.10.13	03頁10段	朝刊	総連系組織が水害救援打診-在日外国人
1984.10.13	15頁06段	夕刊	在日韓国人留学生ら6人スパイ容疑で逮捕-事件・事故
1984.10.14	22頁06段	朝刊	「救助する会」が抗議 韓国人留学生の逮捕-在日外国人
1984.10.15	15頁08段	夕刊	町長リコール請求へ 馬券場設置に反対 山梨・石和町-地方自治
1984.10.20	03頁10段	朝刊	総連系援助を韓国側が拒否-在日外国人
1984.10.22	02頁01段	夕刊	朝鮮総連議長が帰日-在日外国人
1984.10.27	22頁07段	朝刊	外登証焼いた男性に猶予刑 東京地裁判決-刑事裁判
1984.11.23	22頁01段	朝刊	晴れて正式教員へ 国籍の壁乗り越え 長野で在日韓国人-在日外国人
1984.11.28	22頁03段	朝刊	集団で指紋押捺を拒否 在日韓国人青年ら5人-在日外国人
1984.12.20	23頁06段	朝刊	「韓国留学中に拷問」スパイの容疑で 在日韓国人女性が会見-在日外国人
1984.12.21	22頁05段	朝刊	在日韓国人の政治犯 監護処分の更新無効 ソウル高裁-韓国
1984.12.25	10頁01段	夕刊	キムチ食べられる温かいホームを 在日韓国人孤老へ募金運動 本紙の「論壇」投稿きっかけ 菅原文太さんら中心に-在日外国人
1984.12.27	19頁06段	朝刊	教員正式採用見送り 在日韓国人梁弘子さん 文部省が県を指導 長野
1985.01.05	23頁08段	朝刊	在日韓国人作家 金鶴泳さん自殺-自殺
1985.01.12	05頁01段	夕刊	金鶴泳氏を悼む-自殺
1985.01.18	23頁08段	朝刊	人権救済申し立て 教員採用拒否の梁さん-人権問題
1985.01.23	23頁09段	朝刊	金被告の死刑確定-事件・事故
1985.01.28	05頁01段	夕刊	ある在日韓国人作家の死-深海流
1985.02.02	03頁10段	朝刊	指紋押捺反対、7割超す-指紋押捺見直し問題
1985.02.09	10頁01段	夕刊	奥尻島にハクビシン 在来？帰化？ 論争に一石-動物
1985.02.09	10頁04段	夕刊	指紋制度改革へ行進-指紋押捺見直し問題
1985.02.10	13頁05段	朝刊	あふれる情報番組 生活に縁薄い内容 朝のテレビ市民団体が"診断"
1985.02.13	01頁01段	朝刊	在日韓国・朝鮮人子弟に 本名使用呼びかけ 東京都荒川区教委 差別解消へ指導約束-韓国・朝鮮人子弟に「本名就学」を
1985.02.17	03頁04段	朝刊	在日韓国・朝鮮人の本名就学を呼びかける東京都荒川区教育長 風巻磊蔵さん

발행일	지면정보	간종별	목차
1985.05.14	01頁01段	夕刊	指紋押捺拒否者に制裁　登録済証明出さず　記得期間(3カ月)後は告発 簡単な平面式に　押捺方法は7月から変更-指紋押捺運用変更で法務省 通達
1985.05.14	01頁03段	夕刊	(解説)法務省法律無視に危機感-指紋押捺運用変更で法務省通達
1985.05.14	01頁07段	夕刊	生活権おびやかす　韓国居留民団の朴炳憲団長の話-韓国など反発
1985.05.14	01頁08段	夕刊	世論かわす欺瞞　朝鮮総連の河昌玉社会局長の話-韓国など反発
1985.05.14	02頁01段	夕刊	混乱の回避へ方針明確化を　後藤田氏が発言-指紋押捺運用変更で法務 省通達
1985.05.14	02頁01段	夕刊	指紋押捺運用変更　韓国が強く反発「共同声明とは程遠い」-韓国など反発
1985.05.14	22頁06段	朝刊	釜山総領事館にも「爆破」の脅迫電話-韓国の反響
1985.05.15	03頁08段	朝刊	在外民の対策委設置　韓国政府決める-韓国など反発
1985.05.15	05頁01段	朝刊	不徹底な指紋押捺への対応-社説
1985.05.15	23頁06段	朝刊	在日韓国人殺害か　釜山で邦人旅行者2人　日本側に調査依頼-事件
1985.05.15	13頁05段	夕刊	邦人を犯人と断定　在日韓国人殺し-事件
1985.05.16	03頁04段	朝刊	「外登法みて見直し」示唆　指紋押捺で法相-指紋押捺運用変更で法務省 通達
1985.05.16	03頁05段	朝刊	押捺拒否者の救済　一時的な証明書で　盛岡市長発行方針
1985.05.16	02頁08段	夕刊	「指紋押捺、登録時の一回に」-韓国など反発
1985.05.18	03頁01段	朝刊	日本の改善策期待　韓国文公相が関心表明-韓国など反発
1985.05.19	03頁01段	朝刊	「一回限り」が一般的　外国の指紋押捺制度　法務省など実態を調査　アジ アと中南米で多い　韓国は昨年法改正-指紋押捺運用変更で法務省通達
1985.05.19	03頁01段	朝刊	(表)指紋制度を採用している国の内訳-指紋押捺運用変更で法務省通達
1985.05.19	22頁04段	朝刊	指紋押捺　金石範さんも拒否声明-指紋押捺見直し問題
1985.05.22	01頁06段	朝刊	あすから日韓協議-日韓協議
1985.05.22	03頁01段	朝刊	「指紋押捺」是か非か　本人確認には最良　法務省入国管理局長小林俊二氏
1985.05.22	03頁01段	朝刊	実効なく人権軽視　東大教授大沼保昭氏-指紋押捺運用変更で法務省通達
1985.05.22	13頁01段	朝刊	(3) 住宅-見える壁・見えない壁　在日外国人の暮らし
1985.05.23	13頁01段	朝刊	(4) 国籍-見える壁・見えない壁　在日外国人の暮らし
1985.05.23	01頁08段	夕刊	指紋押捺めぐり日韓協議始まる　両国アジア局長が出席-日韓協議
1985.05.24	03頁01段	朝刊	指紋押捺制度　韓国側、撤廃を要請　局長協議「改善措置に失望」-日韓 協議
1985.05.24	03頁03段	朝刊	民社が改善案-指紋押捺運用変更で法務省通達
1985.05.24	22頁01段	朝刊	押捺拒否者　逮捕状出さないで　大阪地裁に文書で訴え-指紋押捺見直 し問題
1985.05.24	22頁03段	朝刊	押捺に抗議の集会　韓国居留民団-韓国など反発
1985.05.25	03頁01段	朝刊	指紋押捺拒否の12人　法務省が再入国不許可　韓国青年会　全員、出国 を断念-指紋押捺運用変更で法務省通達
1985.05.25	03頁05段	朝刊	公式協議開催求む　韓国局長、外相に-日韓協議
1985.05.25	15頁01段	朝刊	(5) 名前-見える壁・見えない壁　在日外国人の暮らし
1985.05.26	03頁04段	朝刊	扱いに苦慮の自治体　指紋押捺の法務省通達　当面は模様ながめ
1985.05.30	02頁04段	朝刊	見直し迫る野党-指紋押捺見直し問題

발행일	지면정보	간종별	목차
1985.05.30	22頁06段	朝刊	拒否者にも外登証 大阪の2市区 法務省通達を無視
1985.05.31	22頁07段	朝刊	切り替え押捺 "留保戦術"に 韓国居留民団が方針-韓国など反発
1985.06.01	03頁04段	朝刊	在日韓国人2人も再入国は不許可に-指紋押捺見直し問題
1985.06.12	01頁05段	夕刊	拒否の2人逮捕 大阪府下の在日韓国人 法務省通達後で初
1985.06.21	03頁10段	朝刊	朝鮮総連も外登法改正要望-指紋押捺見直し問題
1985.06.28	22頁04段	朝刊	「古い原票返して」 在日韓国人押捺を拒否-指紋押捺見直し問題
1985.06.29	23頁10段	朝刊	朝鮮総連が抗議談話-北朝鮮工作員、日本人になりすましスパイ
1985.07.02	03頁04段	朝刊	全国で139人留保 民団、一斉に抗議行動-指紋押捺見直し問題
1985.07.06	03頁08段	朝刊	外登法改正を要請 千四百六十八人の弁護士の署名添え-指紋押捺見直し問題
1985.07.10	03頁01段	朝刊	準備作業、暗礁に 市民団体提案も不調-原水禁世界大会開催問題
1985.07.13	11頁01段	夕刊	大韓機撃墜の悲劇忘れずに「平和と命」身近に考えよう 亡き韓国人少年の同級生と母ら-大韓機事件
1985.07.22	12頁04段	朝刊	金賛汀著「甲子園の異邦人」-書評
1985.08.07	16頁07段	朝刊	ユニバーシアード神戸大会 南北競演に期待 民団と朝鮮総連が方針 分け隔てなく声援
1985.08.10	11頁01段	夕刊	売却計画けん制「開発で悪影響必至」住民団体 収入増へ"民活"が本音 林野庁-環境保全
1985.08.23	03頁09段	朝刊	指紋押捺廃止の請願を提出-国連
1985.09.07	17頁11段	朝刊	札幌冬季大会へも、北朝鮮が参加表明-冬季アジア大会
1985.09.08	22頁01段	朝刊	新たに4人、肉親と再会 相次ぐ確認にわく 日本名覚えていた 曲がった指 王秀琴さん 姉との対面果たす
1985.09.10	03頁01段	朝刊	指紋押捺留保を継続 民団方針 法改正を強く要求-指紋押捺見直し問題
1985.09.19	21頁01段	朝刊	目黒の住民団体 ゴミの再資源化条例を 近く区に直接請求の署名運動 13グループが参加 会長に大石元環境庁長官
1985.09.20	03頁01段	夕刊	本名で走りたい 悩める長距離ランナー、決断-筆ちはいく
1985.09.28	02頁01段	朝刊	指紋押捺 民団に法厳守を指導 韓国外相が表明 安倍外相とNYで会談
1985.10.01	03頁01段	朝刊	指紋押捺拒否、峠越す 本社調査-指紋押捺見直し問題
1985.10.06	03頁09段	朝刊	多い韓国済州島からの密航-出入国査証
1985.10.12	03頁06段	朝刊	民団は留保終結「意思表示目的果たした」-指紋押捺見直し問題
1985.10.13	03頁01段	朝刊	SDI反対 米の大学で運動広がる 署名や研究費返上 市民団体も支援へ動く
1985.10.17	03頁09段	朝刊	押捺廃止など朝鮮総連要請-指紋押捺見直し問題
1985.10.19	03頁09段	朝刊	指紋押捺拒否を継続 大韓婦人会など-指紋押捺見直し問題
1985.10.22	21頁01段	朝刊	ゴミリサイクル条例へ 署名1万人超す 目黒の住民団体運動
1985.10.28	01頁01段	朝刊	5億円強奪 主犯の本名判明 グループ7人以上
1985.11.08	05頁01段	夕刊	韓国語版「熱海殺人事件」つか劇、祖国で初公演 ソウル-海外 喜怒哀楽
1985.11.12	21頁01段	朝刊	王子線で住民団体 38項目の意見尊重を 都と公団に申し入れ-道路
1985.11.16	22頁01段	朝刊	(4)「帰還」をめぐって 一時帰郷で親族と…-サハリンの朝鮮人
1985.11.17	22頁01段	朝刊	(5) 問われる日本 平和こそ最大の償い-サハリンの朝鮮人

발행일	지면정보	간종별	목차
1985.11.18	04頁07段	夕刊	サハリンの朝鮮人訪日-風車
1985.11.19	20頁01段	朝刊	大韓機撃墜「いのちときぼう」本に 遭難少年の詩や作文162編「ころすこと」「じこ」鋭い眼-出版
1985.11.25	07頁08段	朝刊	中国のスパイ逮捕 米に帰化の元CIA職員-スパイ
1985.11.26	22頁01段	朝刊	包帯姿の写真があかし ゼン慧栄さん身元わかる 日本名に母の名も
1985.11.28	18頁01段	夕刊	「差別の痛み」自分史で説く 韓国人李さん 在日58年を長編に
1985.12.04	05頁06段	朝刊	帰化後の外国姓認めよ-論壇
1985.12.04	14頁03段	夕刊	朝鮮人兄弟の悲話、映画に 「キムの十字架」 地下大本営建設で犠牲-映画
1985.12.05	01頁09段	夕刊	ある「青年の船」-今日の問題
1985.12.06	18頁06段	夕刊	市議会リコール署名簿を提出 逗子の市民団体
1985.12.09	02頁07段	朝刊	在日韓国人 三世処遇も協議 週末に日韓実務者レベル 指紋押捺改めて問題に-日韓関係
1985.12.15	03頁05段	朝刊	在日三世の法的地位 韓国、対応促す 日韓協議-日韓関係
1985.12.25	23頁06段	朝刊	偽造旅券で不審な渡航 在日韓国人、年に14回も-犯罪
1985.12.25	10頁04段	夕刊	指紋押捺を拒否し逮捕 船橋の在日韓国人-指紋押捺見直し問題
1986.01.14	10頁01段	夕刊	在日韓国人政治犯 崔哲教氏救う会 今度は漫画で救援訴え-出版
1986.01.15	01頁05段	朝刊	サハリン残留朝鮮人出国問題 ソ連、許可に前向き 対文協に口頭回答「法に基づき審査」-サハリン残留朝鮮人問題
1986.01.15	01頁10段	朝刊	受け皿づくり希望 松前重義・日本対外文化協会会長の話
1986.01.18	07頁09段	朝刊	比大統領選をボイコット 市民団体-比大統領選挙
1986.01.19	03頁04段	朝刊	留守家族は再会を強く希望 サハリン残留朝鮮人問題 大韓弁護士協が調査
1986.02.16	22頁09段	朝刊	94人が食中毒 東京朝鮮学校の集会-食中毒
1986.02.20	02頁06段	朝刊	在日韓国人「三世」問題 実態調査を開始-予算委
1986.02.21	03頁09段	朝刊	朝鮮総連、「実態調査」を拒否-在日外国人
1986.02.23	16頁01段	朝刊	ソウル五輪に韓国の若者は 日本留学韓国学生が意識調査-ソウル五輪
1986.02.25	14頁03段	夕刊	指紋押捺制度また合憲判断 岡山地裁判決 在日韓国人に罰金刑-民事訴訟
1986.03.08	03頁09段	朝刊	総連が三世調査中止要請-在日外国人
1986.04.16	18頁01段	朝刊	負けん気主将は在日朝鮮人 東海大バレー部・楊選手-バレーボール
1986.04.19	22頁01段	朝刊	韓国の日本人妻を招待 40年ぶり、20人里帰り 居留民団の計画まとまる
1986.04.25	22頁04段	朝刊	外登証不携帯の在日朝鮮人「逮捕・留置は違法」日弁連に救済申請
1986.04.28	07頁06段	朝刊	軍政の終結など要求 野党や市民団体結集-チリ
1986.05.27	15頁07段	夕刊	徐俊植さんの拘束 更に2年 韓国法務部-韓国
1986.06.04	14頁01段	夕刊	秘めた日本名が決め手 蔡さん、晴ればれ 尹さんも身元判明-第一班
1986.06.12	203頁01段	朝刊	老人ホーム 建てよう 文太さんも一役 在日韓国人向け キムチが食べられる
1986.06.13	05頁06段	朝刊	在日韓国・朝鮮人に選挙権を せめて納めた税の行方ただしたい-論壇
1986.06.16	19頁13段	朝刊	金戊宗(木本)MVP 韓国オールスター戦-プロ野球

발행일	지면정보	간종별	목차
1986.06.18	02頁12段	夕刊	軍事会談拒否か 「宣伝」と韓国国防省 北朝鮮提案-北朝鮮、軍事会談を提案
1986.06.18	07頁01段	朝刊	北朝鮮、南に軍事会談を提案 対話の再開を狙う 国連軍を加え7月中に
1986.06.18	07頁01段	朝刊	韓国側も強い関心-北朝鮮、軍事会談を提案
1986.06.24	02頁03段	夕刊	国連軍が拒否 南北軍事会談で回答-北朝鮮、軍事会談を提案
1986.06.25	07頁08段	朝刊	韓国も拒否-北朝鮮、軍事会談を提案
1986.06.28	03頁10段	朝刊	アジア大会共同参観を提案
1986.06.29	15頁04段	朝刊	指紋押捺を問う-クローズアップ
1986.07.03	05頁06段	朝刊	在日朝鮮人の参政権は慎重に 「同化」に再び利用される恐れも-論壇
1986.07.03	23頁01段	朝刊	本名・国籍捨てて暗躍 覚せい剤カイサン 「台湾ルート」の大物-麻薬・覚せい剤
1986.07.06	07頁09段	朝刊	北朝鮮首相が日米韓を非難 朝ソ条約記念式典-朝ソ条約調印25周年記念
1986.07.10	18頁05段	夕刊	在留期間短縮処分の取り消しを求め訴え 指紋押捺拒否の在日韓国人二世
1986.07.12	07頁10段	朝刊	北国防相が再書簡 韓国受け取り拒否-南北朝鮮関係
1986.07.20	04頁01段	朝刊	日朝離散家族の再会促進を 実態を知らない政府 朝鮮の自主的平和統一支持日本委員会議長・岩井章さん
1986.07.28	04頁07段	夕刊	新・在日二世の日-風車
1986.08.06	01頁01段	朝刊	植民地経営戦略、鮮明に 「朝鮮銀行史」発刊へ 日債銀 朝鮮人の幹部登用 揺れた日本の政策
1986.08.19	02頁08段	夕刊	待遇問題で日韓実務者協議-日韓実務者協議
1986.08.19	11頁08段	夕刊	「全くの誤解 裁判で闘う」米で拘置の日本人講師
1986.08.20	03頁03段	夕刊	精神的抑圧受ける在日同胞 韓国の作家黄セキ暎氏に聞く-文学
1986.08.20	12頁10段	夕刊	矢谷さんの強制退去 22日までに延期 米移民局
1986.08.21	17頁01段	夕刊	祖国より米世論に感謝 矢谷さん、一転釈放 米、査証なし滞在認める
1986.08.24	18頁05段	朝刊	実現するワ海外遠征 北朝鮮籍の天理大バスケット選手 比政府特別許可
1986.08.25	18頁06段	夕刊	在日朝鮮総連野球チーム「北」へ初遠征-野球
1986.09.01	22頁01段	朝刊	「サハリンの朝鮮人」解決を 63歳の牧師 訴えの行脚 宗谷岬→東京
1986.09.04	22頁01段	朝刊	「払い下げられた朝鮮人」大震災虐殺、記録映画に 民間人の手で次々 殺害の目撃者証言-映画
1986.09.06	22頁03段	朝刊	帰化希望に「差」在日韓国・朝鮮人調査 法務省と民団-在日外国人
1986.09.11	16頁01段	夕刊	(7) 帰化の後で-海峡の向こうに 在日選手たちのアジア大会
1986.09.19	03頁03段	朝刊	外人登録証 永住者はカード化へ 韓国・朝鮮人に配慮-在日外国人
1986.09.19	22頁09段	朝刊	「我々は関係ない」朝鮮総連副議長-反響
1986.09.19	26頁06段	朝刊	在日韓国人5人が出場-アジア大会特集
1986.09.21	19頁01段	朝刊	この日を待っていた 大会を陰で支える在日韓国人・蔡洙仁さん-第1日
1986.09.22	03頁07段	朝刊	指紋改善策なお不満 在日韓国・朝鮮人ら 根本的な解決望む
1986.09.25	07頁03段	朝刊	韓国学生200人、機動隊と衝突 アジア大会反対叫ぶ-学生の動き
1986.09.26	04頁05段	朝刊	(22) サハリン朝鮮人 松前重義が語る わが昭和史
1986.09.28	03頁01段	朝刊	韓国の学生 民族主義的な根強い運動-時時刻刻

발행일	지면정보	간종별	목차
1986.09.29	03頁10段	朝刊	朝鮮総連議長に韓氏を再任-在日外国人
1986.10.03	22頁02段	朝刊	民活に住民「待った」(東京湾横断道路など)-東京港臨海部再開発計画
1986.10.06	14頁01段	夕刊	在日韓国人学者と和解 客員教授に任用 筑波大-大学
1986.10.12	04頁01段	朝刊	神奈川県在住外国人実態調査員 神奈川大教授・梶村秀樹さん 在日韓国・朝鮮人の現実直視を
1986.10.22	04頁05段	朝刊	朝鮮総連第14回全体大会の背景-在日外国人
1986.10.31	07頁01段	朝刊	韓国学生ろう城3日 建国大 過激派主導で警戒 当局、きょうにも全員連行?-学生の動き
1986.11.18	01頁12段	朝刊	「虚偽の宣伝」朝鮮総連幹部-金日成・北朝鮮主席死亡説
1986.11.19	07頁06段	朝刊	「呉国防相は事故で負傷」北京の東欧外交筋-呉・北朝鮮国防相の消息
1986.11.19	15頁10段	夕刊	「南」の謀略と糾弾の集会「金主席デマ」で総連-金日成・北朝鮮主席死亡説
1986.11.21	07頁06段	朝刊	呉国防相は病気か 朝鮮総連副議長が示唆-呉・北朝鮮国防相の消息
1986.12.05	01頁01段	朝刊	在日韓国・朝鮮人 外国人登録が減少 法改正で日本国籍取得-在日外国人
1986.12.22	03頁05段	朝刊	私財を投じて韓国・朝鮮人の被爆映画を作った 朴寿南さん-ひと
1986.12.22	07頁05段	朝刊	韓国学生、替え歌・隠語で権力・権威を風刺-韓国
1986.12.26	03頁02段	朝刊	朝鮮総連幹部の再入国 政府、認める方針-朝鮮総連幹部の再入国許可
1986.12.26	10頁03段	夕刊	サハリン残留朝鮮人問題訴え1500キロ行脚、ゴールイン-戦争関係
1986.12.27	01頁08段	夕刊	北朝鮮訪問 総連議長ら、再入国許可-朝鮮総連幹部の再入国許可
1986.12.27	02頁10段	朝刊	再入国許可ひとまず見送り-朝鮮総連幹部の再入国許可
1987.01.06	13頁01段	朝刊	「父・KOREA」朝鮮人の父の生涯娘がたどり、一冊の本に 港町・神戸 底辺からの日朝関係史-家庭面
1987.01.21	03頁06段	朝刊	「強く失望」民団団長「ごまかし」朝鮮総連-反響
1987.01.29	02頁07段	夕刊	朝鮮総連、韓国側面会を批判-北朝鮮の対応
1987.01.30	05頁06段	朝刊	サハリン残留朝鮮人の帰国-論壇
1987.02.01	03頁10段	朝刊	核被害者世界大会、日本の実行委発足-反核・軍縮
1987.02.05	22頁01段	朝刊	秘密法阻止で一致 市民団体と野党が討論-反対運動あいつぐ
1987.02.09	02頁07段	夕刊	朝鮮総連が抗議声明-北朝鮮、中国が非難
1987.02.09	03頁01段	朝刊	自治労が反対を表明 外国人登録法改正案「管理強化図るもの」
1987.02.09	09頁01段	夕刊	カナダの朝鮮人 対日感情めぐる発見 移民期通じ親交願う-寄稿
1987.02.11	23頁05段	朝刊	スパイ容疑は逆転無罪判決 在日韓国人に-韓国
1987.02.14	02頁06段	夕刊	政治会談を韓国は拒否「北」に首脳会談要求-南北朝鮮関係
1987.02.14	19頁01段	夕刊	妻の依頼で夫を殺害 2年前、組員ら韓国で 謝礼4千数百万円-殺人
1987.02.18	04頁04段	朝刊	「民族名返して」と訴え 帰化韓国人二、三世 再変史に法制度上の壁
1987.02.02	03頁09段	朝刊	人権侵害で米国務省が報告(1986年の世界各国人権侵害状況)-世界
1987.02.28	05頁04段	夕刊	「季刊三千里」が終刊へ 韓国・朝鮮を考え50号-点描
1987.03.06	01頁01段	朝刊	外国人登録カード作成 入管局の業務に 改正法案全文判明
1987.03.06	03頁05段	朝刊	外人登録法改正案の要旨-外人登録法改正案
1987.03.10	14頁05段	夕刊	指紋拒んだ主婦捕まる 診断書の嘆願効かず 川崎-指紋押捺問題
1987.03.12	12頁07段	朝刊	職名と本名-女から男へ

발행일	지면정보	간종별	목차
1987.03.13	02頁01段	夕刊	外登法改正案を閣議決定 押捺は原則一回 拒否者への規制強化
1987.03.17	01頁02段	夕刊	韓国　南北首相会談を提案 北提案に事実上応じる-南北首相会談開催合意
1987.03.29	03頁04段	朝刊	在日韓国・朝鮮人として初めて国公立大学の教授に就任する　金両基さん
1987.03.30	01頁12段	朝刊	天声人語
1987.04.09	26頁09段	朝刊	徐俊植さんの釈放求め声明「救う会」-韓国
1987.04.11	27頁06段	朝刊	「北鮮」表現に抗議 入管白書で朝鮮総連-白書
1987.05.03	25頁01段	朝刊	在日韓国人歌手西村さん 民族服で歌謡ショー 差別解消へ誇り高く
1987.05.10	31頁01段	朝刊	在日韓国・朝鮮人の十代たちが語った　「指紋」の悩み私たちだって拒否し続けたら幾度も警察来訪-在日外国人
1987.05.14	26頁05段	朝刊	「外国人鑑定医認めよ」 在日朝鮮人医学協など 厚生省に申し入れ
1987.05.15	03頁01段	夕刊	帰還促進への道-深海流
1987.05.16	01頁06段	夕刊	大阪府立高校教諭 在日韓国人を採用 推進派評価 文部省「違反」と聴取
1987.05.30	15頁08段	夕刊	宿直室や教室焼く 板橋の朝鮮学校-火事
1987.06.16	10頁01段	夕刊	生き別れの弟捜して ソ連で訴える朝鮮人 強制連行…でも日本懐かしい
1987.06.25	03頁08段	朝刊	朝鮮総連が千人集会-内外の反響
1987.07.03	23頁07段	朝刊	在日韓国人にも地方選挙権認めて 民団台東支部が要望-在日外国人
1987.07.03	26頁01段	朝刊	「スパイ事件」に疑問投げかけ 市民団体が反秘密法行動-国家秘密法案
1987.07.05	26頁03段	朝刊	スパイ脅威論に反撃 市民団体が反秘密法集会-国家秘密法案
1987.07.09	26頁04段	朝刊	政治犯を帰国させて 韓国の逮捕者 在日韓国人家族、訴え
1987.07.17	02頁01段	夕刊	「サハリン議員懇」発足 残留者の帰還など目指す-国会
1987.07.21	14頁01段	夕刊	もうひとつのヒロシマ—アリランのうた 「原爆記念日」が近づき全国で上映の輪広がる-映画
1987.07.22	03頁10段	朝刊	在日韓国人政治犯8人の釈放を訴え-政治犯釈放と赦免・復権など
1987.07.31	01頁08段	朝刊	北朝鮮 10万人除隊命令-北朝鮮、兵力削減を提案
1987.08.05	26頁08段	朝刊	外国人登録法改正案 法相らに撤回を要請 朝鮮総連-指紋押捺問題
1987.08.06	03頁09段	朝刊	韓国民推協が指紋問題調査へ-指紋押捺問題
1987.08.07	23頁05段	朝刊	無言の叫び…60枚 韓国・朝鮮人被爆者の写真展-写真
1987.08.16	03頁09段	朝刊	日本大使館にデモ 韓国学生がビラ配る-学生の動き
1987.08.21	06頁07段	朝刊	北朝鮮国防相 一年ぶり公式の席-北朝鮮
1987.08.24	12頁01段	朝刊	在日ハンセン病患者の生活史 隔離された韓国・朝鮮人の証言出版-出版
1987.08.24	26頁01段	朝刊	全国の小学生集い初の「草サッカー」 はつらつ255チーム 静岡・清水 国籍抜きで実力勝負 朝鮮学校4チームも
1987.08.29	14頁07段	夕刊	民主化の「墓標」出版-出版
1987.09.06	26頁09段	朝刊	徐兄弟ら23人を釈放 韓国政府に求める アムネスティ日本支部-韓国
1987.10.24	26頁04段	朝刊	罰金刑を拒み8日間労役に 押捺拒否の在日韓国人-指紋押捺問題
1987.10.27	12頁07段	夕刊	徴用朝鮮人の遺骨 京都から無事戻る-戦争関係
1987.10.27	30頁07段	朝刊	徴用朝鮮人の遺骨 一時無断で京都へ 厚生省と協議、目黒に戻る-戦争関係
1987.10.28	27頁08段	朝刊	指紋押捺拒否で服役中 刑務所で抗議の絶食-指紋押捺問題
1987.11.03	02頁01段	朝刊	朝鮮総連が抗議談話-反響

발행일	지면정보	간종별	목차
1987.11.04	25頁01段	朝刊	写真と証言で語る原爆棄民-話題
1987.11.26	15頁04段	夕刊	朝鮮総連が抗議 韓国紙の丸岡報道で-赤軍の狙いはソウル五輪？
1987.12.02	14頁01段	夕刊	朝鮮総連の動向調べて報告せよ ソウルから緊急指示-波紋
1987.12.02	30頁07段	朝刊	「大変に迷惑」朝鮮総連国際局-服毒男女
1987.12.02	31頁01段	朝刊	不明大韓機 意外な展開 服毒男女何者か 「宮本」の周辺人脈複雑 韓国・朝鮮人名もかたる-服毒男女
1987.12.03	03頁05段	朝刊	朝鮮総連、関与を否定-波紋
1987.12.05	30頁05段	朝刊	「関与せず」重ねて強調 朝鮮総連会見-波紋
1987.12.06	30頁01段	朝刊	12.8女も行動します 開戦・朝鮮人被爆者問題 多彩に集会や映画会
1987.12.14	13頁01段	夕刊	「大韓機いじめ」で政府に対策求める 朝鮮総連-大韓機事件でいじめ
1987.12.14	13頁04段	夕刊	ワゴン車窓割られる 朝鮮総連三多摩本部-大韓機事件でいじめ
1987.12.15	11頁08段	夕刊	帰化した男を手配-台湾人死傷事件
1987.12.16	27頁08段	朝刊	朝鮮総連が非難談話-波紋
1987.12.17	14頁06段	夕刊	民団の中央本部 穏やかな表情-反響
1987.12.24	26頁09段	朝刊	徐兄弟の釈放求め 外務省訪れ要望書 「救う会」ら5団体-韓国
1987.12.28	03頁01段	朝刊	大韓機事件きっかけ、なお続く朝鮮人生徒いじめ-時時刻刻
1988.01.05	03頁08段	朝刊	国連軍縮特別総会 統一代表団は困難か 市民団体、共同行動を模索-国連
1988.01.15	01頁08段	朝刊	「根拠ないデタラメ」朝鮮総連が談話-北朝鮮反論
1988.01.16	26頁08段	朝刊	「物的証拠なく発表でたらめ」朝鮮総連が非難-北朝鮮反論
1988.01.16	26頁08段	朝刊	「自供内容は信用できる」民団副団長が見解-金賢姫(真由美)捜査
1988.01.26	11頁06段	夕刊	朝鮮総連 制裁措置を非難-波紋
1988.02.03	02頁08段	朝刊	日本の制裁を非難 朝鮮総連-北朝鮮制裁問題
1988.02.03	03頁01段	朝刊	制裁措置の影響は‥‥「現場」で細くなる日朝を結ぶ糸-時時刻刻
1988.02.04	26頁09段	朝刊	徐兄弟らの恩赦 全大統領に要請 法律家グループ-政治
1988.02.05	04頁08段	朝刊	サハリン朝鮮人の家族再会 日赤が"窓口代行"へ-戦争関係
1988.02.05	30頁08段	朝刊	花束渡す場所 背景は板門店 朝鮮総連が(独自調査)発表
1988.02.05	11頁07段	夕刊	朝鮮総連、嫌がらせ防止要請-大韓機事件関連
1988.02.06	03頁09段	朝刊	「外国人登録証の提示要求は差別」「万景峰号」で朝鮮総連
1988.02.06	03頁10段	朝刊	スケート選手権の米入国拒否に抗議 在日朝鮮人体育連合会-北朝鮮制裁問題
1988.02.08	01頁07段	朝刊	根拠ない発表 朝鮮総連-教育係「恩恵」は日本から"ら致"？
1988.02.08	27頁09段	朝刊	郵便受け内に悪質な脅迫状 東京の在日朝鮮人宅-大韓機事件関連
1988.02.10	27頁05段	朝刊	100円玉の攻防 首都高速「値上げ分払わぬ」不服審査を請求 市民団体
1988.02.16	03頁01段	朝刊	国連軍縮総会 3ブロック別々参加 市民団体と原水協、独自に組織結成 原水禁も近く旗揚げへ
1988.02.17	03頁01段	朝刊	どうなる在日韓国人政治犯 盧政権発足時の特赦-時時刻刻
1988.02.27	31頁01段	朝刊	自由への壁なお厚く 韓国特赦で「在日」政治犯 期待一転、悲嘆の家族 拘束は最長17年71老も-恩赦
1988.02.27	31頁02段	朝刊	(表)主な在日韓国人政治犯-恩赦

발행일	지면정보	간종별	목차
1988.05.27	30頁08段	朝刊	徐さんの釈放を非難(朝鮮中央通信)-徐俊植さん釈放
1988.05.28	31頁10段	朝刊	16年ぶりに徐兄弟再会-徐俊植さん釈放
1988.05.31	31頁08段	朝刊	徐さんと弟妹喜びの再会 ソウル-徐俊植さん釈放
1988.06.01	15頁09段	夕刊	在日韓国人ら改正法に抗議-指紋押捺問題
1988.06.02	03頁10段	朝刊	超党派の議員懇が訪ソ団-国会
1988.06.04	03頁10段	朝刊	外登法改正求め要望書(在日本朝鮮人総連合会)-指紋押捺問題
1988.06.07	01頁01段	朝刊	開幕まで102日(3)67万人の日 日本海渡る85億円 祖国への思い、世代間で様々-ソウル五輪
1988.06.10	15頁07段	夕刊	在日韓国人政治犯 姜さんきょう釈放-政治犯釈放
1988.06.11	31頁01段	朝刊	姜さん12年半ぶり釈放 在日韓国人政治犯 住居制限つき-政治犯釈放
1988.06.12	02頁05段	朝刊	韓国一時帰国、ソ連は「検討」サハリン残留者-国会
1988.06.12	07頁08段	朝刊	8月開催を再提案 韓国学生、北朝鮮側に-韓国側
1988.06.14	07頁09段	朝刊	韓国学生提案に同意 北朝鮮側-北朝鮮側
1988.06.16	05頁08段	夕刊	済州島ほう起描く「火山島」韓国版祝い出版記念会 作者金氏、入国できず
1988.06.17	24頁09段	朝刊	五輪組織委に35億円 在日韓国人後援会寄付-ソウル 五輪
1988.06.19	30頁06段	朝刊	徐兄弟に完全自由を 救援団体が集会-政治犯釈放
1988.06.24	22頁08段	朝刊	五輪柔道 狙うは韓国代表 拓大主将の三世・許衡-柔道
1988.06.25	02頁08段	夕刊	韓国学生が検察庁舎に乱入-前大統領究明
1988.06.28	03頁10段	朝刊	三世問題の解決を要請 盧大統領、林田法相に-林田法相訪韓
1988.06.29	07頁10段	朝刊	在日韓国人政治犯ら釈放へ-政治犯釈放
1988.06.29	30頁02段	朝刊	入港拒否に抗議談話(朝鮮総連)-北朝鮮船入港不許可
1988.06.29	17頁03段	夕刊	在日韓国人政治犯 5人あす釈放-政治犯釈放
1988.06.30	30頁05段	朝刊	在日韓国人政治犯 釈放6人と発表-政治犯釈放
1988.07.01	30頁05段	朝刊	家族と喜びの再会 在日韓国人政治犯 釈放の六人-政治
1988.07.04	03頁01段	朝刊	北朝鮮の墓参船、門司に入港 迷走の陰に半島の緊張 結局、貨物基地に接岸 北九州市、「南北」に配慮-時時刻刻
1988.07.05	15頁04段	夕刊	密入国…他人の名前で37年「子には本名を」とついに自首 兵庫の在日韓国人
1988.07.06	30頁08段	朝刊	サムジョン号乗客に留守家族の手紙託す 富士山丸(朝鮮総連福岡県本部)
1988.07.08	27頁01段	朝刊	強制連行の歴史 聞き取り調査 指紋押捺を考える会 今夏、八王子で東部軍司令部跡の地下壕 朝鮮人を酷使 落盤の悲劇も
1988.07.20	03頁01段	朝刊	海外に住む韓国・朝鮮人、南北往来で具体策 韓国発表-南北朝鮮問題
1988.07.20	03頁01段	夕刊	(86)古里の白磁〈3〉民族の誇りでデモ 朝連つぶれ放浪へ-昭和にんげん史
1988.08.02	03頁01段	朝刊	足もとの「戦争」見えてきた「ヒロシマ」受け止める高校生ら 調べて知る、差別との二重苦 在日韓国人らと交流深め その訴えを劇にし再現「もう一つの原爆の顔だ」-時時刻刻
1988.08.02	03頁10段	朝刊	南北学生会談に代表を派遣-在日韓国・朝鮮人
1988.08.04	01頁09段	夕刊	社会党、五十嵐氏の訪韓を承認 中執委で初-五十嵐局長訪韓

발행일	지면정보	간종별	목차
1988.08.07	06頁02段	朝刊	参加要請の在日学生 入出国を保障 北朝鮮側が表明-南北学生会談
1988.08.10	26頁06段	朝刊	差別解消へ教育集会-在日韓国・朝鮮人
1988.08.13	22頁09段	朝刊	韓国、政治犯仮釈放へ 在日韓国人4人も-政治
1988.08.15	02頁08段	朝刊	社党自治体局長が訪韓「中蘇離散家族会」総会に出席へ 中央執行委員で初めて-五十嵐局長訪韓
1988.08.15	22頁09段	朝刊	韓国の政治犯36人を仮釈放 在日韓国人4人含め-政治
1988.08.17	2頁10段	朝刊	対韓、総論なお問題 社党に韓国外務次官見解-五十嵐局長訪韓
1988.08.18	03頁06段	朝刊	朝鮮人従軍慰安婦の記録を調べる 尹貞玉さん-ひと
1988.08.19	02頁07段	朝刊	「土井訪韓の機熟す印象」 帰国の社党五十嵐氏-五十嵐局長訪韓
1988.08.23	27頁05段	朝刊	予防衛生研の移転着工 住民団体が抗議-国立予防衛生研移転問題
1988.08.25	03頁09段	朝刊	総連議長らに再入国を許可-出入国査証
1988.08.25	18頁06段	夕刊	国籍の壁超え熱戦 朝鮮学校チームも参加-全国少年草サッカー
1988.08.27	15頁10段	夕刊	韓国語訳の「保安司」押収 韓国警察当局-韓国
1988.09.01	01頁12段	朝刊	-天声人語
1988.09.05	07頁01段	朝刊	(11)二百日戦闘 自立へ西側に開く窓 「北」の今後占う合弁事業-変わる底流 五輪と朝鮮半島
1988.09.10	03頁09段	朝刊	サハリン残留韓国・朝鮮人問題 実務者協議、ソ連に提案-内閣委
1988.09.10	30頁04段	朝刊	北朝鮮40周年を祝う(朝鮮総連)-在日外国人
1988.09.17	10頁01段	夕刊	「和合と前進」を掲げ「興奮」「感激」7万人 在日韓国人には涙も-開会式
1988.09.24	03頁06段	朝刊	サハリン在住朝鮮人の里帰りを進める 李斗勲さん-ひと
1988.09.25	30頁05段	朝刊	韓国学生組織「五輪妨害も」 連行学生の釈放要求-ソウル五輪関連
1988.09.27	17頁01段	夕刊	北朝鮮へ不正輸出図る 在日朝鮮人自宅など捜索 パソコンを偽申告-貿易
1988.09.29	02頁06段	夕刊	シンクロ 金美津穂(韓国) 国籍の壁を超えて祖国に舞う水中花-ソウルに集う
1988.10.01	30頁05段	朝刊	在日韓国人2人釈放か ソウル-政治犯釈放
1988.10.05	03頁10段	朝刊	在日韓国・朝鮮人、強制退去の適用排除を 近弁連-在日外国人
1988.10.06	29頁01段	朝刊	韓国情報機関の内幕 在日韓国人元政治犯が本に-話題
1988.10.07	16頁05段	朝刊	ゴルフ場農薬汚染、国に実態調査求める 関西の市民団体 来月、全国集会
1988.10.14	14頁07段	夕刊	指紋拒否で罰金1万円 在日韓国人に千葉地裁-刑事裁判
1988.10.27	07頁10段	朝刊	韓国学生、地検を 一時占拠-韓国
1988.10.27	27頁09段	朝刊	「皇室の神道行事に参加強制しないで」杉並の住民団体が要望
1988.10.29	03頁01段	朝刊	政治目的渡航の朝鮮総連幹部 政府、再入国を許可 緊張緩和機運を考慮
1988.11.04	07頁01段	朝刊	韓国学生、2万人デモ 首都で警官と衝突 全氏糾弾 市民参加呼びかけ
1988.11.05	02頁05段	夕刊	全氏宅まで行進へ 韓国学生午後にも-全氏一族不正事件
1988.11.06	06頁01段	朝刊	全氏糾弾の韓国学生デモ 警官と衝突、多数負傷-全氏一族不正事件
1988.11.11	18頁01段	夕刊	在日韓国・朝鮮人などの戦後補償法制化求める 24都府県のグループ あす素案を発表-法令・法案
1988.11.18	27頁10段	朝刊	中央環状新宿線の計画撤回を求める 住民団体が都に-道路

발행일	지면정보	간종별	목차
1988.11.23	27頁05段	朝刊	「無防備地域」の宣言求める小平の市民団体が直接請求-平和運動
1988.11.24	18頁04段	夕刊	人権保護への動き活発 市民団体が集会や講演-人権問題
1988.11.27	03頁10段	朝刊	情報公開制度 市民団体がモデル法案-情報公開
1988.12.01	02頁01段	夕刊	日本名指し非難 避けられぬ情勢 採択はあすに-南ア問題国連決議
1988.12.02	07頁06段	朝刊	「朝鮮総連は反国家団体」韓国 判例継続と政府-南北朝鮮関係
1988.12.03	02頁07段	夕刊	南ア決議案採決、5日に日本名指し非難-南ア問題国連決議
1988.12.03	05頁01段	夕刊	日本名人・小林光一 中国名人・劉小光-第一回日中囲碁名人戦
1988.12.13	07頁08段	朝刊	在日留学生の減刑措置検討 韓国の政治犯釈放-在日韓国人も赦免
1988.12.16	03頁10段	夕刊	徐勝さん減刑も検討-在日韓国人も赦免
1988.12.17	10頁04段	夕刊	在日韓国人政治犯 徐勝さんの減刑確実に-在日韓国人も赦免
1988.12.20	03頁08段	朝刊	京都市出身の徐さん減刑か 韓国あす政治犯釈放-在日韓国人も赦免
1988.12.20	12頁01段	夕刊	在日韓国人政治犯 康さんら仮釈放 徐さんは「20年」に減刑
1988.12.21	104頁06段	夕刊	康宗憲さんら自由の身に-在日韓国人も赦免
1988.12.22	206頁09段	朝刊	在日韓国人政治犯 姜さん第一声 東京の家族に-在日韓国人も赦免
1989.01.04	07頁01段	夕刊	日本名歌集成が完成-水曜ノート
1989.01.06	10頁01段	夕刊	終戦前 米政府 在日朝鮮人問題を重視-ニュース三面鏡
1989.01.21	30頁05段	朝刊	指紋押捺の拒否「恩赦から除け」在日韓国人青年団体-恩赦
1989.01.31	31頁10段	朝刊	韓国学生4人槍ケ岳でけが 訓練中の大学山岳部員-山の遭難
1989.02.12	07頁10段	朝刊	韓国学生の北朝鮮行きOK-その他の南北対話・交流
1989.02.16	03頁10段	朝刊	都内で金正日書記の誕生祝う-日本・北朝鮮関係
1989.02.17	23頁01段	朝刊	日韓スポーツのかけ橋25年 在日韓国人発行の専門誌廃刊へ-スポーツ
1989.02.23	11頁01段	夕刊	文芸時評(下)重い課題、言語の違い 在日韓国人の確執描く
1989.02.25	26頁08段	朝刊	朝鮮人学校は平常通り授業-休業・休演
1989.03.06	30頁02段	朝刊	「日本名」‥‥明と暗浮き彫り 間違うと「別人」の悲劇
1989.03.09	22頁04段	夕刊	指紋拒否にも再入国の許可 2人目、金信浩さん-指紋押捺問題
1989.03.21	05頁06段	朝刊	サハリン残留朝鮮人に理解を-論壇
1989.04.06	02頁04段	夕刊	韓国学生が現代本社襲う-労使紛争
1989.04.06	18頁01段	夕刊	在日韓国人政治犯の姜さんが妻と再会 成田に到着-政治
1989.04.11	30頁09段	朝刊	旧国鉄用地貸与 無効を提訴へ 仙台市の市民団体-地方自治
1989.04.18	07頁10段	朝刊	朝鮮総連の前副議長を選出(社会民主党委員長に)-北朝鮮
1989.04.22	30頁07段	朝刊	「情報提供を強要」公安調査局に抗議 朝鮮総連都本部-在日外国人
1989.05.07	30頁04段	朝刊	獄中17年、釈放から1年 徐俊植さん40歳の春 ソウル-政治
1989.05.09	30頁05段	朝刊	誕生時から日本名 韓国姓への改姓を許可 横浜家裁支部-民事訴訟
1989.05.11	30頁09段	朝刊	在日朝鮮人も参加 平壌で被爆写真展 7月に青年学生祭-北朝鮮
1989.05.12	07頁01段	朝刊	韓国学生、"5月闘争"宣言 きょう「変死」糾弾大会-光州事件9周年
1989.05.23	06頁03段	朝刊	韓国学生、秩序ある行動に驚き-海外の反響
1989.05.27	03頁01段	朝刊	サハリン 韓国議員団、初訪問へ 残留者問題を直接交渉-戦争関係
1989.05.27	30頁03段	朝刊	単独ヨットで平壌へ-在日外国人
1989.05.28	30頁01段	朝刊	金佑宣監督「潤の街」映画構想から8年目 待望のロードショー-劇映画

발행일	지면정보	간종별	목차
1989.10.17	31頁02段	朝刊	民団寄付さらに6人 同日選の61年 自民·民社などの候補に
1989.10.18	02頁07段	朝刊	「危険団体」の断定避ける 朝鮮総連で官房長官-パチンコ業界政治献金問題
1989.10.18	30頁02段	朝刊	小沢発言などに朝鮮総連が反発-パチンコ業界政治献金問題
1989.10.19	02頁01段	朝刊	自民、朝鮮総連関係に重点 パチンコ献金喚問要求-断面 ８９臨時国会
1989.10.19	30頁07段	朝刊	警察庁などを批判 衆院委答弁で朝鮮総連-予算委
1989.10.20	02頁01段	朝刊	パチンコ献金 自社対決へ 社会 民団の寄付指摘し反撃
1989.10.20	31頁09段	朝刊	朝鮮総連の寄付は「誤記」 社党·串原代議士-パチンコ業界政治献金問題
1989.10.21	03頁01段	朝刊	朝鮮総連 政治に経済に さまざまな顔-時時刻刻
1989.10.21	04頁01段	朝刊	(焦点採録)20日 消費税·政治改革·朝鮮総連-予算委
1989.10.24	30頁03段	朝刊	民団の献金を「個人」に訂正 パチンコ疑惑で戸塚氏
1989.10.24	30頁05段	朝刊	カード導入問題で当局が介入と非難 在日朝鮮人商工連合会
1989.10.24	02頁05段	夕刊	「あの答えしかなかった」と法相 朝鮮総連答弁問題
1989.10.24	09頁01段	夕刊	外国人労働者と朝鮮人
1989.10.25	31頁04段	朝刊	大金持ち込み献金 韓国は平静-ニュース三面鏡
1989.10.27	02頁06段	朝刊	朝鮮総連への認識·対処「外交と別問題」 参院予算委で首相強調-予算委
1989.10.31	02頁09段	朝刊	パチンコ·カード「社党から働きかけ」 警察庁部長答弁-予算委
1989.11.01	01頁01段	朝刊	パチンコ集中審議 自民党費立て替え追及 社党山花氏「業界、3人に9800万」「社党への総連資金」を公表 自民-予算委
1989.11.01	02頁06段	朝刊	山崎氏発表の「政府資料」-予算委
1989.11.01	03頁09段	朝刊	政府·自民党を非難 集中審議で朝鮮総連-パチンコ問題で日本非難
1989.11.01	04頁01段	朝刊	(焦点採録)31日 パチンコ献金集中審議－朝鮮総連 業界からの献金 プリペイドカード 警察と業界の関係
1989.11.01	31頁02段	朝刊	立場変われば「筋書き」も逆 自民「総連が裏に」 社党「警察が介入」 衆院委
1989.11.02	02頁01段	朝刊	「政府資料」確認せず 審議のあり方、問題残す-断面 89臨時国会
1989.11.02	22頁01段	夕刊	出回るパチンコ"怪文書"-ニュース三面鏡
1989.11.03	01頁06段	朝刊	朝鮮総連の献金におわす「資料」 法務省が出所を調査-政府資料
1989.11.04	16頁08段	夕刊	朝鮮総連大会 政府に抗議文-パチンコ問題で日本非難
1989.11.09	03頁07段	朝刊	朝鮮総連献金「政府資料」「どこかの省庁から」 出所で法務省首脳語る
1989.11.11	27頁09段	朝刊	在日本朝鮮人商工会 パチンコ献金問題で「ひぼう」と抗議集会
1989.11.11	18頁01段	夕刊	東大とソウル大スクラム 在日韓国·朝鮮人の一世らの暮らし調査
1989.11.14	07頁10段	朝刊	北朝鮮人民会議に外交委-北朝鮮
1989.11.14	27頁01段	朝刊	駅前の放置自転車 アフリカで医療の足に 世田谷 区が75台再生提供 住民団体が輸送費カンパ-国際親善
1989.11.15	05頁06段	朝刊	党略質疑で朝鮮人生徒に被害-論壇
1989.11.19	02頁09段	朝刊	北朝鮮要人が強い対日批判 訪中の田辺氏と会談-田辺氏訪中
1989.11.19	30頁01段	朝刊	朝鮮人生徒いじめ急増 朝鮮総連 政府に防止要請へ-在日朝鮮人いじめ問題
1989.11.19	30頁05段	朝刊	被害生徒の話-在日朝鮮人いじめ問題

발행일	지면정보	간종별	목차
1989.11.20	03頁10段	朝刊	戦後補償求め法制化を決議-法令・法案
1989.11.21	30頁08段	朝刊	朝鮮総連が首相に「いじめ」で申し入れ-在日朝鮮人いじめ問題
1989.11.21	14頁01段	夕刊	「ボクがいじめたわけじゃないし」朝鮮総連申し入れで首相
1989.11.23	03頁01段	朝刊	海部首相 朝鮮人学童「いじめ」への発言 波紋懸念し事実上修正
1989.11.24	29頁05段	朝刊	民団青年会 処遇改善求めて銀座でビラ配布-在日外国人
1989.11.25	02頁09段	朝刊	「いじめ」発言で首相、改めて釈明-在日朝鮮人いじめ問題
1989.11.26	29頁03段	朝刊	「心に傷跡残さないで」朝鮮学校生徒の母 いじめ抗議で大会
1989.11.28	05頁01段	朝刊	在日いじめをしてないボクへ-社説
1989.11.28	02頁03段	夕刊	首相発言に法相、苦言「言葉選んでほしかった」-在日朝鮮人いじめ問題
1989.11.30	03頁08段	朝刊	「日朝関係の改善には 日本が姿勢前進を」朝鮮総連副議長
1989.11.30	31頁07段	朝刊	全国で99人が「いじめ」被害 朝鮮総連が調査-在日朝鮮人いじめ問題
1989.11.30	02頁03段	夕刊	防止策申し入れ 社党 首相発言批判も-在日朝鮮人いじめ問題
1989.12.01	27頁10段	朝刊	朝鮮学校生への暴行問題 母親ら適切な処置 都などに申し入れ
1989.12.09	16頁07段	夕刊	在日韓国人政治犯の釈放を 外務省に要請 支援3団体-政治
1989.12.21	03頁10段	朝刊	永住権など韓国側求める 在日韓国人三世問題-在日三世問題
1989.12.21	30頁09段	朝刊	在日朝鮮・韓国人 人権めぐるシンポ-人権問題
1989.12.23	07頁07段	朝刊	クリスマス特別仮釈放、在日韓国人の政治犯入らず-政治
1989.12.23	27頁09段	朝刊	在日韓国朝鮮人地位向上「国に働きかけて」民団青年会、都に要望

요미우리신문

○ ○ ○

1 서지적 정보

『요미우리신문』에서 재일조선인과 남북한 문제는 일반 기사들 외에 주로 독자들의 의견을 게재한 독자코너 「기류」에서 자주 볼 수 있다. 1970년 4월 9일자 「이 인도문제 어떻게 생각하는가-중단된지 오래된 재일조선인의 귀국」, 4월 28일 「조선공민의 귀국에 이해를」, 6월 12일자 「일조양민족우호를 위하여」, 12월 17일 「슬픈 국제결혼, 국경의 벽」, 1977년 9월 29일자 「한국피폭자의 구제조치를 제대로」, 1980년 2월 13일자 「재일한국인에 대한 차별철폐의 이해를」, 3월 5일자 「조선인 출신 일본군의 구제도 부디」, 1981년 2월 24일 「재일외국인에 대한 차별 여전히」, 1983년 3월 18일 「사할린 한국인도 잊지 마라」, 1988년 1월 30일 「대한항공기 사건으로 이지메 그만두라」 등 재일조선인의 인권문제에 주목한 독자들의 의견들이 지면을 채우고 있다.

사설 코너를 살펴보면 1972년 3월 8일자 사설 「재일조선인의 재입국허가를」과 3월 18일자 사설 「출입국법안에 엄밀한 국회심의를」에서는 재일조선인을 포함한 재일외국인들의 출입국 문제를 언급하고 있다. 특히 전자의 경우는 다른 메이저 신문들과 비슷한 논조로 「북조선에 대한 '봉쇄정책'을 멈추고, 조일교류를 보다 넓힐 시기」라는 것을 강조하고 있다. 하지만 1974년 8월에 일어난 재일조선인 문세광의 육영수 여사 저격사건 후의 사설을 보면, 아사히신문이 일본의 '원죄'에 대해서 언급하고 있는 것에 반해, 요미우리신문의 사설은 한국정부의 조총련 해체 요구 등에 대해 냉정한 대응을 할 것을 강력히 요구하고 있다(1974년 9월 1일자 사설 「박정권의 요구에 엄정한 대응을」, 9월 11일자 사설 「납득할 수 없는 한국으로의 특사파견」).

이외에도 1970년 10월 1일자 「국적변경」, 1984년 8월 30일 「지문날인제도」, 1985년 3월 9일 「외국인등록」과 같은 「미니사전」코너와, 1970년 11월 13일 「재일조선인과 언어」, 1971년 4월 3일 「시인과 쥐」, 1972년 6월 10일 「조선인피폭자」와 같은 「지풍초(風知草)」코너를 통해 재일조선인 문제에 대한 기본 정보를 독자들에게 꾸준히 제공하고 있음을 볼 수 있다.

2 목차

발행일	지면정보	간종별	목차
1970.01.05	15頁01段	朝刊	万国博へ韓国から１万人観光団
1970.01.12	02頁01段	朝刊	4年間で13万8000永住許可の韓国人
1970.01.19	08頁02段	朝刊	[お好みインタビュー] 笑福亭仁鶴　人気は一生のうちの一瞬 礼儀正しい硬骨漢
1970.01.19	14頁01段	朝刊	三原綱木 田代みどり 晴れて挙式
1970.01.24	11頁03段	朝刊	輪島、全勝優勝飾る 幕下
1970.01.28	18頁03段	朝刊	「オランダおいね」に丘みつ子 “すなおな性格”買われ　スターへの道ガッチリ
1970.01.31	14頁02段	朝刊	俳優がテレビ会社訴える “転落事故は舞台装置のミス”
1970.02.17	03頁01段	朝刊	韓国学生が抗議集会 細菌輸出問題
1970.02.20	11頁02段	朝刊	吉村(ヤンマー)帰化を決意 3国対抗サッカー 日本代表Aで出場
1970.03.08	01頁02段	朝刊	北朝鮮へ里帰り 1年ぶり認める 政府方針/外務省
1970.03.08	02頁01段	朝刊	万国博参加、共産工作に乗るな 韓国が警告
1970.03.11	02頁01段	朝刊	韓国が抗議書 北朝鮮里帰り
1970.03.12	11頁03段	夕刊	帝京商工生がケンカ 十条駅で50人 朝鮮学校生と/東京都北区
1970.03.14	19頁02段	朝刊	[時の人] 第10回田村俊子賞を受ける 松原一枝
1970.03.20	02頁02段	朝刊	北朝鮮系の里帰り 政府、6人許可決定/法務省
1970.03.21	07頁04段	夕刊	南アの悲劇忘れまい 1960年のきょう/鈴木二郎
1970.03.24	01頁00段	朝刊	[広告] 在日朝鮮人/財界展望新社
1970.03.31	02頁01段	夕刊	赤軍派と関係ない 朝鮮総連表明/ハイジャック事件
1970.04.01	11頁01段	夕刊	林家とみさん(本名・岡本フク＝寄席はやし方)死去
1970.04.03	05頁06段	朝刊	解決こじらせた国際的背景 ほしい政治ぬき処理 「よど号」事件で座談会
1970.04.03	11頁04段	夕刊	日赤、いよいよ出番 “北朝鮮は交渉しやすい”/日航機よど号ハイジャック事件
1970.04.05	01頁01段	朝刊	敵視政策を改めよ 朝鮮総連談話/日航機よど号ハイジャック事件
1970.04.06	01頁03段	朝刊	北朝鮮対策、苦境に 両国に“借り”持った政府/日航機よど号ハイジャック事件
1970.04.09	19頁02段	朝刊	[気流] この人道問題、どう考える 打ち切り久しい在日朝鮮人の帰国
1970.04.16	19頁02段	朝刊	[時の人] 芸術院賞を受賞した 中村鴈治郎

발행일	지면정보	간종별	목차
1970.08.06	01頁03段	朝刊	広島原爆25周年 きょう全市民が黙とう
1970.08.06	09頁01段	朝刊	11月に文化セミナー開く 日韓協力常任委
1970.08.07	04頁01段	朝刊	[発言ハイライト] 世界は一つ▽帰っておいで▽物価と公害▽朝鮮を韓国に
1970.09.02	15頁01段	朝刊	新左翼3800人が集会/東京・日比谷公園
1970.09.03	02頁01段	朝刊	「よど号」犯人は学習中 委員長記者会見/社会党北朝鮮訪問団
1970.09.03	01頁02段	夕刊	[サイドライト] "国籍"変更
1970.09.04	09頁04段	夕刊	祖国往来"人権裁判" 最高裁、口頭弁論ひらく
1970.09.08	02頁04段	朝刊	法務省 韓国－朝鮮籍の書き換え 田川市へ撤回指示
1970.09.08	02頁01段	夕刊	朝鮮国籍で革新市長会陳情
1970.09.09	02頁03段	朝刊	自治権侵害でない 朝鮮籍訂正命令で答弁/衆院法務委員会
1970.09.09	15頁02段	朝刊	黒幕きょうにも逮捕 韓国からの工員"密輸"/神奈川県警
1970.09.11	02頁01段	夕刊	朝鮮籍の訂正指示書田川へ
1970.09.13	02頁01段	朝刊	朝鮮への国籍変更申請受理 酒田市決める
1970.09.15	02頁01段	朝刊	国籍変更の指示に疑問 田川市長語る▽北九州市は変更拒否
1970.09.18	02頁02段	朝刊	今度は永住権返上 在日韓国人が申請 法務省は認めず
1970.09.18	15頁05段	朝刊	富士銀事件 首謀格「荒木」を追及 4月から海外転々 菅沼らの犯行を"指導"
1970.09.20	02頁03段	朝刊	朝鮮籍への書き換え 北海道の8市でも
1970.09.25	02頁01段	朝刊	朝鮮籍へ変更 塩尻市も受理
1970.09.25	04頁02段	朝刊	北京支持 劉さん在留更新 人の心に介入するな
1970.09.27	06頁02段	朝刊	韓国へ郵便為替で 年間1000ドルまで、円で送金
1970.09.28	02頁01段	夕刊	北海道の7市 在日韓国人の国籍変更受理
1970.09.29	02頁01段	朝刊	政府圧力に屈するな 国籍書き換えで学者ら
1970.09.29	15頁03段	朝刊	工員"密輸" 韓国に黒幕2人 領事館へ捜査を依頼/神奈川県警
1970.10.01	05頁01段	朝刊	[ミニ辞典]国籍変更
1970.10.06	11頁03段	夕刊	有馬、否認続ける 引き渡し遅れそう/富士銀行不正融資事件
1970.10.07	15頁06段	朝刊	学園暴力に"焼身抗議" ノンセクトの早大生 リンチ数回、おびえてた/東京
1970.10.08	02頁01段	朝刊	"あくまで人道的" 坂田田川市長の話
1970.10.08	02頁01段	朝刊	省内部にも強硬手段回避論 解説/田川市の国籍書き換え
1970.10.08	02頁04段	朝刊	田川市の国籍書き換え 期限付き訂正命令 法務省通達、訴訟の公算
1970.10.09	02頁01段	朝刊	帯広も国籍書き換え報告
1970.10.13	15頁00段	朝刊	[広告] 永住権を申請しましたか/在日本大韓民国居留民団中央本部
1970.10.16	01頁01段	夕刊	国の主張正しかった 入管局長談話/再入国不許可取り消し訴訟
1970.10.16	01頁05段	夕刊	在日朝鮮人の再入国 最高裁、肩すかし判決 "帰国の意義失う"
1970.10.16	02頁02段	夕刊	入管行政に"青信号" 在日朝鮮人の再入国 最高裁の判決 解説
1970.10.19	11頁04段	夕刊	西条凡児を書類送検 大阪府警 否認のまま「恐かつ」で
1970.10.23	02頁04段	朝刊	朝鮮人の国籍変更 自由意志尊重を 都知事、法務省へ申し入れ
1970.10.23	04頁02段	朝刊	国籍問題と革新知事 つらいネ美濃部さん

발행일	지면정보	간종별	목차
1970.10.23	15頁00段	朝刊	[広告] 在日60万同胞のみなさん/在日本朝鮮人総聯合会中央本部
1970.10.24	02頁01段	朝刊	在日朝鮮人の国籍変更 国は通達撤回を 革新市長会
1970.10.24	02頁03段	朝刊	在日韓国人の協定永住 27日に日韓会談
1970.10.24	04頁02段	朝刊	協定永住の日韓会談 「南北」対立に巻き込まれるな
1970.10.26	03頁03段	朝刊	[今週の展望] 政治 在日韓国人の協定永住
1970.10.29	02頁02段	朝刊	許可者優遇に努力 日韓 協定永住で合意
1970.10.30	02頁01段	朝刊	横浜も朝鮮籍書き換え開始 革新市長会決議に基づく
1970.10.31	02頁01段	朝刊	町田など5市も朝鮮籍書き換えへ
1970.10.31	09頁01段	夕刊	[話の港]
1970.11.01	04頁02段	朝刊	[雑草] 素直に見つめてほしい
1970.11.02	13頁02段	朝刊	田無など5市でも 在日朝鮮人の国籍変更
1970.11.03	02頁01段	朝刊	朝鮮国籍、国に従う必要ない 横浜市長語る
1970.11.07	02頁01段	朝刊	韓国から朝鮮籍書き換え 川崎市でも実施決める
1970.11.07	02頁01段	夕刊	300余人が国籍書き換え 川崎市
1970.11.10	02頁01段	朝刊	新津市でも4人 韓国籍書き換え
1970.11.12	02頁01段	朝刊	日韓協力委 常任委開く
1970.11.13	02頁02段	朝刊	知事が執行命令へ 国籍書きかえ 田川市長が訂正拒否
1970.11.13	17頁02段	朝刊	[風知草] 在日朝鮮人と言葉
1970.11.13	02頁03段	夕刊	田川市に職務執行命令 国籍書き換え 福岡県が強硬手段
1970.11.14	107頁04段	朝刊	扶余(韓国)をたずねて 飛鳥おもわせる自然/山本健吉
1970.11.15	02頁04段	朝刊	国籍書き換え 職務命令拒否貫く 田川市長「裁判でも有利」
1970.11.16	10頁02段	朝刊	学生選抜も韓国に苦杯/国際親善サッカー
1970.11.20	11頁01段	朝刊	韓国選抜、関西学生にも圧勝/国際親善サッカー
1970.11.20	15頁00段	朝刊	[広告] 日韓条約による永住を希望する在日韓国人の方々へ/法務省
1970.11.23	02頁01段	夕刊	法務省許可、すでに1500人 国籍書き換え
1970.11.24	17頁00段	朝刊	[広告] 訪郷と東南亜の旅 在日韓国人旅行社一同/大韓航空
1970.11.25	01頁01段	朝刊	東京・大田区長が上申書/朝鮮国籍書き換え問題
1970.11.25	01頁03段	朝刊	田川市長が拒否 国籍書き換え命令 県は法廷闘争へ
1970.11.27	02頁01段	朝刊	国籍書き換えは自治体長の判断で 東京・大田区長が上申書
1970.12.04	15頁00段	朝刊	[広告] 在日同胞の皆さんへ/在日本朝鮮人総連合会
1970.12.05	11頁02段	夕刊	スパイ事件で手配 元朝鮮総連の組織部長
1970.12.06	01頁03段	朝刊	北朝鮮帰還再開話し合い 日赤、モスクワ会談へ
1970.12.14	11頁06段	夕刊	富士銀事件 有馬の黒幕追及 荒木元トムソン取締役ら3人よぶ 19億円の行方
1970.12.16	02頁01段	夕刊	在日朝鮮人の帰国権復活を 中央大会開く
1970.12.17	20頁02段	朝刊	[気流] 悲しい国際結婚、国境の壁
1970.12.26	06頁02段	夕刊	念願の北朝鮮"亡命" 密航有罪の元韓国兵 羽田出発
1970.12.28	02頁01段	夕刊	法相に裁判請求 田川市の国籍問題で福岡県
1971.01.04	06頁03段	朝刊	李恢成著「伽ヤ子のために」 在日朝鮮人の愛と生と国籍

발행일	지면정보	간종별	목차
1971.02.10	14頁01段	朝刊	国境越えて"肉親"確認に 金選手の母、札幌着▽朝鮮総連 "縁がない"と声明
1971.02.15	02頁01段	朝刊	韓国人永住権申請30万越す
1971.02.17	15頁04段	朝刊	告訴した山下逮捕 "西郷手形"ますます複雑▽恐かつの4人起訴
1971.02.19	11頁05段	夕刊	開店直前に銀行強盗 東京相互新宿支店 日本刀ふるう2人組 通行人格闘捕える
1971.02.20	02頁03段	朝刊	また国籍書き換え 7人田川市長"同じケース"▽法務省、黙認の方針
1971.02.20	06頁04段	夕刊	厚かった38度線の壁 韓兄妹対面できず 弱花選手、傷心の帰国
1971.02.28	02頁04段	朝刊	国籍書き換え 法務省が譲歩通達 明確に"韓国民"でないなら 市町村長に権限
1971.02.28	04頁03段	朝刊	"功労者"は田川市長 訴訟のマトしぼった面も 国籍書き換え 国の譲歩
1971.03.05	17頁02段	朝刊	[風知草] 増大する帰化植物
1971.03.11	05頁03段	夕刊	帰化植物の話 ここにも栄枯盛衰が/古沢潔夫
1971.03.14	02頁01段	朝刊	北朝鮮への帰還3724人申請
1971.04.01	15頁04段	朝刊	在日朝鮮人 強制退去は違法 広島地裁"裁量権乱用の処分"
1971.04.03	03頁02段	朝刊	韓国学生デモ再発/軍事教練強化に反対
1971.04.05	02頁02段	朝刊	財産持ち出し焦点に 北朝鮮帰還 実情に合わぬ協定
1971.04.05	15頁01段	朝刊	故市川寿海氏(本名・太田照造、かぶき俳優)の葬儀
1971.04.09	03頁03段	朝刊	韓国学生デモ険悪
1971.04.10	03頁03段	朝刊	また65人連行 韓国学生デモ
1971.04.11	04頁03段	朝刊	[人間登場] 俳句で芸術院賞を受賞した 富安風生さん
1971.04.14	03頁01段	朝刊	軍事政治に反発/韓国学生デモ
1971.04.14	03頁04段	朝刊	韓国学生デモ広がる 4500人衝突 高姿勢の当局 ソウル大無期休校に
1971.04.16	03頁04段	朝刊	韓国 学生デモ8000人 機動隊とぶつかる 大統領が非難演説
1971.04.18	02頁01段	朝刊	永住権申請もれの救済要望 実務者会談で韓国側
1971.04.20	03頁02段	朝刊	韓国学生「革命記念日」式典やデモ
1971.04.21	03頁01段	朝刊	韓国学生ら16人逮捕
1971.05.01	01頁04段	朝刊	"人民の友情深まった"趙団長あいさつ 中国卓球団が帰国
1971.05.01	06頁02段	夕刊	金嬉老、割腹図る サイダービン割って、かすり傷
1971.05.11	08頁03段	夕刊	待望の故国へ 北朝鮮第1船 新潟へ出発
1971.05.12	08頁03段	夕刊	帰還船、新潟入り 北朝鮮、出国手続き始まる
1971.05.15	14頁04段	朝刊	母国べ"アンニョイ"北朝鮮帰還船 別離と興奮の船出
1971.05.19	03頁01段	朝刊	韓国学生100人デモで連行
1971.06.12	09頁04段	夕刊	ごっつぁんです、善意の土俵 大鵬も花そえ 李さん夫妻の送別会/北朝鮮帰還
1971.06.15	09頁05段	夕刊	在日韓国人が保護訴え 反共法で召喚状 拒否の通信社社長 法務省も緊急指示
1971.06.16	14頁01段	朝刊	"疑いの言動ない"韓国人通信社長
1971.06.21	02頁01段	朝刊	35万人越す 在日韓国人永住権申請
1971.07.01	02頁02段	夕刊	金浦でデモ 佐藤訪韓反対

발행일	지면정보	간종별	목차
1971.07.17	17頁03段	朝刊	金嬉老と被害者学/加賀乙彦
1971.07.19	10頁01段	朝刊	馬術日韓親善
1971.08.03	11頁03段	朝刊	北朝鮮を初訪問 今月末 山口体協普及委長ら
1971.08.09	02頁01段	朝刊	海外渡航者100万人に迫る 入管白書
1971.08.10	01頁04段	夕刊	「北」と交流増そう 日本表明 日韓定期閣僚会議開く
1971.08.14	02頁01段	朝刊	南北朝鮮赤十字の交流歓迎 在日韓国人が声明
1971.08.16	01頁06段	朝刊	北朝鮮との交流広げる 文化、経済なども緩和 南北対話ムードで政府検討
1971.08.21	02頁02段	朝刊	北朝鮮との往来緩和を 朝鮮総連が要望へ
1971.08.23	09頁01段	夕刊	"旧盆までに間に合わせる" 北朝鮮里帰り
1971.08.25	20頁01段	朝刊	[気流] 是が非でも南北朝鮮統一を うれしい日本人の励まし
1971.09.04	17頁02段	朝刊	[文壇100人] 三好徹 光る社会派の目 時代推理ものにも
1971.09.06	01頁01段	夕刊	[サイドライト] 地名と国名
1971.09.06	05頁04段	朝刊	[71年の対話]=33 統一朝鮮 始動した民族悲願 村上薫・金石範(連載)
1971.09.17	02頁04段	朝刊	北朝鮮への18人も許可 再入国 正月以外では初めて
1971.09.19	02頁01段	朝刊	48か所で在日朝鮮人大会 赤十字会談支援
1971.09.28	02頁03段	朝刊	再入国認められぬ 予備会談取材の朝鮮人記者 前尾法相、原則くずさず
1971.10.01	03頁01段	朝刊	在日朝鮮人訪問団が平壌着
1971.10.02	04頁03段	朝刊	[人間登場] 札幌五輪めざして日本に帰化したアイスホッケー選手 若林修さん
1971.10.09	02頁02段	朝刊	関西財界の北朝鮮訪問 朝総連があっせん 議長表明
1971.10.10	02頁03段	朝刊	朝鮮統一の課題 朝鮮総連・金副議長が講演 外国軍撤退が前提
1971.10.10	03頁03段	朝刊	金日成北朝鮮首相の会見内容 赤十字会談互譲で 対米政策は相手しだい
1971.10.12	03頁05段	朝刊	反体制強める韓国学生 「腐敗」や「干渉」に挑戦
1971.10.12	14頁03段	朝刊	徐兄弟らに死刑求刑 学生スパイ事件で/ソウル刑事地裁
1971.10.14	01頁02段	夕刊	美濃部知事 26日ごろ出発 中国、北朝鮮へ
1971.10.15	11頁01段	朝刊	山口氏、きょう帰国 北朝鮮の視察終え
1971.10.15	02頁04段	夕刊	軍に"学生鎮圧"命令 「衛じゅ令」を発動/韓国大統領
1971.10.17	03頁01段	朝刊	在日学生が抗議集会/韓国
1971.10.17	03頁04段	朝刊	衛じゅ令解除要求 韓国 一般・学生反発強まる
1971.10.22	02頁04段	朝刊	対北朝鮮交流拡大の転機 帰還最終船きょう出港
1971.10.23	15頁04段	朝刊	徐君に死刑判決 ソウル地裁 助命嘆願むなしく ▽暗たんと東京教育大関係者
1971.10.24	10頁01段	朝刊	「選手とは別に観光団も来日」 札幌五輪へ北朝鮮
1971.10.25	01頁03段	夕刊	北朝鮮 中国へ 美濃部知事出発
1971.10.30	02頁02段	夕刊	韓国、休校令を解除
1971.11.16	01頁05段	朝刊	日朝覚書貿易も可能 飛鳥田氏に北京で 北朝鮮公使が提唱
1971.11.23	14頁02段	朝刊	右翼の動きを厳戒 25日の三島事件1周年
1971.11.24	17頁03段	朝刊	百済の故地への旅 気品満つ廃都の石塔/島本多喜雄
1971.11.25	02頁03段	朝刊	日韓条約廃棄が前提 朝鮮総連副議長語る 日朝正常化

발행일	지면정보	간종별	목차
1972.02.20	07頁01段	朝刊	設立祝賀会開く
1972.02.20	07頁04段	朝刊	北朝鮮の"代表部"「朝・日輸出入商社」3月から営業開始
1972.03.01	05頁03段	夕刊	母のイメージ「砧をうつ女」のこと/李恢成
1972.03.03	02頁01段	朝刊	在日朝鮮人の再入国申請に認可を 法律家5団体が要求
1972.03.03	02頁01段	朝刊	革新市長会も要求/在日朝鮮人再入国
1972.03.04	02頁03段	朝刊	朝鮮人・台湾人 非永住者は規制せず 政治活動 出入国法案で自民部会了承
1972.03.05	04頁02段	朝刊	墓石奇談
1972.03.06	08頁01段	夕刊	金日成首相の誕生日祝う手紙伝達集会
1972.03.07	02頁04段	朝刊	日朝交流 政府はいぜん慎重 「誕生祝賀団」片道キップ
1972.03.07	14頁01段	朝刊	庄之助の辞表受理/日本相撲協会
1972.03.08	05頁01段	朝刊	[社説] 在日朝鮮人の再入国許可を
1972.03.08	11頁02段	朝刊	部屋対立の犠牲か 「どうしてもとりたいのに」/大相撲
1972.03.08	11頁05段	朝刊	大相撲、暗い慣習 移籍？廃業届け出せ 協会 受理して土俵ストップ
1972.03.08	01頁01段	夕刊	停戦協定を平和協定に変更が先 朝鮮総連談
1972.03.08	07頁03段	夕刊	佐野周二の二男がデビュー 岩下と共演、久しぶりの文芸映画
1972.03.10	07頁04段	朝刊	経済審環境汚染委の報告内容 成長率ダウンしても
1972.03.11	02頁01段	朝刊	[波動] 日朝議連が理事会
1972.03.12	19頁01段	朝刊	[気流・お茶の間論壇]あだな "サンドロ"主事さん
1972.03.12	23頁04段	朝刊	[わたしのドラマ]=17 大宮敏光 自作自演の下町模様(連載)
1972.03.13	08頁03段	朝刊	「日本の中の朝鮮文化2」金達寿著 「大きなウソ」を指摘
1972.03.14	02頁02段	夕刊	入国許可むずかしい 北朝鮮要人で前尾法相
1972.03.14	02頁04段	朝刊	出入国法案 修正して再提出 「政治活動」更に緩和 成立なお微妙
1972.03.15	02頁01段	朝刊	北朝鮮祝賀団再入国認めよ 久野氏ら要望
1972.03.15	02頁01段	朝刊	出入国法案は悪法 朝鮮総連
1972.03.16	14頁03段	朝刊	朝鮮学校(北区)火事 試験中の不審火 3教室焼く
1972.03.17	17頁03段	朝刊	李恢成著「砧をうつ女」
1972.03.17	02頁03段	夕刊	再入国認めない 金日成首相誕生日祝賀団 政府方針
1972.03.18	05頁00段	朝刊	[社説] 出入国法案に厳密な国会審議を
1972.03.18	01頁01段	夕刊	祝賀団7人の不許可に抗議 朝鮮総連
1972.03.18	01頁05段	夕刊	北朝鮮往来で政府譲歩 総連幹部6人再入国承認 金首相祝賀 里帰りの名目で
1972.03.19	01頁02段	朝刊	北朝鮮里帰り 年3回も検討
1972.03.19	02頁03段	朝刊	韓国(大使館筋)が抗議 金日成祝賀団の再入許可
1972.03.19	04頁05段	朝刊	歯切れ悪い"大岡裁き" また国会対策？ 金日成祝賀会ＯＫ
1972.03.21	02頁02段	夕刊	金日成祝賀団許可取り消しも 前尾法相発言
1972.03.22	02頁01段	朝刊	韓国閣議、抗議を決定/北朝鮮再入国許可問題
1972.03.22	02頁04段	朝刊	北朝鮮再入国 6人を正式許可
1972.03.23	02頁01段	朝刊	再入国許可で抗議 駐日韓国大使

발행일	지면정보	간종별	목차
1972.03.24	02頁01段	朝刊	再入国許可で法相へも抗議 駐日韓国大使
1972.03.26	02頁04段	朝刊	シリぬぐい外交 悲しき外務省 国会対策の犠牲 シャッポが次期総裁候補
1972.03.30	14頁02段	朝刊	"輸出元"の韓国大きな関心示す/高松塚古墳
1972.03.30	17頁02段	朝刊	高松塚古墳の装飾壁画発見 朝鮮との文化交流の深さみる/井上秀雄
1972.03.30	17頁03段	朝刊	高松塚古墳の装飾壁画発見 被葬者はだれだった？/末永雅雄
1972.03.30	17頁03段	朝刊	高松塚古墳の装飾壁画発見 吉祥天女にまさる美人 金堂以上の価値/鈴木治
1972.03.31	02頁01段	朝刊	韓国尹外務次官3日来日
1972.03.31	04頁01段	朝刊	[世界の論調] 誇っていい古代の朝鮮
1972.04.04	02頁01段	朝刊	北朝鮮への視察団派遣延期 全国革新市長会
1972.04.05	02頁01段	朝刊	在日朝鮮人の再入国許可で意見交換 訪日の韓国外務部次官
1972.04.06	01頁04段	朝刊	習志野高サッカー・チームに 北朝鮮から招電 来月10日から
1972.04.06	11頁04段	朝刊	"どんな国だろう"目を輝かすイレブン 北朝鮮へ行く習志野高校サッカー部
1972.04.06	18頁03段	朝刊	[おんなの服飾史] 古墳壁画にみる カラフルな原点"ひたし染め"渡来
1972.04.08	14頁03段	朝刊	飛鳥壁画を史跡指定 "古代史解く大きなカギ" 答申協調 秋には国宝に
1972.04.09	04頁04段	朝刊	"機密漏えい罪"拡大がこわい 刑法への組み入れ監視を 「知る権利」侵すな
1972.04.10	08頁02段	朝刊	小林行雄著「民族の起源」
1972.04.11	02頁01段	夕刊	人民会議参加再入国認めぬ 「朝鮮総連」で法相
1972.04.11	05頁03段	夕刊	帰化植物と環境破壊 "人災"の影響/沼田真
1972.04.13	02頁01段	朝刊	再入国の許可要請 李朝鮮大学長ら
1972.04.13	01頁01段	夕刊	朝鮮総連幹部6人再入国不許可
1972.04.15	03頁04段	夕刊	[チュチェの素顔＝5完 "民族の太陽"の原動力 "大衆こそ先生"(連載)
1972.04.16	02頁01段	朝刊	東京で金日成誕生祝賀レセプション▽大阪でもなごやかに
1972.05.06	01頁02段	夕刊	米記者も北朝鮮訪問
1972.05.08	14頁02段	朝刊	習志野チーム出発 日朝交流高校サッカー
1972.05.13	04頁03段	朝刊	[人間登場] "復帰に舞う"琉球舞踊の金城美枝子さん
1972.05.14	10頁03段	朝刊	[チョンリマの国]"無公害気"吸い初練習
1972.05.17	02頁01段	朝刊	革新市長訪朝団帰国へ
1972.05.17	01頁04段	夕刊	北朝鮮代表 都知事に名簿渡す 来月中旬の訪日を希望
1972.05.19	02頁01段	朝刊	[波動] 朝鮮総連が出入国法案で抗議
1972.05.19	07頁02段	夕刊	[手帳] 金炳植氏の出版記念会
1972.05.22	14頁01段	朝刊	帰化人の黄文本実が製作か 高松塚壁画
1972.05.24	14頁03段	朝刊	弟の懲役刑確定 韓国スパイ事件 徐兄弟へ嘆願届かず
1972.05.26	04頁03段	朝刊	[人間登場] きょう全日本と対戦する"サッカーの神様"ペレ選手
1972.05.26	01頁01段	夕刊	公明党代表団 北朝鮮へ出発
1972.05.27	04頁03段	朝刊	[人間登場] 第18回文芸春秋漫画賞を受けた 赤塚不二夫さん
1972.06.03	02頁04段	朝刊	北朝鮮系の教職員4人 政府、再入国認める 日程順守の誓約とり

발행일	지면정보	간종별	목차
1972.08.05	02頁01段	朝刊	モンゴル訪問再入国を許可 在日朝鮮民主女性同盟/法務省
1972.08.05	02頁01段	朝刊	金氏の再入国問題は再申請待って 赤十字会談延期で/法務省
1972.08.06	05頁02段	朝刊	[社説] 原爆忌27周年を迎えて
1972.08.06	06頁03段	朝刊	「円」と「ウォン」直接決済の準備 日朝貿易で韓総連議長
1972.08.08	02頁01段	朝刊	南北共同声明支持大会開く 在日朝鮮学生
1972.08.10	07頁04段	朝刊	訪朝使節団、今秋にも 有力財界人 金総連副議長に表明
1972.08.12	02頁01段	朝刊	金総連副議長再入国許可へ 南北赤十字会談
1972.08.13	14頁01段	朝刊	日朝友好強める都民代表のつどい
1972.08.14	14頁05段	朝刊	あす終戦27年 両陛下お迎え戦没者追悼式
1972.08.15	03頁01段	朝刊	金団長以下14人 朝鮮赤十字本会談北朝鮮代表、委員
1972.08.15	06頁03段	夕刊	民団・総連 初の統一大会 民族衣装の1万2000人
1972.08.16	01頁05段	夕刊	日中復交コース開いて 孫氏ら舞劇団一行帰国 上海直行一番機飛ぶ
1972.08.17	20頁02段	朝刊	[豆鉄砲] 急所ついた"朝鮮問題特集"
1972.08.18	02頁04段	朝刊	金・朝鮮総連第1副議長 再入国認める
1972.08.22	11頁03段	朝刊	上海、最終戦を飾る J・サッカー24に帰国へ
1972.08.25	02頁02段	夕刊	金炳植氏ら南北会談へ出発
1972.08.26	07頁02段	夕刊	金芝河氏の戯曲を上演 芸の米倉らが意欲的活動
1972.08.27	24頁05段	朝刊	[世界のベスト・セラー]＝38アメリカ 名を奪われて」(連載)
1972.08.29	03頁04段	朝刊	南北朝鮮 あす平壌会談 「調整委」の協力期待 38度線越す万感の一歩
1972.08.30	13頁04段	朝刊	23区在住外国人に 「国保加入」認める 都議会で請願採択 早ければ来春から
1972.08.30	21頁02段	朝刊	[気流] 非常事態にこそ冷静に 日ごろから精神訓練を
1972.08.30	10頁01段	夕刊	"南"と"北"が仲良く合同集会 東京・大田
1972.09.01	03頁04段	朝刊	平壌会談 交流の基盤固まる 南代表、朴副首相と会う
1972.09.01	06頁04段	朝刊	北朝鮮へ財界使節団 土光氏を団長に 来月にも派遣 機械、鉄鋼など中心に
1972.09.02	03頁01段	朝刊	在日朝鮮記者団、感激の取材
1972.09.03	03頁01段	朝刊	日本は敵視政策改めよ 金炳植氏語る
1972.09.08	10頁01段	夕刊	在日朝鮮人のサッカーチームが帰国
1972.09.09	02頁01段	朝刊	北朝鮮創建24周年記念の祝賀会
1972.09.14	03頁01段	朝刊	李王朝の昌徳宮などを見物 ソウルの北代表/南北赤十字会談
1972.09.15	02頁04段	朝刊	北朝鮮里帰り再入国 政府、45人を許可
1972.09.16	02頁03段	夕刊	在日朝鮮人の自由往来 金「北」委員語る 本会談でぜひ討議
1972.09.20	17頁01段	朝刊	[風知草] 国からの自由
1972.09.22	01頁04段	朝刊	審議会の答申早める 公企体スト権で政府見解
1972.09.23	02頁01段	朝刊	[波動] 金炳植氏が帰任
1972.09.23	04頁04段	朝刊	生活重視こそ国民の願い 列島改造へモニターの教訓
1972.09.28	02頁01段	朝刊	答申尊重の立場を強調 公務員制審で総務長官
1972.09.28	02頁01段	朝刊	[地方政界] 高松市議会が日朝復交意見書

발행일	지면정보	간종별	목차
1972.09.28	02頁04段	朝刊	在日台湾人の日本帰化 台湾政府認める方針
1972.09.29	04頁04段	朝刊	複雑な台湾系在日中国人の地位 法務省、苦しい暫定措置考慮
1972.10.02	10頁02段	朝刊	輪島、しこ名変えず 本名の大関、明治後は初
1972.10.05	01頁01段	夕刊	唐の影響薄い 金団長語る
1972.10.13	02頁01段	朝刊	金副議長、記者の再入国許可 南北赤十字会談
1972.10.13	10頁01段	夕刊	北朝鮮代表団帰る 高松塚古墳調査
1972.11.05	02頁04段	朝刊	出入国法案 4度提出を検討 法務省
1972.11.06	08頁02段	朝刊	「棄民」藤崎康夫著 "侵略の地"に泣く同胞
1972.11.09	02頁01段	朝刊	在日朝鮮科学者協が再入国申請 北朝鮮科学院の招きで
1972.11.11	02頁01段	朝刊	直接協議同日開催申し入れ 大木事務局長
1972.11.22	05頁02段	朝刊	金炳植氏(総連第1副議長)失脚か 南北会談に突然欠席通知
1972.12.06	02頁01段	朝刊	李副議長ら再入国を申請/朝鮮総連
1972.12.06	02頁04段	朝刊	金炳植副議長の失脚を裏づけ 復帰は学習後 韓・朝鮮総連議長が表明
1972.12.12	02頁01段	夕刊	金炳植氏の失脚が確定
1972.12.13	05頁04段	朝刊	拷問なくそう 世界中にまん延 政治犯釈放運動国際委
1972.12.14	05頁01段	朝刊	投票率100% 北朝鮮"総選挙"
1972.12.24	21頁01段	朝刊	[カラフル東京] 韓国青年会の集い 新宿
1972.12.15	01頁01段	夕刊	政府・総評初の定期協議 マル生問題
1972.12.16	02頁01段	夕刊	在日朝鮮人、議員選出で祝賀大会
1972.12.17	03頁02段	朝刊	朝鮮総連・李副議長ら5人 再入国は不許可へ 政府"人民会議参加は政治目的"
1973.01.05	19頁01段	朝刊	平壌高工サッカーきょう来日
1973.01.05	08頁02段	夕刊	北朝鮮の強豪イレブン 平壌高工チーム来日
1973.01.06	04頁04段	朝刊	[記録と資料] 内外情勢の回顧と展望 公安調査庁
1973.01.18	02頁02段	朝刊	通商代表部設置も 日朝交流で総連議長
1973.01.19	13頁02段	朝刊	[豆鉄砲] 美しさだけでなく暗い部分も
1973.01.23	01頁01段	夕刊	[サイドライト] 親善サッカー
1973.01.25	19頁04段	朝刊	平壌、最終戦も快勝 東京選抜、シュートわずか1 日朝高校サッカー
1973.02.04	05頁01段	朝刊	金炳植氏も出席 訪朝の新聞代表団と会見
1973.02.08	15頁02段	朝刊	[気流・追跡] 生まれも気持ちも日本人です
1973.03.11	05頁01段	朝刊	朝鮮総連副議長も参加 21日の南北赤十字会談
1973.03.12	11頁04段	夕刊	密入国男が大学講師 別人に化け25年 明大法学部
1973.03.13	06頁04段	朝刊	出入国法案 中国・朝鮮人を差別した 歴史反省、良心の審議を
1973.03.14	22頁01段	朝刊	徐君の無期懲役が確定/韓国大法院
1973.03.15	03頁01段	朝刊	[情報コーナー] 朴氏の再入国許可/法務省
1973.03.18	02頁01段	朝刊	[情報コーナー] 出入国法案抗議声明
1973.03.29	13頁03段	夕刊	北朝鮮スパイに資金 韓国 日本人と韓国人逮捕
1973.04.03	02頁01段	朝刊	[情報コーナー] 出入国法案に抗議
1973.04.09	02頁01段	夕刊	在日朝鮮人総連合声明

발행일	지면정보	간종별	목차
1973.06.26	02頁01段	朝刊	「高麗連邦共和国」を支持 朝鮮総連が声明
1973.06.27	04頁04段	朝刊	[記録と資料] 南北朝鮮統一問題 金日成主席の演説詳報
1973.06.29	22頁04段	朝刊	200億円ヒロポン 山口組結ぶ韓国密造団/釜山地検摘発
1973.06.29	10頁01段	夕刊	在日の学者ら北朝鮮スパイ 韓国で検挙
1973.07.03	03頁01段	朝刊	[情報コーナー] 6氏の再入国許可
1973.07.03	11頁01段	夕刊	乱闘の学生2人起訴/国士舘大学
1973.07.17	10頁02段	夕刊	"オレは日本人だ" 抗議の在日朝鮮人、登録証焼く
1973.07.19	23頁04段	朝刊	これが慮二さん 比国帰化認められる 本人の意思尊重
1973.07.20	03頁04段	朝刊	朝鮮人再入国 大量15頁01段人に許可
1973.07.20	13頁03段	夕刊	対面あすに延期 三木さん 自由保障なお不安
1973.07.20	22頁02段	朝刊	三木さん対面、きょうに延期
1973.07.25	21頁03段	朝刊	関東大震災で虐殺された 朝鮮人の追悼碑建立 日朝協会
1973.07.30	10頁01段	朝刊	[読書ノート] 中西進著「山上憶良」 憶良研究の決定版
1973.07.30	10頁02段	夕刊	マンスデ芸術団来日
1973.07.31	03頁05段	朝刊	邦人里帰り 北朝鮮と交渉へ 政治除いて自由往来に 訪朝議員団に打診依頼
1973.08.06	01頁07段	夕刊	ヒロシマの心を世界に 原爆28周年、平和祈念式典 米ソ中仏(核実験国)非難
1973.08.07	02頁01段	夕刊	北朝鮮スパイ自首 千葉県の韓国居留民団団長
1973.08.09	01頁03段	朝刊	釈放を求め提訴/金大中事件
1973.08.09	03頁05段	朝刊	金氏、事件前に本紙記者と会見 在日韓国人に新組織 祖国で反独裁活動ムリ
1973.08.09	23頁05段	朝刊	"私はねらわれている" 先週末も横浜で未遂 秘書、知人らの証言/金大中事件
1973.08.09	09頁01段	夕刊	地裁、民団に事情聞く/金大中事件
1973.08.10	02頁04段	朝刊	金氏捜索に全力を 自民ＡＡ研会合で決議
1973.08.13	03頁01段	朝刊	発言、逸脱してない マンスデ団長談
1973.08.14	03頁08段	夕刊	金大中事件 記者座談会 国際政治に弱かった警察陣 複雑な政情読み惑う
1973.08.15	03頁01段	朝刊	朴政権の計画的犯行 朝鮮総連常任委/金大中事件
1973.08.15	03頁03段	朝刊	日本へ身柄移せ 韓国政府関係せぬ 政情複雑さ示す民団関係者動き/金大中事件
1973.08.15	03頁04段	朝刊	国会でも真相追及へ 主権侵害重視 社党が独自調査機関/金大中事件
1973.08.16	03頁03段	朝刊	3000人"糾弾集会" 「再来日」要請など採択 民団東京本部ら6者
1973.08.16	05頁00段	夕刊	昭和史の底を流れるもの 朝鮮民族差別の50年/飯沼二郎
1973.08.18	23頁04段	朝刊	直前韓国中央情報部が警告 民団東京本部に手紙 金氏と接触するな
1973.08.20	08頁02段	朝刊	李恢成著「約束の土地」
1973.08.22	02頁01段	朝刊	[情報コーナー] 北朝鮮訪問許可要望
1973.08.23	03頁00段	朝刊	[情報コーナー] 6氏の北朝鮮訪問を許可
1973.08.26	15頁02段	朝刊	[気流]金大中事件 祖国民主化への突破口に
1973.08.27	02頁02段	朝刊	金氏を救おう 在日韓国人、大阪で署名集め

발행일	지면정보	간종별	목차
1973.08.27	09頁03段	朝刊	[書いた人]「関東大震災」の吉村昭さん 露呈した人間の醜さ
1973.08.28	03頁00段	朝刊	"金氏は家にいない" 逮捕説には答えず 民団委が自宅へ電話
1973.08.28	04頁04段	朝刊	極秘裏に既成事実 例外、李事件の白昼追跡劇 KCIAの手口
1973.08.30	21頁01段	朝刊	[カラフル東京]追悼碑にご協力を 銀座
1973.08.30	23頁06段	朝刊	林氏にも"ナゾの魔手" 金氏に次ぐ朴批判リーダー 都心で監視、尾行
1973.08.31	03頁02段	朝刊	"韓国公使が盗聴" 参院、共産が調査を要求
1973.08.31	03頁05段	朝刊	北朝鮮25周年の里帰り 申請通り10人許可 法務省
1973.08.31	23頁01段	朝刊	織田政雄さん(本名・斉木政雄＝俳優)死去
1973.09.01	23頁04段	朝刊	忠誠誓約書強要はイヤ! 旅券破って抗議 横浜の韓国人「もう帰りたくない」
1973.09.02	03頁01段	朝刊	[情報コーナー] 金氏救出兵庫委員会
1973.09.03	23頁03段	朝刊	「義兄救出、1日も早く」来日の李聖鎬さん切々
1973.09.03	07頁03段	夕刊	歴史家の仕事 戦前史を確認 70年代の特質探るために/松沢哲成
1973.09.04	23頁05段	朝刊	国士館"暴力の新学期" 西日暮里駅で11人 また朝鮮高校生襲う
1973.09.05	02頁01段	夕刊	地道な捜査の結果 警察庁長官談話
1973.09.06	02頁01段	朝刊	日本、厳しい態度を 民団救出委声明
1973.09.06	02頁01段	朝刊	金氏無条件再来日を 朝鮮総連談話
1973.09.06	02頁01段	朝刊	金氏家族の救出要請ほしい 国際赤十字本部
1973.09.06	23頁09段	朝刊	ナゾの男、金東雲書記官を追跡 日本名使い分け? 関係者極秘任務の影証言
1973.09.07	23頁06段	朝刊	金大義氏取り調べ 暗いソウルひしひし 「何の根拠があって」来日中の義弟
1973.09.08	23頁02段	朝刊	里帰り…KCIA?連行 旅券破り捨てる 韓国婦人「朴政権続く限り帰らぬ」
1973.09.08	23頁08段	朝刊	政府機関の3人割り出す 経済使節団員と公館員 金大中事件
1973.09.09	01頁02段	朝刊	日朝国民会議 社公民、ＡＡ研などで結成
1973.09.09	23頁01段	朝刊	金氏救出の決起大会開く 民団の1000人
1973.09.13	11頁05段	夕刊	在日韓国人に情報強要 神戸の李副領事が暴行 参院法務委で佐々木氏
1973.09.15	22頁01段	朝刊	在日韓国人旅券破り抗議
1973.09.17	03頁01段	朝刊	日本こそ樺太の朝鮮人放置 韓国紙、対日批判
1973.09.17	08頁04段	朝刊	日本人と朝鮮人 隣国を知るためにこれらの本を…/鈴木武樹
1973.09.20	22頁02段	朝刊	日本の世論で救って… スパイ容疑の弟 在日韓国人女性が訴え
1973.09.21	03頁05段	朝刊	在日韓国人召喚状 "主権侵害"と法相
1973.09.29	03頁04段	朝刊	樺太の朝鮮人日本人帰還を 首相、ブ書記長に要請へ
1973.10.01	02頁01段	朝刊	金大中事件で在日韓国学生集会/神戸市灘区
1973.10.03	03頁03段	朝刊	在日学生らデモ支持声明/韓国ソウル大学生デモ
1973.10.04	01頁03段	朝刊	在日韓国人への召喚状 主権侵害と注意喚起
1973.10.04	05頁03段	朝刊	言論統制、強い批判 ソウルの大学生 デモにも共感▽きのうは祝日で平穏
1973.10.05	05頁02段	朝刊	韓国紙"白紙"の抵抗 学生デモ記事削られた?
1973.10.06	04頁06段	朝刊	韓国学生デモ4度目の爆発 底流は深く根強く 大衆運動へ発展も

발행일	지면정보	간종별	목차
1973.10.06	04頁06段	朝刊	韓国学生デモ4度目の爆発 底流は深く根強く 大衆運動へ発展も
1973.10.06	05頁05段	朝刊	米、憂色更に深まる キ・大平会談期待 金大中事件待ったなし
1973.10.07	05頁04段	朝刊	学生デモ金氏事件 米誌報道も削除
1973.10.09	06頁04段	朝刊	[世界の論調] これがKCIA ハサミで切り取られた「ソウル訪問記」
1973.10.10	01頁04段	朝刊	共同声明「継続交渉」の線
1973.10.10	05頁03段	朝刊	デモ学生に厳罰 韓国文相が強硬な見解
1973.10.10	23頁01段	朝刊	国士舘高校生が衝突 また朝鮮学校の生徒と/東京・池袋
1973.10.16	03頁04段	朝刊	金事件究明前の日韓会議まずい 官房長官が慎重論
1973.10.18	05頁01段	朝刊	金鉄佑氏の初公判「北」スパイ容疑
1973.10.26	10頁05段	夕刊	"真相追及やめない" 警視庁、来日要請続ける 金大中事件
1973.10.26	13頁03段	夕刊	「本筋のすりかえ」 在日居留民団救出委
1973.10.27	02頁01段	朝刊	記者会見はKCIAの策略 民団対策委
1973.11.02	06頁01段	朝刊	真相の徹底究明を 朝鮮総連中央本部
1973.11.02	22頁03段	朝刊	"自らウソ認めた" 救出対策委 怒りと失望のウズ
1973.11.02	11頁06段	夕刊	表情も硬く金謝罪特使 ピリピリ帝国ホテル 早くもデモ隊300人
1973.11.03	04頁04段	朝刊	朝鮮総連代表の国連訪問 法務省、申請を拒否「朝鮮」討議への影響懸念？
1973.11.03	23頁01段	朝刊	帝国ホテルへ200人が抗議 救出対策委
1973.11.04	03頁01段	朝刊	宇都宮氏ら囲み夜まで討論 一橋大学祭
1973.11.05	08頁02段	朝刊	高史明著「彼方に光を求めて」
1973.11.05	09頁01段	朝刊	[短評]「朴烈」
1973.11.06	05頁01段	朝刊	在日8団体も同調/朴政権批判
1973.11.07	07頁02段	夕刊	[手帳] 初来日のモイーズ 各地でフルート講習会
1973.11.08	03頁01段	朝刊	[情報コーナー] 在日韓国学生集会
1973.11.08	13頁03段	夕刊	「アンの家と女性」追及 金大中事件 参院で佐々木議員 社党
1973.11.13	05頁02段	朝刊	黒リボン闘争決議 韓国女子大生 民主体制の確立まで
1973.11.14	05頁01段	朝刊	高麗大でハンスト/韓国
1973.11.15	05頁01段	朝刊	拘束学生の処分、寛大に 高麗大総長、政府に要望/韓国
1973.11.15	05頁04段	朝刊	韓国の学生抗議広がる 高麗 延世 両大で集会デモ 校外に武装警官トリデ
1973.11.15	22頁03段	朝刊	強制送還はいやだ! 韓国青年 "社会的死刑"と訴訟
1973.11.19	02頁01段	夕刊	朝鮮の自主統一へ1万人集会 朝鮮総連
1973.11.16	01頁04段	朝刊	韓国学生デモ険悪 投石とガス弾
1973.11.16	05頁05段	朝刊	激しさ増す韓国学生デモ 「反朴」で全国的な規模に 政府、収拾に苦慮 解説
1973.11.26	06頁02段	朝刊	金大中氏 再訪日は困難か
1973.11.19	02頁01段	夕刊	朝鮮の自主統一へ1万人集会 朝鮮総連
1973.11.28	05頁03段	朝刊	学生再び街頭デモ ソウルで1300人
1973.11.28	06頁03段	朝刊	[人間登場] 共産党常任幹部会委員になった 上田耕一郎さん
1973.11.28	02頁02段	夕刊	KCIA関与除け 北朝鮮 赤十字会談へ条件

발행일	지면정보	간종별	목차
1973.12.01	05頁03段	朝刊	学生デモ連日 反日色濃い決議 東国大
1973.12.02	02頁02段	朝刊	韓国記者スト 新聞労連支持▽在日韓国人団体も
1973.12.02	05頁03段	朝刊	反朴運動に水? 北側の出方に注目 解説
1973.12.03	02頁01段	夕刊	"事態は不変"と総連
1973.12.04	01頁04段	朝刊	憲法改正を要求 韓国学生デモ続く
1973.12.05	05頁01段	朝刊	韓国大使館に抗議 アジア学生会議代表
1973.12.06	02頁02段	朝刊	反朴闘争強く支持 在日知識人が声明発表
1973.12.10	07頁02段	朝刊	[社説] 国際協力による人権保障を急げ
1973.12.14	02頁02段	夕刊	反朴闘争を支援 中国、人民日報で論文
1973.12.15	01頁04段	夕刊	反朴闘争支援 中国各地に拡大
1973.12.23	03頁01段	朝刊	朝鮮総連が反対声明 日韓閣僚会議
1973.12.25	02頁01段	夕刊	日韓閣僚会議 開催反対デモ 在日韓国学生同盟など
1973.12.26	03頁01段	朝刊	喪服先頭に反対デモ 在日韓国キリスト教徒/日韓定期閣僚会議
1973.12.26	06頁03段	夕刊	内に喜び、外に怒り 日韓定期閣僚会議
1973.12.27	03頁02段	朝刊	日韓閣僚会議共同声明の内容
1974.01.09	03頁01段	朝刊	在日学生が抗議の声明 "改憲は権利"/韓国大統領緊急措置
1974.01.09	02頁01段	夕刊	緊急措置撤回を 朝鮮総連抗議声明/韓国政情
1974.01.09	06頁02段	夕刊	秘密工作を自供 北朝鮮の"大物スパイ"/名古屋発
1974.01.11	02頁01段	朝刊	[情報コーナー] 朴政権へ抗議集会
1974.01.13	15頁01段	朝刊	バスケットボール日韓学生親善
1974.01.14	01頁05段	朝刊	列国議会同盟に出席望めば 北朝鮮の入国許可へ 政府意向 政治関係は初めて
1974.01.17	15頁01段	朝刊	バスケットボール日韓学生親善
1974.01.18	18頁01段	朝刊	スパイ容疑の崔さん 「救う会」発足
1974.01.21	14頁01段	朝刊	バスケットボール日韓親善最終戦
1974.01.28	09頁01段	朝刊	[短評] 「国家権力とキリスト者」▽「ふる里ふたたび」
1974.01.28	05頁04段	夕刊	朴烈事件の意味 蔑視と反日の悲劇の中で/判沢弘
1974.01.29	19頁03段	朝刊	比較的元気な本名さん 落ち着いて話す▽都庁/天然痘発生
1974.02.04	02頁01段	朝刊	在日韓国人が反朴運動大会
1974.02.04	02頁02段	夕刊	「朝日」の販売禁止 韓国 内政干渉の論評掲載
1974.02.05	03頁01段	朝刊	[情報コーナー] 在日朝鮮人青年が反朴集会
1974.02.16	18頁01段	朝刊	韓国の内情知って… 日本向けアピール公開
1974.02.18	09頁01段	朝刊	[ざっし] 「季刊まだん」2号 在日朝鮮人の痛切な肉声
1974.02.23	02頁01段	夕刊	在日朝鮮人総連が全体大会
1974.02.26	02頁01段	朝刊	[情報コーナー] 朝鮮総連大会閉幕
1974.03.04	09頁02段	朝刊	梶井陟著「朝鮮人学校の日本人教師」
1974.03.14	02頁01段	朝刊	[情報コーナー] 韓国人政治犯救援委
1974.03.18	02頁04段	夕刊	在日朝鮮人の密入国ほう助 強制国外退去は過酷 札幌地裁 処分取り消し判決

발행일	지면정보	간종별	목차
1974.03.31	02頁01段	朝刊	[情報コーナー] 在日朝鮮人大会
1974.04.02	03頁01段	朝刊	在日朝鮮人芸術団の再入国許可
1974.04.04	05頁04段	朝刊	韓国学生再び"決起" 反政府ビラ配る 警官と衝突▽「高物価に反対」学生ビラ
1974.04.05	02頁01段	朝刊	[情報コーナー] 韓国に学生釈放要求
1974.04.05	05頁01段	朝刊	朴さん、1審と同じ刑 スパイ容疑でソウル高裁
1974.04.16	05頁03段	朝刊	政治活動禁止後も韓国学生集会 ソウル大で9日 2人が退学処分
1974.04.17	18頁01段	朝刊	金日成主席生誕62年を祝う
1974.04.20	05頁01段	朝刊	金大中氏も学生墓地で追悼
1974.04.20	05頁02段	朝刊	韓国学生革命14周年 各大学で記念行事
1974.04.22	02頁01段	朝刊	[情報コーナー] 韓国4月革命14周年集会
1974.04.22	05頁01段	朝刊	留学生が反朴デモ ワシントン
1974.04.22	05頁03段	夕刊	言葉とアイデンティティ 在日朝鮮人の朝鮮語学習/高史明
1974.04.25	01頁05段	夕刊	スパイ活動の名目 逮捕の日本人2学生 KCIA発表
1974.04.25	02頁03段	夕刊	日本学生は背後操縦者 KCIAの民青学連捜査発表内容
1974.04.26	03頁01段	朝刊	郭東儀さんも反論「朝鮮総連と無関係」/民青学連事件
1974.04.26	03頁01段	朝刊	在日韓国学生が弾圧非難/民青学連事件
1974.04.26	03頁04段	朝刊	不審点多い韓国捜査 早川氏の妻子、ソウルで姿消す/民青学連事件
1974.04.27	03頁06段	朝刊	韓国の日本人2学生連行―逮捕…外務省が折衝経過 突然、逮捕と通告
1974.04.27	07頁02段	朝刊	[社説] 日韓友好に大切なものは何か
1974.05.05	03頁02段	朝刊	日本過激派学生合流を計画 韓国、太刀川さんに新容疑
1974.05.05	27頁01段	朝刊	[ざっし]「野性時代」6月号 祖国の責任を引き受けること
1974.05.09	03頁03段	朝刊	きらわれる日本…風当たり強く 日立製品は買わぬ 就職差別と韓国キリスト教連
1974.05.13	07頁02段	夕刊	"原爆裁判"映画「人間であるために」=訂正 15日付夕刊7面
1974.05.14	02頁01段	夕刊	日本人ねらう北スパイ自首 韓国情報部発表
1974.05.18	18頁02段	朝刊	採用取り消し撤回 朴君訴訟で日立製作所
1974.05.19	18頁01段	朝刊	朴君、同胞のため日立入社
1974.05.21	18頁03段	朝刊	比叡でスギ問答
1974.05.25	03頁01段	朝刊	[情報コーナー] 在日韓国学生集会▽日本科学者会議大会
1974.05.27	01頁05段	朝刊	きょう軍法会議起訴 日本人2学生 韓国、大使館に通告
1974.05.27	09頁02段	朝刊	鄭敬謨著「日本人と韓国」
1974.05.27	01頁07段	夕刊	韓国軍法会議 日本人2学生を起訴 "革命"首謀の容疑 武器あっせん約束
1974.05.28	02頁03段	朝刊	デッチ上げだ 共産党や総連反発/民青学連事件
1974.05.28	03頁02段	朝刊	「民青学連事件」全容
1974.05.28	03頁03段	朝刊	重要証人の立場に 早川・太刀川さん"有罪"必至/民青学連事件
1974.05.28	03頁04段	朝刊	日本人2学生の起訴状全文
1974.05.28	03頁07段	朝刊	起訴された2学生"日本国内での容疑"に衝撃 韓国、どうやって確認
1974.05.28	07頁03段	朝刊	[社説] 日本人学生の起訴事件を憂う

발행일	지면정보	간종별	목차
1974.05.30	07頁04段	夕刊	日本ＡＡ作家会議の発足と日本・アラブ文化連帯会議　アラブの作家10人招く
1974.05.31	03頁04段	朝刊	早川さん日共指令否定 韓国軍事法廷 弁護士に語る 起訴事実崩れるか
1974.05.31	10頁01段	夕刊	三田佳子さん婚約
1974.06.03	03頁05段	朝刊	金氏出廷命令記者座談会 日韓関係にまた波紋 面目まるつぶれ日本政府
1974.06.03	08頁02段	朝刊	金石範著「1945年夏」
1974.06.03	02頁01段	夕刊	朝鮮総連が朴政権糾弾大会
1974.06.03	07頁01段	夕刊	朝鮮総連の上映会
1974.06.04	02頁01段	朝刊	朝鮮総連が日比谷野外音楽堂で開いた朴政権糾弾決起大会＝写真
1974.06.09	01頁03段	朝刊	韓国人と分離裁判か/日本人2学生裁判
1974.06.06	01頁04段	朝刊	2学生、厳しい措置 李無任所相/日本人学生逮捕事件
1974.06.06	19頁01段	朝刊	拾った戸籍で申請/チェンマイ事件
1974.06.11	10頁05段	夕刊	金嬉老に厳しい判決 東京高裁 無期懲役は同じ 暴力行為「有罪2件増える
1974.06.12	01頁05段	朝刊	家族・大使館員に傍聴許可 2学生裁判 日本記者は入れぬ 韓国通告
1974.06.12	02頁04段	夕刊	出入国法、5たび提案へ 法相強調 争点洗い直し急ぐ
1974.06.13	04頁03段	朝刊	「政治活動」をどう調整 法相の「出入国法」提案表明
1974.06.15	01頁04段	夕刊	取材すべて違法 起訴状 民青学連事件/韓国軍法会議
1974.06.16	01頁04段	朝刊	「指示」の立証に焦点 日本国内捜査あれば主権侵害にも/民青学連事件
1974.06.16	01頁06段	朝刊	韓国軍法会議 早くも実質審理 「日共・朝鮮総連指示」否認 早川・太刀川さん
1974.06.16	03頁03段	朝刊	日韓解釈にズレ 「全面自白」とソウル放送/民青学連事件
1974.06.16	03頁05段	朝刊	韓国軍法会議検事尋問の内容 「暴動計画」で追及/民青学連事件
1974.06.17	07頁05段	朝刊	[緑と人間]＝24 "忘れた植物"見直そう 国際植生学会シンポから(連載)
1974.06.19	01頁05段	朝刊	韓国軍事裁判 政府、政治解決を悲観 判決後の退去困難 2学生の2項目自供で
1974.06.19	01頁05段	夕刊	在日朝鮮人解雇は不法 横浜地裁判決 民族差別許されぬ 日立が敗訴
1974.06.20	01頁06段	朝刊	韓国、日本で捜査活動の疑い 2学生事件 大使館で事情聴取 在日韓国人から
1974.06.21	01頁04段	朝刊	韓国の説明に従う 2学生事件「国内捜査」外務省、灰色の決着
1974.06.21	04頁03段	朝刊	「自発的」ならあかしを 在日韓国人の事情聴取
1974.06.22	01頁04段	朝刊	"支援指示"話した 太刀川氏の通訳が証言 第3回軍法会議
1974.06.24	01頁01段	朝刊	日本国内KCIA 100人超す？
1974.06.24	01頁05段	朝刊	2学生事件の日本国内調査 元韓国籍日本人が証言 出頭、自発意思でない
1974.06.24	09頁01段	朝刊	[ざっし]「新日本文学」7月号 在日朝鮮人作家の苦悩
1974.06.24	19頁06段	朝刊	阿部さん、大使館に呼ばれ6時間 あのKCIA 「彼(太刀川氏)は活動家か」
1974.06.24	11頁05段	夕刊	"やはり不気味な黒い手" 韓国人大使館の事情聴取 ショックの「救う会」
1974.06.26	02頁04段	朝刊	ナゾ深まる一方 田駐在官の着任日 法務、外務、本人3者くい違う
1974.06.26	03頁01段	朝刊	[情報コーナー] 在日朝鮮人中央大会
1974.06.26	18頁01段	朝刊	金嬉老、最高裁へ上告

발행일	지면정보	간종별	목차
1974.06.27	07頁02段	朝刊	[社説] 日韓関係に疑惑を残すな
1974.06.28	10頁01段	夕刊	在日韓国人学生また起訴 韓国、スパイで
1974.06.30	03頁02段	朝刊	金氏の行動を支持 在日韓国人2団体が声明
1974.07.04	03頁01段	朝刊	[情報コーナー] 在日韓国人学生が反朴集会
1974.07.07	18頁01段	朝刊	[訂正]「北朝鮮工作員逮捕」の見出し＝3日付夕刊10面
1974.07.11	03頁03段	朝刊	金芝河氏の死刑求刑 高まる抗議の声/民青学連事件
1974.07.13	03頁04段	朝刊	日本人学生20年求刑 抗議相次ぐ 世界世論への挑戦/民青学連事件
1974.07.14	03頁01段	朝刊	金芝河氏死刑判決 抗議広がる/民青学連事件
1974.07.27	03頁02段	朝刊	元東北工大助教授事件 差し戻し判決 韓国大法院 スパイ容疑に言及
1974.07.30	03頁01段	朝刊	金鉄佑被告も差し戻し 韓国大法院判決
1974.07.31	05頁01段	朝刊	姜記者のスパイ事件差し戻し 韓国最高裁
1974.08.06	05頁03段	夕刊	何一つ償われていない 被爆朝鮮人の声/藤崎康夫
1974.08.08	03頁01段	朝刊	総連や在日団体も
1974.08.16	01頁01段	夕刊	韓国側、総連との関係追及/朴大統領狙撃事件
1974.08.15	01頁01段	夕刊	回転式ピストルを発射/朴大統領狙撃事件
1974.08.15	01頁02段	夕刊	韓国系の日本人/朴大統領狙撃事件
1974.08.15	01頁06段	夕刊	"犯人は日本人" ソウル東亜放送 朴大統領そ撃される 大阪の吉井行雄
1974.08.15	07頁06段	夕刊	"日本人"にがく然 外務省 流弾の合唱隊員も日本から 一瞬暗転のソウル式典
1974.08.16	01頁06段	朝刊	朴そ撃犯は在日韓国人 韓国、日本人の出国停止 反朴派の「文世光」 大阪在住
1974.08.16	02頁04段	朝刊	日本へ捜査協力依頼 韓国の検察当局が示唆/朴大統領狙撃事件
1974.08.16	02頁06段	朝刊	記者座談会 "朴そ撃"のナゾと背景 韓国内の組織手引き？
1974.08.16	03頁03段	朝刊	国内の反朴運動取り締まり 要求あっても応ぜず 政府/朴大統領狙撃事件
1974.08.16	03頁06段	朝刊	苦悩のソウル大使館 "日韓悪縁"どこまで 相つぐ事件 神経ピリピリ
1974.08.16	19頁06段	朝刊	そ撃犯人 過激派の活動家・文世光 大阪の自宅など捜索
1974.08.16	01頁01段	夕刊	韓国側、総連との関係追及/朴大統領狙撃事件
1974.08.16	02頁01段	夕刊	韓青同などの不純分子糾弾 在日韓国居留民団声明/朴大統領狙撃事件
1974.08.17	01頁04段	朝刊	邦人旅行者ら 出国停止を解除/朴大統領狙撃事件
1974.08.17	02頁01段	朝刊	文の自供内容/朴大統領狙撃事件
1974.08.17	02頁03段	朝刊	在日朝鮮人の規制強化不要 韓国の要求あっても 政府の方針/朴大統領狙撃事件
1974.08.17	05頁02段	夕刊	[手帳] テロでは勝てぬ、ロゴスを 8.15集会で李恢成氏が訴え
1974.08.17	07頁06段	夕刊	文宅から「戦闘宣言」も押収 そ撃決意をびっしり「救国戦士」と1日付署名
1974.08.18	01頁01段	朝刊	警察庁への通報/朴大統領狙撃事件
1974.08.18	01頁01段	朝刊	警察庁が裏付け調査 三島警察庁外事課長の話/朴大統領狙撃事件
1974.08.18	01頁02段	朝刊	無関係だ 総連国際局長/朴大統領狙撃事件
1974.08.18	01頁05段	朝刊	南北抗争のウズに/朴大統領狙撃事件

발행일	지면정보	간종별	목차
1974.08.18	01頁06段	朝刊	そ撃事件で韓国発表 捜査本部の中間報告 "背後に朝鮮総連"
1974.08.18	03頁05段	朝刊	日韓関係更に複雑に そ撃事件韓国発表 "中継基地"日本に焦点＝解説
1974.08.18	03頁03段	朝刊	事実関係の確認急ぐ 政府/朴大統領狙撃事件韓国発表
1974.08.18	07頁02段	朝刊	[社説] 田中首相訪韓の背景を考える
1974.08.18	19頁05段	朝刊	"背後"の国内捜査に慎重 朴大統領そ撃事件 警察庁、組織解明急ぐ
1974.08.19	01頁01段	朝刊	朝鮮総連「無関係」と正式表明/朴大統領狙撃事件
1974.08.19	01頁03段	朝刊	全くのでっち上げ 暗殺指示と名指しされた 金浩竜さん会見/朴大統領狙撃事件
1974.08.19	02頁03段	朝刊	"北朝鮮の指令" 韓国紙、大きく報道/朴大統領狙撃事件
1974.08.19	05頁00段	朝刊	国連、韓国離反広がる アジア、中南米も「独裁、緊張緩和に逆行」
1974.08.19	01頁04段	夕刊	万景峰号は無関係 北朝鮮声明 政治的な謀略/朴大統領狙撃事件
1974.08.19	09頁00段	夕刊	「背後関係」浮かばず 当面「旅券」などで捜査/朴大統領狙撃事件
1974.08.20	19頁01段	朝刊	でっち上げと朝鮮総連/文世光事件・韓国民放報道
1974.08.21	05頁01段	朝刊	「外交的制裁を考慮」東亜日報
1974.08.21	05頁01段	朝刊	ソウルで大学生ら反日デモ
1974.08.21	05頁03段	朝刊	対日姿勢を硬化 金首相演説
1974.08.21	07頁02段	朝刊	[社説] 日韓関係の正常化と木村発言
1974.08.21	18頁01段	朝刊	金助手事件も高裁差し戻し 韓国最高裁
1974.08.21	19頁01段	朝刊	韓国へ"資料"通報
1974.08.21	19頁03段	朝刊	「文」の車を発見 出国前、友人に預ける
1974.08.21	01頁03段	夕刊	日本の捜査強化要求 韓国与党が決議
1974.08.21	01頁04段	夕刊	在日外国人の海外犯罪 捜査の範囲検討
1974.08.21	01頁05段	夕刊	ソウルの反日運動拡大 大使館看板はずす そ撃事件に抗議デモ
1974.08.21	09頁01段	夕刊	交番で使った工具と同一か 文世光の車から発見/朴大統領狙撃事件
1974.08.22	03頁05段	朝刊	日韓混迷、更に拍車 "日本で犯行準備"遺憾 大統領そ撃事件 外務省筋が見解
1974.08.22	19頁02段	朝刊	1か月前に訪韓 文の母親
1974.08.22	19頁02段	朝刊	文世光は撃たれてケガ 22秒の悪夢 韓国紙が再現
1974.08.22	01頁04段	夕刊	道義責任認める そ撃事件で外務省示唆 政務次官会議
1974.08.23	03頁01段	朝刊	警察庁に抗議 捜査協力で朝鮮総連
1974.08.23	03頁01段	朝刊	捜査協力再要請か 韓国大使が帰任/朴大統領狙撃事件
1974.08.23	19頁01段	朝刊	韓国内に共犯なし
1974.08.23	19頁01段	朝刊	朝鮮総連から入院費 文の自供、ソウルで放送
1974.08.23	19頁03段	朝刊	車に証拠の工具 短銃盗難「文」の犯行と断定
1974.08.24	01頁04段	朝刊	そ撃捜査協力を約束 自民幹事長代理 来日の韓国閣僚に
1974.08.24	03頁01段	朝刊	逮捕者も釈放せよ 朝鮮総連が談話
1974.08.24	01頁01段	夕刊	[サイドライト] "遺憾"とは
1974.08.24	11頁01段	夕刊	日朝協会も否定
1974.08.24	11頁01段	夕刊	国内捜査では裏付けなし

발행일	지면정보	간종별	목차
1974.08.24	11頁03段	夕刊	文と会ったことない 行雄氏語る
1974.08.24	11頁04段	夕刊	「吉井夫妻は共犯」 文の自供から、韓国側発表 行雄氏と"旅券"相談
1974.08.25	01頁03段	朝刊	吉井夫妻と金浩竜氏 韓国が書類送検 文世光の共同正犯で
1974.08.25	03頁01段	朝刊	外務省「何もいえぬ」 吉井夫妻らの書類送検
1974.08.25	03頁01段	朝刊	吉井さんとの関係否定 日朝協会談話
1974.08.25	03頁02段	朝刊	ソウル地検に移送された文世光=写真
1974.08.25	03頁02段	朝刊	韓国国会も質疑へ そ撃事件、対日問題含め
1974.08.27	18頁04段	朝刊	"金浩竜氏の名前出したら「文」あっさり自供" 韓国で報道
1974.08.28	03頁04段	朝刊	韓国側のそ撃事件捜査報告 文を万景峰号に案内した男のモンタージュ写真も
1974.08.28	12頁01段	朝刊	[豆鉄砲] "差別"生む政治を注視
1974.08.28	18頁02段	朝刊	"関知せず"と総連声明
1974.08.28	18頁04段	朝刊	文と金部長の接触 裏付け捜査を指示 韓国からの報告書で警察庁
1974.08.28	11頁01段	夕刊	矢野宗粋氏(矢野勘三郎=大阪茶道会理事長、レディスアカデミー講師)死去
1974.08.29	03頁01段	朝刊	朝鮮総連申し入れ
1974.08.29	19頁01段	朝刊	「無実な人を犯人に仕立てる」韓国報告書に金浩竜氏
1974.08.31	01頁01段	朝刊	"朝鮮総連への措置を意味" 韓国高官筋
1974.09.01	01頁03段	朝刊	認識不足に驚く 韓国、木村発言批判声明/北の脅威論
1974.09.01	01頁05段	朝刊	対韓破壊分子 取り締まり諾否検討へ 国内法で「事実認定」
1974.09.01	03頁01段	朝刊	韓国の非難声明内容/北脅威論
1974.09.01	03頁01段	朝刊	朝鮮総連、韓民統が非難声明 朴大統領の対日要求で
1974.09.01	03頁01段	朝刊	韓国の非難声明内容/北脅威論
1974.09.01	07頁01段	朝刊	[社説] 朴政権の要求に冷静な対応を
1974.09.03	01頁01段	朝刊	反韓団体非合法化理由ない 公安委員長答弁
1974.09.03	01頁03段	朝刊	破防法の適用はムリ/朝鮮総連取り締まり
1974.09.03	01頁05段	朝刊	朝鮮総連の取り締まり 韓国が覚書で要求 政府は方針変えず 国内法の範囲内で
1974.09.03	08頁01段	夕刊	大統領夫人追悼大会 韓国民団中央本部
1974.09.04	03頁01段	朝刊	慣例無視の非常識行動 朝鮮総連、韓国覚書非難
1974.09.04	03頁05段	朝刊	韓国問題 社共公が院外共闘 政策転換求め大集会 初の市民団体主導で
1974.09.05	03頁01段	朝刊	"総連弾圧要求は犯罪的行為" 北朝鮮外務省声明
1974.09.05	03頁01段	朝刊	婦人団体も反日集会/ソウル
1974.09.05	05頁03段	朝刊	対決避けた防御型/朝鮮問題国連討議
1974.09.05	01頁02段	夕刊	韓国人、割腹自殺図る ソウルの日本大使館付近
1974.09.06	01頁01段	朝刊	対韓工作基地に利用は事実 警察庁答弁
1974.09.06	01頁04段	朝刊	韓国を朝鮮半島全体の唯一政府と考えぬ 外相ら答弁
1974.09.06	03頁01段	朝刊	ソウルで日本製品を焼く
1974.09.06	03頁02段	朝刊	55か国参加通知 列国議会同盟会議
1974.09.06	01頁01段	夕刊	木村発言に反発

발행일	지면정보	간종별	목차
1974.09.15	03頁01段	朝刊	[情報コーナー] 京浜4市長が声明
1974.09.16	01頁01段	朝刊	後宮・金メモを特ీ確認の形 韓国紙報道
1974.09.16	01頁01段	朝刊	「規制」は別の文書で ソウル放送/日韓関係
1974.09.16	01頁06段	朝刊	日韓打開にメド 親書内容変えず 総連問題など 口頭で補足説明
1974.09.16	03頁02段	朝刊	日韓緊張 ソ連紙が論評
1974.09.17	02頁02段	朝刊	外交文書「出す」「出さぬ」"政治的"解釈で ソウル各紙、妥結と報道
1974.09.17	01頁05段	夕刊	スパイ防止法を検討 自民合同会議採択 公安委員長も同意
1974.09.17	07頁03段	夕刊	日韓問題の論理と倫理 人権レベル基盤に 政治の次元に毅然さ/武者小路公秀
1974.09.17	09頁03段	夕刊	日米合作で映画化 ジ・オーバーキル・シンドラムス モンロー死の真相など
1974.09.18	03頁01段	朝刊	総連が規制反対集会▽「統一会議」も声明
1974.09.18	03頁03段	朝刊	高麗大で集会 学生釈放など要求/韓国
1974.09.19	01頁01段	朝刊	北朝鮮工作員の活動、日本も迷惑 韓国、内容報道
1974.09.19	01頁05段	夕刊	椎名特使、ソウル入り 田中親書伝達へ 市内には非常警戒令
1974.09.19	01頁05段	朝刊	日韓決着、椎名特使けさ訪韓 「総連規制」国内法の範囲で 外交文書にせず
1974.09.19	03頁01段	朝刊	朴大統領そ撃事件と険悪化する日韓関係打開の動き
1974.09.19	03頁01段	朝刊	日朝国民会議も声明▽在日韓国学生同盟も
1974.09.19	03頁06段	朝刊	野党"韓国ペース外交"追及へ 特使、スジ通らぬ 市民団体と共闘
1974.09.19	04頁04段	朝刊	学生 政府批判復活 ソウル大で署名運動「拘束者釈放せよ」/韓国
1974.09.20	01頁01段	朝刊	金首相とも会談/日韓関係
1974.09.20	01頁06段	朝刊	椎名特使、朴大統領と会談「韓国政府転覆を意図する 犯罪取り締まる」
1974.09.20	01頁03段	朝刊	補足説明 解釈、論議呼びそう 解説/日韓関係
1974.09.20	03頁01段	朝刊	日韓の総連破壊策動を非難 北朝鮮が声明
1974.09.21	01頁04段	朝刊	「約束実行見守る」反韓団体とは総連との説明 金首相が国内放送
1974.09.21	01頁06段	朝刊	日韓改善、長い目で 椎名特使が帰国談 「北」が大きな背景 朴大統領に認める
1974.09.21	03頁01段	朝刊	政治的弾圧を意図 朝鮮総連が声明
1974.09.21	03頁05段	朝刊	日韓"原点復帰"なお難問 政府、更に苦しい立場「補足説明」実行
1974.09.21	05頁02段	朝刊	[社説] 発想の転換を迫られる朝鮮対策
1974.09.22	03頁01段	朝刊	韓民統、親書に反対声明
1974.09.22	03頁02段	朝刊	日韓、解決速い 韓国外務次官が語る
1974.09.23	02頁01段	朝刊	「椎名メモは屈服」北朝鮮紙非難
1974.09.24	02頁01段	夕刊	「椎名訪韓」非難声明 北朝鮮外務省
1974.09.25	03頁01段	朝刊	崔さん(元ソウル大学講師)の上告棄却/韓国
1974.09.25	21頁02段	朝刊	[困っています・法律相談] 韓国籍の男性との結婚
1974.09.25	09頁01段	夕刊	金剛山歌劇団 浅草で初公演
1974.09.27	02頁01段	夕刊	日本での総連弾圧粉砕せよ 金日成主席指示
1974.09.27	07頁03段	夕刊	失敗に終わった第2回アジア作曲家連盟会議 すべてに問題/松本勝男

발행일	지면정보	간종별	목차
1974.09.28	05頁01段	朝刊	[気流]英語教育改善より老後対策
1974.09.28	22頁03段	朝刊	強力爆弾持っていた 朴支持めぐる争い？/韓国人会館襲撃男
1974.09.28	11頁01段	夕刊	川崎の余容疑者手配/韓青同襲撃
1974.09.30	03頁04段	朝刊	北朝鮮代表が来日 IPU会議「日本政府望めば会談も」
1974.09.30	07頁02段	朝刊	「日朝関係の視角」金一勉著 民族と国家のひだに照明
1974.10.01	05頁02段	夕刊	[手帳]日韓の現状と今後の課題 AA作家会議と在日朝鮮人が共同討論
1974.10.03	22頁01段	朝刊	"文世光短銃捜査本部"解散
1974.10.06	03頁01段	朝刊	金浩竜氏引き渡しなお要求 ソウル放送
1974.10.07	01頁05段	夕刊	文世光の初公判開く 韓国そ撃事件 内乱殺人罪など6罪名 背後関係に焦点
1974.10.07	02頁02段	夕刊	文の起訴状要旨
1974.10.08	01頁04段	朝刊	「北」との接触認める 文世光公判、事実審理終了
1974.10.08	03頁01段	朝刊	"テロとは無縁" IPU・北朝鮮副団長
1974.10.08	03頁01段	朝刊	反対尋問わずか15分
1974.10.08	03頁01段	朝刊	"すべてデッチ上げ" 金浩竜氏談話
1974.10.08	03頁01段	朝刊	"手紙は事実無根" 韓青同声明
1974.10.08	03頁04段	朝刊	大統領だけねらった 文世光陳述要旨
1974.10.10	19頁01段	朝刊	張本、日本に帰化希望
1974.10.14	01頁03段	夕刊	文世光に死刑求刑 ソウル地裁
1974.10.15	04頁01段	朝刊	文世光最終弁論要旨/文世光事件
1974.10.15	04頁01段	朝刊	証拠書類には素直に「はい」/文世光事件
1974.10.15	04頁04段	朝刊	「歴史が無罪宣告」 文世光最終陳述/朴大統領狙撃事件/文世光事件
1974.10.15	02頁02段	夕刊	文世光、控訴へ/文世光事件
1974.10.19	01頁01段	夕刊	解説 政情急転で市民無関心/韓国大統領狙撃事件
1974.10.19	01頁04段	夕刊	総連関与、物証示さず/韓国大統領狙撃事件
1974.10.19	01頁05段	夕刊	文世光に死刑判決 ソウル地裁「内乱目的の殺人」「北」の指示と断定
1974.10.19	03頁03段	朝刊	政府答弁 朝鮮総連への姿勢 椎名メモ後も不変/朴大統領狙撃事件
1974.10.19	03頁04段	朝刊	文世光、きょう判決 死刑確実/朴大統領狙撃事件
1974.10.19	09頁04段	夕刊	やっぱり死刑だった! 泣き伏す文の妻「一日でいい、会いたい」/朴狙撃事件
1974.10.20	01頁02段	朝刊	文世光、控訴手続き/朴韓国大統領狙撃事件
1974.10.20	03頁01段	朝刊	対ソ交渉促進指示 在樺太朝鮮人問題/韓国外務省
1974.10.20	03頁02段	朝刊	文世光裁判判決要旨/朴韓国大統領狙撃事件
1974.10.25	09頁02段	夕刊	国内捜査決着へ 共犯まで伸びるかは微妙
1974.11.04	07頁02段	朝刊	深川宗俊著「鎮魂の海峡」
1974.11.05	18頁01段	朝刊	金君に懲役12年判決 ソウル地裁
1974.11.05	01頁04段	夕刊	民団(東京本部)幹部ら逮捕 韓国、スパイ容疑で18人
1974.11.06	02頁01段	朝刊	[情報コーナー]スパイ事件で救援委声明
1974.11.06	04頁01段	朝刊	不明の前野党議員帰宅 韓国、CICが取り調べ

발행일	지면정보	간종별	목차
1975.02.03	06頁02段	朝刊	李恢成著「追放と自由」
1975.02.10	02頁04段	朝刊	「出入国法」提出断念 4度廃案 今国会も成立見込めず
1975.02.10	02頁04段	朝刊	「出入国法」提出断念 4度廃案 今国会も成立見込めず
1975.02.10	07頁01段	朝刊	[ニュース・アラカルト] 対話へ誘う「季刊・三千里」
1975.02.17	08頁02段	朝刊	金鶴泳著「石の道」
1975.02.18	03頁01段	朝刊	電気拷問で自白を強要 釈放学生語る/韓国
1975.02.18	06頁01段	夕刊	ザ・ピーナッツ引退
1975.02.20	04頁05段	朝刊	金芝河氏、本社記者と会見 早川、太刀川氏を厳しく批判 多くの青年 窮地に
1975.02.24	06頁01段	朝刊	[短評]「在日朝鮮人・その差別と処遇の実態」
1975.02.26	04頁01段	朝刊	民団東京副団長らの初公判開く
1975.02.27	02頁01段	朝刊	[情報コーナー]「韓国大学」を計画
1975.03.01	18頁04段	朝刊	「狼」「牙」の交互襲撃？
1975.03.12	18頁01段	朝刊	「韓国で死刑」また無実の訴え 在日韓国人
1975.03.17	08頁01段	夕刊	「父さん返して」街頭で訴え 「死刑」崔さん妻子
1975.03.18	01頁05段	夕刊	"海外での言動も処罰" 韓国与党が刑法改正案 在日韓国人も対象
1975.03.19	03頁02段	朝刊	"死刑判決の崔さんを救え" 宇都宮議員ら抗議の親子激励
1975.03.19	01頁01段	夕刊	日本での公権力行使認めぬ 韓国新立法で宮沢外相答弁
1975.03.19	22頁01段	朝刊	陳被告ら3人に死刑求刑 ソウル地検
1975.03.20	01頁04段	朝刊	海外言動処罰 韓国が単独採決 野党の知らない場所で
1975.03.20	03頁01段	朝刊	干渉にならぬ範囲で措置を検討 崔哲教氏問題
1975.03.21	03頁01段	朝刊	[情報コーナー] 韓国の刑法強行採決で声明
1975.03.21	03頁01段	朝刊	北朝鮮への輸銀、自主的処理 外務省筋表明
1975.03.21	05頁04段	朝刊	[社説] 韓国の刑法改正と日本の立場
1975.03.24	18頁05段	朝刊	「大須事件」に歳月の裁き 騒乱罪どう適用 27日 23年ぶり控訴審判決
1975.03.25	15頁03段	朝刊	北朝鮮体育代表来日へ 日朝交流促進へ10日間
1975.03.28	03頁04段	朝刊	「日韓司法共助協定」韓国申し入れ 是非論議は必至
1975.03.28	09頁04段	夕刊	工場密集地(板橋)で大火 隣接朝鮮人学校へ延焼/東京
1975.04.01	08頁04段	夕刊	民団前副団長に死刑 韓国、スパイ事件で
1975.04.03	04頁01段	朝刊	日韓司法協定はむずかしい 宮沢外相
1975.04.10	03頁04段	朝刊	韓国スピード死刑 各団体、一斉抗議
1975.04.11	09頁03段	夕刊	かとう哲也、また懲役 ピストル不法所持 名古屋地裁でも判決
1975.04.13	02頁01段	朝刊	[情報コーナー]「反朴」在日朝鮮人集会
1975.04.16	02頁01段	朝刊	[情報コーナー] 朝鮮総連中央常任委祝賀会
1975.04.17	02頁01段	朝刊	[情報コーナー] 金日成主席が在日子弟に送金
1975.04.20	04頁04段	朝刊	金大中氏が公開演説 李承晩打倒記念日 事件後初めて、教会で
1975.04.21	04頁02段	朝刊	カストロの機密筒抜け 米女性、CIAスパイ名のる
1975.04.22	18頁02段	朝刊	韓国のスパイ事件 学友の父が死刑になる! 高校自治会が助命運動/東京
1975.04.23	05頁02段	朝刊	[人間登場]「浜昼顔」で漫画大賞を受けた キリコ・タクさん

발행일	지면정보	간종별	목차
1975.04.24	02頁01段	朝刊	[情報コーナー] 末川氏ら韓国問題で要望書
1975.04.26	01頁04段	夕刊	日本帰化韓国人ら逮捕 韓国情報部、スパイ容疑
1975.05.05	03頁01段	朝刊	[情報コーナー] 朝鮮総連訪朝団が結団式
1975.05.14	02頁03段	夕刊	「改憲」の看板撤去通告 韓国緊急措置動き出す▽朝鮮総連が非難声明
1975.05.20	02頁03段	朝刊	金芝河氏救済を ハンスト代表首相へ要望書
1975.05.21	01頁05段	朝刊	朝鮮総連20年 外国代表入国認めず▽朝鮮総連が抗議/法務省
1975.05.22	03頁01段	朝刊	[情報コーナー] 社党、入国拒否抗議
1975.05.22	03頁04段	朝刊	韓国刺激避ける 北朝鮮向け政策 政府批判の声も/対韓外交
1975.05.22	07頁01段	朝刊	[ミニ解説] 朝鮮総連
1975.05.24	04頁01段	朝刊	[情報コーナー] 在日韓国学生同盟が声明
1975.05.24	04頁01段	朝刊	政治犯家族初の連絡会 在日韓国人
1975.05.24	06頁01段	朝刊	崔さんの判決は27日/韓国大法院
1975.05.24	06頁04段	朝刊	インドシナ以後の朝鮮 あくまで平和統一 韓徳銖総連議長に聞く
1975.05.24	02頁01段	夕刊	解放戦線入国拒否 北朝鮮紙が日本非難/朝鮮労働党機関紙
1975.05.26	02頁01段	朝刊	朝鮮総連が20周年大会
1975.05.26	03頁03段	夕刊	独白にこもる歴史 本ものの言葉は聞く人の人生を変える/松永伍一
1975.05.27	02頁01段	朝刊	[情報コーナー] 朝鮮総連20周年パーティー
1975.05.27	03頁02段	朝刊	スパイ容疑の在日韓国人 大法院きょう判決
1975.05.28	03頁04段	朝刊	崔さん死刑確定 韓国
1975.05.28	18頁02段	朝刊	「無実です」涙の夫人 崔さんの死刑判決 再審請求へ
1975.05.28	08頁03段	夕刊	"引き揚げ者の差別改善を"「追求する会」が直訴
1975.05.30	07頁02段	夕刊	日本、韓国、北朝鮮 合同スタッフで「異邦人の河」
1975.05.31	17頁03段	朝刊	青い目の町会長、スタンレーさん 晴れて日本に帰化
1975.06.03	07頁05段	夕刊	"完黙"浴田もゆらぐ 斎藤は"蒸発人間" 逮捕後夫の本名知った/過激派集団
1975.06.07	05頁02段	朝刊	[社説] 須丹礼アーネストさんのこと
1975.06.11	03頁04段	朝刊	衆院予算委の詳報 10日の論戦から 財政・物価▽安保・日韓▽外交・日中
1975.06.25	03頁01段	朝刊	[情報コーナー]「朝鮮戦争２５周年記念」集会
1975.06.26	03頁01段	朝刊	韓国民主回復会議も/シュレシンジャー発言
1975.07.06	05頁02段	朝刊	[人間登場] アンシー国際アニメーション映画祭で特別審査員賞 古川タクさん
1975.07.09	04頁01段	朝刊	伊東被告、容疑認める 北朝鮮事件初公判
1975.07.09	04頁01段	朝刊	在日韓国人上告棄却 スパイ容疑有罪確定/韓国大法院
1975.07.22	18頁01段	朝刊	スパイ罪 金被告に死刑求刑
1975.07.25	18頁02段	朝刊	留学生"スパイ" 柳被告に死刑
1975.07.26	07頁01段	夕刊	故きだ・みのる氏(作家、本名、山田吉彦)の告別式
1975.07.28	03頁01段	朝刊	[情報コーナー] 朝鮮戦争終結22周年大会
1975.07.28	06頁03段	朝刊	金達寿著「小説在日朝鮮人史」
1975.08.09	18頁03段	朝刊	"オープン管理"が裏目 「夜間受付」なかった

발행일	지면정보	간종별	목차
1975.08.10	04頁01段	朝刊	ソウルで追悼式
1975.08.12	11頁02段	朝刊	[人生案内] 遺産、日本で贈りたい 帰化した外国で未亡人に/鍛冶千鶴子
1975.08.15	03頁04段	朝刊	日米会談 朝鮮問題評価にズレ 宇都宮氏 成果踏まえ訪朝も
1975.08.15	06頁01段	夕刊	韓国、朝鮮人も集会
1975.08.16	03頁01段	朝刊	「共同声明」統一を阻害 朝鮮総連副議長
1975.08.23	06頁03段	夕刊	朝鮮人と日本人 東北地方朝鮮人強制連行真相調査の旅から/山田昭次
1975.09.01	02頁02段	夕刊	金氏に死刑を判決 民団長野県役員 ソウル地裁
1975.09.02	02頁01段	朝刊	[情報コーナー] 朝鮮総連が平和統一集会
1975.09.03	09頁01段	夕刊	右翼10人検挙 朝鮮総連に押しかけ/東京都千代田区
1975.09.04	22頁01段	朝刊	朝鮮総連が抗議談話 右翼襲撃で
1975.09.04	01頁04段	夕刊	総連議長ら再入国許可
1975.09.04	02頁01段	夕刊	総連が声明発表 再入国許可で
1975.09.05	03頁01段	朝刊	社党、総連通じ打開へ/松生丸事件
1975.09.05	03頁02段	朝刊	昨年度は700件超す 在日朝鮮人の再入国許可
1975.09.06	03頁02段	朝刊	朝鮮総連議長の再入国許可 事件解決前進望む 稲葉法相
1975.09.07	15頁03段	朝刊	"プロ野球選抜軍"来月訪韓を計画 在日韓国籍選手中心に
1975.09.08	03頁01段	朝刊	松生丸事件の円満解決に努力 総連議長、北朝鮮へ
1975.09.09	04頁01段	朝刊	朝鮮総連議長が演説
1975.09.10	03頁01段	朝刊	[情報コーナー] 「北朝鮮」建国記念パーティー
1975.09.10	03頁02段	朝刊	韓朝鮮総連議長一行と会見 金日成主席
1975.09.14	02頁01段	朝刊	[情報コーナー] 在日韓国学生が決起集会
1975.09.16	02頁03段	朝刊	日韓閣僚会議共同声明＝全文
1975.09.19	04頁01段	朝刊	民団幹部ら3人に死刑判決 スパイ容疑でソウル高裁
1975.09.22	09頁01段	朝刊	[ニュース・アラカルト] 朝鮮問題研究所が年報発刊
1975.09.22	09頁02段	朝刊	朴秀馥 郭貴勲 辛泳洙「被爆韓国人」
1975.09.25	10頁01段	夕刊	帰化日本人に死刑 ソウル地裁
1975.09.27	01頁04段	朝刊	[有事にっぽん] 安全保障シリーズ＝43 難民流入と邦人救出(連載)
1975.10.04	03頁03段	朝刊	松生丸の2人 月内にも帰国 総連代表再入国談
1975.10.06	01頁05段	朝刊	金日成主席、本社に回答書 安保条約は廃棄を 外交・内政6項目で見解 ▽解説
1975.10.06	03頁02段	朝刊	外国人登録法改正 通常国会へ 地方財政救済へ再び浮上
1975.10.11	02頁01段	朝刊	総連元第1副議長 金炳植氏姿見せる
1975.10.17	05頁01段	朝刊	[気流] なんとか根絶しようセイタカアワダチ草
1975.10.24	01頁04段	夕刊	帰化の韓国人死刑判決 政府、救済へ接触中 衆院予算委外相答弁
1975.10.24	11頁01段	夕刊	花柳啓之さん(本名・三宅勇＝舞踊家、日舞花柳流理事)死去
1975.10.24	17頁01段	朝刊	ロッテ、ソウル入り 在日韓国人選抜チームも
1975.10.31	02頁01段	朝刊	「画期的」と朝鮮総連
1975.10.31	05頁02段	朝刊	[気流] 日本の自然を破壊するセイタカアワダチソウ 掃討作戦を展開しよう

발행일	지면정보	간종별	목차
1975.11.06	23頁04段	朝刊	金嬉老の「無期」確定 上告棄却
1975.11.07	01頁02段	夕刊	松生丸の2人 11日に帰国
1975.11.16	02頁01段	朝刊	「松生丸不侵犯」の発言は中傷 総連が声明
1975.11.22	22頁01段	朝刊	ゴンクール賞辞退声明
1975.11.22	01頁04段	夕刊	在日韓国人12人含む 学園スパイ摘発 "留学生に仕立て潜入" KCIA
1975.11.23	04頁01段	朝刊	学園スパイは陰謀 反朴派が抗議
1975.11.24	09頁01段	朝刊	[短評]「収容所群島のアメリカ人」
1975.11.24	15頁01段	朝刊	優勝力士の略歴
1975.11.29	02頁01段	夕刊	在日韓国人が大使館に自首 留学生スパイ
1975.12.02	04頁04段	朝刊	韓国学生裁判 審理ぬき判決か
1975.12.13	10頁01段	夕刊	報復以外の何ものでもない 救出委、怒りの抗議声明
1975.12.15	09頁02段	朝刊	姜徳相著「関東大震災」
1975.12.16	05頁01段	朝刊	[気流] 故郷の土踏まずに逝く家族
1975.12.28	02頁02段	朝刊	不法残留の在日韓国人 送還、強硬通告へ 法務省
1976.01.10	02頁03段	夕刊	金氏、高裁でも死刑 韓国スパイ事件
1976.01.25	04頁02段	朝刊	「北」系在日者の韓国"里帰り" 旧正月に2500人
1976.01.26	01頁02段	朝刊	"石油"背景に自信示す 解説
1976.01.29	04頁04段	朝刊	上告棄却の尹さん スウェーデンに政治亡命求める
1976.02.01	02頁01段	朝刊	在日韓国人2氏の助命要請 衆院予算委
1976.02.05	05頁01段	朝刊	[気流] 陳・崔さんの助命 政府の約束を見守ろう
1976.02.06	03頁02段	朝刊	在日朝鮮人の韓国里帰り終了
1976.02.07	04頁01段	朝刊	伊東氏死刑免れ無期懲役の判決 ソウル高裁
1976.02.11	04頁01段	朝刊	陳斗鉉氏死刑確定 韓国大法院
1976.02.21	05頁01段	朝刊	[気流] 陳氏の再審と助命に署名を
1976.02.21	05頁01段	朝刊	[気流] チョゴリ姿はお断りとは
1976.02.22	05頁02段	朝刊	[気流・日曜の広場] 私の主張・私の意見 在日朝鮮人の願い 海外旅行を自由に
1976.02.24	02頁01段	夕刊	犯人降伏、人質は無事 ベイルートの大使館占拠
1976.02.27	17頁01段	朝刊	柳「八百長」のうわさ 輪島戦で韓国紙報道
1976.03.03	04頁01段	朝刊	在日韓国人留学生ら初公判
1976.03.04	04頁01段	朝刊	民主救国宣言の支持声明 朝鮮総連議長
1976.03.12	04頁01段	朝刊	朝鮮総連が抗議声明/救国宣言事件
1976.03.17	05頁02段	朝刊	[気流] 日本の支援 韓国を救い友好を深める
1976.03.18	02頁04段	夕刊	金大中氏誘かい犯人 米、KCIAと断定 元国務省韓国部長証言
1976.03.23	07頁04段	夕刊	"年はとってもまだまだ…"浪曲の木村松太郎復活 好きな競馬も断って
1976.03.28	03頁01段	朝刊	[情報コーナー] 金大中氏起訴で朝鮮総連声明
1976.03.31	04頁02段	朝刊	"北側の宣伝は迷惑" 救国宣言事件 家族が抗議/韓国
1976.04.01	03頁01段	朝刊	[情報コーナー] 年賀はがき寄付金の配分▽韓国民団、新役員選出
1976.04.04	07頁02段	朝刊	[世界の論調]「新移民」パワーと米の困惑

발행일	지면정보	간종별	목차
1976.04.05	09頁02段	朝刊	鄭敬謨著「韓国民衆と日本」
1976.04.06	02頁03段	朝刊	夫の死刑は刻々と 陳、崔両夫人重ねて政府に訴え
1976.04.07	04頁04段	朝刊	李君に懲役15年求刑 韓国 在日学生の反共法事件
1976.04.14	04頁03段	朝刊	在日韓国人2人に死刑 学園スパイ事件で求刑 ソウル地裁
1976.04.14	05頁02段	夕刊	[手帳] シェリング3度目の来日 メキシコへの帰化 "避難民受け入れに感動"
1976.04.19	03頁02段	朝刊	南北統一めざして 在日朝鮮人学生が集会
1976.04.19	08頁03段	朝刊	我々が忍んだもの 彼らに忍ばせた罪 日韓関係洗い直す本/佐竹明
1976.04.24	04頁01段	朝刊	国際ペンが救援金
1976.04.28	04頁01段	朝刊	金達男被告の死刑確定 在日韓国人スパイ事件
1976.04.28	04頁01段	朝刊	[海外短信] ラオス、タイへ友好メッセージ▽韓国、学生グループ判決延期
1976.04.28	13頁03段	夕刊	韓国から密航の"黒幕" 現職市議を逮捕 奈良・桜井市/山口県・下関署
1976.04.30	10頁01段	夕刊	金五子さんに死刑判決 韓国、破壊工作で/ソウル地裁
1976.05.01	15頁05段	朝刊	日本、団体で初の無冠 アジア卓球決勝リーグ=訂正・2日付朝刊14面
1976.05.01	18頁02段	朝刊	白玉光氏も死刑判決 韓国の学園スパイ事件
1976.05.02	02頁01段	朝刊	留学生の金氏に死刑の求刑 ソウル地検
1976.05.08	04頁01段	朝刊	ソウル大生に懲役3年6月 韓国留学生スパイ事件
1976.05.11	13頁04段	朝刊	ニットのファッション 韓国の民族衣装巧みに生かして
1976.05.15	04頁02段	朝刊	また死刑判決 在日韓国人スパイ事件
1976.05.19	04頁01段	朝刊	在日韓国人逮捕者更に多数 留学生スパイ事件
1976.05.21	04頁01段	朝刊	ソウル外人記者クラブも抗議 取材妨害で
1976.05.24	09頁02段	朝刊	「わが民族」金達寿評論集下
1976.05.25	02頁01段	夕刊	李哲君に死刑判決
1976.05.30	16頁01段	朝刊	日本、1勝1敗に 韓国遠征バスケット
1976.06.06	16頁01段	朝刊	ハンドボール日韓学生交流大会
1976.06.07	16頁01段	朝刊	ハンドボール日韓学生国際親善競技会
1976.06.10	04頁03段	朝刊	南北相互墓参を 韓国赤十字が提案 北朝鮮は否定的
1976.06.18	04頁01段	朝刊	在日留学生にまた実刑判決 ソウル地裁/韓国、韓国人留学生スパイ事件
1976.06.20	03頁01段	朝刊	[情報コーナー] 北朝鮮が「入管白書」非難
1976.06.21	03頁01段	朝刊	在日韓国人政治犯を支援
1976.06.23	06頁01段	朝刊	死刑の求刑さらに1人 ソウル地裁、在日韓国人に
1976.06.26	22頁02段	朝刊	暴力団かばい法務局ヘウソ "黒い交際"署長、帰化申請で/兵庫県警
1976.06.29	23頁04段	朝刊	元署長と元組長を逮捕 "警察汚職"ついに強制捜査/黒い交際
1976.07.04	02頁01段	朝刊	民団が統一呼びかけ 総連へ公開書簡
1976.07.04	02頁01段	朝刊	朝鮮総連主催パーティー
1976.07.04	02頁01段	朝刊	民団が統一呼びかけ 総連へ公開書簡
1976.07.08	04頁01段	朝刊	韓国、留学生にまた死刑判決
1976.07.10	03頁01段	朝刊	日米防衛小委設置を非難 朝鮮総連談話▽タス通信も非難

발행일	지면정보	간종별	목차
1976.07.17	17頁01段	朝刊	[やぐら太鼓] 大関復帰 新制度で初 昭和4人目
1976.07.17	22頁02段	朝刊	北朝鮮から芸術使節 調査団が本社訪問/読売新聞社
1976.07.19	08頁02段	朝刊	[本と人]「李朝の通信使」を書いた李進熙さん 江戸時代の日朝交流
1976.08.05	03頁01段	朝刊	[情報コーナー] 朝総連、金大中氏求刑で声明
1976.08.06	03頁01段	朝刊	原水禁も8000人参加、世界大会
1976.08.06	02頁03段	夕刊	原水禁国際会議 広島大会終わる 核兵器根絶など決議 原水協
1976.08.11	04頁02段	朝刊	韓国－北朝鮮徒歩行進 受け入れ用意 大韓赤十字総裁談
1976.08.15	03頁01段	朝刊	[情報コーナー] 朝鮮半島縦断へ準備代表団
1976.08.19	24頁02段	朝刊	[豆鉄砲]いい子すぎた若者たち「君はどう考える」
1976.08.25	08頁01段	夕刊	[訂正] ソウル高裁のスパイ控訴審の見出し＝25日付朝刊22面
1976.08.25	22頁01段	朝刊	白玉光氏に懲役15年求刑 スパイ控訴審でソウル高裁＝訂正25日夕刊
1976.08.26	16頁04段	朝刊	金剛、引退を決意 成績不振 肝臓悪い
1976.08.26	10頁01段	夕刊	金五子さんに無期 韓国「学園スパイ事件」
1976.09.01	04頁01段	朝刊	"極刑当然"と白被告の控訴棄却 ソウル高裁
1976.09.01	04頁01段	朝刊	金被告にも死刑求刑 控訴審で検察側
1976.09.02	16頁02段	朝刊	金剛が引退届 二所ノ関襲名へ
1976.09.15	22頁01段	朝刊	金哲顕氏死刑 留学生スパイ裁判控訴棄却
1976.09.18	09頁01段	夕刊	ぬやまひろし氏(本名・西沢隆二、詩人)死去
1976.09.20	09頁02段	朝刊	朴慶植著「天皇制国家と在日朝鮮人」
1976.09.22	02頁01段	朝刊	"魚塘氏誘かい"で申し入れ 韓国次官、西山大使に
1976.09.29	04頁01段	朝刊	李東石被告に10年求刑
1976.10.01	04頁01段	朝刊	[海外短信] 在日朝鮮人に教育費
1976.10.01	07頁02段	夕刊	柿の季節/土屋文明
1976.10.13	04頁01段	朝刊	李東石被告に懲役5年 ソウル高裁
1976.10.22	04頁01段	朝刊	趙氏に15年を求刑
1976.10.23	04頁01段	朝刊	[海外短信] 梁南国被告の控訴棄却
1976.10.25	01頁04段	朝刊	[総選挙に走る]＝5 革新首座の光と影 悲願の1区3議席(連載)
1976.10.29	04頁01段	朝刊	李哲君に死刑求刑 留学生スパイ事件
1976.11.09	04頁01段	朝刊	康君に死刑求刑 韓国留学生スパイ事件
1976.11.11	22頁01段	朝刊	李さん判決前に抗議のハンスト 韓国スパイ事件
1976.11.13	02頁05段	朝刊	朝鮮総連 日本に抗議の特別声明 在韓米軍の継続要請 南北対立を助長する
1976.11.14	02頁01段	朝刊	在韓米軍の継続要請へ抗議 韓民統など
1976.11.14	05頁01段	朝刊	[気流・日曜の広場] 韓国人に望む真の日本理解
1976.11.17	02頁01段	朝刊	日本政府批判の決議 在日朝鮮人大会
1976.11.17	04頁01段	朝刊	高裁も死刑 韓国留学の康君
1976.11.18	02頁01段	夕刊	李哲氏の控訴審も死刑判決
1976.11.21	03頁01段	朝刊	白氏救う会ハンスト 韓国反共法事件訴え
1976.11.24	05頁02段	朝刊	[人間登場]「北の宿から」で第7回日本歌謡大賞を受けた 都はるみさん

발행일	지면정보	간종별	목차
1976.12.01	22頁01段	朝刊	在日外人に法曹の道 日弁連らが運動
1976.12.03	02頁00段	朝刊	司法修習生不採用で最高裁長官らに書簡 人権擁護韓国連盟
1976.12.04	05頁02段	朝刊	[社説] 人権週間に当たって思うこと
1976.12.15	04頁04段	朝刊	白氏の死刑確定 在日韓国人"スパイ事件"
1976.12.24	19頁02段	朝刊	デン助死す 涙と笑い…63年の生涯
1976.12.27	01頁05段	夕刊	韓国、帰化3邦人を釈放 福田政権に配慮 スパイで服役中 日本側の要請のむ
1976.12.28	01頁03段	朝刊	韓国釈放 3氏帰る スパイ容疑「国内法知らなかった」
1976.12.28	02頁01段	朝刊	韓国釈放で歓迎の談話 社党
1976.12.28	05頁04段	朝刊	留学生スパイ 民主救国事件 特赦、望み薄 韓国3邦人釈放は特殊ケース
1976.12.29	05頁01段	朝刊	在日韓国人学生の死刑確定
1976.12.30	03頁01段	朝刊	アムネスティ声明▽キリスト者会議声明▽朝鮮総連声明
1977.01.04	02頁01段	朝刊	統一実現へ全力を 金主席、朝鮮総連に電報
1977.01.17	09頁02段	朝刊	朴慶植著「朝鮮三・一独立運動」
1977.01.22	20頁04段	朝刊	ヒバリになって学校に行きたい 収容所から向学の叫び "密入国"の韓国青年
1977.01.30	03頁01段	朝刊	南北統一へ活動を強化 朝鮮総連議長
1977.01.30	04頁05段	朝刊	朝鮮半島に新たな胎動 実結ぶか「不可侵協定」「協商会議」▽北の呼びかけ郵送
1977.02.01	03頁01段	朝刊	[情報コーナー] 民団、政治協商会議で談話
1977.02.05	03頁01段	夕刊	[世界の裏窓] 行列 タイ 帰化望んで待つ日本人
1977.02.08	02頁01段	朝刊	在日韓国人政治犯で質問状 支援組織が各党派へ
1977.02.16	01頁00段	朝刊	[広告]朝鮮人慰安婦と日本人 系図綱要/新人物往来社
1977.02.17	02頁04段	朝刊	日韓議連 本音ぼかした共同声明 "ゆ着"批判に配慮
1977.02.18	01頁05段	朝刊	北東アの急変招くな 日韓外相会談で一致 閣僚会議は9月開催へ
1977.02.24	01頁04段	朝刊	抗争克服を暗示か/北朝鮮後継者問題
1977.02.24	01頁06段	朝刊	北朝鮮後継者に金正一氏 金日成主席の子息36歳 党政治委が推挙 総連で報告
1977.02.24	04頁02段	朝刊	総連の報告要旨/北朝鮮後継者問題
1977.03.02	04頁02段	朝刊	"後継"キム氏に容疑 FBIが捜査へ/米韓汚職
1977.03.03	03頁01段	朝刊	[情報コーナー] 大村の収容者釈放を朝鮮総連要望
1977.03.04	05頁02段	朝刊	[社説] なくしたい司法修習の国籍制限
1977.03.09	03頁01段	朝刊	「救う会」が抗議声明/在日韓国人スパイ事件
1977.03.09	03頁01段	朝刊	金さんの司法修習生採用を 民団、最高裁に訴え
1977.03.09	03頁04段	朝刊	李哲氏の死刑確定 在日韓国人スパイ事件 「新証拠」認められず
1977.03.16	04頁04段	朝刊	康さんも死刑確定 李哲さんに次ぎ3人目 韓国留学生
1977.03.24	01頁03段	朝刊	韓国籍金さん採用 司法修習生 最高裁が要項変更
1977.03.24	22頁04段	朝刊	法曹の道…開いた春 司法修習生へ金さん 壁越えて友好に努力
1977.03.25	04頁01段	朝刊	朝鮮総連が非難声明
1977.03.25	04頁01段	朝刊	在日韓国人実業家スパイ容疑で逮捕

발행일	지면정보	간종별	목차
1977.03.28	02頁01段	夕刊	人権外交などをただす 参院予算委
1977.04.01	03頁03段	朝刊	米韓問題会議 法務省が再入国拒否 在日韓国人8人出席不能
1977.04.01	22頁01段	朝刊	金さん、司法修習生に採用
1977.04.02	02頁02段	朝刊	韓国政府陳情あった 8韓国人の再入国拒否 外相答弁
1977.04.05	04頁01段	朝刊	金さんら致で日本に善処要望 韓国外務次官補
1977.04.11	09頁02段	朝刊	「風の慟哭 在日朝鮮人女工の生活と歴史」
1977.04.12	03頁01段	朝刊	[情報コーナー] 金大中氏への医師団派遣要請
1977.04.13	08頁02段	夕刊	あおい輝彦さんけんか 相手の女性も書類送検
1977.04.16	03頁01段	朝刊	[情報コーナー] 東京で金主席生誕記念宴
1977.04.20	02頁01段	朝刊	北朝鮮の日本人妻、安否照会 外相、家族に約束
1977.04.28	04頁01段	朝刊	総連代表が演説 最高人民会議
1977.04.28	22頁02段	朝刊	北朝鮮 工作員が自首
1977.04.29	22頁01段	朝刊	宮本氏「泥の河」に太宰賞
1977.06.04	04頁02段	朝刊	姜氏に死刑求刑 ソウル地裁
1977.06.04	22頁03段	朝刊	"帰化"元日本兵か ミンドロ島で発見
1977.06.08	17頁02段	朝刊	わがまま外人を契約解除 ブレッド(大洋)無断帰国
1977.06.09	02頁03段	夕刊	左右の行動、過激化 福田法相「厳戒」を訓示 公安調査局長会議
1977.06.15	20頁01段	朝刊	民家専門にドロ 100件、500万円/警視庁
1977.06.15	22頁04段	朝刊	12年間掛けさせて 国民年金「韓国籍でダメ」在日韓国人、納得出来ぬと訴え
1977.06.25	04頁01段	朝刊	姜氏に死刑判決
1977.06.25	05頁01段	朝刊	[気流] 年金の国籍差別除け
1977.06.25	01頁02段	夕刊	白哲鉉氏は不参加？/金炯旭・米議会証言
1977.07.20	01頁04段	朝刊	200カイリの議連予備交渉団 北朝鮮が入国断る/日朝友好議員連盟
1977.07.23	02頁04段	朝刊	在日韓国人も聴取 3人が金大中事件熟知 米下院委要請
1977.07.23	01頁02段	夕刊	在日韓国人3人、再入国認めぬ 「KCIA」米下院証言で 政府
1977.07.24	02頁02段	朝刊	韓日ゆ着自ら証明 在日韓国人の証言問題 「韓民統」が政府非難
1977.07.24	07頁03段	朝刊	在日韓国人の再入国拒否 米議会出席「KCIA証言に圧力」との批判も
1977.07.24	07頁05段	朝刊	「北方領土」視察と施策のズレ 注目する成果なく… "慣習化"住民は政治不信
1977.07.26	03頁03段	朝刊	被爆者援護法急げ 日弁連が調査、提言 不利な認定制も廃止を
1977.07.27	02頁02段	朝刊	米議会証言の韓国人に招請状 「再入国不許可」は不変 官房長官
1977.07.30	03頁01段	朝刊	北朝鮮は参加せず 原水禁統一大会
1977.08.02	02頁01段	朝刊	革新市長会に北朝鮮から招請
1977.08.05	04頁01段	朝刊	白被告の「再審」却下/在日韓国人留学生スパイ事件
1977.08.06	01頁00段	夕刊	核廃絶の声世界に ヒロシマ被爆33回忌 国連代表初参加/原爆死没者慰霊式
1977.08.07	03頁01段	朝刊	北朝鮮被爆者に入国の便も/藤田正明総務長官
1977.08.09	13頁02段	朝刊	金達寿著「わがアリランの歌」
1977.08.11	02頁02段	夕刊	在日韓国人の証言 実現へ手続き 社党訪米団に米側語る

발행일	지면정보	간종별	목차
1977.08.13	08頁01段	夕刊	"反朴集会"に乱入、74人検挙
1977.09.09	03頁01段	朝刊	韓国、更に4人逮捕 政治犯釈放大会で訴え
1977.09.20	04頁01段	朝刊	在日韓国人4人の公判開く スパイ容疑でソウル地裁
1977.09.20	04頁02段	朝刊	在日韓国人の人権キャンペーン 国際アムネスティ緊急決議/西独ボン
1977.09.22	02頁01段	朝刊	"在日韓国人3人に近く訪米要請" 民社訪米団帰国
1977.09.26	02頁01段	夕刊	朝鮮総連大会開く
1977.09.29	05頁02段	朝刊	[気流] 韓国被爆者の救済措置真剣に
1977.10.03	09頁02段	朝刊	吉留路樹著「大村朝鮮人収容所」
1977.10.08	01頁06段	朝刊	米側すでに極秘聴取 KCIA不法活動 在日韓国人3人から 金大中事件も追及
1977.10.08	02頁03段	朝刊	韓国問題への熱意 フレーザー委日本国内調査
1977.10.09	01頁01段	朝刊	「情報収集」で聴取を許可 官房長官/米フレーザー委在日韓国人事情聴取問題
1977.10.09	01頁05段	朝刊	「金炯旭証言90％正しい」 米側聴取に在日韓国人
1977.10.09	07頁04段	朝刊	在日韓国人の米側極秘聴取 日本、苦しい対応ぶり 顔立て外交は限界
1977.10.18	11頁04段	夕刊	覚せい剤6億円 韓国の女2人逮捕＝訂正19日付朝刊23面
1977.10.21	07頁04段	朝刊	「日韓」怪しくなった派米調査 自民から異論続出 予算委"安うけ合い"こじれ
1977.10.23	04頁01段	朝刊	柳被告に死刑求刑 ソウル地裁
1977.10.30	02頁01段	朝刊	韓民統は反国家団体 ソウルで判決
1977.11.04	03頁01段	朝刊	姜被告への死刑支持判決 ソウル高裁
1977.11.06	02頁03段	朝刊	外交づく新自ク 南北朝鮮訪問 政策の幅拡大
1977.11.06	05頁01段	朝刊	[気流・日曜の広場] 今週のテーマ 国が違えば… 違い考えたことない
1977.11.10	02頁01段	朝刊	朝鮮総連議長らの再入国申請を拒否 入国管理局
1977.11.11	01頁03段	夕刊	[顔＝547 金達寿＝作家 帰化人文化こそルーツ(連載)
1977.11.12	04頁01段	朝刊	[海外短信] 北朝鮮選挙、投票率100％
1977.11.12	04頁02段	朝刊	勝利の日まで戦う ソウル大の救国宣言文
1977.11.13	04頁04段	朝刊	韓国の学生デモ 統一行動の前兆か 民主勢力が支援声明
1977.11.13	05頁03段	朝刊	[気流・日曜の広場] 私の主張 司法試験に挑む在日朝鮮人から
1977.11.17	03頁01段	朝刊	[情報コーナー] 無実の韓国留学生釈放訴え
1977.11.18	23頁01段	朝刊	覚せい剤2人逮捕/横浜税関
1977.11.24	02頁01段	夕刊	韓議長らの再入国申請拒否 法務省
1977.12.03	20頁03段	朝刊	樺太裁判 故郷に帰して! 大戦中、朝鮮半島から樺太に強制連行＝見開き
1977.12.04	03頁04段	朝刊	米フレーザー委調査団 趙氏(在日反朴組織代表)ら再度聴取へ
1977.12.07	04頁01段	朝刊	米の在日韓国人聴取で硬化 韓国、調査指示
1977.12.07	04頁01段	朝刊	金正一氏の写真が民家に 社党訪朝団が目撃
1977.12.09	10頁02段	夕刊	日韓親和会ひっそり幕 かけ橋の大任はたし
1977.12.10	09頁03段	夕刊	日本の民族差別 何事も「国籍」の壁/田中宏
1977.12.15	07頁02段	夕刊	[近況] 李恢成さん 人間らしく生きるために長編「見果てぬ夢」と対決

발행일	지면정보	간종별	목차
1977.12.19	01頁05段	朝刊	金大中氏"病気釈放"へ 「週内に病院移送」 東亜放送報道 韓国
1977.12.30	04頁02段	朝刊	[気流] 文化国家を笑う人種偏見 朝鮮初中等学校の移転拒む小平市
1978.01.06	07頁02段	夕刊	朝のテレビ小説のヒロイン 「おていちゃん」友里 「夫婦ようそろ」山本
1978.01.08	03頁01段	朝刊	[情報コーナー] 北朝鮮、在日者に教育援助
1978.01.26	05頁01段	朝刊	[気流・そうはいっても] 小平市の朝鮮初中等学校建設めぐり
1978.01.27	03頁01段	朝刊	[情報コーナー] 在日韓国人の助命嘆願書
1978.02.19	04頁04段	朝刊	スパイ容疑の在日韓国人 死刑確定後に釈放
1978.03.04	02頁01段	朝刊	「準日本人扱い」で3大臣合意 サハリン・朝鮮人引き揚げ者
1978.03.10	04頁01段	朝刊	[海外短信] 在日韓国人留学生に減刑判決
1978.04.01	03頁01段	朝刊	生活保護、外人に権利ない 東京地裁判決
1978.04.02	27頁01段	朝刊	本名と芸名
1978.04.04	22頁02段	朝刊	何と18歳、高卒女性が当選 若返りますます…群像新人賞
1978.04.11	03頁02段	朝刊	金正一氏の文書類回収 重体説裏付けか 治安筋情報
1978.04.24	08頁01段	夕刊	日本人になりすまし旅券取得 韓国人らご用
1978.04.30	23頁05段	朝刊	下山事件ナゾの吉田発言 「一朝鮮人の犯行だ」 1951年米外交秘密文書
1978.05.02	08頁01段	夕刊	高校生同士が駅で大乱闘 朝の津田沼
1978.05.19	02頁01段	朝刊	社党訪朝で談話 韓国居留民団
1978.05.20	03頁02段	朝刊	軍縮総会参加後の再入国を許可 被爆在日朝鮮人に法務省
1978.05.27	02頁02段	夕刊	徐さん 韓国留学生 保安処分 刑期満了、釈放されず/韓国法務省
1978.05.28	02頁01段	朝刊	徐さん再拘置に抗議のデモ 国内救援組織/韓国
1978.05.29	03頁01段	朝刊	徐さんの身柄拘束で抗議へ アムネスティ支部
1978.05.29	03頁01段	朝刊	北朝鮮も処分非難/在日韓国人留学生身柄拘束
1978.06.03	02頁01段	朝刊	再入国問題で法相に要請 韓民統代表
1978.06.14	04頁01段	朝刊	韓国人留学生の上告を棄却
1978.06.16	02頁04段	朝刊	宇都宮氏、9月に訪朝 矢次氏(日韓協力委理事)も同道へ
1979.06.25	09頁02段	朝刊	李恢成著「魂が呼ぶ荒野」
1978.06.27	04頁02段	朝刊	ソウル小競り合い 予告デモ/韓国
1978.06.28	04頁01段	朝刊	神父ら72人を拘留 ソウル大集会
1978.07.07	04頁01段	朝刊	朴再選に抗議声明 韓民統など在日8団体
1979.07.18	04頁02段	朝刊	[人間登場] 原爆災害記録の"決定版"をまとめた 今堀誠二さん
1978.07.30	04頁03段	朝刊	[焦点・盲点] 韓国の「海底遺物」日本へ？ 新安沖で発掘、厳重管理のはずが…
1978.08.08	23頁01段	朝刊	在日韓国人らが声明/金大中事件
1978.08.10	03頁02段	朝刊	原状回復申し入れ 金大中氏擁護8・8集会代表ら
1978.08.10	04頁04段	朝刊	"民族のルツボ"カザフ ロシア人は補佐役の地位
1978.08.13	13頁03段	朝刊	[赤でんわ] 祖国統一の願いもむなしく逝った老父母哀れ
1978.09.14	05頁01段	朝刊	[気流] 胸張っていう「私は朝鮮人」
1978.09.29	04頁02段	朝刊	華主席の本名は「蘇鋳」香港誌報道 夫人、韓芝俊女史
1978.09.29	05頁01段	朝刊	[気流] 民族的偏見に胸張って勝て

발행일	지면정보	간종별	목차
1978.09.29	05頁01段	朝刊	[気流] 勇気なかった私も声援
1978.10.09	09頁02段	朝刊	金鶴泳著「鑿」
1978.10.20	22頁01段	朝刊	崔さんにスイスが入国許可
1978.10.31	23頁03段	朝刊	韓国籍の男手配 成田 初の麻薬密輸ルート/千葉県警察本部
1978.11.14	02頁01段	朝刊	朝鮮総連が抗議声明 「統一会議」入国拒否
1978.11.18	24頁01段	朝刊	[放送塔] 底辺広い韓国の舞踊
1978.11.20	08頁02段	朝刊	[フラッシュ] 4年たっても"遠い隣国"
1978.11.26	02頁03段	朝刊	朝鮮統一 世界会議あす開幕▽民団が反対声明
1978.11.27	02頁01段	朝刊	朝鮮会議開催に抗議のハンスト 在日韓国青年会
1978.11.27	17頁01段	朝刊	殊勲 麒麟児 敢闘 黒姫山 技能 青葉山/大相撲九州場所
1978.11.29	02頁01段	朝刊	日本代表、分科会で政府批判 朝鮮統一大会
1978.11.29	22頁04段	朝刊	身障児教育に差別手引 文部省編集 みにくい、異常、ひがむ 八代議員が追及
1978.11.29	11頁01段	夕刊	竜村平蔵氏(2代目平蔵、本名謙、竜村平蔵織物美術研究所代表取締役)死去
1978.12.23	22頁06段	朝刊	金氏釈放とにかくよかった 捜査前進へ期待「自由の質」へ熱い視線
1979.01.06	03頁04段	朝刊	戦争遺族に"お年玉" 訪中慰霊団に予算 夏には惨劇の旧満州へ
1979.01.12	09頁01段	夕刊	日本のなかの朝鮮文化 好評のうちに40号記念号
1979.01.24	07頁01段	朝刊	朝鮮総連が談話/南北対話
1979.01.29	17頁02段	朝刊	新人のキャロルが大活躍 近く帰化、母親の姓に
1979.02.06	02頁01段	朝刊	解決促進申し入れ 自民特別委 北方領土問題
1979.02.12	10頁01段	朝刊	[新刊情報] 李珍宇の全書簡集
1979.02.22	17頁01段	朝刊	「南北統一卓球チームを支持」在日朝鮮人体育連合会
1979.02.24	03頁01段	朝刊	[情報コーナー] 米韓訓練に朝鮮総連反対声明
1979.02.28	04頁02段	朝刊	[人間登場]「江戸時代の朝鮮通信使」を記録映画にした 辛基秀さん
1979.03.05	16頁05段	朝刊	新生日本、会心の"第一歩" 4年ぶり最強韓国破る 日韓定期サッカー
1979.04.16	02頁01段	朝刊	在日朝鮮人に5億円 金日成主席、教育費送る
1979.04.16	05頁02段	朝刊	[気流・私の主張] 誇りを持って私は韓国人 高校は「朴浩美」で通す
1979.04.30	02頁01段	朝刊	広島県朝鮮人被爆2世協を結成
1979.06.01	04頁01段	朝刊	[気流] 台湾の出身者に国籍を与えよう
1979.06.02	22頁02段	朝刊	審査会も受給認めず 韓国人の国民年金 12年も払ったのに
1979.06.16	10頁01段	夕刊	呉清源9段 日本へ帰化
1979.06.17	16頁02段	朝刊	日本、韓国に完敗 サッカー定期戦
1979.06.25	09頁02段	朝刊	李恢成著「魂が呼ぶ荒野」
1979.06.27	05頁03段	朝刊	[世界の論調] 北大東島悲劇が語る韓国医療のひずみ
1979.06.28	02頁01段	朝刊	在韓米軍、即時撤退を 朝鮮総連が声明
1979.07.16	23頁03段	朝刊	高見山、日本に帰化へ 引退後も年寄で弟子養成
1979.07.17	05頁01段	朝刊	[ミニ解説] 帰化
1979.07.17	07頁02段	朝刊	政治犯80人釈放へ 韓国 過去2年で最大

発行日	紙面情報	刊種別	目次
1979.07.21	23頁02段	朝刊	かけた国民年金払え 68歳の在日韓国人が訴訟
1979.08.07	03頁04段	朝刊	在韓被爆者の渡日治療 韓国側と折衝中 厚相が表明
1979.08.07	12頁02段	朝刊	[フラッシュ] 朝鮮人被爆者の声
1979.08.08	02頁01段	朝刊	在日韓国人団体も要求/金大中事件・政治決着撤回
1979.08.10	20頁04段	朝刊	今秋、34年遅れの卒業式 終戦で閉鎖の中国・青島学院の最終学年生
1979.08.15	01頁03段	夕刊	在日韓国人8人も 韓国の政治犯釈放 金・前北大助手など
1979.08.16	02頁03段	朝刊	釈放の在日韓国人"政治犯" 再入国応じる方針
1979.08.18	02頁04段	朝刊	仮釈放の在日韓国人8人 日本帰国、認める 韓国
1979.08.23	05頁06段	朝刊	不信消えぬ日朝貿易未払い 合意は"痛み分け" 西側諸国にも大きな借り
1979.08.24	23頁01段	朝刊	山崎光洋氏(本名・忠作、陶芸家、京都伝統陶芸家協会幹事)死去
1979.09.01	03頁02段	朝刊	在日韓国人作家・鄭氏 再入国許可訴える 国連会議へ出席できず
1979.09.08	05頁02段	朝刊	[世界の論調] 韓国が酷評するランラン騒ぎ
1979.10.01	05頁02段	朝刊	[ぷろむなーど] 李恩周さん 韓国の文化もぜひ知って！
1979.10.18	02頁01段	朝刊	侵犯の韓国船長逮捕
1979.10.19	22頁01段	朝刊	ノーベル文学賞はギリシャの詩人
1979.10.27	03頁01段	朝刊	「朝鮮人被爆者調査団」を結成
1979.10.27	03頁04段	夕刊	経済再建と公約違反 夫人も凶弾に 悲劇の大統領 政敵多かった/朴大統領射殺
1979.10.27	04頁02段	夕刊	日本と親密だった朴大統領/射殺事件
1979.10.27	10頁03段	夕刊	応対に職員大わらわ 電話たびたびきれる 金大中氏宅/朴大統領射殺事件
1979.10.28	23頁05段	朝刊	両刃の「KCIA」 大統領も倒した"情報怪物" "黒い土壌"権力巨大化
1979.11.04	22頁01段	朝刊	民団でも朴大統領の葬儀
1979.11.26	08頁03段	朝刊	多様な相貌見せる 在日朝鮮人文学 日本文学にない活力
1979.12.04	07頁01段	朝刊	在日韓国人の政治犯日本へ
1979.12.11	22頁01段	朝刊	韓国で釈放の8人帰国
1979.12.13	03頁01段	朝刊	韓国政治犯釈放へ日本政府が要請を 救援の会が申し入れ
1980.01.07	03頁03段	夕刊	[異国に住めば] ソ連 懐かし、日本語話す外国人
1980.01.08	22頁01段	朝刊	崔哲敦さんの妻ら国連へ
1980.01.12	22頁02段	朝刊	兄妹と涙の対面 "大陸の孤児"35年ぶり 「天平の甍」ロケが縁結び
1980.01.22	17頁01段	朝刊	在日朝鮮人2人が、祖国代表 サッカー五輪予選
1980.01.26	10頁02段	夕刊	国際化に情報交換 ハワイで日米暴力団対策
1980.02.13	04頁01段	朝刊	[気流] 在日韓国人への差別撤廃理解を
1980.02.27	23頁01段	朝刊	北朝鮮の工作員を逮捕/千葉県
1980.03.05	04頁02段	朝刊	[気流] 朝鮮人元日本兵の救済もぜひ
1980.03.25	03頁01段	朝刊	[情報コーナー] 韓民統議長に金載華氏選ぶ
1980.04.03	02頁02段	朝刊	今国会承認、無理か 国連難民条約 外・厚相会談で打開へ
1981.04.06	09頁02段	朝刊	前川恵司著「韓国・朝鮮人」
1980.04.22	22頁02段	朝刊	在日韓国人を抱き込み スパイの教育 北朝鮮工作員の朴

발행일	지면정보	간종별	목차
1980.04.25	03頁05段	朝刊	[インサイド・レポート] 韓国・学園の春 ジグザグコース 政府が民主化けん制
1980.04.27	05頁03段	朝刊	[世界の論調] "無能教授"糾弾－韓国大学、不信の春
1980.04.27	07頁01段	朝刊	[海外短信] 故朴大統領胸像、郷里で破壊
1980.05.02	07頁04段	朝刊	韓国学生デモ拡大 ソウル 大田 数千人が警官と衝突
1980.05.09	04頁03段	朝刊	[気流・私書箱325] 祖国分裂の悲哀続く ある在日朝鮮人のケース
1980.05.21	03頁01段	朝刊	崔哲教氏らの死刑停止要求 在日韓国人救う会
1980.05.21	23頁01段	朝刊	徐兄弟の母 呉さん死去 スパイ事件
1980.05.25	22頁03段	朝刊	高見山帰化、晴れて日本人
1980.05.26	03頁01段	朝刊	朝鮮総連25周年大会
1980.05.27	15頁03段	夕刊	懲役9年満了の日に 徐さん、刑2年延期 スパイ容疑在日韓国人
1980.05.28	23頁01段	朝刊	拘束延長の徐さん断食/韓国
1980.05.30	22頁05段	朝刊	"弁当おじさん"の死 不遇の人支え16年 上野の宣教師 金城さん
1980.06.04	02頁03段	夕刊	[35年ぶりの樺太]＝2 朝鮮人 母国語読めぬ新世代(連載)
1980.06.05	05頁01段	朝刊	[ミニ解説] 帰化
1980.06.06	02頁01段	朝刊	下関韓国総領事館に
1980.06.13	05頁03段	朝刊	国民年金この不合理 在日韓国・朝鮮人"救済"が急務
1980.06.16	09頁01段	朝刊	[短評] 「朝鮮と日本のあいだ」
1980.07.03	04頁02段	朝刊	[気流] 社会保障 在日朝鮮人も平等に
1980.07.04	01頁06段	夕刊	金大中氏に内乱陰謀容疑 軍法会議へ37人送致 海外資金、宇都宮氏の名
1980.07.04	14頁01段	夕刊	民団は支持の集会
1980.07.14	09頁02段	朝刊	姜在彦著「日朝関係の虚構と実像」
1980.07.25	22頁02段	朝刊	民族差別認め両親に謝罪文 生徒の自殺で上福岡市教委/埼玉県
1980.08.01	07頁03段	夕刊	苦い月8月 二つの35年/金達寿
1980.08.02	02頁01段	朝刊	韓民統代表らハンスト抗議
1980.08.02	07頁01段	朝刊	[外電スポット] 米在住の北朝鮮祖国訪問団
1980.08.08	01頁00段	朝刊	[広告] 死を賭けた韓国学生の青春/エール出版社
1980.08.08	03頁01段	朝刊	光州事件2人"亡命" 近く証言録音公表
1980.08.10	04頁01段	朝刊	[気流・日曜の広場] 8月15日 日韓友好願う
1980.08.11	03頁02段	朝刊	金大中氏は元気 夫人、陸軍刑務所で面会
1980.08.12	05頁02段	夕刊	[手帳] 金大中氏らの支援レコード出す 家族・僑胞の会
1980.08.13	04頁01段	朝刊	[気流] 祖国の訪問は今後とも歓迎
1980.09.07	22頁01段	朝刊	「朝鮮大学生を差別」と告発
1980.09.11	15頁05段	夕刊	「金大中氏、世論で救え」守る会の人たち 死刑求刑に強い衝撃
1980.09.12	22頁01段	朝刊	学生らハンガーストライキ "金大中氏殺すな"
1980.09.14	01頁04段	朝刊	二つの新事実 政治決着に波紋
1980.09.14	01頁06段	朝刊	金大中氏、総連資金を否定 最終陳述 日本人から600万円
1980.09.29	04頁01段	朝刊	[ぷろむなーど] 呉英元さん 韓国語学科をふやして!
1980.09.29	22頁01段	朝刊	金大中氏救出で国連へ訴えへ

발행일	지면정보	간종별	목차
1980.10.07	22頁04段	朝刊	被告の国籍取り違え 「韓国」実は「日本人」 うっかり検察 浦和地裁の公判
1980.10.07	23頁04段	朝刊	声優の北原文枝さん転落死 出窓で枝落とし マンションの4階
1980.10.12	01頁05段	朝刊	「韓民統」再入国許可ムリ 金大中氏問題 国連派遣団 政府、前例など考慮
1980.10.18	01頁05段	朝刊	総連議長の平壌訪問 政府、再入国を認める＝訂正18日付夕刊1面
1980.10.26	15頁02段	朝刊	[テレビ・ラジオ週評] 民族差別鋭く描く NHK「"壁"と呼ばれた少年」
1980.10.29	14頁04段	夕刊	韓国籍だった盲人女性 年金請求認めず 大阪地裁 国籍条項、違憲でない
1980.11.04	04頁02段	朝刊	[社説] 外国人を除外した"平等社会"
1980.11.07	03頁01段	朝刊	[情報コーナー] 韓国人の年金加入許可要請
1980.11.11	02頁01段	夕刊	帰国禁止韓国人の処分解除
1980.11.18	03頁02段	朝刊	韓国人被爆者第1陣が来日
1980.11.18	11頁01段	夕刊	韓国人被爆者が入院治療 広島へ10人
1980.11.22	07頁04段	朝刊	韓国 政治活動を一部解禁 新政党結成への動き急 与党2、野党1、革新1か
1980.11.22	02頁01段	夕刊	延世大総長が辞任/韓国
1980.11.22	10頁05段	夕刊	"他人の顔"30年 元大阪工大講師、免許も取っていた 朝鮮人科学者/大阪
1980.11.29	03頁01段	朝刊	"金大中氏を救え"テント闘争 都内で韓民統
1980.12.15	02頁01段	朝刊	日韓弁護士協が発足
1980.12.11	22頁03段	朝刊	手放しで喜べぬ 「金芝河氏きょう釈放」「金大中氏」解決までは 在日知識人
1981.01.16	16頁01段	朝刊	サッカー日韓学生親善第1戦
1981.01.18	17頁01段	朝刊	サッカー日韓学生親善第2戦
1981.01.19	17頁01段	朝刊	サッカー日韓学生親善大会
1981.01.24	01頁03段	夕刊	[顔=1352 なだいなだ＝作家 「やっとる」と自己診断(連載)
1981.02.24	04頁01段	朝刊	[気流] 在日外国人への差別今なお
1981.03.04	23頁01段	朝刊	鄭運竜氏(朝鮮新報社社長)死去
1981.03.31	03頁05段	朝刊	国籍、父系優先は合憲 「父母両系」検討も指摘 東京地裁判決
1981.03.31	05頁04段	朝刊	「国籍父系」合憲 納得できぬ 政策だけ前面に 男女平等は人権の問題
1981.03.31	22頁03段	朝刊	女の心の痛み理解を 国籍裁判 不満隠せぬ"日本の母"
1981.04.02	02頁01段	朝刊	共産が国籍法改正案
1981.04.06	09頁02段	朝刊	前川恵司著「韓国・朝鮮人」
1981.04.10	21頁04段	朝刊	朝鮮籍の2人初めて教壇に 都の採用試験パス＝訂正・11日付朝刊20面
1981.04.11	03頁02段	夕刊	[NHKの24時]=48 朝鮮語か韓国語か(連載)
1981.05.27	15頁01段	夕刊	尹相哲氏(在日本朝鮮人総連合会副議長)死去=29 日付朝刊23面に訂正あり
1981.06.29	08頁01段	朝刊	[新刊情報] 「現代朝鮮問題講座」が完結
1981.06.30	23頁01段	朝刊	肥原康甫氏(本名四郎＝未生流家元)死去
1981.07.27	09頁01段	朝刊	[短評] 朴慶植著「在日朝鮮人」

발행일	지면정보	간종별	목차
1981.08.06	10頁01段	夕刊	秋田の海岸で不審な外国人逮捕
1981.08.08	02頁02段	夕刊	被爆語り継ごう 全国高校生長崎の集い
1981.08.20	16頁02段	朝刊	韓国籍の4人、国体参加OK
1981.10.13	10頁01段	夕刊	在日留学生ら17人を検挙 韓国がスパイで
1981.10.14	02頁02段	朝刊	北朝鮮在住の日本人妻 里帰り善処します 首相約束
1981.10.26	22頁01段	朝刊	石廊崎沖の貨物船くすぶる 韓国籍、全員無事
1981.10.26	15頁04段	夕刊	検定、また差しかえ 高校教科書の「国語2」「朝鮮」問題と西鶴物
1981.10.30	02頁03段	朝刊	国籍法改正きょう諮問 父母両系主義各分野に影響 全面的見直しも
1981.11.08	02頁05段	朝刊	[人間劇場] 知的障害者寺院ここにあり 富士山ろくに建立 韓国人禅僧・釈さん
1981.11.17	03頁03段	朝刊	外国人に門戸開け 韓国人学者ら 学術会議の改革要望
1981.11.18	15頁04段	夕刊	ハトケースに覚せい剤 韓国から12億円分 受取人の男を逮捕/大阪空港
1981.12.07	15頁02段	夕刊	また覚せい剤 韓国ルートで9キロ/兵庫県警生活課
1982.01.09	22頁04段	朝刊	頼母子講1億5000万円着服 韓国籍の女"同胞"にあだ/横浜・鶴見区
1982.01.26	04頁02段	朝刊	[気流] 日本名登録拒否する役所 韓国人にとり"逆の創氏改名"だが
1982.02.02	24頁01段	朝刊	[放送塔] 差別だれが吹き込んだ
1982.03.02	01頁04段	夕刊	金大中氏20年に減刑へ
1982.03.03	01頁03段	朝刊	政治犯ら2863人特赦 韓国 金大中氏の減刑発表
1982.03.03	02頁02段	朝刊	金大中氏減刑 政府、野党が談話
1982.03.03	05頁01段	朝刊	[ミニ解説] 就籍
1982.03.03	07頁04段	朝刊	全大統領の特赦・減刑措置 日本の世論を意識
1982.03.03	22頁03段	朝刊	「釈放まで力を」在日韓国人政治犯 減刑喜ぶ夫人たち
1982.04.07	21頁04段	朝刊	サラリーマン作詞家の夢 "みんなが歌う"コンサート 大倉芳郎さん有楽町で
1982.05.11	22頁05段	朝刊	[追跡] 復帰10年・沖縄の国際児=2 私には国籍がない(連載)
1982.05.14	22頁05段	朝刊	[追跡] 復帰10年・沖縄の国際児=5 完 誇り持つスーパースター(連載)
1982.05.27	05頁01段	朝刊	[ニュース・スポット] 徐さん、また拘束2年延長
1982.06.25	22頁01段	朝刊	[ニュース・スポット] 日韓親善会で倒れる
1982.06.26	23頁01段	朝刊	金正柱氏(日韓親善協会中央会副会長、元韓国民団団長)死去
1982.06.26	11頁03段	夕刊	[マイ・サイドライふ]=13 泡坂妻夫さん 絶滅寸前の手描き紋章(連載)
1982.06.27	03頁02段	朝刊	[今日の顔] 世界人道主義賞を受ける 大鵬幸喜さん
1982.07.02	23頁05段	朝刊	ホステス500人"密入国" 韓国人兄弟ら逮捕 書類偽造料で荒稼ぎ
1982.07.03	03頁01段	朝刊	[ニュース・スポット] 在日韓国人「統一」集会
1982.07.05	09頁01段	朝刊	[短評] 李恢成著「風よ海をわたれ」
1982.07.11	02頁02段	朝刊	[ニュース・スポット] 日韓議連総会9月に
1982.07.20	08頁01段	朝刊	[気流] 「日韓座談会」両国の交流深める意義
1982.07.27	10頁01段	夕刊	「在日朝鮮人大行進」日比谷へ
1982.07.29	02頁01段	夕刊	民団が要望書提出/教科書問題
1982.07.29	15頁05段	夕刊	社会科教科書 数字隠し検定 「南京大虐殺」犠牲者数や「朝鮮人強制連行」人数

발행일	지면정보	간종별	목차
1982.08.01	03頁01段	朝刊	[ニュース・スポット] 「朝鮮人連行調査団」も 歴史教科書問題
1982.08.03	09頁04段	朝刊	[デスク討論] 「教科書」小手先の処理やめよ 根深い各国の怒り▽アジア教科書
1982.08.07	02頁01段	朝刊	[ニュース・スポット] 在日朝鮮教職員が要望書
1982.08.19	09頁01段	朝刊	[ミニ解説] 日韓議員連盟
1982.08.20	02頁02段	夕刊	[地球家族の大行進] 「歩け五輪」に参加して＝4 在日韓国人(連載)
1982.08.29	22頁05段	朝刊	[人間劇場] 強制連行の陰に咲いた友情 33年ぶり再会約す国際電話
1982.09.01	14頁02段	夕刊	韓国では慰霊祭 関東大震災、虐殺の犠牲者
1982.09.02	03頁04段	朝刊	関東大震災の「朝鮮人虐殺」遺骨の発掘始まる 荒川河川敷
1982.09.08	22頁04段	朝刊	関東大震災 虐殺朝鮮人 遺骨発見出来ず 新証言検討、再発掘へ/東京都墨田区
1982.09.18	04頁05段	朝刊	[土曜ワールド] 慶州ナザレ園で見た"終わらぬ戦後" 韓国の日本人妻たちは今
1982.09.23	22頁03段	朝刊	年金受給 韓国籍では資格ない 東京地裁が訴え棄却
1982.09.25	22頁05段	朝刊	「侵略」復活 教科書の検定申請締め切る 7社全部が手直し 文部省どう対応
1982.10.03	03頁04段	朝刊	日本人妻まず8人元気 北朝鮮、初の具体的回答
1982.10.19	03頁04段	朝刊	「韓国が政治犯処刑」在日支援団体が発表 全斗煥体制初
1982.10.28	13頁02段	朝刊	祖国統一の願いこめ 在日韓国人の母が慈善リサイタル
1982.11.03	01頁04段	朝刊	[ソビエトNOW] 第1部・変わる社会＝8 39万朝鮮人(連載)
1982.11.26	05頁04段	朝刊	韓国"対日修復"へ 教科書終息・新政権誕生 議会・マスコミ 批判のホコ収め
1982.12.02	03頁01段	朝刊	[ニュース・スポット] 漢字名母国語読み併記
1982.12.03	03頁03段	朝刊	歴史教科書の正誤訂正 文部省また拒否
1982.12.16	11頁05段	夕刊	自由への光やっと 金大中氏にクリスマスの期待 気づかう国内の支援者
1983.01.13	02頁02段	朝刊	日韓共同声明 全文
1983.01.13	22頁01段	朝刊	指紋登録、韓国人牧師も訴訟/東京地裁
1983.01.31	09頁04段	夕刊	期待の崔洋一監督「十階のモスキート」でデビュー
1983.02.02	01頁04段	朝刊	「国籍」父母両系に 法制審が中間試案 "二重"解消へ選択制
1983.02.02	02頁02段	朝刊	「国籍法改正」中間試案の要旨
1983.02.16	05頁01段	朝刊	東京で総連主催誕生パーティー/北朝鮮・金正日後継宣言
1983.02.16	05頁02段	朝刊	内外に印象づけ図る 解説/北朝鮮・金正日後継宣言
1983.03.02	03頁01段	朝刊	[ニュース・スポット] 韓国政治犯で要請状
1983.03.18	08頁01段	朝刊	[気流] サハリン韓国人も忘れるな
1983.05.16	03頁02段	朝刊	[今日の顔] 日韓親善で勲1等旭日大綬章を受けた 李載ケイさん
1983.06.05	02頁03段	朝刊	在日韓国人の処遇協議 14日にソウルで再開 2年半ぶり
1983.06.30	03頁01段	朝刊	[ニュース・スポット] 朝鮮総連が新執行部選出
1983.07.01	03頁03段	朝刊	中国・韓国の歴史記述 新検定方針貫く 文部省/教科書検定問題
1983.07.01	09頁06段	朝刊	検定で記述変更になった主な例/教科書検定問題
1983.07.02	02頁03段	朝刊	日韓外相会談 来月24日からに

발행일	지면정보	간종별	목차
1983.07.05	15頁03段	夕刊	外国人登録の指紋紛争 拒否の学者逮捕 京都/京都府警外事課・下鴨署
1983.07.11	05頁02段	夕刊	[WEEKLY・EYE] "韓国ルポ"に新視点 漫画誌にプロ野球選手物語
1983.07.25	09頁03段	朝刊	李恢成著「サハリンへの旅」
1983.08.05	03頁04段	朝刊	サハリン残留朝鮮人と家族面会 政府、対応策を検討
1983.08.15	05頁02段	夕刊	[WEEKLY・EYE] 活気づく在日朝鮮人文学 新人の李良枝、大作の金石範
1983.08.20	02頁01段	朝刊	サハリン残留朝鮮人の家族再会支援 外相訓令
1983.08.30	03頁01段	朝刊	在日韓国人の待遇改善討議 日韓外相会談
1983.08.30	22頁01段	朝刊	「在日朝鮮人の指紋登録は差別でない」政府、国連で反論/国連人権委員会
1983.09.01	09頁03段	朝刊	波紋よぶ外国人指紋押なつ 「人権」からむ拒否論争 60年には40万人が更新
1983.09.03	10頁02段	夕刊	喪章に怒りこめ 在日韓国人/大韓航空機撃墜事件
1983.09.05	09頁02段	夕刊	[WEEKLY・EYE] 大震災の新たな事実発掘 "朝鮮人虐殺"から60年
1983.09.07	14頁01段	夕刊	対ソ抗議集会、デモ 在日韓国人/大韓航空機撃墜事件
1983.09.09	03頁01段	朝刊	[ニュース・スポット] 北朝鮮建国35周年祝賀会
1983.09.15	19頁01段	朝刊	外国人登録法の改正決議を都議会に要請 朝鮮総連都本部
1983.09.24	14頁04段	夕刊	「大韓機」悲痛の慰霊祭 趙社長 「補償には一定の限度」/大韓航空機撃墜事件
1983.10.02	22頁02段	朝刊	[ニュース・スポット] 外国人登録指紋反対自転車キャラバン
1983.10.10	03頁02段	朝刊	記憶に新しい朴大統領暗殺 韓国内のテロ事件
1983.10.13	07頁01段	朝刊	朝鮮人もう1人を逮捕 ビルマ警察
1983.10.13	07頁06段	朝刊	北朝鮮"30人の特攻隊" ビルマ・テロ、韓国で報道 工作船、公海待機
1983.10.19	02頁03段	夕刊	在日韓国人3人逮捕 「北」指令で日韓をスパイ 韓国国軍司令
1983.10.21	03頁01段	朝刊	行政の硬直姿勢を批判 解説/在日韓国人年金受給資格訴訟
1983.10.21	03頁04段	朝刊	保険料納め済みなら 在日韓国人にも「国民年金」 東京高裁逆転判決
1983.10.23	05頁01段	朝刊	技師2人誘拐、爆弾テロ犯と交換要求 ビルマゲリラ
1983.11.02	08頁01段	朝刊	[気流]外国籍差別多すぎるぞ
1983.11.03	03頁02段	朝刊	[ニュース・スポット] 韓国人の年金訴訟、上告断念
1983.11.05	08頁01段	朝刊	[気流]帰化したが定職なし
1983.11.06	02頁04段	朝刊	北朝鮮との交流縮小 テロ糾弾 政府、外交措置決定へ
1983.11.09	08頁03段	朝刊	[気流]私書箱325 強制連行謝罪碑の意味は？ 朝鮮での実行者の行為だが…
1983.11.14	11頁02段	夕刊	小栗康平監督の第2作、撮影開始 李氏原作の「伽ヤ子のために」
1983.11.17	22頁01段	朝刊	[ニュース・スポット] 指紋拒否の崔牧師ら起訴/福岡地検小倉支部
1983.11.19	23頁05段	朝刊	白昼の都心、けん銃10発 朝鮮総連本部を襲撃 「ラングーン――」関連か/東京
1983.11.20	22頁01段	朝刊	[ニュース・スポット] "乱射"さらに2発発見/朝鮮総連中央本部
1983.11.21	22頁02段	朝刊	外国人登録の指紋拒否 支援の連絡協発足
1983.11.22	05頁04段	朝刊	爆弾テロ、きょう初公判 ビルマ 北朝鮮人2人出廷
1983.11.22	22頁01段	朝刊	朝鮮総連発砲の暴力団2人逮捕/東京・千代田区

발행일	지면정보	간종별	목차
1984.06.27	14頁03段	夕刊	「機能していない」指紋押なつ拒否 廃止訴え最終弁論/東京地裁
1984.06.28	03頁02段	朝刊	[ニュース・スポット]「韓国里帰りで死刑判決」金さん釈放を
1984.06.29	02頁01段	朝刊	[ニュース・スポット] 日韓議連8月に合同総会
1984.07.01	02頁04段	朝刊	安倍・李外相会談7日に 朝鮮半島問題 情勢分析中心 「指紋押なつ」現状の線
1984.07.02	01頁03段	夕刊	[人]李方子＝4 長く祖国喪失 離散の歴史 李朝の孤塁を守る(連載)
1984.07.03	03頁03段	朝刊	在日韓国人の指紋拒否で100万人署名運動 韓国キリスト教会
1984.07.05	02頁01段	朝刊	[ニュース・スポット] 全大統領招請取り消し要求
1984.07.06	22頁01段	朝刊	教科書検定で抗議 在日朝鮮人作家
1984.07.07	01頁07段	夕刊	全大統領9月訪日を確認 日韓外相会議 朝鮮半島の緊張緩和 南北直接対話で
1984.07.08	02頁05段	朝刊	全斗煥大統領の9月来日決定 日韓"清算"へ関係推進 日本どう踏み込む
1984.07.09	02頁02段	朝刊	安倍外相の会見要旨
1984.07.09	03頁02段	朝刊	[社説] 画期的な韓国大統領の訪日
1984.07.10	02頁01段	夕刊	日韓首脳会談「押捺」議論せぬ 法相見通し
1984.07.13	16頁01段	朝刊	[ニュース・スポット] 北朝鮮体育代表団が来日
1984.07.20	14頁03段	夕刊	在日韓国人の夫と離婚 妻に財産分与認めず 最高裁判決
1984.07.24	22頁03段	朝刊	2年ぶり母と再会 密入国韓国青年、仮放免/大阪空港
1984.07.31	02頁03段	朝刊	技術移転や指紋押なつ 韓国側が善処望む 日韓合同会議
1984.08.01	02頁02段	朝刊	「日韓新時代へ努力」合同会議が共同声明/日韓・韓日協力委員会
1984.08.01	11頁02段	夕刊	[テレビToday]＝10 好調続ける新講座(連載)
1984.08.10	03頁01段	朝刊	[ニュース・スポット]在日朝鮮人問題を訴える/国連人権小委員会
1984.08.12	22頁01段	朝刊	他人の外国人登録証で33年間 在日韓国人を送検/警視庁
1984.08.13	01頁04段	夕刊	韓国、1730人を恩赦 独立記念日 徐兄弟は含まれず
1984.08.14	01頁04段	夕刊	赤字貿易の改善を 韓国期待
1984.08.14	07頁01段	夕刊	[手帳]在日朝鮮人と外登法 季刊「三千里」が特集
1984.08.17	02頁01段	朝刊	訪日反対の声明発表 朝鮮総連
1984.08.21	01頁05段	夕刊	日韓連携、歴史の要請 全大統領、訪日を前に抱負
1984.08.23	02頁04段	朝刊	「南北対話、当事者で」韓国報道人に首相強調
1984.08.26	09頁04段	朝刊	指紋押捺 高まる論議 米韓は義務 不要の西欧 地方議会は見直し決議
1984.08.28	22頁03段	朝刊	サハリン連行朝鮮人夫妻 40年ぶり家族と再会 新潟で31日
1984.08.30	01頁06段	朝刊	外国人指紋押捺 在日韓国人も拒否できぬ 本人確認に必要 東京地裁合憲判決
1984.08.30	02頁05段	朝刊	在日韓国人待遇など4点 誠意ある対処を期待 全大統領表明
1984.08.30	08頁03段	朝刊	指紋押捺拒否事件の判決要旨
1984.08.30	09頁01段	朝刊	[ミニ時典] 指紋押捺制度
1984.08.30	09頁04段	朝刊	外国人の指紋押捺 改善必要認めた判決 重い定住の現実 合憲判断の一方で指摘
1984.08.30	22頁05段	朝刊	来年度の登録更新外国人の動向に注目 指紋押捺合憲判決 韓被告"闘いやめぬ"

발행일	지면정보	간종별	목차
1984.08.31	01頁06段	朝刊	ラングーン事件言及 日韓共同声明の骨格固まる テロ反対盛る
1984.08.31	02頁01段	朝刊	趙棋聖ら138人招待 歓迎午餐会
1984.08.31	03頁02段	朝刊	[社説]指紋押捺制度の改革は段階的に
1984.08.31	22頁01段	朝刊	[ニュース・スポット] 指紋裁判の韓被告控訴
1984.09.01	19頁05段	朝刊	震災時の「虐殺事件」克明に 高校生、証言集める 世田谷 討論会で紹介
1984.09.01	22頁01段	朝刊	[ニュース・スポット] サハリン残留・権さん 新潟で弟と再会
1984.09.04	03頁04段	朝刊	対韓4項、首相前向き 在日韓国人の待遇など「着実な解決へ努力」
1984.09.06	02頁05段	朝刊	外国人登録証常時携帯義務 弾力運用を検討 制度改正は困難
1984.09.06	03頁03段	朝刊	包容力あり話好き 全大統領「再会楽しみ」趙、張本氏ら
1984.09.07	14頁04段	夕刊	[1220分署]「無国籍の人生」ひっそり 韓国生まれ、日本に61年
1984.09.07	22頁02段	朝刊	李夫人、在日韓国人生徒と対面
1984.09.07	22頁06段	朝刊	天皇のお言葉 親善の夜、感慨新た 識者、受け止め方は様々
1984.09.08	01頁05段	朝刊	指紋押捺免除できぬ 日韓法相会談 制度の必要性強調
1984.09.08	09頁03段	朝刊	指紋押捺 反対運動を刺激
1984.09.08	22頁02段	朝刊	サハリン残留朝鮮人夫妻 40年ぶり再会 生き別れの韓国留守家族と
1984.09.08	23頁01段	朝刊	在日同胞代表と歓談 全大統領夫妻
1984.09.08	23頁06段	朝刊	"近い隣国"見つめ直し なごやかに国民午さん会 張本さん、趙棋聖も感慨
1984.09.08	01頁06段	夕刊	日韓「成熟関係」めざす 緊密化、平和に貢献 共同声明発表 全大統領帰国へ
1984.09.08	02頁05段	夕刊	「新時代の開幕」韓国評価「将来の指標」提示「待遇改善」の実行期待
1984.09.09	01頁06段	朝刊	「北」との漁業交渉を支援 外相表明 高官の入国許可も
1984.09.09	02頁01段	朝刊	「指紋押捺」進展なし 民団団長が不満
1984.09.09	03頁02段	朝刊	[社説]日韓関係史の「新しい章」
1984.09.19	06頁03段	朝刊	[ドキュメント] 日韓の懸け橋=1 対韓認識に大きな変化(連載)
1984.09.20	06頁03段	朝刊	[ドキュメント] 日韓の懸け橋=2 厚かった"日本人社会の壁"(連載)
1984.09.21	06頁03段	朝刊	[ドキュメント] 日韓の懸け橋=3「ブーメラン」にほど遠く(連載)
1984.09.22	06頁03段	朝刊	[ドキュメント] 日韓の懸け橋=4完 "輸入規制""流通"…厚い壁(連載)
1984.09.26	08頁01段	朝刊	[気流]全訪日と日韓の思い 共産党の発言許せない考え
1984.09.26	08頁02段	朝刊	[気流]全訪日と日韓の思い 市井の交流が外交の成功に
1984.09.30	03頁02段	朝刊	指紋押捺 在日韓国人ら34人拒否宣言
1984.10.05	14頁02段	夕刊	[ニュース・スポット] 指紋押捺拒否で決起集会
1984.10.13	03頁03段	朝刊	朝鮮総連も救援申し出 韓国水害 毛布や学用品など
1984.10.13	14頁01段	夕刊	在日韓国人、スパイ容疑で逮捕
1984.10.19	03頁02段	朝刊	[ニュース・スポット] 韓国、朝鮮総連援助は拒否
1984.10.23	03頁02段	朝刊	外国人指紋押捺の廃止 国連委に請願 在日朝鮮人代表
1984.10.27	02頁03段	夕刊	[パルパル88への道] 動き出したソウル五輪=4 国際化(連載)
1984.11.06	03頁04段	朝刊	韓国の対日観好転 以前より好感64% 信頼できぬが66%だが 韓国世論調査
1984.11.16	03頁03段	朝刊	在日外国人、救済申し立て 日弁連に「登録証不携帯で逮捕」

발행일	지면정보	간종별	목차
1984.11.18	22頁02段	朝刊	1位は愛知の天野さん 全日本中学英語弁論大会 レセプションに紀宮さまも
1984.11.29	09頁04段	朝刊	「連行韓国人」の遺骨収集 在日婦人会が独自に 巨額費用、傍観してよいか政府
1984.11.29	09頁04段	夕刊	市に実質管理責任 京都の幼児排水路の死損害賠償 初判断、上告棄却
1984.11.29	15頁01段	夕刊	国籍求める孤児に審問/中国残留日本人孤児
1984.12.28	18頁01段	朝刊	[ニュース・スポット] 韓国籍女性教員採用見送り
1985.01.05	23頁03段	朝刊	芥川賞候補4回の在日韓国人作家 金鶴泳さんが自殺
1985.01.10	22頁01段	朝刊	[ニュース・スポット] 日本旅行記賞「京城まで」
1985.01.12	04頁04段	朝刊	北朝鮮が「宮様スキー」視察団 2月来日 アジア大会参加含み
1985.01.13	19頁04段	朝刊	韓国の歌 テープ手作り 1世の人たち聴いて 未紹介「強制連行の歌」も
1985.02.09	22頁01段	朝刊	[ニュース・スポット] 妹、娘と45年ぶり再会/サハリン居留
1985.02.09	22頁02段	朝刊	[ニュース・スポット] 指紋拒否で東海道行脚/在日韓国青年会
1985.02.14	02頁03段	夕刊	「韓国、着実に自由化」金大中氏の扱い評価 米国務省人権報告
1985.02.15	09頁03段	朝刊	「指紋押捺」広がる反発 今年37万人が一斉更新 77%が拒否を支持
1985.02.19	02頁04段	朝刊	国籍・身元不明でも「写真の男」に実刑 最高裁が上告棄却
1985.02.19	03頁03段	朝刊	在日外国人の指紋押捺「現行制度変えぬ」法務省首脳
1985.02.19	17頁04段	朝刊	読売ク与那城が帰化 サッカー日本代表に道
1985.02.19	23頁01段	朝刊	"お兄ちゃん"の証言が決め手 邱翠栄さん 中国残留孤児の身元判明
1985.02.19	02頁03段	夕刊	「指紋押捺」見直し否定 法相 次国会以降の処理示唆
1985.02.20	03頁03段	朝刊	指紋拒否の伊紙特派員 数次再入国取り消し 成田で通告
1985.02.20	05頁04段	朝刊	韓国船なども被弾 イラン、船舶攻撃を再開
1985.02.23	03頁03段	朝刊	韓国籍教員の内定取り消し 「外国籍不採用」は不変/松永文相
1985.02.24	03頁04段	朝刊	外国人指紋押捺拒否者 川崎市は「告発せず」自治体で全国初
1985.02.26	02頁03段	朝刊	指紋押捺運用緩和へ 政府、夏までに明確化 法改正当面せず
1985.02.26	03頁02段	朝刊	[社説]指紋押捺改革で可能なこと
1985.02.28	02頁01段	朝刊	[ニュース・スポット] 在日韓国人委長に長谷川氏
1985.03.01	03頁02段	朝刊	[今日の顔]「指紋押なつ拒否」告発せずの川崎市長 伊藤三郎さん
1985.03.02	03頁01段	朝刊	[ニュース・スポット] 指紋押捺反対の活動盛ん
1985.03.02	18頁01段	朝刊	外国人登録撤廃を 朝鮮人学校生が都に陳情
1985.03.05	17頁03段	朝刊	与那城、日本代表へ 森監督語る 対北朝鮮第2戦出場か/サッカー
1985.03.06	08頁01段	朝刊	[気流] 在日外国人の指紋押捺問題「犯罪者並み」に屈辱感は当然
1985.03.09	02頁01段	朝刊	[ニュース・スポット]社党書記長、5月にも訪朝
1985.03.09	03頁01段	朝刊	[ニュース・スポット] 韓国女性、講師で採用
1985.03.09	03頁02段	朝刊	[今日の顔] 第35回H氏賞を受ける 崔華国さん
1985.03.09	09頁01段	朝刊	[ミニ時典] 外国人登録
1985.03.14	01頁04段	夕刊	[人]小山鉄夫＝3完 両陛下のお言葉に感激 帰化 頑として拒む(連載)
1985.03.16	23頁04段	朝刊	交通違反 指紋照合で"アシ"/北朝鮮工作員摘発
1985.03.16	23頁07段	朝刊	日本人本籍"横取り"スパイ 北朝鮮機関の極東幹部

발행일	지면정보	간종별	목차
1985.08.17	03頁02段	朝刊	押捺拒否2002人に 説得期間中が過半数-法務省調査 民団調査は4721人
1985.08.21	03頁02段	朝刊	[今日の顔] 南北朝鮮統一の応援を呼びかける 辺真一さん
1985.08.22	22頁01段	朝刊	犠牲者の告別式・社葬 坂本九さん(本名・大島九、歌手)の本葬/日航機事故
1985.08.23	01頁04段	夕刊	「指紋押捺制度は合憲」 2世にも罰金判決 福岡地裁小倉支部
1985.08.23	03頁02段	朝刊	[ニュース・スポット] 朝鮮総連、押捺で国連請願
1985.08.24	05頁04段	朝刊	[38度線を越えて] 動き出した南北朝鮮=中 同床異夢でも譲歩(連載)
1985.08.26	02頁04段	朝刊	日韓成熟時代へ 29日から閣僚会議 「技術協力」仮調印へ
1985.08.27	02頁04段	朝刊	在日韓国人「3世」の地位 年内協議に応じる 政府方針
1985.08.29	07頁04段	夕刊	[論点85] 8月=上 国際社会へ適応せぬ日本(連載)
1985.08.30	01頁04段	夕刊	「指紋」見直しに含み 安倍外相 日韓外相会談で表明
1985.08.30	02頁04段	朝刊	指紋押捺改善を期待 李外相が基調演説 日韓定期閣僚会議始まる
1985.08.31	01頁05段	朝刊	若者の交流を促進 日韓閣僚会議終わる 3世など懸案は継続協議
1985.09.02	03頁02段	朝刊	[社説] 相互理解へ進む日韓関係
1985.09.04	28頁01段	朝刊	[よみうり漫画塾]第171回入選作▽講評/鈴木義司
1985.09.08	01頁06段	朝刊	在日韓国居留民団「指紋押捺留保」収拾へ "違法運動"限界に あす正式決定
1985.09.10	02頁03段	朝刊	指紋押捺「留保運動」当面は継続 民団中央執行委が決定
1985.09.11	03頁01段	朝刊	指紋拒否の韓さん登録更新も保留
1985.09.15	02頁03段	朝刊	指紋押捺「留保」続ける 在日韓国居留民団 地方団長会議で確認
1985.09.27	08頁01段	朝刊	[気流] 祖国統一には外国の撤退を
1985.09.28	02頁03段	朝刊	指紋押捺 民団に順法指導 韓国外相 安倍外相に明言
1985.09.30	02頁01段	朝刊	[政界ウイークリー] 初訪韓、交流に意義
1985.10.01	13頁04段	夕刊	両親の祖国で芝居復帰 つかこうへい 韓国版・熱海殺人事件を演出
1985.10.06	02頁01段	朝刊	指紋押捺拒否全国で6246人に
1985.10.06	02頁02段	朝刊	日本の高賃金が魅力 韓国からの密航者 95%は済州島出身
1985.10.08	14頁03段	夕刊	指紋押捺廃止・見直しを 改正決議すでに985件 地方議会
1985.10.12	03頁04段	朝刊	「留保運動を終結」指紋押捺 民団団長が声明
1985.10.14	09頁02段	朝刊	李起昇著「ゼロはん」
1985.10.16	03頁02段	朝刊	受験拒否に賠償訴訟 神戸市の職員採用 在日朝鮮人3世
1985.10.16	23頁03段	朝刊	韓国籍では公務員就職難… 高校生徒会長が自殺
1985.10.17	02頁01段	朝刊	[ニュース・スポット] 朝鮮総連、指紋廃止求める
1985.10.17	02頁02段	夕刊	[ニュース・スポット] 前田法務次官が訪韓
1985.10.21	05頁01段	夕刊	韓国国宝の本 中高校へ寄贈
1985.10.21	07頁01段	夕刊	[よみうり抄] 第61回文学界新人賞
1985.11.02	03頁02段	朝刊	新駐日韓国大使の発言要旨
1985.11.03	11頁02段	朝刊	秋の叙勲 多い政・財・官 地道な分野からも
1985.11.08	11頁01段	夕刊	[ひと]押捺拒否で応援と金氏
1985.11.12	09頁03段	朝刊	"北朝鮮の娘"元気ですか 日本人妻を気づかう家族 自由往来を切望

발행일	지면정보	간종별	목차
1985.11.12	10頁01段	朝刊	[とぴっくす] 在日韓国人の学ぶ姿
1985.11.15	02頁02段	夕刊	労働省を一時占拠 韓国学生「労組弾圧に反対」
1985.11.18	01頁04段	夕刊	学生が占拠、放火 韓国与党施設警官隊が突入
1985.11.19	05頁04段	朝刊	不況と外圧に焦り… ソウルの占拠事件 学生185人全員を連行
1985.11.23	14頁03段	朝刊	[ぐるめ] マーシュ そのままサラダに くせのない新顔野菜
1985.11.25	03頁01段	朝刊	押捺拒否者に脅迫状相次ぐ 法務省、人権問題に
1985.11.26	15頁01段	夕刊	ショーケンから聴取 フライデー問題/中野署
1985.12.09	02頁02段	朝刊	「3世問題」初の協議 日韓実務者間で13日から
1985.12.13	02頁02段	夕刊	「在日3世」改善へ 日韓協議
1985.12.15	02頁02段	朝刊	「3世」来年再び協議 日韓実務者/在日韓国人
1985.12.16	02頁03段	朝刊	日韓正常化20年 経済摩擦で反日機運 「対北朝鮮」は認識にズレ
1985.12.25	10頁01段	夕刊	[ニュース・スポット] 指紋押捺拒否で逮捕
1985.12.27	03頁02段	朝刊	[ニュース・スポット] 押捺見直し決議1011議会で
1985.12.27	18頁02段	朝刊	外国人登録証不携帯で逮捕、捜索 「違法」日弁連が警告
1985.12.27	11頁01段	夕刊	佐藤志都子さん(本名・片谷志都子 舞台美術家)死去
1985.12.31	02頁02段	朝刊	"指紋拒否" 累計で3% 越年2977人
1986.01.20	04頁07段	朝刊	日ソ共同声明 各国、期待と警戒と アメリカ ソ連 韓国 中国
1986.01.26	23頁01段	朝刊	土居雪松さん(本名・行恵=煎茶道東阿部流3世家元)死去
1986.01.27	07頁03段	夕刊	[WEEKLY・EYE] 誠実さが招いた"悲劇" 自殺から1年、金鶴泳作品集
1986.02.25	18頁01段	夕刊	指紋押捺拒否に罰金判決 岡山地裁
1986.03.02	09頁03段	朝刊	強制連行された朝鮮人兄弟の悲話 「キムの十字架」映画に 山本謙一郎監督
1986.03.13	15頁05段	夕刊	「帰郷の夢」早くかなえて! 在韓日本人妻 無念の死 芙蓉会 老齢
1986.03.17	02頁02段	朝刊	皇太子ご夫妻の訪韓 韓国野党も歓迎 「10月中旬」へ環境整う 政府判断
1986.03.18	05頁04段	朝刊	韓国新民党と在野4団体 改憲へ新組織結成
1986.04.03	22頁06段	朝刊	悲願の里帰り実現 韓国の日本人妻 来月第1陣20人
1986.04.04	22頁01段	朝刊	在韓日本人妻帰国可能45人
1986.04.07	22頁04段	朝刊	厦門に響け福祉の音色 在日韓国人指揮者、初の訪中 楽団率いけさ出発
1986.04.14	22頁04段	朝刊	里帰り在韓日本人妻 20人の肉親健在 兵庫の山本さん 41年ぶり、再会待つ
1986.04.15	18頁04段	朝刊	慈善コンサート&41年ぶりの卒業式 韓国人歌手が計画
1986.04.19	05頁05段	朝刊	韓国 学生運動先鋭化進む 反米色が一段と 4・19革命きょう26年
1986.04.19	22頁02段	朝刊	在韓日本人妻の里帰り 来月、第1陣の20人
1986.04.21	09頁04段	夕刊	[WEEKLY・EYE] 好評だった韓国演劇公演 背景に朝鮮半島ものブーム
1986.05.09	09頁04段	朝刊	放置できぬ在韓日本人妻 里帰りは居留民団頼み 夫死別後も帰国できず
1986.05.13	15頁02段	朝刊	[韓国の日本人妻] 41年目の祖国=1 望郷の思いが実現(連載)
1986.05.19	01頁02段	朝刊	在韓日本人妻 きょう里帰り 一行19人
1986.05.19	01頁02段	夕刊	在韓日本人妻40年ぶり里帰り 19人、肉親らと対面
1986.05.20	22頁03段	朝刊	感涙…祖国の夜 里帰り在韓日本人妻 40年の思い一気に

발행일	지면정보	간종별	목차
1986.05.21	09頁02段	朝刊	[顔]里帰りした韓国在留日本人妻の団長 木村喜美さん
1986.05.26	18頁01段	夕刊	[ニュース・スポット] 指紋押捺拒否で逮捕/川崎臨港港署
1986.05.28	15頁03段	朝刊	在韓日本人妻 意義深かった里帰り 上坂冬子さんに聞く
1986.05.28	23頁01段	朝刊	栗田亮氏(本名志久内亮、美術評論家)死去
1986.05.31	04頁02段	朝刊	[ザ・活字] ソウルで「美国」から「米国」へ 韓国学生の対米感情
1986.05.31	22頁01段	朝刊	在韓日本人妻 残る6人離日
1986.06.07	19頁01段	朝刊	目黒区の2人に出頭求める 押捺拒否で警視庁
1986.06.12	03頁01段	朝刊	韓国代表3人出席とりやめ 環日本海シンポ
1986.06.28	02頁01段	朝刊	朝鮮総連にアジア大会観戦呼びかけ 民団
1986.06.28	17頁04段	朝刊	新生・読売クさぁ! 始動 きょうJSL杯サッカー開幕
1986.06.28	05頁04段	朝刊	[北朝鮮・初夏]= ファッション お嬢様カット流行(連載)
1986.07.03	22頁02段	朝刊	[ニュース・スポット] 朝鮮総連、五輪で提案
1986.07.03	18頁01段	夕刊	46人が指紋押捺拒否
1986.07.05	04頁05段	朝刊	[ウイークエンドGLOBE] 伸びるか北朝鮮変化の芽 デパートに日本製品
1986.07.09	04頁04段	朝刊	比・ネグロス島に日系人社会 3割がスラム生活 戦争の後遺症重く
1986.07.10	18頁01段	夕刊	押捺拒否で在留短縮処分 無効訴え国を提訴
1986.07.14	02頁01段	朝刊	[ニュース・スポット] 「東アジアに非核地帯を」
1986.07.15	05頁04段	朝刊	後継チュオン・チン氏 ベトナム新書記長 党大会までの暫定か
1986.07.24	14頁04段	夕刊	資産100億 在日韓国人社長の会社 日韓で相続争い 両国に妻子持つ悲劇
1986.08.02	03頁03段	朝刊	藤尾発言「韓国国会でなお議論」劉元首相、外相に強調
1986.08.07	18頁02段	朝刊	[気流]理想求めた韓国人 残念! 急死で消息知る
1986.08.18	03頁02段	朝刊	日韓あす実務協議 「指紋押捺」改善に焦点
1986.08.20	03頁04段	朝刊	「在日韓国人」異なる扱いを 指紋押捺改善で韓国要請
1986.08.21	02頁01段	朝刊	[ニュース・スポット] 指紋押捺制で韓国要望
1986.08.21	04頁04段	朝刊	つのる不満「中国系」「民族教育も守れぬ」複合民族国家マレーシア
1986.08.21	18頁02段	夕刊	矢谷さん釈放 米が再入国拒否を撤回
1986.08.21	18頁04段	朝刊	独学の成果みのる 近代美術協会展 最優秀に女流画家 朴さん 外国人で初
1986.08.22	03頁02段	朝刊	[社説]「ご訪韓」延期と日韓関係
1986.08.23	02頁05段	朝刊	指紋押捺制度 改正作業、一転急ピッチ 対韓配慮、首相の意向反映
1986.08.23	03頁05段	朝刊	抵抗感強い若い世代 在日韓国・朝鮮人 薄れる外国人意識/指紋押捺
1986.08.25	18頁02段	夕刊	指紋押捺拒否の仏神父 2度目の再入国申請/東京都江東区
1986.08.26	22頁04段	朝刊	指紋押捺「必要で合理的な制度」高裁が"合憲"の初判断
1986.08.30	19頁04段	朝刊	韓国を歌う なぜか心ひかれ自作曲25年 涙の済州海峡など 世田谷の西村さん
1986.09.02	22頁01段	朝刊	[ニュース・スポット] 指紋押捺有罪で上告
1986.09.03	02頁01段	朝刊	[ニュース・スポット] 指紋押捺で統一見解作り
1986.09.04	02頁01段	朝刊	[ニュース・スポット] 「指紋押捺」改善努力を評価
1986.09.06	02頁03段	朝刊	在日韓国人 帰化希望は18% 日本名使用88%にも 民団調査

발행일	지면정보	간종별	목차
1986.09.06	09頁03段	朝刊	民団の在日韓国人意識調査 帰化、被差別など法務省調査とズレ
1986.09.08	15頁01段	夕刊	指紋拒否の韓国人青年逮捕 告発ないまま/警視庁碑文谷警察署
1986.09.10	22頁01段	朝刊	[ニュース・スポット] 朴康徳氏処分保留で釈放
1986.09.11	01頁07段	朝刊	「藤尾問題」外交決着を確認 日韓外相会談 韓国民に傷 首相訪韓歓迎 崔外相
1986.09.11	02頁01段	朝刊	在日韓国青年会 自民党に抗議 藤尾発言問題
1986.09.12	01頁01段	朝刊	指紋押捺改善意欲を伝達へ 日韓首脳会談
1986.09.17	09頁04段	朝刊	金浦空港テロ 捜査の焦点 カギ握る爆薬入手ルート解明へ全力
1986.09.18	03頁04段	朝刊	ソウル五輪側面支援 在日同胞募金、免税に 首相伝達へ
1986.09.19	03頁01段	朝刊	空港テロ対応で全政権非難 朝鮮総連
1986.09.20	01頁04段	朝刊	アジア大会きょう開幕 中曾根首相も開会式出席
1986.09.20	03頁01段	朝刊	指紋押捺「1回限り」を伝達へ 中曾根首相訪韓
1986.09.21	02頁05段	朝刊	指紋押捺、改善もツルの一声 渋る警察庁を説得 在日韓国人は期待と不安
1986.09.22	03頁01段	朝刊	指紋押捺改善方針 朝鮮総連が批判
1986.09.22	22頁02段	朝刊	"郷土"で親類と対面 比島残留孤児モレノさん/熊本
1986.09.23	22頁01段	朝刊	「日本の皆さんにもカブトを見せたい」孫さん、展示の意向
1986.09.30	02頁01段	朝刊	[ニュース・スポット] 指紋押捺で公開質問状
1986.10.02	22頁02段	朝刊	韓国在住の未帰国日本人妻 11月里帰り第2陣
1986.10.07	22頁01段	朝刊	在日韓国人教師客員教授に任用 筑波大
1986.10.29	02頁01段	夕刊	学生800人ろう城 ソウル・建国大
1986.10.30	05頁04段	朝刊	韓国学生ろう城「反米」主張、前面に 後退した現実政治問題
1986.10.31	01頁04段	夕刊	ソウル建国大ろう城1200人 機動隊が突入、連行
1986.11.01	05頁05段	朝刊	韓国建国大 機動隊導入 18大学で抗議行動 対決姿勢 ソウル大で火炎瓶デモ
1986.11.02	18頁05段	朝刊	民族舞踊で日朝交流 朝鮮学校生、荒川10中で特別出演 生徒同士が交歓/東京
1986.11.02	22頁01段	朝刊	[ニュース・スポット] 被爆者問題で日弁連訪韓
1986.11.04	02頁01段	朝刊	[ニュース・スポット] 韓国国土統一院長官が来日
1986.11.04	15頁03段	夕刊	熱い涙の祖国 在韓日本人妻の第2陣
1986.11.05	03頁01段	朝刊	指紋押捺の順守を希望 首相/衆院予算委員会
1986.11.05	22頁02段	朝刊	心づくし祖国の夜 在韓日本人妻の第2陣
1986.11.13	02頁01段	朝刊	[ニュース・スポット] 北朝鮮が土井委員長招請
1986.11.13	09頁04段	朝刊	急転望めぬ日朝貿易打開 経済開放、国交樹立など難問山積
1986.11.17	23頁01段	朝刊	平沢雪村氏(本名・武、ボクシング評論家)死去
1986.11.17	25頁06段	夕刊	巨星の安否、乱れる情報 朝鮮総連が重要会議 金日成主席暗殺説 中曾根首相
1986.11.18	23頁04段	朝刊	"主席の死"に大揺れ「陰謀」「確認」諸説が迷走
1986.11.18	01頁01段	夕刊	朝鮮総連が談話発表
1986.11.18	15頁06段	夕刊	緊張の24時間に幕 踊った情報"出所"にナゾ残し 主席生存確認 外務省

발행일	지면정보	간종별	목차
1986.11.19	05頁06段	朝刊	金主席健在 ソウル−東京電話対談 南北心理戦まざまざ かく乱？過敏反応
1986.12.04	10頁01段	夕刊	「韓国人か日本人か」金両基著
1986.12.13	22頁01段	朝刊	中国人初の逮捕 指紋押捺拒否
1986.12.16	17頁01段	朝刊	ボクシング日本ミドル級タイトルマッチ10回戦
1986.12.22	02頁03段	夕刊	[亡命者たちのパリ] ＝3 南北区別なく創作欲 韓国出身の国際的画家(連載)
1986.12.26	04頁01段	朝刊	朝鮮総連幹部の再入国許可
1986.12.26	10頁02段	夕刊	押捺拒否、2審も敗訴
1986.12.28	02頁01段	朝刊	朝鮮総連議長ら再入国許可 法務省
1987.01.21	02頁01段	朝刊	登録法改正付帯条件に不満 民団団長
1987.01.21	09頁05段	朝刊	アメとムチの外登法改正 押捺拒否封じ前面に 管理強化でしこりも
1987.02.01	03頁05段	朝刊	福井漂着の北朝鮮船 南北“綱引き”の宣伝戦＝見開き
1987.02.01	08頁01段	朝刊	[気流]日曜の広場 立春 “春告げ草”謹呈/小林光夫
1987.02.01	15頁08段	朝刊	読売文学賞の5氏と作品
1987.02.02	06頁00段	朝刊	[広告]書籍 暴力・いじめと教育 在日朝鮮人の生活と人権/同成社
1987.02.07	02頁01段	朝刊	[ニュース・スポット] 下旬にも在日韓国人「3世問題」協議/日韓実務者協議
1987.02.08	02頁01段	朝刊	18日ぶり決着 借り作った政府 ズ・ダン号事件乗組員台湾移送 解説
1987.02.08	02頁02段	朝刊	[ニュース・スポット] ソウル大生拷問死で声明/韓国民主回復統一促進会議
1987.02.09	02頁01段	夕刊	「ズ・ダン」乗組員の台湾移送 朝鮮総連が抗議声明/ズ・ダン号事件
1987.02.10	03頁02段	朝刊	[社説] ズ・ダン号が残した波紋
1987.02.23	09頁02段	夕刊	[NEWSフロッピー] 日本ペン規約改正に着手 外国籍準会員の差別待遇改善へ
1987.02.24	15頁06段	夕刊	傷は語る辛苦の過去 集団自決の刀傷？ 残留孤児“最後の調査”始まる
1987.02.25	02頁03段	朝刊	在日3世の法的地位・待遇 来月日韓協議を再開
1987.03.06	02頁01段	朝刊	在日韓国人3世 待遇で日韓協議
1987.03.10	14頁01段	夕刊	押捺拒否の主婦逮捕/神奈川県川崎市
1987.03.10	15頁04段	夕刊	テクノ・スパイ 豊島の会社が“基地” 他にも2人、すでに帰国＝続報注意
1987.03.17	15頁05段	夕刊	24年前の遭難漁船員2人 北朝鮮から郷里(石川)に手紙
1987.03.18	22頁01段	朝刊	韓国で邦人組長手配 覚せい剤密売
1987.04.09	26頁02段	朝刊	[ニュース・スポット] 韓国は徐さん即時釈放を
1987.04.20	05頁01段	朝刊	「富士山丸」船長らは朝鮮人青年と交換を 朝日友好協会長が提案
1987.04.20	05頁02段	朝刊	1500人、機動隊と衝突 韓国学生デモ
1987.04.21	09頁03段	朝刊	変質した韓国学生運動 穏健戦術とる過激派 政局激動へ組織温存
1987.04.26	19頁01段	朝刊	松代大本営跡で戦争と差別考えよう 大学教授ら呼びかけ
1987.05.14	02頁01段	朝刊	在日朝鮮人の精神鑑定医認めて 総連、厚相に要請
1987.06.03	15頁01段	夕刊	故文東建氏(朝鮮総連中央副議長、朝鮮画報社社長)の総連中央葬
1987.06.17	14頁02段	夕刊	韓国姓への復姓認める 京都家裁 帰化2世が申し立て

발행일	지면정보	간종별	목차
1987.06.27	22頁01段	朝刊	[ニュース・スポット] 大阪の韓国領事館へデモ
1987.07.01	01頁05段	朝刊	高校教科書、厳しい検定 社会科、書き換え目立つ 新規9点不合格
1987.07.05	05頁01段	朝刊	金日成主席の病気説流れる
1987.07.09	02頁01段	夕刊	韓民統が声明
1987.07.16	08頁02段	朝刊	[気流]教科書検定 真相隠し図る文部省の姿勢
1987.07.28	02頁01段	朝刊	韓国・崔外相と会談 倉成外相
1987.08.10	04頁03段	朝刊	"東方礼儀の国"での野球指導 日本流通せば反発も
1987.08.10	04頁07段	朝刊	海峡の向こうの祖国で輝け 韓国プロ野球 「僑胞」選手事情 文化の壁乗り越え
1987.08.11	05頁04段	朝刊	政治犯200人、全員釈放を 韓国在野集会 金大中氏が演説
1987.08.15	02頁01段	朝刊	技術職に多い外国籍公務員 地方自治体
1987.08.17	04頁04段	朝刊	韓国学生 民主化へ怠りなく… 労働者、農民の地位向上へ 工場や農村で活動
1987.08.18	04頁03段	朝刊	[NEWSプラスONE] 不透明な危険人物の基準 日本人研究者が情報公開訴え
1987.08.20	05頁01段	朝刊	韓国90大学生が全国協議会結成
1987.08.23	05頁02段	朝刊	李君追悼式 学生指導者ら連行/韓国
1987.09.04	02頁01段	夕刊	出版社経営者をスパイ容疑で逮捕 韓国
1987.09.05	08頁01段	朝刊	[気流] 両親にもあった朝鮮人保護秘話
1987.09.06	02頁01段	朝刊	韓国が外登法改正案を評価
1987.09.07	07頁02段	夕刊	[メモ] 国際色の街・港区 84か国から1万人余
1987.09.19	04頁01段	朝刊	在日韓国人の待遇改善を日本側が約束/盧泰愚・韓国民正党総裁
1987.10.23	19頁04段	夕刊	「コロー」密売 "第2の男" 仏→日 名画裏ルート浮上
1987.11.03	03頁01段	朝刊	朝鮮総連が抗議の声明/密入国兵仮放免 第18富士山丸事件
1987.11.18	14頁01段	夕刊	指紋押捺拒否 罰金減額判決/川崎簡易裁判所
1987.12.02	02頁03段	朝刊	「北」かく乱戒中 選挙、五輪に波紋広がる
1987.12.02	02頁06段	朝刊	韓国、男女の背後関係注視 大韓機墜落 北朝鮮絡みの心証も 日本と緊密協議
1987.12.02	02頁03段	夕刊	「娘と最後の旅行」自殺男語る
1987.12.02	02頁05段	夕刊	大韓機墜落 全大統領が警戒指示 空港は非常態勢 与党も声明 五輪へ影響危ぐ
1987.12.03	01頁07段	朝刊	大韓機旅券偽造 宮本周辺、強制捜査へ 韓国籍「高」と断定 警視庁
1987.12.03	03頁01段	朝刊	北朝鮮と関係ない 朝鮮総連が談話
1987.12.03	17頁03段	朝刊	韓国・ハイら2回戦進出 V3挑戦の土橋は欠場 全日本学生室内テニス第1日
1987.12.03	01頁03段	夕刊	「女性は韓国籍」確認を 韓国外務省が緊急訓令
1987.12.04	26頁01段	朝刊	「宮本」は「李京雨」韓国報道
1987.12.05	02頁01段	朝刊	「大韓機爆破事件は南の謀略」朝鮮総連が談話
1987.12.06	26頁03段	朝刊	虚名、虚業「宮本」という男/大韓航空機爆破事件
1987.12.09	27頁03段	朝刊	大韓機事件深まるナゾ 五輪阻止 大統領選絡み 日韓離反 色々な"動機"浮上

발행일	지면정보	간종별	목차
1987.12.10	13頁06段	朝刊	人権週間特集「人種差別撤廃条約の批准を」座談会
1987.12.12	15頁02段	夕刊	在日朝鮮人へいやがらせ 首を絞められた女生徒も/大韓航空機爆破事件
1987.12.14	26頁03段	朝刊	大韓機絡みの嫌がらせ 韓国で大きく報道/大韓航空機爆破事件
1987.12.14	14頁01段	夕刊	朝鮮総連、人権擁護申し入れ/大韓航空機爆破事件
1987.12.14	14頁02段	夕刊	宣伝車のガラス破る 朝鮮総連三多摩本部/大韓航空機爆破事件
1987.12.15	15頁03段	夕刊	国内支援組織追及 警視庁/大韓航空機爆破事件
1987.12.26	03頁03段	朝刊	「富士山丸事件早く解決を」土井氏、金主席に打電
1987.12.16	26頁06段	朝刊	[黒いパスポート]国際犯罪の点と線＝番外編 カギ握る女の１か月
1987.12.16	27頁01段	朝刊	朝鮮総連が声明
1987.12.17	27頁05段	朝刊	「真由美」メモ 「漢字暗号」は別系統工作員？ 日本では摘発の例ない
1987.12.18	02頁04段	朝刊	日韓関係さらに強化 政府自民 五輪成功へ支援 貿易不均衡改善も急ぐ
1987.12.19	11頁01段	夕刊	「真由美」韓国籍ではない 地元通信社報道
1987.12.20	03頁04段	朝刊	安倍幹事長きょう訪韓 盧氏当選に素早く対応 竹下内閣対韓重視をPR
1988.01.04	11頁02段	夕刊	在日朝鮮人シャンソン歌手 朴聖姫がリサイタル ポップスや民族歌謡も
1988.01.05	02頁03段	夕刊	[88特派員新春リレー] シドニー 信徒の祈りで祝う 建国3世紀目の夢
1988.01.16	01頁07段	朝刊	五輪妨害狙い大韓機爆破 韓国発表「真由美」も記者会見 本名は金賢姫
1988.01.16	02頁02段	朝刊	大韓航空機爆破事件「発表はデッチ上げ」朝鮮総連が談話発表
1988.01.16	04頁08段	朝刊	大韓航空機事件発表 南北情勢一気に流動化か 有識者座談会
1988.01.21	26頁02段	朝刊	朝鮮総連三多摩本部に投石 学校にも、窓ガラス割る/東京都立川市
1988.01.22	14頁01段	夕刊	大韓機爆破事件でいやがらせ 子供の安全措置要請 警視庁に朝鮮総連
1988.01.26	27頁05段	朝刊	「宮本」既に病死か 末期肝臓ガンで入院 60年春、姿消す 大韓機事件
1988.01.30	08頁01段	朝刊	[気流] 大韓機事件でいじめやめて
1988.02.01	08頁01段	朝刊	姜信子著「ごく普通の在日韓国人」
1988.02.02	01頁05段	朝刊	北朝鮮船員の上陸拒否 「制裁」を初適用 横浜港で入管局
1988.02.03	02頁01段	朝刊	[ニュース・スポット] 日本の北朝鮮制裁を非難
1988.02.05	27頁02段	朝刊	賢姫の花束贈呈と供述書 韓国発表に反論 朝鮮総連
1988.02.05	02頁01段	夕刊	[ニュース・スポット] 朝鮮総連、法務省に要請書
1988.02.08	19頁01段	夕刊	「ウソの上塗り」朝鮮総連が反論/大韓航空機爆破事件
1988.02.12	02頁01段	夕刊	テロ防止のため指紋押捺は必要 中曾根演
1988.02.15	25頁01段	朝刊	鉄筆で手作りガリ版芸術本 紀伊国屋画廊で個展
1988.02.16	01頁04段	夕刊	在日韓国人名・テレビ訴訟「日本語読み」適法 最高裁判決
1988.02.16	18頁03段	夕刊	韓国人名訴訟「氏名人格権」認めた最高裁 国際化へ望ましい原音読み
1988.02.22	02頁01段	朝刊	盧大統領就任は民主化の第一歩 社党、25日に対韓「新見解」
1988.02.27	01頁05段	朝刊	韓国、7234人の赦免決定 在日韓国人6人も 反政府指導者含む
1988.03.05	03頁02段	朝刊	[政界メモ] 金賢姫の少女時代の写真？
1988.03.09	07頁01段	朝刊	北朝鮮がサケ・マス漁許可へ 社会党に伝達
1988.03.12	02頁01段	朝刊	[ニュース・スポット] 民団が中央幹部3人再選
1988.03.16	31頁02段	朝刊	「写真の少女、金賢姫ではない」写真とビデオ添え朝鮮総連反論
1988.03.16	01頁05段	夕刊	指紋押捺拒否に猶予判決 名古屋高裁 法改正を考慮

발행일	지면정보	간종별	목차
1988.03.17	09頁05段	朝刊	指紋押捺 合憲判決 在日外国人の心に傷残す 制度の有用性 積極的に評価
1988.03.17	15頁02段	夕刊	[ステージ]「欲望という名の市電」緻密で丁寧だが原作の猥雑さが消える
1988.03.21	03頁03段	朝刊	日本の"中韓橋渡し"構想「静かな努力」を 日韓外相会談で合意へ
1988.03.23	03頁03段	夕刊	[ベタ記事を追って] 在サハリン朝鮮人労働者 同胞の叫び、届けたい…
1988.03.23	19頁06段	夕刊	帰化生徒が犯行自供 新宿の中学教師殺し 欠席しかられカッと/東京都
1988.03.24	31頁01段	朝刊	蜂谷宗由氏(本名・貞靖 志野流香道19世家元)死去
1988.04.02	02頁01段	朝刊	朝鮮総連幹部の再入国認めず 法務省
1988.04.02	02頁01段	朝刊	大韓機事件で大会 朝鮮総連
1988.04.05	05頁04段	朝刊	学生、列車に投石・放火 韓国「デモ過剰規制」と反発 乗客は無事
1988.04.11	19頁01段	夕刊	指紋押捺拒否に罰金/東京地裁
1988.05.10	31頁01段	朝刊	宮下善寿氏(本名よしひさ、陶芸家、日展参与)死去
1988.05.10	14頁01段	夕刊	[ニュース・スポット] ロスで指紋押捺抗議デモ
1988.05.11	15頁01段	夕刊	総連幹部「逮捕に意図」
1988.05.13	13頁04段	朝刊	外国人労働者受け入れ条件 法務省と労働省が対立 広い視野で本質を忘れるな
1988.05.13	15頁06段	夕刊	「柴田」の旅券名義人 兄夫婦 工作機関ダミー商社？に 大物幹部発案で設立
1988.05.15	02頁02段	朝刊	よど号グループ声明の全文
1988.05.15	05頁02段	朝刊	南北学生会談実現を 韓国学生 1万人集会で訴え
1988.05.16	02頁01段	朝刊	中曾根氏の講演中騒ぐ 在日韓国人ら
1988.05.17	03頁04段	朝刊	社党の朝鮮政策 党内論争再燃か「土井委員長訪韓」が天王山!?
1988.05.18	13頁02段	朝刊	[顔] 人道の立場から外国人労働者を支援する 渡辺英俊さん
1988.05.19	07頁03段	夕刊	「在日朝鮮人の帰化」シンポ 試される日本の国際化 立ちはだかる差別
1988.05.19	14頁03段	夕刊	[アップタウン・ダウンタウン] 働き者ササキ君の死
1988.05.21	01頁05段	朝刊	アジア卓球 北朝鮮が突然引き揚げ「歓迎会退席」政府の措置に反発
1988.05.21	18頁02段	朝刊	[目] 甘かった卓球協会の状況判断/アジア卓球
1988.05.21	27頁01段	朝刊	朝鮮総連が非難声明/アジア卓球選手権
1988.05.21	27頁05段	朝刊	卓球交流後味悪く「北朝鮮」引き揚げ「なぜ？」驚く各国選手団/アジア卓球
1988.05.21	14頁01段	夕刊	[ニュース・スポット] 川口社長、国外退去処分に▽長野で女性殺される
1988.05.22	01頁01段	朝刊	北朝鮮の卓球選手団が離日/アジア卓球
1988.05.22	11頁01段	朝刊	[ミニ時典] 朝鮮総連
1988.05.22	26頁01段	朝刊	200人が見守る中ロビーで歓送式 北朝鮮卓球選手団離日/アジア卓球
1988.05.23	02頁01段	夕刊	卓球協会から聴取 法務省/アジア卓球
1988.05.25	01頁03段	夕刊	徐俊植氏、韓国が釈放
1988.05.25	14頁01段	夕刊	虚偽ビザ組長禁固刑 ホノルル
1988.05.25	14頁03段	夕刊	懐かし電話、声も出ず 釈放の徐さん、京都の弟へ

발행일	지면정보	간종별	목차
1988.05.26	02頁02段	朝刊	[ニュース・スポット] リゾート整備3県確定▽サハリン訪問団派遣へ
1988.05.26	13頁03段	朝刊	徐氏の釈放 民主化推進へ盧政権の苦慮 少数与党、世論に押され
1988.05.28	30頁01段	朝刊	徐さん、なお獄中の兄と対面 韓国
1988.05.31	14頁01段	夕刊	[ニュース・スポット] 鶴田浩二さんの実子と認知▽「3億円強奪」捜査終わる
1988.06.01	03頁02段	朝刊	在韓被爆者問題の政府調査団 韓国当局から聴取
1988.06.02	30頁02段	朝刊	崔さんの帰国一時足止め 日本は搭乗認める
1988.06.07	13頁04段	朝刊	"人権後進国"脱皮を 「人種差別撤廃条約」など批准で
1988.06.09	14頁05段	夕刊	ソウル五輪 燃える柔道師弟 在日韓国人2世の師範 正木の「一本」めざす
1988.06.10	02頁01段	朝刊	拒否運動第1号の韓さんに再入国許可 指紋押なつ
1988.06.10	31頁01段	朝刊	西条文喜氏(本名・伊奈文喜＝映画監督)死去
1988.06.11	05頁04段	朝刊	南北学生会談開けず 機動隊が実力阻止 韓国で500人連行 100人負傷
1988.06.11	13頁04段	朝刊	「統一」求める韓国学生 「南北分断で民衆犠牲」と主張 民主化要求運動と連結
1988.06.12	02頁03段	朝刊	サハリン 残留韓国・朝鮮人の故郷訪問 ソ連、前向き検討へ
1988.06.14	14頁01段	朝刊	金栄、梁澄子著「海を渡った朝鮮人海女」
1988.06.17	30頁02段	朝刊	[ニュース・スポット] 五輪支援募金91億円に
1988.06.19	14頁03段	朝刊	「日韓の心のかけ橋に」 在日韓国人歌手・白さん 15回目の慈善ショー
1988.06.25	02頁01段	夕刊	[ニュース・スポット] 韓国学生が地検乱入、捕まる
1988.06.25	11頁02段	夕刊	[NEWSフロッピー] "出会い"を共通の財産に 日独文学者シンポの成果
1988.06.26	15頁03段	朝刊	[生涯現役] 美容研究家 メイ牛山さん 女性美は文化のバロメーター
1988.06.27	02頁04段	夕刊	在日韓国人 3世の地位安定努力を 法相会談で韓国側要請
1988.06.28	03頁01段	朝刊	五輪テロ防止日本に謝意 韓国大統領
1988.06.28	18頁01段	夕刊	押捺拒否の米留学ピアニスト成田へ
1988.06.29	26頁01段	朝刊	180日間の上陸許可 押捺拒否の崔さん
1988.06.29	02頁01段	夕刊	政治犯約40人仮釈放へ 韓国法務省発表
1988.06.30	05頁01段	朝刊	[ニュース・スポット] 在日韓国人釈放は6人
1988.06.30	18頁01段	夕刊	在日韓国人政治犯6人を仮釈放
1988.06.30	18頁02段	夕刊	在日韓国人ピアニスト 崔さんに永住権も 法相意向
1988.07.01	13頁04段	朝刊	法相訪韓、友好ムードの裏側 五輪テロ対策懸命な韓国 在日3世地位が課題に
1988.07.01	18頁04段	夕刊	父や母が仰いだ富士 残留孤児・郭さん 必ず家族で登ります 永住帰国してでも
1988.07.03	01頁04段	朝刊	[そろう五つの輪] ソウルへ急ピッチ＝7完 日本の立場(連載)
1988.07.04	02頁01段	朝刊	北朝鮮の墓参船 北九州市に入港
1988.07.04	18頁03段	夕刊	[祖国のオリンピック]＝1 国家代表 日本への思い水に流し(連載)
1988.07.06	30頁03段	朝刊	「富士山丸」家族からの返信 墓参団長が携え出港 サムジョン号/北九州市
1988.07.06	14頁03段	夕刊	[祖国のオリンピック]＝3 聖火走者 夢の"出場"疎外感消えて(連載)
1988.07.06	15頁05段	夕刊	「朱」VIP並み北朝鮮生活 運転手付き専用外車 貿易代金支払いでも厚遇

발행일	지면정보	간종별	목차
1988.07.07	18頁04段	夕刊	[祖国のオリンピック]=4 審判 平和の祭典、二重の喜び(連載)
1988.07.07	19頁04段	夕刊	「朱」に工作資金800万 逮捕時に所持 「北」の幹部が渡す?/警視庁公安部
1988.07.17	26頁05段	朝刊	[韓国聖火ロード]=1 済州島、五輪が呼び水、投機の波(連載)
1988.07.25	18頁03段	夕刊	[アップタウン・ダウンタウン] 日韓交流10年の石音
1988.07.30	06頁02段	夕刊	[テレビの現場]事実の時代=14　差別問題とことん迫る地方局の気骨 (連載)
1988.08.02	03頁04段	朝刊	社党・五十嵐氏訪韓を希望 韓国、ビザ発給か サハリン残留者問題で
1988.08.03	13頁04段	夕刊	韓国ニューシネマ上陸 東京で続々公開 「鯨とり」「青春スケッチ」
1988.08.04	26頁05段	朝刊	銃殺、不明…波乱の人生 幻の五輪候補は今/日韓バスケットの宿縁
1988.08.04	27頁06段	朝刊	[43年目の海峡] オリンピックの夏に=1 日韓バスケットの宿縁(連載) ＝見開き
1988.08.05	03頁02段	朝刊	五十嵐氏訪韓を了承 社党 中執委員では初めて
1988.08.06	26頁03段	朝刊	[43年目の海峡] オリンピックの夏に=3 特攻隊員の忠誠とは…(連載)
1988.08.07	22頁01段	朝刊	生活費分返したやさしい? 強盗 板橋で韓国人逮捕
1988.08.09	26頁04段	朝刊	[43年目の海峡] オリンピックの夏に=5 被爆の広島へ(連載)
1988.08.10	26頁04段	朝刊	[43年目の海峡] オリンピックの夏に=6 遺骨ようやく妻子の元へ(連載)
1988.08.12	01頁03段	夕刊	[明日の顔=51 金敬得 在日韓国人第1号弁護士(連載)
1988.08.13	02頁01段	夕刊	在日韓国人政治犯らあす仮釈放
1988.08.15	22頁04段	朝刊	外国人の"駆け込み寺" 人権よろず相談 法務省あすから都内に開設
1988.08.15	01頁03段	夕刊	学生と機動隊衝突 延世大 2000人が会談出陣式
1988.08.15	14頁02段	夕刊	サハリン在留の南朝鮮人 韓国墓参に"国境の壁"
1988.08.16	05頁04段	朝刊	韓国 南北学生会談また不発 延世大 500人を機動隊が連行
1988.08.17	01頁04段	朝刊	[インサイド韓国]第3部・文化の新潮流=4 「井戸焼」再生(連載)
1988.08.19	03頁01段	朝刊	サハリン残留韓国人問題で韓国側が理解
1988.08.22	18頁03段	夕刊	「ホドリ行進」ソウル入り 在日韓国人グループ 88ソウル五輪
1988.08.25	01頁05段	朝刊	盧大統領 11月中旬来日へ 五輪後の情勢協議 在日韓国人 地位向上問題も
1988.08.25	02頁02段	朝刊	朝鮮総連議長ら 8人に再入国許可 建国記念式典出席
1988.08.27	14頁03段	夕刊	聖火"気配りリレー" 在日韓国人の走者も 済州島/ソウル五輪
1988.08.28	31頁01段	朝刊	在日韓国人 けん銃4丁 金浦空港/韓国
1988.08.29	19頁02段	夕刊	88ソウル五輪 韓国本土入りした聖火 在日・河さん"力走"
1988.09.05	19頁05段	夕刊	中国の育毛剤「101」を大量不正輸入 朝鮮総連前幹部を聴取/兵庫県警
1988.09.06	30頁01段	朝刊	外登証不携帯で不当逮捕と抗議の会見 在日韓国青年会
1988.09.08	05頁01段	朝刊	[ニュース・スポット] 韓国学生、催涙弾受け重体
1988.09.09	03頁01段	朝刊	5懸案に対処を 韓国大使強調
1988.09.10	02頁01段	朝刊	[ニュース・スポット] 北朝鮮建国40周年で祝賀会
1988.09.13	15頁03段	朝刊	返上したい「人権開発途上国」 心にひそむ差別意識無くして
1988.09.14	18頁03段	夕刊	「日本選手団にテロ」通信社に脅迫状/ソウル五輪
1988.09.15	30頁04段	朝刊	肌で感じた母国の熱気 在日韓国人の若者ら 88ソウル五輪開幕まで2日
1988.09.16	25頁05段	朝刊	五輪開幕へ東京もフィーバー 商魂もたくましく＝見開き

발행일	지면정보	간종별	목차
1988.09.16	31頁07段	朝刊	88ソウル五輪あす開幕 競技場残して逝った建築家の日本人妻
1988.09.17	14頁02段	夕刊	国内合宿組詰めの練習 「開会式は夜ビデオで」/ソウル五輪
1988.09.20	30頁01段	朝刊	[ニュース・スポット] サハリンから一時帰国 残留韓国人/ソウル五輪
1988.09.21	18頁01段	夕刊	指紋転写拒否 再び猶予措置 町田市が認める/東京都町田市
1988.09.27	32頁01段	朝刊	[放送塔] 祖国と家族思う心に感動
1988.09.28	30頁02段	朝刊	北朝鮮にパソコン密輸 出港の寸前に摘発/新潟
1988.10.02	05頁01段	朝刊	[ニュース・スポット] 韓国が政治犯52人あす釈放
1988.10.03	02頁01段	夕刊	韓国政治犯52人仮釈放
1988.10.04	01頁01段	朝刊	[編集手帳] 五輪観戦の「さざ波」
1988.10.04	05頁04段	夕刊	[ジャパネスク新世紀]＝133 第3部・日本文化の国際化＝14(連載)
1988.10.05	13頁04段	朝刊	「日朝経済」改善への課題は 債務未払いがネック 国際慣習の順守も
1988.10.14	01頁06段	夕刊	南北対話に協力表明 石橋氏、盧大統領と会談 社党と交流推進
1988.10.14	18頁01段	夕刊	[ニュース・スポット] 指紋拒否韓国人に有罪
1988.10.17	02頁01段	朝刊	対韓関係は完全に改善 石橋氏が成果強調
1988.10.22	31頁01段	朝刊	故宇野重吉さんの遺産は5億5000万円/東京・目黒税務署公示
1988.10.23	03頁03段	朝刊	朝鮮労働党代表団 社党、来日実現に全力 山口書記長 総連議長に要請へ
1988.10.23	31頁03段	朝刊	高砂親方が死去 元横綱朝潮、外国人力士を育成/大相撲
1988.10.24	17頁01段	朝刊	国籍で幻の日本新/実業団対抗陸上最終日
1988.10.27	03頁02段	朝刊	朝鮮労働党訪日を再要請 社党書記長、朝鮮総連議長に
1988.10.27	19頁04段	朝刊	日本1点重かった 前半43分 韓国 一瞬のスキ突く/日韓サッカー定期戦
1988.10.28	11頁03段	夕刊	[論点88]10月＝下 「文化」視点の韓国論突く 自国中心の危険(連載)
1988.10.29	01頁03段	朝刊	朝鮮総連部長ら3人に 再入国を認める/法務省
1988.10.29	31頁01段	朝刊	旗一兵氏(本名・金田福太郎＝演劇評論家)死去
1988.10.30	01頁06段	朝刊	6歳少女、英で心臓移植 4日に手術、順調に退院 日本人、海外で2人目
1988.10.30	05頁01段	朝刊	郭日本帰化へ/プロ野球
1988.11.04	05頁05段	夕刊	"近くて近い韓国"実感 大阪・生野区 「韓国人」に誇り日本人も好き
1988.11.10	11頁03段	朝刊	[what＆why] 世界人権宣言「40歳」「思いやり」再認識を
1988.11.30	05頁01段	朝刊	朝鮮総連を反国家団体から除外する試案 韓国政府・与党
1988.12.02	05頁03段	朝刊	朝鮮総連 現行通り反国家団体 韓国が保安法改正案確定
1988.12.12	13頁01段	夕刊	[スポット] 在日韓国人描いた劇
1988.12.13	03頁02段	夕刊	[AIR・MAIL] モスクワ アジアがうず巻く朝鮮料理店
1988.12.15	11頁03段	夕刊	[芸談]＝24 尾上松緑 孫に託す伝承の力(連載)
1988.12.17	13頁04段	朝刊	外国人労働者対策 入管法改正は大胆に 規定甘いと効果なし
1988.12.20	14頁03段	夕刊	在日韓国人政治犯の徐氏 懲役20年に減刑
1988.12.22	26頁01段	朝刊	姜宇奎氏ら出所
1988.12.24	02頁01段	朝刊	在日韓国人3世問題で初協議 日韓高級実務者
1988.12.24	05頁03段	朝刊	韓国学生を青年祭に 北朝鮮「招請状送る」と文書
1989.01.07	22頁04段	朝刊	「北朝鮮の弟」韓国にいた! 54年ぶり兄弟再会 中央区の新井さん

발행일	지면정보	간종별	목차
1989.01.09	02頁01段	夕刊	盧大統領の早期訪日を要請 日韓外相会談
1989.01.12	31頁06段	朝刊	サハリン残留韓国・朝鮮人 肉親と集団再会へ 1世、残り時間わずか
1989.01.13	04頁03段	朝刊	「統一」の夢 絵筆に託し パリ客死の韓国出身画家、李さん
1989.01.21	02頁03段	朝刊	「直接対話」改めて訴え 朝鮮半島政策で政府見解
1989.01.26	02頁03段	夕刊	[89地球点景]=9 ソウル 民主化のうねり(連載)
1989.01.31	03頁01段	朝刊	「在日3世」問題で首相に要望 金泳三氏
1989.02.01	03頁03段	朝刊	訪韓は参院選以降 土井委員長 金泳三氏に表明
1989.02.01	13頁03段	朝刊	なお残る再審制の問題点 島田事件の教訓生かせ
1989.02.05	02頁01段	朝刊	[ニュース・スポット] 在日韓国人親子が恩赦拒否
1989.02.07	26頁03段	朝刊	「指紋」拒否などで起訴の34人 全員「恩赦拒否する」
1989.02.08	03頁01段	朝刊	外国人登録法 大赦から外さぬ 法相会見
1989.02.09	03頁04段	朝刊	大喪恩赦 新憲法下で苦肉の策 選挙違反、大赦から除外 国民の批判かわし
1989.03.02	01頁05段	夕刊	障害年金実施時に韓国籍 受給資格を認めず 最高裁上告棄却/塩見年金訴訟
1989.03.06	18頁01段	夕刊	押なつ拒否に「免訴」 被告「無罪」求め控訴へ
1989.03.07	19頁01段	朝刊	コリアスポーツ廃刊
1989.03.09	18頁03段	夕刊	押印一貫拒否の在日韓国人 再入国許可証を発行
1989.03.24	04頁03段	朝刊	[ブッシュ時代のアメリカ]第2部・変容する社会=7 ヒスパニック(連載)
1989.03.28	03頁03段	朝刊	在日3世問題で進展か 日韓首脳会談 駐韓大使が見通し
1989.03.28	05頁01段	朝刊	訪朝の動機を声明文に託す/秘密訪朝事件
1989.04.02	01頁01段	朝刊	査証簡素化 日韓が合意
1989.04.02	30頁03段	朝刊	サハリン残留肉親との再会 韓国人の渡航が実現
1989.04.03	01頁01段	夕刊	在日韓国人、3世永住権に配慮 首相、崔韓国外相に表明
1989.04.03	11頁01段	朝刊	[文庫] 李良枝著「ナビ・タリョン」
1989.04.07	30頁02段	朝刊	釈放の姜さん帰日 韓国スパイ事件 12年ぶり家族と再会
1989.04.08	02頁01段	朝刊	[ニュース・スポット] 朝鮮総連副議長、永住帰国へ
1989.04.15	02頁01段	朝刊	[ニュース・スポット] 金日成主席誕生の祝賀宴/東京・朝鮮総連会館
1989.04.20	02頁02段	朝刊	韓国と今後直接協議 サハリン残留問題でソ連
1989.04.22	02頁04段	朝刊	サハリン残留韓国人問題 一家9人に永住帰国許可 ソ連、方針転換
1989.04.22	30頁01段	朝刊	[ニュース・スポット] スパイ行為強要、総連都本部が公安調査庁に申し入れ
1989.04.27	04頁05段	朝刊	サハリン残留韓国人 永住帰国に弾み ソ韓"日本抜き"急接近
1989.04.28	18頁03段	夕刊	指紋押捺拒否で再入国不許可 取り消し請求を却下 東京地裁
1989.05.08	05頁02段	朝刊	火炎ビン不使用宣言 韓国学生 警官死傷で転換
1989.05.16	05頁01段	朝刊	韓国学生が断食闘争 学生変死事件
1989.05.27	27頁03段	朝刊	平壌へ!5400キロクルーズ 在日朝鮮人ジャーナリスト「祖国へ自由に」と
1989.06.02	13頁03段	朝刊	「サハリン裁判」訴訟取り下げ 残る日本の責任 出国手続きもボランティア任せ
1989.06.15	18頁02段	夕刊	「サハリン訴訟」取り下げ 原告の李さん「歴史的使命終えた」

발행일	지면정보	간종별	목차
1989.06.23	03頁02段	朝刊	日朝間の対話に意欲 塩川官房長官
1989.06.24	03頁02段	朝刊	指紋押捺拒否訴訟「免訴で幕は残念」 裁判長、異例の所感 広島高裁 岡山支部
1989.06.28	18頁01段	夕刊	[ニュース・スポット] 国籍条項削除へ
1989.06.28	30頁02段	朝刊	会員権要綱に「日本国籍」 下関市のゴルフ場 在日韓国人が反発
1989.06.30	05頁01段	朝刊	韓国学生、平壌祭典に代表1人派遣
1989.07.02	05頁01段	朝刊	秘密訪朝を強く非難 盧大統領
1989.07.04	05頁01段	朝刊	板門店を通って死んででも帰る 韓国学生の林さん
1989.07.12	18頁01段	夕刊	脅迫ステッカーはる 団地の掲示板/東京・練馬区
1989.07.14	01頁04段	夕刊	指紋押捺拒否を免訴 最高裁初判決「大赦令の対象」理由/最高裁
1989.07.14	30頁03段	朝刊	外国人を会員しめ出し「不当」とゴルフ場訴え 在日韓国人
1989.07.18	30頁01段	朝刊	指紋転写を1年間猶予 青年の拒否で町田市
1989.07.20	02頁02段	朝刊	[ニュース・スポット] 在日「3世」日韓協議
1989.07.26	02頁04段	夕刊	[北朝鮮の熱い夏]＝5完 "溝"越え高い対日関心(連載)
1989.07.27	30頁02段	朝刊	[ニュース・スポット] 会員権取得拒否で訴訟
1989.07.28	05頁04段	朝刊	機動隊2万人 学生の"歓迎"封圧
1989.07.31	02頁03段	朝刊	日本人牧師を聴取 韓国 林さん訪朝問題で
1989.08.11	02頁01段	朝刊	[ニュース・スポット] 社党自治体局長が訪韓へ
1989.08.13	03頁04段	朝刊	[忘れられた戦後]平成の夏 アジアを歩く＝5 残留二世(連載)
1989.08.20	03頁04段	朝刊	日韓閣僚会議再開へ 10月中旬にも 2年10か月ぶり
1989.08.21	13頁04段	夕刊	在日韓国・朝鮮人の「帰化」近く刊行 日本人の差別意識を問う
1989.08.23	13頁02段	夕刊	[手帳]日本言論へ"一石"期待 在日韓国人誌「青丘」創刊
1989.08.26	05頁04段	朝刊	林さん訪朝 愛国行動か感傷か 韓国学生に渦巻く賛否
1989.09.03	30頁01段	朝刊	8割が国籍条項 ゴルフ場の会員資格 在日朝鮮人団体調査
1989.09.07	09頁01段	朝刊	[情報ディスク] 螺鈿漆器の作品展
1989.09.07	19頁01段	朝刊	中日入り9年、郭が日本帰化
1989.09.08	30頁01段	朝刊	[ニュース・スポット] 押捺拒否で免訴
1989.09.13	13頁05段	朝刊	社会党とパチンコ業界 検証 金脈報道に明快な答えを 説得力欠く書記長会見
1989.09.14	18頁03段	夕刊	押捺拒否の神父収監 横浜地検 罰金不払い理由
1989.09.15	03頁05段	朝刊	韓国、日本政局に強い関心 盧大統領の訪日絡みで 政権の安定性に注目
1989.09.26	02頁04段	朝刊	被爆者(韓国人)救済へ論議 日韓外相がＮＹで会談
1989.09.29	02頁01段	朝刊	[ニュース・スポット] 朝鮮総連が政府に要望書
1989.09.29	03頁02段	朝刊	「朝鮮総連から陣中見舞い」 社党、事実調査へ 広報局長会見
1989.09.29	18頁03段	夕刊	指紋押捺を拒否し出国「永住資格は失効」 福岡地裁判決
1989.09.30	03頁01段	朝刊	社党議員へ献金ない 朝鮮総連幹部
1989.10.07	13頁03段	朝刊	指紋押捺拒否で永住資格失効判決 情勢に応じた救済も必要
1989.10.08	05頁03段	朝刊	独立闘士の息子、「北」が訪朝工作 革命史跡行事出席、宣伝効果狙う
1989.10.09	10頁01段	朝刊	[短評] 京都新聞社編著「私たちは、どこにいるのか」

발행일	지면정보	간종별	목차
1989.10.19	01頁03段	朝刊	業界元幹部喚問も パチンコ疑惑 与野党折衝難航/衆院予算委
1989.10.19	02頁01段	朝刊	朝鮮総連と社党の関係追及 参院自民
1989.10.19	02頁05段	朝刊	証人喚問で応酬 自民・社会 見えぬ決着への道すじ 虚々実々/パチンコ疑惑
1989.10.19	12頁01段	朝刊	[気流] 外国人が突く、金に弱い政界
1989.10.19	13頁04段	朝刊	パチンコ疑惑 国会審議 政治駆け引きに使うな 自社とも解明に本腰を
1989.10.19	18頁01段	朝刊	[こだま] 中韓ネット越しの恋が成就
1989.10.19	30頁01段	朝刊	朝鮮総連が反発声明/パチンコ疑惑
1989.10.19	01頁04段	夕刊	パチンコ問題 3 1・1日集中審議 衆院予算委再開 証人喚問タナ上げ
1989.10.19	02頁01段	夕刊	社党の政権資格問う パチンコ疑惑で、奥田国対委員長/自民党
1989.10.19	02頁01段	夕刊	"パチンコ"証人喚問 共産も「必要」
1989.10.20	02頁01段	朝刊	北朝鮮系からの献金は重要問題 三塚政調会長
1989.10.20	02頁03段	朝刊	[焦点採録] 19日・衆院予算委 閣僚の調査結果、公表を/パチンコ献金疑惑
1989.10.20	30頁01段	朝刊	朝鮮総連の寄付訂正/社会党長野県本部
1989.10.21	01頁03段	朝刊	朝鮮総連巡り応酬 参院予算委 審議、週明け持ち越し
1989.10.21	01頁04段	朝刊	パチンコ献金 公民ともに275万円 民社「民団から19万」陳謝 調査公表
1989.10.21	02頁01段	朝刊	朝鮮総連は注目団体 後藤法相が軌道修正
1989.10.21	02頁04段	朝刊	[国会リポート] 参院予算委 パチンコ対リクルート 冒頭から自社激突
1989.10.23	03頁04段	朝刊	かすむ消費税攻防 国会論戦、主役は「パチンコ疑惑」 遅れる廃止案審議
1989.10.24	03頁01段	朝刊	「"パチンコ疑惑"は企業活動への中傷」在日朝鮮商工連が声明
1989.10.24	31頁01段	朝刊	戸塚代議士が訂正届を提出 居留民団寄付問題
1989.10.24	02頁01段	夕刊	朝鮮総連への公安庁答弁適切 法相が認識
1989.10.26	01頁05段	朝刊	社党議員の働きかけ 県条例改正の契機に パチンコ問題、警察庁長官答弁
1989.10.26	03頁01段	朝刊	法相の「危険」発言 即時取り消し要求 朝鮮総連
1989.10.27	32頁01段	朝刊	[放送塔]胸を熱くしながら見た▽クイズで歴史の勉強も
1989.10.30	02頁02段	朝刊	徹底追及を強調 共産委員長/パチンコ献金疑惑
1989.10.30	02頁03段	朝刊	パチンコ献金疑惑 真相どこまで あすから集中審議/衆院予算委
1989.10.31	01頁05段	朝刊	パチンコのカード導入反対「社党の働きかけ受けた」参院予算委、警察庁答弁
1989.10.31	03頁03段	朝刊	パチンコ献金疑惑 衆院きょう集中審議
1989.10.31	30頁01段	朝刊	[ニュース・スポット] 朝鮮総連が政府に"訴え"
1989.10.31	01頁07段	夕刊	パチンコ集中審議 朝鮮総連の役割追及 カード反対運動 小里氏質問に政府答弁
1989.10.31	18頁03段	夕刊	一時騒然も熱気欠く パチンコ集中審議 むき出しの党利党略/衆院予算委
1989.11.01	02頁01段	朝刊	総連の支援 社党全面否定/パチンコ集中審議
1989.11.01	02頁04段	朝刊	疑念残した「総連関係」社党「書記長見解」の域出ず パチンコ集中審議
1989.11.01	03頁02段	朝刊	「政府資料」で890万円暴露/パチンコ問題集中審議

발행일	지면정보	간종별	목차
1989.11.01	03頁05段	朝刊	「献金資料」更ににおわす 自民 意識先行、迫力不足の感
1989.11.01	04頁04段	朝刊	「パチンコ疑惑」集中審議の詳報 31日の衆院予算委から
1989.11.01	13頁04段	朝刊	[デスク討論] 突っ込み不足の自社対決「パチンコ疑惑」集中審議
1989.11.01	31頁03段	朝刊	パチンコ集中審議 決定打欠く自社応酬 "判定"きょうに持ち越し
1989.11.02	01頁03段	朝刊	「総連」「民団」からの献金 与野党7議員に 自治省認める
1989.11.02	02頁01段	朝刊	証人喚問など結論は先送り
1989.11.02	02頁04段	朝刊	終わってみれば… 宣伝戦 パチンコ集中審議 双方が"決め手"不足
1989.11.02	03頁01段	朝刊	朝鮮学校の教育内容調査要請へ 文相意向
1989.11.02	03頁04段	朝刊	パチンコ献金 自民調査公表 時機にらみ得策と判断 社党の"収束願望"も読む
1989.11.03	02頁02段	朝刊	朝鮮総連献金の「政府資料」公安調査庁も調査 法務省首脳
1989.11.03	03頁02段	朝刊	[社説] 疑惑の晴れないパチンコ審議
1989.11.03	30頁01段	朝刊	2審無罪も大枚理由に免訴 登録法違反で最高裁
1989.11.04	09頁04段	朝刊	政治改革阻む「全会一致」国会慣行、今こそメスを
1989.11.04	03頁01段	夕刊	日朝議連訪朝延期を要請 北朝鮮
1989.11.04	14頁02段	夕刊	[ニュース・スポット] 朝鮮総連が抗議集会
1989.11.07	02頁01段	夕刊	総連献金の政府資料 法相が出所調査指示
1989.11.08	03頁01段	朝刊	パチンコ証人喚問 協議物別れに
1989.11.09	03頁02段	朝刊	出所調査の公表拒否「総連」資料で公安調査庁 法相には結果報告
1989.11.11	30頁01段	朝刊	[ニュース・スポット] パチンコ疑惑で声明文
1989.11.18	31頁03段	朝刊	パチンコ寄付 新たに与野党45人 参院委で共産公表/パチンコ献金疑惑
1989.11.19	02頁04段	朝刊	「金丸親書」手渡さず 社会党・田辺氏会談 北朝鮮側、強い不信感/日朝関係
1989.11.20	15頁04段	夕刊	韓国で大反響 新宿梁山泊「千年の孤独」浅草で凱旋公演/東京
1989.11.21	03頁01段	朝刊	いじめ問題、政府に対応要請 朝鮮総連
1989.11.22	02頁01段	朝刊	[ニュース・スポット] "いじめ問題"で首相発言
1989.11.23	02頁02段	朝刊	民族差別いじめ最も卑劣なこと 首相、発言を"軌道修正"
1989.11.23	19頁01段	朝刊	読売ク・ラモス帰化
1989.11.27	11頁01段	朝刊	[小窓] 林えいだい著「消された朝鮮人強制連行の記録」
1989.11.29	02頁01段	朝刊	「いじめ・国会」関連 法相見解すぐ訂正
1989.11.30	02頁01段	朝刊	首相「基礎知識がなかった」と釈明
1989.11.30	02頁01段	朝刊	[ニュース・スポット] 東欧問題で朝鮮総連見解
1989.11.30	02頁03段	朝刊	在日朝鮮人生徒への嫌がらせ 文相、対策の意向示す
1989.12.01	02頁01段	朝刊	「いじめ問題」首相見解要求 社党書記長
1989.12.06	02頁01段	朝刊	社党書記長証人喚問自民側が改めて要求 パチンコ疑惑
1989.12.08	31頁03段	朝刊	大量の偽「高速券」成田 韓国学生が空輸、姿消す
1989.12.10	30頁01段	朝刊	朝鮮学校生への嫌がらせで抗議集会/東京都北区
1989.12.10	30頁02段	朝刊	高木弁護士に韓国国民勲章 サハリン残留者の救援に尽力
1989.12.11	03頁02段	朝刊	[社説] 動き出す外国人労働者対策

발행일	지면정보	간종별	목차
1989.12.11	22頁07段	朝刊	東欧変革の始まり すべての国が啓発のリーダーに 人権特集
1989.12.15	13頁03段	朝刊	[顔]韓国で秋田弁の芝居を上演する 浅利香津代さん
1989.12.17	11頁03段	朝刊	映画に取り組む女性作家・朴さん 戦争の暗部えぐり出す 沖縄戦テーマに2作目
1989.12.20	02頁01段	夕刊	日韓「3世協議」開始

오키나와 타임스

○ ○ ○

1 서지적 정보

『오키나와 타임스』는 1948년 창간 이래로 재일조선인과 남북한에 관한 기사들을 「(정치)살롱」, 「해설」, 「사설」코너 등을 통해 오키나와의 문제와 함께 꾸준히 보도해 왔다. 그 중에서도 시인 후지시마 우다이(藤島宇内)의 「일본의 세 개의 원죄」(1958.12.13.(상), 15(하))는 오키나와와 부락문제, 그리고 재일조선인 문제에 대한 일본인의 자각을 통해 일본 사회 전체를 바라볼 수 있는 시야획득과 변혁의 중요한 '판단의 거울'이 되기를 바라는 내용을 글이 눈에 띈다.

이와 같은 재일조선인 문제에 관한 논조는 오키나와가 일본으로 반환된 직후인 1972년 9월 6일자 사설 「오키나와 전투와 조선인 문제」에서도 잘 나타난다. 진정한 아시아의 연대를 위해서는 많은 조선인들이 태평양전쟁 때 오키나와 전투에서 어떠한 대우를 받았는지 상세히 밝혀야 하고 그것은 숨겨진 또 하나의 '오키나와 전투'라는 것이다.

이 외에 1970,80년대에 들어가면 지면의 특징적인 변화는 재일조선인 작가와 작품에 대한 평론과 서평의 증가이다. 이회성, 고사명, 김달수, 김시종과 같은 재일조선인 작가들의 활동을 소개하는 기사와 함께 다케다 세이지(竹田青嗣)의 「'재일'문예의 틀을 없앤 이기승'바람이 분다'」과 같은 「문예지평」과 한국의 작가들을 소개한 가지이 노보루(梶井陟)의 「해외문학의 현황」과 같은 평론을 다수 볼 수 있다.

또한 1984년에는 한국 대통령으로는 처음으로 일본을 방문하는 전두환 대통령의 방일을 앞두고 여러 기사와 사설들이 게재된다. 1984년 9월 4일자 사설 「떨칠 수 없는 3각 안보의 그림자-일한 신시대가 의미하는 것」, 9월 9일자 「긴장완화의 노력을-일한 공동성명과 조선반도」에서 전후 한국과 일본의 관계를 되돌아보고 앞으로의 관계개선을 기대하고 있다. 또한 서울 올림픽을 한 달 앞둔 1988년 8월 19일자 사설 「재개되는

'남북대화」에서는 3년 만에 재개되는 남북한 간의 대화를 통한 남북의 평화통일을 기원하는 기사도 눈에 띈다.

하지만 역시『오키나와 타임스』에서 가장 특기할만한 점은 매해 찾아오는 종전기념일에 오키나와 전투 관련 기사로 오키나와에서 희생된 오키나와의 현민들과 함께 희생된 조선인들에 대한 꾸준한 기사이다. 특히 1982년 9월 5일부터는「평화로의 검증-왜 지금 오키나와전인가?」와 같은 시리즈물을 통해 오키나와에서 희생된 조선인들의 대한 내용을 심층적으로 다루고 있다.

목차

발행일	호	지면정보	필자	기사제목
1949.09.10	第73号	01頁07段		朝鮮人団体に解散命令
1949.10.20	第93号	01頁07段		日本政府は去る九月八日の朝鮮と連盟解散に
1949.12.22	第135号	02頁05段		"朝鮮人からもらった"ニセ札犯人・追突中
1950.06.30	第296号	02頁07段		想い出の人々の「健在」を祈 春川にいた小橋川氏
1950.09.07	第362号	01頁05段		北鮮非難 朝鮮委員会 報告書作成
1950.11.28	第444号	01頁09段		中軍事協定説 朝鮮人驚く 神戸市警 非常召集
1950.12.28	第473号	01頁11段		在日不隠朝鮮人 国外追放に決定
1951.01.12	第486号	01頁13段		暴動鎮圧が重点 警察大学より二氏帰える
1951.03.23	第535号	01頁03段		38度線問題 西欧側意見一致
1951.03.23	第535号	01頁05段		北鮮への進撃 各国と協議中
1951.03.23	第535号	01頁06段		朝鮮人が米兵を殺害東京浅草で
1951.10.21	第762号	01頁10段		日韓会議きのう開く
1951.10.22	第763号	01頁07段		日本国籍離れる発効後の朝鮮台湾人
1951.10.22	第763号	01頁10段		ソ連の北鮮援助 始めて確認さる
1951.12.01	第802号	01頁09段		部屋の強盗挙る 容疑者は朝鮮人
1951.03.16	第904号	01頁12段		指導権変更 北政府重視
1951.03.18	第906号	01頁10段		琉球人などの引揚実施要領内定
1951.04.08	第925号	01頁09段		解放決議案 八月国会に提出
1952.05.31	第977号	01頁03段		韓国、政治危機李大統領議会と対立
1952.05.31	第977号	01頁10段		奈良地検へ朝鮮人押かく
1952.06.01	第978号	02頁03段		〈沖縄から琉球〉屋嘉村の砂地まくら十月末から捕虜解放されり(53)
1952.07.04	第1011号	01頁08段		十八名検挙 大阪吹田事件

발행일	호	지면정보	필자	기사제목
1952.07.05	第1012号	01頁10段		狂乱する在日朝鮮人日本政府その措置に苦慮
1952.07.22	第1029号	01頁05段		〈解説〉破防法漸く公布 日共対策に重点置く
1952.08.05	第1043号	01頁05段		学生運動白書 文部省が発表-劣等感と排外感情 根深い原因となる
1952.08.05	第1043号	01頁08段		不良朝鮮人強制送還首相答弁
1952.08.11	第1049号	01頁05段		週間国際展望
1952.08.13	第1051号	01頁01段		『朝鮮派兵』のデマに北鮮系が特工隊を編成
1952.08.18	第1056号	01頁04段		財産請求権変えず日韓会談再開微妙に働く
1952.08.23	第1060号	01頁07段		在日朝鮮人の国内措置検討
1952.09.12	第1079号	01頁06段		朝鮮人収容所を拡充討論
1952.09.12	第1080号	02頁02段		密航の十字路 国際色入り乱れて
1952.09.17	第1084号	01頁09段		自衛力増強の対象共産党と朝鮮人だ 吉田首相記者会見
1952.09.20	第1087号	01頁07段		〈メーデー事件公判開かる〉二重橋前に赤旗外人自動車に放火
1952.09.26	第1092号	01頁11段		メーデー公判第四日目も騒ぐ
1952.09.27	第1093号	01頁06段		メーデー公判重視政府朝鮮人に行政処分か
1952.10.01	第1097号	01頁01段		北鮮沿岸を海上封鎖 共産軍の後方に大きな脅威
1952.10.01	第1097号	01頁03段		北鮮化学工場爆撃
1952.10.01	第1097号	01頁03段		北鮮にソ連兵駐屯
1952.10.01	第1097号	01頁05段		在日朝鮮人の国連軍従軍確認
1952.10.15	第1111号	01頁07段		火炎ビンは爆発物にあらず広島地裁で判定、問題化す
1952.10.26	第1121号	01頁03段		朝鮮問題で各国間に秘密交渉国連印度代表が発表す
1952.10.26	第1121号	01頁03段		登録拒否を改む外国人登録明の切賛
1952.10.26	第1121号	01頁07段		朝鮮水域の防衛設定は 日本漁船攻撃を防げ為
1952.10.29	第1124号	01頁02段		マ大使ク大将 朝鮮へ飛ぶ 朝鮮封鎖水域問題討議か
1952.10.29	第1124号	01頁07段		外国人の登録全国的に順調
1952.10.29	第1124号	01頁08段		韓国の反日政策強化日本人技術者駆逐を企図
1952.11.13	第1139号	01頁01段		国連総会の論議活溌化朝鮮問題に言及英・インド代表ら起つ
1952.11.13	第1139号	01頁08段		〈休戦問題〉朝鮮問題米悲観的
1952.11.13	第1139号	01頁09段		〈休戦問題〉大村収容所で朝鮮人大騒ぎ
1952.11.21	第1147号	01頁09段		八割は朝鮮人未登録外人を検挙
1952.11.21	第1147号	01頁11段		韓国代表反対表明
1952.11.28	第1154号	02頁05段		〈数字は語る〉十カ年で 一六万人の増
1952.12.01	第1157号	01頁03段		朝鮮人登録終る 各地で拾うコボレ話
1953.01.07	第1191号	01頁02段		朝鮮戦乱の拡大避けよ世界の関心は西欧にチャ首相記者会見
1953.01.07	第1191号	01頁06段		朝鮮人強制送還は不法だと思う 李大統領声明
1953.01.07	第1191号	01頁07段		李大統領談 日本に敵意持たず

발행일	호	지면정보	필자	기사제목
1953.01.10	第1194号	01頁06段		日本側、譲歩も考慮日韓会談の再開に曙光
1953.01.10	第1194号	01頁09段		定例閣議 予算案を討議
1953.06.24	第1357号	02頁06段		在日朝鮮人、副長官の許可で帰化できる 政府回答
1953.09.06	第1430号	02頁03段	池宮城秀意	奄美大島の復帰と沖縄主民の立場(上)
1953.09.20	第1444号	01頁01段		〈社説〉勤労青年達の勉学と建康
1953.09.20	第1444号	01頁01段		韓国に漁業交渉申入れ 政府は現実的解決要望
1953.09.20	第1444号	01頁06段		北鮮復興へと在日朝鮮人の帰国熱さかん
1954.10.27	第1835号	01頁08段		在留朝鮮人の登録切替え反対者には断固たる措置
1954.11.17	第1856号	01頁01段		中共、特務工作を強化 反民協、情報資料検討
1958.11.06	第3290号	01頁07段		国連政治委米決議案を可決 韓国代表のみの招請
1958.11.14	第3298号	01頁03段		韓国の密航者百二十七人逮捕
1958.12.13	第3327号	04頁01段	藤島宇内	日本の三つの原罪-沖縄・部落・在日朝鮮人
1958.12.15	第3329号	04頁01段	藤島宇内	日本の三つの原罪-沖縄・部落・在日朝鮮人(下)
1959.01.16	第3360号	01頁09段		ソ連、配船を要求 真岡から百五十人白山丸を起用か
1959.01.26	第3370号	01頁09段		〈さろん〉岸新総裁、横綱に共感
1959.02.01	第3376号	01頁09段		北鮮帰国外相、実現に踏切るも与党内の異論を懸念
1959.02.02	第3377号	01頁09段		〈北鮮人帰国問題〉日韓交渉決裂も自認外務省既定方針通りに進む
1959.02.04	第3379号	01頁11段		韓国再び硬化日韓会談打切りか
1959.02.08	第3383号	01頁12段		北鮮送還に反対 藤山・柳会談
1959.02.10	第3385号	01頁10段		北鮮送還問題は日韓会談で 柳公使、沢田代表に申入れ
1959.02.11	第3386号	01頁09段		北鮮送還三十日閣議決定へ閣僚懇談会で一致
1959.02.11	第3386号	01頁10段		北鮮送還を座視せず 李韓国大統領が言明
1959.02.12	第3387号	01頁12段		柳公使、マ大使と用談
1959.02.12	第3387号	01頁03段		「送還問題」国連に提訴韓国外務部当局が言明
1959.02.12	第3387号	01頁06段		きょう山田・柳会談
1959.02.12	第3387号	01頁06段		国連決定せば交渉打切り通告
1959.02.12	第3387号	01頁10段		〈さろん〉さすがの沼さんもしょう沈
1959.02.14	第3388号	01頁05段		韓国官憲が出港停止命令 釜山で日本船抑留? 外務省は事態を重視
1959.02.14	第3388号	01頁08段		日本の態度に好感北鮮帰国問題国連で関心呼ぶ
1959.02.14	第3389号	01頁05段		北鮮送還を実力で阻止 会談も即時打切り 柳韓国公使外務省文書手交
1959.02.14	第3389号	01頁09段		韓国、海空軍に待機命令
1959.02.14	第3389号	01頁09段		米政府、事態を憂慮
1959.02.14	第3389号	01頁09段		国際赤十字社に依頼赤城長官談口上書の発表は中止
1959.02.14	第3389号	01頁10段		人道的方法で帰還に努力
1959.02.14	第3389号	01頁01段		〈北鮮送還決定めぐり〉日韓関係、重大局面へ
1959.02.14	第3389号	01頁01段		〈北鮮送還決定めぐり〉自由意思なれば援助 国際赤十字委が言明

발행일	호	지면정보	필자	기사제목
1959.02.14	第3389号	01頁03段		〈北鮮送還決定めぐり〉基本的人権を尊重"いきさつ"処理方針外務省情文局が発表
1959.02.14	第3389号	01頁06段		韓国側、八項目の対策を決定必要あれば軍事行動日本海の日本漁船に新措置
1959.02.14	第3389号	01頁09段		〈さろん〉大詰にきた北鮮帰還問題
1959.02.14	第3389号	01頁10段		〈解説〉なぜ帰国を急ぐのか生活困窮が強い背景 在日朝鮮人の実体みる
1959.02.15	第3390号	01頁02段		〈日韓関係悪化の反響〉米政府、成行きを極めて憂慮平和的解決を希望武力抗争に発展せば"あつせんの労とらん"
1959.02.15	第3390号	01頁07段		国連提訴はしまい 韓国、国連代表部高官談
1959.02.15	第3390号	01頁11段		非人道的でない送還 第一船国際的に注目されん ロンドン・タイムズ社説で論評
1959.02.15	第3390号	01頁01段		〈国際展望〉日韓問題国際化に向う ダレス長官訪欧に成果 筋を通した北鮮帰還
1959.02.15	第3390号	01頁05段		韓国も赤十字国際委に支援「日赤の依頼」拒否せよ送還に断固反対を要請
1959.02.16	第3391号	03頁08段		演習にきた韓国兵
1959.02.17	第3392号	01頁08段		経済断交で結論得ず 韓国、三時間余の閣議開く
1959.02.17	第3392号	01頁10段		北鮮帰還本年後半藤山外相談
1959.02.17	第3392号	01頁11段		帰還希望者北鮮売収資金
1959.02.19	第3394号	01頁09段		日韓問題を検討中赤十字国際委が言明
1959.02.19	第3394号	01頁03段		北鮮帰還は複雑赤十字国際委言明決定までかなりの時間
1959.02.25	第3400号	01頁08段		藤山書簡を手交井上日赤外事部長赤十字国際委と会談
1959.03.01	第3404号	01頁03段		政府の態度決定は赤十字国際委の方針待つ-北鮮帰還問題
1959.03.03	第3406号	01頁12段		北鮮と直接折衝はしていない
1959.03.04	第3407号	01頁12段		李大統領日本を非難
1959.03.04	第3407号	01頁09段		北鮮帰還でソ連と話合う用意なし
1959.03.04	第3407号	01頁09段		〈さろん〉ノイローゼ気味の外務省
1959.03.05	第3408号	01頁09段		国際委の介入は有望 話合い弟一段階終る 井上外事部長が言明
1959.03.06	第3409号	01頁11段		韓国赤十字代表ジュネーブ着
1959.03.07	第3410号	01頁10段		北鮮送還船は捕える金駐仏韓国公使が言明
1959.03.07	第3410号	01頁01段		国際委日本の要請拒否か 北鮮帰還に介入せぬ 政治的な分争などが理由信頼筋が言明
1959.03.07	第3410号	01頁05段		直接会談を再び要請 北鮮側島津日赤社長に電報
1959.03.07	第3410号	01頁06段		韓国代表の観側談が誤報の因か
1959.03.08	第3411号	01頁01段		在日朝鮮人の帰還交渉微妙な重大段階へ-ジュネーブ外電と北鮮の態度からむ-
1959.03.08	第3411号	01頁03段		北鮮と直接折衝せず

발행일	호	지면정보	필자	기사제목
1959.03.08	第3411号	01頁03段		「日本の要請拒否」電の反響国際委の態度は不変? 外務省清文国長談北鮮にはさらに設得
1959.03.08	第3411号	01頁04段		今後もあらゆる努力 井上代表談 北鮮の巨否は遺憾
1959.03.08	第3411号	01頁05段		韓国立場理解韓国外相
1959.03.09	第3412号	01頁02段		北鮮の誠意なければ帰還は、ご破算井上代表言明
1959.03.09	第3412号	01頁05段		望みはソ連の工作に 北鮮側の態度緩和策 北鮮帰還
1959.03.10	第3413号	01頁10段		韓国に特使を派遣か国際委漁夫釈放仲介 決定
1959.03.10	第3413号	01頁12段		北鮮との直接交渉望ましくない
1959.03.11	第3414号	01頁05段		北鮮帰還政府既定方針を再確認あくまで赤十字国際委を通す
1959.03.11	第3414号	01頁11段		日本人妻子の同行認める政府 北鮮帰還の事務手続検討
1959.03.12	第3415号	01頁06段		再度国際委に援助要請 日赤 井上外事部長が
1959.03.12	第3415号	01頁12段		日本の意図を誤解 北鮮説得の余地あり
1959.03.12	第3415号	01頁04段		朝赤代表のジュネーブ派遣を島津日赤社長北鮮赤十字へ正式回答
1959.03.12	第3415号	01頁07段		韓国、日本との交渉に応ず
1959.03.12	第3415号	01頁10段		北鮮の同意を期待
1959.03.15	第3418号	01頁06段		「国際委、日本、北鮮」三者交渉は不可欠 赤十字 国際委当局者が言明
1959.03.16	第3419号	01頁06段		ジュネーブ会談に同意 北鮮赤十字日赤に回答
1959.03.16	第3419号	01頁07段		結論はあす以降に 日赤の朝赤電報への態度
1959.03.17	第3420号	01頁10段		中立国赤十字社に仲介要請か ジュネーブ交渉行詰りの打開策として
1959.03.17	第3420号	01頁10段		政府・日赤で北鮮電を検討
1959.03.17	第3420号	01頁10段		九大合格、四君
1959.03.17	第3420号	01頁05段		北鮮帰還明るくなった見通し北鮮側、代償つきで譲歩か日赤代表との交渉に応ずる
1959.03.18	第3421号	01頁10段		北鮮帰還双方の話合いが第一ボアシェ発言の意義
1959.03.18	第3421号	01頁11段		北鮮帰還の交渉は定方針通り 藤山外相談
1959.03.18	第3421号	01頁11段		双方の話し合いの後 赤十字国際委行動
1959.03.18	第3421号	01頁12段		国際機構の意思確認認めず 北鮮紙が強調
1959.03.18	第3421号	01頁05段		波高い"朝鮮海峡"
1959.03.20	第3423号	01頁11段		北鮮帰還問題中立か国委に委ねるか
1959.03.20	第3423号	01頁10段		柳公使きょう帰国
1959.03.21	第3424号	01頁11段		日本から要請受けね北鮮帰還への協力スイス政府当局談
1959.03.21	第3424号	01頁04段		ジュネーブへ代表の派遣を日赤社長北鮮へ再度要請電
1959.03.21	第3424号	01頁07段		大村収容所問題 韓国側、国際委に持出しか
1959.03.21	第3424号	01頁09段		国際赤十字委が帰還問題で協議

발행일	호	지면정보	필자	기사제목
1959.03.22	第3425号	01頁04段		北鮮からの回答待ちジュネーブの帰還交渉
1959.03.22	第3425号	01頁05段		北鮮の回答を楽観
1959.03.22	第3425号	01頁12段		大村収容所問題漁船員釈放不可分 韓国外相談
1959.03.24	第3427号	08頁01段		"当分は日本で作家生活" 話題朝鮮人作家 金達寿
1959.03.25	第3428号	01頁11段		韓国側と会談せず当方の連絡あるまでボ委員長韓国側に書簡
1959.03.25	第3428号	01頁12段		朝鮮人帰還問題は一服状態
1959.03.25	第3428号	01頁12段		北鮮が考え改めねばタナ上げ 井上外務部長言明
1959.03.25	第3428号	01頁01段		日韓会談再開の用意北鮮との交渉中止せば韓国外務次官
1959.03.25	第3428号	01頁02段		韓国側の陳情にクギ
1959.03.26	第3429号	01頁11段		マ首相が帰国声明
1959.03.26	第3429号	01頁12段		北鮮、結局受諾か 日赤との直接会談
1959.03.26	第3429号	01頁12段		ボ委員長と最後の会談韓国代表
1959.03.27	第3430号	01頁12段		岡田宗司ら南日外相と会見
1959.03.31	第3434号	01頁10段		北鮮ジュネーブに代表派遣
1959.04.01	第3435号	01頁12段		柳駐日韓国大使が初の記者会見
1959.04.07	第3441号	01頁09段		日韓会談の再開を 韓国外相が呼びかけ
1959.04.09	第3443号	01頁03段		日赤代表と直接話し合う 北赤代表ジュネーブに着く
1959.04.09	第3443号	01頁04段		国際委は行動を開始韓国抑留漁夫釈放のために
1959.04.09	第3443号	01頁05段		年内に解決か 赤十字国際委、協力を約束
1959.04.10	第3444号	01頁08段		議題協議でまず障壁 日本北鮮両赤代表会談の予想
1959.04.11	第3445号	01頁08段		予備折衝開始(ジュネーブ十日共同)
1959.04.12	第3446号	01頁04段		日北会談第二回折衝も延期 来週中の本会議は無理か
1959.04.12	第3446号	01頁04段		留守家族代表帰国ボ国際委員長の書簡もち
1959.04.12	第3446号	01頁07段		実際的問題に限定日本、北鮮直接交渉北鮮代表が語る
1959.04.14	第3448号	01頁07段		第一回日本・北鮮会談開かる 帰国審査は日赤で 日赤代表団が新提案出す
1959.04.14	第3448号	01頁09段		朝鮮総連に個個に帰国申請 北鮮代表 三項目の提案出す
1959.04.15	第3449号	01頁07段		北鮮側 協調的態度を示す 日鮮会談すべり出しは好調
1959.04.15	第3449号	01頁01段	岡本順一	〈政治サロン〉李ライン問題の解決策
1959.04.16	第3450号	01頁10段		けさ第二回日韓会談 ようやく本格討議の段階へ
1959.04.17	第3451号	01頁11段		帰還協定の承認約束せぬ 赤十字国際委が声明
1959.04.20	第3454号	01頁11段		妥協の色みせぬ北鮮代表 意思確認と国際委の介入
1959.04.22	第3456号	01頁09段		平行線から討論段階に 日・鮮会談 日赤側が新提案
1959.04.22	第3456号	01頁11段		意思確認で見解一致 日鮮会談、ヤマを越すか
1959.04.25	第3459号	01頁09段		国際委の立会いに同意 北鮮側 日本代表に提示
1959.04.26	第3460号	01頁01段		赤十字会談妥結へ前進 北鮮側が歩み寄る 条件づきで国際委の介入を受諾

발행일	호	지면정보	필자	기사제목
1959.05.03	第3467号	07頁01段		〈公徳〉外国人を理解しよう
1959.05.03	第3467号	01頁01段		日本側が協定草案で新提案 意思確認は付属書に 日鮮会談の空気好転に希望
1959.05.05	第3469号	01頁01段		日鮮会談大詰め近し こんどは北鮮が回答 日本側、解決の糸口を確信
1959.05.13	第3477号	01頁03段		日本側最終案検討へ 北鮮帰還問題で、政府連絡会議
1959.05.14	第3478号	01頁07段		北鮮、日本案の修正を期待
1959.05.21	第3485号	01頁10段		第13回日・鮮会談開く 苦情処理日本側、主張を撤回
1959.05.21	第3485号	01頁10段		撤退した日本案 北鮮側代表団語る
1959.05.27	第3491号	01頁10段		すべては日赤の決定に 葛西副社長、悲観視
1959.05.28	第3492号	01頁10段		日鮮会談、あす再開 両首席代表意見一致
1959.05.30	第3494号	01頁06段		六月一日まで延期 日・鮮赤十字交渉 井上外務部長言明
1959.05.30	第3494号	01頁09段		〈解説〉南北鮮からはさみ打ち
1959.05.30	第3494号	01頁12段		韓国抑留漁船員公判延期
1959.05.30	第3494号	01頁09段		「拒否か妥協か」北鮮案の取扱い 政府与・党首脳の裁断待つ
1959.06.06	第3501号	01頁01段		北鮮軍四か所で越境 韓国軍の攻撃で撤退
1959.06.06	第3501号	01頁03段		日鮮赤十字会談 もむ「苦情処理」の定義 議論、依然として並行状態
1959.06.14	第3509号	03頁01段		国をあげて阻止 韓国、赤十字国際委へ働きかけ〈北鮮帰還〉
1959.06.14	第3509号	03頁01段		〈世界の窓〉北鮮帰還今後の問題点
1959.06.14	第3509号	03頁01段		〈世界の窓〉再出発する日韓関係 不安な抑留漁夫・李ライン
1959.06.14	第3509号	01頁04段		韓国、対日措置を決定 警告の段階
1959.06.15	第3510号	01頁10段		協定取扱いしぶる 国際委韓国の阻止攻勢に苦慮
1959.06.15	第3510号	01頁11段		送還協定の作成へ-日鮮赤十字会談-基調委会会開く
1959.06.16	第3511号	01頁07段		対日貿易を断絶 韓国政府正式発表
1959.06.17	第3512号	01頁01段		ひろがる北鮮送還の波紋-日韓会談
1959.06.17	第3512号	01頁04段		貿易断絶を支持 韓国商業会議所
1959.06.18	第3513号	01頁08段		〈送還問題〉調印は週末か来週起草委実質討議ほぼ終る
1959.06.18	第3513号	01頁10段		柳駐日大使解任要求韓国国会
1959.06.18	第3513号	01頁11段		国際委は韓国の同意えて働くよう 崔公使、ジュネーブで語る
1959.06.19	第3514号	01頁08段		韓国抑留漁船に禁固刑
1959.06.19	第3514号	01頁11段		東京に朝鮮大学開校
1959.06.21	第3516号	01頁03段		抑留漁船員問題で釈放要請
1959.06.21	第3516号	01頁03段		韓国国民の訪日旅行禁止
1959.06.21	第3516号	01頁06段		日韓双方が国際委に工作活動

발행일	호	지면정보	필자	기사제목
1959.06.22	第3517号	01頁09段		韓国民にショック　金韓国赤十字副社長、ジュネーブ着
1959.06.23	第3518号	01頁02段		当分静観の方針日韓関係米政府は楽観的
1959.06.23	第3518号	04頁02段		〈書評〉朝鮮統一派は訴える「祖国への念願」
1959.06.25	第3520号	01頁10段		協定文ほぼ出来上る　日赤帰還問題で最終訓電
1959.06.26	第3521号	01頁01段		日韓漁業対策を検討李ライン海域巡視船増強案に慎重
1959.06.28	第3523号	03頁01段		〈世界の窓〉帰国船よ早く来い！荒波でえる北鮮帰還
1959.06.28	第3523号	03頁03段		〈世界の窓〉動かせぬ韓国の武力　一次船は調印後三か月
1959.06.28	第3523号	03頁05段		李ライン巡視船を強化
1959.06.30	第3525号	01頁05段		〈送還問題〉帰還協定調印のびる国際委問題全般を再検討か
1959.07.02	第3527号	01頁10段		金副社長、赤十字国際委訪問
1959.07.07	第3532号	01頁10段		介入承諾を期待北鮮帰還日赤、国際委に働きかけ
1959.07.08	第3533号	01頁01段		条件付調印を訓令か北鮮帰還
1959.07.08	第3533号	01頁01段		北鮮代表団は強腰見当つかぬ国際委の承認
1959.07.08	第3533号	01頁03段		窮地に立つ日赤代表　国際委　韓国に政治的考慮
1959.07.08	第3533号	01頁02段		北鮮代表団声明"筋の通らぬ日赤側の調印拒否"
1959.07.09	第3534号	01頁01段		承認とりつけに全力「北鮮送還」で島津社長記者会見-国際委冷却期間おくか調印後承認の談話検討
1959.07.09	第3534号	01頁05段		抑留漁夫釈放あっせん依頼日本代表ボ委員長を会談
1959.07.09	第3534号	01頁07段		はっきりせぬ"責任"「北鮮送還」ボ国際委委員長談
1959.07.09	第3534号	01頁11段		北朝鮮代表団帰国の途へ
1959.07.09	第3534号	01頁12段		国際委と交渉続ける-ジュネーブ8日時事
1959.07.12	第3537号	01頁01段	中保与作	〈時事〉始まった韓国大統領選挙戦-問題は副大統領候補
1959.07.12	第3537号	01頁05段		〈国際展望〉外相会議再開へ朝鮮帰還問題一派乱
1959.07.12	第3537号	01頁10段		韓国に新型原子砲
1959.07.13	第3538号	01頁06段		〈北鮮帰還〉本人の意思尊重外務省韓国の宣伝に反論
1959.07.14	第3539号	01頁10段		李大統領、米国大使と会談日韓貿易正常化に関係か
1959.07.14	第3539号	01頁10段		「北鮮帰還」問題で米の積極介入要望
1959.07.14	第3539号	01頁11段		ICRC、検討続ける
1959.07.14	第3539号	01頁11段		〈さろん〉公認候補金持に限る
1959.07.15	第3540号	01頁01段		北鮮帰還に責任負わぬ-ICRCボアシェ委員長談
1959.07.17	第3542号	01頁06段		戦時徴用の朝鮮人は数十万　韓国外務次官、外務省声明に反ばく
1959.07.18	第3543号	01頁07段		日朝協定検討続ける国際委ボ委員長が発表
1959.07.18	第3543号	01頁08段		井上代表に訓令
1959.07.18	第3543号	01頁09段		船舶の提供を要請　北朝鮮がソ連赤十字に
1959.07.18	第3543号	01頁08段		"即時調印せよ"全国各地で朝鮮人大会

발행일	호	지면정보	필자	기사제목
1959.07.21	第3546号	02頁01段		ふくれあがる京城視察団がみてきた韓国
1959.07.23	第3548号	01頁08段		来月五日以前に調印を 日朝協定 北鮮代表が要請
1959.07.24	第3549号	01頁01段		北朝鮮側に再回答北鮮帰還政府、既定方針変えず
1959.07.30	第3555号	01頁11段		米韓交渉行詰り ICA資金による日本品質付問題
1959.07.31	第3556号	01頁01段		北鮮帰還明るい見通し 国際委が介入表明か 日赤…承諾なくても調印のハラ
1959.08.01	第3557号	01頁01段		日韓会談に応する-政府の基本方針決まる 再開時期は来週北鮮帰還問題を切離す
1959.08.04	第3560号	01頁01段		「北鮮帰国」促進要求大会
1959.08.04	第3560号	01頁01段		〈さろん〉ネジ鉢巻で反ばく資料つくる
1959.08.06	第3562号	01頁06段		北鮮帰還日赤調印を打電 十日過ぎにインドで十一月には帰国第一船
1959.08.06	第3562号	01頁06段		進まぬ会議再開 山田次官柳韓国大使と会見
1959.08.07	第3563号	01頁08段		北鮮帰還の延期狙う 日韓会談再開の申し出
1959.08.07	第3563号	01頁01段		日朝協定 十三日カルカッタ調印 四か月目に漸く結末 十一月十二日迄に第一船
1959.08.07	第3563号	01頁01段		援助を約すか 赤十字国際委、近く声明
1959.08.07	第3563号	01頁03段		韓国への刺激避ける 官房長官談
1959.08.07	第3563号	01頁04段		調印決定喜ぶ朝連代表談
1959.08.08	第3564号	01頁08段		国際委が調査団北鮮帰還問題で日本に派遣
1959.08.08	第3564号	01頁09段		日韓会談来週早々にも再開か
1959.08.08	第3564号	01頁09段		韓国海軍、竹島水域で大演習
1959.08.08	第3564号	01頁01段		日韓会談十二日再開 相互釈放月末に釜山から百三十八人送還
1959.08.08	第3564号	01頁04段		〈散乱波〉北鮮帰還問題をかえりみて 半年掛りで実る"人道主義"面目保つ藤山外交ハーターボシェ会談で好転
1959.08.09	第3565号	03頁05段		貿易問題にふれず日韓会談十二日再開本決り
1959.08.09	第3565号	01頁06段		介入表明を期待北鮮帰還国際委コミュニケ
1959.08.12	第3568号	01頁01段		日韓通商断交解除か 会談再開期し…韓国紙が報道
1959.08.12	第3568号	01頁01段		韓国側は北鮮送還を阻止する
1959.08.12	第3568号	01頁01段		国際委、北鮮帰還に協力 使節団、近く東京に発つ
1959.08.12	第3568号	01頁01段		日韓会談本会議開く「相互送還」は来週討議か
1959.08.12	第3568号	01頁02段		帰国はソ連で…北鮮赤十字代表談
1959.08.12	第3568号	01頁01段		米、国際委の介入歓迎 パーソンズ次官補初の成果 北鮮帰還問題で日韓に陰の斡旋
1959.08.13	第3569号	01頁01段		実質討議は十八日からきのう日韓会談再開
1959.08.13	第3569号	01頁04段		北鮮帰還きょう協定調印
1959.08.13	第3569号	01頁06段		局限された北鮮帰還認める韓国
1959.08.13	第3569号	01頁01段		韓国側の態度微妙 相互送還 来週から本格討議
1959.08.13	第3569号	01頁03段		日朝協定 きょう二時(日本時間五時半)に調印

발행일	호	지면정보	필자	기사제목
1959.08.14	第3570号	01頁08段		日朝協定きのう調印
1959.08.14	第3570号	01頁01段		〈北鮮帰還〉帰還業いよいよ務本番
1959.08.14	第3570号	01頁01段		国際委 韓国の了解とりつけ
1959.08.15	第3571号	01頁11段		人道主義の勝利北鮮帰還問題で北鮮紙が論評
1959.08.19	第3575号	01頁06段		〈日韓会談〉あす「相互送還」連絡委、韓国側在日鮮人の国籍問題持ち出す
1959.08.24	第3580号	01頁01段		赤十字国際委代表来日 北鮮帰還業務実施へ韓国人空港で送還反対の気勢
1959.08.30	第3586号	01頁01段	松岡一二	〈韓国あれこれ-カメラ紀行〉北鮮送還
1959.09.03	第3590号	01頁01段		月末に相互送還(日韓)
1959.09.04	第3591号	01頁09段		帰還手続き細目など日赤「送還問題」を発表
1959.09.09	第3596号	01頁08段		ジュノー氏韓国へ 北鮮帰還について説明
1959.09.09	第3596号	01頁11段		"北鮮帰還やめよ" 韓国外相談
1959.09.16	第3603号	01頁11段		21日から登録受付北朝鮮帰還、日赤発で表
1959.09.20	第3607号	03頁09段		北ビルマ国境への新道健設
1959.09.20	第3607号	01頁01段		あすから北鮮帰還申請受付
1959.09.21	第3608号	01頁11段		平壌で日本政府非難集会
1959.09.22	第3609号	01頁06段		初日の窓口閑散 北鮮帰還申請の受付
1959.09.22	第3609号	01頁07段		ジューノ氏に日赤助言を要請
1959.09.24	第3611号	01頁07段		ジューノ氏にアテネへ
1959.10.11	第3628号	04頁01段		大阪アパッチ始末記
1959.10.19	第3636号	01頁10段		「送還案内」破棄せよ 北ベトナム赤十字から手紙
1959.10.21	第3638号	01頁05段		具体措置折れ合わず日韓会談帰還問際を検討
1959.10.21	第3638号	01頁06段		北鮮帰還解決の見通し
1959.10.22	第3639号	01頁09段		「帰還案内」の再考
1959.10.24	第3641号	01頁06段		来週にも申請再開 朝鮮送還 幹旋案ほぼ了承
1959.10.28	第3645号	01頁05段		一か月余ぶりに解決へ北鮮送還総連側、日赤・政府案を了承
1959.10.29	第3646号	01頁12段		南北鮮統一をよびかけ
1959.10.30	第3647号	01頁12段		レーナー氏と会談 朝鮮代表
1959.10.30	第3647号	01頁11段		米、日本の立場支持北鮮送還韓国側に自重要請
1959.11.03	第3651号	01頁06段		"日本側の準備良好"北鮮送還レーナー団長記者会見
1959.11.04	第3652号	01頁08段		きょうから一せい申請北鮮帰還年内に二船止ちか
1959.11.05	第3653号	01頁10段		合計四千百五十三人北鮮帰還申請、順調に進む
1959.11.09	第3657号	01頁10段		日赤に協力北鮮帰還問題でデュラン氏来島
1959.11.10	第3658号	06頁07段		朝鮮漁民お礼の贈物 やっと落着いた観音さま
1959.11.15	第3663号	01頁05段		漁夫送還のメド示せ韓国提案に日本側強硬
1959.11.16	第3664号	01頁01段		もり上がる日朝友好帰国を前に各地で交歓
1959.11.17	第3665号	01頁11段		右翼か押しかけ混乱 北鮮帰国祝賀会
1959.11.29	第3677号	04頁03段		本土への集団就職に暗影盗みで少年院送り寂しさに精神異常の少女も

발행일	호	지면정보	필자	기사제목
1959.12.02	第3680号	01頁10段		在日朝鮮人追放計劃放棄せよ
1959.12.08	第3686号	01頁06段		北鮮の受入れ準備 宿舎など建設して待機
1959.12.09	第3687号	01頁06段		あす警官一万動員北鮮帰還と統一行動を警戒　警視庁
1960.04.23	第3840号	01頁09段		自由意志による"北送"支持韓国の声明に米国務省が反論
1960.05.15	第3862号	03頁01段		〈東西首脳会談開会へ〉韓国憲法改正案まとまる
1960.06.14	第3892号	08頁07段		〈新刊紹介〉日本の民族運動
1960.07.10	第3900号	01頁01段		在日朝鮮人に生活基金
1960.07.17	第3907号	01頁05段		共産党非合法化など韓国対日和解政策の発表
1960.07.17	第3907号	01頁09段		韓国、戒厳令を解除
1960.07.24	第3914号	02頁10段		国連補給艇発砲国籍不明船が
1960.07.31	第3921号	01頁01段		総理に張勉氏有力激動免れぬ韓国政局
1960.07.31	第3921号	01頁02段		韓国と北鮮艦艇の交戦の被害
1960.07.31	第3921号	01頁04段		在日朝鮮人帰還問題で韓国側が申し入れ
1960.08.25	第3946号	01頁12段		北送問題は別個に討議
1960.09.16	第3968号	01頁09段		新潟会談裂を回避あすさらに本会議続行
1960.09.21	第3973号	01頁01段		アメ屋横丁
1960.09.22	第3974号	01頁12段		朝鮮総連が決起大会
1960.10.21	第4003号	01頁08段		金北朝鮮代表会談申し入れ
1960.10.21	第4003号	01頁10段		日韓予備会談前途楽観
1960.10.22	第4004号	01頁09段		韓国代表団きょう来日
1960.10.23	第4005号	01頁09段		韓国では期待と不安25日からの日韓予備会談に
1960.11.07	第4020号	01頁09段		日韓予備会談開く
1960.11.18	第4031号	01頁09段		日韓両国赤十字の新潟会談
1960.12.03	第4053号	02頁01段		〈琉大の演劇クラス　創立十周年記念公演〉意慾的な"朴達の裁判"三日から五日まで首里劇場で公開
1960.12.07	第4057号	08頁02段	新里金福	〈私の報告〉(17)朝鮮人部落
1960.12.08	第4058号	08頁02段	新里金福	〈私の報告〉(18)沖縄部落の"笑い"
1960.12.23	第4066号	01頁07段		韓国が朝鮮の合法政府衆院外務委で外相ら答弁
1961.03.23	第4149号	03頁05段		帰還再開要請政府、日赤が北鮮赤十字会に
1961.07.05	第4260号	01頁06段		米、韓国新政権への論評ひかえる
1961.07.05	第4260号	01頁10段		誠意を示せ韓国使節団長語る
1961.07.23	第4278号	03頁01段		米人を経済顧問に-韓国
1961.07.23	第4278号	03頁04段		北朝鮮送還即時中止を
1961.07.23	第4278号	03頁07段		韓国政府内閣小幅改造
1961.08.02	第4287号	01頁06段		日韓会談再開などきょう李・伊関会談
1961.11.12	第4387号	08頁01段		〈きょう池田・朴会談〉将来への意義重大国交正常化の土台なるか
1961.11.12	第4387号	08頁03段		"誠意で問題解決を"朴議長、羽田であいさつ
1961.11.12	第4387号	08頁09段		三十八度線の悲劇を浮き彫り

발행일	호	지면정보	필자	기사제목
1961.11.18	第4393号	02頁01段		〈琉球放送テレビ〉北から南から(夜9.30)
1961.12.24	第4429号	08頁01段		組織化する密造酒 警察庁 取り締まり強化
1962.09.03	第4684号	03頁01段		臨時国会きのう閉幕-日韓問題などただす
1962.09.03	第4684号	03頁01段		請求権問題が中心 きょう日韓予備折衝
1962.12.15	第4786号	01頁07段		日韓協定は無効北朝鮮政府が声明発表
1962.12.19	第4790号	01頁08段		西側決議案を採択国連政治委での朝鮮問題
1963.03.07	第4866号	03頁01段		参院予備委-"日韓"追及つづく
1963.03.18	第4877号	04頁05段		多い無籍者扱いどうなっている台湾人の帰化
1963.06.12	第4964号	01頁10段		"往来運動"活発化す人道的要求に幅広い層を巻き込む朝鮮総連中央決起大会開く
1963.06.24	第4976号	05頁05段		日朝、自由往来運動自民全国各支部に警戒指示
1963.08.03	第5016号	02頁02段		バタ部屋落の親子現代劇場「幸せを求めて」
1963.12.17	第5150号	08頁01段	久山輝	演劇「沖縄」をみて…人間回復について(下)
1964.02.26	第5219号	08頁01段		"全朝鮮"で政府追及「社会」首相韓国は唯一の合法政府
1964.03.30	第5255号	01頁08段		沖縄返還運動を推進AA連帯機構理が決議
1964.04.09	第5265号	12頁01段		〈比嘉春潮-自伝的回想〉(40)あいさつで大事件突発-仲宗根源和ら検挙される
1964.04.11	第5267号	08頁01段		〈比嘉春潮-自伝的回想〉(42)原っぱで寝泊まり朝鮮人とまちがわれる
1964.04.14	第5270号	08頁01段		〈比嘉春潮-自伝的回想〉(44)各地に黒こげの死体鮮人に間違われ袋だたき
1964.04.15	第5271号	08頁01段		〈比嘉春潮-自伝的回想〉(45)大杉栄の虐殺事件山川均氏夫妻もおびえる
1964.04.28	第5284号	08頁01段		〈比嘉春潮-自伝的回想〉(56)軍国主義時代へ入る 生意気だった青年課長
1964.06.18	第5324号	12頁01段		〈比嘉春潮-自伝的回想〉(89)涙できく終戦詔勅思いは戦禍のふるさとへ
1964.07.05	第5341号	03頁01段		下山事件推理する(4)みだれとぶ怪情報 捜査線上に二世、朝鮮人
1964.07.06	第5341号	03頁01段		下山事件推理する(終)事件予告の男の声 時効後も民間人で究明
1964.07.08	第5344号	03頁09段		入国反数以上観光客-法務省入管白書
1964.07.25	第5360号	03頁09段		北鮮五輪選手の再入国認めず
1964.07.29	第5364号	03頁01段		戒厳令解除韓国、規制法の審議急ぐ
1964.07.29	第5364号	03頁03段		帰国協定を一年延長北朝鮮赤十字が要請
1964.11.11	第5444号	03頁09段		韓国、佐藤新政権を歓迎
1964.11.13	第5446号	04頁10段		潰入者ふえる北朝鮮の工作員
1964.12.25	第5458号	03頁01段		北朝鮮との往来認めず 法相、外相ら意見一致
1964.12.25	第5458号	04頁01段		国民意識実態調査
1965.02.01	第5495号	03頁05段		在日朝鮮人団体が抗議"高杉発言"で紛糾
1965.02.16	第5510号	03頁01段		〈三矢計劃防衛庁内部の仮想〉日韓の早期解決を佐藤首相外人記者と会見

발행일	호	지면정보	필자	기사제목
1965.02.16	第5510号	03頁03段		北朝鮮との人事交流進めたい
1965.03.17	第5606号	01頁01段		在日朝鮮人に徴兵通知日韓会談にからみ問題化
1965.03.17	第5606号	01頁10段		"日韓の早期正常化"李外相が記者会見
1965.10.22	第5825号	03頁01段		〈日韓本格審議始まる〉"国籍論議"で騒然首、法相答弁でくい違い-"国籍問題"焦点に尾を引く答弁のくい違い
1965.10.26	第5829号	01頁01段		日韓正常化こそ統一の基盤-軍事同盟ではない 首相、平和外交を強調
1965.10.26	第5829号	01頁12段		在日朝鮮人迫害に抗議-北鮮外務省が声明
1965.11.01	第5835号	01頁01段		〈日韓審議〉本格的解明はこれから-論争点出そろう 与野党の意見全く対立
1965.11.02	第5836号	03頁06段		ユンボギの日記
1965.11.18	第5852号	03頁01段		〈基本関係〉日韓新時代課題(1)"平和"と"反共"の調和「竹島問題」なお微妙
1965.12.19	第5880号	03頁01段		〈経済協力〉日韓新時代課題(2)問題山積の八億頭の痛い"過当競争"
1965.12.19	第5880号	03頁01段		平常と変わらぬ表情日韓批准ソウルと国際電話
1966.02.07	第5917号	03頁09段		北鮮へ直接渡航許可
1966.04.09	第5976号	04頁09段		20人に永住許可韓国人の法的地位協定で
1966.07.02	第6077号	01頁11段		送還協定の一年延長を要請 北朝鮮赤十字社
1966.11.03	第6200号	03頁05段		米・韓国政府に衝撃38度線・北鮮軍発砲事件
1966.11.03	第6200号	03頁08段		反戦広告に全財産松田さんが英紙に出す
1966.11.21	第6218号	01頁01段		北へ里帰りしたい在日朝鮮人の運動活発
1966.12.15	第6242号	01頁01段		一年目の「日韓国交」-記念行事も見送る。多すぎた両国間の紛争
1967.07.29	第6467号	01頁10段		帰還協定延長で会談を提案-北朝鮮赤十字が日赤に
1967.08.22	第6491号	03頁04段		モスクワ会談難航か在日朝鮮人帰国問題-積み残しが焦点
1967.08.22	第6491号	03頁06段		韓国兵六人死ぬ三十八度線でまた衝突
1967.08.25	第6494号	01頁12段		きょうから帰還協定会談日本・北朝鮮赤十字代表
1967.09.07	第6507号	01頁04段		話し合い絶望的な在日朝鮮人の帰国問題交渉
1967.11.30	第6585号	11頁04段		北朝鮮に情報流す-元外務事務官ら
1968.01.26	第6638号	10頁05段		〈ブリクガイド〉民族的責任の思想-日本民族の朝鮮人
1968.02.22	第6674号	11頁10段		〈ライフル銃事件〉人質依然
1968.02.23	第6675号	07頁07段		金、警察に二つの要求ライフル銃事件戦線こう着のまま
1968.02.23	第6675号	01頁08段		〈今晩の話題〉ライフル男の叫び
1968.02.24	第6676号	09頁10段		〈ライフル銃事件〉人質三人釈放 金、同胞説得微妙変化
1968.03.22	第6700号	08頁03段		〈茶のみ話〉口禍に思う
1968.04.08	第6720号	01頁10段		激励の手紙百通も初公判を待つ金嬉老

발행일	호	지면정보	필자	기사제목
1968.04.08	第6720号	01頁12段		釜山日本総領事館不許可
1968.04.18	第6730号	03頁03段		朝鮮大学校を認可都、きのう認可書伝達
1968.04.18	第6730号	03頁08段		米韓首脳会談へ朴大統領、ホノルル声
1968.06.21	第6794号	07頁01段		ほぼろしの"朝鮮人部隊"-沖縄戦で全員蒸発戦没・生存者全く不明
1968.06.23	第6796号	01頁01段		〈社説〉これが沖縄だ
1968.07.29	第6832号	10頁01段	大城立裕	〈唐獅子〉たいこもちと守礼
1968.08.25	第6855号	07頁01段		激動25年誌(10)
1968.11.21	第6938号	07頁03段		〈書評〉「雑草の歌」
1969.03.13	第7056号	03頁01段	竹内共同	韓国を視察して(上)高い沖縄基地への関心いぜん残る"対日不信感"
1969.04.08	第7082号	01頁10段		韓国野党追及へ日本米の不良品混入
1969.04.08	第7082号	01頁11段		北鮮、日本を非難
1969.04.15	第7089号	08頁01段	栄野弘	リアリズム演劇の限界-木下順二の戯曲「沖縄」を読んで(上)
1969.04.24	第7098号	03頁05段		主権、断固守る北朝鮮、米の行動を非難
1969.04.24	第7098号	03頁05段		参院本会議質疑-中止は申し入れぬ首相野党事前協議対象を強調
1969.05.22	第7126号	07頁01段		徹底した差別の壁に金嬉老の意見陳述―朝鮮人強烈な呻さ
1969.05.23	第7127号	08頁01段	瀬良垣宏明	山之口獏年譜(6)
1969.06.22	第7156号	11頁01段		〈終戦悲話〉帰国の日を待つ遺骨-朝鮮出身の谷川さん一家
1969.08.26	第7222号	01頁01段		〈第三回日韓定期閣僚会議開く〉"国際・経済"を討議政治問題浮き彫りに
1969.09.11	第7237号	06頁01段		〈唐獅子〉記憶の感覚
1970.01.13	第7360号	04頁05段	中本清	韓国の旅(1)母国になじまない孤独な老人と語る
1970.03.09	第7416号	01頁11段		政府、近く里帰り認める北朝鮮へ、在日朝鮮人
1970.03.12	第7419号	03頁07段		北朝鮮里帰り方針変えぬ李大使の抗議に外相反論
1970.04.01	第7438号	05頁01段	長堂英吉	〈唐獅子〉死と美意識
1970.04.01	第7438号	05頁07段		〈新刊書紹介〉金嬉老法廷陳述金嬉老公判対策委員会編
1970.07.23	第7552号	04頁01段	新崎盛暉	〈唐獅子〉タワージャックの告発
1970.07.30	第7559号	01頁01段		原爆25年目現実(6)犠牲が結ぶ広島ー沖縄強い平和への連帯
1970.08.18	第7577号	04頁02段		〈RBC12〉終戦特集シリーズ(第5回)強制労働の韓国人
1970.09.03	第7592号	03頁05段		アジア再侵略の危険　社党、朝鮮労動党と共同声明
1971.01.13	第7722号	05頁09段	李恢成	71年の姿勢(2)怨念を解いてゆくために金玉均とらえ直す 歴史を踏まえた文学を
1971.01.24	第7733号	11頁07段		金城さんら四人救助
1971.01.28	第7737号	11頁08段		副読本に「にんげん」新学期使用決大阪府教委

발행일	호	지면정보	필자	기사제목
1971.01.31	第7740号	11頁08段		「にんげん」配布-大阪府教養が提示
1971.02.11	第7751号	05頁01段	上田卓三	〈文化〉解放読解「にんげん」をめぐって(2)半世紀の戦い-作成の経過と意義
1971.02.19	第7759号	04頁14段		副読本「にんげん」を見る
1971.03.06	第7774号	10頁06段		西表島(11)台湾労務者20余人居心地よく永主希望も
1971.05.10	第7819号	03頁07段		北朝鮮帰還再開 3年半ぶり、14日第一船
1971.05.10	第7819号	03頁06段		北朝鮮への帰還準備終る"新潟"
1971.05.11	第7820号	03頁07段		小中学生60人が水死　韓国で定期バス貯水池に転落
1971.05.11	第7820号	03頁12段		再開第一船はトボルスク号北朝鮮帰還
1971.06.22	第7861号	04頁01段	鶴見俊輔	呉林俊著 朝鮮人の中の日本人-日本文化の全体像が
1971.08.12	第7936号	04頁01段		〈対韓援助〉日中改善の障害にならぬ-北朝鮮との交流拡大
1971.08.12	第7936号	04頁03段		〈対韓援助〉日中改善の障害にならぬ-進む"日韓一体化"中国への刺邀避けられぬ
1971.08.12	第7936号	04頁08段		海外朝鮮同胞統一会議に同意
1971.08.12	第7936号	01頁05段		南北赤十字会談提唱(韓国赤十字)分断家族捜す運動展開へ
1971.08.12	第7936号	01頁07段		同胞統一会議に同意北朝鮮平和委場所・時期など検討
1971.08.14	第7938号	03頁01段		〈各国青年に聞く〉アジアから見た8・15-"戦争の影"消えず 軍備増強に厳しい批判
1971.08.15	第7938号	13頁05段		二十六年目8・15 問われる"平和誓い"
1971.08.16	第7939号	02頁11段		〈大弦小弦〉在日朝鮮人国籍問題
1971.08.18	第7942号	01頁11段		南北赤十字会談支持で大会総連民団に共催申し入れ
1971.08.20	第7944号	03頁07段		思いは板門店会議北朝鮮への帰国者たち
1971.08.21	第7944号	11頁11段		在日南北朝鮮団体統一の動き高まる
1971.09.07	第7961号	06頁05段		予備会議の名簿南北赤十字板門店で交換
1971.10.10	第7994号	05頁01段		相互主義で善隣友好へ金日成首相、共同記者に強調-日朝改善に意欲国交樹立前の人事交流など希望
1971.10.12	第7996号	03頁01段		死刑を求刑スパイ容疑留学生に(ソウル地検)
1971.10.23	第8007号	04頁04段		命令拒否校に機動隊で圧力韓国各大学の生処分整わる
1971.10.23	第8007号	04頁05段		最後の帰還船出港在日朝鮮人朝鮮帰還来月から自主帰国方式
1971.10.23	第8007号	04頁09段		平壌市長の入国許可もありうる
1971.10.24	第8008号	05頁01段		〈文化〉〈文芸時評第一月号〉「死」を扱う作家の姿勢-注目作は吉田知子「秋」、剞橋由美子「腐敗」
1971.10.25	第8009号	04頁03段		「沖縄人は国民」に反論
1971.10.25	第8009号	04頁01段		〈読者から〉強引な民政府の水道卸し料金直上げ
1972.01.07	第8081号	05頁01段		アジア学の展開のために 沖縄を軸として-新しい目でみること二国間だけの比較は危険
1972.01.18	第8092号	03頁01段		共同声明で貿易拡大確認きょう平壌入り〈訪朝団〉
1972.01.21	第8095号	11頁01段		評価された斬新さ「オキナワの少年」で芥川賞の東さん-たった一作で金的東京日雇いしながら

발행일	호	지면정보	필자	기사제목
1972.01.26	第8100号	03頁05段		日朝友好の基本 南北両朝鮮の統一 成果上げた超党派外交 日朝議連前途なお多難
1972.01.27	第8101号	06頁08段		総連幹部に出頭要求北鮮歓迎の千歳空港事件で(道警)
1972.01.30	第8104号	04頁05段		日朝議連代表団帰る
1972.02.27	第8131号	04頁09段		永住権は当然の権利
1972.03.19	第8151号	04頁09段		朝鮮総連が抗議声明を発表
1972.05.08	第8201号	03頁03段		"出入国方案は時代錯誤" 日弁連が意見書
1972.06.05	第8144号	05頁03段		きょう共同声明に調印 竹入訪中団
1972.06.16	第8155号	10頁01段		知事のいす(5) 陥り易い"直結自治"望まれる知事の強い姿勢
1972.06.17	第8156号	03頁06段		金喜老に無期懲役静岡地裁判決 差別問題の判断は避ける
1972.06.18	第8157号	05頁01段		〈あるドキュメント(3)〉漢方薬みたいな雑誌 大村収容所廃止のために 「朝鮮人」 飯沼二郎編
1972.06.23	第8162号	07頁07段		煮えたぎる思想の原質 呉林俊 著「朝鮮人のなかの〈天皇〉」
1972.06.24	第8163号	05頁01段		〈あるドキュメント(終)〉事実の深みに立ち 誤った朝鮮観の修正迫る 日本人学者も協力 鄭貴文編集「日本のなかの朝鮮」
1972.06.29	第8168号	05頁01段		〈文芸時評〉故郷喪失者の苦しみ 造型困難な"無定型の世界"あいまいな作品
1972.07.07	第6176号	05頁08段		日本の敵視政策やめよ 朝鮮総連が声明
1972.07.30	第8199号	13頁09段		朝鮮青年が共同集会 日本の中の38度線解消を
1972.08.08	第8298号	04頁02段		朝鮮人被爆者の周辺
1972.08.10	第8299号	04頁08段		ベトナム人民支援を決議
1972.08.13	第8302号	06頁01段		〈文化〉死と闇から蘇生する鮮烈な8月15日の"色" 高史明
1972.08.15	第8304号	03頁01段		"朝鮮人民の権利を" 虐殺など実態調査班来沖
1972.08.16	第8305号	04頁01段		平和統一を確認 南北共同声明を支持 在日朝鮮都本部が合同集会
1972.08.18	第8307号	04頁01段		法務省、金炳氏の再入国許可
1972.08.18	第8307号	05頁01段		〈唐獅子〉在日朝鮮人－五少年と金さん 渡久地政司
1972.08.18	第8307号	03頁05段		朝鮮人虐殺の真相は…各地で実態調査
1972.08.19	第8308号	05頁05段		中間小説時評 現代社会を動かす欲望(在日朝鮮人の苦痛)
1972.08.26	第8315号	10頁01段		或る在沖朝鮮人の証言 朝鮮人軍夫 想像絶する苦労 "歩まれた"自らの歴史
1972.08.28	第8317号	09頁01段		朝鮮人軍夫の五柱 収容所で病死か 調査団も断定
1972.09.01	第8321号	09頁01段		〈唐獅子〉不問にせず 渡久地政司
1972.09.01	第8321号	03頁09段		友好いしずえに 六日から朝鮮民族舞踊
1972.09.05	第8325号	09頁09段		旧日本軍の目に余る暴虐 まるで消耗品扱い 徴発された朝鮮人 沖縄での真相報告 さらに徹底究明へ

발행일	호	지면정보	필자	기사제목
1972.09.06	第8326号	01頁01段		〈社説〉沖縄戦と朝鮮人の問題　軍国主義化への歯止めとして
1972.09.06	第8326号	09頁03段		ようこそ朝鮮の友　きょう民族舞踊を披露
1972.09.07	第8327号	01頁07段		南北統一を推進　朝鮮総連県本部が発足
1972.09.09	第8329号	11頁09段		北朝鮮の創建を祝う＝革新団体連帯のあいさつ＝総連県本部がレセプション
1972.10.16	第8366号	01頁08段		日朝関係　改善に本腰　自民　来春にも代表団派遣
1972.11.12	第8393号	02頁01段		北朝へプラント輸出　技術者12人の入国を許可　朝鮮総連が談話
1972.11.24	第8405号	04頁01段		「読者から」国籍問題と民族意識
1972.12.04	第8415号	06頁03段		「北朝鮮のスポーツ」(4)　苦しい休験は過去のものに　日本から帰国した3人
1972.12.07	第8418号	09頁06段		60年ぶりに祖国へ　沖縄で死んだ老朝鮮人
1973.01.06	第8448号	07頁06段		日朝交流で協議を希望　北朝鮮サッカー来日
1973.01.10	第8452号	05頁01段		〈評伝の試身(3)〉朝鮮近代化の推進者「金玉均伝」を準備中の李恢成氏
1973.01.11	第8453号	07頁01段		平壌が一方的に決勝　日朝親善高校サッカー
1974.01.03	第8809号	09頁01段		ドキュメンタリー「徐兄弟事件の母」民族と祖国を求めて　差別・分断に生きた半世紀
1974.01.18	第8824号	02頁01段		韓国婦人労働者の導入阻止を"労働市場混乱招く"亀甲県労協議長ら　宮里副知事に要請
1974.01.31	第8837号	09頁01段		2・3の両日に説明会　朝日奨学生募集
1974.01.31	第8837号	09頁07段		朴政権の弾圧我慢ならぬ国籍を書き換え
1974.02.16	第8853号	02頁07段		背面鏡〈48〉
1974.03.18	第8882号	01頁12段		強制国外退去処分は違法　朝鮮人在留に初判決
1974.04.11	第8906号	09頁08段		朝鮮人強制連行の真相究明へ　九州で日朝合同調査
1974.04.16	第8911号	08頁01段		盛んになる社会主義国との交流　屋良知事を団長に第二次訪中団、19日に出発
1974.04.18	第8913号	02頁05段		"朝鮮人戦没者慰霊塔"の建立を阻止　在日朝鮮総連が運動
1974.04.20	第8915号	04頁10段		4・19革命を記念して大会
1974.05.03	第8928号	11頁06段		韓国から医師5人　知事、正式に招請送る
1974.05.19	第8944号	06頁01段		日本AA作家会議が発足　六月に連帯会議開催　文学的実質を伴う活動目指す
1974.06.07	第8963号	05頁01段		高校生の朝鮮語学習
1974.06.15	第8971号	06頁05段		1945年度夏　朝鮮民族の幸福を願う　金石範　著
1974.07.06	第8992号	01頁11段		"日本人スパイ"摘発軍事機密を探る
1974.08.05	第9022号	06頁07段		藤島氏らは発言を取り消せ　日本ベンクラブの休質批判　在日朝鮮人文学者が抗議
1974.08.07	第9024号	05頁01段		'74予感の夏ー戦後史を越えて「祖国」を思う在日朝鮮人詩人
1974.08.07	第9024号	08頁03段		日ペンに相つぐ抗議　文学者有志や作家会議など

발행일	호	지면정보	필자	기사제목
1974.08.08	第9025号	05頁01段		〈文化〉生まれつつある民衆の連帯　ハンスト体験して思う　針生一郎
1974.08.09	第9026号	01頁08段		長崎"原爆の日"きょう平和祈念式典
1974.08.16	第9033号	11頁01段		異国の地の英霊弔う韓国と朝鮮別々に記念行事　祖国解放記念日
1974.08.17	第9034号	01頁01段		正常化の出発点に　新局面迎えた日韓関係
1974.08.17	第9034号	01頁01段		首相訪韓を重視　韓国行き詰まり打開に期待
1974.08.18	第9035号	02頁06段		在外韓国人との関連追及　文世光がナゾの交際
1974.08.18	第9035号	06頁08段		広開土王碑研究の展開　"なぞの四世紀"唯一の資料　在日朝鮮人学者が新局面ひらく
1974.08.20	第9037号	01頁01段		日韓懸案には触れず　日韓関係の改善推進　首相帰国　大統領との会談で確認
1974.08.20	第9037号	01頁07段		国連の大勢が変われば　北朝鮮承認も　木村外相、参院で示唆
1974.08.20	第9037号	01頁12段		"朴政権の延命策"北朝鮮政府が初の論評
1974.08.20	第9037号	04頁11段		複雑な反応示す　在日朝鮮人
1974.08.20	第9037号	10頁11段		〈トピックス〉きょう建立除幕式　久米島島民・朝鮮人虐殺通恨之碑
1974.08.22	第9039号	02頁01段		〈記者座談会〉朴大統領ぞ撃事件　不可解な犯行の背後　日本での舞台は大阪に集中
1974.08.22	第9039号	01頁09段		広がる反日感情　高校生、日本大使館へデモ　韓国
1980.03.17	第11061号	02頁06段		米国人(33.5%)がトップ　軍人除く外国人　県内に4,622人
1980.05.23	第11128号	07頁06段	長浜政一	〈茶のみ話〉差別
1980.05.24	第11129号	01頁01段		光州不気味な対立つづく　学生らが自主管理　周辺町村も無政府状態
1980.05.24	第11129号	01頁04段		金載圭の死刑執行　反体制勢力に大きな衝撃　韓国
1980.05.24	第11129号	01頁04段		韓国民の闘争支持(総連)
1980.07.25	第11191号	05頁01段		〈作家の意図〉「村が消えた」の本田靖春氏　富国強兵論の危険が　国策にほんろうされる人々
1980.08.12	第11209号	05頁07段		祖国に帰れぬ87柱　終戦時遭難の朝鮮人
1980.08.13	第11210号	11頁01段		沖縄へ"反戦の旅"　金城実氏の作品通して　牧師や若者ら参加
1980.08.19	第11216号	11頁01段		原水禁大会　舞台から反戦訴える　民謡や琉舞に拍手　家族づれの参加も
1980.08.21	第11218号	06頁01段		〈評論〉二つ三十五年に思う　日韓合併と解放と　美しい山河懐旧を超えて南北共に国づくりへ
1980.08.23	第11220号	06頁08段		海外文学の現況〈11〉根底に確たる主題　それでも書き続ける彼ら　韓国
1980.10.29	第11288号	05頁01段	太田良博	中山良彦氏(「人間でなくなる日」著者)は著作権盗反か
1980.10.30	第11289号	03頁01段		外務省の第六回外交文書公表から　混乱と飢えにおびえ　1700人が未帰還　まだ続く引き揚げ業務

발행일	호	지면정보	필자	기사제목
1980.11.01	第11290号	01頁08段		園田厚相　年金など日本人並み検討　難民条約で李成転換
1980.11.22	第11311号	09頁01段		〈読書〉戦争の傷あと描く　又吉氏の受賞作収載「すばる」12月号
1980.12.20	第11339号	07頁03段		〈文学〉「総合小説」もくろむ　大きな収穫「ギンネム屋敷」又吉栄喜 著
1981.01.14	第11362号	01頁03段		「ギンネム屋敷」広告
1981.01.22	第11370号	01頁11段		新規法案74、条約24件に　通常国会 政府 提出案件を極力絞る
1981.01.24	第11372号	10頁01段		〈ベストセラーズ〉差別の心理描く　敗戦直後の沖縄舞台に　ギンネム屋敷　又吉栄喜
1981.03.02	第11409号	01頁01段		申請で自動的に永住許可 長期在留外国人 法的地位を安定化 法務省出入国管理令を改正へ
1981.03.02	第11409号	03頁03段		背景に難民条約 "協定永住"とはなお格差
1981.03.02	第11409号	03頁04段		出入国管理令改正案要綱
1981.03.13	第11420号	01頁06段		在日外国人にも国民年金 難民条約を閣議決定 政府
1981.03.26	第11433号	02頁06段	趙哲朗	八重の潮路-一枚の写真から-(4)
1981.04.04	第11447号	08頁01段		日韓の歴史を総括 和田春樹著 韓国民衆を見つめること
1981.04.10	第11453号	07頁01段		在日朝鮮人作家 金達寿氏 37年ぶり故国訪問 民衆の交流が統一への道
1981.05.04	第11477号	02頁11段	趙哲朗	八重の潮路-一枚の写真から-(35)
1981.06.06	第11477号	15頁01段		売春・性病をなくそう　地域ぐるいで運動を　風紀浄化推進大会開く
1981.06.19	第11490号	02頁09段	趙哲朗	八重の潮路-一枚の写真から-(74)
1981.06.20	第11491号	02頁09段	趙哲朗	八重の潮路-一枚の写真から-(75)
1981.06.25	第11496号	02頁09段	趙哲朗	八重の潮路-一枚の写真から-(78)
1981.07.08	第11509号	05頁01段		〈文化〉生命のフェスティバル　若者たちが高知県・窪川町で　反原発をテーマに楽しい夏祭り目指す
1981.07.19	第11520号	07頁08段		強制退去を見直し改正へ　人道的立場から法務省
1981.07.24	第11525号	14頁08段		劇団「潮」が上演「ギンネム屋敷」
1981.08.01	第11562号	14頁08段		〈文化〉原作者の観た演劇「ギンネム屋敷」又吉栄喜
1981.08.04	第11565号	02頁08段		〈図書室〉「いのちの憂しさ」高史明著
1981.08.07	第11567号	01頁10段		核の脅威立ち向かおう　広島で　原水禁市民集会
1981.10.03	第11624号	15頁01段		戦争とはなに？　川平小学校の仲野登紀子さん　小学児童が「ふるさと戦記」まとめる　老人の体験聴取イラスト入り"純真な目"で綴る
1981.10.13	第11634号	04頁01段		朝鮮戦争に在日韓国人　自願軍820人が出兵　法務省入管資料で判明
1981.10.13	第11634号	04頁07段		祖国防衛のためと志願
1981.11.22	第11674号	01頁08段		戦争中の政府 極秘研究文書を発見 人口や他民族政策を検討 侵略思想強く反映

발행일	호	지면정보	필자	기사제목
1981.11.23	第11675号	01頁01段		〈社説〉極秘文書が語る「戦争中」 奇生虫病を予防しよう
1981.12.06	第11688号	07頁01段		〈文化〉第三世界の作家たちは…AALA文化会議から
1982.01.08	第11721号	05頁07段		朝鮮文字 電子タイプを開発 在日朝鮮人二世の技術者
1982.01.19	第11730号	01頁08段		戦前の"過ち"目隠し 教科書検定の実態判明
1982.01.19	第11730号	02頁01段		移動大学 文化講座〈4〉伊志嶺恵徹 暮らしの中の人権 もっと個人の尊重を
1982.01.19	第11731号	04頁01段		教科書検定〈上〉表現の仕方にまで介入 戦争を考える作品消える
1982.01.21	第11733号	04頁01段		教科書検定〈中〉問答無用の修正指示 ゆがめられた「朝鮮の歴史」
1982.01.22	第11733号	04頁01段		教科書検定〈下〉絶望せずに知恵を 憲法生かす教科書づくり
1982.05.04	第11835号	03頁09段		〈文化ノート〉「世界の人へ」証言編など 刊行
1982.05.11	第11841号	03頁10段		朝鮮文字で 民話を出版
1982.05.17	第11847号	05頁05段		広島被爆者と対話 国際会議の外国代表
1982.06.04	第11865号	03頁01段		〈著者と語る〉被抑圧民族と核との関係 写真にならない放射能 豊崎博光氏
1982.06.05	第11866号	09頁01段		軍縮への道〈4〉 聞け被爆者の叫び ミクロネシアからも初参加
1982.06.15	第11876号	03頁01段		〈近況〉ケルン作家会議へ…李恢成氏
1982.06.23	第11884号	02頁01段		〈家庭〉風化させるな戦争体験 6.23「慰霊の日」に思う 言葉で表せぬ悲惨 子や孫に戦争の"正体"を 高江州末子さん
1982.07.19	第11910号	03頁01段		〈文化〉西ベルリンで祖国を思う 民族的一体感強い 朝鮮 南北の「壁」乗り越えて
1982.07.23	第11914号	03頁01段		〈著者と語る〉差別される朝鮮人戦犯 国家補償求める運動の中から 「朝鮮人BC級戦犯の記録」内海愛子さん
1982.07.28	第11919号	03頁08段		全国から一万五千人が参加 朝鮮総連中央大会
1982.08.07	第11929号	17頁07段		"一万個の灯"浮かべ合掌 広島原爆供養の灯ろう流し
1982.08.13	第11935号	02頁08段		〈読書〉「隣り人」としての朝鮮人 これらの最も小さい者のひとりに 飯沼二郎著
1982.09.05	第11958号	05頁01段		平和への検証〈20〉いまなぜ沖縄戦なのか 第1部 実相 朝鮮の碑 死亡者数も不詳
1982.09.06	第11959号	03頁01段		平和への検証〈21〉いまなぜ沖縄戦なのか 第1部 実相 朝鮮の碑 処刑現場を見た
1982.09.07	第11960号	02頁01段		審議会の手順より明確化 官房長官、教科書で方針 東京で教科書シンポジウム 空の約束ではない 中国、韓国に理解求める
1982.09.08	第11961号	03頁01段		平和への検証〈23〉いまなぜ沖縄戦なのか 第1部 実相 朝鮮の碑 慰安婦に"徴用"
1982.09.09	第11962号	03頁01段		平和への検証〈24〉いまなぜ沖縄戦なのか 第1部 実相 朝鮮の碑 依然ヤミの中に

발행일	호	지면정보	필자	기사제목
1982.09.14	第11967号	10頁01段		私も虐殺現場見た 次々と証言者 後ろからパーンとスパイ扱いされた大城さんが語る 日本兵が沖縄青年銃殺 耳斬り落とした惨殺 許田さん 黙っておれず…
1982.09.20	第11973号	02頁07段		解放センター構想 管理に苦しむ生徒 落ちこぼれても生きる力を
1982.09.25	第11978号	04頁07段		県民殺害の実相〈座談会〉平和への検証 いまなぜ沖縄戦なのか
1982.10.06	第11989号	02頁07段		偏向批判の対応に微妙な差 注目される検定結果 反核・朝鮮問題加えた社も
1982.10.08	第11991号	06頁02段		OTVドキュメントリー「父は強制連行された!!」韓国人高校生たちの叫び
1982.10.11	第11995号	02頁01段		ようやく外国人教授実現へ 国公立大の門開く
1982.10.16	第12000号	02頁04段		外国人登録は四千五百人 沖縄 幅広い国際交流
1982.10.23	第12007号	03頁07段	玉木真哲	沖縄戦史論〈5〉住民戦力化・防諜・虐殺について 県民も加害者に…朝鮮人一家殺害事件 警防団・義勇隊もからむ
1982.10.25	第12009号	03頁06段	玉木真哲	沖縄戦史論〈6〉住民戦力化・防諜・虐殺について 真相究明は困難 朝鮮人・谷川さんの「処刑」
1982.10.30	第12014号	03頁07段	玉木真哲	沖縄戦史論〈8〉住民戦力化・防諜・虐殺について 蔑視教育が生んだ悲劇 歴史的事実の発掘を急げ
1982.11.01	第12016号	09頁01段	照屋弘子	〈くさぐさ〉夜間中学の人だち
1982.11.03	第12018号	06頁12段		差別に鋭い質問 日本は現実情報に欠ける 国連人権委員会が報告
1982.11.04	第12019号	01頁07段		〈今晩の話題〉戦中派の苦汁
1982.11.04	第12019号	03頁01段	仲地哲夫	〈文化〉公開シンポジウム「教科書検定制度と沖縄」開催によせて 教師と父母が一体に 教育権守ることの重要さ
1982.12.15	第12060号	04頁01段		〈今この人〉劇作家・演出家 ふじた あさや 同国民から差別された心情を理解できぬと謙虚な立場を
1982.12.25	第12070号	05頁06段		小田実氏国際結婚 在日朝鮮人女性と
1983.02.02	第12109号	03頁01段		国籍法の改正試案 一歩前進だが問題点も 市民団体近く独自の提言
1983.05.13	第12211号	02頁01段		〈読書〉在日朝鮮少年の存在証明 少年の闇 高史明著
1983.08.04	第12294号	10頁01段		〈文化〉アジア文学者ヒロシマ会議 核の危機感で一致 主張が一方通行の場面も
1983.08.09	第12299号	05頁05段		"過ちは繰り返さないで" 坂の街 長崎を包む祈り
1983.08.12	第12302号	10頁05段		〈文化〉変わらぬ朝鮮人観 金時鐘氏(朝鮮) 経済進出に高まる警戒心
1983.08.16	第12306号	03頁04段		持続的な運動を 教科書考える市民の集いが訴え
1983.08.19	第12309号	03頁07段		日本入国実現に協力 サハリン残留朝鮮人
1983.08.24	第12314号	03頁09段		大震災虐殺の真相を映画に 在日朝鮮人二世の若ちら
1983.08.25	第12315号	03頁09段		〈図書室〉核の現実知ってほしい「ヒロシマの子」
1983.09.03	第12320号	15頁09段	高良勉	〈文化〉南からの風-アジア文学者ヒロシマ会議に参加して 朝鮮文学者の危機感

발행일	호	지면정보	필자	기사제목
1983.09.07	第12324号	01頁06段		残留朝鮮人の調査案を否決　サハリン問題で国際人権小委
1983.09.19	第12341号	02頁06段		京都・耳塚で「民衆法要」
1983.09.23	第12345号	13頁05段		〈ノート〉「オモニ(母)の願い」
1983.11.05	第12388号	06頁01段		激化する南北朝鮮の対立　心配される日本への影響　爆弾テロ事件
1983.11.05	第12388号	06頁01段		韓国に自重要請　北朝鮮には厳しく臨む　外務省
1983.11.19	第12402号	09頁06段		朝鮮総連に短銃乱射　ラングーン事件に関連か
1983.11.19	第12402号	09頁07段		漁業協議を拒否　テロ事件の日本政府措置で　北朝鮮
1983.12.27	第12433号	08頁07段		〈文化話題〉「南北」超えた文化活動
1984.01.10	第12447号	12頁03段		指紋押なつ考えよう　西宮市職労が小冊子
1984.02.18	第12486号	07頁01段		来日する中国残留孤児名簿　男19人　女31人
1984.03.07	第12503号	02頁10段		国公立大で初の助教授　在日朝鮮人の金在万さん
1984.04.18	第12545号	13頁07段		〈ノート〉満十年になる活動　「東アジアの古代文化を考える大阪の会」
1984.04.29	第12556号	06頁01段		祖国で安らかに眠れ朝鮮の無縁仏大量帰国
1984.05.16	第12573号	18頁02段		〈舞踊〉「朝鮮の情念を舞う」きょうから沖縄ジアンジアンで
1984.05.19	第12576号	05頁02段		〈社説〉核に立ち向う文学者　成果あげた国際ペン大会
1984.05.22	第12579号	02頁07段		二万五千人の署名を提出　教育委員準公選求め
1984.05.22	第12579号	04頁11段		朝鮮人犠牲者の慰霊塔を建立　私財一億円でホテル社長
1984.05.22	第12579号	16頁04段		遭難朝鮮人の遺骨収集
1984.06.13	第12601号	06頁03段		39年ぶり遺骨収集　日本から帰国途中　台風で遭難の朝鮮人
1984.06.16	第12604号	06頁07段		遺骨45体を火葬　対馬、壱岐の調査収集団
1984.06.20	第12608号	07頁01段	石原昌家	6.23「慰霊の日」軍隊の論理と住民抑圧〈上〉民家、学校も兵舎に　住民は馬小屋に居を移す
1984.07.01	第12618号	02頁01段		隠せぬ強圧的姿勢　消された「人魚の恋と死」友好親善に逆行　教科書検定
1984.07.03	第12620号	07頁01段	菱田影	教科書検定と著作権　差別問題に修正意見「玉砕」も「降伏」もせず
1984.07.06	第12623号	07頁01段		教科書検定に講義　在日朝鮮人作家ら　「朝鮮人への差別」教科書のあり方訴える
1984.07.06	第12623号	07頁04段		南北直接対話に理解　朝鮮半島問題で胡総書記
1984.07.06	第12623号	07頁01段		大統領訪日確認へ　安倍外相きょう韓国訪問
1984.07.06	第12623号	07頁04段		本国読みを併記　中国・勧告人の氏名　外務省公式文書
1984.07.10	第12627号	02頁01段		老後の暮らし(3)-87歳の独り暮らし　地域の人と仲良い　交際費の出費大きいが
1984.07.13	第12630号	02頁07段		外人登録を免除　台湾民間人に八年前から
1984.08.10	第12661号	07頁01段		今日韓は〈4〉大統領来日を迎えて'84夏　就職にも厳しい壁　指紋押なつに拒否反応

발행일	호	지면정보	필자	기사제목
1984.08.10	第12661号	07頁01段		米、逸脱知りつつ放置 大韓機事件で研究論文
1984.08.13	第12664号	07頁01段		戦時下の悲劇 韓国で出版 長野の在日韓国人が翻訳
1984.08.17	第12668号	03頁03段		韓国独裁政権と接触するな 石橋委員長をけん制社会党の平和戦略研究会 半島政策で提言
1984.08.17	第12668号	03頁07段		全斗煥大統領の訪日に抗議行動 朝鮮総連が声明
1984.08.17	第12668号	04頁01段		韓日保育セミナーから〈6〉鯵坂に夫氏の公園要旨 偉大な"母新の愛"教師のすべてを子供に
1984.08.17	第12668号	04頁02段		アイデンティティーを求めて いま在日韓国、朝鮮人は
1984.09.03	第12685号	03頁01段		日韓関係の軌跡「近くて遠い」39年 複雑な対日感情 背景に
1984.09.04	第12686号	05頁01段		〈社説〉拭えぬ三角安保の影 日韓新時代の意味するもの
1984.09.07	第12689号	07頁01段		〈人物世帯〉朝鮮人強制連行を描いた児童文学を翻訳・出版する 正村富男 苦しい生活の中で隣人愛説く
1984.09.09	第12691号	05頁01段		〈社説〉緊張穏和への努力を日韓共同声明と朝鮮半島
1984.09.10	第12692号	11頁01段		早すぎた晩餐会 李恢成 人間的主体が欠落 天皇ノマナの声聞けず
1984.09.12	第12694号	05頁01段		〈オピニオンのページ〉北鮮への謝罪 どうするのか
1984.09.13	第12695号	05頁01段		〈読者から〉日本人に必要な謙虚さ
1984.09.17	第12699号	09頁01段		〈民衆文化現考〉夏を越した映画 吉本隆明 篠田作品に鮮明さ 瀬戸内少年野球団 少ない「8月」超えた理念
1984.09.21	第12703号	03頁01段		在日二世の内面描く 伽倻子のために 小栗監督 独自の皮膚感覚で
1984.10.13	第12725号	19頁01段		相次ぐ朝鮮通信使史料の発見 辛基秀 平和交流への道 在日共同で美術館建設を
1984.10.16	第12728号	06頁01段		日本も合併法の対象に〈北朝鮮〉国と企業を区別 朝鮮中央通信報道 関連法規の制定へ
1984.10.23	第12735号	09頁01段	金時鐘	〈文化〉映画「伽倻子のために」深く澄んだまなざし 日本人自身の悲しみの素顔
1984.10.23	第12735号	09頁07段		〈ノート〉波紋広がるばかり 韓国の前方後円墳問題
1984.11.14	第12756号	05頁08段		大阪で東アジア民衆映画祭 金城実さんらが呼び掛け人 17日から
1984.11.24	第12766号	07頁11段		新たに1人身元が判明 中国残留孤児調査2日目
1984.12.03	第12775号	04頁02段		異国の丘 660万の民族大移動 舞鶴は引き揚げ者の町に
1984.12.10	第12782号	05頁01段		〈社説〉なお人権思想の高揚を カールビンソン講須賀寄港
1984.12.23	第12795号	02頁01段		革新市政16年 平良良良回顧録〈18〉東京滞在が財産に
1984.12.26	第12798号	12頁08段		"異文化の尊重を" 大阪で民族教育シンポ
1984.12.31	第12803号	09頁01段		国連から日本を見ると久保田洋 人権でリーダーシップを活動範囲を広げよ
1985.01.05	第12808号	03頁07段		在日一世の胸打つ歌を貴重な歴史の"証言"朝鮮人夫婦がテープ作り

발행일	호	지면정보	필자	기사제목
1985.01.06	第12809号	05頁01段		〈オピニオンのページ〉「かくされていた歴史」
1985.01.17	第12820号	14頁05段		朝鮮民族の歴史出版へ 朝鮮総連、民団の有志
1985.02.20	第12854号	04頁01段		指紋押なつをやめて 少女ら長野県知事に訴え
1985.03.04	第12865号	05頁09段		教員の外国籍排除で集会
1985.03.27	第12888号	03頁01段		「押なつ廃止」増える 地方議会 七百の大台に
1985.03.30	第12891号	07頁08段		合併法の施行〈北朝鮮〉細則を発表へ
1985.04.10	第12901号	01頁04段		〈ニュールック 北朝鮮〉(2) ずらりの日本製品"合併百貨店"スタート
1985.04.30	第12921号	05頁11段		金達寿さんも押なつ拒否
1985.05.21	第12942号	04頁04段		朝鮮総連30年-苦難、喜びの中で 154の民族学校運営 不当性は日本国民に訴え
1985.05.21	第12942号	04頁02段		「日韓友好の船」社党、北との会談で提案
1985.05.23	第12944号	02頁01段		祖国統一向け努力 朝鮮総連結成30周年祝い宴
1985.06.07	第12959号	15頁01段		〈文化〉外国人の指紋押捺問題 国際社会に先んじる 好機閉鎖イメージ変えよう 大沼保昭
1985.06.12	第12964号	01頁11段		指紋押なつ拒否者 2人逮捕 時効を前に大阪府警
1985.07.01	第12983号	09頁07段		〈作家とその時代-芥川・直木賞50年〉流されないで 生きたい 李恢成氏(第66回芥川賞)
1985.07.28	第13010号	01頁01段		昭和史を歩く〈29〉沖縄戦 今もう図久住民虐殺
1985.08.16	第13029号	03頁08段		〈検証 戦後40年(4)〉在日朝鮮人 どちらの国でも異邦人 大東亜共栄圏から命名
1985.08.20	第13033号	14頁01段		北朝鮮、韓国相次ぎ来日 熱烈歓迎後、神戸入り
1985.08.20	第13033号	14頁04段		南北 接触の予定なし 北朝鮮のり団長語る
1985.08.20	第13033号	14頁07段	張忠植	自然な形での交流を
1985.08.23	第13036号	07頁05段		指紋押なつ廃止国連に請願 朝鮮総連
1985.08.23	第13036号	19頁08段		韓国、北朝鮮初戦飾る サッカー予選リーグ
1985.08.23	第13036号	01頁01段		崔牧師新子に罰金刑 指紋押なつ拒否に判決 押なつ 制度は合憲 被告 弁護側の主張退ける 福岡地裁小 倉支部
1985.08.24	第13037号	06頁01段		北朝鮮青年五百人が北京入り 中国側と大交流へ 膨 らみ増やす両国の関係
1985.08.24	第13037号	18頁12段		母の国で力泳誓う 北朝鮮のミョンスンさん
1985.09.03	第13047号	12頁05段	佐和隆光	〈論壇時評〉(9月号)一斉に戦後を特集 多民族社会 へ移行への道
1985.09.05	第13049号	03頁04段		20数年ぶり減少傾向 在日韓国人登録者数 国籍法改 正が引き金
1985.09.19	第13063号	01頁04段		嫌がらせの防止へ 指紋押なつ絡む人権侵害を重視 人権週間で啓発 法務省
1985.11.08	第13113号	14頁01段		やぶにらみ世評-異人さんは・・・城間幹夫
1985.11.19	第13124号	11頁10段		「CR-O」創刊 在日韓国人の若者向け雑誌
1985.12.04	第13139号	12頁01段		〈教育〉奈良市立春日中校 夜間学級の現状 「義務教 育」やり直す 差別・病気などで未就学の人たち 中国 引き揚げ者ら152人学ぶ

발행일	호	지면정보	필자	기사제목
1985.12.04	第13139号	01頁02段		人権週間 運動の機運盛り上げ あすから平和・人権の集い
1985.12.12	第13147号	03頁06段		3カ月だけ延長 押なつ拒否者 在留期間 法務省が政策変更
1985.12.14	第13149号	01頁09段		〈今晩の話題〉「差別」の重層化
1985.12.20	第13155号	05頁07段	成律子	〈旅と音〉望郷
1986.01.08	第13174号	05頁08段		〈ニュース百科〉民族名をとりもどす会
1986.01.20	第13186号	02頁09段		〈新刊紹介〉「在日韓国・朝鮮人」(金容権、李宗良編)
1986.02.19	第13215号	14頁10段		〈冬季アジア大会の話題〉"壁"を乗り越え祖国代表に 在日朝鮮のキム君
1986.02.21	第13217号	06頁01段		〈ニューステレックス〉赤電話にシール作戦 緊急通報できぬとPR妻の思いを胸に 北朝鮮コーチのイムさん
1986.02.26	第13222号	14頁01段	森造一	〈評論〉韓国の前方後円墳の起源 姜教授の海岸地帯説
1986.02.26	第13222号	14頁08段		〈消息〉ある朝鮮人の奇跡を追う
1986.03.02	第13226号	14頁05段		館内に"マンセー"の歓声
1986.04.10	第13265号	05頁08段		〈ニュース百科〉ウリ文化研究所
1986.04.29	第13284号	11頁01段	森田孟進	〈文化〉天皇制と差別 フランスが理解できないこと 宗教的権威の存在 部落民を差別する奇妙さ
1986.05.02	第13287号	03頁06段		切り替え交付7年に 法務省、外人登録で検討
1986.05.09	第13294号	04頁09段	朴聖姫	〈旅とにおい〉紙切れ一枚にも
1986.06.06	第13322号	04頁01段		〈特選コーナー〉20代監督誕生物語 若さは武器だ(下) 金秀吉監督"幸軍"のデビュー「君は裸足の神を見たか」
1986.06.27	第13343号	13頁01段	内間武義	痛器の心象=私の戦争体験抄〈7〉男装の中尉は「沖縄女学校」卒?スパイ容疑で惨殺
1986.07.10	第13355号	04頁01段	東京沖縄県人会	ヤマトに生きる〈58〉朝鮮人狩りに巻き込まれる
1986.07.11	第13356号	06頁01段	東京沖縄県人会	ヤマトに生きる〈59〉デマ流し朝鮮人虐殺
1986.07.16	第13361号	11頁09段		〈魚銀レンズ〉ふる里のまつりで命の洗濯
1986.08.14	第13390号	03頁01段		戦無派の8.15〈4〉犠牲者の無念さ表現 一人芝居で若者に訴え
1986.08.14	第13390号	02頁01段		第4回言葉のコンサート文芸サロン連続21夜 沖縄ジャンジャン 著名人が次々登場 「反核講談」「ひとり語り」など 最終日は筑紫哲也氏
1986.08.15	第13391号	03頁01段		戦無派の8.15〈5〉 共に生きる町求める 押なつ拒否韓国人囲む若者
1986.08.15	第13391号	03頁05段		教科書執筆者の交流を 李駐日韓国大使 相互理解の必要協調
1986.08.16	第13392号	03頁01段		特使派遣で決着へ=皇太子ご夫婦の訪韓延期=外相、韓国大使が会談
1986.08.16	第13392号	03頁06段		帰国保証ないまま米国留学
1986.08.30	第13406号	07頁03段		指紋押なつでハンストへ 在日外人神父ら

발행일	호	지면정보	필자	기사제목
1986.09.01	第13408号	02頁01段		沖縄戦の視点を補完 福地曠昭著 哀号朝鮮人の沖縄戦
1986.09.07	第13414号	07頁01段		日韓外相会談中止も 藤尾発言で韓国硬化 反日感情に拍車の恐れ
1986.09.22	第13429号	03頁11段		朝鮮総連が抗議談話
1986.10.22	第13459号	01頁01段		来月、41年ぶりに来県 沖縄戦に徴用された韓国人ら
1986.10.30	第13467号	15頁01段		〈文芸時評 11月号〉竹田青嗣「在日」文芸の枠取り払う 李起昇「風が走る」
1986.11.05	第13473号	03頁01段		在韓日本人妻13人が里帰り 第2障、民団が招待
1986.11.08	第13476号	23頁06段		19日に座間味で招魂祭 強制連行の韓国人ら41年ぶり沖縄に
1986.11.13	第13482号	04頁01段		朝鮮人軍夫ら41年ぶりに島訪問 反響よぶ本紙報道 記事 生き残り旧日本軍人ら 真相解明に関心
1986.11.16	第13485号	21頁01段		み霊よ安らかに眠れ 沖縄戦没者韓国人慰霊祭 生き残りの金さんも参列
1986.11.19	第13488号	17頁09段		41年ぶり沖縄入り-座間味と阿嘉島- 沖縄戦の暗暗部にライト
1986.11.20	第13489号	03頁01段	海野福寿	「韓国人軍夫」の沖縄戦(1) 強制連行 行先は知らされず奴隷船で連れ、重労働
1986.11.21	第13490号	03頁01段	海野福寿	「韓国人軍夫」の沖縄戦(2) 水上勤務中隊 主な作業は港の荷役 肉体さいなむ空腹と疲労
1986.11.21	第13490号	19頁01段		12人が虐殺された 元「韓国人軍夫」証言、実相に迫る
1986.11.22	第13490号	03頁01段	海野福寿	「韓国人軍夫」の沖縄戦(3) 座間味島 千沢基さんの証言 無言の闘い始まる 日本人将校の命令拒否
1986.11.23	第13491号	03頁01段	海野福寿	「韓国人軍夫」の沖縄戦(4) 阿嘉島 沈在彦さんの証言 軍夫皆殺しの伝令 「天皇陛下‥」と死んだ韓国人
1986.11.24	第13492号	03頁01段		「韓国人軍夫」の沖縄戦(5)処刑地で慰霊の儀式 死霊が旧友を招く 目隠しされたまま銃殺
1986.12.01	第13499号	11頁08段	比嘉吉雄	〈茶のみ話〉軍夫の自殺
1986.12.06	第13504号	05頁04段		〈報道特番〉韓国人軍夫の叫び
1986.12.07	第13505号	01頁06段		外人証のカード化をすべての外人に拡大 法務省、非永住者含め法改正 押圧拒否者 即時逮捕も
1986.12.10	第13508号	01頁06段		押なつ拒否者の書類要求 外国人登録 大阪府警 告発保留の自治体に
1986.12.11	第13509号	05頁01段		〈オピニオンのページ〉「慰霊の旅」にどうこたえるか
1986.12.18	第13516号	06頁01段		成るか外登法改正(上) 正確期し指紋導入 反発招き3年遅れの実施
1986.12.19	第13517号	07頁01段		成るか外登法改正(下) 問題点 指紋制度改定化との批判も 対立のまま提出へ
1986.12.19	第13517号	03頁09段		指紋強制採取や逮捕は違法 在日朝鮮人 国など訴える
1987.01.21	第13546号	03頁04段		押なつ義務強化が基調 時効問題をカバー 外人登録法改正案
1987.01.23	第13548号	20頁04段		〈崔し〉映画「もうひとつのヒロシマ」
1987.01.26	第13551号	20頁03段		「もうひとつのヒロシマ‥‥」朝鮮人被爆者の訴えきょうから各地で上映

발행일	호	지면정보	필자	기사제목
1987.02.03	第13559号	03頁01段		被爆者に国境はない 在日朝鮮2世 朴寿南さん もう一つのヒロシマーアリランのうた 同胞の証言でつづる ドキュメント映画製作
1987.02.20	第13576号	07頁08段		在日朝鮮人差別など指摘
1987.02.23	第13579号	05頁12段		押なつ拒否の李被告に罰金刑
1987.03.06	第13590号	03頁08段		合憲に大きな波紋 岩手靖国判決地の反響
1987.03.25	第13609号	03頁05段		なぜ今「国家秘密法」か 内海愛子 国際化の流れに逆行 情報は公開するのがいい
1987.04.03	第13618号	04頁08段		きょう開鉱式 北朝鮮の金鉱山・雲山
1987.04.06	第13621号	05頁01段		〈オピニオンのページ〉誇るべき沖縄マイノリティー
1987.04.09	第13624号	03頁12段		在日韓国人が決死ハンスト
1987.04.09	第13624号	20頁12段		元軍夫の慰霊碑建立 20日に韓国で除幕式 新崎沖大学長らが出席
1987.04.17	第13632号	08頁12段		〈出番〉李麗仙
1987.04.20	第13635号	02頁12段		〈読書〉サッフォーたちの饗宴
1987.04.21	第13636号	19頁01段		韓国人軍夫の霊故郷に 同志会が慰霊碑建立
1987.04.30	第13645号	17頁01段		"故郷の土踏みたい" 大戦で戸籍消失 韓国・慶州ナザレ園在 無国籍で出国できず
1987.05.04	第13649号	09頁01段	新崎盛軍	軍人の御霊に誓う 碑除幕式に参列して 韓国〈上〉民衆レベルで交流 沖縄戦の"欠落"埋める
1987.05.05	第13650号	07頁01段	新崎盛軍	軍人の御霊に誓う 碑除幕式に参列して 韓国〈中〉共感呼んだ追悼辞 宿願の実現に安どの顔も
1987.05.05	第13650号	17頁01段		朝日記者射撃事件 終始無言で猟銃発射 だれが何の目的で…犯人像全く不明 押なつ拒否問題が関連か
1987.05.07	第13652号	05頁06段		〈論壇〉天皇は差別の根源 反動的潮流に迎合するな
1987.05.16	第13661号	20頁01段		民族の良心で慰霊 チョン・ナム・ソブさん 「韓国人慰霊塔」
1987.05.25	第13672号	11頁05段	金時鐘	〈波〉草むらお時 村の黙契
1987.05.25	第13672号	02頁01段		差別を通決に風刺 金南基 著 韓国仮面劇の世界
1987.05.25	第13672号	02頁01段		〈読書〉韓国美術3(李東州編)
1987.05.28	第13675号	12頁07段		〈文化短信〉時調集「はんぎる」刊行
1987.06.04	第13681号	07頁09段		警官らへの賠償請求は棄却 押なつ強制具訴訟
1987.06.16	第13693号	10頁01段	海野福寿	朝鮮人軍夫の沖縄戦〈1〉特設水上勤務中隊 異様に映った光景 怒号におびえた軍服集団
1987.06.17	第13694号	13頁01段	海野福寿	朝鮮人軍夫の沖縄戦〈2〉若者狩り 申晩祚さんの証言 罪が一家眷族に及ぶ がんじがらめの仕掛け
1987.06.18	第13695号	14頁01段	海野福寿	朝鮮人軍夫の沖縄戦〈3〉沖縄へ 奴隷船にも似た光景 本土の一角、と安堵したが…
1987.06.19	第13696号	13頁01段	海野福寿	朝鮮人軍夫の沖縄戦〈4〉発信地は沖縄 徐錫莘の場合
1987.06.22	第13699号	14頁01段	海野福寿	朝鮮人軍夫の沖縄戦〈5〉那覇の荷役作業 日々、空腹との闘い 牛馬の度説く運搬に使役
1987.06.23	第13700号	03頁08段		〈こども世界-やさしさを抱きしめて-13-〉オモニの笑顔 識字学級での感動 こんな世界があったんか！

발행일	호	지면정보	필자	기사제목
1987.06.23	第13700号	13頁08段	海野福寿	朝鮮人軍夫の沖縄戦〈6〉10.10大空襲　危険にさらされた軍夫隊　被害の実態は不明
1987.06.23	第13700号	19頁11段		被差別少数者協議会開く
1987.06.24	第13701号	11頁01段	海野福寿	朝鮮人軍夫の沖縄戦〈7〉慶良間諸島へ　特性艇の基地づくり　日ごとに過酸化する労働
1987.06.25	第13702号	14頁01段	海野福寿	朝鮮人軍夫の沖縄戦〈8〉米軍上陸　阿嘉島をまず制圧　命令系統を失う軍夫ら
1987.06.27	第13704号	14頁01段	海野福寿	朝鮮人軍夫の沖縄戦〈9〉斬り込み　闇にまぎれ次々隊列離れる　哀れ軍夫頭の最期
1987.06.29	第13706号	05頁06段		〈論壇〉読書の効用と勧め　未知の世界がのぞける喜び
1987.06.29	第13706号	11頁01段	海野福寿	朝鮮人軍夫の沖縄戦〈10〉沈さんの証言　イモ所持で銃殺系　日本軍兵士が7人報復
1987.06.30	第13707号	13頁01段	海野福寿	朝鮮人軍夫の沖縄戦〈11〉死に急ぐ人々　壕内で地獄を見る　国のためにと集団自決
1987.07.01	第13708号	19頁01段	海野福寿	朝鮮人軍夫の沖縄戦〈12〉逃避行　投降"下山"にも真重　原始人さながらの採取生活
1987.07.03	第13710号	19頁01段	海野福寿	朝鮮人軍夫の沖縄戦〈13〉脱出　37人で下山を決行　米軍船に全員収容される
1987.07.07	第13714号	12頁01段	海野福寿	朝鮮人軍夫の沖縄戦〈14〉捕虜収容所　自由な雰囲気で生活　ペコペコ媚びる日本兵
1987.07.09	第13716号	14頁01段		〈評論〉鄭敬謨韓国の正統性とは　韓国民族と政治的決断
1987.07.16	第13723号	04頁01段		"あしび"通じ心結ぶ　沖縄アイヌ在日韓国・朝鮮　互いの芸能披露　会場に若者の心意気
1987.07.21	第13728号	04頁01段		近くて遠い国　北朝鮮　課題多い日朝相互往来　離散家族再会実現したが
1987.07.29	第13736号	04頁06段		孫の名前が書けた！　生徒の中心は年配の女性　大阪の自主夜間中学
1987.08.11	第13750号	08頁01段		指紋押なつ拒否問題　戦前の旧満州国にも　指紋管理局を設置　実態調査団が北京で発表
1987.08.11	第13750号	08頁06段		韓国争議拡大　各地で衝突　政治問題の様相も
1987.08.15	第13754号	03頁03段		地方公務員は303人　在日韓国人、民団が調査
1987.08.24	第13763号	03頁03段		差別ない学校社会実現を　在日朝鮮人教研集会開く
1987.09.28	第13798号	02頁01段		生き残りの証言　「恨-朝鮮人軍夫の沖縄戦」
1987.10.03	第13803号	06頁04段		歌の反日史を出版　名古屋の在日韓国人二世
1987.10.03	第13803号	06頁01段		北朝鮮のセパラム　人々暮らし〈3〉広がる消費生活　合併企業の活力で新風
1987.11.18	第13849号	03頁01段		生活スポット　山川菊栄賞決まる「分断時代の韓国女性運動に」
1987.11.18	第13849号	03頁05段		〈マイフアッソン〉　韓日両国のパイプ役に
1987.11.21	第13852号	07頁01段		叔父の供養に韓国から兄妹　スパイ口実に虐殺　久米島事件

발행일	호	지면정보	필자	기사제목
1987.11.24	第13855号	17頁01段		戦争終わっていたのに··· 惨殺現場で泣き伏す おじ一家7人供養 韓国から42年ぶりに 久米島事件被害者の親族
1987.11.25	第13856号	07頁06段		虐殺前後の状況聞く 具さん兄妹 上江洲さんと対面 久米島事件
1987.11.30	第13861号	01頁01段		大韓機ベンガル湾で不明 乗員乗客115人 日本人なし
1987.11.30	第13861号	01頁07段		大韓機いぜん不明 墜落の可能性が強まる
1987.12.01	第13862号	01頁08段		大韓機 山中に墜落？ タイ、ヘリで現場確認急ぐ
1987.12.01	第13862号	01頁01段		名義使われた男性実在 在日韓国人が名前利用か
1987.12.01	第13862号	01頁01段		不審男女、バーレーンで服毒 男死亡、女は重体 日本人名の為造旅券所持 大韓機行方不明事件
1987.12.02	第13863号	07頁04段		在日韓国人に実印など渡す 服毒の男女との関係否定 実在の蜂谷さん語る
1987.12.02	第13863号	07頁07段		大韓機、空中爆発説強まる
1987.12.02	第13863号	01頁01段		過去 スパイ事件に関与 大韓機事故ナゾ深まる 北側・工作員の可能性も
1987.12.03	第13864号	01頁01段		自殺者は宮本明と別人か 韓国警察は爆破説 スパイ事件関与を重視 大韓幾不明事件 捜査当局、人物特定に全力
1987.12.03	第13864号	01頁07段		韓国、国際テロと米国務省に通違
1987.12.03	第13864号	09頁03段		大韓幾不明事件 指紋入手、蜂谷の特定へ 失跡の「宮本」は別人か
1987.12.03	第13864号	09頁05段		男女には重大な秘密 北のテロ説に傾くソウル
1987.12.03	第13864号	19頁04段		昨年夏から姿消す ナゾに包まれた「宮本」 大韓幾不明事件
1987.12.04	第13865号	01頁05段		「蜂谷」は破壊工作員 宮本とは別人と判明 大韓幾不明事件
1987.12.04	第13865号	03頁01段		広がり深まるナゾ 大韓幾不明事件 二人の男女は何者 ウィーンまでの足取りも不明
1987.12.04	第13865号	03頁01段		反に地感情の高まる懸念 外務省、慎重に事態見守る 大韓幾不明事件
1987.12.04	第13865号	03頁05段		第三国人強責任逃れ 韓国紙 日本の対応を批判
1987.12.04	第13865号	01頁05段		大韓幾不明事件「宮本明」既に死亡？ 敬視庁公安部確認急ぐ
1987.12.06	第13867号	01頁01段		女の事情聴取始まる 指紋は日韓と該当者なし 大韓幾不明事件
1987.12.06	第13867号	08頁01段		身柄で日韓綱引き 韓国、引き渡し要請へ 大韓幾不明事件
1987.12.08	第13869号	09頁01段		大韓幾不明事件 四元記者座談会 どうなる女の身柄 なぞはらみ複雑化の様相
1987.12.10	第13871号	03頁10段		偏見あるキャンペーン慎め 日韓友好連帯会議が声明
1987.12.11	第13872号	06頁10段		父が中国人、母は朝鮮人か 大韓幾不明事件の「真由美」韓国、北スパイ解明に全力
1987.12.12	第13873号	06頁02段		捜査照会書を開示へ 全国初 川崎市が方針固める

발행일	호	지면정보	필자	기사제목
1987.12.16	第13877号	03頁01段		大韓航空機不明事件「真由美」ソウル到着 よろけるように機外へ 口に自殺防止テープ
1987.12.16	第13877号	03頁07段		反共謀略に悪用 北朝鮮外務省が声明
1987.12.17	第13878号	07頁07段		母国へ熱い視線 在日留学生ら反応さまざま 韓国大統領選
1987.12.18	第13879号	23頁01段		虐殺の残酷さ生々しく証言 教科書判久米島シンポ 文部省検定を批判 出張法廷の成功誓う
1987.12.18	第13879号	03頁01段		"人権後進国・日本"浮き彫り 「人種差別撤廃条約」の批准を
1987.12.20	第13881号	01頁08段		韓国語テスト反応せず「真由美」母国語は中国語か 大韓機事件
1987.12.20	第13881号	03頁01段		「真由美」移送から1週間 大韓機事件 "懐柔"策で取調べ 中国語に反応 国籍は依然不明
1987.12.25	第13886号	13頁06段		新風(シンバラム)(1)朝鮮語媒介に比較文化論 日韓交流これからよくなる 渡辺鎔さん
1988.01.05	第13897号	14頁06段		新風(シンバラム)(2)CMディレクター全世界の人にわかる映像を 李泰栄さん
1988.01.06	第13898号	07頁06段		新風(シンバラム)(3)オーケストラの指導者 朝鮮のリズムに魅せられて李洪才さん
1988.01.06	第13898号	06頁05段		在日朝鮮人描く映画製作 民族意識に目覚める女高生
1988.01.07	第13899号	15頁05段		新風(シンバラム)(4)軽薄無知の世代の力を 中公新人賞で作家デビュー香山純さん
1988.01.13	第13903号	12頁01段		劇的展開の可能性も予想される三局面 北朝鮮の五輪不参加
1988.01.16	第13906号	01頁04段		金書記の指令で爆破 大韓航空機事件 「真由美」が全面自供 ソウル五輪の妨害狙う 韓国が捜査発表
1988.01.16	第13906号	10頁01段		ソウル五輪を配慮 異例の「スピード」発表
1988.01.16	第13906号	10頁03段		金賢姫の供述要旨 爆破任務誓約書を朗読
1988.01.16	第13906号	10頁01段		エリート家庭の出身 「真由美」の笑顔 大学で日本語習得 自供終え「心が晴れた」 発見困難な液体爆弾ラジオにセット持ち込む
1988.01.18	第13908号	07頁01段		858便爆破指令 大韓機事件の「真相」(下)「マユミは犠牲者」その美ぼうに複雑な感情
1988.01.22	第13912号	13頁05段		〈文芸話題〉「民涛」の創刊を祝う 埴谷氏らが激励の言葉
1988.01.25	第13915号	06頁02段		政府、あす北朝鮮制裁措置 日朝関係の緊張激化へ
1988.01.26	第13916号	03頁02段		在日外国人が戦後最高に 日本総人口の0.7% 61年末、フィリピンは倍増
1988.01.30	第13920号	14頁07段		北朝鮮にビザドりず 米国の制裁措置の一環か
1988.02.05	第13926号	07頁01段		切り替え確認 申請機関は2年 指紋押なつ拒否者の登録
1988.02.05	第13926号	07頁10段		花束の少女H金賢姫でない 朝鮮総連、場所などで反論
1988.02.06	第13927号	16頁07段		入国ビザ拒否に非難談話

발행일	호	지면정보	필자	기사제목
1988.02.11	第13933号	16頁06段		〈短信〉「"在日"にかける夢」 マ宣教師を支援する会が刊行
1988.02.22	第13943号	19頁03段		大韓機事件の波紋
1988.02.23	第13944号	01頁07段		〈今映の話題〉若い記憶に覚めよ
1988.02.24	第13945号	06頁08段		嫌いがらせに切なさと憤り
1988.02.25	第13946号	03頁01段		東京でマンション暮らし 高卒直後に結婚、別れる
1988.02.27	第13948号	03頁01段		韓国が7234人を赦免 政治犯は1712人 在日韓国人も6人減刑 大統領就任を記念
1988.02.27	第13948号	03頁04段		韓国野党 綜合へ大きく前進 総選挙控え政局流動化へ
1988.03.01	第13950号	11頁08段		〈文化ノート〉徐兄弟と韓国の民主化
1988.03.04	第13953号	03頁12段		野党党首 土井社会党首 徐兄弟論壇会
1988.03.11	第13960号	25頁10段		「大韓航空機失踪事件」で講演会
1988.03.12	第13961号	06頁10段		押なつ拒否で罰金判決
1988.03.17	第13966号	03頁10段		〈アジアinニッポン'88〉出会いの場のネットワーク始まる 情報交換紙の発行へ
1988.03.19	第13968号	06頁01段		日本人乗組員1人死ぬ イランが攻撃か タンカー被弾、炎上 ペルシャ湾
1988.05.17	第14028号	17頁06段		崔さんの再入国許可へ 法務省が態度激化
1988.05.20	第14031号	01頁09段		北朝鮮選手招待宴で退席 法務省の通告に不満
1988.05.20	第14031号	04頁01段		望郷と慰めと生活の歌
1988.05.21	第14032号	01頁01段		北朝鮮が大会総引き揚げ アジア卓球選手権に波紋
1988.05.21	第14032号	03頁03段		女子選手の目に涙 固く口閉ざす北朝鮮チーム
1988.05.21	第14032号	03頁07段		北朝鮮の真意は？政治、スポーツ関係やの声
1988.05.22	第14033号	03頁05段		"ピンポン外交"実らず 北朝鮮選手団18人が帰国
1988.05.22	第14033号	04頁05段		徐俊植氏、釈放か 韓国 担当弁護士が明かす
1988.05.25	第14036号	06頁08段		徐俊植氏17年ぶり釈放へ 在居制限で日本行きは困難～在日韓国人政治犯に決定～
1988.05.25	第14036号	01頁01段		徐俊植さんを釈放 韓国政府 17年ぶり、叔母宅で喜び語る
1988.05.25	第14036号	06頁01段		民主化で釈放され光栄 自由の身で誕生日の徐さん 在日韓国人政治犯の釈放 "17年は遅すぎた"徐氏がソウルで会見
1988.05.28	第14039号	06頁03段		徐兄弟 16年ぶりに再会 釈放の弟、獄中の兄励ます
1988.05.28	第14039号	06頁06段		日本にいるおじ押して!
1988.05.31	第14042号	04頁01段		盧政権に厳しい政治局面 韓国の国会が開会 数の力を背景に野党主導 野党間協力が焦点に
1988.05.31	第14042号	04頁05段		17年ぶりに感激の再会 訪韓の姉妹と徐さん
1988.06.01	第14043号	03頁03段		再入国の制限しない 法相、新外登法施行で表明 指紋押なつ拒否に柔軟対応
1988.06.02	第14044号	01頁11段		崔さん帰国断念
1988.06.03	第14045号	07頁11段		赤軍派既に韓国潜入か 公安筋が情報入手
1988.06.08	第14050号	03頁05段		「入国条項は人権侵害」

발행일	호	지면정보	필자	기사제목
1988.06.15	第14057号	06頁04段		在日韓国・朝鮮人と交流を初のふれあい館 川崎市にオープン
1988.06.23	第14065号	21頁06段		従軍の実態生々しく 沖縄戦での朝鮮人軍夫当時の日記近く刊行
1988.06.25	第14067号	06頁01段		史上最大の五輪へ(6) 史上初の騎馬聖火隊 済州島リレーに在日組も
1988.07.01	第14073号	03頁01段		消えた前首相の知識水準発言写真 清建交代で光州事件はOK=相変わらず厳しい教科書検=色濃くにじむ政治色
1988.07.07	第14079号	01頁01段		韓国 南北交流推進を宣言 敵対関係を転換 日光と北の改善にも協力
1988.07.29	第14101号	06頁05段		"ピースボート"ピンチ 名古屋 定員割れの状態続く
1988.08.02	第14105号	13頁01段		消費社会の文化変容「命が大事」の大合唱 反原発運動の生命観
1988.08.02	第14105号	05頁07段		社会党 富士山丸で動き急 野党外交の実績作り自信
1988.08.04	第14107号	04頁01段		社会党の入国規制を緩和 韓国外務省
1988.08.06	第14109号	05頁01段		〈社説〉四十三年目の原爆の日
1988.08.09	第14112号	06頁01段		長崎を最後の被爆地に・・・悲願込めて祈る
1988.08.11	第14114号	02頁10段		社会党の五十嵐議員、14日に訪韓 韓国がビ発給
1988.08.16	第14119号	03頁10段		天皇制で討論も〈終戦記念日〉各地で多彩な行事
1988.08.19	第14122号	05頁01段		〈オピニオンのページ〉夏に思い出す戦時の出来事
1988.08.19	第14122号	05頁01段		〈社説〉四野党の不公平税制の是正 再開される"南北対話"
1988.08.21	第14124号	01頁04段		サハリン韓国人問題打開へ 担当官をモスクワに派遣
1988.08.21	第14124号	01頁07段		南北とバランスある交流を 社党、対韓政策で中間報告
1988.08.25	第14128号	03頁03段		朝鮮総連議長の訪朝認可
1988.08.25	第14128号	03頁06段		韓国との交流開始打ち出す 社党、政策見直し中間報告
1988.08.26	第14129号	01頁10段		盧大統領が来日へ 11月中旬 首相の五輪訪韓時に決定
1988.09.04	第14138号	01頁01段		単独開催、極めて遺憾「二つの朝鮮」承認できぬ 北朝鮮、五輪不参加を声明
1988.09.05	第14139号	02頁01段		外国人の不法就労で対策室 警察庁、来年度新設へ
1988.09.18	第14152号	03頁05段		外国籍でも公務員に来年新卒者に説明会
1988.09.18	第14152号	03頁09段		日本の役割に期待 韓国南北対話実現に意欲
1988.09.18	第14152号	03頁09段		〈日韓首脳会談のやりとり〉五輪の成功を確信
1988.09.20	第14154号	07頁09段		〈第47回日本教育学会 大会報告から〉管理教育、いじめ誘発 小林剛福井大教授が発表
1988.10.07	第14171号	17頁02段		李恢成と第三世界文学 高良勉 緊張の中で創作活動 興味深い歴史的共通の課題
1988.10.10	第14174号	17頁01段		「天皇報道は"過熱"芥川賞作家 李恢成氏 戦争責任も指摘 天皇制を考える公開市民講座

발행일	호	지면정보	필자	기사제목
1988.10.11	第14175号	13頁09段		〈魚銀センズ〉視点の弱い文学　李恢成さん
1988.10.13	第14177号	13頁01段		前政権の不正疑惑追及　韓国国会の国政監査「聖城」にもメス
1988.10.29	第14193号	03頁08段		朝鮮総連幹部の再入国許可
1988.11.08	第14203号	17頁01段		標点 遅れている外国人の保障 管理の思想から保護への転換 地域えで国際人権を考える
1988.11.10	第14205号	06頁01段		韓国の叔父に会いたい～故郷にサハリンは道遠く～ 再会の手紙託す片烈さん
1988.12.02	第14227号	07頁08段		朝鮮総連は「反国家団体」韓国南北改善へ法改正
1988.12.10	第14235号	06頁01段		悲惨な満蒙開拓が本に　金沢大助教授が20年かけ
1988.12.10	第14235号	06頁07段		三重県の朝鮮人虐殺事件 悲劇は繰り返さない 市民グループが追悼碑
1988.12.13	第14238号	03頁06段		外登法徹廃を要求 押なつ拒否の在日グループ

민족시보

1 서지적 정보

『민족시보』는 민족통일협의회에서 「민통협자료」라는 이름으로 제1집이 1972년 9월 1일 발행되었다. 창간호 1면에는 민족통일협회의 행동강령으로 다음의 다섯 항목을 들고 있다.

一, 우리는 조국통일의 기본원칙을 명시한 남북공동성명을 저극지지하고 그 성실한 현실을 기한다.
一, 우리는 민족주체성을 견지하고 외세의 간섭 없이 자주적이며 평화적인 방법으로 조국통일을 달성한다.
一, 우리는 사상과 이념, 사회제도의 차이를 초월하여 민족적 대단결을 이룩한다.
一, 우리는 문화민족의 빛나는 전통과 위신과 긍지를 높이며 국내외 전체동포의 총력을 조국통일대열에 결집한다.
一, 우리는 평화를 사랑하는 전 세계 사람들과의 보전의 유대를 강화한다.

위와 같은 행동강령으로 발행되기 시작한 「민통협자료」는 같은 해 11월 21일 민족지보사 발행의 「민족시보」라는 이름으로 새 옷을 입고 창간호를 발행하게 된다. 매월 1, 11, 21일에 발행되고 창간 당시의 구독료는 월 300엔이었다. 『민족시보 축쇄판』(민족시보사, 1983년 8월 14일)에서 민족시보사 사장 김용원(金容元)은 「민족시보 축쇄판 발간에 즈음하여」에서 창간 당시를 회상하고 있다. 처음에 『민족시보』는 민족통일협의회의 기관지로서 출발하였으나, 한국민주회복통일촉진국민회의 일본본부(한민통)가 경성된 이후에는 한민통의 기관지로 발행되기 시작하였다. 신문의 성격은 민주주의과 조국통일을 바라는 해내외의 동포들의 요구에 의해 결성된 한민통의 기관지인 만큼, 자주·민주·통일의 길을 밝히고 그 실현을 위하는 것이라고 이야기하고 있다. 또한 현재 국내는 전두환 군사 독재정권의 언론정책은 자유언론을 완전히 질식시키고 있기에『민족시보』와 같은 해외의 동포민주언론기관들의 역할이 중요하다고 주장하고 있다. 이와 같은 취지로 창간된『민족시보』는 축쇄판이 발행된 1983년 8월 14일 현재 384호(1983년 8월 11일발행)까지 발행이 되었다고 앞의 글에서 김용원이 언급하고 있지만, 현재 확인 가능한 지면은『민족시보 축쇄판』에 수록된 창간호부터 1983년 3월 25일 발행된 372호까지 뿐이다.

2 창간사

統一勢力은 하나로 뭉치자
-創刊辞를 대신하여-

우리民族은 数千年의 歷史를 通하여 單一民族으로 살아왔다. 民族性이 強하고 民族的 自尊心이 높은것을 대견스레 생각하고 자랑으로 여겨왔다.

四半世紀 分断의 歷史가 決코 짧은것은 아니로되 半万年悠久한 歷史에서 보면 그것은 한갓 瞬間이기도 하다. 우리는 그 瞬間을 断絶과 不信으로 지냈다고하여 그것을 절대로 永久化할수는 없을것이다. 한 土안에서 固有한 말과 글, 共通한 風俗과 生活을 지켜온 世界에 드문 이 伝通的인 民族性을 어찌 저버릴수 있겠는가.

이제 우리 民族의 優秀性을 온세상에 보여줄 転機가 到来하였으니 곧 七·四共同声明의 実現이 그것이다.

共通声明은 祖国統一을 이룩함에 있어서의 自主, 平和, 民族的大団結의 三大原則과 그 遂行을 위한 当面方途들에 対하여 合意를 보았으며 南北調節委員会共同委員長第二次会議는 이것을 具体的으로 前進시켰다.

緊張에서 緩化에로, 断絶에서 対話에로의 물결은 막을수없는 世界의 潮流이며 社会의 進歩와 人類의 繁栄을 希求하는 모든 사람들의 志向이다.

이 도도한 흐름속에서 어찌하여 血緣과 地緣을 같이하는 이 英明한 겨레가 서로 不信하고 対決을 持続해야한단 말인가. 실로 갈라진 国土를 統一하고 끊어진 民族의 血脈을 잇는것은 五千万同胞의 至上課業이며 民族最高의 理念이다.

우리는 서울과 평양의 代表들이 서로 上部의 뜻을 받들어 合意事項을 誠実히 履行할 것을 온 民族앞에 厳粛히 約束한 共同声明의 支持実現을 위하여 決意奮起할것을 다짐하는 바이다.

南北共同声明의 発表는 이나라 歴史의 찬연한 한페이지를 뜻깊게 장식하며 民族統一 歴史의 새章을 記録하게 될것이다.

声明이 発表된후 발서 四개月이 지났다. 이나라 国民들이 近来에 이期間처럼 祖国과 民族의 運命과 将来에 対하여 旺盛히 論議한바는 없을것이다.

그것은 마치 二十七年間의 空間을 단꺼번에라도 메울듯이 거세찬것이었고 活火山의 불길처럼 타오르는 統一에対한 民衆의 念願은 그 무엇으로써도 끌수없는 것이었다.

民衆의 한결같은 指向은 在日韓国同胞社会에도 불길이 일게하였다. 在日同胞들은 過去日帝治下에서 헤아릴수없는 受侮와 苦難을 겪으면서도 民族的志操를 굽히지 않았을 뿐아니라 지긋지긋한 受難이 険할수록 서로 依支하고 自助하면서 더 強하게 살았다. 그들은 祖国을 멀리 떨어져 恨많은 異国살이를 하고있기에 国内同胞들보다 統一에対한 渴望이 더한층 節々하다. 그러기에 共同声明이 発表되자 그를 熱狂的적으로 歓迎하였으며 비록 制限된範囲이기는 하였으나 朝総連과 民団의 共同支持모임을 가져 在日同胞들의 커다란 共感을 불러일으켰다.

이것은 異国에 사는 겨레들이 할수있는 모든努力을 다하여 나라와 民族을 위한 大事에 参与하려는 熱情의 発露이며 小異를 버리고 大同団結을 実現하려는 憂国之情의 表示인것이다.

그러나 우리는 在日韓国人社会에는 統一의 목소리는 있어도, 組織된 統一의 勢力이 없음을 慨嘆하지않을수 없다. 在日韓国人의 民族的 団結体로 自負하는 民団이 스스로 混乱과 分裂을 助長하고 謀略과 中傷의 소용도리속에서 除名 停権 直轄等의 不条理한 状態를 継続비저내고 있다.

韓国政府自体가 지금까지의 姑息的인 思考에서 解脱하고 나라의 平和的統一을 実現하기 위하여 南北間에 多方面的인 交流를 実現하고 南北의 政党·社会団体 및 個別的人士들 사이의 広範한 政治的交流의 実行을 保障하기까지에 이르는 오늘, 民団만이 如前히 旧態

를 버서나지 못하는것은 時代的인 錯誤이며 民族에게 끼치는 害毒이 적지않음을 認識해야 할것이다.

偉大한 変化와 前進의時代에 사는 民族的使命을 自覚하고 大韓民国의 国是를 導守하고 自由民主主義의 理念아래 生活하는 같은 陣営内의 分裂과対立 謀略과中傷이 早速히 止揚되어야 할것이다.

우리는 모든 在日同胞들이 自主 平和 民族的大団結의 旗幟 밑에 団結을 強化하고 組織統一의 崇高한 任務를 遂行하기 위하여 하나로 뭉쳐 어깨를 겨누고 前進할것을 主張한다.

南北의 対話는 五千万民衆의 対話이고 祖国統一은 全体民族이 積極的으로 参与할수 있는 民主主義의 基礎우에 서야 한다.

民主国家는 나라의 運命을 左右할만한 重大한 問題일수록 그것을 国民大衆앞에 開放하고 正当한 与論을 通해서 알찬結実을 얻어내는법이다. 우리는이와 逆行하는 現象을 黙過할수없으며 自由民主主義를 지키겠다는 名目밑에 非民主的手段을 자행하는 것을 賛成할수없다.

韓国에서 施行되고있는 非常戒厳令下의 憲法改定이 祖国의 平和統一을 앞당기기위한 「維新的인 体制」를 이룩하고 「国籍있는 民主主義」를 이룩할수 있다는 説得力을 어느程度 가질것인지 疑心하지않을수 없다.

軍事政権이라는 強大한 힘을 背景으로 自己의손으로 制定한 現行憲法을 이제는 非常戒厳令이라는 非常手段을 써서 改悪을 断行한다는것은 結局 憲法은 後退되고 民主主義는 죽는것이다.

또 国民의 모든 自由가 完全히 抑圧抹殺된 속에서의 国民投票는 기만이며 朴正熙大統領의 永久執権을 노리는 野望이다.

나라의 自主的平和統一은 五千万民族의 한결같은 念願이므로 그 過程에 있어서는 비록 百家争鳴은 있을수 있으나 結局은 七·四共同声明에서 原則이 明示되고 또 그것이 民族의 絶対的인 支持를 받고 있는 現実은 大衆을 全的으로 信頼하고 鼓舞하여 그 힘의 源泉을 動員할수 있게하는 民主主義의 基本原則의 保障이 切実히 要求된다.

民族의 時代的要求에 따라 創刊되는 民族時報는 五千年의 찬란한 歴史와 文化伝統의 기초우에서 民主主義的 基本権利를 確保하여 自主 平和 民族的大団結의 正義의 筆録을 높이들어 祖国統一 聖業에 欣快히 앞장선다.

本紙의 앞길은 비록 險難한 荊극의 장애가 가득할것이나 祖国統一을 갈망하는 愛国同胞들의 絶対的인 支持와 協力이 있을것을 確信하며 創刊辞에 대신한다.

3 목차

발행일	호	지면정보	필자	기사제목
1972.12.21	第3号	01頁01段		民族史에찬란하게수놓은72年은저문다統一의大門 활짝열고南北合作의터전을마련〈送年辞〉
1972.12.21	第3号	01頁10段		총규모六、五九三億원 新年度새予算을 確定
1972.12.21	第3号	01頁10段		제1차 共同調節委회의 板門店에 공동事務局설치
1972.12.21	第3号	01頁11段		非常戒厳令해제
1972.12.21	第3号	04頁01段		南北상호간 理解 두터이 李厚洛委員長의 연설요지
1972.12.21	第3号	04頁03段		団結·合作·統一이룩하자朴成哲委員長대리答辞요지
1972.12.21	第3号	04頁01段		피끓는靑春을나라統一에소속단체를초월총결집하자韓青·朝青共同東京大会盛況
1972.12.21	第3号	04頁11段		軍事関係法等의결〈資料〉
1973.01.01	第4号	01頁01段	裵東湖	「韓国的民主主義」와의 새로운 闘争의 해
1973.01.01	第4号	01頁05段		朴正熙第八代大統領就任式 北과의対話拡大等施策을明示
1973.01.01	第4号	01頁05段		金日成首相을 主席으로 北朝鮮、政府要員을 刷新
1973.01.01	第4号	01頁11段		国会議員선거법등公布 전원219명、無所属許容
1973.01.01	第4号	02頁01段		国民억압의 선거는不当 民統協 大統領선출을非難
1973.01.01	第4号	02頁03段		祖国統一의展望미국·뉴팔츠朴昌栄
1973.01.01	第4号	02頁01段		朴大統領취임사〈全文〉
1973.01.01	第4号	02頁11段		四.一九와 七.四의 前進(1) 民衆에게 돌아온祖国 4.19共同文化祭에서 実感
1973.01.01	第4号	03頁01段		韓国的独裁体制에 対する新しい闘争의年
1973.01.01	第4号	03頁01段		大統領選挙는茶番劇 民統協で非難声明을 発表
1973.01.01	第4号	03頁05段	林昌栄	祖国統一의 展望 元韓国国連大使米国居住
1973.01.01	第4号	03頁12段		〈資料〉軍事機密保護法
1973.01.01	第4号	04頁01段	金石民	韓国経済の現状と自立経済の展望
1973.01.21	第51号	01頁01段		〈社説〉朴正熙大統領의 말을 어디까지 믿어야하나
1973.01.21	第51号	01頁01段		새憲法후 施政全般을피력 朴正熙大統領年頭記者会見-共和党총재 맡는다 階級政党은不許方針 유엔政策은 변함없다 80年代수출 百億弗목표
1973.01.21	第51号	01頁07段		新民、政務委員결정 副議長三人도 선출
1973.01.21	第51号	01頁08段		民主統一党근일創党 梁準委員 기자회견
1973.01.21	第51号	01頁09段		金총리、田中首相要談
1973.01.21	第51号	01頁11段		〈解説〉独裁体制下의 野党의진통을打診
1973.01.21	第51号	02頁11段		〈資料〉国会議員選挙法 全文
1973.01.21	第51号	03頁01段		四.一九와 七.四의 前進(2) 統一文化祭의 情景 内外新聞들이 大書特筆
1973.01.21	第51号	03頁01段	萌東哲	統一은民主休制確立으로
1973.01.21	第51号	03頁05段	韓益東	民権박탈로統一妨害 韓益東
1973.01.21	第51号	04頁01段		개정된 북조선헌법 전문
1973.02.01	第52号	01頁01段	裵東湖	越南平和協定과韓国統一의三大原則

발행일	호	지면정보	필자	기사제목
1973.02.01	第52号	01頁07段		司法関係の五法律改悪さる 単なる噂も証拠能力 法廷内の録音。放送など禁止
1973.02.01	第52号	01頁09段		民主統一党創党 代表最高委員に梁一東氏
1973.02.01	第52号	01頁07段		新民党党首権代行に 鄭一亨氏
1973.02.01	第52号	01頁07段		駐越国軍は即時撤収 朴大統領ベトナム終戦で声明
1973.02.01	第52号	02頁01段		〈新聞論調〉四億ドルの外穀輸入
1973.02.01	第52号	02頁01段		朴政権の措置は不法不当だ 民族的良心が許せぬ 専制独裁に分断の固定化 在米・在日同胞有志代表が非難声明
1973.02.01	第52号	02頁05段		今年度輸入規模30億ドル 糧穀だけで4億ドルを超える
1973.02.01	第52号	02頁05段		死亡行方不明61名 珍島近海で客船沈没の惨事
1973.02.01	第52号	02頁09段		団結へなごたかな交流 祖国の平和統一をかちとるために 民団と総連が共同で新年会
1973.02.01	第52号	02頁11段		南北交流に備え 金経連が特委を設置
1973.02.01	第52号	02頁13段		〈政界裏ばなし〉
1973.02.21	第53号	01頁01段		統一の阻害は独裁強化に 南北首脳と会談の用意 表東湖首席議長反統一策動も糾弾 民主主義の確立が急務「維新体制」は遠からず崩壊
1973.02.21	第53号	01頁01段		〈時論〉国際通貨戦争に備えて南北敬愛交流の早期実現を望む
1973.02.21	第53号	01頁06段		統一望まぬ日本 大島氏 藤島氏 妨げる緩助つつしめ
1973.02.21	第53号	01頁08段		政治的不安の増大 南の経済破綻は必至
1973.02.21	第53号	01頁09段		入国許さぬ韓国
1973.02.21	第53号	01頁11段		南北共同声明発展させて 祖国統一促進へ
1973.02.21	第53号	01頁13段		アジアで果たす役割は？ 教育水準高い北朝鮮と韓国
1973.02.21	第53号	01頁14段		歴史上大きな汚点 南ベトナムの派兵
1973.02.21	第53号	02頁01段		与野公薦名単
1973.02.21	第53号	02頁01段		権限のない国会議員選挙 27日投票 2/3の議席を争う与党の独走は既定方針
1973.02.21	第53号	02頁01段		与・野各党の選挙公約
1973.02.21	第53号	02頁07段		変貌する政界版図 与野の公薦にみる気象
1973.02.21	第53号	03頁01段		民団神奈川団長代行鄭泰浩同志逝く 組織功労で民団葬執行
1973.02.21	第53号	03頁01段		維新に吹きまくる弾圧施風 祈とう中の牧師を逮捕 憲法改悪に反対いた理由で 救援闘争を広範に展開
1973.02.21	第53号	03頁04段		米不足をどうするか 南北交流の絶好の転機 国際通貨お変動も韓国に甚大な悪影響
1973.02.21	第53号	03頁09段		71年の政治言動問題化 前野党国会議員らを起訴公判
1973.02.21	第53号	03頁11段		韓国に変動ない？ 南財務、ドル切下で言明
1973.02.21	第53号	04頁01段		〈新聞論調〉国際通貨危機の中における韓国経済の座標 物価と輸出インフレ

발행일	호	지면정보	필자	기사제목
1973.02.21	第53号	04頁01段	鄭敬謨	K君への手紙①鄭敬謨輸出百億ドルのペテン　官僚の"高等数学"を暴く
1973.02.21	第53号	04頁12段		物品税下げただけ値下せよ
1973.03.11	第54号	01頁01段		〈社説〉三・一運動의現時代的意義=民主権利確保에 総궐기하자=
1973.03.11	第54号	01頁01段		国会는政府의종속技関기만選挙는無効다民統協등 五個体성명発表
1973.03.11	第54号	01頁06段		米上院外交委調査報告朴政権의独裁를비난李承晩政権末期를방불
1973.03.11	第54号	02頁01段	鄭敬謨	三・一運動과五・四運動三・一정신原点으로도라가자
1973.03.11	第54号	02頁01段		三분의일만이政府를支持　억압속에서의 선거도民意는 살아있다 野党勢力의得票가圧倒国民의始厳한批判、政府궁지에
1973.03.11	第54号	02頁09段		選挙무효闘争을展開新民、統一党에서声明
1973.03.11	第54号	02頁11段		当選된第9代国会議員共和73新民52統一2無所属19
1973.03.11	第54号	03頁01段		3・1정신계승하여自主的平和統一이룩하자民族自決을다짐하는民団과総連三・一記念공동大会
1973.03.11	第54号	03頁01段		民団東本団長鄭在俊총련과의多方面的交流로民族的大団結을이룩하자
1973.03.11	第54号	03頁09段		入棺法등권익共同投쟁하자三・一共同大会決議文
1973.03.11	第54号	03頁10段		二千五百余동포가참가神奈川三・一運動記念大会
1973.03.11	第54号	03頁13段		祖国統一을앞당기자총련한익수委員長인사요지
1973.03.11	第54号	04頁01段		〈戯曲〉来日은 밝아온다 二幕
1973.03.21	第55号	01頁01段	金晩洙	대치상태를解消하라=第2차調節委회의를보고
1973.03.21	第55号	01頁01段		제2차南北調節委員会폐막　合意나共同発表없어제3자会議日程도未定
1973.03.21	第55号	01頁05段		特定議題없이意見交換李厚洛위원장記者会見談
1973.03.21	第55号	01頁06段		平和協定등提案 朴成哲위원장대리記者회견
1973.03.21	第55号	01頁12段		李厚洛위원장晩餐演説文
1973.03.21	第55号	01頁12段		朴成哲위원장대리演説文
1973.03.21	第55号	02頁01段		在日韓国人団体治安悪法에絶対反対出入国法案에声明発表
1973.03.21	第55号	02頁01段		尹首都警備司令官을체포뿌리서흔들리는独裁権力上層部의暗闘表面化無力한各政党의새構成분식된民主主義의간판第九代国会開院式
1973.03.21	第55号	02頁06段		学校建築에赤信号資材価앙등으로中断状態
1973.03.21	第55号	02頁09段		徐勝君無期確定 大法院서上告棄却
1973.03.21	第55号	02頁12段	鄭敬謨	"韓国"가泣く民主主義 K君への手紙(2)
1973.04.01	第56号	01頁01段	裵東湖	祖国統一은어떻게成就될것인가民統協首席議長裵東湖
1973.04.01	第56号	01頁08段		民主政権樹立위해海外同胞의奮起를金大中氏声明発表

발행일	호	지면정보	필자	기사제목
1973.04.01	第56号	01頁08段		金大中씨特別講演三団体의全国刊部研修会
1973.04.01	第56号	01頁08段		南北赤十字第5次会議別成果없어
1973.04.01	第56号	01頁12段		李韓赤代表演説要旨
1973.04.01	第56号	01頁13段		朴副総理演説要旨
1973.04.01	第56号	02頁01段		韓国의民主主義와統一의展望金大中씨演説全文
1973.04.01	第56号	02頁01段	金晩洙	〈時論〉南北対話에誠意를!
1973.04.01	第56号	03頁01段		韓国의民主主義와統一의展望金大中씨演説全文
1973.04.01	第56号	04頁01段		"韓国"이泣く民主主義 K君への手紙(3) 鄭敬謨 四·一九13周年に思う 朴政権への援助は善意か悪意か
1973.04.01	第56号	04頁01段		〈金大中씨講演계속〉朴政権打倒에総団結을国民의幸福은民主回復에
1973.04.01	第56号	04頁08段		韓国職業少年들의実態調査報告人間的待遇해달라고달픈가슴에将来의꿈
1973.04.11	第57号	01頁01段		〈解説〉朴政権에死刑을要求하는起訴状 李承晩以来最悪의独裁허울좋은「維新」으로抹殺된民主
1973.04.11	第57号	01頁01段		美上院外交委의調査報告書(全文)「韓国1972年11月」政治·経済·軍事情勢의全容第1章韓·比에서의戒厳令의背景
1973.04.11	第57号	02頁01段		美上院外交委의調査報告書(全文) 第2章 政治情勢
1973.04.11	第57号	02頁02段		美上院外交委의調査報告書(全文) 第3章 南北会談
1973.04.11	第57号	02頁02段		美上院外交委의調査報告書(全文) 第4章 経済情勢
1973.04.11	第57号	02頁07段		美上院外交委의調査報告書(全文) 第4章 経済情勢
1973.04.11	第57号	03頁01段		美上院外交委의調査報告書(全文) 第5章 外国의援助
1973.04.11	第57号	03頁01段		美上院外交委의調査報告書(全文) 第6章 美国의「存在」
1973.04.11	第57号	03頁04段		美上院外交委의調査報告書(全文) 第7章 軍事力의均衡
1973.04.11	第57号	03頁06段		美上院外交委의調査報告書(全文) 第8章 美国의軍事援助
1973.04.11	第57号	04頁02段		美上院外交委의調査報告書(全文) 第14章 結論
1973.04.11	第57号	04頁04段		東京地裁決定仮짜本本에仮処分鄭東浩一派의職務行為禁止
1973.04.21	第58号	01頁01段		四·一九英霊들과더불어朴正煕의末路를지켜본다
1973.04.21	第58号	01頁01段		反社会的企業強力制裁政府五年間金融지원중단73명名単公開、不良貸出銀行간부도措置은닉財産·貨出流用·脱税調査
1973.04.21	第58号	01頁04段		国会소생에온힘다할터柳新民党首会見"国際孤立될까염려"
1973.04.21	第58号	01頁05段		民主回復이統一의要請 統一党中央常委결의
1973.04.21	第58号	01頁05段		스웨덴北朝鮮을承認北欧등各国追随予想
1973.04.21	第58号	01頁07段		国交樹立에同意 許淡北朝鮮外相스웨덴에答電
1973.04.21	第58号	01頁09段	鄭敬謨	K君への手紙(4) いつかきた危険な道 座視できない民族の奴隷化政策

발행일	호	지면정보	필자	기사제목
1973.04.21	第58号	02頁01段		급격히늘어나는外国人投資
1973.04.21	第58号	02頁01段		장하다우리딸韓国여자卓球世界制覇　宿敵日本三対一로눌러八戦八勝第32回世界選手権大会李에리사全勝最優秀選手로脚光
1973.04.21	第58号	02頁03段		朴大統領이祝電
1973.04.21	第58号	02頁03段		軍援15億弗削減提案　無償軍援二年内全廃　풀부라이트議員、受援国通貨50%積立
1973.04.21	第58号	02頁06段		韓国에"쌀"不足騒動드디어節米運動으로바꿔
1973.04.21	第58号	02頁06段		欧州에「女子奴隷」英오부저비紙가暴露　저임금으로간호부·여공한국여성이많아、比律賓도
1973.05.01	第59号	01頁01段		朴正熙深刻한危機에봉착前首都警備사령관등에重刑宣告　大統領의心腹이私組織、中央情報部要員도関連　権力上層部에혼란莫甚政·財·軍등各界에波及
1973.05.01	第59号	01頁07段		刑量과罪目
1973.05.01	第59号	01頁07段		事件전말의解説不正蓄財의口実은側近들모순의은페
1973.05.01	第59号	02頁01段	鄭敬謨	K君への手紙(5) 収賄の罪名に失笑　三百億噂の人は健在
1973.05.01	第59号	02頁01段		出入国法案反対에民衆大会在日同胞権益을侵害団結의힘으로入法阻止하자
1973.05.01	第59号	02頁05段		法案撤回를要求在日基督教総会서도声明
1973.05.01	第59号	02頁08段		民衆大会決議文
1973.05.01	第59号	02頁011段		韓青、決議文
1973.05.01	第59号	02頁13段		帝政時代의犠牲同胞群馬서慰炙碑除幕式　慰霊碑의碑文
1973.05.11	第60号	01頁01段		〈声明書〉無道한虐政방관할수없다在美동포団体들이声明
1973.05.11	第60号	01頁01段		뉴욕서朴政権打倒데모民主憲政수호에在美동포들총궐기
1973.05.11	第60号	01頁05段		와싱톤서간담회在美有志들이会同
1973.05.11	第60号	01頁06段		国民収奪과싸운다新民党全党大会서決議
1973.05.11	第60号	01頁07段		金大中씨講演会성황시카고서八百名참가
1973.05.11	第60号	01頁10段		7月11日평양서7차会談제6차赤十字会談끝나다
1973.05.11	第60号	01頁12段		維新憲法은独裁要綱=뉴욕民主憲政수호委취지문=
1973.05.11	第60号	02頁01段		本国新聞論調住民税의問題点
1973.05.11	第60号	02頁01段		在美同胞들의活動近況愛国的인団体와出版物들
1973.05.11	第60号	02頁04段		데모는왜하는가뉴욕「국민의음성」社説
1973.05.11	第60号	02頁06段		新民党当面政策
1973.05.11	第60号	02頁07段		4.19열세돐을맞으며와싱톤「장규공화국」社説
1973.05.11	第60号	02頁12段	鄭敬謨	K君への手紙(6) 日本的意識句構造の欠陥　出入国法の根底にあるもの
1973.05.21	第61号	01頁01段		賛成66、反対41票場内는拍手와歓声

발행일	호	지면정보	필자	기사제목
1973.05.21	第61号	01頁01段		北韓WHO에加入 변천하는国際潮流祖国統一에有利하게作用
1973.05.21	第61号	01頁01段	裵東湖	南北対話의폭을넓히자民族統一協議会首席議長 裵東湖
1973.05.21	第61号	02頁01段		朴成哲北韓第1副총리記者会見 政党・社会団体의交流확대新民党의当面政策에支持표명
1973.05.21	第61号	02頁01段		臨時国会를開会 憲法中断후첫会議 金총리国政全般을報告
1973.05.21	第61号	02頁04段		金총리報告要旨
1973.05.21	第61号	02頁09段		新民党職者発表
1973.05.21	第61号	02頁10段		大韓日報廃刊尹필용과관련으로
1973.05.21	第61号	02頁13段		金相賢議員등求刑
1973.05.21	第61号	02頁14段		앙네스트韓国支部総会열다
1973.05.21	第61号	03頁01段		美国에서金大中씨講演徹底한戦争抑制措置여유있는連邦制의実施
1973.05.21	第61号	03頁01段		国際的고립을우려柳총재国会서代表質疑
1973.05.21	第61号	03頁05段		金총리答弁
1973.05.21	第61号	03頁08段		月八천원未満収入全家口의四분의一
1973.05.21	第61号	03頁08段		누구를 위한 1만원권이냐
1973.05.21	第61号	03頁12段		途金총리訪欧途上에
1973.05.21	第61号	04頁01段		北韓WHO加入에外紙社説WHO의決定과日本의外交政策転換朝日新聞5月19日
1973.05.21	第61号	04頁05段		北韓WHO加入에外紙社説在検討를요하는南北朝鮮政策毎日新聞5月19日
1973.05.21	第61号	04頁01段	鄭敬謨	K君への手紙(7) 正しい価値観の定立とは？ 先進国とは何でしょうか
1973.05.21	第61号	04頁08段		朝鮮의WHO加盟은時代의흐름読売5.19
1973.06.11	第62号	01頁01段		南北조절위제3차会議6月12日부터서울서開催
1973.06.11	第62号	01頁01段	배동호	南北間의対話는반드시成事시켜야한다
1973.06.11	第62号	01頁09段		大使들大移動
1973.06.11	第62号	01頁09段		李駐美公報館長이亡命独裁를民主라고말못하는愛国良心
1973.06.11	第62号	01頁09段		韓国문제上程용의金外務政策변화言及
1973.06.11	第62号	01頁11段		新民、부총재発表国会副議長에李哲承씨
1973.06.11	第62号	02頁01段		南北対話の幅を広げよう
1973.06.11	第62号	02頁01段		外国차관35億달라 누구가갚을것인가 一人当四万余원의負債
1973.06.11	第62号	02頁02段		世界最古의金属活字本高麗大学図書館서発見
1973.06.11	第62号	02頁07段		外登으로戸籍訂正在外国民就籍法을개정
1973.06.11	第62号	02頁08段		〈本国論調〉日本企業의反省-日本財界의大外投資指針을보고-
1973.06.11	第62号	02頁12段		金相賢前議員에 징역三年을선고

발행일	호	지면정보	필자	기사제목
1973.06.11	第62号	03頁01段	정기용	朴大統領에게보내는글 무슨실수를그렇게하셨나요 워싱톤·한민신보社정기용
1973.06.11	第62号	03頁01段		済州島를歓楽場으로韓日共同開発에착수 世界第一의도박장 一人専用別荘도建設
1973.06.11	第62号	03頁05段		서울밤의歓楽日人들의興味돋아
1973.06.11	第62号	03頁11段	鄭敬謨	K君への手紙(8) WHO決定が与えた衝撃 潮流は一政権の問題でない
1973.06.11	第62号	04頁01段		〈시〉우리들의깃발을나린것이아니다
1973.06.11	第62号	04頁01段		힘으로억압하는「民主主義」韓国숨막히는분위기
1973.06.11	第62号	04頁09段		빚진労働者들억매인農民들
1973.06.11	第62号	04頁12段		새憲法은一人독재제도의強化를허용하는보증물
1973.06.11	第62号	04頁12段		북과의대화
1973.06.21	第63号	01頁01段		〈評論〉汚染物質의廃棄場日本資本의韓国進出
1973.06.21	第63号	01頁01段		南北調節委제3차회의 完全開放을논의 相互理解와信頼를바탕
1973.06.21	第63号	01頁05段		UN문제등을協議김총리日本要路와会談
1973.06.21	第63号	01頁08段		外遊行脚을통박民統協등各団体서声明
1973.06.21	第63号	01頁10段		分断固定化画策구걸外交止場을
1973.06.21	第63号	01頁11段		대화、汎国民的으로梁一東民統党首가主張
1973.06.21	第63号	02頁01段		李、朴南北調節委대표記者会 全面開放과부분개방 朴共同委員長代理会見談약속을성실이지키자각단체대표참가는필수 李共同委員長報告内容 다음은進展을確信 衆口難防은안될말
1973.06.21	第63号	03頁01段	裵東湖	祖国統一は全民族の念願 七・四共同声明の誠実な実践を 南北対話は必ず成功させよう 民統協首席議長 裵東湖
1973.06.21	第63号	03頁01段		国士舘大学生이野蛮行為 凶器들고朝高生에暴行 背景에民族偏見과政治性 犯人엄중処罰하라 六団体가記者会見声明
1973.06.21	第63号	03頁08段		金韓洙、李鍾南씨에10年、5年実刑을論告
1973.06.21	第63号	04頁01段	池学淳	良心을지키자 天主教主教 池学淳
1973.06.21	第63号	04頁01段		中央情報部宗教界에도魔手在美基督教教会議를방해서울서電話로議長을脅迫
1973.06.21	第63号	04頁04段		무모하고파렴치워싱톤「자유공화국」사설
1973.06.21	第63号	04頁06段		信条조와相反된韓国政治動向=声明文=
1973.06.21	第63号	04頁08段		国士舘問題解決의四原則 朝日·社説
1973.06.21	第63号	04頁12段	鄭敬謨	K君への手紙(9)「エレミアの悲しみと嘆き」祖国を救う者、果たして誰か
1973.06.25	号外	01頁01段		分団固定化에絶対反対民統協裵首席議長담화
1973.06.25	号外	01頁01段		"두개韓国"을画策南北韓UN加入을시사 統一·外交政策을大転換朴大統領특별성명発表
1973.07.01	第64号	01頁01段	裵東湖	時代의要求에報答하자七・四一周年을마지하여民統脅首席議長裵東湖

발행일	호	지면정보	필자	기사제목
1973.07.01	第64号	01頁01段		大民族会議를召集高麗聯邦共和国으로UN個別加入은反対金日成主席새統一案提議
1973.07.01	第64号	01頁04段		国家不認定과는二律背反国会서野党議員이추궁
1973.07.01	第64号	01頁08段		7.4特集号目次
1973.07.01	第64号	02頁01段		金日成北韓主席연설全文
1973.07.01	第64号	03頁01段		사진에서 보는 7.4 1주년 南北関係 主要年表
1973.07.01	第64号	04頁01段		사진에서 보는 7.4 1주년 南北関係 主要年表
1973.07.01	第64号	05頁01段		七・四一周年을돌아본다
1973.07.01	第64号	05頁01段		감격과흥분의1주년을기념하여民団・総連이共同大会4일10시東京、横浜、大阪등지
1973.07.01	第64号	05頁02段		十月維新은国民에反逆韓国基督教役者가宣言
1973.07.01	第64号	05頁07段		「두개韓国」의固定化民主統一党이反対성명
1973.07.01	第64号	05頁07段		南北共同声明全文
1973.07.01	第64号	05頁10段		学校軍事教練을反対退学하는女高生들増加
1973.07.11	第65号	01頁01段		東京大会決議文
1973.07.11	第65号	01頁03段		分断固定化를反対国際的統一行動을要求
1973.07.11	第65号	01頁01段		1年前의感激을再現하여沈滞를물리치는함성民団・総連同胞들의大会
1973.07.11	第65号	01頁06段		日資本의急激한進出今年들어九四・一%
1973.07.11	第65号	01頁07段		古鉄不足이深刻톤当八万원線을넘어
1973.07.11	第65号	01頁09段		群小政党을取消三개政党만存続
1973.07.11	第65号	01頁10段		農産物輸入에차질 美政府의制限措置로
1973.07.11	第65号	01頁11段		教会牧師등을拘束政府、宗教界에탄압加重
1973.07.11	第65号	01頁12段		공동성명一周年에韓青、朝青이記者会見
1973.07.11	第65号	02頁01段		朝総連中央本部李珍圭부의장인사思想과理念을초월民族的大団結을이룩하자
1973.07.11	第65号	02頁01段		韓国居留民団東京本部鄭在俊団長인사対話의폭을넓혀全民族의協商을!
1973.07.11	第65号	02頁01段		民団自主守護委員会梁相基代表委員두개의韓国策動은민족반역의길이다
1973.07.11	第65号	02頁13段		日本独占資本의対韓再侵추세未剛
1973.07.11	第65号	03頁01段		改憲国民投票의真相韓国軍将校의메모에서
1973.07.11	第65号	03頁01段		統一勢力의拡大強化를全国幹部들이決意다짐
1973.07.11	第65号	03頁04段		神奈川共同大会
1973.07.11	第65号	03頁08段		韓青・朝青共同大会　大阪毎日홀에서
1973.07.11	第65号	04頁01段		力で押える民主主義韓国③　仏、ル・モンド記者の紀行文
1973.07.11	第65号	04頁01段	裵東湖	時代の要求に応えよう　七・四声明一周年を迎えて
1973.07.11	第65号	04頁12段	鄭敬謨	K君への手紙(11) 隣国の分裂は日本の利益？ 韓・日首脳の密議は何か
1973.08.01	第66号	01頁01段		서울夜話(1)서울通信員K生 "有銭이면無罪다"警察은政府의営業部

발행일	호	지면정보	필자	기사제목
1973.08.01	第66号	01頁01段	千寬宇	復合国家論의試案統一에대한나의提議、千寬宇
1973.08.01	第66号	02頁01段		力で押える民主主義韓国(4) 仏、ル・モンド記者의紀行文
1973.08.01	第66号	02頁01段		日本独占資本의対韓再侵추세宋剛(2)完全破綻한経済政策
1973.08.01	第66号	02頁12段	鄭敬謨	K君への手紙(12) 国民をたぶあかす経済政策
1973.08.21	第67号	01頁01段		韓国民主回復・統一促進国民会議를宣言金大中先生의拉致를克服하고 朴独裁政権打倒를絶叫 8.15東京日比谷公会党에서
1973.08.21	第67号	01頁10段		発起宣言文
1973.08.21	第67号	02頁01段		民主統一에불타는大衆
1973.08.21	第67号	03頁01段		民主会議経過報告民主回復에遠大한構想永久分団陰謀를粉砕
1973.08.21	第67号	03頁01段		金大中氏拉致에憤怒한大衆動員된巨大한国家権力白昼에검은正体를暴露
1973.08.21	第67号	03頁08段		金大中事件日誌対策委의活動
1973.08.21	第67号	03頁10段		大会決議文
1973.08.21	第67号	03頁11段		朴昌栄、安炳国씨등在美同胞代表가帰美
1973.08.21	第67号	04頁01段		金大中씨返還을要求 朴大統領께보내는抗議文
1973.08.21	第67号	04頁01段		国民会議의歴史的使命金載華議長代行연설요지
1973.08.21	第67号	04頁03段		統一偉業에先駆되자鄭在俊委員長연설요지
1973.08.21	第67号	04頁06段		"끝까지싸우시라"金大中씨에게激励電報
1973.08.21	第67号	04頁09段	鄭敬謨	K君への手紙(13) 何を恐れての拉致か 朴政権の焦りを露呈
1973.09.01	第68号	01頁01段		海外同胞会議의召集民統協結成一周年기념(帝国호텔서)内外四百여人士가参加
1973.09.01	第68号	01頁05段		外国側参席人士
1973.09.01	第68号	01頁05段		〈主張〉反統一勢力과의闘争에서来日을展望하고前進한다「民統協」一周年을맞이하여
1973.09.01	第68号	01頁09段		裵東湖首席議長인사
1973.09.01	第68号	01頁13段	金大中	내마음의눈물 金大中
1973.09.01	第68号	02頁01段		李厚洛韓国調節委長声明北韓声明철회要求忍耐로期待에부응하겠다
1973.09.01	第68号	02頁01段		金英柱北韓調節委長声明金大中납치犯과는神聖한統一対話할수없다
1973.09.01	第68号	02頁10段		日本独占資本의対韓再侵추세宋剛(3)「韓日条約」以前의各種侵略機関「韓日条約」体制下本格化 定期閣遼会議의軌跡
1973.09.01	第68号	03頁01段		八・一五大会의祝辞와성토
1973.09.01	第68号	03頁01段		들어난大韓援助의本質拉致는누구가했나?韓国民은다알고있다
1973.09.01	第68号	03頁05段		金大中氏의安全確保를 日本의知識人들이要求

발행일	호	지면정보	필자	기사제목
1973.09.01	第68号	03頁09段		金大中先生拉致事件日誌
1973.09.01	第68号	03頁11段		全世界의与論喚起아무네스티·東京行進
1973.09.01	第68号	03頁13段		中央情報部員의 만행 梁判山씨가 폭로 교포에게협박장 民議長이公開
1973.09.01	第68号	04頁01段	K生	〈韓国レポート(2)〉서울通信員 K生眼下無人의情報員電話한通에몇億이왔다갔다
1973.09.01	第68号	04頁01段		憎悪할政治的犯罪「워싱톤포스트」八·一五社説
1973.09.01	第68号	04頁05段		悲劇의인事件 크리스찬사이엔스호니티社説
1973.09.01	第68号	04頁07段	리챠드·김	読者의소리역사의죄인박정희의참모습을보라
1973.09.01	第68号	04頁01段	鄭敬謨	K君への手紙(14) 民族は永遠であるが 可変性をもつ政治体制
1973.09.01	第68号	04頁11段	照山生	独裁下の亨楽 慶応大学二年 照山生
1973.09.11	第69号	01頁01段		国内에서完全히孤立朴政権의陰謀天下에폭로
1973.09.11	第69号	01頁01段		金大씨를돌려보내라闘争의気勢날로충전9.8民衆大会도大盛況가슴의憤怒暴発
1973.09.11	第69号	01頁10段		最後의勝利까지싸우자 金載華씨의개회인사
1973.09.11	第69号	02頁01段		情報部犯行이確定鄭在俊委員長原状回復을要求
1973.09.11	第69号	02頁04段		政敵의犯行明白하다 宇都宮議員의人事要旨
1973.09.11	第69号	02頁01段		田中総理에게要請文
1973.09.11	第69号	02頁03段		各国首脳에게보내는멧세지国連事務総長에게닉슨美大統領에게
1973.09.11	第69号	02頁08段		分断固定化反対에協力田英夫参議員의원인사
1973.09.11	第69号	02頁10段		日本政府의態度가問題 沖本泰幸公明党議員인사
1973.09.11	第69号	03頁01段		朴파쑈独裁政権을打倒하자는民衆의함성은東京거리를누비다 悲惨한最後의날迫頭非人道的国際犯罪를契機
1973.09.11	第69号	03頁07段		在美同胞도적극活動 李聖鎬在美代表来日
1973.09.11	第69号	03頁07段		大会決議文
1973.09.11	第69号	04頁01段		当局에바라는우리의衷情朝鮮日報九月七日字社説
1973.09.11	第69号	04頁01段		굳은同志의団結을要望国民会議美本部멧시지原状대로返還要求美国金竜中씨田中首相에
1973.09.11	第69号	04頁08段		金大씨救出에協力을非同盟首脳会議에要請
1973.09.11	第69号	04頁09段		亡命政権説을否定 救出対策委で声明
1973.10.01	第71号	01頁01段		〈主張〉官製排日의고취 자승자박의길이다
1973.10.01	第71号	01頁01段		情報部所行은三尺童子도안다金大中事件을밝히라鄭一亨議員国会서폭탄発言統治만있고政治는없다金泳三의원등質問
1973.10.01	第71号	01頁06段		韓日間의검은密着 衆院決算委에서追究
1973.10.01	第71号	01頁08段		金씨의原状復帰要求日本人各界에서集会
1973.10.01	第71号	01頁10段		金大씨의救出을뉴·잉글랜드地区委声明
1973.10.01	第71号	02頁01段	K生	〈서울夜話(3)〉서울通信員 K生窓門을닫아라!閣下께서행차하신다

발행일	호	지면정보	필자	기사제목
1973.10.01	第71号	02頁01段		大阪에서民衆궐기大会金大中씨돌려보내라!一千五百大衆街頭示威
1973.10.01	第71号	02頁06段		京都서救出対策委記者会見에서決意表明
1973.10.01	第71号	02頁06段		大会決議文
1973.10.01	第71号	02頁07段		名古屋救対委発足委員長에朴炳来씨
1973.10.01	第71号	02頁12段		日本独占資本의対韓再浸추세宋剛④
1973.10.11	第72号	01頁01段		"自由아니면죽음을!" "金大中事件真相밝히라" "中央情報部를解体하라" "대일隷属을그만두라"朴独裁타도를외치고서울大学生들드디어궐기
1973.10.11	第72号	01頁01段		〈主張〉궐기한学生과呼応앞으로!앞으로前進하자
1973.10.11	第72号	01頁07段		"現実을왜보고만있느냐"闘争宣言코盟休南大学生
1973.10.11	第72号	02頁01段		金大中씨事件本質추궁日本国会全日程에걸쳐
1973.10.11	第72号	02頁01段		対日예속과分断固定化策動朴政権은鉄拳政治梁一東씨時局見解発表
1973.10.11	第72号	02頁01段		学生투쟁積極支援"韓民統""韓青"등성명발표
1973.10.11	第72号	02頁05段		10.2 서울文理大宣言文
1973.10.11	第72号	02頁08段		〈解説〉国民의意思를代弁梁党首声明의意義
1973.10.11	第72号	03頁01段		金大中先生拉致事件日誌
1973.10.11	第72号	03頁01段		本国学生投爭을支援하자金大中先生救出大会十月十三日読売홀에서
1973.10.11	第72号	03頁06段		朴政権물러가라시카고서同胞가示威
1973.10.11	第72号	03頁08段		自動車로데모行進 와싱톤서同胞들이
1973.10.11	第72号	03頁08段		旅券을찢었다関西地方의세同胞
1973.10.11	第72号	03頁12段	K生	〈서울夜話(4)〉電気불을켜라!=北赤代表가온다=
1973.10.11	第72号	03頁12段		各地서金大中씨救出対策委結成
1973.10.11	第72号	03頁13段		統一의불꽃第二集完成反파쓰民主闘争의記録英画制作韓国民主回復統一促進国民会議日本本部
1973.10.11	第72号	04頁01段		韓国学生들의데모十月四日字朝日新聞社説
1973.10.11	第72号	04頁01段		李厚洛은「韓国의悪鬼」美誌「뉴우스위크」의論説
1973.10.11	第72号	04頁01段	鄭敬謨	K君への手紙(15) 日本のナショナリズムとわれわれの祖国愛
1973.10.13	号外	01頁01段		"韓民統"제1회中央委員会開최急変하는情勢에対処国内外의反朴勢力을규합
1973.10.13	号外	01頁04段		出国対策의事業報告要旨
1973.10.13	号外	01頁09段		中央委員会마치고幹部들内外記者会見
1973.10.13	号外	01頁10段		重大한中央委使命 金載華議長代行人事
1973.10.13	号外	01頁12段		金大中씨原状復帰国連事務総長에要請
1973.10.13	号外	02頁01段		中央委員会의報告
1973.10.13	号外	02頁01段		「韓民統」結成意義의
1973.10.13	号外	02頁03段		内外情勢와当面한活動方向에대하여基調報告
1973.10.21	第73号	01頁01段		本国学生의闘争을支援하자金大中씨原状復帰要求二千余同胞가民衆大会에参加

발행일	호	지면정보	필자	기사제목
1973.10.21	第73号	01頁01段		大会決議文
1973.10.21	第73号	01頁06段		独裁者의本性폭로金載華議長代行開会인사
1973.10.21	第73号	01頁08段		희망찬학생들의烽火 鄭在俊씨主催者人事
1973.10.21	第73号	02頁01段		国内同胞에게보내는呼訴文
1973.10.21	第73号	02頁01段		田中総理에게要請文二階堂官房長官에伝達
1973.10.21	第73号	02頁03段		原状回復등原則貫徹日政府方針을新聞報道
1973.10.21	第73号	02頁05段		強硬한権利行使宇都宮議員、政府에要求
1973.10.21	第73号	02頁09段		事件解決에全力佐々木静子議員인사
1973.10.21	第73号	02頁12段		韓·日·美共同談議?藤島宇内씨演説
1973.10.21	第73号	02頁12段		日韓閣僚会議의開催서둘지마라10월27일朝日社説
1973.10.21	第73号	03頁05段		打倒하자!売国政権의합성은天地를震動하다秩序整然한熱띤示威東京繁華街를進行
1973.10.21	第73号	03頁07段		金大中씨宅에電話大会進行途中에
1973.10.21	第73号	03頁07段		大使館에抗議
1973.10.21	第73号	03頁05段		大会에참석한団員들의목소리
1973.10.21	第73号	03頁09段		本国学生闘争에呼応韓学同이集会와데모
1973.10.21	第73号	03頁10段		金大中씨救出闘争記録映画드디어完成
1973.10.21	第73号	03頁11段		東京都民의모임 日本人有志들이개최
1973.10.21	第73号	03頁11段		젊은獅子들을支援民統에서声明発表
1973.10.21	第73号	04頁01段	K生	〈서울夜話(5)〉日本語를배워라出世길이빠르다
1973.10.21	第73号	04頁01段		民族을破滅에서救하자 시카고同胞가呼訴文
1973.10.21	第73号	04頁01段	鄭敬謨	K君への手紙(16) 鄭敬謨 「自由と民主を理念とする韓国」羊頭狗肉も程がある
1973.10.21	第73号	04頁07段		서울学生들의抗議10월7일뉴욕타임즈社説
1973.10.21	第73号	04頁08段		退役軍人、유엔앞에서데모
1973.10.21	第73号	04頁10段		日本国民의責任原田重雄씨強調
1973.10.21	第73号	04頁12段		韓民統中委討論要旨 金大中救出에全力을 羅鍾卿委員討論
1973.10.21	第73号	04頁12段		韓民統中委討論要旨民団中央을규탄金尚竜委員討論
1973.10.21	第73号	04頁12段		韓民統中委討論要旨 韓民統組織의強化 趙活俊委員討論
1973.10.21	第73号	04頁13段		韓民統中委討論要旨本国学生積極支援金恩沢委員討論
1973.10.21	第73号	04頁14段		韓民統中委討論要旨 民主와統一의方向 郭東儀委員討論
1973.11.01	第74号	01頁01段		〈主張〉金大中先生의救出에더한층闘争을強化하자
1973.11.01	第74号	01頁01段		崔鍾吉教授를虐殺中央情報部만행에抗議서울大学生들盟休에突入学園内에끊는熱気
1973.11.01	第74号	01頁05段		拘束学生即時釈放하라서울大総学生会闘争声明
1973.11.01	第74号	01頁09段		不条理에外面말라金寿煥枢機卿이講話

발행일	호	지면정보	필자	기사제목
1973.11.01	第74号	02頁01段		「韓民統」第一回中委基調報告　内外情勢と当面活動方向に対して
1973.11.01	第74号	02頁13段	崔生	民族수치의集会大阪崔生
1973.11.01	第74号	03頁01段		日政은国交断絶하라金씨救出国際委서要請
1973.11.01	第74号	03頁01段		五万명署名을伝達戸別訪問과宣伝活動日本各地서끈질기게展開街頭서삐라살포
1973.11.01	第74号	03頁05段		二億円募金에着手　韓民統財政委에서決定
1973.11.01	第74号	03頁07段		金大中씨原状復帰日本各界各層서運動署名学者들声明
1973.11.01	第74号	03頁08段		朴炯圭牧師를保釈朴政権内外与論에屈伏
1973.11.01	第74号	03頁10段		日政에要請文採択일본매스콤懇談会
1973.11.01	第74号	03頁10段		再来日을要教文京区民센터서集会
1973.11.01	第74号	03頁13段		長夜上小地区서金大中救出集会
1973.11.01	第74号	04頁01段	K生	〈서울夜話(6)〉서울通信員　K生物価를빨리내려라権力말안듣는市勢
1973.11.01	第74号	04頁01段		왜朴政権을反対하나유엔広場서데모한退役軍人
1973.11.01	第74号	04頁01段	鄭敬謨	K君への手紙(17)　鄭敬謨　生きることの意味　栗生楽生園を訪ねて
1973.11.01	第74号	04頁09段		民族守護의旗手「民統協」宣言文解説
1973.11.01	第74号	04頁09段	禹和美	加担者である日本　埼玉県　禹和美
1973.11.02	第75号	01頁01段		苦悩深まる朴政権　解除に追込まれた内情
1973.11.02	第75号	01頁01段		金大中氏の軟禁解除　強力な闘争と世論の勝利　原状回復を要求する内外の納得から程遠い
1973.11.02	第75号	01頁09段		朴政権の欺瞞策　韓民統で声明を発表
1973.11.02	第75号	02頁01段		日本各新聞の論調　あくまで完全解決を閣僚会議は時期尚早
1973.11.02	第75号	02頁01段		政治信念は変らず　金大中氏国際電話で語る
1973.11.02	第75号	02頁06段		金総理に声明伝達　小中氏　日本文化人を代表
1973.11.02	第75号	02頁11段		社会の与論　金大中事件と韓国世論実情　他
1973.11.07	第76号	01頁01段		〈主張〉完全한原状復帰要求政治的解決을糾弾한다
1973.11.07	第76号	01頁01段		国家와民族의羞恥金総理이용서못할謝罪行脚예속과求乞을哀願韓日両国이野合한欺瞞
1973.11.07	第76号	01頁06段		反独裁궐기를선언이以上참을수없다各界代表들이呼訴
1973.11.07	第76号	01頁08段		이것이 무슨 解決이냐! 韓民統등에서抗議文
1973.11.07	第76号	01頁08段		本国宣言을積極支持
1973.11.07	第76号	01頁08段		時局宣言
1973.11.07	第76号	02頁01段	鄭敬謨	朴政権よ退陣せよ　鄭敬謨
1973.11.07	第76号	02頁01段		世界各処서反朴闘争強要당한沈黙깨치고国内同胞支援에총궐기在美同胞、宣言文発表
1973.11.07	第76号	02頁05段		金大中씨再来日要求　日本各地서삐라살포

발행일	호	지면정보	필자	기사제목
1973.11.07	第76号	02頁07段		義挙学生救하자고在美学生들宣言文
1973.11.07	第76号	02頁08段		民族危機를救하자시키고基督教徒들宣言
1973.11.15	第77号	01頁01段		〈主張〉救国闘争을声援하자朴独裁打倒와民主回復에
1973.11.15	第77号	01頁01段		本国学生과知識人들闘争을支援金大中先生의再来日을要求
1973.11.15	第77号	01頁01段		거듭하는在日同胞民衆大会金先生訪問談에感激
1973.11.15	第77号	01頁07段		民主闘争隊列에金議長代行開会辞
1973.11.15	第77号	02頁01段		民衆大会決議文閣僚会議延期せよ 日本政府に対する要請文
1973.11.15	第77号	02頁01段		闘争만이統一의길 鄭在俊団長 인사요지
1973.11.15	第77号	02頁06段		屈辱外交에눈물 裵東湖議長 報告要旨
1973.11.15	第77号	02頁07段		危険加해질憂慮青地晨氏연설要旨
1973.11.15	第77号	02頁11段		祖国統一에全力을 葛飾、申鳳権氏의声討
1973.11.15	第77号	02頁14段		再来日争取에宋文星君声討
1973.11.15	第77号	03頁01段		韓日両政府의깊은유착金大中事件政治的妥結의背景
1973.11.15	第77号	03頁01段		本国学生闘争拡大一路 高大 断食、署名투쟁검정리봉으로抗議表示 梨大 서울大工科大学生 宣言文発表쿠코뤀기
1973.11.15	第77号	03頁07段		서울工大宣言文
1973.11.15	第77号	03頁09段		朴先見退陣要求한梁党首声明発表를制止
1973.11.15	第77号	03頁10段		金総理訪日을非難「政治解決」에両政党이声明
1973.11.15	第77号	03頁13段		워싱톤·포스트紙記者가본金大中事件의"妥結"
1973.11.15	第77号	04頁01段		統一妨害의弾圧行為 瑞典学者들声明과日政에要請
1973.11.15	第77号	04頁01段		犯人잡으려애쓰지말라鄭一亨議員国会外交質疑은国民이다알고있다
1973.11.15	第77号	04頁01段	鄭敬謨	K君への手紙(18) 腐臭天を衝く現実 崩壊に直面した朴政権
1973.11.15	第77号	04頁10段		拉致事件이남긴教訓「東亜日報」十一月三日社説
1973.11.22	第78号	01頁01段		〈主張〉偉大한民族슬기의勝利=第二八回유·엔総会韓国問題決議=
1973.11.22	第78号	01頁01段		유·엔総会、韓国問題決議自主、平和、民族的大団結統一의三大原則을確認
1973.11.22	第78号	01頁04段		大民族会議提案北韓各政党서편지
1973.11.22	第78号	01頁06段		"完全한自由를要求"라이샤와·教授、金大中씨訪問
1973.11.22	第78号	01頁11段	鄭敬謨	〈評論〉永久分断에終止符 찍다유·엔은하나의"코리아"에
1973.11.22	第78号	02頁01段		〈韓国経済〉国民総거지化政策人口比一人当六万원의外債
1973.11.22	第78号	02頁01段		漸高하는学生들의反独裁闘争서울大街頭行進을決行期末試験据否校도続出
1973.11.22	第78号	02頁06段		金大中氏의再来日을実現시키기위한日本国民集会

발행일	호	지면정보	필자	기사제목
1973.11.22	第78号	02頁08段		統一의殿堂으로移転韓民統事務所盛大한祝賀宴
1973.11.22	第78号	02頁12段		流言蜚語
1973.11.22	第78号	02頁13段		〈解説〉全面的으로対日예속을深化完全植民地化하는한국경제
1973.12.01	第79号	01頁01段		宗教人言論人도드디어일어섰다 改憲、政権交替를絶叫 激化된学生데모警察과投石戦
1973.12.01	第79号	01頁01段		韓日閣僚会議중지要求「韓民統」에서声明発表
1973.12.01	第79号	01頁06段		"民族에犯한罪크다"中央日報東洋放送記者들闘争宣言
1973.12.01	第79号	02頁01段		〈유엔南北代表演説文〉段階的対話의必要性 相互信頼를助長한다(金溶植韓国代表)/自主平和統一갈망 外国軍隊철퇴를요구(李鍾木北韓代表)
1973.12.01	第79号	03頁01段		本国同胞反独裁闘争日誌10.2/11.30咸錫憲옹이削髪
1973.12.01	第79号	03頁05段		信仰、言論등自由保章宗教人들人権宣言発表
1973.12.01	第79号	03頁05段		人権宣言文
1973.12.01	第79号	03頁09段		民主勢力에対한挑戦金大中氏事件의本質新朝鮮研究会서裵議長講演
1973.12.01	第79号	03頁11段		委員長에金敏洙씨九州에도金大中氏救対委
1973.12.01	第79号	03頁13段	鄭敬謨	〈論評〉UN決定과南北対話
1973.12.01	第79号	04頁01段		金韓国代表演説(二面에서계속)李北韓代表演説(二面에서계속)
1973.12.11	第80号	01頁01段		世論欺瞞위한内閣改造李厚洛情報部長을解任朴政権이退陳해야金韓民統議長代行談話
1973.12.11	第80号	01頁01段		反朴闘争隊列날로拡大言論의責任完遂한다編輯人協会自由守護에궐기無謀한言論統制止場御用化에서脱皮를宣言東亜記者第三宣言
1973.12.11	第80号	01頁07段		끝일줄모르는学生闘争四十余校、延十万이動員
1973.12.11	第80号	01頁09段		"政権担当能力없다"梁一東씨反朴声明発表
1973.12.11	第80号	01頁10段		金大中씨입원加療필요五島教授、往診結果発表
1973.12.11	第80号	01頁12段		地方으로拡大釜山大学데모高校生들궐기済州第一高도
1973.12.11	第80号	01頁13段		美、李厚洛의入国을拒否「반갑지않은人物」이라고
1973.12.21	第81号	01頁01段		〈主張〉韓国民의怨声높은韓日閣僚会議는中止해야한다
1973.12.21	第81号	01頁01段		盛大히金大中先生再来日要求大会本国의救国闘争을支援韓日閣僚会議阻止에、데모
1973.12.21	第81号	01頁09段		大会決議文
1973.12.21	第81号	01頁10段		金大中氏의人権回復을
1973.12.21	第81号	01頁11段		田中首相에의要請文
1973.12.21	第81号	02頁01段		「타임」誌가評한韓国情勢権不十年、花無十日紅朴政権의終末은가까와지다
1973.12.21	第81号	02頁01段		維新憲法改正을要求汎国民闘争으로発展労動、法曹界에서決議元老들大統領에伝達

발행일	호	지면정보	필자	기사제목
1973.12.21	第81号	02頁06段		때가오면政治活動 渡美旅券待期하는金大中氏談
1973.12.21	第81号	02頁08段		情報政治廃止하라在日同胞知識人들이声明
1973.12.21	第81号	02頁10段		民主体制回復하라柳珍山新民党首記者会見談
1973.12.21	第81号	02頁12段		在日朝鮮人民主懇談会
1973.12.21	第81号	03頁01段		韓日閣僚会議를絶対反対日本国会에要請(韓民統)断食闘争에突入(韓学同)
1973.12.21	第81号	03頁01段		本国의人権宣言에呼応在日基督教徒有志들이宣言決死的民主鬪争支持在日基기독年협도宣言
1973.12.21	第81号	03頁05段		"단연코阻止한다"為政者의反省促求
1973.12.21	第81号	03頁07段		本国의反独裁闘争支持在日韓学同이全国蹶起集会
1973.12.21	第81号	03頁10段		閣僚会議反対삐라約百万枚를뿌려
1973.12.21	第81号	04頁01段		韓日閣僚会議反対에일어선日本側 対韓経援再検討하라 自民党AA研政府와党에강력히要望 宇都宮氏重大한決議 金大中氏出国시키라 著名人들이朴大統領에要望書
1973.12.21	第81号	04頁01段	鄭敬謨	K君への手紙(20) 今はひとの土地 奪われた野辺にも春は来るのか……
1973.12.21	第81号	04頁10段		金大中氏에참다운自由를再来日実現要求、国民集会盛人
1973.12.21	第81号	04頁11段		閣僚会議의中止要求各界代表者들이緊急会議
1974.01.01	第82号	01頁01段	金載華	새해!各団体代表의年頭辞民主回復과統一促進의決定的인해로삼자
1974.01.01	第82号	01頁09段	梁相基	勝利민고前進하자自主守護에闘争強化할터
1974.01.01	第82号	01頁09段	鄭在俊	独裁打倒에일어서자 民主統一促進에빛나는해로 大韓民国居留民団東京本部団長金大中先生救出対策委員会委員長 鄭在俊
1974.01.01	第82号	02頁01段	梁炙芝	새해·各団体代表의年頭辞새歴史創造에参与를
1974.01.01	第82号	02頁05段	金恩沢	새해·各団体代表의年頭辞決定的인勝利確信
1974.01.01	第82号	02頁01段		維新体制徹廃에総蹶起各界声明代表들이改憲請願連動本部를結成
1974.01.01	第82号	02頁05段		朴政権의退陳을要求民主統一党大会에서宣言採択
1974.01.01	第82号	02頁06段		新民副総裁金泳三議員改憲構想을発表
1974.01.01	第82号	02頁09段		女性들의商品化反対梨花女大生金浦空港서데모
1974.01.01	第82号	02頁10段		「民主体制確立하라」고카톨릭教主들이大学데모
1974.01.01	第82号	02頁09段		데모한党幹部를連行
1974.01.01	第82号	02頁12段		権力構造의刷新을要求基督教各派가合同礼拝
1974.01.01	第82号	03頁01段		社会正義에対한反逆韓民閣僚会議熾烈히展開된阻止運動
1974.01.01	第82号	03頁03段		侵略의魔手坐視못해韓民統、閣僚会議開催에反対声明
1974.01.01	第82号	03頁01段		売春観光용서못한다서울大学生、日本大使館에抗議

발행일	호	지면정보	필자	기사제목
1974.01.01	第82号	03頁08段		人名軽視의蛮行이다金大中事件을生覚하는모임朴大統領에救出要請
1974.01.01	第82号	03頁13段		人権宣言에깊은敬意日本基督教会・韓国에書翰
1974.01.01	第82号	04頁01段		統一에대한展望今年은決定的転換의해우리는지금무엇을해야되나
1974.01.01	第82号	04頁01段		金大中事件과우리의闘争民主回復가까운距離에朴政権、国際社会에서完全孤立
1974.01.01	第82号	04頁03段		金大中事件과우리의闘争朴政権退陳이急先務韓国의当面한重要課題
1974.01.01	第82号	04頁11段	鄭敬謨	K君への手紙(21) 壮麗な統一国家のビジョン　わが国はいつ「ウリナラ」か
1974.01.11	第83号	01頁01段		〈主張〉国民의正当한権利를억압하는「緊急措置」를厳重히糾弾한다
1974.01.11	第83号	01頁01段		朴政権의最後의発悪「大統領緊急措置」에韓民統声明独裁維持의파쑈의暴挙国民에대한敵対行為撤回하라
1974.01.11	第83号	01頁05段		坐視할수없는事態朴独裁打倒에끝까지싸울決意
1974.01.11	第83号	01頁10段		遺憾한処事野党反響
1974.01.11	第83号	01頁12段		〈資料〉大統領緊急措置全文違反者는令状없이제포15年以下의懲役・居住制限도
1974.01.11	第83号	02頁01段		維新憲法의改正節次請願은国民의基本権利朴政権아래서可能한가?
1974.01.11	第83号	02頁01段		改憲은民衆의切実한要求汎国民的闘争으로拡大10余日만에署名40万을突破
1974.01.11	第83号	02頁04段		破綻에直面한韓国経済　천정모르는物価高続出하는失業者群
1974.01.11	第83号	02頁06段		人間다운삶을위해文人들61명이声明発表
1974.01.11	第83号	02頁08段		朴政権退陳을要求뉴욕地区의韓人들宣言
1974.01.11	第83号	02頁08段		日本各地의反響強権発動과韓国의民主主義(朝日新聞)/韓国의政情不安을念慮한다(毎日新聞)/韓国의改憲連動禁止를보고(読売新聞)
1974.01.11	第83号	03頁01段		在日基督教徒有志들이宣言
1974.01.11	第83号	03頁01段		在北欧同胞들도궐기本国反独裁闘争에呼応韓国民主守護国民戦線을結成
1974.01.11	第83号	03頁07段		韓国民主化闘争에支援日本카톨릭教徒들大会
1974.01.11	第83号	03頁08段		朴大統領人形을火刑韓日閣僚会議에抗議闘争断食闘争과喪服行進在日YMCA全国協議会
1974.01.11	第83号	03頁10段		総領事館側의蛮行?金九州求対委長에暴行
1974.01.11	第83号	03頁14段		反民主的蛮行을断乎히糾弾한다九州教対委가抗議声明
1974.01.11	第83号	04頁01段	鄭敬謨	K君への手紙(21) 反日感情はなぜか　経済格差だけではない
1974.01.11	第83号	04頁08段	張俊河	民族外交의나아갈길 前思想界社長 張俊河

발행일	호	지면정보	필자	기사제목
1974.01.21	第84号	01頁01段		〈主張〉「緊急措置」철회하라「不可侵」提案은기만이다
1974.01.21	第84号	01頁01段		기만的인「南北不可侵」提案休戦協定의存続朴政権이孤立화에必死的인対応策?
1974.01.21	第84号	01頁09段		基督者11名도被逮「緊急措置」反対宣言코
1974.01.21	第84号	01頁11段		民族에対한背信行為「緊急措置」에北韓諸政党이声明
1974.01.21	第84号	02頁01段		岐路みに立つ米の対韓政策　林昌栄氏の「国民の声」社説
1974.01.21	第84号	02頁01段		韓日両政権間의유착暴露가두려웠기때문入国据否에社会党声明
1974.01.21	第84号	02頁07段		殉教的宣言文을支持韓国問題基督者緊急会議
1974.01.21	第84号	02頁04段		統一運動의기수가되자韓青成人者祝賀会가盛大
1974.01.21	第84号	02頁09段	梁相基	緊急措置発動에各団体代表談話野蛮性들어낸것
1974.01.21	第84号	02頁10段	金恩沢	파쑈적인強権韓青委員長金恩沢
1974.01.21	第84号	02頁10段		流言蜚語
1974.02.01	第85号	01頁01段		〈主張〉悲痛한現実을박차고闘争의広場에떨처나가자
1974.02.01	第85号	01頁01段		용서못할"다나까"妄言 侵略根性나타낸 것 民族모욕에참을수없는憤怒
1974.02.01	第85号	01頁06段		日本大使館담벽에抗議文
1974.02.01	第85号	01頁09段		双方提案에距離南北調節委・改編討議
1974.02.01	第85号	01頁10段		緊急措置에決死反対데모한延大生七名을拘束
1974.02.01	第85号	01頁13段		張、白両氏에15年求刑
1974.02.01	第85号	01頁07段		韓民統이厳重抗議まさに盗賊의論理『思い上りの暴言』撤回せよ
1974.02.01	第85号	02頁01段		韓民統新年研修会独裁打倒에決意다짐熱誠的討議로새運動方針
1974.02.01	第85号	02頁10段		経済援助에모순韓国問題基督者会議서論議
1974.02.01	第85号	02頁12段	鄭敬謨	K君への手紙(23)「貧乏人はムギを喰え」かヴェルサイ行進を想起せよ
1974.02.11	第86号	01頁04段		〈論評〉厚顔無恥한暴言田中総理는妄言을取消하라
1974.02.11	第86号	01頁04段		緊急措置와파쑈暴圧을糾弾하는大会、盛大히開催独裁権力의暴力発悪即刻철회하고政権을国民에
1974.02.11	第86号	01頁09段		大会決議文
1974.02.11	第86号	02頁01段		朴大統領人形을火刑에 "緊急措置" 규탄의데모
1974.02.11	第86号	02頁03段		宇都官議員의来賓인사
1974.02.11	第86号	02頁06段		朴政権의暴圧実態韓民統声明、被逮者名単도発表暴挙中止하라
1974.02.11	第86号	02頁03段		배동호韓民統顧問의報告史上類例없는暴圧파쑈선풍墓穴파는売国売族의朴政権
1974.02.11	第86号	02頁13段		〈声討〉高창수氏李相根군

발행일	호	지면정보	필자	기사제목
1974.02.11	第86号	02頁13段		懲役10年-5年 延大生七名에宣告
1974.02.11	第86号	03頁01段		朝日新聞을輸入禁止『憲法·緊急措置』非難했다鄭敬謨氏의論説을트집잡아
1974.02.11	第86号	03頁01段		物価高에허덕이는民生살걱정이泰山같다油類값·公共料金등大幅引上
1974.02.11	第86号	03頁06段		言論弾圧의謀略이다韓国文人들체포事件에漢陽社関係없다고声明
1974.02.11	第86号	03頁09段		〈만화〉두꺼비
1974.02.11	第86号	03頁11段		民権回復闘争宣言在美韓人民権回復闘争委員会
1974.02.11	第86号	03頁09段	鄭敬謨	韓国の改憲運動と緊急措置
1974.02.11	第86号	04頁01段		〈田中妄言への新聞論調〉田中総理の政治妄言(朝鮮日報1月30日)/日本首相の失言(東亜日報1月30日)
1974.02.11	第86号	04頁01段		統一問題에있어서의民族主義와社会主義在美「国民의소리」김찬 統一없이는独立못하고独立없이는民主主義도共産主義도없다
1974.02.11	第86号	04頁10段	鄭敬謨	K君への手紙(24) 民族の危機を防ぐ道 統一のほかに道はあるのか
1974.02.21	第87号	01頁01段		〈主張〉莫大한致富는上層部가下級에만責任転嫁는不当
1974.02.21	第87号	01頁01段		金大中先生의出国保障하라国際公의無視한詭弁虐殺計画内包金東祚発言은
1974.02.21	第87号	01頁01段		金大中先生의出国保障하라拉致事実을自認한것韓民統에서糾弾声明発表
1974.02.21	第87号	01頁08段		海外同胞에対한脅迫在美保護市民委도声明
1974.02.21	第87号	02頁01段		秘密に送られてきた手紙　日本の民主的人びとへ　日本の言論人へ　日本のキリスト者へ
1974.02.21	第87号	02頁01段		누군가만들었나?不正이활개치는世上부패의根源은上층에政権交替없이是正안돼各部処의숙정状況
1974.02.21	第87号	02頁03段		民主回復·조국통일촉진하자!!五百여명이참가韓青冬季講習会盛況
1974.02.21	第87号	02頁07段		韓国의弾圧実態基督教関係者비밀편지発表
1974.02.21	第87号	02頁12段		朴政権의붕괴는時間問題뉴스·위크誌가論評
1974.02.21	第87号	02頁14段		流言蜚語
1974.03.01	第88号	01頁01段		〈主張〉三·一精神継承하여朴독재打倒하자
1974.03.01	第88号	01頁01段		抑圧恐怖는오래維持못해金大中氏、外国記者에게言008五千万의念願인統一은朴独裁타도로이룩된다
1974.03.01	第88号	01頁09段		〈評論〉大陸붕協定은経済侵略의本質을드러낸것이다
1974.03.01	第88号	01頁09段		大陸붕의共同開発韓·日政府間에協定調印
1974.03.01	第88号	01頁13段		南北間에緊張조성 백령도의漁船침몰事件
1974.03.01	第88号	02頁01段	황석영	〈르포타지〉九老工団의労働実態황석영(作家)1973年12月号「中央」에서발췌
1974.03.01	第88号	02頁01段		公害産業と韓日関係 東亜日報二月十五日社説

발행일	호	지면정보	필자	기사제목
1974.03.01	第88号	02頁05段		13時間に日当五〇円 女子大生の証言
1974.03.01	第88号	02頁07段	정철제	토양에알맞게종자를개량 西部독일 정철제
1974.03.01	第88号	02頁11段	鄭敬謨	K君への手紙(25) 大衆の側に立つキリスト教 殉教者の心境で現実参与
1974.03.01	第88号	03頁01段	정경모	三・一運動과五・四運動정경모 中国의袁世凱는오늘 韓国의朴正熙다
1974.03.01	第88号	03頁01段		危機에直面한朴政権愛国者들을계속弾圧
1974.03.01	第88号	03頁05段		政府支持서약을拒否法廷에数百명이몰려들어
1974.03.01	第88号	03頁09段		日本男性에警告婦人団体기생観光反対集会
1974.03.01	第88号	04頁01段		〈戯曲〉봄은멀지만一幕二場作・金慶植
1974.03.11	第89号	01頁01段		〈主張〉侵略의길넓히는바탕第六回韓日経済委員会의本質
1974.03.11	第89号	01頁01段		새로추켜든民族抗争의烽火朴独裁政権의退陳要求 三・一절55주년記念民衆大会
1974.03.11	第89号	01頁05段		새救国闘争에나서자民団東京本部団長鄭在俊씨인사
1974.03.11	第89号	01頁07段		〈決議文〉파쇼暴権의망동을분쇄民主회복과統一촉진決議
1974.03.11	第89号	01頁09段		民族史의요청에보답民団神奈川団長代行金允鍾씨開会辞
1974.03.11	第89号	01頁11段		正義의투쟁은勝利民団東本議長민泳相씨閉会辞
1974.03.11	第89号	02頁01段		韓国民主化투쟁支援参議院議員田英夫씨祝辞
1974.03.11	第89号	02頁01段		일어서자!民主民権을찾아라民族치욕을되풀이말자韓民統常任顧問裵東湖씨講演
1974.03.11	第89号	02頁01段		自主独立은未久에実現神奈川朴勝福씨성토
1974.03.11	第89号	02頁04段		三一은韓民族의긍지作家小田実씨祝辞
1974.03.11	第89号	02頁08段		売国의再現막자荒川韓之沢씨성토
1974.03.11	第89号	02頁11段		유관순女史따르자東京婦人会고산옥씨성토
1974.03.11	第89号	02頁13段		青年은목숨을걸고 韓青 곽원기君성토
1974.03.11	第89号	03頁01段		日帝의民族말살行為本国新聞들이크게報道
1974.03.11	第89号	03頁01段		3.1烽火는世界에퍼져美・独・北欧등에서集会
1974.03.11	第89号	03頁01段		朴大統領3.1記念辞 不可侵조약강조겨례의自主性과団結
1974.03.11	第89号	03頁06段		民主憲政회복하라北欧韓民戦線이声明
1974.03.11	第89号	03頁07段		3.1절기념행사政府主催로国立극장서
1974.03.11	第89号	03頁08段		독가스の蛮行 総督府資料가暴露 中野天楽の覚書
1974.03.11	第89号	03頁10段		1.8조치철회요구美学者들이書翰
1974.03.11	第89号	03頁14段		流言蜚語
1974.03.11	第89号	03頁14段		張씨 등에 15年 서울高法서判決
1974.03.11	第89号	04頁01段		뉴욕타임스가実態報告絶望에빠진朴正熙기진맥진한金鍾泌

발행일	호	지면정보	필자	기사제목
1974.03.11	第89号	04頁01段	김찬	対日예속화를促進政権維持費위한것第七回韓日閣僚会議
1974.03.11	第89号	04頁03段		危機에直面한朴政権워싱톤·포스트紙가論評
1974.03.11	第89号	04頁07段		不可侵条約철회하라 東京 梁生
1974.03.21	第90号	01頁01段		〈主張〉韓国을日本公害産業의新天地로만들지말라
1974.03.21	第90号	01頁01段		在美同胞救国郷軍創設国軍将兵의궐기促求総司令 최석남退役准将
1974.03.21	第90号	01頁06段		朴独裁打倒하자西独서民主社会建設協결성
1974.03.21	第90号	01頁07段		国際的連帯아래西独同胞三·一절盛大
1974.03.21	第90号	01頁08段		〈취지문〉建軍理念되살리자民主救国의礎石다짐
1974.03.21	第90号	01頁11段		73年에二億余달러外国業体의利潤送金
1974.03.21	第90号	01頁12段		政治犯救援委発足記者会見서方針발표
1974.03.21	第90号	02頁01段		〈解説〉韓国援助의国際管理는対日예속의은폐策動
1974.03.21	第90号	02頁07段		病院出入어려워医療費20%나올나
1974.03.21	第90号	02頁01段	鄭敬謨	朴政権밑의大韓民国鄭敬謨外国人에게는楽園韓国人에게는地獄
1974.03.21	第90号	02頁11段		民主社会建設協議会宣言文(西独同胞)용기를가지라!힘을모으라!이汚辱의歷史를청산하자
1974.03.21	第90号	03頁01段		파쑈弾圧의発悪加重愛国의民主人士에重刑
1974.03.21	第90号	03頁01段		파쑈폭압을규탄大阪서韓青궐기大会
1974.03.21	第90号	03頁01段		〈声明書〉民団은御用化脱皮하고自主性을지켜야한다
1974.03.21	第90号	03頁04段		타락幹部추방하라東本등中央大会에声明
1974.03.21	第90号	03頁08段		混乱속의朴政権李厚洛帰国이뜻하는것
1974.03.21	第90号	03頁08段		스포-츠界가경악 南의卓球、北의蹴球
1974.03.21	第90号	03頁14段		流言蜚語
1974.03.21	第90号	04頁01段	安仁熙	1973年겨울、그絶叫梨花女大師大学長安仁熙
1974.03.21	第90号	04頁01段	한일	한국에있어서폭력이의미하는것
1974.03.21	第90号	04頁08段		日本帝国주의와 아시아民衆의생존권
1974.04.05	第91号	01頁01段		最後의勝利는民衆의편에있다民主憲政회복하자!対日예속反対한다!学生들의砲門은터졌다全国民主青年学生総聯盟에結集
1974.04.05	第91号	01頁05段		서울大등에서示威
1974.04.05	第91号	01頁01段		〈主張〉本国学生들의愛国闘争에一体가되어支持呼応하자
1974.04.05	第91号	01頁08段		正義의투쟁積極支持「韓民統」등에서声明発表
1974.04.05	第91号	02頁01段		平和協定締結하자北韓人民会議美国에提案위장선전이다
1974.04.05	第91号	02頁01段		韓青第15回定期中央大会統一과団結、内外에誇示新委員長에金君夫氏·活動方針도採沢
1974.04.05	第91号	02頁05段		애국애족행동에일어서자 국재외동포 청년들에게 보내는호소문
1974.04.05	第91号	02頁10段		朴独裁糾弾의삐라살포

발행일	호	지면정보	필자	기사제목
1974.04.05	第91号	02頁13段		諸悪의根源은朴政権金君夫新委員長의第一声
1974.04.05	第91号	02頁14段		流言蜚語
1974.04.05	第91号	03頁01段	林鍾哲	本国知識人の思考と発言① 未来学の虚妄(1)林鍾哲(経済学·ソウル大商大教授)
1974.04.05	第91号	03頁01段		反日民主化闘争에궐기在韓日本企業의蛮行도叫弾韓青·声明
1974.04.05	第91号	03頁04段		日本漁船이不法操業済州近海漁民에게被害잦어
1974.04.05	第91号	03頁08段		低賃金에다酷使 馬山日系企業의雇用実態
1974.04.05	第91号	03頁08段		金東完氏등에宣告緊急措置違反의軍法会議
1974.04.05	第91号	04頁01段		韓日関係の新たな途
1974.04.11	第92号	01頁01段		四·一九特集 一人独裁를峻烈히叫弾全国民主青年学生総聯盟宣言文
1974.04.11	第92号	01頁05段		〈主張〉새로운抗争의불꽃을지피자四·一九열네돐에즈음하여
1974.04.11	第92号	01頁05段		愛国闘争、熱烈히支持在日同胞、集会와示威
1974.04.11	第92号	02頁01段		파쑈에、죽음으로항거教会에서한青年이焼身自殺
1974.04.11	第92号	02頁01段		〈4.19 14周年記念特集〉独裁牙城을무너뜨린젊은獅子들의義血民主革命成就의날
1974.04.11	第92号	02頁06段		教援団의時局宣言文
1974.04.11	第92号	03頁01段		四·七大会基調報告朴独裁を殺人集団国内同胞救出에군세게싸우자
1974.04.11	第92号	03頁06段		朴正熙씨에게보내는抗議文
1974.04.11	第92号	03頁08段		大使館에韓青이抗議団긴급조치철폐하라「朴파쑈政権打到」도외쳐 韓学同도抗議声明
1974.04.11	第92号	03頁09段		決議文
1974.04.11	第92号	03頁14段		流言蜚語
1974.04.11	第92号	03頁14段		弾圧政治가横行一美国人의韓国見聞記
1974.04.11	第92号	04頁01段	朴湖巌	四·一九는나에게무엇을뜻하는가韓国青年同盟朴湖巌
1974.04.11	第92号	04頁01段	林鍾哲	本国知識人の思考と発言② 未来学の虚妄 林鍾哲(経済学·ソウル大商大教授)
1974.04.11	第92号	04頁03段	배동인	韓国国民의自由를為하여
1974.04.11	第92号	04頁12段	金東炫	〈르뽀〉일본인관광객①
1974.04.21	第93号	01頁01段		〈主張〉緊急措置는狂人의暴挙開国運動의弾圧을中止하라
1974.04.21	第93号	01頁01段		朴政権은権力을포기하라韓国民은変革을要求한다코언교授、金大中氏訪問코記者会見
1974.04.21	第93号	01頁01段		学生闘争、全国民이支持
1974.04.21	第93号	01頁06段		계속하는愛国闘争서울工大·延大·全南大서集会
1974.04.21	第93号	01頁10段		韓国人戦死者補償하라新民党이国会에建議案
1974.04.21	第93号	01頁10段		法律的으로疑問緊急措置第4号条文코언教授가外信俱서講演

발행일	호	지면정보	필자	기사제목
1974.04.21	第93号	01頁11段		学生이 欠席만해도 死刑「緊急措置」下의暗黒政治
1974.04.21	第93号	02頁01段	金成夏	四・一九의큰종을울려라
1974.04.21	第93号	02頁01段		深刻한危機에빠진韓国経済物価高로民生은塗炭輸出鈍化, 産業界도不況
1974.04.21	第93号	02頁05段		軍国主義復活의前兆日本「靖国法案」에韓国이反発
1974.04.21	第93号	02頁07段		朴政権告発하고殉死한金氏의뜻에보답하자在日大韓基督教徒들이追悼礼拝
1974.04.21	第93号	02頁07段		"朴独裁政権"의政治状態를紹介北欧韓国民主戦線南北韓問題討議
1974.04.21	第93号	02頁07段		고바우영감
1974.04.21	第93号	02頁11段		懸賞金二百万걸어愛国青年学生들을手配
1974.04.21	第93号	02頁12段		寛大한判決을呼訴
1974.04.21	第93号	02頁14段		税務査察을理由로永楽教会에帳簿提出을要求
1974.04.21	第93号	03頁01段		反独裁民主救国宣言北京大学反独裁民主闘争委員会
1974.04.21	第93号	03頁01段		世界各地서4.19記念行事義挙탑앞에는追悼의花環独裁打到의決意도새로워
1974.04.21	第93号	03頁04段		沈黙은隣人의"죽음"이다対韓政策을糾弾하는国民集会
1974.04.21	第93号	03頁09段		韓国民의決死闘争支持
1974.04.21	第93号	03頁11段		처부시자!軍事独裁在北欧橋胞들이世界에呼訴文
1974.04.21	第93号	03頁14段		流言蜚語
1974.04.21	第93号	04頁01段	배동인	韓国国民의自由를為하여
1974.04.21	第93号	04頁01段	金東炫	〈르뽀〉日本人観光客②
1974.05.01	第94号	01頁01段		柳珍新民党総裁別世2日、忠南금산에서하관식
1974.05.01	第94号	01頁07段		日本政府의適切한조치를民青学聯事件에、日朝文化交流協
1974.05.01	第94号	01頁08段		即時석방을要求被逮学生救援協議会가発足
1974.05.01	第94号	01頁01段		民青学聯事件은虚偽날조救国闘争弾圧의謀略郭東儀韓民統組織局長関連説에反駁声明朴独裁政権의発悪
1974.05.01	第94号	01頁04段		無限한中傷取消하라声明全文総聯工作員이란荒唐無稽
1974.05.01	第94号	01頁09段		체포学生석방하라日本社会搪에서抗議談話
1974.05.01	第94号	01頁12段		本社主催정경모氏의평론집「日本人と韓国」出版
1974.05.01	第94号	01頁13段		〈各界人士들의談話〉非常識한政情 할말은해야해 또무슨奸計 하루속히석방을 믿지못할일 스파이를했다는흔적이없어
1974.05.01	第94号	02頁01段		朴独裁政権의蛮行을폭로李・梁両氏記者会見「欝陵島간첩事件」은날조다真実은빼앗을수없다李佐永氏、公正한与論에呼評
1974.05.01	第94号	02頁08段		梁東洙氏의拷問메모
1974.05.01	第94号	02頁09段		金大中氏에記念品靖亜神社春季例祭生命의安全도祈願

발행일	호	지면정보	필자	기사제목
1974.05.01	第94号	02頁12段		朴独裁政権을糾弾神奈川TV韓国問題特集
1974.05.01	第94号	02頁14段		帰国途中海上서조난한징용韓国人을補償하라広島三菱重工、沈没遺族会結成
1974.05.01	第94号	02頁13段		公害輸出反対集会富山化学対韓進出中止하라
1974.05.01	第94号	02頁01段		韓国의충격적인低賃金하루11時間百七十원年少者의過重労働은非人間的
1974.05.01	第94号	03頁01段		〈大会基調報告〉最後의勝利는우리大衆의편에있다
1974.05.01	第94号	03頁01段		韓青의4.19記念大会가盛大不屈의革命精神받들어本国救国闘争熱烈히支持
1974.05.01	第94号	03頁05段		統一위해힘차게싸우자民民統에서도記念大会와데모韓学同도集会와데모
1974.05.01	第94号	03頁10段		韓国民의闘争支持大阪府民集会에2千余名
1974.05.01	第94号	03頁10段		大会決議文
1974.05.01	第94号	03頁11段		海外同胞와連帯強化在北欧、韓民戦線서도記念大会
1974.05.01	第94号	03頁14段		流言蜚語
1974.05.01	第94号	03頁14段		韓青이全国서独裁糾弾삐라
1974.05.01	第94号	04頁01段		朴独裁政権打到하자在西独、4.19革命同志会宣言文
1974.05.01	第94号	04頁05段		妓生観光에反対「秘苑사」에抗議데모도　日本婦人들이集会
1974.05.01	第94号	04頁01段		慶北大学反独裁民主救国宣言全文
1974.05.01	第94号	04頁08段		百万名線을突破昨年한해의韓国出入国者
1974.05.01	第94号	04頁08段	金東炫	〈르뽀〉日本人観光客③
1974.05.11	第95号	01頁01段		〈主張〉「韓民統」組織局長에대한誣告를撤回하라
1974.05.11	第95号	01頁01段		最近、韓国社会의暗黙相金大中氏出国못하도록日本政府高位層이提言했다
1974.05.11	第95号	01頁04段		完全히統制된言論警察国家로転落한朴政権
1974.05.11	第95号	01頁08段		民主主義에対한모독日本人逮捕에도重大関心
1974.05.11	第95号	01頁09段		取財担当記者를逮捕疑惑깊어가는不正貸付事件
1974.05.11	第95号	01頁11段		韓民統本部를礼訪에쉬모어博士、幹部와환담
1974.05.11	第95号	01頁07段		民主主義에対한모독日本人逮捕에도重大関心
1974.05.11	第95号	01頁11段		大平外相과約一時間要談
1974.05.11	第95号	01頁12段		南北赤対表者会議
1974.05.11	第95号	01頁14段		故柳珍山総裁新民党葬엄수
1974.05.11	第95号	02頁01段		〈論説〉日本의対韓経済侵略과軍国主義의復活気運
1974.05.11	第95号	02頁01段		有名人士들이接踵在美同胞社会의反朴運動
1974.05.11	第95号	02頁01段		不況에허덕이는韓国経済界輸出目標達成어려워石油危機로末期의症状을露呈
1974.05.11	第95号	02頁05段		食糧의危機도不可避　外穀導入量急速度로上昇
1974.05.11	第95号	02頁08段		正義의闘争을展開위싱톤地区留学生協会決議文
1974.05.11	第95号	02頁09段		하루速히釈放을早川・太刀川両氏救済協議会가発足

발행일	호	지면정보	필자	기사제목
1974.05.11	第95号	02頁12段		韓日関係再協議하라在日基督教青年協議会가決議文
1974.05.11	第95号	02頁12段		民主言論에의挑戦記者逮捕에、協会에서声明
1974.05.11	第95号	02頁14段		金철우씨에三年宣告北労党加入은証拠없고無罪
1974.05.11	第95号	03頁01段		五一六民族恥辱의十三年파쑈폭압과売国의生地獄으로끌고간罪相
1974.05.11	第95号	03頁01段		74億원不正貸出事件中央情報部員이介入権力層의腐敗相白日下에韓国史上最大의詐欺
1974.05.11	第95号	03頁03段		特別捜査機関設置를新民党、国会에서따질方針
1974.05.11	第95号	03頁08段		反公害運動에勝利富山化学、対韓進出을断念反公害実行委서声明
1974.05.11	第95号	03頁14段		流言蜚語
1974.05.11	第95号	04頁01段	배동인	韓国国民의自由를為하여③在商独、배동인
1974.05.11	第95号	04頁01段		民青学聯事件에対한反響
1974.05.11	第95号	04頁10段		抗日英雄伝에人気歴史劇画日語版도나오고=韓国最新의出版傾向=
1974.05.11	第95号	04頁12段	金東炫	〈르뽀〉日本人観光客④
1974.05.21	第96号	01頁01段		〈主張〉七四億원不正貸出事件의真犯人은朴政権자신이다
1974.05.21	第96号	01頁01段		韓民総、IPI総会에呼訴韓国의極端의인言論弾圧厳重히糾弾하여달라
1974.05.21	第96号	01頁05段		韓日関係의마찰回避에出国의必要性은높아져金大中氏
1974.05.21	第96号	01頁09段		民族時報、英文版뉴-스·네터-発刊朴正煕糾弾의소리全世界坊坊曲曲으로
1974.05.21	第96号	01頁11段		또하나의韓国뉴-스·레터-創刊辞
1974.05.21	第96号	02頁01段		〈評論〉不正腐敗의天国七十四億원事件을보고
1974.05.21	第96号	02頁01段		破綻에直面한韓国農政復活되고있는小作制20年前의「農地改革」어디로?農村経済현저히悪化離農家늘고·低下된農業所得
1974.05.21	第96号	02頁09段		農民層의両極分解極端의인大農과零細의格差
1974.05.21	第96号	02頁11段		韓日条約在検討를基督教「少数民族問題」会議
1974.05.21	第96号	02頁13段		朴独裁政権에抗拒駐덴막韓国外交官이亡命
1974.05.21	第96号	02頁15段		日本漁船들의横暴東海漁民들이団束을陳情
1974.05.21	第96号	03頁01段		民族의心琴을울린著作鄭敬謨氏「일본인と韓国」出版記念会
1974.05.21	第96号	03頁01段		輸出公団地域의実態속출하는公害病労働者그대로두나「女工哀史」現代版
1974.05.21	第96号	03頁05段		矯導所서도甚한拷問西村議員의徐俊植君面会談
1974.05.21	第96号	03頁09段		「徐君兄弟를돕는会」들이駐日大使館에抗議
1974.05.21	第96号	03頁12段		朴大統領에게보내는抗議文
1974.05.21	第96号	03頁13段		韓国基督教人의宣言支持朴政権에대한抗議를呼訴
1974.05.21	第96号	03頁14段		술에醉한軍人이市民九名을射殺

발행일	호	지면정보	필자	기사제목
1974.05.21	第96号	03頁14段		流言蜚語
1974.05.21	第96号	04頁01段	배동인	韓国国民의自由를為하여④
1974.05.21	第96号	04頁01段		活発해지는海外国民의愛国運動"놀웨이"에도民主守護協議会駐在大使館KCIA의悪質的妨害물리치고朴独裁政権打倒"데모"
1974.05.21	第96号	04頁05段	李泳禧	田中妄言에생각한다①
1974.05.21	第96号	04頁09段		KCIA의행패4.19記念行事指導했다고「韓民新報」発行人을脅迫
1974.05.21	第96号	04頁12段	村松武司	〈詩〉ふたりの中学生
1974.06.01	第97号	01頁01段		〈主張〉朴政権의포악한탄압속에서言論自由를為한피나는闘争
1974.06.01	第97号	01頁01段		韓民統民青学聯起訴에反駁声明荒唐無稽한容疑事実朴政権의本質暴露에不過
1974.06.01	第97号	01頁04段		国際的인嘲笑를不免常識벗어난総連과의連結
1974.06.01	第97号	01頁07段		「韓民統」이発表한声明全文
1974.06.01	第97号	01頁09段		金大中事件과韓日問題京都経済人클럽에서裵東湖議長이特別講演
1974.06.01	第97号	01頁09段		新規経済援助는困難?日本政府対韓国民感情을考慮
1974.06.01	第97号	02頁01段		金大中事件과韓日関係"政治的解決"의不当性을指摘裵東湖議長의講演全文
1974.06.01	第97号	03頁01段		鄭敬謨氏T·V論評人類史的意義지니는韓国民의오늘의受難
1974.06.01	第97号	03頁01段		拷問과虐待中止하라徐俊植君救出에日本国会議員들이声明
1974.06.01	第97号	03頁03段		日立、民族差別에謝罪朴君의「採用内定取消」를撤回
1974.06.01	第97号	03頁07段		経済侵略그만두라日立糾弾集会와데모
1974.06.01	第97号	03頁09段		日本早学生教授를為한抗議集会가盛大
1974.06.01	第97号	03頁10段		流言蜚語
1974.06.01	第97号	03頁12段		韓国人의日本国内行為韓国이問題視함은不当
1974.06.01	第97号	04頁01段	李泳禧	田中妄言에생각한다②
1974.06.01	第97号	04頁01段	金東炫	〈르뽀〉日本人観光客⑤金東炫
1974.06.01	第97号	04頁07段	배동인	韓国国民의自由를為하⑤
1974.06.01	第97号	04頁13段		アピール
1974.06.11	第98号	01頁01段		〈主張〉朴正煕는、韓国人と全人類의公敵である
1974.06.11	第98号	01頁01段		出国阻止の卑劣な陰謀 金大中氏に法廷出頭の召喚状
1974.06.11	第98号	01頁03段		私の予言は的中した 金氏、起訴事実に強く反論
1974.06.11	第98号	01頁07段		梁一東氏にも 同一容疑出廷命令
1974.06.11	第98号	01頁09段		金大中氏が出廷 注目の裁判はじまる
1974.06.11	第98号	02頁01段		狙いは金氏の身柄拘束か＝日本人学生との取引説も＝金大中氏召喚とその波紋

발행일	호	지면정보	필자	기사제목
1974.06.11	第98号	02頁01段		金氏処刑の第一歩 日本政府の責任も重大
1974.06.11	第98号	02頁06段		各政党の声明と談話
1974.06.11	第98号	02頁09段		韓民統の幹部総動員
1974.06.11	第98号	02頁10段		韓国政府に強い警告 後宮大使と金外務会談
1974.06.11	第98号	02頁12段		金氏召喚に各界の声
1974.06.11	第98号	02頁12段		危し金氏の生命 国際機関に東電
1974.06.21	第99号	01頁01段		〈主張〉民青学聯에対한不当한裁判을엄중히糾弾한다
1974.06.21	第99号	01頁01段		愛国者抹殺의暗黒政治"民青学聯軍裁"에韓民統声明
1974.06.21	第99号	01頁03段		指令받은일없다早川、太刀川両氏起訴事実否認
1974.06.21	第99号	01頁09段		政治的信条를証言第2~3回金大中氏公判
1974.06.21	第99号	01頁10段		金大中氏召喚에抗議六·七韓国人大会가盛況
1974.06.21	第99号	02頁01段	倫理没落	韓国社会相이모저모① 法지키다간損害본다 道徳의등불꺼지고
1974.06.21	第99号	02頁01段		6·7大会의記録決議文
1974.06.21	第99号	02頁06段		6·7大会의記録抗議文
1974.06.21	第99号	02頁06段		6·7大会의記録開会辞(金議長代行)
1974.06.21	第99号	02頁08段		또「出入国法」을画策다섯번째法案、다음国会提出한다고
1974.06.21	第99号	02頁14段		金大中氏의出国強力히要求하라=自民党外交部会=
1974.06.21	第99号	03頁01段		抑圧과同化政策을糾弾鄭敬謨氏特別講演阪神教育事件記念集会 同胞権利옹호하자活動連帯에決議文採択
1974.06.21	第99号	03頁01段		六·七大会、데모와抗議日政의低姿勢를糾弾民主化連帯連絡会議서도集会
1974.06.21	第99号	03頁10段		強制連行、現代版"看護婦"導入反対運動
1974.06.21	第99号	04頁01段	李泳禧	田中妄言에생각한다 李泳禧(中国学·漢陽大教授)
1974.06.21	第99号	04頁01段		第1回아시아인会議閉幕日本経済侵略을非難各国共通의問題認識에成果
1974.06.21	第99号	04頁05段		金大中氏出国도要求朴政権独裁糾弾의決議文
1974.06.21	第99号	04頁12段		韓民統杯는大阪昌韓青同、全国蹴球大会
1974.07.01	第100号	01頁01段		条理에안맞는証言日本두学生의第三回軍裁証人申請百八十六名金大中氏三回公判
1974.07.01	第100号	01頁01段	裵東湖	七·四南北共同声明発表二周年을맞이하여韓民統常任顧問·民統協首席議長裵東湖
1974.07.01	第100号	02頁01段		민중의소리 우리호소 들어보고 배로파 못 살겠오
1974.07.01	第100号	02頁11段		施行錯誤神経過敏의朴正熙
1974.07.01	第100号	02頁11段		警鐘을울릴때가왔다韓国問題로議会公聴会열어라美国有名大学教授들이提案
1974.07.01	第100号	03頁01段		南北共同声明発表에興奮의메아리친在日同胞社会
1974.07.01	第100号	03頁06段		各愛国団体가共同発表한「対日救国宣言文」

발행일	호	지면정보	필자	기사제목
1974.07.01	第100号	03頁07段		死因에의혹이많아 洪鍾哲보좌관의溺死
1974.07.01	第100号	03頁07段		反統一策動・糾弾에南北共同声明二周年記念大会
1974.07.01	第100号	04頁01段		〈評論〉七四共同声明의참뜻統一은누구의손으로이루어지나本社主筆鄭敬謨
1974.07.01	第100号	04頁01段		金氏救出에国際会議美国의対韓非難与論높아宇都宮씨訪美会見談
1974.07.01	第100号	04頁03段		尹潽善前大統領까지取調「愛国学生들에資金援助했다」고
1974.07.01	第100号	04頁07段		美、対韓政策転換하라라이샤워教授強調韓国事態重大하다
1974.07.01	第100号	04頁09段		KCIA追放하라 日韓会議 田中首相에抗議文
1974.07.01	第100号	04頁09段		国際調査団派遣을要請金大中氏救出에、日本文化를
1974.07.01	第100号	04頁12段		美国記者의入国拒否韓国政府에強硬抗議
1974.07.01	第100号	04頁13段		経済背景으로侵略根性如前옛날과다름없는日本
1974.07.01	第100号	05頁01段		韓国社会이모저모가난이가져온犯罪食母살이엄마와病苦의兄참아볼수없어三兄弟가어슬픈強盗질
1974.07.01	第100号	05頁01段		金大中씨에새로운危機「緊急措置」에결憂慮性民主化闘争連帯의모임
1974.07.01	第100号	05頁03段		田中政権도責任져야日本法曹界서軍裁実情報告会
1974.07.01	第100号	05頁07段		適切한外交措置取하라軍裁報告会에서採沢한声明
1974.07.01	第100号	05頁09段		馬山団地에減員선풍労働祖合結成못해失職者딱한事情
1974.07.01	第100号	05頁10段		重大한主権侵害다阿部氏문초에非難의소리
1974.07.01	第100号	05頁11段		「日立」의民族差別에断朴君의解雇無効訴訟에勝訴
1974.07.01	第100号	05頁13段		流言蜚語
1974.07.01	第100号	06頁01段	金成斗	〈時評〉正当한交渉으로権益옹호를馬山輸出地域「減員선풍」이래도좋은가
1974.07.01	第100号	06頁01段	許泰弘	〈르뽀〉馬山輸出自由地域問題点으로본輸出前進基地
1974.07.01	第100号	06頁10段	金東炫	〈르뽀〉日本人観光客⑥
1974.07.11	第101号	01頁01段		〈主張〉六二三声明은기만책동「두개韓国」断乎히拒否
1974.07.11	第101号	01頁01段		"우리의念願은統一" 七・四二周年記念大会盛況
1974.07.11	第101号	01頁04段		共同声明성실히이행하라서울평양両側代表가声明発表
1974.07.11	第101号	01頁08段		大会決議文
1974.07.11	第101号	01頁11段		평양측声明
1974.07.11	第101号	01頁13段		副団長級의実務会議南北亦代表間에合意
1974.07.11	第101号	02頁01段	鄭敬謨	局地戦도발을극복하자　鄭敬謨
1974.07.11	第101号	02頁01段		金大中씨투쟁을宣言総統制는事実아닌가裁判官을기피申請

발행일	호	지면정보	필자	기사제목
1974.07.11	第101号	02頁01段		発言을全的支持韓民統에서声明発表
1974.07.11	第101号	02頁07段		録音은盗聴한것아무증빙성없다
1974.07.11	第101号	02頁11段		軍服写真에불질러大使館앞에서엄중抗議
1974.07.11	第101号	02頁15段		李浩哲등석방요구漢陽社幹部記者会見
1974.07.11	第101号	03頁01段		金芝河씨등을虐殺企図朴正熙의断末魔의狂的発悪사형、無期등의極刑民青学聯事件의結審軍裁
1974.07.11	第101号	03頁05段		殺人만행용서못해韓民統에서抗議声明
1974.07.11	第101号	03頁06段		池学淳씨天主教主教強制連行教徒들이徹夜미사로抗議
1974.07.11	第101号	03頁07段		金芝河씨등救하자国際文化人들이行動開始
1974.07.11	第101号	03頁08段		韓国社会이모저모非行少年이라왜욕만하나요일할자리도없고구두닦이할곳없어
1974.07.11	第101号	03頁14段		流言蜚語
1974.07.11	第101号	03頁14段		金芝河씨등의救出삐라살포
1974.07.11	第101号	04頁01段		アジアが産んだ世紀の詩人を救おう金芝河救援委員会声明
1974.07.11	第101号	04頁01段		厳しい米世論 奈落の道を行く韓国　援助削減と軍撤退　エドウィン・ライシャワー
1974.07.11	第101号	04頁01段	鄭敬謨	七・四南北共同声明は民族至上の命令である 統一は誰の手によって達成されるか　鄭敬謨
1974.07.11	第101号	04頁09段		駐韓米軍の周囲は群なす売春と麻薬　A・7上院議員が証言
1974.07.11	第101号	04頁11段		すべてを裏切る名手 日本天皇にだけは例外
1974.07.21	第102号	01頁01段		死刑無期등不当한裁判그만두라死刑에도泰然한태度관련자들闘争의正当性주장韓民統에서談話死刑14無期15名등関係者全員에言渡
1974.07.21	第102号	01頁01段		〈主張〉金芝河씨등愛国者들을즉시석방하라
1974.07.21	第102号	01頁06段		「学生들要求가왜나쁜가」尹前大統領軍裁서陳述
1974.07.21	第102号	01頁10段		与論鎮静을目的金芝河씨등5名에減刑措置
1974.07.21	第102号	02頁01段	裵東湖	愛国이란어떤것인가(1)
1974.07.21	第102号	02頁01段		美의朴非難与論高調対韓政策再検討해야民衆탄압에重大한関心
1974.07.21	第102号	02頁06段		反正義、反人道이다朴政権의行為痛烈히批評
1974.07.21	第102号	02頁08段		美軍政撤退시켜라 美下院小委에서의証言
1974.07.21	第102号	02頁13段		〈르뽀〉馬山輸出自由地域(2)東亜日報社新東亜記者許泰弘差異심한賃金
1974.07.21	第102号	03頁01段		過酷한宣告、世界예충격民青学聯事件포악무도한独裁의本質類例없는暗黒裁判
1974.07.21	第102号	03頁06段		主意깊게지켜본다美国務省報道官이見解人類史上類例없는暴挙日本各団体가朴政権에抗議
1974.07.21	第102号	03頁01段		韓国事態、全世界가注目楽観할수없는金大中씨出国레드야아드氏記者会見談

발행일	호	지면정보	필자	기사제목
1974.07.21	第102号	03頁04段		民青学聯全員釈放하라日韓連帯千五百名이抗議데모
1974.07.21	第102号	03頁08段		金芝河를救助하는会4씨가断食闘争軍裁의重刑에抗議
1974.07.21	第102号	03頁09段		六名에死刑三名에無期「울릉島간첩事件」에求刑
1974.07.21	第102号	03頁11段		韓国民의解放과日本鄭敬謨氏名古屋講演会盛況
1974.07.21	第102号	03頁11段		統一談話会서"삐라"살포
1974.07.21	第102号	03頁13段		弾圧中止要求한金泳三씨를連行池学淳主教도起訴
1974.07.21	第102号	04頁01段		六・一三声明は欺瞞「二つの韓国」を断固拒否する本紙前号「主張」の日本語訳
1974.07.21	第102号	04頁03段		局地戦挑発の危機を克服しよう　정경모本紙前号「評論」日本語訳
1974.07.21	第102号	04頁01段	咸錫憲	民青学聯事件の反省
1974.07.21	第102号	04頁12段		うったえ
1974.07.21	第102号	04頁14段		呼訴文
1974.08.01	第103号	01頁01段		池学淳主教를再連行出廷拒否한「良心의宣言」直後
1974.08.01	第103号	01頁01段		보라!暗黒裁判의実態를軍法会議法廷에서各被告가陳述한内容拷問当해虚偽의自百"郭東儀"란이름도몰랐다傍聴에서確認한事項
1974.08.01	第103号	01頁05段		独裁打倒만이民族의길国家変乱의意思全然없었다
1974.08.01	第103号	02頁01段	裵東湖	愛国이란어떤것인가(2)
1974.08.01	第103号	02頁09段		金芝河씨公訴状全文　民青学聯이란組織도없었다各被告의陳述一面에서계속
1974.08.2	第103号	03頁01段		軍事裁判의撤回를奈良川金大中事件을생각하는会集会열고決議採沢
1974.08.01	第103号	03頁01段		「朴正熙가옆게여긴다」日本「皇軍」정신그대로　咸錫憲先生痛烈한批難
1974.08.01	第103号	03頁01段		裁判官忌避申請棄却에　金大中先生再抗告
1974.08.01	第103号	03頁03段		国民弾圧을批難카도릭主教団에서教書
1974.08.01	第103号	03頁05段		池主教連行에抗議　日本서도関係者들集会
1974.08.01	第103号	03頁06段		各国民衆사이의連帯를아시아大、講座서鄭敬謨씨強調
1974.08.01	第103号	03頁08段		委員長에鄭康浩씨　韓青東京本部執行部更迭
1974.08.01	第103号	03頁10段		首席代表에金栄出씨「群馬民団自主守護委」結成
1974.08.01	第103号	04頁01段		金芝河氏の公訴状　全文
1974.08.01	第103号	04頁01段		見よ！この暗黒裁判の実態を強要された虚偽の自白 事前に作成された起訴状 国家変乱の意思なかった法廷での各被告陳述要旨
1974.08.01	第103号	04頁09段		独裁打倒のみが民族を救うみち 歴史に恥じぬ審判を悪法は真理を発見できぬ
1974.08.01	第103号	04頁11段		軍裁の被告らを救う　日本文化団体が集会
1974.08.01	第103号	04頁13段		金芝河元気でいてほしい

발행일	호	지면정보	필자	기사제목
1974.08.11	第104号	01頁01段		〈主張〉金大中先生拉致一周年을맞이하여根本的인解決을要求한다
1974.08.11	第104号	01頁01段		事件1周年의心境自由없는反共은無意味動乱때에도럽낼것없이批判했다金大中氏
1974.08.11	第104号	01頁05段		文明子女史、記者会見談大韓援助中止하라金氏事件日政에道義的責任
1974.08.11	第104号	01頁09段		法廷서도朴政権을糾弾軍事裁判強要云한池主教
1974.08.11	第104号	02頁01段	裵東湖	愛国이란어떤것인가(3)裵東湖=자기의念願、民衆의念願、人類의念願을위한투쟁=
1974.08.11	第104号	02頁07段	鄭敬謨	金鍾必首相의妄発을반박한다主筆鄭敬謨衣食이足한五賊의무리는어떠한「礼節」을알았나
1974.08.11	第104号	02頁07段		「民青学聯」재판을痛駁하는서울의삐라「歴史의심판을두려워하라」나라위한의로운젊은생명들이형장의이슬로사라져야하는가?
1974.08.11	第104号	03頁01段		拉致一年、各界의談話金大中씨의出国을保障하라
1974.08.11	第104号	03頁01段		金大中先生拉致1周年에즈음하여朴独裁政権打倒하자韓民統議長代行金載華
1974.08.11	第104号	03頁01段	鄭在俊	金大中先生拉致1周年에즈음하여原状回復強力히要求
1974.08.11	第104号	03頁10段		韓民統一年、闘争의日誌
1974.08.11	第104号	04頁01段		歴史의審き怖れぬか軍事裁判の状況を伝えるビラ
1974.08.11	第104号	04頁01段		白鉄氏の発言を糾弾する 許しがたい詭弁 先輩への昌涜、通嘆に堪えぬ
1974.08.11	第104号	04頁05段		朴正熙は果して人間か悪魔か？
1974.08.11	第104号	04頁10段		演芸「五賊」에喝来 民族詩人金芝河의밤
1974.08.11	第104号	04頁12段	許泰弘	〈르뽀〉馬山輸出自由地域(3)
1974.08.21	第105号	01頁01段		維新憲法쳐부시자鄭在俊救対委員長인사
1974.08.21	第105号	01頁06段		経済援助中止하라 日本政府에要請文
1974.08.21	第105号	01頁01段		金大中氏에完全한自由를모든愛国人士들의釈放을要求拉致事件一周年、八·八大会
1974.08.21	第105号	01頁08段		大会決議文
1974.08.21	第105号	01頁13段		大使館에抗議와데모
1974.08.21	第105号	02頁01段		事件動機에깊은関心저격事件이가르치는것저격사건일지文世光은72年에脱盟「事件関係」云云에韓青声明
1974.08.21	第105号	02頁01段	裵東湖	愛国이란어떤것인가(4)裵東湖愛国運動과愛国主義①
1974.08.21	第105号	02頁13段		学生들에罪가있다면내가代身해들쓰겠다尹潽善氏軍裁에서陳述
1974.08.21	第105号	03頁01段		民主回復에闘争強化韓民統아래군게団結하자八·一五大会盛況
1974.08.21	第105号	03頁05段		独裁打倒만이참된解放鄭在俊民団東本団長인사
1974.08.21	第105号	03頁08段		大会決議文

발행일	호	지면정보	필자	기사제목
1974.08.21	第105号	03頁10段		狙撃事件과外紙論評抑圧이招来한反抗独裁政治自体에根源
1974.08.21	第105号	03頁13段		朴独裁政権을批判民主懇談会에서抗議声明
1974.08.21	第105号	04頁01段	鄭敬謨	文学と政治は別か 白鉄氏の発言に反論する 発端は世界観の相違 韓国は解放された国か
1974.08.21	第105号	04頁01段		「尹伊桑の夕べ」ひらく 東響が特別演奏会 九月五日、渋谷公会堂で
1974.08.21	第105号	04頁09段		アムネスネィの韓国報告
1974.08.21	第105号	04頁11段		緊急措置解除勧告北からの脅威説に根拠なし
1974.09.01	第106号	01頁01段		弾圧強化策動말라反日運動은政治的策略韓民統声明全文
1974.09.01	第106号	01頁05段		同盟誹謗用서못해規制策動에韓青反駁声明
1974.09.01	第106号	01頁07段		緊急措置1、4解除
1974.09.01	第106号	01頁01段		朴大統領저격事件에韓民統声明組織과는関聯없다事件유발原因、朴政権에
1974.09.01	第106号	02頁01段	裵東湖	愛国이란어떤것인가(5) 愛国運動과愛国主義②
1974.09.01	第106号	02頁13段		狙撃事件詳報背後에많은疑惑진짜殺害犯은누구인가
1974.09.01	第106号	02頁01段		〈主張〉韓民統一周年을맞이하여
1974.09.01	第106号	03頁01段		鄭敬謨主筆NHK対韓国際放送緊急조치政治아니다権力의暴力도排除하자
1974.09.01	第106号	03頁01段		尹伊桑氏婦妻、伯林事件体験談「大統領親書받으러오라」拉致는東京까지JAL機
1974.09.01	第106号	03頁06段		中央情報部解体하라金新民党総裁記者会見談民主回復에改憲促進
1974.09.01	第106号	03頁12段		芳名芳言録
1974.09.01	第106号	03頁12段		만화 야로씨
1974.09.01	第106号	03頁13段		金大中氏事件과韓日関係趙韓民統事務総長이講演
1974.09.01	第106号	03頁14段		流言蜚語
1974.09.01	第106号	04頁01段		文明子女史、八・八講演原稿朴政権、三日戦争을試図殺人集団그냥둘수없다
1974.09.01	第106号	04頁01段		反独裁에기세올리는在美同胞美国教会와도굳게連帯 UN広場서大規模民主守護集会団食闘争도
1974.09.01	第106号	04頁08段		기독교 인권 선언
1974.09.01	第106号	04頁09段		韓国問題에共同行動日本三野党代表가会談
1974.09.16	第107号	01頁01段		〈主張〉「親書」와「特使놀음」은売族行為의本質폭로
1974.09.16	第107号	01頁01段		朴政権의政治陰謀反日官製데모를糾弾裵東湖顧問外国記者団会見
1974.09.16	第107号	01頁05段		陸女史殺害犯은누구?31日韓民統에서声明発表
1974.09.16	第107号	01頁08段		背後에KCIA 文世光事件의疑惑
1974.09.16	第107号	01頁09段		韓日間의癒着폭로「親書」를싸고秘密흥정
1974.09.16	第107号	01頁10段		責任은朴政権에国内疑惑면저풀라

발행일	호	지면정보	필자	기사제목
1974.09.16	第107号	02頁01段		韓国経済의破綻慢性的貿易収支의悪化　輸入은増大輸出은踏歩　激高하는対外依存度
1974.09.16	第107号	02頁01段	裵東湖	愛国이란어떤것인가(6) 愛国運動과愛国主義③
1974.09.16	第107号	02頁01段		"데모致死의責任지라"民団東本에서声明発表
1974.09.16	第107号	02頁04段		陸女史追悼式에参加한同胞의말
1974.09.16	第107号	02頁06段		玄씨데모途中에急死民団中央의強制動員에参加
1974.09.16	第107号	02頁10段		民主司法의回復要求 弁護士들이公開建議文
1974.09.16	第107号	02頁09段		姜信玉씨에10年 金芝河씨의弁護士
1974.09.16	第107号	03頁01段		尹伊桑씨歓迎会盛況内外손님五백여참석二日밤赤坂東急호텔에서
1974.09.16	第107号	03頁07段		徐道源、呂正男氏등死刑高等軍裁民青学聯事件등에判決
1974.09.16	第107号	03頁07段		脈박치는民族의얼二千余聴衆이完全도취尹伊桑作品演奏会
1974.09.16	第107号	03頁12段		尹씨夫妻帰国6日밤羽田空港発
1974.09.16	第107号	03頁14段		張俊河씨등刑確定 大法院이 上告 기각
1974.09.16	第107号	04頁01段	鄭敬謨	狙撃事件이가져온것
1974.09.16	第107号	04頁01段		英国新聞의論評韓国엔民主主義의흔적도없다「北으로부터의脅威」은疑問
1974.09.16	第107号	04頁01段		勇気를가지고言論의本来使命으로돌아가라東亜日報의虚偽報道를규탄한다
1974.09.16	第107号	04頁09段	정일수	第三世界에서본韓国統一
1974.10.01	第108号	01頁01段		韓民統제二回中央委員会開催情勢에맞춰새로운闘争愛国의熱띤討論을展開
1974.10.01	第108号	01頁04段		完全한結実맺도록金載華議長代行인사
1974.10.01	第108号	01頁05段		朴独裁打倒에拍車를 鄭在俊副議長인사
1974.10.01	第108号	01頁04段		国民이納得하는外交하라金大中씨日本人記者와会見
1974.10.01	第108号	01頁07段		内閣대폭更迭 高官들의密輸事件으로
1974.10.01	第108号	01頁10段		韓国定期国会개막九十日間의会期로
1974.10.01	第108号	01頁07段		声明書朴·田中野合을糾弾
1974.10.01	第108号	01頁09段		財政確保에総力을趙盛済財政委員長討論
1974.10.01	第108号	01頁12段		一兆二천六백여억韓国政府새해予算案
1974.10.01	第108号	02頁01段	裵東湖	〈韓民統제2회中央委員会報告〉当面한情勢와우리의課題
1974.10.01	第108号	02頁01段		〈韓民統제2회中央委員会報告〉一年間의運動総括報告事務総長趙活俊
1974.10.01	第108号	03頁01段		情報部앞잡이神奈川県本部爆破企図　권총과暴発物들고白昼、事務所에侵入乱動韓青、林晴一君(神奈川副委員長)이重傷
1974.10.01	第108号	03頁07段		民団神奈川本部　金允鍾団長이声明
1974.10.01	第108号	03頁01段		学生、宗教人들闘争再然民主憲政回復을要求 데보隊、警察隊와충돌

발행일	호	지면정보	필자	기사제목
1974.10.01	第108号	03頁04段		維新体制철폐하라宗教人들「우리宣言」発表
1974.10.01	第108号	03頁07段		神大서断食투쟁警察이校内서連行
1974.10.01	第108号	03頁07段		二日間七千명集会梨大生、삐라와署名도
1974.10.01	第108号	03頁08段		앰네스티活動을弾圧咸錫憲、尹玄씨등을連行
1974.10.01	第108号	03頁11段		釈放要求서명서울工大生集会
1974.10.01	第108号	03頁12段		造船労動者들暴動二천五백명이改善要求
1974.10.01	第108号	04頁01段		対韓援助그만두라日本野党들共同集会
1974.10.01	第108号	04頁01段		日本의対韓経済侵略①　朴政権이길잡이役割
1974.10.01	第108号	04頁03段		坂本紡績이倒産無理한韓国進出이原人
1974.10.01	第108号	04頁07段		大阪興銀大阪商銀三六억貸出大蔵省서改善警告
1974.10.01	第108号	04頁10段		女工들이罷業断行馬山地域日本人業体
1974.10.01	第108号	04頁12段		엄청난宝石을長官夫人들密輸
1974.10.01	第108号	04頁13段		"누구도먼저密告해야산다"韓国社会의어두운現実
1974.10.11	第109号	01頁01段		〈主張〉神奈川韓青被襲事件의犯人을빨리체포하라
1974.10.11	第109号	01頁01段		国民의인低抗폭발民主憲政회복하라統一문제悪用말라金泳三新民総裁国会서연설
1974.10.11	第109号	01頁01段		国民의인低抗폭발人権탄압極限事態
1974.10.11	第109号	01頁07段		人権무시한일없다金鍾泌총리국会답변
1974.10.11	第109号	01頁08段		"구속学生석방하라""池学淳主教만세"를절규二万카도릭教徒集会데모
1974.10.11	第109号	01頁10段		警官들과投石戦高大生二천명示威
1974.10.11	第109号	01頁12段		不信風潮만연
1974.10.11	第109号	02頁01段		IPU서南北代表연설北限代表를서울초청朴韓国代表団長이연설
1974.10.11	第109号	02頁01段		IPU서南北代表연설美軍철퇴를強調洪北韓代表団長이연설
1974.10.11	第109号	02頁09段		陸女史저격범은文世光이아니다美国교포新聞報道
1974.10.11	第109号	03頁01段		保釈中최근韓国에来往余의出国에疑惑짙어日本当局의애매한態度
1974.10.11	第109号	03頁04段		保釈中최근韓国에来往文의「総括편지」없다韓青中央에서声明
1974.10.11	第109号	03頁07段		범인빨리체포하라横浜・川崎에서해라
1974.10.11	第109号	03頁01段		軍事法廷에一大異変被告들法廷서愛国歌高唱傍聴席서一斉히拍手歓声尹씨등控訴審弁護人、免訴主張
1974.10.11	第109号	03頁06段		自主守護委결성三多摩地区同胞들韓学同大使館에抗議十・二一周年集会한후
1974.10.11	第109号	03頁07段		名大学서闘争再開統一党서釈放要求運動
1974.10.11	第109号	03頁11段		文世光에첫公判七日서울地法서事実審理
1974.10.11	第109号	03頁11段		日政의対韓政策糾탄日韓連帯委10.2集会
1974.10.11	第109号	03頁13段		囚人을買収손가락잘라"뉴우스・위이크"詩가暴露
1974.10.11	第109号	03頁12段		延大生三천集会

발행일	호	지면정보	필자	기사제목
1974.10.11	第109号	04頁01段		不眠不休の闘いの連続　一年間の総括報告
1974.10.11	第109号	04頁01段		韓民統第二回中委報告当面の情勢と私たちの課題
1974.10.21	第110号	01頁01段		〈主張〉기세차게일어나는 院內外投争支持한다
1974.10.21	第110号	01頁01段		人権과改憲을促求　野党 国会投争強力히展開
1974.10.21	第110号	01頁01段		不安은날로增大政権의危機는深刻
1974.10.21	第110号	01頁02段		自由없는校廷은墓地10.2以後学園投争의実態
1974.10.21	第110号	01頁06段		朴大統領施政演説
1974.10.21	第110号	02頁01段		韓国의人権問題에큰関心美国務省이特別報告書公表
1974.10.21	第110号	02頁01段		伏魔殿인民団中央会館換地싸고巨額不正確実愛国的幹部는奮起하라머리감추고꼬리내놓은民団中央委特別報告書
1974.10.21	第110号	02頁04段		日本政界의巨物介入偽装発説理由는무엇?
1974.10.21	第110号	02頁06段		組織整備와強化를決意民団東本秋季研修会盛況
1974.10.21	第110号	02頁07段		評価의날조누구의責任?"추악한물건에뚜껑"은罪悪
1974.10.21	第110号	02頁08段		在日同胞待遇改善要求大阪의各団体와有志들
1974.10.21	第110号	02頁10段		民族差別에抗議集会京都韓青과韓学同
1974.10.21	第110号	02頁12段		남의땅에起工式　設計도施工契約도없이
1974.10.21	第110号	02頁14段		文世光에게死刑宣告　即時不服上告
1974.11.01	第111号	01頁01段		〈主張〉韓青中央에대한日警의強制捜査를厳重히抗議
1974.11.01	第111号	01頁01段		民族의尊厳과権利를지키자朴政権과結託한日警韓青中央을不当捜索韓民統抗議談話
1974.11.01	第111号	01頁05段		"政治的인陰謀이다"韓青中央이抗議声明
1974.11.01	第111号	01頁08段		韓国司法史上에처음金大中氏提訴法官기피認定
1974.11.01	第111号	01頁08段		韓国言論人총궐기
1974.11.01	第111号	01頁09段		言論弾圧中止하라新民党이声明発表言論投争을支持
1974.11.01	第111号	01頁10段		日本人들도抗議
1974.11.01	第111号	01頁11段		学園탄압中止要求
1974.11.01	第111号	01頁12段		尹氏등抗訴棄却高等軍裁의不当裁判
1974.11.01	第111号	01頁13段		抗議삐라살포 韓青中央
1974.11.01	第111号	01頁14段		休校措置 철회하라
1974.11.01	第111号	02頁01段		시계는「세이코」버스는「도요다」테레비「산요」냉장고「도시바」錯覚할程度의日本商品
1974.11.01	第111号	02頁01段		物価는오르고煉炭없어난리天井不知의物価上昇史上最悪의経済環境
1974.11.01	第111号	02頁09段		主炭従油?主油従炭基本政策破局에直面
1974.11.01	第111号	02頁01段		虚偽와不義에침묵은不要池学淳主教獄中에서편지
1974.11.01	第111号	02頁08段		良心의宣言을再確認합니다教皇에게편지
1974.11.01	第111号	03頁01段		「潮流는바꾸어졌다」金泳三国内情勢楽観
1974.11.01	第111号	03頁01段		言論自由끝까지死守宣言機関員의干渉을排除前新聞·放送記者들結束

발행일	호	지면정보	필자	기사제목
1974.11.01	第111号	03頁07段		民主主義回復하자学生·宗教人投爭拡大
1974.11.01	第111号	03頁11段		金在俊씨등参加国連広場앞에서데모
1974.11.01	第111号	03頁13段		서울商大生데모
1974.11.01	第111号	04頁01段		朴独裁政権은退陣하라端典橋胞들宣言 文発表
1974.11.01	第111号	04頁01段		日本의対韓経済侵略②韓日会談后本格的인進出
1974.11.01	第111号	04頁02段		南侵위협의真相폭로在美教国郷軍이声明
1974.11.01	第111号	04頁09段		在西独同胞에暴行神父仮装한KCIA要員
1974.11.01	第111号	04頁12段		①将星들의부패告発"越南서軍糧팔아上納하라"李世鎬에게賦課된特殊任務 在美教国郷軍情報部提供
1974.11.11	第112号	01頁01段		〈主張〉本国言論人의투쟁積極支持声援한다
1974.11.11	第112号	01頁01段		朴政権은물러가라!勝利에確固한信念学生、宗教人투쟁날로激化
1974.11.11	第112号	01頁07段		포오드美大統領訪韓拒否宗教人들이結議美大統領은訪韓取消해야카도릭、仏教徒들民主憲政의確立要求
1974.11.11	第112号	01頁07段		警察隊와投石戦서울大、神大등街頭에
1974.11.11	第112号	01頁11段		正義、自由、平和를大学生들時局宣言
1974.11.11	第112号	02頁01段		"땅을치고통곡한들이원한풀수없소""열두번죽더라도이원수갚으리라""国際良心이여!죄없는사람살려주오"=있지도않은人革党事件으로死刑받은家族들의수기=
1974.11.11	第112号	02頁02段		祖国과民族위해죽으면栄光이나虚偽날조에는怨恨만이크다 禹洪善被告의妻 康順姫
1974.11.11	第112号	02頁03段		아들入学金으로빌린돈流血革命資金이라고宋相振被告의妻金辰生
1974.11.11	第112号	02頁03段		人間虐待는指弾받아야都礼鍾被告의妻申東淑
1974.11.11	第112号	02頁05段		〈解説〉検察内部起訴로対立까지된虚構인人革党事件全貌
1974.11.11	第112号	02頁11段		아들에게銃殺하는형용"왜!悲参한待遇家族에게합니까"河在完被告의妻李英嬌
1974.11.11	第112号	03頁01段		美大統領의訪韓中止韓青大会에서決議美大使館에伝達
1974.11.11	第112号	03頁01段		大統領警護室이関与8.15저격事件의真相崔情報課長公判에서陳述
1974.11.11	第112号	03頁01段		"上部指示대로했다"파면된警察官不当理由로提訴
1974.11.11	第112号	03頁04段		安全課長自殺企図계획적인허술한警備
1974.11.11	第112号	03頁05段		陳事件은造作民団東本·声明発表
1974.11.11	第112号	03頁07段		尹潽善씨大法院에上告
1974.11.11	第112号	03頁10段		陳의北韓行은虚偽韓国新聞알리바이確認
1974.11.11	第112号	04頁01段		各言論機関의闘争宣言
1974.11.11	第112号	04頁01段		日本의対韓経済侵略②日本資本끊고는維持不能
1974.11.11	第112号	04頁02段		輸出計画60%도未達

발행일	호	지면정보	필자	기사제목
1974.11.11	第112号	04頁04段		313億対韓供与朴政権維持費인가?
1974.11.11	第112号	04頁06段		有罪判決은荒唐無稽李浩哲裁判에漢陽社声明
1974.11.11	第112号	04頁10段		統一運動과民主運動米国의「해외한민보」社説
1974.11.11	第112号	04頁14段		余東永이自首 神奈川韓青襲撃事件
1974.11.21	第113号	01頁01段		金大中씨夫妻참석 카도릭철야기도회
1974.11.21	第113号	01頁01段		美国은民主友邦이냐?人権投爭짓밟지말아야한다포오드美大統領訪韓中止要求18日在日韓国人大会盛大
1974.11.21	第113号	01頁06段		"改憲만이살길"新民党議員이街頭에
1974.11.21	第113号	01頁11段		"民主憲政회복"在美同胞들이데모
1974.11.21	第113号	02頁01段		大会決議文"朴独裁비호하는"포오드訪韓을反対
1974.11.21	第113号	02頁01段		〈主張〉포오드大統領의 訪韓中止를要求한다 새로운決意로前進을=민족시보創刊2周年을맞이하여=
1974.11.21	第113号	02頁04段		団結로투쟁을強化하자鄭在俊東本団長인사
1974.11.21	第113号	02頁04段		訪韓中止要請書美大使館에伝達
1974.11.21	第113号	02頁09段		韓民統등各団体訪韓反対声明文
1974.11.21	第113号	02頁12段		民族의念願짓밟지말라 裵東湖 韓民統常任顧問 講演要旨
1974.11.21	第113号	03頁01段		日本右翼、데모隊를습격 충천하는분노의함성 東京하늘에메아리쳐
1974.11.21	第113号	03頁01段		야만적인만행을규탄 日本警察에엄중抗議
1974.11.21	第113号	03頁06段		투쟁記録映画大衆에게큰感銘주어
1974.11.21	第113号	03頁06段		치열한투쟁을계속「学生들은暴発力」金高大総長教授会서発言
1974.11.21	第113号	03頁07段		断食기도후示威拘束者들의家族
1974.11.21	第113号	03頁08段		身辺保護를呼訴陳斗鉉夫人弁護士会에
1974.11.21	第113号	03頁11段		各処로타번진民主教国투쟁
1974.11.21	第113号	03頁13段		各界各層투쟁
1974.11.21	第113号	03頁14段		在郷軍人会등脱退
1974.11.21	第113号	04頁01段		포오드대통령海外同胞紙論調訪韓中止로友好増進11월호「국민의소리」社説民主主義確立이緊要10월15日字「해외한민보」社説
1974.11.21	第113号	04頁01段		表現의自由적극守護韓国펜클럽大会서決議
1974.11.21	第113号	04頁01段		"維新憲法철폐하라"韓国文人백여명이宣言
1974.11.21	第113号	04頁06段		2億弗援助哀乞対日隷属의本性露呈
1974.11.21	第113号	04頁06段		金총리発言取消하라民主守護기독자회声明을発表
1974.11.21	第113号	04頁11段		日本의対韓経済侵略空中에뜬乗降機深刻한韓国経済의現実
1974.12.01	第114号	01頁01段		国民宣言
1974.12.01	第114号	01頁01段		民主回復国民会議를結成 "反政府는反国家아니다"各界各層代表를網羅国民宣言発表、闘争展開
1974.12.01	第114号	01頁04段		金大中씨夫妻참석처음으로政治発言

발행일	호	지면정보	필자	기사제목
1974.12.01	第114号	01頁08段		尹潽善씨등 大法院에 上告
1974.12.01	第114号	01頁08段		포오드美大統領22日韓国을訪問
1974.12.01	第114号	01頁08段		民主化투쟁에歷史的伝機金大中씨発言要旨
1974.12.01	第114号	02頁01段		〈主張〉「民主回復国民会議」를積極支持하며声援한다
1974.12.01	第114号	02頁01段		海兵隊解体의陰謀海兵将校의検挙선풍在美教国郷軍情報部提供
1974.12.01	第114号	02頁01段		포오드美国大統領은人権문제어떻게했나?記者들의関心集中하비브次官補記者会見
1974.12.01	第114号	02頁11段		社会正義実践宣言人権투쟁은教徒의任務天主教司祭団이宣言発表
1974.12.01	第114号	03頁01段		줄기차게闘争을계속高校生들이街頭에乱暴한警察37名連行
1974.12.01	第114号	03頁06段		美大使館에連坐金芝河어머니등教徒들
1974.12.01	第114号	03頁09段		民統党이데모梁党首連行후帰家
1974.12.01	第114号	03頁01段		海内外同胞의求心点国民宣言을熱烈歓迎韓民統에서支持声明発表
1974.12.01	第114号	03頁04段		「自由는国民基本権」朴延世大総長이政府非難
1974.12.01	第114号	03頁07段		金在俊씨議長에 韓民統美本部役員改善
1974.12.01	第114号	03頁10段		羅城서反朴투쟁展開李竜雲씨등참가
1974.12.01	第114号	03頁10段	林昌栄	民族의時急한課題뉴욕林昌栄
1974.12.01	第114号	03頁12段		脅迫을물리치고文明子씨서울訪問
1974.12.01	第114号	03頁12段		韓国人権弾圧의実態「法学세미너」特輯号発行
1974.12.01	第114号	04頁01段		本国新聞討論被拘束人士의釈放問題11月25日字東亜日報社説
1974.12.01	第114号	04頁01段		韓美市民連帯를呼訴뉴욕市民平和集会서鮮于学園博士가講演
1974.12.01	第114号	04頁01段		韓美共同声明
1974.12.01	第114号	04頁05段		美大統領訪韓에즈음하여在美教国郷軍이論評
1974.12.01	第114号	04頁13段		포오드美大統領訪韓美国의各新聞이論評
1974.12.11	第115号	01頁01段		退陣要求는国民権利野党議員国会농성데모하려다警察에制止
1974.12.11	第115号	01頁04段		中央情報部員의所行金大中씨拉致事件朴正熙大統領이認定英国記者앤더슨이報道
1974.12.11	第115号	01頁05段		不当한圧力은排除民主回復国民会議対政府성명발표
1974.12.11	第115号	01頁07段		全国서人権회복기도카도릭金寿煥추기경집전
1974.12.11	第115号	01頁09段		教授들에게警告政府国民宣言 서명했다고
1974.12.11	第115号	01頁10段		1兆2천9백20억원 3分만에電撃通過 새해予算
1974.12.11	第115号	01頁11段		金相賢씨등仮釈放金漢洙씨는남아
1974.12.11	第115号	02頁01段		新年度予算(解説) 財政의量的膨張으로 인플레를加速化할뿐

발행일	호	지면정보	필자	기사제목
1974.12.11	第115号	02頁01段		살길이막연하여국민의원성은커지기만破局선풍의換率引上달러換率20%引上物価暴騰、生活圧迫
1974.12.11	第115号	02頁07段		庶民은어떻게살라고? 쌀도煉炭도껑충뛰니
1974.12.11	第115号	02頁10段		回収不能의状態日人業体貸出資金
1974.12.11	第115号	02頁12段		利益送金이激増対韓投資한外人商社
1974.12.11	第115号	02頁10段		〈만화〉야로씨
1974.12.11	第115号	02頁13段		換率引上과함께特別措置를発表
1974.12.11	第115号	03頁01段		「韓日友好의밤」韓青埼玉本部서開催韓学同定期大会委員長에高初輔君
1974.12.11	第115号	03頁05段		日帝때戦死者神償費올려라
1974.12.11	第115号	03頁07段		馬山地域女工들接待婦로転落
1974.12.11	第115号	03頁01段		억압과수탈의도깨비들과싸우는農民들의모습金芝河씨의戯曲「진오귀」를上演韓青員이12월23일全電通会館에서
1974.12.11	第115号	03頁04段		不当하게棄却処分文저격事件警備員의訴請
1974.12.11	第115号	03頁05段		〈만화〉나리양
1974.12.11	第115号	03頁08段		上流夫人은密輸도罪가안되는것인가中間商人만実刑宣告
1974.12.11	第115号	03頁10段		馬脚드러난기독教조종
1974.12.11	第115号	04頁01段		1日 무더기通過된法案
1974.12.11	第115号	04頁01段		失敗된"새마을運動"連달아門닫는工場全国새마을工場의実態
1974.12.11	第115号	04頁03段	鄭敬謀	クリスマスと新年を迎えるに当たって
1974.12.11	第115号	04頁07段		慶南・慶北忠北道
1974.12.11	第115号	04頁09段		人権週間과被拘束人士東亜日報12月9日字社説
1974.12.11	第115号	04頁10段		倭色의浸透
1975.01.01	第116号	01頁01段	金載華	〈勝利에찬새해를熱烈히祝賀합니다〉時代앞에지닌民族義務다하자
1975.01.01	第116号	01頁09段	梁相基	〈勝利에찬새해를熱烈히祝賀합니다〉民主勢力의拡大強化의해
1975.01.01	第116号	01頁09段	송두율	〈勝利에찬새해를熱烈히祝賀합니다〉海外同胞의強力한連帯의해
1975.01.01	第116号	02頁01段	青地晨	〈勝利에찬새해를熱烈히祝賀합니다〉日韓民主化に強い連帯を
1975.01.01	第116号	02頁02段	金允鍾	〈勝利에찬새해를熱烈히祝賀합니다〉維新体制에終止膚찍는해
1975.01.01	第116号	02頁01段	崔頭男	〈勝利에찬새해를熱烈히祝賀합니다〉올해는期必코民主回復과祖国統一을이룩하자
1975.01.01	第116号	02頁06段	梁靈芝	〈勝利에찬새해를熱烈히祝賀합니다〉韓国女性의정성다하자
1975.01.01	第116号	02頁10段	金君夫	統一促進에主動役割하자韓国青年同盟中央本部委員長金君夫
1975.01.01	第116号	03頁01段		〈1974民主化闘争의日誌〉韓国日誌

발행일	호	지면정보	필자	기사제목
1975.01.01	第116号	03頁01段		〈1974民主化闘争의日誌〉韓民統日誌
1975.01.01	第116号	04頁01段		〈1974民主化闘争의日誌〉美国日誌
1975.01.01	第116号	04頁04段		〈1974民主化闘争의日誌〉欧洲日誌
1975.01.01	第116号	05頁01段		暗黒에잠긴文의処刑풀리지않는疑惑들왜急하게서두르는가
1975.01.01	第116号	05頁01段		朴大統領은下野하라鄭一亨시国会에서爆弾発言議政壇上이修羅場与·野議員들육박전벌여
1975.01.01	第116号	05頁02段		金大中씨의法官기피勝訴闘争에서거둔成果韓国裁判史上에처음
1975.01.01	第116号	05頁05段		또다시무더기通過난장판인韓国国会
1975.01.01	第116号	05頁08段		변해가는国際政治楽観不許의UN対策
1975.01.01	第116号	05頁10段		韓日大陸棚協定国会에서억지로通過
1975.01.01	第116号	05頁10段		特赦云云은奸計拘束者家族協強硬한声明
1975.01.01	第116号	05頁13段		美下院에서証言 追放당한오글牧師
1975.01.01	第116号	06頁01段		国軍内部모순에憤激台頭하는朴政権不信気運在美救国郷軍情報部提供
1975.01.01	第116号	06頁01段		演技者·観衆이하나되어감격과흥분에뒤덮인金芝河와韓国文化의밤-韓青中野支部가主催-
1975.01.21	第117号	01頁01段		軍의反朴気運拡大李竜雲씨의声明全文
1975.01.21	第117号	01頁01段		軍은民衆의편에서야한다朴大統領은즉시下野하라前海軍참모총장李竜雲씨記者会見"北의威脅"은造作한것統一을외면하는상투수단
1975.01.21	第117号	01頁08段		추문과관련되는 文世光저격사건
1975.01.21	第117号	01頁09段		民衆의人権억압하는独裁牙城무너뜨려야
1975.01.21	第117号	01頁10段		韓民統幹部와要談16日李竜雲씨向美
1975.01.21	第117号	01頁11段		北의위협없다고 李씨가提示한資料
1975.01.21	第117号	01頁13段		大使館高官이총동원日本政府에애걸복걸-李竜雲씨発言에황당-
1975.01.21	第117号	02頁01段		〈本国의民主투쟁날로치열〉民族良心따라行動尹国民会議代表記者会見
1975.01.21	第117号	02頁04段		自主·平和·良心民主回復国民会議三大活動강령
1975.01.21	第117号	02頁08段		民主회복講演会1천여명이참가盛況
1975.01.21	第117号	02頁10段		民主回復国民会議地方組織
1975.01.21	第117号	02頁01段		〈本国의民主투쟁날로치열〉東亜広告무더기解約朴政権의陰性的탄압
1975.01.21	第117号	02頁07段		東亜放送도広告解約
1975.01.21	第117号	02頁09段		広告圧力提正요구韓国編輯人協会서声明
1975.01.21	第117号	02頁01段		〈主張〉東亜의言論自由투쟁積極支持声援한다
1975.01.21	第117号	02頁11段		広告局長등連行東亜全社員이농성투쟁
1975.01.21	第117号	02頁13段		東亜돕기운동全世界的으로
1975.01.21	第117号	03頁01段		民主主義를絞殺金新民총재朴正権을批判

발행일	호	지면정보	필자	기사제목
1975.01.21	第117号	03頁02段		民衆이参加하는統一政策을張俊河씨公開書翰
1975.01.21	第117号	03頁03段		10.17以前으로環元하라梁民統党首記者会見
1975.01.21	第117号	03頁06段		国民生存権보장要求正義구현司祭団기도회서決議
1975.01.21	第117号	03頁07段		梁淳植씨共和党脱党
1975.01.21	第117号	03頁01段		在日同胞는東亜를돕자購読者와広告募集韓民統에서広範한活動
1975.01.21	第117号	03頁03段		韓日民族関係의새歷史創造하자熱情과和気에充満된1.19韓日青年友好連帯의모임
1975.01.21	第117号	03頁08段	趙活俊	東亜日報와言論弾圧韓民統事務総長趙活俊
1975.01.21	第117号	03頁12段		희망찬新年会5백여명이참가韓民統·民団東本主催
1975.01.21	第117号	03頁14段		韓青東本의 成人式盛大
1975.01.21	第117号	04頁01段		"朴政権の横暴許せない"前海軍参謀総長 李竜雲氏声明全文
1975.01.21	第117号	04頁01段		一部在郷軍人乱動을糾弾朴政権은売国政権在美教国郷軍이声明
1975.01.21	第117号	04頁03段		統一의새아침이밝아온다파리韓国自主統一推進会宣言
1975.01.21	第117号	04頁11段		韓日民族의紐帯強化1.19集会共同声明全文(韓)
1975.01.21	第117号	04頁11段		基本人権の共同闘争 1.19集会共同声明全文(日)
1975.02.01	第118号	01頁01段		〈主張〉民団投票는政権延長의기만적인책동이다
1975.02.01	第118号	01頁01段		〈国民投票를即刻中止하고朴大統領은責任지고下野하라〉民主회복勝利를確信金大中씨拉致후最初의政治的発言
1975.02.01	第118号	01頁01段		〈国民投票를即刻中止하고朴大統領은責任지고下野하라〉民主투쟁決戦의機会金泳三総裁東京서記者会見
1975.02.01	第118号	01頁07段		人権위한原狀回復出国여부는나의裁量김대중씨
1975.02.01	第118号	01頁08段		当面課題는投票拒否張俊河씨가声明
1975.02.01	第118号	01頁10段		国民投票는自家撞着民主회복国民会議戚대변인声明発表
1975.02.01	第118号	02頁01段		金泳三총재声明全文
1975.02.01	第118号	02頁01段		또다시国民投票로国民들을협박공갈国論統一위한弾圧策動朴大統領의国民投票提案은背信
1975.02.01	第118号	02頁01段		金大中씨声明要旨
1975.02.01	第118号	02頁08段		마음대로造作한悪名높은国民投票法
1975.02.01	第118号	02頁10段		国民投票法
1975.02.01	第118号	02頁14段		人民革命党事件 3面에서 継続
1975.02.01	第118号	03頁01段	鄭敬謨	언제까지国民을愚弄하려느냐
1975.02.01	第118号	03頁01段		国民投票反対에궐기하자!참가하자!民衆大会에千駄谷日本青年会館으로2月2日12時30分
1975.02.01	第118号	03頁01段		"詐欺行為그만두라"韓民統声明全文
1975.02.01	第118号	03頁05段		「국민투표법」을비판22日字東亜日報社説

발행일	호	지면정보	필자	기사제목
1975.02.01	第118号	03頁07段		言論弾圧 철회韓国記者協会서声明
1975.02.01	第118号	03頁09段		IPI東亜支援声明
1975.02.01	第118号	03頁11段		우리는억울합니다 人革党家族들이呼訴
1975.02.01	第118号	04頁01段		栄光된下野의길을찾아야韓国民主回復統一国会会議美国本部副議長崔明翔
1975.02.01	第118号	04頁01段	鄭敬謨	いつまで国民を愚弄する？
1975.02.01	第118号	04頁01段		欺瞞的な国民投票 徹底的に糾弾する 主張日文訳
1975.02.01	第118号	04頁06段		韓民統声明日本文
1975.02.01	第118号	04頁08段		改正されるべき国民投票法 東亜日報 1.22、社説
1975.02.01	第118号	04頁12段	최홍희	朴政権은물러나야한다
1975.02.15	第119号	01頁01段		〈朴政権의末露를재촉하는国民投票〉民主闘争에海外同胞結集在外韓人民主団体가共同声明
1975.02.15	第119号	01頁01段		〈朴政権의末露를재촉하는国民投票〉투쟁의共同行動綱領金大中金泳三씨등이記者会見서発表
1975.02.15	第119号	01頁05段		金大中씨는拒否기도金英三총재断食투쟁
1975.02.15	第119号	01頁06段		"朴政権은싫다"国民投票의結果
1975.02.15	第119号	01頁08段		地方組職계속拡大民主回復国民会議
1975.02.15	第119号	02頁01段		〈主張〉共同行動綱領을支持하여闘争태세拡大強化하자
1975.02.15	第119号	02頁01段		新祷会후에街頭데모카도릭司祭団祭3時局宣言発表
1975.02.15	第119号	02頁01段		各団体가共同声明"투쟁을계속한다"民主회복국민회의良心宣言発表
1975.02.15	第119号	02頁05段	金勝勲	執権層教徒들에堤言
1975.02.15	第119号	02頁07段		3천여명이集会기독교協議会主催
1975.02.15	第119号	02頁12段		軍은朴政権을支持하는가?在美教国郷軍情報部提供 "軍도学生투쟁에合勢"등営内便所에많은落書 軍人의逆襲이두려워 戒厳令은펄수없는것
1975.02.15	第119号	03頁01段		国民投表反対에궐기朴政権의罪状낱낱이暴露東京서韓国人民衆大会盛大
1975.02.15	第119号	03頁02段		"独裁政権물러가라"街頭데모에서絶叫
1975.02.15	第119号	03頁01段		大使館앞에서抗議日警의制止박차고糾弾
1975.02.15	第119号	03頁06段		朴政権의実態露呈韓民統이談話文発表
1975.02.15	第119号	03頁09段		愛国의決意다짐韓民統幹部연수회
1975.02.15	第119号	03頁06段		決議文
1975.02.15	第119号	03頁10段		기만적국민투표분쇄名古屋金大中救出委声明
1975.02.15	第119号	03頁11段		"民主化結集하자"韓学同이궐기대회
1975.02.15	第119号	03頁12段		KCIA는韓国의암오글牧師의講演盛況
1975.02.15	第119号	03頁13段		売国政権규탄에궐기在美愛国女性協議会発足
1975.02.15	第119号	04頁01段		韓国勤労女性에実態 低賃金에非人間的な待遇6千ウォンの給料、4千5百ウォンの食費 転落の道に追込まれる女工たち

발행일	호	지면정보	필자	기사제목
1975.02.15	第119号	04頁01段		朴正熙를규탄한다前海軍참모총장李竜雲親兄과同志를팔고延命과出世를企図
1975.02.15	第119号	04頁01段		海外同胞団体共同声明
1975.02.15	第119号	04頁11段		고바우영감
1975.02.15	第119号	04頁11段		한국경제破滅実態(上)対外依存의悪循環史上最悪의外貨危機
1975.02.25	第120号	01頁01段		〈主張〉풀려난民主闘士들을熱烈히歓迎한다
1975.02.25	第120号	01頁01段		〈드디어獄門은열렸다造作된事件낱낱이폭로〉釈放된闘士들의기쁨천감격과흥분속에헹가래쳐
1975.02.25	第120号	01頁07段		「우리승리하리라」울려퍼지는노래소리
1975.02.25	第120号	01頁09段		拘束者협의회를準備 代表委員에 朴炯圭 牧師 民主회복拘束者宣言
1975.02.25	第120号	01頁10段		人革党裁判公開하라金大中씨声明発表
1975.02.25	第120号	02頁01段		정정당당한民主教国투쟁마지막순간까지現政権과투쟁한다金芝河씨첫記者会見"굶주린아이앞에서文学이무슨必要있나"
1975.02.25	第120号	02頁08段		"세우자!民主새나라"第11回韓青冬季講習会盛況
1975.02.25	第120号	02頁09段		国民投表의不正公務員과共和党員이폭로造作数字드러나
1975.02.25	第120号	02頁13段		調整과統合요구張俊河씨団結호소
1975.02.25	第120号	02頁13段		東亜격려広告海外民主団体共同으로
1975.02.25	第120号	03頁01段		国民投票의結果는民主세력의勝利確証
1975.02.25	第120号	03頁01段		民族의기수池学淳主教万歳原州에돌아온池主教2만여市民이외투벗어깔고歓迎
1975.02.25	第120号	03頁04段		人革党事件의真相天主教司祭団등声明
1975.02.25	第120号	03頁03段		「完全한날조事件」太刀川早川両씨帰国記者会見
1975.02.25	第120号	03頁07段		公開裁判요구民主회복国民会議서
1975.02.25	第120号	03頁08段		朴政権守勢에워싱톤포스트紙韓国論評
1975.02.25	第120号	03頁11段		拘束者家族協議会発表民青学聯事件의真相터무니없이造作한것
1975.02.25	第120号	04頁01段	鄭敬謨	外勢結託의害毒鄭敬謨高句麗敗亡의教訓唐과聯合한新羅의侵攻
1975.02.25	第120号	04頁01段	趙活俊	国民投票의失敗韓民統事務総長趙活俊
1975.02.25	第120号	04頁03段		咸錫憲씨의呼訴文
1975.02.25	第120号	04頁07段		民主化에큰공헌韓国言論人투쟁
1975.02.25	第120号	04頁11段		韓国経済破滅実態(下)悲惨한国民의生活 不況으로百万失業群
1975.03.05	第121号	01頁01段		〈主張〉3.1절 第56周年을 民主회복의새決意로맞자
1975.03.05	第121号	01頁01段		3.1精神으로自主統一로!56주년記念大会盛大東京九段会館韓民統등共同主催
1975.03.05	第121号	01頁04段		3.1記念集会韓民統美国시카고支部盛大히挙行
1975.03.05	第121号	01頁06段		民主투쟁은国民의義務民主회복国民会議「民主国民憲章」発表

발행일	호	지면정보	필자	기사제목
1975.03.05	第121号	01頁09段		民主회복国民会議地方組織
1975.03.05	第121号	01頁08段		民主国民憲章
1975.03.05	第121号	02頁01段		〈3.1精神계승하여民主회복・自主統一이룩하자!〉3.1精神빛내자鄭在俊韓民統副議長民団東本団長인사民主회복위한투쟁은民族존엄의時代的要求
1975.03.05	第121号	02頁01段		〈3.1精神계승하여民主회복・自主統一이룩하자!〉愛国과亢国피나는투쟁裵東湖韓民統常任顧問記念講演愛国은반드시勝利하며亢国은歷史의審判台에
1975.03.05	第121号	02頁11段	趙活俊	八法統治国民投票의失敗(下)韓民統事務総長趙活俊
1975.03.05	第121号	03頁01段		3.156周年大会決議文
1975.03.05	第121号	03頁01段		金大中씨등一時軟禁
1975.03.05	第121号	03頁01段		鬼神도通哭할拷問術朴政権의非人間的本性野党議員들告発暴露
1975.03.05	第121号	03頁03段		独裁帝国의変質李潗善氏声明発表
1975.03.05	第121号	03頁05段		日本国民과共同戦線金芝河氏国民会議参加
1975.03.05	第121号	03頁07段		運動体制를整備天主教主教会議서
1975.03.05	第121号	03頁08段		民族긍지가지도록在美同胞들이편지 大統領閣下께
1975.03.05	第121号	03頁09段		広告解約후二個月東亜闘争의実態
1975.03.05	第121号	03頁10段		釈放된人士들歓迎기도회
1975.03.05	第121号	03頁13段		外資導入総額76억弗日本이14억5천여만弗
1975.03.05	第121号	04頁01段		日本国民との共同戦線 金芝河氏 闘争所信表明 民族経済発展のため 韓日関係の正常化を
1975.03.05	第121号	04頁08段		"고문에분노한다"韓基長老会声明全文
1975.03.05	第121号	04頁12段		「民主国民憲章」의宣言3月3日東亜日報社説
1975.03.05	第121号	04頁01段		天人共に許すことのできない朴政権の非人間的な拷問の実態 現・前野党議員12名の告発内容 逆つり、鼻から水攻め、電気고문気絶して醒めるとまた打する
1975.03.21	第122号	01頁01段		〈主張〉自由言論守護는 民主主義의基本이다
1975.03.21	第122号	01頁01段		朴大統領은神聖不可侵?「国家모독罪」를新設하여内外国民의입을封鎖획책또다시変則国会議員休憩室에서与党만이怪怪한内容의刑法通過
1975.03.21	第122号	01頁05段		악랄한犯罪行為韓民統刑法改悪에談話
1975.03.21	第122号	01頁08段		時代錯誤的인悪法金大中씨談話発表
1975.03.21	第122号	01頁10段		改悪刑法은無効韓青中央이声明発表
1975.03.21	第122号	01頁11段		金芝河씨再拘束日本人과会見을말씀
1975.03.21	第122号	01頁13段		国際社会에조소金泳三종재가非難
1975.03.21	第122号	02頁01段	裵東湖	愛国主義의基本(1)
1975.03.21	第122号	02頁01段		言論弾圧에새선풍"東亜의正統性을破壊"解雇記者들闘争態勢를정비
1975.03.21	第122号	02頁03段		농성記者들救出宋編輯局長도辞表
1975.03.21	第122号	02頁05段		朝鮮도記者를끌어내幹部들이実力行使로
1975.03.21	第122号	02頁08段		「記者協会報」폐간不当한文公部의처사

발행일	호	지면정보	필자	기사제목
1975.03.21	第122号	02頁12段		逆쿠데타防止:에腐心在美救国郷軍情報部提供
1975.03.21	第122号	03頁01段		労動運動의民主化自律化추진発起大会서宣言
1975.03.21	第122号	03頁01段		罪없는 내男便、내아버지살려주소死刑을宣告받은崔哲教씨家族이呼訴
1975.03.21	第122号	03頁05段		母子가断食投爭日本国会議員들이激励
1975.03.21	第122号	03頁05段		陳斗鉉씨死刑求刑 日外務省에歎願書提出
1975.03.21	第122号	03頁08段		民主回復民国会議地方組職千寛宇씨常任代表
1975.03.21	第122号	03頁09段		韓国不実企業추궁安宅議員日本国会에서
1975.03.21	第122号	03頁11段		公害輸出그만두라日本化学進出阻止데모
1975.03.21	第122号	03頁13段		金芝河씨를救하자 日本人知識人들 궐기
1975.03.21	第122号	04頁01段		3.1節56年を民主回復の新しい決意で
1975.03.21	第122号	04頁01段		韓国不実企業の実態調査 腐敗の根源お暴露 韓日両国に大きな波紋
1975.03.21	第122号	04頁06段		「結婚しましょう」馬山の日本人を告訴
1975.03.21	第122号	04頁10段		安宅衆院議員の国会質問連記録 輸銀使用のリベート要求 日商岩井などをやり玉に
1975.04.01	第123号	01頁01段		〈主張〉民主化에逆行되는 刑法을即時철회하라
1975.04.01	第123号	01頁01段		刑法改悪에준엄한与論中世紀暗黒時代의再現韓民統日本本部규탄성명
1975.04.01	第123号	01頁01段		国際与論에挑戦韓青中央이声明
1975.04.01	第123号	01頁05段		法定主義에違背韓国法曹界에서비난
1975.04.01	第123号	01頁08段		日韓民主連帯強化로悪法을물리쳐야한다
1975.04.01	第123号	01頁09段		基本権의봉쇄白凡研究所서声明
1975.04.01	第123号	01頁10段		民主勢力弾圧目的新民党改憲推進再開
1975.04.01	第123号	01頁13段		改悪無効化統一党이決議
1975.04.01	第123号	02頁01段	裵東湖	愛国主義의基本(2)
1975.04.01	第123号	02頁01段		無能한長官물러가라国民弾圧의責任추궁新民国会에서解任要求
1975.04.01	第123号	02頁06段		韓勝憲변호사拘束「反共法」위반혐의로
1975.04.01	第123号	02頁07段		拘束者協大会
1975.04.01	第123号	02頁11段	李昌馥	馬山輸出自由地域의実態報告
1975.04.01	第123号	03頁01段		"아내는 왜 고문하느냐"갖가지고문에 죽을생각만 崔炯佑(新民)議員
1975.04.01	第123号	03頁01段		4.3投爭1주년民主化投爭에巨步朴独裁에致命傷주다
1975.04.01	第123号	03頁05段		서울学生投爭再燃各大学에서궐기集会
1975.04.01	第123号	03頁09段		管下同胞에呼訴 三多摩守護委에서
1975.04.01	第123号	03頁11段		"사건은조작이다"太刀川씨등報告集会
1975.04.01	第123号	04頁01段	青地晨	最近の韓国を訪ねて
1975.04.01	第123号	04頁01段		韓国不実企業の実態② 駐韓日本大使館の調査報告 企業は亡び業者肥る権力による絶対支配

발행일	호	지면정보	필자	기사제목
1975.04.01	第123号	04頁10段	鄭敬謨	K君への手紙 鄭敬謨国家冒涜を犯したのは国民？ 朴正煕か？
1975.04.11	第124号	01頁01段		한국학생運動激化高大에軍隊出動各大学에서強力한투쟁
1975.04.11	第124号	01頁08段		高校生도戦列에
1975.04.11	第124号	01頁01段		残忍한朴政権人革党을날조8名또학살용-서못할殺人蛮行韓民統厳중한声明発表
1975.04.11	第124号	01頁04段		없는罪들씌워大法院서上告棄却民青学聯관련자도
1975.04.11	第124号	01頁08段		〈解説〉人革党사건概要国内外与論을기만
1975.04.11	第124号	01頁08段		高校生도戦列에
1975.04.11	第124号	01頁11段		根拠없는事件엠네스티代表가発表
1975.04.11	第124号	01頁13段		処刑된者를위한추도기도회開催
1975.04.11	第124号	02頁01段		〈野党、統合에合意〉 行動으로支持받자 金大中氏野党統合에見解
1975.04.11	第124号	02頁01段		〈野党、統合에合意〉"党益보다民主回復"金大中氏·尹潽善氏·金泳三氏·ぢ梁一東氏4者会談서
1975.04.11	第124号	02頁01段		〈主張〉「人革党関聯者」학살은歴史의審判을면치못한다
1975.04.11	第124号	02頁07段		2천群衆이合流 新民党、改憲懸板式마치고 街頭데모 釜山党舎앞에서
1975.04.11	第124号	02頁08段	韓勝憲	어떤弔辞-어느死刑囚의죽음앞에-
1975.04.11	第124号	02頁11段		国民会議를弾圧
1975.04.11	第124号	03頁01段	李昌馥	馬山輸出自由地域의実態報告② 貧益貧、富益富의深化大企業과勤労者의断絶拡大
1975.04.11	第124号	03頁01段	裵東湖	愛国主義의基本(2)
1975.04.11	第124号	04頁01段		韓国不実企業의実態③ 駐韓日本大使館의調査報告 自己의数十倍의負債 大企業의資金事情
1975.04.11	第124号	05頁01段		짓밟힌民主主義다시찾자学友들의屍体를넘어独裁의牙城으로육박4.19義挙15周年
1975.04.11	第124号	05頁08段		〈評論〉4.19는生動한다15周年에즈음하여
1975.04.11	第124号	05頁09段		大使館에抗議投争「人革党」8명학살에분격
1975.04.11	第124号	05頁11段		極悪無道한発悪韓青中央규탄声明인혁당사건
1975.04.11	第124号	05頁09段		政治、経済에破滅外信記者団에講演
1975.04.11	第124号	05頁14段		金芝河씨작"진오귀"埼玉韓青이上演、호평
1975.04.11	第124号	06頁01段	辺衡尹	自立経済는国内資本確保가鍵 ソウル大教授 輸入依存度44％輸出31％의慢性赤字
1975.04.11	第124号	06頁01段		朴政権의虐殺行為 人革党事件で抗議声明 日韓連連ら5団体代表
1975.04.11	第124号	06頁05段		韓国型法改悪を駁す 弁護士 佐々木秀典
1975.04.11	第124号	06頁06段		絞殺者を断罪する うつ陵島事件に抗議
1975.04.11	第124号	06頁011段	鄭敬謨	K君への手紙(27) チュー政権の末路は朴政権の明日の運命

발행일	호	지면정보	필자	기사제목
1975.04.21	第125号	01頁01段		金大中氏時局講演 "부패한나라는亡한다"4천여群衆만때示威
1975.04.21	第125号	01頁01段		〈主張〉印支情勢의変化에韓国이찾아야할教訓
1975.04.21	第125号	01頁05段		大学총장들辞表18개大学休校조치
1975.04.21	第125号	01頁07段		「7호」의철회要求各大学에서계속투쟁
1975.04.21	第125号	02頁01段		〈評論〉金芝河氏陳述書는虚偽조작된것이다
1975.04.21	第125号	02頁01段	裵東湖	愛国主義의基本(4)
1975.04.21	第125号	03頁01段		韓国不実企業의実態④ 駐韓日本大使館의調査報告 破たん寸前의公共企業 惑電、石公、湖肥、水開公、忠肥、住公、農公の業体
1975.04.21	第125号	03頁09段		施策方針
1975.04.21	第125号	03頁11段		イ、石公の救済策
1975.04.21	第125号	04頁01段	鄭敬謨	K君への手紙(28) 四・一九を顧みて＝挫折はなぜであったか＝
1975.04.21	第125号	04頁01段		"援助供与で虐殺に加担"日本は対韓政策を正せ
1975.04.21	第125号	04頁04段		八名の虐殺に抗議 キリスト者緊急会議 記者会見
1975.04.21	第125号	04頁07段		米価大巾に引上げ 低穀価政策の破綻
1975.04.21	第125号	04頁08段	韓勝憲	ある弔辞-ある死刑囚の死のまえに-弁護士 韓勝憲
1975.04.21	第125号	04頁12段		金君の良心宣言 金新民総裁が発表
1975.04.21	第125号	04頁13段		外国人登録法改悪を企図す
1975.04.21	第125号	05頁01段		4.19 15周年 宣言文
1975.04.21	第125号	05頁01段		"4反理念勝利다짐"4.195周年記念人会民族運命의決定에海外同胞의先鋒隊로
1975.04.21	第125号	05頁07段		韓国大使館에抗議日本外務省에도韓青
1975.04.21	第125号	05頁08段		"維新独裁철폐하라"金相真君(農大生)割腹自殺로抗議
1975.04.21	第125号	05頁08段		朴大統領께드리는公開状"민족을사랑하는信念억압하지말아야합니다"
1975.04.21	第125号	06頁01段	李昌馥	馬山輸出自由地域의実態報告③ 마산수출자유지역의개관
1975.04.21	第125号	06頁01段		韓国軍内部의実情在美救国郷軍情報部　軍隊内部의不正選挙強圧과협박으로감행
1975.04.21	第125号	06頁09段		韓日大陸棚協定은両国間의不幸을招来
1975.04.21	第125号	06頁13段		外国人登録法改悪음흉한策動反対한다
1975.05.01	第126号	01頁01段	裵東湖	緊張이激化될수록平和統一의소리를더높이자＝인도차이나事態와関連하여＝
1975.05.01	第126号	01頁01段		陰性的으로言論人탄압 "記者協"強硬한투쟁
1975.05.01	第126号	01頁06段		記協幹部들連行
1975.05.01	第126号	01頁08段		慶北、江原支部員농성
1975.05.01	第126号	01頁10段		티우辞任記事로崔主幹을連行
1975.05.01	第126号	01頁13段		金大中氏暗殺計画自宅에怪電話通報

발행일	호	지면정보	필자	기사제목
1975.05.01	第126号	02頁01段	李昌馥	馬山輸出自由地域의実態報告④ 貧益貧、마산수출자유지역의국민경제상의문제점
1975.05.01	第126号	02頁01段		尹필용이다시頭角在美救国郷軍情報部
1975.05.01	第126号	02頁05段		借款亡国一路의韓国経済의実態
1975.05.01	第126号	03頁01段		孤児를売買朴政権의売族政策外国仲介業者가활약
1975.05.01	第126号	03頁06段		金相真君의추도식警察이強力히방해
1975.05.01	第126号	03頁07段		"불법투옥은犯罪"카도릭人権회복기도회
1975.05.01	第126号	03頁01段		4.19第15周年宣言4.19学生革命在独同志会가発表
1975.05.01	第126号	03頁07段		独裁政権물러가라在西独同胞들集会와示威
1975.05.01	第126号	03頁08段		KCIA가만행西独에서까지
1975.05.01	第126号	03頁10段		自由守護기도회기독교長老会서
1975.05.01	第126号	03頁12段		在美救国郷軍강령
1975.05.01	第126号	03頁12段		韓青을弾圧책동폭파사건과관련
1975.05.01	第126号	03頁13段		在美救国郷軍羅城地区司를発足
1975.05.01	第126号	04頁01段		韓国不実企業의実態⑤ 駐韓日本大使館の調査報告①日本との関連業体
1975.05.11	第127号	01頁01段		〈主張〉戦争소동에狂奔말고民主回復의길찾아야
1975.05.11	第127号	01頁01段		金鍾泌의求乞行脚을反対삐라撒布와要請活動韓民統日本首相에書翰
1975.05.11	第127号	01頁06段		韓日검은密着을暴露外務省都内文書「韓国不実企業実態」公表日韓連에서
1975.05.11	第127号	01頁08段		朴政権의発悪反共大会로현혹
1975.05.11	第127号	01頁09段		「朴政権을엄중비난」시노트神父記者会見
1975.05.11	第127号	01頁11段		安保보다民主가先行民主統一党全党大会決議
1975.05.11	第127号	01頁12段		金大中씨가参席日大使館祝賀宴ＤＰ
1975.05.11	第127号	02頁01段		〈印支事態와韓国講演内容要旨〉民族自決의勝利日本衆議院議員宇都宮徳馬/独裁의末路証示民団東京本部団長鄭在俊/民族和解에의教訓韓民統常任顧問裵東湖/무력、경제에민중승리서워싱톤대학교수D·C·라미스/「人革党」은조작카도릭仁川教区副主教시노트
1975.05.11	第127号	03頁01段		〈평론〉金芝河氏は共産主義でない
1975.05.11	第127号	03頁01段		対韓政策の是正要求「韓国不実企業実態」を公表日韓連
1975.05.11	第127号	03頁01段		韓日閣僚会談の中止を韓民統日本本部三木日本首相に要請金鍾泌来日に反対韓民統·韓青らビラ撒布
1975.05.11	第127号	03頁06段		要求書及び署名書
1975.05.11	第127号	03頁06段		三木首相への要請聞(全文自民族を抑圧する独裁政権の支援中止を
1975.05.11	第127号	03頁11段		韓国不実企業의実態⑥ 駐韓日本大使館の調査報告プラスチック業界

발행일	호	지면정보	필자	기사제목
1975.05.11	第127号	04頁01段	鄭敬謨	K君への手紙(29)　許せない「二つのコリア」分離は誰の利益のためか
1975.05.11	第127号	04頁01段	裵東湖	印度支那事態に関連して　緊張が激化されるほど平和統一の声を高めよう
1975.05.11	第127号	05頁01段		朴政権退陣의時機다印支事態와関連해在美九国郷軍声明書
1975.05.11	第127号	05頁01段		인도차이나事態와韓国民이나아갈길聴衆에게많은感銘時局講演会盛況韓民統과民団東本部主催
1975.05.11	第127号	05頁03段		金鍾泌訪日反対韓青등이삐라撒布
1975.05.11	第127号	05頁05段		金大中氏庀에脅迫　爆破한다고電話걸어
1975.05.11	第127号	05頁07段		부정부패로敗亡印支事態와関連해天主教常委声明
1975.05.11	第127号	05頁11段		朴政権의存在는韓国安保에위험헨더슨교수Y·N에投稿
1975.05.11	第127号	05頁12段		金相真君의良心宣言
1975.05.11	第127号	05頁12段		「統一韓国」을要求한在端典韓人들데모
1975.05.11	第127号	06頁01段	李昌馥	馬山輸出自由地域의実態報告⑤　貧益貧、마산수출자유지역의국민경제상의문제점
1975.05.11	第127号	06頁01段		愛国主義의基本裵東湖自主的主権수호는独立国家의生命
1975.05.21	第128号	01頁01段		〈主張〉朴政権의終末을告하는弔鍾인緊急措置제9호
1975.05.21	第128号	01頁01段		"総力安保"와"国民総和"民衆탄압위한欺瞞策政権의弱体化를스스로露呈緊急措置9호発動에韓民統日本本部反対声明
1975.05.21	第128号	01頁05段		"公正한裁判바랄수없다"金芝河氏　裁判官을기피
1975.05.21	第128号	01頁08段		갈수록泰山인朴政権"긴급조치"에서살길찾아
1975.05.21	第128号	01頁10段		韓勝憲씨첫公判　弁護土128名으로構成
1975.05.21	第128号	01頁11段		30余명이断食투쟁金芝河씨救出을呼訴
1975.05.21	第128号	02頁01段	李昌馥	馬山輸出自由地域의実態報告⑥　貧益貧、마산수출자유지역의국민경제상의문제점
1975.05.21	第128号	02頁01段	裵東湖	愛国主義의基本⑥　愛国의実践①
1975.05.21	第128号	03頁01段		美大統領訪韓이후国民弾圧더욱深化追放당한오글牧師美議会에서証言
1975.05.21	第128号	03頁11段		〈投稿〉非人間的인朴政権川崎朴正達
1975.05.21	第128号	03頁01段		무더기로海外도피風潮朴政権의末期증상露呈財産搬出・不正移民防止에血眼이나巨物級이앞장
1975.05.21	第128号	03頁01段		韓民統緊急拡大幹部会議有利한内外情勢에비취朴政権에決定打를안가지民衆大会등多様한투쟁決定
1975.05.21	第128号	03頁07段		美国会社서12億円朴政権이政治資金嗅아
1975.05.21	第128号	03頁09段		大韓政策是正하라日本国民、集会와데모
1975.05.21	第128号	04頁01段		〈主張〉恐怖と不安にかられた　朴政権の弱体を自ら暴露＝緊急措置九号発動に際して＝
1975.05.21	第128号	04頁01段		韓国不実企業の実態⑦　公売決定の前後に突然有望企業に転換

발행일	호	지면정보	필자	기사제목
1975.05.21	第128号	04頁10段		緊急措置第九号
1975.06.01	第129号	01頁01段		〈主張〉軍事訓鍊을그만두고学園은배움의殿堂으로
1975.06.01	第129号	01頁01段		安保는民主바탕에서美国은印支教訓찾아야金大中 씨外信記者에見解発表
1975.06.01	第129号	01頁01段		金大中씨에초청장美하버드大学에서
1975.06.01	第129号	01頁05段		民主회복을要求서울大学서闘争재연
1975.06.01	第129号	01頁06段		「어떤弔辞」는文学作品韓勝憲씨2回公判서主張
1975.06.01	第129号	01頁10段		学生의彈圧機構「学徒護国団」을획책
1975.06.01	第129号	01頁11段		"強要된날조이다" 金씨 自筆진술서 경위발표
1975.06.01	第129号	01頁13段		"갱政権"이라고규탄美下院公聴会에서証言
1975.06.01	第129号	02頁01段	佐江衆一	우리의넋을뒤흔들었다川崎「진오귀」公演을보고·作家佐江衆一人間과正義위해行動오글牧師의証言②
1975.06.01	第129号	02頁01段	裵東湖	愛国主義의基本⑥ 愛国의実践②
1975.06.01	第129号	02頁11段	李昌馥	馬山輸出自由地域의実態報告⑦ 貧益貧、마산수출자유지역의국민경제상의문제점
1975.06.01	第129号	03頁01段		大規模旅券위조단海外도피風潮날로拡大
1975.06.01	第129号	03頁01段		日本各地金池河선풍感動과흥분의도가니「진오귀」全国公演大盛況絶賛하는報道들各新聞이크게揭載
1975.06.01	第129号	03頁06段		西独서KCIA暗躍
1975.06.01	第129号	03頁07段		"서로힘을합하자"在日韓人政治犯家族連絡会結成
1975.06.01	第129号	03頁08段		崔哲教씨死刑確定大法院、上告기각
1975.06.01	第129号	03頁08段		피팔아살고있는 피끓는青春들
1975.06.01	第129号	04頁01段	鄭敬謨	K君への手紙(30) 朴政権の存立は人類の恥辱
1975.06.01	第129号	04頁01段		韓国不実企業の実態⑧ 駐韓日本大使館の調査報告展望暗い仁川製鉄百億の償金産銀が代払
1975.06.11	第130号	01頁01段		〈主張〉朴政権은韓国을戦争의함정으로끌지말아야한다
1975.06.11	第130号	01頁01段		戦争危険이加重되는韓国「南侵위협」을口実로朴大統領最前方部隊를視察
1975.06.11	第130号	01頁01段		核弾頭1천발積載機51機韓国에있다고証言美델리즈下院議員
1975.06.11	第130号	01頁06段		美·日이防衛分担韓国에武力紛争때
1975.06.11	第130号	01頁07段		原子炉購入한다3억7천달러로
1975.06.11	第130号	01頁10段		緊急措置9호철폐하라金泳三新民党総裁記者会見
1975.06.11	第130号	02頁01段		5月20日美下院外交委聴聞会J·A·코엔教授証言人権尊重권고하고軍事援助삭감하라
1975.06.11	第130号	02頁01段	裵東湖	愛国主義의基本⑥ 愛国의実践③
1975.06.11	第130号	02頁15段		金값自由化金의増産을目的
1975.06.11	第130号	03頁01段		韓青同声明文
1975.06.11	第130号	03頁01段		韓青同에誤略記事「산케이新聞」에厳重抗議
1975.06.11	第130号	03頁01段		逃亡하기들뜬心情 約7백명이僞装旅券

발행일	호	지면정보	필자	기사제목
1975.06.11	第130号	03頁05段		全従業員을解雇馬山日本人企業体
1975.06.11	第130号	03頁06段		日本観光客取調韓国서酒席発言으로
1975.06.11	第130号	03頁06段		상케이新聞·東亜日報謝過記事韓青同抗議에대해
1975.06.11	第130号	03頁09段		休校로계속투쟁韓国神学大学生
1975.06.11	第130号	03頁09段		崔哲教씨事件再審要請集会
1975.06.11	第130号	04頁01段		〈主張〉朴政権은韓国で戦争을挑発するな
1975.06.11	第130号	04頁01段	鄭敬謨	K君への手紙(30) 青瓦台地下に秘密飛行場恐るべき韓国者気の空洞化
1975.06.11	第130号	04頁07段		韓国不実企業의実態⑨ 駐韓日本大使館の調査報告 莫大なりベート あっせん業者の活躍
1975.06.21	第131号	01頁01段		〈主張〉同族相残의비극은절대로되풀이할수없다=韓国動乱25周年에즈음하여=
1975.06.21	第131号	01頁01段		〈누구죽일核武装이냐?〉美国이核을걷어가면独自的으로開発한다朴大統領声明
1975.06.21	第131号	01頁01段		〈누구죽일核武装이냐?〉北의威脅은없고韓国民이暴発할可能性美·前韓国課長下院에서証言
1975.06.21	第131号	01頁06段		"北韓은来年에南侵"朴大統領美国에哀願
1975.06.21	第131号	01頁07段		全国을完全兵営化17～50세로民防衛隊
1975.06.21	第131号	02頁01段		〈사진〉戦争준비에줄달음치는朴政権
1975.06.21	第131号	03頁01段		곪아터지는상처 연이은財産도피바람
1975.06.21	第131号	03頁01段		美国指導者를買収朴政権의支持를強要大韓援助中止하라李在鉉前在美公報館長美下院서証言
1975.06.21	第131号	03頁05段		韓国社会의일그러진이모저모무작정上京少年에검은손앵벌이魔窟
1975.06.21	第131号	03頁08段		金大中씨 事件完全解決 末川博씨등이要請
1975.06.21	第131号	03頁12段		5月20日美下院外交委聴問会北의위협은朴과美国의造作시노트神父의証言要旨
1975.06.21	第131号	04頁01段		〈主張〉民主的な自由と権利を保障せよ
1975.06.21	第131号	04頁01段	鄭敬謨	K君への手紙(32) 朝鮮人蔑視と日米安保 韓国動乱は何であったか
1975.06.21	第131号	04頁08段	朴正達	〈投稿〉굴욕적인현실川崎 朴正達
1975.06.21	第131号	04頁10段	裵東湖	愛国主義의基本⑥ 愛国의実践④
1975.07.01	第132号	01頁02段		金池河씨에게国際賞A·A作家会議서満場一致로
1975.07.01	第132号	01頁01段		韓国에核武器使用民族에대한重大한모욕美国防長官의好戦発言
1975.07.01	第132号	01頁07段		上陸作戦이目的韓美合同軍事演習
1975.07.01	第132号	01頁01段		核武器를撤去하라戦争은自滅을招来民族和解만이살길韓国動乱25周年에韓民統이声明
1975.07.01	第132号	01頁01段		声明全文
1975.07.01	第132号	01頁07段		韓国紛争때基地提供日本高位層이可能発言
1975.07.01	第132号	02頁01段	裵東湖	愛国主義의基本⑥ 愛国의実践(終)
1975.07.01	第132号	02頁13段		連載를 끝마치고

발행일	호	지면정보	필자	기사제목
1975.07.01	第132号	02頁01段		〈主張〉緊張激化止揚하고民族和解이룩하자=7.4共同声明3周年에즈음하여=
1975.07.01	第132号	02頁13段		〈投稿〉朝国統一의唯一한길
1975.07.01	第132号	03頁01段		韓国動乱은南에서挑発艦隊이끌고本人이挙行李竜雲前海軍参謀総長真相을폭로
1975.07.01	第132号	03頁01段		진오귀의선풍 名古屋등各地에서계속
1975.07.01	第132号	03頁04段		韓国社会의일그러진이모저모②빵한쪽못먹는欠食児손가락물고쳐다보기만
1975.07.01	第132号	03頁05段		旅券을미끼로삼지말라在欧韓国人各민주団体가声明
1975.07.01	第132号	03頁08段		各界人士의反響
1975.07.01	第132号	03頁11段		한청동의 노래
1975.07.01	第132号	04頁01段		동족상잔의悲劇을再演해서는안된다=韓国動乱二十五周年에際해서=
1975.07.01	第132号	04頁01段		韓国의断続分割은危険 緊張緩和策은統一의み 米コロムビア大K·레디아드教授証言 5月20日 米下院聴聞会
1975.07.01	第132号	04頁07段		旅券更新措置는術策在欧韓人民主団体声明文
1975.07.11	第133号	01頁01段		〈主張〉駐韓유엔軍解体는南北対話의促進을要求
1975.07.11	第133号	01頁01段		7.4声明実践하여祖国統一앞당기자南北共同声明3周年在日韓国人民衆大会盛況
1975.07.11	第133号	01頁06段		全国을完全兵営化民防衛法등4個憲法날조
1975.07.11	第133号	01頁08段		2천억원의防衛税物価등에도크게자극
1975.07.11	第133号	01頁10段		年間20억달러必要韓国経済의破綻相
1975.07.11	第133号	01頁13段		美軍撤退와軍援停止라이샤워教授가主張
1975.07.11	第133号	02頁01段		統一위해몸바쳐싸우자金載華韓民統議長代行開会인사
1975.07.11	第133号	02頁02段		共同声明을実践하라鄭在俊国民東本団長인사要旨
1975.07.11	第133号	02頁01段		7.3大会의決議文
1975.07.11	第133号	02頁04段		反共으로民族救할수없다 裵東湖 韓民統常任顧問 報告要旨
1975.07.11	第133号	02頁09段		韓国民衆의힘은偉大和田春樹日韓連事務総長祝辞
1975.07.11	第133号	03頁01段		情報部의또하나의蛮行劉振植씨가真相을폭로
1975.07.11	第133号	03頁01段		統一의念願東京街頭에메아리戦争挑発그만두고朴政権은退陣하라
1975.07.11	第133号	03頁05段		金池河의밤盛況荒川、大田에서千5百여観衆参加
1975.07.11	第133号	03頁07段		国民特兵策動韓学同이규탄集会
1975.07.11	第133号	03頁08段		非人間的인고문엠네스티国際本部調査公表
1975.07.11	第133号	03頁09段		日本말로「진오귀」劇団民芸가公演
1975.07.11	第133号	03頁11段		随筆鑑定을要求 韓勝憲事件의변호사
1975.07.11	第133号	03頁11段		民主人士들再逮捕第2의民青学聯事件
1975.07.11	第133号	03頁13段		日本財閥의대한진출 새로위험한段階에突入

발행일	호	지면정보	필자	기사제목
1975.07.11	第133号	04頁01段		緊張激化を止場し民族和解をなしとげよう＝7.4共同声明３周年に際して＝
1975.07.11	第133号	04頁01段		李在鉉前公報館長証言6月20日美下院外交委聴問会南侵脅威は朴の常套文句
1975.07.11	第133号	04頁10段		韓国不実企業の実態　影で働く人脈乱舞する政治資金
1975.08.01	第134号	01頁01段		〈主張〉金大中事件の真相糾明과原状回復은이룩해야한다＝韓日外相会談의사기적타결을보고＝
1975.08.01	第134号	01頁01段		権利回復을要求金大中氏外相会談에분노
1975.08.01	第134号	01頁01段		金大中氏拉致犯一党11명을폭로総指揮이철히(KCIA차장)現地総責金在権(前駐日公使)김동운、윤진원、홍성채、윤영노、유춘국、유영복、한춘、김진수、하태준등이犯行
1975.08.01	第134号	01頁07段		「사기적行為다」金大中先生救対委員会鄭在俊氏談話発表
1975.08.01	第134号	01頁07段		韓日外相会談의陰謀軍事的一体化로질주
1975.08.01	第134号	01頁10段		金大中氏24回公判
1975.08.01	第134号	01頁12段		宇都宮氏평양訪問　政治情勢의意見交換
1975.08.01	第134号	01頁12段		韓日議員聯盟서울에서創立
1975.08.01	第134号	02頁01段		〈評論〉孤立化를自認戦時4法의制定
1975.08.01	第134号	02頁01段		〈資料〉社会安全法
1975.08.01	第134号	02頁07段		民防衛基本法
1975.08.01	第134号	02頁07段		防衛税法
1975.08.01	第134号	03頁01段		金大中事件타결에대한　日本의各新聞들의論調
1975.08.01	第134号	03頁01段		金・宮沢外相会談을준열히糾弾"金大中氏를原状回復하라"韓日両民族의憤激大会8月8日午後6時東京後楽園홀에서
1975.08.01	第134号	03頁04段		로우타스受賞報告金池河文学의밤盛況
1975.08.01	第134号	03頁06段		韓国青年商工会를結成祖国의民主建設에이바지
1975.08.01	第134号	03頁08段		「朴成準一派는資格없다」民団神奈川本部의裁判東京高裁서判決
1975.08.01	第134号	03頁10段		民団中央을詐取罪로告訴빈번한事実을韓青이폭로
1975.08.01	第134号	03頁10段		金氏에게노벨賞을　日本의著名人士 5백여명이署名
1975.08.01	第134号	03頁14段		韓青의夏期講習会各地区에서盛大히進行
1975.08.01	第134号	04頁01段		国連軍の解体案に秘められた問題点
1975.08.01	第134号	04頁01段		〈解説〉反民族의本質을露呈「戦時4法」의強行策定
1975.08.01	第134号	04頁01段		防衛税法(二面에서계속)
1975.08.01	第134号	04頁08段		韓国不実企業の実態　不実企業体と政財界との関係
1975.08.11	第135号	01頁01段		〈主張〉民族의念願은統一＝光復30周年에즈음하여＝
1975.08.11	第135号	01頁01段		金大中事件의기만妥結糾弾韓日両民族분격集会2천여명参加로大盛況

발행일	호	지면정보	필자	기사제목
1975.08.11	第135号	01頁05段		8.8集会共同宣言
1975.08.11	第135号	02頁01段		金氏事件の真相究明と原状回復を要求する=韓日外相会談に寄せて=
1975.08.11	第135号	02頁01段		金池河시良心宣言
1975.08.11	第135号	02頁01段		納得할수없는口述書公権의発動은明白하다金大中씨拉致2年教対委에서声明発表
1975.08.11	第135号	02頁06段		三木首相에게보내는抗議文
1975.08.11	第135号	02頁09段		日本密航激増退去処分4천여명
1975.08.11	第135号	02頁11段		米億の行動は独裁の支柱　前米国務省韓国部長の証言
1975.08.21	第136号	01頁01段		〈主張〉韓民統日本本部結成 2周年을 맞이하여
1975.08.21	第136号	01頁01段		国民억압止揚하라金大中씨가重大声明
1975.08.21	第136号	01頁01段		光復節30周年記念大会分団의固定化에反対朴独재打倒만이統一의길
1975.08.21	第136号	01頁10段		"韓国条項"再確認포오드大統領三木首相会談共同発表
1975.08.21	第136号	01頁11段		UN安保理否決韓国의単独加入案
1975.08.21	第136号	01頁13段		美軍完全철퇴案35개国이UN에提議
1975.08.21	第136号	01頁13段		韓国条項(解説)
1975.08.21	第136号	02頁01段		金芝河씨良心宣言 전문 위대한民衆의날이 반드시온다는信念
1975.08.21	第136号	02頁01段		金大中씨8.15声明全文平和、自主、民主의原則統一의主体는外勢아닌国民
1975.08.21	第136号	03頁01段		8.15決議文
1975.08.21	第136号	03頁01段		절절한念願祖国하늘에메아리쳐라在日同胞의데모東京거리를누비다
1975.08.21	第136号	03頁05段		南侵口実을強調朴大統領의慶祝辞
1975.08.21	第136号	03頁08段		張俊河씨事故死 原因에疑惑크다
1975.08.21	第136号	03頁12段		張俊河씨経歴
1975.08.21	第136号	03頁04段		公害輸出을反対韓青등이連日데모
1975.08.21	第136号	03頁06段		日本化工蔚山工場操業開始에主民反対
1975.08.21	第136号	03頁10段		「진오귀」上演 韓青兵庫本部
1975.08.21	第136号	03頁10段		帝政統治下에서의強制労働의実態調査
1975.08.21	第136号	03頁13段		安泳枓씨永眠
1975.08.21	第136号	03頁13段		韓国의核은無用이라록前美提督이강연
1975.08.21	第136号	04頁01段		分団固定化を排撃する=光複節三十周年に際して
1975.08.21	第136号	04頁01段		〈評論〉朴政権은対話資格없다光復節慶祝辞를규탄한다
1975.08.21	第136号	04頁02段		기만으로일관된在外国民統一会議
1975.08.21	第136号	04頁06段		金芝河良心宣言
1975.09.01	第137号	01頁01段		〈主張〉民族문제解決은自主的権利韓美防衛強化를규탄한다

발행일	호	지면정보	필자	기사제목
1975.09.01	第137号	01頁01段		外勢의施恵는亡国의길 韓国閣僚会談에反対1日부터5日까지多様한闘争計画
1975.09.01	第137号	01頁01段		韓美日軍事紐帯強化朴独裁支援을確約韓美安保会議
1975.09.01	第137号	01頁06段		経済侵略의길여는閣僚会議開催決定
1975.09.01	第137号	01頁08段		維新憲法의철폐 緊急措置철회要求 金新民党총재主張
1975.09.01	第137号	01頁10段		内国税75%引上1兆4千9백億을目標
1975.09.01	第137号	01頁11段		金泳三총재立件 긴급조치9호違反으로
1975.09.01	第137号	02頁01段	金芝河	〈詩〉五行
1975.09.01	第137号	03頁01段	金晩沫	非同盟会議와韓国
1975.09.01	第137号	03頁01段		祖国에바친젊음굴함없이前進을다짐韓青同제17회中央委開催
1975.09.01	第137号	03頁03段		金外交官이亡命西独駐在経済담당관
1975.09.01	第137号	03頁06段		議長에金在俊씨留任韓民統美国本部총회
1975.09.01	第137号	03頁09段		韓美共同声明
1975.09.01	第137号	03頁12段		池主教刑確定
1975.09.01	第137号	03頁13段		韓勝憲씨3年求刑 9月11日에宣告公判
1975.09.01	第137号	03頁14段		韓国의加入을拒否駐韓外国軍撤退決議제5회非同盟外相会議
1975.09.01	第137号	04頁01段		韓民統日本本部結成 第2周年에際して
1975.09.01	第137号	04頁01段		金大中씨8.1530周年声明統一은平和、自由、民主外勢을비し民族主体力量で
1975.09.01	第137号	04頁09段		朴政権の横暴米の責任 D·L·レナード氏下院で証言
1975.09.21	第138号	01頁01段		〈主張〉売国의本質을드러낸韓日閣僚会議를규탄
1975.09.21	第138号	01頁01段		〈韓日閣僚会議는日本再侵의길韓美日一体化路線의強化分断固定化를粉砕하고民主化를争取하자〉独裁政権돕지말라韓民統声明発表強力한反対闘争展開
1975.09.21	第138号	01頁01段		第8回閣僚会議開催「新韓国条項」再確認
1975.09.21	第138号	01頁01段		金大中事件해결안됐다65.6%全国会議員의与論調査
1975.09.21	第138号	01頁08段		首相官邸에要請日程界에多様한活動議員会館서抗議集会
1975.09.21	第138号	01頁10段		閣僚会議의反対 韓民統幹部 社党委員長에協力要請
1975.09.21	第138号	01頁12段		声明文=韓日閣僚会議에反対하여=
1975.09.21	第138号	02頁01段		金大中씨에게5年梁一東시는三年球形陳斗鉉씨審서死刑朴政権의暴悪을証示
1975.09.21	第138号	02頁01段		〈反韓外国人入国단속하라〉라이샤워·、코·엔、宇都宮씨등学者、政治家、宗教人、記者、文化界의広範한各界著名人에걸쳐韓国外務部의極秘文書폭로
1975.09.21	第138号	02頁07段		金泳三씨召喚拒否
1975.09.21	第138号	02頁08段		対象者의첵크方法70명의名単도指示
1975.09.21	第138号	02頁13段		〈韓日閣僚会議共同声明要旨〉

발행일	호	지면정보	필자	기사제목
1975.09.21	第138号	03頁01段		허울만의民主殿堂누구위한超豪華版独裁의牙城을証明1백35億의血税의눈물
1975.09.21	第138号	03頁01段		解決안됐다、開催는不可自民党議員도14,6%金大中事件과韓日閣僚会議与論調査結果
1975.09.21	第138号	03頁02段		金池河씨停止取消 無期속에서다시裁判받아
1975.09.21	第138号	03頁06段		金芝河씨救出하자世界各国神学者가呼訴
1975.09.21	第138号	03頁07段		閣僚会議를규탄삐라50만장뿌려
1975.09.21	第138号	03頁10段		自転車데모규제 警察이부당간섭
1975.09.21	第138号	03頁11段		閣僚会議에反対日韓連서集会
1975.09.21	第138号	03頁14段		韓国青年商工会第2回月例会開催
1975.09.21	第138号	03頁10段		解雇된東亜記者와学生등25명을起訴
1975.09.21	第138号	04頁01段		한미일의軍事一体化=一連의安保協議会をみて=
1975.09.21	第138号	04頁01段	金晩洙	朴정희政権は第三世界の敵か 非同盟外相会議の韓国
1975.09.21	第138号	04頁09段		일본の名界に送った要請文
1975.09.21	第138号	04頁11段		呼訴文
1975.10.11	第139号	01頁01段		〈主張〉金大中씨의政治裁判中止原状回復을要求한다
1975.10.11	第139号	01頁01段		金玉仙議員南侵의허구성폭로安保는政権延長수단韓国国会一大혼란야기
1975.10.11	第139号	01頁04段		金芝河석방을要求金大中씨등七氏가声明
1975.10.11	第139号	01頁06段		金議員의除名 法司委가전격처리
1975.10.11	第139号	01頁08段		제94회定期国会개회金총재憲法改正을요구
1975.10.11	第139号	01頁12段		새해予算案2兆5百19億원国防費는무려34,3%
1975.10.11	第139号	01頁13段		宣告公判연기 법관기피신청수리하고
1975.10.11	第139号	02頁01段		〈사진기사〉10,2闘争2周年을맞아젊은獅子여다시일어서라!
1975.10.11	第139号	02頁10段		民主回復다짐10,2闘争회고하여
1975.10.11	第139号	02頁11段		甲勤税論議는어디로
1975.10.11	第139号	03頁01段		公判延期는闘争의成果最後勝利가지싸울터
1975.10.11	第139号	03頁04段		金大中씨와国際電話金韓民統国際局長
1975.10.11	第139号	03頁06段		韓青同이自転車데모
1975.10.11	第139号	03頁09段		金씨拉致像 上野美術館에
1975.10.11	第139号	03頁01段		〈日本은또다시노리고있다〉公害의韓国進出을反対韓青同등一周年맞아示威
1975.10.11	第139号	03頁01段		三好陸上幕僚長訪韓韓日軍事関係強化노려
1975.10.11	第139号	03頁08段		日化工은韓国서물러서라公害輸出을中止시키는実行委員会代表・平山陸貞
1975.10.11	第139号	03頁09段		岡崎参事官과간담金大中씨朝鮮호텔서
1975.10.11	第139号	03頁13段		国民団束의強化住民登録・斉更新
1975.10.11	第139号	04頁01段		あらわな売国本質 韓日閣僚会議を糾弾

발행일	호	지면정보	필자	기사제목
1975.10.11	第139号	04頁01段		緊急措置9호철폐시키도록 拘束者家族들이野党에요망
1975.10.11	第139号	04頁03段		社会安全法을改正하라金泳三総代表質問요지
1975.10.11	第139号	04頁06段		韓日관계유지해야 朴大統領시정演説요지
1975.10.11	第139号	04頁12段	佐藤早苗	韓国の暗黒相を暴く①
1975.10.21	第140号	01頁01段		〈主張〉弾圧과分裂로줄달음질維新体制3年間의罪悪相
1975.10.21	第140号	01頁01段		朴政権軍備増強에狂奔最新戦闘機F4E20日하푼미사일12基購入
1975.10.21	第140号	01頁01段		F4E「팬텀」이란
1975.10.21	第140号	01頁04段		板子집強制退去에反対1천住民投石으로抵抗
1975.10.21	第140号	01頁06段		무고한政治犯의呼訴記録映画「告発」制作完成
1975.10.21	第140号	01頁09段		「苦行1974」公演 韓青同 都美術館서
1975.10.21	第140号	02頁01段		「苦行1974」金芝河의作品에依한詩와劇의바라아드
1975.11.01	第141号	01頁01段		〈主張〉日本은「유우엔」에서누구를돕겠다는것인가?
1975.11.01	第141号	01頁01段		南北이치열한角逐戦「유우엔」서韓国문제토의
1975.11.01	第141号	01頁03段		갈수록韓国孤立은深化美日등피나는得票工作
1975.11.01	第141号	01頁07段		国会혼란심각化正常化전망은어두워
1975.11.01	第141号	01頁09段		〈解説〉超팽창새해予算国民은重税에悲鳴
1975.11.01	第141号	01頁12段		金玉仙의원「自退」中央情報部가圧力
1975.11.01	第141号	02頁01段		〈南北代表「유우엔」의演説要旨〉韓国外相유우엔軍司解体亨美軍계속駐屯必要
1975.11.01	第141号	02頁01段		〈南北代表「유우엔」의演説要旨〉北韓代表美軍의철퇴를요구平和위해対美協定希望
1975.11.01	第141号	02頁01段		最高裁가朴一派의上告를기각金執行部全面勝訴反動측内紛치열在美民主韓国促進会발족김광서議長을선출
1975.11.01	第141号	02頁05段		朴道春 韓民統中央委員 作故 10月25日告別式엄수
1975.11.01	第141号	02頁08段		李在永씨父親一周忌추도식엄수朴政権이부고도妨害
1975.11.01	第141号	02頁10段		民団幹部도「간첩」으로「維新体制」침투企図
1975.11.01	第141号	02頁12段		決議文七四声明하루빨리実現하자
1975.11.01	第141号	03頁01段		김옥선사건のてん末 議政壇上の爆弾発言「独裁者」よばわりで修羅場
1975.11.01	第141号	03頁01段		〈対談〉韓国統一は平和安定の基礎 韓民統趙活俊事務総長/日本衆議院小林進議員美世論に大きな変化朴政権テコ入れに反対
1975.11.01	第141号	03頁13段		〈韓国警察の腐敗相〉大密輪にむらがる権力上層部警察署長、検事、税閔長、団体幹部ら143名を拘束、数十億の利得か
1975.11.01	第141号	03頁13段		고바우영감

발행일	호	지면정보	필자	기사제목
1975.11.01	第141号	04頁01段		金大中氏の政治裁判中止を要求する
1975.11.01	第141号	04頁01段	張俊河	民族外交の進むべき道
1975.11.01	第141号	04頁12段	佐藤早苗	韓国の暗黒相を暴く② 崔哲教さんの場合
1975.11.11	第142号	01頁01段		유우엔決議南北쌍방안通過韓国측이完全劣勢国内에「脱유우엔」説撩頭
1975.11.11	第142号	01頁01段		潜行하는韓国内투쟁大学街에범람하는삐라와地下新聞退学한学生5백명을넘어牧師、神父6명구속
1975.11.11	第142号	01頁06段		分断固定化책동단호히분쇄해야한다
1975.11.11	第142号	01頁10段		双方의決議案비교
1975.11.11	第142号	02頁01段		金大中議長을診察五島教授・AA研서報告
1975.11.11	第142号	02頁01段		金大中씨事件을추궁小林의원日本国会서
1975.11.11	第142号	02頁07段		金芝河救援金기탁日・諸団体가韓民統에
1975.11.11	第142号	02頁04段	金君大	韓青創建15周年을맞아 民族前衛隊役割完遂해야
1975.11.11	第142号	02頁01段		〈主張〉「유우엔」決議의変化와韓国問題解決의原点
1975.11.11	第142号	02頁10段		「苦行」公演盛況 11月2日都美術館서
1975.11.11	第142号	03頁01段	佐藤早苗	〈記録映画〉「告発」を見て 怒りと涙の抗議"無実の父を帰して"
1975.11.11	第142号	03頁01段		〈対談〉民族自決の勝利
1975.11.11	第142号	03頁12段		〈韓国の社会相〉区悪犯罪が氾濫
1975.11.11	第142号	04頁01段		日本は国連において誰ろ助けたいと言うのか？
1975.11.11	第142号	04頁01段	鄭敬謨	K君への手紙(33) 石原慎太郎発言を駁す
1975.11.11	第142号	04頁06段	川田三郎	看護婦連行に反対 韓国からの現代版強制連行看護婦導入策動を許さぬ会 代表 川田三郎
1975.11.11	第142号	04頁09段		内鮮一体論
1975.11.11	第142号	04頁11段		言論を死に至らしめるものは権力ではない
1975.11.21	第143号	01頁01段		〈主張〉朴政権의対話의虚構性을폭로한다
1975.11.21	第143号	01頁01段		金大中씨殺害를획책 朴正熙가判決文作成 협박으로裁判長서명받아
1975.11.21	第143号	01頁04段		学生들이法廷闘争혼란으로裁判을中止
1975.11.21	第143号	01頁09段		在日同胞留学生에弾圧加重日本社会에与論비등
1975.11.21	第143号	01頁09段		平和統一위해끝까지싸울터崔哲教씨獄中手記
1975.11.21	第143号	01頁10段		韓青創建15周年記念集会새歷史창조를다짐
1975.11.21	第143号	01頁12段		金池河씨抗訴理由書日韓連連등이発表
1975.11.21	第143号	01頁13段		流言蜚語
1975.11.21	第143号	02頁01段		金池河씨抗訴理由書全文4.3궐기는反独裁、反外勢、反特権의愛国行動
1975.11.21	第143号	02頁01段	金在俊	韓国教会는왜闘争에나섰나韓国의民主化와基督教金在俊(韓民統美国本部議長)博士가論文
1975.11.21	第143号	03頁01段		韓国マスコミのユダ② 鮮于煇の正体を暴く
1975.11.21	第143号	03頁01段		黄法務部長官이妄言 金大中氏処刑計画明るみ 韓国国会で

발행일	호	지면정보	필자	기사제목
1975.11.21	第143号	03頁01段		韓青創建15周年 記念祝賀会盛況
1975.11.21	第143号	03頁06段		映画記録「告発」連日超満員 観衆の目に涙と怒り
1975.11.21	第143号	03頁09段		米穀収買価 清さん費を割る
1975.11.21	第143号	04頁01段		国連決議の変化と韓国問題解決の原点
1975.11.21	第143号	04頁01段	鄭敬謨	K君への手紙(34) 踏みにじる側の〇・三％にじられる側の九九・七％
1975.11.21	第143号	04頁05段	高昌樹	対韓政策を転換せよ 七・四精神の再考を 日本のマスコミ論評
1975.11.21	第143号	04頁06段		乱心の御曹子
1975.12.01	第144号	01頁01段		〈主張〉「学園浸透間諜団事件」의造作陰謀를엄중히抗議한다
1975.12.01	第144号	01頁01段		大法院長에抗議金大中씨書翰発表
1975.12.01	第144号	01頁01段		母国留学生등21명拘束国家전복음모라고=韓民統등強硬한抗議声明=在日同胞치솟는憤激朴政権背族行為에非難集中
1975.12.01	第144号	01頁11段		在日同胞의반향
1975.12.01	第144号	01頁08段		新聞表題까지指定中央情報部의発表文
1975.12.01	第144号	01頁13段		流言蜚語
1975.12.01	第144号	02頁01段		大法院長에게抗議書翰強要된判決文作成制限된司法権마저유린
1975.12.01	第144号	02頁01段		分団固定化를고집朴大統領記者会見談을反駁
1975.12.01	第144号	02頁01段		欺瞞에찬統一原則
1975.12.01	第144号	02頁03段		韓民統등의共同声明母国留学生들의체포와韓民統과의관련을抗議
1975.12.01	第144号	02頁06段		石油類、電力값또引上 인플레加速化에拍車
1975.12.01	第144号	02頁11段		서울、高大生등30여명체포民主・民族統一의삐라살포
1975.12.01	第144号	03頁01段		韓民統ら共同声明 民主闘争に不当弾圧「椎名メモ」強要는 反逆行為
1975.12.01	第144号	03頁01段		金大中氏 大法院長に抗議文 KCIAが判決に不当干渉
1975.12.01	第144号	03頁01段		書翰全文
1975.12.01	第144号	03頁02段		母国留学生ら21名逮捕民主運動の弾圧強化か
1975.12.01	第144号	03頁07段		韓国の社会相 公務員の汚職なお盛ん「庶民刷新」はどこへやら
1975.12.11	第145号	01頁01段		「銃殺、絞首刑이되더라도비굴하게살기보다떳떳하게죽기를원한다」学生들의法廷発言
1975.12.11	第145号	01頁07段		金允植、桂勲悌씨체포大統領을비판하는署名모아
1975.12.11	第145号	01頁12段		言論自由実践을決議韓国記者協、市部支部長会議서
1975.12.11	第145号	01頁01段		危機에直面한統社党金哲씨등을不当投獄党幹部의拘束된事実発表에公訴状内容첨부한것이問題統社党事件전말
1975.12.11	第145号	01頁06段		文世光事件에대한 酒席私談을犯罪로造作
1975.12.11	第145号	01頁11段		外部接触을禁止

발행일	호	지면정보	필자	기사제목
1975.12.11	第145号	02頁01段		ソウル学生闘争のビラ　民主・民族・統一の旗を高く揚げよう！
1975.12.11	第145号	02頁01段		映画「告発」に大反響　日本全国で続々上映中
1975.12.11	第145号	02頁01段		韓国大学街にビラ　届することなく闘争展開
1975.12.11	第145号	02頁02段		2조362億ウォン　韓国の新年度予算成立
1975.12.11	第145号	02頁05段		独立の老闘士がどん底生活　孫の行商で延命　九九才の金永端翁の生涯
1976.01.01	第146号	01頁01段		〈새해를맞이하여反独裁民主투쟁에커다란勝利를이룩할것을삼가축원합니다〉自由와正義義기치높이民主와統一을이룩하자金載華韓民統議長代行新年辞
1976.01.01	第146号	01頁10段		合心合力하는해민団自主守護委代表梁相基/救国隊列을強化金大中教対委員長鄭在俊/決定的勝利의해民統協首席議長裵東湖
1976.01.01	第146号	02頁01段		金大中씨判決에대한声明合法的인殺害企図韓民統등의共同声明文
1976.01.01	第146号	02頁01段		金大中씨의実刑判決을厳重규탄容赦못할政治報復韓民統과日韓連이記者会見서声明
1976.01.01	第146号	02頁01段		禁錮1年의実刑을宣告
1976.01.01	第146号	02頁06段		金大中씨声明
1976.01.01	第146号	02頁08段		金鍾泌内閣辞退朴政権의内部알력?
1976.01.01	第146号	02頁08段		対韓軍援中止法案美下院議員들이提出
1976.01.01	第146号	02頁12段		136개議案을処理韓国侍女国会開幕
1976.01.01	第146号	02頁12段		金씨裁判에대한日本의新聞社説毎日新聞　東京新聞
1976.01.01	第146号	03頁01段		金大中氏判決に各界声明　合法的な報復陰謀　韓民統らの声明文
1976.01.01	第146号	03頁01段		金大中氏に実刑　前裁判長の判決文を朗読
1976.01.01	第146号	03頁01段		金大中氏の判決は不当　韓民統・日韓連ら声明
1976.01.01	第146号	03頁03段		朴政権を糾弾　報道関係者ら参集
1976.01.01	第146号	03頁04段		KCIAに犯された母国留学生が実態暴露
1976.01.01	第146号	03頁08段	李佐永	「告発」に同行して
1976.01.01	第146号	03頁08段		権末子さんの手記要旨　母国留学生を利用　スパイ事件をダッチあげ
1976.01.01	第146号	04頁01段	青地晨	〈一九七六年の新春に思う〉　運動の反省と再出発
1976.01.01	第146号	04頁05段	倉塚平	〈一九七六年の新春に思う〉　強圧が運動を拡大
1976.01.01	第146号	04頁09段		民団東本新年会
1976.01.01	第146号	04頁01段		〈新春対談〉三木首相　対韓政策の変更防ぐ　フォード米大統領　逆行とも連関性ある
1976.01.01	第146号	04頁11段	鄭敬謨	K君への手紙(36)　転換を迫られる米対韓政策　韓国経済危機の報道との関連
1976.01.01	第146号	05頁01段		権末子嬢의手記要旨앞잡이될것을強要다시오라는편지까지
1976.01.01	第146号	05頁01段		情報部員拷問후強姦母国留学生事件조작과관련当事者가記者会見

발행일	호	지면정보	필자	기사제목
1976.01.01	第146号	05頁06段		統社党員을救하자日本社会党서記者会見
1976.01.01	第146号	05頁09段		韓日条約逆転시키자日本著名人士가를討論会
1976.01.01	第146号	05頁12段		金池河氏詩集「不帰」韓国語로出版
1976.01.01	第146号	05頁01段		記録映画 告発 日本各地서大선풍大阪中之島公会党 2천5백명참가
1976.01.01	第146号	05頁09段		宇都宮徳馬氏特別講演도 東京大田区民会館서
1976.01.01	第146号	05頁12段		名古屋서1천5백명橫浜서도1천여명이
1976.01.01	第146号	06頁01段		1975反独裁民主闘争日誌 韓民統投쟁韓国内투쟁韓国同투쟁
1976.01.11	第147号	01頁01段		〈主張〉分断低下의意図를폭로=朴통령의新年誌辞를규탄한다=
1976.01.11	第147号	01頁01段		〈民主主義는無用之物인가〉韓国에自由는不必要 朴正熙대통령外国記者에妄発
1976.01.11	第147号	01頁01段		〈民主主義는無用之物인가〉至上의国家目的 制限될수없는民権
1976.01.11	第147号	01頁05段		韓国経済破産直前 未払負債額59億弗 美国際政策研究所報告
1976.01.11	第147号	01頁05段		流言蜚語
1976.01.11	第147号	02頁01段		새해를 축하합니다
1976.01.11	第147号	02頁01段		言論自由의烽火 껄수없다李富栄씨등에実刑 起訴内容을고쳐가면서
1976.01.11	第147号	02頁06段		東亜闘委는健在 権英子委員長의送年辞
1976.01.11	第147号	02頁06段		自給自足을原則 収入의10%를自進拠金
1976.01.11	第147号	03頁01段		明洞学生事件의真相 闘争탄압의予備策 中央情報部가完全날조
1976.01.11	第147号	03頁08段		在独韓人労働者聯盟 解雇反対闘争승리
1976.01.11	第147号	03頁09段		民団東本新年会 2백여명이참가盛況
1976.01.11	第147号	03頁11段	梁判山	韓民統에뭉치자東京·中野
1976.01.11	第147号	03頁14段		宣言文
1976.01.11	第147号	04頁01段	鄭敬謨	K君への手紙(37) 愚かなる土よ紛壁の文字を解読せよ
1976.01.11	第147号	04頁01段		民主と統一をなしとげよう 自由と正義の旗を高く揚げて 金載華韓民統議長代行新年辞
1976.01.11	第147号	04頁04段		在独同胞不当解雇に抗議 駐独KCIAが介入策動
1976.01.11	第147号	04頁10段		在独韓人労働連盟の宣言文
1976.02.01	第148号	01頁01段		独裁打倒隊列정비하자金載華議長代行開会인사(김재희의장대행)
1976.02.01	第148号	01頁04段		뭉쳐서싸우면이긴다 정재준副議長開会인사(정재준부의장)
1976.02.01	第148号	01頁04段		愛国心으로財政確保 趙盛済財政委員토론(조성재재정위원장)
1976.02.01	第148号	01頁01段		韓民統제3回中央委員会를개최反独裁투쟁에総力結集 各委員들熱烈한토론展開 제1日

발행일	호	지면정보	필자	기사제목
1976.02.01	第148号	01頁05段		75年대투쟁報告 趙活俊事務総長
1976.02.01	第148号	01頁08段		内外情勢와当面任務 裵東湖常任顧問이報告 第2日째
1976.02.01	第148号	01頁08段		決議文
1976.02.01	第148号	01頁10段		国民수탈激甚
1976.02.01	第148号	01頁12段		拘束者즉시석방 満場一致로決議文채택
1976.02.01	第148号	01頁12段		流言蜚語
1976.02.01	第148号	02頁01段		韓民統제3회中委活動과情勢報国 当面한情勢와우리의課題 韓民統常顧問 裵東湖
1976.02.01	第148号	03頁01段		75年度活動報告(2面에서)
1976.02.01	第148号	03頁09段		金達男氏에死刑 金栄作시징역10年
1976.02.01	第148号	03頁13段		尹秀吉氏의上訴棄却 日政, 追放政策을露骨化
1976.02.01	第148号	03頁14段		東京中野文化센터"告発"上映盛況 日本各地서계속예정
1976.02.01	第148号	03頁15段		韓青同 成人式
1976.02.01	第148号	04頁01段	鄭敬謨	K君への手紙(38) 屈強な体の奴隷になるな
1976.02.01	第148号	04頁01段		暴君朴正煕に経済援助止めよ! 米上院外交委員会でシノット神父が怒りの証言
1976.02.01	第148号	04頁11段		日本化学蔚山工場の操業を反対 日本著名人士ら声明発表
1976.02.21	第149号	01頁01段		〈主張〉白日下에드러난韓日癒着朴政権의不正本質을규탄한다=특히이드社의国際政商事件과関聯하여=
1976.02.21	第149号	01頁01段		自由世界뒤흔드록히이다朴政権에波及은必至 大韓航空과関聯추궁日本衆院
1976.02.21	第149号	01頁01段		日政局大混乱
1976.02.21	第149号	01頁09段		流言蜚語
1976.02.21	第149号	02頁01段		걸프에서또20만달러朴政権스위스銀行으로送金要求
1976.02.21	第149号	02頁01段		韓美日間의검은 癒着 朴正煕、金鍾泌一児玉、小佐野、田中一코치엔 大韓航空에販売工作 成立時에10億円의報酬
1976.02.21	第149号	02頁07段		小佐野는제2人者 KAL株9.9%를所有
1976.02.21	第149号	02頁09段		韓日条約에暗躍 児玉에修交勲章授与
1976.02.21	第149号	02頁08段		大韓航空社는
1976.02.21	第149号	03頁01段		〈聖職者가民主宣言〉民主·民生一致를誓う 韓国の新旧キリスト合同祈祷会
1976.02.21	第149号	03頁01段		〈聖職者가民主宣言〉「総和」は抑圧の手段 聖書を不穏視するな
1976.02.21	第149号	03頁06段		スパイ事件捏造中 在日留学生とも結びつけ
1976.02.21	第149号	03頁01段	鄭敬謨	K君への手紙(38) 米日韓の怖しい癒着 朴正煕は児玉等壮士의孫分
1976.02.21	第149号	03頁10段		独裁止揚는民族の正道 新·旧キリスト聖職者宣言文

발행일	호	지면정보	필자	기사제목
1976.02.21	第149号	03頁11段		윤씨判決은 誤り 宮崎繁樹教授
1976.02.21	第149号	04頁01段	趙活俊	一九七五年度活動報告 韓民統事務総長 趙活俊
1976.02.21	第149号	04頁01段	裵東湖	当面の情勢と新年度活動方針 韓民統常任顧問 裵東湖
1976.02.21	第149号	05頁01段		「告発」계속上映うんどう 各地方에서盛大히進行
1976.02.21	第149号	05頁01段		〈民族統一앞당기자〉젊은힘의団結다짐韓青冬季講習会大盛況
1976.02.21	第149号	05頁03段		陳斗鉉死刑確定 大法院서上告棄却
1976.02.21	第149号	05頁06段		崔·陳씨의救命 日衆院予算서要請
1976.02.21	第149号	05頁07段		韓国에公害輸出反対 韓·日各団体들이抗議示威
1976.02.21	第149号	05頁12段		維政議員을指名 23名을新規추천
1976.02.21	第149号	05頁13段		김지하씨救出 西独에서署名運動
1976.02.21	第149号	06頁01段		民主·民生宣言全文 民族尊厳과和解精神이祖国統一의基本原則
1976.02.21	第149号	06頁01段		民主·民生一致宣言発表 国内에서発表못해日本基督者들이記者会見 間諜団造作을陰謀 機関員악랄한手段으로狂奔
1976.02.21	第149号	06頁10段		無償軍援을終結 美国、朴政権에대해
1976.03.01	第150号	01頁01段		解放되었다는幻想을버리자=第57回3.1節즈음하여=
1976.03.01	第150号	01頁06段		3.1절제57周年 在日同胞大会盛況 3.1精神이어받아民族団合이룩하자
1976.03.01	第150号	01頁08段		金池河씨釈放하라 69명이共同声明발표
1976.03.01	第150号	01頁09段		金哲씨3年징역統社党幹部에実刑宣言
1976.03.01	第150号	01頁11段		젊은피의団結을韓青 本国青年에呼訴文
1976.03.01	第150号	01頁12段		3.1절 第57주년 決議文
1976.03.01	第150号	02頁01段		日本右翼의復活은美国의極東政策이原因 처어치委員長에게公開書翰
1976.03.01	第150号	02頁01段		金池河어머니의呼訴 "헌옷만껴안고 가족은울기만해요"
1976.03.01	第150号	02頁06段		聖書도못읽는自由 釈放要求성명全文
1976.03.15	第151号	01頁01段		〈尹潽善、金大中씨등12명《民主救国宣言》発表〉朴政権退陣하라!民主主義만세! 緊急措置철폐拘束人士석방을要求
1976.03.15	第151号	01頁05段		金大中先生拘束 神父、牧師、愛学教授등11명도
1976.03.15	第151号	01頁09段		韓国民의正当한意思 韓民統、支持성명発表
1976.03.15	第151号	01頁13段		背族의本質폭로 金大中씨 등 拘束에在日民主세력共同声明
1976.03.15	第151号	01頁01段		〈主張〉「民主救国宣言」을支持하고그의実現을위해 적극투쟁하자 金大中씨등拘束된 愛国人士를즉각석방하라
1976.03.15	第151号	02頁01段		民主救国宣言 全文 朴政権의退陣要求宣言
1976.03.15	第151号	02頁01段		〈救国宣言을支持 国内外의투쟁활발〉18日에集会와데모 街頭宣伝、삐라撒布등 韓民統多様한투쟁을計画

발행일	호	지면정보	필자	기사제목
1976.03.15	第151号	02頁01段		〈救国宣言을支持 国内外의투쟁활발〉本国学生들투쟁各大学에서「宣言」要旨
1976.03.15	第151号	02頁01段		咸錫憲、鄭一亨氏連行 孔徳貴(尹潽善氏夫人)李姫鎬(金大中氏夫人)李兌栄(鄭一亨氏夫人)씨도
1976.03.15	第151号	02頁10段		救国宣言지지韓民統声明文
1976.03.15	第151号	02頁10段		拘束者家族会結成
1976.03.15	第151号	02頁11段		"栄光으로생각"金大中氏夫人의発言
1976.03.15	第151号	03頁01段		日本警察과KCIA가密議 神奈川民団屋舎를暴力占拠 朴成準一派의蛮行
1976.03.15	第151号	03頁06段		執行官의公務妨害 警察은수수방관만
1976.03.15	第151号	03頁10段		宿直員을乱打 50여명이作党으로
1976.03.15	第151号	03頁11段		最高裁에서判決「朴一派는権利없다」
1976.03.15	第151号	03頁13段		日本市民들警察에抗議
1976.03.15	第151号	04頁01段		朴政権의退陣要求「民主救国宣言」을発表 積極支持를表明 韓民統ら共同声明
1976.03.15	第151号	04頁01段		民主救国宣言
1976.03.15	第151号	04頁07段		金大中氏ら를拘束 救国宣言発表를理由
1976.03.15	第151号	04頁08段		韓民統声明文
1976.03.15	第151号	04頁09段		スイス銀行に送金을朴政権ゴルフに要求
1976.03.15	第151号	04頁07段	鄭敬謨	K君への手紙(40) なぜ日本化学は韓国に利潤獲得のからくり
1976.03.21	第152号	01頁01段		〈「民主救国宣言」国内外에서熱띤투쟁展開〉朴政権물러가라! 在日韓国人들民衆大会와街頭示威 韓民統등의主催로
1976.03.21	第152号	01頁01段		〈「民主救国宣言」国内外에서熱띤투쟁展開〉朴政権물러가라! 在美同胞들투쟁美国務省앞에서示威
1976.03.21	第152号	01頁06段		韓国人의切実한念願 서울·2천여명이기도회
1976.03.21	第152号	01頁09段		3·1精神의継承 韓国기독교協議에서支持声明発表
1976.03.21	第152号	01頁10段		愛国의発露카톨릭主教団 기도회서声明
1976.03.21	第152号	01頁13段		即時釈放을要求함구속자가족회
1976.03.21	第152号	01頁14段		日本기독교도들이声明
1976.03.21	第152号	02頁01段	金載華	民主救国宣言을実現하여朴独裁政権을打倒하자
1976.03.21	第152号	02頁11段		緊急措置令 資料
1976.03.21	第152号	03頁01段		緊急措置의악랄성有史以来의최악법民主회복과統一억눌러놓았다
1976.03.21	第152号	03頁06段		民主救国宣言을熱烈히支持한다東京에歓呼声충천在日同胞들의데모行進
1976.03.21	第152号	03頁06段		日本国民들의支援 金大中氏등의拘束에抗議 日韓連에서連帯集会
1976.03.21	第152号	03頁11段		日本·新旧기독교声明
1976.03.21	第152号	03頁12段		〈民衆救国宣言과不当拘束에대한国際与論〉朝日新聞(3.3社説要旨)/読売新聞(3.10社説要旨)/日本経済(3.12社説要旨)/워싱톤포스트(3.1社説 要旨)

발행일	호	지면정보	필자	기사제목
1976.03.21	第152号	04頁01段		民主救国宣言を積極的に支持する
1976.03.21	第152号	04頁01段		〈民主救国宣言 支持の闘争拡大〉熱気もえる場内 官民統主催の大会盛況
1976.03.21	第152号	04頁01段		〈民主救国宣言 支持の闘争拡大〉金大中氏らに重刑企図 朴正熙が本当に厳命
1976.03.21	第152号	04頁06段	鄭敬謨	K君への手紙(41) 韓国人の渇望と悲嘆に無理解 田中明著「ソウル実感録」
1976.03.21	第152号	04頁09段		決議文
1976.03.21	第152号	04頁09段		東京市内をデモ 大会参加の韓国人
1976.03.21	第152号	04頁15段		朴政権が外国 言論拘束図る
1976.04.01	第153号	01頁01段		韓国国会서論議 憂国충정의表示 拘束人士즉시석방要求(新民)
1976.04.01	第153号	01頁07段		釈放決議案提出 弁護団10명구성
1976.04.01	第153号	01頁01段		金大中씨등不当起訴 国民의분격을激発 韓民統議長代行 엄중抗議의談話
1976.04.01	第153号	01頁05段		金在権이犯人 美国務省w 前韓国部長 下院에서証言 金大中씨拉致事件
1976.04.01	第153号	01頁08段		朴政権에援助中断하라 美議員80여명이署名
1976.04.01	第153号	01頁11段		流言蜚語
1976.04.01	第153号	02頁01段		東亜투쟁의日誌 朝鮮투쟁의日誌
1976.04.01	第153号	02頁01段		〈東亜朝鮮自由言論의새決意 現場에서追放된한돓〉光化門거리서示威 1年間의투쟁歷史뿌리며東亜투위
1976.04.01	第153号	02頁01段		〈東亜朝鮮自由言論의새決意 現場에서追放된한돓〉記憶도생생 74.10.24自由言論実践宣言
1976.04.01	第153号	02頁07段	鄭泰基	自由守護는天職
1976.04.01	第153号	02頁07段		歷史의重力을 우리는믿는다
1976.04.01	第153号	02頁11段	権英子	흔들림없는바위처럼
1976.04.11	第154号	01頁01段		朴政権에援助中断하라 포오드大統領에게要求 케네디듬백19명美議員
1976.04.11	第154号	01頁01段		록히이드-金大中事件의黒幕 金大中事件의政治妥結 3億円으로4月8日韓日講演会에서暴露 日比谷公会堂
1976.04.11	第154号	01頁04段		朴政権을규탄韓青員삐라살포
1976.04.11	第154号	01頁05段		独裁支援中止하라 在美同胞가示威활동
1976.04.11	第154号	01頁06段		在日同胞学生들裁判 白玉光등에重刑策動
1976.04.11	第154号	01頁08段		4.19계승을다짐金元重君 法廷에서抗辯
1976.04.11	第154号	01頁09段		母国学生마구체포朴政権의포악우실
1976.04.11	第154号	01頁08段		趙誠宇등에実刑 明洞学生事件関連者들
1976.04.11	第154号	01頁08段		朴政権에抗議書 端典宗教団体에서
1976.04.11	第154号	01頁11段		白玉光구원회代表에川端章弘씨
1976.04.11	第154号	01頁13段		権末子를지키는会를結成 代表에委栄美씨

발행일	호	지면정보	필자	기사제목
1976.04.11	第154号	02頁01段		金寿煥枢機卿講論 民主救国宣言 순교의정신으로実践한愛国的行動
1976.04.11	第154号	02頁01段		主謀는金在権前駐日公使 金大中씨拉致事件 美国務省前韓国部長레이아나드씨証言要旨
1976.04.11	第154号	02頁07段	김순태	성실한사람들
1976.04.11	第154号	02頁13段		韓国基督教協議会声明文 民主救国宣言은3.1정신의계승
1976.04.11	第154号	03頁01段	青地晨	〈4.8韓日講演会에서한講演要旨〉金大中씨의原状回復이当然
1976.04.11	第154号	03頁03段	安宅常彦	〈4.8韓日講演会에서한講演要旨〉록히이드問題는美日韓의一体化폭로
1976.04.11	第154号	03頁06段	市川房枝	〈4.8韓日講演会에서한講演要旨〉対韓政策의提正時急
1976.04.11	第154号	03頁07段	小田実	〈4.8韓日講演会에서한講演要旨〉民衆의共同投争緊要
1976.04.11	第154号	03頁01段	鄭在俊	〈4.8韓日講演会에서한講演要旨〉金大中씨生命危脅
1976.04.11	第154号	03頁03段	山川暁天	〈4.8韓日講演会에서한講演要旨〉日韓関係의構造的汚職
1976.04.11	第154号	03頁05段	鄭敬謨	〈4.8韓日講演会에서한講演要旨〉金大中씨事件 三億円에妥結
1976.04.11	第154号	03頁10段	金君夫	〈4.8韓日講演会에서한講演要旨〉民主救国宣言은時代의要求
1976.04.11	第154号	04頁01段	金載華	民主救国宣言을実現하고朴独裁政権을打倒하자
1976.04.11	第154号	04頁03段		金大中氏拉致犯人은韓国中央情報部다 金在権은主謀者 米国内의活動에渓谷레이나드前韓国部長 米議会에서証言
1976.04.21	第155号	01頁01段		〈主張〉4.19의高貴한理念을実現키위해굳세게투쟁하자=4.19재16주년을맞이하여=
1976.04.21	第155号	01頁01段		4.19革命을完遂하자民主救国의決意높이独裁打倒에앞장서자4.1916주년青年궐기大会
1976.04.21	第155号	01頁06段		4.19墓地서乱闘 情報員 参拝者에暴行
1976.04.21	第155号	01頁09段		朴独裁는退陣하라 韓青同示威行進
1976.04.21	第155号	01頁10段		4.19에連帯다짐日本人들記念集会
1976.04.21	第155号	01頁11段		祖国에바친젊음金相真 君割腹自殺한돌을맞아
1976.04.21	第155号	01頁10段		大会宣言文 要請文
1976.04.21	第155号	01頁14段		流言蜚語
1976.04.21	第155号	02頁01段		独裁牙城을 向하여
1976.04.21	第155号	02頁10段		四月 民主 各名 日誌
1976.04.21	第155号	03頁01段		神奈川民団会館 탈환투쟁勝利만세正義는必勝 不敗다=深刻한孤立에떠는朴成準一派=意気충천한民主民団
1976.04.21	第155号	03頁06段		奪還祝賀의모임19日神奈川民団会館에서
1976.04.21	第155号	03頁09段		同胞들의목소리 良識的인同胞와日本市民에感謝

발행일	호	지면정보	필자	기사제목
1976.04.21	第155号	03頁01段		崔·陳氏死刑沮止 緊急全国集会盛況 「告発」계속上映
1976.04.21	第155号	03頁08段		韓民統中央委員 安德遠씨永眠 6日自宅에서永訣式
1976.04.21	第155号	03頁12段		日本에軍事請願 李참모총장防衛長官과要談
1976.04.21	第155号	03頁12段		KCIA를追放하자神奈川県日人団体 集会와데모
1976.04.21	第155号	03頁13段		情報部앞잡이確認 御用民団中央大会
1976.04.21	第155号	04頁01段		日本のマスコミ時評 民主救国宣言と日本民主主義の行方
1976.04.21	第155号	04頁01段		3.15祈祷会の接教要旨 国民の愛国的権利 韓国カトリック枢機卿金寿煥
1976.04.21	第155号	04頁11段		民主救国宣言に共感 末川博氏ら京都文化人声明と要請文 対韓政策の再検討 日本政府に要請
1976.05.01	第156号	01頁01段		国内闘争에合勢 在美同胞들各地서궐기 유우엔本部앞에서데모
1976.05.01	第156号	01頁07段		鮮干学源씨会長에
1976.05.01	第156号	01頁04段		白玉光·金五子에死刑 在日留学生事件重刑을宣言
1976.05.01	第156号	01頁07段		抗議의断食闘争 白君救援会
1976.05.01	第156号	01頁01段		駐韓美軍日安保에無関 프레이저議員 上院에서証言 反朴気運急高 美国朝野의世論動向
1976.05.01	第156号	01頁09段		白玉光씨에 알리바이
1976.05.01	第156号	01頁10段		金達男씨에 死刑確定 大法院에서
1976.05.01	第156号	01頁10段		政治犯家族協議会声明
1976.05.01	第156号	02頁01段	裵東湖	프레이저証言을읽고韓民統常任顧問 裵東湖 韓民統一은平和定着의基礎 美의対韓政策是正은緊要
1976.05.01	第156号	02頁01段		4.8프레이저議員의証言要旨 美軍駐留는不必要 韓国에戦争危機없다
1976.05.01	第156号	02頁10段		〈韓民統등프議員에게편지〉韓民統日本本部/民団東京本部/民団自主委/民団神奈川本部/大韓不人会東京本部/民統協/韓青中央
1976.05.11	第157号	01頁01段		〈主張〉民主救国宣言事件의不当한公判을糾弾한다
1976.05.11	第157号	01頁01段		民主救国宣言事件첫公判 審判公開強力히要求 被告와弁護団不屈의闘争 "絶対로지지않겠다" 金大中氏発言
1976.05.11	第157号	01頁05段		家族들抗議投争 검은十字架로입막아야
1976.05.11	第157号	01頁07段		"非法裁判中止하라"韓民統등断食闘争에突入
1976.05.11	第157号	01頁09段		歴史의審判못한다 朴大統領에게抗議電報
1976.05.11	第157号	01頁09段		"駐韓軍撤退하겠다"카아터美大統領候補가主張
1976.05.11	第157号	01頁12段		釈放要求기도회 明洞聖堂과기독회관서
1976.05.11	第157号	01頁13段		金大中氏健康開悪化
1976.05.11	第157号	01頁13段		流言蜚語
1976.05.11	第157号	02頁01段		委承晩의 殺害計画 朴正熙도알고있었다?前CIA美将校가真相을告白

발행일	호	지면정보	필자	기사제목
1976.05.11	第157号	02頁04段		庶政刷新의空念仏 高官끼인数億의노름판
1976.05.11	第157号	02頁01段	金恩沢	進行하는対韓侵略(上) 日本은이미軍事大国
1976.05.11	第157号	02頁08段		断食闘争団의発表文書
1976.05.11	第157号	02頁11段		7日間철야로闘争
1976.05.11	第157号	03頁01段		民団会館탈환成功 集会와祝賀宴盛大 民団神奈川 KCIA의民団분쟁事件介入에日本外務省이韓国大使館에警告 田英夫議員参議院서따져
1976.05.11	第157号	03頁01段		비바람도굳센鬪志꺾지는못해 분노치솟는15명(女性4명)의断食闘争団 日本国民들도激励 8만3천여장의삐라살포
1976.05.11	第157号	03頁08段	金仁石	奇稿文 会館탈환鬪争에참가하여
1976.05.11	第157号	03頁08段		수백명同胞와青年 街頭演説과署名活動
1976.05.11	第157号	03頁10段		金大中氏原状회복日本国会에要請
1976.05.11	第157号	03頁10段		金大中氏健康우려 李姫鎬女史가保釈申請
1976.05.11	第157号	03頁11段		趙事務총장이講演 中野区議員을会合
1976.05.11	第157号	03頁13段		民団中央幹部들乱闘 피투성이로入院
1976.05.11	第157号	03頁13段		署名한日本人士 民主団体代表들演説
1976.05.11	第157号	04頁01段		民主救国宣言を支持し四・一九理念を実現しよう=四月革命十六周年に際し
1976.05.11	第157号	04頁01段		救国宣言裁判に講義 韓民統幹部ラハンスト突入 金大中氏の原状回復 日本政府に要請
1976.05.11	第157号	04頁01段		断食闘争宣言
1976.05.11	第157号	04頁04段		KCIA教祖は旧日本軍 ヘンダーソン教授 米議会で証言
1976.05.21	第158号	01頁01段		〈主張〉누구와무엇을어떻게対話를하자는것인가=朴東鎮外相의声明을읽고=
1976.05.21	第158号	01頁01段		〈金大中氏黙秘로抗拒 民主救国宣言事件第2回公判〉「国民과政府의戦争같다」"내말을통곡으로들어라"被告人들法廷에서果敢한発言
1976.05.21	第158号	01頁01段		〈金大中氏黙秘로抗拒 民主救国宣言事件第2回公判〉宣言文閲覧도禁止
1976.05.21	第158号	01頁01段		〈金大中氏黙秘로抗拒 民主救国宣言事件第2回公判〉家族들一時連行 傍聴券불태위講義
1976.05.21	第158号	01頁07段		外勢에매달린奇生虫 金芝河氏第2回公判朴政権을신랄히규탄
1976.05.21	第158号	01頁08段		大使館에厳重抗議 韓民統 규탄삐라도살포
1976.05.21	第158号	01頁11段		朴政権의裁判을注視하라맥거빙議員美政府에要求
1976.05.21	第158号	01頁12段		韓国의核撤去하라梁一東党首、関係国에書翰
1976.05.21	第158号	01頁13段		釈放을要求기도회모임
1976.05.21	第158号	01頁13段		北海道서日人断食
1976.05.21	第158号	01頁14段		流言蜚語
1976.05.21	第158号	02頁01段	蒋芝園	〈随筆〉우리는 왜 슬픈가!

발행일	호	지면정보	필자	기사제목
1976.05.21	第158号	02頁04段	金恩沢	進行하는対韓侵略(中) 韓日条約은美·日의共通利益
1976.05.21	第158号	02頁01段		〈檢事와의問答要旨〉윤보선씨緊急措置는全国民을罪人視하는것 金大中씨民主教国宣言文의 内容을밝히라 金芝河씨法廷問答要旨
1976.05.21	第158号	02頁11段		美下院外交委에서의証言要旨 3月17日 美国은KCIA의天国 金雲夏씨〈新韓民報社長〉暴露
1976.05.21	第158号	03頁01段		괄시받는母国留学生 死刑책동에僑胞社会혼한必至「留学生事件」求刑公判 李哲군에死刑 李東石군에10年、高宗憲군에7年
1976.05.21	第158号	03頁01段		徐勝兄弟 獄中에서벌써5年 救하는会등39名教援을호소
1976.05.21	第158号	03頁06段		金哲顕君에死刑宣告 一審끝나死刑은모두3名 学園浸透問題事件
1976.05.21	第158号	03頁07段		蔚山工場操業을強行 日·市民団体29日에全国集会열기로日本化学
1976.05.21	第158号	03頁06段		救国宣言支持街頭데모 在美僑胞、뉴우욕서
1976.05.21	第158号	03頁08段		留学生救命운동在北欧同胞들이
1976.05.21	第158号	03頁11段		카아터이기면朴政權崩壊
1976.05.21	第158号	04頁01段	裵東湖	프레이저証言을支持하는 韓国의統一은平和安定의基礎 米国의対韓政策은正은緊要
1976.05.21	第158号	04頁01段		〈対談〉鄭敬謨(本紙主筆)/田英夫(参議院議員)
1976.06.01	第159号	01頁01段		〈主張〉国民의信頼를回復키위해싸우는党으로脱皮해야한다=新民党의分烈事態収拾을위해=
1976.06.01	第159号	01頁01段		"政府를退陳시킬権利있다"李永文씨"文字그대로救国行為다"咸錫憲씨 傍聴席에서우렁찬拍手「救国宣言」公開하라
1976.06.01	第159号	01頁07段		"公開재판、自由롭게"家族들이조용한데모
1976.06.01	第159号	01頁09段		新民党드디어分裂 双方에서당職者選出
1976.06.01	第159号	01頁11段		核使用변경없다럽스펠드美国防長官談 韓美安保協議会끝남
1976.06.01	第159号	01頁14段		流言蜚語
1976.06.01	第159号	02頁01段	金恩沢	進行하는対韓侵略(下) 日本을警戒하는韓国民
1976.06.01	第159号	02頁01段		諷刺詩 十字架研究재판朴政権을신랄히批判 作者와韓聯者에実刑求刑
1976.06.01	第159号	02頁01段		金哲씨징역5年 控訴審에서求刑
1976.06.01	第159号	02頁04段		金哲君死刑宣告 東京에서救援講義투쟁
1976.06.01	第159号	02頁06段		韓国의統一을적극協力 田英夫씨등이「支持하는会」準備
1976.06.01	第159号	02頁08段		22日에党舍를占拠暴力行為로一部拘束 新民党事件
1976.06.01	第159号	02頁10段		의혹에찬朴永復釈放 74억원不正貸出犯人
1976.06.01	第159号	02頁08段		朴의탄압을非難 엠네스티国際本部 事務総長이
1976.06.01	第159号	02頁12段		朴東鎮外相来日 大陸棚協定批准 韓日閣僚会議등協議

발행일	호	지면정보	필자	기사제목
1976.06.01	第159号	02頁13段		文鮮明의正体暴露 뉴욕타임즈紙
1976.06.01	第159号	02頁15段		公害輸出反対集会富山化学対韓進出中止하라
1976.06.11	第160号	01頁01段		〈主張〉힘의対決을主張하는朴대통령의発言을규탄한다=산께이新聞의報道를읽고=
1976.06.11	第160号	01頁01段		"韓日関係와韓国統一問題"韓民統、日韓連이심포지움共同声明4周年記念 7月4日午後1時 東京·共済会館에서
1976.06.11	第160号	01頁01段		"現体制는独裁다"民主救国宣言事件「被告人」들主張 제4回公判
1976.06.11	第160号	01頁07段		維新体制철폐하라 尹潽善씨주장
1976.06.11	第160号	01頁10段		"民主人士석방하라"家族들양산에표어써들고法廷周辺과中心街로데모
1976.06.11	第160号	01頁11段		朴大統領「힘의基本」을強調 日·산께이新聞과의会見에서
1976.06.11	第160号	01頁12段		対韓援助4억불 美下院歳出委채택
1976.06.11	第160号	01頁09段		駐韓美軍5年内에철수카아터美大統領후보가主張
1976.06.11	第160号	01頁10段		韓国美術5천년展 8日부터東京国立博物館에서
1976.06.11	第160号	01頁14段		流言蜚語
1976.06.11	第160号	02頁01段		韓国의核撤去하라民主統一党首 梁一東 分断固定化는絶対反対 統一을위한民間対話必要
1976.06.11	第160号	02頁01段		尹潽善씨의法廷発言要旨
1976.06.11	第160号	02頁06段		経済援助를哀乞 南長官 欧米各国에서
1976.06.11	第160号	02頁08段	塩谷一夫	〈論壇〉対韓政策을是正하라
1976.06.11	第160号	02頁09段		農地荒廃化경향「近代化」의悪影響
1976.06.11	第160号	02頁12段		〈資料〉韓国基督教会協議会(KNCC)와3.1拘束事件対策委員会는共同으로지난5月27日 朴大統領과「民主救国宣言事件」公判의公開와非人道의조치의개선을要求하여公開書한을보낸바있으나다음은그때발표한声明書 全文이다.
1976.06.11	第160号	03頁01段		"委哲君동생도拷問당했다"叔父가救援集会서밝혀 YMCA会館
1976.06.11	第160号	03頁01段		学生들의思想調査 大使館民団中央 各大学에依頼 日韓連이폭로
1976.06.11	第160号	03頁04段		統一教가内部分裂? 기도会乱鬪로修羅場化
1976.06.11	第160号	03頁05段		前駐日公使金在権은「黒色팀」의頭目 W·포스트紙
1976.06.11	第160号	03頁06段		救国裁判反対集会 日韓連連、清水谷公園서
1976.06.11	第160号	03頁08段		「御殿場宣言」을採択 国際앰네스티가人権을위해
1976.06.11	第160号	03頁08段		金哲씨징역2年 李栄実씨、金貞吉씨、姜光錫씨는1年6月 控訴審宣告公判
1976.06.11	第160号	03頁10段		金明植씨징역5年
1976.06.11	第160号	03頁08段		〈投稿〉公務員에호소한다西独·본에서金順태
1976.06.11	第160号	03頁12段		韓青全国배구大会 우승兵庫、2·3位大阪

발행일	호	지면정보	필자	기사제목
1976.06.11	第160号	03頁13段		李宮栄씨징역2年6月「青友会」事件·控訴審 서울高法
1976.06.11	第160号	04頁01段		国民의信頼回復을目으闘う党에脱皮せよ=新民党의分裂収拾을願う=
1976.06.11	第160号	04頁01段		五賊의実態 竜仁自然公園의内幕(上) 目もあざやかな花の御殿
1976.06.11	第160号	04頁09段		近代化に泣く国民ー低賃金の実態ー
1976.06.21	第161号	01頁01段		弾圧政策即時바꿔야코오엔教授 朴政権을非難
1976.06.21	第161号	01頁04段		裵東湖顧問과要談 民主人士들과적극접촉코오엔教授
1976.06.21	第161号	01頁06段		"米日의英雄이다"家族기도회에서激励
1976.06.21	第161号	01頁01段		救国宣言을支持政治犯석방要求 100万명서명운동在日韓国青年同盟이展開 朴政権의弾圧実情 유우엔総会에提出하기로
1976.06.21	第161号	01頁04段		維新憲法은不当 金大中氏 法廷서強力히규탄救国宣言事件제6回公判
1976.06.21	第161号	01頁11段		流言蜚語
1976.06.21	第161号	02頁01段		金大中씨法廷問答 政府批判은民主主義의基本生命
1976.06.21	第161号	02頁01段		金芝河씨 韓日유착을糾弾 第4回公判에서陳述
1976.06.21	第161号	02頁06段		梁一東党首 民間主導型을主張 万北対話問題에관하여
1976.06.21	第161号	02頁07段		分断固定을策動 朴東鎮·宮沢会談
1976.06.21	第161号	02頁01段		〈主張〉世界의潮流와朴政権의崩壊=破滅의날은다가오고있다=
1976.06.21	第161号	02頁09段		国際時評 뉴우욕·타임즈紙論評 스탄레·카마노氏論評
1976.06.21	第161号	02頁09段		오늘의焦点 歴史에빛날救国行為 民主救国宣言은人間의理念
1976.06.21	第161号	03頁01段		드러난統一教 文鮮明의正体(上) 美言論이実態暴露文은日本右翼과깊은関連
1976.06.21	第161号	03頁08段		韓日親善경기성황第2回소프트·보올大会
1976.06.21	第161号	03頁01段		在日韓国人政治犯을支援하는会 全国会議가결성됨「政治犯」救国운동強力推進다짐代表·宮崎繁樹明大教授、事務局長·吉松繁牧師 YMCA会館서
1976.06.21	第161号	03頁05段		拘束者家族들談話
1976.06.21	第161号	03頁07段		趙徳勲君징역10年 大使館이체포를은폐
1976.06.21	第161号	03頁08段		朴政権 牧師를잇달아連行 朴炯圭牧師등15名
1976.06.21	第161号	03頁10段		「머리깎기는싫다」郷土予備軍人이抗拒
1976.06.21	第161号	03頁11段		「金芝河의밤」열림캐나다·토론트市에서
1976.06.21	第161号	03頁12段		金芝河의심포지움神田YMCA会館서도
1976.06.21	第161号	03頁12段		女性을提供 朴政権、美議員에
1976.06.21	第161号	03頁12段		訓練을拒否하여闘争 予備軍、生活権도主張

발행일	호	지면정보	필자	기사제목
1976.06.21	第161号	04頁01段		「力の対決」を唱える朴大統領の発言を糾弾する=サンケイ新聞の記事を読んで
1976.06.21	第161号	04頁01段		韓国民衆無視の妄動 米議会に書簡送る 韓国ロビー
1976.06.21	第161号	04頁01段		借款亡国へ一路 対日款属深める韓国
1976.06.21	第161号	04頁04段		危機意識高まる 韓日の軍事的ゆ着に 日本のマスコミ時評
1976.06.21	第161号	04頁08段		장일담-天の声-
1976.06.21	第161号	04頁09段		五賊の実態 竜仁自然公園の内幕(下)
1976.06.21	第161号	04頁12段		3.1民主救国宣言支持
1976.07.01	第162号	01頁01段		〈主張〉分裂策動분쇄하고統一大業성취하자=7.4共同声明4周年에즈음하여=
1976.07.01	第162号	01頁01段		"民族受難종식위해救国宣言発表했다"救国宣言事件第7回公判陳述
1976.07.01	第162号	01頁02段		金芝河氏5回公判「都市賎民」에의한民主化革命을志向
1976.07.01	第162号	01頁06段		康正憲君死刑 求刑 在日同胞留学生에極刑
1976.07.01	第162号	01頁07段		韓国民衆과連帯強化 "愛知県民의会"를結成
1976.07.01	第162号	01頁08段		良心宣言配布한学生등에実刑求刑
1976.07.01	第162号	01頁10段		日韓連帯民衆会議 神奈川準備会盛況
1976.07.01	第162号	01頁13段		弁護士의国会議員兼職禁止
1976.07.01	第162号	02頁01段	裵東湖	韓国의民主化와祖国의平和統一
1976.07.01	第162号	03頁01段		朴政権의統一政策
1976.07.01	第162号	04頁01段		世界の潮流と朴政権の崩壊=파멸의 日은近づいている=
1976.07.01	第162号	04頁01段		弁護士を兼るな 野党議員の法廷活動封じる狙い
1976.07.01	第162号	04頁01段		愛知県「県民の会」を結成 代表委員に構越氏ら十五人
1976.07.01	第162号	04頁04段		神奈川県「民衆会議」準備会を結成 代表委員に梅林氏ら十五人
1976.07.01	第162号	04頁06段		くすぶる内部矛盾 命令拒否、犯罪相次ぐ 朴政権の御用各団体
1976.07.01	第162号	04頁08段		장일담「一億対五人の戦い」
1976.07.01	第162号	04頁09段		怨恨のハーグ証言(一九○七年)(上)
1976.07.11	第163号	01頁01段		7.4南北共同声明 共同심포지움発表第4周年記念 "韓日関係와南北統一問題" 民族統一을앞당기는길朴独裁를打倒하고民主聯政樹立해야韓民統共同日韓連
1976.07.11	第163号	01頁01段		犯人金在権등告発 日法曹界顕威50여명이連名 金大中事件、検察에서正式으로捜査에着手
1976.07.11	第163号	01頁09段		日本人으로서의 당연한義務完遂긴요
1976.07.11	第163号	01頁13段		流言蜚語
1976.07.11	第163号	02頁01段	青地晨	〈劃期的인韓日共同심포지움〉-基調講演-日本政府의 対韓政策根本的転換을要求

발행일	호	지면정보	필자	기사제목
1976.07.11	第163号	02頁04段	鄭在俊	〈劃期的인韓日共同심포지움〉民族統一의必然性
1976.07.11	第163号	02頁06段	関寛治	〈劃期的인韓日共同심포지움〉美国 対韓政策転換？
1976.07.11	第163号	02頁10段	関寛治	〈劃期的인韓日共同심포지움〉美·日政府의対寛政策
1976.07.11	第163号	02頁10段	和田春樹	〈劃期的인韓日共同심포지움〉日韓経済의癒着関係
1976.07.11	第163号	03頁01段	日高六郎	〈劃期的인韓日共同심포지움〉韓日基本条約의再検討
1976.07.11	第163号	03頁06段	金君夫	〈劃期的인韓日共同심포지움〉統一은二世의切実한要求
1976.07.11	第163号	03頁01段		殺人未遂、強盗、致傷등 金大中씨事件의告発状全文
1976.07.11	第163号	04頁01段		다그치는民主人士裁判 民主化要求는権利 李愚貞女史등陳述
1976.07.11	第163号	04頁04段		検察측証人심문 金芝河씨의裁判
1976.07.11	第163号	04頁07段		梁一東党首탄압「世界」誌記事를트집
1976.07.11	第163号	04頁10段		三木首相에書翰 金大中씨夫人이
1976.07.11	第163号	04頁01段		南北調節委서声明 7.4共同声明4주년을맞아
1976.07.11	第163号	04頁01段		無条件対話하자 韓国측副委員 張基栄씨 声明要旨
1976.07.11	第163号	04頁04段		統一을促進하라 在美同胞들声明
1976.07.11	第163号	04頁05段		大民族会議열자 北韓측調節委 声明要旨
1976.07.11	第163号	04頁05段		"統一을支持하는会"田英夫씨등이結成集会
1976.07.11	第163号	04頁08段		平和統一支持日本委 岩井章등이結成
1976.07.11	第163号	04頁11段		統一문제세미나아 在西独同胞들이計画
1976.07.11	第163号	04頁12段		祝賀파아티盛況 統一문제심포지움마치고
1976.07.11	第163号	05頁01段		気勢높은100万名署名 日本社会에큰反響 同胞들도따뜻한격려 各地에서成果올라
1976.07.11	第163号	05頁05段		駐美大使館員5명辞表내고帰国을拒否海外公館에서連鎖反応일듯
1976.07.11	第163号	05頁09段		青地씨등告訴
1976.07.11	第163号	05頁05段	蒋芝園	〈投稿〉正常치않은方法是非
1976.07.11	第163号	06頁01段		7.4南北共同声明4周年シンポジウム「日韓問題と南北統一問題」盛況 自主統一なしとげよう 日本の対韓政策転換せよ 韓民統日韓連 共催
1976.07.11	第163号	06頁01段		被告人との接見制限は違法 ソウル第一弁護士会が抗議
1976.07.11	第163号	06頁01段		〈インタビュー〉映画「告発」に心うたれ…政治犯教授全国会議代表 宮崎繁樹 教授
1976.07.11	第163号	06頁06段		日本のマスコミ時評 ロッキード事件と韓日ゆ着の構造
1976.07.11	第163号	06頁08段		〈장일담〉強制連行
1976.07.11	第163号	06頁10段		怨恨のハーグ証言(一九○七年)(中) 李瑋鍾記者会見内容

발행일	호	지면정보	필자	기사제목
1976.08.01	第164号	01頁01段		〈主張〉金大中씨의原状회복다시한번強硬히要求한다=拉致事件3周年에즈음하여=
1976.08.01	第164号	01頁01段		金大中씨拉致3周年 即時原状을回復하라事件의催告発集会8月8日 文京区民센터에서
1976.08.01	第164号	01頁01段		朴大統領을証人에 金大中씨法廷에申請
1976.08.01	第164号	01頁07段		駐韓美軍撤退주장 라이샤워教授가論文발표
1976.08.01	第164号	01頁09段		4개国会議提唱키長官、韓国問題에연설
1976.08.01	第164号	01頁11段		東京韓国人商工協同組合을設立 理事長에羅鍾卿씨
1976.08.01	第164号	01頁07段		田中角栄씨拘束
1976.08.01	第164号	01頁08段		東亜記者들勝訴5名에復職을宣告서울地方
1976.08.01	第164号	01頁12段		金철佑博士에게辞職을建国 北大에서
1976.08.01	第164号	01頁12段		韓青夏講習会 各地協単位로盛況
1976.08.01	第164号	01頁13段		流言蜚語
1976.08.01	第164号	02頁01段		金芝河씨法廷闘争記録(2) 朴政権은民衆의基本権과生存権을危脅하는存在
1976.08.01	第164号	03頁01段		金芝河씨法廷闘争記録(1) 現政権은外勢寄生虫
1976.08.01	第164号	03頁01段		金大中씨拉致事件再告発한다
1976.08.01	第164号	04頁01段		民主闘쟁의준엄한歷史의証言 民主救国宣言事件 独裁法廷의記録 韓国의앞날을啓示하는不義와正義와의闘争
1976.08.01	第164号	05頁01段		朴独裁의末期現状 国内外의情勢변천으로体制内에서動揺
1976.08.01	第164号	05頁01段		外交官들帰国拒否
1976.08.01	第164号	05頁01段		카아터의公約에떨고西欧諸国비난에초조
1976.08.01	第164号	05頁05段		軍事立法은独裁手段 政府批判은民衆의真実 3.1級国宣言事件 第9·10回公判陳述
1976.08.01	第164号	05頁07段		情報部員의行動폭로 李姫鎬女史등家族들
1976.08.01	第164号	05頁09段		金芝河씨7回公判 "농락된虛偽証言" 檢察側証人과対決
1976.08.01	第164号	05頁11段		解職教授가勝訴 4백16명중8명
1976.08.01	第164号	05頁01段		自主統一에굳은連帯 京都7.4共同심포지움盛況
1976.08.01	第164号	05頁06段	金君夫	참된連帯에感銘
1976.08.01	第164号	05頁12段		民主化와自主統一 中野区日本人들支持모임
1976.08.11	第165号	02頁01段		統一심포지움盛況 熱誠的으로討論 日本国民들깊은関心
1976.08.11	第165号	02頁01段		韓国問題緊急国際会議呼訴朴独裁의圧制 世界平和를위협
1976.08.11	第165号	03頁01段		金大中氏의現状을回復하라政治妥結의欺瞞糾弾両民族의분격爆発
1976.08.11	第165号	03頁01段		日本政府는責任저야朴·田中3億의真相밝히라金大中씨拉致3周年에韓民統등声明発表
1976.08.11	第165号	03頁01段		光複節31주년과韓民統結成3주년을기념하며韓国문제긴급国際会議를歓迎

발행일	호	지면정보	필자	기사제목
1976.08.21	第166号	01頁01段		〈祖国의自主統一운동에새紀元 在日韓国人代表、수많은同胞업저어버도참가国際聯帯委設置코韓国民衆의투쟁을支援〉 16個国에서署名人士가参加 歴史的인큰成果거둔東京서「韓国문제긴급国際会議」
1976.08.21	第166号	01頁01段		韓国問題 核心에肉迫을期待 金載華 韓民統議長代行人事
1976.08.21	第166号	01頁07段		第1日 金載華(韓民統議長代行) 青地晨(実行委員長)씨開会인사
1976.08.21	第166号	01頁11段		宇都宮徳馬(日本自民党衆議院議員)씨도인사 成田(日本社会党委員長)美濃部(東京都知事)씨등 메시지
1976.08.21	第166号	01頁14段		流言蜚語
1976.08.21	第166号	02頁01段		韓国에서의抑圧과抵抗運動 第一議題報告尹伊桑씨(西独)고문의体験呼訴 第1日 계속
1976.08.21	第166号	02頁01段		人権은世界共通의問題 조오지·월드씨(美国)토론第2日
1976.08.21	第166号	02頁05段		深度있는토론展開 韓国問題에깊은理解 第3日오전会議
1976.08.21	第166号	02頁07段		쇼올과메세지披露 金大中씨夫人에게서
1976.08.21	第166号	02頁11段		케냐의大学教授엥구기씨報告
1976.08.21	第166号	03頁01段		自主平和統一을적극支持全員一致로決議文을採択 韓国民主化支援투쟁에강령적指針 第3日오후会議 UN과非同盟会議 各国政府에伝達을決定
1976.08.21	第166号	03頁05段		熱狂的인歓乎속에韓国人代表에伝達
1976.08.21	第166号	03頁08段		보내온祝電
1976.08.21	第166号	03頁09段		15日午前까지延長 具体的方針토론
1976.08.21	第166号	03頁04段		各나라代表들이참석14日内外記者会見에서成果発表
1976.08.21	第166号	03頁07段		会議의必要性強調 11日青地晨씨등記者会見
1976.08.21	第166号	04頁01段	裵東湖	韓国에서의억압과抵抗運動(要旨)-한국의민주화와자주적평화통일에대하여-第一議題報告者
1976.08.21	第166号	05頁01段		(4面에서계속)朴정희의非人間적 고문실상을폭로한다 尹伊桑씨(西独)연설要旨
1976.08.21	第166号	05頁01段		한국문제緊急国際会議 決議文全文 戦争再発을防止하고自主平和統一에적극活動
1976.08.21	第166号	06頁01段		政治犯釈放에굳은連帯를鄭在俊씨(歓民統副議長)熱烈히呼訴
1976.08.21	第166号	06頁01段		日本社会党委員長 成田知己씨메세지미노페·로오끼씨東京知事의메세지
1976.08.21	第166号	06頁04段		韓国問題緊急国際会議 参加者
1976.08.21	第166号	06頁09段		韓国問題緊急国際会議 決議文 全文
1976.08.21	第166号	06頁09段		〈장일담〉一本のポプラ

발행일	호	지면정보	필자	기사제목
1976.08.21	第166号	07頁01段		朴正熙独裁政権은人類共同의敵이다韓国民主化丁투쟁을支援하는緊急国際大集会盛況 2 천여명8月15日 東京日比谷公公会堂에서
1976.08.21	第166号	07頁04段		中野好夫씨를비롯各国代表들이大熱弁
1976.08.21	第166号	07頁09段		一大데모行進 外国人代表를先頭로
1976.08.21	第166号	07頁09段		光複節31주년大会 民団東本 日比谷公公堂에서
1976.08.21	第166号	07頁10段		緊急国際会議의노래
1976.08.21	第166号	07頁13段		歡迎祝賀 大파아티 東天紅에6백여명참가
1976.08.21	第166号	08頁01段		光複節31주년과韓民統結成 3 주년을기념하며韓国문제긴급国際会議를歡迎
1976.09.01	第167号	01頁01段		〈主張〉不当한裁判結果를엄중히규탄항의한다
1976.09.01	第167号	01頁01段		金大中씨등에징역8年宣告 民主教国宣言事件 관련 인사전원에有罪判決
1976.09.01	第167号	01頁01段		厳重한抗議声明 韓民統등在日韓国人団体서
1976.09.01	第167号	01頁08段		声明文
1976.09.01	第167号	01頁09段		大使館앞에서抗議 日韓連등日本민중들
1976.09.01	第167号	01頁09段		極刑노린板門店事件
1976.09.01	第167号	01頁11段		끝까지투쟁할터 李姬鎬女史의決意
1976.09.01	第167号	01頁12段		不当裁判을非難 日本의各言論기관들
1976.09.01	第167号	01頁14段		流言蜚語
1976.09.01	第167号	02頁01段	咸錫憲	세계의벗들에게 美軍을당장撤収하면서人権옹호에決定的態度表示를
1976.09.01	第167号	02頁01段		韓国問題緊급国際会議각국대표報国要旨 韓国問題에새認識필요青地晨国際会議実行委長 基調報告
1976.09.01	第167号	02頁10段		韓国安保는民主化에미국조오지·월드씨연설
1976.09.01	第167号	03頁01段		"투쟁속에미래는있다" 和田春樹씨의 토론
1976.09.01	第167号	03頁01段		時評 板門店事件의참뜻을怜哲하게꿰뚫어보자
1976.09.01	第167号	03頁11段		国際운동에획기적계기 "국제회의"에 대한 印象
1976.09.01	第167号	04頁01段		民主教国宣言의不当判決に抗議 即時釈放を要求 韓民統ら声明を発表
1976.09.01	第167号	04頁01段		韓国問題緊急国際会議の成果 韓国の民主化闘争 自主平和統一を積極支援
1976.09.01	第167号	04頁01段		韓民族に新しい歴史を 青地晨国際会議実行委長開会の辞(全文) 全世界民衆の連帯を必要とする緊急な課題としての韓国の情勢
1976.09.01	第167号	04頁09段		〈장일담〉死の川·漢江
1976.09.11	第168号	01頁01段		故 張俊河씨의追悼辞 당신은살아있소민족의속에 영원히
1976.09.11	第168号	01頁01段		海外同胞대표들이 声明발표 全世界民衆들은 民主教国宣言事件 不当재판에抗議하자
1976.09.11	第168号	01頁04段		白玉光君등에死刑 在日동포留学生에重刑
1976.09.11	第168号	01頁05段		金大中씨등을即時釈放하라美下院国際委에서決議

발행일	호	지면정보	필자	기사제목
1976.09.11	第168号	01頁10段		재2民主救国宣言발표기독青年학생들데모
1976.09.11	第168号	01頁12段		金大中씨殺害目的레이나아드씨美議会証言
1976.09.11	第168号	02頁01段	蒋芝園	〈論壇〉당신들의勲章
1976.09.11	第168号	02頁01段		犠牲同胞慰霊祭 関東大震災53周忌 民団東本
1976.09.11	第168号	02頁02段		「김지하메모」를公表 日本가톨릭正義와平和議会
1976.09.11	第168号	02頁03段		朴政権과의対決을池学淳主教、団結을호소
1976.09.11	第168号	02頁06段		김지하씨公判 地検、証人出廷을拒否
1976.09.11	第168号	02頁07段		「반드시勝利한다」윤보선씨光複節에
1976.09.11	第168号	02頁07段		〈焦点〉「板門店事件」을생각한다
1976.09.11	第168号	02頁08段		韓美政権의謀略 板門店事件에캠브리아씨談
1976.09.11	第168号	02頁11段		「分割警備」로-38線共同警備구역-
1976.09.25	第169号	01頁01段		〈韓民統등金大中씨 救出을 全世界에 呼訴〉朴政権「自然化」를획책링게르注射로生命維持
1976.09.25	第169号	01頁01段		医師団派遣하라 救'対委등三木首相에요청
1976.09.25	第169号	01頁06段		緊急記者会見(韓民統・救'対委)
1976.09.25	第169号	01頁01段		全世界에보내는呼訴文 金大中씨에게自由를
1976.09.25	第169号	01頁07段		70老人들断食闘争 在日韓国民主団体幹部 敬老의날
1976.09.25	第169号	02頁01段		高齢者断食投쟁宣言文 日本政府는道義的責任을 韓民統救対委 声明文 9月16日
1976.09.25	第169号	02頁01段		조오지・월드博士등美上院에메시지対韓政策을재검토하라
1976.09.25	第169号	02頁06段		韓国問題緊急国際会議 各国代表 報告要旨
1976.09.25	第169号	02頁08段		한국의悲劇에責任을 美国 마크・셀덴 教授
1976.09.25	第169号	03頁01段		断食投쟁을적극支援 韓日国民한마음으로
1976.09.25	第169号	03頁05段		「共産主義者아니다」金承鈺氏가証言 金芝河씨裁判
1976.09.25	第169号	03頁06段		「救国宣言」은指導理念 한민통美国本部서決議 제3차総会
1976.09.25	第169号	03頁10段		日本首相에보내는 요청문
1976.09.25	第169号	03頁11段		神奈川「日韓連」結成 韓日連帯投쟁을강조
1976.09.25	第169号	03頁13段		集団指導制를채택 新民党大会
1976.09.25	第169号	04頁01段		金大中氏に医師団を 三木首相に要請－韓民統、救対委等8ケ団体-
1976.09.25	第169号	04頁01段		要請文全文
1976.09.25	第169号	04頁04段		憂慮される健康 緊急記者会見
1976.09.25	第169号	04頁04段		政治犯の釈放要求「敬老の日」70の高令者ハンスト
1976.09.25	第169号	04頁08段		〈장일담〉「怒」
1976.10.11	第170号	01頁01段		〈主張〉維新体制타파하고平和統一達成하자
1976.10.11	第170号	01頁01段		金大中씨生命救出위해緊急集会 열기로救対委、韓青이共同主催 10月16日YMCA会館서
1976.10.11	第170号	01頁03段		우선、30万署名簿유우엔에보내기로韓青百万명서명운동

발행일	호	지면정보	필자	기사제목
1976.10.11	第170号	01頁07段		両側決議案、撤回제31차유우엔총회「韓国問題」토의보류
1976.10.11	第170号	01頁09段		駐韓美軍撤退를햄프리議員、美政府에要求
1976.10.11	第170号	01頁09段		제96回、韓国 定期国会開幕
1976.10.11	第170号	01頁11段		流言蜚語
1976.10.11	第170号	02頁01段		이것이朴政権의正体이다-눈으로보는「유신체제」4년감의죄상-
1976.10.11	第170号	03頁01段		〈経済時評〉史上空前의税金수탈 国民経済에負担加重
1976.10.11	第170号	03頁01段		〈韓国問題긴급国際会議각국대표報告要旨〉反独裁統一조직을탄야·포나난(泰国)
1976.10.11	第170号	03頁04段		〈韓国問題긴급国際会議각국대표報告要旨〉피압박民族은団結을엥그기·와·티옹호(캐냐)
1976.10.11	第170号	03頁09段		〈韓国問題긴급国際会議각국대표報告要旨〉外国「援助」는収穫 M·L·사이히(알제리)
1976.10.11	第170号	03頁11段		分断栄久化에박차 三木日本首相의所信表明
1976.10.11	第170号	04頁01段		金芝河씨法廷闘争記録(3) 나는共産主義者아니다
1976.10.11	第170号	05頁01段	金明植	詩 十章의歴史研究(上)
1976.10.11	第170号	05頁01段		金芝河씨裁判記録(4面에서계속)
1976.10.11	第170号	06頁01段		対韓援助中止를要求 在美교포、뉴오요오크서示威 美国政府에
1976.10.11	第170号	06頁05段		金大中씨 生命구출을呼訴시카고韓美協会
1976.10.11	第170号	06頁06段		自主정신으로愛国愛族하자在美愛国女性同友協議会호소문要旨
1976.10.11	第170号	06頁08段		韓美人士들의投稿文 NY타임즈 9月18日字
1976.10.11	第170号	06頁01段		〈오늘의焦点〉現行悪法을또改悪 朴政権「簡易公判制」를企図
1976.10.11	第170号	06頁09段		「公正한판決기대할수없다」12回公判 金芝河씨裁判官을기피
1976.10.11	第170号	06頁09段	蒋芝園	〈論壇〉祖国그리고同志
1976.10.11	第170号	07頁01段	裵東湖	韓国問題緊急国際会議の第一議題報告 韓国における抑圧と抵抗運動
1976.10.11	第170号	08頁01段		〈評論〉分断時代の文学思想 白楽晴(前ソウル大教授)
1976.10.11	第170号	08頁01段	鄭敬謨	韓国問題緊急国際会議報国文 われわれが念願する統一
1976.10.11	第170号	08頁09段		〈장일담〉「総督の声」
1976.10.21	第171号	01頁01段		〈主張〉또다시궐기한学生들의투쟁을熱烈히支持한다
1976.10.21	第171号	01頁01段		朴独裁政権을타도하자서울大学生들궐기開校기념행사후3백여명데모
1976.10.21	第171号	01頁06段		金大中씨健康悪化로緊急集会를開催 署名40万명초과를報告 主催 教対委韓青同

발행일	호	지면정보	필자	기사제목
1976.10.21	第171号	01頁08段		緊急集会 決議文
1976.10.21	第171号	01頁09段		板門店사건의배경 文明子女史가폭로
1976.10.21	第171号	01頁14段		流言蜚語
1976.10.21	第171号	02頁01段		鄭在俊救対委委員長인사要旨
1976.10.21	第171号	02頁03段		百万명署名経過報告
1976.10.21	第171号	02頁07段		朴政権 軍備拡張에狂奔77年度予算案教書의本質
1976.10.21	第171号	02頁12段		対空威脅射撃 死亡１명 負傷者31명
1976.10.21	第171号	02頁13段		한국토막소식
1976.10.21	第171号	02頁01段		文明子女史발언要旨 電気톱으어찌하고도끼가등장했나?板門店事件으로美議会청문회긴장
1976.10.21	第171号	02頁05段		韓国問題긴급国際会議각국대표報告要旨 団結과強力이필요 M·A·쿤다(말레이지아)
1976.10.21	第171号	02頁09段		韓日関係 근원적是正요구武藤一羊(日本)
1976.10.21	第171号	03頁01段		우리에게도밝은来日을다오 구두닦이少年의비참한呼訴-왕초가뜯고 大企業이뜯고 権力이뜯고-
1976.10.21	第171号	03頁01段		拷問으로虚偽自白 李哲君、起訴事実을否定 控訴審
1976.10.21	第171号	03頁03段		金大中씨金芝河씨釈放을要求 日韓連등이集会
1976.10.21	第171号	03頁08段	金明植	詩 十章의歴史研究(中)
1976.10.21	第171号	04頁01段		ソウル大生再び決起 3百人が構内デモ 機動隊と激突、30名連行
1976.10.21	第171号	04頁04段		金大中氏らの釈放求め「緊急集会」を開催 救対委、韓青が共同主催
1976.10.21	第171号	04頁04段		愛国者釈放要求 集会決議文
1976.10.21	第171号	04頁01段		"朴正熙は悪逆無道" 韓美有志N·Y·T紙に投稿
1976.10.21	第171号	04頁08段		来年度膨脹予算のかげに 空前の税金収穫
1976.10.21	第171号	04頁10段		陽のあたらない老後 抗日義士の後裔は泣いている
1976.10.21	第171号	04頁07段		〈장일담〉トシラク(弁当)
1976.11.01	第172号	01頁01段		金大中씨등釈放하라1백35명의美上下議員이要求
1976.11.01	第172号	01頁01段		学生74名退学処分 朴政権의学園탄압우심
1976.11.01	第172号	01頁01段		〈朴政権·전복計画 丁一権·連行取調〉姜文奉事件의背後 軍内部수사에血眠
1976.11.01	第172号	01頁05段		金振晩(前国会副議長)체포?
1976.11.01	第172号	01頁06段		3백명이상死亡、失跡 東海岸에서魚船조난
1976.11.01	第172号	01頁09段		裁判部기피韓勝憲변호사大法院에提出
1976.11.01	第172号	02頁01段	権英子	10.24 2周年을맞이하여
1976.11.01	第172号	02頁01段		自由言論実践宣言2주년熱狂的이던民衆의呼応되새겨束亜闘委는계속싸우고있다
1976.11.01	第172号	02頁01段		너무도크고많은기쁨을言論투쟁2周年의経過報告
1976.11.01	第172号	02頁07段		10.24自由言論実践宣言
1976.11.01	第172号	02頁08段	千寛宇	"못입이쇠도녹인다"기가죽을수없다東亜闘委2돐에부친다

발행일	호	지면정보	필자	기사제목
1976.11.01	第172号	02頁10段		自由言論의本質은最大多數、최대행복추구
1976.11.01	第172号	02頁10段		알림
1976.11.11	第173号	01頁01段		〈主張〉美国民의闘争에기대카아터씨의対韓政策추진
1976.11.11	第173号	01頁01段		카아터씨美大統領에当選 "당신의주장에同意한다" 험프리美上院議員　韓民統에回信
1976.11.11	第173号	01頁01段		카아터씨当選에祝電 韓民統祝電全文 教対委祝電全文
1976.11.11	第173号	01頁06段		美軍철퇴에反対 日本政府측組織的캠페인
1976.11.11	第173号	01頁09段		朴独裁政権의人権弾圧反対와싱턴서촛불데모
1976.11.11	第173号	01頁09段		宇都宮徳馬씨再出馬 自民党脱退後無所属으로
1976.11.11	第173号	01頁10段		金芝河씨裁判기피 大法院에上告申請
1976.11.11	第173号	01頁14段		流言蜚語
1976.11.11	第173号	02頁01段		〈초조와공포에쌓인박정희政権과日本政府 対韓政策의변화를주장하는카아터当選 韓国의 安保는누구를 위한 安保인가〉核武器를즉시撤収　駐韓美軍은段階的으로朴独裁를非難
1976.11.11	第173号	02頁08段		〈与論〉美軍철퇴를요구하는미국내의主要発言들
1976.11.11	第173号	02頁08段		카아터씨略歷 몬데일씨略歷
1976.11.11	第173号	02頁08段		美軍철퇴의立法 議会측에서要求
1976.11.11	第173号	02頁13段		한국토막소식
1976.11.11	第173号	03頁01段		〈朴正熙직접지휘로買収工作会議 돈과女子로美国各界에침투全言論機関이猛烈한反朴砲門〉朴東宣은도망
1976.11.11	第173号	03頁07段		金東祚、李相造등大使館에서工作会議
1976.11.11	第173号	03頁01段		KCIA의책동 文明子女史가폭로
1976.11.11	第173号	03頁06段		〈評論〉朴東宣사건의歷史的意義－朴正熙의墓穴을판가장큰功労者－
1976.11.11	第173号	03頁09段		朴鍾圭가직접증회 韓丙起도(朴正熙사위)
1976.11.11	第173号	03頁10段		닉슨에게2億여원 매수대상90여명
1976.11.11	第173号	03頁12段		朴正熙는어떤手段으로도維持못한다
1976.11.11	第173号	03頁14段		李哲군은無罪 教授会등이声明
1976.11.11	第173号	04頁01段		韓民統、教対委にハンフリー上院議員が書簡　韓民統の闘いに強力を約束 書簡全文
1976.11.11	第173号	04頁01段		相次ぐ脱営、暴行 国軍兵士、不満うっ積
1976.11.11	第173号	04頁01段		石枕(上・下)張俊河安宇植訳
1976.11.11	第173号	04頁06段		最大の海難事故 三五〇名が死亡、失跡 ウッ陵島近海
1976.11.11	第173号	04頁09段		〈投稿〉私たちの行動と目標 婦人ムグン会
1976.11.11	第173号	04頁07段		〈장일담〉奴隷根性
1976.11.11	第173号	04頁11段		財産逃避ひんぱん

발행일	호	지면정보	필자	기사제목
1976.11.21	第174号	01頁01段		〈声明〉現代版「東学」과「合邦」
1976.11.21	第174号	01頁01段		再侵野欲드러낸日本의「美軍撤退反対」韓民統등8개団体가非難声明
1976.11.21	第174号	01頁01段		朴大統領을証人에 金大中씨抗訴審서要求
1976.11.21	第174号	01頁02段		委哲君에死刑宣告 서울高法
1976.11.21	第174号	01頁08段		委哲君抗訴公判記録 拷問으로虚偽自白
1976.11.21	第174号	02頁01段		朴東宣事件의真相은?金大中씨公判廷에서質問 千寬宇씨도証言台에서다
1976.11.21	第174号	02頁04段		不当한억압계속구속자家族들이폭로
1976.11.21	第174号	02頁01段	장지원	〈論壇〉카아터当選과課題 在美同胞장지원
1976.11.21	第174号	02頁01段		〈오늘의焦点〉日本의쓰레기통公害로뒤덮인韓国
1976.11.21	第174号	02頁08段	金明植	詩 十章의歷史研究(下)
1976.12.01	第175号	01頁01段		〈主張〉金大中씨등全政治犯석방을要求하는百万名서명의초과달성은歷史的勝利다
1976.12.01	第175号	01頁01段		釈放하라韓国의良心들100만명서명목표초과달성韓日연대에새紀元 11.23集会 3천여명참가
1976.12.01	第175号	01頁08段		11.23集会 決議文
1976.12.01	第175号	01頁10段		서명達成地方集会 神奈川、千葉、宮城등盛況
1976.12.01	第175号	01頁14段		流言蜚語
1976.12.01	第175号	02頁01段		駐韓美軍주둔을요구하는日本의底意 韓国安定은統一뿐日本安全과는関係없다
1976.12.01	第175号	02頁05段		망언규탄 各界人士담화
1976.12.01	第175号	02頁06段		日本当局者의妄言録
1976.12.01	第175号	02頁01段	金君夫	11.23集会 基調報告要旨 両民族의새로운未来를
1976.12.01	第175号	02頁09段		한국토막소식
1976.12.01	第175号	02頁10段		金大中씨등人権回復을
1976.12.01	第175号	02頁10段		〈오늘의焦点〉「美軍철퇴」는어찌되나朴政権의초조와당황모습
1976.12.01	第175号	02頁14段		在日同胞政治犯 抗議集会
1976.12.01	第175号	03頁01段		全世界에메아리친100만의합성民主化를実現하고朴独裁는즉각물러가라東京街頭를데모백만서명부先頭로
1976.12.01	第175号	03頁07段		온갖迫害박차고굳은信念으로前進
1976.12.01	第175号	03頁12段		政治犯救援바자 12月4日스가오센터서韓日女性이共催
1976.12.01	第175号	03頁05段		서명5개월의총결산朴政権의犯罪相낱낱이폭로규탄
1976.12.01	第175号	04頁01段		韓日連帯闘争의歷史的勝利 百万署名超過達成 11.23韓日共同大集会 三千余名参加街頭デモ
1976.12.01	第175号	04頁01段		〈声明文全文〉分断固定化의策動 駐韓米軍引き止め工作
1976.12.01	第175号	04頁06段		日本当局米軍撤退反対 韓民統など非難声明発表

발행일	호	지면정보	필자	기사제목
1976.12.01	第175号	04頁07段		11.23共同大集会 決議文
1976.12.01	第175号	04頁10段		朴大統領を証人に 金大中氏 裁判廷で要求
1976.12.01	第175号	04頁12段		〈장일담〉「韓国式」
1976.12.01	第175号	04頁12段		留学生釈放を要求 11.22在日政治犯教授集会
1976.12.01	第175号	04頁13段		〈投稿〉百万人署名に参加して
1976.12.15	第176号	01頁01段		한민통성명문
1976.12.15	第176号	01頁01段		〈"朴東宣事件의真相밝혀라"서울、高麗、延世大生 反維新鬪争再燃 8日 民主救国宣言을発表 校内에서 데모〉朴政権에큰打撃 2백여명을中情에서連行
1976.12.15	第176号	01頁07段		学生들의組織的挙事
1976.12.15	第176号	01頁04段		国民意思를代弁 韓民統 적극支持를声明
1976.12.15	第176号	01頁09段		民主救国宣言
1976.12.15	第176号	01頁09段		金大中氏10年求刑 "이것이裁判이냐"被告를준열히政 府규탄救国宣言항소심
1976.12.15	第176号	01頁09段		百万署名 유우엔에提出 青地씨
1976.12.15	第176号	01頁13段		金芝河씨10年서울不当한求刑
1976.12.15	第176号	01頁13段		流言蜚語
1976.12.15	第176号	02頁01段		〈美수사관에전모드러난朴政権의罪悪相 소리를내며 무너지기시작한朴正熙의 権座 最大友邦인美国에서 버림받고갈곳없는처량한신세〉金相根(KCIA在美副 責)美国에亡命/行方이모연한金永煥(KCIA在美責任 者)金海外公館員들動揺甚大
1976.12.15	第176号	02頁01段		梁斗元次長補파면
1976.12.15	第176号	02頁05段		申穑秀部長을解任
1976.12.15	第176号	02頁01段		臨時的인미봉책朴政権의内閣改造劇 2日戦争을豪言 全軍指揮官会議긴급소집
1976.12.15	第176号	02頁10段		国防費34.8% 税金수탈에血眼 새해予算
1976.12.15	第176号	02頁08段		李学洙(5.16軍事쿠데타有功者)拘束쿠데타에関連説
1976.12.15	第176号	02頁11段		美文奉과密接한관계
1976.12.15	第176号	02頁08段		日本国会議員도買収
1976.12.15	第176号	02頁11段		金炯旭도資料提供
1976.12.15	第176号	02頁12段		늘어나는外交官亡命
1976.12.15	第176号	03頁01段		〈反独裁鬪争은勝利段階에韓国同제18回中委제16회 中央大会를開催〉先鋒隊의重責다짐 急変하는情勢에 順応 委員長에 金君夫씨를再選
1976.12.15	第176号	03頁04段		宇都宮徳馬씨当選 金大中씨事件解決正面에걸고日 本衆議院選挙
1976.12.15	第176号	03頁08段		팍팍한 서울길 몸팔러 간다·職業紹介所에서接待婦 로알선
1976.12.15	第176号	03頁01段		政治犯의救護바자大盛況「勝利의쇼올」에人気集中 韓日婦人의군센連帯의成果
1976.12.15	第176号	03頁06段		金大中씨등断食 人権의날待遇改善을要求

발행일	호	지면정보	필자	기사제목
1976.12.15	第176号	03頁10段		金大中씨 4시간抗弁요지
1976.12.15	第176号	03頁11段		白玉光군死刑確定 大法院
1976.12.15	第176号	03頁11段		사르트르씨메시지 金芝河씨에게-당신을위해모든努力을-
1976.12.15	第176号	03頁13段		10年求刑에抗議 救援会
1976.12.15	第176号	04頁01段		「正義の强固行動」韓民統、熱烈な支持声明 韓民統声明文
1976.12.15	第176号	04頁01段		ソウル大生「民主救国宣言文」を発表 維新体制撤廃叫び500人が学内デモ 緊張した雰囲気ただよわす名大学 朴政権瓦解に拍車 米議会買収事件 突明を要求 高麗、延世大と連帯 一斉デモを計画
1976.12.15	第176号	04頁06段		〈投稿〉拘束者夫人たちの誇り気慨に学ぶ
1976.12.15	第176号	04頁06段		政治犯救援バザー盛況「勝利のショール」に人気 韓日夫人の連帯運動
1976.12.15	第176号	04頁08段		〈장일담〉"日本軍に銃口を…"
1976.12.15	第176号	04頁12段		国防費が三四・八％ 朴政権、軍拡に狂奔
1976.12.15	第176号	04頁14段		「KIDCは経済侵略の中枢」 日韓連など日本財界に講義
1977.01.01	第177号	01頁01段	梁相基	〈希望에가득찬1977年을 熱烈히祝賀합니다〉勝利와前進의해
1977.01.01	第177号	01頁07段	鄭在俊	〈希望에가득찬1977年을 熱烈히祝賀합니다〉救国実践의새해金大中先生教対委代表 民団東京都団長 鄭在俊
1977.01.01	第177号	01頁01段	金在華	民主의黎明은밝아온다勝利를向하여굳세게싸우자
1977.01.01	第177号	01頁01段		流言蜚語
1977.01.01	第177号	02頁01段		美国民의 知性과 良心에 呼訴한다 카아터씨의対韓公約은 충실하게実践되어야한다
1977.01.01	第177号	02頁01段	金允鍾	〈在日韓国人民団体들의새해인사〉民団革新의해
1977.01.01	第177号	02頁01段	金君夫	〈在日韓国人民団体들의새해인사〉백만서명結実의해
1977.01.01	第177号	02頁06段	梁恵承	〈在日韓国人民団体들의새해인사〉民族団結의해
1977.01.01	第177号	02頁08段	京都民団自主委常務委員会	〈在日韓国人民団体들의새해인사〉烈士의투쟁의해
1977.01.01	第177号	02頁10段	青地晨	〈在日韓国人民団体들의새해인사〉싸우는 해
1977.01.01	第177号	02頁12段	吉松繁	〈在日韓国人民団体들의새해인사〉急援을戦取하는해
1977.01.01	第177号	02頁10段	朴柄来	〈在日韓国人民団体들의새해인사〉民族伝統을発展
1977.01.01	第177号	02頁12段	金永出	〈在日韓国人民団体들의새해인사〉勝利에絶好의해
1977.01.01	第177号	03頁01段		金大中씨의最終陳述 維新体制철폐하라장장4時間에걸쳐論駁
1977.01.01	第177号	03頁05段		숨쉬는限싸우겠다金芝河씨의최종진술
1977.01.01	第177号	03頁01段		「韓国에実軍은不必要」「南侵위협」 없다韓国内에서論議高潮

발행일	호	지면정보	필자	기사제목
1977.01.01	第177号	03頁01段		「盗聴」真相밝히라民主統一党에서声明
1977.01.01	第177号	03頁06段		韓美간의알력激化 갈수록泰山인朴政権将来
1977.01.01	第177号	03頁08段		民主救国宣言全文
1977.01.01	第177号	03頁09段		申稙秀(前中央情報部長)美軍에逃避
1977.01.01	第177号	03頁10段		朴政権의뇌물工作 美国메더디스트大教授 鮮于学源
1977.01.01	第177号	03頁15段		토막소식
1977.01.01	第177号	04頁01段		〈経済時評〉天井모르는物価폭등国民의生活苦를加速化
1977.01.01	第177号	04頁01段		〈破綻에直面한韓国経済〉富益富、貧益貧의深化를招来2万원未満의労働者22% 깨어진GNP神話
1977.01.01	第177号	04頁08段		50名이国富를支配
1977.01.01	第177号	04頁10段		출혈輸出로「輸出増大」3億달러에達하는先受金 輸出業에莫大한支援金
1977.01.01	第177号	04頁10段		고바우영감
1977.01.01	第177号	04頁11段		5百億이상이16個業体
1977.01.01	第177号	04頁12段		独占価格으로暴利
1977.01.01	第177号	05頁01段		〈오늘의焦点〉韓日関係의부패KCIA의対日工作
1977.01.01	第177号	05頁01段		〈前進하는国内外情勢〉美国対韓政策변화必然 暴露예상되는韓日유착美軍철퇴反対하는日本支配층의野望
1977.01.01	第177号	05頁07段		混乱을招来할保革伯仲의日議会
1977.01.01	第177号	05頁07段		一党支配終末에당황하는朴政権
1977.01.01	第177号	06頁01段		〈1976·反独裁民主投쟁日誌〉韓国内投쟁/韓民統投쟁/日本国民投쟁/民団投쟁/韓青同投쟁/미국내投쟁/外海동포投쟁
1977.01.01	第177号	07頁01段		〈드디어国際舞台에〉韓国政治犯釈放要求한百万名의署名 바합事務次長(UN)에伝達 青地晨代表機関報告会盛況
1977.01.01	第177号	07頁04段		카아터公約実践을 韓民統등美国民에편지
1977.01.01	第177号	07頁07段		映画「民衆의소리」完成 国際会議등投쟁記録
1977.01.01	第177号	07頁08段		윤이상씨選出 在西独「民建」議長으로
1977.01.01	第177号	07頁01段		「韓国의核」即刻철거日本著名学者들声明
1977.01.01	第177号	07頁06段		KIDC設立에反対投쟁활발
1977.01.01	第177号	07頁11段		유우엔事務総長에게 보낸百万署名要請文 全文
1977.01.01	第177号	07頁12段		김경득군에게弁護士 資格을許諾해야한다
1977.01.01	第177号	08頁01段	鄭敬謨	K君への手紙(42) 1977年はどんな年になるか
1977.01.01	第177号	08頁01段		金載華 韓民統議長代行新年あいさつ 民主化の黎明は近づいた勝利に向けて力強い前進を
1977.01.01	第177号	08頁09段		〈장일담〉冬来たりなば春遠からじ
1977.01.01	第177号	08頁11段		新羅征伐の連合軍
1977.01.01	第177号	08頁11段		〈投稿〉もっとがんばらなくちゃ ムグンフェ
1977.01.11	第178号	01頁01段		파쇼만행을糾탄한다韓民統등8団体声明(全文)

발행일	호	지면정보	필자	기사제목
1977.01.11	第178号	01頁01段		〈서울高法 金大中씨등에징역5年 民主救国宣言관련 人士全員에有罪선고〉欺瞞的인「減刑」措置 本心은金씨의말살
1977.01.11	第178号	01頁08段		용납못할独裁만행国際여론에대한挑戦 韓民統등항의성명発表「民主救国宣言事件」2審宣告
1977.01.11	第178号	01頁10段		서울地法 김지하씨징역7年「共産主義者」로造作
1977.01.11	第178号	01頁11段		재판의난국의수치李姬鎬女史등家族이声明
1977.01.11	第178号	01頁14段		제2民主救国宣言관련제4牧師에5年에서6年을宣告
1977.01.11	第178号	01頁15段		流言蜚語
1977.01.11	第178号	02頁01段		在美지도층00여명이참가民主투쟁에창조적역할다짐「필라델피아宣言」(全文)
1977.01.11	第178号	02頁07段		美国議会 買収사건규탄워싱턴地区韓人会
1977.01.11	第178号	02頁01段	趙盛済	〈在日韓国人民主団体들의새해인사〉財政뒷받침긴요
1977.01.11	第178号	02頁01段	宇都宮徳馬	〈在日韓国人民主団体들의새해인사〉朴政権은退陳해야
1977.01.11	第178号	02頁06段	梁霊芝	〈在日韓国人民主団体들의새해인사〉民主회복에全力
1977.01.11	第178号	02頁08段	金鍾忠	〈在日韓国人民主団体들의새해인사〉商工의발전을
1977.01.11	第178号	02頁10段	羅鍾卿	〈在日韓国人民主団体들의새해인사〉조합원권익옹호를
1977.01.11	第178号	02頁12段		본국토막소식
1977.01.11	第178号	02頁12段	李佐永	税事犯구원에결의다짐
1977.01.11	第178号	02頁13段		껍데기는가라
1977.01.11	第178号	03頁01段		韓日両民衆파쑈裁判분격「民主救国宣言事件」2審宣告 大使館에강력항의
1977.01.11	第178号	03頁07段		民団東本新年会盛況 조직간부들새결의다져
1977.01.11	第178号	03頁01段		맥거번(美上院)演説 요지「対韓政策을再検討할때」-核武器와駐韓美軍은철수하라
1977.01.11	第178号	03頁12段		쥐약
1977.01.11	第178号	03頁12段		오늘의焦点 「너는얼마냐」玄海灘은울고있다「기생輸出」
1977.01.11	第178号	04頁01段	鄭敬謨	K君への手紙(43) 羊の皮をかぶった狼を撃て-政治犯教授を装うまやかしの論理-
1977.01.11	第178号	04頁01段		〈金大中氏5年、金芝河氏7年宣告 国際世論無視し、朴政権強行〉韓民統強権弾圧を糾弾 三帰化釈放 福田政権へのへつらい
1977.01.11	第178号	04頁01段		金芝河氏の声は韓国民衆の声 韓民統が声明
1977.01.11	第178号	04頁05段		大使館へ抗議 日衆韓民
1977.01.11	第178号	04頁08段		全国24か所で抗議 デモ、ビラ、街頭宣伝
1977.01.11	第178号	04頁08段		〈장일담〉一人の自由
1977.01.21	第179号	01頁01段		「韓日友好연대모임」盛況 百案署名推進各団体 쌍방의主的闘争을다짐

발행일	호	지면정보	필자	기사제목
1977.01.21	第179号	01頁01段		〈"박정희一人暴政을打倒하자"〉끝없는鬪爭을宣言 韓国民主鬪争国民委員会 삐라大量살포18日 저녁
1977.01.21	第179号	01頁01段		"民主憲政회복하라"250교인이궐기、3名拘束 光州・翰林教会
1977.01.21	第179号	01頁06段		「政治犯」석방요구 拘束者家族들이기도회
1977.01.21	第179号	01頁07段		「緊急措置解除하라」第一束統一党首 年頭記者会見
1977.01.21	第179号	01頁08段		勝利의새해를다짐12日民団神奈川新年会
1977.01.21	第179号	01頁11段		美言論界「中情」暴露
1977.01.21	第179号	01頁12段		流言蜚語
1977.01.21	第179号	02頁01段		양일동党首 新年辞 어둠의쇠사슬을끊고自由의새마침을밝히자
1977.01.21	第179号	02頁08段		韓日 友好연대모임결의문
1977.01.21	第179号	02頁08段		〈詩〉売血
1977.01.21	第179号	02頁01段		〈金芝河씨法廷鬪爭記録 最終陳述〉나의思想은「統一의思想」「아테네의봄」이다가온다朴政権은統一의直接的障害 新植民主義의忠実한앞잡이
1977.02.01	第180号	01頁01段		〈主張〉美国의基本思想은오늘韓国에서適用돼야한다카아터新大統領就任을祝賀하여-
1977.02.01	第180号	01頁01段		在北美同胞30여民主団体 「韓国民主化聯合運動」을 結成 鬪争三大目的設定 三・一節워싱턴서총궐기
1977.02.01	第180号	01頁01段		反朴鬪争組織을一元化
1977.02.01	第180号	01頁05段		全政治犯釈放要求 百万名署名簿 園田官房長官에伝達 金大中씨事件解決을要求
1977.02.01	第180号	01頁08段		"裁判自体가不法"金大中씨、無期延期要求
1977.02.01	第180号	01頁09段		레이나아드氏日本記者에暴露 多額의政治献金 KCIA、自民党議員에
1977.02.01	第180号	01頁10段		分断固定을策動 기만적인基本3目標 朴大統領記者会見
1977.02.01	第180号	01頁12段		軍備拡張에血眼
1977.02.01	第180号	01頁11段		카아터씨、第39代大統領에 就任
1977.02.01	第180号	01頁14段		体制内野党색채농후李哲承新民党首記者会見
1977.02.01	第180号	02頁01段		〈時評〉우리의運命은우리힘으로 카아터大統領就任에붙여
1977.02.01	第180号	02頁01段		韓半島再侵노리는日本 駐韓美軍철수反対主題 真意는分断固定 韓国内의利権確保에혈안
1977.02.01	第180号	02頁03段		対韓経済「援助」물밀듯이侵入
1977.02.01	第180号	02頁06段		駐韓美軍철수問題를에워싼 美国의움직임피할수없는世界潮流로인정美議会買収工作事件이박차
1977.02.01	第180号	02頁06段		KIDC는軍事的性格
1977.02.01	第180号	02頁12段		본국토막소식
1977.02.01	第180号	02頁12段		福田首相에 보낸要請文

발행일	호	지면정보	필자	기사제목
1977.02.01	第180号	03頁01段		駐韓美軍철수로最大의危機 朴政権철저히日本에매달려国会儀員百名、2月東京으로陳情노릇、이미「属国」의양상
1977.02.01	第180号	03頁05段		朴政権 永久分断계속策動 北韓에「不可侵条約」체결을主張
1977.02.01	第180号	03頁11段		오늘의 焦点 참된知識人이란 유진오氏의論文을읽고
1977.02.01	第180号	04頁01段		在美同胞 韓国民主化連合運動結成 アメリカ、カナダの反独裁民主化闘争 三大目標を設定 「韓国民主化運動世界連合大会」予定
1977.02.01	第180号	04頁05段		韓日友好連帯の夕べ 百万署名推進団体 盛大に開かる
1977.02.01	第180号	04頁07段		〈장일담〉租界
1977.02.01	第180号	04頁07段		悲しい自殺 女鉱山主の没落「セマウル」の罪状
1977.02.01	第180号	04頁12段		反世紀前台湾で 単身日帝に抗拒した愛国者
1977.02.21	第181号	01頁01段		韓民統 第4回中央委員会를開催 5大課業을採択 国際連帯強化등金容元에씨를副議長에선임
1977.02.21	第181号	01頁08段		在日韓国人政治犯家族協議会 政治犯救援을적극지원
1977.02.21	第181号	01頁08段		책임을통감金容元新副議長취임인사
1977.02.21	第181号	01頁01段		최종目標는祖国統一 金載華議長代行인사
1977.02.21	第181号	01頁04段		우리는民族史의주체 鄭在俊副議長
1977.02.21	第181号	01頁07段		한층더힘내싸울때金栄出統制委員長인사
1977.02.21	第181号	01頁12段		윤보선前大統領「上告理由書」에서「国民연합戦線」을제창
1977.02.21	第181号	01頁14段		流言蜚語
1977.02.21	第181号	02頁01段		当面한 情勢와 우리의 課題 第4回中央委員会報告
1977.02.21	第181号	03頁01段		76年度活動報告 한민통中央委
1977.02.21	第181号	03頁01段		尹潽善씨上告理由書 朴政権은즉각물러가야한다反朴政権国民聯合戦線을결정하자
1977.02.21	第181号	04頁01段		〈世界의良心은朴独裁를反対한다〉韓国民主化運動의불길西独、미국에서번져
1977.02.21	第181号	04頁06段		美国 韓国問題緊急国際会議의参席者들政治犯釈放을호소
1977.02.21	第181号	04頁01段	鄭敬謨	〈時評〉韓日議連代表団에게警告한다「不若豚犬」의徒輩는汝等
1977.02.21	第181号	04頁11段		経済時評 天井不知의物価高 날로 핍박해 가는 살림
1977.02.21	第181号	04頁11段		韓日議員聯盟総会 韓半島分断固定을획책
1977.02.21	第181号	04頁12段		日本外相 大陸붕協定비준에노력
1977.02.21	第181号	05頁01段		「対日뇌물美国보다훨씬巨額」 地下鉄차량去来総額中 3割이리베이트李在鉉 前駐美公報長이暴露
1977.02.21	第181号	05頁04段		「韓日」不正을추궁후쿠다政権궁지에日本国会

발행일	호	지면정보	필자	기사제목
1977.02.21	第181号	05頁08段		日本의政党등70市民団体 自主的平和統一을支持
1977.02.21	第181号	05頁10段		美下院388대0으로買収工作事件철저한규명을決議
1977.02.21	第181号	05頁12段		記録映画「민중의소리」上映会대성황
1977.02.21	第181号	05頁12段		韓日議連総会를규탄日韓連等会場부근서示威
1977.02.21	第181号	05頁01段		金大中氏拉致事件 드러나는真相 李厚洛部長이命令 金炯旭前中情部長이밝혀
1977.02.21	第181号	05頁09段		오늘의焦点 「一衣帯水」란웬말이냐韓国議員日本参拝団
1977.02.21	第181号	06頁01段		윤보선前大統領「上告理由書」一九七七年一月二十八日 朴政権은退陳하라 「維新憲法」은無効
1977.02.21	第181号	06頁01段	鄭敬謨	K君への手紙(45) 田中三億円収賄説 日本政府는世界의疑惑에答えよ
1977.03.01	第182号	01頁01段		〈人権탄압을止揚하라〉카아터美大統領의対韓政策을支持 韓美문제国際会議를연다 韓・美・日・英・仏・加・西独등여러나라각계각층著名人士들참가4月1日부터3日間뉴욕에서
1977.03.01	第182号	01頁06段		죠오지・월드씨등発起 約2백여명이적극協力
1977.03.01	第182号	01頁07段		積極支持를決定 第4回 韓民統中央委員会
1977.03.01	第182号	01頁09段		人権、政治、経済、軍事등4개分科委와全体会議
1977.03.01	第182号	01頁11段		커다란反響환기 KCIA방해박차고在美동포들적극협력
1977.03.01	第182号	01頁10段	양상기	〈뉴욕会議에各界人士반향〉会議의뜻과責任크다
1977.03.01	第182号	01頁11段	金君夫	〈뉴욕会議에各界人士반향〉그成功을빈다
1977.03.01	第182号	01頁13段	田英夫	〈뉴욕会議에各界人士반향〉時期的으로絶効의企画
1977.03.01	第182号	02頁01段	장석윤	편지C将軍에게
1977.03.01	第182号	02頁01段		〈더이상짓눌림을참을수없다仁川동일방직노동자들의闘争〉新旧기독교10개団体 闘争支援委를결성치 열했던농성투쟁御用労組의背信
1977.03.01	第182号	02頁08段		報道코멘트노예근성드러난"韓日合同国会"韓日議員連盟총회
1977.03.01	第182号	02頁10段		経済미니解説 서울땅속깊이 不正列車는달린다 韓日유착의 典型
1977.03.11	第183号	01頁01段		3.1절58주년기념・民主救国宣言1주년朴政権退陳要求在日韓国人大会 民主化闘争에3.1精神살려不屈의결의를다짐
1977.03.11	第183号	01頁07段		大会決議文
1977.03.11	第183号	01頁07段		第2의民主九国宣言 失政의責任을추궁 尹潽善咸錫憲씨등이署名
1977.03.11	第183号	01頁01段		本国계업뚫고3.1모임千6百名이明洞聖堂에金大中씨拘束人士 獄中서断食闘争
1977.03.11	第183号	01頁07段		緊急措置해제要求 民主統一党員250名이데모
1977.03.11	第183号	01頁12段		美軍철수変更없다카아터大統領言明

발행일	호	지면정보	필자	기사제목
1977.03.11	第183号	01頁13段		6年間에2万数千개韓国태아의신장天人強怒할非人間性
1977.03.11	第183号	02頁01段		韓美問題国際会議에큰期待 韓民統뉴욕委員長 金元国씨談話
1977.03.11	第183号	02頁01段		第2民主九国宣言 朴政権退陳要求書 全文 祖国은百尺竿頭가아니라千仞絶壁朴大統領은失政責任지고勇退하라
1977.03.11	第183号	02頁05段		〈三·一節〉58周年을맞이하여民団団員有志部들에게보내는呼訴文民団東京本部
1977.03.11	第183号	02頁10段		"우리를구하여주십시오"「인혁당」事件拘束者 全昌一씨부인의호소全州교도소의人権유린
1977.03.11	第183号	03頁01段		在日韓国人抑圧을규탄「対韓侵略및差別과싸우는全国交流開会」
1977.03.11	第183号	03頁06段		쓰레기통이된韓国 産業廃油、악질業者大量輸出
1977.03.11	第183号	03頁08段		「귓속말도 처벌」앞으로는 잠꼬대도!
1977.03.11	第183号	03頁01段		金大中씨를救出하라납치事件告発人団 日本検察에要望書
1977.03.11	第183号	03頁01段		3.1절58周年·民主教国宣言1周年 日本主要都市서民衆大会 在日同報独裁타도를결의
1977.03.11	第183号	03頁08段		李哲君 死刑확정 大法院判決 救援会가断食
1977.03.11	第183号	03頁10段		日本政府에人権救済를要求
1977.03.11	第183号	03頁12段		民主統一党編集長연행
1977.03.11	第183号	03頁13段		旬間日誌
1977.03.11	第183号	03頁15段		이스라엘의스턴열教授 金大中씨건강을우려한민통에서한
1977.03.11	第183号	04頁01段		脱児のじん臓を輸出 朴政権の「輸出許可証明」で毎年4千個
1977.03.11	第183号	04頁01段		〈3.1節 58周年民主教国宣言1周年 各地で在日韓国人大会開かる〉 朴政権退陳を要求윤보선氏の上告理由書を支持
1977.03.11	第183号	04頁01段		大会決議文
1977.03.11	第183号	04頁06段		〈장일담〉懲りる
1977.03.11	第183号	04頁10段	趙東弼	借款百億ドルの決算書(上)
1977.03.21	第184号	01頁01段		〈主張〉3月闘争의새로운양양団合된民衆의힘으로民主化를
1977.03.21	第184号	01頁01段		못살겠다일어서자1977年労働者人権宣言 緊急조치解除要求 明洞聖堂에1千5百名 労働3剣保障도要求
1977.03.21	第184号	01頁06段		経済예속에박차第9次韓日民間合同経済委員会
1977.03.21	第184号	01頁07段		겁먹은朴政権 民主人士를연금
1977.03.21	第184号	01頁08段		노동자人権宣言
1977.03.21	第184号	01頁11段		神戸商銀이不正融資 金大中씨납치事件前後에林秀根에4億円
1977.03.21	第184号	01頁11段		美軍철수를公式전달카아터·朴東鎮会議

발행일	호	지면정보	필자	기사제목
1977.03.21	第184号	02頁01段		韓日유착集中심의新韓碍子、 서울地下鉄問題추궁 日本国会
1977.03.21	第184号	02頁01段		〈時評〉人権局限派의운동은体制옹호운동이다
1977.03.21	第184号	02頁01段		強制연금자의声明文 全文
1977.03.21	第184号	02頁06段		東亜 事件2周年
1977.03.21	第184号	02頁08段		朝鮮 事件2周年
1977.03.21	第184号	02頁06段		유착의상징「新韓碍子」미니解説
1977.03.21	第184号	02頁10段		自民「中情」暗躍을외면 政治犯支援全国会議公開質問에日本各政党이回答
1977.03.21	第184号	02頁12段	千寛宇	「朝鮮」闘委에事必帰正
1977.03.21	第184号	03頁01段		〈朴政権의 罪悪을파헤치는빛나는民族知性 참된크리스찬이해야할史命〉咸世雄神父의上告理由書
1977.03.21	第184号	04頁01段		文政鉉神父의 上告理由書
1977.03.21	第184号	05頁01段	장석윤	편지C将軍에게
1977.03.21	第184号	05頁01段		在日大韓基督教会「維新」民団을비난民団中央「人権会議」에파문이것이民団의「良識」「福音新聞」강경히 사과를要求
1977.03.21	第184号	05頁04段		神奈川 3.1記念 가마꾸라集会盛況「韓民統」에연조금을기탁
1977.03.21	第184号	05頁09段		오늘의焦点 義로운 사람들 文益煥씨家門
1977.03.21	第184号	05頁10段		旬間日誌
1977.03.21	第184号	06頁01段		立ち上がる労働者 労働者人権宣言を発表
1977.03.21	第184号	06頁06段		「自由言論は国民への責務」「朝鮮日報」自由言論守護闘争委員長が談話
1977.03.21	第184号	06頁01段	鄭敬謨	K君への手紙(46) 女性は天の半分を支える
1977.03.21	第184号	06頁05段		〈장일담〉金朱烈君
1977.03.21	第184号	06頁09段	趙東弼	借款百億ドルの決算書(下)
1977.04.01	第185号	01頁01段		各界代表10名署名「民主救国憲章」発表 「民主国民聯合」에참가하자최선의勇気와創意力으로
1977.04.01	第185号	01頁06段		「민주구국헌장」
1977.04.01	第185号	01頁11段		日航과日本政府관여西独납치사건言明
1977.04.01	第185号	01頁01段		金大中씨등에最終刑確定 不当한裁判즉각처회하라 3.1民主救国宣言事件 大法院 全員上告를棄却判決
1977.04.01	第185号	01頁06段		朴政権、日本政府에圧力 韓民統幹部의再入国申請
1977.04.01	第185号	01頁11段		不当判決에엄중抗議 韓民統 記者会見에서声明
1977.04.01	第185号	02頁01段		池学淳主教 韓国노동운동의現実
1977.04.01	第185号	02頁01段		〈主張〉「民主救国憲章」을熱烈히支持하며그実現을위하여적극투쟁하자3.1民主救国宣言事件에대한不当한大法院判決을규탄한다
1977.04.01	第185号	02頁11段		〈時評〉카아터·후꾸다首脳의美日共同声明
1977.04.01	第185号	02頁11段		韓民統声明文(全文)

발행일	호	지면정보	필자	기사제목
1977.04.01	第185号	03頁01段		서울大生이궐기긴급조치철폐요구500名이집회「民主救国宣言」을결의
1977.04.01	第185号	03頁04段		韓国노동자가罷業 現代建設의착취대우에2千名이3日間 사우디·아라비아
1977.04.01	第185号	03頁09段		오늘의焦点 우리는기계가아니다
1977.04.01	第185号	03頁01段		非人道的인再入国不許可 電報로拒否를要請 朴大統領이日外務省에
1977.04.01	第185号	03頁03段		日本代表7名이참가韓美問題国際会議에
1977.04.01	第185号	03頁08段		金大中씨事件 日本自衛隊가관여
1977.04.01	第185号	03頁09段		朴政権 간첩사건을조작姜宇규씨등11名을拘束
1977.04.01	第185号	03頁08段		金敬得씨를採用 日本最高裁、司法研修生으로인정
1977.04.01	第185号	03頁13段		旬間日誌
1977.04.01	第185号	04頁01段		韓国民主闘争国民委員의ビラ全文 闘争宣言
1977.04.01	第185号	04頁01段	鄭敬謨	K君への手紙(47) ニューヨクでの韓米問題国際会議 運動史上画期的な意義
1977.04.01	第185号	04頁01段		「国民救国宣言は国民全体の意思」大法院判決を非難 韓民統など八団体が声明
1977.04.01	第185号	04頁06段		韓民統の声明(全文)
1977.04.11	第186号	01頁01段		〈카아터시의対韓公約을積極支持 韓·美·英·仏·日·西独등9개国에서100여著名人士참가"美国의새対韓政策촉구·韓美問題国際会議"가열리다〉韓国民衆투쟁에合流 全美国的인組織을決議
1977.04.11	第186号	01頁01段		美国의새対韓政策促求 韓美問題会議決議文
1977.04.11	第186号	01頁07段		韓民統日本本部대표出国不許 日本政府에嚴重抗議電報 会議앞서記者会見
1977.04.11	第186号	01頁11段		뉴욕国際会議 特輯(1) 所期의成果를祈願 韓民統이축하메세지在日8団体祝電内容
1977.04.11	第186号	01頁14段		流言蜚語
1977.04.11	第186号	02頁01段		全世界良識의讃辞받도록韓民統金載華議長代行메시지美国의対韓政策은正은両国民의참된友好에기여
1977.04.11	第186号	02頁07段		뉴욕会議 日本社会党메시지要旨
1977.04.11	第186号	02頁01段	金容元	美国은5천만을対象으로새政策을樹立하여야한다
1977.04.11	第186号	03頁01段		国土統一과民族自決을 적극支持 美軍撤退는当然 南侵위협은虚構
1977.04.11	第186号	03頁07段		韓国人権문제는焦眉"기도만으로는안된다"
1977.04.11	第186号	03頁11段		対外예속経済의悲哀 主人(日本)과奴隷(한국)
1977.04.11	第186号	03頁04段		〈「西独에서도国際会議열겠다」호레이덴버그教授의発言〉韓民統報告에깊은감명満場一致로決議採択
1977.04.11	第186号	04頁01段		뉴욕会議日本代表 青地晨씨의基調報告 죄범하는美日의対韓政策에韓日美民衆은연대의손을잡자
1977.04.11	第186号	04頁01段		뉴욕会議에참가한韓国人代表들声明全文 国内外의聯合戦線을提議

발행일	호	지면정보	필자	기사제목
1977.04.11	第186号	05頁01段		学生闘争격화4月革命記念日앞두고- 苦難宣言発表 코盟休 神学大 学徒護国団長이주동
1977.04.11	第186号	05頁01段		「人革党처형2周年」家族들의애절한呼訴
1977.04.11	第186号	05頁01段		뉴욕国際会議를크게報道 日本新聞 参加者談話소개
1977.04.11	第186号	05頁07段		良心犯과 그家族들의 宣言
1977.04.11	第186号	05頁13段		旬間日誌
1977.04.11	第186号	06頁01段		〈米国の新たな対韓政策を促す 韓米問題国際会議開かる〉カーター公約の実践迫る 全米的な運動展開を決議 韓・米・日・英・西独など9個国代表参加
1977.04.11	第186号	06頁01段		〈장일담〉道行く旅人よ···
1977.05.01	第187号	01頁01段		〈主張〉海内의모든韓国民은「民主国民聯合」에총결집하자
1977.05.01	第187号	01頁01段		〈각계각층을망라하는밤국민적조직〈民主国民聯合〉結成을宣言〉民主救国憲章署名運動推進本部를設置 権力의彈圧박차고署名運動 全国으로急進展
1977.05.01	第187号	01頁07段		4.19墓地에서乱闘 서울의名大学서宣言発表 4.19 17돐
1977.05.01	第187号	01頁08段		韓民統서支持声明
1977.05.01	第187号	01頁10段		署名陣し들을連衡
1977.05.01	第187号	01頁13段		"韓国事態는유감" 美国務省카아터報道官이声明
1977.05.01	第187号	01頁09段		金大中씨診療要望 韓民統、日本政府에
1977.05.01	第187号	02頁01段	죠오지·월드	〈美国의새対韓政策촉구韓美問題国際会議基調報告〉美国은趙南에서의過誤를韓国에서또다시犯할수는없다
1977.05.01	第187号	02頁01段	林昌栄	〈美国의새対韓政策촉구韓美問題国際会議基調報告〉「韓国은하나」라는再認識으로美国의새対韓政策이緊要하다
1977.05.01	第187号	03頁01段		〈「維新法」철폐하라〉非常九国決議宣言 서울工大·非常救国学生総会
1977.05.01	第187号	03頁01段		〈時評〉昌原軍需工業団地의性格 「国産」武器는어디까지「国産」인가
1977.05.01	第187号	03頁05段		韓民統声明文 金大中씨健康우려
1977.05.01	第187号	03頁05段		民主救国憲章署名운동·적극지지·韓民統声明
1977.05.01	第187号	03頁10段		서울大 民主救国宣言
1977.05.01	第187号	03頁10段		뉴욕国際会議주최자声明
1977.05.01	第187号	04頁01段		金大中先生上告理由書 全文
1977.05.01	第187号	05頁01段		金大中先生上告理由書 全文
1977.05.01	第187号	06頁01段		金大中先生上告理由書 全文
1977.05.01	第187号	06頁01段	장석윤	편지C将軍에게뉴욕在住 장석윤
1977.05.01	第187号	07頁01段		西独拉致事件 崔德新 前駐西独大使를拷問견디지못해悲鳴 尹伊桑씨뉴욕会議서밝혀
1977.05.01	第187号	07頁01段		4月革命17周年 在日韓国人青年中央集会 民主救国憲章支持 韓青弾圧책동을규탄

발행일	호	지면정보	필자	기사제목
1977.05.01	第187号	07頁05段		韓青을 謀略 中傷 民主勢力과分断노려朝鮮日報가날조記事
1977.05.01	第187号	07頁06段	安商道	不当한除名処分 在山口民団幹部 安商道
1977.05.01	第187号	07頁10段		日警、韓青을家宅捜査「椎名메모」실시에主力
1977.05.01	第187号	07頁11段		明洞을누빈데모기독교青年、朴退陳을要求
1977.05.01	第187号	07頁13段		句間日誌
1977.05.01	第187号	08頁01段	鄭敬謨	K君への手紙(48) 帝国主義の残滓 サタンの悪智慧 日本キリスト教会内にも
1977.05.01	第187号	08頁05段		〈장일담〉偉大なオモニ(母)
1977.05.01	第187号	08頁05段		韓国人は日本のガードマンか
1977.05.01	第187号	08頁01段	林昌栄	韓米問題国際会議 報告文 民主、独立、祖国統一を指向して
1977.05.11	第188号	01頁01段		〈主張〉5.16徒党의血債와民族史上의客観的評価
1977.05.11	第188号	01頁01段		民主救国憲章 署名運動全国범위로咸錫憲씨등強力展開를호소海外同胞도積極支持表明
1977.05.11	第188号	01頁06段		韓美問題国際会議報告会 새対韓政策에이바지日本代表団 韓日権力유착도비판
1977.05.11	第188号	01頁12段		姜宇奎씨救援開発足 秘密急速度재판을규탄
1977.05.11	第188号	01頁09段		金大中씨断食闘争 晋州교도소서、대우개선要求 로우타스賞전달朴政権이入国拒否 金芝河씨
1977.05.11	第188号	01頁01段		美法務省険事 成秉春 駐美大使에亡命권유
1977.05.11	第188号	01頁09段		救国憲章署名中間報告 維新体制를打破하고民権의승리를쟁취하자
1977.05.11	第188号	01頁15段		流言蜚語
1977.05.11	第188号	02頁01段		〈時評〉急激히닥아오는새로운国際環境 朴政権의孤立은深化一路
1977.05.11	第188号	02頁01段	閔寛治	〈韓美問題 国際会議各界人士의報告〉閔寛治東大教授 日本의政治構造는美国의새対韓政策에장애
1977.05.11	第188号	02頁07段	官崎繁樹	〈韓美問題 国際会議各界人士의報告〉韓国에서人権弾圧廃止와政治犯의즉시釈放을官崎繁樹明大教授
1977.05.11	第188号	02頁11段		政治犯救援国際常設組織설치를
1977.05.11	第188号	03頁01段	文益煥	〈3.1法廷의語録ー16人士最終陳述〉文益煥목사自由、平和、統一에의巨大한발걸음내딛자
1977.05.11	第188号	03頁05段	尹潽善	〈3.1法廷의語録ー16人士最終陳述〉尹潽善씨法廷은「日帝法廷」이나라는世界의孤児
1977.05.11	第188号	03頁01段	장석윤	편지C将軍에게 駐韓美軍을依存하느냐?
1977.05.11	第188号	03頁10段		句間日誌
1977.05.11	第188号	04頁01段	閔寛治	〈韓米問題国際会議報告会〉日本の政治構造は米国の新しい対韓政策には障害 東大享受 閔寛治
1977.05.11	第188号	04頁07段	飯沼二郎	〈韓米問題国際会議報告会〉韓国経済は完全な破産状態莫大な借金、返済できない朴政権 京大教授 飯沼二郎

발행일	호	지면정보	필자	기사제목
1977.05.11	第188号	04頁09段		〈장일담〉番犬
1977.05.11	第189号	01頁01段		民主救国憲章의길우리는침묵을끼고일어나헌장공동체속에서행동하자
1977.05.11	第189号	01頁01段		民主救国憲章서명운동海外동포총궐기日本・美洲・유럽各地域에推進本部設置 "民主国民聯合"에合勢韓民統非本본부 緊急全国代表者会議서決議
1977.05.11	第189号	01頁05段		民主救国憲章 서명운동지침
1977.05.11	第189号	01頁10段		流言蜚語
1977.05.11	第189号	02頁01段		流浪의판자집빈민들나의설땅은어데냐빈번한撤去소동허울좋은「高度成長」
1977.05.11	第189号	02頁01段		〈時評〉本国紙들韓民統中傷 제꾀에넘어간朴政権의侍女
1977.05.11	第189号	02頁08段		3.1法廷의語録② 6人生最終陳述 李兌栄변호사무엇이죄란말이냐세상이다알고있는데
1977.05.11	第189号	02頁08段	閔寛治	国際会議報告演説 탈락된真実－韓日美関係公文書-閔寛治
1977.05.11	第189号	02頁14段		日韓連결성3周年 「大陸붕」反対토론
1977.05.11	第189号	03頁01段		朴政権공갈・협박을指令 宇都宮議員을위협維新民団中央이組織的으로
1977.05.11	第189号	03頁03段		KCIA가暗殺指令 美紙보도在美同胞朴永来씨를
1977.05.11	第189号	03頁07段	장석윤	편지C将軍에게뉴욕住在 프장석윤 땅굴騒動의知能
1977.05.11	第189号	03頁01段		〈美軍철수着手 年内에도〉軍事的으로必要없다韓美両政府正式협의불안과공포에떠는朴政権
1977.05.11	第189号	03頁07段		철수反対주장한駐韓美軍参謀長을召喚 美政府政策실시를再表明
1977.05.11	第189号	03頁10段		韓青이文化祭 文化와政治의一致를추궁
1977.05.11	第189号	03頁08段		李哲君에알리바이東京弁護士会가증거発表
1977.05.11	第189号	03頁13段		旬間日誌
1977.05.11	第189号	04頁01段		最後까지民主化闘争을 韓米問題国際会議를終えて
1977.05.11	第189号	04頁05段		〈経済時評〉「高度成長」の中味
1977.05.11	第189号	04頁05段	장석윤	C将軍への手紙 最後의保塁、韓国陸軍士官学校
1977.05.11	第189号	04頁12段		〈장일담〉呪われた言葉
1977.05.11	第189号	04頁01段		「教科書検認定」不正事件(中) 企業이教育課程을左右
1977.06.01	第190号	01頁01段		〈韓美協議4～5年内에段階的撤軍〉戦争再発可能性없다駐韓美軍철수 実施段階에
1977.06.01	第190号	01頁06段		韓日民衆 연대강화위해 페스티발"서울로가는길" 10日부터文化公演
1977.06.01	第190号	01頁08段		梁一東씨、党首에再選 民主とういつ 유신헌법철폐要求
1977.06.01	第190号	01頁11段		긴급조치해제不可 朴正煕・李哲承会談

발행일	호	지면정보	필자	기사제목
1977.06.01	第190号	01頁01段		의혹짙은大陸붕協定 日国会에서비준새로운韓日의 검은유착
1977.06.01	第190号	01頁10段		유신체제비판에겁鍾路中区補選 共和党不参 選挙없이"国民総和"
1977.06.01	第190号	02頁01段		海外勧告人の言論活動 出版物照会「海外韓民報」
1977.06.01	第190号	02頁05段		「教科書検認定」不正事件(下) 脱税額なんと127億ウォン
1977.06.01	第190号	02頁01段		民主救国憲章署名運動 立ち上がる海外同胞 日、米など世界各地で
1977.06.01	第190号	02頁01段	鄭敬謨	K君への手紙(49) 「反韓人士」を"消" 朴政権の高まる狂暴性
1977.06.01	第190号	02頁09段		〈장일담〉「女工哀史」
1977.06.01	第191号	01頁01段		〈海外同胞에게보내는呼訴文〉海外의모든韓国同胞들은本国의民主化를위한民救国憲章署名運動에 총결집하자!-民主救国憲章署名運動 海外同胞推進委員会ー
1977.06.01	第191号	01頁09段		朴政権의조작尹孝同事件 韓民統헐뜯는모략극金大中씨의抹殺을기도
1977.06.01	第191号	01頁09段		海外同胞、署名운동에궐기 日美유럽에推進本部 民主人士200여名이호소문발표
1977.06.01	第191号	01頁14段		流言蜚語
1977.06.01	第191号	02頁01段		〈共同談話 金載華韓民統議長代行 鄭在俊金大中先生救対委長〉韓民統을헐뜯기위한司笑로운尹孝同事件
1977.06.01	第191号	02頁09段		〈時評〉美軍撤収와民主化의要求"나가라·안된다"의距離같은祈願·같은希求
1977.06.01	第191号	03頁01段	장석윤	C将軍에게겉마을運動
1977.06.01	第191号	03頁01段		韓国의悲劇과프랑스国民-前루·몽드紙記者 알랭·북
1977.06.01	第191号	03頁11段		〈3.1法廷의語録(3)6人士最終陳述〉피와땀으로解放과民主主義를되찾자 安煥茂씨
1977.06.01	第191号	03頁11段		〈3.1法廷의語録(3)6人士最終陳述〉理論도思想도없는朴政権을支持할수없다咸錫憲씨
1977.06.01	第191号	04頁01段		〈金載華韓民統議長代行 鄭在俊金大中先生救対委長共同談話〉韓民統을中傷하기위한愚しい尹孝同事件
1977.06.01	第191号	04頁01段		海外同胞へノアピール 海外のすべての韓国同胞は本国の民主化のための民主救国憲章署名にこぞって立ちあがろう! 民主救国憲章署名運動海外同胞推進委員会
1977.06.01	第192号	01頁01段		尹昌五씨(터키駐在公館長)亡命 民族시보미주支社를찾아와
1977.06.01	第192号	01頁01段		〈美議会매수工作전모폭로〉朴正熙辞任을主張 韓美間不和에박차박정희스위스에秘密口座 朴東宣은KCIA
1977.06.01	第192号	01頁01段		"죽는것이사는것"文益煥씨断食闘争

발행일	호	지면정보	필자	기사제목
1977.06.01	第192号	01頁08段		中国이嚴重항의韓日大陸붕定成立에
1977.06.01	第192号	01頁10段		韓日문제에焦点을日韓連 参議院選挙에要求
1977.06.01	第192号	01頁10段		核武器도完全철거米年末까지6千名철수美政府가言明
1977.06.01	第192号	01頁08段		「쟈팡/라인」과日本興銀에美議会가召喚状
1977.06.01	第192号	01頁13段		"뇌물받았느냐"美下院이議員全員에質問状
1977.06.01	第192号	01頁15段		流言蜚語
1977.06.01	第192号	02頁01段	尹潽善	〈時評〉카아터大統領에게 韓国民衆은美国의国益을위한手段·道具가아니다
1977.06.01	第192号	02頁05段		北美기독교学者가発表한韓国의民主回復과人権問題에관한宣言文
1977.06.01	第192号	02頁06段	文東煥	3.1法廷의語録③ 16人士最終陳述 一糸不乱의指示政治
1977.06.01	第192号	02頁06段	徐南同	3.1法廷의語録③ 16人士最終陳述 脇役은栄光이다
1977.06.01	第192号	02頁09段	成世雄	3.1法廷의語録③ 16人士最終陳述 빛의世界는勝利하리 成世雄 神父
1977.06.01	第192号	02頁10段	成世雄	3.1法廷의語録③ 16人士最終陳述 새마을運動은허위鄭一亨議員
1977.06.01	第192号	03頁01段		在日韓国人政治犯救援 華族·僑胞会결성
1977.06.01	第192号	03頁09段		姜宇奎씨에死刑求刑
1977.06.01	第192号	03頁01段		西独 韓独人士토론회韓国은第2의베트남인가
1977.06.01	第192号	03頁07段		朴正熙심복정건영의東亜相互企業이倒産
1977.06.01	第192号	03頁01段		페스티발「서울로가는길」韓青文化公演盛大히開幕
1977.06.01	第192号	03頁06段		오늘의 焦点 굶을대로굶은世上 늘어나는都市貧民과犯罪
1977.06.01	第192号	03頁13段		旬間主要日誌
1977.06.01	第192号	04頁01段		海外勧告人の言論活動 出版物照会② 「女同(여동)」-7.4声明の実践めざす-
1977.06.01	第192号	04頁01段		〈文化〉うごめく"動物的人間" だれのための「高度成長」か
1977.06.01	第192号	04頁05段		政治犯僑胞の会結成アピール
1977.06.01	第192号	04頁09段		〈장일담〉 私の星よ
1977.06.01	第192号	04頁05段	梁性佑	純粋な言語と切実な言語(上)
1977.07.01	第193号	01頁01段		〈主張〉日本政府는金大中事件의진상을발표하고즉각原状을回復하라=金洞旭씨의証言은성실한것이다=
1977.07.01	第193号	01頁01段		〈金大中씨납치事件 日本警察은알고있었다尾行하는KCIA를사진촬영〉美議会매수工作은朴独裁政権연명책金洞旭証言
1977.07.01	第193号	01頁01段		「KCIA의犯行」다까하시前警察庁長官이発言
1977.07.01	第193号	01頁10段		事件調査特別李설치要求 韓民統·救出対策委가日本国会에

발행일	호	지면정보	필자	기사제목
1977.07.01	第193号	02頁01段		〈時評〉6.25는 누구의 잘못인가
1977.07.01	第193号	02頁01段	문익환	국내외 교우들에게 보내는 메시지 전주교도소에서 문익환
1977.07.01	第193号	02頁04段	李愚貞	3.1法廷의語録③ 16人士最終陳述 로보트人間을만드는朴政権
1977.07.01	第193号	02頁01段		金洞旭증언에관하여발표된韓民統·救対委共同声明文
1977.07.01	第193号	02頁10段		민족시보·美洲支社設置를축하합니다!
1977.07.01	第193号	03頁01段		金大中씨납치事件 韓日両政府는 国民앞에 真相을밝혀라!프레이저委員長言明 KCIA行動은日本의主権침해
1977.07.01	第193号	03頁05段		金洞旭証言内容 金大中씨납치事件
1977.07.01	第193号	03頁01段		真相규명계속하라 日本의各新聞社説
1977.07.01	第193号	03頁07段	장석운	편지C将軍에게 誠実·報復·反比例의法則
1977.07.01	第193号	03頁10段		李姫鎬女史「義務를다하라」日本政府에분을表明
1977.07.01	第193号	03頁11段		姜宇奎씨에死刑 教援会가규탄集会
1977.07.01	第193号	03頁13段		旬間主要日誌
1977.07.01	第193号	04頁01段	梁性佑	純粋な言語と切実な言語(下)
1977.07.01	第193号	04頁01段		金大中先生の原状回復を実現せよ!韓民統·救対委、金証言で対日要求
1977.07.01	第193号	04頁04段		海外勧告人の言論活動 出版物照会③ チュチェ(主体)
1977.07.01	第193号	04頁04段	鄭敬謨	K君への手紙(50) 6.25動乱とアメリカの責任－殺し合いの舞台は誰がしつらえたか－
1977.07.01	第193号	04頁09段		〈장일담〉暗闇と真実
1977.07.01	第193号	04頁13段		民主救国憲章署名運動적극지지·韓民統声明
1977.07.11	第194号	01頁01段		〈主張〉南北対話는民主政府의손으로=7.4共同声明発표5周年에즈음하여=
1977.07.11	第194号	01頁01段		〈金大中先生의原状回復実現하라〉緊急民衆集会서要請납치는KCIA犯行金洞旭씨증언높이評価
1977.07.11	第194号	01頁10段		日政府에要請書전달韓民統首相発言을비판
1977.07.11	第194号	01頁11段		要請書要旨
1977.07.11	第194号	01頁12段		후꾸다首相에再捜査要求 金大中씨事件 告発人団
1977.07.11	第194号	01頁14段		「개는짖어도歴史는전진한다」난동부린KCIA集団
1977.07.11	第194号	01頁15段		流言蜚語
1977.07.11	第194号	02頁01段		朴政権과의유착청산하라윤보선씨、福田首相에書翰
1977.07.11	第194号	02頁09段		고바우영감
1977.07.11	第194号	02頁09段		〈経済時評〉付加価値税「짜면나온다」加重되는税金으로庶民生活날로핍박
1977.07.11	第194号	02頁01段	鄭在俊	〈金大中先生原状回復要求緊急集会報国文〉日本国会에調査委설치하라

발행일	호	지면정보	필자	기사제목
1977.07.11	第194号	03頁01段		〈美下院国際機構小委員会韓国人権問題聴聞会 金洞旭前中央情報部長冒頭声明〉韓国의人権弾圧과美地上軍의撤収
1977.07.11	第194号	03頁01段		〈美下院国際機構小委員会韓国人権問題聴聞会 金洞旭前中央情報部長冒頭声明〉維新独裁成立과정과그여파
1977.07.11	第194号	03頁05段		〈美下院国際機構小委員会韓国人権問題聴聞会 金洞旭前中央情報部長冒頭声明〉共和党政権의実相 1961～1972
1977.07.11	第194号	04頁01段		〈金洞旭씨冒頭声明계속〉韓美関係의現段階에대한나의見解
1977.07.11	第194号	04頁01段		조국통일운동연합체「美洲民主国民聯合」창립
1977.07.11	第194号	04頁11段		민족시보미주지사설립을축하합니다
1977.07.11	第194号	05頁01段		〈金洞旭씨暴露KCIA와日本警察간에情報交換의「秘密協定」〉証言中止를강요회유·협박·암살을획책 朴大統領이密使파견
1977.07.11	第194号	05頁05段		「共同捜査」를규탄在日韓国人政治犯家族구명委설치를要求
1977.07.11	第194号	05頁09段		朴政権이보복기도
1977.07.11	第194号	05頁10段		프레이저씨가警告
1977.07.11	第194号	05頁13段		旬間主要日誌
1977.07.11	第194号	05頁01段		金大中씨原状回復要求 日韓連連 警視庁에항의
1977.07.11	第194号	05頁01段		韓日問題各政党회답
1977.07.11	第194号	05頁06段	장석윤	편지C将軍에게윤 "나를따르라"
1977.07.11	第194号	06頁01段		〈金大中先生原状回復要求緊急集会報国文〉政治決着を白紙に戻し特別調査委を設置せよ
1977.07.11	第194号	06頁01段	姜菊姫	無実の父をわたしたちに帰して下さい
1977.07.11	第194号	06頁05段		川は死にかかっている(上)汚水をのまれる韓国人
1977.07.11	第194号	06頁08段		〈장일담〉"いいかげんな"首相
1977.07.11	第194号	06頁12段		海外勧告人の言論活動 出版物照会④ 統一祖国 在仏同胞の代弁護
1977.07.21	第195号	01頁01段		〈主張〉釈放은当然한権利 朴政権은改悛을表示하라=고식적奸計는自滅을초래할뿐=
1977.07.21	第195号	01頁01段		〈全政治犯을無条件석방하라고식적인「寛容釈放」〉朴政権14名을석방国内外民主化투쟁의성과
1977.07.21	第195号	01頁01段		〈全政治犯을無条件석방하라고식적인「寛容釈放」〉金大中씨"끝까지싸우리"「独裁와의타협없다」
1977.07.21	第195号	01頁08段		日本各地 번져가는憲章署名운동朴政権에反対하는署名이라면무엇이든지하겠다
1977.07.21	第195号	01頁09段		무조건석방을요구 民主統一党이데모
1977.07.21	第195号	01頁09段		釈放人士명단
1977.07.21	第195号	01頁12段		〈97回임시国会〉「時局建議案」을채택改悛을전제한석방

발행일	호	지면정보	필자	기사제목
1977.07.21	第195号	01頁09段		납치는KCIA犯行 美国防総省情報局이断定
1977.07.21	第195号	01頁10段		하비브次官訪韓
1977.07.21	第195号	01頁15段		流言蜚語
1977.07.21	第195号	02頁01段		〈資料〉緊急措置 위반구속人士명단
1977.07.21	第195号	02頁01段		97回臨時国会 与野共同제출결의안
1977.07.21	第195号	02頁01段		韓国民主化연합운동北美洲機構를결성
1977.07.21	第195号	02頁06段	金汝貞	〈詩〉비
1977.07.21	第195号	02頁10段		民主主義의回復을要求 尹潽善씨 등 10名
1977.07.21	第195号	02頁10段	李文永	3.1法廷의語録③ 16人士最終陳述「아偉 大한국민」
1977.07.21	第195号	03頁01段		〈「政治決着」金大中씨事件키시(岸信介)가介入不正事件서울地下鉄 검은유착헤치는金洞旭씨〉不正·腐敗를助長 朴政権을支援 日本自民党과商社
1977.07.21	第195号	03頁05段		福田首相을비난정세보며罪状告発을
1977.07.21	第195号	03頁08段		核独自開発을企図 朴政権 千層政策강화에혈안
1977.07.21	第195号	03頁10段		하또야마外相 KCIA犯行을 시인
1977.07.21	第195号	03頁11段		"金品받았다"美議員115名이시인美議会 工作
1977.07.21	第195号	03頁13段		旬間主要日誌
1977.07.21	第195号	03頁01段		파리서「韓仏」토론회韓国民의闘争을支持
1977.07.21	第195号	03頁03段		人権救済구체화를在日韓国人政治犯救援 日本政府에要求
1977.07.21	第195号	03頁07段		〈오늘의焦点〉民団 "대접"은누가받나日本極右부재세력의"종"유신民団
1977.07.21	第195号	04頁01段		〈集中豪雨、死亡300人超す〉被害額二六〇億ウォン 政策貧困に大きな原因
1977.07.21	第195号	04頁05段		工団水びたし、輸出に打撃
1977.07.21	第195号	04頁08段		〈장일담〉〈ソウルへの道·フェスティバル〉
1977.07.21	第195号	04頁12段		海外勧告人の言論活動 出版物照会⑤「故国消息」
1977.07.21	第195号	04頁12段		映画貸出しご案内
1977.07.21	第195号	04頁01段		日本政府はすべての在日韓国人「政治犯」の人権救済のための具体的措置を取れ!
1977.07.21	第195号	04頁06段		川は死にかかっている(下)飲み水から黒い沈澱物
1977.08.01	第196号	01頁01段		〈主張〉日本政府의再考를촉구한다프레이져委員長의초청을받은韓民統간부에대한再入国거부
1977.08.01	第196号	01頁01段		非人道的인조치시정하라日本政府 韓民統幹部의再入国거부美下院国際小委가초청金大中씨事件등調査위해
1977.08.01	第196号	01頁01段		초청은公式的인것 프레이저委員長이言明
1977.08.01	第196号	01頁07段		韓民統이 幹部会議
1977.08.01	第196号	01頁09段		6千名이78年度까지韓美共同声明
1977.08.01	第196号	01頁09段		流言蜚語
1977.08.01	第196号	02頁01段	문호근	아버님文益煥목사의면담記録(上)

발행일	호	지면정보	필자	기사제목
1977.08.01	第196号	02頁01段		韓民統声明文
1977.08.01	第196号	02頁01段	金洞旭	内外国民에보내는特別声明要旨
1977.08.01	第196号	03頁01段		〈民主回復을위해再投獄각오하고계속투쟁하리〉申鉉奉神父등釈放人士표명「反省」工作을낱낱이폭로寬容釈放극수포로民主人士결의다짐独裁와의타협없다千君父親이憤死
1977.08.01	第196号	03頁01段		서울地下鉄不正 朴政権에200만달라金洞旭씨폭로日本이 政治資金
1977.08.01	第196号	03頁01段		軍事援助는朴大統領辞任을条件으로
1977.08.01	第196号	03頁01段		카아터大統領께 보내는 탄원서
1977.08.01	第196号	03頁07段		趙重勳、田中에一億円 小佐野를통해、自民党総裁選때
1977.08.01	第196号	03頁08段		오늘의焦点 朴政権下知識人의한모습제3世界映画祭에「雪国」을
1977.08.01	第196号	03頁10段		旬間主要日誌
1977.08.01	第196号	03頁13段		民族時報美洲支社설립축하
1977.08.01	第196号	04頁01段	金洞旭	内外国民に送る特別声明要旨 独裁打倒に向けて
1977.08.01	第196号	04頁01段		公害を追って 汚染進む南東海①〈迎日湾〉
1977.08.01	第196号	04頁07段		〈장일담〉吠主
1977.08.01	第196号	04頁10段		再入国拒否に関連 韓民統声明文
1977.08.01	第196号	04頁11段		海外勧告人の言論活動 出版物照会⑥「韓民新報」民族意識を鼓吹
1977.08.11	第197号	01頁01段		〈主張〉民主政府의実現없이는人権은없다-金大中先生납치네돎을맞이하여-
1977.08.11	第197号	01頁01段		金大中先生를구출하자납치사건네돎在日韓国人集会 世界여론은真相구명을바라고있다原状回復실현하라日本政府에강경히요구
1977.08.11	第197号	01頁11段		流言蜚語
1977.08.11	第197号	01頁12段		祝!海外勧告人民主運動代表者会議
1977.08.11	第197号	02頁01段		朴政権糾弾文 8.7民衆大会参加者一同/日本首相에보내는要請書 金大中先生救出対策委員会
1977.08.11	第197号	02頁01段	문호근	아버님文益煥목사DML 면담記録(下)문호근
1977.08.11	第197号	02頁11段		韓国의民主主義는반드시復活할것이다이희호女史에게宇都宮徳馬
1977.08.11	第197号	03頁01段		〈샅샅이드러나는真相 金大中先生連行船은竜金号〉KCIA가連行
1977.08.11	第197号	03頁06段		〈샅샅이드러나는真相 金大中先生連行船은竜金号〉6名의工作팀이납치
1977.08.11	第197号	03頁10段		美国에調査団 日本社会党
1977.08.11	第197号	03頁09段		出港직전에태웠다 竜金号船員이증언
1977.08.11	第197号	03頁09段		国際的連帯運動에노력国際連帯·강연과영화의밤
1977.08.11	第197号	04頁01段		〈ら致事件の真相を解明し金氏の原状回復をはかれ〉金大中先生救対委の福田首相あて要請文/金大中氏事件の解決を求めて国民集会決議文

발행일	호	지면정보	필자	기사제목
1977.08.11	第197号	04頁01段		公害を追って 汚染進む南東海②〈九竜浦ー蔚山〉
1977.08.11	第197号	04頁07段		今度は早ばつ 灼熱の嶺・潮南 米作に大打撃　途力にくれる農民
1977.08.11	第197号	04頁12段		〈장일담〉歴史への償い
1977.08.11	第197号	04頁12段		農村女性は疲れきっている　韓国カトリック研究会が発表
1977.08.21	第198号	01頁01段		〈민주민족통일해외한국인연합창립海外韓国人民主運動代表者会議11개국에서100여명참가〉民主聯合政府樹立期해百万海外同胞대연합実現
1977.08.21	第198号	01頁01段		창립선언 강령
1977.08.21	第198号	01頁13段		決議文
1977.08.21	第198号	02頁01段		〈反維新・民主救国運動에우리모두손잡고나가자!〉내외동포에보내는호소문海外韓国人民主雲江土代表者会議
1977.08.21	第198号	02頁01段		우리의투쟁은 광복투쟁이다 민구구국헌장서명추진운동본부
1977.08.21	第198号	02頁07段		海外勧告人民主運動代表者会議・사진特集
1977.08.21	第198号	03頁01段	裵東湖	海外金黒人民主運動代表者会議 기조보고①
1977.08.21	第198号	04頁01段		〈民主民族統一海外勧告人連合結成 主民族統一運動에 新次元海外勧告人民主運動代表会議で〉創立淵源
1977.08.21	第198号	04頁01段		〈民主民族統一海外勧告人連合結成 民主民族統一運動에 新次元海外勧告人民主運動代表会議で〉声明 われらの闘争は独立をとり戻す闘争
1977.08.21	第198号	04頁01段		国内外同胞に送るアピール
1977.09.11	第199号	01頁01段		〈主張〉歴史的인「韓民聯」創立은民主救国運動의새章을장식
1977.09.11	第199号	01頁01段		日本外国特派員協会세미나아美軍철수、統一問題등民主統一運動의一元化裵東湖議長이強調
1977.09.11	第199号	01頁04段		光複節32周年 韓民聯結成을宣不 在日民主団体가記念大会　熱烈히歓迎
1977.09.11	第199号	01頁09段		韓国問題国際심포지움外国人士등30여名参席
1977.09.11	第199号	01頁10段		運動的一体化획책韓民統등이규탄声明　韓日閣僚会議
1977.09.11	第199号	01頁14段		流言蜚語
1977.09.11	第199号	02頁01段	金載華	〈民主救国運動의새章을装飾한「韓民聯」創立 朴政権打倒하고 民主聯合政府樹立하여祖国統一이룩하자〉開会辞 民主民族統一期해
1977.09.11	第199号	02頁07段	鄭在俊	〈民主救国運動의새章을装飾한「韓民聯」創立 朴政権打倒하고 民主聯合政府樹立하여祖国統一이룩하자〉歓迎時 歴史的인海外同胞会議
1977.09.11	第199号	02頁07段	鄭在俊	〈民主救国運動의새章을装飾한「韓民聯」創立 朴政権打倒하고 民主聯合政府樹立하여祖国統一이룩하자〉民主回復里程標세운偉業

발행일	호	지면정보	필자	기사제목
1977.09.11	第199号	03頁01段		〈民主救国運動의새章을裝飾한「韓民聯」創立 朴政権打倒하고 民主聯合政府樹立하여祖国統一이룩하자〉維新暴漢들이乱入 피로써抗拒한韓青員흉기들고会場被撃 日警、意図的인放置
1977.09.11	第199号	04頁01段		〈解放위한聯合戦線「韓民聯」이出帆〉젊은피로지켜낸民主基地
1977.09.11	第199号	04頁01段	李竜雲	〈메시지〉軍隊는厳正中立을
1977.09.11	第199号	04頁04段	文在麟	〈메시지〉韓国民主義의曙光
1977.09.11	第199号	05頁01段	朴昌栄	海外韓国人民主運動代表者会議기조보고②
1977.09.11	第199号	05頁01段	金在俊	〈메세지〉反独裁·民主建設을韓国民主化北美聯合運動·議会
1977.09.11	第199号	06頁01段	尹伊桑	海外韓国人民主運動代表者会議기조보고③
1977.09.11	第199号	06頁01段	崔碩男	〈메세지〉自主民主統一의뜻
1977.09.11	第199号	06頁01段		海外韓国人民主運動 代表者会議를祝賀한다
1977.09.11	第199号	06頁01段		「韓日閣僚会議」를糾弾하는韓民統등在日8団体声明
1977.09.11	第199号	06頁01段	裵東湖	海外韓国人民主運動代表者会議 基調報告
1977.09.21	第200号	01頁01段		在美同胞 韓民聯창립報国大会 적극적参与결의海外韓国人会議방해한日本政府를비난
1977.09.21	第200号	01頁08段		議長에송정율씨韓民統美国本部총회
1977.09.21	第200号	01頁02段		〈韓民聯으로군게뭉치자보다높은政治斗争展開결의〉韓民統제5回臨時中央委員会
1977.09.21	第200号	01頁09段		武器供与、긴장완화에逆行 対韓政策全面è正을 맥거번上院議員이主張 朴政権은専制君主 韓国문제美日議員会議
1977.09.21	第200号	01頁10段		美日議員会議워싱턴
1977.09.21	第200号	01頁11段		맥거번演説要旨
1977.09.21	第200号	02頁01段		〈KCIA는有罪 金大中事件国民法廷〉原状回復 실현要求「韓国公権力行使는明白」
1977.09.21	第200号	02頁01段		西独안의韓人감옥 合宿所生活강요 大使館反共「教養」에혈안派独광부
1977.09.21	第200号	02頁06段	장석윤	편지C将軍에게뉴욕在日予備役大領장석윤 韓民統이反韓団体면朴東宣은愛国人士냐
1977.09.21	第200号	02頁08段		金大中씨事件 国会청원署名運動 日本各界各層에서 調査特別委설치要求
1977.09.21	第200号	02頁08段		民団東本 関東大震災同胞慰霊祭
1977.09.21	第200号	02頁10段		白玉光씨에게새알리바이「入北」은完全한날조救援会 刑執行저지에全力
1977.10.01	第201号	01頁01段		〈主張〉노동투쟁의새로운발전=최수의승리를전취하라=
1977.10.01	第201号	01頁02段		〈韓美間에찬바람、朴政権苦境 御用言論총동원 反美캠페인〉孫領事在뉴욕中情総責美에亡命 매수工作전모를暴露 海外公館員에큰충격
1977.10.01	第201号	01頁04段		朴政権 美、朴東宣을기소 美柄引渡、거부朴外務를美에急派

발행일	호	지면정보	필자	기사제목
1977.10.01	第201号	01頁08段		事件真相공표要求 NCC등内国여론朴政権責任져야
1977.10.01	第201号	01頁09段		「日本政府는犯人熟知」키신저가教命約束「殺害中止」美日이협조 金大中씨납치直後
1977.10.01	第201号	01頁10段		〈노동三権회복要求 尹潽善씨등民主人士15명〉本国民主化투쟁
1977.10.01	第201号	01頁15段		流言蜚語
1977.10.01	第201号	02頁01段	申鉉奉	3.1法廷의語録(7)16人士最終陳述 独裁는言語道断 申鉉奉神父
1977.10.01	第201号	02頁12段	李海東	検事는人造人間
1977.10.01	第201号	02頁01段		〈더이상죽어만갈수는없다!〉장기표씨「民衆의소리」作者 最終陳述
1977.10.01	第201号	03頁01段		活火山같은노동자들의치솟는憤怒 人権요구、警察과投石戦〉노동三権내놓아라!女工200여명농성李小仙女史연행에抗議분신自殺기도청계피복노동자
1977.10.01	第201号	03頁01段		活火山같은노동자들의치솟는憤怒 人権요구、警察과投石戦〉노동三権내놓아라!労働庁앞서연좌集会동료事故死悪徳企業主단속要求
1977.10.01	第201号	03頁01段		決死宣言 平和市場노동자 자!나가자!600만노동자들이여
1977.10.01	第201号	03頁09段		기도회에참가한女工을不当해고 都市産業宣教会에대한弾圧
1977.10.01	第201号	03頁10段		가엾은 버스안내양의 죽음 어린少女들에 가혹한 노동착취
1977.10.01	第201号	03頁13段		高銀詩人의 연행
1977.10.01	第201号	04頁01段		公害를追って 汚染進む南東海③ 〈長生浦〉
1977.10.01	第201号	04頁01段		独裁下의血의叫び わたしたちを助けて下さい! 紡績女工ソンさんの訴え
1977.10.01	第201号	04頁03段		虐待されている労働者「産業宣教会不法」規定に抗議十一의都市宣教会가共同声明
1977.10.01	第201号	04頁10段		〈장일담〉"お金のためなら‥"
1977.10.01	第201号	04頁11段	朴賛雄	福田首相への公開質問状 福田さん!あなたの発言と措置とを連結して全体として把握する時、私には日韓ゆ着の当事者としてのあなたの姿がはっきり見えます
1977.10.11	第202号	01頁01段		〈主張〉신민당은 어디로 가는가? 박독재의 들러리자리를 청산하고 제1야당의 긍지를 다시 찾아투쟁하라
1977.10.11	第202号	01頁03段		〈反파시즘의불길〉서울大生1000여명集会긴급조치철폐要求 朴政権退陳도構内누빈거센데모
1977.10.11	第202号	01頁03段		〈反파시즘의불길〉労組의民主化를「労総」을비난번져가는労動闘争
1977.10.11	第202号	01頁09段		카톨릭正義具現司祭団 2千여명이기도회
1977.10.11	第202号	01頁10段		民建、韓民聯에加入 4回총회議長에이영빈씨 在西独

발행일	호	지면정보	필자	기사제목
1977.10.11	第202号	01頁14段		農協의民主化를 카톨릭農民会
1977.10.11	第202号	01頁13段		成大生2천명이농성
1977.10.11	第202号	02頁01段		新民党이여貴党은 野党입니까-韓国의良心犯과그家族들의모임
1977.10.11	第202号	02頁01段	林昌栄	韓民聯결성에즈음하여各国大使에보내는메세지
1977.10.11	第202号	02頁04段		제5回로우에시아会議 外観에속지말기를良心犯家族들의公開서한
1977.10.11	第202号	02頁05段	文益煥	教友여러분께 文益煥
1977.10.11	第202号	02頁07段	鄭渕珠	自由 言論의의지를향한 前職記者의편지(上)당신들은無気力과굴종의늪에빠져있다
1977.10.11	第202号	03頁01段		人革党KCIA가날조当時中情部長 全炯旭씨가폭로한点의증거도없었다
1977.10.11	第202号	03頁07段		9개教区長이署名 在日韓国人政治犯救援署名운동日本카톨릭
1977.10.11	第202号	03頁08段		〈3.1法廷의語録(8)16人人上最終陳述〉教会는独裁의道具가아니다(文政鉉神父)/오래가지못할朴正熙씨一党
1977.10.11	第202号	03頁01段	安弼洙	〈美地上軍철수에관한声明〉複節을맞이해統一社会党
1977.10.11	第202号	04頁01段		〈決死宣言〉立ち上がれ!600万労働者よ
1977.10.11	第202号	04頁01段		野党を名のる新民党よ 基本立場を明確にせよ！「良心犯とその家族らの集い」が公開質問
1977.10.11	第202号	04頁04段		ローアジア会議参加者に外観にだまされず正しい理解を 良心犯とその家族らの集い
1977.10.11	第202号	04頁04段		公害を追って 汚染進む南東海④울산無機化学の正体
1977.10.11	第202号	04頁08段		〈장일담〉『対話』の休刊
1977.10.11	第202号	04頁08段		メッセジ教会の友へ 全州刑務所
1977.10.21	第203号	01頁01段		〈主張〉유신체제를 장송하자=유신체제제5주년에즈음하여=
1977.10.21	第203号	01頁01段		〈기가막힐韓・美不正 박정희는「仏国寺住持」〉美下院、実態밝혀倫理委공청회金相根씨등이証言 자워스키氏 朴政権을非難
1977.10.21	第203号	01頁08段		美5議員은前衛隊 朴東宣과의協力金東祚에지시朴正熙가서한
1977.10.21	第203号	01頁08段		倫理委 証言요지
1977.10.21	第203号	01頁09段		KCIA次長浦 梁斗源의서한
1977.10.21	第203号	01頁10段		美国韓民幹部 李根八、委성호의両씨 韓民統을방문
1977.10.21	第203号	01頁15段		流言蜚語
1977.10.21	第203号	02頁01段		〈自由言論守護闘争〉東亜闘委소식言論自由가없는한民主主義는実現不可 現在의타성계속될땐歴史의審判을自招
1977.10.21	第203号	02頁01段		〈自由言論守護闘争〉朝緑闘委재판소식우리는왜싸우는가항소심증언을마치고白基範記者

발행일	호	지면정보	필자	기사제목
1977.10.21	第203号	02頁06段	鄭剛珠	自由 言論의의지를向한 前職記者의편지(下) 言論界선배·동료들에게自由言論이란싸워서자취해야되는것
1977.10.21	第203号	03頁01段		〈中小商人들反独裁抗争에 労働者、農民、商業人들 民主化隊列로〉税金수탈에抗拒 東和商街平和市場일제히撤市
1977.10.21	第203号	03頁05段		農民들警察과충돌土地強制収用에講義 馬山·昌原
1977.10.21	第203号	03頁09段		延世大2千名궐기朴政権퇴진등要求
1977.10.21	第203号	03頁01段		昌原工団 日本의軍需産業基地 공공연히武器製造 韓日合策会社 朴政権과결탁해
1977.10.21	第203号	03頁07段		KICA員또亡命 駐유엔韓国代表部委영희参事官 朴政権명맥알고
1977.10.21	第203号	03頁07段		사이비言論人朝于煇씨正体 朝鮮日報闘委公判에서의証言
1977.10.21	第203号	04頁01段		公害を追って 汚染進む南東海⑤〈蔚山·温山〉
1977.10.21	第203号	04頁01段		〈死海·死田と化す山河 広まる公害〉鎮海·馬山湾は最悪 工業廃水で酸欠状態
1977.10.21	第203号	04頁06段		農作物に甚大な被害
1977.10.21	第203号	04頁05段		日本のゴミすて場 産業廃棄物を輸入
1977.10.21	第203号	04頁08段		〈장일담〉防衛誠金
1977.10.21	第203号	04頁10段		外国人企業体 果実送金急増 投資額上回り、韓国経済を収穫 朴政権軍需産業を優先
1977.10.21	第203号	04頁11段		一日十時間労働制 苛酷な労働搾取
1977.10.21	第203号	04頁12段		死魚の川、住民に不安－日ごとに汚染度ます河川
1977.11.01	第204号	01頁01段		〈主張〉서울大、延世大등本国学生闘争을열렬히지지한다
1977.11.01	第204号	01頁01段		〈延世大獅子4千명궐기〉民主守護決死宣言발표 維新철폐외치며街頭데모
1977.11.01	第204号	01頁06段		험악한韓美관계「同盟解体」소리대두매수工作「朴政権이추진」下院倫理委
1977.11.01	第204号	01頁08段		学生투쟁支持성명 韓民統등在日단체
1977.11.01	第204号	01頁10段		満場一致로「協力」요구美下院本会議에서결의안채택
1977.11.01	第204号	01頁12段		「対韓원조」年内심의断念 美下院
1977.11.01	第204号	01頁13段		韓青이지지行動 日本全国서삐라살포
1977.11.01	第204号	01頁15段		流言蜚語
1977.11.01	第204号	02頁01段		〈時評〉韓美同盟관계解体危機에直面-황소는屠獣場문덕에
1977.11.01	第204号	02頁01段		〈民主化運動지도자들労働闘争에합세〉대책위원여러분께
1977.11.01	第204号	02頁01段		〈民主化運動지도자들労働闘争에합세〉邦林紡績체불임금対策委를결성

발행일	호	지면정보	필자	기사제목
1977.11.01	第204号	02頁11段		「東亜闘委」소식自由言論実踐'77宣言-「10.24宣言」3周年을맞아-
1977.11.01	第204号	02頁11段		李義植동지　睡眠
1977.11.01	第204号	03頁01段		会長에孔徳貴女史　邦林紡績체불임금対策委員会　政府・労働庁과맞서
1977.11.01	第204号	03頁05段		文人275명이진정高銀씨등의「不拘束」을要求
1977.11.01	第204号	03頁08段		5 神父를구속
1977.11.01	第204号	03頁01段		韓民聯유럽지역代表者会議개최구체적인事業계획을토의
1977.11.01	第204号	03頁07段		「姜宇奎씨를살리자」구원会가断食闘争
1977.11.01	第204号	03頁09段		정연주씨도連行 月刊「対話」記事때문
1977.11.01	第204号	03頁10段		「韓日大陸붕」은自衛権발동대상
1977.11.01	第204号	03頁01段		美下院倫理委공청회金炯旭씨가증언
1977.11.01	第204号	03頁04段		前「터어기」貿易公館長　윤창오씨가반박朴政権의날조罪目에
1977.11.01	第204号	03頁11段	朴養浩	미친새(1)　朴養浩
1977.11.01	第204号	04頁01段		公害を追って 汚染進む南東海⑥〈温山〉
1977.11.01	第204号	04頁01段		〈民主化運動指導者ら　労働運動に連帯〉邦林紡績未払い賃金対策委を結成
1977.11.01	第204号	04頁05段		〈장일담〉"笑いのない国"
1977.11.01	第204号	04頁09段		東亜闘委 自由言論実踐'77宣言
1977.11.11	第205号	01頁01段		〈朴政権은「東洋拓殖」이냐땅을빼앗기는農民들의恨〉農民30万평買入케前長官이친척에알려港湾築造
1977.11.11	第205号	01頁07段		15万평을収穫 馬山市양곡洞事件
1977.11.11	第205号	01頁07段		百80万달러海外도피「水開公」朴政権이비호
1977.11.11	第205号	01頁11段		商工部高官이不正
1977.11.11	第205号	01頁01段		레이나아드氏 大韓軍援은不必要 W・P紙 美韓相互防衛条約도
1977.11.11	第205号	01頁04段		姜宇奎씨에게死刑
1977.11.11	第205号	01頁08段		「석방바라지않음」金大中씨결의표명
1977.11.11	第205号	01頁14段		権力層과 결탁不在地主의 성화
1977.11.11	第205号	02頁01段		〈3.1法廷의語録(8)16人人士最終陳述〉金大中씨진술
1977.11.11	第205号	02頁11段	朴養浩	미친새(2)
1977.11.21	第206号	01頁01段		〈崔徳新 前外務部長官 韓民聯常任고문으로余生을反独裁・祖国統一위해〉朴政権은퇴진하라 韓民統에서声名발표国内外에서의궐기호소
1977.11.21	第206号	01頁08段		東伯林사건계기로 韓日유착深化
1977.11.21	第206号	01頁12段		崔徳新씨略歴
1977.11.21	第206号	01頁13段		서울大生 2500명이示威 反独裁救国宣言을발표
1977.11.21	第206号	01頁15段		流言蜚語

발행일	호	지면정보	필자	기사제목
1977.11.21	第206号	02頁01段		〈崔德新前外務長官 声名文〉朴정희씨勇退를권고한다
1977.11.21	第206号	02頁07段	朴養浩	미친새(3)
1977.11.21	第206号	03頁01段		崔德新前外務長官 民主隊列로열렬한환영속에同志的우정군혀
1977.11.21	第206号	03頁08段		日本매스콤大書特筆
1977.11.21	第206号	03頁08段		朴政権충격받아空港서乱洞
1977.11.21	第206号	03頁01段		각단체환영사
1977.11.21	第206号	03頁06段		難局은維新体制가초래 윤보선씨등 時局見解밝혀
1977.11.21	第206号	03頁10段		文人들도宣言文
1977.11.21	第206号	03頁12段		平和市場노동자위해人権対策委결성
1977.11.21	第206号	03頁01段		韓国노동투쟁에연대를韓民統주최로강연会 金泰壱씨7年忌에
1977.11.21	第206号	03頁07段		反独裁音楽会 西独
1977.11.21	第206号	03頁09段		「有事時留学生動員」朴政権새로운파쑈탄압책동
1977.11.21	第206号	03頁14段		芸総이기생輸出 커밋션받고 会員証발급
1977.11.21	第206号	04頁01段		〈崔德新元外相の声明〉박정희氏는 勇退せよ!
1977.11.21	第206号	04頁04段		農村はこのままでよいのか「セマウル」現場から(上) ホン・ヨンピョ(農民・全南)
1977.12.01	第207号	01頁01段		〈主張〉南北対話는民主化가先決条件＝朴독재의対話주장은 世論기만의술책이다＝
1977.12.01	第207号	01頁02段		「朴政権指令」에物証 中情秘密工作計画書 美下院小委가公表 孫浩永씨가確認 76年度예산약75만달러 美国各界에침투韓美不正
1977.12.01	第207号	01頁06段		「韓日合同親善大会」底意는나변에「過去는문제가아니다」椎名발언검은유착을입증
1977.12.01	第207号	01頁08段		버티지못할朴政権 험악一路、韓美関係
1977.12.01	第207号	01頁08段		李廷植教授등증언
1977.12.01	第207号	01頁12段		「朴東宣 事件으로武器이양어렵다」벤슨国務次官표명
1977.12.01	第207号	01頁13段		李泳禧씨連行됨白楽晴씨도취조받아
1977.12.01	第207号	01頁15段		流言蜚語
1977.12.01	第207号	02頁03段		〈윤보선前大統領特別寄稿(요지)〉우리民族의갈길-独裁를대체하기위해-
1977.12.01	第207号	02頁03段		〈論壇〉厳冬雪寒、獄中속의在日韓国人留学生들가와구보・기미오 大阪市立大学教授
1977.12.01	第207号	02頁13段	양성우	〈詩〉겨울共和国
1977.12.01	第207号	03頁01段		死刑執行을저지하자「11.22事件」2周年 日本各地서救援集会
1977.12.01	第207号	03頁01段		늘어나는産業災害 長省炭鉱서事故 허술한安全策13명이死亡
1977.12.01	第207号	03頁07段		「国民法廷」記録映画 金大中씨原状回復요구

발행일	호	지면정보	필자	기사제목
1977.12.01	第207号	03頁08段		「오히려죽음을」「아키노」씨필리핀「말코스」再審命令
1977.12.01	第207号	03頁10段		광부死亡율世界서第一
1977.12.01	第207号	03頁04段		韓国研究院長・崔書勉은 제2의"朴東宣"
1977.12.01	第207号	04頁01段		白玉光、李哲氏らの死刑執行を阻止しよう 「11.22事件」二周年抗議集会基調報告
1977.12.01	第207号	04頁01段		駐日韓国大使へ送る要請書 死刑判決を撤回し 拷問・転向強要をやめよ
1977.12.01	第207号	04頁05段		農村はものままでよいのか「セマウル」現場から(中)ホン・ヨンピョ(農民・全南)
1977.12.01	第207号	04頁08段		〈장일담〉低賃金
1977.12.11	第208号	01頁01段		〈主張〉民族의존엄을毀損한朴独裁政権은즉각退陳하라=孫皓栄씨가폭로한対美工作計画의전모를보고=
1977.12.11	第208号	01頁01段		〈(朴政権)主権침해、韓人조사不許 (美政府)対韓援助中止도불가피〉美下院「프」委調査団派韓 韓美両国의対立深化 西面楚歌、朴政権
1977.12.11	第208号	01頁05段		밴스長官이警告 人権문제결부시켜政策전환要求
1977.12.11	第208号	01頁09段		国際연대委講座「世界속의日本・朝鮮」主題 배동호韓民聯議長강연
1977.12.11	第208号	01頁10段		金炯旭씨証言저지工作 美司法省도調査中
1977.12.11	第208号	01頁10段		朴退진요구大会 美洲民主国民聯合
1977.12.11	第208号	01頁13段		KCIA対美工作金調達 日本商社가개재駐美軍物資入札不正
1977.12.11	第208号	01頁14段		美調査団에朴政権불안
1977.12.11	第208号	02頁01段		一年을돌이켜보며躍進과勝利로빛나는一九七七年 韓民統組織局長 郭東儀
1977.12.11	第208号	02頁01段		〈白日下에드러난KCIA의魔手〉76年度対美工作方案KCIA作成全文
1977.12.11	第208号	03頁01段		〈白日下에드러난KCIA의魔手〉孫皓栄씨証言 美下院공청회KCIA서18回나訓電
1977.12.11	第208号	03頁09段		「알버트」前下院議長 召喚 「프린트」委、訪韓資料제출命令
1977.12.11	第208号	03頁10段		前駐韓参謀長수사美証券거래委員会
1977.12.11	第208号	03頁01段		民主教育宣言発表 3.1사건석방인사등解職教授13名
1977.12.11	第208号	03頁03段		学生弾圧中止요구 尹潽善씨등35人士
1977.12.11	第208号	03頁02段		防空연습비판한 李海東씨拘束
1977.12.11	第208号	03頁06段		財産몰수特別조치파쑈新悪法획책朴政権 亡命人士공갈
1977.12.11	第208号	04頁01段		公害を追って 汚染進む南東海⑦〈古里〉恐しい原子発電所
1977.12.11	第208号	04頁01段		農村はものままでよいのか「セマウル」現場から(下)ホン・ヨンピョ(農民・全南)
1977.12.11	第208号	04頁10段		盲目的な時期犠牲を要求する「王様」

발행일	호	지면정보	필자	기사제목
1978.01.01	第209号	01頁01段		〈非情의鉄窓"病院刑務所"〉金大中씨서울로移監　고식적처사여론무마술책朴政権
1978.01.01	第209号	01頁01段		〈非情의鉄窓"病院刑務所"〉無条件즉시釈放을韓民統、教対委등이声明
1978.01.01	第209号	01頁08段		차라리　교도소로　돌아가고싶다　金大中씨가표명
1978.01.01	第209号	01頁01段		브란트西独社民党首와歓談　韓民聯·韓民統간부들「브」党首韓国民의투쟁을支持　東京프레스·센터
1978.01.01	第209号	01頁06段		人権억압하는朴政権　裵議長
1978.01.01	第209号	01頁09段		韓国의統一은세계平和에기여브란트党首
1978.01.01	第209号	01頁11段		流言蜚語
1978.01.01	第209号	02頁01段	裵東湖	〈新年時〉民主民族統一海外勧告人　民主民族統一의　기치높이　最後勝利를　向해　힘차게　前進하자
1978.01.01	第209号	02頁01段	金載華	〈새해인사〉民主憲政의確立을기해
1978.01.01	第209号	02頁05段	崔徳新	찬란한歴史創造에획기적인해이기를
1978.01.01	第209号	03頁01段		〈「서울地下鉄」韓日疑獄 250万달러집어삼킨朴政権〉日本商社가送金　독재유지政治資金　日本国会集中심의
1978.01.01	第209号	03頁05段		金炯旭씨폭로와부합韓日版「록히이드」의양상
1978.01.01	第209号	03頁10段		金大中씨事件、서울地下鉄不正　重要資料를入手「프」委　日議員団에서시사
1978.01.01	第209号	03頁01段		新委員長에郭元基씨韓青中央大会開催　民主回復에全力다짐
1978.01.01	第209号	03頁07段		人権宣言을発表　全政治犯석방요구拘束者가족들
1978.01.01	第209号	03頁11段		大統領긴급조치를비난金哲씨、社会主義「인터」에서
1978.01.01	第209号	04頁01段		새해를맞이하여　축하합니다
1978.01.01	第209号	05頁01段		〈海外論調〉変化될美国의北韓政策　韓半島의平和를모색
1978.01.01	第209号	05頁01段		韓日유착은폐内閣　福田·親朴派의대두
1978.01.01	第209号	06頁01段		1977国内外民主救国투쟁(日韓)
1978.01.01	第209号	07頁01段	장석윤	편지C将軍에게　独裁者의発悪　4.19때슬기로웠던국軍은独裁者의命令을거부했다
1978.01.01	第209号	07頁01段		〈社会断面〉한심스러운韓国社会　확대하는貧富差　쪼들리는절대貧民
1978.01.01	第209号	07頁03段		小作制度의復活　매판재벌에利益　農地所有上限制철폐
1978.01.01	第209号	07頁09段		서울大　民主救国闘争宣言文
1978.01.01	第209号	08頁01段	鄭敬謨	Ｋ君への手紙(51)　ドイツ社民党ブラントと党首との会見記　東京プレスセンターで
1978.01.01	第209号	08頁01段		金大中先生の無条件釈放を　病院移監に関連して教対委が声明を発表
1978.01.01	第209号	08頁06段		〈新しい年を迎えて〉韓日連帯のあいさつ　連帯強化を目標に(日韓連帯連絡会議代表　青地晨)/政治犯釈放にむけて(在日韓国人「政治犯」を救う会·全国会議代表　宮崎繁儒)

발행일	호	지면정보	필자	기사제목
1978.01.01	第209号	08頁09段		〈장일담〉忠誠! 忠誠!
1978.01.11	第210号	01頁01段		〈主張〉全政治犯의無条件즉시석방을要求한다
1978.01.11	第210号	01頁01段		民主人士일부석방永久独裁위한고식적잔꾀추호도 変없는朴政権의파쑈本質 「選挙」위한완화책信念에 변합없다釈放人士
1978.01.11	第210号	01頁01段		良心犯가족声明書전문全員無条件조속한釈放을
1978.01.11	第210号	01頁08段		李富栄씨出所환영회当局방해물리치고各界人士2백 여명참가
1978.01.11	第210号	01頁10段		流言蜚語
1978.01.11	第210号	02頁01段	林昌栄	새해의展望 民族의基本権을쟁취하여祖国의통이레 이바지하자
1978.01.11	第210号	02頁01段	鄭在俊	〈各団体新年辞〉밝은希望의새해'78年 지혜와情熱을 결집비약적인前進을
1978.01.11	第210号	02頁01段	梁相基	〈各団体新年辞〉밝은希望의새해'78年 独裁타도하여 보람있는삶을
1978.01.11	第210号	02頁04段	趙盛済	〈各団体新年辞〉밝은希望의새해'78年 勝利를위해서 매진을
1978.01.11	第210号	02頁07段	李丁珪	〈各団体新年辞〉밝은希望의새해'78年 経済기반을굳 건히
1978.01.11	第210号	02頁08段	金栄出	〈各団体新年辞〉밝은希望의새해'78年 韓民聯에결속 을
1978.01.11	第210号	02頁10段	郭元基	〈各団体新年辞〉밝은希望의새해'78年 民主투쟁勝利 의해로
1978.01.11	第210号	02頁11段	梁霊芝	〈各団体新年辞〉밝은希望의새해'78年 本国노동자에 合勢
1978.01.11	第210号	02頁12段	金允鍾	〈各団体新年辞〉밝은希望의새해'78年 정세는우리에 게有利
1978.01.11	第210号	02頁13段	梁恵承	〈各団体新年辞〉밝은希望의새해'78年 바야흐로決戰 의해
1978.01.11	第210号	02頁15段	呉興兆	〈各団体新年辞〉밝은希望의새해'78年 民主勢力확대 를
1978.01.11	第210号	02頁12段	朴柄来	〈各団体新年辞〉밝은希望의새해'78年 꾸준한努力으 로勝利를
1978.01.11	第210号	03頁01段		〈時評〉「輸出百億달러」達成이뜻하는것「메이드인코 리아」의속임수
1978.01.11	第210号	03頁01段		民主·民族言論宣言 東亜闘委 朝鮮闘委 支配者의言 論을거부한다
1978.01.11	第210号	03頁05段		〈自由言論의불길〉苦難은勝利의디딤돌東亜自由言 論守護闘争委員会
1978.01.11	第210号	04頁01段	宇都宮徳馬	〈新しい年を迎えて〉今年こそ金大中先生を日本に
1978.01.11	第210号	04頁05段		公害を追って 汚染進む南東海⑧〈南海岸〉恐しい原 子力発電所
1978.01.11	第210号	04頁01段		〈民主言論の勝利に向けて〉今日の苦難は勝利の礎 東亜自由言論守護闘争委員会

발행일	호	지면정보	필자	기사제목
1978.01.11	第210号	04頁01段		〈民主言論の勝利に向けて〉民主·民族言論宣言 永遠の実践課題
1978.01.11	第210号	04頁06段		再び新年を迎えて 朝鮮自由言論守護闘争委員会
1978.01.11	第210号	04頁12段		〈장일담〉日本人のアジア志向
1978.02.01	第211号	01頁01段		〈主張〉「유신」選挙를拒否하고大統領直接選挙를戦取하자尹氏등의声明을적극指持한다
1978.02.01	第211号	01頁01段		〈民主主義의勝利를確信 尹潽善·咸錫憲씨등7명이声明〉「維新選挙」를拒否 首民国民聯合을호소民主化原則을천명
1978.02.01	第211号	01頁07段		民主統一党 선거拒否를表明 在野勢力聯合을도모
1978.02.01	第211号	01頁09段		「密室外交중지하라」
1978.02.01	第211号	01頁09段		人権運動協議会 発足 各海代表 国民聯合을지향
1978.02.01	第211号	01頁10段		김지하씨 強盗犯과同房 教宴会「事故」를우려
1978.02.01	第211号	01頁12段		全政治犯석방要求 新旧교도1500명
1978.02.01	第211号	02頁01段		民主国民에게고함全文 民主主義의大経大道
1978.02.01	第211号	02頁06段		韓国労働人権憲章 全文
1978.02.01	第211号	02頁01段	裵東湖	朴독재의한민통에대한모략과음모책동을규탄한다① 「民主회복후조국통일」은한민통의일관된투쟁방침韓民統日本本部 常任顧問裵東湖
1978.02.01	第211号	02頁14段		〈詩〉이제天下는
1978.02.01	第211号	03頁01段	李小仙	나의죽음을헛되이말라!나의労働運動-내아들 全泰壱죽음을회상하며
1978.02.01	第211号	04頁01段	李小仙	나의죽음을헛되이말라!나의労働運動-내아들 全泰壱죽음을회상하며
1978.02.01	第211号	05頁01段		金東祚 前駐美大使出頭 要求 険悪一路의韓美関係 援助中止를시사美議会강경한態度
1978.02.01	第211号	05頁07段		美軍철수不変 美国防省이声明
1978.02.01	第211号	05頁07段		民団東本新年会 韓日人士3백여명聖大히 開催
1978.02.01	第211号	05頁07段		韓青「成人祝典」
1978.02.01	第211号	05頁12段		李小仙女史석방을「아시아女性들의会」가集会 韓国政治犯위해募金
1978.02.01	第211号	05頁01段		노동자들極限闘争 低賃金·暴行에항의대구·아리아楽器
1978.02.01	第211号	05頁03段		고추장으로「朴独裁打倒」감옥에서투쟁
1978.02.01	第211号	05頁03段	장석윤	편지C将軍에게 "流信業賊"「維新」은우리나라를後進国으로만들고있다
1978.02.01	第211号	05頁15段		社会党고문 金鉄씨를連行
1978.02.01	第211号	06頁01段		維新選挙の拒否を! 民主国民に告ぐ
1978.02.01	第211号	06頁01段		公害を追って 汚染進む南東海⑨〈光陽湾〉没落した沿海漁業 公害賠償請求訴訟
1978.02.01	第211号	06頁07段	鄭敬謨	K君への手紙(52) 当面の三つの目標 われらは何をなすべきか

발행일	호	지면정보	필자	기사제목
1978.02.01	第211号	06頁12段		〈장일담〉二・八精神
1978.02.01	第211号	06頁14段		信じられないこの世？ 国民77％が宗教新者
1978.02.11	第212号	01頁01段		日本公約機関이관여서울地下鉄不正政財界다같이한몫日本検察「깊은関心」표시
1978.02.11	第212号	01頁09段		労働者들抗議行動 日本各界 三菱商社앞에서
1978.02.11	第212号	01頁01段		朴独裁와全面対決 人権回復기해韓国人権協議会결의汎国民운동을지향
1978.02.11	第212号	01頁01段		「잔꾀피우지말고無条件釈放을」여론、朴政権을비판金大中씨석방
1978.02.11	第212号	01頁08段		社会主義인터金大中씨초청
1978.02.11	第212号	01頁09段		永久分断을 획책 朴政権 単独유엔加盟에 血眼
1978.02.11	第212号	01頁11段		"原状快復実現을"정재준 教対委長이談話
1978.02.11	第212号	01頁13段		굳굳히信念관철李泳禧씨反共法첫公判에서
1978.02.11	第212号	01頁15段		流言蜚語
1978.02.11	第212号	02頁01段		〈時評〉쌀막걸리와大統領선거와의相関関係「올해는大豊」이라는神話
1978.02.11	第212号	02頁07段		陳情書 李泳禧씨구속을규탄한다朝鮮闘委 東亜闘委
1978.02.11	第212号	02頁10段	池学淳	人権을찾아나서자(上)
1978.02.11	第212号	02頁01段	裵東湖	朴독재의 한민통에 대한 모략과 음모책동을 규탄한다②
1978.02.11	第212号	03頁01段	장석윤	편지C将軍에게 韓国的民主主義와韓国的共産主義
1978.02.11	第212号	03頁09段		週刊市民폐간朴政権이圧力加해
1978.02.11	第212号	03頁01段		朴東宣드디어美国으로朴政権、美会議에굴복金東祚증언거듭要求 美議会
1978.02.11	第212号	03頁04段		統一社会党「維新선거」비판現憲法下교체불가능
1978.02.11	第212号	03頁01段		美軍需企業에도圧力梁前駐美大使 工作資金조달
1978.02.11	第212号	03頁06段		「国民法廷」기록영화上映運動개시金大中씨事件告発
1978.02.11	第212号	03頁08段		荒川教対委新年会
1978.02.11	第212号	04頁01段		労働人権章
1978.02.11	第212号	04頁01段		いけにえ・・・韓国労働者 高まる政府批判 "低賃金解除"の意図 輸出百億ドル虚飾はがれ必要の延命策
1978.02.11	第212号	04頁03段		増える利潤、低い賃金 馬山入居 外国企業 目にあまる収穫
1978.02.11	第212号	04頁08段		〈장일담〉ウソ発見器
1978.02.11	第212号	04頁07段		公害を追って 汚染進む南東海⑩〈光陽湾の将来〉ゆくさき真暗な漁民
1978.02.11	第212号	04頁10段		80％が五万ウォン以下 低賃金にあえぐ女性労働者
1978.02.11	第212号	04頁12段		民主教育宣言(要旨)
1978.02.21	第213号	01頁01段		〈主張〉全化以外同胞는총궐기하자유신선거거부百日間운동전개=韓民統제회中央委員会에서결정=

발행일	호	지면정보	필자	기사제목
1978.02.21	第213号	01頁01段		100日間運動　維新選挙거부·民主化争取위해韓民統　第6回中央委員会決議　本国民主勢力에合勢
1978.02.21	第213号	01頁07段		海外同胞　共同闘争을提議　民族的책무완수 호소
1978.02.21	第213号	01頁11段		流言蜚語
1978.02.21	第213号	02頁01段	趙活俊	韓民統제8회中央委員会報告文　77年度活動총괄報告
1978.02.21	第213号	02頁13段	池学淳	人権을찾아나서자(下)　天主教主教　池学淳
1978.02.21	第213号	02頁01段		〈前進하자!民主勝利의広場으로!〉内外情勢의発展과　当面한우리의闘争課題
1978.02.21	第213号	03頁01段		〈前進하자!民主勝利의広場으로!〉주목되는美日의동향
1978.02.21	第213号	03頁08段		드러나는「高度成長」의실태
1978.02.21	第213号	03頁08段		유신선거를파탄시키기위한「百日間운동」展開를
1978.02.21	第213号	03頁07段		유신선거거부　百日間운동　在日同報大衆속에서
1978.02.21	第213号	03頁09段		韓民統　闘争本部설치
1978.02.21	第213号	04頁01段		百日間運動을成功시키자「維新」에終止符를!　今年度韓民統의当面闘争課題について　韓民統第六回中央委員会報国文(米·日의動向「高度成長」의実態)
1978.02.21	第213号	04頁01段		大統領은直接選挙로民主憲政秩序回復을
1978.02.21	第213号	04頁12段		〈장일담〉ネズミの数は?
1978.02.21	第213号	04頁12段	鄭敬謨	〈時評〉「米が唸っている」という神話
1978.03.01	第214号	01頁01段		海外韓国人3.1宣言　維新体制철폐를要求　韓民聯海外同胞共同투쟁
1978.03.01	第214号	01頁01段		維新体制는監獄　朴政権을규탄「3.1民主宣言」民主憲法制定을要求　尹潽善씨등각계人士65名이署名
1978.03.01	第214号	01頁01段		「独裁打倒는国民의時代的使命」
1978.03.01	第214号	01頁07段		人権弾圧외면말라미국의対韓政策을批判　民主救国宣言관련人士　国務省報国에분노　카아터에公開書翰
1978.03.01	第214号	01頁09段		一大連行선풍朴政権
1978.03.01	第214号	01頁09段		姜宇奎씨、死刑確定　터무니없는 누명을씌워 서울大法院
1978.03.01	第214号	02頁01段		〈3.1生鮮살려朴政権打倒하자!〉三·一民主宣言　全文　維新体制는　一人独裁의道具
1978.03.01	第214号	02頁06段		카터大統領貴下　公開서한2月9日字〈美国務省한국관계報国書〉
1978.03.01	第214号	03頁01段		〈3.1生鮮살려朴政権打倒하자!〉1976年海外韓国人三·一宣言　全文
1978.03.01	第214号	03頁01段		싸우는韓国労働者들三陟咸太탄광서궐기婦女子들　경찰과投石戦
1978.03.01	第214号	03頁01段		女工들에"동물"東一방직鬼畜같은蛮行
1978.03.01	第214号	03頁07段		全職労働仁川·東一방직女性労組員의울부짖음　人権을강도당한工場에서울부지웁니다
1978.03.01	第214号	03頁13段		100日間運動에全力을韓青、冬期講習会에서다짐

발행일	호	지면정보	필자	기사제목
1978.03.01	第214号	04頁01段		三·一民主宣言　全文　維新体制撤廃し民主憲法制定せよ
1978.03.01	第214号	04頁01段		カーター大統領への公開状　三·一民主救国宣言「被告」一同　憤り感じる国務省判断
1978.03.01	第214号	04頁06段		〈장일담〉"赤旗""黄旗"
1978.03.11	第215号	01頁01段		〈主張〉3.1運動의 오늘의 뜻=3.1절59돐에 즈음하여=
1978.03.11	第215号	01頁01段		〈維新선거中止하고朴政権은退陳하라〉우리투쟁은光複투쟁3.1절59돐기념在日同報궐기大会
1978.03.11	第215号	01頁09段		유신선거거부百日間운동한결같은反朴気運　東京·荒川
1978.03.11	第215号	01頁12段		日本人、3.1公演会 東京中野 裵東湖씨、연대를호소
1978.03.11	第215号	01頁12段		青年·学徒들街頭를 示威
1978.03.11	第215号	01頁14段		死刑집행저지를決議 在日韓国人政治犯 3.1절기념韓日神奈川集会
1978.03.11	第215号	01頁15段		流言蜚語
1978.03.11	第215号	02頁01段		〈一九七八年海外韓国人三·一宣言〉三·一精神에 則り民族的大義의 実現을
1978.03.11	第215号	02頁01段		〈장일담〉鉄条網社会
1978.03.11	第215号	02頁05段		カーター大統領への公開状(下)三·一民主救国宣言「被告」一同〈韓国関係人権報告書〉人権弾圧黙認はやめよ
1978.03.11	第215号	02頁08段		〈くそいっかけ、殴る、咬む、踏みつける東一紡績女性労組員への蛮行〉"くそにも劣る朴政権下の人権"
1978.03.21	第216号	01頁01段	鄭在俊	〈青明〉民団規約改悪에즈음하여 三機関폐지는 民団歷史의 終幕을 自招하는 길
1978.03.21	第216号	01頁01段		〈対美工作 朴正熙가 직접指示〉青瓦台서 作戦会議 美下院国際小委가증거文書公表　中央情報部등国家機関動員 清健支持위해 朴東宣은KCIA各氏증언 프레이저声明要旨
1978.03.21	第216号	01頁09段		납치犯은KCIA 金大中씨事件 미국議会가断定
1978.03.21	第216号	01頁10段		労働者人権宣言발표 労働節 불붙는労働運動　御用식전에서示威
1978.03.21	第216号	01頁11段		民主人士、断食투쟁李姫鎬여사등20명
1978.03.21	第216号	01頁10段		民主化운동을支持　韓民統등韓国民과연대강화결정 日本社会党
1978.03.21	第216号	01頁12段		維新선거거부100日間운동韓青、各地서힘차게전개 同胞대중속으로
1978.03.21	第216号	01頁15段		流言蜚語
1978.03.21	第216号	02頁01段	裵東湖	朴독재의한민통에대한모략과음모책동을규탄한다③ 7.4共同声明精神을견지한다
1978.03.21	第216号	02頁01段	孔德貴	日本国民특히日本女性에게보내는편지「日本에는良心도純潔도없읍니까」

발행일	호	지면정보	필자	기사제목
1978.03.21	第216号	02頁07段		〈호소문〉自由와 平和를사랑하는日本의여러벗들에게韓国天主教正義具現全国司節団
1978.03.21	第216号	02頁08段	申鉉奉	〈資料〉(上) 참다운韓国農民運動의展開를위하여
1978.03.21	第216号	03頁01段		統一教会는KCIA美下院공청회에서暴露 金鍾泌、政治目的으로設立
1978.03.21	第216号	03頁06段		学生궐기에 恐怖症 新学期앞두고 무더기懲戒 朴政権 혈안
1978.03.21	第216号	03頁7段		朴紀元参事官亡命 駐日大使館근무昨年11月家族와 함께美国으로
1978.03.21	第216号	03頁11段		金哲씨에出国禁止
1978.03.21	第216号	03頁13段		〈호소문〉남편을위시한구속자석방하라〈民青学聯관련〉李賢培의妻최영이
1978.03.21	第216号	03頁01段		〈드러나는韓日유착〉「浦項」에서55億엔오고간巨額의 不正献金 日本国会서폭로
1978.03.21	第216号	03頁01段		〈드러나는韓日유착〉韓国노동자와연대를韓日문제심포지엄労働者宣言을 支持
1978.03.21	第216号	03頁07段	장석윤	편지C将軍에게 危機의韓国軍 優秀한将軍은 追放
1978.03.21	第216号	04頁01段		〈日帝の暴戻再び見る思い 日本自衛帝隊海外派兵論〉高まる刑軽信 韓国民、きびしい反応
1978.03.21	第216号	04頁07段		日本の五商社が独占 外国商社 対韓販売 19億ドルの中63%
1978.03.21	第216号	04頁01段	鄭敬謨	K君への手紙(53) 忠孝を強いる朴の魂胆－袁世凱の亡霊が朴に
1978.03.21	第216号	04頁07段		〈장일담〉"人道主義"
1978.03.21	第216号	04頁11段	孔徳貴	日本国民、とくに日本女性に送る手紙 邦林紡績未払い
1978.04.01	第217号	01頁01段		〈主張〉拡大되어가는労働者투쟁断食투쟁과放送局점거사건人革党사건을올바로해결하라
1978.04.01	第217号	01頁01段		〈치열한断食투쟁労働運動에호응〉労働者人権回復을要求 各界300여명参加 서울、仁川등各都市서 御用言論을규탄東亜闘委도断食
1978.04.01	第217号	01頁01段		金大中씨新民党을脱党 유신체제追従路線비판
1978.04.01	第217号	01頁06段		刑務所再移監 신청
1978.04.01	第217号	01頁08段		서울구치소에서断食 政治犯10여명維新체제철폐要求
1978.04.01	第217号	01頁10段		駐韓美軍 가을에6千명철수 로저스美陸軍参謀総長声明「철수계획変更없다」
1978.04.01	第217号	01頁12段		流言蜚語
1978.04.01	第217号	02頁01段		〈時評〉忠孝를強要하는 朴政権의底意
1978.04.01	第217号	02頁01段		〈声明〉労働正義実現을위한크리스챤労働운동의使命을확인한다韓国天主協正義平和委員会
1978.04.01	第217号	02頁02段		〈声明〉統一社会党委員長 섬유労組東一방직支部에대한박해를中止하고事態를正常化하라
1978.04.01	第217号	02頁09段		金芝河와함께金芝河救出委員会 声明文

발행일	호	지면정보	필자	기사제목
1978.04.01	第217号	02頁10段	申鉉奉	〈資料〉(下) 참다운韓国農民運動의展開를위하여
1978.04.01	第217号	03頁01段		咸錫憲、鄭一亨氏連行 孔徳貴(尹潽善氏夫人)李姫鎬(金大中氏夫人)李兄栄(鄭一亨氏夫人)씨도
1978.04.01	第217号	03頁01段		対美工作 눈감은 닉슨政権 샅샅이 폭로되는 真相 프레이저委가 公表 후바FBI長官通報 키신저씨증언 예정
1978.04.01	第217号	03頁01段		金東祚出頭、계속要求 오닐美下院議長이 主張 한나, 有罪인정
1978.04.01	第217号	03頁07段		제일 富者는朴正熙"先生" 対韓経済協力은不正부패의根源 日外務省調査官71년実態報告書
1978.04.01	第217号	03頁10段		維新選挙거부·民主化쟁취100日間운동本国民衆들과군계연대 国際여론환기에主力 学習과 토론으로 운동에 박차 협박、공갈무릅쓰고同胞집찾아다녀
1978.04.01	第217号	04頁01段	咸世雄	出獄の声(上) 歓迎のことば 朴世経(弁護士)/ほんとうの愛
1978.04.01	第217号	04頁09段		〈장일담〉"食われる"
1978.04.01	第217号	04頁01段		過重な農民負担 各地で高まる非難の声 観光客めあっての展示がねらい「不良住宅」改良事業の実態
1978.04.11	第218号	01頁01段		〈主張〉애국에불탄 억센 4.19의 얼이여 원한의 분노를 다시한번 솟구치라·4.19 제18주년기념일에 즈음하여
1978.04.11	第218号	01頁01段		金大中씨납치事件 犯人은틀림없는金東雲 납치目撃者가証言 警察이함구령침묵깨고事実밝혀写真보고 당장에判明
1978.04.11	第218号	01頁07段		本国투쟁지원을強化 韓民統地域事務局長会議決定 海外同胞 共同투쟁강화도
1978.04.11	第218号	01頁09段		朴東宣은KCIA対美工作事件 미下院倫理委가 断定
1978.04.11	第218号	01頁11段		人革党희생자追悼式 日韓連과기독교인들韓国大使館에示威
1978.04.11	第218号	02頁01段	袁東湖	朴독재의한민통에대한모략과음모책동을규탄한다④ 南北談話는自主統一의필수조건朴政権의対話主張은기만책동
1978.04.11	第218号	02頁01段		「言論暴力」은民衆의 敵 東亜自由言論守護闘争委員会
1978.04.11	第218号	02頁04段		政府는왜日本의悪徳資本을끌어들이는가①「世界」 T·K生
1978.04.11	第218号	02頁07段	文在麟	帰国하면서 同志들에게 文在麟
1978.04.11	第218号	03頁01段		드디어重金属公害病이発生 온家族이全身마비로全南·담양의農家 有機水銀農薬중독
1978.04.11	第218号	03頁01段		韓国婦人들이 모임 孔徳貴女史의 호소에 보답
1978.04.11	第218号	03頁05段		国際엠네스티 在日韓国人政治犯 救援긴급行動
1978.04.11	第218号	03頁06段		「金芝河심포지움」盛況 日本가톨릭교도가 主催
1978.04.11	第218号	03頁08段		対日工作도 담당 朴東宣 日企業人과 접촉
1978.04.11	第218号	03頁06段		韓国漁民을収穫 日本商社·廃船을비싸게팔아 어획에서수출까지管理

발행일	호	지면정보	필자	기사제목
1978.04.11	第218号	03頁08段		쏟아지는 날카로운質問 調査官들、증거文書들이 대고 朴東宣倫理委증언
1978.04.11	第218号	03頁10段		李厚洛 日本愛人에一億엔여실이보여주는朴腐敗政権의本質
1978.04.11	第218号	04頁01段	鄭敬謨	K君への手紙(54) 賃上げか、解放か、韓国労働運動の目指すもの
1978.04.11	第218号	04頁07段		〈장일담〉「恥」「純潔」
1978.04.11	第218号	04頁01段		「言論暴力」は民衆の敵-東亜自由言論守護闘争委-
1978.04.11	第218号	04頁07段	徐南同	出獄の声(中) 歴史の方向
1978.04.11	第218号	04頁11段		〈資料〉韓国婦人労働者に対する日本女性からのアピール
1978.04.21	第219号	01頁01段		4.19에대한모독윤보선씨들이朴独裁를비판維新선거拒否호소
1978.04.21	第219号	01頁06段		労働運動탄압 말라 天主教 金寿煥추기경이 抗議
1978.04.21	第219号	01頁01段		모든熱情을救国항쟁에4月革命18주년在日韓国人大会서決議 革命精神계승을다짐内外民主勢力結集「維新選挙타파하자」
1978.04.21	第219号	01頁09段		西独에서도4.19集会 韓独人士
1978.04.21	第219号	01頁13段		大衆은우리를支持 百日間운동 中間총괄報告会
1978.04.21	第219号	01頁10段		4.19기념大会 決議文
1978.04.21	第219号	01頁15段		流言蜚語
1978.04.21	第219号	02頁01段		〈主張〉朴政権의악랄한방해박차고3단계에돌입한百日間투쟁-100일간운동의중간총괄의성과
1978.04.21	第219号	02頁01段		〈維新体制타파하고民主憲政확립하자〉同胞大衆속으로뿌리깊히維新선거拒否「100日間운동」르뽀반드시真理는이긴다活動者들확실굳혀
1978.04.21	第219号	02頁07段		政府는왜日本의悪徳資本을끌어들이는가②「世界」T·K生
1978.04.21	第219号	02頁07段		제2의핑퐁外交 미국選手団평양世界選手権大会DP
1978.04.21	第219号	03頁01段		〈維新体制타파하고民主憲政확립하자〉同胞大衆속으로뿌리깊히維新선거拒否「100日間운동」르뽀언제나本国民과한몸「同胞는正義를사랑한다」大阪·近畿
1978.04.21	第219号	03頁01段		야비한 弾圧 維新民団 三重韓青 애국活動관철
1978.04.21	第219号	03頁01段		在日同胞、街頭시위行進 本国동포들의울분가슴에안고4.19大会 반드시民主化達成 韓青盟員、4月정신계승애국심정으로열띤声討
1978.04.21	第219号	03頁07段		本国노동자와연대婦人会東京 바자아계획
1978.04.21	第219号	03頁10段		社会安全法적용우려徐俊植씨救援会가再入国요청
1978.04.21	第219号	03頁13段		死刑이확정된在日韓国人 政治犯救援집회日本人노동자、市民団体들
1978.04.21	第219号	04頁01段	裵東湖	朴独裁の「韓民討」に対する謀略と陰謀策動を糾弾する① 「民主回復後祖国統一」は韓民統の一貫した闘争方針

발행일	호	지면정보	필자	기사제목
1978.04.21	第219号	04頁01段		4.19 18周年記念朴政権退陳要求在日韓国人大会 決議文〈維新独裁の延長は死〉
1978.04.21	第219号	04頁01段	文東煥	出獄の声(下) 苦難があたえた知恵
1978.04.21	第219号	04頁09段		〈장일담〉靖国の「英霊」
1978.05.01	第220号	01頁01段		노동자의불꽃(노동자의어머니李小仙女史)
1978.05.01	第220号	02頁01段		노동자의불꽃(노동자의어머니李小仙女史)
1978.05.01	第220号	02頁09段		다시동일방직 쪼깐이 딸에게 高銀
1978.05.11	第221号	01頁01段		民主予備役将軍会議 朴独裁타도를宣言 議長에崔徳新将軍을선출
1978.05.11	第221号	01頁08段		在美民主団体의統合 林昌栄、金在俊씨가合意
1978.05.11	第221号	01頁01段		不死鳥들反虚性宣言 서울大生1500名이궐기꼭둑각시選挙를비판
1978.05.11	第221号	01頁07段		梨花女子大서도데모韓民統 선거비판声明
1978.05.11	第221号	01頁05段		「統代」選挙5月18日에 一人独裁위한様式行医
1978.05.11	第221号	01頁11段		領事가 又 亡命 캐나다 KCIA指令을 拒否
1978.05.11	第221号	02頁01段		〈主張〉朴政権의維新選挙強行과미국의対韓政策과의연관성三社会談의주장은유신선거의煙幕
1978.05.11	第221号	02頁01段		民族課業완수에指導的역할을 배동호씨메세지将軍会談
1978.05.11	第221号	02頁01段		将軍会議声明文
1978.05.11	第221号	02頁03段		民衆의 소리에 귀를 귀울여라(上) 張琪杓씨高法最終陳述
1978.05.11	第221号	02頁07段		용납못할東一오물세례重大한人権유린韓国天主教主教団声明
1978.05.11	第221号	03頁01段		〈在日同報 5月17日東京에서총궐기〉維新選挙반대하여独裁연장책동에분노
1978.05.11	第221号	03頁04段		名古屋서 大衆集会 千挙反対삐라를살포
1978.05.11	第221号	03頁07段		東一女性들 계속투쟁 警察、68명을 연행
1978.05.11	第221号	03頁11段		葛飾서도同胞集会
1978.05.11	第221号	03頁13段		獄中투쟁4年 崔哲教씨民主回復을열망
1978.05.11	第221号	03頁14段		北韓·中国수뇌会談 華主席이평양을방문
1978.05.11	第221号	03頁13段		税金수탈에 門닫는 商人들 朴政権 選挙노려 付加税 一部免除계획
1978.05.11	第221号	03頁01段		大陸붕法案의廃棄를韓民統이主張 명백한朴政権지원책日本政府에폐안요청
1978.05.11	第221号	03頁03段		法案成立에강경자세日本政府「統代」선거에발맞춰
1978.05.11	第221号	03頁08段		金大中씨사건의해결이先行条件 宇都宮씨「대륙붕」비판
1978.05.11	第221号	03頁09段		韓学同4.19大会 維新体制폐기를要求
1978.05.11	第221号	03頁09段		農民수탈中止하라가톨릭農民会가集会
1978.05.11	第221号	04頁01段		〈宣言〉正義具現のための闘い-韓国カトリック教会-

발행일	호	지면정보	필자	기사제목
1978.05.11	第221号	04頁06段		〈장일담〉「不良学生」
1978.05.11	第221号	04頁10段		同僚教授たちへ 解職教授協議会
1978.05.11	第221号	04頁01段	裵東湖	朴独裁の「韓民統」に対する謀略と陰謀策動を糾弾する 真の韓国の立場を堅持し民主憲政確立へ
1978.05.21	第222号	01頁01段		〈無効宣言〉100万海外同胞의총의
1978.05.21	第222号	01頁01段		「統代選挙」無効를宣言 東京民衆大会에서永久独裁合法化의술책反民族行為로断定 民主主義와는無関
1978.05.21	第222号	01頁08段		投票통지서를焼却 民主세력、선거를거부
1978.05.21	第222号	01頁12段		病院에서受診거부투쟁金大中씨、교도소移監요구하여
1978.05.21	第222号	01頁09段		朴政権의퇴진要求 「韓日大陸붕」도규탄民衆大会
1978.05.21	第222号	01頁14段		維新체제철폐요구大会참가자들街頭示威
1978.05.21	第222号	02頁01段		正義의国軍将兵에게메시지韓国民主予備役将軍会議 박정희戦友에게告한다
1978.05.21	第222号	02頁01段		〈民衆大会決議文〉朴独裁政権은온国民의要求대로퇴진해야한다
1978.05.21	第222号	02頁07段		〈民衆大会決議文〉選挙거부는역사적요구정재준副議長開会辞
1978.05.21	第222号	02頁10段		民衆의 소리에 귀를 귀울어라(下) 張琪杓씨高法最終陳述
1978.05.21	第222号	03頁01段		굴함없는本国투쟁進学大生이궐기학内에서농성투쟁選挙거부를宣言 民主青年人権協議会
1978.05.21	第222号	03頁05段		咸錫憲先生夫人이別世
1978.05.21	第222号	03頁01段		在日同胞속에反朴民主化의물결빛나는成果「百日間運動」大衆총괄集会서확인
1978.05.21	第222号	03頁08段		징역3년을언도서울地法 李泳禧教授에
1978.05.21	第222号	03頁10段		韓学同이断食투쟁本国学生에연대하여
1978.05.21	第222号	03頁13段		〈日本「펜」〉金芝河씨를客院会員으로높아가는救援여론
1978.05.21	第222号	03頁09段		維新선거를反対 大阪民衆大会
1978.05.21	第222号	03頁12段		政治犯을仮석방여론무위한술책
1978.05.21	第222号	04頁01段		朴独裁の「韓民統」に対する謀略と陰謀策動を糾弾する 北韓に対しては7.4精神を堅持する
1978.05.21	第222号	04頁01段		「維新選挙」無効を宣言 独裁打破の闘いへ 5.17民衆大会 決議文 政権延命を合法化
1978.05.21	第222号	04頁01段		「維新選挙」無効を宣言 独裁打破の闘いへ 5.17民衆大会 無効宣言 虚偽と仮飾の「統代」選挙
1978.05.21	第222号	04頁12段		〈장일담〉6年目の茶番劇
1978.06.01	第223号	01頁01段		다시在入国을拒否 ん異本政府 韓民統간부8명에国際人権規約에위배
1978.06.01	第223号	01頁08段		韓国問題国際会議 30여개국이참가예정西独에서
1978.06.01	第223号	01頁13段		해마다가뭄가뭄朴政権 속수무책、시달리는農民들

발행일	호	지면정보	필자	기사제목
1978.06.01	第223号	01頁01段		〈徐俊植씨또獄으로〉「社会安全法」을適用 国際的인 非難일어自由와人権의侵害
1978.06.01	第223号	01頁06段		"걱정마십시오"밝은표정、徐俊植씨大田교도소에서 家族과面会
1978.06.01	第223号	01頁09段		무조건 즉시 석방을 世界的으로 抗議행동
1978.06.01	第223号	01頁08段		파쑈悪法・社会安全法
1978.06.01	第223号	01頁12段		브레진스키訪韓 아무런 언질 없어
1978.06.01	第223号	01頁15段		流言蜚語
1978.06.01	第223号	02頁01段		〈主張〉刑期를끝마친徐俊植씨는즉각釈放하여야한다=不当한社会安全法의 適用을규탄한다=
1978.06.01	第223号	02頁01段	鄭敬謨	〈時評〉朴政権의命脈과現事態 韓半島를에워싼錯雑한利害関係
1978.06.01	第223号	02頁08段		무우、배추、오이등을 輸入
1978.06.01	第223号	02頁09段		教権守護기도会에서의김수환추기경公演 洋旨(上)노동조합의결성과활동은인간의기본권
1978.06.01	第223号	03頁01段		〈미議会〉매수工作규명기운再燃〉金東祚証言要求를決議 下院、압도적多数로朴政権다시곤경에
1978.06.01	第223号	03頁01段		자워스키、決定的증거입수金東祚暗号電報를 解読 프레이저委미企業調査
1978.06.01	第223号	03頁08段		海外公務員 못믿을자기忠臣들朴政権、不動産취득을금지
1978.06.01	第223号	03頁08段		「大陸붕」심의日本国会논란
1978.06.01	第223号	03頁01段		執行部를확대강화韓国人権運動協会会長에咸錫憲씨地方組織결성키로
1978.06.01	第223号	03頁01段		金芝河씨석방을호소高銀씨世界의文学者에
1978.06.01	第223号	03頁05段		民青協会를탄압
1978.06.01	第223号	03頁06段		朴政権에항의日本목사들
1978.06.01	第223号	03頁06段		民主回復国民会議고문鄭求瑛씨別世
1978.06.01	第223号	03頁10段		〈論壇〉買春観光의経済와心理 아시아女性의会마쓰이・야요리
1978.06.01	第223号	04頁01段		「政治犯」救援運動의分裂策 金達男氏釈放의意味 人権抑圧を正当化
1978.06.01	第223号	04頁01段		金氏発言を糾弾 各教援団体が声明 日本政府にも抗議
1978.06.01	第223号	04頁06段		一層固く団結し 最後まで闘おう 声明
1978.06.01	第223号	04頁08段		〈장일담〉魂の力
1978.06.01	第223号	04頁01段	裵東湖	朴独裁の「韓民統」に対する謀略と陰謀策動を糾弾する 南北対話は統一への必須条件 朴政権の対話主張はぎまん
1978.06.01	第223号	04頁10段	白基琓	民族統一とはなにか①
1978.06.21	第224号	01頁01段		韓国認識에큰転機 西独・国際会議개최등장한유럽支援勢力
1978.06.21	第224号	01頁01段		民主化외統一을積極支持 西独「본」에서韓国問題国際会議 朴人権援助中止를要求 人権弾圧에非難의화살人表들진지한討論 欧美亜에서50여명이참가

발행일	호	지면정보	필자	기사제목
1978.06.21	第224号	01頁09段		韓国은반드시統一돼야한다分断固定化책동을批判
1978.06.21	第224号	01頁10段		「독일式一方案」은分断固定化정책
1978.06.21	第224号	01頁15段		流言蜚語
1978.06.21	第224号	02頁01段		西独·国際会議決議文
1978.06.21	第224号	02頁06段		윤이상韓民聯議長의開会辞
1978.06.21	第224号	02頁01段		「経済成長」은어데로物価무더기引上조치엄청난赤字··쪼들리는家系
1978.06.21	第224号	02頁06段		教権守護기도会에서의 김수환추기경公演　要旨(中)
1978.06.21	第224号	03頁01段		박정희退陳외치면서서울大生이궐기緊急措置해제要求
1978.06.21	第224号	03頁04段		金大中씨釈放요구5백명이街頭示威
1978.06.21	第224号	03頁06段		1時間이나学内데모서울大農大、同盟休学투쟁
1978.06.21	第224号	03頁07段		徐씨의無条件釈放을日本各界 抗議集会、示威
1978.06.21	第224号	03頁10段		崔書勉은제2의朴東宣 多額의工作金 日本国会에서추궁「図書文献센터」国税庁이調査
1978.06.21	第224号	03頁01段		自由言論守護투쟁編集権独立을主張　中央매스콤記者들 2千名이支持集会
1978.06.21	第224号	03頁12段		「프」委가公表　미국政府는알고있었다金大中씨拉致에李相鎬가관련
1978.06.21	第224号	04頁01段		〈民主回復、統一実現に国際的支援 6月5、6日西独のボンで、韓国問題国際会議開かる〉対韓援助中止、人権弾圧訴え 決議文
1978.06.21	第224号	04頁01段	尹伊桑	〈民主回復、統一実現に国際的支援 6月5、6日西独のボンで、韓国問題国際会議開かる〉開会辞 国際研究機関の設置を
1978.06.21	第224号	04頁05段		〈장일담〉ユギオ·三八度線
1978.06.21	第224号	04頁09段	白基院	民族統一とはなにか②
1978.06.21	第224号	04頁09段		馬山洋がさ、日本人社長 二億ウォン払わずドロン
1978.07.01	第225号	01頁01段		〈韓民統声明文〉韓民統에대한政治謀略裁判을抗議규탄하며〈反国家団体〉의딱지를즉각취소할것을요구한다
1978.07.01	第225号	01頁01段		삼엄한警戒속予告集会 서울한복판서3000명市民과学生、反朴示威 4.19前夜를방불朴政権、弾圧에狂奔
1978.07.01	第225号	01頁08段		現職教授도궐기民主主義教育을主張
1978.07.01	第225号	01頁09段		美上院이公表　金大中씨暗殺을계획滞美中、KCIA가犯罪人시켜
1978.07.01	第225号	02頁01段		民主民族統一海外韓国人聯合 배동호·国際事務総長談話文「南北経済協議機構」제의의虚構 朴正熙대통령의6.23特別談話를규탄한다
1978.07.01	第225号	02頁01段	鮮于学源	金芝河의社会政治歯槽統一理念①　理論과行動의統一思想
1978.07.01	第225号	02頁05段		食糧援助를삭제美下院本会議서가결金증언거부에報復
1978.07.01	第225号	02頁10段		外人牧師까지弾圧 朴政権이国外追放

발행일	호	지면정보	필자	기사제목
1978.07.01	第225号	02頁09段		教権守護기도会에서의 김수환추기경公演 要旨(下)
1978.07.01	第225号	03頁01段		「成長」속의가난物価는껑충, 当局은無能 혹독한税金収穫 担税率21％로
1978.07.01	第225号	03頁07段		国民一人当10万원
1978.07.01	第225号	03頁01段		韓日軍事一体化책동日本「大東亜」의꿈
1978.07.01	第225号	03頁07段		코앤氏, 民主人士와会談 朴의人権断圧을批判
1978.07.01	第225号	03頁10段		「民主主義만세」柳兄弟 과감한 法廷투쟁
1978.07.01	第225号	03頁10段		방황하는青少年들拝金·利己主義 社会風潮 反映 独裁政治下당연한現象
1978.07.01	第225号	03頁13段		国民教育憲章 全文
1978.07.01	第225号	04頁01段		〈声明〉「反国家団体」규정은韓民統에 対する謀略 韓民統日本本部
1978.07.01	第225号	04頁01段		〈統一こそ民族の生きる道〉7.4 6周年 貫いた七·四精神 自主、平和、大団結
1978.07.01	第225号	04頁10段	白基院	民族統一とはなにか③
1978.07.11	第226号	01頁01段		韓民統、熱烈히支持 民衆의進路'밝히는機関 支持삐라를東京서배포
1978.07.11	第226号	01頁07段		学内에서 市街로 光州 学生과 市民이 合流
1978.07.11	第226号	01頁01段		〈反督民化투쟁의統一的指導組織体 民主主義国民聯合 출범〉장엄한새紀元창조서울서満天下에宣言
1978.07.11	第226号	01頁01段		〈反督民化투쟁의統一的指導組織体 民主主義国民聯合 출범〉民主·民族·統一의意志응결된民衆의結晶体 民主戦線이実現 歴史의 必然的要求
1978.07.11	第226号	01頁10段		김지하씨釈放을요구 救出委가原洲서기도회
1978.07.11	第226号	02頁01段		〈主張〉民主主義国民聯合의結成을熱烈히支持 歓迎한다
1978.07.11	第226号	02頁01段		韓民統등在日民主団体声明文 一人独裁永久化위한大統領선거를규탄한다
1978.07.11	第226号	02頁05段		30%引上그래도못살겠다真露 노동자들파업투쟁
1978.07.11	第226号	02頁09段		農民運動弾圧말라가톨릭農民会가성명
1978.07.11	第226号	02頁11段	鮮于学源	金芝河의社会政治歯槽統一理念② 政治와芸術의統一思想
1978.07.11	第226号	03頁01段		「6.23특별담화」는모략朴은冷戦의最終拠点 統一은世界平和에기여7.4기념講演会 우심해가는固定化策動
1978.07.11	第226号	03頁01段		〈韓民統이새運動 金大中씨原状快復위해〉「100日間」成果에기초民主国民聯合에호응
1978.07.11	第226号	03頁09段		文人의表現自由를 압살 梁性佑씨에 징역3年
1978.07.11	第226号	03頁09段		家族·僑胞의会결성1周年기념集会 東京、大阪 各界人士참가在日韓国人政治犯
1978.07.11	第226号	03頁09段		救援바자아盛況
1978.07.11	第226号	04頁01段		民主主義国民連合은民主民族統一への結晶体 韓民統声明文

발행일	호	지면정보	필자	기사제목
1978.07.11	第226号	04頁01段		〈高まる反独裁のうねり 海内外に反朴連合戦線成る〉統一的な指導組織
1978.07.11	第226号	04頁06段		民主主義国民連合が出帆 日本では「50日間」運動 韓民統など民主団体が熱誠的に推進
1978.07.11	第226号	04頁09段		〈장일담〉なお続く「弧児輸出」
1978.07.11	第226号	04頁11段	白基浣	民族統一とはなにか④
1978.07.11	第226号	04頁10段		〈声明文〉在日韓国人政治犯家族・僑胞の会
1978.08.01	第227号	01頁01段		国際的으로 署名운동 韓民統 民主国民聯合 支持하여
1978.08.01	第227号	01頁01段		〈金大中씨를돌려보내라〉이미드러난真相과흉계解決策은原状快復뿐「政治決着」철회해야
1978.08.01	第227号	01頁06段		金芝河씨釈放 要求全州서 대규모데모
1978.08.01	第227号	01頁08段		民主主義国民聯合이民主国民宣言을발표투쟁綱領등을明示
1978.08.01	第227号	01頁10段		署名운동을展開 民主人士들断食투쟁도
1978.08.01	第227号	01頁10段		韓日両国民에대한基本人権의침해
1978.08.01	第227号	01頁13段		사발통문
1978.08.01	第227号	02頁01段		〈獄苦치르는金大中씨〉歴史의汚点 金載華韓民統議長代行談話
1978.08.01	第227号	02頁01段		拉致목적은殺害 日本政府의자세免치못할糾彈
1978.08.01	第227号	02頁01段		〈主張〉金大中先生의原状回復없이民主主義는바랄수없다=납치사건5주년에즈음하여=
1978.08.01	第227号	02頁10段		日本言論크게取扱 事件解明 주장해
1978.08.01	第227号	02頁13段	原田重雄	문제는 日韓유착과 日本政府의 外交策 原田맨션社長
1978.08.01	第227号	02頁12段	和田春樹	可恐할만한両国관계事件해결은우리자신의課題
1978.08.01	第227号	03頁01段		〈談話〉알아야할日本의내심金大中先生救出対策委員会委員長
1978.08.01	第227号	03頁01段		〈拉致당한지어언5年…〉朴政権에게는큰威脅 国民의 支持받는金大中씨美日에서韓民統결성
1978.08.01	第227号	03頁01段		〈拉致당한지어언5年…〉「政治결착」은犯罪행위우리는原状回復을主張한다韓日人士담화
1978.08.01	第227号	03頁11段	韓之沢	선구적역할을実感
1978.08.01	第227号	04頁01段		〈拉致사건5주년対談〉정재준(金大中先生救対委長)青地晨(日韓연대委員会代表) 경제침략強化할의도보이는日本政府/事件해결하려면「政治결착」타파해야
1978.08.01	第227号	04頁09段	鮮于学源	金芝河의社会政治歯槽統一理念③ 民族의統一思想
1978.08.01	第227号	04頁01段		金大中씨事件 主要日誌
1978.08.01	第227号	04頁13段		青年商工会2次総会 韓青이 감사장 贈呈
1978.08.01	第227号	04頁15段		李영희씨 석방요구 日本知識人들
1978.08.01	第227号	05頁01段		民主国民宣言 署名団体및人士
1978.08.01	第227号	05頁01段		民主主義国民聯合을발起하면서民主主義国民聯合을열렬히支持한다韓民統성명문

발행일	호	지면정보	필자	기사제목
1978.08.01	第227号	05頁06段		朴政權의대통령선거놀음은절대無効다미주民主国民연합声明
1978.08.01	第227号	06頁01段		〈青年論壇〉金大中先生との出会いの日　その不屈の闘いに応えたい
1978.08.01	第227号	06頁01段		統一的な救国闘争の道へ　民主国民戦言全文　民主主義国民連合を発起して
1978.08.01	第227号	06頁07段		〈장일담〉金大中氏の信念
1978.08.11	第228号	01頁01段		〈民主・民族・統一에매진救国의前衛隊임을자부〉結成5周年맞는韓民統　独裁打倒에불탄나날国内투쟁에전적인支援　国際反朴여론환기
1978.08.11	第228号	01頁07段		韓民聯도　結成1周年　民主政府수립期해눈부신反独裁闘争
1978.08.11	第228号	01頁01段		金大中씨、断食투쟁夫人과民主人士도호응拉致사건5周年석방요구기도회事件未解決을비판韓民統이声明
1978.08.11	第228号	01頁10段		金씨의現状回復요구8.8実行委　安倍長官만나
1978.08.11	第228号	01頁12段		鄭成培박사仏政府는人権을지켰다束백림事件　拉致됐다가原状回復실현
1978.08.11	第228号	01頁14段		事件의公正解決을日本知識人들이声明
1978.08.11	第228号	01頁15段		사발통문
1978.08.11	第228号	02頁01段		〈主張〉韓民統결성　5周年에　즈음하여/韓民聯결성1周年에　즈음하여
1978.08.11	第228号	03頁01段	尹이상	韓民聯결성1주년記念談話　創立은歴史的인必然性유럽지역議長
1978.08.11	第228号	03頁06段	崔홍희	朴에게는 무서운 存在
1978.08.11	第228号	03頁07段	李영빈	民主運動과統一運動
1978.08.11	第228号	03頁01段	林昌栄	回顧와展望
1978.08.11	第228号	03頁06段	최덕신/최홍희	박정희씨에게 퇴진을 요구한다
1978.08.11	第228号	04頁01段		韓民統主要日誌
1978.08.11	第228号	05頁01段		울고있는庶民들잇달아비참한事故　国民不在의行政忠南서 学生16명이익사/서울서는33명이버스事故死
1978.08.11	第228号	05頁01段		〈経済時評〉불어대는過熱景気선풍国民経済　혼란을초래対外의존의필연적결과
1978.08.11	第228号	06頁01段		〈내남편、내아들을살려주세요〉栄養不足으로　壊血病(光州교도소柳寅泰)/4年이나감옥살이를(光州교도소李賢培)/注射놓아精神병으로(光州교도소徐광태)
1978.08.11	第228号	07頁01段		〈메아리치는原状回復의함성〉各地서金大中氏救援集会　実現위해끝까지싸울터中央集会　韓日연대를다짐
1978.08.11	第228号	07頁06段		韓日유착打倒해야韓国노동자에지원을各地집회
1978.08.11	第228号	07頁01段		〈철저한 家庭방문 展開〉東京 50日間운동의 일환
1978.08.11	第228号	07頁11段		그날KCIA犯行임을알았다美CIA情報로「明白한主権侵害」

발행일	호	지면정보	필자	기사제목
1978.08.11	第228号	08頁01段		日韓連帯闘争の飛躍的な発展を 金大中氏の原状回復を! 8.8中央集会基調報告〈要旨〉
1978.08.11	第228号	08頁08段		〈장일담〉日本軍国主義との対決
1978.08.11	第228号	08頁01段		金氏の原状回復をはかれ 韓民統声明文
1978.08.21	第229号	01頁01段		〈独裁타도하고民主解放을 光複節33周年記念大会〉救国의 굳은결의 다짐 韓日一体化책동을 규탄
1978.08.21	第229号	01頁09段		民主国民聯合을지지노동자투쟁에연대표명
1978.08.21	第229号	01頁01段		끈질긴国内民主化투쟁서울서釈放人士환영집회民主国民聯合, 反朴성명
1978.08.21	第229号	01頁04段		美州서도光複節記念集会
1978.08.21	第229号	01頁08段		韓民統결성5周年파아티内外人士모여盛大히개최
1978.08.21	第229号	01頁12段		사발통문
1978.08.21	第229号	02頁01段		〈大会基調報告要旨〉韓日閣僚会議를反対하고노동운동에積極的支援을
1978.08.21	第229号	02頁13段		참된解放과独立을8.15大会결의문
1978.08.21	第229号	02頁01段		〈国軍의총칼은 民衆의편〉海外民主予備役将兵会結成準備委員会·声明 要旨
1978.08.21	第229号	03頁01段		50日間運動성공리에매듭反独裁투쟁의牽引역할韓日閣僚会議를분쇄할터총괄회의서결의
1978.08.21	第229号	03頁08段		学習통해 幹部대열 늘어 大阪自主委 눈부신 成果
1978.08.21	第229号	03頁01段		民衆化운동 前進에 기여 組織力量이 크게 확대
1978.08.21	第229号	03頁04段		용서못할売国·侵略謀議 짙어가는韓日軍事一体化 9月초서울서韓日閣僚会議 경계해야할日本의속셈対韓治安出動노려
1978.08.21	第229号	04頁01段		〈乱流経済(1)〉役に立たない政策 二匹のウサギ「成長安定」とちらも得られず物価高·品物不足「計画はフイ」
1978.08.21	第229号	04頁01段		〈朴秉成君は無罪だい!〉デッチあげた「傷害」狙いは反朴闘争の封じ込め 高まる救援運動 卑劣な検察側の態度「屈服裁判」を家族に強要
1978.08.21	第229号	04頁08段		〈장일담〉おぞましき商魂
1978.09.01	第230号	01頁01段		〈可恐할 五賊의 不正腐敗〉매판独裁政権이 기른 "毒虫"
1978.09.01	第230号	01頁01段		〈可恐할 五賊의 不正腐敗〉3大 추문事件에 나타난 実態 長次官등이 乱舞 投票転락不正蓄財 政府기관 거의 망라 現代아파아트 特恵분양사건
1978.09.01	第230号	01頁08段		女高生속여正関係 3名中 하나는飮市自殺기도妊娠하자낙태수술共和党의원成楽鉉사건
1978.09.01	第230号	01頁01段		志気높은全州투쟁中央、남문教会서연좌농성
1978.09.01	第230号	01頁10段		문란타락한教育行政 가짜教師 3百名乱造 慶北洞教委職員돈받고資格証発給
1978.09.01	第230号	01頁15段		사발통문

발행일	호	지면정보	필자	기사제목
1978.09.01	第230号	02頁01段		〈主張〉韓日閣僚会議는対日예속화의深化를더욱強化하는것이다経済예속은政治支配를必然化　対日貿易逆調는意図의結果
1978.09.01	第230号	02頁01段		〈8.15宣言〉한사람에의한전국민의질식이냐전국민에의한일인통치의종결이냐民主主義国民聯合
1978.09.01	第230号	02頁06段	林昌栄	3慶事의참뜻8.15를맞아
1978.09.01	第230号	02頁10段	鮮于学源	金芝河의社会政治歯槽統一理念④　民族의統一思想神과革命의統一思想①
1978.09.01	第230号	03頁01段		日本과의垂直関係、軍事面까지軍需企業속속進出日의武器工場化朴의好戦策지탱
1978.09.01	第230号	03頁07段		柳寅泰씨를　再連行　釈放뒤발언 이유로
1978.09.01	第230号	03頁01段		「有事」한韓半島를두고하는말짙어지는日本의軍国主義경향　警戒心높이는韓国民　再武装은再侵略과同議
1978.09.01	第230号	03頁08段		対韓태도분명히하라美下院의원42명카아터씨에勧告「朴은軍事裁判」
1978.09.01	第230号	03頁11段		노동자闘争 辞表내고 会社와 対立 三養식품 보복인사 輸出同僚의 復帰를 요구
1978.09.01	第230号	04頁01段		〈「経済成長」は虚構　“恩恵”受けていない国民〉課税未達が76％ 勤労所得者 低賃金解消されず
1978.09.01	第230号	04頁06段		対日貿易赤字 七月現在で18億ドル 今年30億ドル上回る見込み
1978.09.01	第230号	04頁01段		〈乱流経済(2)〉役に立たない政策 不均衡の非理 中小企業＝輸出37％で融資は5％ 貯金は損＝群がる不動産換物投機
1978.09.01	第230号	04頁09段		〈장일담〉いつか来た道
1978.09.01	第230号	04頁11段	白基琬	民族統一とはなにか⑤
1978.09.11	第231号	01頁01段		金大中씨決死的断食闘争待遇改善까지無期限　굴窓庫에隔離収監 生命우려、極으로衰弱
1978.09.11	第231号	01頁06段		家族도断食闘争 民主人士30명이合流 病院앞에서示威集会
1978.09.11	第231号	01頁10段		下院有志의主張은正当 国民聯合 카아터씨에서한
1978.09.11	第231号	01頁05段		無期限断食闘争에突入 韓民統등在日民主勢力 金大中씨에호응釈放과原状回復요구 東京・数奇屋橋
1978.09.11	第231号	01頁10段		対日예속심화에박차韓日閣僚会議강행
1978.09.11	第231号	01頁15段		사발통문
1978.09.11	第231号	02頁01段		〈主張〉決死의覚悟로断食抗議하는金大中선생을즉각釈放하라医師의応急治療를받으며断食투쟁을계속하는위험성
1978.09.11	第231号	02頁01段		真実을말해서는안되는가송기숙教授
1978.09.11	第231号	02頁01段		断食闘争宣言 在日韓国人断食団
1978.09.11	第231号	02頁06段	鮮于学源	金芝河의社会政治歯槽統一理念⑤　民族의統一思想神과革命의統一思想②

발행일	호	지면정보	필자	기사제목
1978.09.11	第231号	03頁01段		金大中先生을救出하자!굳은決意、在日韓国人断食団 本国人士는죽음을각오하고싸우는데"앉아서보고만있으랴"
1978.09.11	第231号	03頁04段		黙過치 못할 朴의蛮行 韓日民衆 救援集会개최断食団、支援隊혼신一体
1978.09.11	第231号	03頁01段		朴耕成君事件징역10月을求刑 日本検察 在日民主勢力弾圧노려
1978.09.11	第231号	03頁07段		즉각対韓援助中止를 閣僚会議개최反対 韓日연대講演会
1978.09.11	第231号	03頁08段		〈人権無視하는괘씸한처사〉버스計数器다시採用 서울市/뻥땅혐의로몸수색안내양들분격、集団항의
1978.09.11	第231号	04頁01段		〈장일담〉"社会가 姉를奪った"
1978.09.11	第231号	04頁01段		〈乱流経済(3)〉役に立たない政策 責任転嫁 "通貨増発"だ"財政膨脹"dだと論戦 金利・投機・附価税副作用も他のせい
1978.09.11	第231号	04頁01段		〈断食闘争宣言〉病室隔離は殺害が目的 責任の一端日本政府に
1978.09.11	第231号	04頁10段	白基琓	民族統一とはなにか⑥
1978.09.11	第231号	04頁10段	康一明	〈青年論壇〉日本の軍国主義化を憂う 「有事立法」論議に寄せて
1978.09.21	第232号	01頁01段		10.17택하여集会를予告 서울大民主時局宣言 서울、高麗大生연속궐기朴正熙退진을要求 대담한闘争방법천명
1978.09.21	第232号	01頁11段		高麗大生 3年만에 침묵깨고 反朴民主化의 前線에
1978.09.21	第232号	01頁13段		양씨를 客員会員으로日本펜・클럽이결정
1978.09.21	第232号	01頁15段		사발통문
1978.09.21	第232号	01頁01段		金大中先生의断食中止를제의尹潽善씨와電話연락金載華韓民統議長代行
1978.09.21	第232号	01頁07段		在日한국인断食団 金大中先生에호응하여中止
1978.09.21	第232号	01頁09段		勝利의 날까지 金大中씨가 메시지
1978.09.21	第232号	02頁01段		国民죽이는팽창予算 国民一人당租税12万원 来年度 4조5천억원政権維持위해空前의収奪
1978.09.21	第232号	02頁01段		올해수확을포기農民 「노풍」稲 病에弱해農民・農業敬視가原因 잘못을인정않는 当局 어느農民의소리「노풍」失農장마탓아니다
1978.09.21	第232号	02頁10段	朴玄埰	農民의立場에서본経済政策(上)
1978.09.21	第232号	02頁07段		司祭団이断食농성지난7년、全州에서警察의暴力에항의
1978.09.21	第232号	02頁07段		〈声明〉不具者의哲学 天主教全州教区正義平和委
1978.09.21	第232号	03頁01段		維新体制6年① 民族과 国家앞에 지은 罪悪 제2의5.16쿠데타 自由와 民主主義를 말살
1978.09.21	第232号	03頁11段		〈本国투쟁〉薬制師들覇業投쟁세브란스病院에서
1978.09.21	第232号	03頁01段		계속金大中씨救出투쟁을原状回復쟁취하자韓日연대集会서확인日本政府에도強力히要求

발행일	호	지면정보	필자	기사제목
1978.09.21	第232号	03頁05段		神奈川民衆会議 한때断食에 突入 韓国民에연대하여
1978.09.21	第232号	03頁08段		安倍官房長官만나人権救済조치要求 韓民統断食団
1978.09.21	第232号	03頁10段		金大中씨救出위해美国은助力을宇都宮씨가성명
1978.09.21	第232号	03頁10段		11.22事件3周年各地서支援콘서트在日韓国人政治犯救援「韓日間운동」
1978.09.21	第232号	03頁14段		日本軍国主義대두를警告 68回国恥日맞아韓民聯美洲事務局이성명
1978.09.21	第232号	04頁01段		〈乱流経済(4)〉役に立たない政策 信用のない地策 現実ばれした数値遊びに執着
1978.09.21	第232号	04頁12段		〈장일담〉不幸な時代
1978.09.21	第232号	04頁01段		断食いったん中止 在日韓国人断食団 築いた民主回復の一里塚 6日目、金大中氏に合わせ
1978.09.21	第232号	04頁01段		金大中氏のメッセージ 勝利の日まで共に
1978.09.21	第232号	04頁06段		破壊される国民生活 来年度予算 四兆五千億ウォン 朴政権が提出 税金 収奪 史上空前
1978.09.21	第232号	04頁10段	白基玩	民族統一とはなにか⑦
1978.10.11	第233号	01頁01段		몰아치는反独裁함성흔들리는維新2期学生市民17日에대규모集会거센항거에強権탄압 淑明女史大生도궐기朴正熙퇴진내걸고
1978.10.11	第233号	01頁07段		反面劇으로저항東一女工
1978.10.11	第233号	01頁08段		「미사일」을国産 힘의과시에言論총동원戦争소동에血眠 国民은防衛税수탈로기아선상
1978.10.11	第233号	01頁11段		李泳禧씨에징역2年 反共流위반으로서울公法 白楽晴씨에는징역1年
1978.10.11	第233号	01頁01段		韓民統도17日에集会 国内外에서 同時로궐기
1978.10.11	第233号	01頁01段		구치소内에서金芝河씨가투쟁
1978.10.11	第233号	01頁07段		올해벼농사큰被害 病에弱한벼新品種当局이、강제로권장
1978.10.11	第233号	01頁12段		사발통문
1978.10.11	第233号	02頁01段		〈主張〉10月7日의維新体制에대한葬送투쟁을적극성공시키자
1978.10.11	第233号	02頁01段	金世吉	〈時評〉反戦美国人의在留延長不許可裁判 在日韓国人의民族的権利와人権에 波及될重大한判決 金世吉
1978.10.11	第233号	02頁05段	文益煥	統一과政治① 民主回複과民族統一
1978.10.11	第233号	02頁10段	朴玄埰	農民의立場에서본経済政策(中) 朴玄埰(経済評論家)
1978.10.11	第233号	03頁01段		어두컴컴한 칸막이獄 運動、書信 등 禁止 학대받는金大中씨 法的근거없는 病院収監 日光도안들어오는房
1978.10.11	第233号	03頁09段		家族의 就職방해
1978.10.11	第233号	03頁01段		維新体制6年②民族과国家앞에지은罪悪일관된反統一政策「反共」으로統一主張탄압
1978.10.11	第233号	03頁10段		레이나아드씨对日政治献金은李承晩때부터

발행일	호	지면정보	필자	기사제목
1978.10.11	第233号	03頁11段		釜山앞바다는死海 重金属과有機物로汚染
1978.10.11	第233号	03頁13段		〈の叫び〉韓青同이創作劇上演 「불길의외침」,「나의 죽음을헛되이말라」-全泰壱씨와韓国노동자들의투쟁 을표현
1978.10.11	第233号	04頁01段		〈乱流経済(5)〉役に立たない政策 下半期はどうか 物価引上要因爆発寸前の秒続み「転ばずどう減速す るか」がカギ
1978.10.11	第233号	04頁01段		〈青年論壇〉洪元徳 内側から腐る自作用 自ら墓穴堀 る維新体制
1978.10.11	第233号	04頁01段		演劇運動で本国労働者を支援 韓青同 創作劇を全国 公演
1978.10.11	第233号	04頁07段		〈장일담〉猫の目行政
1978.10.11	第233号	04頁11段	金大淑	バス案内嫁の勤務日記
1978.10.21	第234号	01頁01段		売国的인「韓日親善大会」「一進会」「協和会」의再販
1978.10.21	第234号	01頁01段		韓民統、준열히규탄「侵略은폐하는만행」
1978.10.21	第234号	01頁04段		韓民統談話文
1978.10.21	第234号	01頁08段		폭력적으로 連行、연금 17日 전후
1978.10.21	第234号	01頁11段		農地95％가公害오염工団지역피해액은20억원
1978.10.21	第234号	01頁01段		内外에서朴正熙퇴진要求 10月17日 国恥날에「維新 体制 葬送해야」民主憲政쟁취를다짐 日本에서는民 衆大会 韓民統주최로
1978.10.21	第234号	01頁07段		国民의총궐기를호소国民宣言「朴은日帝残滓세력」 本国民主勢力
1978.10.21	第234号	01頁12段		各地서 버스안내양들이 파업 光州高速 賃金 인상 요 구해
1978.10.21	第234号	02頁01段		〈主張〉日本의예속으로깊히傾斜하는韓日親善大会 를엄중규탄한다
1978.10.21	第234号	02頁01段		本国同胞에게보내는편지10.17韓国人民衆大会
1978.10.21	第234号	02頁01段	宋建鎬	統一과政治② 民族統一과言論
1978.10.21	第234号	02頁10段	朴玄埰	農民의立場에서본経済政策(下)
1978.10.21	第234号	03頁01段		維新体制6年③ 民族과 国家앞에 지은罪悪 国民의 政治的自由 압살 独裁政治 外勢와의合作品
1978.10.21	第234号	03頁01段		売国的인「韓日親善大会」에 참가한 人士들 全名単
1978.10.21	第234号	03頁08段		〈制世倒産「輸出立国」파탄을상징〉無理하게輸出하 면赤字만누적「문어발」財閥 自己資本없고外形肥大 官辺서도不満소리「누구위한成長이냐」
1978.10.21	第234号	03頁08段		政治犯救援 캐러밴 운동 北海道 연대강화에 이바지
1978.10.21	第234号	04頁01段		企業肥大① 制世에 見た非理의内幕 無謀な拡張 資本 の90％を借り入れ
1978.10.21	第234号	04頁01段		朴政権 密月関係にキ裂 特権財界 輸出政策めふり対 立 背景にゆきづまり
1978.10.21	第234号	04頁05段		依然と低賃金状態 「上昇」実は超過手当
1978.10.21	第234号	04頁07段		〈장일담〉売春立国の毒害

발행일	호	지면정보	필자	기사제목
1978.10.21	第234号	04頁07段	金大淑	バス案内嫁の勤務日記
1978.11.01	第235号	01頁01段		1978年10月17日 国民宣言 全文 維新憲法 철폐하고 朴政権은 물러가라
1978.11.01	第235号	01頁01段		韓民統 李小仙어머니를映画化 韓国노동자의처참한 실태와鬪争을묘사 日本全国서 上映키로 全泰壱날 13日、東京서 첫開封 노동자支援、여론환기 위해
1978.11.01	第235号	01頁08段		金大中씨의"獄中記"国内에서은밀히배포
1978.11.01	第235号	01頁08段		日本各界서 進行中
1978.11.01	第235号	01頁11段		「犯人은KCIA」金大中씨납치美下院프委가断定
1978.11.01	第235号	01頁12段		사발통문
1978.11.01	第235号	02頁01段		〈여기労働者의불꽃이탄다!영화「어머니」가그려낸 삶의외침〉国民宣言 서명人士
1978.11.01	第235号	02頁01段	金容元	〈여기労働者의불꽃이탄다!영화「어머니」가그려낸 삶의외침〉上映支援을호소한다 上映推進委員長　金容元
1978.11.01	第235号	02頁01段		〈여기労働者의불꽃이탄다!영화「어머니」가그려낸 삶의외침〉朴政権에대한告発　全泰壱씨정신되새겨 映画「어머니」
1978.11.01	第235号	03頁01段		〈여기労働者의불꽃이탄다!영화「어머니」가그려낸 삶의외침〉나의죽음을헛되이말라죽어가는아들을가 슴에안고〈영화줄거리〉
1978.11.01	第235号	02頁07段	韓完相	가짜와偽善의出世主義①
1978.11.01	第235号	02頁07段		韓青·朴耕成군재판6月을언도不当判決　椎名밀약의 첫適用 東京裁判
1978.11.01	第235号	02頁10段	고세곤	호소문
1978.11.01	第235号	02頁10段		民族·民主教育을위한우리의主張 서울大 教育民主 化와学園의自由를위해
1978.11.01	第235号	03頁01段		維新体制6年④　民族과国家앞에지은罪悪破局의一 路、国民経済 기아선상헤매는大衆
1978.11.01	第235号	03頁10段		新議長에宋두율씨 在独 民建정기총회서선출
1978.11.01	第235号	03頁12段		百30万달러 日本에還流 250만달러중나머지는朴으 로서울地下鉄不正工作会
1978.11.01	第235号	03頁09段		迫真演技、観衆에깊은감명-韓青同 創作劇첫公演
1978.11.01	第235号	03頁11段		中日首脳会議確認 韓半島에緊張없다朴政権「터널」 로反発
1978.11.01	第235号	03頁12段		또 버스안내양이 自殺 심한몸수색에 항의하여
1978.11.01	第235号	04頁01段		命의叫びが今私たちの胸につきささる！！
1978.11.11	第236号	01頁01段		金大中씨납치사건犯行은KCIA美下院프委가最終보 고서에서断定 韓日유착도파헤쳐美의対韓政策총点検
1978.11.11	第236号	01頁05段		시급한 金씨原状回復 教対委가강력요구
1978.11.11	第236号	01頁06段		大邱駅을한때占拠 警察차량다수転覆 慶北大生이격 렬한鬪争

발행일	호	지면정보	필자	기사제목
1978.11.11	第236号	01頁09段		決着에 비난의 화살 日本政府 심한 고경에
1978.11.11	第236号	01頁10段		文益煥씨를체포国民宣言트집잡아기소될가능성커
1978.11.11	第236号	01頁01段		中央実行委를結成 영화「어머니」의上映추진위해総評、中立労聯등6団体
1978.11.11	第236号	01頁07段		사람답게대우해달라 25세工員이 飮毒自殺 동료의低賃金에항의
1978.11.11	第236号	01頁12段		강력한国際연대운동을제14회社会主義인터에축전 보내배동호議長이호소
1978.11.11	第236号	01頁15段		사발통문
1978.11.11	第236号	02頁01段		〈主張〉朴政権의反民族本性을폭로=프레이저委員会의最終報告書=
1978.11.11	第236号	02頁01段		음탕이 罪인가 본것이 죄인가 대통령의 밤나들이 귓속말 했다고 긴급조치위반 유언비어로 징영에
1978.11.11	第236号	02頁01段	高銀	金芝河씨를내놓아라
1978.11.11	第236号	02頁06段	韓完相	가짜와偽善의出世主義②
1978.11.11	第236号	02頁10段	桂勳梯	우리의돌섬、독도문제①
1978.11.11	第236号	02頁10段		정치범석방을 위한 서명운동 취지문
1978.11.11	第236号	03頁01段		維新体制6年⑤ 民族과 国家앞에 지은罪悪 虚偽에찬「文化振興」分断現実 是認을 종용
1978.11.11	第236号	03頁01段		납치는 殺害가 目的 프委最終報告書 요지
1978.11.11	第236号	03頁07段		韓国노동자에연대를11.13実行委 講演会를개최
1978.11.11	第236号	03頁07段		朴政権은腐敗체질온갖手段으로資金조달프委보고서
1978.11.11	第236号	03頁08段		東亜闘委를탄압
1978.11.11	第236号	03頁09段		神奈川서도成功 韓青創作劇활동
1978.11.11	第236号	04頁01段		企業肥大① 制世に見た非理の内幕 変則金融の実像 信用状偽造、花ざかり
1978.11.11	第236号	04頁01段		悲惨な労働者 まかり通る人権じゅうりん 公然と女工への検身 劣悪極まる生活環境 相次ぐ煉炭ガス事故
1978.11.11	第236号	04頁07段		〈장일담〉人間を、人間らしく
1978.11.11	第236号	04頁11段	金大淑	バス案内嫁の勤務日記③
1978.11.21	第237号	01頁01段		強制退去に항의하여 自殺 密入国한 在日同胞 入管行政에 대한 告発 横浜収容所
1978.11.21	第237号	01頁07段		尹伊桑씨를 한때 구속 日本政府
1978.11.21	第237号	01頁10段		격화되는学生투쟁 서울大서2千名이궐기 12月5日集会를予告
1978.11.21	第237号	01頁01段		映画「어머니」好評속에開封 全泰壱씨의8주기날에노동운동의原点묘사感動자아내는面面불길의絶叫에눈물
1978.11.21	第237号	01頁07段		韓国노동자들의투쟁에굳은연대를표명韓日民衆연대집회
1978.11.21	第237号	01頁13段		崔碩男씨「転向」보도의배경을폭로악랄한在美교포離間策

발행일	호	지면정보	필자	기사제목
1978.11.21	第237号	01頁15段		사발통문
1978.11.21	第237号	02頁01段		〈主張〉学生들의勇敢한愛国투쟁에民主市民은合勢하여총궐기하자
1978.11.21	第237号	02頁01段		李小仙여사出獄담화
1978.11.21	第237号	02頁01段		영화「어머니」추천담화
1978.11.21	第237号	02頁06段	韓完相	가짜와偽善의出世主義③
1978.11.21	第237号	02頁07段		〈海外論調〉国際政治와世論 日本·朝日新聞社説
1978.11.21	第237号	02頁09段	桂勲梯	우리의돌섬、독도문제②
1978.11.21	第237号	03頁01段		〈4.19의양상、慶北大生궐기〉警察隊를한때制圧独裁타도외치며市街를점거高大生도호응궐기
1978.11.21	第237号	03頁06段		政治犯2명과雑居房에徐俊植씨近況심한腰痛
1978.11.21	第237号	03頁01段		노동教室再建에支援을李小仙여사가호소「対政府투쟁에도움」
1978.11.21	第237号	03頁03段		平和와人権위한音楽会 尹伊桑작품을연주「政治와音楽」주제로강연
1978.11.21	第237号	03頁08段		長省에서12명이事故死 保安시설 不備가빚은悲劇
1978.11.21	第237号	03頁08段		一年간에구속자수는百40名 学生가족이발표
1978.11.21	第237号	04頁01段		企業肥大① 制世に見た非理の内幕 制世の教訓 雑貨商式拡張する財閥
1978.11.21	第237号	04頁01段		日本民衆から韓国労働者に送る手紙 11.13会議 共同の闘いの途をさぐり 連帯と共生の途を歩もう
1978.11.21	第237号	04頁04段	金哲	〈青年論壇〉自己肯定が選んだ全氏の死 映画「オモニ」観て想う
1978.11.21	第237号	04頁07段		〈장일담〉同じ穴の狢
1978.11.21	第237号	04頁11段	金大淑	バス案内嬢の勤務日記④
1978.12.01	第238号	01頁01段		民主勢力 6都市에서궐기를준비12月5日予告集会「10代총선」거부위해대법원전술을駆使
1978.12.01	第238号	01頁06段		〈新連載〉한청년노동자의삶과죽음全泰壱씨評伝
1978.12.01	第238号	01頁06段		年内로전원釈放하라民主勢力朴씨기만술책을규탄
1978.12.01	第238号	01頁01段		醜悪한「選挙」의실태公薦둘러싸고泥田闘狗
1978.12.01	第238号	01頁05段		最長任期에最小의政治 9代国会는独裁의侍女
1978.12.01	第238号	01頁09段		戦闘部隊가 첫 撤収 駐韓美軍2師団5百名
1978.12.01	第238号	01頁10段		「社会主義인터」의 칼손事務局長 韓民聯간부와 간담
1978.12.01	第238号	01頁10段		日社会党간부 韓民統을예방
1978.12.01	第238号	01頁15段		維新선거타파하고民主選挙쟁취하자우리는12月12日의「10代총선거」를반대하고12月5日의애국적궐기를지지한다韓国民主回復統一促進国民会議日本本部
1978.12.01	第238号	02頁01段		〈主張〉기만에 찬 12.12총선거를 적극 분쇄하여야한다
1978.12.01	第238号	02頁01段		우리는 영화「어머니」를 추천합니다 日本의各界人士
1978.12.01	第238号	02頁03段		「虐殺의時代」低貨에항의한노동자를죽였다農心라면

발행일	호	지면정보	필자	기사제목
1978.12.01	第238号	02頁03段		李小仙여사의 편지 각성하고、분노하고、단결하고、투쟁하는 속에서 나는 내 아들 전태일의 부활을 보고 싶습니다
1978.12.01	第238号	02頁09段		韓国女性을妾으로 日法務省神戸出張所長이
1978.12.01	第238号	02頁12段	柳恒烈	〈詩〉어느女工의죽음忠南・柳恒烈 「創作과批評」78가을호에서
1978.12.01	第238号	03頁01段		11.22拘束者를내놓아라확대되는救援운동3주년에日本각지에서集会
1978.12.01	第238号	03頁01段		명백한 조작사건 11.22사건
1978.12.01	第238号	03頁05段		수시로転向을강요朴政権、非人道的처우를강화6氏、死刑執行위험도
1978.12.01	第238号	03頁06段		救済조치를요청法務、外務両省에人道主義의立場에서
1978.12.01	第238号	03頁07段		拷問끝에 帰日후死亡
1978.12.01	第238号	03頁01段		全泰壱씨를따르자치솟는열정곳곳에서成功 韓青演劇
1978.12.01	第238号	03頁09段	金英琪	全泰壱評伝① 한청년노동자의삶과죽음金英琪
1978.12.01	第238号	04頁01段	岡満男	〈感想〉映画「オモニ」를観て 実感する連帯の原点
1978.12.01	第238号	04頁06段	米谷健一郎	進む日韓の二重構造
1978.12.01	第238号	04頁01段		〈基調報告〉11.22在日韓国人母国留学生・青年不当逮捕3周年抗議　11.21在日韓国人「政治犯」救援集会独裁の正当化を図るスパイ事件のねつ造「政治犯」問題は民主化闘争と密接不可分
1978.12.01	第238号	04頁10段	金大淑	バス案内嬢の勤務日記⑤
1978.12.15	第239号	01頁01段		「世界人権의날」30주년에즈음하여韓民統、救対委声明　12日의선거놀음을규탄하고모든良心犯의석방을요구한다
1978.12.15	第239号	01頁01段		独裁下의選挙認定할수없다 韓民統、救対委가 声明民主的条件없어無効　政治犯무조건釈放해야 人権의 날
1978.12.15	第239号	01頁05段		恐怖분위기속에서무슨選挙냐 단호히選挙를拒否　国内民主勢力「民意와는無関」
1978.12.15	第239号	01頁09段		金芝河와文学의밤
1978.12.15	第239号	01頁10段		劇映画「어머니」日本各地서話題独占
1978.12.15	第239号	01頁09段		白亜館앞에서集会 在美同胞 政治犯석방요구
1978.12.15	第239号	01頁12段		「어머니」上映적극추진総評評議会에서결의
1978.12.15	第239号	01頁13段		野党、与党을上回 得票率 国民의反朴意思
1978.12.15	第239号	01頁15段		사발통문
1978.12.15	第239号	02頁01段		〈主張〉12.12총선거에서도 表示된朴독재拒否하는国民意思
1978.12.15	第239号	02頁04段	桂勲梯	우리의돌섬、독도문제③
1978.12.15	第239号	02頁01段		역사에길이빛날···前進의해78年

발행일	호	지면정보	필자	기사제목
1978.12.15	第239号	02頁06段		친위대가보내는장문문서 그토록 무서운 대통열을 왜 해 먹는단 말인가
1978.12.15	第239号	03頁01段	金相敦	〈投稿〉박정희독재의 샛빨간 거짓말과 전율할 폭로 규탄한다
1978.12.15	第239号	03頁09段		「어머니의上映」
1978.12.15	第239号	03頁10段	金英琪	全泰壱評伝② 영화「어머니」의 原作 한 청년노동자의 삶과 죽음
1978.12.15	第239号	04頁01段		労働教室再建に支援を 李小仙女史から手紙 在米愛国女性協議会
1978.12.15	第239号	04頁01段		韓国民主化闘争は日本人自身の問題
1978.12.15	第239号	04頁07段		〈장일담〉賊反荷杖
1978.12.15	第239号	04頁11段	金大淑	バス案内嬢の勤務日記⑥
1979.01.01	第240号	01頁01段	金載華	新年辞 民主救国의大道에로힘차게나아가자
1979.01.01	第240号	01頁01段		金大中씨를釈放 「刑執行停止」로国際여론모면술책 朴政権
1979.01.01	第240号	01頁07段		韓民統、原状回復요구
1979.01.01	第240号	01頁12段		金芝河씨구출集会 서울
1979.01.01	第240号	01頁14段		美中、外交関係樹立台湾과는관계断絶
1979.01.01	第240号	02頁01段	鄭在俊	〈벅찬희망의새해1979년을맞이하여〉情勢는바야흐로有利 反独裁대열확대해야
1979.01.01	第240号	03頁01段	梁相基	〈벅찬희망의새해1979년을맞이하여〉朴正煕는바로 徳川幕府
1979.01.01	第240号	03頁01段	梁恵承	〈벅찬희망의새해1979년을맞이하여〉原則위에튼튼한 隊伍를
1979.01.01	第240号	02頁07段	李丁珪	〈謹賀新年〉商工人도발전기해야
1979.01.01	第240号	03頁01段	金容元	「어머니」上映 더욱 힘차게
1979.01.01	第240号	03頁04段	敦元基	〈謹賀新年〉愛国전봉대역할다할터基
1979.01.01	第240号	03頁04段	金鍾忠	〈謹賀新年〉青年商工人도노력할터
1979.01.01	第240号	03頁04段	梁霊芝	〈謹賀新年〉女性들도씩씩하게
1979.01.01	第240号	03頁04段	金栄出	〈謹賀新年〉外勢간섭경계해야
1979.01.01	第240号	04頁01段	高世坤	〈新年辞〉犯罪的維新集団 제거를
1979.01.01	第240号	04頁01段		〈韓国경제의現状과새해展望〉危機深化 外資導入암초에얹힌輸出政策
1979.01.01	第240号	04頁01段		〈韓国경제의現状과새해展望〉財閥옹호 極에달해 没落一路의中小企業
1979.01.01	第240号	05頁01段		〈韓国경제의現状과새해展望〉国民生活은破綻상태로허덕이는労働者 農民 加重될税金収穫 심한 物価高초래
1979.01.01	第240号	05頁01段		「10代총선当選者」명단
1979.01.01	第240号	05頁09段		新民党이 32.82% 「10代총선거」得票率 共和党은 31.70%
1979.01.01	第240号	04頁06段		〈取材노우트〉韓有創作활동 全泰壱정신을발휘「文化와政治」의結合도모

발행일	호	지면정보	필자	기사제목
1979.01.01	第240号	06頁01段		1978年反独裁투쟁日誌
1979.01.01	第240号	07頁01段	金英琪	全泰壱評伝③ 영화「어머니」의 原作 한 청년노동자의 삶과 죽음
1979.01.01	第240号	08頁01段	飛鳥田一雄	真の連帯と友情を築きたい
1979.01.01	第240号	08頁01段	青地晨	〈希望の1979年〉「オモニ」への大きな期待
1979.01.01	第240号	08頁05段	原田重雄	〈希望の1979年〉金大中氏の原状回復めざし
1979.01.01	第240号	08頁05段	田英夫	〈新年辞 근하신년〉朝鮮民族の統一にむかって
1979.01.01	第240号	08頁05段	徐秉俊	〈文化〉私の脳裡に錯綜するもの 「オモニ」を観、「炎よ···」を読んで 徐秉俊「命を賭して···」の意味を知る純粋で壮絶な生き様
1979.01.01	第240号	08頁05段		〈장일담〉人·地名の発音と主体性
1979.01.11	第241号	01頁01段		〈声明〉金大中씨 납치事件의 真相解明、原状回復을
1979.01.11	第241号	01頁01段		民主回復만이統一에의길金大中씨제1声 青磁犯 全員釈放을維新体制를준열비판인정못할「韓日결착」
1979.01.11	第241号	01頁07段		民主化투쟁의成果 日本政府의책임추궁韓民統、救対委 木者会見
1979.01.11	第241号	01頁09段		国内外의 良識에 감사 韓民統와의 電話에서 밝혀
1979.01.11	第241号	01頁11段		韓民統등韓日43団体 事件의完全解決을日本外務省과内閣에
1979.01.11	第241号	01頁13段		「大教」는国際詐欺 金씨기도회에서演説
1979.01.11	第241号	01頁09段		金大中씨声明 긴급조치해제하고기본권을보장하라
1979.01.11	第241号	01頁15段		사발통문
1979.01.11	第241号	02頁01段		〈民主回復을위해이목숨바치리〉大平首相의태도 注目 金大中씨와의이너뷰우「釈放」이라고오해하지않기를
1979.01.11	第241号	03頁01段		〈民主回復을위해이목숨바치리〉外部와차단、외치고싶었다하늘이그리웠다金大中씨手首 民主回復統一促進 政治信条를밝힘
1979.01.11	第241号	02頁01段		〈主張〉金大中先生의석방을歓迎한다
1979.01.11	第241号	02頁01段	尹伊桑	各団体新年時 朴政権은民族의 癌
1979.01.11	第241号	02頁08段	朴柄采	民主政権수립의해로
1979.01.11	第241号	02頁09段	呉興兆	우리손으로民主回復을
1979.01.11	第241号	02頁10段	金允鍾	어머니上映運動을積極추진할터
1979.01.11	第241号	02頁11段		連帯運動 1978年反独裁투쟁日誌
1979.01.11	第241号	02頁12段		〈장하다 배달의 후예〉남북이 서로 힘껏 껴안은 어깨동무 6만의 관중 박수와 환호
1979.01.11	第241号	03頁01段		大阪서2천5백명동원映画어머니上映운동順調
1979.01.11	第241号	03頁01段		제3기維政職員 名単
1979.01.11	第241号	03頁06段		毎日新聞 記者추방 販売금지 朴정권、独裁비판보도에 日本報道기관에 탄압조치
1979.01.11	第241号	03頁09段	金英琪	全泰壱評伝④ 영화「어머니」의原作 한청년노동자의 삶과죽음
1979.01.11	第241号	04頁01段		〈声明〉金大中의原状回復을

발행일	호	지면정보	필자	기사제목
1979.01.11	第241号	04頁01段	宇都宮德馬	新年のあいさつ 希望の1979年 多くの障害のりこえ 油断せず前進しよう
1979.01.11	第241号	04頁06段	金大淑	バス案内嫁の勤務日記⑦
1979.01.11	第241号	04頁03段		〈장일담〉쑥대머리
1979.01.21	第242号	01頁01段		성대히新年모임韓民統、民団東京本部 民主化의전진을다짐
1979.01.21	第242号	01頁03段		神奈川서도 同胞다수가 참가
1979.01.21	第242号	01頁01段		〈朴政権 美中修交에不安絶頂〉바야흐로冷戦孤児 갈피못잡는外交政策 갈데없어中国에秋波
1979.01.21	第242号	01頁07段		政治犯지원을위한署名運動을전개
1979.01.21	第242号	01頁09段		対日赤字 33億달라 해마다悪化 貿易逆調
1979.01.21	第242号	01頁07段		〈好評延載〉한청년노동자의삶과죽음 全泰壱씨評伝
1979.01.21	第242号	01頁07段		서울한복판서삐라 政治犯석방요구하여華族들礦断 幕걸고市民에호소
1979.01.21	第242号	01頁09段		南北対話를主張 朴正熙具体的방안은없어
1979.01.21	第242号	01頁11段		이란土政 崩壊팔레비王 美国으로亡命
1979.01.21	第242号	01頁12段		사발통문
1979.01.21	第242号	02頁01段	金撃浩	〈金芝河의고통은全民衆의아픔〉김지하씨의「減刑」과대통령赦免権金撃浩누구가赦免権주었던가궁지에몰린権力의〈善心〉
1979.01.21	第242号	02頁06段	咸世雄	〈金芝河文学의밤〉① 全世界크리스찬들에게보내는 메시지
1979.01.21	第242号	02頁01段		〈主張〉激変하는情勢에역행하는分断固政化책동을 그만두라=朴正熙의年頭記者会見을듣고=
1979.01.21	第242号	02頁10段		自由言論은영원한実践課題 東亜自由言論守護闘争委員会 民衆에게는自由를民族에게는統一을
1979.01.21	第242号	02頁12段		〈中間発表〉김지하씨등全政治犯의完全釈放요구署名運動 年末에署名者수는5万여명
1979.01.21	第242号	03頁01段	崔德新	〈새해인사〉在日同志들에게要旨 모든역량을기울여先駆的역할다하자
1979.01.21	第242号	03頁09段	金英琪	全泰壱評伝⑤ 영화「어머니」의原作 한청년노동자의 삶과죽음
1979.01.21	第242号	04頁01段	李小仙	私の息子 全泰壱の遺志ー八周忌を迎えてー苦痛を 受ける民衆への愛奴예根性の徹底的な拒否
1979.01.21	第242号	04頁01段		広がった韓日連帯のすそ野 映画「オモニ」をテコに 金大中氏釈放も拍車
1979.01.21	第242号	04頁07段		〈장일담〉病주고 薬주고
1979.01.21	第242号	04頁09段		朴政権 対日貿易赤字 33億ドル 放漫政策に国民の怒り高まる
1979.01.21	第242号	04頁11段	金大淑	バス案内嫁の勤務日記⑧
1979.02.01	第243号	01頁01段		分断은 民族최대의悲劇 対話의 싹 귀중히 키워야 韓民聯韓民統 声明文前文

발행일	호	지면정보	필자	기사제목
1979.02.01	第243号	01頁01段		〈南北対話 再開움직임活発化〉民衆들솔직히환영「또다시中断돼서는안돼」7.4共同声明을재확인
1979.02.01	第243号	01頁01段		〈南北対話 再開움직임活発化〉최대한화대시켜아韓民聯、韓民統이성명
1979.02.01	第243号	01頁08段		政治犯의 석방을 天主教平和委가 성명
1979.02.01	第243号	01頁09段		발전하는商工組合 理事9명에서11명으로
1979.02.01	第243号	01頁13段		荒川同胞들新年会
1979.02.01	第243号	01頁10段		「北의위협」다시強調 朴正熙対話와어긋나는발언
1979.02.01	第243号	01頁13段		〈韓日간에찬바람〉갈수록 태산 朴의 外交 古井의「과잉서비스」발언계기로
1979.02.01	第243号	01頁15段		사발통문
1979.02.01	第243号	02頁01段	박태순	〈金芝河文学의밤〉②세계지식인문학인에게보내는메시지 참된文学 위한 불퇴전의 信念
1979.02.01	第243号	02頁01段		〈南北当局 7.4성명을再確認〉自主、平和、民族大団結의원칙 南北共同声明全文
1979.02.01	第243号	02頁09段	최홍희	〈신년인사〉独裁타도는愛国愛族의길
1979.02.01	第243号	02頁09段	장정문	〈신년인사〉슬기와勇気를다시찾자캐나다민주민족통일연구회회장장정문
1979.02.01	第243号	02頁09段	池学淳	〈金芝河文学의밤〉3 회사김지하
1979.02.01	第243号	03頁01段	金相敦	〈新年辞〉人権투쟁의先駆者 金大中씨의출옥을환영한다
1979.02.01	第243号	03頁01段		美国内 민주화투쟁은 反朴独裁로굳게団結 영화「어머니」 問議전화殺到
1979.02.01	第243号	03頁01段		작년수준의生活도못해朴政権 賃金抑制로物価安定기도
1979.02.01	第243号	03頁06段		체불賃金요구하여労働者잇달아궐기
1979.02.01	第243号	03頁07段		"崔哲教씨를救援하자"松戸에서救援会발족署名運動 벌여UN에호소
1979.02.01	第243号	03頁09段	金英琪	全泰壱評伝⑥ 영화「어머니」의原作 한청년노동자의삶과죽음
1979.02.01	第243号	04頁01段	李小仙	私の息子 全泰壱の遺志ー八周忌を迎えてー② 身らの体験を通して覚醒物価化した人間像を拒否
1979.02.01	第243号	04頁01段		統一は5千万民族のねんがん 対話の芽を大切に
1979.02.01	第243号	04頁05段		〈장일담〉禁止曲
1979.02.01	第243号	04頁09段	金大淑	バス案内嬢の勤務日記⑧
1979.02.21	第244号	01頁01段		板門店에서접촉시작 南北、대화再開에첫걸음3月7日에다시会同 안녕하십니까…웃으며握手
1979.02.21	第244号	01頁05段		李小仙女史로부터감사의편지上映実行委에
1979.02.21	第244号	01頁06段		金大中씨를한때連行 개선되지않는人権問題韓民統이항의담화
1979.02.21	第244号	01頁08段		統一주제로심포지움 韓国民主化国際연대위

발행일	호	지면정보	필자	기사제목
1979.02.21	第244号	01頁10段		文益煥氏가断食 刑務所안에서3주일間 尹반웅목사 석방을요구
1979.02.21	第244号	01頁15段		사발통문
1979.02.21	第244号	02頁01段		〈主張〉3.1運動60周年에즈음하여 対話再開에民族熱望을응결하자
1979.02.21	第244号	02頁01段		고마운映画上映運動 民主回復없이는労働者의権利도없다李小仙女史의편지人間이하의労働条件
1979.02.21	第244号	02頁08段		〈詩〉그날이있는한어느中学生
1979.02.21	第244号	02頁09段	金泰明	統一문제와"政治犯"
1979.02.21	第244号	02頁10段	白楽晴	〈金芝河文学의밤〉④ 민족문학와지하의시 살아있는人間에대한애정
1979.02.21	第244号	03頁01段		〈労働教室再建에支援을〉労働者의죽음과부활
1979.02.21	第244号	03頁03段		〈労働教室再建에支援을〉統一이重要課題
1979.02.21	第244号	03頁01段		映画「어머니」대구지역을석권韓青盟員、창조성발휘
1979.02.21	第244号	03頁04段		入管当局、KCIA와유착日本社会党 조사로밝혀져不法入国、在留許可남발
1979.02.21	第244号	03頁05段		「2.8精神을実現하자」在日学生、졸업생들 宣言발표
1979.02.21	第244号	03頁06段		배후에또崔書勉의그림자 釜山国際関係共同研究所長도한몫끼어
1979.02.21	第244号	03頁09段	金英琪	全泰壱評伝⑦ 영화「어머니」의原作 한청년노동자의삶과죽음
1979.02.21	第244号	04頁01段	李小仙	私의息子 全泰壱의遺志ー八周忌를迎えてー③ 身らの体験을通して覚醒物価化한人間像을拒否
1979.02.21	第244号	04頁01段	青地晨	全泰壱青年의運動은韓国労働運動의原点 韓国労働者의現実을描写
1979.02.21	第244号	04頁04段		〈장일담〉「特質考」騒動
1979.02.21	第244号	04頁08段	金大淑	バス案内嬢の勤務日記⑨
1979.03.01	第245号	01頁01段		3.1大会開会辞全文 3.1봉기는反封建反外勢의民主社会건설위한民主革命
1979.03.01	第245号	01頁01段		南北対話 民衆代表 参加시켜야在日民主勢力이3.1절60주년기념대회서 主張「朴政権은能力없다」民衆이統一의主人公
1979.03.01	第245号	01頁07段		南北韓에서「卓球対話」単一팀구성위해접촉평양大会참가위해
1979.03.01	第245号	01頁09段		삼엄한警戒体制 民主人士를軟禁 朴政権
1979.03.01	第245号	01頁10段		日기독교인이연대데모3.160주년기도会 열고金芝河씨투쟁도보고
1979.03.01	第245号	01頁12段		韓美가연합軍事훈련팀스피리트79 南北対話에찬물
1979.03.01	第245号	01頁13段		日本의対韓자세비판韓国民主化国際연대위3.1강연회열고
1979.03.01	第245号	01頁15段		사발통문
1979.03.01	第245号	02頁01段	趙活俊	3.1大会 基調報告

발행일	호	지면정보	필자	기사제목
1979.03.01	第245号	02頁12段		〈海外論調〉왜이런 期待에 韓美演習을
1979.03.01	第245号	02頁12段		캐나다民主民族統一研究会 要旨
1979.03.01	第245号	02頁12段		在美愛国女性同友協議会
1979.03.01	第245号	02頁13段		祖国統一을위한南北対話를지지한다 各団体성명
1979.03.01	第245号	03頁01段		〈3.1〉의 今日的意義 反外勢·反封建 理念 具現되지못한채民族史의革命完遂 우리時代에절박
1979.03.01	第245号	03頁01段		韓国反「베르링壁」鉄原인근一部完成 오갈수없는故郷山川 南北対話에찬물2百50km休戦線全域에계획
1979.03.01	第245号	03頁05段		버스案内양농성투쟁거듭된몸수색에항의
1979.03.01	第245号	03頁07段		「姜宇奎씨를돌려보내라」救援하는会 死刑확정1주년에
1979.03.01	第245号	03頁07段		咸錫憲씨에노벨平和賞을 美国퀘이커봉사위가추천
1979.03.01	第245号	03頁08段		消費者物価 2.5%올라2月5日현재지난달의3배이상
1979.03.01	第245号	03頁09段	金英琪	全泰壱評伝⑧ 영화「어머니」의原作 한청년노동자의삶과죽음
1979.03.01	第245号	04頁01段		李小仙オモニからの手紙(上) 映画「オモニ」中央上映委員会宛に 人間以下の勤方条件
1979.03.01	第245号	04頁01段		対話の芽 育むのは民衆の義務 3.1大会基調報告 要旨 3.1運動60周年を統一促進の熱望で迎えよう
1979.03.01	第245号	04頁9段		〈장일담〉万海精神の継承とは
1979.03.01	第245号	04頁13段	金大淑	バス案内嫁の勤務日記(11)
1979.03.11	第246号	01頁01段		〈해설〉発展하는民主闘争 主体性갖고戦略도정비
1979.03.11	第246号	01頁01段		〈民主政府樹立을지향「民主主義와民族統一을위한祖国聯合」이출범〉民主勢力확대를반영政治人을포함各界가참가 議長団에尹潽善씨金大中씨咸錫憲씨
1979.03.11	第246号	01頁01段		韓民聯、支持를표명韓民統과연명으로声明
1979.03.11	第246号	01頁08段		「팀스피리트」로가시돋처 対話再開2차회의資格문제싸고舌戦
1979.03.11	第246号	01頁09段		議長団에탄압집중朴政権연일 連行、自宅拘禁
1979.03.11	第246号	01頁10段		板門店접촉単一팀에소극적자세韓国卓球대표単独참가보장을주장
1979.03.11	第246号	01頁12段		카아터에서한人権外交추진을요망尹보선시등
1979.03.11	第246号	01頁15段		사발통문
1979.03.11	第246号	02頁01段		〈主張〉「民主主義와民族統一을위한国民聯合」결성을열렬히支持한다
1979.03.11	第246号	02頁01段		우리는国民聯合과굳게연대한다韓民聯、韓民統의支持성명문
1979.03.11	第246号	02頁03段		南北対話에대한우리의태도在仏·韓国自主統一추진회
1979.03.11	第246号	02頁07段	백기완	〈金芝河文学의밤〉⑤ 민족통일과金芝河의혁명의지 백범사상연구소장백기완分断상황의고착화과정에서싸우는民族主義者의전형상

발행일	호	지면정보	필자	기사제목
1979.03.11	第246号	02頁08段		駐韓美核彈頭모두6百50基
1979.03.11	第246号	02頁10段		〈韓国民衆과物価安定〉朴에게돌려야마땅한奢侈풍조一帰의호령
1979.03.11	第246号	02頁14段	文益煥	〈詩〉부활의 아침에 文益煥
1979.03.11	第246号	03頁01段		市民800명이농성투쟁元豊아파트不正분양에朴政権은재벌을옹호
1979.03.11	第246号	03頁01段		南北対話도움안돼園田日外相「팀스피리트」비판
1979.03.11	第246号	03頁03段		国際卓卓球聯이 승인시사 單一팀 환영무우드 園田外相「깊은배려」요청
1979.03.11	第246号	03頁01段		大衆속으로깊이韓青의「署名·킴파운동」労働者와政治犯지원호소
1979.03.11	第246号	03頁08段		韓青盟員 朴耕成군不当체포제2審이개시東京高裁
1979.03.11	第246号	03頁09段	金英琪	全泰壱評伝9⑨ 영화「어머니」의原作 한청년노동자의삶과죽음金英琪
1979.03.11	第246号	04頁01段		李小仙オモニからの手紙(下) 映画「オモニ」中央上映委員会宛に
1979.03.11	第246号	04頁01段		「民主主義と民族統一のための国民連合」の結成を支持する 韓民聯、韓民統が連名で声明発表
1979.03.11	第246号	04頁05段		〈장일담〉火に油注ぐ内申制導入
1979.03.11	第246号	04頁05段		沈黙強いる維新民団 同胞 統一の願いひとしお 対話促進も叫べず
1979.03.11	第246号	04頁09段	金大淑	バス案内嫁の勤務日記(12)
1979.03.21	第247号	01頁01段		신노트神父 카아터訪韓을비판人権外交와는二律背反 韓民統간부와간담
1979.03.21	第247号	01頁01段		南北、세번째접촉「対話方式」새 提議 朴東鎮접촉에부정적見解
1979.03.21	第247号	01頁05段		역시朴만으로는안돼卓球單一팀은좌절統一의도전혀없어
1979.03.21	第247号	01頁08段		잇단連行 "法的근거어디있느냐"人権委 朴政権에公開質問
1979.03.21	第247号	01頁08段		金在述씨를名誉長老로추대京都教会
1979.03.21	第247号	01頁10段		大阪에서연대集会 「어머니」上映운동을총괄韓国노동자에게보내는편지채택
1979.03.21	第247号	01頁10段		「지하와 우리는 一体」救出委 석방요구 기도회
1979.03.21	第247号	01頁12段		금이가는維新体制 維新2期10代国会 벽두부터갈팡질팡
1979.03.21	第247号	01頁13段		固有権利팔아넘겨韓日대륙붕開発운영권7区는日本이生産
1979.03.21	第247号	01頁13段		白基琓씨를 連行
1979.03.21	第247号	01頁15段		사발통문
1979.03.21	第247号	02頁01段		〈主張〉民族의主体인民衆의힘으로実効있는対話의門을열자

발행일	호	지면정보	필자	기사제목
1979.03.21	第247号	02頁01段		国内의 声明、発言、論文에 나타난 民衆主導型 주장 統一은 전적으로 民族의 実体인 民衆의 것
1979.03.21	第247号	02頁05段	高銀	〈金芝河文学의밤〉⑥ 지하를부른다 너산처럼솟아올라라
1979.03.21	第247号	02頁13段		韓国노동자들에게보내는편지 3月9日大阪集会 채택문서共同의敵은韓·日의支配者
1979.03.21	第247号	03頁01段		도탄에빠진国民生活 치솟은物価高에비명朴政権은속수무책
1979.03.21	第247号	03頁04段		不当解職에항의투쟁버스안내양 등 85명이 몸수색 중지、대우개선을요구
1979.03.21	第247号	03頁05段		賃金은오르지않는데物価만껑충뛰어간다
1979.03.21	第247号	03頁06段		死刑확정2주년항의집회를개최李哲·康宗憲씨 救援会가
1979.03.21	第247号	03頁01段		보잉社 大韓航空에도리베이트日商이가짜領収증발행美国日商명의로약万달러
1979.03.21	第247号	03頁05段		小佐野와 깊은 관계 大韓航空
1979.03.21	第247号	03頁05段		韓国民투쟁지원당연신노트神父、강연회서역설
1979.03.21	第247号	03頁05段	金英琪	全泰壱評伝9⑨ 영화「어머니」의原作 한청년노동자의삶과죽음
1979.03.21	第247号	04頁01段	張俊河	民族主義者의道(上) 張俊河 民族的な営みこそ愛国の道 分断体制의自己拒否가先決
1979.03.21	第247号	04頁01段		〈公開書簡〉統一은 全民衆의 意志로 朴正熙大統領에/金日成主席에/카-터大統領에
1979.03.21	第247号	04頁05段		〈장일담〉実験設備なき新設薬大
1979.03.21	第247号	04頁09段	金大淑	バス案内嬢の勤務日記(13)
1979.04.01	第248号	01頁01段		桜田(日経聯会長)이妄言 日帝統治를 찬양「教育制度에 功많았다」
1979.04.01	第248号	01頁01段		허위의「人権보호」新大法員長취임식인사
1979.04.01	第248号	01頁01段		앙양하는民衆의힘두려워「維新」유지에급급「緊急조치」解除를거부朴政権 対話再開노력외면10代国会서
1979.04.01	第248号	01頁07段		속샘은分断固定化 金聖鎮발언에서나타나독일의경우를들고나와
1979.04.01	第248号	01頁07段		「単一」보다「単独」卓球 韓国측보장주장먹구름짙은板門店접촉
1979.04.01	第248号	01頁07段		撤去民들이 농성 보장없는 철거에 항의
1979.04.01	第248号	01頁10段		脱営兵이 自爆死 国軍내부 私兵化에 不満많아
1979.04.01	第248号	01頁10段		李哲군의救援集会
1979.04.01	第248号	02頁01段		3.1운동 (60주년에 즈음한 民主救国宣言文(全文)
1979.04.01	第248号	02頁01段	金撃浩	「人革党」의죽음을기억하자卑劣하고残忍한朴政権의상징
1979.04.01	第248号	02頁07段		統一社会党문서南北対話에는각政党、社会団体、個別人士들의참가를마련해야統一의主体는전체민족政治委성명全文

발행일	호	지면정보	필자	기사제목
1979.04.01	第248号	02頁07段		79民族宣言 요지
1979.04.01	第248号	02頁10段	白基玩	民族分断과人権①
1979.04.01	第248号	03頁01段		韓日大陸붕「공동개발」政治資金 염출노려朴政権 日本에팔아넘겨
1979.04.01	第248号	03頁01段		이 憤怒를어찌하랴…人革党事件4周年 지금도메아리치는怨恨
1979.04.01	第248号	03頁01段		産業災害 急増 작업환경悪化의 一路 작년한해14万명이死傷
1979.04.01	第248号	03頁04段		再侵略을자랑?朴과의깊은관계를노정桜田妄言
1979.04.01	第248号	03頁09段	金英琪	全泰壱評伝9⑪ 영화「어머니」의原作 한청년노동자의삶과죽음
1979.04.01	第248号	04頁01段	張俊河	民族主義者의道(中)統一以上의至上命令はないあらゆる不自由は分断から
1979.04.01	第248号	04頁07段		〈장일담〉露骨な対韓侵略讃美
1979.04.01	第248号	04頁10段		変らぬ低賃金16人以上의企業で40万人が月3万ウォン
1979.04.01	第248号	04頁13段	沈松茂	〈ルポ〉百万人突破の「観光韓国」①
1979.04.11	第249号	01頁01段		金芝河구출운동活発　本国올들어6千名이참가
1979.04.11	第249号	01頁01段		南北접촉일단中断상태로対話의싹키우지못한「当局者」에비판절정
1979.04.11	第249号	01頁05段		우리는反対한다카아터訪韓 良心犯家族協議会가 美대사관에書簡전달「独裁지원하는것」
1979.04.11	第249号	01頁05段		民主人士:에심한監視　4.19날앞두고金大中씨는外出금지
1979.04.11	第249号	01頁08段		完全예속화를획책 韓日民間経済合同委
1979.04.11	第249号	01頁07段		栗山그룹이倒産 朴政権·매판재벌에衝撃
1979.04.11	第249号	01頁10段		「배달軍人会」가発足 미주 議長에 崔徳新将軍
1979.04.11	第249号	01頁10段		想起하자 4月革命 오는 19日은 19周年기념일
1979.04.11	第249号	01頁13段		"억압 뿌리 뽑자" 부활절 金추기경　메시지
1979.04.11	第249号	01頁15段		사발통문
1979.04.11	第249号	02頁01段		〈主張〉4.19의 義気를본받아朴독재의反統一책동을분쇄하자
1979.04.11	第249号	02頁01段		〈声明〉3.1精神을統一로이끌자
1979.04.11	第249号	02頁03段		「統一文芸」를 創刊 在캐나다 張貞文씨등
1979.04.11	第249号	02頁05段		목표는엄격하게 実務에는아량을南北접촉에 관한 美洲民主国民聯合　성명
1979.04.11	第249号	02頁06段	白基玩	民族分断과人権② 탈바꿈한美世界戦略
1979.04.11	第249号	02頁09段		〈声明〉정정당당하게公論에부치라在美民主社会建設協議会
1979.04.11	第249号	02頁09段		〈詩〉大地의葬送曲①　어느中学生
1979.04.11	第249号	02頁11段		〈経済評論〉物価高를통해서본韓国経済의予盾外資依存策의産物

발행일	호	지면정보	필자	기사제목
1979.04.11	第249号	03頁01段		〈野遊会〉꽃놀이즐겁게民団東本、商工組合이
1979.04.11	第249号	03頁01段		재벌의不実化현저特恵만으로팽창栗山倒産파급은 必至 経済파탄에서나타나
1979.04.11	第249号	03頁04段		모래城輸出立国
1979.04.11	第249号	03頁04段		市町村으로 뻗쳐 연대운동 크게 전진 「어머니」上映運動
1979.04.11	第249号	03頁01段		海外서도反対운동카아터訪韓 「人権정책에모순」
1979.04.11	第249号	03頁06段		教育者가 이래서 되나 뻉땅監視에 高校生동원
1979.04.11	第249号	03頁09段	金英琪	全泰壱評伝⑫ 영화「어머니」의原作 한청년노동자의 삶과죽음
1979.04.11	第249号	04頁01段	張俊河	民族主義者の道(下) 統一問題解決の主体は民衆民族的雌雄は戦い取らねば
1979.04.11	第249号	04頁01段		ガタつく韓国経済 栗山倒産 財界にショック施風 二兆三千億の融資もフイ
1979.04.11	第249号	04頁04段		予想される連続倒産 裏目にでた特恵融資策
1979.04.11	第249号	04頁09段		〈장일담〉病める社会
1979.04.11	第249号	04頁10段	高盛哲	〈青年論壇〉四月革命十九周年を迎えて 忘れえぬ投影
1979.04.11	第249号	04頁13段	沈松茂	〈ルポ〉百万人突破の「観光韓国」②
1979.05.01	第250号	01頁01段		카아터大統領은訪韓계획취소해야韓民統이反対表明代表者会議열고대책을강구 人権弾圧두둔하는것
1979.05.01	第250号	01頁01段		「歓迎할수없다」金大中씨反対의뜻밝혀
1979.05.01	第250号	01頁01段		盛大히기념集会 韓青、学同이共同으로
1979.05.01	第250号	01頁09段		国際연대委도모임韓日양국青年이참가
1979.05.01	第250号	01頁09段		労働、農民운동을 弾圧 朴政権、잇따라 간첩사건 날조 統革党과 관련시켜 크리스찬아카데미 기독교인을 구속
1979.05.01	第250号	01頁11段		朴玄埰씨도被逮 在日韓国人1명포함돼統一革命党「再建」사건
1979.05.01	第250号	01頁11段		무더기 物価引上 史上경제파탄을상징
1979.05.01	第250号	01頁12段		美卓구선수단평양着 北韓政権선후처음
1979.05.01	第250号	01頁15段		사발통문
1979.05.01	第250号	02頁01段		〈韓民統代表者会議声明文〉카아터의방한은 인권과 민주주의를 위해 싸우고 있는 한국민중들에 대한 냉혹한 배신행위이며 취소되어야 한다
1979.05.01	第250号	02頁01段		카아터訪韓 韓国民에대한弾圧행위良心犯家族協議会서한
1979.05.01	第250号	02頁03段		訪韓은 자가당착 미주민주국민연합 성명
1979.05.01	第250号	02頁06段		「共存」은反統一的 民主統一党 声明
1979.05.01	第250号	02頁08段	白基琓	民族分断과人権③ 美는分断의張本人
1979.05.01	第250号	02頁09段		金大中씨書信 金大中씨人権侵害事実

발행일	호	지면정보	필자	기사제목
1979.05.01	第250号	02頁13段		〈教育〉〈시리즈·이럴수가있나〉불어대는課外狂風 学歴社会의모순　頂上으로
1979.05.01	第250号	03頁01段	裵東湖	〈카아터의訪韓은中止되어야한다〉
1979.05.01	第250号	04頁01段	裵東湖	〈카아터의訪韓은中止되어야한다〉
1979.05.01	第250号	04頁05段	金英琪	全泰壱評伝⑬ 영화「어머니」의原作 한청년노동자의 삶과죽음
1979.05.01	第250号	05頁01段		4.19집회韓青、韓学同　革命精神계승을다짐在日民 主勢力의主体者로
1979.05.01	第250号	05頁01段		不当체포5周年 세군데서抗議集会 崔씨를救援하는 全国連絡会議
1979.05.01	第250号	05頁01段		民主勢力離間을획책生命우려되는구속자들간첩사 건해설
1979.05.01	第250号	05頁04段		大地의葬送曲② 어느中学生
1979.05.01	第250号	05頁09段	金英琪	全泰壱評伝⑭ 영화「어머니」의原作　한청년노동자 의삶과죽음
1979.05.01	第250号	06頁01段		〈文化〉民衆의"白黒論理"と支配者의"白黒論理" 状況 と立場からの評価
1979.05.01	第250号	06頁01段		制度言論時代の終焉(上)朝鮮日報自由言論守護闘争 委員会
1979.05.01	第250号	06頁08段		〈読者の声〉金総司(学生·26才　雪の北海道で感じた 韓青盟員の暖かさ
1979.05.01	第250号	06頁07段		〈장일담〉韓国の高校生像
1979.05.01	第250号	06頁10段	沈松茂	〈ルポ〉百万人突破の「観光韓国」③
1979.05.11	第251号	01頁01段		발트하임南北韓을방문統一문제등을논의유엔총장 으로선처음으로入北　朴政権못마땅해
1979.05.11	第251号	01頁01段		国民聯合「独裁政治에 대한 全面支援」카아터訪韓反 対성명 国民意思를 代弁
1979.05.11	第251号	01頁06段		人権侵害를告発 国民聯合共同議長 책임자처벌을요구
1979.05.11	第251号	01頁07段		国際的으로 저지운동 美国에선 한층 높아
1979.05.11	第251号	01頁08段		노골적으로나타난分断永久化의속셈美日共同声明 対話支持는기만
1979.05.11	第251号	01頁10段		美主要聖職者9명이朴政権에항의訪韓反対서한押収
1979.05.11	第251号	01頁08段		東亜闘委멘버에 징역형 피고인들 진술거부「司法府 는 権力의侍女」
1979.05.11	第251号	01頁11段		金芝河구출를호소美国에서韓美양국인이
1979.05.11	第251号	01頁12段		海外서도反対함성在美在日 訪韓中止를강력요구
1979.05.11	第251号	01頁14段		밀린労賃支給하라栗山종업원가족
1979.05.11	第251号	02頁01段		〈主張〉韓国民族의統一염원을짓밟는美委共同声明 과韓日安保協議会
1979.05.11	第251号	02頁01段		카아터訪韓　이나라民主主義에대한타격国民聯合声 明　全文
1979.05.11	第251号	02頁06段	黄永植	〈詩〉共同墓地
1979.05.11	第251号	02頁09段	白基浣	民族分断과人権④ 戦争위험조작한美

발행일	호	지면정보	필자	기사제목
1979.05.11	第251号	02頁10段		대낮板子村에큰불서울厚岩洞 150채全焼 이재민 850명
1979.05.11	第251号	02頁13段		〈教育〉〈시리즈·이럴수가있나〉教師不足 危機상태대우不満으로離職急増
1979.05.11	第251号	03頁01段		카터를批判한다(上) 韓国民으로부터美国民에보내는메시지訪韓은人権운동의敵
1979.05.11	第251号	03頁01段		구속자석방을요구크리스찬·아카데미事件 日本人들救援운동전개
1979.05.11	第251号	03頁01段		軍事마저日本에복종韓日議員安保協결성朴政権앞세워与論조종
1979.05.11	第251号	03頁03段		韓美日三角体制추진坂田
1979.05.11	第251号	03頁09段	金英琪	全泰壱評伝⑮ 영화「어머니」의原作 한청년노동자의 삶과죽음
1979.05.11	第251号	04頁01段		制度言論時代의終焉(下) 朝鮮日報自由言論守護闘争委員会
1979.05.11	第251号	04頁01段		〈文化〉民衆의"白黒論理"と支配者의"白黒論理"無条件의中道論은誤り
1979.05.11	第251号	04頁05段		〈장일담〉歓迎されざる「国賓」
1979.05.11	第251号	04頁08段		徐氏救援運動活発
1979.05.11	第251号	04頁09段	沈松茂	〈ルポ〉百万人突破의「観光韓国」③
1979.05.21	第252号	01頁01段		金氏原状回復実現을韓民統이各界에要請「政治결착」즉시파기해야
1979.05.21	第252号	01頁08段		크리스찬·아카데미事件등日本서救援운동시동
1979.05.21	第252号	01頁01段		金大中씨납치사건은KCIA犯行 朴政権도認定하고있었다美大使報国国務省秘密文書 무너진「政治결착」根拠완전히드러난虚構性
1979.05.21	第252号	01頁07段		「政治결착」의再検討 日野等일제히要求
1979.05.21	第252号	01頁11段		이달말로다가선新民党全党大会
1979.05.21	第252号	01頁11段		完全解決 着手하라 金大中事件告発人団이要望
1979.05.21	第252号	01頁13段		카아터大統領에金芝河救援요청엠네스티西独支部등
1979.05.21	第252号	01頁15段		사발통문
1979.05.21	第252号	02頁01段		日本政府는金氏事件의完全解決을도모해야 韓民統등在日民主団体声明文
1979.05.21	第252号	02頁01段		訪韓그만두세요在韓美国人宣教師들의서한"카아터大統領각하韓国엔民主主義없어요"
1979.05.21	第252号	02頁06段	白基琓	民族分断과人権⑤ 分断은美独占의論理
1979.05.21	第252号	02頁06段		「동포」誌를創刊 在프랑스自由同胞協議会
1979.05.21	第252号	02頁08段		中央情報部、内務部、法務部에대한告発状 全文
1979.05.21	第252号	02頁12段	文炳蘭	〈嘆詩〉獄中의文人에게드리는詩 在州엠네스티
1979.05.21	第252号	03頁01段		카터를批判한다(下) 韓国民으로부터美国民에보내는메시지人権정책은국민기만책

발행일	호	지면정보	필자	기사제목
1979.05.21	第252号	03頁01段		28年만에母子再会　在美교포選手通訳　평양에서"어머니!"
1979.05.21	第252号	03頁01段		政治결착破棄하고原状回復실현하라金大中씨事件완전해결要求　在日同胞들의목소리
1979.05.21	第252号	03頁05段		賃金支払요구　4개월분滯賃　栗山건설직원들
1979.05.21	第252号	03頁09段	金英琪	全泰壱評伝⑯ 영화「어머니」의原作 한청년노동자의삶과죽음
1979.05.21	第252号	04頁01段		大平内閣への要望書　金大中事件告発人団
1979.05.21	第252号	04頁04段		拷問ニよって強要された自白　善良な生き方がなぜ罪に　クリスチャン・アカデミー事件　拘束者家族の訴え[上]
1979.05.21	第252号	04頁04段		〈文化〉民衆の"白黒論理"と支配者の"白黒論理"③ 開放体制では極端論
1979.05.21	第252号	04頁09段		〈장일담〉悪屁の"寛容の精神"
1979.05.21	第252号	04頁12段	沈松茂	〈ルポ〉百万人突破の「観光韓国」⑤
1979.06.01	第253号	01頁01段		党首에　金泳三씨野党性回復論이승리維新体制철폐를주장新民党全党大会
1979.06.01	第253号	01頁01段		政治결착日本国会에서추궁米国務省文書는새증거野党、재검토를강력요구金大中씨사건앞뒤안맞는政府답변
1979.06.01	第253号	01頁06段		뉴욕서 華以外同胞大海民主、民族、統一에 관해 8日부터 3日간
1979.06.01	第253号	01頁06段		院外움직임도 활발　各界가 긴급대표자회의
1979.06.01	第253号	01頁08段		"분명히金東雲"　金大中씨、犯人을단정公権力관여를시사
1979.06.01	第253号	01頁11段		사발통문
1979.06.01	第253号	02頁01段		〈主張〉金大中씨事件의完全解決은韓日友好관게의不可欠한条件
1979.06.01	第253号	02頁01段	裵東湖	〈時論〉金泳三総裁에게는期待　「위대한民建勝利의날」을참된民主統一의길잡이로하라
1979.06.01	第253号	02頁05段	白基院	民族分断과人権⑥ 新日派밀어준美軍政
1979.06.01	第253号	02頁08段		日韓「政治결착」을再検討하라-韓日新聞社説[要旨]
1979.06.01	第253号	02頁10段		〈農業〉시리즈이럴수가있나離農현상날로急増 파탄한엉터리「農政」
1979.06.01	第253号	03頁01段		카아터에「反対서한」韓民統、訪韓中止를요청
1979.06.01	第253号	03頁05段		韓民統이책자発刊　카아터人権外交의韓国
1979.06.01	第253号	03頁05段		蔚山6価크롬禍公団에食水汚染사고
1979.06.01	第253号	03頁01段		徐俊植씨를구출하자! 日本各地서집회再収監1주년
1979.06.01	第253号	03頁06段		栗山社員다시뀔기
1979.06.01	第253号	03頁07段		徐勝형제 구원회도
1979.06.01	第253号	03頁09段	金英琪	全泰壱評伝⑰ 영화「어머니」의原作　한청년노동자의삶과죽음

발행일	호	지면정보	필자	기사제목
1979.06.01	第253号	04頁01段		〈文化〉民衆の"白黒論理"と支配者の"白黒論理"④ 中道は結局支配者の側
1979.06.01	第253号	04頁05段		〈장일담〉無謀な大学生増員
1979.06.01	第253号	04頁09段	沈松茂	〈ルポ〉百万人突破の「観光韓国」⑥
1979.06.15	第254号	01頁01段		「政治결착」白紙化를요구韓民統、園田外相과 会談 "완전해결해야할時期"全国会議院에도요청
1979.06.15	第254号	01頁05段		日政、여론기만에 급습「제3의 해결책」은 파탄
1979.06.15	第254号	01頁09段		金大中씨、의연한자세日本政府에完全解決요구
1979.06.15	第254号	01頁09段		美大使館안에서항의구속자가족카터訪韓反対 国民聯合도反対성명저지운동전개를표명
1979.06.15	第254号	01頁07段		全野党규합에착수新民党무소속8명을迎入 統一党도호응태세
1979.06.15	第254号	01頁07段		民主回復위해前進 金泳三총재기본자세밝혀
1979.06.15	第254号	01頁15段		사발통문
1979.06.15	第254号	02頁01段		〈主張〉카터訪韓을反対하는理由는무엇인가
1979.06.15	第254号	02頁01段		韓民統、韓民聯등海外9団体가「뉴욕・타임즈」紙에意見広告
1979.06.15	第254号	02頁06段		카터訪韓을反対하는国内人들의의견
1979.06.15	第254号	02頁09段	白基琓	民族分断과人権⑦ 単独政府는外勢의것
1979.06.15	第254号	02頁11段		〈農業〉시리즈이럴수가있나金浦쌀이미瀕死상태 重金属汚染、죽어가는漢江
1979.06.15	第254号	03頁01段		虚構性과딜레마 韓美新時代上일관된 大国的覇権主義既得権위해 永久分断기도
1979.06.15	第254号	03頁01段		金大中씨사건「정치결착」철회요구비등国会에 特別委설치를변호사들1百16명이청원
1979.06.15	第254号	03頁09段	金英琪	全泰壱評伝⑱ 영화「어머니」의原作 한청년노동자의삶과죽음
1979.06.15	第254号	04頁01段		〈文化〉民衆の"白黒論理"と支配者の"白黒論理"⑤ 中道は結局支配者の側
1979.06.15	第254号	04頁01段		政治決着を白紙に戻し 金氏の原状回復はかれ
1979.06.15	第254号	04頁04段		金大中氏、青地晨氏に表明 けじめのついた渡日を
1979.06.15	第254号	04頁09段	沈松茂	〈ルポ〉百万人突破の「観光韓国」⑦
1979.06.25	第255号	01頁01段		民団大阪自主守護委員長 梁恵承先生이逝去
1979.06.25	第255号	01頁12段		統一문제에적극자세朴政権 暴力的방해
1979.06.25	第255号	01頁15段		사발통문
1979.06.25	第255号	01頁01段		韓国民의排撃받는카터訪韓 "朴独裁지원하는「人権外交」는偽善" 韓民統이反対集会
1979.06.25	第255号	01頁07段		国民聯合이 街頭데모 카터訪韓反対투쟁 高麗大에선1千명
1979.06.25	第255号	01頁09段		메아리치는訪韓反対소리清事犯救援団体가농성
1979.06.25	第255号	01頁13段		韓学同이断食항의
1979.06.25	第255号	01頁14段		労組、市民団体가 集会와데모

발행일	호	지면정보	필자	기사제목
1979.06.25	第255号	01頁14段		사발통문
1979.06.25	第255号	02頁01段		「人権옹호의偽善」을폭로하는처사韓国民衆의念願을짓밟는카터訪韓은즉각中止되어야한다国内外情勢와우리의基本任務
1979.06.25	第255号	02頁01段		6.24大会 결의문
1979.06.25	第255号	02頁07段		韓民統葬 参礼者名單
1979.06.25	第255号	02頁07段	白基玩	民族分断과人権⑧ 外勢믿을수없는歷史的경험
1979.06.25	第255号	02頁11段		〈公害〉시리즈이럴수가있나"死刑宣告"받은馬山湾검붉은바다에서나도는악취
1979.06.25	第255号	03頁01段		虚構性과딜레마 韓美新時代下 独裁支援策 便宜主義的人権外交 이란事態서 教訓 못찾아 現実과 過去사이에서 몸부림치는 美
1979.06.25	第255号	03頁01段		遺徳사모…7百명이 弔問 故梁恵承先生 韓民統葬
1979.06.25	第255号	03頁09段	金英琪	全泰壱評伝⑲ 영화「어머니」의原作 한청년노동자의삶과죽음
1979.06.25	第255号	04頁01段		カーター訪韓に反対する 政治犯弾圧に拍車のおそれ
1979.06.25	第255号	04頁01段		6.24在日韓国人大会 決議文 朴独裁政権を支援するカーター訪韓を断固反対する
1979.06.25	第255号	04頁06段		自殺者もでる激しい拷問 韓国刑務所受刑者の取扱い実態
1979.06.25	第255号	04頁09段		〈장일담〉"偽善者" 微笑
1979.06.25	第255号	04頁13段	沈松茂	〈ルポ〉百万人突破の「観光韓国」⑧
1979.07.01	第256号	01頁01段		뉴욕회의基調報告 情勢는 分裂主義들에게는 不利
1979.07.01	第256号	01頁01段		統一문제外勢의간섭을규탄뉴욕에서열린「海外同胞会議」「害로운카터訪韓」白堊館앞에서데모
1979.07.01	第256号	01頁06段		日人、연대심포지움개최 自主的平和統一을지지社会新報主催
1979.07.01	第256号	01頁08段		뉴욕회의決議文
1979.07.01	第256号	01頁12段		朴政権 学生数百名을체포카터訪韓反対운동을탄압
1979.07.01	第256号	01頁14段		「起訴사실」증인이논박朴耕成군제2회공판
1979.07.01	第256号	01頁15段		카터大統領訪韓을強行
1979.07.01	第256号	01頁15段		京畿道内에 새「五賊村」
1979.07.01	第256号	02頁01段		〈金泳三総裁演説文〉民衆이歷史의主人이되는새時代를연다6月11日 外信記者클럽에서의연설
1979.07.01	第256号	02頁09段	金英琪	全泰壱評伝⑳ 영화「어머니」의原作 한청년노동자의삶과죽음
1979.07.11	第257号	01頁01段		在日知性人들도統一위해싸우자「民衆앞에지닌신성한의무」同胞学者심포지움
1979.07.11	第257号	01頁09段		民主回復요구하라全政治犯釈放등5항목케네디議員카터에注文
1979.07.11	第257号	01頁01段		統一은우리손으로「外勢배제는原則」韓民統、기념公演会 7.4声明 7주년

발행일	호	지면정보	필자	기사제목
1979.07.11	第257号	01頁01段		「韓美共同声明」을비난「3者会談」을비난反民族的 韓美共同声明 韓民統
1979.07.11	第257号	01頁08段		「韓美共同声明」「反統一」로일관武力強化 긴장격화에주력
1979.07.11	第257号	01頁11段		金大中씨가비난声明「抑圧政治고무한것」
1979.07.11	第257号	01頁13段		카터訪韓은 잘못 라이샤워교수도 비판
1979.07.11	第257号	01頁14段		金芝河씨의석방을要求 自由実践人協会
1979.07.11	第257号	02頁01段	裵東湖	〈反民族·反統一的인「韓美共同声明」,民族主体勢力은永久分断획책과맞서굴함없는투쟁을벌이자〉韓国의現情勢와民族統一
1979.07.11	第257号	03頁01段	裵東湖	〈反民族·反統一的인「韓美共同声明」,民族主体勢力은永久分断획책과맞서굴함없는투쟁을벌이자〉韓国의現情勢와民族統一
1979.07.11	第257号	02頁01段		7.4共同声明7周年에즈음한声明 南北対話···民衆代表人士참가해야分断固定化책동을고무···韓美共同声明
1979.07.11	第257号	02頁09段	黄永植	〈詩〉殺人相談
1979.07.11	第257号	02頁13段		民族統一를 위한 東京宣言 全文
1979.07.11	第257号	03頁01段		美国共同声明 全文
1979.07.11	第257号	03頁10段		金泳三総裁記者会見文 카터訪韓 抑圧政治고무해서는안돼
1979.07.11	第257号	04頁01段		時代的意義もつ7.4共同声明 七周年を記念しての裵東湖氏の講演要旨 民族統一と韓国の現情勢
1979.07.11	第257号	04頁06段		七·四 七周年に際しての韓民統声明文 統一は民衆主導で 米は対韓政策の変更を
1979.07.11	第257号	04頁08段		〈장일담〉勇紀있는指揮者
1979.08.01	第258号	01頁01段		破局直前 韓国経済 石油값59%電気料金35%引上
1979.08.01	第258号	01頁08段		旧日帝침략을 방불 山下日防衛長官 첫訪問
1979.08.01	第258号	01頁09段		経営収支史上 最悪対日赤字17億달러
1979.08.01	第258号	01頁01段		金大中씨납치사건解決없이벌써6年 原状回復은韓日民衆여론의중추
1979.08.01	第258号	01頁05段		위험한 山下訪韓 韓日軍事一体에경고 韓民統
1979.08.01	第258号	01頁05段		民主回復강력주장新民党金泳三총재維新헌법철폐를제의
1979.08.01	第258号	01頁08段		소모사打倒를축하韓民統이臨政에전보
1979.08.01	第258号	01頁10段		朴政権기만조치로86명을석방金芝河、文益煥씨는제외
1979.08.01	第258号	01頁12段		사발통문
1979.08.01	第258号	02頁01段		〈物価暴騰이젠못참겠다일어서자〉労働者들곳곳서투쟁
1979.08.01	第258号	03頁01段		〈物価暴騰이젠못참겠다일어서자〉이게무슨政治야民主生活、기아線上에

발행일	호	지면정보	필자	기사제목
1979.08.01	第258号	02頁01段		〈主張〉政治결착폐기는情勢의要求山下防衛庁長官의訪韓을규탄한다
1979.08.01	第258号	02頁10段		金泳三총재質問요지유신헌법철폐하고民主回復실현하라公正分配질서확립과平和的으로政権이양하라
1979.08.01	第258号	03頁01段		世界詩人大会의몰골　金芝河씨詩낭독에참가자들박수갈채
1979.08.01	第258号	03頁03段		文正鉉씨를再収監
1979.08.01	第258号	03頁05段		本国民論 창피스러운「宗教人」
1979.08.01	第258号	03頁09段	金英琪	全泰壱評伝[21]영화「어머니」의原作 한청년노동자의삶과죽음
1979.08.01	第258号	04頁01段		経済政策、完全破れたん　石油59％も値上げ
1979.08.01	第258号	04頁01段		炎天下で石油を求めて列をなす庶民〈写真〉
1979.08.01	第258号	04頁04段		韓民統の主張 危険な山下訪韓 全政治犯お釈放せよ
1979.08.01	第258号	04頁04段		盛大にサマーキャンプ 韓青同が全国え講習会
1979.08.01	第258号	04頁05段		〈장일담〉帰化同胞の苦悶
1979.08.01	第258号	04頁09段		書籍案内 あふれる祖国・民族愛 高速 散文集「갈매기」漢陽社刊 韓国語B6版
1979.08.01	第258号	04頁12段		韓国労働支援のハンカチ作製　日本のキリスト教二団体
1979.08.01	第258号	04頁12段	金明玉	〈読者の声〉本紙連載「百万人突破の観光韓国」を読んで 기생観光に怒り 埼玉・金明玉
1979.08.11	第259号	01頁01段		憤怒 禁할수 없다 金大中씨「政治결착」을 비난
1979.08.11	第259号	01頁08段		張俊河씨 추모 書道展
1979.08.11	第259号	01頁01段		明白한 国家権力의犯罪 韓日민중완전解決을主張 金大中씨납치사건「政治결착」철회하라
1979.08.11	第259号	01頁07段		原状回復 強力히요구「日本정부의책임크다」韓民統
1979.08.11	第259号	01頁09段		11日새벽武装警察、新民党舎를습격농성중인YH종업원新民党員들에게暴行 女工1명이死亡
1979.08.11	第259号	01頁10段		名古屋에선 同胞集会
1979.08.11	第259号	01頁11段		大阪서도韓日集会
1979.08.11	第259号	01頁12段		사발통문
1979.08.11	第259号	02頁01段	鄭東儀	〈朴独裁打倒하고統一의길로〉8.15在日韓国人大会基調報告
1979.08.11	第259号	03頁01段	鄭東儀	〈朴独裁打倒하고統一의길로〉8.15在日韓国人大会基調報告
1979.08.11	第259号	02頁05段		在日民主団体声明文　金大中씨事件 反省없는「民主日本」韓日民衆은분노한다
1979.08.11	第259号	02頁05段		韓民統結成6周年
1979.08.11	第259号	02頁08段		8.9集会 決議文
1979.08.11	第259号	03頁01段		7月17日 釈放者명단
1979.08.11	第259号	04頁01段		6月25日 高麗大民族宣言文

발행일	호	지면정보	필자	기사제목
1979.08.11	第259号	04頁01段		時局에관한우리의見解　天主教正義具現全国司祭団全州教区正義平和委員会　安保란政権의「安保」韓美大統領은反省하라
1979.08.11	第259号	04頁07段		世界詩人들에게보내는편지自由実践文人協議会
1979.08.11	第259号	05頁01段	金在俊	〈海外동포〉5.16과　美日　美国이조종했음은明白　韓日国交正常化는굴욕
1979.08.11	第259号	05頁03段		극심한対新民党탄압民主前線　文富植主幹을구속
1979.08.11	第259号	05頁07段		孫의원에　7年求刑
1979.08.11	第259号	05頁09段		〈公害〉시리즈이럴수가있나影島를등지는갈매기勸告港湾은이미죽은바다
1979.08.11	第259号	06頁01段		韓国에서의　人権侵害　6月25日　美上院에서의 연설에드워드·케네디
1979.08.11	第259号	07頁01段		끈질긴民主化투쟁
1979.08.11	第259号	07頁01段		127명 死亡·失踪 集中豪雨···엄청난被害 소홀했던朴政権의洪水예방책
1979.08.11	第259号	08頁01段		鄭在俊氏のあいさつ　公権力による国家犯罪 民衆の連帯でゆ着の打破を
1979.08.11	第259号	08頁01段		政治決着 撤回を迫る 8.8集会 基調報告 東京·九段会館において 全文　　　　　　.
1979.08.11	第259号	08頁09段		〈장일담〉とんだ伝道者
1979.08.21	第260号	01頁01段		참된解放쟁취하자光複節記念大会각지서YH暴挙를준열히규탄韓民統등　在日同胞
1979.08.21	第260号	01頁01段		YH暴挙　独裁의末期적증상民主勢力　一斉히항거勤労者짓밟는蛮行　民主回復만이根本해결책
1979.08.21	第260号	01頁06段		本国民의투쟁을격려韓民統、朴퇴진을요구
1979.08.21	第260号	01頁09段		「自殺」아니다虐殺？金景淑양死因에의혹
1979.08.21	第260号	01頁09段		新民党、농성돌입 朴正熙의 책임을 추궁
1979.08.21	第260号	01頁14段		統一党도 合流 신민당사에서 농성 책임자 처벌을 요구
1979.08.21	第260号	01頁11段		朴政権 政治犯53명을석방 在日韓国人8명도国際여론이이상외면못해
1979.08.21	第260号	02頁01段		때리고치고밟고警察当局、무차별폭행습격現場
1979.08.21	第260号	02頁01段		순식간에修羅場「죽여라」고마구때려
1979.08.21	第260号	02頁01段		危機속의韓国経済　YH事件왜일어났는가 国民들의원성爆発直前
1979.08.21	第260号	02頁05段		高銀씨등 8명구속 朴正熙가 직접지시 YH지원을 탄압
1979.08.21	第260号	02頁07段		金景淑양이 집에 보낸 편지 꼭 승리하고 말겠
1979.09.01	第261号	01頁01段		新民·統一党 合党 民主回復투쟁에큰박차YH투쟁통해合意 신민당、2단계투쟁으로
1979.09.01	第261号	01頁01段		韓民統　支援투쟁展開키로各級活動家会議서확인YH·新民党투쟁에合勢　宣伝、集会、바자아등다양한형태로9月1日부터

발행일	호	지면정보	필자	기사제목
1979.09.01	第261号	01頁06段		퍼지는反独裁戦線근로자투쟁을중심으로政治人、宗教人들굳은연대
1979.09.01	第261号	01頁07段		새議長에 李在鉉씨 美韓民統제7회총회
1979.09.01	第261号	01頁10段		在日韓国人政治犯8명의釈放은救援투쟁의성과家族교포의회
1979.09.01	第261号	01頁10段		金景淑양추도식「죽음의뜻헛되이말자」民主人士들1千여명이참가
1979.09.01	第261号	01頁11段		「都産」탄압용납못해宗教界「노동자지원은正当」
1979.09.01	第261号	01頁15段		사발통문
1979.09.01	第261号	02頁01段		〈主張〉새로운단계로 접어든 国内투쟁 海外동포는 全力을 다하여支援하자
1979.09.01	第261号	02頁01段		〈韓国教会는 절대 憤怒에 차 있다〉新旧기독교단체 一斉히 反独裁선언
1979.09.01	第261号	03頁01段		노동자支援 宣教영역宗教人들거센항거전개宣教自由보장해야
1979.09.01	第261号	02頁09段		YH사티를보도新民党투쟁도뉴욕·타임즈
1979.09.01	第261号	02頁10段		美韓民統声明 全文
1979.09.01	第261号	02頁11段		〈公害〉시리즈이럴수가있나発源부터썩은낙동江 農業用水로도利用힘들어
1979.09.01	第261号	03頁01段		安東농민회吳元春씨사건農民運動말살기도「拉致·暴行은事実」宗教界
1979.09.01	第261号	03頁05段	吳元春	良心宣言
1979.09.01	第261号	03頁09段	金英琪	全泰壱評伝(23) 영화「어머니」의原作 한청년노동자의삶과죽음
1979.09.01	第261号	04頁01段		朴政権은国民에謝罪し責任をとって退陳せよ 「YH事件」に関する韓民統の声明[全文]
1979.09.01	第261号	04頁01段		YH女工の闘いに支援を 韓国女性の人権を守る会声明全文
1979.09.01	第261号	04頁05段	李和玲	〈読者の声〉YH事件 忘れまじ 女工の涙
1979.09.01	第261号	04頁08段	柳漢植	〈読者の声〉YH事件 警察の蛮行ひ怒り
1979.09.01	第261号	04頁10段		〈장일담〉あらぬ言いがかり
1979.09.01	第261号	04頁07段		8.15大会声討文 反独裁民主化闘争こそ真の解放、統一への道
1979.09.01	第261号	04頁13段		8.28政治犯救援集会基調報告 要旨「救援運動の瓦解策動を粉砕しよう
1979.09.11	第262号	01頁01段		싸우는 新民党을支援하자「탄압은독재의末期的증상」9.2関東大会
1979.09.11	第262号	01頁01段		〈金総裁、朴独裁打倒宣言 각계 각층力量결집「全国民的運動벌이겠다」〉民主化투쟁新局面으로政権危機초래한新民総裁団権限박탈
1979.09.11	第262号	01頁08段		学生들도 連続的 궐기 大邱서3大学 独裁打倒외치고 가두데모
1979.09.11	第262号	01頁09段		新民党투쟁을전폭지원美洲民聯8.11폭거규탄

발행일	호	지면정보	필자	기사제목
1979.09.11	第262号	01頁12段		「全政治犯의 석방 위해 계속싸울터」日本人구원회도 새로운 다짐
1979.09.11	第262号	01頁11段		国民의 支持에 権力측이 당황
1979.09.11	第262号	01頁10段		韓国大使館에항의YH사건규탄항의문을전달神奈川民衆会議등
1979.09.11	第262号	01頁15段		사발통문
1979.09.11	第262号	02頁01段		〈主張〉金泳三총재등투쟁에積極剛合勢하자新民党의瓦解말살을책동하는朴독재의政治음모를규탄한다
1979.09.11	第262号	02頁01段		故 金景淑양추도사9.2集会
1979.09.11	第262号	02頁05段		〈詩〉지금은
1979.09.11	第262号	02頁08段		反処分결정에대한韓民統声明
1979.09.11	第262号	02頁09段		8.15鄭在俊団長인사말
1979.09.11	第262号	02頁10段		크리스찬·아카데미事件被告들에대한심한拷問실태-金世均씨부인폭로
1979.09.11	第262号	02頁13段		계속적인 支持와 기도를 약속합니다 全世界에서 격려문답지
1979.09.11	第262号	03頁01段		月間투쟁, 곳곳서전개新民党、 노동자투쟁지원一斉히학습회、 가두선전
1979.09.11	第262号	03頁03段		韓民統、 책자를 작성 「YH事件」
1979.09.11	第262号	03頁01段		各界各層에서의民主化運動활발元農노동자労組内民主化운동을전개権利옹호를주장 市民들
1979.09.11	第262号	03頁01段		小作農부활을기도朴政権 農地改悪法을마련民心은現政権을떠났다金泳三総裁
1979.09.11	第262号	03頁08段		呉元春씨첫公判「나는계속 暴力과위협을받고있다」두봉神父에보낸쪽지서밝혀
1979.09.11	第262号	03頁09段	金英琪	全泰壱評伝(24) 영화「어머니」의原作 한청년노동자의삶과죽음
1979.09.11	第262号	04頁01段		独裁打倒를呼びかける 金泳三総裁 国軍의決起も促す
1979.09.11	第262号	04頁01段		〈仮処分決定 凶悪な政治的陰謀 「官製野党」作るためのクーデター的暴挙〉許せぬ野党への弾圧 ソウル地裁仮処分決定 韓民統の声明全文
1979.09.11	第262号	04頁01段		〈仮処分決定 凶悪な政治的陰謀 「官製野党」作るためのクーデター的暴挙〉新民党、 断固拒絶 撤底抗戦の構え
1979.09.11	第262号	04頁07段		〈장일담〉深まる富の偏重
1979.09.11	第262号	04頁07段		仮処分申請の背後 KCIAが介在
1979.09.11	第262号	04頁07段	金英河	〈読者の声〉労働者支援の決意を新たに 支援コンサート盛況 李哲さんを救う同窓生の会
1979.09.21	第263号	01頁01段		YH暴挙는独裁의末期的発悪 新民党作成 YH事態및真民統舎乱入事態 真相調査報告書 第一編8.11暴挙의現場 深夜에기습당한野党党舎

발행일	호	지면정보	필자	기사제목
1979.09.21	第263号	02頁01段	金泳三	政治테러는反民主的 罪悪 이 초라한보고서를내기까지
1979.09.21	第263号	02頁01段		YH暴挙報告書계속 第二編 8.11暴挙의被害 몽둥이、벽돌、쇠파이프、쇠의자、태권도가남긴핏자국
1979.09.21	第263号	03頁01段		YH暴挙報告書계속 第三編 YH貿易会社의背景 억울한근로자들을외면한政府当局
1979.09.21	第263号	04頁01段		YH暴挙報告書계속 第四編 8.11暴挙에대한政府・与党의생트집政権末期的 発悪
1979.09.21	第263号	04頁01段		YH暴挙報告書계속 第五編 우리党의方針 根本対策은 民主回復뿐
1979.09.21	第263号	04頁10段		이어둔歴史의操舵手가되지못한다면社会正義의具現을위한慶北学生協議会 9月3日 江原大宣言文
1979.09.21	第263号	04頁10段	黄永植	YH무역 女工들아 黄永植
1979.10.01	第264号	01頁01段		議員職박탈을획책金総裁懲戒案'을제출朴政権
1979.10.01	第264号	01頁08段		金大中씨를 完全監禁 金총재와의 연계 두려워
1979.10.01	第264号	01頁11段		趙和順목사징역3年刑韓国大法院
1979.10.01	第264号	01頁12段		서울地方 李佑宰씨등에징역10年求刑 크리스찬・아카데미事件
1979.10.01	第264号	01頁01段		新民党말살책동을糾弾 在日同胞青年学徒가궐기本国民의투쟁을支持
1979.10.01	第264号	01頁07段		金総裁를全面支持 汎国民的反朴투쟁을선언国民聯合
1979.10.01	第264号	01頁08段		連続的으로学生궐기新民党分裂책동중지를요구 전국에서反朴데모
1979.10.01	第264号	01頁15段		사발통문
1979.10.01	第264号	02頁01段		〈主張〉金泳三총재의 축출음모와 野党말살획책을 단호 규탄한다
1979.10.01	第264号	02頁01段		趙活俊事務総長 主催者人事
1979.10.01	第264号	02頁04段		9.28集会決議文
1979.10.01	第264号	02頁08段		韓民統美洲本部声明(要旨) 新民党権停止仮処分申請判決에대하여
1979.10.01	第264号	02頁10段		本国의事態와우리의所信 「YH事件」은野党을拒否하는野蛮行為民団은本国政府施策에可否를進言해야
1979.10.01	第264号	02頁12段		〈公害〉시리즈이럴수가있나大気汚染公害심각서울내년이면世界第一
1979.10.01	第264号	03頁01段		「民団은良心에돌아서라」体制服従을비난YH사태에관하여有志一同이성명
1979.10.01	第264号	03頁01段		駐日大使館에抗議 新民党탄압을규탄在日同胞青年学生
1979.10.01	第264号	03頁04段		열띤분위기로総括会진행
1979.10.01	第264号	03頁07段		大阪総領事館에는자전거로抗議데모本国투쟁지원을호소
1979.10.01	第264号	03頁09段	金英琪	全泰壱評伝(25) 영화「어머니」의原作 한청년노동자의삶과죽음

발행일	호	지면정보	필자	기사제목
1979.10.01	第264号	04頁01段	趙景虎	〈投稿〉「新民統仮処分」について妥当性欠く適用根拠
1979.10.01	第264号	04頁01段		新民党の闘いを支援　本国民衆との合勢を決意　9.28集会決議文
1979.10.01	第264号	04頁07段	康玄一	〈読者の声〉ガンバル新民党！康玄一
1979.10.01	第264号	04頁08段		激励運動展開を決議　韓国労働者連帯集会
1979.10.01	第264号	04頁10段		拘束者釈放を要求　日本女性有志が記者会見
1979.10.01	第264号	04頁08段		〈장일담〉異域에哭く安重根
1979.10.01	第264号	04頁09段		本国新聞投書欄から　キーセンパーティ　言い知れぬ侮蔑感
1979.10.11	第265号	01頁01段		新民党支援2단계투쟁「月間운동」에이어전개키로韓民統
1979.10.11	第265号	01頁01段		金泳三총재「除名」議会原則파괴하는파쇼行為　維新国会　바야흐로無法天地
1979.10.11	第265号	01頁07段		新民党、登院거부로강경투쟁
1979.10.11	第265号	01頁08段		「또하나의쿠데타」韓民統、강력한규탄성명
1979.10.11	第265号	01頁08段		"영원히承服못해"金総裁굳은所信표명
1979.10.11	第265号	01頁13段		政治報復이며不法
1979.10.11	第265号	01頁15段		사발통문
1979.10.11	第265号	02頁01段		〈主張〉金泳三총재에대한議員職박탈은民主主義의刑骸조차破棄한만행
1979.10.11	第265号	02頁13段		国軍将兵들이여朴正熙를무찌르라！在美배달軍人会
1979.10.11	第265号	02頁13段		金総裁의　民主救国투쟁을支持한다캐나다民主民族統一研究会
1979.10.11	第265号	02頁13段		国内外　同胞들은維新의残命을끊자西独民主社会建設協議会
1979.10.11	第265号	03頁01段		国軍의날을맞이하여国軍将兵에게배는메시지(要旨)在美救国郷軍司令部
1979.10.11	第265号	03頁01段		日本世論、「徐名」비난反民主的인暴挙　野党、労組가비난담화
1979.10.11	第265号	03頁03段		日本新聞論調
1979.10.11	第265号	03頁06段		呉元春씨에게징역3年求刑　大邱地検
1979.10.11	第265号	03頁01段		韓民総声明文　金総裁除名은議会政治의부정一人独裁泳久化를꾀한쿠데타
1979.10.11	第265号	03頁07段		反維新투쟁強化를결의韓学同산하각조직
1979.10.11	第265号	03頁09段	金英琪	全泰壱評伝(26)영화「어머니」의原作　한청년노동자의삶과죽음
1979.10.11	第265号	04頁01段		民主主義と国民のために永遠に闘いつづける覚悟金泳三総裁「除名」第一声
1979.10.11	第265号	04頁01段		民主回復闘争の広場に結集を！民団同胞に送る緊急アピール

발행일	호	지면정보	필자	기사제목
1979.10.11	第265号	04頁06段		韓国大使館あての抗議文 民主主義への挑戦 金総裁「除名」で総評が非難
1979.10.11	第265号	04頁09段		〈장일담〉偽装スマイル
1979.10.11	第265号	04頁07段	梁徳一	〈読者の声〉「法」の名の暴虐　梁徳一
1979.10.11	第265号	04頁07段		苛酷な国民の税負担 来年度予算案 五人家族で八十万ウォン
1979.10.11	第265号	04頁12段		統計数字はウソ KDIの調査報告 やはり貧しかった農民
1979.10.11	第265号	04頁13段	キム・ヒョンジャン	済州島の新しい持ち主たち ①キム・ヒョンジャン
1979.10.21	第266号	01頁01段		駐日大使館에抗議 戒厳令철폐를요구「民衆궐기는愛国的義挙」韓民統、韓青
1979.10.21	第266号	01頁01段		〈「朴独裁물러가라」学生、労働者、市民들一斉봉기〉釜山・馬山 民衆暴動 道庁、경찰서、新聞社등被襲21개派出所등이파괴、焼失 釜山에 非常化威厳令、馬山에衛戌令
1979.10.21	第266号	01頁09段		維新国会미증유의 危機 全野党議員職辞退 金総裁大統領直接選挙요구
1979.10.21	第266号	01頁09段		全国으로波及될양상馬山서는共和党舎습격
1979.10.21	第266号	01頁13段		「戒厳令」무릅쓰고釜山3千名이市街누벼
1979.10.21	第266号	01頁15段		사발통문
1979.10.21	第266号	02頁01段		〈主張〉朴独裁는즉각退陳하라非常戒厳令의가혹한총검으로도치솟는民衆의憤怒는막을수없다
1979.10.21	第266号	02頁01段		民団同胞들에게호소합니다.本国事態에대하여
1979.10.21	第266号	02頁05段		本国事態에관한韓民統의声明 金総裁「除名」
1979.10.21	第266号	02頁09段		民族民主宣言 서울大 朴정권은反民族的集団 労働運動에전폭적支持
1979.10.21	第266号	03頁01段		韓民統등在日民主勢力　新民党支援対策委설치在日同胞의총궐기호소
1979.10.21	第266号	03頁01段		人権侵害의한사례카터金총재「除名」에언급
1979.10.21	第266号	03頁07段		税時暴力으므로 無効　金泳三氏議員職박탈 美교포단체들 항의성명
1979.10.21	第266号	03頁01段		〈解説〉新年度予算案 史上最大의税金収穫　軍備拡張으로규모膨張
1979.10.21	第266号	03頁09段	金英琪	全泰壱評伝(27) 영화「어머니」의原作 한청년노동자의삶과죽음
1979.10.21	第266号	04頁01段		これでも朴政権を支持するのですか　民団同胞の民族良心に訴える
1979.10.21	第266号	04頁01段		「朴独裁は即刻退陳せよ」本号「主張」の日本語訳 非常戒厳令の苛酷な銃検によっても、ふきあめることはできない。
1979.10.21	第266号	04頁09段		〈장일담〉刃物持つ奴あ

발행일	호	지면정보	필자	기사제목
1979.10.21	第266号	04頁13段	キム·ヒョンジャン	済州島の新しい持ち主たち ②キム·ヒョンジャン
1979.11.01	第267号	01頁01段		〈朴正熙드디어被殺 中央情報部長 金載圭가권총을 발사〉維新体制 즉각 清算하라民主確立은国民의切実한要求
1979.11.01	第267号	01頁01段		〈朴正熙드디어被殺 中央情報部長 金載圭가권총을 발사〉釜山事態가導火線 民主投爭勝利의第1步
1979.11.01	第267号	01頁10段		사발통문
1979.11.01	第267号	01頁11段		韓民統声明文
1979.11.01	第267号	02頁01段		바야흐로民主回復実現의時期 在日民主各団体代表들의談話
1979.11.01	第267号	02頁08段		〈国内民主人士의 논평〉民主体制下回復을 要求 金大中씨「難局타개하는 길」/金泳三씨 全国民에게 호소「앞길을 생각하는 계기」
1979.11.01	第267号	02頁08段		〈日本의各界인사담화〉배경에는釜山馬山사태(前衆議院의원宇都宮)/감정적事件이아닌射殺(日韓연대委員会代表青地晨/内部에서붕괴된朴政権 社民聯代表·参議院의원
1979.11.01	第267号	02頁13段		韓民統声明文 勝利への第一步
1979.11.01	第267号	02頁13段		民主回復의好機 国際여론이논평
1979.11.01	第267号	02頁08段		二転三転진상발표
1979.11.11	第268号	01頁01段		韓民統、崔談話를비난維新清算이急先務「国民의갈망무시한것」
1979.11.11	第268号	01頁06段		韓民聯유럽단체도維新철폐·民主선거요구
1979.11.11	第268号	01頁01段		維新의지속이냐民主의회복이냐先大統領選挙·後改憲은기만民主勢力, 곧改憲을주장「朴射殺教訓못얻는崔」
1979.11.11	第268号	01頁06段		먼저維新体制철폐를国民聯合이성명戒厳令解除도요구
1979.11.11	第268号	01頁10段		現体制연장은혼란을초래天主教正義平和委가서한
1979.11.11	第268号	01頁11段		疑惑 안 개인"全貌" 수사본부 金載圭혼자에 罪 들씌워
1979.11.11	第268号	01頁10段		国民聯合声明
1979.11.11	第268号	01頁10段		사발통문
1979.11.11	第268号	02頁01段		〈主張〉早速히 維新残滓를清算하고民主確立을위한果敢한투쟁을
1979.11.11	第268号	02頁01段	郭東儀	民衆은維新存続을허용하지않다朴正熙射殺事件과 그를둘러싼情勢에관하여
1979.11.11	第268号	05頁01段	金英琪	全泰壱評伝(28) 영화「어머니」의原作 한청년노동자의삶과죽음 750万근로자들아民主回復 위해싸우자!
1979.11.11	第268号	05頁06段		全泰壱씨분신자살9주년追悼号①
1979.11.11	第268号	06頁01段		전태일씨의 遺志를 이어받고 투쟁하자!
1979.11.11	第268号	07頁01段		労働運動 弾圧말고労働三権 保障하라!

발행일	호	지면정보	필자	기사제목
1979.11.11	第268号	08頁01段		근로자들아生存権보호투쟁에일어서자!
1979.11.11	第268号	03頁01段		11.2情勢報告会 鄭在俊副議長인사(要旨) 朴射殺의 黒幕은外勢 維新民団은良心에깨달아야
1979.11.11	第268号	03頁07段		영화어머니国際영화祭 予選을통과
1979.11.11	第268号	03頁07段		鉱夫모두2명死亡 鉱山史上 최고의 参事 恩城炭鉱事故
1979.11.11	第268号	03頁01段	金声浩	独裁者의 破滅이 가르치는 教訓 他律敵 運命을 거부해야 外勢에 매달려서는 안돼
1979.11.11	第268号	03頁10段		〈朴正熙被殺事件에관한海外교포단체論調〉維新유지반대하고民主政府수립하자西独 民主韓人会声明文
1979.11.11	第268号	03頁10段		〈朴正熙被殺事件에관한海外교포단체論調〉国内外同胞들에게보내는호소문韓民聯유럽地域事務局
1979.11.11	第268号	03頁10段		〈朴正熙被殺事件에관한海外교포단체論調〉곧直接選挙실시하라韓民統美洲本部 声明文
1979.11.11	第268号	03頁13段		国軍은民主의편에서라 在美陸士出身予備役将校団声明
1979.11.11	第268号	04頁01段	郭東儀	民主主義의回復こそ先決課題 朴射殺をめぐり情勢について
1979.11.11	第268号	04頁07段		〈장일담〉崩れた虚構の建前
1979.11.11	第268号	04頁10段		支援バザー大盛況 婦人会東京本部 全収益金、韓国労働者に
1979.11.11	第268号	04頁11段	キム・ヒョンジャン	済州島の新しい持ち主たち ③キム・ヒョンジャン
1979.11.21	第269号	01頁01段		家族의유엔派遣을在日韓国人「政治犯」문제東京에서구원집회署名、40万명초과
1979.11.21	第269号	01頁01段		〈維新独裁잔재세력拙劣한民主的포우즈〉金鍾泌、紳士로둔갑体制유지에온갖수작国民聯合、崔退陣을요구
1979.11.21	第269号	01頁01段		国民聯合声明(全文)
1979.11.21	第269号	01頁08段		憲法改正이先決 新民党、国会서주장
1979.11.21	第269号	01頁08段		「総代」에서의大統領선거各団体가비난声明
1979.11.21	第269号	01頁09段		계속되는民主弾圧 民主人士들을연행·체포-戒厳司金載圭등8명송치
1979.11.21	第269号	01頁11段		입증된「暴行」불가능朴耕成군4회공판
1979.11.21	第269号	02頁01段		〈主張〉早速한 時日안으로大統領 직접선거를요구한다
1979.11.21	第269号	02頁01段	백삼	〈論説〉가짜民主化와진짜民主化의두길 개는 개새끼를 낳게 마련 新憲法은民衆이作成해야
1979.11.21	第269号	02頁07段	林昌栄	韓国은기로에서있다. 全国民은民主政기빨아래단결하자
1979.11.21	第269号	02頁09段	崔明翔	直接선거로民主政府를 韓民統시카고委 崔明翔
1979.11.21	第269号	03頁01段		駐西独大使館서농성在独교포성토와示威행진

발행일	호	지면정보	필자	기사제목
1979.11.21	第269号	03頁01段		〈韓日連帯運動 高潮一路〉大阪、2000명이集会 とうきょう首都圏連絡会議결성 金沢서는 1千여명 九州에선 두군데서
1979.11.21	第269号	03頁01段		전태일씨분신9周忌를추도
1979.11.21	第269号	03頁04段		대성황이룬閨西각집회
1979.11.21	第269号	03頁09段		高速詩人 出版記念会 在美民主社会建設協이
1979.11.21	第269号	03頁10段		非常時局에대한성명美洲民主国民聯合
1979.11.21	第269号	03頁10段		海外僑胞論調 民主体制확립을 위한 성명 在独韓民建
1979.11.21	第269号	03頁13段		民族大計위해最善을다해야배달軍人会
1979.11.21	第269号	03頁13段		本国의動向과우리의所信 「民団의真正한 総和를促求하는有志一同」
1979.11.21	第269号	04頁01段		〈連帯の動き活発-朴崩壊と全泰壱氏九週忌にちなんで〉さらなる発展期 日韓民衆連帯首都圏連絡会議 結成宣言文
1979.11.21	第269号	04頁01段		大阪集会決議文 日本は「朴なき朴体制」存続の「共犯者」たるな
1979.11.21	第269号	04頁06段	柳漢植	〈読者の声〉恐れなき民衆の力 勤労青年 柳漢植
1979.11.21	第269号	04頁07段		在日韓国人「政治犯」を釈放せよ 11.20東京集会決議文
1979.11.21	第269号	04頁09段		〈장일담〉学生の日
1979.11.21	第269号	04頁13段	キム・ヒョンジャン	済州島の新しい持ち主たち ④キム・ヒョンジャン
1979.11.21	第269号	05頁01段	金英琪	全泰壱評伝(29) 영화「어머니」의原作 한청년노동자의삶과죽음金英琪 750万근로자들아民主回復위해싸우자!
1979.11.21	第269号	05頁01段		全泰壱씨분신자살9주년追悼号②
1979.11.21	第269号	06頁06段		全泰壱評伝연재를마치고
1979.12.01	第270号	01頁01段		〈解説〉民主国民和解協을제창各界망라한改憲협의 위해新民党金総裁
1979.12.01	第270号	01頁01段		〈崔圭夏、金鍾泌은退陳하라民主勢力、「統代」저지国民大会와데모〉擧国民主内閣구성을주장「維新연장은国民反逆
1979.12.01	第270号	01頁01段		〈崔圭夏、金鍾泌은退陳하라民主勢力、「統代」저지国民大会와데모〉기독학생이철야농성
1979.12.01	第270号	01頁06段		〈崔圭夏、金鍾泌은退陳하라民主勢力、「統代」저지国民大会와데모〉光州서28日3千·명이29日에는서울에서
1979.12.01	第270号	01頁07段		韓民統 国民大会를전폭지지和解協議会에결집호소
1979.12.01	第270号	01頁08段		金大中씨軟禁 완화 金총재와 民主回復을 새다짐
1979.12.01	第270号	01頁08段		金芝河씨病棟移監
1979.12.01	第270号	01頁08段		東亜放送記者도궐기自由言論実践協을구성
1979.12.01	第270号	01頁09段		尹、咸양씨 公開서한 維新체제 즉각철폐를

발행일	호	지면정보	필자	기사제목
1979.12.01	第270号	01頁13段		빠른시일내에民主憲政확립을학생들全国서「学園民主化宣言」
1979.12.01	第270号	01頁15段		사발통문
1979.12.01	第270号	02頁01段	金泳三	〈憲法改正과選挙는民主政府의손으로〉本国民의「統代」반대咸声 民主国民和解協議会구성을제의하며
1979.12.01	第270号	02頁01段		〈憲法改正과選挙는民主政府의손으로〉本国民의「統代」반대咸声 崔圭夏대행에대한公開書簡 民主主義와民族統一을위한国民聯合
1979.12.01	第270号	03頁01段		〈憲法改正과選挙는民主政府의손으로〉나라의民主化를위하여
1979.12.01	第270号	03頁01段		〈憲法改正과選挙는民主政府의손으로〉自由言論을위한결의東亜放送記者一同 声明書
1979.12.01	第270号	03頁01段		〈憲法改正과選挙는民主政府의손으로〉学園民主化를위한성명서서울大学校본부써클일동
1979.12.01	第270号	02頁01段		「統一主体国民会議에의한暫定大統領選挙沮止大会」결의를열렬히지지한다韓民統등在日民主8団体성명문
1979.12.01	第270号	02頁10段		対日무역赤字64億달러 83%가 기계공업부문 3年동안 国際収支赤字33億달러
1979.12.01	第270号	02頁10段	黄永植	〈詩〉強盗들의 거짓말
1979.12.01	第270号	02頁12段		国会 改憲特委구성議決 新民党의주장대로委員数는与野가同数
1979.12.01	第270号	02頁14段		南北交流주장尹潽善의美誌와의会見에서
1979.12.01	第270号	03頁01段		「総代」는維新의연장카톨릭3学生 성명除籍学生 教授를復権시켜야崔圭夏、金鍾泌은물러가라
1979.12.01	第270号	03頁08段		時局에대한성명서在美救国郷軍総司令部 維新残党을몰아내고 民主政権을수립하자
1979.12.01	第270号	03頁10段		釜参·馬山事件 戒厳司、20명에実刑언도체포자는모두1,563
1979.12.01	第270号	03頁12段		金載圭등기소모통軍法会議검찰부12月4日에첫公判
1979.12.01	第270号	04頁01段		「統代」での大統領選出は容認できない 崔代行は国民弾圧謝罪し、即刻退陳せよ! 韓民統等8団体声明文
1979.12.01	第270号	04頁01段		民主国民和解協議の構成について 金泳三総裁の提議文
1979.12.01	第270号	04頁06段		〈장일담〉維新十二賊
1979.12.01	第270号	04頁06段		〈記者の目〉動揺する維新民団 高まる民主化の声
1979.12.01	第270号	04頁10段		書籍案内 八〇年代と朝鮮の統一 祖国統一への念願込めて
1979.12.01	第270号	04頁13段	キム・ヒョンジャン	済州島の新しい持ち主たち ⑤キム・ヒョンジャン
1979.12.01	第271号	01頁01段		挙国的内閣구성해야 金大中씨가 声明 모든政治犯석방 요구

발행일	호	지면정보	필자	기사제목
1979.12.01	第271号	01頁08段		崔圭夏、10代「대통령」으로
1979.12.01	第271号	01頁01段		維新의完全清算을韓民統등궐기大会　大統領선거를단호히규탄
1979.12.01	第271号	01頁07段		改憲基本案을발표新民党崔정권에先制공격
1979.12.01	第271号	01頁07段		権逸을　反民族으로 단정
1979.12.01	第271号	01頁11段		裁判을 개시　朴사살사건　大法院도 인정
1979.12.01	第271号	01頁11段		言論良心회복결의韓国日報記者
1979.12.01	第271号	01頁12段		崔政権　「緊急措置9호」를해제8日새벽政治犯68명을 석방
1979.12.01	第271号	01頁15段		사발통문
1979.12.01	第271号	02頁01段	裵東湖	維新体制와그残滓를　清算하고民主憲法을적극争取하자　12.2大会基調演説
1979.12.01	第271号	02頁08段		12.2大会決議文
1979.12.01	第271号	02頁09段	鄭在俊	〈開会辞〉自主・民主의기틀세워民族的和解를도모하자
1979.12.01	第271号	02頁12段		3・4분기失業者　55만2천명작년보다3.7%12만늘어
1979.12.01	第271号	03頁01段		79年国内外투쟁〈写真〉
1979.12.01	第271号	03頁12段		韓民統등在日民主勢力 1979年度 主要闘争日誌
1979.12.01	第271号	04頁01段		〈許すまじ「維新体制」의延長〉12.2大会決議文
1979.12.01	第271号	04頁01段		〈許すまじ「維新体制」의延長〉　韓民統など8団体の声明　崔選出に抗議する
1979.12.01	第271号	04頁01段	朴柄来	権逸을指弾する理由　投稿　在日きって反民族腐敗分子
1979.12.01	第271号	04頁08段		〈焦点〉維新十二賊　朴独裁乃"重鎮"
1979.12.01	第271号	04頁09段		〈장일담〉苦痛は作家のめし
1979.12.01	第271号	04頁13段	キム・ヒョンジャン	済州島の新しい持ち主たち　⑥キム・ヒョンジャン
1980.01.01	第272号	01頁01段	金載華	〈新年辞〉1980年代를 民主、民族、統一의時代로
1980.01.01	第272号	01頁13段		사발통문
1980.01.01	第272号	02頁01段	鄭在俊	〈謹賀新年 各団体新年辞〉国内民主化의내일은밝다　在日同胞의분열과대립없애자
1980.01.01	第272号	02頁01段	梁相基	〈謹賀新年 各団体新年辞〉언제까지 꿀먹은 벙어리인가
1980.01.01	第272号	02頁01段	李丁珪	〈謹賀新年 各団体新年辞〉組合의 育成発展을
1980.01.01	第272号	02頁07段	李允鍾	〈謹賀新年 各団体新年辞〉民衆聯合 이룩하자
1980.01.01	第272号	02頁07段	梁霊芝	〈謹賀新年 各団体新年辞〉婦人들도 분발해야
1980.01.01	第272号	02頁07段	郭元基	〈謹賀新年 各団体新年辞〉勝利의 大道향해 전진
1980.01.01	第272号	03頁01段	李佐永	〈新年辞〉80年은政治犯의승리의해
1980.01.01	第272号	03頁06段	宮崎繁樹	〈新年辞〉自由、民主、人権의해로
1980.01.01	第272号	03頁01段		〈日本法務省　政治犯家族에再入国許可〉旅券없이로는처음在日韓国人政治犯구원호소위한渡航　요망되는門戸開放

발행일	호	지면정보	필자	기사제목
1980.01.01	第272号	03頁04段		政治犯8명이帰日 家族과기쁨의再会
1980.01.01	第272号	03頁06段		具体的人権구제日本政府에요구教授会
1980.01.01	第272号	03頁09段	吉松繁	相互지원하며싸울터
1980.01.01	第272号	04頁01段	林昌栄	〈海外同胞新年辞 謹賀新年〉낡은思考方式내버리자
1980.01.01	第272号	04頁01段	尹伊桑	〈海外同胞新年辞 謹賀新年〉民主主義実践의해로
1980.01.01	第272号	04頁08段	崔碩男	〈海外同胞新年辞 謹賀新年〉民主政府樹立에전력을
1980.01.01	第272号	04頁04段		79年海外同胞闘争日誌
1980.01.01	第272号	05頁01段	飛鳥田一雄	〈海外同胞新年辞 謹賀新年〉両国民의연대강조할때
1980.01.01	第272号	05頁01段	田英夫	〈海外同胞新年辞 謹賀新年〉80년대를平和統一의時代로
1980.01.01	第272号	05頁01段	宇都宮徳馬	〈海外同胞新年辞 謹賀新年〉韓国民主化의전진을기대
1980.01.01	第272号	05頁03段	高沢寅男	〈海外同胞新年辞 謹賀新年〉分断固定化타나해야
1980.01.01	第272号	05頁07段	槙枝元文	〈海外同胞新年辞 謹賀新年〉80年을승리의해로
1980.01.01	第272号	05頁08段	富塚三夫	〈海外同胞新年辞 謹賀新年〉民主化闘争을全面支援
1980.01.01	第272号	05頁10段	梅林宏道	〈海外同胞新年辞 謹賀新年〉우리의力量도확대돼야
1980.01.01	第272号	05頁07段		79年 連帯闘争日誌
1980.01.01	第272号	06頁01段		〈経済論壇〉80年代韓国経済의展望 南北統一실현없이는파탄
1980.01.01	第272号	06頁01段		〈資料〉美国民主内閣구성을위한声明書 特権腐敗分子에게審判을
1980.01.01	第272号	06頁05段		〈資料〉統代저지를위한国民宣言維政会、共和党、総代 国民会議는解体하라
1980.01.01	第272号	06頁07段		崔、새内閣을구성총리에申鉉碻、18명교체
1980.01.01	第272号	06頁07段		계엄사령관鄭昇和를연행軍部内권력대립격화
1980.01.01	第272号	07頁01段		79年本国民主化闘争日誌(上)
1980.01.01	第272号	07頁01段	金大中	「조속한民主政府樹立」의合意 위에国民的和解와団結을 成就하자 연금해제에즈음하여 金大中
1980.01.01	第272号	07頁06段		金泳三총재記者会見文
1980.01.01	第272号	07頁11段	高遠	〈新年辞〉치욕을拒否하고
1980.01.01	第272号	08頁01段	金虎哲	〈投稿〉改憲はどうべきか 治安法全体の見直し必要
1980.01.01	第272号	08頁01段	韓完相	〈展望〉新しい時代新しい秩序 手段より原則が崇高なもの安定は国民の自発的参与から
1980.01.01	第272号	08頁06段		〈장일담〉祝杯の日に向けて
1980.01.01	第272号	08頁10段	キム・ヒョンジャン	済州島の新しい持ち主たち ⑦キム・ヒョンジャン
1980.01.21	第273号	01頁01段		南北対話 再開움직임北韓측이편지통보 韓国측、前向的반응
1980.01.21	第273号	01頁01段		国民的合意외면하는崔政権 「維新」清算、民主主義확립하는政治発展이어야 改憲은 늦출理由없다 戒厳令 당장 철폐해야

발행일	호	지면정보	필자	기사제목
1980.01.21	第273号	01頁06段		유엔派遣団欧美向発　国際機関에救済를호소在日韓国人政治犯家族
1980.01.21	第273号	01頁11段		4者会議을제창 梁一東統一党총재共同戦線모색위해
1980.01.21	第273号	01頁13段		金芝河씨、病勢悪化　治療못받고病棟에방치된채
1980.01.21	第273号	01頁11段		「統代저지国民大会」사건尹潽善씨에징역求刑　首都司軍裁
1980.01.21	第273号	01頁12段		陸本軍裁　金載圭등에死刑선고朴正熙등의罪状폭로에입막으려고急速審理
1980.01.21	第273号	01頁15段		사발통문
1980.01.21	第273号	02頁01段		〈主張〉民主와統一을志向하는民族念願을成就하자
1980.01.21	第273号	02頁01段		11人士에　대한　北韓편지요지　南北政治協商회의도주장
1980.01.21	第273号	02頁04段		나는自由民主主義者金載圭、軍裁서당党주장国民희생막아야했다
1980.01.21	第273号	02頁04段		金載圭被告最後陳述 民主主義回復을 위한 私心없는 革命 維新은 朴대통령 한 사람을 위한것 民主回復의 불길은 계속 오르고 있다
1980.01.21	第273号	02頁10段		〈詩調〉새해頌
1980.01.21	第273号	02頁13段	在美民主社会建設協議会	〈海外同胞論調　金載圭에대한軍裁를中止하라〉審判은国民만이할 수 있다.
1980.01.21	第273号	02頁13段	美洲民主国民聯合	〈海外同胞論調　金載圭에대한軍裁를中止하라〉軍裁処刑을저지합시다
1980.01.21	第273号	02頁13段	在仏韓国自主統一推進会	〈声明文〉維新존속의어떠한시도도民衆앞에는파멸로끝나고말 것
1980.01.21	第273号	03頁01段		救援運動새次元으로欧美各国에서큰反響　在日韓国人政治犯家族유엔파견단政治犯문제취급약속제네바人権部
1980.01.21	第273号	03頁01段		盛大한新年会　韓民統商工協　維新完全清算을다짐
1980.01.21	第273号	03頁03段	朴柄采	〈新年辞〉勝利는우리편에
1980.01.21	第273号	03頁06段		79年本国民主化闘争日誌(下)
1980.01.21	第273号	03頁08段		換率·金利대폭引上　1달러580원、貸出25％、預金24％ 物価上昇·인플레에　박차
1980.01.21	第273号	03頁09段		貿易赤字44億달러　昨年度
1980.01.21	第273号	03頁13段		憲法改正特委員교체후임에共和·尹在明의원
1980.01.21	第273号	03頁15段		李泳禧씨満期出所
1980.01.21	第273号	04頁01段		金芝河を救う! 病状悪化、危ぶまれる生命
1980.01.21	第273号	04頁01段		〈展望〉「今や新時代」の気風を　能力だけではなく、信望ある人材が指導層を受け持たねば
1980.01.21	第273号	04頁08段		〈書籍案内〉「法学セミナー」1月号　特集「韓国にみる独裁と人権」朴李新体制の実態にメス
1980.01.21	第273号	04頁09段		日本から借款新たに190億円
1980.01.21	第273号	04頁10段		〈장일담〉国連派遣団への期待

발행일	호	지면정보	필자	기사제목
1980.01.21	第273号	04頁13段	キム・ヒョンジャン	済州島の新しい持ち主たち ⑧キム・ヒョンジャン
1980.02.01	第274号	01頁01段	鄭在俊	民団民主化이루어져야 民団員들에게서한
1980.02.01	第274号	01頁01段		「戒厳令 解除하라」井潽善씨、金大中씨、金泳三씨、梁一東씨4者会議서요구民主勢力団合에一歩前進
1980.02.01	第274号	01頁07段		改憲・選挙앞당겨라 金泳三총재 年頭改憲서 要求
1980.02.01	第274号	01頁12段		金大中씨사건原状回復을요구社会党、公明党、総評등이
1980.02.01	第274号	01頁05段		井潽善씨등에징역형 YWCA国民大会사건관련17인사에유죄선고首都司軍裁
1980.02.01	第274号	01頁13段		政治犯家族대표단帰日 空港서회견「예상외로成果를올렸습니다」
1980.02.01	第274号	01頁15段		사발통문
1980.02.01	第274号	02頁01段		〈主張〉南北総理会談은民族의意志가충분히반영되는機会로돼야한다
1980.02.01	第274号	02頁01段		主催을열망하는民意 維新비난에박수갈채国会憲法特委공청회各地서열띤논의
1980.02.01	第274号	02頁06段		「金載圭씨를살립시다」在美 金載圭救命委員会(単)성명維新残党들은아무도金載圭씨를칠수없다
1980.02.01	第274号	02頁10段		朴射殺事件 軍裁日誌
1980.02.01	第274号	02頁10段		油類값、電力요금대폭引上 "物価안정이란헛말、정책不在" "어떻게사나"아득한庶民살림
1980.02.01	第274号	02頁14段	黄永植	〈民族詩壇〉祖国찾아三万里
1980.02.01	第274号	03頁01段		労働界에서 民主化바람 労総委員長 金永泰 不振任운동 섬유労組서 辞退권고
1980.02.01	第274号	03頁01段		果然! 維新残党一여전한人権탄압戒厳令下 政治犯급증保安司 拷問에전심백기완씨에물拷問 中情빰치는야만행위/公聴会연사마저連行 国会공식행사를모독/李佑幸씨에징역5년C・아카데미에反共法적용
1980.02.01	第274号	03頁05段		検閲制度의 폐지를 결의 韓国記者協会
1980.02.01	第274号	03頁07段		金載圭에 死刑判決 朴正熙죄상폭로 두려워 입막으려고 피눈 軍裁항소심
1980.02.01	第274号	03頁07段		金載圭被告抗訴理由書
1980.02.01	第274号	03頁12段	鄭在俊	民団員、組織幹部 및 有志들에게보내는書翰 維新民団 脱皮하고民族良心되살리자
1980.02.01	第274号	04頁01段	千寛宇	〈展望〉霧は立ちこめてないか 改憲の内容・方法・日程は総合的視野で進めなければ
1980.02.01	第274号	04頁01段	金学俊	民族統一運動の転換期(上)「新東亜」1月号から 統一問題と北韓問題に対する 社会認識の大転換が必要
1980.02.01	第274号	04頁09段		〈장일담〉良心は 天心なり
1980.02.01	第274号	04頁09段		国連派遣団が帰日 在日韓国人政治犯家族
1980.02.01	第274号	04頁11段		国民泣かせ値上げ措置 1月中に三回 生活必需品中心に

발행일	호	지면정보	필자	기사제목
1980.02.01	第274号	04頁13段	キム・ヒョンジャン	済州島の新しい持ち主たち ⑨ キム・ヒョンジャン
1980.02.11	第275号	01頁01段		南北実務代表첫対坐 시종부드러운분위기속에서直通電話再開에合意 2次접촉은2月19日
1980.02.11	第275号	01頁06段		韓民統이환영声明「多角的交流」도요구
1980.02.11	第275号	01頁01段		韓民統、第7回中央委員会를개최戒厳令즉각解除요구참된民主建立을다짐「改憲特委」구성키로金芝河씨救援운동도
1980.02.11	第275号	01頁07段		승리의확신·열띤분위기
1980.02.11	第275号	01頁10段		「金鍾泌退陳하라」共和党 林湖가주장
1980.02.11	第275号	01頁10段		사발통문
1980.02.11	第275号	02頁01段		〈維新残党을一掃하자〉発展하는새情勢와우리의当面闘争課題中央委
1980.02.11	第275号	03頁01段		〈維新残党을一掃하자〉発展하는새情勢와우리의当面闘争課題中央委
1980.02.11	第275号	02頁01段		活動総括報告 中央委 국내각계각층民主勢力에한없는용기를불어넣었다
1980.02.11	第275号	02頁13段		南北対話에관한声明文 韓民聯 韓民統 対話再開를歓迎한다各分野에서의多角的接触을7.4声明原則에입각해야
1980.02.11	第275号	03頁07段		金芝河를救出하자日人들이석방요구東京에서集会와断食
1980.02.11	第275号	04頁01段		〈展望〉憲法と抵抗権の明示 叛乱・乱動と異なる自然権利 民主・人権守護の最後の保塁
1980.02.11	第275号	04頁01段	金学俊	民族統一運動の転換期(下) 統一に対する民衆の意志 制度的な保障が課題
1980.02.11	第275号	04頁08段		南北対話開に対する声明文 韓民聯、韓民統
1980.02.11	第275号	04頁09段		〈장일담〉一刻も早く蒸すおに･･･
1980.02.11	第275号	04頁13段	李揆行	ただでもらったから いつになって返さなければ①
1980.03.05	第276号	01頁01段		金大中씨復権을争取 民主闘争또一歩前進 윤보선씨등687명復権 韓民統축하성명
1980.03.05	第276号	01頁01段		韓民統성명문
1980.03.05	第276号	01頁08段		3.1절6돌維新일소가今日的의의在日民主세력이기념집회民主聯合실현주장
1980.03.05	第276号	01頁10段		金芝河씨 석방해야 민주인사들、강력주장
1980.03.05	第276号	01頁10段		南北代表2次접촉장소와의제문제논의
1980.03.05	第276号	01頁12段		欧美파견보고집회 在日한국인政治犯가족
1980.03.05	第276号	01頁10段		金大中씨납치사건日誌
1980.03.05	第276号	01頁15段		사발통문
1980.03.05	第276号	02頁01段		온국민의투쟁과결과復権 民主回復이제시작復権인사들의제일성民族統一의날까지전진하리
1980.03.05	第276号	02頁01段	裵東湖	〈時評〉南北対話는民族和解를大前提로하여야한다
1980.03.05	第276号	02頁10段		3.1大会 決議文

발행일	호	지면정보	필자	기사제목
1980.03.05	第276号	02頁10段	黃永植	〈民族詩壇〉金鍾泌아
1980.03.05	第276号	02頁12段		東亜自由言論守護闘争委員会 安鍾秘위원장別世
1980.03.05	第276号	03頁01段		〈画報〉韓民統 金大中씨救出運動
1980.03.05	第276号	03頁01段		復権된사람들6百87명
1980.03.05	第276号	03頁11段		〈海外同胞論調〉南北対話를歓迎한다 民衆의참여이룩돼야美洲民主国民聯合
1980.03.05	第276号	03頁11段		〈海外同胞論調〉南北対話를歓迎한다 外勢의간섭배격하자 캐나다民主民族統一研究会
1980.03.05	第276号	03頁11段		〈海外同胞論調〉南北対話를歓迎한다 계엄령은해제되어야在美民主社会建設協議会
1980.03.05	第276号	03頁11段		〈海外同胞論調〉南北対話를歓迎한다 多方面的접촉있어야在美民族統一聯合戦線
1980.03.05	第276号	04頁01段		〈時論〉「政治家」はしっかりせよ 復権は恩教ではなく歴史の帰結
1980.03.05	第276号	04頁01段		韓民統などの声明文 韓国民主化運動の成果
1980.03.05	第276号	04頁06段		太平内閣はただちに現状回復の国際請求を行い、近代中事件全面解決の道を開くべきである
1980.03.05	第276号	04頁10段		各界人士の談話
1980.03.05	第276号	04頁13段	李捄行	ただでもらったから いつになって返さなければ②
1980.03.11	第277号	01頁01段		場所・議題一歩前進 4次접촉에서合意可能性 南北総理会談3차実務接촉
1980.03.11	第277号	01頁06段		팀・스피리트80世界世論의비난집중民主化분위기에대한견제
1980.03.11	第277号	01頁07段		東亜自由言論守護闘争院
1980.03.11	第277号	02頁01段	尹潽善	崔圭夏大統領閣下 過渡政府는 民主指向이어야
1980.03.11	第277号	02頁01段	李応魯	한국의民主国民에게보내는글在仏 国民의원한을푼金載圭 새헌법은民主民族統一헌법돼야
1980.03.11	第277号	02頁11段	林昌栄	戒厳令 解除해야全政治犯석방도3.1節記念談話
1980.03.11	第277号	02頁11段		金載圭前中央情報部長의救命을위한請願書 天主教正義具現全国司祭団
1980.03.11	第277号	03頁01段		弁護人弁論요지고등裁判 10.26은결과로서国民에게自由와民主를回復시켜줬다
1980.03.11	第277号	03頁01段		10.26은 民主回復国民革命 釜馬사태때朴은「내가発砲명령내리겠다」고말했고 車는「1, 2百万명죽여도까딱없다」고말했다〈金載圭抗訴理由補充書〉保安司에서全身을役打해심지어電話線으로 電気拷問까지받았다
1980.03.11	第277号	04頁01段		11.24YWCA事件 最終陳述 維新 完全清算하라
1980.03.21	第278号	01頁01段		3.1運動61周年記念 国民聯合宣言
1980.03.21	第278号	01頁11段		〈総理会談〉板門店개최에合意 南北実務4차접촉 陪席人員은8명씩으로
1980.03.21	第278号	01頁01段		新民在野 維新残存과전면대결民主化역행기도분쇄新民党궐기대회総力투쟁자세결의

발행일	호	지면정보	필자	기사제목
1980.03.21	第278号	01頁01段		崔政權은維新残存勢力金大中씨新民党과의연결호소
1980.03.21	第278号	01頁06段		大統領선출은間選制로崔圭夏大統領　折衷改憲구상밝혀
1980.03.21	第278号	01頁08段		韓民統「改憲特委」発足 각처에서심포지움개최키로
1980.03.21	第278号	01頁10段		維新独裁를讃美　総理 日紙記者와単独会見
1980.03.21	第278号	01頁11段		1.12措置그후···物価만이急成長
1980.03.21	第278号	02頁01段		〈主張〉反維新、民主聯政형성을위해大統領후보는単一化되어야한다
1980.03.21	第278号	02頁01段	金大中	7年만에国民여러분을대하면서声明書 国民의民主熱望은정치적혼란의원인이될수없다　平和的政權交替를이룩해야
1980.03.21	第278号	02頁13段		崔圭夏大統領閣下 自由実践文人協議会書翰 金芝夏詩人은석방되어야합니다
1980.03.21	第278号	03頁01段		〈焦点〉二、三世는帰化하라売国奴　金鍾泌、本姓폭로 하늘보고침뱉아내는 反民族的背信行為
1980.03.21	第278号	03頁01段		金鍾泌、그罪悪相 仏面鬼心의権力亡者　既得権확보위해東奔西走
1980.03.21	第278号	03頁08段		世人이다인정하는 一等売国奴　維新을守護神처럼부식
1980.03.21	第278号	04頁01段		〈労働〉労働運動の進路　労働三権の完全なる回復を 労組は労働者の権益を守れ
1980.03.21	第278号	04頁01段		金鍾泌の棄民発言を九段する!-韓国人として党々と生きることこそ重要ー民団自主守護委員会、在日韓国居留民団東京本部、在日韓国居留民団神奈川本部、在日韓国青年同盟、大韓武人会東京本部
1980.03.21	第278号	04頁06段	韓完相	〈時論〉主体性ある指導者の出現を
1980.03.21	第278号	04頁08段		〈장일담〉金鍾泌の妄言
1980.03.21	第278号	04頁09段		ひき続きの歩みで　東一紡織女性勤労者が感謝の手紙
1980.03.21	第278号	04頁13段	李揆行	ただでもらったから　いつになって返さなければ③
1980.04.01	第279号	01頁01段		金大中先生救出対策委　発展解散을決議 韓民統제8회臨時中央委員会　議長에金載圭씨選出 閔泳相씨副議長에補選
1980.04.01	第279号	01頁09段		統一問題구체方案천명救対委해산에감회깊어
1980.04.01	第279号	01頁12段		사발통문
1980.04.01	第279号	02頁01段		〈国民레벨의연대깊인救出運動〉축하연盛大히개최 정委員長에꽃다발을증정金大中씨의메시지에감개
1980.04.01	第279号	02頁01段		〈인터뷰우〉民主勝利 확신하는 80청춘 金載華씨
1980.04.01	第279号	03頁01段		〈国民레벨의 연대깊인 救出運動〉真相규명과 原状回復위해 계속　싸워나간다
1980.04.01	第279号	03頁01段		〈国民레벨의연대깊인救出運動〉金大中씨메시지

발행일	호	지면정보	필자	기사제목
1980.04.01	第279号	02頁01段		韓民統日本本部 金大中先生救対委 声明文 金大中先生救出対策委의 発展的 解散에 즈음하여
1980.04.01	第279号	02頁01段		〈鄭在俊 開会辞〉金大中선생의 復権은 民主투쟁의 승리
1980.04.01	第279号	02頁10段		〈海外主張〉韓民統美洲本部声明 戒厳令즉각 解除하라
1980.04.01	第279号	02頁10段		金大中先生救出闘争日誌(上)
1980.04.01	第279号	03頁10段		金大中先生救出闘争日誌(上)
1980.04.01	第279号	03頁01段		学園民主化활발 御用学長 속속辞任 일부에서는 농성벌여
1980.04.01	第279号	03頁01段		青年東京結果10周年 統一과 団結을 확인 韓青의 正当性에 自負 先輩、原役간에 一体感
1980.04.01	第279号	03頁07段		国民과 良心에 충실 金大中씨 굳은 결의를 밝혀 YMCA講演
1980.04.01	第279号	03頁07段		〈言論界도결기〉"事前検閲폐지하라"韓国편집인협의、東亜記者
1980.04.01	第279号	03頁09段		金鍾泌妄言 비난 自主委韓青등 규탄삐라를 배포
1980.04.01	第279号	03頁01段		〈国民레벨의연대〉金大中씨메시지
1980.04.01	第279号	03頁01段		〈国民레벨의 연대〉真相규명과 原状回復위해 계속 싸워나간다 各界人士들의 祝辞
1980.04.01	第279号	03頁10段		金大中専制救出闘争日誌(上)
1980.04.01	第279号	04頁01段		金大中先生救対委를 解散하는데 있어
1980.04.01	第279号	04頁01段		統一는 小異와 我執을 捨て 民族的、巨視的立場で=「非赤化」「非勝共」統一の実際的方針=
1980.04.01	第279号	04頁07段		在日韓国人政治犯・李哲氏の母 李粉義さん他界-息子との再会を夢見つつ無念の涙
1980.04.01	第279号	04頁09段		貧死事態の河川 韓国の公害汚染、深刻
1980.04.01	第279号	04頁09段		救出運動に心から感謝 金大中氏、解散に寄せてメッセージ
1980.04.01	第279号	04頁10段		〈장일담〉ある民主闘士の死
1980.04.01	第279号	04頁11段	李揆行	ただでもらったから いつになって返さなければ④
1980.04.11	第280号	01頁01段		平和市場근로자농성賃金인상, 退職金制실시요구 李小仙여사도참가
1980.04.11	第280号	01頁01段		大学街휩쓴「自律化바람」学園自治権부활急進 4月革命20돌앞두고主体세력구축権力개입견제하여세심한共同투쟁 学徒護国団、사실상해체
1980.04.11	第280号	01頁08段		民団中央에제의서民国東本 鄭在俊단장이
1980.04.11	第280号	01頁09段		韓民統東海사무소개설
1980.04.11	第280号	01頁10段		梁一東 統一党총재別世 社会葬 엄숙히거행
1980.04.11	第280号	01頁09段		新民党入党을 단념 金大中씨 民主回復에 全力 기울터
1980.04.11	第280号	01頁10段		議題문제次回로「北韓간첩事件」으로쌍방이비난전 南北実務대표제5차접촉

발행일	호	지면정보	필자	기사제목
1980.04.11	第280号	01頁13段		「民主政府수립에노력을」金大中씨農民大会강선서강조
1980.04.11	第280号	01頁15段		사발통문
1980.04.11	第280号	02頁01段		〈主張〉새로운 民族史의 史命을 完遂하자 4.19혁명 20주년에 즈음하여
1980.04.11	第280号	02頁01段		決議書 정재준団長、 장청명에게民団의自主性을회복하고大同団結과和合을이룩하자
1980.04.11	第280号	02頁06段		金大中씨、 新民党入党포기에관한声明文
1980.04.11	第280号	02頁10段		金大中先生救出闘争日誌(下)
1980.04.11	第280号	03頁10段		金大中先生救出闘争日誌(下)
1980.04.11	第280号	02頁01段		〈JP・HR전쟁軍部가꾸며낸 一大政治劇〉戒厳司令部李厚洛入国보장에상당한조정공작言論동원시켜싸움을부채질
1980.04.11	第280号	03頁01段		崔圭夏의계속집권노려 金・李反目시킨低意노골維新残滓세력의추잡한延命책동
1980.04.11	第280号	03頁01段		〈野遊会盛況〉民団東本、 東京大韓商工協 주최
1980.04.11	第280号	03頁01段		〈野遊会盛況〉4月革命記念祭개막
1980.04.11	第280号	03頁06段		金載圭를 살리자 救命서명 2천명을 초과
1980.04.11	第280号	03頁05段		故金相鎮군장례식거행「鎮悪鬼굿」등진혼행사도서울大総学生会등이주관「良心宣言」의녹음방송
1980.04.11	第280号	04頁01段		大学街に「自律化」の波-学生会復活など、学園民主化の動き急進展- 民主化運動に大きな弾み 四・一九に向けて闘争隊列強化
1980.04.11	第280号	04頁09段		〈장일담〉東一マダング
1980.04.11	第280号	04頁10段		貿易赤字 十億ドル突破 今年度第一分期総計
1980.04.11	第280号	04頁01段		四・一九革命二〇周年に際し 新しい民族史の氏名を完遂しよう
1980.04.11	第280号	04頁13段	李揆行	ただでもらったから いつになって返さなければ⑤
1980.05.01	第281号	01頁01段		〈7천여명이大規模궐기江原道東原炭座노동자와市民〉賃金引上요구해농성御用労組간부를추방삽시간에全国에波及
1980.05.01	第281号	01頁10段		〈解説〉労組民主化에 박차 維新清算투쟁의 일환
1980.05.01	第281号	01頁11段		退職金制실시쟁취労組11일만에농성풀어平和市場근로자투쟁
1980.05.01	第281号	01頁11段		議題문제合意못봐제6회南北予備実務者会談
1980.05.01	第281号	01頁12段		엠네스티、 平和市場労組現地로臣民、 統者党이調査団
1980.05.01	第281号	01頁01段		維新一掃에모든힘을참된民主확립을주장韓青주최4月革命20주년기념집회
1980.05.01	第281号	02頁01段	백삼	〈時評〉안개속의逆코오스維新残党들의反動的책동
1980.05.01	第281号	02頁10段		韓学同4.19집회決議文 요지
1980.05.01	第281号	02頁10段		〈民族詩壇〉그날은

발행일	호	지면정보	필자	기사제목
1980.05.01	第281号	02頁01段		日韓연대집회宣言 4.19 일본民衆들로부터 한국民衆들에게
1980.05.01	第281号	02頁07段		〈韓青4月革命집회決議文 全文〉4月革命精神계승하여民主国民聯合수립하자
1980.05.01	第281号	02頁12段		尹伊桑씨의새레코오드-反独裁와人権을위하여清作-
1980.05.01	第281号	03頁01段		崔政権기만적인硬軟路線 安保내세워国民견제의연不透明한政治日程
1980.05.01	第281号	03頁05段		維新때보다더한拷問「南民戦事件」피고인들호소
1980.05.01	第281号	03頁09段		大法院 朴玄埰씨에 징역형「統革党」판결공판
1980.05.01	第281号	03頁11段		崔哲教씨즉각석방을 教援会 不当체포6주년집회
1980.05.01	第281号	03頁14段		"崔씨는無実" 松戸氏의会가항의집회
1980.05.01	第281号	03頁13段		日系北菱 돌연休業 労組결성에대항하여
1980.05.01	第281号	03頁01段		学生투쟁 새段階로 教授들도 잇따라 合勢
1980.05.01	第281号	03頁01段		戒厳令해제를요구처음으로政治구호내걸어서울大総下学生会
1980.05.01	第281号	03頁08段		言論규제철폐를요구戒厳令즉각해제도 東亜日報記者
1980.05.01	第281号	03頁13段		한국民主化투쟁적극지원4.19기념日韓연대集会
1980.05.01	第281号	04頁01段		〈本国論調〉崔政権はより具体的な政治日程を明確にせよ
1980.05.01	第281号	04頁01段		四月革命精神をうけ継ぎ民主国民連合樹立りよう韓青同四月革命20周年集会決議文
1980.05.01	第281号	04頁08段		〈장일담〉馬山工団、初の争議
1980.05.01	第281号	04頁04段		四・一九日韓連帯アピール文
1980.05.01	第281号	04頁08段		除俊植委をオモニのもとへ 六十日間運動おを展開「政治犯救援会」
1980.05.11	第282号	01頁01段		労働투쟁 全国에 波及 集団行動으로 완강하게 전개
1980.05.11	第282号	01頁06段		노동자 탄압으로 労使対立 더 격화
1980.05.11	第282号	01頁08段		議題異見못좁혀南北実務대표7차접촉
1980.05.11	第282号	01頁10段		"戒厳令해제하라"한국天宗教主教団이담화문
1980.05.11	第282号	01頁01段		「申鉉碻、全斗煥退진하라」学生들学園에서街頭로진출
1980.05.11	第282号	01頁04段		労農투쟁과의 연계깊여 国民聯合도 申・全퇴진요구新民党은 戒厳令 해제촉구
1980.05.11	第282号	01頁07段		緊急행도을 전개 韓民統등 民主7단체
1980.05.11	第282号	01頁11段		사발통문
1980.05.11	第282号	02頁01段		〈非常'戒厳해제시켜維新残党소탕하자〉비상'戒厳해제하라全斗煥물러나라노동3권보장하라韓民統、韓民聯등성명
1980.05.11	第282号	03頁01段		〈非常'戒厳해제시켜維新残党소탕하자〉메아리치는正義의외침全国大学서연속궐기
1980.05.11	第282号	02頁01段		〈主張〉戒厳해제와전두환최진요구등加熱化되고있는学園의民主투쟁

발행일	호	지면정보	필자	기사제목
1980.05.11	第282号	02頁07段		우리는 왜 더 이상 기다릴 수 없는가 구속자 가족이 호소
1980.05.11	第282号	02頁07段		〈유신망령을규탄한다〉国民聯合이声明 민주역량을 총집결하며유신잔당들을일소하자
1980.05.11	第282号	02頁10段		〈自由言論을위한宣言文〉東亜日報記者발표
1980.05.11	第282号	02頁13段		〈海外主張〉4.19 20돌을 맞이하여 한민동 美洲本部 성명
1980.05.11	第282号	02頁13段		80년대의민족과업에대해서美洲民主国民聯合이호소
1980.05.11	第282号	02頁10段	黄永植	〈民族詩壇〉民主化総会를엽시다
1980.05.11	第282号	03頁04段		言論탄압에白紙기사記者200명이철야농성집회中央日報
1980.05.11	第282号	03頁08段		계엄사가 사과 中央日報 보도탄압 言論自由실천운동
1980.05.11	第282号	03頁10段		16년만에 마이너스成長 高度成長정책완전파탄
1980.05.11	第282号	03頁11段		除俊植씨즉시석방을家族僑胞会가집회
1980.05.11	第282号	03頁11段		李在汶씨등에死刑판결「南民戦」사건피고인들곧항소
1980.05.11	第282号	03頁13段		「南民戦」피고인구제호소金총재、尹씨등이진정서
1980.05.11	第282号	03頁11段		계엄령 長基化를 시사 中崔「안개政局」의 의아심 못가져
1980.05.11	第282号	04頁01段		〈座談会〉四・一九とわれわれの課題 四・一九が運動の原点・・・李景植(韓学同盟委)/四反理念の継承発展を・・・張明子(韓青盟員)/真の権益をかちとろう・・・陳成一(韓学同盟委)/民主化運動に主体的参与を・・・文勝幸(韓青盟員)/家族の運命に責任をもたねば・・・申均三(韓青盟員)
1980.05.11	第282号	04頁13段	李揆行	ただでもらったから いつになって返さなければ⑥
1980.05.25	第283号	01頁01段		〈光州市内를 完全制圧 空輸部隊의無差別虐殺에 市民 분격폭발〉死亡数百 負傷者無数 婦女、児童들까지 투쟁에 참가 木浦、和順등 全南一帯에 拡大
1980.05.25	第283号	01頁09段		韓民統 光州투쟁을全幅支持 反軍政民主救国투쟁을 전개 軍事暴圧抗議集会
1980.05.25	第283号	01頁10段		金大中씨등連行 崔政権 全国에戒厳令発布
1980.05.25	第283号	01頁10段		金大中씨謀殺획책事実날조로中間発表 戒厳司
1980.05.25	第283号	01頁13段		申内閣総辞職 새内閣을발표
1980.05.25	第283号	01頁14段		光州市民위해献血運動 在美교포
1980.05.25	第283号	01頁14段		全羅南道에서의호소문을発表 韓国問題기독교자긴급회의
1980.05.25	第283号	02頁12段		軍事独裁 打倒하고維新残滓 一掃하자非常戒厳、全国확대를규탄하는 声明文
1980.05.25	第283号	02頁01段		〈光州愛国투쟁을따르자!〉
1980.05.25	第283号	03頁01段		〈光州愛国투쟁을따르자!〉

발행일	호	지면정보	필자	기사제목
1980.05.25	第283号	03頁09段		10만学生 연속궐기 全国서 反維新투쟁치열5月13日～15日
1980.05.25	第283号	03頁12段		韓民統등在日7団体의声明 光州虐殺 糾弾! 金大中씨체포에대한항의談話文/光州、民衆궐기에대한声明文
1980.05.25	第283号	03頁12段		北韓의統一協議제안閉知하는바이나다韓民統 金載華議長 談話文
1980.05.25	第283号	04頁01段		軍隊가無差別虐殺 死者数百名、負傷者無数 光州市民・学生徹底抗戦의構え 金大中氏釈放、全斗煥帯陳叫ぶ
1980.05.25	第283号	04頁04段		「反共法」適用의前ぶれ 金大中氏의「中間捜査」発表 戒厳当局
1980.05.25	第283号	04頁08段		〈장일담〉悪夢の五月
1980.05.25	第283号	04頁11段		"軍事暴圧を糾弾する"5.18全国議会抗議文
1980.05.25	第283号	04頁12段		「中間発表」に対する韓民統談話文 "金氏虐殺の陰謀"
1980.05.25	第283号	04頁13段		光州市民の闘争に応え 全民族は総決起しよう 韓民統など在日7団体が声明
1980.06.05	第284号	01頁01段		光州는죽지않는다中央集会서韓民統등7개단체
1980.06.05	第284号	01頁03段		全国行進団이발족光州虐殺규탄軍政打倒위해韓民統 全国代表者会議
1980.06.05	第284号	01頁01段		修羅場 만든 戒厳軍 光州事態 老人、妊婦、少年까지 無差別 학살 虚偽에찬 戒厳司발표 木浦、全州서 연속궐기
1980.06.05	第284号	01頁07段		金大中씨、生命위급계엄사光州事態선동주모로
1980.06.05	第284号	01頁09段		全斗煥은辞任하라미국의책임도추궁国民聯合
1980.06.05	第284号	01頁09段		国家保衛対策委설치 사실상의 軍政 全斗煥一派가 実権잡아
1980.06.05	第284号	01頁10段		光州를따르자!西江大学生投身自殺로궐기호소
1980.06.05	第284号	01頁11段		光州虐殺目撃談 「찢어진깃폭」을발표日本카톨릭正義와平和委
1980.06.05	第284号	01頁11段		金載圭 絞首刑
1980.06.05	第284号	02頁01段		金大中씨에대한계엄사의 中間捜査발표를反駁한다 韓民統日本本部 常務委員会
1980.06.05	第284号	02頁01段		四線을넘어전해온!虐殺현장찢어진깃폭어느日撃者의証言〈全文〉
1980.06.05	第284号	02頁11段		決議文 光州大虐殺규탄 軍政打倒궐기집회
1980.06.05	第284号	03頁01段		愛国동포여궐기하라! 全南民主民族統一을위한国民聯合会 民主青年民主救国学生聯盟 全斗煥의光州살육작전朝鮮大学校民主闘争委員会
1980.06.05	第284号	04頁01段		血ぬられた湖南の要衝"光州"引き裂かれた旗 ある目撃者の証言
1980.06.15	第285号	01頁01段		社会主義인터全斗煥의野獣的蛮行을비난 韓民聯代表情勢報告 韓国問題徳別決議 채택

발행일	호	지면정보	필자	기사제목
1980.06.15	第285号	01頁01段		野獸的인만행규탄金大中씨의석방을韓民聯의투쟁지지特別決議文(全文)
1980.06.15	第285号	01頁06段		브란트議長과歡談활발한外交活動전개
1980.06.15	第285号	01頁08段		安保体制를强化「社会改革」책정은欺瞞 国保委
1980.06.15	第285号	01頁09段		言論人 8명을連行 계엄사, 流言蜚語혐의로
1980.06.15	第285号	01頁06段		光州精神계승을다짐韓民統등民主 7 단체虐殺규탄·희생자追悼집회서
1980.06.15	第285号	01頁09段		言論自由보장하라 華以外同胞民主言論人들이 성명
1980.06.15	第285号	02頁01段		〈主張〉「国家保衛委」를解体하고軍政을廃止하라!
1980.06.15	第285号	02頁01段		〈追悼辞〉英勇하게싸우다쓰러진光州愛国市民学生들앞에6.10追悼集会 残悪無道한軍政에항거한당신들의英雄的 투쟁은民族青史에길이빛나리라
1980.06.15	第285号	02頁08段		海外韓国人일제히抗議 全斗煥퇴진요구와미국비난소리극심
1980.06.15	第285号	02頁10段		〈光州市民들에게보내는편지6.1追悼集会〉勝利는우리편에있으며敗北는全斗煥편에있다
1980.06.15	第285号	03頁01段		〈르뽀〉光州義挙를継承하자光州大虐殺규탄軍政타도全国行進団 日本각지서막대한成果거두어
1980.06.15	第285号	03頁05段		韓日両權力의妨害박차고雲集시킨규탄소리
1980.06.15	第285号	03頁11段		除俊植씨의断食투쟁지원緊急行動 渡韓団을派遣 死刑집행저지獄中대우개선当局에요구在日政治犯救援단체
1980.06.15	第285号	03頁01段		〈論評〉드러난미국의対韓政策의本質 人権보다安保를重視하는"友邦国" 急速히높아가는韓国民의反미感情
1980.06.15	第285号	04頁01段		〈座談会〉光州義挙精神을運動의支柱에
1980.07.01	第286号	01頁01段		国際연대、획기적成果 韓民聯代表들 帰還 社会主義인터会議 마치고
1980.07.01	第286号	01頁05段		光州事態 카톨릭世正義具現全国司祭団이작성한真相리포트를발표日本카톨릭正義와平和協
1980.07.01	第286号	01頁07段		手配者에射殺命令 계엄사3백29명을指名수배
1980.07.01	第286号	01頁07段		미当局者와요담在欧、在미동포와간담
1980.07.01	第286号	01頁09段	裵東湖	社会主義인터会議 援説全文 韓民統의장겸国際事務莊重裵東湖
1980.07.01	第286号	02頁01段		光集事態에대한真相 天主教光州大教区司祭団
1980.07.01	第286号	02頁07段		天主教全国司祭団 声明文 이것이 真実다…
1980.07.01	第286号	02頁11段		光州사태의 証言
1980.07.01	第286号	03頁01段		기어이打倒하고야말軍事파쑈 이것이光州義挙의全貌다
1980.07.01	第286号	03頁10段		海外韓国人言論·出版社 共同声明
1980.07.01	第286号	03頁11段		韓国에서 보내온 소리(5) 全一派「담담탄」까지 사용 미국政府에 대한 敵意깊어져

발행일	호	지면정보	필자	기사제목
1980.07.01	第286号	04頁01段		荒唐無稽なデッチ上げ事実 金大中氏に対する戒厳司令部の中間捜査発表を反駁する-韓民統日本本部常務委員会
1980.07.01	第286号	04頁08段		〈장일담〉密告の奨励
1980.07.01	第286号	04頁10段		全斗煥の野欲と光州事態の身相
1980.07.15	第287号	01頁01段		金大中氏문제国際敵으로큰파문西独政府가우려표명崔圭夏政権에正式伝達
1980.07.15	第287号	01頁01段		金大中氏生命危急 全斗煥一派、날조혐의로軍裁送致 文益煥씨등8명포함独裁権力유지노려광적발悪
1980.07.15	第287号	01頁06段		EC諸国에支援要請 仏·西独外相会議에서合意
1980.07.15	第287号	01頁07段		〈金大中先生救出委 再始発〉韓民統各級組織会議서결의委員長에鄭在俊부의장
1980.07.15	第287号	01頁07段		"왜곡날조된罪状"미政府 韓国当局을非難
1980.07.15	第287号	01頁09段		"政治決着에違反"日外相、韓国外相에지적
1980.07.15	第287号	01頁08段		北欧4国外相이共同声明
1980.07.15	第287号	01頁12段		계엄사光州事態의真相을폭로한神父들체포
1980.07.15	第287号	01頁11段		公務員232명을 숙정 軍事統治의 沮害要因으로 간주
1980.07.15	第287号	02頁01段		〈主張〉「重要한 沮害物은除去한다」金大中선생의말살목적을全斗煥은뻔뻔스럽게도満天下에 公表했다
1980.07.15	第287号	02頁01段		金大中씨軍裁송치는유감일본各紙일제히비판論調
1980.07.15	第287号	02頁01段		対韓정책을 転換하라 前미国務省 레韓国部長 論文에서 警告
1980.07.15	第287号	02頁07段		光州학살의現場 西独記者의目撃記(上)
1980.07.15	第287号	02頁11段		民族統一심포지움 宣言文
1980.07.15	第287号	03頁01段		金大中씨를살리자!日本連絡会議가発足 各界人士가国民運動을호소1千万署名운동을추진
1980.07.15	第287号	03頁05段		市民団体도緊急行動 新旧기독교団体가共同声明 大型経済使節団訪韓反対도
1980.07.15	第287号	03頁07段		엠네스티는 救援캠페인
1980.07.15	第287号	03頁06段		金大中씨의釈放요구日本社会党이要請書
1980.07.15	第287号	03頁01段		署名運動벌이기로UN陳情団파견도예정金大中先生救出委員会
1980.07.15	第287号	03頁04段		"金大中씨抹殺을기도"戒厳司의捜査결과 韓民統이비난 談話
1980.07.15	第287号	03頁08段		韓青이연속集会 金大中씨救出운동의담보로
1980.07.15	第287号	03頁10段		마치"報道鎖国"일본報道機関에閉鎖조치
1980.07.15	第287号	03頁10段		民族統一심포지움統一의필요성강조海外同胞학자들이토론
1980.07.15	第287号	03頁11段		"全一派에대한反対투쟁은 国際民主세력의共同과제"인터参加報告집회서提起 韓民聯대표단
1980.07.15	第287号	04頁01段		「重要な阻害物は除去する」金大中氏の抹殺目的を全斗煥は恥知らずにも満天下に公表した
1980.07.15	第287号	04頁01段		金大中先生救出委員会 結成発表文

발행일	호	지면정보	필자	기사제목
1980.07.15	第287号	04頁09段	李揆行	ただでもらったから いつになって返さなければ⑦
1980.08.01	第288号	01頁01段		"金大中씨살려내자"世界도처에서与論크게비등8月4、8、15日連続集会 署名、街頭宣言등多様한투쟁
1980.08.01	第288号	01頁05段		韓民統・救出委 天幕連座투쟁開始 金씨救出20万署名 各界에서激励답지
1980.08.01	第288号	01頁05段		"対韓政策 是正을"
1980.08.01	第288号	01頁07段		林基允牧師를虐殺 保安司 심한 拷問으로
1980.08.01	第288号	01頁10段		西伯林에서1千名集会 "金大中씨釈放은시급한문제"
1980.08.01	第288号	01頁12段		사발통문
1980.08.01	第288号	02頁01段		〈主張〉海内外동포는「反全斗煥聯合戦線」을形成하자=印大中선생납치7周年을맞이하여=
1980.08.01	第288号	02頁01段		〈座談会〉民主韓国상징하는큰별金大中씨를구출하자全海外同胞는굳게뭉쳐서金大中선생救出에나서자
1980.08.01	第288号	03頁01段		戒厳軍、3천명을虐殺 "시체를切断하여불태웠다"미平和部隊員
1980.08.01	第288号	03頁07段		粛正선풍 확대 公務員등 모두 6천8백11명
1980.08.01	第288号	03頁10段		韓国에서 보내는 소리(6) 나이가리지 않고 大量체포 텅빈 캠파스앞은 軍用車만
1980.08.01	第288号	03頁01段		〈世界両親이金大中씨를지켜본다〉1千万署名全力傾注 金大中씨구출連絡会議첫会合
1980.08.01	第288号	03頁01段		金大中씨救出을긴급결의総評제61차定期대회에서
1980.08.01	第288号	03頁04段		「金大中씨를 구출하자!」서명운동 활발히 전개 日韓連등이 銀座에서 호소
1980.08.01	第288号	03頁06段		EC外相理、遺憾表明 金大中씨문제駐韓和蘭大使가전달
1980.08.01	第288号	03頁07段		経済援助凍結을 全斗煥軍政을 비난 캐네디 議員
1980.08.01	第288号	03頁08段		神父등大量체포에항의카톨릭正平協등이기자회견
1980.08.01	第288号	03頁08段		韓民統표가참가金大中씨救出등을호소原水暴禁止世界大会
1980.08.01	第288号	03頁10段		光州학살의現場 西独記者의目撃記(下)
1980.08.01	第288号	03頁14段		〈座談会〉2面에서계속
1980.08.01	第288号	04頁01段		金大中氏ら致事件七周年을前にして 座談会 〈座談会出席者〉趙活俊(韓民統事務総量) 金鍾忠(救出委副委員長) 郭東義(同事務極秘) 司会=民族時報社編集部
1980.08.11	第289号	01頁01段		金大中씨生命救出에각지서韓日共同行動 韓民統・救出委 断食連座투쟁전개軍法会議기소에항의
1980.08.11	第289号	01頁07段		拉致事件7周年 韓民統 救出委、성명발표日政에는 要請書를전달
1980.08.11	第289号	01頁11段		「날조起訴」폭로집회 개최
1980.08.11	第289号	01頁11段		일본각지서8.8行動 東京15000명대규모대회 対韓政策시정요구하여시위

발행일	호	지면정보	필자	기사제목
1980.08.11	第289号	01頁01段		金大中씨에대한裁判은民主化圧殺위한요식행위公正기할수없는軍法会議
1980.08.11	第289号	01頁08段		미、全軍政을 지지 全斗煥 大統領자리에 野欲
1980.08.11	第289号	01頁15段		사발통문
1980.08.11	第289号	02頁01段		韓日連帯급속도로양양全国도처에서共同행동집회、단식、서명운동활발히
1980.08.11	第289号	02頁01段		韓学同과共同集会 軍政타도에총궐기호소 自主委・韓青近協
1980.08.11	第289号	02頁07段		神奈川연락회의 結成 韓日民主市民단체 金大中씨救出운동
1980.08.11	第289号	02頁09段		日政은金씨안전도모하라日本野党이비난담화
1980.08.11	第289号	02頁12段		韓日関係시정을요구일본各地社説에서
1980.08.11	第289号	02頁01段		일본정부는全一派에대한지원을중지하라韓民統救出委声明
1980.08.11	第289号	02頁01段		金大中씨起訴에대한抗議声明 在日民主8団体
1980.08.11	第289号	02頁09段		断食闘争宣言ー在日韓国人断食闘争団ー
1980.08.11	第289号	02頁11段		앰네스티調査団이告発 韓国당국入国拒否
1980.08.11	第289号	02頁11段		金씨구출조치를法律家・弁護士20명이성명
1980.08.11	第289号	02頁11段		捜査결과는 名誉毀損 崔圭夏에게 書翰보내 宇都宮徳馬씨
1980.08.11	第289号	02頁13段		金大中씨를 죽이지말라 韓日連등이 집회
1980.08.11	第289号	03頁01段		〈金大中씨를救出하자!높아가는일본与論〉납치事件7周年 1만5천民衆들이雲集 8.8国民大会 郭教対委長 긴급호소
1980.08.11	第289号	03頁04段		金大中씨구출에行動을韓民統대표단이호소 原水暴禁止世界大会
1980.08.11	第289号	03頁08段		「民主化와 統一에 寄与하자」제15회 全国統一韓青夏期강습회 개최
1980.08.11	第289号	03頁08段		対韓借款원조 중지하라 미議員団이 카터에게 요청
1980.08.11	第289号	03頁04段		光州에人権조사단파견일본의学者、弁護士、기독교자들이
1980.08.11	第289号	03頁04段		5氏에 死刑執行위기 在日한국인 政治犯 再審請求棄却
1980.08.11	第289号	03頁08段		172種의刊行物을廃刊 全斗煥一派、言論말살에혈안
1980.08.11	第289号	03頁12段		한국企業財務구조가悪化
1980.08.11	第289号	03頁12段		教育、建設界에도 粛清파급
1980.08.11	第289号	03頁13段		全軍政허용하지말라!大阪서한일連帯집회성황
1980.08.11	第289号	03頁13段		8백만서울시민에게告함在京 全南道民일동
1980.08.11	第289号	04頁01段	金大中	YMCA招請講演全文 民族魂과더불어(上) 全新民党大統領候補金大中 民族魂은反封建、反外勢、反独裁의절규며闘魂이다

발행일	호	지면정보	필자	기사제목
1980.08.11	第289号	05頁01段	金在俊	〈韓美関係　35年…〉韓美관계의撞着　北美民聯常任委員長　金在俊　악한執権者편에서서정의로운民衆을눌려
1980.08.11	第289号	05頁01段	드날드·레이너어드	〈韓美関係　35年…〉美日韓의軌跡　미国務省前韓国部長　드날드·레이너어드　불철저한「코리아·게이트」조사
1980.08.11	第289号	06頁01段		金大中氏救出運動の輪 日本全国に　各地に韓日共同行動 東京に15,000人が雲集 相次ぐ断食、集会、デモ "対韓政策是正を"一般市民も続々合流
1980.08.11	第289号	06頁01段		日本政府は全斗煥へのテコ入れをやめよ　韓民統救出委声明
1980.08.11	第289号	06頁08段		〈장일담〉暗く寒い夏
1980.08.11	第289号	06頁08段		〈八·八国民大会決議文〉日本政府は金大中氏釈放のための具体的措置をとれ！
1980.08.25	第290号	01頁01段		〈全斗煥軍事独裁打倒하자！　金大中先生救出海外韓国人連絡協議会를구성〉緊急海外韓国人代表者会議를開최汎海外韓国人民主救国宣言발표
1980.08.25	第290号	01頁01段		〈全斗煥軍事独裁打倒하자！　金大中先生救出海外韓国人連絡協議会를구성〉「政治抑圧목적한　裁判」金大中씨起訴事実을 否認 金大中씨公判
1980.08.25	第290号	01頁08段		8.15民衆大会성황金大中씨裁判규탄海外代表도결렬성토
1980.08.25	第290号	01頁09段		崔圭夏、대통령辞任　뒷자리에는全斗煥
1980.08.25	第290号	01頁12段		「터무니없는날조裁判」金大中先生救出連絡協이記者会見 軍裁開始에怒気衝天
1980.08.25	第290号	01頁13段		崔辞任은「政治劇」韓民統이談話
1980.08.25	第290号	01頁15段		사발통문
1980.08.25	第290号	02頁01段		〈主張〉緊急海外韓国人会議의成果를적극発展시켜나가자
1980.08.25	第290号	02頁01段	裵東湖	緊急海外韓国人代表者会議　期調報告
1980.08.25	第290号	02頁07段		光複節35周年記念 金大中先生救出·全斗煥軍政打倒在日韓国人大会　決議文
1980.08.25	第290号	03頁01段		国内外동포들에게 보내는 호소문
1980.08.25	第290号	03頁01段		反全斗煥의 民主大聯合을형성하자 金大中씨구출위한海外同胞연락기구를미·일両政府는全斗煥지원을 중지해야
1980.08.25	第290号	04頁01段	金載華	〈代表者会議 資料〉開会時
1980.08.25	第290号	04頁01段	鄭在俊	〈代表者会議 資料〉歓迎時
1980.08.25	第290号	04頁01段	林昌栄	〈代表者会議 資料〉地域代表 인사 全斗煥타도위해단결하자
1980.08.25	第290号	04頁01段	尹伊桑	〈代表者会議資料〉地域代表인사　미·일의지배를벗어나야
1980.08.25	第290号	04頁01段	崔泓熙	〈代表者会議 資料〉地域代表 인사 통일성취가 우리의 임무

발행일	호	지면정보	필자	기사제목
1980.08.25	第290号	04頁06段		카터미대통령에게 보내는 메시지 일본저부에 대한 요청서
1980.08.25	第290号	05頁01段		汎海外韓国人民主教国宣言(全文)
1980.08.25	第290号	05頁01段		参加者발언내용〈요지〉
1980.08.25	第290号	05頁12段		韓国에서보내온소리(6) 下 特別훈련받아온특전대깨어진미국에대한환상
1980.08.25	第290号	06頁01段	金大中	YMCA招請講演全文 民族魂과더불어中) 軍隊가정치에개입하면나라가망친다는것을알아야
1980.08.25	第290号	07頁01段		「金大中씨는無実」韓民統과北과는無関 崔世鉉전駐日公使 亡命길서爆弾증언
1980.08.25	第290号	07頁04段		옷벗겨 拷問가까운 취급 地下室에 갇혀 하루15시간 取調 金大中씨 증언
1980.08.25	第290号	07頁06段		駐福岡韓国領事가亡命
1980.08.25	第290号	07頁07段		崔전駐日公使증언詳報 납치事件、어리석은 行為
1980.08.25	第290号	07頁07段		金大中씨 구출운동 활발 일본각처에서 韓日연대행동
1980.08.25	第290号	08頁01段		汎海外韓国人民主教国宣言 反全斗煥合繊線을 金大中先生救出海外韓国人連絡協을構成 海外同胞는民衆抗争에決起しよう
1980.08.25	第290号	08頁04段		崔규하辞任は「政治欺瞞劇」韓民統談話
1980.08.25	第290号	08頁09段	李揆行	ただでもらったから いつになって返さなければ⑧
1980.09.01	第291号	01頁01段		韓民統등在日8개단체의声明
1980.09.01	第291号	01頁01段		維新亡霊全斗煥「大統領」을僭称
1980.09.01	第291号	01頁01段		「終身大統領」회책国民의저항必至
1980.09.01	第291号	01頁06段		제2의「維新体制」노리는 一大政治劇 韓民統 統代選挙無効선언
1980.09.01	第291号	01頁07段		白基院씨등의上告棄却「11.24国民大会事件」
1980.09.01	第291号	01頁09段		海外韓国人代表者会議 参加者발언내용요지
1980.09.01	第291号	01頁09段		金大中先生救出海外韓国人連絡協議会
1980.09.01	第291号	02頁01段	김인숙	아기상제에게 보내는 편지
1980.09.01	第291号	02頁01段	金大中	YMCA招請講演全文 民族魂과더불어(下) 全新民党大統領候補金大中 政治報復을하는것은最高悪 천번죽어도国民을안떠날터
1980.09.11	第292号	01頁02段		韓民統糾弾声明
1980.09.11	第292号	01頁01段		〈軍法会議 金大中씨에死刑求刑〉「内乱陰謀」는날조「海外言動」과결부시켜馬脚드러내
1980.09.11	第292号	01頁05段		秘密裁判서実刑판결金大中씨家族・側近들에게
1980.09.11	第292号	01頁06段		「大統領취임」규탄집회韓民統救出委 軍政打倒를다짐
1980.09.11	第292号	01頁09段		「南民戦사건」에有罪판결 李・申양씨엔死刑선고
1980.09.11	第292号	01頁11段		光州사태관련한 1백75명을 起訴
1980.09.11	第292号	01頁11段		"記者들이살해、투옥당하고있다"国際新聞편집협회가비난

발행일	호	지면정보	필자	기사제목
1980.09.11	第292号	01頁09段		「公開」란이름뿐特派員原稿를대폭삭제
1980.09.11	第292号	01頁13段		「政治犯」派遣団이帰日 UN에서한국人権문제를처음으로토의
1980.09.11	第292号	01頁14段		金大中씨裁判講演집회개최 百日間緊急운동
1980.09.11	第292号	01頁15段		사발통문
1980.09.11	第292号	02頁01段		〈主張〉金大中선생에 대한 死刑求刑은 千秋에 용납할수없는 殺人만행
1980.09.11	第292号	02頁01段		軍裁被告人家族이証言 拷問으로「허위自白」강요録音테이프를공표市民署名運動그룹 日政에対韓批難을요구
1980.09.11	第292号	02頁04段		軍法会議被告家族의호소〈요지〉"精神的인自由도良心에따라말할수있는自由도없읍니다"
1980.09.11	第292号	02頁10段		言論人協会설립의 気運성숙海外의편에선真実의보도를
1980.09.11	第292号	02頁11段		韓民統署名운동에 民主化기대담아 12만5천엔 거금
1980.09.11	第292号	03頁01段		「在日活動」은 起訴事実 金大中씨「裁判」日本측가견해軍法会議法에「背景説明」없다
1980.09.11	第292号	03頁04段		関東大震災57주년 추모위례식 개최 民団東京
1980.09.11	第292号	03頁04段		10월9、10양일에 模擬재판을 개최
1980.09.11	第292号	03頁06段		大使館에抗議데모「金大中씨를죽이지말라」서명그룹
1980.09.11	第292号	03頁09段		2次油化価引上조치物価高騰에연쇄반응
1980.09.11	第292号	03頁01段		金大中씨救出日本連絡会議第2回総会 17日、1万名集会열기로韓日両政府에軍法会議中止를요구
1980.09.11	第292号	03頁06段		県内全域에서 宣伝활동 神奈川連絡会議、캐러밴으로 호소
1980.09.11	第292号	03頁07段		日韓連帯北海道 民衆会議가発足
1980.09.11	第292号	04頁01段	裵東湖	〈反全斗煥の民主大連合を形成しよう!〉緊急海外韓国人代表者会議 期調報告 金大中氏救出のための海外同胞連絡機構を/米日両政府は全斗煥に対する支援をただちに中止せよ!
1980.09.11	第292号	04頁13段	李揆行	ただでもらったから いつになって返さなければ⑨
1980.09.21	第293号	01頁01段		〈殺人裁判 撤回하라!金大中씨에대한公訴事実은완전한날조〉「死刑判決」은国民에대한背信行為 韓民統이緊急声明
1980.09.21	第293号	01頁08段		金大中씨死刑宣告 国家保安法을適用 韓民統과억지로결부
1980.09.21	第293号	01頁10段		韓民統日本本部 緊急声明(全文)
1980.09.21	第293号	01頁01段		金大中씨 最終陳述 第11回公判(9月13日)政治報復없애야한다
1980.09.21	第293号	01頁12段		金大中씨등抗訴
1980.09.21	第293号	01頁12段		判決文概要 普通軍法会議
1980.09.21	第293号	01頁14段		日本外務省에 항의 韓民統등 在日8개 단체

발행일	호	지면정보	필자	기사제목
1980.09.21	第293号	02頁01段		満都휩싼 憤怒의 함성 1万7千명이 抗議大集会 死刑판결 규탄하여 示威행진 9.17国民大会
1980.09.21	第293号	02頁02段		日매스콤、크게 보도 韓民統기자회견도 大書特筆
1980.09.21	第293号	02頁02段		金氏救出여론 世界서양양
1980.09.21	第293号	02頁05段		金大中氏裁判日誌
1980.09.21	第293号	02頁08段		死刑근거는保安法「政治결착」에위반 金氏裁判1심판결
1980.09.21	第293号	02頁08段		"오직 살아서 돌아오기를" 안타까운 心情토로 金大中氏夫人
1980.09.21	第293号	02頁10段		救出위해有交的조치를일본各政党이담화
1980.09.21	第293号	02頁11段	林昌栄	〈特別寄稿〉金大中씨는共産主義者도新共容共者아니다
1980.10.01	第294号	01頁02段		〈主張〉金大中선생에대한軍裁를中止하고즉각석방하것을強力히要求한다
1980.10.01	第294号	01頁07段		金大中씨裁判 「全斗煥이命令한살인」金大中先生救出海外韓国人連絡教欧洲표부
1980.10.01	第294号	01頁09段		西独政府가抗議"EC는共同으로警告를"
1980.10.01	第294号	01頁09段		"前代未聞"의珍事 金氏裁判 判決文도없는채판결
1980.10.01	第294号	01頁07段		金大中씨와韓民統에대한中傷謀略을규탄韓民統常務委가声明
1980.10.01	第294号	01頁12段		南北予備접촉中断
1980.10.01	第294号	01頁13段		미·일両政府가우려마스키·伊藤会談서일지
1980.10.01	第294号	01頁13段		死刑집행저지해야社会主義인터내널칼손事務局長이견해
1980.10.01	第294号	02頁01段		金大中선생과韓民統과의関係에대하여韓民統常務委員会 声明文
1980.10.01	第294号	02頁01段		「国家전복계획한 사실없다」민주인사最後陳述 普通裁判
1980.10.01	第294号	03頁01段		金大中씨救出운동더욱앙양「死刑判決」에분격 一般市民도적극협조韓青大阪이72시간断食투쟁
1980.10.01	第294号	03頁04段		神奈川서連続투쟁金씨구출에큰反響일으켜
1980.10.01	第294号	03頁05段		京都에서 金씨구출집회 5백여참가자 府民총궐기를 호소
1980.10.01	第294号	03頁09段		3千名이集会、示威「百日間緊急行動」의주최로
1980.10.01	第294号	03頁09段		韓青広島、金씨구출위해広島에서연좌투쟁
1980.10.01	第294号	03頁09段		北海道에서断食투쟁金씨구출운동全道에퍼져
1980.10.01	第294号	03頁09段		「金大中씨구출하라」1천2백명集会서日政府에요구日韓連등
1980.10.01	第294号	03頁12段		金씨死刑判決항의집회全国직장서1만5천명이 一斉행동全港湾労組
1980.10.01	第294号	03頁12段		県、市議등에서 金씨구출 決議
1980.10.01	第294号	03頁12段		金씨死刑判決에愛知서抗議断食
1980.10.01	第294号	03頁12段		死刑의근거稀薄하다 金씨「判決」調査委가 見解

발행일	호	지면정보	필자	기사제목
1980.10.01	第294号	04頁01段		〈殺人軍裁中止させ金大中氏を救おう〉金大中先生に対する軍裁を中止し、即刻釈放することを強力に要求する 本号「主張」訳
1980.10.01	第294号	04頁01段		〈声明〉金大中遠征と韓民統について-韓民統常務委員会
1980.10.01	第294号	04頁08段		〈インタビュー〉「無窮花よ 永遠に」を出版した
1980.10.21	第295号	01頁01段		〈暗黒裁判을규탄韓日의良心이金大中씨救出連帯집회〉UN要請団을결단署名中間発表70만명을突破
1980.10.21	第295号	01頁08段		韓民統이 제작한 光州기록영화 上映2백회 넘어
1980.10.21	第295号	01頁09段		「国民投票」를규탄東京大阪 韓青、韓学同이集会
1980.10.21	第295号	01頁12段		"金大中씨裁判는違法" 国民法廷이선언 韓民統간부들이証言
1980.10.21	第295号	01頁11段		노골妨害책동韓民統의「再入国」문제에
1980.10.21	第295号	01頁11段		"再入国허가발급하라"神奈川연대集会서요구
1980.10.21	第295号	02頁01段	郭東儀	〈期調報告〉앙양된与論으로金大中씨를구출하자
1980.10.21	第295号	02頁01段		〈時事解説〉改憲案公告의意味 独裁国家구축을겨냥 기만에찬분식「民主化」
1980.10.21	第295号	02頁09段		10.5集会決議文
1980.10.21	第295号	02頁10段		〈読者投書〉"愛国의길"을읽고
1980.10.21	第295号	02頁10段		「再入国」문제에대한韓民統声明文
1980.10.21	第295号	03頁01段		「判決文不公表」는 궤변 理解못할 日本정부의 態度 金씨재판
1980.10.21	第295号	03頁05段		死刑판결규탄하는読者의소리일본各紙
1980.10.21	第295号	03頁04段		金大中씨救出에 매진하자 2천참가자가 決意다짐 東京중심가를 示威행진 10.5韓日연대집회
1980.10.21	第295号	03頁06段		愛知에서긴급집회金씨구출을위해적극투쟁을다짐 韓民統東海、社会党등주최
1980.10.21	第295号	03頁09段		全国代表들歓談 집회후 交流会에서
1980.10.21	第295号	03頁09段		1주일의断食관철神奈川서연30여명이참가
1980.10.21	第295号	03頁10段		金大中씨著「無窮花여 永遠하라」出版기념회 거행
1980.10.21	第295号	03頁11段		「金大中씨를구출하라」50을넘는議会에서採択일본地方自治体
1980.10.21	第295号	03頁12段		崔哲教씨를救出하자崔씨부인등이断食투쟁
1980.10.21	第295号	03頁10段		〈視点〉福田은 제2의 伊藤博文인가
1980.10.21	第295号	04頁01段		金大中氏救出・国連要請団派遣韓日連帯全国集会〈期調報告〉高揚した世論の力で金大中氏の救出を
1980.10.21	第295号	04頁04段		10.5連帯集会決議文
1980.10.21	第295号	04頁08段	西川浩一	〈投書〉理不尽な金大中氏裁判
1980.10.21	第295号	04頁08段		国連派遣団への全一派の悪らつな妨害策動は国際世論への挑戦 韓民統、再入国問題で声明
1980.10.21	第295号	04頁11段		〈金大中「裁判」調査・糾弾国民法廷判決文〉金大中氏「裁判」は違法、無効

발행일	호	지면정보	필자	기사제목
1980.11.01	第296号	01頁01段		〈유엔派遣署名 百万名超過達成〉日本政府는韓民統 대표에게再入国許可를発給해야한다
1980.11.01	第296号	01頁01段		韓民統·救出委 金大中氏救出国会청원運動展開 韓日2百50団体、일본각처서시동
1980.11.01	第296号	01頁06段		金氏救出에全力을抗訴審 개시에韓民統서명日政의 対韓자세비난
1980.11.01	第296号	01頁08段		救出決議가담말라自民党 都道府県에통달
1980.11.01	第296号	01頁10段		뿌리파宣言발표「百日韓緊急행동」이 집회
1980.11.01	第296号	01頁08段		欧洲서 救出与論앙양 金大中氏救出 委구주대표부 各界망라하여 집회
1980.11.01	第296号	01頁12段		계엄下「国民投票」光州75%로낮은賛成率
1980.11.01	第296号	01頁10段		抗訴審서検察서金大中氏에死刑求刑 全被告人 最終 陳述 拒否
1980.11.01	第296号	01頁15段		사발통문
1980.11.01	第296号	02頁01段	裵東湖	国民法廷(10.9~10일본·東京) 韓民統이証言 華以外 韓国人의民主運動과金大中 反維新투쟁에서金大中 씨와상봉
1980.11.01	第296号	02頁01段		金大中氏抗訴審개시에대한韓民統救出委声明文
1980.11.01	第296号	02頁08段		光州교도소에서8명살육 特戦団、시체를뒷산에묻혀 韓国問題基督教者긴급회의調査団이보고서발표
1980.11.01	第296号	02頁09段		5명에死刑宣告 無期7명모두170명에実刑 全南北軍 裁
1980.11.01	第296号	02頁13段		治安当局서 取調받은김용성医師의手記(上)
1980.11.01	第296号	03頁01段		〈本国資料〉反파쑈民主化의횃불을높이들자10.17高 麗大 声明文
1980.11.01	第296号	03頁01段		在미金大中氏救出委 명단 共同議長에 文東煥、프 레이저씨
1980.11.01	第296号	03頁01段	鄭在俊	〈金大中「裁判」調査·糾弾 金大中씨는無実〉韓民統 은어떠한존재인가 金大中씨와의 3大原則을 견지
1980.11.01	第296号	03頁07段		韓民統은 反維新단체 金大中씨 抗訴審서 밝혀
1980.11.01	第296号	03頁08段	李東馥	김치국洗礼받은몰골톡톡히망신당하고謝過
1980.11.01	第296号	03頁12段		金大中「裁判」調査·糾弾国民法廷判決文(10.9~10· 東京) 金大中씨「裁判」은 違法、無効
1980.11.01	第296号	04頁01段		改定憲法〈全文〉
1980.11.01	第296号	04頁12段	金恩沢	金大中씨「裁判」国民法廷証言 要旨
1980.11.11	第297号	01頁01段		金大中씨、抗訴審서死刑 全斗煥 일파의暴虐한軍裁 에批難与論비등
1980.11.11	第297号	01頁01段		金大中씨救出에総力을!日政의欺瞞的태도규탄国会 請願韓日集会11万의소리、国会를席巻
1980.11.11	第297号	01頁07段		全미주民主勢力相集結 金大中씨 生命救出에 金相 敦씨가 中央議長으로
1980.11.11	第297号	01頁07段		"全世界서 救出운동을" 韓民統救出委가 호소
1980.11.11	第297号	01頁10段		레이건当選에危機感 仏에서欧洲審집회개최

발행일	호	지면정보	필자	기사제목
1980.11.11	第297号	01頁11段		韓民聯대표参加　在日代表、韓日合同의妨害로못나가社会主義인터총회
1980.11.11	第297号	01頁11段		1百万署名에驚歎유엔要請団아름찬成果
1980.11.11	第297号	01頁13段		"金大中씨말살与論조작하라"全斗煥　言論관계자에지령
1980.11.11	第297号	02頁01段	편집부	韓民統은가장愛国의民主団体이다①駐日大使館、「録音事件」을잘조民団의不偏不党立場을견지自衛措置로民団自主委를발족
1980.11.11	第297号	02頁01段		〈韓民統・金大中先生救出委　声明文〉世界良心에게告함 "金大中씨救出에全力을다하자"
1980.11.11	第297号	02頁06段		不法裁判에　抗議한다　被告家族들의　호소(全文)
1980.11.11	第297号	02頁07段		「필요하면굶어죽겠다」100여拘束者들無期限断食
1980.11.11	第297号	02頁11段		軍裁는날조된연국이른바「金大中등内乱陰謀事件」関連者家族一同　全被告를　無条件釈放하라모든국민의노력을바란다
1980.11.11	第297号	02頁11段		〈資料〉11.8韓日連帯集会決議文「政治결착」철회하라対韓政策의전면적시정을
1980.11.11	第297号	03頁01段		〈庶民성명〉殺人鬼　全斗煥을　民族의　이름으로　처단하자
1980.11.11	第297号	03頁01段		〈韓神大성명〉피의宣言
1980.11.11	第297号	03頁04段		청원運動全国서고양東京天幕투쟁큰成果거둬
1980.11.11	第297号	03頁05段		全斗煥물러나라成大、淑大등연속궐기
1980.11.11	第297号	03頁09段		光州에서　폭발사건
1980.11.11	第297号	03頁09段		尹孝同(呂)증언은　거짓　郭조직국장、반박성명발표
1980.11.11	第297号	03頁09段		金씨死刑판결규탄日연락회의、긴급회의召集
1980.11.11	第297号	03頁10段		領事館앞서연좌투쟁
1980.11.11	第297号	03頁11段		일본총학자들　緊急성명발표
1980.11.11	第297号	04頁01段		〈日本政府는「政治決着」를破棄세よ!〉金大中氏救出国会請願署名　十一万名을突破　韓民統・救出委11.8集会로国会に伝達
1980.11.11	第297号	04頁05段		国際敵規模의救出運動을　金大中氏二審判決にする韓民統、救出委의声明
1980.11.11	第297号	04頁07段		救出運動의成果をさらに拡大しよう!　11.9韓日連帯緊急会決議文
1980.11.11	第297号	04頁11段	趙活俊	金大中氏「裁判」国民法廷証言　虚偽で満ちた政治裁判劇
1980.11.21	第298号	01頁01段		金大中씨抗議審死刑判決규탄総評、実力行使도不辞「11.13国民大会」에6천명참가　韓民統裵東湖常任고문이연대인사
1980.11.21	第298号	01頁01段		金大中씨危機박두全斗煥、処刑여론조작에血眼国内매스콤총동원하여煽動
1980.11.21	第298号	01頁01段		모든힘을救出運動에　金씨救出　韓民統活動者会議　宣伝活動強化등決議
1980.11.21	第298号	01頁09段		東京都全域에서　金씨　救出　호소

발행일	호	지면정보	필자	기사제목
1980.11.21	第298号	01頁10段		政敵을 모조리 퍼어지 政治規制対象者 발표 全斗煥정권유지위해 强権자행
1980.11.21	第298号	01頁11段		言論機関을統廃合
1980.11.21	第298号	01頁11段		稲山訪韓 中止하라「市民署名運動」이 항의행동
1980.11.21	第298号	01頁14段		全斗煥退陣을 要求 延世大学生 다시 궐기
1980.11.21	第298号	01頁09段		政治救済者2百8명名単
1980.11.21	第298号	02頁01段	裵東湖	韓民聯代表団의再入国許可를거부한대대한抗議談話文
1980.11.21	第298号	02頁01段		政治活動規制 대상자名単
1980.11.21	第298号	02頁05段		世界与論이全斗煥一派를 審判하여야 社会主義인터参加 韓民聯代表団코뮤니케
1980.11.21	第298号	02頁08段		軍이날조한「光州事態」金大中씨를모함하기위해秘密裁判에서「内乱罪」韓国문제그리스도자緊急会議調査員報告
1980.11.21	第298号	02頁09段		治安当局서取調받은김용성医師의手記 光州事態의 실태보고(下)
1980.11.21	第298号	03頁01段		〈解説〉稲山、永野訪韓의背景과目的
1980.11.21	第298号	03頁05段		家族・僑胞会가대집회5씨의死刑중지등호소
1980.11.21	第298号	03頁06段		金炯旭씨KCIA에被殺 夫人이미裁判所에告発
1980.11.21	第298号	03頁09段		呂興珍증언의 허위성 日本당국자도 証言否定「韓民統의 누구를 아는가」金大中씨反問에 말문 막혀
1980.11.21	第298号	03頁04段		全国一斉宣伝活動開始最終審死刑판결저지東京右翼깡패、宣伝車襲撃 永野日商会頭訪韓에항의
1980.11.21	第298号	03頁11段		「全支持声明」우리意思아니다며「필라」韓人会총회서確認
1980.11.21	第298号	03頁13段		光州精神이어받자西独에서횃불시위
1980.11.21	第298号	03頁14段		金씨救命긴급총회미주教会緊急委
1980.11.21	第298号	04頁01段	編集部	韓民統은いかなる団体か 維新独裁体制을正面から反対 反独裁民主化闘争에新紀元 金大中씨「運動三原則」을合意
1980.11.21	第298号	04頁01段		11.27国民大会韓民統緊急アピール 金大中씨救出運動은自由正義와民主主義를守る闘い
1980.11.21	第298号	04頁08段		11.27全国総決議大会 決議文
1980.11.21	第298号	04頁12段		韓青東京・足立支部結成大会 フリパ精神で地域活動妨害はねのけ支部を節制
1980.12.15	第300号	01頁01段		金芝河씨釈放 5년9월만에모습나타내
1980.12.15	第300号	01頁05段		韓民統・救出委 無期限断食闘争展開(東京) "5일판決、즉각執行"을沮止 金大中씨救出여론더욱앙양
1980.12.15	第300号	01頁08段		브라운미国防長官訪韓「金씨救命特使」로 韓民統、미大使館에要請
1980.12.15	第300号	01頁08段		"「反韓団体」규제해달라"全軍政、일본정부에애걸
1980.12.15	第300号	01頁11段		서울大서 反軍政데모 全斗煥打倒외쳐 千名궐기
1980.12.15	第300号	01頁12段		金大中씨死刑저지決死断食宣言

발행일	호	지면정보	필자	기사제목
1980.12.15	第300号	01頁12段		北海道・大阪・京都・兵庫・広島・熊本 全国서항의断食闘争 仙台서는연일抗議시위
1980.12.15	第300号	01頁12段		金씨「死刑」確定되면西欧、統一抗議行動에
1980.12.15	第300号	01頁12段		処刑은 世界에의 挑戦 엠네스티、43개국에 호소
1980.12.15	第300号	01頁15段		韓国政界「新党」소동
1980.12.15	第300号	02頁01段		〈主張〉險難한荊극의장애를헤쳐온「민족시보」紙齢3백号에즈음하여
1980.12.15	第300号	02頁01段		内外의 救援運動이 結実 真正한 自由를 보장해야 韓民統金載夏議長 談話文
1980.12.15	第300号	02頁06段		〈新聞論調〉詩人・金芝河씨釈放의声明
1980.12.15	第300号	02頁06段		〈金芝河씨釈放〉全軍政의「柔軟路線」에疑問　金大中씨의安否가걱정・다른政治犯도釈放되어야
1980.12.15	第300号	02頁08段		〈出獄인터뷰우〉国内外의支援에感謝　冷水摩擦로健康을유지
1980.12.15	第300号	02頁10段		駐日大使館에波状示威　横浜、名古屋、札幌、仙台領事館에도
1980.12.15	第300号	02頁13段		大法院確定判決을앞두고이른바「金大中内乱음모사건」関連者家屋一同
1980.12.15	第300号	02頁13段		全港湾、入港거부투쟁国鉄労組는抗議汽笛
1980.12.15	第300号	03頁01段	편집부	韓民統은가장愛国的民主団体이다③　金大中씨救出운동에모든힘을傾注　民主・民族・統一의旗手 海外民主化運動統一化에中心役割
1980.12.15	第300号	03頁01段		韓民統破壊겨냥右翼活動으로8명負傷
1980.12.15	第300号	03頁06段		12.5大会에7천명데모隊、断食団격려
1980.12.15	第300号	03頁08段		레이나드전韓国部長金씨구출国際会議개최
1980.12.15	第300号	03頁08段		「政治결착」은 田中前首相이 指示
1980.12.15	第300号	03頁11段	林昌栄	社会主義인터제15회총회演説文全文　南北韓에軍事調査委 派遣을全人類의良心으로　全斗煥을포위하자
1980.12.15	第300号	04頁01段	編集部	韓民統은いかなる団体か②民主憲法政秩序回復を志向　金大中氏救出活動に奔走
1980.12.15	第300号	04頁01段		「民族時報」三百号を祝って　真実を報道する勇気に励まし…高橋/時代の進路を明示する予言者…吉松/全体民主化運動に正しい位置づけ…金
1980.12.15	第300号	04頁08段		12.4　断食闘争声明
1980.12.15	第300号	04頁09段		〈장일담〉吹き荒ぶ嵐の中で
1980.12.15	第300号	04頁09段		無期限断食を展開 우익이悪辣な妨害　韓民統救出委
1980.12.15	第300号	04頁11段		断食闘争団に参加して　張明子(韓青東京)
1981.01.01	第301号	01頁01段	金載華	〈新年辞〉民主救国의기치를드높이들고金大中선생救出과独裁打倒에로
1981.01.01	第301号	02頁01段	鄭在俊	〈新年辞〉民主勝利의歴史的인해로愛国民団員결집하여民主民団建設을金大中先生救出委長
1981.01.01	第301号	02頁01段	梁相基	〈新年辞〉虚와　実

발행일	호	지면정보	필자	기사제목
1981.01.01	第301号	02頁03段	李丁珪	〈新年辞〉愛国事業보태기위해努力
1981.01.01	第301号	02頁05段	梁霊芝	〈新年辞〉밝은来日 믿고 前進을
1981.01.01	第301号	02頁06段	郭元基	〈新年辞〉同胞青年은総団結하여民主救国闘争에나서자在日韓
1981.01.01	第301号	02頁07段	槙枝元文	〈新年辞〉韓国民衆과連帯할터
1981.01.01	第301号	02頁09段	李佐永	〈新年辞〉튼튼한運動体구축할터 李佐永
1981.01.01	第301号	03頁01段		〈経済論壇〉国民은허덕일뿐全斗煥軍政의無謀한経済政策 一貫性없는全斗煥의経済政策
1981.01.01	第301号	03頁07段		韓日経済一体化의危険性드디어「마이너스成長」
1981.01.01	第301号	03頁01段		12.11서울大궐기宣言文 우리의궁극目標는民衆이主体가되는統一된民族国家의樹立이다
1981.01.01	第301号	03頁07段		"가톨릭教会에대한모독"상께이新聞記事 카톨릭正平協 取消·謝罪요구
1981.01.01	第301号	04頁01段		80年1月〜5月 国内民主化闘争日誌①
1981.01.01	第301号	05頁01段		80年1月〜7月 韓民統闘争日誌①
1981.01.01	第301号	06頁01段		80年1月〜7月 金大中씨救出運動日誌①
1981.01.01	第301号	07頁01段		民族時報300号의足跡
1981.01.11	第302号	01頁02段		80年5月30日〜12月 国内民主化闘争日誌②
1981.01.11	第302号	01頁08段		80年8月〜12月 韓民統闘争日誌②
1981.01.11	第302号	01頁02段		反파쑈학우闘争宣言 12.11서울大권기宣言文全文 反파쇼民衆連合의主導体로서진단없는투쟁을展開해나가자
1981.01.11	第302号	02頁01段		韓民統闘争日誌② 1面에서 이음
1981.01.11	第302号	02頁09段		80年8月〜11月 金大中씨救出運動日誌②
1981.01.21	第303号	01頁02段		〈反全斗煥国際聯合戦線을形成하자〉金大中씨의完全釈放을!韓民統年初부터활발한闘争
1981.01.21	第303号	01頁02段		獄中서抗議断食투쟁金大中씨제외한14명이軍裁被告家族이支援호소
1981.01.21	第303号	01頁11段		全斗煥反民主드러낸「国政演説」軍事力배후로政治日程 단축不安定性을노출
1981.01.21	第303号	01頁12段		勝利위해매진을다져韓民統、民団東本、商工協이新年会
1981.01.21	第303号	01頁15段		사발통문
1981.01.21	第303号	02頁01段		〈主張〉反民主 反民統의本質을드러낸全斗煥의새해国政演説을규탄한다
1981.01.21	第303号	02頁01段	編集部	韓民統은いかなる団体か④「反国家団体」판시는 政治謀略 韓民統은朝総聯과無関 一貫하여民国強化発展에기여
1981.01.21	第303号	02頁10段		李、申씨에게死刑宣告이른바「南民戦」사건大法院판결
1981.01.21	第303号	02頁13段		各界新年辞
1981.01.21	第303号	03頁01段		日本商社 韓国에 武器輸出 밀리規格 砲身、重火器등「半製品」

발행일	호	지면정보	필자	기사제목
1981.01.21	第303号	03頁01段		金氏死刑은어불성설미埠頭労組、全軍政에抗議電報
1981.01.21	第303号	03頁01段		県警、領事館에強力抗議　神奈川연락회의「金氏救出집회」
1981.01.21	第303号	03頁05段		金大中氏를석방하라! 12.22国民大会에1万5千명운집
1981.01.21	第303号	03頁08段		金大中氏救出運動日③
1981.01.21	第303号	04頁01段		〈反ファッショ学友闘争宣言ーソウル大決議宣言文〉反ファッショ民衆連合の主導体として間断ない闘争の展開を
1981.01.21	第303号	04頁01段		在日韓国人政治犯事件
1981.01.21	第303号	04頁11段		金大中氏救出闘いの現場から①「金大中氏を殺させるな!」北海道　金大中氏救出は韓国民主化運動の一里塚
1981.02.01	第304号	01頁02段		〈金大中氏死刑후無期로 全斗煥의 稚拙한 政治演劇에 慎激衝天〉金大中씨全被告 참된 民主化를 주장 罪없는 良心犯석방하라 被告家族一同이 규탄성명
1981.02.01	第304号	01頁02段		拉致事件의真相규명、政治活動의自由保障없이는 問題解決이못돼韓民統비난성명발표
1981.02.01	第304号	01頁02段		裁判自体가 不法行為
1981.02.01	第304号	01頁06段		韓・미頂上会談　미、파쇼政権 認定 軍事・経済援助도 약속
1981.02.01	第304号	01頁06段		韓米関係史에汚点 韓民統이声明
1981.02.01	第304号	01頁11段		与論무마노려 戒厳解除 国民基本権抑圧 더욱 強化
1981.02.01	第304号	01頁11段		清渓被服労組員21명이労働法폐지・서울市民퇴진요구하여농성
1981.02.01	第304号	01頁15段		사발통문
1981.02.01	第304号	02頁01段		〈主張〉金大中先生에대한最終判決과韓미頂上会談의背族性을규탄한다
1981.02.01	第304号	02頁01段		韓民統声明　金大中씨裁判
1981.02.01	第304号	02頁06段		다가오는国家破産危機　全軍政의経済政策을전망한다
1981.02.01	第304号	02頁08段		金씨裁判　内外各国의反応
1981.02.01	第304号	02頁10段		韓미頂上会談을규탄한다韓民統金載華議長声明文
1981.02.01	第304号	02頁13段		金大中씨救出日誌④　1980년11월1일～12월9일
1981.02.01	第304号	03頁01段		殺人鬼吸血鬼全斗煥물러가라!! 在미同胞들、全訪미를糾弾 全一行、호텔뒷문에서出入
1981.02.01	第304号	03頁01段		全斗煥초청은 外交의잘못 「미緊急行動」준열히 비난
1981.02.01	第304号	03頁04段		金大中씨재판　最終審판결에분격大使館에波状시위 機動경찰대와충돌、2명重傷　韓民統、救出委등
1981.02.01	第304号	03頁07段		金씨救出断食전개中警、악질적인妨害책동
1981.02.01	第304号	03頁08段		大使館에強力抗議 韓日市民3백여명이集会
1981.02.01	第304号	03頁10段		全国各地서一斉抗議행동金大中씨死刑판결을규탄

발행일	호	지면정보	필자	기사제목
1981.02.01	第304号	03頁07段		金大中氏関聯年表
1981.02.01	第304号	04頁01段	編集部	韓民統はいかなる団体か④「反国家団体」판시는 政治謀略 韓民統은朝総聯과無関 一貫하여民国強化発展에기여
1981.02.01	第304号	04頁01段		大法院判決に関する1.23韓民統声明　死刑判決から減刑は欺瞞
1981.02.01	第304号	04頁11段		金大中氏救出闘いの現場から②　日韓連帯の固い絆のもとに金大中氏救出運動の声高く「金大忠氏を殺させるな!」福岡
1981.02.21	第305号	01頁01段		金大中씨를석방하라 APSO総会서決議　韓民聯대표단向濠
1981.02.21	第305号	01頁07段		金芝河씨를「위대한詩人」으로선출-国際詩人協会
1981.02.21	第305号	01頁01段		미국은友邦이아니다不幸과試鍊을약속民主・人権無視하여安保를優先　全斗煥"韓国은미・일의防波提"
1981.02.21	第305号	01頁10段		在미교포反全斗煥데모
1981.02.21	第305号	01頁10段		姜鍾健씨를석방하라家族僑胞会、全国회의가항의행동
1981.02.21	第305号	01頁12段		在日韓国人政治犯구제제5次UN派遣団出発
1981.02.21	第305号	01頁10段		韓民統에대한 공격을 糾弾 日韓連帯강연집회서 特別決議
1981.02.21	第305号	01頁11段		韓民統등稲山訪韓에항의
1981.02.21	第305号	01頁11段		市川房枝女史 別世 病床서도金씨재판염려
1981.02.21	第305号	01頁14段		民族主体性확립을위하여韓青제17회冬季講習会성황
1981.02.21	第305号	01頁15段		文化・法曹人이公開質問状　金씨의人権回復을
1981.02.21	第305号	02頁01段		美洲全土에서全斗煥訪미糾弾물결全一派크게唐慌全경煥警護室次長全斗煥동생과激闘 抗議시위대 統一教徒폭력배기抗議시위대를襲撃
1981.02.21	第305号	02頁10段		光州사태재판被告들의진술① 鄭東年、朴南宣、裵龍柱、朴魯汀씨에死刑선고光州事態재판
1981.03.01	第306号	01頁01段		反独裁反外勢闘争벌이기로韓民統第9回中央委員会開催(2월21일~22일) 反全斗煥国際聯合구축을미・일의対韓政策是正을主張 勝利위해組織強化를
1981.03.01	第306号	01頁11段		「大統領選挙」糾弾 韓青同韓学同
1981.03.01	第306号	01頁01段		〈主張〉全斗煥은 누구를 위한 大統領인가 원한에 사무친 光州의 피는 묻는다
1981.03.01	第306号	01頁13段		選挙전에"大統領"확정된儀式行事-2.25「大統領選挙」政敵을모조리排除
1981.03.01	第306号	01頁15段		서울・光州서無効票많아「大統領選挙人」선거
1981.03.01	第306号	02頁01段		〈反独裁反外勢투쟁에궐기하자抗戦의기치높이들고어둠을헤치고光明한民主의아침을맞자〉81年度活動方針 中央委
1981.03.01	第306号	03頁01段		〈反独裁反外勢투쟁에궐기하자抗戦의기치높이들고어둠을헤치고光明한民主의아침을맞자〉81年度活動方針 中央委

발행일	호	지면정보	필자	기사제목
1981.03.01	第306号	02頁01段		〈活動総括〉中央委
1981.03.01	第306号	03頁05段		光州사태재판被告들의 진술②
1981.03.01	第306号	04頁01段		〈韓民統第九回中央委員会 81年度活動方針〉抗戦の旗を高く揚げ 輝ける民主の朝を向かえ要·反外勢、反独裁闘争の構築を
1981.03.01	第306号	04頁06段		〈決議文〉欺瞞的「大統領選挙」に断固反対する韓青同·韓学同2.24集会
1981.03.01	第306号	04頁11段		金大中氏裁判関連者被告家族からの手紙 高銀詩人の生命を保障せよ
1981.03.11	第307号	01頁01段		「民主化·統一運動은3.1精神의継承」各地서3.1節62周年記念集会
1981.03.11	第307号	01頁01段		〈全斗煥軍事独裁의本質暴露 世界20余개国의著名人士参加예정〉韓国民主化支援緊急世界大会 光州義挙1周年期해5月16日~19日 東京서開催
1981.03.11	第307号	01頁06段		尹伊桑作曲演奏会李応魯画伯個人展
1981.03.11	第307号	01頁03段		「世界大会」発起人명단
1981.03.11	第307号	01頁08段		「3大苦痛에서開放」全斗煥의鉄面皮한「公約」
1981.03.11	第307号	01頁08段		軍政合法化위한儀式 韓民統등8개団体 糾弾声明
1981.03.11	第307号	01頁12段		保安法·反共法위반자除外 虚飾的인「特赦」
1981.03.11	第307号	01頁13段		勤労者의実態에큰関心 労働者人権宣言 発表 4周年「日韓共同行動」講演集会
1981.03.11	第307号	01頁15段		사발통문
1981.03.11	第307号	02頁01段		〈主張〉全斗煥이무슨面目으로「戦争、貧困、政治的탄압에서開放」을말할수있는가
1981.03.11	第307号	02頁01段		韓国民主化支援緊急世界大会呼訴文-光州궐기1周年을기하여韓国現体制의実態를폭로하며韓国民主化闘争과의連帯를호소-
1981.03.11	第307号	02頁05段		〈「大統領就任式」에대한韓民統声明文〉軍政을合法化하는儀式 일본政府는対韓政策을変更하라
1981.03.11	第307号	02頁08段	黄永植	닭이운다
1981.03.11	第307号	02頁11段		이른바「大統領」전두환 취임사
1981.03.11	第307号	02頁10段		民団員들에게보내는글-3.1節62周年에즈음하여-民団自主守護委員会代表委員 梁相基 모든 幻想에서깨어나라全斗煥의欺瞞에속지말아야
1981.03.11	第307号	03頁01段		韓国民主化支援緊急世界大会概要
1981.03.11	第307号	03頁01段		〈発起人메시지〉韓国民主化에連帯소리를올리자!
1981.03.11	第307号	03頁08段		光州사태재판被告들의 진술③
1981.03.11	第307号	04頁01段		〈韓国の民主化に連帯の声を上げよう!〉韓国民主化支援緊急世界大会 発起人からのミッセイージ
1981.03.11	第307号	04頁01段		韓国民主化支援緊急世界大会呼訴文
1981.03.11	第307号	04頁08段		"民族統一의願いを込めて
1981.03.21	第308号	01頁01段		国際連帯에 큰成果 韓民聯代表 欧濠巡訪コ帰還

발행일	호	지면정보	필자	기사제목
1981.03.21	第308号	01頁02段		民主와統一에 靑春을바치자韓靑中央제18회提起大会 新委員長에金光男를選出
1981.03.21	第308号	01頁07段		全一派、殺人을合法化데모鎮圧 武器使用許容 世界에서類例없는彈圧法
1981.03.21	第308号	01頁08段		世界大会를成功시키자韓民統全国実務者会議진행
1981.03.21	第308号	01頁10段		버스案内嬢격결한투쟁처우改善요구하여投身과농성
1981.03.21	第308号	01頁12段		在日韓国人政治犯 李東石帰日実現
1981.03.21	第308号	01頁15段		사발통문
1981.03.21	第308号	02頁01段		〈韓民聯欧豪巡訪대표단 帰日座談会〉出席者 趙活俊(韓民統事務総長)/金鍾忠(韓民統国際局長)/朴皇淳(韓民統財政委員長) 反全斗煥聯合구축에一致 統一위해서는軍事独裁타도해야 韓民統、韓靑에 큰 期待
1981.03.21	第308号	02頁01段		각국政府政党요로들韓民聯투쟁에깊은理解 華以外동포들의愛国愛族정신에깊은感動
1981.03.21	第308号	02頁08段		海外民主化운동을 하나로統一해야
1981.03.21	第308号	02頁11段		韓靑中央大会에서채택된本国兄弟姉妹에게보내는호소문民主大聯合이룩하고軍事独裁의鉄鎖끊자
1981.03.21	第308号	02頁12段		한在美主婦가故国에보낸편지망신만당한全斗煥訪米
1981.04.01	第309号	01頁02段		서울大生 3千名궐기「全斗煥政権打倒하자!」反파쇼時局宣言発表 労働・言論등暴圧悪法鉄廃要求 3時間에걸쳐警察과投石戦
1981.04.01	第309号	01頁06段		合法仮装한不正選挙 野党은억압、与党은自由民正의圧勝은計算된結果
1981.04.01	第309号	01頁05段		収去된図書目録 入手 金芝河、白基琓씨의著作등、약90点
1981.04.01	第309号	01頁05段		「世界大会」相談会 民衆連帯分科委설치토의
1981.04.01	第309号	01頁10段		新委員長에趙勝治씨韓靑東京제6회定期大会
1981.04.01	第309号	01頁13段		"우리들의아리랑"韓靑東京 高校卒業生축하모임盛況
1981.04.01	第309号	02頁01段		〈主張〉「전두환파쇼종권은 물러가라」서울大 학생투쟁을 적극 支援하자
1981.04.01	第309号	02頁01段	金晩沐	玄谷梁一東선생1周忌 追慕-民族解放과祖国統一에바친一生 非刻、軍縮、平和의卓越한信念
1981.04.01	第309号	02頁05段		〈時評〉労働運動탄압과 勤労者의 闘争 政治口号내걸고높은次元의투쟁
1981.04.01	第309号	02頁10段		청계被服労組声明 民主折る胴運動말살음모를규탄 勝利를争取할그날까지싸우자
1981.04.01	第309号	02頁10段		平和市場勤労者의闘争 청계被服労組開放命令을撤回하라청계피복노동조합원일동労働悪法 철폐하고労働権利보장하라
1981.04.01	第309号	03頁01段		81년도2월중各大学図書館에서収去해가고있는図書目録

발행일	호	지면정보	필자	기사제목
1981.04.01	第309号	03頁01段		〈解説〉史上稀有의不正·堕洛選挙 3.25総選 파쇼合法化위한許欺劇 公明이우는官権·金力乱舞制限속에서드러난파쇼규탄
1981.04.01	第309号	03頁12段		「世界大会」호소인어피일平和勢力의国際的連帯는 民主化와統一위한要諦
1981.04.01	第309号	04頁01段		韓国民主化支援緊急世界大会-発起人からのメッセージ
1981.04.01	第309号	04頁07段	金重明	国連人権委で韓国人権問題を討論 第五次国連派遣增報告
1981.04.01	第309号	04頁08段		〈全一派、殺人を合法化〉デモ鎮圧に武器使用許可 世界に類例を見ない弾圧法
1981.04.01	第309号	04頁13段		韓国現代史メモ1973～76 わたしの内なる金大中事件
1981.04.15	第310号	01頁01段		神奈川서金大中씨救出심포지움緊急行動、県評등이
1981.04.15	第310号	01頁01段		4.1921周年 在日青年学生19日에궐기대회反独裁 反外勢투쟁강화하여빛나는4月革命을完遂하자
1981.04.15	第310号	01頁07段		自主·独立精神으로統一을第3回民族統一심포지움 워싱톤에서開催 全斗煥一派의謀略분쇄코
1981.04.15	第310号	01頁11段		서울大서連続궐기高大、中央大、成均館大、朝鮮大도
1981.04.15	第310号	01頁07段		金大中씨全活動을犯罪視「第一審判決文」入手 海外言動부분「背景説明」이아니다일본市民団体
1981.04.15	第310号	01頁12段		金大中씨側近9명 刑確定 金弘一씨에징역3年刑
1981.04.15	第310号	01頁13段		215件중反対討論은단한번幕내린「立法会議」에批難집중
1981.04.15	第310号	01頁15段		学·芸術院会員87명이辞表제출
1981.04.15	第310号	02頁01段		〈資料〉3.19서울大学궐기反파쇼時局宣言全文
1981.04.15	第310号	02頁01段		〈詳報〉拷問에못이겨虚偽自白 光州事態軍裁2審에서한鄭東年씨最終陳述 데모資金収受는날조内乱首魁란너무엉성하다
1981.04.15	第310号	03頁01段		金大中씨등「内乱陰謀等事件」軍裁第1審 判決文(要旨)①
1981.04.15	第310号	04頁01段		金大中氏ら良心囚に慰問·激励の手紙を!
1981.04.15	第310号	04頁07段		ソウル大で連続決起 成均館、高麗、中央大でも 光州一周年を前に高まる闘争気運
1981.04.15	第310号	04頁10段		〈論壇〉韓日「修復」こそ検証を
1981.04.15	第310号	04頁01段		〈資料〉殺人魔全斗煥を打倒せよ! 三·一九ソウル大決起 反ファッショ時局宣言 民主勢力は団結して闘争の先鋒にすべての民衆は知り、聞き、闘おう
1981.04.21	第311号	01頁01段		4.19集会 決議文
1981.04.21	第311号	01頁02段		民主革命의아침을맞자4.1921周年 韓青、韓学同이集会 全軍政 打倒와外勢批撃다쳐
1981.04.21	第311号	01頁06段		韓青総括集会「世界大会」에 全力傾注 光州支援月間투쟁설정

발행일	호	지면정보	필자	기사제목
1981.04.21	第311号	01頁08段		「政治결착」에위배"金大中씨判決은진짜"日政의主張은欺瞞術策 金大中씨救出일본連絡委員会
1981.04.21	第311号	01頁10段		일본市民団体 4.19連帯集会「世界大会」支持등決議
1981.04.21	第311号	01頁10段		〈経済焦点〉金融界의再編 買弁資本強化를목적外資依存度더욱深化
1981.04.21	第311号	01頁12段		完全釈放목표로「金大中씨들에게自由를」발족
1981.04.21	第311号	01頁13段		"徐兄弟를우리손에"救援会文化人 救援署名운동벌이기로
1981.04.21	第311号	02頁01段		金大中씨등「内乱陰謀等事件」軍裁第1審 判決文(要旨)②
1981.05.01	第312号	01頁01段		予備軍대폭強化 抗議行動鎮圧에도動員 示威国民을「敵」으로취급全斗煥軍政「国会는政府의同伴者」全斗煥、国会開院式서강조
1981.05.01	第312号	01頁01段		光州民衆蜂起의위대한5月이밝았다그찢어진깃폭을또다시높이들어서反民族集団이全斗煥을打倒하자
1981.05.01	第312号	02頁01段	金準泰	아아, 光州여 우리 나라의 十字架여!
1981.05.01	第312号	02頁06段		金大中씨등「内乱陰謀等事件」軍裁第1審 判決文(要旨)③
1981.05.01	第312号	02頁06段		〈資料〉光州事態때살포된檄文 愛国同胞여궐기하라! 全南民主民族統一을위한国民救国学生連盟
1981.05.01	第312号	03頁01段	郭東儀	世界大会를成功시키자 軍事파쇼集団清算하고民主・統一国家建設을
1981.05.01	第312号	03頁01段		大虐殺의元凶은누구냐光州事態의日記 憤怒보다슬품이…①프란치스코金成鏞神父
1981.05.01	第312号	04頁01段		「4.19、光州、そして私」①
1981.05.01	第312号	04頁01段		光州民衆蜂起의偉大な五月이明けた あの引き裂かれた旗を高く揚げ 反民族集団・全斗煥を打倒しよう－本号一面記事より翻訳
1981.05.01	第312号	04頁12段	白楽晴	四・一九の歴史的意義と現在成 1
1981.05.21	第313号	01頁01段		〈1981東京宣言〉採択「光州国際行動月間」을設定 音楽会、絵画展、大衆集会등日本全域을光州一色으로 韓国民主化支援緊急世界大会 27개国3개国際機関에서연1600余名参加
1981.05.21	第313号	01頁07段		8개分科会에서全軍政의파쇼体質폭로D・메이야仏大統領顧問 対韓政策是正 示唆
1981.05.21	第313号	01頁08段		国際支援強化를 決議 일본各地서「世界大会」報告会
1981.05.21	第313号	01頁09段		李応魯画伯個展 盛況
1981.05.21	第313号	01頁12段		興奮과感激으로溶解「光州여永遠히!」演奏会
1981.05.21	第313号	01頁13段		「聖戦期間」에各大学서全斗煥打倒気運앙양
1981.05.21	第313号	01頁13段		尹伊桑、루이제・린저共著 「상처입은竜」出版記念会
1981.05.21	第313号	02頁01段		外国代表名単 25개国 48名 3개国際機関 8개政党
1981.05.21	第313号	02頁06段		各界代表人事 第1日째

발행일	호	지면정보	필자	기사제목
1981.05.21	第313号	02頁11段		民主聯合通信① 韓国反軍事独裁民主聯合 全斗煥軍事独裁権力의本質-暴力을統治手段으로하는軍事파쇼集団
1981.05.21	第313号	03頁01段	裵東湖	〈期調報告〉韓国民主化支援緊急世界大会 反独裁、民主와統一のための韓国民衆の闘いについて
1981.05.21	第313号	03頁01段	青地晨	〈期調報告〉韓国民主化運動と日本人の責任
1981.05.21	第313号	03頁01段	青地晨	〈期調報告〉韓国民主化運動と日本人の責任(3面에이어)
1981.06.01	第314号	01頁01段		世界서民衆闘争拡大시키자韓国民主化支援世界民衆大集会성황
1981.06.01	第314号	01頁02段		서울大 5千学生 3日間連続궐기파쇼暴圧을뚫고熾烈하 反軍政投爭「全斗煥退陳하라!」全泰勲군抗議自殺에격분
1981.06.01	第314号	01頁08段		「世界大会」地方에서잇따라報告집회北海道、大阪、広島등全国11개소에서
1981.06.01	第314号	01頁09段		誠信女大生도 궐기 高麗大生등 6명 被逮
1981.06.01	第314号	01頁10段		"問題大学은院校"李奎浩教文 용납못할妄言
1981.06.01	第314号	01頁14段		「5.27死刑沮止救援大集会」거행家族교포会、全国会議主催로
1981.06.01	第314号	01頁14段		光州事態1周年 南洞聖堂서2천명이追悼集会 神父30여명、拘束者釈放요구断食投爭
1981.06.01	第314号	02頁01段	裵東湖	〈期調報告〉反独裁、民主와統一을위한韓国民衆의闘争에대하여
1981.06.01	第314号	03頁01段		1981東京宣言
1981.06.01	第314号	03頁07段		世界的連帯로全一派 包囲하자世界大会詳報① 韓半島의非刻地帯化를韓・미・日軍事同盟에批難집중
1981.06.01	第314号	03頁07段		모든機関動員하여妨害 일본우익과의유착에民団員도분격維新民団안에서反対意見속출
1981.06.01	第314号	03頁13段		外国代表「光州国際主道月間」을支持 韓民聯과연계強化를천명
1981.06.01	第314号	03頁15段		金大中씨들民主人士釈放운동확대를확인
1981.06.01	第314号	04頁01段		〈資料〉「韓国民主化支援緊急世界大会」'81東京宣言
1981.06.01	第314号	04頁01段		団結と連帯、そして共同の闘争を訴える 民主連合痛心(1)-光州事態一周年に際して-韓国反軍事独裁民主連合
1981.06.01	第314号	04頁09段		李応魯展(5月11～22日・ギャラリーさんよう)　ヨシダ・ヨシエ
1981.06.11	第315号	01頁01段		白基玩씨生命危急 記憶喪失・精神錯乱病、脱腸으로重態 内外서救援운동앙양
1981.06.11	第315号	01頁02段		新局面연学生闘争 光州虐殺준열규탄서울大미국의軍事独裁支援에抗議
1981.06.11	第315号	01頁06段		学生의拒否로失敗한「国風81」学園궐기防止노력挫問
1981.06.11	第315号	01頁09段		梨花女大서 沈黙示威 東国大에서도전달살포

발행일	호	지면정보	필자	기사제목
1981.06.11	第315号	01頁11段		12.11서울大궐기관련学生9명에게懲役刑 서울地法
1981.06.11	第315号	01頁14段		全斗煥一派、또하나의 在日同胞間牒사건날조
1981.06.11	第315号	02頁01段		白基琓선생을살립시다白基琓선생 健康回復을위한 募金委員会 혹독한拷問탓으로거의廃人 이것이「政治的幕力으로부터의解放」이냐
1981.06.11	第315号	02頁01段	梁相基	民団同胞들에게痛憤을呼訴한다 不純무리들을몰아내고참된主人으로행세하자
1981.06.11	第315号	02頁07段	黄永植	쇠사슬을풀자
1981.06.11	第315号	02頁09段		憤怒보다슬픔이···② 프란치스코金成鏞神父
1981.06.21	第316号	01頁01段		民族統一심포지움開催 오는28、29日에東京서
1981.06.21	第316号	01頁02段		海外교포民主단체各地서光州 1 周年모임追悼会、영화회、示威등多様하게
1981.06.21	第316号	01頁02段		〈主張〉全斗煥의「6·5提議」의기만을규탄한다 국민학살의장본인이무슨「민족화합」인가
1981.06.21	第316号	01頁06段		海外民主人士포섭에血眠 全斗煥軍政「国軍의날」에 崔德新将軍초청을기도
1981.06.21	第316号	01頁08段		姜昌成全陸軍保安司令官 軍部内対立점차表面化
1981.06.21	第316号	01頁10段		対日隷属化를 더욱 促進 제3회韓日民間行動経済委 韓米日安保一体化전략의 일환
1981.06.21	第316号	01頁13段		在日韓国人政治犯 金勝孝씨 健康衰弱 人格황폐、혼미상태로生命危急
1981.06.21	第316号	01頁13段		成大生들에게懲役刑 全政権 学生운동탄압에급급
1981.06.21	第316号	02頁01段		韓国民主化支援緊急世界大会 外国参加者의 感想文
1981.06.21	第316号	02頁01段		〈対談〉裵東湖(韓民聯議長겸国際事務総長)/알프레드·에마릿히(西独社民党소속国会法務委員) 韓民統은民主와統一을達成하는데가장重要한団体··(에마릿히)/金大中씨의釈放과政治活動의自由保障되어야···(裵)
1981.06.21	第316号	02頁09段		民主聯合通信② 韓国反軍事独裁民主聯合 全斗煥軍事独裁権力의性格-反民主、反国民、反民族、反平和
1981.06.21	第316号	03頁01段		平和를威脅하는韓美日軍事同盟 韓国民主化支援分科会詳報
1981.06.21	第316号	04頁01段		〈青年の声〉希望にみちた顔、顔、顔··
1981.06.21	第316号	04頁06段	金仁淑	〈詩〉光州義挙一周忌に際して
1981.06.21	第316号	04頁12段	白楽晴	四·一九の歴史的意義と現在成2
1981.07.05	第317号	01頁01段		8 時間勤務制実施를요구全国自動車労組
1981.07.05	第317号	01頁02段		〈主張〉祖国의永久分断을沮止하며民族의統一을実現하자
1981.07.05	第317号	01頁04段		韓民聯代表의祝賀電報 미테랑大統領当選과総選挙勝利에
1981.07.05	第317号	01頁06段		光州事態真相밝히라尹恭熙大主教가주장일본카톨릭正平協 발표

발행일	호	지면정보	필자	기사제목
1981.07.05	第317号	01頁07段		〈聯邦制에의한祖国統一−을!〉第4回民族統一심포지움개최海外同胞3백여명이참가東京서
1981.07.05	第317号	01頁07段		〈聯邦制에의한祖国統一−을!〉好戦性과反統一性드러내全斗煥의아세안巡訪
1981.07.05	第317号	01頁13段		미국은 光州虐殺에 가담 미平和部隊員이 証言
1981.07.05	第317号	02頁01段	梁相基	「世界大会」와暴力−民団員들에게보내는글−
1981.07.05	第317号	02頁05段		〈資料〉民族統一을위한第3宣言文 汎海外同胞学者들의第4回民族統一심포지움
1981.07.05	第317号	02頁07段		全一派 学生에게拷問加重 労組指導者5개월간억류
1981.07.05	第317号	03頁01段	鄭在俊	〈政治分科会〉韓国民主化支援緊急世界大会 各分科会期調報告 韓国民主化運動의課題
1981.07.05	第317号	03頁01段		〈馬山日本企業 滞貨〉1400名分5億9千万원労働者들이救済호소
1981.07.05	第317号	03頁05段		第13次韓日民両合同経済委解説 「韓日새関係」의布石 安保次元의「経済協力」을애원···한국측/金軍政下에서의経済侵略모색···일본측
1981.07.05	第317号	03頁05段		憤怒보다슬픔이···③ 프란치스코金成鏞神父
1981.07.05	第317号	04頁01段		民主聯合通信③−光州事態一周年에際して 韓国反軍事独裁民主聯合
1981.07.05	第317号	04頁01段		疎外される農村女性 社会的平等は当然か− 構造化された低所得過度の労働を強要
1981.07.05	第317号	04頁07段	ソン・グムスン	生の道
1981.07.05	第317号	04頁12段	白楽晴	四・一九の歴史的意義と現在成3
1981.07.11	第318号	01頁01段		日韓議聯두차례에 나누어 訪韓키로
1981.07.11	第318号	01頁02段		아세안諸国 安保優先外交에반발 南北分断策動에도怜淡
1981.07.11	第318号	01頁05段		「世界는光州虐殺잊지않는다」필리핀、泰国에서反全斗煥데모
1981.07.11	第318号	01頁07段		破綻招来하는「高度成長策」借款経済이제限界 元利金返済額이53億달러
1981.07.11	第318号	01頁08段		物価추세계속高水準 全斗煥軍政 生活悪化에束手無策
1981.07.11	第318号	01頁09段		全一派 利花・成大生에게有罪判決 油印物살포가「懲役1年」
1981.07.11	第318号	02頁01段		民主聯合通信④−光州事態一周年에際して 韓国反軍事独裁民主聯合
1981.07.11	第318号	02頁01段		"愛の社会的実現を"金泰勲君、全斗煥に死の抗議 民族良心に生きる魂の叫
1981.07.11	第318号	02頁12段	白楽晴	四・一九の歴史的意義と現在成4
1981.07.21	第319号	01頁01段		레이건의아시아戦略과韓国(上) 危険한新怜戦政策 軍備拡張을最優先으로
1981.07.21	第319号	01頁04段		韓民統 새段階서다양한闘争展開 集会・示威葉書보내기意見電話도설치

발행일	호	지면정보	필자	기사제목
1981.07.21	第319号	01頁07段		金大中씨救出을호소金壽煥추기경이미국서　会見
1981.07.21	第319号	01頁07段		서울地法 청계被服労組員에実刑 李小仙女史들12명에1년~3년
1981.07.21	第319号	02頁01段	金準泰	〈詩〉全羅道
1981.07.21	第319号	02頁01段		光州事態1周를 맞는 우리의 主張
1981.07.21	第319号	02頁01段		特戦団의蛮行이光州事態빚어尹恭熙光州大主教의議論要旨 金成鏞、鄭東年씨는죄없다
1981.07.21	第319号	02頁06段		〈성명〉민주민족운동의 당면과제에 대한 우리의 입장
1981.07.21	第319号	02頁07段		在日文筆家의「請願」행동은政治犯들을모독하는행위華族·僑胞会声明
1981.07.21	第319号	02頁07段		民主聯合通信⑤全斗煥軍事独裁集団의統治方法-欺瞞과暴力 韓国反軍事独裁民主聯合
1981.07.21	第319号	03頁01段	金容元	〈第三世界와韓国의関係分科会〉韓国民主化支援緊急世界大会 各分科会期調報告要旨 韓国民主闘争과第三世界와의連帯
1981.07.21	第319号	03頁01段		金大中씨、몹시 哀弱 非人間的인獄中環境에 가족이우려
1981.07.21	第319号	03頁06段		首席議長에林昌栄씨선출의장단에최석남、강대일、강근제씨「美洲民主国民聯合」중앙위임원개선、성명발표
1981.07.21	第319号	03頁10段		憤怒보다슬픔이···④ 프란치스코金成鏞神父
1981.07.21	第319号	04頁01段		〈労働界消息①〉労組支部長에懸賞金
1981.07.21	第319号	04頁01段		獄中「政治犯」の救出を 腎臓病に苦しむ崔哲教氏
1981.07.21	第319号	04頁06段		「再会」「弾圧」を作曲した　許慶子さん(許景朝氏の妹)死去
1981.07.21	第319号	04頁10段	白楽晴	四・一九の歴史的意義と現在成5
1981.08.11	第320号	01頁01段		〈全斗煥独裁는金大中씨를당장釈放하라!〉東京集会에1800명集結　「韓日外相会談」反対등決議
1981.08.11	第320号	01頁01段		〈全斗煥独裁는金大中씨를당장釈放하라!〉地法에서도集会開催 神奈川、大阪、京都
1981.08.11	第320号	01頁06段		日政、全斗煥에追従韓民統日本本部를敵対視
1981.08.11	第320号	01頁07段		雨中、抗議의 示威行進 金大中씨救出、頂上会議反対 외쳐
1981.08.11	第320号	01頁09段		獄中에서病에앓는金大中씨 납치사건8주년을앞두고田社民聯대표李姫鎬여사와国際電話
1981.08.11	第320号	01頁10段		「毎日新聞」에意見광고金大中씨에게自由를!宇都宮씨등셋国会議員
1981.08.11	第320号	01頁11段		더욱참혹해진 拷問 韓連등주최集会서報告
1981.08.11	第320号	02頁01段		〈主張〉金大中先生의原状回復을다시要求한다
1981.08.11	第320号	02頁01段	伊藤成彦	〈寄稿〉金大中씨의原状回復이야말로진정한韓日修復의原点
1981.08.11	第320号	02頁09段		金大中씨를救出하자!8.8集会決議文

발행일	호	지면정보	필자	기사제목
1981.08.11	第320号	03頁01段		〈人権分科会〉韓国民主化支援緊急世界大会　各分科会期調報告容旨　韓国人立場에서본金大中事件　韓民統国際局長　金鍾忠
1981.08.11	第320号	03頁01段		金大中씨"独房속의独房"에 金大中씨事件関連拘束者의近況 李文永씨、獄中断食判決文반환을요구
1981.08.11	第320号	03頁06段		줄기차게일어나는투쟁각지에서大量逮捕또하나의事件날조획책?
1981.08.11	第320号	03頁10段		同胞愛를위해살기를日韓連帯、金大中씨書簡공표
1981.08.11	第320号	03頁11段		〈時評〉1百億달러 要請의 意味
1981.08.11	第320号	04頁01段		〈労働界消息②〉労組は「浄化対象」に
1981.08.11	第320号	04頁01段	伊藤成彦	〈寄稿〉拉致事件八周年を迎えて　金大中氏の原状回復こそ　真の日韓修復への原点
1981.08.11	第320号	04頁08段		噴出する怒りの声声声「日本政府も加害者」8.8電話、葉書を集約
1981.08.11	第320号	04頁10段		「完全民主化を達成しよう」韓青夏期講習会を開催
1981.08.11	第320号	04頁09段		全体制下「淪落女性」の実態　外貨獲得のいけにえ
1981.08.11	第320号	04頁12段		第二期　死刑阻止総行動の貫徹を!　僑胞会・全国会議が集会
1981.08.21	第321号	01頁01段		「援助는파수꾼값」韓民統、韓日外相会談을규탄
1981.08.21	第321号	01頁02段		〈8.1536周年"外勢와圧制를물리치자"〉나라를파는「韓日会談」을규탄
1981.08.21	第321号	01頁07段		〈8.1536周年"外勢와圧制를물리치자"〉韓日外相会談　全政権、安保관련시켜日에1百億달러哀乞일본、協力을약속
1981.08.21	第321号	01頁08段		韓民統・韓青　매국흥정그만두라日外務省에항의행동
1981.08.21	第321号	01頁10段		民主仮装의기만극1천61명光複節「特赦」在日韓国人政治犯8명석방
1981.08.21	第321号	02頁01段		〈主張〉8.15開放36周年을맞이하여韓日間일련의売国흥정을규탄한다
1981.08.21	第321号	02頁01段		民団同胞들에게呼訴한다-우리는 解放되어있는가 第2의「乙巳条約」을겨누는日帝의亡霊
1981.08.21	第321号	02頁08段		〈青明〉韓日外相会談에반대한다韓民統등在日民主8団体
1981.08.21	第321号	02頁09段		8.1536주년을맞는우리의심정과결의美洲民主国民聯合
1981.08.21	第321号	03頁01段		〈歴史는 告発한다"全斗煥에게 죽음을!" 山川草木도 憤怒에 떤다 이　野獣간은 蛮行 어찌 잊을 수 있으랴〉 5.18光州事態(市民蜂起)白書(上)
1981.08.21	第321号	04頁01段		〈歴史는 告発한다"全斗煥에게 죽음을!" 山川草木도 憤怒에 떤다 이　野獣간은 蛮行 어찌 잊을 수 있으랴〉 5.18光州事態(市民蜂起)白書(上)

발행일	호	지면정보	필자	기사제목
1981.08.21	第321号	05頁01段	李佐永	〈先進国과韓国과의連関分科会〉韓国民主化支援緊急世界大会 各分科会期調報告 韓国独裁政権의事大主義의対外政治에대하여在日韓国人政治犯救援家族·僑胞会常任顧問 李佐永
1981.08.21	第321号	05頁01段		〈悪魔의 장소"水庫호텔" 国軍保安司 地下室 옷벗겨 번갈아 죽도록 (殴打)全斗煥治下의拷問실태①
1981.08.21	第321号	05頁08段		全斗煥、朴世直首都警備司令官해임 軍내부 알력 더욱 激化
1981.08.21	第321号	06頁01段		うち続く労組弾圧の嵐 労働界消息③
1981.08.21	第321号	06頁01段		〈寄稿〉在日韓国人政治犯 8.15特赦について
1981.08.21	第321号	06頁05段		「8.15特赦」全員無条件釈放せよ 全国会議、家族僑胞의会 抗議声明
1981.09.01	第322号	01頁01段		「제2의韓日会談」① 그배경과본질을파헤친다日帝의韓国侵略을積極 協助한미의外交戦略
1981.09.01	第322号	01頁01段		絶頂에이른売国흥정일련의「韓日会談」으로軍事隷属深化를획책
1981.09.01	第322号	01頁07段		"데모일어나면 廃校"李奎浩文教脅迫발언
1981.09.01	第322号	01頁09段		帰日政治犯 李東石씨 강연회 조속한 民主化를 요구
1981.09.01	第322号	01頁09段		関東大震災 58주기 民団東京 추도식 엄숙히 거행
1981.09.01	第322号	02頁01段		거꾸로매달고뒤꿈치乱刺 全斗煥治下의拷問실태(下)
1981.09.01	第322号	02頁05段		韓民統中央委員 金在先同志 逝去 韓民統葬으로 엄숙히 거행
1981.09.01	第322号	02頁01段	金声浩	〈思想文化分科会〉(上) 韓国民主化支援緊急世界大会 各分科会期調報告要旨 韓国의民族思想과 民衆運動 金声浩
1981.09.01	第322号	03頁01段		光州는 절규한다"전두환을 찢어죽여라" 5.18光州事態(市民蜂起)白書(下)
1981.09.01	第322号	04頁01段		동족을 학살한 만행 어찌잊을수있을가(3面에서 계속)
1981.09.01	第322号	04頁04段		레이건의아시아戦略과韓国(下) 緊要한南北相互軍縮 韓半島의非刻地帯化를
1981.09.21	第323号	01頁01段		第11차提起官僚会議 名目은엇갈려도援助는実質確約
1981.09.21	第323号	01頁01段		나라를파는「韓日会談」韓民統등「韓日閣僚会議」규탄 日本은独裁지원을中止하라各地에서強力한反対투쟁
1981.09.21	第323号	01頁07段		領事館앞連座투쟁韓青大阪、集中行動
1981.09.21	第323号	01頁08段		金大中씨처우不満으로EC、対韓経協교섭거부
1981.09.21	第323号	01頁10段		韓学同도糾弾집회日外務省에항의
1981.09.21	第323号	01頁11段		미국과「韓日会談」「安保協力」은레이건의전략
1981.09.21	第323号	01頁12段		문익환牧師獄中断食 몹시衰弱、危機상태
1981.09.21	第323号	02頁01段		〈主張〉反独裁反外勢의기치를드높이들자

발행일	호	지면정보	필자	기사제목
1981.09.21	第323号	02頁01段		9.6「韓日閣僚会議」규탄大会에서한裵東湖韓民統常任顧問의講演(요지) 「韓日修復」은戰争에의길民族利益을팔아넘기는全政権
1981.09.21	第323号	02頁06段		「第2의韓日会談」② 그배경과본질을파헤친다 解放後미국対韓정책의기본과그전개
1981.09.21	第323号	02頁07段		〈光州에서보내온편지〉 모든것을파괴하는전두환軍部 "光州事態는공포시대의시작이다"
1981.09.21	第323号	02頁13段		9.6「韓日閣僚会議」決議文
1981.09.21	第323号	02頁14段		「韓日閣僚会議」개최에 反対하는韓民統青明文
1981.09.21	第323号	03頁01段	金声浩	〈思想文化分科会〉(下) 韓国民主化支援緊急世界大会 各分科会期調報告 韓国의民族思想과 民衆運動
1981.09.21	第323号	03頁01段		「韓日閣僚会議」中止하라千層危機조성하는책동규탄韓民統、日本市民団体등連帯集会 「韓미軍事一体化반대」抗議행동、東京中心街석권
1981.09.21	第323号	03頁06段		"힘의支配는정당하다"이규호文教또脅迫妄言
1981.09.21	第323号	03頁09段		〈経済解説〉第5次経済社会発展계획借款亡国의길을줄달음·질現実과괴리된青写真
1981.09.21	第323号	03頁10段		本国労働者지원青年委설치決定－韓青全国熱誠者会談-
1981.09.21	第323号	03頁12段		治水 等閑視한「人災」、被害확대 18호태풍으로 173명 희생
1981.09.21	第323号	04頁01段	アルフレット·エマーリッヒ	韓国における民主主義の状況について 西側の「安定した」保証人
1981.09.21	第323号	04頁01段	桑原重夫	〈寄稿〉新たな「日韓癒着」を怒る ある日本人の声
1981.09.21	第323号	04頁06段		〈最近の韓国事情〉"秋夕物価"27.6%常勝 主婦悩ませる主要品物の暴騰
1981.09.21	第323号	04頁08段		〈解放前の韓米日関係〉危険な「韓日修復」①その本質と背景を暴く 日帝の韓国侵略に積極強力した米の外交戦略
1981.09.21	第323号	04頁09段		〈投稿〉ソウル雑感 市民の表情に感じたしたたかな生きざま
1981.09.21	第323号	04頁12段		救援パンフ「青い囚衣」韓日政治犯 李東石氏の生の証言
1981.10.01	第324号	01頁01段		〈主張〉「韓半島의平和와安定」은南北統一이先決条件으로된다
1981.10.01	第324号	01頁01段		"韓日修復"은미국의戦争 「経協」은軍事부담금미日에의隷属은戦争의길
1981.10.01	第324号	01頁04段		서울大서 反政府투쟁 경찰당국、5명체포
1981.10.01	第324号	01頁06段		金大中씨근황 獄中생활이 健康파괴 피곤의 축적으로 夫人도 쇠약
1981.10.01	第324号	01頁07段		〈社告〉紙面변경을 알립니다
1981.10.01	第324号	01頁08段		〈손유형씨事件〉"날조재판철회하라"人阪서「支援会」결성
1981.10.01	第324号	01頁10段		対韓정책의 是正요구 일본지식인 심포지움

발행일	호	지면정보	필자	기사제목
1981.10.01	第324号	01頁13段		〈国内消息〉民防衛훈련실시
1981.10.01	第324号	01頁11段		〈海外소식〉현지에서排斥운동南総리北欧巡訪
1981.10.01	第324号	02頁01段		「제2의韓日会談」③ 그배경과본질을파헤친다 政財界오염한유착구조일본의「経済的領土」로
1981.10.01	第324号	02頁01段		安保経済協力을확인第9回韓日・日韓議聯총회張上会談겨냥해見解一致 外相会談、閣僚会議의기만성露呈
1981.10.01	第324号	02頁04段		税金부담 加重 新年度予算案
1981.10.01	第324号	02頁06段	姜英之	〈経済分科会〉①〈韓国民主化支援緊急世界大会 各分科会 期調報告〉全斗煥의経済政策과韓国経済自立化의길
1981.10.01	第324号	02頁10段		醇化教育手記(上)「社会風紀일신」의実体
1981.10.01	第324号	03頁01段		〈主張〉「韓半島の平和と安定」は南北統一が先決条件
1981.10.01	第324号	03頁01段		対韓援助は防衛分担金 レーガンの戦略と「韓日会談」危険な軍事一体化体制
1981.10.01	第324号	03頁05段	青地晨	日本語面充実に期待する より多くの韓国情報を
1981.10.01	第324号	03頁07段	田英夫	韓国民衆の声を
1981.10.01	第324号	03頁08段	郭秀鎬	金大中先生の救出にむけて 「完全釈放」の声を高めよう
1981.10.01	第324号	03頁10段		〈最近の韓国事情〉ハンランする日本語「オチャ」に「オヒル」・・・
1981.10.01	第324号	03頁10段		崔哲教氏の建国悪化 治療要請運動広がる
1981.10.01	第324号	04頁01段	金泰明	〈寄稿〉成功を収めた第六次国連派遣
1981.10.01	第324号	04頁01段		〈経済解説〉第五次経済社会発展計画 現実からかけ離れた夢のような青写真
1981.10.01	第324号	04頁06段		歌に見る抗日精神① 東学軍の鎮魂歌「青い島」
1981.10.01	第324号	04頁07段		福祉重点はギマン 82年度予算発表
1981.10.01	第324号	04頁09段		危険な「韓日修復」② その本質と背景を暴く 解放後の米対韓政策その本質と展開
1981.10.01	第324号	04頁10段		「ゴリアテと闘うダビデ」＝ルイゼ・リンザー(作家)(上)韓国民主化のためお国際会議-それは風車との戦いか
1981.10.01	第324号	04頁11段		〈書評〉民族の受難を背負う徐兄弟 大久保定昭(市民運動家)
1981.10.11	第325号	01頁01段		〈主張〉全政権은 올림픽을 政治目的에 악용하지 말라
1981.10.11	第325号	01頁01段		経協은 왜 安保라야 하느냐「韓日修復」危険한 局面으로 새 軍事機構 겨눈 全政권
1981.10.11	第325号	01頁06段		1988년 올림픽 서울開催 결정
1981.10.11	第325号	01頁07段		"파쇼政権打倒하자"屈辱外交반대외쳐韓外大生500명이궐기
1981.10.11	第325号	01頁08段		버스案内嬢항의농성몸수색、폭행에항의

발행일	호	지면정보	필자	기사제목
1981.10.11	第325号	01頁08段		〈解説〉돗자리波動 전두환請宅一帰를政権유지에이용
1981.10.11	第325号	01頁11段		〈올림픽 국제물의〉서울개최 民主人士 뺨치는 격
1981.10.11	第325号	02頁01段		「제2의韓日会談」④ 그배경과본질을파헤친다 同族相残의戦争으로이끌어갈危検性품어
1981.10.11	第325号	02頁01段	梁相基	〈民族論壇〉民正党4개政策을반대한다(上)
1981.10.11	第325号	02頁04段		大法院 趙泰一씨上告기각戒厳解除요구가「懲役2년」
1981.10.11	第325号	02頁06段	姜英之	〈経済分科会〉② 韓国民主化支援緊急世界大会 各分科会 期調報告 전두환의経済政策과韓国経済自立化의길
1981.10.11	第325号	02頁06段		済州島、売春窟로 賭博場등 設置하여 "観光振興"
1981.10.11	第325号	02頁08段		北미주全土에서「어머니」上映運動
1981.10.11	第325号	02頁10段		醇化教育手記(中)「社会風紀일신」의実体
1981.10.11	第325号	03頁01段		〈主張〉全政権은五輪을政治에悪用해서는안된다
1981.10.11	第325号	03頁01段		軍事ゆ着へ進む"韓日修復" NATO軍事体制画策 全斗煥軍事政権はなぜ安保名分にこだわるか
1981.10.11	第325号	03頁04段		韓国政府をゆさぶった「花ござ」ショック
1981.10.11	第325号	03頁07段		増えつづける外債 短期を含み 305億ドル
1981.10.11	第325号	03頁08段		〈本国論調〉教育税の徴収案-行政裁権抑え、徴収時限守るよう
1981.10.11	第325号	03頁10段		郷土予備軍訓練 忌避者に即決審判
1981.10.11	第325号	03頁11段		新原子炉購入計画
1981.10.11	第325号	03頁10段		在日政治犯、救援 10.2集会を開催
1981.10.11	第325号	04頁01段		危険な「韓日修復」③ その本質と背景を暴く 政財界を汚染した「ゆ着」日本の経済の領土に転落
1981.10.11	第325号	04頁01段		〈寄稿〉近い故に要求される日韓の原則的立場-赤木西郎(教員)
1981.10.11	第325号	04頁04段		〈最近の韓国事情〉飲めない漢江の水 野放図な公害取締り
1981.10.11	第325号	04頁08段		〈本国新聞から〉"韓国案保は米の利益に直結"
1981.10.11	第325号	04頁10段		「ゴリアテと闘うダビデ」=ルイゼ・リンザー(作家)(下) 韓国民主化のためお国際会議-それは風車との戦いか
1981.10.11	第325号	04頁11段		歌に見る抗日精神② 祖国の自主・独立を叫び 愛国精神を鼓吹した"唱歌"
1981.10.21	第326号	01頁01段		〈主張〉全斗煥의「施政演説」을규탄한다
1981.10.21	第326号	01頁01段		〈反全闘争 全国에波及〉延世大 2 천명街頭示威 慶熙、成均館、全南大등궐기
1981.10.21	第326号	01頁03段		全政権과맞서闘争「올림픽反対」슬로우건도
1981.10.21	第326号	01頁07段		全斗煥安保重点「施政演説」 올핌픽悪用하여体制강화企図
1981.10.21	第326号	01頁08段		韓国経済脆弱性노정企業의金融負担73%
1981.10.21	第326号	01頁10段		政治에 汚染된 IOC(上) 危機根源이 가셔져야 平和祭典 서울決定은 지극히 不幸한 일

발행일	호	지면정보	필자	기사제목
1981.10.21	第326号	02頁01段		「第2의韓日会談」⑤ 그배경과본질을파헤친다 強化되는軍事결탁戦争초래하는미戦略
1981.10.21	第326号	02頁01段	梁相基	〈民族論壇〉民正党4개政策을반대한다(下)
1981.10.21	第326号	02頁06段		全 治下잇따른悲劇 拘束者家族、釈放学生憤死
1981.10.21	第326号	02頁07段		〈解説〉올림픽과경제的副作用 빚과인플레로国民은무거운負担浪費経済로「第2의침체」초래할위험
1981.10.21	第326号	02頁10段		醇化教育手記(下)「社会風紀일신」의実体
1981.10.21	第326号	03頁01段		〈主張〉全斗煥의「施政演説」을糾弾する
1981.10.21	第326号	03頁01段		「反外勢」を鮮明にした学生運動 全政権と正面対決「オリンピック反対」も叫ぶ
1981.10.21	第326号	03頁04段		延世大生、街頭デモ 慶熙、全南、韓外大も続く
1981.10.21	第326号	03頁07段		韓青 全国支部交流集会開く "日常活動充実と幹部の育成を"
1981.10.21	第326号	03頁08段		全政権 二世留学生イケニエに 学生運動弾圧を担うまたもスパイ事件デッチ上げ
1981.10.21	第326号	03頁09段		金融負担七三％に 悪化する企業の財務構造
1981.10.21	第326号	03頁10段		〈海外論調〉ソウルの五輪の非劇的な性格
1981.10.21	第326号	03頁13段		崔哲教氏救援集会 市川市に運動広がる
1981.10.21	第326号	03頁11段		"ズサンな第五次経済計画" 韓・仏経済シンポジウムで指摘
1981.10.21	第326号	04頁01段		危険な「韓日修復」④ その本質と背景を暴く 同民族相争う戦争へ引き込む危険はらむ
1981.10.21	第326号	04頁01段		政治に汚れたIOC(上) 韓国民衆に不幸を招くソウル開催
1981.10.21	第326号	04頁01段	斉藤諭	〈寄稿〉新た日韓ゆ着民衆の分断に真の連帯を築こう
1981.10.21	第326号	04頁07段		歌に見る抗日精神③ 日帝の弾圧下で民衆を鼓舞した「唱歌」
1981.10.21	第326号	04頁09段		全斗煥安保重点の「施政演説」五輪便乗して休制固め
1981.10.21	第326号	04頁11段		韓国の投書蘭から消された北韓地域地図へ表示を
1981.11.01	第327号	01頁01段		〈反파쇼闘争각大学에서激化〉反独裁・反外勢理念뚜렷15大学에서宣言・데모多数의学生들連行・拘束
1981.11.01	第327号	01頁04段		서울大生들機動隊와격렬한肉迫戦 全斗煥打倒를호소「民主化闘争期間」을설정
1981.11.01	第327号	01頁06段		光州虐殺진실밝히려다趙鳳勲씨등다수被検
1981.11.01	第327号	01頁07段		「良書組合」회원구속釜馬事態관련으로捜査
1981.11.01	第327号	01頁11段		〈国内闘争日誌〉역력한不屈의 투지 다양한 투쟁전술로 궐기
1981.11.01	第327号	02頁01段		〈때려잡자全斗煥、박살내자파쇼집단〉우리의反파쇼투쟁은끊이지않으리!!9.17서울大学校宣言文
1981.11.01	第327号	02頁05段		9.17서울大 파쇼주구 李奎浩망언에 결사 항거하자

발행일	호	지면정보	필자	기사제목
1981.11.01	第327号	03頁01段		〈殺人鬼・全斗煥을타도하자〉反파쇼闘争宣言書 9.29 韓外大・慶熙大共同宣言書
1981.11.01	第327号	03頁01段		〈反파쇼学園民主化宣言〉10.6成均館大学校水原캠퍼스
1981.11.01	第327号	03頁10段		反民主独裁集団을強打하자!10.7西江大学校闘争宣言文
1981.11.01	第327号	04頁01段		15大学で反政府闘争に決起「殺人魔・全斗煥打倒」を叫ぶ
1981.11.01	第327号	04頁05段		ソウル大 機動隊と激しい投石戦 10.26～31「民主化闘争期間」設定
1981.11.01	第327号	04頁06段		〈韓国学生闘争日誌〉九月一日～十月二十三日
1981.11.01	第327号	04頁10段		〈われわれの反ファッショ闘争は絶えることはない!〉9.17ソウル大学宣言文
1981.11.01	第327号	05頁01段		〈反ファッショ闘争宣言文〉9.29韓国外語大・慶熙大共同闘争 オリンピック誘致に反対 ヒットラーの開催と同じ本質
1981.11.01	第327号	05頁01段		〈9.17ソウル大宣言文〉ファッショの手先・이규호妄言に決死的に反対しよう
1981.11.01	第327号	05頁07段		〈反ファッショ学園民主化宣言〉10.6成均館大学水原キャンパス
1981.11.01	第327号	05頁13段		宗教人も決起 崔氏など6名連行
1981.11.01	第327号	05頁14段		釜山「量書組合事件」いまも続く釜馬事態弾圧
1981.11.01	第327号	06頁01段		〈学園民主化を熱望する水原の兄弟に〉10.6成均館大学水原キャンパス 全斗煥独裁と三星財団の二重の陰謀を粉砕しよう
1981.11.01	第327号	06頁01段		〈反民主独裁集団を強打しよう〉10.7西江大学闘争宣言文 すべての自己欺瞞を捨て去り反独裁民主化運動に参加せよ
1981.11.01	第327号	06頁07段		全斗煥政権 労働者、学生弾圧に血眼「光民社・民主学生連盟・民主労働連盟」事件
1981.11.01	第327号	06頁10段		光州事態真相を調査した趙鳳勲氏ら検挙さる
1981.11.11	第328号	01頁01段		〈主張〉재연하는본국학생의民主化闘争에모든民衆이다같이呼応해나서자
1981.11.11	第328号	01頁01段		빚더미에앉은全정권外債返済3百50億달러国家財政도破産상태늘어나는国民의빚負担-1人당1천달러
1981.11.11	第328号	01頁07段		国際社会主義연맹 金大中氏救出을 確認 民社党의加盟책동 挫折
1981.11.11	第328号	01頁08段		계속되는学生闘争 全政権 報復措置에혈안
1981.11.11	第328号	01頁09段		스위스 그바크에서 南北기독자회의 개최
1981.11.11	第328号	01頁10段		政治에汚染된IOC(下) 独裁를지원하고統一을저해한다
1981.11.11	第328号	02頁01段		全斗煥정권노동、学生운동弾圧에광분「光民社・民主学生聯盟・民主労働運動」事件
1981.11.11	第328号	02頁04段		기독자들도궐기崔씨등6명連行

발행일	호	지면정보	필자	기사제목
1981.11.11	第328号	02頁01段		〈学園民主化를 열망하는水原형제에게〉10.6成均館大学校 水原캠퍼스 大学의 自由理念蘇生이 파쇼정권打倒의 지름길
1981.11.11	第328号	02頁07段		醇化教育報告①実体는「韓国版아우슈비쯔」病든사람들까지暴行 한품어숨진重病結核환자
1981.11.11	第328号	02頁09段		西独「民建」총회 姜敎求의장 再選
1981.11.11	第328号	02頁11段	姜英之	〈経済分科会〉③ 韓国民主化支援緊急世界大会 各分科会 期調報告 全斗煥의経済政策과韓国経済自立化의길
1981.11.11	第328号	03頁01段		〈主張〉再燃する韓国学生の民主化闘争に呼応し、支援闘争に起ち上がろう
1981.11.11	第328号	03頁01段		借款亡国 総額350億ドル 韓国世界二位の負債国 今年返済額 五十三億ドル
1981.11.11	第328号	03頁04段		金大中氏救出を決議 社会主義インター幹事会
1981.11.11	第328号	03頁05段		仏 社会党、韓民連代表を大会に招請
1981.11.11	第328号	03頁08段		〈解説〉オリンピックと経済的副作用 インフレを招き国民の負担増加-潤うのは一部大企業-
1981.11.11	第328号	03頁09段		民主を装うギマン「国家保衛法」廃止
1981.11.11	第328号	03頁10段		文鮮明、米で起訴 不法共謀罪など
1981.11.11	第328号	04頁01段		危険な「韓日修復」⑤ その本質と背景を暴く 強化される軍事結託 戦争をあおる米戦略
1981.11.11	第328号	04頁01段		政治に汚れたIOC(下) ソウル決定 独裁を支援し統一を阻害するもの
1981.11.11	第328号	04頁01段	梅林宏道	〈寄稿〉「全斗煥のオリンピック」の悪意 日韓民衆の連帯をつくる行動連絡会代表 梅林宏道
1981.11.11	第328号	04頁06段		〈歌に見る抗日精神〉④ 大陸原野にこだました雄大な「独立軍歌」
1981.11.11	第328号	04頁08段		最近の韓国事情 全南大デモのきっかけは？
1981.11.21	第329号	01頁01段		〈主張〉労働者権利를保障하라-全泰壱선생분신11주년에즈음하여
1981.11.21	第329号	01頁01段		本国労働者를支援하자더욱意識化·組織化 労働争議 6月末까지16万余件
1981.11.21	第329号	01頁06段		全泰壱씨11주년집회韓民代표가특별보고首都圏聯주최
1981.11.21	第329号	01頁08段		在日僑胞政治犯 孫裕炯씨 死刑선고
1981.11.21	第329号	01頁09段		침해되는生存権 노동자들농성、시위등으로항거
1981.11.21	第329号	01頁10段		淑明女大生도 궐기
1981.11.21	第329号	02頁01段		「제2의韓日会談」⑥ 그배경과본질을파헤친다軍事一体化는미戦略 統一앞길에중대한장애
1981.11.21	第329号	02頁01段		全정권학生궐기에報復만止 大学街설친「힘의支配」궐기학생에게무더기裁判
1981.11.21	第329号	02頁06段		学事징계를 난발 서울大、高大에서 大量処分
1981.11.21	第329号	02頁06段	金声浩	올림픽서울개최가거부돼야하는이유(上) 분단의 아픔을 더욱 쓰리게하고 파쇼정권 연장의 구실로 될 뿐

발행일	호	지면정보	필자	기사제목
1981.11.21	第329号	02頁11段	梁相基	全斗煥은물러가라(上) 指導者란절대権力者인가?
1981.11.21	第329号	03頁01段		〈主張〉全泰壱先生憤身自殺十一周年に際して 労働者の権利を完全に保障せよ
1981.11.21	第329号	03頁01段		〈燃えあがる韓国労働運動〉弾圧下 不屈の闘争 さらに意識化・組織化
1981.11.21	第329号	03頁08段		〈全泰壱氏憤身抗議自殺11周年 日韓労働者連帯集会開く〉首都圏連主催 韓日首脳会議反対 特別決議を採択 韓民統代表が特別報告
1981.11.21	第329号	03頁08段		統出する労働争議 賃金未払いが圧倒的
1981.11.21	第329号	03頁09段		手刑不渡増加 救済措置は大企業だけ
1981.11.21	第329号	03頁11段		全斗煥政権 学生弾圧に血眼 ソウル大、高麗大で大量処分
1981.11.21	第329号	03頁11段		〈海外論調〉(西独・民主韓国＝10月1日付社説)1936年ベルリンと1988年ソウル
1981.11.21	第329号	04頁01段		「11.13日韓労働者連帯集会」特別決議文 日韓首脳会談を反対しよう
1981.11.21	第329号	04頁01段		〈最近の韓国事情〉大学一年は高校四年生？
1981.11.21	第329号	04頁01段		〈寄稿〉在日韓国人政治犯救出へ 二年目を迎える「国会議員」活動
1981.11.21	第329号	04頁05段		〈投稿〉韓国労働者の痛みをともに 森尾里子(東京・会社員)
1981.11.21	第329号	04頁08段		〈歌に見る抗日精神〉5 三・一独立運動で生まれ 民族意識鼓舞した闘争歌
1981.12.01	第330号	01頁01段	金曙雲	〈時論〉民衆闘争의앙양과 「간첩사건」의난발
1981.12.01	第330号	01頁01段		〈無条件 即時 釈放하라〉「간첩」날조는延命策 부쩍늘어나는海外同胞탄압
1981.12.01	第330号	01頁07段		서울大、延世大서궐기機動警察과격렬한投石戦
1981.12.01	第330号	01頁07段		在日・在미교포「간첩사건」
1981.12.01	第330号	01頁07段		「11.22政治犯사건」6周年집회救援運動拡大다집駐日大使館에抗議데모
1981.12.01	第330号	01頁08段		紀念파아티 盛況 「韓国에 自由와 正義를」出版
1981.12.01	第330号	01頁12段		南民戦事件 李在汶씨獄死 救援会가항의성명발표
1981.12.01	第330号	02頁01段		「제2의韓日会談」⑦ 그배경과본질을파헤친다 미戦略에따라失地回復 일본은「두개韓国」그만둬야
1981.12.01	第330号	02頁01段		南民戦은聯合政権지향李在汶씨最後陳述 要旨(上) 独裁体制를타도하고民主主義꽃을피우자
1981.12.01	第330号	02頁07段		醇化教育報告② 実体는「韓国版아우슈비쯔」社会全体가兵営化언젠가폭발하는"恨"
1981.12.01	第330号	02頁08段		미국「全民衆大会」개최 韓民聯수석의장林昌栄씨講演
1981.12.01	第330号	02頁08段	梁相基	全斗煥은물러가라(下) 国民을우롱하지말라
1981.12.01	第330号	02頁11段	李相浩	〈人権分科会〉① 韓国民主化支援緊急世界大会 各分科会 期調報告 韓国民衆은光州를잊지않으리

발행일	호	지면정보	필자	기사제목
1981.12.01	第330号	03頁01段	金曙雲	〈時評〉全斗煥は政権延命のために「スパイ」事件をデッチ上げるな
1981.12.01	第330号	03頁01段		「スパイ事件」は政権延命策　在日韓国人政治犯　無条件即時釈放せよ
1981.12.01	第330号	03頁05段		「11.22事件」六か年集会　死刑執行を阻止しよう　韓国大使館へ抗議デモ
1981.12.01	第330号	03頁10段		孫裕炯氏救援アッピール　第1審　死刑判決に抗議する　在日韓国人「政治犯」を支援する会全国会議
1981.12.01	第330号	03頁10段		「南民戦」事件　李在汶氏が獄死「当局による虐殺」-救援会抗議声明
1981.12.01	第330号	03頁12段		〈外国論調〉西独のマスコミ　ソウルオリンピックを批判
1981.12.01	第330号	04頁01段		危険な「韓日修復」⑥　その本質と背景を暴く　米戦略の軍事一体化統一の前途に重大な障害
1981.12.01	第330号	04頁01段		〈寄稿〉11.22不当逮捕者の原状と課題　11.22救援会事務局
1981.12.01	第330号	04頁04段		〈最近の韓国事情〉今でも国際価格の三倍　企業赤字を農民に転嫁
1981.12.01	第330号	04頁08段		〈歌に見る抗日精神〉6　永遠の抵抗歌曲「鳳仙花」
1981.12.01	第330号	04頁09段		世界大会記録報告書「韓国に自由と正義を!」出版記念パーティーを開く
1981.12.15	第331号	01頁02段		韓民聯　時局宣言
1981.12.15	第331号	01頁02段		새情勢에맞게組織改編　韓民聯議長団事務局合同会議開催12월2일~5일東京에서
1981.12.15	第331号	01頁07段		金大中씨에게人権賞　크라이스키財団　金芝河씨도受賞
1981.12.15	第331号	01頁08段		日本各地서本国労働者・学生闘争支援위한韓青바자大盛況
1981.12.15	第331号	01頁09段		아기10명잇달아숨져홍역번진嬰児院서
1981.12.15	第331号	01頁12段		三災33명에1명10년간、447명死亡
1981.12.15	第331号	02頁01段	金声浩	올림픽서울開催가거부돼야하는이유(下)分断固定化의「외교작전」에이용평화제전이千層불씨안고올지도
1981.12.15	第331号	02頁01段		〈主張〉1981년을 보내면서 81년의 투쟁성과를 다지고 새해에 향하여 굳게 뭉치자
1981.12.15	第331号	02頁06段		李在汶씨　最後陳述要旨(下)　歴史발전을無視한中傷민중봉기로정권교체는合憲
1981.12.15	第331号	02頁09段	李相浩	〈人権分科会〉②　韓国民主化支援緊急世界大会　各分科会　期調報告　韓国民衆은光州를잊지않으리
1981.12.15	第331号	03頁01段		韓民連　時局宣言
1981.12.15	第331号	03頁01段		〈民主連合をさらに強めよう〉韓民連、新体制発足議長弾・事務局合同会議で時局宣言も発表　12月4日~5日・東京

발행일	호	지면정보	필자	기사제목
1981.12.15	第331号	03頁03段		韓青 韓国労働者学支援バザー各地で盛況 大阪では文化祭も
1981.12.15	第331号	03頁07段		〈主張〉一九八一年を送るにあたって 八一年の闘争成果をふまえて来年に向け団結をより固めよう
1981.12.15	第331号	03頁12段		徐兄弟の救出を訴え 北海道在日韓国人政治犯救援キャラバン
1981.12.15	第331号	04頁01段		危険な「韓日修復」⑦ その本質と背景を暴く 米戦略に便乗し失地回復 日本は「二つの韓国」策動やめよ
1981.12.15	第331号	04頁05段		〈最近の韓国事情〉出血輸出の亡国経済 赤字は国民に 国内価格は輸出三倍
1981.12.15	第331号	04頁08段		〈歌に見る抗日精神〉7 “もののいえる奴ぁ 裁判所に”1920年代の抗日歌「アリラン」
1982.01.01	第332号	01頁01段	金載華	新年辞
1982.01.01	第332号	02頁01段	梁相基	〈謹賀新年 各団体新年辞〉서울五輪은平和모독
1982.01.01	第332号	02頁01段	林昌栄	〈謹賀新年 各団体新年辞〉미국은独裁支持말라
1982.01.01	第332号	02頁05段	尹伊桑	〈謹賀新年 各団体新年辞〉빨리 独裁의종식을
1982.01.01	第332号	02頁04段	鄭在俊	〈謹賀新年 各団体新年辞〉外勢두고自主union없다
1982.01.01	第332号	02頁04段	朴皇淳	〈謹賀新年 各団体新年辞〉団結求心点은民主와統一
1982.01.01	第332号	02頁09段	李丁珪	〈謹賀新年 各団体新年辞〉民主化만이民生苦해결
1982.01.01	第332号	02頁10段	金光男	〈謹賀新年 各団体新年辞〉民主化와統一의선봉대
1982.01.01	第332号	02頁11段	梁霊芝	〈謹賀新年 各団体新年辞〉女性행복빼앗는独裁하루빨리民主와統一을
1982.01.01	第332号	03頁01段		81年1月~8月 韓民統闘争日誌①
1982.01.01	第332号	03頁01段		〈経済論壇〉破綻된隷属経済 民主・統一이危機打開의길
1982.01.01	第332号	04頁01段		높아지는 미국에 대한 원한심
1982.01.01	第332号	04頁01段		〈82年新春座談会〉反独裁를反核運動과군게連結시키자
1982.01.01	第332号	04頁05段		反核運動은 韓半島緊張解消와不可分
1982.01.01	第332号	05頁01段	林昌栄	〈謹賀新年 各団体新年辞〉米国は全斗煥支持やめよ
1982.01.01	第332号	05頁01段	尹伊桑	〈謹賀新年 各団体新年辞〉独裁の打倒一日も早く
1982.01.01	第332号	05頁08段	朴皇淳	〈謹賀新年 各団体新年辞〉韓日首脳会談に反対しよう
1982.01.01	第332号	06頁01段	金載華	〈謹賀新年 各団体新年辞〉民主化と統一なくして民族の繁栄ありえない
1982.01.01	第332号	06頁01段	飛鳥田一雄	〈謹賀新年 各団体新年辞〉東北アジアの非核地帯化の為に韓民統と連帯し闘います
1982.01.01	第332号	06頁01段	青地晨	〈謹賀新年 各団体新年辞〉日韓修復の条件
1982.01.01	第332号	06頁02段	田英夫	〈謹賀新年 各団体新年辞〉ソウル五輪を国際認知に悪用
1982.01.01	第332号	06頁03段	森川金寿	〈謹賀新年 各団体新年辞〉南北の統一は民族の基本権

발행일	호	지면정보	필자	기사제목
1982.01.01	第332号	06頁07段	山下正子	〈謹賀新年　各団体新年辞〉日本政府は対韓政策を変えよ
1982.01.01	第332号	06頁09段	吉松繁	〈謹賀新年　各団体新年辞〉全政治犯釈放の実現に向けて
1982.01.01	第332号	06頁09段	梅林宏道	〈謹賀新年　各団体新年辞〉反侵略・反戦の民衆力量の問われる年
1982.01.01	第332号	07頁01段		〈海外論調〉ハ二年の韓国経済は悲観的　韓国開発研究院(KDI)報告から
1982.01.01	第332号	07頁01段		〈文化〉ひとりの日本人として考えること　韓国民族知性たちの歴史認識　高橋恒夫
1982.01.01	第332号	07頁07段	コ・ドウォン	「根の深い木」81年3月号から　除籍学生786人の六年間①運命を変えた「学則違反」
1982.01.01	第332号	07頁07段		〈書評〉日帝下の民衆運動を描いた「常禄樹」今なお輝く生命力
1982.01.01	第332号	08頁01段	高橋悠治	〈論壇〉火石鳥空
1982.01.01	第332号	08頁01段	郭秀鎬	金大中氏救出アッピール　韓国の政治犯救出は民主化闘争の重要課題
1982.01.01	第332号	08頁04段	金和竜	〈青年論壇〉地下生活者「中間決算」の意味を問い直そう
1982.01.01	第332号	08頁08段	張明子	〈読者の声〉オリンピックより大事なもの-乳児園での死亡記事を見て―
1982.01.01	第332号	08頁08段		〈歌に見る抗日精神〉7日帝に抵抗する民衆は多くの「アリラン」をつくりげた
1982.01.21	第333号	01頁01段	裵東湖	韓国の民主化와平和統一運動을反核、軍縮運動과直結시키자
1982.01.21	第333号	01頁06段		〈内閣改造〉「建国以来의不況」解決되나 経済問題의深刻性을 露出
1982.01.21	第333号	01頁09段		〈通禁解除〉「市民의自由」에숨겨진労働搾取과治安의強化
1982.01.21	第333号	01頁06段		82年度新年会 盛況 韓民統、協同組合이共催
1982.01.21	第333号	01頁10段		高麗大生 有罪判決「10.29校内示威事件」으로
1982.01.21	第333号	01頁10段		「金大中씨의完全釈放을」「京都생각하는会」再発足
1982.01.21	第333号	01頁12段		事業手들의人権侵害재작년보다100件늘어
1982.01.21	第333号	02頁01段		〈各団体의새해인사〉
1982.01.21	第333号	02頁01段		오늘의현실에대한우리의입장과견해　天主教正義具現全国司祭団
1982.01.21	第333号	02頁05段		韓民統闘争日誌(下)
1982.01.21	第333号	02頁07段		国内闘争日誌(上)
1982.01.21	第333号	03頁01段		不況은 克服할수있나 動きとれぬ全斗煥 経済関係閣僚中心에 改閣
1982.01.21	第333号	03頁03段	コ・ドウォン	「根の深い木」81年3月号から　除籍学生786人の六年間② 就職探しは至難の業 移民に活路求める学生も
1982.01.21	第333号	03頁01段	裵東湖	韓国の民主化と平和統一を反核、軍縮の国際運動と結合させよう

발행일	호	지면정보	필자	기사제목
1982.01.21	第333号	03頁09段		36年ぶりに通禁解除 治安体制を大幅強化
1982.01.21	第333号	04頁01段		〈歌に見る抗日精神〉7 羅雲奎の「アリラン」
1982.01.21	第333号	04頁01段	相原徹	〈寄稿〉中止健次をどうたらるか-その1
1982.01.21	第333号	04頁04段		〈ハンストを終えて〉姜正利(在日韓国人政治犯死刑囚・姜宇奎氏長男)獄中政治犯は闘うことによってのみ求われる
1982.01.21	第333号	04頁06段	小柳良美	渡韓便り　冬どもりの韓国
1982.02.01	第334号	01頁02段		〈主張〉民主・平和의기치를높이들자韓日정상회담반대와金大中선생의석방을위하여
1982.02.01	第334号	01頁02段		韓民統　緊急署名運動을展開 全政治犯의釈放要求도
1982.02.01	第334号	01頁05段		全 1.22提議 "反統一的인방안" 韓民統등民主団体규탄성명
1982.02.01	第334号	01頁07段		"金大中씨에게自由를"韓民統「不当裁判」1周年에항의성명
1982.02.01	第334号	01頁10段		"民族的으로살자"館青各地서 成人祝賀会
1982.02.01	第334号	01頁11段		金씨救出을강력요구韓日民衆8백명이集会
1982.02.01	第334号	02頁01段		分断固定化의구체적책동·전두환의사죄와退陳을要求 韓民統등声明全文
1982.02.01	第334号	02頁01段		金大中씨不当判決1주년일본各地서항의시위·집회 韓民統・韓青、일본市民団体등
1982.02.01	第334号	02頁06段		李泰馥에게 無期징역선고
1982.02.01	第334号	02頁07段		国内闘争日誌(中)
1982.02.01	第334号	02頁07段		金大中씨의 獄中편지①
1982.02.01	第334号	02頁08段		「신년메시지」발표在미同胞들韓国総領事館앞데모
1982.02.01	第334号	02頁10段		「民主化투쟁月間」4.19〜5.18 미주民聯이 설정
1982.02.01	第334号	02頁11段		金大中선생不当判決1周年에즈음하여韓民統声明
1982.02.01	第334号	03頁01段		〈主張〉民主と平和の旗印を高く揚げよう－韓日首脳会談に反対、金大中らの釈放を求めて
1982.02.01	第334号	03頁01段		〈韓日首脳会談を阻止しよう〉緊急署名運動を開始 全政治犯の釈放要求も　韓民統8団体
1982.02.01	第334号	03頁05段		金大中氏救出を訴え 韓民統が抗議声明発表
1982.02.01	第334号	03頁07段		1.22集会　金大中氏不当判決1周年抗議「今年こそ金大中氏救出を」日本教育会館に800名参集
1982.02.01	第334号	03頁07段		不当判決一周年向かえ 各地で集会とデモ 韓青、日本市民団体など
1982.02.01	第334号	03頁09段		金大中氏に治療を! NCCなど声明と原状報告
1982.02.01	第334号	03頁09段		ASKOD記者会見 金氏釈放を各国に要請 内外署名人129が署名
1982.02.01	第334号	03頁12段		1.22提議に反対表明 韓民統など8団体
1982.02.01	第334号	03頁12段		反統一論理を具体化したもの 韓民統声明全文
1982.02.01	第334号	04頁01段	金英俊	〈声年論壇〉沖縄を見て
1982.02.01	第334号	04頁01段	相原徹	〈寄稿〉中止健次をどうたらるか-その2

발행일	호	지면정보	필자	기사제목
1982.02.01	第334号	04頁04段	崔熙淑	かじかむ手を思い、涙が 獄中の父へ
1982.02.01	第334号	04頁07段		"近づこう、祖国に" 韓青 全国で成人式を開催
1982.02.01	第334号	04頁08段		〈歌に見る抗日精神〉8 気宇壮大な歌曲「先駆者」大陸での独立闘争先烈を追慕
1982.02.01	第334号	04頁12段		〈答辞〉時代の転換期に祖国とのつながりを
1982.02.01	第334号	04頁12段		〈資料〉金大中氏不当判決1周年抗議韓民統 声明 不当判決から一年、責任は日本政府に
1982.02.15	第335号	01頁01段		〈主張〉「팀스피리트82」와統一提案 緊張激化속에서 무슨対話인가
1982.02.15	第335号	01頁01段	裵東湖	〈光州市民을虐殺한全斗煥은統一을말할자격이없다〉韓民統 담화
1982.02.15	第335号	01頁07段		激増する外債 太えなれば10만9천7백원의빚全政権国際的信用떨어져5次経済計画도크게修正
1982.02.15	第335号	01頁07段		늘어나는三災작년12만명이死詳傷
1982.02.15	第335号	01頁07段		農村負債 2 兆원
1982.02.15	第335号	02頁01段		核戦争危機속의韓半島(1) 反戦・反核・軍縮의기치를들자韓国을限定核戦争지역으로
1982.02.15	第335号	02頁01段	梁相基	〈民族論壇〉三大心理追放할수없다
1982.02.15	第335号	02頁04段		金大中氏의 獄中편지②
1982.02.15	第335号	02頁06段		光民社事件피고인들의刑量(全民学聯・全民労聯)
1982.02.15	第335号	02頁08段		国内闘争日誌(下)
1982.02.15	第335号	02頁11段		1.22提議를논박한다① 分断固定化를꾀한 方案 死文化된総選挙주장을반복
1982.02.15	第335号	03頁01段		〈主張〉「チームスピリット82」と統一提案 緊張激化の中で対話は生まれない
1982.02.15	第335号	03頁01段	裵東湖	〈全斗煥に統一を語る資格はない〉韓民連談話 まず光州大虐殺を謝罪し政治犯を釈放して退陳せよ
1982.02.15	第335号	03頁05段		限界を超えた外資導入 国民一人当り百五十三ドル
1982.02.15	第335号	03頁08段	コ・ドウォン	「根の深い木」81年3月号から 除籍学生786人の六年間③ 復学の報で起きる"奇蹟"それでも消えない「除籍学生」のらく印
1982.02.15	第335号	03頁09段		韓青 韓国労働者・学生支援 1日十円カンパ運動
1982.02.15	第335号	04頁01段		「獄中処遇の実態について」－金東輝(「韓日政治犯の会」韓国の獄は病人製造所
1982.02.15	第335号	04頁01段		獄中処遇の実態を告発 崔・姜両氏に入院・治療を! 救援会、医療シンポを開催
1982.02.15	第335号	04頁04段		"重病政治犯を救江"崔氏を救う松戸市民の会 結成3周年の集会
1982.02.15	第335号	04頁06段		重病政治犯の病状一覧(八二年一月現在)
1982.02.15	第335号	04頁07段		新人バルエ最古峰の栄冠 ソーザンヌ特別賞受賞 在日韓国人李貞淑さんに
1982.02.15	第335号	04頁08段		〈歌に見る抗日精神〉⑨抗日殉国の夫への慕情-「涙に濡れた豆満江」

발행일	호	지면정보	필자	기사제목
1982.02.21	第336号	01頁01段		〈南北韓統一提案資料集〉南韓側자료 1.22新年国政演説에서한統一提案(全文)
1982.02.21	第336号	01頁01段		〈南北韓統一提案資料集〉北韓側자료 1.26祖国平和統一委員会金一委員長 談話(발췌)
1982.02.21	第336号	01頁05段		〈南北韓統一提案資料集〉2.1国土統一院長官対北韓声明(全文) 20개項目示範事業(全文)
1982.02.21	第336号	01頁05段		〈南北韓統一提案資料集〉2.10祖国平和統一委員会声明(발췌)
1982.02.21	第336号	02頁01段		〈統一に対する南側資料〉1.22新年国政演説での統一提案(全文)
1982.02.21	第336号	02頁01段		〈統一に対する北側資料〉1.26祖国平和統一委員会金一委員長談話(抜萃)
1982.02.21	第336号	02頁12段		〈祖国平和統一委員会声明付録百人連合会議参加者名簿〉韓国の政治家(50人) 北韓の政治家(50人)
1982.03.01	第337号	01頁01段		〈主張〉民族自立을 쟁취하자 - 3.1運動63周年에 즈음하여
1982.03.01	第337号	01頁01段		韓米合同軍事演習팀·스피리트82 軍事一体化현실단계로海空合同上陸作戦에重点
1982.03.01	第337号	01頁05段		韓日経協実務者会談 早期妥結서두는全政権 安保協力인상회피에급급
1982.03.01	第337号	01頁07段		파탄된「卒業定員制」学園街휩쓴 学事懲戒
1982.03.01	第337号	01頁09段		NCC、李奎浩에 반발
1982.03.01	第337号	02頁01段		核戦争危機속의韓半島(2) 反戦·反核·軍縮의기치를들자緊急激化의원인은核武器
1982.03.01	第337号	02頁01段		〈虚無맹랑한(偽装)〉1.22提議를 논박한다② 国際与論支持를 획책 事前에 미·일의 양해
1982.03.01	第337号	02頁08段		宣伝과反響 国民들、怜怜한反応 不信심화조장하는결과로
1982.03.01	第337号	02頁10段		盧信永外務訪仏에 대한見解 在仏民主3団体의 声明文要旨
1982.03.01	第337号	02頁10段		国内闘争日誌 81年9月～12月
1982.03.01	第337号	03頁01段		〈主張〉民族の自立を勝ち取ろ-3.1運動63周年に際して
1982.03.01	第337号	03頁01段		韓米合同軍事演習 軍事一体化 現実段階に
1982.03.01	第337号	03頁04段		民団神奈川 正常化へ向けて 金充鍾執行部 和解案を提示
1982.03.01	第337号	03頁05段		解散·謝罪·賠償が前提条件 「維新民団」応じる意向示す
1982.03.01	第337号	03頁06段		韓日経協実務者会議 "安保絡み"イメージ避ける 早期妥結焦る前政権
1982.03.01	第337号	03頁09段		〈全国会議〉重病政治犯の入院治療を求め外務省連続デモ

부록
전후 재일조선인 연표

전후 재일조선인 마이너리티 미디어 해제 및 기사명 색인
┃제2권┃
(1970.1~1989.12)

연도	재일사회	일본사회	남북사회
1945년	· 유바리 탄광의 조선인 노동자 6000명, 노동조건 개선을 요구하며 일제히 파업(10.8) · 재일본조선인연맹 결성(10.15)	· 포츠담선언 수락에 따라 제2차 대전 종결(8.15) · 『일미회화수첩』간행, 360만부 판매(9.15) · 노동조합법 공포(12.22)	· 식민지배로부터 해방, 북위 38도선을 사이에 두고 미소의 분할 점령에 합의 · 남한에 대한 미군정 개시
1946년	· 김달수를 중심으로 일본어 종합잡지『민주조선』창간(1946. 4~1950.7) · 재일본조선인거류민단 결정(10.3)	· 천황의 인간선언(1.1) · GHQ, 군국주의자의 공직 추방을 발표(1.4) · 제1차 요시다 시게루 내각성립(5.22)	· 북조선 노동당 결성, 김일성 위원장 선출(8.28) · 인민당, 신민당, 공산당이 합당해서 남조선노동당 결성(11.23)
1947년	· 일본국 헌법 시행 전날, 대일본제국 헌법하의 마지막 칙령으로 구식민지 출신자는 「당분간 이를 외국인으로 간주한다」라는 취지의 외국인 등록령 공포, 시행(외국인등록과 등록증의 상시 휴대를 의무화)(5.2)	· 신학교 교육법에 의한 6·3제 실시(4.1) · 일본국헌법 시행(5.3) · 제국대학 명칭 폐지(10.1) · 아동복지법 공포(12.12)	· 남한, 민주주의민족전선 하의 정당·단체간부·좌익 언론인의 대량 검거 시작(8.12) · UN총회, 미국이 제출한 임시조선위원회설치결의를 채택(11.14)
1948년	· 문부성, 조선인학교 설립 불승인(1.24) · 고베현미군군정부, 고베조선인학교 사건으로 비상사태 선언(4.25) · 오사카, 효고, 오카야마의 각 지사는 조선학교 폐교령 발령 · 재일본조선인거류민단을 재일본대한민국거류민단으로 개칭(10.3)	· 일미간 국제전화 개통(1.4) · 제1회 NHK 전국노래자랑 콩쿠르 우승 대회 개최(3.21). · 미소라 히바리, 가수 데뷔(5.1)	· 제주도 4·3사건 발발. · 대한민국 수립(이승만대통령, 제1공화국 1946~1960) · 조선민주주의인민공화국 수립, 김일성 수상 취임(9.9)
1949년	· 재일본조선인연맹, 단체등규정령에 따라 해산 명령(9.8). · 일본정부, 조련계 조선학교 93교에 「학교폐쇄령」발포 · 245교에 「개조령」을 발포(10.19)	· GHQ 일스고문, 니이가타대학에서「적색교수」추방을 강연(7.19) · 유카와 히데키, 노벨물리학상 수상(11.3)	· UN안보리, 한국의 UN가맹안 부결(4.8) · 한국정부, 통일파의원 체포 개시 · 김구 암살(6.25)
1950년	· 한국전쟁 발발, 민단에서 「재일한교자원군」(지원병)결성(8.8) · 한국군에 편입되어 641명 참전(9.13)	· GHQ, 신문협회 대표에게 공산당원 및 그 동조자 추방을 권고, 레드 퍼지 개시(7.24)	· 한국전쟁 발발(1950.6.25.-휴전 1953.7.27.) · 트루먼 대통령, 한국전쟁에서 「원폭 사용도 있을 수 있다」고 발언(11.30)
1951년	· 재일본 조선통일 민주민족전선(민선)결성(1.9) · 일본공산당 제4차 전협개최, 「재일소수민족과의 연계강화」주장(2.23) · 출입국 관리령·출입국관리청 설치령 공포(10.4)	· 제1차 추방 해제 발표, 정재계 인사 등 2958명(6.20) · 일미안전보장조약 조인(9.8) · 일본에서 첫 프로레슬링 경기 시작, 역도산 대 바비브라운스(10.28)	· UN총회, 한국전쟁과 관련해서 중국 정부를 침략자로 규정한 비난 결의안 채택(2.1)
1952년	· 법무부 통달에 따라 구식민지 출신자는 일본국적을 완전하고 일방적으로 박탈 · 외국인등록법 공포 및 시행 · 오사카·스이타시에서 한국전쟁 2주년 기념집회 개최, 데모 행렬이 조차장에 난입하는〈스이타 사건〉발생(6.24)	· GHQ, 병기제조 허가지령(3.22) · 공직추방령 폐지(4.21) · 샌프란시스코강화조약발효(4.28) · 시라이 요시오, 복싱 세계 플라이급 타이틀 매치에서 일본인 최초 세계선수권을 획득(5.19)	· 한국 정부는 「해양주권선언」을 발표하고, 「이승만라인」선포(1.18) · 제1차 한일정식회담 개최(2.15)

연도	재일사회	일본사회	남북사회
1953년	·문부성, 조선인 자녀에게 「은혜」라는 입장에서 일본인학교 입학 인정(2.11) ·도쿄도 교육위원회, 도립조선인 학교에 대해서 「이데올로기 교육·집단진정 금지」등, 민족교육 과목의 과외화를 통달(12.8)	·NHK, 도쿄에서 텔레비전 본방송 개시(2.1) ·일본적십자 등을 통해 중국으로부터의 귀환 개시(3.23) ·일본TV, 본방송 개시(8.28) ·중앙합창단, 〈1953년 일본의 노랫소리〉 개최(11.29)	·제3차 한일회담 개최(10.6) ·구보타 간이치로 대표의 「일본의 조선 통치는 조선인에게 혜택을 주었다」라는 발언이 원인이 되어 회담 결렬(10.15) ·북한의 특별군사법정에서 구남조선 노동당계 간부 10인에게 반역죄로 사형 판결(8.6)
1954년	·도쿄도교육위원회, 도립조선인 학교에 대한 1955년 3월 이후 폐교 통지 ·도쿄도 교직원 조합연합, 반대 성명 발표 ·교섭 결과, 55년 3월부터 각종 학교 자격으로 인가(10.4)	·제5후쿠류마루, 비키니에서 실시된 미국의 수소 폭탄 실험으로 피재(3.1) ·정부, 독도(다케시마)영유권 문제 국제사법재판소에 제소하자고 한국에 제안(9.25)	·한국, 동해(일본해)에 위치한 독도(다케시마)에 영토 표식 설치(1.18)
1955년	·외국인 등록법에 기초한 지문 날인제도 개시(4.28) ·재일본조선인총연합회 결성(5.26)	·제1회 원수폭금지 세계대회 히로시마대회 개최(8.6) ·자유당과 민주당 합쳐서 자유민주당 결성(11.15)	·북한의 남일 외상, 일본과의 국교수립 및 경제, 문화 교류를 위한 협상 의사가 있다는 성명 발표(2.25)
1956년	·북한과 일본 적십자는 재일조선인 귀환 문제와 북한잔류 일본인 귀국 문제에 대해 회담(2.27) ·조선대학교 창립(4.10)	·필리핀과의 배상 협정 문제 조인(5.9) ·일소국교 회복(10.19) ·UN총회, 일본의 UN 가맹안을 전원 일치로 가결(12.18)	·북한, 천리마운동(증산운동) 개시 ·국민경제발전 5개년계획 2년반 만에 달성
1958년	·고마츠가와 고등학교 야간에 재학중이던 이진우, 같은 학교 주간에 다니는 여고생을 강간 후 살해(고마츠가와 사건) ·체포 후, 식당 여종업원을 살해한 추가 사실이 밝혀지면서 사형 선고(8.21)	·인도네시아와의 평화조약·배상 협정 등 조인(1.20) ·문부성, 도덕 교육의 실시요망 통달(3.18) ·텔레비전 수신 계약자수 100만 돌파(5.16) ·도쿄타워 완공(12.23)	·한국 정부, 이승만라인 침범을 이유로 억류했던 일본어민 300명 일본으로 송환(2.1)
1959년	·민단, 〈북한송환반대투쟁위원회〉 결성(2.2) ·제1차 귀국선, 니가타에서 북한 청진으로 출발(12.14)	·후지TV 개국(3.1) ·황태자 결혼(4.10) ·국민연금법 공포(4.16)	·일본과 북한의 적십자 대표, 인도 콜카타에서 일본거주 조선인의 북한 귀국에 관한 협정에 조인(8.13)
1960년	·일본과 북한의 적십자대표, 니가타에서 재일조선인 귀국문제에 관한 회담 개최(9.5) ·현행 귀국 협정의 1년 연기에 합의서 조인(10.27)	·일미 안보개정조약 비준서 교환, 발효(6.23) ·각의, 국민소득배증계획 결정(12.27)	·4·19혁명(서울에서 대통령 선거 부정 투표에 항의하며 학생과 시민에 의한 데모) ·이승만, 하와이로 망명(5.28)
1961년	·『조선시보』(일본어판)창간(1.1) ·월간잡지 『월간조선자료』 창간(2.25)	·고도 경제성장으로 소비혁명·레저붐 시작	·한국, 군사쿠데타 발생(5.16) ·박정희, 방미 도중 일본방문(11.12)
1962년	·조선대학교(제1연구동), 1962년도 일본건축연감상 수상(7.3)	·텔레비전수신 계약자수 1000만 돌파(3.1)	·한국 군사정권, 정치활동정화법 공포(3.16)
1963년	·역도산, 아카사카의 카바레에서 야쿠자 칼에 찔려 사망(12.15)	·궁내청, 고야마 이토코의 기사 「미치코님」(『평범』)의 게재중지 요청(3.11)	·박정희, 한국 대통령 취임 ·제3공화국 발족(12.17)

연도	재일사회	일본사회	남북사회
1964년	·『조선체육신문』창간(1.1) ·월간잡지『조국』창간(1.1) ·조일합작 기록영화「천리마조선」완성(4.30) ·같은 해, 각지에서 한일회담 반대 대중대회 개최	·해외관광여행의 자유화(4.1) ·도카이도신칸센 개통(10.1) ·도쿄올림픽 개최(10.10), ·미국의 원자력 잠수함〈시드래곤〉사세보 입항(11.12)	·6·3사태 발생, 한일조약 반대데모가 격화하여, 서울에 비상계엄령 선포(7.28)
1965년	·「한일기본조약 및 제협정」조인(6.22) ·재일조선인 법적지위협정을 통해, 한국 국적을 인정하고, 협정영주권을 부여 ·문부성차관, 조선인학교「정규학교」「각종학교」로 인가해서는 안된다고 통달(12.28)	·「베트남에 평화를! 시민문화단체연합」(베평련) 주체의 데모 진행(4.24) ·일본TV,「논픽션극장-베트남해병대 대전기」제1부 방영 (제2부는 방영 중지)(5.9)	·한일기본조약 조인(6.22) ·북한, 한일조약 불인정·배상청구권 보유 성명(6.23) ·한국 정부, 전투부대 1개 사단 베트남 파병을 결정(7.2)
1967년	·영주권을 취득한 한국 국적의 재일조선인에게 일본 국민건강 보험법을 적용(4.1)	·일본기독교단, 제2차 대전에 대한 책임 고백을 발표(3.26)	·북일 귀국협정에 따른 제154차 마지막 북한귀국선 출발(10.28)
1968년	·김희로사건 발생(2.20) ·미노베도지사, 조선대학교 인가(4.17)	·문부성, 신화교육 내용을 담은 신학습지도요령 발표(7.11) ·가와바타 야스나리, 노벨문학상 수상(10.17) ·도쿄에서〈메이지100년 기념식전〉개최(10.23)	·북한 게릴라부대에 의한 청와대 습격사건, 일명 김신조사건 발생(1.21)
1970년	·히타치제작소 취업차별문제 재판 개시(재일한국인 박종석은 채용 통지를 받았지만, 이력서에 국적을 표기하지 않았다는 이유로 채용 취하) ·도쿄도, 조선학교에 대한 조성금 지급, 이후 전국으로 확대	·오사카만국박람회 개최(3.14) ·미시마 유키오 등〈다테노카이〉회원 5인, 도쿄 자위대 총감부에 난입해서 쿠데타를 호소한 뒤, 미시마 유키오 등 2인은 할복자살(11.25)	·적군파 학생 9명, 129명의 승객을 태운 일본항공 351편 여객기(요도호)를 공중 납치 ·이후, 한국 김포공항을 경유해 북한으로 도주(3.31) ·부산-시모노세키, 부관페리 취항(6.19)
1972년	·월간잡지『오늘의 조선』창간(1.10) ·이회성, 재일조선인 최초 아쿠타가와상 수상 ·민단과 조총련, 전국에서 남북공동성명 지지대회 개최(8.15)	·연합적군에 의한 아사마산장 사건 발생(2.28) ·가와바타 야스나리, 자택에서 가스 자살(4.16) ·오키나와시 정권, 일본으로 반환(5.15) ·중일국교수립(9.29)	·남북공동성명 발표(7.4), ·한국중앙정보부(KCIA), 정부 풍자시 발표한 김지하 연행(4.12)
1973년	·방일중이던 김대중, 도쿄 호텔에서 정체불명 단체에게 강제 연행(8.8) ·한국민주회복통일촉진국민회의(한민통)결성(민단, 분열) ·계간잡지『마당』창간	·수은병환자 도쿄교섭단, 질소 보상 교섭 타결(7.9) ·인도네시아 수마트라에서 구출된 전전 일본인 병사(요코야마도 시스케), 실명된 채 귀국(9.17)	·한국정부, 김대중에 관한 23일〈요미우리신문〉「정부기관개입」기사 삭제 요구, 요미우리신문사 거부 ·한국의 요미우리신문사 서울지국 폐쇄 및 특파원 추방(8.24)
1974년	·히타치취직 차별사건 재판, 전면 승소 판결 ·박종석은 히타치제작소에 입사(8.27)	·인도네시아 모로타이섬에서 대만 출신 전중 일본병사·나카무라 데루오의 신변 확보(12.26)	·재일한국인 문세광, 서울에서 박정희 대통령 저격 시도, 빗나간 총탄에 육영수 대통령 영부인 사망(8.15)

연도	재일사회	일본사회	남북사회
1975년	·후생성, 외국인 피폭자에게 「피폭자 건강수첩」교부결정 ·전전공사(준국가 공무원)재일조선인의 수험 거부 ·이후, 공무원 국적조항철폐 운동 확산 ·민단 주도의〈모국(한국)방문단〉결성(4.4) 계간잡지 『삼천리』 창간	·황태자 부부의 오키나와 방문, 히메유리탑 앞에서 시민들 화염병 투척(7.17) ·오키나와 해양박람회 개막(7.19) ·천황·황후의 공식 기자회견, 원폭 투하는 어쩔 수 없었다고 발언(10.31)	·박정희 대통령은 계속적으로 반정부운동을 전개하는 고려대학교에 휴교 명령 ·고려대학교는 무기한 데모 돌입(4.8) ·일본자민당 북한 방문위원단 13명, 김일성 주석과 회담(7.27)
1977년	·최고재판소 재판관회의에서 재일한국인도 사법연구생으로 채용하겠다고 결정 ·김경득, 전후 최초로 재일조선인 변호사 자격 취득	·중의원 예산위, 〈한일유착〉에 대해서 집중 심의(3.16)	·카터 대통령, 주한미군 철수 방침 한국 정부에게 전달(3.9)
1979년	·오사카 야오시, 시직원의 국적조항을 철폐 ·미에현, 한국 국적의 재일조선인을 공립학교 교사로 채용 ·조총련 주도의 〈단기 조국(북한) 방문단〉 결성(8.12)	·도조 히데키 전 수상을 포함한 A급 전범 14명, 전년도 은밀히 야스쿠니신사에 합사된 사실판명(4.19)	·박정희 대통령, 김재규 중앙정보부장에게 사살(10.26) ·12·12 쿠데타 발발
1980년	·지문날인 거부운동 전개(한종석씨 개인에 의한 지문날인 거부가 전국적 운동으로 확대) ·일본정부, 재일조선인의 공영주택 입주자격을 인정 ·국민금융공고·주택금융공고대출 자격조건에서 국적조항 철폐	·스즈키 젠코 내각성립(7.17) ·야마구치 모모에, 은퇴 마지막 공연(10.5) ·한국 조치훈8단, 오타케 히데오 9단을 깨고 제5기 바둑 명인에 등극(11.6)	·한국정부, 비상계엄령 전국으로 확대 ·광주사건 발발(5.18) ·전두환 대통령 취임(제5공화국 탄생)(9.1)
1981년	·「출입국관리 및 난민인정법」제정, 「특례영주제도」 신설 ·아동수당 3법 및 국민연금법에서 국적조항 철폐	·중국 잔류 일본인 고아 47명, 일본 방문해서 친부모 수색 ·신분 판명자 26명(3.2) ·불쾌용어정리법 시행(5.25)	·사회당 북한방문단, 평양으로 출발 ·조선노동당과 동북아시아의 비핵화 선언(3.16)
1982년	·문부성, 공립초등학교·중학교·고등학교 교사로 외국인 채용하지 말 것을 도도부현 교육위원회에 통지(10.2)	·오키나와 현의회, 교과서에서 삭제된 일본군에 의한 현민 학살 기술복원을 요청하는 의견서 채택(9.4)	·한국, 독립 이후 34년 만에 야간 외출금지령 해제 (일부지역외)(1.6)
1983년	·부모 한쪽이 일본인이면 일본국적을 인정하는 국적법·호적법 개정안 성립(5.18) ·요코하마지방재판소, 지문 날인을 거부해서 외국인등록법 위반으로 기소된 재일 미국여성에게 벌금 1만엔의 유죄 판결(6.14) ·재일한국인·조선인 34명, 「지문날인거부예정자회의」 결성, 도쿄 가스미가세키에서 발족식 거행(9.29)	·일본교직원조합, 고등학교 3학년의 3명 중 1명이 자위대로부터 입대를 권유 받은 경험이 있다는 조사결과 발표(4.5) ·도쿄디즈니랜드 개원(4.15)	·나카소네 야스히로 수상 한국 방문 ·대한경제협력으로 40억달러 합의(1.11) ·미얀마 랑군 아웅산묘역 폭탄 테러 사건 발생(북한 공작원에 의한 전두환 대통령 암살 미수 사건) ·서석준 부총리 등 17명 사망(10.9)

연도	재일사회	일본사회	남북사회
1984년	·일본체육협회 등, 재일조선인 고등학생 동계 국민체육대회 정식 참가 인정하지 않고, 비공식참가로 결정(1.29) ·법무부, 한국 연수회에 참가한 재일한국인 12명에 대해 지문날인 거부를 이유로 재입국 신청 불허(5.24)	·매스컴을 이용한 극장형 범죄, 구리코·모리나가사건 발생(3.18) ·나카소네 수상, 한국보도 관계자와 회견, 일본의 조선통치에 대해 「깊이 반성」한다는 발언(8.22)	·아베 신타로 외상, 외무성에 중국인·한국인 이름의 현지 발음 채택 지시(한자표기에는 가나로 음독)(7.4) ·전두환 대통령 방일 ·쇼와천황, 만찬회에서 불행한 과거 「유감」이라고 표명(9.6)
1985년	·국적법 개정에 따라 출생과 동시에 일본국적을 취득하는 재일조선인 증가 ·제1회 원코리아·페스티벌 개최(8.14)	·나카소네 수상, 전후 수상 중 처음으로 야스쿠니신사 공식 참배(8.15) ·도쿄고등재판소, 전중 대만 일본인 병사의 국가보상 소송 기각(8.26)	·이산가족, 남북 상호방문 실현(9.21)
1986년	·「외국인 등록법일부개정법」 지정(지문날인 1회, 외국인등록증휴대 의무 위반에 따른 징역형 폐지) ·도쿄지방재판소, 지문날인제도는 합헌이라는 판결 제시, 날인 거부로 기소된 재일한국인 피고의 소송을 기각(8.25) ·국민건강보험법 국적조항 철폐(4.1)	·후지오 마사유키 문부대신, 『문예춘추』(10월호)에서 「한일합병은 한국에도 책임」 있다고 기술, 직후 한국정부 항의 ·문부대신 파면(9.8) ·일본정부, 한국 내에서의 반대운동을 고려해서 황태자 방한 연기 결정(7.19)	·서울지방재판소, 연세대학교의 일본인 유학생에게 국가보안법 위반으로 징역7년 판결(4월 29일, 가석방되어 귀국(3.10) ·한국기독교교회협의회, 황태자 방한에 「과거의 죄과를 반성하고 있지 않다」고 반대성명 발표(5.23)
1987년	·김현희의 대한항공기 폭파사건을 계기로, 민족복장의 재일조선인에 대한 폭행과 조선인학교에 대한 협박전화 다발(12.28) ·계간잡지 『민도』 창간	·나고야대학, 「전쟁 목적의 학문 연구와 교육에 가담하지 않겠다」고 하는 나고야대학 평화 헌장을 제정·선언(2.5)	·북한, 억류중인 제18후지산마루의 선장 등 2명에게 교화노동 15년형 판결(12.24)
1988년	·일본정부, 재한피폭자 약2만명에 대한 실태와 치료원조대책을 강구하기 위한 조사단 5명을 한국에 파견(5.30)	·모토지마 히토시 나가사키 시장, 정례시의회에서 「천황의 전쟁 책임은 있다고 생각한다」고 답변(12.7)	·한국대통령으로 노태우 취임(2.25) ·서울올림픽 개최(9.17)
1989년	·재일조선인 작가·이양지 『유희』로 아쿠타가와상 수상(1.12) ·서울 유학 중에 스파이죄로 체포된 재일한국인 서준식, 17년만에 석방(5.25) ·계간잡지 『청구』 창간	·쇼와천황, 십이지장 유두 주위 종양(선암)으로 사망(1.7)	·북한노동당 대표단, 사회당 초청으로 첫 방일(1.21) ·한국, 처음으로 사회주의 국가인 헝가리와 국교 수립(2.1)
1991년	·「파친코 의혹」으로 조총련에 대한 비난 고조 ·한민통, 재일한국민주통일연합(한통련)으로 개편 ·일본고등학교 야구연맹, 조선중고급학교의 참가를 특별조치로 인정(3.6)	·〈「종군위안부」 문제를 생각하는 모임〉 발족(1.19) ·〈종군위안부문제 우리여성 네트워크〉 결성(11.3)	·남북한, UN 동시 가맹(9.17) ·남북 수뇌회담에서 조선 한반도의 비핵화 공동 선언(12.31)

연도	재일사회	일본사회	남북사회
1992년	·「출입국관리특례법」 제정(특별 영주제도 신설) ·오사카 부교위, 1993년부터 부립고등학교의 한국·조선어교사 채용 발표(5.19)	·일본의 전후 책임을 분명히 밝히는 모임, 위안부 110번 개설(1.14) ·천황부부, 처음 방중. 과거에 대한 반성 표명(10.23)	·조선인 종군위안부 문제로 방한 중이던 미야자와 기이치 총리가 공식 사죄(1.17) ·김영삼, 한국대통령 당선(12.18)
1993년	·「외국인등록법 개정법」 제정(특별영주자 등의 지문날인 폐지) ·오사카 기시와다시의 시의회, 「정주외국인에 대한 지방참정권 등의 인권보장 확립에 대한 요망」을 결의	·호소카와 모리히로·비자민 6당 연립내각 발족 ·일본정부, 종군위안부의 「강제성」을 인정 ·호소카와 총리, 기자회견에 앞선 전쟁은 「침략전쟁」이었다고 명언(8.10)	·한국통신부, 서울·평양 간 직통전화 설치 결정(1.26) ·북한, NPT(핵불확산조약) 탈퇴 선언(3.12)
1994년	·조선민주주의인민공화국에 대한 「핵의혹」이 원인이 되어, 재일조선인에 대한 치마저고리를 찢는 사건 다발 ·아동권리조약, 일본에서 발효 ·재일본대한민국거류민단, 재일본대한민국민단으로 개칭 이후, 민단을 중심으로 지방참정권 요구운동 전개	·일본정부, 166만 명의 조선인 징용자 문서 공개(5.17) ·무라야 마도미이치 내각 발족(6.30) ·무라야마 총리, 한국방문 ·김영삼대통령과 회담, 북한의 핵 문제 해결에 대한 한일협력 체제의 강화에 합의(7.23) ·오사카만에 간사이국제공항 개항(9.4)	·남북수뇌회담 개최에 합의(김일성 사망으로 실현되지 못함)(6.28) ·미북고관회담, 북한의 NPT 복귀, 그 대가로 연락사무소의 상호 설치 및 경수로 전환 지원에 합의(제네바합의)(10.21) ·한국군에게 평시의 작전통수권 미군으로부터 반환(12.1)
1995년	·인권차별철폐조약, 일본에서 발효. 최고재판소, 「정주외국인에게 지방참정권을 부여하는 것을 헌법은 금지하고 있지 않다」고 판결(2.28)	·한신·아와지 대지진 발생(1.17) ·옴진리교에 의한 지하철 살인 사건 발생(3.20)	·한신·아와지 대지진 이후, 북한에서 조총련으로 100만 달러 위로금 전달 ·한국에서 민단으로 50만 달러 위로금 전달

저자약력

이경규	동의대학교 일본어학과 교수
임상민	동의대학교 일본어학과 조교수
소명선	제주대학교 일어일문학과 교수
김계자	고려대학교 글로벌일본연구원 연구교수
박희영	대진대학교 창의미래인재대학 조교수
엄기권	한남대학교 일어일문학과 강사
정영미	동의대학교 문헌정보학과 부교수
이행화	동의대학교 동아시아연구소 연구원
현영미	동의대학교 동아시아연구소 연구원

이 저서는 2016년도 정부(교육부)의 재원으로 한국연구재단의 지원을 받아 수행된 연구임(NRF-2016S1A5B4914839).

전후 재일조선인 마이너리티 미디어 해제 및 기사명 색인

▌제2권▐ (1970.1~1989.12)

초판인쇄	2019년 06월 22일
초판발행	2019년 06월 27일

편　　자	동의대학교 동아시아연구소
저　　자	이경규 임상민 소명선 김계자 박희영 엄기권 정영미 이행화 현영미
발 행 인	윤석현
발 행 처	박문사
등록번호	제2009－11호
책임편집	최인노

우편주소	서울시 도봉구 우이천로 353 성주빌딩 3F
대표전화	(02) 992－3253(대)
전　　송	(02) 991－1285
전자우편	bakmunsa@hanmail.net

ⓒ 동의대학교 동아시아연구소 2019 Printed in KOREA

ISBN 979-11-89292-35-5　93910　　　　　　　　　　**정가** 120,000원